COMMENTARIA
IN ARISTOTELEM
GRAECA

EDITA CONSILIO ET AUCTORITATE

ACADEMIAE LITTERARUM REGIAE BORUSSICAE

VOLUMEN VII

SIMPLICII DE CAELO

BEROLINI
TYPIS ET IMPENSIS GEORGII REIMERI
MDCCCLXXXXIIII

SIMPLICII
IN ARISTOTELIS DE CAELO
COMMENTARIA

CONSILIO ET AUCTORITATE

ACADEMIAE LITTERARUM REGIAE BORUSSICAE

EDIDIT

I. L. HEIBERG

BEROLINI
TYPIS ET IMPENSIS GEORGII REIMERI
MDCCCLXXXXIIII

PRAEFATIO

De libris Simplicianis manu scriptis impressisque aestimandis alibi[1]) disserui, cuius disputationis summa haec est. omnium codicum soli ABCDE in verbis Simplicii recensendis alicuius sunt momenti; ex his ceteri pendent omnes. duas illorum quasi familias distinxi, alteram paullo integriorem codd. AB complectentem, quibus plerumque adcedit b, alteram DE; medium fere locum tenet C, ubi exstat, ita tamen, ut propius cum priore familia sit coniuncta. quamquam igitur codicem A ducem praecipuum habui, maxime ubi testimonio interpretationis Guilelmi (b) confirmatur, tamen altera familia minime neglegenda est; saepe ibi scriptura vera servata est, saepe, ubi C deest, electio dubia. nunc his subsidiis novum addendum (F). nam post illam disputationem editam cognovi, codicem Marcianum 221 (hic K, in illa dissertatione F) revera, ut ibi suspicatus eram p. 69, in libris II—IV e codice Marciano 228 (hic F) descriptum esse, ut ex his maxime locis pro certo concludi potest:

p. 375, 20 κατά] in F ita scriptum, ut alterum α propter accentum obscurum sit; κάτω K, sed corr. m. 1 || p. 379, 23 δῆλον ὅτι] δη F subobscurum, h. e. δηλονότι; δὴ$^{λ'}$ K || p. 420, 13 τίνα] ἢ τίνα K, ἢ ortum ex commate in F hic posito || p. 422, 16 ἀνελιττου- σῶν] ε subobscurum F, ἀναλιττουσῶν^{υ} K || p. 424, 29 μὴ παρά] μὴ π F, h. e. π = περί;^{ε} μήπω K || propter eandem formam litterae ε p. 430, 14 pro ἐπήνεγκεν (sic F) in K scriptum est ἀπήνεγκεν || p. 434, 29 τυγχάνει] τυγχα^{η} F, τυγχάνουσιν K || p. 439, 35 ὡς] καὶ^{ὡς} F, h. e. καὶ in ὡς correctum; καὶ ὡς K || p. 440, 5 θερμότης] in syllaba θερ- desinit linea F;

---

[1]) Handschriftliches zum Commentar des Simplicius zu Aristoteles de caelo. Sitzungsber. der Berliner Akad. 1892 p. 59 sqq.

μότης K, θερ- suprascriptum K² || p. 444,6 πῶς] π̇ F, περί K || p. 456,22 ἀρίστου] ἀρι F, ἀριστοτέλους K || p. 460,27 ἔστιν ὅλως] macula obscurata F, lacun. K || p. 462,21 Ἀλεξανδρείᾳ] ἀλεξαν δρ' F, ἀλεξάνδρον K || p. 480,5 διαμέτρου] διαμέτρου καὶ K, καὶ ortum ex commate in F hic posito || p. 540,7 παρεκτείνεται] μεταφέρεται F, mg. παρεκτείνεται; παρεκτείνεται μεταφέρεται K

Hoc praemisso ad codices, quibus usus sum, enumerandos transeo.

A   Cod. Mutinensis III E 8 bombycinus saec. XIII—XIV, ab imperito et neglegenti librario e codice bono et vetusto transscriptus. contulit Hieronymus Vitelli, cuius collationem totam in apparatu dedi exceptis minutiis, accentuum maxime et adspirationis erroribus, quibus scatet codex. A² correctiones manus (vel manuum) recentis nullius sunt auctoritatis.

B   Cod. Ottobonianus gr. 83 [Codices mss. Graeci Ottoboniani Bibliothecae Vaticanae .... rec. E. Feron et F. Battaglini p. 51] membranaceus saec. XVI [immo XV], ex archetypo codicis A pessime descriptus. constat ex quaternionibus XVIII et desinit in p. 229,25 reliqua parte revulsa. p. 33,29 διαφοράν — p. 207,7 ὑπεροχῆς πεπερασμένον diligentissime contulit Iohannes Tschiedel; in ceteris collationi, quam alius olim confecerat, diffidendum est, velut statim in loco gravissimo p. 3,13 λέγοντα, non λέγοντας, in B scriptum esse nunc ipse vidi. errores scribendi stultissimos saepius in apparatu omisi.

C   Cod. Coislinianus 169 [Omont III p. 147—48] bombycinus saec. XIV(—XV), in monte Atho a perito librario ad praelectionem magistri confectus. continet ex toto opere Simpliciano excerpta in margine verba Aristotelis undique cingentia plerumque breviora. quorum initia et fines quoniam sine magna molestia in apparatu indicari non potuerunt, de scriptura codicis nihil concludi volo, nisi ubi nominatur.[1]) ubi de scriptura, quam excerptor in suo codice invenit, propter rationem excerpendi non (C) prorsus constat, (C) posui. — codicem totum contuli ipse.

D   Cod. Coislinianus 166 [Omont III p. 147] bombycinus saec. XIV, in monte Atho ex exemplari lacunoso perite et diligenter descriptus. maximam partem ego contuli, reliquam Holgerus Pedersen.

---

[1]) Itaque etiam consensum codicis C diserte notavi; qua re coactus sum, ne obscuraretur apparatus, in talibus locis etiam consensum ceterorum codicum indicare, quod in codicibus ABDE, qui toti collati sunt, non feci, ubi C deest.

Cod. Marcianus 491 bombycinus saec. XIII, ex eodem exemplari, E quo D, ut demonstrant lacunae plurimae communes, ab indocto librario descriptus; ordo foliorum archetypi turbatus erat, quem tacite restitui; multis locis lemmata Aristotelea falso interposita, quod plerumque non commemoravi (cf. ad p. 22,12). totum codicem correxit Bessario (E²) E² adhibita interpretatione latina Guilelmi de Morbeka. maximam partem contulit Holgerus Pedersen, reliquam ego.

Cod. Marcianus 228 chartaceus saec. XV, continet libros II—IV. F contuli, ubi DE desunt, et multos alios locos inspexi, sed ea tantum recepi, quae utilia videbantur; quare ex silentio nihil de scriptura eius concludendum est. pendet enim ex archetypo codicis A (cf. p. 407,37; 664,7; 675,18), sed audacter interpolatus est (cf. p. 377,11; 382,18; 426, 17; 609,15; 640,27; 666,7; 672,5).[1])

Cod. Neapol. Borbonicus III D 13 chartaceus saec. XV, descriptus G est e codice A, quare nihil inde petitum nisi una aut altera coniectura bona. partes nonnullas contulit Augustus Mau, cuius collationis praeter ea, quae citavi in Rel. Academiae Berol. 1892 p. 60, hic specimen adiungo p. 241,3 — p. 242,34.

p. 241,7 καὶ—ἄλλου (8) om. || 13 ὑπό] ἀπό || 16 οὐδέν] οὐδέ || 17 τὸ δέ] πᾶν || 18 ὅπερ] ╪, mg. ╪ ὥσπερ || 23 τά] τε || οὕτως] οὕτω || 25 δέ] δ' || 27 δόξειε δ' ἄν] δόξαι ἐδ' ἄν || 31 ἐνδόξως] ἐνδόξη || 33 οὕτως] οὕτω || p. 242,1 τῷ] τῶν || 2 ἄν] om. || 6 ἑαυτοῖς] αὑτοῖς || 8 οὔτε ὡς] οὐ τέως || 10 οὐδέ] οὔτε || 11 καί] κατά || 14 οὐδέν] οὐδέ || 15 ἐστίν] ἐστι || οὐδέ] οὐδ' || 17 ὑπετίθεντο] ὑποτίθεντο || 24 ὅπη] ὅποι || 26 συνθέτων] θέσεων || 28 πλείονα] πλείω.

Cod. Neapol. Borbonicus III D 10 chartaceus saec. XIV (?), partes H tantum continet aliis commentariis intermixtas, sed olim integrior fuit. nonnulla contulit Augustus Mau. paucissimas scripturas memorabiles coniecturasque recepi; est enim et ipse ex A descriptus (Relat. Acad. Berol. 1892 p. 60—61). speciminis causa collationem p. 241,3—242,34 subiungo.

p. 241,7 καὶ—ἄλλου (8) om. || 12 ἐστι] ἐστιν || 13 ὑφ'] ἀφ' || ὑπό] ὑπ' || 16 οὐδέν] οὐδέ || καί] om. || 17 ἐστι, τὸ δέ] ἐστιν παρά || 18 ὅπερ] ὅτι δέ || 22 γάρ] om. || 23 τά] τε || οὕτως] οὕτω || 25 δέ] δ' || 27 δόξειε] δόξειε || δ'] om. || 29 ἐν αὑτοῖς] ἑαυτῆς || 31 ἐνδόξως] ἐνδόξη || 33 οὕτως] οὕτω || p. 242,2 ἄν] om. || 5 φύσει] φύσιν || 8 οὔτε ὡς]

---

[1]) Interpolatorem deprehendimus p. 417,6 (v. adnot.) et p. 430,2, ubi pro ἐπιτείνεσθαι in F errore scriptum erat τείνεσθαι, quod librarius in γίνεσθαι mutavit.

οὐ τέως || 9 καὶ παρὰ φύσιν] om. || 15 ἐστιν] ἐστι || οὐδὲ] οὐδ' || 17 ὑπετίθεντο] ὑποτίθεντο || 24 ὅπῃ] ὅποι || 25 τῶν] om. || 26 καὶ (pr.)] om. || συνθέτων] θέσεων || 28 πλείονα] πλείω || εἰ σχήμασι] ἐχόμενα || μεγέθεσι] μεγέθει || 32 τὰς δὲ — κούφας (33) om.

Cod. Taurinensis C I 13 [Pasinus I p. 91] chartaceus saec. XVI, ex B descriptus. locos nonnullos edidit Peyron (Empedoclis et Parmenidis fragmenta. Lipsiae MDCCCX), alios inspexit Iohannes Tschiedel. scripturas recepi ad extremam partem libri IV, quae in A deest, plures speciminis causa hic dabo.

p. **12**, 24 πέντε] πάντα || p. **17**, 27 ἀκρότητος] ὑγρότητος || p. **18**, 26 ἡ δὲ ἁπλῆ] om. || p. **19**, 7 πάντως ἐστί τι] om. || p. **20**, 23 μένει μὲν — κινεῖται (24)] om. || 30 κινήσεως] κινήσεων || p. **51**, 32 κύκλῳ] om. || p. **58**, 15 λύττης] γλύτης || p. **91**, 6 ἐνταῦθα — δεόμεθα (7)] om. || 7 δεικνύοντος] δεικνύντα || p. **229**, 28 παρῆκεν] παρῆκε || 29 δεικνύον] δεικνύων || 30 διδόναι] corr. ex διδῶναι || p. **230**, 2 παρ'] om. || 8 λαμβάνει] λαμβάνοι || 9 ὁμοιομεροῦς || 10 τοῦτο] τοῦτον || 13 ἢ (pr.)] om. || 14 οὐχ ἂν] οὐδ' || 16 τοῦτο] τὸ || 21 ἄπειρον] ἄπειρον καὶ || μίαν] μίαν καὶ || 23 κινοῖτο] κινῶ τὸ || 27 δὲ (alt.)] om. || 32 οὐδὲν] οὐδὲ || οὐδὲ] οὔτε || p. **231**, 7 καὶ (alt.)] om. || 11 αὐτοῦ] αὐτὸν || 19 ἔτι] ἐστί.

Cod. Marcianus 221 chartaceus saec. XV (scripsit Georgius Cretensis), in libro I ex E correcto descriptus et ex interpretatione Latina suppletus, in libris II—IV ex F, deinde totus a Bessarione (K²) ad translationem Guilelmi correctus. recepi paucas coniecturas probabiles Bessarionis, paucissimas librarii ipsius. contulimus ante EF cognitos ego et Holgerus Pedersen.

In codicibus conferendis spiritus, accentus, interpunctio, ι subscriptum semper fere neglecta sunt. ν epagogicum posui e consuetudine librarii codicis A, de ceteris codicibus hac in re nihil praestare possum. cum DE semper scripsi γενητός et ἀγένητος; A initio semper, versus finem saepius γεννητός et ἀγέννητος praebet. lemmata dedi ex A adnotata scriptura codicis D, ceteris autem plerumque neglectis.

Codicum a me non usurpatorum specimina in supplemento dabo; sed hoc loco pauca dicenda sunt de excerptis, quae sunt in Brandisii scholiorum editione (Arist. IV p. 454 sq.), quorum codices potiores absoluta demum editione ipse examinavi.

Partem priorem (Δαμασκίου προλεγόμενα εἰς τὸ πρῶτον Ἀριστοτέλους περὶ οὐρανοῦ p. 454ᵃ6 — p. 455ᵃ46) ille e cod. Vaticano gr. 499 sumpsit.[1]) brevis est conspectus prooemii Simpliciani usque ad p. 8,24. memora-

---

[1]) Bombycinus est saec. XV; sequitur σύνοψις τῶν περὶ οὐρανοῦ τεσσάρων βιβλίων (inc. ἐν τῷ πρώτῳ τῶν περὶ οὐρανοῦ βιβλίων, des. διὰ τοῦτο περὶ ῥοπῆς διαλέγεται), Aristoteles de caelo, Aristoteles de generatione cum prooemio Philoponi.

bilis est scriptura vera περιόντων p. 2,5. post μείωσιν p. 7,12 add. καὶ γένησιν καὶ φθοράν, cf. E². plerumque cum D consentit (p. 4,30 ἅπερ, p. 6, 15 κύκλῳ, 35 ὥς, p. 7, 2 ἡ ψυχή), semel cum A contra D (p. 6, 27 ἄφθαρτον).

Altera pars maior (Παρεκβολαὶ ἀπὸ τοῦ Δαμασκίου[1]) εἰς τὸ πρῶτον περὶ οὐρανοῦ p. 455ᵇ1—p. 467ᵇ7; nam quae sequuntur p. 467ᵇ9—p. 468ᵃ8 alius generis sunt, quamquam initium — ἀπορία Φιλοπόνου — a Simplicio p. 26,33 sq. alienum non est, nec in codice vetustissimo leguntur) in compluribus codicibus invenitur (cod. Marc. 257 saec. XIV, Marc. 263 saec. XV, Ottobon. 45 saec. XVII, Escorial. Y I 9 saec. XVI, Paris. 1943 saec. XVI, Paris. 1944 saec. XVI), quorum vetustissimum Marc. 257 contuli. excerpta sunt e libro I a p. 12, 3 ad p. 105, 17 et nonnullas scripturas bonas praebent.

Primum p. 41,31 pro τὸ recte τό γε habet cod. Marcianus 257 (τό τε ceteri), deinde p. 43,31 coniecturam meam confirmat (τῆς προτέρας ἐλλειπούσης τι τελειότητος), item p. 59, 5 (εὑρίσκοντι) et p. 101, 27 (ἂν habet); p. 69, 13 recte ἀπορραπίσαντος habet cum E²b, p. 100,32 recte δ cum E². ceterum plerumque cum D conspirat, rarius cum A. scripturas locorum, ubi codices nostri dissentiunt, hic adiungo.

p. 12, 7 προλαμβάνει ‖ p. 15, 14 ἁπλῶν σωμάτων ‖ p. 22, 29 ἀφαιρεθὲν comp. ‖ p. 23,8 χωρίσαι ‖ 10 οὐρανῷ ‖ p. 25, 1 ἁπλοῦ ἑνός ‖ 9 καὶ ‖ 31. 32 διωλυγίων λόγων ‖ 33 Ἀριστοτέλους ‖ p. 26, 10 αὗται ‖ p. 33, 26 ὁ habet ‖ p. 34, 19 κινουμένη ‖ 28 ζητοῦν ‖ p. 39, 4 καὶ] ἀλλὰ καὶ ‖ 8 αὐξανόμενον ‖ 22 καὶ] om. ‖ 23 μηδὲν ‖ 28 αὐξομένης ‖ τελικησδὲ ‖ p. 41, 3 πρότερον (alt.)] πρῶτον ‖ 5 πρῶτος ‖ p. 44, 27 φανῇ] om. ‖ 28 δύναμιν] τὴν δύναμιν ‖ p. 46, 8 ἐστί ‖ p. 47, 2 περιερχόμενον ‖ 7 περιερχόμενον ‖ 15 ἡ αὐτή ‖ 19 προστίθεσθαι ‖ προσιόν ‖ 26 πρόσθεσιν ‖ πρόσθεσις ‖ p. 48, 3 σφαῖρα ‖ 4 ἔχει ‖ 11 ἀδιάφορον ‖ p. 54, 32 ἢ ‖ p. 55, 18 ἀνεγείρων ‖ p. 58, 14 ὑπὸ ‖ p. 59, 11 δρίμεχος ‖ p. 65, 7 δὲ ‖ κἂν habet ‖ κινῇται ‖ 10 καὶ ‖ 11 ἐκείνου ‖ 13 πυρὸς ‖ 14 αὐτοῦ ‖ 27 καὶ (alt.) habet ‖ 33 ἂν om. ‖ ἐπηκολουθεῖ ‖ p. 66, 26 κάτω ‖ p. 67, 13 ἂν om. ‖ 17 ἔχωσι ‖ 27 σωμάτων αὐτοφυῶς ‖ 28 εἶδε ‖ p 68, 14 τῆς τοῦ ‖ 15 παρατιθέντος ‖ p. 69, 15. 16 γὰρ ὁ ‖ 16 μὲν om. ‖ p. 70, 26 συναγάγωμεν ‖ p. 71, 26 φέρεσθαι ‖ 31 ἐν hab. ‖ 33 καὶ ‖ 34 ἠκολούθησεν ‖ p. 72, 3 εἴη ‖ 18 μέρη ‖ 28 δοκῶσιν ‖ p. 73, 21 μὲν om. ‖ p. 74, 25 post θερμὸν add. καὶ τὸ ψυχρόν ‖ p. 78, 5 ὥρα ‖ p. 85, 23 εἴκοσι] τὰ εἴκοσι ‖ 28 ἀπὸ ‖ p. 88, 16 μὲν habet ‖ p. 89, 17 ἁπτὰς ‖ 20 ἁπτῶν ‖ 23 οὐδὲν ‖ 24 σῶμα habet ‖ 31 τὴν (alt.)] τῶν ‖ p. 90, 11 μέμφομαι ‖ p. 91, 1 στοιχείων αὐτὸν ‖ 2 παραγομένων ‖ 6 ἐν-

---

[1]) Quod excerptorum codices in libro I Damascii nomen praefigunt, concordant cum A et excerptore codicis C (Rel. Acad. Berol. 1892 p. 73). ab altera parte stant interpretatio Guilelmi et cod. B (titulum rubro colore ita habet ut nos, in mg. sup. postea additum: σιμπλικίου εἰς τὸ α τοῦ ἀριστ. περὶ οὐρανοῦ), quamquam huius auctoritas non magni est propter J, qui titulo caret. sed librum I, qualem nunc habemus, Simplicio tribuendum esse propter convicia in Philoponum, quae eodem modo et paene iisdem verbis in commentario ad Physica leguntur, monuit Hermannus Diels

ταῦτα — δεόμεθα (7) habet || 7 δεικνύντος || **p. 93,** 3 ἀγένητον om. || μόνον om. || 5 οὐ || 7 ᾗ || 10. 11 ὁπωσοῦν προῆλθεν ἀπὸ τοῦ ἑνός || 17 ὄν || 23 ὑφιστάνον || 26 τε habet || 29 γάρ habet || 30 παράτασιν || **p. 94,** 2 ὑφειμένον || 10 διόπερ || ὄν habet || 19 τοδὶ τὸ || 22 ἐκστάν || 26 ἀπῆλθε || 31 εἶδος || 31. 32 ὑφεστηκός || **p. 95,** 1 ἕν] ὄν || 3 τό || 8 ὄν || 10 ὅτι μή || 13 συμπαραθέει || 16 τοῦτο — δύναμιν (19) habet || 17 μέν || 18 τούτου || 23 τοῦτο || 33 δέ || **p. 96,** 2 μᾶλλον εἶναι || 5 καὶ — ὄν (6) om. || 7 ὧν || 17 ὑπάρχει || 21 τε habet || 22 σχηματισμούς || 23 ὑπό || 28 ἀπό || 30 καί habet || **p. 97,** 6 ἀλλά] ἀλλ' οὐ || 10 τά || τά || 30 τι habet || 30. 31 ἐλλάμπει || 31 τὸ habet || **p. 98,** 1 ἐπιμένῃ μαχόμενα || 5 ἄλλου δέ || 6 τε om. || 7 ἵππων || 9 γινομένης || 10 καί || 12 ἀνηβήσαντα || 24 τοῦ ἐναντίου (alt.) om. || 31 τῶν — ἑαυτῶν (p. 99,1) habet || κατὰ τάς || **p. 99,** 1 ὑφ' μέν || 3 πάθος τό || 4 καὶ οὐχὶ] οὐχ || 17 εἰς τὸ ἐναντίον om. || 18 μεταβάλλειν || 19 αὐτόν || 23 ἤ habet || 24 συνεργεῖ || 27 εἰς — πάσχοντα habet || τά (tert.) habet || **p. 100,** 3 προσλαβόν || 6 τῆς habet || 7 ἐκβαλλούσης || 8 μεγέθη || 10 ποιότητας || 12 ἠδύνατο || 20 παράχρωσις || 23 αὐξόμενον || **p. 101,** 6 κατά || 7 συνεστώτων || 8 κατά || 20 τὸ habet || 21 ἄλληλα || δέ habet || 22 εἰσί || 33 κατ' || **p. 102,** 3 τι om. || 9 ἔστι τι || 10 ὑπάρχει || 11 καὶ τό || 26 τε om. || 28 τότε || 30 ἡσσηθέντων || **p. 103,** 5 ταύτην μόνην || τὸ εἶναι || 7 ἀποδείξει || 12 πρώτην || 21 γενόμενόν τε || 24 ἡνίκα || 25 δευτέραν || **p. 104,** 6. 7 τὰ αὐτά || 7 ἀλόγου || 10 εἶναι habet || 11 γέγονεν mg. m. 2 || 12 γενόμενον || 16 καί habet || 23 ὑπό || 24 διά || **p. 105,** 1 κεκοινώνηκέ || 4 εἰς habet || 8 τοῦ οὐρανοῦ || 16 ἐνεδείξατο.

Restat, ut de EDITIONIBUS Simplicii disseramus.

a   EDITIONEM PRINCIPEM (Venet. Ald. MDXXVI fol.) nihil praebere nisi interpretationem Graecam interpretationis Latinae Guilelmi de Morbeka demonstravit Peyron (cf. Rel. Acad. Berol. 1892 p. 74 sq., ubi eam a Bessarione profectam esse ostendi). quare nihil fere utilitatis habet, nec scripturae discrepantiam adnotare potui; specimen infra dabitur.

b   INTERPRETATIONIS GUILELMI DE MORBEKA EDITIO VENETA (apud Hieron. Scotum) 1540 fol., cuius hoc est initium (addidi discrepantiam editionis Venet. a. 1544):

Simplicii Philosophi Clarissimi Prohemium super Quatuor Libros Aristotelis de Coelo.	Ed. Aldina 1526. Σιμπλικίου ὑπόμνημα εἰς τὸ πρῶτον τῶν Ἀριστοτέλους περὶ οὐρανοῦ.
Intentionem Tractatus Aristotelis de caelo Alexander ait de mundo esse. caelum enim tripliciter ab Aristotele in his dici, videlicet aplanorum sphaeram quod quidem et extremum caelum cum adiectione vocat in hoc libro, et totum diuinum et circulare corpus et adhuc etiam mundum, sicut et Plato caelum nominauit Totum itaque caelum dicens aut mundus aut et aliud quidem quodcunque nominatum utique suscipiatur. et Theophrastum	Τὸν σκοπὸν τῆς Ἀριστοτέλους περὶ οὐρανοῦ πραγματείας ὁ μὲν Ἀλέξανδρος περὶ κόσμου φησὶν εἶναι. τὸν γὰρ οὐρανὸν τριχῶς ὑπ' Ἀριστοτέλους ἐν τούτοις λέγεσθαι τήν τε τῶν ἀπλανῶν σφαῖραν, ὅπερ καὶ ἔσχατον οὐρανὸν μετὰ προσθήκης ἐν τούτῳ τῷ βυβλίῳ καλεῖ, καὶ ἅπαν τὸ θεῖον καὶ κυκλικὸν σῶμα καὶ προσέτι τὸν κόσμον, ὥσπερ καὶ Πλάτων ὀνομάζει, ὁ δὴ πᾶς οὐρανὸς λέγων ἢ κόσμος ἢ καὶ ἄλλο ὅτί ποτε

L.   1. 2 *prooemium.*   4 *Intentionem] Propositum.*   7 *inerrantium.*   11 *itaque] sane.*

autem pro teste accipit in eo qui de caelo non de diuino corpore dicentem solum, sed etiam de his quae in generatione et de horum principiis. Alexander igitur ait de mundo et de his quae in ipso quinque corporibus scilicet de caelesti et de quatuor quae sub luna, igne aere aqua et terra. induxerunt autem ipsum in hanc existimationem problematizata de toto mundo in primo libro scilicet utrum unus mundus aut multi et utrum finitus aut infinitus et ingenitus et incorruptibilis aut non. et quod in duobus primis huius negocii libris de proprie dicto caelo cum dixerit, in 3⁰ et 4⁰ de quatuor elementis fecit sermonem tanquam consequens ei quod de primo corpore, propter quod et tertium iterum inchoans, quod de corporibus est physicum negocium, docet et concludens prius dicta scribit haec. De primo quidem igitur elementorum dictum est et quale quid secundum naturam et quoniam incorruptibile et ingenerabile; reliquum autem de duobus dicere, duo dicens duas coniugationes scilicet eam quae leuis, in qua ignis et aer, et eam quae grauis, in qua aqua et terra.

Diuus autem Iamblicus intentionem in his facientem de caelesti diuino corpore ait comprehendere et eam quae de toto mundo theoriam tanquam utique contentam in ipsa secundum substantiam et seruientem ipsi ad operationem generationis. quinimmo et de elementis et de virtutibus, quae in elementis existunt, quoniam haec omnia a caelo dependent et ab his quae penes caelum circueunt.

Syrianus autem magnus et qui post ipsum sequuti sunt ipsum de dicto principaliter caelo, hoc est de perpetuo et circulari corpore negocium esse ait et inscriptionem ut videtur aspicientes et non acceptantes Alexandrum dicentem intentionem esse de mundo et de simplicibus corporibus. aiunt etenim, quaecunque de quatuor elementis dicuntur, non principaliter dici, sed fa-

ὀνομαζόμενος μάλιστ' ἄν δέχοιτο. καὶ τὸν Θεόφραστον δὲ εἰς μαρτυρίαν λαμβάνει ἐν τῷ περὶ οὐρανοῦ οὐ περὶ τοῦ θείου σώματος λέγοντα μόνον ἀλλὰ καὶ περὶ τῶν ἐν γενέσει καὶ τῶν ἀρχῶν αὐτῶν. Ἀλέξανδρος μὲν οὖν περὶ κόσμου φησὶ καὶ τῶν ἐν αὐτῷ σωμάτων δηλονότι περὶ τοῦ οὐρανίου καὶ τῶν τεσσάρων τῶν ὑπὸ σελήνην πυρός, ἀέρος, ὕδατος, γῆς. ἤγαγον δὲ αὐτὸν εἰς ταύτην τὴν ὑπόληψιν τὰ προβληθέντα περὶ παντὸς τοῦ κόσμου ἐν τῷ πρώτῳ βιβλίῳ, δηλονότι πότερον εἷς ὁ κόσμος ἢ πολλοί, καὶ πότερον πεπερασμένος ἢ ἄπειρος, καὶ ἀγένητος καὶ ἄφθαρτος ἢ οὔ. καὶ ὅτι ἐν τοῖς δυσὶ πρώτοις ταύτης τῆς πραγματείας βυβλίοις περὶ τοῦ κυρίως καλουμένου οὐρανοῦ εἰπὼν ἐν τῷ τρίτῳ καὶ τετάρτῳ περὶ τῶν τεσσάρων στοιχείων ἐποιήσατο λόγον ὥσπερ ἑπόμενον τῷ περὶ τοῦ πρώτου σώματος. διὸ καὶ τρίτου πάλιν ἀρχόμενος, ὅτι περὶ σωμάτων ἐστὶν ἡ φυσικὴ πραγματεία διδάσκει. καὶ συμπεραίνων τὰ πρότερον εἰρημένα γράφει ταῦτα. περὶ μὲν οὖν τοῦ πρώτου τῶν στοιχείων εἴρηται καὶ ὁποῖόν τι τὴν φύσιν καὶ ὅτι ἄφθαρτον καὶ ἀγένητον. λοιπὸν δὲ περὶ τοῖν δυοῖν εἰπεῖν, δύο λέγων τὰς δύο συζυγίας, δηλονότι τὴν τοῦ κούφου, ἐν ᾧ πῦρ καὶ ἀήρ, καὶ τὴν τοῦ βαρέος, ἐν ᾧ ὕδωρ καὶ γῆ. ὁ δὲ θεῖος Ἰάμβλιχος τὸν σκοπὸν ἐν τούτοις ποιούμενον περὶ τοῦ οὐρανίου καὶ θείου σώματός φησι περιλαμβάνειν καὶ τὴν περὶ παντὸς τοῦ κόσμου θεωρίαν ὡς δὴ περιεχομένην ὑπ' αὐτοῦ κατ' οὐσίαν καὶ ὑπείκουσαν αὐτῷ πρὸς τὴν ἐνέργειαν τῆς γενέσεως. ἀλλὰ δὴ καὶ περὶ περὶ τῶν στοιχείων καὶ τῶν ἐν τοῖς στοιχείοις δυνάμεων ἐπειδὴ ταῦτα πάντα τοῦ οὐρανοῦ ἐξήρτηται καὶ τῶν ἐν τῷ οὐρανῷ περιιόντων.

Συριανὸς δὲ ὁ μέγας καὶ οἱ μετ' αὐτὸν ἠκολουθηκότες αὐτῷ περὶ τοῦ καλουμένου κυρίως οὐρανοῦ, τουτέστι περὶ τοῦ ἀϊδίου καὶ κύκλου σώματος τὴν πραγματείαν εἶναί φασι τὴν ἐπιγραφὴν ὡς ὁρᾶται ἀκούοντες καὶ οὐ παραδεχόμενοι Ἀλέξανδρον λέγοντα

---

9 *problematizata*] proposita quaesita.   14 *tertio et quarto*.   27 *intentionem*] propositum.   28 *facientem*] quod fit.   *diuino*] et diuino.   31 *in ipsa*] ab ipso.   *seruientem*] cedentem   35. 36 *penes caelum*] in caelo.   40 *ait*] aiunt.   41 *aspicientes*] intelligentes.
45. p. XII, 1 *faciunt*] tanquam facientia.

ciunt haec ad theoriam de caelestibus. ut enim ostendatur, quod non ex quatuor elementis est caeleste corpus sed simplex neque unum de quatuor sed quintae substantiae neque grauitatem neque leuitatem habens sicut illa, sermonem de illis prosecutus est illorum haec quidem leuia ostendens haec autem grauia, propter quod et quatuor in duo reduxit scilicet leue et graue. unusquisque autem dictorum diuisioni naturalium librorum Aristotelis ut estimo assequentem intentionem secundum se assignat.

τὸν σκοπὸν εἶναι περὶ κόσμου καὶ τῶν ἁπλῶν σωμάτων. φασὶ γὰρ ὅσα περὶ τῶν τεσσάρων στοιχείων λέγεται, οὐ προηγουμένως εἰρῆσθαι, ἀλλ' ὡς συμβαλλόμενα πρὸς τὴν περὶ τῶν οὐρανίων θεωρίαν. ἵνα γὰρ δειχθῇ, ὅτι οὐκ ἐκ τῶν τεσσάρων στοιχείων ἐστὶ τὸ οὐράνιον σῶμα, ἀλλ' ἁπλοῦν, οὐδέ τι τῶν τεσσάρων ἀλλὰ πέμπτης οὐσίας, οὔτε βαρύτητα οὔτε κουφότητα ἔχον, ὥσπερ ἐκεῖνα, ἐποιήσατο λόγον περὶ αὐτῶν. τὰ μὲν αὐτῶν κοῦφα δεικνὺς τὰ δὲ βαρέα. δι' ὃ καὶ τὰ τέσσαρα εἰς δύο ἀνήγαγεν, δηλονότι τὸ κοῦφον καὶ τὸ βαρύ. ἕκαστος δὲ τῶν εἰρημένων τῇ διαιρέσει τῶν Ἀριστοτέλους φυσικῶν βυβλίων, ὡς οἶμαι, ἑπόμενος, τὸν σκοπὸν καθ' αὑτὸν ἀποδίδωσι.

Exemplum interpretationis Venetum anni 1563 non vidi; Peyron (Empedoclis et Parmenidis fragmenta p. 8 not.) hoc cum prioribus consentire putat, et quem adfert titulum (*noviter fere de integro interpretata ac cum fidissimis codicibus graecis recens collata*), eum exemplum anni 1544 prae se fert; praeterea in hac quoque editione Guilelmi nomen in solis libris III et IV adparet. itaque, nisi in anno indicando errauit Peyron, editio anni 1544 repetita esse existimanda est a. 1563. ipsa, ut ex adnotatione discrepantiae adparet, repetita est ex editione a. 1540 paucis ex arbitrio mutatis, non ad codices Graecos, sed ad editionem principem (cf. p. XI, 31 *cedentem*).

Interpretationem, quam Guilelmus de Morbeka Viterbii a. 1271 ad codicem bibliothecae Bonifacii VIII confecit, inspexi, ubicunque codices dissentiebant. ubi propter interpretationis rationem minus constabat, (b) quid Guilelmus in suo codice habuisset, (b) posui. fieri potest, ut editio a. 1540 (*Guillermo Morbeto interprete, quae omnia cum fidissimis codicibus Graecis recens collata fuere*) hic illic emendata sit, sed hoc rarissime factum esse credo. finem libri primi, quem omisit editio Veneta, e cod. COLLEGII BALLIOLENSIS OXON. 99 sumpsi.

c   EDITIO KARSTENII (*Simplicii commentarius in IV libros Aristotelis de caelo ex rec. Sim. Karstenii mandato regiae Academiae disciplinarum Nederlandicae editus.* Traiecti ad Rhenum CIƆIƆCCCLXV) his codicibus nititur: p. 1—94,16 J, p. 94,16—550, p. 722,1—726,3, p. 727,17—731

---

11. 12 *estimo*] existimo.   12 *assequentem*] sequens.

cod. Paris. 1910, p. 551—721,46, p. 726,4—727,16 cod. Paris. suppl. gr. 16. paginas, columnas, versus huius editionis in margine adposui et in apparatum omnes eius scripturas recepi exceptis locis p. 207,11—211,18, p. 216,26—246,4, p. 309,10—311,13, p. 343,13—345,13, qui per Bessarionem in E suppleti sunt ad interpretationem Guilelmi et inde per codd. K et Parisin. 1910 in editionem Karstenii migraverint. etiam lemmata neglexi.

EXCERPTA BRANDISII in Scholiorum editione Berolinensi (Aristotelis IV p. 468 sq.) hic illic bonam scripturam praebuerunt sine dubio e coniectura; nam quos enumerat codices p. 468 not. (B, Paris. 1910, D, Oxonienses, Laurent.), aut nobis quoque ad manum fuerunt aut a nostris subsidiis pendent. restat mysticus ille „cod. Reg. 1903", qui ubi lateat (nisi errori originem debeat), nescio; certe cod. Parisin. gr. 1903 non est.

Molestiam indicum conficiendorum intercedente HERMANNO DIELS benevolenter suscepit EDUARDUS WELLMANN Berolinensis.

Finem praefandi faciam gratias agens PRAEFECTIS BIBLIOTHECARUM PARISINAE, BODLEIANAE, MARCIANAE, qui meum in usum codices Hauniam transmitti siverunt. non minore liberalitate me obligavit HENRICUS OMONT, codicibus Graecis Parisinis praepositus, cuius benevolentiam inexhaustam non nunc primum expertus sum.

Scr. Hauniae mense
Sextili MDCCCLXXXXIIII.   I. L. HEIBERG.

SUPPLEMENTUM

Cod. Vaticanus gr. 254 chartaceus saec. XV, ex E nondum correcto descriptus (incipit p. 6,33 ἡ περὶ).

p. 6, 34 φύσει] om. || 35 οἶον] ὡς || p. 7, 1 ἔστιν] εἰσιν || 2 ψυχή] ἡ ψυχὴ || 6 τὰ] postea add. || 12 δὲ] om. || 16 συνήγαγε || συνεστώτων] om. || 25 οὐ] postea add. || 27 δὲ] om. || p. 8, 11 πρώτως (pr.)] πρῶτον || p. 9, 32 εἰς ἀεὶ διαιρετὰ] postea add. || p. 10, 13 ταῦτα] ταύτας || τὰ — σωμάτων (15)] mg. || 14 κεκράτηται] κρατεῖται || 29 ἐκτὸς ἑαυτοῦ] αὐτοῦ ἐκτός || p. 11, 3 τοῦ] postea add. || p. 12, 6 post αἰτίων lemma interponit || 8 ἡ ἁπλῆ] ἁπλῆ ἡ.

Cod. Ambrosianus C 253 inf. chartaceus saec. XV, ex E correcto descriptus (incipit p. 6,33 ἡ περὶ).

p. 6, 35 οἶον] ὡς || p. 7, 1 ἔστιν] εἰσιν || 2 ἡ ψυχὴ || 6 ἐχόντων σώματα || 12 post μείωσιν add. τὸ δὲ κατὰ γένεσιν καὶ φθοράν || δὲ] γὰρ || 16 συνάγει || δηλοῖ] σημαίνει || διὰ τοῦ γὰρ αἰτιολογικοῦ συνδέσμου τῶν || 18 καὶ] suprascr. || 24 ἔλεγον || 31 μόνων || p. 8, 3 λέγειν || 24 ἔχειν || 25 τὸ τοιοῦτον — τέλος (26) om. || p. 9, 2 τὸ (alt.)] om. || 3 τὸ] om. || 11 εἰς ἀπόδειξιν] om. || 12 διεστὸς (bis) || 19 μήποτε] ἴσως || 24 ὀρθὰς γωνίας || p. 10, 3 οὐκ ἀδιαίρετα || 13 ταύτας || 23 τὸ] τὸν τοῦ || 29 αὐτοῦ ἐκτός.

Cod. Bodleianus Miscell. 237 chartaceus saec. XVI, ex E correcto descriptus (incipit p. 6,33 ἡ περὶ).

p. 6, 35 οἶον] ὡς || p. 7, 1 εἰσιν || 2 ἡ ψυχὴ || 6 ἐχόντων σώματα || 12 post μείωσιν add. τὸ δὲ κατὰ γένεσιν καὶ φθοράν || δὲ] γὰρ || 16 δηλοῖ] σημαίνει || διὰ τοῦ γὰρ αἰτιολογικοῦ συνδέσμου || 18 ἢ] φησιν ἢ || 24 Παρμενίδην] μελίδην, corr. m. rec. || ἔλεγον || 31 μόνων || p. 10, 29 αὐτοῦ ἐκτός.

Cod. Paris. 1910 chartaceus, scr. Iohannes Rhosus a. 1471, descriptus e K (incipit p. 6,28 ut E³K).

p. 6, 30 τε] om. || τῆς πραγματείας] τοῦ βιβλίου || 31 αὐτῆς || ὅτι — ἐπειδὴ] ὡς τῇ φυσικῇ ἀκροάσει συνεχοῦς ὄντος ἐπεὶ || 32 ἦν] ἐπραγματεύσατο || ἔδει] ἀκόλουθον ἦν || ἐκεῖνο || ἀπὸ] ἐκ || λέγειν] εἰπεῖν || 33 δ' ἔστι || προσεχῶς] δέ εἰσι προσεχῶς σώματα (omnia ut E³K) || 35 οἶον] ὡς || p. 7, 1 εἰσιν || 2 ἡ ψυχὴ || 6 ἐχόντων σώματα || 12 post μείωσιν add. τὸ δὲ κατὰ γένεσιν καὶ φθοράν || δὲ] γὰρ || 16 συνάγει || δηλοῖ] σημαίνει || διὰ τοῦ γὰρ αἰτιολογικοῦ συνδέσμου || 18 ἢ] φησιν ἢ || 24 ἔλεγεν || 31 μόνων.

SUPPLEMENTUM

Cod. Marcianus 222 membranaceus saec. XV, ex K descriptus addito prooemio ad interpretationem Latinam translato, sicut legitur in ed. Aldina (scripturae discrepantia: ed. Ald. f. 1ʳ6 ὀνομάζοι] ὀνομάζει ‖ 8 μόνον] μόνον πεπραγματεῦσθαι ‖ 11 αὐτὸν] om. ‖ 16 τρίτου] τοῦ τρίτου ‖ 25 κύκλου] κυκλικοῦ ‖ 32 ἀνήγαγε seq. ras. ‖ 49 χρασμορίων] χρείας μορίων ‖ f. 1ᵛ3 Ἀριστοτέλην ‖ 8 παρέδωκε seq. ras. ‖ 9 ἐδίδαξε seq. ras. ‖ 29 συστοιχίαν ‖ f. 2ʳ3 βιβλίων ‖ 10 οὐρανῷ).

p. **6,** 30 τε] om. ‖ τῆς πραγματείας] τοῦ βιβλίου ‖ 31 αὐτοῦ ὡς τῇ φυσικῇ ἀκροάσει συνεχοῦς ὄντος ἐπεὶ ‖ ἐκείνη] ἐκεῖ ‖ 32 ἦν, ἔδει] ἐπραγματεύσατο ἀκόλουθον ἦν ‖ ἐκεῖνο ‖ ἀπό] ἐκ ‖ λέγειν] εἰπεῖν ‖ 33 δέ εἰσι προσεχῶς σώματα ‖ 35 οἷον] ὡς ‖ **p. 7,**1 εἰσιν ‖ 2 ἡ ψυχὴ ‖ 6 ἐχόντων σώματα ‖ 12 post μείωσιν add. τὸ δὲ κατὰ γένεσιν καὶ φθορὰν ‖ δὲ] γὰρ ‖ 16 συνάγει ‖ δηλοῖ] σημαίνει ‖ διὰ τοῦ γὰρ αἰτιολογικοῦ συνδέσμου ‖ 18 ἢ] φησιν ἢ ‖ 31 μόνων.

Cod. Laurentianus 85,27 chartaceus saec. XV; continet libros II—IV et ex A descriptus est (v. Rel. Acad. Berol. 1892 p. 63) praeter p. 365,1— p. 401,5 βιβλίῳ et p. 730,11 πάντα—p. 731,29, quae manu recentiore (saec. XVI) ex editione Aldina addita sunt (in ed. Ald. f. 89ʳ praeter βιβλίῳ et similia has solas discrepantias praebet codex: l. 17 ἑπομένως om. ‖ 22 μέρους om. ‖ 41 ἔστιν] ἐστι ‖ 50 στοιχεῖα] corr. ex στιχεῖα. sed l. 7 κυκλωφορητοῦ, 34 ἀπλανής errores typographicos religiose servavit.

Cod. Perusinus A 51 chartaceus saec. XV—XVI et ipse ab A pendet, sed de eo parum mihi innotuit. cum lib. I inscriptus sit: Δαμασκίου εἰς τὸ πρῶτον τῶν Ἀριστοτέλους περὶ οὐρανοῦ (συμπλι above), nunc non credo eum ex B vel J descriptum esse. manus prima desinit in τε p. 597,31, manus recentior in εἶδος p. 607,7. liber I desinit p. 361,16.

p. 201, 11 δῆλον] δῆλον καὶ ‖ **p. 204,** 23 τοῦτο] om. ‖ **p. 209,** 19 ᾗ] ἢ ἡ ‖ **p. 211,** 22 τοῦ (alt.)] om. ‖ **p. 213,** 8 μηδὲ] μὴ ‖ **p. 216,** 4 συμπερανάμενος ‖ **p. 219,** 26 βάρους habet ‖ γάρ] δὲ ‖ **p. 225,** 5 πεπερασμένῳ] πεπερασμένα.

Codd. Mutinensis II H 8 (chart. saec. XV, = a infra), Mutinensis II G 8 (chart. saec. XV, = b), Paris. suppl. gr. 16 (chart. saec. XVI, = c), Oxon. Collegii Novi 246 (chart. saec. XV, = d), Oxon. Collegii Corp. Christi 109 (chart. saec. XVI, = e), omnes ab A pendent, sine dubio per H (v. Rel. Acad. Berol. 1892 p. 61 sq.).

p. 1, 3 ὑπό] ἀπό Hde ‖ 6 τὸν] καὶ τὸν de ‖ ὀνόμασεν de ‖ 17 ἐν τῷ τρίτῳ] ἐνταῦθα τῷ, mg. τῷ τελευταίῳ Hade; ἐν τελευταίῳ τῷ c ‖ καί] om. c ‖ 18 καί] om. Hde ‖ 19 φυσικὴ] τικὴ post lac. Hcde ‖ 23 βαρέως Hcde ‖ **p. 2,** 1 φησὶ] καὶ φησι e ‖ 2 ὅλου — κατ'] bis Hce (καθ' priore loco ce) ‖ 3 ἐργασίαν ce ‖ τῆς] om. e ‖ 5 ταῦτα πάντα] τὰ τοιαῦτα Hcde ‖ ἤρτηται] εἴρηται ce ‖ περιόντων Hcde ‖ 6 οἱ] ὁ c ‖ 9 τὸν Ἀλέξανδρον] om. Hcde ‖ 11 τῶν οὐρανίων] οὐρανοῦ Hcde ‖ 12 συντελεῖν c ‖ 13 ἀλλ'] om. e ‖ ἔχων d ‖ τὸν] τὸ e ‖ **p. 3,** 11 τοῦ] om. c, τῆς de ‖ 12 μήποτε — Ἀριστοτέλην (14)] postea ins. e ‖ 13 λέγοντα σαφῶς] lac. Hcd ‖ 15 ἕνα] τίνα He, τίσ de¹, τί e² ‖ 16 αὐτῶν c ‖ συνυφαίνονται e ‖ ὅτι] om. Hcde || 17 τοῦ] om. Hcde || 18 καὶ χρόνον καὶ τὴν] om. Hcde || 19 κοινήν] κοινὴν καὶ c || κόσμου] χρόνου Hcde || παραδέδωκεν c || περί τε τῶν οὐρανίων] lac. Hcde || 20 περὶ τῶν] om. Hcde || τούτων] τὰ τούτων Hcde || τε μετέωρα πολυπραγμονεῖ] lac. Hcde || p. 678, 25 κουφότητος bc (comp. A) || 28 καὶ] om. bc || ὄγκον] ἄκον bc (syllaba ὀγ- obscurata in A) || 33 τὸ (alt.)] τῷ bc || p. 679, 2 αὐτός] αὐτὸ bc (αὐτ̇ A) || p. 721, 10 διδάξει] δι seq. lac. bce, corr. e² || 13 μόνον] in lac. e², lac. bc || transpositionem ad p. 677, 22 commemoratam habent Gbc, μέσον — ἔλεγον τὸ om. e. in ἄλληλα p. 727, 16 desinunt abcd.

COD. PARIS. GR. 1948 (scripserunt Palaeocappa et Iac. Diassorinus) excerpta continet ex Simplicio sine nomine, COD. PARIS. GR. 1853 alia excerpta ab eo non prorsus aliena; sed de iis nihil aliud mihi notum est.

SIMPLICII
IN
ARISTOTELIS QUATTUOR LIBROS
DE CAELO COMMENTARIA

ΣΙΜΠΛΙΚΙΟΥ ΕΙΣ ΤΟ Α ΤΩΝ ΑΡΙΣΤΟΤΕΛΟΥΣ ΠΕΡΙ ΟΥΡΑΝΟΥ

ed. Karsten

Τὸν σκοπὸν τῆς Περὶ οὐρανοῦ Ἀριστοτέλους πραγματείας ὁ Ἀλέξανδρος p. 3
περὶ κόσμου φησίν· οὐρανὸν γὰρ τριχῶς ὑπὸ τοῦ Ἀριστοτέλους ἐν τούτοις
λέγεσθαι τήν τε τῶν ἀπλανῶν σφαῖραν καὶ ὅλον τὸ θεῖον καὶ κυκλοφο-
5 ρικὸν σῶμα, ὅπερ καὶ ἔσχατον οὐρανὸν ἐν τούτῳ τῷ βιβλίῳ μετὰ προσ- 5
θήκης καλεῖ, καὶ ἔτι μέντοι τὸν κόσμον, ὥσπερ καὶ Πλάτων ὠνόμασεν
"ὁ δὴ πᾶς οὐρανός," λέγων, "ἢ κόσμος ἢ καὶ ἄλλο τί ποτε κατονομαζό-
μενος ἂν δέχοιτο." καὶ τὸν Θεόφραστον δὲ μαρτύρεται ἐν τῷ περὶ οὐ-
ρανοῦ μὴ περὶ τοῦ θείου σώματος λέγοντα μόνον, ἀλλὰ καὶ περὶ τῶν ἐν 10
10 γενέσει καὶ περὶ τῶν τοιούτων ἀρχῶν. περὶ κόσμου οὖν φησιν ὁ Ἀλέ-
ξανδρος καὶ περὶ τῶν ἐν αὐτῷ πέντε σωμάτων τοῦ τε οὐρανίου καὶ τῶν
ὑπὸ σελήνην τεσσάρων, πυρός, ἀέρος, ὕδατος, γῆς. ἐπήγαγε δὲ αὐτὸν εἰς
ταύτην τὴν ὑπόνοιαν τά τε περὶ τοῦ ὅλου κόσμου ἐν τῷ πρώτῳ προβλη- 15
θέντα βιβλίῳ, πότερον εἷς ὁ κόσμος ἢ πολλοὶ καὶ πότερον πεπερασμένος
15 ἢ ἄπειρος καὶ ἀγένητος καὶ ἄφθαρτος ἢ οὔ, καὶ τὸ ἐν τοῖς δύο τοῖς
πρώτοις ταύτης τῆς πραγματείας βιβλίοις περὶ τοῦ κυρίως οὐρανοῦ εἰ-
πόντα ἐν τῷ τρίτῳ καὶ τετάρτῳ περὶ τῶν τεσσάρων στοιχείων ποιήσασθαι 20
τὸν λόγον ὡς ἀκόλουθον τῷ περὶ τοῦ πρώτου σώματος. διὸ καὶ τοῦ
τρίτου πάλιν ἀρχόμενος, ὅτι περὶ σωμάτων ἔστιν ἡ φυσικὴ πραγματεία,
20 διδάσκει, καὶ συμπεραινόμενος τὰ προειρημένα τάδε γέγραφε "περὶ μὲν οὖν
τοῦ πρώτου τῶν στοιχείων εἴρηται καὶ ποῖόν τι τὴν φύσιν καὶ ὅτι ἄφθαρ- 25
τον καὶ ἀγένητον· λοιπὸν δὲ | περὶ τοῖν δυοῖν εἰπεῖν", δύο λέγων τὰς p. 3
δύο συζυγίας τήν τε τοῦ κούφου, ἐν ᾧ πῦρ καὶ ἀήρ, καὶ τὴν τοῦ βαρέος,
ἐν ᾧ ὕδωρ καὶ γῆ. ὁ δὲ θεῖος Ἰάμβλιχος τὸν σκοπὸν περὶ τοῦ οὐρανίου

---

1 Titulum dedi secundum B (cf. Prolegomena): δαμασκίου εἰς τὸ πρῶτον τῶν ἀριστοτέλους π. οὐρ. A: σιμπλικίου φιλοσόφου εἰς τὰ περὶ οὐρ. mg. superscr. E²: titulum om. DE¹
2 Prooemium om. CDE: initia primorum sex versuum legi non possunt in B   6 Πλάτων] Tim. 28 b   9 μόνου c   17 ἐν τῷ τρίτῳ A² ut videtur: in tertio b: ἐνταῦθα τῷ A¹: ἐνταῦθα B   καὶ A: καὶ τῷ Bc   καὶ περὶ c   20 συμπεραινόμενος c: concludens b: συμπεραινόμενα AB   γέγραφε] 298ᵇ6—8   οὖν om. B

Comment. Arist. VII Simpl. de Caelo.   1

καὶ θείου σώματος ἐν τούτοις ποιησάμενον περιλαβεῖν φησι καὶ τὴν περὶ
τοῦ κόσμου ὅλου θεωρίαν, ὡς ἂν περιεχομένην ἐν αὐτῇ κατ' οὐσίαν καὶ
δουλεύουσαν αὐτῇ πρὸς ἀπεργασίαν τῆς γενέσεως, οὐ μὴν ἀλλὰ καὶ περὶ
τῶν στοιχείων καὶ τῶν ἐν τοῖς στοιχείοις ἐνυπαρχουσῶν δυνάμεων, ἐπειδὴ
5 ταῦτα πάντα ἀπ' οὐρανοῦ ἤρτηται καὶ τῶν κατ' αὐτὸν περιιόντων. Συριανὸς δὲ ὁ μέγας καὶ οἱ μετ' αὐτὸν ἀκολουθοῦντες αὐτῷ περὶ τοῦ κυρίως
οὐρανοῦ τουτέστι τοῦ ἀιδίου καὶ κυκλοφορητικοῦ σώματος τὴν πραγματείαν
εἶναί φασιν εἰς τὴν ἐπιγραφήν, ὡς ἔοικεν, ἀποβλέποντες καὶ οὐκ ἀποδεχόμενοι τὸν Ἀλέξανδρον περὶ κόσμου καὶ τῶν ἁπλῶν τοῦ κόσμου σωμάτων
10 λέγοντα τὸν σκοπόν. καὶ γὰρ ὅσα, φασί, περὶ τῶν τεσσάρων στοιχείων
ἐνταῦθα λέγεται, οὐ προηγουμένως, ἀλλ' εἰς τὴν περὶ τῶν οὐρανίων θεωρίαν
σωμάτων συντελεῖ· τοῦ γὰρ δεῖξαι χάριν, ὅτι οὐκ ἐκ τῶν τεσσάρων στοιχείων τὸ οὐράνιον σῶμα, ἀλλ' ἁπλοῦν, οὔτε ἓν τῶν τεσσάρων, ἀλλὰ ἕτερόν
τι παρὰ ταῦτα μήτε κουφότητα μήτε βάρος ἔχον ὥσπερ ἐκεῖνα, τὸν πρόσθεν
15 πάντα λόγον διῆλθε τὰ μὲν κοῦφα λέγων ἐκείνων, τὰ δὲ βαρέα, καὶ εἰς
δύο τὰ τέσσαρα συνεῖλε τό τε κοῦφον καὶ τὸ βαρύ. ἕκαστος δὲ τῶν εἰρημένων τῇ διαιρέσει τῶν Ἀριστοτέλους φυσικῶν συγγραμμάτων, ὡς οἶμαι,
παρακολουθοῦντες | τὸν καθ' ἑαυτὸν σκοπὸν ἀποδίδωσι. τούτων γὰρ τὰ
μέν ἐστι περὶ τῶν φυσικῶν ἀρχῶν τῶν κοινῇ πᾶσιν ὑπαρχουσῶν τοῖς
20 φυσικοῖς πράγμασιν οἷον ὕλης καὶ εἴδους καὶ κινήσεως καὶ τόπου καὶ χρόνου καὶ περὶ τῆς φύσεως αὐτῆς καὶ τῶν παρυφισταμένων αὐτῇ ποιητικῶν
αἰτίων καὶ ἔτι τῶν δοκούντων μὲν ὑπάρχειν τοῖς φυσικοῖς, μὴ ὑπαρχόντων
δέ, ὡς περὶ κενοῦ καὶ ἀπείρου, περὶ ὧν τὰ βιβλία τῆς ἐπιγραφομένης Φυσικῆς ἀκροάσεως διδάσκει. μετὰ δὲ τὰς ἀρχὰς τῶν φυσικῶν σωμάτων
25 ὄντων ἔδει λοιπὸν περὶ αὐτῶν τῶν σωμάτων διδάσκειν. τῶν δὲ σωμάτων,
ὡς μὲν Ἀλέξανδρος εἴποι ἄν, τὰ μέν ἐστιν ἁπλᾶ, τὰ δὲ σύνθετα, καὶ τῶν
ἁπλῶν τὸ μὲν ἀίδιον καὶ κυκλοφορικόν, τὰ δὲ ἐν γενέσει καὶ εὐθύπορα,
καὶ περὶ πάντων τούτων τὸν ταύτης εἶναι τῆς πραγματείας σκοπόν φησι
καὶ περὶ τοῦ ἐκ πάντων συγκειμένου κόσμου· ὡς δὲ οἱ ἕτεροί φασι, τῶν
30 φυσικῶν σωμάτων τὸ μέν ἐστιν ἀίδιον, περὶ οὗ ἡ παροῦσα πραγματεία,
τὰ δὲ ἐν γενέσει καὶ φθορᾷ, περὶ ὧν μέλλων διδάσκειν κοινῶς πρῶτον περὶ
γενέσεως καὶ φθορᾶς ἐποιήσατο τὸν λόγον καὶ τότε τῶν γενητῶν καὶ φθαρτῶν τὰ μὲν ἐν τοῖς μετεώροις διὰ τῶν Μετεωρολογικῶν παραδέδωκεν, τῶν

---

1 καὶ prius B: τοῦ vel καὶ τοῦ A   2 αὐτῷ c   3 αὐτῷ c   4. 5 ἐπειδὴ ταῦτα
πάντα scripsi: quoniam haec omnia b: ἐπειδ et post lac. 8 litt. τὰ /// αὐτὰ A: ἐπειδὴ τὰ
(suprascr. m. pr.) ταῦτα B: ἐπειδὴ τὰ τοῦ οὐρανοῦ αὐτὰ c   5 περιιόντων Karsten p. VIII:
quae .. circueunt b: περιιόντων AB: περιπολούντων c   7 κυκλοφορικοῦ (B?)c
9 τὸν Ἀλέξανδρον scripsi cum b(a): lac. 12 litt. A: om. Bc   10 λέγοντα A: ἄγοντα
B: λέγοντας c   post σκοπὸν lac. 6 litt. A: intentionem esse b; fort. σκοπὸν ⟨εἶναι⟩
11 τοῦ οὐρανίου c   12 σώματος c   14 ἔχον Ba: ἐχ///ν (ἔχειν?) A
post ἐκεῖνα lac. 5 litt. A   15 λέγων B: ras. A: ostendens b   post βαρέα lac.
6 litt. A: propter quod b; fort. βαρέα, ⟨διόπερ⟩   18 παρακολουθοῦντες A¹B: παρακολουθοῦντα A²bc   28 τούτων] ab hoc vocabulo incipit D   φασὶ D   29 ἐκ]
lac. D   33 παραδέδωκε BDc

δὲ ἐν γῇ συνθέτων τὰ μέν ἐστιν ἔμψυχα, τὰ δὲ ἄψυχα· καὶ περὶ μὲν τῶν 4ᵃ
ἀψύχων τὰ περὶ μετάλλων γεγραμμένα διδάσκει, τῶν δὲ ἐμψύχων τὰ μέν
ἐστιν αἰσθητικὰ καὶ κατὰ τόπον κινούμενα ὡς τὰ ζῷα, τὰ δὲ ἀναίσθητα
καὶ κατερριζωμένα ὡς τὰ φυτά· καὶ δὴ καὶ περὶ φυτῶν αὐτῷ γέγραπται 25
5 καὶ περὶ ζῴων, τὰ μὲν κοινῶς ὡς τὰ περὶ γενέσεως αὐτῶν καὶ περὶ μορίων
διαφορᾶς καὶ χρείας καὶ περὶ κινήσεως καὶ ἐνεργείας, ἐν οἷς τά τε Περὶ
πορείας ζῴων καὶ Περὶ μνήμης καὶ ἐγρηγόρσεως, τὰ δὲ ἰδίως καθ' ἕκαστον
εἶδος τῶν ζῴων ἡ Περὶ ζῴων ἱστορία παραδίδωσι. τοιαύτης οὖν οὔσης 30
τῆς διαιρέσεως δῆλον, ὅτι μετὰ τὴν Φυσικὴν ἀκρόασιν ταύτην ἀναληπτέον
10 τὴν πραγματείαν κατὰ πάντας τοὺς ἐξηγητὰς τῶν Ἀριστοτέλους, ἀλλ' ἢ ὡς
περὶ κόσμου καὶ τῶν ἐν αὐτῷ πέντε σωμάτων τῶν ἁπλῶν ἢ ὡς περὶ τοῦ 35
ἀιδίου καὶ κυκλοφορικοῦ σώματος. μήποτε δὲ χρὴ φάναι πρὸς μὲν τὸν
Ἀλέξανδρον λέγοντα σαφῶς περί τε τοῦ κόσμου παντὸς καὶ περὶ πάντων
τῶν ἁπλῶν σωμάτων τὸν λόγον ἐν τούτοις ποιεῖσθαι τὸν Ἀριστοτέλην πρῶ-
15 τον μέν, ὅτι ἕνα χρὴ τὸν σκοπὸν εἶναι πάσης πραγματείας εἰς ἓν βλέποντα
καὶ πρὸς ἐκεῖνο τὰ κατὰ μέρος αὐτῆς συνυφαίνοντα· ἔπειτα ὅτι οὐ φαίνεται 40
περὶ τοῦ κόσμου διδάσκων ἐν τούτοις, ὥσπερ ὁ Πλάτων ἐν τῷ Τιμαίῳ τάς
τε ἀρχὰς τῶν φυσικῶν, ὕλην τε καὶ εἶδος καὶ κίνησιν καὶ χρόνον, καὶ τὴν
κοινὴν σύστασιν τοῦ κόσμου παραδέδωκε καὶ ἰδίᾳ περί τε τῶν οὐρανίων
20 καὶ περὶ τῶν ὑπὸ σελήνην ἐδίδαξε καὶ τούτων τά τε μετέωρα πολυπραγ- 45
μονεῖ καὶ τὰ ἐν γῇ μέταλλα καὶ φυτὰ καὶ ζῷα καὶ μέχρι τῆς ἀνθρώπου
συστάσεως καὶ τῶν μορίων αὐτοῦ· ἐνταῦθα δὲ ἐλάχιστα περὶ τοῦ κόσμου 4ᵇ
παντὸς εἴρηται καὶ ταῦτα, ὅσα κοινὰ πρὸς τὸν οὐρανὸν ἦν αὐτῷ, ὅτι ἀίδιος
καὶ πεπερασμένος τῷ μεγέθει καὶ εἷς, καὶ ταῦτα διὰ τὸν οὐρανὸν ἔχων, 5
25 ὅτι ἀίδιος οὗτος καὶ πεπερασμένος καὶ εἷς. ἀλλ' εἰ βούλοιτό τις τὴν περὶ
κόσμου θεωρίαν τοῦ Ἀριστοτέλους ὁρᾶν, ἐν πάσαις αὐτὸν ἅμα ταῖς φυσι-
καῖς ἑαυτοῦ πραγματείαις τὸν περὶ κόσμου λόγον ἀποδεδωκέναι ῥητέον.
ἀμέλει καὶ Νικόλαος ὁ Περιπατητικός, εἴ τι μέμνημαι, Περὶ τοῦ παντὸς 10
ἐπιγράψας περὶ πάντων τῶν ἐν τῷ κόσμῳ κατ' εἴδη ποιεῖται τὸν λόγον.
30 ἀλλὰ καὶ αὐτὸς Ἀριστοτέλης καὶ ἐν τῷ τρίτῳ βιβλίῳ ταύτης τῆς πραγμα-
τείας περὶ τῶν ἐν αὐτῇ λεγομένων συνῃρημένως ἐκθέμενος καὶ ἐν τῷ τῶν

---

1 ἐν γῇ Db: ἐγγὺς AB   3 αἰσθητὰ B   5 τὰ μὲν] καὶ τὰ μὲν D   7 καὶ alt.]
καὶ περὶ ὕπνου καὶ D   12 μήποτε—Ἀριστοτέλην (14)] post Ἀριστοτέλους (11) transp. c
13 λέγοντα Db: lac. 12 litt. A: λέγοντας B: om. c   σαφῶς Db: ὡς A: lac. B: ὡς
οὐ c   14 Ἀριστοτέλην D: Ἀριστοτέ A: Ἀριστοτέλη B   15 ἕνα Db: γα (h. e. ἕνα)
A: τινὰ Bc   16 ὅτι Db: om ABc   17 τοῦ B: evan. A(?): om. D   18 τὴν
ὕλην D   τὸ εἶδος D   καὶ χρόνον καὶ τὴν Db: καὶ τὸν χρόνον καὶ τὴν Bc: lac. A
19 κόσμου BDb: χρόνου A   περί τε τῶν οὐρανίων D: περὶ τῶν οὐρανίων Bbc: lac.
12 litt. A   20 περὶ τῶν Bbc: om. AD   τούτων Db: τὰ τούτων ABc
20. 21 τά τε μετέωρα πολυπραγμονεῖ Db: καὶ τὰ περὶ τῶν μετεώρων Bc: τὰ seq. lac. 12
litt. A   21 καὶ τὰ ἐν γῇ μέταλλα ABbc: lac. D   22 αὐτοῦ ADb: αὐτοῦ πραγ-
ματεύεται Bc   27 πραγματείαις BDc: πράγμασιν A   τοῦ κόσμου A
28 περιπατικὸς A

Μετεωρολογικῶν προοιμίῳ οὐδε-έρωθι περὶ κόσμου φησὶν εἰρηκέναι οὐδὲ
οὕτως περὶ οὐρανοῦ ὡς περὶ κόσμου, κἂν ἐστί τι τοῦ οὐρανοῦ καὶ παρ'
αὐτῷ σημαινόμενον [τὸ] τὸν ὅλον κόσμον δηλοῦν· παραθήσομαι δὲ μετ'
ὀλίγον οἰκειοτέρως τὰς περὶ τούτων ῥήσεις. πρὸς δὲ τοὺς ἑτέρους ἐξηγη-
5 τὰς ῥητέον, ὅτι οὐ δοκεῖ πάρεργος ὁ περὶ τῶν τεσσάρων στοιχείων ἐν
τούτοις λόγος οὔτε διὰ τὴν περὶ τῶν οὐρανίων ἁπλῶς θεωρίαν παραλαμ-
βάνεσθαι, ἀλλὰ προηγουμένως περὶ αὐτῶν διδάσκει. καὶ γὰρ ἵνα παραλίπω
τὸ ἥμισυ σχεδὸν τῆς ὅλης εἶναι πραγματείας τὸν περὶ ἐκείνων λόγον, ἀλλὰ
καὶ μετὰ τὴν περὶ τῶν οὐρανίων διδασκαλίαν, ἣν ἐν τοῖς πρώτοις δύο
10 βιβλίοις τῆς πραγματείας παραδέδωκεν, ἀρχόμενος τοῦ τρίτου τῷ ἐπὶ τοῦ
πρώτου πάλιν προοιμίῳ χρῆται τὴν συνέχειαν τοῦ συγγράμματος φυλάττων
καὶ δεικνύς, ὅτι ἡ φυσικὴ πραγματεία περὶ σώματά ἐστιν, ὡς τὸν αὐτὸν
σκοπὸν ἐχόντων καὶ τῶν δύο τῶν τελευταίων βιβλίων, καὶ ἐφεξῆς ἐπήγαγε
τάδε "περὶ μὲν οὖν τοῦ πρώτου τῶν στοιχείων εἴρηται καὶ ποῖόν τι τὴν
15 φύσιν καὶ ὅτι ἄφθαρτον καὶ ἀγένητον· λοιπὸν δὲ περὶ τοῖν δυοῖν εἰπεῖν",
δύο λέγων τήν τε τοῦ κούφου συστοιχίαν καὶ τὴν τοῦ βαρέος. ἐν δὲ τῷ
τῶν μετεώρων προοιμίῳ τάδε γέγραφε 'περὶ μὲν οὖν τῶν πρώτων αἰτίων
τῆς φύσεως καὶ περὶ πάσης φυσικῆς κινήσεως, ἔτι δὲ περὶ τῶν κατὰ τὴν
ἄνω φορὰν διακεκοσμημένων ἄστρων καὶ περὶ τῶν στοιχείων τῶν σωματι-
20 κῶν, πόσα τε καὶ ποῖα, καὶ τῆς εἰς ἄλληλα μεταβολῆς καὶ περὶ γενέσεως
καὶ φθορᾶς τῆς κοινῆς εἴρηται πρότερον". ἐν δὴ τούτοις μετὰ τὸν περὶ
τῶν φυσικῶν ἀρχῶν λόγον κατὰ ταύτην δηλονότι τὴν πραγματείαν οὔτε
περὶ κόσμου φησὶν εἰρηκέναι, ὡς ὁ Ἀλέξανδρος οἴεται, οὔτε περὶ τοῦ θείου
καὶ ἀιδίου μόνου σώματος, ὡς οἱ νεώτεροι τῶν ἐξηγητῶν, ἀλλὰ καὶ περὶ
25 τῶν στοιχείων τῶν σωματικῶν προηγουμένως, πόσα τε καὶ ποῖα. δοκεῖ
οὖν μοι σαφῶς ὁ Ἀριστοτέλης ἐν τούτοις περί τε τοῦ οὐρανοῦ καὶ περὶ
τῶν ὑπὸ σελήνην τεσσάρων στοιχείων τὸν λόγον ποιεῖσθαι. ἵνα δὲ μὴ
διεσπασμένος ὁ σκοπὸς ἀλλὰ πρὸς ἕν τι βλέπων ἀποδειχθῇ, ῥητέον, ὅτι
μετὰ τὸν περὶ τῶν φυσικῶν ἀρχῶν λόγον, αἵτινες ἀρχαὶ τῶν φυσικῶν σω-
30 μάτων εἰσί, περὶ τῶν ἁπλῶν ἐνταῦθα λέγει σωμάτων, ἅπερ ἀπὸ τῶν ἀρχῶν
τῶν φυσικῶν συνίσταται προσεχῶς καὶ μέρη τοῦ παντός ἐστιν. ὧν πρῶτον
μὲν τὸ οὐράνιόν ἐστι σῶμα, ἀφ' οὗ ὡς τιμιωτέρου τὴν πραγματείαν ἐπέ-
γραψε· μετ' ἐκεῖνο δὲ τὰ ὑπὸ σελήνην τέσσαρα στοιχεῖα τῶν συνθέτων
σωμάτων γινόμενα. περὶ πάντων δὲ ὡς περὶ πρώτων καὶ ἁπλῶν ποιεῖται
35 τὸν λόγον, διὸ καὶ στοιχεῖα πάντα κέκληκεν, οὐ τὰ ὑπὸ σελήνην μόνον,

---

1 τοῦ κόσμου D   2 οὕτω ut semper ante conson. D   τι] τὸ c   3 τὸ
delevi   7 ἀλλὰ καὶ D   παραλείπω Bc   8 εἶναι Db: αὐτοῦ ABc
λόγον ἔχειν c   9 τῶν om. D   10 post βιβλίοις del. παρέδωκε D¹   13 βιβλίων D:
βιβλία AB   14 τάδε] 298ᵇ 6—8   15 καὶ ὅτι] ὅτι D   τοῖν] τῶν D
17 γέγραφε] 338ᵃ 20—25   18 καὶ] πόσα τε καὶ ποῖα καὶ D   20 ὁποῖα D
22 τῶν om. D   25 post σωματικῶν del. ἀριστοτέλης D   26 οὖν] γοῦν Bc
τε om. D   29 τὸν] τῶν A   30 ἅπερ Db: ὅπερ AB   34 πάντων AD:
τούτων Bc: omnibus autem his b; fort. πάντων δὲ τούτων   35 σελήνην A

ἀλλὰ καὶ τὸν οὐρανόν, ὅταν λέγῃ "περὶ μὲν οὖν τοῦ πρώτου τῶν στοι-
χείων", καθ' ὅσον καὶ αὐτὸς ἁπλοῦν ἐστι σῶμα, ἐπεὶ οὐκ ἂν κυρίως λέ-
γοιτο στοιχεῖον ὁ οὐρανός· οὐδὲ γὰρ συντίθεταί τι ἐξ αὐτοῦ, στοιχεῖον δέ
ἐστιν, ἐξ οὗ πρώτου συντέθειταί τι καὶ εἰς δ' ἔσχατον ἀναλύεται. καὶ εἴ
5 γε μὴ καὶ περὶ κόσμου τὸν σκοπὸν εἶπεν ὁ Ἀλέξανδρος, ἀλλὰ περὶ μόνων
τῶν ἁπλῶν σωμάτων, οὐκ ἂν διηνέχθην πρὸς αὐτόν· εἰ δὲ καὶ περὶ κόσμου
λέγοι καθ' ὅσον περὶ τῶν ἁπλῶν πάντων τῶν ἐν τῷ κόσμῳ ἢ ὡς ἐν τῷ
οὐρανῷ τοῦ ὅλου κόσμου περιεχομένου, ὡς Ἰαμβλίχός φησιν, ἀλλὰ μὴ
περί τε τοῦ κόσμου παντὸς καὶ περὶ πάντων τῶν ἁπλῶν σωμάτων, ὡς
10 αὐτὸς ἔγραψεν, οὐδὲν διαφέρομαι, ὥσπερ οὐδὲ πρὸς τοὺς περὶ τοῦ οὐρανοῦ
λέγοντας εἶναι τὸν σκοπόν, εἰ καὶ οὗτοι κατὰ τὸν Ἰαμβλίχου νοῦν, καθ' ὅσον
ἀπ' οὐρανοῦ καὶ τῶν κατ' οὐρανὸν περιπολούντων ἤρτηται καὶ τὰ ὑπὸ σε-
λήνην τέσσαρα στοιχεῖα. ἀλλ' ὅ γε Ἀλέξανδρος τὴν μετ' ὀλίγα τῆς ἀρχῆς
ῥῆσιν ἐξηγούμενος, ἧς ἡ ἀρχή "περὶ μὲν οὖν τῆς τοῦ παντὸς φύσεως",
15 σαφῶς ἐν τῷ πρώτῳ βιβλίῳ προηγούμενον αὐτῷ λέγει τὸν περὶ τοῦ ὅλου
κόσμου λόγον, τὸ δὲ δεύτερον τοὺς ὑπὲρ τοῦ οὐρανοῦ λόγους ἔχειν, ὥσπερ
τὸ τρίτον καὶ τὸ τέταρτον τοὺς περὶ τῶν τεσσάρων στοιχείων. ὅτι δὲ περὶ
τῶν ἁπλῶν καὶ πρώτων σωμάτων ἐστὶν ἡ πραγματεία ἑπομένη τῇ Φυσικῇ
ἀκροάσει τῇ περὶ τῶν φυσικῶν ἀρχῶν πραγματευομένῃ, δηλοῖ τὸ καὶ τῶν
20 πρώτων δυοῖν βιβλίων ἀρχόμενον, ἐν οἷς περὶ τοῦ οὐρανίου λέγει σώματος,
καὶ τῶν τελευταίων τοῦτο ποιήσασθαι προοίμιον, ὅτι ἡ περὶ φύσεως ἐπι-
στήμη περὶ σώματά ἐστι καὶ τὰ τούτων πάθη καὶ τὰς κινήσεις, ὡς πρώ-
τως περὶ τῶν πρώτων σωμάτων τὸν λόγον ποιούμενος. διὸ καὶ ἀπὸ τοῦ
συνεχοῦς τὴν ἀρχὴν εὐθὺς τῆς διδασκαλίας ἐν τούτοις ποιεῖται, ὅπερ γένος
25 τοῦ σώματός ἐστιν, καὶ περὶ τῆς τοῦ σώματος φύσεως, καθ' ὃ σῶμα, τὴν
τελειοτάτην διδασκαλίαν εὐθὺς ἐν ἀρχῇ παραδίδωσι. τὰ δὲ περὶ τοῦ ὅλου
κόσμου λεγόμενα, ὅτι ἐν τούτοις ἀγένητος καὶ ἄφθαρτος, ὅτι εἷς καὶ πεπε-
ρασμένος καὶ σφαιρικὸς καὶ οὐδὲν ἔξωθεν ἑαυτοῦ ἀπολιπὼν οὔτε σῶμα οὔτε
κενόν, ταῦτα τῷ οὐρανῷ πρώ|τως ὑπάρχοντα καὶ διὰ τὸν οὐρανὸν τῷ ὅλῳ
30 κόσμῳ εἰκότως ἐν τοῖς περὶ οὐρανοῦ λόγοις προηγουμένως μὲν αὐτῷ λέγε-
ται τῷ οὐρανῷ ὑπάρχειν, ἔστι δ' ὅτε μνήμης τυγχάνει τινὸς ὡς καὶ τῷ
ὅλῳ κόσμῳ ὑπάρχοντα. καὶ οὐ χρὴ διὰ τοῦτο περὶ κόσμου νομίζειν εἶναι
τὸν σκοπόν, ἀλλὰ περὶ τῶν ἁπλῶν σωμάτων, ὧν πρώτιστον ὁ οὐρανός ἐστι
τῶν ἑαυτοῦ ἀγαθῶν τῷ ὅλῳ κόσμῳ μεταδιδούς.
35 Ὁ μὲν οὖν σκοπὸς οὗτος ἂν εἴη τῆς προχειμένης πραγματείας ἀπὸ
τοῦ κυριωτέρου ἐν αὐτῇ καὶ οὗ τὰ λοιπὰ ἐξήρτηται τὴν ἐπιγραφὴν λαχού-
σης. τὴν δὲ τάξιν τῆς ἀναγνώσεως αὐτῆς καὶ ὁ Ἀριστοτέλης καὶ οἱ τού-
του ἐξηγηταὶ μετὰ τὴν Φυσικὴν ἀκρόασιν εἰκότως ὁρίζουσιν· εἴτε γὰρ περὶ

---

3 γάρ Db: om. ABc   4 συντίθεται Db; fort. recte   5 εἰπεῖν D   6 διε-
νέχθ^H D   10 τοῦ AD: om. Bc   14 ἧς ἡ ἀρχή in ras. D   ἀρχή] 268^b11
16 ἔχει D   20 δυεῖν D   21 τοῦτο] τὸ αὐτὸ D   25 ἐστι BDc
26 τελευτάτην D   27 ἐν τούτοις ὅτι bc   28 ἀπολείπων D   29 ὑπάρχοντα] e
corr. D   30 τοῦ οὐρανοῦ A   31 δὲ D

τῶν ἁπλῶν σωμάτων ὁ σκοπός ἐστιν, εἴτε περὶ τοῦ ἀιδίου καὶ θείου σώματος ἁπλοῦ ὄντος, προηγεῖσθαι μὲν τῶν ἄλλων ὤφελεν, ἐν οἷς περὶ τῶν συνθέτων καὶ γινομένων καὶ φθειρομένων ὁ λόγος, ἕπεσθαι δὲ τῇ περὶ τῶν ἀρχῶν τῶν φυσικῶν διδασκαλίᾳ. διαιρεῖται δὲ ἡ πραγματεία εἴς τε τὰ περὶ τοῦ θείου καὶ κυκλοφορητικοῦ σώματος, ἅπερ ἐν τοῖς δύο βιβλίοις παραδίδοται τοῖς πρώτοις, καὶ εἰς τὰ περὶ τῶν ὑπὸ σελήνην στοιχείων, περὶ ὧν τὰ δύο γέγραπται τὰ λοιπά. ἐν δὲ τῷ πρώτῳ βιβλίῳ δείκνυσιν ἐκ τῶν ἁπλῶν κινήσεων, ὅτι πέντε τὰ ἁπλᾶ σώματά ἐστι, τό τε κυκλοφορητικὸν καὶ τὰ εὐθυπορούμενα τέσσαρα. καὶ ὅτι τὸ κυκλοφορητικὸν οὔτε ἕν τι τῶν τεσσάρων ἐστὶν οὔτε ἐκ τῶν τεσσάρων συγκείμενον, ἀλλὰ πέμπτη τις οὐσία τῶν τεσσάρων ἐξῃρημένη καὶ ὑπερέχουσα. δείκνυσι δὲ καί, ὅτι ἀγένητός ἐστιν αὕτη καὶ ἄφθαρτος, ἐκ τοῦ τὰς μὲν γενέσεις καὶ τὰς φθορὰς ἐξ ἐναντίων εἶναι καὶ εἰς ἐναντία, τῷ δὲ κυκλοφορητικῷ σώματι μηδὲν εἶναι ἐναντίον, τοῦτο δὲ ἐκ τοῦ τῶν μὲν ἐναντίων καὶ τὰς κινήσεις ἐναντίας εἶναι, τῇ δὲ κύκλῳ κινήσει μὴ εἶναι κίνησιν ἐναντίαν. εἶτα ἐφεξῆς, ὅτι πεπερασμένος ἐστὶ τῷ μεγέθει ὁ οὐρανός, καὶ καθόλου, ὅτι ἀδύνατον ἄπειρον εἶναι σῶμα καὶ μάλιστα κινούμενον, δείκνυσι, καὶ ὅτι εἷς καὶ οὔτε πλείους οὔτε ἄπειροι κατὰ τὸ πλῆθός εἰσιν οὐρανοί· οἷς ἕπεται τὸ καὶ τὸν ὅλον κόσμον ἀγένητόν τε καὶ ἄφθαρτον καὶ πεπερασμένον εἶναι τῷ μεγέθει καὶ ἕνα κατ' ἀριθμὸν ἐξ ἅπαντος τοῦ φυσικοῦ καὶ αἰσθητοῦ σώματος συνεστηκότα μηδενὸς ἔξω τοῦ οὐρανοῦ μήτε σώματος ὑπολειπομένου μήτε κενοῦ. μετὰ δὲ ταῦτα τὸν περὶ τοῦ ἀγενήτου καὶ ἀφθάρτου λόγον ἀναλαβὼν δείκνυσιν, ὅτι ἀγένητος καὶ ἄφθαρτός ἐστιν ὁ οὐρανὸς καὶ δι' αὐτὸν ὁ κόσμος καὶ οὔτε γενητὸς μέν, ἄφθαρτος δέ, ὥς τινες οἴονται, οὔτε ἀγένητος καὶ φθαρτός. καὶ πάλιν ἐπὶ τὸ καθολικώτερον ἀνάγων τὸν λόγον δείκνυσιν, ὅτι ἀντακολουθοῦσιν ἀλλήλοις τό τε γενητὸν καὶ τὸ φθαρτὸν καὶ αὖ πάλιν τὸ ἀγένητον καὶ τὸ ἄφθαρτον. |

p. 268ᵃ1 'Η περὶ φύσεως ἐπιστήμη ἕως τοῦ τὰ δὲ ἀρχαὶ τῶν ἐχόντων εἰσί.

Τὸ προοίμιον τόν τε σκοπὸν τῆς πραγματείας διδάσκει καὶ τὴν τάξιν αὐτῆς, ὅτι πρὸς τὴν Φυσικὴν ἀκρόασιν συνεχής· ἐπειδὴ γὰρ ἐκείνη περὶ τῶν φυσικῶν ἀρχῶν ἦν, ἔδει μετ' ἐκείνην περὶ τῶν ἀπὸ τῶν ἀρχῶν λέγειν, ταῦτα δ' ἐστὶ τὰ σώματα προσεχῶς. καὶ συλλογίζεται οὕτως· ἡ περὶ φύσεως ἐπιστήμη περὶ τὰ φύσει συνεστῶτά ἐστι· τὰ δὲ φύσει συνεστῶτα ἢ σώματά ἐστιν, οἷον πῦρ καὶ ὕδωρ καὶ λίθοι καὶ ξύλα, ἢ ἔχοντα σώματα,

---

1 ἐστὶ A   2 ὤφειλεν Dc   5 τοῦ om. c   5. 6 βιβλίοις δύο παραδέδοται c
9 εὐθυπόρα Bc   11 ἐξειρημένη A   15 κύκλῳ Db: κυρίως ABc   17 δείκνυσιν c   20 αἰσθητικοῦ c   27 τὸ ἄφθαρτον D: ἄφθαρτον ABc   28 ἐπιστήμη—εἰσι (29) om. D   ἕως τοῦ om. c, ut solet   τὰ δὲ om. B: τὰ δ' c   33 δὲ D
ἡ περὶ incipit E¹   34 φύσει m. sec. E   35 οἷον AB: ὡς DE

ὡς τὰ φυτὰ καὶ τὰ ζῷα, ἣ ἀρχαὶ τῶν ἐχόντων σώματά ἐστιν, ὥσπερ ὕλη
καὶ εἶδος καὶ κίνησις καὶ τὰ τοιαῦτα· ἀρχὴ δὲ καὶ ψυχὴ τῶν ἐχόντων
σώματά ἐστιν, ὥσπερ τῶν ζῴων καὶ τῶν φυτῶν. μετὰ οὖν τὸν περὶ τῶν
ἀρχῶν τῶν φυσικῶν λόγον περὶ σωμάτων χρὴ καὶ τῶν ἐχόντων σώματα
5 διδάσκειν, καὶ δῆλον, ὅτι ἐν τούτοις πλείονα τὰ σώματά ἐστι καὶ πλείων ἡ
περὶ ταῦτα θεωρία· καὶ γὰρ τὰ ἔχοντα σώματα καὶ αἱ ἀρχαὶ τῶν ἐχόντων
ἀπὸ τῶν σωμάτων μάλιστα τοῖς φυσικοῖς γινώσκονται. ὥστε ἡ περὶ
φύσεως ἐπιστήμη σχεδὸν ἡ πλείστη περὶ σώματά ἐστι καὶ τὰ πάθη
τῶν σωμάτων, τουτέστι τὰς παθητικὰς ποιότητας, καθ' ἃς πάσχουσί τε
10 καὶ ποιοῦσι, καὶ ἔτι μέντοι τὰς κινήσεις αὐτῶν· διάφορα γάρ ἐστιν εἴδη
τῶν κινήσεων, τὸ μὲν κατὰ τόπον, τὸ δὲ κατ' ἀλλοίωσιν, τὸ δὲ κατ'
αὔξησιν καὶ μείωσιν· λεγέσθω δὲ νῦν κίνησις καὶ ἡ γένεσίς τε καὶ ἡ φθορά.
ἔοικε δὲ ἀπὸ τῶν παθῶν ἐπὶ τὰς κινήσεις ὡς ἐπὶ καθολικώτερον ἀναβε-
βηκέναι· κινήσεις γάρ τινες καὶ τὰ πάθη, εἰ μὴ ἄρα κινήσεις τὰς ἐνεργείας
15 εἶπεν ἀντιδιαιρῶν αὐτὰς πρὸς τὰ πάθη. ὅτι δὲ διὰ μέσων τῶν φύσει
συνεστώτων συνήγαγε τὸν συλλογισμόν, δηλοῖ ὁ γὰρ αἰτιολογικὸς σύνδεσμος
ἐν τῷ τῶν γὰρ φύσει συνεστώτων τὰ μέν ἐστι σώματα καὶ τὰ ἑξῆς.
τὸ δὲ σχεδὸν ἡ πλείστη περὶ σώματα ἢ ὅτι καὶ περὶ τὰ ἔχοντα
σώματα, ὅπερ ὕστερον προσέθηκεν, ἢ, εἰ καὶ ταῦτα τοῖς σώμασι συναριθ-
20 μοῖτο, ὅτι καὶ περὶ τὰς ἀρχάς, ὅπερ καὶ αὐτὸς ἐπήγαγεν. εἰ δὲ καὶ πάντα
ταῦτα συνειλῆφθαί τις λέγει τοῖς σώμασιν, ἀλλ' ὁ περὶ τόπου καὶ χρόνου
καὶ κενοῦ λόγος ἔξω ἂν εἴη τῶν τοιούτων, ἔτι δὲ καὶ ὁ περὶ τῶν μὴ φυ-
σικῶν μέν, φυσικὰς δὲ ἀπορίας ἐχόντων, περὶ ὧν ἐν τῷ πρώτῳ τῆς Φυ-
σικῆς ἀκροάσεως ἐν τοῖς πρὸς Παρμενίδην καὶ Μέλισσον ἔλεγε λόγοις. οὐ
25 μὴν ἀλλ' ἐπεὶ περὶ φύσεως μέν, οὐ φυσικὰς δὲ ἀπορίας συμβαίνει λέγειν
αὐτοῖς, καὶ ὁ περὶ τούτων οὖν λόγος ἔξω πως τῶν σωμάτων ἐστίν. εἴη
δὲ ἂν καὶ διὰ φιλόσοφον εὐλάβειαν προσκείμενον τὸ σχεδόν, καὶ διὰ
τοῦτο ἴσως καὶ τὸ φαίνεται προσέθηκε. τὸ δὲ περὶ σώματα καὶ
μεγέθη ἐκ παραλλήλου κεῖται τὸ αὐτὸ σημαίνοντα, εἰ μὴ ἄρα ἐνδεικτικόν
30 ἐστι τοῦ πᾶν σῶμα μέγεθος ἔχειν καὶ μὴ εἶναι ἄτομα ἢ ἀμερῆ σώματα,
ὥς τινες ἔλεγον· ἢ ὅτι οὐ περὶ σωμάτων μόνον ἀλλὰ καὶ περὶ μήκους καὶ
πλάτους ὁ φυσικός, καθ' ὅσον πέρατα σωμάτων ἐστί, διαλέγεται. μήποτε

---

1 εἰσὶν DE   2 ψυχή] ἡ ψυχὴ DE   5 πλεῖον A   6 τὰ m. sec. E
post ἐχόντων add. σώματα E²   8 incipit C   10 ἐστιν] e corr. D   11 κατὰ A
κατὰ E   12 post μείωσιν add. τὸ δὲ κατὰ γένεσιν καὶ φθορὰν E²   λεγέσθω CDE: λε-
γέσθων ABc   δὲ om. E¹: γὰρ E²   γέννεσις A   τε om. BC   15 αὐ-
τὰς CDE²b: αὐτὰ ABE¹c   15. 16 ὅτι—συνεστώτων bis D   16 συνήγαγε—συνεστώ-
των (17) om. D: m. sec. E   συνάγει E   δηλοῖ ac: insinuat b: δῆλον A: δῆλος B:
σημαίνει E   διὰ τοῦ γὰρ αἰτιολογικοῦ συνδέσμου τῶν E   σύνδεσμος αἰτιολογικὸς B
18 τὰ σώματα Bc   ἢ] φησὶν ἢ E²c   19 σώμασιν Bc   19. 20 συναριθμεῖτο
A, sed corr.: ἀριθμοῖτο B   20 αὐτὸς corr. in αὐτὸ D   20. 21 πάντα ταῦτα DEb:
ταῦτα πάντα ABc   21 λέγοι D   22 τῶν (prius)] e corr. E¹   23. 24 Φυσικῆς
ἀκροάσεως] A 3. 186ᵃ 4 sqq.   24 Παρμενίδην] Μελλίδην E   ἔλεγον E   25 δὲ
DE: om. AB: δ' c   30 τοῦ] τὸ A   ἢ] καὶ A   31 μόνων Ec

δέ, ὅτι περὶ χρόνου καὶ τόπου· καθ' ὅσον γὰρ συνεχῆ καὶ διαιρετά, μέγεθος
μὲν ἔχει καὶ ταῦτα, οὐ μέντοι σώματά ἐστιν. ὅλως δέ, εἰ περὶ συνεχοῦς
τοῦ φυσικοῦ λέγει, οὐ πᾶν δὲ συνεχὲς σῶμα, ὡς αὐτὸς μετ' ὀλίγον ἐρεῖ,
καλῶς ἄμφω προήγαγεν τό τε σῶμα καὶ τὸ μέγεθος. ὁ μέντοι Ἀλέξαν-
δρος καὶ σημεῖον τοῦ ἐκ παραλλήλου ταῦτα κεῖσθαι προστίθησι τὸ μὴ εἶναι
ἄλλο τι φύσει συνεστὼς μέγεθος παρὰ τὸ σῶμα. καίτοι καὶ ὁ χρόνος,
οἶμαι, καὶ ὁ τόπος καὶ ἡ κίνησις ἥ τε γραμμὴ καὶ τὸ ἐπίπεδον συνεχῆ
ὄντα καὶ ἀεὶ διαιρετὰ μεγέθη μέν ἐστι φυσικά, σώματα δὲ οὐκ ἔστι.

p. 268ᵃ6 Συνεχὲς μὲν οὖν ἐστιν ἕως τοῦ τὸ δὲ πάντῃ τοιοῦτον.

Μετὰ τὸ δεῖξαι περὶ σώματα τὸν φυσικὸν ἔχοντα καὶ δηλονότι περὶ
τὰ ἁπλᾶ πρώτως· ταῦτα γάρ ἐστι καὶ φυσικὰ πρώτως ἐν ἑαυτοῖς ἀρχὴν
κινήσεως ἔχοντα φυσικῆς· βουλόμενος ὁρίσασθαι τὸ σῶμα πρῶτον ὁρίζεται
τὸ συνεχές, ὑφ' ὃ τὸ σῶμα καὶ τὰ ἄλλα μεγέθη, ὅτι συνεχές ἐστι
πᾶν τὸ διαιρετὸν εἰς ἀεὶ διαιρετά, κἄν τε ἐφ' ἓν ᾖ διαιρετὸν κἄν τε
ἐπὶ δύο καὶ τρία· καὶ γὰρ καὶ γραμμὴ καὶ ἐπιφάνεια συνεχῆ καὶ οὔπω
σώματα, ἀλλὰ τὸ μὲν ἐφ' ἓν καὶ συνεχὲς καὶ διαιρετόν, τὸ δὲ ἐπὶ δύο, τὸ
δὲ σῶμα πάντῃ. πάντῃ δὲ διαιρετὸν καὶ πάντῃ συνεχὲς καὶ διαστατὸν τὸ
σῶμα δείκνυσιν ἐκ τοῦ τριχῇ διαστατὸν καὶ τριχῇ διαιρετὸν εἶναι· τὰ γὰρ
τρία πάντα ἐστὶ καὶ τὸ τρὶς πάντῃ. ὅτι δὲ τριχῇ διαστατὸν ὂν τὸ σῶμα
πάντῃ διαστατόν ἐστι, δείκνυσιν ἐκ τοῦ μὴ εἶναι μέγεθος πλείονας ἔχον
τῶν τριῶν διαστάσεων· τὸ οὖν τὰς τρεῖς ἔχον πάντῃ διαστατόν ἐστι. τὸ
δὲ αὐτὸ καὶ ἀπὸ τῆς τριαδικῆς ἰδιότητος πιστοῦται· τὰ γὰρ τρία πάντα
ἐστί τε καὶ λέγεται καὶ τὸ τρὶς πάντῃ. καὶ ὅτι ὀρθῶς λέγομεν, ἔδειξαν
οἱ Πυθαγόρειοι συντόμως οὕτως· τὸ πᾶν ἀρχὴν ἔχει καὶ μέσον καὶ τέλος·
τὸ τοιοῦτον τῷ τῆς τριάδος ἀριθμῷ ὥρισται. καὶ μήποτε καὶ τὸ τέλειον
διὰ τὸ ἀρχὴν ἔχειν καὶ μέσον καὶ τέλος λέγομεν ὅτι πᾶν ἐστι· τὸ γὰρ μὴ
πᾶν ἐλλείπει τι πρὸς τὸ πᾶν εἶναι καὶ ἀτελές ἐστιν. εἰ δὲ τοῦτο ἀληθές,
οὐκ ἀναγκαίως, φαίη ἄν τις, ὁ Ἀλέξανδρος διὰ τοῦ τέλειον εἶναι τὸ πᾶν
συνελογίσατο τὸ ἀρχὴν ἔχειν καὶ μέσα καὶ τέλος· τάχα γὰρ διὰ τοῦ παντὸς
καὶ τῷ τελείῳ τοῦτο ὑπάρχει, τάχα δὲ ἀντιστρέφει μὲν ταῦτα ἀλλήλοις
τὸ πᾶν καὶ τὸ τέλειον καὶ τὸ ἀρχὴν ἔχον καὶ μέσον καὶ τέλος, | τέλειον
δὲ ἀπὸ τοῦ ἔχειν τέλος λέγεται. τὸ δὲ ἔχον τέλος δηλονότι καὶ ἀρχὴν
ἔχει καὶ μέσον. καλῶς οὖν ὁ Ἀλέξανδρος ἀπὸ τοῦ τελείου συνελογίσατο·
καὶ γὰρ καὶ ὁ Ἀριστοτέλης ἐν τοῖς ἑξῆς ἀπὸ τοῦ τελείου τὸ πᾶν συνελο-
γίσατο. ὅτι δὲ τὰ τρία πάντα καὶ τέλεια, δείκνυσι καὶ ἐκ τῆς ἱερᾶς ἁγι-

---

3 λέγοι A: λέγειν DE   δὲ om. B   4 προήγαγε BDEc   9 ἕως—τοιοῦτον om. D
ἐστι c   10 περὶ τὰ Bc   17 δὲ (prius)] δὲ ἐπὶ E: corr. E²   18 εἶναι] μὲν εἶναι
DE: corr. E²   24 ἔχειν DE   μέσην B   25 τριαδικῆς AB   26 ἔχον A
καὶ (alt.) om. A   27 ἐλλίπει E: corr. E²   28 οὐχ om. A   τοῦ] τὸ c
29 ἔχον Bc   μέσον bc   30 τῷ DEb: ἐν τῷ ABc   ὑπάρχειν E: corr. E²   μὲν]
μετὰ B   31 ἔχειν DE

στείας τῷ ἀριθμῷ τούτῳ χρωμένης, ἐπὶ πᾶσι δὲ καὶ ἀπὸ τῆς χρήσεως 7ᵃ
τῶν ὀνομάτων τὸ αὐτὸ ἐπιστώσατο τὸ τὰ τρία πάντα εἶναι καὶ τὸ τρὶς
πάντῃ. ἐκ τῶν εἰρημένων δὲ δείκνυσι πάλιν, ὅτι τὸ σῶμα μόνον τῶν
μεγεθῶν πάντῃ διέστηκεν, ὡς εἴρηται πρότερον, καὶ τέλειόν ἐστι μόνον, 10
5 προσλαβών, ὅτι τὰ πάντα καὶ τὸ πᾶν καὶ τὸ τέλειον τῷ εἴδει τὰ αὐτά
ἐστι, κἂν κατὰ τὸ ὑποκείμενόν ποτε διαφέρῃ, διότι τὰ μὲν πάντα κατὰ
διωρισμένου ποσοῦ κατηγορεῖται, ὥς φησιν ὁ Ἀλέξανδρος, τὸ δὲ πᾶν κατὰ
συνεχοῦς, ἄμφω δὲ κατὰ τοῦ τελείου. συλλογίζεται δὲ οὕτως· τὸ σῶμα 15
μόνον τῶν μεγεθῶν τριχῇ διέστηκε καὶ τρισὶν ὥρισται· τὸ τοιοῦτον τέλειον
10 καὶ πάντῃ διέστηκεν. ἐπιστῆσαι δὲ ἄξιον, ὅτι παρὰ τὸ σύνηθες ὁ Ἀριστο-
τέλης ταῖς Πυθαγορικαῖς ἐνδείξεσιν εἰς ἀπόδειξιν ἐχρήσατο. ἴσως δὲ ἀπο-
ρήσοι ἄν τις, πῶς τὸ τριχῇ διεστὼς πάντῃ διεστώς ἐστιν, ἐπειδὴ τέλειος 20
ἀριθμὸς ὁ τρία· ὡς μὲν γὰρ ἀριθμὸς ἔστω τέλειος ἀρχὴν ἔχων καὶ μέσα
καὶ τέλος· πῶς δὲ διὰ τοῦτο τὸ τοῖς τρισὶν ὡρισμένον πᾶν καὶ τέλειον,
15 εἴπερ ἐνίοτε καὶ ἄλλων δέοιτο; ἆρα γὰρ ὁ τρεῖς δακτύλους ἔχων ἄνθρω-
πος, ἐπειδὴ τρεῖς ἔχει, πάντας ἔχει τοὺς δακτύλους, ἢ τὰ τρία στοιχεῖα 25
τῶν σωμάτων ἢ τοῦ λόγου πάντα τὰ στοιχεῖά ἐστιν; ἢ εἰ μὲν τρεῖς εἰσιν
αἱ πᾶσαι διαστάσεις, τὸ τριχῇ διεστὼς πάντῃ διέστηκεν, ὡς μὴ εἶναι
ἄλλην διάστασιν; μήποτε οὖν ἐκ τοῦ μὴ εἶναι ἄλλην διάστασιν ἀποδείξας 30
20 τὸ πάντῃ διεστάναι τοῖς ἀπὸ τῶν τριῶν ἐπιχειρήμασι κατὰ τὸ ἔνδοξον
συνεχρήσατο. ὁ δὲ θαυμαστὸς Πτολεμαῖος ἐν τῷ Περὶ διαστάσεως μονο-
βίβλῳ καλῶς ἀπέδειξεν, ὅτι οὐκ εἰσὶ πλείονες τῶν τριῶν διαστάσεις, ἐκ τοῦ
δεῖν μὲν τὰς διαστάσεις ὡρισμένας εἶναι, τὰς δὲ ὡρισμένας διαστάσεις κατ᾽ 35
εὐθείας λαμβάνεσθαι καθέτους, τρεῖς δὲ μόνας πρὸς ὀρθὰς ἀλλήλαις εὐθείας
25 δυνατὸν εἶναι λαβεῖν, δύο μὲν καθ᾽ ἃς τὸ ἐπίπεδον ὁρίζεται, τρίτην δὲ τὴν
τὸ βάθος μετροῦσαν· ὥστε εἴ τις εἴη μετὰ τὴν τριχῇ διάστασιν ἄλλη,
ἄμετρος ἂν εἴη παντελῶς καὶ ἀόριστος. τὸ οὖν μὴ εἶναι εἰς ἄλλο μέγεθος 40
μετάστασιν ὁ μὲν Ἀριστοτέλης ἐκ τῆς ἐπαγωγῆς ἔδοξε λαμβάνειν, ὁ δὲ
Πτολεμαῖος ἀπέδειξεν.

30 p. 268ᵃ28 Ὅσα μὲν οὖν διαιρετὰ τῶν μεγεθῶν ἕως τοῦ πάντῃ
γάρ ἐστιν.

Ὁρισάμενος συνεχῆ εἶναι τὰ διαιρετὰ εἰς ἀεὶ διαιρετὰ καὶ τὸ σῶμα 45
πάντῃ διαιρετὸν εἰπών, ἐφιστάνει, ὅτι, κἂν | ἐν τῇ Φυσικῇ ἀκροάσει ἀπε- 7ᵇ

---

1 καὶ ἐπὶ D   2 τὸ (alt.) om. E   3 τὸ om. E   5 προλαβών DE   6 διαφέρῃ
DE: διαφέρει comp. A: διαφέρουσι B   11 εἰς ἀπόδειξιν om. E   11. 12 ἀπορήσοι
E et e corr. D: ἀπορήσῃ A: ἀπορῆσαι Bc   12 διεστὸς bis E   13 ἀριθμός (prius)]
ὁ ἀριθμὸς E   μέσον Bc   14 τὸ om. D   τοῖς om. E   15 γὰρ om. DE
post ἔχων del. ὁ E²   16 ante τρεῖς ins. ἔχει E²   ἔχει τοὺς] τοὺς DE   18 διε-
στὸς E   19 μήποτε—διάστασιν mg. E²   μήποτε] ἴσως E   21 διαστάσεων Bc
22 διαστάσεων DEb   24 εὐθείας prius DEb: εὐθεῖαν A: εὐθεῖαν Bc   πρὸς ὀρθὰς
AB: πρὸς ὀρθὰς γωνίας DEb: προσόρους c   εὐθείαις DE: corr. E²   26 ὥστε] ω corr.
ex ει A   μετά—εἴη (27) om. B   28 μετάβασιν c   ἔδοξε] ἔδειξεν D
30 ἕως—ἐστιν (31) om. D   33 ὅ, τι κἂν τῇ c   Φυσικῇ] Z 1

δείχθη τὸ τὰ συνεχῆ διαιρετὰ εἶναι ἐκ τοῦ μὴ ἐξ ἀμερῶν συγκεῖσθαι τὰ 7b μεγέθη, ἀλλὰ νῦν οὔπω δέδεικται, δειχθήσεται δέ. ὅτι μέντοι τὰ διαιρετὰ συνεχῆ, πρόδηλον· εἰ γὰρ τὰ μὴ συνεχῆ διῃρημένα ἤδη καὶ οὐ διαιρετά 5 ἐστι, τὰ διαιρετὰ δηλονότι συνεχῆ ἐστιν· ὥστε τὸ ὅτι τὸ σῶμα διαιρετὸν ὂν
5 συνεχές ἐστιν οὐ σαλεύεται. ἀλλ' οὐδὲ τὸ πάντη διαιρετὸν αὐτὸ εἶναι· τοῦτο γὰρ ἐδείκνυτο οὐκ ἐκ τοῦ συνεχὲς εἶναι, ἀλλ' ἐκ τοῦ μὴ εἶναι εἰς ἄλλο γένος μετάβασιν· εἰ γὰρ ἦν, οὐκ ἂν ἦν τέλειον· ἡ γὰρ ἔκβασις κατὰ τὴν ἔλλειψιν. 10

p. 268b5   Τῶν μὲν οὖν ἐν μορίου εἴδει ἕως τοῦ καὶ μὴ τῇ μέν,
τῇ δὲ μή.

10   Εἰπὼν τὸ σῶμα, καθὸ σῶμα, τέλειον εἶναι τῶν διαστατῶν, διότι πάσας 15 ἔχει τὰς διαστάσεις, ἐπειδὴ καὶ ὁ πᾶς καὶ ὅλος κόσμος τέλειός ἐστιν, ἵνα μὴ νομίσῃ τις τὸ αὐτὸ ἀμφοῖν εἶδος λέγεσθαι τῆς τελειότητος καὶ παντότητος, εἰκότως ταῦτα διορίζεται λέγων, ὅτι τῶν σωμάτων τὰ μὲν μέρη ἐστὶ καὶ κεκράτηται τῷ εἴδει τῷ τοῦ μέρους, οἷον οὐρανός, πῦρ, ἀήρ, 20
15 ὕδωρ, γῆ, τὸ δέ ἐστιν ὅλον, οὗ ταῦτα μέρη· καὶ ὅτι ἐπὶ μὲν τῶν σωμάτων τῶν ὡς μερῶν τὸ πᾶν καὶ τέλειον κατηγορεῖται κατὰ τὸν λόγον καὶ τὸν ὁρισμὸν τὸν τοῦ σώματος, διότι σῶμά ἐστι τὸ τριχῇ καὶ πάντη διαστατόν, διότι δὲ μερικόν ἐστι καὶ οὐ πάντα περιείληφεν, ἀλλὰ πολλὰ ἔχει ἔξω 25 αὐτοῦ καὶ πολλῶν διώρισται ἁπτόμενον αὐτῶν, διὸ καὶ πολλὰ ἕκαστόν
20 ἐστι κατὰ τὰς τῶν πολλῶν ἐπαφὰς μεμερισμένον, διὰ τοῦτο οὐκ ἔστι πᾶν καὶ τέλειον τῇ ὑποστάσει· καὶ γὰρ ἔχει κατὰ τοῦτο ἐπ' ἄλλο μετάβασιν καὶ διὰ τοῦτο ἀτελές ἐστι· τὸ δὲ πᾶν καὶ ὅλον, οὗ ταῦτα μόρια, οὐ μόνον κατὰ τὸν τοῦ σώματος ὁρισμὸν τέλειόν ἐστιν, ἀλλὰ καὶ κατὰ τὸ πάντα 30 περιέχειν καὶ μηδὲν εἶναι αὐτοῦ ἐκτὸς μηδὲ διωρίσθαι πρός τι τῇ ἁφῇ·
25 ὥστε τοῦτο παντοίως τέλειον.

p. 268b11 Περὶ μὲν οὖν τῆς τοῦ παντὸς φύσεως ἕως τοῦ ἀρχὴν 35
ποιησάμενοι τήνδε.

Εἰπών, πῶς τέλειον ἑκάτερον σῶμα τό τε μέρος καὶ τὸ ὅλον, καὶ ὅτι τὸ ὅλον τῷ μηδὲν ἐκτὸς ἑαυτοῦ ἔχειν, ᾔσθετο τὴν περὶ τούτου ἀπόδειξιν
30 ἀπαιτούμενος καὶ πότερον ὡς ἄπειρον οὐδὲν ἔχει ἑαυτοῦ ἔξω ἢ ὡς πεπερασμένον. ἴσως δὲ καὶ ἀκόλουθον ἐδόκει μετὰ τὸν λόγον τὸν περὶ τῆς 40

---

2 δέ e corr. vel del. E   τά m. sec. E   3 οὐκ ἀδιαίρετα DE   4 τά AE²b:
τὰ δὲ BE¹Dc   τὸ alt. DE: om. ABc   5 ὄν—ἐστιν om. c   αὐτῷ AB
                                        λ
8 μορίω A   ἕως τοῦ] τε rubr. col. D   καὶ—μή (9) in ras. D   10 διαιρετῶν c   13 ταύτας DE   16 τέλειον ACDE: τὸ τέλειον Bc   17 τὸ corr.
ex τοῦ E²   18 περιείληφε A   20 μεμερισμένον] μεμερισ— e corr. D
                                                                                λ
23 τό] τὸν τοῦ E   24 μηδὲν CDE: μηδὲ AB   26 ἕως τοῦ] τε rubr. D
29 αὐτοῦ ἐκτός E   ἔχειν om. E   30 ἀπαιτουμένην c

φύσεως τοῦ ἁπλῶς σώματος περὶ τῆς τοῦ παντὸς φύσεως εἰπεῖν καὶ τότε 7ᵇ
περὶ τῶν μερῶν. ἀλλ' ἐπειδὴ τὸν περὶ τοῦ παντὸς λόγον, ὡς οἶμαι, τῷ
περὶ τοῦ οὐρανοῦ συλλαμβάνει· τὸν γὰρ οὐρανὸν δείξας πεπερασμένον ἔχει
πεπερασμένον τὸ πᾶν· διὰ τοῦτο τὸν περὶ τοῦ παντὸς ἀναβάλλεται λόγον 45
5 περὶ τῶν μερῶν αὐτοῦ πρῶτον, τίνα τέ ἐστι καὶ πόσα, προτιθέμενος εἰπεῖν.
τὸ | δὲ εἴτε ἄπειρός ἐστι κατὰ τὸ μέγεθος καλῶς εἶπεν, ἐπειδὴ 8ᵃ
κατὰ τὴν τοῦ εἶναι παράτασιν καὶ τὸν χρόνον ἄπειρός ἐστιν. ὁ δὲ Ἀλέ-
ξανδρος καὶ προηγούμενον αὐτῷ φησι τὸν περὶ τοῦ παντὸς κόσμου λόγον,
ἐπάγεσθαι δὲ τὸν περὶ τοῦ ἀιδίου καὶ κυκλοφορητικοῦ σώματος, ὃν ἐν τῷ 5
10 δευτέρῳ βιβλίῳ διαπεραίνεται, καὶ ἐπὶ τούτοις τὸν περὶ τῶν τεσσάρων
στοιχείων ἐν τοῖς δύο τοῖς τελευταίοις παραδίδωσιν. ἐπειδὴ δὲ πρὸς τὸν
περὶ τοῦ παντὸς κόσμου λόγον, ὅτι οὐκ ἄπειρος, ὅτι σφαιροειδής, ὅτι ἀγέ-
νητος καὶ ἄφθαρτος, συντελεῖν ἔμελλε τὰ περὶ τοῦ κυκλοφορητικοῦ σώματος 10
λεγόμενα, πρῶτον τοῦτο δείκνυσιν, ὅτι ἔστι τι τοιοῦτον σῶμα, καὶ τότε τὰ
15 περὶ τοῦ παντὸς διδάσκει. προσεκτέον δὲ τοῖς περὶ τοῦ παντὸς λεγομένοις,
ὅτι οὐκ ἄπειρον, ὅτι σφαιροειδές, ὅτι ἀγένητον καὶ ἄφθαρτον, εἰ προηγου-
μένως περὶ τοῦ παντὸς εἴρηται κόσμου, ἀλλὰ μὴ κατὰ τὸν οὐρανὸν ἔχειν 15
λέγεται ταῦτα τὸ πᾶν. καὶ γὰρ ἀρχόμενος τοῦ δευτέρου βιβλίου καὶ συμ-
περαινόμενος, ὅτι οὔτε γέγονε οὔτε φθείρεται ὁ πᾶς οὐρανός, ὅτι, κἂν περὶ
20 τοῦ ὅλου κόσμου λέγῃ, κατὰ τὸν οὐρανὸν ἔχειν ταῦτα τὸν κόσμον φησίν,
ἐδήλωσεν αὐτός, ἐξ ὧν μετ' ὀλίγα τῆς ἀρχῆς ἔγραψεν ὧδε· "διόπερ καλῶς 20
ἔχει συμπείθειν ἑαυτὸν τοὺς ἀρχαίους καὶ μάλιστα πατρίους ἡμῶν ἀληθεῖς
εἶναι λόγους, ὡς ἔστιν ἀθάνατόν τι καὶ θεῖον τῶν ἐχόντων μὲν κίνησιν,
ἐχόντων δὲ τοιαύτην ὥστε μηδὲ εἶναι πέρας αὐτῆς" καὶ τὰ ἑξῆς, ἵνα
25 μὴ πολλὰ παραγράφω. κατ' εἶδος δὲ μόρια τοῦ παντός φησι τὰ κατ' 25
εἶδος ἀλλήλων διαφέροντα, οὐρανόν, πῦρ, ἀέρα, ὕδωρ, γῆν· ταῦτα γάρ ἐστι
τὰ προσεχῆ τοῦ παντὸς μέρη. ἐπεὶ καὶ τὰ τῆς γῆς καὶ ἑκάστου τῶν
ἄλλων ὁμοιομερῆ ὄντα μέρη καὶ τοῦ παντός ἐστιν, ἀλλ' οὐ προσεχῶς,
ἀλλὰ τῶν μερῶν μέρη· καὶ ταῦτά ἐστι τὰ κυρίως οὐ μέρη, ἀλλὰ μόρια. 30
30 τὰ οὖν προσεχῆ μέρη τοῦ παντὸς ταῦτά ἐστι τὰ κατ' εἶδος διαφέροντα.

p. 268ᵇ14 Πάντα γὰρ τὰ φυσικὰ σώματα ἕως τοῦ αἴτιον δέ,
ὅτι καὶ τὰ μεγέθη ταῦτα ἁπλᾶ μόνον ἥ τε εὐθεῖα καὶ ἡ περι- 35
φερής.

Ἀρχόμενος τοῦ περὶ τοῦ οὐρανίου σώματος λόγου καὶ βουλόμενος

---

3 συλλαμβάνειν CD   7 τοῦ εἶναι CDEb: αὐτοῦ ABc   καὶ κατὰ τὸν c   9 ἐπά-
γεσθαι AB: ἕπεσθαι DE   κυκλοφορικοῦ Bc   10 τὸν] τῶν AE: corr. E²
11 τὸν] τὸν τοῦ E   13 κυκλοφορικοῦ E   14 τι CDEb: om. ABc   17 μὲν περὶ
DE   19 γέγονεν DE   20 ταῦτα] τοῦτο suprascr. E²   21 ὀλίγα DEb: ὀλίγον ABc
ἔγραψεν] 284ᵃ 2 sqq.   22 ἔχει] ἔχειν A: om. DE   24 μηδὲν DEb: μηδὲ ABc
27 μέρη evan. C: om. E   30 κατ' εἶδος] κυρίως D   31 ἕως — περιφερής (33)] καὶ
μεγέθη D   δ' c   34 ἀρχόμενος CDEb: ἀρχόμενος δὲ ABc   τοῦ e corr. D
οὐρανοῦ comp. DE¹: οὐρανείου E²

δεῖξαι, ὅτι ἀίδιόν ἐστι, πρῶτον κατασκευάζει, ὅτι ἕτερον παρὰ τὰ τέσσαρα 8ᵃ στοιχεῖα. τὴν δὲ τούτου κατασκευὴν ἐκ τῶν κινήσεων ποιεῖται τῶν φυσικῶν. εἰ γὰρ τοῖς φυσικοῖς τὸ εἶναι φυσικοῖς ἐστιν ἐν τῷ φύσιν ἔχειν, ἡ 4 δὲ φύσις ἀρχὴ κινήσεως, ἡ ἀπὸ τῆς φυσικῆς κινήσεως ἀπόδειξις ἅμα μὲν
5 ἐκ τῶν ἐναργεστέρων ἐστὶν ὡς ἀπὸ ἐνεργειῶν· προφανέστεραι γὰρ τῶν οὐσιῶν αἱ ἐνέργειαι· ἅμα δὲ ἐκ τῶν κυριωτέρων ὡς ἐξ αἰτίων. πρὸς δὲ τὴν κατασκευὴν τὴν ἀπὸ τῶν κινήσεων ἕξ τινα προλαμβάνει τάδε, ὅτι δύο 45 εἰσὶν αἱ ἁπλαῖ κινήσεις ἥ τε κύκλῳ καὶ ἡ ἐπ' εὐθείας, ὅτι ἡ ἁπλῆ | κίνησις ἁπλοῦ σώματος, καὶ ὅτι τοῦ ἁπλοῦ σώματος ἁπλῆ ἡ κίνησις, 8ᵇ
10 καὶ ὅτι μία ἑνὸς κίνησις κατὰ φύσιν, καὶ ὅτι ἓν ἑνὶ ἐναντίον, καὶ ὅτι ὁ οὐρανὸς κύκλῳ κινεῖται, ὡς ἡ αἴσθησις ὑπαγορεύει. τούτων δὲ τῶν ὑποθέσεων καὶ Πλωτῖνος ἐν τῷ Περὶ κόσμου ἐμνημόνευσε· βουληθεὶς γὰρ 5 κατὰ Πλάτωνα ἀποδεῖξαι τὴν τοῦ οὐρανοῦ ἀιδιότητά φησιν· "'Ἀριστοτέλει μὲν γὰρ οὐδὲν ἂν πρᾶγμα εἴη, εἴ τις αὐτοῦ τὰς ὑποθέσεις τοῦ πέμπτου
5 παραδέξαιτο σώματος", ταύτας λέγων, ὅτι τούτων οὕτως ἐχουσῶν ἕπεται ἡ ἀιδιότης ἡ κατ' ἀριθμόν. καὶ Πλάτων δὲ ἄλλην ἔοικεν οὐσίαν ἀποδι- 10 δόναι τῷ οὐρανῷ· εἰ γὰρ εἰδοποιὰ τὰ πέντε σχήματα τῶν πέντε σωμάτων νομίζει καὶ τῷ δωδεκαέδρῳ διεζωγραφῆσθαι κατὰ τὸν οὐρανὸν ὡρισμένον τὸ πᾶν φησιν ἄλλῳ ὄντι παρὰ τὴν πυραμίδα καὶ τὸ ὀκτάεδρον καὶ τὸ εἰκο-
20 σάεδρον καὶ τὸν κύβον, δῆλον, ὅτι καὶ κατ' αὐτὸν ἄλλο τὴν οὐσίαν ἐστί. 15 καὶ ὅτι καὶ Πλάτων πέντε εἶναι τὰ ἁπλᾶ σώματα νομίζει κατὰ τὰ πέντε σχήματα, ἀρκεῖ Ξενοκράτης ὁ γνησιώτατος αὐτοῦ τῶν ἀκροατῶν ἐν τῷ Περὶ τοῦ Πλάτωνος βίου τάδε γράφων· "τὰ μὲν οὖν ζῷα οὕτω διῃρεῖτο εἰς ἰδέας τε καὶ μέρη πάντα τρόπον διαιρῶν, ἕως εἰς τὰ πέντε στοιχεῖα 20
25 ἀφίκετο τῶν ζῴων, ἃ δὴ πέντε σχήματα καὶ σώματα ὠνόμαζεν, εἰς αἰθέρα καὶ πῦρ καὶ ὕδωρ καὶ γῆν καὶ ἀέρα". ὥστε καὶ τὸ δωδεκάεδρον ἁπλοῦ σώματος ἦν σχῆμα κατ' αὐτὸν τοῦ οὐρανοῦ, ὃν αἰθέρα καλεῖ. εἰ δὲ ἐκ πυρὸς τὸν οὐρανόν φησιν, ὡς ἐκ φωτὸς λέγει· καὶ τὸ φῶς γὰρ πυρὸς εἶδός 25 φησι· τὰ δὲ ἄστρα ἐκ τῶν τεσσάρων, οὐ τῶν ἐν γενέσει, ἀλλὰ τοῦ μὲν
30 πυρὸς κατὰ τὸ φωτεινόν, τῆς δὲ γῆς κατὰ τὸ ἀντιτυποῦν τῇ αἰσθήσει, κἀκ τῶν μεταξὺ κατὰ τὰ μέσα. εἰ οὖν καὶ Ἀριστοτέλης ὁμολογεῖ τὸ ὁρατὸν αὐτῶν καὶ ἁπτόν, οὐδ' ἂν αὐτὸς ἀπαξιώσαι ἐκ τούτων τῶν ἀκροτήτων συνεστάναι 30 τὰ οὐράνια, ἐν αἷς καὶ ἡ τελειότης ἐστὶ τῶν στοιχείων· βούλεται γὰρ αὐτὸν πανταχοῦ τῶν ὑπὸ σελήνην καὶ εὐθυφορουμένων καὶ ἀτελῶν τεσσάρων ἐξη-

---

1 post ἕτερον add. ἐστι E²   3 φύσιν comp. A: φύσει B   5 ἐστὶν om. c
6 post αἰτίων lemma interponit E: del. E²   7 προλαμβάνει AB: προσλαμβάνει BDE: προλαμβάνοι c   9 καὶ—σώματος DEb: om. AB   ὅτι (prius) om. c   12 Πλωτῖνος] XXXVII, 2   13 Ἀριστοτέλει Eb: compendiose AD: Ἀριστοτέλης Bc   16 κατὰ DE
17 γάρ] e corr. D   18 νομίζοι D   διεζωγραφῆσθαι] Tim. 55 c   τὰ κατὰ D
19 ἄλλο ὄν τι D   21 καὶ (alt.) om. D   τὰ (alt.) om. Bc   22 Ξενοκράτης] fr. 53 p. 179,13 Heinze   ὁ] ὁ φυσικώτατος αὐτοῦ καὶ D   αὐτοῦ om. D   23 βίῳ DE   οὕτως E   διῃρῆτο DE   24 ἰδέας DEb: ἰδέαν ABc   ἕως τοῦ E:
ἕως οὗ D   πέντε bac: πάντων ADE: πάντα B   32 ἀπαξιώσῃ D: ἀπαξιώσοι E
33 οἷς c   αὐτὸν ac, cf. p. 13,1—2: αὐτὸ ABDE

ῥῆσθαι. ὁμοίως δὲ κἂν ἁπλοῦν αὐτόν φησι, τὴν ἀπὸ τούτων σύνθεσιν 8ᵇ
αὐτὸν ἀποφάσκειν εἰκός· ὅτι γὰρ ἔμψυχον αὐτὸν καὶ ζῷον λέγει, μαθησό- 35
μεθα, καὶ ὅτι τὰ ζῷα σύνθετα ἔχειν σώματα βούλεται. ὅτι δὲ οὐ μόνον
κινητὰ τὰ φυσικὰ σώματα, ἀλλὰ κατὰ τόπον μάλιστα κινητά, δῆλον ἐκ τοῦ
5 πρώτην μὲν εἶναι τῶν κινήσεων τὴν κατὰ τόπον κατὰ πάντας τοὺς τρόπους
τοῦ πρώτου, ὡς ἔδειξεν ἐν τῷ ἐσχάτῳ τῆς Φυσικῆς ἀκροάσεως, τὴν δὲ 40
φύσιν ἀρχὴν οὖσαν κινήσεως τῆς πρώτης μάλιστα τῶν φυσικῶν κινήσεων
ἀρχὴν εἶναι καὶ αἰτίαν. διαιρῶν δὲ τὰς φυσικὰς κινήσεις τὰς μὲν ἁπλᾶς
φησι, τὰς δὲ οὐχ ἁπλᾶς. δείξας δέ, ὅτι εἰσὶν ἁπλαῖ, ἕξει προχείρως, ὅτι
10 ἁπλῶν εἰσι σωμάτων, καὶ ὅτι τῶν ἁπλῶν σωμάτων ἁπλαῖ αἱ κινήσεις. 45
καὶ ὅτι μὲν ἁπλαῖ ᾗ τε κύκλῳ καὶ ἡ ἐπ' εὐθείας, πρόδηλον· οὐδετέρα γὰρ
αὐτῶν ἐκ διαφόρων | σύγκειται. ὅτι δὲ μόναι αὗται ἁπλαῖ, τοῦτο δείκνυσιν 9ᵃ
διὰ τῆς τῶν γραμμῶν παραθέσεως· πᾶσα γὰρ κίνησις ἐπί τινος γίνεται
γραμμικοῦ διαστήματος· εἰ οὖν αἱ ἁπλαῖ γραμμαὶ δύο μόναι, καὶ αἱ ἁπλαῖ
15 κινήσεις δύο. οὐχ ὡς ποιητικὰ δὲ τῶν κινήσεων αἴτια παρέθετο τὰ με-
γέθη, ἀλλ' ὡς ὑλικά· καὶ τὸν τῶν, ὧν οὐκ ἄνευ, λόγον ἔχοντα, ὥς φησιν
Ἀλέξανδρος· καὶ γὰρ κινήσεως μὲν οὔσης ἀδύνατον μὴ εἶναι μέγεθος, με-
γέθους δὲ ὄντος οὐκ ἀνάγκη κίνησιν εἶναι, ὅπερ τῇ ὕλῃ προσήκει. ἐπι-
στῆσαι δὲ χρή, μήποτε καὶ τὸ σχῆμα τοῦ ὑποκειμένου μεγέθους αἴτιον
20 γίνεταί ποτε τῷ σχήματι τῆς κινήσεως καὶ τὸ σχῆμα τῆς κινήσεως αἴτιον 10
τῷ σχήματι τοῦ ὑποκειμένου μεγέθους.

Ὁ δὲ Ξέναρχος πρὸς πολλὰ τῶν ἐνταῦθα λεγομένων ἀντειπὼν ἐν τοῖς
Πρὸς τὴν πέμπτην οὐσίαν αὐτῷ γεγραμμένοις ἀντεῖπε καὶ πρὸς τὸ αἴτιον
δέ, ὅτι καὶ τὰ μεγέθη ταῦτα ἁπλᾶ μόνον, ᾗ τε εὐθεῖα καὶ ἡ
25 περιφερής· "ἁπλῆ γάρ ἐστι, φησί, γραμμὴ καὶ ἡ ἐπὶ τοῦ κυλίνδρου ἕλιξ, 15
διότι πᾶν μόριον αὐτῆς παντὶ ἴσῳ ἐφαρμόζει· εἰ δὲ ἔστι μέγεθος ἁπλοῦν
παρὰ τὰ δύο, εἴη ἂν καὶ κίνησις ἁπλῆ παρὰ τὰς δύο καὶ σῶμα ἁπλοῦν
ἄλλο παρὰ τὰ πέντε τὸ τὴν κίνησιν ἐκείνην κινούμενον." πρὸς δὲ τὸν
Ξέναρχον ὁ Ἀλέξανδρος ὑπαντᾷ διχῶς, ποτὲ μὲν κατὰ ἀντιπαράστασιν· 20
30 συγχωρῶν γὰρ ἁπλῆν εἶναι τὴν κυλινδρικὴν ἕλικα λέγει, ὅτι οὐχ ὡς ποιη-
τικὰ αἴτια τῶν κινήσεων τὰ μεγέθη παρέθετο ὁ Ἀριστοτέλης· οὐ γάρ, εἰ

1 κἂν] καὶ D   αὐτὸν ac: αὐτὸ ABDE   2 αὐτόν] (prius) αὐτῶν E   6 Φυσικῆς]
θ 7   post ἀκροάσεως lemma interp. E: del. E²   9 ἕξει] ἐξ DE   ante ὅτι
ins. ἕξει E²   10 ἁπλᾶ εἰσι σώματα E²   12 δείκνυσι BDEc   14 αἱ (prius) om.
DE   15 ποιητικὰ corr. ex κινητικὰ E²   κινήσεως corr. ex ποιήσεως E²
16 τὸν τῶν ABCD: τὸν E: ταῦτα c   ὧν ABCE²: λόγον E¹: om. D: ὡς c
ἄνευ λόγον ACDE²: ἂν εὐλόγως Bc: ἀνεύλογον E¹   ὥς] καὶ B: om. c   φησιν
ὁ E   19 τοῦ ὑποκειμένου μεγέθους DEb: om. ABc   19. 20 αἴτιον γίνεταί ποτε
DE: est causa aliquando b: om. ABc   20 τῷ σχήματι DE¹: τῷ σώματι E²: corporis
b: om. ABc   καὶ τὸ σχῆμα τῆς κινήσεως] αἴτιον καὶ τὸ σχῆμα τῆς κινήσεως e corr.
D: om. ABEbc   αἴτιον—μεγέθους (21) del. E²: om. b   21 τοῦ σχήματος e
corr. D   24 ἢ om. AB   26 ἴσῳ ABD: ἴσως Ebc fort. recte, cf. Proclus in
Eucl. p. 105, 4   27 ἡ κίνησις E: corr. E²   29 Ξέναρχον] ἔξαρχον AB   ἀντι-
παρίστασιν B

τὸ ἁπλοῦν σῶμα ἁπλῆν κίνησιν κινεῖται κατὰ ἁπλῆς γραμμῆς, ἤδη καὶ κατὰ
πάσης ἁπλῆς γραμμῆς ἁπλοῦν σῶμα φυσικὸν ἁπλῆν κινεῖται κίνησιν, ὅπερ
ὁ Ξέναρχος ἀξιοῖ· οὐ γὰρ τοῦτο τίθησιν Ἀριστοτέλης. μήποτε δὲ βιαιο-
τέρα ἐστὶν ἡ ὑπάντησις τοῦ Ἀριστοτέλους σαφῶς εἰπόντος, ὅτι αἴτιόν ἐστιν
5 τὸ καὶ τὰ μεγέθη ταῦτα ἁπλᾶ μόνον εἶναι τήν τε εὐθεῖαν καὶ τὴν περι-
φέρειαν· κἂν γὰρ ὡς ὑλικὰ αἴτιά φησι καὶ κατ' αὐτὸ τοῦτο οὐκ ἀνάγκη
καὶ ἄλλου μεγέθους ὄντος ἁπλοῦ εἶναι καὶ ἄλλην ἁπλῆν κίνησιν, ἀλλὰ τό
γε μόνα ταῦτα ἁπλᾶ εἶναι μεγέθη σαφῶς εἰρημένον ἀνατρέπεται, εἴπερ
ἔστι καὶ ἄλλο. καλλίων οὖν ἡ κατὰ ἔνστασιν ὑπάντησις τοῦ Ἀλεξάνδρου
10 λέγοντος, ὅτι οὐδὲ ἁπλῆ γραμμή ἐστιν ἡ ἐπὶ τοῦ κυλίνδρου ἕλιξ, εἴπερ ἐκ δύο
κινήσεων ἀνομοίων γεννᾶται κυκλικῆς τε καὶ ἐπ' εὐθείας· εὐθείας γὰρ κύκλῳ
περὶ τὴν ἐπιφάνειαν τοῦ κυλίνδρου περιαγομένης καὶ σημείου τινὸς ἐπὶ τῆς
εὐθείας ὁμαλῶς κινουμένου γεννᾶται ἡ κυλινδρικὴ ἕλιξ, ὡς καὶ αὐτὸς ὁ
Ξέναρχος ὁμολογεῖ γράφων οὕτως· "ἔστω τι τετράγωνον καὶ τοῦτο περια-
15 γέσθω κύκλῳ μενούσης μιᾶς πλευρᾶς, ἥτις ἄξων τοῦ κυλίνδρου· ἐπὶ δὲ
τῆς ταύτῃ παραλλήλου τῆς καὶ περιστρεφομένης φερέσθω τι σημεῖον, καὶ
ἐν ἴσῳ χρόνῳ τοῦτο τὸ σημεῖον ταύτην διεξίτω τὴν γραμμὴν καὶ τὸ παρ-
αλληλόγραμμον εἰς τὸ αὐτὸ ἀποκαθιστάσθω πάλιν, ὅθεν ἤρξατο φέρεσθαι·
ποιεῖ γὰρ οὕτως τὸ μὲν παραλληλόγραμ|μον κύλινδρον, τὸ δὲ φερόμενον
20 σημεῖον ἐπὶ τῆς εὐθείας ἕλικα καὶ ταύτην, ὥς φησιν, ἁπλῆν, διότι ὁμοιο-
μερής". ἀλλὰ κἂν ὁμοιομερής ἐστιν, οὐκ ἔστιν ἁπλῆ· ἡ μὲν γὰρ ἁπλῆ
γραμμὴ πάντως καὶ ὁμοιομερής, ἡ δὲ ὁμοιομερὴς οὐ πάντως ἁπλῆ, ἐὰν
μὴ καὶ μονοειδὴς ᾖ, καί, εἰ ἀπὸ κινήσεως γίνοιτο, μονοειδὴς ὑπάρχῃ καὶ
αὐτή, μᾶλλον δὲ μία. καὶ γὰρ ἡ τῆς ἡλιακῆς κινήσεως ἕλιξ ὑπὸ δύο
25 κυκλικῶν γινομένη τῆς τε τοῦ ἡλίου ἐπὶ τοῦ ζῳδιακοῦ καὶ τῆς ⟨τῆς⟩ ἀπλα-
νοῦς, ἐπειδὴ περὶ διαφόρους πόλους ἑκατέρα γίνεται, καὶ ἡ ἕλιξ μικτὴν
ἔσχε φύσιν. ἔτι δέ, φησὶν ὁ Ἀλέξανδρος, αἱ ἁπλαῖ κινήσεις κατὰ τὴν πρὸς
τὸ τοῦ παντὸς μέσον σχέσιν τὸ ἁπλαῖ εἶναι ἔχουσιν· ἡ μὲν γὰρ περὶ τὸ
μέσον, αἱ δὲ ἀπὸ τοῦ μέσου καὶ πρὸς τὸ μέσον· ἡ δὲ ἕλιξ οὐ τοιαύτη.

30 p. 268ᵇ20 Κύκλῳ μὲν οὖν ἐστιν ἕως τοῦ καὶ ἡ κίνησις αὐτοῦ.

Εἰπὼν δύο εἶναι τὰς ἁπλᾶς κινήσεις τήν τε εὐθεῖαν καὶ τὴν κύκλῳ
ὁρίζεται ἑκατέραν κύκλῳ μὲν λέγων τὴν περὶ τὸ τοῦ παντὸς μέσον, ὅπερ

---

1 κατὰ (prius) DEb: καὶ τὰ AB: καὶ κατὰ c   3 ὁ Ἀριστοτέλης DE   3. 4 βιαιοτέρα]
ο e corr. D: corr. ex βία ἑτέρα E²   4 ἐστιν (alt.) A: ἐστι BDEc   5. 6 περιφερῆ c
6 καὶ κατ' B: κατ' AE²c(b): καὶ DE¹   7 ὄντος ἁπλοῦ AB: ἁπλοῦ DE¹: ἁπλοῦ
ὄντος E²   10 ἐπὶ om. D   14. 15 περαγέσθω A   15 ἥτι B   κυλινδρικοῦ AB:
κυλίνδρου γίνεται DE   16 τῆς ταύτῃ E²: τῆς ταύτης DE¹: ταύτης ABc   καὶ (prius)
om. c   17 διεξίτω corr. ex διέξειτο E²   18 ταὐτὸ DE   19 γὰρ] γὰρ καὶ B
20 φησὶν E²b: φασὶν ABDE¹   23 ὑπάρχῃ c: ὑπάρχει ABDE   24 αὕτη c
25 γινομένη del. E²   ἐπὶ om. c   τῆς τῆς scripsi: τῆς ABDEbc   26 ἐπειδὴ
del. E²   27 ὁ om. DE   28 ἁπλαῖ DEb: ἁπλοῦν ABc   30 ἕως—αὐτοῦ] ἡ
περὶ τὸ μέσον D   ἡ om. A   32 ἑκατέρας ABc   λέγει Bc et comp. A

διὰ τοῦ ἄρθρου ἐνεδείξατο, ὥς φησιν Ἀλέξανδρος, περὶ τὸ μέσον εἰπών· 9b
ὥστε ἡ τῶν τροχῶν μὴ περὶ τὸ μέσον τοῦ παντὸς γινομένη οὐκ ἔστιν 20
ἁπλῇ κύκλῳ· ἔχει γάρ πως καὶ τὸ ἄνω καὶ τὸ κάτω ἑκάστου μέρους
ποτὲ μὲν ἄνω γινομένου, ποτὲ δὲ κάτω. εὐθείας δὲ κινήσεις ἁπλᾶς φησι
5 τὴν μὲν ἄνω, τὴν δὲ κάτω· καὶ τί τούτων ἑκάτερον, σαφηνίζων ἄνω μὲν
τὴν ἀπὸ τοῦ μέσου φησί, κάτω δὲ τὴν ἐπὶ τὸ μέσον. καὶ ὅτι τὸ αὐτὸ 25
μέσον ἐπί τε τῆς κύκλῳ καὶ τῶν ἐπ' εὐθείας ἐλάμβανεν, ἐδήλωσεν εἰπών·
ὥστε ἀνάγκη πᾶσαν εἶναι τὴν ἁπλῆν φοράν καὶ τὰ ἑξῆς. ἐβουλήθη
δὲ κατὰ μίαν τὴν πρὸς τὸ μέσον σχέσιν πάσας παραδοῦναι· καὶ ἡ εἰς
10 δεξιὰ δὲ καὶ ἀριστερὰ καὶ ἡ ἔμπροσθεν καὶ ὄπισθεν, ὅταν ὦσιν ἁπλαῖ, ἐπὶ 30
τὸ ἄνω γίνονται ἢ ἐπὶ τὸ μέσον· αἱ γὰρ τῶν ζῴων οὐκέτι ἁπλαῖ κατὰ
κάμψιν καὶ ἔκτασιν τῶν κώλων γινόμεναι· ὥστε καὶ αἱ εἰς τὰ πλάγια ἄνω
τε καὶ κάτω οὖσαι ἐπ' εὐθείας. οὕτως μὲν ὁ Ἀλέξανδρος. μήποτε δὲ ἡ
εἰς δεξιὰ καὶ ἀριστερὰ καὶ ἔμπροσθεν καὶ ὄπισθεν οὐκ ἔστιν ἁπλῶν κατὰ 35
15 φύσιν, ἀλλὰ τῶν ζῴων τῶν τὰ δεξιὰ καὶ ἀριστερὰ καὶ ἔμπροσθεν καὶ
ὄπισθεν ἐχόντων· γῇ δὲ ἢ πῦρ ἤ τι τῶν ἄλλων οὐ κινεῖται τὴν τοιαύτην
κίνησιν, εἰ μὴ βίᾳ, ῥιπτούμενα ἢ ὠθούμενα ἢ ὑπὸ ἄλλων ἀντικοπτόμενα.
προλαβὼν δὲ ἐκ τῆς ἐναργείας δύο εἶναι τὰς ἁπλᾶς γραμμὰς τήν τε 40
εὐθεῖαν καὶ τὴν περιφερῆ, καὶ ὅτι αἱ ἁπλαῖ κινήσεις κατὰ τὰς ἁπλᾶς γί-
20 νονται γραμμάς, συνελογίσατο δυνάμει οὕτως· αἱ ἁπλαῖ κινήσεις κατὰ
ἁπλᾶς γίνονται γραμμάς· αἱ κατὰ ἁπλᾶς γινόμεναι γραμμὰς κατὰ εὐθεῖαν
γίνονται καὶ κατὰ κύκλον· καὶ τὸ συμπέρασμα δῆλον. εἶτα πάλιν, οἶμαι, 45
ὡς ἐναργὲς ἔλαβεν, ὅτι ἐν σφαίρᾳ ὡρισμένῃ μάλιστα εὐθεῖά ἐστιν ἡ ἀπὸ
τοῦ | κέντρου ἐπὶ τὴν περιφέρειαν· ὥστε καὶ αἱ κατ' εὐθεῖαν ἐν σφαίρᾳ 10a
25 ὡρισμέναι κινήσεις δύο ἡ μὲν ἄνω ἡ ἀπὸ τοῦ μέσου, ἡ δὲ κάτω ἡ ἐπὶ
τὸ μέσον· τρεῖς ἄρα αἱ ἁπλαῖ κινήσεις πρὸς τὸ μέσον ἔχουσαι τὰς σχέσεις
ἡ μὲν ἀπὸ τοῦ μέσου, ἡ δὲ ἐπὶ τὸ μέσον, ἡ δὲ περὶ τὸ μέσον. ἡ δὲ 5
κατὰ λόγον ῥηθεῖσα ἀκολουθία τοῦ τρεῖς εἶναι τὰς κινήσεις πρὸς τὸ
τριχῇ διαστατὸν εἶναι τὸ σῶμα παρὰ τὴν Ἀριστοτέλους ἀκρίβειαν δοκεῖ
30 μοι, εἰ μή τις δείξει λόγος κοινωνίαν τινὰ τῶν κινήσεων πρὸς τὰς δια-
στάσεις.

---

8 ὥστ' Bc   11 ζῳδίων DE¹   12 post πλάγια add. ἁπλαῖ DEb   14 ἡ ἔμ-
προσθεν c   οὐκ—ὄπισθεν (16) DEb: om. AB: οὐ τῶν ἁπλῶν φύσει ἀλλ' τῶν ζῴων
ἐχόντων δεξιὰ καὶ ἀριστερὰ καὶ τὰ ἔμπροσθεν καὶ ὄπισθεν c   ἁπλῶν b: ἁπλῶν σωμά-
των DE   15 τῶν τὰ b: τῶν καὶ τὰ DE   16 ἐχόντων om. c   18 προσλαβὼν
Bbc   ἐναργείας E²b: ἐνεργείας ABDE¹   τὴν om. DE   19 τὰς om. DE
20 post γραμμάς rep. e v. 21 αἱ κατὰ ἁπλᾶς γινόμεναι γραμμαὶ AB   συνελογίσατο—
γραμμάς prius (21) om. DE¹: συλλογίζεται οὕτως· αἱ ἁπλαῖ κινήσεις κατὰ ἁπλᾶς γίνονται
γραμμάς mg. E²   δυνάμει om. bc   21 αἱ—γραμμάς om. D   γραμμάς] γραμ-
μαὶ E   23 εὐθείας ἐστὶν ἡ D   24 ἐν E²: om. DE¹   σφαῖραι DE¹: corr. E²
25 ἄνω corr. ex ἄλλῳ E²   28 κατὰ λόγον] 268b25   29 ἀκρίβειαν] κατηγορίαν DE¹:
corr. E²   30 δείξει Db: corr. ex δείξῃ E²: δόξει AB

p. 268ᵇ26   Ἐπεὶ δὲ τῶν σωμάτων ἕως τοῦ κινεῖσθαι δὲ κατὰ τὸ 10ᵃ
ἐπικρατοῦν.   11

Κατασκευάσας τὴν πρώτην ὑπόθεσιν τὴν λέγουσαν, ὅτι τρεῖς εἰσιν αἱ ἁπλαῖ κινήσεις ἡ ἀπὸ τοῦ μέσου καὶ ἡ πρὸς τὸ μέσον καὶ ἡ περὶ τὸ μέσον, μέτεισιν ἐπὶ τὴν δευτέραν καὶ τρίτην δεικνύς, ὅτι τοῦ ἁπλοῦ σώμα- 15 τος ἁπλῆ ἡ κίνησις καὶ ἡ ἁπλῆ κίνησις ἁπλοῦ σώματος. δείκνυσι δὲ αὐτὰ διελὼν ὥσπερ πρότερον τὰς κινήσεις εἰς τὰς ἁπλᾶς καὶ τὰς μικτὰς οὕτως νῦν τὰ σώματα εἴς τε τὰ ἁπλᾶ καὶ τὰ σύνθετα. καὶ ὁρισάμενος τὰ ἁπλᾶ σώματα ἀποδίδωσιν οἰκείως τὰς μὲν ἁπλᾶς κινήσεις τοῖς ἁπλοῖς σώμασιν, 20 τὰς δὲ μικτὰς τοῖς συνθέτοις· καὶ γὰρ πᾶσα κίνησις σώματός ἐστί τινος ἡ κατὰ τόπον. ἁπλᾶ δὲ σώματά φησιν, ὅσα κινήσεως ἀρχὴν ἔχει τῆς κατὰ τὴν φύσιν μόνην· ἀρχὴν μὲν γὰρ κινήσεως ἔχει καὶ τὰ ζῷα καὶ τὰ φυτά, 25 ἀλλ' οὐ τῆς κατὰ τὴν φύσιν, καθὸ τοιαῦτα, ἀλλὰ τῆς κατὰ τὴν ψυχήν, διὸ καὶ ἄλλοτε ἄλλως κινεῖται· τὰ γὰρ σύνθετα οὐκ ἔμεινεν ἐπὶ τῶν ὁμοιομερῶν μόνων μερῶν, ἀλλὰ καὶ ὀργανικὰ προσεκτήσατο ὡς ψυχὴν προσλαβόντα τὴν ὡς ὀργάνῳ χρωμένην τῷ σώματι. ἡ δὲ φύσις ἁπλῆς 30 κινήσεως ἀρχή, διὸ καὶ τὰ φύσιν ἔχοντα μόνην ἁπλῆν ἔχει τὴν κίνησιν. τίνα δὲ ταῦτα λέγων ἐπήνεγκεν οἷον πῦρ καὶ γῆ καὶ τὰ τούτων εἴδη καὶ τὰ συγγενῆ τούτοις, εἴδη γῆς λέγων ἀμμώδη καὶ λιθώδη καὶ βῶλον καὶ λευκὴν ἢ μέλαιναν καὶ τὰ τοιαῦτα· πυρὸς δὲ εἴδη ἄνθραξ, 35 φλόξ, φῶς, ὥς φησιν ὁ Πλάτων. καλῶς δὲ καὶ οὕτως ὁ Ἀλέξανδρος ἐξηγήσατο· "εἰπὼν γάρ, φησίν, οἷον πῦρ καὶ γῆν ἐπήνεγκε τὸ καὶ τὰ τούτων εἴδη ἀντὶ τοῦ καθόλου πᾶν πῦρ, οὐ τόδε τὸ πῦρ μόνον, καὶ καθόλου πᾶσαν γῆν, οὐ τήνδε τινὰ μόνην, ἀλλὰ τὸ πυρὸς καὶ γῆς εἶδος, 40 καθὸ πῦρ ἐστι καὶ γῆ." συγγενῆ δὲ πυρὸς μὲν ἀήρ, γῆς δὲ ὕδωρ, καὶ εἴ τι ἄλλο ἁπλοῦν, ὡς δειχθήσεται τὸ πέμπτον σῶμα· φυσικὸν γὰρ καὶ τοῦτο. "εἰ δὲ τοῖς σώμασι τοῖς φυσικοῖς, φησὶν Ἀλέξανδρος, τὸ εἶναι ἔστιν ἐν τῷ κινήσεως ἀρχὴν ἐν ἑαυτοῖς ἔχειν, τούτων δὲ τὰ μὲν ἁπλᾶ ἐστι, τὰ δὲ ἐκ 45 τούτων σύνθετα, ἀκολουθήσει τὸ τῶν μὲν ἁπλῶν σωμάτων ἁπλᾶς | τὰς 10ᵇ κινήσεις εἶναι, τῶν δὲ συνθέτων συνθέτους". μήποτε δὲ ἀκριβέστερον ὁ Ἀριστοτέλης ἁπλᾶ σώματα εἶπεν, ὅσα κινήσεως ἀρχὴν ἔχει κατὰ φύσιν, ὡς τῶν συνθέτων, καθὸ σύνθετα, οὐ κατὰ τὴν φύσιν ἐχόντων τὴν ἀρχὴν τῆς κινήσεως, ἀλλὰ κατὰ τὴν ψυχήν, διὸ καὶ μόρια ὀργανικὰ προσεκτή- 5 σατο. ἔστι δὲ ἡ ἁπλῆ κίνησις καὶ μία· ἡ γὰρ ἁπλῆ κίνησις ἁπλοῦ σώ-

---

1 ἕως—ἐπικρατοῦν (2)] τὰ μέν ἐστιν ἁπλᾶ D   3 αἱ om. D   4 καὶ ἡ (prius)] καὶ E
5 τοῦ τε c   6 αὐτὰς D: αὐτὸ c   7 δι' ἔργων E¹: διαιρῶν E²   καὶ τὰς c
εἰς DEb: καὶ εἰς A   οὕτω BCD   9 σώμασι BDEc   10 κινήσεις E, sed
corr.   ἡ A²DE: ἡ A¹C   11 τῆς—ἔχει (12) om. DE   13 τὴν (prius) om. DE
15 μόνον C: om. b   18 ἐπήνεγκε A   γῆν c cum Aristot.   19 τούτων Bc
καὶ λιθώδη om. DE   20 ἢ] καὶ c   21 Πλάτων cf. Tim. p. 58 c   22 ἐπήνεγκεν B   23 τὸ πᾶν ABc   24 μόνον B   28 αὐτοῖς CDE   34 καὶ om. D

ματός ἐστι· τὸ δὲ ἁπλοῦν σῶμα, εἴπερ ἐστὶν ἁπλοῦν, μιᾶς κινήσεως ἀρχὴν 10ᵇ
ἐν ἑαυτῷ ἔχει· εἰ γὰρ πολλῶν ἕξει κινήσεων ἀρχήν, κἂν ἁπλῶν, οὐκέτι
ἁπλοῦν ἔσται, ἀλλ' ἐκ τοσούτων σωμάτων, ὅσων κινήσεων ἀρχὰς ἔχει· 10
καὶ ταύτῃ γὰρ τὸ σύνθετον τοῦ ἁπλοῦ διαφέρει τῷ πολλῶν ἁπλῶν κινή-
5 σεων ἀρχὰς ἐν ἑαυτῷ ἔχειν. ἡ δὲ μία κίνησις οὐ πάντως ἁπλῆ· ἡ μὲν
γὰρ τῶν ζῴων κίνησις οὐδὲ μία, οἶμαι, κυρίως ἐστὶ κατὰ ἔκτασιν καὶ
κάμψιν τῶν κώλων γινομένη, ἡ δὲ λοξὴ κίνησις, οἷα τῶν διαττόντων ἐστί, 15
μία μέν, οὐχ ἁπλῆ δέ· ἀπὸ γὰρ τῆς ἄνω καὶ κάτω συνέστηκε· καὶ ἡ
κατὰ ἕλικα ἀπὸ εὐθείας καὶ περιφεροῦς.   μικτὰς δέ πως εἶπε τὰς κινή-
10 σεις εἰρῆσθαι ὁ Ἀλέξανδρος, "διότι, φησί, μὴ οὕτως ἡ κίνησις μέμικται
ὡς τὰ σώματα· τὰ μὲν γὰρ σώματα ὑφέστηκέ τε καὶ ἅμα ἐστὶν ἀλλήλοις 20
τὰ ἁπλᾶ ἐν τῇ μίξει, ἐπὶ δὲ τῆς κινήσεως οὐχ ὑπομένει ἡ προτέρα τὴν
δευτέραν, ὡς δύνασθαι λέγειν ἡμᾶς τήνδε τῇδε μεμῖχθαι". μήποτε δὲ
ἐπὶ μὲν τῶν μικτῶν ὡς παρὰ μέρος, οἷον ὡς ἐπὶ τῆς ἐκτάσεως καὶ
15 κάμψεως τῶν κώλων, ἀληθὲς τὸ μὴ ὑπομένειν τὴν προτέραν κίνησιν, ἐπὶ 25
μέντοι τῶν λοξῶν κινήσεων, ἐφ' ὧν μέμικται τὸ ἄνω καὶ τὸ κάτω κατὰ
μίαν ἰδέαν, οὐκέτι, οἶμαι, ἀληθές, καὶ ἐπὶ τῶν κατὰ ἕλικα· ἀλλὰ τὸ πως
κατὰ τὸ κινήσει προσῆκον μᾶλλον ἀποδεκτέον. τῶν δὲ συνθέτων σωμάτων
ἡ φυσικὴ κίνησις κατὰ τὸ ἐπικρατοῦν γίνεται· καὶ γὰρ σῶμα ἀνθρώπινον, 30
20 εἴ τις ῥίψει, κάτω φέρεται διὰ τὸ ἐπικρατεῖν ἐν αὐτῷ τὸ γεῶδες.   προσέ-
θηκε δὲ ὁ Ἀριστοτέλης, οἶμαι, τὸ κινεῖσθαι δὲ κατὰ τὸ ἐπικρατοῦν
εἰς τὰ τέσσαρα ταῦτα τὰ παρ' ἡμῖν καλούμενα στοιχεῖα ἀποβλέψας, ἅπερ
οὐκ ἔστιν κυρίως ἁπλᾶ, ἀλλὰ κατὰ τὸ ἐπικρατοῦν κινεῖται τὰς ἁπλᾶς κινή- 35
σεις· οὐδὲ γὰρ ἂν εἴη τὰ ἁπλᾶ ἐν τόποις ἀφωρισμένα, εἴπερ πρὸς σύνθεσιν
25 πεποίηται τοῦ παντός. μήποτε δὲ καὶ ὁ οὐρανὸς μὲν σύνθετός ἐστιν ἐκ
τῶν ἀκροτήτων τῶν τεσσάρων στοιχείων, εἴπερ ὁρατὸς καὶ ἁπτός ἐστιν,
ἀλλ' ἐπικρατούσης ἐν αὐτῷ τῆς τοῦ πυρὸς ἀκρότητος, ἁπλοῦς δὲ καὶ αὐτὸς 40
λέγεται ὥσπερ καὶ τὰ τέσσαρα ταῦτα ἁπλᾶ πρὸς σύγκρισιν τῶν συνθέτων.
πᾶν δὲ τὸ ἁπλῆν κίνησιν κινούμενον σῶμα ἢ ἁπλοῦν ἐστιν ἢ κατά τι τῶν
30 ἐν αὐτῷ ἁπλῶν ἐπικρατοῦν κινεῖται ταύτην τὴν κίνησιν. εἰ δὲ τοῦτο ἀλη-
θές, κἂν σύνθετον ᾖ τὸ κύκλῳ κινούμενον, κατά τι τῶν ἐν αὐτῷ ἁπλῶν 45
ἐπικρατοῦν τὴν ἁπλῆν ταύτην κίνησιν κινεῖται· τὸ γὰρ σύνθετον ἁπλῆν κί-
νησιν κινεῖται οὐ καθὸ σύνθετον. |

---

2 ἕξει] corr. ex ἔχει D   3 σωμάτων AB: σύνθετον DEb, fort. recte   ὅσων — σύν-
θετον (4) om. DE: ὅσων κινήσεων ἀρχὰς ἔχει· τὸ γὰρ οὕτω σύνθετον τοῦ ἁπλοῦ mg. E²
4 τοῦ ἁπλοῦ] τὸ ἁπλοῦν E: del. E²   τῷ Db: corr. ex τῶν E²: τὸ AB   5 ante
ἀρχὰς del. ἀρχῶν κι D   7 γινομένην A   διαττόντων] διαϊττόντων A: διαττόντων corr.
ex διαιτώντων E²   12. 13 δευτέρα τὴν προτέραν E   14 ὡς (alterum) om. D   ἐπὶ]
τὴν δευτέραν ἐπὶ c   16 ἐφ'] ὑφ' A   18 κινήσεις c   20 ἐπικρατεῖν CDE: ἐπικρα-
τοῦν ABc   ἐν suprascr. A¹   21 δὲ (alterum) om. D   22 τὰ παρ'] παρ' DE
ὑμῖν A   23 ἔστι BDEc   27 ὑγρότητος AB   δὲ] del. E²: δὴ Bc   29 ἦ om.
D: m. sec. E   30 κινεῖται ταύτην τὴν κίνησιν DEb: ταύτην τὴν κίνησιν κινεῖται
ABc   32 τὸ γὰρ — κινεῖται (33) DEb: om. ABc

p. 269a2   Εἴπερ οὖν ἐστιν ἁπλῆ κίνησις ἕως τοῦ κατὰ τὴν 11a
           αὐτοῦ φύσιν.

Δείξας τὴν κύκλῳ κίνησιν ἁπλῆν ἐκ τοῦ καὶ τὸ μέγεθος, ἐφ' οὗ γίνεται, ἁπλοῦν εἶναι, δείξας δὲ καί, ὅτι ἡ ἁπλῆ κίνησις ἁπλοῦ σώματος καὶ τοῦ ἁπλοῦ σώματος ἁπλῆ ἡ κίνησις, συλλογίζεται λοιπὸν οὕτως· ἐπεὶ ἡ κύκλῳ κίνησις ἁπλῆ, ἡ δὲ ἁπλῆ κίνησις ἁπλοῦ σώματος καὶ τοῦ ἁπλοῦ σώματος ἁπλῆ ἡ κίνησις, ἀναγκαῖον εἶναί τι σῶμα ἁπλοῦν, ὃ πέφυκε φέρεσθαι τὴν κύκλῳ κίνησιν κατὰ τὴν αὐτοῦ φύσιν. ἀλλὰ μὴν τὸ ἡγούμενον· δέδεικται γάρ· τὸ ἄρα λῆγον. ὡς δέ φησιν ὁ Ἀλέξανδρος, "εἰκότως οὐχ ὑποθετικῶς προήγαγεν, εἰ ἁπλῆ ἡ κύκλῳ κίνησις καὶ τὰ ἑξῆς, ἀλλὰ παρασυναπτικῷ ἐχρήσατο τῷ εἴπερ, ἐπειδὴ προαπέδειξεν πάντα τὰ λήμματα." μήποτε δὲ τὸ εἴπερ ὑποθετικὸν ἔτι ἐστὶν οὐκ ἰσοδυναμοῦν τῷ ἐπειδήπερ· τὸ γὰρ περ τῷ εἰ ὑποθετικῷ προστιθέμενον οὐκ ἀμείβει τὴν δύναμιν αὐτοῦ, ὥσπερ οὐδὲ τῷ ἐπειδὴ παρασυναπτικῷ· ὑποθετικῶς δὲ αὐτὸ διὰ φιλόσοφον ἴσως εὐλάβειαν προήγαγεν. δῆλον δέ, ὅτι τὰ ὑποθετικὰ τῶν λημμάτων ἀποδειχθέντων καὶ κατηγορικῶς προάγεσθαι δύναται ὥσπερ καὶ τοῦτο· ἡ κύκλῳ κίνησις ἁπλῆ· ἡ ἁπλῆ κίνησις ἁπλοῦ σώματός ἐστιν· ἡ ἄρα κύκλῳ κίνησις ἁπλοῦ σώματός ἐστιν· ἔστιν ἄρα ἁπλοῦν σῶμα τὸ τὴν κύκλῳ κίνησιν κινούμενον κατὰ φύσιν.

p. 269a7   Βίᾳ μὲν γὰρ ἐνδέχεται ἕως τοῦ ἡ κατὰ φύσιν τῶν
           ἁπλῶν.

Δείξας εἶναί τι σῶμα ἁπλοῦν, ὃ πέφυκε φέρεσθαι τὴν κύκλῳ κίνησιν κατὰ τὴν αὐτοῦ φύσιν, ἐφεξῆς δείκνυσιν, ὅτι οὐδὲν τῶν τεσσάρων ἐστὶ τὸ τὴν κύκλῳ κίνησιν κινούμενον οὔτε κατὰ φύσιν οὔτε παρὰ φύσιν. καὶ ὅτι μὲν οὐ κατὰ φύσιν, ἔδειξεν οὕτως· εἰ μία ἑκάστου τῶν ἁπλῶν σωμάτων ἡ κατὰ φύσιν κίνησις· τῶν γὰρ ἁπλῶν ἁπλῆ, ἡ δὲ ἁπλῆ καὶ μία· δῆλον, ὅτι καὶ τῶν τεσσάρων στοιχείων ἑκάστου ἁπλοῦ ὄντος ἁπλῆ καὶ μία ἡ κίνησις ἡ κατὰ φύσιν. εἰ οὖν ἐπ' εὐθείας ἐστὶν αὐτοῖς ἡ κατὰ φύσιν κίνησις, δῆλον, ὅτι ἡ κύκλῳ οὐκ ἂν αὐτοῖς εἴη κατὰ φύσιν, ἀλλ', εἰ ἄρα ἔστι, βίαιος αὐτοῖς ἐστι· βίᾳ μὲν γὰρ ἐνδέχεται τὴν ἄλλου κίνησιν καὶ

---

1 ἕως—φύσιν (2)] ἁπλῆ δ' ἡ κύκλῳ κίνησις D   2 αὐτοῦ A: ἑαυτοῦ Ec   3 καὶ ABC: om. DEb   τὸ μέγεθος] corr. ex μεγέθους E²   4 ἡ CDE: om. AB
8 αὐτοῦ E²: ἑαυτοῦ c: αὐτοῦ ABCDE¹   9 ὁ om. DE   10 προήγαγε A
11 παρασυναπτικῷ DEb: παρασυναπτικῶς ABc   11. 12 προαπέδειξε BDEc   12 δὲ DEb: om. ABc   ἔτι DEb: τί ABc   13 εἰ om. E   15 αὐτὸ DEb: αὐτὸς ABc   προήγαγε BDEc   16 τὰ om. c   19 ἄρα ABb: ἄρα τι CDE   τὸ] corr. ex τῷ E²   20 ἕως—ἁπλῶν (21)] τὴν ἄλλου καὶ ἑτέρου D   23 αὐτοῦ E²: αὐτοῦ ABDE¹: ἑαυτοῦ Cc   26 ἡ δὲ ἁπλῆ om. Bc   28 εἰ—φύσιν (29) mg. E²
ἐπ' εὐθείας] ἡ κατ' εὐθεῖαν E   29 ἂν] ἔσται E   εἴη κατὰ φύσιν αὐτοῖς D: erit ipsis secundum naturam b   ἄρα] καὶ Bc   30 ἐστι (alt.) ABb: ἔσται CDE

ἑτέρου εἶναι τὴν αὐτήν, ἢ βίᾳ ἐνδέχεται τὴν ἄλλου κίνησιν κινεῖσθαί τι 11ᵃ
καὶ οὐχ ἑνὸς μόνου, ἀλλὰ καὶ ἑτέρου· τὸ γὰρ πῦρ ἐνδέχεται βίᾳ καὶ
κάτω κινεῖσθαι καὶ κύκλῳ· κατὰ φύσιν δὲ ἀδύνατον τὴν ἄλλου κινεῖσθαι, 40
εἴπερ ἑκάστου μία ἡ κατὰ φύσιν. ὥσπερ δὲ ἔδειξε πρότερον, ὅτι, κἂν
5 σύνθετον εἴη τι τὸ κινούμενον τὴν κύκλῳ κίνησιν, ἐπειδὴ ἁπλῆ ἐστιν αὕτη,
κατά τι ἁπλοῦν τῶν ἐν αὐτῷ ἐπικρατοῦν αὐτὴν κινεῖται, οὕτως νῦν ἔδειξεν,
ὅτι, κἂν βίᾳ τι κινῆται τὴν κύκλῳ κίνησιν, ἐπειδὴ ἁπλῆ ἐστιν αὕτη, πάν- 45
τως ἔστι τι τὸ κατὰ φύσιν αὐτὴν κινούμενον. |

p. 269ᵃ9 Ἔτι, εἰ ἡ παρὰ φύσιν ἐναντία ἕως τοῦ εἰ δὲ ἡ κάτω, 11ᵇ
10   ὕδωρ ἢ γῆ.

Ἐφεξῆς δείκνυσιν, ὡς, εἰ μὴ κατὰ φύσιν ὑπάρχει τινὶ τῶν τεσσάρων
ἡ κύκλῳ κίνησις, ὑπάρχειν δὲ ὅμως ὑποτεθῇ, ἀνάγκη παρὰ φύσιν αὐτῷ 5
εἶναι. ἐὰν οὖν δειχθῇ, ὅτι οὐδὲ παρὰ φύσιν αὐτῷ ὑπάρχει, δεδειγμένου,
ὅτι μὴ κατὰ φύσιν, συνάγεται τὸ μηδαμῶς ὑπάρχειν. ὅτι μὲν οὖν, εἰ μὴ
15 κατὰ φύσιν, παρὰ φύσιν, ἔδειξεν ἐκ τοῦ τῷ κατὰ φύσιν τὸ παρὰ φύσιν
εἶναι ἐναντίον· μὴ παρόντος οὖν τοῦ κατὰ φύσιν ἀνάγκη τὸ παρὰ φύσιν 10
ὑπάρχειν, καὶ τοῦτο εἶναι, οὐκ ἄλλο τι, ἐναντίον, εἴπερ ἓν ἑνὶ ἐναντίον·
οὐ γὰρ ἄδικος ἡ φύσις ἑνὶ πολλὰ ἀντιτάττουσα. τοῦ οὖν κατὰ φύσιν μὴ
παρόντος παρὸν αὐτό ἐστι τὸ ἐναντίον καὶ παρὰ φύσιν, εἴπερ τῷ κατὰ
20 φύσιν ἐναντίον τὸ παρὰ φύσιν καὶ ἓν ἑνὶ ἐναντίον. θαυμαστῶς δὲ αἴτιον 15
εἶπεν τοῦ, εἰ μὴ εἴη κατὰ φύσιν ἡ κύκλῳ, παρὰ φύσιν εἶναι τὸ ἁπλῆν
αὐτὴν εἶναι· εἰ μὲν γὰρ μὴ ἦν ἁπλῆ, ἐδύνατο μήτε ἐναντία εἶναι μήτε
παρὰ φύσιν, ἀλλὰ μόνον οὐ κατὰ φύσιν· τὸ μέντοι ἁπλῆν κινούμενον κί-
νησιν, εἰ κινεῖται, ἀνάγκη ἢ τὴν κατὰ φύσιν ἢ τὴν παρὰ φύσιν κίνησιν 20
25 κινεῖσθαι· ἢ τινα τῶν μεταξύ, ἥτις οὐκ ἔστιν ἁπλῆ, ἡ δὲ κύκλῳ ἁπλῆ.
ὅτι δὲ οὐδὲ παρὰ φύσιν τῶν τεσσάρων τι στοιχείων ἐστὶ τὸ κύκλῳ περι-
φερόμενον, δείκνυσι πάλιν προσχρώμενος τῷ ἓν ἑνὶ ἐναντίον εἶναι. εἰ γὰρ
τῷ πυρὶ κατὰ φύσιν ἡ ἄνω κίνησις, τῇ δὲ ἄνω ἐναντία ἡ κάτω καὶ ἓν 25
ἑνὶ ἐναντίον, οὐκ ἂν εἴη οὐδὲ παρὰ φύσιν ἡ κύκλῳ κίνησις τοῦ πυρός, διὰ
30 τὰ αὐτὰ δὲ οὐδὲ τῶν τριῶν τινός.

---

1 ἢ ABb: ἢʹ D: ἡ E¹: εἰ E²   2 καὶ (pr.) DEb: om. ABc   μόνον c   βίᾳ
om. D   4 μία] corr. ex βία E²   post φύσιν del. ἐπεὶ ἁπλῆ ἡ κύκλῳ· εἰ μὴ
ἔσται E²   δὲ suprascr. E²   ὅτι sqq. om. E sine lacuna: mg. ἐνδεῖ τῆς ἐξηγήσεως E²
ὅτι κἂν ABb: δηλαδὴ κἂν C: οὐκ ἂν D   5 εἴη] ἢ C   ἀπλᾶ c   6 ante αὐτὴν
lac. D   7 ἐπειδὴ—αὕτη om. Db   7. 8 πάντως ἔστι τι Db: om. AB: ἀεί ἐστι
τι c   9 δὲ AD: δʹ c   12 ante δὲ del. ὑποτεθῇ D   13 ὅτι] CD: om. ABc
ὑπάρχειν Bc   14 μὴ] μηδὲ CD   ὅτι μὲν οὖν CD: ὁτιοῦν ABc   16 μὴ — pr. ἐναν-
τίον (17) om. D   17 τούτῳ c   18 τοῦ] τὸ D   τὴν φύσιν D?   19 αὐτὸ Db:
αὐτῷ ABc   21 εἶπε BDc   22 εἶναι αὐτὴν D   ἠδύνατο D   ἐναντίον Bc
25 δὲ CDb: om. ABc   26 τὸ om. c   26. 27 φερόμενον D   27 τῷ D:
τὸ ABC   28 δὲ om. Bc   30 τὰ αὐτὰ] ταῦτα CD

Ὅτι δὲ οὐδὲ ἄλλου τινὸς ἁπλοῦ παρὰ φύσιν ἐστὶν ἡ κύκλῳ κίνησις, 11ᵇ δείκνυσιν ἐκ τοῦ δεῖν εἶναί τινα κατὰ φύσιν ἐκείνου κίνησιν ἁπλοῦ ὄντος ἁπλῆν· ἁπλαῖ δὲ ἡ ἄνω καὶ ἡ κάτω μόναι· ὧν εἴ τινα ἐκινεῖτο, ἕν τι 30 τῶν τεσσάρων ἦν τοῦτο καὶ οὐκ ἄλλο. δύο δὲ οὐσῶν ἐπ' εὐθείας κινή-
5 σεων ἁπλῶν τῆς τε ἄνω καὶ τῆς κάτω οὐ δύο μόνα γέγονεν εὐθυποροῦντα στοιχεῖα, ἀλλὰ τέσσαρα. τὴν δὲ αἰτίαν αὐτὸς ἐν τοῖς περὶ τοῦ βαρέος καὶ κούφου λόγοις ἐρεῖ, ὅτι βαρὺ μὲν ἁπλῶς ἡ γῆ, κοῦφον δὲ ἁπλῶς τὸ 35 πῦρ, ὅτι τὸ μὲν πᾶσιν ὑφίσταται, τὸ δὲ πᾶσιν ἐπιπολάζει, ἀὴρ δὲ καὶ ὕδωρ ἀμφοτέρων κεκοινωνήκασι· βαρέα γὰρ καὶ κοῦφα, οὐ πρὸς τὸ αὐτὸ
10 δέ· διὸ δύο τὰ κυρίως ἁπλᾶ στοιχεῖα, πῦρ καὶ γῆ. ἰστέον δέ, ὅτι καὶ Πτολεμαῖος ἐν τῷ Περὶ τῶν στοιχείων βιβλίῳ καὶ ἐν τοῖς Ὀπτικοῖς καὶ 40 Πλωτῖνος ὁ μέγας καὶ Ξέναρχος δὲ ἐν ταῖς Πρὸς τὴν πέμπτην οὐσίαν ἀπορίαις τὴν μὲν ἐπ' εὐθείας κίνησιν τῶν στοιχείων γινομένων ἔτι καὶ ἐν τῷ παρὰ φύσιν ὄντων τόπῳ, ἀλλὰ μήπω τὸν κατὰ φύσιν ἀπειληφότων
15 εἶναί φασι. τούτῳ δὲ καὶ Ἀριστοτέλης ἔοικε συγχωρεῖν καὶ ἐν τῷ τετάρτῳ 45 τῆσδε τῆς πραγματείας λέγων "τὸ εἰς τὸν αὑτοῦ τόπον φέρεσθαι εἰς τὸ αὑτοῦ | εἶδός ἐστι φέρεσθαι" καὶ ἐν τῇ Περὶ γενέσεως καὶ Ἀλέξανδρος 12ᵃ ἐν τούτοις, ὡς λεχθήσεται. τῷ γὰρ ὄντι, εἰ τῶν οἰκείων τόπων καὶ τῆς οἰκείας ὁλότητος ἐφιέμενα κινεῖται ἀπὸ τοῦ ἀλλοτρίου τόπου καὶ τῆς παρὰ
20 φύσιν διαθέσεως, δῆλον, ὅτι οὐ κατὰ φύσιν ἔχοντα τελέως κινεῖται, ἀλλ', ὥς φασιν οἱ εἰρημένοι πρότερον ἄνδρες, Πτολεμαῖος, Ξέναρχος, Πλωτῖνος, κατὰ φύσιν ἔχοντα καὶ ἐν τοῖς οἰκείοις τόποις ὄντα τὰ στοιχεῖα ἢ μένει ἢ 5 κύκλῳ κινεῖται· μένει μὲν ἡ γῆ δηλονότι καὶ τὸ ὕδωρ καὶ τοῦ ἀέρος τὸ λιμνάζον, κύκλῳ δὲ κινεῖται τό τε πῦρ καὶ τοῦ ἀέρος τὸ εὐαγὲς τῷ οὐρανῷ
25 συμπεριπολοῦντα κατὰ τὴν πρὸς αὐτὸν οἰκειότητα. εἰ οὖν τοῦτο ἀληθές, καὶ αὐτὸς δὲ ὁ Ἀριστοτέλης ἐν τοῖς Μετεωρολογικοῖς τὸ ὑπέκκαυμα κύκλῳ κινεῖσθαί φησι τεκμαιρόμενος ἀπό τε τῶν κομητῶν καὶ τῶν ἄλλων τῶν ἐν 10 αὐτῷ συνισταμένων φασμάτων ἀνατελλόντων τε καὶ δυνόντων μετὰ τῶν ἄστρων, πῶς ἐν τούτοις ὁ Ἀριστοτέλης πρῶτον μέν πως ἀπὸ τῆς παρὰ
30 φύσιν τῶν ὑπὸ σελήνην κινήσεως τὴν πρὸς αὐτὰ ὑπεροχὴν καὶ ἐξαίρεσιν τοῦ οὐρανίου σώματος ἐπιχειρεῖ δεικνύναι; ἀλλὰ τοῦτο τὸ ἄπορον μετ' 15 ὀλίγον ὡς τοῦ Ξενάρχου προβαλλομένου διαλύσομαι· νῦν δὲ ἀπορητέον, πῶς οὔτε πῦρ οὔτε ἄλλο τι τῶν τεσσάρων κύκλῳ φέρεσθαί φησιν οὔτε κατὰ φύσιν, εἰ μία ἑκάστου ἡ κατὰ φύσιν κίνησις, ἐπ' εὐθείας δὲ ἡ τού-
35 των, οὔτε παρὰ φύσιν, εἰ ἓν ἑνὶ ἐναντίον, ἐναντίον δὲ τῷ ἄνω τὸ κάτω, 20 ἀλλ' οὐχὶ τὸ κύκλῳ.

---

1 δὲ Db: om. ABCc   4 τοῦτο Cb: τούτων ABDc   ἁπλῶν ἐπ' D   5 ἁπλῶν om. D   8 ὅτι] διότι D   10 διὸ] corr. ex δύο D   13 γινομένην D   15 τετάρτῳ] Δ 3. 310ᵃ33—34   16 τῆσδε τῆς Db: τῆς αὐτῆς ABc   αὑτοῦ scripsi cum libris Arist.: proprium b: αὐτὸν Dc: αὐτῶν AB   17 αὑτοῦ b: αὐτοῦ ABD: αὐτὸ c   19 ἀπὸ—κινεῖται (20) Db: om. ABc   23 μένει μὲν—κινεῖται (24) ADb: om. Bc   24 πῦρ τε D   εὐαδὲς c   26 ὁ om. D   Μετεωρολογικοῖς] A 7   30 κινήσεως Db: κινήσεων AB   ἐξαίρεσιν—σώματος (31) evan. A: ἐξαιρετὸν τοῦ οὐρανίου σώματος B   36 τὸ BD: τῷ AB

Ἐπιστῆσαι δὲ ἄξιον, μήποτε οὐ τοῦτο λέγει ὁ Ἀριστοτέλης τὸ μηδὲν 12ᵃ
τῶν τεσσάρων στοιχείων κύκλῳ κινεῖσθαι ἁπλῶς, ἀλλὰ μήτε κατὰ φύσιν
μήτε παρὰ φύσιν· ἀποδείξας γὰρ εἶναί τι τὸ κύκλῳ κινούμενον κατὰ φύσιν 25
μήτε πῦρ ὂν μήτε ἄλλο τι τῶν τεσσάρων στοιχείων· εἰ γὰρ πῦρ ὑποτε-
5 θείη, οὔτε κατὰ φύσιν ἂν ἔχοι ταύτην τὴν κίνησιν· ἡ γὰρ τοῦ πυρὸς ἐπ'
εὐθείας, μία δὲ ἑκάστου ἡ κατὰ φύσιν· οὔτε μέντοι παρὰ φύσιν· ἡ γὰρ
παρὰ φύσιν κίνησις τοῦ πυρὸς ἐπὶ τὸ κάτω, ἓν δὲ ἑνὶ ἐναντίον· καὶ ὅτι 30
μὲν οὐδὲν τῶν τεσσάρων ἐστὶ στοιχείων τὸ τὴν κύκλῳ κίνησιν ταύτην κι-
νούμενον, οὕτως ἔδειξεν, ὅτι δὲ οὐδὲ ἄλλου τινός ἐστι σώματος ἡ κύκλῳ
10 κίνησις αὕτη παρὰ φύσιν αὐτὴν κινουμένου ἁπλῆν οὖσαν, δείκνυσιν ἐκ τοῦ
δεῖν καὶ κατὰ φύσιν ἔχειν τινὰ κίνησιν ἐκεῖνο ἁπλῆν καὶ δηλονότι ἐπ' εὐ- 35
θείας· οὐ γάρ ἐστιν ἄλλη παρὰ τὴν κύκλῳ ἁπλῆ κίνησις· ὥστε πάλιν
τῶν τεσσάρων ἂν εἴη τι στοιχείων, ὅπερ ἀδύνατον. ταῦτα μὲν οὖν ἐχέτω
τινὰ λόγον· ἀλλ' εἴπερ κύκλῳ κινεῖται τὸ πῦρ καὶ κατὰ Ἀριστοτέλην,
15 πότερον κατὰ φύσιν ἐκείνην κινεῖται τὴν κίνησιν ἢ παρὰ φύσιν; εἰ μὲν
γὰρ κατὰ φύσιν, οὐκέτι μία ἑνὸς ἡ κατὰ φύσιν, εἴπερ ἐπὶ τὸ ἄνω κινεῖται 40
κατὰ φύσιν· εἰ δὲ παρὰ φύσιν, οὐκέτι ἓν ἑνὶ ἐναντίον· τῷ γὰρ πυρὶ παρὰ
φύσιν ἡ ἐπὶ τὸ κάτω. μήποτε οὖν ἡ κύκλῳ κίνησις τῷ πυρὶ οὔτε κατὰ
φύσιν ἐστὶν ὡς ἰδία, εἴπερ τῇ ἀπλανεῖ συμπεριφέρεται· οὐδὲ γὰρ ταῖς
20 πλανωμέναις κατὰ φύσιν οὕτως ἡ ἀπ' ἀνατολῶν κίνησις· ἀλλ' οὔτε παρὰ 45
φύσιν ὡς ἐναντία τῇ κατὰ φύσιν· ἡ γὰρ | τοιαύτη βλαβερὰ καὶ οὐ μόνι- 12ᵇ
μος· ἀλλ' ἑτέρα μὲν παρὰ τὴν κατὰ φύσιν, ὡς κρείττονος δὲ οὖσά τινος
κρατοῦντος. καὶ τάχα διὰ τοῦτο ὁ Ἀριστοτέλης οὐκ εἶπεν, ὅτι παρὰ φύσιν
ἐνδέχεται τὴν ἄλλου καὶ ἑτέρου εἶναι, ἀλλὰ βίᾳ· ἔστιν γὰρ βία ἐπωφελής, 5
25 ἥτις οὐ παρὰ φύσιν, ἀλλ' ὑπὲρ φύσιν ἂν λέγοιτο.

Ἀλλ' ἐρωτήσοι ⟨ἄν⟩ τις ἡμᾶς εἰκότως, εἰ τὴν κύκλῳ κίνησιν τὴν
ὁρωμένην ἀλλοτρίαν καὶ ὑπὲρ φύσιν ἡ τοῦ πυρὸς ὁλότης κινεῖται, ἆρα ἔχει
τινὰ ἀιδίαν κίνησιν κατὰ φύσιν ἢ ὥσπερ ἡ γῆ καὶ τὸ ὕδωρ ὅσον ἐφ' ἑαυ-
τοῖς ἠρεμεῖ καὶ τὰ ἄνω στοιχεῖα τὸν οἰκεῖον τόπον ἀπειληφότα; λέγω 10
30 τοίνυν, ὅτι ἡ ῥοπὴ καὶ τοῦ πυρὸς ὅλου πρὸς τὸν οὐρανόν ἐστιν ὥσπερ τῆς
γῆς πρὸς τὸ κέντρον, τελειότερον δὲ ἐν τοῖς ἐφεξῆς ῥηθήσεται, ἔνθα λέγει
ὁ Ἀριστοτέλης εἰς ταὐτὸ φέρεσθαι τὸ ὅλον καὶ τὸ μόριον.

Ὁ Ξέναρχος δὲ δευτέραν ἀπορίαν ἐν τοῖς Πρὸς τὴν πέμπτην οὐσίαν 15
ἠπορημένοις μετὰ τὴν περὶ τῶν ἀπλῶν γραμμῶν ἀπορεῖ πρὸς τὸ τοῦ
35 ἀπλοῦ σώματος ἀπλῆν εἶναι κατὰ φύσιν τὴν κίνησιν. "οὐδενὶ γάρ, φησί,
τῶν τεσσάρων στοιχείων ἤδη ὄντι κατὰ φύσιν ἐστὶν ἡ ἐπ' εὐθείας κίνησις,
ἀλλὰ γινομένῳ μόνον· τὸ δὲ γινόμενον οὐκ ἔστιν ἁπλῶς, ἀλλὰ τοῦ τε 20

---

1 ὁ rursus inc. E μηδὲ AB 2 μήτε] μήποτε B 7 παρὰ] κατὰ DE:
corr. E² 8 οὐδὲ AB 9 δὲ om. D: m. sec. E 15 πρότερον DE: corr. E²
16 εἴπερ—κατὰ φύσιν (17) om. D 17 οὐκέτι] οὐκ ἔστιν AB 19 ἀπλανῆ A
20 οὕτως del. E² ἀπ'] ἐπ' Bc nonne οὐδὲ? 24 ἔστι BDEc 26 ἐρωτήσοι
ἂν scripsi: ἐρωτήσοι AD: ἐρωτήσει BEb: ἐρωτῆσαι c 27 ὁρωμένην] corr. in εἰρη-
μένην D 28 τινὰ DEb: τὴν ABc ἀιδίαν ABc 33 ὁ om. D

εἶναι καὶ τοῦ μὴ εἶναι μεταξύ, καθάπερ καὶ τὸ κινούμενον· καὶ γὰρ τοῦτό 12ᵇ
ἔστιν ἐν μέσῳ τοῦ τε ἐπιλαμβανομένου τόπου καὶ τοῦ προκατεχομένου,
καὶ ἔστι συγγενὴς ἡ γένεσις τῇ κινήσει μεταβολή τις οὖσα καὶ αὕτη. καὶ
διὰ τοῦτο τὸ ἄνω φέρεσθαι λεγόμενον πῦρ οὔ φαμεν εἶναι κυρίως πῦρ, 25
5 ἀλλὰ γινόμενον, ἐλθὸν δὲ ἐπὶ τὸν οἰκεῖον τόπον καὶ ἐπιπολάσαν τοῖς ἄλλοις
καὶ ἠρεμῆσαν τότε γενέσθαι κυρίως· εἰδοποιεῖσθαι γὰρ αὐτό, καθ' ὅσον ἐστὶ
κοῦφον, τῇ θέσει ταύτῃ· καὶ ἡ γῆ τότε κυρίως ἐστὶ γῆ, ὅταν ὑποστῇ
τοῖς ἄλλοις καὶ τὸν μέσον ἐπισχῇ τόπον· καὶ τὸ ὕδωρ καὶ ὁ ἀήρ, τὸ μὲν 30
ὕδωρ, ὅταν ἐπιπολάζῃ μὲν τῇ γῇ, ὑφίσταται δὲ τῷ ἀέρι, ὁ δὲ ἀήρ, ὅταν
10 ἐπιπολάζῃ μὲν τῷ ὕδατι, ὑφίσταται δὲ τῷ πυρί. τὸ οὖν τοῦ ἁπλοῦ σώ-
ματος, φησίν, ἁπλῆν εἶναι κατὰ φύσιν τὴν κίνησιν ψεῦδός ἐστιν· δέδεικται
γάρ, ὡς οὐ τῷ ὄντι, ἀλλὰ τῷ γινομένῳ συμβεβηκός ἐστιν ἡ κίνησις· εἰ 35
δὲ ἄρα χρὴ καὶ τοῖς ἤδη οὖσιν ἀποδιδόναι τινὰ κίνησιν καὶ ταύτην ἁπλῆν,
τὴν ἐγκύκλιον ἀποδιδόναι χρή, εἴπερ δύο μόναι αὗται ἁπλαῖ ἥ τε κύκλῳ
15 καὶ ἡ ἐπ' εὐθείας, ἡ δὲ ἐπ' εὐθείας γινομένων ἐστίν, ἀλλ' οὐκ ὄντων τῶν
τεσσάρων· οὐκ ἂν οὖν ἀτόπως ἀποδοίη τις τῷ πυρὶ τὴν ἐγκύκλιον, τοῖς 40
δὲ ἄλλοις τρισὶ τὴν ἠρεμίαν".

Ταύτην τὴν ἀπορίαν λύων ὁ Ἀλέξανδρος, ὅτι μὲν οὐ πάντῃ τελείοις
οὖσιν ὑπάρχει ἡ ἐπ' εὐθείας, ὁμολογήσαντος τοῦτο τοῦ Ἀριστοτέλους ἐν
20 τοῖς Περὶ γενέσεως, καὶ ἐνταῦθα ὁμολογεῖ καὶ αὐτὸς σαφῶς λέγων, ὅτι
οὐδὲ οἷόν τε ἦν τούτοις κινεῖσθαι, εἰ μὴ ἦν τι ἐν αὐτοῖς δυνάμει· ἡ γὰρ 45
κίνησις τοῦ δυνάμει ἐστὶν ἐντελέχεια· καὶ ὅτι τέλεια πάντῃ τότε ἐστίν,
ὅταν | ᾖ ἐν τοῖς κατὰ φύσιν αὐτοῖς τόποις· ἐνδεῖν δέ φησι τῷ ἄνω κι- 13ᵃ
νουμένῳ οὐκ εἰς τὸ πυρὶ εἶναι, ἀλλ' εἰς τὸ ὄντι αὐτῷ πυρὶ ἐν τῷ κατὰ
25 φύσιν εἶναι τόπῳ, ἐφ' ὃν φέρεται, καὶ ἐπὶ τῶν ἄλλων ὁμοίως· ὅτι γάρ,
φησί, καὶ τοῖς ἤδη κατὰ τὸ εἶδος τελείοις αἱ προειρημέναι κινήσεις κατὰ 5
φύσιν εἰσίν, δῆλον ἐκ τοῦ, ἐάν τις ἐκ τοῦ κάτω, ἐν ᾧ ἤδη ἡ γῆ οὖσα
ἐνεργείᾳ ἐστὶ γῆ, μετεωρίσας ἀφῇ γῆν, εἰς τὸ κάτω φέρεσθαι αὐτὴν
ὁμοίως· οὐ γὰρ ἀφαιρεθεῖσα τοῦ οἰκείου τόπου παύεται τοῦ εἶναι, ὅ ἐστιν.
30 ἔτι δέ, φησίν, εἰ βαρεῖα ἡ γῆ, τὸ δὲ πῦρ κοῦφον, κατὰ φύσιν δὲ τούτοις 10
αἱ τοιαῦται κινήσεις, οὐ σαλεύεται ὁ λόγος, εἰ μὴ ἄρα κοῦφον ὁρίζοιτό
τις οὐ τὸ ἐπὶ τὸ ἄνω φερόμενον, ἀλλὰ τὸ πᾶσιν ἐπιπολάζον, καὶ βαρὺ
οὐ τὸ ἐπὶ τὸ κάτω φερόμενον, ἀλλὰ τὸ πᾶσιν ὑφιζηκός. καὶ γὰρ καὶ ὁ

ε´
2 μέσῳ DEb: κ/ A: κεφαλαίῳ B: μεταιχμίῳ c   προκαταγομένου DE   4 ἄνω φέ-
ρεσθαι bc: ἀναφέρεσθαι ABDE   ληγόμενον B   φαμεν DEb: φασὶν ABc   κυρίως
εἶναι Bb   5 ἐλθὼν A   6 γενέσθαι bc: γίνεσθαι ABDE   9 ὅτε ἂν (pr.) AB
10 τῷ ὕδατι DEa (b hic in edit. lacunosa): τῇ γῇ ABc   11 ἔστι B   12 ante εἰ lemma
interponit E ut saepius, quod posthac non notabo   18 ὅτι] φησιν ὅτι c   20 Περὶ γε-
νέσεως] B 10   21 κινεῖσθαι mg. A¹: om. BDEbc   23 αὐτῆς Bc   δέ] corr.
ex δύο E²   τῷ] τοῦ ABc   23. 24 κινουμένῳ Bc   24 τὸ] (pr.) τῷ A
25 ὃν] ὧν E   26 κατὰ τὸ] κατ' c   27 εἰσὶ BDEc   28 μετεωρίσασα DE
ἀφῇ] lac. 2 litt. D: om. E   γῆν] mut. in ἀφῇ E²   29 ὅμως c   ἀφαιρεθεῖσα bc:
ἀφαιρεθεὶς B: ἀφαιρεθὲν DE et comp. A   33 καὶ (alt.) om. Bc

τοῦ Πλάτωνος Τίμαιος ἀπέδειξε τὸ ἄνω καὶ κάτω πρός τι μᾶλλον ὑπάρ-
χον, ἀλλ' οὐ καθ' αὑτό· εἰ γὰρ ὁμολογεῖ καὶ ὁ Ἀριστοτέλης τὸ ἐπὶ τὸν
οἰκεῖον τόπον φερόμενον ἐπὶ τὸ εἶδος τὸ αὑτοῦ φέρεσθαι, καὶ ὁ Ἀλέξανδρος
τὸ πάντῃ τέλειον ἐν τοῖς οἰκείοις ἔχειν τόποις, ἐκείνων μάλιστα χρὴ τοὺς
5 ὁρισμοὺς ἀποδιδόναι, ἀλλ' ὁ ἐκ τῶν κινήσεων ἐπιχειρεῖν βουλόμενος οὐ
δεῖται τούτων τῶν ὁρισμῶν. μήποτε οὖν οἶδε μὲν καὶ ὁ Ἀριστοτέλης τὴν
ἐπ' εὐθείας κίνησιν ἀτελῶν καὶ ἐνδεῶν οὖσαν τῶν στοιχείων καὶ ἐν τῷ
γίνεσθαι καὶ φθείρεσθαι ὄντων, βουλόμενος δὲ τούτων χωρίσαι τὰ οὐράνια
ἀπὸ τῆς κινήσεως ἐπεχείρησεν ἐκείνοις μὲν δεικνὺς ὑπάρχουσαν κίνησιν
10 τὴν γενέσει καὶ φθορᾷ πρέπουσαν, τῷ δὲ οὐρανίῳ τὴν ἀιδιότητος δεκτικήν.

Ἀπορεῖ δὲ πάλιν ὁ Ξέναρχος οὐκ ἀνάγκην εἶναι λέγων, εἰ τοῖς ἁπλοῖς
φυσικοῖς σώμασιν ἁπλᾶς ἀποδέδωκε τὰς οἰκείας καὶ συγγενεῖς κινήσεις ἡ
φύσις, ἤδη διὰ τοῦτο καὶ ταῖς ἁπλαῖς κινήσεσιν ἁπλᾶ ἀποδεδωκέναι τὰ
φυσικὰ σώματα· οὐδὲ γὰρ σύνθετον ταῖς συνθέτοις ἀπέδωκεν· ἦν γὰρ ἂν
15 ἄπειρον αὐτῶν τὸ πλῆθος· ἄπειροι γάρ εἰσιν αἱ σύνθετοι κινήσεις. πρὸς
δὲ ταύτην τὴν ἀπορίαν, οἶμαι, ῥητέον, ὅτι ταῖς συνθέτοις κινήσεσιν σύνθετα
ἀποδέδοται τὰ φυσικὰ σώματα οὐ τῷ ἄπειρα εἶναι· οὐδὲ γὰρ αἱ σύνθετοι
κινήσεις ἄπειροι τοῖς εἴδεσιν, εἰ μὴ τῷ πάλιν καὶ πάλιν ὥσπερ τὰ σώ-
ματα· κἂν γὰρ ἕκαστον σύνθετον σῶμα πολλὰς κινῆται συνθέτους κινήσεις,
20 ἀλλ' οὐκ ἀπείρους τῷ εἴδει, ἀλλ', εἰ ἄρα, τῷ ἀριθμῷ κατὰ τὸ ἐπ' ἄπειρον·
ὅπερ οὐκ ἀναγκάζει ἄπειρα εἶναι τῷ ἀριθμῷ τὰ κινούμενα, εἰ μὴ ἄρα καὶ
αὐτὰ τῷ ἐπ' ἄπειρον. ὁ δὲ Ἀλέξανδρος εἴτε ταύτην ἄλλως ἐκδεξάμενος
τοῦ Ξενάρχου τὴν ἔνστασιν εἴτε ἄλλης μνημονεύων πρὸς τοιαύτην ὑπαντᾶν
μοι δοκεῖ· εἰ τὸ σύνθετον γεγονὸς ἕν ἐστι, τοῦ δὲ ἑνὸς μία ἡ κίνησις, ἡ
25 αὐτὴ ἔσται τοῦ τε ἁπλοῦ καὶ τοῦ συνθέτου κίνησις· μία γὰρ καὶ ἡ τοῦ
ἁπλοῦ. λύει τοίνυν ὁ Ἀλέξανδρος λέγων· κἂν μία ἡ τοῦ συνθέτου, ἀλλ'
οὐχ ἁπλῆ· ἡ μὲν | γὰρ ἁπλῆ καὶ μία, ἡ δὲ μία οὐ πάντως ἁπλῆ· οὐδὲ
γὰρ τὸ σῶμα διὰ τὸ ἓν ἤδη καὶ ἁπλοῦν· ὥστε καὶ τοῦ συνθέτου μία μέν,
ἀλλ' οὐχ ἁπλῆ· εἰ δὲ καὶ ἁπλῆ, ἀλλ' οὐχ ὡς συνθέτου, ἀλλὰ κατὰ τὸ
30 ἐπικρατοῦν· ἐν γὰρ τῷ συνθέτῳ πλείους αἱ τῆς κινήσεως ἀρχαί, διὸ καὶ
σύνθετον. ἔστιν δὲ καὶ ταῦτα τοῦ Ξενάρχου· 'φέρε δὲ καὶ δύο μὲν εἶναι
τὰς ἁπλᾶς γραμμάς, τήν τε περιφερῆ καὶ τὴν εὐθεῖαν, τῶν δὲ τεττάρων,
γῆς καὶ ὕδατος καὶ ἀέρος καὶ πυρός, ἕκαστον, ἐπειδὰν ᾖ, κυρίως κατὰ
φύσιν ἔχειν κίνησιν τὴν κατὰ τῆς εὐθείας· ἀλλὰ τί δὴ κωλύει καὶ τούτων

---

1 Τίμαιος] 63ᵃ sq.   κάτω] τὸ κάτω B   2 καὶ om. E   ὁ om. Bc   3 αὑτοῦ K²:
αὐτοῦ ABDE   5 οὐ ac (in b om. in edit.): om. ABDE   6 ὁ om. Bc   8 χωρίσαι] δεῖ-
ξαι DE¹: διελεῖν E²   10 οὐρανίῳ DEb: οὐρανῷ ABc   ἀιδιότητα B   11 ἀπορεῖ
DEA²b: ἀπιστεῖ A¹Bc   ἁπλῶς E   14 σύνθετον] σύνθετα E   ἀποδέδωκεν DE
16 κινήσεσι BDEc   17 οὐ τῷ ἄπειρα εἶναι E²b: ἄπειρα εἶναι ABE¹: καὶ οὐ μᾶλλον
διὰ ταῦτα ἄ^πειρα εἶναι in ras. breviore D: οὐ διὰ τὸ ἄπειρα εἶναι c   19 κινεῖται ABc
23 ἀπαντᾶν E   24 δὲ om. Bc   24. 25 ἡ αὐτὴ — κίνησις om. D   27 ἡ
μὲν — οὐχ ἁπλῆ (29) om. DE   28 διὰ scripsi: quod b, καὶ ABc   31 ἔστι BDEc
μὲν om. D

ὑποκειμένων κατὰ φύσιν εἶναι καὶ τὴν ἐν κύκλῳ τινὸς ἢ τινων ἢ καὶ πάν- 13ᵇ
των αὐτῶν; οὐ γὰρ δὴ καὶ τοῦτο προσυπεθέμεθα, μίαν εἶναι τὴν ἑκάστου
κατὰ φύσιν· ἔστι δὲ οὐδὲ δυνατὸν προσυποθέσθαι· ψεῦδος γάρ ἐστι προ-
φανῶς. ἑκάτερον γὰρ τῶν ἐν μέσῳ δύο τὰς κατὰ φύσιν ἔχει κινήσεις· 15
τό τε γὰρ ὕδωρ ἐκ μὲν γῆς ἄνω φέρεται κατὰ φύσιν, ἐκ δὲ πυρὸς καὶ
ἀέρος εἰς τοὐναντίον, ὅ τε ἀὴρ κάτω μὲν ἐκ τοῦ πυρός, ἄνω δὲ ἐκ τοῦ
ὕδατος." ἀλλ' ὅτι μὲν προϋπεθέμεθα, μίαν εἶναι τῶν ἁπλῶν κατὰ φύσιν
κίνησιν, δῆλον, τοῦ Ἀριστοτέλους εἰπόντος "βίᾳ μὲν γὰρ ἐνδέχεται τὴν 20
ἄλλου καὶ ἑτέρου· κατὰ φύσιν δὲ ἀδύνατον, εἴπερ μία ἑκάστου κίνησις ἡ
κατὰ φύσιν τῶν ἁπλῶν". ὅτι δὲ τὰ μέσα στοιχεῖα οὐχὶ δύο κινήσεων
ἀρχὰς ἔχει καθ' αὑτά, ἐντεῦθεν δῆλον· κοῦφος μέν ἐστιν ὁ ἀήρ, ἔλαττον
δὲ ἢ τὸ πῦρ, καὶ τὸ ὕδωρ βαρύ, ἔλαττον δὲ ἤπερ ἡ γῆ· ἡ δὲ ἐπὶ τὸ 25
κάτω τῷ ἀέρι καὶ ἐπὶ τὸ ἄνω τῷ ὕδατι βίᾳ καὶ οὐ κατὰ φύσιν ὑπάρχουσι,
τὸ δὲ μᾶλλον καὶ ἧττον οὐκ ἀμείβει τὰ εἴδη. εἰ δέ τις βούλοιτο μίξει
τοῦ ἐναντίου τὸ μὲν ἧττον εἶναι κοῦφον, τὸ δὲ ἧττον βαρύ, ἐρεῖ ταῦτα μὴ
εἶναι κυρίως ἁπλᾶ, ὅπερ καὶ τῷ Ἀριστοτέλει δοκεῖ, ἀλλὰ κινεῖσθαι μὲν 30
ὡς ἐπίπαν κατὰ τὸ ἐπικρατοῦν, ἐνίοτε δὲ καὶ ἐπαμφοτερίζειν. τὸ γὰρ
ἁπλοῦν σῶμα τοῦ μὴ ἁπλοῦ τούτῳ χωρίζεται τῷ μιᾶς φύσεως ἀρχὴν ἔχειν,
καὶ διὰ τοῦτο ἴσως ὁ Ἀριστοτέλης ὡς περὶ δυεῖν διαλέγεται τῶν ἁπλῶν
τὰ πολλά. ταύτας μὲν οὖν τὰς ἐνστάσεις τοῦ Ξενάρχου ἐν τούτοις τίθησίν 35
τε καὶ διαλύει ὁ Ἀλέξανδρος. λέγει δὲ καὶ ἄλλην ὁ Ξέναρχος τοιαύτην·
"τὴν κύκλῳ κίνησιν ἀδύνατον ἁπλοῦ σώματος εἶναι κατὰ φύσιν, εἴπερ ἐν
μὲν τοῖς ἁπλοῖς σώμασιν ὁμοιομερέσιν οὖσιν ἰσοταχῆ πάντα τὰ μόριά ἐστιν·
ἐν δὲ τῷ κύκλῳ τὰ πρὸς τῷ κέντρῳ ἀεὶ βραδύτερα τῶν πρὸς τῇ περι- 40
φερείᾳ ἐστίν, εἴπερ ἐν τῷ αὐτῷ χρόνῳ ἐλάττονα κινοῦνται διάστασιν· ἀλλὰ
καὶ ἐν σφαίρᾳ οἱ περὶ τοὺς πόλους κύκλοι βραδύτερον κινοῦνται τῶν πόρ-
ρωθεν καὶ τάχιστα πάντων ὁ μέγιστος τῶν παραλλήλων". ῥητέον δὲ καὶ
πρὸς ταύτην, οἶμαι, τὴν ἀπορίαν, ὅτι ὁ μὲν Ἀριστοτέλης τὴν κύκλῳ κίνη- 45
σιν ἁπλῆν εἶπεν τὴν κατὰ γραμμὴν κυκλικὴν γινομένην μίαν ἑνός· ὁ δὲ
ἀπορῶν λόγος πολλοὺς ἐν σφαίρᾳ κύκλους | ἀνισοταχεῖς λαβὼν καὶ πάλιν 14ᵃ
ἐν ἐπιπέδῳ κύκλῳ τοὺς μὲν πρὸς τῷ κέντρῳ, τοὺς δὲ πρὸς τῇ περιφε-
ρείᾳ, ὡς μίαν τὴν ἐκ πάντων κίνησιν σύνθετον πειρᾶται δεικνύναι καὶ οὐχ
ἁπλῆν· ἐπεί, ὅτι γε ἡ καθ' ἕκαστον κύκλον τῶν ἐν τῇ σφαίρᾳ κίνησις 5
ἁπλῆ ἐστι καὶ ἡ καθ' ἕκαστον τῶν ἐν τῷ κυκλικῷ ἐπιπέδῳ, οὐκ ἀνῄρηκεν·

---

2 προσυπεθέμεθα ADE¹: προυπεθέμεθα BE²c   3 προσυποθέσθαι ADE¹: προυποθέσθαι BE²c   6 ἀέρος Bc: τοῦ ἀέρος ADE   τε] τ' Bc   9 ἄλλου εἶναι c   12 δὲ (tertium)] δ' Bc   τὸ] ε corr. E¹   13 βίᾳ DEb: βίαιοι ABc   15 ἧττον εἶναι b: ἧ ε corr. D: εἶναι ἧττον E: ἧττον ABc   ἐρεῖς c   19 ὡς περί] corr. ex ὥσπερεί E²   20 ἐν] καὶ ἐν DE   τίθησι BDEc   21 τε om. D   24 ἀεί] ε corr. D   26 σφαῖρα EA¹: corr. A²   βραδύτεροι A   29 εἶπε BDEc   30 λόγος] corr. ex λόγους E   σφαῖρα A¹E: corr. A²   31 κύκλῳ ABD: κύκλου Eb: κυκλικῷ c   33 γε om. DE   κύκλων E   σφαῖρα A¹: corr. A²   34 ἀνῄρηκε E²: ἂν εἴρηκεν A: ἂν εἴρηκε BDE¹c: reflectitur b

καὶ γὰρ ὁμοίως ἁπλῆ ἥ τε κατὰ τὸν ἀεὶ φανερὸν κύκλον γινομένη κίνησις
καὶ ἡ κατὰ τὸν ἰσημερινόν, κἂν ἡ μὲν βραδυτάτη ἐστίν, ἡ δὲ ταχίστη,
καὶ τῶν ἐν τοῖς ἐπιπέδοις τῶν κύκλων τούτων γραφομένων κύκλων ἑκάστου
ὁμοίως ἁπλῆ ἡ κίνησις καὶ ἁπλοῦ σώματός ἐστι τοῦ κατ' ἐκεῖνο τὸ μέρος·
5 οὐδὲ γὰρ εἶπεν Ἀριστοτέλης, ὅτι αἱ πολλαὶ κυκλικαὶ κινήσεις ἁπλῆ μία
κίνησίς ἐστιν ἢ ἁπλοῦ σώματος, ἀλλ' ὅτι ἡ ἁπλῆ κίνησις, ἥτις καὶ μία,
πάντως ἐστὶν ἁπλοῦ σώματος, καὶ τοῦ ἁπλοῦ καὶ ἑνὸς σώματος ἁπλῆ καὶ
μία ἡ κίνησις· ὥστε καὶ τῷ ὅλῳ οὐρανῷ ὡς ἑνὶ ἀδιαιρέτῳ ἐφαρμόττειν
τὸν λόγον, κἂν εἰς μέρη τις αὐτὸν διέλῃ, καὶ ἑκάστῳ ἐφαρμόττειν· μόνον
10 ὡς περὶ μιᾶς κινήσεως καθ' ἕνα κύκλον γινομένης ληπτέον τὴν ὑπόθεσιν.
τελευταῖον δὲ ἐν τούτοις μέμφεται Ξέναρχος, ὅτι περὶ φυσικῶν διδάσκοντες
μαθηματικὰς τὰς ἀποδείξεις ποιούμεθα γραμμῶν εἴδεσι προσκεχρημένοι,
ὅταν τὰς αἰτίας τῶν ἁπλῶν κινήσεων τῶν ἁπλῶν γραμμῶν ἀπαρτῶμεν.
ἀλλ', εἰ μὲν μαθηματικῶς ἐχρώμεθα ταῖς γραμμαῖς, τῷ ὄντι παρηλλάττο-
15 μὲν ⟨ἂν⟩ τοῦ σκοποῦ· εἰ δέ, πάσης κινήσεως κατὰ διάστασιν γραμμικὴν
γινομένης, τῆς μὲν ἁπλῆς κατὰ ἁπλῆν, τῆς δὲ συνθέτου κατὰ σύνθετον,
εἰς δεῖγμα τῆς τῶν κινήσεων διαφορᾶς παρεθέμεθα τὰ τῶν διαστάσεων
εἴδη, πῶς μαθηματικῶς τὰ φυσικὰ δεικνύναι λεγόμεθα; εἰ γὰρ ταῖς γραμμαῖς
καὶ ὁ φυσικὸς χρῆται καὶ ὁ μαθηματικὸς ὡς καὶ ἐπιφανείαις καὶ σώμασιν,
20 οὐ τὸ γραμμαῖς ἁπλῶς χρήσασθαι μαθηματικόν ἐστιν, ἀλλὰ τὸ μαθηματι-
κῶς χρήσασθαι.

Ταῦτα μὲν ὁ Ξέναρχος ἀντείρηκεν πρὸς τὰς ὑπὸ τοῦ Ἀριστοτέλους
παραληφθείσας ὑποθέσεις. τῶν δέ τις ἐφ' ἡμῶν δόξης, ὡς ἔοικεν, θηρατὴς
τῶν τε Ξενάρχου τινὰς ἐνστάσεις ὑποβαλόμενος καὶ ἄλλας τοιαύτας ἀθροίσας
25 κατήγορος ἀνέδυ τοῦ Ἀριστοτέλους σκοπὸν μὲν τὸν ὅλον ἐνστησάμενος, ὥς
φησι, φθαρτὸν ἀποδεῖξαι τὸν κόσμον ὡς ἔπαθλόν τι μέγα παρὰ τοῦ δη-
μιουργοῦ ληψόμενος, εἰ φθαρτῶν μόνων αὐτὸν ἀποδείξει δημιουργόν, μη-
δενὸς δὲ ἀφθάρτου. διὰ ταύτην δὲ τὴν προθυμίαν τοῖς ἐνταῦθα λεγομένοις
ὑπὸ τοῦ Ἀριστοτέλους ἀντιλέγειν προτίθεται διὰ πολυστίχων βιβλίων οὐ
30 μόνον τῷ πλήθει καταπλήττειν ἐλπίσας τοὺς ἀνοήτους, ἀλλὰ καὶ ἀποτρέ-
πων, οἶμαι, τοὺς πλείστους καὶ μάλιστα τοὺς καθαριωτέρους τῆς τῶν διω-
λυγίων φληνάφων ἐντεύξεως· ὥστε ἀνεπίκριτα μείναντα τὰ γραφέντα ἐκ
τοῦ πρὸς Ἀριστοτέλην μόνον ἀντειπεῖν τοσαύτας σελίδας δόξαν σοφίας
παρασχέσθαι τῷ γράφοντι. | ἐγὼ δὲ οἶδα τὰ τοιαῦτα τῶν τολμημάτων,
35 ὥσπερ τοὺς Ἀδώνιδος καλουμένους κήπους, ἀνθεῖν παρὰ τοῖς ἀνοήτοις
δόξαντα, ἐν ὀλίγαις ἡμέραις ἀποσβεσθέντα. καί μοι τὴν Ἀριστοτέλους

---

6 ἥ] corr. ex ἡ E² ἁπλοῦ ABb: ἁπλοῦ ἑνὸς DE 9 καί] κἂν ABc ἐφαρμόττῃ c
11 δ' Bc 14. 15 παρηλλάττομεν DEb: παραλλάττομεν ABc 15 ἂν addidi: om.
ABDEc 19 ὡς καί] ὡς c 22 ἀντείρηκεν A: ἀντείρηκε BEc: ἀντίρηκε D
ὑπὸ om. DE 23 τις] Philoponus ἔοικε BDEc 24 τε] τοῦ c ὑποβαλόμενος
BDEc 25 ἐνιστάμενος c 27 μόνον D 29 τοῦ om. Bc 31 καθαρειοτέ-
ρους c 31. 32 διωλυγίων] διὸ λογίων E: διολυγίων D 33 Ἀριστοτέλην E: comp.
A: Ἀριστοτέλους B: Ἀριστοτέλει D σελίδας] -ελ- evan. D 36 καὶ ἐμοὶ c

Περὶ οὐρανοῦ πραγματείαν σαφηνίσαι προθεμένῳ κατὰ τὸ δυνατὸν ἔδοξε 14ᵇ
μὴ παριδεῖν τὰς τοῦδε τοῦ ἀνδρὸς ἐνστάσεις ἐνοχλούσας τῶν μὲν πεπαι-
δευμένων οὐδένα, τῶν δὲ ἀπαιδεύτων τούς τε ἀεὶ ξένοις χαίροντας καὶ τῶν
παλαιῶν ἀνδρῶν ταῖς εὐκλείαις βαρυνομένους καὶ ἔτι μέντοι τοὺς θεοσεβεῖν
5 οἰομένους, ἐὰν τὸν οὐρανὸν πρὸς ὑπηρεσίαν, ὥς φασι, τῶν ἀνθρώπων γε-
γονότα μηδὲν ἐξαίρετον ἔχειν πρὸς τὰ ὑπὸ σελήνην νομίζωσιν καὶ φθαρτὸν
καὶ αὐτὸν ὁμοίως τούτοις ὑπολαμβάνωσιν. οὗτοι γὰρ συνηγορεῖν αὐτῶν
τῇ περὶ θεοῦ δόξῃ τὰς ἐνστάσεις ταύτας οἰόμενοι διὰ μεγάλης ἄγουσι τιμῆς
οὐδὲν μὲν οὐδὲ τούτων εἰδότες οὐδὲ τῶν Ἀριστοτέλους ἔτι μᾶλλον, πρὸς
10 ἃ τολμῶσιν αὐτὰς ἐνίστασθαι, ἀλλήλοις δὲ θρυλλοῦντες καὶ πρὸς ἡμᾶς
νεανιευόμενοι, ὅτι τὰ τῶν φιλοσόφων ἀνατέτραπται δόγματα. τούτων οὖν
εἵνεκα καὶ τῶν εὐκολωτέραν ἐχόντων τὴν ἀκοὴν καὶ τοῦ τὴν Ἀριστοτέλους
Περὶ οὐρανοῦ πραγματείαν καὶ τὴν θεοσεβῆ περὶ τοῦ παντὸς ἔννοιαν ἐπὶ
τῆς παλαιᾶς εὐκλείας μένειν ἀνέλεγκτον ἔδοξέ μοι καὶ ταύτας προθεῖναι
15 τὰς ἐνστάσεις καὶ διαλῦσαι κατὰ τὴν ἐμὴν δύναμιν· οἰκειότερον γὰρ ἐφάνη
τὸ τοῖς ὑπομνήμασι τῆς πραγματείας συντετάχθαι καὶ τὰς ἐνστάσεις καὶ
τὰς λύσεις αὐτῶν. εἰ δέ που φανείη πρὸς τὸν ἄνδρα τοῦτον τραχύτερον
ἀπορρίπτων λόγον, μή νεμεσήσῃ τις· οὐ γὰρ ἔστι μοί τις πρὸς τὸν ἄνδρα
φιλονεικία, ὃν οὐδὲ θεασάμενος οἶδά πώποτε· ἀλλὰ πρῶτον μὲν ἐμμελῆ
20 δίκην ἄξιον ἐπιτιθέναι τούτῳ τῷ παρὰ Ἀριστοτέλους μὲν καὶ τῶν ἐξηγη-
τῶν αὐτοῦ μαθόντι, εἴπερ τι ἄρα περὶ τούτων μεμάθηκεν· οὐ γὰρ ἀπὸ
Μενάνδρου καὶ Ἡρωδιανοῦ καὶ τῶν τοιούτων ἦλθεν ἡμῖν ἀκριβέστερον
Ἀριστοτέλους τὰ περὶ τῆς φύσεως τῶν ὄντων πεπαιδευμένος· καὶ ὅμως
οὐκ αἰδουμένῳ περὶ Ἀριστοτέλους γράφειν, ὃν αὐτῆς ἀφίδρυμα τῆς δεινότη-
25 τος, μᾶλλον δὲ πατέρα καλῶν τις οὐκ ἂν ἁμάρτοι, καὶ ὅτι δεινὸς συσκιάσαι
τῇ ἀχλύι τῶν παραλογισμῶν τὴν ἀλήθειαν, καὶ ὅτι τῷ ποικίλῳ τῆς συμ-
πλοκῆς ὁ δεινὸς Ἀριστοτέλης συνεσκίασε τὴν ἀλήθειαν, πολλαχοῦ δὲ καὶ
ὡς σοφώτερος αὐτοῦ καὶ τῶν ἐξηγητῶν αὐτοῦ βρενθύεται. ἔπειτα ἔδοξέ
μοι καλῶς ἔχειν τοῖς ὑπὸ τῆς τούτου θρασύτητος εἰς καταφρόνησιν τῶν
30 Ἀριστοτέλους ὑπαγομένοις καὶ ταύτῃ βοηθεῖν τῷ κατάπτυστον αὐτοῦ
δεικνύναι τὴν κενόδοξον ἀπαιδευσίαν. πρώτην τοίνυν ἔνστασιν ὁ ἀνὴρ
οὗτος πρὸς τὰς προληφθείσας τοῦ Ἀριστοτέλους ὑποθέσεις τέθηκεν ἀπὸ
τῶν Ξενάρχου παρεφθαρμένην τοιαύτην· εἰ αἱ διάφοροι κινήσεις ὑπὸ δια-
φόρων γίνονται φύσεων, ἀποκληρωτικὸν ἂν εἴη τὸ μὴ καὶ τῶν αὐτῶν κινή-
35 σεων μίαν καὶ τὴν αὐτὴν εἶναι φύσιν· | ἐπεὶ οὖν γῆ καὶ ὕδωρ ἐπὶ τὸ 15ᵃ
κέντρον ἄμφω κινεῖται, τῆς αὐτῆς ἂν εἴη φύσεως καὶ τοῦ αὐτοῦ εἴδους·
ὁμοίως δὲ καὶ πῦρ καὶ ἀὴρ ἄμφω πρὸς τὸ ἄνω φερόμενα· ὥστε καὶ
συλλογισμὸν αὐτῷ γίνεσθαι τοιοῦτον· γῆ καὶ ὕδωρ ἁπλᾶ ὄντα σώματα καὶ

---

4 τῇ εὐκλείᾳ Bc   6 νομίζωσι BDEc   7 αὐτῶν c   10 αὐτὰς scripsi: has instan-
tias b: αὐταὶ ADE: οὗτοι Bc   θρυλοῦντες c   14 ἀνέλεκτον B   προθῆναι A
15 κατά] καὶ κατὰ DE: corr. E²   19 φιλονικεία B   25 ἁμάρτῃ? D   26 ὅτι]
εἴ τι c   ποικίλῳ] παραλογισμῷ DE   28 ὡς] ὁ A   31 πρῶτον B
37 ὥστε—φερόμενα (p. 27,1) om. c   38 γίνεται B

ἐπὶ τὸ μέσον ἄμφω φερόμενα ὑπὸ τῆς αὐτῆς ἂν κινοῖτο φύσεως κατὰ τὸν 15ᵃ
Ἀριστοτέλην· τὰ δὲ ὑπὸ τῆς αὐτῆς φύσεως κινούμενα ὁμοφυῆ καὶ ὁμοειδῆ 5
ἐστιν· ἡ ἄρα γῆ καὶ τὸ ὕδωρ κατὰ ταῦτα τοῦ αὐτοῦ ἐστιν εἴδους, ὅπερ
ἐναργῶς ἄτοπον εἶναί φησιν, εἴπερ τὸ μὲν ξηρόν ἐστι, τὸ δὲ ὑγρόν. ἐν
5 δὲ τούτοις ἄξιον ἐπιστῆσαι πρῶτον μέν, τίς χρεία τοῦ βάρους τῆς ἀπο-
κληρώσεως αὐτοῦ σαφῶς εἰπόντος τοῦ Ἀριστοτέλους τὴν μίαν καὶ ἁπλῆν 10
κίνησιν ἑνὸς καὶ ἁπλοῦ τὴν φύσιν εἶναι σώματος, ᾧ ἀκολουθεῖ τὸ τὰς
διαφόρους κινήσεις ὑπὸ διαφόρων γίνεσθαι φύσεων· οὗτος δὲ τοῦτο λαβὼν
ὡς ὁμολογούμενον ἀποκληρωτικὸν εἶπεν τὸ μὴ καὶ τῶν αὐτῶν κινήσεων
10 τὴν αὐτὴν εἶναι φύσιν, ὅπερ ὡς ἄτοπον ἐπάγει. τοσαύτη τίς ἐστιν αὐτῷ 15
λόγων ἀκολουθίας συναίσθησις. ἰστέον δέ, ὅτι ἔπειτα, κἂν τῷ γένει μία
ἡ ἐπὶ τὸ κάτω κίνησις καὶ πάλιν ἡ ἐπὶ τὸ ἄνω, ἀλλὰ τῷ εἴδει διάφοροι
ἥ τε τῆς γῆς καὶ τοῦ ὕδατος· ἡ μὲν γὰρ γῆ πρὸς τὸ κέντρον ἵεται καὶ
τούτῳ βούλεται περιφύεσθαι καὶ πᾶσιν ὑφίστασθαι τοῖς ἄλλοις στοιχείοις, 20
15 τὸ δὲ ὕδωρ οὐ πρὸς τὸ κέντρον ἔχει τὴν ὁρμήν, ἀλλ' ἐπιπολάζειν ἐθέλει
τῇ γῇ καὶ ἐπὶ ταύτης ὀχεῖσθαι. ὁμοίως δὲ καὶ τὸ πῦρ καὶ ὁ ἀὴρ ἔχει
πρὸς ἄλληλα. οὐ γὰρ δύο μόνα πέρατα τῆς ἐπ' εὐθείας κινήσεως ἔστιν,
ὡς οὗτος οἴεται, τὸ ἄνω καὶ τὸ κάτω, ἀλλ' ἑκάτερον τούτων εἰς δύο διαι- 25
ρεῖται· διὸ καὶ τέσσαρα τὰ ἐπ' εὐθείας κινούμενα γέγονεν τῆς μὲν κάτω
20 εἴς τε τὴν ἐπὶ τὸ κέντρον καὶ εἰς τὴν ἐπὶ τὴν τῆς γῆς ἐπιφάνειαν διαιρου-
μένης, τῆς δὲ ἐπὶ τὸ ἄνω εἰς τὴν ἐπὶ τὸ κοῖλον τοῦ οὐρανοῦ περατουμένην
καὶ εἰς τὴν ἐπὶ τὸ κοῖλον τοῦ ὑπεκκαύματος· ὥστε κατά γε ταῦτα οὐ τὴν 30
αὐτὴν κίνησιν τὸ ὕδωρ κινεῖται καὶ ἡ γῆ οὐδὲ ὁ ἀὴρ καὶ τὸ πῦρ. εἰ δὲ
καθ' ὅσον ἐπὶ τὸ κάτω ἢ ἐπὶ τὸ ἄνω τὴν αὐτὴν λέγοι τις κινεῖσθαι, καὶ
25 φύσιν ἂν τὴν αὐτὴν ἔχοιεν. εἰ γὰρ τὴν φύσιν νῦν ὁ Ἀριστοτέλης ἀρχὴν
κινήσεως οὐ τῆς τυχούσης ἀλλὰ τῆς κατὰ τόπον λαμβάνει, ὡς δηλοῖ λέ- 35
γων "πάντα γὰρ τὰ φυσικὰ σώματα καὶ μεγέθη καθ' αὑτὰ κινητὰ λέγο-
μεν εἶναι κατὰ τόπον· τὴν γὰρ φύσιν κινήσεως ἀρχὴν εἶναί φαμεν ἐν
αὑτοῖς· πᾶσα δὲ κίνησις, ὅση κατὰ τόπον, ἢ εὐθεῖα ἢ κύκλῳ ἢ ἐκ τούτων
30 μικτή", δῆλον, ὅτι καὶ τὰ τὴν αὐτὴν κατὰ τόπον κίνησιν ἔχοντα καὶ φύσιν 40
ἂν τὴν αὐτὴν ἔχοι κατὰ τὸ νῦν λεγόμενον· ἀλλ' οὐχὶ τὰ ξηρὰ ὁμοίως ἢ
ὑγρά· ὅσον γὰρ ἐπὶ ταῖς τοιαύταις διαφοραῖς καὶ λίθος ἂν εἴη λίθου διά-
φορος τὴν φύσιν καὶ βῶλος βώλου καὶ ὕδωρ ὕδατος. εἰ δὲ καὶ πάντα
ἠκολούθησε τῷ τὰς διαφόρους κινήσεις ὑπὸ διαφόρων γίνεσθαι φύσεων, 45
35 τοῦτο δὲ ἀληθὲς παντὸς μᾶλλον, πῶς ἄτοπα τὰ ἀκολουθήσαντα συμβαίνει;

---

1 κινῶτο D: κενώτω E¹: corr. E²: mg. κινεῖται E²   4 δὲ] δή? D   6 τὴν] τὸ τὴν
DE   9 εἶπε BDEc   τὸ] τῷ AB   11 ἀκολουθίας DEb: ἀκολούθων ABc
ἔπειτα ὅτι E²b   12 διάφοροι DEb: διάφορος ABc   16 καὶ (pr.) DEb: ἢ ABc
17 ἐπ' om. ABbc   18 οὗτος om. D   19 γέγονε BDEc   κάτω] ἄνω B   21 πε-
ρατουμένην b: περατουμένης ABDEc   24 λέγει E   28 φαμὲν εἶναι c   ἐν om. c
cum Arist. 268ᵇ16   30 καὶ τὰ] κατὰ DE: del. E²   αὐτὴν] αὐτὴν κίνησιν DE:
corr. E²   31 ἢ] καὶ c   32 γάρ] γὰρ ὁμοίως DE   λίθου om. B   33 πάντα]
πάντως E²: haec b

ἀληθεῖ γὰρ οὐχ | ἕπεται ψεῦδος, ὡς μεμαθήκαμεν. ἀλλ' οὗτος ὡς ὁμολο- 15ᵇ
γούμενον λαβών, καὶ ὅτι διάφορα τὴν φύσιν ἐστὶν ὕδωρ καὶ γῆ τὸ μὲν
ὑγρὸν ὄν, ἡ δὲ ξηρά, καίτοι μὴ κατὰ ταῦτα νῦν τῆς φύσεως λαμβανομένης,
καὶ ὅτι τὴν αὐτὴν κίνησιν κινοῦνται τὴν ἐπὶ τὸ κάτω, καίτοι μηδὲ τοῦτο 5
5 κατὰ τὸ αὐτὸ ἔχοντα, δεύτερον ἐπάγει συλλογισμόν, ᾧ καὶ ἐν τοῖς ἑξῆς
κατακέχρηται, τοιοῦτον· εἰ τὰ διαφόρου φύσεως ὄντα ὥσπερ γῆ καὶ ὕδωρ
τὴν αὐτὴν ἐνδέχεται κινεῖσθαι κίνησιν, σὺν ἀντιθέσει, φησίν, ἀντιστρέφων
ἐρεῖς· τὰ διάφορα καὶ μὴ τὴν αὐτὴν κινούμενα κίνησιν οὐδὲν κωλύει ὁμο- 10
φυῆ εἶναι, ὥστε, κἂν ὁ μὲν οὐρανὸς κύκλῳ κινῆται, τὰ δὲ ὑπὸ σελήνην
10 κατ' εὐθεῖαν, οὐδὲν κωλύει ὁμοφυῆ εἶναι τὸν οὐρανὸν τοῖς ὑπὸ σελήνην
καὶ ὁμοίως ἐκείνοις φθαρτόν· εἰς τοῦτο γὰρ αὐτῷ πανταχοῦ σπουδάζει τὸ
γράμμα. καί ἐστι μὲν ἐκ τῶν εἰρημένων ἤδη πρόδηλος ἡ ἀτοπία τοῦ 15
λόγου, εἰ ἡ φύσις ἀρχὴ κινήσεώς ἐστι τῆς κατὰ τόπον, ὡς καὶ οὗτος
ὁμολογεῖ. ἐπειδὴ δὲ πολύς ἐστιν τῇ σὺν ἀντιθέσει χρώμενος ἀντιστροφῇ,
15 οὐδὲν ἴσως κωλύει δεῖξαι μηδὲ τὴν ἀγωγὴν αὐτῆς ἐπιστάμενον αὐτόν. τὸν
γὰρ λόγον ἐρωτήσας οὕτως "εἰ τὰ διάφορα τὴν φύσιν τὴν αὐτὴν κίνησιν 20
ἐνδέχεται κινεῖσθαι, τὰ μὴ τὴν αὐτὴν κινούμενα κίνησιν οὐδὲν κωλύει",
ὅπερ ταὐτόν ἐστι τῷ ἐνδέχεται, "ἀδιάφορα τὴν φύσιν εἶναι" πρῶτον μὲν
τὸ ἀρνητικὸν μόριον οὐ προσέθηκε τῷ τρόπῳ ἐν τῇ λήψει τῆς ἀντικειμένης
20 ἀποφάσεως τῇ ἑπομένῃ καταφάσει κατὰ τὸν διαλεκτικὸν νόμον. εἰπὼν 25
γὰρ "τὴν αὐτὴν κίνησιν ἐνδέχεται κινεῖσθαι" καὶ τὴν ἀντικειμένην ταύτῃ
τῇ καταφάσει βουλόμενος ἀπόφασιν λαβεῖν οὐκ εἶπεν "ἃ μὴ ἐνδέχεται
τὴν αὐτὴν κίνησιν κινεῖσθαι", ὥσπερ ἐχρῆν εἰπεῖν τῷ τρόπῳ προστιθέντα
τὸ ἀρνητικὸν μόριον, ἀλλὰ "τὰ μὴ τὴν αὐτὴν κινούμενα κίνησιν ἐνδέχεται 30
25 ἀδιάφορα τὴν φύσιν εἶναι". πῶς οὖν δυνατὸν τὴν σὺν ἀντιθέσει ἀντι-
στροφὴν γινώσκειν τὸν ἀγνοοῦντα τὴν ἀντικειμένην ἀπόφασιν τῇ ἑπομένῃ
τῷ ἡγουμένῳ καταφάσει; καὶ τί λέγω τὴν σὺν ἀντιθέσει ἀντιστροφήν;
πῶς συλλογισμὸν ὁποιονοῦν δυνατὸν γινώσκειν τὸν ἀγνοοῦντα, πῶς ἐκ τῶν
καταφάσεων γίνονται αἱ ἀποφάσεις; καὶ αὐτὸ δὲ τοῦτο ἠγνόησεν, ὅτι ἐπὶ 35
30 τῆς ἐνδεχομένης ὕλης, ἐφ' ἧς οὐδὲν μᾶλλον ἕπεται τὸ τιθέμενον ἕπεσθαι
ἢ τὸ ἀντικείμενον αὐτῷ, οὐκ ἔχει τὸ ἀναγκαῖον ἡ σὺν ἀντιθέσει ἀντι-
στροφή. τοιοῦτον γοῦν τὸ ἑπόμενον ὁ τοιοῦτος ἔλαβεν, ὡς τὸ ἀντικείμενον

---

1 μεμαθήκαμεν DEb: μεμάθηκεν ABc   2 γῆ] ἡ γῆ A   3 ταὐτά DEc
7 κίνησιν om. Bc   8 διάφορον A   9 μὲν ὁ E   κινεῖται AE¹: corr. E²
11 αὐτῷ DE: sua b: αὐτὸ ABc   14 ἐστι BDEc   15 ἴσως] ω e corr. D   17 ἐνδέ-
χεσθαι B   18 ἀδιάφορον B   post μὲν add. οὖν E²b   20 καταφάσει E²b: ἀπο-
φάσει ABDE¹   21 καὶ—κινεῖσθαι (23) om. AB   21. 22. 23 καὶ τὴν τῇ καταφάσει
ταύτῃ ἀντικειμένην ἀπόφασιν βουλόμενος λαβεῖν οὐχ ὥσπερ ἐχρῆν εἶπεν τὰ μὴ ἐνδεχόμενα
                                                                                        ϑ
τὴν αὐτὴν κίνησιν κινεῖσθαι τῷ κτλ. c   23 προστιθέντα E: εναρ. D: προστι seq.
ras. A: πρός τι B: προστιθείς c   25 τὴν (alterum)] τῇ E   ἀντιθέσεως B
25. 26 ἀντιστροφὴν] ἀντιθέσεως mut. in ἀντιθέσει m. sec. A?   26 τὸν] τὰ A
27 τοῦ ἡγουμένου c   καταφάσει] κατὰ φύσιν B et comp. A   τὴν] corr. ex
τῇ E²   28 τὸν] τὰ AB   32 γοῦν] οὖν c   ὁ τοιοῦτος AB: iste b: οὗτος DE

αὐτῷ μᾶλλον ἕπεσθαι τῷ ἡγουμένῳ ἤπερ αὐτὸ τὸ ληφθέν· τοῖς γὰρ δια-
φόροις τὴν φύσιν μᾶλλον ἕπεται τὸ μὴ τὴν αὐτὴν κίνησιν ἔχειν ἀλλὰ
διάφορον ἤπερ τὸ τὴν αὐτήν. τούτου δὲ οὕτως ἔχοντος οὐκέτι τῷ ἀντι-
κειμένῳ τοῦ ἑπομένου ἀναγκαίως ἕπεται τὸ ἀντικείμενον τοῦ ἡγουμένου,
5 ὅπερ ἡ σὺν ἀντιθέσει ἀντιστροφὴ ἀπαιτεῖ, ἀλλὰ μᾶλλον αὐτὸ τὸ ἡγούμενον·
τῷ γὰρ μὴ τὴν αὐτὴν ἔχειν κίνησιν μᾶλλον ἕπεται τὸ διάφορα τὴν φύσιν
εἶναι ἤπερ τὸ τὰ αὐτά. τάχα δὲ οὐκ ἄτοπον ὀλίγα διὰ τοὺς ὀψιμαθε-
στέρους προσθεῖναι. ἰστέον οὖν, ὅτι ἐπὶ τῶν ἐνδεχομένων, εἰ μὲν οὕτω
ληφθῇ τὸ ἑπόμενον ὡς παντὶ τῷ ἡγουμένῳ καὶ ὑπάρχειν δυνάμενον καὶ
10 μὴ ὑπάρχειν, ὡς εἰ λέγοιμεν· εἰ ἄνθρωπός ἐστι, γραμματικὸν αὐτὸν εἶναι
ἐνδέχεται· τότε ὀρθῶς ληφθείσης τῆς ἀντικειμένης ἀποφάσεως τῇ ἑπομένῃ
καταφάσει οὕτως· εἰ μὴ ἐνδέχεται γραμματικὸν εἶναι· ἕπεται τὸ ἀντικεί-
μενον τῷ ἡγουμένῳ, ὅτι οὐκ ἔστιν ἄνθρωπος· εἰ μέντοι τὸ ἑπόμενον οὕ-
τως ἐνδεχομένως ἕπεσθαι ληφθῇ ὥς τινι μὲν τοῦ ἡγουμένου ἑπόμενον· καὶ
15 ταῦτα γὰρ ἐνδεχομένως λέγεται ἕπεσθαι, ὡς εἰ λέγοις· εἰ ζῷον, ἐνδέχεται
τὴν ἄνω γένυν κινεῖν· τοιοῦτον γὰρ ζῷον ὁ κροκόδειλος· τότε οὐκέτι σώ-
ζεται ἡ ἀντιστροφή, κἂν ὀρθῶς τις λάβῃ τὸ ἀντικείμενον τῷ ἑπομένῳ·
τῷ γὰρ μὴ ἐνδέχεσθαι τὴν ἄνω γένυν κινεῖν, ὅπερ ἀντίκειται τῷ ἐνδέχε-
σθαι τὴν ἄνω γένυν κινεῖν, οὐχ ἕπεται τὸ μὴ εἶναι ζῷον· τὰ γὰρ πλείονα
20 τῶν ζῴων οὐ τὴν ἄνω γένυν, ἀλλὰ τὴν κάτω γένυν κινεῖ. τοιοῦτον δὲ
καὶ τὸ ὑπὸ τούτου ληφθὲν ἐνδεχόμενον. κἂν γὰρ ἀληθὲς ὑποτεθῇ τὸ τὰ
διάφορα τὴν φύσιν τὴν αὐτὴν κίνησιν ἔχειν, οὐ πᾶσιν ὑπάρχει τοῦτο τοῖς
διαφόροις τὴν φύσιν, ἀλλ', εἴπερ ἄρα, ἐλαχίστοις τισίν, τοῖς δὲ πλείοσιν τὸ
ἐναντίον ὑπάρχει. διὸ τὸ ἀντικείμενον τῷ ἑπομένῳ τὸ μὴ ἐνδέχεσθαι
25 τὴν αὐτὴν κίνησιν ἔχειν μᾶλλον ὑπάρχει τῷ ἡγουμένῳ ἢ τῷ ἀντικειμένῳ
αὐτοῦ· μᾶλλον γὰρ τὰ μὴ ἐνδεχόμενα τὴν αὐτὴν κίνησιν ἔχειν ἕπεται τοῖς
διαφόροις τὴν φύσιν ἤπερ τοῖς τούτων ἀντικειμένοις τοῖς ἀδιαφόροις. οὕτως
δέ, ἐὰν εἴπω· εἰ ἄρτιόν ἐστιν, ἐνδέχεται μὴ μέχρι μονάδος διαιρεῖσθαι·
ὡς ἐπὶ τῶν ἀρτιοπερίσσων καλουμένων ἀριθμῶν ἔχει καὶ τῶν περισσαρ-
30 τίων, εἶτα λάβω τὸ ἀντικείμενον τῷ ἑπομένῳ τὸ μὴ ἐνδέχεσθαι μὴ μέχρι
μονάδος διαιρεθῆναι καὶ συναγάγω τὸ ἀντικείμενον τῷ ἡγουμένῳ τὸ μὴ
ἄρτιον εἶναι, οὐκ ἀληθεύσω· τὸν γὰρ ἀρτιάκις ἄρτιον ἄρτιον ὄντα μάλιστα
οὐκ ἐνδέχεται μὴ μέχρι μονάδος διαιρεθῆναι. ἀλλὰ καί, εἰ τὰ διάφορα
κατ' εἶδος ὑπὸ τὸ αὐτὸ γένος ἐνδέχεται εἶναι οἷον ἄνθρωπον καὶ ἵππον
35 ὑπὸ τὸ ζῷον, τὰ μὴ ἐνδεχόμενα ὑπὸ τὸ αὐτὸ γένος εἶναι ταῦτα ἀδιάφορα
τῷ εἴδει ἐστὶν ἤ, ὡς οὗτος ἀμεθόδως προήγαγε, τὰ μὴ ὑπὸ τὸ αὐτὸ γένος

---

1 τοῖς D: τὸ AE: τῷ Bc   1. 2 διαφόροις DE: comp. A: διαφόρῳ Bc: *differentibus* b   2 τὸ] mutat. in τῷ E²   6 τὸ] τὰ AB   8 μέν] μὲν γὰρ E: corr. E²
10 λέγοιμεν DEb: λέγομεν ABc   11. 12 τῇ ἑπομένῃ καταφάσει om. c   14 μέν del. E²   15 λόγοις A: λέγεις D, sed corr.   εἰ DEb: om. ABc   post ζῷον add. ἐστιν E²: *est* b   18 ὅπερ — κινεῖν (19) DEb: om. ABc   20 ἀλλὰ τὴν κάτω om. Bc   γένυν om. ABc: *tantum* b   κινεῖν A   23 τισί BDEc   πλείοσι BDEc
24 διό] διὸ καὶ B   25 ὑπάρχειν DE   27 ἀδιαφόροις] διαφόροις A   30 λαβὼν B
32 ἄρτιον ὄντα] ἀριθμὸν τὰ c   34 αὐτὸ om. B   36 εἴδη D

ὄντα ἐνδέχεται τῷ εἴδει τὰ αὐτὰ εἶναι κατὰ τὴν σὺν ἀντιθέσει τούτου 16ᵃ
ἀντιστροφήν, ὥστε ἄνθρωπον καὶ συκῆν ἕτερα ἔχοντα τὰ γένη ζῷον καὶ
φυτὸν ὁμοειδῆ κατ' αὐτὸν εἶναι· οὗ τί ἂν εἴη ἀδυνατώτερον; τὰ γὰρ
ὁμοειδῆ καὶ ὁμογενῆ πρότερον ἀνάγκη εἶναι, εἴπερ ἐκ γένους καὶ διαφορῶν 40
5 τὸ εἶδος. καὶ οὕτως μέν, κἂν ἀληθῶς ληφθῇ τὸ ἑπόμενον, ἐνδεχομένως
δέ, οὐ σώζεται τὸ ἀναγκαῖον τῆς σὺν ἀντιθέσει ἀντιστροφῆς. οὗτος δὲ
καὶ τὸ ἡγούμενον ψευδῶς ἔλαβεν τὴν φύσιν κατὰ θερμότητα καὶ ψυχρότητα
λαβών, ἀλλ' οὐχὶ κατὰ τὴν κατὰ τόπον κίνησιν, ὡς ὁ Ἀριστοτέλης ἠξίωσε, 45
καὶ τὸ ἑπόμενον ψευδές· οὐ γὰρ τὴν αὐτὴν κινεῖται κίνησιν γῆ καὶ ὕδωρ,
10 εἴπερ ἡ μὲν | ἐπὶ τὸ κέντρον, τὸ δὲ ἐπὶ τὴν γῆν. ἀλλὰ καὶ τὸ συνημ- 16ᵇ
μένον ψευδῶς ἔλαβεν· εἰ γὰρ διάφορα τὴν φύσιν, ἐστὶ δὲ ἡ φύσις ἀρχὴ
καὶ αἰτία κινήσεως, καὶ μάλιστα τῆς κατὰ τόπον, ἀνάγκη διαφόρους αὐτὰ
κινεῖσθαι κινήσεις καὶ οὐχὶ τὴν αὐτήν, ὡς οὗτος οἴεται· εἰ γὰρ διάφορος
ἡ ἀρχὴ καὶ αἰτία τῆς κινήσεως, δῆλον, ὅτι καὶ ἡ κίνησις διάφορος ἔσται.
15 ἀλλὰ δὴ καὶ τὴν ἀντιστροφὴν ἴδωμεν, ἣν οὗτος δεύτερον συνημμένον ἐκά- 5
λεσεν οὐδὲ τὰ συνήθη τοῖς συλλογισμοῖς τούτοις ὀνόματα γινώσκων, ὅτι
οὐχὶ δεύτερον συνημμένον τὴν ἀντιστροφὴν καλοῦσιν, ἀλλὰ τὴν μὲν τοῦ
ἀντικειμένου τῷ ἑπομένῳ λῆψιν πρόληψιν ὀνομάζουσιν, τὴν δὲ τοῦ ἀντικει-
μένου τῷ ἡγουμένῳ ἐπιφοράν. καὶ ἡ ἀντιστροφὴ οὖν εἰκότως ἡμάρτηται 10
20 ἡ λέγουσα· τὰ διάφορα καὶ μὴ τὴν αὐτὴν κινούμενα κίνησιν ἐνδέχεται
ὁμοφυῆ εἶναι· οὐ μόνον ὅτι ἀποφατικῶς προενεχθεῖσα τὸ ἀρνητικὸν μόριον
οὐχὶ τῷ τρόπῳ προσέθηκε τῷ ἐνδέχεται, καὶ ὅτι ὅλως ἐπὶ τοιαύτης
ἐνδεχομένης ὕλης πρόεισιν, ἀλλ' ὅτι τῶν ἀδυνάτων ἐστὶ τὰ διάφορον ἔχοντα 15
τὴν κατὰ φύσιν κίνησιν τῆς αὐτῆς εἶναι φύσεως, εἴπερ ἡ φύσις κινήσεως
25 ἀρχή. ἆρα οὖν οὐ καταγέλαστος οὗτός ἐστιν ὁ ἀνὴρ τῇ σὺν ἀντιθέσει
ἀντιστροφῇ καταχρώμενος τοσοῦτον αὐτὴν ἀγνοῶν; ἐφεξῆς δὲ συγχωρήσας
μήτε βάρος μήτε κουφότητα τὸν οὐρανὸν ἔχειν πειρᾶται δεικνύναι, ὅτι 20
οὐδὲν κωλύει αὐτὸν θερμότητα καὶ ψύξιν ἔχειν. γράφει δὲ οὕτως· ἀνάγκη
γὰρ καὶ ἐμὲ ληρεῖν· "οὐδὲ γάρ, εἰ τὰ κοῦφα τῶν σωμάτων πάντως καὶ
30 θερμὰ τυγχάνει, ὁμοίως καί, εἰ τὰ βαρέα πάντως ἐστὶ ψυχρά, ἕψεται ἐξ
ἀνάγκης τὰ μήτε κοῦφα μήτε βαρέα ταῦτα ψύξεως καὶ θερμότητος ἐξῃρῆ- 25
σθαι· οὐ γὰρ ὑγιὴς ἡ ἐκ τοῦ ἡγουμένου ἀντιστροφή. ἰδοὺ γάρ· εἴ τις
μὲν ἄνθρωπος, πάντως καὶ ζῷόν ἐστιν, οὐ μήν, εἴ τις οὐκ ἔστιν ἄνθρω-
πος, ἀληθὲς τοῦτον μηδὲ ζῷον εἶναι". ἔδει δὲ ἐννοεῖν, ὅτι, εἰ τὰ κοῦφα
35 θερμά ἐστιν, ἔτι μᾶλλον τὰ θερμὰ κοῦφα ἔσται· λεπτομερῆ γὰρ τὰ
θερμά, τῇ δὲ λεπτομερείᾳ ἡ κουφότης ἀκολουθεῖ. διὰ τὰ αὐτὰ δὲ καὶ τὰ 30

---

2 συκῆν] corr. ex οὐκ ἦν E²   3 εἶναι κατ' αὐτόν Bc   7 ψευδῶς AB: *false* b: ψεῦδος DE: Ἔλαβε BDEc   8 ὁ om. Bc   9 ψευδές AB: *falsum* b: ψεῦδος DE: ψευδῶς c   11 ψευδῶς DE: *falso* b: ψεῦδος AB   Ἔλαβε E   διάφορα DEb: διάφορον ABc   ἡ B: om. ADE   12 καὶ μάλιστα—κινήσεως (14) DEb: om. ABc   14 ἐστὶν Bc   18 πρόληψιν B: πρόσληψιν ADE   ὀνομάζουσι BDEc   20 ἐνδέχεται δὲ AB   23 πρόεισιν ABDEa: οὐ πρόεισιν c: *non procedit* b in edit.   25 ὁ om. E   28 δὲ] γὰρ B: om. c   30 πάντα D   35 ἐστὶν D: ἐστι ABc   ἔσται DEb: ἐστι ABc   36 λεπτομερίᾳ E

ψυχρὰ τῷ τῆς ψύξεως λόγῳ πυκνοῦντι βαρέα. εἰ οὖν ἐξισάζει ταῦτα, οὐδὲν 16b
κωλύει καὶ ἀπὸ τοῦ ἡγουμένου ποιεῖσθαι τὴν ἀντιστροφήν· εἰ γὰρ ἄνθρω-
πος γελαστικόν, καὶ εἰ μὴ γελαστικὸν οὐδὲ ἄνθρωπος, ἀληθὲς εἰπεῖν καὶ εἰ 35
μὴ ἄνθρωπος οὐ γελαστικόν, διὰ τὸ ἐξισάζειν ἄμφω. ὥστε καὶ ἐνταῦθα
5 φαίνεται τὰ ἴδια τῆς σὺν ἀντιθέσει ἀντιστροφῆς ἀγνοῶν, καὶ ὁ οὐρανὸς
μάτην ὑπ' αὐτοῦ ψυχρὸς ἢ θερμὸς εἶναι κατακρίνεται. καὶ ἄλλο δὲ τοῖς
περὶ τῶν ἁπλῶν κινήσεων λόγοις ἐπάγει τοιοῦτον· "ὥσπερ ἐπὶ τῶν
τεσσάρων στοιχείων, εἰ καὶ τῷ γένει μία ἐστὶν ἡ κατ' εὐθεῖαν κίνησις, 40
ἀλλ' οὖν, ἐπειδὴ κατ' εἶδος διάφορός ἐστιν ἡ ἀπὸ τοῦ μέσου τῇ ἐπὶ τὸ
10 μέσον, διὰ τοῦτο διάφορα τῷ εἴδει γέγονε πῦρ καὶ γῆ, οὕτως, ἐπειδὴ διά-
φορος ἡ ἀπὸ ἀνατολῶν κίνησις τῇ ἀπὸ δυσμῶν κατ' εἶδος, ἐξήλλακται τὰ
κινούμενα. καὶ αἱ πλανώμεναι δέ, εἴπερ τῷ τάχει διαφέρουσιν ἀλλήλων 45
κατὰ φύσιν ὥσπερ ἡ γῆ καὶ τὸ ὕδωρ, κἂν τὴν | αὐτὴν ἔχωσι ῥοπὴν τὴν 17a
ἐπὶ τὸ κάτω, διαφέρουσι κατ' εἶδος διὰ τὸ θᾶττον καὶ βραδύτερον". οὐ
15 πέντε οὖν μόνα φησὶ τὰ ἁπλᾶ σώματα, ἀλλ' ἰσάριθμα ταῖς σφαίραις καὶ
τοῖς τέτταρσι στοιχείοις. καί μοι δοκεῖ μηδὲ ἐνταῦθα οὗτος ὁ ἀνὴρ εἰς τὸν 5
τοῦ Ἀριστοτέλους ἀποβλέψαι σκοπόν. οὐδὲ γὰρ ἀντείποι ἂν Ἀριστοτέλης,
ὅτι ἔστι τις κατ' εἶδος διαφορὰ τῶν οὐρανίων σφαιρῶν, ὥσπερ καὶ τῶν
ὑπὸ σελήνην στοιχείων. τοιγαροῦν αὐτὸς ἀπὸ τῶν οὐρανίων σφαιρῶν τὸ
20 πλῆθος τῶν ἀκινήτων αἰτίων συνελογίσατο, κατ' εἶδος δηλονότι διαφερόν-
των· οὐ γὰρ δὴ κατὰ τὴν ὕλην· ἀλλ' ὥσπερ τοῖς ὑπὸ σελήνην πᾶσιν τὸ 10
κατ' εὐθεῖαν κινεῖσθαι αἴτιον καὶ τεκμήριον νομίζει τῆς γενέσεως καὶ
φθορᾶς, οὕτως τοῖς οὐρανίοις τὴν ἐγκύκλιον κίνησιν ἐπιτηδείως δέχεσθαι
τὴν ἀιδιότητα· κἂν ἀπ' ἀνατολῶν οὖν κἂν ἀπὸ δυσμῶν, κἂν θᾶττον κἂν
25 βραδύτερον, ἐγκύκλιος ἡ κίνησις καὶ διὰ τοῦτο ἀεὶ ἐν τέλει καὶ ἀνέκλειπτος 15
καὶ ἀίδιος, ὡς δέδεικται· πάλιν δέ, κἂν ἀπὸ τοῦ μέσου κἂν ἐπὶ τὸ μέσον,
κἂν θᾶττον κἂν βραδύτερον, ἡ ἐπ' εὐθείας καὶ περατουμένη καὶ διὰ τοῦτο
γενεσιουργός. τοῦ δὲ τὰ μὲν ὑπὸ σελήνην διελεῖν εἰς τέσσαρα, τὸ δὲ οὐ-
ράνιον ἄσχιστον ἐᾶσαι τέως αἴτιον, οἶμαι, τὸ τῶν ἐν γενέσει καὶ φθορᾷ, 20
30 περὶ ὧν τὸ πολὺ τῆς φυσιολογίας, τὰς ἀρχὰς ἐθέλειν διακρῖναι, ἀφ' ὧν
καὶ τὰς αἰτίας τῶν ἐν αὐτοῖς συμβαινόντων ἀπολογιεῖται· ἐπεὶ ὅσον γε
ἐπὶ τῇ τοῦ οὐρανοῦ πρὸς τὰ ὑπὸ σελήνην διαφορᾷ ἤρκει ἡ ἐπ' εὐθείας
κίνησις ὡς μία πρὸς μίαν τὴν κύκλῳ διορισθεῖσα. τοιγαροῦν καὶ ὁ 25
Ἀριστοτέλης τὰ πολλὰ οὐχ ὡς περὶ τεσσάρων, ἀλλ' ὡς περὶ δυεῖν τῶν
35 ὑπὸ σελήνην διαλέγεται, ἐν μέντοι τῷ ἑξῆς βιβλίῳ καὶ τὸ ἀπλανὲς ἀπὸ

---

3 ἀληθὲς Bc: ἀλλ' ἀληθὲς ADEb   6 ἢ] καὶ Bc   ἄλλως Bc   11 ἐξήλλακται]
-ηλ- absumpta A: ἐξήλακται B   13 τὴν (alt.) DE: om. ABc   15 πέντε] πάντα B
16 τέτταρσι B: τέταρσι D: τέτρασι AEc   17 ἀποβλέψαι DEb: βλέψαι ABc   Ἀριστο-
τέλης Db: comp. E: Ἀριστοτέλει ABc   20. 21 διαφερουσῶν c   21 πᾶσι BDEc
23 οὕτω BDc   26 καὶ om. D: m. sec. E   27 ἢ ac: om. ABDE   28 τὰ
comp. A: τὸ Bc   31. 32 ὅσον γε ἐπὶ om. c   32 τῇ] DE: τῆς ABc   διαφορᾶς
ABc   33 διορισθεῖσαν DE   ὁ om. c   34 τεσσάρων—περὶ om. D: m. sec. E
δυεῖν B?

τοῦ πλανωμένου διορίζει. οὗτος δὲ ἐν τῷ ἑβδόμῳ αὐτοῦ κεφαλαίῳ "εἰ 17ᵃ
καλῶς, φησίν, ἐπέστησεν ὁ Ἀλέξανδρος, ὅτι κυρίως ταύτην εἶναι λέγει 30
κύκλῳ κίνησιν ὁ Ἀριστοτέλης τὴν περὶ τὸ τοῦ παντὸς γινομένην κέντρον,
ὅσαι δὲ μὴ περὶ τὸ τοῦ παντὸς γίνονται κέντρον, οὔτε κυρίως κύκλῳ οὔτε
ἁπλαῖ, καὶ οἱ ἀστέρες δὲ τὴν ἰδίαν παρὰ τὰς σφαίρας κινούμενοι κίνησιν,
καθὰ τοῖς ἀστρονόμοις δοκεῖ, περὶ τὰ ἴδια κινοῦνται κέντρα οὐκ ὄντες 35
ὁμόκεντροι τῷ παντί, οὔτε αὐτοὶ οἱ ἀστέρες οὔτε οἱ τούτων ἐπίκυκλοι οὔτε
αἱ καλούμεναι ἔκκεντροι σφαῖραι δηλονότι οὔτε κυρίως κυκλικὴν ποιοῦνται
κίνησιν οὔτε ἁπλῆν ἐνθεωρουμένης καὶ τῆς ἐπὶ τὸ κάτω καὶ τῆς ἐπὶ τὸ
ἄνω· κἂν γὰρ παρὰ τὰς Ἀριστοτέλους, φησίν, ὑποθέσεις ἐστὶ ταῦτα, 40
ἀλλ' ἐναργῶς φαίνονται περίγειοι καὶ ἀπόγειοι γινόμενοι οἱ ἀστέρες".
λέγω τοίνυν, ὅτι ἐν τούτοις μὲν ὁ Ἀριστοτέλης τοσοῦτον μόνον λέγει, ὅτι
ἡ κύκλῳ κίνησις περὶ τὸ μέσον ἐστί· τοῦτο γὰρ πάσῃ κυκλικῇ κινήσει
προσήκει· εἰ δὲ ἐν ἄλλοις τὰ κυκλοφορούμενα σώματα περὶ τὸ τοῦ παντὸς 45
κέντρον κινεῖσθαί φησιν, ἰστέον, ὅτι κατὰ τὰς τῶν πρεσβυτέρων ἀστρονόμων
ὑποθέσεις ποιεῖται τὸν λόγον. | οἱ γὰρ περὶ Εὔδοξον καὶ Κάλιππον καὶ 17ᵇ
μέχρι τοῦ Ἀριστοτέλους τὰς ἀνελιττούσας σφαίρας ὑποθέμενοι ὁμοκέντρους
τῷ παντὶ δι' ἐκείνων ἐπειρῶντο σώζειν τὰ φαινόμενα περὶ μὲν τὸ τοῦ
παντὸς κέντρον πάσας λέγοντες κινεῖσθαι τὰς σφαίρας, τῶν δὲ ἀπογείων 5
καὶ περιγείων καὶ τῶν δοκούντων προποδισμῶν καὶ ὑποποδισμῶν καὶ τῶν
ἐν ταῖς κινήσεσι φαινομένων ἀνωμαλιῶν τὰς αἰτίας οὐκ ἰσχύοντες κατ'
ἐκείνας τὰς ὑποθέσεις ἀποδιδόναι. διά τοι τοῦτο οἱ περὶ τὸν Ἵππαρχον
καὶ εἴ τις πρὸ τούτου καὶ μετὰ τοῦτον ὁ Πτολεμαῖος τὰς ἐκκέντρους
σφαίρας καὶ τοὺς ἐπικύκλους ὑπέθεντο διὰ τούτων τὸ μὲν περὶ τὸ τοῦ 10
παντὸς κέντρον πάντα κινεῖσθαι τὰ οὐράνια παριδόντες, τῶν δὲ εἰρημένων
πρότερον τὰς αἰτίας τὰς ὑπ' ἐκείνων παραλειφθείσας οὗτοι κατὰ ταύτας
τὰς ὑποθέσεις ἀποδιδόντες. ὁ οὖν Ἀριστοτέλης ἐνταῦθα μὲν οὐδὲν λέγει
περὶ τούτων, ἐν οἷς δὲ λέγει, ταῖς τῶν προτέρων ὑποθέσεσιν ἀκολουθῶν 15
φαίνεται. δῆλον δέ, ὅτι τὸ περὶ τὰς ὑποθέσεις ταύτας διαφέρεσθαι οὐκ
ἔστιν ἔγκλημα· τὸ γὰρ προκείμενόν ἐστι, τίνος ὑποτεθέντος σωθείη ἂν τὰ
φαινόμενα; οὐδὲν οὖν θαυμαστόν, εἰ ἄλλοι ἐξ ἄλλων ὑποθέσεων ἐπειράθη-
σαν διασῶσαι τὰ φαινόμενα. οἱ δὲ ἀστέρες εἰ κινοῦνται περὶ τὰ ἑαυτῶν 20
κέντρα, ἀλλὰ καὶ περὶ τὸ τοῦ παντὸς ὑπὸ τῶν σφαιρῶν περιαγόμενοι κι-
νοῦνται. παρὰ τίνι δὲ τῶν ἀστρονόμων ηὗρεν οὗτος, ὅτι οἱ ἀστέρες περὶ

---

1 οὕτως D? (evan.) 3 γενομένην Bc 4 ὅσαι DE: αἱ A: αἳ Bc δὲ del. E²
τοῦ om. ABc ante pr. οὔτε del. ὅσαι δὲ μὴ περὶ E²: αὗται οὔτε D 5 παρὰ DEb:
περὶ ABc 9 ἁπλῆν DEb: ἁπλῶς ABc τῆς (alt.) c: om. ABDE 11 πρόσ-
γειοι c οἱ om. ABc 16 Κάλιππον AEb 18 μὲν DE: μέντοι ABc
20 προσγείων c 21 ἀνωμάλων AB 23 πρὸ τούτου D: περὶ τούτων ABE¹c:
contemporanius ipsi b: ἐπὶ τούτου E² ὁ E¹: ὡς ὁ E² 25 τῶν δὲ—ἀποδιδόντες (27)
om. D: m. sec. E 26 τὰς ὑπ'] ὑπ' E παραλειφθείσας scripsi: praetermissas b:
παραληφθείσας ABc: παραλελειμμένας E κατ' αὐτὰς A 27 παραδιδόντες E, sed
corr. 31 οὐδὲν—φαινόμενα (32) om. D 32 εἰ DEb: οἱ A: οὐ Bc
34 ηὗρεν] εὗρεν D

τὰ ἑαυτῶν κέντρα κινοῦνται; ἢ παρὰ τῶν ἐν τοῖς Κανόσι τοῦ Πτολεμαίου 17b παρακούσας, ὅτι ἄλλοι μέν εἰσιν ἀριθμοὶ τοῦ κέντρου τοῦ ἐπικύκλου, ἄλλοι 25 δὲ αὐτοῦ τοῦ ἀστέρος, ἐνόμισε τούτους τῆς περὶ τὸ οἰκεῖον κέντρον τοῦ ἀστέρος κινήσεως εἶναι, οὐκ ἐπιστήσας, ὅτι οἱ μὲν ἀριθμοὶ οὗτοι ὡς
5 μεταβαίνοντός εἰσι τοῦ ἀστέρος, ἡ δὲ περὶ τὸ κέντρον κίνησις οὐ γίνεται μεταβαίνοντος αὐτοῦ, ἀλλ' οἱ μὲν τοῦ κέντρου τοῦ ἐπικύκλου ἀριθμοὶ τὴν 30 κίνησιν δηλοῦσιν τοῦ ὁμοκέντρου ἢ ἐκκέντρου, ἐφ' οὗ φέρεται ὁ ἐπίκυκλος, οἱ δὲ τοῦ ἀστέρος τὴν κίνησιν τοῦ ἐπικύκλου, ἐφ' οὗ φέρεται ὁ ἀστήρ· αὐτοῦ μέντοι τοῦ ἀστέρος τὴν περὶ τὸ ἑαυτοῦ κέντρον κίνησιν ἀδύνατον
10 καταλαβεῖν ἐν πόσῳ χρόνῳ ἀποκαθίσταται· οὐδὲ γὰρ μεταβαίνει τόπον ἐκ 35 τόπου κατὰ ταύτην τὴν κίνησιν. διὸ τῶν μὲν ἀστρονόμων οὐδεὶς ἐπεχείρησε τὴν τοῦ ἀστέρος περὶ τὸ ἑαυτοῦ κέντρον ἀποκατάστασιν, ἐν πόσῳ χρόνῳ γίνεται, συλλογίσασθαι· οὐδὲ γὰρ καταληπτὸν ἦν· ὁ μέντοι Πλάτων καὶ ταύτην οἶδε τῶν ἀστέρων τὴν κίνησιν. ὁ δὲ Ἀριστοτέλης τί περὶ 40
15 τῆς τῶν ἀστέρων κινήσεως δοξάζει, ἐν τῷ δευτέρῳ ταύτης τῆς πραγματείας ἐρεῖ.

Ἔτι δὲ οὐκ ἐκ τῶν ὁμοίων, φησίν, ὁ Ἀριστοτέλης τὴν τῶν στοιχείων καὶ τὴν τοῦ οὐρανοῦ πεποίηται παρεξέτασιν, πῇ μὲν τὸ ὅλον λαβὼν ἐν τῷ οἰκείῳ τόπῳ κινούμενον, πῇ δὲ τὸ μόριον τῶν οἰκείων τόπων ἐκστὰν 45
20 καὶ ἐν τῷ παρὰ φύσιν γενόμενον. λέγω οὖν καὶ ἐνταῦθα συντόμως, ὅτι ὁ τοῦ Ἀριστοτέλους σκοπὸς ἑτέρας φύσεως | ἐπιδεῖξαι τὰ οὐράνια παρὰ 18a τὰ τέσσαρα στοιχεῖα ἐκ τῆς τῶν κινήσεων διαφορᾶς. ἐπειδὴ οὖν τούτων μὲν τὰ μέρη κινεῖται καὶ ἀπὸ τοῦ παρὰ φύσιν καὶ γενεσιουργὸν κίνησιν τὴν ἐπ' εὐθείας, ὁ δὲ οὐρανὸς ὅλος πρὸς ἀϊδιότητα συγγενῆ τὴν ἐγκύκλιον, 5
25 εἰκότως ἀπὸ τούτων τὰ μὲν εἶναι γενητὰ καὶ φθαρτὰ συνελογίσατο, τὸ δὲ ἀΐδιον. οὐκ ἀτόπως δὲ ὁ Ἀριστοτέλης ὑπέθετο καὶ τὴν ὅλην γῆν ἔξω τοῦ μέσου, ἵνα δείξῃ τὴν τῆς ὅλης ῥοπὴν εἰς τὸ κέντρον συννεύουσαν· καὶ γὰρ πρόδηλον, ὅτι, ὅπερ ἄν τις αὐτῆς λάβῃ μέρος, τοιοῦτόν ἐστιν· οὐκ ἀνάγκη οὖν τὸν διαφορὰν οὐσίας ἀπὸ κινήσεως συλλογιζόμενον τὰ κι- 10
30 νούμενα κατὰ φύσιν παραλαβεῖν· ἀλλὰ κἂν τὸ μὲν μέρος ᾖ, τὸ δὲ ὅλον, καὶ τὸ μὲν ἐν τῷ παρὰ φύσιν, τὸ δὲ ἐν τῷ κατὰ φύσιν ἀεί· ταῦτα γὰρ καὶ ἐναργέστερον δείκνυσι τὴν διαφοράν, ὅτι τῶν μὲν πέφυκε χωρίζεσθαι τὰ μόρια, τοῦ δὲ οὐ πέφυκε, καὶ τὰ μὲν ἐν τῷ παρὰ φύσιν γίνεσθαι, τὰ 15 δὲ ἀεὶ ἐν τῷ κατὰ φύσιν εἶναι· κἂν αἱ ὁλότητες οὖν τῶν στοιχείων ἢ μέ-
35 νουσιν ἢ κύκλῳ κινοῦνται, ἀλλ' ἀρκεῖ καὶ ἀπὸ τῶν μερῶν αὐτῶν τὴν κατὰ φύσιν διαφορὰν λαβεῖν, καὶ μάλιστα ὅταν πάντα τὰ μόρια ὁμοίαν

---

2 ἄλλοι (prius) om. AB   7 δηλοῦσι BEc   ἢ ἐκκέντρου om. D   10 οὐδὲ Bc: οὔτε ADE
12 ἐν] εἰπεῖν ἐν ABc   13 συλλογίσασθαι DEb: om. ABc   μέντοι] μὲν δὴ c
Πλάτων] Tim. 40 b   15 δευτέρῳ] cap. 7 sqq.   18 καὶ τὴν DE: καὶ ABc   19 τὸν οἰκεῖον D   τόπων om. Bc: τόπον D   20 ἐν A   21 ὁ DE: om. ABc
σκοπὸς] ὁ σκοπὸς Bc   23 μὲν τὰ] μετὰ A   24 πρὸς] τὴν πρὸς c   26 ὁ om. DE
27 τῆς] γῆς Bc   συννεύουσαν B   29 διαφόρου AB   30 δὲ] δ' c   31 παρά—
τῷ om. AB   φύσιν ἀεὶ c   ἀεὶ om. c

ἀλλήλοις ἔχοντα τὴν φύσιν φαίνηται, ὡς τὰ τῆς γῆς πρὸς τὸ μέσον ἱέμενα 18ᵃ
καὶ τὰ τοῦ ὕδατος ἐπιπολάζοντα τῇ γῇ. εἰ δὲ αἱ ὁλότητες τῶν στοιχείων 21
αἱ μὴ ἐπ' εὐθείας κινούμεναι ἀΐδιοί εἰσιν, τὰ δὲ μέρη αὐτῶν τὰ γινόμενα
καὶ φθειρόμενα ἐπ' εὐθείας κινεῖται, εἰκότως ἡ πρὸς τὰ μέρη μάλιστα
5 διαφορὰ τὸ τοῦ οὐρανοῦ ἐξῃρημένον ἐδήλωσε. φθαρτὸν δὲ εἶναι καὶ τὸν 25
οὐρανὸν βουλόμενος οὗτος ὁμοφυῆ τοῖς στοιχείοις αὐτὸν σπουδάζει δεικνύναι
καὶ ἀπὸ τοῦ τὴν αὐτὴν κινεῖσθαι κίνησιν· κύκλῳ γάρ, φησί, κινεῖται καὶ
τὸ ὑπέκκαυμα καὶ ὁ ἀὴρ κατὰ τὴν ἰδίαν φύσιν ταύτην ἔχοντα τὴν κίνησιν
ὥσπερ καὶ ὁ οὐρανός· ἢ γὰρ κατὰ φύσιν, φησίν, ἢ βίᾳ καὶ παρὰ φύσιν· 30
10 κάλλιον δὲ τὸ μηδὲ ὅλως εἶναι τοῦ ἀεὶ ἐν τῷ παρὰ φύσιν εἶναι· ἔσται
δέ, φησί, καὶ τὸ ὅλον παρὰ φύσιν ὄντων τῶν μερῶν αὐτοῦ παρὰ φύσιν.
ταῦτα θοίνην ἑαυτῷ ποιούμενος ἐνδιατρίβει καὶ ἐπ' αὐτῆς λέξεως πολλάκις
τὰ αὐτὰ φλυαρῶν. εἴρηται δὲ πρὸς ταύτην τὴν ἀπορίαν πρότερον καὶ 35
μᾶλλον, οἶμαι, διηρθρωμένως, λεγέσθω δὲ καὶ νῦν, ὅτι ἡ κύκλῳ κίνησις
15 τοῦ πυρὸς οὐκ ἔστιν ἰδία, εἴπερ τῇ ἀπλανεῖ συμπεριφέρεται, ὥσπερ οὐδὲ
τῶν πλανωμένων ἡ ἀπ' ἀνατολῶν ἰδία, οὐ μέντοι διὰ τοῦτο παρὰ φύσιν
οὕτως ὡς βλαβερά, ἀλλ' ὡς ὑπὲρ φύσιν, καθ' ὅσον ὑπὸ τοῦ κρείττονος 40
κρατεῖται, πεφυκὸς μὲν τὴν τοῦ κρείττονος κινεῖσθαι, ὥσπερ καὶ ἡ ψυχὴ
ἐνθουσιᾶν πέφυκεν, οὐ μέντοι ἰδίαν ταύτην κινουμένη τὴν τοῦ θεοῦ κίνησιν.
20 πῶς δὲ ἰδίαν νομίζει τὴν τοῦ πυρὸς κυκλικὴν κίνησιν ἀποκαθισταμένου τῇ
ἀπλανεῖ καὶ ταῖς ὑπ' αὐτῆς κινουμέναις σφαίραις; ἔτι δὲ καὶ πρὸς τοῦτον 45
ἐνίσταται τὸν λόγον, ὡς "βίᾳ μὲν τὴν ἄλλου κίνησιν ἐνδέχεται καὶ ἑτέρου
εἶναι, κατὰ φύσιν δὲ ἀδύνατον·" τῇ | γὰρ γῇ καὶ τῷ ὕδατι κατὰ φύσιν 18ᵇ
ἐστὶν ἡ ἐπὶ τὸ μέσον τοῦ παντὸς κίνησις. οὐ καλῶς δὲ οἴεται τῷ ὕδατι
25 ταύτην εἶναι τὴν ῥοπήν, ἀλλὰ τὸ τῇ γῇ ἐπιπολάζειν· κἂν ἕως οὖν τοῦ
κέντρου πρόεισιν ὑφαιρουμένης τῆς γῆς, διὰ τὸ καταλαβεῖν που γῆν, ᾗ 5
ἐπινήξεται, πρόεισιν, κἂν ἀφέλῃ τις τοῦ κέντρου τὴν γῆν, καὶ τὸ κέντρον,
οἶμαι, παρελεύσεται τὸ ὕδωρ ἐπιζητοῦν γῆν· δηλοῖ δὲ τὸ γῆς ὑποκειμένης
κατὰ φύσιν ἠρεμεῖν καὶ μηκέτι δεῖσθαι ἐπὶ τὸ κάτω χωρεῖν, εἰ μὴ ὅσον
30 ὑποσπωμένης τῆς γῆς ῥεῖν ἐπὶ τὸ κοιλότερον ἀνάγκη ῥευστὸν ὄν. εἰ δέ, 10
ὡς οὗτος οἴεται, ἑκατέρῳ κατὰ φύσιν ἐστὶν ἡ ἐπὶ τὸ μέσον τοῦ παντὸς
κίνησις, οὐκέτι τὴν ἑτέρου, ἀλλὰ τὴν ἑαυτοῦ ἑκάτερον κατὰ φύσιν κινεῖται.
προσθεὶς δὲ λέξιν τὴν λέγουσαν "ἔτι εἰ ἡ παρὰ φύσιν ἐναντία τῇ κατὰ
φύσιν" καὶ τὰ ἑξῆς, δι' ὧν δείκνυσιν ὁ Ἀριστοτέλης, ὅτι ἡ κυκλοφορία
35 οὐ μόνον κατὰ φύσιν οὐκ ἔστι τινὸς τῶν στοιχείων, ἀλλ' οὐδὲ παρὰ φύσιν, 15

---

1 φαίνηται] φαίνειτε DE: corr. E² ὡς] m. sec. E μέσον] e corr. E² 2 καὶ
τὰ] κατὰ AB ἐπιπολάζοντα] ἐπι— evan. A 3 εἰσι BDEc 9 καὶ (alterum)]
ἢ c 10 κάλλιον DE: μᾶλλον AB: βέλτιον c 11 ὄντων—φύσιν DEb: om. B:
lac. 30 litt. A: εἰ καὶ τὰ μέρη c 12 θοίνην DE: suavia b: τοίνυν AB: τὰ μουσεῖα c
αὐτῆς τῆς DE 17 ὡς] ὥσπερ c 18 πεφυκὼς B 19 κινουμένῃ scr. κινού-
μενον 21 σφαίραις om. Ec 22 λόγον] 269ᵃ7 25 τὸ] τὸ μὴ B: μὴ τὸ c
27 πρόεισι BEc 28 τὸ ὕδωρ om. D ζητοῦν D 31 ἐστιν om. Bc
33 προθεὶς D ἔτι ABb: ὅτι DE; v. 269ᵃ9 35 οὐκ ἔστι κατὰ φύσιν mut. in οὐκ
κατὰ φύσιν ἔστι E¹

πολλὰ ληρῶν, ὡς οἶμαι, δεικνύναι πειρᾶται, ὅτι οὐκ ἔστιν παρὰ φύσιν ἡ 18ᵇ
κύκλῳ φορὰ τῷ πυρί, καὶ τοῦ Ἀριστοτέλους τὸ αὐτὸ εἰπόντος, πλὴν ὅτι
ἐκεῖνος οὔτε κατὰ φύσιν οὔτε παρὰ φύσιν φησίν, οὗτος δὲ βούλεται μὲν
αὐτὸ κατὰ φύσιν ὑπάρχειν, δείκνυσι δὲ τέως, ὅτι οὐ παρὰ φύσιν, τῇ τοῦ 20
5 Ἀριστοτέλους ἀποδείξει προσχρώμενος. εἰ γὰρ ἓν ἑνὶ ἐναντίον, ἐναντία δὲ
τῇ κατὰ φύσιν τοῦ πυρὸς κινήσει ἡ ἐπὶ τὸ κάτω κίνησις, οὐκ ἂν εἴη καὶ
ἡ κύκλῳ αὐτῇ ἐναντία· ὥστε οὐδὲ παρὰ φύσιν· τὸ γὰρ παρὰ φύσιν ἐναν-
τίον· κατὰ φύσιν ἄρα τῷ πυρὶ ἐν τῷ οἰκείῳ τόπῳ ὄντι ἡ κύκλῳ κίνησις. 25
καίτοι ἐχρῆν τῇ Ἀριστοτέλους ἀποδείξει προσχρώμενον εἰς ζήτησιν ἀνακι-
10 νηθῆναι μᾶλλον, τί δήποτε Ἀριστοτέλης τὸ δοκοῦν ἀπεμφαίνειν εἵλετο λέγειν
τὸ μήτε κατὰ φύσιν μήτε παρὰ φύσιν αὐτὸ κύκλῳ κινεῖσθαι, καίτοι κινού-
μενον κύκλῳ. ἀλλὰ πῶς, ὅπερ εἶπον, τὴν μὴ οὖσαν ἰδίαν κατὰ φύσιν ἄν 30
τις λέγοι; κάλλιον οὖν, εἴπερ ἔστιν ὅλως ἁπλῆ, ὑπὲρ φύσιν αὐτὴν λέγειν,
ἵνα καὶ μία ἑνὸς ᾖ ἡ κατὰ φύσιν· ὅπερ καὶ αὐτὸ παραχαράττει δύο λέγων
15 τοῦ πυρὸς κατὰ φύσιν κινήσεις, τὴν μὲν ἐπὶ τὸ ἄνω τῶν μερῶν αὐτοῦ τῶν
τῆς ὁλότητος ἀποσπασθέντων, τὴν δὲ κύκλῳ τῆς ὁλότητος, ὥστε καὶ ὁ 35
οὐρανὸς κύκλῳ κινούμενος οὐδὲν κωλύεται πῦρ εἶναι, οὐδὲ παρὰ φύσιν
αὐτῷ ἔσται ἡ κίνησις. καὶ δῆλον, ὅτι ἐν πᾶσιν τούτοις ἔσφηλεν αὐτὸν τὸ
τὴν κύκλῳ κίνησιν οὐρανίαν οὖσαν μὴ ὑπὲρ φύσιν νομίζειν ὑπάρχειν τῷ
20 πυρί, ἀλλὰ κατὰ φύσιν. τὸ δὲ εἶναί τινα καὶ ἐπ' εὐθείας ἐν αὐτῷ κίνησιν 40
ἰδίαν τοῦ πυρὸς ἀναβαινόντων καὶ καταβαινόντων μορίων αὐτοῦ τινων καὶ
μανουμένων καὶ πυκνουμένων, ἀληθῶς εἴρηκεν ὁ Ἀλέξανδρος μικτὴν εἶναι
τὴν κίνησιν δεικνὺς καὶ οὐκέτι ἁπλῆν, καὶ οὕτως συνάγων, ὅτι οὔτε κατὰ
φύσιν οὔτε παρὰ φύσιν ἐστὶ τῷ πυρὶ ἡ κυκλοφορία· καὶ διὰ τοῦτο οὔτε 45
25 δύο τοῦ αὐτοῦ κινήσεις εἶναι κατὰ φύσιν οὔτε δύο | ἑνὶ ἐναντία, ἀλλ' 19ᵃ
ἐπειδὴ καὶ κυκλική τίς ἐστιν ἐν τῷ πυρὶ κίνησις καὶ ἐπ' εὐθείας, ὡς εἴρη-
ται, τὴν μὲν κυκλικὴν ἀπὸ τῶν οὐρανίων ὑπὲρ φύσιν αὐτῷ ῥητέον ἐνδί-
δοσθαι, τὴν δὲ ἐπ' εὐθείας τῶν αὐτοῦ μερῶν εἶναι. οὗτος δὲ ἐπιμένει
δεικνύναι φιλονεικῶν ἰδίαν οὖσαν τῆς τοῦ ὑπεκκαύματος ὁλότητος τὴν ἐγ- 5
30 κύκλιον ἁπλῆν κίνησιν ὁ μηδὲ τὰ οὐράνια πρότερον συγχωρῶν τοιαύτην
ἔχειν τὴν κίνησιν· αἴτιον δὲ τὸ νομίζειν ἐκ τούτου συνάγειν, ὅτι, κἂν
ἐγκύκλιον καὶ ἁπλῆν κίνησιν ὁ οὐρανὸς κινῆται, οὐδὲν κωλύει ὁμοφυῆ τοῖς
ὑπὸ σελήνην ὄντα φθαρτὸν ὁμοίως ἐκείνοις εἶναι καὶ αὐτόν. καὶ ἤρκει 10
μὲν πρὸς τὸν ἀσεβῆ τε ἅμα καὶ ἀλόγιστον σκοπὸν τοῦτον τὸ δεδειχέναι
35 πρότερον, ὅτι οὐκ ἔστιν ἰδία τοῦ ὑπεκκαύματος ἡ κύκλῳ κίνησις, ἀλλ' ὑπὸ

---

1 ἔστι BDEc   2 κυκλοφορία DE   4 αὐτὸ DEb: αὐτὸς B: comp. A   7 ὥστ'
Bc   τὸ γὰρ — ἐναντίον (8)] ἐναντίον γὰρ c   10 Ἀριστοτέλει B   ἐπεμφαίνειν B:
ἀποφαίνειν c   λέγειν DEb: λέγων ABc   14 ᾖ ἡ DE: ᾖ Bc: ἡ A   16 ὁ
om. B   18 αὐτῷ DEb: αὐτὸς ABc   πᾶσι BDEc   αὐτὸν τὸ] e corr. D: corr.
ex αὐτὸ τὸ E²   21 μορίων αὐτοῦ] αὐτοῦ μορίων E   23 καὶ (prius) om. B
οὐκέτι ἁπλῆν] corr. ex οὐχ ἁπλῆν D   οὕτω BDc   24 ἐστὶ om. Bc   27. 28 ἐν-
δεδόσθαι c   28 αὐτῶν AB   31 τούτων E   32 κινεῖται AB   34 σοῦ (e corr.)
μᾶλλον ἀσεβὴς (e corr.) ὁ σκοπὸς mg. D

τῆς οὐρανίας ἐνδίδοται περιφορᾶς ὑπὲρ φύσιν, ὡς δηλοῖ τὰ ἐκεῖ συνιστά- 19ᵃ
μενα φάσματα συνανατέλλοντά τε καὶ συνδύνοντα τοῖς ἄστροις καὶ ἐπὶ 15
πολλὰς ἡμέρας· ἤρκει δὲ καὶ τὸ ἐφιστάνειν, ὅτι, κἂν πύριος ὁ οὐρανὸς ἦν
ἐγκύκλιον ἁπλῆν ἔχων τὴν κίνησιν, ἀΐδιος ἂν ἦν οὐ κατὰ τὴν ὁλότητα
5 μόνην ἐκεῖνος ὥσπερ τὸ πῦρ, ἀλλὰ καὶ κατὰ τὰ μέρη, εἴπερ μηδὲν τούτων 20
ἀποσπᾶται τῆς οἰκείας ὁλότητος καὶ πάλιν αὐτῇ προσφύεται· ὥστε, κἂν
κατὰ μηθὲν ἄλλο, κατά γε τοῦτο ἑτέρας ἂν εἴη φύσεως παρὰ τὰ ὑπὸ σε-
λήνην στοιχεῖα, δι' ἣν οὐ κατὰ τὸ ὅλον μόνον, ὥσπερ τὰ στοιχεῖα, ἀλλὰ
καὶ κατὰ τὰ μέρη ἀγένητός τέ ἐστιν ἀπὸ χρόνου καὶ ἄφθαρτος. ἐπειδὴ 25
10 δὲ πολλὰ πρὸς τὸν Ἀλέξανδρον εἶπεν δεικνύοντα μὴ ἁπλῆν, ἀλλὰ μικτὴν
οὖσαν τὴν τοῦ ὑπεκκαύματος κίνησιν, ὀλίγα τούτων βασανιστέον. λέγει
τοίνυν, κἂν τὰ μὲν ἄνεισιν τοῦ ὑπεκκαύματος καὶ τοῦ ἀέρος, τὰ δὲ κάτεισιν,
καὶ τὰ μὲν πυκνοῦται, τὰ δὲ μανοῦται, καὶ δῆλον, ὅτι τὸ μὲν θᾶττον κι- 30
νεῖται μέρος, τὸ δὲ βραδύτερον, οὐδὲν ἧττον ἁπλῆ ἡ κύκλῳ κίνησίς ἐστιν
15 τοῦ ὅλου· ἐνδέχεται γάρ, φησί, καὶ πυρὸς ἐπὶ τὸ ἄνω φερομένου καὶ
ὕδατος ἐπὶ τὸ κάτω τῶν μορίων αὐτῶν τινα τὰ μὲν τῇδε, τὰ δὲ ἐκεῖσε
ὑπό τινος ἐξακοντίζεσθαι πνεύματος, ἀλλ' ὅμως τὸ ὅλον ἁπλῆν τὴν ἀπὸ 35
τοῦ μέσου καὶ ἐπὶ τὸ μέσον κινεῖται. καίτοι τίς ἂν εἴποι κυρίως ἁπλῆν
τότε τὴν τοῦ πυρὸς ἐκείνου καὶ τοῦ ὕδατος κίνησιν ἐξ ἀνομοίων συγκειμένου
20 μερῶν τοῦ κινουμένου καὶ τοῦ μὲν ἄνω, τοῦ δὲ κάτω ἕλκοντος, ὅτε καὶ
λοξὴν εἰκὸς ἐπὶ τῶν εὐθυπορουμένων τὴν κίνησιν γίνεσθαι; καὶ τῆς τοῦ 40
ἑωσφόρου δέ, φησί, περιαγομένης σφαίρας αὐτὸς ὁ ἑωσφόρος ἐν τῷ ἰδίῳ
κινούμενος ἐπικύκλῳ ποτὲ μὲν περιγειότερος, ποτὲ δὲ ἀπογειότερος γίνεται,
καὶ ἐπὶ τῶν λοιπῶν πλανωμένων ὡσαύτως. ἀλλ' οὖν ὁ ὅλος οὐρανὸς μίαν
25 καὶ ἁπλῆν κινεῖται κίνησιν. καὶ χρὴ μὲν ἐφιστάνειν, ὅτι νῦν ταῦτα ὁμο- 45
λογεῖ, ὅτε νομίζει δύνασθαι ἐξ αὐτῶν ἄλλα ἀνατρέπειν, ἐφιστάνειν δὲ καί,
ὅτι ὑπὸ ἀπειρίας τῶν | ἀστρονομικῶν ὑποθέσεων ταῦτα φθέγγεται. τίς 19ᵇ
γὰρ οὐκ οἶδε τῶν ὁπωσοῦν πεπαιδευμένων, ὅτι τοῦτον ἔχουσι τὸν σκοπὸν
αἱ τῶν ἀστρονόμων ὑποθέσεις τὸ ἐγκυκλίου καὶ ὁμαλῆς φυλαττομένης πάσης
30 τῆς τῶν οὐρανίων κινήσεως δι' αὐτῶν τάς τε προσθαφαιρέσεις τῶν κινή- 5
σεων καὶ ἀναβάσεις καὶ καταβάσεις καὶ προποδισμοὺς καὶ ὑποποδισμοὺς
καὶ φάσεις καὶ πάντα τὰ φαινόμενα περὶ αὐτοὺς ἀποδεῖξαι τίνα τρόπον
γίνονται. καὶ γὰρ ἑκάστου τῶν ἐκεῖ ἡ κίνησις ἁπλῆ τε καὶ ὁμαλή· κἂν
συμπεριάγωνται οὖν τοῖς ὁλικωτέροις τὰ μερικώτερα, οὔτε ἡ τῶν ὁλικωτέρων 10
35 κίνησις σύνθετος γίνεται, ἀλλ' ἁπλῆ μένει καὶ τοῖς μερικωτέροις ἑαυτῆς

---

1 ἐνδέδοται c   περιφορᾶς DEb: διαφορᾶς ABc   3 πύριος DEb: πυρὸς ABc
οὐράνιος E   5 μηδὲν DEb: μὴ δὲ AB   7 μηδὲν DE   τὰ] τὴν B: τὴν τῶν c
8 στοιχείων Bc   10 εἶπε BDEc   ἁπλοῦν E   μικτὴν in ras. D   12 ἄνεισι
BDEc   κάτεισι BDEc   14 ἔστι BDEc   18 an κινεῖσθαι? Diels   καίτοι] καὶ τῷ
AB   19 συγκειμένην E   21 γενέσθαι B   23 προσγειότερος c   27 ὑπὸ]
corr. ex ἀπὸ E²   29 ἀστρονομιῶν DE   30 προσαφαιρέσεις E: corr. E²
31 καὶ ὑποποδισμοὺς DEb: om. ABc   32 αὐτοὺς] scr. αὐτά: ipsa b   34 συμπεριάνων-
ται D, sed corr.   35 μένει DEb: μὲν εἰ ABc

μεταδιδοῦσα, οὔτε τὰ μερικώτερα τὴν ἑαυτῶν κίνησιν σύνθετον ἴσχει, ἀλλ' 19ᵇ
ἐκείνης μενούσης ἁπλῆς ἄλλην θειοτέραν καὶ ἁπλουστέραν ἀπὸ τῶν ὁλικω-
τέρων προσλαμβάνουσιν. ἀλλ' οὐδὲ εἴ τι, φησί, μόριον τοῦ ἀέρος ἢ τοῦ 15
ὑπεκκαύματος μανοῦται ἢ πυκνοῦται, τοῦτο ποιεῖ μὴ ἁπλῆν εἶναι τὴν τοῦ
5 ὅλου κίνησιν· ὅλως γὰρ ἡ μάνωσις καὶ ἡ πύκνωσις ἀλλοιώσεις εἰσὶν καὶ οὐ
κατὰ τόπον κινήσεις· καὶ γάρ, εἰ βῶλον συμβῇ φερομένην ἐπὶ τὸ μέσον
θερμαίνεσθαι ἢ ψύχεσθαι, οὐ γίνεται τοῦτο αἴτιον τοῦ μὴ ἁπλῆν εἶναι τὴν 20
κίνησιν. ὅρα, ὅπως ἀσύνετα τὰ λεγόμενα μὴ ἐννοοῦντος, ὅτι τὸ μὲν μανού-
μενον κουφότερον γίνεται, τὸ δὲ πυκνούμενον βαρύτερον, καὶ οὕτως ἀνισοτα-
10 χεῖς αἱ τῶν μορίων γίνονται κινήσεις καὶ κατὰ τόπον. ἀλλ' οὐδὲ τὸ ὕδωρ,
ὅταν καταφερόμενον γένηται κρύσταλλος, ἁπλῆν ἴσχει τὴν ἐπὶ τὸ κάτω 25
φοράν, ὡς οἴεται οὗτος· ἀλλὰ καὶ τοῦ Ἀλεξάνδρου πάλιν παραθέμενος
ῥῆσιν λέγουσαν "ἅμα γὰρ αὐτὸ ἐπιφερόμενον ἀνάγκη καὶ κατὰ τὴν οἰκείαν
ῥοπὴν κινεῖσθαι ἢ ἄνω, εἴ τι τῶν κούφων εἴη, ἢ κάτω, εἴ τι τῶν βαρέων·
15 γίνεσθαι οὖν αὐτοῦ τὴν κίνησιν μικτὴν ἔκ τε τῆς εὐθείας καὶ τῆς κύκλῳ" 30
διασπᾷ κακοσχόλως αὐτὴν ὡς περὶ τοῦ ὅλου τὸ ἄνω καὶ τὸ κάτω ἀκούων
καὶ πειρᾶται δεικνύναι, ὅτι οὔτε ἄνω δύναται κινεῖσθαι τὸ ὑπέκκαυμα
ἁπτόμενον τῆς σεληνιακῆς σφαίρας οὔτε κάτω κατὰ φύσιν. δῆλον δέ, ὅτι
τοῦ ὅλου ὑπὸ τοῦ οὐρανοῦ κύκλῳ κινουμένου μέρη φησὶν αὐτοῦ τὰ μὲν 35
20 ἄνω, τὰ δὲ κάτω κινεῖσθαι, ὡς δηλοῖ ἡ ὑπ' αὐτοῦ πρότερον ἐκτεθεῖσα
τοῦ Ἀλεξάνδρου ῥῆσις· "οὔτε γὰρ ἁπλῶς", φησί, "κινεῖται κύκλῳ τήνδε
τὴν κίνησιν τό τε πῦρ καὶ ὁ ἀήρ οὔτε ἐπ' εὐθείας, ἀλλὰ μικτήν· καὶ
γὰρ εἰς ὕψος τινὰ αὐτῶν πρόεισιν καὶ ταπεινότερα γίνεται ἐν τῇ τοιᾷδε 40
περιαγωγῇ, ἔτι τε μανοῦται ἢ πυκνοῦται"· ὥστε τινὰ αὐτῶν εἶπεν καὶ
25 οὐχ ὅλα μανοῦσθαι ἢ πυκνοῦσθαι, ἅπερ διαφορὰν κινήσεως τοπικῆς
ποιοῦντα οὐ συγχωρεῖ μένειν ἁπλῆν τὴν κίνησιν τὴν κατὰ τόπον. ἐπειδὴ
δὲ πολλαχοῦ παράγει τό, εἰ μὴ κατὰ φύσιν ἐστὶν ἡ κυκλοφορία τῷ ὑπεκ- 45
καύματι καὶ τῷ ἀέρι, παρὰ φύσιν οὖσαν μὴ ἂν ἐπὶ | πολὺ διαμένειν· καὶ 20ᵃ
γὰρ τὸν Ἀριστοτέλην λέγειν, ὅτι τάχιστα φθείρεται τὰ παρὰ φύσιν· μνη-
30 μονεύειν χρή, καὶ ὅτι οὐ πάντῃ ἁπλῆ ἐστιν ἡ ἐκείνων κίνησις, ὡς ὁ
Ἀλέξανδρος ἔδειξε, διὰ τὸ παραπεπλέχθαι τὴν ἐπ' εὐθείας κίνησιν τῶν ἀνα- 5
βαινόντων καὶ καταβαινόντων, καὶ ὅτι τὸ κυκλικὸν ἔχει ὑπὲρ φύσιν, ὅπερ
σώζει μᾶλλον τὰ μετέχοντα. κἂν Πτολεμαῖος οὖν κἂν Πλωτῖνος κἂν
Πρόκλος κἂν Ἀριστοτέλης αὐτὸς κινεῖσθαι τὸ ὑπέκκαυμα λέγῃ, οὐκ ἰδίαν
35 αὐτοῦ ταύτην τὴν κίνησιν ἐρεῖ διὰ τὴν μετὰ τῆς ἀπλανοῦς συναποκατάστασιν, 10
ἀλλὰ πεφυκέναι μὲν πρὸς αὐτήν, ὡς μὴ βίᾳ ἕλκεσθαι, ἄλλῳ δὲ συγκινεῖ-

---

2 μενούσης DEb: μὲν οὔσης ABc   5 εἰσὶ BDEc   8 ὅπως] e corr. D   8. 9 μα-
νούμενον] -ού- e corr. B   11 γίνηται D   23 πρόεισι BDEc   24 εἶπε BDEc
25 ὅλη DE: corr. E²   27 παράγει DEb: περιάγει ABc   29 Ἀριστοτέλη D
30 ἐστιν ἡ ἐκεί— in ras. B   32 ἔχουσιν DE   ὑπέρ] παρά c   33 οὖν Eb:
evau. D: om. ABc   34 λέγῃ] corr. ex λέγει E²   35 αὐτοῦ DE: mut. in αὐτῷ A:
αὐτῷ Bc   διὰ τὴν μετά] διότι κατά c   ἀπλανοῦς ἔχει c   36 ἄλλῳ δὲ συγκινεῖ-
σθαι om. D   συγκενεῖσθαι B, sed corr.

σθαι, ὡς καὶ τὸ πλανώμενον τῇ ἀπλανεῖ· καὶ τούτου γὰρ οὐκ ἰδία ἡ κίνησις αὕτη, οὐ μὴν βίαιος, ἀλλ' ὑπερφυής.

Ταῦτα μὲν οὖν τὰ μέχρι τῶνδε τῶν λόγων καὶ ὑπὸ τούτου πρὸς τὸν Ἀριστοτέλην ἀντειρημένα τε καί, ὡς οἶμαι, διαλελυμένα· ἐπανιτέον δὲ πάλιν ἐπὶ τὰ ἑξῆς.

p. 269ᵃ18 **Ἀλλὰ μὴν καὶ πρώτην γε ἀναγκαῖον εἶναι τὴν τοιαύτην φοράν.**

Δείξας, ὅτι ἔστιν ἁπλῆ κίνησις κατὰ φύσιν ἡ κύκλῳ ἄλλη παρὰ τὴν ἐπ' εὐθείας, καὶ ὅτι ἡ ἁπλῆ κίνησις ἁπλοῦ σώματος, συνήγαγεν ἐκ τούτων, ὅτι ἔστι τι ἁπλοῦν σῶμα ἄλλο παρὰ τὰ τέσσαρα στοιχεῖα τὰ εὐθυπορούμενα, ᾧ κατὰ φύσιν ἐστὶν ἡ κύκλῳ κίνησις. δείξας δὲ καί, ὅτι [οὐδὲ κατὰ φύσιν] οὐδὲ παρὰ φύσιν οἷόν τέ τι τῶν τεσσάρων στοιχείων κινηθῆναι τὴν κύκλῳ κίνησιν, δείκνυσιν ἐφεξῆς, ὅτι καὶ πρότερον τῶν εὐθυπορουμένων σωμάτων τὸ κυκλοφορούμενόν ἐστι καὶ θειότερον. δείκνυσι δὲ αὐτὸ διὰ τοῦ δεῖξαι τὴν κύκλῳ κίνησιν πρώτην κατὰ φύσιν τῶν ἄλλων κινήσεων, τοῦτο δὲ διὰ τοῦ δεῖξαι τὴν κυκλικὴν γραμμὴν προτέραν τῇ φύσει τῆς εὐθείας, τοῦτο δὲ διὰ τοῦ δεῖξαι τελείαν αὐτήν, ἀτελῆ δὲ τὴν εὐθεῖαν, ὥσπερ καὶ ἀπὸ τοῦ ἁπλῆν εἶναι τὴν κύκλῳ κίνησιν κατεσκεύασε τὸ εἶναί τι ἁπλοῦν σῶμα τὸ τὴν κύκλῳ κίνησιν κατὰ φύσιν κινούμενον, ἀπὸ δὲ τοῦ ἁπλῆν εἶναι τὴν κυκλικὴν γραμμὴν τὸ ἁπλῆν εἶναι τὴν κύκλῳ κίνησιν. συγκατασκευάζεται δὲ τῷ πρώτῳ τὸ ἁπλοῦν· τὰ γὰρ πρῶτα πάντως ἁπλᾶ, διότι προηγεῖται τῇ φύσει τῶν συνθέτων τὰ ἁπλᾶ. ἔδειξε δὲ καὶ ἐν τῷ ὀγδόῳ τῆς Φυσικῆς, ὅτι ἡ κύκλῳ κίνησις προτέρα τῶν ἐπ' εὐθείας ἐστίν· ἔδειξε δὲ ἐκεῖ διὰ τοῦ τελείαν τε καὶ ἁπλῆν καὶ κυρίως συνεχῆ εἶναι, καὶ ἐνταῦθα δὲ διὰ τοῦ τελείου γίνεται ἡ ἀπόδειξις· ὅτι γὰρ τὸ τέλειον πρότερον τῇ φύσει τοῦ ἀτελοῦς, πρόδηλον, εἴπερ ἐκ τῶν τελείων τὰ ἀτελῆ· ὅτι δὲ τελεία ἡ κύκλῳ κίνησις, ἔδειξεν ἐκ τοῦ τὸν κύκλον τέλειον εἶναι, τοῦτο δὲ ἐκ τοῦ πεπερασμένον τε εἶναι καὶ τέλος ἔχοντα, ὅπερ τοῖς τελείοις προσήκει, καὶ μέντοι ἐκ τοῦ προσθήκην μὴ ἐπιδέχεσθαι μένοντος τοῦ εἴδους· ἡ γὰρ προσθήκη κατὰ τὸ ἐλλεῖπον γίνεται. ἔδειξε δὲ οὐκ ἐπὶ τοῦ κύκλου ταῦτα, ἀλλὰ δι' ὧν τὴν εὐθεῖαν ἔδειξεν ἀτελῆ, διὰ τούτων μὴ παρόντων τῷ κύκλῳ ἀλλὰ τῶν ἀντικειμένων τὸν κύκλον ἔδειξε τέλειον· ὅτι δὲ πᾶσα

---

1 τούτῳ Β, sed corr.   οὐχ' ἰδία Α   2 αὕτη DEb: αὐτὴ ΑΒ   5 πάλιν] α in ras. Β   6 εἶναι—φοράν (7) om. D   γε] καὶ Β   7 φοράν Ε: διαφορὰν ΑΒ   10 τέσσαρα C: δ ADE: om. Bc   11. 12 οὐδὲ κατὰ φύσιν delevi   οὐδὲ παρὰ φύσιν om. c   14 σωμάτων CDE(b?): om. ABc   15 τὴν κύκλῳ — δεῖξαι (16) CDEb: om. ABc   ἄλλων] ἄλλων τῶν ἁπλῶν C   16 τὴν] τελείαν τὴν Ε   τὴν — εὐθείας (17) om. D   προτέραν C: πρώτην ΑΒΕ   18 post τοῦ del. ἁπλῆν εἶναι τὴν κυκλικὴν γραμμὴν τὸ D   κατεσκεύασε — κίνησιν (19) om. DE   22 διότι — ἁπλᾶ om. c   23 ὀγδόῳ] Θ 9   προτέρα ba: πρώτη ABDE   25 γὰρ om. DE   πρότερον ba: πρῶτον ABDE   28 τέλους Ε   30 τὸ] τι c   32 ἀλλὰ τῶν] ἀλλ' αὐτῷ c

εὐθεῖα ἀτελής, δείκνυσι διελὼν πρῶτον εἰς τὴν ἄπειρον καὶ πεπερασμένην· 20ᵇ
πᾶσα γὰρ ἢ ἄπειρός ἐστιν ἢ πεπερασμένη, οὐχ ὅτι ἐστὶν ἄπειρος κατ'
αὐτὸν εὐθεῖα πεπερασμένου τοῦ παντὸς ὄντος, ἀλλ' ὅτι τινὲς ᾠήθησαν εἶναι· 5
κἂν μὴ ἔστι δέ, καὶ τὴν ὑπὸ τῆς φαντασίας ἀεὶ προσαυξομένην περιέλαβεν
5 ἡ διαίρεσις πᾶσαν ἀντιλογίαν ἀναιροῦσα. εἰ οὖν ἡ μὲν ἄπειρος μὴ ἔχουσα
τέλος ἢ ὅρον, ἀλλ' ἀόριστος οὖσα, οὐκ ἂν εἴη τελεία· τέλειον γὰρ τὸ τε-
τελεσμένον ἤδη καὶ ὡρισμένον καὶ μηδὲν ἐλλεῖπον τῶν ἑαυτοῦ· ἡ δὲ πε- 10
περασμένη ἔχει τι ἐκτὸς ὥστε προσαύξεσθαι, τὸ δὲ αὐξόμενον οὔπω πάντα
τὰ ἑαυτοῦ ἀπειληφὸς ἀτελὲς ἂν εἴη. ὁ μέντοι κύκλος καὶ πεπερασμένος
10 ἐστὶ καὶ ἔχων τέλος καὶ οὐδὲν ἐκτὸς ἔχει, οὐδὲ αὐξῆσαι δυνατὸν αὐτὸν
μένοντος τοῦ εἴδους. ὁ δὲ Ἀλέξανδρος τὸν κύκλον τέλειον δείκνυσιν ἐκ 15
τοῦ ἀρχὴν καὶ μέσον καὶ τέλος ἔχειν, εἴ γε ἀρχὴ μὲν αὐτοῦ, φησί, τὸ
κέντρον, πέρας δὲ ἡ ἐξωτάτω γραμμή, μέσον δὲ τὸ μεταξὺ τούτων ἐπίπε-
δον. ἐπιστῆσαι δὲ ἀξιῶ, μήποτε ὁ Ἀριστοτέλης κύκλον νῦν τὸν γραμμικὸν
15 ἔλαβε, καθ' ὃν ἡ κίνησις ἐπιτελεῖται, ἀλλ' οὐχὶ τὸν ἐπίπεδον· διὸ οὐδὲ 20
ἠξίωσεν οὕτως ἀποδεῖξαι ὡς ὁ Ἀλέξανδρος, ἀλλ' ἐκ τοῦ πεπερασμένον
ὄντα προσθήκην μὴ ἐπιδέχεσθαι· ἔχοι δὲ ἂν καὶ ἀρχὴν καὶ μέσον καὶ
τέλος, πλὴν ὅτι πανταχοῦ τούτων ἕκαστον· ὅπερ γὰρ ἂν αὐτοῦ λάβῃς,
τοῦτο καὶ ἀρχὴ καὶ μέσον καὶ τέλος εἶναι δύναται· καὶ εἴη ἂν τοῦτο, 25
20 οἶμαι, τεκμήριον τοῦ παντέλειον εἶναι τὸν κύκλον, εἴπερ κατὰ πᾶν ἑαυτοῦ
τὸ τέλειον ἐμφαίνει. ἀλλὰ πῶς πάσης πεπερασμένης γραμμῆς ἔστι τι ἐκ-
τός; τῆς γὰρ τοῦ παντὸς διαμέτρου καὶ πεπερασμένης οὔσης τί ἂν εἴη
ἐκτός, εἴπερ μηδὲν ἐκτὸς τοῦ κόσμου; πῶς δὲ οὐκ ἄτοπον πᾶσαν
εὐθεῖαν ἀτελῆ εἶναι, εἴπερ εἶδός τι τὸ τῆς εὐθείας ἐστὶν ὀφεῖλον καὶ αὐτὸ 30
25 τελειότητος μετέχειν καθάπερ τὰ ἄλλα εἴδη. ὥστε, κἂν εἰσιν ἀτελεῖς εὐ-
θεῖαι, ἀλλ' εἶναι πάντως καὶ τελείαν τινά; ὁ μὲν οὖν Ἀλέξανδρος ὡς τῷ
λόγῳ δυναμένων ἡμῶν αὔξειν πᾶσαν τὴν ληφθεῖσαν οὕτως ἀκούει, οὐχὶ
τῆς εὐθείας αὐξομένης, ἀλλὰ τῆς τηλικῆσδε εὐθείας· ὥστε τὸ μὲν εἶδος 35
τῆς εὐθείας καθὸ εὐθεῖα τέλειον πανταχοῦ καὶ ἐν μικρᾷ καὶ ἐν μεγάλῃ,
30 τὸ δὲ μέγεθος τέλειον ἐν τῇ τὸ ὅλον μέτρον ἀπολαβούσῃ τῆς εὐθείας
τῆς κοσμικῆς· τὸ δὲ τέλειον αὐτῆς καὶ κατὰ τὸ εἶδος ὡς πρὸς τὸ κυκλι-
κὸν εἶδος καὶ τὴν τούτου τελειότητα ἐλλείπει τῷ μὴ συννεύειν εἰς ἑαυτό, 40
ἀλλ' ἐκκεχύσθαι ὅσον ἐφ' ἑαυτῷ πρὸς ἀμετρίαν καὶ ἀπειρίαν, τοῖς δὲ δη-
μιουργικοῖς μέτροις ὁρισθῆναι τὸ ποσὸν αὐτῆς. τοῦτο οὖν ἐνδείκνυται τὸ
35 πάσης πεπερασμένης γραμμῆς εἶναί τι ἐκτὸς τὸ ὅσον ἐφ' ἑαυτῇ καὶ τῇ

---

1 πρῶτον] πρότερον C   καὶ] καὶ τὴν c   4 καὶ] ἀλλὰ c   5 εἰ οὖν ἡ μὲν] mut.
in ἡ μὲν γὰρ Ε²   7 τῶν] τοῦ Β   ἡ corr. ex εἰ Ε²   8 αὐξόμενον CDE: αὐξα-
νόμενον ABc   12 τέλειον Β   14 ἀξιῶ ABb: ἄξιον DEc   15 ἐπίπεδον E:
compendiose D: ἐπιπεδικὸν Ac: ἐπιπεδικὴν Β   17 μέσην Β   18 γὰρ om. E
23 εἴπερ μηδὲν ἐκτὸς om. D   μηδὲν Eb: μηδὲ ABc   ἐκτὸς τοῦ] corr. ex ἐκ
τοῦ Ε²   27 αὔξει Β   28 αὐξανομένης AB   τηλικῆσδε scripsi: tanta b: τελι-
κῆσδε DE¹: τελικῆς ABc: τοσαύτης Ε²   30 ἀπολαυούσει Β: ἀπολαυούση c   τῆς]
e corr. D   32 τῷ] corr. ex τὸ E²: τὸ D   συνεύειν Β   34 ὡρισθῆναι A

ἀορίστῳ χύσει ἔχειν τι ἀεὶ ἐλλιπὲς καὶ προστεθῆναι δυνάμενον. προσλα- 20ᵇ
βὼν οὖν, ὅτι ἡ τελειοτέρα κίνησις προτέρα· τὸ γὰρ τέλειον, φησί, | πρότερον 21ᵃ
τῇ φύσει τοῦ ἀτελοῦς· καὶ ἀποδείξας, ὅτι ὁ κύκλος πρότερος φύσει τῆς
εὐθείας, διότι τελειότερος, ὡς δὲ αἱ γραμμαί, ἐφ' ὧν αἱ κινήσεις, οὕτως
5 ἔχουσιν καὶ αἱ κινήσεις, ἔχει συνηγμένον, ὅτι ἡ κύκλῳ κίνησις προτέρα τῆς
ἐπ' εὐθείας· ταύτῃ τῇ προτάσει προσλαβὼν ἄλλην ἐναργῆ τὴν λέγουσαν·
ἡ προτέρα κίνησις προτέρου τῇ φύσει σώματος· πάλιν ἔχει συνηγμένον,
ὅτι ἡ κύκλῳ κίνησις προτέρου τῇ φύσει σώματος τῶν ἐπ' εὐθείας, ὅπερ 5
ὡς σαφὲς παρῆκε συμπέρασμα τὰς δύο προτάσεις συνεχεῖς ἐκθέμενος. εἶτα
10 βουλόμενος δεῖξαι, ὅτι τὸ πρότερον τοῦτο τῇ φύσει σῶμα, οὗ ἐστιν ἡ
κύκλῳ κίνησις, καὶ ἔστι καὶ ἁπλοῦν ἐστι καὶ ἄλλο παρὰ τὰ τέσσαρα
στοιχεῖα, δείκνυσιν αὐτό, οἶμαι, οὕτως· εἰ δύο αἱ ἁπλαῖ κινήσεις εἰσὶν 10
ἁπλῶν οὖσαι σωμάτων ἥ τε ἐπ' εὐθείας καὶ ἡ κύκλῳ, ἡ δὲ ἐπ' εὐθείας
τῶν ὑπὸ σελήνην ἁπλῶν σωμάτων ἐστὶ τῶν τε ἄνω καὶ τῶν κάτω φερο-
15 μένων, ἀνάγκη καὶ τὴν κύκλῳ κίνησιν τῶν ἁπλῶν τινος εἶναι σωμάτων
ἄλλου παρὰ τὰ ὑπὸ σελήνην· ἥ τε γὰρ κίνησις κινουμένου πάντως ἐστὶ 15
σώματος καὶ ἡ ἁπλῆ ἁπλοῦ· κἂν γὰρ μικτόν ποτε σῶμα ἁπλῆν κινῆται
κίνησιν, ὡς ἄνθρωπος ἀπὸ τέγους ἐκπεσὼν πρὸς τὸ μέσον φέρεται, ἀλλὰ
καὶ οὗτος κατὰ τὸ τῶν ἁπλῶν ἐν τῇ μίξει ἐπικρατοῦν, τουτέστι κατὰ τὸ
20 γεῶδες, φέρεται ταύτην τὴν φοράν.

Ὁ μέντοι Ἀλέξανδρος τὸ καὶ ἁπλοῦν εἶναι τὸ πρῶτον τοῦτο τῇ φύσει 20
σῶμα δείκνυσθαί φησι κατὰ τὴν τοῦ ἧττον καὶ μᾶλλον ἐπιχείρησιν οὕτως,
ὡς συντόμως εἰπεῖν· εἰ, ὧν εὔλογον ἧττον κινήσεων τὰ κινητὰ σώματα
ἁπλᾶ εἶναι, ταῦτα ἁπλᾶ ἐστι, καὶ ἧς εὐλογώτερον τῆς κύκλῳ ἁπλοῦν εἶναι
25 τὸ κινητόν, τοῦτο μᾶλλον ἂν εἴη ἁπλοῦν. μήποτε δὲ οὐκ ἔστι προφανὲς 25
τὸ τὴν κύκλῳ κινούμενον ἁπλῶς εὐλογώτερον ἁπλοῦν εἶναι, ἀλλ', εἰ ἄρα,
τὸ τὴν προτέραν τῇ φύσει· πρότερα γὰρ τὰ ἁπλᾶ τῶν συνθέτων. τάχα
οὖν οὕτως μᾶλλον ἐρωτητέον· εἰ, ὧν ὑστέρων ὄντων τῇ φύσει, τουτέστι
τῶν ἐπ' εὐθείας· τοῦτο γὰρ δέδεικται· ἧττον εὔλογόν ἐστιν ἁπλῆν εἶναι
30 τὴν οὐσίαν, τούτων ἁπλῆ ἐστι, καὶ ὧν προτέρων ὄντων τῇ φύσει, τουτέστιν
τῶν ἐγκυκλίων, μᾶλλον εὔλογόν ἐστιν ἁπλῆν εἶναι τὴν οὐσίαν, τούτων 30
μᾶλλον ἂν εἴη ἁπλῆ.

---

1 προστεθῆναι] -η- e corr. D: προστεθεῖναι E   2 ἡ om. Ac   κίνησις προτέρα] ἡ
προτέρα κίνησις c   5 ἔχουσι BDEc   καὶ ἔχει D   συνηγμένον D   προτέρα—
κίνησις (8) om. Bbc   6 ἐπ' addidi: om. ADE   7 ἡ] ὅτι ἡ D   συνημ-
μένον D   προτέρου—κίνησις (8) om. b   8 τῶν] an τῆς?   9 τὰς] in ras.
plur. litt. D¹   10 τὸ om. DE   σῶμα] corr. ex σώματος E²   11 ἐστι]
ἔστι δὲ B   12 αὐτό DEb: αὐτός AB   17 κινῆται D: κινεῖται ABEc
18 τέγους DE: στέγους A: στέγης Bc   19 κατὰ τὸ] corr. ex μετὰ E²   τῶν ἁπλῶν]
ἁπλοῦν D   20 γαιῶδες AB   ταύτην] -αύ- corr. ex ἣν B   21 καὶ DEb: om.
ABc   τοῦτο om. Bc   23 εὔλογον ἧττον BDE: ἧττον εὔλογον A: ἧττον c   κινή-
σεων DEb: κινήσεται ABc   κινητικὰ DE   24 ἁπλᾶ (prius)] εὔλογον καὶ ἁπλᾶ
ἧς] εἰ c   25 κινητικὸν DE   μήποτε — εἶναι (26) om. D   27 τὴν] τὰ? D
προτέρα DE¹: corr. E²   τῇ] suprascr. E¹   29 τῶν ἐπ'—τουτέστιν (30) DEb:
om. ABc   31 τῶν om. DE   32 ἂν c: om. ABDE

SIMPLICII IN L. DE CAELO I 2 [Arist. p. 269ᵃ18]   41

Ταῦτα μὲν οὖν πρὸς τὴν τῶν Ἀριστοτέλους σαφήνειαν εἰρήσθω· 21ᵃ
ἀποροῦσι δέ τινες, ὥς φησιν Ἀλέξανδρος, πρὸς τὸν εἰρημένον λόγον, ὅτι
τὸ τελειότερον πρότερον τῇ φύσει καὶ τὸ πρότερον ἁπλούστερον· εἰ γὰρ
τελειότερος ὁ κόσμος ἑκάστου τῶν ἐξ ὧν ἔστι, τὸ δὲ τελειότερον πρότερον, 35
5 τὸ δὲ πρῶτον καὶ ἁπλοῦν, ἔσται δ᾽ ὁ κόσμος καὶ πρότερος τῶν ἐξ ὧν ἔστι
καὶ ἁπλούστερος ἐκείνων· οὐ προϋπάρχει δὲ ὁ κόσμος τῶν αὐτοῦ μερῶν,
ὥς φησιν Ἀλέξανδρος, οὐ μὴν οὐδὲ ἁπλούστερος δοκεῖ ὁ ἐξ ἐκείνων
συγκείμενος. ἐνδοὺς δὴ τούτοις ὁ Ἀλέξανδρος πειρᾶται λύειν τὴν ἀπορίαν 40
τῷ τὸν μὲν κόσμον τελειότερον ὡς περιεκτικώτερον λέγεσθαι, τὴν δὲ κύκλῳ
10 κίνησιν τῆς ἐπ᾽ εὐθείας καὶ τὸν κύκλον τῆς εὐθείας οὐχ ὡς περιέχοντα,
ἀλλ᾽ ὡς κατὰ τὸ εἶδος· ἐπὶ τούτων οὖν τῶν κεχωρισμένων ἀληθές, φησί,
τὸ τελειότερον καὶ πρότερον καὶ ἁπλούστερον εἶναι, ἐπὶ δὲ τῶν ὅλων καὶ 45
τῶν μερῶν οὐκέτι. τελειότερον μὲν γάρ, φησί, καὶ τὸ ὅλον τῶν αὐτοῦ
μερῶν | καὶ τῇ φύσει καὶ τῇ οὐσίᾳ πρῶτον, ἀλλ᾽ οὐκέτι καὶ τῷ χρόνῳ· 21ᵇ
15 τὸ γὰρ πρὸς τῷ ἁπλοῦν εἶναι καὶ τέλειον τοῦτο καὶ τῷ χρόνῳ πρῶτον.
ὅτι δὲ ἡ κύκλῳ κίνησις προτέρα τῆς ἐπ᾽ εὐθείας οὐ τῇ οὐσίᾳ μόνον ἀλλὰ
καὶ τῷ χρόνῳ, ἔδειξεν ὁ Ἀριστοτέλης ἐν τῷ ὀγδόῳ τῆς Φυσικῆς ἀκροά- 5
σεως. ταῦτα μὲν ὁ Ἀλέξανδρος. μήποτε δὲ οὐ κατὰ χρόνον εἴληπται τὸ
πρότερον· οὐ γὰρ ἦν χρόνος, ὅτε κυκλικὴ μὲν κίνησις ἦν, ἡ δὲ ἐπ᾽
20 εὐθείας οὐκ ἦν, κἂν αἰτία ἀεὶ ταύτης ἐκείνη, οὐδὲ ἔτι μᾶλλον, ὅτε κύκλος
μὲν ἦν, εὐθεῖα δὲ οὐκ ἦν· ἀλλὰ κατὰ φύσιν. σαφῶς γοῦν εἶπεν ὁ Ἀριστο- 10
τέλης τὸ γὰρ τέλειον πρότερον τῇ φύσει τοῦ ἀτελοῦς καὶ πάλιν
ὥστε, εἴπερ ἡ μὲν προτέρα κίνησις προτέρου τῇ φύσει σώμα-
τος. καὶ ὁ κόσμος οὖν τελειότερος ὢν τῶν μερῶν πρότερος αὐτῶν ἐστι
25 τῇ φύσει, ὡς καὶ ὁ Ἀλέξανδρος ὁμολογεῖ, οἶμαι δέ, καὶ ἁπλούστερος· εἰ 15
γὰρ πρότερος τῇ φύσει, μᾶλλον ἡνωμένος, τὸ δὲ μᾶλλον ἡνωμένον τῷ ἑνὶ
συγγενέστερον, τὸ δὲ τοιοῦτον ἁπλούστερον. ἡμεῖς δὲ οὐκ εἰς τὴν ὁλότητα
τοῦ κόσμου τὴν ἡνωμένην βλέποντες, καθ᾽ ἣν ἓν ζῷόν ἐστιν εἰκὼν τοῦ
νοητοῦ ζῴου, ἀλλ᾽ εἰς τὸ πλῆθος αὐτοῦ τὸ διακεκριμένον, καὶ τοῦτο κόσμον 20
30 λέγοντες ἁπλούστερον τοῦ ὅλου τὸ μέρος νομίζομεν καὶ πρότερα τὰ μέρη·
καίτοι τὸ ὅλον ἀπὸ τῆς ἑαυτοῦ ἑνώσεως ἐν ἑαυτῷ προάγει τὴν οἰκείαν
διάκρισιν. συναποδείξας δέ, ὅτι ἡ κύκλῳ κίνησις οὐ μόνον τελειοτέρου
ἐστὶ καὶ πρώτου, ἀλλὰ καὶ ἁπλοῦ σώματος ἁπλῆ οὖσα, ἵνα καθολικώτερος 25
ὁ λόγος ᾖ, κἂν ἁπλοῦν κἂν μικτὸν εἴη τὸ σῶμα τὸ οὐράνιον, ἐπάγει τῶν

---

1 τῶν om. DE   εἰρήσθω] om. D   3 πρότερον (prius) ac: πρῶτον ABDEb
πρότερον (alt.) ac: πρῶτον ABDEb   4 ἑκάστου ABb: om. DE   ἐξ ὧν DEb: ζῴων ABc
πρότερον bac: πρῶτον ABDE   5 πρῶτον] πρότερον ba   πρότερος bc: πρῶτος ABDE
6 αὐτοῦ c: αὐτῶ ABDE   7 ὁ om. B   10 τῆς (prius)] corr. ex τὴν E: τὴν D   11 τὸ
om. B   τῶν om. c   13 αὐτοῦ ABDEc   14 χρόνῳ] χρόνῳ πρῶτον c   15 τῷ (prius)]
corr. ex τὸ E²   post τέλειον add. ὂν E²   16 ὅτι] corr. ex ἔτι E²: ἔτι D
17 ὀγδόῳ] θ 9   18 οὐ om. D   21 γοῦν] γὰρ E   εἶπεν] 269ᵃ19   22 καὶ—
σώματος (23) om. D   πάλιν] 269ᵃ28   26 ἡνωμένη B   ἡνωμένῳ B, sed
corr.   31 τὸ a: τό τε ABDEc   ἐν DEb: om. ABc   33 ἐστὶ om. E   πρώ-
του ἐστὶν E   34 ἐπάγει] 269ᵃ28—30   τῶν—ἐπικρατοῦν (p. 42,1) del. E²

γὰρ μικτῶν τὴν φορὰν ἔφαμεν εἶναι κατὰ τὸ ἐπικρατοῦν ἐν τῇ 21ᵇ
μίξει τῶν ἁπλῶν, ὡσεὶ ἔλεγε· καὶ τῶν μικτῶν γὰρ τὴν φορὰν
καὶ τὰ ἑξῆς. κἂν σύνθετος οὖν ὢν ὁ οὐρανὸς κύκλῳ κινῆται, πάντως 30
ἔστι τι ἐν αὐτῷ ἁπλοῦν, οὗ κατὰ τὴν ἐπικράτειαν κινεῖται τὴν κύκλῳ
5 κίνησιν.
   Ἀπορεῖ δὲ καὶ ἐνταῦθα τὰς αὐτὰς πάλιν ἀπορίας ὁ Ξέναρχος· πρῶτον
μέν, ὅτι μαθηματικοῖς ἐχρήσατο τοῖς λήμμασιν ὁ λόγος τῇ τε εὐθείᾳ καὶ
τῷ κύκλῳ· δεύτερον, ὅτι οὐκ ἔστιν ἁπλοῦν σῶμα φυσικὸν κατὰ τῆς περι- 35
φεροῦς κινούμενον διὰ τὴν ἀνισοταχῆ κίνησιν τῶν πρὸς τῷ κέντρῳ καὶ
10 τῶν πρὸς τῇ περιφερείᾳ καὶ τῶν ἐν μέσῳ τούτων κινουμένων· τρίτον, ὅτι,
κἂν ἔστι τὸ κύκλῳ κινούμενον, ἀλλ' οὐκ ἄλλο πρὸς τοῖς τέτταρσιν, εἴπερ
καὶ ἐκείνων τὰ μὲν μένει, τὰ δὲ κύκλῳ κινεῖται, ὅταν ᾖ τέλεια, ὅπερ 40
μάλιστα τῷ πυρὶ ὑπάρχει· τὴν γὰρ ἐπ' εὐθείας, ὡς καὶ τῷ Ἀριστοτέλει
δοκεῖ, ἀτελῆ οὖσαν ἀτελῆ ἔτι ὄντα κινεῖται. ταύτας τὰς ἐνστάσεις ὡς ἤδη
15 προταθείσας τε καὶ διαλυθείσας οὐδὲ ὁ Ἀλέξανδρος ἠξίωσεν ἐκθέσθαι, καὶ
ἐγὼ δὲ πειράσομαι λοιπὸν τὰς τοιαύτας παρατρέχειν.   45
   Ὁ δὲ νεαρὸς ἡμῖν οὗτος κόραξ, μᾶλλον δὲ κολοιὸς "ἄκραντα γαρυό-
μενος Διὸς πρὸς ὄρνιχα θεῖον" | κατὰ τὸν μεγαλορρήμονα Πίνδαρον καὶ 22ᵃ
πρὸς τὰ ἐνταῦθα τῷ Ἀριστοτέλει ῥηθέντα παρεκδυόμενος πρώτην μὲν ἔν-
20 στασιν ἐπάγει τὴν τοῦ Ξενάρχου τρίτην ὑποβαλλόμενος· κἂν γὰρ πρῶτον, 5
φησί, τὸ κύκλῳ κινούμενον, οὐκ ἤδη ἄλλο παρὰ τὰ τέσσαρα, εἴπερ καὶ
ἐκείνοις τελείοις οὖσιν ὑπάρχει τὸ μένειν ἢ κύκλῳ κινεῖσθαι. εἴρηται δὲ
πρότερον πολλάκις, ὅτι οὐκ ἔστι τοῦ ὑπεκκαύματος ἴδιος ἡ κύκλῳ κίνησις,
ἀλλ' ὑπὲρ φύσιν αὐτὴν κινεῖται τὴν ἑαυτοῦ τῷ οὐρανῷ συμφερόμενον·
25 ὥστε τοῦ οὐρανοῦ κυρίως ἐστί. καὶ εἴπερ πρῶτόν ἐστι τῇ φύσει τὸ
κύκλῳ κατὰ φύσιν κινούμενον, ὁ οὐρανὸς ἂν εἴη πρῶτος ἄλλος ὢν παρὰ 10
τὸ ὑπέκκαυμα, ὅ φαμεν εἶναι πῦρ. εἶτα συγχωρήσας τέως τέλειον εἶναι
τὸν κύκλον ὡς ἀρχὴν ἔχοντα καὶ μέσον καὶ τέλος, τίς ἀνάγκη, φησί, καὶ
τὴν ἐπ' αὐτοῦ γινομένην κίνησιν τελείαν εἶναι; εἰ γὰρ ὅτι ἔχει ἀρχὴν καὶ
30 μέσον καὶ τέλος, ὡς Ἀλέξανδρος ἀλλ' οὐκ Ἀριστοτέλης εἶπεν, καὶ ἡ ἐπὶ 15
τῆς πεπερασμένης εὐθείας ἔχει τοῦτο. καίτοι εἰ τέλειον μὲν εἶναι τὸν

---

1 κατά om. E   ἐν τῇ—ἑξῆς (3) om. DE   3 *κινεῖται DE   6 καί ABb: om.
DE   7 μαθηματικῶς c   τῇ τε DE: τῆς ABc   εὐθείᾳ DEb: εὐθείας ABc
καὶ DEb: om. AB   8 τῷ] τῇ DE   8. 9 τὴν περιφερῆ c   9 ἰσοταχῇ DE
corr. E²   τῶν] τῷ DE: corr. E²   11 τοῖς om. Bc   τέτταρσιν A: τέσσαρσιν
D: τέταρσιν E: τέτρασιν Bc   12 ὅπερ om. DE¹: δ E²   13 τῷ (alterum) om. E
14 ἤδη] corr. ex εἴδη E²   15 προτεθείσας c: post προ— ras. 1 litt. E   οὐδὲ] corr.
ex ὁ δὲ E²   ὁ AB: om. DEc   17 ἡμῖν οὗτος ABb: οὗτος ἡμῖν DE
17. 18 γαρυόμενος] corr. ex γὰρ ὀλόμενος E²: γαρύεν in ras., mg. ὀλόμενος D¹   18 ὄρ-
νιθα A   μεγαλορήμονα E: corr. E²   Πίνδαρον] Olymp. II 87   20 ὑποβαλό-
μενος A   21 τὸ om. c   ἤδη DE²b: ἤδει ABE¹   καὶ om. D
22 ὑπάρχειν DE   24 συμπεριφερόμενον c   27 τέως] corr. ex τέλος E¹   28 μέ-
σην B   29 γινομένην om. Bc   ὅτι DEb: ἔτι ABc   30 εἶπεν AE: εἶπε BDc
ἐπί om. D   31 εὐθείας DEb: εὐθεῖα ABc   μὲν om. c

SIMPLICII IN L. DE CAELO I 2 [Arist. p. 269ᵃ18]   43

κύκλον τέως συνεχώρησεν, ἀτελῆ δὲ δηλονότι τὴν εὐθεῖαν, ὡς Ἀριστοτέλης 22ᵃ
ὑπέθετο, πῶς ἂν ἔχοι τέλος ἡ εὐθεῖα ἀτελὴς οὖσα, εἴπερ τέλος ἀκούειν
χρὴ τὸ ποιοῦν τέλειον τὸ ἔχον καὶ μηδεμιᾶς προσθήκης δεόμενον, ἀλλ᾽ 20
οὐχὶ τὸ περαῖνον μόνον, ὅπερ καὶ τοῖς προσθήκην δεχομένοις ὑπάρχει;
5 ὥστε ὁ τὸν κύκλον τέλειον καὶ τὴν εὐθεῖαν ἀτελῆ ὑποθέμενος, ὅπερ οὗτος
τέως ἐποίησεν, οὐκ ἔχει χώραν τελείαν λέγειν τὴν ἐπ᾽ εὐθείας κίνησιν,
εἴπερ μὴ ἔχει τέλος ἡ εὐθεῖα, εἰ δὲ μὴ ἔχει τέλος, οὐδὲ μέσον τὸ ὡς 25
πρὸς τὸ τέλος. ἔτι, φησίν, ἐπειδήπερ ἀΐδιον τὴν ἐγκύκλιον ὑποτίθενται
κίνησιν μήτε ἀρχὴν μήτε πέρας ἔχουσαν, δῆλον, ὅτι αὕτη μὲν ἀτελὴς ἂν
10 εἴη ὡς ἄπειρος, τελεία δὲ ἡ κατ᾽ εὐθεῖαν τὴν πεπερασμένην· καὶ γὰρ τὴν
ἄπειρον εὐθεῖαν, φησίν, ἀτελῆ λέγουσι διὰ τὸ μὴ ἔχειν ἀρχὴν καὶ μέσον 30
καὶ τέλος, καίτοι προσαύξησιν μὴ ἐπιδεχομένην. τοῦτο ἠπόρηται μέν,
οἶμαι, μετρίως, ὑφ᾽ οὕτινος οὖν ἠπόρηται· ἐπιστῆσαι δὲ ἄξιον, ὅτι καὶ ὁ
κύκλος διὰ τοῦτο τέλειος τελείως, ὅτι πᾶν μέρος ἑαυτοῦ καὶ ἀρχὴν ἔχει
15 καὶ μέσον καὶ τέλος· καὶ ἡ ἐπὶ τοῦ κύκλου κίνησις κἂν ἄπειρος ὡς ἐπ᾽ 35
ἄπειρον ἰοῦσα, ἀλλ᾽ οὐχ ὡς ἐνεστηκὸς ἔχουσα τὸ ἄπειρον καὶ ἀόριστον,
ἀλλ᾽ ἀεὶ πεπερασμένον εἶδος ἔχει καὶ αὐτή· πᾶν γὰρ τὸ λαμβανόμενον
αὐτῆς καὶ ἀρχὴ καὶ μέσον καὶ τέλος ἐστὶ περιόδου τινός, ὥστε ἀεὶ τελείαν
οὖσαν ἐπ᾽ ἄπειρον προάγειν τὴν τελειότητα· ὅλως γάρ, εἴ ποτε ἀτελὴς 40
20 ἐλήφθη, οὐκ ἐδύνατο ἐπ᾽ ἄπειρον προελθεῖν· οὔτε γὰρ ἀτελὴς οὖσα δύνα-
μιν ἔχειν ἄπειρον ἐδύνατο οὔτε ποτὲ τελειωθεῖσα καὶ ἀρχὴν καὶ ἀκμὴν
ἐν μέρει χρόνου λαβοῦσα μὴ καὶ παρακμάζειν ἐν χρόνῳ τινί. ἐπειδὴ δὲ
οὐκ ἔστι, φησί, καθ᾽ ὕπαρξιν εὐθεῖα ἄπειρος, δῆλον, ὅτι καὶ πᾶσα κίνησις ἐπ᾽ 45
εὐθείας ἕξει καὶ ἀρχὴν καὶ πέρας καὶ τὰ τούτων μεταξύ· οὐκοῦν καὶ τελεία,
25 ὅσον ἐπὶ τῷ τοῦ τελείου ὅρῳ. | τοῦτο πάλιν τῆς αὐτῆς συγγενείας τοῖς 22ᵇ
ἄλλοις τοῖς τοῦδε τοῦ ἀνδρός ἐστιν ἀπορήμασιν, τὸ πέρας τῆς εὐθείας
ὡς τέλος λαβόν, καίτοι τέλος ἐκεῖνο καὶ οὗτος λεγόμενον οἶδεν τὸ προσ-
θήκην ἄλλην μὴ δεχόμενον ὡς ἐλλιποῦς ὄντος τοῦ προτέρου, ὅπερ τῷ 5
κύκλῳ μὲν καὶ τῇ κύκλῳ κινήσει ὑπάρχει, τῇ δὲ εὐθείᾳ οὐχ ὑπάρχει.
30 κἂν γὰρ ἕκαστον κίνημα τοῦ κύκλου οὐ πέρας μόνον ἀλλὰ καὶ ἀρχὴ κινή-
σεώς ἐστιν ἄλλης, οὐχ ὡς ἐλλειπούσης τι τῆς προτέρας τελειότητί ἐστιν,

---

2 οὖσα om. Bc   4 προσθήκην BDE: προσθήκης Abc   δεχομένοις DE: δεομένοις
ABbc   ὑπάρχειν B: comp. A   5 ἀτελῆ] corr. ex ἀτελεῖ E¹   6 τέως] corr.
ex τέλος E¹   τελείαν E: om. D: τέλειον ABc   ἐπ᾽] ἐπὶ τῆς DE   7 ἔχῃ D?
ἡ εὐθεῖα Eb: e corr. D: om. ABc   εἰ δὲ—τέλος Eb: om. ABDc   8 πρὸς supra-
scr. A¹   9 μήτε (alterum)] μὴ E   αὕτη ba: αὐτὴ BDEc et corr. ex αὐτὴ A
11 λέγουσι DEb: λέγειν ABc   13 οὕτινος] e corr. D   καὶ DEb: om. ABc
15 ἐπὶ DEb: π̇ A: περὶ B   17 εἶδος bis E   αὐτή A: αὕτη DE: αὐτὸ Bc
21 ἀρχὴν καὶ om. c   23 φησί Eb: comp. AD: μὴ B: om. c   ἡ εὐθεῖα c   24 τὰ
comp. A: τὴν Bc   τούτου B   25 τῷ τοῦ D: τοῦ ABc: τῷ E   ὅρῳ DE: ὅρου
ABc   τοῖς] καὶ τοῖς Bc: evan. A   26 ἀπορήμασι B   26. 27 τῆς εὐθείας ὡς
τέλος] in ras. D   27 ὡς τέλος] mg. E²   λαβόν D: λαβών ABEc   οἶδε BDEc
28 ὅπερ] post δ— ras. 1 litt. E: ὥσπερ D   29 τῇ δὲ—ὑπάρχει om. D   31 ἐλλι-
πούσης ABc   τι scripsi: in aliquo b: τῇ ABDEc

ἀλλ' ὡς τῆς αὐτῆς τελείας οὔσης τῷ εἴδει πάλιν καὶ πάλιν γινομένης· ἡ δὲ
ἐπὶ τῆς πεπερασμένης εὐθείας κίνησις, ὅταν εὐθεῖα προστεθῇ, καὶ αὐτὴ προσ-
τίθεται ἑνὸς εἴδους τοῦ μετὰ τῆς προσθήκης γινομένου. ἀλλ' εἰ τῆς τοῦ
παντὸς διαμέτρου φυσικὴν εὐθεῖαν οὐκ ἔστι μείζονα λαβεῖν, πῶς οὐκ ἔστιν
5 αὕτη τελεία κατὰ τὸ κυρίως τέλος, ἥτις τὸ ἑαυτῆς εἶδος ἀπειληφυῖα προσ-
θήκην οὐκ ἐπιδέχεται; ἢ καὶ πρὸς ταύτην εἴρηταί μοι τὴν ἀπορίαν, ὅτε
τὴν τοῦ Ἀριστοτέλους ἐπειρώμην σαφηνίσαι διάνοιαν οὐκ ἀρκεσθεὶς τῇ τοῦ
Ἀλεξάνδρου ἐπιβολῇ λέγοντος ὡς τῷ λόγῳ δυναμένων ἡμῶν αὔξειν πᾶσαν
τὴν ληφθεῖσαν οὕτως δεῖν ἀκούειν, ἀλλ' ἀξιῶν τὸν Ἀριστοτέλην πρὸς αὐτὸ
10 τὸ εἶδος τοῦ τε κύκλου καὶ τῆς εὐθείας ἀποβλέπειν, τὸ μὲν τῇ ἑαυτοῦ
φύσει συννεῦον, τὸ δὲ εἰς ἀοριστίαν ὅσον ἐφ' ἑαυτῷ ἐκχεόμενον, κἂν
ὥρισεν αὐτὸ καὶ ἐμέτρησεν ὁ δημιουργικὸς λόγος συνεργοῦντος, οἶμαι, καὶ
τοῦ κυκλικοῦ σχήματος· συννεύσαντος γὰρ πρὸς ἑαυτὸ τούτου, καὶ αἱ
εὐθεῖαι αἱ ἐν αὐτῷ πρὸς ἀπειρίαν ὅσον ἐφ' ἑαυταῖς ὡρμημέναι πέρας τὸ
15 προσῆκον ἀπέλαβον. ἔτι δέ, φησίν, ἡ κίνησις τοῦ οὐρανοῦ καὶ ὁ μετρητι-
κὸς αὐτῆς χρόνος, εἰ μὲν τέλειά ἐστιν, ἔχει ἀρχὴν καὶ μέσα καὶ τέλος
καὶ οὐκ ἔστιν ἄπειρα οὐδὲ ἀνέκλειπτα, ὡς Ἀριστοτέλης οἴεται· εἰ δὲ
ἀνέκλειπτα, οὐκ ἔστι τέλεια· οὐ γὰρ ἔχει ἀρχὴν καὶ μέσα καὶ τέλος.
πάλιν δὴ τὰς αὐτὰς ἄνω καὶ κάτω στρέφοντος ἀπορίας τούτου ἀνάγκη καὶ
20 ἐμὲ τὰ αὐτὰ λέγειν, ὅτι ὡς ὁ κύκλος οὕτως καὶ ἑκάστη κινήσεως περίοδος
καὶ ὁ μετρητικὸς αὐτῆς χρόνος διόλου καὶ ἀρχὴν ἔχουσι καὶ μέσον καὶ
τέλος· ὡς γὰρ πᾶν σημεῖον ἐν τῷ κύκλῳ καὶ ἀρχὴ καὶ μέσον καὶ τέλος
ἐστίν, οὕτως καὶ πᾶν ἐν τῇ κινήσει κίνημα καὶ πᾶν νῦν ἐν τῷ χρόνῳ, τὸ
δὲ ἀνέκλειπτον τῷ πάλιν ἔχουσι καὶ πάλιν. τὸ εἶδος οὖν ἐστι τὸ καὶ
25 ἀρχὴν ἔχον πανταχοῦ καὶ μέσον καὶ τέλος καὶ προσθήκην μὴ δεχόμενον,
ἀλλ' οὐ τὸ ἀνέκλειπτον· τοῦτο γὰρ ἄλλην ἔχει τελειότητα τὴν ἀπειροδυνα-
μίαν καὶ ἴσως ταύτην ὑπερφυῶς, εἴπερ ἀληθὲς φανῇ τὸ πᾶν πεπερασμένον
σῶμα πεπερασμένην ἔχειν δύναμιν τῷ αὐτοῦ λόγῳ. εἴτε οὖν ἀπὸ τοῦ
μεγέθους τῆς ἀκολουθίας ἀρχόμενός τις λέγοι, ὡς ἔχει τὸ μέγεθος, οὕτως
30 ἔχειν καὶ τὴν κίνησιν καὶ τὸν χρόνον, εἴτε ἀπὸ τοῦ χρόνου κατὰ τὸ ἀνά-
παλιν, δῆλον, ὅτι κατὰ | τὸ εἶδος ληπτέον τὸ τέλειον καὶ ἀρχὴν καὶ μέσον
καὶ τέλος ἔχον τοῦ τε κυκλικοῦ μεγέθους καὶ τῆς ἀποκαταστατικῆς κινή-
σεως καὶ τοῦ ταύτην μετροῦντος χρόνου· πάντων γὰρ τὸ εἶδος ἀρχήν τε

---

2 αὕτη DE   3 εἴδους ABDE¹: specie imperfecti existente b: εἴδους ἀτέλους ὄντος E²: εἴδους ὄντος c   τῆς (prius) om. c   5 αὐτῃ ba: αὐτὴ BDEc: αὐτῆ A   6 ἢ] ἤδη c   αὐτὴν AB   7 τοῦ om. DE   9 ἀλλ' om. c   11 συνεῦον B
ἀοριστείαν E, sed corr.   ἑαυτὸ A, sed corr.   12 ὥρησεν B   δημιουργὸς c
16 τέλεια D: τελεία ABEb   μέσον c   17 δὲ] δὲ καὶ Bc   18 τελεία A   ἔχει om. E   μέσον c   19. 20 καὶ ἐμὲ τὰ] κἀμὲ τὰ D et corr. ex καὶ μετὰ E²
20 οὕτω BDc   22 ἀρχή] corr. ex ἀρχὴν AE²c   23 οὕτω BD   24 οὖν] e corr. D: corr. ex οὐ E   ἐστιν A: ἐστι BDc et corr. ex σύνεστι E   26 ἔχει om. D
28 σῶμα DEb: om. ABc   αὑτοῦ ABDE: ἑαυτοῦ c   32 τέλος] τέλον B   ἔχον] corr. ex ἔχων E²

SIMPLICII IN L. DE CAELO I 2 [Arist. p. 269ᵃ18]   45

καὶ μέσα καὶ τέλος ἔχει καὶ πανταχοῦ ταῦτα τὰ τρία φαινόμενα, καὶ οὐδε- 23ᵃ
μίαν προσθήκην ὡς ἔχοντά τι ἐλλιπὲς ὑποδέχεται. ἀλλ' οὐδὲ διάλληλος 6
ἡ δεῖξίς ἐστιν, ὥς οἴεται. "εἰ γὰρ ἐκ τοῦ εἶναι, φησί, τὸν κύκλον τέλειον
ἠξίωσε καὶ τὴν ἐπ' αὐτοῦ κίνησιν τελείαν εἶναι, ἐπὶ φυσικοῦ δὲ κύκλου ἡ
5 κίνησις, οὗτος δέ ἐστιν τὸ οὐράνιον σῶμα, πάλιν δὲ ἐκ τοῦ τελείαν εἶναι 10
τὴν κύκλῳ κίνησιν, ὅτι καὶ τὸ κινούμενον αὐτὴν τέλειόν ἐστιν, εἴληφεν,
τουτέστιν ὁ οὐρανός, διάλληλος ἄρα καὶ οὐκ ἀποδεικτικὸς ὁ λόγος." ἐν
τούτοις αὐτὴν αὐτοῦ παρεθέμην τὴν λέξιν πρὸς ἐπίστασιν τοῖς δυναμένοις
καὶ ἐξ ὀλίγων τὴν ἕξιν τοῦ ἀνδρὸς ἐπιγινώσκειν. πρῶτον μὲν οὖν οἴεται 15
10 τὴν κυκλικὴν κίνησιν ἐπὶ κύκλου γίνεσθαί τινος καὶ τὴν τοῦ οὐρανοῦ ἐπὶ
τοῦ οὐρανίου σώματος οὐκ ἐννοῶν, ὅτι τῆς κινήσεώς ἐστι τὸ κυκλικόν,
δυνατὸν δὲ καὶ τὸ μὴ κυκλικὸν κύκλῳ κινεῖσθαι· καὶ γὰρ κύβον δυνατὸν
περὶ ἄξονα κύκλῳ κινεῖσθαι καίτοι κύκλον ἐν ἑαυτῷ μὴ ἔχοντα· καὶ ὅτι 20
ὁ οὐρανὸς αὐτὸς κινεῖται κύκλῳ καὶ οἱ ἐν αὐτῷ κύκλοι. πῶς οὖν δυνατὸν
15 τὸ αὐτὸ εἶναι τὸ κινούμενον σῶμα καὶ τὸ ἐφ' οὗ ἡ κίνησις; ἀλλ' οὐδὲ τῷ
σφαιρικῷ τοῦ οὐρανοῦ τέως ὁ Ἀριστοτέλης συνεχρήσατο· τοῦτο γὰρ ὕστε-
ρον ἀποδείκνυσιν· ἀλλὰ τῇ κυκλικῇ κινήσει, ἣν ἡ τῶν ἄστρων ἀπὸ τοῦ 25
αὐτοῦ ἐπὶ τὸ αὐτὸ περιφορὰ κατὰ ἴσην τὴν ἀπὸ τῆς γῆς ἀπόστασιν
δείκνυσιν· ὥστε οὐχ ὡς ἀπὸ τοῦ οὐρανίου σώματος ὡς ἀπὸ κύκλου τελείαν
20 ἔδειξε τὴν κυκλικὴν κίνησιν, ἀλλ' ἀπὸ τοῦ εἴδους αὐτοῦ τῆς κινήσεως·
διάστασιν γὰρ ἔχουσά τινα καὶ σχῆμα ἔχει, ποτὲ μὲν εὐθύ, ποτὲ δὲ περι- 30
φερές· καὶ τοῦτον τὸν κύκλον ὡς τέλειον λαβὼν διὰ τὸ πανταχοῦ τοῦ
κύκλου εἶδος ἀπ' αὐτοῦ τὴν κατ' αὐτὸν ἐσχηματισμένην κίνησιν τελείαν
ἀπέδειξε καὶ ἀπὸ ταύτης ὡς ἀπὸ προφανεστέρας· προφανέστεραι γὰρ τῶν
25 οὐσιῶν αἱ ἐνέργειαι· τὴν οὐσίαν τοῦ οὐρανίου σώματος ἤτοι τοῦ κυκλο- 35
φορητικοῦ ἁπλῶς τελείαν εἶναι συνελογίσατο· ὥστε οὐδὲ διάλληλος ἡ δεῖξις,
ὡς οὗτος ὁ χρηστὸς οἴεται. ἀλλ' εἰ καὶ τέλειον, φησίν, ἐστὶ τὸ οὐράνιον
διὰ τὸ σφαιρικὸν εἶναι, οὐδὲν ταύτῃ γε τῶν λοιπῶν διοίσει στοιχείων, ὧν
τὰς ὁλότητας σφαιρικὰς εἶναι βούλεται καὶ αὐτὸς Ἀριστοτέλης. πάλιν οὖν 40
30 ἀναγκάζομαι τὰ αὐτὰ λέγειν, ὅτι οὔπω μὲν σφαιρικὸς ὁ οὐρανὸς ἀποδέ-
δεικται οὐδὲ ὡς σφαιρικὸν τέως τέλειον εἶναί φησιν, ἀλλ' ὡς κύκλῳ
κινούμενον, ταύτην τὴν κίνησιν ὡς τελείαν τοῖς τελείοις προσήκειν
βουλόμενος. κἂν σφαιρικὰ οὖν ἐστι καὶ τὰ ἄλλα στοιχεῖα, ἀλλὰ πρῶτον 45

---

1 μέσον c   2 ὡς DEb: om. ABc   ἐλλειπὲς? A   διάλληλον E   4 ἐπὶ]
seq. lac. 5 litt. B   5 ἐστι BDEc   6 τὴν] αὐτὴν B: αὖ τὴν c   εἴληφε DE
8 αὐτοῦ DEb: αὖ ABc   9 ἕξιν DE: λέξιν ABbc   10 γίγνεσθαι E   τινος
DEb: τινές AB   11 τοῦ om. Bc   τὸ κυκλικόν] in ras. D: δυνάμεως τὸ κυκλικὸν
E¹: δύναμις τὸ κυκλικὸν E²: mg. ἢ εἶδος E²   12 δυνατὸν δὲ b: in ras. D: m. sec.
E: δυνατὸν ABc   τὸν κύβον in lac. E³   δυνατὸν] in lac. E²   13 περὶ] postea
ins. D: in lac. E²   τὸν ἄξονα in lac. E²   αὐτῷ D   14 οὖν] e corr. E²:
οὐ D   15 τὸ (pr.) c: om. ABDEb   αὐτὸ] mut. in αὐτὸν E²   18 κατ'
19 ὡς (alterum) om. c   20 ἔδειξεν c   23 κύκλου DEb: κυκλικοῦ ABc   εἴδους c
25. 26 κυκλοφορητοῦ c   26 οὐ c   28 οὐδὲν DEb: οὐδὲ ABc   29 αὐτὸς ὁ
DEc   32 ταύτην τὴν κίνησιν DEb: τὴν κίνησιν ταύτην ABc

μὲν οὐκ ἐκ τοῦ σφαιρικοῦ δέδεικται νῦν, ὅτι ἄλλο παρὰ τὰ τέσσαρα 23ᵃ
στοιχεῖά ἐστι τὸ οὐράνιον, ἔπειτα | οὐδὲ ἀκριβὲς ἐν τούτοις τὸ σφαιρικόν, 23ᵇ
ἀλλὰ καὶ αὐτό, ὃ ἔχει, παρὰ τῆς οὐρανίας ἔχει συσφίγξεως ὑπερφυῶς
τάχα καὶ τοῦτο δεχόμενα. πάλιν δὲ ὥσπερ μεταμελόμενος, ὅτι συνεχώ-
5 ρησε τελειότερον εἶναι τὸν κύκλον τῆς εὐθείας, πειρᾶται τοὐναντίον ἐπι- 5
δεικνύναι. εἰ γὰρ ἐπίπεδος, φησίν, ὁ κύκλος λαμβάνοιτο, ὡς τῷ Ἀλεξάνδρῳ
δοκεῖ, οὐκ ἔχει τὸ κέντρον ἐνεργείᾳ, ἵνα μὴ διῃρημένος ὢν κατ' αὐτὸ μη-
κέτι ἐστὶ συνεχής· ὥστε οὐκ ἔχει ἀρχήν· τῆς δὲ πεπερασμένης γραμμῆς
εἴτε φυσικῆς εἴτε μαθηματικῆς τὰ ἔσχατα ἐνεργείᾳ ἐστίν· ὅσῳ οὖν, φησί, 10
10 τὸ ἐνεργείᾳ τοῦ δυνάμει τελειότερον, τοσοῦτον ἡ εὐθεῖα τοῦ κύκλου τελειο-
τέρα ἔσται. ἀλλ' εἰ μὲν εἰς γυμνασίαν ταῦτα προὔτεινε τοῖς νέοις, τάχα
ἂν εἶχέν τινα λόγον οὐκ ἄχαριν· ἐπειδὴ δὲ ὡς δόγματα προφέρει ταῦτα
κατὰ τῆς τοῦ οὐρανοῦ μακαριότητος οὕτως ὄντα σαθρά, ἐλεεινὸς αὐτός τε 15
ἂν εἴη δικαίως καὶ τῶν ἐντυγχανόντων οἱ ἀπατώμενοι. πῶς γὰρ τὸ κέν-
15 τρον τοῦ παντὸς δυνάμει φησὶν εἶναι, περὶ ὃ πᾶς ὁ οὐρανὸς κινεῖται τὴν
ἀίδιον κίνησιν; καὶ δηλονότι καὶ τοὺς πόλους δυνάμει νομίζει μόνον εἶναι
τοῦ οὐρανοῦ. ἡ δὲ αἰτία, δι' ἣν εἵλετο ταῦτα λέγειν, ἔτι μᾶλλον αὐτοῦ 20
διελέγχει τὴν ἄνοιαν. οὐ γάρ ἐστιν ἐνεργείᾳ, φησί, τὸ κέντρον τοῦ κύκλου,
ἵνα μὴ τὸ συνεχὲς αὐτοῦ διακόπτηται. καίτοι εἴπερ κατὰ τὸν ἀποδοθέντα
20 τοῦ συνεχοῦς ὁρισμὸν συνεχῆ ἐστιν, ὧν τὰ ἔσχατα ἕν, τὸ δὲ κέντρον ἓν
ὂν κοινόν ἐστι τῶν ἀπ' αὐτοῦ πρὸς τὴν περιφέρειαν φερομένων εὐθειῶν, 25
πῶς ἂν ἐνεργείᾳ τοῦτο ὂν διαλύοι τὴν συνέχειαν; εἰ δὲ γραμμικός, φησίν,
ὁ κύκλος, πρῶτον μὲν μαθηματικὸς ἔσται καὶ οὐ φυσικός, ἔπειτα οὐ μόνον
τὸ κέντρον τοῦ τοιούτου κύκλου οὐκ ἔστιν λαβεῖν ἐνεργείᾳ, ἀλλ' οὐδὲ τὸ
25 μεταξὺ τῆς περιφερείας καὶ τοῦ κέντρου. καίτοι τίς γραμμικὸν ἀκούων 30
κύκλον μεταξύ τι τῆς περιφερείας ἔτι καὶ τοῦ κέντρου ζητεῖ; ἀλλ' ἐπὶ τοῦ
γραμμικοῦ, ὅπερ εἶπον, ἐφ' οὗ τὸν λόγον ὁ Ἀριστοτέλης ποιεῖται· γραμ-
μικὸς γάρ ἐστιν ὁ τῆς κατὰ τὴν κίνησιν διαστάσεως· πᾶν μέρος καὶ ἀρχὴ
καὶ μέσον καὶ τέλος, διὸ καὶ ὅλος δι' ὅλου τέλειός ἐστιν ὁ κύκλος. εἶτα 35
30 ἐνίσταται καὶ πρὸς τὸ τὴν πεπερασμένην εὐθεῖαν προσαύξειν δυνατὸν εἶναι
τὴν διάμετρον τοῦ κόσμου παράγων καὶ τὴν Ἀλεξάνδρου ἐξήγησιν τὴν
λέγουσαν τῷ γε λόγῳ μηδὲν κωλύειν πᾶσαν πεπερασμένην εὐθεῖαν αὔξειν
ἐπινοίαις καὶ αὐτὸς ἀμυνόμενος κεναῖς. εἶπον δέ, ὅτι πρὸς τὴν φύσιν τῆς 40
εὐθείας ἀπεῖδεν ὁ Ἀριστοτέλης μὴ συννευούσης πρὸς ἑαυτήν, ὥσπερ ὁ
35 κύκλος, ἀλλ' ὅσον ἐφ' ἑαυτῇ πρὸς ἀοριστίαν ἐκχεομένης ὥσπερ καὶ ὁ

---

1 οὐκ] corr. ex οὖν E²: οὖν B   4 τάχα om. c   ὥσπερ] ὡς c   5. 6 ἐπιδεικνύναι] corr.
ex ἀποδεικνύναι E¹   8 ἐστί om. c: an ἔσται?   συνεχὴς ᾖ c   10 τοῦ (alt.) bis D
12 εἶχε BDEc   13 τῆς om. c   τοῦ om. E   15 πᾶς ὁ ADE: πᾶς B: ὁ
πᾶς c   18 διάνοιαν DE   οὐ] οὐδὲ Bc   post φησί del. μὴ E   20 ἔσχατα]
πέρατα Bc   23 κύκλος DEb: κύκλος ἐστὶ ABc   24 ἐστι BDEc   27 ἐφ' οὗ] om. c
γραμμικὸς] corr. ex γραμικὸς E²   28 ὁ ABDE¹: οὗ E²: ἐφ' οὗ c   τὴν om. c
32 μηδὲ B   33 ἀμυνόμενος om. E: post κεναῖς add. φερόμενος mg. E²: novis…
procedens b   34 συννευούσης B   34. 35 ὁ κύκλος—ὥσπερ om. c

τοῦδε τοῦ ἀνδρὸς λόγος. καὶ τῷ κύκλῳ γάρ, φησίν, εἴπερ σῶμα εἴη, καὶ 23ᵇ
ἔτι τῇ σφαίρᾳ ἐξ ἴσου πανταχόθεν σῶμα περιχεόμενον ἔξωθεν καὶ προσ-
κρινόμενον μείζονα ποιεῖ. καὶ ὅρα, ὅτι οὐδὲ τὸν ὁρισμὸν οὗτος οἶδεν τοῦ 45
κύκλου, εἴπερ σῶμα αὐτὸν ὑποτίθεται. καίτοι οὐδὲ ἐπίπεδον αὐτὸν ὁ
5 Ἀλέξανδρος ὑποθέ|μενος συμφώνως, οἶμαι, τῷ Ἀριστοτέλει τὴν ἐξήγησιν 24ᵃ
ἐποιήσατο. πῶς δὲ ἂν προστίθεσθαι τῷ κύκλῳ ἢ τῇ σφαίρᾳ λέγοιτο τὸ
ἔξωθεν περιχεόμενον οὐκ ἀφανιζομένης τῆς προτέρας ἐπιφανείας; ὥσπερ
ἐπὶ τῆς εὐθείας, ὅταν αὐτὴν προσαυξήσωμεν, τὸ πρῶτον αὐτῆς πέρας 5
ἀφανίζοντες ἀντὶ διπήχους τριπήχη μίαν ποιοῦμεν εὐθεῖαν, ἐπὶ δὲ τοῦ
10 κύκλου κύκλον περὶ κύκλον καὶ σφαῖραν περὶ σφαῖραν περιβάλλομεν. ἀλλὰ
πολλά, φησί, κυκλικὰ καὶ σφαιρικὰ ἐν ζῴων σώμασιν ὑπὸ τῆς τροφῆς τῆς
εἰσιούσης προσαύξεται, ὡς τὸ τῆς ἀνθρώπου κεφαλῆς καὶ ὁ τοῦ κερατοει- 10
δοῦς χιτῶνος ἐν ὀφθαλμῷ κύκλος. οἱ δὲ ταῦτα ἀποροῦντες οὔπω τῆς
Ἀριστοτέλους ἐννοίας περὶ τούτων ἐφίκοντο. τὴν γὰρ πεπερασμένην εὐθεῖαν
15 ἀτελῆ φησιν, ὅτι ἐστίν τι ἐκτὸς αὐτῆς, εἰς ὃ προσαύξεται αὐτὴ μένουσα
καὶ μόνον τὸν διορισμὸν ἀπολέσασα· ὁ δὲ ὑπὸ τροφῆς αὐξόμενος κύκλος 15
ἢ σφαῖρα ἔνδοθεν αὔξεται, οὐ προσθήκης ἔξωθεν αὐτῷ γινομένης ὥσπερ
ἐπὶ τῆς εὐθείας· διὸ καὶ λέγεται εἶναί τι ἐκτός· ἀλλ' ὅλου τοῦ εἴδους
ἐπιδιδόντος· διὸ οὐ λέγεται τούτῳ προστίθεσθαι τὸ προσιόν· οὐ γὰρ ὑπο-
20 μένει τὸ δεχόμενον τὴν προσθήκην ὡς ἡ εὐθεῖα. κἂν αὐξηθῇ οὖν ἡ τοῦ 20
παντὸς διάμετρος, οὐχ ὁμοίως αὐτῇ προσαύξεται ἡ σφαιρικὴ ἐπιφάνεια,
ἀλλὰ τῆς μὲν εὐθείας μένει τὸ πρότερον μέρος τὴν προσθήκην δεχόμενον,
διὸ καὶ ἀτελὲς ἐκεῖνο δοκεῖ, τῆς δὲ σφαιρικῆς ἐπιφανείας ἢ τοῦ κύκλου
οὐδὲν μένει τῶν προτέρων· ἄλλη γὰρ ἡ περιαγωγὴ γίνεται τῆς περιφερείας· 25
25 ὥστε οὐχ ὁμοίως ἐπί τε τοῦ κύκλου καὶ τῆς εὐθείας τὴν αὔξησιν ἐπινοη-
τέον, ἀλλ' ὅπου μὲν κατὰ πρόσθεσιν, ἡ δὲ πρόσθεσις κατὰ τὸ ἐλλεῖπον,
ὅπου δὲ ἐκ τελείου τελείου πάλιν γινομένου καὶ ὡρισμένου. μεμφόμενος
δὲ καὶ τὸν ἀποδοθέντα τοῦ τελείου ὅρον εἰς πολλὴν ἐκπίπτειν ψυχρότητά 30
φησι τὸν πειρώμενον χεῖρα ἢ γλῶτταν ἢ γῆν ἢ πῦρ ἤ τι τῶν ἄλλων
30 μορίων εἰς ἀρχὴν καὶ μέσον καὶ ἔσχατον διαιρεῖν. καίτοι κἂν μὴ βούλοιτό
τις τοῦτο τέλειον εἶναι τὸ ἔχον ἀρχὴν καὶ μέσα καὶ ἔσχατα, ἀλλὰ πᾶν γε
σῶμα, ᾧ μηδὲν ἐλλείπει, πάντως ἐκ τούτων συμπεπλήρωται. καὶ γὰρ 35

---

1 τοῦ] postea ins. A   2 περιχεόμενον DEb: περιεχόμενον AB   2. 3 προκρινό-
μενον A   3 οἶδε BDEc   6 σφαῖρα AE   7 περιεχόμενον AB   8 αὐτὴν om.
DE   πρῶτον αὐτῆς] bis E, sed corr.   9 διπήχους] corr. ex δίπους E   τρι-
πήχη] —η e corr. D: corr. ex τριπήχους vel τριπήχου E²   εὐθεῖαν ἐπὶ δὲ] mut. in
εὐθεῖαν οὕτω δὲ ἐπὶ E²   10 περιβάλλοντες E²   11 τῆς (alterum) om. Ac
12 τὸ τῆς AB: circulus b: ὁ τῆς c: om. DE   κεφαλῇ E²   13 ὀφθαλμοῖς c
τῆς] τοῦ B, postea suprascr. τῆς   14 ἐφίκοντο] ἐ— e corr. B   15 ἀτελῆ] Ἀρι-
στοτέλης Bc   ἐστι BDEc   αὐτὴ Bb: αὐτὴ A: αὕτη DE   17 ἢ] ἢ B
19 προτίθεσθαι AB   τὸ om. c   προιὸν AB   20 ὡς om. AB   24 περι-
αγωγῇ] πε.......γη B   26 πρόθεσιν AB   πρόθεσις AB   28 ἀποδόντα B
ἐκπίπτειν] post -ί- ras. 1 litt. B   ψυχρότητα] lac. 9 litt. B   31 τις] lac. 3 litt. B:
om. c   post τὸ del. ἔσχατον B   32 ᾧ] corr. ex ὁ E²   ἐλλίπει E: corr. E²

χειρὸς πρῶτον μὲν ἂν εἴη μέρος, καθ' ὃ τῷ ὅλῳ συμπέφυκεν, ἔσχατον δὲ τὸ πρὸς τοῖς δακτύλοις, μέσος δὲ ὁ ἀγκών, καὶ γλώττης ὁμοίως· καὶ σφαῖραι δὲ τὴν ἀρχὴν κατά τι μὲν ἐν τοῖς κέντροις, κατά τι δὲ ἐν ταῖς περιφερείαις ἔχουσιν, τὰ δὲ ὁμοιομερῆ, ἂν ᾖ τέλεια, ἔχει πάντως καὶ τὰ ἄλλα. καὶ ἐπὶ τοῦ σώματος τρεῖς ἔχοντος διαστάσεις οὐκ ἀπορήσομεν, ὡς οὗτος οἴεται, ποία μὲν ἀρχῆς ἔχει λόγον, ποία δὲ μεσότητος, ποία δὲ τελευτῆς· δῆλον γάρ, ὅτι ἀρχὴ μὲν ἡ κατὰ γραμμὴν καὶ μῆκος, μέση δὲ ἡ κατὰ τὴν ἐπιφάνειαν, τελευτὴ δὲ ἡ κατὰ τὸ βάθος. εἰ δὲ ὁ κύβος ἀπορεῖν ποιεῖ διὰ τὸ τὰς τρεῖς διαστάσεις ἴσας ἔχειν, ποία μὲν ἀρχή, ποία δὲ μέση, ποία δὲ τελευτή, πάλιν ἐρῶ, | ὅτι τὴν ὡς μῆκος ὁριζομένην ἀρχὴν ληψόμεθα, κἂν ἀδιάφορον ὁθενοῦν λαβεῖν· καὶ ἐπὶ τῆς σφαίρας τὸ μὲν μῆκος ὁ μέγιστος ὁρίζει τῶν ἐν αὐτῇ κύκλων, τὸ δὲ πλάτος ἡ ὅλη ἐπιφάνεια, τὸ δὲ βάθος ἡ καθήκουσα μέχρι τοῦ κέντρου ἀπὸ τῆς ἐπιφανείας διάστασις. οἷον δὲ ἄλλο σοφὸν προσενενόησεν ὁ γεννάδας, εἰ "ὁ γραμμικός, φησί, κύκλος, καθ' ὅσον μὲν ἀρχὴν ἔχει καὶ μέσον καὶ τέλος, τέλειός ἐστι, καθ' ὅσον δὲ οὐ τὰς τρεῖς ἔχει διαστάσεις, ἀτελής ἐστιν, ὥστε κατά τι μὲν τέλειος, κατά τι δὲ ἀτελής· εἰ οὖν ἡ κυκλικὴ κίνησις ἐπὶ τῆς κυκλικῆς γίνεται γραμμῆς καὶ οὐχὶ κατὰ τῶν τριῶν διαστάσεων, ἀτελὴς καὶ αὕτη. εἰ οὖν ἐκ τοῦ τελείαν εἶναι τὴν κύκλῳ κίνησιν ἐβούλετο, φησίν, ἀποδεῖξαι, ὅτι καὶ προτέρα τῆς εὐθείας, ἔδει καθόλου τὴν τοῦ τελείου ἔννοιαν ὁρίσασθαι καὶ δεῖξαι παντὶ μὲν κύκλῳ τὸν ὁρισμὸν ἐφαρμόζοντα, οὐδεμιᾷ δὲ εὐθείᾳ". συγγινωσκέτω δὲ πᾶς ὁ μετ' ἐπιστάσεως ἐντυγχάνων, εἰ τηλικαύτας αὐτοῦ ῥήσεις καὶ ἐπ' αὐτῆς αἱροῦμαι παραγράφειν τῆς λέξεως· εὐλαβείᾳ γὰρ τοῦτο ποιῶ τοῦ μηδὲ πιστευθῆναι ἐνίοτε τὸ τὰ τοιαῦτα τοῦτον ἐννοοῦντα τῷ Ἀριστοτέλει τολμᾶν ἀντιγράφειν· λέγει δὲ δηλονότι, ἐπειδὴ μὴ τὴν τοῦ σώματος ἔχει τελειότητα ὁ γραμμικὸς κύκλος (δῆλον δέ, ὅτι οὐδὲ τὴν τοῦ ἀνθρωπείου σώματος· οὐ γὰρ ἔχει κεφαλὴν καὶ στέρνον καὶ πόδας· οὐδὲ τὴν τοῦ δικανικοῦ λόγου· προοίμια γὰρ αὐτῷ καὶ ἐπίλογοι καὶ τὰ τούτων μέσα οὐκ ἔνεστιν), οὐκ ἔστιν κυρίως τέλειος, ἐπειδὴ μὴ πάντων εἰδῶν ὁμοῦ συλλαβὼν ἔχει τὰς τελειότητας καθ' ἓν εἶδος αὐτὸς ἀφωρισμένος. τούτῳ δὲ τῷ λόγῳ οὐδὲ ὅλος ἐστίν· οὐ γὰρ ἔχει τὴν τοῦ ἵππου ὁλότητα ὁ κύκλος. τὸν μέντοι κοινὸν χαρακτῆρα τῆς τελειότητος τὸ ἀρχὴν ἔχειν καὶ μέσα καὶ τέλος καὶ ὁ κύκλος ἔχει κατὰ τὸ ἑαυτοῦ εἶδος, ὥσπερ τὸ σῶμα κατὰ τὸ οἰκεῖον. καὶ θαυμαστόν, ὅτι καὶ τοῦ Ἀριστοτέλους ἀκούσας λέγοντος "τελευτὴ γὰρ καὶ μέσον καὶ ἀρχὴ τὸν ἀριθμὸν ἔχει τοῦ παντός, τὸ δὲ πᾶν καὶ τὸ τέ-

---

1 τὸ ὅλον E   3 σφαῖρα AB   5 ἔχουσι BDc   6 μὲν] γὰρ B   10 δὲ (alterum) om. A   11 λειψόμεθα E: corr. E²   καὶ E   διάφορον AB   16 διαστάσεις ἔχει E   17 ἡ κυκλικὴ] ras. 1 litt. E   20 ἐπιδεῖξαι c   καὶ ὅτι B   προτέρα ba: πρώτη ABDE   22 δὲ (alterum)] δὴ Eb   22. 23 ἐπιστασίας D   23 καὶ om. D   24 παραγράφην E: corr. E²   25 τὰ om. E   30 ἔστι BDc   32 ὅλως AB   τὸν] corr. ex τὸ D   33 μέσον c   35 λέγοντος] 268ᵃ11—13   γὰρ om. E

λειον οὐ κατὰ τὴν ἰδέαν διαφέρουσιν ἀλλήλων" καὶ αὐτὸς δὲ οὕτως μέχρι 24ᵇ
νῦν χρώμενος τῷ τοῦ τελείου ὀνόματι καὶ παρὰ πόδας πρὸς τοιαύτην 35
ἔννοιαν ἀντιλέγων, ὅταν λέγῃ "διὰ τί δὲ ὅλως τὸ ἀρχὴν ἔχον καὶ πέρας
καὶ τὸ τούτων μεταξὺ τέλειόν ἐστιν" ὅμως ἔτι ἀπαιτεῖ τὸν Ἀριστοτέλην
5 καθόλου τὴν τοῦ τελείου ἔννοιαν ὁρίσασθαι. εἰ μὴ ἄρα καθόλου μὴ τὸ
κοινὸν λέγει, ἀλλὰ τὸ ἐκ πάντων τῶν κατὰ μέρος κατὰ τὰς διαφορὰς 40
αὐτῶν συναγόμενον· ὅπερ ἀδύνατον ἦν. ἐρωτᾷ δέ· διὰ τί ὅλως τὸ ἀρχὴν
ἔχον καὶ πέρας καὶ τὸ τούτων μεταξὺ τέλειόν ἐστι καὶ μὴ μᾶλλον τὸ
μήτε ἀρχὴν ἔχον μήτε πέρας οἷον ἡ ἄπειρος γραμμή· οὐδὲ γὰρ κατ' ἐπί-
10 νοιαν προσθήκην ἢ αὔξησιν αὕτη δέχεται. καὶ θαυμαστόν, ὅτι καὶ γραμ- 45
ματικοῦ τὰ συγγράμματα ἐπιγράφων οὐδέποτε τοῦ τελείου τὴν ἐτυμολογίαν
ἐζήτησε παρὰ τὸ | τέλος πάντως λεγομένου· τὸ γὰρ ἔχον τέλος τῶν 25ᵃ
οἰκείων πληρωμάτων πάντως καὶ μέσον ἔχει καὶ ἀρχήν, οὐ μέντοι τὸ
ἀρχὴν μόνην ἔχον ἢ ἀρχὴν καὶ μέσον, μὴ ὡς μέσον δέ, ἤδη πάντως καὶ
15 τὸ τέλος ἀπείληφε· καὶ διὰ τοῦτο καὶ Ἀριστοτέλης τὸ πᾶν καὶ τὸ τέλειον 5
μηδὲν διαφέρειν κατὰ τὴν ἰδέαν φησίν. εἰ δὲ καὶ τέλος τὸ τελικώτατον
ἀγαθὸν λέγοιμεν, τέλειον ἂν εἴη τὸ πάντων τῶν ἑαυτοῦ ἀγαθῶν πεπληρω-
μένον πρώτων τε καὶ μέσων καὶ ἐσχάτων, κἂν μέγεθος εἴη τοῦτο, τῶν
ἐπιβαλλόντων αὐτῷ μερῶν. ἡ δὲ ἄπειρος εὐθεῖα πρῶτον μὲν οὐδὲ ἔστιν, 10
20 ὥστε πάνυ κυρίως ὁ γραμματικὸς μόνον τῶν μεγεθῶν τὸ μὴ ὂν τέλειον
καλεῖσθαι νομοθετεῖ· ἔπειτα κἂν ὑφέστηκεν, ἀόριστον ἔχει καὶ ἀπερίληπτον
τήν τε ὑπόστασιν αὐτοῦ καὶ τὴν περὶ τῆς ὑποστάσεως ἔννοιαν. τὸ δὲ
τέλειον ὡρίσθαι βούλεται καὶ τοῖς ἑαυτοῦ πληρώμασιν περιγεγράφθαι. τού- 15
τοις μὲν οὖν καὶ ταύτην τοῦ Ἀριστοτέλους τὴν λέξιν, ὅστις ποτέ ἐστιν
25 οὗτος, διὰ μακρᾶς φλυαρίας ἐνοχλεῖν ἐπενόησεν. ἀλλ' ἐπὶ τὰ ἑξῆς ἰτέον.

p. 269ᵃ30 Ἔκ τε δὴ τούτων φανερόν, ὅτι πέφυκέ τις οὐσία σώ- 20
ματος ἕως τοῦ καὶ προτέρα τούτων πάντων.

Κοινὸν συμπέρασμα τοῖς εἰρημένοις ἐπάγει. τεθέντων γὰρ ἐκείνων
φανερὸν γέγονεν ἐξ αὐτῶν, ὅτι ἔστιν ἄλλο τι σῶμα ἁπλοῦν τὸ ἐγκύκλιον
30 παρὰ τὰ τέσσαρα στοιχεῖα θειότερόν τε αὐτῶν καὶ πρότερον τῇ φύσει. εἰ
γὰρ δέδεικται, ὅτι ἡ κύκλῳ κίνησις ἁπλῆ καὶ προτέρα τῇ φύσει τῆς ἐπ' 25

---

1 οὗτος D   2 ποδός c   3 λέγει E: corr. E²   δὲ] τε c   πέρας] πόδας B   4 post
ἐστιν del. καὶ μὴ v. 8 — δέχεται v. 10 D   Ἀριστοτέλη E   5 καθόλου (pr.)] καθ' ὃ B
7 τὸ] τὴν AB   10 αὕτη ABc   10. 11 γραμμικοῦ AB   13 πρώτως B   τὸ] corr.
ex τὴν E²   15 τὸ (pr.) om. c   16 διαφέρειν μηδὲν E   17 ἀγαθὸν om. Bc
λέγομεν D   εἴη om. Bc   17. 18 πεπληρωμένων E: corr. E²   18 τοῦτο] αὐτὸ c
19 οὐδὲν ABc   20 πάνυ om. D   μόνων E   21 ὑφεστήκει E: ὑφεστήκοι D: ὑφε-
στήκῃ K²   23 ὥρισται c   καὶ βούλεται c   πληρώμασι BDEc   περιγεγράφθαι B
25 ἐπενόησεν c: intendit b: ὑπενόησεν ABDE   ἰστέον A   27 ἕως τοῦ] ἀλλὴ παρὰ
τὰς ἐνταῦθα συστάσεις θειοτέρα D   πάντων ABD: ἁπάντων c   28 κοινὸν — ἐπάγει]
κοινὸν τῶν εἰρημένων ἐπάγει συμπέρασμα mg. E²   29 τι om. D   31 προτέρα ba:
πρώτη ABDE   τῇ φύσει om. ABc

Comment. Arist. VII Simpl. de Caelo.   4

εὐθείας ἐστίν, ἡ δὲ ἁπλῆ καὶ προτέρα τῆς ἐπ' εὐθείας ἁπλοῦ καὶ προτέρου 25ᵃ
τῇ φύσει τῶν εὐθυπορουμένων σωμάτων ἐστὶ σώματος, τὸ δὲ ἁπλοῦν καὶ
πρότερον τῇ φύσει καὶ θειότερόν ἐστι, δῆλον, ὅτι ἐκ τῶν κειμένων συνήχθη
τὸ συμπέρασμα τοῦτο.

5 p. 269ᵃ32 Κἂν εἴ τις ἔτι λάβοι πᾶσαν εἶναι κίνησιν ἕως τοῦ 30
ἑτέρου τινὸς εἶναι κατὰ φύσιν.

Οὐ μόνον ἐκ τῶν ἤδη ῥηθέντων συνάγεται τὸ ἄλλο εἶναι παρὰ τὰ
τέσσαρα στοιχεῖα τὸ κυκλοφορητικὸν σῶμα, ἀλλὰ καὶ ἐξ ὧν νῦν προστίθησιν 35
ἐπιχειρημάτων, ὧν πρῶτόν ἐστιν, οἶμαι, τοιοῦτον κατὰ τὸν Ἀλέξανδρον·
10 πᾶσα κίνησις φυσικὴ ἁπλῆ ἢ κατὰ φύσιν ἐστὶ τῷ κινουμένῳ αὐτὴν ἁπλῷ
σώματι ἢ παρὰ φύσιν· ἡ δὲ παρὰ φύσιν οὖσά τινι ἄλλῳ κατὰ φύσιν ἐστί·
τοῦτο γάρ ἐστι τὸ παρὰ φύσιν κινεῖσθαι φυσικὴν κίνησιν τὸ τὴν ἄλλου 40
κατὰ φύσιν οὖσαν κινεῖσθαι αὐτὸ μὴ κατὰ τὴν ἑαυτοῦ φύσιν· πᾶσα γὰρ
κίνησις φυσικὴ κατὰ φύσιν κινουμένου τινός ἐστιν. εἰ οὖν ἡ κύκλῳ κί-
15 νησις φυσική, ἡ δὲ φυσική, εἰ παρὰ φύσιν ἐστίν, τινὶ ἄλλῳ κατὰ φύσιν
ἐστί, δῆλον, ὅτι ἡ κύκλῳ κίνησις κἂν τεθῇ παρὰ φύσιν οὖσα τοῖς τέτρασι 45
στοιχείοις, οὐδὲν ἧττον ἔσται παρὰ ταῦτα σῶμα, ᾧ κατὰ φύσιν ἔσται τὸ
κύκλῳ κι|νεῖσθαι. ἀπορεῖ δὲ πρὸς τοῦτο ὁ Ἀλέξανδρος ἐπὶ τοῦ ὑπεκκαύ- 25ᵇ
ματος καὶ τοῦ Ἀριστοτέλους λέγοντος, ὅτι τὸ ἐφεξῆς σῶμα τῷ κυκλοφο-
20 ρητικῷ ἀεὶ ὑπ' ἐκείνου περιφέρεται κύκλῳ, καὶ τοῦ Ξενάρχου δὲ ἐνιστα-
μένου· "ἐρωτητέον οὖν, φησί, πότερον παρὰ φύσιν ἐστὶν ἐκείνῳ ἡ κύκλῳ 5
κίνησις ἢ κατὰ φύσιν· καὶ εἰ λέγοι τις παρὰ φύσιν, ἔσται τις αὐτῷ κατὰ
φύσιν ἡ ἐπὶ τὸ ἄνω. ἐπειδὴ οὖν παρὰ φύσιν ἐκείνῳ ἡ ἐπὶ τὸ κάτω, δύο
ἑνὶ ἐναντία ἔσται· ὥστε κυκλοφορητικὸν κατὰ φύσιν ὅ τε ἀὴρ καὶ τὸ πῦρ".
25 ἀπορεῖ δὲ πρῶτον ὡς ἐπὶ ξυλίνης ἢ πλινθίνης σφαίρας· ἐὰν γάρ τις αὐτὴν 10
κινῶν κύκλῳ ἐρωτήσῃ, πότερον παρὰ φύσιν ἐστὶν ἡ κύκλῳ κίνησις αὐτῇ,
δειχθήσεται, ὅτι οὐ παρὰ φύσιν· ἔσται γάρ τις αὐτῇ κατὰ φύσιν ἢ ἡ
ἄνω ἢ ἡ κάτω· οὐ γάρ εἰσιν ἄλλαι παρὰ ταύτας ἁπλαῖ· ὁποτέραν δὲ ἂν
εἴπῃ τις, ἡ ἑτέρα ἐναντία ἔσται. ἔστι δὲ καὶ ἡ κύκλῳ παρὰ φύσιν ἐναν- 15
30 τία· δύο ἄρα ἑνὶ ἐναντία. ἵνα οὖν μὴ τοῦτο συμβῇ, κατὰ φύσιν ἀνάγκη

---

1 προτέρα ba: πρώτη ABDE   προτέρου ba: πρώτου ABDE   2 τῇ—πρότερον (3)
bis E: corr. E²   3 πρότερον ba: πρῶτον ABDE   καὶ θειότερον] in ras. D
συγκειμένων A   7 ἐκ] φησιν ἐκ E   ᾔδει E, sed corr.   8 στοιχεῖα om. Bc
καὶ om. B   9 τὸ πρῶτον D   10 κενουμένῳ E: corr. E²   12 ἄλλῳ D
15 ἡ—εἰ] ἢ E¹: ἡ φυσικὴ δὲ εἰ E²   ἐστὶ BDEc   ἄλλο E¹: corr. E²   16 τέτ-
ταρσι c   18 τοῦτο DE: ταὐτὸ AB: ταῦτα bc   ἐπὶ DE: om. AB: de b: περὶ c
21 παρά] κατά c   22 κατά (prius)] παρά c   λέγοι τις] λέγοιτο Bc   ἔσται—
alt. φύσιν (23) mg. E²   ἄλλη αὐτῇ E²   23 ἐπεὶ δὲ E²   οὖν om. E²
ἐκείνῃ Bc: ille b   25 λιθίνης D   26 ἐρωτήσει AE¹: corr. E²   αὐτῇ bc:
αὐτὴ AB: αὑτῃ DE   27 ἡ om. E   28 ἡ om. E   ὁπότερον E
ἐὰν B   29 εἴποι DE   φύσιν οὖσα D

SIMPLICII IN L. DE CAELO I 2 [Arist. p. 269a32]   51

λέγειν καὶ τῇ τοιαύτῃ σφαίρᾳ τὴν κύκλῳ κίνησιν. οὐκ ἀναγκαίως δέ, 25b
οἶμαι, σφαῖραν ὑπέθετο· οὐδὲ γὰρ ὁ Ἀριστοτέλης τέως ὡς ἐπὶ σφαιρικοῦ
τοῦ οὐρανοῦ ποιεῖται τὸν λόγον, ἀλλ' ἀπὸ τῆς κύκλῳ κινήσεως ἐπιχειρεῖ· 20
κύκλῳ δὲ δύναται κινεῖσθαι καὶ κύβος καὶ ὅλως τὰ μὴ κυκλικὰ τῶν σω-
5 μάτων. λύει δὲ τὴν ἀπορίαν Ἀλέξανδρος λέγων, ὅτι οὔτε τὸ συμπερια-
γόμενον τῷ οὐρανῷ σῶμα κυκλοφορητικῶς κινεῖται· οὐδὲ γάρ ἐστιν ἁπλῆ
ἡ κίνησις αὐτοῦ· περιφερομένου γὰρ αὐτοῦ ἀνάγκη, εἴ τι μὲν κοῦφον ἐν 25
αὐτῷ, ἄνω φέρεσθαι, εἴ τι δὲ βαρύ, κάτω· μικτὴ οὖν ἡ κίνησις. ἀλλ'
οὐδὲ ἡ λιθίνη σφαῖρα ἢ ξυλίνη κύκλῳ κινεῖται, φησίν, ἀλλ' ἄνω καὶ κάτω.
10 εἴπερ ἄνω μὲν τὸ ἀπὸ τοῦ μέσου τοῦ παντός, κάτω δὲ τὸ πρὸς τὸ μέσον.
ἀλλὰ τοῦτο μὲν ἑτοιμότερον ἦν, οἶμαι, λύειν, λέγοντα μὴ φυσικὴν εἶναι 30
τὴν τοιαύτην κίνησιν μηδὲ ἁπλοῦ, ἀλλὰ τεχνητὴν καὶ συνθέτου, καὶ διὰ
τοῦτο μήτε ταύτῃ κατὰ φύσιν μήτε ἄλλῳ τινί, ὥστε οὐδὲ παρὰ φύσιν,
εἴπερ μηδὲ ἄλλῳ κατὰ φύσιν. πρὸς δὲ τὴν περὶ τοῦ ὑπεκκαύματος λύσιν
15 ἐπαπορητέον τὸ πλανώμενον αὐτῷ παραφέροντα· καὶ γὰρ καὶ τοῦτο συμ- 35
περιφέρεται ὑπὸ τῆς ἀπλανοῦς, καὶ δῆλον, ὅτι οὐδέν ἐστιν ἐν τούτῳ κοῦ-
φον ἢ βαρὺ οὐδὲ ἀναβαῖνον ἢ καταβαῖνον. καὶ κατὰ φύσιν μὲν οὐκ ἂν
εἴη τούτῳ, εἴπερ ἄλλην ἔχει κατὰ φύσιν τὴν ἀπὸ δυσμῶν, μία δὲ ἑνὸς
ἑκάστου τῶν ἁπλῶν ἡ κατὰ φύσιν κίνησις· παρὰ φύσιν δὲ οὐδὲ Ἀριστο- 40
20 τέλης συγχωρήσει μετ' ὀλίγα λέγων καλῶς, ὅτι θαυμαστὸν καὶ παντελῶς
ἄλογον τὸ συνεχῆ καὶ ἀίδιον οὖσαν κίνησιν παρὰ φύσιν εἶναι· τάχιστα
γὰρ φθείρεται τὰ παρὰ φύσιν. ἀλλ' εἴρηται πρότερον, ὅτι καὶ τῷ ὑπεκ-
καύματι καὶ τῷ πλανωμένῳ ἡ τοιαύτη κίνησις οὔτε κατὰ φύσιν οὔτε παρὰ 45
φύσιν, ἀλλ' ὑπὲρ φύσιν ἐστί, καὶ οὕτως παρὰ φύσιν, ὡς κατὰ τὴν ἄλ|λου 26a
25 φύσιν τοῦ κρείττονος ζωτικὴν ἐνδιδόντος τὴν κίνησιν κατὰ ζωῆς ὑπέρτερα
μέτρα. τὸ δὲ τοιοῦτον παρὰ φύσιν οὐκ ἔστιν ἐναντίον· οὔτε γὰρ κατὰ
ἐναντίας ποιότητας ὑπάρχει, ὡς ἡ ἄνω καὶ ἡ κάτω, οὔτε μάχεται ἀλλή-
λοις· σώζεται γὰρ μᾶλλον ἀπὸ τοῦ ὑπὲρ φύσιν τὸ κατὰ φύσιν. ἀλλ' αὐτὸν 5
τὸν Ἀριστοτέλους λόγον ἐπισκεπτέον, πῶς εἶπε τὴν κύκλῳ κίνησιν ὑπάρ-
30 χειν παρὰ φύσιν τοῖς ὑπὸ σελήνην στοιχείοις, ὧν τὴν γῆν καὶ τὸ πῦρ καὶ
ὠνόμασεν· οὐδὲ γὰρ παρὰ φύσιν ὑπάρχει τῇ γῇ ἢ τῷ ὕδατι ἢ τῷ κάτω
τοῦ ἀέρος ἡ κύκλῳ κίνησις. καίτοι καὶ ὁ Ἀλέξανδρος "ἔστι δέ. φησίν, 10

3 ἀλλὰ D   5 ἀπόρειαν BE, sed corr.   ὁ Ἀλέξανδρος E   6 κυκλοφορητικὸν E
7 αὐτοῦ — κίνησις (8) om. D   8 εἴ τι] ἔτι E¹   9 λιθήνη E, corr. E²   κινεῖ-
σθαι E   φύσιν E: corr. E²   ἀλλὰ D   11 ἦν om. D   λύειν δὲ B
12 τὴν om. c   ἁπλῆν E²   τέχνῃ τὴν A: τεχνίτην B   σύνθετον E²   15 αὐ-
τὸ E²b   15 παραφερόμενον E²   16 ὑπὸ τῆς ἀπλανοῦς E: ὑπὸ τοῦ ἀπλανοῦς
ABc: τῇ ἀπλάνει D: cum ultima et ab ultima b   ἐστιν DE: ἐστι ABc   18 κατὰ
φύσιν ἔχει D   19 οὐδὲ ὁ D   20 λέγων] 269b7sq.   21 τὸ — εἶναι] τὸ μόνην
εἶναι συνεχῆ ταύτην τὴν κίνησιν καὶ ἀίδιον οὖσαν παρὰ φύσιν c   23 κατὰ] παρὰ
Bc   παρὰ] κατὰ Bc   26 τὸ δὲ τοιοῦτον] mut. in τῷ δὲ τοιούτῳ D¹
27 πιότητας E: corr. E²   28 ἀπὸ] ὑπὸ c   29 ἐπισκεπτέον] ἐ in ras.
2 litt. E²   30 καὶ (alterum) AB: eras. E: om. Dbc   32 κύκλῳ
om. B

ἡ κύκλῳ τοῖς τέσσαρσι σώμασιν παρὰ φύσιν, καὶ τὸ ἐπιχείρημα δὲ οὕτως 26ᵃ
εἰλῆφθαι δοκεῖ τὴν ἄλλῳ παρὰ φύσιν ἑτέρῳ κατὰ φύσιν λέγον καὶ
τὰ παραδείγματα τῆς ἄνω καὶ κάτω καὶ πυρὸς καὶ γῆς, καὶ ὅτι τῶν δύο
κινήσεων τούτων ἡ μὲν τῷ πυρί, ἡ δὲ τῇ γῇ παρὰ φύσιν καὶ κατὰ φύσιν 15
5 ἐστί". μήποτε οὖν τὸ ἐπειδὴ τούτοις παρὰ φύσιν, ἑτέρῳ κατὰ
φύσιν οὐχ οὕτως εἴρηται ὡς τῆς γῆς ἢ καὶ τῶν ἄλλων ὑπὸ σελήνην
στοιχείων παρὰ φύσιν μέν, κύκλῳ δὲ κινουμένων, ἀλλ' ὡς ἀπόφασιν τοῦ
κατὰ φύσιν τὸ παρὰ φύσιν ἔλαβεν, ὡς εἰ ἔλεγεν· 'ἐπειδὴ τοῖς τέσσαρσι 20
στοιχείοις οὐ κατὰ φύσιν ἐστὶν ἡ κύκλῳ κίνησις φυσικὴ οὖσα καὶ ἁπλῆ,
10 εἴτε ὡς μηδὲ ὅλως κινουμένοις αὐτὴν (καὶ γὰρ τοῖς τοιούτοις οὐ κατὰ
φύσιν ἀληθὲς εἰπεῖν) εἴτε ὡς κινουμένοις μὲν αὐτήν, οὐ μέντοι κατὰ τὴν
αὐτῶν φύσιν ἀλλὰ τὴν ἄλλου, ἀνάγκη ἑτέρου τινὸς αὐτὴν εἶναι κατὰ φύ- 25
σιν· κινουμένου γὰρ ἡ κίνησις'. οὕτως γὰρ καὶ προφαινομένην ἔνστασιν
λύσομεν τὴν λέγουσαν, πῶς ἀνωτέρω μήτε κατὰ φύσιν μήτε παρὰ φύσιν
15 εἰπὼν ὑπάρχειν τοῖς τέσσαρσι στοιχείοις τὴν κύκλῳ κίνησιν ἐνταῦθα παρὰ
φύσιν αὐτοῖς εἶναί φησιν, εἴπερ ἐκεῖ μὲν παρὰ φύσιν εἴληπται τὸ στερη- 30
τικῶς τῷ κατὰ φύσιν ἀντικείμενον, διὸ καὶ δύο ἑνὶ ἐναντία συνήχθη,
ἐνταῦθα δὲ ἡ ἀπόφασις.

p. 269ᵇ2 Πρὸς δὲ τούτοις, εἰ μέν ἐστιν ἡ κύκλῳ τινὶ φορὰ κατὰ 35
20   φύσιν ἕως τοῦ τάχιστα φθειρόμενα τὰ παρὰ φύσιν.

Ἐκ διαιρέσεως πάλιν τὸ αὐτὸ δείκνυσιν, ὅτι ἄλλο τι παρὰ τὰ τέσσαρα
στοιχεῖά ἐστι τὸ τὴν κύκλῳ κίνησιν κινούμενον. λέγει δὲ οὕτως δυνάμει·
ἡ κύκλῳ κίνησις, ἐπειδὴ φυσική τίς ἐστι καὶ ἁπλῆ κίνησις, πάντως ὑπάρχει 40
τινὶ φυσικῷ καὶ ἁπλῷ σώματι ἢ κατὰ φύσιν ἢ παρὰ φύσιν, ἐκ περιουσίας
25 τῷ διαιρετικῷ χρώμενος, ἐπεὶ πρόδηλον, ὅτι φυσικὴ οὖσα πάντως κατὰ
φύσιν ὑπάρχει τινί, διὰ δὲ τὸ τῆς διαιρέσεως ἄψυχτον καὶ ἅμα πο-
λυειδῶς κατασκευάζων τὸ πρόβλημα καὶ τοῦτο προστίθησιν τὸ ἐπιχείρημα 45
λέγων· εἰ μὲν κατὰ φύσιν ἐστὶν | ἡ κύκλῳ φορὰ ἁπλῆ οὖσα καὶ πρώτη, 26ᵇ
ὅπερ δέδεικται, πᾶσα δὲ κίνησις κινουμένου πάντως ἐστὶ σώματος, εἴη ἂν
ὅ τι σῶμα τῶν ἁπλῶν σωμάτων καὶ πρώτων, ὃ πέφυκε ταύτην κινεῖσθαι

τέτρασι D: δ' A ut saepissime   σώμασι BDEc   καὶ] καὶ Ἀριστοτέλης c
1 om. c   2 εἰληφέναι c   ἑτέρῳ D: ἑτέρῳ δὲ ABEb; cf. 269ᵃ33   λέγων Ec
ἑτέρου c: ἑτέρου τινός Arist. cf. Simpl. infra p. 57,30. 31   9 ἐστὶν om. D   10 τοῖς
n. E   11 ἀληθὲς] —θὲς renov. A²   12 αὐτῶν c: αὐτῶν D: αὐτὴν AB: αὐτοῦ E
post ἄλλου add. παρὰ φύσιν e corr. A²: ἄλλου ἁπλῆν B   13 γὰρ ἡ κίνησις om. c
εἰ] τὴν c   15 τὴν] καὶ τὴν AB   16 εἶναι] ὑπάρχειν c   εἴληπται τὸ παρὰ
φύσιν c   18 ἡ ἀπόφασις] ἀποφατικῶς c   19 δὲ] δὴ D   21 ἐστὶν ἄλλο τι C:
ἄλλο τί ἐστι D   22 ἐστι om. CD: ἐστιν E   οὕτω BCD   23 φυσικὴ B,
d corr.   24 σώματι καὶ ἁπλῷ CD   25 ἐπειδὴ B   26 ὑπάρχειν E
προστίθησι BDEc   28 post φύσιν add. τινὶ C: suprascr. D   29 ὅπερ καὶ CD
πρώτων DEb(C): corr. ex πρώτον A: πρῶτον Bc (C alio loco)

τὴν κίνησιν, ἄλλο παρὰ τὰ εὐθυπορούμενα· ὡς γὰρ ἐκεῖνα τὴν ἐπ' εὐθείας, οὕτως τοῦτο τὴν κύκλῳ κινεῖται. εἰ δὲ παρὰ φύσιν ὑπάρχει ἡ κύκλῳ φορά, ᾧπερ ὑπάρχει· ταὐτὸν δὲ εἰπεῖν, εἰ παρὰ φύσιν φέρεται τὰ φερόμενα κύκλῳ τὴν κύκλῳ φοράν· θαυμαστὸν καὶ παντελῶς ἄλογόν ἐστι τὸ
5 τὴν κύκλῳ κίνησιν οὖσαν παρὰ φύσιν μόνην εἶναι συνεχῆ καὶ ἀΐδιον, ὅπερ ἐν τῷ ὀγδόῳ δέδεικται τῆς Φυσικῆς ἀκροάσεως. ἀλλὰ θαυμαστὸν μὲν τοῦτο, ὅτι πολὺ τὴν συνήθη φύσιν τῶν πραγμάτων ἐκβέβηκε· ταῦτα γὰρ θαυμαστά· παντελῶς δὲ ἄλογον, εἰ τὸ παρὰ φύσιν συνεχοῦς καὶ ἀϊδίου κινήσεώς ἐστιν αἴτιον· φαίνεται γὰρ ἐν τοῖς ἄλλοις τάχιστα φθει-
10 ρόμενα τὰ παρὰ φύσιν· κάμνει γὰρ ἑκάστη φύσις μὴ κατὰ τὸ ἑαυτῆς εἶδος ἐνεργοῦσα. τὰ μὲν γὰρ κατὰ φύσιν κινούμενα ἀπὸ δυνάμεως αὐτοφυῶς ἐνεργούσης κινεῖται τῷ εἶναι συνυπαρχούσης, διὸ καὶ ἀπόνως ἐνεργεῖ, τὰ δὲ παρὰ φύσιν πάσχει μᾶλλον ἤπερ ἐνεργεῖ οὐχ ὑπὸ τῆς φυσικῆς δυνάμεως κινούμενα, ἀλλ' ἔξωθεν ὠθούμενα βίᾳ· διὰ τοῦτο γὰρ τὰ μὲν φυ-
15 σικὰ σώματα ἀναπαύσεως οὐ δεῖται, ὅτι κατὰ τὴν φύσιν τὴν ἑαυτῶν ἐνεργεῖ, τὰ δὲ τῶν ζῴων σώματα δεῖται πάντως ἀναπαύεσθαι, ὅτι μὴ τῶν σωμάτων αὐτῶν εἰσιν κατὰ φύσιν αἱ ζωικαὶ κινήσεις, ἀλλ' ὑπὸ τῶν χρωμένων ὡς ὀργάνοις αὐτοῖς ψυχῶν ὡς ἑτεροκίνητα κινεῖται.

p. 269ᵇ10 Ὥστ' εἴπερ ἐστὶ πῦρ τὸ φερόμενον.

20 Ὁ Ἀλέξανδρος καὶ τοῖς ἐπάνω δεδειγμένοις ἀκολουθεῖν τοῦτο τὸ ῥητόν φησι. τοῖς γὰρ λέγουσι κύκλῳ κινεῖσθαι τὸ πῦρ ἀκολουθεῖ τὸ παρὰ φύσιν αὐτῷ ταύτην εἶναι τὴν κίνησιν οὐδὲν ἧττον ἢ τὴν ἐπὶ τὸ κάτω, εἴπερ κατὰ φύσιν μὲν αὐτῷ ἡ ἐπὶ τὸ ἄνω, μία δὲ ἑνὸς κατὰ φύσιν. μήποτε δὲ οὐ τοῦτο τὸ λεγόμενόν ἐστιν, ὅτι τῷ πυρὶ παρὰ φύσιν ἐστὶν ἡ κύκλῳ κί-
25 νησις· τοῦτο γὰρ εἴρηται πολλάκις· ἀλλὰ δείξας, ὅτι τῷ κυκλοφορητικῷ σώματι οὐκ ἔστι παρὰ φύσιν ἡ κύκλῳ κίνησις, εἴπερ συνεχὴς καὶ ἀΐδιος, ἐφεξῆς δείκνυσιν τῷ προαποδειχθέντι χρώμενος τῷ μὴ εἶναι παρὰ φύσιν τῷ κυκλοφορητικῷ σώματι τὴν κύκλῳ κίνησιν, ὅτι τὸ κυκλοφορητικὸν σῶμα οὐκ ἔστι πῦρ· δείκνυσι δὲ οὕτως· εἰ τὸ κυκλοφορητικὸν σῶμα πῦρ
30 ἐστιν, ἀκολουθεῖ τὸ παρὰ φύσιν εἶναι τὴν κυκλοφορίαν αὐτῷ οὐδὲν ἧττον ἢ τὴν ἐπὶ τὸ κάτω κίνησιν· ἀλλὰ μὴν ἡ κύκλῳ κίνησις οὐκ ἔστι παρὰ

φύσιν τῷ κυκλοφορητικῷ, εἴπερ συνεχὴς καὶ ἀίδιος· οὐδὲ τὸ κυκλοφο-
ρητικὸν ἄρα σῶμα πῦρ ἐστι. δυνατὸν δὲ καὶ ἐν δευτέρῳ σχήματι κατη-
γορικῶς συλλογίσασθαι οὕτως· τῷ κυκλοφορητικῷ σώματι | οὐκ ἔστι παρὰ
φύσιν ἡ κύκλῳ κίνησις· τῷ πυρὶ παρὰ φύσιν ἐστὶν ἡ κύκλῳ κίνησις· τὸ
5 ἄρα κυκλοφορητικὸν σῶμα οὐκ ἔστι πῦρ. εἰ δὲ οὕτως ἀκούσομεν τοῦ
ῥηθέντος, οὐδὲ ἐνδεῖν τι τῇ λέξει φήσομεν, καθάπερ ὁ Ἀλέξανδρος λέγει,
ὃς καὶ τοῦτο προστίθησιν, ὅτι καὶ οἱ λέγοντες αὐτὸ λεπτυνόμενον καὶ
ἀτροφοῦν κύκλῳ κινεῖσθαι περὶ τὴν τροφὴν διὰ τὴν ἐπ' εὐθείας εἰς ὕψος
ἀνάτασιν τῆς τροφῆς μηκέτι πρὸς αὐτὸ ἀφικνουμένης καὶ οὗτοι ὁμολογοῦσιν
10 αὐτὸ παρὰ φύσιν κινεῖσθαι ὑπὸ τῆς τροφῆς ἀγόμενον βίᾳ· ἡ δὲ βίαιος
κίνησις παρὰ φύσιν, ἡ δὲ παρὰ φύσιν ὑστέρα τῆς κατὰ φύσιν, ὥστε οὐ
πρώτη ἡ κύκλῳ κίνησις, εἴπερ πῦρ εἴη τὸ κύκλῳ κινούμενον. ἐνταῦθα
δὲ ὁ Ἀλέξανδρος πολλοῖς ἐπιχειρήμασι καὶ πυκνοῖς χρῆται δεικνύς, ὅτι
οὐκ ἔστι τῷ πυρὶ κατὰ φύσιν ἡ κύκλῳ κίνησις· "οὐ γὰρ εὔλογον, φησί,
15 μόνον τῶν φυσικῶν σωμάτων δύο λέγειν κινεῖσθαι κινήσεις κατὰ φύσιν".
καίτοι οὐ τὸ πῦρ μόνον, ἀλλὰ καὶ τοῦ ἀέρος τὸ εὐαγὲς λέγουσιν κινεῖσθαι
κύκλῳ. "ἄτοπον δέ, φησί, καὶ τὸ ἁπλοῦν ὑπάρχον τὸ πῦρ δύο κινήσεων
ἀρχὰς ἔχειν κατὰ φύσιν· ὅτι γὰρ καὶ τὴν εἰς τὸ ἄνω φυλάσσει, δῆλον·
ἂν γοῦν κατασπασθῇ, πάλιν οὕτω κινηθήσεται". μήποτε δέ, ἂν κατα-
20 σπασθῇ, ἀτελὲς γενόμενον τὴν ἐπ' εὐθείας ἀντὶ τῆς κύκλῳ μεταλαμβάνει,
ἄνω δὲ γενόμενον καὶ τελειωθὲν ἀποβάλλει μὲν τὴν ἀτελεῖ προσήκουσαν
τὴν ἐπ' εὐθείας, ὥσπερ καὶ τὸ ἀτελὲς εἶναι ἀποβάλλει, μεταλαμβάνει δὲ
τὴν τῷ τελείῳ προσήκουσαν, ὅτι τῷ τελειοτάτῳ γέγονε συγγενές· οὐκ ἀπὸ
τοῦ τόπου δὲ προσλαμβάνει τὴν κύκλῳ κίνησιν, ἀλλ' ἀπὸ τοῦ γειτνιῶντος
25 αὐτῷ τότε κυκλοφορητικοῦ σώματος, οὐδὲ ἀλλάσσει τὸ εἶδος ἁπλῶς τὴν
κύκλῳ κίνησιν μεταλαβόν, εἴπερ ἡ μὲν ἐπ' εὐθείας γινομένου πυρὸς ἦν,
ἡ δὲ κύκλῳ τελειωθέντος. οὐδὲ γὰρ τὴν γῆν τὸ εἶδος ἀλλάσσειν φαμέν,
ὅταν κατενεχθεῖσα ἠρεμῇ, ἀλλὰ τὴν μὲν ἐπ' εὐθείας αὐτῇ κίνησιν ἀτελεῖ
οὔσῃ δίδομεν, τὴν δὲ μονὴν τελειωθείσῃ. ὁ μέντοι τὸ πῦρ καθὸ πῦρ ἐπὶ
30 τὸ ἄνω κινεῖσθαι λέγων καὶ τὴν γῆν καθὸ γῆ ἐπὶ τὸ κάτω καὶ μὴ διορίζων
αὐτῶν τὰς ἀτελείας καὶ τὰς τελειότητας καὶ τὰς ἑκατέρᾳ τούτων προση-
κούσας κινήσεις ἢ μονάς, λέγοι ἂν τὰ τοῦ Ἀλεξάνδρου κατά τι καλῶς
λέγοντος.

---

2 σῶμα ἄρα E   σῶμα om. D   καὶ DEb: om. ABc   5 ἀκούσωμεν AD: corr. D¹   6 οὐδὲν c   τι om. Bc   8 περὶ DEb: παρὰ ABc   9 τῆς] μὴ del. E²   10 ἀγόμενος A, sed corr.   13 δὲ om. D   15 μόνον DE²: μόνων ABE¹b   16 λέγουσι BDEc   18 φυλάσσειν AB   19. 20 ἀντασπασθῇ B   20 γενόμενον E: γινόμενον AD: κινούμενον B   κύκλου E   21 ἀποβάλλει μὲν τὴν om. E   τῷ ἀτελεῖ c: ἀτελῆ AB   23 τῷ (prius) om. E   τῷ (alterum)] corr. ex τῶν E²   24 τοῦ om. E   ἀλλὰ D   25 ἀλάσσει AB   26 ἢ] m. sec. E: ἢ A   μὲν om. E   κινουμένου B   27 τελειωθέντος E   ἀλάσσειν AB   28 ἠρεμῇ E: corr. ex ἠρεμεῖ D: ἠρεμεῖ ABc   32 ἢ DEb: καὶ ABc

p. 269ᵇ13 Διόπερ ἐξ ἁπάντων ἄν τις τούτων συλλογιζόμενος 27ᵃ
πιστεύσειεν.

Ἡ πίστις διττή ἐστιν, ἡ μὲν χωρὶς ἀποδείξεως ἀλόγως γινομένη, οἵαν 40
τινὲς ἴσχουσι καὶ ἐπὶ τοῖς ἀτοπωτάτοις, ἡ δὲ μετὰ ἀπόδειξιν καὶ συλλο-
5 γισμὸν ἀποδεικτικόν, ἥτις καὶ ἀσφαλής ἐστι καὶ ἀνέλεγκτος καὶ τῇ ἀληθείᾳ
τῶν ὄντων συμπεφυκυῖα. ἐπειδὴ οὖν ἀποδεικτικῶς εἴρηται τὰ εἰρημένα,
εἰκότως εἶπεν συλλογιζόμενος πιστεύσειεν. πλεονάζει δὲ ἡ τοιαύτη 45
πίστις τῆς ἐπιστημονικῆς εἰδήσεως τῇ συμπαθείᾳ τῇ ζωτικῇ· | διὸ καὶ 27ᵇ
φιλοσόφως καὶ οἰκείως ἐχρήσατο νῦν τῷ πιστεύσειεν, ὅτι τῇ περὶ τῶν
10 θειοτέρων γνώσει βεβαίᾳ καὶ συμπάθεια ζωτικὴ συνανακινεῖται. δύναται
δὲ τὸ πιστεύσειεν εἰπεῖν, καὶ διότι ἐξ ὑποθέσεων συνελογίσθη, καὶ δῆ-
λον, ὅτι, ὡς ἔχουσιν αἱ ὑποθέσεις ἐναργείας, οὕτως ἕξει καὶ τὰ ἐξ αὐτῶν 5
πίστεως. κάλλιον δέ, οἶμαι, λέγειν, ὅτι ταῖς ἀποδεικτικαῖς ἀνάγκαις
προσεῖναι παραινεῖ πανταχοῦ μέν, μάλιστα δὲ ἐν τοῖς περὶ τῶν θείων λό-
15 γοις τὴν ἀπὸ τῆς πίστεως συμπάθειαν, οὐ μόνον βεβαίωσιν τῆς ἀληθοῦς
γνώσεως ἐμποιοῦσαν, ὅταν μετὰ τὴν ἀπόδειξιν ἐπιγένηται, ἀλλὰ καὶ τὴν 10
πρὸς τὰ γνωστὰ ἕνωσιν, ἥτις ἐστὶ τὸ τέλος τῆς ἀνθρωπίνης μακαριότητος.
προηγεῖται μὲν γὰρ ὁ ἀναγωγὸς ἔρως ἔφεσιν τοῦ θείου κάλλους ἐνεγείρων
ἐν ταῖς ψυχαῖς, ἕπεται δὲ ἡ ἀληθὴς ἐκείνου τοῖς ἀξίοις ἔκφανσις, ἐπὶ δὲ
20 τούτοις ἡ πίστις βέβαιον ἵδρυσιν ἐν ἐκείνῳ καὶ ἕνωσιν τὴν πρὸς αὐτὸ χο- 15
ρηγεῖ. ὅτι δέ, ὅσῳ πλέον τῷ τόπῳ κεχώρισται τῶν ἐν γενέσει καὶ φθορᾷ
τὰ οὐράνια, τοσούτῳ καὶ ἔτι μᾶλλον τῇ τιμιότητι τῆς οὐσίας ὑπερανέχει,
πρόδηλον ἂν εἴη· καὶ γὰρ ταῦτα μὲν εἰς τὸ ἔσχατον τοῦ παντὸς ἀπεώσθη,
ὁ δὲ οὐρανὸς τὴν ἀκρότητα τοῦ σωματοειδοῦς ἐκληρώσατο. 20
25 Ἐν δὴ τούτοις τοῖς ἐκκειμένοις ἤδη ῥητοῖς ὁ Ξέναρχος ἐνίσταται καὶ
πρὸς ἄλλα μέν, περὶ ὧν ἤδη εἴρηται, καὶ μέντοι πρὸς τὸ ἓν ἑνὶ λέγεσθαι
ἐναντίον. ῥᾴδιον γάρ, φησί, βιασαμένοις κινῆσαι τὸ πῦρ καθ' ὁτιοῦν γραμ-
μῆς εἶδος εἴτε ἁπλοῦν εἴτε καὶ ποικίλον. "λέγομεν δέ, φησί, καὶ ἐν τοῖς 25
περὶ τῶν ἠθῶν λόγοις, ἑκάστῃ τῶν ἀρετῶν δύο εἶναι τὰ ἐναντία, ὡς
30 φρονήσει μὲν πανουργίαν καὶ εὐήθειαν, ἀνδρείᾳ δὲ θρασύτητά τε καὶ δει-
λίαν καὶ ἐπὶ τῶν ἄλλων ὁμοίως". ῥητέον δὲ πρὸς μὲν τὸ πρῶτον, ὅτι

---

5 supra ἀποδεικτικὸν scr. ἐπιστημονικὸν D   ἀνέλεκτος BD   7 εἶπεν A: εἶπε Bc
et corr. ex εἰπεῖν E³: εἴρηκε D   πιστεύσειε BD   8 ἐπιστημονηκῆς E   9 ὅτι]
ὃ B   περὶ DEb: παρὰ ABc   10 συνανακινεῖται A²DEb: συνανάκειται A¹Bc
11 συνελογίσατο C et supra scr. σθη D   11 12 δῆλον, ὅτι] διότι Bc   12 ἐναρ-
γείας CDEb: ἐνεργείας AB   ἕξει] mut. in ἔχει A³   αὐτῶ] 14 παραιρεῖ E:
corr. E²   17 τὰ evan. A   18 γὰρ om. ABc   πρὸς ἔφεσιν D   ἀνε-
γείρων DE   19 ἔκφασις A, sed corr.   20 πίστις] πίστις ἡ θεία D   22 τοσοῦ-
το B   ὑπαρανέχει D   25 τοῖς om. E   ἐκκειμένοις E: ἐγκειμένοις AB:
κειμένοις D   27 οὐ ῥᾴδιον c   βιασμένοις E¹: βιαζομένοις E²   νικῆσαι Bc
πῦρ] πῦρ κινεῖσθαι c   28 καὶ (prius) om. E   29 τῶν (prius) om. D   31 καὶ
ἐπὶ τῶν] del. E²   ἄλλων ὁμοίως om. E   ῥητέον—παρὰ (p. 56,1)] mg. E²

καὶ τὰς παρὰ φύσιν κινήσεις ἰδίας ἑκάστων εἶναι χρή· φύσει γὰρ καὶ 27ᵇ
αὗται, ἀλλ' οὐκ ἐξ ἐπιτεχνήσεως. καὶ τὰ ποικίλα δὲ τῶν γραμμῶν εἴδη 31
οὐδὲν πρὸς τὸν λόγον· ἁπλαῖ γάρ εἰσιν αἱ τῶν ἁπλῶν κινήσεων γραμμαί.
ἔτι δὲ τὰς παρὰ φύσιν τοιαύτας εἶναι χρὴ ὡς ἄλλοις εἶναι κατὰ φύσιν.
5 πρὸς δὲ τὸ δεύτερον, ὅτι συμμετρίας οὔσης ἑκάστης τῶν ἀρετῶν τὰ παρ' 35
ἑκάτερα αὐτῆς δύο ὡς ἀσυμμετρία μία πρὸς συμμετρίαν ἀντίκειται· καὶ
γὰρ τὸ μέν ἐστιν ὑπερβολή, τὸ δὲ ἔλλειψις, ἀμφοῖν δὲ κοινὸν ἡ ἀσυμμετρία.
τοῦτο δὲ καὶ αὐτὸς προελθὼν συνεῖδεν, ὅτι τῇ μὲν εὐηθείᾳ ἡ πανουργία
ἀντίκειται καὶ τῇ θρασύτητι ἡ δειλία, τῇ δὲ φρονήσει οὔτε πανουργία οὔτε 40
10 εὐήθεια, ἀλλὰ τὸ ἀμφοῖν κοινόν, καὶ τῇ ἀνδρείᾳ τὸ κοινὸν θρασύτητος καὶ
δειλίας, ὥσπερ τῷ μὲν ὑπερβάλλοντι τὸ ἐλλεῖπον ἀντίκειται, τὸ δὲ κοινὸν
ἀμφοῖν ἡ ἀνισότης τῇ ἰσότητι. "ἀλλ' εἰ ταῦτα ἀληθῆ, φησίν, οὐκ ἀνάγκη
τὸν οὐρανὸν πέμπτου τινὸς εἶναι σώματος διὰ τὸ μὴ δύο ἑνὶ ἀντικεῖσθαι 45
τὴν κύκλῳ τοῦ πυρὸς καὶ τὴν ἐπὶ τὸ κάτω τῇ ἐπὶ τὸ ἄνω· ἀντίκειται
15 γὰρ ὡς | μὲν ὑπερβολὴ καὶ ἔλλειψις ἡ ἐπὶ τὸ ἄνω τῇ ἐπὶ τὸ κάτω, ὡς 28ᵃ
δὲ ἀνισότης πρὸς ἰσότητα ἡ ἀμφοῖν κοινή, τουτέστιν ἡ ἐπ' εὐθείας, πρὸς
τὴν κύκλῳ". ταῦτα δὲ εἴρηται μὲν γλαφυρῶς, οὐδὲν δέ, οἶμαι, πρὸς τὴν
ὑπὸ τοῦ Ἀριστοτέλους λεγομένην ἐναντίωσιν. οὐ γὰρ τὴν ἄνω καὶ τὴν 5
κάτω ὡς δύο τῇ κύκλῳ ἀντέθηκεν, ἀλλὰ τὴν κύκλῳ καὶ τὴν κάτω τῇ
20 ἄνω. ἀλλὰ πρὸς τὴν ὑπόθεσιν τὴν λέγουσαν πῦρ εἶναι τὸ φερόμενον
κύκλῳ, εἴπερ τούτου τοῦ ἐνταῦθα πυρὸς ἔχουσα τὴν ἔννοιαν λέγει τοῦ
κατὰ φύσιν ἄνω κινουμένου, οὐκ ἀτόπως εἶπεν ὁ Ἀριστοτέλης, ὅτι οὐδὲν 10
ἧττον αὐτῷ παρὰ φύσιν ἡ κύκλῳ κίνησις τῆς κάτω· οὕτως δὲ καὶ πρότερον
ἀντετίθει. δύο οὖν τὰ παρὰ φύσιν ἑνὸς τοῦ κατὰ φύσιν ληφθέντα εἰκότως
25 δύο ἑνὶ ἐναντία συνήγαγεν.

Ὁ δὲ Γραμματικὸς ἐνταῦθα τὴν ἑαυτοῦ μετὰ προπετείας δυσσυνεσίαν
ἀγνωμοσύνην ἐν τοῖς λόγοις τοῦ Ἀριστοτέλους οὐκ ᾐσχύνθη καλεῖν καὶ 15
ἐναντίωσιν, εἴπερ φησίν· "ἐν μὲν τῷ δευτέρῳ ἐπιχειρήματι δεῖξαι βουλόμε-
νος, ὡς οὐκ ἔστιν ἓν τῶν τεσσάρων στοιχείων τὸ κύκλῳ κινούμενον, ἔλεγε
30 μήτε κατὰ φύσιν εἶναι μήτε παρὰ φύσιν τοῖς τέτρασι στοιχείοις τὴν κύκλῳ
κίνησιν, διότι ἡ παρὰ φύσιν αὐτοῖς ἐπ' εὐθείας ἐστὶ καὶ ἓν ἑνὶ ἐναντίον· 20
ἐνταῦθα δὲ πάλιν βουλόμενος δεῖξαι, ὅτι ἀνάγκη τὴν κύκλῳ κίνησιν ἑτέρῳ
τινὶ παρὰ τὰ τέσσαρα στοιχεῖα κατὰ φύσιν εἶναι, ἔλαβεν ὁμολογούμενον,
ὅτι τοῖς τέτρασιν ἡ κύκλῳ κίνησις παρὰ φύσιν ὑπάρχει, φυσικὴν δὲ αὐτὴν
35 οὖσαν καὶ ἁπλῆν κίνησιν ἔδει τινὶ πάντως κατὰ φύσιν ὑπάρχειν· εἰ δὲ 25

---

1 φύσιν] e corr. E² ἰδέας AB 3 οὐδὲ AB 4 ἄλλοις DEb: ἄλλῳ ABc
7 ἀφοῖν A 8 εὐθείᾳ AB 11 δειλίαν A ὥστε B τὸ (prius) om. AB
ἐλλῖπον E: corr. E² 14 τῇ] ἤτοι D τῇ—κάτω (15) om. E 16 πρὸς (prius)]
πρὸς τήν c 17 ante᾿ μὲν ras. 2 litt. E 18 οὐ] οὐδὲ D 19 τῇ (prius)] corr. ex
τὴν E² 21 τοῦτο c 23 παρά] κατὰ Bc 24 παρά] περὶ B φύσιν (prius)]
evan. A: om. B 26 Γραμματικός] Philoponus, cf. p. 49,10 προπέτειαν AB
δυσσυνεσίαν] δυσσυνεσίαν B: δεικνὺς c 29 ὡς] ὅτι c 31 κίνησιν om. D ἓν] ἓν A
32 πάλιν om. E

παρὰ φύσιν αὐτοῖς ἡ κύκλῳ κίνησις ὑπάρχει, ἐπειδὴ καὶ ἐπ' εὐθείας ἐστί 28ᵃ
τις αὐτοῖς παρὰ φύσιν ἡ ἀντικειμένη τῇ κατὰ φύσιν, δύο ἄρα ἑνὶ ἐναντία
ἔσται καὶ κατὰ ταύτην τὴν ὑπόθεσιν. ἢ οὖν ἐν ἐκείνοις, φησί, ψευδῶς
εἴληφεν, ὡς οὐκ ἐνδέχεταί τι τῶν τεσσάρων στοιχείων εἶναι τὸν οὐρανὸν 80
5 παρὰ φύσιν κύκλῳ κινούμενον, ἢ νῦν κακῶς ὑπέθετο παρὰ φύσιν εἶναι
τοῖς τέτρασι στοιχείοις τὴν κύκλῳ κίνησιν· ὅπερ γὰρ ἐκείνῃ τῇ ὑποθέσει
συμβαίνειν ἔλεγεν ἄτοπον τὸ δύο ἑνὶ ἐναντία, τὸ αὐτὸ καὶ τῇ νῦν τεθείσῃ
συμβαῖνον ἐδείχθη". ἐν δὴ τούτοις, εἰ καὶ συντομώτερον, ἀλλ' οὖν σχεδὸν 85
αὐταῖς αὐτοῦ ταῖς λέξεσιν ἐκκειμένοις πρῶτον μὲν ἐπιστῆσαι χρὴ τῷ
10 προσεχῶς εἰρημένῳ, εἴπερ ἐν ἑκατέρῳ τῶν λόγων τὸ αὐτὸ ἄτοπον συνήχθη·
ἐκεῖ μὲν γὰρ ὁμολογουμένως εἰς ἄτοπον ὁ λόγος ἀπήχθη τὸ μὴ σώζε-
σθαι τὸ "ἓν ἑνὶ ἐναντίον" εἶναι, ἐνταῦθα δὲ συνήχθη τὸ τὴν κύκλῳ κί- 40
νησιν, ἐπειδὴ τοῖς ὑπὸ σελήνην παρὰ φύσιν ἐστίν, ἄλλῳ τινὶ κατὰ φύσιν
ὑπάρχειν. ὅτι δὲ οὐχ ὡς ἀγνώμων οὐδὲ ὡς ἐναντιολόγος πρότερον μὲν
15 μήτε κατὰ φύσιν μήτε παρὰ φύσιν ὑπάρχειν εἶπε τοῖς στοιχείοις τὴν κύκλῳ
κίνησιν ὁ Ἀριστοτέλης, νῦν δὲ παρὰ φύσιν, ἔδει μέν, οἶμαι, καὶ ἐξ αὐτοῦ 45
τούτου δυσωπηθέντα τοῦ μὴ ἂν οὕτω παρὰ πόδας τὰ | ἐναντία φάναι τὸν 28ᵇ
Ἀριστοτέλην καὶ τὴν αἰτίαν τοῦ εἰρημένου μᾶλλον ζητεῖν. ἐπεὶ δὲ πρὸς
τὸ χεῖρον ἀποκλίνει σεμνύνειν ἑαυτὸν ὑπολαμβάνων, τὰ πρὸ ὀλίγου κατὰ
20 τὴν τῶν χωρίων ἐκείνων ἐξήγησιν ῥηθέντα πάλιν ἀνάγκη λέγειν, ὅτι ἐκεῖ 5
μὲν 'παρὰ φύσιν' τὸ ἐναντίον ἔλαβεν· διὸ καὶ συνήγαγεν δύο ἑνὶ ἐναντία,
ὡς καὶ τούτου παρὰ φύσιν ὄντος τῷ πυρὶ καὶ τοῦ ἐπὶ τὸ κάτω· ἐνταῦθα
δὲ 'παρὰ φύσιν' ἔλαβε τὸ 'μὴ κατὰ φύσιν' ἀποφατικόν, ὅπερ δύναται μὲν
καὶ τῷ στερητικῷ τῷ 'παρὰ φύσιν' ἐφαρμόττειν, δύναται δὲ καὶ ἐπὶ τοῦ 10
25 μηδὲ ὅλως ὑπάρχοντος ἀληθεύεσθαι, δύναται δὲ καὶ ἐπὶ τοῦ 'ὑπὲρ φύσιν'
ἀκουσθῆναι· καὶ τοῦτο εἰκότως, διότι τῶν ὑπὸ σελήνην στοιχείων τὰ μὲν
οὐδὲ ὅλως κινεῖται τὴν κύκλῳ κίνησιν, ὡς γῆ καὶ ὕδωρ καὶ τὸ λιμνάζον
τοῦ ἀέρος, τὰ δὲ κινεῖται μέν, ἀλλ' ἄλλου κίνησιν, διὸ παρὰ φύσιν
τὴν ἑαυτῶν ὡς ὑπὲρ φύσιν· διὸ οὐδὲ συνήγαγεν ἐνταῦθα τὸ 'δύο ἑνὶ ἐν- 15
30 αντία', ἀλλ' 'ἐπειδὴ τούτοις, φησί, παρὰ φύσιν ἡ κύκλῳ κίνησις, ἑτέρου
τινός ἐστι κατὰ φύσιν'. πῶς δὲ ὅλως, εἰ ὡς στερητικῶς ὑπάρχον εἴληπτο
νῦν τὸ 'παρὰ φύσιν', "ἐπειδὴ τούτοις παρὰ φύσιν" ἔλεγε πυρὸς καὶ γῆς

2 ἑνὶ] corr. ex ἓν E² 3 ἐν om. D 4 ἐνδέχεται] ἐν— e corr. B τι DEb: om.
ABc 5 ἢ νῦν] corr. ex ἢν E² καλῶς B, sed corr. 8 δὴ] δὲ Bc 9 ἐγκει-
μένοις E: corr. E²: ἐκκειμέναις D 10 post ἄτοπον del. ὁ λόγος ἀπήχθη E²
supra συνήχθη scr. ἐδείχθη D 11 τὸ —συνήχθη (12) om. B 12 τὴν om. c
14 ἐναντιολόγος] alt. ο e corr. B 15 παρὰ φύσιν μήτε κατὰ D εἶπε] —ε in ras. E
17 δυσωπηθῆναι Dc τοῦ DE: τῷ AB: τὸ c τὰ] τ' D 18 καὶ fort. de-
lendum 21 τὸ] τὸ ὡς D ἔλαβε BDEc συνήγαγε BDEc 23 ἀποφα-
τικῶς c 24 τῷ (alterum) E: om. ABc: καὶ τῷ D δὲ DE²b: om. ABE¹c
25 μηδὲν AB δὲ om. D 27 ἡ γῆ D λιμνάζον B, sed corr.
28 ἀλλὰ D ἄλλου] corr. ex ἄλλην D 30 ἐπειδὴ κτλ.] p. 269ᵇ2, cf. supra
p. 52, 13 sq. 32 ἐπειδὴ om. E τούτοις παρὰ φύσιν om. E¹: τούτοις παρὰ φύσιν
εἶναι mg. E²

μνημονεύσας προσεχῶς, ἣν οὐδὲ ὅλως κινεῖσθαι κύκλῳ βούλεται; "εἰ δὲ 28ᵇ οὐκ ἐνδέχεσθαι οἴεται, φησί, τῶν στοιχείων τι οὐδὲ παρὰ φύσιν κύκλῳ 21 κινεῖσθαι, ὅμως δὲ οὐδὲν ἧττον παρὰ φύσιν αὐτοῖς φησι τὴν κύκλῳ κίνησιν, καὶ οὕτως πάλιν δύο ἑνὶ ἔσται ἐναντία". ποῖα δύο, βέλτιστε, εἴπερ
5 ἣ κύκλῳ μηδὲ παρὰ φύσιν ὑπάρχει τινὶ τῶν στοιχείων; "ἀλλ' οὐδὲν κω- 25 λύει, φησί, καὶ ἡμᾶς ἀντιστρέψαντας τὸν λόγον τὰς ἐπ' εὐθείας κινήσεις παρὰ φύσιν εἶναι λέγειν τῷ κατ' αὐτὸν πέμπτῳ καὶ κυκλοφορουμένῳ σώματι, κἂν μηδέποτε αὐτὰς παρὰ φύσιν κινεῖται· ἁπλαῖ γὰρ καὶ αὗται· οὐκοῦν πάλιν μιᾷ τῇ κύκλῳ αὐτοῦ κατὰ φύσιν κινήσει δύο αἱ ἐπ' εὐθείας 30
10 παρὰ φύσιν αὐτοῦ κινήσεις ἐναντίαι ἔσονται". ἀλλ' εἰ μηδέποτε αὗται μηδὲ παρὰ φύσιν ὑπάρχουσι τῷ πέμπτῳ σώματι, ὥστε ἐναντίαι εἶναι τῇ κατὰ φύσιν αὐτοῦ, ἀλλ' ὡς ἀπόφασις εἰρήσεται τὸ 'παρὰ φύσιν' ἀντὶ τοῦ 'οὐ κατὰ φύσιν', ὅπερ καὶ ἐπὶ τοῦ 'μηδὲ παρὰ φύσιν' ἐπαληθεύει, οὐδὲν 35 ἄτοπον οὕτως παρὰ φύσιν λέγειν· οὐδὲ γὰρ δύο ἑνὶ ἐναντία ἔσται. ἀπὸ
15 δὲ τῆς αὐτῆς ἐναντιολόγου λύττης πρὸς τὴν ἀλήθειαν ἀποβλέπειν ἀδυνατῶν καὶ τὸ ἐφεξῆς συνῆψε νομίζων τὸν Ἀριστοτέλην τῇ κύκλῳ κινήσει ἐναντίαν τίθεσθαι τὴν ἐπ' εὐθείας, καίτοι μετ' ὀλίγα μακρούς, ὥς φησι, 40 κατατείνοντα λόγους, ἐν οἷς πειρᾶται δεικνύναι, ὅτι τῇ κύκλῳ κινήσει οὐκ ἔστιν ἐναντία κίνησις. "φυσικαὶ γάρ, φησί, καὶ ἁπλαῖ κινήσεις αἱ κατ'
20 εὐθεῖαν, καὶ οὐκ εἰσὶ κατὰ φύσιν τῷ πέμπτῳ σώματι· οὐκοῦν παρὰ φύσιν αὐτῷ ἐξ ἀνάγκης ἔσονται· τὸ δὲ παρὰ φύσιν ἐναντίον τῷ κατὰ φύσιν· αἱ 45 ἄρα κατ' εὐθεῖαν, φησί, κινήσεις ἁπλαῖ οὖσαι ἐναντίαι εἰσὶ τῇ κύκλῳ." κἀνταῦθα πάλιν τὰς | 'μὴ κατὰ φύσιν' κατὰ ἀπόφασιν ὡς ἐναντίας 'παρὰ 29ᵃ φύσιν' ἔλαβεν, ὅπερ ἐν ταύταις φαίνεται πάσαις πεπονθὼς ταῖς ἐναντιο-
25 λογίαις, μὴ νοήσας, πῶς εἶπεν Ἀριστοτέλης παρὰ φύσιν εἶναι τοῖς ὑπὸ σελήνην στοιχείοις τὴν κύκλῳ κίνησιν, ὅτι τοῖς μὲν ὡς οὐδὲ ὅλως κινου- 5 μένοις αὐτὴν ὡς γῇ καὶ ὕδατι καὶ τῷ λιμνάζοντι τοῦ ἀέρος, τοῖς δὲ ὡς ὑπὲρ φύσιν τῷ οὐρανῷ συμπεριφερομένοις ὡς τῷ ὑπεκκαύματι καὶ τῷ εὐαγεῖ τοῦ ἀέρος· ὥστε οὐκ ἐμποδίσει ταῦτα τοῖς ἐφεξῆς δεικνυμένοις περὶ
30 τοῦ τῇ κύκλῳ κινήσει μὴ εἶναι ἐναντίαν κίνησιν. τὸ δὲ λέγειν, ὅτι ἡ 10 ἐπ' εὐθείας κίνησις τοῖς τῶν στοιχείων μορίοις κατὰ φύσιν ὑπάρχει ὡς ἐπὶ τὸ κατὰ φύσιν εἶδος ἐπανάγουσα, ὅπερ ἕξει διὰ τοῦ τὸν οἰκεῖον τόπον καὶ τὴν οἰκείαν ὁλότητα ἀπολαβεῖν, καὶ πρὸς Ἀριστοτέλους εἴρηται συντόμως, ὡς καὶ οὗτος παρέθετο, καὶ πρὸς ἄλλων φιλοσόφων πολλῶν· τὸ 15
35 μέντοι τῷ ὑπεκκαύματι καὶ τῷ ἄνω τοῦ ἀέρος κατὰ φύσιν εἶναι τὴν κύκλῳ κίνησιν ὡς ἰδίαν ζητεῖν ἄξιον, εἴπερ τῷ ἀπλανεῖ οὐρανῷ συμπερι-

---

1 προσεχῶς DEb: συνεχῶς ABc   2 ἐνδέχεται B   3 οὐδὲ AB   4 οὕτω Dc: οὔτε B   5 κύκλῳ] κύκλῳ κίνησις D   οὐδὲ AB   5. 6 φησι κωλύει D 12 εἴρηται D   13. 14 οὐδένα τόπον AB   14 οὕτω BDc   ἀπὸ] ὑπὸ Ac 15 λύττης] γλήμης c   ἀδύνατον E: corr. E²   16 τῇ] τὴν A   21 ἀνάγκης] ἀν^α D   24 ἐν om c   26 ὡς DEb: om. ABc   27 ὡς (alterum) DEb: om. ABc   29 ἐμποδίζει Dc   34 τὸ] corr. ex τῷ E² 36 ἴδιον ABc

φέρονται. καὶ κάλλιον, οἶμαι, ὑπερφυῆ ταύτην λέγειν τὴν κίνησιν ὡς πε-
φυκότων δηλονότι μετέχειν αὐτῆς· καὶ εἴ τις οὕτως λέγει 'κατὰ φύσιν', οὔτε
ἀτόπως ἐρεῖ, ὡς οἶμαι, οὔτε τῷ Ἀριστοτέλει ἐναντιώσεται τὴν διαφορὰν
τοῦ οὐρανίου σώματος πρὸς τὰ ὑπὸ σελήνην ἀπὸ τῶν μερῶν μάλιστα τῶν
5 ὑπὸ σελήνην εὑρίσκοντι τῶν οὐρανίων μερῶν μηδὲν τοιοῦτο πεπονθότων.
μέγα δέ τι κατορθοῦν οἴεται δεικνύς, ὅτι καὶ ἄλλοι πρὸς τὴν πέμπτην
ἀντεῖπον οὐσίαν, οὐκ ἐφιστάνων, ὅτι ἐκείνων οὐδεὶς τὴν ἀιδιότητα τοῦ
κόσμου σαλεύεσθαι νομίζων ἀντέγραψεν, ἀλλὰ τὰ ἐπιχειρήματα γυμνάζοντες
καινοπρεπὲς ἔχοντά τι πρὸς τὰς τῶν πρότερον φιλοσοφησάντων διδασκα-
10 λίας. καὶ οἱ μὲν διήμαρτον τῆς Ἀριστοτέλους ἐννοίας, ὥσπερ οὗτος ὁ
δρίμακος, οἱ δὲ κρατήσαντες αὐτῆς πρὸς τὸ φαινόμενον ὑπήντησαν, ὅσοι
μὴ ἁπλοῦν ὄντα δεικνύναι τὸν οὐρανὸν ἐπιχειροῦσιν, οἱ δέ τι καὶ προσ-
εξηῦρον σοφόν, οὐδεὶς μέντοι κακοσχόλως οὕτως εἰς μόνον ἀπέβλεψεν τὸ
ἀντιτετάχθαι δοκεῖν τοῖς ἀίδιον τὸν κόσμον ἀποδεικνῦσι διὰ τὰς κρατούσας
15 εὐτελεῖς ἐννοίας περὶ τοῦ τὸν κόσμον δημιουργήσαντος. ἐπιστῆσαι δὲ ἄξιον
ἐν πᾶσι τοῖς παρὰ τοῦδε τοῦ ἀνδρὸς εἰρημένοις, ὅτι ὁμοφυῆ ταῖς τῶν
τεσσάρων στοιχείων ὁλότησιν ἐσπούδασε δεῖξαι τὸν οὐρανὸν πρὸς τὴν
πέμπτην οὐσίαν μαχόμενος· ὥστε οὔπω φθαρτὸς οὐδὲ ἐκ τούτων ὁ οὐρανὸς
ἀποδέδεικται, εἴπερ καὶ τῶν στοιχείων αἱ ὁλότητες ἀίδιοι δύνανται εἶναι,
20 κἂν τὰ μέρη γιγνόμενα καὶ φθειρόμενα καὶ κατ' εὐθεῖαν ἔχωσι κινούμενα·
εἰ δὲ τοῦ οὐρανοῦ τὰ μέρη μὴ φαίνεται ταῦτα πάσχοντα, δῆλον, ὅτι ὅσον
ἐπὶ τοῖς ὑπὸ τούτου λεγομένοις οὐδὲν κωλύει μὴ μόνον καθ' ὅλον, ἀλλὰ
καὶ κατὰ μέρη ἀίδιον εἶναι τὸν οὐρανόν. |

p. 269ᵇ18 Ἐπεὶ δὲ τὰ μὲν ὑπόκειται, τὰ δὲ ἀποδέδεικται τῶν
25 εἰρημένων, φανερόν, ὅτι οὔτε κουφότητα οὔτε βάρος ἔχει πᾶν
σῶμα.

Ἐπειδὴ πᾶσα διδασκαλία καὶ πᾶσα μάθησις διανοητικὴ ἐκ προϋπαρ-
χούσης γίνεται γνώσεως, ὡς αὐτὸς ἡμᾶς ἐδίδαξεν ἐν τοῖς Ἀναλυτικοῖς,
ἀνάγκη τινὰ προϋποκεῖσθαι τῶν ἀποδείξεων, τὰ μὲν ὡς ἀφ' ἑαυτῶν τὸ
30 πιστὸν ἔχοντα, τὰ δὲ ὡς προαποδεδειγμένα ἢ ὡς δειχθησόμενα. κἀνταῦθα
τοίνυν προϋπετέθη τινὰ τῶν λημμάτων, τινὰ δὲ καὶ ἀπεδείχθη· προϋπετέθη

---

1 ὑπερφυεῖ E: corr. E² 4 ἀπὸ—σελήνην (5) om. B 5 εὑρίσκοντι scripsi: εὑρί-
σκοντα ABDEc: εὑρόντι a (invenient b in edit.) μηδὲ AB τοιοῦτον DE
7 οὐσίαν ἀντεῖπον D 9 κενοπρεπὲς A 11 δρίμακος D: δρίμακος E: cervicosus b:
δραμικὸς ABc; „cf. Δρίμακος nomen fugitivi apud Nymphodorum fragm. 12 Müller (II
p. 378) et πλατυκὸς = πλατὺς" Diels 12. 13 προσεξεῦρον E²c: πρὸς ἐξεῦρον BE¹
13 κακοσχοσχόλως B ἀπέβλεψε DEc: ἐπέβλεψε B 14 ἀντιγράψαι DE: contrariari b
ἀποδεικνύουσι Bc 15 εὐτελεῖς DE: vanos b: ἀτελεῖς ABc περὶ] παρὰ B
περὶ τοῦ τὸν] e corr. D δημιουργήσαντος A 17 ἐσπούδαζε D 20 καὶ (alterum)
DEb: om. ABc ἔχουσι E 24 τὰ δὲ ABD: τὰ δ' c 25. 26 πᾶν σῶμα AB: σῶμα
ἅπαν Dc 27 ἐπειδὴ δὲ D 28 γίνεται E ἡμᾶς αὐτὸς D Ἀναλυτικοῖς] 71ᵃ1
30 ὡς (alterum) om. D 31 καὶ om. c προαπεδείχθη D

μὲν τὸ δύο εἶναι τὰς ἁπλᾶς γραμμὰς τήν τε εὐθεῖαν καὶ τὸν κύκλον, τὸ 29ᵇ
ἄνω μὲν εἶναι κίνησιν τὴν ἀπὸ τοῦ μέσου, κάτω δὲ τὴν ἐπὶ τὸ μέσον,
κύκλῳ δὲ τὴν περὶ τὸ μέσον, καὶ τὸ ἓν ἑνὶ ἐναντίον εἶναι, καὶ τὸ μίαν
ἑκάστου κατὰ φύσιν εἶναι κίνησιν τῶν ἁπλῶν. ἀποδέδεικται δὲ τῶν
5 μὲν λημμάτων, ὅτι δύο αἱ ἁπλαῖ κινήσεις ἥ τε κύκλῳ καὶ ἡ κατ' εὐθεῖαν, 15
καὶ ὅτι τῶν ἁπλῶν ἁπλαῖ αἱ κινήσεις, καὶ αἱ ἁπλαῖ κινήσεις ἁπλῶν εἰσι
σωμάτων· καὶ γὰρ καὶ τοῦτο, οἶμαι, δέδεικται ἐκ τῆς τῶν κινήσεων καὶ
τῆς τῶν σωμάτων διαιρέσεως καὶ τῆς οἰκείας ἐφαρμογῆς. ἀποδέδεικται
δὲ ἔκ τε τῶν ὑποτεθέντων καὶ ἐκ τῶν ἀποδειχθέντων λημμάτων, ὅτι παρὰ 20
10 τὰ τέσσαρα τὰ ὑπὸ σελήνην ἁπλᾶ σώματά ἐστιν ἄλλο τι πέμπτον, ᾧ κατὰ
φύσιν ἐστὶν ἡ κύκλῳ κίνησις, καὶ τοῦτο τελειότερόν τε καὶ πρότερον καὶ τι-
μιώτερόν ἐστι τὴν φύσιν τῶν ἄλλων σωμάτων. τούτοις δὴ τοῖς ὑποκειμένοις 25
καὶ ἀποδεδειγμένοις ἕπεσθαί φησι τὸ μήτε βάρος μήτε κουφότητα πᾶν ἔχειν
σῶμα· εἰ γὰρ τὸ βαρὺ καὶ κοῦφον ἐξ αὐτοῦ τοῦ ὁρισμοῦ τῶν εὐθυπορου-
15 μένων ἴδια φανῇ, ἐδείχθη δὲ τὸ κύκλῳ κινούμενον ἄλλο παρὰ τὰ εὐθυ-
πορούμενα καὶ οὕτως ἄλλο, ὡς μήτε κατὰ φύσιν μήτε παρὰ φύσιν
αὐτῷ δύνασθαι προσήκειν τὴν ἐπ' εὐθείας κίνησιν, ἕπεται δηλονότι τὸ 30
μὴ πᾶν σῶμα βάρος ἔχειν ἢ κουφότητα, ὥστε καὶ κατὰ τοῦτο διαφέρον
δείκνυσθαι τὸ οὐράνιον τῶν ὑπὸ σελήνην κατὰ τὸ μήτε βάρος ἔχειν μήτε
20 κουφότητα. τοῦτο δὲ αὐτῷ συντελέσει πρὸς δεῖξιν τοῦ ἀγένητον καὶ
ἄφθαρτον καὶ ἀναυξὲς καὶ ἀμείωτον καὶ ἀναλλοίωτον δειχθῆναι τὸ οὐράνιον 35
σῶμα. εἰ μὲν γὰρ εἶχε βάρος ἢ κουφότητα, ἦν ἄν τις τῇ κινήσει αὐτοῦ
ἐναντία κίνησις· εἰ δὲ τοῦτο, ἦν ἄν τι αὐτῷ ἐναντίον τὸ κινούμενον κατὰ
φύσιν τὴν ἐναντίαν αὐτῷ κίνησιν· εἰ δὲ τοῦτο, καὶ ἐγίνετο ἂν ἐκ τοῦ 40
25 ἐναντίου καὶ ἐφθείρετο εἰς τὸ ἐναντίον. εἰ δὲ μὴ ἔχει μήτε βάρος μήτε
κουφότητα μήτε ἐπ' εὐθείας ὅλως κινεῖται, καθ' ἥν ἐστιν ἐναντίωσις,
ἀλλὰ κύκλῳ μόνον, δειχθῇ δὲ τῇ κύκλῳ κινήσει μὴ οὖσα κίνησις ἐναντία,
δῆλον, ὅτι οὐχ ἕξει τι ἐναντίον ἑαυτῷ τὸ κύκλῳ κινούμενον, ὥστε οὔτε 45
γίνεται ἔκ τινος οὔτε φθείρεται εἴς τι. ἀναγκαίως οὖν τὸ μήτε βάρος
30 ἔχειν μήτε κουφότητα προέλαβεν ταὐ|τὸν ὂν τῷ μήτε ἄνω μήτε κάτω κι- 30ᵃ
νεῖσθαι, ὅπερ ταὐτὸν τῷ μὴ κινεῖσθαι κίνησιν ἐναντίωσιν ἔχουσαν, ἵνα
δείξας, ὅτι τῇ κύκλῳ κινήσει, ἣν κινεῖται, οὐκ ἔστιν ἐναντία κίνησις, ἀκο-
λουθοῦν ἔχῃ τὸ μηδὲ αὐτῷ εἶναί τι ἐναντίον, ᾧ ἕπεται ἐξ ἀνάγκης τὸ 5
μήτε γίνεσθαι μήτε φθείρεσθαι, τούτῳ δὲ τὰ λοιπά.

3 εἶναι om. D   4 κίνησιν εἶναι D   5 post ἁπλαῖ ras. 1 litt. E   ἥ τε—pr. κινήσεις (6) om. E
9 τε om. c   ἐκ om. D   11 πρότερον ba: πρῶτον ABCDE   13. 14 ἔχειν σῶμα πᾶν CD:
habere omne corpus b   13 ἔχει E: corr. E²   14 τὸ κοῦφον CD   15 ἴδια CDEb: ἴδιον ABc
φερόμενον c   16 καὶ] m. sec. E   οὕτως om. D   18 ὥστε—κουφότητα (20) bis E:
corr. E²   διάφορον Dc   19 δείκνυσθαι] in ras. B   μήτε (alt.)] ἢ E (non in repetitione)
20 δὲ] γὰρ E   23 τι] corr. ex τις τῇ κινήσει E²   αὐτῷ] —ᾧ e corr. E¹   27 δὲ]
e corr. D   28 οὐχ ἕξει E: corr. E²   τὸ] corr. ex τῷ E²   29 τὸ om. B
30 προέλαχεν A: προέλαχε seq. ras. B: προέλαβε DE   32 τῇ] corr. ex τῷ E²   32. 33 ἀκο-
λουθῶν E¹   33 ἔχει E   αὐτῶν B: αὐτὸ E: corr. E²   ᾧ] corr. ex ὃ E²

p. 269b20 Δεῖ δὲ ὑποθέσθαι, τί λέγομεν τὸ βαρὺ καὶ κοῦφον.   30a

Ὅτι μὲν οὐ προηγούμενος ἐπὶ τοῦ παρόντος ὁ περὶ τοῦ κούφου καὶ 10
βαρέος λόγος ἐστὶν αὐτῷ, ὥσπερ ἐν τῷ τετάρτῳ βιβλίῳ, ἔνθα περὶ τού-
των προηγουμένως διαλέγεται, ἀλλὰ νῦν αὐτοῦ δεῖται πρὸς τὸ δεῖξαι τὸ
5 κυκλοφορητικὸν σῶμα ἀγένητόν τε καὶ ἄφθαρτον ἐκ τοῦ μήτε βάρος ἔχειν
μήτε κουφότητα, αὐτὸς σαφῶς διὰ τῆς λέξεως ἐδήλωσε. προαναφωνήσας δὲ 15
τὸ συμπέρασμα τῶν δειχθησομένων τρόπον τινὰ ἐν τῷ εἰπεῖν "φανερόν,
ὅτι οὔτε κουφότητα οὔτε βάρος ἔχει πᾶν σῶμα" (τὸ γὰρ συμπέρασμά
ἐστιν αὐτό, ὅτι 'τὸ κύκλῳ φερόμενον ἀδύνατον βάρος ἔχειν ἢ κουφότητα')
10 ὁρίζεται, τί τὸ βαρὺ καὶ τί τὸ κοῦφον καὶ τί τὸ βαρύτατον καὶ τί τὸ κου- 20
φότατον. ἐπειδὴ γὰρ τῶν κάτω φερομένων τὸ μὲν μέχρι τοῦ κέντρου
πρόεισιν, ταυτὸν δὲ εἰπεῖν, μέχρι τοῦ κατωτάτω, ὥσπερ ἡ γῆ, τὸ δὲ μέχρι
τῆς γῆς, καὶ τῶν ἄνω τὸ μὲν μέχρι τοῦ ἀνωτάτω, τουτέστι τῆς σεληνια-
κῆς σφαίρας, τὸ πῦρ, τὸ δὲ μέχρι πυρός, εἰκότως τὸ μέν ἐστι βαρύ, τὸ 25
15 δὲ βαρύτατον, καὶ τὸ μὲν κοῦφον, τὸ δὲ κουφότατον. εἰ οὖν βαρὺ τὸ
κάτω φερόμενον καὶ κοῦφον τὸ ἄνω, καὶ ἔστιν ὁρισμὸς ταῦτα τοῦ βαρέος
καὶ κούφου, δῆλον, ὅτι καὶ ἀντιστρέφει ἀναγκαίως, ὥστε τὸ φερόμενον
ἄνω ἢ κάτω ἢ βαρύτητα ἔχειν ἢ κουφότητα. ἐπειδὴ δὲ καὶ τοῦ ἄνω 30
ἐστὶ τὸ μὴ τελέως ἄνω, ἀλλά τι καὶ κάτω ἔχον, ὥσπερ ὁ ὑπὸ τὸ πῦρ
20 τόπος, καὶ τοῦ κάτω τὸ μὴ τελέως κάτω, τὰ ἐπὶ τούτους ἰόντα τοὺς τό-
πους ἄμφω δικαίως ἔχει καὶ βάρος καὶ κουφότητα, οὐ πρὸς τὸ αὐτὸ δέ·
οὐ γὰρ δυνατὸν τοῦ αὐτοῦ κουφότερον ἅμα καὶ βαρύτερον εἶναι· ἀλλὰ 35
πρός τι τούτοις ἐστὶ τὸ βαρὺ καὶ κοῦφον. ὁ γὰρ ἀὴρ πρὸς τὸ ὕδωρ
κοῦφος, οὐ μέντοι πρὸς τὸ πῦρ, καὶ τὸ ὕδωρ πρὸς τὴν γῆν, οὐ μέντοι
25 πρὸς τὸν ἀέρα· πρὸς γὰρ τοῦτον βαρύ. διὸ ταῦτα μὲν οὐ κυρίως κοῦφα
οὐδὲ κυρίως βαρέα οὐδὲ κυρίως ἁπλᾶ. κοῦφον δὲ κυρίως καὶ ἁπλοῦν τὸ 40
πῦρ, καὶ βαρὺ κυρίως καὶ ἁπλοῦν ἡ γῆ, τὸ μὲν πᾶσιν ἐπιπολάζον τοῖς
ἄνω φερομένοις, τὸ δὲ πᾶσιν ὑφιστάμενον τοῖς κάτω· ὥστε εἰ μὴ πάντη
ἁπλᾶ τὰ μέσα, οὐ κυρίως ἂν αὐτοῖς ὁ περὶ τῶν ἁπλῶν ἐφαρμόζοι λόγος,

---

1 καὶ ABDE: καὶ τὸ c cum Arist.   2 ἐπὶ] ABE²: ὁ περὶ E¹: περὶ D
3 τετάρτῳ] v. IV 1   5 τε om. CD   6 ἐδήλωσεν E   post προ— ras. 1 litt. E
8 σῶμα ἅπαν c cum Arist.   9 αὐτὸ E¹: αὐτῷ E²   τὸ κύκλῳ] p. 269b29 τὸ δὴ
κύκλῳ σῶμα φερόμενον ἀδύνατον ἔχειν βάρος ἢ κουφότητα   κύκλῳ σῶμα c
ἔχειν βάρος c   10 καὶ (alt.)—κουφότατον (10. 11) om. E   βαρύτατον D: βαρύτερον
AB   12 πρόεισι BDEc   δ' D   κατωτάτω] κάτω κάτω E¹: κάτω DE²
13 τῆς (alt.)] μέχρι τῆς E(b)   14 ὡς τὸ πῦρ E²   16 βάρες; E   18 ἔχει Bc
19 τὸ (pr.)] τι c   post ἄνω rep. ἢ κάτω (18) — τελέως (19) D   ἀλλὰ — τελέως (20)
om. D   20 τὸ] τι c   post κάτω add. [ὡς ὁ τοῦ ὕδατος τόπος] c   τούτοις
ED?   τοὺς om. c   21 τὸ om. E   22 κουφότατον E   βαρύτατον E
24 οὐ (pr.)] corr. ex ὁ E²   25 τὸν om. DE   26 καὶ bis A   27 κυρίως bis E,
sed corr.   μὲν] μὲν ἐπὶ D   28 κάτω φερομένοις D   29 ἐφαρμόζοι C: ἐφαρ-
μόζει ABDEc

οὐδὲ καλῶς ἀπὸ τούτων ἐπεχείρουν τινὲς τὰς περὶ τῶν ἁπλῶν εἰρημένας 30ᵃ
ἀποδείξεις διασαλεύειν. |

p. 269ᵇ29 Τὸ δὴ κύκλῳ σῶμα φερόμενον ἕως τοῦ τὴν ἑτέραν 30ᵇ
εἶναι κατὰ φύσιν.

Τοῖς ἀποδοθεῖσιν ὁρισμοῖς τοῦ βαρέος καὶ τοῦ κούφου προσχρώμενος,
μᾶλλον δὲ ταῖς τῶν ὁρισμῶν ἀντιστροφαῖς, δείκνυσιν, ὅτι τὸ κύκλῳ φερό-
μενον σῶμα ἀδύνατον βάρος ἔχειν ἢ κουφότητα· εἰ γὰρ ἔχει, ἢ κατὰ
φύσιν ἔχει ἢ παρὰ φύσιν, οὐδέτερον δὲ αὐτῶν δυνατὸν ἀποδειχθήσεται·
δυσὶν τῶν ἠξιωμένων προσχρώμενος τῷ τε μίαν ἑκάστου τῶν ἁπλῶν τὴν
κατὰ φύσιν εἶναι κίνησιν καὶ τῷ τῶν ἐναντίων ᾧ ἡ ἑτέρα παρὰ φύσιν,
τὴν ἑτέραν εἶναι κατὰ φύσιν. δείκνυσι δὲ οὕτως, ὥς Ἀλέξανδρος καὶ
Θεμίστιός φασι· τὸ κύκλῳ κινούμενον οὔτε ἄνω οὔτε κάτω κινεῖται κατὰ
φύσιν· τὸ μήτε ἄνω μήτε κάτω κινούμενον κατὰ φύσιν οὔτε κοῦφον οὔτε
βαρύ ἐστιν. οὐκ ἔστι δὲ ἀποφατικὴ ἡ ἐλάττων· ἦν γὰρ ἂν ἀσυλλόγιστον
τὸ ἐρωτώμενον ἐκ δύο ἀποφατικῶν· ἀλλ' ἀόριστον ἔχει τὸ κατηγορούμενον,
ὡς εἰ λέγοι τις· τὸ κύκλῳ κινούμενόν ἐστιν οὔτε ἄνω οὔτε κάτω κινού-
μενον κατὰ τὴν αὑτοῦ φύσιν. μήποτε δὲ τούτου σωζομένου τοῦ ἀόριστον
εἶναι τὸ κατηγορούμενον οὕτω μᾶλλον συνελογίσατο· τὸ κύκλῳ φερόμενον
σῶμα οὔτε κατὰ φύσιν οὔτε παρὰ φύσιν ἀπὸ τοῦ μέσου ἢ ἐπὶ τὸ μέσον
ἐνδέχεται κινηθῆναι, ὃ ἴσον ἐστὶ τῷ τὸ κύκλῳ φερόμενον σῶμα τοιοῦτόν
ἐστιν ὥστε μήτε κατὰ φύσιν μήτε παρὰ φύσιν ἀπὸ τοῦ μέσου ἢ ἐπὶ τὸ
μέσον ἐνδέχεσθαι κινηθῆναι· τὸ τοιοῦτον οὔτε βάρος οὔτε κουφότητα ἔχειν
δυνατόν· καὶ τὸ συμπέρασμα δῆλον. ἀλλ' ὅτι μὲν τὸ μήτε ἐπὶ τὸ μέσον
μήτε ἀπὸ τοῦ μέσου κινούμενον οὔτε βάρος οὔτε κουφότητα ἔχει, δῆλον
ἐκ τῆς τῶν ὁρισμῶν ἀντιστροφῆς· εἰ γὰρ βαρύ ἐστιν τὸ φέρεσθαι πεφυκὸς
ἐπὶ τὸ μέσον, κοῦφον δὲ τὸ ἀπὸ τοῦ μέσου, δῆλον, ὅτι τὸ μήτε ἐπὶ τὸ
μέσον μήτε ἀπὸ τοῦ μέσου φερόμενον οὔτε βαρὺ οὔτε κοῦφόν ἐστιν. τὴν
δὲ ἐλάττονα πρότασιν δείκνυσι δυνάμει οὕτως· τὸ κύκλῳ φερόμενον ἁπλοῦν
ὂν καὶ ἁπλῆν κίνησιν κινούμενον μίαν ἔχει κατὰ φύσιν τὴν κύκλῳ φοράν·
τὸ τοιοῦτον οὐκ ἔχει κατὰ φύσιν τὴν ἐπ' εὐθείας φοράν. μᾶλλον δὲ κατὰ
τὸν δεύτερον τῶν ὑποθετικῶν τρόπον συνελογίσατο οὕτως· εἰ τῷ κύκλῳ

---

1. 2 δείξεις εἰρημένας D   3 δὴ] corr. ex δὲ A²: δὲ D   post σῶμα ras. 3 litt. A
5 ἀποδειχθεῖσιν A, sed corr.   βαρέως E   8 ἀποδειχθήσεται A¹BE: om. b: ἀπο-
δείξει A²c: ἀποδειχθήσεται δείκνυσι δὲ ταῦτα CD   9 δυσὶ BDEc   10 παρὰ] κατὰ CD
11 κατὰ] παρὰ CD   ἄς] m. sec. E   14 ἂν om. Bc   15 τὸ (alt.) E: τὸν
ABD   16 λέγοι Ab: comp. D: λέγει BE   τὸ] ὅτι τὸ E   ἐστιν] postea
ins. D   16. 17 κινούμενον] e corr. D   deinde del. κατὰ (12)—ἐστιν (14) D
17 αὑτοῦ c: ἑαυτοῦ D: αὐτοῦ ABE   σωζομένου τούτου D   σωζωμένου B
τοῦ] τὸ E   18 τὸ (pr.) a: τὸν ABDE   οὕτως A   οὕτω—φερόμενον mg. E²
μᾶλλον om. E   συλλογίζεται E   20 ἐνδέχεσθαι E   ὃ] ᾧ ἐστιν D   21 ἐστὶ
om. D   25 ἐστι BDEc   27 ἐστιν AE¹: ἔστι BE²c   28 κύκλῳ om. B
30 τὸ—φορὰν om. E   εὐθείας D: εὐθεῖαν B: εὐθεῖαν Ac   31 τρόπων E

φερομένῳ κατὰ φύσιν ὑπάρχει ἡ ἐπ' εὐθείας φορά, ἔσται τὸ αὐτό τινι τῶν 30ᵇ
ἐπ' εὐθείας κινουμένων· ἀλλὰ μὴν οὐκ ἔστιν, ὡς δέδεικται πολλάκις· οὐδὲ
ἄρα κατὰ φύσιν ὑπάρχει τῷ κύκλῳ φερομένῳ ἡ ἐπ' εὐθείας φορά. ὅτι 40
δὲ τὸ συνημμένον ἀληθὲς τὸ εἰ κατὰ φύσιν αὐτῷ ἦν εἶναι αὐτὸ τὸ αὐτό
5 τινι τῶν οὕτω φερομένων, ὑπέμνησε διὰ τοῦ μία γὰρ ἦν ἑκάστου τῶν
ἁπλῶν· ὅτι δὲ οὐδὲ παρὰ φύσιν, δείκνυσιν, οἶμαι, κατὰ τὴν αὐτὴν ἔφοδον
οὕτως· εἰ τῷ κύκλῳ φερομένῳ ἡ ἐπ' εὐθείας ὁποιαοῦν παρὰ φύσιν ἐστίν, 45
ἡ ἀντικειμένη αὐτῇ κατὰ φύσιν ἔσται. καὶ τούτου πάλιν τοῦ συνημμένου
τὴν αἰτίαν προσέθηκε διὰ τοῦ | ἔθεμεν γάρ, τῶν ἐναντίων ᾧ ἡ ἑτέρα 31ᵃ
10 παρὰ φύσιν, τὴν ἑτέραν εἶναι κατὰ φύσιν. καὶ αὐτὸς μὲν μέχρι
τοῦδε τὸν συλλογισμὸν προήγαγε τὰ λοιπὰ παρεὶς ὡς ἐκ τῶν προειρημένων
σαφῆ· πρὸς δὲ τὸ τέλειον ἑνὸς ἄλλου χρεία συνημμένου τοιούτου· εἰ ἡ 5
ἀντικειμένη ὁποιαοῦν εἴτε ἡ ἄνω εἴτε ἡ κάτω κατὰ φύσιν ἐστίν, ἔσται τὸ
αὐτὸ τῶν οὕτω τινὶ φερομένων, τουτέστιν τῶν ὑπὸ σελήνην τινί· ἀλλὰ μὴν
15 τοῦτο ἀδύνατον ἐδείχθη· οὐδὲ ἄρα τῷ κυκλοφορητικῷ ἡ ἐπ' εὐθείας ὁποιαοῦν
παρὰ φύσιν ἐστίν. εἰ οὖν μήτε κατὰ φύσιν μήτε παρὰ φύσιν, δῆλον δέ, 10
ὅτι οὐδὲ ὑπὲρ φύσιν χεῖρόν γε οὖσα, οὐδαμῶς οὔτε ἄνω οὔτε κάτω οἰσθή-
σεται· ὥστε οὔτε κοῦφον οὔτε βαρὺ ἔσται, εἴπερ τὸ μὲν ἄνω κοῦφον, τὸ
δὲ κάτω βαρύ. ὁ μέντοι Θεμίστιος οὐχ οὕτως συλλογίζεσθαι νομίζει, ἀλλ'
20 ὅτι, εἰ μὲν τὴν κάτω παρὰ φύσιν κινηθείη, ἔσται αὐτῷ κατὰ φύσιν ἡ ἐναν- 15
τία ταύτῃ ἡ ἄνω· ἦν δὲ καὶ ἡ κύκλῳ κατὰ φύσιν τῷ κυκλοφορητικῷ· δύο
ἄρα ἑνὶ ἐναντία· κἂν τὴν ἄνω παρὰ φύσιν κινηθείη, πάλιν ἡ κάτω κατὰ
φύσιν, καὶ τὸ αὐτὸ ἄτοπον ἀκολουθήσει τὸ δύο ἑνὶ ἐναντία εἶναι. καὶ
ἔχει καὶ οὕτως λόγον.

25 p. 270ᵃ3 Ἐπεὶ δὲ εἰς ταὐτὸν φέρεται τὸ ὅλον καὶ τὸ μόριον.

Δείξας, ὅτι τὸ κυκλοφορητικὸν σῶμα οὔτε βάρος ἔχει οὔτε κουφότητα,
δείκνυσιν ἐφεξῆς, ὅτι οὐ μόνον τὸ ὅλον οὕτως ἔχει. ἀλλὰ καὶ τὰ μέρη 25
αὐτοῦ· καὶ γὰρ καὶ ταῦτα τὴν αὐτὴν τῷ ὅλῳ κίνησιν κινούμενα οὔτε
βάρος ἔχει οὔτε κουφότητα. δείκνυσιν δὲ αὐτὸ πρῶτον μέν, ὡς οἶμαι,
30 οὕτως· λαβών, ὅτι εἰς ταὐτὸν φέρεται τὸ ὅλον καὶ τὸ μέρος κατὰ φύσιν,
συλλογίζεται οὕτως· εἰ τὸ ὅλον οὔτε ἄνω οὔτε κάτω φέρεται, καὶ τὸ μέρος 30
οὕτως ἕξει· εἰ δὲ τοῦτο, οὔτε κουφότητα οὔτε βάρος ἕξει· ἀλλὰ μὴν τὸ
ἡγούμενον· τὸ ἄρα λῆγον. ὅτι δὲ τὸ προληφθὲν ἀξίωμα ἀληθὲς τὸ εἰς

---

4 αὐτό (pr.) om. c   5 μιᾶς E   7 φερμένῳ E: corr. E²   εὐθεῖα ὁποιανοῦν B
8 αὑτῇ E   11 post τῶν del. συλλογισμῶν E¹   13 εἴτε (pr.)] corr. ex οὔτε E²
εἴτε (alt.)] corr. ex οὔτε E²   14 τουτέστι BDEc   15 ἐπ' εὐθείας] εὐθεῖα Bc   16 παρά
(pr.) DEb: κατά ABc   17 χείρων] corr. ex χεῖρον E²   20 ἡ om. Bc   22 κἂν]
καὶ εἰ c   πάλιν] ἦν πάλιν D   25 δὲ] δ' Dc   τὸ αὐτό c ex Arist.
29 δείκνυσι BDEc   μέν om. D   30 τὸ αὐτό c   κατὰ φύσιν om. E
31 οὕτως] δὲ οὕτως D   εἰ] εἰς E: εἰ τόδε CD   32 οὔτε βάρος bis E, sed corr.
ἕξει CDE: ἔχει ABc: om. b

ταὐτὸ φέρεσθαι τὸ ὅλον καὶ τὸ μόριον κατὰ φύσιν, ἔδειξεν ἐκ τοῦ οἷον 31ᵃ
πᾶσαν γῆν καὶ μικρὰν βῶλον. εἰ γὰρ τὸ ὅλον πάντα τὰ μόριά ἐστι, 35
πάντα δὲ τὰ μόρια τὴν αὐτὴν ἔχει ῥοπήν, δῆλον, ὅτι καὶ τὸ ὅλον. ἔπειτα
καὶ οὕτως τὸ αὐτὸ δείκνυσιν, οἶμαι, κοινῶς ἐπὶ τοῦ ὅλου καὶ τῶν μορίων,
5 ὅτι ἀδύνατον τὴν κατὰ τόπον κίνησιν κινηθῆναι ἢ ἄνω ἀνελκόμενον ἢ
κάτω κατασπώμενον. δείκνυσι δὲ διὰ τῆς προσεχῶς ἐπὶ τοῦ ὅλου ῥηθείσης 40
ἀποδείξεως συντόμως αὐτῆς ὑπομνήσας. οὔτε γὰρ κατὰ φύσιν, φησίν,
ἐνδέχεται κινηθῆναι κίνησιν αὐτῷ ἄλλην παρὰ τὴν κύκλῳ (μία
γὰρ ἦν ἑκάστου τῶν ἁπλῶν κίνησις ἡ κατὰ φύσιν) οὔτε παρὰ φύσιν
10 τινὰ τῶν ἐπ' εὐθείας· ἦν γὰρ ἂν αὐτῷ ἡ ἀντικειμένη κατὰ φύσιν, καὶ 45
οὐκέτι μία ἑκάστου κατὰ φύσιν, ἀλλὰ δύο τὰ κατὰ φύσιν ἑνὶ τῷ παρὰ
φύσιν ἐναντία. δῆλον δέ, ὅτι | καὶ αὕτη ἡ ἀπόδειξις ἐκείνου δεῖται προω- 31ᵇ
μολογημένου, εἰ μέλλοι καὶ ἐπὶ τοῦ μέρους ἀληθεύειν, τοῦ εἰς ταὐτὸν φέ-
ρεσθαι τὸ ὅλον καὶ τὸ μέρος κατὰ φύσιν. τοῦτο δὲ ὅλον τὸ ἐπιχείρημα
15 τὸ περὶ τῶν μερῶν καὶ καθ' αὑτὸ μὲν ἦν ἀναγκαῖον τοῖς εἰρημένοις ἤδη 5
προσκείμενον ὁμοφυῆ τὰ μέρη τῷ ὅλῳ δεικνύον, ὅτι καὶ τῶν ὑπὸ σελήνην
στοιχείων αἱ ὁλότητες οὐκ ἔχουσι τὸ βαρὺ καὶ κοῦφον, ὡς δοκοῦσιν, ἀλλὰ
τὰ μέρη τὰ ἀποσπασθέντα. διὸ καὶ τοῦτο προὔλαβεν εὐθὺς τὸ εἰς ταὐτὸν
φέρεσθαι τὸ ὅλον καὶ τὸ μόριον κατὰ φύσιν. καὶ μέντοι καὶ πρὸς ἐνστά- 10
20 σεις ὑπαντᾷ τήν τε λέγουσαν μὴ ἀπὸ τῶν ὁμοίων γενέσθαι τὴν παρεξέτασιν
τοῦ τε οὐρανοῦ καὶ τῶν ὑπὸ σελήνην στοιχείων, ἀλλὰ τῶν μὲν τὰ μέρη
ληφθῆναι τὰ παρὰ φύσιν ἐκτὸς τῶν οἰκείων τόπων διακείμενα, τοῦ δὲ τὸ
ὅλον· καὶ ἔτι μέντοι πρὸς τοὺς οἰομένους καὶ τὸν οὐρανὸν ὁμοίως ἔχειν 15
τοῖς ὑπὸ σελήνην τῇ μὲν ὁλότητι καὶ αὐτὸν ἀίδιον ὄντα, τοῖς δὲ μέρεσι
25 γενητὸν καὶ φθαρτόν. εἰ γὰρ ἐπὶ μὲν τῶν ὑπὸ σελήνην στοιχείων καὶ
ἀποσπώμενα φαίνεται τὰ μέρη τῆς οἰκείας ὁλότητος καὶ παρὰ φύσιν δια-
τιθέμενα καὶ τὴν ἐπ' εὐθείας ἔχοντα ῥοπήν, τῶν δὲ οὐρανίων οὐδὲν ἐν 20
ἅπαντι τῷ παρεληλυθότι χρόνῳ κατὰ τὴν παραδιδομένην ἀλλήλοις μνήμην
φαίνεται μεταβεβληκὸς οὔτε καθ' ὅλον οὔτε κατὰ μόριον αὐτοῦ, δῆλον, ὅτι
30 δικαίως ἄλλης εἶναι φύσεως ὁ οὐρανὸς λέγεται παρὰ τὰ τέσσαρα στοιχεῖα,
καὶ ἔοικεν ἡ πίστις ἐξ αἰσθήσεως εἶναι τῆς ἐξ ἀιδίου παραδοθείσης. ἀλλὰ 25
πῶς, ὅτι τὴν αὐτὴν φορὰν φέρεται τῷ ὅλῳ τὸ μέρος, ἐπιστώσατο ἀπὸ

---

1 ταὐτὸν B: τὸ αὐτὸ c   φέρεται c   τοῦ] τούτων E   2 πᾶσα γῆ καὶ μικρὰ
βῶλος Dc   βόλον E: corr. E²   ἐστι] seq. ras. 1 litt. E   3 post μόρια
ras. 4 litt. E   4 καὶ (pr.) om. D   5 κινεῖσθαι E   6 προσεχοῦς Bc   7 φησίν]
270ᵃ9   8 αὐτῷ] mut. in αὐτὸ E²   9 οὔτε παρὰ φύσιν] mg. E²   10 τινὶ E¹c
τῶν] postea ins. D   11 ἡ κατὰ CD   καὶ δύο CD   ἑνὶ DE: ἑνὶ ἓν AB:
om. C   τῷ] corr. ex τὸ E²   12. 13 προομολογημένου, η corr. ex ω, A:
προωμο|γημένου B   13 μέλλει c   τοῦ (pr.)] mut. in τὸ E²   16 δεικνύον
DE: δεικνύων AB: δεικνύντι c   17 οὐκ om. c   καὶ] καὶ τὸ BDc   ὡς —
ἀλλά] ἀλλ' οὐ μόνον c   18 ante διὸ add. ὡς δοκεῖ τισὶν c   19. 20 ἔνστα-
σιν Bc   20 ἀπαντᾷ Bc   τε om. Bc   22 λειφθῆναι D, sed corr.   26 ἀπο-
σπωμένων E   τῷ μέρει E: corr. E²   28 παραδιδομένην A²E?: παραδεδομένην
A¹BDc   29 μόρια Bbc   31 καὶ DEb: ὡς ABc   εἶναι om. D

SIMPLICII IN L. DE CAELO I 3 [Arist. p. 270a3] 65

τοῦ εἰς ταὐτὸ φέρεσθαι τὴν πᾶσαν γῆν καὶ μικρὰν βῶλον; ἡ γὰρ πᾶσα 31b
γῆ οὐδεμίαν φέρεται φορὰν ἱδρυμένη περὶ τὸ μέσον. ἢ τὴν πᾶσαν γῆν
εἶπεν τὴν κατὰ πάντα τὰ μόρια θεωρουμένην, ὡς εἶπον, ἀλλ' οὐ κατὰ τὴν 30
ὁλότητα· διὸ καὶ 'πᾶσαν', ἀλλ' οὐχ 'ὅλην' εἶπεν, ὡς εἰ λέγοι τις τὴν
5 πᾶσαν γῆν γενητὴν εἶναι καὶ φθαρτήν, ὅτι πάντα τὰ μέρη τοιαῦτα καὶ
οὐδὲν αὐτῶν ἀΐδιόν ἐστιν, οὐ μέντοι κατὰ τὴν ὁλότητα ἀληθὲς εἰπεῖν.
ἔπειτα δὲ καὶ ἡ ὅλη γῆ καθ' ὅλην, κἂν μὴ κινῆται τοπικῶς, ἀλλὰ τὴν
ὅλην σύννευσιν καὶ ῥοπὴν πρὸς τὸ κέντρον ἔχει· διὸ καὶ σφαιροῦται περὶ 35
αὐτὸ ἡ ὅλη ἑκάστου τῶν μορίων πλησιάζειν τῷ κέντρῳ φιλονεικοῦντος,
10 ὅταν μὴ ὑπ' ἄλλου μορίου προληφθῇ· ἡ γὰρ ἔφεσις καὶ τοῦ ὅλου καὶ
τῶν μορίων πρὸς τὸ μέσον ἐστὶ καὶ πρὸς ἐκεῖνο σώζεσθαι βούλεται καὶ
συνέχεσθαι σκεδαστὴν ἀφ' ἑαυτῶν φύσει τὴν σύστασιν ἔχοντα, ὥσπερ καὶ 40
τοῦ πυρὸς τό τε ὅλον καὶ τὰ μέρη τοῦ θείου σώματος ὡς συγγενοῦς
ἐφιέμενα πρὸς ἐκεῖνο σπεύδει πανταχόθεν· διὸ καὶ σφαιροῦται ὑπ' αὐτὸ
15 καὶ τοῦτο πάντων αὐτοῦ τῶν μερῶν πλησιάζειν αὐτῷ βουλομένων καὶ τῆς
ζωτικῆς αὐτοῦ κινήσεως ἀπολαύειν. τῶν δὲ μέσων ἑκάτερον τὸ πλη- 45
σιάζον κατὰ τὴν αὐτοῦ ῥοπὴν ἐφετὸν ἔχει, τὸ μὲν | ὕδωρ τὴν γῆν, ἅτε 32a
ἐπ' αὐτῆς ἑδραζόμενον ῥευστὸν ὑπάρχον τῇ ἑαυτοῦ φύσει· διὸ καὶ τοῦτο
τὴν γῆν περιρρέον σφαιροῦται περὶ αὐτὴν καὶ συνέχεται διὰ τῆς γῆς
20 μέσης καὶ αὐτὸ τῆς κεντρικῆς ἀπολαῦον συνοχῆς· ὁ δὲ ἀὴρ ἐπὶ τὸ
πῦρ ἵεται τῆς ἑαυτοῦ θολώδους παχύτητος ἀπαλλαγῆναι καὶ ἐξαιθερωθῆναι 5
βουλόμενος ὅ τε ὅλος καὶ τὰ μέρη. ὁ δὲ οὐρανός, ἅτε πάντων τῶν ἐν
τῷ κόσμῳ σωμάτων θειότερος καὶ ὑπέρτερος ὤν, οὐδὲν ἄλλο ἐφετὸν ἔχει
οὐδὲ ἵεται πρὸς ἄλλο, ἀλλ' εἰς ἑαυτὸν συννεύων καὶ ἑαυτοῦ ἐφιέμενος
25 καὶ τῆς ἑαυτοῦ ψυχῆς καὶ τοῦ νοῦ οὐκέτι τὴν ἐνδεῆ καὶ ἀτελῆ καὶ τῷ 10
δυνάμει πολλῷ συνοῦσαν καὶ πρός τι τῶν ἐκτὸς ἱεμένην τὴν κατ' εὐθεῖαν
κινεῖται κίνησιν, ἀλλὰ τὴν ἀεὶ τελείαν καὶ ἐνεργητικὴν καὶ τὸ ἀγαθὸν ἐν
ἑαυτῇ ἔχουσαν τὴν κυκλικήν. καὶ εἰ λέγω τι ταῦτα λέγων, καλῶς εἶπεν
ὁ Ἀριστοτέλης, ὅτι εἰς ταὐτὸν φέρεται τὸ πᾶν καὶ τὸ μόριον κατὰ φύσιν, 15
30 καὶ ὅτι τῶν μὲν τὸ ἐφετὸν ἔξω ἑαυτῶν ἐχόντων καὶ τὰ ὅλα καὶ τὰ μέρη
ἐκείνου ἐφιέμενα εὐθύπορον ἔχει ῥοπήν, διὸ καὶ ῥοπὴν ὅλως, ὅτι ἔξω τὸ
ἐφετὸν καὶ τοπικὸν τὸ ἔξω. καὶ εἴ γε καθ' ὑπόθεσιν ὁ οὐρανὸς ἐξήρθη
μετεωρότερος, ἀφ' ἧς ἔχει νῦν χώρας, καὶ τὸ πῦρ ἂν ἐπηκολούθει· οὔτε 20

---

2 τὴν om. D   3 εἶπε BDEc   post τὰ ras. 5 litt. E   4 λέγοι] comp. D: λέ-
γει E   5 γεννητὴν E¹: γενητὴν E²   6 ἀΐδιον αὐτῶν E   7 δὲ DEb: δὲ εἰ
ABc   ἡ] suprascr. A   κἂν om. ABc   κινῆται DE²: κινεῖται ABE¹c
8 σύννευσιν B   9 ἡ] postea ins. D: om. c   10 καὶ (pr.) DEb: μετὰ ABc
11 ἐκείνου Ac   13 πυρός DEb: π seq. lac. A: οὐρανοῦ Bc   αὐτὸ DEb: αὑτοῦ
ABc   15 τούτῳ D   αὑτῷ om. D   16 αὐτοῦ] corr. ex αὐτῷ E²
ἀπολαύσειν D   17 αὑτοῦ D: αὐτοῦ ABE   18 ἐπ'] ἀπ' B: ὑπ' c
21 ἐξαερωθῆναι E   23 post τῷ del. σκότῳ B   θειότερος σωμάτων D   ἄλλο]
ἕτερον D   24 ἑαυτὸ D: ἑαυτῷ E¹: corr. E²   συννεύων E: συνεύων B: συννεῦον A
et D, sed corr.   27 ἀλλά] e corr. D   τελέαν E: corr. E²   καὶ (alt.) DEb:
om. ABc   29 ὅτι] καλῶς εἶπεν ὅτι D   τὸ αὐτὸ D   32 μεθήρθη B   33 με-
τέωρος E   ἂν E²: om. ABDc   ἐπηκολούθη E: corr. E²

γὰρ τόπου μοι δοκεῖ τοσοῦτον ἐφίεσθαι τὰ τέσσαρα στοιχεῖα οὔτε ὁλότητος 32ᵃ
ὡς τῆς τοῦ κρείττονος ἐπαφῆς, ἧς οὐδὲν ἧττον τὸ ὅλον ἐφίεται ἤπερ
τὰ μέρη.

Ταῦτα μὲν οὖν εἰ ἀληθῶς εἴρηται, πολλῶν ἐνοχλήσεων οἱ τοῦ Ἀριστο- 25
τέλους ἀπαλλάσσονται λόγοι. καὶ οἶδα μέν, ὅτι περὶ τοῦ βαρέος καὶ κού-
φου ἄλλως μὲν ὑπὸ Πλάτωνος, ἄλλως δὲ ὑπὸ τοῦ Ἀριστοτέλους τεθέντων
ἔδει τι κατὰ τοῦτον τὸν τόπον εἰπεῖν, ἀλλ' ἵνα μὴ δὶς τὰ αὐτὰ λέγω,
φυλάττω ταῖς ἀντιλογίαις αὐτά. ἐπειδὴ δέ, κἂν εἰς τὸ μέγα πέλαγος
ἐμπέσῃ τις κἂν εἰς κολυμβήθραν, μᾶλλον δὲ κἂν εἰς βορβορῶδες τελμάτιον, 30
νήχεσθαι ἀνάγκη, φέρε, πάλιν ἐκτραπέντες τὰ τοῦ Τελχῖνος ἴδωμεν ῥήματα.
λέγει τοίνυν, ὡς, εἰ προσχρησάμενος τῷ μηδὲν εἶναι τῶν τεσσάρων τὸ
οὐράνιον ἀπέδειξε τὸ μήτε βαρὺ μήτε κοῦφον αὐτὸ εἶναι, τὰ δὲ ἐκείνου 35
κατασκευαστικὰ ἐπιχειρήματα λέλυται, δῆλον, ὅτι καὶ τὸ δι' ἐκείνων κατα-
σκευαζόμενον τὸ μήτε βαρὺ αὐτὸ μήτε κοῦφον εἶναι συναπελέγχεται.
οὕτως εὐκόλως ὁ χρηστὸς οὗτος ταῖς ἑαυτοῦ φαντασίαις πεπίστευκεν. καί-
τοι τὸ ἄλλο κατ' οὐσίαν εἶναι τὸ οὐράνιον, ὅπερ μέχρι νῦν προέβη δεικνὺς 40
ὁ Ἀριστοτέλης, τίς ἂν ἀμφισβητήσειεν ἄνθρωπος ὤν; ἐφεξῆς δέ "εἰ ὀρθῶς,
φησίν, ὡρίσατο τὸ κουφότατον εἶναι τὸ πᾶσιν ἐπιπολάζον τοῖς ἄνω φερο-
μένοις, ἐπιπολάζει δὲ πᾶσιν ὁ οὐρανός, πάντων ἂν εἴη κουφότατος", οὔτε
τῷ 'τοῖς ἄνω φερομένοις' ἐπιστήσας οὔτε τῷ 'ἐπιπολάζειν' τί σημαίνει, ἀλλὰ 45
ταὐτὸν νομίσας τῷ ἐπικεῖσθαι σημαίνειν. εἰπὼν δὲ κοῦφον εἶναι τὸ ἀπὸ
τοῦ μέσου, τουτέστι τὸ ἀνώφορον, | κουφότατον εἶναί φησι τὸ ἀνωφορώ- 32ᵇ
τατον, ὅπερ κάτωθεν ἀναβαῖνον πᾶσιν ἐπινήχεται· ἐπιπολάζει γὰρ καὶ τὸ
ἔλαιον τῷ ὕδατι παραχωροῦν αὐτῷ τοῦ κάτω τόπου. εἰ δὲ τὸ ἐπιπολάζον
ἄλλο παρὰ τὰ ἄνω φερόμενα ἔλαβεν πάντα, δῆλον, ὅτι καὶ τὸ πᾶσιν ὑφι- 5
στάμενον τοῖς κάτω φερομένοις ἄλλο λήψεται παρὰ τὰ κάτω φερόμενα,
καὶ ἔσται τι ἄλλο σῶμα κατωτέρω τῆς γῆς. ἀλλ' οὔτε ὑπὸ τῆς ὁμοίας
ἀποδόσεως οὗτος ἴσχυσε χειραγωγηθῆναι οὔτε ὑπὸ τῶν τοῦ βαρέος καὶ
τοῦ κούφου ὁρισμῶν. εἰ γὰρ βαρὺ τὸ ἐπὶ τὸ κάτω φερόμενον καὶ κοῦφον 10
τὸ ἐπὶ τὸ ἄνω, δῆλον, ὅτι βαρύτατον μὲν ἂν εἴη τὸ κατωτάτω πάντων
τῶν κάτω φερομένων γινόμενον, ὅπερ κυριώτερον αὐτὸς ὁ Ἀριστοτέλης
ἡρμήνευσεν βαρύτατον εἰπὼν τὸ πᾶσιν ὑφιστάμενον τοῖς κάτω φερομένοις
καὶ κουφότατον κατὰ τὴν ὁμοίαν ἀπόδοσιν. οὗτος δὲ τὸν Πλάτωνα νῦν 15

---

5 ἀπαλάσσονται A   ὅτι] eras. B   βάρεως E, sed corr.   6 ὑπὸ (prius)] ὑπὸ
τοῦ DE   7 τὸν om. E   τρόπον E: corr. E²   8 ἀντιλογίαις B   κἂν]
καὶ E: corr. E²   9 ἐμπέσει E: corr. E²   10 νήχεσθαι] νεῖν E: πονεῖν D
Τελχῖνος] Philoponi   11 εἰ om. B   τεσσάρων στοιχείων Bc   13 ῥήματα D
ἐκείνου D, sed corr.; ἐκείνω E: corr. E²   15 πεπίστευκε DE   20 τῷ (prius)
om. D: τὸ Ec   τῷ (alterum) AD: τὸ BEc   ἐπιπολάζον ABc   21 τῷ]
τὸ AB   22 τὸ (alt.)] corr. ex τῶ A   23 συμβαῖνον B   24 παραχωρῶν AB
25 ἔλαβεν BDEc   26 κάτω Db: πᾶσι ABE¹: corr. E²   λείψεται E: corr. E²
27 οὔτε D: οὐδὲ ABE   28 αὐτὸς E   ἴσχυσεν E   οὔτε D: οὐδὲ ABE
ὑπὸ ac: ἀπὸ ABDE   30 μὲν om. B   32 ἡρμήνευσε D   33 ἀπόδοσιν] post -o- ras.
1 litt. E   οὕτως E: corr. E²   δὲ] δὲ νῦν E

ἀποδέχεσθαι δοκεῖ ἐκ πυρὸς τὸν οὐρανὸν λέγοντα οὐκ εἰδώς, τί λέγει ὁ 32b
Πλάτων πῦρ, καὶ ὅτι οὐ τοῦτο, ὅπερ Ἀριστοτέλης ἄνω φέρεσθαί φησι καὶ
διὰ τοῦτο κοῦφον εἶναι καὶ πᾶσιν ἐπιπολάζειν τοῖς ἄνω φερομένοις καὶ διὰ
τοῦτο κουφότατον, ἐκεῖνο δὲ τὸ πῦρ τὸ οὐράνιον φῶς εἶναι μόνον ὁ Πλά- 20
5 των βούλεται πυρὸς ἓν εἶδος καὶ τὸ φῶς ἀφοριζόμενος. πάλιν δὲ πολὺν
κατατείνει λόγον δεικνύναι πειρώμενος, ὅτι αἱ τῶν στοιχείων ὁλότητες οὐ
κινοῦνται ἐπ' εὐθείας. καὶ μάλιστα μὲν ἐχρῆν ἐννοῆσαι, ὅτι τὸ ἐφιέμενον
ῥέπει πάντως πρὸς τὸ ἐφετόν, καί, εἰ σώματα εἴη ἄμφω, κἂν ἐφάπτηται 25
ἀλλήλων, τὴν ῥοπὴν ἔχοντα μένει, καθ' ἣν οὐ παράκειται μόνον, ἀλλ'
10 ἐχόμενα τῶν ἐφετῶν καὶ ὡς δύναται εἰς αὐτὰ χωροῦντα παράκειται·
ὥστε καὶ ἡ τοῦ ὑπεκκαύματος ὁλότης τῆς τοῦ οὐρανοῦ πλησιάσεως ἐφιε-
μένη καὶ μᾶλλον ἢ τὸ μέρος αὐτῆς ἀεὶ μένει τὴν πρὸς αὐτὸ ῥοπὴν δια-
σῴζουσα, ὥστε καὶ ἀκολουθῆσαι ἄν, εἴ τις τὸν οὐρανὸν ἐκίνησε καθ' 30
ὑπόθεσιν. ἔδει μὲν οὖν, ὅπερ εἶπον, καὶ τοῦτο μάλιστα ἐννοεῖν· εἰ δὲ
15 ὑπερβαίνει τὸν ἄνδρα τοῦτον ὑπὸ τοῦ σκοποῦ τῆς συγγραφῆς ἐκτυφλούμενον,
ἀλλ' ἐκεῖνό γε πρόδηλον ἦν, ὅτι, κἂν αἱ ὁλότητος τῶν στοιχείων οὐκ
ἔχωσι ῥοπὴν καὶ ταύτῃ, ὡς οἴεται, οὐδὲν αὐτῶν ὁ οὐρανὸς διενήνοχεν, 35
ἀλλὰ τά γε μέρη τῶν στοιχείων εὐθυπορεῖται τῶν τοῦ οὐρανοῦ μηδὲν
τοιοῦτον πασχόντων, καὶ ταύτῃ γοῦν τὴν διαφορὰν αὐτῶν ἀφορίζεσθαι.
20 ἀλλ' ἐπειδὴ πρὸς ἀντιλογίαν οὗτος ὁ λόγος ἀποταθεὶς ἀλήθειαν μὲν οὐκέτι
γνωρίζειν οὔτε οἶδεν οὔτε βούλεται, περινοστεῖ δὲ συλλέγων, εἴ πού τις 40
ἄλλος ἔδοξε τοῖς αὐτοῖς ἀντιλέγειν, καὶ μηδὲ τούτων τὸν σκοπὸν ἀνιχνεύων,
ὅτι μόνον ἀντείρηκέ τις τῶν ἐπιφανῶν, προάγων νεανιεύεται, φέρε, καὶ
τῶν συνηγόρων αὐτοῦ τοὺς λόγους ἐπισκοπήσωμεν. ὁ τοίνυν θειότατος
25 Πλάτων ζῶντα πάντα τὰ ἐν τῷ κόσμῳ θεασάμενος καὶ ἔφεσιν τῶν οἰκείων 45
ἀγαθῶν ἔχοντα καὶ διὰ τοῦτο καὶ ῥοπὴν ἐπὶ τὰς οἰκείας ὁλότητας ἤτοι τὰ
χρήσιμα | τῶν πλησιαζόντων αὐτοῖς αὐτοφυῆ [σωμάτων] καὶ οὐ κατὰ 33a
προαίρεσιν γινομένην ὁμοίως οἶδε καὶ τὴν γῆν καὶ τὸ πῦρ ἐπὶ τὰ οἰκεῖα
ἐφετὰ φερόμενα καὶ διὰ τοῦτο βαρεῖν ἕκαστον πρὸς τὸ ἑαυτοῦ φησι·
30 βαρεῖν γάρ, ὅπου ῥέπει, φαμέν· ἐπεὶ δὲ ἀτελῆ ὄντα φυσικῶς ἐπ' αὐτὰ 5
καὶ οὐ κατὰ προαίρεσιν φέρεται, ἀλλ' ὁμοίως τῇ γῇ καὶ τὰ ἄλλα οἷον
πίπτοντα, διὰ τοῦτο τὸν τόπον, εἰς ὃν τὰ τοιαῦτα φέρεται, κάτω φησὶ
γράφων οὕτως· "τόδε γὰρ ἕν τι διανοητέον περὶ πάντων αὐτῶν, ὡς ἡ
μὲν πρὸς τὸ ξυγγενὲς ὁδὸς ἑκάστοις οὖσα βαρὺ μὲν τὸ φερόμενον ποιεῖ, 10

---

1 λέγοντα] Tim. 31 b   3 ἐπιπαλάζειν B   5 φῶς] cf. Tim. 58 c   6 ὅτι DEb: καὶ
ὅτι ABc   8 κἂν ἀσώματα ᾖ c   ἐφάπτεται E   13 ἂν D: om. ABEc   15 τοῦ-
το D   16 κἂν] καὶ E: εἰ καὶ E²   17 ἔχωσι D: ἔχουσι ABEc   οὐδὲ AB
αὐτὸ B   18 εὐθύπορα D   19 τοιοῦτο A   ταύτην E: corr. E²   21 συλ-
λέγων] εὖ λέγων AB   22 ἀντιλέγων ABc   τούτων E: corr. E²   23 ὅτι] εἴ τι c
ἀντείρηκε corr. ex ἀντίρηκε E   27 αὐτοφυῶς bc   σωμάτων deleo   28 οἶδε Eb:
εἶδε BDc: εἶδεν A   29 φερόμενον Bc   post φησι ras. 1 litt. E   30 ὅπου] ὅπερ c
ῥέπῃ E: corr. E²: ῥέπειν c   31 τἆλλα c   33 γράφων] Tim. 63 c   γράφων οὕτως]
γράφονται B   τὰ δὲ B   34 ξυγγενὲς DE: συγγενὲς ABc   ὁδὸς] ὁ δὲ πρὸς B
ἑκάστοις DEb: ἓ seq. ras. 7 litt. A: lac. 7 litt. B

τὸν δὲ τόπον, εἰς ὃν τὸ τοιοῦτον φέρεται, κάτω". διὰ ταύτην οὖν τὴν 33ᵃ
αἰτίαν οὐ νομίζει φύσει τὴν τοῦ βαρέος εἶναι καὶ κούφου διαφοράν, εἴπερ
πάντα κατὰ φύσιν βαρέα δοκεῖ, καὶ μέντοι ὅτι τὸ ἄνω καὶ τὸ κάτω ἐπὶ
σφαιροειδοῦς ὄντος τοῦ παντὸς οὐ προσίεται μέσον καὶ πέριξ καὶ αὐτὸς 15
5 καλῶν· τὸ δὲ βαρὺ τὸ ἐπὶ τὸ κάτω δοκεῖ καὶ τὸ κοῦφον τὸ ἐπὶ τὸ ἄνω.
ἐπειδὴ δὲ τῶν Πλάτωνος οὐ συνιεὶς οὗτος τὸν Θεμίστιον παρεστήσατο
βοηθὸν ῥῆσιν αὐτοῦ μακρὰν ἀπὸ τῆς τοῦ τετάρτου βιβλίου τῶν περὶ οὐρανοῦ
παραφράσεως παραθέμενος, ὡς καὶ αὐτοῦ μετὰ τοῦ Πλάτωνος ἐνισταμένου 20
τῷ εἶναί τι κοῦφον ἢ βαρὺ ἐν τῷ οἰκείῳ τόπῳ, τοῦτο μὲν οὐ νομίζω
10 λέγειν αὐτόθεν τὸν Πλάτωνα, ἀλλ' ὅτι τὸ βαρὺ καὶ κοῦφον οὐκ ἔστι φύσει·
οὐδὲ γὰρ τὸ κάτω καὶ ἄνω σφαιροειδοῦς τοῦ παντὸς ὄντος, ἀλλὰ πρὸς τὴν
ἡμετέραν κεφαλὴν καὶ πρὸς τοὺς πόδας κρίνομεν τοὺς ἡμετέρους. καὶ διὰ 25
τοῦτο τὴν εἰκόνα παρέθετο τοῦ τὴν μὲν κεφαλὴν ἐν τῷ ἀέρι ἔχοντος,
τοὺς δὲ πόδας ἐπὶ τῆς τοῦ πυρὸς σφαίρας, καὶ ζυγὸν εἰς τὸν ἀέρα ἀνέλ-
15 κοντος καὶ δύο πυρὰ τιθέντος ἐπὶ τῶν πλαστίγγων, τὸ μὲν μεῖζον, τὸ δὲ
ἔλαττον· "αἴρων γάρ, φησί, τὸν ζυγὸν ὁ οὕτως ἑστὼς καὶ τὸ πῦρ ἕλκων 30
εἰς ἀνόμοιον ἀέρα βιαζόμενος, δῆλον, ὡς τοὐλάττον που τοῦ μείζονος ῥᾷον
βιᾶται· ῥώμῃ γὰρ μιᾷ δυοῖν ἅμα μετεωριζομένοιν, τὸ μὲν ἔλαττον μᾶλλον,
τὸ δὲ πλέον ἧττον ἀνάγκη που κατατεινόμενον ξυνέπεσθαι τῇ βίᾳ, καὶ τὸ
20 μὲν βαρὺ καὶ κάτω φερόμενον κληθῆναι, τὸ δὲ σμικρὸν ἐλαφρὸν καὶ ἄνω. 35
ταὐτὸν δὴ τοῦτο δεῖ φωρᾶσαι δρῶντας ἡμᾶς περὶ τόνδε τὸν τόπον. ἐπὶ
γὰρ γῆς βεβῶτες γεώδη γένη διιστάμενοι καὶ γῆν ἐνίοτε αὐτὴν ἕλκομεν
εἰς ἀνόμοιον ἀέρα βίᾳ καὶ παρὰ φύσιν ἀμφότερα τοῦ ξυγγενοῦς ἀντεχόμενα·
τὸ δὲ σμικρότερον ῥᾷον τοῦ μείζονος βιαζομένοις εἰς τὸ ἀνόμοιον πρότερον 40
25 ξυνέπεται· κοῦφον οὖν αὐτὸ προσειρήκαμεν καὶ τὸν τόπον, εἰς ὃν βιαζό-
μεθα, ἄνω, τὸ δὲ ἐναντίον τούτοις πάθος βαρὺ καὶ κάτω". ταῦτά ἐστι
τὰ τοῦ Πλάτωνος ῥήματα πρὸ ὀλίγων εἰπόντος, ὅτι "τοῦ παντὸς οὐρανοῦ
σφαιροειδοῦς ὄντος, ὅσα μὲν ἀφεστῶτα ἴσον τοῦ μέσου γέγονεν ἔσχατα, 45
ὁμοίως αὐτὰ χρὴ ἔσχατα πεφυκέναι, τὸ δὲ μέσον τὰ αὐτὰ μέτρα τῶν
30 ἐσχάτων ἀφε|στηκὸς ἐν τῷ καταντικρὺ νομίζειν δεῖ πάντων εἶναι. τοῦ δὴ 33ᵇ

---

1 τὸν] τὸ D   τοιοῦτον BD: τοιοῦτο AE   κάτω· διὰ] κατὰ seq. lac. 15 litt. B
2 βαρέος] corr. ex βαρέως E²   καὶ] καὶ τοῦ D   3 καὶ (prius)] οὐ B
ἐπεὶ B   4 προσίεται [δηλοῖ] c   αὐτὸ B   9 τῷ (prius)] ABD: τὸ
μὴ Eb   10 αὐτόθι c   11 ἄνω καὶ κάτω Eb   12 πρὸς om. D
13 ἔχοντας B   14 τοῦ τῆς AB   15 πυρὰ τιθέντος DE²: προτιθέντος ABb: πυρὰ
τιθέντος E¹   πλαστίγων A   16 φησί] Tim. 63 b—d   17 ἀνόμιον E: corr. E²
ῥᾷον] corr. ex ῥέον A   18 μετεωριζόμενον AB   19 κατατεινομεν E, sed corr.
20 μὲν] μὲν πολὺ c   κληθῆναι DE: corr. E²   μικρὸν E   22 γῆς γὰρ AB
23 ἀνόμιον E: corr. E²   τοῦ ξυγγενοῦς ἀμφότερα D   24 σμικρότερον] ι in
ras. E   βιαζομένοις] corr. ex βιαζόμενον D: βιαζόμενον E²: βιαζόμενοι E¹
ἀνόμιον E: corr. E²   25 post κοῦφον supra add. γὰρ? D   25. 26 βιαζόμεθ' c
26 δ' c   27 πρὸς ὀλίγον D   εἰπόντος] Tim. 62 d—e   τοῦ μὲν B   27. 28 σφαι-
ροειδοῦς οὐρανοῦ seq. ras. 4 litt. E   28 ἐφεστῶτα AB   29 πεφηνέναι B
30 δεῖ] corr. ex δὴ E²

κόσμου ταύτῃ πεφυκότος, τί τῶν εἰρημένων ἄνω τις ἢ κάτω τιθέμενος 33ᵇ
οὐκ ἐν δίκῃ δόξει τὸ μηδὲν προσῆκον ὄνομα λέγειν; ὁ μὲν γὰρ μέσος ἐν
αὐτῷ τόπος οὔτε κάτω πεφυκὼς οὔτε ἄνω λέγεσθαι δίκαιος, ἀλλ' αὐτὸ
ἐν μέσῳ· ὁ δὲ πέριξ οὔτε δὴ μέσος οὔτ' ἔχων διάφορον ἑαυτοῦ μέρος
5 ἕτερον θατέρου μᾶλλον πρὸς τὸ μέσον ἤ τι τῶν καταντικρύ. τοῦ δὲ ὁμοίως
πάντῃ πεφυκότος ποῖά τις ἐπιφέρων ὀνόματα αὐτῷ ἐναντία καὶ πῇ καλῶς
ἂν ἡγοῖτο λέγειν;" οὕτως ὁ Πλάτων τὸ ἄνω καὶ κάτω μὴ κυρίως ἐπὶ 10
τοῦ παντὸς λέγεσθαι νομίζων διὰ τοῦτο καὶ τὸ κοῦφον ἐπ' αὐτοῦ καὶ τὸ
βαρὺ παρῃτήσατο. καὶ ὁ Θεμίστιος, καίτοι γε ἐν τοῖς πλείστοις τὸν Περί-
10 πατον προϊσχόμενος, ἐν τούτῳ τοῖς Πλάτωνος ἀρέσκεσθαι δοκεῖ μᾶλλον.
ἐχρῆν δέ, οἶμαι, καὶ πρὸς τὸν σκοπὸν καὶ πρὸς τὰ ῥήματα ἀποβλέποντα 15
ἐννοεῖν, ὡς οὐ περὶ πραγμάτων, ἀλλὰ περὶ ὀνομάτων ἐστὶν ἐν τούτοις ἡ
τῶν φιλοσόφων διαφορά, τοῦ μὲν Πλάτωνος διὰ τὸ ἀκριβὲς ἀπορραπίσαντος
τὴν τῶν ὀνομάτων συνήθειαν, τοῦ δὲ Ἀριστοτέλους τῇ συνηθείᾳ χρωμένου
15 τῶν ὀνομάτων, ὡς μηδὲν παρὰ τοῦτο βλαπτομένης τῆς ἀληθείας. καὶ γὰρ 20
ὁ μὲν Πλάτων τὴν φύσιν τοῦ βαρέος καὶ κούφου διαρθρῶσαι προέθετο, ὁ
δὲ Ἀριστοτέλης οὐ τοῦτον εἶχε νῦν τὸν σκοπόν, ἀλλ' ὅτι τῶν ὑπὸ σελήνην
στοιχείων τὰ μὲν ἐπὶ τὸ μέσον φέρεται, τὰ δὲ ἀπὸ τοῦ μέσου, ὁ δὲ οὐ-
ρανὸς καὶ καθ' ὅλον ἑαυτὸν καὶ κατὰ μέρη τῆς τοιαύτης ὑπερανέχει ῥοπῆς. 25
20 ἐπεὶ δὲ τὸ μέσον κάτω καὶ τὸ ἔσχατον ἄνω σύνηθες ἦν καλεῖν καὶ βαρὺ
τὸ κάτω ῥέπον καὶ κοῦφον τὸ ἄνω, διὰ τοῦτο τὴν ἐπὶ τὸ μέσον ῥοπὴν
καὶ τὴν ἀπὸ τοῦ μέσου βαρύτητα κατὰ τὸ σύνηθες ὡρίσατο καὶ κουφότητα.
ὅτι γὰρ τὴν ῥοπὴν ταύτην καὶ ὁ Πλάτων οἶδεν, ἐδήλωσεν εἰπὼν "ὡς ἡ 30
μὲν πρὸς τὸ ξυγγενὲς ὁδὸς ἑκάστοις οὖσα βαρὺ μὲν τὸ τοιοῦτον ποιεῖ, τὸν
25 δὲ τόπον, εἰς ὃν φέρεται τὸ τοιοῦτον, κάτω". ὅτι δὲ ὁ Ἀριστοτέλης τῇ
κρατούσῃ συνηθείᾳ συγχωρῶν ἐχρήσατο τοῖς ὀνόμασι, δηλοῖ μὲν καὶ ἐν-
ταῦθα λέγων "βαρὺ μὲν οὖν ἔστω", ἀλλ' οὐχὶ 'ἐστίν'. εἰ οὖν μὴ αὐτὸς 35
θέμενος τὸ ὄνομα τὸ 'ἔστω' εἶπεν, δῆλον, ὅτι συγχωρῶν τοῖς θεμένοις
εἶπεν. ἐν δὲ τῷ τετάρτῳ βιβλίῳ πρῶτον διορίσαι περὶ αὐτῶν φησι δεῖν
30 καὶ θέσθαι καθὰ δὴ πᾶσιν φαίνεται καὶ συγχωρεῖται, βαρὺ μὲν εἶναι ἁπλῶς
τὸ πᾶσιν ὑφιστάμενον, κοῦφον δὲ ἔμπαλιν τὸ πᾶσιν ἐπιπολάζον. πῶς δὲ 40
ἂν ἦν τούτου σαφέστερον δηλοῦν τὸ κατὰ τὴν συνήθειαν χρήσασθαι τοῖς
ὀνόμασιν; πλὴν καὶ οὕτως ὀλίγον ἀπὸ τῆς συνηθείας ἀποκεχώρηκε πρὸς

---

1 ταύτῃ] corr. ex ταῦτα A   θέμενος D   2 μηδὲ AB   3 πέφυκεν B
4 οὔτε E   αὐτοῦ c   6 πάντῃ] —η e corr. E²   αὐτῷ καὶ B   7 ἡγοῖτο]
corr. ex ἡγεῖτο E   λέγειν] καλεῖν D   11 ἐχρῆ E: corr. E²   12 ἀλλὰ—ὀνομάτων
om. E   13 μὲν] μέντοι B   διὰ] καὶ post lac. 4 litt. B   ἀπορραπίσαντος
E²ᵇ: ἐπιρραπίσαντος ADE¹c: ἐπιρραπίσαν B   14 τῇ συνηθείᾳ] lac. 9 litt. B
15 μὴ δὲ B   15. 16 γὰρ ὁ DEb: δὴ ABc   16 μὲν D: om. ABEbc
Πλάτων μὲν Bc   17 νῦν ABEb: om. D   τὸν D: om. ABEc   21 ῥέπων B,
sed corr.   22 κατὰ τὸ σύνηθες ὡρίσατο βαρύτητα c   24 τοιοῦτο E   25 εἰς]
suprascr. B   27 λέγειν A   ἔστω] 269ᵇ23; —ω e corr. D   ἐστίν] —ίν e
corr. D   28 θέμενος] Θεμίστιος Bc   εἶπε D   29 τετάρτῳ] 311ᵃ16 sq.
30 πᾶσι BDc   33 ὀνόμασι BDEc   οὕτως DEb: οὗτος ABc

τὸν Πλάτωνα τὸ βαρὺ καὶ κοῦφον εὐθὺς ὁρισάμενος οὐκ ἐπὶ τὸ κάτω καὶ 33ᵇ
ἄνω ῥέπον, ἀλλ' ἐπὶ τὸ μέσον καὶ ἀπὸ τοῦ μέσου. ἀλλὰ καὶ ὁ Θεμί-
στιος, ὃν οὗτος εἰς μαρτυρίαν παρήγαγεν, κἂν ἀθετῇ τὸ βαρὺ καὶ κοῦφον 45
καὶ μάλιστα ἐπὶ τῶν ἐν τοῖς οἰκείοις ὄντων τό|ποις, ἀλλὰ τήν γε ῥοπὴν 34ᵃ
5 ὑπάρχειν φησὶ τοῖς στοιχείοις ἐν ἀλλοτρίοις τόποις οὖσι λέγων "εὐλογώ-
τερον δὲ ἂν ἦν καὶ σύμφωνον τοῖς περὶ αὐτὰ φαινομένοις τὸ ἐν τοῖς
ἀλλοτρίοις τόποις μᾶλλον τὰς ῥοπὰς ἀποδιδόναι τοῖς στοιχείοις". ὅπερ
δηλονότι καὶ οὗτος ὁμολογεῖ τῷ οὐρανῷ μὴ ὑπάρχειν. τί οὖν τούτῳ 5
συνετέλεσε πρὸς τὸν οἰκεῖον σκοπὸν ἡ διωλύγιος τῶν Θεμιστίου παράθεσις
10 ἀνδρὸς συμφώνως τῷ Ἀριστοτέλει τὸν οὐρανὸν καὶ καθ' ὅλον καὶ κατὰ
μέρη πάσης ῥοπῆς ἐξῃρῆσθαι νομίζοντος; οὐ γάρ, εἰ μὴ ἔχουσι ῥοπὴν αἱ
τῶν στοιχείων ὁλότητες, εἴπερ μὴ ἔχουσιν, ἤδη διὰ τοῦτο ὁμοφυὴς αὐτοῖς 10
ὁ οὐρανός ἐστιν, ὅς γε οὐ μόνον καθ' ὅλον ἀλλὰ καὶ κατὰ τὰ μόριά ἐστιν
ἀρρεπής, ὁπότε, κἂν ὁμοφυὴς ταῖς τῶν στοιχείων ὁλότησιν ὁ οὐρανὸς
15 ἐδείχθη, οὐκ ἤδη διὰ τοῦτο φθαρτὸς ἦν ὁ οὐρανός, ὡς οὗτος ἐπιθυμεῖ,
κατὰ τὴν ὁλότητα, ἀλλ', εἴπερ ἄρα, τοῖς μέρεσιν, ὥσπερ τὰ στοιχεῖα. τίς 15
οὖν χρεία τῶν πολλῶν τούτων λόγων σκοπὸν μὲν ἐχόντων ἀσεβῆ πρὸς
τὸ θεῖον, συστῆσαι δὲ αὐτὸν ἐκ τῶν μὴ τὸν αὐτὸν ἐχόντων σκοπὸν ἀνοή-
τως φιλονεικούντων;

20 Πρὸς δὲ τὸν Ξέναρχον λέγοντα μὴ ὑγιῶς ἀποδεδόσθαι κοῦφον τὸ
πᾶσιν ἐπιπολάζον, διότι κάτω ὂν τὸ πῦρ οὔπω ἐπιπολάζει, ὥστε οὐδὲ 20
κοῦφον οὔπω ἐστί, μὴ ὂν δὲ κοῦφον, οὐδὲ ἐπὶ τὸ ἄνω κινήσεται, ῥητέον,
οἶμαι, προχείρως, ὅτι τὸ πεφυκὸς πᾶσιν ἐπιπολάζειν εἴρηται, ὅπερ ἐπὶ
τῶν ἄνω καὶ κάτω φερομένων προσέθηκεν εἰπὼν "βαρὺ μὲν οὖν ἔστω τὸ
25 φέρεσθαι πεφυκὸς ἐπὶ τὸ μέσον, κοῦφον δὲ τὸ ἀπὸ τοῦ μέσου". εἰ δὲ 25
τοὺς δύο τοῦ κούφου ὁρισμοὺς εἰς ταὐτὸ συναγάγωμεν τόν τε λέγοντα κοῦ-
φον εἶναι, ὃ ἀεὶ ἄνω πέφυκε φέρεσθαι, καὶ τὸν λέγοντα τὸ πᾶσιν ἐπι-
πολάζον, ἔσται εἷς τέλειος ὁ λέγων κοῦφον εἶναι, ὃ ἀεὶ ἄνω φερόμενον
πᾶσιν ἐπιπολάζει. μήποτε δὲ καὶ ἐν παντὶ τόπῳ ὂν τὸ κουφότατον πᾶσι 30
30 τοῖς πλησιάζουσιν αὐτῷ ἐπιπολάζει. τὸ γὰρ ὑπὸ γῆν, εἰ τύχοι, πῦρ, κἂν
ἔχῃ ὑπὲρ ἑαυτὸ καὶ ἀέρα καὶ γῆν ἐνίοτε καὶ ὕδωρ, ἀλλ' ἀνώφορον ὑπάρ-
χον ὑπερτρέχει ἀεὶ τὰ πλησιάζοντα ἐπὶ τὸ ἄνω καὶ πᾶσιν ἐκείνοις ἐπι-
πολάζει.

"Ἀλλ' ἐπεὶ τόπου διαφοραί, φησὶν ὁ Γραμματικός, καὶ ἐναντιώσεις 35

---

1 εὐθὺς] in ras. E¹   οὐκ ἐπὶ] οὐκέτι c   τὸ] corr. ex τῷ E²   2 ἐπὶ] e corr. D   3 παρήγαγεν A: παρήγαγε D: προήγαγε BEc(b?)   6 φαιρομένοις E
8 τούτῳ] corr. ex τοῦτο ΑΕ²   8. 9 συνετέλεσε τούτῳ D   14 κἂν] γὰρ E
15 αὐτὸς D   16 ἀλλ'—στοιχεῖα om. E: ἀλλ' ἴσως κατὰ τὰ μέρη ὥσπερ τὰ στοιχεῖα mg. E²   18 τὸν αὐτὸν] ὁ e corr. B   20 ἀποδίδοσθαι B(b?)   21 πᾶσιν om. E
22 ἐστί] seq. ras. 1 litt. E   κινηθήσεται D   ῥητέον] ῥᾷον εἰπεῖν corr. ex ῥᾷον οὖν E²   24 οὖν om. E   25 εἰ δὲ] Db: corr. ex εἰς δὲ E²: ὥστε B: evan. A: ὥστε εἰ c   26 συναγάγωμεν DE: συναγάγομεν A: συνάγομεν Bc   27. 28 ἐπιπολά-ζειν B   29 μήποτε—ἐπιπολάζει (30) bis E: corr. E²   τόπῳ] καὶ τόπῳ B   31 ἔχῃ E: corr. E²   ἀλλὰ D   32 ὑπεκτρέχει D   34 καὶ] κἂν c

κατὰ Ἀριστοτέλην δύο μόναι εἰσὶν τὸ ἄνω καὶ τὸ κάτω, πᾶν ἄρα σῶμα ἐν 34ᵃ
τόπῳ ὑπάρχον ἢ ἐν τῷ ἄνω τόπῳ ἐστὶν ἢ ἐν τῷ κάτω· ἐπεὶ οὖν καὶ αἱ
τοῦ οὐρανοῦ σφαῖραι πλὴν τῆς ἀπλανοῦς ἐν τόπῳ εἰσὶ τῷ πέρατι τῆς
περιεχούσης σφαίρας, ἡ μὲν Σεληνιακή, ὥς φησι, τῷ τῆς Ἀφροδισιακῆς, 40
5 αὕτη δὲ τῷ τῆς Ἑρμαϊκῆς καὶ ἐφεξῆς, ἀνάγκη ἄνω αὐτὰς εἶναι· οὐ γὰρ
δὴ κάτω· ὥστε κουφότητος μεθέξουσιν." ὅρα, πόσον ἐν ὀλίγοις φαίνεται
τὸ τοῦδε τοῦ ἀνδρὸς ἀνεπίστατόν τε ἅμα καὶ ἀπαίδευτον, καὶ μάλιστα εἰ
καὶ 'γραμματικός' ἐστιν, ὡς ἐπιγράφει· πρῶτον μέν, ὅτι ταὐτὸν ἐνόμισε
τὸ ἄνω καὶ τὸ ἐπὶ τὸ ἄνω, ὥστε τοῦ Ἀριστοτέλους κοῦφον εἰπόντος οὐχὶ |
10 τὸ ἄνω ὄν, ἀλλὰ τὸ ἐπὶ τὸ ἄνω φερόμενον καὶ τὸ τοῖς ἄνω φερομένοις 34ᵇ
ἐπιπολάζον οὗτος τὸν οὐρανὸν ἄνω ὄντα κοῦφον ὑπὸ τοῦ Ἀριστοτέλους ἐξ
ἀνάγκης ὁμολογεῖσθαι νομίζει. καίτοι καὶ τὸ ἄνω φερόμενον ὡς ἐπὶ τὸν
οὐρανὸν φέρεσθαι λέγεται τό γε κυρίως καὶ προσεχῶς· τῆς γὰρ τοῦ οὐρανοῦ 5
πλησιάσεως τὸ πῦρ ὀρεγόμενον φέρεται. ἔτι δὲ τὸ δύο μόνας τοπικὰς
15 ἐναντιώσεις κατὰ τὸν Ἀριστοτέλην νομίζειν τὸ ἄνω καὶ κάτω καὶ αὐτὸ δὲ
τοῦτο τὸ δύο ἐναντιώσεις καλεῖν τὴν τοῦ ἄνω καὶ τοῦ κάτω μίαν οὖσαν
ἀντίθεσιν. τὸ δὲ θαυμαστόν, ὅτι ὁ μέχρι νῦν ἀγνοῶν, ὅτι ὑπὲρ τὴν σε- 10
λήνην ἡ τοῦ Ἑρμοῦ προσεχῶς ἐστι σφαῖρα καὶ ὑπὲρ ἐκείνην ἡ τῆς Ἀφρο-
δίτης, ἀντιλέγειν τῷ Ἀριστοτέλει τολμᾷ. ἀλλ' ἐπειδὴ πολλοὺς κατατείνει
20 λόγους οἰόμενος καὶ τὸν Θεμίστιον αὐτῷ συμμαρτυρεῖν, ὅτι ἐν τοῖς οἰκείοις
τόποις ὄντα τὰ στοιχεῖα οὔτε βάρους μετέχει οὔτε κουφότητος, ἀλλ' ἐκ 15
τῆς ἐν τῷ παρὰ φύσιν θέσεως αὐτοῖς προσγίνεται, καὶ συνάγειν οἰόμενος
ἐκ τούτου, ὅτι ἡ τοῦ πυρὸς ὁλότης, εἴποι δ' ἂν καὶ τῶν ἄλλων στοιχείων,
οὔτε βάρους οὔτε κουφότητος μετέχει καθάπερ ὁ οὐρανός, ὥστε ὁμοφυῆ
25 ἂν εἴη· ἀλλ' οὐδὲ διὰ τὸ τὴν γῆν ἐξ ὑποθέσεως ἀφαιρεθεῖσαν τοῦ οἰκείου 20
τόπου καὶ ἀφεθεῖσαν ἐπὶ τὸν αὐτὸν φέρεσθαι διὰ τοῦτο, φησί, χρὴ νομί-
ζειν, ὅτι καὶ ἡ ὅλη γῆ βάρος ἔχει· καὶ γὰρ καὶ τὸν ὅλον κόσμον εἴ τις
ἐκ τῆς ὁμοίας ὑποθέσεως μεταστήσειεν, ἐπὶ τὸν ἑαυτοῦ πάλιν ἀφεθεὶς
οἰσθήσεται τόπον· καίτοι οὔτε βάρος οὔτε κουφότητα ἔχειν τὸν ὅλον κόσμον 25
30 δυνατὸν ἐν ἑαυτῷ πάντα περιειληφότα· ἀλλὰ τοῦτο μὲν ἴσως οὐδὲν κωλύει
κατὰ τὸ ἐπικρατοῦν τῶν ἐν αὐτῷ κινεῖσθαι, ἀλλ' ὅτι οὐκ ἔχει τις εἰπεῖν,
πότερον ἐπὶ τὸ ἄνω ἢ ἐπὶ τὸ κάτω φέρεται τοῦ ἄνω καὶ κάτω ἐν αὐτῷ
ὄντος· ταῦτα οὖν καὶ τοιαῦτα λέγοντος αὐτοῦ πρῶτον μὲν ἐπιστῆσαι χρή, 30
ὅτι τὸ ἐπὶ τοῦ κόσμου ἄτοπον τῇ ἀτοπίᾳ τῆς ὑποθέσεως ἠκολούθησε. τὸ

---

1 Ἀριστοτέλη E   εἰσί BDEc   5 αὐτή AB   τῷ] τὸ A   Ἑρμαικοῖς E:
corr. E²   7 τὸ om. c   ἀνδρός τὸ c   8 ὥσπερ D   ἐπιγράφη D, sed corr.
9 τὸ (alt.) om. DE   10 τὸ τοῖς] τοῖς B   11 τὸν—ἄνω] in ras. E   ὄντα]
m. sec. E   12 νομίζοι AB   14 δὲ τὸ] δὲ D   17 ὅτι (prius) om. D
ὁ om. ABc   19 τῷ om. A   τολμᾷ] corr. ex τολμῶν E²   κατατείνει B
21 οὔτε (prius) BD: οὐδὲ AE   βάρος E: corr. E²   κουφότητα A   23 δ' E:
δὲ Db: om. ABc   24 ὁ DE: om. ABc   26 παραφέρεσθαι AB: πάλιν φέρε-
σθαι c   φησί Db: φησίν E: om. ABc   27 γὰρ καί] γὰρ D   29 οἰσθήσεται]
οἰσθ— e corr. D   30 περιειληφότα] pr. ε e corr. B   31 ἐν om. AB   ὅτι
om. c   33 καί] τὰ B: καὶ τὰ Ac   34 ἠκολούθησεν E: corr. E²

γὰρ ἔχον καὶ περιέχον ἐν ἑαυτῷ τὴν τοῦ κάτω καὶ ἄνω διαφορὰν πῶς 34ᵇ
ἐπὶ τὸ κάτω καὶ ἄνω φέρεσθαι δύναται; ἢ μὴ ἔχον τὸ ἄνω καὶ τὸ κάτω
ἔξω ἑαυτοῦ πῶς ἂν βαρὺ ἢ κοῦφον εἴη; καὶ οὐ τοῦτο λέγω, ὅτι οὐκ ἐχρῆν 35
ἀδύνατον ὑποθέσθαι· οἶδα γάρ, ὅτι καὶ ὁ τὴν γῆν ἐξιστῶν τοῦ οἰκείου
5 τόπου ἀδύνατον ὑπόθεσιν ὑποτίθεται, ἀλλ᾿ οὐ διὰ τὸ ἀδύνατον τῆς ὑποθέ-
σεως ἀκολουθεῖ τι ἄτοπον· οὐ γὰρ ἄτοπον τὸ ἐπὶ τὸν οἰκεῖον τόπον φέρε-
σθαι τὸν ἐπὶ τὸ μέσον, ὥσπερ οὐδὲ τὸν κόσμον ἄτοπον ἐκστάντα τοῦ 40
τόπου τοῦ οἰκείου πάλιν ἐπ᾿ αὐτὸν φέρεσθαι· τὸ μέντοι ἐπὶ τὸ μέσον ἢ
τὸ ἔσχατον καὶ ἢ κάτω ἢ ἄνω ἀδύνατον, ἐπειδὴ ταῦτα ἐντὸς ἑαυτοῦ
10 περιέχει. ταῦτα λέγω πρὸς τὸν εὐφραδῆ Θεμίστιον· ἀπ᾿ ἐκείνου γὰρ
ταύτην οὗτος ἐπορίσατο τὴν συνηγορίαν ἐπὶ χείρονι χρώμενος αὐτῇ σκοπῷ· 45
ὅς φησιν, ὅτι, κἂν μὴ τὸν κόσμον τις ὑποτίθεσθαι συγχωρῇ μεθι|στάμενον, 35ᵃ
ἀλλ᾿ ἀστέρα τῆς οἰκείας ἕδρας ἐπὶ τὰ ἐντὸς ἀποπίπτοντα τί κωλύει ὑπο-
θέσθαι; οὗτος δὴ οὖν εἰ νοοῖτο πάλιν ἐπὶ τὴν κατὰ φύσιν χώραν ἐπανερ-
15 χόμενος, δῆλον, ὡς ἐπ᾿ εὐθείας κινήσεται· ἀλλ᾿ ὅμως οὐδὲν τῶν οὐρανίων
οὔτε βάρους μετέχειν οὔτε κουφότητος ὁ Ἀριστοτέλης βούλεται. ῥητέον 5
δὴ πρὸς τοῦτο, ὅτι, εἰ ἀποπεσὼν φυσικῶς ἐπὶ τὸ ἄνω ἐνεχθῇ, κουφότητος
ἂν μετέχοι· καὶ τί ἄτοπον; εἰ δὲ μὴ μόνον τὰ μέρη τῶν στοιχείων, ἀλλὰ
καὶ αἱ ὁλότητες ἐφίενται τοῦ τῶν συγγενῶν καὶ κρειττόνων πλησιασμοῦ καὶ
20 τῆς ἀπ᾿ αὐτῶν ἀπολαύσεως, ἡ μὲν γῆ τοῦ κέντρου καὶ τῆς ὑπ᾿ αὐτοῦ 10
συνοχῆς, τὸ δὲ πῦρ τῆς οὐρανίας καθαρότητος, τῶν δὲ μέσων ὁ μὲν ἀὴρ
τῆς πυρίας λεπτότητος, τὸ δὲ ὕδωρ τῆς ἐν τῇ γῇ ἕδρας, δῆλον, ὅτι ἐπ᾿
ἐκεῖνα ἔχουσι τὰς ῥοπὰς καὶ αἱ ὁλότητες· διὸ καὶ ὁ Ἀριστοτέλης εἶπεν εἰς 15
ταὐτὸ φέρεσθαι τὸ ὅλον καὶ τὸ μόριον κατὰ φύσιν· ὁ δὲ οὐρανὸς οὐκ
25 ἔχει τι κρεῖττον ἑαυτοῦ οὔτε καθ᾿ ὅλον οὔτε κατὰ τὰ μέρη, ἐφ᾿ ὃ οἰσθή-
σεται, ὥστε οὐ τὰ αὐτὰ ἀξιωτέον ἐπί τε τῆς τῶν στοιχείων ὁλότητος καὶ
ἐπὶ τοῦ οὐρανοῦ. καὶ τὸ βαρὺ δὲ καὶ κοῦφον ἔχει τινὰς διαφορὰς τὰς κατὰ 20
τὴν διάφορον ῥοπήν, κἂν αἱ ἐπὶ πάντων ῥοπαὶ βαρύτητες εἶναι δοκῶσιν,
ὡς ὁ Πλάτων φησίν. ὅπερ δὲ πολλάκις εἶπον ἀναγκαζόμενος τὰ αὐτὰ λέ-
30 γειν, οὐδὲν ὄφελος, οἶμαι, τούτῳ πρὸς τὸν οἰκεῖον σκοπὸν ὑπαντᾷ ἐκ τοῦ

---

2 κάτω] ἄνω Eb   ἄνω] κάτω mg. E²   φέρεσθαι — καὶ] mg. E²   φέροι-
το E   δύναται om. E   ἔχων E   τὸ (alterum) om. E   τὸ (tertium) om. E
3 εἴη DE: ἐστι ABc   5 ἀλλὰ B   οὐ om. B   6 ἀκολουθῇ E: corr. E²
7 τὸν (prius)] del. E²   ἐπὶ — μέντοι (8)] ἀλλ᾿ ἐπὶ τὸν μέσον ὥσπερ οὐδὲ τὸ τὸν κόσμον
τοῦ ἰδίου τόπου μετατεθέντα ἄτοπον ἐπ᾿ αὐτὸν φέρεσθαι ἀλλ᾿ mg. E²   τοῦ] in ras. B
9 καὶ ἢ] κἂν ᾖ c   ἢ (alterum)] κἂν ᾖ c   αὐτοῦ D   10 εὐφρανδῇ A
11 οὕτως E   ἐπὶ] mut. in ἐπεὶ? E²   χείρωνι AB   12 κόσμον] χρόνον D
συγχωρεῖ AE   13 ἀλλὰ D   ὑποπίπτοντα D   16 βάρος E: corr. E²   οὔτε κου-
φότητος μετέχειν Bc   17 δὴ] δὲ c   ἐνεχθείη D   18 μὴ] δὴ D   μέρη
DEB: βάρη ABc   20 τῆς (alterum)] e corr. D   ὑπ᾿] corr. ex ἀπ᾿ D: ἀπ᾿ E
22 πυρείας BD   23 καὶ (prius) om. Bc   καὶ (alterum)] καλῶς D   26 ὥστε
om. E   ἐπὶ] —ι in ras. E¹   28 κἂν] καὶ c   πάντα D   βαρύτητος D
δοκοῦσιν ABc   29 δὲ] καὶ Bc   30 ὄφελος E, sed corr.   ἐκ om. E
τοῦ] mut. in τὸ E²

δεῖξαι καὶ τὰς τῶν στοιχείων ὁλότητας μήτε βάρος ἐχούσας μήτε κουφότητα 35ᵃ
καὶ ταύτῃ τῷ οὐρανῷ ὁμοίας· οὐ γὰρ διὰ τοῦτο φθαρτὸς ὁ οὐρανός, ἀλλ᾽, 24
εἴπερ ἄρα, διὰ τὴν πρὸς τὸν οὐρανὸν ὁμοιότητα καὶ αἱ τῶν στοιχείων
ὁλότητες τὸ ἀίδιον ἔχουσιν. ἐπειδὴ δὲ πρόχειρός ἐστιν ἔνστασις πρὸς
5 τοὺς ὁμοφυῆ τὸν οὐρανὸν τοῖς ὑπὸ σελήνην λέγοντας στοιχείοις ἡ ἀπὸ
τῶν μερῶν διαφορά, εἴπερ τῶν μὲν στοιχείων τὰ μέρη καὶ ἀποσπώμενα 30
τοῦ ὅλου καὶ γινόμενα καὶ φθειρόμενα φαίνεται, τοῦ δὲ οὐρανοῦ ἐν ἅπαντι
τῷ παρεληλυθότι χρόνῳ κατὰ τὴν παραδεδομένην ἀλήθειαν οὐδὲν φαίνεται
μόριον οὔτε ἀποσπασθὲν οὔτε μεταβεβληκός, ταύτην λύων, ὡς οἴεται, τὴν 35
10 ἔνστασιν ὁ Γραμματικὸς δυσπαθέστερα καὶ ἐν τοῖς ζῴοις τὰ κυριώτερα καὶ
ἀρχικώτερα τῶν μορίων εἶναί φησιν ὥσπερ τὴν καρδίαν καὶ ὅμως ἐκ τῶν
αὐτῶν στοιχείων ἐστί· καὶ τὸν οὐρανὸν δὴ κυριώτερον τῶν ἐν τῷ κόσμῳ
σωμάτων ὁμολογῶν μάλιστα τῶν ἄλλων ἀπαθέστερον εἶναί φησι, καὶ διὰ 40
τοῦτο δηλονότι οὔτε τὰ μόρια αὐτοῦ ταὐτὸν τοῖς τῶν στοιχείων μορίοις
15 πέπονθε. κἀνταῦθα τοίνυν πολλά μοι δοκεῖ τῆς ἀληθείας ἀγνοεῖν οὗτος,
πρῶτον μέν, ὅτι οὐδὲ τοῦτο ἀληθές, ὅτι τὰ κυριώτερα δυσπαθέστερα·
τρίχες γὰρ καὶ ὄνυχες τὰ ἀκυρότατα πάντων εἰσὶ δυσπαθέστατα, καὶ τὰ 45
ὀστᾶ δὲ ἐγκεφάλου καὶ καρδίας ἐστὶν δυσπαθέστερα· ἔπειτα δὲ ἡ καρδία,
κἂν φλεγμαίνειν οὐχ ὑπομένῃ προ|φθειρομένου πολλάκις τοῦ ζῴου, ἀλλ᾽ 35ᵇ
20 ὑπὸ πυρετοῦ πάντως πρώτως πάσχουσα οὕτως αὐτὸν τῷ ἄλλῳ σώματι
διαδίδωσιν. ἀλλὰ τὸ μὲν προνοίας πλείονος τὰ κυριώτερα μόρια τοῦ ζῴου
τυχεῖν ἀληθές, αἰσθητικοῦ δὲ ὄντος τοῦ ζῴου, τῆς αἰσθήσεως παθητικῆς 5
οὔσης τὰ δυσπαθέστερα τῶν μορίων δυσαισθητότερα καὶ ἀκυρότερα μᾶλλόν
ἐστιν. ἀλλὰ ταῦτα μέν, ἐπειδὴ κἂν τούτοις ᾠήθη τι πλέον εἰδέναι πλέον,
25 οἶμαι, καὶ τῶν ἰδιωτῶν αὐτὰ ἀγνοῶν, ἀρκούντως εἰρήσθω. θαυμαστὸν δέ,
ὅπως οὐκ ἐνενόησεν, ὅτι τὸ ἀρχὴν ἀπὸ χρόνου γενέσεως ἔχον καὶ
τελευτὴν ἀδύνατον τὸ αὐτὸ μένειν ἀπ᾽ ἀρχῆς ἄχρι τέλους, εἴτε ἄψυχον 10
εἴη εἴτε ἔμψυχον, εἴτε ζῷον εἴτε φυτόν, ἀλλ᾽ ἀρξάμενον ἀπὸ τοῦ ἀτελε-
στέρου πρόεισιν ἐπὶ τὸ τελειότερον ἄχρι τῆς ἀκμῆς, ἀπὸ δὲ ἐκείνης κατ᾽
30 ὀλίγον μαραινόμενον ἐπὶ φθορὰν ὁδεύει. εἰ τοίνυν ὁ οὐρανὸς οὔτε καθ᾽ ὅλον 15
οὔτε κατὰ μόρια φαίνεταί τι παραλλάξας ποτέ, ἀλλὰ τὴν ἑαυτοῦ τελειότητα
ἔχων οὐ πρότερον μόνον, ἀλλὰ καὶ νῦν, ἐπ᾽ ἐσχάτων τῶν ἡμερῶν, ὡς

---

1 μήτε (prius)] e corr. E² 3 εἰ E αἱ om. D τῶν] e corr. D 4 αἱ ὁλότητες D ἔχουσι c ἐπειδὴ δὲ om. c 5 λέγοντα? A 8 παραδεδομένην] e mut. in ι A 9 μεταβεβηκὸς D λύον E: corr. E² deinde add. τὴν ἔνστασιν DE 9. 10 τὴν ἔνστασιν ABb: om. DE 11 τὴν DEb: καὶ τὴν ABc 12 ἐστίν E 13 φησι] seq. ras. 1 litt. E 15 πέπονθεν E 16 κυριώτατα E 17 ἀκυρότατα c: ἀκυριότατα A: ἀκυρώτατα BDE εἰσί] ἀλλ᾽ οὐ Bc 18 ἐστὶ BDEc 19 κἂν DE: κἂν μὴ AB: κἂν μὲν c φλεγμονὴν c seq. ras. 6 litt. E: κἂν μένειν λέγεται οὐχ ὑπομένει mg. E² ὑπομένῃ D?: ὑπομένει ABEc 20 παντὸς AB: om. c πρώτως Db: om. ABE 21 μὲν om. D: corr. ex μὲν᾽ E² 23 ἀκυρώτερα B 25 ἀρχοῦντα ABc 26 ἄρχειν E: corr. E² 26. 27 καὶ τελευτὴν ἔχον c 28. 29 ἀτεστέρου B 29 πρόεισιν] post ο ras. 1 litt. E 32 ἔχον A ἐσχάτου Eb ἡμερῶν ὡς] —ῶν ὡς in ras. B

οὗτος δηλονότι πεπίστευκεν, πῶς οἷόν τε αὐτὸν κατὰ τὴν αὐτοῦ φύσιν ἐν 35ᵇ
ἀκμῇ τῇ οἰκείᾳ φθαρῆναι, ὅτε μήτε ζῷον μήτε φυτὸν μήτε ἄλλο τι
τῶν εὐτελεστάτων ἐν τῷ κόσμῳ φθαρτῶν ἀκμάζον ἔτι χωρίς τινος βίας 20
ἀπόλλυται; ἀλλὰ ταῦτα μὲν ἔστω μὴ ὁρᾶν τὸν ὑπὸ φιλονείκου προλήψεως
5 τὰ ὄμματα τῆς ἑαυτοῦ ψυχῆς ἐκτυφλώσαντα· 'γραμματικὸς' δὲ εἶναι λέγων,
πῶς ἀπαθέστερον ἄλλου τινὸς λέγων τὸν οὐρανὸν φθαρτὸν ὅμως εἶναι ὑπο-
λαμβάνει; εἰ γὰρ τὸ ἀπαθὲς οὐκ ἂν φθαρείη, πῶς τὸ ἀπαθέστερον φθεί- 25
ρεται; τὸ γὰρ συγκριτικὸν ἐπίτασιν ἔχει τῆς ἰδιότητος· λευκότερον γὰρ τὸ
μᾶλλον λευκόν, καὶ εἰ οὐδὲ τὸ λευκὸν ἂν εἴη μέλαν, οὐδὲ πολὺ μᾶλλον τὸ
10 λευκότερον· ὁμοίως δὲ οὔτε τὸ ἀπαθὲς ἂν εἴη παθητὸν οὔτε πολὺ μᾶλλον
τὸ ἀπαθέστερον. ἀλλὰ τούτων μὲν ἅλις. εἰ δὲ τῶν μὲν στοιχείων τὰ 30
μόρια φαίνεται σαφῶς γινόμενά τε καὶ φθειρόμενα καὶ πολυειδῶς μετα-
βάλλοντα, τοῦ δὲ οὐρανοῦ μηδὲν μηδέποτε μόριον ἐφάνη παραλλάξαν τῆς
ἑαυτοῦ τελειότητος, ὡς δηλοῦσιν καὶ αἱ κινήσεις πάντων αἱ αὐταὶ φυλαττό-
15 μεναι, τίς οὐκ ἂν ὁμολογήσοι καὶ σεφθείη τὴν κατ' οὐσίαν ὑπεροχὴν αὐ- 35
τοῦ πρὸς τὰ ὑπὸ σελήνην; παρατίθεται δὲ καὶ τὸν Ἀριστοτέλην ἐν τῷ
τετάρτῳ τῆσδε λέγοντα τῆς πραγματείας, ὅτι τὸ μὲν πῦρ πανταχοῦ κοῦφον
καὶ ἡ γῆ πανταχοῦ βαρεῖα, τὸ δὲ ὕδωρ ἐν μὲν τοῖς ἄλλοις βαρύ, ἐν γῇ
δὲ κοῦφον, ὁ δὲ ἀὴρ ἐν ὕδατι μὲν καὶ γῇ κοῦφος, ἔξω δὲ τούτων βαρύς, 40
20 ὡς δηλοῖ τὸ πλέον ἕλκειν τὸν πεφυσημένον ἀσκὸν τοῦ κενοῦ. καὶ ἐκ τού-
των συνάγει, ὅτι βαρύτης καὶ κουφότης οὐ καθ' αὑτὰ τοῖς στοιχείοις ὑπάρ-
χει· "οὐ γὰρ ἄν, φησί, τὰ αὐτὰ κατὰ τὰς αὐτὰς δυνάμεις μηδὲν ἔξωθεν
προσλαμβάνοντα ἐκ μόνης τῆς πρὸς ἄλληλα σχέσεως ἀλλαχοῦ μὲν κοῦφα, 45
ἀλλαχοῦ δὲ βαρέα ἐτύγχανε, καὶ πρὸς ἄλλο μὲν κοῦφα, πρὸς | ἄλλο δὲ 36ᵃ
25 βαρέα. τὸ γοῦν λευκὸν καὶ τὸ μέλαν καὶ τὸ θερμόν, ὅπως ἂν ἔχοι πρὸς
ἕτερα, τῆς ἑαυτῶν οὐκ ἐξίσταται τάξεως." ταῦτα καὶ ἐπ' αὐτῆς λέξεως
τούτου λέγοντος θαυμάζω, πῶς οὐκ ἐννοεῖ, ὅτι καὶ ἐν τούτοις ὁ Ἀριστο-
τέλης κουφότατον μὲν καὶ κοῦφον μόνως τὸ πῦρ εἶναι λέγει, βαρὺ δὲ μόνως 5
τὴν γῆν, τὰ δὲ μέσα ἀμφοῖν μετέχειν πρὸς ἄλλο καὶ ἄλλο· καὶ οὐ δήπου
30 τοῦτο ποιεῖ μὴ μετέχειν τὸ πρὸς ἄλλο καὶ ἄλλο καὶ κατ' ἄλλο καὶ ἄλλο

---

1 πεπίστευκε BDc   αὐτοῦ ABDE   2 μήτε (pr.) om. AB   3 εὐτελεστέρων
Bc   φθαρτὸν c   ἀκμάζων E   βίας τινὸς D   4 προλείψεως E   6 πῶς
ἂν c   9 εἰ AB: om. DEb   πολλὺ B   10 τὸ om. ABc   11 μὲν (alt.) om. D
14 δηλοῦσι BDEc   15 ὁμολογήσοι AE: e corr. B: mut. in ὁμολογήσῃ D: ὁμολογῆσαι c
16 τὸν] αὐτὸν D   17 τετάρτῳ] corr. ex τεσσαρεσκαιδεκάτῳ E²   λέγοντα]
311ᵇ6 sq.   ὅτι om. B   19 ante ἔξω lac. 4 litt. E   τούτου E
22 φησί] seq. ras. 1 litt. E   μὴ δὲ AB   24 ἀλλαχοῦ δὲ βαρέα] mg. B (γρ.), in
textu πρὸς ἄλλο δὲ βαρέα   ἐτύγχανε] seq. ras. 1 litt. E   25 γοῦν] γοῦν τὸ AB
post θερμὸν add. [καὶ τὸ ψυχρὸν] c   ἔχει E¹: ἔχοι E²   26 ἑαυτοῦ Bc   τάξεως]
ἕξεως corr. ex λέξεως E²   27 τούτου] καὶ corr. ex ὁ Ἀριστοτέλης E²   λέγοντος—
Ἀριστοτέλης (27. 28)] mg. E²   αὐτοῦ λέγοντος E   ὅτι καὶ] ὡς E   ὁ] καὶ E
28 μόνως] μόριον B   εἶναι om. c   29 μετέχειν om. B   καὶ οὐ—alt. ἄλλο (30)
om. E   30 τοῦτο ποιεῖ] οἷόν τε c   τὸ om. Bc   καὶ (alt.)] m. sec. E: om. D
κατὰ DE

τῶν ἑαυτοῦ ἐνεργεῖν· καὶ γὰρ τὸ φαιὸν πρὸς μὲν τοὺς εὐδιάκριτον ἔχοντας
τὸ ὄμμα ὡς λευκὸν ἐνεργεῖ, πρὸς δὲ τοὺς εὐσύγκριτον ὡς μέλαν διὰ τὸ
ἀμφοτέρων μετέχειν. τί δὲ ὅλως τῷ δεικνύντι λόγῳ κουφότητος ἢ βαρύ-
τητος μὴ μετέχειν τὰ οὐράνια παραποδίζει τὸ ἐπαμφοτερίζον τῶν μέσων
5 στοιχείων; εἴτε γὰρ φύσει εἴτε σχέσει εἴτε καθ' αὑτὸ εἴτε πρὸς ἄλλο τὸ
βαρὺ καὶ κοῦφόν ἐστιν, ἐν τοῖς ὑπὸ σελήνην εἶναι δέδεικται διὰ τὸ ταῦτα
εὐθυπορεῖσθαι. καίτοι γε ἐκ τῶν εἰρημένων οὐδὲν κωλύει τὸ μὲν πῦρ καθ'
αὑτὸ κοῦφον εἶναι· ἁπλῶς γὰρ κοῦφον· τὴν δὲ γῆν καθ' αὑτὸ βαρεῖαν·
ἁπλῶς γὰρ βαρεῖα. κἂν ἐξισταμένοις τῶν οἰκείων τόπων ὑπάρχῃ ταῦτα,
10 ἀλλὰ καὶ τὸ ἐξίστασθαι καὶ τὸ ἐξιστάμενα βαρέα γίνεσθαι ἢ κοῦφα ἴδια
τῶν ὑπὸ σελήνην ἐστί, καὶ ἱκανὴ ἦν καὶ ἡ κατὰ ταῦτα διαφορὰ δεικνύναι
τὰ οὐράνια ἄλλης ὄντα φύσεως. εἰς ἄλλο δέ τι πάλιν τῶν τοῦ ἀνδρὸς
ἐμπεπτωκὼς λίαν ἀνόητον, ὡς οἶμαι, διὰ τὸ μὴ ἀπιστεῖν τοὺς ἐντευξο-
μένους, εἴ τις ἄρα καὶ τῶν γράφειν ἐπιχειρούντων οὕτως ἀσυνέτους καὶ
15 ἀνακολούθους ἔσχεν ἐννοίας, αὐτά μοι παραγράφειν ἀνάγκη τὰ τούτου λη-
ρήματα. λέγει δὲ οὕτως ἐν τῷ τρισκαιδεκάτῳ κεφαλαίῳ τοῦ δευτέρου αὐ-
τοῦ βιβλίου· "ἀλλὰ δὴ συγκεχωρήσθω μὴ μόνον ἐν τοῖς ἀλλοτρίοις τόποις
τὰ στοιχεῖα βάρος ἔχειν ἢ κουφότητα, ἀλλὰ καὶ ἐν τοῖς ἰδίοις ὄντα ταῖς
τοιαύταις εἰδοποιεῖσθαι δυνάμεσιν· οὐδὲ γὰρ οὕτως, οἶμαι, δεῖξαί τις λόγος
20 δυνήσεται, ὡς μόνον τὸ οὐράνιον σῶμα τούτων ἀπήλλακται τῶν δυνάμεων,
ἐπειδὴ τὸ μήτε βάρους αὐτὸ μήτε κουφότητος μετέχειν ἐκ τοῦ μὴ πεφυ-
κέναι κινεῖσθαι ἐπ' εὐθείας ὁ Ἀριστοτέλης συνήγαγεν· εἰς γὰρ ἀπόδειξιν
τοῦ μὴ πεφυκέναι κινεῖσθαι ἐπ' εὐθείας τὸν οὐρανὸν τὸ ἕτερον εἶναι τῆς
τῶν εὐθυφορουμένων σωμάτων οὐσίας εἴληφεν· ἐκ δὲ τοῦ μὴ κινεῖσθαι
25 ἐπ' εὐθείας τὸ μήτε βάρους μετέχειν μήτε κουφότητος. εἴ τις ἄρα δείξειε
λόγος, ὡς, εἰ καὶ βάρους μετεῖχεν ὁ οὐρανὸς ἢ κουφότητος ἢ καὶ σύνθετος
ἐκ βαρέων σωμάτων καὶ κούφων ὑπῆρχεν, οὐδὲν ἧττον καὶ οὕτως ἀδύνατον
ἦν αὐτῷ τὸ κινεῖσθαι ἐπ' εὐθείας, δῆλόν που πάντως, ὡς οὐδὲ διὰ τὸ μὴ
ἐπ' εὐθείας κινεῖσθαι ἤδη καὶ βάρους αὐτὸν καὶ κουφότητος ἀπηλλάχθαι
30 ἀνάγκη. ἀρχὴ δὲ ἔστω τῆς ἀποδείξεως, φησίν, ἥδε." εἶτα λαβών, ὅτι
στερρὸν καὶ ἀντίτυπον σῶμά ἐστιν ὁ οὐρανὸς καὶ οὐ δυνάμενον ὑπείκειν
ὥσπερ τὸ ὕδωρ καὶ ὁ ἀήρ, οὐδ', ἂν ἀποσπασθῇ τι μόριον αὐτοῦ, συνεχὲς
ἔτι μένει ἀντιπεριιστάμενον ὥσπερ ταῦτα, καὶ αἴτιον τοῦ στερροῦ τὸ σφαι-

---

3 τῷ] e corr. E   λόγῳ DE²: λέγω ABE¹b   4 μή] suprascr. B   μέσων] in ras. E: μέσῳ B   5 ἑαυτὸ D   7 μὲν] μὲν γὰρ AB   8 εἶναι κοῦφον D   9 ὑπάρχει AE: corr. E²   10 τὸ (alt.)] τὰ D   11 ἐστί] seq. ras. 1 litt. E   ἦν—ταῦτα DE: lac. 30 litt. A: ταῦτα B: ἡ κατὰ ταῦτα c   13 ἐμπεπτωκὸς E: corr. E²   14 καὶ τῶν A: τῶν καὶ DE: τῶν c   γράφειν καὶ τῶν B   16 τῷ om. D   τρεισκαιδεκάτῳ? D: ιγ A: -αι- corr. ex ε E²   17 μή] μὲν AB   ἐν om. AB   18 αἰδίοις B   21 κουφότητα A   22 ὁ—εὐθείας (23) om. AB   ὁ om. c   συνῆγεν c   ἀπόδειξιν γὰρ c   23 τοῦ] corr. ex τὸ E²   24 εὐθυπορουμένων c   25 εἴ τις—κουφότητος (26) om. B   τι E: corr. E²   26 μετέχειν E: corr. E²   27 καὶ κούφων om. E   28 τὸ] τῷ E   που] ·ποϛ E   33 μενεῖ AB

ρικὸν εἰπὼν σχῆμα "οὐκοῦν, φησίν, εἰ μὲν κοῦφος ὁ οὐρανός, δι᾽ αὐτό 36ᵇ
γε τοῦτο ἐπ᾽ εὐθείας οὐκ ἂν κινηθείη τὸν ἑαυτοῦ τόπον ἐπέχων τὸν ἐξω- 5
τάτω, ὡς οὐδὲ ἡ ὅλη γῆ κατωτέρω φέρεσθαι δύναται τὸν φυσικὸν ἔχουσα·
εἰ δὲ βαρύς, ἔξω μὲν πάλιν αὐτὸν ἐπ᾽ εὐθείας κινεῖσθαι ἀδύνατον· οὐδὲ
5 γὰρ ἔστι τι κενὸν ἔξω· καὶ ἄλλως τοῖς βαρέσιν ἐπὶ τὸ μέσον ἡ κατὰ φύσιν
κίνησις· ἐπὶ τὸ μέσον δὲ οὐκ ἂν φέροιτο διά τε τὸ μηδὲν εἶναι μεταξὺ 10
κενὸν μηδέ, εἴπερ ἦν, χωρητικὸν εἶναι τὸν ἐλάττονα τόπον τοῦ μείζονος
σώματος καὶ διὰ τὸ πανταχόθεν ὑπὸ τῶν αὐτοῦ μορίων ἐν τῷ σφαιρικῷ
συνέχεσθαι σχήματι ἀδιαίρετον ἢ δυσδιαίρετον ὄντα. τῶν μὲν γὰρ ὑγρῶν 15
10 καὶ εὐδιαιρέτων καὶ ῥᾳδίως ὑπεικόντων τοῖς ἀντιβαίνουσιν εἴ τι τοῦ ὅλου
μόριον ὑπεξέλθοι, ἀντιπεριστάμενα ἀλλήλοις τὰ λοιπὰ μόρια συνεχὲς πάλιν
τὸ ὅλον ἐργάζεται, οἷά ἐστι τὰ λοιπὰ παρὰ τὴν γῆν στοιχεῖα· τῶν δὲ
ἀντιτύπων καὶ δυσδιαιρέτων εἴ τι μόριον ἀποπέσοι, φθείρει τὸ τοῦ ὅλου 20
σχῆμα· ἔνθεν, ἕως ἂν ἐν τῷ κατὰ φύσιν δέοι μένειν τὸν οὐρανὸν σχή-
15 ματι καὶ τὸν ὅλον ὑφεστάναι κόσμον, ἀδύνατόν τι τῶν τοῦ οὐρανοῦ μορίων
τῆς τοῦ ὅλου συνεχείας ἐκπεσεῖν· ὥστε οὐδὲ ζητήσομεν, διὰ τί τῶν μὲν
ἄλλων στοιχείων ἐκπίπτει μόρια, τοῦ δὲ οὐρανοῦ οὐκέτι. ἐκείνων μὲν
γὰρ, εἰ καὶ ἀποσπασθείη τινὰ μόρια, οὐδὲν ἧττον ἡ συνέχεια καὶ τὸ φυσικὸν 25
σῴζεται σχῆμα διὰ τὴν τῶν λοιπῶν μορίων ἀντιπερίστασιν, καὶ οὐδεμία
20 τῷ παντὶ διὰ τοῦτο βλάβη προσγίνεται, ἐπὶ δὲ τοῦ οὐρανοῦ ἀδύνατον ἦν
τοῦτο συμβαίνειν· ἕως οὖν αὐτόν τε καὶ τὸ πᾶν σῴζεσθαι δέοι, ἀνάγκη
μηδὲν αὐτοῦ μόριον ἀποπίπτειν. τὸ δὲ οὕτως ἔχειν τὸν οὐρανὸν ἐπι- 30
γενέσθαι μέν τι αὐτῷ εἶδος ἕτερον τῶν ἁπλῶν ἀποδείκνυσιν, οὐ μὴν
καὶ τῆς τῶν στοιχείων εἶναι φύσεως ἀλλότριον· καὶ γὰρ τὸ ὕδωρ πηγνύ-
25 μενον γένοιτο ἂν κρύσταλλος ἢ χιών, οὐ μὴν πέμπτης διὰ τοῦτο τῶν σω-
μάτων φύσεως ταῦτα εἶναι νομίζεται." συμπεραινόμενος δὲ τὰ εἰρημένα 35
"οὐκοῦν, φησίν, εἰ καὶ βάρους αὐτὸν μετέχειν ὑποθέμενοι καὶ κουφότητος
ἀδύνατον ηὕρομεν αὐτῷ τὴν ἐπ᾽ εὐθείας κίνησιν, οὐκ ἄρα, οὐδὲ εἰ μὴ
κινεῖται ἐπ᾽ εὐθείας, ἤδη καὶ κουφότητος καὶ βάρους ἐστὶν ἐλεύθερος."
30 ὅρα τοίνυν ἐν τούτοις πρῶτον μέν, ὅτι καὶ αὐτὸς ὁμολογῶν βαρὺ εἶναι τὸ 40
ἐπὶ τὸ μέσον κατὰ φύσιν κινούμενον καὶ κοῦφον δηλονότι τὸ ἀπὸ τοῦ μέ-
σου καὶ ἀποδεικνὺς ἀδύνατον εἶναι ἐπ᾽ εὐθείας κινεῖσθαι τὸν οὐρανὸν ὅμως
βαρὺν αὐτὸν ἢ κοῦφον ὑποτίθεται καὶ οἴεται ἐκ τούτου δεικνύναι, ὅτι, κἂν
μὴ ἐπ᾽ εὐθείας κινῆται, οὐδὲν κωλύει βάρος αὐτὸν ἔχειν ἢ κουφότητα, 45

---

3 ἔχουσα τόπον D(b)   4 οὐδὲν B   5 ἔσται E   χανὸν E: corr. E²   τοῖς]
τοῖ A   ἡ] suprascr. E¹: ἡ κίνησις D: om. ABc   6 κίνησις] om. D   μὴ δὲ AB
7 χανὸν E: corr. E²   ἦν] seq. ras. 1 litt. E   8 σώματος DEb: σχήματος
ABc   αὐτοῦ AB: αὐτῶν D   14 οὐρανὸν] seq. ras. 7 litt. E   15 τοῦ οὐρα-
νοῦ] οὐρανίων E   16 ζητήσωμεν E   17 δὲ om. B: δ᾽ c   19 χῆμα e corr. D
ἀντιπαράστασιν B: comp. A   20 προσγίνεται E: comp. D   ἐπεὶ E   21 οὖν]
οὗ D   22 μὴ δὲ AB   23 τι] τοι B   αὐτὸ E   ἁπλῶν] ἄλλων c
25 γένοιτ᾽ D   ἢ] καὶ D   χιῶν bE²: χρυσὸς ABDE¹   διὰ] καὶ διὰ D
26 εἶναι νομίζεται ταῦτα D   εἶναι om. E   συμπερανόμενος A   28 εὑρο-
μεν D   οὐδ᾽ D   32 εἶναι om. c   κινεῖσθαι A   33 ἢ bis B

πῶς τοῦτο συνάγων, εἴπερ τὸ βαρὺ ἐπ' εὐθείας καὶ τὸ μὴ ἐπ' | εὐθείας 37ᵃ
οὐ βαρύ; οὐδὲ γὰρ τὸ ὑποθέσθαι βαρὺν ἢ κοῦφον μηδαμῶς ἐπ' εὐθείας
κινούμενον ἀποδεῖξαί ἐστι τό, κἂν μὴ κινῆται ἐπ' εὐθείας, βαρὸν εἶναι ἢ
κοῦφον· ἀλλ' ὁ οὕτως λέγων ὡς οὗτος ὅμοιόν τί μοι δοκεῖ λέγειν τῷ λέ-
5 γοντι, ὅτι, ἐὰν ἀποδείξω, ὅτι ἄνθρωπος οὐκ ἔχει πτερά, ὑποθῶμαι δὲ αὐτὸν 5
πέτεσθαι, δεδειχὼς ἔσομαι, ὅτι, κἂν μὴ ἔχῃ πτερά, οὐχὶ διὰ τοῦτο κω-
λύεται πέτεσθαι. καίτοι διὰ τοῦτο οὐ πέτεται, ὥσπερ διὰ τὸ μὴ ἐπ' εὐ-
θείας κινεῖσθαι οὔτε βαρὺς οὔτε κοῦφός ἐστιν ὁ οὐρανός, ὥστε ἀνακόλουθος
ἡ τοιαύτη ἀκολουθία. ἐν δὲ τοῖς κατὰ μέρος πῶς ἀποφαίνεται μὴ δυνατὸν 10
10 εἶναι δεῖξαι βάρους καὶ κουφότητος ἀπηλλάχθαι τὸν οὐρανόν, εἴπερ ἐναργές
ἐστι τὸ κύκλῳ αὐτὸν ἀλλὰ μὴ ἐπ' εὐθείας κινεῖσθαι; πῶς δὲ λέγει, ὅτι
εἰς ἀπόδειξιν τοῦ μὴ πεφυκέναι κινεῖσθαι ἐπ' εὐθείας τὸν οὐρανὸν τὸ ἕτερον
εἶναι τῆς τῶν εὐθυφορουμένων σωμάτων οὐσίας εἴληφε; τοὐναντίον γὰρ 15
ἀπὸ τοῦ κύκλῳ κινεῖσθαι τὸ ἕτερον εἶναι κατ' οὐσίαν ἀπέδειξεν ὁμολογού-
15 μενον λαβὼν τὸ κύκλῳ κινεῖσθαί τι σῶμα. λέγει γοῦν· "εἴπερ οὖν ἔστιν
ἁπλῆ κίνησις, ἁπλῆ δὲ ἡ κύκλῳ κίνησις, ἀναγκαῖον εἶναί τι σῶμα ἁπλοῦν,
ὃ πέφυκε φέρεσθαι τὴν κύκλῳ κίνησιν κατὰ τὴν αὑτοῦ φύσιν". καὶ παν- 20
ταχοῦ δὲ ἀπὸ τοῦ μὴ κατ' εὐθεῖαν ἀλλὰ κύκλῳ κινεῖσθαι τὸ εἶναί τινα
οὐσίαν ἄλλην παρὰ τὰς ἐνταῦθα συμπεραίνεται. καὶ ὅτι μὲν οὔτε ἄνω
20 οὔτε κάτω οὐδὲ ὅλως ἔξω τοῦ οἰκείου τόπου κινεῖται ὁ οὐρανός, κἂν μὴ
στερρὸς ἢ ἀντίτυπος ἦν, πρόδηλον, καὶ ὅτι κύκλῳ κινεῖται καὶ κατὰ φύσιν, 25
ἀλλ' οὐκ ἐπ' εὐθείας, καὶ ὅτι οὐδὲν ἔξω ἑαυτοῦ κρεῖττον ἔχει, πρὸς ὃ
κινήσεται, διὸ καὶ κύκλῳ κινεῖται. θαυμαστὴν δὲ αἰτίαν ἀπὸ τῆς τοῦ οὐ-
ρανοῦ στερρότητος ἀποδίδωσιν τοῦ μὴ ἀποσπᾶσθαί τι τοῦ οὐρανοῦ μόριον,
25 κἂν ὁμοφυὴς ᾖ τοῖς ὑπὸ σελήνην στοιχείοις. "οὐ γὰρ συνεφύετο, φησίν, 30
ἀποσπώμενα διὰ τὸ ἀντίτυπον καὶ δυσδιαίρετον καὶ ἔμεινεν ἂν ἀτελής."
καίτοι καὶ τὴν γῆν ἀντίτυπον νομίζει· πῶς οὖν ταύτης ἀποσπᾶται μόρια;
καὶ ἐν τοῖς ὑγροῖς δὲ κακῶς τὴν ἀντιπερίστασιν ᾐτιάσατο τοῦ μὴ ἀτελὲς
μένειν, ἐάν τι τῶν μορίων ὑπεξέλθῃ. ἡ γὰρ ἀντιπερίστασις συνεχὲς μὲν 35
30 δύναται ποιεῖν ἐπὶ τῶν τοιούτων, οὐ μέντοι ὅλον, ἂν μὴ ἀντεισαχθῇ τι τῷ
ἐξελθόντι. ὅλως δέ, εἰ τῶν μὲν ὑπὸ σελήνην ἀποσπᾶται μέρη, τοῦ δὲ
οὐρανοῦ διὰ τὴν στερρότητα καὶ τὴν ἰσχὺν τὴν ἀπὸ τοῦ σφαιρικοῦ σώ-
ματος ἐνδιδομένην οὐ πέφυκεν ἀποσπᾶσθαι, τίς οὐκ ἂν ἄλλης αὐτὸν φύσεως 40

---

2 ὑποτίθεσθαι E   μηδαμῶς—κοῦφον (4) om. D   3 ἀποδεῖξαι] -ξαι suprascr. E¹
κινεῖται A   4 ὁ om. E   ὡς om. b: del. E²   μοι δοκεῖ AB: δοκεῖ D: δοκεῖ
μοι Eb   5 ὅτι ὁ e corr. D   6 ἔχει B, sed corr.   7 διὰ] suprascr. E²
9 ἀποφαίνεται] ἀποδεῖξαι φαίνεται c   10 δεῖξαι om. c   12 —ναι κινεῖ—] in ras. E¹
13 εὐθυπορουμένων c   14 κύκλου B   15 τι] τι τὸ B   λέγει] 269ᵃ2 sq.
17 αὑτοῦ K²: αὐτοῦ ABDE: ἑαυτοῦ c   19 μὲν om. B   21 καὶ (alt.) om. Dc
22 ἀλλ'] καὶ Bc   23 κινηθήσεται D   τοῦ] περὶ τοῦ E   24 ἀποδιδῶ-
σι BDEc   ἀποσπασθῆναι D   25 ὁμοφυὲς BE   γὰρ] γὰρ ἂν c   27 ὀνο-
μάζει c   28 ᾐτιάσατο B   29 μένειν] μὲν εἶναι E: μὲν del. E²   μὲν om. E
30 ἀντιταχθῇ ABc   31 μέρη om. E   32 στερότητα A   33 ἐνδε-
δομένην c

εἴποι καὶ οὐσίας; πῶς δὲ κἂν πολυχρονιώτερον οὐκ ἀνάγκη τὸν οὐρανὸν 37ᵃ
εἶναι οὕτως ἰσχυρότερον ὄντα φύσει; ἰδοὺ γάρ, τὰ ὀστᾶ τῶν ζῴων, κἂν
φθαρτὰ καὶ αὐτά ἐστιν, ἀλλ' ὅμως στερροτέραν ἔχοντα τὴν σύστασιν πολὺ
χρονιώτερα σαρκῶν ἐστι καὶ φλεβῶν καὶ νεύρων καὶ τῶν ἄλλων ἐν τῷ 45
5 σώματι μορίων. ὥρα οὖν αὐτῷ φθείρειν τὸν κόσμον ἐπιθυμοῦντι τὸν οὐ-
ρανὸν ἀπολιπεῖν ἐπί τινα χρόνον | διαρκοῦντα μετὰ τὴν τοῦ ὑπὸ σελήνην 37ᵇ
φθοράν. καίτοι ὡς κατὰ τὴν αὐτὴν ἡμέραν οὐρανὸν καὶ γῆν νομίζει γε-
γενῆσθαι, κατὰ τὴν αὐτὴν ταῦτα καὶ φθαρῆναι ἀκόλουθον. πῶς οὖν, εἰ
ταῦτα, βέλτιστε, τοῖς σοῖς ἀκολουθεῖ λόγοις, παραγγέλλεις μηκέτι ζητεῖν, 5
10 διὰ τί τῶν μὲν ἄλλων στοιχείων ἐκπίπτει μόρια, τοῦ δὲ οὐρανοῦ οὐκέτι,
καίτοι ὁμοίως ὄντος φθαρτοῦ καὶ παθητοῦ τοῖς ἄλλοις καὶ ἰσοχρονίαν τὴν
σύστασιν ἔχοντος; ἐν δὲ τοῖς ἐφεξῆς ἄχρι τοῦ τέλους τοῦ δευτέρου βι-
βλίου οὐδὲν μὲν πρὸς τὰ προκείμενα φαίνεται λέγων οὐδὲ πρὸς τὸν ἑαυτοῦ 10
τάχα σκοπόν, ἐναντιολογίᾳ δὲ μόνον περιβαλεῖν τὸν Ἀριστοτέλην σπουδάζει,
15 καὶ οὕτως εἰς ἀντιλογίαν μόνην ἀπέβλεψεν ὁ ἀνὴρ οὗτος ὥστε καὶ ἄνω
ποταμῶν ἀναστέλλεσθαι, τὸ λεγόμενον, καὶ πρὸ τοῦ τὸν Ἀριστοτέλην λέ-
γειν, ἅπερ ἐναντία λέγειν ἑαυτῷ νομίζει, προπηδᾶν ἐπ' αὐτόν. ἀλλὰ τὸ 15
μὲν διὰ πολλῶν δεικνύναι λόγων συμφώνων, ὡς λέγει, τῷ Πλάτωνι τὸ καὶ
φυσικὴν εἶναι τὴν κυκλοφορίαν τοῦ οὐρανοῦ καὶ ὑπὸ ψυχῆς ἐνδεδόσθαι,
20 διότι ζῷον ὁ οὐρανός ἐστιν, εἰ καὶ διὰ μακροτέρων τῆς χρείας, ἀλλ' ἀληθῶς
εἰρῆσθαι νομίζω. μέμφεται δὲ τῷ Ἀριστοτέλει ἐν δευτέρῳ τῆσδε τῆς 20
πραγματείας ἀναιροῦντι, ὡς οἴεται, τὸ ὑπὸ ψυχῆς εἶναι τὴν ἐγκύκλιον κί-
νησιν, ὡς ἔδοξε Πλάτωνι, καὶ λέγειν παρὰ φύσιν αὐτὴν οὕτως ἔσεσθαι καὶ
ἀναπαύλης δεῖσθαι καὶ ἀντερείσεως, ὡς τὰ λοιπὰ ζῷα. καίτοι, φησί, καὶ
25 αὐτὸς Ἀριστοτέλης περὶ αὐτοῦ λέγων "ὁ δὲ οὐρανὸς ἔμψυχος," φησί, "καὶ 25
ἔχει κινήσεως ἀρχήν," καὶ περὶ τῶν ἀστέρων δὲ μὴ ὡς περὶ σωμάτων
μόνον καὶ μονάδων τάξιν μὲν ἐχόντων, ἀψύχων δὲ πάμπαν, διανοεῖσθαι,
δεῖν δὲ ὡς μετεχόντων ὑπολαμβάνειν πράξεως καὶ ζωῆς. "καίτοι εἰ ψυχὴν
ἔχει καὶ ἀρχὴν κινήσεως, ποίαν, φησί, κίνησιν ἄλλην ὑπ' ἐκείνης κινηθῆ- 30

---

1 καὶ—ἀνάγκη om. E   4 χειρότερα σαρκὸς Bc   5 ὅρα DEb   6 ἀπολεί-
πειν D   τὸν ἄχρονον E: corr. E²   τοῦ] τῆς B: τῶν c   7 ὥς] del. E²
κατὰ—γεγενῆσθαι (7. 8)] εἰ τὸν οὐρανὸν καὶ τὴν γῆν γενητὰ νομίζει καὶ mg. E²   8 αὐτὴν
ἡμέραν E   αὐτὰ D   φθαρῆναι] post p ras. 1 litt. E   11 καίτοι om. E
ἰσόχρονον E³: ἰσοχρόνιον c   12 τοῦ (prius) om. E   13 προσκείμενα c
14 ἐναντιολογίαις D   παραβαλεῖν B   Ἀριστοτέλη B   15 οὗτος D   ἀντιο-
λογίαν AB: ἐναντιολογίαν c   οὗτος om. c   ὥστε c: ὥστ' a: om. ABDEb
ἄνω ac: πρὸ ABDEb   16 ποταμοῦ D   ἀναστέλλεσθαι] ἄνω χωρεῖ D   Ἀριστοτέλη
BE¹: corr. E²   17 ἅπερ om. c   λέγειν DEb: μᾶλλον AB: αὐτὸν c
μᾶλλον νομίζει c   αὐτόν. ἀλλά] ἄλλο c   18 τὸ om. c   20 ἐστιν E: ἐστι
ABc   εἰ DEb: om. AB: ἅπερ εἰ c   ἀλλὰ D   21 δευτέρῳ] 284ᵃ27 sq.
23 καὶ λέγειν] quia dicebat b: καὶ λέγοντι c; fort. διὰ τὸ λέγειν   24 ἀναπαύλης D:
ἀναπαύλας E: ἀναπαύσεις AB: ἀναπαύσεως c   καὶ ἀντε— bis E, sed corr.
25 αὐτὸς ὁ E   φησί] 285ᵃ29   26 καὶ περὶ κτλ.] 292ᵃ18 sq.   δὲ] δὲ ἐπιτάτ-
τει D   27 μόνον BD: μόνων AEc   καὶ—τάξιν] in ras. E¹   28 δὲ om. c
μετεχόντων δὲ c

σεται ἢ τὴν τοπικήν, εἴπερ οὔτε γίνεται οὔτε φθείρεται οὔτε αὔξεται οὔτε
μειοῦται οὔτε ἀλλοιοῦται; εἰ δὲ καὶ ἐν τῷ ὀγδόῳ, φησί, τῆς Φυσικῆς
ἀκροάσεως αὐτὸς ἔδειξεν, ὅτι τὸ οὐράνιον σῶμα πεπερασμένον ἐστί,
τὸ δὲ πεπερασμένον πεπερασμένην ἔχει δύναμιν, ἄπειρος δὲ ἡ κυκλο-
5 φορία, ἀνάγκη ἄρα αὐτὴν ὑπὸ ἀπειροδυνάμου αἰτίου δίδοσθαι· ἡ δὲ φύσις
ἐν ὑποκειμένῳ οὖσα τῷ πεπερασμένῳ πεπερασμένη καὶ αὐτή ἐστιν· ἄλλο
ἄρα τι καὶ κατ' αὐτὸν τὸ κινοῦν τὸν οὐρανὸν τὴν κύκλῳ κίνησιν. πῶς
οὖν ἐκ μόνης φύσεως ἐνταῦθα δοκεῖ λέγειν αὐτήν;" ταῦτα οὖν ἐν τούτοις
αἰτιώμενος αὐτὸς μὲν οὐκ ἀδύνατον εἶναί φησι τὴν αὐτὴν κίνησιν καὶ ὡς
10 ὑπὸ ψυχῆς ἅμα καὶ ὡς ὑπὸ φύσεως γίνεσθαι. ὡς εἴ τις, φησίν, ἐπινοή-
σειε τῶν πτηνῶν τι ζῴων ἐπ' εὐθείας ὡς ἐπὶ τὸ κέντρον τὴν πτῆσιν
ποιούμενον· συντρέχει γὰρ τῇ φυσικῇ ῥοπῇ τοῦ σώματος ἡ τῆς ψυχῆς
ὁρμή· τὸν δὲ Ἀριστοτέλην νομίζει μὴ οὕτως ἔχειν ἐνταῦθα καὶ τὴν Ἀλε-
ξάνδρου ἐξήγησιν τοῦτο λέγουσαν ἀποσκευαζόμενος. χρὴ οὖν | ἀκοῦσαι
15 τῆς Ἀριστοτέλους λέξεως, εἰς ἣν ἀποτεινόμενος ταῦτα πάντα γέγραφεν
ἔχουσαν οὕτως· "ἀλλὰ μὴν οὐδὲ ὑπὸ ψυχῆς εὔλογον ἀναγκαζούσης μένειν
ἀΐδιον· οὐδὲ γὰρ τῆς ψυχῆς οἷόν τε εἶναι τὴν τοιαύτην ζωὴν ἄλυπον καὶ
μακαρίαν. ἀνάγκη γὰρ καὶ τὴν κίνησιν μετὰ βίας οὖσαν, εἴπερ κινεῖ φέ-
ρεσθαι πεφυκότος τοῦ πρώτου σώματος ἄλλως καὶ κινεῖ συνεχῶς, ἄσχολον
20 εἶναι καὶ πάσης ἀπηλλαγμένην ῥᾳστώνης ἔμφρονος." τίς οὐκ ἂν ἀκούσας
τοῦ Ἀριστοτέλους καὶ φυσικὴν τὴν κύκλῳ κίνησιν καὶ ἔμψυχον τὸν οὐρανὸν
λέγοντος ἐννοήσοι, ὅτι διὰ τούτων πρὸς ἐκείνους ἀποτείνεται τοὺς ψυχικὴν
μόνον λέγοντας τὴν κύκλῳ κίνησιν τὸ κατὰ φύσιν μὴ προσλογιζομένους;
ἐπεὶ ὅ γε Πλάτων καὶ ἐν Τιμαίῳ πρώτην αὐτῷ κατὰ τὴν φύσιν τὴν
25 κυκλικὴν κίνησιν ἀποδίδωσιν καὶ τότε τὴν μετὰ τῆς ψυχῆς. λέγει δὲ
περὶ μὲν τῆς κατὰ φύσιν οὕτως· "χειρῶν δέ, αἷς οὔτε λαβεῖν οὔτε αὖ
τινα ἀμύνασθαι χρεία τις ἦν, μάτην οὐκ ᾤετο δεῖν αὐτῷ προσάπτειν οὐδὲ
ποδῶν οὐδὲ ὅλως τῆς περὶ τὴν βάσιν ὑπηρεσίας. κίνησιν γὰρ ἀπένειμεν
αὐτῷ τὴν τοῦ σώματος οἰκείαν τῶν ἑπτὰ τὴν περὶ νοῦν καὶ φρόνησιν μά-
30 λιστα οὖσαν· διὸ δὴ κατὰ ταὐτὰ ἐν τῷ αὐτῷ καὶ ἐν ἑαυτῷ περιαγαγὼν
αὐτὸ ἐποίησε κύκλῳ κινεῖσθαι στρεφόμενον, τὰς δὲ ἓξ ἁπάσας ἀφεῖλεν καὶ

---

1 εἴπερ DEb: εἴπερ A: ἤπερ Bc   2 δὲ DEb: in ras. A: om. Bc   καὶ om. A
καὶ—ἀκρο- (3)] post ἔδειξεν repet. E seq. ras. 4 litt.: corr. E¹   ὀγδόῳ] cap. X
5 ἀπειροδυναμίας B   αἰτίου DE: αἴτιον B: αἰτίας Ac   δεδόσθαι c   6 οὖσα
om. c   καὶ] ἐστὶ καὶ Dc   ἐστιν om. Dc   ἄλλη B   10. 11 ἐπινοήσει E
13 Ἀριστοτέλη BE: corr. E²   οὕτω λέγειν c   16 λέγουσαν A, sed corr.   οὕτως
ἔχουσαν D   οὕτως] 284ᵃ27—32   18 οὖσαν — πρώτου (19)] mg. E²
18. 19 κινεῖ φέρεσθαι] κινεῖσθαι c   19 ἀλλ' ὡς E: corr. E²   κινεῖσθαι B
20 οὖσας A: οὖσαν post lac. 2 litt. B   22 ἐννοῆσαι Ec   ψυχὴν E: corr. E²
24 κατὰ τὴν] κατὰ D: τὴν κατὰ c   τὴν (alt.) bis B   25 ἀποδίδωσιν AE: ἀποδίδωσι BD   λέγει] Tim. 33 d sq.   26 φύσεως AB   27 ἀμύνεσθαι AE
28 ὅλως Ab: ὅλης BDE   τῆς] τὰς c   30 ταὐτά] e corr. D   αὐτῷ E
παραγαγὼν B   31 αὐτὸς B   ἀφεῖλε BDEc

ἀπλανὲς ἀπειργάσατο ἐκείνων." περὶ δὲ τῆς ψυχικῆς τάδε ⟨γέγραφε μετ᾽ 38ᵃ
ἐκεῖνα οὐ προσεχῶς· "ἐπειδὴ κατὰ νοῦν τῷ ξυνιστάντι πᾶσα ἡ τῆς ψυχῆς
ξύστασις ἐγεγένητο, μετὰ τοῦτο πᾶν τὸ σωματοειδὲς ἐντὸς αὐτῆς ἐτεκτή- 25
νατο καὶ μέσον μέσῃ ξυναγαγὼν προσήρμοττεν. ἡ δὲ ἐκ μέσου πρὸς τὸν
5 ἔσχατον οὐρανὸν πάντῃ διαπλακεῖσα κύκλῳ τε αὐτὸν ἔξωθεν περικαλύψασα
αὐτὴ ἐν αὑτῇ στρεφομένη θείαν ἀρχὴν ἤρξατο ἀπαύστου καὶ ἔμφρονος
βίου". ὁ δὲ Ἀριστοτέλης τὸ ὑπὸ "ψυχῆς ἀναγκαζούσης" κινούμενόν φησιν 30
μήτε αὐτὸ "μένειν ἀίδιον", εἰ παρὰ τὴν ἑαυτοῦ δηλονότι φύσιν ἀναγκάζοιτο
ἄλλως αὐτὸ πεφυκός, μήτε "ἄλυπον καὶ μακαρίαν" συγχωρεῖν εἶναι τὴν
10 τοῦ κινοῦντος ζωήν. καὶ ἀρκεῖ πάντα τὰ ὑπὸ τοῦδε τοῦ ἀνδρὸς εἰρημένα
διαλῦσαι τὸ 'ἀναγκαζούσης' προσκείμενον. εἰ δὲ καὶ τῷ σώματι κατὰ 35
φύσιν ἐστὶ καὶ τῇ νοερᾷ ψυχῇ ἡ κύκλῳ κίνησις, εἰκότως ἀίδιόν ἐστι καὶ
μακάριον καὶ τὸ κινοῦν καὶ τὸ κινούμενον. θαυμαστῶς δὲ οὗτος καὶ τῶν
τοῦ Πλάτωνός ἐστι διακορὴς ὥσπερ τῶν τοῦ Ἀριστοτέλους. τοῦ γὰρ
15 Πλάτωνος καὶ πρὸ τοῦ τὴν ψυχὴν τῷ οὐρανῷ προσθεῖναι τὴν ἐγκύκλιον 40
αὐτῷ κίνησιν ἀποδόντος οὗτος ὅμως ὡς ψυχικῆς μόνως ὑπ᾽ αὐτοῦ λεγο-
μένης ἀπολογεῖται ὑπὲρ τοῦ Πλάτωνος λέγων, ὅτι οὐκ ἔστι παρὰ φύσιν τῷ
σώματι, ἐπειδὴ οὐκ ἔχει τινὰ ἄλλην κατὰ φύσιν, ὥσπερ οὐδὲ τῷ παντὶ
κόσμῳ οὐδεμία τοπικὴ κίνησίς ἐστι παρὰ φύσιν, ἐπεὶ μηδὲ κατὰ φύσιν ἐν 45
20 τόπῳ κινεῖται. ταῦτα οὖν καὶ πρὸς αὐτὸν ῥητέον περὶ τοῦ ὑπεκκαύματος
ὅλου ἐρωτῶντα, | εἰ κατὰ φύσιν ἐστὶν αὐτῷ ἢ παρὰ φύσιν ἡ κύκλῳ κί- 38ᵇ
νησις. μὴ γὰρ ἔχον τινὰ κατὰ φύσιν, εἴπερ μὴ ἔχει ταύτην, οὔτε κατὰ
φύσιν αὐτῷ ῥητέον οὔτε παρὰ φύσιν ἀλλ᾽ ὑπὲρ φύσιν, ὡς εἴρηται. ἐπειδὴ
δὲ σκοπὸν ἔχων, ὡς καὶ αὐτὸς ὁμολογεῖ, τοῖς περὶ τῆς ἀιδιότητος τοῦ 5
25 οὐρανοῦ λεγομένοις ἀντιτάττεσθαι, οὐκ ἠρκέσθη τοῖς ἐν τῇ Περὶ οὐρανοῦ
γεγραμμένοις ἀντιγράφειν, ἀλλὰ καὶ πρὸς τὸ ἐν τοῖς Μετεώροις ὑπὸ τοῦ
Ἀριστοτέλους λεγόμενον, ὅτι οὐκ ἔστι πύριος ὁ οὐρανός, καὶ πρὸς τοῦτο
ἀντιλέγων τὸ τρίτον αὐτοῦ βιβλίον ἐδαπάνησεν, οὐδὲν κωλύει καὶ τούτων 10
ὑποδεῖξαι τὸ σαθρόν, καὶ μάλιστα ὅτι συμβήσεται ἡμᾶς μαθεῖν, ποῖον πῦρ

---

1 ἀπλανεῖς D τάδε DEb: τόδε ABc γέγραφε Db: γραφὲν ABE¹c: γράφει E²
γέγραφε] Tim. 36 d sq. 2 οὐ] αὖ c ἐπεὶ δὲ c ξυνιστάτη E: corr. E²
3 ξύστασις A: σύστασις BDE ἐγεγόνει E τὸ μετὰ E ἐν τοσαύτης AE:
corr. E²: ἐν τοσαύταις B 3. 4 ἐτεκτείνατο A: ἐτεκταίνετο c 4 μέσῃ] μέσης B
συναγαγὼν A, sed corr. δ᾽ c 6 αὑτῇ] ἀλύτως αὐτῇ D: αὐτή τε c αὐτῇ E²:
αὐτὴ ABDE¹ 7 Ἀριστοτέλης] de caelo B 1 284ᵃ27 φησι DE 9 ἄλλως]
ἀλλ᾽ οὐχ ὡς c συγχωρεῖ c 11 καὶ om. ABc 12 ἀίδιον b: ἀίδιος ABDE
13 μακάριον b: μακαρία ABDE 14 ἐστί] seq. ras. 1 litt. E 15 πρὸ] corr. ex
πρὸς A: πρὸς B ψυχὴν om. AB 16 μόνως] αὐτῷ μόνως D 17 λέγων]
—ν e corr. E² 18 κατὰ] παρὰ B 21 ἐρῶ ceteris a bibliopega sublatis A: ὁρῶν-
τα B ἐστὶν—φύσιν om. D 21. 22 κίνησις ἢ παρὰ φύσιν ἐστὶν αὐτῷ D
22 ἔχων E ἔχοι Bc 23 ἀλλ᾽—φύσιν] mg. E² εἶναι ὡς c 25 ἐν τῇ
om. D 26 γεγραμμένης E: corr. E² ἀντιγραφῇ E πρὸς τὸ om. E
τὸ] postea add. A Μετεώροις] I 3 27 πύρειος D ταῦτα D 28 οὐδὲ
AB 29 ἀποδεῖξαι Ac μαθεῖν ἡμᾶς DE

εἶναι τὸν οὐρανὸν ὁ Ἀριστοτέλης ἀποφάσκει, ποῖον δὲ ὁ Πλάτων ἐνδείκνυ- 78b
ται τὸ τοῦ οὐρανοῦ πύριον, ποῖον δὲ οὗτος λέγων ὡς τῷ Πλάτωνι σύμ-
φωνον οὐκ αἰσθάνεται. τοῦ τοίνυν Ἀριστοτέλους εἰπόντος ἐν πρώτῳ τῶν 15
Μετεώρων, ὅτι, εἴπερ ἐκ πυρὸς ἦν ὁ οὐρανὸς ὅλος μετὰ τῶν ἄστρων,
5 πάλαι φροῦδον ἦν ἕκαστον τῶν ἄλλων στοιχείων, οὗτος πρῶτον μὲν τὴν
ὁμοίαν ἀπορίαν καὶ τὸ ὑπέκκαυμα παρέχεσθαί φησι μεῖζον τῶν ὑπ' αὐτοῦ
περιεχομένων ὑπάρχον· ἀλλ' οὐκ ἔστι, φησί, καυστικὸν οὔτε τὸ τοῦ ὑπεκ- 20
καύματος οὔτε τὸ οὐράνιον πῦρ, ἀλλὰ τὸ καυστικὸν τὸ παρ' ἡμῖν ἐστιν
ὑπερβολὴ πυρὸς ὂν κατὰ τὸν Ἀριστοτέλην. ἐν δὲ τούτοις ἐπιστῆσαι χρή,
10 ὅτι πᾶς ὁ λόγος αὐτῷ σπουδάζει πάλιν ὁμοφυὲς δεῖξαι τὸ οὐράνιον σῶμα
τοῖς ὑπὸ σελήνην, ὥστε καὶ φθαρτὸν ὁμοίως αὐτοῖς ἀποδειχθῆναι. εἰ οὖν 25
τὰ ὑπὸ σελήνην δρᾶν εἰς ἄλληλα καὶ πάσχειν ὑπ' ἀλλήλων καὶ μεταβάλλειν
εἰς ἄλληλα πέφυκε, δῆλον, ὅτι καὶ τὸ οὐράνιον, εἴτε πῦρ εἴτε ἄλλο τι τῶν
ὁμοφυῶν ἦν, πάσχειν ὑπὸ τῶν ὑπὸ σελήνην ἀνάγκη καὶ δρᾶν εἰς αὐτὰ καὶ
15 ἰσοσθενὲς πρὸς αὐτὰ ὑπάρχειν. τοσαύτης οὖν οὔσης κατὰ μέγεθος τῶν
οὐρανίων πρὸς τὰ ὑπὸ σελήνην ὑπεροχῆς, ὅσην δείκνυσιν ἀστρονομία ση- 30
μείου καὶ κέντρου λόγον ἔχειν τὴν γῆν πρὸς τὰ ὑπὲρ τὸν ἥλιον δεικνῦσα,
ἐὰν καὶ τὸ ὑπέκκαυμα τῷ οὐρανῷ προσθῶμεν εἰς τὴν τοῦ πυρὸς ὁλότητα,
πῶς δυνατὸν ἰσοσθενεῖν τι πρὸς αὐτὸ τῶν ὑπὸ σελήνην στοιχείων; πῶς δὲ
20 οὐκ ἂν ῥᾳδίως ὑπ' αὐτοῦ κρατηθέντα τὰ ἄλλα φροῦδα παντάπασιν ἦν, οὐχὶ 35
καιόμενα (τοῦτο γὰρ οὐδὲ Ἀριστοτέλης ἐπήγαγεν ἐν τούτοις), ἀλλὰ μετα-
βαλλόμενα εἰς ἐκεῖνο, ὁποῖόν ποτε ἂν ἦν; καὶ μάτην πολλοὺς ἐν τούτοις
ἐδαπάνησε λόγους δεικνύς, ὅτι αἱ τῶν στοιχείων ποιότητες οὐ πρὸς ἀνα-
λογίαν ἐπαύξονται τοῦ ὄγκου τῶν σωμάτων, ἐν οἷς ἔχουσι τὸ εἶναι· οὐδὲ 40
25 γὰρ τὸ μυριοπλάσιον, εἰ τύχοι, ὕδωρ μυριοπλασίονα τὴν ψύξιν ἔχει, ἀλλ'
ὁμοίως ψυχρὸς ὁ ἀπὸ θαλάττης κύαθος τῇ ὅλῃ θαλάττῃ. οὐκ ἐπέστησε
γάρ, ὅτι, κἂν μὴ ἐπιτείνηται τὸ εἶδος ὡς μᾶλλον γενέσθαι ψυχρόν, ἀλλὰ
συμπλεονάζεται τῷ ποσῷ τοῦ ὄγκου, διὸ καὶ δραστικώτερον τὸ πλέον τοῦ 45
ἐλάττονος, καὶ μᾶλλον ὁ ἐν μεγάλῳ οἰκήματι | ψυχρὸς ἀὴρ ψύχει τοῦ ἐν 39a
30 ἐλάττονι, κἂν ἡ αὐτὴ ποιότης τῆς ψύξεως ᾖ, καὶ ἧττον πάσχει τὸ μεῖζον
ἤπερ τὸ ἔλαττον, ὅπερ καὶ οὗτος ὡμολόγησε. κἂν γὰρ ἡ ἔξωθεν ἐπεισιοῦσα
ποιότης καὶ ἐν ἐλάττονί ποτε μεγέθει σφοδροτέρα ποτέ ἐστιν, ἀλλ' ᾗ γε 5
κατὰ φύσιν ἀνάλογον ἔχει πρὸς τὸ μέγεθος οὐ μᾶλλον γινομένη οὐδὲ

---

1 ἀποφάσκει] ἀπο— supra add. A   2 πύρειον D   λέγει B: λέγειν c
2. 3 συμφωνῶν D   3 αἰσχύνεται c   πρώτῳ] 340ᵃ2   7 παρασχομέ-
νων B   8 τὸ (alterum) om. c   9 δὲ] δὴ D   12 pr. καὶ—ἄλληλα (13) om. c
13 τι ἄλλο D   14 ὑπὸ (pr.)] ἀπὸ DE   ταῦτα c   15 ἰσοσθενὲς E²b: -ὲς e corr. D:
ἰσοσθενεῖν ABE¹   16. 17 τὴν γῆν σημείου c   17 τὴν γῆν om. c   19 τι om. E
αὐτὸν E   τῶν] mut. in τὰ E²   στοιχείων] mut. in στοιχεῖα E²   22 ὁπόσον
AB   καὶ] κἂν AB   πολλοῖς A   23 ἐδαπάνησα AB   λόγον A, sed corr.
25 τὸ om. c   τὸ ὕδωρ c   μυριοπλάσιον D   26 ψυχρῶς A, sed corr.   27 μὴ
om. D   ἐπιτείνηται D: ἐπιτείνεται ABE   28 δραστηκότερον B   29. 30 ἐν ἐλάτ-
τονι] ἐλάττονος E   30 πάσχῃ c   31 εἴπερ AE: corr. A¹E²   ὡμολόγησεν E, sed
corr.   ἐπιοῦσα D   32 ποιότης DE²b: πιότης E¹: ποσότης AB

σφοδροτέρα, ἀλλὰ τῷ μεγέθει, ἐν ᾧ ἐστι, συναυξομένη· διὸ καὶ δυσπαθέ- 39ᵃ
στερά ἐστι τὰ μείζονα μεγέθη κατὰ ποιότητα, διότι πλείων ἡ ποιότης ἐν
τοῖς μείζοσιν· οὐ γὰρ κατὰ τὸν ὄγκον πάσχει ἀλλοιούμενα, ἀλλὰ κατὰ 10
τὴν ποιότητα. εἰ οὖν ἐγγὺς ἀπειροπλάσιον τὸ οὐράνιον μετὰ τοῦ ὑπεκ-
καύματός ἐστι τῷ μεγέθει καὶ ἡ δύναμις τοσαυταπλασίων τῆς δυνάμεως,
πῶς οὐ "πάλαι φροῦδον ἕκαστον ἦν τῶν ἄλλων στοιχείων" κατὰ τὸν Ἀρι-
στοτέλην ὑπ' ἐκείνων μεταβληθέν; καὶ οὐ μάτην τὸ "ἕκαστον" εἶπεν, 15
ἀλλ' ἵνα τὴν ὑπερβολὴν αὐξήσῃ τῆς ὑπεροχῆς. οὗτος δὲ ἠρκέσθη τῷ μὴ
καυστικὸν ἐκεῖνο τὸ πῦρ εἶναι οὐκέτι τὸ ὁμοφυὲς καὶ τὴν εἰς ἄλληλα
μεταβολὴν αὐτῶν λογισάμενος. οἷα δὲ καὶ ταῦτα προστέθεικεν οὗτος
ὁ δυστυχῶς τῶν ἐν φιλοσοφίᾳ λόγων ἀκηκοώς· ἀλλ' ἐπειδὴ καὶ
ἀπιστεῖν νομίζω τινάς, εἴ τις τῶν γράφειν ἐπιχειρούντων οὕτως ἀνάγωγος 20
ἦν ὡς ταῦτα ἀγνοεῖν, ἀνάγκη μοι πάλιν αὐτὰ τὰ ὑπ' αὐτοῦ λεγόμενα
παραγράφειν· "ὅτι γὰρ καὶ ἡ πολλὴ τῶν οὐρανίων διάστασις καὶ μάλιστα
τῶν ἄστρων, ἅπερ καὶ μᾶλλον τῆς τοῦ πυρὸς οὐσίας εἶναι τοῖς ἀρχαιο-
τέροις ἔδοξεν, ἀσθενεστέραν ποιεῖ τὴν ἐξ ἐκείνων ἐγγινομένην τοῖς τῇδε 25
θερμότητα, σαφῶς ὁ ἥλιος δείκνυσιν ἐκεῖνα μάλιστα θερμαίνων, οἷς ἂν
πλησιαίτερος γένηται. τί οὖν ἡ ἐν τῇ ἀπλανεῖ σφαίρᾳ θερμότης, εἰ θερ-
μῆς ἔτυχε φύσεως, εἰς τὰ περὶ γῆν τοσοῦτον διεστῶτα κατὰ ποιότητα
δράσειεν; οὔτε γὰρ ἡ ἐξωτάτω εἰς τὰς ἐφεξῆς σφαίρας ὁμοίας οὔσας οὔτε 30
ἐκεῖναι εἰς τὸ ὑπέκκαυμα κατὰ ποιότητα ποιεῖν ἐδύναντο· οὐ γὰρ πέφυκεν
ὑπὸ τοῦ ὁμοίου πάσχειν τὸ ὅμοιον· ἔμενεν οὖν ἐπὶ τῆς ἑαυτοῦ φύσεως
τὸ ὑπέκκαυμα μηδὲν ὑπὸ τῆς ἐν ταῖς σφαίραις ὑπομένον θερμότη-
τος, οὐδὲ αὐτὸ τὸ ὑπέκκαυμα πλέον τι ἤπερ νῦν εἰς τὰ ἐντὸς ἔδρασεν 35
ἄν, κἂν εἰ πύρια ἦν τὰ πέριξ ἅπαντα, καὶ μάλιστα ἐπειδὴ μηδὲ φλόγα
καυστικήν, ὅπερ πολλάκις εἴπομεν, ἐκεῖνο τὸ πῦρ ὑποτίθενται". ἐν τού-
τοις δῆλός ἐστιν οὗτος νομίζων, ὅτι ὁ ἥλιος διὰ τὸ πλησιάζειν ἡμῖν μᾶλλον
ἐν τῷ θέρει διὰ τοῦτο μᾶλλον ἡμᾶς τότε θερμαίνει, καὶ δῆλον, ὅτι καὶ 40
μεσημβριάζοντα μᾶλλον ἡμῖν αὐτὸν νομίζει πλησιάζειν ἤπερ ἀνατέλλοντα
ἢ δύνοντα· θερμαίνει γὰρ ἡμᾶς μᾶλλον μεσημβριάζων· καὶ ἀγνοεῖ τοῦτο,

---

2 μεγέθει D   κατὰ τὰς ποιότητας E   πλεῖον E   πιότης E: corr. E²
3 κατ' ὄγκον A, sed corr.   πάσχει τὰ D   4 πιότητα E: corr. E³   6 πῶς
οὐ DEb: αὐτοῦ ABc   6. 7 Ἀριστοτέλην] Meteorol. A 3 340ᵃ2   7 ἐκεῖνον E:
corr. E²   10 προστέθηκεν A   οὗτος om. E   12 τις] corr. ex τι E²
14 γράφειν Eb   16 ἐγγενομένην ABEc   17 θερμότητος A: θερμότητι E: corr. E²
18 ἡ add. E²   19 τοσοῦτος A, sed corr.   κατὰ τὴν ABc   πιότητα E:
corr. E²   20 δράσειεν ἄν?   21 ante κατὰ add. ὅμοιον ὂν mg. E²   πιό-
τητα E: corr. E²   ποιεῖν — ὅμοιον (22)] ὅμοιον E: δρῶσιν οὐ γὰρ πέφυκε τὸ ὅμοιον
πάσχειν ὑπὸ τοῦ ὁμοίου mg. E²   ἠδύναντο D   22 ἔμενεν BE²c   24 οὐκοῦν
οὐδὲ D   αὐτὸ] αὖ c   τι] corr. ex τῇ E²   ἐκτὸς Ac   ἔδρασε Bc
25 ἂν om. Bc   κἂν om. A   εἰ] corr. ex ἢ E²   πύρεια D   μάλιστ' B
                                                                β   α
26 ὑποτίθεται Bbc   29 μᾶλλον ἡμῖν DEb: μᾶλλον ἡμῖν A: ἡμῖν μᾶλλον B   deinde
rep. ἐν τῷ θέρει διὰ τοῦτο μᾶλλον ἡμῖν e lin. 28 AB

ὅτι καὶ πρὸς τὴν τοῦ ἡλίου σφαῖραν ἡ γῆ σχεδόν τι σημείου λόγον ἐπέχει, 39ᵃ ὥστε καὶ ἐλαχίστην εἶναι τὴν παράλλαξιν διὰ τοῦτο τῆς ἀκριβοῦς ἐποχῆς 45 αὐτοῦ πρὸς τὴν ὑφ' ἡμῶν ὁρωμένην. πῶς οὖν τοσούτῳ πλη|σιαίτερον 39ᵇ ἡμῶν ἢ πορρώτερον γίνεται ὥστε διὰ τοῦτο τοσαύτην γίνεσθαι τοῦ θέρους
5 πρὸς τὸν χειμῶνα κατὰ θερμασίαν διαφοράν; ἀγνοεῖ δὲ καί, ὅτι, ὥσπερ καθ' ἑκάστην ἡμέραν καίτοι ἴσον ἡμῶν ἀφεστηκὼς ὁ ἥλιος κατὰ πᾶσαν αὐτοῦ θέσιν θερμαίνει μᾶλλον ἡμᾶς ἐν ταῖς μεσημβρίαις διὰ τὴν τῶν ἀκτί- 5 νων εἰς ἑαυτὰς μᾶλλον ἀνάκλασιν, οὕτως δὲ καὶ ἐν τῷ θέρει πλησιάζων οὐχ ἡμῖν μᾶλλον, ἀλλὰ τῷ κατὰ κορυφὴν ἡμῶν σημείῳ, καὶ ἐν τῷ χει-
10 μῶνι πάλιν ἀφιστάμενος αὐτοῦ τὴν κατὰ θερμότητα καὶ ψῦξιν διαφορὰν τῶν ὡρῶν ἀπεργάζεται. ἀκούεις δέ, ὅτι καὶ θερμὸν εἶναι τὸ οὐράνιον 10 σῶμα νομίζων καὶ ὁμοίᾳ θερμότητι τοῦ ὑπὸ σελήνην πυρὸς ἀδρανὲς αὐτὸ μόνον τῶν ἐν τῷ κόσμῳ σωμάτων εἶναί φησι· μήτε γὰρ τὴν ἀπλανῆ δρᾶν εἰς τὰς ὑφ' ἑαυτὴν τοῦ οὐρανοῦ σφαίρας μήτε τὸν ὅλον οὐρανὸν εἰς τὸ
15 ὑπέκκαυμα. "οὐ γὰρ πέφυκε, φησίν, ὑπὸ τοῦ ὁμοίου πάσχειν τὸ ὅμοιον, 15 ἀλλὰ μόνον τὸ ὑπέκκαυμα εἰς τὰ ὑφ' ἑαυτὸ δρᾷ· καὶ δῆλον, ὅτι, κἂν ζωτική τίς ἐστιν ἡ τοῦ οὐρανοῦ θερμότης, ὡς οὗτος βούλεται, οὐ μεταδώσει τοῖς ὑπὸ σελήνην αὐτῆς." πῶς δὲ τὸν μὲν ἀπλανῆ οὐρανὸν θερμὸν ὑποθέμενος ἀδρανῆ φησιν αὐτὸν παντελῶς, τὸν δὲ ἥλιον θερμαίνειν ἡμᾶς; 20
20 καὶ γὰρ καὶ αὐτὸς κατὰ τὸν αὐτοῦ λόγον εἰς τὰς οὐρανίας οὐδὲν δράσει σφαίρας· "οὐ γὰρ πέφυκεν, ὥς φησιν, ὑπὸ τοῦ ὁμοίου πάσχειν τὸ ὅμοιον" ἀλλ' οὐδὲ εἰς τὸ ὑπέκκαυμα, ὥστε οὐδὲ εἰς τὰ τῇδε. ἀλλ' ἆρα οὐ ποιεῖ μέν τι κατὰ τὰς ἑαυτοῦ ποιότητας εἰς τὰ ὑπὸ σελήνην ὁ οὐρανός, πάσχει 25 δὲ ὑπ' αὐτῶν, ἢ μήτε ποιῶν μήτε πάσχων τὰς αὐτὰς ἔχειν ποιότητας καὶ
25 ὁμοφυὴς αὐτοῖς ὑπὸ τούτου λέγεται τοῦ χρηστοῦ; δῆλον δέ, ὅτι κατὰ τοὺς εἰρημένους ὑπ' αὐτοῦ λόγους οὐδὲ τὸ ὑπέκκαυμα δράσει τι εἰς τὸν ἀέρα πλὴν κατὰ τὸ ἔσχατον ἑαυτοῦ μέρος τὸ πλησιάζον τῷ ἀέρι καὶ ὁ ἀὴρ 30 πάλιν κατὰ τὰ ἔσχατα. πῶς δὲ ὁ τὸν οὐρανὸν πρότερον στερρότερον καὶ ἰσχυρότερον καὶ κυριώτερον ὁμολογῶν νῦν πάντων ἀπέφηνεν ἀδρανέστερον;
30 εἰπόντος δὲ τοῦ Ἀλεξάνδρου αἰτίαν εἶναι τοῦ σώζεσθαι καὶ συμμένειν τὰ στοιχεῖα καὶ μὴ φθείρεσθαι ὑπ' ἀλλήλων τὴν τῶν δυνάμεων αὐτῶν ἰσό- 35 τητα, πολὺ δὲ ἂν ὑπερβάλλοι ὁ ἀήρ, εἰ μέχρι τοῦ οὐρανοῦ διήκοι, καὶ πρὸς ταῦτα ἀντιλέγων οὗτος "καὶ ὀλίγον, φησίν, ἐνδέχεται ἀέρα πάνυ κατεψῦχθαι ἢ τεθερμάνθαι καὶ πολὺν ἠρεμαιότερον." καὶ δῆλον, ὅτι τὰς μὲν
35 ἐπεισάκτους ποιότητας οὐδὲν κωλύει καὶ ἐν ὀλίγῳ σφοδροτέρας εἶναι, ὡς 40

---

1 καὶ om. Abc   3 ὑμῶν E   ὁρμωμένην B   πλησιέστερον D   4 γίνεσθαι] γίνεται E: corr. E²   10 τὴν om. D   12 αὐτῷ AE   13 φησὶν εἶναι D   15 οὐ—ὑπέκκαυμα (16) om. D   16 μόνον E²b: μένον ABE¹   ἑαυτῷ E   18 ἑαυτῆς c   μὲν om. E   οὐρανὸν om. E   20 οὗτος D   αὐτοῦ DEb: αὐτὸν ABc   οὐρανίους E   22 οὐδὲ (prius)] οὐδ' c   εἰς (prius) om. D   23 τὰ] suprascr. A   24 ἔχει Bc   25 τοῦ] τοῖς B   χρηστοῖς B   27 τὸ (prius) om. D   αὐτοῦ E   τῷ ἀέρει (ἀέρι E²) τῷ (τὸ E²) πλησιάζον E   29 ἀδρανέστατον Ac   31 καὶ] ἢ B   32 ὑπερβάλοι D

6*

εἴρηται, καὶ ἐν πολλῷ ἠρεμαιοτέρας, τὰς μέντοι κατὰ φύσιν τῷ ἀέρι προσ- 39ᵇ
ούσας ἀνάγκη τῷ μεγέθει αὐτοῦ συμπαρατετάσθαι καὶ τὰς δυνάμεις τὰς
φυσικὰς κατὰ ταύτας λαμβάνειν, ἀλλ' οὐχὶ κατὰ τὰς ἐπεισάκτους, καὶ τὴν
ἰσότητα τῶν δυνάμεων τούτων ἀκούειν χρή. εἰ τοίνυν ἀὴρ ἦν ἁπλῶς τὸ 45
5 ὑπὲρ τὴν γῆν ἄχρι τοῦ οὐρανοῦ πᾶν, πῶς ἂν ἦν σύ|στοιχον τοῖς ἄλλοις 40ᵃ
στοιχεῖον; ἢ πῶς ἰσοδύναμα τὰ ἄλλα ἦν αὐτῷ τοσαύτην ὑπεροχὴν ἔχοντι
κατὰ τὸ μέγεθος; κἂν γὰρ μὴ ἰσομεγέθη τὰ στοιχεῖά ἐστιν, ἀλλ' ἔχειν
τινὰ χρὴ πρὸς ἄλληλα λόγον εὐάρμοστον, εἰ δὲ ὁ οὐρανὸς ὅλος καὶ
τὸ ὑπέκκαυμα πῦρ ἦν, τίς ἂν εἴη τῶν ἄλλων πρὸς ταῦτα λόγος κατὰ μέ- 5
10 γεθος ἢ τῆς γῆς πρὸς τὸ ἀπὸ γῆς ἄχρι τοῦ οὐρανοῦ χύμα τοῦ ἀέρος;
ἐπεὶ δέ, οὐκ οἶδα ὅπως, τὰ Πλάτωνος ἀρέσκειν τούτῳ δοκεῖ μήτε διδασκά-
λων ἐν αὐτοῖς, ὥς φασι, τυχόντα μήτε αὐτὸν φιλομαθῶς ἐζητηκότα τὸν
τοῦ Πλάτωνος νοῦν καὶ διὰ τοῦτο νομίζοντα ποτὲ μὲν ταῖς αὐτοῦ φαντα- 10
σίαις συνᾴδειν τὰ Πλάτωνος, ποτὲ δὲ τοῖς Ἀριστοτέλους ἐναντιοῦσθαι,
15 ἴδωμεν, τίνα καὶ νῦν τῶν Πλάτωνος παρατίθεται. "Πλάτων, φησίν, οὐκ ἐκ
πυρὸς μόνου τὰ οὐράνια σώματα ὑπέθετο, ἀλλὰ πλείστου μάλιστα μετέχειν
τοῦ τοιούτου πυρός, ὃ καὶ τῶν λοιπῶν στοιχείων τὴν μῖξιν εὐκραεστέραν 15
ποιεῖ, πάσης μέν, φησίν, ἀπὸ πάντων τῶν στοιχείων τῆς λεπτομεροῦς καὶ
καθαρωτάτης οὐσίας καὶ εἴδους πρὸς τὰ λοιπὰ λόγον ἐπεχούσης εἰς τὸ
20 τῶν οὐρανίων σωμάτων ἀποκριθείσης σύγκριμα, τῆς δὲ ὁλικωτέρας αὐτῶν
καὶ ἵνα οὕτως εἴπω τρυγώδους μοίρας ὑποστάσης ἐνταῦθα, καὶ τὰ ἄστρα 20
δὲ καὶ τὸν ἥλιον ἐκ τοιούτου πυρὸς εἶναι Πλάτων βούλεται." εἰ τοίνυν
ἀπὸ τῆς λεπτομεροῦς καὶ καθαρωτάτης τῶν στοιχείων οὐσίας ὁ οὐρανὸς
συνέστη καὶ εἴδους λόγον ἐχούσης ὡς πρὸς ὕλην καὶ τρύγα τὴν τῶν ἐν-
25 ταῦθα στοιχείων οὐσίαν, πῶς ὁμοφυῆ τοῖς ἐνταῦθα τὰ οὐράνια νομίζει 25
καὶ ὁμοίως φθαρτά, τάχα δὲ καὶ ἔτι μᾶλλον, εἴπερ τούτων ἡ ὁλότης
ἄφθαρτος δείκνυται; εἰ γὰρ ἡ ἄλλου φθορὰ στοιχείου μεταβολή ἐστιν εἰς
ἄλλο καὶ γένεσις ἄλλου, πῶς δυνατὸν φθαρῆναι τὸ τοιοῦτον μηχάνημα;
ἀλλ' ἡ μὲν τοῦ οὐρανοῦ καταφρόνησις δικαία τις ἔστω τιμωρία τοῖς εἰς 30
30 θεὸν ἠσεβηκόσιν. ὁ δέ γε Πλάτων πάντα μὲν τὸν κόσμον ἐκ τῶν τεσσάρων
στοιχείων συνεστάναι φησὶ τὸ μὲν ὁρατὸν ἐκ τοῦ πυρὸς ἔχοντα, τὸ δὲ
ἁπτὸν ἐκ τῆς γῆς, τῶν δὲ μέσων στοιχείων εἰς ἐναρμόνιον σύνδεσιν τῶν
ἄκρων γεγενημένων, ἀλλὰ τὸν μὲν οὐρανὸν ἐκ τοῦ καθαρωτάτου τῶν στοι- 35

---

1 ἠρεμαιωτέρας A   ἀέρει E, sed corr.   2 αὐτὰς E   συμπαρατάττεσθαι E:
συμπαρεκτείνεσθαι E²   τὰς (pr.) om. D   5 πᾶν, πῶς Eb: οὐ πάντως ABDc
6 στοιχείοις c   τὰ] in ras. B   7 τὸ om. D   9. 10 κατὰ μέγεθος om. D
10 ἀπὸ] ἀπὸ τῆς D   11 οἶδ' D   τοῦτο A, sed corr.   12 φησί cb
ἐξητηκότα E: ἐξηταχότα D suprascr. ζητῃ m. 2   13 αὐτοῦ BDE   16 πλείστοις
E: corr. E²   17 εὐκραεστέραν] post -α- ins. τ D¹   18 λεπτοτέρας D
19 καὶ εἴδους om. c   λοιπὰ εἴδους c   20 σύγκριμα] -κρ- e corr. D   δ' B
21 τριγώδους A   ὑποστάσης] -η- e corr. E²   καὶ] κατὰ B   22 δὲ om. D
ἐκ] ἐκ τοῦ E   23 ἀπὸ om. E: ἐκ E²   24. 25 ἐνταῦθα DE: ἐντεῦθεν ABc
27 στοιχείων E   28 φθαρῆναι] -η- e corr. E¹   29 ἢ] εἰ AB   31 συνεστάναι
στοιχείων D   φησίν E

χείων καὶ εἴδους λόγον ἐχόντων συστῆναί φησι τὸ ἄκρον τῆς σωματικῆς 40ᵃ
ἐπέχοντα φύσεως· διὸ καὶ ἀίδιός ἐστιν καὶ θεῖος, ὅτι τὰ πάντων ἀκρότατα
ἀίδια καὶ θεῖα ἅτε τοῖς θεοῖς ἀνειμένα τοῖς πάντων ἀκροτάτοις· τοιγαρ-
οῦν καὶ οἱ πρῶτοι νοῖ θεῖοι καὶ αἱ πρῶται ψυχαί· οὕτως οὖν καὶ σώματα 40
5 τὰ πρῶτα, καὶ κίνησιν διὰ τοῦτο τῆς κατὰ τόπον πρώτης οὔσης πρώτην
ἐν αὐτῇ τὴν κυκλοφορίαν ἐκληρώσατο καὶ τοῖς ἄλλοις ταύτης γέγονεν
αἴτιος. ἐκ πλείστου δὲ πυρὸς τὸν οὐρανὸν ὁ Πλάτων λέγει, διότι τριῶν 45
ὄντων εἰδῶν τοῦ πυρὸς κατ' αὐτὸν ἄνθρακός τε καὶ φλογὸς καὶ φωτὸς
ἐκ τοῦ καθαρωτάτου | καὶ φωτεινοτάτου μάλιστα συνέστηκε φωτός. ὡς 40ᵇ
10 γὰρ τῶν ὑπὸ σελήνην καλουμένων στοιχείων ἕκαστον συνέστηκε μὲν ἐκ
τῶν τεσσάρων τῶν ἁπλῶν καὶ ἀληθῶς στοιχείων, οὐσίωται δὲ καὶ χα-
ρακτηρίζεται καὶ καλεῖται κατὰ τὴν τοῦ ἑνὸς ἐπικράτειαν, οὕτως καὶ ὁ 5
οὐρανὸς ἐκ τῶν ἀκροτήτων συνεστὼς τῶν τεσσάρων στοιχείων κατὰ τὸ
κρεῖττον τῶν ἄκρων οὐσίωται φωτεινότατος καὶ ὁλολαμπὴς ἀποτελεσθείς,
15 διὸ καὶ Ὄλυμπος ἀνευφημεῖται. ὅτι γὰρ καὶ τῶν ὑπὸ σελήνην καλουμέ-
νων στοιχείων τά τε ὅλα καὶ τὰ μέρη οὐκ ἔστι κυρίως ἁπλᾶ, δῆλον μὲν 10
καὶ ἐκ τῆς αἰσθήσεως. ἡ γὰρ γῆ συνέχεται μὲν καὶ οὐ κατατέθραυσται
διὰ τὸ ἐν αὐτῇ ὕδωρ, κέχρωσται δὲ καὶ ἀνεζωπύρηται διὰ τὸ πῦρ, πλήρης
δέ ἐστιν ἀεὶ τῷ κενῷ χώραν οὐ διδοῦσα, κἂν ἀπορρέῃ, διὰ τὴν τοῦ ἀέρος
20 παρείσδυσιν, δι' ὃν καὶ ἕστηκεν ὀρθὴ καὶ ἀνέχεται μὴ πεπτωκυῖα· οὕτως
δὲ καὶ ἐπὶ τῶν ἄλλων ἔστιν ἰδεῖν. δῆλον δὲ καὶ ἐκ τῆς στοιχειώδους 15
φύσεώς ἐστι τὸ λεγόμενον. τὰ γὰρ στοιχεῖα, καθὸ στοιχεῖά ἐστιν, ὥσπερ
καὶ τὰ τοῦ λόγου εἴκοσι τέσσαρα στοιχεῖα, καθ' αὑτὰ μὲν οὐδαμοῦ ἐστι,
δι' ἀλλήλων δὲ ἀεὶ κεχωρηκότα τὸ σύνθετον ἀποδίδωσι. καὶ γὰρ ὥσπερ
25 τὰ μέρη τοῦ λόγου ἐστὶ καὶ καθ' αὑτὰ εἶναι οὐ δύναται μέρη ὄντα, οὕτως 20
καὶ τὰ στοιχεῖα τοῦ συνθέτου ἐστὶ καὶ δι' ἀλλήλων ἀεὶ κεχώρηκε καὶ
οὐδέποτε καθ' αὑτὰ ὑφέστηκεν, ἀλλήλοις δὲ πρῶτον συνανακραθέντα καὶ
κατ' ἐπικράτειαν ἑνὸς εἰδοποιηθέντα οὕτως ὡς ἀπὸ ἁπλῶν τῶν κατ' ἐπι-
κράτειαν κατὰ δευτέραν σύνθεσιν τά τε ζῷα καὶ τὰ φυτὰ καὶ τὰ τούτων 25
30 συνιστῶσιν μέρη τὴν ἀρχέγονον ἐν τοῖς ἑαυτῶν αἰτίοις ἕνωσιν τῇ πρὸς
ἄλληλα ἀεὶ συμφύσει διασώζειν φιλονεικοῦντα. ἀλλὰ πῶς ὁ Ἀριστοτέλης

---

1 λόγων A   ἔχοντος D   2 ἐστι BDEc   3 θεοῖς] θείοις D   4 νοῖ] suprascr. E²: νοῖ
καὶ A   θεοὶ E: corr. E²   5 οὔσης] corr. ex οὐσίας D   6 ἐν αὐτῇ] ἤτοι c
7 λέγει DEb: εἶναι λέγει ABc   9 συνέστη καὶ B: συνέστη c   φωτὸς BDEb: om. Ac;
fort. τοῦ φωτός   10 ὃ καλουμένων D   11 τῶν (prius) om. D   τῶν (alterum) DE:
om. ABc   ἁπλῶς Bc   12 οὕτως A: οὕτω BDc et seq. ras. 1 litt. E
14 οὐσιοῦται E   φωτινότατα B   17 καὶ (prius) DEb: om. ABc   κατέθραυ-
σται D   18 κέχρωσται B   πλήρης] η e corr. E²   19 χάριν E: corr. E²
ἀπορρέῃ] -η e corr. E²   τοῦ om. D   22 ὥσπερ—τές- (23)] in ras. E¹   23 εἴ-
κοσι τέσσαρα E: τὰ κδ D: κατὰ τέσσαρα A: κατὰ τεσσάρων B: καὶ τὰ τέσσαρα bc
στοιχείων B   καθ'—ἐστι] καθὸ στοιχεῖα ἐστιν E: καθ' αὑτὰ μὲν οὐκ εἰσὶ E²
24 ἀποδίδωσιν E   25 εἶναι] m. sec. E   δύνανται DE   οὕτως A: οὕτω
BDEc   26 ἐστὶ] seq. ras. 1 litt. E   post ἀεὶ del. ἐκ D   28 ἀπὸ DE: ὑπὸ ABc
30 συνιστῶσι BEc: συνιστᾶσι D   τῇ] corr. ex τὴν E²   31 φιλονικοῦντα B

ἐναντίως δοκεῖ τῷ Πλάτωνι διατάττεσθαι περὶ τὴν τοῦ οὐρανίου σώματος 40ᵇ
οὐσίαν μήτε σύνθετον αὐτὸ συγχωρῶν εἶναι, μήτε δὲ ἁπλοῦν, ὡς πῦρ ἢ 30
ἄλλο τι τῶν τεσσάρων καλουμένων στοιχείων; ἢ τάχα τῶν ἀσεβῶν τούτων
ἀνθρωπίσκων προεμαντεύσατο τὴν γιγαντικὴν κατὰ τῶν οὐρανίων ἀπόνοιαν
5 καὶ διὰ τοῦτο παντελῶς αὐτὸν ἐξῃρημένον τῶν ὑπὸ σελήνην καὶ θείαν
ἔχοντα πρὸς αὐτὰ τὴν ὑπεροχὴν ἐννοεῖσθαι βουλόμενος καὶ τῶν ὀνομάτων 35
ἀπέσχετο τῶν εἰς ὁμοιότητα καθέλκειν αὐτὸν ἐπιχειρούντων; διὸ καὶ τῶν
συνθέτων αὐτὸν τῶν ἐνταῦθα καὶ τῶν ἁπλῶν ὑπερήδρασεν· ἐπεὶ ὅτι γε
κατὰ τὰς ἐννοίας αὐτὰς οὐ διηνέχθη πρὸς τὸν Πλάτωνα μαθεῖν ἔστιν
10 ἐννοοῦντα, ὅτι καὶ αὐτὸς ὁρατὸν εἶναι καὶ ἁπτὸν πάνυ ἂν ῥᾳδίως τὸν οὐρα- 40
νὸν ὁμολογήσειε. τὸ μὲν γὰρ ὁρατὸν καὶ ἡμῖν πρόδηλον ἀξιουμένοις ὁρᾶν,
ὅτι δὲ καὶ ἐφάπτονται ἀλλήλων τὰ οὐράνια σώματα, πρόδηλον. εἰ οὖν
τὸ μὲν ὁρατὸν ὑπάρχει διὰ τὰ χρώματα, τὰ δὲ χρώματα φωτεινοῦ τινός
ἐστιν ἀπαυγάσματα, τὸ δὲ ἁπτὸν διὰ τὴν τῆς γῆς ἀντιτυπίαν, πῶς οὐκ 45
15 ἂν συγχωρήσοι καὶ Ἀριστοτέλης καὶ πῦρ εἶναι ἐκεῖ καὶ γῆν καὶ δηλονότι
καὶ τὰ | μέσα τούτων ἄκρων ὄντων καὶ δεομένων πάντως μεσότητος; 41ʳ
ἀλλ' οὔτι γε ταύτην τὴν γῆν οὐδὲ τὸ πῦρ τοῦτο, ὧν τὰ μέρη καὶ ἀπο-
σπᾶται παρὰ φύσιν διατιθέμενα καὶ κατ' εὐθεῖαν κινεῖσθαι πέφυκε διὰ τὸ
ἑαυτῶν ἀτελές. τοιγαροῦν τὴν τῶν οὐρανίων πρὸς τὰ ὑπὸ σελήνην ὑπερ- 5
20 οχὴν ἀπὸ τῆς κατὰ τὰς κινήσεις ταύτας τὰς ἀτελεῖς διαφορὰς ἔλαβεν,
ἵνα καὶ γῆς ταύτης καὶ πυρὸς τούτου χωρίσῃ τὰ οὐράνια, ὧν κἂν τὰ
ὅλα μένῃ κατὰ φύσιν, ἀλλὰ τά γε μέρη καὶ παρὰ φύσιν ποτὲ διατίθεται.
† ὡς ἀτελῶν τῶν ὑπὸ σελήνην σωμάτων καὶ ὡς τοῖς οἰκείοις καὶ τοῖς 10
ἑαυτῶν κρείττοσιν ἐπιπιπτόντων τὴν κατ' εὐθεῖαν λέγει κίνησιν, καὶ ἐν τοῖς
25 τελευταίοις ταύτης τῆς πραγματείας καὶ ἐν τοῖς Περὶ γενέσεως δηλοῖ. εἰ-
κότως οὖν οὐδὲ ἐκ πολλοῦ πυρὸς αὐτὸν εἶναι συγχωρεῖ τοῦτο τὸ πῦρ ἀπο-
φάσκων τὸ μεταβάλλον εἰς ἑαυτὸ τὰ ἄλλα, διό 'εἴπερ ἐκ πυρὸς ἐκεῖνα 15
συνεστήκει, φησί, πάλαι φροῦδον ἂν ἦν ἕκαστον τῶν ἄλλων.' ἐπεί, ὅτι
καὶ αὐτὸς κατ' ἐπικράτειαν ἑνὸς τῶν ἁπλῶν οἴεται καὶ τὰ ἐνταῦθα καλού-
30 μενα στοιχεῖα εἰδοποιεῖσθαι, οἶμαι δὲ καὶ τὸν οὐρανόν, δῆλόν ἐστιν, ἐξ ὧν
πολλαχοῦ τὰς ἁπλᾶς κινήσεις, περὶ ὧν ὁ λόγος αὐτῷ, οὐ τὰ ἁπλᾶ μόνα 20
τῶν σωμάτων κινεῖσθαί φησιν, ἀλλὰ καὶ τὰ σύνθετα κατὰ τὸ ἐπικρατοῦν
ἐν τῇ μίξει. πῶς οὖν αὐτὸν ἐναντία τῷ Πλάτωνι λέγειν ἐν τούτοις φαμὲν

---

2 αὐτὸ om. E: αὐτὸν D   3 ζη τὸν ὄντως ἀσεβῆ Σιμπλίκιον ὅτι καὶ τὸν Ἀριστοτέλη οἴεται δοξάζειν ἐκ τῶν ἀκροτήτων τῶν δ στοιχείων συντεθειμένον τὸν οὐρανὸν mg. D   4 τῶν] τὴν τῶν E   8 ὑπερήθρισεν c   11 ὁμολογήσειεν E   ἀξιουμένοις E: ἀξιοῦ σιν E²   12 δὲ] postea add. A   ἐπάπτονται B   πρόδηλον] φανερὸν c   οὖν] τοίνυν c   13 τὰ δὲ χρώματα om. B   15 συγχωρήσαι c   Ἀριστοτέλει B   16 δυομένων E: corr. E²   πάντως DEb: πάντων ABc   17 οὔτι inter οὐ et τι ras. 4 litt. E   οὐδὲ] καὶ E   20 ἀπὸ DEb: καὶ ἀπὸ ABc   21 χωρήσει E   22 μένῃ] -ῃ e corr. E: μένει A   23 ἀτελῶν [οὖν] c; locu desperatus   24 καὶ] ὡς c   25 πραγματείας] IV 3?   Περὶ γενέσεως] II 10? πολλοῦ] comp. dubio A   28 συνιστήκει A: συνεστήκει D   φησί] Meteorol. A 340ᵃ1   29 ἑνὸς DEb: ἐκ ABc   31 αὐτοῦ ABc   μόνον c

τὸν μὴ περὶ τῶν αὐτῶν τὰ ἐναντία λέγοντα; καὶ ἵνα τὴν ἐμὴν ἔννοιαν 41ᵃ
εἴπω, δοκεῖ μοι κἂν τούτοις ταὐτὸν πεπονθέναι πάθος ὁ Ἀριστοτέλης, ὅπερ 25
καὶ ἐπὶ τῶν ἰδεῶν πέπονθεν· καὶ γὰρ ἐπ' ἐκείνων τὸ μὲν αἰτίας εἶναι
πάντων ἐν τῷ θεῷ καὶ διακεκριμένας ταύτας σαφῶς φαίνεται δεδωκώς,
5 εἴπερ διττὴν εἶναί φησι τὴν τάξιν τὴν μὲν ἐνταῦθα, τὴν δὲ ἐν τῷ δημι-
ουργῷ καὶ ταύτην ἀπ' ἐκείνης, ὡς διττὴν τὴν τάξιν τὴν μὲν ἐν τῷ στρα- 30
τηγῷ, τὴν δὲ ἐν τῷ στρατοπέδῳ καὶ τὴν ἑτέραν ἐκ τῆς ἑτέρας· ὅπου
δὲ τάξις, ἐκεῖ πάντως καὶ διάκρισίς ἐστι. τὸ μέντοι τὰς αἰτίας τοῖς αὐτοῖς
ὀνόμασι τῶν τῇδε καλεῖν παρῃτήσατο, ἄνθρωπον ἢ ἵππον ἤ τι ἄλλο τῶν
10 ἐνταῦθα, διὰ τὸ ῥᾳδίως τοῖς ὀνόμασιν συνεκτρέχειν τῶν πολλῶν ἀνθρώπων 35
τὰς φαντασίας. οὕτως δὲ κἀνταῦθα τὸ μὲν ἐκ φωτεινῆς καὶ ἁπτῆς οὐσίας
συνεστηκέναι καὶ αὐτὸς ἂν εἴποι καὶ ἐπικρατεῖν τὸ φωτεινόν, οὐ μέντοι ἐκ
τῶν ἐνταῦθα τοιούτων, ἀλλ' ἐκ τῶν ἀκροτήτων, ὡς δηλοῖ θεῖον αὐτὸ καὶ
πρῶτον λέγων, ἐν οἷς φησιν· "εἴπερ οὖν ἔστι τι θεῖον, ὥσπερ οὖν ἔστι, καὶ 40
15 τὰ νῦν εἰρημένα περὶ τῆς πρώτης οὐσίας τῶν σωμάτων εἴρηται καλῶς."
καὶ διὰ τοῦτο καὶ πέμπτην οὐσίαν ὀνομάζειν αὐτὸ συνεῖδεν, ἵνα τὰς περὶ
αὐτοῦ ἐννοίας ὡς παντελῶς ἐξῃρημένου τῶν ἐνταῦθα προβάλλωμεν. ὅτι
δὲ οὐδὲ τοῦτο τῆς Πλάτωνος ἀπᾴδει παραδόσεως, ὑπέμνησα καὶ πρότερον 45
ἐκ τοῦ καὶ τὸν Πλάτωνα ἄλλοις μὲν σχήμασι τὰ ὑπὸ σελήνην στοιχεῖα διαζω-
20 γραφῆσαι τὸν δημιουργὸν εἰπεῖν, ἄλλῳ δὲ τὸ οὐράνιον σῶμα. καὶ μέντοι καὶ 41ᵇ
ἐκ τῶν ὑπὸ Ξενοκράτους περὶ τούτων ἱστορηθέντων, ὧν οὐδὲν ἂν εἴη χεῖρον
καὶ νῦν ὑπομνῆσαι, ἐν τοῖς Περὶ τοῦ Πλάτωνος βίου γεγραμμένοις ὧδε·
"τὰ μὲν οὖν ζῷα πάλιν οὕτως διῃρεῖτο εἰς ἰδέας τε καὶ μέρη πάντα τρό- 5
πον διαιρῶν, ἕως εἰς τὰ πάντων στοιχεῖα ἀφίκετο τῶν ζῴων, ἃ δὴ πέντε
25 σχήματα καὶ σώματα ὠνόμαζεν, εἰς αἰθέρα καὶ πῦρ καὶ ὕδωρ καὶ γῆν καὶ
ἀέρα." καὶ ταῦτα μὲν ἀρκείτω περὶ τῶν Πλάτωνί τε καὶ Ἀριστοτέλει δο-
κούντων ἐν τοῖς προχειμένοις, εἴ τι ἄρα τῶν ἐκείνοις ἀρεσκόντων τοῖς θείοις 10
ἀνδράσι δέδωκεν ὁ θεὸς ἐννοεῖν.

Πρὸς δὲ τοῦτον πάλιν θερμότητάς τε καὶ ψυχρότητας, ξηρότητάς τε
30 καὶ ὑγρότητας καὶ μαλακότητας καὶ σκληρότητας καὶ τὰς ἄλλας ἁπτὰς καὶ
παθητικὰς ποιότητας ἐν τῷ οὐρανῷ τιθέναι φιλονεικοῦντα ῥητέον, ὡς, εἰ 15
μὲν ποιεῖν εἰς τὰ τῇδε καὶ πάσχειν ὑπὸ τῶνδε πεφύκασιν αἱ τοῦ οὐρανοῦ

---

1 μὴ om. AB: μηδὲ bc   τῶν om. D   2 ταὐτὸ D   3 καὶ (prius) DEb: om.
ABc   πέπονθε D   4 διακεκριμμένας B, sed corr.   10 ὀνόμασι E
συντρέχειν c: ἐκτρέχειν B   11 οὕτω δὴ D   ἐκ τῆς D   14 φησιν] de caelo
A 3 270ᵇ10   οὖν om. D ut Arist. vulg.: καὶ c   17 ἐξῃρημένου DEb: ἐξῃρημένας
ABc   προβάλομεν E   18 δὲ] suprascr. E²   τῆς τοῦ E   παραδόσεως
ἀπᾴδει Eb   ὑπέμνησε E   19 στοιχοῦν B   20 ἄλλο B: ἄλλως E²   24 εἰς
τὰ] εἰς ᵗ A: εἰς τὸ B   στοιχεῖον B   26 ἀρκεῖ τῶν D: ἀρκεῖ τῷ E³   περὶ τῷ DE¹:
παρὰ τῶν E²   27 εἰ] corr. ex τῷ μὴ E²   τῶν] τῶν ἐν D   28 ἀνδράσιν E
δέδοχεν E: corr. E²   29 θερμότητας DEb: θερμότητα ABc   ψυχρότητας ξηρό-
τητας DEb: ψυχρότητα ξηρότητα ABc   30 ὑγρότητας DEb: ὑγρότητα ABc
μαλακότητας καὶ σκληρότητας DEb: μαλακότητα καὶ σκληρότητα ABc   31 ἐν] τῶν ἐν
E: corr. E²   32 τῶνδε ABD: τῶν τῇδε Eb

τοιαῦται ποιότητες, πῶς οὐδεμία μέχρι νῦν ἀλλοίωσις ἀπὸ τῶν τῇδε 41ᵇ
φαίνεται γενομένη περὶ αὐτόν; κἂν γὰρ δυσπαθέστερός ἐστι τῶν τῇδε, ἀλλ'
ἐσχάτων ἤδη τῶν ἡμερῶν οὐσῶν, ὥς φασι, καὶ τῆς συντελείας τοῦ αἰῶνος
ὅσον οὐδέπω προσδοκωμένης ἔδει τι πάντως μέχρι νῦν ἀλλοῖον φανῆναι 20
5 περὶ τὸν οὐρανὸν καὶ τὴν τοῦ οὐρανοῦ κίνησιν. εἰ δὲ πάσχει μὲν ὑπ' αὐ-
τοῦ τὰ τῇδε, δρᾶν δὲ εἰς αὐτὸν οὐδὲν πέφυκε, πῶς ὁμοφυῆ τολμῶμεν τού-
τοις ἐκεῖνον λέγειν καὶ πρὸς τοῦτο καὶ τὸν Πλάτωνα ἐπαγόμεθα μάρτυρα
ὡς ἐκ τῶν τεσσάρων στοιχείων τὸν οὐρανὸν λέγοντα; πῶς δὲ ἐκ τοῦ θερ- 25
μαίνειν τὰ τῇδε τὸν ἥλιον θερμὸν αὐτὸν εἶναι κατὰ ποιότητα νομίζει πολ-
10 λοῦ μετέχοντα πυρός, ὅπερ καὶ ἀπὸ τοῦ χρώματος τεκμαίρεται; ἰδοὺ γάρ,
καὶ τῶν ἄλλων ἀστέρων πολλοῦ πυρὸς μετέχειν λεγομένων καὶ πύριον, ὥς
φησιν, ἐχόντων χρῶμα ὁ τοῦ Κρόνου ἀστὴρ ψύχειν καὶ συγκρίνειν τὰ τῇδε 30
πεπίστευται, καὶ δῆλον, ὅτι κατὰ τὸν αὐτὸν λόγον ψυχρὸς ἂν εἴη καὶ αὐ-
τὸς καὶ οὐ πύριος, ἀλλ' ὑδάτινος μᾶλλον. ἀλλ' οὔτε ὁ ἥλιος ὡς πῦρ ὢν
15 τοῦτο τὸ συνεγνωσμένον θερμαίνει, οὔτε ὁ Κρόνιος ἀστὴρ ὡς ὑδάτινος
ψύχει, ἀλλὰ κοινῶς μὲν πάντες ταῖς ἑαυτῶν ἀσωμάτοις δυνάμεσι τρέπουσι 35
τὰ τῇδε σώματα πρὸς τὰς ἑαυτῶν ἰδιότητας, ὥσπερ καὶ τῆς ψυχῆς αἰδου-
μένης ἢ συννοούσης τι ἡ ἀσώματος αὕτη ἐνέργεια ποτὲ μὲν ἐρυθραίνεσθαι
ποτὲ δὲ συνοφρυοῦσθαι τὸ σῶμα ποιεῖ. ὁ μέντοι ἥλιος καὶ ταύτῃ τῇ
20 δυνάμει καὶ τῇ τῶν ἀκτίνων παρατρίψει θερμὸν τὸν ἀέρα ποιεῖ καὶ δι' 40
αὐτοῦ τὰ ἄλλα θερμαίνει· δῆλον δὲ ἐκ τοῦ μᾶλλον θερμαίνειν εἰς ἑαυτὰς
τῶν ἀκτίνων ἀνακλωμένων. οὐ χρὴ τοίνυν τὰ θερμαινόμενα ὑπὸ τοῦ ἡλίου
νομίζειν κατὰ μετάληψιν τῆς ἐν ἡλίῳ θερμότητος ὁμοίας θερμαίνεσθαι,
ὥσπερ τὰ ὑπὸ πυρὸς θερμαινόμενα κατὰ μετάληψιν τῶν ἀπὸ τοῦ πυρὸς 45
25 ἀπορρεόντων θερμαίνεται· ἐπεὶ οὕτω γε καὶ ἀπορρεῖν | τὸν ἥλιον ἀνάγκη 42ᵃ
ὥσπερ τὸ παρ' ἡμῖν πῦρ καὶ μὴ μόνον θερμαίνειν, ἀλλὰ καὶ αὐτὸν ψύ-
χεσθαι, εἴπερ καὶ ἡ ἐν ἡμῖν θερμότης ψύχεται ἀπὸ τῆς ἐν αὐτῷ ἀπο-
μερισθεῖσα. οὐκ ὀκνῶν δὲ λοιπὸν ἀνέδην οὗτος, μᾶλλον δὲ μανιωδῶς,
κατὰ τοῦ οὐρανοῦ βλασφημεῖν καὶ δηλονότι κατὰ τοῦ τὸν οὐρανὸν ὑπο- 5
30 στήσαντος καὶ ὑφιστῶντος θεοῦ μὴ ἀλλοτρίας εἶναι φύσεως τῶν παρ' ἡμῖν
στοιχείων τὰ οὐράνια σαφῶς βοᾷ· "οὐδὲ γὰρ ἔστι, φησί, σχεδὸν τῶν ἐν
ἐκείνοις ἐνθεωρουμένων, ὃ μὴ καὶ τοῖς παρ' ἡμῖν ὑπάρχει σώμασι· καὶ

---

1 τοιαῦται] ἀλλοιοῦνται B   οὐδεμία DEb: οὐ μία ABc   ἀπὸ] ὑπὸ c   τῶν] τῆς D   2 γινομένη D: προσγινομένη E   περὶ] ἐπ' B   3 τῶν ἡμερῶν ἤδη E   4 φανῇ E: φανῆναι E²   5 περὶ] καὶ περὶ E   πάσχειν E   6 δὲ DEb: δὲ καὶ ABc   οὐδὲν πέφυκε] οὐ πέφυκε suprascr. E²   6. 7 τούτοις τολμῶμεν E   7 τοῦτον B   11 πύρειον D   12 χρῶμα] corr. ex σχῆμα D¹   post ἀστὴρ ras. 3 litt. E   καὶ] τε καὶ D   14 πύρειος D   15 Κρόνειος D   16 μὲν DEb: om. ABc   ἀσωμάτοις] ras. 2 litt. E   18 αὕτη ABD: αὐτῆς Ebc   ἐρυθραίρεσθαι D: εὐρυθαίνεσθαι E: corr. E²   20 post ποιεῖ ras. 14 litt. E   21 δὲ] δὲ καὶ E   23 ὁμοίως Dc   24 ὑπὸ τοῦ D   27 ἡ] suprascr. B   27. 28 ἀπομερισθεῖσαν A   28 ἀνήδη E: corr. E²   29 κατὰ] καὶ κατὰ Eb   τοῦ om. E   30 καὶ ὑφιστῶντος om. D   τοῦ θεοῦ E   31 οὐδὲ ABE: οὐδὲν DE²c: neque .. aliquid b

τό τε διαφανὲς παράγει ἐν οὐρανῷ καὶ ἀέρι καὶ ὕδατι καὶ ὑάλῳ καὶ λίθοις 42ᵃ
τισὶν ὁμοίως φαινόμενον"· οὐδὲ γὰρ τὸ "ὁμοίως" προσθεῖναι παρῃτήσατο· 11
καὶ τὰ ἐν τοῖς ἄστροις διάφορα χρώματα οὐκέτι ὅμοια μόνον, ἀλλὰ καὶ τὰ
αὐτὰ τοῖς παρ' ἡμῖν καλεῖ· "καὶ τὸ λαμπρόν, φησί, καλούμενον χρῶμα
5 καὶ τὸ φῶς καὶ πάντα τὰ ἐν τῷ φωτὶ παρεπόμενα πάθη πολλοῖς καὶ τῶν 15
παρ' ἡμῖν ὑπάρχει σωμάτων πυρί τε καὶ πυγολαμπίσι καὶ κεφαλαῖς τινων
ἢ λεπίσιν ἰχθύων καὶ τοιούτοις ἄλλοις." ἆρα τοῦτον σωφρονεῖν δυνατὸν
τὸ τῶν οὐρανίων φῶς καὶ τὴν ἐκείνων λαμπρότητα πυγολαμπίσι καὶ λε-
πίσιν ἰχθύων ὑπάρχειν λέγοντα; "καὶ τὸ σφαιρικὸν δὲ σχῆμα, φησίν, οὐ 20
10 τοῖς οὐρανίοις σώμασι μόνοις, ἀλλὰ καὶ τοῖς λοιποῖς ἅπασιν ὑπάρχει στοι-
χείοις καὶ ἔτι τῶν συνθέτων τισί, καὶ τὴν ἐγκύκλιον κίνησιν καὶ τῷ πυρὶ
ὑπάρχειν καί τισι τοῦ ἀέρος"· οὕτως ἀναιδῶς ἢ ἀνεπιστάτως ἀπέκρυφεν
τὸ τὴν κυκλικήν, ἣν λέγει, κίνησιν τὸ ὑπέκκαυμα ὑπὸ τοῦ οὐρανοῦ κινεῖ- 25
σθαι, ὡς δηλοῦσιν οἱ κομῆται καὶ τὰ ἄλλα τὰ ἐκεῖ φάσματα τοῖς ἀπλα-
15 νέσιν ἄστροις συνανατέλλοντα καὶ συνδύνοντα. εἰπὼν δὲ καὶ ἄλλα τοιαῦτα
ἐπάγει λοιπόν, ὅτι ὁρατὸς ὢν πάντως καὶ ἁπτός ἐστιν, ἁπτὸς δὲ ὢν τὰς
ἁπτὰς ἔχει ποιότητας, σκληρότητα, μαλακότητα, λειότητα, τραχύτητα, ξη- 30
ρότητα, ὑγρότητα καὶ τὰ τούτοις παραπλήσια καὶ τὰ πάντων τούτων περι-
εκτικὰ τήν τε θερμότητα καὶ τὴν ψῦξιν. καὶ ὅτι μὲν ἁπτός, δῆλον καὶ ἐξ
20 ὧν ἐγὼ πρότερον εἶπον· ὡς δὲ καὶ ἡμῖν ἁπτῶν τυγχανόντων τῶν οὐρανίων
οὕτως φαίνεται διατεινόμενος, ὅς γε καὶ τὴν τοῦ ἡλίου θερμότητα πολλάκις 35
παράγει, ἐπὶ τέλει δὲ καὶ τὸ τριχῇ διαστατὸν τῶν τε οὐρανίων καὶ τῶν
παρ' ἡμῖν τὸ αὐτό φησιν εἶναι· οὐδὲν γὰρ τριχῇ διαστατὸν οὐδενὸς τριχῇ
διαστατοῦ, ᾗ τοιοῦτόν ἐστι, διοίσει, ἐπεὶ μηδὲ σῶμα σώματος, ᾗ σῶμά
25 ἐστι. καὶ δῆλον, ὅτι ὁ λόγος οὗτος οὐ μόνον τὸν οὐρανὸν ὁμοφυῆ τοῖς 40
ἐνταῦθα ποιήσει, ἀλλὰ καὶ εἴ τι νοητόν ἐστι καὶ τὸν θεὸν αὐτόν. ἔστω
δὲ μὴ ἐμός, ἀλλ' ἐκείνου καὶ οὗτος ὁ λόγος κατὰ τὸ ἀκόλουθον, εἴπερ
καὶ ἐκεῖνα καὶ ταῦτα ὑφεστάναι δοκεῖ καὶ κοινὸν τὸ ὑφεστάναι. οὐκ ἄρα
μάτην Ἀριστοτέλης καὶ τὸ καθόλου τοῦτο διέβαλε τὸ ἐξ ἀφαιρέσεως ἐν 45
30 ἡμῖν, καθ' ὃ καὶ οὗτος τάς τε ἄλλας ἰδιότητας καὶ τὴν τοῦ τριχῇ δια-|
στατοῦ παρέλαβε, καὶ μέντοι καὶ τὴν ταυτότητα τῶν ὀνομάτων τὴν ἐν 42ᵇ

---

1 καί (pr.) DEb: om. ABc   3 καί (prius)] καὶ γάρ c   τά (prius) om. B
ἄστρασι ABc   τά (alterum)] suprascr. E²   4 φησίν E   5 ἐν om. Dc
6 πυγαλαμπίσι B   8 πυγαλαμπίσι B, sed corr.: πυγολαμπίσιν E, sed corr.   9 δὲ
om. E   10 σώμασι Db: σχήμασι ABEc   11 τισί D: post ras. 3 litt. E: φησί AB
12 τισί] μέρεσί τισι c   ἀπέκρυφε BDc: ἀπέκρυψεν seq. ras. 1 litt. E: corr. E²   14 κο-
μῆται A et B, sed corr.   φαντάσματα D   16 ὁρατός] οὐρανός Bc   17 ἁπτάς DE:
easdem (h. e. αὐτάς) b: ἁπτικάς AB   σκληρότητας D   17. 18 μαλακότητας λειότητας
τραχύτητας ξηρότητας ὑγρότητας D   19 τε om. E   τήν om. DE   20 δὲ om. B
ἁπτῶν] ἀπλῶν AB   21 οὗτος c   φαίνεται] -ν- e corr. E   22 ἐπεὶ B
23 οὐδὲ AB   24 διοίσει e corr. D¹   σῶμα om. AB   26 εἴ τι] corr.
ex ἔστι A   ἔστω — λόγος (27)] in ras. E   27 καί om. E   ὁ λόγος οὗτος E
28 καί (pr.) om. B   ὑφιστάναι A   29 καθόλου] ἀκόλουθον c   30 αὐτός E
31 τήν (alt.)] τῶν D

τοῖς πρώτοις καὶ ὑστέροις ἐπωφελῶς παρῃτήσατο. εἰ γὰρ τοσοῦτον τὸ τοῦ 42ᵇ οὐρανοῦ φῶς καὶ τὸ λαμπρὸν τῶν παρ' ἡμῖν διαφέροντα μὴ τοῖς αὐτοῖς ὀνόμασιν ἐκεῖ τε καὶ παρ' ἡμῖν ἐκαλεῖτο, οὐκ ἂν οὗτος ἐτόλμησεν εἰπεῖν 5 τὸ τοῦ οὐρανοῦ φῶς καὶ ταῖς πυγολαμπίσι καὶ ταῖς λεπίσι τῶν ἰχθύων 5 ἐνυπάρχειν. καὶ εἰ μὲν κατὰ τὴν ὡς ἀφ' ἑνὸς πρόοδον ἀπὸ τῶν πρώτων τοῖς τε μέσοις καὶ τοῖς ἐσχάτοις ἐνδιδομένην ἐθεάσατο τὴν διαφορουμένην κοινότητα, οὐκ ἂν ἐτόλμησεν ὁμοφυῆ λέγειν τὰ ἔσχατα τοῖς πρώτοις οὐδὲ 10 ἀγανακτεῖν πρὸς τοὺς ἐξῃρημένην τῶν ὑπὸ σελήνην τὴν οὐσίαν τῶν οὐρανίων ἀποδεικνύντας· ἀλλὰ φῶς ἀκούσας ἐκεῖνο καὶ τοῦτο καὶ διαφανῆ καὶ 10 λαμπρὰ διὰ τὴν ἀπαίδευτον ἑαυτοῦ προπέτειαν καὶ ὁμοφυῆ ταῦτα ἐνόμισεν ἐκείνοις. καὶ τί μέμψομαι τὴν ἀπαιδευσίαν, ὅτε δοκεῖ μοι καὶ τὴν αἴσθησιν 15 οὗτος, ὅστις ποτέ ἐστι, διεφθαρμένην ἔχειν, ὃς ὅμοιον καὶ ταὐτὸν ὑπολαμβάνει τὸ οὐράνιον φῶς τῷ τῶν πυγολαμπίδων; ὑπὸ δὲ κενοδόξου φιλονεικίας ἔλαθεν ἑαυτὸν καὶ τῷ Δαυὶδ ἐκείνῳ, ὃν πάντως τιμᾷ, τἀναντία δια-
15 ταττόμενος· ὅτι γὰρ οὐ τῆς αὐτῆς τοῖς ὑπὸ σελήνην φύσεως ἐνόμισε τὰ 20 οὐράνια, δηλοῖ τὸν οὐρανὸν διηγεῖσθαι τὴν δόξαν τοῦ θεοῦ λέγων καὶ τὴν ποίησιν τῶν χειρῶν αὐτοῦ τὸ στερέωμα ἀναγγέλλειν, ἀλλ' οὐχὶ τὰς πυγολαμπίδας καὶ τὰς τῶν ἰχθύων λεπίδας. ἀλλὰ καὶ ἐνταῦθα τὸ τοῦ Ἀριστοτέλους εἰπεῖν εὔκαιρον, ὅτι "ἑνὸς ἀτόπου δοθέντος τὰ ἄλλα συμβαίνει." ὁ 25
20 γὰρ τὸν θεὸν ὁμοφυῆ πρὸς ἑαυτὸν νομίζων πῶς ἂν ὤκνησε κατὰ τῶν καλλίστων καὶ ἀρίστων τοῦ θεοῦ δημιουργημάτων νεανιεύσασθαι; συμπεραινόμενος δὲ τοῦτον τὸν λόγον ἀγανακτεῖν ἔοικε πρὸς τοὺς ἀλλοτρίαν, φησί, καὶ ξένην τῶν στοιχείων φύσιν καὶ ἀκοινώνητον πρὸς αὐτὰ τοῖς οὐρανίοις 30 σώμασιν ἐπεισάγοντας καὶ ταῦτα πάντων τῶν ἐν φιλοσοφίᾳ διαβεβοημένων
25 ἐκ τῶν τεσσάρων στοιχείων τὸν οὐρανὸν ὑπολαμβανόντων. ἀλλ' ὅτι μὲν καὶ οἱ ἐκ τῶν τεσσάρων στοιχείων εἰπόντες, εἰ παρακούειν οὕτως τινὰς ἀσεβῶς ὑπελάμβανον ὡς ὁμοφυῆ διὰ τοῦτο τὰ οὐράνια τοῖς ὑπὸ σελήνην 35 νομίσαι, οὐκ ἂν οὕτως προήγαγον τὸν λόγον, πρόδηλον. ὅτι δὲ καὶ οἱ πέμπτην λέγοντες οὐσίαν οὐκ ἀλλοτρίαν οὐδὲ ξένην οὐδὲ ἀκοινώνητον ἔλεγον
30 πρὸς τὰ ὑπὸ σελήνην, ἀλλ' ἐξῃρημένην μὲν ἐκείνων οὐσίᾳ καὶ δυνάμει, αἰτίαν δὲ αὐτῶν προσεχῆ τῆς τε γενέσεως καὶ τῆς ὑποστάσεως, σχήματός 40 τε καὶ κινήσεως, τῆς τε ποιήσεως αὐτῶν καὶ τῆς πείσεως, ἔλεγον ὁμοίως

---

1 εἰ γὰρ τοσοῦτον] del. E² εἰ—εἰπεῖν (3)] mg. E² τοσοῦτον om. E τοῦ—ἡμῖν (2)] ἐν οὐρανῷ καὶ τὸ παρ' ἡμῖν φῶς τοσοῦτον E 2 μὴ] οὐ c 3 καὶ παρ' ἡμῖν] κἀνταῦθα E ἐτόλμησεν οὗτος Eb ἐτόλμησε D εἰπεῖν om. D 5 ὑπάρχειν D μὲν] del. E² 6 ἐνδεδομένην c 10 λαμπρὰν E: corr. E² 11 μέμφομαι Dc ἀπαιδευσίαν] -ευ- in ras. B μοι δοκεῖ B 12 ὃς] ὡς AB 13 τῷ] corr. ex τὸ E² ὑπὸ] ἀπὸ E φιλοδόξου c 13. 14 φιλονεικείας B 14 Δαυὶδ] δαδ ABDE: Δαβὶδ c 15 post γὰρ suprascr. ἐκεῖνος E² 16 λέγων] Psalm. XVIII 2 17 post τὰς del. τοῦ E² 18 τῶν om. E 18. 19 Ἀριστοτέλους] Phys. A 2 185ᵃ11 22 φημί D 24 πάντα E: corr. E² 28 νομίσαι] νομίσει B: νομίσειαν c προσήγαγον E 29 πρώτην E λέγουσιν A 31 τε om. D ὑποστάσεως — τε alterum (32)] om. B

τοῖς ἐκ τῶν τεσσάρων στοιχείων αὐτὸν λέγουσι, πρόδηλον· οὐδὲ γὰρ ὁ θεός, 42ᵇ
ἐπειδὴ τῶν ὑπ' αὐτοῦ παραγομένων ὑπερανέχει, ἀλλότριος ἂν καὶ ξένος
καὶ ἀκοινώνητος πρὸς αὐτὰ λέγοιτο. ἐν δὲ τῷ τέλει τῶν τοιούτων λόγων 45
καὶ κατὰ τὸν Ἀριστοτέλην σύνθετον εἶναι τὸ οὐράνιον σῶμά | φησιν ἐν 43ᵃ
5 τῷ Περὶ ψυχῆς λέγοντα, ὅτι πᾶν ἔμψυχον σῶμα σύνθετον ἐκ τῶν στοι-
χείων ἐστί, ἐνταῦθα δέ, ὅτι ἔμψυχος ὁ οὐρανός ἐστι, σαφῶς εἶπεν ἐν τῷ
δευτέρῳ βιβλίῳ. ἆρα οὖν ἔτι λόγου τινὸς ἄλλου δεόμεθα δεικνύντος, ὅτι
καὶ Ἀριστοτέλης τὰ μὲν αὐτὰ τῷ Πλάτωνι δοξάζει περὶ τῆς τοῦ οὐρανίου 5
σώματος συστάσεως, ἀσφαλεστέρους δὲ προήγαγε τοὺς λόγους· τοῦ γὰρ
10 οὐρανοῦ τὴν ἐξῃρημένην πρὸς τὰ ὑπὸ σελήνην φύσιν ἀνυμνῆσαι βουλόμενος
ἔφυγε τὴν τῶν ὀνομάτων ταυτότητα καὶ ἁπλοῦν μὲν αὐτὸν εἶπεν, ὡς τὰ
κατ' ἐπικράτειαν τῶν ὑπὸ σελήνην ἁπλᾶ λέγεται, ἄλλης δὲ εἶναι παρὰ 10
ταῦτα φύσεως ἔδειξεν ἐκ τῶν ἀκροτήτων συνεστηκότα· καὶ τὴν διαφορὰν
τῆς οὐσίας ἀπὸ τῆς τῶν κινήσεων διαφορᾶς ἔδειξεν τῆς μὲν κατ' εὐθεῖαν
15 ἐμφαινούσης τὴν ἐν τοῖς μέρεσι γένεσιν καὶ φθορὰν καὶ πρὸς τὸ κατὰ φύσιν
τε καὶ παρὰ φύσιν μετάστασιν, τῆς δὲ κυκλικῆς τὸ ἀεὶ τέλειον τοῦ τε ὅλου 15
καὶ τῶν μερῶν. ἐπιστῆσαι δὲ ἄξιον, ὅτι καὶ ἔμψυχον τὸν οὐρανὸν εἶναι
βουλόμενος οὗτος παρὰ τοὺς ἄλλους τοὺς ἑαυτοῦ συστασιώτας ὅμως περὶ
αὐτὸν ἀσεβὴς οὐδὲν ἧττον φαίνεται τῶν παρ' αὐτοῖς ἀλογιστοτάτων. ἀλλ'
20 ἐπανιτέον λοιπὸν πρὸς τὸ ἑξῆς τῶν Ἀριστοτέλους προβλημάτων. 20

p. 270ᵃ12 Ὁμοίως δὲ εὔλογον ὑπολαβεῖν περὶ αὐτοῦ, καὶ ὅτι ἀγέ-
νητον καὶ ἄφθαρτον.

Δείξας, ὅτι ἄλλο τι παρὰ τὰ ὑπὸ σελήνην ἐστὶ τὸ κυκλοφορητικὸν 25
σῶμα τελειότερον καὶ πρότερον αὐτῶν καὶ μήτε βάρος ἔχον μήτε κουφό-
25 τητα, δείκνυσιν ἐφεξῆς, ὅτι ἀγένητόν ἐστι τοῦτο καὶ ἄφθαρτον καὶ
ἀναυξὲς καὶ ἀναλλοίωτον, ὥστε κατὰ μηδεμίαν ἄλλην μεταβολὴν μετα-
βάλλειν πλὴν τῆς κατὰ τόπον καὶ ταύτης κατὰ τὴν κύκλῳ. ὥσπερ δὲ ἐν 30
τοῖς φθάσασι τὴν πρὸς τὰ ὑπὸ σελήνην ἐξαίρεσιν αὐτοῦ ἀπὸ τῆς τῶν κι-
νήσεων διαφορᾶς ἐλάμβανεν, οὕτως καὶ νῦν τὸ ἀγένητον τοῦ οὐρανοῦ τὸ

---

1 τῶν om. E   στοιχείων αὐτὸν E: στοιχείων αὐτὴν D: αὐτὴν στοιχείων ABc
λέγουσιν E   2 ὑφ' αὐτοῦ c   παρηγμένων ED: ραγο mg. D¹: παραδεδομένων c
3 λέγοιτο πρὸς αὐτὰ E   τῶν τοιούτων] τούτων τῶν c   4 Ἀριστοτέλη E:
corr. E²   4. 5 ἐν τῷ] ἐν τε B, corr. mg.: ἐν τῇ DE: corr. E²   5 Περὶ
ψυχῆς] 423ᵃ13   λέγει B: comp. dub. A   6 ἐστὶν E   ἐνταῦθα—δεόμεθα (7)
DEb: om. AB   ὁ οὐρανὸς ἔμψυχος c   εἶπεν] φησίν c   7 δευτέρῳ] 284ᵃ29
ἆρ' c   λόγου—δεόμεθα] ἄλλον τινὰ ζητοῦμεν λόγον c   δεικνύντα ABc
8 μὲν om. D   9 ἀσφαλεστέρως D   τὸν λόγον D   11 τὰ om. B
12 λέγειν B: comp. dub. A   14 ἔδειξε D   εὐθείας BE   15 τὴν] corr.
ex τοῖς E²   γένεσιν] suprascr. A   τὸ] τὰ c   19 ἀσεβὲς B   20 τὸ]
τὰ D   21 δ' c   23 τὰ] τὸ E   24 πρότερον c: πρῶτον ABDEb   27 καὶ]
suprascr. D¹   28 ἐξαιρετὰ B

πρὸς τὸ γενητὸν τῶν ὑπὸ σελήνην λεγόμενον καὶ τὸ ἀναυξὲς καὶ τὸ ἀναλ- 43ᵃ
λοίωτον ἀπὸ τοῦ εἴδους τῆς κυκλικῆς κινήσεως λαμβάνει. καὶ πρῶτον, 36
ὅτι ἀγένητον καὶ ἄφθαρτον, δείκνυσιν ἐν δευτέρῳ σχήματι συλλογι-
ζόμενος, ὡς οἶμαι, οὕτως· τὸ κυκλοφορητικὸν σῶμα οὐκ ἔχει ἐναντίον·
5 τὸ γινόμενον καὶ τὸ φθειρόμενον ἔχει ἐναντίον, ἐξ οὗ γίνεται καὶ εἰς ὃ
φθείρεται· καὶ συμπέρασμα, τὸ κυκλοφορητικὸν ἄρα σῶμα οὔτε γίνεται 40
οὔτε φθείρεται. τούτων δὲ τῶν δυεῖν προτάσεων τὴν μὲν ἐλάττονα τὴν
λέγουσαν τὸ κυκλοφορητικὸν σῶμα οὐκ ἔχει ἐναντίον δείκνυσι νῦν, τῆς δὲ
μείζονος τὴν ἀπόδειξιν ἀνέπεμψεν εἰς τὸ πρῶτον βιβλίον τῆς Φυσικῆς ἀκρο-
10 άσεως· ἐκείνους γὰρ 'πρώτους λόγους' εἶπεν ὡς περὶ τῶν φυσικῶν ἀρχῶν 45
πραγματευομένους. ὅτι δὲ τὸ κυκλοφο|ρητικὸν σῶμα οὐκ ἔχει ἐναντίον, 43ᵇ
δείκνυσι πάλιν κατὰ τὴν αὐτὴν ἀγωγὴν οὕτως· τὸ κύκλῳ φερόμενον οὐκ
ἔχει κίνησιν ἐναντίαν τῇ κατὰ φύσιν ἑαυτοῦ κινήσει· τὸ ἔχον ἐναντίον καὶ
τὴν κίνησιν, ἣν τὸ ἐναντίον κατὰ φύσιν κινεῖται, ἐναντίαν ἔχει τῆς κατὰ 5
15 φύσιν ἑαυτοῦ κινήσεως, ὅπερ τέθεικε διὰ τοῦ τῶν δὲ ἐναντίων, φυσικῶν
δηλονότι, καὶ αἱ φοραὶ ἐναντίαι· καὶ τὸ συμπέρασμα τὸ κύκλῳ φερό-
μενον οὐκ ἔχει ἐναντίον. ἐνταῦθα δὲ πάλιν τὴν μὲν μείζονα πρότασιν ὡς
ἐναργῆ παρέλαβεν· τῶν γὰρ ἐναντίων φυσικῶν εἰδῶν καὶ αἱ φύσεις ἐναν- 10
τίαι, ὥστε καὶ αἱ κινήσεις· ἀρχὴ γὰρ κινήσεως ἡ φύσις. τὴν δὲ ἐλάττονα
20 τὴν λέγουσαν τῇ κινήσει τοῦ κυκλοφορητικοῦ σώματος, τουτέστι τῇ κύκλῳ
φορᾷ, μὴ εἶναι ἐναντίαν κίνησιν πλείονα μεταξὺ εἰπὼν ὕστερον ἀποδείκνυσιν.
ἀλλ' ἐπειδὴ δυεῖν τούτων ὁ λόγος ἤρτηται πᾶς ἑνὸς μὲν τοῦ εἰ μέλλει τι 15
γίνεσθαι καὶ φθείρεσθαι, ὑποκείμενόν τε εἶναί τι πάντως δεῖ καὶ ἐναντίον,
ἐξ οὗ γίνεται καὶ εἰς ὃ φθείρεται, ἑτέρου δέ, ὅτι τῇ κύκλῳ κινήσει οὐκ
25 ἔστιν ἐναντία κίνησις, καὶ τούτου μὲν τὴν ἀπόδειξιν πολυειδῶς ὀλίγον
ὕστερον μετελεύσεται, τὸ δὲ πρότερον ὡς ἐν τῇ Φυσικῇ ἀκροάσει δε- 20
δειγμένον ἀναποδείκτως νῦν ἔλαβε, χρὴ τῶν ἐκεῖ λεγομένων ὑπο-
μνῆσαι, πρότερον δὲ διελόμενον τὰ τοῦ γινομένου σημαινόμενα, ἐπὶ
τίνος νῦν ποιεῖται τὸν λόγον ὁ Ἀριστοτέλης καὶ ποῖον γινόμενον ἀπο-
30 φάσκει τοῦ οὐρανοῦ, διασαφῆσαι, ἵνα καὶ μάθωμεν, πῶς ὁ μὲν Πλάτων 25
γενητὸν λέγει τὸ πᾶν, ὁ δὲ Ἀριστοτέλης ἀγένητον, οὐκ ἐναντιούμενοι
πρὸς ἀλλήλους.

Γενητὸν τοίνυν κοινῶς λέγεται τὸ τὴν ἑαυτοῦ ὑπόστασιν ἀπό τινος
αἰτίου δεχόμενον· καὶ γὰρ καὶ τὸ ποιούμενον ὑπό τινος ποιοῦντος ποιεῖται

---

1 λεγομένων c   καὶ (prius) DEb: ἢ καὶ AB   τὸ (tertium) om. E   3 δευτέρῳ CDE: τῷ δευτέρῳ ABc   4 σῶμα om. Ac   τὸ (prius)] πᾶν τὸ e corr. D   τὸ (alterum) om. D   5 γίγνεται E   6 ἄρα] suprascr. B   7 δυοῖν B   9 πρῶτον βιβλίον] cap. 7   13 κίνησιν om. Bc   ἐναντίον c   14 κινεῖται κατὰ φύσιν D   τὴν φύσιν E   15 τέθεικε] 270ᵃ17   φυσικῶν] del. E²   18 παρέλαβε D   19 ἐλάττω Bc   22 δυοῖν B   μέλλοι D   23 δεῖ Bb: suprascr. E²: δὲ? A: om. DE¹   24 γίγνεται E   εἰς ὃ om. Bc   26 πρῶτον Bbc   Φυσικῇ ἀκροάσει] I 7   26. 27 δεδεγμένον E   27 χρὴ τῶν] corr. ex χρηστῶν E²   28 διέλωμεν D   30 διασαφήσωμεν D   33 λέγεται DEb: comp. dub. A: λέγει Bc   34 ποιοῦται E: corr. E²

καὶ τὸ γεννώμενον ὑπό τινος γεννῶντος γεννᾶται, καὶ ἀδύνατον, ὥς φησι 43ᵇ
Πλάτων, χωρὶς αἰτίου γένεσιν σχεῖν. καὶ δῆλον, ὅτι κατὰ τοῦτο τὸ σημαι-30
νόμενον ἀγένητον μόνον ἐστὶ τὸ πρῶτον τῶν πάντων αἴτιον, ὃ καὶ ἓν καὶ
ἁπλούστατόν ἐστιν, εἴπερ πάντα μετέχει τοῦ ἑνὸς καὶ τὸ μὴ μετέχον οὐδέν
5 ἐστι. τὸ δὲ ἓν οὐδὲ μετέχει τοῦ πλήθους, ὥστε τὸ γινόμενον πᾶν πεπλη-
θυσμένον ἐστί· τὸ γὰρ πλῆθος προσεχῶς ὑπὸ τοῦ ἑνὸς ὑφίσταται, εἴπερ 35
καὶ μετέχειν ἀνάγκη τὸ πλῆθος τοῦ ἑνός, ἵνα μὴ ἀπειράκις ἄπειρον ᾖ· τὸ
δὲ ἓν ἀνέμφατον τοῦ πλήθους ἐστίν, εἴπερ κυρίως ἕν. τὸ δέ γε πρῶτον
ἀπὸ τοῦ ἑνὸς προελθὸν πλῆθος ἅτε προσεχῶς αὐτοῦ μετέχον ἡνωμένον τέ
10 ἐστι καὶ ἓν τῷ ἑνὶ μένον, καὶ καθ' ὅσον μὲν ὁπωσοῦν προῆλθεν ἀπὸ τοῦ 41
ἑνός, τὸ ὁπωσοῦν γενητὸν ἔχει, καὶ διὰ τοῦτο θεογονίας ἡμῖν οἱ θεῖοι
ἄνδρες παραδεδώκασι θεῶν μὲν πλῆθος τὸ ἐν τῷ ἑνὶ μένον καί, ὡς ἂν
εἴποι τις, κατὰ πολλαπλασιασμὸν ἐκείνου προϊόν, γένεσιν δὲ ὑμνοῦντες αὐ-
τοῦ, καθ' ὅσον ἀπὸ τοῦ ἑνὸς ὑφέστηκεν, ὥσπερ καὶ ἀριθμῶν γένεσιν τὸν 45
15 ἀπὸ τῆς μονάδος θεωροῦμεν προποδισμόν· καθ' ὅσον | μέντοι ἐν τῷ ἑνὶ 44ᵃ
μένον ἡνωμένον κατὰ ἄκραν ἕνωσίν ἐστιν οὔπω διακρίσεως ἀναφανείσης,
ἐν ᾗ πρώτως τὸ μὴ ὂν ἀναφύεται, πρώτως ὄν ἐστιν ἐκεῖνο καὶ ἀρχὴ καὶ
αὐτὸ τῶν ὄντων ἐστὶ καὶ οὐκ ἀπ' ἀρχῆς μόνον· ἀρχὴ δὲ ἀγένητον, ὥς 5
ὁ ἐν Φαίδρῳ Σωκράτης δείκνυσι· καὶ γὰρ αὐθυπόστατον ὁπωσοῦν τοῦτο
20 πρῶτόν ἐστι καὶ κυρίως ὄν. τὸ μὲν γὰρ ἁπλῶς ἓν τοῦ ὄντος αἴτιον ὑπάρ-
χον καὶ τὸ αὐθυπόστατον ὑπερέδραμεν διπλόην ἐμφαῖνόν τινα τοῦ τε ὑφι-
στάνοντος καὶ τοῦ ὑφισταμένου· τὸ δὲ πρῶτον πλῆθος τῷ ἑνὶ κεκρατη-10
μένον τὸ μὲν ὑφιστάνειν ἔχει διὰ τὸ ἕν, τὸ δὲ ὑφιστάνεσθαι διὰ τὸ πλῆ-
θος, καὶ διὰ τοῦτο ἓν μὲν ἁπλῶς οὐκ ἔστι τοῦτο, διότι ὑπὲρ αὐτὸ τὸ ἕν
25 ἐστι τὸ πάντων τῶν ὄντων αἴτιον. τὸ δὲ πρώτιστον καὶ κυριώτατον ὂν
ἐστιν ὅλον ἅμα ὑφεστηκὸς κατά τε τὸ εἶναι καὶ κατὰ τὴν τοῦ εἶναι παρά-15
τασιν, διὸ καὶ ὁ αἰὼν ἐνταῦθα τὸ ἀεὶ τῷ εἶναι παρεχόμενος· ἀλλ' ἐπειδὴ
καὶ οὗτος ἐν τῷ ἑνὶ μένει, τὸ ἀεὶ τοῦτο τὸ αἰώνιον συνῃρημένον ἐστί·
πλῆθος γὰρ ἡνωμένον ὑπάρχον, μᾶλλον δὲ ἓν πεπληθυσμένον, οὔτε διά-
30 στασιν κατὰ τὴν οὐσίαν οὔτε παράτασιν κατὰ τὸ εἶναι κυρίως ἐμφαίνει· διὸ 20

---

1 γενόμενον E   2 Πλάτων] Tim. 28 a   γέννησιν E: corr. E²   2. 3 τὸ
σημαινόμενον om. b   3 ἀγένητον Db: om. ABEc   μόνον D: om. ABEbc
4 μετέχει πάντα E   5 οὐδὲ AB: οὐ D: οὐδὲν Eb   6 ἐστί] seq. ras. 1 litt. E
7 καὶ om. E   ᾖ DE: ἦν ABc   9 προσελθὸν B   ὅρα τὴν ληρώδη τούτου
θεολογίαν mg. D   10. 11 ἀπὸ τοῦ ἑνὸς προῆλθεν ὁπωσοῦν D   11 θεῖοι] corr.
ex θεοὶ B   12 παραδεδώκασιν DE   13 γέννησιν E   14 γρ^{ατ} ἀριθμόν mg. B
τὸν] corr. ex τῶν E²   15 θεωρούμενον D   καθ'] καὶ καθ' Bc   16 οὔπω]
οὐ Bc   17 πρώτως (alt.)] corr. ex πρώτος E²: om. c   ὄν (alt.) DEb: ὃν τὸ δὲ
πρώτως ὂν AB: τὸ δὲ πρώτως ὂν c   ἐστιν om. c   19 Φαίδρῳ] 245 d   ἀνυ-
πόστατον B: ἀνυπόστατον c   21 ὑπερέδραμε D   διπλὸν E: corr. E²   21. 22 ὑφι-
στάντος D   23 ὑφιστάνειν b: ὑφιστάνον E²c: e corr. D: ὑφιστάμενον ABE¹
26 ὑφεστηκὼς E: corr. E²   τε om. D   27 τῷ] corr. ex τὸ A
28 ἐστί] seq. ras. 1 litt. E   29 γὰρ om. D   30 παράστασιν AB   ἐμ-
φαῖνον E

καὶ ὄντως ὄν ἐστιν, ὅπερ ἐστί. μετὰ δὲ τοῦτο προσεχῶς ὑφίσταται τὸ 44ᵃ
τούτου προσεχῶς ὑφιστάμενον, ὅπερ κινηθὲν ἀπὸ τοῦ ὄντος ἄλλο μὲν ἐγέ-
νετο παρ' αὐτὸ καὶ κατὰ ταύτην οὐσιώθη τὴν κίνησιν, καὶ ὥσπερ αὐθυ-
πόστατον ἐκεῖνο, οὕτως τοῦτο γέγονεν αὐτοκίνητον· καθ' ὅσον μὲν γὰρ
5 ἐκινήθη τοῦ ὄντος, διὰ κινήσεως ὑπέστη, καθ' ὅσον δὲ προσεχές ἐστι τῷ 25
ὄντι οὔπω διαστὰν ἀφ' ἑαυτοῦ, αὐτοκίνητον γέγονεν, ὡς ἦν τὸ πρὸ αὐτοῦ
αὐθυπόστατον, ταὐτὸν ἔχον τὸ κινοῦν καὶ κινούμενον διὰ τὸ κεχορέσθαι ἔτι
τοῦ ἑνὸς καὶ ὑπ' αὐτοῦ κρατεῖσθαι, ἀπὸ δὲ τούτου πρόεισί τι πεπληθυσ-
μένον, μετέχον μέν πη καὶ αὐτὸ τοῦ ἑνός, οὐ μέντοι ἐν τῷ ἑνὶ μένον 30
10 οὐδὲ ὑπ' αὐτοῦ κρατούμενον, διόπερ μεμερισμένον ὂν οὐδὲ αὐθυπόστατον ἔτι
τοῦτό ἐστιν οὐδὲ αὐτοκίνητον, διότι τὴν ὑποστατικὴν τὴν κατὰ τὸ ἓν αἰτίαν
οὐκ ἐν ἑαυτῷ ἔχει ὥσπερ τὸ ἡνωμένον καὶ τὸ μετ' αὐτό. εὐθὺς δὲ τοῦτο
καὶ διάστασιν ὑπέμεινε τῆς τε οὐσίας καὶ τῆς κατὰ τὸ εἶναι παρατάσεως, 35
ἅτε τοῦ ἑνὸς ἀποφοιτῆσαν, καὶ διαστὰν πάντη σῶμα γέγονε καὶ τὰ σώμα-
15 τος συγγενῆ, καὶ χρόνος αὐτῷ συμπροῆλθεν ἀπὸ τοῦ αἰῶνος ἐκείνου τὴν
παράτασιν τοῦ εἶναι μετρῶν καὶ τὸ ἀεὶ τὸ χρονικὸν παρεχόμενος, οὐκέτι
δὲ ἅμα ὅλον ἐνταῦθα οὔτε κατ' οὐσίαν οὔτε κατὰ τὴν τοῦ εἶναι παράτασιν 40
ἤ, ὡς ἄν εἴποι τις, κατὰ τὸν βίον· διὸ οὐδὲ κυρίως ὂν τοῦτο πολλοῦ τοῦ
μὴ ὄντος μετεσχηκός· οὔτε γὰρ τοδὶ τὸ τῆς οὐσίας αὐτοῦ μέρος ἐστὶν
20 ὅπερ τοδί, οὔτε τὸ εἶναι ταὐτόν ἐστιν, ἀλλ' ἄλλοτε ἄλλο τοῦ χρόνου ῥέον-
τος· ὥστε οὐδὲ τὴν ἀπὸ τοῦ αἰτίου γένεσιν ἅμα ὅλην ὑποδέχεται· ἦν γὰρ 45
ἂν ὂν καὶ τοῦτο· ἀλλὰ | κατὰ μέρος ὡς δυνατόν· ἑκαστὰν δὲ ὅλως τοῦ 44ᵇ
ἑνὸς τὸ ἓν τούτῳ πλῆθος καὶ ἐπεισάκτως αὐτοῦ μετέχον σύνθετον ἀντὶ
ἡνωμένου γέγονε, διὸ καὶ τελέως ἑτέρωθεν τὴν ὑπόστασιν ἔχει. τὸ μὲν
25 γὰρ ἡνωμένον πλῆθος ἐν ἑαυτῷ τὸ ἓν ἔχον, ἐπειδὴ τὸ ἓν ἔστι τὸ πάντων 5
ὑποστατικὸν καὶ κυρίως ὑποστατικόν, κἂν ὑπῆλθε τοῦ μόνως ὑφιστάνοντος,
ἀλλ' ὅμως ἐν ἑαυτῷ τὸ ὑφιστάνον ἔχον αὐθυπόστατον γέγονεν· τὸ δὲ σύν-
θετον πλῆθος ἐπείσακτον ἔχει τὸ τῆς συνθέσεως ἕν, καὶ γίνεται τοῦτο
εὐθὺς τὸ ἓν εἶδος ὡς ἐν ὕλῃ τῇ τοῦ τοιούτου πλήθους ἀοριστίᾳ καὶ δια- 10
30 στάσει γινόμενον, ὥσπερ τὸ αὐτοκίνητον μέσως ἀμφοῖν ἔχει. τὸ οὖν ὡς
εἴδους ἐν ὕλῃ τοῦ ἑνὸς μετέχον διὰ τὴν σύνθεσιν καὶ μὴ ἅμα ὅλον ὑφε-
στηκὸς μήτε κατ' οὐσίαν μήτε κατὰ τὴν τοῦ εἶναι παράτασιν καὶ μηδαμῶς

---

1 ὄντως] suprascr. E²   ὅπερ] ὅπερ ὂν E: καὶ ὅπερ ὂν E²   ὑφίστατο E: corr. E²
τὸ] τὸ ὑπὸ E   2 ὑφειμένον D   5 τοῦ] ὑπὸ τοῦ c   8 καὶ] κε E: corr. E²
κρατεῖσθαι ὑπ' αὐτοῦ E   deinde del. κρατούμενον E²   ἀπὸ—κρατούμε-
νον (10)] mg. E²   9 μέν πη] που E   τοῦ] τὸ A   10 διόπερ—ὂν om. D
αὐθυπόστατατον B   12 post ἡνωμένον rep. οὐδὲ αὐθυπόστατον (10)—αἰτίαν (11) D
13 ὑπέμεινε] seq. ras. 1 litt. E   14 πάντη] πᾶν Bc: πάντη καὶ E²   γέγονε] mut.
in γεγονὸς E²   15 ὁ χρόνος c   συμπροῆλθεν] -εν e corr. E²   16 τοῦ] corr.
ex τὸ E²   post ἀεὶ del. καὶ E²   19 τοδὶ τὸ] τὸ διττὸν AB: τὸ διττὸν A²
20 ἀλλὰ D   22 ὂν B: mg. ἓν   ἑκαστὰν D   23 τούτῳ] corr. ex τοῦτο E²
24 γέγονε] seq. ras. 1 litt. E   25 τὸ (pr.)] suprascr. D¹   26 ἐπῆλθε B: προῆλθε
c: processit b   27 γέγονε B   29 post πλήθους del. ὡς ἐν ὕλῃ E¹   31 εἴδους
ABD: εἶδος Ebc   31. 32 ὑφέστηκε AB

τοῦ εἶναι ἑαυτῷ αἴτιον διὰ τὸν μερισμόν, δι' ὃν οὐκέτι ἐν ἑαυτῷ τὸ ἓν 44ᵇ
ἔχει· τὸ γὰρ μεριστὸν μέρει μέρος ὑφιστάνον οὐκέτι ὅλον οὐδὲ κυρίως 15
ἐστὶν αὐθυπόστατον, ὥσπερ οὐδὲ τὸ μέρει μέρος κινοῦν κυρίως αὐτοκίνητον·
ἀμερὲς γὰρ ἀνάγκη καὶ ἀδιάστατον εἶναι καὶ ὅλον ὅλῳ ἑαυτῷ ἐφαρμόττον
5 τὸ κυρίως αὐθυπόστατόν τε καὶ αὐτοκίνητον, τὸ δὲ μεριστὸν καὶ διεστὼς 20
ἔξωθεν μόνως ἔχει τὸ εἶναι· καὶ διὰ τοῦτο οὖν καὶ ὅτι σύνθετον καὶ ὅτι μὴ
ὅλον ἅμα ἐστίν, ὅπερ ἐστίν, ἀλλ' ἐν τῷ γίνεσθαι τὸ εἶναι ἔχει, τοῦτο κυρίως
ἤδη γενητόν ἐστιν ὡς πρὸς τὸ κυρίως ὂν ἀντιδιῃρημένον, ὃ καὶ τὸ εἶναι παρ'
ἑαυτοῦ ἔχει καὶ ἅμα ὅλον ἐστὶ τοῦτο, ὅπερ ἐστί. τὸ δὲ τοιοῦτον γενητὸν 25
10 καὶ μεταβολὴν εὐθὺς ἀπὸ τοῦ ὄντος ἔχει καὶ κίνησιν, ὅτι μὴ ἔμεινεν ἐν
τῷ κυρίως ὄντι· διὸ μὴ μένον ἐν τῇ αὐτῇ καταστάσει τελέως· ἔμενεν γὰρ
ἂν ἐν τῷ ἑνὶ καθάπερ τὸ ὄντως ὄν· μεταβάλλει καὶ κινεῖται ἀεὶ ἀπὸ τῆς
προτέρας ἕξεως· διὸ καὶ ὁ χρόνος αὐτῷ συμπαραθέει μετρῶν αὐτοῦ καὶ 30
εὐθετίζων ταύτην τὴν ἔκστασιν, ὥσπερ ἄλλο τι τὴν τῆς οὐσίας αὐτοῦ με-
15 μερισμένην διάστασιν εὐθετίζει καὶ τὴν σωματικὴν φύσιν, εἴτε ὁ τόπος εἴτε
ἄλλο τι ταύτην ἔχει τὴν δύναμιν. τοῦτο μὲν οὖν διὰ τὰς εἰρημένας αἰτίας
τὸ κυρίως γενητόν ἐστιν. αὐτοῦ δὲ τούτου τὸ μὲν προσεχῶς ἀπὸ τοῦ ὄντος 35
ὑφιστάμενον ἅτε ἀκινήτου τούτου ὄντος καὶ ἀεὶ τὴν αὐτὴν ἔχοντος κατά-
στασιν καὶ κατ' οὐσίαν καὶ κατὰ δύναμιν καὶ κατ' ἐνέργειαν δεῖ καὶ αὐτὸ
20 μένειν ἀεὶ γινόμενον τοῦ μὲν κυρίως ὄντος εἰς τὸ γινόμενον ὑπελθόντος,
τοῦ δὲ ἀεὶ τοῦ αἰωνίου εἰς τὸ χρονικὸν ἀεί· τὴν γὰρ τοῦ ὄντος τελειότητα 40
καὶ παντότητα τὴν ἅμα ὅλην ὑφεστῶσαν τοῦτο κατὰ μέρος ὡς δυνατὸν
ὑποδέχεται τὴν ἄπειρον ἐκείνου δύναμιν τῷ ἐπ' ἄπειρον τούτῳ μιμούμενον.
τοιοῦτος ἡμῖν ὁ πολυτίμητος οὐρανὸς ἀνεφάνη πρῶτος ἐν τῇ σωματικῇ
25 φύσει μετὰ τὴν νοητὴν διακόσμησιν ὑποστὰς εἰκὼν καλλίστη πρὸς τὸ τῶν 45
παραδειγμάτων ἄριστον· ἀπὸ γὰρ ἑνώσεως καὶ ταυτότητος εἰς | ὁμοιό- 45ᵃ
τητα τὴν πρὸς τὸ ὂν τὸ γενητὸν ὑπελθὸν εἰκὼν γέγονεν ἅτε τῷ ἐοικέναι
λοιπόν, ἀλλ' οὐχὶ τῷ εἶναι πρὸς τὸ ὂν συναπτόμενον. κινηθεὶς δὲ ἀκινή-
τως ὁ οὐρανὸς καὶ μεταβαλὼν ἀμεταβλήτως μόνας ἐκείνας ἔσχε τὰς μετα-
30 βολάς, ὅσαι τῷ μονίμῳ συνυπάρχειν ἠδύναντο. διὸ κίνησιν μὲν τὴν κατὰ 5
τόπον ἔσχε τὴν μενούσης τῆς οὐσίας καὶ τῆς κατ' οὐσίαν διαθέσεως δυνα-
μένην ἐπιτελεῖσθαι· αὕτη γὰρ τῶν μεταβολῶν ὡς ἥκιστα τῆς οὐσίας καὶ
τῆς διαθέσεως ἅπτεται· καὶ τῆς κατὰ τόπον δὲ ἐκείνην ἔλαχε, καθ' ἣν
καίτοι κατὰ τόπον κινούμενος οὐκ ἐξίσταται τοῦ τόπου, ἀλλ' ἐν τῷ αὐτῷ 10

---

3 τό] τῷ AB   5 καί (alt.)] τε καί D   6 ἔχει μόνως E   7 γίγνεσθαι Ec   8 ὄν]
ἐν D   9 ἐστί (pr.)] seq. ras. 1 litt. E   10 καὶ ὅτι μή A: καὶ μὴ ὅτι B   11 μένον]
corr. ex μόνον E²   ἔμενε DEc   12 ὄντως] οὕτως D   13 συμπαραθέει Db: e
corr. E: συμπαραθέσει ABE¹   14 τῆς] τοῦ A   16 ἔχει ταύτην E   τοῦτο–
δύναμιν (19) om. D   17 μέν] μὴ AB   ὄντως D   18 ἀκινήτου] renovat. m.
rec. A   τούτου] τόπου AB   21 ὄντος] ὅλου D   22 ἅμα] renovat. m. rec.
A: ὕλην B   23 τῷ] corr. ex τὸ E²: τῶν B   τούτῳ E²: τοῦτο ABDE¹
27 εἰκών E: corr. E²   28 τῷ] corr. ex τὸ E²   30 ἐδύναντο D   31 τήν]
corr. ex τῆς E²   33 ἅπτεται] corr. ex ἕπεται E²   δέ] καὶ AB
ἔλαχεν B

μένει κινούμενος, τῶν κατ' εὐθεῖαν κινουμένων οὐδὲ τὸ βραχύτατον ἐν τῷ 45ᵃ αὐτῷ μενόντων τόπῳ· ὥστε τὴν κύκλῳ κίνησιν μονὴν μᾶλλον εἶναι ἢ κίνησιν, εἴπερ τὰ κατ' αὐτὴν κινούμενα θαυμαστὸν δή τινα τρόπον τῷ μὲν ὅλῳ μένει, τοῖς μέρεσι δὲ περιδινεῖται. ἀΐδιος δὲ ὢν διὰ τὴν ἀπὸ τοῦ ἀκι- 15 νήτου προσεχῶς ὑπόστασιν τῆς ἀπὸ τοῦ μὴ ὄντος εἰς τὸ ὂν καὶ ἀπὸ τοῦ ὄντος εἰς τὸ μὴ ὂν μεταβολῆς ὑπερανέχει, ὧν τὴν μὲν γένεσιν, τὴν δὲ φθορὰν καλεῖν ἔθος. εἰ γὰρ ἐγίνετό ποτε μὴ πρότερον ὄν, ἀνάγκη καὶ τὸ αἴτιον αὐτοῦ ποιεῖν τί ποτε μὴ πρότερον πεποιηκὸς καὶ μηκέτι ἀκίνητον 20 μηδὲ κατὰ τὰ αὐτὰ καὶ ὡσαύτως ἔχον φυλάττεσθαι, καὶ εἰ ἐφθείρετο, αὐτό τε ἐξειστήκει ἂν τῆς πρὸς τὸ ἀκίνητον αἴτιον ὁμοιότητος, καὶ τὸ αἴτιον τὸ προσεχὲς οὐκέτι αἴτιον ἦν οὐδὲ τῷ εἶναι ποιοῦν τὰ προσεχῶς ὑπ' αὐτοῦ ὑφιστάμενα. ἡ δὲ αὔξησις καὶ μείωσις γένεσίς τις οὖσα καὶ 25 αὐτὴ καὶ φθορὰ παντελῶς ἀλλοτρία τοῦ προσεχῶς ὑπὸ ἀκινήτου αἰτίου παραγομένου γενητοῦ καθέστηκεν· ἡ δὲ ἀλλοίωσις κατά τινα τρόπον, ὃν ἴσως προϊόντες εἰσόμεθα, δυνατή πως ἐπὶ αὐτοῦ θεωρεῖσθαι. τοιοῦτον οὖν ὑποστὰν τὸ πρώτιστον καὶ τελειότατον τῆς σωματικῆς ὑποστάσεως γόνιμον 30 καὶ αὐτὸ ὑπάρχον, οὐ μέντοι παντελῶς ἀμετάβλητον· κἂν γὰρ πολλῶν καὶ μακαρίων μετέσχεν ἀπὸ τοῦ γεννήσαντος ἀγαθῶν, ὥς ἐν τῷ Πολιτικῷ φησιν ὁ Πλάτων, ἀλλ' οὖν κεκοινώνηκέν γε καὶ σώματος, τουτέστι διέστη καὶ ἐμερίσθη καὶ τὴν ἀπὸ τοῦ ὄντος ἔκστασιν ὑπέμεινε· διὸ μεταβολῆς 35 ἀμοίρῳ μένειν αὐτῷ παντάπασιν ἀδύνατον ἦν. μεταβάλλον δ' οὖν κατά τε τὴν τοπικὴν κίνησιν καὶ τοὺς σχηματισμοὺς καὶ ἄλλοτε ἐν ἄλλῃ ἕξει καθιστάμενον κατὰ τὴν ἄλλην καὶ ἄλλην ἀπὸ τῶν αἰτίων μέθεξιν τῆς ἐπιβαλλούσης αὐτῷ ἀγαθότητος παράγει τὰ ὑφ' ἑαυτὸν οὐκέτι ἀκινήτως, ὥσπερ 40 αὐτὸς παρήχθη, ἀλλὰ κινουμένως αὐτὰ ὑφιστάνων. ἐνταῦθα τοίνυν καὶ ἡ κατ' οὐσίαν ἐξεφάνη μεταβολὴ πρώτως, καὶ γένεσις καὶ φθορὰ τῆς οὐσίας τὴν ἀρχὴν ἔσχον· ἀλλ' οὔτε ἐκ τοῦ πάντῃ μὴ ὄντος ἡ γένεσις οὔτε εἰς τὸ πάντῃ μὴ ὂν ἡ φθορά, διότι καὶ τὰ αἴτια ἀπ' ἄλλης ἕξεως εἰς ἄλλην 45 μεταβάλλοντα τὰς διαφορὰς τῶν ἐνταῦθα παραγο|μένων ὑφίστησιν. τάχα 45ᵇ δὲ σαφέστερον ὧδε ῥητέον. τὸ μὲν νοητὸν πλῆθος καὶ κατὰ τὴν διάκρισιν τὴν ἑαυτοῦ τὴν ὡς ἐν νοητῷ θεωρουμένην ἡνωμένον ἐστὶν ἅτε παντὸς τοῦ

---

2. 3 εἶναι μᾶλλον ἢ κίνησιν D: μᾶλλον ἢ κίνησιν εἶναι Ec: *sit magis mansio quam motus* b 4 πυρὶ δινεῖται E: corr. E²: περιδονεῖται D   5 ὄντος — τοῦ] mg. E²   καὶ — ὂν (6)] D: om. ABb   καὶ D: ἢ τῆς Ec   7 ἔθος καλεῖν D   ἐγένετο D   ὂν E: ὧν ABD   8 πεποιηκώς E: corr. E²   9 καὶ (prius)] om. B   ἔχων E: corr. E²   10 τε] corr. ex δὲ E¹: del. E²: om. c   ἐξιστήκει A: ἐξεστήκει c 11 τῷ] τὸ c   12 καὶ γένεσις B   13 τοῦ] corr. ex καὶ E²   14 παραγομένου c   15 ἐπί] ἐπὶ τοῦ D   16 ἐπιτάσεως E: corr. E²   μόνιμον c 17 ὑπάρχει E²c   18 μετέσχεν om. Ec   post γεννήσαντος add. μετέσχηκεν E²c Πολιτικῷ] 269 d   19 κεκοινώνηκε BDEc   20 ἐμερίσθη] -με- e corr. E¹   21 μετάβολον E: corr. E²   τε om. D   22 μετασχηματισμοὺς D   23 ὑπὸ D 23. 24 ἐπιβαλούσης B   25 ὑφισταμένων E: corr. E²   28 ἀπὸ D   29 τῶν ἐνταῦθα παραγομένων τὰς διαφορὰς Ec   ὑφίστησι DEc   30 καὶ BDb: om. AEc 31 ἡνωμένος E

ὄντως ὄντος ἐν τῷ ἑνὶ μένοντος· διὸ καὶ οὐ μόνον τὰ διάφορα εἴδη ἅμα 45ᵇ
συνυφέστηκεν ἐν ἐκείνῃ τῇ οὐσίᾳ, ἀλλὰ καὶ τὰ ἐναντία, καὶ μετέχει ἀλλή-
λων καὶ ἥνωται πρὸς ἄλληλα, ὡς μηκέτι ἐπείσακτον εἶναι τὴν μέθεξιν
μηδὲ τὸ ποιεῖν καὶ πάσχειν ἔτι χώραν ἔχειν ἐκεῖ, διὸ καὶ γενέσεως τῆς
5 κυρίως ἐξῄρηται ἐκεῖνα. ἐν δὲ τοῖς πρώτοις τῶν κυρίως γινομένων διαστά- 10
σεως ἀναφανείσης καὶ μερισμοῦ καὶ μεταβολῆς, ἀλλὰ σωζομένης εἰλικρινοῦς
τῆς πρὸς τὸ ἀμέριστον ὁμοιώσεως, διακέκριται μὲν ἀλλήλων τὰ συμπλη-
ροῦντα τὴν οὐσίαν ἐκείνην καὶ μέρη καὶ εἴδη, δρᾷ δὲ εἰς ἄλληλα καὶ πάσχει
ὑπ' ἀλλήλων ἅτε διαστάντα ἀπ' ἀλλήλων, μενούσης δὲ ὅμως τῆς οὐσίας 15
10 καὶ δρᾷ τὰ δρῶντα καὶ πάσχει τὰ πάσχοντα τελειωτικῆς οὔσης τῆς εἰς
ἄλληλα ἐνεργείας· τῇ γὰρ ἀλλήλων μετοχῇ τὴν ἐν τῷ ὄντως ὄντι ἕνωσιν
ἀπεικονίζεται τὰ ἐν τῷ γινομένῳ εἴδη· ἀλλὰ τὰ μὲν ἐν τῷ προσεχῶς ὑπὸ
τοῦ ὄντος ὑφισταμένῳ τελεσιουργῶς τοῦτο δρᾷ, τὰ δὲ ἀπὸ τούτων ὑφιστά- 20
μενα λοιπὸν ἀπὸ τοῦ ἀεὶ τοῦ χρονικοῦ πρὸς τὸ ποτὲ τὸ ἐν μέρει χρόνου
15 ὑπελθόντα, διότι κατὰ τὰς ἄλλοτε ἄλλας γινομένας διαθέσεις τῶν οὐρανίων
ὑφίσταται, ὡς ταδὶ μὲν ἐν τοῖσδε τοῖς ζῳδίοις τοῦ ἡλίου τυγχάνοντος, ταδὶ
δὲ ἐν τοῖσδε. πολλῆς οὖν γενομένης τῆς ἐν τῷ ἐσχάτῳ πλήθει διαστάσεως 25
καὶ τῶν ὑπὸ σελήνην οὐσιῶν ἐκ τῶν οὕτως διεστηκότων συντιθεμένης οὔτε
πάντα μετέχει πάντων οὔτε πάντα ἐν πᾶσιν, ἀλλ' ὅσα μὲν διάφορα ὄντα
20 ἐν ἑνὶ εἴδει συνδεδράμηκε, ταῦτα δύναται συνυπάρχειν ἀλλήλοις ἀστασιά-
στως ἀλλήλων μετέχοντα, τὰ δὲ ἐναντία τὴν πᾶσαν ἐνταῦθα διάστασιν 30
ὑπομείναντα συνάγεται μὲν εἰς τοῦτο πάντως καὶ μάλιστα τὰ γενικώτερα,
οἷον θερμότητες, ψύξεις, ξηρότητες, ὑγρότητες, καὶ τὰ συνεδρεύοντα τούτοις
ἑκάστη τῶν αἰσθήσεων ἀντιληπτά, οἷον λευκότητες, μελανίαι, ὀξύτητες, βαρύ-
25 τητες, γλυκύτητες, πικρότητες, τραχύτητες, λειότητες, καὶ αἱ κατὰ τὰς ὀσμὰς 35
ἀντιθέσεις, συνάγονται δὲ οὐ καθ' αὑτά, ἀλλὰ μετὰ τῶν ὑποκειμένων αὐτοῖς
σωμάτων, ἐν οἷς ὑφεστήκασι· ταῦτα δέ ἐστι τὰ πρῶτα στοιχεῖα, πῦρ, ἀήρ,
ὕδωρ, γῆ, ἐξ ὧν τὰ ἄλλα συνίσταται τά τε ζῷα καὶ τὰ φυτά. ἀλλ' ὅταν
μὲν ἐναρμονίου καὶ συμμέτρου τινὸς ἀπὸ τῶν οὐρανίων τύχῃ συναγωγῆς 40
30 πρὸς τόδε τι ἢ τόδε τῶν συνθέτων εἰδῶν ἐπιτηδειότητα ἐχούσης, ἐλλάμ-
πει τότε τὸ εἶδος ἐκεῖνο καὶ αὐτό τε συνέχει τὴν τῶν ἐναντίων συνδρο-
μήν, καὶ ὑπ' αὐτῆς ἐκεῖνο συνέχεται· ὅταν δὲ τὰ ἐναντία, οἷον πῦρ καὶ

---

1 ἅμα om. Ec 2 συναφέστηκεν A 5 γενομένων D et corr. in γινομένων E¹
10 τά] τόν AB τά] τόν AB 11 ὄντος DE: corr. E² 12 τά (alterum)
om. D 13 ὑφισταμένῳ D¹ ὑφισταμένῳ—τούτων om. B 14 τὸ (alterum)]
corr. ex τῷ E² 15 ὑπελθόντα D: corr. ex ὑπελθόντι E²: ἐπελθόντος AB mg. (post
ὑπελθόντα) πρόσκειται ἐν ἄλλοις γενεσιουργῶς D¹ διότι] δὲ ὅτι AB καὶ ἄλλας E
16 τὰ δὴ A ζῴοις D τοῦ—τυγχάνοντος om. D 16. 17 τὰ δὲ δὴ A
17 οὖν] corr. ex οὐ E² γινομένης Ec: λεγομένης B 19 πᾶσίν ἐστιν D
20. 21 ἀστασιάστως ἀλλήλοις D 22 ταὐτὸ Dc 23 θερμότητας B ξηρότητας
ὑγρότητας B 24 ἑκάστοις B αἰσθη A ἀντιληπτικὰ B 25 γλυκύτητες
πικρότητες om. D 28 συνίστανται Ec τά τε om. D τά om. E
30 τόδε B τι om. AB 30. 31 ἐλλάμπει AB 31 τὸ om. AB

ὕδωρ, διὰ τὸ φύσει δύσμικτον ἐπιμένῃ μαχόμενα κατὰ τὰς ἐναντίας ποιό- 45ᵇ
τητας, τότε ἀνάγκη ποτὲ τὸ ἕτερον ἐπικρατοῦν ἐκ τῆς τοῦ ἀντικειμένου 46
μειώσεως | αὔξεσθαι, καὶ φθείρεται μὲν τότε τὸ σύνθετον εἶδος ἐκεῖνο 46ᵃ
τὸ τῇ τοιᾷδε συμμετρίᾳ τῶν στοιχείων πεφυκὸς ἐπιγίνεσθαι, οἷον τὸ τοῦ
5 βοὸς ἢ τοῦ ἵππου, ἄλλου δὲ εἴδους συμμετρίας τοῖς στοιχείοις ἐγγενομένου
κατὰ τὴν πλεονεξίαν τε καὶ μειονεξίαν τῶν στοιχείων καὶ ἄλλης ἐπιτη- 5
δειότητος μέλιτται μὲν ἀπὸ βοός, σφῆκες δὲ ἐξ ἵππου γίνονται καὶ σκώ-
ληκες ἀπὸ διαφόρων ζῴων καὶ φυτῶν διάφοροι. ἔστι δὲ ὅτε πολλῆς
τινος πλεονεξίας τῶν στοιχείων ἐν τοῖς συνθέτοις γενομένης ἢ καμόντα
10 λοιπὸν καὶ γηράσαντα ἀνεπιτήδεια γίνεται πρὸς συνθέτου εἴδους ὑποδοχὴν 10
καὶ διαλυθέντα τότε εἰς τὰς ἑαυτῶν ὁλότητας χωρεῖ καὶ ἐκνεασθέντα ἐκεῖ
καὶ ἀνηβήσαντα τότε πάλιν ἔρχεται πρὸς σύνθεσιν· δηλοῖ δὲ μάλιστα τὸ
ὕδωρ ταῦτα τότε μάλιστα πρὸς γένεσιν καὶ τροφὴν ἐπιτήδειον ὑπάρχον,
ὅταν καθαρὸν γένηται καὶ ἐκ τῆς ἑαυτοῦ ὁλότητος ἀπομερίζηται, ὡς ἀπὸ 15
15 πηγῶν ὁρᾶται. καὶ δῆλον, ὅτι καὶ ἡ γένεσις ἐνταῦθα καὶ ἡ φθορὰ μετα-
βολή τίς ἐστιν ὑπό τε τοῦ ἐναντίου γινομένη καὶ ἐκ τῆς ἐναντίας ἕξεως
εἰς τὴν ἐναντίαν μεθισταμένη, ἐπὶ μὲν τῶν στοιχείων τοῦ ὕδατος, εἰ τύχοι,
ὑπὸ τοῦ πυρὸς εἰς τὴν ἐναντίαν ἑαυτῷ σύστασιν τὴν πύριον μεταβαλλο- 20
μένου, καὶ οὕτως γίνεται τὸ πῦρ ἐξ ἐναντίου μὲν ἑαυτῷ τοῦ ὕδατος κατὰ
20 τὰς ἐναντίας ποιότητας, ὑπὸ ἐναντίου δὲ τῷ ὕδατι τοῦ πυρός· δεῖ γὰρ τὸ
μὲν φθειρόμενον ἐναντίον εἶναι τῷ φθείροντι, τὸ δὲ γινόμενον ταὐτὸν τῷ
ποιοῦντι. ἡ γὰρ τῶν στοιχείων ποίησις εἰς ἑαυτὰ μεταβολὴ τῶν ποιούντων 25
ἐκ τῶν πασχόντων ἐστὶν ἐπιτηδείως ἐχόντων δηλονότι τῶν ὑποκειμένων
πρὸς ἑκάτερον, καὶ ἡ φθορὰ πάλιν ὑπὸ τοῦ ἐναντίου γίνεται τοῦ ἐναντίου·
25 φθείρεται γὰρ τὸ ὕδωρ ὑπὸ τοῦ πυρὸς εἰς τὸ πῦρ· ὥστε καὶ ἡ ἄλλου
φθορὰ ἄλλου γένεσίς ἐστι καὶ ἡ ἄλλου γένεσις ἄλλου φθορά, τῶν μὲν 30
ποιοτήτων ἀπολλυμένων εἰς τὸ μὴ ὄν· ὅταν γὰρ ἐξ ὕδατος γίνηται τὸ πῦρ,
ἡ ψυχρὰ καὶ ὑγρὰ ποιότης οἴχεται τῆς σωματικῆς οὐσίας τὰς τοῦ πυρὸς
μεταλαμβανούσης ποιότητας. καὶ τοῦτο μέν, ὅταν ἐξ οὐσίας τινὸς τοῦ ὕδα-
30 τος εἰς οὐσίαν ἄλλην τοῦ πυρὸς ἡ μεταβολὴ γίνηται· ὅταν δὲ ἀμυδροτέρα 35
τις δρᾶσις καὶ πεῖσις εἰς ἄλληλα τῶν στοιχείων κατὰ ποιότητας γίνηται,

---

1 ἐπιμένῃ μαχόμενα] ἐπιμαχόμενα AB   1. 2 ποιότητας E: corr. E²   4 τῇ om. E
ἐπιγίνεσθαι Ec   5 ἄλλου δὲ E: ἀλλ' οὐδὲ ABD   τοῖς στοιχείοις] bis A, sed
corr.   ἐγγινομένου D   6 τε om. Ec   7 μέλιττα D   καὶ σφῆκες
δ' D   ἵππου DEb: ἵππων AB   9 γινομένης Dc: γινομένοις E   10 καὶ] ἢ
AB   ἐνεπιτήδεια E: corr. E²   γίνονται E   11 ἑαυτὰς A   καὶ
m. sec. E   12 ἀναβήσαντα A: ἀναζήσαντα B   13 ἐπιτήδιον E, sed corr.
14 post ὁλότητος ras. 20 litt. E   ἀπομερίζεται A, sed corr.   16 γενομένη E
17 μεθισταμένην E   18 πύρειον CD   18. 19 μεταβαλλόμενον c   19 γίγνε-
ται Ec   22 ποίησις] η in ras. E¹   23 ἐπιτηδίως E: corr. E²   24 τοῦ ἐναν-
τίου (alt.) om. Bc   26 ἐστὶν eras. ν E   27 τὸ (alterum) om. Dc   29 μετα-
βαλλούσης B   30 εἰς] seq. ras. 2 litt. E   ἢ om. c   31 τις ἢ D
καὶ] ἢ Ec   τῶν — ἑαυτῶν (p. 99,1) DEb: om. AB   κατὰ D: κατὰ τὰς Ec
γένηται c

SIMPLICII IN L. DE CAELO I 3 [Arist. p. 270ᵃ12]

ὥστε διάθεσιν ἀλλήλοις ἀφ' ἑαυτῶν ἐμποιεῖν καὶ θερμαίνεσθαι μὲν τὸ 46ᵃ
ὕδωρ μένον ὕδωρ, ψύχεσθαι δὲ ἢ ὑγραίνεσθαι τὸ πῦρ μένον πῦρ, τότε
ἀλλοίωσις λέγεται καὶ πάθος τὸ συμβαῖνον, ὅτι μὴ ἄλλη τις οὐσία ἐξ 40
ἄλλης, ἀλλ' ἀλλοία γέγονε μόνον. καὶ δῆλον, ὅτι καὶ οὐχ ἡ τυχοῦσα
5 γίνεται ὑπὸ τοῦ τυχόντος διάθεσις, ἀλλ' ἡ ἐναντία ἐκ τῆς ἐναντίας· οὐ
γὰρ ψύχεται ὑπὸ ξηρότητος τὸ ψυχόμενον, ἀλλ' ὑπὸ ψυχρότητος· τὸ γὰρ
πάσχον ὑπὸ ποιοῦντος πάσχον καὶ ποιοῦντος κατὰ τὴν ἑαυτοῦ φύσιν καὶ 45
αὐτῷ τῷ εἶναι· οὕτω γὰρ ποιεῖ τὰ κατὰ φύσιν ποιοῦντα· τοιοῦτον πάσχει
πάθος, οἷον ἦν τὸ ποιοῦν, ἤτοι καθὸ ἐποίει | τὸ ποιοῦν, καὶ τὸ ποι- 46ᵇ
10 οῦν δὲ φυσικῶς καὶ καθ' αὑτὸ τοιοῦτο πάθος ἐμποιεῖ, ὁποία ἦν ἡ ποιό-
της αὐτοῦ, καθ' ἣν ποιεῖ· τὸ γὰρ ποιοῦν φυσικῶς εἰς ἑαυτὸ μεταβάλ-
λειν βούλεται τὸ πάσχον, μεταβάλλεται δὲ τὸ ἐναντίον εἰς τὸ ἐναντίον
καὶ ἡ ἐν τῷ ψυχομένῳ θερμότης εἰς τὴν ἐν τῷ ψύχοντι ψυχρότητα. ἀλλ' 5
ὅταν μέν, ὡς εἶπον, ἀλλοίωσις ᾖ τὸ γινόμενον, ἀτελῶς ταῦτα γίνεται, καὶ
15 ψύχεται μὲν τὸ πρότερον ὑπάρχον θερμόν, οὐχ οὕτως δὲ ὡς τελείως
ψυχθὲν μεταβαλεῖν εἰς τὴν τοῦ ψύχοντος φύσιν, ὅπερ ἐπὶ τῶν γινομένων
καὶ φθειρομένων συμβαίνει. πάντως δὲ τὸ ἐναντίον εἰς τὸ ἐναντίον δρᾷ καὶ 10
ἐκεῖνο φθείρει μεταβαλεῖν εἰς ἑαυτὸ βουλόμενον τὸ πάσχον· οἷον εἰ τὸ πῦρ
εἰς τὸν ἀέρα ποιεῖ μεταβάλλειν αὐτὸν εἰς ἑαυτὸ βουλόμενον καὶ ἐκφλο-
20 γοῦν, ἐπειδὴ θερμὸς καὶ ὁ ἀὴρ ὑπόκειται, οὐ τὴν θερμότητα τοῦ ἀέρος
βούλεται μεταβάλλειν τὸ πῦρ· αὕτη γὰρ δύναται καὶ ἐν τῷ πυρὶ εἶναι· 15
ἀλλὰ τὴν ὑγρότητα, διότι ταύτην τῷ πυρὶ συνυπάρχειν ἀδύνατον, καὶ
φθείρει ταύτην οὐ τῇ θερμότητι καθ' αὑτό, ἀλλὰ τῇ ξηρότητι, καὶ ἡ θερ-
μότης κατὰ συμβεβηκὸς τῇ ξηρότητι συνεργεῖ. ὥστε καὶ συλλογίσαιο ἂν
25 οὕτως· τὰ φυσικῶς δρῶντα τῶν ὑπὸ σελήνην σωμάτων πολλαπλασιάζειν 20
ἑαυτὰ βουλόμενα δρᾷ· τὰ διὰ τὸ πολλαπλασιάζειν ἑαυτὰ δρῶντα μετα-
βάλλει τὰ πάσχοντα εἰς ἑαυτά· τὰ μεταβάλλοντα εἰς ἑαυτὰ τὰ πάσχοντα
τὰ ἐν τοῖς πάσχουσι μὴ δυνάμενα συνυπάρχειν ἑαυτοῖς φθείρουσιν· τὰ μὴ
δυνάμενα συνυπάρχειν ἐναντία ἐστί, τὰ δὲ ἐναντία ὑπὸ τῶν ἐναντίων 25

---

1 ἀφ' D: ὑφ' Ec   μὲν] μὲν εἰ τύχοι D   3 τὸ πάθος D   τὸ om. E
ὅτι — μόνον (4) om. c   ἄλλη] in ras. 5 litt. E   4 ἀλλὰ D   καὶ οὐχ] οὐχ c:
καὶ αὕτη οὐχ D   6 ξηρότητος] ψυχρότητος E: θερμότητος E²c: ὑπὸ ξηρότητος mg. E²
7 ποιοῦντος (pr.)] τοῦ ποιοῦντος B   πάσχει c   8 οὕτω] seq. ras. 1 litt. E: οὕτως A
10 τοιοῦτον DEc   13 ante καὶ add. οἷον τὸ θερμόν (e corr.) εἰς τὸ ψυχρὸν D   14 ἀλ-
λοίωσιν D   ᾖ om. D   γενόμενον E   16 μεταβαλεῖν B: μεταβάλλειν c
ὅπερ καὶ Ec   γενομένων E   17 τὸ (prius)] εἰς τὸ E²c   εἰς τὸ ἐναντίον D:
om. ABEbc   18 μεταβάλλειν DEc   19 ἑαυτὸν AB   20 ἐπειδὴ δὲ καὶ AB
καὶ ὁ E(b): om. ABD   ἀὴρ om. D   ὑπόκειται ὁ ἀὴρ D   21 μεταβαλεῖν B
23 τῇ (pr.)] corr. ex τῷ A   ξηρότητι τῇ ἑαυτοῦ D   καὶ om. B   ἡ DE²: om.
ABE¹   24 τῇ ξηρότητι om. Ec   συνεργεῖ BDb: ἐνεργεῖ AEc   24. 25 οὕτως
συλλογίσαιο ἂν Ec   24 συλλογίαιο B   25 πολυπλασιάζειν D   26 αὐτὰ Ec
τὰ] suprascr. E²   αὐτὰ E: αὐτὰ c   27 τὰ (pr.)] corr. ex τὸ E²   εἰς — πάσχοντα
Eb: om. BD et lac. relicta A   μεταβάλλοντα E²b: μέλλοντα E¹   τὰ (tert.) om. AB
28. 29 συνυπάρχειν μὴ δυνάμενα Ec   28 φθείρουσι BDEc   29 ἐστίν E

φθείρεται· τὰ γὰρ δυνάμενα συνυπάρχειν ἐν τῷ κοινῷ ὑποκειμένῳ οὐ
φθείρει ἄλληλα· φθαρέντων οὖν τῶν ἐν τῷ πάσχοντι ἐναντίων ὑπὸ τῶν
ἐν τῷ ποιοῦντι ἐναντίων τὸ ὑποκείμενον προσλαβὸν τὰς τοῦ ποιοῦντος
ποιότητας ἢ ποσότητας, ἀνθ' ὧν πρότερον ἔσχεν ἐναντίων αὐταῖς, μετα-
βάλλεται εἰς τὴν τοῦ ποιοῦντος φύσιν· καὶ γίνεται τὸ πρότερον ὂν ὕδωρ
ὑπὸ τοῦ πυρὸς πῦρ διὰ μέσου ἀέρος τῆς θερμότητος πρῶτον ὡς δραστι-
κωτέρας τὴν ψύξιν ἐκβαλούσης ἀπὸ τοῦ ὕδατος, εἶτα καὶ τῆς ξηρότητος
τὴν ὑγρότητα· καὶ μεγέθη δὲ καὶ σχήματα, ὅσα μὴ δύναται συνυπάρχειν,
ἀμείβεται εἰς τὰ ἐναντία, καὶ οὕτως ἡ σωματικὴ διάστασις τοῦ ὕδατος, ἢ
εἴ τι ἄλλο ἐστὶν ἐν αὐτῷ ὑλικώτερον, τὰς ἐναντίας, ὧν εἶχε, ποιότητας
εἰσδεξάμενον μετέβαλεν εἰς πῦρ ἀπὸ ὕδατος μενόντων τῶν πρὸς τὸ πῦρ
κοινῶν, ἅπερ καὶ συνυπάρχειν ἑκατέραις ἐδύνατο ποιότησιν, εἴτε ἡ σωμα-
τικὴ φύσις ἐστὶν αὐτῆς μετά τινων ἐνίοτε κοινῶν εἴτε ἡ πρώτη ὕλη· με-
ταβολῆς γὰρ γινομένης ἀνάγκη τι μένον εἶναι, περὶ ὃ γίνεται ἡ μεταβολή·
τοῦτο δέ ἐστι τὸ κυρίως μεταβαλλόμενον κατὰ τὰς ἐξιούσας ποιότητας.
αὐτῶν μὲν οὖν τῶν ποιοτήτων αἱ μὲν φθείρονται, αἱ δὲ γίνονται, τὸ δὲ
ὑποκείμενον κατ' αὐτὰς μεταβάλλει, καὶ οὐ μόνον ἐπὶ τῆς γενέσεως οὕτως
ἔχει καὶ | τῆς ἀλλοιώσεως· εἴρηται γὰρ καὶ περὶ ταύτης, ὅτι, ὅταν μὴ
τελέα γένηται τοῦ πάσχοντος κατὰ τὰς ἐναντίας ποιότητας μεταβολή,
ἀλλὰ παράχρωσις μόνον τῶν ἑτέρων ἀπὸ τῶν ἑτέρων, ὡς τοῦ θερμαινο-
μένου ὕδατος, τότε ἄλλο μὲν οὐ γίνεται τὸ πάσχον, ἀλλοῖον δὲ μόνον· οὐ
μόνον οὖν ἐπὶ τούτων, ὡς εἶπον, ἀλλὰ καὶ ἐπὶ τῆς αὐξήσεως καὶ μειώσεως
τῆς φυσικῆς. τὸ γὰρ αὐξανόμενον φυσικῶς, οἷον τὸ τρεφόμενον, μεταβαλὸν
τῆς τροφῆς τὰς ἐναντίας πρὸς ἑαυτὸ διαθέσεις καὶ ἐξομοιῶσαν αὐτὴν οὕτως
ἑαυτῷ προσφύει καὶ αὔξεται· καὶ κἂν ἔχῃ τι ψυχικὸν ἡ θρεπτικὴ δύναμις,
ἀλλὰ κατὰ τὰς φυσικὰς μεταβολὰς οὕτως ἐπιτελεῖται. ἀλλὰ καὶ τὰ κατὰ
τόπον κινούμενα μεταβάλλει τόπον ἐκ τόπου τοῦ κινουμένου μένοντος,
ὥστε πᾶσα ἡ ὑπὸ σελήνην τροπὴ μεταβολή ἐστι μένοντος κατά τι τοῦ
μεταβαλλομένου· διὸ οὐκ ἐκ τοῦ μὴ ὄντος, ἀλλ' ἐξ ὄντος γίνεται τὰ κατὰ
χρόνον γινόμενα. ὥσπερ γὰρ τοῦ χρόνου, καθ' ὃν ταῦτα γίνεται, προϋπ-
άρχει τις ἄλλος χρόνος, μεθ' ὃν οὗτός ἐστιν, οὕτως καὶ τοῦ γινομένου
προϋπάρχει τι ἄλλο, μεθ' ὃ καὶ ἐξ οὗ γέγονε τὸ γενόμενον. εἰκότως

3 post ἐν ras. 6 litt. E   προσλαβὼν ABE   τὰς] τὴν B   4 ποιότητα ἢ πο-
σότητα B   εἶχεν D   ἐναντίως B   6 τῆς BD: om. AEc   7 ἐκβαλούσης
ABE: ἐκβαλούσης DE²c: corr. D¹   8 μεγέθει AB   σχήματα] comp. ambig. A:
σχήματι B   δύνανται D   10 ποσότητας AB   11 μετέβαλλεν B
12 κοινὸν E: corr. E²   ἠδύναντο D   14 πυρὶ E: corr. E²   17. 18 οὕτως ἔχει
καὶ] ἀλλὰ καὶ ἐπὶ Ec   20 παράχρωσις DE: παραχώρησις Ac: παράχρισις B: super-
ventus b   ὑπὸ c   22 ὡς] ὧν Ac   23 αὐξόμενον DEc   24 ἐξομοιοῦσαν E
25 καὶ (alt.) om. Ec   ἔχει E, sed corr.   mg. γρ^αι ἡ θρεπτικὴ ἡ δύναμις D¹
26 ψυχικὰς E: corr. E²   27 τόπον (alt.)] τόπου B   ἐκ] ἐκ τοῦ E   29 γίγνε-
ται E   30 γίγνεται Ec   31 γιγνομένου Ec   32 προυπάρχειν E   τι ἄλλο]
τις ἄλλος χρόνος D   ὃ E²: ὃν D: οὗ ABE¹   καὶ] τὸ E: corr. E²
γεγενημένον D

οὖν καὶ Ἀριστοτέλης τὴν μεταβολὴν ὡς γένος ἔθετο πάσης τῆς ὑπὸ σελή- 47ᵃ
νην τροπῆς ἐν τοῖς Φυσικοῖς· εἰκότως δὲ καὶ ἀΐδιός ἐστιν αὕτη ἡ μετα- 21
βολή, οὐ μόνον ὅτι ὑπὸ ἀϊδίου τῆς ἐν τῷ οὐρανῷ μεταβολῆς τῆς κατὰ
τὴν τοπικὴν κίνησιν καὶ τοὺς διαφόρους σχηματισμοὺς ὑφίσταται, ἀλλ' ὅτι
5 καὶ ἡ ἄλλου φθορὰ ἄλλου πάντως ἐστὶ γένεσις· εἰκότως δὲ τὰ ἐνταῦθα 25
ἁπλᾶ σώματα ταῖς μὲν ὁλότησι ταῖς ἑαυτῶν ἀΐδια μένει, κατὰ μέρη δὲ
τὴν γένεσιν ὑπομένει καὶ τὴν φθοράν. εἰ γὰρ καὶ ἡ τῶν συνεστώτων
μεταβολὴ κατὰ ταῦτα γίνεται πρώτως, καὶ διαλυόμενα φέρεται εἰς τοὺς
οἰκείους τόπους φυσικῶς καὶ τὰς οἰκείας ὁλότητας, μένουσιν ἐκεῖναι μέρη 30
10 ἑαυτῶν πέμπουσαι καὶ πάλιν μέρη δεχόμεναι, καὶ τοῦτο ἀεὶ διὰ τὴν ἀϊδιό-
τητα τῆς μεταβολῆς· εἰκότως δὲ μεταβολῆς οὔσης τῆς γενέσεως τά τε γι-
νόμενα καὶ τὰ φθειρόμενα καὶ τὰ αὐξόμενα καὶ μειούμενα καὶ τὰ ἀλλοιού-
μενα καὶ τὰ κατὰ τόπον τρεπόμενα καὶ ὅλως τὸ τὴν μεταβολὴν ὑπομένον 35
ἐξ ἐναντίας ἕξεως εἰς τὴν ἐναντίαν ὑπὸ τοῦ ἐναντίου ἑαυτῷ αἰτίου μετα-
15 βάλλεται· διόπερ ἐν τῷ πρώτῳ τῆς Φυσικῆς ἀκροάσεως ὁ Ἀριστοτέλης
τὰς ἀρχὰς τῶν ἐν γενέσει καὶ φθορᾷ φυσικῶν ζητῶν τὰ ἐναντία φησὶ καὶ
τὸ τοῖς ἐναντίοις ὑποκείμενον. καὶ δῆλον, ὅτι τὰ μὲν κατὰ ποιότητας γι- 40
νόμενα ἢ φθειρόμενα, οἷον κατὰ θερμότητα ἢ ξηρότητα, ἐναντίας ἔχοντα
ποιότητας ἐξ ἐκείνων μεταβάλλει, τὰ δὲ κατ' οὐσίαν μεταβάλλοντα, οἷον
20 τὸ πῦρ καθὸ πῦρ ἢ ἄνθρωπος καθὸ ἄνθρωπος, καὶ αὐτὰ μὲν μεταβάλλει
κατὰ τὴν τῶν ποιοτήτων εἰς ἀλλήλας μεταβολήν, καθὸ δὲ πῦρ ἢ καθὸ
ἄνθρωπος οὐσίαι εἰσίν, τῇ δὲ οὐσίᾳ οὐκ ἔστιν ἐναντίον εἶδος· ἐκ τίνος οὖν,
οὐχ ὡς θερμὸν ἢ ψυχρόν, ἀλλ' ὡς ἄνθρωπος γίνεται; δῆλον, ὅτι ἐκ τοῦ 45
μὴ ἀνθρώπου μέν, πεφυκότος δὲ γίνεσθαι ἀνθρώ|που. τοιοῦτον δὲ τὸ 47ᵇ
25 σπέρμα καὶ τὸ καταμήνιον, οὐ καθὸ σπέρμα ἁπλῶς οὐδὲ καθὸ καταμήνιον,
ἀλλὰ καθὸ μὴ ὂν ἄνθρωπος πέφυκεν ἄνθρωπος γίνεσθαι. οὔτε γὰρ ἄνθρω-
πος ὢν γένοιτο ἂν ἄνθρωπος· τὸ γὰρ ὂν οὐ γίνεται, ὅπερ ἐστίν· οὔτε μὴ
ὂν ἄνθρωπος μηδὲ πεφυκὸς γίνεσθαι γένοιτο ἂν ἄνθρωπος. τί ποτε οὖν 5
τοῦτο καλοῦμεν κοινῷ ὀνόματι, καθὸ μὴ ὄν τι πέφυκε γίνεσθαι τοῦτο;
30 στέρησιν ἔθος καλεῖν αὐτὸ καὶ ἐστερῆσθαι τὸ μὴ ἔχον μὲν ἐκεῖνο τὸ εἶδος,
οὗ λέγεται ἐστερῆσθαι, πεφυκὸς δὲ ἔχειν αὐτό. οὕτως τὸ νεογενὲς σκυλά-
κιον ἐστέρηται ὀφθαλμῶν, ὅτι πέφυκεν ἔχειν, τὸ μέντοι τελέως ἐκτυφλω- 10
θὲν κατ' ἄλλην στέρησιν καὶ οὐ κατὰ ταύτην στερηθῆναι λέγεται τῶν

---

2 Φυσικοῖς] E 1   6 κατὰ τὰ D   7 συνθέτων D   8 κατά] μετά c
φέρεται] mut. in φθείρεται? D¹   10 ἀεί] corr. ex δεῖ D¹   14 ἑαυτῷ αἰτίου
om. B   15 πρώτῳ] cap. 7   17 ποιότητα B   18 οἷον—μεταβάλλοντα (19)
om. Ec   19 ποιότητας BDb: comp. ambig. A   20 τὸ om. D   21 ἄλληλα D
μεταβολῇ E: corr. E²   δὲ om. AB   22 εἰσὶ BDEc   24 τοιοῦτο Ec
25 οὐ—καταμήνιον om. Ec   26 ἀλλὰ om. c'   γίνεσθαι E   27 ἂν addidi:
om. ABDEc   γίγνεται Ec   μή] corr. ex μὴν E²   28 γίγνεσθαι Ec
γένοιτ' D   29 ὄν τι] ὄν D: ὄντι c   γίγνεσθαι Ec   30 στέρησις B   αὐτό]
corr. ex αὐτοῦ? D   31 ante πεφυκὸς del. τὸ μὴ ἔχον μὲν ἐκεῖνο τὸ εἶδος B
32 ἐστερῆσθαι D: corr. mg.   μέντοι] corr. ex μὲν τὸ E   33 κατ' AB:
κατὰ DEc

ὀφθαλμῶν· οὐ γὰρ ἀνακάμπτει αὕτη, ἡ δὲ γενεσιουργὸς στέρησις, ἀφ' ἧς 47ᵇ
εἰς τὸ εἶδος μεταβάλλει τὰ λεγόμενα γίνεσθαι, ἀνακάμπτει εἰς τὸ εἶδος.
ἐπειδὴ οὖν, καὶ ὅταν ἀπὸ θερμοῦ τι γίνηται ψυχρόν, ἀπὸ τοῦ μὴ ψυχροῦ 15
πεφυκότος δὲ γίνεσθαι ψυχροῦ γίνεται καὶ διὰ τοῦτο ἐκ θερμοῦ· τὸ γὰρ
5 ξηρὸν οὐ πέφυκε μεταβάλλειν ὑπὸ τοῦ ψυχροῦ εἰς αὐτό, διότι συνυπάρχειν
αὐτῷ δύναται· εἰ οὖν τὸ μὲν ἐκ τοῦ ἐναντίου εἴδους γίνεσθαι τὸ γινόμενον
τοῦ τῷ ὑποκειμένῳ τέως συνόντος [τὸ ἐναντίον] οἷον ἐκ ψυχροῦ γίνεσθαι
θερμόν, οὐ πᾶσιν ὑπάρχει τοῖς γινομένοις· οὐ γὰρ δὴ πρώτως καὶ ταῖς 20
οὐσίαις· οὐ γὰρ ἔστιν οὐσίᾳ ἐναντίον· τὸ δὲ ἐκ μὴ τοιούτου πεφυκότος
10 δὲ πᾶσιν ὑπάρχει καὶ τοῖς ἐξ ἐναντίων εἰδῶν μεταβάλλουσιν, εἰκότως
κοινὰς τῆς γενέσεως ἀρχὰς εἶδος καὶ στέρησιν καὶ τὸ ὑποκείμενον εἶπεν
Ἀριστοτέλης. ἐναντία δὲ καλεῖ καὶ τὸ εἶδος καὶ τὴν στέρησιν, οὐ κατὰ τὸ 25
κύριον τοῦ ἐναντίου σημαινόμενον· εἴδη γάρ ἐστιν ἄμφω τὰ ἐναντία· ἀλλὰ
κατὰ τὴν ἀντίθεσιν· ἀντίκειται γὰρ καὶ ταῦτα ἀλλήλοις.
15 Ταῦτα μὲν οὖν ἐπὶ πλέον ἐμήκυνα διαρθρῶσαι τὴν περὶ αὐτὰ βουλό-
μενος ἔννοιαν ἐμαυτοῦ μὲν μάλιστα, εἰκὸς δὲ καὶ τῶν ἐντευξομένων ἐπιμε-
λῶς. οὗ δὲ ἕνεκεν ὁ λόγος ἅπας οὗτος ὡρμήθη, πῶς τὸ γινόμενον ἐξ 30
ἐναντίου τέ τινος καὶ ὑποκειμένου γίνεται καὶ τὸ φθειρόμενον ὑποκειμένου
τέ τινος καὶ ὑπὸ ἐναντίου καὶ εἰς ἐναντίον φθείρεται, τοῦτο, οἶμαι, δῆλον
20 γέγονεν ἐκ τῶν εἰρημένων ἀναποδείκτως νῦν ὑπὸ τοῦ Ἀριστοτέλους τεθὲν
διὰ τὸ ἐν τοῖς πρώτοις, ὥς φησι, δεδεῖχθαι λόγοις. μεμνῆσθαι δὲ χρή, 35
ὅτι, κἂν πρώτως ἡ οὐσία μὴ ἐξ ἐναντίου γίνηται κυρίως μηδὲ εἰς ἐναν-
τίον φθείρηται διὰ τὸ μὴ εἶναι οὐσίαν οὐσίᾳ ἐναντίαν, ἀλλὰ πρῶτον μὲν
ἐκ τῆς οἰκείας στερήσεως, ἔπειτα διὰ τῆς τῶν ἐναντίων ἐκ τῶν ἐναντίων
25 γενέσεως καὶ αὕτη τὸ γίνεσθαι ἴσχει καὶ αὖ πάλιν διὰ τῆς τῶν ἐναντίων 40
εἰς τὸ ἐναντίον φθορᾶς τὸ φθείρεσθαι. ὅταν γὰρ αἱ ἐν τῷ σπέρματί τε
καὶ τῷ καταμηνίῳ ποιότητές τε καὶ ποσότητες, εἰς ἃς πεφύκασιν ἐναντίας
ἑαυταῖς οὔσας τὰς τοῦ ἀνθρώπου, μεταβάλλωσιν, τότε τὸ εἶδος τοῦ ἀνθρώ-
που παραγίνεται· καὶ πάλιν, ὅταν πλεονεκτησάντων τινῶν στοιχείων καὶ 45
30 τῶν ἐναντίων ἡσσωθέντων εἰς ἀναρμοστίαν ὑπ|ενεχθῇ τὸ ὑποκείμενον, τότε 48ᵃ
φθείρεται. ἄλλως δὲ οὔ.

---

2 γίγνεσθαι DE   3 τι om. D   γίγνηται E: γίνεται B   4 γίγνεσθαι E
ψυχρόν B   6 τὸ] m. sec. E   μὲν om. Ec   γίγνεσθαι E   γιγνόμενον E
7 τοῦ — θερμὸν (8)] del. E²: om. c; *eodem subiecto interim manente ut ex frigido sit (fit?)
calidum* b   συνάγοντος E   τὸ ἐναντίον] deleo cum b   οἷον D: om. ABE
8 γιγνομένοις E   δὴ om. B   9 ἔστι τῇ D   10 ὑπάρχειν D   11 καὶ τὸ]
τὸ D   13 ἔστιν om. D   15 αὐτὰ] corr. ex αὐτοῦ D   17 οὗτος ἅπας D
γιγνόμενον E   ἐξ] m. sec. E   18 ἐναντίου] ὑποκειμένου Ec   τινος — ὑποκει-
μένου (pr.)] mg. E²   ὑποκειμένου (pr.)] ἐναντίου Ec   ἐξ ὑποκειμένου Ec
19 τέ om. Ec   καὶ εἰς] εἰς D   21 φησὶ] 270ᵃ17   22 ἐναντίου] ἐ— in ras. E
γίνεται B   23 φθείρεται E   25 γίγνεσθαι Ec   ἔχει D   26 φθορᾶς] mut. in
φορᾶς A²   τε om. c   27 ἐν τῷ D   τε] seq. ras. 1 litt. E   28 μεταβάλλωσι
BD: μεταβάλωσιν AE: μεταβάλωσι c   τότε καὶ D   30 ἐκ τῶν B   ἡσσωθέν-
των ABD: ἡσωθέντων E: ἀνισωθέντων E²c

Ἀλλ' ἐπειδὴ τούτων ἅλις, ἴδωμεν ἐφεξῆς, κατὰ ποῖον μὲν τοῦ γενη- 48ᵃ
τοῦ σημαινόμενον ὁ Ἀριστοτέλης ἀποφάσκει τοῦ οὐρανοῦ τὸ γενητὸν ἀγέ-
νητον αὐτὸν ἀποδεῖξαι σπουδάζων, κατὰ ποῖον δὲ ὁ Πλάτων καὶ τὸν οὐρα-
νὸν καὶ τὸν ὅλον κόσμον γενητὸν εἶναί φησιν. ὁ μὲν οὖν Ἀριστοτέλης
ὅτι γένεσιν ταύτην μόνην καλεῖ τὴν ἀπὸ τοῦ μὴ εἶναι εἰς τὸ εἶναι κατὰ
χρόνον μεταβολήν, ἣν πάντως φθορὰ διαδέχεται, δῆλον μέν, ἐξ ὧν οὐκ
ἀγένητον μόνον ἀλλὰ καὶ ἄφθαρτον ἀποδείξει τὸν οὐρανόν, ἔτι δὲ μᾶλλον,
ὅταν ἀποδείξῃ σαφῶς, ὅτι τὸ γινόμενον πάντως φθείρεται καὶ τὸ φθειρό-
μενον γίνεται· δῆλον γάρ, ὅτι γένεσιν καὶ φθορὰν ταύτας λαμβάνει τὰς ἐν
μέρει χρόνου γινομένας καὶ τοῖς ὑπὸ σελήνην ὑπαρχούσας, διόπερ ἄλλην
τινὰ πέμπτην οὐσίαν παρὰ τὰ ὑπὸ σελήνην ἀποδείξας τὴν τοῦ οὐρανίου
σώματος προτέραν τούτων τῇ φύσει καὶ τελειοτέραν, ὥσπερ βάρος καὶ
κουφότητα καὶ τὴν ἐπ' εὐθείας κίνησιν τούτων ἴδια ὄντα τῶν ὑπὸ σελήνην
ἀποφάσκει αὐτῆς, οὕτως καὶ τὸ γενητὸν αὐτῶν καὶ τὸ φθαρτόν. καὶ
τοῦτο μὲν ἀναμφίλεκτον, οἶμαι, καὶ ἐκ τοῦ μεταβολήν τινα τὴν γένεσιν
λέγειν καὶ τὴν φθορὰν ὡς ἄλλου μετ' ἄλλο γινομένου τε καὶ φθειρομένου,
καὶ ἐκ τοῦ πρὸς τοὺς λέγοντας γενητὸν μὲν ἄφθαρτον δὲ τὸν κόσμον ἀν-
τιλέγοντα δεικνύναι, ὅτι τὸ γινόμενον πάντως καὶ φθείρεται. καὶ οὐδὲν
θαυμαστὸν τὰ πᾶσι πρόδηλα βουλόμενον ἀεὶ λαμβάνειν τὸν Ἀριστοτέλην
τοῦτο λέγειν γενητὸν τὸ πάσης γενέσεως μετέχον καὶ ἐναργῶς ὁρώμενον
ἐν μέρει χρόνου γινόμενόν τε καὶ φθειρόμενον. ὁ δέ γε Πλάτων οἶδε μὲν
καὶ ταύτην τὴν γένεσιν τὴν τῶν ὑπὸ σελήνην τὴν ἀντικειμένην τῇ φθορᾷ
ἐν τῷ δεκάτῳ τῶν Νόμων γράφων οὕτως· "γίνεται δὴ πάντων γένεσις,
ἡνίκ' ἂν τί πάθος ᾖ; δῆλον, ὡς ὁπόταν ἀρχὴ λαβοῦσα αὔξην εἰς τὴν
δευτέραν ἔλθῃ μετάβασιν καὶ ἀπὸ ταύτης εἰς τὴν πλησίον καὶ μέχρι
τριῶν ἐλθοῦσα αἴσθησιν σχῇ τοῖς αἰσθανομένοις· μεταβαῖνον μὲν οὖν
οὕτω καὶ μετακινούμενον γίνεται ἅπαν. ἔστι δὲ ὄντως ὄν, ὁπόταν μένῃ.
μεταβάλλον δὲ εἰς ἄλλην ἕξιν διέφθαρται παντελῶς." οἶδεν δὲ καὶ τὴν
ἑτέραν, καθ' ἣν τὸ εἰς διάστασιν σωματικὴν ὑπελθὸν οὐ δυνάμενον ἔτι
ἑαυτὸ παράγειν, ἀλλ' ἐξ ἄλλου τινὸς αἰτίου μόνως ὑφιστάμενον γενητὸν
λέγεται πρὸς τὸ ὄντως ὂν ἀντιδιῃρημένον ὡς πρὸς αἴτιον ἑαυτοῦ προσεχές.
ἀνάγκη γὰρ τὸ γινόμενον καὶ τὸ τὴν ὑπόστασιν ἑτέρωθεν ἔχον ἀπὸ τοῦ

---

3 καὶ om. D   4 κόσμον ὅλον AB   5 ταύτην μόνην AD: μόνην ταύτην BEc
τὸ εἶναι] τὸ ἐναντίον AB   7 ἀποδείξει DE²: ἀποδείξαι ABE   8 πάντως] ὄντως
E; ab hoc vocab. deficit B   10 γενομένας c   11 οὐρανοῦ comp. A   12 προ-
τέραν c: πρώτην ADE: om. b   12. 13 καὶ κουφότητα — ὄντα] mg. E²
13 τούτων om. Ec   ἴδια ὄντα τῶν] ἰδιοτάτων A   14 τὸ (alterum) om. D
19 Ἀριστοτέλη E: corr. E²   20 λέγει E: corr. E²   τὸ] m. sec. E   21 μέρει]
corr. ex μέσῳ E²   γινόμενόν τε AD: τε γιγνόμενον E: τε del. E²: om. c
22 τῶν om. D   23 δεκάτῳ] 894 a   γίγνεται c   δὲ E   24 ἡνίκα D
αὐξᾶ A   25 δευτέραν ADE: πρώτην E²bc   ἔλθοι E   26 μὲν om. Ec
27 γίγνεται c   ἔστι] seq. ras. 1 litt   28 δ' c   μένῃ] mut. in μέλλῃ E,
sed rursus corr.   28 μεταβαλὸν c   δ' c   οἶδε DEc   31 ὄντος E:
corr. E²   32 γιγνόμενον Ec

ὄντος καὶ αὐθυποστάτου ὑφίστασθαι ἢ ἐπ' ἄπειρον ἰέναι γενητὸν ἀεὶ 48ᵃ
τιθέντας πρὸ γενητοῦ. τοῦτο δὴ τὸ γενητὸν μετὰ τοῦτο τὸ ὂν ὁρισά-
μενος ἐν Τιμαίῳ κατ' αὐτὸ γενητὸν εἶναι τὸν κόσμον φησί. καὶ ὁ μὲν 45
ἀμφοῖν ὁρισμὸς ἀπὸ τῶν γνωστικῶν ἐν ἡμῖν δυνάμεων γενόμενος ὧδέ
5 πως ἔχει· "τί τὸ ὂν ἀεί, γένεσιν δὲ οὐκ ἔχον, καὶ τί τὸ γινό|μενον μέν, 48ᵇ
ὂν δὲ οὐδέποτε; τὸ μὲν δὴ νοήσει μετὰ λόγου περιληπτὸν ἀεὶ κατὰ τὰ
αὐτὰ καὶ ὡσαύτως ὄν· τὸ δὲ αὖ δόξῃ μετ' αἰσθήσεως ἀλόγου δοξαστὸν
γινόμενον καὶ ἀπολλύμενον, ὄντως δὲ οὐδέποτε ὄν." κατὰ τοῦτο δὲ τὸ
γενητὸν καὶ τὸν κόσμον ὑπὸ τοῦ ὄντως ὄντος ὑποστάντα θεοῦ προσεχῶς 5
10 γενητὸν εἶναί φησιν ὁ Πλάτων γράφων οὕτως περὶ τοῦ κόσμου· "πότερον
ἦν ἀεὶ γενέσεως ἀρχὴν ἔχων οὐδεμίαν ἢ γέγονεν; γέγονεν. ὁρατὸς γὰρ
ἁπτός τέ ἐστι καὶ σῶμα ἔχων." τὸ δὲ τοιοῦτον πᾶν γενόμενον καὶ γενη-
τὸν ἐφάνη. τὸ μὲν γὰρ αὐθυπόστατον ἀμερὲς εἶναι χρὴ καὶ ὅλον ὅλῳ 10
ἑαυτῷ ἐφαρμόττειν, τὸ δὲ διαστὰν καὶ μερισθὲν οὐ δυνάμενον ὅλον ὅλῳ
15 ἑαυτῷ ἐφαρμόττειν καὶ διὰ τοῦτο μὴ ὂν αὐθυπόστατον ὑφ' ἑτέρου πάντως
ἔχει τὸ εἶναι καὶ διὰ τοῦτο γενητὸν λέγεται. ἐπειδὴ δέ τινες τὸ ἐν τῷ
ὁρισμῷ τοῦ γενητοῦ "ἀπολλύμενον" ἀταλαιπώρως ἀκούσαντες φθορὰν τοῦ 15
κόσμου καὶ τοῦ οὐρανοῦ δηλονότι καταγινώσκειν τὸν Πλάτωνα νομίζουσιν,
ἀναγκαῖον εἰπεῖν, τί ποτε τοῦτο τὸ "ἀπολλύμενον" σημαίνει. εὐθὺς μὲν
20 οὖν τῷ γινομένῳ καὶ ἀπολλυμένῳ προστεθὲν τὸ "ὄντως δὲ οὐδέποτε ὄν"
ἐναργῶς, οἶμαι, τοῖς μὴ προειλημμένοις ἐνδείκνυται, ὅτι τοῦ μὲν ποτὲ ἐξῄ- 20
ρηται ἀίδιον ὑπάρχον· τὸ γὰρ "οὐδέποτε" ἐπὶ τῶν ἀιδίων λέγεται κυρίως.
ἀεὶ δὲ ὑφεστὼς διὰ τὸ προσεχῶς ἀπὸ τοῦ ὄντως ὄντος καὶ τοῦ ἀκινήτου
παρῆχθαι διὰ τοῦτο πάλιν τὸ μὴ αὐθυπόστατον καὶ τὸ μὴ ὄντως ὂν μηδὲ
25 ὅλον ἅμα καὶ πᾶν εἶναι, ὅπερ ἐστί, μεταβολὴν ἔχει τινὰ ἄλλοτε ἄλλην 25
δεχόμενον ἑαυτοῦ τελειότητα, ἀεὶ μέντοι δεχόμενον διὰ τὸ ποιοῦν προσε-
χῶς αἴτιον ἀκίνητον ὑπάρχον καὶ διὰ τὴν ἑαυτοῦ ἐπιτηδειότητα προσεχῶς
ἀπὸ τοῦ ὄντως ὄντος ὑποστάντος. καὶ ὅτι τὴν μεταβολὴν οὐχ ὡς ἐν
μέρει χρόνου γινομένῳ καὶ φθειρομένῳ νομίζει προσήκειν ὁ Πλάτων, ἀλλὰ 30
30 διὰ τὴν σωματικὴν φύσιν, δι' ἣν ἅμα πᾶσαν οὐκ ἔχει τὴν ἑαυτοῦ μακα-
ριότητα, ὥσπερ τὸ ὄντως ὄν, ἐκ τῶν ἐν τῷ Πολιτικῷ γεγραμμένων,
οἶμαι, καταμαθεῖν ῥᾴδιον. ἔχει δὲ οὕτω πως, ὡς μνημονεύω· "ὃν δὲ
οὐρανὸν ἢ κόσμον ἐπωνομάκαμεν πολλῶν μὲν καὶ μακαρίων ὑπὸ τοῦ γεν- 35

---

2 τοῦτο (alt.)] del. E²: om. c   3 αὐτὸ A   φασὶ E   5 ἔχει] Tim. 27 d sq.
γιγνόμενον c   6. 7 τὰ αὐτὰ] ταῦτα A   7 δ' Dc   λόγου A   8 γιγνόμε-
νον c   10 εἶναι om. D   γράφων] Tim. 28 b   11 γενήσεως E: corr. E²
οὐδεμία A, sed corr.   γέγονεν om. D   12 τέ] supraser. E²: τ' c   γενό-
μενον Db: γινόμενον AE   16 καὶ om. D   τὸ] corr. ex τῶ E   20 προσθὲν
E: corr. E²   ὄντος E: corr. E²   δ' c   οὐδέποτ' c   21 ἐδείκνυται
A: ἐδείκνυτο m. rec.   23 ἀπὸ A: ὑπὸ DEc   ἀκινήτου] ἀ////ήτου A: ἀγεννήτου
mg. A²   24 διὰ] δι' αὐτὸ D   καὶ] εἴληχε καὶ c   25 ἐστὶν E   ἔχειν Ec
27 ἐπιτηδιότητα E, sed corr.   29 προσήκει A, sed corr.   ὃ] seq. ras. 3 litt. E
31 Πολιτικῷ] 269 d   32 οὕτως E   δ' c   33 ἢ] καὶ c   ὑπὸ] παρὰ E²c
33. p. 105,1 γεννήσαντος] γενηθέντος E: corr. E²

νήσαντος μετέσχεν· ἀτὰρ κεκοινώνηκέν γε καὶ σώματος, ὅθεν μεταβολῆς 48ᵇ
ἀμοίρῳ μένειν αὐτῷ παντάπασιν ἀδύνατον ἦν." καίτοι εἴπερ ἐφθείρετο, εἰ
μὲν εἰς ἄλλον κόσμον, εἶχεν ἂν χώραν τὸ τῆς μεταβολῆς ὄνομα· εἰ δὲ
εἰς τὸ μὴ ὄν, οὐκ ἂν μεταβάλλειν ἐλέγετο· μεταβάλλει γὰρ τὸ μεταβαῖνον 40
5 ἀπ' ἄλλου εἰς ἄλλο. πῶς δὲ ἂν "ἀμοίρῳ παντάπασιν" εἶπεν, εἰ μή τι
καὶ ἀμετάβλητον εἶχεν; ἀλλὰ καὶ ὅτι μήτε ἐν μέρει χρόνου γεγονέναι τὸν
κόσμον μήτε ἐν μέρει χρόνου φθείρεσθαι νομίζει Πλάτων, ἐκ τῶν ἐν Τι-
μαίῳ γεγραμμένων δῆλον· πρῶτον μέν, ὅτι τὸν χρόνον μετὰ τοῦ οὐρανοῦ 45
γεγονέναι φησὶ σαφῶς λέγων· "χρόνος δ' οὖν | μετ' οὐρανοῦ γέγονεν". 49ᵃ
10 ἀδύνατον οὖν χρόνον εἶναι πρὸ οὐρανοῦ· εἰ δὲ τοῦτο, οὐκ ἂν ἀπὸ χρόνου
τινὸς ὁ οὐρανὸς ἤρξατο γίνεσθαι· προϋπῆρχε γὰρ ἂν αὐτοῦ χρόνος, καὶ
τοῦ ἐνεστῶτος ἐκείνου, καθ' ὃν ἐγίνετο ὁ κόσμος, πάντως ἦν τις προη-
γούμενος παρεληλυθώς. ἀλλ' οὐδὲ ἐν μέρει χρόνου φθείρεσθαι δυνατόν· 5
πάλιν γὰρ μετ' ἐκεῖνον τὸν ἐνεστῶτα, καθ' ὃν φθείρεται, ἔσται τις μέλ-
15 λων. εἰ δὲ ἐπήγαγεν "ἵνα ἅμα γεννηθέντες ἅμα καὶ λυθῶσιν, ἄν ποτε
λύσις τις αὐτῶν γίνηται", δι' αὐτοῦ τούτου τὸ ἄλυτον ἐνεδείξατο. εἰ γὰρ
ἀνάγκη τῷ χρόνῳ συλλύεσθαι τὸν κόσμον, εἴπερ λύοιτο, ὁ δὲ χρόνος 10
ἄλυτος, εἴπερ τό ποτε λυόμενον ἔχει μεθ' ἑαυτὸ χρόνον· τὸ γὰρ ποτὲ
μέρος χρόνου· δῆλον, ὅτι καὶ ὁ κόσμος ἄλυτος. τοιγαροῦν καὶ ἐπήγαγε
20 τοῖς εἰρημένοις ταῦτα· "καὶ κατὰ τὸ παράδειγμα τῆς διαιωνίας φύσεως,
ἵνα ὡς ὁμοιότατος αὐτῷ κατὰ δύναμιν ᾖ· τὸ μὲν γὰρ δὴ παράδειγμα 15
πάντα αἰῶνα ἔστιν, ὁ δὲ αὖ διὰ τέλους τὸν ἅπαντα χρόνον γεγονώς τε
καὶ ὢν καὶ ἐσόμενος." πῶς οὖν τὸ τοιοῦτον ἀπὸ χρόνου τινὸς γενόμενον
ἂν εἴη, οἷον πρὸ ἕξ, εἰ τύχοι, χιλιάδων ἐτῶν, ἢ ἐν χρόνῳ τινὶ φθειρό-
25 μενον, ὃ πάντα τὸν χρόνον ἐστὶ γεγονὸς καὶ ὂν καὶ ἐσόμενον; ἀλλ' ἀδυνα- 20
τοῦντες οὗτοι τὸ τοῦ χρόνου ἀίδιον διορίζειν ἀπὸ τοῦ αἰωνίου ἀεὶ τὸν
χρόνον ἐν μέρει χρόνου γίνεσθαι καὶ φθείρεσθαι λέγοντες οὐκ αἰσχύνον-
ται καὶ τὸν Πλάτωνα καλοῦσι μάρτυρα τὸν λέγοντα· "ἵνα τόδε ὡς ὁμοιό-
τατος ᾖ τῷ τελείῳ καὶ νοητῷ ζῴῳ πρὸς τὴν τῆς διαιωνίας μίμησιν φύ- 25
30 σεως". καίτοι πῶς ἂν ἦν ὁμοιότατον τῷ αἰωνίῳ τὸ ἐν μέρει χρόνου
ὑφεστηκὸς καὶ ὀλιγίστῳ, ὡς οὗτοί φασι καὶ μάλιστα, εἰ πρὸς τὸ ἀίδιον
παραβάλλοιτο; καὶ τί δεῖ πολλὰ λέγειν, ὅτε σαφῶς ὁ Πλάτων εἶπεν, ὅτι
διὰ μὲν τὴν ἑαυτῶν φύσιν σωματικὴν οὖσαν καὶ διαστατὴν τά τε οὐράνια 30
καὶ τὰ ὑπὸ σελήνην, ἥ τε γῆ (περὶ ταύτης γὰρ σαφῶς λέγει) καὶ τῶν

---

1 μετείληφεν E²: μετείληφεν ἀγαθῶν c   post ἀτὰρ add. ἐν δὲ E²   κεκοινώνη-
κε DEc   2 μέν" mut. in μένʰ A   4 εἰς om. A   8 χρόνον—οὖν (10)] mg. E²
τοῦ οὐρανοῦ Db: τὸν οὐρανὸν AEc   9 φησὶ γεγονέναι Ec   λέγων] Tim. 38 b
11 ὁ om. D   γίγνεσθαι E   ἂν] suprascr. E²   13 οὐδ' D   15 ἐπήγαγεν]
Tim. 38 b   ἵν' c   γεννηθέντες DE   16 γένηται DE: γίγνηται c
ἐπεδείξατο D   20 αἰωνίας c   21 ἵν' Ac   22 αἰώνια Ab   ἔστιν] ἔστιν
ὂν c   δ' c   διατελεῖ D   25 γεγονὼς E   ἀλλὰ D   26 ὁρίζειν E
27 γίγνεσθαι E   28 λέγοντα] Tim. 39 e   τόδ' c   29 τελείῳ AD: mut. in τε-
λέῳ E: τελέῳ c   32 δὴ E: corr. E²   34 καὶ (prius)] κἀ A   τὰ D: om.
AE   πυρὶ E: corr. E²   σαφῶς ὁ Πλάτων c

ἄλλων δηλονότι στοιχείων αἱ ὁλότητες, μεταβολῆς μετέχοντά τινος οὐκ 49ᵃ
ἔστι πάμπαν ἀθάνατα, διὰ δὲ τὴν ἀγαθότητα τοῦ προσεχῶς αὐτὰ δημιουρ-
γοῦντος τὴν ἀεὶ τὰ οἰκεῖα ἀγαθὰ αὐτοῖς ἐπινάουσαν ἄλυτά τέ ἐστι καὶ οὐ 35
μὴ τεύξονται θανάτου μοίρας. ἄμεινον δέ, οἶμαι, τῶν Πλάτωνος αὐτῶν
5 ἀκούειν ῥημάτων, μᾶλλον δὲ τῶν ἀπὸ τοῦ δημιουργοῦ τῶν ὅλων, οὐ τὰς
νοήσεις ἡμῖν καὶ ποιήσεις προφητεύων ὁ Πλάτων ἐξεφώνησε λέγων· ''ἐπειδὴ
οὖν πάντες, ὅσοι τε περιπολοῦσιν ἀφανῶς, καὶ ὅσοι φαίνονται, καθ' ὅσον 40
ἂν ἐθέλωσιν, θεοὶ γένεσιν ἔσχον, λέγει πρὸς αὐτοὺς ὁ τόδε τὸ πᾶν γεννή-
σας τάδε· θεοὶ θεῶν, ὧν ἐγὼ δημιουργὸς πατήρ τε ἔργων, ἄλυτα ἐμοῦ γε
10 ἐθέλοντος. τὸ μὲν οὖν δὴ δεθὲν πᾶν λυτόν, τό γε μὴν καλῶς ἁρμοσθὲν
καὶ ἔχον εὖ λύειν ἐθέλειν κακοῦ· διὸ καὶ ἐπείπερ γεγένησθε, ἀθάνατοι μὲν 45
οὐκ ἐστὲ οὐδὲ ἄλυτοι τὸ πάμπαν, οὐ μὴν λυθήσεσθέ | γε οὐδὲ τεύξεσθε 49ᵇ
θανάτου μοίρας τῆς ἐμῆς βουλήσεως μείζονος ἔτι δεσμοῦ καὶ κυριωτέρου
τυχόντες ἐκείνων, οἷς, ὅτε ἐγίνεσθε, ξυνεδεῖσθε. νῦν οὖν, ὃ λέγω πρὸς
15 ὑμᾶς ἐνδεικνύμενος, μάθετε. θνητά ἐστι λοιπὰ τρία ἀγένητα. τούτων
δὲ μὴ γενομένων οὐρανὸς ἀτελὴς ἔσται· τὰ γὰρ ἅπαντα ἐν αὑτῷ γένη 5
ζῴων οὐχ ἕξει, ἔδει δέ, εἰ μέλλοι τέλειος ἱκανῶς εἶναι· δι' ἐμοῦ δὲ ταῦτα
γενόμενα καὶ βίου μετασχόντα θεοῖς ἰσάζοιτο ἄν. ἵνα οὖν θνητά τε ᾖ, τό
τε πᾶν τόδε ὄντως ἅπαν ᾖ, τρέπεσθε κατὰ φύσιν ὑμεῖς ἐπὶ τὴν τῶν
20 ζῴων δημιουργίαν μιμούμενοι τὴν ἐμὴν δύναμιν περὶ τὴν ὑμετέραν γένεσιν. 10
καὶ καθ' ὅσον μὲν αὐτῶν ἀθανάτοις ὁμώνυμον εἶναι προσήκει θεῖον λεγό-
μενον ἡγεμονοῦν τε ἐν αὐτοῖς τῶν ἀεὶ δίκῃ καὶ ὑμῖν ἐθελόντων ἕπεσθαι,
σπείρας καὶ ὑπαρξάμενος ἐγὼ παραδώσω· τὸ δὲ λοιπὸν ὑμεῖς ἀθανάτῳ
θνητὸν προσυφαίνοντες ἀπεργάζεσθε ζῷα καὶ γεννᾶτε τροφάς τε διδόντες 15
25 αὔξετε καὶ φθίνοντα πάλιν δέχεσθε.'' τί ἂν εἴη τούτων ἐναργέστερον εἰς
παράστασιν τοῦ τὸν Πλάτωνα τὰ μὲν ὑπὸ τοῦ τοῦ ὅλου δημιουργοῦ προσε-
χῶς ὑποστάντα ἄλυτά τε καὶ ἀθάνατα νομίζειν διὰ τὴν ἑαυτοῦ ἀγαθότητα,
κἂν αὐτὰ διὰ τὸ ἐπείσακτον ἔχειν τὴν ἕνωσιν, ἣν 'δεσμὸν' ἐκάλεσεν, ὅσον 20

---

3 ἐπινάουσαν Eb: e corr. D¹: ἐπινεύουσαν Ac   ἐστι] εἰσι Ec   4 τεύξωνται D
ἄμεινον] ἄμοιρον A   αὐτοῦ c   6 λέγων] Tim. 41 a—d   cf. Rawack de Platonis
Timaeo (Berolini 1888) p. 15 sqq.   ἐπεὶ δ' c   7 περιπολλοῦσιν E, sed corr.: περι-
πολοῦσι c   ἀφανῶς] φανερῶς c   8 ἐθέλωσι DEc   λέγει δὴ c   8. 9 γεννή-
σας] συστήσας E   9 τ' c   post ἔργων add. ἃ δι' ἐμοῦ γενόμενα bc: mg. E²
γ' c   10 δὴ] om. E   δηθὲν E: corr. E²   11 διὸ] δι' ἃ c   γεγένησθε D:
corr. ex γεγενῆσθαι E²: γεγενῆσθαι A   12 ἐστὲ DE²: ἔσται AE   οὐδ' c
οὐ DE: οὔτι Ac   μὴν] μὲν δὴ c   λυθήσεσθαι E: corr. E²   γ' c
τεύξεσθαι E: corr. E²   13 δεσμοῦ Eb: δὲ ὁμοῦ AD   κυριώτερον E: κυριω-
τέρας D   14 λαχόντες c   ὅτ' c   ἐγίνεσθαι E: corr. E²: ἐγίνεσθε c
ξυνεδεῖσθαι E: corr. E²   15 ἐστι ADE: ἔτι γένη E²bc   τρί' c   16 δέ]
οὖν c   ὁ οὐρανὸς D   αὐτῷ c: αὑτῷ ADE   17 δεῖ E²c   μέλλει Ec
τέλεος Ec: comp. ambig. A   18 γινόμενα E: corr. E²   ἰσάζοιτ' c   ἵν' c
τ' c   19 τόδ' c   20 ἡμετέραν E: corr. E²   21 προσοίκει A   22 τ' c
23 ἀπαρξάμενος D   24 τροφὴν c   25 αὐξένετε c   26 τοῦ τοῦ c: τοῦ
ADE   ὅλων D   28 κἂν Ab: corr. ex καὶ D¹: καὶ Ec

ἐφ' ἑαυτοῖς, τουτέστιν ὅσον ἐπὶ τῇ οἰκείᾳ διακρίσει τε καὶ διαστάσει τῇ
ἀπὸ τοῦ ὄντος, λυτὰ ἂν ἦν; τί δὲ ἦν σαφέστερον τοῦ "ἀθάνατοι μὲν οὐκ
ἐστὲ τὸ πάμπαν", τουτέστι κατὰ πᾶσαν μεταβολὴν ἀμετάβλητοι, ὥσπερ
ἐγώ, "οὐ μὴν λυθήσεσθέ γε οὐδὲ τεύξεσθε θανάτου μοίρας;" καὶ τίς
5 οὕτως ἀναιδής ἐστιν ἢ ἀνόητος, ὡς μετὰ ταύτην τὴν φωνὴν τὸν Πλάτωνα
νομίζειν φθαρτὸν ἡγεῖσθαι τὸν οὐρανόν; οὐδὲν δὲ ἧττον, ὅταν λέγῃ θνητὰ
ἔτι τρία γένη περιλείπεσθαι, ὡς αὐτῶν δηλονότι μὴ ὄντων θνητῶν, καὶ
κελεύῃ τοῖς ἀιδίοις διὰ τῆς φυσικῆς ἑαυτῶν τροπῆς καὶ κινήσεως τὸ θνη-
τὸν ἅπαν τῷ ἀϊδίῳ τῷ ὑπὸ τοῦ δημιουργοῦ προσυφαίνειν· ἄλλως γὰρ οὐκ
10 ἦν θνητὰ γενέσθαι, εἰ μὴ μεταβαλλόμενον τὸ ὑφιστάνον ἦν· διὸ καὶ οὕτως
εἶπεν· "ἵνα οὖν θνητά τε ᾖ τό τε πᾶν τόδε ὄντως ἅπαν ᾖ, τρέπεσθε
κατὰ φύσιν ὑμεῖς ἐπὶ τὴν τῶν ζῴων δημιουργίαν." πῶς οὖν τὰ οὐράνια
θνητὰ ὑπὸ τοῦ ἀκινήτως καὶ αἰωνίως ἐνεργοῦντος δημιουργοῦ παραγόμενα;
τὸ δέ "ἀπεργάζεσθε ζῷα καὶ γεννᾶτε τροφάς τε διδόντες αὔξετε καὶ φθί-
15 νοντα πάλιν δέχεσθε" οἰκείως, οἶμαι, καὶ πρὸς τοὺς στοιχειοκράτορας λέ-
γεται θεοὺς τοὺς τῶν ὅλων στοιχείων ἐπιβεβηκότας, καθ' ὅσον ἔχουσίν τι καὶ
αὐτοὶ ἀΐδιον· ἀπὸ γὰρ τούτων προσεχῶς τῶν ὑπὸ σελήνην στοιχείων καὶ
γεννῶνται καὶ τρέφονται καὶ αὔξονται τὰ μερικὰ ζῷα καὶ φθίνοντα πάλιν
εἰς τὰς τῶν στοιχείων ὁλότητας ἀναλύονται. ἀλλ' ὅτι μὲν τοσαῦτα λέγειν
20 πέρα τοῦ μέτρου δοκεῖ πρὸς τὴν τῶν Ἀριστοτέλους ἐξήγησιν, οὐδὲ αὐτὸς
ἀγνοῶ, λύειν δὲ τὰς ἐνστάσεις προθέμενος τῶν πρὸς τὸ ἀγένητον καὶ
ἄφθαρτον τοῦ οὐρανοῦ μαχομένων καὶ τὸν Πλάτωνα κατὰ τοῦ Ἀριστοτέ-
λους ὡς αὐτοῖς συνηγοροῦντα παραφερόντων οὐκ ἀπεικότως, οἶμαι, τὰ τῷ
Πλάτωνι δοκοῦντα περὶ τούτων ἀνέγραψα.
25 Ἀλλ' ἐπὶ τὰ τοῦ Ἀριστοτέλους ἐπανιτέον· ὁμοίως δὲ εὔλογον
ὑπολαβεῖν περὶ αὐτοῦ, καὶ ὅτι ἀγένητον καὶ ἄφθαρτον. εἴρη-
ται πρότερον, ὅτι τὸ κυκλοφορητικὸν σῶμα δείξας καὶ πρότερον τῇ φύσει
καὶ τελειότερον τῶν ὑπὸ σελήνην καὶ τῆς κατ' εὐθεῖαν τοπικῆς κινήσεως
ἐξῃρημένον προτίθεται καὶ τὰς ἄλλας αὐτοῦ πάσας μεταβολὰς ἐξελεῖν τήν
30 τε γένεσιν καὶ τὴν φθορὰν καὶ τὴν αὔξησιν καὶ μείωσιν καὶ τὴν ταύταις
σύστοιχον ἀλλοίωσιν, ἵνα μόνην ἔχοι τὴν κατὰ τόπον κίνησιν τὴν ἥκιστα
τῆς οὐσίας ἁπτομένην καὶ ταύτης τὴν κύκλῳ τὴν τοῖς ἀιδίοις προσήκου-

---

1 οἰκείᾳ] ἰδίᾳ Ec   τῇ] corr. ex τὴν A   2 λυτὰ D: π^λυτὰ mut. in α^λυτὰ? A: αὐτὰ E: διάλυτα E²c   τί—χα- (3)] mg. E²   ἦν om. Ec   3 ἔσται A τουτέστι] δηλονότι Ec   4 οὐ μὴν] οὔτι μὲν δὴ c   γε] τε A: γ' c   5 οὕτος A: corr. A²   6 λέγει E, sed corr.   7 γένη AD: om. Ec   περιλείπεσθε E: corr. E²   θνητῶν DEb: νοητῶν φθαρτῶν A   8 κελεύῃ c: κελεύει ADE ροπῆς Ec   10 ὑφεστάνον E   11 ἵν' c   τ' c   τόδ' c   ᾖ ac: εἴη ADE   14 ἀπεργάζεσθαι, sed corr., AE   τροφὴν c   αὐξάνετε c   14. 15 φθεί-νοντα E, sed corr.   15. 16 λέγεσθαι D   16 ἔχουσί DEc   18 φθείνοντα E, sed corr.   18. 19 —ιν εἰς] e corr. D¹   19 εἰς τὰς] εἰς τ' A   20 τοῦ om. D   22 τοῦ (alterum)] τὸν E: corr. E²   23 τὰ] τὸ D   24 δοκοῦν D 25 ὅμως E   δ' Ec   28 τελεώτερον D   31 ἔχοι] corr. ex ἔχει E¹ 32 ταύτην Ec

σαν. εἴρηται δὲ καί, ὅτι πρῶτον τὸ ἀγένητον καὶ ἄφθαρτον συλλογίζεται, 50ᵃ
καὶ ἡ τῶν συλλογισμῶν ἀνάλυσις ἔκκειται. καὶ ὅτι τὰς μὲν ἄλλας ἀπέ-
δειξε προτάσεις ἐν τούτοις ὁ Ἀριστοτέλης τὴν μὲν λέγουσαν, ὅτι τὸ κυκλο- 20
φορητικὸν σῶμα οὐκ ἔχει ἐναντίον διὰ τοῦ τῶν δὲ ἐναντίων καὶ αἱ
5 φοραὶ ἐναντίαι. εἰ γὰρ ἐναντία κατὰ φύσιν ἐστὶ τὰ ἐναντίας ἀρχὰς
κινήσεων ἔχοντα, δῆλον, ὅτι τῶν ἐναντίων ἐναντίαι εἰσὶν αἱ κινήσεις. εἰ
οὖν τῇ τοῦ κυκλοφορητικοῦ σώματος κινήσει κατὰ φύσιν, τουτέστι τῇ κύ- 25
κλῳ (περὶ γὰρ τῶν κατὰ φύσιν ὁ λόγος), οὐκ ἔστιν ἐναντία κίνησις κατὰ
φύσιν, δῆλον, ὅτι τῷ κυκλοφορητικῷ σώματι οὐκ ἔστιν ἐναντίον. ὁ δὲ
10 Ἀλέξανδρος ἐν τῷ πρώτῳ σχήματι συνάγει τὸν συλλογισμὸν οὕτως· οὗ
φυσικοῦ σώματος τῇ κινήσει μὴ ἔστι κίνησις ἐναντία, οὐδ' ἂν αὐτῷ τι 30
εἴη ἐναντίον· τῇ δὲ τοῦ κύκλῳ κινουμένου σώματος κατὰ φύσιν κινήσει
οὐδεμία κίνησις ἐναντία· οὐδὲ ἄρα τῷ κατὰ φύσιν κινουμένῳ ταύτην τὴν
κίνησιν. δύο τοίνυν προτάσεις τοῦ ὅλου συλλογισμοῦ ἀναποδείκτως ἔλαβε
15 τήν τε λέγουσαν, ὅτι τὸ γινόμενον καὶ φθειρόμενον ἐξ ἐναντίου γίνεται καὶ 35
εἰς ἐναντίον φθείρεται ὑποκειμένου τινός, καὶ τὴν λέγουσαν, ὅτι τῇ κύκλῳ
κινήσει οὐκ ἔστιν ἐναντία. ἀλλὰ ταύτην μὲν ὡς αἰτήσας νῦν ὕστερον διὰ
πολλῶν ἀποδείκνυσι, διὸ καὶ ἀνεβάλετο παρεμβαλεῖν αὐτῆς τὴν ἀπόδειξιν·
τῆς δὲ ἑτέρας τὴν ἀπόδειξιν ἀνέπεμψεν εἰς τὰ ῥηθέντα κατὰ τὸ πρῶτον 40
20 τῆς Φυσικῆς ἀκροάσεως, ὧν καὶ ἐγὼ κατὰ τὸ δυνατὸν διὰ πλειόνων τὴν
διάρθρωσιν ἐποιησάμην. τούτων δὲ κειμένων συνάγεται, ὅτι τὸ κυκλοφο-
ρητικὸν σῶμα μὴ ἔχον, μήτε ἐξ οὗ γένηται μήτε εἰς ὃ φθαρῇ, ἀγένητον
καὶ ἄφθαρτον ἔσται. ἐπισημαίνεται δὲ ὁ Ἀλέξανδρος ἐν τούτοις, ὅτι, εἴπερ 45
ἐναντία μάλιστα κατὰ φύσιν ἐστὶ τὰ τὰς ἐναντίας ἔχοντα κινήσεις, ἐναντία
25 τῷ | πυρὶ μᾶλλον ἔσται ἡ γῆ ἤπερ τὸ ὕδωρ κατὰ φύσιν· καίτοι τὸ μὲν 50ᵇ
ὕδωρ ψυχρὸν καὶ ὑγρὸν ὑπάρχον κατ' ἄμφω τὰς ποιότητας ἀντίκειται τῷ πυρὶ
θερμῷ καὶ ξηρῷ ὑπάρχοντι, ἡ δὲ γῆ ψυχρὰ καὶ ξηρὰ οὖσα καθ' ἓν μόνον
τὸ ψυχρόν. καὶ τοῦτο δὲ ἐπισημαίνεται, ὅτι εἰπὼν ὀρθῶς τὴν φύσιν τὸ 5
μέλλον ἔσεσθαι ἀγένητον ἐξελέσθαι ἐκ τῶν ἐναντίων ἐνεδείξατο, ὅτι κατὰ
30 φύσιν ἔχειν χρὴ τὸ ἀγένητον τὰ οὐράνια, καὶ μὴ ὥς τινες φθαρτὸν μὲν
αὐτὸ τῇ ἑαυτοῦ φύσει ποιοῦσιν, αἰτήματα δὲ αἰτοῦνταί τινα ἄφθαρτον
αὐτὸ ποιεῖν ἐθέλοντες. καὶ ἔοικεν εἰς τὸν Πλάτωνα ἀπορρίπτειν εἰπόντα 10
"ἀθάνατοι μὲν οὐκ ἐστὲ τὸ πάμπαν, οὐ μὴν λυθήσεσθέ γε διὰ τὴν ἐμὴν
βούλησιν", ὡς ἀπὸ τοῦ δημιουργοῦ λέγοντα. ἐνδείκνυται δὲ ὁ Πλάτων,
35 ὅτι, ὅσον μὲν ἐπὶ τῇ διαστατῇ καὶ σωματικῇ καὶ τοῦ ὄντως ὄντος ἐξελ-

---

1 καί (prius) om. D   2 ἔγκειται E: corr. E²   ὅτι om. c   2. 3 ἀπέδειξε]
seq. ras. 1 litt. E   4 διὰ τοῦ] 270ᵃ17—18   5 φθοραί A, sed corr.   5. 6 κι-
νήσεως ἀρχὰς Ec   6 κινήσεων AB: κινήσεως D   τῶν] καὶ τῶν D
10 τῷ om. E   πρώτῳ] τρίτῳ D   σχήματι om. E   11 τι om. A   15 γιγνό-
μενον E   γίγνεται E   18 ἀνεβάλετο D: ἀνέβαλε τὸ A¹: ἀνεβάλλετο A²Ec
19 πρῶτον] cap. 7   20 καὶ om. Ec   21 ἐπισημάμην A: corr. A²   ante ὅτι
ras. 1 litt. E   24 ἐστὶν E, ν eras.   27 ξηρῷ] ψυχρῷ E   ἕν] ἦν E
32 ἀποριπτεῖν A   εἰπόντα] Tim. 41 b   33 οὐ μὴν] οὔτι μὲν δὴ c   34 βου-
λὴν A   λεγόμενα c   ἐδείκνυται A: corr. A²   35 ὄντως om. c

θούση τῶν οὐρανίων φύσει καὶ διὰ τοῦτο μὴ δυναμένη πᾶσαν ἔχειν ἅμα 50ᵇ
τὴν ἀιδιότητα, οὐκ ἔστιν ἀθάνατα πάμπαν, διὰ δὲ τὴν προσεχῆ ἀπὸ τῆς 16
ἀκινήτου αἰτίας ὑπόστασιν ἀμετάβλητον αὐτῶν τὴν μεταβολὴν ποιοῦσαν
καὶ τὴν ἀπὸ τῆς διαστάσεως λύσιν τῷ κρείττονι δεσμῷ τῆς ἑνώσεως προ- 20
5 λαμβάνουσαν ἄλυτα μένει. καὶ τό γε 'μὴ πάμπαν ἀθανάτους' πρόσκειται
δηλοῦν, ὡς οἶμαι, ὅτι οὐχὶ καὶ ἀφ' ἑαυτῶν καὶ ἀπὸ τῆς αἰτίας ἔχουσι
τὴν ἀθανασίαν, ὥσπερ τὰ αὐθυπόστατα, ἀλλ' ἀπὸ τῆς αἰτίας μόνον, ἀφ'
ἧς μόνης παράγονται. ἐπισημαίνομαι δὲ καὶ ἐγώ, ὅτι τῶν ἐναντίων ἐξη- 25
ρῆσθαι βούλεται τὸ σῶμα τὸ οὐράνιον οὐχ ἁπλῶς τῶν κατὰ ἰδιότητα ἐναν-
10 τίων ἀλλὰ τῶν εἰς ἄλληλα μεταβαλλόντων καὶ συνυπάρχειν ἀλλήλοις μὴ
δυναμένων, οἷα τὰ ὑπὸ σελήνην ἐστὶν ἐναντία· ἐπεὶ πρόδηλον, ὅτι κινήσεως
ἅμα καὶ στάσεως μετέχει τὸ οὐράνιον σῶμα ἐν τῷ αὐτῷ τόπῳ περιδινού- 30
μενον καὶ ταυτότητος καὶ ἑτερότητος ἑνός τε καὶ πλήθους, ἀλλὰ συνυπαρ-
χόντων ἀλλήλοις καὶ συνιστώντων ἄλληλα, οὐ μέντοι φθειρόντων, ὡς τὰ
15 ὑπὸ σελήνην, οὐδὲ μεταβαλλόντων εἰς ἄλληλα.

p. 270ᵃ22 Ἀλλὰ μὴν καὶ τὸ αὐξανόμενον ἅπαν αὐξάνεται ὑπὸ 35
συγγενοῦς.

Κἂν ἐξ ὑποθέσεως λαβών, ὅτι τῇ κύκλῳ κινήσει οὐκ ἔστιν ἐναντία
κίνησις κατὰ φύσιν, συνήγαγε τὸ ἀγένητον εἶναι καὶ ἄφθαρτον τὸ οὐράνιον 40
20 σῶμα, ἀλλὰ μέλλων ἀποδεικνύναι τὸ ὑποτεθὲν ὡς ἀποδεδειγμένῳ χρῆται
τῷ ἐξ αὐτοῦ συναγομένῳ τῷ ἀγένητον εἶναι καὶ ἄφθαρτον καὶ τούτῳ προσ-
χρώμενος, ὅτι καὶ ἀναυξὲς καὶ ἀμείωτον, δείκνυσι λαβών, ὅτι ἡ αὔξησις
γένεσίς τίς ἐστι, καί, ὥσπερ οὐ γίνεταί τι μὴ ἔχον ἑαυτῷ ἐναντίον, ἐξ οὗ 45
γενήσεται, οὕτως οὐδὲ αὔξεται οὐδὲ μειοῦται· καὶ γὰρ καὶ ἡ μείωσις φθορά
25 τίς ἐστιν. ὥστε πάλιν συλλογίζεσθαι οὕτως· τὸ αὐξόμενον ἐξ ἐναντίου
αὔξεται, ἐξ οὗ καὶ γίνεται· τὸ κυκλοφορητικὸν σῶμα οὐκ ἔχει ἐναντίον, ἐξ
οὗ γίνεται. ὅτι δὲ ἡ αὔξησις γένεσίς τίς ἐστιν καὶ τὸ αὐξόμενον ἐξ ἐναν-
τίου αὔξεται, δῆλον· | τὸ γὰρ προστιθέμενον τῷ αὐξομένῳ ὅμοιον αὐτῷ 51ᵃ
γενόμενον οὕτως προστίθεται. καὶ τρέφει καὶ αὔξει τὸ ᾧ προστίθεται· τὸ
30 δὲ ὅμοιον γινόμενον τῷ ᾧ προστίθεται ἐξ ἀνομοίου αὐτῷ καὶ ἐναντίου γί-
νεται ὅμοιον. τῷ οὖν μὴ ἔχοντι ἐναντίον οὐ δυνατὸν ὅμοιόν τι γενέσθαι, 5

---

4. 5 προσλαμβάνουσαν DEc   6 ὅτι] ὅτι καὶ E   7 ἀλλὰ Ec   τῆς om. Ec
8 καὶ μόνης D   8. 9 ἐξηρεῖσθαι E   9 κατ' D   ἰδιότητα ADb: αἰδιότητα
Ec   10 συνυπάρχειν DE²: συνυπαρχ' A: συμπαρέχειν E   μὴ] m. sec. E
16 αὐξόμενον E   16. 17 ὑπὸ συγγενοῦς A: om. D   19 συνήγετο D   τὸ (pr.)
om. D   22 ὅτι (prius) ACE: om. D   23 τίς om. CD   ἔστιν E
24 γίνεται D   οὐδὲ (alt.)—καὶ γίνεται (26) om. c   καὶ γὰρ καὶ DEb: καὶ γὰρ AC
25 αὐξόμενον CDE: αὐξανόμενον A   26 τὸ κυκλοφορητικὸν—γίνεται (27)] mg. E²:
om. c   27 ἡ] suprascr. C¹: om. c   ἐστι Dc et seq. ras. 1 litt. E
αὐξόμενον CDE: αὐξανόμενον Ac   29 γενόμενον] AC: e corr. D¹: γινόμενον Ec
30 τῷ] τὸ E   καὶ ACD: καὶ ἐξ Ec   31 τῷ] τὸ CD   ἔχον τι CD   οὐ δυ-
νατὸν] ἀδύνατον CD

διότι τὸ γινόμενον πᾶν ἐξ ἐναντίου γίνεται· τὸ δὲ αὐτὸ ἐναντίον τοῖς ὁμοίοις 51ᵃ
ἐστίν, ὥστε τὸ τῷ προστιθεμένῳ ἐναντίον καὶ τῷ ὁμοίῳ αὐτῷ ᾧ προστίθεται ἐναντίον ἐστίν. ὁ δὲ Ἀριστοτέλης ἔτι ἀκριβέστερόν τι ἐνεδείξατο
διὰ τοῦ τούτῳ δὲ οὐκ ἔστιν ἐξ οὗ γέγονεν. ἐξ οὗ γὰρ γίνεταί τι, 10
5 ἐκ τούτου τρέφεται καὶ αὔξεται ἢ προσεχῶς ἢ πόρρωθεν. καὶ γὰρ ἐκ
σπέρματος γίνεται καὶ καταμηνίου τὸ ζῷον· ἀλλὰ τὸ σπέρμα καὶ τὸ καταμήνιον ἐκ τούτων γίνεται, ἐξ ὧν τρέφεται καὶ αὔξεται τὸ ζῷον· καὶ τρέφεται οὖν καὶ αὔξεται ἐξ ὧν γίνεται· τὸ οὖν μὴ ἔχον, ἐξ οὗ γίνεται, 15
οὐδὲ ἐξ οὗ τρέφεται καὶ αὔξεται ἕξει· οὐδὲ γὰρ τὸ προστιθέμενον ἔτι
10 ἔσται, εἴπερ ἐξ αὐτοῦ καὶ τοῦτο γίνεται, ἐξ οὗ καὶ ἐκεῖνο, ᾧ προστίθεται.
ὁ δὲ Ἀλέξανδρος, εἰ ὅμοιόν τι, φησί, γίνεται τῷ κυκλοφορητικῷ, ὃ προστιθέμενον αὔξει, ἔσται καὶ αὐτὸ κυκλοφορητικόν· ἐπὶ ταὐτὸ γὰρ κίνησις τοῖς 20
μορίοις καὶ τῷ ὅλῳ· εἰ δὲ τοῦτο, καὶ τὸ ὅλον ἂν εἴη γενητόν· ἀλλὰ μὴν
ἐδείχθη ἀγένητον. ἀναλυομένου δὲ τοῦ προστιθεμένου εἰς τὴν ὕλην
15 εἶπεν τοῦ ᾧ προστίθεται, τουτέστιν εἰς σάρκας καὶ ὀστᾶ καὶ τὰ ἄλλα τὰ
ὁμοιομερῆ μόρια· ταῦτα γάρ ἐστι τὰ τρεφόμενα προσεχῶς· ἅπερ ὕλης 25
ἔχει λόγον πρὸς τὰ ὀργανικὰ μόρια καὶ τὸ ὅλον ζῷον. τῷ δὲ αὐτῷ λόγῳ,
ὅτι οὐδὲ μειοῦται, δειχθήσεται. τὸ γὰρ μειούμενον ἀπιόντος τινὸς τῶν ἐν
αὐτῷ μέρους μειοῦται· τὸ δὲ ἀπιὸν ἀνόμοιον γενόμενον καὶ εἰς τοὐναντίον
20 αὐτῷ μεταβαλὸν ὥστε μηκέτι συνυπάρχειν ἄπεισιν· ὥστε τὸ μειούμενον 30
ἐναντίον ἔχειν ἀνάγκη, ἐξ οὗ καὶ αὔξεται καὶ γίνεται· τὸ δὲ κυκλοφορητικὸν σῶμα οὔτε αὔξεται οὔτε γίνεται οὔτε ἔχει ἐναντίον. ὅλως δέ, ὃ μὴ
πέφυκεν αὔξεσθαι, εἰ μειοῦται, φθείρεται· δέδεικται δὲ καὶ ἄφθαρτον τὸ
οὐράνιον. διὰ τί δὲ ἄρα ὁ Ἀριστοτέλης οὐχ, ὥσπερ ἡμεῖς, τὴν αὔξησιν 35
25 διὰ τῆς τροφῆς συνελογίσατο, ἀλλ' αὐτόθεν τὸ αὖξον συγγενὲς εἶπεν ὀφείλειν εἶναι τῷ αὐξομένῳ; ἢ διὰ τὸ πανταχοῦ ἀκριβές; καὶ γὰρ αὔξεσθαι
μέν, ὡς ἔοικε, φυσικῶς καὶ τὰ ἁπλᾶ νομίζει σώματα τῇ τῶν ὁμοίων προσθέσει, ὡς δηλοῖ μετ' ὀλίγα λέγων, ὅτι ὁρῶμεν καὶ τὰ στοιχεῖα αὔξησιν 40
ἔχοντα καὶ φθίσιν, τρέφεσθαι δὲ τὰ ὀργανικὰ οὐ φυσικῶς, ἀλλ' ὑπὸ τῆς
30 θρεπτικῆς ψυχῆς. δῆλον δέ, ὅτι, κἂν οὕτως ἔχῃ, οὐδὲν ἡ ἀπόδειξις ἡ
εἰρημένη παραποδίζεται· ἐξ οὗ γὰρ γίνεταί τι, ἐκ τούτου καὶ αὔξεται συγγενοῦς γινομένου καὶ προστιθεμένου.

---

1 γιγνόμενον E   2 ᾧ] τῷ ᾧ D   4 διὰ τοῦ] 270ᵃ25   τοῦ om. E   τούτῳ] τοῦτο E   δ' c   5 καὶ τρέφεται C   καὶ (alterum)] κἂν D   6 γίνηται D   12 γάρ] γὰρ ἡ c   14 ἀναλυομένῳ A: corr. A²   15 εἶπεν] 270ᵃ24   εἶπε DEc   ἄλλα τὰ ACD: ἄλλα Ec   16 ἐστι ACD: εἰσι Ec   19 τὸ ἐναντίον CD   20 μεταβαλὸν CDE: μεταβαλὼν A: μεταβάλλον c   συνυπάρχ' A   21 ἔχει E: corr. E²   22 ἔχει om. E   ἐναντίον ἔχει K²c   23 δὴ c   24 ἄρα om. Ebc   ὁ om. c   28 ὡς om. E: καὶ c   λέγων] 270ᵃ30   31 γίγνεται E   32 γιγνομένου DE   καὶ] τοῦ Ac

p. 270a25 Εἰ δέ ἐστι καὶ ἀναύξητον καὶ ἄφθαρτον, τῆς αὐτῆς 51b
διανοίας ἐστὶν ὑπολαβεῖν καὶ ἀναλλοίωτον εἶναι.

Ὥσπερ τὸ ἀναύξητον διὰ τοῦ ἀγενήτου ἔδειξεν· "οὐ γάρ ἐστι, φησί,
τούτῳ ἐξ οὗ γέγονεν"· οὕτως τὸ ἀναλλοίωτον διὰ τοῦ ἀναυξήτου δείκνυσι 5
5 καὶ τοῦ ἀμειώτου, ὅπερ, οἶμαι, ἄφθαρτον ἐκάλεσε νῦν, συλλογιζόμενος
οὕτως· τὸ ἀλλοιούμενον κατὰ ποιότητα μεταβάλλει· τὸ κατὰ ποιότητα
μεταβάλλον κατὰ πάθος μεταβάλλει· τριχῶς γὰρ λεγομένων τῶν σωματι-
κῶν ποιῶν, ἢ κατὰ πάθος μόνον αἰσθητόν, ὡς ὅταν θερμαίνηταί τις ἐπι- 10
πολαίως, ἢ κατὰ διάθεσιν, ὅταν διατεθῇ κατὰ τὴν θερμότητα ὡς καὶ λέ-
10 γεσθαι θερμός, ἢ κατὰ ἕξιν, ὅταν μόνιμος ἡ διάθεσις γένηται, πανταχοῦ
τὸ πάθος θεωρεῖται, διὸ καὶ ὁ Ἀριστοτέλης οὐκ ἄνευ τῶν κατὰ τὰ πάθη
μεταβολῶν γίνεσθαί φησι. κἂν γὰρ ἄλλο εἶδός ἐστιν ἕξις καὶ διάθεσις, 15
ἀλλὰ καὶ αὗται μετὰ πάθους ἐπιτελοῦνται· πάσχοντος γὰρ γίνονταί τινος·
ὥστε τὰ ἀλλοιούμενα κατὰ πάθος μεταβάλλει. τὰ δὲ κατὰ πάθος μετα-
15 βάλλοντα φυσικὰ σώματα πάντα ὁρῶμεν αὔξησιν ἔχοντα καὶ μείωσιν· τά
τε γὰρ τῶν ζῴων σώματα καὶ τὰ φυτὰ καὶ τὰ ἁπλᾶ σώματα καὶ ἁπλῶς, 20
ὅσα κατὰ πάθος μεταβάλλει. εἰ οὖν τὰ μὲν ἀλλοιούμενα σωματικῶς
αὔξεται καὶ μειοῦται, ὃ μήτε αὔξεται μήτε μειοῦται, τοῦτο οὐκ ἀλλοιοῦται·
οὐδὲ γὰρ κατὰ πάθος μεταβάλλει. καὶ κατηγορικῶς δὲ οὕτως· τὰ κατὰ
20 πάθος ἀλλοιούμενα αὔξεται καὶ μειοῦται· τὸ κυκλοφορητικὸν σῶμα οὐκ 25
αὔξεται οὐδὲ μειοῦται· τὸ κυκλοφορητικὸν ἄρα σῶμα οὐκ ἀλλοιοῦται κατὰ
πάθος. καὶ μᾶλλον οὕτως μοι δοκεῖ συνάγειν ὁ Ἀριστοτέλης, καὶ τὸ συμ-
πέρασμα ἀναλλοίωτον οὕτως συνάγει ὡς κατὰ πάθος μὴ ἀλλοιούμενον.
'σημειωτέον δέ, φησὶν ὁ Ἀλέξανδρος, ὅτι ἡ λέξις οὐχ ὡς ἀναγκαία, ἀλλὰ 30
25 κατὰ τὸ εὔλογον εἴρηται. οὔτε γάρ, εἰ ἐν τοῖς πάσχειν πεφυκόσιν αἱ
ἕξεις μετὰ πάθους, ἤδη καὶ ἐν τοῖς ἀπαθέσιν ἀναγκαῖον, οὔτε, εἰ τὰ
ἀλλοιούμενα αὐξόμενα καὶ μειούμενα ὁρῶμεν ἐν τοῖς παρ' ἡμῖν, εὔλογον
καὶ καθόλου, εἴ τι ἀλλοιοῦται, τοῦτο αὔξεσθαι. εἰ μὲν γάρ, ᾗ ἀλλοιοῦται, 35
ταύτῃ αὔξεται καὶ μειοῦται, ἀνάγκην ὁ λόγος ἔχει, εἰ δὲ μή, οὔ. ἀλλὰ
30 καὶ ἐν Κατηγορίαις, φησίν, αὐτὸς ὁ Ἀριστοτέλης εἶπεν, ὅτι οὔτε αὔξεσθαι
ἀναγκαῖόν ἐστι τὰ κατὰ πάθος κινούμενα οὔτε μειοῦσθαι. ὧν μὲν γάρ,
φησὶν ὁ Ἀλέξανδρος, τῇ οὐσίᾳ τῇ κατὰ τὸ εἶδος ἔστι τι ἐναντίον καὶ τοῖς 40

---

1 δ' c   3 post ὥσπερ del. γάρ E²   ἀγεννήτου E, sed corr.   φησί] 270a25
4 οὕτως AC: οὕτω c et seq. ras. 1 litt. E   6 ἀλλοιώμενον A   τὸ—μεταβάλ-
λον (7)] bis D   8 ποιοτήτων c   μόνον om. Ec   9 ὡς ὅταν D   10 θερμός]
—μός in ras. E¹   ὡς ὅταν D   γένηται] corr. ex γίνεται A   11 ὁ] om. D
τά] supraser. D¹   12 φησί] 270a28—29   κἂν] καὶ c   ἡ ἕξις CD   ἡ διά-
θεσις C   17 μὲν om. D   18 ἀλλοιοῦται] -οῦ- e corr. D¹   20 οὐχ] οὐδὲ D
21 ἄρα om. D   22 συναγαγεῖν Ec   25 οὔτε c: οὐδὲ ADE   27 καὶ μειού-
μενα] bis E: corr. E²   ὁρῶμεν om. D   28 τι] seq. ras. 1 litt. E   30 εἶπεν]
15 a 22   αὐξάνεσθαι Ec   32 Ἀλέξανδρός φησι E: ὁ Ἀλέξανδρος φησί c   τῇ] καὶ τῇ D
ἔστι] seq. ras. 1 litt. E   τι] τι τὸ E

πάθεσιν, ταῦτα διὰ μὲν τὴν κατ' οὐσίαν ἐναντίωσιν ἔσται ὁμοῦ μὲν γενητὰ 51ᵇ
καὶ φθαρτά, ὁμοῦ δὲ αὐξητά τε καὶ μειωτά, διὰ δὲ τὴν κατὰ πάθος ἀλ-
λοιωτά· ὅσα δὲ μηδεμίαν ἔχοντα κατ' οὐσίαν ἐναντιότητα ἐν ποιότησίν
ἐστιν ἐχούσαις ἐναντίωσιν, ταῦτα ἀγένητα ὄντα καὶ ἀναυξῆ οὐδὲν κωλύσει 45
5 ἀλλοιοῦσθαί τε καὶ οὕτως πάσχειν. σημειωτέον δέ, φησί, καί, ὅτι | οὐ 52ᵃ
διὰ τὸ μηδὲν ἐναντίον εἶναι αὐτῶν τῇ συμβεβηκυίᾳ ποιότητι ἀναλλοίωτα
αὐτὰ δείκνυσι· καίτοι ἐχρήσατο ἂν αὐτῷ, εἰ οὕτως ᾤετο, ὥσπερ καὶ ἀγένητα
ἐδείκνυ τῷ μηδὲν εἶναι ἐναντίον. καὶ τοῖς λέγουσι, φησίν, ἄποιον Ἀριστο-
τέλην τὸ πέμπτον σῶμα λέγειν καὶ ἐντεῦθεν δεικτέον, ὅτι μὴ ἴσασιν, ἃ 5
10 λέγουσιν· εἰ γὰρ ἄποιον ἔλεγεν αὐτὸ εἶναι, ῥᾷστον ἦν αὐτῷ ἐντεῦθεν δεῖξαι,
ὅτι ἀναλλοίωτον· ὃ γὰρ μὴ τὴν ἀρχὴν ἔχει ποιότητα, οὐδ' ἂν κατὰ ποιό-
τητα μεταβάλλοι. ἐπεσημηνάμην δέ, φησί, τοῦτο ὑπὲρ τοῦ δεῖξαι, ὅτι,
κἂν συμβαίνῃ τὸ μετὰ τὸν ἥλιον σῶμα κυκλοφορητικὸν θερμαινόμενον ὑπὸ 10
τῆς τοῦ ἡλίου περιφορᾶς διαπέμπειν τῷ ὑπ' αὐτὸ σώματι τὴν ἀπὸ τῆς
15 ἐκείνου κινήσεως γινομένην θερμότητα, οὐδὲν ἄτοπον ἐπιφέρεται τῇ τοῦ
κυκλοφορητικοῦ σώματος οὐσίᾳ· οὐ γὰρ πάντως τὸ ἀλλοιούμενον φθαρτόν,
ἀλλ' ὅσα κατ' οὐσίαν οἷά τε μεταβάλλειν· τοιαῦτα δέ, ὧν τῇ οὐσίᾳ καὶ 15
τῷ εἴδει ἔστι τι ἐναντίον. ὡς γὰρ αὐτὸς λέγει, ἀπαθὲς ἐκεῖνο πάσης
θνητῆς δυσχερείας, ἀλλ' οὐχ ἁπλῶς ἀπαθές· οὐ γάρ, εἰ τῷ συμβεβηκότι
20 τινὶ ἐναντίον τι εἴη, ἤδη καὶ αὐτῷ ἀνάγκη ἐναντίον τι εἶναι. τὰ γοῦν
ἄστρα χρῶμα μὲν ἔχει, εἰ δὲ πᾶν χρῶμα ἢ λευκὸν ἢ μέλαν ἢ μικτόν, εἴη 20
ἂν ἢ ἐναντίον τι αὐτῷ τῷ χρώματι ἢ ἐξ ἐναντίων τὸ χρῶμα αὐτῶν συγ-
κείμενον, ἀλλ' οὐ διὰ τοῦτο φθαρτὰ τὰ ἄστρα, ὅτι μὴ ἐν τῇ οὐσίᾳ αὐτῶν
τὸ χρῶμα.' ταῦτα τοῦ Ἀλεξάνδρου λέγοντος αὐτῇ σχεδὸν τῇ λέξει πρῶτον
25 μὲν ἐφιστάνειν ἀξιῶ, εἰ ὁ Ἀριστοτέλης οὕτω σαθρῶς ἐν τῇ τοιαύτῃ πραγ- 25
ματείᾳ συνελογίζετο καὶ παραλόγως, κἂν κατὰ τὸ εὔλογον οὗτος εἰλῆφθαί
φησιν αἰδούμενος. ἔπειτα ῥητέον, οἶμαι, ὅτι ὁ Ἀριστοτέλης οὐ πᾶσαν ἀλ-
λοίωσιν ἀποφάσκει τῶν οὐρανίων· οὐ γὰρ δὴ καὶ τὴν τελεσιουργὸν εἰς
ἄλληλα μετάδοσίν τε καὶ μετάληψιν, ἀλλὰ τὴν κατὰ πάθος, ἥτις πολλάκις 30
30 μέν, εἰ καὶ κατὰ συμβεβηκός, ἀλλὰ καὶ αἰτία γίνεται αὐξήσεώς τε καὶ
μειώσεως· τὰ γὰρ ξηραινόμενα καὶ πάσχοντα τὸ τῆς ξηρότητος πάθος καὶ
μάλιστα κατὰ διάθεσιν ἢ καὶ ἔτι μᾶλλον κατὰ ἕξιν μειοῦται, καὶ τὰ ὑγραι- 35
νόμενα τῇ προστιθεμένῃ ὑγρότητι αὔξεται, οὕτως δὲ καὶ τὰ μὲν πυκνού-
μενα μειοῦται, τὰ δὲ μανούμενα αὔξεται. πλὴν κἂν μὴ ὡς αἴτια θεω-
35 ρεῖται, ἀλλὰ συνεδρεύει πάντως τοῖς ἀλλοιωτικοῖς πάθεσιν ἡ αὔξησις καὶ
ἡ μείωσις, οὐ μέντοι πάσῃ ἀλλοιώσει· δῆλον γάρ, οἶμαι, ὅτι καὶ τὰ οὐρά- 40

---

1 πάθεσι DEc   2 καὶ (pr.)] ἢ E   4 ὄντα om. E: post ἀναυξῆ colloc. K²c
ἀναύξητα Ec   κωλύει Ebc   5 τε om. D   6 εἶναι ἐναντίον Ebc   7 δείκνυ-
σιν DE   8 ἐδείκνυ τῷ] ἐδείκνυντο A   8. 9 Ἀριστοτέλη E   12 μεταβάλοι D
ἐπισημεινάμην E: corr. E²   13 συμβαίη Ec   18 ἔστι] seq. ras. 1 litt. E
αὐτὸς om. D   20 τι (pr.) om. Ec   τι ἐναντίον c   τι AE: del. E²: om. Db
23 ταῦτα D   25 οὕτως Ec   τοιαύτῃ] αὐτῇ A   32 ἢ om. Ec   34 μανού-
μενα] μαραινόμενα E   34. 35 θεωρῆται D   35 ἀλλοιωτοῖς E

νια σώματα δρᾷ εἰς ἄλληλα καὶ μεταδίδωσιν ἀλλήλοις τῶν οἰκείων ἀγα- 52ᵃ
θῶν ἄλλοτε ἄλλων κατὰ τοὺς διαφόρους σχηματισμούς. ὡς γὰρ ἡ σελήνη
φαίνεται ἄλλοτε κατ' ἄλλο τι τῶν ἑαυτῆς μερῶν δεχομένη τὸ ἡλιακὸν φῶς
κατὰ τὰς διαφόρους πρὸς αὐτὸν στάσεις, οὕτω καὶ πάντα εἰς ἄλληλα δρᾷ, 45
5 κἂν ἀφανεῖς ἡμῖν αἱ τοιαῦταί εἰσιν ἀλλοιώσεις. δῆλον γάρ, οἶμαι, τοῦτο
καὶ ἐκ τῶν εἰς | τὰ τῇδε ἀποτελεσμάτων· ἄλλοτε γὰρ ἄλλων αἴτια γίνε- 52ᵇ
ται ἐκεῖνα κατὰ τοὺς διαφόρους αὐτῶν σχηματισμοὺς καὶ τὰς διαφόρους
συγκράσεις, καὶ οὔτε ἐπὶ τῆς σελήνης αὔξησις ἢ μείωσις φαίνεται γινομένη
μετὰ τῆς τοιαύτης ἀλλοιώσεως καίτοι οὕτως ἐναργοῦς οὔσης οὔτε ἐπὶ τῶν 5
10 ἄλλων ἀστέρων, πλὴν ὅταν ἀπόγειοι ἢ περίγειοι γίνωνται· τότε γὰρ διὰ
τὴν πρὸς ἡμᾶς ἀπόστασιν διάφορον οὖσαν διάφορον ἡμῖν ἔχοντες φαίνονται
μέγεθος. οὐδὲ γὰρ εἰσὶν αἱ μεταδόσεις αὗται παθητικαί, ἀλλὰ τελεσιουρ-
γοί· συνυπάρχειν γὰρ ἐκεῖ δύναται καὶ τὰ ἐναντία· ἐνταῦθα μέντοι διὰ τὴν 10
ἀπ' ἀλλήλων διάστασιν μὴ πεφυκότα συνυπάρχειν ἀλλήλοις ἀφανίζει ἄλ-
15 ληλα καὶ διὰ τοῦτο παθητικῶς δρᾷ. ὁ μὲν γὰρ σίδηρος ὑπὸ πυρὸς θερ-
μανθεὶς καὶ παθητικῶς ἀλλοιωθεὶς οὐκέτι ψύχειν δύναται καίτοι ψυχρὸς 15
κατὰ φύσιν ὑπάρχων, διότι κατὰ τὸ πάθος ἐνεργεῖ· ἡ μέντοι σελήνη, κἂν
ἀλλοιοῦταί πως ὑπὸ τῶν ἡλιακῶν ἀκτίνων καὶ διαπέμπει τὸ φῶς εἰς ἡμᾶς
τὸ ἡλιακόν, ἀλλὰ μετὰ τῆς οἰκείας ἰδιότητος· οὐ γὰρ μετέβαλέ τι τῆς
20 οὐσίας αὐτῆς ἡ ἀλλοίωσις, ἀλλ' ἐτελείωσε μόνον τὰς ὑπαρχούσας δυνάμεις. 20
καλῶς γὰρ λέγει καὶ Μέλισσος, ὅτι "τὸ τριχὶ μιῇ μυρίοις ἔτεσιν ἑτεροῖον
γινόμενον (κατὰ τὴν οὐσίαν δηλονότι) ὀλεῖται ἂν ἐν τῷ παντὶ χρόνῳ."
ὥστε, εἰ καὶ ἀλλοιοῦσθαι λέγει τις τὰ οὐράνια ὑπ' ἀλλήλων, μὴ κατὰ
πάθος γίνεσθαι λεγέτω τὴν ἀλλοίωσιν ταύτην, ἀλλὰ τελεσιουργόν, ὡς καὶ 25
25 ψυχὴ ἂν ἀλλοιοῦσθαι λέγοιτο ἐνθεάζουσα. τὸ γὰρ πάθος κατὰ μεταβολὴν
οὐσιώδους γίνεταί τινος· διὸ καὶ ἄλλο εἶδος ἀλλοιώσεώς ἐστι τὸ κατὰ πάθος
παρὰ τὸ κατὰ δύναμιν. καὶ διὰ τοῦτο καλῶς, οἶμαι, ὁ Ἀριστοτέλης οὐχ
ἁπλῶς πᾶσαν ἀλλοίωσιν, ἀλλὰ τὴν παθητικὴν ἀποφάσκει τῶν οὐρανίων, ᾗ 30
πάντως καὶ αὔξησις καὶ μείωσις καὶ γένεσις καὶ φθορὰ συνυπάρχει, καὶ διὰ
30 τοῦτο τὰς ἀλλοιώσεις, ἃς ἔμελλεν ἀποφάσκειν, εἰς τὸ πάθος μετέβαλεν εἰπών·
τοῦ δὲ ποιοῦ αἱ μὲν ἕξεις καὶ διαθέσεις οὐκ ἄνευ τῶν κατὰ τὰ
πάθη γίνονται μεταβολῶν"· ἡ δὲ κατὰ πάθος αὐτόθεν ἔχει τὸ πά- 35

---

2 ὡς] οὐ E: ὥσπερ E²c   3 κατ'] ante τ ras. 4 litt. E   τι] evan. A   5 ἡμῖν]
εἰσὶν Ec   εἰσιν] ἡμῖν Ec   6 ἄλλων] ἄλλο A   6. 7 γίγνεται E   7 σχηματισ-
μοὺς αὐτῶν D   διαφόρους αὐτῶν Ec   8 οὔτε c: οὔτε δὲ A: οὐδὲ DE
9 ἐναργῶς Ab   10 ἄλλων om. D   11 ἡμῖν] ἡμῖν οὖσαν E   φαίνεται A, sed
corr.   12 οὐδὲ] οὐ A   γάρ] m. sec. E   13 δύνανται Ec   15 τοῦ πυρὸς Ec
17 τὸ om. A   18 ἀλλοιῶται D   διαπέμπῃ D   19 μετέβαλλε E, sed corr.
21 τριχὶ μιῇ K²: τριχὶ A: τριχῇ μιῇ E: τρισχιλίοις ἢ D; cf. Simplic. in Phys. p. 111,23
Diels   22 ὀλεῖται ADE et Simplic. in Phys. l. l.: ὄλοιτο c   παντί] corr. ex παρ-
όντι E²   24 λέγω c   ἀλλὰ D: ἀλλὰ τὸ AE: ἀλλὰ κατὰ τὸ c   25 ἂν D: om.
AEc   27 διὰ Db: om. AE   30 μετέλαβεν D   εἰπών] 270ᵃ28   31 τὰ
om. c cum Arist. vulg.   32 γίγνονται c   ἢ ADb: εἰ Ec

θος. καὶ προελθὼν δέ, ὅτι οὕτως ἀναλλοίωτον ὡς ἀπαθὲς εἶπεν, ἐδήλωσε 52ᵇ
διὰ τοῦ "καὶ ἀναλλοίωτον καὶ ἀπαθές ἐστι τὸ πρῶτον τῶν σωμάτων"
ὥστε τῷ Ἀλεξάνδρῳ τὸ μὲν ἀλλοίωσιν ἐν τοῖς οὐρανίοις ἀπολιπεῖν κατὰ
τὸν Ἀριστοτέλην συγχωρητέον, ὡς καὶ ποιότητος ὑπαρχούσης ἐκεῖ, οὐ 40
5 μέντοι παθητικὴν τὴν ἀλλοίωσιν συγχωρητέον κατ' αὐτόν· οὐ γὰρ ἂν
ἐσπούδασε διὰ τοῦ ἀπαθοῦς ἀποδεῖξαι τὸ ἀναλλοίωτον. καὶ χρὴ τοῦτο τῇ
ἀποδείξει προσεννοοῦντα τὸ ἀναγκαῖον αὐτῆς ὁρᾶν· τὰ γὰρ μεταβλητικῶς
πάσχοντα τῶν κατὰ φύσιν σωμάτων καὶ αὔξεται καὶ μειοῦται καὶ γίνεται 45
καὶ φθείρεται, οὐ μέντοι τῷ ἀλλοιοῦσθαι αὔξεται ἢ μειοῦται, ἀλλ' ἔστι
10 μὲν | ἐν τοῖς ἐπικήροις ἄμφω, λόγον δὲ ἔχοντα οἰκεῖον· διόπερ ἐν Κατη- 53ᵃ
γορίαις ὁ Ἀριστοτέλης εἶπεν, ὅτι οὔτε αὔξεσθαι ἀναγκαῖόν ἐστι τὰ κατὰ
πάθος κινούμενα οὔτε μειοῦσθαι· οὐ γὰρ τῷ λόγῳ τοῦ πάθους αὔξεται ἢ
μειοῦται, κἂν ὑπάρχῃ πάντως τὸ αὔξεσθαι καὶ μειοῦσθαι τοῖς πάσχουσιν 5
μεταβολικὴν ἔχουσι φύσιν. πῶς δὲ τὰ κατ' οὐσίαν ἔχοντα ἐναντιότητα
15 ταῦτά φησιν αὔξεσθαι καὶ μειοῦσθαι ὁ Ἀλέξανδρος καὶ γίνεσθαι καὶ φθεί-
ρεσθαι, εἴπερ τῇ οὐσίᾳ οὐδέν ἐστιν ἐναντίον πλὴν τῆς στερήσεως αὐτῆς,
ἥτις τὸ δραστήριον οὐκ ἔχει, ἀλλὰ τὸ ἐπιτήδειον μόνον ὑποτίθησιν, καὶ 10
ἐκ ταύτης τὸ γινόμενον οὐχ ὡς ποιούσης, ἀλλ' ὡς μετὰ ταύτην καὶ ὡς ἐξ
ἐπιτηδείου πρὸς αὐτό; εἰ οὖν οὐ μόνον ἐξ ἐναντίου, ἀλλὰ καὶ ὑπὸ ἐναντίου ἡ
20 γένεσις, ἡ δὲ ἐναντίωσις ἐν ταῖς ποιότησι θεωρεῖται, δῆλον, ὅτι κατὰ τὰ πάθη
τῶν ποιοτήτων καὶ αἱ γενέσεις καὶ αἱ φθοραὶ συμβαίνουσιν καὶ αἱ αὐξήσεις 15
καὶ μειώσεις. τῶν γὰρ στοιχείων κατὰ τὰς ποιότητας εἰς ἄλληλα μετα-
βαλλόντων ταῦτα συμβαίνει, μεταβάλλει δὲ δρῶντα εἰς ἄλληλα καὶ πά-
σχοντα ὑπ' ἀλλήλων· ὥστε τρόπον τινὰ κατὰ συμβεβηκὸς εἶναι τὴν κατ'
25 οὐσίαν μεταβολὴν τῇ κατὰ τὰς ποιότητας ἀκολουθοῦσαν, διότι μεταβάλλειν 20
μὲν κυρίως καὶ προσεχῶς ἀνάγκη ὑπ' ἐναντίου, τῇ δὲ οὐσίᾳ ἐναντίον οὐκ
ἔστιν, ἀλλὰ ταῖς συμπληρούσαις τὴν οὐσίαν ποιότησι· καὶ ταύτῃ κατ'
οὐσίαν ἡ μεταβολή, ὅτι τῶν κατ' οὐσίαν ὑπαρχόντων ἐστί. καλῶς οὖν
καὶ ἀκριβῶς ὁ Ἀριστοτέλης τὰ παθητικῶς ἀλλοιούμενα ταῦτα καὶ κατ' 25
30 οὐσίαν πάσχειν φησίν· ἐπιτεινόμενον γὰρ τὸ πάθος μεταβολὴν πάντως ποιεῖ
τῶν τὴν οὐσίαν συνιστώντων στοιχείων· καλῶς δὲ τὴν κατὰ πάθος ἀλλοί-
ωσιν τῶν οὐρανίων ἀπέφησεν ἀρχεσθεὶς τοῖς προαποδεδειγμένοις. εἰ γὰρ
τὰ παθητικῶς ἀλλοιούμενα καὶ κατ' οὐσίαν πάσχει γινόμενα καὶ φθειρό- 30
μενα καὶ αὐξόμενα καὶ μειούμενα, δῆλον, ὅτι τὰ τούτων ἐξῃρημένα καὶ
35 τῆς παθητικῆς ἀλλοιώσεως ὑπερανέχει· ὥστε καὶ τὸ θερμαίνεσθαι ὑπὸ τοῦ
ἡλίου τὰς μετ' αὐτὸν σφαίρας καὶ διαπέμπειν εἰς τὰ τῇδε τὴν θερμότητα 35

---

2 διὰ τοῦ] 270ᵇ2   3 ἀπολείπειν Ec   4 Ἀριστοτέλη E: corr. E²   9 μειοῦται
ADb: φθείρεται Ec   10. 11 ὁ Ἀριστοτέλης ἐν Κατηγορίαις Ec   11 εἶπεν] 15ᵃ22
13 πάσχουσι DEc   14 ἐναντίωσιν Ac   15 γίγνεσθαι DE   17 ὑποτίθησι DEc
18 τὸ γινόμενον] προσγιγνόμενον E   20 ἐναντιώσεις E, sed corr.   ποιότητες E:
corr. E²   θεωροῦνται E   21 συμβαίνουσι DEc   αἱ (tert.) om. A   25 τῇ]
corr. ex τὴν E²   27 ποιότησιν Ec   28 ἐστί] seq. ras. 1 litt. E   29 ὁ om. A
31 δὲ] δὲ καὶ Ec   32 εἰ] corr. ex οὐ A²   35 τὸ om. D   36 τὰς] mut. in
τὴν A²   μετ' αὐτὸν] in ras. D¹   σφαίρας] mut. in σφαῖραν A²

λεγόμενον ὑπὸ τοῦ Ἀλεξάνδρου προσεκτικῶς ἀκουστέον παθητικὴν μέν τινα 53ᵃ
θέρμην οὐδαμῶς ἐκεῖ συγχωροῦντα συμβαίνειν· πάντως γὰρ ἂν ἠκολούθει
καὶ κατ' οὐσίαν μεταβολή· τελεσιουργὸν δὲ καὶ ζωοποιόν τινα καὶ συνυπ-
άρχουσαν ταῖς κατὰ φύσιν ἕξεσιν ἐκείνων τὴν ὑπὸ τοῦ ἡλίου μετάδοσιν 40
5 ῥητέον, ἀλλ' οὐ μεταβλητικὴν αὐτῶν, ὥσπερ τὴν κατὰ πάθος ἀλλοίωσιν·
καὶ γὰρ καὶ ἐνταῦθα παθητικῶς ὁ ἀὴρ τὴν ζωογόνον τοῦ ἡλίου δεχόμενος
θερμότητα παθητικῶς τὰ τῇδε θερμαίνει· οὐ γὰρ μόνον τὰς ἡλιακὰς ἀπορ-
ροίας, ἀλλὰ καὶ τὰς τῶν ἄλλων οὐρανίων παθητικῶς ὑποδέχεται τὰ τῇδε. 45
εἰ δὲ ἀπαθὲς τὸ οὐράνιον πάσης θνητῆς δυσχερείας ἐστί, δῆλον, ὅτι καὶ
10 πᾶν πάθος τοῖς θνητοῖς | ὑπάρχον ἀναίνεται· ὥστε καὶ τὴν θερμότητα 53ᵇ
ταύτην τὴν παθητικήν, ἥτις ἐπιτεινομένη καὶ τὴν οὐσίαν διαλύει, μὴ προσ-
ήκειν αὐτῷ μήτε τὸ εἶδος ὅλως τὸ τοιοῦτον γενεσιουργὸν ὑπάρχον. ὥστε,
εἰ μὲν τοῦτο μόνον πάθος λέγεται, τὸ γενεσιουργὸν πᾶν πάθος ὡς τοι- 5
οῦτον ὂν ἀποφάσκεται τοῦ οὐρανοῦ· εἰ δὲ ἔστι τι καὶ τελεσιουργὸν πάθος
15 λεγόμενον, ὃ καὶ τῷ οὐρανῷ προσήκει, ἄλλος ἂν εἴη περὶ ἐκείνου λόγος.
κἂν ἐναντία δὲ χρώματα ἢ ἄλλας ποιότητας ἐν τοῖς οὐρανίοις ὑπόθηταί
τις, οὐκ ἂν εἴη φθαρτὰ ἐκεῖνα διὰ τὸ συνυπάρχειν ὁμονοητικῶς ἐκεῖ τὰ 10
ἐναντία, ὡς εἴρηται πολλάκις, μὴ στασιάζοντα· διόπερ οὐδὲ παθητικὴν
ἔχει τὴν εἰς ἄλληλα δρᾶσιν καὶ πεῖσιν, ὅτι μηδὲ μεταβάλλειν ἄλληλα
20 βούλεται.

p. 270ᵇ1 *Διότι μὲν οὖν ἀίδιον καὶ οὔτε αὔξησιν ἔχον οὔτε*
φθίσιν ἕως τοῦ φανερὸν ἐκ τῶν εἰρημένων ἐστίν.

Ὑπομιμνήσκει τῶν προσεχῶς ἀποδειχθέντων περὶ τοῦ κυκλοφορητικοῦ 15
σώματος, ὅτι ἀίδιον, εἴπερ μήτε γένεσιν ἔχει μήτε φθοράν, καὶ ὅτι οὔτε
25 αὔξησιν οὔτε μείωσιν ἔχει· τοιοῦτον δὲ ὂν καὶ ἀγήρατόν ἐστι καὶ μέντοι
καὶ ἀναλλοίωτον καὶ οὕτως ἀναλλοίωτον ὡς ἀπαθές. ἐμοὶ γὰρ οὐ
μάτην ἔδοξε τελευταῖον προσθεῖναι τὸ ἀπαθές, ἀλλ' ὡς πάντων τούτων 20
κατὰ πάθη συμβαινόντων. τὸ δὲ εἴ τις τοῖς ὑποκειμένοις πιστεύει
λέγοι μὲν ἂν καὶ τὰς πρώτας ὑποθέσεις, ἐξ ὧν αἱ ἀποδείξεις συνήχθησαν,
30 περὶ ὧν καὶ Πλωτῖνος εἶπεν "Ἀριστοτέλει μὲν γὰρ οὐδὲν ἂν πρᾶγμα εἴη,
εἴ τις αὐτῷ τὰς ὑποθέσεις τοῦ πέμπτου παραδέξαιτο σώματος", ἐντεῦθεν, 25
οἶμαι, λαβὼν αὐτό· λέγοι δὲ ἂν ὑποθέσεις καὶ τὰ λήμματα πάντα, ἐξ ὧν
αἱ ἀποδείξεις συνήχθησαν. μήποτε δὲ οἰκειότερον ἀκούειν ὑπόθεσιν τὴν
λέγουσαν, ὅτι τῇ κύκλῳ κινήσει οὐκ ἔστιν ἐναντία κίνησις, καὶ ὅτι τὰ γι-
35 νόμενα καὶ φθειρόμενα ἐξ ἐναντίων γίνεται καὶ εἰς ἐναντία φθείρεται· ταῦ- 30

---

1 κἀκουστέον A   6 ὁ—παθητικῶς (7) om. E   τὴν D: τὸ A   ζωογόνον
om. c   6. 7 γόνιμον θερμότητα δεχόμενος c   10 ὑπάρχων E   12 μήτε] fort. μηδὲ
15 δ] φ E   16 δὲ] corr. ex ἃ E²   ὑπόκειται A   18 οὐδὲν A   19 πεῖ-
σιν Db: ποίησιν AEc   εἰς ἄλληλα c   25 ἐστί] seq. ras. 1 litt. E   30 πρότινος
E: corr. E²   εἶπεν] XXXVII 2   οὐδὲν] οὐδὲ γὰρ A   31 παρεδέξατο E
32 ὧν] hinc rursus inc. B f. 65ʳ   33 τὴν ὑπόθεσιν c   35 γίνονται D
φθείρονται D

8*

τὰς γὰρ ὡς ὑποθέσεις λαβὼν ἐξ αὐτῶν πάντα συνεπεράνατο τὴν μὲν νῦν 53ᵇ
μέλλων ἀποδεικνύναι, τὴν δὲ ἐν τοῖς Φυσικοῖς ἀποδεδειγμένην.

p. 270ᵇ4   **Ἔοικε δὲ ὅ τε λόγος τοῖς φαινομένοις μαρτυρεῖν ἕως** 35
τοῦ ἀδύνατον γὰρ ἄλλως.

5 Δύο ταῦτα πρὸς τὴν τῆς ἀληθείας πίστιν ἡμῖν συμβάλλεται ὅ τε
ἀποδεικτικὸς λόγος καὶ ἡ κοινὴ τῶν ἀνθρώπων πρόληψις ἤτοι ἡ ἀπὸ τῆς
αἰσθήσεως ἐνάργεια· καὶ συμφωνούντων μὲν αὐτῶν καὶ μάλιστα ἐπὶ τῶν 40
φυσικῶν πραγμάτων ἐξ αἰσθήσεως ἐχόντων τὴν ἀπόδειξιν ἀναμφίλεκτος ἡ
πίστις γίνεται, διαφωνούντων δὲ ἀπορία τις περιλείπεται. εἰκότως οὖν
10 μετὰ τὰς ἀποδείξεις καὶ τὴν ἀπὸ τῶν φαινομένων παράγει πίστιν, ἢ τισιν
καὶ τοῖς γε πλείστοις καὶ ἀρκεῖ πρὸς τὸ οὕτως ἡγεῖσθαι. τρεῖς δὲ τὰς 45
ἀπὸ τῶν φαινομένων ἐπάγεται μαρτυρίας, μίαν μὲν τὴν ἀπὸ τῆς τῶν οὐρα-
νίων | παρὰ τοῖς ἀνθρώποις ὑπολήψεως, δευτέραν δὲ τὴν ἀπὸ τῆς αἰσθή- 54ᵃ
σεως καὶ μνήμης τῆς περὶ αὐτῶν, καὶ τρίτην ἀπὸ τοῦ ὀνόματος αἰθέρα
15 καλούντων αὐτόν. τὸ δὲ πρῶτον εἰς δύο διαιρεῖ ὁ Ἀλέξανδρος εἴς τε τὸ
πάντας ἀνθρώπους ἡγεῖσθαι θεοὺς εἶναι καὶ εἰς τὸ τὸ θεῖον ἐν τῷ ἄνω 5
τόπῳ ὑπολαμβάνειν. "εἶναι δέ, φησίν, ἀμφότερα ὁ λόγος ἔδειξε, καὶ ὅτι
ἔστι τὸ θεῖον· ὁ γὰρ ἀγένητον καὶ ἄφθαρτον καὶ ἀναυξὲς καὶ ἀπαθὲς δείξας
τι σῶμα λόγος καὶ πρότερον τῶν ἄλλων ἁπάντων καὶ τελειότερον οὗτος
20 εἶναι θεοὺς κατεσκεύασέν τε καὶ ἀποδέδειχεν. ἀλλὰ καὶ ὁ τοῦτο δείξας, 10
φησίν, εἶναι τὸ κύκλῳ καὶ περὶ τὸ μέσον τοῦ παντὸς κινούμενον, ὅτι ἐν
τῷ ἄνω τοῦτό ἐστι, κατεσκεύασε." ταῦτα μὲν ὁ Ἀλέξανδρος. μήποτε δὲ
νῦν τὴν περὶ τοῦ εἶναι θεοὺς ὑπόληψιν μαρτύρεται πάντων ἀνθρώπων, ὅτι
πάντες ἄνθρωποι, ὅσοι νομίζουσιν εἶναι θεούς, διά τε τοὺς Ἵππωνας καὶ 15
25 Διαγόρας καὶ εἴ πού τινες ἐν ἀγνώστοις ἡμῖν τόποις εἰσὶ τοῦτο δυστυχοῦν-
τες· οἱ δ᾽ οὖν νομίζοντες πάντες τὸν ἄνω τόπον τῷ θείῳ ἀποδιδόασιν.
ἀλλ᾽ οὐκ ἐκ τοῦ σῶμα τοιοῦτον εἶναι θεοὺς εἶναι κατεσκεύασεν ὁ Ἀριστο-
τέλης, εἰ μὴ ἄρα ὡς θεῶν ὄντα ὀχήματα· ἐπεί, ὅτι εἰσὶ θεοὶ αἰώνιοι νοεροί, 20
ἐν τῷ ὀγδόῳ τῆς Φυσικῆς ἀκροάσεως ἔδειξε καὶ ἐν τοῖς Μετὰ τὰ φυσικά.
30 καὶ τὸ ὡς τῷ ἀθανάτῳ τὸ ἀθάνατον συνηρτημένον ἐπὶ τοῦ τόπου
καὶ τοῦ οὐρανίου σώματος ἀκούει ὁ Ἀλέξανδρος ὡς τούτου ὄντος τοῦ θεοῦ,
καὶ τὸ ἀδύνατον γὰρ ἄλλως οὕτως ἀκούει, ὅτι ἀδύνατον τὸν ἄνω τόπον 25

---

2 Φυσικοῖς] ƒ 7   3 δὲ om. c   6 ἡ (alt.)] suprascr. E²   7 ἐνέργεια Β
10 ἢ Eb: ἡ ABD   τισιν ABD: τὶς ἦν Ε: τισι Ε²   11 καὶ (pr.) Eb: ἡ ABD
καὶ (alt.) ABDE(b?): del. E²: om. c (fort. scr. ἢ πᾶσιν ἢ τοῖς γε πλείστοις καὶ)   12 ἐπά-
γει CD   14 τρίτη AC: τρίτον BDE   15 τε] suprascr. B   18 ἔστι] seq. ras.
1 litt. E   19 τι DEb: τὸ ABc   20 κατεσκεύασέ BDE   τε om. D   καὶ (pr.)
om. B   21 φησὶ Ac   εἶναι τὸ] εἶναι Ε: τὸ εἶναι c   καὶ DE: καὶ τὸ AB: om. c
κινούμενον ἐν D   22 ἔστι] seq. ras. 1 litt. E   κατεσκεύασεν E: corr. E²   23 πάν-
των τῶν D   ὅττι A   24 Ἵππωνας Ε: corr. E²   καὶ om. AB   25 ἐν] ἂν A
εἰσὶν οὕτω c   27 οὐκ] suprascr. E²   σώματα (!) τοιαῦτα c   29 ὀγδόῳ] cap. 6
ἔδειξεν E   Μετὰ τὰ φυσικά] Λ 6   31 ὡς] ὡς ἐπὶ AB   32 οὗτος B

θεῖον εἶναι μὴ ὄντος ἐκεῖ θεοῦ. καὶ τοῦτο μὲν ἀληθές· ἀθανάτῳ δὲ τῷ 54ᵇ
θεῷ ἀθάνατον τὸ οὐράνιον σῶμα συνηρτῆσθαί φησι καὶ οὐ τὸν τόπον·
καὶ ἀδύνατον ἄλλως, τουτέστι μὴ τῷ ἀθανάτῳ τὸ ἀθάνατον συνηρ-
τῆσθαι. τὸ δὲ πάντας καὶ οὐχ Ἕλληνας μόνους ἀλλὰ καὶ βαρβάρους φυ-
5 σικήν τινα δείκνυσιν ἐν ταῖς ψυχαῖς τὴν τοιαύτην ὑπόληψιν. 30

p. 270ᵇ10   Εἴπερ οὖν ἔστι τι θεῖον, ὥσπερ ἔστιν ἕως τοῦ εἴρηται
        καλῶς.

Κἀνταῦθα ὁ Ἀλέξανδρος τὸν συλλογισμὸν οὕτως προάγει· εἰ ἔστι τι
θεῖον, τουτέστιν εἰ εἰσὶν θεοί, καὶ τὰ ὑφ᾽ ἡμῶν εἰρημένα περὶ τοῦ κυκλο- 35
10 φορητικοῦ σώματος εἴρηται καλῶς· ἀλλὰ μὴν εἰσὶν θεοὶ ἀίδιοί τε καὶ
ἐν τῷ ἄνω τόπῳ καὶ πάντα, ὅσα εἰρήκαμεν· καὶ τὰ ὑφ᾽ ἡμῶν ἄρα εἰρη-
μένα περὶ τῆς πρώτης οὐσίας εἴρηται καλῶς. μήποτε δὲ οὐχὶ 'εἰ
εἰσὶν θεοὶ' εἶπεν, ἀλλ᾽ εἰ ἔστι τι θεῖον σῶμα, τοῦτό ἐστι τὸ κυκλοφορη- 40
τικόν, καὶ καλῶς εἴρηται περὶ αὐτοῦ τὰ εἰρημένα. τὸ δὲ εἴπερ οὖν καλῶς
15 ἐπέστησεν ὁ Ἀλέξανδρος, ὅτι παρασυναπτικῷ ἔοικε, διὰ τὸ ἐναργές. εἰ
γάρ εἰσιν ἐγκόσμιοι θεοί, ὅπερ ὡς δεδειγμένον καὶ ἐναργὲς ἀφῆκεν, ἔστι
τι θεῖον σῶμα τὸ ἐξημμένον αὐτῶν· εἴπερ οὖν ἔστι τι θεῖον σῶμα,
καλῶς εἴρηται τὰ περὶ τοῦ κυκλοφορητικοῦ σώματος ὡς τούτου ὄντος τοῦ 45
θείου, ὡς ἐδήλωσεν καὶ ἡ κοινὴ τῶν ἀνθρώπων πρόληψις.

20 p. 270ᵇ11   Συμβαίνει δὲ τοῦτο καὶ διὰ τῆς αἰσθήσεως ἱκανῶς. 54ᵇ

Δευτέραν ταύτην τὴν πίστιν τοῖς ἀποδεδειγμένοις προστίθησιν περὶ τοῦ 5
ἀγένητόν τε καὶ ἄφθαρτον καὶ ἀπαθὲς εἶναι τὸ κυκλοφορητικὸν σῶμα·
ἔστι δὲ ἡ ἀπὸ τῆς αἰσθήσεως τῆς τε ἡμετέρας καὶ τῆς παραδεδομένης
ἡμῖν ἄνωθεν, ἀφ᾽ οὗ μνῆμαι τῶν τοιούτων παρεδόθησαν. ἤκουσα δὲ ἐγὼ
25 τοὺς μὲν Αἰγυπτίους ἀστρῴας τηρήσεις οὐκ ἐλαττόνων ἑξήκοντα τριῶν
μυριάδων ἐτῶν ἀναγράπτους ἐσχηκέναι, Βαβυλωνίους δὲ ἑκατὸν καὶ τεσσα- 10
ράκοντα καὶ τεσσάρων μυριάδων. ἀπὸ δὴ τοσούτων χρόνων, ἀφ᾽ ὧν ἱστο-
ρίαι παρεδόθησαν οὐδὲν ἱστόρηται τῶν περὶ τὸν οὐρανὸν ἀλλοίως ἔχον
πρὸς τὰ νῦν οὔτε περὶ τὸν ἀριθμὸν τῶν ἀστέρων οὔτε περὶ μέγεθος αὐτῶν
30 ἢ χρῶμα οὔτε περὶ τὰς κινήσεις τὰς ἀποκαταστατικάς. τὸ δὲ ἐν τοσού- 15

---

2 τὸ] καὶ τὸ e corr. D¹   συνηρτημένον B   οὐ om. c   3 τοῦτο ἐστὶ B
4 τὸ δὲ] διὸ D   5 τινα ἔχειν c   ἔχοντας τὴν D   8 προσάγει E   9 εἰσὶ BDEc
τοῦ] τὸ c   10 εἰσὶ BDEc   12 εἰ om. E   13 εἰσὶ BDEc   14 εἴπερ] corr.
ex εἶπεν E   οὖν ABb: οὖν οὐ Ec et D sed οὐ del.   15 ἔοικεν E   16 ἔστι]
seq. ras. 1 litt. E   17 αὐτῶ B   19 ὡς om. E   ἐδήλωσε BDE¹
21 δεύτερον c   τὴν om. D   προστίθησι BDEc   23 ἐστι] seq. ras. 1 litt. E
τε om. D   26 Βαβυλωνίους] -ους in ras. E¹   27 δὴ om. E: δὲ E²c   ante το-
σούτων add. τῇ E: τῆς E²   27. 28 ἱστορία ἀφ᾽ ὧν E: ἱστορίας ἀφ᾽ ὧν E²: ἱστορίαι
ἀφ᾽ ὧν c   28 οὐδέν] corr. ex οὐδὲ A²   29 μεγέθους E: corr. E²

τοῖς ἔτεσι μηδὲν παραλλάξαν, ἀλλ' ἐν τῇ ἀκμῇ τῇ ἑαυτοῦ τυγχάνον ἀεὶ 54ᵇ
πῶς δυνατὸν ἀκμάζον φθαρῆναι; ἤδη γὰρ ἐσχάτας εἶναι τῷ κόσμῳ ταύτας
τὰς ἡμέρας οὗτοί φασι. καίτοι, οἶμαι, καὶ τὸ μίαν ὥραν ἐν ταυτότητι μένον
ἀπαραλλάκτῳ δῆλόν ἐστι γενέσεως καὶ φθορᾶς ἐξῃρημένον· τὸ γὰρ 20
γενόμενον πᾶν ἐν ἀρχῇ τινος χρόνου ἐξ ἀτελοῦς ἀρξάμενον εἰς τελειότητα
τὴν ἑαυτοῦ καὶ τὴν ἀκμὴν προκόπτον ὁρῶμεν, καὶ οὕτως ἀπὸ τῆς ἀκμῆς
εἰς παρακμὴν ὑποφερόμενον φθείρεται· τὸ δὲ πάντα τὸν συνεγνωσμένον
ἀνθρώποις χρόνον ἐν ταυτότητι μεῖναν δῆλόν ἐστι γενέσεως καὶ φθορᾶς 25
ἀπηλλαγμένον καὶ μήτε γινόμενον μήτε φθειρόμενον. ἔσχατον δὲ οὐρανὸν τὸ κυκλοφορητικὸν εἶπε σῶμα ἀντιδιαστέλλων αὐτὸ πρὸς ὅλον τὸν
κόσμον οὐρανὸν καὶ αὐτὸν καλούμενον. ὅρα δέ, ὅτι, οἷς ἂν ἄλλος ὡς
ἐναργεστάταις ἀποδείξεσιν ἐχρήσατο, τούτοις αὐτὸς ὡς πίστεσιν χρῆται
μετὰ τὰς ἀποδείξεις. 30

p. 270ᵇ16 Ἔοικε δὲ καὶ τοὔνομα παρὰ τῶν ἀρχαίων παραδεδόσθαι ἕως τοῦ ὀνομάζει γὰρ αἰθέρα ἀντὶ πυρός.

Τρίτην πίστιν πρὸς τὴν ἀϊδιότητα προσάγει τὴν ἀπὸ τοῦ ὀνόματος 35
τοῦ μέχρι νῦν ἀπὸ τῶν ἀρχαίων παραδοθέντος. δύο δὲ ἡμῖν ἀπὸ τοῦ
ὀνόματος ἐκφαίνει περὶ αὐτοῦ τῶν θεμένων ἐννοίας· αἰθέρα γὰρ αὐτὸν
προσηγόρευσαν καὶ ὡς ἀκρότατον καὶ πάντων ὑπεριδρυμένον τῶν ὑπὸ σελήνην στοιχείων, ὧν ἕκαστον ἰδίῳ τινὶ κεκλήκασιν ὀνόματι, ἐξαιρέτως
τὸν οὐρανὸν τῷ τοῦ αἰθέρος τιμήσαντες τὸ ἄκρον καὶ ὑπερανέχον δηλοῦντι 40
καὶ τῶν ὑφ' ἑαυτὸν λεπτότατόν τε καὶ καθαρώτατον. ἐμφαίνει δὲ τοὔνομα καὶ τὸ ἀεὶ θεῖν τὴν ἀΐδιον αὐτοκίνησιν ἐνδεικνύμενον καὶ τὴν ἀϊδιότητα τῆς ὑποστάσεως συνεμφαῖνον. βουλόμενος δὲ δεῖξαι μὴ μόνους τούτους τοὺς ἀνθρώπους τοὺς ἀπὸ τῶν θεμένων τὸ ὄνομα μέχρι νῦν ταύτην 45
ἐσχηκότας τὴν δόξαν πλεονάκις φησὶν εἰς | τοὺς ἀνθρώπους ἀφικνεῖσθαι 55ᵃ
τὰς αὐτὰς δόξας, κἂν γένηταί ποτε μεταξὺ διαλείμματα. δῆλον δέ, ὅτι
τὰς ἀληθεῖς πολλάκις ἀφικνεῖσθαι δόξας τὰς αὐτὰς οἰητέον· μένουσα γὰρ ἡ
τῶν πραγμάτων φύσις καὶ τοὺς πρὸς ὀλίγον ἀποπλανηθέντας ἐπανάγει 5
πάλιν πρὸς ἑαυτήν, αἱ δὲ ψευδεῖς δόξαι ἀόριστοί τε οὖσαι καὶ ἀορίστως

---

1 μηδὲν] corr. ex μηδὲ A² 3 καὶ τὸ] ras. 7 litt. E 4 ἀπαραλλάκτως BA²bc
6 αὐτοῦ B 7 τὸ] τὸν B 7. 8 ἀνθρώποις συνεγνωσμένον χρόνον c 8 χρόνον
ἀνθρώποις E μῆναν A, sed corr. 8. 9 ἐστι γενέσεως καὶ φθορᾶς ἀπηλλαγμένον
καὶ D, om. ABEbc 9 γενόμενον ABc 12 πίστεσι BDc: πίστωσιν E 14. 15 διαδεδόσθαι Ec 16 προσάγει DEb: μετάγει AB 18 ἐμφαίνει Ec 19 ἰδρυμένον
E: corr. E³ 20 κεκλημένον B ἐξαιρέτως Bb: ἐξαιρέτῳ DE, A? 21 τῷ]
corr. ex τὸ E² 23 αὐτοκινήσιν A¹E: αὐτοῦ κίνησιν A²BDc 24 συνεμφαῖνον
A: συνεμφαίνει B: συνεμφαίνουσαν DEb μόνους CDEb: μόνον AB 25 θεμένων
ABCD: τιθεμένων Ebc 27 αὐτὰς] postea ins. D¹ διαλήμματα B
28 ἀφικνεῖσθαι δόξας πολλάκις CD 29 γραμμάτων E: corr. E² 30 ἑαυτήν] seq.
spat. 12 litt. E οἷα ἀόριστοι D et θ corr. C

κινουμένων ψυχῶν γινόμεναι οὐκ οἶμαι ὅτι πάντως ἀνακυκλοῦνται αἱ αὐταί. 55ᵃ
αἰτιᾶται δὲ τὸν Ἀναξαγόραν οὐ καλῶς ἐτυμολογήσαντα τὸ τοῦ αἰθέρος
ὄνομα ἀπὸ τοῦ αἴθειν, ὅ ἐστι τὸ καίειν, καὶ διὰ τοῦτο ἐπὶ τοῦ πυρὸς 10
αὐτῷ χρώμενον. εἰ γὰρ ἦν αὕτη τοῦ ὀνόματος ἡ κατὰ φύσιν ἔννοια, καὶ
5 παρ' ἡμῖν ἂν τὸ πῦρ αἰθὴρ ἐκαλεῖτο· τίς οὖν ἡ χρεία δυσὶν ὀνόμασιν εἰς
ἑνὸς σημασίαν ἀποχρησάμενον τὸ ἕτερον τῶν σημαινομένων ἐπισκιάσαι;
   Ἀλλ' ἐπειδὴ πάλιν οὗτος ὁ Γραμματικὸν ἑαυτὸν ἐπιγράφων ἐναργῆ
σκοπὸν προβαλλόμενος τοὺς ὁμοίους ἑαυτῷ πεῖσαι φθαρτὸν τὸν κόσμον 15
ὑπολαμβάνειν καὶ γενητὸν ἀπό τινος χρόνου διὰ τοῦτο δυσχεραίνει πρὸς
10 τοὺς τὸν οὐρανὸν ἀγένητον καὶ ἄφθαρτον ἀποδεικνύντας καὶ πρὸς τὰ εἰρη-
μένα παρὰ τοῦ Ἀριστοτέλους ἐν τούτοις πολὺν ἀνακινεῖ βόρβορον λόγων,
φέρε, τὸν μέγιστον Ἡρακλέα παρακαλέσαντες συνεργὸν ἐπὶ τὴν κάθαρσιν 20
τῆς κόπρου τῆς ἐν τοῖς λόγοις αὐτοῦ καταβαίνωμεν. προθεὶς τοίνυν ἐν
ἀρχῇ τὴν Ἀριστοτέλους τοῦ ἀγενήτου καὶ τοῦ γενητοῦ πρὸς τῷ τέλει τοῦ
15 βιβλίου τῶν σημαινομένων διαίρεσιν ζητεῖ, κατὰ ποῖον τῶν σημαινομένων
ἀγένητον νῦν Ἀριστοτέλης τὸν οὐρανὸν ἀποδείκνυσι, καὶ γράφει ταυτί, ὅτι 25
'οὐδὲ οὕτως ἀγένητος ἂν εἴη ὁ οὐρανὸς ἢ ὁ κόσμος ὡς τοῦ γίνεσθαι αὐτὸν
ἀδυνάτου τυγχάνοντος· ἔστι γὰρ δηλονότι καὶ τὸ τέλειον τῆς ἑαυτοῦ φύ-
σεως ἀπείληφεν. οὐκοῦν μία καὶ μόνη λοιπὸν ὑπόθεσις λείπεται, εἰ οὐδὲ
20 οὕτως γενητὸς εἶναι δύναται ὡς ἀρχὴν τοῦ εἶναι ἔχων, κἂν μὴ διὰ γενέ- 30
σεως εἰς τὸ εἶναι παρῆκται. ἐπεὶ οὖν τὴν τοιαύτην τοῦ κόσμου γένεσιν
ἀνελεῖν ὁ Ἀριστοτέλης βουλόμενος ἀξιώματι κέχρηται τῷ πᾶν τὸ γινό-
μενον ἐξ ἐναντίου γίνεσθαι, ζητητέον, εἰ πᾶν τὸ κατὰ χρόνον γινόμενον ἐξ
ἐναντίου πάντως ἔχει τὴν γένεσιν.' ἐν δὴ τούτοις τὸ μὲν οὕτως ἀγένητον 35
25 ὡς ἀδύνατον γενέσθαι, ὅπερ ἐστὶ τρίτον σημαινόμενον, ἀποφάσκει. "ἔστι
γάρ, φησί, καὶ τὸ τέλειον ἀπείληφε." καίτοι καὶ ὁ Ἀριστοτέλης πάντως
οἶδεν, ὅτι ἔστιν, ἀλλ' οὕτως ἔστιν ὡς οὐ γενόμενος οὐδὲ ὁτὲ μὲν ὢν ὁτὲ
δὲ μὴ ὤν. μία οὖν, φησίν, ὑπόθεσις λείπεται τοῦ ἀγενήτου, εἰ οὐδὲ 40
οὕτως ἀγένητος ὡς ἡ ἁφὴ καὶ ἡ ἀστραπὴ καὶ ὅλως τὰ ἐξαίφνης· ταῦτα
30 γάρ ἐστι τὰ "ἀρχὴν τοῦ εἶναι ἔχοντα, κἂν μὴ διὰ γενέσεως εἰς τὸ εἶναι
παρῆκται." ποῖον οὖν τῶν ὑπὸ τοῦ Ἀριστοτέλους ἀπαριθμηθέντων τριῶν
τοῦ ἀγενήτου σημαινομένων ἐστὶ τὸ νῦν ζητούμενον; εἰ γὰρ μήτε τὸ ὡς 45

---

1 οὐχ E: corr. E² αἱ] ὡς AB αὐτὴ B 4 αὐτῷ] αὐτὸ E αὕτη]
αὐτὴ A²BD: αὐτῇ A¹ ἡ E: om. D(b): ἦν ABc 7 γραμματικὸς E: corr. E²
cf. supra p. 49,10 9 ὑπολαμβάνει A καὶ πρὸς Ec 11 καὶ ἐν c
λόγον DE 13 καταβαίνομεν E: corr. E¹ 14. 15 τῶν σημαινομένων διαίρεσιν
πρὸς τῷ τέλει τοῦ βιβλίου c 14 πρὸς τῷ τέλει] de caelo I 11 sq. 16 νῦν ὁ Ec
τὸν οὐρανὸν om. D 17 οὐδὲ] δὲ D οὗτος E: corr. E² γίγνεσθαι E
19 οὐδὲ εἰ AB 20 ὁ τῷ corr. in οὕτω D¹ ἀγέννητος AB ἀρχῆς E:
corr. E² 20. 21 γεννήσεως B 23 γίγνεσθαι E γενόμενον c 25 ἀπο-
φάσκει] ἀποφ^α A: ἀπόφασις B 26 καὶ (alt.)] suprascr. D¹ 27 οὐ om. B
γενόμενον E 29 οὕτω γενητὸς D τὰ] καὶ B 30 τὰ] τὴν B εἶναι (alt.)]
εἰ D

ἐξαίφνης μήτε τὸ ὡς ἐνδεχόμενον μὲν γενέσθαι μήπω δὲ γενόμενον μήτε | 55ᵃ
τὸ ὡς ἀδύνατον γενέσθαι (σαφῶς γὰρ οὗτος λέγει, ὅτι οὐδὲ ὡς τοῦ γί- 55ᵇ
νεσθαι αὐτὸν ἀδυνάτου τυγχάνοντος μάτην, ὥς λέγει, προέθετο ζητεῖν),
κατὰ ποῖον τοῦ ἀγενήτου σημαινόμενον τῶν ὑπ' αὐτοῦ διαιρεθέντων ἀγέ-
5 νητον τὸν κόσμον φησὶν ὁ Ἀριστοτέλης; καὶ ὅρα, ποίαν ὑπόθεσιν λείπεσθαί 5
φησιν, εἰ οὐδὲ οὕτως γενητὸν ὡς τὸ ἐξαίφνης, τουτέστιν εἰ οὕτως ἀγένη-
τον· τὰ γὰρ ἐξαίφνης ἐν τοῖς ἀγενήτοις τέθεικεν ὁ Ἀριστοτέλης· καὶ
δῆλον, ὅτι οὕτως ἀγένητον εἶναί φησι τὸν οὐρανὸν ὡς τὰ ἀδύνατα γε-
νέσθαι, ἀλλ' οὐχ ὡς τὰ ἀδύνατα ὁπωσδήποτε ὑποστῆναι, ὡς ἐνόμισεν 10
10 οὗτος, ⟨ὡς τὸ⟩ τὰ δύο καὶ δύο ἀδύνατον εἶναι τρία γενέσθαι· οὐ γάρ, ὅτι
διὰ γενέσεως οὐ δύναται τοῦτο ὑποστῆναι, ἀληθὲς εἰπεῖν, ὅτι ἀδύνατον
γενέσθαι, ἀλλ' ὅτι ὅλως τῶν ὄντων οὐκ ἔστιν. ἆρα οὖν † ὁποῖος ⟨ἂν⟩
ἀνὴρ οὗτος εἴη φρενήρης μηδὲ τὰ τοιαῦτα διακρίνειν δυνάμενος καὶ τολ- 15
μῶν ἀντιλέγειν πρὸς Ἀριστοτέλην, μηδὲ τὸ προτεθὲν ὑπ' αὐτοῦ δυνηθεὶς
15 ἰδεῖν τοῦ ἀγενήτου σημαινόμενον καὶ μαχόμενος πρὸς αὐτό; ὁρᾷς γοῦν, ὅτι
τὴν τοιαύτην τοῦ κόσμου γένεσιν ἀναιρεῖν νομίζει τὸν Ἀριστοτέλην τὴν ὡς
ἀρχὴν τοῦ εἶναι ἔχουσαν, κἂν μὴ διὰ γενέσεως εἰς τὸ εἶναι παρῆκται, 20
ὅπερ ἐπὶ τῶν ἐξαίφνης ἔστιν ἰδεῖν, καὶ τό γε τοιοῦτον τὸ ἀρχὴν τοῦ εἶναι
ἔχον, κἂν μὴ διὰ γενέσεως εἰς τὸ εἶναι παρῆλθεν, οὐ μόνον ὡς ἀγένητον
20 ὁ Ἀριστοτέλης κατὰ τὸ πρῶτον τοῦ ἀγενήτου σημαινόμενον ἀπηριθμήσατο,
ἀλλὰ καὶ ὡς γενητὸν κατὰ τὸ πρῶτον τοῦ γενητοῦ, ὅτε ἔλεγεν, "εἴτε γινό- 25
μενον εἴτε ἄνευ τοῦ γίνεσθαι ὁτὲ μὲν ὂν ὁτὲ δὲ μὴ ὄν". κἂν οὗτος οὖν
ἀγνοῇ, πρὸς τί τὴν ἀντιλογίαν ποιεῖται, ἰστέον, ὅτι ἀγένητον τὸν οὐρανὸν
ὁ Ἀριστοτέλης καὶ ἄφθαρτόν φησιν ὡς ἀΐδιον ὄντα, ὅπερ ἐσήμανεν διὰ τοῦ
25 τρίτου σημαινομένου τοῦ ἀγενήτου, ἐν οἷς ἔλεγεν "ἕνα δέ, εἴ τι ὅλως 30
ἀδύνατον γενέσθαι, ὥστε ὁτὲ μὲν εἶναι ὁτὲ δὲ μή," καὶ οὕτως ἀδύνατον,
ὡς μὴ ἀληθὲς εἶναι εἰπεῖν, ὅτι γένοιτο ἄν· τοιοῦτον δέ ἐστι τὸ μὴ πρό-
τερον μὲν μὴ ὂν ὕστερον δὲ ὂν καὶ πάλιν αὖθις μὴ ὄν, ἀλλ' ἀεὶ ὄν. γε-
νητὸν γὰρ ἀφορισάμενος κατὰ πρῶτον τρόπον, εἴ τι μὴ πρότερον ὂν ὕστε- 35
30 ρον ἔστιν ἢ δύναται ὅλως γενέσθαι εἴτε διὰ παρατάσεως μεταβάλλον εἰς
τὸ εἶναι ἐκ τοῦ μὴ εἶναι εἴτε ἐξαίφνης τοῦ προτέρου καὶ ὑστέρου μέρη

---

1 ἐνδεχόμενον] δεόμενον B   μήπω — γενέσθαι (2)] mg. E²   γενόμενον] γεγονός Ec
2 αὐτὸς Ec   2. 3 γίγνεσθαι Ec   5 τὸν] εἶναι τὸν D   ὅρα] evan. A:
πάλιν B   6 εἰ (alt.) om. B   7 τέθηκεν E: τέθνηκεν B   8 ὡς τὰ] ὥστε B
10 ὡς τὸ addidi: om. ABDEbc   γενέσθαι τρία D   ὅτι] εἴ τι D   12 ἆρα
scripsi: ἄρα ABDE: ὅρα c   ὁποῖος] corruptum   ἂν addidi: utique b: om. ABDEc
14 Ἀριστοτέλη E: corr. E²   προστεθὲν BE: corr. E²   15 γοῦν om. c
16 Ἀριστοτέλη BE: corr. E²   18 τοιοῦτον D: τὸ τοιοῦτον ABEc   τὸ om. c
post ἀρχὴν add. δηλονότι E²c   19 ἔχουσαν E: corr. E²   παρῆλθεν] παρῆκται
ὅπερ Ec   21 ὅτε — γίνεσθαι (22) om. B   ἔλεγεν] 280ᵇ15   21. 22 γιγνόμε-
νον c   22 γίγνεσθαι c   23 ἀγνοεῖ A   24 φθαρτόν AB: corr. m. rec. A
ἐσήμανε BDEc   25 σημαινομενομένου E   ἔλεγεν] 280ᵇ11   26 μὲν ὁτὲ B
28 μή (pr.) om. B   29 ἀφορισάμενος] 280ᵇ14 sq.   30 ἤ] εἰ D   μεταβαλὸν
A: μεταβὰν B

SIMPLICII IN L. DE CAELO I 3 [Arist. p. 270ᵇ16]   121

χρόνου δηλοῦντος, καὶ φθαρτὸν αὖ πάλιν τὸ τούτῳ ἐοικός, ὃ πρότερον ὂν 55ᵇ
ὕστερον ἢ οὐκ ἔστιν ἢ δύναται μὴ εἶναι, εἴτε διὰ παρατάσεως εἴτε ἐξαίφνης 40
εἰς τὸ μὴ εἶναι μεταβάλλοι, ἀγένητον λέγει τὸν οὐρανὸν καὶ ἄφθαρτον ὡς
τῆς τοιαύτης ὑπερέχοντα γενέσεως καὶ φθορᾶς. καὶ πρὸς τὴν τούτου ἀπό-
5 δειξιν δυσὶν χρῆται προτάσεσιν, ὡς εἴρηται πρότερον, τῇ τε λεγούσῃ, ὅτι
τὸ γινόμενον ἐξ ἐναντίου γίνεται καὶ εἰς ἐναντίον φθείρεται, καὶ τῇ λε- 45
γούσῃ, ὅτι τῇ κύκλῳ κινήσει οὐκ ἔστιν ἐναντία κίνησις. πρὸς τὰς | δύο 56ᵃ
οὖν ταύτας ἀντειπεῖν οὗτος προθέμενος πρὸς πρώτην ἀντιλέγει τὴν προτέραν·
καὶ ὅσα μὲν εἰπεῖν ἴσχυον πρὸς τὴν νόησιν τῆς Ἀριστοτέλους περὶ τούτων
10 ἐννοίας, εἴρηται πρότερον· ἐξ ἐκείνων δὲ ῥᾳδίως, οἶμαι, καὶ τὰς τοῦδε
τοῦ ἀνδρὸς ἐνστάσεις διαλύειν ἔστι. λέγει τοίνυν, ὅτι ὁ μὲν Ἀριστοτέλης 5
καὶ ὁ τούτου ἐξηγητὴς Ἀλέξανδρος ἐπὶ τῶν κυρίως ἐναντίων ἀληθεύειν
βούλονται τὸ τὰ ἐναντία ἐξ ἐναντίων γίνεσθαι, ἕτεροι δέ τινες ὡς ἐπὶ στε-
ρήσεως καὶ εἴδους ὑγιαίνειν φασὶ τὴν ὑπόθεσιν. καὶ ὅτι μὲν οὐδὲ ἐν
15 τούτῳ τὰ ὑπὸ τοῦ Ἀριστοτέλους λεγόμενα γινώσκει, δηλοῖ λέγων αὐτὸς 10
Ἀριστοτέλης, ὅτι μουσικὸν γίνεται οὐκ ἐκ μουσικοῦ, πλὴν οὐκ ἐκ παντός,
ἀλλ' ἐξ ἀμούσου, καὶ τὸ ἡρμοσμένον ἐξ ἀναρμόστου γίνεσθαι καὶ τὸ ἀνάρ-
μοστον ἐξ ἡρμοσμένου, καὶ φθείρεσθαι τὸ ἡρμοσμένον εἰς ἀναρμοστίαν καὶ 15
ταύτην οὐ τὴν τυχοῦσαν, ἀλλὰ τὴν ἀντικειμένην· διαφέρει δὲ οὐδὲν ἐφ'
20 ἁρμονίας εἰπεῖν ἢ τάξεως ἢ συνθέσεως. πῶς οὖν οὗτος τὸν Ἀριστοτέλην
φησὶν ἐπὶ τῶν κυρίως ἐναντίων τὸν περὶ τῆς γενέσεως λόγον ποιεῖσθαι
καὶ ἐν τῷ πρώτῳ τῆς Φυσικῆς βιβλίῳ, ἀφ' οὗ ταῦτα παρεθέμην ἐγώ; 20
ὅτι μέντοι καὶ ἐκ τῶν κυρίως ἐναντίων, δῆλον, καὶ οὐκ ἔδει περὶ τούτου
μακρολογεῖν οὐδὲ ἀνοητότερα τῶν πρόσθεν ἐπεισάγειν, καίτοι μηδὲν αὐτῶν
25 δεόμενον. προθέμενος γὰρ δεῖξαι, ὅτι τὸν οὐρανὸν Ἀριστοτέλης φησὶ μηδὲν
ἔχειν ἐναντίον κατὰ τὸ κυρίως ἐναντίον, τοῦτο δεικνύναι πειρᾶται ἐκ τοῦ 25
στέρησιν ἔχειν ἀντικειμένην τὸν οὐρανόν. οὐκ ἂν οὖν εἶπεν, φησίν, ὁ Ἀρι-
στοτέλης μὴ ἔχειν τι τὸν οὐρανὸν ἐναντίον, εἰ ἐναντίον τὴν στέρησιν ἔλε-

---

1 φθαρτὸν] 280ᵇ21 sq.   2 ante δύναται del. οὐ E²   3 μεταβάλλοι D: μεταβάλ-
λον c   5 δυσὶ BDEc   6 γιγνόμενον Ec   γίγνεται Ec   8 αὐτὸς D
πρὸς πρώτην] πρῶτον c   τὴν] πρὸς τὴν c   9 τῆς] τὴν D   περὶ ac: περὶ τῆς
ABDEb   10 προτέρων A   ῥᾴδιον c   11 ἔστι] seq. ras. 1 litt. E
ὅτι om. B   13 βούλεται Ec   γίγνεσθαι Ec   15 τοῦ om. Ec   αὐτὸς ὁ Ec
15. 16 Ἀριστοτέλης αὐτὸς D   16 ὅτι κτλ.] 188ᵇ1 sq.   γίγνεται Ec   οὐκ ἐκ
ABDE: suprascr. ἐξ οὐ D¹: ἐξ οὐ c   17 γίγνεσθαι Ec   19 ταύτῃ E: corr. E²
ἀνακειμένην B   διαφθείρει E: corr. E²   οὐδὲν Dc: οὐθὲν seq. ras. 9 litt. E
19. 20 ἐφαρμονία B   20 ἕξεως post ras. 5 litt. B   ἢ] καὶ B   Ἀριστοτέλη E:
corr. E²   21 περὶ τῆς γενέσεως om. c   22 πρώτῳ om. c   τῆς] περὶ τῆς A:
περὶ τῆς γενέσεως καὶ ἐν τῷ πρώτῳ τῆς c   πάντα ἐθέμην B   23 post μέντοι
rep. καὶ ἐκ τῶν κυρίως ἐναντίων τὸν περὶ τῆς γενέσεως λόγον ποιεῖσθαι ἐν τῷ πρώτῳ τῆς
φυσικῆς βιβλίῳ ἀφ' οὗ ταῦτα παρεθέμην ἐγώ. ὅτι μέντοι E: del. E²   24 οὐ δεῖ B
μὴ δὲ AP   αὐτὸν E: corr. E²   25 ἐπιδεῖξαι B   ὁ Ἀριστοτέλης B
26 ἐναντίον ἔχειν Ec   27 οὐκ — οὐρανὸν (28)] om. E: φησὶν γοῦν οὐκ ἂν εἶπεν Ἀρι-
στοτέλης τὸν οὐρανὸν μηδὲν ἔχειν mg. E² et c   εἶπε BD

γεν. ἀνάγκη δὲ πάλιν αὐτοῦ παραγράψαι τὴν ῥῆσιν διὰ τοὺς ἀπιστήσον- 56ᵃ
τας, εἴ τις ὅλως οὕτως ἀνόητα γέγραφεν· "εἰ γὰρ καὶ συγχωρηθείη, φησί, 30
τῇ τοῦ οὐρανοῦ κινήσει μὴ εἶναι κίνησις ἐναντία, στέρησιν γοῦν τῆς τοι-
αύτης κινήσεως εἶναι οὐκ ἀδύνατον· παντὶ γὰρ πράγματι φυσικῷ ἐν ὑπο-
5 κειμένῳ τὸ εἶναι ἔχοντι ἔστι τις ἀντικειμένη στέρησις· φυσικὸν δέ τι
πρᾶγμα καὶ ἡ κίνησις· ἡ γὰρ πρὸ τῆς κινήσεως καὶ μετὰ τὴν παῦλαν τῆς 35
κινήσεως ἀκινησία στέρησις τυγχάνει τῆς τοιαύτης κινήσεως. εἰ οὖν τῇ
τοῦ οὐρανοῦ κινήσει στέρησιν μὲν εἶναι ἀντικειμένην οὐκ ἀδύνατον, οὐκ
ἄρα τὰ κατ' εἶδος καὶ στέρησιν ἀλλὰ τὰ ὡς ἐναντία παρέλαβεν." ἐν δὴ
10 τούτοις πρῶτον μὲν πῶς οὐκ ἐπέστησεν, ὅτι οὐκ ἂν Ἀριστοτέλης στέρησιν
εἶναι τῆς οὐρανίας κινήσεως συνεχώρησεν, ὅς γε νομίζει δεδειχέναι ἐν 40
ὀγδόῳ τῆς Φυσικῆς ἀκροάσεως, ὅτι ἀΐδιός ἐστιν ἡ κύκλῳ; εἰ δὲ ἦν, ὡς
οὗτός φησι, καὶ πρὸ τῆς κινήσεως ταύτης καὶ μετὰ τὴν κίνησιν ἀκινησία,
πῶς ἀΐδιος ἡ κίνησις ἦν; δεύτερον δέ, πῶς οὐχὶ τὸ ζητούμενον ὡς ὁμο-
15 λογούμενον παρέλαβεν; ζητουμένου γὰρ νῦν, εἰ ἀΐδιός ἐστιν ὁ οὐρανὸς καὶ 45
ἡ τοῦ οὐρανοῦ κίνησις ἢ ἀπ' ἀρχῆς τινος | χρονικῆς γενόμενος καὶ 56ᵇ
τέλος ἕξει κατά τινα χρόνον τοῦ εἶναι, οὗτος ὡς ὁμολογούμενον καὶ Ἀρι-
στοτέλει λαμβάνει, ὅτι καὶ πρὸ τῆς κινήσεως ἦν στέρησις αὐτῆς καὶ μετὰ
τὴν κίνησιν, ἢ ἀγνοῶν, ὅ τι ποτὲ σημαίνει τὸ τῆς στερήσεως ὄνομα, ἤ, 5
20 εἴπερ οἶδεν, ὅτι ἀπουσίαν εἴδους ἐν τῷ πεφυκότι ἔχειν αὐτὸ δηλοῖ, θαυ-
μαστῶς πως ἢ κακουργῶν ἢ ἀνοηταίνων ὁ περὶ τῆς ἀϊδιότητος ζητῶν
ὁμολογούμενον λαμβάνει τὸ καὶ προϋπάρχουσαν καὶ ἑπομένην ἔχειν στέρη-
σιν. οὐ γὰρ δή, οἶμαι, καὶ τοῦτο ἀγνοεῖ, ὅτι τὴν στέρησιν ἀπουσίαν οὖσαν 10
τοῦ εἴδους ἀδύνατον συνυπάρχειν αὐτῷ καὶ τοῦ Ἀριστοτέλους σαφῶς εἰπόν-
25 τος ἐν Φυσικοῖς· "οὐ γὰρ ταὐτὸν ἀνθρώπῳ καὶ τὸ ἀμούσῳ εἶναι· καὶ τὸ
μὲν ὑπομένει, τὸ δὲ οὐχ ὑπομένει· τὸ μὲν γὰρ μὴ ἀντικείμενον ὑπομένει·
ὁ γὰρ ἄνθρωπος ὑπομένει τὸ μουσικόν· τὸ δὲ ἄμουσον οὐχ ὑπομένει." 15
πῶς οὖν ἢ Ἀριστοτέλης ἀΐδιον νομίζων στέρησιν ἔχειν ὑπελάμβανεν, ἢ
οὗτος περὶ τοῦ ἀϊδίου ζητῶν ὁμολογούμενον ἔλαβε τὸ στέρησιν ἔχειν; καὶ
30 εἴπερ τοῦτο ἐνόμιζεν ἀληθές, ἄλλης ἔτι ἀποδείξεως ἐδεήθη πρὸς τὸ δεῖξαι
τὸ σπουδαζόμενον αὐτῷ, ὅτι παραπλησίως αὐτῷ καὶ ὁ οὐρανὸς καὶ ὁ ὅλος 20
κόσμος γεγόνασί τε ἀπ' ἀρχῆς τινος χρονικῆς καὶ ἐν μέρει χρόνου φθαρή-
σονται. τὰ δὴ τοιαῦτα τῶν παροραμάτων αὐτοῦ μηκύνειν ἐπὶ πλέον ἀναγ-

---

1 ῥῆσιν] corr. ex στέρησιν E² 2 οὕτω E: corr. E² 3 κίνησις E: comp. D: κί-
νησιν Ac: κίνησι B ἐναντίαν c γοῦν] in ras. E 5 τι om. Ec 6 ἡ
μετά D 7 ἀκινησία] —ια in ras. seq. ras. 8 litt. E 8 μὲν om. c 9 ὡς
om. c 11 οὐρανίου B 12 ὀγδόῳ] Phys. VIII 8 ἀκρο|ἀκροάσεως A
15 παρέλαβεν A: παρέλαβε B: ἔλαβεν E: ἔλαβε DE²c 16 ἢ BDb: καὶ εἰ AE²c:
καὶ ἡ E ἀπαρχή A 18. 19 καὶ μετὰ τὴν κίνησιν om. D 20 εἶδεν E:
corr. E² 20. 21 θαυμαστὸν πῶς c 21 ἀνοητεύων E: corr. E² 23 ἀγνοεῖς AB
ὅτι] corr. ex τί E²: τί AB 24 τοῦ (pr.) om. A 25 ἐν] ἐν τοῖς D
Φυσικοῖς] 190ᵃ17 sq. ἀνθρώπῳ] ἄνω D: ἄνω B: τὸ ἀνθρώπῳ c 27 τὸ δὲ] δὲ
καὶ τὸ c 31 ὅλος ὁ Ec 32 γεγόνασί τε] γεγόνασιν Ec 33 αὐτοῦ om. Ec
post μηκύνειν del. ἀναγκάζομαι D

SIMPLICII IN L. DE CAELO I 3 [Arist. p. 270ᵇ 16]   123

κάζομαι, οὐχ ὅτι πολλῶν δεῖται λόγων εἰς διάλυσιν· καὶ τυφλῷ γάρ, τὸ 56ᵇ
λεγόμενον, ἔστι δῆλα· ἀλλ' ἵνα μάθωσιν οἱ διὰ τὰ μεγέθη τῶν βιβλίων 25
αὐτοῦ καὶ πρὸ τοῦ ἀναγνῶναι τεθαυμακότες αὐτόν, οἷα ἀγνοῶν οὗτος εἰς
οἵους ἀγῶνας παραποδύεται. τοιγαροῦν μετ' ὀλίγα "τὸ γὰρ λευκόν" φησί
5 "καὶ τὸ μέλαν καὶ ὅλως, ὧν ἀντικειμένων ἐστί τι μεταξύ, ἐναντία που
ταῦτα πάντως ἐστίν· εἴδους γὰρ καὶ στερήσεως οὐδὲν μεταξύ· ἐν τῇ ὕλῃ 30
γὰρ τούτων ἑκάτερον, καὶ οὐ μεταξὺ τούτων ἡ ὕλη." τί γάρ; τὸ λευκὸν
καὶ τὸ μέλαν οὐκ ἐν τῇ ὕλῃ; τί δέ; μεταξὺ τοῦ λευκοῦ καὶ τοῦ μέλανος
ἡ ὕλη ἐστί; πῶς δέ, εἰ ὁδός ἐστι καὶ παράτασίς τις ἀπὸ τῆς στερήσεως
10 εἰς τὸ εἶδος καὶ ἀπὸ τοῦ εἴδους εἰς τὴν στέρησιν, οὐκ ἔσται τι μεταξὺ καὶ 35
τούτων, κἂν μὴ ὠνόμασται; πολλὰ δ' οὖν τοιαῦτα εἰπὼν προτίθεται δεῖξαι
τέως, ὅτι οὐκ ἔστιν ἀληθὲς τὸ ἐκ τῶν κυρίως ἐναντίων εἶναι τὴν γένεσιν,
καὶ μετὰ τοῦτο, ὅτι οὐδὲ ὡς ἐκ στερήσεως. καὶ ὅτι μὲν οὐκ ἐκ τῶν κυ-
ρίως ἐναντίων, διὰ πλειόνων οἴεται δεικνύναι, ὧν πρῶτόν ἐστι τοῦτο· "εἰ 40
15 μὴ μόνον, φησί, τὰ συμβεβηκότα, ἀλλὰ καὶ οὐσίαι γίνονται αἱ ἄτομοι, τῇ
δὲ οὐσίᾳ μηδέν ἐστιν ἐναντίον, ὡς ἐν Κατηγορίαις αὐτὸς Ἀριστοτέλης δι-
δάσκει, πῶς πᾶν τὸ γινόμενον ἐξ ἐναντίου γίνεται; δεύτερον, φησίν, εἰ καὶ
τῶν ἀλόγων ψυχῶν ἐστι γένεσις καὶ μὴ πᾶν εἶδος ψυχῆς ἀγένητον ὑπάρ- 45
χει καὶ ἄφθαρτον, λεγέτω τις ἡμῖν, ἐκ τίνος ἐναντίου ἡ τοῦ ἵππου ψυχὴ
20 καὶ ἡ τοῦ βοὸς καὶ ἡ ἑκάστου | τῶν λοιπῶν ἀλόγων ζῴων γεγένηται, ἢ 57ᵃ
εἰς τί πάλιν ἐναντίον φθειρόμεναι ἀναλύονται. ἔτι δέ, φησίν, ἐναργέστερον
τὸ τοῦ λόγου ψεῦδος φανήσεται τὰ εἴδη τῆς ψυχῆς ἐπισκοπούντων. τί γὰρ
ἐναντίον τῷ θυμικῷ; τί δὲ τῷ γεννητικῷ καὶ θρεπτικῷ καὶ αὐξητικῷ καὶ 5
ὀρεκτικῷ; τρίτον δέ, οὐκ ἐπὶ τῶν οὐσιῶν μόνων, φησίν, ἀλλὰ καὶ ἐπ'
25 αὐτῶν τῶν συμβεβηκότων οὐκ ἀληθῶς ἡ ὑπόθεσις Ἀριστοτέλους ἔχουσα
φαίνεται· γίνεται γὰρ τρίγωνον καὶ κύκλος καὶ τὰ λοιπὰ τῶν σχημάτων,
καὶ δῆλον, ὡς οὐδὲν τούτων ἐξ ἐναντίου γίνεται, εἴπερ μή ἐστι σχήματι 10
σχῆμα ἐναντίον, ὡς καὶ αὐτῷ δοκεῖ. ἔτι δέ, φησί, τέταρτον, καὶ ἐκ
δεξιοῦ ἀριστερὸν γίνεται· ταῦτα δὲ πρός τι καὶ οὐκ ἐναντία. καὶ ἁπλῶς,
30 φησίν, ἐν ὅσαις τῶν κατηγοριῶν μὴ ἔστιν ἐναντία, δῆλον, ὅτι τὰ ἐν ταύ-
ταις ἄτομα οὐκ ἐξ ἐναντίων ἔχει τὴν γένεσιν, πέμπτον καὶ τοῦτο προστι- 15
θείς. ἕκτον δέ, οὐδὲ ἐπ' αὐτῆς τῆς ποιότητος, ἐν ᾗ μάλιστα τὰ ἐναντία,
καθόλου ἐστὶν ἀληθές, ὥς φησιν, οἷον θερμοῦ καὶ ψυχροῦ, ξηροῦ καὶ ὑγροῦ·
οὐδὲ γὰρ ταῦτα πάντως ἐκ τῶν ἐναντίων ἀνάγκη γίνεσθαι. εἰ γὰρ ὁ ἀήρ,
35 φησίν, οὔτε χρῶμα ἔχει οὔτε χυμόν, ὡς δηλοῖ τὸ μήτε ὁρατὸν αὐτὸν μήτε 20

---

2 δῆλον Dc   3 ἀγνοῶν οὗτος] ἀγνοοῦντες E: ἀγνοῶν E²   5 ὧν] τῶν B
post μεταξύ add. τοῦ λευκοῦ καὶ τοῦ μέλανος E   που] παρὰ B   6 γὰρ] δὲ Ac
7 τῇ] τοι B   8 τί] τὸ B   9 ἐστί] seq. ras. 1 litt. E   εἰ] ἡ BE: corr. E²
11 προστίθεται E   13 ὡς οὐδὲ AB   16 μὴ δὲ AB   Κατηγορίαις]
3ᵇ24   αὐτὸς ὁ Ec   17 γιγνόμενον Ec   γίγνεται E   24 μόνον Ebc
25 ἡ Ἀριστοτέλους D   26 τρίγονον E, sed corr.   27 δῆλον ὡς om. B   ἐναν-
τίων Ebc   γίγνεται E   ἐστιν E   28 δοκεῖ] 442ᵇ19   32 ἀπ' B
34 γίγνεσθαι E   35 χρῆμα D   τὸ μὴ D

γευστὸν εἶναι, μεταβάλλει δὲ εἰς ὕδωρ, ὅπερ καὶ χρῶμα ἔχει καὶ χυμόν, 57ᵃ
ἀπὸ ποίων ἐναντίων τῶν ἐν τῷ ἀέρι χρώματός τε καὶ χυμοῦ γίνεται τὸ
ἐν τῷ ὕδατι χρῶμα καὶ ὁ ἐν τῷ ὕδατι χυμός; κἂν εἰς γῆν δέ, φησίν, ὁ
ἀὴρ μεταβάλλει, κἂν εἰς πῦρ, τὰ αὐτὰ ῥητέον. ἀλλὰ καὶ κατὰ σῆψιν, φη- 25
5 σίν, ἀέρος γίνεται ζῷα ποικίλα χρώματα ἔχοντα καὶ χυμῶν διαφοράς· ἐκ
ποίων οὖν ἐν τῷ ἀέρι ἐναντίων τοῦ ἀέρος μὴ ἔχοντος; τὸ δὲ ἐκ τῆς
οἰκείας στερήσεως, τουτέστιν ἐκ τοῦ ἐν τῷ ἀέρι ἀχρωμάτου, γίνεσθαι συγ-
χωρεῖ. ἐπὶ δὲ τοῦ πυρὸς περὶ τοῦ χρώματος αὐτοῦ ζητῶν, τουτέστι τοῦ 30
φωτός, ἢ ἔστι τι, φησίν, ἐναντίον τῷ φωτὶ ἢ οὐκ ἔστιν· εἰ μὲν οὖν μὴ
10 ἔστιν, οὐδ᾽ ἂν ἐξ ἐναντίου τὴν γένεσιν ἔχοι· εἰ δὲ ἔστι, τί ἂν ἄλλο εἴη
πλὴν τοῦ σκότους; ὁ δὲ σκότος στέρησις τοῦ φωτός, ὥς φησιν ἐν ἄλλοις
δεδειχέναι, ἀλλ᾽ οὐκ ἐναντίον. εἰ δέ τις, φησί, καὶ συγχωρήσει ἐναντίον 35
εἶναι τῷ φωτὶ τὸν σκότον, καὶ οὕτως οὐδὲν ἧττον εἰ μὴ καὶ μᾶλλον ὁ
Ἀριστοτέλους ἀπελέγχεται λόγος. ὅταν γάρ, φησίν, ἀπὸ τοῦ μεθ᾽ ἡμέραν
15 πεφωτισμένου ἀέρος παρατριβομένου πῦρ γίνηται, οὐχ ὡς ἐκ πεφωτισμένου
δηλονότι γίνεται, ἀλλ᾽ ὡς ἐξ ἀέρος· τοιγαροῦν καὶ ἐκ τοῦ νυκτερινοῦ γίνε- 40
ται. τὸ ἄρα ἐν τῷ γεγενημένῳ φῶς οὐκ ἐξ ἐναντίου γεγένηται." ταῦτα
τοίνυν ὡς ἀνατρεπτικὰ τοῦ Ἀριστοτελικοῦ λόγου διὰ πολλῶν στίχων τοῦδε
τοῦ ἀνδρὸς προαγαγόντος ὀλίγα τῶν ἤδη προειρημένων δέομαι πάλιν εἰπεῖν,
20 ἐξ ὧν, οἶμαι, καὶ ταῦτα καὶ τὰ ῥηθησόμενα ὑπ᾽ αὐτοῦ διαλυθήσεται. 45
ἀλλ᾽ ὅτι μὲν οὐκ ἐκ τῶν κυρίως καλουμένων ἐναντίων πᾶσαν γένεσιν ὁ
Ἀριστο|τέλης εἶναι βούλεται, ἀλλ᾽ ἐκ τῶν κατὰ εἶδος μάλιστα καὶ στέ- 57ᵇ
ρησιν ἀντικειμένων ἀπὸ τῶν ἐν τῷ πρώτῳ τῆς Φυσικῆς ἀκροάσεως εἰρη-
μένων, εἰς ἃ καὶ τὸν ἐνταῦθα λόγον ὁ Ἀριστοτέλης ἀνέπεμψεν, ἔξεστι μα-
25 θεῖν τινά μου παραγράφοντος τῶν ἐκεῖ γεγραμμένων· "ληπτέον δὴ πρῶ- 5
τον, ὅτι πάντων τῶν ὄντων οὐθὲν οὔτε ποιεῖν πέφυκεν οὔτε πάσχειν τὸ
τυχὸν ὑπὸ τοῦ τυχόντος οὐδὲ γίνεται ὁτιοῦν ἐξ ὁτουοῦν, ἂν μή τις λαμ-
βάνῃ κατὰ συμβεβηκός. πῶς γὰρ ἂν γένοιτο λευκὸν ἐκ μουσικοῦ, πλὴν εἰ
συμβεβηκὸς εἴη τῷ λευκῷ ἢ τῷ μέλανι τὸ μουσικόν; ἀλλὰ λευκὸν μὲν 10
30 γίνεται οὐκ ἐκ λευκοῦ καὶ τούτου οὐκ ἐκ παντός, ἀλλ᾽ ἐκ μέλανος ἢ τῶν

---

2 ἐναντίων τῶν] bis D   τῶν] corr. ex τῷ A: τῷ B   ἀέρι] —ι in ras. E
χρώματι seq. lac. 8 litt. B   τε καὶ] τότε B·   τὸ] corr. ex τῷ E¹   3 τὴν
γῆν Ec   4 μεταβάλλῃ DE²c   5 γίνεται E   6 οὖν τῶν ἐναντίων ἐν τῷ
ἀέρι B   μὴ] ἐναντίον μὴ D   7 τουτέστι Ac   ἐκ τοῦ D: om. ABE: τοῦ K²c
ἀχρωμάτου DEb: ἀ seq. lac. AB   γίγνεσθαι E   8 ζητῶ D   10 εἴη om.
AB   11 σκότους DE²   ὁ] τὸ DE²   φησιν om. Ec   12 δεδοιχέναι D
deinde add. φησὶν E²c   συγχωρήσει DE: comp. A: συγχωρήσειεν B: συγχωρήσειε c
13 τὸ σκότος D   καὶ (alt.) om. D   14 ἐπελέγχεται E   15 παραγινομένου AB
γίγνηται E   16 γίγνεται E   ἀλλ᾽—γίνεται (16. 17)] om. E   ὡς ἐξ ἀέρος] ἐκ
seq. lac. 10 litt. B   17 φῶς] πυρὶ φῶς D   20 καὶ τὰ E²ᵇ: τὰ ABDE¹
διαλυθήσεσθαι Ec   22 ἀλλὰ B   κατ᾽ DEc   23 ἀπὸ om. c   24 δ᾽] δ E
25 ληπτέον κτλ.] 188ᵃ31 sq.   26 ἁπάντων c   οὐδὲν c   27 γίγνεται c   ἐὰν c
27. 28 λαμβάνει EB: corr. E²   28 τὸ λευκὸν Bc   εἰ] εἰς B: εἰ μὴ D: εἰ μὴ
κατὰ c   29 εἴη om. AB   τῷ λευκῷ] τὸ λευκὸν AB: corr. A¹   30 γίγνεται c
οὐκ ἐκ (pr.)] ἐξ οὗ c

μεταξύ, καὶ μουσικὸν οὐκ ἐκ μουσικοῦ, πλὴν οὐκ ἐκ παντός, ἀλλ' ἐξ ἀμού- 57b
σου ἢ εἴ τι αὐτῶν ἐστι μεταξύ. οὐδὲ δὴ φθείρεται εἰς τὸ τυχὸν πρῶτον,
οἷον τὸ λευκὸν οὐκ εἰς τὸ μουσικόν, πλὴν εἴ ποτε κατὰ συμβεβηκός, ἀλλ' 15
εἰς τὸ μὴ λευκόν, καὶ εἰς μὴ λευκὸν οὐκ εἰς τὸ τυχόν, ἀλλ' εἰς τὸ μέλαν
5 ἢ τὸ μεταξύ· ὡς δὲ αὔτως καὶ μουσικὸν εἰς τὸ μὴ μουσικόν, καὶ τοῦτο
οὐκ εἰς τὸ τυχόν, ἀλλ' εἰς τὸ ἄμουσον, ἢ εἴ τι αὐτῶν ἐστι μεταξύ. ὁμοίως
δὲ τοῦτο καὶ ἐπὶ τῶν ἄλλων, ἐπεὶ καὶ τὰ μὴ ἁπλᾶ τῶν ὄντων ἀλλὰ σύν- 20
θετα κατὰ τὸν αὐτὸν ἔχει λόγον· ἀλλὰ διὰ τὸ μὴ τὰς ἀντικειμένας διαθέ-
σεις ὠνομάσθαι λανθάνει τοῦτο συμβαῖνον· ἀνάγκη γὰρ πᾶν τὸ ἡρμοσμένον
10 ἐξ ἀναρμόστου γίνεσθαι καὶ τὸ ἀνάρμοστον ἐξ ἡρμοσμένου, καὶ φθείρεσθαι
τὸ ἡρμοσμένον εἰς ἀναρμοστίαν καὶ ταύτην οὐ τὴν τυχοῦσαν ἀλλὰ τὴν 25
ἀντικειμένην. διαφέρει δὲ οὐθὲν ἐφ' ἁρμονίας εἰπεῖν ἢ τάξεως ἢ συνθέ-
σεως· φανερὸν γάρ, ὅτι ὁ αὐτὸς λόγος. ἀλλὰ μὴν καὶ οἰκία καὶ ἀνδριὰς
καὶ ὁτιοῦν ἄλλο γίνεται ὁμοίως· ἥ τε γὰρ οἰκία γίνεται ἐκ τοῦ μὴ συγ-
15 κεῖσθαι ἀλλὰ διῃρῆσθαι ταδὶ ὡδὶ καὶ ὁ ἀνδριὰς καὶ τῶν ἐσχηματισμένων 30
τι ἐξ ἀσχημοσύνης, καὶ ἕκαστον τούτων τὰ μὲν τάξις, τὰ δὲ σύνθεσίς τίς
ἐστιν. εἰ τοίνυν τοῦτό ἐστιν ἀληθές, ἅπαν ἂν γίνοιτο τὸ γινόμενον καὶ
φθείροιτο τὸ φθειρόμενον ἢ ἐξ ἐναντίων ἢ εἰς ἐναντία καὶ τὰ τούτων με-
ταξύ· τὰ δὲ μεταξὺ ἐκ τῶν ἐναντίων ἐστίν, ὥστε πάντα ἂν εἴη τὰ φύσει 35
20 γινόμενα ἢ ἐναντία ἢ ἐξ ἐναντίων." καὶ ἤρκει μέν, οἶμαι, καὶ ταῦτα δεῖ-
ξαι, ὅτι μᾶλλον τὸ εἶδος καὶ τὴν στέρησιν ἤπερ τὰ κυρίως ἐναντία καλού-
μενα ἀρχὰς τῶν γινομένων καὶ φθειρομένων ὁ Ἀριστοτέλης τίθησι καὶ 40
τῶν παραδειγμάτων τὰ πλεῖστα ἐξ ἐκείνων φέρων, πολλὰ δὲ καὶ ἐν τοῖς
ἑξῆς λεγομένοις τὸ αὐτὸ τοῦτο δηλοῖ. βραχὺ δὲ προσκείσθω καὶ τὸν ἀναι-
25 δέστατον, οἶμαι, καταιδοῦν· "πόσαι μὲν οὖν αἱ ἀρχαὶ τῶν περὶ γένεσιν
καὶ πῶς, εἴρηται· δῆλον, ὅτι δεῖ ὑποκεῖσθαί τι τοῖς ἐναντίοις καὶ τὰ ἐναν-
τία εἶναι. τρόπον δέ τινα ἄλλον οὐκ ἀναγκαῖον· ἱκανὸν γὰρ ἔσται τὸ ἕτερον 45
τῶν ἐναντίων ποιεῖν τῇ ἀπουσίᾳ καὶ παρουσίᾳ τὴν μεταβολήν." δῆλον, 58a
ὅτι ἡ ἀπουσία τοῦ εἴδους ἡ στέρησίς ἐστιν, ἣν μετὰ βραχὺ καὶ ἐπ' ὀνόμα-
30 τος εἶπεν ἀντιθεὶς αὐτὴν τῷ εἴδει. εἰπὼν γάρ, ὅτι μία ἀρχὴ τὸ ὑποκεί-

---

1 οὐκ ἐκ (pr.)] ἐξ οὗ c   2 ἐστιν αὐτῶν Ε   δὴ om. B   3 οὐκ om. E   τὸ om.
AD   4 εἰς (sec.)] εἰ D: τὸ c   5 τὸ (pr.) om. D: τὰ B   ὡς δὲ αὔτως] ὡς
δὲ αὔτως AB: ὡς δ' αὔτως D: ὡς δὲ ὡσαύτως E: ὡσαύτως δὲ c   καὶ (pr.)] καὶ τὸ c
6 ἔστι αὐτῶν c   7 δὲ] δὲ καὶ E   τούτῳ B   μὴ] d μὴ E: corr. E²
8 διὰ om. E   τὸ] mut. in τῷ E²   μὴ τὰς om. B   9 ὀνομάσθαι E:
corr. E²   λαμβάνει D   10 γίγνεσθαι Ec   ἡρμοσμένου] e corr. D¹
12 οὐδὲν c   14 γίγνεται c   γίγνεται c   15 διῃρεῖσθαι E: corr. E²
ταδὶ ὡδὶ Eb: τὰ δύο διξ A: τὰ δύο διξ seq. lac. 8 litt. B: ταδὶ D   ὁ om. AB
17 τοῦτό] corr. ex οὗτος E²: τοῦτ' c   γένοιτο AB: γίγνοιτο c   γιγνόμενον Ec
19 post ἐστίν add. οἷον χρώματα ἐκ λευκοῦ καὶ μέλανος c   20 γιγνόμενα c   ἢ (alt.)
om. AB   καὶ (pr.) om. A   21 ἤπερ] corr. ex εἴπερ E²: ἅπερ B   22 τίθησῖ
A: δείκνυσι Ec   24 δέ] δέ τι D   τὸν] corr. ex τὸ E²   25 πόσαι κτλ.]
191a 3 sq.   27 εἶναι] δύο εἶναι D   29 ὅτι] δὲ ὅτι DE²c

μενον, ἐπάγει "μία δὲ ὁ λόγος (τουτέστι τὸ εἶδος), ἔτι δὲ τὸ ἐναντίον τούτῳ 58ᵃ ἡ στέρησις". ὅτι μὲν οὖν εἰς τὴν ἀντίθεσιν τὴν κατὰ τὸ εἶδος καὶ τὴν 6 στέρησιν ὡς πανταχοῦ ὑπάρχουσαν πάσας ἀπεκορύφωσε τὰς ἐναντιώσεις ἢ ἀντιθέσεις, καὶ ἐκ τούτων δῆλον καὶ ἐκ τῶν ἄλλων τῶν ἐν τοῖς χωρίοις ἐκείνοις εἰρημένων, ἅπερ μακρὸν ἦν παραγράφειν. ὅτι δὲ τούτου οὕτως 10 ἔχοντος πρῶτον μὲν ἀγνοῶν οὗτος ἀνὴρ φανεῖται παντελῶς τὰ ὑπὸ τοῦ Ἀριστοτέλους λεγόμενα, ὅς γε καὶ ἀποδεικνύναι νομίζει, ὅτι κατὰ τὴν τῶν κυρίως ἐναντίων ἀντίθεσιν μόνην τὴν γένεσιν καὶ τὴν φθορὰν ὁ Ἀριστοτέλης ἐπιτελεῖσθαί φησιν, ἔπειτα πᾶσαι αἱ ἐνστάσεις αὐτοῦ, ἃς κατὰ τὴν 15 τοιαύτην ὑπόνοιαν ἐποιήσατο, καὶ ὡς παρὰ θύρας γενόμεναι μάτην γεγόνασιν καὶ τῆς Ἀριστοτέλους ἀποδείξεως οὐ καθάπτονται. μαρτυρεῖ γὰρ καὶ οὗτος, εἰ καὶ μηδαμῶς ἀξιόχρεως εἰς μαρτυρίαν ἀγνοῶν, περὶ τίνων ὁ λόγος ἐστί, μαρτυρεῖ δὲ ὅμως, ὅτι ἐκ τῆς στερήσεως ἡ γένεσις, ὡς καὶ 20 Ἀριστοτέλει δοκεῖ· "τὸ γὰρ ἐξ ἀέρος γενόμενον πῦρ, καθό, φησί, κέχρωσται, οὐκ ἐξ ἐναντίου τὴν γένεσιν εἴληφεν, ἀλλ' ἐκ μόνης τῆς οἰκείας στερήσεως". ἐπειδὴ δὲ οὐκ ἀρκεῖ τὰ τούτου σαθρὰ δεικνύναι, ἀλλὰ καὶ αὐτὸ χρὴ τὸ δόγμα βεβαιωθῆναι, πῶς ἐξ ἐναντίων ἡ γένεσις καὶ τίνα ταῦτα τὰ ἐναντία ἐστί, καὶ μέντοι καὶ τὰς ἐνστάσεις τὰς τούτου καθ' ἑκά- 25 στην διαλῦσαι, ὀλίγων ἡμᾶς τῶν πρόσθεν ὑπομνήσας οὕτως τραπήσομαι πρὸς τὴν διάλυσιν· τοσοῦτον δὲ προρρητέον, ὅτι ἄλλο ἐστὶ τὸ γινόμενον καὶ ἄλλο τὸ ὃ γίνεται, ἄμφω δὲ ὑπὸ ποιοῦντος γίνεται· πρὸς ἄλληλα γάρ ἐστι τό τε ποιοῦν καὶ τὸ γινόμενον, ὥστε καὶ τὸ ποιοῦν γινόμενον ποιεῖν 30 καὶ τὸ γινόμενον πᾶν καὶ ὃ γίνεται ὑπὸ ποιοῦντος γίνεσθαι· ἀδύνατον γάρ, ὡς καὶ Πλάτων φησί, χωρὶς αἰτίου γένεσιν σχεῖν καὶ αἰτίου ἄλλου δηλονότι παρ' ἑαυτό. τὸ μὲν γὰρ αὐθυπόστατον ὅλον ἅμα εἶναι χρὴ ὑφιστάνον τε καὶ ὑφιστανόμενον, τὸ δὲ γινόμενον ὅλον ἅμα οὐκ ἔστιν· οὐ γὰρ ἂν 35 ἐγίνετο. ἔστι δὲ γινόμενον μέν, εἰς ὃ ἡ τοῦ ποιοῦντος ἐνέργεια ἐναπερείδεται, τοῦτο δέ ἐστι τὸ ὑποκείμενον, οἷον ὁ γλυφόμενος εἰς Ἑρμῆν λίθος· τὸ δὲ ὃ γίνεται τὸ εἶδος τὸ ἀποτελούμενον ἐκ τῆς ἐνεργείας καὶ ἡ μορφή. καὶ ὅρα, ὅτι ὁ γλυφόμενος ὑπὸ τοῦ γλύφοντος ἑρμογλύφου ὁ λίθος ἐστί, διότι οὗτός ἐστιν ὁ γινόμενος, τὸ δὲ ὃ γίνεται ἡ μορφή. πᾶν δὲ τὸ ὑπὸ ποιοῦντος γινόμενον κατὰ τὸ εἶδος διατίθεται, καθ' ὃ τὸ ποιοῦν ἐνεργεῖ, 40

---

1 ἐπάγει] 191ᵃ13   ὁ] ἡ ὁ D   ἔτι] ἔστι D   3 ἐνστάσεις B   6 οὗτος ὁ D
7 τῶν om. E   8 ante ὁ del. ἐπιτελεῖσθαι. D¹   9 φησι E   9. 10 τὴν τοιαύτην]
τὴν αὐτὴν A: τὴν αὐτὴν B   10 ἐπίνοιαν B   10. 11 γεγόνασι BDEc
11 ἀπιδείξεως A: ἐπιδείξεως c   13 ἐστίν E   16 ἐξαρκεῖ Ec   18 ἐστίν E
19 ὀλίγον D: δι' ὀλίγων c   ὑμᾶς c   οὕτως] corr. ex οὗτος A¹: οὕτω BD
20 προσρητέον c   γιγνόμενον E   γίγνεται E   22 γιγνόμενον E   ὥστε—
γινόμενον (23) om. E   καὶ om. c   ποιεῖν] ποιεῖ c   23 καὶ ὃ γίνεται om. c
γίγνεται E   γίγνεσθαι E: γίνεται c   24 Πλάτων] Tim. 28 a   χωρὶς αἰτίου] χωρῆσαι τί οὐ A: corr. A²   ἔχειν D   25 γὰρ om. AB   25. 26 ὑφιστάνον] e
corr. D¹   27 ἔστι] seq. ras. 1 litt. E   28 εἰς—γλυφόμενος (30) om. Ec
29 ὃ γίνεται τὸ om. D   30 ἐστί] seq. ras. 1 litt. E   31 διότι οὗτος om. B
γίγνεται E   32 εἶδος] post ras. 5 litt. E

οἷον ὁ λίθος κατὰ τὸ ἐν τῷ ἑρμογλύφῳ τοῦ Ἑρμοῦ εἶδος καὶ τὰ ξύλα 58ᵃ κατὰ τὸ ἐν τῷ ναυπηγῷ τῆς νεώς καὶ τὸ σπέρμα καὶ τὸ καταμήνιον κατὰ τὸ ἐν τῇ φύσει εἶδος τοῦ ζῴου. πᾶν δὲ τὸ κατά τινα διάθεσιν διατιθέμενον μὴ ἔχον αὐτὴν πρότερον διατίθεται κατ' αὐτήν· οὐ γὰρ ἂν λέγοιτο 45
5 διατίθεσθαι· ἀλλὰ μὴν καὶ ἐπιτήδειον ὂν εἰς τὸ δια|τεθῆναι· ἀπουσίαν 58ᵇ ἄρα τοῦ εἴδους ἐκείνου ἔχει πεφυκότος ἐγγίνεσθαι· ἡ δὲ ἀπουσία τοῦ πεφυκότος στέρησίς ἐστι· στέρησιν ἄρα ἔχει τοῦ εἴδους, ὃ μέλλει δέχεσθαι, καὶ ἀνάγκη τὴν στέρησιν ἐκστῆναι, εἰ μέλλει παρέσεσθαι τὸ εἶδος· οὐ γὰρ 5 δυνατὸν τὴν ἀπουσίαν ἅμα καὶ τὴν παρουσίαν τοῦ εἴδους συνυπάρχειν.
10 καὶ τοῦτο μὲν ἀπὸ τῆς οὐσιώδους γενέσεως ἀρξάμενον ἐπὶ πᾶσαν χωρεῖ γένεσιν· καὶ γὰρ καὶ ἐπὶ τῶν συμβεβηκότων ἀληθὲς εἰπεῖν, ὅτι τὸ λευκαινόμενον πρότερον μὴ ὂν λευκόν, ἀλλ' ἀπουσίαν ἔχον λευκότητος καὶ ἐπιτήδειον πρὸς αὐτὴν ὄν, λευκαίνεται ὑπὸ τοῦ λευκαίνοντος αἰτίου. ἐπὶ 10 δὲ τῶν ἐναντίων κυρίως λεγομένων τὸ πεφυκὸς πρὸς τὴν ἀντίθεσιν, εἰ μὴ
15 τὸ ἕτερον ἔχοι τῶν ἐναντίων, πάντως θάτερον ἔχει ἢ τὸ μεταξύ· τὸ γὰρ λευκαινόμενον ἀπουσίαν λευκότητος ἔχον ἢ μέλαν ἐστὶν ἤ τι τῶν μεταξὺ ἐξ ἀμφοῖν κεκραμένον καὶ πρὸς ἑκάτερον τῶν ἄκρων τὸν τοῦ ἀντικειμένου 15 λόγον ἔχον· τοιοῦτον γὰρ τὸ φαιὸν πρός τε τὸ λευκὸν καὶ τὸ μέλαν καὶ τὸ χλιαρὸν πρὸς τὸ θερμὸν καὶ ψυχρόν. ὁμοίως δὲ καὶ ἐπὶ τῶν κατὰ τὸ
20 πρός τι ἀντικειμένων τὸ δεξιὸν γινόμενον ἢ ἐξ ἀριστεροῦ γίνεται δεξιόν, τουτέστι πρότερον ἀριστερὸν ὄν, ἢ ἔκ τινος τῶν μεταξύ. καὶ κατάφασις 20 δὲ εἰ γίνοιτο, ἐξ ἀποφάσεως γίνεται καὶ ἀπόφασις ἐκ καταφάσεως· ἔστι γὰρ ταῦτα ἄμεσα. κοινὴ δὲ πανταχοῦ ἡ κατὰ τὸ εἶδος καὶ τὴν στέρησιν ἀντίθεσις· καὶ γὰρ τὸ ἐκ μέλανος λευκὸν καὶ ἐξ ἀριστεροῦ δεξιὸν γινόμε-
25 νον ἐκ τοῦ μὴ τοιούτου γίνεται καὶ ἐξ ἀπουσίας τοῦ πεφυκότος, ὥστε 25 ἀνάγκη πᾶν τὸ γινόμενον ἀποβάλλον τὴν προτέραν διάθεσιν μεταλαμβάνειν ἐκεῖνο τὸ εἶδος, καθ' ὃ λέγεται γίνεσθαι. καὶ τοῦτο εἰκότως· ἐξίστασθαι γὰρ ἀνάγκη τὰ μὴ δυνάμενα συνυπάρχειν τῷ ἐγγινομένῳ εἴδει, οὐ δύναται δὲ συνυπάρχειν τὰ ἀντικείμενα καθ' ἑκάστην τῶν ἀντιθέσεων. πάντως δὲ 30
30 πρὸ τοῦ ἐγγενέσθαι τὸ εἶδος, καθ' ὃ λέγεται γίνεσθαι τὸ γινόμενον, τὰ ἀντικείμενα ἐκείνῳ ἐνυπῆρχεν τῷ γινομένῳ, τουτέστι τῷ ὑποκειμένῳ, κοινῶς μὲν πᾶσιν ἡ στέρησις τοῦ ἐγγινομένου εἴδους, εἴτε οὐσιῶδές ἐστιν εἴτε συμβεβηκός, ἐπὶ δὲ τῶν εἰδῶν τῶν ὡς συμβεβηκότων πρὸς τῇ στερήσει 35 καὶ τὰ ἀντικείμενα τοῖς εἴδεσιν ἐκείνοις κατὰ τὰς ἄλλας ἀντιθέσεις. εἰ δὴ

---

1 κατὰ (alt.)] corr. ex καὶ E² 7 ἐστι] seq. ras. 1 litt. E τοῦ εἴδους ἔχει Ec δέχεσθαι] γίνεσθαι c 9 post εἴδους del. ἅμα A 12 ἀλλὰ D ἔχων E 16 ἔχει E 17 κεκραμένων E ἕκαστον AB 18 ἔχον λόγον B 19 τὸ ψυχρόν B δὲ om. B τὸ (tert.)] τὰ DE 20 post alt. δεξιὸν rep. ἢ ἐξ ἀριστεροῦ δεξιὸν AB 22 ἀποφάσεως] ἀφ^α A ἀπόφασις] ἀποφ^α A ἔστι c: sunt b: ἔστω ABDE 23 μέσα AB 24. 25 γινόμενον om. D 27 γίγνεσθαι E 28 τῷ—συνυπάρχειν (29) om. E 29 ante καθ' del. ᾷ E² 30 ἐγγινέσθαι c γίγνεσθαι E γιγνόμενον E 31 ἐνυπῆρχε BD: ἐνυπάρχειν E γιγνομένῳ E 31. 32 καὶ κοινῶς c 32 πᾶσι ABc 34 ἐκείνων D

ταῦτα ἀληθῆ λέγω, καὶ συλλογισαίμην ἂν ἐκ τῶν εἰρημένων οὕτως· πᾶν 58ᵇ
τὸ γινόμενον ὑπὸ ποιοῦντος γίνεται· τὸ ὑπὸ ποιοῦντος γινόμενον κατὰ τὸ 40
εἶδος διατίθεται, καθ᾽ ὃ τὸ ποιοῦν ἐνεργεῖ· τὸ κατά τι εἶδος διατιθέμενον
ἀπουσίαν αὐτοῦ πρότερον ἔχον καὶ ἐπιτηδειότητα πρὸς αὐτό, τουτέστι στέ-
5 ρησιν αὐτοῦ ἔχον πρότερον, οὕτως κατ᾽ αὐτὸ διατίθεται· τὸ στέρησιν ἔχον
τοῦ εἴδους, ὃ μέλλει γίνεσθαι, ἢ αὐτὴν μόνην, ὡς ἐπὶ τῶν οὐσιῶν, ἢ καὶ 45
ἄλλα πρὸς τὸ ἐπιγινόμενον εἶδος ἀντίθετα, ὡς ἐπὶ τῶν συμβεβηκότων, ἀπο-
βαλὸν πρῶτον τὴν στέρησιν ἢ | καὶ τὰ ἀντίθετα ὡς μὴ δυνάμενα συνυπάρ- 59ᵃ
χειν τῷ εἴδει, ὃ λέγεται γίνεσθαι, τότε διατίθεται κατ᾽ ἐκεῖνο τὸ εἶδος· τὸ
10 ἀποβαλὸν τὰ ἀντικείμενα καὶ τότε γινόμενον, ὅπερ λέγεται, ἐκ τῶν ἀντικει-
μένων εἰς τὸ ἀντικείμενον εἶδος μεταβάλλει· τὸ γινόμενον ἄρα πᾶν ἐκ τοῦ ἀν- 5
τικειμένου γίνεται, ὃ γίνεται, ὅπερ ἔδει δεῖξαι, ὡς οἱ γεωμέτραι φασίν, καὶ ἡ
γένεσις ἐκ τῶν ἀντικειμένων καὶ ἡ φθορὰ εἰς τὰ ἀντικείμενα· τοῦ γὰρ εἴδους
ἀποστάντος τὰ ἀντικείμενα αὐτῷ μεταλαμβάνει τὸ ὑποκείμενον, τὴν μὲν
15 στέρησιν ἐπὶ πάντων, ἐπὶ δέ τινων πρὸς ταύτῃ καὶ τὰς ἄλλας ἀντιθέσεις. 10
ἀλλὰ πῶς ὁ Ἀριστοτέλης οὐκ ἐκ τῶν ἀντικειμένων ἀλλ᾽ ἐκ τῶν ἐναντίων
εἶπεν γίνεσθαι τὸ γινόμενον; ἢ ὅτι ἐναντία τὰ ἀντικείμενα πάντα κέκληκε
κατὰ τὸ μὴ δύνασθαι συνυπάρχειν ἀλλήλοις αὐτὰ χαρακτηρίσας, ὅπερ ὡς
ἀντικειμένοις ὑπάρχει; διὸ ποτὲ μὲν ἐναντία, ποτὲ δὲ ἀντικείμενα καλεῖ τὰ 15
20 ἐξ ὧν ἡ γένεσις· ἢ γὰρ τὸ ὑποκείμενόν φησιν ἢ τὸ ἀντικείμενον. λέγω
δὲ ὑποκεῖσθαι μὲν τὸν ἄνθρωπον, ἀντικεῖσθαι δὲ τὸ ἄμουσον. καὶ πολλά-
κις καὶ τὰ ἀντικείμενα ἐναντία καλεῖ καὶ τὰ ἐναντία ἀντικείμενα κατὰ τὸ
μὴ ὑπομένειν αὐτὰ χαρακτηρίζων. λέγει οὖν, ὅτι "τὸ μὲν μὴ ἀντικείμενον 20
ὑπομένει· ὁ γὰρ ἄνθρωπος ὑπομένει τὸ μουσικόν· τὸ δὲ ἄμουσον οὐχ ὑπο-
25 μένει". ἐν μέντοι ταῖς Κατηγορίαις αὐτὸ τοῦτο προθέμενος τὰς τῶν ἀν-
τικειμένων διαφορὰς παραδοῦναι τὰ ἐναντία τῶν ἄλλων ἀφώρισε κατὰ τὸ
εἴδη ἄμφω εἶναι τὰ ἀντικείμενα, ὥσπερ καὶ τὸ δεξιὸν καὶ ἀριστερὸν ἔχοντα 25
τὸν κοινὸν τῶν ἀντικειμένων λόγον διὰ τὸ μὴ συνυπάρχειν καὶ τὸν τῶν
ἐναντίων διὰ τὸ εἴδη ἄμφω εἶναι ἄλλῃ τινὶ διαφορᾷ τῇ τῶν πρός τι, καθ᾽
30 ἣν ἐπλεόνασε ταῦτα, ἐνέδησε, καὶ τὸ εἶδος καὶ τὴν στέρησιν ἰδίας πάλιν

---

1 συλλογισοίμην B   2 γιγνόμενον E   γίγνεται E   γιγνόμενον Ec   3 τι]
τὸ D   4 ἔχων E, sed corr.   αὐτὸν E: corr. E²   5 κατ᾽ αὐτὸ] x   ταῦτα A:
καὶ ταῦτα B   6 εἴδους] e corr. D¹   γίγνεσθαι E   7 ἐπιγιγνόμε-
νον E   7. 8 ἀποβάλλον E, sed corr.   8 πρότερον c   9 γίγνεσθαι AEc
10 ἀποβάλλον DE: corr. E¹   γιγνόμενον E   λέγεται] comp. ambig. A: λέγει B
11 γιγνόμενον E: γιγνόμενα B   12 ὃ γίνεται om. AB   γίγνεται E   φασὶ
BD   13 τὸ ἀντικείμενον Ec   17 εἶπε BDEc   γίγνεσθαι E   γιγνόμενον E
κέκληκε seq. ras. 1 litt. E   18 ἀλλήλοις om. c   20 ὑποκείμενον] ἀντικείμενον AB
ἀντικείμενον A¹BDEb: ὑποκείμενον A² et mg. B   21 ἀντικεῖσθαι] ἀντι— e corr. D¹
23 λέγει] 190ᵃ18   24 τὸ (pr.)] τὸ δὲ c   τὸ δὲ] καὶ τὸ c   25 Κατηγορίαις]
cap. 10—11   26 τά] τὰ δ᾽ A: τὰ μὲν B   ἀφώρισεν E: corr. E²   27 εἴδη
DE²: εἴδει AB: ἤδη E   τά] τὰ δὲ B   καὶ (pr.) om. Ec   καὶ (alt.)] καὶ τὸ c
28 μὴ τὸ AB   τὸν] τὸ E   29 εἴδη DE²b: εἴδει AB: ἤδη E   30 post ἐνέ-
δησε rep. τῇ τῶν πρός τι DE

SIMPLICII IN L. DE CAELO I 3 [Arist. p. 270ᵇ16]   129

ἠξίωσεν ἀντιθέσεως διαφέροντα τῶν ἄλλων κατὰ τὸ μὴ εἶναι ἄμφω εἴδη, 59ᵃ
καὶ τὴν κατάφασιν καὶ ἀπόφασιν, καθ' ὅσον ἓν ἀναιροῦσα ἡ ἀπόφασις τὰ 81
ἄλλα οὐ κωλύεται εἰσάγειν.

Ἐκ δὲ τῶν εἰρημένων καὶ πᾶσαι μὲν ἀθρόως αἱ ἐνστάσεις αὐτοῦ δια-
5 λέλυνται ὡς παρὰ θύρας ὑπαντῶσαι, οὐδὲν δὲ κωλύει καὶ ἑκάστην συντό-
μως ἐπελθεῖν. εἰ γὰρ μὴ μόνον ἐκ τῶν κυρίως ἐναντίων ἡ γένεσις, ὡς 35
δέδεικται, ἀλλὰ καὶ ἐκ τῆς στερήσεως γίνεται τὸ εἶδος, καὶ οὗτος ὁ τρό-
πος ἐστὶ πάντων τῶν γινομένων κοινός, οὐδὲν κωλύει δηλονότι καὶ τὴν
οὐσίαν γίνεσθαι, καὶ ὁ Ἀριστοτέλης οἰκίαν γίνεσθαι καὶ ζῷον λέγων καὶ
10 φυτὸν καὶ οὐσίαν γίνεσθαί φησι. καὶ οὐκ ἐκ συλλογισμοῦ τοῦτο συνάγω, 40
ἀλλ' ἄκουσον αὐτοῦ σαφῶς λέγοντος· "ὅτι δὲ καὶ αἱ οὐσίαι καὶ ὅσα ἄλλα
ἁπλῶς ὄντα ἐξ ὑποκειμένου τινὸς γίνεται, ἐπισκοποῦντι γένοιτο ἂν φανε-
ρόν· ἀεὶ γὰρ ἔστι τι, ὃ ὑπόκειται, ἐξ οὗ γίνεται τὸ γινόμενον, οἷον τὰ
φυτὰ καὶ τὰ ζῷα ἐκ τοῦ σπέρματος" καὶ τοῦ ἀντικειμένου, δηλονότι 45
15 ἀσχημοσύνης ἢ ἀμορφίας ἢ ἀταξίας. καὶ ἐν ἄλλῳ δὲ χωρίῳ "ἀλλὰ 59ᵇ
μήν" φησί "καὶ οἰκία καὶ ἀνδριὰς καὶ ὁτιοῦν ἄλλο γίνεται ὁμοίως· ἥ τε
γὰρ οἰκία γίνεται ἐκ τοῦ μὴ συγκεῖσθαι ἀλλὰ διῃρῆσθαι ταδὶ ὡδί, καὶ ὁ
ἀνδριὰς καὶ τῶν ἐσχηματισμένων τι ἐξ ἀσχημοσύνης· καὶ ἕκαστον τού-
των τὰ μὲν τάξις, τὰ δὲ σύνθεσίς τίς ἐστιν". εἰ δὲ καὶ ἄλογοι ψυχαὶ 5
20 γίνονται καὶ φθείρονται, ὡς οὗτός φησιν, εἰδός εἰσι δηλονότι τῶν ἐμψύχων
σωμάτων, ἅτινα ἐξ ἀψύχων γίνεται ἔμψυχα ὥσπερ ἐξ ἀμόρφων μεμορφω-
μένα καὶ πάλιν ἐξ ἐμψύχων ἄψυχα τῆς ψυχῆς φθειρομένης, εἴπερ φθεί- 10
ροιτο. καὶ δῆλον, ὅτι καὶ τὰ εἴδη τῆς ψυχῆς ὁμοίως γίνεται· πάντων
γὰρ τῶν τοιούτων κοινὴ ἡ ἀπὸ τῆς στερήσεως γένεσις, καὶ οὐδὲν ἄτοπον
25 ἀκολουθήσει. καὶ πρὸς τὸ τρίτον δὲ τὸ ἀπὸ τοῦ σχήματος ἐπιχειροῦν ἀρ-
κεῖ μὲν καὶ τὸ ἐξ ἀσχημοσύνης, ἣν πολλαχοῦ ὁ Ἀριστοτέλης ὠνόμασε·
κἂν γὰρ ἐξ ἄλλου γίνεται σχήματος, ὡς πρὸς τὸ μέλλον ἐπιγίνεσθαι ἀσχη- 15
μάτιστόν ἐστι τὸ ὑποκείμενον ἢ μᾶλλον ἀγώνιον, εἰ κύκλος ὢν εἰς γεγω-
νιωμένον σχῆμα μεταβάλλει. πλὴν ὅτι καὶ ἐν τῷ σχήματι οἶδεν Ἀριστο-
30 τέλης ἀντίθεσιν, ἄκουσον τῶν ἐν τῷ πρώτῳ τῆς Φυσικῆς περὶ Δημο-

---

2 καὶ (pr.)] suprascr. E²   τὴν om. Ec   ἐν] ἂν E: ἂν ἐν E²   4 δὲ] mut. in
δὴ E²: δὴ c   6 ὑπελθεῖν Ec   ἡ om. D   8 ἐστί] ἐπί D   τῶν om. Ec
κοινῶς E: corr. E²   οὐδὲν δὲ D   9 γίγνεσθαι DE   καὶ (pr.) — γί-
νεσθαι om. B   γίγνεσθαι E   10 γίγνεσθαι E   11 λέγοντος] 190ᵇ1
δὲ] corr. ex δαὶ E   12 ὄντα om. D   τινὸς om. D   γίνεται Ec
γένοιτ' D   13 γίνεται om. B: γίγνεται Ec   γιγνόμενον Ec   14 τοῦ (pr.)
om. D   15 χωρίῳ] 188ᵇ16   16 καὶ οἰκία φησί D   ὁτιοῦν — ἀνδριὰς καὶ (18)
om. D   γίγνεται Ec   17 γὰρ om. E   γίγνεται Ec   ἀλλὰ διῃρῆσθαι om. B
ὁ] post lac. A: ὁδὶ B   19 καὶ αἱ D   20 γίγνονται E   δηλονότι om. D
21 γίγνεται E   22 φθειρομένης] bis A, sed corr.   23 καὶ (alt.)] suprascr. B   εἴδη]
e corr. E¹   γίγνεται E   24 κοινὴ] ante ν ras. 4 litt. E   ἡ] ὡς AB   οὐδένα
τόπον B   26 ὁ om. DE   ὠνόμασε] seq. ras. 10 litt. E   27 γίγνεται Dc:
γίγνηται E   ἐπιγίγνεσθαι E   28. 29 γεγωνιαμένον B   29 τι σχῆμα D
30 Φυσικῆς ἀκροάσεως B

Comment. Arist. VII Simpl. de Caelo.   9

κρίτου ῥηθέντων· "καὶ Δημόκριτος στερεὸν καὶ κενόν, ὧν τὸ μὲν ὄν, τὸ 59ᵇ
δὲ ὡς οὐκ ὂν φησιν· ἔτι θέσει, σχήματι, τάξει. ταῦτα δὲ γένη ἐναντίων· 21
θέσεως ἄνω, κάτω, πρόσθεν, ὄπισθεν· σχήματος γωνία, τὸ εὐθύ, περιφε-
ρές." ἐχρῆν οὖν, εἴπερ ἄρα, ζητεῖν, εἴ τι φιλομαθὲς εἶχε, πῶς ἐν Κατη-
5 γορίαις εἶπεν ὁ Ἀριστοτέλης, καίτοι μὴ δυναμένων συνυπάρχειν ἀλλήλοις 25
τοῦ τε γεγωνιωμένου καὶ τοῦ περιφεροῦς ἐν τῷ αὐτῷ ὑποκειμένῳ. ἀλλὰ
κἂν ἐκ δεξιοῦ ἀριστερὸν γίνηται, τοῦτο μὲν καὶ ἐξ ἐναντίου· τὰ γὰρ πρός
τι εἴδη ὄντα ἄμφω καὶ ἐναντία ἐστί, διαφέρει δὲ τῶν ἄλλων ἐναντίων τῷ
καὶ πρὸς ἕτερον λέγεσθαι, καὶ κατὰ ταύτην τὴν διαφορὰν ἐχαρακτηρίσθη· 30
10 πλὴν τό γε ἐξ ἀντικειμένου καὶ τούτῳ καὶ τοῖς ἄλλοις ὑπάρχει· ἡ γὰρ
κατ' εἶδος καὶ στέρησιν ἀντίθεσις πάσαις ὑπάρχει ταῖς κατηγορίαις, καὶ
ὅσαι τὰ κυρίως ἐναντία μὴ ἔχουσιν· ὥστε καὶ τὸ τέταρτον αὐτοῦ καὶ πέμπ- 35
τον τῶν ἐγκλημάτων διαλέλυται. ὁμοίως δὲ διαλυθήσεται καὶ τὸ ἕκτον,
ἐφ' ᾧ δῆλός ἐστι βρενθυόμενος. καὶ γὰρ ὁ ἀὴρ οὗτος ὁ σύνθετος πυρὸς
15 μετέχων καὶ ἐπιφάνειαν ἔχων πάντως ἔχει τι χρῶμα ὥσπερ καὶ ἡ ὕαλος,
διαφανὴς δὲ πάντων μάλιστα τῶν σωμάτων ὑπάρχων καὶ διαπορθμεύων
τὴν ὄψιν, ἀλλὰ μὴ ἀντερείδων πρὸς αὐτήν, ἀόρατος εἶναι καὶ ἀχρώματος 40
δοκεῖ. ἔπειτα ταῖς πρώταις ποιότησι, καθ' ἃς οὐσιοῦται τὰ τέσσαρα στοι-
χεῖα, οὐ πάσαις πᾶσαι οὐδὲ κατὰ πᾶσαν κρᾶσιν κεκραμέναις αἱ ἄλλαι
20 ποιότητες συνυφίστανται· θερμότητι λέγω καὶ ψυχρότητι καὶ ξηρότητι καὶ
ὑγρότητι οὐ πάσας τὰς ἄλλας ποιότητας τὰς κατὰ χρῶμα ἢ ψόφον ἢ χυμὸν 45
ἢ ἀτμὸν ἢ ἀντιτυπίαν ἑκάστῃ ἐκείνων ἢ | ταῖς ὁπωσοῦν πρὸς ἀλλήλας με- 60ᵃ
μιγμέναις συνυπάρχειν· ἀλλὰ θερμότητι μὲν καὶ ξηρότητι ταῖς τὸ πῦρ συνι-
στώσαις τὸ χρῶμα ἐπανθεῖ, διὸ καὶ πύρια πάντα τὰ χρώματά ἐστι, θερμότητι
25 δὲ καὶ ὑγρότητι ταῖς τὸν ἀέρα εἰδοποιούσαις ψόφος ἐπιγίνεται καὶ ἐπὶ τῶν 5
ἄλλων ὁμοίως. ὅταν οὖν ἐξ ἀέρος ὕδωρ ἢ πῦρ γίνηται, αἱ μὲν ἀρχικαὶ
ποιότητες εἰς τὰς ἐναντίας ἑαυταῖς μεταβάλλουσιν, αἱ δὲ οἰκεῖαι τοῖς στοι-
χείοις, οἷον χρῶμα ἢ χυμός, ἐκ τῶν οἰκείων στερήσεων ἀναφύονται. κἂν
γὰρ ἀχρώματος καὶ ἄχυμος καθ' αὑτὸν ὁ ἀήρ, ἀλλ' ἐπιτήδειος εἰς πῦρ 10
30 καὶ ὕδωρ μεταβάλλειν, οἷς τὰ χρώματα καὶ οἱ χυμοὶ συνεκφαίνονται·
οὕτως δὲ καὶ τὸ φῶς εἴτε χρῶμα ὂν πυρός, ὡς οὗτός φησιν, εἴτε πυρὸς

---

1 ῥηθέντων] 188ᵃ22   τὸ στερεὸν c   ὡς ὂν c   2 δ' c   ὂν εἶναι c
θέσεις A   3 θέσεως] θέσει ὡς c   ἄνω] his A?   πρόσθεν om. c   σχήματι
γεγωνιωμένον c   τὸ] seq. ras. 1 litt. E: om. c   3. 4 τὸ περιφερὲς D   4 οὖν
ζητεῖν c   ζητεῖν om. c   εἴ om. c   7 γίνεται Β: γίγνηται c   μὲν om. c
καὶ om. D   8 ἐστὶν E, eras. ν   9 ἐχαρακτηρίσθαι c   10 ἤ] e corr. E
11 καθ' A   12 ὅσα AB   13 λέλυται ὁμοίῳ B   14 ἐφ'] ἐν Ec   βρενθυό-
μενος AE   σύνθετος ADE: συνεστὼς Β: γρ^αι συνεστὼς suprascr. D¹   15 τι] corr.
ex τὸ E²   ὕαλος] supra add. λ A   17 ἀχρωμάτιστος B   20 θερμότητες B
ψυχρότητες B   20. 21 ὑγρότητες καὶ ξηρότητες B   21 τὰς (alt.) om. AB
22. 23 μεμιγμέναις E: μιγμέναις A, corr. A²   23 ἀλλὰ καὶ B   μὲν om. c
23. 24 συνεστώσαις B   24 πύρεια D   θερμότησι B   25 ὑγρότησι B
γίγνεται E: γίνεται c   26 γένηται Ec   27 ἑαυτῶν Ec   28 χυμὸν E:
corr. E²

εἶδος, ὡς ὁ τῆς ἀληθείας ἐξηγητής λέγει Πλάτων, ἐκ τοῦ ἀφωτίστου καὶ 60ᵃ
ὑπὸ τούτου γίνεσθαι συγχωρεῖται. τὸ δὲ ἀφώτιστον τί ἄλλο ἐστὶν ἢ τὸ 15
ἐσκοτισμένον, εἴπερ ἀπουσία φωτὸς ὁ σκότος ἐστίν, ὡς καὶ τούτῳ δοκεῖ
καὶ ἀποδεδειχέναι φησὶν αὐτὸ οὐκ οἶδα ὅπου, ὥστε καί, ὅταν ἐκ τοῦ μεθ'
5 ἡμέραν πεφωτισμένου ἀέρος παρατριβέντος ἐξάπτηται πῦρ, πεφωτισμένον
ἐκ τοῦ ἐσκοτισμένου δηλονότι κατὰ τὴν αὐτοῦ φύσιν γέγονεν ἀέρος, ἀλλ' 20
οὐκ ἀπὸ δρυὸς οὐδὲ ἀπὸ πέτρης οὐδὲ ἀπὸ τοῦ πάντῃ μὴ ὄντος, ὡς οὗτος
νομίζει, μεταβολὴν γεγενῆσθαι δυνατόν· ἡ γὰρ μεταβολὴ μετάβασίς ἐστιν
ἀπ' ἄλλου εἰς ἄλλο. ὅταν δὲ κατὰ σῆψίν φησιν ἀέρος γίνεσθαι ζῷα ποι-
10 κίλα χρώματα ἔχοντα καὶ χυμῶν διαφορὰς καὶ ζητεῖ, ἐκ ποίων ἐναντίων 25
ἐγένετο ταῦτα τοῦ ἀέρος μὴ ἔχοντος, πόσου ἂν ἄξιος εἴη μηδὲ ταῦτα συν-
ιδεῖν δυνατὸς ὤν, ὅτι ἀὴρ ἁπλοῦς καὶ καθαρὸς οὔτε σήπεσθαι δύναται
καθ' ἑαυτὸν οὔτε ζῷα τοιαῦτα μόνος ἀπογεννᾶν; ἀλλ' ὅταν ἐκ τῶν περὶ
γῆν ἀναθυμιάσεων συμπεφυρμένων ἐκ τῶν τεσσάρων στοιχείων πλησθῇ, 30
15 τότε ἐκ τούτων καὶ σηπεδὼν ἐν ἐκείνῳ συνίσταται τῷ τόπῳ καὶ ζῴων
τοιούτων γένεσις. ταῦτα μὲν οὖν ἀρκείτω πρὸς τὴν τῶν ἐνστάσεων αὐτοῦ
διάλυσιν. τάχα δὲ οὐδὲ ἐδεῖτο τῶν ἐμῶν λόγων σαφῶς αὐτὸς ἐπ' αὐτῆς
λέξεως ὁμολογήσας, ὅτι ὁ Ἀριστοτέλους λόγος ὁ λέγων τὰ γινόμενα ἐξ 35
ἐναντίων γίνεσθαι ἐπὶ εἴδους καὶ στερήσεως τῆς γενικωτάτης ἀντιθέσεως
20 ἀληθεύσει, οὐκέτι δὲ πάντως ἐπὶ τῶν λοιπῶν ἐναντιώσεων. τὸ δὲ ἐφεξῆς
τούτῳ ῥηθὲν κακοσχόλως τὸν Θεμίστιον πρὸς τὸν Ἀριστοτέλην συνέκρουσε.
καὶ αὐτὸς γάρ, φησίν, ὁ Θεμίστιος, δι' ὧν εἰς τὰ κατ' εἶδος καὶ στέρησιν 40
ἀντικείμενα τὴν τῶν ἐναντίων προσηγορίαν μετείληφεν, ἠρέμα πως, ὡς οὐκ
ἀληθὴς ἡ Ἀριστοτέλους ὑπόθεσις, ἡμᾶς ἐδίδαξε. καίτοι γε ὁ Θεμίστιος
25 εἰδὼς τὰ ἐν τῇ Φυσικῇ ἀκροάσει ῥηθέντα, εἰς ἃ καὶ τοῦτον ἀνέπεμψε τὸν
λόγον ὁ Ἀριστοτέλης, εἰκότως εἶπεν, ὅτι καθόλου λαμβάνει ὁ Ἀριστοτέλης 45
τὸ ἐξ ἐναντίου καὶ εἰς ἐναντίον τὴν γενικωτάτην λαμβάνων ἐναντίωσιν
εἴδους καὶ στερήσεως. ἀλλ' οὗτος ἐγίνωσκε τοῖς ἀπὸ τριόδου γράφων, 60ᵇ
διὸ μηδὲ ἀναγνούς, οἶμαι, ἢ, εἰ ἀνέγνω, μὴ συνεὶς τὰ ἐν Φυσικοῖς περὶ
30 γενέσεως ῥηθέντα πρὸς τὸ τῶν ἐναντίων ὄνομα φλυαρίαν ἐξέπτυσε τοσαύ-
την τὸ πλῆθος ἀρκεῖν νομίσας αὐτοῦ τοῖς ἀκροαταῖς εἰς κατάπληξιν. ἀλλ' 5
ἐπειδὴ κενοδόξως ἀλλ' οὐ φιλομαθῶς "συγκεχωρήσθω" φησίν "ἐναντία
καλεῖν ἐνταῦθα τὸν Ἀριστοτέλην τὸ εἶδος καὶ τὴν στέρησιν, καὶ πᾶν τὸ
γινόμενον ἐκ τῆς οἰκείας στερήσεως γίνεσθαι, ὥσπερ οὖν καὶ τὸ φθειρό-

---

1 Πλάτων] Tim. 58 c   2 γίνεσθαι E   3 ἐστίν] —ν del. E²   4 αὐτὸν D
τοῦ] τῆς B   6 αὐτοῦ ABDE   7 οὐδὲ] ἀλλ' οὐδὲ E   πέτρας c   8 γενέ-
σθαι D   9 ἀπὸ Ec   κατὰ τὴν B   γίγνεσθαι DE: γίνεται c   10 ζητῇ B
11 μὴ—ἄξιος om. B   ἀνάξιος A, sed corr.   ταῦτα] τὰ τοιαῦτα B   13 αὐ-
τὸν D   15 καὶ (pr.)] καὶ ἡ Ec   16 ἀρκείτων B: ἀρκεῖ τῷ A, sed corr.
17 ἐνδεῖτο A, sed corr.   αὐτῆς τῆς Ec   18 τὰ] ὅτι τὰ D   19 ἐναντίου Ec
20 ἀληθεύει Ebc   δὲ οὐκέτι D   21 Ἀριστοτέλη E: corr. E²   22 εἴδη D
23 πως ὡς b: πῶς ABDE: ὡς c   24 ἐδίδαξεν E: corr. E²   27 εἰς] εἰ E: corr. E²
29 ἀναγνούς] ἀναγνῶναι B   μὴ om. AB   ἐν τοῖς D   30 γενέσε A   32 συγκεχω-
ρείσθω D   33 Ἀριστοτέλη E: corr. E²   34 γιγνόμενον E   γίγνεται E: γίνεσθαι E²

9*

μενον ἐκ τοῦ εἴδους ἀνακάμπτειν ἐπὶ τὴν στέρησιν" καὶ ταῦτα εἰπὼν ἐκ 60ᵇ
τούτων νομίζει δεικνύναι, ὅτι καὶ ὁ οὐρανὸς γενητὸς καὶ φθαρτὸς κατὰ 11
τὸν Ἀριστοτέλην φανήσεται, ἴδωμεν αὐτοῦ τὰς θαυμασίας ἐπιβολὰς καὶ
ταύτας, ἐκ ποίων ἐναργῶν ἀξιωμάτων συνάγει τὰ σπουδαζόμενα. "παντί,
5 φησιν, εἴδει φυσικῷ ἐν ὑποκειμένῳ καὶ ὕλῃ τὸ εἶναι ἔχοντι ἔστι πάντως 15
ἀντικειμένη στέρησις, ἐξ ἧς καὶ γέγονεν καὶ εἰς ἣν φθειρόμενον ἀναλύεται·
καὶ ὁ οὐρανὸς δὲ καὶ ὁ πᾶς κόσμος φυσικῷ εἴδει εἰδοπεποίηται, ὥστε
ἕξουσι καὶ οὗτοι στέρησιν, ἐξ ἧς γεγόνασι καὶ εἰς ἣν φθείρονται· ὡς γὰρ
ὁ ἄνθρωπος ἐξ οὐκ ἀνθρώπου γίνεται καὶ ἡ οἰκία ἐξ οὐκ οἰκίας, καὶ 20
10 ἁπλῶς εἰπεῖν τῶν φυσικῶν τε καὶ τεχνητῶν εἰδῶν ἕκαστον ἐξ οὗ τοιοῦδε
λαμβάνει τὴν γένεσιν, καὶ ὁ οὐρανὸς ἄρα φυσικὸν καὶ αὐτὸς εἶδος ὑπάρ-
χων ἐξ οὐκ οὐρανοῦ γέγονεν καὶ ὁ κόσμος ἐξ οὐ κόσμου. οὗτος δὲ ὁ λόγος
εἶναι μὲν ἴσως, φησί, πρὸ τῆς τοῦ κόσμου γενέσεως ὑποκείμενόν τι καὶ 25
ὕλην ἀξιοῖ, ἐν ᾧ ἡ τοῦ οὐρανοῦ καὶ τοῦ κόσμου στέρησις ὑπῆρχεν, ἐξ οὗ
15 μεταβεβληκότος γεγονέναι τὸν οὐρανὸν καὶ τὸν κόσμον, οὐ μὴν ἄναρχον
καὶ ἀγένητον εἶναι τὸν οὐρανὸν ἀναγκάσει, ὅπερ ὁ φιλόσοφος δεῖξαι προῦ-
θετο, τοὐναντίον δὲ μᾶλλον γενητόν τε καὶ τοῦ εἶναι ἀρχὴν ἔχοντα." ταῦτα 30
καὶ αὐτῇ λέξει τούτου λέγοντος ἐρωτᾶν αὐτὸν ἄξιον, ἐπειδὴ ὡς Ἀριστο-
τέλει δοκοῦντα λέγει, ποῦ τὸν Ἀριστοτέλην δείκνυσι λέγοντα, ὅτι παντὶ
20 φυσικῷ εἴδει πάντως ἐστὶν ἀντικειμένη στέρησις, ἐξ ἧς γίνεται καὶ εἰς ἣν
φθείρεται. ὅτι μὲν γὰρ φυσικὸν σῶμα λέγει τὸν οὐρανὸν καὶ φυσικὴν κί- 35
νησιν τὴν κύκλῳ κινούμενον, πρόδηλον· "πάντα γὰρ τὰ φυσικά, φησί,
σώματα καὶ μεγέθη καθ' αὑτὰ κινητὰ λέγομεν εἶναι κατὰ τόπον· τὴν γὰρ
φύσιν κινήσεως ἀρχὴν εἶναί φαμεν ἐν αὐτοῖς· πᾶσα δὲ κίνησις, ὅση κατὰ
25 τόπον, ἣν καλοῦμεν φοράν, ἢ εὐθεῖα ἢ κύκλῳ ἢ ἐκ τούτων μικτή". καὶ 40
οὐ δέομαι τούτου τὴν πίστιν μηκύνειν ὁμολογοῦντος καὶ τοῦδε· ὅτι μέντοι
καὶ φυσικὸν ὄντα οὐ βούλεται στέρησιν ἔχειν αὐτὸν ἀντικειμένην, ἐξ ἧς
γίνεται καὶ εἰς ἣν φθείρεται, αὐτοῦ λέγοντος ἄκουσον, ὅτι ἡ φύσις αὐτὸν
ἐξείλετο τῶν ἐναντίων· "ὀρθῶς γάρ, φησίν, ἔοικεν ἡ φύσις τὸ μέλλον 45
30 ἔσεσθαι ἀγένητον ἐξελέσθαι ἐκ τῶν ἐναντίων· ἐν τοῖς ἐναντίοις γὰρ ἡ γέ-
νεσις καὶ ἡ φθορά". ὅτι δὲ ταῖς Ἀριστοτέλους θέσεσιν ἀκολουθεῖν νο- 61ᵃ
μίζει τὸ γενητὸν καὶ φθαρτόν, δηλοῖ τῷ εἰπεῖν, ὅτι "οὗτος ὁ λόγος εἶναι
μὲν πρὸ τῆς τοῦ κόσμου γενέσεως ὑποκείμενόν τι καὶ ὕλην ἀξιοῖ, οὐ μὴν
ἄναρχον καὶ ἀγένητον εἶναι τὸν οὐρανὸν ἀναγκάσει, τοὐναντίον δὲ μᾶλλον 5

---

3 Ἀριστοτέλη BE: corr. E² ἐπιβολὰς] ante λ ras. 1 litt. E 4 ἐκ ABb: καὶ ἐκ DEc 5 ἔστι] seq. ras. 1 litt. E 6 γέγονε BDEc 7 δὲ] postea add. A 8 γεγόνασιν E 9 ἄνθρωπος] οὐνὸς B οὐκ ἀνθρώπου] corr. ex οὗ κἂν ἀνθρώπου A² γίγνεται E ἡ om. D 10 οὗ] οὖ AB: corr. A² 12 γέγονε BD 14 ἡ] καὶ Ec οὐρανοῦ] ἀνοῦ D 17 δὲ om. Ec τε] τέ A 18 αὐτῇ τῇ c 19 Ἀριστοτέλη E: corr. E² 20 γίγνεται E 22 φησὶν E: om. D; v. 268ᵇ14 26 μηκύνειν om. Ec καὶ om. E τοῦδε μηκύνει Ec 27 post ὄντα del. αὐτοῦ A 28 καὶ εἰς ἣν φθείρεται D: om. ABEbc 29 φησίν] 270ᵃ20 30 ἔσεσθαι om. E 31 καὶ ἡ] καὶ D 32 τῷ bc: τὸ ABDE 33 μὲν bc: μέν τι ABDE τι om. D

γενητὸν καὶ φθαρτόν". ἆρα οὖν οὕτως ἐπιπόλαιος ἦν Ἀριστοτέλης, ὡς στέρησιν ἀντικεῖσθαι τῷ οὐρανῷ νομίζων ἀίδιον ὅμως αὐτὸν ἀποδεικνύναι πειρᾶσθαι καὶ ἐκ τούτου ἀποδεικνύναι ἐκ τοῦ μὴ ἔχειν τι ἀντικείμενον; καὶ τί λέγω ταῦτα, ὅτε τὴν κυκλοφορίαν ἀίδιον ἀποδείξαντος αὐτοῦ οὗτος
5 ὅμως νομίζει τῆς κύκλῳ κινήσεως στέρησιν αὐτὸν ὑποτίθεσθαι; εἰ δέ τις οὐχ ὡς κατὰ Ἀριστοτέλην λέγοντος ἀκούει, ἀλλ' αὐτοῦ συλλογισμὸν προφέροντος τοιόνδε· ὁ οὐρανὸς φυσικός· τὸ φυσικὸν ἀντικειμένην ἔχει στέρησιν· ἀναγκαζέτω δεῖξαι τὸν ταῦτα λέγοντα, ὅτι πᾶν φυσικὸν εἶδος ἐν ὑποκειμένῳ τῇ ὕλῃ ὂν πάντως ἔχει στέρησιν ἀντικειμένην. τὸ μὲν γὰρ γινό-
10 μενον καὶ φθειρόμενον δηλονότι ἔχει· πόθεν δέ, ὅτι πᾶν φυσικὸν τοιοῦτον; οὐχὶ δὲ καὶ σαφῶς ὁ Ἀριστοτέλης καὶ ἐν τῷ πρώτῳ τῆς Φυσικῆς ἀκροάσεως τὸ εἶδος καὶ τὴν στέρησιν ἀρχὰς εἶπεν οὐ πάντων τῶν φυσικῶν, ἀλλὰ τῶν γένεσιν ἐχόντων, γράφων οὕτως "πόσαι μὲν οὖν αἱ ἀρχαὶ τῶν περὶ γένεσιν φυσικῶν" καὶ δι' ὅλου τοῦ λόγου τῶν γινομένων καὶ φθειρο-
15 μένων καὶ ὅλως τῶν μεταβαλλόντων ταύτας ἀρχὰς τιθείς; καὶ ἐν τῷ δευτέρῳ δὲ βιβλίῳ τῆς αὐτῆς πραγματείας "καὶ ἡμῖν" φησί "τὰς πρώτας αἰτίας ζητητέον καὶ περὶ γενέσεως καὶ φθορᾶς καὶ πάσης τῆς φυσικῆς μεταβολῆς, ὅπως εἰδότες αὐτῶν τὰς ἀρχὰς ἀνάγειν πειρώμεθα τῶν γινομένων ἕκαστον". ἀλλὰ καὶ τὴν πανουργίαν ἢ τὴν ἄνοιαν ὅρα τοῦ λόγου· ἐν
20 γὰρ τοῖς τοιούτοις ἀπορῶ, πότερον ἄνοιαν ἢ πανουργίαν αἰτιατέον, καὶ τάχα ἀμφότερα μᾶλλον. δύο γοῦν προσαγαγὼν προτάσεις τὴν λέγουσαν, ὅτι φυσικῷ εἴδει ὁ οὐρανὸς εἰδοπεποίηται καὶ ἐνύλῳ, καὶ τὴν λέγουσαν, ὅτι τὸ φυσικῷ εἰδοπεποιημένον εἴδει στέρησιν ἀντικειμένην ἔχει, ταύτην μὲν ψευδῶς εἰλημμένην ὡς σαφῆ παρῆκεν, τὴν δὲ ἑτέραν τὴν λέγουσαν,
25 ὅτι φυσικὸν καὶ ἔνυλον εἶδος ὁ οὐρανός ἐστι, καίτοι μὴ πάνυ ἀμφισβητουμένην διὰ πολλῶν πειρᾶται κατασκευάζειν ὑπὸ περιττῆς φρονήσεως ἀμφίβολα ποιῶν τὰ ὁμολογούμενα. οὐδὲν δὲ ἴσως κωλύει καὶ τὰ ἐν τούτοις αὐτοῦ λεγόμενα ἐπιδεῖν. "πάνυ γελοῖον, φησί, τὸ ἄυλον λέγειν τὸν οὐρανόν· οὐδὲ γὰρ νοητός ἐστιν, ἀλλ' αἰσθητός". δῆλον δέ, ὅτι οἱ ἄυλον
30 λέγοντες αὐτὸν οὐχ ὡς νοητὸν ὄντα λέγουσιν ἄυλον, ἀλλ' ὡς ὕλης ταύτης

τῆς ἐν γενέσει καὶ φθορᾷ καὶ δεχομένης τὰ εἴδη καὶ ἀποβαλλούσης ὑπερ- 61ᵃ
ἀνέχοντα. λέγει γοῦν ὁ Ἀριστοτέλης ἐν τῷ Η τῆς Μετὰ τὰ φυσικὰ 45
ταῦτα· "περὶ μὲν οὖν τὰς φυσικὰς οὐσίας καὶ γε|νητὰς ἀνάγκη οὕτως 61ᵇ
μετιέναι, εἴ τις μέτεισιν ὀρθῶς· καὶ γὰρ αἴτιά τε ταῦτα καὶ τοσαῦτα, καὶ
5 δεῖ τὰ αἴτια γνωρίζειν· ἐπὶ δὲ τῶν φυσικῶν μὲν ἀιδίων δὲ οὐσιῶν ἄλλος
λόγος. ἴσως γὰρ ἔνια οὐκ ἔχει ὕλην ἢ οὐ τοιαύτην, ἀλλὰ μόνον κατὰ 5
τόπον κινητήν." ἐπειδὴ γὰρ πανταχοῦ τὴν ὕλην ἀπὸ τῆς μεταβολῆς ἐθεά-
σατο, ἐν δὲ τῷ οὐρανῷ μόνην οἶδε τὴν κατὰ τόπον μεταβολήν, εἰκότως
καὶ ὕλην μόνην αὐτῷ τὴν τοιαύτην ἀπολέλοιπεν. ἔοικε δὲ οὗτος ὕλην τὸ
10 σῶμα νομίζων, ὃ δεύτερον ὑποκείμενον οἱ Περιπατητικοὶ καλοῦσι, πολλοὺς 10
δαπανᾶν λόγους δεικνύναι σπουδάζων, ὅτι ἔχει σῶμα ὁ οὐρανὸς καὶ διὰ
τοῦτο καὶ ὕλην. καίτοι τίς ἂν ἀμφιβάλοι σῶμα τὸν οὐρανὸν ἔχειν; οὐ
μέντοι, εἰ τὸ σῶμα τοῦτό ἐστιν αὐτοῦ ἡ ὕλη, ἀνάγκη καὶ στέρησιν ἔχειν
ἀντικειμένην, ὡς οὗτος οἴεται, καὶ γενητὸν εἶναι καὶ φθαρτόν· ἐκείνη γὰρ 15
15 τῇ ὕλῃ σύνεστιν ἡ στέρησις τῇ τοῖς γενητοῖς καὶ φθαρτοῖς ὑποκειμένῃ.
περιττὸν οὖν ἴσως πρὸς τούτους αὐτοῦ τοὺς λόγους ἀντιλέγειν, πλὴν ὅτι
φαίνεται νομίζων, ἐπειδὴ τριχῇ διαστατὰ καὶ τὰ οὐράνια καὶ τὰ ὑπὸ σελή-
νην ἐστί, μηδὲν διαφέρειν ἀλλήλων, πολὺ ταῖς κοινότησι τῶν ὀνομάτων 20
ἀποχρώμενος. τίς γὰρ ἂν εἴποι τῆς αὐτῆς φύσεως εἶναι τὸ οὐράνιον
20 σῶμα τοῖς τῇδε; πῶς δὲ τάδε γράφων "τί οὖν θαυμαστόν, ὥσπερ ταῖς
μυρίαις τῶν ὑπὸ σελήνην ἰδέαις μία καὶ ἡ αὐτὴ ὑποκεῖσθαι ὕλη ὁμολογεῖ-
ται ἐπιτηδείως πρὸς πάντα τὰ εἴδη ἔχουσα, ὡς ἡ εἰς ἄλληλα πάντων με- 25
ταβολὴ δείκνυσιν, οὕτω δὴ καὶ τὰς τῶν οὐρανίων ἰδέας τὴν αὐτὴν ὕλην
πεφυκέναι δέχεσθαι" οὐκ ἐνενόησεν, ὅτι, εἴπερ ἡ αὐτὴ ὕλη τῶν οὐρανίων
25 καὶ τῶν ὑπὸ σελήνην ἐστὶ καὶ τῶν αὐτῶν εἰδῶν ἐστι δεκτική, καὶ μετα-
βάλλειν ἔδει πάντως εἰς ἄλληλα; καίτοι, κἂν πάντα τολμηρῶς φθέγγεται 30
καὶ ἀπερισκέπτως, οὐκ οἶμαι τοῦτο ἂν εἰπεῖν αὐτόν, ὅτι τὰ οὐράνια καὶ
τὰ ὑπὸ σελήνην εἰς ἄλληλα μεταβάλλοι· εἰ δὲ λέγοι τὰ ἄνω κάτω φαν-
ταζόμενος, μεθύειν εἰκότως ἂν παρὰ τῶν νηφόντων νομίζοιτο. καὶ γὰρ
30 καὶ ἤδη πολλάκις ἐχρῆν μεταβεβληκέναι, εἴπερ ἡ αὐτὴ οὖσα ὕλη ὁμοίως 35
εἶχεν ἑκατέρωθι πρὸς τὸ μηδὲ ἐπ᾽ ὀλίγον στέγειν τὰ ἐγγινόμενα αὐτῇ
εἴδη. τὸ δὲ νομίζειν τὸ ἐν τοῖς οὐρανίοις τριχῇ διαστατὸν μηδὲν τοῦ παρ᾽

---

1 ὑποβαλλούσης E: corr. E²   2 λέγει—Ἀριστοτέλης] bis D   ὁ om. D
Η] ἦτα ADE   3 ταῦτα] 1044ᵇ3   4 μετεῖναι ABE: corr. E²   καὶ γὰρ] εἴπερ
ἄρα c   αἴτιά τε] αἰτιᾶται DE: corr. E²   5 δεῖ τὰ] corr. ex δεῖται E²   δὲ om.
AB   6 μόνην B   7 ὕλης B   10 καλοῦσι] seq. ras. 1 litt. E   12 καὶ]
om. AB   ἀμφιβάλλοι Ec   13 τὸ] e corr. D   15 τῇ (alt.)] ἡ c   16 τούτου B
18 ἐστί] seq. ras. 1 litt. E   διαφέρων E: corr. E²   post πολὺ del. ἐν E²
20 τάδε] τάχα E   21 ὑπόκειται E: corr. E²   23 post ἰδέας del. καὶ τῶν ὑπὸ σελήνην
ἐστί D¹   24 οὐκ] mut. in οὐδ᾽ E²   ἐνόησεν D   25 ἐστὶν E, eras. ν
25. 26 μεταβαλλεῖν A: μεταβαλεῖν B   26 φθέγγηται D   27 οὐκ] corr. ex οὐχ E¹:
οὐχ᾽ corr. ex οὐχὶ A   28 τὰ (pr.)] in ras. B   ἄλληλα] η e corr. B   μεταβάλλει
Dc   λέγει DE   30 καὶ om. AB   ἤδη] εἴδη A   πολλάκις] in ras. E¹
31 μηδὲν B   32 οὐρανίοις] ABb: οὐρανοῖς DEc   μὴ δὲ AB   τοῦ] τῶν Ac

ἡμῖν διαφέρειν, διότι τριχῇ διαστατὸν ἑκάτερον, πόσης ἐστὶ παχύτητος λο-
γισμοῦ; οὕτως γὰρ οὐδὲ ἡ οὐσία τῆς οὐσίας καθὸ οὐσία οὐδὲ τὸ φῶς τὸ
ἡλιακὸν τοῦ ἐνταῦθα καθὸ φῶς. ἀλλ' ἐπιλήσμων, ὡς ἔοικεν, εἰμὶ καὶ
βραδὺς ἐπιλαθόμενος, ὅτι γυμνῇ κεφαλῇ πρότερον ἔλεγεν οὗτος ταὐτὸν
5 εἶναι τὸ τοῦ ἡλίου φῶς τῷ τῆς πυγολαμπίδος. πῶς οὖν αὐτῷ ταῦτα ὡς
ἄτοπα παρατίθημι; ἀλλὰ πρὸς ἐκεῖνό γε οὐκ οἶδα ὅπως ἕξει τὸ καὶ τὴν
ἀτιμοτάτην τῶν ἐνταῦθα οὐσιῶν καθὸ οὐσία λέγειν τῆς τοῦ δημιουργοῦ
μηδὲν διαφέρειν ἢ | τό γε ὂν τοῦτο τοῦ ἐκεῖ ὄντος. ἢ τάχα καὶ πρὸς
τοῦτο ἀπερυθριάσει ὁ τὰ θεῖα καὶ τὰ ἀνθρώπινα εἰς μίαν Μύκωνον συγ-
10 κυκῶν; ἐπειδὴ δὲ σπουδάζει δεικνύναι καὶ κατὰ Ἀριστοτέλην τὸν οὐρανὸν
ἔνυλον ἐντεῦθεν αὐτὸν γενητὸν καὶ φθαρτὸν ἀποδειχθήσεσθαι προσδοκῶν,
ἀκουσάτω τῶν ὑπ' ἐμοῦ πρὸ ὀλίγου παρατεθέντων, ἐν οἷς εἶπεν, ὅτι οὐ
τοιαύτην ὕλην ἔχει ὁ οὐρανός, οἵαν τὰ ἐν γενέσει, ἀλλὰ μόνον κινητὴν
κατὰ τόπον. προγινώσκων δέ, ὡς ἔοικεν, Ἀριστοτέλης τὰς τῶν οὕτως
15 ἐπιπολαίων ἀνθρώπων παρακοὰς μετ' ὀλίγα τῶν πρότερον ὑπ' ἐμοῦ παρα-
τεθέντων τάδε γέγραφεν· "οὐδὲ παντὸς ὕλη ἐστίν, ἀλλ' ὅσων γένεσίς ἐστι
καὶ μεταβολὴ εἰς ἄλληλα· ὅσα δὲ ἄνευ τοῦ μεταβάλλειν ἐστὶν ἢ μή, οὐκ
ἔστι τούτων ὕλη". κἂν λέγῃ οὖν ἐν τῇ Περὶ οὐρανοῦ τὸν οὐρανὸν ἔνυλον
εἶναι, ὡς καθ' ἕκαστα αὐτὸν καὶ αἰσθητὸν λέγει, οὐ μέντοι ὡς τὴν τοῖς
20 γενητοῖς καὶ φθαρτοῖς ὑποκειμένην ὕλην ἔχοντα, ἀλλὰ μόνον τὴν κατὰ
τόπον κινητήν· σαφῶς γὰρ τοῦτο διώρισεν. "ἀλλ' εἰ διαφέρει, φησίν, ἡ οὐ-
ρανία ὕλη τῆς ὑπὸ σελήνην, σύνθετοι ἔσονται αἱ ὕλαι ἔκ τε τῆς κοινῆς
αὐτῶν φύσεως καὶ τῶν ἐν ταύτῃ διαφορῶν". τοῦτο δὲ εἶπε κατ' εἶδος
μόνον γίνεσθαι νομίζων τὰς διαφοράς, τὴν δὲ κατὰ ὕφεσιν, καθ' ἣν ὡς
25 ἀφ' ἑνὸς διαφέρει τὰ προϊόντα, οὐκ ἐννοεῖ· καίτοι κατὰ ταύτην πάσης ἰδιό-
τητος αὐτῆς καθ' αὑτὴν ἡ πρόοδος ἐπιτελεῖται. ἐπειδὴ δὲ δυσχεραίνων
φαίνεται πρὸς τὴν ἀσώματον ὕλην καὶ ἀποδεδειχέναι φησὶν ἐν τῷ ἕνδε-
κάτῳ λόγῳ τῶν ἐλέγχων τῶν πρὸς τὰ Πρόκλου, ὅτι ἀδύνατόν ἐστι τὴν
μυθευομένην ἀσώματον καὶ ἀνείδεον ὕλην εἶναι, ἀλλ' εἰς ἔσχατον τὸ τριχῇ
30 διαστατὸν ἀναλύεται τὰ σώματα, τοῖς μὲν ἐκεῖ κεκομπασμένοις αὐτῷ οὔτε
ἐνέτυχον οὔτε ἡδέως ἂν ἐντύχοιμι πλατέσι φληνάφοις, ὁπότε καὶ νῦν οὐκ
οἶδα ὅπως τὰ Περὶ οὐρανοῦ τοῦ Ἀριστοτέλους σαφηνίσαι προθέμενος εἰς

---

1 πόσης ἐστὶ om. B   3 ἀλλ'] ἀλλ' ἐπειδὴ D   εἰμὶ] εἰ μὴ AB   5 τῷ] corr. ex τὸ E²   7 τῆς] corr. ex τοῖς E²   8 ἢ (alt.) om. B   9 ὁ] καὶ B   τὰ (alt.)] om. Ec   Μίκωνον AB: Μύκονον c   9. 10 συγκυκῶν] comp. A: σύγκειται B
10 Ἀριστοτέλη BE: corr. E¹   12 εἴπερ B   13 ὕλην ἔχει ABb: ἔχει ὕλην DEc   μόνην AB   14 ὁ Ἀριστοτέλης c   15 ἐπὶ παλαιῶν AB   ὀλίγον Ec   τῶν] m. sec. E   προτέρων BE: corr. E²   16 γέγραφεν] 1044b27   ὅσον E   ἐστιν E   deinde del. ἢ μὴ E²   17 καὶ—μὴ] mg. E²   ὅσα] τὰ E   δ' c   τοῦ om. E: τῆς AB   μεταβολῆς BE   ἐστὶν om. E   μὴ] γενέσεως E
18 τῇ] τῷ Ec   Περὶ οὐρανοῦ] I 9   19 καὶ ABb: καὶ ὡς DEc   21 διαφέρειν B   23 εἶπεν E   καθ' A   24 γίγνεσθαι E   νομίζων γίνεσθαι D   28 ἐλέγχων] de aetern. mundi XI 3 et 6   ἐστι] seq. ras. 1 litt. E   29 ἀνίδεον D   εἰς] corr. ex εἰ E²   31 ἂν om. B   φληνάφοις] post ά ras. 2—3 litt. E

τὴν Αὐγέου κόπρον ἐμπέπτωκα. λέγω δὲ ὅμως καὶ πρὸς τὴν αὐθάδη περὶ 62ᵃ
τῆς ὕλης ἀπόφασιν, ὡς, εἰ τὸ τριχῇ διάστατόν ἐστιν ἡ πρώτη ὕλη, καθὸ
μὲν ὕλη, οὐδὲν αὐτῇ τῶν φυσικῶν εἰδῶν ὑπάρχει κατ' οὐσίαν οὔτε 35
σχῆμα οὔτε μέγεθος οὔτε ἀριθμὸς οὔτε χρῶμα, καθὸ δὲ τριχῇ διάστα-
5 τόν ἐστι, καὶ πεπερασμένον δηλονότι· οὐ γὰρ ἄπειρον· καὶ μέγεθος ὡρισ-
μένον ἔχει καὶ σχῆμα καὶ χρῶμα κατὰ τὴν ἐπιφάνειαν καὶ εἴδεσιν καὶ
ἀριθμοῖς διακεκόσμηται. πῶς οὖν δυνατὸν τἀναντία συναληθεύειν ἐπὶ τῆς 40
ὕλης, λεγέτω καὶ μὴ δεκάδας λόγων ἐπιγράφων τοὺς ἀνοήτους καταπλητ-
τέτω. καὶ ἦν μὲν πρὸς τοῦτο τὸ δόγμα πολλὰς ἤδη παρασχὸν εὐθύνας
10 πολλὰ λέγειν ἐπιχειρήματα παλαιά τε καὶ νέα, ἀρκεῖ δὲ καὶ τούτῳ καὶ τὸ
εἰρημένον, εἴπερ συστρέφοιτο ζητεῖν μᾶλλον τὴν ἐν τοῖς ἀπορωτέροις τῶν 45
λόγων ἀλήθειαν ἤπερ ἀπερισκέπτως τὸ ἐπιὸν ἀποφαίνεσθαι. ἀλλὰ μέχρι
τούτων, ὥς φησι, τοὺς | ἀγένητον εἶναι τὸν κόσμον κατασκευάζοντας τοῦ 62ᵇ
Ἀριστοτέλους λόγους ἤλεγξεν, ὡς ἤλεγξε, τοιαῦτα ληρήσας· ὁμολογεῖ δέ,
15 ὅτι ἐκ τῶν εἰρημένων τὸ ἐκ προϋπάρχοντος αὐτὸν τοῦ ὑποκειμένου γίνε-
σθαι οὐ διήλεγξε. βούλεται οὖν δεῖξαι, ὅτι ἐκ μὴ ὄντος ὁ κόσμος ὑπέστη· 5
τάχα δὲ καὶ τούτου τὴν δεῖξιν εἰς τὰ πρὸς Πρόκλον ἀνέπεμψεν, πλὴν τὸν
ἐνιστάμενον προφέρει λόγον καὶ διαλύειν αὐτὸν ἐπιχειρεῖ λέγων· "εἰ γὰρ
γίνοιτό τι, φασίν, ἐκ τοῦ πάντῃ μὴ ὄντος, συμβήσεται τὸ μὴ ὂν εἶναι·
20 εἰς γὰρ τὸ ὂν μεταβέβληκεν. ἀλλ' εἰ μέν τις οὕτως, φησίν, ἐκ τοῦ μὴ 10
ὄντος λέγει τὰ γινόμενα γίνεσθαι, ὥσπερ ἐκ ξύλων ναῦν, τουτέστιν αὐτοῦ
τοῦ μὴ ὄντος ὑποκειμένου τῷ γινομένῳ καὶ εἰς αὐτὸ μεταβάλλοντος, συμ-
βήσεται τῇ ἀληθείᾳ τὸ μὴ ὂν εἶναι. ἀλλ' οὐχ οὕτως οἶμαι, φησί, φρενῶν
ἀτυχῆσαί τινα, ὡς ἐκ τοῦ μὴ ὄντος οὕτω τὴν γένεσιν ὑποτίθεσθαι, ἀλλ' 15
25 ὅτι, καθὸ γίνεται τῶν γινομένων ἕκαστον οὐδαμῶς ὂν πρότερον, εἰς τὸ
εἶναι παρήχθη". ἐν δὴ τούτοις ἢ ἐγὼ παντάπασιν ἀγνοῶ τὰ ὑπὸ τούτου
λεγόμενα, ἢ οὗτος φαίνεται τῶν ἀρχαίων λόγων ἀσυνέτως ἀκηκοώς· οὔτε
γὰρ τὸ ἐκ μὴ ὄντος γίνεσθαι εἰς τοῦτό τις ἀπῆγε τὸ ἄτοπον τὸ μὴ ὂν 20
εἶναι, ἀλλ' εἰς τὸ μηδὲν ἐκ τοῦ μὴ ὄντος δύνασθαι γενέσθαι διὰ τὴν τοῦ
30 μὴ ὄντος ἀδράνειαν. τὸ γὰρ γινόμενον καὶ ὡς ἐξ ὑποκειμένου νομίζοντες
γίνεσθαι καὶ ὑπὸ ποιητικοῦ αἰτίου εἰκότως ἔλεγον ἐκ τοῦ μὴ ὄντος μηδὲν
γίνεσθαι μήτε ὡς ἐκ στοιχείου μήτε ὡς ἐκ ποιητικοῦ αἰτίου. καὶ γὰρ 25

---

1 Αὐγείου Dc   2. 3 καθὸ μὲν ὕλη om. AB   4 δὲ] καὶ B   6 καὶ εἴδεσιν om. E   εἴδεσι BDc   7 τὰ ἐναντία c   ἐπί] περί D   8 ὑπογράφων Ec: scribens b   10 καὶ τούτῳ D: καὶ τοῦτο AE²c: καὶ τούτων BE: hoc b   11 συστρέφοιτο] mut. in ἀντιστρέφει τὸ E²: ἀντιστρέφει τὸ c   τῶν om. B   13 τοῦ BD: τοὺς AEc   14 λόγον B   ἤλεγξε Ac   ὡς ἤλεγξε om. Ec   15. 16 γίγνεσθαι E   16 δεῖξαι om. c   ὑπέστη] —η e corr. B   17 ἀνέπεμψε BDEc   19 γίγνοιτο E   φησίν D   20 μεταβέβηκεν B   μέν] bis E, sed corr.: supra add. ειν vel αν D¹   21 ὄντως A   γιγνόμενα γίγνεσθαι E   22 γιγνομένῳ E   μεταβαλόντος E   25 γίγνεται E   γιγνομένων E   27 ἤ om. c   28 γίγνεσθαι E   εἰς] τι εἰς c   τις om. c   ἀπῆγεν BE: ἀπήγαγε E²c   τὸ τό] ἐκ AB   30 γιγνόμενον E   31 γίγνεσθαι E   εἰκότως—αἰτίου (32)] mg. E²   οὐδὲν Ec   32 οὔτε Ec   ἐκ] ἀπὸ Ec   στοιχείων B   οὔτε Ec   ἐκ] ἀπὸ Ec: ab b: fort. ὑπὸ   γὰρ om. B

Παρμενίδης ὁ πρῶτος, ὧν ἀκοῇ ἴσμεν, τοῦτον τὸν λόγον ἐρωτῶν ἐν τοῖς
ἔπεσι περὶ τοῦ ἀγένητον εἶναι τὸ ὂν τάδε γέγραφε·
      τίνα γὰρ γένναν διζήσεαι αὐτοῦ;
      πῇ πόθεν αὐξηθέν; οὔτ' ἐκ μὴ ἐόντος ἐάσσω
5   φάσθαι σ' οὐδὲ νοεῖν· οὐ γὰρ φατὸν οὐδὲ νοητὸν
      ἐστὶν ὅπως οὐκ ἔστι.
καὶ Ἀριστοτέλης δὲ οὕτως ἐκτίθεται τὴν ἀπορίαν· "καί φασιν οὔτε γίνεσθαί
τι τῶν ὄντων οὔτε φθείρεσθαι διὰ τὸ ἀναγκαῖον μὲν εἶναι γίνεσθαι τὸ γι-
νόμενον ἢ ἐξ ὄντος ἢ ἐκ μὴ ὄντος, ἐκ δὲ τούτων ἀμφοτέρων ἀδύνατον
10 εἶναι· οὔτε γὰρ τὸ ὂν γίνεσθαι· εἶναι γὰρ ἤδη· ἔκ τε μὴ ὄντος οὐδὲν ἂν
γενέσθαι· ὑποκεῖσθαι γάρ τι δεῖ". τίς οὖν ἐστιν ὁ εἰς τοῦτο ἀπάγων τὸ
ἄτοπον εἰς τὸ τὸ μὴ ὂν μεταβεβληκέναι εἰς τὸ ὄν; ὅλως δέ, εἰ, καθὸ
γίνεται τῶν γινομένων ἕκαστον, ὡς αὐτός φησιν, οὐδαμῶς ὂν πρότερον εἰς
τὸ εἶναι παρήχθη, τί κωλύει, κἂν μὴ καθὸ γίνεται ἔστι, γίνεται δὲ κατὰ
15 τὴν μορφήν, ἀλλὰ κατὰ τὸ ὑποκείμενον εἶναι, ὡς ὁ λίθινος Ἑρμῆς κατὰ
μὲν τὴν μορφὴν οὐκ ἔστιν πρὸ τοῦ γενέσθαι, κατὰ δὲ τὸν λίθον ἔστι; πει-
ρᾶται δὲ διὰ πολλῶν δεικνύναι, ὅτι τὰ ἀμέσως ὑπὸ Θεοῦ γινόμενα οὐκ ἐξ
ὑποκειμένου τινὸς γίνεται προϋπάρχοντος, ἀλλὰ μετὰ τοῦ ὑποκειμένου τὸ
εἶδος. καὶ | εἴθε γε ἐνόει, τί σημαίνει τὸ ἀμέσως ὑπὸ τοῦ δημιουργοῦ
20 Θεοῦ γίνεσθαι· οὐ γὰρ ἄν, οἶμαι, ταύταις ταῖς περὶ τοῦ οὐρανοῦ βλασφη-
μίαις περιεπεπτώκει. καὶ γὰρ καὶ ἡμεῖς οὔτε ἐκ ταὐτομάτου οὔτε ὑπ' ἄλ-
λης τινὸς αἰτίας τὸ ὑποκείμενον τῷ δημιουργῷ παρασκευασθῆναί φαμεν,
ἀλλ' ἅμα τῷ εἴδει καὶ τὸ ὑποκείμενον, εἴ τί ποτε ἔστι, τοῦ οὐρανοῦ τὸν
δημιουργὸν Θεὸν ἀμέσως παραγαγεῖν λέγομεν, οὐ μέντοι διὰ γενέσεως οὐδὲ
25 ὡς πρότερον μὴ ὄντα ὕστερον γενέσθαι, ἀλλὰ διὰ τὴν ἀγαθότητα τοῦ Θεοῦ
ὑπ' αὐτοῦ παραγόμενον αὐτῷ τῷ εἶναι τὸν θεὸν καὶ οὐ τῷ ἄλλοτε ἀλλοῖα
προαιρεῖσθαι καὶ ἐνεργεῖν ἀεὶ τῆς ἀγαθότητος αὐτοῦ καὶ τῆς τοῦ εἶναι
διαιωνίου διαμονῆς ἐξηρτῆσθαι, ὥσπερ οὗτοι τὸν Υἱὸν λέγειν εἰώθασιν. οὐ
γὰρ δυνατὸν Θεὸν γόνιμον καὶ δημιουργὸν ἄπρακτον καὶ ἀργὸν εἶναί ποτε,

---

1 ὧν] corr. ex ὃν E²: ὃν D   2 γέγραφα A cf. Parmenid. 67 Stein
3 διζήσεαι A   4 οὔτε DE   ὄντος AB   ἐάσσω D (cf. Simpl. Phys. p. 145,7
cod. F): ἐασέω AB: ἐάσω Ec   5 σ' c: σε DE: ἁ AB   οὔτε c   οὐ] οὐδὲ AB
6 ad ὅπως mg. ἢ ἄλλως ὃ (?) ὄντως οὐκ ἔστιν E²   ἔστι] seq. ras. 1 litt. E: comp. A
7 δὴ B   φησιν BEc; v. 191ᵃ 27 sq.   γίγνεσθαι DE   8 γίνεσθαι] γίγνεσθαι E:
φθείνεσθαι A: φθείρεσθαι B   8. 9 γιγνόμενον E   10 γὰρ] m. sec. E   γίγνε-
σθαι E   οὐδὲν c   13 γίγνεται E   γιγνομένων E   οὗτος D
14 γίγνεται E   ἔστιν E   γίγνεται E   δὲ] δὲ οὐ D   15 λίθινος] -ι- in
ras. B   Ἑρμῆς] corr. ex ἐκ μσρ E²   16 μὲν] δὲ AB   ἔστιν] ἔστι BDEc
ἔστι] seq. ras. 1 litt. E   17 γιγνόμενα E   18 γίγνεται E   19 ἐνενόει c
20 θεοῦ om. B   γίγνεσθαι E   21 περιπεπτώκει D   22 τῷ δημιουργῷ τὸ ὑπο-
κείμενον Ec   post δημιουργῷ add. λέγομεν E², sed del.   παρασκευασθῆναι—ὑποκεί-
μενον (23)] om. E: προετοιμασθῆναι ἀλλ' ἅμα τῷ εἴδει καὶ τὸ ὑποκείμενον E²c   26 παρα-
γόμενα Ec   τῷ] τὸ B   οὐ τῷ] οὕτω A: οὕτως B   27 ἀλλ' ἀεὶ Ac   28 διαιωνίας B
ἐξηρτημένα c   ὥσπερ—εἰώθασιν] uncis incl. c   29 θεὸν BD: τὸν θεὸν A: om. E:
τὸν E²   post δημιουργὸν add. θεὸν E²c   post ποτε add. οἶμαι D

ὥσπερ οὐδὲ ἥλιον μὴ φωτίζοντα οὐδὲ πῦρ μὴ θερμαῖνον, καὶ οὔπω γένε- 63ᵃ
σις καὶ φθορὰ κατὰ ταύτην ἀνεφάνη τὴν ὑπόστασιν. ἔνθα δὲ τὸ πρότερον 15
μὴ ὂν ὕστερον ἔστιν, εἰ μηδεμίαν ἔχει προηγουμένην ἐπιτηδειότητα, τί
δήποτε τότε προῆλθεν ἀλλὰ μὴ ἄλλοτε; ἢ ὥσπερ χρόνον ἔχει προη-
5 γούμενον τοῦ χρόνου τῆς εἰς τὸ εἶναι ἐκφάνσεως, καὶ συνεχής ἐστιν 20
οὗτος ἐκείνῳ καὶ τέτακται μετ' ἐκεῖνον; κἂν εἴπῃ τις· διὰ τί ἡ σήμερον
ἡμέρα νῦν ἐξεφάνη; ἕτοιμον εἰπεῖν, ὅτι ταύτην ἔλαχεν ἐν τῷ ὅλῳ χρόνῳ
τὴν τάξιν τῶν μὲν προηγουμένων αὐτῆς, τῶν δὲ ἑπομένων. οὕτως καὶ
τὸ ἐν τῷ παρόντι χρόνῳ γινόμενον ἔχει προηγούμενα καὶ ἑπόμενα, ἐξ ὧν 25
10 τε γίνεται καὶ εἰς ἃ μεταβάλλεται· καὶ γὰρ ἡ κίνησις τῶν οὐρανίων, ὑφ'
ἧς προσεχῶς ἐπιτελεῖται, καὶ προηγουμένην ἔχει τινὰ καὶ ἑπομένην αὐτῇ,
καὶ διὰ τοῦτο οὔτε πρότερον οὔτε ὕστερον ἀλλὰ νῦν γίνεται καὶ νῦν φθεί-
ρεται τὰ τοιαῦτα· ὡς, εἴ γε ἐκ τοῦ μὴ ὄντος ὑφίστατο καὶ εἰς τὸ μὴ ὂν 30
ἐφθείρετο, οὐκ ἄν τις, οἶμαι, τὴν αἰτίαν εἶχεν ἀποδοῦναι τοῦ νῦν ἀλλὰ μὴ
15 πρότερον. τὸ μέντοι ἀεὶ ὑφεστός, ἅτε μὴ κατὰ μεταβολὴν ὑφιστάμενον,
οὐκ ἀπαιτεῖ τὸ διὰ τί νῦν ἀλλὰ μὴ πρότερον, ἀλλ' ἀμέσως ὑπὸ τοῦ δη-
μιουργοῦ παραχθὲν κατὰ τὴν ἀκίνητον αὐτοῦ καὶ αἰώνιον καὶ ἅμα πᾶσαν 35
ὑφεστῶσαν ἀγαθότητα ἀίδιον μὲν ὑπέστη διὰ τὸ ὑπὸ ἀκινήτου αἰτίου παρ-
άγεσθαι προσεχῶς τῷ εἶναι ποιοῦντος, ὑφειμένην δὲ πρὸς τὸ ἑαυτοῦ
20 αἴτιον τὴν ὑπόστασιν ἔλαχε διέστη τε περὶ αὐτὸ κατὰ τὸ τελειότατον τῶν
σχημάτων τὸ σφαιρικὸν καὶ κίνησιν ἐκινήθη τὴν κυκλοφορητικὴν ἅτε ἀνέκ- 40
λειπτον οὖσαν μόνην τῶν φυσικῶν κινήσεων. ἔδει γὰρ τὸ πρῶτον διαστὰν
ἀπὸ τοῦ ἀδιαστάτου καὶ πρῶτον κινηθὲν ἀπὸ τοῦ ἀκινήτου καὶ κατὰ σχῆμα
διαστῆναι τὸ τελεώτατον καὶ κατὰ κίνησιν κινηθῆναι τὴν ἀνέκλειπτον καὶ
25 τῇ ἀιδίῳ συνυπάρχειν οὐσίᾳ δυναμένην. ἐπεὶ δὲ οὐκ ἔδει μέχρι τῶν 45
ἀιδίων στῆναι τὴν ἀγαθότητα τοῦ δημιουργοῦ, ἀλλὰ καὶ τὰ ἐν μέρει χρό-
νου τὸ εἶναι λαχόντα πρὸς τοῖς ἐσχά|τοις ὑποστῆναι τοῦ παντός, ἵνα τὸ 63ᵇ
πᾶν ὄντως πᾶν ᾖ, δι' αὐτοῦ δὲ τοῦ δημιουργοῦ ἀμέσως γινόμενα καὶ ταῦτα
ἀίδια ἂν ἦν διὰ τὴν ἀκίνητον ἐκείνου ἐνέργειαν, τούτου χάριν διὰ τῆς ἐν-
30 δοθείσης ὑπ' αὐτοῦ τοῖς οὐρανίοις ἀιδίου κινήσεως καὶ τῶν ἄλλοτε ἄλλων ἐν 5
ἐκείνοις σχηματισμῶν τὰ ὑπὸ σελήνην πάντα διακοσμεῖ, ὡς καὶ οὗτος ὁμο-
λογεῖ λέγων· "ὁ δὲ οὐρανὸς καὶ καθ' ὅλον αὐτὸν καὶ κατὰ μέρη τὸ κυ-
ριώτατόν τε καὶ συνεκτικώτατον εἶναι τῶν τοῦ κόσμου μερῶν ὡμολόγηται·
τῇ γὰρ τούτου κινήσει φυσικῶς τὰ ἐντὸς ἰθύνεται πάντα σώματα. ἐν δὲ 10

---

3 ἔχῃ A: ἔχοι D   4 τότε] corr. ex τοῦτο E²   6 εἴποι DEc   7 ἕτοιμον εἰπεῖν
D, est dicere b: εἰπεῖν ἐστιν Ec: εἰπεῖν AB   8 οὕτω BD   9 γιγνόμενον E
προυγούμενα B   10 γίγνεται E   οὐρανίων] ἐναντίων D   12 γίγνεται E
13 μὴ (alt.) om. B   15 τὸ μέντοι] τὸ τὸ μέντοι B: om. E: τὸ δὲ E²c   ὑφεστὼς
DEc: corr. E²   κατὰ τὴν D   17 πᾶσιν DE: corr. E²   18 ὑπὸ om. E: ὑπ' E²c
αἰτίας AB   19 τῷ] corr. ex τοῦ E²   20 ἔλαχεν E: corr. E²   αὐτὸ ABDE
κατὰ] καὶ DE   21. 22 ἀνέκληπτον B   23 καὶ (pr.)] καὶ τὸ c   24 τελειότατον D
τὴν Db: τὸν AB: τῇ Ec   ἀνέκληπτον B: ἀνεκλείπτῳ Ec   25 ἔδει] ἔχει E   28 ἀμέ-
σος B   γενόμενα c   30 τοῖς] τῆς comp. A   32 καὶ (pr.) om. D
34 φυσικῇ B

SIMPLICII IN L. DE CAELO I 3 [Arist. p. 270ᵇ 16]   139

τοῖς ὑπὸ σελήνην καὶ γένεσίς ἐστι καὶ φθορὰ καὶ τὰ ὑπὸ τοῦ Ἀριστοτέ- 63ᵇ
λους ἀξιούμενα· ἐνταῦθα γὰρ κατὰ μεταβολὴν ἡ τροπή, καὶ ἐξ ὑποκειμένου
καὶ ἐκ τῶν ἀντικειμένων γίνεται τὰ γινόμενα, καὶ ἡ ἄλλου φθορὰ ἄλλου
γένεσίς ἐστιν, ὡς μηδὲ ἐν τοῖς ἐσχάτοις τοῦ παντὸς οὐσίαν ὅλην ἀπολέσθαι 15
5 τινά, ἀλλὰ τρόπον τινὰ ἀλλοίωσιν μόνον εἶναι καὶ τὴν ἐνταῦθα μεταβολὴν
οὐσίας μὴ ἀπολλυμένης". οὐ χρὴ τοίνυν τὰ ἐπὶ τῆς τῶν ὑπὸ σελήνην
γενέσεως εἰς τὸν οὐρανὸν μεταφέρειν, ὃν παντελῶς ἐξῃρημένον καὶ τῆς
ὅλης φύσεως τῶν ὑπὸ σελήνην καὶ τῆς γενέσεως αὐτῶν ἀποδεῖξαι προέ- 20
θετο, διὸ καὶ ἄυλον αὐτὸν εἶπεν εἶναι τὰς παρακοὰς φυλαττόμενος, καίτοι
10 σαφῶς εἰπών, ὅτι ὡς κινητὸς κατὰ τόπον ἔχοι ἄν τι καὶ αὐτὸς ὑποκεί-
μενον τῇ κατὰ τόπον μεταβολῇ, οὐ μέντοι τῇ κατ' οὐσίαν ὡς τὰ ὑπὸ σε-
λήνην. ταῦτα τοίνυν, εἰ βούλεται, πρὸς τὰ ὑφ' ἑαυτοῦ ῥηθέντα παραβαλὼν 25
οὗτος ἐπισκοπείτω, τίνα μᾶλλον τῇ τε τοῦ θεοῦ μεγαλειότητι καὶ τῇ φύσει
τῶν πραγμάτων συνᾴδειν δοκεῖ, καὶ τῶν Ἀριστοτέλους κανόνων ὡς ἐπὶ
15 τῶν ὑπὸ σελήνην εἰλημμένων ἀκουέτω, ἅπερ μόνα γίνεσθαι καὶ φθείρεσθαί
φησιν ἐκεῖνος, καίτοι καὶ τὸν οὐρανὸν ὑπὸ τοῦ θεοῦ παράγεσθαι νομίζων, 30
ὡς καὶ οὗτος ὁμολογεῖ, ἀλλὰ τὰ ὀνόματα συγχέων, τὸν οὐρανὸν ὑπὸ τοῦ
θεοῦ γίνεσθαι λέγων, εὐθὺς τὰ προσήκοντα τῇ γενέσει τῶν ὑπὸ σελήνην
ἐπὶ τὴν τοῦ οὐρανοῦ μεταφέρει γένεσιν τὸ ἐξ ὑποκειμένου καὶ ἐκ στερή-
20 σεως γίνεσθαι· καίτοι τοῦ Ἀριστοτέλους, ὅπερ εἶπον, ταῦτα μὲν ἐπὶ τῆς 35
ὑπὸ σελήνην γενέσεως ἀξιοῦντος, τὸν δὲ οὐρανὸν ἐξῃρῆσθαι παντελῶς τῆς
τοιαύτης γενέσεως τῆς ἐκ τῶν ἀντικειμένων ἀποδεικνύντος. ἀλλ' ἀρκείτω
ταῦτα· καὶ γὰρ εἴρηται καὶ πρότερον περὶ αὐτῶν. ἐπειδὴ δὲ τοὺς βιαιοτέ-
ρους, ὡς οἴεται, τῶν Ἀριστοτέλους λόγων περὶ τῆς τοῦ κόσμου ἀγενησίας 40
25 καταγωνισάμενος οὗτος ἐφεξῆς καὶ τὴν ἀπὸ τῆς κοινῆς τῶν ἀνθρώπων
δόξης καὶ τῆς αἰσθήσεως πίστιν προτίθεται σαλεύειν, ἴδωμεν αὐτοῦ καὶ
τὴν πρὸς ἐκείνους τοὺς λόγους παρασκευήν. εἰπόντος τοίνυν τοῦ Ἀριστο-
τέλους, ὅτι πάντες ἄνθρωποι τὸν ἄνω τῷ θείῳ τόπον ἀποδιδόασιν καὶ 45
Ἕλληνες καὶ βάρβαροι ὡς τῷ ἀθανάτῳ τὸ ἀθάνατον συνηρτημένον, μετ'
30 ὀλίγον δὲ τὰς τῶν | προτέρων δόξας ἱστοροῦντος περὶ τῆς τοῦ κόσμου 64ᵃ
συστάσεως καὶ λέγοντος, ὅτι "γενόμενον ἅπαντες εἶναί φασιν, ἀλλ' οἱ μὲν
ἀίδιον, οἱ δὲ φθαρτόν, οἱ δὲ ἐναλλὰξ ὁτὲ μὲν οὕτως ὁτὲ δὲ ἄλλως ἔχειν
φθειρόμενον, καὶ τοῦτο ἀεὶ διατελεῖν οὕτως, ὥσπερ Ἐμπεδοκλῆς ὁ Ἀκρα- 5
γαντῖνος καὶ Ἡράκλειτος ὁ Ἐφέσιος", θοίνην οὗτος ἑαυτῷ παρεσκευάσθαι

2 καὶ om. D   3 γίγνεται E   γιγνόμενα E   6 οὐσίαν A, sed corr.
12 παραβά|λλων D   13 τε om. AB   15 γίνεσθαι μόνα D   γίγνεσθαι E
16 καίτοι—ἀλλὰ (17)] mg. D¹   17 αὐτὸς Ec   τὰ—συγχέων] in ras. D¹
18 γίγνεσθαι E   20 γίγνεσθαι E   21 τὸν—γενέσεως (22)] mg. E²   τὸν δὲ] καὶ
τὸν E   οὐρανὸν δὲ c   ἐξῃρημένον ὅλως Ec   22 τῆς om. D   ἀλλὰ D
ἀρκεῖ τῷ A   23. 24 βεβαιοτέρους Ec   24 ἀγενεσίας ABE   26 εἴδομεν E:
corr. E²   28 ἀνωτάτω c   τόπον] τὸ πᾶν AB   ἀποδιδόασι BDE   31 λέγοντος]
279ᵇ12—17   ὅτι τὸ Ec   λεγόμενον AB: corr. A¹   32 ἄφθαρτον B
ἐξαλλὰξ B   ἔχει B   34 οὕτως E: corr. E²   παρασκευάσθαι ABE

νενόμικεν τὸ ταῖς μαρτυρίαις χρώμενον αὐτὸν τῶν πολλῶν ἀνθρώπων μετ' 64ᵃ
ὀλίγα τοὺς ἐν φιλοσοφίᾳ κλεινοὺς παράγειν τἀναντία μαρτυροῦντας περὶ τοῦ
οὐρανοῦ. καίτοι γε, εἰ ἐπὶ τοῦ ἓν εἶναι τὸ ὂν τήν τε κοινὴν πρόληψιν 10
ἐμαρτύρατο πολλὰ τὰ ὄντα νομίζουσαν καὶ τὴν Παρμενίδου καὶ Μελίσσου
5 δόξαν εὐθύνειν προέθετο, παντὸς ἄν, οἶμαι, καὶ τῶν ὀψιμαθῶν ἦν λέγειν,
ὅτι τὴν κοινὴν πρόληψιν ἀληθῆ νομίζων πρὸς τὸ φαινόμενον τῶν ἀνδρῶν 15
ἐκείνων ὑπήντησεν ὑπὲρ τοῦ μὴ τοὺς ἐπιπολαιοτέρως τῇ δόξῃ προσέχοντας
τῶν ἀνδρῶν καὶ τὸ βάθος αὐτῶν ἑλεῖν μὴ δυναμένους πρὸς τὰ οὕτως
ἐναργῆ τῶν δογμάτων ταράττεσθαι. ἆρα οὖν ἠγνόησεν Ἀριστοτέλης, ὅτι
10 γενητὸν τὸν κόσμον οὐκ ἀπὸ μέρους χρόνου τινὸς ὁ Πλάτων εἶπεν, ὅς γε 20
μετ' οὐρανοῦ γεγονέναι τὸν χρόνον φησὶ καὶ σαφῶς τὴν αἰτίαν προσέθηκε,
δι' ἣν γεγονέναι φησὶν αὐτόν; οὐ γὰρ ὅτι πρὸ τοσῶνδε ἐτῶν εἰς τὸ εἶναι
παρῆλθεν, ἀλλ' ὅτι ὁρατὸς ἁπτός τέ ἐστι καὶ σῶμα ἔχων, ὅπερ τὸ μηδὲν
αὐθυπόστατον ἔχειν ἐνδείκνυται, ἀλλ' ἑτέρωθεν μόνον τὴν ὑπόστασιν ἔχον 25
15 εἰκότως γενητὸν λέγεσθαι· τὸ μὲν γὰρ αὐθυπόστατον ἀμέριστον εἶναι χρὴ
καὶ ὅλον ὅλῳ ἑαυτῷ ἐφαρμόττειν, τὸ δὲ σῶμα διέστηκε καὶ μεμέρισται
καὶ διὰ τοῦτο παρ' ἄλλου μόνως ἔχον τὸ εἶναι γενητὸν λέγεται, οὐ κατὰ
τὸ Ἀριστοτέλους τῆς γενέσεως σημαινόμενον τὸ μεταβολὴν ἐξ ἄλλου εἰς 30
ἄλλο δηλοῦν. καὶ ὅτι ἄλλο τοῦτο τῆς γενέσεως σημαινόμενον, κἂν τοῖς
20 Πλάτωνος οὗτος οὐκ ἦν ἱκανὸς παρακολουθεῖν, ἀλλὰ κἂν τοῖς Ἀριστοτέ-
λους, οἷς παρέθετο, παρακολουθεῖν ἔδει κατὰ τὸν Πλάτωνα λέγοντος τὸν
οὐρανὸν γενέσθαι μέν, οὐ μὴν ἀλλ' ἔσεσθαί γε τὸν ἀεὶ χρόνον. τίς γὰρ 35
ἀκούσας ταῦτα τοῦ Ἀριστοτέλους λέγοντος ὑπενόησεν ἂν αὐτὸν νομίζειν
τὸν Πλάτωνα κατ' ἐκεῖνο τὸ γενητὸν γεγονέναι λέγειν, ὅπερ αὐτὸς ἀπο-
25 φάσκει τοῦ οὐρανοῦ; ὁμοίως δὲ καὶ Ἐμπεδοκλῆς τόν τε ὑπὸ τῆς Φιλίας
ἑνούμενον νοητὸν κόσμον παραδιδοὺς αἰνιγματωδῶς, ὡς ἔθος ἦν τοῖς Πυ- 40
θαγορείοις, καὶ τὸν ὑπὸ τοῦ Νείκους ἀπ' ἐκείνου διακρινόμενον αἰσθητὸν
οὔτε γινόμενα ταῦτα οὔτε φθειρόμενα ἐν χρόνῳ φησίν, ἀλλὰ τὸν μὲν
νοητὸν κόσμον κατὰ τὸ ὂν ἑστάναι, τὸν δὲ αἰσθητὸν κατὰ τὸ γινόμενον
30 καὶ τοῦτον τῇ διαδοχῇ φησιν ἀιδίως ἀνακυκλεῖσθαι. καὶ ἵνα μὴ δοκῶ 45
τισιν κενὰς μακαρίας ἀναπλάττειν, ὀλίγα τῶν Ἐμπεδοκλέους ἐπῶν παραθή-
σομαι· |

---

1 νενόμιχε BDE²   2 ὀλίγον AB   3 ἑνὸς AB   τε om. Ec
κοινὴν — ὅτι (6)] mg. E²   πρόληψιν] τῶν ἀνθρώπων ὑπόληψιν Ec   4 εἰς μαρτυρίαν
εἰλήφει νομίζουσαν πολλὰ εἶναι τὰ ὄντα Ec   5 εὐθύνειν προέθετο] ἐπανορθῶν ἠβούλετο
Ec   παντὸς] omnino b (h. e. πάντως): πάντων Ec   ἂν om. Ec   οἶμαι D: οἴο-
μαι AB: ὡς οἶμαι Ec   ὀψιμαθῶν] τὴν διάνοιαν βραδέων Ec   5. 6 λέγειν ὅτι] ἂν
εἰπεῖν ὡς Ec   6 τὴν] corr. ex τε E²   7 ὑπήντησεν B   ἐπιπολαιοτέρους E: corr.
E²: παλαιοτέρους BD   δόξει A   11 φησί] Tim. 38 b   προσέθηκε] φησὶ D; v.
Tim. 31 b   12 αὐτόν φησιν D   τῶν σῶν δὲ E   13 τ' c   μηδὲ AB: μὴ c
14 ἔχοντα B   17 γενητὸν om. c   18 τὸ (pr.)] τὸ τοῦ DEc   τὸ (alt.) — σημαινό-
μενον (19)] om. E: ὃ τὴν ἐξ ἄλλου εἰς ἄλλο μεταβολὴν σημαίνει καὶ ὅπερ ἄλλο γενέσεως
σημαινόμενόν ἐστι E²c   19 κἂν ABDE: κἂν οὖν E²c   20 κἄν] ἄρα c
26. 27 Πυθαγορίοις A   27 νίχους A   29 κατὰ (pr.)] καὶ D   31 τισι BDEc
μαρτυρίας c   Ἐμπεδοκλέους] 67 Stein

ἄλλοτε μὲν Φιλότητι συνερχόμεν' εἰς ἓν ἅπαντα,
ἄλλοτε δ' αὖ δίχα πάντα φορούμενα Νείκεος ἔχθει,
ἠδὲ πάλιν διαφύντος ἑνὸς πλέον' ἐκτελέθουσι,
τῇ μὲν γίγνονταί τε καὶ οὔ σφισιν ἔμπεδος αἰών·
5 ᾗ δὲ διαλλάσσοντα διαμπερὲς οὐδαμὰ λήγει,
ταύτῃ δ' αἰὲν ἔασιν ἀκίνητοι κατὰ κύκλον.

ὥστε τὰ ἀπὸ τοῦ νοητοῦ κόσμου διὰ τοῦ Νείκους διακριθέντα ἀντὶ τοῦ αἰωνίως εἶναι γίνονται μὲν καὶ "οὔ σφισιν ἔμπεδος αἰών", ἀιδίως δὲ ἀνακυκλοῦνται. καὶ οὐκ ἂν ταῦτα σαφῶς οὕτως ὡς αἰνίγμασιν λεγόμενα ἠγ-
10 νόησεν ὁ Ἀριστοτέλης, ἀλλὰ πρὸς τὸ φαινόμενον ὑπαντῶν καὶ πρὸς ταῦτα ἀντιλέγει. εἰ δὲ καὶ ἐν ἄλλοις ἀντιλέγοντες ἀλλήλοις, ὡς οὗτός φησιν, ἐν τούτῳ ὅμως ὁμογνωμονοῦσιν πάντες τῷ τὸν ἄνω τόπον τῷ θείῳ ἀποδιδόναι, καὶ κατὰ τοῦτο ἂν εἴη βέβαιον τὸ δόγμα κατὰ κοινὰς ἐννοίας ἐνεσπαρμένον ταῖς τῶν ἀνθρώπων ψυχαῖς. "ἀλλ' οὐδὲ εἰ τὸν ἄνω, φησί,
15 τόπον τῷ θείῳ πάντες ἀποδιδόασι, τεκμήριον τοῦτό ἐστι τοῦ ἄφθαρτον τὸν οὐρανὸν ὑπολαμβάνειν· καὶ γὰρ πρὸς τὰ ἱερὰ καὶ τοὺς νεὼς θεῶν εἶναι πλήρη νομίζοντες ἀνατείνουσι πρὸς αὐτὰ τὰς χεῖρας, καὶ οὐδεὶς ἄναρχα ἢ ἄφθαρτα νομίζει ταῦτα, ἀλλ' ὡς τόπον ἄλλον ἄλλου μᾶλλον οἰκειότερον τῷ θεῷ νομίζοντες." ταῦτα λέγων οὗτος πάλιν καὶ τῇ διαφορᾷ τῶν
20 οὐρανίων πρὸς τὰ τῇδε μὴ ἐφιστάνων, ἀλλ' εἰς τὴν αὐτὴν αὐτὰ τάξιν τιθείς, δῆλος μέν ἐστι τὰ τῆς ψυχῆς ὄμματα βεβλαμμένος· ῥητέον δὲ ὅμως καὶ πρὸς ταῦτα, ὅτι καὶ τοὺς ἐπὶ γῆς νεὼς καὶ τὰ ἱερὰ καὶ τὰ ἀγάλματα οἱ ἄνθρωποι πρὸς μίμησιν τῶν οὐρανίων ἀπετυπώσαντο καὶ συμμετροτέρας ἑαυτοῖς καὶ προσεχεστέρας ὑποδοχὰς τῶν θείων ἐλλάμψεων ἐν τούτοις
25 ἐμηχανήσαντο. καὶ τί λέγω τὴν ἱερὰν θρησκείαν τὴν μετὰ τοῦ κόσμου τὴν ὑπόστασιν ἔχουσαν; ἀλλὰ καὶ ὁ παρ' Ἰουδαίοις προφήτης Δαυὶδ περὶ τοῦ Θεοῦ λέγων "ἐν τῷ ἡλίῳ" φησίν "ἔθετο τὸ σκήνωμα αὐτοῦ". καὶ ὅτι οὐχ ὡς πρὸς χρόνον τινὰ αὐτὸν εἰσοικισθῆναι νομίζει, δηλοῖ λέγων "ὁ θεμελιώσας τὴν γῆν πρὸς τὸ μὴ κλιθῆναι εἰς τὸν αἰῶνα τῶν αἰώ-

---

1 συνερχόμεν' c: συνερχόμενα ABDE   ἕνα πάντα AB   2 δέχα A   φορούμενα] Simplic. in Phys. p. 33: φορεύμενα Dc: om. AB: φρουρούμενα E: φερόμενα E²
3 ἠδὲ] codd. duo in Phys. l. c.: ἧδε A: ᾗ δὲ BDEc   πλέον'] in Phys. l. c.: πλέονα ABE: πλείονα D   ἐκτελέθουσι AE   4 γίνονται ABD   οὔ σφισιν] οὔσφησῖ A: οὕς φησιν B   5 ᾗ] ἧδε A   διαλάσσοντα B   οὐδαμοῦ AB   λήγειν E
6 αἱ ἐνέασιν AB   ἀκίνητα c: ἀκινητὶ Panzerbieter, sed v. Simplic. in Phys. p. 34 Diels   8 γίγνονται E   οὔ σφισιν] οὕς φησιν AB   9 καὶ] corr. ex κἄν E   ὡς ἐν Ec   αἰνίγμασι BDEc   10 ἁπαντῶν c: ὑπ' αὐτῶν D   12 ὁμογνωμονοῦσι BDEc   τῷ (pr.)] bis E, sed corr.   14 εἰ] corr. ex εἰς E²   15 πάντες om. Ec   ἐστι τοῦτο D   16 ναοὺς c   19 θείῳ AB   καὶ] ἐν D   20 πρὸς τὰ τῇδε] προστάτῃ δὲ A: προστάτην δὲ B   ὑφιστάνων B: ἐφισταμένων E: corr. E²
αὐτὰ om. c   22 ἱερὰ καὶ τὰ om. Ec   23 συμμετροτέρας AEc: corr. E²
24 ἐλλάμψεων AB   26 ἔχοντα E: corr. E²   παρὰ D   Δαυὶδ] δαδ ABDE: Δαβὶδ c   27 λέγων] Psalm. XVIII 6   αὐτοῦ ADE   28 νομίζει — κλιθῆναι (29) om. B   λέγων] Psalm. CIII 5   29 κλεισθῆναι A

νων". δῆλον δέ, ὅτι, κἂν 'τῷ αἰῶνι' χρῆται πολλάκις ἀντὶ τοῦ πολλοῦ 64ᵇ
χρόνου, ἀλλὰ "τὸν αἰῶνα τῶν αἰώνων" ὡς ἀνέκλειπτον παραλαμβάνει· εἰ 35
δὲ ἡ γῆ τοιαύτη, δῆλον. ὅτι καὶ ὁ οὐρανὸς καὶ ὁ ἥλιος. ἔπειτα εἰ τοὺς
μὲν ναοὺς κατὰ χρόνον ἐρημουμένους τοῦ θείου φωτὸς ὁρῶσιν οἱ ἄνθρωποι
5 καὶ ἄλλοτε πρὸς ἄλλους ἴενται, τὸν δὲ οὐρανόν, ἐξ οὗ γένος ἀνθρώπων 40
ἔστι, τῷ θεῷ πάντες ἀνιεροῦσιν, ἀκόλουθον τοὺς μὴ διεφθαρμένους ὑπὸ
ματαίων προλήψεων ἀΐδιον ταύτην νομίζειν τὴν οἰκειότητα. "ἀλλὰ μήν,
φησίν, οὐδὲ τὸ ἐν ἅπαντι τῷ παρεληλυθότι χρόνῳ μὴ φαίνεσθαι τὸν οὐρα-
νὸν καθ' ὅλον ἢ κατὰ μέρη μεταβεβληκότα ἀπόδειξιν οἴεσθαι δεῖ τοῦ παν- 45
10 τελῶς ἄφθαρτον αὐτὸν εἶναι καὶ ἀγένητον. καὶ γὰρ τῶν ζῴων, | φησίν, 65ᵃ
ἄλλα ἐστὶν ἄλλων μακροβιώτερα, καὶ μόρια τῆς γῆς, οἷον ὄρη, καὶ λίθοι,
ὡς οἱ ἀδάμαντες, σχεδὸν τῷ παντὶ χρόνῳ συμπαρατείνονται, καὶ οὐκ ἔστι
μνήμη, φησί, τοῦ τὸν Ὄλυμπον τὸ ὄρος ἢ ἀρχὴν τοῦ εἶναι λαβεῖν ἢ
αὔξησιν ἢ μείωσιν· καὶ ἐν τοῖς θνητοῖς δὲ ζῴοις, ἕως ἂν σώζεσθαι δέῃ, 5
15 ἀνάγκη τὰ κυριώτατα τῶν μερῶν αὐτῶν διαμένειν ἐπὶ τῆς οἰκείας φύσεως,
ὥστε καὶ ἕως ἂν ὁ Θεὸς τὸν κόσμον εἶναι βούληται, ἀνάγκη τὰ κυριώτατα
αὐτοῦ τῶν μερῶν διασώζεσθαι. ὁ δὲ οὐρανός, φησί, καὶ καθ' ὅλον αὐτὸν
καὶ κατὰ μέρη τὸ κυριώτατόν τε καὶ συνεκτικώτατον εἶναι τῶν τοῦ κόσμου 10
μερῶν ὡμολόγηται· τῇ γὰρ τούτου κινήσει φυσικῶς τὰ ἐντὸς ἰθύνεται
20 πάντα σώματα· οὐκοῦν ἀνάγκη, ἕως ἂν τὸν κόσμον σώζεσθαι δέῃ, κατὰ
μηδὲν τὸν οὐρανὸν τῆς οἰκείας ἐξίστασθαι φύσεως μήτε καθ' ὅλον μήτε
κατὰ μέρη. εἰ δὲ καλῶς, φησί, τῷ Ἀριστοτέλει δέδεικται, ὅτι πᾶν σῶμα 15
πεπερασμένης ἐστὶ δυνάμεως, σῶμα δὲ καὶ ὁ οὐρανός, δῆλον, ὅτι καὶ
φθορᾶς ἐστι δεκτικὸς τὸν τῆς φθορᾶς ἔχων λόγον, κἂν μηδὲν τέως τῶν
25 εἰς φθορὰν ἀγόντων πάσχων φαίνηται." ταῦτα μακρότερα παρεθέμην ἐν
ἑαυτοῖς ἔχοντα τὸν ἔλεγχον ὡς οἱ τὸν ἄτοπον Εὐρυκλέα περιφέροντες 20
κατὰ τὴν παροιμίαν· ἵνα γὰρ συντόμως εἴπω πρὸς ἅπαντα, τί τῶν γινο-
μένων καὶ φθειρομένων οὐχὶ καὶ ἀρχὴν ἔχει καὶ ἀκμὴν καὶ παρακμὴν
τῆς οἰκείας ὑποστάσεως καὶ δυνάμεως; καὶ γὰρ αἱ κορῶναι καὶ οἱ κόρακες
30 καὶ ὁ Ὄλυμπος τὸ ὄρος καθ' ἡμέραν μὲν καὶ καθ' ὥραν μεταβολὴν ἔχουσί 25
τινα, ἐν δὲ χρόνῳ τινὶ καὶ αἰσθητὴν ταύτην· πάντως γὰρ ἀπορρήγνυνται
μέρη τοῦ Ὀλύμπου τινὰ καὶ μετασχηματίζεται, καὶ ἀκμάζει τὰ ζῷα καὶ
παρακμάζει καὶ τὰ ἐν αὐτοῖς κυριώτερα μόρια· μίαν γοῦν ὥραν ἐν ταυτό-
τητι τελέως μένον τι διὰ τί μὴ καὶ τὴν ἑξῆς καὶ τὴν μετ' ἐκείνην καὶ 30
35 τὸν ἄπειρον χρόνον; εἰ οὖν ὁ οὐρανός, ἀφ' οὗ μνήμη τίς ἐστι περὶ αὐτοῦ

---

3 εἰ DEb: καὶ ABc   4 ἐρημουμένους B: ἠρημουμένους A: ἐρημομένους E: ἠρημωμένους
Dc   οἱ om. D   6 ἀνιεροῦσι πάντες D   ἀφιεροῦσιν Ec   ἀκόλουθον] comp. A:
ἀκολουθ seq. lac. 13 litt. B   7 νομίζων AB   8 τὸ DE²b: τῷ ABE   παντὶ B,
sed corr.   μὴ] postea add. A¹   9 δεῖ] corr. ex ἀεὶ E²   10 ἀγένητον] ἀΐδιον Ec
12 ὡς om. AB   συμπαρατίνονται A: corr. A²   14 δέῃ] δὲν A: δύνανται B
16 βούληται c   17 τῶν μερῶν αὐτοῦ Ec   φησὶν E   18 τε] τε ἅμα
Ec   20 ἂν τὸν] αὐτὸν A   21 φύσεως ὁ AB   23 καὶ (pr.) om. c
24 μὴ δὲ AB   27. 28 γιγνομένων E   31 αἰσθητὸν Ec   33 μόρια om. Ec
οὖν c   34 μένον τι BD: μένοντι AE: μὴ μένοντα E²bc

διαδοθεῖσα, καὶ πρὸς τοῖς τέλεσιν ὤν, ὥς φασιν, ἤδη τῶν τῆς οἰκείας 65ᵃ
ὑποστάσεως ἡμερῶν οὐδὲν φαίνεται παραλλάξας οὔτε κατ' οὐσίαν οὔτε
κατὰ μέγεθος οὔτε κατὰ ἀριθμὸν τῶν συμπληρούντων αὐτὸν μορίων, τὸ 35
δὲ θαυμαστόν, ὅτι οὐδὲ κατὰ τὴν τῆς κινήσεως ταχύτητα, πῶς δυνατὸν
5 ἀκμάζοντα κατὰ τὸν ἴδιον αὐτοῦ τῆς φύσεως λόγον, ὥς φησιν οὗτος, καὶ
οὐδὲ κατὰ βίαν φθαρῆναι; δῆλον δέ, ὅτι, εἰ τῇ τοῦ οὐρανοῦ κινήσει φυσι-
κῶς τὰ ἐντὸς ἰθύνεται πάντα σώματα, ὡς οὗτός φησι, τῆς κινήσεως ἀεὶ 40
τὴν οἰκείαν ἐχούσης τελειότητα καὶ τὰ ὑπ' αὐτῆς ἰθυνόμενα μένει μηδὲν
πρὸς τὸ χεῖρον ὑποφερόμενα. εἰ δὲ τὸ πεπερασμένον σῶμα πεπερασμένην
10 ἔχειν δύναμιν τῇ ἑαυτοῦ φύσει ὁ Ἀριστοτέλης ἀπέδειξε, καὶ οὐκ Ἀριστο-
τέλης μόνος, ἀλλὰ καὶ πρὸ τοῦ Ἀριστοτέλους ὁ Πλάτων, ἐπειδὴ πρὸς 45
τούτῳ καὶ ἀίδιον εἶναι τὴν κυκλοφορίαν Ἀριστοτέλης ἀπέ|δειξε καὶ ἀγέ- 65ᵇ
νητον καὶ ἄφθαρτον τὸν οὐρανόν, καὶ Πλάτων δὲ ἄλυτα τὰ οὐράνια διὰ
τὴν τοῦ θεοῦ βούλησιν εἶναί φησι, πόσῳ κάλλιον ἦν τούτῳ τὴν φιλόνεικον
15 κενοδοξίαν ἀποθεμένῳ ζητεῖν, πῶς ἀνδρῶν σοφῶν λόγοι διαφωνεῖν δο-
κοῦντες τοῖς ἀταλαιπώρως ἀκούουσιν αὐτοὶ τὴν ἑαυτῶν συμφωνίαν τοῖς 5
προσεκτικωτέροις ἐπιδεικνύουσιν; καὶ γὰρ ἑκάτερος τῶν φιλοσόφων ἀχώρι-
στον οὖσαν τὴν σωματικὴν τοῦ οὐρανοῦ φύσιν τῆς ἀκινήτου καὶ αἰωνίου
δημιουργικῆς ἀγαθότητος ἐχώρισε τῷ λόγῳ βουλόμενος ἰδεῖν τὴν ἑκατέρου
20 καθ' αὑτὸ δύναμιν· ὅπερ ὁ Πλάτων ἐν Πολιτικῷ σαφέστερον πεποίηκεν 10
ἀποστήσας τῷ λόγῳ τῆς φυσικῆς ὑποστάσεως τοῦ κόσμου τὴν τοῦ δημι-
ουργοῦ προνοητικὴν ἀγαθότητα. δῆλον δέ, ὅτι, κἂν ἐπισκευαστὴν ἔχῃ τὴν
ἀθανασίαν ὁ οὐρανός, ἀλλὰ τῷ προσεχῶς ὑπὸ ἀκινήτου καὶ αἰωνίου παρ-
ῆχθαι δημιουργοῦ συγγενὴς ὢν ἐκείνῳ κατ' οὐσίαν ἐστὶν ἐπιτήδειος πρὸς 15
25 τὴν ἀνέκλειπτον μέθεξιν τῆς χορηγουμένης ὑπ' αὐτοῦ ἀγαθότητος καὶ
πρὸς τὸ συμφυῶς τὸν ἅπαντα χρόνον τῆς δημιουργικῆς ἐξηρτῆσθαι δυνά-
μεως, ὡς μήτε τὸν δημιουργὸν ἀτελῆ τότε τὴν ἑαυτοῦ ἔχειν δύναμιν καὶ
τὴν ἀγαθότητα πρόσκαιρον μήτε τὸ δημιούργημα δι' ἀνεπιτηδειότητα πρὸς 20
τὸ μὴ ὂν ὑποφέρεσθαι. ἀναγκαῖον δὲ ἐν τούτοις τῶν παρὰ τῷ Πλάτωνι
30 τοῦ δημιουργοῦ λόγων πρὸς τοὺς οὐρανίους ῥηθέντων ὑπομνησθῆναι, ἵνα
μὴ δὶς τὰ αὐτὰ γράφων μηκύνω. ἐπειδὴ δὲ ταῖς Ἀριστοτέλους παρα-

---

1 τελέοιν A: τελείοις B   3 κατὰ (alt.)] κατ' BDc   αὐτῶν A: αὐτῷ B
4 οὐδὲ scripsi: οὔτε ABDEc   τραχύτητα A   5 φύσεως] κινήσεως B   6 βίαν]
μίαν E   δέ om. D   εἰ] ἐν Ec   7 φησιν E   8 μὴ δὲ AB   10 ἔχει^v D
ἀπέδειξε] seq. ras. 1 litt. E; v. Phys. VIII 10   11 μόνος ABb: μόνον DEc
12 τοῦτο BE: corr. E²   ἀπέδειξεν Ἀριστοτέλης D   ἀπέδειξεν E; v. Phys. VIII 8,
de caelo I 12   14 φησι] Tim. 41 b   τοῦτο E: corr. E²   15 φιλοσόφων Ec
17 δεικνύουσι B: ἐπιδεικνύουσι c et seq. ras. 1 litt. E   19 δημιουργίας καὶ Ec
ἐχώρησεν E: corr. E²   20 Πλάτων] Politic. 269d sq.   Πολιτικοῖς B: τῷ Πολι-
τικῷ D   21 λόγῳ] corr. ex λοιπῷ E²   21. 22 τὴν προνοητικὴν τοῦ δημιουργοῦ
Ec   22 ἔχῃ] —ῃ e corr. E   23 ὑπ' Ac   26 ἐξηρτεῖσθαι E: corr. E¹
27 δημιουργικὸν AB   τότε] ποτε Dc: nunc b   ἔχει B   δύναμιν ἔχειν DEc
29 ἀποφέρεσθαι D, sed corr.   δ' B   τῷ om. B   30 λόγων] Tim. 41   31 μὴ
κυνῶ A: μηκυνῶ B   ταῖς] τοὺς A

κολουθοῦντι ῥήσεσιν ἔδοξέ μοι τὰς πρὸς αὐτὰς ἀντιλογίας διαλύειν, καὶ
μέχρι τοῦδε προῆλθον αἱ πρὸς τὰς ἐκτεθείσας ἤδη ῥήσεις ἐνστάσεις τε
καὶ διαλύσεις, φέρε, πάλιν τὰς συνεχεῖς ταῖς προειρημέναις ῥήσεσιν ἐκθέ-
μενοι σαφηνίζωμεν.

p. 270ᵇ26 Φανερὸν δὲ ἐκ τῶν εἰρημένων, καὶ διότι τὸν ἀριθμὸν
ἀδύνατον εἶναι πλείω τὸν τῶν λεγομένων σωμάτων ἁπλῶν.

Δείξας, ὅτι ἀγένητος καὶ ἄφθαρτός ἐστιν ὁ οὐρανός, καὶ ἐκ τούτου,
ὅτι καὶ ἀναυξὴς καὶ ἀμείωτος καὶ ἀναλλοίωτος, καὶ προσχρησάμενος ἐν τῇ
δείξει δυσὶν προτάσεσιν τῇ τε λεγούσῃ, ὅτι τὸ γινόμενον ἐξ ἐναντίου γίνεται,
ἧς τὴν ἀπόδειξιν ἀνέπεμψεν εἰς τὰ πρῶτα τῆς Φυσικῆς ἀκροάσεως, καὶ
ἑτέρᾳ, ὅτι τῷ κυκλοφορητικῷ σώματι οὐκ ἔστι τι ἐναντίον, καὶ τοῦτο δεί-
ξας ἐκ τοῦ, εἰ τῷ κυκλοφορητικῷ σώματι ἔστι τι ἐναντίον, καὶ τῇ κυκλο-
φορίᾳ εἶναι πάντως ἐναντίαν φοράν, καὶ τὸ συνημμένον τοῦτο παραμυθη-
σάμενος διὰ τοῦ "τῶν δὲ ἐναντίων καὶ αἱ φοραὶ ἐναντίαι" ἔχει διὰ τῆς
ἀντιστροφῆς, ὅτι, εἰ μὴ ἔστι τῇ κύκλῳ ἄλλη ἐναντία φορά, οὐδὲ τῷ κυ-
κλοφορητικῷ σώματι ἔστι τι ἐναντίον· ὥστε τὴν πᾶσαν ἀπόδειξιν ἠρτῆσθαι
λοιπὸν τοῦ τῇ κύκλῳ φορᾷ μὴ εἶναι ἐναντίαν ἄλλην φοράν. ταύτην οὖν
ἀποδεῖξαι βουλόμενος | τὴν πρότασιν ὑπομιμνήσκει πάλιν τῶν τε ἁπλῶν
σωμάτων καὶ τῶν ἁπλῶν κινήσεων· ἔδει γὰρ ταύτας ὑπ' ὄψιν προθεῖναι,
διότι ἁπλῆ οὖσα ἡ κύκλῳ κίνησις, εἴπερ εἶχέ τινα κίνησιν ἐναντίαν, μίαν
⟨ἂν⟩ τινα τῶν ἁπλῶν εἶχεν· τῶν δὲ ἁπλῶν σωμάτων ὑπέμνησε, διότι, εἴπερ
εἶχέ τι ἐναντίον τὸ κυκλοφορητικὸν σῶμα ἁπλοῦν ὄν, τούτων ἄν τι τῶν
ἁπλῶν εἶχεν. ἔστιν δὲ καὶ ἀλλήλων ταῦτα κατασκευαστικά· εἰ γὰρ ἁπλᾶ
σώματά ἐστι τὰ τὰς ἁπλᾶς κινήσεις κινούμενα, εἰ ταῦτα μόνα τὰ πέντε
ἐστὶν ἁπλᾶ, καὶ αἱ κινήσεις αἱ τρεῖς αὗται μόναι ἁπλαῖ κινήσεις, καὶ ταῦτα
μόνα ἁπλᾶ σώματα τὰ πέντε τριῶν οὐσῶν τῶν κινήσεων τῆς τε κύκλῳ
καὶ τῆς ἄνω καὶ τῆς κάτω. ἵνα οὖν μὴ ἐν ἀορίστοις ζητῶμεν τὴν ἐναν-
τίωσιν τοῦ τε κυκλοφορητικοῦ σώματος καὶ τῆς κύκλῳ κινήσεως, ἀλλ' ἐν
ὡρισμένοις τοῖς ἁπλοῖς, διὰ τοῦτο ταῦτα πάλιν προστέθεικεν. αἴτιον δὲ
τοῦ τὰς μὲν ἁπλᾶς κινήσεις τρεῖς εἶναι, τὰ δὲ ἁπλᾶ σώματα πέντε, ὅτι
ἐπὶ μὲν τῶν ἐπ' εὐθείας κινουμένων ἔστι τι τὸ μὲν ἁπλῶς βαρύ, τὸ δὲ
ἁπλῶς κοῦφον, ἐναντία ἀλλήλοις, ἔστι δὲ καὶ δύο μέσα ἀμφοτέρων μὲν

---

2 ἐνστάσεις om. E   4 σαφινίζωμεν B   5 δ' c   διότι καὶ E   6 τὸν om. D
8 ἄναυξ᾽ A¹: ἀναυξής A²: ἄναυξις B   9 δυσὶ BDEc   προτάσεσι BD   τῇ τε
λεγούσῃ om. Ec   γιγνόμενον E   γίγνεται E   11 καὶ—ἐναντίον (12)] mg. E²
ταύτης] τοῦτο Ec   11. 12 δείξας Ec   12. 13 κύκλῳ φορᾷ D   14 τοῦ]
270ᵃ17   ἐναντίαι] ἐναντίας B   15 κύκλῳ] κύκλῳ φορᾷ D   17 τοῦ om.
AB   19 αὐτὰς c   21 ἂν] addidi: om. ABDEbc   εἶχε BDE²   22 ἄν
τι] corr. ex ἀντὶ A²   23 ἔστι BDEc   24 post εἰ del. γὰρ E²   25 αἱ τρεῖς—
κινήσεις] om. D: αὗται μόναι ἁπλαῖ αἱ τρεῖς Ec   27 μὴ οὖν E   ζητοῦμεν ABE:
corr. E²   29 ὁρισμένοις A   προτέθεικεν AB   32 ἔστι] seq. ras. 1 litt. E
μὲν om. Ec

μετέχοντα, ἀλλ' ἑκάτερον μᾶλλον θατέρου. ταῦτα τοίνυν κινεῖται μὲν τὴν 66ᵃ αὐτὴν κίνησιν ἐκείνοις, ὧν μᾶλλον μετέχει· κινεῖται γὰρ κατὰ τὸ ἐπικρα- 21 τοῦν· ἀλλ' οὐχ ὁμοίως ἐκείνοις· γῆ μὲν γὰρ μέχρι τοῦ κέντρου καὶ πῦρ ἕως οὐρανοῦ, τὰ δὲ μέσα μέχρι τῶν ἄκρων στοιχείων, διότι οὔτε κοῦφος
5 ἄκρως ὁ ἀὴρ οὐδὲ βαρὺ ἄκρως τὸ ὕδωρ, ὥστε δυνατὸν ἦν καὶ τὰς κινή- 25 σεις εἰς πέντε διελεῖν. ἐὰν δὲ δειχθῇ, ὅτι τῇ κύκλῳ κινήσει οὐκ ἔστιν ἐναντία, εἰκότως ἡ κύκλῳ κίνησις ἀδιαίρετος ἔμεινεν· οὐ γάρ ἐστί τι ἧττον κυκλοφορητικόν, ὡς ἧττον κοῦφον καὶ ἧττον βαρύ· τὸ γὰρ ἧττον τούτοις διὰ τὴν τοῦ ἐναντίου μίξιν συνέβη.

10 p. 270ᵇ32 **Ὅτι δὲ οὐκ ἔστι τῇ κύκλῳ φορᾷ ἐναντία ἄλλη φορά, πλεοναχόθεν ἄν τις λάβοι τὴν πίστιν.**

Διὰ πλειόνων ἐπιχειρημάτων δείκνυσιν, ὅτι τῇ κύκλῳ φορᾷ οὐκ ἔστιν 35 ἐναντία ἄλλη φορά, ἐκ διαιρέσεως, οἶμαι, προάγων τὸν λόγον. ἐπειδὴ γὰρ ἁπλαῖ κινήσεις εἰσὶν ἥ τε κύκλῳ καὶ αἱ ἐπ' εὐθείας δύο, εἰ ἔστι τῇ κύ-
15 κλῳ κινήσει ἐναντία, ἀνάγκη ἢ τῶν ἐπ' εὐθείας τινὰ εἶναι ἤ, εἰ μὴ τοῦτο, τὰς ἐπὶ περιφερείας, καὶ ἤτοι τὰς ἐπί τινος τμήματος ἑνὸς κύκλου ἐναντίας εἶναι ἢ μείζονος ἢ ἐλάττονος ἡμικυκλίου ἢ τὰς ἐπὶ ἡμικυκλίου ἑνὸς 40 ἢ τὰς ἐπὶ δυοῖν ἡμικυκλίων ἑνὸς κύκλου ἢ τὰς ἐπὶ κύκλου ἑνός· εἰ δὲ μηδεμία τούτων ἐναντία ἐστίν, οὐδὲ ἔστιν ὅλως ἐναντία. τούτων δὲ τὸ
20 πρῶτόν ἐστι τοιοῦτον· εἰ ἔστιν ἐναντία τις τῇ κύκλῳ κινήσει κίνησις, ἡ ἐπὶ τῆς εὐθείας μάλιστα ἂν εἴη· ἀλλὰ μὴν ἡ ἐπ' εὐθείας κίνησις οὐκ 45 ἔστιν ἐναντία τῇ κύκλῳ· οὐκ ἄρα ἔστι τις τῇ κύκλῳ κινήσει ἐναντία ἄλλη | κίνησις. καὶ τὸ μὲν συνημμένον δείκνυσι δυνάμει οὕτως· εἰ τῇ 66ᵇ περιφερεῖ γραμμῇ ἡ εὐθεῖα μάλιστα ἀντικεῖσθαι δοκεῖ ὡς ἄκλαστος πρὸς
25 πανταχόθεν περικεκλασμένην, καὶ ἡ ἐπ' εὐθείας κίνησις τῇ κύκλῳ κινήσει μάλιστα ἀντικεῖσθαι δόξει· ἀλλὰ μὴν τὸ ἡγούμενον· τὸ ἄρα λῆγον. πρὸς 5 δὴ τὴν πρόσληψιν ταύτην ἔνστασίν τινα φερομένην διαλύει μεταξὺ τὴν λέγουσαν, ὅτι τὸ κοῖλον τὸ ἐν τῇ περιφερείᾳ ἀντίκειται τῷ κυρτῷ μάλιστα. λέγει οὖν, ὅτι τὸ κοῖλον καὶ τὸ κυρτὸν ταὐτὸν ὄντα τῷ ὑποκειμένῳ, σχέσει
30 δὲ μόνῃ διαφέροντα, κἂν ἀλλήλοις ἀντίκειται κατὰ τὴν σχέσιν, ἀλλ' ὅταν 10 συνδυασθῶσι καὶ συντεθῶσιν εἰς μίαν τὴν περιφέρειαν, τότε πρὸς τὴν εὐθεῖαν ἀντίκεινται· ἡ δὲ τῶν κινήσεων διαφορὰ οὐ κατὰ τὰς σχέσεις γίνεται· ὥστε τὸ ἐξ ἀρχῆς ἀληθές, ὅτι ἡ περιφέρεια πρὸς τὴν εὐθεῖαν ἀντίκειται, καὶ τὸ συνημμένον τὸ πρότερον ἀληθὲς τό, εἰ ἔστιν ἐναντία τις τῇ 15

---

4 ἕως] ἕως τοῦ c   ἄχρι Ec   κούφως D   5 ἄκρως (alt.)] ἄκρος E: corr. E¹
6 δὲ] suprascr. D¹   7 μένει Ec   9 ante μίξιν del. Cω ἐστίν E¹   10 δ' c
14 αἱ—τῶν (15)] mg. A¹   αἱ] ἡ B   18 δυεῖν D   ἑνὸς κύκλου] ἡμικυκλίου E: κύκλου E²   ἢ—ἑνὸς om. c   19 οὐδὲ—ἐναντία] bis, lemmate interposito E   22 τῇ (alt.)] corr. ex τῆς D¹   25 περικεκλασμένην CDEb: περικεκλασμένη ABE²   27 πρόληψιν E   33 ὅτι—ἀληθές (34) om. E   τὴν om. B
34 τὸ πρότερον om. Ec

κύκλῳ κίνησις, τὴν ἐπ' εὐθείας μάλιστα ἐναντίαν εἶναι. ὅτι δὲ καὶ ἡ 66ᵇ πρόσληψις ἀληθὴς τοῦ ἐξ ἀρχῆς συλλογισμοῦ ἡ λέγουσα· ἀλλὰ μὴν ἡ ἐπ' εὐθείας κίνησις οὐκ ἔστιν ἐναντία τῇ κύκλῳ· δείκνυσιν ἐκ τοῦ τὰς ἐπ' εὐθείας ἀλλήλαις ἠναντιῶσθαι τὴν ἐπὶ τὸ ἄνω τῇ ἐπὶ τὸ κάτω. τὸ γὰρ 20
5 ἄνω καὶ κάτω τόπων εἰσὶν ἐναντιώσεις, αἱ δὲ φοραὶ ἀπὸ τῶν τόπων μάλιστα τὴν ἐναντίωσιν ἔχουσιν· ἐναντίαι γὰρ φοραὶ αἱ ἀπὸ τῶν ἐναντίων τόπων εἰς τοὺς ἐναντίους γινόμεναι. εἰ οὖν αἱ ἐπ' εὐθείας ἀλλήλαις εἰσὶν ἐναντίαι καὶ ἓν ἑνὶ ἐναντίον, ὅπερ νῦν ὡς σαφὲς παρῆκε διὰ τὸ πολλάκις 25 εἰρῆσθαι, καὶ δύο εἰσὶν αἱ ἐπ' εὐθείας καὶ οὐ πλείους, διὸ καὶ προεξέθετο
10 τὰς τῶν ἁπλῶν κινήσεων διαφοράς, οὐκ ἂν τῇ κύκλῳ ἐναντία εἴη ἡ ἐπ' εὐθείας. ἐπιστῆσαι δὲ χρή, εἰ, ὥς φησιν Ἀλέξανδρος, ἀπὸ τοῦ μᾶλλον καὶ ἧττόν ἐστιν αὕτη ἡ ἐπιχείρησις, διότι, ὡς οἶμαι, τῷ μὲν μᾶλλον ἀν- 30 τίκειται τὸ ἧττον, τῷ δὲ μάλιστα οὐκ ἀντίκειται, εἰ μὴ ἄρα ἀντὶ τοῦ μᾶλλον εἴληπται νῦν τὸ μάλιστα, ἢ καὶ ἡ ἀπὸ τοῦ μάλιστα καὶ τοῦ
15 ἀντικειμένου αὐτῷ οὐδαμῶς ἀπόδειξις ἀπὸ τοῦ γένους τοῦ μᾶλλον καὶ ἧττόν ἐστιν.

p. 271ᵃ5 **Ἔπειτα εἴ τις ὑπολαμβάνει τὸν αὐτὸν εἶναι λόγον.**

Εἰπόντος, ὅτι αἱ ἐπ' εὐθείας κινήσεις ἐναντίαι εἰσὶν αἱ ἀπὸ τῶν ἐναν- 40 τίων τόπων, πρόχειρον ὑπολαβεῖν, ὅτι καὶ ἐπὶ τῆς περιφερείας τῆς μείζο-
20 νος ἢ ἐλάττονος ἡμικυκλίου αἱ ἀπὸ τῶν ἀντικειμένων ἐπὶ τὰ ἀντικείμενα φοραὶ ἐναντίαι εἰσίν, οἷον ἡ ἀπὸ τοῦ Α πρὸς τὸ Β φορὰ ἐναντία τῇ ἀπὸ

τοῦ Β πρὸς τὸ Α. λέγει τοίνυν, ὅτι ἡ τοιαύτη λῆψις, κἂν ἐπὶ περιφερείας 45 δοκῇ, ἀλλὰ κατά γε τὸ ἀληθὲς ὡς ἐπ' εὐθείας εἴληπται, ἐὰν ὡς ἀπὸ ἐναντίου τόπου ἐπὶ ἐναν|τίον λαμβάνωνται. καὶ τὴν αἰτίαν θαυμασίως 67ᵃ
25 προσέθηκεν εἰπών αὕτη γὰρ πεπέρανται, περιφέρειαι δὲ ἄπειροι ἂν εἶεν περὶ τὰ αὐτὰ σημεῖα, τὸ μὲν πεπέρανται ἀντὶ τοῦ 'μία ἐστὶν' εἰπών· ἀπὸ γὰρ σημείου ἐπὶ σημεῖον ἀδύνατον πλείους μιᾶς εὐθείας 5 ἐπιζεῦξαι· εὐθεῖα γάρ ἐστιν ἡ ἐλαχίστη τῶν τὰ αὐτὰ πέρατα ἐχουσῶν, ἡ δὲ ἐλαχίστη μία. καὶ ὅτι τῷ ἀριθμῷ ἀλλ' οὐ τῷ μεγέθει πεπερασμένην
30 τὴν εὐθεῖαν εἶπεν, δηλοῖ τὸ καὶ τὰς περιφερείας ἀπείρους εἰπεῖν· καὶ γὰρ

---

1 κίνησις ADEb: κινήσει CB   εὐθεῖαν B   2 πρόληψις E: corr. E²   4 ἀλλήλας E   7 τοὺς] corr. ex τὰς E¹   8 παρῆκε] seq. ras. 1 litt. E: παρῆκεν B
9 καὶ (tert.)] καὶ οὐ AB   12 αὐτὴ AB   13 τῷ] corr. ex τὸ E²: τὸ AC   14 post pr. μάλιστα ras. 20 litt. E   ἡ om. AB   17 ἔπειτ' c   ὑπολαμβάνοι BE
19 πρόδηλον E: corr. E²: πρόχειρον ἦν CD   καὶ αἱ c   20. 21 φοραὶ ἐπὶ τὰ ἀντικείμενα B   21 Α] corr. ex πρώτων A²   22 ἐπὶ] ἐπὶ τῆς c   23 κατὰ om. CD   ἀπὸ BCD: ἀπὸ τοῦ AEc   Figuram habent AB et paullo aliter CD
24 ἐναντίον] ἐναντίων CE: corr. E²   25 πεπέραται B   περιφερεῖς δ' ex Aristotele c
30 εἶπε BDE²

αὗται τῷ ἀριθμῷ ἄπειροι, ἀλλ' οὐ τῷ μεγέθει· περιφερεῖς γὰρ ἀπείρους 67a
ἔστι περιγράψαι. εἰ γὰρ αἱ ἀπὸ τοῦ Α καὶ Β κινήσεις ἐναντίαι εἰσίν, αἱ
δὲ ἐναντίαι κινήσεις ἀπὸ ἐναντίων τόπων εἰσίν, αἱ δὲ ἀπὸ τῶν ἐναντίων
τόπων ἀπὸ τῶν πλεῖστον διεστηκότων εἰσίν, αἱ δὲ ἀπὸ τῶν πλεῖστον διε-
5 στηκότων ἀπὸ ὡρισμένην διάστασιν διεστηκότων εἰσίν· ἡ γὰρ πλείστη διά-
στασις ὥρισται· αἱ δὲ ἀπὸ ὡρισμένων διαστάσεων ἀπὸ τῶν εὐθεῖαν ἐχου-
σῶν μεταξύ· ἡ γὰρ ὁρίζουσα καὶ μετροῦσα τὰς διαστάσεις εὐθεῖά ἐστιν·
αὕτη γὰρ ὥρισται μόνη, διότι μόνη ἐλαχίστη ἐστὶ τῶν τὰ αὐτὰ πέρατα
ἐχουσῶν· αἱ δὲ ἀπὸ τῶν διαστάσεων τῶν ὡς εὐθεῖαν ἐχουσῶν μεταξὺ γι-
10 νόμεναι κινήσεις ὡς ἐπ' εὐθείας γίνονται, αἱ ἄρα ἀπὸ τοῦ Α καὶ Β κινή-
σεις, εἰ ὡς ἐναντίαι λαμβάνοιντο, ὡς ἐπ' εὐθείας λαμβάνονται. αἱ δὲ πε-
ριφέρειαι αἱ ἐπὶ τὰ αὐτὰ σημεῖα περιγραφόμεναι ἀόριστοί εἰσιν καὶ ἄπειροι·
εἴπερ οὖν ἐναντίαι αἱ ἀπὸ ἐναντίων τόπων, ἡ ἀπὸ τοῦ Α ἐπὶ τῆς ἐλαχίστης
περιφερείας οὐδὲν μᾶλλον τῇ ἀπὸ τοῦ Β ἐπὶ τῆς αὐτῆς ἐναντία ἔσται ἤπερ
15 τῇ ἀπὸ τοῦ Β ἐπὶ τῆς μεγίστης· ὁμοίως γὰρ καὶ ἐπὶ τῆς μεγίστης τὸ Β
ἐναντίον τῷ Α. ὁ δὲ αὐτὸς λόγος καὶ ἐπὶ τῶν ἀπείρων· οὐδὲ γὰρ οὐδὲ
τὸ πλεῖστον οὐδὲ τὸ ὡρισμένον ἔστιν ἐπὶ τῶν περιφερειῶν λαβεῖν τῷ δύ-
νασθαι πάσης τῆς περιγεγραμμένης περιφερείας καὶ μείζονα καὶ ἐλάττονα
λαβεῖν. ἔτι δέ, εἰ ἡ ἀπὸ τοῦ Α φορὰ ἐναντία τῇ ἀπὸ τοῦ Β, ἔσται ἡ
20 ἐπ' εὐθείας φορὰ ἐναντία τῇ κύκλῳ, εἰ ἡ μὲν ἀπὸ τοῦ Α ἐπὶ τῆς εὐθείας
τῆς μεταξὺ τῶν ΑΒ γίνοιτο, ἡ δὲ ἀπὸ τοῦ Β ἐπὶ περιφερείας.

p. 271a 10   Ὁμοίως δὲ καὶ ἡ ἐπὶ τοῦ ἡμικυκλίου τοῦ ἑνός.

Ἀνελὼν τὸ ἐναντίας εἶναι τὰς ἐπὶ τῆς μείζονος ἢ ἐλάττονος ἡμικυ-
κλίου περιφερείας κινήσεις ἐκ τοῦ ἀπείρους καὶ ἀορίστους εἶναι τὰς περι-
25 φερεῖς δέδωκεν ὑπονοεῖν, ὅτι διὰ τὸ πλῆθος ἐκείνων συνήχθη τὸ εἰρημένον
καὶ οὐ διὰ τὴν τῆς περιφερείας καὶ τῆς εὐθείας φύσιν· νῦν οὖν ἐπὶ ἑνὸς
ἡμικυκλίου, μίαν δηλονότι περιφέρειαν ἔχοντος, τὸ αὐτὸ πάλιν δείκνυσιν.
καὶ γὰρ ἐπὶ τοῦ ἡμικυκλίου τοῦ ἐπὶ τῆς ΓΔ περιγεγραμμένου, αἱ ἀπὸ τοῦ

Γ καὶ Δ ἐπὶ τῆς περιφερείας | κινήσεις, εἰ ὡς ἐναντίαι λαμβάνοιντο, αἱ 67b

---

1 περιφερείας D   3 ἀπό (pr.)] ἀπὸ τῶν DEc   ἀπὸ τῶν] ἀπὸ Α   5 διωρισμένην Β
5. 6 διάθεσις A: corr. A²   6 τῶν ὡρισμένων Ec   7 ὡρίζουσα Ε   ἡ εὐθεῖα D   8 ἐστί]
seq. ras. 1 litt. E   αὐτά] corr. ex τοιαῦτα A   10 γίγνονται Ε   τοῦ] τῶν D   τοῦ
Β Ε   11 ὡς (pr.) om. c   εὐθεῖαν Β   12 ἐπί] ἀπὸ ΑΒ   τῶν αὐτῶν σημείων Β   αὐτά]
bis E: corr. E²   εἰσι BDEc   13 ἐναντία Ec   αἱ CDb: om. ABE: ἡ E²c   ἀπὸ τῶν
CDEc   τόπων] τούτων Β   ἡ] corr. ex ἢ E²   15 ὁμοίως—μεγίστης om. ΑΒ   Β]
δεύτερον A   17 τῷ] corr. ex τὸ E²   19 εἰ] suprascr. E²   τῇ] e corr. D¹   ἐστὲ Α
20 ἐπ' εὐθείας] εὐθεῖα Β   21 γίγνοιτο DE   ἡ om. Β   22 ἐπί] ἀπὸ D   24 καὶ
om. Β   27 δείκνυσι BDc   28 περιγεγραμμένης Ε   αἱ] corr. ex καὶ E²   29 καὶ
om. Bb   Fig. om. E   λαμβάνοιντο—ἐναντίαι (p. 148,1)] mg. E²

αὐταὶ τῇ ἐπὶ τῆς διαμέτρου εἰσίν. εἰ γὰρ αἱ ἐναντίαι πάλιν διὰ τὸ ἀπὸ 67ᵇ
τόπων πλεῖστον ἀλλήλων ἀπεχόντων ἐναντίαι εἰσίν, ἡ δὲ πλείστη ἀποχὴ
ὥρισται, τὴν δὲ ὡρισμένην ἀποχὴν κρίνομεν τῇ ἐλαχίστῃ τῶν τὰ αὐτὰ 5
πέρατα ἐχουσῶν, αὕτη δέ ἐστιν ἡ εὐθεῖα, δῆλον, ὅτι ὡς ἐπ' εὐθείας αἱ
5 κινήσεις γενήσονται καὶ ἐπὶ ταύτης τῆς ὑποθέσεως, καὶ οὐδὲν ἔλαττον ἡ
ἀπόδειξις ἔσχεν ἐπὶ ἑνὸς ἡμικυκλίου γενομένη· ὁμοίως δὲ καὶ ἐνταῦθα ὥσπερ
ἐκεῖ, εἰ ἐναντία ἡ ἀπὸ τοῦ Α τῇ ἀπὸ τοῦ Β, καὶ γίνοιτο ἡ μὲν ἐπὶ τῆς 10
εὐθείας, ἡ δὲ ἐπὶ τῆς περιφερείας, ἔσται ἐναντία ἡ ἐπ' εὐθείας τῇ κύκλῳ.
ὅτι δὲ καὶ τῶν ἐπὶ τῆς περιφερείας κινουμένων ἡ ἐναντίωσις ὡς ἐπ'
10 εὐθείας κινουμένων λαμβάνεται, δῆλον ἐκ τοῦ κατὰ τὴν πλείστην διάστασιν
εἰλῆφθαι, τὴν δὲ πλείστην διάστασιν κατὰ τὴν εὐθεῖαν ὡρίσθαι· περιφε- 15
ρείας γάρ ἐστιν ἄλλας ἄλλων καὶ μείζονας καὶ ἐλάττονας ἐπὶ τὰ αὐτὰ
σημεῖα περιγράψαι καὶ περὶ τὰ ἔλαττον διεστηκότα σημεῖα μεῖζον κύκλου
τμῆμα περιγράψαι καὶ περὶ τὰ πλέον διεστῶτα ἔλαττον. "εἰ δέ τις, φησὶν
15 Ἀλέξανδρος, τὰ ἐναντία τὸ ἄνω καὶ κάτω ὁρίσας καὶ ἐπιζεύξας τὴν ΓΔ 20

περιγράψει περὶ αὐτὴν ἡμικύκλιον νομίζων μὴ τῇ εὐθείᾳ λοιπὸν ὡρίσθαι
τὸ ἄνω καὶ κάτω, πρῶτον μέν, φησίν, οὐδὲν τῶν φύσει κινουμένων ἢ ἄνω
ἢ κάτω ἐπὶ τοῦ ἡμικυκλίου κινεῖται, ἀλλὰ κατ' εὐθεῖαν· κατὰ γὰρ τὴν
ἐλαχίστην· καὶ γὰρ καὶ οἱ ὄνοι, φησὶ Διογένης, κατὰ τὰς εὐθείας ἐπὶ τὴν 25
20 τροφὴν ἀπίασι καὶ τὴν πόσιν· ἔπειτα οὐδὲ ἁπλῆ κίνησίς ἐστιν ἡ ἐπὶ τοῦ
τοιούτου ἡμικυκλίου τοῦ ἔχοντος πέρατα τὸ ἄνω καὶ τὸ κάτω· οὐ γὰρ
μόνον κυκλικὴ ἐστιν, ἀλλ' ἅμα ἐπὶ τὸ ἄνω ἢ τὸ κάτω· οὐδὲ γάρ, ἄν κύ-
κλον ὅλον, φησί, περιγράψῃς τῇ ἀπὸ τῆς γῆς ἐπὶ τὸν οὐρανὸν εὐθείᾳ, τὸ 30
ἐπὶ τοῦδε κινούμενον ἁπλῆν κινεῖται κίνησιν, ἀλλ' ἅμα καὶ τὴν ἐπὶ τὸ
25 ἄνω καὶ κάτω μετὰ τῆς περιφεροῦς· μόνη γὰρ ἁπλῆ καὶ κύκλῳ ἡ περὶ
τὸ μέσον."

p. 271ᵃ13 Ὁμοίως δὲ κἂν εἴ τις κύκλον ποιήσας.

Μετὰ τὸ δεῖξαι καὶ ἐπὶ ἑνὸς ἡμικυκλίου, ὅτι οὐκ εἰσὶν ἐναντίαι κινή-

---

1 τῇ] εἰσι ταῖς E: εἰσι τῇ c   ἐπί] ἀπὸ B   τῆς om. E   εἰσίν om. Ec
5 οὐδὲ ΑΒ   6 γινομένη B   7 εἰ] corr. ex ἡ E²   ἡ om. ΑΒ   τοῦ] τῆς
ΑΒ   τοῦ] τῆς ΑΒ   καὶ om. A   10 διάστασιν] bis E, sed corr.
11 ὥρισται E: corr. E²   13 διεστῶτα c   14 πλεῖον Ec   15 ὁ Ἀλέξανδρος D
τὸ] τῷ Ec   post καὶ (pr.) eras. τῷ E   Fig. om. DE   16 περιγράψῃ ΑΒΕ: corr. E²
17 τὸ κάτω D   οὐδὲ B   19 οἱ om. B   Διογένης] an Cynicus?   21 πέρα
E: corr. E²   22 ἅμα] ἅμα ἢ E   ἢ] καὶ c   οὐδὲ DEb: οὐ ΑΒ   23 φησί]
seq. ras. 1 litt. E   περιγράψας ΑΒ   ἀπό] corr. ex ἐπὶ B   εὐθείας B
28 καὶ om. D   ἐναντία B

σεις αἱ ἐπ' αὐτοῦ ἀπὸ τῶν περάτων τῆς διαμέτρου γινόμεναι, διότι οὐχ 67ᵇ
ὁρίζεται ἡ πλείστη διάστασις, ἥτις εἰδοποιεῖ τὰ ἐναντία, ὑπὸ τῆς περιφε- 41
ρείας ἀλλ' ὑπὸ τῆς εὐθείας, νῦν ἐπὶ δυεῖν συνημμένων ἡμικυκλίων εἰς ἕνα
κύκλον τοῦ τε Η καὶ τοῦ Θ δείκνυσιν, ὅτι, κἂν τὸ μὲν ἐπὶ τοῦ Η ἡμικυ-

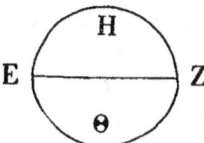

5 κλίου κινῶ τὸ ἀπὸ τοῦ Ε ἐπὶ τὸ Ζ, τὸ δὲ ἐπὶ τοῦ Θ ἀπὸ τοῦ Ζ πρὸς 45
τὸ Ε, οὐδὲ οὕτως ἐναντίαι εἰσὶν αἱ κινήσεις διὰ τὴν αὐτὴν αἰτίαν· οὐδὲ
γὰρ ὁρίζουσιν | αἱ περιφέρειαι τὴν πλείστην διάστασιν, καθ' ἣν τὰ ἐναν- 68ᵃ
τία χαρακτηρίζεται, ἀλλὰ κατὰ τὴν ΕΖ διάμετρον ὁρίζεται· καὶ διὰ τοῦτο
πάλιν, εἰ ὡς ἐναντίαι λαμβάνοιντο αἱ κινήσεις, ὡς τὴν ἐπὶ τῆς εὐθείας 5
10 διάστασιν κινούμεναι λαμβάνονται, ἀλλ' οὐχὶ τὴν ἐπὶ τῆς περιφερείας.
    Δείξας δὲ ἐπί τε τῆς περιφερείας τῆς μείζονος ἢ ἐλάττονος ἡμικυ-
κλίου καὶ τοῦ ἑνὸς ἡμικυκλίου καὶ τῶν δυεῖν τῶν συνημμένων, ὅτι οὐκ
εἰσὶν αἱ ἐπὶ τούτων φοραὶ ἐναντίαι, κἂν ἀπὸ τῶν ἀντικειμένων δοκῶσι γί-
νεσθαι, ἐπάγει· εἰ δὲ καὶ αὗται ἐναντίαι, ἀλλ' οὔτι γε αἱ ἐπὶ τοῦ 10
15 ὅλου κύκλου φοραὶ ἀλλήλαις διὰ τοῦτο ἐναντίαι, κατὰ ἀντιπερί-
στασιν ἐπιχειρῶν. οὐδὲ γὰρ ὁ δείξας τὰς ἐπὶ τῶν ἡμικυκλίων ἐναντίας
ἤδη καὶ τὰς ἐπὶ τοῦ κύκλου δέδειχεν, ἐφ' οὗ πρόκειται νῦν ἡμῖν ἡ ἀπό-
δειξις· ἐπὶ μὲν γὰρ τῆς περιφερείας καὶ τῶν ἡμικυκλίων διὰ τὸ ἀντικεῖσθαι 15
τὰ τῶν περιφερειῶν πέρατα, ἀφ' ὧν καὶ ἐφ' ἃ κινοῦνται, δοκοῦσιν ἐναν-
20 τίον ἔχειν αἱ ἀπ' αὐτῶν κινήσεις, ἐπὶ δὲ τῶν ἐφ' ὅλου τοῦ κύκλου γινο-
μένων κινήσεων δύο τινῶν ἀντικινουμένων ἀλλήλοις οὐκ εἰσὶν ἀντικείμεναί
τινες ἀρχαὶ τῶν κινήσεων· ἀπὸ γὰρ τοῦ αὐτοῦ ἐπὶ τὸ αὐτὸ ἑκατέρα. σα- 20
φεστέραν δὲ αὐτὸς ποιήσει τὴν διαφορὰν τῶν ἐπὶ ἡμικυκλίου καὶ κύκλου
κινήσεων, ἐν οἷς δείκνυσιν ἐφεξῆς, ὅτι αἱ ἐπὶ τοῦ ὅλου κύκλου γινόμεναι
25 κινήσεις οὐκ εἰσὶν ἐναντίαι· ὥστε ἐκ περιουσίας ἐπὶ τῶν περιφερειῶν καὶ
τῶν ἡμικυκλίων ἀποδείξεις αὐτῷ παρελήφθησαν, οὐ μέντοι μάτην, ἀλλὰ 25
δείκνυσιν δι' αὐτῶν, ὅτι ἡ τῆς περιφερείας ὅλως φύσις οὐ δέχεται τὴν
κατὰ κίνησιν ἐναντίωσιν.

---

1 τῆς] τοῦ AB   1. 2 οὐχ ὁρίζεται A   2 ἥτις] corr. ex εἴτις E¹   3 δυεῖν A:
δυοῖν BE   δυσὶ συνημμένοις ἡμικυκλίοις CD   Fig. om. E; litt. Η Θ permutat D
4 Η (alt.) om. Ec   5 κινῶ τὸ] κινοῖτο B: κινῆται D   6 αὐτοῦ E   8 ἀλλὰ—
ΕΖ] in ras. E¹   κατά] καὶ E   12 δυοῖν Bc   13 ἀντικειμένων] ἐναντίων c
δοχοῦσι A   13. 14 γενέσθαι Ec   14 ἐπάγει] 271ᵃ17—19   αἱ DEb: καὶ αἱ
ABc   15. 16 ἀντιπερίστασιν ADE: ἀντιπαράστασιν BE²bc   16 τὰς om. D
19. 20 ἐναντίον] ἐναντίον τι CD: ἐναντίως c: contrarietatem b   20 ὅλον AB   21 ἀντι-
κινουμένων AD: ἀντικειμένων BCEb   22 ἀρχὴ A   αὐτοῦ] bis E, sed corr.
23 ἐπὶ τοῦ Ec   καὶ κύκλου om. c   24 ἐν] ἐφ' AB   οἷς] e corr. B   ἐπὶ]
ἀπὸ AB   κύκλου ὅλου D   25 ἐπὶ ABE: αἱ ἐπὶ DE²c   25. 26 ἡμικυκλίων
καὶ τῶν περιφερειῶν Ec   27 δείκνυσι BDEc   28 κίνησιν] φύσιν B

p. 271ᵃ19 Ἀλλὰ μὴν οὐδὲ ἡ ἀπὸ τοῦ Α ἐπὶ τὸ Β κύκλῳ φορὰ 68ᵃ
ἐναντία τῇ ἀπὸ τοῦ Α ἐπὶ τὸ Γ.

Νῦν αὐτὸ δείκνυσιν προσεχῶς τὸ προκείμενον, ὅτι μηδὲ αἱ ἐπὶ τοῦ 30
ὅλου κύκλου ἀνάπαλιν γινόμεναι κινήσεις ἐναντίαι ἀλλήλαις εἰσίν. δείκνυσι
5 δὲ αὐτὸ ἀπὸ τοῦ τῶν ἐναντίων κινήσεων ὁρισμοῦ· ἐναντίαι γὰρ ἦσαν κινή-
σεις αἱ ἀπὸ ἐναντίων τόπων εἰς ἐναντίους γινόμεναι· καὶ ἀπὸ τοῦ ὁρισμοῦ
τῆς κύκλῳ κινήσεως· ἐὰν γὰρ ᾖ κύκλος ὁ ΑΒΓ, καὶ κινοῖτό τι ἀπὸ τοῦ 35

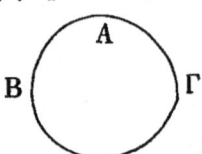

Α ἀρχόμενον ἐπὶ τὸ Β μέρος τοῦ κύκλου μέχρι τοῦ Α, ἄλλο δέ τι ἢ
καὶ τὸ αὐτὸ ἀπὸ τοῦ Α ἀρξάμενον καὶ ἔμπαλιν διὰ τοῦ Γ μέρους τοῦ
10 κύκλου ἰὸν ἔρχοιτο καὶ αὐτὸ ἐπὶ τὸ Α, αὗται αἱ κινήσεις ἄμφω ἀπὸ τοῦ 40
Α ἐπὶ τὸ Α γίνονται, τουτέστιν ἀπὸ τοῦ αὐτοῦ ἐπὶ τὸ αὐτό· τὸ γὰρ κύ-
κλῳ κινηθῆναι τὸν ὅλον κύκλον περιενεχθῆναί ἐστιν· αἱ δὲ ἐναντίαι κινή-
σεις ἀπὸ ἐναντίων εἰσὶ τόπων ἐπὶ ἐναντίους, οὐκ ἀπὸ τοῦ αὐτοῦ ἐπὶ τὸ
αὐτό· ὥστε αἱ κύκλῳ κινήσεις οὐκ εἰσὶν ἐναντίαι. ἐν δευτέρῳ σχήματι ἡ 45
15 συναγωγή. τῇ δὲ ἐπιχειρήσει ταύτῃ, φησὶν ὁ Ἀλέξανδρος, ἐνῆν καὶ ἐπὶ
τῶν προειρημένων | χρήσασθαι· οὐδεμία γὰρ ἀπὸ ἐναντίου εἰς ἐναντίον 68ᵇ
ἐγίνετο· φανερώτερον δέ ἐστιν ἐπὶ τοῦ κύκλου, ἐφ' οὗ οὐ μόνον οὐκ ἀπὸ
ἐναντίου εἰς ἐναντίον, ἀλλ' οὐδὲ ἀπὸ ἑτέρου εἰς ἕτερον, ἀλλ' ἀπὸ τοῦ αὐ-
τοῦ εἰς τὸ αὐτὸ ἡ κίνησις γίνεται· διὸ καὶ ἐπὶ τοῦτο παρέθετο αὐτήν.   5

20 p. 271ᵃ27 Εἰ δὲ καὶ ἦν ἡ κύκλῳ τῇ κύκλῳ ἐναντία, μάτην ἂν
ἦν ἡ ἑτέρα ἕως τοῦ ὁ δὲ θεὸς καὶ ἡ φύσις οὐδὲν μάτην ποι-
οῦσιν.

Δείξας, ὅτι οὐκ εἰσὶν ἐναντίαι αἱ ἐπὶ τοῦ αὐτοῦ κινήσεις ἔμπαλιν 10
ἀλλήλαις γινόμεναι, νῦν τὸ αὐτὸ καὶ διὰ τῆς εἰς ἀδύνατον ἀπαγωγῆς
25 δείκνυσιν συλλογιζόμενος οὕτως· εἰ ἦν ἡ ἐπὶ τοῦ αὐτοῦ κύκλου κίνησις
ἐναντία τῇ ἐπὶ τοῦ αὐτοῦ ἔμπαλιν γινομένῃ, μάτην ἂν ἦν ἡ ἑτέρα αὐτῶν.

---

1 οὐδ' c   3 δείκνυσι BDEc   τὸ προσεχῶς c   αἱ om. AB   4 γιγνόμεναι E
εἰσὶ B   6 ἀπὸ (pr.) AD: ἀπὸ τῶν BEc   γιγνόμεναι Ec   7 γὰρ om. AB
ὁ om. B   κινοῖτο] κινῶ τὸ A: κινῶτο E: κινῆται D   9 τὸ om. c   10 τὸ] τὸ
αὐτὸ ἐπὶ τὸ E: τὸ αὐτὸ τὸ c   11 ἐπὶ τὸ Α ADEb: om. B: ἐπὶ τὸ Γ E²c   γιγνον-
ται E   13 τῶν ἐναντίων Ec   15 ὁ om. DEc   16 οὐδεμία] οὐδὲ E
17 οὐ om. B   μόνου AB   18 εἰς (alt.)] ἐπὶ Ec   19 γίγνεται E   τούτου D
23 ἐπὶ] ἀπὸ AB   αὐτοῦ (κύκλου) c   24 γινόμεναι om. E   25 δείκνυσι BDEc
ἦ] suprascr. E²   26 αὐτοῦ κύκλου c   μάτην ἂν—κύκλου (p. 151,2) om. c   ἦν]
suprascr. B

ἀλλὰ μὴν ἀδύνατον τὸ μάτην εἶναι· οὐκ ἄρα ἐναντία ἡ κύκλῳ κίνησις τῇ 68ᵇ κύκλῳ. καὶ τὸ μὲν συνημμένον δείκνυσιν οὕτως· τὰ ἐπὶ τοῦ αὐτοῦ κύκλου ἀντιφερόμενα, ὁπόθεν ἂν ἄρξηται, εἰς πάντας ἄμφω ἀφικνεῖται τοὺς ἐν τῷ κύκλῳ τόπους, καὶ εἴπερ ἐναντίαι εἰσὶν αὗται αἱ φοραί, ὡς ὑπόκειται,
5 αἱ δὲ τῆς φορᾶς ἐναντιώσεις κατὰ τὰς τῶν τόπων εἰσὶν ἐναντιώσεις, εἰς πάντας ὁμοίως ἀφικνοῦνται τοὺς ἐναντίους ἐν τῷ κύκλῳ τόπους ἄμφω· εἰσὶν δὲ τόπου ἐναντιότητες τὸ ἄνω καὶ τὸ κάτω καὶ τὸ πρόσθιον καὶ τὸ ὀπίσθιον καὶ τὸ δεξιὸν καὶ τὸ ἀριστερόν, καὶ εἴπερ ἔστιν ἐν τῷ κύκλῳ τόπου ἐναντίωσις, πᾶσαι ἅμα εἰσίν· οὐδὲν γὰρ μᾶλλον ἄλλη ἄλλης·
10 διὰ παντὸς οὖν ἄμφω τοῦ κύκλου ἀντιφερόμενα ὑπαντᾷ ἀλλήλοις, καὶ ὡς ἐξ ἐναντίων τόπων πανταχοῦ καὶ ἐναντίας ἔχοντα φύσεις (οὐ γὰρ ἂν ἐναντίως ἐκινεῖτο μὴ ἐναντίας ἀρχὰς ἔχοντα κινήσεως) μάχονται ἀλλήλοις. καὶ εἰ μὲν ἰσοσθενῆ εἴη· τοῦτο γὰρ σημαίνει τὸ ἴσαι· οὐκ ἂν ἦν κίνησις αὐτῶν· τὰ γὰρ ἰσοσθενῆ ἐξ ἐναντίας φερόμενα ἵστησιν ἄλληλα, ὥστε μάτην
15 ἔσται ἄμφω ἀκίνητα μένοντα· εἰ δὲ ἡ ἑτέρα κίνησις κρατεῖ, τὸ κρατούμενον ὑπὸ τοῦ κρατοῦντος τὴν τοῦ κρατοῦντος περιαχθήσεται κίνησιν, καὶ οὕτως μία ἂν γίνοιτο ἡ κύκλῳ κίνησις τῆς κρατουμένης μὴ συμπληρούσης τὸν κύκλον. οὕτως δὲ μάτην ἂν εἴη ἡ ἑτέρα μὴ δυναμένη πρὸς τέλος ἀφικέσθαι τῆς οἰκείας ἐνεργείας· μάτην γὰρ ἐκεῖνο λέγομεν, ὃ τὴν ἑαυτοῦ
20 χρείαν μὴ παρέχεται, ὥσπερ ὑπόδημα· ὥστε, εἰ μὲν ἰσοσθενῆ ἐστιν, ἀκίνητα μένοντα ἄμφω ἔσται μάτην, εἰ δὲ ἐπικρατεῖ θάτερον, τὸ κρατούμενον ἔσται μάτην, καὶ οὕτως τὸ ἐν τῷ συλλογισμῷ συνημμένον ἀποδείκνυται. ἕπεται μὲν γὰρ τῷ ἔμπαλιν ἐπὶ τοῦ αὐτοῦ κύκλου κινεῖσθαι τὸ συμβάλλειν ἀλλήλοις αὐτά, τῷ δὲ ἐναντία κατὰ φύσιν ὑποκεῖσθαι καὶ ἐξ ἐναντίων
25 τόπων ἰέναι τὸ συμβάλλοντα μάχεσθαι· διὰ γὰρ τοῦτο, οἶμαι, τοὺς ἐναντίους ὑπέθετο τόπους ὁ Ἀριστοτέλης καὶ ὠνόμασεν αὐτοὺς ἐνδεικνύμενος, ὅτι, εἴπερ ἐναντίαι εἰσὶν αἱ ἐν τῷ κύκλῳ κινήσεις, καὶ τόποι ἐναντίοι εἰσὶν ἐν παντὶ τῷ κύκλῳ· οὐδὲν γὰρ μᾶλλον τῇδε ἢ τῇδε· καὶ | τὰ κινούμενα ὁμοίως εἰς πάντας ἀφικνούμενα τοὺς ἐναντίους τόπους ἀεὶ νεάζουσαν 69ᵃ
30 ἔχειν τὴν πρὸς ἄλληλα ἐναντίωσιν καὶ διὰ τοῦτο μάχεσθαι. τῷ δὲ μάχεσθαι ἕπεται ἢ τὸ ἱστᾶν ἄλληλα ἢ τὸ κρατοῦν ἑαυτῷ συμπεριάγειν τὸ κρατούμενον, ἐφ' οἷς ἀνάγκη ἢ ἄμφω μάτην εἶναι ἢ θάτερον. τὴν δὲ πρόσληψιν τὴν λέγουσαν· ἀλλὰ μὴν ἀδύνατον τὸ μάτην εἶναί τι τῶν φύσει· δείκνυσι προσλαβὼν ἄλλην πρότασιν τὴν λέγουσαν· ὧν θεὸς καὶ φύσις
35 αἴτιοι, οὐδὲν μάτην ἐστίν, ὅτι μηδὲν μάτην ποιοῦσιν· καὶ συνάγω δυνάμει

---

1 κίνησις om. C   3 ἐπιφερόμενα B   ἀμφότερα c   7 εἰσὶ BDEc   πρόσθεν Ac
8 τὸ (pr.) om. AB   ὄπισθεν Ac   9 ἐναντίωσις] —ωσις in ras. B   οὐδὲν Cb: οὐδὲ
ABDEc   10 ἀμφότερα c   12 μάχεται D   13 ἴσαι] (271ᵃ29) ἴση B: ἴσα D
14 φερόμενα] κινούμενα CD   15 ἀμφότερα c   17 οὕτω B   ἂν μία D: μία
ἂν μία C   γένοιτο Ec   συμπαρούσης E: corr. E²   18 οὕτω BD   τάτην B,
corr. mg.   20 μὴ] οὐ CD   21 μένοντα] μὲν ὄντα A: suprascr. E²   ἀμφότερα c
27 αἱ — εἰσὶν (28) om. E   28 ἢ τῇδε om. D   31 τὸ (alt.)] τὸ τό?   ἑαυτοῖς B
32 ἢ (pr.) om. Ec   ἀμφότερα c   33 πρόληψιν D   34 ἡ φύσις B   35 μηδὲν
E: μὴ δὲ AB: οὐδὲν D   ποιοῦσι BDEc   συναγαγὼν Ec

οὕτως· τῶν φύσει ὄντων θεὸς καὶ φύσις αἴτιοι· ὧν θεὸς καὶ φύσις αἴτιοι, 69ᵃ
οὐδὲν μάτην ἐστί· τῶν ἄρα φύσει ὄντων οὐδὲν μάτην ἐστίν. οὕτως μὲν
οὖν αὐτὸς ἐνόμισα δεῖν τὴν Ἀριστοτέλους ἀπόδειξιν ἀναλύειν καὶ διὰ τὰς
εἰρημένας αἰτίας. ὁ μέντοι Ἀλέξανδρος "διὰ τοῦ εἰπεῖν, φησίν, εἰς πάν- 15
τας ὁμοίως ἀφικνεῖσθαι τοὺς ἐναντίους τόπους οὐ τοῦτο εἶπεν,
ὅτι εἰσὶν ἐναντίοι τινὲς ἐν τῷ κύκλῳ τόποι, ἀλλ' εἰς δήλωσιν τοῦ πᾶν
μόριον ὀφείλειν τοῦ κύκλου τὸ τὴν κύκλῳ κινούμενον διελθεῖν. καίτοι τὸ
κύκλῳ κινούμενον ἐξ ἀνάγκης πᾶν μόριον διέρχεται τοῦ κύκλου, καὶ οὐ
χρεία πρὸς τοῦτο ἦν τῆς τῶν τόπων ἐναντιώσεως." προελθὼν δὲ κάλλιον, 20
οἶμαι, ἐπέστησεν, ὅτι, εἰ ἐναντίαι κινήσεις εἰσὶν ἐπὶ τοῦ κύκλου, δεῖ καὶ
ἐναντίους εἶναι τόπους· αἱ γὰρ ἐναντίαι κατὰ τόπον κινήσεις κατὰ τὰς
τῶν τόπων ἐναντιώσεις γίνονται· πλὴν ὅτι τὸ ἐναντίους ἐν τῷ κύκλῳ τό-
πους εἶναι ὡς ἄτοπον, φησίν, ἐπάγει τῷ ἐναντίας ἐν τῷ κύκλῳ κινήσεις 25
γίνεσθαι καὶ τὸ μὲν ἄνω τὸ δὲ κάτω εἶναι ἐπὶ τῆς περιφερείας καὶ τὰς
ἄλλας ἀντιθέσεις· οὐ φαίνεται δὲ τοσοῦτον ὡς ἄτοπον ἁπλῶς ἐπάγων, κἂν
ἄτοπον εἴη, ὅσον ὡς ἀκόλουθον μὲν τῇ ὑποθέσει, πρὸς δὲ τὸ μαχητικὸν
τῶν ἀντικινουμένων συμβαλλόμενον τὸ ἀπὸ ἐναντίων ὡρμῆσθαι τόπων. 30
τεκμαίρομαι δὲ ἐκ τοῦ τὸ μὲν ἄτοπον τοῦτο τῷ εἶναι τοὺς ἐναντίους τό-
πους ἀκολουθεῖν, αὐτὸν δὲ προσχρήσασθαι τῷ τὸ κινούμενον, ὁπόθεν ἂν
ἄρξηται, εἰς πάντας ὁμοίως ἀφικνεῖσθαι τοὺς ἐναντίους τόπους,
ᾧ ἕπεται τὸ ἀεὶ νεάζειν κατὰ τὴν ἐναντίωσιν τῆς δυνάμεως. "ἀλλὰ καὶ 35
δύο, φησὶν Ἀλέξανδρος, δύνανται ἐπιχειρήσεις εἶναι διὰ τῆς λέξεως ταύτης
λεγόμεναι· μία μέν, ὅτι μάτην ἡ ἑτέρα ἐστίν, ὃ εἰπὼν ὕστερον αὐτοῦ τὴν
αἰτίαν ἀποδίδωσιν μετὰ τὴν ἑτέραν ἐπιχείρησιν, δι' ὧν ἐπιφέρει εἰ μὲν
γὰρ ἴσαι ἦσαν, οὐκ ἂν ἦν κίνησις αὐτῶν· ταῦτα γὰρ τοῦ μάτην ἂν 40
εἶναι τὴν ἑτέραν δεικτικά." καίτοι τὸ οὐκ ἂν ἦν κίνησις αὐτῶν ἀμφό-
τερα μάτην ἔσεσθαι σημαίνει, καὶ ὁ Ἀριστοτέλης τὸ μάτην ἂν θάτερον
ἦν σῶμα ἐπὶ τῆς ἑτέρας ὑποθέσεως ἐπήγαγε, καθ' ἣν τὸ μὲν κρατεῖ, τὸ
δὲ κρατεῖται, κοινῶς δὲ τὸ ὁ δὲ θεὸς καὶ ἡ φύσις οὐδὲν μάτην ποι- 45
οῦσιν. "τὸ δὲ μεταξύ, φησὶν Ἀλέξανδρος, τῶν λέξεων τούτων ἄλλη τις
ἂν ἐπιχείρησις εἴη· καὶ γὰρ ἔν τισιν ἀντιγράφοις οὐχ οὕτως φέρεται ἡ 69ᵇ
γραφή· ὅτι ἀνάγκη τὸ κύκλῳ φερόμενον, ἀλλ' οὕτως· ἔτι ἀνάγκη
τὸ κύκλῳ φερόμενον, ὡς ἄλλο τι προστιθέντος αὐτοῦ τῷ προειρημένῳ·
καὶ εἴη ἂν τὸ προστιθέμενον, ὅτι, ἂν γίνωνταί τινες ἐπὶ τοῦ αὐτοῦ κύκλου 5

---

1 ἡ φύσις B   ἡ φύσις B   2 ἐστί] ἐστίν BE: ν eras. E   3 ἐνόμισε E:
corr. E²   καὶ—αἰτίας (4) om. D   5 τοὺς τόπους τοὺς ἐναντίους D   6 πᾶν—
alt. τὸ (7)] πᾶν μόριον ὀφείλειν τοῦ E: τὸ κύκλῳ κινούμενον πᾶν μόριον ὀφείλειν τοῦ κύκλου
περιελθεῖν τὸ γὰρ E² et c, nisi quod pro τὸ γὰρ hab. καίτοι τὸ   7 ὀφείλειν B
10 δεῖ δὲ B   12 γίγνονται E   τὸ] τῷ E²c   13 τῷ (pr.)] τὸ Ec   14 γίγ-
νεσθαι E   15 ἁπλῶς ὡς ἄτοπον D   17 ἀντικειμένων Ec   18 τοῦ τὸ] τοῦτο A:
τούτου E: corr. E²   19. 20 ἂν ἄρξηται] ἀπάρξηται E   20 ὁμοίως εἰς πάντας D
21 ἕπεται τὸ] ἐπέτατο AB   24 ἀποδίδωσι BD   25 ἦσαν ἴσαι Ec   26 ἦν]
ὂν B   26. 27 ἀμφοτέρων B   28 ἐπήγαγε] seq. ras. 1 litt. E   29. 30 ποι-
οῦσι B   30 ἄλλη] ἀλλ' εἰ e corr. A   34 γένωνται ABc: γίνονται E

ἐναντίαι κινήσεις, ἀνάγκη διὰ πασῶν ἐνεχθῆναι τῶν ἐν τῷ κύκλῳ κατὰ 69ᵇ
τόπον ἐναντιώσεων, καὶ τίνες αἱ τῶν τόπων ἐναντιώσεις, προσέθηκεν· ὥστε
ἀναγκαῖον ἐπὶ τῆς περιφερείας εἶναι κατὰ τόπον ἐναντιώσεις· ἢ γὰρ τῷ
ἐπ' ἐναντία, φησί, κινεῖσθαι ἡ ἐναντία κίνησις ἐπὶ τοῦ κύκλου ὡς ἐπ' 10
5 εὐθείας, ἢ εἰ μὴ τοῦτο, τῷ δι' ἐναντίων γίνεσθαι τόπων, ὃ ἔχοι ἂν ἡ
κύκλῳ, εἰ ἔχοι ἐναντίωσιν, ἐπεὶ μὴ τὸ ἐπ' ἐναντίους γίνεσθαι τόπους ἔχει,
εἴ γε ἐπὶ ταὐτόν· ὃ εἰπών, φησίν, οὐκέτι προσέθηκε τὸ τοῦτο ἄτοπον
εἶναι τὸ ἐπὶ μιᾶς καὶ συνεχοῦς οὔσης τῆς κύκλῳ περιφερείας λέγειν εἶναι 15
ἐναντίους τόπους, τὸν μὲν ἄνω, τὸν δὲ κάτω, ἢ τὰς ἄλλας ἀντιθέσεις ἢ
10 καὶ πάσας, ἀλλ' ἐπαναλαβὼν ἔδειξε, πῶς προεῖπεν, ὅτι ἡ ἑτέρα μάτην."
οὕτως μὲν ὁ Ἀλέξανδρος· μήποτε δὲ ὁ ἔτι ἀνάγκη γράψας οὐ συνῄσθετο
τῆς συνεχείας τοῦ λόγου ἑνὸς ὄντος, οὐδ' ὅτι παρὰ τὴν Ἀριστοτέλους συν- 20
ηθείαν ἐστὶ τὸ τοιούτοις ὑπερβατοῖς χρῆσθαι. πῶς δέ φησι· τὸ ἐπὶ
ἐναντίους γίνεσθαι τόπους οὐκ ἔχει ἡ κύκλῳ κίνησις, εἴ γε ἐπὶ ταὐτόν;
15 ὅλως γὰρ ἐὰν ὑποτεθῇ ὁ κύκλος ἔχων ἐναντίους τόπους, καὶ δι' ἐναντίων
ἡ κίνησις πάντως, οἶμαι, καὶ ἐπ' ἐναντίους. συνῃρημένως δὲ ὁ Ἀλέξανδρος, 25
ὥς φησι, κατὰ τὸν αὐτοῦ διδάσκαλον Ἀριστοτέλην οὕτως ἐξέθετο τὴν ἀπό-
δειξιν τοῦ τῇ κύκλῳ κινήσει μὴ εἶναι ἐναντίαν κίνησιν μηδὲ τῷ κυκλοφο-
ρητικῷ σώματι ἐναντίον· "εἰ γάρ ἐστι, φησί, τῇ κύκλῳ κινήσει ἐναντία
20 κίνησις, ἤτοι ἐπ' εὐθείας τίς ἐστιν ἢ κυκλική· οὐδετέρα δέ, ὡς δειχθήσε- 30
ται· ὥστε οὐδὲ ἔστιν. ἐπ' εὐθείας μὲν οὖν οὐκ ἔστι κίνησις ἐναντία τῇ
κυκλικῇ· ποία γὰρ τῶν ἐπ' εὐθείας ἔσται αὐτῇ ἐναντία, καὶ τί μᾶλλον ἡ
ἑτέρα τῆς ἑτέρας; ἔτι ἀλλήλαις εἰσὶν αἱ ἐπ' εὐθείας ἐναντίαι, καὶ ἓν ἑνὶ ἐναν-
τίον· εἰ δὲ μηδεμίαν δυνάμεθα τῶν ἐπ' εὐθείας ἐναντίαν δεῖξαι τῇ κύκλῳ, οὐδ' 35
25 ἂν καθόλου ἡ ἐπ' εὐθείας εἴη τῇ κύκλῳ ἐναντία. ἀλλὰ οὐδὲ ἡ κύκλῳ
ἐστὶν ἐναντία· ἐναντίαι γὰρ αἱ ἐξ ἐναντίων εἰς ἐναντία γινόμεναι· αἱ γὰρ
τῆς φορᾶς ἐναντιώσεις κατὰ τὰς τῶν τόπων εἰσὶν ἐναντιώσεις, τὰ δὲ κυ-
κλικῶς καὶ ἐπὶ κύκλου κινούμενα ἀπὸ τοῦ αὐτοῦ ἐπὶ τὸ αὐτὸ κινεῖται, 40
κἂν ἀντικινῆται ἀλλήλοις, αὐτὸ δὲ αὑτῷ οὐδέν ἐστιν ἐναντίον· ὥστε οὐκ ἂν
30 αἱ κύκλῳ ἀλλήλαις εἶεν ἐναντίαι· ὑπεναντίον μὲν γάρ τι πάσχει τὰ οὕτως
ἀντικινούμενα ἀλλήλοις, οὐ μὴν ἐναντίαι αἱ κινήσεις αὐτῶν· οὐ γὰρ ἐπιδέ-
χονται τὸν τῶν ἐναντίων λόγον. εἰ δὲ μήτε ἡ ἐπ' εὐθείας μήτε ἡ ἐπὶ 45
τοῦ κύκλου τῇ κύκλῳ κινήσει ἐναντία κίνησίς | ἐστιν, οὐδ' ἂν τῷ κατὰ 70ᵃ

3 τῷ] τοῦ AB   4 ἐναντία (pr.)] ἐναντίας B   5 γίγνεσθαι ABE   ἔχοιεν E
6 ἔχει B   γίγνεσθαι E   7 οὐκέτι] οὐ B: οὔτι D   προσέθηκε] seq. ras. 1 litt. E
9 τὸ B   τὸ B   ἢ (alt.) om. AB   11 ἔτι] supraser. E²   συνῄσθητο B
12 παρά] περὶ B et comp. A   14 γίγνεσθαι E   15 ὅλος A   16 οἶμαι om. E
ἐναντίους] τοὺς ἐναντίους οἶμαι E: τοὺς ἐναντίους c   συνῃρημένος E: corr. E²   17 αὐ-
τοῦ E²: αὑτοῦ ABDE   Ἀριστοτέλην] comp. A: Ἀριστοτέλη B: Ἀριστοκλέα veri simili-
ter bc   οὕτως om. D   20 ἤτοι] ἤ— e corr. B   22 κύκλῳ D   μάλιστα E
25 ἀλλ' DEc   26 ἐναντία (alt.)] ἐναντίας D   27 φθορᾶς E: corr. E²   29 ἀντικι-
νεῖται AE: corr. E²   αὑτῷ DE²: αὐτῷ ABE   οὐκ ἂν] οὐδ' D   30 ἐναντία? D
31 ἀντικινούμενα Ab: ἀντικείμενα BDEc   οὐ μὴν] οὐκ ἦν AB: corr. A²   32 τὸν
om. AB   λόγων? E, sed corr.   33 ἐναντία ἐστὶ D   ἐστιν om. D

φύσιν αὐτὴν κινουμένῳ εἴη ἄν τι ἐναντίον. ὅτι δὲ οὐχ ὁμοίως τὰ ἐπὶ τοῦ 70ᵃ ἡμικυκλίου λέγεται κινεῖσθαι καὶ ἐπὶ τοῦ κύκλου, δῆλον ἐκ τοῦ τὰ μὲν κύκλῳ κινούμενα ἀπὸ τοῦ αὐτοῦ ἐπὶ τὸ αὐτὸ κινεῖσθαι κατὰ τὸ συνεχές, αἱ δὲ ἐπὶ τῆς διαμέτρου κινήσεις οὐ συνεχεῖς· ἀνακάμψαι γὰρ δεῖ τὸ κι- 5
νούμενον, τὸ δὲ ἀνακάμπτον ἀνάγκη στῆναι πρῶτον."

Ταῦτα μὲν οὖν ἀρκείτω πρὸς τὴν τῶν ῥηθέντων ὑπὸ τοῦ Ἀριστοτέλους σαφήνειαν, καὶ προσκείσθω, ὅτι τοῖς νομίζουσι μὴ λέγειν τὸν Ἀριστοτέλην ποιητικὸν αἴτιον τὸν θεόν, ἀλλὰ τελικὸν μόνον, ἔδει καὶ τὸ ἐν- 10 ταῦθα ῥηθὲν προφέρειν οὕτως σαφῶς εἰρημένον, ὅτι ὁ θεὸς καὶ ἡ φύσις
οὐδὲν μάτην ποιοῦσιν. καίτοι γέ τινες καὶ τοῦτο βιαζόμενοι οἱ μὲν τὸν θεὸν τὸν οὐρανὸν ἀκούουσιν, διότι ἡ τούτου κίνησις τῆς τῶν ἐνταῦθα φύσεώς ἐστιν αἰτία. καὶ ἀληθῆ λέγουσιν, εἴπερ τὸ 'προσεχῶς' προστεθεί- 15
κασιν· ὁ γὰρ θεὸς δι' ἑαυτοῦ τὰ οὐράνια ὑφιστῶν διὰ τῆς ἐκείνων κινήσεως καὶ τὰ ὑπὸ σελήνην δημιουργεῖ γινόμενα ὄντα καὶ φθειρόμενα· τὸ
γὰρ ἀκίνητον αἴτιον, ὅσα δι' ἑαυτοῦ ποιεῖ, ἀίδιά τε καὶ θεοῖς ἰσαζόμενα ποιεῖ, ὡς καὶ ὁ Πλάτων φησί. τινὲς δὲ τὸν θεὸν ἐν τούτοις τὸν Ἀριστο- 20
τέλην τῇ φύσει συντάξαι φασὶ διὰ τὸ ἀξίωμα καταχρώμενον.

Ἀλλ' ἐπειδὴ διὰ τῶν ἐνταῦθα ῥηθέντων ὁ Ἀριστοτέλης ὡς ἐφ' ἑνὸς κύκλου γινομένης τῆς κινήσεως ἔδειξεν, ὅτι τῇ κύκλῳ κινήσει οὐκ ἔστιν
ἐναντία κίνησις, κἂν ἔμπαλιν ἀλλήλοις ἐπὶ τοῦ αὐτοῦ κινοῦνται κύκλου· ἢ γὰρ ἄμφω μάτην ἔσται ἄμφω βιαίως ἱστάμενα ἢ τὸ ἕτερον, ὅταν ὑπὸ 25
τοῦ ἰσχυροτέρου συμπεριάγηται· ζητεῖν ἄξιον, πῶς οὐκ ἐναντία κίνησίς ἐστιν ἡ τῶν πλανωμένων τῇ τῆς ἀπλανοῦς σφαίρας· οὐ γὰρ ἀντικινοῦνται
μόνον, ἀλλὰ καὶ ἀπὸ τῶν ἀντικειμένων τόπων ἐπὶ τοὺς ἀντικειμένους δο- 30
κοῦσι κινεῖσθαι, εἴπερ ἡ μὲν ἀπλανὴς ἀπ' ἀνατολῶν ἐπὶ δύσιν, αἱ δὲ πλανώμεναι ἀπὸ δύσεως ἐπ' ἀνατολήν· οὐδὲ γὰρ τὸ μὴ ἐπὶ τοῦ αὐτοῦ κύκλου
γίνεσθαι τὴν κίνησιν δοκεῖ κωλύειν τὴν ἐναντίωσιν· οὐδὲ γὰρ τὰ ἀπὸ τοῦ μέσου καὶ ἐπὶ τὸ μέσον ἐπὶ τῆς αὐτῆς εὐθείας ἀνάγκη κινεῖσθαι πάντα 35
οὐδὲ ὑπαντᾶν πάντως ἀλλήλοις. καὶ ὅλως αἱ ἐπὶ ἑνὸς κύκλου ἐναντίαι
δοκοῦσαι κινήσεις τῷ ἔμπαλιν κινεῖσθαι τὴν δοκοῦσαν ἐναντιότητα ἔχουσιν, οὐ μέντοι τῷ ἀπὸ ἐναντίων γίνεσθαι τόπων, ὅπερ μάλιστα τῶν ἐναντίων
κινήσεών ἐστιν ἴδιον· τὸ δὲ ἀπλανὲς καὶ τὸ πλανώμενον ἀπὸ ἐναντίων 40
δοκοῦσι κινεῖσθαι τόπων. ῥητέον τοίνυν; ὅτι τὰς ἐναντίας κινήσεις, περὶ ὧν νῦν ὁ λόγος ζητεῖ, καὶ ἐξ ἐναντίων εἶναι χρὴ τόπων καὶ εἰς ἐναντίους·

---

1 τοῦ om. c   2 λέγεται] comp. A: corr. ex λέγεσθαι E²: λέγει B   ἐπὶ ABDE: τὰ ἐπὶ E²c   3 κύκλῳ] κύκλου D   6 ἀρκεῖ τῷ A: ἀρκεῖ B   7 νομίζουσι] seq. ras. 1 litt. E   7. 8 Ἀριστοτέλη BE: corr. E¹   9 ῥητὸν D   οὕτω BD σαφῶ A   10 ποιοῦσι B: ποιεῖ E   καὶ καίτοι B   11 ἀκούουσι BDE²c 12. 13 προστεθήκασιν E: corr. E²   16 φησί] Tim. 41 c   16. 17 Ἀριστοτέλη BE: corr. E²   20 ἔκπαλιν B   κινῶνται D   21 ἀμφότερα c   ἀμφότερα c 22 συμπεριάγεται E   24 ἐπὶ] εἰς Ec   25 ἀνατολῆς D   27 γίγνεσθαι c κωλύειν] λύειν Ec   28 τὸ μέσον] τοῦ μέσου καὶ ἐπὶ τὸ μέσον E   29 ante ἑνὸς del. τοῦ B   30 ἐναντιώτητα E, sed corr.   31 ἀπ' DE   γίγνεσθαι E   34 καὶ εἰς] κἂν εἰς AB

SIMPLICII IN L. DE CAELO I 4 [Arist. p. 271ᵃ27]   155

οὗτος γὰρ τῶν ἐναντίων κινήσεων ὁρισμός· καὶ μέντοι τὰ κινούμενα κατ' 70ᵃ
αὐτὰς ἰσοσθενῆ κατὰ τὸ δυνατὸν ἀλλήλοις εἶναι προσήκει, εἴπερ μὴ μέλλοι 45
τοῦ ἑτέρου κρατοῦντος ταχέως ἐκλείπειν ἡ ἐναντίωσις. ἀλλὰ καὶ συμβάλ-
λειν ἀλλή|λοις χρὴ τὰ κινούμενα κατ' αὐτὰς καὶ ἐναντία εἶναι κατὰ φύ- 70ᵇ
5 σιν, εἴπερ ἐναντίας λέγοιμεν κινήσεις τὰς τῶν ἐναντίων κατὰ φύσιν, καὶ
μεταβάλλειν εἰς ἄλληλα κοινὸν ὑποκείμενον ἔχοντα· ἐναντία γὰρ οὕτως τὰ
ἐξ ἀλλήλων γινόμενα· τοῦτο γάρ, οἶμαι, δέδεικται μετρίως. ἴδωμεν τοίνυν, 5
εἴ τι τούτων τῶν ἀφωρισμένων ἔχουσιν ἥ τε τοῦ πλανωμένου κίνησις καὶ
ἡ τοῦ ἀπλανοῦς. ἡ μὲν οὖν ἀνατολὴ καὶ δύσις, ἀφ' ὧν ὡς ἀντικει-
10 μένων δοκοῦσι κινεῖσθαι, πρῶτον μὲν κατὰ τὴν πρὸς ἡμᾶς σχέσιν ἔχουσι
τὸ εἶναι καὶ οὐ πρὸς τὸ πᾶν· ἡ γὰρ πρὸς ἄλλους ἀνατολὴ πρὸς ἄλλους 10
ἐστὶ δύσις. ἔπειτα ἑκατέρα τούτων κατὰ ταὐτὸν ἀπ' ἀνατολῆς τε καὶ ἀπὸ
δυσμῶν ἂν λέγοιτο κινεῖσθαι· τῆς γὰρ ἀπλανοῦς ὥσπερ τὸ ὑπὲρ γῆν ἡμι-
σφαίριον ἀπ' ἀνατολῆς φαίνεται κινούμενον ἐπὶ δύσιν, οὕτως τὸ ὑπὸ γῆν
15 ἔμπαλιν ἀπὸ δύσεως ἐπ' ἀνατολήν· οὐ γὰρ ἂν οἱ δεδυκότες ἀστέρες πάλιν 15
ἀνέτελλον· τοῦ δὲ πλανωμένου τὸ μὲν ὑπὲρ γῆν ἀπὸ δύσεως ἐπ' ἀνατολὴν
δοκεῖ κινεῖσθαι, τὸ δὲ ὑπὸ γῆν ἔμπαλιν, ἄμφω δὲ ἀπὸ τῶν αὐτῶν ἐπὶ τὰ
αὐτὰ ἀνακυκλούμενα φέρονται, κἂν νοήσῃς τι σημεῖον ἔξωθεν ἑκατέρας
αὐτῶν, πᾶν μέρος ἀρχόμενον ἀπ' ἐκείνου πάλιν εἰς αὐτὸ τελευτᾷ, καὶ 20
20 ὁμοίως κατὰ φύσιν ἄμφω ἀφίστανταί τε αὐτοῦ καὶ πρὸς αὐτὸ ἵενται. πῶς
δὲ ὅλως ἐκ τῶν ἐναντίων εἰς τἀναντία λέγοιντο ἂν κινεῖσθαι, ὅταν ἑκατέρα
αὐτῶν ἐν πᾶσιν ἔστιν ἀεὶ τοῖς τόποις, εἰ καὶ ἄλλοτε κατ' ἄλλο μόριον,
καὶ ἀπὸ πάντων καὶ ἐπὶ πάντας ὁμοίως κατὰ φύσιν κινοῦνται; καίτοι καὶ 25
τὰ ὑπὸ σελήνην ἐπ' εὐθείας κινούμενα στοιχεῖα, εἰ διαύλους συνεχεῖς ἐποι-
25 οῦντο κινούμενα καὶ ὁμοίως κατὰ φύσιν ἀνέβαινέν τε καὶ κατέβαινε καὶ μά-
λιστα ἐν ἄλλῳ τόπῳ, ὡς μηδὲ ὑπαντᾶν ἀλλήλοις, καὶ τὰ μὲν ἐπὶ δεξιὰ
τὰ δὲ ἐπ' ἀριστερὰ τὴν κίνησιν ἐποιεῖτο, οὐδεὶς ἄν, οἶμαι, οὔτε τὰς κινή- 30
σεις αὐτῶν ἐναντίας οὔτε αὐτὰ τὰ κινούμενα ἔλεγεν ὁμοίως πρὸς πάντας
ἔχοντα τοὺς τόπους· τῶν γὰρ ἐναντίως κινουμένων ἑκάτερον ἀπ' ἐναντίου
30 τόπου πρὸς ἐναντίον κινούμενον πρὸς μὲν τὸν ἕτερον οἰκείως ἔχει, πρὸς δὲ
τὸν λοιπὸν ἀλλοτρίως. ἀλλ' οὐδὲ ἰσοσθενὴς ἀμφοῖν ἡ κίνησις, εἴπερ ἡ 35
ἀπλανὴς συμπεριάγει τὸ πλανώμενον· οὐ μέντοι οὐδὲ ἡ κρατοῦσα τὴν κρα-
τουμένην βιάζεται οὐδὲ ἀφανίζει τὴν κατὰ φύσιν κίνησιν αὐτῆς, ὅπερ ἐπὶ
τῶν ἐναντίων συμβαίνει κινήσεων. ὅτι δὲ οὐ βιάζεται, δῆλον ἐκ τοῦ τὸ
35 πλανώμενον καὶ τῆς τῆς ἀπλανοῦς κινήσεως κορεσθὲν τὴν κατὰ φύσιν 40

---

1 ὁ ὁρισμὸς D   3 ἐκλιπεῖν E²   3. 4 συμβαλεῖν B   4 χρὴ ἀλλήλοις D
αὐτοῦ AB   ἐναντίαι AB   6 μεταβαλλεῖν A: μεταβαλεῖν B   οὕτως] ἔστι c
9 τοῦ] τῆς D   9. 10 ἀντικειμένων] ἐξ ἐναντίων D   12 ἑκατέραν D: ἕκαστα B
ἀπὸ] suprascr. B: om. Ec   14 οὕτως καὶ B   17 δὲ (pr.)] postea add. A   γῆν
om. A   19 ἐκεῖνο E: corr. E²   τὸ αὐτὸ B   20 τε om. AB   21 τὰ
ἐναντία Ec   λέγοιντ' D: λέγοιτο Ec   κινῆσθαι A   22 μόριον] in ras. B
23 κινῶνται D   24 τὰ] τὸ A   25 ἀνέβαινέ BDEc   26 καὶ] κἂν D
28 πρὸς om. B   29 ἔχονται B   30 τὸ ἐναντίον E   τὸν om. B   δὲ] μὲν B
35 τῆς τῆς] scripsi cum b: τῆς ABDEc

ὅμως ἑαυτοῦ διαφυλάττειν ἐν τοῖς αὐτοῖς ἀεὶ μέτροις ἀνελιττόμενον· καίτοι 70b
εἴπερ ἐξ ἐναντίας καὶ οὕτως ἰσχυροτέρας ἐβιάζετο κινήσεως, μάλιστα μὲν
ἂν καὶ τελέως ἐπέπαυτο πάλαι τῆς οἰκείας κινήσεως, εἰ δὲ μή, ἀλλ' οὐκ
ἂν αὐτῆς τὸν ἀεὶ χρόνον τὴν ταυτότητα διεφύλαττεν βιαζόμενον· ὥστε οὐδὲ 45
5 ἐναντία τὰ οὕτως κινούμενα. κἂν ἐναντίαι δὲ ἦσαν αἱ κινήσεις αὗται |
τῷ ἀντιφέρεσθαι, ἀλλ' οὔτι γε οὕτως ἐναντίαι ἢ ἐναντίων ὡς εἰς ἄλληλα 71a
μεταβάλλειν, εἴπερ τὰ κινούμενα κατ' αὐτὰς τόποις ἰδίοις ἀφωρισμένα μὴ
πέφυκεν ἀλλήλοις ὑπαντᾶν μήτε καθ' ὅλα μήτε κατὰ μέρος· κἂν γὰρ
ἐφάπτεται ἀλλήλων, οὐχ ὡς ἐξ ἐναντίων ἰόντα τόπων καὶ κατὰ ἐναντίας 5
10 φύσεις, ἀλλ' ὡς ἀεὶ συνόντα ἀλλήλοις συνήθη τέ ἐστι καὶ προσήγορα.
ὅλως δὲ τὰ μεταβάλλοντα ἄλληλα κοινὸν ὑποκείμενον ἔχοντα καὶ συνυπάρ-
χειν ἀλλήλοις ἐν αὐτῷ μὴ δυνάμενα μάχεταί τε περὶ τοῦ ὑποκειμένου καὶ
μεταβάλλει ἄλληλα· ταῦτα δὲ οὔτε ὑποκείμενον ἔχει κοινόν, ἀλλ' ἰδίᾳ ἕκα- 10
στον, καὶ συνυπάρχειν πέφυκεν ἀλλήλοις φιλικῶς ἐφαπτόμενα. ἀλλ' οὐδὲ
15 τῶν ὑπὸ σελήνην αἱ ὁλότητες ἀλλήλας μεταβάλλουσιν, ἀλλὰ τὰ ἀποσπώ-
μενα μέρη· εἰ οὖν μηδὲν τούτων ἀποσπᾶται μόριον, οὐδὲ μεταβάλλειν εἰς
ἄλληλα πέφυκεν, εἰ δὲ καθ' ὅλα μεταβάλλει, εἰ μὲν συνεστῶτος τοῦ παν- 15
τός, ἄλλος ἂν ἐξ ἄλλου γένοιτο ὁ κόσμος, εἰ δὲ φθειρομένου, οὐκέτι μετα-
βάλλει, ἀλλὰ συμφθείρεται. τί οὖν; οὐδεμίαν, φαίη τις ἄν, ἔχει δύναμιν
20 ἡ ἀντιφορὰ τῶν σφαιρῶν οὐδὲ διαφέρει τι τὸ οὕτως ἢ ἐκείνως ἔχειν; ἢ
δύναμιν μὲν ἔχει μεγίστην τόν τε ὅλον κόσμον συναρμόζουσα καὶ τῆς 20
ὑπὸ σελήνην γενέσεώς τε καὶ φθορᾶς τὴν αἰτίαν παρεχομένη, οὐ μέντοι
οὕτως, ὥστε τὴν ἑτέραν ὑπὸ τῆς ἑτέρας μεταβάλλεσθαι, ὅπερ ὁ λόγος
ζητεῖ, ἀλλ' ὡς ἐναρμόνιον σύνταξιν δευτέρων πρὸς πρότερα γίνεσθαι.
25   Ταῦτα μὲν οὖν εἰρήσθω πρὸς τὴν ζήτησιν. ἐπειδὴ δὲ "πάλιν ἡ ὗς 25
παρορίνει", κατὰ τὸν μελοποιὸν Ἀλκαῖον, πάλιν ἀνάγκη πρὸς τὸν Γραμ-
ματικὸν ἀποκλίνειν τοῦτον μετὰ τῆς ἀνοίας καὶ κακοτροπίαν ἐν τοῖς λόγοις
πολλὴν ἐνδεικνύμενον. ἐν τούτοις γοῦν εἰπών, ὅτι διὰ δύο τινῶν ὑποθέ-
σεων τοῦ Ἀριστοτέλους δεικνύντος ἀγένητον εἶναι καὶ ἄφθαρτον τὸν οὐρανόν, 30
30 μιᾶς μὲν τῆς πᾶν τὸ γινόμενον ἐξ ἐναντίου λεγούσης γίνεσθαι, ἑτέρας δὲ
τῆς μηδὲν ἐναντίον εἶναι τῷ οὐρανίῳ σώματι ὑποτιθεμένης, "ἡμεῖς, φησὶν
οὑτωσὶ καὶ τοῖς ῥήμασι λέγων, τῇ δευτέρᾳ τῶν ὑποθέσεων συγχωρήσαντες,
φημὶ δὴ τῷ μηδὲν εἶναι τῷ οὐρανίῳ σώματι ἐναντίον, ἐπεὶ μηδὲ ὅλως 35

---

1 φυλάττειν Ec   ἀνελιττώμενον A   2 βιάζετο AB   3 ἀλλ'] οὐλλ' D
4 διεφύλαττε BD: διεφύλαξε Ec   8 καθόλου comp. D   9 ἐφάπτηται DEc
ἰόντα ABb: ὄντα DEc   καὶ om. Ebc   κατ' c   10 συνήθη τε] σύνθετα Ec
11 εἰς ἄλληλα c   13 ἰδίαι A: ἰδίας B   14 φιλικῶς] corr. ex πεφυκῶς E²   15 εἰς
ἀλλήλας c   17 καθόλου c   19 ἔχειν BDE   20 ἀντισφορά A: corr. A²
διαφθείρει E: corr. E²   21 ἔχειν AE   συναρμόζουσαν Eb   23 οὕτως
ἔχει D   24 προτέραν BE: corr. E²   γίγνεσθαι E   25 οὖν om. D
τὴν om. B: τὸ E²c   ζήτημα E²c   26 παρορίνει AE: παρορίνει BDc; v. Meisteri Gr.
Dial. I 141. quodsi hic aeolismus servatur, verisimile etiam ἁ σῦς Simplicium scripsisse
Ἀλκαῖον] fragm. 99 Bergk   27 τοῦτον ἀποκλίνειν D   30 γιγνόμενον E   γίγνεσθαι E
32 οὕτω D   συγχωροῦντες Ec   33 τῷ] τῇ c   ἐναντίον εἶναι τῷ οὐρανίῳ σώματι c

τῇ οὐσίᾳ ἐστὶν ἐναντίον, τὴν προτέραν ψευδῆ οὖσαν ἠλέγξαμεν". ὁ δὴ 71ᵃ
ταῦτα εἰπὼν βιβλίον ὅλον δαπανᾷ τὸ πέμπτον φιλονεικῶν ἐλέγχειν τοὺς
ἀποδεικνύντας λόγους, ὅτι τῇ κύκλῳ κινήσει οὐκ ἔστιν ἐναντία κίνησις, καὶ
οὐ συνῆκεν, ὅτι, εἰ τῇ οὐσίᾳ τοῦ οὐρανοῦ, τουτέστι τῇ κατὰ φύσιν αὐτοῦ 40
5 συστάσει, μή ἔστιν ἐναντία φυσικὴ σύστασις, οὐδὲ τῇ κατὰ φύσιν αὐτοῦ
κινήσει ἔστιν ἐναντία φυσικὴ κίνησις, εἴπερ ἀρχὴ κινήσεώς ἐστιν ἡ φύσις·
ἀλλὰ δοὺς τοῦτο τὸ μηδὲν ἐναντίον εἶναι τῷ οὐρανῷ, ὅπερ Ἀριστοτέλης 45
λαβὼν οὐκ ἂν ἔτι ἐδεήθη αὐτὸ ἀποδεῖξαι διὰ τοῦ τῇ κύκλῳ κινήσει μηδὲν
εἶναι ἐναντίον, πρὸς τὴν ἀπόδειξιν μάχεται ταύτην ὑπὸ κενοδοξίας δηλον-
10 ότι· ὁ γὰρ | πρὸς ἀλήθειαν βλέπων, εἰ τὸ ἀποδεικνύμενον δίδωσιν, τί ἂν 71ᵇ
πρὸς τὸν τρόπον τῆς ἀποδείξεως διαφέροιτο; τοῦτο μὲν οὖν ἔστω τῆς ἀνε-
πιστάτου φιλονεικίας τούτου τεκμήριον. ἡμᾶς δὲ τέως ἐφιστάνειν χρή, ὅτι
τῆς λεγούσης προτάσεως τὸ γινόμενον ἐξ ἐναντίου γίνεσθαι βεβαιωθείσης, 5
οἶμαι, καὶ διὰ τοῦ τὰ πρὸς αὐτὴν ἀντειρημένα παρὰ θύρας τε καὶ ἀνοή-
15 τως εἰρημένα δειχθῆναι καὶ τῆς ἐλάττονος τῆς λεγούσης τῷ οὐρανῷ μηδὲν
εἶναι ἐναντίον ὑπὸ τούτου συγχωρουμένης αὐτόθεν ἐν δευτέρῳ σχήματι
συνάγεται τὸ τὸν οὐρανὸν μὴ εἶναι γενητόν, οὐκέτι χρείαν ἐχόντων ἡμῶν 10
ἀποδεῖξαι τὸ μηδὲν ἐναντίον ἔχειν τὸν οὐρανὸν ἐκ τοῦ τῇ κύκλῳ κινήσει
μὴ εἶναι ἐναντίαν κίνησιν. πλὴν ἐπειδὴ καὶ τὴν ἀπόδειξιν ταύτην οὐδὲ
20 συντελεῖν τι πρὸς τὸ προχείμενον νομίζων ἀνατρέπειν φιλονεικεῖ, φέρε, καὶ
τούτους αὐτοῦ τοὺς λόγους, ὅπῃ σαθρὸν φθέγγονται, περικρούσωμεν. τοῦ 15
τοίνυν Ἀριστοτέλους προθεμένου δεῖξαι, ὅτι τῷ κυκλοφορητικῷ σώματι
οὐδέν ἔστιν ἐναντίον ἐκ τοῦ τῶν ἐναντίων καὶ τὰς φορὰς ἐναντίας εἶναι,
τῇ δὲ κύκλῳ κινήσει μὴ εἶναι ἐναντίαν κίνησιν, πρὸς ἄμφω ταῦτα ἐνέστη
25 καὶ πρῶτον πρὸς τὸ τῶν ἐναντίων καὶ τὰς φορὰς ἐναντίας εἶναι, καὶ 20
ἐρωτᾷ, "πότερον τὰς οὐσίας ἐναντίας εἶναι βούλεται τούτων, ὧν ἐναντίας
λέγει τὰς φορὰς ὁ Ἀριστοτέλης, ἢ ὅτι, κἂν μὴ αὐταὶ τῶν σωμάτων αἱ
οὐσίαι ὦσιν ἐναντίαι, μετέχουσι γοῦν πάντως ἐναντίων ποιοτήτων, ὡς τὸ
πῦρ καὶ τὸ ὕδωρ ἐναντίως κινούμενα τὸ μὲν θερμῆς τὸ δὲ ψυχρᾶς μετέ- 25
30 χει ποιότητος, καὶ ἡ τοῦ Αἰθίοπος δέ, φέρε, σὰρξ κἂν μὴ ἐναντία εἴη
κατ' οὐσίαν τῇ τοῦ Σκύθου σαρκί, χρωμάτων γοῦν ἐναντίων μετέχουσιν.
καί, εἰ μὲν αὐτὰς τῶν σωμάτων τὰς οὐσίας ἐναντίας εἶναί φησιν, ὅσαι κι-
νήσεις ἐναντίας κινοῦνται, αὐτὸς ἑαυτῷ τἀναντία λέγων ὁ Ἀριστοτέλης 30
ἁλώσεται. αὐτὸς γὰρ ἐν Κατηγορίαις ἡμᾶς ἐδίδαξεν, ὅτι οὐδὲν ἔστιν ἐναν-
35 τίον τῇ οὐσίᾳ καὶ μάλιστα τῇ ἐξ εἴδους καὶ ὕλης· ἐδίδαξε δὲ ἐν ἐκείνοις
τὸ τῆς οὐσίας ἴδιον εἶναι τὸ ταὐτὸν καὶ ἓν ἀριθμῷ ὂν τῶν ἐναντίων εἶναι

---

1 ἐστὶν om. Ec   5 σύστασις — φυσικὴ (6)] bis B   10 δίδωσι BDEc   11 ἀπο-
δείξεως] comp. ambig. E   διαφέρει E   13 γιγνόμενον E   γίγνεσθαι E
14 τοῦ] τοῦτο AB   τὰ] suprascr. E²   16 ἐναντίον εἶναι Ec   19 οὐδὲν c
21 φθέγγωνται Ec   παρακρούσωμεν B   τοῦ om. D   26 πρότερον E: corr. E²
28 γοῦν om. Ec   πάντων A, sed corr.   29 ψυχροῦ AB   31 μετέχουσι
BDc   32 χρωμάτων D   ὅσα E   34 ἁλώσεται] λ e corr. E   Κατη-
γορίαις] 3ᵇ24   35 ὕλης καὶ εἴδους Ec   εἴδους] corr. ex ὕδους B   ἐδίδαξε] 4ᵃ10
36 ὂν DE²b: om. ABE

δεκτικόν. πῶς οὖν τὰ τὰς ἐναντίας κινήσεις κινούμενα ἐναντία ἐστίν; ἔσται 71ᵇ
γὰρ αὐτὴ ἑαυτῇ ἐναντία ἡ οὐσία ἡ ταῖς ἐναντίαις κινήσεσιν ὑποκειμένη, 36
λευκάνσει καὶ μελάνσει, θερμάνσει καὶ ψύξει καὶ αὐξήσει καὶ μειώσει· ἀπο-
κληρωτικὸν γάρ, φησί, τὰ μὲν ἐναντίας κινούμενα κατὰ τόπον κινήσεις
5 ἐναντία λέγειν, τὰ δὲ κατὰ ἀλλοίωσιν ἢ αὔξησιν καὶ φθίσιν μηκέτι· ἀρχὴ 40
γὰρ κινήσεως καὶ ἠρεμίας ἡ φύσις οὐ μόνης τῆς κατὰ τόπον, ἀλλὰ καὶ
τῆς κατὰ ποιότητα καὶ ποσότητα, καὶ δῆλον, ὅτι, κἂν μὴ προσέθηκεν
οὗτος, καὶ τῆς κατ᾽ οὐσίαν· φυσικὴ γὰρ καὶ ἡ κατὰ γένεσιν καὶ φθορὰν
μεταβολή· καὶ μᾶλλον, φησίν, ἐναντία ἂν εἴη σώματα τὰ κατὰ ἀλλοίωσιν
10 κινούμενα καὶ γένεσιν ἤπερ τὰ κατὰ τόπον, εἴπερ ἡ κατὰ τόπον μεταβολὴ 45
κατὰ συμβεβηκός τι γίνεται μόνον. οὐκ | ἐπὶ τῶν ἄλλων δὲ μόνον, φησί, 72ᵃ
τῆς κινήσεως εἰδῶν ὁρῶμεν τὰ αὐτὰ κατ᾽ ἀριθμὸν σώματα τὰς ἐναντίας
κινήσεις φυσικῶς κινούμενα, ἀλλὰ καὶ ἐπ᾽ αὐτῆς τῆς κατὰ τόπον. ὁ γὰρ
ἀὴρ οὐ μόνον τῆς ἐπὶ τὸ ἄνω κινήσεως ἀρχὴν ἔχει, ἀλλὰ καὶ τῆς ἐπὶ τὸ 5
15 κάτω· εἰ γὰρ ὑποσπασθείη τι τῆς ὑποκειμένης αὐτῷ γῆς ἢ τοῦ ὕδατος,
εὐθὺς τὴν χώραν ἐκείνην πληροῖ, ὥσπερ ἀφαιρεθέντος τινὸς τῶν ὑπερκει-
μένων ἐπὶ τὸ ἄνω φέρεται. εἰ δὲ τὴν τοῦ κενοῦ βίαν αἰτιᾶταί τις, φησί,
τῆς ἐπὶ τὸ κάτω κινήσεως καὶ οὐ φυσικὴν ἀρχήν, τί κωλύει καὶ τῆς
ἐπὶ τὸ ἄνω φορᾶς αὐτοῦ τὴν αὐτὴν αἰτίαν εἶναι λέγειν; καὶ γὰρ ἄνω κενῆς 10
20 τυγχάνων χώρας ἀναφέρεται, ἄλλως δὲ οὔ. καὶ τάχα, φησίν, οὐκ ἐνδεχό-
μενον μόνον, ἀλλὰ καὶ ἀναγκαῖον, ὥσπερ ἐπὶ τῶν ἄλλων ἐναντίων κινή-
σεων οὕτως καὶ ἐπὶ τῶν κατὰ τόπον καὶ γένος ἓν αὐτῶν τὴν φορὰν εἶναι
καὶ ὑποκείμενον ἓν τὸν ἀέρα, ὥστε, φησίν, οὐχ ἕπεται τοῖς ἐναντίας κινή- 15
σεις ἔχουσι τὸ ἐναντία εἶναι κατ᾽ οὐσίαν· οὐδὲν γὰρ αὐτὸ ἑαυτῷ ἐναντίον."
25 ταῦτα τοίνυν εἰ μὲν ἀπορῶν οὗτος καὶ ζητῶν προεβάλλετο, πῶς ἀνδρὸς
σοφοῦ διαφωνεῖν δοκοῦντες λόγοι συνάσονται οἵ τε ἐν Κατηγορίαις λέγοντες
τῇ οὐσίᾳ μηδὲν εἶναι ἐναντίον καὶ τὴν αὐτὴν καὶ μίαν τῷ ἀριθμῷ οὐσίαν 20
τῶν ἐναντίων εἶναι δεκτικὴν καὶ τὸ ἐνταῦθα λεγόμενον τὸ τῶν ἐναντίων
καὶ τὰς κινήσεις εἶναι ἐναντίας, φιλομαθὴς ἂν δικαίως ἐνομίζετο. εἰ γὰρ
30 τὰ ἐναντίας ἔχοντα κινήσεις, ὡς ὁ Ἀλέξανδρος εἶπεν (οὐδὲ γὰρ Ἀριστοτέ-
λης), ἐναντία ἐστίν, ἡ οὐσία αὐτὴ ἑαυτῇ δόξει ἐναντία, καὶ οὐ μόνον ἕξει 25
τι ἐναντίον ἡ οὐσία, ἀλλὰ καὶ αὐτὴ ἑαυτήν. εἰ δὲ μὴ ζητητικῶς ἀλλὰ
προπετῶς ἀποφαίνεται λέγων "ἀνάγκη ἄρα πᾶσα ἢ τὰ ἐν Κατηγορίαις δε-
δειγμένα ὡς ψευδῆ παραγράφεσθαι ἢ τὰ ἐνταῦθα· εἰ τοίνυν ἐκεῖνά ἐστιν

---

1 ἐστίν] ἔσται Ec   2 αὐτή] corr. ex αὑτη E²: αὐτὴ A   5 κατ᾽ BD
ἢ] καί D   ἀρχή] bis E, sed corr.   8 οὕτως E: corr. E²   9 κατ᾽ D
10 εἴπερ] corr. ex ἤπερ E²   11 γίγνεται E   μόνον] μόνων εἰδῶν D   φησί
om. Ec   12 εἰδῶν om. D   κατά B   14 τῆς ἐπὶ τό] ἐπὶ τῆς D
15 ὑποσπασθ/η A   17 φησί] seq. ras. 1 litt. E   19 τὴν αὐτήν] ταύ-
την D   23 οὐχ A   24 ἔχουσιν Ec   ἐναντίον B   οὐδὲ ABb
26 συνάσονται E²b: συνέσονται ABDE   οἵ] corr. ex ὅ E²   τε] τε γοῦν E:
corr. E²   27 post μίαν del. οὐσίαν E¹   29 ἐναντίας εἶναι Ec   ἄν] ὧν D
30 τά] supraser. E²   τὰς ἐναντίας Ec   γάρ] γὰρ ὁ Ec   32 ζητικῶς AE:
corr. E¹

ἀληθῆ καὶ τῇ φύσει τῶν πραγμάτων συνᾴδοντα, ψεῦδός ἐστι τὸ ἐναντία 72ᵃ
εἶναι κατ' οὐσίαν σώματα τὰ κινήσεις ἐναντίας κινούμενα", οὐκέτι φιλο- 31
μαθὴς ἀλλ' ὀψιμαθής, οἶμαι, δικαίως κριθήσεται. οἱ μὲν γὰρ ἐκ παίδων
ἐν λόγοις γεγυμνασμένοι, ὅταν ἀκούσωσί τι διάφωνον δοκοῦν καὶ μάλιστα
5 παρὰ ἀνδρῶν τοιούτων, ἀταράχως, εἴ πη συμφωνεῖν ἀλλήλοις τὰ τοιαῦτα 35
δύνανται, ἀναζητοῦσιν ἅτε ἤδη πολλὰ τῶν δοκούντων διαφωνεῖν σύμφωνα
ἀνευρηκότες· οἱ δὲ ὀψιμαθεῖς ἅτε εἰς ὀλίγα βλέποντες ὑπὸ τῆς δοκούσης
διαφωνίας πληγέντες πρὸς θάτερον, ὡς ἂν τύχωσιν, ἀποκλίνοντες καταψη-
φίζονται τοῦ λοιποῦ· ὅπερ οὗτος καὶ ἐνταῦθά μοι πεπονθέναι δοκεῖ. ῥη- 40
10 τέον δέ, ὅτι τὸ μὲν τῶν κατὰ φύσιν ἐναντίων καὶ τὰς κινήσεις ἐναντίας
εἶναι τίς ἂν ἀμφιβάλλοι νοῦν ἔχων, εἴπερ ἡ φύσις ἀρχὴ κινήσεώς ἐστι
καὶ ἠρεμίας; ὅμοιον γάρ, εἴ τις ἀμφιβάλλοι πρὸς τὸν λέγοντα τῶν κατὰ
φύσιν ἀγαθῶν ἀγαθὰς εἶναι τὰς ἐνεργείας. ζητεῖν δὲ χρὴ λοιπόν, πῶς 45
καὶ ἐκεῖνο ἀληθὲς τὸ τὴν οὐσίαν τὴν μίαν καὶ τὴν αὐτὴν τῷ ἀριθμῷ |
15 ταῖς ἐναντίαις κινήσεσιν ὑποκεῖσθαι, λευκάνσει καὶ μελάνσει, θερμάνσει 72ᵇ
καὶ ψύξει, αὐξήσει καὶ μειώσει καὶ τῇ ἄνω καὶ κάτω, ὡς ἐπὶ τοῦ ἀέρος.
πῶς γὰρ οὐκ ἔσται αὐτὴ ἑαυτῇ ἐναντία ἡ οὐσία ἡ τὰς ἐναντίας κινήσεις
κινουμένη; καίτοι τὴν οὐσίαν οὐδὲ πρὸς ἄλλην οὐσίαν ἐναντίωσιν ἔχειν 5
φαμέν. καὶ χρὴ πρῶτον ἐπιστῆσαι, ὅτι καὶ αὐτὰ τὰ ἐν Κατηγορίαις λεγό-
20 μενα, ἅπερ οὗτος ἀληθῆ καὶ τῇ φύσει τῶν πραγμάτων συνᾴδοντά φησι,
τό τε μὴ εἶναι τῇ οὐσίᾳ ἐναντίον καὶ τὸ ταὐτὸν καὶ ἓν ἀριθμῷ οὖσαν
τὴν οὐσίαν ἐπὶ τὰ ἐναντία πεφυκέναι κινεῖσθαι καὶ μεταβάλλειν, καὶ ταῦτα 10
πρὸς ἄλληλα διάφωνα καὶ ἐναντία τοῖς ἐπιπολαίοις δοκεῖ διὰ τὰς αὐτὰς
ἐνστάσεις. εἰ γὰρ ἡ αὐτὴ τῷ ἀριθμῷ οὐσία ἐναντίως διατίθεται λευκαι-
25 νομένη καὶ μελαινομένη, τὰ δὲ ἐναντίως διακείμενα ἐναντία ἀλλήλοις ἐστί,
πῶς οὐκ αὐτὴ πρὸς ἑαυτὴν ἐναντία ἡ οὐσία ἔσται; ἀλλὰ πρὸς τὴν τούτων 15
διάλυσιν ἐπιστῆσαι χρή, ὅτι τῶν φυσικῶν κινήσεων αἱ μέν εἰσιν ἐνεργητι-
καί, αἱ δὲ παθητικαί, ἐνεργητικαὶ μέν, καθ' ἃς ἐνεργεῖν λέγεται τὰ φυ-
σικὰ σώματα, θερμαίνοντα ψύχοντα, λευκαίνοντα μελαίνοντα, αὔξοντα μει-
30 οῦντα, παθητικαὶ δέ, καθ' ἃς ὑπὸ τῶν ποιούντων ταῦτα φυσικῶς πάσχει 20
φυσικῶς τὰ πάσχοντα, θερμαινόμενα ψυχόμενα καὶ κατὰ τὰς ἄλλας πείσεις.
ἡ δὲ κατὰ τόπον κίνησις ἐνεργητικὴ μόνως ἐστί, διὸ οὐδὲ κινεῖταί τι κατὰ
τόπον φυσικῶς ὑπ' ἄλλου, ὥσπερ θερμαίνεται ἢ μελαίνεται, ἀλλ' ὑπὸ τῆς
ἐν ἑαυτῷ μόνης φύσεως. τούτων δὲ οὕτως ἐχόντων, ὅταν μὲν λέγῃ ὁ 25
35 Ἀριστοτέλης ἐν τούτοις, ὅτι τῶν ἐναντίων καὶ αἱ φοραὶ ἐναντίαι, περὶ τῶν

---

1 ἐστι] δὲ B   2 τὰ] τὰς A   3 γάρ] suprascr. E²   4 ἐν λόγοις] om. E: πρὸς
θέσεις E²c   5 παρ' B   7 ἅτε om. B   8. 9 καταψ̇ηφίζονται A   9 καὶ οὗτος
Ec   μοι om. c   14 ἐκείνῳ E: corr. E²   τὸ] καὶ B   15 κινήσεσι B
ἀποκεῖσθαι E: corr. E²   16 τῇ] τὸ B   τοῦ om. D   17 ἡ (pr.) om. c
ἡ (alt.) om. E   22 τἀναντία Ec   24 εἰ] corr. ex ἡ E²   26 ἡ οὐσία ἐναντία AB,
contraria b   29 καὶ ψύχοντα Ec   λευκαίνοντα ψύχοντα AB   30. 31 φυσι-
κῶς πάσχει φυσικῶς τὰ] φυσικῶς E: φυσικῶς πάσχει τὰ φυσικῶς E²c   31 τὰς ἄλλας] ἄλλας
AB   34 αὐτῷ Dc

ἐνεργητικῶν λέγει κινήσεων· ἀρχὴ γὰρ κινήσεως ἐπὶ τούτων ἡ φύσις ὡς 72ᵃ
κινοῦσα, ἀλλ' οὐχ ὡς κινουμένη, καὶ ὡς ἐνεργούντων, ἀλλ' οὐχὶ πασχόν-
των· διὸ καὶ τὸ πῦρ καὶ τὸ ὕδωρ ἐναντία λέγεται ὡς ἐναντίας κινήσεις, 30
ταὐτὸν δὲ εἰπεῖν, ὡς ἐναντίας ἐνεργείας ἐνεργοῦντα, τὸ μὲν θερμαῖνον καὶ
5 ξηραῖνον, τὸ δὲ ψῦχον καὶ ὑγραῖνον, καὶ τὸ μὲν ἐπὶ τὸ ἄνω ἰόν, τὸ δὲ
ἐπὶ τὸ κάτω· καὶ γὰρ καὶ αὗται, ὡς εἶπον, ἐνέργειαί εἰσιν. ὅταν δὲ λέγῃ
ὁ Ἀριστοτέλης τὴν οὐσίαν ταὐτὸν καὶ ἓν οὖσαν τῷ ἀριθμῷ τῶν ἐναντίων 35
εἶναι δεκτικήν, παθητικὰ τὰ ἐναντία παραλαμβάνει· πάσχει γὰρ τὸ δεχό-
μενον, ὥσπερ ποιεῖ τὸ διδόν· ἡ τοίνυν αὐτὴ οὐσία ἡ ὑποκειμένη λευκαίνε-
10 ται καὶ μελαίνεται καὶ αὔξεται καὶ φθίνει, οὐ μέντοι ἡ αὐτὴ λευκαίνει καὶ
μελαίνει καθ' αὑτό· τὸ μὲν γὰρ ἐνεργοῦν κατὰ τὴν ἑαυτοῦ οὐσίαν τὴν ἤδη 40
τελείαν οὖσαν ἐνεργοῦν οὐ δύναται τὰς ἐναντίας ἐνεργεῖν ἐνεργείας τὰς ἀπὸ
τῆς οὐσίας προβαλλομένας, καὶ μάλιστα φυσικόν τι καὶ ἁπλοῦν ὑπάρχον.
τὸ δέ γε πάσχον κατὰ τὸ ἀτελὲς τὸ ἑαυτοῦ καὶ τὸ δυνάμει πάσχον τὸ
15 πρὸς ἄμφω τὰ ἀντικείμενα πεφυκὸς εἰκότως παρὰ μέρος τἀναντία πάσχειν 45
λέγεται, καὶ ἐπὶ τούτου οὐδὲν ἄτοπον τὸ αὐτὸ | αὑτῷ ἐναντίον εἶναι, ἀλλ' 73ᵃ
οὐ κατὰ ταὐτόν, ἀλλὰ καθ' ὅσον παρὰ μέρος τὰς ἐναντίας ἴσχει διαθέσεις,
ὥσπερ τὸ σῶμα τὸ ποτὲ μὲν θερμαινόμενον ποτὲ δὲ ψυχόμενον, ἤτοι
οὐσιωδῶς, ὅταν ποτὲ μὲν πῦρ γίνηται ποτὲ δὲ ὕδωρ, ἢ κατὰ συμβεβηκός· 5
20 τὸ δὲ πῦρ οὐ δύναται ποτὲ μὲν θερμαίνειν ποτὲ δὲ ψύχειν, ἀλλ' οὐδὲ
ποτὲ μὲν ἄνω φυσικῶς ἰέναι ποτὲ δὲ κάτω. καὶ οὐ μάτην ἄρα ὁ Ἀρι-
στοτέλης ἀπὸ τῶν κατὰ τόπον κινήσεων καὶ οὐκ ἄλλων τὰς τῶν φυσι-
κῶν οὐσιῶν διαφορὰς ἀνιχνεύει, διότι αὗται μόνως ἐνεργητικαί εἰσιν
κατὰ τὴν ἐν ἑαυτῷ φύσιν ἐνεργοῦντος τοῦ κινουμένου κατὰ τόπον, αἱ δὲ 10
25 ἄλλαι κινήσεις καὶ ἐνεργητικαὶ οὖσαι καὶ παθητικαὶ καὶ κατὰ φύσιν ἄμφω,
ὅταν ὡς παθητικαὶ ληφθῶσιν, αὐτὴν ἑαυτῇ ἐναντίαν τὴν ὑποκειμένην
οὐσίαν φαίνεσθαι ποιοῦσιν· ἡ δὲ κατὰ τόπον ἐνεργητική ἐστιν, ὡς εἶπον,
διὸ οὐδὲν φυσικῶς κατὰ τόπον ὑπ' ἄλλου κινεῖται, θερμαίνεται δὲ καὶ λευ- 15
καίνεται καὶ γίνεται καὶ αὔξεται καὶ τὰ ἐναντία τούτων ὑπ' ἄλλου· φυσι-
30 κῶς γὰρ δρᾷ ταῦτα εἰς ἄλληλα τὰ σώματα καὶ πάσχει ὑπ' ἀλλήλων.
ἐπειδὴ δὲ τὸν ἀέρα καὶ τὴν κατὰ τόπον τῶν κινήσεων ἐναντίωσιν ἔχειν
αὐτός φησι, θαυμαστόν, ὅπως οὐκ ἐνενόησε ταῦτα, ἅπερ αὐτὸς εἶπεν, ὅτι 20
ἐν τῷ τετάρτῳ τῆσδε τῆς πραγματείας ὁ Ἀριστοτέλης ἁπλῶς μὲν βαρύ
φησιν εἶναι τὸ πᾶσιν ὑφιστάμενον οἷον γῆν καὶ ἁπλῶς κοῦφον τὸ πᾶσιν
35 ἐπιπολάζον οἷον πῦρ, τὰ δὲ μέσα τούτων, ὕδωρ λέγω καὶ ἀέρα, τοῖς μὲν

---

2 ἀλλ' (pr.) om. Ec   καὶ om. D   3 κινήσεις] κινοῦντα κινήσεις D   4 δ' D
ἐνεργείας] suprascr. E²   μὲν] μὲν γὰρ AB   5 τὸ (pr.)] καὶ D   δὲ (pr.)
om. B   6 καὶ (alt.) om. AB   9 ἡ (pr.)] εἰ BD   αὐτὴ τοίνυν E²c   αὐτὴ] αὕτη
ABE: αὕτη ἡ D   ἡ] καὶ Ec: ἡ corr. ex ὁ B   12 ἀπὸ] ὑπὸ c   13 τι] τε BD
14 τὸ (quart.) suprascr. B   16 οὐδὲ AB   αὐτῷ BE   17 ἴσχειν DE: corr. E²
18 ποτὲ (pr.) om. B   19 γίνεται B   23 εἰσι BDEc   25 καὶ (pr.) om.
Ec   26 ἑαυτῇ] ἑαυτὴν E   ἐναντίαν] bis A, sed corr.   28 οὐδὲ AB
θερμαίνεται—αὔξεται (29)] mg. E²   29 αὐξάνεται E   32 ἐνόησε BD   33 τε-
τάρτῳ] cap. 4

ἐπιπολάζοντα, τοῖς δὲ ὑφιστάμενα, βαρέα τε εἶναι καὶ κοῦφα. καὶ πολλά-
κις ὁ Ἀριστοτέλης εἶπεν, ὅτι οὐδὲ ἁπλᾶ ταῦτα κυρίως ἐστίν, ὥστε τί θαυ-
μαστόν, εἰ κατὰ τὸ ἀεὶ ἐπικρατοῦν ἐν αὐτῷ ὁ ἀὴρ κινεῖται ποτὲ μὲν ἄνω
ποτὲ δὲ κάτω, οὐχ ἄμφω κατὰ ταὐτὸν ἔχων τὰς ἐναντίας ταύτας ἐνεργη-
5 τικὰς δυνάμεις, ἀλλὰ κατὰ τὴν ἑαυτοῦ διάφορον ἀλλοίωσιν αὐτὰ προβαλλό-
μενος· παχυνθεὶς μὲν γὰρ ἐπὶ τὸ κάτω ῥέπει, λεπτυνόμενος δὲ ἐπὶ τὸ
ἄνω. ὅταν μέντοι κενουμένου κάτω τόπου τινὸς ἀὴρ εἰς αὐτὸν καθέλκηται,
διὰ τὴν κένωσιν τότε συμβαίνει τοῦτο τοῦ παντὸς ἀεὶ περισφίγγοντος ἑαυτὸ
καὶ κενὴν εἶναι χώραν μὴ συγχωροῦντος, ἀλλὰ τὰ λεπτότερα καὶ εὐκινη-
10 τότερα συνωθοῦντος εἰς τὰς κινδυνευούσας κενωθῆναι χώρας· ἐπεὶ κατά
γε τὴν ἑαυτοῦ φύσιν κουφότερος μᾶλλον ὢν ὁ ἀὴρ ἐπὶ τὸ ἄνω πέφυκε
φέρεσθαι, κἂν μὴ ὑπεχστῇ τι τῶν ἄνω τῷ ἀναβαίνοντι ἀέρι, πύκνωσιν
ἀνάγκη γενέσθαι τινῶν σωμάτων ἢ ἀντιπερίστασιν, ἵνα τὸν ἀπὸ τοῦ ὕδατος
γενόμενον ἀέρα δέξηται ὁ τόπος. οὐ καλῶς οὖν οὗτος ὁμοίως φησὶν ἄνω
15 καὶ κάτω τὸν ἀέρα μεθίστασθαι, ὥστε, εἰ κάτω διὰ τὸ μὴ γενέσθαι κενόν,
καὶ ἄνω διὰ τοῦτο· δηλοῖ γὰρ ὁ ἀπὸ τοῦ ὕδατος γινόμενος ἀὴρ καίτοι
ὑγρότερος ὢν ὅμως ἐπὶ τὸ ἄνω θέων καὶ πυκνοῦσθαι προσαναγκάζων τὰ
ὑπερκείμενα. ὥστε ἐκ τῶν εἰρημένων δῆλον, | ὅτι τὸ ταῖς ἐναντίαις κι-
νήσεσιν ὑποκείμενον παθητικῶς κἂν αὐτὸ ἑαυτῷ ἐναντίον γίνηται, οὐδὲν
20 ἄτοπον, τὸ δὲ ἐνεργητικὸν οὔτε ἐνεργεῖ τὰς ἐναντίας κινήσεις οὔτε αὐτὸ
ἑαυτῷ ἐναντίον ἂν γένοιτο. ἀλλ' οὐδὲ ἀποκληρωτικὸν τὸ τὰ μὲν κατὰ
τόπον φυσικῶς κινούμενα τὰς ἐναντίας κινήσεις ἐναντία εἶναι, τὰ δὲ κατ'
ἀλλοίωσιν ἢ αὔξησιν καὶ φθίσιν μηκέτι, εἴπερ αἱ μὲν κατὰ τόπον κινήσεις
φυσικαὶ ἐνεργητικαὶ μόνως εἰσίν, καὶ οὐ δυνατὸν τὴν αὐτὴν οὐσίαν κατὰ
25 φύσιν τὰς ἐναντίας ἐνεργείας ἐνεργεῖν τῷ εἶναι τῆς φύσεως ἐνεργούσης,
αἱ δὲ παθητικαὶ περὶ τὸ αὐτὸ ὑποκείμενον αἱ ἐναντίαι συνίστανται. καὶ
οὐκ ἐχρῆν ἀδιορίστως οὕτως καὶ συγκεχυμένως τὰς ἐναντίας κινήσεις ὁρᾶν
καὶ τὰ ἐπὶ τῶν παθητικῶν συμβαίνοντα ταῖς ἐνεργητικαῖς προσανέμειν. ἐπειδὴ
δὲ πολύς ἐστιν οὗτος οἰόμενος τὸν ἀέρα κατὰ φύσιν ἄνω τε καὶ κάτω
30 ὁμοίως κινεῖσθαι, ἐρωτητέον αὐτόν, πότερον οὕτως ἄμφω φησὶν ἔχειν
αὐτὸν καὶ βάρος καὶ κουφότητα, ὥσπερ Ἀριστοτέλης φησίν, μὴ πρὸς τὸ
αὐτό, ἀλλ' ὡς μὲν πρὸς τὸ ὕδωρ κουφότητα, ὡς δὲ πρὸς τὸ πῦρ βαρύ-
τητα, ἢ καὶ καθ' αὑτὸ ἄμφω, καὶ εἰ τοῦτο, πότερον κατ' ἄλλο μέν τι τὸ

---

1 ἐφιστάμενα AB   2 ὥστε] ἢ τὲ AB   4 ἐναντίας ταύτας] αὐτὰς ἐναντίας D
5 αὐτὰ] ταύτας   7 κινουμένου AB   αὐτὸν] ταυτὸν B   8 ἑαυτῷ E²c
9 ἀλλὰ—συνωθοῦντος (10)] bis D   τά] τε B   10 κενωθῆναι] κενω— e corr. D¹
11 ὢν μᾶλλον D   12 καταβαίνοντι B   ἀέρι] -ι e corr. E   12. 13 ἀνάγκη
πύκνωσιν Ec   14 γινόμενον D   16 τοῦτο] τὸ αὐτὸ c   γενόμενος B
18 ὑποκείμενα D, sed corr.   19 αὐτὸ] corr. ex αὐτῷ E²   20 οὔτε (alt.) om.
AB   21 ἂν γένοιτο] γίνηται E   22 κατὰ Ec   24 εἰσὶ BDEc   25 τῷ]
corr. ex τὸ E²   26 περὶ] παρὰ B   28 ἐπεὶ Ec   29 ἄνω καὶ κάτω κατὰ φύ-
σιν D   30 ὁμοίως om. D   πρότερον E: corr. E²   31 ὥσπερ — κουφότητα (32)]
mg. E²   31 ὡς Ec   φησὶ B   μὴ] οὐ Ec   32 ἀλλὰ Ec   33 καὶ (pr.)
om. Ec   τι] corr. ex τοι E²

Comment. Arist. VII Simpl. de Caelo.   11

ἐν αὐτῷ παχύτερον βάρος ἔχειν λέγεται, κατ' ἄλλο δέ τι τὸ λεπτότερον 73ᵇ
κουφότητα, ἢ κατὰ πᾶν μόριον ἄμφω. καὶ δῆλον, ὅτι τοῦτο ἀδύνατον· 21
ἀκίνητος γὰρ ἔσται παντελῶς ἑκατέρας δυνάμεως ἐφ' ἑαυτὴν κατὰ τοῦτον
ἑλκούσης. εἰ δὲ κατ' ἄλλο μέν τι τῶν ἐν αὐτῷ μερῶν κοῦφός ἐστι, κατ'
5 ἄλλο δὲ βαρύς, ὥσπερ καὶ ἡμεῖς κατὰ μὲν τὸ ἐν ἡμῖν πῦρ κοῦφοι, κατὰ 25
δὲ τὴν γῆν βαρεῖς, σύνθετος ἔσται ὁ ἀήρ, καὶ ἀληθὲς καὶ ἐπ' αὐτοῦ λέγειν
ὥσπερ καὶ ἐφ' ἡμῶν, ὅτι τῶν ἐναντίων κατὰ φύσιν ἐν αὐτῷ οὐσιῶν καὶ αἱ
κινήσεις ἐναντίαι κατὰ φύσιν· κἂν αὐτὸν αὑτῷ ἐναντίον ἐθέλῃς λέγειν ὡς ἐξ
ἐναντίων συγκείμενον μερῶν, οὐδὲν ἄτοπον. εἰ δὲ πρὸς ἄλλο μὲν κοῦφον, 30
10 πρὸς ἄλλο δὲ βαρὺν ὄντα τὸν ἀέρα οὕτως ἄμφω τὰς κινήσεις ἔχειν φησί,
δῆλον, ὅτι κατ' ἄμφω ἐπὶ τὸν αὐτὸν τόπον κινήσεται, ὃς ὑπόκειται μὲν
τῷ πυρί, ὑπέρκειται δὲ τοῦ ὕδατος, καὶ πάλιν μία ἡ κατὰ φύσιν κίνησις
τοῦ ἑνὸς καὶ οὔτε αἱ κινήσεις ἐναντίαι καθ' ὕπαρξιν, ἀλλὰ κατὰ σχέσιν μό- 35
νον, οὔτε τὸ κινούμενον αὐτὸ ἑαυτῷ ἐναντίον. ὅλως δὲ ὁ Ἀριστοτέλης "τῶν
15 ἐναντίων" φησί "καὶ αἱ φοραὶ ἐναντίαι", ἵνα τῆς ἀντιστροφῆς ἀληθευούσης
τῆς σὺν ἀντιθέσει λεγούσης· οὐ τῇ φορᾷ μή ἐστιν ἐναντία φορά, οὐδὲ
αὐτῷ τι ἔστιν ἐναντίον· ἐὰν δείξῃ τῇ κύκλῳ κινήσει μὴ οὖσαν ἄλλην ἐναν- 40
τίαν κίνησιν, ἔχῃ δεδειγμένον, ὅτι τῷ κυκλοφορητικῷ σώματι οὐκ ἔστιν
ἐναντίον, ὅπερ οὗτος, ὥς φησι, καὶ χωρὶς ἀποδείξεως συγχωρῶν τοσούτους
20 ὅμως κατέτεινε λόγους. ὁ μὲν οὖν Ἀριστοτέλης οὕτως. ὁ δὲ Γραμμα-
τικὸς ἀποκληρωτικόν φησι τὰ μὲν ἐναντίας κινούμενα κατὰ τόπον κινήσεις 45
σώματα ἐναντία εἶναι λέγειν, τὰ δὲ κατ' ἀλλοίωσιν ἢ καὶ | αὔξησιν ἐναν- 74ᵃ
τίας κινούμενα κινήσεις μηκέτι εἶναι λέγειν ἐναντία, νομίζων, ὡς ἔοικεν,
ὅτι, εἰ τῶν ἐναντίων καὶ αἱ φοραὶ ἐναντίαι, καὶ ὧν αἱ φοραὶ ἐναντίαι,
25 ταῦτα ἐναντία· καίτοι, εἰ μὴ ἐξισάζει, οὐκ ἀληθὲς τῇ θέσει τοῦ ἑπομένου
τιθέναι τὸ ἡγούμενον, οὔτε ἀκολουθεῖ τῷ ὑπ' Ἀριστοτέλους ῥηθέντι τὸ 5
τὰς ἐναντίας κινούμενα κινήσεις κατὰ ἀλλοίωσιν ἢ κατὰ τόπον, ὥς φησιν,
αὐτὰ ἑαυτοῖς ἐναντία εἶναι μὴ προδειχθέντος τοῦ ἐξισασμοῦ. εἰ δὲ ἐξισάζει
ταῦτα ἀλλήλοις, καὶ τῶν ἐναντίων καὶ αἱ φοραὶ ἐναντίαι, καὶ ὧν αἱ φοραὶ
30 ἐναντίαι, ταῦτα ἐναντία, δῆλον, ὅτι οὐκ ἔσται ἄτοπον τὸ ἑπόμενον. ἀλλὰ 10
τὸ μὲν πρᾶγμα ὅπως ἔχει, πρότερον, ὡς ἐνόμισα, διῆλθον, νῦν δὲ ταῦτα
παρεθέμην εἰς δήλωσιν τοῦ μηδὲ ἀκολουθίας λόγων ἐπαισθανόμενον τοῦτον
ἑαυτόν τε ἀπατᾶν ὥς τι λέγοντα καὶ τοὺς ἀνοήτως προειλημμένους. ἐπι-
λαθόμενος δέ, ὡς ἔοικεν, ὅτι περὶ φυσικῶν καὶ ἁπλῶν κινήσεων ὁ λόγος 15

---

2 κουφότατον B   3 τοῦτον] ταὐτὸν τοῦτον D   4 αὐτῷ] αὑτῷ ABD: ἑαυτῷ Ec
ἐστι] seq. ras. 1 litt. E   5 κοῦφος E: corr. E²   6 βαρύς E: corr. E²
αὐτοῦ] τοῦ αὐτοῦ E: τούτου c   7 οὐσιῶν] mut. in οὐσῶν E   8 αὐτῷ DE²: αὑτῷ
ABE   ἐθέλῃς E: ἐθέλοις AD: ἐθέλεις B   9 εἰ] οὐ D   14 ἑαυτῷ] αὑτῷ AB
15 φασί AB: corr. B¹   17 αὐτὸ E: corr. E²   δείξει E, sed corr.   17. 18 ἐναντίαν
ἄλλην D   18 ἔχῃ E²: comp. A: ἔχει BDE   19 ὥς om. B   22 καὶ om. D:
κατ' c   23 κινήσεις] -ή- e corr. B: corr. ex κινούμενα E¹   24 καὶ (pr.) om. D
25 ἐξισάζοι B   26 τίθεσθαι c   τὸ (pr.)] τὸν B   27 κατὰ (pr.)] κατ' D
29 καὶ ὧν—ἐναντίαι (30) om. E   30 καὶ ταῦτα c   31 ἔχοι B   33. 34 ἐπι-
λαθόμενον D, sed corr.

ἐστί, καὶ ἡ ψυχή, φησίν, ἐπ' ἀρετὴν κινουμένη καὶ κακίαν ἢ κινεῖσθαι 74ᵃ
δυναμένη καὶ ἔτι ἐπὶ ψευδῆ γνῶσιν καὶ ἀληθῆ αὐτὴ ἑαυτῇ κατὰ τὸ αὐτὸ
νῦν ἐναντία ἔσται. καίτοι τοῦτο ἐννοήσαντα ἐχρῆν ἀπορῆσαι, πῶς ἡ μὲν
ψυχὴ κατὰ ἀρετὴν ἐνεργεῖ καὶ κατὰ κακίαν, τὸ δὲ πῦρ οὐδέποτε κατὰ 20
5 ψῦξιν ἐνεργεῖ, καὶ ἀπορήσαντα εὐπορῆσαι, ὅτι τὰ μὲν φυσικὰ καὶ ἁπλᾶ
τῷ εἶναι ἐνεργεῖ (διὸ καὶ τὰς αὐτὰς ἐνεργείας, ἕως ἂν ᾖ, ἐνεργεῖ μονοει-
δεῖς οὔσας), ἡ δὲ ψυχὴ ζωοποιεῖ μὲν τῷ εἶναι (διὸ καὶ ἀεὶ ταύτην ἔχει
πρόχειρον τὴν ἐνέργειαν), κατ' ἀρετὴν δὲ ἢ κακίαν ἢ ψεῦδος ἢ ἀλήθειαν 25
ἐνεργεῖ οὐ τῷ εἶναι, ἀλλὰ τῷ δόξας καὶ προαιρέσεις ἄλλοτε ἄλλως προ-
10 βάλλεσθαι. ἀλλ' ἐπὶ τὰ ἑξῆς ἴωμεν, εἴ τι ἄρα ἐκεῖνα τῶν πρόσθεν ἀκο-
λουθότερον φθέγγεται. γράφει τοίνυν ταῦτα (πάλιν γὰρ ἀνάγκη με πλείονα
τῶν τούτου παραγράψαι, ἵνα μὴ τοῖς ἀπιστοῦσι συκοφάντης φανῶ)· "ταῦτα 30
μὲν οὖν, εἰ κατ' οὐσίαν ἐναντία λέγοιεν σώματα τὰ κινήσεις ἐναντίας κι-
νούμενα. εἰ δὲ μὴ κατ' οὐσίαν ἐναντία εἶναι ταῦτα λέγοι τις διὰ τὸ καθ-
15 όλου τῇ οὐσίᾳ μηδὲν εἶναι ἐναντίον, ἀλλὰ ποιοτήτων πάντως ἐναντίων
μετέχειν τὰ ἐναντίως κινούμενα, ὡς ἐπὶ πυρὸς ἔχει καὶ γῆς· τὸ μὲν γὰρ 35
θερμόν, ἡ δὲ ψυχρὰ τυγχάνει, καὶ τὸ μὲν κοῦφον, ἡ δὲ βαρεῖα· τούτῳ
μὲν ἕψεται κατὰ τὴν σὴν ἀντιθέσει ἀντιστροφὴν τὸ τὰ μὴ μετέχοντα ποιο-
τήτων ἐναντίων μηδὲ κινήσεις ἐναντίας κινεῖσθαι μηδὲ εἶναι ὅλως τῇ τού-
20 των κινήσει ἐναντίαν κίνησιν. οὐ μήν, εἴ τινος σώματος μὴ εἴη τῇ κινή- 40
σει ἐναντία κίνησις, τοῦτο μηδὲ ποιότητος ἐναντίας μετέχειν ἀληθές· οὐχ
ὑγιὲς γὰρ ἐκ τοῦ ἡγουμένου ἀντιστρέφειν. εἰ δὲ λέγοι τις ἐξισάζειν ταῦτα,
ὥστε καὶ ὧν τῇ κινήσει ἔστιν ἐναντία κίνησις, ταῦτα καὶ ποιοτήτων ἐναν-
τίων μετέχειν, καὶ ὅσα ποιοτήτων ἐναντίων μετέχει, τούτων πάντως καὶ 45
25 τῇ κινήσει εἶναι κίνησιν ἐναντίαν, οὗτος | θέσιν ἀναπόδεικτον ἀξιῶν αὐτῷ 74ᵇ
συγχωρηθῆναι ὅμως ὑπ' αὐτῶν τῶν πραγμάτων ἐλέγχεται· αἱ γὰρ τῶν
στοιχείων ὁλότητες σαφῶς ποιοτήτων ἐναντίων μετέχουσιν, τῇ γε μὴν τοῦ
ὑπεκκαύματος καὶ τῇ τοῦ ἀέρος κινήσει κυκλικῇ οὔσῃ οὐκ ἔστιν ἐναντία 5
κίνησις, καθὼς αὐτῷ τῷ Ἀριστοτέλει δοκεῖ τῇ κύκλῳ κινήσει μὴ εἶναι
30 κίνησιν ἐναντίαν." πρῶτον τοίνυν ἐν τούτοις ἐπισημαίνομαι τὸ νομίζειν, ὅτι
τὰ ποιοτήτων ἐναντίων κατ' οὐσίαν μετέχοντα, ὡς πῦρ ἔχει καὶ γῆ, ταῦτα
οὐκ ἔστι κατ' οὐσίαν ἐναντία· εἰ γὰρ μὴ κατὰ ταὐτά ἐστιν ἡ οὐσιώδης 10
ἐναντίωσις, λείπεται κατὰ τὴν ὕλην αὐτὴν εἶναι, ὅπερ οὐδὲ οὗτος ἄν,
οἶμαι, εἶπεν, καὶ ὅμως τὸν Ἀριστοτέλην λέγειν οὕτως ὑπολαμβάνει. τὸ δὲ
35 ἐφεξῆς πάσης ἀνοίας, οἶμαι, καὶ ἀνεπιστασίας πεπλήρωται. τοῦ γὰρ Ἀρι-

4 κατὰ (pr.) AB: καὶ κατ' D: κατ' Ec   καὶ—ἐνεργεῖ (5) om. E   6 τῷ] corr.
ex τὸ E²   8 κατὰ Ec   9 ἄλλως] ἄλλας Dc   12 περιγράψαι B   13 τὰ
om. AB   15 πάντως D: πάντων Ab: πάντων πάντων E, sed corr.: πάντων τῶν B
16 ἐναντίως] bis A, sed corr.   17 βαρέα A: corr. m. rec.   18 ἀντίθεσιν A: corr.
m. rec.   τὸ] corr. ex τε E²   22 λέγει B   23 καὶ (alt.) om. AB
25 ἀνεπίδεκτον AB   ἀξιοῦν E, sed corr.   26 ὑπ' αὐτῶν] corr. ex ὑπαντώντων E²
27 μετέχουσι BDEc   30 πρῶτον] ρῶτον post lac. 9 litt. B   ἐπισημαίνομεν E:
corr. E²   τὸ] τῷ AB   32 ἐναντίαν A   34 εἶπε BDEc   Ἀριστοτέλη
BE: corr. E²   ὑπολαμβάνειν B

στοτέλους εἰπόντος τῶν ἐναντίων καὶ τὰς φορὰς ἐναντίας εἶναι, οὗτος ἀν-
τιστρέψας τὰ ἐναντίως κινούμενα ἐναντία εἶναι ὑποτίθεται ὡς ποιοτήτων
ἐναντίων μετέχοντα. καὶ εἰ μὲν ὡς μὴ ἐξισαζόντων τῶν ὅρων ἀντέστρεψε
τὴν πρότασιν, αὐτὸς ἡμῖν λεγέτω, τίνα αὐτὸν ὑπολαμβάνειν ἐχρῆν μηδὲ
5 τοῦτο γινώσκοντα, ὅτι ἐπὶ τῶν μὴ ἐξισαζόντων οὐ δυνατὸν ἀντιστρέφειν
οὐδὲ ἀδιάφορον οὕτως ἢ ἐκείνως προφέρειν· εἰ δὲ ἐξισάζειν νομίζων οὕ-
τως προήγαγε, πῶς αὐτὸς λέγει μὴ ἐξισάζειν καὶ διὰ τοῦτο μὴ δύνασθαι
ἐκ τοῦ ἡγουμένου ἀντιστρέφοντα λέγειν, εἴ τινος σώματος μὴ εἴη ἐναντία
κίνησις, τοῦτο μηδὲ ποιότητος ἐναντίας μετέχειν; ὅρα οὖν, ὅπως ὁ λέγων
10 τὸν ἐξισάζειν νομίζοντα θέσιν ἀναπόδεικτον ἀξιοῦν ἑαυτῷ συγχωρηθῆναι
ὡς ἐξισάζοντα λαβὼν ἀντέστρεψε τοὺς ὑπὸ τοῦ Ἀριστοτέλους τεθέντας
ὅρους. ὅτι γὰρ ἀντέστρεψε, δηλοῖ λέγων τὰ ἐναντίως κινούμενα ποιοτήτων
ἐναντίων μετέχειν καὶ κατὰ τὴν σὺν ἀντιθέσει ἀντιστροφὴν αὐτοῦ τὰ μὴ
μετέχοντα ποιοτήτων ἐναντίων μηδὲ κινήσεις ἐναντίας κινεῖσθαι, ὡς ἡγου-
15 μένων μὲν τῶν κινήσεων, ἑπομένων δὲ τῶν ἐναντίων· ἀπὸ γὰρ τούτων καὶ
τῆς ἀντιστροφῆς ἤρξατο οὐκ ἐννοήσας, ὅπερ καὶ πρότερον εἶπον, ὅτι ὁ
Ἀριστοτέλης ἐκ τοῦ μὴ εἶναι τῇ κύκλῳ ἐναντίαν κίνησιν βούλεται δεῖξαι,
ὅτι οὐδὲ τῷ κυκλοφορητικῷ ἔστι τι ἐναντίον. ἀντιστρέψας δὲ οὗτος τοὺς
ὅρους συνήγαγε τὸ τῇ κύκλῳ κινήσει μὴ εἶναι ἐναντίαν κίνησιν, ὅπερ διὰ
20 οἰκείας ἀποδείξεως δείξει ἐξ ἐκείνου συναγαγεῖν βουλόμενος τὸ τῇ οὐσίᾳ
τοῦ οὐρανοῦ μὴ εἶναι ἐναντίον· τούτου γὰρ ἐδεῖτο πρὸς τὸ ἀγένητον. οὗτος
δὲ καὶ ἐπιμένει δεικνύναι φιλονεικῶν ἀπὸ τῶν πραγμάτων, ὥς λέγει, ὅτι
οὐδὲ ἐξισάζει οὐδὲ δυνατὸν ἀντιστρέφειν τοὺς ὅρους. κἀνταῦθα πάλιν ἔτι
ἀνοητότερον ἀναστρέφεται· ὁ γὰρ ἀήρ, φησί, καὶ τὸ ὑπέκκαυμα ἐναντίας
25 ἔχοντα ποιότητας ἄμφω κυκλικὴν ἔχουσι κίνησιν· εἰ οὖν ἡ κύκλῳ τῇ κύ-
κλῳ οὐκ ἔστιν ἐναντία, ποιότητας ἐναντίας ἔχοντα κινήσεις ἐναντίας οὐκ
ἔχει. καὶ ἐν τούτοις οὖν πρῶτον μὲν ἐκείνας τὰς ποιό|τητας, αἷς ἡ κατὰ
τόπον κίνησις ἀκολουθεῖ, οὐκ ἔχουσιν ἐναντίας τὸ πῦρ καὶ ὁ ἀήρ· ἄμφω
γὰρ θερμὰ καὶ ἄμφω κοῦφα, εἰ καὶ τὸ μὲν μᾶλλον διὰ τὴν ξηρότητα, τὸ
30 δὲ ἧττον διὰ τὴν ὑγρότητα· ἔπειτα ἡ κύκλῳ κίνησις ὅτι μὴ τῆς τοῦ πυ-
ρὸς καὶ τοῦ ἀέρος φύσεώς ἐστιν ἰδία, ἀλλὰ κρειττόνως αὐτῆς μετέχει ἐπι-
τηδείως δηλονότι πρὸς τὴν μέθεξιν ἔχουσα, δέδεικται πρότερον, οἶμαι, με-
τρίως ἐκ τοῦ τῇ ἀπλανεῖ συγκινεῖσθαι, ὡς δηλοῦσιν οἱ ἐν αὐτοῖς συνιστά-
μενοι κομῆται καὶ τὰ ἄλλα φάσματα συνανατέλλοντα καὶ συνδύνοντα τοῖς
35 ἀπλανέσιν ἄστροις· καὶ οὐχ αὗται μόναι τῷ ἀπλανεῖ συγκινοῦνται, ἀλλὰ

---

1. 2 ἀντιγράψας c   3 ἐξισάζοντας AB   τὸν ὅρον E: corr. E²   5 τῶν μὴ]
μὲν τῶν AB; fort. μὴ τῶν   6 διάφορον A, sed corr.   9 οὖν om. D
ὁ om. AB   10 ἀξιοῦντα D   11 ἐξισάζοντας bc   18 ἔστι] seq. ras. 1 litt. E
19 τὸ] corr. ex τῷ E²   ὅπερ] corr. ex εἴπερ E²   δι' Ec   20 δείξει] ὁ Ἀρι-
στοτέλης δείξει D   24 ὁ] ὁ μὲν AB   26 ποιότητας ABDE: τὰ ποιότητας E²c
27 τὰς om. B   30 δ' D   31 ἰδία E: corr. E²   31. 32 ἐπιτηδίως E:
corr. E²   32 μέθεσιν B, sed corr.   33 ἀπλανῆ A   ἑαυτοῖς D   35 καὶ
om. B   οὐχ AB   αὐταὶ A: αὐτὰ B   μόνα B   συγκινοῦντα AB

καὶ τὸ πλανώμενον, ἀλλ' ἐκεῖνο μὲν καὶ ἰδίαν ἔχει κίνησιν, αἱ δὲ ὑπὸ σε- 75a
λήνην σφαῖραι ταῖς ὁλότησι κατὰ τὴν κρείττονα μέθεξιν κινοῦνται. ταῦτα
μὲν οὖν ἀρκούντως εἰρήσθω, εἰ μή τις ἄρα καὶ περιττὴν ἡμῖν ἀσχολίαν 15
ἐγκαλεῖ καταφρονῶν τῆς τῶν τοῦδε λόγων σαθρότητος· γινωσκέτω δὲ καὶ
5 ἐμὲ μὴ τῶν λόγων αὐτοῦ χάριν τῆς ἀσχολίας ταύτης ἀνέχεσθαι, ἀλλὰ
τῶν ὑπὸ τοῦ πλήθους αὐτοῦ τῶν λόγων ἀπατωμένων καὶ αὐτῆς δὴ ταύτης
τῆς πρὸς Ἀριστοτέλην ἀντιλογίας. τοιγαροῦν οὐκ ἀγνοῶ, ὅτι τοῖς μεθ'
ἡμᾶς οὐ τὰ ἐκείνου μόνον, ἀλλὰ καὶ ταῦτα περιττὰ καὶ οὐ σπουδῆς ἄξια 20
νομισθήσεται· πλὴν ἀνάγκη καὶ τὸ λοιπὸν ἀναμετρήσασθαι τῆς Χαρύβδεως.
10 ἐν δὴ τούτοις τοῖς προεκκειμένοις πολλαχοῦ προισχόμενος τὸ τῇ οὐσίᾳ
μηδὲν εἶναι ἐναντίον καὶ νομίζων τὸν Ἀριστοτέλην πρὸς ἑαυτὸν διαφωνεῖν
ἐν Κατηγορίαις μὲν εἰπόντα τοῦτο σαφῶς, ἐνταῦθα δὲ τῶν ἐναντίων κατ' 25
οὐσίαν καὶ τὰς φορὰς ἐναντίας εἶναι λέγοντα, δοκεῖ μοι παντάπασιν ἀγνοεῖν,
πῶς εἴρηται τὸ τῇ οὐσίᾳ μηδὲν εἶναι ἐναντίον. τεκμαίρομαι δὲ ἐκ τῆς
15 διαιρέσεως, καθ' ἣν ἐποιήσατο τὴν ὑπάντησιν, ἣν ἐν τοῖς πρώτοις τῆς ἐκ-
κειμένης αὐτοῦ προσεχῶς ῥήσεως ὅπως νοεῖ, σαφῶς ἀπεκάλυψε γράφων· 30
"ταῦτα μὲν οὖν, εἰ κατ' οὐσίαν ἐναντία λέγοιεν σώματα τὰ κινήσεις ἐναν-
τίας κινούμενα. εἰ δὲ μὴ κατ' οὐσίαν ἐναντία λέγοι τις διὰ τὸ καθόλου
τῇ οὐσίᾳ μηδὲν εἶναι ἐναντίον, ἀλλὰ ποιοτήτων πάντως ἐναντίων μετέχειν
20 τὰ ἐναντίως κινούμενα, ὡς ἐπὶ πυρὸς ἔχει καὶ γῆς· τὸ μὲν γὰρ θερμόν, 35
ἡ δὲ ψυχρὰ τυγχάνει, καὶ τὸ μὲν κοῦφον, ἡ δὲ βαρεῖα". ὁρᾷς, ὅτι τοῖς
κατ' οὐσίαν ἐναντίοις τὰ κατὰ ποιότητα ἐναντία ἀντέθηκεν ὡς ἄλλα δηλον-
ότι παρ' ἐκεῖνα νομίζων αὐτὰ καὶ οὐδὲ κατὰ τὰς τυχούσας ποιότητας ἀν-
τικείμενα ἀλλὰ τὰς οὐσιώδεις, ὡς ἐπὶ πυρός, φησί, καὶ γῆς ἔχει· τὸ μὲν 40
25 γὰρ θερμόν, ἡ δὲ ψυχρὰ τυγχάνει, καὶ τὸ μὲν κοῦφον, ἡ δὲ βαρεῖα. εἰ
τοίνυν μὴ ταῦτα νομίζει καὶ τὰ τοιαῦτα κατ' οὐσίαν ἐναντία, ἐπειδὴ πᾶσα
σύνθετος οὐσία, ᾗ μάλιστα νομίζει μηδὲν εἶναι ἐναντίον, ἔκ τε τῆς ὕλης
ἐστὶ καὶ τῶν οὐσιωδῶν ποιοτήτων, τίς ἄλλη περιλείπεται οὐσία φυσικὴ
σύνθετος, ἐφ' ἧς ἀληθεύειν νομίζει τὸ τῇ οὐσίᾳ μηδὲν εἶναι ἐναντίον; ὅτι 45
30 γὰρ ἐπὶ τῆς συνθέτου οὐσίας ἐν Κατηγορίαις εἰρῆσθαι τοῦτο | νομίζει, 75b
σαφῶς ἔγραψεν εἰπὼν ἐν τῷ τρίτῳ κεφαλαίῳ τοῦ πέμπτου ἑαυτοῦ βιβλίου
"εἰ μὲν οὖν αὐτὰς τῶν σωμάτων τὰς οὐσίας ἐναντίας εἶναί φησιν, ὅσαι
κινήσεις ἐναντίας κινοῦνται, αὐτὸς ἑαυτῷ τἀναντία λέγων ὁ Ἀριστοτέλης
ἁλώσεται· αὐτὸς γὰρ ἐν Κατηγορίαις ἡμᾶς ἐδίδαξεν, ὅτι οὐδέν ἐστιν ἐναν- 5
35 τίον τῇ οὐσίᾳ καὶ μάλιστα τῇ ἐξ ὕλης καὶ εἴδους συνθέτῳ". ποῖον οὖν

---

6 δὴ] δὲ Ec   8 οὐ (alt.) om. Ec   ἄξια ABDE: ἀνάξια E²c   9 Χαρύβ-
δεως D   10 προχειμένοις B: προεγχειμένοις E: corr. E²   11 Ἀριστοτέλη BE
15. 16 τοῖς ἐγκειμένοις E: corr. E²   18 εἰ—κινούμενα (20)] bis E: corr. E²
λέγοι] ταῦτα λέγοι D: λέγοιτο E in repetit.   τις om. E in repetit.   22 ποιότητας
Ec   ἀντέθηκεν] -η- e corr. B   23 κατά] τὰ κατά D   26 νομίζῃ AB
κατ'] τὰ κατ' Db   27 νομίζειν E: corr. E²   μηδὲν εἶναι νομίζει AB   28 τίς—
σύνθετος (29)] D: om. ABEbc   29 νομίζειν B   30 νομίζει τοῦτο D   31 τρίτῳ BD:
 ζ A: om. E: βʷ E²bc   αὐτοῦ DEc   32 ὅσα Ec   35 συνθέτου A

ἔστι φυσικὸν σῶμα σύνθετον ἐξ ὕλης καὶ εἴδους, ὃ μὴ ταῖς ἀντικειμέναις 75ᵇ
ποιότησιν εἰδοποιεῖται; κἂν γὰρ αὐτό τις τὸ τριχῇ διαστατὸν λαμβάνῃ,
κατὰ μὲν τὸν γραμματικὸν τοῦτον ἡ ὕλη τοῦτό ἐστι, καὶ ταῖς ἀντιθέτοις 10
ποιότησιν εἰδοποιηθὲν φυσικὸν γίνεται σῶμα καὶ οὐσία σύνθετος, καὶ οὐκ
5 ἄλλη παρὰ ταύτην ἐστὶν ἡ ταῖς ἐναντίαις ποιότησιν εἰδοποιουμένη. εἰ δὲ
καὶ μὴ ὕλη τὸ σῶμά ἐστιν, ἀλλὰ σύνθετον ἐξ ὕλης καὶ εἴδους, καὶ αὐτοῦ
τὸ εἶδος ἀντιθέτους ἔχει διαφοράς· ἔστιν γὰρ καὶ σώματος ὕλη, φησὶν 15
Ἀριστοτέλης, καὶ μεγάλου καὶ μικροῦ ἡ αὐτή. ποία οὖν ἐστιν οὐσία σύν-
θετος ἐξ ὕλης καὶ εἴδους παρὰ τὴν ταῖς ἀντιθέτοις ποιότησιν εἰδοποιουμέ-
10 νην τοῦ θερμοῦ καὶ ψυχροῦ καὶ κούφου καὶ βαρέος, ἐφ' ἧς ἀληθεύειν νο-
μίζει τὸ τῇ οὐσίᾳ μηδὲν εἶναι ἐναντίον; ἐπὶ γὰρ ταύτης συγχωρεῖν ἔοικε 20
μὴ ἀληθεύειν. τοιγαροῦν ἄλλως πειρᾶται μετιέναι τὸν λόγον τὸ σχῆμα τῆς
ἀντιστροφῆς αἰτιώμενος, ἣν καὶ αὐτὴν ἀγνοῶν ἐφάνη. ἀλλ' οὗτος μὲν καὶ
ἐκ τῶν ἑξῆς, ὁποίαν ἕξιν ἔχει περὶ λόγους, φανήσεται· αὐτὸ δὲ τοῦτο καθ'
15 αὐτὸ πῶς εἴρηται τὸ τῇ οὐσίᾳ μὴ εἶναι ἐναντίον, ἐμαυτῷ μὲν πρῶτον, 25
ἤδη δὲ καὶ τοῖς φιλομαθέσι διαρθρῶσαι καλόν. τὴν κυρίως οὐσίαν ἐν Κα-
τηγορίαις τὴν ἄτομον λαβὼν τὴν σύνθετον ἐξ ὕλης καὶ εἴδους ὡς ὑποκεί-
μενον αὐτὴν ἔλαβεν· διὸ οὐδὲ ἐν ὑποκειμένῳ οὐδὲ καθ' ὑποκειμένου φησὶν
αὐτὴν εἶναι, ἵνα πανταχόθεν, ὅτι ὑποκείμενόν ἐστι, σημαίνῃ· τὰ δὲ ἐναν- 30
20 τία καθὸ ἐναντία συμβεβηκότα ἐστίν· διαφοραὶ γάρ εἰσιν, αἱ δὲ διαφοραὶ
ποιότητες καὶ συμβεβηκότα, καί εἰσιν αὗται οὐκ ἐναντίαι τῇ οὐσίᾳ, ἀλλ'
ἐν τῇ οὐσίᾳ τὴν ἐναντίαν ἑαυτῶν ὑπόστασιν ἔχουσιν· διόπερ ἀμφότερα εἶπεν,
καὶ ὅτι τῇ οὐσίᾳ οὐδὲν ἔστιν ἐναντίον, καὶ ὅτι ἡ οὐσία ταὐτὸν καὶ ἓν οὖσα 35
τῷ ἀριθμῷ τῶν ἐναντίων ἐστὶ δεκτική. διὰ ταῦτα μὲν οὖν ἀληθὴς ὁ ἐν
25 Κατηγορίαις λόγος, ὅτι τῇ οὐσίᾳ οὐδὲν ἔστιν ἐναντίον· οὔτε γὰρ κατὰ τὴν
ὕλην, ἥτις μόνως ἐστὶν ὑποκείμενον, οὔτε κατὰ τὸ εἶδος τὸ σύνθετον ἐκ
γένους καὶ διαφορῶν· οὐσία γὰρ καὶ τοῦτο καί, κἂν ἐν τῇ ὕλῃ ἐστίν, ἀλλὰ 40
μετὰ τῆς ὕλης ὑπόκειται τοῖς ἐναντίοις· οὔτε πολλῷ μᾶλλον κατὰ τὸ σύν-
θετον ἐξ εἴδους καὶ ὕλης· τοῦτο γὰρ ἔτι μᾶλλον ὑποκείμενον τοῖς ἐναντίοις,
30 τὸ δὲ ὑποκείμενον οὐ δύναται εἶναι ἐναντίον· οὔτε γὰρ ἄμφω τὰ ἐναντία 45
εἶναι δύναται· ἐν ὑποκειμένῳ γὰρ ἐκεῖνα· οὔτε τὸ ἕτερον, καὶ ὅτι ἐν ὑπο-
κειμένῳ καὶ τοῦτο, ἀλλ' οὐχ ὑποκείμενον, | καὶ ὅτι, εἴπερ εἴη τοῦτο, τὸ 76ᵃ
ἀντικείμενον οὐκ ἂν δέξαιτο. ἐπειδὴ δὲ σύνθετός ἐστιν ἡ κυρίως οὐσία
κατ' αὐτὸν ἡ ἄτομος, ἥτις καὶ γενητὴ καὶ φθαρτή ἐστιν, ἐξ ὕλης καὶ εἴ-
35 δους, τὸ δὲ εἶδος, ὃ καὶ ὁριζόμεθα, ἐκ γένους ἐστὶ καὶ διαφορῶν, αἱ δὲ 5

---

1 λαμβάνει E: corr. E²: λαμβάνῃ εἰ D   3 ἐστι] seq. ras. 1 litt. E   καὶ] e corr. D¹   4 γίγνεται E   5 ἄλλη] corr. ex ἀνάγκη E²   6 εἴδους καὶ ὕλης AB   καὶ αὐτοῦ — εἴδους (9) om. D   7 ἐστι BDEc   φησὶν] 320ᵇ22   10 ἧς] οἷς D   11 τὸ om. AB   18 ἔλαβε BDEc   19 σημαίνῃ] σημάνῃ AB   20 ἐστὶ DEc   22 ἔχουσι Bc et seq. ras. 1 litt. E: —σι e corr. D¹   εἶπεν AE: εἶπε BDE²c   23 ἢ] corr. ex τῇ E²: om. AB   27 καί, κἂν] κἂν B   29 ἔτι] ἐστι AB   31 καὶ — ὑποκείμενον (32)] mg. E²   καὶ om. c   32 ἀλλ' om. E   οὐχὶ D   34. 35 εἴδους καὶ ὕλης AB   35 ὃ om. AB

SIMPLICII IN L. DE CAELO I 4 [Arist. p. 271ᵃ27]   167

διαφοραὶ ποιότητες οὖσαι ἀντίθεσιν ἔχουσιν πρὸς ἄλλας ποιότητας· κατὰ γὰρ 76ᵃ
ἀντίθεσιν ἀπὸ τῶν οἰκείων γενῶν αἱ διαφοραὶ διαιροῦνται· κατὰ ταύτας
οὖν τὰς διαφορὰς ἐναντίαι λέγονται αἱ οὐσίαι, οὐ καθὸ οὐσίαι καὶ ὑποκεί-
μενα καὶ καθ' ἑαυτὰ ὑφεστῶτα, ἀλλὰ καθὸ ἐξ ἐναντίων διαφορῶν συνε-
5 στήκασι καὶ εἰδοποιοῦνται, οἷον τὸ πῦρ καὶ τὸ ὕδωρ καθὸ μὲν πῦρ καὶ 10
καθὸ ὕδωρ οὐκ εἰσὶν ἐναντία· οὐσίαι γάρ εἰσιν ὑποκείμεναι τοῖς ἐναντίοις
συμβεβηκόσιν κατὰ ταῦτα· καθὸ δὲ τὸ μὲν θερμὸν καὶ ξηρόν, τὸ δὲ ψυχρὸν
καὶ ὑγρόν, καὶ τὸ μὲν κοῦφον, τὸ δὲ βαρύ, κατὰ ταῦτα ἐναντιοῦνται καὶ 15
μάχονται ἀλλήλοις καὶ μεταβάλλουσιν εἰς ἄλληλα, οὐ καθὸ οὐσίαι καὶ ὑπο-
10 κείμενα, ἀλλὰ κατὰ τὰς ἐναντίας ποιότητας. διὸ ἐν μὲν Κατηγορίαις τὴν
τοιαύτην οὐσίαν τὴν σύνθετον ἐξ ὕλης καὶ εἴδους ὡς ὑποκείμενον λαβὼν
τῶν ἐναντίων παρὰ μέρος εἶπεν εἶναι δεκτικὴν τὴν αὐτήν, ἐναντίων δὲ τῶν 20
κατὰ συμβεβηκὸς ὑπαρχόντων, καὶ μὴ εἶναί τι τῇ τοιαύτῃ οὐσίᾳ ἐναντίον·
ἐνταῦθα δὲ τὰς διαφορὰς λαβὼν τὰς κατ' οὐσίαν ὑπαρχούσας ἄλλης καὶ
15 ἄλλης οὐσίας ἑκατέραν τῶν ἐναντίων συμπληρωτικὴν οὖσαν καὶ καθ' αὑτὸ
ὑπαρχούσας ταῖς οὐσίαις, ἀλλ' οὐ κατὰ συμβεβηκός, ἐναντίας τὰς οὐσίας 25
ἀλλήλαις κατ' ἐκείνας τὰς διαφορὰς ἔφατο τὰς ταῖς διαφόροις οὐσίαις καθ'
αὑτὸ ὑπαρχούσας· αἱ γὰρ κατὰ συμβεβηκὸς ὑπάρχουσαι διαφοραὶ περὶ τὴν
αὐτὴν οὐσίαν παρὰ μέρος ὑφίστανται. ὅταν οὖν λέγῃ "τῶν ἐναντίων καὶ
20 αἱ φοραὶ ἐναντίαι", οὐσίας μὲν ἐναντίας λέγει τὰς ἐχούσας οὐσιώδεις ἐναν- 30
τίας πρὸς ἀλλήλας διαφοράς, οὐ καθὸ δὲ οὐσίαι καὶ καθ' αὑτὰς ὑφεστῶ-
σαι, ἀλλὰ καθὸ ἐξ ἐναντίων συνεστήκασιν διαφορῶν, αἷς καὶ ἀκολουθοῦσιν
αἱ ἐναντίαι κινήσεις· καὶ γὰρ ἡ μὲν ἐπὶ τὸ ἄνω θερμότητι καὶ κουφότητι
σύνεστιν, ἡ δὲ ἐπὶ τὸ κάτω ψυχρότητι καὶ βαρύτητι· καὶ οὔτε ἐναντιοῦται 35
25 ταῦτα τοῖς ἐν Κατηγορίαις εἰρημένοις οὔτε, ὡς οὗτός φησιν, ἀνάγκη τὸ
τῶν ἐναντίων τὰς φορὰς ἐναντίας εἶναι διαγράφειν διὰ τὸ ἐκεῖνα νομίζειν
ἀληθῆ. ἰστέον δέ, ὅτι ἐν τῷ πρώτῳ τῆς Φυσικῆς ἀκροάσεως τῷ εἴδει
τῷ ἐνύλῳ ἐξ ἐναντίων ποιοτήτων συνεστῶτι ἐναντίαν ἔφατο τὴν στέρησιν 40
αὐτοῦ καὶ ἐκ ταύτης γίνεσθαι τὸ εἶδός φησι, διότι οὐ παντὶ εἴδει πάντως
30 ἔστιν ἐναντίον εἶδος· οὐ γὰρ δὴ καὶ τῷ ἀνθρώπῳ ἢ τῷ μουσικῷ. στέρη-
σις δέ ἐστι πανταχοῦ, ἀλλὰ ποτὲ μὲν ἡ στέρησις μετὰ εἴδους ἐστὶ τελείου
τελείας ἔχοντος τὰς συστατικὰς αὐτοῦ ποιότητας, ὥσπερ ἡ ἐν τῷ ὕδατι 45
τοῦ πυρὸς στέρησις σύνεστιν τῷ εἴδει τοῦ ὕδα|τος τελείῳ ὄντι καὶ τελείας 76ᵇ
ἔχοντι τὰς ἐν αὐτῷ ποιότητας ψυχρότητα καὶ ὑγρότητα τὰς ἐναντίας ταῖς
35 τοῦ πυρὸς ποιότησιν, καὶ διὰ τοῦτο τὸ πῦρ οὐ μόνον ἐκ τῆς στερήσεως τῆς
ἑαυτοῦ, ἀλλὰ καὶ ἐκ τοῦ ἐναντίου ἑαυτῷ εἴδους λέγεται γίνεσθαι· ὅταν δὲ 5

1 ἔχουσι BDEc   2 γενῶν] μερῶν AB   3 ἐναντίας c   οὐ om. AB   4 καὶ
om. c   ἐξ om. B   7 συμβεβηκόσι BDc: ν eras. E   δὲ (pr.)] supra-
scr. E²   15 ἑκατέρας AB   καθ' αὑτὸ] καθὸ B   16 ὑπάρχουσαν c
19 post αὐτὴν ras. 4 litt. E   λέγει E, sed corr.   20 διαφοραὶ c   22 συνεστή-
κασι BDEc   26 διαφορὰς D   27 πρώτῳ] cap. 5   28 τῷ ἐξ D
ἐναντίαν] ἐναντίον E   29 γίγνεσθαι E   ὥς φησί c   30 καὶ om. B   33 σύν-
εστι BDEc   35 ποιότησι BDEc

ἡ στέρησις μὴ εἴδει τελείῳ συνυπάρχῃ, ἀλλ' ὑλικῷ τινι ἐπιτηδείως ἔχοντι 76ᵇ
δέξασθαι τὸ εἶδος τὸ ἀντικείμενον τῇ στερήσει, ὡς ἡ ἐν τῷ σπέρματι τοῦ
ἀνθρώπου στέρησις, τότε οὐκ ἐξ εἴδους ἐναντίου ἀλλ' ἐκ στερήσεως λέγε-
ται γίνεσθαι τὸ γινόμενον, οὐχ ὅτι οὐκ ἔστιν εἶδός τι καὶ τὸ σπέρμα, ἀλλὰ 10
5 ἀτελὲς εἶδος καὶ ὕλης λόγον ἔχον πρὸς τὴν τοῦ τελείου εἴδους ὑπόστασιν
καὶ εἰς ἐκεῖνο τὴν ὅλην ἔχον ἀναφοράν, διὸ οὐχ ὡς ἐξ εἴδους ἐναντίου τοῦ
σπέρματος γίνεται ὁ ἄνθρωπος. καὶ δῆλον, ὅτι εἰσίν τινες καὶ ἐν τῷ σπέρ-
ματι ποιότητες ἐναντιώσιν ἔχουσαι πρὸς ἀλλήλας, ἀλλ' ἀτελεῖς καὶ αὗται 15
καὶ οὐχ ὡς αἱ τῶν τελείων εἰδῶν τέλειαι· διὸ ὅσαι μὲν ἐναντίαι ταῖς τοῦ
10 ἀνθρώπου ποιότησίν εἰσιν, εἰς ἐκείνας μεταβάλλουσιν τοῦ μὲν ὑγροῦ τοῦ ἐν
τῷ σπέρματι ξηραινομένου, τοῦ δὲ σφαιρικοῦ ἐκτεινομένου· ὅσαι δὲ ὁμοει-
δεῖς εἰσι ταῖς τοῦ ἀνθρώπου, ἐκ τοῦ ἀτελοῦς μεταβάλουσιν εἰς τὸ τέλειον. 20
διὰ οὖν τὸ ἀτελὲς τῆς διαθέσεως τοῦ ὑποκειμένου, ὅταν ἐκ σπέρματος τὸ
ζῷον ἢ ἐξ ἀμούσου γίνηται τὸ μουσικόν, οὐκ ἐξ ἐναντίου εἴδους ἀλλ' ἐκ
15 τῆς στερήσεως τοῦ εἴδους λέγεται γίνεσθαι. ὅτι δὲ οὐκ ἐμαυτοῦ ταύτας
ἐπινοίας γράφω, ἀλλὰ καὶ τοῖς δοκίμοις τῶν ἐξηγητῶν δοκοῦντα καὶ ὑπ' 25
αὐτοῦ τοῦ Ἀριστοτέλους λεγόμενα, ἄκουσον τῶν ὑπὸ Ἀλεξάνδρου γεγραμ-
μένων ἐν τῷ τῶν Κατηγοριῶν ὑπομνήματι. προθεὶς γὰρ τὴν λέξιν τὴν
λέγουσαν "ὑπάρχει δὲ καὶ ταῖς οὐσίαις καὶ τὸ μηδὲν ἐναντίον αὐταῖς εἶναι"
20 ἐπάγει ταῦτα· "ἄλλο τι πάλιν δείκνυσι τῶν τῇ οὐσίᾳ παρακολουθούντων, 30
ὃ οὐδὲ αὐτὸ ἴδιον τῆς οὐσίας ἐστίν, ὡς καὶ αὐτὸς λέγει· ἔστιν δὲ τοῦτο τὸ
μηδὲν ἐναντίον αὐτῇ εἶναι. καὶ ὁμολογουμένως ταῖς ἐκκειμέναις οὐσίαις
οὐδέν ἐστιν ἐναντίον· τῇ μέντοι κατὰ τὸ εἶδος οὐσίᾳ ἐρεῖ ἐν τῇ Φυσικῇ
ἀκροάσει τὴν στέρησιν ἐναντίαν εἶναι, ἢ κἀκεῖ κοινότερον ἡ στέρησις ἐναν- 35
25 τία εἴρηται· ἔθος γὰρ αὐτῷ ἐναντία λέγειν καὶ τὰ κατὰ στέρησιν ἐναντία
κείμενα· ἀλλ' ἐπί γε τῶν στοιχείων τὰ εἴδη τῶν στοιχείων, καθ' ἃ πῦρ
καὶ ἀὴρ καὶ ὕδωρ καὶ γῆ, ἐναντία, ὡς καὶ αὐτὸς ἐν τοῖς Περὶ γενέσεως
καὶ φθορᾶς λέγει· διὰ τοῦτο γὰρ εἰς ἄλληλα αὐτοῖς ἡ μεταβολή. ταύταις 40
οὖν ταῖς οὐσίαις ταῖς ἐκκειμέναις λέγοι ἂν μηδὲν εἶναι ἐναντίον· ἐπεὶ ἔδειξέ
30 γε ἐν τῷ δευτέρῳ Περὶ γενέσεως εἰδοποιοὺς τῶν ἁπλῶν καὶ πρώτων σω-
μάτων ξηρότητα ὑγρότητα, θερμότητα ψυχρότητα, ταῦτα δὲ αὐτὰ καὶ ἐναν-

---

3 τότε οὐκ] θ corr. D¹   4 γίγνεσθαι E   γιγνόμενον E   ἀλλ' D   5 πρός—
εἴδους] mg. E²   ὑπόστασιν — ἔχον (6) om. E   7 γίγνεται E   εἰσὶ BDEc
8 ποιότητα B   ἀλλήλας] ἄλλας AB   9 καὶ οὐχ] οὐχ D   10 μεταβάλλουσι
BDc: ν eras. E   14 γίνηται] scripsi: γένηται B: λέγηται ADE: λέγηται γίνεσθαι bc·
15 γίγνεσθαι E   16 τῶν om. D   ἐξηγηταῖς D   18 προσθεὶς B   19 καὶ (pr.)
om. D   αὐταῖς ἐναντίον D   20 δείκνυσιν E   21 ἔστιν] ἔστι BDEc   22 μηδὲ A
ὁμολογουμέναις B: ὁμολογούμενον ὡς E   ταῖς ἐκκειμέναις om. B   ἐγκειμέναις E:
corr. E²   25 τὰ] suprascr. E²   26 ἐπί] ἐπεὶ AB   27 ἐναντίαι B   Περὶ
γενέσεως] 331ᵃ14   28 λέγοι E   29 ἐγκειμέναις E: corr. E²   μηδὲ A
ἐπεὶ ἔδειξέ D: ἐπέδειξε AE: ἐπέδειξα B: ἀπέδειξε E²bc   30 γε ABDE: δέ γε E²c:
autem b   δευτέρῳ om. DE   Περὶ γενέσεως] II 3   γενέσεως ἐν τῷ β^ω D
31 ξηρότητα καὶ c   ὑγρότητα] suprascr. E²   θερμότητα καὶ c   αὐτὰ καὶ]
scripsi: ἂν τὰς ABDE: del. E²: om. bc

τιώσεις· ἐξ οὗ καὶ αὐτοῦ δῆλον, ὅτι τὴν διαφορὰν τῆς οὐσίας οὐκ εἶπεν 76ᵇ
οὐσίαν εἶναι, ὅτι μὴ τῶν ἐκκειμένων τις ἦν." ἀλλὰ καὶ ὁ θεῖος Ἰάμβλι- 46
χος ἐν τῷ εἰς τὰς Κατηγορίας | ὑπομνήματι τάδε γέγραφεν· "ὑπάρχει 77ᵃ
μὲν οὖν ταῖς οὐσίαις τὸ μηδὲν ἐναντίον αὐταῖς εἶναι· τὰ μὲν γὰρ ἐναντία
5 ὑφ' ἓν γένος ἀεὶ ὑποτάττεται, ἡ δὲ οὐσία οὐδὲν ἔχει ἀνωτέρω γένος ἕν,
ὑφ' ὃ ταχθήσεται, καὶ τὰ μὲν ἐναντία σχέσιν ἔχει πρὸς ἄλληλα, ἡ δὲ 5
οὐσία ἄσχετός ἐστι καὶ οὐδὲν προσδεῖται τῆς κατὰ τὴν ἐναντίωσιν σχέ-
σεως. ἔτι τὰ μὲν ἐναντία πρὸς ἄλληλα ἀπονεύει, ἡ δὲ οὐσία καθ' ἑαυτὴν
ὥρισται". αὐτός γε μὴν ἀπὸ τῆς ἐπαγωγῆς τῶν πρώτων καὶ δευτέρων
10 οὐσιῶν τὸ μηδὲν εἶναι ἐναντίον αὐτῇ κατασκευάζει καὶ μετ' ὀλίγα τάδε 10
γέγραφεν· "ἀποροῦσι δέ τινες, πῶς τὸ λογικὸν ζῷον τῷ ἀλόγῳ οὐκ ἔστιν
ἐναντίον, ἡμεῖς δὲ ἐροῦμεν, ὡς μέν τινι διαφορᾷ τὴν ἐνυπάρχουσαν δια-
φορὰν ἐναντίον, τὸ δὲ ὅλον τῷ ὅλῳ οὐκ ἔσται ἐναντίον. λόγος δὲ τούτου
τοιοῦτος· τὸ ἐπιδεχόμενον τἀναντία οὐκ ἔστιν αὐτὸ ἐναντίον· εἰ γὰρ κατέ-
15 χοιτο ὑφ' ἑνὸς τῶν ἐναντίων, οὐκ ἂν δύναιτο καὶ πρὸς τὴν τοῦ ἑτέρου 15
καταδοχὴν ἐπιτηδείως κατεσκευάσθαι, οἷον ψυχή, σῶμα, αἱ ἄτομοι οὐσίαι
καὶ δεύτεραι οὐσίαι, εἴπερ ἐπιδέχοιντο τἀναντία, οὐκ ἔσται αὐτὰ ἐναντία.
ἀλλ' οὐδὲ εἰ διαιροῖτό τι εἰς τὰ ἐναντία, ὥσπερ τὸ ζῷον, οὐδὲ οὕτως ἔσται
ἐναντίον, εἰ κοινῶς γε περιέχει τὴν τῶν ἐναντίων διαίρεσιν, ὥστε οὐδὲν 20
20 τούτων ἔσται ἐναντίον. γνοίη δὲ ἄν τις καὶ ἀπὸ τοῦ ὅρου τῶν ἐναντίων
τοῦτο· πλεῖστον γὰρ κεχωρίσθαι αὐτὰ ἀπ' ἀλλήλων ἀφοριζόμεθα· ὡς δὲ
νῦν λέγεται, περὶ τὴν αὐτὴν οὐσίαν τοῦ ζῴου συνυπάρχει. ἀλλὰ πῶς τὸ
πῦρ τῷ ὕδατι καὶ τὸν ἀέρα τῇ γῇ ἐναντία λέγει ὁ Ἀριστοτέλης; κατὰ τὰς 25
εἰδοποιοὺς δηλονότι διαφορὰς φήσομεν, αἵτινες οὐκ εἰσὶν οὐσίαι. τὸ μὲν οὖν
25 ψυχρὸν καὶ θερμὸν καὶ ξηρὸν καὶ ὑγρὸν ἀλλήλοις ἐναντία ὑπάρχει, αἱ δὲ
ὅλαι οὐσίαι πρὸς τὰς ὅλας οὐσίας οὐκ ἔχουσιν ἐναντιώσεις καὶ ἐπὶ τῆς
αὐτῆς ὕλης συνυφεστήκασιν". καὶ τί δεῖ μηκύνειν τῶν ἐξηγητῶν μακρὰς 30
παραγράφοντα ῥήσεις, ὅτε δυνατὸν αὐτὸν παράγειν τὸν Ἀριστοτέλην τὴν
ἑαυτοῦ γνώμην σαφῶς ἀποκαλύπτοντα μετ' ὀλίγα τῆς ἀρχῆς τοῦ δευτέρου
30 τῶν Περὶ γενέσεως καὶ φθορᾶς βιβλίων; γράφει δὲ οὕτως· "ὄντων δὲ τεσ-
σάρων τῶν ἁπλῶν σωμάτων ἑκάτερα τοῖν δυοῖν ἑκάτερου τῶν πρώτων 35
ἐστίν· πῦρ μὲν οὖν καὶ ἀὴρ τοῦ πρὸς τὸν ὅρον φερομένου, γῆ δὲ καὶ ὕδωρ

---

1 αὐτοῦ] mut. in αὐτὸς m. rec. A   2 εἶναι om. D   ἐγκειμένων E: corr. E²
5 ἀνώτερον B   6 δ] ᾧ Ec   8 ἀπονεύει om. E: ἀπονεύουσιν c, suprascr. E²
post οὐσία rep. 7 ἄσχετος — σχέσεως (7.8) E   αὐτὴν Ac   11 λόγῳ B, supra-
scr. ἀ   12 ante ὡς del. ᾧ m E²   12 διαφορᾷ E²: διαφορὰ AB: διαφορὰν
DE   13 ἐναντίων τε δ] ἔχουσι, τὸ c   ἔσται ABb: ἔστιν DEc   14 τοιοῦ-
τος] τοῦ ὄντος AB   14. 15 μετέχοιτο B   15 τοῦ om. Ec   16 κατασκευάσθαι
AB: παρεσκευάσθαι D   19 οὐδὲ AB   21 κεχωρίσθαι D: corr. ex κεχώρισται AE²:
κεχώρισται B   ἀφοριζόμενα B, determinata b   23 τὰ ὕδατα B   ἡ om. DEc
26 καὶ ἐπί] ἐπὶ A: ἐπὶ δὲ B   27 συνεφεστήκασι B: συνυφεστήκασι Dc: ν eras. E
28 περιγράφοντα B   περιάγειν B   Ἀριστοτέλη BE   30 γράφει] 330ᵇ30 sq.
δὲ (alt.)] δὲ τῶν B   30. 31 τεττάρων c   31 τῶν] εἶναι E, del. E²   ἑκάτερον c
ἑκάτερου] ἑκάτερα A: ἑκάτερα B   πρώτων] τόπων c cum codd. Arist.   32 ἐστὶ BD:
ν eras. E   οὖν] γάρ c   ὅρον] mut. in οὐρανὸν E¹

τοῦ πρὸς τὸ μέσον· καὶ ἄκρα μὲν καὶ εἰλικρινέστατα γῆ καὶ πῦρ, μέσα δὲ 77ᵃ
καὶ μεμιγμένα μᾶλλον ὕδωρ καὶ ἀήρ· καὶ ἑκάτερα ἑκατέροις ἐναντία· πυρὶ
μὲν γὰρ ἐναντίον ὕδωρ, ἀέρι δὲ γῆ· ταῦτα γὰρ ἐκ τῶν ἐναντίων παθημά- 40
των συνέστηκεν." ἰδοὺ τοίνυν καὶ ἐναντίας οὐσίας οὐσίαις εἶναί φησι, πυρὶ
5 καὶ ἀέρι ὕδωρ καὶ γῆν, καὶ ὅπως ἐναντία, δεδήλωκεν, ὅτι οὐ καθὸ οὐσίαι
καὶ ὑποκείμενα, ἀλλὰ καθὸ ἐξ ἐναντίων ποιοτήτων συνεστήκασιν εἰς ἀλλή-
λας δρᾶν καὶ πάσχειν ὑπ' ἀλλήλων δυναμένων. ταῦτα μὲν οὖν ἱκανῶς, 45
ὡς οἶμαι, μέχρι τοῦδε προελήλυθε. καὶ ὅπως οὗτος ἀνεστράφη περὶ τὴν
ἀν|τίρρησιν τῆς λεγούσης προτάσεως τῶν ἐναντίων καὶ τὰς φορὰς εἶναι 77ᵇ
10 ἐναντίας, φανερόν, οἶμαι, γέγονε καὶ τοῖς μετρίαν συναίσθησιν ἔχουσι λό-
γων ἀκολουθίας. ὁ δὲ χρηστὸς οὗτος ὁ τῷ Ἀριστοτέλει δεινότητα λόγων
ἐγκαλῶν, τοῖς μὲν μὴ παρακολουθῶν αὐτός, τὰ δὲ ὡς ἐπίδειξιν δεινότητος 5
ποιούμενος μετὰ πολλὰς ἀντιρρήσεις ἐκ φιλοτιμίας συγχωρεῖν τοῖς ἀνατρα-
πεῖσι δοκεῖ καὶ τάδε ἐφεξῆς γέγραφε· "κἂν ἀληθὲς δὲ συγχωρήσωμεν τὸ
15 εἶναι σῶμα σώματι ἐναντίον καὶ ἔτι τῶν ἐναντίων σωμάτων καὶ τὰς φορὰς
εἶναι ἐναντίας καὶ διὰ τοῦτο πάλιν, οὗ σώματος τῇ κινήσει μὴ ἔστιν ἐναν- 10
τία κίνησις, μηδὲ αὐτῷ εἶναι σῶμα ἐναντίον, ἀνάγκη δηλονότι δειχθῆναι,
ὅτι τῇ κύκλῳ κινήσει μὴ ἔστιν ἐναντία κίνησις. ἐὰν οὖν τῶν λόγων ἕκα-
στον, δι' ὧν τοῦτο κατασκευάζειν ὁ Ἀριστοτέλης ἐπικεχείρηκε, παραθέντες
20 ἐλέγξωμεν, δῆλον, ὅτι μὴ δειχθέντος, ὅτι τῇ κύκλῳ κινήσει μὴ ἔστιν ἐναν- 15
τία κίνησις, οὐδὲ ὅτι τῷ κινουμένῳ αὐτὴν σώματι οὐκ ἔστιν ἐναντίον σῶμα,
δεδειγμένον ἂν εἴη." ὁ τοίνυν τοιαῦτα ἀνατεινόμενος ὅρα ὅπως οὐδὲ παρ-
ακολουθῶν φαίνεται τοῖς γεγραμμένοις. παραθέμενος γὰρ τὴν Ἀριστοτέ-
λους ῥῆσιν τοῦ πρώτου ἐπιχειρήματος καὶ τὴν Ἀλεξάνδρου ἐξήγησιν ἐάσας 20
25 τὸν Ἀριστοτέλην κατὰ τοῦ Ἀλεξάνδρου κεχώρηκε λέγων, ὅτι ἐπαγγειλάμε-
νος δεῖξαι, ὡς οὐκ ἔστι τῇ περιφερεῖ γραμμῇ ἡ εὐθεῖα ἐναντία, οὐδὲν δε-
δειχὼς φαίνεται. τοῦτο δὲ οὔτε Ἀριστοτέλης οὔτε Ἀλέξανδρος ἐπηγγεί-
λαντο δεικνύναι, ἀλλὰ τὴν ἀγωγὴν οὗτος ἠγνόησε τοῦ λόγου ἔχουσαν οὕ- 25
τως· εἰ ἔστιν ἐναντία τις τῇ κύκλῳ κινήσει, ἡ ἐπ' εὐθείας ἐστίν· ἀλλὰ
30 μὴν ἡ ἐπ' εὐθείας οὐκ ἔστιν· οὐκ ἄρα ἔστι τις ἐναντία τῇ κύκλῳ κίνησις.
καὶ τὸ μὲν συνημμένον δείκνυσιν ἐκ τοῦ τῇ περιφερείᾳ τὴν εὐθεῖαν ἀντι-
κεῖσθαι δοκεῖν· κἂν ἀντίκεινται δὲ αὗται, αἱ ἐπ' αὐτῶν κινήσεις οὐκ εἰσὶν 30
ἐναντίαι, διότι μία οὐκ ἔστιν ἡ ἐπ'-εὐθείας, ἀλλὰ δύο, ἑκατέρα δὲ αὐτῶν
τῇ ἑτέρᾳ ἀντίκειται, καί ἐστιν ἓν ἑνὶ ἐναντίον, ὡς πολλάκις εἴρηται. τοῦ

---

1 τὸ om. B   πῦρ καὶ γῆ c   2 καὶ (tertium) om. AB   ἑκάτερα δὲ c
πυρί] corr. ex περὶ E²   3 ἐναντίου E   4 συνέστηκε E: corr. E².   οὐσίαις]
οὐσίας A   εἶναι οὐσίαις c   5 καὶ γῆν] γῆν E   8 ὡς om. Ec   προσελήλυθε D
αὐτὸς D   10 μετρίαν] seq. ras. 7 litt. E   10. 11 λόγων E: corr. E²
11 οὗτος om. D   δεινότατα E: corr. E²   λόγων DE²: λέγων ABE, dicit b
12 δ' B   δεινότατος E: corr. E²   15 καὶ (alt.) om. B   17 μηδὲ] μηδὲν
καὶ c   αὐτὸ E   19 ὁ om. B   πειραθέντες B: παρεθέντες E: corr. E²
20 ἐλέγξομεν E   21 οὐδὲ corr. ex εἰ δὲ E²   25 Ἀριστοτέλη BE: corr. E²
26 ἡ om. DE   29 κίνησις comp. D   30 ἐναντία τις c   κινήσει c   34 καὶ]
καὶ οὐκ AB

δὲ Ἀλεξάνδρου τὴν εὐθεῖαν κίνησιν τῇ κύκλῳ παραβάλλοντος, ἐν οἷς φη-
σιν "ἡ δὲ εὐθεῖα ἐναντία δοκεῖ τῇ κύκλῳ διὰ τὸ ἐκείνην μὲν δοκεῖν
πανταχόθεν περικεκλάσθαι, τὴν δὲ εὐθεῖαν ὡς ὅτι μάλιστα ἀκλαστοτάτην
εἶναι πασῶν τῶν γραμμῶν· εἰ οὖν αὕτη μή ἐστιν ἐναντία τῇ κύκλῳ, οὐδ'
5 ἂν τῶν ἄλλων τις τῶν ἧττον ἀντικεῖσθαι δοκουσῶν αὐτῇ", οὗτος νομίσας
τὴν εὐθεῖαν τῷ κύκλῳ συγκρίνεσθαι καὶ μεταγράφειν ἐτόλμησε τὴν Ἀλεξ-
άνδρου λέξιν, ἐν οἷς ἔγραψε· "μάλιστα δέ", φησίν, "ἡ εὐθεῖα ἀντικεῖ-
σθαι δοκεῖ τῷ κύκλῳ," καίτοι ἐκείνου τῇ κύκλῳ γράψαντος, ὡς καὶ τὰ
ἐφεξῆς δηλοῖ. κἂν γὰρ ἀπὸ τῶν γραμμῶν ἡ ἐπιχείρησις, ἀλλ' ἐπὶ τῶν
10 κινήσεων ἐρρήθη, καὶ τὸ ἄκλαστον καὶ κεκλασμένον ἀπὸ μὲν τῶν γραμ-
μῶν, ἐπὶ δὲ τῶν κινήσεων εἴρηται ὑπὸ τοῦ Ἀλεξάνδρου, ὡς δηλοῖ τὸ
ἐπαχθέν· "εἰ οὖν αὕτη μή ἐστιν ἐναντία τῇ κύκλῳ". ἀλλ' οὐδὲ ἐκ τοῦ
τὴν εὐθεῖαν γραμμὴν μὴ εἶναι ἐναντίαν τῷ γραμμικῷ κύ|κλῳ νομίζει πε-
ραίνεσθαι τὴν ἀπόδειξιν ὁ Ἀλέξανδρος, ἵνα καὶ ἐπηγγείλατο τοῦτο δεῖξαι.
15 κἂν γὰρ αἱ γραμμαὶ ἐναντίαι, ἀλλ' αἱ κινήσεις οὐ δύνανται ἐναντίαι εἶναι
διὰ τὸ τὴν ἐπ' εὐθείας τῇ ἐπ' εὐθείας ἀντικεῖσθαι καὶ ἐν ἑνὶ ἐναντίον
εἶναι. ἐφεξῆς δὲ τὴν ἐπ' εὐθείας κίνησιν ἐναντίαν πειρᾶται δεικνύναι καὶ
τῇ ἐπ' εὐθείας καὶ τῇ κύκλῳ, κατ' ἄλλο δὲ καὶ ἄλλο, ὥσπερ τὴν ὑπερ-
βολὴν καὶ πρὸς τὴν ἔλλειψιν καὶ πρὸς τὴν συμμετρίαν καὶ τὴν πλεονεξίαν
20 πρός τε τὴν μειονεξίαν καὶ τὴν δικαιοσύνην καὶ ἁπλῶς, ἐφ' ὧν ὡς ἀσύμ-
μετρα τὰ παρ' ἑκάτερα τοῦ συμμέτρου ἀλλήλοις τε ἀντίκειται καὶ τῷ συμ-
μέτρῳ. "καὶ τῷ πυρὶ δέ, φησί, καὶ ὁ ἀὴρ μάχεται καὶ ἡ γῆ, κατ' ἄλλο
δὲ καὶ ἄλλο, καὶ τὸ ψεῦδος, φησί, καὶ ἡ ἄγνοια τῇ ἀληθείᾳ, ἀλλὰ τὸ μὲν
ὡς ἐναντίον, ἡ δὲ ὡς στέρησις· οὕτως οὖν, φησί, κἀνταῦθα ἡ μὲν ἄνω
25 κίνησις τῇ κάτω κατὰ τὴν τῶν τόπων ἐναντίωσιν μάχεται, ἡ δὲ κύκλῳ
ἑκατέρᾳ τῶν ἐπ' εὐθείας οὐ κατὰ τὴν τῶν τόπων ἐναντίωσιν ἀλλὰ κατ'
αὐτὴν τὴν ἰδέαν τῆς κινήσεως, ὅτι ταῖς μὲν ἀπ' ἄλλου σημείου ἐπ' ἄλλο
ἡ κίνησις καὶ κατὰ πᾶν μόριον ἄκλαστος, τῇ δὲ ἀπὸ τοῦ αὐτοῦ εἰς τὸ
αὐτὸ μηδὲ τοῦ τυχόντος ἀκλάστου μορίου μένοντος, καὶ ὅτι τὴν μὲν ἀδύ-
30 νατον ἄνευ στάσεως δὶς ἐπὶ τῆς αὐτῆς γενέσθαι, ἡ δὲ κύκλῳ τὴν αὐτὴν
ἄνευ στάσεως ἀπειράκις περίεισιν. εἰ οὖν κατὰ τὰ ἐναντία, φησί, χαρακ-
τηρίζεται, δῆλον, ὅτι καὶ ἐναντίαι ἂν εἶεν." ὁρᾷς, ὅπως οὐ παρακολου-
θεῖ τῷ σκοπῷ τῶν εἰρημένων· τοῦ γὰρ Ἀριστοτέλους ἀποδεικνύντος, ὅτι
τῇ κύκλῳ κινήσει τοπικῇ οὔσῃ οὐκ ἔστιν ἐναντία κατὰ τόπον κίνησις καὶ
35 εἰπόντος αὐτῇ λέξει, ὅτι "αἱ τῆς φορᾶς ἐναντιώσεις κατὰ τὰς τῶν τόπων

---

2 ἐκείνη E: corr. E² 3 μάλιστα A 4 αὐτῇ AB 5 αὐτῇ om. B
6 τῷ AB, e corr. D¹: τῇ Ebc 10 καὶ τὸ εἴρηται (11) om. c 10. 11 μὲν τῶν
γραμμῶν] τῶν γραμμῶν E: τῶν γραμμῶν μὲν E² 12 αὕτη AB 13 μὴ] -η corr.
ex ει B γραμικῷ E: corr. E². 15 ἀλλ' αἱ] ἀλλὰ Ec 16 τῇ — ἀντικεῖσθαι] ἀντι-
κεῖσθαι E: ἀντικεῖσθαι τῇ ἐπ' εὐθείας E²c 20 πρός τε τὴν μειονεξίαν DE²b: om.
ABE¹ τε om. E 23 ἀληθείᾳ μάχονται D 28 καὶ om. Ec
ἄκλαστον D 31 περίησιν D 31. 32 κεχαρακτηρίζεται B: χαρακτηρίζονται D
35 εἰπόντος] 271ᵃ27 αὐτολεξεὶ D

εἰσὶν ἐναντιώσεις," οὗτος καίτοι καὶ αὐτὸς ἐπὶ λέξεως εἰπών "τῇ δὲ κύκλῳ 78ᵃ
ἑκατέρα τῶν ἐπ' εὐθείας οὐ κατὰ τὴν τῶν τόπων ἐναντίωσιν μάχεται, 31
ἐφ' οὓς τὰ κατ' αὐτὰς κινούμενα φέρεται, ἀλλὰ κατ' αὐτὴν τὴν ἰδέαν
τῆς κινήσεως" ὅμως ἐναντίαν οἴεται δεικνύναι τὴν κύκλῳ κίνησιν τῇ
5 ἐπ' εὐθείας κατὰ τὴν ἐναντίωσιν, ἣν ὁ Ἀριστοτέλης ἀπεῖπεν. αὕτη δὲ
ἦν ἡ κατὰ τοὺς τόπους, καθ' ἣν καὶ μάχεσθαι ἀλλήλοις τὰ ἐναντία 35
καὶ μεταβάλλειν εἰς ἄλληλα δυνατόν· τὰ γὰρ ἐπὶ τοὺς ἐναντίους ἀλλή-
λοις τόπους κατὰ φύσιν ἱέμενα ἐναντίαις πάντως ποιότησιν εἰδοποιοῦνται,
θερμότητι καὶ ψυχρότητι, κουφότητι καὶ βαρύτητι, καὶ τὰ ταῖς ἐναντίαις
10 ταύταις ποιότησιν εἰδοποιούμενα ταῖς τῶν διαφόρων ῥοπῶν αἰτίαις ἐπὶ 40
τοὺς ἐναντίους ἵενται τόπους· ταῦτα δέ ἐστι τὰ ἐξ ἀλλήλων γινόμενα
ἐναντία, ἀλλ' οὐχὶ τὰ ἄκλαστα καὶ κεκλασμένα· οὐ γὰρ ὁ κύκλος εἰς
τὴν εὐθεῖαν μεταβάλλει οὐδὲ τὰ κύκλῳ κινούμενα εἰς τὰ ἐπ' εὐθείας
οὐδὲ τὰ ἀπὸ τοῦ αὐτοῦ σημείου ἐπὶ τὸ αὐτὸ κινούμενα εἰς τὰ ἀπ' ἄλλου 45
15 καὶ ἄλλου οὐδὲ τὰ στάσει διαλαμβανόμενα | εἰς τὰ συνεχῆ τὴν κίνησιν 78ᵇ
ἔχοντα· οὐ γὰρ εἰσιν ἐναντιώσεις αὗται κατὰ ποιότητας παθητικάς τε καὶ
δραστικὰς οὐδὲ τὸ αὐτὸ ὑποκείμενον ἔχουσιν, ἐπεὶ συνέβαινεν καὶ τὰ ὑπὸ
σελήνην εἰς τὰ οὐράνια μεταβάλλειν καὶ τὰ οὐράνια εἰς τὰ ὑπὸ σελήνην, 5
ὅπερ οὐδὲ τοῦτον προσίεσθαι νομίζω σαφῶς ὑπερεχούσης φύσεως τὸν οὐρα-
20 νὸν εἶναι λέγοντα, ἐν οἷς φησιν "ὁ δὲ οὐρανὸς καὶ καθ' ὅλον αὐτὸν καὶ
κατὰ μέρη τὸ κυριώτατόν τε καὶ συνεκτικώτατον τῶν τοῦ κόσμου μερῶν
ὡμολόγηται· τῇ γὰρ τούτου κινήσει τὰ ἐντὸς ἰθύνεται πάντα σώματα". 10
πῶς οὖν ἔμελλεν εἰς ἄλληλα ταῦτα μεταβάλλειν; εἰ δὲ ἀνάγκη τὰ τοιαῦτα
ἐναντία τὰ μεταβάλλοντα εἰς ἄλληλα κατὰ τὴν τῶν τόπων ἐναντίωσιν εἰ-
25 λῆφθαι, μάτην τοὺς πολλοὺς καὶ ἐν τοῖς ἑξῆς ἐδαπάνησε λόγους δεικνύναι
φιλονεικῶν, ὅτι, κἂν μὴ κατὰ τοὺς τόπους ἐναντίαι εἰσὶ κινήσεις ἥ τε ἐπ' 15
εὐθείας καὶ ἡ κύκλῳ, ἀλλὰ κατ' ἄλλους τρόπους ἠναντίωνται, καὶ ὅτι εὐ-
λογώτερον ἡ κύκλῳ κίνησις τῇ ἐπ' εὐθείας ἐναντία ⟨ἂν⟩ ῥηθείη κατὰ
πολλὰ ἀντικειμένη ἤπερ ἡ ἄνω τῇ κάτω κατὰ μόνους τοὺς τόπους τὸ
30 ἐναντίον ἔχουσα. καὶ γὰρ τὰ γινόμενα καὶ φθειρόμενα ἀλλήλοις μὲν ὄντα 20
συγγενῆ, πρὸς δὲ τὰ ἀγένητα καὶ ἄφθαρτα κατὰ πολλοὺς τρόπους ἀντικεί-
μενα, πρὸς ἄλληλα μὲν ἐναντίωσιν ἔχειν λέγεται, καθ' ἣν εἰς ἄλληλα με-
ταβάλλει, πρὸς δὲ τὰ ἀγένητα καὶ ἄφθαρτα οὐκέτι. ἀλλ' ἐπειδὴ καὶ δύο
ἑνὶ μάχεσθαι ἐναντία πρότερον ἔλεγεν, ὥσπερ τῷ πυρὶ τὴν γῆν καὶ τὸν
35 ἀέρα, τὴν μὲν ὡς ψυχρὰν θερμῷ, τὸν δὲ ὡς ὑγρὸν ξηρῷ, θαυμαστή μοι 25
δοκεῖ τῆς ἀνεπιστασίας ἡ ὑπερβολή. καὶ γὰρ ὅτι μὲν ὡς γῆ καὶ ὡς ἀὴρ

---

3 τά] καὶ E   αὐτάς] αὐτούς E: αὐτόν E²: αὐτὰ c   κατὰ ταύτην E
6 τοὺς om. c   8 ἐναντίαις] ἐναντίαι ὡς A: ἐναντίαις ὡς B   9 καὶ κουφότητι
καὶ Ec   τά] suprascr. E²   10 ῥοπῶν αἰτίαις] corr. ex ῥητῶν εὐθείαις E²
11 ἐξ] καὶ ἐξ BE   γιγνόμενα E   15 στάσιν B   τὴν BD: om. AEc
17 συνέβαινε BDEc   καὶ τὰ—alterum σελήνην (18) om. D   19 προσίεναι E: corr. E²
νομίζει AB   20 λέγοντα] comp. ambig. A: λέγει B   21 κυριώτατον B   23 μετα-
βάλλειν ταῦτα Ec   28 τῇ] τῆς E   ἄν] addidi: om. ABDEbc   30 γιγνόμενα E
31 ἀγένη E: corr. E²   34 post ἐναντία del. μάχεσθαι E²

SIMPLICII IN L. DE CAELO I 4 [Arist. p. 271ᵃ27] 173

καὶ πῦρ καὶ ὅλως ὡς οὐσίαι οὐκ εἰσὶν ἐναντία, πολλάκις αὐτὸς διετείνατο, 78ᵇ
ὅτι δέ, εἰ τὸ θερμὸν τῷ ψυχρῷ καὶ τὸ ξηρὸν τῷ ὑγρῷ ἐναντία, οὐ δύο
ἑνὶ ἀλλ' ἓν ἑνί ἐστιν ἐναντίον, καθὰ καὶ μεταβάλλει εἰς ἄλληλα τὰ στοι- 30
χεῖα, πῶς οὐ συνίησιν; ὅλως δέ, εἰ μὴ κατὰ τὸ αὐτὸ δύο τῷ ἑνὶ ἐναντία
5 ἀλλὰ κατ' ἄλλο καὶ ἄλλο, ὡς οὗτός φησι καὶ ἐπὶ τῆς ὑπερβολῆς καὶ ἐλ-
λείψεως καὶ τῶν τοιούτων αὐτοῦ πολλῶν παραδειγμάτων κατ' ἄλλο μὲν
ἀμφοῖν τῇ ἰσότητι μαχομένων κατὰ τὸ κοινὸν τῆς ἑαυτῶν ἀνισότητος καὶ 35
τῇ συμμετρίᾳ κατὰ τὸ κοινὸν τῆς ἀσυμμετρίας, κατ' ἄλλο δὲ ἀλλήλοις, πῶς
πάλιν δύο ἑνὶ ἐναντία καὶ οὐχὶ ἓν ἑνί; ἓν γὰρ ἡ συμμετρία καὶ ἓν ἡ ἀνι-
10 σότης. "ἀλλ' εἰ ὁ ἄνω τόπος, φησίν, ἐφ' ὃν τὰ ἐπὶ τὸ ἄνω κινούμενα
φέρεται, ἡ κοίλη περιφέρεια τῆς σεληνιακῆς σφαίρας ἐστί, καὶ ἔστιν ὁ ἄνω 40
τόπος τῷ κάτω ἐναντίος, μετέχει θατέρου τῶν ἐναντίων τόπων ὁ οὐρανὸς
καὶ κατὰ τοῦτο ἐναντίος ἔσται τινί, ὥσπερ τὸ πῦρ τῷ ὕδατι, κἂν μὴ καθὸ
σώματα ἢ καθὸ οὐσίαι, ἀλλὰ κατὰ τὰς ποιότητας τὰς ἐναντίας ἐναντία
15 ἐστίν." πάλιν οὖν οὗτος ἐπελάθετο τοῦ εἴδους τῆς ἐναντιώσεως, καθ' ὃ γί- 45
νεται ἡ εἰς ἄλληλα τῶν ἐναντίων μεταβολή· κἂν | γὰρ ὁ ἄνω τόπος τῷ 79ᵃ
κάτω τόπῳ ἐναντίος, οὐχ ὡς μεταβάλλοντες εἰς ἄλληλα ἐναντίοι (οὔτε γὰρ
ὁ ἄνω τόπος γίνεταί ποτε κάτω οὔτε ὁ κάτω ἄνω), ἀλλὰ τὰ ἐν τοῖς τό-
ποις ὄντα τούτοις καὶ τὰ ἐπ' αὐτοὺς κινούμενα ταῦτά ἐστιν τὰ οὕτως ἐναν- 5
20 τία ὡς καὶ μεταβάλλειν εἰς ἄλληλα. διὸ κἂν ἐν τῷ οὐρανῷ τὸ ἄνω ἐστὶ
καὶ ἐν τῇ γῇ τὸ κάτω, οὐχ οὕτως ἐναντία γῆ καὶ οὐρανὸς ὡς μεταβάλλειν
εἰς ἄλληλα, οὐδὲ ἔχει τι ὁ οὐρανὸς τοιοῦτον ἐναντίον, ὁπότε καὶ αὐτὸς
οὗτος οἶδεν, ὅτι ἡ τοῦ τόπου ἀπόδοσις ἡ λέγουσα τὸ πέρας τοῦ περιέχον-
τος εἶναι τὸν τόπον οὐ τελέως ἀποδέδοται παρὰ τοῦ Ἀριστοτέλους ἅτε
25 πρώτου ζητήσαντος αὐτόν. ἐφεξῆς δέ "τὸ κυρτόν, φησί, καὶ κοῖλον ὡς 10
ἐναντία ἀντίκειται· οὔτε γὰρ ὡς τὰ πρός τι, ἐπεὶ μὴ ἀεὶ συνυπάρχει· καὶ
γὰρ τὸ κυρτὸν ἔστιν ἐπὶ τῆς σφαιρικῆς ἐπιφανείας κοίλου μὴ ὄντος, ὅταν
ναστὴ ᾖ ἡ σφαῖρα, καὶ τὸ κοῖλον ἐπὶ τῶν ὀρόφων τῶν ἔνδοθεν μὲν κοί-
λων, ἐκτὸς δὲ ἐπιπέδων· ἀλλ' οὔτε ὡς ἕξις καὶ στέρησις· ποιότης γάρ, 15
30 φησίν, ἑκάτερον", ἀγνοῶν, ὡς ἔοικεν, ὁ προπετὴς οὗτος, ὅτι καὶ ἡ στέρησις
ἓν εἶδος ποιότητός ἐστι. πῶς γὰρ ἂν ἔλεγε τὸ κυρτὸν καὶ κοῖλον διὰ τὸ
ποιότητας εἶναι μὴ κατὰ ἕξιν καὶ στέρησιν ἀντικεῖσθαι; ἀλλ' "οὔτε ὡς

---

1 ὅλως ὡς] ὅλως B   οὐσία D   2 τὸ (alt.)] corr. ex τῷ E²   5 αὐτὸς Ec
8 τῆς συμμετρίας E: corr. E²   ἀλλήλοις] ἄλλοις c   9 δύο πάλιν D   ἀσυμ-
μετρία D   11 ἐστί] seq. ras. 1 litt. E   12 τῷ] τῇ AE: corr. E²   13 ἐναντίως
E: corr. E²   ἐστὶ D   14 ποιότητας τὰς om. c   ἐναντίας] comp. ambig. E
ἐναντία (sc. τὸ πῦρ καὶ τὸ ὕδωρ) ABDE: ἐναντίον E²c   15 ἐστὶ BDc: ν eras. E
15. 16 γίγνεται E   16 ὁ suprascr. B   τῷ] mut. in τὸ A¹   17 τόπῳ
om. D   ἀλλήλους B   18 γίγνεται E   ἄνω κάτω B, sed corr.
19 αὐτοῖς E   ταῦτα E: corr. E²   ἐστιν] ἐστι BD: γὰρ Ec   20 μεταβάλλειν A:
μεταβάλλειν B   διὸ — ἄλληλα (22) om. Ec   21 μεταβαλεῖν A: μεταβαλεῖν B
23 οὗτος om. B   τὸ] τοῦ A   27 post ὅταν lac. 11 litt. B   28 καὶ] corr. ex
κατὰ E²   30 προτελὴς B   31 ἐστί] seq. ras. 1 litt. E   τὸ κοῖλον D
32 ποιότητα B

κατάφασις, φησί, καὶ ἀπόφασις". λείπεται οὖν ὡς ἐναντία ἀντικεῖσθαι τὸ 79ᵃ κοῖλον καὶ τὸ κυρτόν. "εἰ οὖν ταῦτα, φησί, τοῦ οὐρανίου σώματος ποιό- 21 τητές τινές εἰσιν ἢ πάθη, δεκτικόν ἐστι τῶν ἐναντίων τὸ οὐράνιον, ὥστε καὶ φθορᾶς καὶ γενέσεως". ἆρα οὐχὶ κἀνταῦθα φαίνεται παντελῶς παρ-
5 αλλάττων οὗτος τοῦ τῶν εἰρημένων σκοποῦ; πρῶτον μὲν ὅτι τοῦ Ἀρι- 25 στοτέλους τὸ κοῖλον καὶ τὸ κυρτὸν ἐπὶ γραμμῆς λαβόντος, καθ' ἣν ἡ κύκλῳ κίνησις γίνεται (κατὰ γραμμὴν γὰρ πᾶσα κίνησις ἐπιτελεῖται), οὗτος ὡς ἐπὶ στερεοῦ ἔλαβε λέγων μὴ ἐνδέχεσθαι γραμμὴν καθ' αὑτὴν ἄνευ σώματος εἶναι, ἀλλὰ πᾶσαν φυσικὴν γραμμὴν ἐν σώματι τὸ εἶναι ἔχειν·
10 ἐν ἄλλῳ δὲ καὶ ἄλλῳ τοῦ σφαιρικοῦ σώματος πέρατι τὸ κοῖλον τυγχάνει 30 καὶ τὸ κυρτόν· καὶ διὰ τοῦτο καὶ τῷ Ἀλεξάνδρῳ μέμφεται εἰπόντι, ὅτι, εἴπερ εἴη ἐναντίον τὸ κοῖλον τῷ κυρτῷ ἐπὶ μιᾶς γραμμῆς θεωρούμενον, αὐτὴ ἂν εἴη ἑαυτῇ ἐναντία ἡ γραμμή. καίτοι εἰ τὸ κοῖλον καὶ τὸ κυρτὸν ὁ Ἀριστοτέλης κατὰ τὴν διάστασιν ἔλαβε, καθ' ἣν ἡ κύκλῳ κίνησις γίνε- 35
15 ται, ἀπλατῆς δὲ αὕτη, δῆλον, ὅτι καλῶς καὶ ὁ Ἀλέξανδρος εἴρηκεν. οὐ γὰρ περὶ τούτου τοῦ κοίλου καὶ κυρτοῦ οὔτε ὁ Ἀλέξανδρος οὔτε ὁ Ἀριστοτέλης εἰρήκασι τοῦ ἐν ἄλλῳ καὶ ἄλλῳ πέρατι τοῦ σφαιρικοῦ σώματος ὄντος, ἀλλὰ τῶν ἐν τῇ γραμμικῇ διαστάσει, καθ' ἣν ἡ κύκλῳ κίνησις 40 ἐπιτελεῖται. κἂν τὸ κοῖλον δὲ καὶ τὸ κυρτὸν ὁ οὐρανὸς ἔχῃ ἐν ἄλλῳ καὶ
20 ἄλλῳ πέρατι τοῦ σφαιρικοῦ σώματος, καὶ ἐναντία ταῦτα ἀλλήλοις ἔχει καὶ ἄλλας ἐν ἑαυτῷ πολλὰς ἐναντιώσεις· καὶ γὰρ κίνησις ἐν αὐτῷ καὶ στάσις καὶ τὸ περιττὸν καὶ τὸ ἄρτιον καὶ ταυτότης καὶ ἑτερότης καὶ ἓν καὶ 45 πολλὰ καὶ ἄλλα μυρία τοιαῦτα. ἀλλὰ πρῶ|τον μὲν τὸ κοῖλον καὶ τὸ 79ᵇ κυρτὸν ἐν ἄλλῳ καὶ ἄλλῳ πέρατι ὄντα πῶς οἷά τε συμβαλεῖν ἀλλήλοις ἢ
25 δρᾶν εἰς ἄλληλα ἢ πάσχειν ὑπ' ἀλλήλων, ὥστε γενέσεως ἢ φθορᾶς γίνεσθαι αἴτια μεταβάλλοντα εἰς ἄλληλα; ἔπειτα ἐννοεῖν χρή, ὅτι, ὅπου μὲν 5 γένεσις καὶ φθορά, πάντως εἶναι χρὴ τὰ ἐναντία, ἐξ ὧν ἡ γένεσις καὶ εἰς ἃ ἡ φθορά, οὐχ ὅπου δέ ἐστιν ἐναντία, ἐκεῖ πάντως γένεσίς ἐστι καὶ φθορά· οὐ γὰρ πάντα τὰ ἐναντία δρᾶν εἰς ἄλληλα καὶ πάσχειν ὑπ' ἀλλή-
30 λων πέφυκεν οὕτως ὡς καὶ μεταβάλλειν εἰς ἄλληλα, ἀλλ' ἐκεῖνα μόνα τὰ 10 κατὰ τὰς δραστικὰς καὶ παθητικὰς ποιότητας θεωρούμενα, τουτέστι θερμότητας, ψυχρότητας, ξηρότητας, ὑγρότητας καὶ τὰς ταύταις συνεδρευούσας, λευκότητας, μελανότητας, γλυκύτητας, πικρότητας, κουφότητας, βαρύτητας καὶ τὰ τοιαῦτα· κατὰ γὰρ τὴν τούτων εἰς ἄλληλα μεταβολὴν καὶ τὰ ἄλλα 15
35 ἐναντία, οἷον τὸ κοῖλον καὶ τὸ κυρτόν, εἰ τύχοι, καὶ τὸ περιττὸν καὶ τὸ

---

1 κατάφασις Bb, comp. A: κατάφασιν DE: κατὰ φάσιν c   ἀπόφασις Bb: ἀπόφασιν ADEc   3 οὐράνιον σῶμα D   6 καὶ τὸ] καὶ D   7 γίνεται κίνησις D   9 ἀλλὰ—εἶναι] add. E²   10 παράτι E: corr. E²   11 ὅτι om. D   13 ἐναντία αὐτῇ D   14. 15 γίγνεται E   16 καὶ] καὶ τοῦ Ec   ὁ (pr.) om. c   19 ἔχει A, sed corr.   20 ἐναντία—πολλὰς (21)] add. E²   ἔχῃ D   24 συμβαλεῖν A   25. 26 γίγνεσθαι E: γενέσθαι A   26 post αἴτια del. ἃ E   ὅτι om. c   27 χρὴ εἶναι D   30 μεταβάλλειν A: μεταβαλεῖν B   31 καὶ παθητικὰς om. Ec   31. 32 θερμότητα ψυχρότητα B   32 ξηρότητας om. B   ὑγρότητα B

ἄρτιον, τὴν εἰς ἄλληλα μεταβολὴν ἴσχει, ὥσπερ καὶ αὐταὶ αἱ οὐσίαι, ὡς 79b εἴρηται πρότερον. εἰ τοίνυν ἐκείνης ἐξῄρηται τῆς ἐναντιώσεως ὁ οὐρανὸς τῆς κατὰ τὰς δραστικὰς καὶ παθητικὰς ποιότητας, εἰκότως γενέσεως ἐξῄ- 20 ρηται καὶ φθορᾶς. καὶ τούτῳ δὲ ἄξιον ἐφιστάνειν, ὅτι, εἴπερ εἶχέν τι
5 ἐναντίον ὁ οὐρανὸς ὡς μεταβάλλειν εἰς ἐκεῖνο, ἔξω τῆς οὐσίας αὐτοῦ τὸ ἐναντίον ἂν ἦν ἐκεῖνο καὶ οὐκ ἐν αὐτῷ· οὐ γὰρ ἂν ἔφθειρεν αὐτὸ συστατικὸν ὑπάρχον αὐτοῦ. τοιγαροῦν καὶ τοῦ ὑπὸ σελήνην μέρη ὄντα τὰ ἐναντία 25 μάχεται μὲν ἀλλήλοις καὶ μεταβάλλει εἰς ἑαυτὰ ἄλληλα, τὸ δὲ ὅλον γενητὸν δι' αὐτὸ τοῦτο ἀίδιόν ἐστι, διότι ἡ ἄλλου φθορὰ ἄλλου πάντως γένε-
10 σίς ἐστιν· ὥστε ὁ τὸν Ἀριστοτέλους λόγον ἐλέγξαι βουλόμενος δεικνύτω τι ἔχοντα τὸν οὐρανὸν ἐναντίον ἐκτὸς ἑαυτοῦ, κἂν μὴ κατὰ τὴν οὐσίαν. ἀλλὰ 30 κατὰ τὰς ἐν αὐτῷ ποιότητας, ὡς ἔχει τὸ πῦρ ἐναντίον ἑαυτῷ τὸ ὕδωρ ὡς ἐναντίας ἔχον ποιότητας. ἐπεὶ οὐδὲν ἂν σοφὸν συνάγοι λέγων· "εἰ μὲν καθόλου τὸ τῶν ἐναντίων ὁποιωνοῦν μετέχειν ἢ ἀμφοτέρων ἢ θατέρου ἀπό-
15 δειξιν εἶναί φασι τοῦ γενητὸν καὶ φθαρτὸν εἶναι τὸ μετέχον, ἐπεὶ καὶ τὸ 35 οὐράνιον σῶμα τῆς κατὰ τὸ κοῖλον καὶ κυρτὸν ἐναντιώσεώς ἐστι δεκτικόν, ἔτι δὲ καὶ τὸ κοῖλον τῆς σεληνιακῆς σφαίρας τῶν ἐναντίων τόπων ἐστὶν ὁ ἕτερος, καὶ τὸν οὐρανὸν γενητὸν εἶναι καὶ φθαρτὸν λεγέτωσαν· εἰ δὲ μὴ πᾶσα ἐναντίωσις γενέσεώς ἐστιν αἰτία καὶ φθορᾶς τοῖς σώμασιν, ὥσπερ 40
20 οὐδὲ τὸ κατὰ τόπον ἐναντίως ἄνω ἢ κάτω κινεῖσθαι γένεσις ἢ φθορὰ τυγχάνει, οὐδὲ ἄρα τὰ τῶν ἐναντίων κατὰ τόπον κινήσεων ἐστερημένα δι' αὐτό γε τοῦτο μόνον καὶ γενέσεως καὶ φθορᾶς ἐστέρηται". καὶ γὰρ τὸ μὲν ἀμφοτέρων ἅμα τῶν ἐναντίων μετέχειν, ὡς ὁ οὐρανὸς τοῦ κοίλου καὶ 45 κυρτοῦ, οὐκ ἔστι δεικτικὸν τοῦ γενητὸν καὶ φθαρτὸν εἶναι· τὰ γὰρ δυνά-
25 μενα συνυπάρχειν ἐναντία οὐ μά|χεται ἀλλήλοις οὐδὲ ἀναιρεῖ ἄλληλα καὶ 80a διὰ τοῦτο οὐκ ἔστι γενέσεως καὶ φθορᾶς αἴτια· τὸ δὲ θάτερον τῶν ἐναντίων ἔχον καὶ κοινὸν ὑποκείμενον πρὸς ἐκεῖνο τὸ τοῦ ἑτέρου ἐναντίου μετέχον τοῦτο γενέσεως καὶ φθορᾶς ἐστι δεκτικὸν τῶν ἐναντίων περὶ ἓν ὑπο- 5 κείμενον ἄλληλα μεταβαλλόντων. τὸ δὲ κατὰ τόπον ἄνω ἢ κάτω κινεῖσθαι
30 αὐτὸ μὲν οὐκ ἔστι γένεσις ἢ φθορά, τῶν δὲ γινομένων καὶ φθειρομένων ἐστὶν ἴδια· τὸ μὲν γὰρ κοῦφόν ἐστι, τὸ δὲ βαρύ, ταῦτα δὲ θερμὰ καὶ ψυχρὰ καὶ ξηρὰ καὶ ὑγρά, οἷς ἡ γένεσις ἕπεται καὶ ἡ φθορὰ διὰ τὴν εἰς 10 ἄλληλα περὶ τὸ αὐτὸ ὑποκείμενον μεταβολήν. τάχα δὲ καὶ αὐταὶ αἱ ἐπὶ τὸ ἄνω καὶ ἐπὶ τὸ κάτω κινήσεις γενέσεις πώς εἰσιν καὶ φθοραί, εἴπερ τὸ

---

2 ἐξῄρηται B   3 ποιότητος AB   3. 4 ἐξῄρηται B   4 τούτῳ ADE: τοῦτο BE²c   εἶχέ BDE²c   5 μεταβαλλεῖν A: μεταβαλεῖν B   6 αὐτῷ] corr. ex αὐτῷ E²   8 ἑαυτὰ om. c   9 ἡ om. Ec   13 ἔχον] corr. ex ἔχων E² συνάγοι DE²: comp. A: συνάγει BE   μὲν] mut. in γε E²: γε c   14 μετέχον B   θατέρων E   15 φαίη c   φθαρτὸν b: corr. ex ἄφθαρτον D: ἄφθαρτον ABE   ἐπεὶ] ἐπεὶ διότι c   17 ἔτι] ἔστι B   23 μετέχον B 24 καὶ φθαρτὸν om. c   25 ἄλληλα om. AB   26 δὲ] γὰρ AB   26. 27 ἐναντίον D   27 ἐκείνῳ E²c   τὸ om. Ec   29 ἄλληλα] εἰς ἄλληλα E²c 31 γὰρ] suprascr. E²   θερμὰ] -μὰ in ras. B   33 αὗται DEc 34 εἰσι BDEc

πῦρ ἐπὶ τὸ ἄνω καὶ ἡ γῆ ἐπὶ τὸ κάτω κινοῦνται τὸ εἰλικρινὲς εἶδος ἑαυ-
τῶν ἀπολαβεῖν ἐφιέμενα. εἰ οὖν τὰ ταῖς ἐναντίαις ποιότησι ταῖς δραστι-
καῖς καὶ παθητικαῖς εἰδοποιούμενα ἐναντίαν ἔχει πάντως κατὰ φύσιν τὴν
τοπικὴν κίνησιν διὰ τὸ κατ' οὐσίαν ἐκείναις συνδιῃρῆσθαι τὴν κουφότητα
καὶ βαρύτητα, ἀληθὲς εἰπεῖν, ὅτι τὰ τῶν ἐναντίων κατὰ τόπον κινήσεων
ὑπερέχοντα πάντως καὶ γενέσεως ἐξῄρηται καὶ φθορᾶς, διότι καὶ τῆς κατὰ
τὰς ποιότητας τοιαύτης ἐναντιώσεως· διὸ καὶ Ἀριστοτέλης τῶν ἐναντίων
οὕτως καὶ τὰς φορὰς ἐναντίας εἶπεν καί, εἴπερ τῇ κύκλῳ φορᾷ μή ἐστιν
ἐναντία κίνησις, μηδὲ τῷ κυκλοφορητικῷ εἶναί τι ἐναντίον· καὶ ἐπήγαγεν,
ὅτι ὀρθῶς ἔοικεν ἡ φύσις τὸ μέλλον ἔσεσθαι ἀγένητον ἐξελέσθαι ἐκ τῶν
ἐναντίων· ἐν τοῖς ἐναντίοις γάρ, τοῖς τοιούτοις δηλονότι τοῖς περὶ ἓν ὑπο-
κείμενον μαχομένοις, ἡ γένεσίς ἐστι καὶ ἡ φθορά.

Οὕτως μὲν οὖν ὁ χρηστὸς οὗτος μάτην τοὺς πολλοὺς λόγους τοὺς ἀν-
τιλέγοντας τῷ πρώτῳ τῶν ἐπιχειρημάτων συνέγραψεν· ἴδωμεν δέ, ὅπως
καὶ πρὸς τὸν δεύτερον ὑπαντᾷ λόγον. τοῦ τοίνυν Ἀριστοτέλους ἐκ τῶν
προειρημένων ἔχοντος, ὅτι ἐναντίαι κατὰ τόπον εἰσὶν κινήσεις αἱ ἀπὸ ἐναν-
τίων τόπων, καὶ ὅτι ἐναντίοι τόποι εἰσὶν οἱ πλεῖστον διεστηκότες, καὶ ὅτι
ἡ πλείστη διάστασις ὡρισμένη ἐστὶν ὥσπερ καὶ ἡ ἐλαχίστη, καὶ ὅτι πᾶσα
διάστασις ὡρισμένον ἔχουσα ποσὸν τῇ μεταξὺ τῶν διαστάσεων εὐθείᾳ με-
τρεῖται· αὕτη γὰρ μία καὶ ὡρισμένη ἐστί, διότι ἡ ἐλαχίστη ἐστὶ τῶν τὰ
αὐτὰ πέρατα ἐχουσῶν, αἱ δὲ περιφέρειαι ἄπειροι αἱ ἐπὶ τὰ αὐτὰ σημεῖα
ἐπιζευγνύμεναι καὶ διὰ τοῦτο ἀόριστοι καὶ διὰ τοῦτο τὴν μεταξὺ τοῦ Α
καὶ Β διάστασιν οὐχ ὁρίζουσιν, καὶ διὰ τοῦτο κατ' ἐκείνας οὐκ ἔστιν ἡ
πλείστη διάστασις αὕτη, καὶ διὰ τοῦτο οὐκ εἰσὶν ἐναντίοι οἱ τόποι οἱ τοῦ
Α καὶ Β, καὶ διὰ τοῦτο οὐκ εἰσὶν ἐναντίαι αἱ ἀπὸ τοῦ Α καὶ Β κινήσεις,
ἐὰν ὡς ἐπὶ περιφερείας καὶ μὴ ὡς ἐπ' εὐθείας γίνωνται· ταῦτα οὖν τοῦ
Ἀριστοτέλους ἐξ ἀναμφιλέκτων οὕτως λημμάτων συναγαγόντος οὗτος μὴ
παρακολουθῶν τοῖς εἰρημένοις | "πάνυ τεθαύμακα," φησίν "εἰ μὴ παί-
ζων μᾶλλον ἤπερ σπουδάζων τοῖς τοιούτοις ἐπιχειρήμασιν ὁ φιλόσοφος κέ-
χρηται". καὶ δῆλον, ὅτι παιδιὰν μὲν τὴν οὕτως ἀκριβῆ τῶν λόγων ἀκο-
λουθίαν ἡγούμενος, σπουδὴν δὲ τὰς οἰκείας ἐπιχειρήσεις, ὧν ἀκουσόμεθα,
πολλοῦ ἄν τινος ἄξιος φαίνοιτο. παραθέμενος γὰρ πρῶτον τὴν Θεμιστίου
παράφρασιν τῆς Ἀριστοτέλους λέξεως, εἶτα καὶ τὴν Ἀλεξάνδρου τοῦ Ἀφρο-
δισέως ἐξήγησιν, ἵνα καὶ ταύτῃ δοκῇ σοφός, καθ' ἑκατέραν ἐλέγχειν τὴν

---

l. 2 αὐτῶν Ec   2 ποιότησιν E, ν eras.   4 συνδιηρεῖσθαι E   5 τόπων E, sed
corr.   8 οὕτω BD   φορὰς b: φθορὰς ABDE(?)c   εἶπε BDEc   φθορᾷ E
12 ἐστι om. D   ἡ om. E   13 οὕτω BD   14 ὅπως] τὸ πῶς E: πῶς c
16 ἔχοντα AB   εἰσὶ BDEc   ἀπό] ἀπό τῶν B   19 τῇ] suprascr. D
20 γάρ] καὶ ABc   ἐστί] seq. ras. 1 litt. E   ἡ] del. E²: om. c   ἐστὶν E
22 A] πρώτου Ec   23 καὶ om. AB   B] τοῦ B D: δευτέρου Ec   ὁρίζουσι
BDEc   24 αὕτη] αὐτὴ AB: αὐτῶν D   -(οι οἱ τόποι οἱ τοῦ] in ras. D¹
οἱ om. AB   οἱ om. D   25 διὰ—ἐναντίαι] in ras. D¹   26 γίνον-
ται D   27 οὕτω BD   31 ὧν] ὧν εἰ B   33. 34 Ἀφροδισέως Dc
34 δοκεῖ A   σοφῶς E: corr. E²

SIMPLICII IN L. DE CAELO I 4 [Arist. p. 271ᵃ27]   177

Ἀριστοτέλους δόξαν προτίθεται. καὶ δὴ τοῦ Θεμιστίου τοὺς λέγοντας τὰς 80ᵇ
ἐπὶ τῆς περιφερείας ἐναντίας εἶναι εἰς ἄτοπον ἀπάγεσθαι λέγοντος τὸ μιᾷ 11
ἀπείρους ἀντιτιθέναι, διότι ἄπειροί εἰσιν αἱ περὶ τὰ A B γραφόμεναι πε-
ριφέρειαι, οὗτος διαπαίζει τὸν λόγον ταῖς ἀπείροις κινήσεσιν ἀπείρους ἐναν-
5 τίας εἶναι λέγων· καθ' ἑκάστην γὰρ τῶν ἀπείρων περιφερειῶν δύο λέγει 15
κινήσεις ἐναντίας ἀλλήλαις καὶ οὐκ ἐφιστάνει τέως, ὅτι, εἴπερ ἐναντίαι κι-
νήσεις εἰσὶν αἱ ἀπὸ τῶν ἐναντίων τόπων, τῇ μιᾷ κινήσει τῇ ἀπὸ τοῦ A
ἑκάστη τῶν ἀπὸ τοῦ B ἀπείρων ἐναντία ἔσται· ὥστε καὶ ἄπειροι, καὶ
ἀληθὴς ὁ τοῦ Θεμιστίου λόγος. δεύτερον δὲ ἐπάγει τῷ λόγῳ τό, κἂν 20
10 ἄπειροί εἰσιν αἱ ἐπὶ τῶν A B περιφέρειαι, ἀλλ' οὖν ὁμοειδεῖς ἀλλήλαις
εἶναι καὶ διὰ τοῦτο τὰς ἀπὸ τοῦ A πάσας ὡς μίαν ταῖς ἀπὸ τοῦ B ὡς
μιᾷ ἀντικεῖσθαι. εἶτα καὶ παραδείγματα περιττῶς παρατιθέμενος "θαυ-
μάζω" φησί "πῶς οὐ συνεῖδε τὸ αὐτὸ καὶ ἐπὶ τῶν κατ' εὐθεῖαν κινή- 25
σεων συμβαῖνον· ἑνὸς γὰρ ὄντος τοῦ κέντρου τοῦ παντός, ἐφ' ὃ τὰ βαρέα
15 πάντα φέρεται, οὐκ εἰς ἓν σημεῖον ἀπὸ τοῦ κέντρου ἐπὶ τὸ πέριξ κινού-
μενα τὰ κοῦφα τελευτᾷ, ἀλλ' εἰς ἄπειρα". καὶ διαγράμματα γράφειν ἐν
τούτοις ἀπειροκάλως οὐκ ὀκνεῖ κέντρον τοῦ παντὸς καὶ τὸν πέριξ κύκλον 30
καὶ τὰς ἀπὸ τοῦ κέντρου τυπῶν· ὁ μὴ δυνηθεὶς πάλιν τὸ αὐτὸ συνιδεῖν,
ὅπερ αὐτῷ καὶ πρότερον τῆς ἀγνοίας γέγονεν αἴτιον, τὸ ἐναντίας εἶναι
20 κινήσεις τὰς ἀπὸ ἐναντίων τόπων, ἐναντίους δὲ εἶναι τόπους τοὺς πλεῖστον
ἀλλήλων διεστηκότας, τούτους δὲ ὡρισμένους εἶναι καὶ ὡρισμένην ἔχειν 35
τὴν μεταξὺ διάστασιν. εἰ γὰρ ταῦτα ἐνόησεν οὗτος, οὐκ ἂν ἐθαύμαζε,
πῶς Ἀριστοτέλης ὁ ταῦτα ἐναργέστατα ὄντα προαξιώσας οὐ συνεῖδε τὸ
αὐτὸ συμβαῖνον ἐπὶ τῶν κατ' εὐθεῖαν κινήσεων, ὅπερ ἐπὶ τῶν περιφερειῶν.
25 οὐδὲ γὰρ τὸ αὐτὸ συμβαίνει, εἴπερ ἐπὶ μὲν τῶν ἐκ τοῦ κέντρου ἴσων οὐ- 40
σῶν πασῶν ὥρισται τὸ μεταξὺ τοῦ ἄνω καὶ κάτω διάστημα τὸ πλεῖστον
ὂν ἐν τῇ διαστάσει ταύτῃ, καὶ διὰ τοῦτο πάντα τὰ ἐν τῷ πέριξ σημεῖα
ὡς ἑνὸς τοῦ ἄνω τόπου ἀντίκειται πρὸς τὸν κάτω· αἱ δὲ περιφέρειαι αἱ
μεταξὺ τοῦ A καὶ B ἄνισοι οὖσαι ἄνισα ποιοῦσαι τὰ μεταξὺ τοῦ A καὶ B 45
30 διαστήματα οὐκέτι κατὰ πάσας τὸ πλεῖστον διεστηκέναι | ποιοῦσι τὸν A 81ᵃ
τόπον ἀπὸ τοῦ B τόπου, ὥστε οὐδὲ ἐναντίοι εἰσίν, εἴπερ μὴ μίαν καὶ
ὡρισμένην ἔχουσι τὴν πλείστην πρὸς ἀλλήλους διάστασιν. τούτοις δὲ μὴ
παρακολουθῶν οὗτος καὶ πολλῷ εὐλογώτερον τὸ ἄτοπον ἐπὶ τῶν εὐθειῶν
ἀκολουθεῖν φησιν ἤπερ ἐπὶ τῶν περιφερειῶν διὰ τὸ τὰς μὲν τῶν περιφε- 5
35 ρειῶν ἀπὸ τοῦ αὐτοῦ ἐπὶ τὸ αὐτὸ οὔσας συγγενεῖς εἶναι καὶ ὁμοειδεῖς,

---

2 τό] τῷ D   3 γραφόμενα E   5 περιφερειῶν] add. E²   λέγειν E
8 ἑκάτη B: corr. mg.   ἄπειροι E²: αἱ ἄπειροι ABDE   10 ἐπί] ἀπό AB   ἀλλή-
λοις E   13 συνεῖδεν E: corr. E²   14 τοῦ κέντρου] bis D   ὃ] ᾧ E
15 οὐχ A   πέριξ] in ras. E   16 ἄπειρον D   18 τὰς AB: πάντας DEc
19 αὐτό E: corr. E²   ἐπὶ τῆς B   20 ἀπὸ τῶν B   22 ἐνενόησεν c   23 ὁ
Ἀριστοτέλης Ec   ὁ om. D   συνεῖδεν E: corr. E²   24 ἐπί] καὶ ἐπὶ D
ἐπί] καὶ ἐπὶ D   26 πασῶν om. c   διαστήματος B   29 B (pr.)] τοῦ B Ec
ποιοῦσι c   30 ποιοῦσαι Ec   31 τόπον om. B   B] corr. ex δευτέρου E²
35 συγγενεῖς] alt. γ e corr. E¹

Comment. Arist. VII Simpl. de Caelo.   12

τὰς δὲ τῶν εὐθειῶν κἂν ἀπὸ τοῦ αὐτοῦ, ἀλλ' οὐκ ἐπὶ τὸ αὐτό· ὥστε 81ᵃ
ἐπὶ τῶν εὐθειῶν μᾶλλον ἄπειροι ἑνὶ ἐναντίαι ἤπερ ἐπὶ τῶν περιφερειῶν.
δῆλον δὲ ἐκ τῶν εἰρημένων, ὅτι ἐπὶ μὲν τῶν εὐθειῶν τὸ ἄνω πᾶν ὡς ἓν 10
τὴν αὐτὴν διάστασιν τοῦ κάτω διεστὸς ὡς πρὸς ἓν τὸ κάτω ἀντίκειται,
5 ἐπὶ δὲ τῶν περιφερειῶν διάφορα τὰ τῶν διαστάσεων εἴδη ἐχουσῶν οὔτε
ἓν εἶδός ἐστιν, ὡς οἴεται, οὔτε ὅλως ἐναντιότης κατ' αὐτὰς τοῦ Α πρὸς
τὸ Β. τοῦ δὲ Ἀλεξάνδρου προσφυέστερον εἰς τοῦτο τὸν λόγον ἀπαγαγόν- 15
τος, τὸ μὴ εἶναι ὅλως ἐναντίας τὰς ἐπὶ τῆς περιφεροῦς διὰ τὸ μὴ πλεῖ-
στον ἀλλήλων διεστηκέναι τὸ Α τοῦ Β κατὰ τὴν περιφέρειαν, ὡς δηλοῖ
10 τὸ ἀπείρους δυνατὸν εἶναι γράφειν περιφερείας ἐπὶ τὸ Α καὶ Β σημεῖον
διάφορα ἐχούσας τὰ διαστήματα, οὗτος πάλιν μακρὰ φλυαρεῖ μεμφόμενος 20
τῷ ἀπὸ τῶν γεωμετρικῶν ἀρχῶν τὰ περὶ τὴν φύσιν ἀποδεικνύειν πει-
ρᾶσθαι. "τὸ γὰρ ἀπὸ τῶν αὐτῶν σημείων ἐπ' ἄπειρον, φησί, γράφειν
περιφερείας δύνασθαι ὡς μὴ εἶναι λαβεῖν τὴν μείζονα ἐπὶ μὲν τῶν μαθη-
15 μάτων ἐξ ἀφαιρέσεως ὄντων ἀληθῶς λέγεται, ἐπὶ δὲ τῶν φυσικῶν μετὰ 25
πάθους καὶ ὕλης λαμβανομένων ἀδύνατον. ἔστιν ἄρα, φησί, τὴν μεγίστην
ἐν τῷ παντὶ λαβεῖν φυσικὴν περιφέρειαν· οὐκοῦν τὰ ἀπὸ τῶν περάτων
τῆς τοῦ παντὸς διαμέτρου ἀπ' ἐναντίας ἐπὶ τῆς μεγίστης τοῦ παντὸς περι-
φερείας κινούμενα ἐναντίας κινεῖται κινήσεις, ἐπειδὴ καὶ τὰ σημεῖα, ἐξ ὧν 30
20 κεκίνηται, πλεῖστον ἀλλήλων κατὰ τὴν περιφέρειαν διέστηκε· μείζονα γὰρ
τῆς ἐξωτάτω τοῦ παντὸς περιφερείας γίνεσθαι ἀδύνατον. εἰ τοίνυν, φησίν,
ἀπὸ τῶν σημείων τῆς διαμέτρου, καθ' ἃ τὰ πέρατα τῶν ἐξωτέρω σφαι-
ρῶν ἀλλήλοις ἁρμόζουσιν τό τε κοῖλον τῆς ἀπλανοῦς καὶ τὸ κυρτόν, φησί, 35
τῆς πλανωμένης, ἀπ' ἐναντίας ἀλλήλαις αἱ δύο κινοῦνται περιφέρειαι, ἡ
25 ἐντὸς καὶ ἐκτὸς ἐναντίας κινήσεις κινοῦνται, καὶ διὰ τοῦτο καὶ αὐτὰ τὰ
σώματα αὐτῶν ἐναντία ἐστί." τούτων τὰ μὲν πλείονα κατὰ συνέχειαν,
ὀλίγα δὲ σποράδην ὑπ' αὐτοῦ γεγραμμένα συνήγαγον διὰ συντομίαν, καὶ 40
χρὴ κἀνταῦθα τὴν ἀσύνετον αὐτοῦ φιλονεικίαν ἐπιδεῖξαι. πρῶτον μὲν γὰρ
τὸ ἐπ' ἄπειρον γράφειν περιφερείας ἀπὸ τῶν αὐτῶν σημείων δύνασθαι ὡς
30 μὴ εἶναι λαβεῖν τὴν μείζονα ἐπὶ μὲν τῶν μαθημάτων ἀληθὲς λέγει, ἐπὶ
δὲ τῶν φυσικῶν ἀδύνατον. ἆρα οὖν ἀγνοεῖ, ὅτι πᾶν σῶμα φυσικὸν πεπε- 45
ρασμένον ὂν ἐπιφάνειαν ἔχει καὶ πᾶσα ἐπιφάνεια συνεχής | καὶ πᾶν τὸ 81ᵇ
συνεχὲς ἐπ' ἄπειρόν ἐστι διαιρετόν, εἴπερ οὗτος ὁ τοῦ συνεχοῦς ὁρισμός;
καὶ δῆλον, ὅτι τὰ μὲν διαιρεῖσθαι πεφυκότα διαιρεῖται οὐκ εἰς ἄπειρα μέν,
35 ἐπ' ἄπειρον δέ, ὡς μὴ εἶναι λαβεῖν μέγεθος, ὃ μὴ καὶ αὐτὸ διάστασιν
ἔχον τῷ ὡς πρὸς αὐτὸ ἀδιαστάτῳ διαιρεῖται, τὸ μὲν σῶμα ἐπιπέδῳ, τὸ 5

---

4 διεστὸς ΑΒΕ²: διεστὼς DEc   5 ἐπὶ] e corr. E²   6 ὅλος ΑΒ   κατ' αὐτὰς] κατὰ τὰς Ec   7 τοῦτον E: corr. E²   8 τὸ (pr.)] εἰς τὸ D   περιφεροῦς] -οῦς e corr. D¹   11 τὰ om. Ec   12 τῷ] τὸ Ec   δεικνύειν Ec   13 τὸ] τὰ ΑΒ   14 τὴν] τὰ Β   14. 15 μαθημάτων] supra μ scr. π Β: μαθηματικῶν c   21 περιφερείας κινούμενα Ec   γενέσθαι DEc   δυνατὸν ΑΒ   22 ἐξωτέρω BD: ἐξωτέρων ΑEc   23 ἁρμόζουσι BDEc   φησὶ om. D   26 ἐστί] seq. ras. 1 litt. E   τὰ om. ΑΒ   30 παθημάτων ΑΒ   31 ἆρ' c   32 τὸ om. c

δὲ ἐπίπεδον γραμμῇ, ἡ δὲ γραμμὴ σημείῳ· τὰ δὲ φύσει ἀδιαίρετα, ὥσπερ 81b
τὰ οὐράνια, καὶ αὐτὰ διάστατα ὄντα τὴν μὲν διαίρεσιν κατ' ἐπίνοιαν ἔχει,
τὴν δὲ τῶν ἀντικεῖσθαι δοκούντων σημείων διάστασιν κατὰ μόνην τὴν ἐπ'
αὐτὰ ἐπιζευγνυμένην εὐθεῖαν ὡρισμένην ἔχει, περιφέρειαν δὲ μεταξὺ τῶν 10
5 σημείων οὐκέτι μίαν ἔστι λαβεῖν· οὐδὲ γὰρ φυσική τίς ἐστιν, ἀλλὰ κατ'
ἐπίνοιαν ἡ ἐπὶ τῆς κοίλης ἐπιφανείας τῆς ἀπλανοῦς καὶ ἐπὶ τῆς κυρτῆς ἐν
τῇ πλανωμένῃ. διὰ τί οὖν μὴ καὶ ἐν τῷ βάθει ἑκατέρας γραφήσονται
κατ' ἐπίνοιαν περιφέρειαι ἀπὸ τῶν αὐτῶν σημείων, αἱ μὲν ἐν τῇ ἀπλανεῖ 15
μείζονες, αἱ δὲ ἐν τῇ πλανωμένῃ ἐλάττονες; πῶς γὰρ ὅλως ἐνενόησεν
10 εἰπεῖν, ὅτι τῆς κατὰ τὸ κοῖλον τῆς ἀπλανοῦς περιφερείας οὐκ ἔστι μείζων
ἐν τῷ οὐρανῷ περιφέρεια; ἡ γὰρ ἐν τῷ κυρτῷ μείζων ἂν εἴη ταύτης,
εἴπερ ἔχουσι βάθη τὰ τῶν σφαιρῶν σώματα καὶ μὴ μόναι εἰσὶν ἐπιφά- 20
νειαι, καὶ τὰ ἐν τῷ κυρτῷ αὐτῆς σημεῖα κατὰ μειζόνων φέρεται κύκλων.
καίτοι κἂν τῆς εἰρημένης ὑπ' αὐτοῦ περιφερείας μὴ ἦν μείζονα λαβεῖν ἐπὶ
15 τὰ αὐτὰ σημεῖα γραφομένην, ἀλλ' ἐλάττονά γε πάντως ἦν λαβεῖν ἐν ταῖς
ἐνδοτέρω σφαίραις, καὶ κἂν μὴ εἰσιν φυσικαὶ περιφέρειαι γεγραμμέναι τοι- 25
αῦται ἐν τῷ οὐρανίῳ σώματι, ἀλλ' αἵ γε τῶν σημείων διαστάσεις διάφοροι
ἂν εἶεν ἀρκούσης εἰς τοῦτο καὶ τῆς ἐπινοίας. ὅταν γὰρ ἐκπέσῃ τὰ σημεῖα
τῆς εὐθείας τῆς μεταξύ, ἀόριστον ἔχει λοιπὸν τὴν πρὸς ἄλληλα διάστασιν,
20 ὥστε οὔτε τὸ πλεῖστον ἀλλήλων διέστηχεν οὔτε ἐναντίοι ἀλλήλοις εἰσὶν οἱ 30
κατ' αὐτὰ τόποι οὔτε ἐναντίαι αἱ ἀπ' αὐτῶν κινήσεις οὔτε ἐναντία τὰ κι-
νούμενα σώματα, ἀλλὰ πάντα μάτην αὐτῷ συνῆκται τὰ ὑπὸ τοῦ Ἀριστο-
τέλους εἰρημένα καὶ τῶν αὐτοῦ ἐξηγητῶν ἀγνοήσαντι.
  Πρὸς δὲ τὸ τρίτον τῶν Ἀριστοτέλους ἐπιχειρημάτων ἀντεπιχειρῶν 35
25 οὗτος τὸ λέγον, ὅτι, κἂν μὴ ἐπὶ ἀορίστου περιφερείας ἡ ἀντικίνησις λαμ-
βάνηται, ὡς δυνατὸν εἶναι ἀπείρους περιφερείας περὶ τὰ αὐτὰ σημεῖα πε-
ριγράφειν, ἀλλ' ἐπὶ μιᾶς ὡρισμένης, οἷον τοῦ ἡμικυκλίου, καὶ οὕτως ἡ διά-
στασις τοῦ Γ πρὸς τὸ Δ κατὰ τὴν εὐθεῖαν μετρηθήσεται, μήτε τῶν Ἀρι- 40
στοτέλους λόγων μήτε τῶν ἐξηγητικῶν συναισθανόμενος πολλοὺς κατατείνει
30 λόγους δεικνύναι πειρώμενος, ὅτι οὐ παντὸς μεγέθους μέτρον εἶναι τὴν εὐ-
θεῖαν ἀνάγκη οὐδὲ πάσης γραμμῆς, ἀλλὰ τῶν ὁμοειδῶν μόνων καὶ οἷς
ἂν ἐφαρμόζῃ, οὐκ ἐφαρμόζει δὲ τῇ περιφερείᾳ· καὶ οὕτως πάντας ποιεῖται 45
τοὺς λόγους ὡς λέγοντος τοῦ Ἀριστοτέλους καὶ τῶν ἐξηγητῶν, ὅτι τὸ τῆς
περιφερείας διάστημα ὑπὸ | τῆς εὐθείας μετρεῖται. καὶ τάχα πάλιν 82a
35 ἀνάγκη διὰ τοὺς ἀπιστήσοντάς τινα τῶν ὑπ' αὐτοῦ ῥηθέντων παραγράψαι·

---

1 σημεῖον E: corr. E²   3 σημείων om. c   7 καὶ om. c   γραφήσονται] γραφῆς ὄντα AB   8 περιφερῆ B   9 αἱ δὲ ἐν] ἐν δὲ Ec   ἐλάσσονες Ec   10 εἰπών AB   μείζων] μείζον E   14 τῆς] corr. ex τοῖς E²   16 εἰσι BDEc   20 τὸ] τὰ B, comp. A   21 αἱ — κινήσεις] in ras. E¹   22 ὑπὸ] ἀπὸ E   25 μὴ om. Ec   ἐπ' D   26 ὡς ABDE: ὡς μὴ E²c: tanquam impossibile b   27 οἷον] ὁ ὢν A: ὁ .. ὢν .. B   28 μετρηθήσεται, ult. ι in ras. E: corr. E²   29 ἐξηγητῶν c συναισθόμενος B   31 μόνον D, sed corr.   32 ἐφαρμόζῃ] ἐφαρμο`ζ´ A: ἐφαρμόζοι D   οὕτω BD   33 ὅτι] ὅτι καὶ Ec   35 πγάψαι A

"οὔκουν οὐδὲ εἰ τῶν περὶ τὰ αὐτὰ σημεῖα γραφομένων γραμμῶν τυγχάνει τὸ ἐλάχιστον ἡ εὐθεῖα, ἤδη καὶ πάσης γραμμῆς καὶ παντὸς μεγέθους μέτρον εἶναι αὐτὴν ἀνάγκη, ἀλλὰ τῶν ὁμοειδῶν δηλονότι καὶ οἷς ἂν ἐφαρμόζειν δύνηται· οὐκ ἐφαρμόζει δὲ τῇ περιφερείᾳ οὐδέ ἐστιν αὐτῆς ὁμοειδής· οὐδὲ ἄρα μέτρον αὐτῆς εἶναι δύναται". ἆρα οὐ πρόδηλός ἐστιν οἰόμενος λέγειν αὐτούς, ὅτι τῇ εὐθείᾳ μετρεῖται ἡ περιφέρεια; εἰ δὲ μὴ ἀρκεῖ ταῦτα δεῖξαι τὴν ἀσυνεσίαν αὐτοῦ, καὶ τῶν ἐφεξῆς ἄκουε· "εἰ γὰρ καὶ τῇ εὐθείᾳ πολλάκις, οἷον τῷ πήχει, ὑπὸ τῶν τεχνιτῶν περιφερῆ τινα μετρεῖται κατασκευάσματα, ἀλλ' οὐ κατ' αὐτὴν τὴν περιφερῆ γραμμὴν τῷ πήχει μετροῦνται, ὥσπερ ἐπὶ τῶν εὐθυγράμμων κατασκευασμάτων αὐτῇ τῇ ἰθυτενεῖ γραμμῇ τοῦ κατασκευάσματος ἐφαρμόζεται ὁ πῆχυς, οὐχ οὕτως οὖν καὶ ἐπὶ τῆς περιφερείας αὐτῇ τῇ περιφερείᾳ τὸν πῆχυν ἐφαρμόζουσιν· ἀδύνατον γάρ· ἀλλὰ τὰ κατ' εὐθεῖαν τῆς περιφερείας ἀποστήματα λαβόντες ταῦτα τῇ εὐθείᾳ μετροῦσιν, ὥστε πάλιν ὅμοιον εἶναι τῷ μετροῦντι τὸ μετρούμενον. εἰ δέ, ὅτι τῷ γνῶναι, πόσου ποτέ ἐστι μεγέθους ἡ τοῦ κύκλου διάμετρος, καὶ ἡ περίμετρος τοῦ κύκλου πόσος ἐστὶ γινώσκεται, διὰ τοῦτο τὸ μέτρον εἶναί τις τὴν εὐθεῖαν τῆς περιφερείας ἀξιώσει, ἐπειδὴ καὶ τῆς περιμέτρου γνωσθείσης δυνατὸν ἐξ αὐτῆς γνωσθῆναι καὶ τὴν διάμετρον, λεγέτω καὶ τὴν περιφέρειαν τῆς εὐθείας εἶναι μέτρον· καὶ τοῦ ἰσοπλεύρου δὲ τριγώνου ὅτι αἱ τρεῖς εὐθεῖαι ἴσαι ἀλλήλαις εἰσίν, οὐκ ἄλλως γινώσκομεν ἢ ἐκ τῶν περὶ διάμετρον μίαν τῶν τοῦ τριγώνου πλευρῶν γραφομένων κύκλων· τί οὖν μᾶλλον ἐκ τῆς εὐθείας ἡ περιφέρεια ἢ ἐκ τῆς περιφερείας ἡ εὐθεῖα κρίνεται"; καὶ μή τίς με τῶν καθαριωτέρων αἰτιάσθω ὡς ἄκαιρον ἄγοντα σχολήν, εἰ τοιαῦτα καὶ τοσαῦτα τούτου παραγράφειν αἱροῦμαι, ἀλλὰ τοὺς ἀκρίτως τοῖς τούτου λόγοις προσέχοντας αἰτιάσθω καὶ τοὺς ἐνίοτε ἀπιστήσοντας, ὅτι τοιαῦτά τις γράφων οὕτως ἀναιδῶς ἀντιλέγειν ἐτόλμησε. ποῦ γὰρ Ἀριστοτέλης ἤ τις τῶν Ἀριστοτέλους ἐξηγητῶν τὴν περιφέρειαν ὑπὸ τῆς εὐθείας εἶπεν μετρεῖσθαι; ἀλλ' οὐ συνῆκεν οὗτος, ὅτι τὴν μεταξὺ τῶν περάτων διάστασιν,, οἷον τοῦ Γ καὶ Δ, ὡς Ἀριστοτέλης φησί, τῇ εὐθείᾳ τῇ ἐπ' αὐτὰ ἐπιζευγνυμένῃ λέγουσι μετρεῖσθαι, ἀλλ' οὐ τῇ περὶ αὐτὰ γραφομένῃ περιφερείᾳ, οὐ μέντοι ὅτι ἡ περιφέρεια τῇ εὐθείᾳ μετρεῖται· τοῦτο γάρ, κἂν ἀληθὲς ἦν, οὐ πάνυ τι πρὸς τὸν λόγον· τὸ γὰρ προκείμενον ἦν δεῖξαι, ὅτι τὰ ἐπὶ τοῦ ἡμικυκλίου ἀντιφερόμενα οὐ κινεῖται ἐναντίας κινήσεις, διότι τὰ πέρατα αὐτοῦ τὸ Γ καὶ

---

1 γραφομένων om. AB   4 αὐτῆς] comp. A: αὐτῇ c   ὁμοειδὲς D   6 τῇ εὐθείᾳ] ὑπὸ τῆς εὐθείας D   8 οἷον DE²b: οἱ ABE   11 ἐφαρμόζηται AB   12 post περιφερείας del. ἀποστήματα λαβόντες ταῦτα A   15 τῷ] corr. ex τὸ E²   ποτέ AB: τε DE: om. bc   16 πόση D   17 τούτου E: corr. E²   τὸ om. D   τῆς περιφερείας τὴν εὐθεῖαν D   ἀξιώσει Db: ἀ- e corr. E¹: ἐξίσῃ A: ἐξίσῃ B   18 γνωσθῆναι ABb: γνῶναι DEc   23 καθαρειοτέρων D: μακαριωτέρων Ec   24 εἰ] e corr. D   25 τοὺς ἀ-] e corr. D   26 post ἀπιστήσοντας add. ἂν E²   ἀναιδὴς B   27 ἢ om. E   28 εἶπε BDEc   30 αὐτῇ Ec   32 τι ADE: τοι BE²c   34 αὐτὸ B

Δ οὐκ εἰσὶν ἐναντίοι τόποι, τοῦτο δέ, διότι οὐ πλεῖστον διεστήκασιν ἀλλή- 82ᵃ
λων κατὰ τὴν τοῦ ἡμικυκλίου περι|φέρειαν· δυνατὸν γὰρ καὶ μείζονα τοῦ 82ᵇ
ἡμικυκλίου περιφέρειαν ἐπ' αὐτὰ γράψαι, καθ' ἣν πλέον ἀλλήλων διεστή-
κασιν ἤπερ κατὰ τὴν τοῦ ἡμικυκλίου. ἀλλ' ὁ λαμβάνων τὰς ἐναντίας τὰς
5 ἀπὸ τοῦ Γ καὶ Δ κινήσεις, ὡς ἐπὶ τῆς διαμέτρου γινομένας λαμβάνει· ἡ 5
γὰρ ὡρισμένη διάστασις κατὰ ταύτην ἐστίν, ἡ δὲ πλείστη ὥρισται, ἡ δὲ
ἐναντία πλείστη. διὸ καὶ Ἀριστοτέλης οὕτως εἶπεν, ὅτι τὰ ὡρισμένην διά-
στασιν διεστῶτα, οἷά ἐστι πλείστη, ἣν οἱ ἐναντίοι τόποι διεστήκασι, ταῦτα
τὴν εὐθεῖαν ἀπέχειν τίθεμεν· αὕτη γάρ ἐστιν ἡ μεταξὺ τῶν περάτων 10
10 ὡρισμένη ἐλαχίστη οὖσα, διὸ καὶ ταύτῃ μετρεῖται τὸ διάστημα. καὶ ὁ
Ἀλέξανδρος δὲ ἐξηγούμενος "ἀλλὰ μήν" φησί "τῷ καταμετροῦντι ἔστιν εὑ-
ρεῖν τὸ πλεῖστον διεστὸς καὶ ἐναντίον· τῇ εὐθείᾳ ἄρα καὶ ἐπὶ ταύτης τὸ
ἐν τοῖς διαστήμασίν ἐστιν ἐναντίον· οὐκ ἄρα ἐπὶ τῆς περιφεροῦς οὐδὲ ἐπὶ 15
τοῦ ἡμικυκλίου ἐναντίαι κινήσεις αἱ ἐπὶ τοῦ ΓΔ διαστήματος". ἆρα τού-
15 των τις τὴν εὐθεῖαν μέτρον εἶπε τῆς περιφερείας, ἀλλ' οὐχὶ τῆς μεταξὺ
τοῦ Γ καὶ Δ διαστάσεως; οὗτος δὲ ἀγνοεῖ τὸν σκοπὸν τῶν προχειμένων,
ὅτι πρὸς ἔλεγχον αὐτῶν, ὡς οἴεται, προήγαγε τὸ τοὺς μετροῦντας τὰ πε- 20
ριφερῆ τῶν κατασκευασμάτων τὰ κατ' εὐθεῖαν τῆς περιφερείας ἀποστή-
ματα λαβόντας ταῦτα τῇ εὐθείᾳ μετρεῖν, οὐκ ἐφιστάνων, ὅτι τοῦτό ἐστιν,
20 ὅπερ εἶπεν Ἀριστοτέλης "ἀεὶ γὰρ ἀπέχειν ἕκαστον τίθεμεν". ἀλλ', ὥσπερ
εἴωθε, συγχωρήσας πάλιν ἀληθὲς εἶναι τὸ παντὸς διαστήματος μέτρον 25
εἶναι τὴν εὐθεῖαν, οὐδὲ οὕτως, φησίν, οὐδὲν πλέον αὐτοῖς ὁ λόγος προ-
κόψει εἰς τὸ δεῖξαι, ὡς οὐκ εἰσὶν ἐναντίαι αἱ ἀπὸ τῶν περάτων τοῦ ἡμι-
κυκλίου ἀπ' ἐναντίας γινόμεναι κινήσεις· "ἐπειδὴ γάρ, φησί, μέγεθός ἐστιν
25 ὁ κύκλος, ἔστι τινὰ μόρια αὐτοῦ μᾶλλον καὶ ἧττον ἀλλήλων διεστῶτα· 30
τῆς γὰρ ἀρχῆς τοῦ Κριοῦ μᾶλλον οἱ Δίδυμοι διεστήκασιν ἤπερ ὁ Ταῦρος,
καὶ τούτων μᾶλλον ὁ Καρκίνος· ἔστιν ἄρα καὶ τὰ πλεῖστον ἐν αὐτῷ διε-
στῶτα, οἷον Κριὸς καὶ Ζυγός· ἐξ ἑκατέρου γὰρ ἡμικυκλίου ἴση τούτων
ἐστὶν ἡ ἀπόστασις· Κριὸς γάρ, φέρε, καὶ Σκορπίος εἰ καὶ κατὰ θάτερον 35
30 τοῦ κύκλου μόριον μείζονα τὴν ἀπόστασιν ἔχουσιν ἑπτὰ ζῳδίοις ἀλλήλων
διεστῶτα, ἀλλὰ κατὰ τὸ λοιπὸν ἐγγὺς ἀλλήλων μᾶλλόν εἰσι πέντε ζῳδίοις
ἀπέχοντα· μόνα ἄρα πανταχόθεν τὴν πλείστην διάστασιν διέστηκε Κριὸς
καὶ Ζυγὸς καὶ ὅλως τὰ εἰς δύο ἴσα τὸν κύκλον τέμνοντα." ταῦτα εἰπόντα 40
δίκαιον ἐρωτᾶν, τὴν διάστασιν τῶν ἐν τῷ κύκλῳ μορίων πότερον κατὰ τὴν
35 περιφέρειαν λαμβάνει ἢ κατὰ τὴν ἐπιζευγνυμένην μεταξὺ αὐτῶν εὐθεῖαν.

---

1 διέστηκεν B   2 δυνατὸν—περιφέρειαν (3)] mg. E²   γάρ ἐστι Ec   τοῦ om.
Ec   3 περιφέρειν B   4 τὰς (pr.)] ὡς D   6 διωρισμένη AB   7 διότι D
καὶ ὁ DE   8 πλείστην B   ἣν] corr. ex ἦν A²: om. B   διεστήκασιν E
10 οὖσα] corr. ex οὔσῃ E²   11 φησίν D   12 διεστός ABE²: διεστὼς DEc
ἐναντία B   17 τὸ om. AB   17. 18 περιφερεῖ E: corr. E²   20 post ἕκαστον
add. τὴν εὐθεῖαν D   22 οὗτος B   23 οὐδὲν om. D   24 φησί om. D
ἔστιν DEb: φησίν A: om. B   25 διεστῶτα ἀλλήλων D   26 Ταῦρος] καρκίνος B
27. 28 διεστηκότα B   31 εἰσί] seq. ras. 1 litt. E   32 τὴν om. AB   33 καὶ (alt.)]
bis E: corr. E²   34 τῶν] τὴν E

εἰ μὲν γὰρ κατὰ τὴν περιφέρειαν, δῆλον, ὅτι κατὰ τὴν μείζονα περιφέ- 82ᵇ
ρειαν μᾶλλον ἀφέστηκεν ὁ Ταῦρος τῆς ἀρχῆς τοῦ Κριοῦ ἤπερ οἱ Δίδυμοι, 45
καὶ ὁ τοῦ Κριοῦ τόπος μᾶλλον ἐναντίος τῷ τοῦ Τοξότου κατὰ τὴν μείζονα
περιφέρειαν ἤπερ τῷ τοῦ Ζυγοῦ, | διότι πλέον κατ' ἐκείνην διέστηκεν, 83ᵃ
5 ἐναντίοι δὲ τόποι οἱ πλεῖστον ἀλλήλων διεστῶτες. πῶς γὰρ ὅλως, εἰ ἐπὶ
τῆς περιφερείας τὴν διάστασιν ἔλαβεν, ἐτόλμα λέγειν, ὅτι πανταχόθεν τὴν
πλείστην διάστασιν διέστηκε Κριὸς καὶ Ζυγός; ἴσην μὲν γὰρ πανταχόθεν 5
ἀληθὲς εἰπεῖν, τὴν πλείστην δὲ οὐδαμόθεν δυνατόν· τὴν γὰρ πλείστην τὰ
πλησιάζοντα ἀλλήλοις διέστηκε κατὰ τὴν ἑτέραν περιφέρειαν· εἰ δὲ μὴ
10 κατὰ τὴν περιφέρειαν ὁρίζει τῶν ἐν τῷ κύκλῳ μορίων τὴν διάστασιν,
ἀλλὰ κατὰ τὴν ἐπιζευγνυμένην ἐπ' αὐτὰ εὐθεῖαν, τὸ αὐτὸ τῷ Ἀριστοτέλει 10
λέγει μὴ συναισθανόμενος. ἡ γὰρ ἀπὸ τοῦ Γ, φησίν ἐκεῖνος, καὶ ἡ ἀπὸ
τοῦ Δ, εἰ ὡς ἐναντίαι λαμβάνοιντο, ἡ αὐτὴ τῇ ἐπὶ τῆς διαμέτρου ἐστίν.
ὁ δὲ συγχωρεῖ μὲν κατὰ τὴν διάμετρον εἶναι τὴν πλείστην τῶν Γ Δ διά-
15 στασιν, λέγει δὲ καὶ κατὰ τὴν περιφέρειαν εἶναι, διότι ἴσον πανταχόθεν 15
ἀπέχει. καίτοι τί τοῦτο πρὸς τὴν πλείστην διάστασιν συντελεῖ, ἣν οἱ
ἐναντίοι τόποι διεστήκασιν, ἀφ' ὧν αἱ ἐναντίαι κινήσεις; ἐπακολουθῶν δὲ
καὶ ἑξῆς τῇ ἑαυτοῦ μετὰ προπετείας ἀνοίᾳ "τοῦτο, φησί, καὶ τῆς ἀπάτης
τῷ Ἀλεξάνδρῳ γέγονεν αἴτιον· λαβὼν γάρ, ὅτι ἡ εὐθεῖα μέτρον, καὶ τῷ 20
20 μέτρῳ ἔστιν εὑρεῖν τὰ πλεῖστον ἀλλήλων διεστηκότα καὶ ἐναντία, ἀκόλου-
θον ὂν συναγαγεῖν συμπέρασμα τὸ λέγον· τῇ ἄρα εὐθείᾳ ἔστιν εὑρεῖν τὰ
ἐν τοῖς διαστήμασι πλεῖστον ἀλλήλων διεστηκότα καὶ ἐναντία· ὁ δὲ κακούρ-
γως, φησί, προσέθηκε τὸ ἐπὶ ταύτης εἰπών· 'τῇ ἄρα εὐθείᾳ καὶ ἐπὶ ταύ- 25
της ἐστὶ τὸ ἐν τοῖς διαστήμασιν ἐναντίον', ὅπερ οὐκ ἔχει κείμενον ἐν ταῖς
25 προτάσεσιν." πάλιν οὖν ἐν τούτοις ἐπιστῆσαι χρὴ πρῶτον μέν, ὅτι τὸν
Ἀλέξανδρον ἠπατῆσθαι εἰπὼν εὐθὺς παρὰ πόδας κακουργεῖν ἐπὶ τῷ αὐτῷ
λέγει, ἐφ' ᾧπερ αὐτὸν ἠπατῆσθαί φησιν, οὐκ ἐννοῶν, ὅτι ὁ δι' ἀπάτην
τι λέγων οὐ κακουργεῖ, εἴπερ ἡ μὲν ἀπάτη δι' ἄγνοιαν, ὁ δὲ κακουργῶν 30
ἐν λόγοις εἰδὼς τὸ ἀληθὲς διαστρέφειν αὐτὸ σπουδάζει. ἔπειτα πῶς λέγει
30 μὴ λαβεῖν ἐν ταῖς προτάσεσιν αὐτὸν τὸ 'ἐπὶ τῆς εὐθείας' οὕτως ἐκθεμένου
τοῦ Ἀλεξάνδρου τὸν λόγον, ὡς καὶ αὐτὸς οὗτος ἀνέγραψε· "πᾶν μὲν γὰρ
διάστημα τῷ ἐλαχίστῳ καταμετρεῖται· ἐλάχιστον δὲ διάστημα πᾶσιν τὸ ἐπὶ 35
τῆς εὐθείας· παντὸς ἄρα διαστήματος ἡ εὐθεῖα καὶ τὸ ἐπὶ τῆς εὐθείας
μέτρον. ἀλλὰ μὴν τῷ καταμετροῦντι ἔστιν εὑρεῖν τὸ πλεῖστον διεστὼς καὶ

---

3 τῷ] corr. ex τὸ E²   4 τῷ] corr. ex τὸ E²: om. B   διέστηκε E   6 τολμᾷ D
8 οὐδαμῶθεν E: corr. E²   10 τῶν om. Ec   μορίῳ seq. ras. 1 litt. E
11 τὸ αὐτὸ] corr. ex τῷ αὐτῷ E¹   14 εἶναι om. D   Δ] καὶ Δ Ec   14.15 διά-
στασιν εἶναι D   15 καὶ om. D   πανταχόθεν ἴσον D   18 ἀνοίας E, sed ς eras.
φησίν D   22 διεστῶτα DEc   23 ἐπ' αὐτῆς Ec   καὶ] καὶ τῷ E²c   24 ταῖς]
τοῖς A   25 προτάσεσι BEc   27 λέγει] comp. ambig. A: λέγων B: λόγῳ Ec: λόγῳ
εἶπεν D   ᾧπερ] ᾧ περὶ D   ἠπατεῖσθαι E: corr. E²   ὅτι om. E: ὡς K²c
29 ἐν] seq. ras. 1 litt. E   αὐτῷ E: corr. E²   30 αὐτὸ D   31 οὗτος om. c
μὲν om. B   32 post διάστημα del. πᾶσι τὸ ἐπὶ τῆς εὐθείας D   πᾶσι BD
34 διεστὸς B

ἐναντίον· τῇ εὐθείᾳ ἄρα καὶ ἐπὶ ταύτης τὸ ἐν τοῖς διαστήμασίν ἐστιν ἐναν- 83ᵃ
τίον· οὐκ ἄρα ἐπὶ τῆς περιφερείας." οὐ πρόδηλός ἐστιν ὁ Ἀλέξανδρος καὶ 40
ἐν τῇ προτάσει θεὶς τὸ ἐπὶ τῆς εὐθείας καὶ συλλογιζόμενος οὕτως· πᾶν
διάστημα τῷ ἐλαχίστῳ διαστήματι καταμετρεῖται, διότι τοῦτο ὡρισμένον
5 ἐστί· τὸ τῷ ἐλαχίστῳ διαστήματι καταμετρούμενον τῇ εὐθείᾳ καὶ τῷ ἐπὶ
τῆς εὐθείας διαστήματι καταμετρεῖται· αὕτη γάρ ἐστιν ἡ ἐλαχίστη τῶν 45
τὰ αὐτὰ πέρατα ἐχουσῶν γραμμῶν ἤτοι διαστάσεων· | καὶ συμπέρασμα 83ᵇ
λοιπόν, ὅτι παντὸς διαστήματος ἡ εὐθεῖα καὶ τὸ ἐπὶ τῆς εὐθείας διάστημα
μέτρον ἐστί; τούτῳ δὲ προσλαβὼν ἄλλην πρότασιν τὴν λέγουσαν 'τῷ κα-
10 ταμετροῦντι ἔστιν εὑρεῖν τὸ πλεῖστον διεστὼς καὶ ἐναντίον' συνήγαγεν, ὅτι
τῇ εὐθείᾳ καὶ τῷ ἐπὶ ταύτης διαστήματι τὸ ἐν τοῖς διαστήμασι πλεῖστον 5
διεστὼς καὶ ἐναντίον εὑρίσκεται· εἰ δὲ τούτῳ εὑρίσκεται, δῆλον, ὅτι τούτῳ
ὥρισται καὶ κατὰ τοῦτό ἐστι τὰ ἐναντία διαστήματα· καθ' ὃ γὰρ εὑρίσκε-
ται, κατὰ τοῦτο ὥρισται, καὶ καθ' ὃ ὥρισται, κατὰ τοῦτό ἐστι. πότερος
15 ἄρα τούτων ἠπατῆσθαι ἢ κακουργεῖν ἂν λέγοιτο δικαίως ὁ ταῦτα οὕτως 10
ἀκολούθως συλλογισάμενος ἢ ὁ τούτῳ ἀπάτην καὶ κακουργίαν ἐγκαλῶν,
διότι συνήγετο μέν, ὥς φησι, τῇ ἄρα εὐθείᾳ ἔστιν εὑρεῖν τὰ πλεῖστον
διεστῶτα καὶ ἐναντία, ὁ δὲ προσέθηκε τῷ συμπεράσματι, ὅτι καὶ 'ἐπὶ τῆς
εὐθείας' τὸ ἐν τοῖς διαστήμασίν ἐστιν ἐναντίον; καὶ οὐ συνενόησεν, ὅτι, 15
20 καθ' ὃ διάστημα εὑρίσκεται ἡ τῶν τόπων ἐναντίωσις, κατὰ τοῦτο καὶ διε-
στήκασιν οἱ τόποι. ὁ δὲ μηδὲν συνεὶς τῶν εἰρημένων πολλοὺς δαπανᾷ
λόγους πάλιν δεικνύς, ὅτι τὰ πλεῖστον ἀλλήλων διεστῶτα σημεῖα, ἐὰν πή-
χει μετρήσωμεν, οὐκ ἔστιν ἐν τῷ μετρήσαντι πήχει οὐδὲ ἐν αὐτῷ διέ- 20
στηκε τὴν πλείστην διάστασιν, καὶ οὐδὲ τοῦτο ἴσχυσεν ἐννοῆσαι, ὅτι, εἴπερ
25 μόνου πήχεως ἦν ἡ διάστασις, ἐν τοῖς τοῦ πήχεως πέρασιν ἦν ἂν τὰ
διεστῶτα, οὐ τοῦ ξυλίνου ἢ χαλκοῦ, ἀλλὰ τοῦ κατὰ τὴν μεταξὺ εὐθεῖαν,
καὶ κατὰ ταύτην ἂν αὐτοῖς ἡ πλείστη διάστασις τὴν μετροῦσαν μὲν ὡς 25
ὡρισμένην, ὅτι ἐλαχίστη ἐστί, μετρουμένην δὲ ὡς ἀόριστον διάστημα. οὐ
γὰρ προστίθησι τὸ μέτρον ὁ ξύλινος πῆχυς, ἀλλ' ἐνυπάρχον δῆλον ποιεῖ.
30 ὁ δὲ τοσοῦτον ἀπᾴδει τῆς τῶν εἰρημένων ἐννοίας ὡς αὐτῇ λέξει τάδε γρά-
φειν "ὅλως γὰρ τὰ ἐν τῷ μετρουμένῳ διὰ τοῦ μέτρου καταλαμβανόμενα 30
ταῦτα καὶ ἐν τῷ μέτρῳ εἶναι λέγειν πάνυ ἐστὶν εὔηθές τε καὶ ἄτοπον",
οὐκ ἐννοήσας, ὅπως καὶ μέτρον καὶ μετρούμενόν ἐστι τῆς πλείστης διαστά-
σεως τὸ κατὰ τὴν εὐθεῖαν διάστημα· ἀλλ' ἀνεπιστάτως κριτήρια πολλὰ

---

1 καὶ om. D   3 ἐπὶ τῆς εὐθείας] κατ' εὐθεῖαν Ec   5 τῷ (pr.)] suprascr. D: om.
Ec   9 ἐστὶν BE: ν eras. E   τούτῳ] corr. ex τοῦτο E²: οὗτος B   10 διεστὸς B
συνήγαγεν—ἐναντίον (12) om. D   11 τῇ] ἐστὶν E: del. E²   12 διεστὸς B
εἰ—εὑρίσκεται om. Ec   τούτῳ] corr. ex τοῦτο E²   15 ἂν λέγοιτο] corr. ex ἀντι-
λέγοιτο E²   16 συλλογιζόμενος D   21 μὴ δὲ AB   22 λόγους πάλιν] πάλιν
DE: πάλιν λόγους E²c   25 πήχεος BDEc: corr. B   ἐν τοῖς] bis B   πήχεος
Ec   26 οὐ] corr. ex ἢ E²   27 ἂν] ἦν ἂν E²c   αὐτῆς comp. A: αὐτῇ B
μὲν Eb: μὴ AB: om. D   28 ἐστί] seq. ras. 1 litt. E   μετρουμένη E:
corr. E²   οὐ om. B   30 ἀπᾴδει A: ἀπέδει B   30. 31 γέγραφεν B
33 ὅπερ B

συνήγαγε δεικνύς, ὅτι οὐκ ἔστιν ἐν τοῖς κριτηρίοις ἡ τῶν κρινομένων ἐναν-
τίωσις καὶ διάστασις· "οὔτε γὰρ ἐν τῇ ἀποδείξει, φησίν, ἡ τοῦ ἀληθοῦς
καὶ ψεύδους διάστασίς ἐστιν οὔτε ἡ τοῦ ἀγαθοῦ καὶ κακοῦ, οὔτε ἐν τῇ
ὀπτικῇ δυνάμει τὸ λευκὸν καὶ μέλαν ἢ τὸ τρέχειν καὶ ἑστάναι, οὔτε ἐν
5 τῇ ἀκουστικῇ ἡ ὀξεῖα φωνὴ καὶ ἡ βαρεῖα, ἀλλ' οὐδὲ ἐν τῷ κανόνι, φησί,
τὸ διεστραμμένον· ἀλλ' οὐδὲ τὸ εὐθὺ τοῦτο ἔχει ὁ κανών, ὅπερ ἐν τῷ
ξύλῳ, φέρε, τυγχάνον δι' αὐτοῦ μεμαθήκαμεν." καὶ ὅτι μὲν ταῦτα μάτην
παρεισεκύκλησε, δῆλον, εἴπερ τὸ κατὰ τὴν εὐθεῖαν μέτρον οὐ τὸ ἔξωθεν
προσιόν, οἷός ἐστιν ὁ πῆχυς ὁ χαλκοῦς, εἴληπται, ἀλλὰ τὸ κατὰ τὸ μεταξὺ
10 τῶν διεστώτων διάστημα, ὅπερ ὡς μὲν ἀόριστον διάστημα μετρεῖται, ὡς
δὲ εὐθὺ καὶ ἐλάχιστον καὶ ὡρισμέ|νον μετρεῖ τὴν ἀπ' ἀλλήλων ἀπόστα-
σιν τῶν διεστώτων· διὰ τοῦτο μὲν οὖν οὐδὲν ὅμοιον ἔχει τοῖς ἔξωθεν κρι-
τηρίοις ἡ κατ' εὐθεῖαν διάστασις, ἀλλ' ἐκείνοις ὁ χαλκοῦς πῆχυς ἀναλογεῖ.
πλὴν οὐδὲ τούτων αὐτῶν, ὧν παρήγαγε, γινώσκων τὴν ἰδιότητα φαίνεται·
15 καὶ γὰρ τὰ κριτήρια εἰ μὴ τοὺς λόγους ἔχει τῶν κρινομένων, οὐκ ἂν δύ-
ναιτο κρίνειν. πῶς γὰρ ἡ ὀπτικὴ δύναμις τὸ μέλαν διακρίνει καὶ τὸ λευ-
κόν, εἰ μὴ τὸν τύπον προείληφε τούτων; ἔχει δὲ οὐχ ὡς λευκὴ οὖσα ἢ
μέλαινα, ἀλλὰ κριτικῶς· οὕτως δὲ καὶ ἡ ἀπόδειξις ἡ διακρίνουσα τὸ ἀλη-
θὲς καὶ τὸ ψεῦδος καὶ ὁ κανὼν ὁ τὸ εὐθὺ καὶ διάστροφον ἐλέγχων, ἡ
20 μὲν τὸ ἀληθὲς ἐπάγουσα τῷ κρινομένῳ, ὁ δὲ τὸ εὐθύ, τὸ μὲν κατὰ τὴν
ἐφαρμογὴν κρίνει, τὸ δὲ κατὰ τὴν παράλλαξιν. καὶ δῆλός ἐστιν αὐτὸς
χύδην ἐκθέμενος τὰ παραδείγματα, ὅτι οὐδὲ τούτῳ ἐπέστησε τῷ ἄλλως μὲν
τὴν ὀπτικὴν δύναμιν τὸ λευκὸν καὶ μέλαν κρίνειν ὡς εἴδη ἄμφω κατὰ εἰδη-
τικὴν συναίσθησιν εἴτε ἐνεργείᾳ εἴτε δυνάμει τῶν εἰδῶν ἐν τῇ αἰσθήσει
25 προειλημμένων, ἄλλως δὲ ἡ ἀπόδειξις καὶ ὁ κανὼν τὸ μὲν ἀληθὲς καὶ τὸ
εὐθὺ τῷ εἴδει τῷ ἐν αὐτοῖς ὡς ἐφαρμόττοντι κρίνουσιν, τὸ δὲ ψεῦδος καὶ τὸ
διάστροφον τῷ παρὰ τοῦτο· τὸ γὰρ μὴ ζῷον ψεῦδος λέγειν ἄνθρωπον. καὶ
αἰσχύνομαι μέν, εὖ ἴστε, τοῖς τοιούτοις ἐνδιατρίβων, ἀλλ' ἐπειδὴ διὰ τού-
των ἀναιρεῖν ἐπιχειρεῖ τοῦ μὲν οὐρανοῦ τὴν μακαρίαν ἀιδιότητα, τοῦ δὲ
30 δημιουργοῦ τὴν ἀμετάβλητον ἀγαθότητα, ἀνάγκη τὸ σαθρὸν αὐτῶν ἐλέγ-
χειν τοῖς ἐπιπολαίως ἀκούουσιν αὐτοῦ βοηθοῦντα. οἱ γὰρ μετρίως ἠγμένοι

---

3 οὔτε (pr.)] οὐδὲ D   ἡ τοῦ om. Ec   4 τὸ μέλαν BD   τὸ ἑστάναι AEc
4. 5 οὔτε ἡ βαρεῖα καὶ ὀξεῖα φωνὴ ἐν τῇ ἀκουστικῇ c, οὔτε ἡ βαρεῖα ἐν τῇ ἀκουστικῇ (corr. ex ἀντὶ ἀκουστικῆς E²) καὶ ὀξεῖα φωνὴ E   5 οὐδ' B   7 τυγχάνων B, sed corr.
μάτην om. AB   8 παρεισεκύκλησε] mut. in παρενθεὶς ἐκύκλησε E²: παρενθεὶς ἐκύ-
κλησε c   εἴπερ] corr. ex ἤπερ E²   9 τὸ κατά] κατὰ Ec   15 ἔχοι B
17 post λευκή del. δύναμις τὸ μέλαν διακρίνει καὶ τὸ λευκὸν A   18 οὕτω BD
21 δῆλός] δήλ/ A: δὴ λόγος B   οὗτος D   22 τῷ παραδείγματι AB   τὸ E
μέν] κατὰ B   23 τὸ μέλαν D   κατὰ τὴν B   26 ἐφαρμόττοντι D: corr. ex
ἐφαρμόττειν E²: adaptatum aliquid b: ἐφαρμόττον AB   κρίνουσι Ec   27 τῷ
om. D   28 ἴσθε E: corr. E²   ἐνδιατρίβειν E   διὰ om. B   29 μέν] μὲν
γὰρ AB   ἰδιότητα E: corr. E²   30 ἀθότητα B   31 οἱ] οἱ μὲν Ec
ἠγμένοι E: ἡγούμενοι ABD (qui mediocriter intelligunt b)

οὐ τὰ τούτου μόνον εὖ οἶδα ὅτι περιπτύουσιν, ἀλλὰ καὶ τοὺς ἐμοὺς λόγους 84ᵃ
σκιαμαχίας ἡγούμενοι σχολῆς οὐκ εὐτυχοῦς ἔργον αὐτοὺς ὑπολήψονται.
ἀκούειν οὖν ἀνάγκη καὶ τῶν ἐφεξῆς. πῶς οὖν οὐ παντελῶς τοῖς λόγοις 30
ἐστὶν ἐπηρεάζοντος, τὴν ἐπὶ τοῦ ἡμικυκλίου τῶν κινήσεων ἀντίθεσιν τὴν
5 αὐτὴν εἶναι λέγειν τῇ ἐπὶ τῆς διαμέτρου διὰ τὸ ὑπὸ τῶν αὐτῶν σημείων
τό τε ἡμικύκλιον περατοῦσθαι καὶ τὴν διάμετρον; ὁρᾷς, πῶς οὐκ ἐφιστάνει,
ὅτι οὐχ ἁπλῶς τὰς ἐπὶ τοῦ ἡμικυκλίου κινήσεις τὰς αὐτὰς ταῖς ἐπὶ τῆς 35
διαμέτρου λέγει ὁ Ἀριστοτέλης, ἀλλ᾽ ὅταν ὡς ἐναντίαι λαμβάνωνται, τουτ-
έστιν ὡς ἀπὸ ἐναντίων τόπων, ταὐτὸν δὲ εἰπεῖν τῶν τὸ πλεῖστον διεστη-
10 κότων, ταὐτὸν δὲ εἰπεῖν τῶν ὡρισμένην ἐχόντων τὴν μεταξὺ διάστασιν·
ἡ γὰρ πλείστη ὥρισται· ταὐτὸν δὲ εἰπεῖν τῶν τῇ ἐλαχίστῃ μετρουμένην· 40
αὕτη γάρ ἐστιν ἡ ὡρισμένη. ὅτι δὲ ἡ ἐλαχίστη τῶν τὰ αὐτὰ πέρατα
ἐχουσῶν γραμμῶν ἡ εὐθεῖά ἐστιν, εἰ ἀγνοεῖ, μανθανέτω. εἰπόντος δὲ τοῦ
Ἀλεξάνδρου, ὅτι τὰ ἐπὶ τοῦ ἡμικυκλίου ὡς ἐξ ἐναντίων τόπων κινούμενα,
15 εἰ καὶ μὴ ἐπὶ τῆς εὐθείας κινεῖται, ἀλλ᾽ οὖν τῷ τοσοῦτον τὸ μεταξὺ αὐ- 45
τῶν διάστημα κινεῖσθαι, ὅσον κατ᾽ εὐθεῖαν ἀφέστηκε, ταύτῃ τὴν ἐναντίαν
κινεῖται, τουτέστι τὴν | ἀπὸ τῶν πλεῖστον διεστηκότων τόπων, οὐδὲ οὕ- 84ᵇ
τως, φησὶν οὗτος, τὸ ἐναντίας εἶναι ὁμολογεῖν τὰς ἐπὶ τοῦ ἡμικυκλίου
ἔμπαλιν γινομένας ἐκφεύξεται, κἄν τε διὰ τὸν κύκλον ἔχωσι τὸ εἶναι ἐναν-
20 τίαι, κἄν τε διὰ τὴν τούτου διάμετρον· καίτοι εἰ διὰ τὴν διάμετρον; οὐχ 5
ὡς ἐπὶ τοῦ ἡμικυκλίου κινούμεναί εἰσιν ἐναντίαι· οὐ γὰρ ὡς ἡμικυκλίου
πέρατα τὰ Γ Δ πλεῖστον ἀλλήλων διέστηκεν, ἀλλ᾽ ὡς ἐπὶ τῆς εὐθείας.
εἶτα τοῦ Ἀλεξάνδρου εἰπόντος, ὡς, εἰ μὴ τῇ εὐθείᾳ πᾶν διάστημα ἐμε-
τρεῖτο ἀλλὰ τῇ περιφερεῖ, οὐδὲν ἦν δυνατὸν ληφθῆναι διεστὼς πλεῖστον 10
25 τῷ δύνασθαι καὶ τῶν ἐγγὺς ὄντων ποιῆσαι περιφέρειαν μεταξὺ μεγίστην
σφόδρα περιγράψαντας κυρτὴν περιφέρειαν καὶ τῶν πάμπολυ διεστώτων
ἐλάττονα, οὗτος πάλιν μακροὺς ἀποτείνει λόγους δεικνύναι φιλονεικῶν, ὅτι
καὶ ἐπὶ τῆς περιφερείας ἡ πλείστη διάστασις ἡ κατὰ τὸ πανταχόθεν ἴσον 15
ἀφεστάναι ἐστίν, ὡς ἡ τοῦ Κριοῦ πρὸς τὸν Ζυγόν, οὐκ ἐννοῶν, ὅτι ἄλλο
30 μὲν τὸ πανταχόθεν ἴσον, ἄλλο δὲ τὸ πλεῖστον, καὶ ὅτι ἡ ἀπὸ τοῦ Κριοῦ
διὰ τοῦ Ζυγοῦ φερομένη ἄχρι τοῦ Τοξότου διάστασις ἐπὶ τῆς περιφερείας

---

1 οὐ] corr. ex καὶ E²   οἶδ᾽ D   περιπτύσσουσι B: conspuent b   2 ἀτυ-
χοῦς B   αὐτοῖς E: corr. E²   3 οὐ om. AB   5 τῇ om. B   6 ὅπως D
8 ἐναντίαι] ἐναντία Ec   λαμβάνονται E: corr. E²   9 ἀπ᾽ Ac   τῶν] corr.
ex τὸν A   τὸ] τε B   10 τῶν] ὧν B   τὴν D   μετρουμένην ὧν D
12 αὐτὴ E   15 τῷ] corr. ex τὸ E²   16 ἀφέστηκε] seq. ras. 1 litt. E
17 πλείστων AB   18 ἐναντίον B   19. 20 ἐναντία D: ἐναντίον Ec   20 καίτοι
εἰ διὰ τὴν διάμετρον om. E: εἰ. καὶ κατὰ τὴν διάμετρον E²c   21 κινούμενα Ec
ἐναντία Ec   ὡς] ὡς ἐπὶ τοῦ DE: corr. E²   22 πλεῖστον om. AB   διεστηχέ-
ναι D   23. 24 ἐπιμετρεῖτο A: ἐπεμετρεῖτο B   24 τῇ] τῷ D   διεστὸς B
πλεῖστο E: corr. E²   26 τὴν κυρτὴν Ac   διεστηκότων B   28 κατὰ τὸ] κατὰ
E: del. E²: om. c   ἴσως c   29 ἀφεστῶσα E²bc   31 διὰ] καὶ B   φερο-
μένην] -ην in ras. E¹

λαμβανομένη μείζων ἐστὶ τῆς ἄχρι τοῦ Ζυγοῦ. εἰ μέντοι ἐπὶ τῶν μεταξὺ 84b τῶν περάτων εὐθειῶν λαμβάνοιντο αἱ διαστάσεις, πλείστη ἐστὶν ἡ ἀπὸ 21 Κριοῦ ἐπὶ Ζυγόν, διότι μείζων πασῶν τῶν εἰς τὸν κύκλον διαγομένων εὐθειῶν ἡ διάμετρός ἐστιν, εἰ δὲ ἐπὶ περιφερειῶν ἡ διάστασις λαμβάνοιτο,
5 δυνατὸν πλειόνων περιφερειῶν ἐπὶ τὰ αὐτὰ σημεῖα γραφομένων, ὡς εἶπεν 25 ὁ Ἀλέξανδρος, ἄλλοτε κατ' ἄλλην περιφέρειαν τῆς πρὸς ἄλληλα τῶν σημείων διαστάσεως λαμβανομένης μηκέτι ὡρισμένον εἶναι τὸ πλεῖστον. οὗτος δὲ πάλιν μὴ συννοῶν τὰ λεγόμενα "τὸ λέγειν" φησίν "ὅτι καὶ ἀπὸ τῶν πολὺ διεστώτων ἐλάττονα δυνατὸν περιγράψαι περιφέρειαν καὶ ἐκ τῶν 30
10 ἐγγὺς μείζονα, οὐκ οἶδα εἰπεῖν, πότερον παραλογίσαι βουλομένου ἐστὶν ἢ ἀγνοοῦντος, ὡς οὐ θαυμαστόν, εἰ ἐπὶ διαφόρων κύκλων τὰ μὲν ἐγγὺς ὄντα ἐν θατέρῳ τῶν κύκλων σημεῖα, εἰ ποδιαίαν ἔχοι τὴν περίμετρον καὶ ἡμιποδίῳ διεστήκοι, πλεῖστον διεστάναι λέγεται, τὰ δὲ ἐν τῷ ρ̄ ποδῶν τὴν 35 περίμετρον ἔχοντι διεστηκότα ἀλλήλων σημεῖα κ̄ε πόδας οὐ πλεῖστον ἀλλή-
15 λων διέστηκε." τὰ δὲ αὐτὰ καὶ ἐπ' εὐθειῶν φλυαρεῖ τῆς μὲν πηχυαίας τὰ πέρατα πλεῖστον διεστάναι λέγων· τὸ γὰρ ὅλον διέστηκε· τῆς δὲ ἑκατονταπήχους τὸ μέσον ἀπὸ τοῦ ἄκρου οὐ τὸ πλεῖστον· οὐδὲ γὰρ τὸ ὅλον, 40 ἀλλὰ τὸ ἥμισυ. καὶ ταῦτα γράφει νομίζων τὸν Ἀλέξανδρον ἐπ' ἄλλων καὶ ἄλλων σημείων λαμβάνειν τὴν πλείστην καὶ οὐ πλείστην διάστασιν,
20 ἐπειδὴ εἶπεν "τῷ δύνασθαι καὶ τῶν ἐγγὺς ὄντων ποιῆσαι περιφέρειαν μεγίστην καὶ τῶν οὐκ ἐγγὺς ὄντων ἐλάττονα", οὐκ ἐννοήσας, ὅτι οὐδὲν 45 ἂν αὐτῷ προεχώρησεν οὕτως ὑποθεμένῳ τοῦ Ἀριστοτέλους προθεμένου δεῖξαι, ὅτι καὶ ἀπὸ τῶν | τοῦ ἡμικυκλίου περάτων αἱ ἀντικινήσεις, 85a εἰ ὡς ἐναντίαι λαμβάνοιντο, τουτέστιν εἰ ὡς ἀπὸ πλεῖστον διεστηκότων τόπων, ὡς ἐπὶ τῆς διαμέτρου λαμβάνονται. ἀλλ' ὁ Ἀλέξανδρος βουλό-
25 μενος δεῖξαι, ὅτι ἐπὶ τὰ αὐτὰ σημεῖα καὶ μείζονας καὶ ἐλάττονας δυ- 5 νατὸν περιγράφειν περιφερείας, ἐκ περιουσίας ὡς ἐπ' ἄλλων καὶ ἄλλων περάτων ἐποιήσατο τὸν λόγον δύνασθαι λέγων καὶ τῶν ἐγγὺς ὄντων περάτων μεταξὺ μεγίστην ποιήσασθαι περιφέρειαν καὶ τῶν πάμπολυ διεστώτων ἐλάττονα· εἰ δὲ ἐπὶ τῶν διαφόρων δυνατόν, δῆλον, ὅτι πολλῷ μᾶλλον ἐπὶ 10
30 τῶν αὐτῶν. ὅπερ μὴ συνεὶς οὗτος πολλοὺς κατέτεινε λόγους δεικνύς, ὅτι ἐν ἄλλῳ καὶ ἄλλῳ μεγέθει οὐδὲν θαυμαστὸν τὰ μὲν ἐγγυτέρω πλεῖστον ἀλλήλων διεστάναι, τὰ δὲ πορρωτέρω μὴ πλεῖστον. "κἂν ἐπὶ τῶν αὐτῶν

---

1 τῶν] τὴν D   2 πλεῖστον Ec   3 μεῖζον E: corr. E²   7 ὡρισμένην E: corr. E²   8 συννουσῶν B   καὶ om. D   10 παραλογίσασθαι c   ἐστὶν BD: ἐστὶ AEc   11 ἢ Db: καὶ ABEc   ἀγνοοῦντος B   12 ἔχει B   13 διεστήκοι] scripsi: διεστήκει ABDE: διεστήκει c   λέγεται] addidi: om. ABDEbc   ποδῶν om. B   14 ἔχοντι b: ἔχοντα ADEc: om. B   14. 15 διέττηχεν ἀλλήλων D   15 πηχυαίου AB   16 τὸ] τὸν D   18 γράφειν AB   20 εἶπε BDEc   ποιῆσαι—μακρὰν τῶν (21) om. AB   21 οὐκ ἐγγὺς ὄντων] scripsi: ἐγγὺς ὄντων D: ἐγγὺς ὄντων E: valde longe entium b: πάνυ μακρὰν ὄντων a: om. AB: πάμπολυ διεστώτων e p. 185,26 K²c   post ὄντων add. ποιήσαι περὶ E: ποιῆσαι περιφέρειαν E²c   23 αἱ om. D: suprascr. E²   26 περιουσίας ὡς] in ras. E¹   30 συνεὶς D   αὐτὸς D   32 ἀφεστάναι B

SIMPLICII IN L. DE CAELO I 4 [Arist. p. 271a27]   187

δέ, φησί, σημείων οἷον τῶν Α Β καὶ μεγίστην περιγράφωμεν περιφέρειαν 85
καὶ ἐλαχίστην, οὐ συμβήσεται τὰ Α Β σημεῖα καὶ πλεῖστον διεστάναι διὰ 16
τὴν μείζονα περιφέρειαν καὶ ἔλαττον διὰ τὴν ἐλάττονα· εἰ γὰρ ἀναπληρω-
θεῖεν, φησί, τῶν δύο κύκλων αἱ λοιπαὶ περιφέρειαι, δυνάμει τὰ Α Β ση-
5 μεῖα οὐ δύο ἐστίν, ἀλλὰ τέσσαρα· ἄλλην γὰρ σχέσιν ἔχουσι πρὸς ἄλληλα 20
ἐν ἑκατέρῳ τῶν κύκλων". ταῦτα λέγων αὐτῇ λέξει οὐ δῆλός ἐστι μήτε
συνιεὶς τὰ λεγόμενα καὶ λόγους μόνον ἐκφυσῶν κενούς; τί γὰρ ἐν τούτοις
τοῦ "δυνάμει" χρεία τῶν διαστάσεων ἐνεργείᾳ τῶν αὐτῶν μενουσῶν τῶν
Α Β σημείων πρὸς ἄλληλα, ἄλλης μὲν τῆς ἐπὶ τῆς μείζονος περιφερείας, 25
10 ἄλλης δὲ τῆς ἐπὶ τῆς ἐλάττονος, καὶ ἄλλης τῆς ἐπὶ τῆς μεταξὺ αὐτῶν εὐ-
θείας, ταύτης μὲν ὡρισμένης ἀεὶ τῆς διαστάσεως διὰ τὸ ὑπὸ ὡρισμένης
τῆς εὐθείας μετρεῖσθαι· μία γὰρ καὶ ἐλαχίστη ἐστὶ τὰ αὐτὰ πέρατα ἔχουσα
γραμμή· τῶν δὲ κατὰ τὰς περιφερείας ἀορίστων οὐσῶν, ὅτι πολλαὶ καὶ 30
ἄνισοι περιφέρειαι δύνανται τὰ αὐτὰ πέρατα ἔχειν, καὶ διὰ τοῦτο οὐχ οἷόν
15 τε τὴν πλείστην τῶν ἐναντίων διάστασιν ὡρισμένην οὖσαν ταῖς περιφερείαις
ὁρίζεσθαι, ἀλλὰ τῇ εὐθείᾳ μόνον. οὐκ ἐννοήσας δὲ οὗτος, ὅπως λέγεται
τὸ τῇ εὐθείᾳ μετρεῖσθαι τὸ διάστημα, ὅτι κατ' εὐθεῖαν ἔχει τὴν θέσιν 35
ὥστε τὰ μέσα τοῖς ἄκροις ἐπιπροσθεῖν, ἀλλὰ νομίζων, ὅτι διὰ τοῦτο λέγε-
ται ἐπ' εὐθείας, ὅτι ἡ ἔξωθεν προστιθεμένη τῇ διαστάσει εὐθεῖα ποιεῖ
20 αὐτὴν εὐθεῖαν, "πόθεν, φησίν, ὁ Ἀλέξανδρος μὴ εἶναί φησι τὰ ἐν κύκλῳ
πλεῖστον ἀλλήλων διεστῶτα σημεῖα, εἰ μὴ τῇ εὐθείᾳ πᾶν καταμετρεῖται 40
διάστημα, παντὸς μέτρου μόνον τὸ γνωρίζεσθαι τῷ μετρουμένῳ παρέχον-
τος, οὐ μὴν τὸ εἶναι, οὕτως ὡς ἔχον ἐκ φύσεως διὰ τοῦ μέτρου γνωρίζε-
ται; δῆλον γάρ, ὅτι διὰ τὸ εὐθεῖαν εἶναι τὴν διάστασιν τὸ εὐθὺ μέτρον
25 ἐφαρμόττει." οὐ μέντοι ὁ Ἀλέξανδρος εἰς τὸ ἔξωθεν προσαγόμενον μέτρον 45
ἀπεῖδεν, ἀλλ' εἰς τὸ ποτὲ μὲν εὐθείᾳ θέσει τὴν διάστασιν ὡρίσθαι, ποτὲ
δὲ περιφεροῦς οὔσης τῆς διαστάσεως ἀόριστον | εἶναι.   85b

Προθεὶς δὲ καὶ τὸ τέταρτον ἐπιχείρημα τὸ δεικνύον, ὅτι, κἂν ἐπὶ ἑνὸς
κύκλου δύο τις κινήσεις λαμβάνῃ, τὴν μὲν ἀπὸ τοῦ Ε ἐπὶ τὸ Ζ διὰ τοῦ

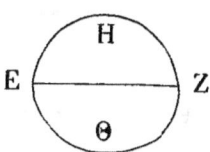

30 Η ἡμικυκλίου, τὴν δὲ ἀπὸ τοῦ Ζ ἐπὶ τὸ Ε διὰ τοῦ Θ ἡμικυκλίου, οὐδὲ

---

1 περιγράφομεν E: corr. E²   3 ἔλαττον b: ἐλάττονα ABDE   4 τὰ BDb: τοῦ AEc
6 post ἑκατέρῳ del. τὴν σχέσιν A   7 ante τί ras. 15 litt. E   8 τῶν (pr.) om. D
τῶν (tert.)] τοῦ E   11 τῆς om. Ec   12 ἐστὶ ba: ἐστὶν ἡ ABDE   15 διαστά-
σεων B   17 τῆς εὐθείας E; corr. E²   18. 19 λέγεται] comp. ambig. B: λέγει B
19 εὐθείας] εὐθεῖαν B   20 φησι om. B   21 καταμετρῆται A   22 μόνου c : τὸ]
τῷ D   23 ἔχων E: corr. E²   25 προσαγώμενον E, sed corr.   μέτρον om. DE
28 προθεὶς Ab: προσθεὶς BDEc   29 λαμβάνει E: corr. E²   τὸ B: τοῦ ADEc
Z] corr. ex E E²   30 H] in ras. B   τὴν—ἡμικυκλίου] mg. E²   Z] E AB; cf.
p. 149,4 sq.   E] Z AB   Fig. om. ABDEc, locus ei relictus in A

αὗται ἐναντίαι αἱ κινήσεις εἰσίν, διότι οὐκ ἀπ' ἐναντίων τόπων· οὐ γὰρ 85ᵇ
ὡρισμένην ἐχόντων τὴν διάστασιν· ὁ χρηστὸς οὗτος ἐθάρρησεν οὕτως τοῖς 6
ὑπ' αὐτοῦ διὰ κενῆς ῥηθεῖσιν λόγοις, ὡς εἰπεῖν, ὅτι "εἰ διὰ τῶν αὐτῶν
ἐπιχειρημάτων τῷ πρὸ αὐτοῦ καὶ οὗτος περαίνεται, οὐδὲν ἡμᾶς πρὸς τοῦ-
5 τον δεήσει λέγειν ἤδη πρὸς τὸν πρὸ αὐτοῦ κατὰ δύναμιν ἀπαντήσαντας". 10
εἶτα μέμφεται τῷ Θεμιστίῳ εἰπόντι, ὅτι τὰ αὐτὰ λεκτέον τοῖς ἐπὶ τοῦ λό-
γου τοῦ πρὸ τούτου τοῖς περὶ τῶν ἐπὶ μόνου τοῦ ἡμικυκλίου κινουμένων,
καί φησιν, ὅτι οὐ διὰ τῶν αὐτῶν ὑποθέσεων οὗτος ὁ λόγος τῷ πρὸ αὐτοῦ
περαίνεται· ἐκεῖνος μὲν γὰρ ἐπὶ ἑνὸς καὶ τοῦ αὐτοῦ ἡμικυκλίου ἀπεναν- 15
10 τίας ἀλλήλαις γινομένας κινήσεις ὑπετίθετο, οὗτος δὲ οὐκ ἐπὶ τοῦ αὐτοῦ,
ἀλλὰ μίαν ἐπὶ κύκλου λαμβάνει κίνησιν διαιρουμένην κατὰ τὴν τῶν ἡμι-
κυκλίων διαίρεσιν. "εἰκότως οὖν, φησίν, αὗται οὐκ ἐναντίαι· μία γάρ ἐστιν
ἐπὶ κύκλου ἄμφω, εἰ λάβοιεν ἕνωσιν· οὐδὲ γὰρ ἡ ἀπ' ἀνατολῶν ἐπὶ δυ- 20
σμὰς κίνησις ἐπὶ θατέρου τῶν ἡμισφαιρίων, οἷον τοῦ ὑπὲρ γῆν, ἐναντία
15 ἐστὶ τῇ ἀπὸ δυσμῶν ἐπ' ἀνατολὰς ἐπὶ τοῦ λοιποῦ τοῦ ὑπὸ γῆν· οὐκ ἄρα
ὁ αὐτός ἐστιν οὗτος λόγος τῷ πρὸ αὐτοῦ." καὶ ὅτι μὲν ὡς ἐπὶ ἑνὸς κύ-
κλου γινόμεναι αἱ κινήσεις οὐκ εἰσὶν ἐναντίαι, ἴσχυσε συνιδεῖν, ὅτι δὲ δύο 25
εἰσὶν οἱ λόγοι, ὁ μὲν δύο ἡμικύκλια συνημμένα ὑποτιθέμενος καὶ τὰς ἐπ'
αὐτῶν κινήσεις ὁμοίως τῷ πρὸ τούτου θεωρήματι τότε μόνον ἐναντίας λέ-
20 γων, ὅταν ὡς ἐπὶ τῆς διαμέτρου, ἣν καὶ διεστήκασιν ἀλλήλων τὰ Ε Ζ
σημεῖα, γινόμεναι θεωροῖντο, ὁ δὲ ἕτερος τῶν λόγων κατὰ συγχώρησιν ἐν- 30
δοὺς ταύτας καὶ ἐπὶ τῶν ἡμικυκλίων ἐναντίας ὑποτίθεσθαι ἐπήγαγεν· ἀλλ'
οὔτι γε αἱ ἐπὶ τοῦ ὅλου κύκλου φοραὶ ἀλλήλαις διὰ τοῦτο ἐναντίαι· οὗτος
δὲ τοῦτον ἐνόμισεν εἶναι μόνον τὸν λόγον τὸν ἐπὶ τοῦ κύκλου λέγοντα μὴ
25 εἶναι ἐναντίας τὰς κινήσεις. καὶ οὐκ οἶδα, ὅπως κἂν τούτῳ χωρὶς ἐναν- 35
τιολογίας συνέθετο· τάχα δὲ ἠρκέσθη τῷ πρὸς τὸν Θεμίστιον ἀντειπεῖν
λέγοντα, ὅτι τὰ αὐτὰ λεκτέον τοῖς ἐπὶ τοῦ πρὸ τούτου λόγου, καίτοι καὶ
τοῦ Ἀριστοτέλους, ὡς οἶμαι, διὰ τοῦ ὁμοίως δέ σαφῶς δηλοῦντος, ὅτι
κατὰ τὸ πρὸ αὐτοῦ ἐπιχείρημα καὶ τοῦτο πρόεισιν τὸ ἐπὶ τῶν δύο ἡμικυ- 40
30 κλίων, καὶ τοῦ Θεμιστίου μερίσαντος ἐν τῇ παραφράσει τοὺς λόγους καὶ

---

1 αὐταὶ A   αἱ κινήσεις ἐναντίαι B   αἱ om. Ec   εἰσί BDEc   2 οὕτως]
οὗτος E, sed corr.: οὕτω BD   τοῖς] τ̅ A   3 ὑπ'] ἀπ' AB   ῥηθεῖσι BDEc
λόγοις om. Ac   4 τῷ B: corr. ex τι E²: τὸ D: τῶν Ac   οὗτος] οὗτος ὁ
λόγος c   οὐδὲ AB   5 τὸν] τὸ D   7 πρὸ τούτου τοῖς] πρώτῳ τούτοις AB
ἐπιχυκλίου c   9 μὲν om. D   καὶ τοῦ αὐτοῦ om. D   ἡμικυκλίου] in ras. E¹
9. 10 ἀλλήλαις ἀπεναντίας D   10 ὑπέθετο c   οὐκ om. c   13 κύκλον E:
κύκλων c   ἀπ'] ἐπ' E   15 ἐστὶ τῇ] ἐστὶν ἡ B   τοῦ (alt.) om. D
16 ἔστι D   οὗτος om. B: οὗτος ὁ c   λόγῳ E: corr. E²   17 περιιδεῖν B
21 γινόμεναι a: γινόμενα ABDEc   θεωρεῖ E: θεωρῆται E²c   23 οὗτοι E²c
24 δὲ] μὴ συνεὶς K²c   τοῦτο bc   post τοῦ del. ἐπὶ E²   25 κἂν BDE²:
κἂν AE: καὶ c   τοῦτο E, sed corr.   26 τῷ] corr. ex τὸ E²   28 ὁμοίως δέ
271ᵃ13   29 πρόεισι BDEc   30 τοῦ] τοῦ τε B   μαρτυρήσαντος B   τοῦ
λόγου DE

SIMPLICII IN L. DE CAELO I 4 [Arist. p. 271ᵃ27]   189

ἐπὶ μὲν τοῦ προτέρου λέγοντος, ὅτι τὰ αὐτὰ λεκτέον τοῖς ἐπὶ τοῦ πρὸ 85ᵇ
τούτου λόγου, ἐπὶ δὲ τοῦ δευτέρου "κἂν συγχωρήσῃ τις" φησί "ταῖς ἐπὶ
τῶν ἡμικυκλίων φοραῖς ἐναντίαις εἶναι, ἀλλ' οὐ τὴν ἐπὶ τοῦ ὅλου κύκλου, 45
περὶ ἧς ὁ λόγος, συγχωρήσειεν ἄν τις μερίζεσθαι ὡς εἰς ἐναντίας".
5   Ὅπως δὲ εἰς τὴν | τῶν δύο τούτων ἡμικυκλίων ὑπόθεσιν προῆλθεν ὁ 86ᵃ
λόγος τῷ Ἀριστοτέλει, εἴρηται μὲν ἐν ταῖς ἐξηγήσεσι τῶν ἐπιχειρημάτων,
οὐ χεῖρον δὲ καὶ νῦν ὑπομνῆσαι. τὸ μὲν γὰρ πρῶτον ἐπιχείρημα τῶν
δεικνύντων, ὅτι τῇ κύκλῳ κινήσει οὐκ ἔστιν ἐναντία κίνησις, καθολικώτερον 5
ἀπὸ τοῦ μᾶλλον ἐπεχείρει λέγων· "ὥστε, εἴπερ ἐναντία τίς ἐστιν, τὴν ἐπὶ
10 τῆς εὐθείας μάλιστα ἀναγκαῖον ἐναντίαν εἶναι πρὸς τὴν κύκλῳ κίνησιν, αἱ
δὲ ἐπὶ τῆς εὐθείας ἀλλήλαις ἀντίκεινται διὰ τοὺς τόπους". τὸ δὲ δεύτε-
ρον ἔδειξεν, ὅτι αἱ ἐπὶ τῆς τυχούσης περιφερείας ἀνάπαλιν γινόμεναι κινή- 10
σεις οὐκ εἰσὶν ἐναντίαι διὰ τὸ ἀπείρους εἶναι περὶ τὰ αὐτὰ πέρατα περι-
φερείας. τὸ δὲ τρίτον ἐπὶ ὡρισμένης περιφερείας τῆς τοῦ ἡμικυκλίου τὴν
15 ὑπόθεσιν ποιησάμενος τὰ αὐτὰ συνήγαγεν. ἀκολούθως οὖν τὸ τέταρτον
τοῦτο δύο ἡμικύκλια ὑποθέμενον συνημμένα καὶ ἐπὶ τούτων τὰ αὐτὰ συμ- 15
βαίνειν φησί, συγχωρήσας δὲ τούτοις ὡς ἐκτὸς οὖσιν τοῦ προβλήματος ἐπὶ
τοῦ κύκλου σκοπεῖν ἀξιοῖ· ἦν γὰρ τὸ πρόβλημα, ὅτι τῇ κύκλῳ κινήσει
οὐκ ἔστιν ἐναντία κίνησις. εἰ δὲ ταῦτα ἀληθῆ λέγω, παντός, οἶμαι, τὸ
20 λοιπὸν συνιδεῖν ἐστιν, ὅτι οὗτος ἀνὴρ οὔτε τοῦ σκοποῦ τῶν Ἀριστοτέλους 20
λόγω. συναισθάνεται οὔτε τοῖς τῶν ἐξηγητῶν παρακολουθεῖ.
   Ἀλλὰ δὴ καὶ ἐπὶ τὸ πέμπτον τῶν ἐπιχειρημάτων ἀναζωσάμενος τὸ
τὰς ἐπὶ τοῦ αὐτοῦ κύκλου δύο κινήσεις ἀπὸ τοῦ αὐτοῦ μὲν σημείου ἐπὶ
τὸ αὐτό, ἀνάπαλιν δέ, γινομένας τῷ τὸ μὲν ἀπὸ τοῦ Α διὰ τοῦ Β ἡμι- 25
25 κυκλίου ἐπὶ τὸ Α κινεῖσθαι, τὸ δὲ ἀπὸ τοῦ Α διὰ τοῦ ἑτέρου ἡμικυκλίου
τοῦ Γ ἐπὶ τὸ αὐτὸ πάλιν τὸ Α, καὶ ταύτας δεικνύον μὴ οὔσας ἐναντίας
διὰ τὸ ταύτας μὲν ἐκ τοῦ αὐτοῦ εἰς τὸ αὐτὸ εἶναι, τὰς δὲ ἐναντίας ἐκ
τοῦ ἐναντίου εἰς τὸ ἐναντίον, δαπανήσας, ὡς ἔοικε, τὰς ἑαυτοῦ ἀντιλογίας
καὶ στενοχωρηθεὶς νῦν ἐνίσταται πρὸς τὸ ἐναντίας κινήσεις ἐκείνας εἶναι 30
30 καθόλου τὰς ἀπὸ ἐναντίων τόπων, καίτοι καὶ ἐν τοῖς ἄλλοις ἐπιχειρήμασι
τούτῳ χρησαμένου τοῦ Ἀριστοτέλους τῷ ἀξιώματι καὶ διὰ τοῦτο τῇ κύκλῳ
κινήσει μὴ βουλομένου εἶναι ἐναντίαν κίνησιν διὰ τὸ μὴ εἶναι ἐν τῷ κύ-

---

2 ἐπὶ (pr.)] in ras. D   συγχωρήσει E, sed corr.   τὰς bc   3 φορὰς ἐναντίας bc
4 εἰς om. c   6 ἐξηγήσεσιν D   7 γάρ] postea add. A¹   8 κυκλικῇ D
9 λέγων] mut. in λέγων E²   ὥστε] 271ᵃ2   ὥστ' Ec   ἐστι BD   ἐπί] ἐπ'
D: ἀπὸ Ec   10 τῆς om. D   εἶναι ἐναντίαν D   12 περιφερείας om. c
15 ποιησάμενος B   17 οὐδὲ BDEc   19 παντός AB: πάντως DE: om. b   20 ὁ
ἀνὴρ DE   οὔτε—συναισθάνεται (21)] om. E: οὔτε τὸν τῶν Ἀριστοτέλους λόγων σκοπὸν
ἐννοεῖ E²c   22 δὴ] δεῖ AB   τὸ (alt.)] corr. ex τῷ E²   23 μέν] supra-
scr. D   25 τοῦ Α DEb: τοῦ πρώτου AB: ante τοῦ alt. om. c   τοῦ] τὸ τοῦ
B: om. D   post ἡμικυκλίου rep. ἐπὶ τὸ Α κινεῖσθαι τὸ δὲ ἀπὸ τοῦ πρώτου διὰ
τοῦ ἑτέρου ἡμικυκλίου B   26 post Α rep. διὰ ἑτέρου ἡμικυκλίου τοῦ Γ ἐπὶ τὸ αὐτὸ
πάλιν τὸ Α D   δεικνύων DEc: corr. E²   28 αὐτοῦ Ec   30 ἀπὸ τῶν D
31 τούτῳ] τοῦτο E

κλῳ τοὺς πλεῖστον ἀλλήλων διεστηκότας τόπους, εἰ μὴ κατὰ τὴν διάμετρον 86ᵃ
ὁρίζοιντο. λέγει οὖν οὗτος, ὅτι τῶν τῷ εἴδει διαφερόντων διάφοροι καὶ αἱ 36
ἐναντιώσεις· οὐκ ἄρα, εἰ αἱ κατ' εὐθεῖαν ἐναντίαι κινήσεις ἀπὸ ἐναντίων
εἰσὶ τόπων, ἤδη καὶ τὰς κύκλῳ οὕτως ἐναντίας εἶναι ἀνάγκη· "εἰ γάρ, ὅσα,
5 φησί, ταῖς κατ' εὐθεῖαν ὑπάρχει κινήσεσι, τοσαῦτα καὶ ταῖς κατὰ κύκλον 40
ὑπάρχειν ἀξιώσουσι, συμβήσεται μηδὲ ὅλως κίνησιν εἶναι τὴν κύκλῳ· πᾶσα
γάρ, φησί, κατ' εὐθεῖαν κίνησις ἀπό τινός ἐστιν ἐπί τι μεταβολή· αἱ δέ
γε φυσικαὶ καὶ ἁπλαῖ κινήσεις καὶ ἐξ ἐναντίου εἰς ἐναντίον· ἡ γὰρ ἐπὶ τὸ
ἄνω τῶν κούφων φορά, οἷον πυρός, κάτωθεν ἄνω γίνεται, ἐναντίον δὲ τὸ 45
10 ἄνω τῷ κάτω, καὶ ἡ τῶν βαρέων ἔμπαλιν, | οἷον γῆς. καὶ ἐπὶ τῆς 86ᵇ
κατὰ ποσότητα δὲ καὶ ἐπὶ τῆς κατὰ ποιότητα κινήσεως ἐξ ἄλλου πάντως
εἰς ἄλλο μεταβαίνει τὸ κινούμενον. εἰ τοίνυν πᾶσα κίνησις ἐξ ἐναντίου εἰς
ἐναντίον ἢ ἁπλῶς ἐξ ἄλλου εἰς ἄλλο, οὐδεμία δὲ τῶν κύκλῳ ἐξ ἄλλου 5
ἐστὶν εἰς ἄλλο, ἀπὸ τοῦ αὐτοῦ δὲ εἰς τὸ αὐτό, οὐδ' ἄρα κίνησις ἔσται ἡ
15 κύκλῳ." καὶ τί με δεῖ πολλὰ τῶν τούτου παρατιθέναι καὶ τῆς ἐν αὐτοῖς
φλυαρίας ἐμαυτὸν ἀναπιμπλάναι; ἀλλὰ καὶ ἐν τούτοις καὶ ἐν τοῖς ἐφεξῆς
αὐτῷ λεγομένοις ἐπιστῆσαι χρή, πρῶτον μὲν ὅτι τῇ κύκλῳ κινήσει σαφῶς 10
ὁμολογεῖ μὴ εἶναι ἐναντίαν κίνησιν ὡς ἐξ ἐναντίων τόπων, ἐναντίοι δὲ δη-
λονότι τόποι εἰσὶν οἱ πλεῖστον διεστηκότες, καίτοι τοσούτους κατατείνας λό-
20 γους ἐν τῷ δεικνύναι, ὅτι πλεῖστον ἀλλήλων διέστηκεν ἐν τῷ κύκλῳ
μόρια τὰ κατὰ διάμετρον, καὶ τάδε γράφων ἐν τῷ κε̄ κεφαλαίῳ τοῦ 15
πέμπτου βιβλίου ἐπ' αὐτῶν τῶν ῥημάτων· "πλεῖστον οὖν τῶν περάτων
τοῦ ἡμικυκλίου διεστώτων καὶ τὰς ἀπ' αὐτῶν ἀπ' ἐναντίας γινομένας κι-
νήσεις ἀνάγκη ἐναντίας εἶναι διὰ τὸν τῶν ἐναντίων ὁρισμόν"· ὁρᾷς οὖν,
25 ὅπως συμφωνεῖ τούτοις τὰ ἐνταῦθα λεγόμενα "εἰ τοίνυν πᾶσα κίνησις ἐξ
ἐναντίου" καὶ τὰ ἑξῆς. εἶτα ἐπιστήσωμεν, ὅτι ἐκ πλείονος περιουσίας οὗ- 20
τος τὸ τῷ Ἀριστοτέλει προκείμενον πειρᾶται δεικνύναι τὸ τῇ κύκλῳ κινή-
σει μὴ εἶναι ἐναντίαν κίνησιν, πρὸς ὃ πᾶσαν αὐτοῦ τὴν ἀντιλογίαν προὐ-
βάλετο λέγων· "τοῦτο τοίνυν ἡμῖν ἀποδεῖξαι προκείσθω, ὡς οὐδεὶς λόγος
30 τῶν κατασκευαζόντων τῇ κύκλῳ κινήσει μὴ εἶναι κίνησιν ἐναντίαν ὑγιὴς 25
ὑπάρχει"· εἰ γὰρ μηδεμία τῶν κύκλῳ, ὡς λέγει, ἐξ ἐναντίου ἐστὶν εἰς
ἐναντίον, ἀλλὰ μηδὲ ἐξ ἄλλου ὅλως εἰς ἄλλο· τοῦτο γὰρ καὶ ὑπὲρ τὰ

---

2 λέγοι D   οὖν] δὲ B   οὕτως D   καὶ] bis B, sed corr.   αἱ om. Ec
3 ἀπὸ τῶν D   5 κινήσεσιν D   6 ἀξίως οὖσι A   συμβήσεσθαι B   τὴν]
corr. ex τῶν E¹   7 τῇ μεταβολῇ AB   8 γε] om. B   ἐναντίου] ἐναντίας AB
9 γίγνεται E   τὸ] τῷ c   10 τῷ] τὸ c   12 τι νῦν E: corr. E²
ἐναντίας AB   13 οὐδεμία—ἄλλο (14) om. AB   14 οὐδ'] οὐκ B   15 δεῖ
με B   τούτου ABb: πρὸ τούτου DEc   τῆς] corr. ex τὰς E²   αὐτοὺς A
                                                         β   α
16 ἐμαυτὸν om. c   19 διεστηκότες] διεστηκότες ἀλλήλων D   21 μόρια om. B
κε̄ om. DE: corr. E²: 22 b   22 πλείστων E, sed corr.   24 ὁρισμόν] -ό-
in ras. B   26 post ἐναντίου add. καὶ εἰς ἐναντίον Ec   ἐπιστήσομεν Ebc
28. 29 προὐβάλλετο Ec   31 τῶν] τῷ D   ἐναντίου] ἐναντίας B   32 τοῦτο—
ἄλλο (p. 191,2)] mg. E²

ἐσκαμμένα πηδᾶν κατὰ τὴν παροιμίαν ἐστίν· τὸ γὰρ μηδὲ ἐξ ἄλλου εἰς 86b
ἄλλο, πολλῷ μᾶλλον οὐδὲ ἐξ ἐναντίου εἰς ἐναντίον· δῆλον, ὅτι τῷ ἐναν- 30
τίαν κίνησιν τὴν ἐξ ἐναντίων τόπων ὑποθεμένῳ, ὅπερ καὶ οὗτος ἔμπροσθεν
συνεχώρησεν εἰπὼν "διὰ τὸν ὁρισμὸν τῶν ἐναντίων", ἐξ ἀνάγκης ἕπεται
5 τὸ τῇ κύκλῳ κινήσει μὴ εἶναι ἐναντίαν κίνησιν. τρίτον δὲ ἐπιστάσεως
ἄξιον, ὅπως ἰδιωτικῶς διατείνεται ἐν τῇ κύκλῳ κινήσει μὴ εἶναι τὴν ἀπ' 35
ἄλλου εἰς ἄλλο μετάβασιν, ἐπειδὴ ἀπὸ τοῦ αὐτοῦ εἰς τὸ αὐτὸ γίνεται ἡ
περιφορά. καίτοι εἰ μὴ εἴη ἐξ ἄλλου εἰς ἄλλο τὸ ἀεὶ πλησιάζον μεταβά-
σις, οὐδὲ κίνησις ἂν εἴη. ἀλλὰ καὶ τοῦτο ἄν τις αὐτοῦ τῆς ἀνεπιστασίας
10 θαυμάσοι, πῶς ὡς ἄτοπον ἐπάγει τῷ Ἀριστοτέλει τὸ μηδὲ κίνησιν ὅλως 40
τὴν κύκλῳ λέγειν, εἰ πᾶσα κίνησις, φησίν, ἐξ ἐναντίου εἰς ἐναντίον· καί-
τοι πρὸς τοῦτον ἐνίσταται τοῦ Ἀριστοτέλους τὸν λόγον τὸν δεικνύντα, ὅτι
τῇ κύκλῳ κινήσει οὐκ ἔστιν ἐναντία κίνησις, ἐναντίαν κίνησιν τὴν ἀπὸ
ἐναντίων τόπων ὁρισαμένου. πῶς οὖν ὁ ταῦτα λέγων πᾶσαν κίνησιν ἂν 45
15 εἶπεν ἐξ ἐναντίου εἰς ἐναντίον; ἀλλ' ὅτι μὲν τῇ κύκλῳ κινήσει οὐκ ἔστιν
ἐναντία κίνησις ἡ ὡς ἐξ | ἐναντίων τόπων, σαφῶς οὗτος συνεχώρησε καὶ 87a
τὴν αἰτίαν λέγων, ὅτι ἐκ τοῦ αὐτοῦ εἰς τὸ αὐτό· τοῦτο γάρ φησι πάσης
κυκλοφορίας ἴδιον. ὅτι δὲ ὁ κατ' ἄλλον τρόπον ἐναντιώσεως ἐναντία λέ-
γων τῇ κύκλῳ κινήσει οὐ πρὸς τὸν Ἀριστοτέλους ἐνίσταται λόγον, οὐ συν- 5
20 ῆχεν οὗτος, ἀλλ' οὐδὲ μεμνημένῳ ἔοικε, διὰ τί προὔθετο δεικνύειν Ἀρι-
στοτέλης, ὅτι τῇ κύκλῳ κινήσει οὐκ ἔστιν ἐναντία κίνησις. χρὴ τοίνυν
ὑπομνησθῆναι, ὅτι δύο παρελήφθησαν προτάσεις εἰς κατασκευὴν τοῦ τὸν
οὐρανὸν ἀγένητον καὶ ἄφθαρτον εἶναι, ἡ μὲν μείζων λέγουσα, ὅτι τὸ γινό- 10
μενον καὶ φθειρόμενον ἐναντίον ἔχειν ἀνάγκη, ἐξ οὗ γίνεται καὶ εἰς ὃ φθεί-
25 ρεται, ἡ δέ, ὅτι ὁ οὐρανός, ταὐτὸν δὲ εἰπεῖν ὅτι τὸ κυκλοφορητικὸν σῶμα,
οὐκ ἔχει ἐναντίον. πρὸς δὴ τὴν ταύτης ἀπόδειξιν ἄλλος παρελήφθη λόγος
τοιοῦτος· εἰ τῶν ἐναντίων καὶ αἱ φοραὶ ἐναντίαι, οὗ τῇ φορᾷ μή ἐστιν 15
ἐναντία φορά, τοῦτο οὐδὲ αὐτὸ ἔχει τι ἐναντίον. διὰ τοῦτο οὖν ἐγένετο
χρεία δεῖξαι, ὅτι τῇ κύκλῳ φορᾷ οὐκ ἔστιν ἐναντία. καὶ τὸν τρόπον τῆς
30 ἐναντιώσεως, ἣν ἀποφάσκει, αὐτὸς ἐδήλωσεν ἐν τῷ πέμπτῳ ἐπιχειρήματι
εἰπών· "αἱ δὲ τῆς φορᾶς ἐναντιώσεις κατὰ τὰς τῶν τόπων εἰσὶν ἐναντιώ- 20

---

1 ἐσκεμμένα B   κατὰ τὴν παροιμίαν om. Ec   ἐστί BD   γὰρ om. Ec
2 ἐναντίου] corr. ex ἀντίου A²   6 ἀπ᾿ DE²: ἐπ᾿ ABE: ex b   7 ἄλλο] ἄλλου A
γίγνεται E   8 τὸ] mut. in τῷ E²: τῷ c   πλησιάζοντι E²c   10 θαυμά-
σειε c   τοῦ Ἀριστοτέλους B   11 ἐναντίου] ἐναντίας AB   post ἐναντίον del.
ἀλλ᾿ ὅτι μὲν τῇ κύκλῳ κινήσει E²   12 τὸν (alt.) BD: om. AEc   14 ὁρισά-
μενος B   15 ἐναντίου] comp. ambig. A: ἐναντίας B   μὲν τῇ] τῇ μὲν D
16 ἡ] ἢ B   οὕτως E: corr. E²: οὕτω D   17 αἰτίαν] ἐναντίαν B   18 κατὰ
comp. D   ἐναντία DE: om. AB: ἐναντίαν E²c: contrarium b   22 παρετάθησαν
E: προετάθησαν c   23 μεῖζον E: corr. E²   λέγουσα] comp. ambig. A: λέγει B
23. 24 γιγνόμενον E   24 γίγνεται E   25 ὁ om. B   ὅτι (alt.) om. D
κυκλοφορικὸν D   27 καὶ om. D   28 οὐδέ] corr. ex ὁδὲ A   29 ἐναντία]
ἐναντία κίνησις D   30 αὐτὸς ABb: οὕτως DEc   31 εἰπών] 271a27   δὲ] διὰ
DE: corr. E²: om. c

σεις"· καὶ τοῦτο εἰκότως, διότι τὰ ἐξ ἐναντίων τόπων ἐναντίας ἔχει τὰς 87ᵃ
ῥοπάς, τὰ μὲν βαρέα ὄντα, τὰ δὲ κοῦφα, ταύταις δὲ ταῖς ποιότησι καὶ αἱ
δραστικαὶ καὶ παθητικαὶ ποιότητες συνεδρεύουσιν, θερμότητες, ψυχρότητες,
ξηρότητες, καὶ πᾶσαι, καθ' ἃς αἱ εἰς ἄλληλα μεταβολαὶ καὶ αἱ γενέσεις 25
καὶ φθοραὶ τῶν σωμάτων ἐπιτελοῦνται· ὥστε αἱ οὕτως ἀντίθετοι κινήσεις
ὡς μὴ ἀπὸ ἐναντίων τόπων, ἀνάπαλιν δὲ μόνον γινόμεναι, ὡς ἡ τοῦ πλα-
νωμένου καὶ τοῦ ἀπλανοῦς· ταύτας γὰρ οὗτος ἐναντίας ἀξιοῖ λέγειν· οὐδὲν
πρὸς τὸν λόγον εἰσίν, ὅτι μὴ ἀπὸ ἐναντίων εἰσὶ τόπων, ὅπερ καὶ οὗτος 30
συγχωρεῖ λέγων· "οὐδεμία δὲ τῶν κύκλῳ ἐξ ἄλλου ἐστὶν εἰς ἄλλο, ἀπὸ
τοῦ αὐτοῦ δὲ εἰς τὸ αὐτό". τὰς δὲ τοιαύτας οὐδαμῶς ἐναντίας ὁ Ἀρι-
στοτέλης ἀξιοῖ καλεῖν, ἀλλὰ καὶ διακρίνει αὐτὰς ἀπὸ τῶν ἐναντίων λέγων
ἐν τῷ πέμπτῳ ἐπιχειρήματι· "ἀλλὰ μὴν οὐδὲ ἡ ἀπὸ τοῦ Α ἐπὶ τὸ Β
κύκλῳ φορὰ ἐναντία τῇ ἀπὸ τοῦ Α ἐπὶ τὸ Γ· ἐκ ταὐτοῦ γὰρ εἰς τὸ αὐτὸ 35
ἡ κίνησις, ἡ δὲ ἐναντία διωρίσθη φορὰ ἐκ τοῦ ἐναντίου εἰς τὸ ἐναντίον".
καὶ οὗτος δὲ ἄλλο εἶδος ἐναντιώσεως εἶπεν τῶν κύκλῳ κινήσεων καὶ ἄλλο
τῶν ἐπ' εὐθείας, δι' ὧν τε παρεθέμην ῥητῶν καὶ ἐν ἀρχῇ τῆς τοῦ ἕκτου
ἐπιχειρήματος, ὥς λέγει, λύσεως τάδε γράφων· "ὅτι μὲν οὖν διαφόρων 40
ὁμολογουμένως οὐσῶν τῆς τε κατ' εὐθεῖαν καὶ τῆς κύκλῳ κινήσεως δια-
φόρους δεῖ καὶ τὰς ἐναντιώσεις εἶναι, εἴρηται" φησίν. ὅλως δέ, εἰ βούλει
τὴν ἀλλοκοτίαν τῶν ὑπὸ τούτου λεγομένων ἰδεῖν καὶ ὅτι μόνον ἀντιλέγειν
πρὸς πᾶν τὸ ῥηθέν, ὁποῖον ἂν ᾖ, προεβάλετο, ἄκουσον τῶν τε ἐνταῦθα 45
λεγομένων, ἐν οἷς φησιν ἄλλο μὲν εἶδος ἐναντιώσεως ταῖς | κατ' εὐθεῖαν 87ᵇ
ὑπάρχειν κινήσεσιν, ἄλλο δὲ ταῖς ἐν κύκλῳ, καὶ τῶν ἐν τοῖς πρὸς τὸ
πρῶτον ἐπιχείρημα ῥηθέντων, ἐν οἷς ἀξιοῖ τὴν κύκλῳ κίνησιν μᾶλλον ἀν-
τικεῖσθαι τῇ κατ' εὐθεῖαν ἤπερ τὰς ἐπ' εὐθείας ἀλλήλαις· καίτοι εἰ διά-
φορα τὰ εἴδη τῶν ἐναντιώσεων ἦν, οὐκ ἂν ὅλως ἡ κύκλῳ πρὸς τὴν ἐπ' εὐ- 5
θείας ἀντέκειτο. ἀλλ' ἐκεῖ μὲν τάδε γέγραφεν· "τάχα δὲ ἄν τις εὐλογώτε-
ρον τὴν κύκλῳ κίνησιν μᾶλλον ἐναντίαν εἶναι τῇ ἐπ' εὐθείας συγχωρήσειεν
ἤπερ τὴν ἄνω καὶ κάτω ἀλλήλαις"· ἐνταῦθα δὲ τάδε γέγραφεν· "οὐδ'
ἄρα, ὅσα ταῖς κατ' εὐθεῖαν ἐναντίαις ὑπάρχει κινήσεσιν, ταῦτα καὶ ταῖς ἐν 10
κύκλῳ ἐναντίαις ὑπάρχει· ἄλλων γὰρ ὄντων τῶν εἰδῶν τῆς κινήσεως καὶ
τὰς ἑκατέρῳ εἴδει ἐναντιώσεις, αἵτινές ποτε ἂν εἶεν, ἄλλας εἶναι ἀνάγκη,
ὥσπερ ἀμέλει χρῶμα μὲν καὶ χυμὸς ἄμφω ποιότητες, ἀλλ' ἐπεὶ τὰ εἴδη

---

2 ταῦτα Ε: corr. Ε²   3 συνεδρεύουσι ΒΕ: συντρέχουσι Κ²c   4 ξηρότητες
om. c   5 καὶ] καὶ αἱ Εc   ἐπιτελεῖται Α   οὕτω Β   6 ἀπὸ τῶν Εc
γιγνόμεναι Ε   7 οὕτως DE: corr. Ε²   οὐδὲ AB   8 μὴ] μηδὲ D   εἰσὶ
om. DEc   τόπων εἰσὶν D   9 τῶν] τῷ Α?, c   10. 11 ὁ Ἀριστοτέλης ἐναντίας D
11 αὐτὸς D   12 πέμπτῳ Eb: θ^ω AB: om. D   ἐπιχειρήματι τῷ ε^ω D   ἀλλὰ
κτλ.] 271ᵃ19   οὐδ' D   ἡ DE²: om. ABE   15 εἶπε BDEc   19 δεῖ DE²b:
δὴ ΑΒ: δὲ Ε   βούλη Ε: corr. Ε²   21 πᾶν om. Ec   προεβάλλετο ΑΒ: προὐ-
βάλετο c   23 ὑπάρχει D   25 εἴπερ Ε: corr. Ε²   τὰς] ταῖς DE: corr. Ε²
εὐθεῖαν Β   26. 27 εὐθεῖαν Β   27 γέγραφε BDE   29 τάδε] ταῦτα Β: om. Ec
γέγραφεν ABb: γέγραπται DEc   οὐκ Β   30 κινήσεσι BEc   31 post ὑπάρχει
del. κινήσεσι Ε¹

τούτων διάφορα, καὶ αἱ ἐπὶ τῶν εἰδῶν τούτων ἐναντιώσεις διάφοροι". καί-
τοι εἰ ἡ κύκλῳ τῇ ἐπ' εὐθείας ἐναντία, ὡς πρότερον εἶπεν, μίαν καὶ τὴν
αὐτὴν ἐναντίωσιν ἀμφοῖν εἶναι μεταξὺ ἀνάγκη. καὶ πάλιν δὲ τῶν ἐνταῦθα
ῥηθέντων ἐπιλαθόμενος ἐν τοῖς ἑξῆς "τί τὸ κωλῦον" φησίν "ἐστὶν τὴν ἐπ'
5 εὐθείας κίνησιν κατὰ τὸ γένος ἐναντίαν εἶναι τῇ κύκλῳ"; οὕτως δὲ ἂν
καὶ τὸ λευκὸν ἐναντίον φαίη τῷ γλυκεῖ ὁμοίως λέγων διαφέρειν τὴν κύκλῳ
κίνησιν τῆς ἐπ' εὐθείας, ὡς τοῦ χρώματος τὸν χυμόν. οἷα δὲ καὶ ταῦτα
προσεφλυάρησεν· "ὡς γὰρ ἐπὶ τῶν κατ' εὐθεῖαν, φησίν, ἐναντίων κινήσεων
ἡ μάχη τῶν ἐναντίων γίνεται διὰ τὸ τοῖς πέρασιν ἐνηλλαγμένως κεχρῆ-
10 σθαι· ὅπερ γάρ ἐστι τοῖς κούφοις ἀρχή, τοῦτο τοῖς βαρέσι γίνεται πέρας·
οὕτως καὶ ἐπὶ τῶν ἐγκυκλίων κινήσεων κοινὸν μὲν τὸ ἀπὸ τοῦ αὐτοῦ εἰς
τὸ αὐτό, ἡ δὲ μάχη ταῖς ἐναντίαις γίνεται, διότι, ἀφ' οὗπερ ἡ ἑτέρα ἄρ-
χεται, ἐπὶ τοῦτο τῇ λοιπῇ τὸ πέρας· τῶν δύο γάρ, φέρε, ἀπὸ Κριοῦ, φη-
σίν, ἀρξαμένων ἡ μὲν ἐκτὸς ὡς ἐπὶ τὰ ἡγούμενα τοῦ Κριοῦ φέρεται ἐπὶ
15 Ἰχθύας καὶ Ὑδροχόον καὶ τὰ ἑξῆς, ἡ δὲ ἐντὸς ὡς ἐπὶ τὰ ἑπόμενα, Ταῦ-
ρόν φημι καὶ Διδύμους, καὶ ὅπερ ἡ ἐκτὸς μετὰ τὸν Κριὸν ἀρχὴν ὥσπερ
πεποίηται κινήσεως τοὺς Ἰχθύας, τούτους πέρας ἡ πλανωμένη ποιεῖται,
καὶ ὅπερ ἡ πλανωμένη μετὰ τὸν Κριὸν ἀρχὴν ἔσχε, τὸν Ταῦρόν φημι,
οὗτος τῇ ἀπλανεῖ πέρας ὑπάρχει". ἐπίστησον οὖν πρῶτον μέν, ὅτι τὰς
20 δύο ἀπὸ Κριοῦ εἰπὼν ἄρχεσθαι πάλιν τὴν μὲν ὡς ἀπὸ Ἰχθύων ἀρχομέ-
νην, τὴν δὲ ὡς ἀπὸ Ταύρου παραδιδώσιν· ἔπειτα πολλάκις εἰπών, ὅτι
κοινὸν πάσαις ταῖς κύκλῳ κινήσεσιν τὸ ἀπὸ τοῦ αὐτοῦ εἰς τὸ αὐτό, οὐκ
ἐφιστάνει, ὅτι συνεχοῦς οὔσης τῆς κινήσεως ἢ οὔτε ἀρχὴν οὔτε πέρας ἐστι
λαβεῖν αὐτῆς, ἢ πᾶν σημεῖον καὶ ἀρχὴ καὶ τέλος ἐστὶν αὐτῆς. πῶς οὖν
25 οἱ Ἰχθύες ἢ ὁ Ταῦρος τῆς μὲν ἀρχὴ τῆς δὲ πέρας ἔσονται ὁμοίως ἀμφοῖν
ἐχόντων πρὸς ἑκάτερον; ποία δὲ καὶ μάχη τούτων τῶν κινήσεων; τὰ
μὲν γὰρ ἐπ' εὐθείας ἀντιφερόμενα ἅτε ἀπὸ ἐναντίων τόπων ἰόντα κατὰ
ἐναντίας ποιότητας ὑπαντήσαντα μάχονται μεταβάλλειν εἰς ἑαυτὰ φιλονει-
κοῦντα τὰ ἀντικείμενα καὶ τὴν ὁδὸν εὔλυτον ἑαυτοῖς παρασκευάζειν· τοῦ
30 δὲ ἀπλανοῦς καὶ πλανωμένου τίς ἂν εἴη μάχη μήτε ὑπαντώντων ὅλως ἀλ-
λήλοις μήτε ἐμποδιζόντων ταῖς ἀλλήλων κινήσεσιν μήτε ποιότητας ταύτας
τὰς δραστικὰς καὶ παθητικὰς ἐχόντων μήτε μεταβάλλειν πεφυκότων εἰς
ἄλληλα; εἰ δέ τις τὴν χρείαν ἐπιποθεῖ μαθεῖν τῆς ἔμπαλιν ταύτης γινομέ-

---

1 αἱ DE²: om. ABE   2 εἰ] καὶ B   εἶπε BDE   μία E: corr. E²   4 κω-
λῦον] -ω- in ras. B   ἐστὶ BDE   5 γένος] γεγονὸς DE: corr. E²   τῇ] corr. ex
τὴν E²   6 φαίη] -η e corr. E   γλυκὺ E   7 ὡς] supraser. E²: om. D: ἢ B
9 ἐνηλλαμένως B   10 γίγνεται E   11 ἐγκυκλίων] ἐν κύκλῳ E   13 φέρε]
σφαιρῶν K²c   ἐπὶ (alt.)] ἐπ' AB   15 ἐντὸς] ἐν τοῖς AB   16 φησὶ DE
ἡ] E²: id quod b: om. ABDE   18 ἔχει c   19 οὕτως E: corr. E²   ἀπλανῆ B,
sed corr.   21 ὅτι] ὅτι τὸ Ec   22 κινήσεσι BEc   23 ἔστι om. c
25 οἱ ταῦροι D   τῆς] τοῖς Ec   τῆς] τοῖς Ec   28 ὑπαντήσαντες E:
corr. E²   μάχεσθαι B   μεταβαλεῖν DEc   30 μήτε] μήποτε D
30. 31 ἀλλήλοις] -οις e corr. E¹   31 κινήσεσι BEc   32 μεταβαλεῖν e
corr. E,c

νης τῶν οὐρανίων κύκλων κινήσεως, λέγει μὲν καὶ αὐτὸς Ἀριστοτέλης 88ᵃ
προελθών, εἶπον δὲ καὶ ἐγὼ τὸ ἐπελθὸν ἐν τῇ τῶν χωρίων τούτων διευ-
κρινήσει καὶ νῦν δὲ τοσοῦτον ἂν εἴποιμι, ὅτι τὴν ἁρμονίαν τοῦ παντὸς
συνέχει κόσμου καὶ τῶν ὑπὸ σελήνην πάντων τῆς ἀνεκλείπτου γενέσεως
5 καὶ φθορᾶς τὴν αἰτίαν παρέχεται.   15
   Ἀλλ', εἰ δοκεῖ, καὶ τὰ πρὸς τὸ ἕκτον, ὥς οὗτός φησιν, ἐπιχείρημα
τούτῳ ῥηθέντα περικρούσωμεν καὶ πρῶτόν γε, ὅτι μηδὲ τούτῳ ἐπέστησεν,
ὅτι τοῦ πέμπτου ἐπιχειρήματος μέρος τοῦτό ἐστι, καίτοι τοῦ Ἀλεξάνδρου
εἰπόντος, ὅτι προσεπιχείρημα ἐκ περιουσίας ἐστί. καὶ ἤδη μὲν αὐτοῦ τὴν 20
10 ὅλην ἔννοιαν, ὡς ἐμοὶ δυνατὸν ἦν, διεσάφησα τὴν Ἀριστοτέλους ἐξηγούμε-
νος λέξιν, ἀνάγκη δὲ καὶ νῦν τινων ἐκεῖ ῥηθέντων ὑπομνῆσαι, ὅτι μετὰ τὸ
δεῖξαι καὶ τὰς ἐπὶ περιφερείας καὶ τὰς ἐπὶ ἡμικυκλίου ἑνὸς καὶ τὰς ἐπὶ
δυεῖν ἡμικυκλίων ἔμπαλιν γινομένας κινήσεις μὴ οὔσας ἐναντίας ἐπ' αὐτὸ 25
λοιπὸν ἐλθὼν τὸ προκείμενον, ὅτι μηδὲ αἱ ἐπὶ τοῦ ὅλου κύκλου ἀνάπαλιν
15 γινόμεναι ἐναντίαι εἰσίν, προὐβάλετο δεικνύναι καὶ δείξας αὐτὸ πρότερον ἀπὸ
τοῦ τῶν ἐναντίων κινήσεων ὁρισμοῦ νῦν τὸ αὐτὸ διὰ τῆς εἰς ἀδύνατον
ἀπαγωγῆς δείκνυσι. καὶ ταῦτα οὐ χρὴ δισσολογεῖν πρὸ ὀλίγου ῥηθέντα, 30
ἀλλ' ἐκείνοις ἐντυχόντα μαθεῖν, ὅτι τὴν ἀγωγὴν ἠγνόησεν οὗτος τοῦ λόγου
καὶ διὰ τοῦτο ἕκτον ἐπιχείρημα τοῦτο ἐνόμισε τῆς πέμπτης ὑποθέσεως
20 τῆς ἐφ' ἑνὸς κύκλου τὰς ἔμπαλιν γινομένας ἐξεταζούσης τρόπον ὄντα ἕτε-
ρον ἀποδείξεως τῆς αὐτῆς. ἐγκαλεῖ δὲ οὗτος, διὰ τί ἐπὶ ἑνὸς ὑπέθετο κύ- 35
κλου τὴν ἔμπαλιν κίνησιν καὶ μὴ ἐπὶ δυεῖν, ὡς ἐπὶ τῆς ἀπλανοῦς καὶ
πλανωμένης· καίτοι περὶ τοῦ οὐρανοῦ ζητῶν καὶ τὸν Ἀλέξανδρόν φησιν
αἰσθανόμενον τοῦ σαθροῦ τῆς προχειμένης ἐπιχειρήσεως πειρᾶσθαι τῷ λό-
25 γῳ βοηθεῖν ἀξιοῦντα, φησί, "τὰς μὲν ἐπ' εὐθείας ἐναντίας κινήσεις διὰ 40
τὸ ἀπὸ ἐναντίων εἰς ἐναντίους γίνεσθαι τόπους, κἂν μὴ ἐπὶ μιᾶς καὶ τῆς
αὐτῆς εὐθείας γίνωνται, μηδὲν ἧττον ἐναντίας εἶναι, τὰς δὲ κύκλῳ καὶ
ἀνάπαλιν γινομένας, εἴπερ ἐναντίαι εἶεν, ἐπὶ ἑνὸς γίνεσθαι κύκλου· ἀλογώ-
τατον γάρ, φησί, τὴν ἐπ' ἄλλου κύκλου γινομένην κίνησιν τῇ ἐπ' ἄλλου 45
30 ἐναντίαν εἶναι, μὴ προστιθεὶς μηδὲ κατασκευάζων, διὰ τίνα λόγον." καὶ
ὅτι μὲν τῷ Ἀλεξάνδρῳ τέως | οὐ καλῶς ἐπισκήπτει, δῆλον, εἰ φυλάτ- 88ᵇ
τοιμεν τὸν τῶν ἐναντίων κινήσεων ὁρισμὸν τὸν λέγοντα ἐναντίας εἶναι κι-
νήσεις τὰς ἐξ ἐναντίων τόπων. εἰ δὲ λέγει τοῦτον μὲν τῶν ἐπ' εὐθείας
ἐναντίων εἶναι τὸν ὁρισμόν, ἄλλον δὲ τῶν κατὰ κύκλον, ἐπιλανθάνεται πά- 5

---

1 κύκλων ABb: κύκλῳ DEc   2 ἐπελθὼν E: corr. E   2. 3 διευκρινήσειν D:
διακρινήσει E: διεξηγήσει c   4 τῶν b: τὴν ABDE   ἀνεκλείπου B   6 τά]
del. E²?   7 τοῦτο B   8 τοῦτό ἐστι μέρος DEc   9 προσεπιχείρημα scripsi:
πρὸς ἐπιχείρημα ABDE: ἕτερον ἐπιχείρημα E²c   ἐστί] seq. ras. 1 litt. E   αὐτῷ
AB   12 ἡμικυκλείου E: corr. E²   ἑνὸς καὶ τὰς] ἐναντίας B   13 δυοῖν BEc
14 ἐπελθὼν B   τοῦ ὅλου] ὅλου A: ὅλου τοῦ B   15 γιγνόμεναι DE   εἰσὶ BDEc
προὐβάλλετο Ec   17 ἐπαγωγῆς AB   18 ἠγνόησε E: corr. E²   20 γιγνομέ-
νας E   20. 21 ἕτερον] seq. ras. 5 litt. E   22 δυοῖν BDEc   26 ἀπ'] DEc
γίνεσθαι ABb: om. DEc   27 τὰς] τοὺς c   28 γίγνεσθαι E   28. 29 ἀλογώ-
τερον D   31 ἐπισκώπτει B   32 ἐναντίας] ἐναντία E, sed corr.   33 τούτων AB

λιν τοῦ σκοποῦ τῆς ἀποδείξεως, ὅτι ἐναντίως κινεῖσθαι λέγει τὰ μαχόμενα
ἀλλήλοις καὶ μεταβάλλοντα εἰς ἄλληλα· ταῦτα δέ ἐστι τὰ κατὰ τὰς δρα-
στικὰς καὶ παθητικὰς ποιότητας ἀντικείμενα, αἷς καὶ τὰ βάρη καὶ αἱ κου-
φότητες ἀκολουθοῦσιν, καθ' ἃ γίνονται αἱ ἐναντίαι κατὰ τόπον τῶν φυσι-
κῶν σωμάτων κινήσεις· τὸ οὖν βαρὺ τῷ κούφῳ ἐναντίον καὶ τὸ θερμὸν
τῷ ψυχρῷ, καὶ ἐξ ἐναντίων ὁρμώμενα τόπων, κἂν ἐπ' ἄλλης καὶ ἄλλης
εὐθείας κινῆται, τῷ εἴδει ἐναντία ἐστί· καὶ γὰρ τὸ ψυχρὸν τὸ ἐνταῦθα τῷ
ἐν Ῥώμῃ θερμῷ ἐναντίον ἐστί, διότι τοιαύτην ἔχει φύσιν ὡς ἐν ταὐτῷ
γενόμενα μάχεσθαι ἂν καὶ μεταβάλλειν εἰς ἄλληλα. εἰ δὲ ἐναργέστερον ἡ
ἐναντίωσις φαίνεται, ὅταν ἐπὶ τῆς αὐτῆς εὐθείας ληφθῶσιν, ἀποδέχεσθαι
μᾶλλον χρὴ τὸν Ἀριστοτέλην ἐπὶ ἑνὸς κύκλου τὰ ἀνάπαλιν κινούμενα λα-
βόντα· εἴπερ γὰρ ἦν αὐτοῖς ἐναντίωσις, ἐπὶ ἑνὸς κύκλου κινουμένοις μᾶλ-
λον ἂν ἐφαίνετο, ὥστε, εἰ ἐπὶ δυεῖν ἐπειράθη δεῖξαι, τότε μᾶλλον ὕποπτος
ἦν. "ἀλλ' ἔδει, φησί, φυσικῆς οὔσης τῆς προκειμένης περὶ οὐρανοῦ θεω-
ρίας ἐπὶ τῆς ἀπλανοῦς καὶ τῶν πλανωμένων δεικνύναι, ὅτι οὐκ εἰσὶν αὐτῶν
αἱ κινήσεις ἐναντίαι, ὥστε, φησί, παρὰ θύρας καὶ ἔξω τοῦ σκοποῦ βέβλη-
κεν ἕτερόν τι καὶ οὐ τὸ ζητούμενον ἀποδείξας." καὶ πάλιν ἄξιον ἐπιστῆ-
σαι, πῶς ἀσυνέτως οὗτος ἀπαιτεῖ τὸν Ἀριστοτέλην τὰ ἐναργέστατα καὶ
τυφλῷ, φασί, δεικνύναι. καὶ γάρ, ὅτι οὐκ εἰσὶν ἐναντίαι αἱ τῆς ἀπλανοῦς
καὶ τῶν πλανωμένων κινήσεις κατὰ τοῦτο μάλιστα τῆς ἐναντιώσεως τὸ
εἶδος, καθ' ὃ τὰ ἐναντίως κινούμενα ἐναντία ὄντα μεταβάλλειν εἰς ἄλληλα
πέφυκε, πρόδηλον ἐκ τῶν ὁρωμένων αὐτῶν. ἐν γὰρ τῷ παντὶ αἰῶνι οὐ
φαίνονται μεταβεβληκότα εἰς ἄλληλα τὰ τούτων σώματα καίτοι καὶ ἐφαπτό-
μενα ἀλλήλων· ἔπειτα οὐδὲ ἐξ ἐναντίων τόπων οὐδὲ εἰς ἐναντίους αἱ τού-
των κινήσεις, ὡς καὶ οὗτος ὁμολογεῖ. εἰ γὰρ πᾶσα κυκλικὴ κίνησις ἐκ
τοῦ αὐτοῦ εἰς τὸ αὐτό, καὶ πᾶν σημεῖον ἀρχὴ καὶ τέλος ἐστὶ τῆς κινή-
σεως, τίς ἂν εἴη ἐναντίωσις τῶν ἐν τοῖς διαφόροις κύκλοις τόπων; ἔτι
δὲ ἐναντίως τότε λέγεται κινεῖσθαί τινα, ὅταν, ἀφ' οὗ τόπου τὸ ἕτερον ἄρ-
χεται, εἰς ἐκεῖνον καταλήγῃ τὸ λοιπόν, καί ἐστιν ἑκάτερος τῶν τόπων τῷ
μὲν ἑτέρῳ κατὰ φύσιν, τῷ δὲ ἑτέρῳ παρὰ φύσιν, οὔτε δὲ ἡ ἀπλανὴς ἀπὸ
τοῦ τῆς πλανωμένης τόπου ἐπ' ἐκεῖνον κινεῖται οὔτε ἡ πλανωμένη ἀπὸ
τοῦ τῆς ἀπλανοῦς ἐπ' ἐκεῖνον, οὐδέ ἐστί τις τόπος τῇ μὲν κατὰ φύσιν,

---

4 ἀκολουθοῦσι BEc   5 τὸ] τῷ D   βαρεῖ D   τὸ κοῦφον D   5. 6 τῷ
θερμῷ τὸ ψυχρὸν D   7 κινῆται εὐθείας D   κινεῖται E   τῷ] τῶν comp. A
ἐστί] seq. ras. 1 litt. E   τὸ (alt.)] τοῦ A   8 θερμὸν E: corr. E²   ἐστί
seq. ras. 1 litt. E   9 γινόμενα B   11 τὰ] τὸ Ec   κινούμενον E²c
11. 12 λαβόντα b: λαβόν D: λαβόντος ABE   12 αὐτοῖς] ἐν αὐτοῖς D   13 δυοῖν
Bc   16 φησί] -η- e corr. B   17 οὐ] add. E²   ἄξιον] add. E²
18 οὗτος D: οὕτως Ec   19 αἱ B: ἡ DE: om. Ac   20 καὶ] καὶ αἱ D
23 φαίνεται D   καὶ] κἂν B   25 ὡς—κίνησις] mg. E²   κυκλικὴ κίνησις] ἡ
κύκλῳ E²c   28 δὲ AB: δὲ εἰ DEbc   λέγει AB   29 καταλήγει E: corr. E²
30 δὲ (alt.) om. c   32 τοῦ τῆς] τῆς τοῦ E   ἐκεῖνο E

τῇ δὲ παρὰ φύσιν, ὅλως δὲ ἑκατέρας αὐτῶν τὸ ὑπὲρ γῆν ἡμισφαίριον 88ᵇ ὁμοίως κινεῖται τῷ ὑπὸ γῆν τῆς | ἑτέρας. εἰ δὲ αὐτὴν ταύτην ἐναντίω- 89ᵃ σίν τις βούλεται καλεῖν, οὐ περὶ ταύτης ὁ λόγος τῷ Ἀριστοτέλει, ἀλλὰ περὶ ἐκείνης τῆς τῶν εἰς ἄλληλα μεταβαλλόντων· ταῦτα γάρ ἐστι τὰ ταῖς
5 δραστικαῖς καὶ παθητικαῖς ποιότησιν ἐναντιούμενα ἀλλήλοις, αἷς ἀκολου- 5 θοῦσιν αἱ ἐναντίαι τῶν σωμάτων ῥοπαὶ ταῖς τῶν τόπων ἐναντιώσεσιν συνδιῃρημέναι· διὸ καὶ ὁ Ἀριστοτέλης ἀπὸ τοῦ ὁρισμοῦ τῶν οὕτως ἐναντίων κατὰ τόπον κινήσεων τὰς ἀποδείξεις πολλαχοῦ ποιεῖται. πῶς δὲ ἄν τις ἐναντίας εἶπε τὴν τοῦ πλανᾶσθαι λεγομένου κίνησιν πρὸς τὴν τῆς ἀπλα- 10
10 νοῦς, εἴπερ τὰς μὲν ἐναντίας ἰσοσθενεῖς ὡς δυνατὸν εἶναι χρὴ καὶ τὴν τῷ ἑτέρῳ κατὰ φύσιν τῷ λοιπῷ παρὰ φύσιν εἶναι, ἡ δὲ ἀπλανὴς οὕτως ἐπικρατεῖ τῆς πλανωμένης, ὡς τὸ πλανώμενον, ἐν ὅσῳ μίαν ποιεῖται τὴν οἰκείαν δοκοῦσαν περιφοράν, πλείστας ὅσας τῇ ἀπλανεῖ συμπεριφέρεσθαι; 15 ἀλλ' οὐδὲ παρὰ φύσιν συμπεριφέρεται τῷ ἀπλανεῖ τὸ πλανώμενον· οὐ γὰρ
15 ἄν ἔμενεν ἐν τῇ ἑαυτοῦ τελειότητι τὸν πάντα αἰῶνα παρὰ φύσιν κινούμενον· ἀλλ' ὑπὲρ τὴν αὐτοῦ φύσιν ἡ κίνησις αὕτη ἐνδιδομένη τελειοτέρας αὐτὸ πληροῖ ζωῆς καὶ συντομωτέρας τοῦ ἀγαθοῦ μεταλήψεως. ὅλως δὲ 20 παρὰ φύσιν ἐκείνη λέγεται κίνησις ἡ τῇ κατὰ φύσιν ἰσοστοίχῳ ἀντικειμένη καὶ τῷ ἐναντίῳ ἰσοστοίχῳ ὄντι κατὰ φύσιν ὑπάρχουσα· διὰ τοῦτο γὰρ ἡ
20 ἐπὶ τὸ ἄνω τῇ γῇ παρὰ φύσιν, ὅτι τῷ ἐναντίῳ αὐτῇ τῷ πυρὶ κατὰ φύσιν ὑπάρχει. δῆλον οὖν, οἶμαι, ἐκ τῶν εἰρημένων, ὅτι καλῶς ὁ Ἀριστοτέλης 25 οὐκ ἐπὶ τούτων ἔδειξεν, ὅτι τῇ κύκλῳ κινήσει οὐκ ἔστιν ἐναντία κίνησις, ἐφ' ὧν ἐναργὲς ἦν, ὅτι οὐδεμία τούτοις εἰς ἄλληλά ποτε ὑπάρχει μεταβολή. ἀλλ' εἴ τις ὅλως ἐναντία τοιαύτη κίνησις ἦν τῇ κύκλῳ τοῦ οὐρα-
25 νοῦ κινήσει ὡς ὀφείλειν τὰ κινούμενα μεταβάλλειν εἰς ἄλληλα, συμβάλλειν 30 ἀναγκαῖον ἦν ἀλλήλοις ποτέ, συνέβαλλον δὲ ἐπὶ τοῦ αὐτοῦ κύκλου κινούμενα καὶ οὐκ ἐπὶ ἄλλου καὶ ἄλλου· εἰ γὰρ καὶ ἐπὶ ἄλλου ποτέ, ὡς καὶ τὰ ἐπ' ἄλλης καὶ ἄλλης εὐθείας οὐ κωλύεται ἐναντίως κινεῖσθαι τῷ εἴδει ἐναντία ὄντα, ἀλλ', ὡς τὰ ἐπὶ τῆς αὐτῆς εὐθείας μᾶλλον ἐμφαίνει τὴν ἐναν- 35
30 τιότητα, οὕτως, εἴπερ ἦν ἐναντία τις κίνησις τῇ κύκλῳ κινήσει, μᾶλλον ἄν ἐπὶ τοῦ αὐτοῦ κύκλου διεφαίνετο· ὡς εἴ γε τὰ ἐφ' ἑνὸς κύκλου ἀνάπαλιν κινούμενα δειχθείη μὴ ἐναντίας κινούμενα κινήσεις, πολὺ μᾶλλον καὶ ἐναργέστερον ἂν εἴη δεδειγμένον, ὅτι αἱ ἐπὶ τῶν διαφόρων κύκλων ἀνά- 40 παλιν γινόμεναι κινήσεις οὐκ εἰσὶν ἐναντίαι. ἀλλὰ καὶ τοῦτο ἐπιπολαίως
35 εἴρηκεν οὗτος, ὅτι, ὥσπερ ἐπὶ τῶν κατ' εὐθεῖαν τὸ ἄνω σημεῖον πέρας μέν ἐστι τῶν κούφων, ἀρχὴ δὲ τῶν βαρέων, τὸ δὲ κάτω ἀνάπαλιν, οὕτω

---

6 ἐναντιώσεσι ΒΕ²c 8 τόπων A 9 ἐναντίαν bc 11 ἡ] corr. ex εἰ Ε² 13 ὅσας DEb: οὖσας ABc 14 τῷ] τῇ c 15 αὐτοῦ Ε: αὐτοῦ c 16 διδομένη AB: ἐνδεδομένη c 17 αὐτὸ] corr. ex αὐτῷ Ε²: om. D ζωῆς αὐτὸ D 18 κίνησις om. D 19 τὸ ἐναντίον Ε: corr. Ε² γὰρ om. D 20 τὸ ἐναντίον B αὐτῆς DEc τῷ om. c 25 μεταβαλεῖν B 26 συνέβαλον AB ἐπὶ] τὰ ἐπὶ Ε²c 28 ἐπ'] ἀπ' D 29. 30 ἐναντιώτητα Ε, sed corr. 30 ἦν om. Ec 32 ἐναντίαν B κίνησιν B 34 γιγνόμεναι Ε 36 τὸ] corr. ex δ Ε

SIMPLICII IN L. DE CAELO I 4 [Arist. p. 271ᵃ27]

καὶ ἐπὶ τῶν κατὰ κύκλον, εἰ καὶ τῷ αὐτῷ σημείῳ καὶ ἀρχῇ χρῶνται καὶ 89ᵃ
πέρατι, ἀλλὰ κατὰ σχέσιν ἄλλην καὶ ἄλλην· τοῦ μὲν γάρ ἐστιν ἀρχὴ ἡ 46
ὡς ἐπὶ τὰ ἡγούμενα, τοῦ δὲ ἡ | ὡς ἐπὶ τὰ ἑπόμενα. πῶς δὴ ταῦτα λέ- 89ᵇ
γει; τὸ γὰρ αὐτὸ σημεῖον, οἷον τὸ ἀνατολικόν, ἀμφοτέροις ἀρχὴ καὶ τῷ
5 ἀπλανεῖ καὶ τῷ πλανωμένῳ· καὶ γὰρ ἀπὸ τούτου ἄμφω καὶ ἐπὶ τὸ δυτι-
κὸν ἄμφω, πλὴν ὅτι τοῦ μὲν ἀπλανοῦς τὸ ὑπὲρ γῆν ἡμισφαίριον, τοῦ δὲ 5
πλανωμένου τὸ ὑπὸ γῆν. τοῦ δὲ Ἀριστοτέλους εἰπόντος εἰ δὲ καὶ ἦν ἡ
κύκλῳ τῇ κύκλῳ ἐναντία, μάτην ἂν ἦν ἡ ἑτέρα, διότι ἐξ ἐναντίων
ἰόντα τόπων καὶ μαχητικῶς διακείμενα οὕτως ἔχει ὡς τὸ κρατοῦν παύειν
10 τὴν τοῦ κρατουμένου κίνησιν, ἀντιλέγει πρὸς τὸ ῥηθὲν οὗτος, διὰ τί, λέ-
γων, μὴ καὶ ἐπὶ τῶν κατ' εὐθεῖαν ἀντικινουμένων τὸ αὐτὸ ἄτοπον συμ- 10
βαίνει τὸ μάτην εἶναι τὴν ἑτέραν τῆς ἑτέρας ἐπικρατούσης; εἰ δὲ ἰσοσθενῆ
εἴη, ἵστησιν ἄλληλα καὶ ἄμφω μάτην ἔσται, εἴπερ μάτην φαμὲν τὸ τὴν
ἑαυτοῦ ἐνέργειαν μὴ ἐνεργοῦν· τοῦτο δὲ ἄτοπον, διότι οὐδὲν μάτην ποιεῖ
15 οὔτε ὁ θεὸς οὔτε ἡ φύσις. καὶ ὅ γε πρῶτος ὡς ἀπορίαν ταύτην προαγα- 15
γὼν ἠπόρησε μετρίως· ἐννοητέον δέ, ὅτι τὰ μὲν κατ' εὐθεῖαν κινούμενα,
κἂν ἵστηται ὑπ' ἀλλήλων, οὐκ ἔστι μάτην, διότι ταῦτα καὶ ἵστασθαι πέ-
φυκε. καὶ γὰρ καὶ ἡ γῆ καὶ τὸ ὕδωρ καὶ ὁ ἀὴρ καὶ κινεῖσθαι καὶ ἵστα-
σθαι πέφυκε, καὶ τὸ πῦρ δέ, ὅπερ ἀεικίνητον δοκεῖ, εἴπερ ποτὲ μὲν κάτω- 20
20 θεν ἄνω, ποτὲ δὲ ἄνωθεν κινεῖται, αἱ δὲ ἐναντίαι κινήσεις στάσει διαλαμ-
βάνονται, δηλονότι ἵσταται καὶ αὐτὸ μεταξὺ τῶν ἐναντίων κινήσεων· τὰ δέ
γε κύκλῳ κινούμενα συνεχῆ πεφυκότα κινεῖσθαι κίνησιν, εἰ στήσονται, μά-
την ἂν εἴη. καὶ τὰ μὲν κατ' εὐθεῖαν ἀντικινούμενα ἐναντίας ἔχοντα τὰς 25
κατὰ φύσιν ῥοπὰς διὰ τὰς ἐναντίας ἐν αὐτοῖς δραστικὰς καὶ παθητικὰς
25 ποιότητας συναντῶντα ἀλλήλοις δρᾶν εἰς ἄλληλα καὶ πάσχειν ὑπ' ἀλλήλων
πέφυκε καὶ ἐξ ἀλλήλων τὴν γένεσιν ἔχειν· τὰ δὲ κύκλῳ κινούμενα μήτε
κουφότητα μήτε βάρος ἔχοντα δηλονότι οὐδὲ τὰς δραστικὰς καὶ παθητικὰς 30
ἔχει ποιότητας, θερμότητας, ψύξεις, ξηρότητας, ὑγρότητας· ἢ γὰρ ἂν καὶ
κουφότητας εἶχον καὶ βαρύτητας. μὴ δρῶντα δὲ εἰς ἄλληλα μηδὲ πά-
30 σχοντα ὑπ' ἀλλήλων οὐδὲ μεταβάλλειν εἰς ἄλληλα πέφυκεν, ὥστε, εἰ τὸ
ἰσχυρότερον ὑπαντῶν εἰς τὴν ἑαυτοῦ κίνησιν περιάγοι τὸ ἀσθενέστερον, ἐπὶ 35
μὲν τῶν κατ' εὐθεῖαν μεταβαλλόμενον τὸ περιαγόμενον εἰς τὸ περιάγον καὶ
προσθήκη ἐκείνου γινόμενον οὐκ ἂν εἴη μάτην προσαῦξον αὐτό, καὶ ὅτι
χρείαν ἐποίησέ τινα καὶ ὅτι μηκέτι ἔστιν αὐτό· ἐπὶ δὲ τῶν κύκλῳ κινου-

---

2 ἡ ἀρχὴ AB   3 δὲ ἡ] δὲ A   5. 6 δυικὸν B   6 τὸ] seq. ras. 1 litt. B
7 εἰπόντος] 271ᵃ22   ἦν om. c   8 ἡ om. c   11 ἀντικειμένων Bc   13 εἴη
om. D   14 οὐδὲ AB   15 ὁ om. Ec   πρώτως D   16 ὅτι] διότι D
17 ἵσταται Ec   οὐ μάτην ἔσται D   διὸ D   18 γὰρ καὶ] γὰρ D   ἡ γῆ
καὶ om. E   καὶ ὁ ἀὴρ om. D   20 post ἄνωθεν add. κάτω K²c   22 στήσον-
ται AB: σταίη DEc: contra veniant b   23 ἀντικείμενα B   24. 25 ποιότητας
καὶ παθητικὰς D   27 βάρος μήτε κουφότητα D   29 μηδὲ] μήτε c
31 ὑπαντῶν] ὑπ' αὐτῶν E: αὐτῶν E²c   περιάγοι] -οι e corr. E¹   32 μὲν
om. B   33 γενόμενον B   34 ἔστιν] seq. ras. 1 litt. E   αὐτῷ E,
sed corr.

μένων τὸ περιαγόμενον μήτε μεταβάλλειν πεφυκὸς εἰς τὸ περιάγον μήτε 89ᵇ
τὴν ἑαυτοῦ ἐνέργειαν ἐνεργοῦν μάτην ἂν εἴη. διὸ καὶ τῷ τοῦ ὑποδήματος 41
ὑποδείγματι προσεχρήσατο ὁ Ἀριστοτέλης, ὅπερ ἔστι μέν, τὴν δὲ ἐνέργειαν
τὴν ἑαυτοῦ οὐκ ἀποδίδωσιν· τοιοῦτον γὰρ τὸ μάτην ὄν· τὸ δὲ μεταβάλλον
5 εἰς ἄλλο οὔτε ἔστιν ἔτι καὶ αὐτὸ τὸ μὴ εἶναι αὐτοῦ χρείαν τῷ παντὶ 45
συνεισήγαγεν.

Οὐκ ἀρκεσθεὶς δὲ οὗτος ταῖς πρὸς τὰ κατὰ | μέρος ἀντιλογίαις 90ᵃ
κοινὰ ἐπιχειρήματα περὶ τῆς τῶν οὐρανίων κινήσεως ἐκτίθεται δεικνύναι
σπουδάζων, ὅτι ἑτεροειδεῖς εἰσιν αὐτῶν αἱ κινήσεις καὶ διὰ τοῦτο καὶ αἱ
10 οὐσίαι. ἀνάγκη τοίνυν κἀνταῦθα τὰ μὲν κοινῶς πρὸς τὸν ὅλον αὐτοῦ
σκοπὸν τῆς ἀντιλογίας ἀντιγράψαι, τὰ δὲ ἰδίᾳ τῶν οὐ καλῶς εἰρημένων 5
ἕκαστον ἐπισκέψασθαι. κοινῶς μὲν οὖν πρὸς τὸν ὅλον λέγω σκοπόν, ὅτι
τὸ κυκλοφορητικὸν ἅπαν ὡς ἓν τοῦ εὐθυφορουμένου παντὸς ἐξῃρημένον ὁ
Ἀριστοτέλης δεῖξαι προθέμενος καὶ ἄλλην ἔχον παρ' ἐκεῖνο φύσιν τὴν μὲν
15 ἐπ' εὐθείας κίνησιν ἔδειξεν εἰς ἐναντία διῃρημένην, τὴν δὲ κύκλῳ μηδὲν 10
ἔχουσαν ἐναντίον. ἔχων δὲ ἐν τοῖς Φυσικοῖς προαποδεδειγμένον, ὅτι ἐκ
τῶν ἐναντίων αἱ γενέσεις καὶ εἰς τὰ ἐναντία αἱ φθοραί, συνήγαγεν εἰκό-
τως, ὅτι τὰ μὲν ὑπὸ σελήνην ἅτε εὐθυφορούμενα γίνεσθαι καὶ φθείρεσθαι
ἀνάγκη, τὰ δὲ οὐράνια κύκλῳ κινούμενα ἀγένητα καὶ ἄφθαρτα διατελεῖν. 15
20 κἂν ἔστιν οὖν διαφορὰ κατὰ τὰς κινήσεις ἐν τοῖς οὐρανίοις, ἀλλ' οὐ μέχρι
ἐναντιώσεως προῆλθον αἱ διαφοραί· οὔτε γὰρ ἡ τῆς ἀπλανοῦς κίνησις τῇ
τῶν πλανᾶσθαι λεγομένων ἐστὶν ἐναντία, ὡς διὰ πλειόνων, οἶμαι, δέδεικται,
οὔτε ἡ θάττων ἐν τῷ αὐτῷ εἴδει τῇ βραδυτέρᾳ· καὶ γὰρ ἐνταῦθα ἡ μείζων 20
βῶλος τῆς βραχυτέρας θᾶττον κινουμένη οὐ λέγεται ἐναντίαν ἔχειν κίνησιν.
25 κἂν αἱ οὐσίαι τοίνυν ἔχωσί τινα διαφορὰν πρὸς ἀλλήλας, ἀλλ' οὐκ ἐναν-
τίως διάκεινται ὥστε γίνεσθαι ἐξ ἀλλήλων. ἔδει τοίνυν τὸν ἐλέγχειν τὰ
Ἀριστοτέλους νομίζοντα μὴ τοῦτο δεικνύναι, ὅτι διάφοροι αἱ κινήσεις αὐ- 25
τῶν εἰσι καὶ αἱ οὐσίαι, ἀλλ' ὅτι ἐναντίας ἔχουσι τὰς διαφοράς. ἀλλ' οὐδέ,
εἰ ἔστι τις κατ' οὐσίαν ἐν αὐτοῖς διαφορά, ἀνάγκη μὴ εἶναι ἁπλᾶ τὰ οὐ-
30 ράνια κατὰ τὴν εἰρημένην αὐτῶν ἁπλότητα· εἰ γὰρ τὰ ὑπὸ σελήνην στοι-
χεῖα οὐ μόνον διαφέροντα ἀλλήλων, ἀλλὰ καὶ ὑπεναντίως διακείμενα, οὐ 30

---

1 μήτε] μὴ D   εἰς] δὲ εἰς E: corr. E²   2 τὴν] εἰς τὴν D   ἐνεργοῦν AB: ἐνερ-
γεῖν DEbc   τῷ] τὸ B   ὑποδήματος B: mg. ὑποδείγματος B   3 παραδείγμα-
τι Kc   προσεχρήσατο] 271ᵃ32   4 ἀποδίδωσι BDEc   6 συνήγαγεν AB
                                                                    ως
7 οὗτος D: οὕτως E   9 εἰσιν αὐτῶν ABb: αὐτῶν εἰσιν DEc   9. 10 αἱ οὐσ-]
in ras. D   10 τὰ] τὸ AB   13 κυκλοφορικὸν D   14 ἔχον] suprascr. ων
A²E¹: corr. E²   φύσιν] φησί B et comp. A   15 εὐθεῖαν B   16 Φυσικοῖς
I 5   προαποδεδεμένον E: corr. E²   18 εὐθεῖα φορούμενα B   γίγνεσθαι E
19 ἀνάγκη] ἀναγκαῖον καὶ B   δὲ] μὲν B   20 ἀλλ' οὐ] corr. ex ἀλλὰ E²
23 θάττων] θᾶττον DEc   τῇ βραδυτέρᾳ b: τῆς βραδυτέρας ABc: τῆς βαρυτέρας
DE   καὶ γὰρ — βραχυτέρας (24)] om. Ec   ἡ scripsi: ὁ ABD   24 βρα-
δυτέρας A   25 ἔχουσι Ec   τινα] τὴν AB   26 γίγνεσθαι E   ἀλλήλων] ἐναν-
τίων E   ἐλέγχειν τὰ] mg. E²   27 αἱ om. B   28 τὰς] καὶ τὰς D

κωλύεται ἁπλᾶ εἶναι κοινὸν ἔχοντα πάντα τὸ εὐθυπορεῖσθαι, τί κωλύει καὶ 90ᵃ τὰ οὐράνια κυκλοφορούμενα πάντα καὶ ἁπλᾶ εἶναι τὴν φύσιν καὶ μίαν ἔχειν ἰδιότητα κοινήν, ἣν πέμπτην οὐσίαν ὁ Ἀριστοτέλης ἐκάλεσε, κατὰ τὴν κυκλοφορητικὴν καὶ τῆς γενέσεως ἐξῃρημένην κοινότητα καὶ διαφορὰν ἐν ἀλ- 35
5 λήλοις οὐ προϊοῦσαν εἰς ἐναντίωσιν; τίς γὰρ οὐκ ἂν εἴποι διαφορὰν τῶν ἄστρων σωμάτων πρὸς τὰ οὐράνια καὶ τοῦ φωτίζοντος ἡλίου πρὸς τὴν φωτιζομένην σελήνην; ἀλλ᾽ ἔστι πάντα κυκλοφορούμενα καὶ ἁπλᾶ πάντα καὶ πάντα τῆς γενέσεως ὑπερέχοντα καὶ κατὰ ταῦτα ἐν μιᾷ τῇ πέμπτῃ 40 οὐσίᾳ ἀφωρισμένα· οὐ γὰρ τοῦτο προὔκειτο νῦν τὴν κατ᾽ εἶδος τῶν οὐρα-
10 νίων διαφορὰν ἐπισκέψασθαι, ἀλλὰ τὴν κοινὴν πρὸς τὰ ὑπὸ σελήνην ὑπεροχήν, ἅτινα διελεῖν ἀνάγκη γέγονε διὰ τὴν ἐναντίωσιν τῆς κατ᾽ εὐθεῖαν κινήσεως· τοιγαροῦν εἰς δύο διεῖλε τὰ ὑπὸ σελήνην ἁπλᾶ, ἐν οἷς φησι 45 "λέγω δὲ ἁπλᾶ, ὅσα κινήσεως ἀρχὴν ἔχει κατὰ φύσιν, οἷον πῦρ καὶ γῆν καὶ τὰ τούτων εἴδη | καὶ τὰ συγγενῆ"· καὶ ἐν τῷ γ δὲ τῆς πραγματείας 90ᵇ
15 ταύτης "λοιπὸν δέ" φησί "περὶ τοῖν δυοῖν εἰπεῖν" εἴς τε τὸ κοῦφον καὶ τὸ βαρὺ τὰ τέσσαρα στοιχεῖα συνελών. εἰ οὖν καὶ τὰ εἴδη τούτων καὶ τὰ συγγενῆ αὐτῶν συνεῖλεν εἰς τὴν δυάδα τῆς ἐναντιώσεως, τί ἄτοπον ἦν καὶ 5 τὸ τῆς ἐναντιώσεως ἐξῃρημένον ὡς ἓν παραλαβεῖν τῶν ἁπλῶν; εἰ δὴ ταῦτα ἀληθῆ λέγω, μάτην ἂν εἴη πάντα φλυαρήσας οὗτος τὰ ἐν τοῖς κοι-
20 νοῖς, ὥς λέγει, ἐπιχειρήμασιν, ἔτι δὲ μάτην, εἴ τις ἐφιστάνοι, ὅτι καὶ ταῦτα τοῖς πρότερον ὑπ᾽ αὐτοῦ ῥηθεῖσιν ὡς ἀνελέγκτως εἰρημένοις ἐπαναπαύεται 10 καίτοι σαθροῖς οὕτως καὶ ἀσυνέτοις, ὡς οἶμαι, δεδειγμένοις.

Ἐπεὶ δὲ ἐν τοῖς κατὰ μέρος ὡς ὁμολογούμενον ἔλαβεν, ὅτι ἡ τοῦ Κρόνου σφαῖρα βραδύτερον τῶν ὑπ᾽ αὐτὴν κινεῖται, γινωσκέτω μὴ πάντως
25 τοῦτο οὕτως ἔχειν· δυνατὸν γὰρ ἦν τὴν τοῦ μεγέθους ὑπεροχὴν πολλὴν 15 οὖσαν, κἂν θᾶττον ἐκινεῖτο τῶν ὑπ᾽ αὐτήν, βραδυτέραν τὴν ἀποκατάστασιν ποιεῖσθαι. ἐπειδὴ δὲ καὶ τοιοῦτόν τι προστέθεικεν, ὡς, εἰ μὴ φυσικῶς τὸ οὐράνιον σῶμα τὴν κύκλῳ φορὰν κινεῖται, ἀλλ᾽ ὑπὸ ψυχῆς, ὡς ἐπὶ τῶν ζῴων, ἢ ὑπὸ ἄλλης τινὸς ὑπερτέρας δυνάμεως, οὐδὲ ὅτι γενητὸς οὐδὲ ὅτι 20
30 ἀγένητός ἐστιν ὁ οὐρανὸς ἐκ τῆς κινήσεως αὐτοῦ δυνατὸν συλλογίσασθαι, καὶ τὸν Ἀριστοτέλην μαρτύρεται ἐν τῷ ὀγδόῳ τῆς Φυσικῆς ἀκροάσεως ἐξ ὑπερτέρας αἰτίας λέγοντα κινεῖσθαι τὸν οὐρανόν, δῆλός ἐστιν οὐκ ἐννοῶν, ὅτι δυνατὸν τὴν αὐτὴν κίνησιν ἀπὸ διαφόρων αἰτιῶν ἐπιτελεῖσθαι καὶ ἄλ- 25 λως μὲν ὑπὸ φύσεως κυκλοφορεῖσθαι τὸ οὐράνιον ὡς σῶμα φυσικόν, ἄλ-
35 λως δὲ ὑπὸ ψυχῆς ὡς ἔμψυχον καὶ ὑπὸ νοῦ πάλιν ὡς ἔννουν· καὶ ἀπὸ

---

1 πάντα om. AB   2 εἶναι c: ὄντα ABDEb   μίαν om. c   5 προσοῦσαν B
12 φησι] 268ᵇ27   14 τῷ γ] 298ᵇ7   16 τέτταρα B: δ ADE   18 εἰρημένον E: corr. E²   20 ἐπιχειρήσας B   ἐφιστάνει DEc   21 ἀνελέκτως E   εἰρημένα E   22 καίτοι] καὶ τοῖς DE(b?)   23 ἐπειδὴ DEc   26 τῶν] corr. ex τὸν E²   27 ἐπειδὴ—φυσικῶς] mg. E²   ἐπεὶ E²c   τοιοῦτόν τι b: τοιοῦτόν δε AB: τι τοιοῦτον DEc   προστέθηκεν B: προσέθηκεν Ec   φύσει Ec   29 οὐδὲ] οὔτε?   οὐδὲ ὅτι γενητός] bis D   οὐδὲ] οὔτε?   31 Ἀριστοτέλη BE: corr. E¹
ὀγδόῳ] cap. 6 sq.   33 δυνατὸν om. E   ἀπὸ] ὑπὸ D   ἐπιμελεῖσθαι AB
34 ὡς σῶμα ABD: σῶμα E: σῶμα ὡς E²bc

μὲν τοῦ νοῦ ἀκινήτου ὄντος τὸ ἀκίνητον καὶ ἀνέκλειπτον καὶ ἀεὶ κατὰ τὰ 90ᵇ
αὐτὰ καὶ ὡσαύτως ἐπιτελούμενον τῆς κινήσεως ὑποδέχεται, ἀπὸ δὲ τῆς
ψυχῆς κατὰ τὰς μεταβατικὰς ἐκείνης νοήσεις τοῦ ἀεὶ ἐν τέλει, ἄλλοτε δὲ 30
ἄλλῳ, τῆς μεταβατικῆς κινήσεως ἀπολαύει· κατὰ δὲ τὴν ἑαυτοῦ φύσιν ὁ
5 οὐρανὸς ἔχει τὸ δύνασθαί τε καὶ ἐνεργεῖν τὰς τῇ οὐσίᾳ τῇ τοιᾷδε προση-
κούσας ἐνεργείας, ὧν μία καὶ ἡ κυκλοφορία οἰκεία τῇ ἁπλότητι. καὶ δῆ-
λον, ὅτι κατὰ τὴν φυσικὴν ἐπιτηδειότητα καὶ τὰ ἀπὸ νοῦ καὶ τὰ ἀπὸ ψυ- 85
χῆς ἀγαθὰ παραγίνεται· οὐ γάρ ἔστιν ἔννουν εἶναι μὴ πρότερον ἔμψυχον
ὑπάρχον· "νοῦν γὰρ ἄνευ ψυχῆς ἀδύνατον παραγενέσθαι τῳ", φησὶν ὁ
10 Πλάτων· οὐδὲ ἔμψυχον ἄνευ φύσεως. διὸ καὶ ὁ Ἀριστοτέλης τὴν ψυχὴν
ἐντελέχειαν εἶναι σώματος οὐ τοῦ τυχόντος φησίν, ἀλλὰ φυσικοῦ, ὥστε, 40
κἂν ἔμψυχος καὶ ἔννους ὁ οὐρανός, οὐ κωλύεται καὶ φυσικὸς εἶναι, μᾶλλον
δὲ ἀνάγκη φυσικὸν ὄντα καὶ ψυχῆς μετέχειν καὶ νοῦ, ὥστε καὶ τὴν κυκλο-
φορίαν κἂν ἀπὸ ψυχῆς ἔχῃ καὶ νοῦ, ἀλλ' ἔτι πρότερον ἀπὸ φύσεως. καὶ
15 ἦν μέν, οἶμαι, δυνατὸν καὶ ῥᾷον ἴσως καὶ ὡς ἀπὸ ψυχῆς καὶ ὡς ἀπὸ νοῦ 45
τῆς κυκλοφορίας οὔσης ἐξ αὐτῆς δειχθῆναι τὴν | τοῦ οὐρανοῦ ἀϊδιότητα· 91ᵃ
τοιγαροῦν καὶ δέδεικται ἀΐδιος ἡ κυκλοφορία ἐν τῷ ὀγδόῳ τῆς Φυσικῆς
κατὰ τὴν ἀπὸ τοῦ ἀκινήτου αἰτίου μετάδοσιν. ἐν τούτοις δὲ ὁ Ἀριστοτέλης
ὡς ἀπὸ φυσικῆς κινήσεως τὴν ἀϊδιότητα προέθετο δεῖξαι, διότι κατὰ τὴν 5
20 ἐξῃρημένην ἀπὸ τῶν ὑπὸ σελήνην ὑπόστασιν τὴν ἀϊδιότητα καὶ τὴν ὑπερ-
οχὴν ἐβουλήθη δεῖξαι τοῦ οὐρανοῦ. ἀλλ' οὗτος μὲν οἴεται καὶ τούτους
λελυκὼς τοὺς λόγους τοὺς δεικνύντας τῇ κύκλῳ κινήσει μὴ εἶναι ἐναντίαν
κίνησιν καὶ τοὺς ἐν Φυσικῇ τὰ γινόμενα ἐξ ἐναντίων γίνεσθαι λέγοντας καὶ 10
τὰ φθειρόμενα εἰς ἐναντία φθείρεσθαι τρόπαιον ἀνωρθωκέναι τι τὴν κατα-
25 γέλαστον ταύτην βίβλον κατὰ τῆς τοῦ οὐρανοῦ ἀϊδιότητος. εἰ δὲ ἐφάνη
πολλαχοῦ μὲν μηδὲ παρακολουθῶν τοῖς ὑπὸ τοῦ Ἀριστοτέλους καὶ τῶν
ἐξηγητῶν αὐτοῦ λεγομένοις, πανταχοῦ δὲ κενὴν ὄντως καὶ μάταιον δόξαν
ἑαυτῷ περιποιεῖν νομίζων ἐκ τῆς πρὸς τοὺς ἐν φιλοσοφίᾳ κλεινοὺς ἀντιλο- 15
γίας, οὗτος μὲν κείσθω μετ' ἰχθύσιν ἐν τῷ τῆς ἀλογίας πόντῳ νηχόμενος,
30 κείσθω δὲ καὶ μετ' ἐκείνου, ὃν φασὶν ἀπερριμμένον ὄντα τινὰ καὶ βουλό-
μενον ὁπωσοῦν ὀνομαστὸν γενέσθαι τὸν τῆς Ἐφεσίας Ἀρτέμιδος ἐμπρῆσαι
νεών. ὁ γὰρ τὴν φθορὰν τοῦ οὐρανοῦ κατὰ πάντα τρόπον συνιστάνειν ἐπι- 20
χειρῶν ἢ μᾶλλον ἐπιθυμῶν διὰ τὸ ὀνομαστὸς γενέσθαι, τάχ' ἄν, εἴ τινα
δύναμιν εἶχε, διὰ τὸ τυχεῖν τοῦ σπουδαζομένου καὶ τῆς φθορᾶς τοῦ οὐρα-

---

3 ἐκείνης] comp. ambig. A: ἐκείνας B νο-] in ras. E¹ τοῦ] τὸ c 4 ἄλλῳ
AE: ἄλλο A²B: ἄλλως Dbc ἀπολάβει E: ἀπολαμβάνει c 6 τῇ K²b: τῇ τε
ABDE 7 τὴν] om. D 9 ὑπάρχειν E 10 Πλάτων] Tim. 30 b
ὁ om. DEc 11 φησίν] 412ᵃ27 14 ἔχει E: corr. E² 16 αὐτοῦ B
17 ὀγδόῳ] cap. 9 Φυσικῆς ἀκροάσεως B 19 ὡς om. B 21 ἠβου-
λήθη B 23 ἐν] ἐν τῇ c Φυσικῇ] I 5 sq. 24 εἰς ἐναντία] ὡς ἐν τι AB
26 μηδὲ] μὴ B: οὐδὲ D 27 ματαίαν c 29 οὕτως E: corr. E² ἀλογίας
ABb: ἀντιλογίας DEc 30 ἀπερριμένον AE: corr. A² 31 ἐφεσίου AB
32. 33 ἐπιχειρῶν e corr. D: om. ABEbc 33 ἢ μᾶλλον D: om. ABEbc τάχ'
ἄν c: τάχα ABDEb 34 ἔσχε B τυχὸν B

νοῦ συνεφήψατο· ἡμᾶς δὲ ποτίμοις λοιπὸν λόγοις χρὴ τὴν ἁλμυρὰν ταύ-
την ἀκοὴν ἀποκλύσασθαι καὶ μεταβαίνειν ἐπὶ τὰ ἑξῆς τῶν Ἀριστοτέλους.
ἐπειδὴ δὲ καὶ τὰ ἐν τῷ ὀγδόῳ τῆς Φυσικῆς ἀκροάσεως ἀΐδιον τὴν κυκλο-
φορίαν δεικνύντα πειρᾶται διελέγχειν οὗτος καὶ πρὸς τὰς ἀδεσπότους, ὥς
5 φησι, κατασκευὰς τῆς ἀιδιότητος ὑπαντᾶν τοῦ κόσμου, νῦν μὲν ἐάσθω
τέως ἐκεῖνα· τὰ γὰρ ἐν τῇ Περὶ οὐρανοῦ ὑπὸ τοῦ Ἀριστοτέλους ἀποδειχ-
θέντα βουλόμενος καὶ ὑπὸ τῆς νέας ταύτης φλυαρίας ἀσάλευτα μεμενηκότα
δεῖξαι τοῖς φιλομαθέσιν, εἰς ταύτην περιεσπάσθην τὴν ἀσχολίαν· εἰ δέ ποτε
δόξει καὶ τὰ λοιπὰ τῶν ὑπὸ τούτου ῥηθέντων βασανίσαι, ἀπ' ἄλλης ἀρχῆς
10 αὐτῶν ποιήσομαι τὴν ἐξέτασιν.

p. 271b1 **Ἀλλ' ἐπεὶ δῆλον περὶ τούτων, καὶ περὶ τῶν λοιπῶν**
σκεπτέον ἕως τοῦ διόπερ περὶ αὐτοῦ λεκτέον ἐξ ἀρχῆς ἀνα-
λαβοῦσιν·

Ὁ Ἀλέξανδρος προχεῖσθαί φησι περὶ τοῦ παντὸς κόσμου ζητεῖν, εἰ
15 ἄπειρός ἢ πεπερασμένος· καὶ γὰρ ἐν ἀρχῇ τοῦτο προβαλλόμενος ἀνεβά-
λετο, ὅτε ἔλεγε "περὶ μὲν οὖν τῆς τοῦ παντὸς φύσεως, εἴτε ἄπειρός ἐστι
κατὰ τὸ μέγεθος εἴτε πεπέρανται τὸν σύνολον ὄγκον, ὕστερον ἐπισκεπτέον".
μέλλων δὲ τὸ πεπερασμένον αὐτοῦ δεικνύναι ἐκ τοῦ μηδὲν τῶν ἁπλῶν, ἐξ
ὧν συνέστηκεν, ἄπειρον εἶναι, ἐπειδὴ οὐκ ἦν περὶ τοῦ πέμπτου σώματος
20 δεικνύναι, ὅτι οὐκ ἔστιν ἄπειρον, μὴ πρό|τερον περὶ τῆς οὐσίας αὐτοῦ εἰ-
πόντα καὶ δείξαντα, ὅτι ἔστι τι πέμπτον σῶμα, διὰ τοῦτο μετ' ἐκείνους
τοὺς λόγους ἐπὶ τὸ προχείμενον ἐλθὼν δείκνυσιν, ὅτι καὶ τῷ μεγέθει πε-
περασμένα ἐστὶ τὰ ἁπλᾶ πέντε σώματα. τῷ γὰρ ὄντι προδείξας ἐκ τῶν
κινήσεων, ὅτι τῷ ἀριθμῷ πεπέρανται τὰ ἁπλᾶ πέντε ὄντα, δεικνὺς δὲ
25 νῦν καὶ τῷ μεγέθει, ἔχει πεπερασμένον, ὅτι πᾶς ὁ κόσμος πεπερασμένος
τῷ μεγέθει ἐστίν. ἀλλ' ὁ μὲν Ἀλέξανδρος καὶ τὴν ὅλην πραγματείαν περὶ
τοῦ παντὸς κόσμου προηγουμένως εἶναι νομίζων ἀκολούθως καὶ ταῦτα
πρὸς τὴν περὶ τοῦ παντὸς θεωρίαν ἐκδέχεται. εἰ δὲ ἀληθῶς πρότερον
εἶπον, ὅτι προηγουμένως περὶ τῶν ἁπλῶν σωμάτων ἐν ταύτῃ διδάσκειν τῇ
30 πραγματείᾳ προτίθεται, μετὰ τὴν περὶ τῶν ἀρχῶν θεωρίαν, ἐξ ὧν τὰ φυ-
σικὰ συνέστηκε σώματα καὶ πρῶτα τὰ ἁπλᾶ, καὶ τὸ ἄπειρον δὴ καὶ πε-
περασμένον προηγουμένως μὲν ἐπὶ τῶν ἁπλῶν στοιχείων προβάλλεται ζη-
τεῖν καὶ δείκνυσιν, ὅτι πεπερασμένα καὶ κατὰ τὸν ἀριθμὸν καὶ κατὰ τὸ

---

1 ποτίμοις λοιπόν] in ras. D   χρὴ om. D   2 τῶν] τοῦ c   3 τὰ om. B
5 φασί B   10 αὐτῷ B   11 δῆλον καὶ B   καὶ om. E   15 προβαλλό-
μενος c   15. 16 ἀνελάβετο BE: corr. E²   16 ἔλεγε] 268b11   18 μέλλων] corr.
ex μᾶλλον E²   τὸ om. Dc   περασμένον E: corr. E²   αὐτὸν c   21 τι
om. B   23 ὄντι γὰρ c   25 νῦν om. c   πεπερασμένον ABCDE: συμπεπε-
ρασμένον E²c: ἢ πεπεισμένον mg. E²: *persuasum* b   πᾶς ὁ CD: ὁ πᾶς AB: πᾶς E
26 ἐστίν] ἐστί C: ἔστω DE   27 εἶναι προηγουμένως κόσμου D   προηγούμενος B
ἀνακολούθως E: corr. E²   28 περὶ om. D   30 περὶ om. B   33 ὅτι] ὅτι καὶ c

μέγεθος, ἑπόμενον δὲ καὶ τὸν ὅλον κόσμον τὸν ἐκ τῶν ἁπλῶν συνεστῶτα 91ᵇ
τούτων πεπερασμένον εἶναι δικαίως προστίθησιν. καλῶς δὲ ἐπὶ τὸ καθολι-
κώτερον ἀνάγων τὸν λόγον, πότερον ἔστι τι σῶμα, φησίν, ἄπειρον ἢ 20
τοῦτο ἕν τι τῶν ἀδυνάτων, ἐκ διαιρέσεως ἀναγκαίας λαβών, ὅτι, εἴ τι
5 ἔστιν ἄπειρον τῷ μεγέθει σῶμα, ἢ ἁπλοῦν τί ἐστιν ἢ σύνθετον, καὶ δεί-
ξας, ὅτι οὐδὲν τῶν ἁπλῶν ἄπειρον τῷ μεγέθει, ἔχων δέ, ὅτι καὶ τῷ πλή-
θει πεπερασμένα τὰ ἁπλᾶ σώματά ἐστιν, ἀναγκαίως ἑπόμενον ἔχει, ὡς 25
εἶπον, ὅτι καὶ τὸ σύνθετον ὅλον πεπέρανται. πρῶτον δὲ δείκνυσιν, ὅτι ἀ-
ναγκαῖος τῷ φυσικῷ ὁ διακρίνων λόγος, εἴτε ἔστι τι σῶμα ἄπειρον εἴτε μή,
10 ἐκ τοῦ ταύτην τὴν διαφορὰν αἰτίαν γενέσθαι σχεδὸν πάσης τῆς παρὰ τοῖς
φυσιολόγοις ἐναντιώσεως· διὰ ταύτην γὰρ οἱ μὲν ἕνα κόσμον καὶ πεπερασ- 30
μένον ἔλεγον, ὅσοι μὴ ἐδέχοντο τὸ ἄπειρον ἐν ἀρχῇ, ὡς Ἀριστοτέλης
καὶ Πλάτων, οἱ δὲ ἕνα ἄπειρον, ὡς Ἀναξιμένης, ἀέρα ἄπειρον τὴν ἀρχὴν
εἶναι λέγων, οἱ δὲ καὶ τῷ πλήθει ἀπείρους κόσμους, ὡς Ἀναξίμανδρος μὲν
15 ἄπειρον τῷ μεγέθει τὴν ἀρχὴν θέμενος ἀπείρους ἐξ αὐτοῦ τῷ πλήθει κόσ- 35
μους ποιεῖν δοκεῖ, Λεύκιππος δὲ καὶ Δημόκριτος ἀπείρους τῷ πλήθει τοὺς
κόσμους ἐν ἀπείρῳ τῷ κενῷ καὶ ἐξ ἀπείρων τῷ πλήθει τῶν ἀτόμων συν-
ίστασθαί φησι· καὶ εἴη ἂν λέγων ἀρχὴν πασῶν τῶν ἐναντιώσεων τὸ ὑπο-
θέσθαι τὸ ἄπειρον ἢ μὴ ὑποθέσθαι, ὅτι οἱ κόσμοι καὶ τὰς ἄλλας ἐναν- 40
20 τιώσεις πάσας περιέχουσι. καὶ μέντοι διὰ ταύτην τὴν διαφωνίαν οἱ μὲν
ἀναιροῦσι τὴν γένεσιν ἐκκρίσει πάντα ὑφίστασθαι λέγοντες, ὥσπερ Ἀναξα-
γόρας, οἱ δὲ ἐξ ἑνὸς πάντα γίνεσθαι λέγουσι κατ' εὐθεῖαν, ὡς Ἀναξίμαν-
δρος καὶ Ἀναξιμένης, οἱ δὲ καὶ γένεσιν εἶναι λέγουσι καὶ ἐξ ἀλλήλων τὴν 45
γένεσιν ποιοῦσι τὴν ἄλλου φθορὰν ἄλλου γένεσιν ὁρῶντες, ὡς οἱ πε-|
25 περασμένας τὰς ἀρχὰς λέγοντες. ὅτι δὲ τὸ ἐν ταῖς ἀρχαῖς ἐλάχιστον 92ᵃ
δοκοῦν παρόραμα προϊοῦσι μυριοπλάσιον φαίνεται, καὶ ἐκ τῆς ἐπαγωγῆς
ἐπιστώσατο καὶ ἐκ τοῦ λόγου· ἐκ μὲν τῆς ἐπαγωγῆς, ὅτι Δημόκριτος ἢ
ὅστις ἂν οὕτως ὑπόθοιτο μικρά τινα ὑποθέμενοι τὰς ἀρχὰς καὶ ἐλάχιστα 5
μεγέθη διὰ τὸ μεγίστην δύναμιν ὡς ἀρχὰς ἔχειν ἁμαρτόντες περὶ αὐτὰ τὰ
30 μέγιστα τῶν ἐν γεωμετρίᾳ ἐκίνησαν τὸ ἐπ' ἄπειρον εἶναι τὰ μεγέθη διαι-
ρετά, δι' ὃ καὶ τὴν δοθεῖσαν εὐθεῖαν δίχα τεμεῖν δυνατόν. καὶ χαριέντως
τὸ ἐλάχιστον παρόραμα ἐπὶ τῆς κατὰ τὸ ἐλάχιστον μέγεθος ὑποθέσεως 10

---

1 ἑπομένως: E²c   δὲ] δὲ τὸ B   τὸν (alt.) om. D   2 προστίθησι BDEc
3 ἀναγαγὼν D   φησί E: corr. E²   4 ἀναγκαίως D   ὅτι om. Ec   8 δείκ-
νυσι E   8. 9 ἀναγκαίως E: corr. E²   9 μή] καὶ μή D   10 σχεδὸν ABC:
σχεδόν τι DEc   13 ἐν AB   Ἀναξημένης B   14 καὶ om. AB   15 τὴν—
πλήθει om. E   16 πλεῖθει B, sed corr.   18 φησι ABCDE: φασι Kc   λέγων]
271ᵇ6   20 περιέχουσιν E   21 ἐκκρίσει Db: ἐν κρίσει ABE: ἐν διακρίσει E²c
25 ἐν] κατὰ B   τῶν ἀρχῶν B   26 παρόρμα B   27 ante ὅτι rep. ἐπιστώ-
σατο καὶ ἐκ τοῦ λόγου E: del. E²   28 ὑποθέμενος D   29 ante διὰ del. καὶ E²
ἁμαρτῶντες E: corr. E²   30 ἐκινήσαντο E: corr. E²   τὸ scripsi: τότε ABD:
καὶ E: δηλονότι E²c: scilicet b   30. 31 διαιρετά] corr. ex διαιρεῖ τὰ E
31 τέμνειν AB

διὰ τὸ μεγίστην δύναμιν ὡς ἀρχὴν ἔχειν ὡς μεγίστων αἴτιον ἁμαρτημά- 92ᵃ
των γινόμενον ἔδειξε. τὸ δὲ αὐτὸ τοῦτο καὶ διὰ τοῦ λόγου παρέστησε
τὴν αἰτίαν προσθείς· ἡ γὰρ ἀρχή, φησί, δυνάμει μείζων ἢ μεγέθει ἐστί,
διὸ καὶ τὸ μικρὸν δοκοῦν περὶ τὴν ἀρχὴν παρόραμα δυνάμει μέγιστον ὂν 15
5 προϊοῦσιν ἐκφαίνεται καὶ γίνεται παμμέγεθες. εἰ δὲ τὸ ἐλάχιστον μέγεθος
ἐν ἀρχῆς λόγῳ κακῶς ὑποτεθὲν μεγίστων αἴτιον ἁμαρτημάτων γίνεται, τὸ
ἄπειρον μέγεθος ἐν ἀρχῇ κακῶς ὑποτεθὲν πολλῷ μειζόνων ἂν κακῶν αἴ-
τιον γίνοιτο. εἰ τοίνυν τὸ ἄπειρον καὶ ὡς ἀρχὴ τῶν ὄντων παρά τινων 20
ὑποτίθεται καὶ ἐν ταῖς ἀρχαῖς τοῦ ποσοῦ ζητεῖται (τό τε γὰρ συνεχὲς πο-
10 σὸν καὶ τὸ διωρισμένον ἢ πεπερασμένα ἐστὶν ἢ ἄπειρα), δῆλον, ὅτι μεγί-
στην ἔχει δύναμιν καὶ πλείστην ποιήσει διαφορὰν ἐν τοῖς ἀπὸ τῆς ἀρχῆς
τὸ εἶναι τὸ ἄπειρον ἢ μὴ εἶναι· διὸ χρὴ τοῦτο διακρῖναι, εἴτε ἔστι σῶμα 25
ἄπειρον εἴτε μὴ ἔστι τὸ τοῦ παντός· εἰ γάρ ἐστιν ὅλως ἄπειρον, τοῦτ' ἂν
εἴη. ὅτι δὲ ἀρχῆς ἔχει δύναμιν τὸ ἄπειρον, δῆλον· καὶ γὰρ ὁ ζητῶν, εἰ
15 ἄπειρος ὁ κόσμος ἐστὶν εἴτε μή, ζητεῖ, εἰ ἀρχή τις ἔστιν ἄπειρος· οὐ γὰρ
οἷόν τε τὸν κόσμον ἄπειρον εἶναι μὴ ἐν ταῖς ἀρχαῖς οὔσης ἀπειρίας, 30
ἀρχαὶ δὲ τοῦ κόσμου τὰ ἁπλᾶ σώματα, ὧν πεπερασμένων ὄντων τῷ
ἀριθμῷ, εἰ καὶ τὸ μέγεθός ἐστι πεπερασμένον, ἔσται καὶ τὸ ἐξ αὐτῶν
πεπερασμένον.

20 p. 271ᵇ17 Ἀνάγκη δὴ πᾶν σῶμα ἤτοι τῶν ἁπλῶν εἶναι ἕως τοῦ 35
ἐκ τῶνδε δῆλον.

Προλαβών, ὅτι, εἴπερ ἔστι τὸ ἄπειρον, ἀνάγκη αὐτὸ ἢ ἁπλοῦν ἢ σύν- 40
θετον εἶναι ἐκ τοῦ τὸ ἄπειρον σῶμα εἶναι, πᾶν δὲ σῶμα ἢ ἁπλοῦν ἢ σύν-
θετον εἶναι, προλαβὼν δὲ καί, ὅτι τῶν ἁπλῶν πεπερασμένων πλήθει καὶ
25 μεγέθει καὶ τὸ σύνθετον ἀνάγκη πεπερασμένον εἶναι, διότι τοσοῦτον ἔσται
τὸ σύνθετον ὅλον τῷ μεγέθει, ὅσον ἔσται τὸ τῶν συντιθέντων αὐτὸ ἅμα 45
λαμβανομένων, εἶτα δεικνύς, ὅτι οὐδὲν τῶν ἁπλῶν ἄπειρον εἶναι δυνατόν,
ἀλλὰ δῆλον, ὅτι πεπερασμένα τῷ πλή|θει τὰ ἁπλᾶ καὶ τῷ μεγέθει πε- 92ᵇ
περασμένα ἐστίν, ἔχει δεδειγμένον ἐναργῶς, ὅτι οὐκ ἔστιν ἄπειρον σῶμα
30 οὔτε ἁπλοῦν οὔτε σύνθετον, ὥστε οὐδὲ τὸ πᾶν ἄπειρον. πρῶτον τοίνυν τὸ
πρῶτον τῶν ἁπλῶν σωμάτων τὸ οὐράνιον προχειρισάμενος δείκνυσιν, ὅτι 5
ἀνάγκη πεπερασμένον αὐτὸ εἶναι καὶ ἀδύνατον ἄπειρον εἶναι.

---

1 ὡς (pr.)] in ras. E¹   2 γιγνόμενον E   δ' Dc   3 ἐστίν E   6 κακῶς corri-
gere voluit A²: κακὸν B   μέγιστον B   μεγίστων — κακῶς (7)] om. D   αἴτιον —
κακῶς (7)] mg. E²   αἴτιον ἁμαρτημάτων AB: ἁμαρτημάτων αἴτιον C: ἁμαρτημάτων αἰτία
E²c   7 ἐν ἀρχῇ ABC: ἐν ἀρχῆς λόγῳ E²c   τεθὲν DE   8 γίνοιτο ACDE: γέ-
νοιτο Bc   11 ποιήσει om. DE: facit b   15 ἀρχή] ἐν ἀρχῇ B   16 τὸν om. Ec
18 εἰ καί] corr. ex εἰς E²   καί (alt.) om. Ec   20 ἤτοι ABD (Arist. codd. FH):
ἢ corr. ex εἰ E²: ἢ c ex Arist. vulg.   22 αὐτὸ] αὐτῷ c   23 ἐκ — εἶναι om. D
24 πλήθει] ὄντων πλήθει c   26 συντιθέντων] e corr. D: συνθετῶν B   27 οὐ-
δὲ D   30. 31 τὸ πρῶτον om. D   31 σωμάτων τὸ πρῶτον D   προχειρησάμε-
νος E: corr. E²   32 πεπερασμένον om. Ec   αὐτὸ] bis A, sed corr.   post
εἶναι add. πεπερασμένον E²c

p. 271ᵇ28 Εἰ γὰρ ἄπειρον τὸ κύκλῳ φερόμενον σῶμα ἕως τοῦ 92ᵇ
τῶν γὰρ πεπερασμένων ἀεὶ ἔσται πεπερασμένον.

Ὅτι τὸ κυκλοφορητικὸν σῶμα οὐκ ἔστιν ἄπειρον, διὰ τῆς εἰς ἀδύνατον ἀπαγωγῆς δείκνυσιν οὕτως· εἰ ἔστιν ἄπειρον τῷ μεγέθει τὸ οὐράνιον σῶμα, οὐκ ἐνδέχεται κύκλῳ κινηθῆναι τὸν οὐρανόν· ἀλλὰ μὴν κινεῖται κύκλῳ ὁ οὐρανός· οὐκ ἄρα ἐστὶν ἄπειρος. καὶ ἡ μὲν πρόσληψις δήλη, ὅτι κινεῖται ὁ οὐρανὸς κύκλῳ, καὶ ὑπέμνησεν αὐτὴν συντόμως διὰ τοῦ "τὸν δὲ οὐρανὸν ὁρῶμεν κύκλῳ στρεφόμενον." τὸ δὲ συνημμένον δείκνυσιν οὕτως· εἰ ἔστιν ἄπειρον τῷ μεγέθει τὸ οὐράνιον σῶμα, ἄπειροι ἔσονται αἱ ἀπὸ τοῦ κέντρου ἐκβαλλόμεναι κατὰ μῆκος· εἰ δὲ ἄπειροι κατὰ μῆκος, ἄπειρον τὸ μεταξὺ διάστημα ἕξουσιν αἱ ἐκβαλλόμεναι ἀπὸ τοῦ κέντρου γραμμαί, τουτέστι τὸ μεταξὺ πλάτος· εἰ δὲ τοῦτο, ἀδιεξίτητον ἔσται τοῦτο τὸ διάστημα, καὶ οὐδέποτε κύκλῳ περιενεχθήσεται ὁ οὐρανός. καὶ ὅτι μὲν ἄπειροι αἱ ἐκ τοῦ κέντρου τῷ μήκει, ὡς ὁμολογούμενον ἔλαβεν ἐναργὲς ὄν, εἰ ἄπειρος ὑποτεθείη τῷ μεγέθει ὁ οὐρανός· ὅτι δὲ τὸ μεταξὺ τῶν ἀπείρων κατὰ μῆκος γραμμῶν διάστημα ἄπειρον ἔσται, δείκνυσι πρῶτον σαφηνίσας, ποῖόν ἐστι τοῦτο τὸ διάστημα, ὅτι τὸ οὗ μηδέν ἐστιν ἔξω λαβεῖν μέγεθος ἁπτόμενον τῶν γραμμῶν· τούτου γὰρ τοῦ μεταξὺ τῶν γραμμῶν πλάτους οὐδέν ἐστιν ἔξωθεν λαβεῖν μέρος ἁπτόμενον αὐτῶν· ἔνδοθεν γάρ ἐστι τὸ ὅλον καὶ ἔνδοθεν ἅπτεται τῶν περιεχουσῶν αὐτὸ γραμμῶν. ὅλως γὰρ ἄπειροι οὖσαι αἱ γραμμαὶ κατὰ μῆκος πῶς ἕξουσί τι ἔξω ἑαυτῶν ἁπτόμενον αὐτῶν; ὥστε οὐδὲ τὸ μεταξὺ τῶν εἰς ἄπειρον ἐκταθεισῶν γραμμῶν διάστημα ἕξει μέρος τι ἑαυτοῦ ἔξω μέγεθος· ἐφάψεται γὰρ τοῦτο τῶν κατὰ τὰς γραμμὰς περάτων, καὶ οὐκέτι ἔσονται ἄπειροι. εἰ οὖν ἄπειροι αὗται, τὸ μεταξὺ τῶν γραμμῶν διάστημα οὐχ ἕξει τι ἔξω ἑαυτοῦ, τὸ δὲ ἐπ' ἄπειρον ἐκτεινόμενον καὶ μηδὲν ἔχον ἑαυτοῦ ἔξω δῆλον ὅτι ἄπειρόν ἐστιν· εἰ γὰρ ἐπ' ἄπειρον προϊὸν ἔτι πεπερασμένον ἦν, πάντως εἶχέ τι ἑαυτοῦ ἔξω. καλῶς οὖν ἀπὸ τοῦ μηδὲν ἔχειν ἔξω ἑαυτοῦ μέγεθος τὸ ἐπ' ἄπειρον προϊὸν μεταξὺ τῶν γραμμῶν διάστημα ἐδήλωσε καὶ ἀπέδειξεν ἅμα τὸ μεταξὺ τῶν γραμμῶν διάστημα ἄπειρον ὄν· τὸ γὰρ πεπερασμένον, φησί, διάστημα μεταξὺ γραμμῶν | ὂν καὶ αὐτῶν πεπερασμένων ἐστὶ μεταξύ. 93ᵃ
ὁ μέντοι Ἀλέξανδρος "οὗ μεγέθους" φησί (τὸ γὰρ διάστημα μέγεθος) "μηδέν ἐστιν, ὃ τῷ ἐκτὸς εἶναι τῶν γραμμῶν ἅπτεται αὐτῶν, ἀλλ' ἔστιν ἁπτόμενόν τε αὐτῶν καὶ οὐκ ἐκτὸς αὐτῶν", τοῦτο μεταξύ τέ ἐστιν αὐτῶν

---

2 τῶν] τὸ AB   4 τῷ] corr. ex τι E¹   7 τοῦ] τούτου B   τὸν κτλ.] 272ᵃ5
12 τὸ om. Ec   15 τὸ CDE: om. AB   16 ἔσται ἄπειρον CD   17 τὸ (alt.) CDEb: om. AB   οὗ κτλ.] 271ᵇ31   18 pr. τῶν — ἁπτόμενον (19) om. B   20 supra γάρ scr. δὲ A²   22 ἐκτεθεισῶν E   23 τι μέρος CD   μεγέθους c   τοῦτο τῶν CDEb: τῶν corr. ex τούτων A: τῶν B   31 γραμμῶν CDE: τῶν γραμμῶν AB   πεπερασμένον B   33 μηδὲ AB   34 τέ ἐστιν del. E: om. c   post αὐτῶν suprascr. ἐστι E: αὐτῶν ἐστὶ c

διάστημα, καὶ καλῶς καὶ αὐτὸς ἐνόησε τὸ τοῦ μεταξὺ διαστήματος μηδὲν 93ᵃ
εἶναι ἐκτὸς τῶν ἀπείρων γραμμῶν· εἰ γὰρ ἦν τι αὐτοῦ μέρος ἐκτὸς τῶν
γραμμῶν, τὸ ἐντὸς ἐκείνου τὸ μεταξὺ τῶν γραμμῶν πεπερασμένον ἔμελλεν
εἶναι· πλὴν ὅτι ὁ Ἀλέξανδρος οὐκ ἐκ τοῦ μηδὲν ἔξω ἔχειν νομίζει συνά- 10
5 γεσθαι τὸ ἄπειρον τοῦ μεταξὺ διαστήματος, ἀλλ᾽ ἐκ μόνου τοῦ ἀπείρους
εἶναι τὰς ἐκ τοῦ κέντρου. μήποτε δὲ ὁ Ἀριστοτέλης τούτῳ μὲν ἑπόμενον
ἔλαβεν τὸ μηδὲν ἐκτὸς εἶναι τοῦ μεταξὺ τῶν ἐκ τοῦ κέντρου γραμμῶν δια-
στήματος, τούτῳ δὲ τὸ ἄπειρον εἶναι τὸ μεταξὺ τῶν γραμμῶν διάστημα· 15
οὗ γὰρ ἐπ᾽ ἄπειρον προϊόντος μηδέν ἐστιν ἐκτός, τοῦτο ἄπειρον ἀνάγκη
10 εἶναι· τοῦ γὰρ πεπερασμένου καὶ ἐπ᾽ ἄπειρον ἰόντος πάντως ἔστι τι ἐκτὸς
λαβεῖν. πρόδηλον δὲ τὸ τὰ μεταξὺ τῶν ἀπείρων γραμμῶν διαστήματα
ἄπειρα εἶναι καὶ ἐκ τοῦ κατ᾽ ἀναλογίαν τῆς τῶν γραμμῶν αὐξήσεως αὐ- 20
ξεσθαι καὶ τὸ μεταξὺ αὐτῶν διάστημα, διὸ καὶ τὸ τῶν πεπερασμένων ἀεὶ
ἔσται πεπερασμένον, ὡς καὶ αὐτός φησιν Ἀριστοτέλης· τούτῳ δὲ ἀκολουθεῖ
15 τῶν μὴ πεπερασμένων τὸ μεταξὺ ἄπειρον εἶναι.

p. 271ᵇ33 Ἔτι δὲ εἰ ἔστιν τοῦ δοθέντος μεῖζον λαβεῖν ἕως τοῦ 25
ὁ αὐτὸς λόγος καὶ περὶ τοῦ διαστήματος.

Καὶ τοῦτο δεικτικόν ἐστι τοῦ ἄπειρον εἶναι τὸ μεταξὺ τῶν γραμμῶν
διάστημα, μᾶλλον δὲ τοῦ ἐπ᾽ ἄπειρον αὔξεσθαι αὐτό· εἰ γὰρ ἔστι τοῦ δο-
20 θέντος ἐν αὐτῷ μεγέθους ἀεὶ μεῖζον κατὰ τὸ πλάτος λαβεῖν, ὥσπερ τοῦ 30
δοθέντος ἀριθμοῦ ἀεὶ μείζονα, ἀνάγκη, ὡς ὁ ἀριθμὸς ἐπ᾽ ἄπειρον αὔξεται
διὰ τοῦτο, οὕτως καὶ τὸ μεταξὺ τῶν γραμμῶν πλάτος ἐπ᾽ ἄπειρον αὔξε-
σθαι· τὸ δὲ ἐπ᾽ ἄπειρον αὐξόμενον οὐκ ἔχει πέρας· ἄπειρον ἄρα καὶ ἀδιεξ-
ίτητον. διχῶς δὲ φέρεται ἡ γραφή, ἡ μὲν ἔτι δὲ εἰ ἔστιν, ἡ δὲ ἔτι δὲ 35
25 ἀεὶ ἔστι· καὶ δῆλον, ὅτι σαφεστέρα αὕτη· ἀνελλιπὴς γάρ, οἶμαι, καὶ ἡ
προτέρα. δῆλον γάρ, ὅτι περὶ τοῦ ἄπειρον εἶναι τὸ μεταξὺ διάστημά
ἐστιν ἡ ἀπόδειξις, ὅπερ ἀκολουθεῖ καὶ τῷ μηδὲν ἔχειν ἐκτὸς ἐπ᾽ ἄπειρον
προϊὸν καὶ τῷ τοῦ δοθέντος εἶναι μεῖζον λαβεῖν· τὸ δὲ τοῦ δοθέντος μεῖ- 40
ζον λαβεῖν κατὰ γεωμετρικὴν εἰρημένον συνήθειαν ἔχει τὸ ἀεὶ συνεμφαι-
30 νόμενον.

---

4 ἔξω] bis E, sed corr.   7 ἔλαβε BDEc   μηδὲ AB   τοῦ μεταξὺ — εἶναι (8)
om. AB   11 τὰ om. Ec   διαστήματα del. E: om. c   12 ἄπειρον c
κατ᾽ ἀναλογίαν] ἀναλόγως CD   13 τὸ (alt.) om. c   τῶν πεπερασμένων c(b): πεπε-
ρασμένον ABCDE   14 φησιν CDE: φησιν ὁ AB   16 δὲ εἰ AB: suprascr. D:
δ᾽ ἀεὶ DEc, cf. v. 24   ἔστι c   mg. γρ. δὲ ἔτι δὲ εἰ ἔστι A²   18 τὸ —
pr. τοῦ (19) mg. E²   19 τοῦ (pr.) DE²b: om. AB   ἔστιν E: om. B   23 ἄπειρον
(alt.)] in ras. E¹   24 γραμμή E: corr. E²   ἔτι δ᾽ c   ἔτι δ᾽ c
25 ἔστιν E   γάρ] δὲ E²c   27 τῷ] corr. ex τὸ E²   28 τῷ D: τὸ ABEb
τὸ — λαβεῖν (29) om. BE   28. 29 μεῖζον] μείζονα D: εἶναι μεῖζον c   29 κατὰ] corr.
ex καὶ E³   εἰρημένην B

p. 272ᵃ3 Εἰ οὖν τὸ μὲν ἄπειρον μὴ ἔστι διελθεῖν ἕως τοῦ τὸν δὲ 93ᵃ
οὐρανὸν ὁρῶμεν κύκλῳ στρεφόμενον.

Δείξας, ὅτι ἄπειρον ἔσται τὸ πλάτος τὸ μεταξὺ τῶν ἐκ | τοῦ κέν- 93ᵇ
τρου ἐκβαλλομένων γραμμῶν ἀπείρων καὶ αὐτῶν οὐσῶν, εἴπερ ἄπειρον εἴη
τὸ κυκλοφορητικὸν σῶμα, ἐπάγει, ὅτι ἀπείρου ὄντος τοῦ μεταξὺ τῶν γραμ-
μῶν διαστήματος οὐκ ἐνδέχεται κινηθῆναι κύκλῳ. εἰ γὰρ τὸ μεταξὺ διά-
στημα δυεῖν εὐθειῶν ἀλλήλων πλησίον ἀπὸ τοῦ κέντρου ἐκβαλλομένων 5
ἀδιεξίτητον, πολὺ μᾶλλον ἡ πᾶσα περιφέρεια, ἧς μέρος ἦν ὀλίγον τὸ ληφ-
θὲν διάστημα· εἰ οὖν τὸν οὐρανὸν ὁρῶμεν κύκλῳ στρεφόμενον καθ' ἑκά-
στην ἡμέραν, δῆλον, ὅτι, ὅπερ ἂν σημεῖον τοῦ κύκλου κινούμενον ἐπὶ τῆς
περιφερείας ληφθῇ, τοῦτο ἐν τῇ περιφορᾷ οὐχ ἓν μόνον, ἀλλὰ πάντα τὰ 10
μεταξὺ τῶν ἐκ τοῦ κέντρου ἐκβαλλομένων εὐθειῶν διαστήματα διέξεισι·
καίτοι, εἰ ἄπειρον ἦν τὸ μεταξὺ δυεῖν εὐθειῶν, οὐδ' ἂν ἐκεῖνο διεξῆλθεν.
εἰ οὖν ἀπείρου ὄντος κατὰ μέγεθος τοῦ οὐρανίου σώματος ἀδύνατον κύκλῳ
κινηθῆναι τὸν οὐρανόν, φαίνεται δὲ ὁ οὐρανὸς κύκλῳ περιφερόμενος καὶ 15
ἀπὸ τοῦ αὐτοῦ εἰς τὸ αὐτὸ καθιστάμενος, δῆλον, ὅτι ἀδύνατον ἄπειρον
εἶναι κατὰ μέγεθος τὸ τοῦ οὐρανοῦ σῶμα. εἰπὼν δέ, ὅτι τὸν δὲ οὐρα-
νὸν ὁρῶμεν κύκλῳ στρεφόμενον, καὶ ἀπὸ τῆς αἰσθήσεως τὴν πρόσ-
ληψιν τοῦ συλλογισμοῦ πιστωσάμενος καὶ τῷ λόγῳ φησὶ δεδεῖχθαι τοῦτο 20
ἐκείνου τοῦ λόγου ὑπομιμνήσκων ἡμᾶς, ἐν ᾧ ἐδείκνυ ἀναγκαῖον εἶναί τι
σῶμα ἁπλοῦν, ὃ πέφυκε φέρεσθαι τὴν κύκλῳ κίνησιν κατὰ τὴν αὐτοῦ φύ-
σιν. ὁ δὲ Ἀλέξανδρος κοινῶς ἐπιχειρῶν δείκνυσιν, ὅτι οὐδὲν σῶμα οὔτε
τῶν ἁπλῶν οὔτε τῶν συνθέτων εἴη ἂν ἄπειρον. "πᾶν γὰρ σῶμα, φησὶν 25
ὡς ἐπὶ τῶν ἁπλῶν λέγων, ἤτοι πυκνόν ἐστιν ἢ μανόν· ὑπὸ γὰρ ταύτας
τὰς διαφορὰς πᾶν σῶμα πίπτει· ταῦτα δὲ ἤτοι ἄμφω πεπερασμένα ἢ ἄμ-
φω ἄπειρα, ἢ τὸ μὲν ἄπειρόν ἐστιν αὐτῶν, τὸ δὲ πεπερασμένον. ἀμφό-
τερα μὲν οὖν ἀδύνατον ἄπειρα εἶναι· ἔσται γὰρ πλείω σώματα ἄπειρα, 30
ὅπερ ἐστὶν ἀδύνατον   τὸ γὰρ ἄπειρον πανταχοῦ, ὥστε, εἰ θάτερον εἴη
ἄπειρον, οὐκ ἂν εἴη θάτερον. ἀλλὰ καὶ τὸ ἐξ ἀμφοτέρων τῶν ἀπείρων
συγκείμενον ἢ ἴσον ἔσται ἑκατέρῳ αὐτῶν ἢ μεῖζον ἑκατέρου· οὐ γὰρ δὴ
ἔλαττον· ἀλλ' εἰ μὲν μεῖζον, ἄπειρον ἀπείρου μεῖζον ἔσται καὶ ἄπειρον
ἀπείρου διπλάσιον, εἴπερ ἴσα εἴη ἄμφω τὰ ἄπειρα· τὸ δὲ διπλάσιον καὶ 35
τὸ ἥμισυ ἐν πεπερασμένοις ἐστίν. εἰ δὲ ἴσον ἑκατέρῳ τῶν ἀπείρων τὸ ἐξ
ἀμφοῖν, ἄτοπον ἀπείρου διαστήματος προστεθέντος τινὶ μηδεμίαν αὔξησιν
γεγονέναι, ὅπου γε, κἂν μικρότατον σῶμα προστεθῇ σώματι, ἀνάγκη τὸ
ὅλον γεγονέναι μεῖζον. ἔτι δέ, φησίν, εἰ ἄμφω τὰ ἁπλᾶ ἄπειρα, ἤτοι ἴσα 40

1 εἰ] εἰ μὲν B   2 φερόμενον B   7 δυοῖν Bc   9 καθ'] καὶ καθ' Ec
10 σημείου B   κινούμενον CDE: κινουμένου ABb   12 διέξεισι] seq. ras. 1
litt. E   13 δυοῖν Bc   οὐκ bc   17 δὲ (alt.) om. B   20 τι om. c
21 αὐτοῦ E²: αὐτοῦ ABE: ἑαυτοῦ CD   22 οὐδὲ AB   24 ἐπὶ τῶν om. E: de b:
περὶ K²c   28 θατέρων E, sed corr.   35 σμικρότατον D   36 ἤτοι] ἤτοι ἢ E

ἔσται ἢ ἄνισα· ἀλλ' εἰ μὲν ἴσα, ἔσται ἴσων μέτρων· τὰ δὲ ἴσων ὄντα 93ᵇ
μέτρων μεμέτρηται καὶ πεπέρανται, ὥστε οὐκ ἄπειρα, ὥστε οὐδὲ τὸ ἐξ
αὐτῶν ἄπειρον· εἰ δὲ ἄνισα, τὸ ἕτερον αὐτῶν μεῖζον ἔσται καὶ ὑπερέχον·
ἀλλὰ τὸ ὑπερεχόμενον πᾶν, καθὸ ὑπερέχεται, πεπέρανται, ὥστε οὐκ ἄμφω 45
5 ἄπειρα. ὅλως δέ, ᾧ ὑπερέχει τὸ ἄπειρον τοῦ ἀπείρου, ἢ πε|περασμένον 94ᵃ
ἀνάγκη τοῦτο εἶναι ἢ ἄπειρον· καὶ εἰ μὲν πεπερασμένον, καὶ τὸ ὅλον ἔσται
πεπερασμένον· καὶ γὰρ τὸ μέχρι τῆς ὑπεροχῆς πεπερασμένον, καὶ πεπε-
ρασμένῳ μέρει καταμετρεῖται τὸ ὅλον. εἰ δὲ ἡ ὑπεροχὴ ἄπειρος, ἔσται τὸ
μέρος τῷ ὅλῳ ἴσον καὶ ἄπειρον ἀπείρου ἀπείρῳ μεῖζον, ὅπερ ἄτοπον, εἴ 5
10 γε τὸ ὅλον ἀνάγκη μεῖζον εἶναι τοῦ μορίου. εἰ δὲ ἄμφω πεπέρανται, καὶ
τὸ ἐξ αὐτῶν ἔσται πεπερασμένον· εἰ δὲ τοῦτο, οὐδὲν οὔτε ἁπλοῦν οὔτε
σύνθετον ἄπειρον ἔσται σῶμα. ἀλλ' οὐδὲ τὸ ἕτερον αὐτῶν οἷόν τε λέγειν
ἄπειρον εἶναι, καὶ ὅτι πανταχοῦ ὂν τὸ ἄπειρον τῷ ἑτέρῳ παρείσδυσιν οὐ 10
καταλείψει, καὶ ὅτι, ὡς ἔδειξεν αὐτὸς ἐν τῷ τρίτῳ τῆς Φυσικῆς ἀκροά-
15 σεως, ἐν τῇ μίξει καὶ τῇ συνθέσει πλεονάζον θάτερον διαφθείροι ἂν τὸ
ἕτερον· εἰ δὲ τοῦτο, οὐκ ἂν εἴη σύνθετον τὸ τοιοῦτον, ὥστε οὐδ' ὁ κό-
σμος· ἐκ γὰρ τῆς τῶν στοιχείων συνθέσεως ὁ κόσμος." ὅτι δὲ μηδὲ τὸ 15
ἐγκύκλιόν τε καὶ σφαιρικὸν σῶμα οἷόν τε ἄπειρον εἶναι, οὕτως ὁ Ἀλέξαν-
δρος ἐπιχειρεῖ δεικνύναι· κύκλον γὰρ ἢ σφαῖραν ἄπειρον εἶναι οὐχ οἷόν τε,
20 εἴ γε κύκλος ἐστίν, οὗ ἀφ' ἑνὸς σημείου τῶν ἐντὸς τοῦ σχήματος κειμέ-
νων πᾶσαι αἱ πρὸς τὴν περιφέρειαν προσπίπτουσαι εὐθεῖαι ἴσαι ἀλλήλαις 20
εἰσί, τὸ δὲ ἴσον ἐν πεπερασμένοις· ὁ αὐτὸς δὲ καὶ ἐπὶ σφαίρας λόγος.
ἔτι τὸ μὴ πεπερασμένον οὐκ ἀνάγκη πρός τι περαίνειν, τὸ δὲ πρός τι πε-
ραῖνον ἀνάγκη πεπεράνθαι· αἱ δὲ εὐθεῖαι πρὸς τὴν περιφέρειαν περαί-
25 νουσιν· ὥστε καὶ τὸ διάστημα τοῦ κύκλου καὶ τῆς σφαίρας πεπερασμένον 25
ἐστίν, ὥστε καὶ ὁ κύκλος καὶ ἡ σφαῖρα. ὅσον γὰρ τὸ διάστημα αὐτῶν,
τοσοῦτοι καὶ οὗτοι. ὅλως δὲ τὸ ἄπειρον κύκλον ἢ σφαῖραν λέγειν ἀναιρεῖν
ἐστι κύκλον καὶ σφαῖραν· τὸ γὰρ εἶναι αὐτοῖς ἐν τῷ σχήμασιν εἶναί ἐστιν,
οὐδὲν δὲ σχῆμα ἄπειρον· δηλοῦσι δὲ καὶ οἱ ὁρισμοὶ αὐτῶν. ἔτι, ἐν ᾧ τί 30
30 ἐστιν ἐξωτάτω καὶ μέσον, τοῦτο οὐχ οἷόν τε ἄπειρον λέγειν. ἔτι, ἐν ᾧ
ἔστιν ἀρχὴ καὶ πέρας, τοῦτο οὐκ ἄπειρον· ἐν δὲ τούτοις πᾶν τὸ ληφθὲν
σημεῖον ἐπὶ τῆς περιφερείας ἀρχή τε καὶ πέρας τοῦ παντός ἐστιν. ἔτι, εἰ
ἄπειροι αἱ ἀπὸ τοῦ κέντρου ἀγόμεναι, ἐξ ὧν ἡ διάμετρος, ἤτοι ἀμφότεραι
ἄπειροι ἔσονται ἢ ἀμφότεραι πεπερασμέναι ἢ ἡ ἑτέρα αὐτῶν· ἀλλ' εἰ μὲν 35

---

2 μεμέτρηνται DE   4 πεπέραντα B   6 καὶ (alt.) — pr. πεπερασμένον (7) om. E   8 μέ-
ρει] mut. in μέρη A: μέτρῳ bc   τὸ (pr.) om. Bc   9 ἀπείρῳ addidi: om. ABDEbc
11 εἰ] et sequentia ad p. 211,18 om. E: prorsus aberrat c   12 σῶμα] τὸ σῶμα B
θάτερον B   οἷόν τε λέγειν om. D   14 τρίτῳ] cap. 5   15 καὶ τῇ BD: καὶ A
διαφθείροι D: διαφθείρει A: φθείροι B   15. 16 θάτερον B   16 οὐδὲ D   17 μηδὲ]
scripsi: μήτε ABD   22 εἰσίν B   23 μὴ] μὲν D   οὐκ om. D   27 το-
σοῦτον B   ἢ] καὶ A   30 ἐστιν B: ἔστι AD   ἐξωτάτω] ἔξω τούτῳ D
31 οὐκ AD: οὐκ ἔστιν Bb   32 εἰ D: οἱ corr. ex αἱ A: αἱ B   33 αἱ K:
om. ABD

ἡ ἑτέρα μόνη ἄπειρος, οὐκ ἔσονται αἱ ἀπὸ τοῦ κέντρου ἴσαι, ὥστε οὐδὲ 94ᵃ κύκλος οὐδὲ σφαῖρα· εἰ δ᾽ ἴσαι αἱ ἐκ τοῦ κέντρου, πεπερασμένον ἀπείρῳ ἴσον ἔσται· εἰ δ᾽ ἄμφω πεπερασμέναι, καὶ ὅλη ἡ διάμετρος πεπερασμένη καὶ ὅλος ὁ κύκλος καὶ ἡ σφαῖρα· εἰ δ᾽ ἄμφω ἄπειροι, ἔσται πλείω τὰ 40
5 ἄπειρα καὶ ἄπειρον ἀπείρου μεῖζον καὶ διπλάσιον. ἔτι, εἰ ἄπειρος ἡ διάμετρος, οὐκ ἔσται αὐτῆς μέσον, εἰ δὲ μὴ ταύτης, οὐδὲ τοῦ κύκλου οὐδὲ τῆς σφαίρας· εἰ δὲ μὴ μέσον, οὐδὲ κέντρον· εἰ δὲ μὴ κέντρον, οὐδὲ κύκλος ἢ σφαῖρα ἔσται. ἐπιστῆσαι δὲ ἄξιον, ὅτι ὁ Ἀριστοτέλης ὡς μήπω 45 δείξας, ὅτι σφαιρικός ἐστιν ὁ οὐρανός, οὐκ ἠξίωσε τοιαύτῃ χρήσασθαι ἀπο-
10 δείξει. καὶ γὰρ εἰ σφαιρικὸς ὁ | οὐρανὸς ὁμολογηθῇ, περιττὸν ἔτι [τὸ] 94ᵇ ζητεῖν, εἰ πεπερασμένος ἢ ἄπειρος, καὶ ὅλως ἐχρῆν πρῶτον πεπερασμένον δεῖξαι καὶ οὕτως περὶ τοῦ σχήματος ζητεῖν.

p. 272ᵃ7 Ἔτι ἀπὸ πεπερασμένου χρόνου ἐὰν ἀφέλῃς πεπερασ- 5
μένον ἕως τοῦ ὁμοίως δὲ τοῦτο καὶ ἐπὶ τῶν ἄλλων.

15 Δέδεικται ἐν τῇ Φυσικῇ ἀκροάσει, ὅτι ἀκολουθεῖ ὁ μὲν χρόνος τῇ κινήσει, ἡ δὲ κίνησις τῷ μεγέθει τοῦ κινουμένου καὶ τῷ ἐφ᾽ οὗ ἡ κίνησις, καὶ ὅτι, ἂν ὁ χρόνος ᾖ πεπερασμένος, ἀνάγκη καὶ τὴν κίνησιν εἶναι πεπε- 10 ρασμένην καὶ τὸ μέγεθος ἀμφοῖν τοῦ τε κινουμένου καὶ τοῦ ἐφ᾽ οὗ ἡ κίνησις· οὔτε γὰρ πεπερασμένον τι μέγεθος ἄπειρον διάστημα οὔτε ἄπειρον
20 μέγεθος πεπερασμένον διάστημα ἐν πεπερασμένῳ ἂν διεξέλθοι χρόνῳ, ὡς καὶ τοῦτο ἐκεῖ δέδεικται. εἰ οὖν ὁ χρόνος τῆς κύκλῳ περιφορᾶς τοῦ οὐ- 15 ρανίου σώματος ὡρισμένος καὶ πεπερασμένος ἐστὶν ἐν κδ̄ ὥραις, εἰ τύχοι, γινόμενος, καὶ ἡ κίνησις ἄρα καὶ τὸ μέγεθος ὥρισται, καὶ ἑκάτερον ἀρχὴν ἔχει καὶ τελευτήν, καὶ πανταχοῦ τῇ ἀρχῇ τὸ τέλος καὶ τῷ τέλει σύνεσ-
25 τιν ἡ ἀρχή· εἰ δὲ τοῦτο, οὐκ ἔστιν ἄπειρον τὸ κύκλῳ κινούμενον σῶμα, 20 κἂν κινῆται ἐπ᾽ ἄπειρον. ἐνῆν μὲν οὖν οὕτως ἀποδεῖξαι τὸ προκείμενον, ἀλλ᾽ αὐτὸς ταύτην μὲν ὡς σαφῆ παρῆκε τὴν μεταχείρισιν, διὰ δὲ τῆς εἰς ἀδύνατον ἀπαγωγῆς τὸ αὐτό πως δείκνυσιν. ἀλλὰ νῦν μὲν ἄπειρον ὑποθέμενος τὸν οὐρανὸν συνάγει, ὅτι ἐν πεπερασμένῳ χρόνῳ ἄπειρον διά- 25
30 στημα διελεύσεται, καὶ ὅτι ἀρχὴν ἕξει τὸ ἄπειρον, ἅπερ ἄμφω ἀδύνατα, ἐν δὲ τῷ ἐφεξῆς θεωρήματι, ὅτι τὸ ἄπειρον ἐν πεπερασμένῳ χρόνῳ πεπερασμένον τι διάστημα διελεύσεται, ὅπερ καὶ αὐτὸ ἀδύνατον. καὶ τὸ μὲν παρὸν δείκνυσιν οὕτως· λαβών, ὅτι πεπερασμένος ἐστὶν ὁ τῆς περιφορᾶς 30 τοῦ οὐρανοῦ χρόνος κδ̄ ὡρῶν ὑπάρχων, καὶ προσλαβών, ὅτι, ἐὰν ἀπὸ πε-

---

1. 2 οὔτε κύκλος οὔτε K   2 εἰ δ᾽] corr. ex οὐδὲ A²   τὸ πεπερασμένον D
3 δὲ A   4 δὲ A   10 ἔτι] ἐστι D: est adhuc b; fort. ἐστιν ἔτι   τὸ deleo:
om. Kc   15 Φυσικῇ] IV 12 sq.   16 οὗ AB: ᾧ D: δ C   17 καὶ — κινη-
σις (18. 19) om. D   18 οὗ] δ C   21 ἐκεῖ] Phys. VI 7   φορᾶς CD
26 καὶ εἰ κινεῖται B   27 μεταχείρισιν ABD: ἐπιχείρισιν suprascr. D¹: ἐπιχείρησιν C:
manuductionem b   31 ἑξῆς B   33 δείκνυσιν ac: δείκνυσι ABD   οὕτως ABb:
om. D

SIMPLICII IN L. DE CAELO I 5 [Arist. p. 272ᵃ7. 11]   209

περασμένου χρόνου ἀφέλῃς πεπερασμένον, ἀνάγκη καὶ τὸν λοιπὸν εἶναι 94ᵇ
πεπερασμένον καὶ ἔχειν ἀρχήν, καθ' ὃ ἡ ἀπὸ τοῦ ὅλου ἀφαίρεσις γέγονεν·
εἰ γὰρ τὴν πρώτην ἀφέλῃς ὥραν, ἡ τῆς δευτέρας ὥρας ἀρχὴ ἀρχὴ γίνε- 35
ται τοῦ καταλειπομένου χρόνου, τουτέστι τῶν κγ ὡρῶν. ὡς ἐπὶ βαδίσεως
5 οὖν ποιησάμενος τὸν λόγον, εἰ ὁ χρόνος, φησίν, ὁ τῆς βαδίσεως, κἂν συν-
εχής ἐστιν, ἔχει ἀρχήν, καθ' ἣν ἀφῄρηται, ὁ πρὸ τῆς ἡμερησίας, εἰ τύ-
χοι, βαδίσεως πεπερασμένος χρόνος ἔσται καὶ τῆς κινήσεως ἀρχὴ καὶ τοῦ 40
μεγέθους τοῦ κινουμένου· ἡ γὰρ ἀρχὴ τῆς κινήσεως κατὰ τὴν ἀρχὴν τοῦ
κινουμένου μεγέθους καὶ τοῦ ἐφ' οὗ ἡ κίνησις ἐπιτελεῖται. ὁμοίως δὲ
10 τοῦτο, φησί, καὶ ἐπὶ τῶν ἄλλων, τῶν τε κινήσεων δηλονότι καὶ τῶν κι-
νουμένων καὶ τοῦ χρόνου τοῦ τὰς κινήσεις μετροῦντος. εἰ οὖν ἀρχὴν ἔχει 45
ὁ χρόνος τῆς τοῦ οὐρανοῦ μιᾶς περιστροφῆς, καθ' ἣν ἡ ἀπ' αὐτῆς ἀφαί-
ρεσις γέγονε, καὶ ἡ κίνη|σις ἀρχὴν ἕξει καὶ τὸ κινούμενον μέγεθος καὶ 95ᵃ
οὐκ ἔστιν ἄπειρον· τὸ γὰρ ἔχον ἀρχὴν καὶ τέλος ἔχει καὶ οὐκ ἔστιν ἄπει-
15 ρον. διὰ τί δὲ καίτοι ἔχων ἐναργῶς, ὅτι πεπερασμένος ἐστὶν ὁ χρόνος
τῆς τοῦ οὐρανοῦ περιστροφῆς, οὐκ ἐχρήσατο τῷ ὅλῳ, ἀλλὰ τῷ μετὰ τὴν 5
ἀφαίρεσιν ὡς ἀρχὴν ἔχοντι καὶ πεπερασμένῳ, μαθησόμεθα, οἶμαι, ἐκ τῆς
ἐκθέσεως αὐτοῦ τῆς γραμμικῆς.

p. 272ᵃ11   Ἔστω δὴ γραμμὴ ἄπειρος, ἐφ' ᾗ ΑΓΕ ἕως τοῦ ὥστε
20   οὐδὲ τὸν κόσμον, εἰ ἦν ἄπειρος.

Δύο γράφει γραμμὰς ἐν τῷ τοῦ παντὸς σώματι τὴν μὲν ΑΓΕ τὸ μὲν
Α ἔχουσαν πρὸς τῷ κέντρῳ, κατὰ δὲ τὸ Γ κυκλογραφοῦσαν ἐν τῇ περι-
στροφῇ περὶ τὸ κέντρον, ἐπὶ δὲ τὸ Ε εἰς ἄπειρον ἐκβαλλομένην τὸ οὐρά- 15

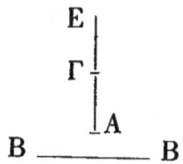

νιον σῶμα, γράφει δὲ καὶ ἑτέραν, ἐφ' ᾗ τὰ ΒΒ, οὐκέτι διὰ τοῦ κέντρου,
25 ἀλλ' ἐκτὸς τοῦ κέντρου, κεχωρισμένην τῆς ΑΓΕ καὶ ἐφ' ἑκάτερα τὰ ΒΒ
ἄπειρον καὶ ἀκίνητον. ἐκτὸς δὲ τοῦ κέντρου γράφει τὰ ΒΒ, ἵνα μὴ περι-
φερομένη ἡ ΑΓΕ ἐφαρμόσασα τῇ τὰ ΒΒ ἀθρόον παραλλάττῃ αὐτήν· οὐ γὰρ 20
συνάγεται οὕτως τὸ ἄτοπον τὸ ἀδιεξίτητον αὐτὴν οὖσαν διεξιέναι· ἀλλ' ἵνα
τέμνῃ κατ' ὀλίγον αὐτήν. ἐὰν οὖν, φησίν, ἡ ΑΓΕ τοῦ παντὸς περιστρε-
30 φομένου περιαχθῇ κύκλῳ ὥστε τὸ Γ κυκλογραφῆσαι περὶ τὸ Α κέντρον, 25

---

1 καὶ τὸν λοιπὸν ἀνάγκῃ D   καὶ om. B   1. 2 πεπερασμένον εἶναι D   19 ᾗ] ἡ
ἡ A: ἧς D   22 ἔχουσαν om. B   κατὰ δὲ τὸ] τὸ δὲ B   23 περὶ] πρὸς D   εἰς]
τὴν εἰς B   Fig. om. A: aliam e corr. D   25 τῆς D: evan. A: τοῦ B   καὶ om. B
ΒΒ] Β Α   26 καὶ b: ἡ ABD   τὰ ABD: τὴν bc; fort. τὴν τὰ   26. 27 περι-
στρεφομένη B   29. 30 περιγραφομένου B   30 κυκλογραφῆναι B

δῆλον, ὅτι ἐν ἐκείνῃ τῇ περιφορᾷ ἡ ΑΓΕ ἔν τινι ἀρχῇ χρόνου ἐφάψεται 95ᵃ
τῆς τὰ ΒΒ κατὰ ἀρχὴν αὐτῆς τινα· οὐ γὰρ ὑπερβάλλεται τὸ Ε ὑπὸ τοῦ
Β· καὶ γὰρ ἡ ΑΓΕ ἐπὶ τὸ Ε ἄπειρος· καὶ πᾶσαν αὐτὴν τὴν τὰ ΒΒ τέμ-
νουσα διελεύσεται, ἕως τὸ Γ εἰς τὸν αὐτὸν ἀποκαταστῇ τόπον, τουτέστιν 30
5 ἕως ἡ ΑΓΕ κύκλῳ περιαχθῇ· τούτου γάρ, οἶμαι, τεκμήριον ἡ τοῦ Γ κυ-
κλογραφία παρείληπται. εἰ οὖν ἀδύνατον ἄπειρον οὖσαν καὶ ἀδιεξίτητον
τὴν ΒΒ διελθεῖν, ἀδύνατον τὴν ΑΓΕ ἄπειρον καὶ αὐτὴν οὖσαν κύκλῳ πε-
ριενεχθῆναι, ὥστε τὸ Γ κυκλογραφῆσαι· ὥστε οὐδὲ τὸν κόσμον, οὗ ἐκ τοῦ 35
κέντρου ἐστὶν ἡ ΑΓΕ, εἴ ἐστιν ἄπειρος, κύκλῳ στραφῆναι δυνατὸν καὶ μά-
10 λιστα ἐν πεπερασμένῳ χρόνῳ τῷ ἀφ' οὗ ἄρχεται ἡ ΑΓΕ τέμνειν τὴν τὰ
ΒΒ, ἕως ἀποκαταστῇ. διὰ τοῦτο γὰρ οἶμαι ἀπὸ πεπερασμένου χρόνου
τοῦ τῆς περιστροφῆς ἀφελεῖν πεπερασμένον χρόνον τὸν ἕως ἂν ἡ ΑΓΕ 40
ἄρξηται τέμνειν τὴν τὰ ΒΒ, ἵνα τῆς τομῆς ταύτης καίτοι ἀδιεξιτήτου ὑπο-
τιθεμένης ἀρχὴν καὶ τελευτὴν ἐπιδείξῃ διὰ τῆς τοῦ Γ κυκλογραφίας, δι'
15 ἧς τὴν εἰς τὸ αὐτὸ ἀποκατάστασιν τῆς ΑΕΓ ἐδήλωσε. κἂν μὴ γραμμὴ
δὲ ἄπειρος ὑποτεθῇ ἡ τὰ ΒΒ, διάστημα δὲ μόνον, καὶ οὕτως ἄπειρον τὸ 45
διάστημα ἡ ΑΓΕ ἐν πεπερασμένῳ χρόνῳ διελεύσεται, ὅπερ | ἀδύνατον. 95ᵇ
καὶ δῆλον, ὅτι τὸ ἀδύνατον ἠκολούθησε τῷ τὸν μὲν χρόνον τῆς τοῦ οὐρα-
νοῦ περιστροφῆς καὶ πεπερασμένον εἶναι καὶ εὐσύνοπτον, εἴπερ κδ ἐστὶν
20 ὡρῶν, τὸ δὲ κινούμενον ἄπειρον ὑποτεθῆναι. ὁ δὲ Ἀλέξανδρος δύο φησὶν
εἶναι τὰ συναγόμενα ἄτοπα, τοῦτό τε τὸ ἐν πεπερασμένῳ χρόνῳ τὸ ἄπει- 5
ρον διάστημα διεξιέναι, ὅπερ ἐσήμηνε διὰ τοῦ τέμνουσά ποτε οἰσθή-
σεται κύκλῳ τὴν τὰ ΒΒ ἢ τὸ ΑΓΕ πεπερασμένον χρόνον, καὶ ἔτι
μέντοι, ὅτι τοῦ ἀπείρου ἔσται ἀρχή, ὅπερ δηλοῖ διὰ τοῦ ἔσται ἄρα τις
25 ἀρχὴ πρῶτον, ᾗ ἡ τὸ ΑΓΕ τὴν τὰ ΒΒ ἔτεμεν· ἀλλ' ἀδύνατον.
δῆλον δέ, ὅτι καὶ ἐκεῖνο τὸ ἄτοπον ἀκολουθεῖ τούτῳ τὸ ἄπειρον μέγεθος 10
οἷον τὴν ΑΓΕ ἐν πεπερασμένῳ χρόνῳ ἄπειρον διάστημα διεξιέναι· καὶ
γὰρ τοῦτο ἀδύνατον ἐδείχθη ἐν τῇ Φυσικῇ· εἰ μὴ ἄρα οὐ μάτην τοῦτο
παρῆκε νῦν τὸ ἀδύνατον ὁ Ἀριστοτέλης, ἀλλ' ὅτι ἡ ΑΓΕ, κἂν ἄπειρός
30 ἐστιν ἐπὶ τὸ Ε, ἀλλὰ γραμμὴ οὖσα καθ' ὅλον κινεῖται ἐν τῇ περιστροφῇ 15
καὶ οὐ κατὰ μέρος· οὕτως γὰρ ἂν ἦν ἄτοπον τὸ ἄπειρον μέγεθος ὅλον ἐν
πεπερασμένῳ χρόνῳ κινηθῆναι. ἀφῃρημένον δὲ χρόνον δύναται μὲν λέ-
γειν καὶ τὸν ἕως ἐφέρετο ἡ ΑΓΕ ἐπὶ τὴν Β, δύναται δὲ καὶ τὸν ἀφ' οὗ
ἤρξατο τὴν Β τέμνειν, ἕως οὗ ἀποκατέστη εἰς τὸ αὐτό· καὶ γὰρ οὗτος 20

---

2 ΒΒ Db: Β ΑΒ   5 ΑΓ Β   5. 6 κυκλογραφία Db: κυκλοφορία ΑΒ   7 Β D
τήν] τὰ Β   9 κύκλῳ στραφῆναι ΑΒ: κυκλογραφῆσαι D   10 ἄρχεται ΑΒb: ἤρ-
ξατο D   11 ΒΒ Db: Β ΑΒ   12 ἀφελεῖν ΑΒ: ἀφεῖλε Db   τὸν πεπε-
ρασμένον D   13 τὴν om. Β   τῆς] διὰ τῆς D   ἀδιεξιτήτου D   14 κυκλο-
φορίας Β   15 ΑΓΕ D   καὶ ἐὰν Β   16 ἡ om. Β   τὸ] τι D   19 πε-
περασμένης Α, sed corr.   ἀσύνοπτον Β   21. 22 ἄπορον Β   24 ἔσται (alt.)
ἐστιν D   25 πρώτη Β   ἡ τὸ] τὰ Β   τὰ om. Β   ἀλλὰ D
26 δ' Β   κἀκεῖνο Β   τούτῳ b: τῷ ΑΒ: τὸ D   27 διάστασιν D   28 Φυσικῇ]
Ζ 7. 238ᵇ13   30 περιφορᾷ D   32 ἀφῃρημένου Β   χρόνου D
33 τήν] τὸν Α

μέρος ἐστὶ τοῦ χρόνου τῆς ὅλης περιστροφῆς. καὶ μᾶλλόν γε τοῦτον ἂν λέγοι τὸν ἀφῃρημένον, ὥς φησιν Ἀλέξανδρος· τὸ γὰρ ὃν ἡ τέμνουσα ἐφέρετο τούτῳ προσήκει, διότι ἐν τῷ πρὸ τούτου οὔπω ἔτεμνεν. οὗτος δέ ἐστι καὶ ὁ ἀπὸ πεπερασμένου πεπερασμένος ἀφαιρεθεὶς καὶ ἀρχὴν
5 ἔχων· εἰ δὲ ὁ χρόνος ἔχει ἀρχήν, καὶ ἡ κίνησις καὶ τὸ μέγεθος τό τε κινούμενον καὶ τὸ ἐφ' οὗ ἡ κίνησις. καὶ ἔσται πεπερασμένος· καὶ γὰρ ἀπὸ πεπερασμένου χρόνου ἀφῄρηται οὗτος ὁ χρόνος τοῦ τῆς περιστροφῆς.

Ἐπιστῆσαι δὲ χρή, ὅτι καὶ ὁ Ἀλέξανδρος ὁμολογεῖ, ὅτι ἐν τούτοις ἡ
10 πρόθεσίς ἐστιν οὐ τὸν κόσμον δεῖξαι μὴ ὄντα ἄπειρον, ἀλλὰ τὸ ἐγκύκλιον σῶμα, οὑτωσὶ καὶ τῷ ῥήματι λέγων· "καὶ ὅτε, φησίν, εἶπεν ὥστε οὐδὲ τὸν κόσμον, εἰ ἦν ἄπειρος, κόσμον, φησί, τὸ κυκλοφορητικὸν εἶπεν σῶμα, ὃ πρὸ ὀλίγου οὐρανὸν εἶπεν· ὥστε κἂν δείχνυσιν, ὅτι οὐκ ἔστιν ἄπειρος ὁ κόσμος κατὰ μέγεθος, προηγουμένως τὸν οὐρανὸν δείχνυσι πεπερασμένον·
15 διὰ γὰρ τὸ τὸν οὐρανὸν πεπερασμένον εἶναι καὶ ὁ κόσμος πεπέρανται· καὶ ἀπὸ τῆς κινήσεως δὲ καὶ τοῦ χρόνου, ἐν ᾧ ἡ κίνησις, ἔφοδοι τοῦ οὐρανοῦ εἰσιν οἰκεῖαι πλεῖσται τοιαῦται ἐν τούτοις παρειλημμέναι, καὶ ὅλως περὶ τοῦ κυκλοφορητικοῦ προὔκειτο δεικνύναι."

p. 272ᵃ21 Ἔτι δὲ καὶ ἐκ τῶνδε φανερόν ἕως τοῦ ἀδύνατον ἄρα
20   ἄπειρον εἶναι τὸ κύκλῳ.

Ὅτι ἀδύνατον ἀκολουθεῖ τοῖς τὸ κυκλοφορητικὸν σῶμα ἄπειρον λέγουσι κατὰ μέγεθος, προθέμενος δεῖξαι | ἀπό τε τοῦ κινουμένου καὶ τοῦ δι' οὗ ἡ κίνησις καὶ τῆς κινήσεως αὐτῆς καὶ τοῦ χρόνου, ἐν ᾧ ἡ κίνησις, συστοίχως ἐχόντων πρὸς ἄλληλα καὶ δείξας πρότερον, ὅτι τῷ ἄπειρον
25 κατὰ μέγεθος ὑποθεμένῳ τὸ κυκλοφορητικὸν σῶμα πεπερασμένου τοῦ χρόνου τῆς περιστροφῆς ὁρωμένου δύο ἀδύνατα ἀκολουθήσει τό τε ἀρχὴν ἔσεσθαι τοῦ ἀπείρου καὶ τὸ ἐν πεπερασμένῳ χρόνῳ ἄπειρόν τι διάστημα διελθεῖν, νῦν τῶν αὐτῶν ὑποκειμένων δείχνυσιν, ὅτι ἐν πεπερασμένῳ χρόνῳ τὸ ἄπειρον σῶμα διάστημά τι ὅλως διελεύσεται, ὅπερ καὶ αὐτὸ ἀδύνατον ἐν τῇ Φυ-
30 σικῇ ἀκροάσει ἐδείχθη. ἔσται γὰρ ἐν τῷ αὐτῷ χρόνῳ τῷ αὐτῷ τάχει χρώμενόν τι πεπερασμένον τε καὶ ἄπειρον διελθεῖν, εἴπερ τὸ ὁποιονοῦν τάχει χρώμενον ἐν πεπερασμένῳ χρόνῳ πεπερασμένην διελθεῖν δυνατόν. εἰ οὖν τὸ

---

2 τόν om. D   3 διότι] ὅτι D   οὔπω] οὔπω πως D   4 ἀπό] om. B
5 εἰ] ἡ B   ἀρχὴν ἔχει D   6 πεπερασμένος scripsi: πεπερασμένον AB: πεπερασμένα D: infinita b   7 γάρ Db: τὸ AB   11 οὕτω D   12 κόσμον (alt.) Db: κόσμος AB   φησί AD: om. Bb   εἶπε BD   15 καὶ (alt.)] καὶ αἱ D   17 παρειλημμέναι ἐν τούτοις D   19 Hinc rursus inc. E(c)   21 ὅτι—δεῖξαι (22) om. E: προθέμενος δεῖξαι ἀδύνατα λέγειν τοὺς λέγοντας τὸ κύκλῳ φερόμενον σῶμα ἄπειρον εἶναι κατὰ τὸ μέγεθος E²c   22 ἀπό—αὐτῆς (23)] mg. E²   ἀπό τε] καὶ ἀπὸ E²c   τοῦ (alt.) om. AB   23 αὐτῆς τῆς κινήσεως E   αὐτῆς b: αὐτοῦ ABD: om. c
24 τῷ] τὸ B   26 τε] τε τὴν B   29 διαστήματι E: corr. E²   29. 30 Φυσικῇ] Z 7. 238 b   31 πεπερασμένην A   32 πεπερασμένην] πεπερασμένον c

μὲν ἄπειρον τῷ μεγέθει καὶ τὸ πεπερασμένον διάστημα ἐν ἀπείρῳ δίεισι 96ᵃ
χρόνῳ, κἂν μέρος τι τοῦ οὐρανίοιι διαστήματος ὑποτεθῇ τὸ πεπερασμένον 16
διάστημα, ὁ δὲ οὐρανὸς ἐν πεπερασμένῳ χρόνῳ τὸ ὅλον ἑαυτοῦ διάστημα
περίεισι, δῆλον, ὅτι οὐκ ἔστιν ἄπειρος τῷ μεγέθει. καὶ ὅλως, φησίν, ἐκ
5 τούτων δειχθήσεται, ὅτι τὸ ἄπειρον ἀδύνατον κινηθῆναι ἐν πεπερασμένῳ 20
χρόνῳ. εἰ γὰρ μήτε πεπερασμένον μήτε ἄπειρον διάστημα δυνατὸν κινη-
θῆναι τὸ ἄπειρον σῶμα ἐν πεπερασμένῳ χρόνῳ, δῆλον, ὅτι καὶ κινηθῆναι
ὅλως ἀδύνατον· εἰ οὖν κινεῖται τὸ οὐράνιον σῶμα ἐν πεπερασμένῳ χρόνῳ,
δῆλον, ὅτι οὐκ ἔστιν ἄπειρον. ταῦτα οὖν δεῖξαι βουλόμενος ἐναργῶς πρῶ- 25
10 τον μὲν δύο γραμμὰς λαμβάνει πεπερασμένας κινουμένην τὴν ἑτέραν παρὰ
τὴν ἑτέραν καὶ δείκνυσιν, ὅτι, κἄν τε ἄμφω ἀντικινῶνται κἄν τε ἡ ἑτέρα
παρὰ μένουσαν τὴν ἑτέραν, ἐπειδὴ ἅμα ἀλλήλων ἀπολύονται· τὸ γὰρ χω-
ριζόμενον χωριζομένου χωρίζεται· δῆλον, ὅτι καὶ ὁ χρόνος ἔσται πεπερασ- 30
μένος, ὅταν ἄμφω πεπερασμέναι ὦσιν· ὅπερ παραλιπών, ὡς οἶμαι, προσ-
15 θεῖναι ἀσάφειαν πολλὴν ἐνεποίησε τῷ λόγῳ· ἀλλ' εἰ μὲν ἀντικινοῦνται,
ἐλάττων ὁ χρόνος ἔσται τῆς ἀπολύσεως, εἰ δὲ μενούσης τῆς ἑτέρας ἡ
ἑτέρα δι' αὐτῆς κινεῖται, πλείων, εἰ μὴ ἄρα θᾶττον κινεῖται τότε τὸ κι-
νούμενον, ἤπερ ὅτε ἀντεκινοῦντο· ὅπως δὲ ἂν ἔχῃ, πεπερασμένος ἔσται ὁ 35
χρόνος. εἰ μέντοι ἄπειρος ὑποτεθῇ ἡ κινουμένη γραμμὴ ἢ τὸ κινούμενον
20 μέγεθος· ταὐτὸν γάρ ἐστιν· ἢ τὸ μὲν κινούμενον πεπερασμένον, τὸ δὲ δι'
οὗ κινεῖται ἄπειρον, ἀδύνατον ἐν πεπερασμένῳ χρόνῳ διελθεῖν. ὥσπερ
γὰρ τὸ πεπερασμένον μέγεθος παρὰ τὸ πεπερασμένον διάστημα, κἂν ἀντι- 40
κινῶνται κἂν παρὰ μένον τὸ ἕτερον κινῆται τὸ λοιπόν, ἐν πεπερασμένῳ
χρόνῳ ἅμα ἀπολύονται ἀλλήλων, οὕτως, κἄν τε τὸ πεπερασμένον δι' ἀπεί-
25 ρου κἄν τε τὸ ἄπειρον διὰ πεπερασμένου κἄν τε ἀντικινῶνται κἄν τε τὸ
ἕτερον παρὰ ἠρεμοῦν τὸ ἕτερον κινῆται, ἄπειρος ἔσται ὁ χρόνος, ἐν ᾧ 45
ἀπολυθήσονται ἀλλήλων, τουτέστιν οὐδέποτε ἀπολυθήσονται· κἂν γὰρ τὸ
ἐλάχιστον | διάστημα διέλθῃ τὸ ἄπειρον μέγεθος ὅλον ἢ τὸ ἐλάχιστον 96ᵇ
μέγεθος δι' ἀπείρου διέλθῃ διαστήματος, ἀνάγκη ἄπειρον γενέσθαι τὸν
30 χρόνον. ὅλως γάρ, ἂν διέλθῃ τὸ ἄπειρον διὰ τοῦ πεπερασμένου, καταμε-
τρηθήσεται ὑπὸ τοῦ πεπερασμένου τὸ ἄπειρον καὶ οὐκέτι ἄπειρον ἔσται. 5
εἰ οὖν ὁ οὐρανὸς ὅλος ἐν πεπερασμένῳ χρόνῳ τῷ τῆς περιστροφῆς περί-
εισι τὴν ἐντὸς αὐτοῦ ὑποτιθεμένην ὁσηνοῦν γραμμήν, δῆλον, ὅτι οὐκ ἔστιν
ἄπειρος τῷ μεγέθει· οὐ γὰρ ἂν αὐτῆς ἀπελύθη ποτὲ ὅλος. νόησον δὲ τὴν

---

7 -μα ἐν πε-] in ras. E¹   καὶ—ἀδύνατον (8)] οὐκ ἔστιν ἄπειρον E   κινεῖσθαι Bc
8 εἰ—ὅτι (9)] mg. E²   οὖν] δὲ E²c   τὸ οὐράνιον σῶμα κινεῖται ἐν χρόνῳ πεπε-
ρασμένῳ E²c   9 ὅτι] ὡς Ec   οὐκ ἔστιν ἄπειρον] om. E (cf. ad v. 7—8)
9. 10 πρῶτον μὲν] om. Ec   11 ἀντικινῶνται] ante ω ras. 1 litt. E   13. 14 πεπε-
ρασμένα DE   14. 15 προθεῖναι E: corr. E²   16 ἔσται om. D   τῆς (pr.)]
corr. ex τοῖς E²   17 τὸ AB: om. DEc   18 ἀντεκινοῖτο B   ἔχει E, sed corr.
19 ἢ om. D: suprascr. E²   22 τὸ (pr.)] corr. ex τε A   23 κινεῖται E, sed
corr.   25 τὸ (pr.) om. E   ἀντικινοῦνται E: corr. E²   26 κινῆται, ἄπειρος]
in ras. E¹   χρόνον A   27 ἀλλήλων—ἀπολυθήσονται om. D   γὰρ om.
AB   29 μέγεθος ABb: om. DEc   διὰ A   32 ὅλως D   34 ἂν om. A

AB γραμμὴν ἡρμοσμένην τῷ βάθει τοῦ οὐρανοῦ, μένουσαν δὲ αὐτὴν χρὴ νοῆσαι. κατὰ δὲ τὴν λέξιν, ὅταν λέγῃ εἰ οὖν ἄπειρος ὁ χρόνος, ὃν ἡ πεπερασμένη ἀπολύεται κινουμένη, προσυπακούειν δεῖ τὸ 'διὰ τῆς ἀπείρου'· ἐφεξῆς γὰρ τὸ ἀντίστροφον ἀποδίδωσι διὰ τοῦ καὶ ἐν ᾧ ἡ
5 ἄπειρος τὴν πεπερασμένην ἐκινήθη. ἐπὶ γραμμῶν δὲ τὸν λόγον διὰ τὴν ἐκθετικὴν ἐνάργειαν ἐποιήσατο ἀντὶ τοῦ κινουμένου καὶ τοῦ δι' οὗ κινεῖται τὰς γραμμὰς λαβών.

p. 272b17 Ἔτι ὥσπερ γραμμήν, ἧς πέρας ἐστίν ἕως τοῦ εἰ μηδὲ
   ὁ κύκλος ἄπειρός ἐστι.

10 Δείξας διὰ τοῦ ἐν πεπερασμένῳ χρόνῳ κινεῖσθαι τὸ κυκλοφορητικὸν σῶμα πεπερασμένην κίνησιν, ὅτι ἀδύνατον ἄπειρον αὐτὸ εἶναι, νῦν ἀπὸ τῆς κινήσεως δείκνυσιν, ὅτι ἡ κύκλῳ κίνησις οὐκ ἔστιν ἄπειρος οὕτως, ὡς ἀεὶ μὲν γίνεσθαι, μηδέποτε δὲ ἐνηνέχθαι τὴν πᾶσαν τὸ κύκλῳ κινούμενον, ἀλλὰ τὸ ἄπειρον ἔχει τῷ πάλιν καὶ πάλιν· οὕτω δὲ καὶ τὸ κύκλῳ κινού-
15 μενον οὐκ ἂν εἴη ἄπειρον· οὐ γὰρ ἂν πεπερασμένην κίνησιν ἐκινεῖτο. δείκνυσιν δὲ αὐτὸ οὕτως· ὥσπερ ἡ πεπερασμένη γραμμή, καθὸ πεπέρανται, οὐκ ἔστιν ἄπειρος, ἀλλ' εἴπερ ἄρα, ἐπ' ἐκεῖνο τὸ μέρος, ἐφ' ὃ τὸ μῆκός ἐστιν ἄνευ πέρατος, ὁμοίως δὲ καὶ ἐπίπεδον, καθὸ πέρας ἔχει, οὐκ ἐνδέχεται ἄπειρον εἶναι, κἂν κατὰ ἕτερον μέρος ἐνίοτε μὴ πεπέρανται, οὕτως
20 τὸ πανταχόθεν πεπερασμένον καὶ ὡρισμένον, οἷα τὰ σχήματά ἐστι τά τε ἐπίπεδα πάντα καὶ τὰ στερεά, διότι σχῆμά ἐστι τὸ ὑπό τινος ἢ τινων ὅρων περιεχόμενον, οὐδαμόθεν ἂν ἔχοι τὸ ἄπειρον· καὶ γὰρ καὶ γραμμὴ ἡ ἑκατέρωθεν ὡρισμένη, ὡς ἡ ποδιαία, οὐδαμόθεν ἔχει τὸ ἄπειρον. εἰ οὖν μήτε σφαῖρα μήτε κύκλος ἐστὶν ἄπειρος, ἡ δὲ κύκλῳ κίνησις τῷ κύ-
25 κλῳ εἰδοποιεῖται· τοιγαροῦν μὴ ὄντος κύκλου οὐδ' ἂν ἡ κύκλῳ εἴη κίνησις· δῆλον, ὅτι μηδὲ ἀπείρου ὄντος κύκλου οὐκ ἂν εἴη ἄπειρος ἡ κύκλῳ κίνησις· εἰ δὲ ἡ κίνησις πεπερασμένη τῷ διαστήματι, πεπερασμένον ἂν εἴη τῷ μεγέθει καὶ τὸ κινούμενον· ἄπειρον γὰρ ὂν οὐκ ἂν πεπερασμένην ἐκινεῖτο. ὡς οὖν πρότερον ἀπὸ τοῦ | πεπερασμένον εἶναι τὸν χρόνον πε-
30 περασμένον ἐδείκνυτο τὸ κινούμενον, οὕτως νῦν ἀπὸ τοῦ πεπερασμένην εἶναι τὴν κίνησιν πεπερασμένον δειχθήσεται. δῆλον δέ, ὅτι ἡ τοιαύτη δεῖξις προῆλθεν, ὡς σφαιρικοῦ μὲν οὔπω δεδειγμένου τοῦ πέμπτου σώματος, ἐγκυκλίου δὲ αὐτοῦ τῆς κινήσεως ὑποκειμένης. κατὰ δὲ τὴν ἀρχὴν

---

2 λέγῃ] 272b9   4 καὶ om. D   6 ἐνέργειαν A   ἐποιεποιήσατο E, sed corr.
8 ἔτι δὲ D   μηδ' c   9 ἐστιν DE   12 ὡς] ὥστε CD   13 μὲν om. CD
ἀνηνέχθαι E: corr. E²   14 ἀλλὰ—κινούμενον (14. 15)] mg. E²   τὴν ἀπειρίαν
E²c   ἔχειν c   αὖθις καὶ αὖθις E²c   οὕτως BE²c   14. 15 κύκλῳ κινούμενον] κυκλοφορητικὸν σῶμα E²c: κύκλῳ κινόμενον σῶμα B   15. 16 δείκνυσι BDEc
17 μῆκός] μή- in ras. E   21 διότι] corr. ex διὰ τὸ E²   22 καὶ γὰρ—
ἄπειρον (23) om. Db   23 ὡς BE: ὥσπερ A   25. 26 κίνησις—εἴη (26) om. B
30 ἐδείκνυ C: ἐδείκνει D   31 μιχθήσεται A   33 ἀρχήν] ἀρ- in ras. E

τῆς λέξεώς τινες ἀντὶ τοῦ ἀλλ' εἴπερ, ἐπὶ μῆκος 'ἀλλ' εἴπερ, ἐπὶ 97ᵃ θάτερα' γράφουσι σαφεστέραν ποιοῦντες τὴν ἔννοιαν.

p. 272ᵇ25   Ἔτι εἰ τὸ Γ' κέντρον ἕως τοῦ οὐκ ἄρα περίεισι κύκλῳ 10 ἡ ἄπειρος.

Πέμπτον τοῦτο ἐπιχείρημα καὶ αὐτὸ ἀπὸ τῆς κινήσεως δεικνύον, ὅτι οὐκ ἔστιν ἄπειρον τῷ μεγέθει τὸ κυκλοφορητικὸν σῶμα· εἰ γὰρ ἄπειρον, οὐκ ἂν κύκλῳ περιενεχθείη· ἀλλὰ μὴν περίεισιν· οὐκ ἄρα ἄπειρον. ἡ δὲ 15 ἀπόδειξις τοιαύτη· λαβὼν τὸ Γ κέντρον τοῦ κυκλοφορουμένου καὶ δι' αὐτοῦ διαγαγὼν τὴν ΑΒ ὥσπερ διάμετρον ἄπειρον ἐφ' ἑκάτερα καὶ ταύτῃ

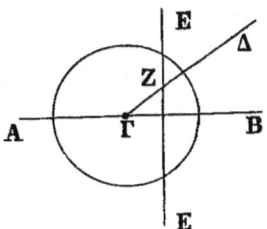

πρὸς ὀρθὰς ἀγαγὼν τὴν Ε ἔξω τοῦ κέντρου καὶ αὐτὴν ἐφ' ἑκάτερα ἄπειρον καὶ ἀπὸ τοῦ Γ κέντρου ἐκβαλὼν ἐπ' ἄπειρον τὴν ΓΔ τέμνουσαν τὴν 20 Ε κατὰ τὸ Ζ λέγει, ὅτι τῶν ἄλλων μενουσῶν ἡ ΓΔ κινουμένη μετὰ τοῦ ὅλου κυκλοφορητικοῦ σώματος οὐδέποτε ἀπολυθήσεται τῆς Ε, ἀλλ' ἀεὶ ἕξει πρὸς αὐτὴν ὥσπερ ἡ ΓΕ, τουτέστιν ἡ ΑΒ· ταύτης γὰρ μέρος τὸ ἀπὸ τοῦ Γ ἐφαπτόμενον τῆς Ε. καὶ γὰρ καὶ τῆς ΓΔ τὸ πρὸς τὸ Ζ μέρος 25 τέμνει τὴν Ε ἀεὶ ἄλλοτε κατ' ἄλλο μέρος καὶ οὐδέποτε αὐτῆς ἀπολύεται διὰ τὸ ἀπείρους αὐτὰς εἶναι· μὴ ἀπολυομένη δὲ ἡ ΓΔ τῆς Ε οὐδέποτε περιελεύσεται κύκλῳ, ὥστε οὐδὲ τὸ ὅλον σῶμα, ἐν ᾧ ἔστιν ἡ ΓΔ, κύκλῳ περίεισιν, εἴπερ ἄπειρον εἴη, ὥστε καὶ τὴν Ε καὶ τὴν ΓΔ ἀπείρους ἐν 30 αὐτῷ διάγεσθαι. ἀλλὰ μὴν περίεισι κύκλῳ ὁ οὐρανός· οὐκ ἄρα ἄπειρός ἐστι τῷ μεγέθει. ἀσαφῶς δὲ εἴρηται ἐν τούτοις τὸ τέμνει γὰρ ἢ τὸ Ζ τὴν ΓΔ καλέσαντος αὐτοῦ Ζ, ὅτι κατὰ τὸ Ζ γέγραπται τέμνουσα τὴν Ε ἡ ΓΔ, ὥσπερ τὴν ΑΒ ΓΕ ἐκάλεσεν, ὅτι κατὰ ταύτην τέμνει τὴν Ε ἡ ΑΒ. 35

p. 272ᵇ28   Ἔτι εἴπερ ἄπειρος ὁ οὐρανός ἕως τοῦ ἀλλὰ τοῦτ' ἦν ἀδύνατον.

Δείξας, ὅτι οὐκ ἔστιν ἄπειρον τὸ κυκλοφορητικὸν σῶμα ἐκ τοῦ μὴ ἂν 40

---

1 τῆς λέξεως om. D   2 γράφουσιν E: γράφοντες B   ποιοῦντες DEb: ποιοῦνται AB   3 ἔτι δ' c   5 δεικνύων AB   9 fig. hab. C: θ corr. D: similem E²: om. AB   10 ὀρθὰς] ὀρθὰς γωνίας Bc   14. 15 ἀπὸ τοῦ Γ] ΓΕ Bc   15 ἀπτόμενον Bc   τῆς E scripsi: lineam e b: τοῦ E ABCDEc   γὰρ καὶ] γὰρ BEc   19 ἀπείρως BE²c   21 ἐστιν E   ἢ] ἢ Cc ex Arist. codd. dett.   22 Z (pr.) ACD: τοῦ Z E: τὸ Z BE²c   23 κατὰ ταύτην CDEb: κατ' αὐτὴν AB   24 τοῦτο D   26 τοῦ] περὶ τοῦ c

αὐτὸ περιελθεῖν κύκλῳ, εἴπερ ἄπειρον εἴη, τουτέστιν ἐκ τῆς κινήσεως, νῦν 97ᵃ
ὑποθέμενος περιιέναι κύκλῳ συνάγει, ὅτι τὸ ἄπειρον ἐν πεπερασμένῳ
χρόνῳ διελεύσεται, ὅπερ ἀδύνατον. ἐναργῶς δὲ τοῦτο ἔδειξεν, οὐχ, ὥς
Ἀλέξανδρος, οἶμαι, φησί, δύο σφαίρας ὑποθέμενος τὴν μὲν ἐκτὸς καὶ περι- 45
5 έχουσαν, τὴν δὲ ἐντὸς καὶ περιεχομένην· κἂν γὰρ, ὥς φησιν, ἡ κοίλη ἐπι-
φάνεια τῆς περιεχούσης ἴση ἐστὶν | τῇ κυρτῇ τῆς περιεχομένης, ἀλλ᾽ ὅλος 97ᵇ
τῷ ὅλῳ οὐκ ἔστιν ἴσος ὁ οὐρανός, ὥσπερ ὁ Ἀριστοτέλης φησίν· ἀλλὰ θαυ-
μαστῶς, οἶμαι, διττὸν ὑπέθετο διάστημα, τὸ μὲν τοῦ κινουμένου μεγέθους,
τὸ δὲ τῆς χώρας, ἐν ᾗ κινεῖται τὸ κινούμενον, ἠρεμοῦν τοῦτο· ταῦτα γὰρ 5
10 ἴσα ἐστί. καὶ ὅλως οὐδαμοῦ ἐν τούτοις ὁ Ἀριστοτέλης ὡς περὶ σφαίρας τοῦ
οὐρανοῦ διαλέγεται διὰ τὸ μήπω ἀποδεδειχέναι τι περὶ τοῦ σχήματος αὐ-
τοῦ. λέγει οὖν, ὅτι, εἰ κύκλῳ περίεισιν ὁ οὐρανός, ἄπειρον ἐκεῖνο τὸ διά-
στημα τὸ μένον ἐν πεπερασμένῳ χρόνῳ τῆς περιστροφῆς διελεύσεται, ὅπερ 10
ἀδύνατον ἐδείχθη. ἔστι δὲ καὶ αὕτη ἡ ἀπόδειξις ἀπὸ τοῦ χρόνου. ἐπι-
15 στῆσαι δὲ ἄξιον, ὅτι οὐκ ἐπὶ σφαίρας μόνον ἴση ἐστὶν ἡ χώρα τῷ ἐν
αὐτῇ κύκλῳ κινουμένῳ, ἀλλ᾽ ἐπὶ πάντων τῶν κυκλικῶν, οἷον κυλίνδρου
καὶ κώνου· τὰ γὰρ γεγωνιωμένα, οἷον κύβος, μείζονος δεῖται χώρας κύκλῳ 15
κινούμενα διὰ τὰς τῶν γωνιῶν ἐξοχάς.

p. 273ᵃ1   Ἔστι δὲ καὶ ἀντεστραμμένως εἰπεῖν ἕως τοῦ πεπέραν-
20   ται ἄρα καὶ αὐτός.

Ὑποθέμενος ἄπειρον τῷ μεγέθει τὸν οὐρανὸν ἔδειξεν, ὅτι ἀδύνατον 20
αὐτὸν ἐν πεπερασμένῳ χρόνῳ περιστραφῆναι· ἄπειρον γὰρ ὄντα ἄπειρον ἦν
ἀνάγκη διιέναι μέγεθος, ὅπερ ἀδύνατον ἦν ἐν πεπερασμένῳ ποιεῖν χρόνῳ.
νῦν δὲ ὑποθέμενος ἐν πεπερασμένῳ χρόνῳ περιστρέφεσθαι τὸν οὐρανὸν
25 συνάγει, ὅτι ἀνάγκη πεπερασμένον αὐτὸν εἶναι τῷ μεγέθει, ὅπερ ἀντ-
εστραμμένως ἐκάλεσε. τῶν γὰρ αὐτῶν ὑποκειμένων τοῖς πρόσθεν, φημὶ 25
δὴ τοῦ ἴσον ὑποκεῖσθαι τὸ κινούμενον καὶ τὸ διάστημα, ἐν ᾧ κινεῖται,
ἀνάγκη τοῦ χρόνου πεπερασμένου ὄντος καὶ τὸ μέγεθος πεπερασμένον
εἶναι, ὃ περιελήλυθεν. ἴσον δέ ἐστι τό τε κινούμενον καὶ τὸ διάστημα, ὃ
30 κινεῖται, ἐπὶ τῶν κύκλῳ κινουμένων· πεπέρανται ἄρα καὶ αὐτὸς ὁ οὐ- 30
ρανὸς τῷ μεγέθει. καὶ χρὴ καὶ ἐντεῦθεν ἐπιστῆσαι, ὅτι τὸ ἴσον τῷ
οὐρανίῳ μεγέθει πρότερον οὐκ ἐλάμβανεν ἄλλην σφαῖραν, ἀλλὰ τὸ διά-
στημα, ὃ περίεισι, περὶ οὗ ἐνταῦθα εἶπε καὶ τὸ μέγεθος, ὃ περιελή-
λυθεν.

---

1 εἴπερ ἄπειρον] bis E, sed corr.   2 περιιέναι E, sed corr.   3 ὡς] ὡς ὁ DEc
6 ἐστί D   7 ὁ (pr.) om. A   φησίν] 272ᵇ31   9 ἠρεμοῦν τοῦτο] ἠρεμοῦν-
τος E: ἠρεμούσης αὐτῆς E²c   10. 11 τοῦ οὐρανοῦ] suprascr. A   12 εἰ] corr. ex
ἢ E²   17 τὰ] καὶ B   κύβος] κύκλος B   18 τὰς] παντὸς E   ἐξοχάς]
ἐξοχ/// A   26 ἐκάλεσεν E: corr. E²   31 καὶ (pr.) — μεγέθει (32) om. D
33. 34 διεληλύθεν plerique codd. Aristotelis

p. 273ᵃ7 Ἀλλὰ μὴν οὐδὲ τὸ ἐπὶ τὸ μέσον οὐδὲ τὸ ἀπὸ τοῦ μέσου 97ᵇ
φερόμενον ἄπειρον ἔσται.

Συμπερανάμενος, ὅτι τὸ κυκλοφορητικὸν σῶμα οὐκ ἔστιν ἄπειρον τῷ μεγέθει, ἐφεξῆς δείκνυσιν, ὅτι οὐδὲ τῶν ἄλλων τι τῶν ἁπλῶν σωμάτων 10 ἄπειρόν ἐστι κατὰ τὸ μέγεθος· ταῦτα δέ ἐστι τὰ ἐπ᾽ εὐθείας κινούμενα, τὰ μὲν ἀπὸ τοῦ μέσου, τὰ δὲ ἐπὶ τὸ μέσον. καὶ χρὴ ἐφιστάνειν, ὅτι, κἂν συναποδείκνυται, ὅτι καὶ ὁ ὅλος κόσμος πεπερασμένος ἔσται τῷ μεγέθει, εἴπερ τὰ μέρη αὐτοῦ καὶ τῷ ἀριθμῷ καὶ τῷ μεγέθει πεπέρανται, ἀλλ᾽ ὅ 45 γε προηγούμενος σκοπὸς καὶ ἐν τούτῳ τῷ κεφαλαίῳ περὶ τῶν ἁπλῶν ἐστιν ἐν τῷ κόσμῳ | σωμάτων, ὅτι πεπερασμένα ἐστὶ τῷ μεγέθει, δεικνύναι, 98ᵃ ὥσπερ πρότερον, ὅτι πεπερασμένα τῷ πλήθει, ὅτε καὶ συμπεραινόμενος ἔλεγε "φανερὸν δὲ ἐκ τῶν εἰρημένων καὶ διότι τὸν ἀριθμὸν ἀδύνατον εἶναι πλείω τῶν λεγομένων σωμάτων ἁπλῶν"· καὶ τὴν αἰτίαν ἐκεῖ προστέθεικε 5 τοῦ μὴ πλείω τῶν τριῶν εἶναι ἤτοι τῶν πέντε, εἴ τις τὸ ἄνω καὶ τὸ κάτω διέλοι.

p. 273ᵃ8 Ἐναντίαι γὰρ αἱ φοραὶ ἡ ἄνω καὶ ἡ κάτω ἕως τοῦ καὶ 10
τὰ σώματα ἔσται πεπερασμένα.

Ἡ πρώτη ἐπιχείρησις ἡ δεικνῦσα καὶ τὰ ἐπ᾽ εὐθείας κινούμενα ἁπλᾶ σώματα πεπερασμένα εἶναί ἐστι τοιαύτη ἀπὸ τῆς κινήσεως ὡρμημένη καὶ τῆς κατ᾽ αὐτὴν ἐναντιώσεως· τὰ ἐπὶ τὸ ἄνω καὶ τὸ κάτω κι- 15 νούμενα ἐναντίας κινεῖται φοράς· τὰ ἐναντίας κινούμενα κινήσεις ἐξ ἐναντίων τόπων εἰς ἐναντίους κινοῦνται· τὰ εἰς ἐναντίους κινούμενα τόπους εἰς ὡρισμένους κινοῦνται· τὰ εἰς ὡρισμένους κινούμενα τόπους εἰς πεπερασμένους κινεῖται· τὰ εἰς πεπερασμένα κινούμενα καὶ αὐτὰ πεπερασμένα ἐστίν· οὐ γὰρ οἷόν τε ἐν πεπερασμένῳ τόπῳ ἄπειρόν τι εἶναι· ὥστε τὸ πῦρ καὶ 20 ἡ γῆ, ὧν τὸ μὲν ἄνω, τὸ δὲ κάτω ἐστί, πεπερασμένα ἐστί. τούτων δὴ τῶν προτάσεων πασῶν ἐναργῶν οὐσῶν καὶ ἡ λέγουσα τοὺς ἐναντίους τόπους ὡρισμένους εἶναι οὐδὲν ἧττον τῶν ἄλλων σαφής ἐστιν, εἴπερ ἐναντία μέν ἐστι τὰ πλεῖστον ἀλλήλων διεστηκότα, τὸ δὲ πλεῖστον ὥρισται. αὐτὸς δὲ 25 ταύτην παρεὶς τὴν ἀπόδειξιν ὡς κοινὴν οἰκείως τῷ προκειμένῳ δείκνυσιν ἐκ τοῦ τὸ ἕτερον τῶν ἐναντίων τὸ μέσον ὡρισμένον εἶναι· τοῦτο δὲ δείκνυσιν

---

3 συμπερανόμενος B   5 τὸ om. DEc   ἔστιν E   7 ὁ ὅλος ABCD: ὅλος ὁ Ec   11 συμπερανόμενος A, sed corr.   12 ἔλεγε] 270ᵇ26   13 τῶν] τὸν τῶν Eᶜ   14 πλέω Ec   15 διελλοι A   17 σώματα] bis D   18 τὰ om. B   21 τὰ] corr. ex τὰς E²   κινούμενα] bis E: corr. E²   22 κινεῖται B   τόπους — κινούμενα (23) om. Ec   25 ἐν om. E   26 post γῆ del. οὐ γὰρ οἷόν τε ἐν πεπερασμένῳ E²   ὧν—alt. ἐστί] mg. E²   τὸ μὲν] μὲν τὸ AB   τὸ δὲ CDE²b: καὶ τὸ AB   ἐστί] κινεῖται E²c   πεπερασμένα om. D   ἐστί AB: ἐστίν C: om. D: εἰσίν E²c   τούτων δὴ om. E: τούτων οὖν E²   τῶν] seqq. om. E: prorsus aberrat c   29 ἐστί] εἰσι B   31 τῶν CD: το τ cum ras. A: τὸ τῶν B

SIMPLICII IN L. DE CAELO I 6 [Arist. p. 273ᵃ8. 15]   217

ἐκ τοῦ τὰ πανταχόθεν ἐπὶ τὸ μέσον φερόμενα εἰς ὡρισμένον φέρεσθαι τὸ 98ᵃ
μέσον καὶ μὴ παριέναι. ὡρισμένου δὲ τοῦ μέσου ὄντος καὶ τὸ ἄνω ὡρί- 81
σθαι ἀνάγκη. ἀόριστον γὰρ ὂν οὔτε ἄνω ἂν εἴη· τὸ γὰρ ἄνω ὅρος ὡς
πρὸς τὸ μέσον· ἀλλ' οὐδὲ ἐναντίον· οὐ γὰρ πλεῖστον διεστηκός· τὸ γὰρ
5 πλεῖστον ὥρισται· εἰ δὲ μὴ ὡρισμένον εἴη τὸ ἄνω, ἀλλ' ἄπειρον, ἀεὶ ἂν 35
τοῦ ληφθέντος μεταξὺ πλεῖόν τι εἴη ἀφεστὼς ἀπὸ τοῦ κάτω, οὐδὲν δὲ πλεῖ-
στον. ὅτι δὲ τὸ κάτω φερόμενον φύσει μὴ ἐνδέχεται πορρωτέρω ἐνεχθῆ-
ναι τοῦ μέσου, ὁ μὲν Ἀλέξανδρος ἔκ τε τῆς αἰσθήσεως ὑπομιμνήσκει· φέ-
ρεται γὰρ ἐπὶ τὴν γῆν· καὶ ἐκ τοῦ ἅμα τῷ παραλλάξαι τὸ μέσον, εἴ τι 40
10 παραλλάξει, μηκέτι κάτω φέρεσθαι, ἀλλὰ πρὸς τὸ ἄνω, ὅπερ ἀδύνατον·
ἔσται γὰρ αὐτὸ ἑαυτῷ ἐναντίον. μήποτε δὲ ἐναργὴς ἀπόδειξις τοῦ πρὸς
τὸ μέσον τετάσθαι φερόμενα πάντα τὰ βαρέα τὸ πρὸς ὀρθὰς αὐτὰ φέ-
ρεσθαι;

p. 273ᵃ15 *Ἔτι εἰ τὸ ἄνω καὶ τὸ κάτω ὥρισται ἕως τοῦ τὸ δὲ ἐπὶ 98ᵇ
15   τὸ μέσον.*

Ἐπειδὴ τοῦ τόπου τὸ μὲν ἄνω, τὸ δὲ κάτω ἐστί, τὸ δὲ μεταξύ, δεί-
ξας πρότερον ἀπὸ τοῦ ὡρίσθαι τὸ ἄνω καὶ τὸ κάτω, ὅτι καὶ τῶν στοι- 5
χείων τό τε ἄνω καὶ τὸ κάτω, τουτέστι τό τε πῦρ καὶ ἡ γῆ, ὥρισται καὶ
οὐκ ἔστιν ἄπειρα κατὰ μέγεθος, νῦν τὸ μεταξὺ δείξας ὡρισμένον ἐκ τού-
20 του συνάγει, ὅτι καὶ τὰ ἐν τῷ μεταξὺ στοιχεῖα, τουτέστι τό τε ὕδωρ καὶ
ὁ ἀήρ, ὡρισμένα τέ ἐστιν καὶ πεπερασμένα τῷ μεγέθει. ὅτι δὲ ὥρισται 10
τὸ μεταξὺ διὰ τῆς εἰς ἀδύνατον ἀπαγωγῆς δείκνυσιν οὕτως· εἰ τὸ ἄνω καὶ
τὸ κάτω ὥρισται, καὶ τὸ μεταξὺ ἀνάγκη ὡρίσθαι· εἰ γὰρ μὴ ὥρισται
τοῦτο, ἀλλ' ἄπειρον τὸ μεταξύ, ἄπειρος ἂν εἴη ἡ κίνησις ἥ τε ἀπὸ τοῦ
25 ἄνω ἐπὶ τὸ κάτω καὶ ἡ ἀπὸ τοῦ κάτω ἐπὶ τὸ ἄνω, καὶ ἄπειρον τὸ διά- 15
στημα, ὥστε τὸ ἄπειρον διάστημα ἐν πεπερασμένῳ χρόνῳ κινηθήσεται τὰ
κινούμενα, ὅπερ ἀδύνατον δέδεικται πρότερον· οὕτως μὲν οὖν ἔδειξεν, ὅτι
τὸ μεταξὺ ὡρισμένον ἐστί. καὶ ἐπὶ τούτῳ ἐπήγαγεν "ὥρισται ἄρα τὸ μέ-
σον, ὥστε καὶ τὸ ἐν τούτῳ σῶμα ἢ ὂν ἢ γενέσθαι δυνατόν", ὂν μὲν αἱ 20
30 τῶν μέσων στοιχείων ὁλότητες, γενέσθαι δὲ δυνατὸν ἐν τῷ μεταξὺ τόπῳ
τό τε ἀπὸ τῶν κάτω ἐπὶ τὰ ἄνω φερόμενον, τουτέστι τὸ πῦρ, καὶ
τὸ ἀπὸ τῶν ἄνω ἐπὶ τὰ κάτω, τουτέστιν ἡ γῆ. εἰ γὰρ τὸ μὲν ἐπὶ τὸ
ἄνω κινεῖται κατὰ φύσιν, τὸ δὲ ἐπὶ τὸ κάτω, ταῦτά δηλονότι ἐν τῷ με- 25
ταξὺ γίνεται, καὶ οὐκ ἂν εἴη ἄπειρον τὸ μεταξύ· εἰ γὰρ εἴη ἄπειρον, οὐκ
35 ἂν ἐν τῷ ἄνω γένοιτό ποτέ τι τῶν κατὰ φύσιν ἄνω κινουμένων σωμάτων

---

3 εἴη ἂν B   3. 4 ὡς πρὸς AB: ὥσπερ καὶ D: *sicut* b   4 διέστηκε B
5 ἀλλὰ D   7 τὸ om. B   μὴ ἐνδέχεται] in ras. A   8 τε om. D   αἰσθή-
σεως] ἀναθέσεως B   9 παραλλάξαι] παραλλάξοι D   11 αὐτὸ] τὸ D   12 τὰ
om. B   τὸ AD: ἐκ τοῦ Bb   ὀρθὰς γωνίας B   18 τοτέστι D
20 τό τε] τὸ B   21 ἐστι D   22 οὕτως CD: οὕτω AB   24 τε om. B
27 οὕτω BD   31 τὰ Ab: τὸ BCD   31. 32 καὶ τὸ BCb: τὰ AD
35 γίνοιτο B

τὸ μεταξὺ διελθὸν οὔτ' ἂν ἐν τῷ κάτω τῶν ἐπὶ τοῦτο φύσει φερομένων. 98ᵇ εἰ δὲ ἀδύνατον ἐν τούτοις γενέσθαι τοῖς τόποις, οὐδ' ἂν κινοῖτό ποτε ἐπ' 30 αὐτοὺς κατὰ φύσιν· τὸ γὰρ ἀδύνατον γενέσθαι οὐδὲ τὴν ἀρχὴν γίνεται, ὡς αὐτὸς ἐν τῷ τέλει τῆς Φυσικῆς ἀκροάσεως ἔδειξε. λαμβάνει δὲ ὡς ὁμο-
5 λογούμενον τὸ γίνεσθαί τινα ἐν τῷ μέσῳ καὶ τῶν κάτωθεν ἄνω κινουμένων καὶ τῶν κάτω· καὶ περὶ τούτων γὰρ ἀκούειν χρὴ κατὰ κοινοῦ τὸ 35 'ἐν τούτῳ γενέσθαι'. τούτου γὰρ ὄντος ἐναργοῦς ἀδύνατον ἀπείρους τὰς κινήσεις εἶναι· εἰ δὲ μὴ αἱ κινήσεις ἄπειροι, οὐδὲ ὁ τόπος ἂν ἄπειρος ὁ μεταξὺ εἴη, τοῦ δὲ τόπου πεπερασμένου ἀνάγκη καὶ τὸ ἐν αὐτῷ σῶμα
10 πεπεράνθαι.

Δύναται, φησὶν ὁ Ἀλέξανδρος, τὸ τοῦτο δὲ ὅτι ἀδύνατον, δέδει- 40 κται πρότερον ἐκείνης ὑπομιμνήσκειν τῆς δείξεως τῆς δεικνυούσης, ὅτι ἀδύνατον τὸ μεταξὺ τοῦ κύκλῳ τε καὶ περὶ τὸ μέσον κινουμένου σώματος ἄπειρον εἶναι, διότι καὶ αἱ διαγόμεναι γραμμαὶ ἄπειροι ἔσονται, καὶ ἔσται
15 τι διεξιὸν τὸ ἄπειρον ἐν πεπερασμένῳ χρόνῳ. 45

Λέγει καὶ τοιαύτην ἐπιχείρησιν ὁ Ἀλέξανδρος πρὸς τὸ τῶν ἄνω καὶ κάτω φε|ρομένων σωμάτων μηδὲν εἶναι ἄπειρον· εἰ γὰρ ἐναντίοι ὁ ἄνω 99ᵃ καὶ ὁ κάτω τόπος, ἐναντία δὲ τὰ πλεῖστον ἀλλήλων διεστῶτα, ἐν ᾧ δὲ τὸ πλεῖστον ἔστι λαβεῖν, τοῦτο οὐχ οἷόν τε ἄπειρον εἶναι, πᾶν ἄρα, ἐν ᾧ τὸ
20 μὲν ἄνω, τὸ δὲ κάτω ἐστίν, τὸ δὲ μεταξύ, οὐκ ἄπειρον· εἰ δὲ τὸ πᾶν μὴ 5 ἄπειρον, οὐδὲ τούτων τι ἄπειρον· τὰ γὰρ μέρη τοῦ πεπερασμένου οὐκ ἄπειρα· εἰ δὲ μὴ οἱ τόποι ἄπειροι, οὐδὲ τὰ ἐν τοῖς τόποις σώματα ἄπειρα ἂν εἴη. ὅλως δὲ εἰ τὸ μεταξύ ἐστιν, ᾧ διέστηκε τὸ ἄνω τοῦ κάτω, ᾧ δὲ διέστηκε τὸ ἄνω τοῦ κάτω, τὸ πλεῖστόν ἐστι, τὸ δὲ πλεῖστον ὥρισται, 10
25 τὸ μεταξὺ ἄρα ὥρισται.

p. 273ᵃ21 Ἔκ τε δὴ τούτων φανερόν, ὅτι οὐκ ἐνδέχεται σῶμα ἄπειρον εἶναι.

Δείξας, ὅτι καὶ τὸ κυκλοφορητικὸν σῶμα καὶ τὰ ὑπὸ σελήνην ἁπλᾶ 15 σώματα τέσσαρα πεπερασμένα τῷ μεγέθει ἐστίν, εἰκότως συνεπεράνατο,
30 ὅτι οὐκ ἐνδέχεται σῶμα εἶναι ἄπειρον. οὔτε γὰρ ἁπλοῦν· οὐ γὰρ ἔστιν ἄλλο παρὰ ταῦτα τὰ πέντε· οὔτε σύνθετον· τῶν γὰρ ἁπλῶν πεπερασμένων καὶ πλήθει καὶ μεγέθει ἀνάγκη καὶ τὰ σύνθετα πεπερασμένα εἶναι. 20

---

2 κινῶτο A   4 τέλει] Θ 9. 265ᵃ19   6 κάτω ABb: ἄνωθεν κάτω D   8 οὐδ' B
12 δείξεως] 271ᵇ28   13 τὸ μεταξὺ om. B   κύκλῳ Db: κύκλου AB   κινούμεν cum ras. A   σώματα A   18 ὁ om. D   δὲ (pr.)] δ// A   20 ἐστὶ BD
δὲ (alt.) om. D   22 σώματα om. Bb   23 ᾧ—κάτω (24) Db: om. AB   27 εἶναι
ἄπειρον B

p. 273ᵃ22 Καὶ πρὸς τούτοις εἰ βάρος μή ἐστιν ἄπειρον ἕως τοῦ 99ᵃ
ὥστε τὸ αὐτὸ ἔσται ἀδύνατον.

Δείξας ἀπό τε τῆς κινήσεως καὶ τῶν τόπων, ὅτι οὐδὲν τῶν ὑπὸ σε-
λήνην στοιχείων ἄπειρόν ἐστι τῷ μεγέθει, νῦν ἀπὸ τῶν ῥοπῶν τὸ αὐτὸ
5 δείκνυσιν τῆς τε βαρύτητος, φημί, καὶ τῆς κουφότητος, κατὰ τὴν ἐξ ἀκολου-
θίας ἀναίρεσιν κἀνταῦθα ποιούμενος τὴν ἀπόδειξιν οὕτως· εἰ ἔστιν ἄπειρον 30
τῷ μεγέθει τῶν ὑπὸ σελήνην τι σωμάτων ἢ βαρὺ ἢ κοῦφον· τοιαῦτα γὰρ
τὰ ὑπὸ σελήνην· ἔσται καὶ βαρύτης μὲν ἡ τοῦ ἀπείρου βαρέος ἄπειρος, κου-
φότης δὲ ἡ τοῦ ἀπείρου κούφου· ἀλλὰ μὴν ἀδύνατον βαρύτητα ἢ κουφό-
10 τητα ἄπειρον εἶναι· οὐκ ἄρα ἐστὶν ἄπειρόν τι σῶμα τῶν βαρέων ἢ κού-
φων ἢ ὅλως τῶν ἐπ' εὐθείας κινουμένων· καὶ τὸ μὲν συνημμένον τὸ λέ- 35
γον, ὅτι, εἰ ἔστιν ἄπειρον σῶμα βαρὺ ἢ κοῦφον, ἀνάγκη ἄπειρον αὐτοῦ
εἶναι τὴν βαρύτητα ἢ τὴν κουφότητα, δείκνυσιν ἐκ τοῦ δεῖν ἢ πεπερασμέ-
νην ἢ ἄπειρον εἶναι· δείξας οὖν, ὅτι ἀδύνατον πεπερασμένην εἶναι, ἔχει,
15 ὅτι ἀνάγκη ἄπειρον εἶναι. τὴν δὲ πρόσληψιν τὴν λέγουσαν, ὅτι ἀδύνατον 40
βάρος ἢ κουφότητα ἄπειρον εἶναι, ἐφεξῆς δείκνυσιν. ὅτι δὲ τοῦ ἀπείρου
σώματος οὐ πεπερασμένον, ἀλλ' ἄπειρόν ἐστιν, εἴπερ ἔστι, τὸ βάρος ἢ ἡ
κουφότης, δι' ἀδυνάτου δείκνυσιν ἐπὶ στοιχείων ἐκθέσεως οὕτως· εἰ γὰρ
λέγοι τις, φησί, μὴ εἶναι ἄπειρον ἀλλὰ πεπερασμένον τοῦ ἀπείρου σώμα- 45
20 τος τὸ βάρος ἢ τὴν κουφότητα, συμβήσεται | ἴσον εἶναι τὸ τοῦ πεπερασ- 99ᵇ
μένου καὶ τοῦ ἀπείρου σώματος βάρος, ὅπερ ἐστὶν ἀδύνατον. ὅτι δὲ
τοῦτο συμβαίνει τοῖς πεπερασμένον τὸ τοῦ ἀπείρου βάρος λέγουσι, δείκνυ-
σιν ἄπειρον μὲν σῶμα λαβὼν τὸ ἐφ' ᾧ ΑΒ, πεπερασμένον δὲ αὐτοῦ βά-
ρος τὸ ἐφ' ᾧ Γ, καὶ ἀφελὼν ἀπὸ τοῦ ἀπείρου μεγέθους πεπερασμένον 5

B|———Δ——Z——H———|A
  |———E———|———Γ———|

25 μέγεθος τὸ ἐφ' ᾧ ΒΔ καὶ τούτου βάρος θεὶς τὸ ἐφ' ᾧ Ε, ὅπερ δηλονότι
ἔλαττόν ἐστι τοῦ ἐφ' ᾧ Γ βάρους· τοῦτο γὰρ ἀπείρου μεγέθους ἦν, τὸ δὲ
τοῦ ἐλάττονος βάρος ἔλαττον. τούτων τεθέντων τὸ Ε βάρος ἤτοι κατα-
μετρεῖ τὸ Γ βάρος ὥστε ἀπαρτίζειν ἢ οὐ καταμετρεῖ. λαβὼν δὴ πρῶτον 10
καταμετρεῖν ποιεῖ, ὡς τὸ ἔλαττον βάρος πρὸς τὸ μεῖζον βάρος, οὕτως τὸ
30 ΒΔ μέγεθος, οὗ ἐστι τὸ ἔλαττον βάρος, πρὸς ἄλλο τι μεῖζον μέγεθος ἀπὸ

---

3 τῶν τόπων] corr. ex τὸν τόπον A²   οὐδὲν] corr. ex οὐδὲ A²   5 δείκνυσι C
κατὰ] καὶ D   5. 6 ἐξ ἀκολουθίας CDb: ἐξακολουθίαν AB   9 δὲ ἡ]
δὲ B   11 εὐθείας] comp. A: εὐθεῖαν B   12 ὅτι om. D   13. 14 πεπερασμέ-
νην b: πεπερασμένον ABD   14 πεπερασμένη b: πεπερασμένον ABD   17 ἐστιν
C: ἐστι AD: om. B   21 τοῦ om. B   23 AB] B D   Fig. hab. AB: om.
CD   26 βάρους om. B   γάρ] δὲ B: γὰρ τοῦ D   ἦν — ἐλάττονος (27) evan.
A: ἦν δὲ τὸ τοῦ ἐλάττονος βάρος ἔλαττον mg. A²   30 πρός D: corr. ex μὴ πρός A:
μὴ πρός B

τοῦ ἀπείρου ἀφαιρεθὲν τὸ ΒΖ· ὥστε τὸ Γ βάρος εἶναι τοῦ ΒΖ μεγέθους, ὡς ἦν τὸ Ε τοῦ ΒΔ· ἦν δὲ τὸ Γ καὶ τοῦ ΑΒ τοῦ ἀπείρου σώματος βάρος· τὸ αὐτὸ ἄρα βάρος ἔσται τοῦ τε ἀπείρου μεγέθους καὶ τοῦ πεπερασμένου· αὐτὸς δὲ ἴσον εἶπε· τὸ γὰρ ταὐτὸν ποσὸν καὶ ἴσον εἶναι ἀνάγκη· τοῦτο δὲ ἀδύνατον. ἀλλὰ καὶ ἄλλο τούτου ἀδυνατώτερον ἐπάγει. εἰ γὰρ τὸ τοῦ μείζονος σώματος βάρος μεῖζόν ἐστιν ὁμοιομεροῦς ὑπάρχοντος τοῦ σώματος, ληφθῇ δὲ τοῦ ΒΖ μεγέθους μεῖζόν τι μέγεθος τὸ ΒΗ· ἔστι γὰρ ἀπὸ τοῦ ἀπείρου παντὸς τοῦ προτεθέντος πεπερασμένου μεῖζον ἀφελεῖν· ἔσται καὶ τὸ βάρος τοῦ ΒΗ μεῖζον τοῦ βάρους τοῦ ΒΖ· τὸ δὲ βάρος τοῦ ΒΖ τὸ Γ ἦν, ὅπερ ἦν καὶ τοῦ ἀπείρου, ὥστε μεῖζον ἔσται τὸ τοῦ πεπερασμένου βάρος τοῦ ΒΗ ἤπερ τὸ τοῦ ἀπείρου, ὅπερ ἔτι ἀδυνατώτερόν ἐστι τοῦ ἴσον εἶναι. καὶ ἄλλο δέ τι ἄτοπον ἐπάγει τρίτον τῶν πρόσθεν χαλαρώτερον τὸ τὸ αὐτὸ βάρος εἶναι τῶν ἀνίσων μεγεθῶν· ἄνισον γὰρ τῷ πεπερασμένῳ τὸ ἄπειρον. ἐπειδὴ δὲ σύμμετρον ὑποθέμενος τὸ Ε βάρος τῷ Γ βάρει συνήγαγε τὰ εἰρημένα συμπεράσματα, οὐδέν, φησί, διαφέρει τὰ βάρη σύμμετρα εἶναι ἢ ἀσύμμετρα· τὰ γὰρ αὐτὰ ἄτοπα ἀκολουθήσει καὶ ἀσυμμέτρων ὑποτεθέντων· εἰ γὰρ τὸ Ε βάρος τοῦ ΒΔ σώματος τρίτον μετρήσαν τὸ Γ βάρος ὑπερβάλλει αὐτοῦ, ἐὰν τὸ ΒΔ μέγεθος τριπλασιάσωμεν, τὸ τοῦ γινομένου βάρος ἐκ τριῶν τῶν Ε βαρῶν συγκείμενον ὑπερβαλεῖ τὸ Γ βάρος, ὥστε μεῖζον ἔσται πάλιν τὸ τοῦ πεπερασμένου βάρος ἤπερ τὸ τοῦ ἀπείρου· τὸ γὰρ Γ τοῦ ἀπείρου ἦν. εἰ δὲ τριπλασιασθὲν τὸ Ε μὴ ὑπερβάλλῃ τοῦ Γ μέρει ἑαυτοῦ τινι, τετραπλασιασθὲν ὑπερβαλεῖ, καὶ τὰ αὐτὰ ῥηθήσεται. ὥστε κἂν σύμμετρα ὑποτεθῇ τὰ βάρη κἂν ἀσύμμετρα, τῷ λέγοντι ἀπείρου σώματος πεπερασμένην εἶναι βαρύτητα ἢ κουφότητα ἀδύνατα ἀκολουθήσει τὰ αὐτά. |

p. 273ᵇ15 Ἔτι δὲ καὶ ἐγχωρεῖ σύμμετρα λαβεῖν ἕως τοῦ ὁποσαοῦν ἢ ἀφαιροῦντας ἢ προστιθέντας.

Ἐφιστάνει καλῶς, ὅτι οὐδὲ χρεία τῆς ὑποδιαιρέσεως ταύτης τῆς εἰς σύμμετρα ἢ ἀσύμμετρα μεριζούσης τὴν ὑπόθεσιν. ἀδιαφόρου γὰρ ὄντος τοῦ ἀπὸ τοῦ βάρους ἢ ἀπὸ τοῦ μεγέθους ἄρχεσθαι, ἐὰν ἀπὸ τοῦ βάρους ἀρξώμεθα καὶ ληφθῇ τῷ Γ βάρει πεπερασμένῳ, ὅπερ ἦν τοῦ ἀπείρου, σύμμετρόν τι ἔλαττον αὐτοῦ βάρος, οἷον τὸ τρίτον αὐτοῦ τὸ Ε, καὶ ἀπὸ τοῦ ἀπείρου μεγέθους ἀφαιρεθῇ τι μέγεθος τὸ ΒΔ, οὗ βάρος ἐστὶ τὸ Ε, καὶ γένηται, ὡς τὸ Ε βάρος πρὸς τὸ Γ, οὕτως τὸ ΒΔ μέγεθος

---

2 τοῦ ΑΒ] corr. ex τὸ ΑΒ A   5 δ' B   6. 7 τοῦ σώματος om. B   7 ΒΖ Bb: ΖΒ AD   8 πεπερασμένου μεῖζον b: πεπερασμένον ABD   9 τοῦ ΒΗ] τὸ ΒΗ D   11 τοῦ ΒΗ] τὸ ΒΗ D   18 ὑπερβάλῃ D et corr. in ὑπερβάλλῃ C   αὐτοῦ ΑΒ: αὐτὸ CD   ἐὰν] εἰ CD   τριπλασιάσομεν CD   19 γενομένου D   Ε om. D   19. 20 ὑπερβαλεῖ τὸ Γ βάρος om. B   21 Γ] in ras. 3 litt. A   21. 22 ὑπερβάλλῃ] corr. ex ὑπερβάλῃ C: ὑπερβάλῃ D   22 τοῦ] τὸ CD   τριπλασιασθὲν Cb   32 τὸ τρίτον] τοῦ γ̅ D   33 τι Db: τὸ ΑΒ   34 οὕτω BD

SIMPLICII IN L. DE CAELO I 6 [Arist. p. 273ᵇ15. 26]   221

πρὸς τὸ ΒΖ μέγεθος· δυνατὸν γὰρ ἀπὸ τοῦ ἀπείρου ὁσονοῦν ἀφελεῖν· τού- 100ᵃ
των γενομένων ἔσται σύμμετρα καὶ τὰ μεγέθη καὶ τὰ βάρη, καὶ τὰ ὡς
ἐπὶ συμμέτρων αὐτῶν ἀδύνατα ἀκολουθήσει, καὶ οὐκ ἔσται χρεία τῆς τῶν 15
ἀσυμμέτρων ὑποθέσεως· τὸ γὰρ τοῦ ΒΖ βάρος ἴσον ἔσται τῷ Γ βάρει,
5 ὅπερ ἦν τοῦ ἀπείρου. κἂν μεῖζόν τι τοῦ ΒΖ ἀφέλωμεν ἀπὸ τοῦ ἀπείρου
μεγέθους, τὸ ἐκείνου βάρος πεπερασμένου μεγέθους ὂν βάρος μεῖζον ἔσται 20
τοῦ Γ βάρους, ὅπερ τοῦ ἀπείρου μεγέθους βάρος ἦν. ἐπειδὴ δὲ τῶν σω-
μάτων τὰ μέν ἐστιν ὁμοιομερῆ, τὰ δὲ ἀνομοιομερῆ, ταὐτὸν δὲ εἰπεῖν
ὁμοιοβαρῆ καὶ ἀνομοιοβαρῆ, οὐδέν, φησίν, οὐδὲ τοῦτο διοίσει πρὸς τὴν
10 ἀπόδειξιν τὸ ὁμοιομερὲς λαβεῖν ἢ ἀνομοιομερὲς τὸ ἄπειρον· ἐπὶ γὰρ τῶν
ἀνομοιομερῶν οὐ κατὰ τὸ μέγεθος ἡ ἀναλογία ληφθήσεται, ἀλλὰ κατὰ 25
βάρος· τῷ γὰρ ΒΔ ἀπὸ τοῦ ΑΒ ἀπείρου οὐκέτι ἴσα ὁσαοῦν, ἀλλ' ἰσοβαρῆ
ἀφελοῦμεν· τῆς γὰρ ἐν τῷ βάρει χρῄζομεν ἀναλογίας, καὶ δυνατὸν ἀπὸ
τοῦ ἀπείρου κατὰ μέγεθος ὁποσαοῦν ἰσοβαρῆ μεγέθη ἀφελεῖν, ποτὲ μὲν
15 ἀφαιροῦντας τοῦ μεγέθους τῶν λαμβανομένων καὶ βραχύτερα τῶν πρόσθεν 30
εἰλημμένων λαμβάνοντας, ὅταν βαρύτερα τῇ συστάσει τὰ μέρη ἐκεῖνα τοῦ
ἀπείρου τυγχάνῃ ὄντα, ποτὲ δὲ προστιθέντας τῷ μεγέθει τῶν ἀφαιρουμέ-
νων καὶ μείζονα αὖ τῶν πρόσθεν ἀφαιροῦντας, ὅταν ἧττον βαρεῖαν ἔχῃ τὴν
σύστασιν ἐκεῖνα τοῦ ἀπείρου τὰ μέρη. ἐπιστῆσαι δὲ ἄξιον, μήποτε, ἐὰν 35
20 πεπερασμένον ὑποτεθῇ τὸ τοῦ ἀπείρου βάρος, κἂν μὴ τὸ μέγεθος τὸ ἄπει-
ρον ἐν τῇ ἀφαιρέσει καταναλίσκηται, τὸ βάρος τὸ πεπερασμένον καταναλίσκεται· δηλοῖ δὲ καὶ τὸ τοῦ πεπερασμένου μεγέθους, τουτέστι τοῦ ΒΗ,
μεῖζον συνάγεσθαι βάρος ἤπερ τὸ τοῦ ἀπείρου, ὅ ἐστι τὸ Γ· ἀλλ' εἰ 40
τοῦτο, ἔσται μέγεθος ἄπειρον τὸ περιλειφθὲν μηδὲν ἔχον βάρος, ὅπερ καὶ
25 αὐτό ἐστιν ἀδύνατον ἔτι μᾶλλον.

p. 273ᵇ26   Ὥστε δῆλον ἐκ τῶν εἰρημένων ἕως τοῦ ἐκ τῶνδε
           φανερόν.   45

Συμπεραίνεται τὸ προσεχῶς ἀποδειχθέν, ὅτι τοῦ ἀπείρου σώ|ματος 100ᵇ
οὐκ ἔστι πεπερασμένον τὸ βάρος ἢ ἡ κουφότης· ὁ γὰρ αὐτὸς ἐπ' ἀμφοῖν
30 λόγος. εἰ οὖν ἀνάγκη τὸ βάρος ἢ κουφότητα ἔχον τῶν σωμάτων· περὶ
γὰρ τῶν ὑπὸ σελήνην νῦν ὁ λόγος· ἐάν τι ἄπειρον ὑποτεθῇ, ἢ πεπερασ-
μένον ἢ ἄπειρον ἔχειν βάρος ἢ κουφότητα, δέδεικται δέ, ὅτι τὸ πεπερασ- 5
μένον ἀδύνατον, ἄπειρα ἄρα. εἰ τοίνυν τὸ ὅλως ἄπειρον εἶναι βάρος ἢ

---

2 γινομένων D   4 ἀσυμμέτρων Db: συμμέτρων AB   5 ΒΖ] ΖΒ corr. ex B D
6 μεγέθους ὂν βάρος] evan. A: add. mg. A²   7 ἐπειδὴ] ἐπει/// A: mg. γρ. ἐπειδὴ A²
8 ταὐτὸ B   δ' D   11 κατὰ (alt.)] κατὰ τὸ D   12 ἰσοβαρεῖ A, sed corr.
14 μεγέθη] e corr. D   15 βραχύτερα] βαρύτερα D   16 ὅταν] ὅτε D   17 τυγ-
χάνει D   17. 18 ἀφαιρεθέντων B   18 μείζονα Db: μεῖζον AB   αὖ τῶν scripsi:
αὐτῶν ABD   ἔχει B   20 τὸ τοῦ K: τὸ ABD   22 τὸ om. D   23 ὃ
Db: om. AB   24 περιληφθὲν D   31 ὑποτεθῇ] ὑ- evan. A   32 ἔχειν βάρος
CDb: βάρος ἔχειν A: βάρος ἔχον B   ἢ κουφότητα AB: om. CDb   τὸ om. CD
33 ἄπειρα ABC: ἄπειρον Db

κουφότητα ἀδύνατον δειχθῇ, δῆλον, ὅτι καὶ τὸ ἄπειρόν τι εἶναι σῶμα ἀδύνατον. ἐπὶ τὸ δεῖξαι οὖν, ὅτι ἀδύνατον ἄπειρον εἶναι βάρος, παρασκευάζεται καὶ δηλονότι διὰ τὰ αὐτὰ καὶ κουφότητα.

p. 273b30   Εἰ γὰρ τὸ τοσόνδε βάρος τὴν τοσήνδε ἕως τοῦ ἔν τινι
        πεπερασμένῳ χρόνῳ.

Προθέμενος δεῖξαι, ὅτι ἀδύνατον ἄπειρον εἶναι βάρος, τρία τινὰ χρήσιμα πρὸς τὴν ἀπόδειξιν προλαμβάνει οἷον ἀξιώματα· πρῶτον μέν, ὅτι δυοῖν βαρῶν ὄντων τοῦ μὲν ἐλάττονος, τοῦ δὲ μείζονος, ὃ λέγει τοσοῦτον καὶ ἔτι· τὸ γὰρ μεῖζον ἔχει τὸ ἔλαττον καὶ ἔτι ἄλλο τι πρὸς τούτῳ· τούτων οὖν τῶν βαρῶν τὸ μεῖζον τὴν αὐτὴν διάστασιν ἐν ἐλάττονι χρόνῳ κινεῖται ἤπερ τὸ ἔλαττον. δεύτερον δὲ προλαμβάνει τῷ προτέρῳ ἀκόλουθον, ὅτι τὰ βάρη καὶ οἱ χρόνοι τὴν ἀναλογίαν ἀνάπαλιν ἕξουσιν· ἂν γὰρ τὸ μεῖζον βάρος διπλάσιον ᾖ τοῦ ἐλάττονος, ὁ χρόνος, ἐν ᾧ τὸ μεῖζον διάστημά τι κινεῖται, ἥμισυς ἔσται τοῦ χρόνου, ἐν ᾧ τὸ ἔλαττον τὸ αὐτὸ διάστημα κινεῖται· εἰ οὖν, οὗ μὲν ὁ χρόνος ἥμισυς, τούτου τὸ βάρος διπλάσιον, οὗ δὲ τὸ βάρος ἥμισυ, τούτου ὁ χρόνος διπλάσιος, εἰκότως ἀνάπαλιν ἔχειν τὴν ἀναλογίαν οἱ χρόνοι τοῖς βάρεσι λέγονται. τρίτον προλαμβάνει, ὅτι τὸ πεπερασμένον βάρος πᾶσαν πεπερασμένην διάστασιν ἐν πεπερασμένῳ δίεισιν χρόνῳ. ἐδείχθη γὰρ ἐν τῇ Φυσικῇ ἀκροάσει, ὅτι οὐδὲν πεπερασμένον πεπερασμένην διάστασιν ἐν ἀπείρῳ δίεισι χρόνῳ. χρησιμεύει δὲ τοῦτο πρὸς τὸ δεῖξαι, ὅτι πᾶς χρόνος, καὶ ὁ ἐν ᾧ τὸ βραχύτατον βάρος τὴν μεγίστην δίεισι διάστασιν, καὶ ὁ ἐν ᾧ τὸ πολλαπλάσιον αὐτοῦ βάρος τὸ αὐτὸ διάστημα διεξέρχεται, λόγον ἔχουσι πρὸς ἀλλήλους· εἰ γὰρ τὸ πεπερασμένον βάρος τὴν πεπερασμένην διάστασιν ἐν ἀπείρῳ διεξῄει χρόνῳ, οὐκ ἂν ἦν τις τῶν χρόνων πρὸς ἀλλήλους λόγος καὶ ἀναλογία, ᾧ χρῆται πρὸς τὴν δεῖξιν. ὅτι δὲ πᾶν πεπερασμένον βάρος πᾶσαν πεπερασμένην διάστασιν ἐν πεπερασμένῳ δίεισι χρόνῳ, δῆλον· ἐπεὶ γὰρ μόριόν τι τῆς διαστάσεως πεπερασμένον τι βάρος ἐν πεπερασμένῳ δίεισι χρόνῳ, ὁσαπλασίων ἐστὶν ἡ ὅλη διάστασις τοῦ μορίου, τοσαυταπλασίων καὶ ὁ χρόνος ἔσται, ἐν ᾧ τὴν ὅλην δίεισι, τοῦ ἐν ᾧ τὸ μέρος. προσχρῆται δὲ καὶ ἐκείνῳ πολλάκις ἐνταῦθα, ὅπερ ἐν τῇ Φυσικῇ ἀποδέδεικται, τῷ ἀδύνατον εἶναι ἐν πεπερασμένῳ χρόνῳ ἄπειρον διελθεῖν.

p. 274a3   Ἀνάγκη ἄρα ἐκ τούτων ἕως τοῦ ἀλλὰ ἀδύνατον.

Προσχρώμενος τοῖς εἰρημένοις διὰ τῆς εἰς ἀδύνατον ἀπαγωγῆς δεί-

---

2 ἄπειρον] postea ins. C¹: om. ABD (esse gravitatem infinitam b)   8 δυεῖν D
11 ἤπερ Db: ἤνπερ AB   προσλαμβάνει Db   14 τι om. D   19 χρόνῳ δίεισι
B(b?)   Φυσικῇ] 233ᵃ32   οὐδὲν Db: οὐδὲ AB   20 χρησιμεύει] χρήσιμον B
21 ὁ om. B   22 ὁ om. B   26 διάστασιν πεπερασμένην D   29 τοσαυταπλασίων B   31 Φυσικῇ] Ζ 2. 233ᵃ31   τῷ] τὸ B

κνυσιν, ὅτι οὐκ ἔστιν ἄπειρον βάρος· εἰ γὰρ εἴη, συμβήσεται ἐκ τῶν κει-
μένων καὶ κινεῖσθαι αὐτὸ καὶ μὴ κινεῖσθαι, ὅπερ ἀδύνατον. κινεῖσθαι μὲν
γὰρ ἀναγκαῖον αὐτὸ διὰ τὸ πρῶτον τῶν ἀξιωθέντων· εἰ γὰρ τὸ τοσόνδε
βάρος τὴν τοσήνδε ἐν τῷ τοσῷδε χρόνῳ κινεῖται, τὸ δὲ τοσόνδε καὶ ἔτι
5 τὴν αὐτὴν ἐν ἐλάττονι, τὸ δὲ ἄπειρον βάρος τοσόνδε καὶ ἔτι ἐστί, δῆλον,
ὅτι κινηθήσεται ἐν ἐλάττονι χρόνῳ. πάλιν δὲ οὐ δυνατὸν αὐτὸ κινηθῆναι,
διότι κεῖται μέν, ἣν ἀναλογίαν ἔχει πρὸς ἄλληλα τὰ βάρη τὰ κινούμενα
τὸ αὐτὸ διάστημα, ταύτην ἀνάπαλιν ἔχειν τοὺς χρόνους πρὸς ἀλλήλους, ἐν
οἷς ἑκάτερον τῶν βαρῶν ἐκινεῖτο, καὶ ἦν οἱ χρόνοι δηλονότι, ταύτην ἀνά-
10 παλιν τὰ βάρη. παντὸς δὲ χρόνου πεπερασμένου πρὸς πεπερασμένον
λόγος τίς ἐστιν· εἰ οὖν ὁ χρόνος, ἐν ᾧ τὸ βάρος τὸ τοσόνδε καὶ ἔτι,
τουτέστι τὸ ἄπειρον, ἐλάττων ὢν ἄλλου χρόνου πεπερασμένος ἐστί,
δῆλον, ὅτι τοῦ μὲν χρόνου πρὸς τὸν χρόνον ἔσται λόγος τοῦ ἐλάττονος
πρὸς τὸν μείζονα πεπερασμένου πρὸς πεπερασμένον, τοῦ δὲ βάρους τοῦ
15 τοσοῦδε καὶ ἔτι, τουτέστι τοῦ ἀπείρου, πρὸς τὸ πεπερασμένον βάρος οὐδεὶς
ἐστι λόγος· ἀλλὰ μὴν ἀνάγκη τὴν αὐτὴν εἶναι ἀναλογίαν κατὰ τὸ ἀνάπαλιν
ἔν τε τοῖς βάρεσι τοῖς τὸ αὐτὸ διάστημα κινουμένοις καὶ ἐν τοῖς χρό-
νοις· ὥστε οὐδεὶς χρόνος ἐστίν, ἐν ᾧ κεκίνηται τὸ ἄπειρον βάρος τὴν πε-
περασμένην διάστασιν· ὥστε οὐδὲ κεκίνηται· πᾶν γὰρ τὸ κινούμενον ἐν
20 χρόνῳ δέδεικται κινούμενον. κἂν μὴ τὴν αὐτὴν δὲ ἀναλογίαν ὑπόθηταί
τις τῶν τε βαρῶν καὶ τῶν χρόνων κατὰ τὸ ἀνάπαλιν, μόνον δὲ πεπερασ-
μένους τοὺς χρόνους, καὶ οὕτως ἔσται τις αὐτῶν λόγος. τὸ δὲ ἀλλ' ἀεὶ
ἐν ἐλάττονι προσέθηκεν δεικνύς, ὅτι, κἂν ἐπὶ τὸ ἔλαττον προκόπτῃ ὁ χρό-
νος, ἔσται μὲν ἡ ἀναλογία ἀεὶ ἐν ἐλάττονι, ἐλάχιστος δὲ οὐκ ἔστι χρόνος·
25 οὐδὲ γὰρ ἄλλο τι τῶν συνεχῶν διὰ τὸ ἐπ' ἄπειρον εἶναι διαιρετά. καὶ εἰ
ἦν δέ, φησίν, ἐλάχιστος χρόνος, οὐδὲν ἂν ἦν ὄφελος τοῖς οἰομένοις ἐν
αὐτῷ κινεῖσθαι τὸ ἄπειρον βάρος καὶ κατὰ τοῦτο διαφεύγειν τὸν λόγον τὸν
ἀπὸ τῆς ἀναλογίας ἔλεγχον. ὑποθέμενος οὖν ἐλάχιστον εἶναι χρόνον καὶ
ἐν αὐτῷ κινεῖσθαι τὸ ἄπειρον βάρος δείκνυσί τι ἀδύνατον ἑπόμενον καὶ
30 οὕτως τὸ ἐν ἴσῳ χρόνῳ τὴν ἴσην διάστασιν κινεῖσθαι τὸ ἄπειρον βάρος τῷ
πεπερασμένῳ. ἔστω γὰρ ἡ ἄπειρος βαρύτης ἐν τῷ ἐλαχίστῳ χρόνῳ κεκινη-
μένη διάστημά τι· δῆλον, ὅτι πεπερασμένον ἔσται τοῦτο· οὐ γὰρ οἷόν τε
ἐν τῷ πεπερασμένῳ χρόνῳ καὶ μάλιστα τῷ ἐλαχίστῳ κινηθῆναί τι ἄπει-
ρον διάστημα, οὔτ' ἂν πεπερασμένον οὔτ' ἂν ἄπειρον ᾖ τὸ κινούμενον· ἐν
35 τίνι γὰρ | χρόνῳ κινηθήσεται τὸ μέρος τοῦ ἀπείρου διαστήματος; τοῦ
γὰρ ἐλαχίστου ἐλάττων οὐκ ἔστιν. ἐπεὶ οὖν κεῖται ἐν τοῖς περὶ κινήσεως
πᾶν τὸ πεπερασμένον βάρος πᾶσαν πεπερασμένην διάστασιν ἐν πεπερασ-

---

3 εἰ γὰρ τὸ] εἶτα B   4 τῷ—ἐν (5) om. D   6 οὐ om. D   μὴ κινηθῆναι
αὐτὸ D   11 τὸ (alt.)] e corr. C: om. B   12 πεπερασμένος BC: πεπερασμένον
AD   14 μείζω B   25 διαιρετά] Db: διαιρετ/// A: διαιρετόν B   28 ἀπὸ
τῆς] bis D   χρόνον εἶναι D   31 ἐλαχίστῳ om. B   32 τι Db: om. AB
33. 34 διάστημα ἄπειρον D   36 ἔλαττον B   κεῖται Db: corr. ex κινεῖται A: κινεῖ-
ται B   περὶ κινήσεως] Phys. VI 7

μένῳ χρόνῳ διιέναι, δῆλον, ὅτι καὶ ταύτην τὴν πεπερασμένην διάστασιν, 101ᵇ ἣν τὸ ἄπειρον ἐν ἐλαχίστῳ χρόνῳ κεκίνηται, πεπερασμένον τι βάρος ἐν πε- 6 περασμένῳ κινηθήσεται χρόνῳ. τοῦ αὐτοῦ οὖν ὄντος διαστήματος, ὡς ἔχουσιν οἱ χρόνοι πρὸς ἀλλήλους ὅ τε ἐλάχιστος, ἐν ᾧ τὸ ἄπειρον ἐκινεῖτο βάρος, καὶ ὁ πεπερασμένος, ἐν ᾧ τὸ πεπερασμένον, οὕτως ἔχουσι καὶ τὰ 10 κινούμενα βάρη πρὸς ἄλληλα, ὅπερ ἀδύνατον· οὐδεὶς γὰρ λόγος ἐστὶ τοῦ ἀπείρου πρὸς τὸ πεπερασμένον. αὐτὸς δὲ οὐ τοῦτο τὸ ἄτοπον ἐπήγαγεν, ἀλλὰ τὸ ἐν ἴσῳ χρόνῳ τὴν ἴσην κινεῖσθαι τὸ ἄπειρον τῷ πεπερασμένῳ. λέγει οὖν, ὅτι οὐδὲ τὸ ὑποθέσθαι χρόνον ἐλάχιστον, ἐν ᾧ τὸ ἄπειρον βά- 15 ρος τὴν πεπερασμένην διάστασιν κινεῖται, ἐκφεύγει τὴν ἀτοπίαν· ἐλήφθη γὰρ (ἀντὶ τοῦ ληφθείη γάρ) ἂν ἄλλο τι πεπερασμένον μέγεθος τὴν αὐτὴν διάστασιν ἐν πεπερασμένῳ χρόνῳ κινούμενον ἐν τῷ αὐτῷ λόγῳ ὂν πρὸς ἕτερόν τι μεῖζον ἑαυτοῦ βάρος τῷ τοῦ ἐλαχίστου χρόνου, ἐν ᾧ τὸ 20 ἄπειρον βάρος ἐκινεῖτο, πρὸς τὸν χρόνον τὸν μείζονα τοῦ ἐλαχίστου, ἐν ᾧ τὸ ἔλαττον τῶν πεπερασμένων βαρῶν ἐκινεῖτο· ἀνάπαλιν γὰρ ἔχει τὰ βάρη πρὸς τοὺς χρόνους, ὡς εἴρηται· ἐν ἴσῳ ἄρα χρόνῳ, μᾶλλον δὲ ἐν τῷ αὐτῷ τῷ ἐλαχίστῳ, τό τε ἄπειρον βάρος κινηθήσεται καὶ τῶν ληφθέντων 25 πεπερασμένων τὸ μεῖζον. ἢ ἀκριβέστερον αὐτὸς εἶπεν τὸ ἐλήφθη· ἐὰν γὰρ ὑποτεθῇ τὸ ἄπειρον ἐν ἐλαχίστῳ χρόνῳ κινούμενον, αὐτῷ τούτῳ ἄλλο ἄν τι πεπερασμένον βάρος ἐλήφθη ἐν τῷ αὐτῷ λόγῳ πρὸς ἕτερον μεῖζον, ἐν ᾧ τὸ ἄπειρον· εἰ γὰρ καὶ τὸ μεῖζον ἐν τῷ ἐλαχίστῳ χρόνῳ ἐκινεῖτο, διότι, 30 ὡς ἔχει ὁ χρόνος ὁ μείζων πρὸς τὸν ἐλάχιστον, οὕτως τὸ ἔλαττον τῶν πεπερασμένων μεγεθῶν τὸ ἐν τῷ μείζονι χρόνῳ κινούμενον πρὸς τὸ μεῖζον τὸ ἐν τῷ ἐλαχίστῳ, κινεῖται δὲ καὶ τὸ ἄπειρον βάρος ἐν τῷ ἐλαχίστῳ, δῆλον, ὅτι ἐν τῷ αὐτῷ λόγῳ ἔσται τὸ ἔλαττον πεπερασμένον πρός 35 τε τὸ μεῖζον καὶ τὸ ἄπειρον. καί ἐστι μὲν καὶ αὐτὸ ἄτοπον τὸ εἶναι λόγον πεπερασμένου πρὸς ἄπειρον. ὁ δὲ τὸ ἕτερον ἐπήγαγε τὸ ἐν ἴσῳ χρόνῳ κινεῖσθαι τὴν ἴσην διάστασιν τὸ ἄπειρον καὶ τὸ πεπερασμένον. ἔνεστι δέ, φησὶν Ἀλέξανδρος, ἐπὶ τῆς πεπερασμένης διαστάσεως τὰ μόρια αὐτῆς λα- 40 βόντα λέγειν, ὅτι ταῦτα ἐν ἐλάττονι τοῦ ἐλαχίστου χρόνῳ κινηθήσεται ἡ ἄπειρος βαρύτης· ἀλλ' οὐκ ἔστι τοῦ ἐλαχίστου ἔλαττον· ὥστε ἢ οὐκ ἔστιν ἐλάχιστος χρόνος, ἤ, εἰ ἔστιν, ἐν τῷ ἐλαχίστῳ χρόνῳ ἐλάχιστον διάστημα, τὸ αὐτὸ δηλονότι· ἐν γὰρ τὸ ἐλάχιστον· καὶ τὸ ἄπειρον βάρος 45 καὶ τὸ πεπερασμένον καὶ πάντα τὰ ἀνισοβαρῆ | κινηθήσεται· ὅπερ ἐστὶν 102ᵃ ἀτοπώτατον· ἰσοταχῆ γὰρ οὕτως ἔσται τὰ πάμπολυ ἀλλήλων κατὰ τὰς ῥοπὰς διαφέροντα καὶ ἡ ἄπειρος βαρύτης τῇ πεπερασμένῃ. ὃ γὰρ τὸ ἧττον βάρος ἐν τῷ ἐλαχίστῳ κεκίνηται χρόνῳ, τοῦτο τὸ βαρύτερον ἢ οὐ 5

---

5 οὕτως Db: om. AB   7 τοῦτο Db: τούτου AB   9 λέγει οὖν] λέγων οὕτως D
13 χρόνου Db: χρόνῳ AB   17 καὶ b: om. ABD   ληφθέντων D: ληφθέντων τῶν AB   18 εἶπε BD   23 μείζωνι A   29 τὰ] τὸ B   30 χρόνῳ AB: χρόνου D
31 οὐχ ἔστι Db: ου//////// A: οὐ μετὰ B   ἐλάττων AB: ἔλαττον D   32 εἰ om. D   35 πάμπολλα B   36 ῥοπὰς Db: διαφορὰς ῥοπὰς A: φορὰς B τὸ om. D

κινηθήσεται ἢ οὐκ ἐν χρόνῳ κινηθήσεται ἢ οὐκ ἐν ἐλάττονι τοῦ ἐλαχίστου· οὐ γὰρ ἔστι τοῦ ἐλαχίστου ἔλαττον· εἰ δὲ ταῦτα ἀδύνατα, καὶ αὐτὸ ἐν τῷ ἐλαχίστῳ κινηθήσεται. λέγει δὲ ὁ Ἀλέξανδρος, ὅτι ταύτην ἐποιήσατο τὴν ἀπόδειξιν τῷ τρίτῳ τῶν προαξιωθέντων χρησάμενος τῷ τὸ πε-
5 περασμένον βάρος ἅπασαν πεπερασμένην ἐν χρόνῳ διεξιέναι πεπερασμένῳ. καὶ ἡ λέξις, φησίν, οὕτως ἂν ἔχοι τὸ κατάλληλον· ἄλλο γὰρ ἂν πεπερασμένον ἐλήφθη ἐν τῷ αὐτῷ λόγῳ ὂν πρὸς ἕτερον μεῖζον, ἐν ᾧ πρὸς τὸ ἄπειρον αὐτὸ τοῦτο.

p. 274ᵃ13 **Ἀλλὰ μὴν ἀνάγκη γε ἕως τοῦ ἀδύνατον ἄρα ἄπειρον**
10 **εἶναι βάρος.**

Εἰπὼν ὡς ἐξ ὑποθέσεώς τινος τὸ "ἄλλο γὰρ ἄν τι πεπερασμένον ἐλήφθη" τὸ ἐν τῷ ἐλαχίστῳ χρόνῳ κινούμενον, ἐν ᾧ καὶ τὸ ἄπειρον, εἴπερ ὅλως ὑποτεθῇ τις ἐλάχιστος εἶναι χρόνος, νῦν προστίθησιν, ὅτι καὶ ἀνάγκη, εἴπερ τὸ ἄπειρον βάρος εἴτε ἐν ἐλαχίστῳ εἴτε ἐν ὁπηλικῳοῦν ὑποτεθῇ πε-
15 περασμένῳ πεπερασμένον διάστημα κινούμενον, καὶ ἄλλο ἐν τῷ αὐτῷ χρόνῳ πεπερασμένον βάρος πεπερασμένην διάστασιν κινεῖσθαι. τοῦ οὖν χρόνου τοῦ αὐτοῦ ὄντος ἔσται, ὡς ἡ πεπερασμένη διάστασις, ἣν κινεῖται τὸ πεπερασμένον βάρος ἐν τῷ αὐτῷ χρόνῳ, πρὸς τὴν πεπερασμένην διάστασιν, ἣν κινεῖται τὸ ἄπειρον βάρος, οὕτως τὸ πεπερασμένον βάρος πρὸς
20 τὸ ἄπειρον βάρος. εἰ δ', ὁσαπλάσιόν ἐστι τὸ διάστημα, ὃ κινεῖται τὸ πεπερασμένον βάρος, τοῦ διαστήματος, ὃ κινεῖται τὸ ἄπειρον ἐν τῷ αὐτῷ χρόνῳ, τοσαυταπλάσιον τοῦ πεπερασμένου βάρους ἐλήφθη βάρος, τοῦτό τε καὶ τὸ ἄπειρον ἐν τῷ αὐτῷ χρόνῳ τὴν αὐτὴν διάστασιν κινηθήσονται. εἰ οὖν ἀδύνατον λόγον ἔχειν τὸ ἄπειρον πρὸς τὸ πεπερασμένον, ἀδύνατον δὲ
25 καὶ τὸ ἐν ἴσῳ χρόνῳ τὴν αὐτὴν διάστασιν κινεῖσθαι τὰ ἄνισα, ἀδύνατον ἄπειρον εἶναι βάρος. ὁ δὲ ἐλάχιστος χρόνος εἰς τὸν ὁπηλικονοῦν μεταληφθεὶς καθολικωτέραν ἐποίησε τὴν ἀπόδειξιν.

p. 274ᵃ17 **Ὁμοίως δὲ καὶ κουφότητα ἕως τοῦ καὶ κουφότητα**
ἀδύνατον.

30 Τὰ ἐπὶ τῆς βαρύτητος εἰρημένα καὶ ἐπὶ τῆς κουφότητος ἁρμόσει λέγειν ἀντὶ τῆς ἐπὶ τὸ κάτω κινήσεως τὴν ἐπὶ τὸ ἄνω μεταλαμβανόντων ἡμῶν. εἰ οὖν μήτε βαρύτητες μήτε κουφότητές εἰσιν ἄπειροι, οὐδ' ἂν τὰ βάρος ἢ κουφότητα ἔχοντα σώματα ἄπειρα ἂν εἴη· τοῦτο γὰρ ἤδη δέδεικται.

---

5 πεπερασμένῳ] πεπερασμένα B   11 ἄλλο γάρ] ἄλλογον B   14 ἐν (alt.) Ab: om. BD
15 κινούμενον διάστημα D   τῷ αὐτῷ b: corr. ex τῷ αὐτοῦ D¹: τούτῳ AB   16 οὖν]
μὲν οὖν B   19 οὕτως A: οὕτω BCD   τὸ CD: om. AB   20 δ' AB: δὲ D
20. 21 τὸ πεπερασμένον — κινεῖται (21) om. b   πεπερασμένον] immo ἄπειρον   21 διαστήματος· ὃ κινεῖται] in ras. D   23 ἄπειρον] immo πεπερασμένον   27 ἐπὶ (pr.) D:
ἀπὸ AB   33 εἴη D: εἶναι AB   ἤδη om. D

p. 274ᵃ19 Ὅτι μὲν οὖν ἄπειρον οὐκ ἔστι σῶμα ἕως τοῦ ἀλλὰ 102ᵇ
          καὶ νῦν ἄλλον τρόπον.

Δείξας, ὅτι οὐδὲν τῶν ἁπλῶν σωμάτων ἄπειρόν ἐστι τῷ μεγέθει·
οὔτε γὰρ τὸ κυκλοφορητικὸν οὔτε τῶν ὑπὸ σελήνην οὐδέν, εἴπερ μήτε βά- 5
ρος ἔχον τι μήτε κουφότητα, ταῦτα δ' ἦν τὰ ὑπὸ σελήνην, βαρέα μὲν τὰ
ἐπὶ τὸ κάτω φερόμενα, γῆ καὶ ὕδωρ, κοῦφα δὲ τὰ ἐπὶ τὸ ἄνω, ἀὴρ καὶ
πῦρ· πεπερασμένων δὲ κατ' ἀριθμὸν πρότερον δειχθέντων τῶν ἁπλῶν σω-
μάτων· πέντε γὰρ ἐδείχθη τὰ πάντα, τρία κατὰ τὴν εἰς δύο τὸ βαρὺ καὶ 10
τὸ κοῦφον τῶν ὑπὸ σελήνην συναίρεσιν· δειχθέντος δὲ καὶ νῦν ἑκάστου
τούτων κατὰ τὸ μέγεθος πεπερασμένου δῆλον, ὅτι οὐδὲ σύνθετόν ἐστί τι
ἄπειρον σῶμα. θαρρῶν οὖν συνεπεράνατο δῆλον εἶναι λέγων διὰ τῆς τῶν
κατὰ μέρος θεωρίας, τουτέστι διὰ τῆς καθ' ἕκαστον τῶν ἁπλῶν, ὅτι οὐκ 15
ἔστιν ἄπειρον σῶμα οὔτε ἁπλοῦν οὔτε σύνθετον. ἐπειδὴ δὲ ἐπιστημονικώ-
τερός ἐστιν ὁ διὰ τῶν καθόλου τρόπος τῆς ἀποδείξεως ἤπερ ὁ διὰ τῶν
κατὰ μέρος, προθέμενος καὶ καθόλου δεῖξαι, ὅτι οὐκ ἔστιν ἄπειρον σῶμα
κατὰ μέγεθος, ὑπομιμνήσκει πρῶτον ἡμᾶς τῶν ἐν τῷ τρίτῳ τῆς Φυσικῆς 20
ἀκροάσεως ἐπιχειρημάτων καθόλου δεικνυόντων, ὅτι οὐκ ἔστιν ἄπειρον
σῶμα, ἵνα μὴ δὶς τὰ αὐτὰ λέγῃ· τότε ἄλλα προστίθησιν κατ' ἄλλην μέθ-
οδον εἰλημμένα. καλεῖ δὲ περὶ ἀρχῶν τὰ τέσσαρα πρῶτα βιβλία τῆς
Φυσικῆς ἀκροάσεως, ὥσπερ τὰ λοιπὰ τέσσαρα περὶ κινήσεως ἐκάλει πρὸ 25
ὀλίγου λέγων "ἀλλ' ἐκεῖνό γε φανερόν, ὅτι ἀδύνατον τὴν ἄπειρον διελθεῖν ἐν
πεπερασμένῳ χρόνῳ· ἐν ἀπείρῳ ἄρα· δέδεικται γὰρ τοῦτο πρότερον ἐν
τοῖς περὶ κινήσεως".

p. 274ᵃ24 Μετὰ δὲ ταῦτα ἐπισκεπτέον ἕως τοῦ μὴ μέντοι γε
          ἀπείρους.

Προθέμενος καθολικὴν ἀπόδειξιν εἰπεῖν τοῦ μὴ εἶναι ἄπειρον σῶμα
πρῶτον ἐκτίθεται, περὶ οὗ μετὰ ταύτην τὴν ἀπόδειξιν προθήσεται λέγειν
ἀκολούθως· τοῦτο δέ ἐστιν, εἰ πεπερασμένον ἐστὶ τὸ πᾶν σῶμα, ἆρα τοσ- 85
οῦτον, ὥστε πλείονας εἶναι οὐρανούς, τουτέστι κόσμους, ἢ ἕνα; ὅσον γὰρ
ἐπὶ τῷ πεπερασμένον εἶναι τὸ πᾶν σῶμα οὐδὲν κωλύει καὶ ἄλλους ὁμοίους
εἶναι τῷ περὶ ἡμᾶς κόσμῳ, μὴ μέντοι ἀπείρους τὸ πλῆθος· ἄπειρον γὰρ
ἂν ἦν καὶ τὸ πᾶν μέγεθος.

---

5 δὲ D   6 τὸ (pr.) BD: τὰ A   7 πεπερασμένων Db: πεπερασμεν cum ras. A:
πεπερασμένα B   δὲ om. B   κατ' BD: κατὰ seq. ras. A: κατὰ τὸν H
8 τρία] et tria b   10 οὐδὲ] οὐ B   13 οὔτε (pr.)] οὐθ' B   ἐπεὶ B
13. 14 ἐπιστημονικώτερον B   16 τρίτῳ] cap. 4 sq.   18 ἵνα CDb: ἵνα δὲ AB
τότε D: et tunc b: om. AB   ἄλλα b: ἀλλὰ ABD   προτίθησι D   19 τέσσαρα
om. CD   20 τέσσαρα] τὰ τέσσαρα B   21 λέγων] 272ᵃ28   διελθεῖν τὴν ἄπει-
ρον D   26 προθέμενος κτλ. om. D (usque ad p. 227,27)

p. 274ᵃ28   Πρῶτον δ' εἴπωμεν καθόλου περὶ τοῦ ἀπείρου.   102ᵇ

Χρὴ πρῶτον ὑπομνησθῆναι τῶν ἐν τῷ γ τῆς Φυσικῆς ἀκροάσεως
καθόλου δειχθέντων περὶ τοῦ μὴ εἶναι σῶμα ἄπειρον, ἐπειδὴ καὶ αὐτὸς
ἐκείνων ἐμνημόνευσε, καὶ οὕτως τὰ ἐνταῦθα ἐπιχειρηθέντα συνάψαι. δεί-
5 κνυσι τοίνυν ἐν ἐκείνοις, ὅτι οὐδὲν σῶμα ἄπειρον, λογικῶς μὲν ἐπιχειρῶν
οὕτως· πᾶν σῶμα ἐπιπέδῳ ὥρισται, τὸ δὲ ἐπιπέδῳ ὡρισμένον οὐκ ἄπει-
ρον· φυσικῶς δὲ ἀπὸ τοῦ τὰ στοιχεῖα πε|περασμένα τὸν ἀριθμὸν ὄντα 103ᵃ
κατὰ τὸ μέγεθος εἶναι πεπερασμένα· μήτε γὰρ πάντα ἄπειρα οἶόν τε εἶναι·
οὐ γὰρ ἂν εἴη πολλὰ ἄπειρα· μήτε ἕν τι ἐξ αὐτῶν· εἰ γὰρ μέλλει σώζε-
10 σθαι καὶ γίνεσθαί τι ἐξ ἀλλήλων, ἐξισάζειν ὡς δυνατὸν ἀνάγκη τὰς δυνά-
μεις αὐτῶν καὶ ἀνάλογον ἔχειν· εἰ οὖν τοῦ ἀπείρου ἄπειρος ἡ δύναμις,
οὐδεὶς δὲ λόγος ἐστὶ τοῦ ἀπείρου πρὸς τὸ πεπερασμένον, δῆλον, ὅτι οὐκ
ἂν εἴη τι αὐτῶν ἄπειρον. εἰ οὖν τῶν ἁπλῶν καὶ ὁ ἀριθμὸς καὶ τὸ μέγε-
θος πεπερασμένα ἐστί, δῆλον, ὅτι καὶ τὸ μέγεθος τὸ ἐξ αὐτῶν πεπέρανται.
15 ἀλλ' οὐδὲ ὑπόκειταί τι τοῖς στοιχείοις ἄπειρον μέγεθος, ὡς Ἀναξίμανδρος
ἔλεγεν καὶ Ἀναξιμένης, ἐξ οὗ γίνονται· ἢ γὰρ ἂν καὶ φθειρομένων εἰς
αὐτὸ ἐγίνετο ἡ ἀνάλυσις. ἔτι εἰ παντὸς σώματος φυσικοῦ οἰκεῖός ἐστι τό-
πος, εἰς ὃν φέρεται καὶ ἐν ᾧ μένει, τοῦ δὲ ἀπείρου μή ἐστιν οἰκεῖος τό-
πος, οὐκ ἂν εἴη σῶμα φυσικὸν ἄπειρον. ἔτι δὲ οὐδὲν μᾶλλον κάτω ἢ
20 ἄνω οἰσθήσεται τὸ ἄπειρον ἢ μενεῖ ὁμοίως ἔχον πρὸς πάντα τόπον. ἔτι
ἀδύνατον ἄπειρα τῷ εἴδει διαφέροντα ἀλλήλων εἶναι τὰ στοιχεῖα· ἦσαν γὰρ
ἂν καὶ τόποι ἄπειροι ἀλλήλων διαφέροντες. ἔτι ἀπὸ τοῦ πάντα μὲν τὰ
στοιχεῖα κατὰ φύσιν ἢ ἄνω ἢ κάτω κινεῖσθαι, ἐν δὲ τῷ ἀπείρῳ μηδὲν
εἶναι μήτε κάτω μήτε ἄνω.

25 p. 274ᵃ30   Ἀνάγκη δὲ τὸ σῶμα πᾶν ἤτοι ἄπειρον εἶναι ἕως τοῦ
δέδεικται γάρ, ὅτι οὔτε βάρος οὔτε κουφότης ἐστὶν ἄπειρος.

Προθέμενος καὶ νῦν καθόλου ζητῆσαι περὶ τοῦ παντὸς σώματος, εἴτε
ἄπειρόν ἐστιν εἴτε πεπερασμένον, ἐκ διαιρέσεως προάγει τὸν λόγον λέγων
ἀνάγκη πᾶν σῶμα ἤτοι ἄπειρον εἶναι ἢ πεπερασμένον, ἵνα δείξας
30 μὴ ὂν ἄπειρον ἔχῃ, ὅτι πεπερασμένον ἐστίν· ἀντιφατικὴ γάρ ἐστιν ἡ διαί-
ρεσις. ὅτι δὲ οὐκ ἄπειρον, ἄλλην πάλιν διαίρεσιν προσλαβὼν τὴν λέγουσαν·
εἰ ἄπειρόν ἐστιν, ἀνάγκη ἢ ἀνομοιομερὲς αὐτὸ εἶναι ἢ ὁμοιομερές· καὶ
αὕτη γὰρ ἄμεσος ἡ διαίρεσις· ἐξ ἀκολουθίας ἀνασκευαστικὸν προάγει τὸν
λόγον· εἰ γὰρ ἀνάγκη μέν, εἰ ἔστιν ἄπειρον σῶμα, ἤτοι ὁμοιομερὲς αὐτὸ

---

1 πρῶτον—ἀπείρου addidi: ἀνάγκη δὲ τὸ σῶμα πᾶν post spat. 3 litt. AB: nullum lemma
hic b (*oportet autem*)   2 ὑπομνησθῆναι A: μεμνῆσθαι B   γ̄] cap. 5   4 οὕτως
A: οὕτω B   5 οὐδὲν Bb: οὐδὲ A   11 ἀπείρου Ab: om. B   16 ἔλεγεν Hb:
ἔλεγον AB   19 οὐδὲν Bb: οὐδὲ A   κάτω μᾶλλον B   27 προθέμενος] hinc
rursus inc. D   τοῦ om. B   30 ἐστί (pr.) B   32 ἢ (pr.) Bb: καὶ D: om. A

15*

εἶναι ἢ ἀνομοιομερές, δειχθῇ δέ, ὅτι οὐδέτερόν ἐστι τούτων ἄπειρον, δῆ- 103ᵃ
λον, ὅτι οὐδ' ὅλως ἄπειρόν ἐστι. πρῶτον δὲ προθέμενος δεῖξαι, ὅτι οὐκ 36
ἔστιν ἀνομοιομερές, διαιρετικῷ κἀνταῦθα χρῆται τῷ λέγοντι· εἰ ἀνομοιο-
μερές, ἢ ἐκ πεπερασμένων εἰδῶν ἐστιν ἢ ἐξ ἀπείρων· εἰ οὖν μήτε ἐξ
5 ἀπείρων μήτε ἐκ πεπερασμένων, δῆλον, ὅτι οὐκ ἔστιν ἀνομοιομερές. ἀλλ' 40
ὅτι μὲν οὐκ ἐξ ἀπείρων τῷ πλήθει κατ' εἶδος διαφερόντων ἀνομοιομερές
ἐστι τὸ ἄπειρον, δείκνυσθαί φησιν, εἴ τις ἐάσει μένειν τὰς πρώτας ὑποθέ-
σεις· λέγει δὲ πρώτας ὑποθέσεις τὰς ἐν ἀρχῇ προϋποτεθείσας. εἰσὶ δὲ
αὗται, ὅτι πᾶν σῶμα φυσικὸν κίνησιν ἔχει κατὰ τόπον ἀφ' ἑαυτοῦ, καὶ 45
10 ὅτι τρεῖς αἱ ἁπλαῖ κινήσεις, καὶ ὅτι τῶν ἁπλῶν σωμάτων ἁπλαῖ αἱ κατὰ
φύσιν | κινήσεις, καὶ ὅτι μία ἑκάστου τῶν ἁπλῶν ἡ κατὰ φύσιν κίνησις 103ᵇ
ἁπλῆ· τούτων γὰρ κειμένων ἀνάγκη τὰ εἴδη τῶν ἁπλῶν σωμάτων πεπερασ-
μένα εἶναι τῷ ἀριθμῷ. εἰ γὰρ πάντα τὰ φυσικὰ σώματα τὰ ἁπλᾶ κινή-
σεις ἔχει κατὰ τόπον ἁπλᾶς μίαν ἕκαστον, αἱ δὲ ἁπλαῖ φυσικαὶ κινήσεις 5
15 πεπερασμέναι τῷ ἀριθμῷ· τρεῖς γὰρ ἅπασαι ἢ πέντε· αἱ δὲ πεπερασμέναι
κινήσεις πεπερασμένα τῷ εἴδει παρέχονται τὰ κινούμενα φυσικῶς· εἰδοποιοὶ
γάρ εἰσιν αἱ φυσικαὶ κινήσεις τῶν φυσικῶν σωμάτων, διότι ἡ φύσις ἀρχὴ
κινήσεώς ἐστι τοῖς ἔχουσι· ταύταις γὰρ πρότερον χρησάμενος ταῖς ὑποθέ- 10
σεσιν ἔδειξεν, ὅτι τρία ἢ πέντε τὰ ἁπλᾶ σώματά ἐστι καὶ οὔτε πλείονα
20 οὔτε ἐλάττονα· καὶ γὰρ ὁ ἀὴρ διαφέρει τοῦ πυρὸς κοῦφος μὲν ἀλλ' οὐ
κουφότατος ὑπάρχων, καὶ τὸ ὕδωρ διαφέρει τῆς γῆς βαρὺ μὲν ἀλλ' οὐ
βαρύτατον ὑπάρχον, καὶ οὕτως τὰ τρία πέντε γεγόνασιν· ὥστε, εἰ ἀνομοιο- 15
μερὲς ὑποτεθείη τὸ ἄπειρον σῶμα, οὐκ ἔσται ἄπειρα τῷ εἴδει τὰ ἐξ ὧν
σύγκειται. ἀλλὰ μὴν οὐδὲ πεπερασμένα δυνατὸν εἶναι κατ' εἶδος τὰ τοῦ
25 ἀνομοιομεροῦς ἀπείρου μόρια· εἰ γὰρ εἴη πεπερασμένα τῷ εἴδει, ἀνάγκη
ἕκαστον τῶν μορίων ἄπειρον εἶναι κατὰ μέγεθος· εἰ γὰρ κατ' εἶδος πεπε- 20
ρασμένα τὰ μόρια καὶ τῷ μεγέθει πεπερασμένα ᾖ, καὶ τὸ ὅλον ἔσται τῷ
μεγέθει πεπερασμένον, ὑπόκειται δὲ ἄπειρον. εἰ οὖν ἀδύνατον ἕκαστον
τῶν μορίων, οἷον ὕδωρ ἢ πῦρ ἢ τὸ κυκλοφορητικόν, ἄπειρον εἶναι κατὰ
30 μέγεθος, δῆλον, ὅτι οὐδὲ ἐκ πεπερασμένων εἰδῶν ἔσται τὸ ἄπειρον. ἀλλὰ 25
πῶς, εἰ ἐκ πεπερασμένων εἰδῶν τὸ ἀνομοιομερὲς ἄπειρόν ἐστιν, ἀνάγκη
ἕκαστον τῶν μορίων εἶναι ἄπειρον; δυνατὸν γὰρ καὶ ἑνὸς τῶν μορίων
ἀπείρου ὄντος εἶναι τὸ ὅλον ἄπειρον. ἢ ταύτην παρῆκε τὴν ὑπόθεσιν, διότι
δέδεικται πρότερον, ὡς, εἰ μὴ πάντα ἐξισάζοι, ἓν δέ τι εἴη ἐξ αὐτῶν ἄπει- 30
35 ρον, φθείροι ἂν τὰ ἄλλα; πόθεν οὖν δῆλον, ὅτι ἀδύνατον ἄπειρον εἶναι
ἕκαστον, οἷον ὕδωρ ἢ πῦρ; ὅτι δέδεικται, φησίν, μήτε βάρος μήτε κουφό-

---

1 δὲ ABC: om. D   2 οὐδὲ CD   3 λέγοντι ABb: λόγῳ D   8 λέγει—ὑπο-
θέσεις b: om. AD (B hic lacer est)   9 φυσικὴν D   ἔχειν D   18 γὰρ
om. B   18. 19 ταῖς ὑποθέσεσι χρησάμενος D   19 ἐστιν B   21 κουφότατος]
comp. A: κουφότης B   22 ὑπάρχον B: comp. dub. D: ὑπάρχων A   23 τὰ
om. D   25 ἄπειρα B   τῷ B: corr. ex τὰ D: τ// A   26 ἕκαστον D: comp.
A: ἑκάτερον B   34 τι Db: τοι A (B hic lacer est)   εἴη om. D   34. 35 ἄπει-
ρον ἢ D

τητα εἶναι ἄπειρον, καὶ ὅτι αἱ πεπερασμέναι δυνάμεις πεπερασμένων εἰσὶ 103b σωμάτων· τῶν γὰρ ἀπείρων ἄπειροι. εἰ οὖν βαρέα καὶ κοῦφα ταῦτα, ἀδύ- 35 νατον ἄπειρα εἶναι κατὰ μέγεθος· ἐδείχθη δέ, ὅτι οὐδὲ τὸ κυκλοφορητικὸν ἄπειρόν ἐστιν, καὶ τὸ ὅλον ἀδύνατον ἄπειρον εἶναι.

5 p. 274b8 Ἔτι ἀναγκαῖον ἀπείρους τῷ μεγέθει εἶναι καὶ τοὺς 40 τόπους ἕως τοῦ πάντῃ γὰρ ἕκαστον δεῖ ἄπειρον εἶναι.

Τοῦ αὐτοῦ καὶ ἄλλην ἀπόδειξιν ἐπιφέρει τὴν ἀπὸ τῶν κινήσεων καὶ τῶν τόπων· εἰ γὰρ ἄπειρον τῷ μεγέθει τῶν μορίων ἕκαστον ὑποτεθῇ, 45 ἀπείρους ἀνάγκη καὶ τοὺς τόπους αὐτῶν εἶναι. καὶ ἦν μὲν τοῖς προαπο-
10 δεδειγμένοις χρησάμε|νον δεικνύναι, ὅτι οὔτε ὁ ἄνω τόπος οὔτε ὁ κάτω 104a ἄπειρός ἐστιν οὔτε ὁ μεταξύ, ὥστε οὐδὲ τῶν ἐν αὐτοῖς γινομένων σωμάτων ἄπειρόν τί ἐστι τῷ μεγέθει. ὁ δὲ ταύτην μὲν ὡς ἤδη ῥηθεῖσαν τὴν ἀπόδειξιν παρῆκεν, ὅτι δὲ μὴ ἄπειροι οἱ τόποι, διὰ τῶν ἐπ᾽ αὐτοὺς καὶ 5 δι᾽ αὐτῶν κινήσεων δείκνυσιν· εἰ γὰρ ἄπειροι οἱ τόποι ὅ τε ἄνω καὶ ὁ
15 κάτω καὶ ὁ μεταξύ, ἄπειροι καὶ αἱ κινήσεις τῶν τε ἄνωθεν κάτω καὶ τῶν κάτωθεν ἄνω διὰ τοῦ μεταξὺ φερομένων· εἰ γὰρ τὸ διάστημα ἄπειρον, καὶ ἡ κίνησις ἄπειρος. εἰ οὖν ἀληθεῖς αἱ πρῶται ὑποθέσεις· λέγει 10 δὲ νῦν πρώτας ὑποθέσεις τὰ ἐν τῷ ὀγδόῳ τῆς Φυσικῆς ἀκροάσεως δεδειγμένα, ὅτι, ὃ μὴ οἷόν τε ἐνεχθῆναί που, τοῦτο οὐδὲ φέρεται τὴν ἀρχὴν
20 ἐπ᾽ ἐκεῖνο οὔτε ἐπὶ ποιοῦ οὔτε ἐπὶ ποσοῦ οὔτε ἐπὶ τοῦ κατὰ τόπον, καὶ καθόλου, ὃ μὴ οἷόν τε γενέσθαι, τοῦτο μηδὲ γίνεσθαι τὴν ἀρχήν· εἰ οὖν 15 ἀδύνατον ἀπείρων ὄντων τῶν τόπων, ἀφ᾽ ὧν καὶ εἰς οὓς καὶ δι᾽ ὧν αἱ κινήσεις, γενέσθαι ἄνω ἢ κάτω τὸ φερόμενον, ἀδύνατον ἄρα καὶ γίνεσθαι τὴν τοιαύτην κίνησιν, ὥστε οὐδὲ τὴν ἀρχὴν κινήσεταί τι ἐπὶ τὸ ἄνω ἢ
25 ἐπὶ τὸ κάτω. εἰ οὖν φαίνεται ἐναργῶς τὰ μὲν ἄνω, τὰ δὲ κάτω κινούμενα, 20 δῆλον, ὅτι οὐκ εἰσὶν ἄπειροι οἱ τόποι· εἰ δὲ μὴ οἱ τόποι, οὐδὲ τὰ ἐν τοῖς τόποις. αὐτὸς δὲ εἰς τοῦτο ἀγαγὼν τὸν λόγον εἰς τὸ μὴ φέρεσθαί τι ἄνω ἢ κάτω τὰ λοιπὰ ὡς ἐναργῶς ἑπόμενα παρῆκεν. καὶ τρίτον ἐπιχείρημα προσθεῖναι βουληθεὶς δεικνύων, ὅτι ἀδύνατον ἕκαστον τῶν τοῦ ἀνο- 25
30 μοιομεροῦς μορίων ἄπειρον εἶναι, ἐκ τοῦ ἕκαστον πανταχοῦ ὂν μὴ διδόναι τοῖς λοιποῖς χώραν πρῶτον δείκνυσιν, ὅτι, κἂν μὴ ἓν συνεχὲς ἄπειρον ἕκαστον ὑποτεθῇ, ἀλλ᾽ ἐκ διεσπασμένων ἀπείρων τῷ πλήθει συνεστώς, ὡς Ἀναξαγόρας ἐδόκει λέγειν καθ᾽ ἕκαστον εἶδος ἀπείρους τῷ πλήθει ὁμοιο- 30

---

3 ἄπειρον B   κυκλοφορητικὸν] κυκλοφορικὸν σῶμα D   4 ἐστιν — εἶναι BD: om. A (est infinitum) in unum ostensum est non esse infinitum corpus b   7. 8 καὶ τῶν BD: καὶ A: καὶ ἀπὸ τῶν C   9 ἀνάγκη ἀπείρους D   10 οὔτε (pr.)] suprascr. A   ὁ (pr.)] suprascr. D   11 οὐδὲ K: οὔτε ABD   13 μὴ Db: εἰ AB   διὰ — τόποι (14) Db: om. AB   14 ὅ τε — ὁ (15)] in ras. D   τε om. BD   ἄνω BDHb: κάτω A   ὁ BDb: om. AH   15 κάτω BDHb: ἄνω A   18 ὀγδόῳ] cap. 9   19 ὅτι om. CD   οὐδὲ CDb: δὲ οὐ AB   20 ποσοῦ] τοσοῦ B   23 γενέσθαι] γίνεσθαι B   24 τὴν (alt.)] e corr. D   25 ἐναρ-] desinit B 28 παρῆκε D   τρίτον Ab: τρίτον δὲ D   29 δεικνύων A   31. 32 ἕκαστον om. D

μερείας, ἢ ὡς οἱ λέγοντες ἀπείρους εἶναι τῷ ἀριθμῷ κόσμους· καὶ γὰρ παρ' ἐκείνοις ἄπειροι γαῖ καὶ ὕδατα καὶ τῶν ἄλλων ἕκαστον, διότι καθ' ἕκαστον κόσμον καὶ τούτων ἕκαστόν ἐστι· καὶ οὕτως τὸ ἐξ ἁπάντων τῶν διεστώτων τοῦ πυρὸς μορίων ἄπειρον ἔσται πῦρ. εἰ οὖν σῶμα μέν ἐστι τὸ πάντῃ διάστασιν ἔχον, ἄπειρον δὲ σῶμα τὸ πάντῃ ἐπ' ἄπειρον διεστώς, πῶς οἷόν τε πλείω ἀνόμοια εἶναι ἄπειρα; ὅμοια μὲν γὰρ ἴσως δόξει διὰ τὸ πάντα ἓν εἶναι, ἀνόμοια δὲ πῶς; ἀπείρου γὰρ ὄντος τοῦ πυρὸς οὐκ ἄν τι τῶν ἄλλων στοιχείων πρὸς τὸ εἶναι χώραν λαμβάνει. ὥστε εἰ ἀνάγκη τὰ τοῦ ἀνομοιομεροῦς ἀπείρου μόρια μὴ ὄντα ἄπειρα τῷ εἴδει, ἀλλ', εἴπερ ἄρα, πεπερασμένα, κατὰ μέγεθος εἶναι ἄπειρα, τοῦτο δὲ ἀδύνατον ἐδείχθη, δῆλον, ὅτι οὐκ ἂν εἴη τῷ εἴδει πεπερασμένα τὰ τοῦ ἀνομοιομεροῦς ἀπείρου μόρια. δέδεικται δέ, ὅτι οὐδὲ ἄπειρα. εἰ οὖν ἀνάγκη τὸ ἀνομοιομερὲς ἄπειρον, εἴπερ εἴη, ἢ ἄπειρα τῷ εἴδει ἢ πεπερασμένα τῷ εἴδει τὰ μόρια ἔχειν, μηδέτερον δὲ τούτων δυνατόν, δῆλον, ὅτι οὐκ ἂν ἀνομοιομερὲς ἄπειρον εἴη σῶμα. |

p. 274b22 Ἀλλὰ μὴν οὐδὲ πᾶν ὁμοιομερές ἕως τοῦ τοῦτο δὲ δέδεικται ὅτι ἀδύνατον.

Εἰπών, ὅτι, εἰ ἔστιν ἄπειρον σῶμα, ἀνάγκη ἢ ἀνομοιομερὲς ἢ ὁμοιομερὲς αὐτὸ εἶναι, καὶ δείξας, ὅτι ἀνομοιομερὲς αὐτὸ εἶναι ἀδύνατον, ἐφεξῆς, ὅτι οὐδὲ ὁμοιομερὲς εἶναι δυνατὸν ἀποδείκνυσιν ἀπὸ τῶν κινήσεων πάλιν τῶν φυσικῶν. εἰ γὰρ ἄπειρον ὁμοιομερές ἐστι, μίαν τὴν αὐτὴν ἕξει τὸ ὅλον κίνησιν· τριῶν οὖν οὐσῶν τῶν κατὰ φύσιν κινήσεων τῆς ἐπὶ τὸ ἄνω καὶ τῆς ἐπὶ τὸ κάτω καὶ τῆς κύκλῳ, εἰ μὲν ἐπὶ τὸ ἄνω κινοῖτο ἄπειρον ὄν, ἄπειρον ἕξει κουφότητα, εἰ δὲ ἐπὶ τὸ κάτω, ἄπειρον βαρύτητα. εἰ οὖν δέδεικται ἀδύνατον τὸ ἄπειρον εἶναι κουφότητα ἢ βαρύτητα, ἀδύνατον τὸ ἄπειρον ἢ ἄνω ἢ κάτω κινεῖσθαι. ὅλως δέ, εἰ μὲν ἄνω κινεῖται, πῦρ ἂν εἴη, εἰ δὲ κάτω, γῆ, δέδεικται δὲ πρότερον, ὅτι ἀδύνατον πῦρ ἢ γῆν ἢ ὅλως κοῦφον ἢ βαρὺ ἄπειρον εἶναι κατὰ μέγεθος. ἀλλὰ μὴν οὐδὲ τοιοῦτον ἔσται οἷον τὸ κυκλοφορητικόν· δέδεικται γάρ, ὅτι ὁ οὐρανὸς οὐκ ἔστιν ἄπειρος. εἰ οὖν ἀνάγκη ὁμοιομερὲς ὑποτεθὲν τὸ ἄπειρον μίαν καὶ τὴν αὐτὴν ἔχειν κίνησιν, μίαν δὲ ἔχον ἢ βαρὺ ἢ κοῦφον ἔσται ἢ κυκλοφορητικόν, δέδεικται δέ, ὅτι οὐδὲν τούτων ἄπειρον εἶναι δυνατόν, δῆλον, ὅτι οὐδὲ ὁμοιομερὲς ὂν ἄπειρον ἂν εἴη.

---

5 διάστασιν—πάντῃ om. D   6 πλείω om. D   9 ἀνομοιομεροῦς Kb: ὁμοιομεροῦς AD   13 ἢ (pr.) CD: om. Ab   14 τούτου D   οὐκ CDb: οὐδ' A   ἂν CDb: om. A   16 τοῦτο D: τὸ A   20 ὁμοιομερὲς αὐτὸ D   21 φυσικῶν] ὧν post lac. D   ἄπειρον CDb: ἄπειρον καὶ A   23 κινοῖτο] κινῶ τὸ A   32 οὐδὲν CDb: οὐδὲ A   οὐδὲ K: οὔτε ACD   33 ἂν CD: om. Ab

p. 274b29 Ἀλλὰ μὴν οὐδὲ ὅλως γε τὸ ἄπειρον ἐνδέχεται κινεῖ- 104b
σθαι ἕως τοῦ τὸ δὲ ἀδύνατον.

Δείξας ἰδίᾳ καθ' ἑκάτερον, ὅτι οὐδὲ ὡς ὁμοιομερὲς δύναται εἶναι τὸ
ἄπειρον καὶ διὰ τοῦτο οὐδὲ εἶναι ὅλως, εἴπερ ἀνάγκη ἦν ἢ ὁμοιομερὲς
5 αὐτὸ εἶναι ἢ ἀνομοιομερές, νῦν κοινῶς δείκνυσιν, ὅτι οὐδὲ ὅλως ἐνδέχεται
κινεῖσθαι τὸ ἄπειρον. ἀνάγκη γὰρ τὸ κινούμενον φυσικὸν σῶμα ἢ κατὰ
φύσιν ἢ βίᾳ κινεῖσθαι καί, εἰ βίᾳ, πάντως ἔχειν τινὰ καὶ κατὰ φύσιν κί-
νησιν· βίᾳ γὰρ καὶ παρὰ φύσιν ἐκεῖνα κινεῖσθαι λέγομεν, ὅσα τὴν ἐναντίαν
τῇ κατὰ φύσιν κινεῖται· δεύτερον γὰρ τὸ παρὰ φύσιν καὶ βίαιον τοῦ κατὰ
10 φύσιν. εἰ οὖν καὶ κατὰ φύσιν πέφυκε κινεῖσθαι, κατὰ φύσιν δὲ κινεῖται
τὸ εἰς τὸν αὑτοῦ τόπον κινούμενον, εἴη ἂν ἄλλος ἴσος αὐτῷ τόπος, εἰς ὃν
οἰσθήσεται. τοῦτο δὲ ἀδύνατον· εἰ γὰρ ἄπειρον ἦν, καὶ πρὸ τοῦ κινηθῆ-
ναι πάντα κατειλήφει τὸν τόπον. τοῦτο δὲ τὸ ἐπιχείρημα ἐπὶ τῶν κατ'
εὐθεῖαν φερομένων καὶ μεταβαλλόντων τοὺς τόπους ἁρμόττει. περὶ ὧν προσ-
15 εχῶς ὁ λόγος· τὸ γὰρ κύκλῳ φερόμενον ἐν τῷ αὐτῷ τόπῳ περιφέρεται.
ἐπιστῆσαι δὲ ἄξιον, οἶμαι, ὅτι νῦν τὸν τόπον οὐχ ὡς πέρας τοῦ περιέχον-
τος ἐνόησεν, ἀλλ' ὡς χώραν καὶ διάστημα. τί γὰρ ἂν εἴη περιέχον τὸ
ἄπειρον, ὥστε τὸ πέρας αὐτοῦ τὸ πρὸς τῷ ἀπείρῳ τόπον εἶναι τοῦ ἀπεί-
ρου, πῶς δὲ ἄπειρον ἔτι τὸ περιεχόμενον; |

20 p. 274b33 Ὅτι δὲ ὅλως ἀδύνατον ἄπειρον ἕως τοῦ τὸ γὰρ ἄπει- 105a
ρον πρὸς τὸ πεπερασμένον ἐν οὐδενὶ λόγῳ ἐστίν.

Καὶ δι' ἄλλης ἐπιχειρήσεως καθόλου δείκνυσιν, ὅτι οὐδὲν τῶν φυσι-
κῶν σωμάτων ἐστὶν ἄπειρον, προσλαβὼν ἀξίωμα, ὅτι πᾶν σῶμα φυσικὸν
ἢ ποιεῖ ἢ πάσχει ἢ ἄμφω. καὶ δεικνύς, ὅτι τὸ ἄπειρον οὔτε ποιεῖ οὔτε
25 πάσχει, συνάγει, ὅτι οὐκ ἂν εἴη σῶμα φυσικὸν ἄπειρον. παντοδαπῶς δὲ
δείκνυσιν, ὅτι οὔτε ποιεῖ οὔτε πάσχει τὸ ἄπειρον, δεικνύς, ὅτι οὔτε πάσχει
τὸ ἄπειρον οὔτε ὑπὸ πεπερασμένου οὔτε ὑπὸ ἀπείρου οὔτε ποιεῖ οὔτε εἰς
πεπερασμένον οὔτε εἰς ἄπειρον. ἡ δὲ δεῖξις ὡς ἐπ' ἀξιώματι προειλημ-
μένῳ γίνεται τοιούτῳ· τὰ ἴσα ποιητικὰ ἐν τῷ ἴσῳ χρόνῳ ἴσα ποιεῖ καὶ
30 κινεῖ, ἐὰν ὅμοια ᾖ τὰ κινούμενα, εἰ δὲ τὸ μὲν μεῖζον εἴη τῶν ποιούντων,
τὸ δὲ ἔλαττον, ἐν τῷ αὐτῷ χρόνῳ τὸ μὲν μεῖζόν τι ποιήσει, τὸ δὲ ἔλατ-
τον, καὶ τοσούτῳ μεῖζον, ὅσῳ μεῖζον αὐτὸ ἐστι, καὶ τοσούτῳ ἔλαττον, ὅσῳ
ἔλαττον. ἐπὶ τούτοις οὖν ἔστω, φησίν, ἄπειρον τὸ Α, πεπερασμένον ἐφ'

---

1 τὸ AD: τοῦτο K   5 δείκνυσι κοινῶς D   οὐδ' D   7 ἔχει D   καὶ Db:
om. A   11 αὑτοῦ b: αὐτοῦ D: αὐτὸν A   12 ἦν καὶ CD: evan. A
12. 13 κινηθῆναι CD: κινηθ//ναι A   14 εὐθεῖαν DH: comp. ambig. A   15 ἐπι-
φέρεται D   17 ἐνενόησε A   ἀλλὰ D   18 τόπον] corr. ex τόπῳ D
22 οὐδὲν CDb: οὐδὲ A   25 παντοδαπῶς—ἄπειρον (27) CDb: om. A   31 δὲ (pr.)]
δ' CD   32 καὶ τοσούτῳ—ἔλαττον (33) CDb: om. A

οὗ Β, χρόνος ἐν ᾧ τὸ ἄπειρον ὑπὸ τοῦ πεπερασμένου ἔπαθέ τι ὁ Γ· πᾶσα 105ᵃ
γὰρ κίνησις ἐν χρόνῳ. εἰ οὖν ὑπὸ τοῦ πεπερασμένου τὸ ἄπειρον ἔπαθέ 21

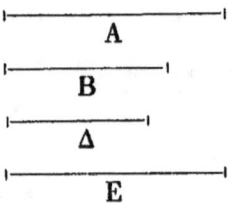

τι ἐν τῷ Γ χρόνῳ, ἐὰν λάβωμέν τι τοῦ Β ἔλαττον, τὸ ἔλαττον ἐν τῷ ἴσῳ
χρόνῳ τῷ Γ δηλονότι ἔλαττόν τι κινήσει, οὗ τὸ Β ἐκίνει. εἰλήφθω οὖν
5 ἔλαττον τοῦ Β τὸ Δ· τοῦτο δὴ ἐν τῷ Γ χρόνῳ ἔλαττόν τι τοῦ ἀπείρου 25
τοῦ Α, ὃ ἐκίνει τὸ Β, κινήσει καὶ ποιήσει. ἔστω τὸ Ε τὸ ὑπὸ τοῦ Δ
ἀλλοιούμενον· τὸ γὰρ ἔλαττον, ὡς εἴρηται, ἐν τῷ ἴσῳ χρόνῳ δῆλον ὡς
ἔλαττόν τι κινήσει ἢ τὸ μεῖζον. ἂν δή, ὡς τὸ Δ ἔχει τὸ κινοῦν πρὸς τὸ
Β τὸ καὶ αὐτὸ κινοῦν καὶ μεῖζον ὄν, ποιήσωμεν τὸ ὑπὸ τοῦ Δ κεκινημέ-
10 νον, ὅ ἐστι τὸ Ε, πρὸς ἄλλο τι, ἕξει τὴν ἀναλογίαν πρὸς πεπερασμένον
δηλονότι· ὁσαπλάσιον γὰρ τὸ Β τοῦ Δ, ἂν τοσαυταπλάσιον τοῦ ὑπὸ τοῦ Δ 30
πεπονθότος τοῦ Ε λάβωμέν τι, πεπερασμένον καὶ αὐτὸ ἔσται. ἐὰν οὖν
ὑποτεθῇ ὑπὸ πεπερασμένου τινὸς τὸ ἄπειρον ἐν χρόνῳ τινὶ κινούμενον,
ἄλλο τι ληφθήσεται ἔλαττον ἐν τῷ ἴσῳ χρόνῳ ὑπὸ ἐλάττονος ἢ τὸ Β κε- 35
15 κινημένον, ὅ ἐστι τὸ Δ κεκινηκὸς τὸ Ε· ἐὰν οὖν, ὡς τὸ Δ πρὸς τὸ Β,
οὕτως πρὸς ἄλλο τι γένηται τὸ Ε, κινηθήσεται ἐκεῖνο ὑπὸ τοῦ Β πεπερασ-
μένον ὄν, διότι ἐν πεπερασμένῳ ἐστὶ λόγῳ· τοῦτο δὲ ἀδύνατον, διότι τὸ ἄπει-
ρον ἦν τὸ ὑπὸ τοῦ Β κινούμενον, καὶ οὐκ ἂν ὑπὸ τοῦ αὐτοῦ ἐν τῷ αὐτῷ
χρόνῳ τὸ ἄπειρον καὶ τὸ πεπερασμένον κινηθείη· ἴσα γὰρ κινεῖ τὸ αὐτὸ 40
20 ἐν τῷ αὐτῷ χρόνῳ. ἀλλ᾽ οὐδὲ δυνατὸν ἐν τῷ λόγῳ τοῦ Ε πρὸς τὸ Δ
εἶναι τὸ Α πρὸς τὸ Β, ὥστε κινεῖσθαι ὑπ᾽ αὐτοῦ· τὸ γὰρ ἄπειρον πρὸς τὸ
πεπερασμένον ἐν οὐδενὶ λόγῳ ἐστίν.

Ἀσάφειαν δὲ ἐνεποίησε τῷ λόγῳ μεταξὺ παρενθεὶς τὰ ἀξιώματα, ἐν 45
οἷς φησιν ἔστω δὴ τὸ μὲν ἴσον ἐν ἴσῳ χρόνῳ ἴσον ἀλλοιοῦν καὶ
25 τὰ ἑξῆς, καὶ οὕτως τὸ συμπέρασμα ἐπά|γων διὰ τοῦ οὐκ ἄρα τὸ ἄπει- 105ᵇ
ρον ὑπ᾽ οὐδενὸς πεπερασμένου κινηθήσεται ἐν οὐδενὶ χρόνῳ.
καὶ τὴν αἰτίαν ἀσαφῶς ἐπήγαγεν ἔλαττον γὰρ ἄλλο τὸ Ε λέγων ἐν
τῷ ἴσῳ χρόνῳ τῷ Γ ὑπὸ ἐλάττονος τοῦ Δ κινηθήσεται, πρὸς ὃ 5
ἔλαττον, τουτέστι τὸ Ε, τὸ ἀνάλογον ἔχον, ὅταν γένηται, ὡς τὸ Δ πρὸς
30 τὸ Β, οὕτως τὸ Ε πρὸς ἄλλο, πεπερασμένον ἔσται· πεπερασμένον

---

2 κίνησις om. D   Fig. om. AD   6 ἐκίνει Ab: κινεῖ D   τὸ (tert.) b: τοῦτο
D: om. A   8 ἔχῃ D   10 πεπερασμένον CD: τὸ πεπερασμένον A   11 ἐὰν C
τοῦ (tert.)] τὸ D   12 οὖν addidi: om. ADb: δὴ K   13 τινὸς τὸ ἄπειρον Ab: τὸ
ὑπὸ ἀπείρου τινὸς D   14 ἄλλο τι D: ἀλλ᾽ ὅτι A: et quia b   ἐν τῷ ἴσῳ χρόνῳ
ἔλαττον D   18 ἐν ADb: τὸ αὐτὸ ἐν C   20 τῷ (pr.) om. A   25 ἐπαγα-
γὼν D   30 πεπερασμένον ἔσται addidi coll. Arist. 275ᵃ12: om. ACDb

γὰρ ἔσται τοῦτο ἐν τῷ αὐτῷ λόγῳ γενόμενον πρὸς τὸ Β, ἐν ᾧ καὶ 105b τὸ ἄπειρον ἦν τὸ ὑπὸ τοῦ Β κινούμενον. εἰ οὖν τοῦτο ἀκολουθεῖ, εἰκότως εἶπεν, ὅτι τὸ ἄπειρον ὑπ' οὐδενὸς πεπερασμένου κινηθήσεται· καὶ 10 τὴν αἰτίαν ἐπήγαγεν ἐπὶ τέλει εἰπὼν τὸ γὰρ ἄπειρον πρὸς τὸ πεπε-
5 ρασμένον ἐν οὐδενὶ λόγῳ ἐστίν. ὥστε τὴν ὅλην τοῦ λόγου συναγωγὴν τοιαύτην εἶναι· εἰ τὸ ἄπειρον ὑπὸ πεπερασμένου κινεῖται ἢ πάσχει, ἔσται τοῦ ἀπείρου λόγος πρὸς πεπερασμένον, καὶ ὑπὸ τοῦ αὐτοῦ ἐν τῷ αὐτῷ 15 χρόνῳ πεπερασμένον τι καὶ ἄπειρον κινηθήσεται· ἀλλὰ μὴν ταῦτα ἀδύνατα κατὰ τὸν δεύτερον ἀναπόδεικτον· οὐκ ἄρα τὸ ἄπειρον ὑπὸ πεπερασμέ-
10 νου πείσεται.

p. 275ᵃ14   Ἀλλὰ μὴν οὐδὲ τὸ ἄπειρον ἐν οὐδενὶ χρόνῳ ἕως τοῦ 20
ἡ δὲ ποίησις καὶ τὸ πάθος ἔχει.

Δείξας, ὅτι τὸ ἄπειρον οὐδὲν πάσχει ὑπὸ πεπερασμένου, νῦν δείκνυσιν, ὅτι οὐδὲ τὸ πεπερασμένον ὑπὸ τοῦ ἀπείρου πάσχειν δυνατόν, καὶ τοῦτο
15 διὰ τῆς εἰς ἀδύνατον ἀπαγωγῆς συνάγων· τὸ γὰρ ἄπειρον καὶ τὸ πεπερασ- 25 μένον κἀνταῦθα ἐν τῷ ἴσῳ χρόνῳ τὸ αὐτὸ ἀλλοιώσει, ὅπερ ἐστὶν ἀδύνατον· ἐν ἐλάττονι γὰρ χρόνῳ τὸ μεῖζον ἀλλοιοῦν ὑπέκειτο. ἔστω ὑπὸ ἀπείρου δυνάμεως τῆς Α πεπερασμένον τι μέγεθος τὸ ΒΖ κινεῖσθαι ἐν τῷ Γ χρόνῳ, καὶ εἰλήφθω τις πεπερασμένη δύναμις ἡ Δ· αὕτη δὴ ἐν τῷ 30

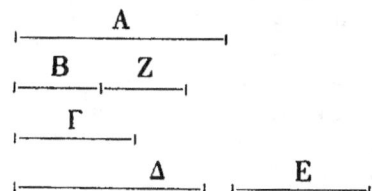

20 Γ χρόνῳ ἔλαττον τοῦ ΒΖ κινήσει· ἐλάττων γάρ ἐστι τῆς Α ἀπείρου οὔσης οὖσα πεπερασμένη. ἔστω δὴ κινούμενον ὑπὸ τοῦ Δ ἐν τῷ Γ χρόνῳ ἔλαττον τοῦ ΒΖ τὸ Ζ· καὶ εἰ πεπερασμένον ἐστὶ μέγεθος τὸ ΒΖ, πεπερασμένον δὲ καὶ τὸ Ζ, ἔστι τις λόγος αὐτῶν πρὸς ἄλληλα· ὃν δὴ ἔχει λόγον 35 τὸ Ζ πρὸς τὸ ΒΖ, τοῦτον ἐχέτω ἡ Δ δύναμις πρὸς ἄλλην τινὰ δύναμιν
25 πεπερασμένην. ἔστω αὕτη ἡ Ε· ἔσται οὖν, ὡς τὸ Ζ πρὸς τὸ ΒΖ, οὕτως ἡ Δ δύναμις πρὸς τὴν Ε, καὶ ὡς ἡ Δ πρὸς τὴν Ε, οὕτω τὸ Ζ πρὸς τὸ ΖΒ· καὶ ἐναλλὰξ ἄρα, ὡς ἡ Δ πρὸς τὸ Ζ, οὕτως ἡ Ε πρὸς τὸ ΒΖ. ἔστιν 40 δὲ ἡ Δ δύναμις τοῦ Ζ κινητικὴ ἐν τῷ Γ χρόνῳ· ἔσται ἄρα καὶ ἡ Ε κινητικὴ τοῦ ΒΖ ἐν τῷ Γ χρόνῳ. ἦν δὲ καὶ ἡ Α ἡ ἄπειρος τοῦ ΒΖ κινη-

---

5 τοῦ λόγου Db: τοῦ ὅλου A   6 εἰ CDb: καὶ A   κινεῖται Ab: κινήσεται C: κινηθήσεται D   16 ἐστὶν Ab: om. CD   18 τὸ D: τοῦ A   Fig. om. AD
20 ἔλαττον] ἐλάττονι D   22. 23 πεπερασμένον] καὶ πεπερασμένον D   24 Δ Db: om. A   26 Z] B D   27 ἔστι D   28 ἡ Δ om. D   τοῦ Ζ om. D
ἔσται—χρόνῳ (29) om. D

τικὴ ἐν τῷ Γ χρόνῳ· ἐν ἄρα τῷ ἴσῳ χρόνῳ κινεῖται τὸ BZ ὑπό τε τῆς ἀπείρου τῆς Α δυνάμεως καὶ ὑπὸ τῆς πεπερασμένης τῆς Ε, ὅπερ ἀδύνα- 45
τον· οὐκ ἄρα πείσεταί τι τὸ πεπερασμένον ὑπὸ τοῦ ἀπείρου.

Ἀσάφειαν δὲ ἐνεποί|ησε τῇ λέξει τὸ τὸ Β, ὅπερ ἡ ἄπειρος ἐκίνει 106ᵃ
5 δύναμις, διὰ τὸ περιέχειν ἐν ἑαυτῷ τὸ Ζ ἔλαττον ὂν αὐτοῦ BZ προϊόντα
ὀνομάσαι. συναγαγὼν δέ, ὅτι ἀνάγκη, εἰ τὸ πεπερασμένον ὑπὸ ἀπείρου
πάσχει, ἐν τῷ ἴσῳ χρόνῳ τὸ ἄπειρον καὶ τὸ πεπερασμένον ἀλλοιοῦν τὴν 5
αὐτὴν ἀλλοίωσιν, ὅπερ ἀδύνατον, διότι κεῖται τὸ μεῖζον ἐν ἐλάσσονι ποιεῖν,
ἐπάγει ἀλλ' ἀεὶ ὁ ληφθεὶς χρόνος τοῦτο ποιήσει, ὡς εἰ ἔλεγε· κἂν
10 ἐλάττονα ἢ μείζονα χρόνον λάβοις τοῦ Γ, τὸ αὐτὸ ποιήσει. ὥστε οὐκ ἔσται
χρόνος οὐδεὶς πεπερασμένος, ἐν ᾧ κινήσει τὸ ἄπειρον· ὥστε οὐδὲ κινήσει 10
ὅλως, εἴπερ πᾶν τὸ κινοῦν ἐν χρόνῳ κινεῖν ἀνάγκη. δέδεικται δέ, ὅτι
οὐδὲ κινηθήσεται· οὐκ ἄρα ἔσται σῶμα φυσικὸν ἄπειρον. ἀλλὰ μήποτε
τὸ ἄπειρον ἐν ἀπείρῳ χρόνῳ κινήσει τὸ πεπερασμένον; ἀλλὰ καὶ τοῦτο
15 ἀδύνατον· τὸ γὰρ ἐπ' ἄπειρον ἀλλοιούμενον ἀδύνατον ἠλλοιῶσθαι ἢ κεκι-
νῆσθαι· πέρας γὰρ οὐκ ἔχει· ἀδύνατον δὲ γίνεσθαι, ὃ μὴ ἐνδέχεται γε- 15
νέσθαι.

p. 275 ᵃ 24   Οὐδὲ ἄπειρον δὲ ὑπὸ ἀπείρου ἐνδέχεται ἕως τοῦ ἀδύ-
νατόν τι σῶμα ἄπειρον αἰσθητὸν εἶναι.

20   Ἐφεξῆς καὶ τὸ λοιπὸν δείκνυσιν, ὅτι οὐδὲ ἄπειρον ὑπὸ ἀπείρου πά- 20
σχειν οἷόν τε οὔτε ἐν πεπερασμένῳ χρόνῳ οὔτε ἐν ἀπείρῳ, καὶ πρῶτον,
ὅτι ἐν πεπερασμένῳ οὐχ οἷόν τε. δι' ἀδυνάτου δὲ καὶ τοῦτο δείκνυσιν
ἀξιώμασι προσχρώμενος τῷ τε ἐν ἐλάττονι χρόνῳ ἔλαττον κινεῖσθαι ὑπὸ
τῆς αὐτῆς δυνάμεως καὶ τῷ ἐν τοῖς ὑπὸ τῆς αὐτῆς δυνάμεως κινουμένοις 25
25 ἀνίσοις τὴν αὐτὴν ἀναλογίαν εἶναι ἔν τε τοῖς τῶν κινουμένων μεγέθεσι καὶ
ἐν τοῖς χρόνοις, ἐν οἷς κινοῦνται. ἡ δὲ δεῖξις τοιαύτη. ὑποτίθεται τὸ
μὲν κινοῦν ἄπειρον τὸ Α, τὸ δὲ κινούμενον ὑπὸ τοῦ Α ἄπειρον ὂν καὶ
αὐτὸ τὸ Β, τὸν δὲ χρόνον τὸν πεπερασμένον, ἐν ᾧ τὸ Β ἔπαθεν ὑπὸ τοῦ

```
            A
       |--------|
          E
       |----|------| B
          Δ    Γ
       |----|----|
            Z
       |--------|
```

Α, τὸν ΓΔ καὶ λαμβάνει μόριον τοῦ Β τὸ Ε. ἐπεὶ οὖν τὸ ὅλον Β ὑπὸ 30
30 τοῦ Α πέπονθεν ἐν τῷ ΓΔ χρόνῳ, δῆλον, ὡς τὸ μόριον αὐτοῦ τὸ Ε ὑπὸ

---

2 Α Ab: Β D   ὑπὸ Α: om. D   5 περιέχειν D: περιέχον A   8 ὅπερ D:
//περ A   12 κινοῦν Ab: κινούμενον D   κινεῖν ἀνάγκη Ab: κινεῖται ἀναγκαίως D
15 ἠλλοιῶσθαι AD: ἀλλοιοῦσθαι C   20 οὐδὲ K: οὔτε ACD   23 τε CD: τ' A
27 τὸ Α Α: Α D   28 δὲ om. D   Fig. om. AD

τοῦ Α ἐν ἐλάττονι χρόνῳ πεπονθὸς ἔσται· τὸ γὰρ ἔλαττον ἐν ἐλάττονι πά- 106ᵃ
σχειν χρόνῳ ὑπὸ τοῦ αὐτοῦ ἠξίωται. ἔστω οὖν χρόνος, ἐν ᾧ τὸ Ε τὸ
τοῦ Β μέρος πέπονθεν ὑπὸ τοῦ Α ἀπείρου, ὁ Δ μέρος ὢν τοῦ ΓΔ, ἐν ᾧ 35
ὅλον ἔκειτο τὸ Β ὑπὸ τοῦ Α πεπονθέναι· ὡς δὴ ἔχει ὁ Δ χρόνος πρὸς
5 τὸν ΓΔ μέρος ὢν αὐτοῦ πεπερασμένον πεπερασμένου, ἂν ποιήσωμεν οὕτως
τὸ Ε ἔχον πρός τι μόριον τοῦ ἀπείρου· ἐν ᾧ γὰρ ἂν λόγῳ ᾖ ὁ Δ χρόνος
πρὸς τὸν ΓΔ, ἐν τούτῳ ἔστι καὶ τὸ Ε μέγεθος πρὸς ἄλλο τι μέγεθος πε- 40
περασμένον λαβεῖν, ὃ μέρος ἔσται καὶ αὐτὸ τοῦ Β· ἔστω τοῦτο τὸ Ζ, αὐ-
τὸς δὲ οὐ λαμβάνει ἐν τῇ λέξει κατ' αὐτοῦ στοιχεῖον· ἔσται, ὡς ὁ Δ χρό-
10 νος πρὸς τὸν ΓΔ, τὸ Ε μέγεθος πρὸς τὸ Ζ, καὶ ἐναλλάξ, ὡς ὁ Δ χρόνος 45
πρὸς τὸ Ε, οὕτως ὁ ΓΔ πρὸς τὸ Ζ. ἀλλὰ μὴν ὁ Δ χρόνος πρὸς τὸ Ε
οὕτως ἔχει, ὡς ἐν αὐτῷ ὑπὸ τοῦ Α τοῦ ἀπείρου κεκινῆσθαι αὐτὸ τὸ 106ᵇ
Ε· καὶ ἐν τῷ ΓΔ οὖν χρόνῳ τὸ Ζ κινήσεται ὑπὸ τοῦ Α τοῦ ἀπείρου.
ἀλλ' ἔκειτο καὶ ὅλον τὸ Β ἄπειρον ὑπὸ τοῦ Α ἐν τῷ ΓΔ χρόνῳ κινεῖσθαι,
15 ὅπερ ἀδύνατον διὰ τὸ τὸ μεῖζον ὑπὸ τῆς αὐτῆς δυνάμεως ἐν πλείονι κινεῖ- 5
σθαι χρόνῳ, μεῖζον δὲ τὸ Β ἄπειρον ὂν τοῦ Ζ πεπερασμένου. ὥστε καὶ
τοῦτο εἰς ἀδύνατον ἀπήχθη τὸ τὸ μεῖζον καὶ τὸ ἔλαττον ἐν τῷ αὐτῷ
χρόνῳ ὑπὸ τοῦ αὐτοῦ κινεῖσθαι. τὸ δὲ ἐπεὶ ὅλον πέπονθε τὸ Β, οὐκ
ἐν ἴσῳ χρόνῳ τὸ αὐτό, τουτέστιν οὐκ ἐν ἴσῳ χρόνῳ κινήσει τὸ αὐτὸ 10
20 τό τε μεῖζον καὶ τὸ ἔλαττον, διότι ὑπόκειται ἐν ἐλάσσονι χρόνῳ κινεῖσθαι
τὸ ἔλαττον ὑπὸ τοῦ αὐτοῦ, ὥσπερ ἐν τῷ πλείονι καὶ ἐλάττονι χρόνῳ ὑπὸ
τοῦ αὐτοῦ τὸ μεῖζον καὶ τὸ ἔλαττον πάσχει, ὅσα πάσχοντα ἢ ποιοῦντα
κατὰ τὴν αὐτὴν ἀναλογίαν τῷ χρόνῳ διῄρηται. ὥστε οὐχ ἁπλῶς τὸ μεῖ- 15
ζον καὶ ἁπλῶς τὸ ἔλαττον πάσχει, ἀλλὰ τὰ κατὰ τὴν ἀναλογίαν τοῦ χρό-
25 νου διῃρημένα μεῖζόν τε καὶ ἔλαττον. εἰ οὖν ἀδύνατον τὸ τὸ μεῖζον καὶ
ἔλαττον ἐν τῷ αὐτῷ χρόνῳ πεπερασμένῳ ὑπὸ τοῦ αὐτοῦ κινηθῆναι, εἰκό-
τως ἐπήγαγε τὸ ἐν οὐδενὶ ἄρα χρόνῳ δυνατὸν πεπερασμένῳ ἄπει- 20
ρον ὑπὸ ἀπείρου κινηθῆναι. ἀλλὰ μήποτε ἐν ἀπείρῳ χρόνῳ τὸ ἄπει-
ρον ὑπὸ τοῦ ἀπείρου κινηθῆναι δυνατόν; ἀλλ' ὅτι καὶ τοῦτο ἀδύνατον, συν-
30 τόμως ὑπέμνησεν εἰπών· ἀλλ' ὁ μὲν ἄπειρος χρόνος οὐκ ἔχει τέλος,
τὸ δὲ κεκινημένον ἔχει· τὸ μὲν γὰρ ἐν ἀπείρῳ χρόνῳ πάσχον ἢ ποι- 25
οῦν ἐπ' ἄπειρον προϊὸν οὐκ ἔρχεται εἰς τέλος οὐδὲ ῥηθείη ἂν πεποιηκέναι
ἢ πεπονθέναι· τὸ δὲ μὴ εἰς τέλος ἰέναι πεφυκός, εἰ μηδὲν κωλύει, οὐδ'
ἂν τὴν ἀρχὴν ποιεῖν ἢ πάσχειν δύναιτο, ὡς εἴρηται πρότερον· ὃ γὰρ μὴ
35 ἐνδέχεται γενέσθαι, οὐδὲ γίνεσθαι ἐνδέχεται. ὥστε εἰκότως τούτοις ῥη- 30
θεῖσιν ἐπήγαγε τοῦ ὅλου λόγου τὴν συναγωγὴν ἐν δευτέρῳ σχήματι συλλο-
γιζόμενος οὕτως· πᾶν σῶμα αἰσθητὸν ἔχει δύναμιν ποιητικὴν ἢ παθητικὴν
ἢ ἄμφω· οὐδὲν ἄπειρον σῶμα ἔχει δύναμιν ποιητικὴν ἢ παθητικὴν ἢ

---

3 πέπονθεν b: comp. D: πεπονθὸς A   10 τὸ Z] τὸν Z D   11 τὸ E (pr.)] τὸν E D
12 κεκινῆσθαι—ἀπείρου (13) om. D   13 ΓΔ b: corr. ex Δ H²: Δ A   οὖν scripsi:
igitur b: om. A   15 ὅπερ A: ὅπερ καὶ D: quod est b   τὸ τὸ] τὸ D   17 τὸ
τὸ D: τὸ A   28 ἀλλὰ—κινηθῆναι (29) om. D   31 κεκινημένον Db: κινούμε-
νον A   33 μὴ] μὴ καὶ D   μηδὲν] corr. ex μηδὲ A   34 γὰρ] δὴ D
38 ἄπειρον σῶμα D

ἄμφω· οὐδὲν ἄρα σῶμα ἄπειρον αἰσθητόν ἐστιν, καὶ ἀντιστρέψαντι, οὐδὲν ἄρα σῶμα αἰσθητὸν ἄπειρόν ἐστι. τὸ δὲ αἰσθητὸν πρὸς ἀντιδιαστολὴν τοῦ μαθηματικοῦ προστέθειχεν ἀπείρου πολλάκις ὑποτιθεμένου τοῦ μαθηματικοῦ.

5 p. 275b6 Ἀλλὰ μὴν καὶ ὅσα γε σώματα ἐν τόπῳ ἕως τοῦ αἰσθητὸν δ' οὐθέν.

Δείξας πρότερον διὰ πολλῶν ἐπιχειρημάτων, ὅτι οὐδὲν σῶμα ἄπειρόν ἐστι, καὶ τούτοις ἀκόλουθον εἰπὼν εἶναι τὸ ἐπισκέψασθαι, κἂν εἰ μὴ ἄπειρόν ἐστι τὸ πᾶν σῶμα, μήποτε τοσοῦτόν ἐστιν, ὥστε εἶναι πλείους οὐρανούς, τοῦτο ὑπερθέμενος πάλιν διὰ καθολικωτέρων καὶ πραγματειωδεστέρων ἀποδείξεων δείκνυσιν, ὅτι οὐκ ἔστι σῶμα ἄπειρον· καὶ δῆλον, ὅτι περὶ αἰσθητοῦ σώματος ὄντος | τοῦ λόγου· οὐ γὰρ δὴ μαθηματικοῦ συνεπέρανατο, ὅτι ἀδύνατόν τι σῶμα ἄπειρον αἰσθητὸν εἶναι· εἰ δὲ τοῦτο, καὶ τὸ ἀντίστροφον ἀληθὲς τὸ μηδὲν σῶμα αἰσθητὸν ἄπειρον εἶναι. ταύτῃ οὖν
15 τῇ καθόλου ἀποφατικῇ προτάσει προσέλαβε νῦν καταφατικὴν τὴν λέγουσαν τὰ ἐν τόπῳ σώματα πάντα αἰσθητὰ εἶναι, οἷς ἐπάγεται συμπέρασμα τὸ μηδὲν ἐν τόπῳ ὂν σῶμα ἄπειρον εἶναι. ταύτῃ δὲ πάλιν προσληφθεῖσα πρότασις ἑτέρα ἡ λέγουσα· τὸ ἔξω τοῦ οὐρανοῦ ἐν τόπῳ· συνάγει συμπέρασμα τὸ ἔξω τοῦ οὐρανοῦ μηδὲν ἄπειρον εἶναι σῶμα. ἀλλὰ τὸ μὲν συμ-
20 πέρασμα τοῦ προτέρου συλλογισμοῦ τὸ μηδὲν ἐν τόπῳ ὂν σῶμα ἄπειρον εἶναι παρῆκεν ὡς τὰς προτάσεις θεὶς τήν τε λέγουσαν· οὐδὲν σῶμα αἰσθητὸν ἄπειρόν ἐστι· καὶ τὴν λέγουσαν· πᾶν σῶμα ἐν τόπῳ αἰσθητόν ἐστι· τὴν δὲ ἐλάττονα τὴν λέγουσαν τὸ ἔξω τοῦ οὐρανοῦ ἐν τόπῳ μετ' ὀλίγον τίθησι διὰ τοῦ τὸ γὰρ ἔξω καὶ εἴσω τόπον σημαίνει ὥστε διὰ τούτου δε-
25 δειγμένον εἶναι τέως αὐτῷ, ὅτι ἔξω τοῦ οὐρανοῦ σῶμα ἄπειρον οὐκ ἔστιν.

Ὁ μέντοι Ἀλέξανδρος ἐν δευτέρῳ σχήματι συνάγει τὰ συμπεράσματα οὕτως· πᾶν τὸ ἐν τόπῳ ὂν σῶμα αἰσθητόν ἐστι· τὸ ἄπειρον οὐκ ἔστι σῶμα αἰσθητόν· τὸ ἄπειρον ἄρα σῶμά οὐκ ἐν τόπῳ. καὶ πάλιν· τὸ ἄπειρον σῶμα οὐκ ἐν τόπῳ· τὸ ἔξω τοῦ οὐρανοῦ ἐν τόπῳ· τὸ ἄπειρον ἄρα
30 σῶμα οὐκ ἔστιν ἔξω τοῦ οὐρανοῦ. δῆλον δέ, ὅτι, ὅπου δυνατὸν εἰς ἄμφω τὰ σχήματα τό τε πρῶτον καὶ τὸ δεύτερον ἀναλύειν τοὺς συλλογισμούς, προτιμητέον εἰς τὸ πρῶτον, εἴπερ καὶ οἱ ἐν δευτέρῳ σχήματι συλλογισμοὶ διὰ τοῦ πρώτου τελειοῦνται. ἡ δὲ τοιαύτη ἀνάλυσις τοῦ λόγου ἡ τὸ συμπέρασμα λαμβάνουσα καὶ προσλαμβάνουσα ἄλλην πρότασιν κατὰ τὸ τρίτον

---

1 ἐστι D   καὶ—ἐστι (2) om. D   3 προσέθηκεν C   6 οὐδὲν D
10 ὑπερθέμενος A: ὑποθέμενος D: proponens b   14 ante ἀληθὲς del. καὶ τὸ A
μηδὲν Db: μηδὲ A   ταύτῃ] mut. in ταύτην D   17 μηδὲν Db: μηδὲ A   19 μηδὲν ἄπειρον εἶναι Db: μηδὲν εἶναι ἄπειρον A^{β}^{α} 21 οὐδὲν b: τὸ οὐδὲν D: οὐδὲ A
23 ἐλάττονα] lac. 7 litt. D   26 περάσματα A: corr. A²   32 ἐν] ἐν τῷ D

λεγόμενον παρὰ τοῖς Στωικοῖς θέμα περαίνεται, οὗ λόγος κατὰ τοὺς πα- 107ᵃ
λαιοὺς τοιοῦτος· ἐὰν ἐκ δυεῖν τρίτον τι συνάγηται, τὸ δὲ συναγόμενον 30
μετ' ἄλλου τινὸς ἔξωθεν συνάγῃ τι, καὶ ἐκ τῶν πρώτων δυεῖν καὶ τοῦ
ἔξωθεν προσληφθέντος συναχθήσεται τὸ αὐτό· οἷον διὰ τῆς λεγούσης· πᾶν
5 τὸ ἐν τόπῳ σῶμα αἰσθητόν· καὶ τῆς· οὐδὲν σῶμα αἰσθητὸν ἄπειρον· καὶ
τῆς προσληφθείσης τῷ τούτων συμπεράσματι τῆς λεγούσης· τὸ ἔξω τοῦ 35
οὐρανοῦ ἐν τόπῳ· συνάγεται τὸ μηδὲν ἄπειρον σῶμα ἔξω τοῦ οὐρανοῦ εἶναι.
ἀλλὰ τοῦτο καὶ διὰ τῶν προτέρων ἐπιχειρημάτων ἐδέδεικτο· εἰ γὰρ μὴ
ἔστιν ὅλως σῶμα ἄπειρον, δῆλον, ὅτι οὐδὲ ἔξω τοῦ οὐρανοῦ ἔστι. μέλλων
10 δὲ δεικνύναι μετ' ὀλίγον, ὅτι εἷς ἔστιν ὁ μονογενὴς κόσμος καὶ οὐκ εἰσὶν 40
ἄλλοι παρ' αὐτὸν οὔτε πεπερασμένοι τῷ ἀριθμῷ οὔτε ἄπειροι, καθόλου
τοῦτο προκατασκευάζει δεικνύς, ὅτι οὐκ ἔστι σῶμα ἔξω τοῦ οὐρανοῦ οὔτε
ἄπειρον οὔτε πεπερασμένον, ὥστε οὐδὲ κόσμοι ἄλλοι παρὰ τοῦτον οὔτε
πεπερασμένοι τῷ ἀριθμῷ οὔτε ἄπειροι. δείξας οὖν, ὅτι ἄπειρον σῶμα οὐκ 45
15 ἔστιν ἔξω τοῦ κόσμου, ἑξῆς προστίθησιν, ὅτι οὐδὲ | πεπερασμένον, ὅπερ 107ᵇ
καλεῖ μέχρι τινός· τὸ γὰρ μέχρι τινὸς καὶ μὴ ἐπίπαν ἐκτεινόμενον σῶμα
πεπερασμένον ἐστί. τοῦτο δὲ νῦν ἀναποδείκτως τίθησι συμπληρῶν τὴν ἐκ
διαιρέσεως δεῖξιν τὴν λέγουσαν· εἰ ἔστι σῶμα ἔξω τοῦ οὐρανοῦ, ἢ ἄπειρόν 5
ἐστιν ἢ πεπερασμένον· ἀλλὰ μὴν οὔτε ἄπειρον οὔτε πεπερασμένον· οὐκ
20 ἄρα ἔστι. μετ' ὀλίγον δὲ αὐτὸ δείξει· διόπερ ὡς τὸ μὲν ἀποδείξας, τὸ δὲ
ὑποθέμενος, ἐπήγαγε τὸ συμπέρασμα· οὐδὲν ἄρα ὅλως σῶμα τοῦ οὐρανοῦ
ἔξω οὔτε νοητὸν οὔτε αἰσθητόν. εἰ μὲν γὰρ νοητόν τις λέγοι τὸ ἔξω τοῦ 10
οὐρανοῦ σῶμα, ἐν τόπῳ αὐτὸ ποιήσει· τὸ γὰρ ἔξω καὶ εἴσω τόπον ση-
μαίνει· τὸ δὲ ἐν τόπῳ σῶμα πᾶν αἰσθητόν, ὡς ἤδη ἐλήφθη· τὰ γὰρ ἐν
25 τόπῳ σώματα μετά τινός ἐστιν αἰσθητῆς διαφορᾶς καὶ τέως τῆς κατὰ τὴν
ῥοπήν, καθ' ἣν ἕκαστον καὶ φέρεται ἐπὶ τὸν οἰκεῖον τόπον καὶ μένει. εἰ 15
δὲ καὶ περιέχεται ὑπὸ τοῦ τόπου καὶ τὴν ἐπιφάνειαν ἁπτήν τε ἔχει καὶ
χρῶμά τι ἐπιφαίνουσαν, οὐκέτι νοητόν, ἀλλ' αἰσθητόν ἐστιν, εἴπερ ἔξω τοῦ
οὐρανοῦ ὑποτίθεται· ἀλλὰ μὴν αἰσθητὸν σῶμα οὐδέν ἐστιν ἔξω τοῦ οὐρα-
30 νοῦ· οὔτε γὰρ ἄπειρον, ὡς ἐδείχθη, οὔτε πεπερασμένον, ὡς ὑπετέθη. δύο 20
οὖν ἄτοπα ἀκολουθεῖ τοῖς ἔξω τοῦ οὐρανοῦ νοητὸν σῶμα ὑποτιθεμένοις, ἓν
μὲν τὸ μηκέτι νοητόν, ἀλλ' αἰσθητὸν αὐτὸ ποιεῖν, εἴπερ ἔξω καὶ ἐν τόπῳ
ἐστίν, ὅπερ καὶ Ἀριστοτέλης ἐδήλωσε διὰ τοῦ ὥστε ἔσται αἰσθητόν,
καὶ οὐκέτι δηλονότι νοητόν· τῷ δὲ αἰσθητὸν εἶναι τὸ μηδὲ εἶναι ὅλως ἕπε- 25
35 ται, εἴπερ οὔτε ἄπειρόν ἐστιν, ὡς δέδεικται, οὔτε πεπερασμένον, ὡς ὑπό-
κειται. δύναται δέ, φησὶν ὁ Ἀλέξανδρος, μὴ ὡς ὑποτιθέμενος λέγειν τὸ
"ἀλλὰ μὴν οὐδὲ μέχρι τινός", ὃ ταὐτόν ἐστι τῷ οὐδὲ πεπερασμένον· δέ-
δειχεν γάρ, ὅτι πᾶν αἰσθητὸν σῶμα ἢ ἄνω ἢ κάτω ἐστὶν ἢ πέριξ, ὧν τὸ 30

---

2 συνάγεται D   3 συνάγει D   πρώτων Ab: προτέρων D   6 προληφθεί-
σης A   7 εἶναι om. D   10 ὁ A: ὅδε D: hic et b; fort. ὅδε καὶ μονογενὴς ὁ
κόσμος   12 προτασκευάζει A   13 παρὰ Db: περὶ A   16 ἐκτεινόμενον]
-ό- in ras. D   21 οὐδὲν Db: οὐδὲ A   27 τὴν A: om. D   34 εἶναι
om. D   36 ὑποθέμενος D   37. 38 δέδειχε D

μὲν ἄνω καὶ κάτω ἐντὸς τοῦ οὐρανοῦ, τὸ δὲ πέριξ αὐτὸς ὁ οὐρανός· εἰ οὖν 107ᵇ
μηδὲν ἔστι παρὰ ταῦτα σῶμα αἰσθητόν, οὐδ' ἂν ἔξω τοῦ οὐρανοῦ εἴη αἰ-
σθητὸν σῶμα.

p. 275ᵇ12 Λογικώτερον δὲ ἔστιν ἐπιχειρεῖν καὶ ὧδε.

Τὰ λογικώτερα ἐπιχειρήματα πρὸς ἀντιδιαστολὴν τῶν πραγματικῶν λέ-
γεται. πραγματικὰ δέ ἐστι τὰ ἀπὸ τῶν προσεχῶν τῷ προκειμένῳ λαμβα-
νόμενα καὶ ἀπ' αὐτοῦ τοῦ πράγματος ἐπιχειροῦντα, ὡς μὴ ῥᾴδιον εἰς ἄλλο
μεταγαγεῖν τὴν ἀπόδειξιν. τὰ δὲ λογικά, ἅπερ καὶ διαλεκτικὰ καλοῦσιν,
ἀληθῆ μέν ἐστιν καὶ αὐτά, κοινότερα δὲ καὶ δυνάμενα καὶ ἄλλοις ἐφαρμότ-
τειν καὶ ἐξ ἐνδόξων μᾶλλον εἰλημμένα, ὧν τὴν μέθοδον ἐν τοῖς Τοπικοῖς
ἐπιγραφομένοις ὁ Ἀριστοτέλης παραδέδωκεν τόπους τὰς κοινότητας καλέσας,
καθ' ἃς λαμβάνεται τὰ ἐπιχειρήματα. δείξας οὖν πρότερον δι' οἰκείων
καὶ προσεχῶν ἐπιχειρημάτων τῶν ἀπὸ τῆς φυσικῆς ἑκάστων κινήσεως, ὅτι
οὐδὲν σῶμα ἁπλοῦν ἐστιν ἄπειρον, τὸ αὐτὸ καὶ διὰ κοινοτέρων ἐπιχειρη-
μάτων δείκνυσιν. |

p. 275ᵃ12 Οὔτε γὰρ κύκλῳ οἷόν τε κινεῖσθαι τὸ ἄπειρον ἕως τοῦ 108ᵃ
καὶ ἄλλον τοσοῦτον, εἰς ὃν παρὰ φύσιν.

Προλαβών, ὅτι πᾶν σῶμα φυσικὸν κινεῖται κατὰ τόπον, εἴπερ ἡ φύσις
ἀρχὴ κινήσεώς ἐστι, δείκνυσιν, ὅτι οὐδὲν σῶμα ἄπειρον οὔτε συνεχὲς οὔτε
διωρισμένον δυνατὸν κινεῖσθαι κατὰ τόπον, ἐξ οὗ συνάγεται, ὅτι οὐδὲν
σῶμα φυσικὸν οὔτε συνεχὲς οὔτε διωρισμένον ἄπειρον εἶναι δυνατόν. καὶ
πρῶτον ἐπὶ τῶν συνεχῶν, ὅτι τὸ κύκλῳ κινούμενον ὁμοιομερὲς καὶ ἁπλοῦν
οὐκ ἔστιν ἄπειρον, δείκνυσιν ἐν δευτέρῳ σχήματι συνάγων οὕτως· τὸ κύ-
κλῳ κινούμενον ὁμοιομερὲς σῶμα μέσον ἔχει· τὸ ἄπειρον μέσον οὐκ ἔχει.
κοινοτέρα δὲ δεῖξις αὕτη οὐκ ἀπὸ τῆς φυσικῆς μόνης κινήσεως εἰλημμένη
οὐδὲ μόνοις τοῖς φυσικοῖς ἐφαρμόζουσα οὐδὲ τοῖς σφαιρικοῖς σώμασι μόνοις
οὐδὲ μόνοις τοῖς οὐρανίοις, ἀλλὰ πᾶσι τοῖς κύκλῳ κινουμένοις, κἂν φυσικὰ
ᾖ κἂν τεχνητά, κἂν σφαιρικὰ κἂν ἄλλου σχήματος, κἂν οὐράνια κἂν ἐπὶ
γῆς· πάντα γὰρ τὰ κύκλῳ κινούμενα περὶ μέσον ἀνάγκη κινεῖσθαι. ἐν δὲ
τοῖς προλαβοῦσιν ἐπιχειρήμασιν ἔδειξεν, ὅτι οὔτε τὸ οὐράνιον οὔτε τὰ ὑπὸ
σελήνην σώματα δύνανται ἄπειρα εἶναι, ἐκ τῶν κατὰ φύσιν αὐτοῖς ὑπαρ-
χουσῶν κινήσεων· οὔτε γὰρ τὸ κυκλοφορητικὸν κύκλῳ φέρεσθαι ἐδύνατο,
εἴπερ ἄπειρον ἦν, οὔτε τὰ ὑπὸ σελήνην εὐθυπορεῖσθαι· ἄπειρον γὰρ ἂν
εἶχον βαρύτητα ἢ κουφότητα, ὅπερ ἀδύνατον ἐδείχθη. καὶ ἡ ἀπὸ τῆς

---

2 παρὰ A: περὶ D   οὐδ' AD: nullum b   9 ἐστι D   δυνάμενα] αὐτὰ καὶ
δυνάμενα D   13 καὶ] postea add. A   τῆς om. A   κινήσεως Db: κινήσεων A
14 οὐδὲν Ab: οὐδὲ D   καὶ Db: om. A   22 συνεχῶν CDb: προσεχῶν A
31 ἐκ τῶν κατὰ φύσιν] lac. 14 litt. D   αὐτοῖς] αὐτ seq. lac. 3 litt. D

ἀναλογίας δὲ τῶν μεγεθῶν καὶ τῶν κινήσεων καὶ τῶν χρόνων ἀπόδειξις 108ᵃ
οἰκείως ἐγίνετο ἐπὶ τῶν φυσικῶς κινουμένων σωμάτων.

Τὸ δὲ "ὁμοιομερὲς ὄν" πρόσκειται, οὐχ ὅτι τὰ ἀνομοιομερῆ καὶ σύνθετα κύκλῳ κινούμενα οὐχὶ περὶ μέσον κινεῖται· πᾶν γὰρ τὸ κύκλῳ κινούμενον περὶ μέσον κινεῖται· ἀλλ' ὅτι περὶ τῶν ἁπλῶν νῦν σωμάτων ὁ λόγος 30
ἦν. τὸ γὰρ ὁμοιομερὲς ὂν ἀντὶ τοῦ ἁπλοῦν πρόσκειται· ἐπὶ γὰρ τούτου ποιεῖται τὴν ἀπόδειξιν, διότι καὶ τοῖς συνθέτοις ἡ φυσικὴ κίνησις κατὰ τὴν ἐπικράτειαν τῶν ἐν αὐτοῖς ἁπλῶν τινος γίνεται.

Ὅτι δὲ οὐδὲ ἐπ' εὐθείας κινηθήσεται τὸ ἄπειρον, διὰ τῆς εἰς ἀδύνατον ἀπαγωγῆς δείκνυσιν οὕτως· εἰ κινεῖται ἐπ' εὐθείας τὸ ἄπειρον, ἐπειδὴ 35
τὰ ἐπ' εὐθείας κινούμενα καὶ κατὰ φύσιν κινεῖται, ὅταν ἐπὶ τὸν οἰκεῖον φέρηται τόπον, καὶ παρὰ φύσιν, ὅταν ἐπὶ τὸν ἐναντίον, ἀνάγκη δύο ἀπείρους εἶναι τόπους τόν τε, εἰς ὃν κατὰ φύσιν φέρεται, καὶ τὸν εἰς ὃν παρὰ 40
φύσιν· ἀλλὰ μὴν ἀδύνατον δύο ἀπείρους εἶναι τόπους· οὔτε γὰρ σώματα οὔτε τόποι δύο ἄπειροι ἔσονται, εἴπερ πανταχοῦ τὸ ἄπειρον. καὶ οὕτως μὲν αὐτὸς ἐκ τοῦ κατὰ φύσιν καὶ παρὰ φύσιν κινεῖσθαι τὰ ἐπ' εὐθείας διπλοῦν ἀπέδειξε τὸ ἄπειρον· δυνατὸν δὲ τὸ αὐτὸ δείκνυσθαι, καὶ εἰ μετα- 45
βαίνοι ὁπωσοῦν τὸ ἄπειρον ἀπὸ τόπου εἰς τόπον· δύο γὰρ ἔσονται τόποι, ὅν τε ἀπέλιπε καὶ εἰς ὃν μετέβη.
108ᵇ
Κοινοτέρα δὲ καὶ αὕτη δοκεῖ ἡ δεῖξις, καθ' ὅσον ἡ αὐτὴ τοῖς τε κούφοις ὁμοίως ἐφαρμόττει καὶ τοῖς βαρέσι. τὸ δὲ αὐτὸ τοῦτο ἐπιχείρημα καὶ ἤδη τέθεικεν, ὅτε ἔλεγεν "ἀλλὰ μὴν οὐδὲ ὅλως γε τὸ ἄπειρον ἐνδέχεται κινεῖσθαι. ἢ γὰρ κατὰ φύσιν κινήσεται ἢ βίᾳ· καὶ εἰ βίᾳ, ἔστιν αὐτῷ 5
καὶ ἡ κατὰ φύσιν, ὥστε καὶ τόπος ἴσος ἄλλος, εἰς ὃν οἰσθήσεται· τοῦτο δὲ ἀδύνατον". καὶ ὁ μὲν Ἀλέξανδρος ἐπισημηνάμενος τοῦτο εὐλογώτερόν φησιν ἐνθάδε κεῖσθαι αὐτὸ λογικώτερον ὑπάρχον, καὶ ὅτι ἐνταῦθα πρόσκειται τὸ μηδὲ ὡς τὸ κύκλῳ φερόμενον κινήσεσθαι διὰ τὸ μὴ ἔχειν μέσον, 10
τότε δὲ τούτου οὐκ ἐμνημόνευσε. μήποτε δὲ ὡς τῆς δείξεως καὶ ἀπὸ τῶν οἰκείων τοῖς ἐπ' εὐθείας εἰλημμένης· οἰκεῖα γὰρ τούτοις τὸ κατὰ φύσιν καὶ παρὰ φύσιν· καὶ ἀπὸ τῶν κοινῇ τοῖς τε κούφοις καὶ τοῖς βαρέσιν ὑπαρχόντων· κοινῇ γὰρ αὐτοῖς ὑπάρχει τὸ κατὰ φύσιν καὶ παρὰ φύσιν· εἰ- 15
κότως αὐτὴν ἔν τε τοῖς ἀπὸ τῶν ἰδίων ἐπιχειρήμασι τέθεικεν καὶ ἐν τοῖς ἀπὸ τῶν κοινῶν. τὸ δὲ κύκλῳ κινούμενον ὡς κοινὸν ἐνταῦθα παρείληπται.

p. 275ᵇ18 Ἔτι εἴτε φύσει ἔχει κίνησιν τοῦ εἰς εὐθὺ ἕως τοῦ
ἔσται δύο ἄπειρα τό τε κινοῦν οὕτω καὶ τὸ κινούμενον. 20

Δείξας, ὅτι οὐκ ἔστιν ἄπειρον τὸ κινούμενον ἐπ' εὐθείας σῶμα ἐκ τοῦ δύο ἀπείρους ἔσεσθαι τόπους, ὅπερ ἀδύνατον, νῦν τὸ αὐτὸ δείκνυσιν ἐκ τοῦ

---

1 καὶ (pr.)] postea add. D   τῶν (alt.) D, om. A   2 φυσικῶς Db: φυσικῶν A
5 νῦν CD: om. A (*corporibus nunc* b)   6 ὄν] e corr. D   ἁπλοῦν A: ἁπλοῦ CD(b)
7 ἀπόδειξιν A: δεῖξιν CD   κίνησιν A   9 οὐδὲ D: οὐδ'   13 τόν τε—τόπους (14)
om. CD   17 ἀπέδεξε A   19 ἀπέλειπε A   22 ἔλεγεν] 274ᵇ29   24 ἴσος—ὄν]
lac. 17 litt. D   27 ὡς b: om. AD   32 ἐπιχειρήμασι Db: ἐπιχειρημάτων A   τέθεικε D

δύο ἄπειρα ἔσεσθαι σώματα ἀδυνάτου καὶ αὐτοῦ ὁμοίως ὄντος. δείκνυσι 108ᵇ
δὲ ἐκ δυεῖν προαποδειχθέντων αὐτῷ τοῦ τε πᾶν τὸ κινούμενον ὑπό τινος 26
κινεῖσθαι, ὅπερ ἐν τῷ η̄ τῆς Φυσικῆς ἀκροάσεως ἀπέδειξε, καὶ τοῦ, εἰ
κινοῖτο τὸ ἄπειρον, ὑπὸ ἀπείρου κινεῖσθαι δυνάμεως, μηδὲν δὲ πεπερασμέ-
5 νον μέγεθος ἄπειρον ἔχειν δύναμιν, ἅπερ ἐν τῷ θ̄ τῆς αὐτῆς πραγματείας 30
ἀπέδειξεν. εἴτε οὖν κατὰ φύσιν ἐπ' εὐθείας κινεῖται τὸ ἄπειρον σῶμα εἴτε
παρὰ φύσιν καὶ βίᾳ, ἀμφοτέρως ἄπειρον ὂν ὑπὸ ἀπείρου δυνάμεως κινηθή-
σεται τοῦ κινοῦντος αὐτὸ σώματος ἀπείρου καὶ αὐτοῦ ὄντος· ἥ τε γὰρ
ἄπειρος ἰσχὺς ἀπείρου σώματός ἐστιν, καὶ τοῦ ἀπείρου σώματος ἄπειρός 35
10 ἐστιν ἡ ἰσχύς, ὃ ὡς προαποδεδειγμένον ἠξίωται νῦν. ἐπειδὴ δὲ τὰ μὲν κατὰ
φύσιν κινούμενα, κἂν ὑπό τινος κινῆται, ἔνδον ἐν ἑαυτοῖς καὶ ἀσώματον
ἔχει τὸ κινοῦν (τοῦτο δὲ οὐδὲν συντελεῖ πρὸς τὴν τοῦ ἀτόπου συναγωγὴν 40
τοῦ δεικνύντος δύο ἔσεσθαι ἄπειρα σώματα), εἰκότως προσέθηκεν εἰ οὖν
τὸ κατὰ φύσιν καὶ παρὰ φύσιν ἐνδέχεται κινηθῆναι καὶ τότε ἐπή-
15 γαγε τὸ ἔσται δύο ἄπειρα τό τε κινοῦν οὕτως καὶ τὸ κινούμενον
εἰκότως καὶ τὸ οὕτως προσθείς· τῷ γὰρ βίᾳ κινουμένῳ ἕπεται τὸ ἄλλο 45
παρ' αὐτὸ τὸ κινοῦν εἶναι. ἐπειδὴ οὖν τὸ κατὰ φύσιν κινούμενον καὶ παρὰ
φύσιν | ἐνδέχεται κινεῖσθαι, τὸ δὲ τοιοῦτον ἔξωθεν ἔχει τὸ κινοῦν, καὶ 109ᵃ
εἰ ἄπειρον εἴη κινούμενον, ἄπειρον ἀνάγκη καὶ τὸ κινοῦν εἶναι, εἰκότως
20 εἶπεν, ὅτι, κἂν φύσει κἂν βίᾳ τὸ ἄπειρον ἐπ' εὐθὺ κινῆται, ὑπὸ ἀπείρου
κινηθήσεται, οὐχ ὅτι κατὰ φύσιν κινεῖται, ἀλλ' ὅτι ἐνδέχεται τὸ φύσει κι- 5
νούμενον ἐπ' εὐθείας καὶ βίᾳ κινηθῆναι· τούτῳ δὲ ἕπεται τὸ ὑπὸ ἀπείρου
τινὸς ἔξωθεν κινεῖσθαι, ὡς εἶναι τὴν τοῦ λόγου συναγωγὴν τοιαύτην· τὸ
ἄπειρον σῶμα εἴτε κατὰ φύσιν εἴτε παρὰ φύσιν λέγοιτο κινεῖσθαι ἐπ' εὐ-
25 θείας, ἐνδέχεται αὐτὸ βίᾳ καὶ παρὰ φύσιν κινεῖσθαι· τὸ βίᾳ κινούμενον 10
σῶμα ἔξωθεν ὑπό τινος κινεῖται σώματος τοῦ κινοῦντος αὐτό· τὸ ἔξωθεν
οὕτως κινούμενον, ἐὰν ἄπειρον ᾖ, ὑπὸ ἀπειροδυνάμου κινηθήσεται· τὸ δὲ
ἀπειροδύναμον σῶμα ἄπειρον καὶ αὐτό ἐστι κατὰ μέγεθος· τὸ ἄρα ἄπειρον
σῶμα ὑπὸ ἀπείρου τινὸς ἄλλου σώματος κινηθήσεται· δύο ἄρα ἔσται τὰ 15
30 ἄπειρα τό τε κινοῦν καὶ τὸ κινούμενον, ὅπερ ἀδύνατον. ἀλλ' ἐν μὲν τοῖς
προλαβοῦσιν ἔδειξεν, ὅτι ἀδύνατον ἄπειρον ὑπὸ ἀπείρου παθεῖν τι, ἀπὸ
προσεχῶν καὶ οἰκείων τῶν ἀπὸ τῆς ἀναλογίας εἰλημμένων, ἐνταῦθα δὲ
ἠρκέσθη εἰς ἄδοξόν τι τὸν λόγον ἀπαγαγεῖν τὸ δύο ἔσεσθαι ἄπειρα, διὸ 20
καὶ λογικώτερον τὸ ἐπιχείρημα κέκληκεν.

---

3 η̄ CD: ἦτα A   ἀπέδειξε] cap. 1   4 μηδὲν CDb: καὶ τοῦ μὴ A
5 θ̄ A: θῆτα D: om. C   πραγματείας] cap. 10   6 ἀπέδειξε A   9 ἐστιν
D: comp. A   10 8 A: om. D (ut enim b)   ἐπειδὴ A: ἐπεὶ D   12 ἀτό-
που] lac. 7 litt. D   13 εἰκότως] lac. 10 litt. D: movens et motum merito b
15 οὕτω D   16 καὶ Hb: del. A: om. D   οὕτω D   19 ἀνάγκη καὶ
τὸ κινοῦν CDb: om. A   εἶναι] bis A   20 εἶπε CD   ὅτι Ab: om.
CD   21 ὅτι (pr.) CD: ὅταν Ab   κινεῖται CD: κινῆται D   23 τὴν] τοιαύτην
τὴν D   τοιαύτην Ab: om. D   24 κιᵛεῖσθαι A   26 ἔξωθεν σῶμα D
29 τινὸς Db: om. A

p. 275b25 Ἔτι τὸ κινοῦν τὸ ἄπειρον τί ἔστιν; ἕως τοῦ διαφέροντα 109a
τὴν μορφὴν καὶ τὴν δύναμιν.

Δείξας, ὁ Ἀλέξανδρός φησι, τὸ ἑπόμενον ἄτοπον τῷ βίᾳ κινεῖσθαι τὸ
ἄπειρον, ὅτι ἀνάγκη ἔξωθεν ἄλλο ἄπειρον εἶναι τὸ κινοῦν αὐτό, νῦν δεί-
5 κνυσιν, ὅτι, κἂν κατὰ φύσιν κινῆται, τὸ αὐτὸ ἄτοπον ἕπεται. εἰ γὰρ πᾶν,
φησί, τὸ κατὰ φύσιν κινούμενον ὑπό τινος κινεῖται καὶ ἢ ὑφ' ἑαυτοῦ ἢ
ὑπὸ ἄλλου, καὶ τὸ ἄπειρον κατὰ φύσιν κινούμενον ἢ ὑφ' ἑαυτοῦ ἢ ὑπ'
ἄλλου κινεῖται. ἀλλ' εἰ μὲν ὑφ' ἑαυτοῦ, ἔμψυχον ἔσται· μόνα γὰρ ταῦτα
αὐτοκίνητα ὑπὸ τῆς ἐν αὐτοῖς ψυχῆς κινούμενα· ἀλλ' εἰ τοῦτο, ζῷόν ἐστι
10 τὸ ἄπειρον σῶμα. ἀδύνατον δὲ ζῷον ἄπειρον εἶναι· τὸ γὰρ ζῷον μεμόρ-
φωται καὶ πεπεράτωται τῇ μορφῇ, τὸ δὲ ἄπειρον οὐ μεμόρφωται, καὶ τὸ
μὲν ζῷον ἐν συμμετρίᾳ τῇ πρὸς ἄλληλα τῶν μερῶν ἐστι, τὸ δὲ ἄπειρον
οὐδὲν ἔχει σύμμετρον. εἰ οὖν μὴ ὑφ' ἑαυτοῦ κινεῖται, ἀλλ' ὑπὸ ἄλλου,
ἔσται δύο ἄπειρα τό τε κινοῦν καὶ τὸ κινούμενον διαφέροντα τὴν μορφήν,
15 τουτέστιν ἐν οἰκείᾳ περιγραφῇ ἀφωρισμένα· εἰ γὰρ συνεχῆ ἦν, οὐκ ἂν
ἔπασχεν ὑπ' ἀλλήλων· οὐδὲν γὰρ ὑφ' ἑαυτοῦ πάσχει· διαφέροντα δὲ καὶ
τῇ δυνάμει, εἴπερ τὸ μὲν κινοῦν ἐστι, τὸ δὲ κινούμενον, ἄπειρα ἄμφω· δύο
ἄρα ὄντως ἂν ἦν τὰ ἄπειρα, ὅπερ ἀδύνατον καὶ πρότερον εἴρηται. δύναται
δέ, φησὶν ὁ Ἀλέξανδρος, τὰ προειρημένα καὶ πλείους ἐπιχειρήσεις εἶναι 109b
20 καὶ πάντα μιᾶς ἐπιχειρήσεως μόρια λέγοντος αὐτοῦ· ἐπεὶ πᾶν τὸ κινούμενον
ὑπό τινος κινεῖται καὶ ἢ ὑφ' ἑαυτοῦ ἢ ὑπ' ἄλλου ἢ κατὰ φύσιν ἢ παρὰ
φύσιν, καὶ δεικνύντος ἑκάστῳ αὐτῶν ἀδύνατόν τι ἀκολουθοῦν· εἴτε γὰρ
παρὰ φύσιν, πλείω τὰ ἄπειρα μεγέθη· ἐκτὸς γὰρ τὸ οὕτως κινοῦν καὶ βια-
ζόμενον· εἴτε κατὰ φύσιν, εἰ μὲν ὑφ' ἑαυτοῦ, ἄπειρόν τι ζῷον ἔσται, ὅπερ
25 ἀδύνατον, εἰ δὲ ὑπ' ἄλλου, ἄπειρόν τι σῶμα πάλιν ἄλλο ἔσται, ὃ τῇ ἀπείρῳ
ἑαυτοῦ δυνάμει κινήσει τὸ ἄπειρον σῶμα.

Δόξειε δ' ἄν, φησὶν ὁ Ἀλέξανδρος, καὶ παρεῖσθαι τὰ κατὰ φύσιν κινού-
μενα, ἃ οὔτε κατὰ ψυχὴν κινεῖται οὔτε ἔξωθέν τι ἔχει τὸ κινοῦν αὐτά, εἴ
γε κατὰ τὴν ἐν αὐτοῖς δύναμιν κινεῖται. "ἢ τοῦτο, φησί, παρείασεν ὡς δε-
30 δειγμένον διὰ τὸ μήτε βαρύτητα μήτε κουφότητα δύνασθαι ἄπειρον εἶναι;
ἢ καὶ διὰ τοῦτο λογικὴ ἡ ἐπιχείρησις; ἐνδόξως γὰρ τὴν διαίρεσιν ἐποιή-
σατο· ἢ καὶ ταῦτα ὑπό τινος ἔξωθεν κινοῦντος δέδεικται ἐν τῇ Φυσικῇ
ἀκροάσει; τοῦ γὰρ τῆς γενέσεως αὐτοῖς αἰτίου." οὕτως μὲν οὖν ὁ Ἀλέξαν-

---

3 φησὶν ὁ Ἀλέξανδρος D(b)   7 ὑπὸ A: ὑπ' D   post ἄλλου del. ἀλλ' εἰ μὲν ὑφ'
ἑαυτοῦ ἔμψυχον ἔσται D (ab alio movetur b)   καὶ—ἄλλου (8) Db: om. A   12 τῇ
A: om. D   13 ὑπὸ D: ἀπὸ A   16 οὐδὲν Db: οὐδὲ A   17 τὸ δὲ CDb: παρὰ
H: πᾶν A   18 ὄντως Ab: οὕτως D   ὅπερ D: lacuna absumptum A
19 εἰρημένα D   23 τὰ] τε A   25 ἔσται ἄλλο D   27 δόξει H suprascr. αι,
δόξαιε A: δόξαιεν D   παρεῖσθαι D(b)   29 τοῦτο, φησί, παρείασεν Ab: τοῦτο παρ-
είασιν φησί D   31 ἐνδόξως Db: ἐνδόξη A   32 ἔξω D   Φυσικῇ] B.1
33 ἀκροάσει] auditu moveri b   οὖν om. D

ὅρος οὐ προσεσχηκώς, οἶμαι, τῷ "εἴτε φύσει ἔχει κίνησιν τοῦ εἰς εὐθὺ 109ᵇ
εἴτε βίᾳ"· οὐ γὰρ ἂν εἶπεν παρεῖσθαι τῇ διαιρέσει ταύτῃ τὰ κατὰ φύσιν 21
κινούμενα. μήποτε οὖν τοιαύτῃ χρῆται τῇ διαιρέσει ὁ Ἀριστοτέλης· τὸ
ἄπειρον σῶμα, εἰ ἔχει κίνησιν, ἢ κατὰ φύσιν αὐτὴν ἔχει ἢ βίᾳ, καὶ εἰ
5 κατὰ φύσιν, ἢ φύσει ὡς τὰ φυσικὰ λεγόμενα οἷον γῆ καὶ πῦρ ἢ ὡς τὰ
αὐτοκίνητα λεγόμενα τὰ ὑπὸ τῆς ἐν ἑαυτοῖς κινούμενα ψυχῆς· τὸ γὰρ βίᾳ 25
πρὸς ἄμφω ταῦτα ἀντιδιῄρηται. δείξας οὖν, ὅτι οὐ βίᾳ· ἀνάγκη γὰρ εἶναί
τι ἔξωθεν ἄλλο ἄπειρον τὸ κινοῦν· οὔτε ὡς τὰ φυσικά, διότι τὰ κατὰ φύ-
σιν καὶ παρὰ φύσιν ἐνδέχεται κινηθῆναι, καὶ πάλιν βίᾳ, καὶ ἔξωθεν τὸ κι- 30
10 νοῦν, δείκνυσιν, ὅτι οὐδὲ ὡς τὰ αὐτοκίνητα ὑφ' ἑαυτοῦ κινεῖται, ἵνα μὴ
ζῷον ᾖ· ἀνάγκη οὖν ὑπ' ἄλλου, καὶ πάλιν ἔξωθεν τὸ κινοῦν.

p. 275ᵇ 29 **Εἰ δὲ μὴ συνεχὲς τὸ πᾶν ἕως τοῦ ὅτι μὲν οὖν οὐκ ἔστι** 35
τὸ σῶμα τοῦ παντὸς ἄπειρον, ἐκ τούτων φανερόν.

Δείξας, ὅτι οὐδὲν σῶμα φυσικὸν ἁπλοῦν συνεχές, οἷαπερ τὰ στοιχεῖά
15 ἐστιν, ἄπειρον εἶναι δυνατόν, δείκνυσιν ἐφεξῆς, ὅτι οὐδὲ ὡς διωρισμένα 40
ἄπειρα τῷ πλήθει δυνατὸν εἶναι τὰ στοιχειώδη σώματα, ὡς οἱ περὶ Λεύ-
κιππον καὶ Δημόκριτον ὑπετίθεντο πρὸ αὐτοῦ γεγονότες καὶ μετ' αὐτὸν
Ἐπίκουρος. οὗτοι γὰρ ἔλεγον ἀπείρους εἶναι τῷ πλήθει τὰς ἀρχάς, ἃς
καὶ ἀτόμους καὶ ἀδιαιρέτους ἐνόμιζον καὶ ἀπαθεῖς διὰ τὸ ναστὰς εἶναι καὶ 45
20 ἀμοίρους τοῦ κενοῦ· τὴν γὰρ διαίρεσιν κατὰ τὸ κενὸν τὸ ἐν τοῖς σώμασιν
ἔλεγον γίνε|σθαι, ταύτας δὲ τὰς ἀτόμους ἐν ἀπείρῳ τῷ κενῷ κεχωρισ- 110ᵃ
μένας ἀλλήλων καὶ διαφερούσας σχήμασί τε καὶ μεγέθεσι καὶ θέσει καὶ
τάξει φέρεσθαι ἐν τῷ κενῷ καὶ ἐπικαταλαμβανούσας ἀλλήλας συγκρούεσθαι,
καὶ τὰς μὲν ἀποπάλλεσθαι, ὅπῃ ἂν τύχωσι, τὰς δὲ περιπλέκεσθαι ἀλλή- 5
25 λαις κατὰ τὴν τῶν σχημάτων καὶ μεγεθῶν καὶ θέσεων καὶ τάξεων συμμε-
τρίαν, καὶ συμβαίνειν [καὶ] οὕτως τὴν τῶν συνθέτων γένεσιν ἀποτελεῖσθαι.
πρὸς οὖν τὴν τοιαύτην τῶν στοιχείων ἀπειρίαν ὁ Ἀριστοτέλης ἀντιλέγων
πλείονα συνάγει συμπεράσματα· πρῶτον, εἰ σχήμασι μὲν καὶ μεγέθεσι καὶ 10
τοῖς τοιούτοις διαφέρουσιν ἀλλήλων αἱ ἄτομοι, ἡ δὲ σύστασις αὐτῶν καὶ
30 ἡ φύσις ἐστὶν ἡ αὐτή, ἐπειδὴ κατὰ τὴν φύσιν ἡ κίνησις καὶ οὐ κατὰ τὸ
σχῆμα ἢ τὸ μέγεθος, ἀνάγκη πασῶν τὴν αὐτὴν εἶναι κίνησιν, ὥστε μὴ
τὰς μὲν βαρείας αὐτῶν εἶναι, τὰς δὲ κούφας, ἀλλὰ πάσας βαρείας ὁμοίως
ἢ κούφας, ὅπερ καὶ παρὰ τὰ ἐναργῆ φαίνεται καὶ δείξει προελθών, ὅτι 15
τῶν φυσικῶν σωμάτων τὰ μὲν βαρέα, τὰ δὲ κοῦφά ἐστιν. ὅτι δὲ ἀνάγκη

---

1 τῷ DH: τῶν A   εἴτε κτλ.] 275ᵇ18   2 ἂν Db: om. A   εἶπε D
8 οὔτε ὡς] οὐ τέως A   10 οὐδὲ K: οὔτε AD   13 τούτου D   14 συνεχὲς
Ab: καὶ συνεχὲς D   15 ἔστι A   οὐδὲ D: οὐδ' A   17 ὑποτίθεντο A
24 ὅπῃ CDb: ὅποι A   26 καὶ (pr.) Cb: lac. absumptum A: om. DH   καὶ (alt.)
om. b; delendum puto   οὕτως AC: οὕτω D   συνθέτων CDb: θέσεων A
32 αὐτῶν Ab: om. CD   32. 33 βαρείας ὁμοίως ἢ κούφας A(b): βαρείας ἢ κούφας
ὁμοίως CD

SIMPLICII IN L. DE CAELO I 7 [Arist. p. 275ᵇ29]   243

μίαν ἔχοντα φύσιν μίαν ἔχειν ῥοπήν, καὶ διὰ παραδειγμάτων δείκνυσι τοῦ 110ᵃ
τε κατὰ τὸν χρυσόν· ὁποῖα γὰρ ἂν ᾖ τὰ σχήματα τῶν πλειόνων χρυσίων, 20
ἡ ῥοπὴ πάντων ἡ αὐτή ἐστιν· καὶ ἀπὸ τῶν ἁπλῶν σωμάτων· ὅπου γὰρ
μία βῶλος, καὶ ἡ σύμπασα γῆ φέρεται, καίτοι τοσαύτης οὔσης ἐν τῷ με-
5 γέθει καὶ κατὰ τὸ σχῆμα δέ, ὡς εἰκός, διαφορᾶς· καὶ τὸ πᾶν δὲ πῦρ καὶ
ὁ σπινθὴρ εἰς τὸν αὐτὸν φέρεται τόπον· ὥστε καὶ τῶν ἀτόμων, ἐφ' ὃ φέ- 25
ρεται ἡ μία, ἐπὶ τοῦτο καὶ πᾶσαι οἰσθήσονται· ὥστε ἢ κοῦφα μόνως ἔσται
πάντα τὰ σώματα ἢ βαρέα μόνως. εἰ γὰρ τὰ ἁπλᾶ οὕτως, δῆλον, ὅτι καὶ
τὰ σύνθετα· καὶ γὰρ καὶ τὰ σύνθετα κατὰ τὴν τῶν ἐν αὐτοῖς ἁπλῶν ἐπι-
10 κράτειαν τὴν κατὰ τὰς ῥοπὰς διαφορὰν ἔχει.

   Δευτέρῳ δὲ χρῆται ἐπιχειρήματι τοιῷδε ἐκ τοῦ προδεδειγμένου· εἰ 30
μὲν βάρος ἔχουσιν αἱ ἄτομοι, ἔσται τοῦ παντὸς μέσον, εἰς ὃ φέρεται τὰ
βαρέα, εἰ δὲ κουφότητα, ἔσται ἔσχατον, εἰς ὃ φέρεται τὰ κοῦφα· ἀλλὰ μὴν
ἀδύνατον ἢ μέσον εἶναι ἢ ἔσχατον ἀπείρου ὄντος τοῦ κενοῦ· ἀδύνατον ἄρα
15 βάρος ἢ κουφότητα ἔχειν τὰς ἀτόμους. εἰ οὖν πᾶν φυσικὸν σῶμα ἢ κατὰ 35
βάρος ἢ κατὰ κουφότητα κινεῖται, αἱ δὲ ἄτομοι οὔτε βάρος οὔτε κουφότητα
ἔχουσι, δῆλον, ὅτι οὐ κινηθήσονται.

   Τρίτῳ δὲ ἐπιχειρήματι χρῆται τοιούτῳ καὶ αὐτῷ πάλιν ἐκ τοῦ προ-
δεδειγμένου· ἐν τῷ ἀπείρῳ κενῷ ἀοριστία ἐστίν· ὅπου δὲ ἀοριστία ἐστίν,
20 οὔτε μέσον ἐστὶν οὔτε ἔσχατον· οὗ δὲ μήτε μέσον ἐστὶ μήτε ἔσχατον, ἐν 40
τούτῳ οὔτε τὸ ἄνω ἐστὶν οὔτε τὸ κάτω· οὗ δὲ μήτε τὸ ἄνω ἐστὶ μήτε τὸ
κάτω, ἐν τούτῳ τόπος οὐκ ἔστιν· οὗ δὲ τόπος οὐκ ἔστιν, ἐν τούτῳ ἡ
κατὰ τόπον κίνησις οὐκ ἔστιν· ἐν τῷ κενῷ ἄρα ἡ κατὰ τόπον κίνησις οὐκ
ἔστι. καὶ τὰ μὲν ἄλλα σαφῆ, ὅτι δὲ τόπου μὴ ὄντος κίνησις οὐκ ἔστιν, 45
25 δείκνυσιν οὕτως· εἰ τὸ κινούμενον ἢ κατὰ φύσιν ἢ παρὰ φύσιν κινεῖται, τὸ
δὲ κατὰ φύσιν καὶ παρὰ φύσιν κι|νεῖσθαι τοῖς τόποις ὥρισται, εἴπερ τὸ 110ᵇ
κατὰ φύσιν μέν ἐστι κινεῖσθαι τὸ ἐπὶ τὸν οἰκεῖον τόπον, παρὰ φύσιν δὲ τὸ
ἐπὶ τὸν ἀλλότριον· εἰ οὖν τόπου μὴ ὄντος οὐκ ἔστιν ὁ κατὰ τόπον ὁρισ-
μός, οὐδὲ κινούμενον ἂν εἴη.

30   Τέταρτον ἐπάγει τὸ "ἔτι εἰ, οὗ παρὰ φύσιν τι μένει ἢ φέρεται, ἀνάγκη 5
ἄλλου τινὸς εἶναι τοῦτον τὸν τόπον κατὰ φύσιν". τοῦτο δὲ Ἀλέξανδρος ἀκο-
λουθεῖν φησι τῷ πρώτῳ ἐπιχειρήματι· δείξας γὰρ ἐν ἐκείνῳ, ὅτι τοῖς μιᾶς
καὶ τῆς αὐτῆς φύσεως τὰς ἀτόμους λέγουσιν ἕπεται τὸ πάντα τὰ σώματα
ἢ βαρέα μόνως εἶναι ἢ κοῦφα μόνως, νῦν δείκνυσι τοῦτο ἀδύνατον ὂν ἐκ 10
35 τοῦ τὸν ἄλλῳ παρὰ φύσιν ὄντα τόπον ἄλλῳ κατὰ φύσιν εἶναι, ὅπερ ἐκ
τῆς ἐπαγωγῆς ἐπιστώσατο· ὁ γὰρ τῇ γῇ παρὰ φύσιν ὢν τόπος, οὗτος δέ

---

1 δείκνυσῖ A   3 ἐστιν C: ἐστι D: lac. A   4 μία D: ἡ μία A   περιφέρε-
ται D   9 καὶ γάρ] εἰ γάρ A   11 χρῆται ἐπιχειρήματι Ab: ἐπιχειρήματι χρῆται D
17 ἔχουσιν D   18 αὐτὸ D   19 ἐστίν (alt.) D: om. A   20 οὗ δὲ] οὐδὲν A
21 ἐστίν] ἐστὶ A   οὗ—κάτω (22) om. CD   22 ἐν τούτῳ A: ἐνταῦθα CD:
om. b   ἡ—ἔστιν (23) Ab: οὐδὲ κίνησις CD   24 ἔστιν A: ἔστι CD   30 εἰ
A: om. Db   31 τοῦτον om. D   ὁ Ἀλέξανδρος D   35 ἄλλῳ (pr.)] corr. ex
ἄλλον A

ἐστιν ὁ ἄνω, ἐφ' ὃν βίᾳ φέρεται, τῷ πυρὶ κατὰ φύσιν ἐστί. τούτου δὲ 110ᵇ
οὕτως ἔχοντος, εἰ μὲν τὸ κάτω κινεῖσθαι ταῖς ἀτόμοις παρὰ φύσιν οὔσαις 15
κούφαις, εἴη ἄν τινι ἄλλῳ σώματι ἡ κάτω κίνησις κατὰ φύσιν· εἰ δὲ ἡ
ἄνω παρὰ φύσιν ἐκείναις, ἄλλῳ τινὶ κατὰ φύσιν ἡ ἄνω ἄλλης ὄντι φύσεως·
εἰ δὲ τοῦτο, δεῖ καὶ ἄλλην τινὰ εἶναι σώματος φύσιν, ᾗ κατὰ φύσιν ἔσται
ὅ τε τόπος καὶ ἡ κίνησις ὁ ταῖς ἀτόμοις παρὰ φύσιν. οὕτως γὰρ ὁ Ἀλέ- 20
ξανδρος προσεσχηκὼς μάλιστα ἐπαχθέντι τῷδε "ἀνάγκη δὴ μὴ πάντα ἢ
βάρος ἔχειν ἢ κουφότητα, ἀλλὰ τὰ μέν, τὰ δὲ μή". μήποτε δέ, εἰ ὡς
ἀκόλουθον τοῦτο τῷ πρώτῳ ἐπιχειρήματι ὁ Ἀριστοτέλης ἐπήγαγεν, οὐκ ἂν 25
τὸ ἔτι προέταττεν αὐτοῦ τοσαύτης γενομένης τῆς ἀποστάσεως, ἀλλ' ἔοικε
καὶ τοῦτο δεικτικὸν εἶναι τοῦ αὐτοῦ, οὗπερ καὶ τὸ προσεχῶς εἰρημένον,
τοῦ κίνησιν μὴ εἶναι τόπου μὴ ὄντος· εἰ γάρ, οὗ παρὰ φύσιν τι μένει ἢ
φέρεται, ἀνάγκη ἄλλου τινὸς εἶναι τοῦτον τὸν τόπον κατὰ φύσιν, δῆλον, 30
ὅτι οὔτε κατὰ φύσιν οὔτε παρὰ φύσιν ἔστι κινεῖσθαι ἢ μένειν μὴ ὄντος
τόπου. ἀλλ' ἐν μὲν τῷ προσεχῶς εἰρημένῳ τοῦτο ἔδειξε διὰ τοῦ τὴν
κατὰ φύσιν καὶ παρὰ φύσιν κίνησιν τοῖς τόποις ὡρίσθαι, ἐνταῦθα δὲ διὰ
τοῦ τὸν ἄλλου παρὰ φύσιν ἄλλου κατὰ φύσιν εἶναι· καὶ ἡ ὑπόθεσις δὲ ἡ 35
λέγουσα "εἰ οὗ παρὰ φύσιν τι μένει" ὡς ἐπὶ τῷ μέλλοντι ῥηθήσεσθαι
ἐλέγετο, ἀλλὰ μὴ ὡς ἐπὶ τῷ προειρημένῳ· οὐ γὰρ ἂν συνεπληροῦτο ἐν
τῷ "ἀνάγκη ἄλλου τινὸς εἶναι τοῦτον τὸν τόπον κατὰ φύσιν· τοῦτο δὲ πι-
στὸν ἐκ τῆς ἐπαγωγῆς", καὶ ὡς ἀπ' ἄλλης ἀρχῆς ἐπήγετο τὸ "ἀνάγκη
δὴ μὴ πάντα ἢ βάρος ἔχειν ἢ κουφότητα", ἀλλ' εἶπεν ἄν· εἰ οὗ παρὰ 40
φύσιν τι μένει ἢ φέρεται καὶ τὰ ἑξῆς, ἀνάγκη μὴ πάντα βάρος ἔχειν ἢ
κουφότητα. νῦν δὲ καὶ ἐκ ταύτης τῆς ἐπιχειρήσεως δείξας, ὅτι κινήσεως
οὔσης καὶ μονῆς, τῆς μὲν κατὰ φύσιν, τῆς δὲ παρὰ φύσιν, καὶ τόπον
ἀνάγκη εἶναι τὸν μὲν οἰκεῖον, τὸν δὲ ἀλλότριον, ὡς πόρισμα λοιπὸν καὶ
ἀκόλουθον τοῖς εἰρημένοις ἐπήγαγεν τὸ "ἀνάγκη δὴ μὴ πάντα ἢ βάρος 45
ἔχειν ἢ κουφότητα, ἀλλὰ τὰ μέν, τὰ δὲ μή". εἰ γὰρ τὸ παρὰ φύσιν καὶ
κατὰ φύσιν τοῖς τόποις ὥρισται, καὶ εἰ | τὸ ἄλλου παρὰ φύσιν ἄλλου 111ᵃ
κατὰ φύσιν ἐστίν, ἀνάγκη μὴ πάντα βαρέα ἢ πάντα κοῦφα εἶναι· εἰ γὰρ
μία ἡ ῥοπὴ ἦν, οὐκ ἂν τὰ μὲν παρὰ φύσιν ἐκινεῖτο, τὰ δὲ κατὰ φύσιν·
εἷς γὰρ ἂν ἦν καὶ ὁ τόπος· οὐδὲ τὸ ἄλλου οὖν παρὰ φύσιν ἄλλου κατὰ
φύσιν ἦν. 5

Ταῦτα δὴ τὰ ἐπιχειρήματα τὸ μὲν ἀτόμους ὁμοίας τὴν φύσιν ἐν
ἀπείρῳ τῷ κενῷ φερομένας εἶναι τὰ πρῶτα στοιχεῖα, ὡς ἐδόκει Λευ-

---

2 παρὰ Ab: εἴη παρὰ D   6 τε D: om. A   7 τῷδε Ab: τῷ D   ἀνάγκη] hinc rursus incip. E   8 δὲ (pr.)] corr. ex δὴ E   εἰ] εἰ E: ἢ E²   9 ἐπήγεν DE   11 οὗπερ] εἴπερ E   13 κατὰ Ab: παρὰ DE   δῆλον] δηλονότι A   15 ἔδει-ξεν E   τοῦ τὴν] τὴν τοῦ A   16 καὶ παρὰ φύσιν] mg. E¹   17 τὸν A: τὴν D: τὸ E   19 οὐ γὰρ b: οὐκ ADE   22 μὴ D: om. AEb   25 τῆς (pr.)] τῇ A   26 καὶ A: καὶ ὡς DE: ut b   27 ἐπήγαγε DE   ἢ om. A   29 εἰ ADEb: om. C   τὸ] τοῦ E   30 ἐστιν om. D: ἦ C   πάντα (alt.) om. Cb   31 μία ἡ] ἡ μία E   32 ἂν om. E   τὸ] τοῦ A   34 δὴ] δὲ E

SIMPLICII IN L. DE CAELO I 7 [Arist. p. 275b29]   245

κίππῳ καὶ Δημοκρίτῳ, ἀναιρεῖ γενναίως. εἰ γάρ ἐστι κίνησις ἡ μὲν παρὰ 111ᵃ
φύσιν, ἡ δὲ κατὰ φύσιν, καὶ ὡρισμένοι εἰσὶν οἱ τόποι, ἐφ' οὓς αἱ κινήσεις,
καὶ οὐκ ἐν ἀπείρῳ τῷ κενῷ ἡ φορά, καὶ τὰ φερόμενα τῇ φύσει διενήνοχεν 10
ἀλλήλων, ἀλλ' οὐ σχήμασι μόνον καὶ μεγέθεσι. τὸ μέντοι μὴ συνεχὲς
5 μέν, ἄπειρον δὲ κατὰ πλῆθος εἶναι τὸ σῶμα τοῦ παντὸς οὐ δοκεῖ ἀναιρεῖν
ὁ λόγος· πῶς οὖν ἐκ τούτων φανερὸν εἶναί φησιν, ὅτι οὐκ ἄπειρον τὸ
σῶμα τοῦ παντός; ταύτην δὴ τὴν ἔνστασιν ἐννοήσας ὁ Ἀλέξανδρος "ὅτι 15
δέ" φησίν "μή ἐστιν οἷόν τε ἀπείρους ἀτόμους εἶναι, ἔστι δεικνύναι προσ-
χρωμένους τοῖς πρὸ ὀλίγου εἰρημένοις ὑπ' αὐτοῦ· εἶπεν γάρ, ὅτι, εἰ καὶ
10 διεσπασμένα ἐστίν, οὐδὲν ἧττον ἐνδέχοιτο ἂν τὸ ἐξ ἁπάντων πῦρ ἄπειρον
εἶναι. τὸ γὰρ αὐτὸ καὶ ἐπὶ τῶν ἀτόμων ἐροῦμεν· ὥστε, εἰ πάντῃ τὸ ἐκ 20
τῆς τῶν ἀτόμων συνθέσεως διέστηκεν ἐπ' ἄπειρον ἓν σῶμα, οὐκέτι κενὸν
ἔσται· εἰ γὰρ τρίγωνα σώματα ἄπειρα, τὸ ἐκ τούτων συντεθέντων ἄπειρον
τοῖς ἐκ τῶν ἄλλων σχημάτων σώμασιν οὐ δώσει χώραν. ἀλλὰ δυνατὸν
15 μὲν ἦν προδείξαντα, ὅτι οὐκ ἔστι μεγέθει ἄπειρον τὸ πᾶν, δεικνύναι, ὅτι 25
οὐδὲ πλήθει ἄπειρόν ἐστιν, διότι τὸ ἐξ ἀπείρων συγκείμενον ἀνάγκη ἄπει-
ρον εἶναι. οὐ μέντοι πρὸς τοῦτο φαίνεται νῦν ἀντιλέγων ὁ Ἀριστοτέλης τὸ
ἀπείρους τῷ πλήθει εἶναι τὰς ἀτόμους, οὐδὲ πρὸς τοῦτο συνῆκται τὰ συμ-
περάσματα, ἀλλὰ τὰ μὲν πρὸς τὸ ἄπειρον κενόν, τὰ δὲ πρὸς τὸ ὁμοφυεῖς 30
20 ὑποτίθεσθαι αὐτοὺς τὰς ἀτόμους. μήποτε οὖν ἐν μὲν ταῖς πραγματικαῖς
ἀποδείξεσι προλαβών, ὅτι τὸ μὲν ἐκ πεπερασμένων τῷ πλήθει μεγεθῶν
μέγεθος καὶ αὐτὸ πεπερασμένον ἐστί, τὸ δὲ ἐξ ἀπείρων ἄπειρον, δείξας,
ὅτι πεπερασμένον ἐστὶν τῷ μεγέθει τὸ πᾶν, ἔχει δεδειγμένον, ὅτι οὐκ ἔστιν 35
ἐξ ἀπείρων τῷ πλήθει· ἐνταῦθα δὲ λογικώτερον ὑπαντήσας πρὸς τοὺς συν-
25 εχὲς μὲν ἄπειρον δὲ τὸ πᾶν λέγοντας μετῆλθεν ἐπὶ τοὺς διωρισμένον τῷ
κενῷ λέγοντας τὸ πᾶν ὡς ἐξ ἀτόμων ὁμοφυῶν ἐν τῷ κενῷ φερομένων
συνεστηκός, καὶ κοινότερον ὑπαντῶν αὐτὸ τοῦτο ἀναιρεῖ τὸ ἐκ τοιούτων 40
συνεστάναι, εἴτε ἄπειροι τὸ πλῆθος εἶεν εἴτε πεπερασμέναι. δῆλον γάρ,
ὅτι τὰ συναγόμενα συμπεράσματα, κἂν ἄπειροι τὸ πλῆθος αἱ ἄτομοι λέ-
30 γοιντο, συνάγονται. εἰκότως οὖν ἐν μὲν τῇ ὑποθέσει ἀπειρίας οὐκ ἐμνήσθη
εἰπών· εἰ δὲ μὴ συνεχὲς τὸ πᾶν, ἀλλ', ὥσπερ λέγει Δημόκριτος 45
καὶ Λεύκιππος, διωρισμένον τῷ κενῷ· περιέχεται γὰρ ἐν τῷ "διω-
ρισμένῳ" τό τε ἄπειρον τῷ πλήθει | καὶ τὸ πεπερασμένον· ἐν δὲ τῷ 111ᵇ
συμπεράσματι "ὅτι μὲν οὖν" φησίν "οὐκ ἔστι τὸ σῶμα τοῦ παντὸς ἄπει-

---

1 ἐστιν E   παρὰ AEb: κατὰ CD   2 κατὰ AEb: παρὰ CD   4 ἀλλ' οὐ
om. D   σχῆμα A   5 κατά] κατὰ τὸ A   6 ἐκ Ab: καὶ ἐκ DE
τούτου D   8 ἐστιν E: ἐστι A: om. D   9 ὑπ'] περὶ D   εἶπε DE
ὅτι κτλ.] 274b18   10 ἐστί A   ἐνδέχοιτ' D   τὸ om. E   15 ἦν
μὲν E   16 πλήθει DEb: πλῆθος A   ἐστι DE   τὸ—εἶναι (17) A: ἀνάγκη εἶναι
D: οὐδὲ ἀνάγκη εἶναι E: necesse est magnitudine esse b   17 τὸ om. E   18 ἀπεί-
ρους om. E   20 τάς] τε A   22 αὐτό] seq. ras. 3 litt. E   ἀπείρων ἄπειρον
A(b): ἄπειρον E: ἀπείρου D   23 ἐστὶ DE   ἔστι A   24 δὲ om. E   τοὺς]
τὸ E   25 μετῆλθε A   29 ἄπειρα DE   32 διωρισμένα Arist. codd. plerique
τῷ (prius)] τὸ E

ρον, ἐκ τούτων φανερόν"· συναπεδείχθη γὰρ καί, ὅτι οὐδὲ ὡς διωρισμένον 111ᵇ
ἄπειρόν ἐστιν, ὡς Δημόκριτος καὶ Λεύκιππος ἔλεγον, εἴπερ ἀδύνατον τὸ 5
οὕτως διωρισμένον ἐδείχθη, κἄν τε ἐξ ἀπείρων ᾖ τῷ πλήθει κἄν τε ἐκ
πεπερασμένων.

5 p. 276ᵃ18 Διότι δὲ οὐδὲ πλείους τοὺς οὐρανοὺς οἷόν τε εἶναι ἕως
              τοῦ εἰρῆσθαι τὸν λόγον.   10

    Μετὰ τὸ δεῖξαι, ὅτι οὐκ ἔστιν ἄπειρον τῷ μεγέθει σῶμα, ἐκ τοῦ μήτε
τὸν οὐρανὸν ἄπειρον εἶναι μήτε τὰ ὑπὸ σελήνην στοιχεῖα ἐφεξῆς ὥρμησε
ζητεῖν, κἂν εἰ μὴ ἄπειρόν ἐστι τὸ σῶμα τὸ πᾶν, μήποτε τοσοῦτόν ἐστιν,
10 ὡς δυνατὸν καὶ πλείονας εἶναι κόσμους ἐξ αὐτοῦ· ἀλλ' ὑπερθέμενος τότε 15
τοῦτο τὸ πρόβλημα καθόλου πρῶτον συνεῖδε ζητεῖν, εἰ ἔστι σῶμα φυσικὸν
ἄπειρον, οὐκέτι ἐπὶ οὐρανοῦ καὶ τῶν ὑπὸ σελήνην ζητῶν, ἀλλὰ κοινότερον,
εἰ ἔστιν ὅλως σῶμα ἄπειρον, ὡς καὶ ἐν τῷ τρίτῳ τῆς Φυσικῆς ἀκροάσεως
ζητεῖ. καὶ δείξας, ὅτι οὐκ ἔστι, προσαπέδειξεν, ὅτι ἔξω τοῦ οὐρανοῦ οὐκ 20
15 ἔστι σῶμα οὔτε ἄπειρον οὔτε πεπερασμένον οὔτε νοητὸν οὔτε αἰσθητόν.
καὶ τότε λογικωτέραις ἐφόδοις ἐχρήσατο δεικνὺς πάλιν, ὅτι οὐδὲ κυκλοφο-
ρητικὸν σῶμα ἄπειρόν ἐστιν οὐδὲ τῶν ἐπ' εὐθείας τι φερομένων· καὶ
συμπερανάμενος, ὅτι οὐκ ἔστι τὸ σῶμα τοῦ παντὸς ἄπειρον, προχειρίζεται 25
λοιπὸν τὴν ἀναβληθεῖσαν ζήτησιν, μήποτε, κἂν μὴ ἄπειρος ὁ οὐρανὸς
20 οὗτος ἤτοι ὁ κόσμος κατὰ τὸν οὐρανὸν μηδὲ ἔστιν ὅλως ἄπειρον σῶμα,
ἀλλὰ τοσοῦτόν γε ἔστιν, ὡς εἶναι πλείονας κόσμους. τοῦτο δὲ ταὐτόν ἐστι
τῷ πότερον εἰς μονογενής ἐστιν ὅδε οὐρανὸς ἢ κόσμος ἢ πλείονας εἶναι 30
δυνατόν· οὐρανοὺς δὲ καὶ νῦν καλεῖ τοὺς κόσμους τοὺς καὶ τὸ ὑπὸ σελή-
νην ἔχοντας. δῆλον δέ, ὅτι, εἰ μὲν καθόλου τις ἀποδεδεῖχθαι νομίζοι πρό-
25 τερον, ὅτι ἀδύνατον ὁτιοῦν σῶμα ἐκτὸς εἶναι τοῦδε τοῦ κόσμου, οὐκέτι ζη-
τήσει, εἴτε ἔστιν ἄλλος σωματικὸς κόσμος εἴτε μή· εἰ δὲ νομίζει τις ἐπὶ 35
μόνων τῶν ἀορίστως κειμένων εἰρῆσθαι τὸν λόγον ἐκεῖνον, εἰκότως ζητεῖ,
εἰ δυνατὸν καὶ ἄλλους εἶναι κόσμους. τὸ δὲ ἀορίστως κειμένων ὁ
Ἀλέξανδρος ἐπὶ τῶν ἀπείρων ἀκούει καὶ ἐξηγεῖται οὕτως· "εἰ γάρ τις"
30 φησί "μὴ ἡγῆται ἡμᾶς ἀποδεδειχέναι καθόλου, ὅτι οὐδὲν ἔστι σῶμα ἐκτὸς 40
τοῦδε τοῦ κόσμου τούτων, ἐξ ὧν ὁ κόσμος συνέστηκεν, ὃ δέδεικται καὶ
αὐτό, ἀλλὰ μόνον ἡμῖν ἡγεῖται τὸν λόγον γεγονέναι περὶ τοῦ μηδὲν ἄπει-
ρον εἶναι σῶμα· τὸ γὰρ ἄπειρον λέγει τὸ ἀορίστως κείμενον, ἐπεὶ μηδ-

---

1 οὐδὲ] om. DE   2 ἐστι E: corr. E²   3 ᾖ A: ἦεν DE   5 οὐδὲ] οὐ D
7 Hinc rursus scripturas variantes ex c enotavi   9 ἄπειρον] seq. ras. 4 litt. E
10 πλείους c   ἐξ] ἔξω c   13 τρίτῳ] cap. 4 sq.   16 οὔτε ac   17 οὔτε
ac   21 πλείους Ec   22 τῷ] τὸ E   ὅδε] ὁ D: ὅδε ὁ c   ὁ κόσμος c
πλεῖον E: πλείους E²c   23 καὶ τὸ Ab: κάτω DE: καὶ τὰ E²c: κάτω καὶ omisso
ἔχοντας C   24 νομίζει c   26 δὲ] δὲ μὴ DE: corr. E²   νομίζοι D   27 ζητήσει
Ec   31 ὃ] corr. ex ᾇ E²   32 ἡμῖν om. c   περὶ b: καὶ περὶ ADE

εἷς ἔστι τόπος ἀφωρισμένος τοῦ ἀπείρου τῷ καὶ αὐτὸ ἀόριστον εἶναι 111ᵇ
ἄπειρόν γε ὄν· δείξομεν ἐφεξῆς, ὅτι μηδὲν σῶμα ἐκτός ἐστιν τοῦδε τοῦ 16
κόσμου· οὗ | δειχθέντος ἕπεται τὸ μηδὲ κόσμους εἶναι δύνασθαι πλείους". 112ᵃ
μήποτε δὲ τὸ ἀορίστως κειμένων οὐ τὸ ἄπειρον σημαίνει· οὐ γὰρ ἂν
5 αὐτὸ πληθυντικῶς εἶπεν· οὐ γάρ ἐστι πολλὰ ἄπειρα· ἀλλὰ καὶ τὸ "εἴ τις
μὴ νομίζει καθόλου δεδεῖχθαι περὶ τῶν σωμάτων, ὅτι ἀδύνατον ἐκτὸς 5
εἶναι τοῦ κόσμου τοῦδε ὁτιοῦν αὐτῶν" οὐκ ἐπὶ τούτων οἶμαι λέγεσθαι, ἐξ
ὧν ὁ κόσμος συνέστηκεν· οὐ γὰρ ἦν τοῦτο καθόλου ὡς πρὸς μερικώτερα τὰ
ἀορίστως κείμενα ἀντιδιαιρεθέν· ἀλλὰ περὶ ἐκείνου, περὶ οὗ δείξει ἐφεξῆς,
10 ὅτι μηδὲν ὅλως σῶμα ἐκτός ἐστι τοῦδε τοῦ κόσμου, οὗ δειχθέντος, ὡς 10
καὶ ὁ Ἀλέξανδρος ὁμολογεῖ, ἕπεται τὸ μηδὲ κόσμους εἶναι δύνασθαι πλείους.
καὶ τὸ ἀορίστως δὲ κειμένων πρὸς ἀντιδιαστολὴν εἰρῆσθαι νομίζω τῶν
συντελούντων πρὸς τὴν τοῦ κόσμου διάθεσιν· εἰ γὰρ τὰ ἀορίστως κείμενα
μόνα ἐδείχθη μὴ ὄντα ἔξω τοῦ οὐρανοῦ, ἄδηλον, μήποτε τὰ συντελοῦντά 15
15 ἐστι καὶ διὰ τοῦτο καὶ ἄλλοι κόσμοι εἰσίν. εἰ οὖν μὴ νομίζει τις τὸ καθ-
όλου δεδεῖχθαι, νῦν χρὴ δεῖξαι, ὅτι οὐδὲν σῶμα ἐκτός ἐστι τοῦδε τοῦ
κόσμου. καὶ εἰκότως τοῦτο νῦν ἀποδείξεως νομίζει χρῄζειν· ἐν γὰρ τοῖς
προλαβοῦσιν, ὅτι μὲν ἄπειρον σῶμα οὐκ ἔστιν ἔξω τοῦ οὐρανοῦ οὐδέν, 20
ἔχει δεδειγμένον, εἴπερ δέδεικται καθόλου, ὅτι οὐκ ἔστιν σῶμα ἄπειρον·
20 ὅτι δὲ οὐδὲ πεπερασμένον σῶμα ἔστιν ἔξω τοῦ οὐρανοῦ, ὃ "μέχρι τινὸς"
ἐν ἐκείνοις ἐκάλεσεν, ὡς ὁμολογούμενον ἢ ὡς νῦν δειχθησόμενον ὑποθέ-
μενος ἐπήγαγε καθόλου "οὐδὲν ἄρα σῶμα τοῦ οὐρανοῦ ἔξω". ὁ δὲ Ἀλέ- 25
ξανδρος καὶ πρότερον ἔλεγε καὶ νῦν φησιν, ὅτι δυνατὸν μὴ ἐξ ὑποθέσεως
εἰρῆσθαι τὸ "ἀλλὰ μὴν οὐδὲ μέχρι τινός", ὃ ταὐτόν ἐστι τῷ οὐδὲ πεπε-
25 ρασμένον, εἴπερ δέδεικται, ὅτι πᾶν σῶμα αἰσθητὸν ἢ ἄνω ἢ κάτω ἐστὶν
ἢ πέριξ· τοῦτο δὲ καὶ ἀπὸ τῶν ἁπλῶν κινήσεων δέδεικται, καί ἐστι τὸ 30
μὲν ἄνω καὶ κάτω ἐντὸς τοῦ οὐρανοῦ, τὰ δὲ πέριξ αὐτὸς ὁ οὐρανός.

p. 276 ᵃ 22 "Ἅπαντα γὰρ καὶ μένει καὶ κινεῖται ἕως τοῦ ἔτι, εἰ βίᾳ
ἥδε ἡ φορά, ἡ ἐναντία κατὰ φύσιν. 35

30 Δύο ἀξιώματα τῶν δειχθησομένων προλαμβάνει ὡς ἐναργῆ, ἓν μέν,
ὅτι πάντα τὰ φυσικὰ σώματα καὶ μένει καὶ κινεῖται καὶ κατὰ φύσιν καὶ
βίᾳ, καὶ ἐν ᾧ μένει κατὰ φύσιν, εἰς τοῦτο καὶ φέρεται κατὰ φύσιν, καὶ
τὸ ἀνάπαλιν, εἰς ὃ φέρεται κατὰ φύσιν, ἐν τούτῳ καὶ μένει κατὰ φύσιν, 40
καὶ αὖ πάλιν, ἐν ᾧ μένει βίᾳ, καὶ φέρεται βίᾳ εἰς τοῦτο, καὶ εἰς ὃ φέρε-
35 ται βίᾳ, καὶ μένει ἐν τούτῳ βίᾳ. τὸ δὲ ἅπαντα γὰρ καὶ μένει καὶ

---

1 ἀόριστον εἶναι om. E 2 ἔστι Dc 4 κειμένων οὐ τὸ] corr. ex κείμενον
αὐτὸ E² 5 πληθυντικῶς] comp. obscuro D 6 μὴ add. E² νομίζοι D:
νομίζῃ E: corr. E² δεδεῖχθαι DE²ʰ: δεδεῖχέναι A: δέδειχεν αἱ E 10 μηδὲ A
14 μόνα Ab: om. DEc 16 ἔστιν E 18 προληφθεῖσιν c 19 ἔστι DEc
21 ὡς (prius)] supraser. E² 22 ἐπήγαγε] 275ᵇ9 οὐδὲ A 27 ἐκτὸς A
35 καὶ (pr.) om. c

κινεῖται καὶ κατὰ φύσιν καὶ βίᾳ δύναται, φησὶν ὁ Ἀλέξανδρος, ὡς 112a
ἐπὶ τῶν μένειν πεφυκότων λέγεσθαι πάντων· τὰ γὰρ μένειν πεφυκότα 45
καὶ μένει καὶ κινεῖται καὶ παρὰ φύσιν καὶ βίᾳ· τοιαῦτα δὲ τὰ ὑπὸ |
σελήνην· τὸ γὰρ κύκλῳ κινούμενον οὔτε κινηθῆναι δύναται παρὰ φύσιν 112b
5 οὔτε μεῖναι· καὶ ὅλως τὰς ἐκ τούτων τῶν ἀξιωμάτων ἀποδείξεις περὶ τῶν
ὑπὸ σελήνην ποιεῖται σωμάτων, ὡς μαθησόμεθα. εἰ δὲ βιάζεταί τις τὸ
ἅπαντα γὰρ καὶ μένει καὶ κινεῖται καθολικῶς ἀκούειν, δύναται, οἶμαι,· 5
λέγεσθαι, ὅτι καὶ ἡ μονὴ τῶν μενόντων καὶ ἡ κίνησις τῶν κινουμένων ἡ
μέν ἐστι παρὰ φύσιν, ἡ δὲ κατὰ φύσιν, τὰ δὲ καὶ μονὴν ἔχοντα καὶ κί-
10 νησιν ἐν ἑκατέρῳ τὸ κατὰ φύσιν ἔχει καὶ παρὰ φύσιν. δεύτερον δὲ ἀξί-
ωμα εἰ βίᾳ ἥδε ἡ φορά, ἡ ἐναντία αὐτῇ κατὰ φύσιν· λέγει δέ, 10
ὅτι ἡ ἐναντία τῇ παρὰ φύσιν τινὸς κινήσει κατὰ φύσιν αὐτῷ ἐστιν. ὑπο-
θέμενος δὲ ὁ Ἀλέξανδρος πλείους δύνασθαι τοῦ ἑνὸς εἶναι παρὰ φύσιν κι-
νήσεις, διότι τὸ μὴ κατὰ φύσιν εὐθὺς παρὰ φύσιν ἐστίν· ἡ γὰρ βῶλος οὐ
15 μόνον ἐπὶ τὸ ἄνω κινεῖται παρὰ φύσιν, ἀλλὰ καὶ ἐπὶ τὰ πλάγια· τοῦτο 15
οὖν ὑποθέμενος τὸν μὲν Ἀριστοτέλους λόγον δοκεῖ σῴζειν· αἱ γὰρ πλείους,
φησί, παρὰ φύσιν κινήσεις οὐκ εἰσὶν ἐναντίαι, ἡ δὲ ἐναντία τῇ παρὰ φύ-
σιν εὐθὺς κατὰ φύσιν ἐστίν· ἀπορίας δὲ ἑαυτῷ πρὸς ταῦτα ἐπάγει· εἰ
γὰρ πλείους, φησίν, αἱ παρὰ φύσιν, ἑκάστη δὲ αὐτῶν ἐστιν ἐναντία τις, 20
20 καὶ ἡ ἐναντία τῇ παρὰ φύσιν κατὰ φύσιν, πλείους ἔσονται αἱ κατὰ φύσιν
κινήσεις ἑκάστου σώματος τῶν ἁπλῶν· ὅπερ ἄτοπον· μία γὰρ ἑνὸς δέ-
δεικται. εἰ δὲ μίαν τις λέγοι ταῖς παρὰ φύσιν εἶναι τὴν ἐναντίαν οὔσαις
πλείοσιν, οὐκέτι ἓν ἑνὶ ἐναντίον· ὅπερ καὶ τοῦτο ἄτοπον. καὶ λύει λέγων, 25
ὅτι δέδεικται ἐν τοῖς πρώτοις, ὅτι πᾶν τὸ μὴ κατὰ φύσιν κινούμενον παρὰ
25 φύσιν τε καὶ τὴν ἐναντίαν κινεῖται, ἐπεὶ καὶ τὸ μεταβάλλον πᾶν εἰς τὸ
ἐναντίον μεταβάλλει· καὶ γὰρ τὸ μεταξὺ ἐναντίον πως· ὥστε τῇ παρὰ φύ-
σιν τινὸς κινήσει ἐναντία ἡ κατὰ φύσιν. ἔοικε δὲ τοῦτο λέγειν διὰ τούτων 30
ὁ Ἀλέξανδρος, ὅτι ἐπὶ τῶν ἁπλῶν φυσικῶν κινήσεων ὥσπερ μία ἑνὸς ἡ
κατὰ φύσιν, οὕτως καὶ μία ἡ παρὰ φύσιν ἐναντία τῇ κατὰ φύσιν, αἱ δὲ
30 ἄλλαι πᾶσαι μικταὶ καὶ οὔτε παρὰ φύσιν ἁπλῶς λέγοιντο ἂν οὔτε κατὰ
φύσιν· καὶ εἰ λέγοιτο τὸ μὴ κατὰ φύσιν εὐθὺς παρὰ φύσιν εἶναι, οὐχ ὡς 35
τὸ ἐναντίον τῷ κατὰ φύσιν λέγεται παρὰ φύσιν, ἀλλ' ὡς παρὰ τὸ κατὰ
φύσιν ὑπάρχον.

---

1 κατά] παρὰ D   δύναται—βίᾳ (3) om. D   2 μένειν πεφυκότων] μὲν ἐνπεφυκό-
των E: μὲν ἐμπεφυκότων E²   γάρ] δὲ c   4 δύναται] corr. ex δυνατὸν E
5 ἀποδείξεις] suprascr. E²   6 μαθησόμενα A, sed corr. m. rec.   7 οἶμαι E: ὡς οἶμαι
E²c   10 τό] corr. ex τῷ E²   ἔχει τὸ κατὰ φύσιν ἐκεῖνο c   ἔχει Ab:
ἐχεῖ DE   11 ἥδε] corr. ex δὲ E¹   ἐναντία αἰτία DE: corr. E²
αὐτῇ] αὕτη DE: corr. E²   15 ἐπί (prius) A: εἴ τι E: εἰς DE²c   23 τοῦτο]
αὐτὸ Dc: om. b   24 ἐν τοῖς πρώτοις] Phys. I 5   26 γάρ om. A   28 ὁ
om. A   30 λέγοιντο b: λέγοιτο ADE?,c

p. 276ᵃ27 Ἐπὶ δὴ τὸ μέσον τὸ ἐνταῦθα ἕως τοῦ μία γὰρ ἡ κατὰ 112ᵇ
φύσιν.

Χρώμενος τοῖς προληφθεῖσι τοιοῦτόν τι κατὰ τὸν Ἀλέξανδρον ἐπάγει·
"ἡ γὰρ γῆ ἔξω τοῦδε τοῦ κόσμου οὖσα, εἰ μὲν ἐπὶ τὸ μέσον τοῦδε τοῦ
5 κόσμου φέρεται βίᾳ καὶ παρὰ φύσιν, ἐντεῦθεν ἐκεῖ κινηθήσεται κατὰ φύ-
σιν· κεῖται γὰρ τὴν ἐναντίαν τῆς παρὰ φύσιν κατὰ φύσιν εἶναι, ἐναντία δὲ
ἡ ἀπὸ τοῦ μέσου τοῦ κόσμου τοῦδε τῇ ἐπὶ τὸ μέσον· οὕτως δὲ εἴη ἂν
αὐτῇ ἡ ἄνω κατὰ φύσιν· ἄνω γὰρ ἀπὸ τοῦ μέ|σου. ἀλλὰ καὶ εἰ μένει 113ᵃ
ἡ ἔξω τοῦδε τοῦ κόσμου γῆ ἐν τῷ τοῦδε τοῦ κόσμου μέσῳ κατὰ φύσιν
10 καὶ μὴ βίᾳ, καὶ ὀλισθήσεται ἐπὶ τὸ μέσον τοῦτο κατὰ φύσιν· κεῖται γὰρ
καὶ τοῦτο, ἐν ᾧ τι μένει μὴ βίᾳ, ἐπὶ τοῦτο καὶ φέρεσθαι. ταῦτα θείς,
φησί, προσέθηκε τὸ μία δὲ ἡ κατὰ φύσιν ἐνδεικνύμενος, ὅτι, εἰ ἐπὶ
τοῦτο κατὰ φύσιν φέρεται, ἐπ᾽ οὐδὲν ἄλλο κατὰ φύσιν κινηθήσεται. ταῦτα
θείς, φησί, προσλαμβάνει τούτοις τὸ δεῖν, εἰ πλείους εἶεν κόσμοι, ἐξ ὁμο-
15 ειδῶν αὐτοὺς σωμάτων ἀλλήλοις εἶναι."

Ταῦτα ὁ Ἀλέξανδρος αὐτοῖς ῥήμασιν ἔγραψε τὴν λέξιν ἐξηγούμενος
ταύτην. καί μοι δοκεῖ δύο νομίζειν ἄτοπα ἐπάγεσθαι τῷ λόγῳ, ἓν μέν,
εἰ ἡ ἐκεῖθεν γῆ κατὰ φύσιν ἐντεῦθεν ἐκεῖ κινεῖται, τὴν ἐπὶ τὸ ἄνω κίνη-
σιν κατὰ φύσιν αὐτῇ εἶναι γῇ οὔσῃ, ἕτερον δέ, εἰ ἐπὶ τὸ κατὰ φύσιν φέ-
20 ρεται, ὅτι ἐπ᾽ οὐδὲν ἄλλο κατὰ φύσιν κινηθήσεται. μήποτε δὲ οὔτε τὸ
"μία ἡ κατὰ φύσιν" διὰ τοῦτο προσέθηκεν ὁ Ἀριστοτέλης· μία γὰρ ἡ ἐπὶ
τὸ μέσον, κἂν ἐπὶ τὸ τοῦδε τοῦ κόσμου μέσον κἂν ἐπ᾽ ἄλλου, ὁμοειδῶν
ὄντων καὶ συνεστηκότων ἐκ σωμάτων τὰς αὐτὰς δυνάμεις ἐχόντων, ὡς
αὐτὸς ἐρεῖ προελθών· οὔτε δὲ εἰς ἄτοπον, ὡς οἶμαι, τοῦτο ἀπάγει τὸν
25 λόγον τὸ τὴν ἐπὶ τὸ ἄνω κίνησιν κατὰ φύσιν ἔσεσθαι τῇ γῇ· τοῦτο γὰρ
ἐν τῷ ἑξῆς ἐπιχειρήματι ἐπάγει, ὅταν λέγῃ "τούτου γὰρ συμβαίνοντος
ἀνάγκη φέρεσθαι ἄνω μὲν τὴν γῆν ἐν τῷ οἰκείῳ κόσμῳ, τὸ δὲ πῦρ ἐπὶ
τὸ μέσον." ἀλλ᾽ εἴ τι χρὴ τῇ ἐμῇ μαντείᾳ προσέχειν τὸν νοῦν, ὑποθέ-
μενος ὁ Ἀριστοτέλης τοῦτο, ὅπερ ἐφεξῆς δείξει, τὸ εἰ πλείους εἰσὶ κόσμοι
30 ὁμοίους τε ἀλλήλοις εἶναι καὶ ἐκ τῶν αὐτῶν συνεστῶτας σωμάτων, εἰς
ἄτοπον ἀπάγει τὸν λόγον τὸ μὴ μίαν ἑκάστου τῶν ἁπλῶν κίνησιν ἔσεσθαι,
ἀλλὰ δύο· ἡ γὰρ ἐξ ἄλλου κόσμου γῆ ὁμοειδὴς οὖσα τῇ ἐνταῦθα καὶ τὴν

---

1 ἐπὶ δὴ DE²: ἐπειδὴ AE: ἐπὶ δὲ c   γὰρ ADE: δ᾽ c   3 τι] τὸ c   4 μὲν]
evan. A   5 κόσμου Ab: κόσμου οὖσα DE   7 τοῦ μέσου om. A   8 αὐτῇ]
αὕτη DE: corr. E²   10 μὴ] suprascr. E²   11 ἐν ᾧ τι μένει] ἐνατί μὲν εἰ corr. in
ἐναντίον μενεῖ E: gr. ἐν ᾧ μένει μὴ βίᾳ mg. E²   τι om. c   12 προέθηκε E,
sed corr.   εἰ ἐπὶ A: εἴ τι D: εἰ εἴη corr. in εἰ ἔστι E: εἰ εἰς E²c   14 φησί]
del. D   παραλαμβάνει Ec   15 ἀλλήλους D   17 καί μοι] καίχοι A
18 ἐκεῖθεν A: ibi b: om. DEc   19 φύσιν (alt.) Ab: φύσιν αὐτῇ εἶναι DE: φύσιν αὐτῇ
E²c   21 μία Ab: βία D et e corr. E   ἡ Ab: om. DEc   26 ἐπάγει Ab: om.
DE: ἐπιφέρει E²c   λέγει E: corr. E²   τούτου κτλ.] 276ᵇ14   31 ἐπάγει c
τῶν] τὴν τῶν D: τοῦ τῶν E

αὐτὴν ἔχουσα ῥοπήν, ὅπερ δείξει μετ' ὀλίγον, εἰ φέροιτο ἐπὶ τὸ τοῦδε τοῦ 113ᵃ
κόσμου μέσον, ἢ βίᾳ φέρεται καὶ παρὰ φύσιν· καὶ δῆλον, ὅτι ἐπὶ τὸ τοῦ
ἑτέρου κόσμου μέσον κατὰ φύσιν οἰσθήσεται· κεῖται γὰρ τὸ τὴν ἐναντίαν
τῇ παρὰ φύσιν κατὰ φύσιν εἶναι· ἔσονται οὖν ἐκείνῃ τῇ γῇ δύο κατὰ φύσιν 35
5 κινήσεις καὶ ἀλλήλαις ἐναντίαι ἥ τε ἀπὸ τοῦ μέσου τοῦδε καὶ ἡ ἐπὶ τὸ
μέσον ἐκείνου. εἰ δὲ μὴ κατὰ φύσιν ἐστὶ τῇ ἐκεῖθεν γῇ ἡ ἐκεῖ φορά,
ἀλλὰ τὸ μένειν ἐνταῦθα, τοῦτο κατὰ φύσιν ἐστὶν αὐτῇ· ᾧ γὰρ τὸ φέρε-
σθαι ἐντεῦθεν ἐκεῖ παρὰ φύσιν ἐστί, τούτῳ τὸ μένειν ἐνταῦθα κατὰ φύσιν 40
ἐστίν· ἐν ᾧ δὲ μένει τι κατὰ φύσιν, εἰς τοῦτο καὶ φέρεται κατὰ φύσιν·
10 καὶ τοῦτο γὰρ προηξίωται· πάλιν οὖν τὸ κατὰ φύσιν ἐνταῦθα φερόμενον
δύο κινήσεις ἔχει κατὰ φύσιν τήν τε ἀπὸ τοῦ μέσου καὶ τὴν ἐπὶ τὸ μέ-
σον τοῦ τε ἐκεῖ καὶ τοῦ ἐνταῦθα, ὅπερ ἄτοπον. ἀλλὰ τοῦτο μὲν παρ-
έλιπε, τὴν δὲ αἰτίαν ἐπήγαγε τοῦ ἀτόπου εἰπών "μία γὰρ ἡ κατὰ φύσιν", 45
ὡς δηλοῖ καὶ ὁ γάρ αἰτιολογικὸς σύνδεσμος. |

15 p. 276ᵃ30 Ἔτι ἀνάγκη πάντας ἐκ τῶν αὐτῶν ἕως τοῦ διὰ τὸ τοὺς 113ᵇ
κόσμους οὕτω κεῖσθαι πρὸς ἀλλήλους.   5

Ὁ μὲν Ἀλέξανδρος προσλαμβάνεσθαι ταῦτα τοῖς προειρημένοις φησὶ
καὶ προστίθεσθαι τὸ δεῖν, εἰ πλείους εἰσὶν οἱ κόσμοι, ἐκ τῶν αὐτῶν κατ'
εἶδος αὐτοὺς εἶναι σωμάτων. μήποτε δὲ ἄλλο τὸ ἐπιχείρημα τοῦτό ἐστιν,
20 ὡς δηλοῖ καὶ τὸ ἔτι προσκείμενον, καὶ εἰς ἄλλο ἄτοπον ἀπάγον τὸ ἄνω 10
μὲν τὴν γῆν φέρεσθαι, τὸ δὲ πῦρ ἐπὶ τὸ μέσον, ὅπερ ποιεῖ μηκέτι γῆν
εἶναι μηδὲ πῦρ. πρῶτον δὲ δείκνυσιν ἀκολουθοῦν τῷ πλείονας λέγοντι
κόσμους τὸ ἐκ τῶν αὐτῶν τῷ εἴδει σωμάτων εἶναι μόνῳ τῷ ἀριθμῷ δια-
φερόντων, πυρὸς καὶ γῆς καὶ τῶν μεταξὺ τὰς αὐτὰς δυνάμεις ἐχόντων, 15
25 θερμότητα μὲν καὶ κουφότητα ἔχοντος τοῦ πανταχοῦ πυρός, ψῦξιν δὲ καὶ
βαρύτητα τῆς γῆς. δείκνυσι δὲ αὐτὸ οὕτως· οἱ πλείους λέγοντες κόσμους
ὁμοίους αὐτοὺς εἶναι λέγουσιν ἀλλήλοις, ὡς τῷ εἴδει μὲν τοὺς αὐτοὺς
ὄντας, ἀριθμῷ δὲ μόνῳ διαφέροντας· εἰ οὖν ὅμοιοι τὴν φύσιν, ἐκ τῶν 20
αὐτῶν εἰσι σωμάτων τῷ εἴδει τὴν αὐτὴν δύναμιν ἐχόντων, οἷον ἐκ πυρὸς
30 καὶ γῆς καὶ τῶν μεταξὺ καὶ τοῦ κυκλοφορητικοῦ σώματος· κόσμος γὰρ τὸ
ἐκ τούτων συνεστὼς νομίζεται. εἰ δὲ ὁμώνυμα τὰ ἐνθάδε τοῖς ἐν ἄλλῳ
κόσμῳ λέγει τις, ἀλλὰ μὴ συνώνυμα καὶ τοῦ αὐτοῦ εἴδους, ἀνάγκη καὶ τὰ 25

---

1 ἔχουσαν A   5 ἥ] corr. ex εἰ E²   6 ἐκεῖνο DE: corr. E²   ἐστὶν E, sed ν
eras.   ἐντεῦθεν c   7 τοῦτο om. b   τοῦτο—ἐνταῦθα (8) om. A   αὐτῇ]
corr. ex αὐτῃ E²   8 ἐστί] seq. ras. 1 litt. E   10 ἐνταῦθα] ἐντεῦθεν c
14 ὁ γάρ] γάρ ὁ A   15 ἔτι δ' c   15. 16 πάντας τοὺς κόσμους Ec   15 τοὺς]
corr. ex τοῦ A   16 οὕτως E   κινεῖσθαι A   17 προλαμβάνεσθαι A
20 καὶ (pr.) AD: om. Ebc   ἄλλο om. c   ἀπάγων DE: corr. E²   21 γῆν (alt.)]
τὴν γῆν DE   22 τῷ] corr. ex τὸ A   26 τῆς add. E²   27 εἶναι om. D
28 τῶν] corr. ex τῶ A   31 συνεστός e corr. E   32 λέγοι E²c: comp. ambig. D:
dicat b

ἐξ αὐτῶν συνιστάμενα οὐκέτι ὁμοειδῆ εἶναι, ὡς ὑπετέθη, ἀλλ' ὁμωνύμως 113b
λέγεσθαι κόσμους. εἰ οὖν ὁμοειδεῖς ὑποτίθενται, καὶ τὰ ἐξ ὧν συνεστήκα-
σιν ὁμοειδῆ ἀνάγκη εἶναι· εἰ δὲ ὁμώνυμοι οἱ κόσμοι, περὶ τῆς ἑκάστου
φύσεως χρὴ διδάσκειν. ταῦτα οὖν δείξας, ἀκόλουθον ἐπάγει τῷ ὁμοειδῆ 30
5 τοῖς ἐνταῦθα εἶναι τὸ τὸ μὲν ἀπὸ τοῦ μέσου φέρεσθαι, τὸ δὲ ἐπὶ τὸ
μέσον καὶ ἐν ἐκείνοις τοῖς κόσμοις, εἴπερ πῦρ ἐστι καὶ ἐκεῖ καὶ γῆ, καὶ
πᾶν πῦρ ὁμοειδές ἐστι παντὶ πυρὶ καὶ τῶν ἄλλων ἕκαστον οὕτως, ὥσπερ
καὶ τὰ ἐν τούτῳ τῷ κόσμῳ μόρια τοῦ πυρὸς ὁμοειδῆ ἐστιν ἀλλήλοις καὶ 35
τὰ τῆς γῆς ὁμοίως καὶ τῶν ἄλλων. οὕτως μὲν ἐκ τοῦ ὁμοειδῆ εἶναι τὰ
10 ἐν τοῖς ἄλλοις κόσμοις τοῖς ἐν τῷδε ἔδειξεν, ὅτι τὸ μὲν ἀπὸ τοῦ μέσου
κινεῖται καὶ ἐν ἐκείνοις τὸ πῦρ, τὸ δὲ ἐπὶ τὸ μέσον ἡ γῆ. δείκνυσι δὲ τὸ
αὐτὸ καὶ ἀπὸ τῶν περὶ τὰς κινήσεις ὑποθέσεων τῶν ἐν ἀρχῇ τοῦ βιβλίου 40
προληφθεισῶν, ἃς ὑποθέσεις μὲν ὡς πρὸς τὰ ἀπ' αὐτῶν δεικνύμενα καλεῖ,
ἐπεὶ δέδεικταί γε ἐν ἐκείνοις, ὅτι ἀνάγκη πᾶσαν εἶναι τὴν ἁπλῆν φορὰν
15 τὴν μὲν ἀπὸ τοῦ μέσου, τὴν δὲ ἐπὶ τὸ μέσον, τὴν δὲ περὶ τὸ μέσον,
εἴπερ καὶ γραμμαί, καθ' ἃς ἡ κίνησις γίνεται, δύο εἰσὶν ἁπλαῖ ἥ τε εὐθεῖα 45
καὶ ἡ κύκλῳ. δέδεικται οὖν, ὅτι ὡρισμέναι εἰσὶν αἱ ἁπλαῖ κινήσεις· τοῦτο
γὰρ σημαίνει τὸ πεπερασμέναι· καὶ ὅτι δύο αἱ ἐπ' εὐθείας κινήσεις,
καὶ ὅτι τῶν στοιχείων | ἕκαστον κατ' αὐτὰς εἰδοποιεῖται. εἰ οὖν αὗται 114a
20 μόναι εἰσὶν ἁπλαῖ κινήσεις, οὐκ ἐνταῦθα μόνον, ἀλλά, κἂν πλείονες εἶεν
κόσμοι, καὶ ἐν τοῖς ἄλλοις, ταῖς δὲ κινήσεσιν ὁρίζεται τὰ στοιχεῖα, δῆλον,
ὅτι καὶ τὰ στοιχεῖα καὶ σώματα τὰ αὐτὰ ἂν εἴη πανταχοῦ. 5

Λέγει δὲ ὁ Ἀλέξανδρος, ὅτι δύναται τὸ αἵ τε γὰρ κινήσεις πεπε-
ρασμέναι μὴ μόνον λέγειν πεπερασμένας τὰς κινήσεις τῷ πλήθει, ἀλλὰ
25 καὶ τῷ ἑκάστην πέρας τι ἔχειν καὶ μὴ ἐπ' ἄπειρον γίνεσθαι· τὸ γὰρ
ἀδύνατον γενέσθαι οὐ γίνεται. ἐπιστῆσαι δὲ χρή, ὅτι πρῶτον μὲν οὐδὲν 10
ἂν εἴη πρὸς τὸ νῦν προκείμενον τὸ μὴ ἐπ' ἄπειρον γίνεσθαι, ἔπειτα οὐδὲ
ἀληθὲς ἐπὶ τῆς κυκλοφορίας· αὕτη γὰρ ἐπ' ἄπειρον μὲν πρόεισιν, ἀεὶ δὲ
οὐ μόνον γίνεται, ἀλλὰ καὶ γέγονε.

30 Δείξας δέ, ὅτι ὁμοειδῆ ἀλλήλοις ἔσται τὰ ἐν πᾶσι τοῖς κόσμοις σώ-
ματα, κἂν πλείους εἶεν κόσμοι, ἐπάγει τὸ τούτῳ ἑπόμενον ἐξ ἀνάγκης· τοῦτο 15
δέ ἐστι τὸ πεφυκέναι φέρεσθαι καὶ ἐπὶ τὸ τοῦδε τοῦ κόσμου μέσον τὰ ἐν
τοῖς ἄλλοις κόσμοις τῆς γῆς μόρια καὶ τὰ ἐνταῦθα δηλονότι ἐπὶ τὰ τῶν
ἄλλων μέσα, ὁμοίως δὲ καὶ τὸ πανταχοῦ πῦρ πρὸς πᾶν τὸ ἔσχατον· τὰ
35 γὰρ ὁμοειδῆ σώματα πάντα ἐπὶ τὸ αὐτὸ φέρεται· ὅπου γὰρ μία βῶλος, 20
ἐκεῖ καὶ πᾶσα ἡ γῆ. ἔστι δὲ ὁμοειδῆ καὶ τὰ μέσα ἀλλήλοις καὶ τὰ ἔσχατα.

---

1 ὡς—εἶναι (3) om. D   3 τῆς om. D   5 τὸ (pr.)] corr. ex τῷ E²   6 ἐστιν
E: corr. E²   καὶ ἐκεῖ καὶ D et altero καὶ macula obscurato A: καὶ ἐκεῖ E: ἐκεῖ
καὶ E²bc   7 καὶ] τε καὶ A   8 τούτῳ om. D   12 τοῦ DEb: τοῦδε τοῦ Ac
15 δὲ (pr.)] corr. ex δὴ A¹   ἐπὶ] ἐπὶ post ras. 3 litt. E   17 ἡ κύκλῳ AE²: ὁ κύκλος
CD: circularis seu circulus b   τοῦτο—κινήσεις (18) om. Ec   18 πεπερασμέναι]
276b9   19 καὶ om. A   20 ἀλλά, κἂν] ἀλλὰ καὶ E: ἀλλ' εἰ καὶ E²c   21 ταῖς
δὲ ταῖσδε ταῖς D   22 τὰ (pr.) om. A   σώματα] τὰ σώματα D   25 πέρα E:
corr. E²   27 γίγνεσθαι E   29 γίγνεται E   35 μία] in ras. E²: om. D

"δῆλον δέ, φησὶν Ἀλέξανδρος, ὅτι πεφύκοι ἂν ἡ πανταχοῦ γῆ καὶ τὸ παν- 114a
ταχοῦ πῦρ φέρεσθαι ἐνταῦθα, ἐκ τοῦ μένειν ἂν αὐτὰ ἐν τούτοις τοῖς τό-
ποις κατὰ φύσιν, εἴ τις ἀπέθετο· οὐ γὰρ δὴ ἐροῦσιν, ὅτι τεθέντα ἐν τού- 25
τοις οὐ μενεῖ, καὶ τῶν σωμάτων ὁμοειδῶν ὄντων καὶ τῶν τόπων· ὅπου
δὲ μένει τινὰ κατὰ φύσιν, ἐπὶ τοῦτο καὶ κινεῖται κατὰ φύσιν. εἰ οὖν τοῖς
πλείους λέγουσι κόσμους ἀκολουθεῖ τὸ πεφυκέναι φέρεσθαι καὶ ἐπὶ τοῦτο
τὸ μέσον τὴν ἐν ἄλλῳ κόσμῳ γῆν καὶ τὸ ἐν ἄλλῳ πῦρ ἐπὶ τοῦτο τὸ 30
ἔσχατον, τοῦτο δέ ἐστιν ἀδύνατον, ὡς δείξει, δῆλον, ὅτι ἀδύνατον εἴη καὶ
ἐκεῖνο, ᾧ τοῦτο ἠκολούθησεν. εἰ γὰρ οὕτως ἔχει τῶν κόσμων ἡ θέσις,
ὡς εἶναι αὐτῶν κατὰ τὰ ἔσχατα τὰς ἁφάς, εἰ μέλλοι ἡ ἀπὸ ἑτέρου γῆ
ἐπὶ τὸ τοῦδε τοῦ κόσμου μέσον φέρεσθαι, ἀνάγκη πρῶτον αὐτὴν ἐπὶ τὸ 35
πέριξ ἐκείνου καὶ τὸ ἄνω ἐνεχθεῖσαν οὕτως εἰς τοῦτον μεταβῆναι τὸν
κόσμον καὶ ἐπὶ τὸ μέσον αὐτοῦ κατενεχθῆναι καὶ τὸ ἐκεῖ πῦρ μετελθὸν
ἐκεῖθεν καὶ γενόμενον ἐν τῷ ἐσχάτῳ οὐρανῷ τοῦ τῇδε κόσμου ἀπ' αὐτοῦ
καταβαίνειν εἰς τὸ ὑπὸ σελήνην· τούτου δὲ συμβαίνοντος ἀνάγκη φέρεσθαι 40
ἄνω μὲν τὴν γῆν ἐν τῷ οἰκείῳ κόσμῳ, τὸ δὲ πῦρ ἐπὶ τὸ μέσον καὶ κάτω
ἐν τούτῳ τῷ κόσμῳ, ὁμοίως δὲ καὶ τὴν ἐντεῦθεν γῆν ἐκεῖ φερομένην
ἀπὸ τοῦ μέσου φέρεσθαι κατὰ φύσιν τοῦ ἐνταῦθα πρὸς τὸ ἐκεῖ μέσον,
ὅπερ ἀδύνατον, γῆν οὖσαν ἀπὸ τοῦ μέσου φέρεσθαι. συμβαίνει δὲ ταῦτα
οὕτως διὰ τὸ τοὺς πλείονας κόσμους, εἴπερ εἰσί, κατὰ τὰ ἔσχατα ἐφάπτε- 45
σθαι ἀλλήλων ἢ πλησιάζειν ἀλλήλοις." κἀγὼ | μὲν τὴν λέξιν ἐκείνην 114b
τὴν λέγουσαν τούτου γὰρ συμβαίνοντος ἀνάγκη φέρεσθαι ἄνω μὲν
τὴν γῆν ἐν τῷ οἰκείῳ κόσμῳ, κάτω δὲ τὸ πῦρ οὕτως ἐνόησα, ὡς
τῆς μὲν γῆς ἐν τῷ οἰκείῳ κόσμῳ ἄνω φερομένης, τοῦ δὲ πυρὸς κάτω ἐν
τῷδε τῷ κόσμῳ· ὁ δὲ Ἀλέξανδρος κατὰ κοινοῦ τὸ ἐν τῷ οἰκείῳ κόσμῳ 5
ἀκούσας λέγει, ὅτι καὶ τὸ πῦρ ἐπὶ τὸ μέσον τότε πρῶτον οἰσθήσεται τὸ
ἐν τῷ οἰκείῳ κόσμῳ, ἵνα ἐπὶ τὸ ἄνω ἐν τῷδε τῷ κόσμῳ κινηθῇ. "εἰ
γὰρ ὑποκείμενός τις, φησίν, εἴη κόσμος τῷδε τῷ κόσμῳ, οὗτος δὲ ὑπὲρ
αὐτὸν κείμενος, τὸ πῦρ τὸ καταντικρὺ τῆς ἁφῆς τῶν κόσμων ὂν ἐν 10
τῷ ἑτέρῳ κόσμῳ ἐπέκεινα τῆς ἐκεῖ γῆς, ἵνα ἐπὶ τοῦτο ἔλθῃ τὸ ἐν τῷδε
τῷ κόσμῳ ἄνω, δεήσει πρῶτον αὐτὸ κινηθῆναι τὴν τοῦ κόσμου τοῦ ἐν ᾧ
ἔστι διάμετρον κατὰ φύσιν, εἴ γε ἐπὶ τὸ ἐν τούτῳ ἄνω κινεῖται κατὰ φύσιν
ἐπ' εὐθείας· ἀλλὰ ταύτην κινούμενον καὶ ἐπὶ τὸ μέσον ἀναγκαίως ἀφίξε- 15
ται τὸ ἐν ἐκείνῳ τῷ κόσμῳ, ὅπερ ἐστὶ κάτω, ὥστε πρῶτον εἰς τὸ κάτω
κατὰ φύσιν κινηθήσεται· οὐ γὰρ δὴ τὸ μὲν ἁπτόμενον αὐτοῦ ἢ ἐγγὺς αὐ-
τοῦ ὂν πῦρ κινηθήσεται κατὰ φύσιν ἐπὶ τὸ τοῦδε ἄνω, τὸ δὲ ἐπέκεινα ὂν

---

2 ἂν addidi: om. ADEbc   6 καὶ om. D   9 ἔχοι C   10 τὰς ἁφάς] corr. ex
σφᾶς E²   μέλλοι] comp. ambig. D   15 τὸ] τὰ A   18 κατὰ — φέρεσθαι (19)
om. D   19 συμβαίνει] corr. ex συμφέρει E²   20 εἰσί] seq. ras. 1 litt. E
26 ἀκούσας om. E   τότε om. bc   τὸ (tert.)] corr. ex τῷ E²   28 εἴη] εἴη
ὁ Ec   30 τὸ] corr. ex τῷ E²   32 ἔστι] corr. ex ἔστιν E   33 καὶ om. D
34 τὸ (pr.)] corr. ex τῷ E²   34. 35 κάτω κατὰ φύσιν Ab: κατὰ φύσιν κάτω DEc
35. 36 αὐτοῦ AE²: αὐτῷ DE

SIMPLICII IN L. DE CAELO I 8 [Arist. p. 276ᵃ30]   253

οὐκέτι· πάντα γὰρ ἐπὶ τὸ αὐτὸ φέρεται κατὰ φύσιν." ταῦτα ὁ Ἀλέξαν- 114b
δρος ἠναγκάσθη λέγειν κατὰ κοινοῦ τὸ ἐν τῷ οἰκείῳ κόσμῳ ἀκούσας 21
ἐπί τε τῆς γῆς καὶ τοῦ πυρός, οὐκ ἀναγκαίως, ὡς οἶμαι. ἐθαύμασα δὲ
αὐτοῦ τὴν σφαιροποιίαν ὑποκείμενον ἄλλον τῷδε τῷ κόσμῳ λαβοῦσαν
5 κόσμον καὶ τοῦτον ὑπερκείμενον. τί γὰρ ἔσται τὸ ὁρίζον τὸ πρὸς ἀλλή- 25
λους ἄνω καὶ κάτω τῶν κόσμων; εἰ μὴ ἄρα τὸν μὲν ὑπὸ τοὺς πόδας τοὺς
ἡμετέρους κάτω λέγοιμεν, τὸν δὲ ὑπὲρ κεφαλὴν ἄνω· ἀλλὰ πρὸς τοὺς ἀν-
τίποδας ἡμῖν ἐναντίως ἕξει. τίς δὲ καὶ χρεία τοῦ ὑποκεῖσθαι καὶ ὑπερ-
κεῖσθαι; κἂν γὰρ ἐκ πλαγίου ἦν, τὰ αὐτὰ συνέβαινε. τοῦτο δὲ καλῶς 30
10 προστίθησιν ὁ Ἀλέξανδρος, ὅτι πρὸς τῷ ἕκαστον τὴν παρὰ φύσιν καὶ ἐναν-
τίαν κίνησιν κινεῖσθαι ἢ ὡς κατὰ φύσιν συμβαίνει καὶ τὸ τὰς ἐναντίας κι-
νήσεις ἅμα κατὰ φύσιν αὐτοῖς εἶναι τήν τε ἄνω καὶ τὴν κάτω, ὅπερ ἀδύ-
νατον· κεῖται γάρ, τῶν ἐναντίων εἰ ἡ ἑτέρα παρὰ φύσιν τινὶ σώματι, τὴν 35
ἑτέραν εἶναι κατὰ φύσιν αὐτῷ τούτῳ, καὶ ἔτι μίαν ἑκάστῳ τῶν ἁπλῶν
15 τὴν κατὰ φύσιν εἶναι κίνησιν. "διὰ τοῦτο δέ, φησὶν ὁ Ἀλέξανδρος, μετα-
πεσεῖται καὶ τὰ ἐν τῷδε τῷ κόσμῳ σώματα, εἴπερ καὶ τοῖς ἐνταῦθα κατὰ
φύσιν ἐστὶ τὰ ἐκεῖ μέσα καὶ ἔσχατα· πᾶσι γὰρ τοῖς κατ' εἶδος τοῖς αὐ- 40
τοῖς οἱ αὐτοὶ τόποι οἰκεῖοι." εἰ τοίνυν ὑποτεθέντος τοῦ πλείους εἶναι
κόσμους ἠκολούθησεν ἐξ ἀνάγκης τὸ τὰς ἐναντίας κινήσεις ἅμα κατὰ φύσιν
20 εἶναι τοῖς ἁπλοῖς σώμασι, τοῦτο δὲ ἀδύνατον, καὶ ἡ ὑπόθεσις ἀδύνατος ἂν
εἴη. εἰ γάρ τις λέγοι τὴν ἐξ ἄλλου κόσμου γῆν ἐπὶ τὸ ἐν τούτῳ μέσον 45
βίᾳ κινεῖσθαι καὶ μὴ κατὰ φύσιν, οὗτος ἐρεῖ τὴν ἐκ τοῦδε τοῦ κόσμου
κίνησιν | κατὰ φύσιν εἶναι τῇ αὐτῇ, καί ἐστιν αὕτη ἄνω ἡ ἀπὸ τοῦδε 115ᵃ
τοῦ μέσου.

25   Ἔστι δὲ ἡ ὅλη τοῦ λόγου συναγωγὴ τοιαύτη· εἰ πλείους οἱ κόσμοι
ὅμοιοι τὴν φύσιν ὄντες καὶ μὴ ὁμωνύμως κόσμοι λεγόμενοι, ἀνάγκη πάν-
τας ἐκ τῶν αὐτῶν κατ' εἶδος εἶναι σωμάτων ἀριθμῷ μόνῳ διαφερόντων· 5
εἰ δὲ τοῦτο, τὰς αὐτὰς ἔχουσι δυνάμεις τὰ σώματα καὶ τὰς αὐτὰς κατὰ
φύσιν κινήσεις, ὥστε πῦρ εἶναι ἐν ἐκείνοις καὶ γῆν καὶ τὰ μεταξὺ ὥσπερ
30 ἐνταῦθα· εἰ δὲ τοῦτο, δῆλον, ὅτι τὸ μὲν ἀπὸ τοῦ μέσου πέφυκε φέρεσθαι,
τὰ δὲ ἐπὶ τὸ μέσον· ὁμοειδῆ γάρ ἐστι τοῖς ἐνταῦθα, ὡς καὶ τῶν ἐνταῦθα 10
ἑκάστου τὰ μόρια ἀλλήλοις· καὶ μέντοι δύο μόναι κινήσεις ἁπλαῖ κατ' εὐ-
θεῖάν εἰσιν ἥ τε ἄνω καὶ ἡ κάτω, οὐ μόνον ἐν τούτῳ τῷ κόσμῳ, ἀλλὰ
καὶ ὅπου ἂν ᾖ φυσικὴ κίνησις· εἰ οὖν ταῦτα οὕτως, καὶ τῶν ὁμοειδῶν ἐν
35 ἑκάστῳ κόσμῳ τὰ μὲν ἀπὸ τοῦ μέσου φέρεται, τὰ δὲ ἐπὶ τὸ μέσον, ἔστι δὲ 15
καὶ τὰ μέσα καὶ τὰ ἔσχατα τὰ ἐν τοῖς κόσμοις ὁμοειδῆ καὶ οὐχ ὁμώνυμα,

---

3 ὡς om. Ec   7 ὑπὲρ] ὑπὲρ τὴν A   9 συνέβαινεν E: corr. E²   10 τῷ] corr.
ex τὸ E²   11 ἢ ὡς scripsi: ὡς ADEc: et eo qui b   12 κάτω Ab: κάτω ῥοπήν
DEc   15 τοῦτο] ταῦτα A   ὁ om. D   16 ἐν Ab: om. DEc   17 ἐστὶ]
corr. ex ἐστὶν E   21 λέγοι] comp. ambig. D   25 ἡ ὅλη DE: ὅλη A
τοῦ λόγου συναγωγὴ ACDb: συναγωγὴ τοῦ λόγου Ec   26 μὴ om. C   κόσμοι ACb:
κόσμοι δὲ DE   29 ἐν] καὶ ἐν A   30 ταῦτα CDb   31 ἐστι] seq. ras.
1 litt. E   35 ἐστι] seq. ras. 1 litt. E   36 οὐχ E, sed corr.

δῆλον, ὅτι πέφυκε φέρεσθαι καὶ ἐπὶ τόδε τὸ μέσον τὰ ἐν ἄλλῳ κόσμῳ 115ᵃ
τῆς γῆς μόρια καὶ πρὸς τόδε τὸ ἔσχατον τὸ ἐκεῖ πῦρ· εἰ δὲ τοῦτο, ἀνάγκη
τὴν μὲν γῆν ἀπὸ τοῦ μέσου φέρεσθαι ἄνω, τὸ δὲ πῦρ ἐπὶ τὸ μέσον καὶ 20
κάτω κατὰ φύσιν. εἰ οὖν ταῦτα ἀδύνατα, ἀδύνατος καὶ ἡ ἐξ ἀρχῆς ὑπό-
5 θεσις, ᾗ ταῦτα ἠκολούθησε, τὸ πλείονας εἶναι κόσμους.

p. 276ᵇ18   Ἢ γὰρ οὐ θετέον τὴν αὐτὴν εἶναι φύσιν ἕως τοῦ τού- 25
            του δὲ ὄντος ἀδύνατον εἶναι κόσμους πλείους ἑνός.

Δείξας τὰ ἑπόμενα ἄτοπα τοῖς πλείονας λέγουσι κόσμους ἐξ ὁμοφυῶν
τῶν ἐν αὐτοῖς ἁπλῶν σωμάτων συγκειμένους καὶ τὴν αὐτὴν ἐχόντων κί-
10 νησιν καὶ πλείονα τὰ μέσα καὶ τὰ ἔσχατα νῦν ἀποδείκνυσιν, ὅτι τοὺς ὁμο- 30
φυῆ τὰ ἁπλᾶ λέγοντας σώματα ἀνάγκη ἓν λέγειν εἶναι τὸ μέσον καὶ ἓν τὸ
ἔσχατον οὐ τῷ εἴδει, ἀλλὰ τῷ ἀριθμῷ· ἐπὶ γὰρ τὸ αὐτὸ τῷ ἀριθμῷ μέσον
καὶ ἔσχατον τοῖς βαρέσιν ἐστὶν ἡ φορὰ καὶ τοῖς κούφοις, ἵνα μὴ τὰ εἰρη-
μένα ἀδύνατα ἀκολουθήσῃ πλειόνων τῷ ἀριθμῷ τῶν μέσων καὶ τῶν ἐσχά- 35
15 των ὑποτεθέντων τὸ τὴν γῆν ἄνω φέρεσθαι καὶ τὸ πῦρ κάτω καὶ τὸ δύο
κινήσεις ἐναντίας ἕκαστον τῶν ἁπλῶν κατὰ φύσιν ἔχειν· οἷς ἀτόποις καὶ
αὐτοῖς οὖσιν ἔτι ἀτοπώτερον ἕπεται τὸ μηδὲ εἶναι μηκέτι τὰ ἁπλᾶ τοῦτο,
ὅπερ λέγεται εἶναι, οἷον τὴν γῆν μηκέτι γῆν εἶναι μηδὲ τὸ πῦρ ἔτι πῦρ. 40
εἰ γὰρ ἡ ἑκάστου οὐσία καὶ τὸ εἶναί ἐστιν ἐν τῇ τοιᾷδε κατὰ φύσιν κινή-
20 σει, ταύτης ὑπαλλαττομένης ἀνάγκη καὶ τὴν οὐσίαν αὐτῶν μεταπίπτειν. εἰ
οὖν ἓν τῷ ἀριθμῷ τὸ μέσον καὶ ἓν τὸ ἔσχατον, ἀδύνατον εἶναι κόσμους
πλείους ἑνός· ἕκαστον γὰρ κόσμον ἀνάγκη καὶ μέσον ἔχειν καὶ ἔσχατον· 45
ὥστε τοῖς λέγουσι τῶν ἁπλῶν σωμάτων τῶν ἐν πᾶσι τοῖς κόσμοις τὴν
αὐτὴν | δύναμιν εἶναι ἀκολουθεῖν τὸ ἓν λέγειν μέσον καὶ ἓν ἔσχατον, 115ᵇ
25 τούτῳ δὲ τὸ ἕνα κόσμον εἶναι καὶ μὴ πλείους ἑνός.

p. 276ᵇ21   Τὸ δὲ ἀξιοῦν ἄλλην εἶναι φύσιν ἕως τοῦ τὸ δὲ εἶδος
            τὸ αὐτό.   5

Ἔνστασίν τινα πρὸς τὰ εἰρημένα φέρεσθαι δυναμένην λύει τὴν λέγου-
σαν τὴν ἐν ἄλλῳ κόσμῳ γῆν μὴ φέρεσθαι κατὰ φύσιν ἐπὶ τοῦτο τὸ μέσον
30 διὰ τὴν πολλὴν ἀπόστασιν, εἰ δὲ τοῦτο, μηκέτι τὰ ἐπαχθέντα ἄτοπα τοῖς
πλείονας λέγουσι κόσμους ἀκολουθεῖν· οὔτε γὰρ ἡ γῆ ἐπὶ τὸ ἄνω οὔτε τὸ 10

---

3 ἄνω] evan. E   4 φύσιν ACE²b: φύσιν ἔσται DE   5 ταῦτ' D   6 θα-
τέον A   7 δ' Ec   ὄντος] ὄντος τοῦ ἀτόπου E: ὄντος ἀτόπου E²c   10 ὑπο-
δεικνύουσι A   11 εἶναι om. A   ἓν om. A   12 οὐ τῷ—ἔσχατον (13) om. E:
οὐκ εἴδει ἀλλ' ἀριθμῷ ὅπου E²c   ἐπὶ D: ἐπεὶ A   13 φορὰ] φοβερά A   καὶ τοῖς
om. E: καὶ E²   15 καὶ τὸ δύο scripsi: et b: τὸ δύο ADEc   17 μηκέτι — γῆν (18)
om. E: μηκέτι ἁπλᾶ̣ τὸ δ λέγονται εἶναι οἷον τὴν γῆν E²c   19 εἶ] ἡ A   23 τῶν
ἐν Ab: om. CDEc   24 ἀκολουθεῖ c   ἓν (alt.) om. Ec   25 τούτῳ AD:
τοῦτο CE: hec b   τὸ] corr. ex τὸν E²   26 δ' c   φύσιν εἶναι E   δ' c

πῦρ ἐπὶ τὸ κάτω οἰσθήσεται. τὸ τοίνυν τὰς ἀποστάσεις αἰτιᾶσθαι, φησί, 115ᵇ
τῆς τῶν οἰκείων δυνάμεων τοῖς σώμασιν ἀποβολῆς οὐκ ἔχει λόγον· οὐδὲ
γὰρ ἄλλη φύσις, τουτέστιν ἄλλη κίνησις ἡ κατὰ φύσιν, ἐγγίνεται τοῖς
ἁπλοῖς σώμασιν, ἐὰν πλέον ἢ ἔλαττον ἀποστῶσι τῶν οἰκείων τόπων. τί
γὰρ ἐν τῷδε τῷ κόσμῳ διαφέρει τὸ τοσονδὶ μῆκος ἀποσχεῖν ἢ τοσονδί; ἢ
τούτῳ μόνον διοίσει τῷ τὰ πόρρωθεν ἐπὶ τοὺς οἰκείους τόπους κινούμενα
ἀσθενέστερον ἄρχεσθαι τῆς κινήσεως καὶ κατὰ λόγον, ὅσῳ πλεῖον τὸ μῆ-
κος τῆς ἀποστάσεως, τοσούτῳ μᾶλλον ἀσθενέστερον· τὸ μέντοι εἶδος τῆς
κινήσεως, κἂν πλείων ᾖ κἂν ἐλάττων ἡ ἀπόστασις, τὸ αὐτὸ μένει. οὕτως
οὖν καὶ τὰ ἐν τοῖς ἄλλοις κόσμοις, εἴπερ ἦν, ἀσθενέστερον μὲν ἂν τῆς ἐπὶ
τὰ ἐνθάδε κινήσεως ἤρχοντο κατὰ λόγον τῆς ἀποστάσεως, οὐ μέντοι τὸ
εἶδος τῆς κατὰ φύσιν κινήσεως ὑπήλλαττον, τουτέστιν τῆς οὐσίας αὐτῶν·
ἄλογον γὰρ φθορᾶς καὶ γενέσεως αἰτιᾶσθαι τὸ μῆκος τῆς διαστάσεως. ἀλλ'
οὐδὲ τὸ μέσα εἶναί τινα ἀνομοειδῆ, οἷον τὸ ἐκεῖ καὶ τὸ ἐνταῦθα πῦρ με-
ταξὺ τῆς ἐκεῖ γῆς καὶ τοῦ ἐνταῦθα μέσου, αἴτιον ἔσται τοῦ τὴν κατὰ
φύσιν φορὰν ἀποβαλεῖν τὴν ἐκεῖ γῆν τὴν ἐπὶ τοῦτο τὸ μέσον· οὐδὲ γὰρ
ἐν τῷδε τῷ κόσμῳ, ἂν μέσον ὑπόθηταί τις πῦρ εἶναι γῆς τε ἄνω κατε-
χομένης καὶ τοῦ κάτω τόπου, κωλυθήσεται κατὰ φύσιν ἡ γῆ ἐκείνη ἐπὶ
τὸ μέσον φέρεσθαι. ἔτι, ὅπερ αὐτὸς πρότερον εἶπεν, εἰ ἡ ἐν ἐκείνῳ τῷ
κόσμῳ γῆ ἐν τῷ τούτου μέσῳ τεθεῖσα κατὰ φύσιν τὴν αὐτὴν ἠρεμήσει
— τί γὰρ τὸ ἐξιστῶν ἔσται; — δῆλον, ὡς καὶ κινήσεται κατὰ φύσιν ἐπὶ
τὸ ἐνταῦθα μέσον· κεῖται γάρ, ἐν ᾧ τι ἠρεμεῖ κατὰ φύσιν, ἐπὶ τοῦτο κι-
νεῖσθαι κατὰ φύσιν.

p. 276ᵇ 26 Ἀλλὰ μὴν ἀνάγκη γε εἶναί τινα κίνησιν αὐτῶν ἕως τοῦ
          ἀδύνατον τοῦτο κινεῖσθαι βίᾳ.

Ὅτι μὲν ἑκάστῳ τῶν ἁπλῶν σωμάτων ἔστι τις κατὰ φύσιν κίνησις,
δέδεικται μέν, οἶμαι, καὶ κατ' ἀρχάς, ὅταν τριῶν ἀποδειχθεισῶν τῶν κατὰ
φύσιν κινήσεων διὰ τὸ τρεῖς εἶναι τὰς ἁπλᾶς γραμμὰς ἡ μὲν κυκλικὴ τῷ
πέμπτῳ σώματι προσήκειν ἐδείχθη, αἱ δὲ ἐπ' εὐθείας δύο τοῖς ὑπὸ |
σελήνην, δειχθήσεται δὲ περὶ τούτων καὶ ἐν τῷ τρίτῳ τῆσδε τῆς πραγ- 116ᵃ
ματείας βιβλίῳ· καὶ νῦν δὲ αὐτὸ δείκνυσι χρήσιμον αὐτῷ πρός τε τὰ ἐφε-
ξῆς ὑπάρχον καὶ πρὸς τὰ ἤδη ῥηθέντα· ὡς γὰρ ἐπ' ἀξιώματι τούτῳ τὴν

---

3 ἐγγίγνεται E   4 τί] ἔτι E   4. 5 τί γάρ—ἀποσχεῖν bis D   5 τοσονδί] τοσόνδε CD
τοσονδί] τοσόνδε C   6 τούτῳ A: τοῦτο CDEc   τῷ AD: τὸ CEc   7 πλεῖον] corr. ex
πλείω A¹   9 πλείω^ν A   ᾖ] corr. ex ἢ E²   12 ὑπήλλαττον AC: ἀπήλλαττον
D: ὑπέλλαττον E: ἐπέλλαττον E²   τουτέστι DEc   14 ἀνομοιοειδῆ c   16 οὐ-
δὲν E   17 τε] τῆς D   18 κωλυθήσεται] ante θ ras. 1 litt. E   20 τούτου D
τιθεῖσα E   τὴν αὐτήν (eodem modo?) AEb: εἰς αὐτὴν D: τὴν αὐτῆς E²c   22 ἐν
DE: τὸ ἐν A(b)   τοῦτο] corr. ex τοῦ E²   24 γ' c   26 μὲν] μὲν οὖν E²c
27 οἶμαι] εἶναι E: ὡς οἶμαι E²c   29 προσήκειν ἐδείχθη σώματι D   30 τρίτῳ]
cap. 4   32 ὑπάρχοντα E: corr. E²   ἤδη] corr. ex εἴδη A   ὡς] καὶ D

ἐν ἄλλῳ κόσμῳ γῆν καὶ τὸ ἐκεῖ πῦρ ἐπὶ τόδε τὸ μέσον καὶ τόδε τὸ
ἔσχατον φέρεσθαι κατὰ φύσιν ἠνάγκαζεν. ὁ δὲ Ἀλέξανδρός φησιν "εἰ μὴ
ἦν τις τοῖς σώμασι κίνησις κατὰ φύσιν, ἐδύνατο ἄλλα ὑπ᾽ ἄλλων κινού-
μενα ἐπ᾽ ἄλλα καὶ ἄλλα πλείους ποιεῖν κόσμους τῷ μὴ ἐπὶ τὰ αὐτὰ φέ-
ρεσθαι." μήποτε δὲ ἀτάκτως φερόμενα ἀκοσμίας μᾶλλον, ἀλλ᾽ οὐχὶ
κόσμους πλείονας ἐποίουν. ὅτι οὖν ἀνάγκη εἶναί τινα κίνησιν τῶν ἁπλῶν
σωμάτων κατὰ φύσιν (τοῦτο γὰρ προσυπακουστέον), δείκνυσι λαβὼν ὡς
ἐναργὲς τὸ κινεῖσθαι πάντα τὰ ἐν πᾶσι τοῖς κόσμοις ἁπλᾶ σώματα, καὶ ὅτι
τὰ ἐν τούτῳ τῷ κόσμῳ ὁρᾶται κινούμενα, ὅμοιοι δὲ ὑπόκεινται ἀλλήλοις
οἱ κόσμοι, καὶ ὅτι τὰ φυσικὰ σώματα τῶν μαθηματικῶν ἀκινήτων ὄντων τῷ
κινεῖσθαι μάλιστα διενήνοχεν. οὕτως ἐρωτᾷ δυνάμει τὸν λόγον· τὰ ἁπλᾶ
ἐν τοῖς κόσμοις σώματα, ἐπειδὴ κινεῖται, ἢ καὶ κατὰ φύσιν κινεῖται ἢ
μόνως βίᾳ καὶ παρὰ φύσιν; ἀλλ᾽ εἰ μὲν καὶ κατὰ φύσιν, ἔχομεν τὸ ζη-
τούμενον, ὅτι ἀνάγκη εἶναί τινα κίνησιν αὐτῶν κατὰ φύσιν· εἰ δὲ παρὰ
φύσιν, πάσας κινοῦνται καὶ τὰς ἐναντίας, οἷον τὴν ἀπὸ τοῦ μέσου καὶ ἐπὶ
τὸ μέσον.

Πρόχειρον μὲν ἦν, ὅτι ἀδύνατον τοῦτο, ἐκ τῶν κειμένων δεικνύναι·
κεῖται γάρ, ὅτι ἡ ἐναντία τῇ παρὰ φύσιν καὶ βιαίῳ φορᾷ κατὰ φύσιν
ἐστίν· ὁ δὲ τοῦτο μὲν οὐκ ἐπήνεγκε καὶ ὡς ἤδη ῥηθὲν καὶ ὡς λόγου δεό-
μενον, ἐκεῖνο δὲ ὡς προφανέστατον, ὅτι, ὃ μὴ πέφυκεν ὅλως κινεῖσθαι,
τοῦτο βίᾳ κινεῖσθαι ἀδύνατον· εἰ γὰρ μὴ πέφυκεν ὅλως κινεῖσθαι, οὐδ᾽
ἂν κινηθείη ὅλως· εἰ δὲ κινεῖται ὁπωσοῦν, δῆλον, ὅτι πέφυκε κινεῖσθαι·
τοῖς δὲ πεφυκόσι κινεῖσθαι ἔστι τις πάντως κίνησις κατὰ φύσιν, ἣν πεφύ-
κασι κινεῖσθαι. καὶ θαυμαστὸς ὁ λόγος· πᾶν γὰρ τὸ παρὰ φύσιν τῷ κατὰ
φύσιν παρυφίσταται, καὶ μὴ ὄντος τοῦ κατὰ φύσιν οὐδ᾽ ἂν τὸ παρὰ φύσιν
ὑφίσταιτο.

p. 276ᵇ29 Εἰ τοίνυν ἔστι τις κίνησις ἕως τοῦ διαφέρουσι γὰρ
οὐθὲν εἴδει ἀλλήλων.

Δείξας, ὅτι κατὰ φύσιν ἔστι τις κίνησις ἑκάστῳ τῶν ἁπλῶν, τούτῳ ἐξ
ἀνάγκης ἑπόμενον δείκνυσι τὸ τῶν ὁμοειδῶν πάντων καὶ τῶν καθ᾽
ἕκαστα πρὸς ἕνα ἀριθμῷ τόπον ὑπάρχειν τὴν κατὰ φύσιν κίνη-
σιν, οἷον πρὸς τόδε τι μέσον ἐν τῷδε τῷ κόσμῳ καὶ πρὸς τὸ ἐν
τούτῳ ἔσχατον ἢ τὰ ἐν ἄλλῳ κόσμῳ· εἰ γὰρ κατὰ φύσιν τὰ βαρέα πρὸς
τὸ μέσον φέρεται, ἢ πρὸς ἓν τῷ ἀριθμῷ μέσον πάντα οἰσθήσεται ἢ |

---

7 ὡς] δ᾽ D   8 ἐναργὲς] corr. ex ἐναρχ// A   πᾶσι] seq. ras. 1 litt. E
9 ὁρᾶτα E: corr. E²   ἀλλήλοις ὑπόκεινται Ec   10 μαθημάτων A   11 μάλιστα
E, sed corr.   ἐρωτᾷ] corr. ex ἔρρωται E   12 σώμασιν A   13 μόνον D
21 τοῦτο βίᾳ κινεῖσθαι ἀδύνατον AD: ἀδύνατον E: ἀδύνατον τοῦτο κινεῖσθαι βίᾳ E²c
24 θαυμαστὸς AC: θαύματος DE   τῷ] τῶν c   25 οὐδ᾽] οὐκ A   28 οὐθὲν
DE   29 τοῦτο E: corr. E²: om. c   32 τι] τὸ c   34 ἓν] τὸ ἓν A

πρὸς εἴδει μὲν ἓν μέσον, ἀριθμῷ δὲ διάφορα. εἴ τις οὖν τοῦτο λέγοι, ὅτι, 116b
ὥσπερ αὐτὰ τὰ βαρέα καὶ αὐτὰ τὰ κοῦφα εἴδει μὲν ἑκάτερον ἕν ἐστιν,
ἀριθμῷ δὲ πλείονα, οὕτως καὶ τὸ μέσον, ἐφ' ὃ φέρεται τὰ βαρέα, καὶ τὸ
ἔσχατον, ἐφ' ὃ φέρεται τὰ κοῦφα, εἴδει μὲν ἕν ἐστιν ἑκάτερον, ἀριθμῷ 5
5 δὲ πλείονα, καὶ φέρεται τὰ μὲν ἐπὶ τόδε τὸ ἔσχατον, τὰ δὲ ἐπ' ἄλλα τινὰ
ὁμοειδῆ μὲν τούτοις, κατ' ἀριθμὸν δὲ ἀλλήλων διαφέροντα, ὥσπερ ἔχει καὶ
αὐτὰ τὰ φερόμενα πρὸς ἄλληλα, οὕτως δὲ φερομένων πλείους ἔσονται κό-
σμοι ὁμοειδεῖς μὲν ἀλλήλοις, κατ' ἀριθμὸν δὲ διαφέροντες καὶ κεχωρισμένοι· 10
εἴ τις οὖν ταῦτα λέγοι, φησί, ῥητέον αὐτῷ, ὅτι τὰ καθ' ἕκαστα οὐ τῷ
10 μὲν τῶν μορίων τοιόνδε ἔσται, τῷ δὲ ἀλλοῖον· οὐ γὰρ ἀλλοῖόν ἐστι τὸ καθ'
ἕκαστα κατὰ τὴν ἐνταῦθα βῶλον καὶ ἀλλοῖον κατὰ τὴν ἐν ἄλλῳ κόσμῳ,
ἀλλ' ὅμοιον· ὁμοίως γὰρ ἅπαντα κατ' εἶδος ἀδιάφορα ἀλλήλων ἐστί, κἂν 15
τῷ ἀριθμῷ ἕτερον ὁτιοῦν ἐστιν, οὐ μόνον τὰ ἐνταῦθα πρὸς ἄλληλα καὶ
τὰ ἐκεῖ ὁμοίως, ἀλλὰ καὶ τὰ ἐνταῦθα πρὸς τὰ ἐκεῖ, καὶ τὸ ληφθὲν ἐντεῦ-
15 θεν μόριον γῆς ἢ πυρὸς οὐδὲν ἔχει διάφορον πρὸς τὰ ἐνταῦθα ὁμοειδῆ
αὐτοῦ μόρια ἢ πρὸς τὰ ἐν ἑτέρῳ κόσμῳ. ὡς οὖν τὰ ἐνταῦθα μόρια τῆς 20
γῆς εἴδει μὲν τὰ αὐτὰ ὄντα, ἀριθμῷ δὲ μόνῳ διαφέροντα πρὸς ἓν ἀριθμῷ
τόδε τὸ μέσον φέρεται, οὕτως καὶ τὰ τούτοις ὁμοειδῆ τὰ ἐν ἑτέρῳ κόσμῳ,
εἴπερ εἴη κατ' ἀριθμὸν διαφέροντα τούτων, ἐπὶ τὸ αὐτὸ τοῦτο μέσον
20 οἰσθήσεται. διὰ τί γάρ, πάντων τῶν τῆς γῆς μορίων τῷ εἴδει τῶν αὐτῶν 25
ὄντων, τῷ δὲ ἀριθμῷ ἑτέρων, τάδε μὲν πρὸς τόδε μόνον τὸ μέσον φέρε-
ται κατὰ φύσιν καὶ οὐ πρὸς ἄλλο, ἄλλα δὲ ὁμοειδῆ τούτοις ὄντα καὶ κατ'
ἀριθμὸν μόνον ἀλλήλων τε καὶ τούτων διαλλάττοντα μηκέτι πρὸς τοῦτο
φέρεται, ἀλλ' ἐπ' ἄλλο τι τούτῳ ὁμοειδές; εἰ γάρ ἐστιν ἡ κατ' ἀριθμὸν 30
25 τῶν κινουμένων διαφορὰ αἰτία τόπων ἑτέρων τῷ ἀριθμῷ, ἔδει καὶ τῶν
ἐνθάδε βαρέων ἕκαστον τῶν ἀριθμῷ μόνῳ διαφερόντων εἰς ἄλλο καὶ ἄλλο
μέσον ἰδίᾳ φέρεσθαι.
  Λέγει δὲ ὁ Ἀλέξανδρος, ὅτι οὐχ εἰσὶν ἐν τοῖς κόσμοις οἱ τόποι πρὸ
τῆς τῶν σωμάτων διαφορᾶς ἀφωρισμένοι καὶ μένοντες ἢ ἐπισπώμενοι τὰ 35
30 ἐπ' αὐτοὺς σώματα κινούμενα, ὡς διὰ τοῦτο ἐν ἑκάστῳ κόσμῳ τὰ ἐν αὐ-
τοῖς σώματα ἐπὶ τοὺς καθ' ἕκαστον αὐτῶν οἰκείους καὶ ἀποκεκριμένους
φέρεσθαι τόπους· ἀλλ' αἱ διαφοραὶ τῶν τόπων ὁρίζονται ταῖς τῶν σωμά-
των φύσεσι καὶ ῥοπαῖς, καθ' ἃς ἕκαστον αὐτῶν κινεῖται κατὰ φύσιν· οὐ 40
γὰρ ἦν ἀφωρισμένον οὕτως καὶ διατεταγμένον, ἀλλ' ἔστι κάτω τοῦτο, ἐφ'
35 ὃ ἡ γῆ κατὰ φύσιν φέρεται καὶ τὰ βαρέα, ὁμοίως καὶ ἄνω, ἐφ' ὃ τὰ
κοῦφα, ὥστε, εἰ παρὰ τὴν τῶν κινουμένων διαφορὰν ἡ τῶν τόπων δια-

---

1 λέγοι] comp. ambig. D   2 ἔνεστιν E: corr. E²   4 ἔνεστιν E: corr. E²
9 τά] τὸ A   οὐ τῷ] οὕτω E: οὐ τὸ E²c   10 τῷ] τὸ Ec   17 μόνα E
πρὸς ἓν ἀριθμῷ] τούτων ἐπὶ τὸ αὐτὸ c   18 τόδε] e corr. E²   21 τάδε] corr. ex
τὸ E²   τὸ μέσον μόνον D   23 τοῦτο] τούτῳ E   24 φέρεται b: φέρεσθαι ADEc
τούτου D   κατὰ A   25 τῶν] τῷ Ac   27 ἰδίᾳ μέσον Ec   28 πρὸ] πρὸς Ac
29 ἢ A: εἰ b: om. DE: καὶ c   30 αὐτοῦ D   κινούμενα σώματα A   31 ἀπο-
κεκρυμένους E: corr. E²   32 ἀλλὰ A   36 κοῦφα A   εἰ] καὶ A

φορά, πάντα ἂν ἀπ' ἀρχῆς τὰ ὁμοειδῆ ἐπὶ τὸν αὐτὸν κατ' ἀριθμὸν τόπον 116ᵇ
φέροιτο μηδενὸς κωλύοντος αὐτά. ταῦτα τοῦ Ἀλεξάνδρου λέγοντος | 45
ἀπορῶ πρὸς αὐτά, εἰ ὁ τόπος τὸ πέρας τοῦ περιέχοντός ἐστι, καθ' ὃ 117ᵃ
περιέχει τὸ περιεχόμενον, πῶς αἱ διαφοραὶ τῶν τόπων ὁρίζονται ταῖς τῶν
5 περιεχομένων σωμάτων φύσεσι καὶ ῥοπαῖς, καὶ οὐχὶ μᾶλλον τὸ ἀνάπαλιν.
κἂν γὰρ κάτω λέγωμεν τοῦτο, ἐφ' ὃ ἡ γῆ, καὶ ἄνω, ἐφ' ὃ τὸ πῦρ, 5
τεκμηριώδης μᾶλλόν ἐστιν ἡ τοιαύτη ἀπόδοσις· οὐσία δὲ τοῦ βαρέος ἐστὶ
τὸ πεφυκέναι φέρεσθαι ἐπὶ τὸ μέσον καὶ τοῦ κούφου τὸ ἐπὶ τὸ ἔσχατον,
καὶ οὕτως αὐτὰ ἐν τούτοις ὁ Ἀριστοτέλης ὡρίσατο. ὅλως δὲ τὸ μέσον
10 καὶ τὸ ἔσχατον ἔστι, κἂν τὰ μεταξὺ στοιχεῖα τὰ ἐπ' αὐτὰ φερόμενα ἐπι- 10
νοήσῃ τις μὴ ὄντα. πῶς οὖν ταῖς διαφοραῖς τῶν ἐπὶ τοὺς τόπους ἰόντων
σωμάτων αἱ τῶν τόπων ὁρίζονται διαφοραί;
    Ἀλλὰ τοῦτο μὲν καὶ αὖθις ζητητέον· ἡ δὲ συναγωγὴ τοῦ λόγου τοι-
αύτη· εἰ ἔστι τῶν ἁπλῶν σωμάτων κίνησις κατὰ φύσιν, ἀνάγκη τῶν ὁμο- 15
15 ειδῶν ἑκάστῳ πρὸς ἕνα ἀριθμῷ τόπον τὴν κατὰ φύσιν κίνησιν ὑπάρχειν·
ἀλλὰ μὴν τὸ ἡγούμενον· καὶ τὸ λῆγον ἄρα. καὶ τὴν μὲν πρόσληψιν, ὅτι
ἔστιν ἡ κατὰ φύσιν κίνησις, ἔδειξε προσεχῶς, τὸ δὲ συνημμένον δείκνυσι
διὰ τοῦ καὶ τὰ ἐνταῦθα ὁμοειδῆ τῷ ἀριθμῷ μόνῳ διαφέροντα, τουτέστι 20
τὰ πολλὰ τῆς γῆς μέρη, πρὸς ἓν τῷ ἀριθμῷ μέσον φέρεσθαι καὶ τὰ
20 πολλὰ πυρὰ πρὸς ἓν τῷ ἀριθμῷ ἔσχατον· εἰ οὖν ὁμοειδῆ καὶ τὰ ἐν τοῖς
ἄλλοις κόσμοις σώματα πρὸς τὰ ἐνταῦθα, δῆλον, ὅτι, πρὸς ὃ ταῦτα, πρὸς
τὸ αὐτὸ καὶ ἐκεῖνα οἰσθήσεται. εἰ δὲ λέγει τις ὑπὸ τοῦ κυκλοφορητικοῦ 25
σώματος ἀποκεχλεῖσθαι αὐτῶν τὴν ἐπὶ τὸν ἐν ἑτέρῳ κόσμῳ τόπον ὁμο-
ειδῆ κίνησιν, πρὸς τῷ ὑπόθεσιν λαμβάνειν τὸ εἶναι πλείους οὐρανοὺς καὶ
25 πλείω κυκλοφορητικὰ σώματα, ὅπερ δείξει ἀδύνατον, συγχωρεῖ σαφῶς, εἰ
μὴ ἐκωλύετο, φέρεσθαι ἂν αὐτὰ ἐπὶ τόδε τὸ μέσον καὶ ἐπὶ τόδε τὸ ἔσχα- 30
τον, ὥστε κατὰ φύσιν αὐτοῖς ἡ ἐπὶ ταῦτα κίνησις. τῷ δὲ Ἀλεξάνδρῳ οὐκ
οἶδα διὰ τί ἡ λέξις ἔδοξεν ἔχειν τι ἀκαταλληλότερον.

p. 277ᵃ9 "Ὥστε ἀναγκαῖον ἢ κινεῖν ταύτας τὰς ὑποθέσεις ἕως τοῦ 35
30   καὶ ταῖς αὐταῖς ἀνάγκαις.

    Ὁ μὲν Ἀλέξανδρος ταύτας τὰς ὑποθέσεις πάσας τὰς προειρημέ-
νας εἶναί φησι τάς τε νῦν ῥηθείσας καὶ τὰς ἔμπροσθεν, ὅτι τε ἔστι κατὰ
φύσιν κίνησις ἑκάστῳ τῶν ἁπλῶν σωμάτων, καὶ ὅτι τὰ ὁμοειδῆ ἐπὶ τὸν
αὐτὸν τῷ ἀριθμῷ φέρεται τόπον. τούτοις γὰρ τεθεῖσιν ἕπεται τὸ ἓν εἶναι 40
35 τῷ ἀριθμῷ τὸ μέσον καὶ τὸ ἔσχατον· τούτου δὲ ὄντος ἀνάγκη καὶ τὸν
κόσμον ἕνα εἶναι καὶ μὴ πλείους· οὐρανὸν γὰρ καὶ νῦν τὸν κόσμον κα-

---

1 τόπον om. A   6 κάτω λέγωμεν τοῦτο] Ab: τοῦτο κάτω λέγωμεν DEc   17 ἔστιν
CD: ἔστι AEc   19 μέσον—ἀριθμῷ (20)] mg. E²   φέρονται Ec   20 πυρά] τοῦ
πυρὸς Ec   22 λέγει AC: comp. ambig. D: λέγοι Ec   24 τῷ] τὸ CE: corr. E²
25 σαφῶς CE: σαφ^ω A: σαφῶς ὡς D   26 ἂν φέρεσθαι CD   27 ὥστε] ὥστε καὶ
C: ὡς c   29 ὥστ' c   31 τὰς (pr.)] del. E²

λεῖ. δῆλον γάρ, ὅτι τὸν συγχωροῦντα ταῖς ὑποθέσεσιν ἀνάγκη καὶ τὰ 117a
ἀκόλουθα ταῖς ὑποθέσεσι συγχωρεῖν.

Ἐνστάσεις δέ τινας πρὸς τὸν λόγον τοῦτον φερομένας διαλύων ὁ
Ἀλέξανδρος "οὐ δεῖ, φησί, προσλαμβά|νοντα τὸ εἶναι κόσμους πλείους 117b
ἤδη κατεσκευασμένους ὑπό τινος ἔχοντας ἐν αὐτοῖς τὸ ἄνω καὶ κάτω
διωρισμένον οὕτως λέγειν ἐπὶ τοὺς κατ' εἶδος μὲν τοὺς αὐτοὺς τόπους,
ἀριθμῷ δὲ διαφέροντας τὰ ἐν τοῖς διαφέρουσι κόσμοις ὁμοειδῆ σώματα 5
ἐνεχθήσεσθαι, τὰ μὲν βαρέα ἐπὶ τὸν ἑκάστῳ κάτω καὶ τὰ κοῦφα ὁμοίως
ἐπὶ τὸ ἄνω· τὸ γὰρ οὕτως λέγειν προλαμβάνειν ἐστὶ τὸ ζητούμενον· ζη-
τεῖται γὰρ τὸ εἰ πλείους εἰσίν· ἀλλ' ἀπὸ τῆς τῶν σωμάτων φυσικῆς φο-
ρᾶς ἀρξαμένους, ὑφ' ἧς καὶ δι' ἣν ἡ τοιάδε τάξις καὶ κόσμος, εἰ μὲν οἷόν 10
τε αὐτὰ κατὰ τὴν οἰκείαν φύσιν κινούμενα ἐπί τινας ἑτέρους τόπους κατ'
ἀριθμὸν διαφέροντας κινεῖσθαι καὶ τήνδε τὴν τάξιν ποιεῖν κατὰ τὴν φυσι-
κὴν κίνησιν αὐτῶν, ὁποία ἐστὶν ἐν τῷδε τῷ κόσμῳ, συγχωρεῖν τὸ καὶ
κόσμους πλείονας εἶναι δύνασθαι· εἰ δὲ ἀδύνατον εἴη τοῦτο τὴν ἀρχὴν ἐπι- 15
νοηθῆναι, ἀναιρεῖν καὶ τὸ πλείονας δύνασθαι κόσμους εἶναι, ᾧ τὸ ἀδύνατον
ἕπεται τοῦτο." ταῦτα τοῦ Ἀλεξάνδρου λέγοντος τὸ μὲν ὑποτίθεσθαι πλείονας
κόσμους οὔπω ἄτοπον· ἔξεστι γὰρ ἑκάστῳ τὸ δοκοῦν ὑποτίθεσθαι δέχεσθαι
μέλλοντι τοὺς ἐλέγχους τῆς ὑποθέσεως· τὸ δὲ τὰ πρὸς ἔλεγχον τῆς ὑπο- 20
θέσεως τείνοντα ὡς συμφωνοῦντα τῇ ὑποθέσει καὶ αὐτὰ ὑποτίθεσθαι τοῦτο
προλαμβάνειν ἐστὶ τὸ ζητούμενον. ὥσπερ καὶ ἐνταῦθα τὸ μὲν ὑποτίθεσθαι
πλείους κόσμους οὔπω προλαβεῖν ἐστι τὸ ζητούμενον, τὸ δὲ λαμβάνειν τὰ
ἐν τοῖς κόσμοις ὁμοειδῆ σώματα οἷον τὰ βαρέα ἐπὶ τὸ ἐν ἑκάστῳ μέσον
φέρεσθαι καὶ τὰ κοῦφα ἐπὶ τὸ ἐν ἑκάστῳ ἔσχατον καὶ μὴ πρὸς ἓν τῷ 25
ἀριθμῷ λαμβάνειν ἐστὶ τὸ ζητούμενον· ζητουμένου γάρ, εἴτε ἐφ' ἓν τῷ
ἀριθμῷ φέρεται τὰ ὁμοειδῆ εἴτε ἐπὶ διάφορα, ὡς ἐκ τούτου καὶ τοῦ πλή-
θους τῶν κόσμων δεικνυμένου, ὁ ὑποτιθέμενος ἐπὶ διάφορα φέρεσθαι
προλαμβάνει τὸ ζητούμενον· τούτῳ γὰρ ἐξ ἀνάγκης ἕπεται τὸ πλείονας 30
εἶναι κόσμους.

Καὶ ἑτέραν δὲ ἔνστασιν ὁ Ἀλέξανδρος λύων "τὸ δὲ ἐπὶ τῶν ζῴων,
φησί, παραλαμβανόμενον οὐχ ὅμοιον· ἀξιοῦσι γάρ, ὡς ἐπὶ τῶν ἀριθμῷ
κεχωρισμένων, εἴδει δὲ τῶν αὐτῶν, οἷον ἀνθρώπων, καὶ τὰ μέρη τὰ ἐν
ἑκάστῳ ὁμοειδῆ τοῖς τῶν ἄλλων ὄντα ἐν κεχωρισμένοις κατ' ἀριθμόν 35

---

3 φερομένας τοῦτον D   4 προσλαμβάνοντα AE²b: προλαμβάνοντα DE   5 κάτω]
τὸ κάτω D   13 ἀριθμῷ E   15 πλείους A   18 τὸ δοκοῦν Ab: τὰ δοκοῦντα
DEc   ὑποθέσθαι DEc   21 ὥσπερ — ζητούμενον (22)] mg. E²   κἀνταῦθα Ec
22 πλείονας Ec   ἐστὶ λαβεῖν Ec   23 ἐπὶ — κοῦφα (24) scripsi: om. ADE: ἐφ' ἓν
τῷ εἴδει μέσον φέρεσθαι καὶ τὰ κοῦφα E²c (quae in mundis ad unum specie medium eiusdem
speciei corpora puta gravia ferri et levia ad unum extremum b)   24 μὴ A: non b: om.
DE: οὗ E²c   25 post ἀριθμῷ add. φέρεσθαι E²c   λαμβάνειν DE: om. A:
προλαμβάνειν E²bc   ζητουμένου DE: ζητούμενον Ac: querimus b   εἴτε] εἴ τις E:
εἰ E²   26 τὰ AE²: om. DE   28 λαμβάνει D   τοῦτο E: corr. E²   31 τῶν]
corr. ex τῷ E²   32 οἷον om. c   33 ἐν] -ν in ras. E²   κεχωρισμένοις ADE:
κεχωρισμένοις τόποις E²bc

ἐστιν, οὕτως δὲ καὶ ἐπὶ τῶν κόσμων ἔχειν. οὐχ ὅμοιον δὲ τὸ παραβαλ- 117ᵇ
λόμενον· ὡς γὰρ τὰ ζῷα οὐ κατὰ τὴν τῶν σωμάτων, ἐξ ὧν ἔστι, κινεῖται
φύσιν (ἄλλη γὰρ ἑκάστου τούτων ἡ κατὰ φύσιν κίνησις, παρ' ἣν ὡς ἔμ-
ψυχα κινεῖται), οὕτως οὐδὲ τῶν ἐν αὐτοῖς τι σωμάτων κατὰ τὴν αὐτοῦ 40
5 κινεῖται φύσιν. ἀλλ' οὐδὲ τὴν ἀρχὴν ἡ σύστασις τῶν ζῴων ἐκ τῆς κατὰ
τόπον φορᾶς τῶν μερῶν αὐτοῦ· οὐ γὰρ καρδίας μὲν ἐπὶ τόδε τι ἐνεχθεί-
σης, ἥπατος δὲ καὶ ὀστοῦ καὶ ἑκάστου τούτων ἐπ' ἄλλο τι τὸ ζῷον συν-
έστη, ἀλλ' ἕκαστον τούτων, ἐν ᾧ ἔστι, καὶ τὴν ἐξ ἀρχῆς ἔσχε γένεσιν, 45
τά τε τρέφοντα αὐτὰ οὔτε κατὰ τὴν αὐτῶν φύσιν κινούμενα φέρεται πρὸς
10 αὐτά· οὔτε γὰρ ἣν ἔξωθεν προσφέρεται τροφήν, κατὰ φύσιν ἐπ' αὐτὰ φέρε-
ται οὔτε ἡ κατεργασθεῖσα ἤδη, ἀλλ' ὑπὸ | τῆς θρεπτικῆς ψυχῆς κατερ- 118ᵃ
γάζεταί τε καὶ τοῖς μέρεσιν ἐποχετεύεται. ἀλλ' οὐδὲ γενόμενα ἀλλαχοῦ τὸ
μὲν ὀστοῦν, τὸ δὲ νεῦρον, τὸ δὲ σάρξ, οὕτως πρὸς τὰ οἰκεῖα καὶ ὁμοειδῆ
αὐτοῖς φέρεται. ἀλλ' οὐδ', ἂν ἀποσπασθῇ τούτων τινός, οἷς ἐστι συνεχές, 5
15 καὶ χωρισθῇ, πάλιν ἀφεθὲν ἐπ' αὐτὰ φέρεται· οὐ γάρ ἐστι τῷ ζῴῳ τὸ
εἶναι ζῴῳ ἐν τῇ τῶν σωμάτων, ἐξ ὧν ἔστιν, ἐπὶ τοὺς οἰκείους τόπους
φυσικῇ φορᾷ, τῷ δὲ κόσμῳ ἐν τῇ κατὰ φύσιν κινήσει τῶν ἁπλῶν σωμά-
των τὸ εἶναι."

p. 277ᵃ12 "Ὅτι δὲ ἔστι τι, οὗ πέφυκεν ἡ γῆ φέρεσθαι ἕως τοῦ
20 ὥστε ταῦτα ἔσται πέρατα τῆς φορᾶς.

Δείξας, ὅτι εἷς ἐστιν ὁ κόσμος, ἐκ τοῦ ἓν εἶναι τὸ μέσον καὶ ἓν τὸ 15
ἔσχατον, μέσον μέν, ἐφ' ὃ τὰ βαρέα φέρεται πάντα, ἔσχατον δέ, ἐφ' ὃ
τὰ κοῦφα, νῦν τοῦτο αὐτὸ δεῖξαι προτίθεται, ὅτι ἔστι τι, ἐφ' ὃ κατὰ φύ-
σιν ἡ γῆ φέρεται. καὶ τὸ πῦρ. τούτου γὰρ μὴ δειχθέντος οὐδέ, ὅτι μέσον
25 ἔστι καὶ ἔσχατον, δέδεικται, οὐδὲ ὅτι ἓν τὸ μέσον καὶ τὸ ἔσχατον, οὐδὲ 20
ὅτι εἷς ὁ κόσμος κατὰ ταύτην τὴν ἔφοδον. δείκνυσι δὲ αὐτὸ διὰ τοῦ
δεῖξαι, ὅτι ἐστὶ πέρατα τῆς κινήσεως αὐτῶν τὸ κάτω καὶ τὸ ἄνω, τοῦτο
δὲ δείκνυσι διὰ τοῦ δεῖξαι, ὅτι πεπερασμέναι εἰσὶν αἱ κινήσεις αὐτῶν καὶ
οὐκ ἐπ' ἄπειρον γινόμεναι, τοῦτο δὲ διά τε τοῦ πᾶσαν μεταβολὴν πεπε- 25
30 ρασμένην εἶναι καὶ διὰ τοῦ ἐξ ὡρισμένου καὶ εἰς ὡρισμένον, τοῦτο δὲ διὰ
τοῦ ἐξ ἀντικειμένου εἰς ἀντικείμενον, τοῦτο δὲ διὰ τοῦ ἔκ τινος εἴς τι καὶ
ἐκ διαφέροντος τῷ εἴδει εἰς διαφέρον. καὶ ἡ μὲν ἀνάλυσις τοῦ λόγου
τοιαύτη. ἡ δὲ σύνθεσις οὕτως ἂν ἔχοι· τὰ κατὰ τόπον κινούμενα ἐκ 30

---

1 δὲ (alt.) A: δὴ DE: utique b   3 παρ'] καθ' c   4 αὐτοῦ K²: αὑτοῦ ADE
7 καὶ (alt.) Db: om. AEc   τὸ om. Ec   9 τά τε] οὔτε τὰ c   οὔτε om. c
αὐτῶν K²: αὑτῶν ADE   10 οὔτε — φέρεται (10. 11) Ab: om. DEc   11 οὔτε —
ἤδη] sed elaboratum iam b: om. c   15 καὶ] e corr. E   ἀφεθὲν DE: divisum b:
om. A   αὐτὰ Db: αὐτὸ AEc   19 δ' Ec   20 ταῦτ' E   ἀπέρατα
E: corr. E²   23 τοῦτο αὐτό] τὸ αὐτὸ C: τοῦτο c   δεῖξαι] corr. ex εἶναι E²: ἀπο-
δεῖξαι c   ἔστι] seq. ras. 1 litt. E   24 μέσον] τὸ μέσον Ec   25 δέδεικται] om. b
οὐδὲ — ἔσχατον CDE: om. Ab   27 ἐστὶ — ὅτι (28)] bis E: corr. E²   30 εἰς] καὶ
εἰς CD   δὲ add. E²

τινὸς εἴς τι μεταβάλλει· μένοντα γὰρ ἐν ταὐτῷ οὐκ ἂν μεταβάλλοι. ὅτι 118ᵃ
δὲ τὰ ἐξ ὧν ἡ μεταβολὴ καὶ εἰς ἃ διάφορα τῷ εἴδει ἐστὶ καὶ ἀντικεί-
μενα, ἔδειξεν ἐν τῷ πρώτῳ τῆς Φυσικῆς ἀκροάσεως· καὶ γὰρ ἡ ἀπὸ τῶν
μεταξὺ κίνησις ὡς ἀπὸ ἐναντίου εἰς ἐναντίον γίνεται. κατὰ συνέχειαν δὲ 35
5 προβαίνων πρῶτον ἔλαβεν ἐκ διαφόρου εἴδους εἰς διάφορον κινεῖσθαι τὸ
κινούμενον· ἀπὸ γὰρ τοῦ αὐτοῦ εἴδους εἰς τὸ αὐτὸ οὐκ ἂν γένοιτο μετα-
βολή· τὸ γὰρ μεταβάλλον ἐξίσταται ἐκείνου, ἀφ' οὗ μεταβάλλει. εἰ δὲ
ἐξ ἀντικειμένου καὶ εἰς ἀντικείμενον, ἐξ ὡρισμένου καὶ εἰς ὡρισμένον· 40
ὥρισται γὰρ τὰ ἀντικείμενα ἤτοι τὰ ἐναντία ἅτε πλεῖστον ὑπὸ τὸ αὐτὸ
10 γένος διεστηκότα, τὸ δὲ πλεῖστον ὥρισται. εἰ δὲ ὥρισται ταῦτα, δῆλον,
ὅτι πέρατά ἐστι, καὶ ἡ ἐπ' αὐτὰ γινομένη κίνησις καὶ μεταβολὴ πεπερασ-
μένη ἐστίν. καὶ μέντοι διὰ τοῦ πᾶσα δὲ πεπερασμένη μεταβολὴ καὶ 45
ἐκείνης ἔοικεν ὑπομιμνήσκειν τῆς ἀποδείξεως τῆς λεγούσης, ὅτι τὸ ἀδύ-
νατον κινηθῆναι | ἐπί τι τὴν ἀρχὴν οὐδὲ κινεῖται ἐπ' αὐτό, ἐπὶ δὲ τὸ 118ᵇ
15 ἄπειρον διεστὼς ἀδύνατον ἀφικέσθαι τι κινούμενον. καὶ διὰ τῆς ἐπαγωγῆς
δὲ ἐπιστώσατο τὸ ἐπὶ πεπερασμένα γίνεσθαι τὴν μεταβολὴν δεικνὺς ἐπί τε
τῶν κατ' ἀλλοίωσιν καὶ ἐπὶ τῶν κατὰ αὔξησιν καὶ μείωσιν μεταβαλλόντων, 5
ὅτι καὶ τὸ ἐξ οὗ καὶ τὸ εἰς ὃ τῷ εἴδει διαφέροντά ἐστι καὶ ὡρισμένα καὶ
πεπερασμένα. καὶ γὰρ καὶ ἡ αὔξησις ἡ φυσικὴ καὶ ἡ μείωσις ὥρισται
20 καὶ ὅλως ἡ κατὰ τὸ ποσὸν μεταβολή, καὶ τὸ ἐπέκεινα παρὰ φύσιν λοι-
πόν ἐστιν. ὡς δὲ ἐπὶ τῶν κατὰ ποιότητα καὶ ποσότητα μεταβαλλόντων 10
ποθέν ποί ἐστιν ἡ μεταβολή, καὶ εἴδει διαφέρει τὸ ἐξ οὗ καὶ εἰς ὅ, καὶ
ἐναντία καὶ ὡρισμένα καὶ πέρατά ἐστιν, οὕτως καὶ ἐπὶ τῶν κατὰ τόπον
μεταβαλλόντων αἱ τοῦ τόπου διαφοραὶ τῶν κατὰ φύσιν κινουμένων τὸ
25 ἄνω καὶ τὸ κάτω ἐστὶ διάφορα τῷ εἴδει ὄντα καὶ ἐναντία καὶ ὡρισμένα 15
καὶ πεπερασμένα. ἐπὶ ταῦτα ἄρα αἱ κινήσεις κατὰ φύσιν τῇ γῇ καὶ τῷ
πυρί· ἔστιν ἄρα τι, ἐφ' ὃ κατὰ φύσιν ἡ γῆ φέρεται καὶ τὸ πῦρ, τό τε
κάτω καὶ τὸ ἄνω. τὸ δὲ οὐχ οὗ ἔτυχεν οὐδὲ οὗ βούλεται ὁ κινῶν,
ἐπειδὴ τὸ ὑγιαζόμενον ὅλως, εἴπερ ὑγιάζεται, κἂν μὴ βούληται ὁ ὑγιάζων, 20
30 εἰς ὑγίειαν μεταβάλλει ἢ οὐδ' ἂν ὑγιάζοιτο.

p. 277ᵃ 23 Ἐπεὶ καὶ ἡ κύκλῳ ἔχει πως ἀντικείμενα ἕως τοῦ εἰς
ἀντικείμενα καὶ πεπερασμένα. 25

Εἰπών, ὅτι καὶ ἡ κατὰ τόπον μεταβολὴ ἐξ ἀντικειμένου εἰς ἀντικεί-

---

1 μένοντος D   μεταβάλλει E, sed corr.   2 ἐξ ὧν] corr. ex ἔξω E²   ἃ om. E
3 πρώτῳ] cap. 6 sq.   4 κίνησις ὡς Ab: κινήσεως E: κινήσεων DE²   7 μεταβάλ-
λοι E   8 καὶ (pr.) AD: om. Ebc   ἐξ] καὶ ἐξ bc   καὶ (alt.) om. bc
11 ἐστι] seq. ras. 1 litt. E   12 ἐστὶ DEc   καὶ (alt.) om. D   13 ἐκείνως C
ὡς ἔοικεν Ec   ὑπομιμνήσκειν ACEb: ὑπομιμνήσκων D: ὑπομιμνήσκει E²c   15 ἐφι-
κέσθαι A   16 γίγνεσθαι E   δεικνὺς om. A   17 τῶν (prius)] corr. ex τὴν E²
κατὰ] κατ' Dc   20 παρὰ] corr. ex κατὰ E²   22 ἐστιν Ab: om. CDEc   εἰς] τὸ εἰς c
24 τόπων E   25 ἐστι] seq. ras. 1 litt. E   28 ἄνω καὶ τὸ κάτω D   29 βούλεται E:
corr. E²   31 post ἐπεὶ add. δὲ E²   ἡ] ἡ ἐν E   εἰς] εἰς τὰ c   33 καὶ om. D

μενον γίνεται ἡ κατ' εὐθεῖαν (αὕτη γάρ ἐστιν ἡ κυρίως φορά), ἐκ περιου-
σίας προστίθησιν, ὅτι καὶ ἡ κύκλῳ κίνησις, κἂν μὴ φορὰ ἁπλῶς ἐστιν
ἀλλὰ περιφορά, ἐπειδὴ κίνησις ὅλως καὶ μεταβολή, καὶ αὕτη, φησίν, ἔχει
πως ἀντικείμενα τὰ κατὰ διάμετρον· ἡ γὰρ ὡρισμένη καὶ πλείστη
αὕτη ἐστὶν ἐν κύκλῳ διάστασις· ὥστε καὶ τούτοις τρόπον τινὰ ἡ κί-
νησις εἰς ἀντικείμενα καὶ πεπερασμένα. εἰ δέ τις ἀπορεῖ, πῶς διὰ
πολλῶν πρότερον ἀποδείξας ὁ Ἀριστοτέλης, ὅτι τῇ κύκλῳ φορᾷ οὐκ ἔστιν
ἐναντία φορά, καὶ αὐτὸ δὴ τοῦτο, ὅτι τὰ ἀπὸ διαμέτρου ἀντικείμενα ἀλλή-
λοις οὐχ ὡς κύκλῳ, ἀλλ' ὡς τὴν διάμετρον κινούμενα ἀντίκειται, νῦν ὡς
παρὰ πόδας μεταβαλλόμενος καὶ ἡ κύκλῳ φησὶν ἔχει πως ἀντικεί-
μενα τὰ κατὰ διάμετρον, πρῶτον μὲν ἐπιστησάτω τῇ Ἀριστοτέλους
ἀκριβείᾳ· οὐ γὰρ ἁπλῶς εἶπεν, ὅτι ἡ κύκλῳ ἔχει ἀντικείμενα, ἀλλ' ὅτι
ἔχει πως ἀντικείμενα, καὶ ὅτι καὶ τούτοις τρόπον τινὰ ἡ κίνησις
εἰς ἀντικείμενα. καὶ γὰρ ἀντικεῖσθαι μὲν ἀλλήλοις λέγεται κυρίως τὰ
ἐπὶ ἐναντίους κινούμενα τόπους, ἐναντίοι δέ εἰσιν οἱ πλεῖστον ἀλλήλων
διεστηκότες· τὰ δὲ κύκλῳ κινούμενα οὔτε ἐπὶ τὸν κατὰ διάμετρον τόπον
ὡς ἐπὶ τέλος κινεῖται, ἀλλ' ἀπὸ | τοῦ αὐτοῦ ἐπὶ τὸ αὐτό, οὔτε πλείστη
κίνησίς ἐστι τῷ κύκλῳ κινουμένῳ ἡ ἐπὶ τὴν διάμετρον· πλείστη γάρ ἐστιν
ἡ μὴ δεχομένη προσθήκην, μετὰ δὲ τὴν κατὰ διάμετρον διάστασιν ἔτι δέ-
χεται προσθήκην ἡ κίνησις καὶ ἡ διάστασις μέχρι τῆς εἰς τὸ αὐτὸ ἀπο-
καταστάσεως. πάνυ δὲ ἀκριβῶς εἰπὼν ἐπεὶ καὶ ἡ κύκλῳ ἔχει πως
ἀντικείμενα τὰ κατὰ διάμετρον προσέθηκε τὸ τῇ δ' ὅλῃ οὐκ ἔστιν
ἐναντίον οὐδέν· καὶ γὰρ αὐτὸ τὸ δοκοῦν χρῶμα τῆς ἀντιθέσεως ἐν τοῖς
μέρεσίν ἐστι τῆς κύκλῳ κινήσεως καὶ οὐκ ἐν τῇ ὅλῃ, καὶ ἐν τοῖς μέρεσι
δὲ οὐ κυρίως, εἴπερ αἱ μὲν ἀντικείμεναι κυρίως κινήσεις στάσει διαλαμβά-
νονται, καὶ ὅταν ἓν ᾖ τὸ αὐτὸ τὰς ἀντικειμένας κινήσεις κινούμενον φυ-
σικῶς, τὴν μὲν κατὰ φύσιν κινεῖται, τὴν δὲ παρὰ φύσιν, τὰ δὲ κύκλῳ
κινούμενα οὔτε ἵσταται εἰς τὴν διάμετρον ἐλθόντα· οὐδὲ γὰρ καθ' αὑτὰ
κινεῖται· οὔτε τὸ μὲν τῶν ἡμικυκλίων κατὰ φύσιν κινεῖται, τὸ δὲ παρὰ
φύσιν.

p. 277ᵃ26   Ἀνάγκη ἄρα εἶναί τι τέλος καὶ μὴ εἰς ἄπειρον φέ-
ρεσθαι.

Δείξας τὰς τοπικὰς κινήσεις καὶ μάλιστα τὰς ἐπ' εὐθείας (τούτων γὰρ

---

1 γίγνεται E   2 προστίθησιν — ἀλλὰ (3) om. E: προστίθησιν ὡς καὶ ἡ περιφορὰ (κύκλῳ c) καίτοι μὴ φορὰ ἁπλῶς οὖσα ἀλλὰ E²c   2 καὶ om. D   ἐστιν C: ἐστι AD   3 αὕτη A   7 οὐχ — φορά (8) mg. E²   8 φορά] κίνησις E²c   ἀντικείμενα Ab: ἀντικινούμενα DEc   9 ὡς (tert.) — διάμετρον (11)] οἷον εὐθὺς μεταβαλὼν φησί· καὶ ἡ κύκλῳ ἔχει πως ἀντικείμενα c   11 ἐπιστησάτω AE²: ἐπιστῆσαι D: ἐπιστήσει E   12 ἀλλ'—ἀντικείμενα (13) om. A   13 ἡ AE²: om. DE   15 ἐπ' c   16 κινούμενα — κύκλῳ (18) om. D   18 ἐστί] seq. ras. 1 litt. E   20 ἡ (alt.) om. E   22 τὸ om. D   24 ἐστί] seq. ras. 1 litt. E   26 τὸ] καὶ τὸ E²c   ante τὰς postea add. τὸ E: τὸ τὰς c   κινούμενα E: corr. E²   28 οὐδὲ scripsi: οὔτε ADE: οὐ c

ὁ λόγος ἐδεῖτο πρὸς τὴν ἀπόδειξιν τοῦ ἓν εἶναι τὸ μέσον καὶ ἓν τὸ ἔσχα- 119ᵃ
τον) μὴ ἐπ' ἄπειρον γινομένας, ἀλλ' εἰς ἀντικείμενα καὶ ὡρισμένα καὶ
πεπερασμένα τελευτώσας καὶ προσθείς, ὅτι καὶ ἡ κύκλῳ κίνησις ἔχει πως
ἀντικείμενα, συνεπεράνατο λοιπόν, ὅτι ἀνάγκη εἶναί τι τέλος καὶ μὴ 25
5 εἰς ἄπειρον φέρεσθαι τὰ φερόμενα, εἰ δὲ τοῦτο, ἔστι τι, ἐφ' ὃ πέφυκε
καὶ ἡ γῆ φέρεσθαι καὶ τὸ πῦρ, εἰ δὲ τοῦτο, ἓν τὸ μέσον καὶ ἓν τὸ ἔσχα-
τον. καὶ ἡ κύκλῳ δὲ κίνησις κἂν ἀδιάκοπός ἐστι καὶ ἐπ' ἄπειρον φέρε-
ται, οὐ τοιοῦτον τὸ ἐπ' ἄπειρον, οἷον τὸ ἐπ' εὐθείας ἂν ἦν ἐν ἄλλῳ καὶ 30
ἄλλῳ τόπῳ ἀεὶ γινομένου τοῦ κινουμένου· ἡ γὰρ κύκλῳ κίνησις ἀεὶ ἐν
10 τέλει ἐστὶν ὥσπερ καὶ ἐν ἀρχῇ ἀεί.

p. 277ᵃ27 Τεκμήριον δὲ τοῦ μὴ εἰς ἄπειρον ἕως τοῦ καὶ ἡ τῆς 35
ταχύτητος ἐπίδοσις ἄπειρος ἂν ἦν.

Τοῦ εἰς ὡρισμένον τὸ κάτω καὶ τὸ ἄνω καὶ μὴ εἰς ἄπειρον φέρεσθαι
τὰ κατ' εὐθεῖαν κινούμενα τεκμήριον παρατίθεται τὸ τὴν μὲν γῆν, ὅσῳ
15 ἂν ἐγγυτέρω ᾖ τοῦ μέσου, θᾶττον φέρεσθαι, τὸ δὲ πῦρ, ὅσῳ τοῦ ἄνω 40
ἐγγυτέρω ᾖ, τοσούτῳ θᾶττον φέρεσθαι· εἰ γὰρ τοῦτο, εἰ ἄπειρος ἡ διά-
στασις καὶ μὴ ὡρισμένον τὸ τέλος, εἰς ἄπειρον ἀεὶ προσετίθετο τῇ ταχύ-
τητι. εἰ οὖν ἡ ταχύτης διὰ τὰς φυσικὰς γίνεται ῥοπάς, τοῖς μὲν κάτω
κινουμένοις διὰ βαρύτητα πλείονα, τοῖς δὲ ἄνω διὰ κουφότητα, δῆλον, ὅτι 45
20 καὶ ἡ βαρύτης καὶ ἡ κουφότης ἔνδοθεν οὖσαι φυσικαὶ δυνάμεις τὴν εἰς
ἄπειρον προσ|θήκην ἐδέχοντο, εἰ δὲ τοῦτο, καὶ αὐτὰ τὰ κινούμενα ἄπειρα 119ᵇ
μὲν οὐκ ἀναγκαῖον ἦν εἶναι, ὡς Ἀλέξανδρος οἴεται, εἰς ἄπειρον δὲ προσ-
θήκην καὶ αὐτὰ δέχεσθαι· πεπερασμένου γὰρ σώματος καὶ μὴ καὶ αὐτοῦ
ἀεὶ προσθήκην δεχομένου τὴν δύναμιν ἐπ' ἄπειρον αὔξεσθαι τὴν οἰκείαν 5
25 ἀδύνατον ἦν. εἰ οὖν καὶ ἡ γῆ καὶ τὸ πῦρ φανερά ἐστι μὴ ἐπ' ἄπειρον
αὐξόμενα, εἴπερ τὰ μέρη τῆς γῆς τὰ συνεγνωσμένα τὰ αὐτὰ μέτρα διαφυ-
λάττει, δῆλον, ὅτι οὐδὲ ἡ ταχύτης αὐτῶν αὔξεται· εἰ δὲ μὴ ἡ ταχύτης,
οὔτε ἡ βαρύτης οὔτε ἡ κουφότης· ἐκείνων γὰρ αὐξομένων ἀνάγκη καὶ τὴν 10
ταχύτητα παρακολούθημα οὖσαν ἐκείνων αὔξεσθαι· εἰ δὲ μὴ ταῦτα, οὐκ
30 εἰς ἄπειρον ἡ πρόοδος τοῖς ἐπ' εὐθείας κινουμένοις, ἀλλ' εἰς ὡρισμένον τι
τέλος γίνεται.

Πάνυ δὲ ἀκριβῶς τεκμήριον ἐκάλεσε τὴν ἀπὸ τῆς ταχύτητος πίστιν
τῶν φυσικῶν κινήσεων, διότι αἰτίαι τῆς ταχύτητός εἰσιν αἱ φυσικαὶ ῥοπαί, 15
ἡ δὲ ἀπὸ τῶν αἰτιατῶν πίστις τεκμηριώδης νενόμισται.

35   Ὅτι δὲ ἡ ἐπ' ἄπειρον αὔξησις τῆς ταχύτητος, εἰ ἦν ἐφ' ἑνὸς καὶ

---

3 τελευτήσας c   7. 8 φέρηται A   11 ἄπειρα Ac   14 γῆν μὲν A   16 γὰρ] γὰρ
μὴ c   εἰ (alt.) Ab: εἴη D: ἦν E: ἀλλ' εἰς c   ἄπειρος Ab: ἄπειρον DEc
ἦ om. A   18 τοῦ φυσικοῦ A   γίγνεται E   19 τοῖς δὲ ἄνω διὰ κουφότητα]
mg. E²   δ' E²c   κουφότητα πλείονα CD   20 βαρύτης Ab: κουφότης CDEc
κουφότης Ab: βαρύτης CDEc   21 αὐτὰ τὰ c: ταῦτα ADE: ταῦτα τὰ E²: ea quae b
23 γὰρ] δὲ τοῦ A   καὶ μὴ Ab: μὴ DEc   34 αἰτιῶν c

τοῦ αὐτοῦ, διὰ τὴν ἐπ' ἄπειρον αὔξησιν τῆς βαρύτητος καὶ τῆς κουφότητος 119b
ἐγίνετο, δείκνυσιν ἐπὶ δυεῖν ποιούμενος τὸν λόγον· ὡς γὰρ τὸ κατωτέρω 20
φερόμενον ἄλλο ἄλλου, τουτέστι προλαμβάνον καὶ θᾶττον ἐπὶ τὸ κάτω φε-
ρόμενον διὰ τὴν πλείονα ταχύτητα, βαρύτητος προσθήκῃ θᾶττον ἂν ἦν,
5 οὕτως καὶ ἐπὶ τοῦ αὐτοῦ, εἰ ἄπειρος ἡ τοῦ βάρους ἐπίδοσις, καὶ ἡ τῆς
ταχύτητος ἐπίδοσις ἄπειρος ἂν ἦν, οὐκέτι ἀπὸ τεκμηρίου ἀλλ' ἀπὸ αἰτίου 25
νῦν γενομένης τῆς ἀποδείξεως· τὸ γὰρ βάρος τὸ πλέον τῆς ταχύτητος
αἴτιον.

Ὅταν δὲ λέγῃ ὁ Ἀλέξανδρος "ἦν ἂν καὶ αὐτὰ τὰ κινούμενα ἄπειρα,
10 εἰ ἦσαν αὐτῶν ἄπειροι ταχύτητες καὶ βαρύτητες καὶ κουφότητες", οὐχ ὡς
ἐνεργείᾳ ἄπειρα ἀκουστέον (οὐ γὰρ ἕπεται τοῦτο τῇ εἰς ἄπειρον φορᾷ), 30
ἀλλ' ὡς ἐπ' ἄπειρον αὐξόμενα. εἰς τοῦτο δὲ ἀγαγὼν τὸν λόγον ὁ Ἀρι-
στοτέλης τὸ καὶ τὰς βαρύτητας καὶ τὰς κουφότητας ἐπ' ἄπειρον αὔξεσθαι
ἠρκέσθη διὰ τὸ προδεδεῖχθαι, ὅτι οὔτε βαρύτης οὔτε κουφότης ἐστὶν ἄπει-
15 ρος οὕτως, οὐδὲ σώματος πεπερασμένου ἐπ' ἄπειρον αὔξεσθαι τὴν δύνα- 35
μιν· παρῆκε δὲ καὶ ἡμῖν ὁ Ἀριστοτέλης ἐπαγαγεῖν ὡς εὐσυνόπτον ἴσως,
ὅτι, εἴπερ πλησίον γινόμενα τὰ μὲν βαρέα τῷ κάτω, τὰ δὲ κοῦφα τῷ ἄνω
θᾶττον φέρεται, δῆλον, ὅτι κατὰ φύσιν αὐτοῖς εἰσιν οἵδε οἱ τόποι, ἐπὶ δὲ
τοὺς ἀντικειμένους αὐτῶν ἀντικειμένως φέρεται.
                                                                                              40
20 Ἐν δὴ τούτοις τὸ μὲν θᾶττον φέρεσθαι τὰ σώματα πλησιαίτερόν πως
τῶν οἰκείων τόπων γινόμενα κοινῶς ὁμολογεῖσθαι δοκεῖ, τὴν δὲ αἰτίαν
ἄλλοι ἄλλην ἀπολογίζονται. Ἀριστοτέλης μὲν γὰρ ἀπὸ τῆς οἰκείας ὁλό-
τητος δυναμοῦσθαι μᾶλλον τὰ πλησιάζοντα νομίζει καὶ τὸ εἶδος τελεώτερον
ἀπολαμβάνειν· βάρους γοῦν προσθήκῃ τὴν γῆν θᾶττον φέρεσθαι πρὸς τῷ 45
25 μέσῳ γινομένην. Ἵππαρχος δὲ ἐν τῷ ἐπιγραφο|μένῳ Περὶ τῶν διὰ βα- 119a
ρύτητα κάτω φερομένων ἐπὶ μὲν τῆς ἀναρριφθείσης ἄνω γῆς τὴν ἀναρ-
ριψασαν ἰσχύν, ἕως ἂν κρατῇ τῆς τοῦ ῥιπτουμένου δυνάμεως, αἰτίαν εἶναί
φησι τῆς ἄνω φορᾶς, καὶ ὅσῳ αὕτη κρατεῖ, τοσούτῳ θᾶττον ἐπὶ τὸ ἄνω
φέρεσθαι τὸ φερόμενον, ἐλαττουμένης δὲ ἐκείνης πρῶτον μὲν μηκέτι ἐν 5
30 ὁμοίῳ τάχει ἄνω φέρεσθαι, λοιπὸν δὲ κάτω φέρεσθαι χρώμενον τῇ οἰκείᾳ

---

1 τῆς (alt.) om. c   2 δυοῖν c   κάτω A   3 ἄλλο—φερόμενον (3. 4) om. D
τουτέστι τὸ Ec   παραλαυβάνον E: corr. E²   5 ἡ (pr.)] ἡ ἐπὶ E: corr. E²   καὶ—
ἐπίδοσις (6)] mg. E³   6 κουφότητος E²c   9 λέγῃ] DE²: comp. ambig. A: λέγει E
11 ἐνέργειαι E   ἄπειρα A: ἄπειροι DE   τῇ] τῶ τῆς A   12 ἀνάγων c
15 οὐδὲ scripsi: οὔτε A: οὔτε κουφότης ἐστὶν οὔτε DE: γὰρ οὔτε κουφότητος ἔστιν οὔτε
E²c (ita ut neque corporis finiti in infinitum crescere virtutem possibile sit b)   15. 16 δύ-
ναμιν] δύᾶ A   16 καὶ ἡμῖν A: ἡμῖν D: καὶ seq. ras. 4 litt. E: del. E²: om. bc
εὐσύνοπτον c   17 εἴπερ πλησίον γινόμενα om. E: εἰ πλησιάζοντα in ras. 20 litt. E²,c
18 ὅτι add. E²   κατὰ φύσιν] φύσιν E: φύσει E²c   οἵδε οἱ] οἱ δὲ E: οἱ E²c
ἐπὶ δὲ] lac. 8 litt. E: οὗτοι· εἰς γὰρ E²c   δὲ] nam b   19 τῆς ἀντικειμέ-
νης D   ἀντικειμένως] in ras. E²   20 πως Ab: om. DEc   22 οἰκείας om.
Ec   24 ἐναπολαμβάνειν c   προσθήκης A   27 κρατεῖ E: corr. E²   28 τοσούτῳ
θᾶττον Ab: τοσοῦτον DEc   ἄνω] ἄνω θᾶττον DEc   29 φέρεσθαι scripsi: φέρεται ADEbc
ἐλαττομένης E: corr. E²   πρῶττον A   30 κάτω φέρεσθαι] καταφέρεσθαι Ec

ῥοπῇ παραμενούσης πως καὶ τῆς ἀναπεμψάσης δυνάμεως, ἐξίτηλοι δὲ 120ᵃ
μᾶλλον γινομένης τὸ καταφερόμενον ἀεὶ μᾶλλον θᾶττον φέρεσθαι καὶ τά-
χιστα, ὅταν ἐκείνη τελέως ἐπιλείπῃ. τὴν αὐτὴν δὲ αἰτίαν ἀποδίδωσι καὶ 10
τῶν ἄνωθεν ἀφιεμένων· καὶ γὰρ τούτοις μέχρι τινὸς παραμένειν τὴν τοῦ
5 κατασχόντος αὐτὰ δύναμιν, ἣν ἐναντιουμένην αἰτίαν γίνεσθαι τοῦ βραδύτε-
ρον κατ' ἀρχὰς φέρεσθαι τὸ ἀφεθέν. "ταῦτα δέ, φησὶν ὁ Ἀλέξανδρος,
ἐπὶ μὲν τῶν βίᾳ κινηθέντων ἢ βίᾳ μεινάντων ἐν τῷ παρὰ φύσιν τόπῳ 15
ὀρθῶς ἂν λέγοιτο, ἐπὶ δὲ τῶν μετὰ τὸ γενέσθαι φερομένων κατὰ τὴν
οἰκείαν φύσιν ἐπὶ τὸν οἰκεῖον αὐτοῖς τόπον οὐκέτι ἁρμόζει λέγεσθαι." περὶ
10 δὲ τοῦ βάρους τὰ ἐναντία τῷ Ἀριστοτέλει φησὶν ὁ Ἵππαρχος· βαρύτερα
γάρ φησι καὶ τὰ πλέον ἀφεστῶτα. ἀπίθανον δὲ καὶ τοῦτο τῷ Ἀλεξάνδρῳ 20
δοκεῖ· "πολὺ γάρ, φησίν, εὐλογώτερον τὰ μεταβάλλοντα ἐκ τῆς ἐναντίας
φύσεως καὶ γενόμενα ἐκ κούφων βαρέα ἔτι τῆς φύσεώς τι τῆς πρώτης
ἔχειν ἐν τῇ πρώτῃ καταφορᾷ σχεδὸν ἔτι γινόμενα καὶ μεταβάλλοντα ἐπὶ
15 τὸ εἶδος τοῦτο, εἰς ὃ μεταβάλλοντα κάτω φέρεται, βαρύτερα ἀεὶ προϊόντα 25
γίνεσθαι, ἤπερ φυλάσσειν ἔτι τὴν ἀπὸ τοῦ κρατήσαντος αὐτὰ ἄνω τὴν
ἀρχὴν καὶ κωλύσαντος κάτω φέρεσθαι δύναμιν. ἔτι δέ, φησί, καὶ εἰ τῷ
βάρει κατὰ φύσιν ἐστὶ τὸ εἶναι ἐν τῷ κάτω· διὰ γὰρ τοῦτο καὶ ἡ ἐπὶ
τοῦτο κίνησις· εἴη ἂν τελέως βαρέα καὶ τὸ οἰκεῖον κατὰ τοῦτο εἶδος ἀπει- 30
20 ληφότα, ὅταν ἐν τῷ κάτω ᾖ, καὶ ἐγγυτέρω ἤδη γινόμενα καὶ πλησιάζοντα
τῷ κατὰ τὴν ῥοπὴν τελειότητα ἔχειν εὔλογον προσθήκην τινὰ καὶ ἐπίδοσιν
κατὰ τὸ βάρος λαμβάνειν· καὶ γὰρ ἄτοπον ἀεὶ τῶν κάτω κινουμένων καὶ
φερομένων κατὰ φύσιν θᾶττον κινουμένων κατὰ τὴν πλείονα ἀπὸ τοῦ ἄνω 35
ἀπόστασιν λέγειν αὐτά, ὅτε ἧττόν ἐστι βαρέα, τοῦτο πάσχειν· ἀναιρεθήσεται
25 γὰρ τὸ διὰ βαρύτητα αὐτὰ φέρεσθαι κάτω. εἰ γὰρ μὴ ἐπὶ πάντων οὕτως
ἐγίνετο, ἴσως ἂν ἦν τι λέγειν, νῦν δὲ καὶ ἐπὶ τῶν ἀναρριφθέντων ἄνω
βίᾳ καὶ ἐπὶ τῶν κρατηθέντων ἄνω καὶ ἐπὶ τῶν μεταβαλλόντων ἐν τῷ 40
ἄνω εἴς τι τούτων, οἷς κατὰ φύσιν ἐστὶ τὸ φέρεσθαι κάτω, τὸ αὐτὸ ὁρᾶται
γινόμενον." ταῦτα πρὸς τὸν Ἵππαρχον ὁ Ἀλέξανδρος· καὶ λέγει καλῶς,
30 οἶμαι, μάλιστα, ὅτι, εἰ διὰ βαρύτητα ἡ ταχύτης, ὡς ἐπὶ τῆς τῶν πλα-

---

2 φέρεσθαι scripsi: φέρεται ADEbc   3 ἐπιλίπῃ A: ἐπιλείπει E   4 ἀφιεμένων] ἀ- ε
corr. E   5 γίγνεσθαι DE   7 μεινάντων] τῶν post lac. 12 litt. E: μενόντων E²
8 ὀρθῶς ἂν λέγοιτο] lac. E: καλῶς εἶναι (?) λέγοιτο E²: καλῶς ἂν λέγοιτο c   ἐπὶ δὲ]
corr. ex ἐπειδὴ E²   φερομένων] lac. E: κινουμένων E²c   9 ἐπὶ τὸν οἰκεῖον] lac.
E: εἰς τὸν ἴδιον E²c   ἁρμόζοι E: ἁρμόζοιτ' c   λέγεσθαι] lac. E: τὰ λεγόμενα E²b:
ἂν λεγόμενα c   11 φησὶ E²b: lac. DE: om. A   καὶ AD: om. Ebc   πλεῖον A
ἀπείθανον E: corr. E²   13 γινόμενα c   14 γενόμενα A   ἐπὶ—μεταβάλλοντα
(15) Ab: om. DE: εἰς τοῦτο τὸ εἶδος εἰς ὃ μεταβάλλοντα E²c   15 βαρύτερα] καὶ βαρύ-
τερα c   16 γίγνεσθαι Ec   ἄνω] ἀνωτέρω A   17 κάτω φέρεσθαι Ab: κατα-
φέρεσθαι DEc   φησί] seq. ras. 1 litt. E   18. 19 ἐπὶ τούτου A   19 εἶδος]
τὸ εἶδος E: corr. E²   20 ἤδη om. D   21 τῷ] corr. ex τὸ E   22 ἀεὶ] ἐστί c
καὶ—κινουμένων (23) om. E: καὶ κατὰ φύσιν φερομένων τὰ ταχύτερον κινούμενα E²c
24 ὅτε] ὅτι Ec   28 ἐστί] seq. ras. 1 litt. E   κάτω] κατὰ A   29 γιγνόμενον
Ec   30 τῶν om. D

στίγγων κινήσεως δῆλον γίνεται προκατασπωμένου τοῦ βαρυτέρου, ἀδύνατον 120ᵃ
ἦν βαρύτερον μὲν εἶναι τὸ πορρώτερον, θᾶττον δὲ | κινεῖσθαι τὸ πλησι- 120ᵇ
αίτερον ταχύτερον ὑπάρχον. τινὲς δὲ καὶ οὐκ ὀλίγοι αἴτιον εἶναί φασι τοῦ
τὰ φερόμενα πρὸς τὸ κάτω, ὅσῳ πλησιαίτερον γίνεται τοῦ κάτω, τοσούτῳ
5 θᾶττον φέρεσθαι τὸ τὰ μὲν ἀνωτέρω ὄντα ὑπὸ πλείονος ἀέρος ὀχεῖσθαι 5
τοῦ ὑποκειμένου, τὰ δὲ κατωτέρω γινόμενα ὑπὸ ἐλάττονος, καὶ τὰ βαρύ-
τερα δὲ διὰ τοῦτο ταχύτερον φέρεσθαι, ὅτι ῥᾷον ἐκεῖνα διαιρεῖ τὸν ὑπο-
κείμενον ἀέρα. ὡς γὰρ τὰ ἐν ὕδατι καταφερόμενα κουφότερα δοκεῖ τοῦ
ὕδατος ἀνέχοντος καὶ ἀντιπράττοντος αὐτῶν τῇ κάτω φορᾷ, οὕτως καὶ τὰ 10
10 ἐν ἀέρι πάσχειν εὔλογον, καὶ ὅσῳ πλείων ὁ ὑποκείμενος ἀήρ ἐστι, το-
σούτῳ μᾶλλον ἀνεχόμενα κουφότερα δοκεῖν. ὁμοίως δὲ καὶ τὸ πλέον πῦρ
θᾶττον ἄνω φέρεται ὡς εὐκολώτερον διαιροῦν τὸν ὑπερκείμενον ἀέρα, καὶ
ὅσῳ πλείων ὁ ὑπερκείμενός ἐστι, τοσούτῳ ἀργότερον κινεῖται τὸ δι' αὐτοῦ 15
φερόμενον· κἂν γὰρ μὴ ὁμοίως τῷ ὕδατι πέφυκεν ἔχειν ὁ ἀήρ, ἀλλὰ καὶ
15 αὐτὸς σῶμα ὢν ἐμποδίζει τῇ κινήσει τῶν δι' αὐτοῦ φερομένων. εἰ δὲ
τοῦτο ἀληθές, οὐ προσθήκῃ βάρους, ὡς ὁ Ἀριστοτέλης φησίν, ἡ κατὰ τὴν
ταχύτητα ἐπίδοσις γίνεται, ἀλλ' ἀναιρέσει τοῦ ἐμποδίζοντος.

Καλῶς δὲ ἐπέστησεν ὁ Ἀλέξανδρος, ὅτι, κἂν τοῦτο οὕτως ἔχῃ, ἡ τοῦ 20
Ἀριστοτέλους ἐπιχείρησις ἀνέλεγκτος μένει ἡ δεικνῦσα ὡρισμένους τοὺς
20 τόπους τῶν σωμάτων καὶ μὴ ἐπ' ἄπειρον αὐτὰ φέρεσθαι ἐκ τοῦ θᾶττον
φέρεσθαι τὰ ἐγγυτέρω γινόμενα τῶν οἰκείων τόπων· τὸ γὰρ ἐπὶ ἀπείρου
διαστήματος φερόμενον οὐδέποτε ἐγγυτέρω γίνεται, οὐδὲ ἐλάττων ἢ πλείων 25
ὁ ὑποκείμενος ἀὴρ ἄπειρος ὤν, εἴπερ ἄπειρον τὸ διάστημα, ὥστε, κἂν
ταύτην τις αἰτίαν ἀποδέχοιτο τῆς θάττονος πρὸς τὸ κάτω κινήσεως, καὶ
25 οὕτως δείκνυται ἐξ αὐτῆς τὸ μὴ εἰς ἄπειρον φέρεσθαι τὰ φερόμενα. εἰ
δὲ ἀπείρου ὄντος τοῦ διαστήματος θᾶττον φέρεται πρὸς τὸ κάτω μὴ διὰ 30
τὸ ἐλάττονα εἶναι τὸν ὑποκείμενον ἀέρα, δῆλον, ὅτι διὰ προσθήκην βάρους
θᾶττον οἰσθήσεται. τί γὰρ ἂν ἄλλο εἴη αἴτιον ἐπὶ τῶν φύσει φερομένων
καὶ μὴ βιαίως, ὡς Ἵππαρχος ἔλεγεν; "ἀμείνων δέ, φησὶν ὁ Ἀλέξανδρος,
30 καὶ φυσικωτέρα αἰτία τοῦ θᾶττον φέρεσθαι τὰ ἐγγυτέρω γινόμενα τῶν 35
οἰκείων τόπων ἡ ὑπὸ Ἀριστοτέλους ῥηθεῖσα τὸ προσθήκην ἴσχειν τὸ βά-
ρος καὶ τὴν κουφότητα. τοῦτο δὲ ἂν εἴποι γίνεσθαι Ἀριστοτέλης τοῦ πλη-
σιάζοντος τῷ οἰκείῳ τόπῳ εἰλικρινέστερον ἀεὶ τὸ εἶδος ἀπολαμβάνοντος
καὶ διὰ τοῦτο, εἰ μὲν βαρὺ τυγχάνει, βαρυτέρου γινομένου, εἰ δὲ κοῦφον, 40
35 κουφοτέρου." ἐγὼ δὲ πρῶτον μὲν αὐτὸ τοῦτο ζητεῖν ἀξιῶ τὸ παρὰ πάν-
των λεγόμενον ὁμολογεῖσθαι, πῶς ἂν καταληφθείη τὸ πρὸς τοῖς οἰκείοις

---

1 γίγνεται E   3 εἶναί] αὐτοῦ A   4 γίγνεται Ec   5 τὸ] τῷ A   10 ἀέρι
E: corr. E²   13 τοσοῦτον A   14 ὁ om. Ec   15 αὐτὸ Ec   ὃν Ec
16 ὁ om. Ec   17 γίγνεται E   18 ἔχει E, sed corr.   21 τὰ om. A
γινόμενα] e corr. E¹   22 γίγνεται E   23 ἄπειρον] ἄπειρος E   26 ἀπείρου]
ἄπειρος A   ὄντως A   27 ἔλαττον E: ἐλάττω c   29 ὡς add. E²   Ἵππαρ-
χον A   31 τὸ (prius) A: om. DE: δηλονότι E²c   31 ἴσχει E: corr. E²
33 τῷ οἰκείῳ] bis D   34 γιγνομένου E   36 τὸ AD: τὰ Ebc; fort. τὸ τὰ

τόποις γινόμενα θᾶττον φέρεσθαι· ἔπειτα εἰ προσθήκῃ βάρους ἢ κουφό- 120ᵇ
τητος γίνεται, συμβήσεται τὸ ἐν ἀέρι σταθμιζόμενον, ὅταν ἀπὸ ὑψηλοῦ 45
πύργου τις ἢ δένδρου ἢ ἀκρωρείας ἀποτόμου ἑαυτὸν ἐκτεί|νας· ἐν ἀέρι 121ᵃ
σταθμίζῃ, βαρύτερον φαίνεσθαι ἐν τῷ ὑποκειμένῳ τῆς γῆς ἐδάφει ἑστῶτος
5 τοῦ σταθμίζοντος, ὅπερ πλασματῶδες δοκεῖ· εἰ μὴ ἄρα ἐπὶ τούτων ἀνεπαίσ-
θητόν τις λέγοι γίνεσθαι τὴν διαφοράν.

p. 277ᵃ33 Ἀλλὰ μὴν οὐδὲ ὑπ' ἄλλου φέρεται αὐτῶν τὸ μὲν ἄνω,
τὸ δὲ κάτω ἕως τοῦ ἔστι λαβεῖν τὴν πίστιν περὶ τῶν λεγομένων
ἱκανῶς.

10   Πρὸς ἀπόδειξιν τοῦ ἕνα τὸν κόσμον εἶναι χρησάμενος τῷ ἓν εἶναι τὸ 10
μέσον καὶ ἓν τὸ ἔσχατον καὶ τοῦτο δείξας ἐκ τοῦ τὰς κατὰ φύσιν οὔσας
τῶν σωμάτων κινήσεις ἐπὶ ὡρισμένον τι γίνεσθαι καὶ πεπερασμένον, ἐφ'
ὃ πεφύκασι φέρεσθαι, τοῦτο δὲ ἐκ τοῦ θᾶττον φέρεσθαι τὰ σώματα πρὸς
τοῖς οἰκείοις γινόμενα τόποις, νῦν δείκνυσιν, ὅτι κατὰ φύσιν αἱ τῶν σωμά- 15
15 των αὗται γίνονται κινήσεις, ᾧ καὶ ἐν τοῖς προσεχῶς εἰρημένοις ἐχρήσατο
καὶ ἐν τοῖς φθάσασι πολλαχοῦ. δείκνυσι δὲ αὐτὸ ἐκ τῆς τῶν ἀντικειμένων
θέσεων ἀναιρέσεως· τὰ γὰρ στοιχειώδη σώματα ἢ κατὰ τὴν αὑτῶν φύσιν
κινεῖται ἢ ὑπ' ἄλλου τινὸς φερόμενα ἢ ὑπ' ἀλλήλων ἐκθλιβόμενα· δείκνυ- 20
σιν οὖν, ὅτι οὔτε ὑπ' ἀλλήλων ἐκθλιβόμενα οὔτε ὑπ' ἄλλου φερόμενα, καὶ
20 πρῶτον, ὅτι οὐχ ὑπ' ἄλλου φερόμενα, ἐκ τοῦ τὸ πλεῖον πῦρ θᾶττον φέ-
ρεσθαι τοῦ ἐλάττονος καὶ τὴν μείζονα βῶλον τῆς βραχυτέρας· καίτοι εἰ
μὴ πεφυκότα οὕτως κινεῖσθαι ὑπό τινος ἐφέρετο βίᾳ, τὸ πλέον ἂν βραδύ- 25
τερον ὑπὸ τοῦ αὐτοῦ ἐκινεῖτο· εὐβιαστότερον γὰρ τὸ ἔλαττον καὶ εὐκομισ-
τότερον. εἰ δέ τις λέγοι τὸ πλέον ὑπὸ πολλαπλασίονος δυνάμεως φερό-
25 μενον θᾶττον φέρεσθαι, πλασματῶδης ὁ λόγος· οὐ γὰρ ἀνάγκη ἀεὶ τὸ
πλέον ὑπὸ πλείονος φέρεσθαι, ἀεὶ δὲ τὸ πλέον θᾶττον φέρεται. δῆλον δὲ
τοῦτο καὶ ἐκ τῆς ἀντικειμένης κινήσεως· κάτω γὰρ τὸ πλέον πῦρ βραδύ- 30
τερον κατασπᾶται.

Ὅτι δὲ οὐδὲ τῇ ὑπ' ἀλλήλων ἐκθλίψει βιαζόμενα κινεῖται, δείκνυσιν
30 ἐφεξῆς. ταύτης δὲ γεγόνασι τῆς δόξης μετ' αὐτὸν Στράτων τε καὶ Ἐπίκουρος

---

1 προσθήκην A: προσθήκῃ c   3 post ἑαυτὸν add. τις Ε²c   ἐν — ἐδάφει (4)]
mg. Ε²   ἐν Db: om. A: ἐν τῷ Ε²c   4 ἐν τῷ] ἢ ἐν Ε²: ἐν c   ἐδάφει τῆς
γῆς Ε²c   5. 6 ἀνεπαίσθητον] -αί- e corr. Ε¹   6 γίγνεσθαι E   7 οὐδ' DE
8 περὶ ὧν λέγομεν Arist. codd. vulg.   11 οὐσίας E   12 γίγνεσθαι E
14 κατὰ—σωμάτων (14. 15) Ab: ἐκ τῶν σωμάτων κατὰ φύσιν CDE: τῶν σωμάτων κατὰ
φύσιν Ε²c   15 γίγνονται E   17 θέσεως A   αὑτῶν AE   18. 19 δείκνυσιν—
φερόμενα (19) DE: om. A: *ostendit igitur, quod neque ab alio feruntur neque ab invicem
extruduntur* b; fort. δείκνυσιν οὖν, ὅτι οὔτε ὑπ' ἄλλου φερόμενα οὔτε ὑπ' ἀλλήλων ἐκθλι-
βόμενα   22 πλεῖον c   23. 24 εὐκοσμητότερον E, η corr. ex ι Ε²   24 πλεῖον c
26 πλέον (pr.)] πλεῖον c   πλέον (alt.)] πλεῖον DEc   δὲ] supraser. Ε²   27 πλεῖον c
29 οὐδὲ a: οὔτε DEc: ὅτι οὔτε A   30 δὲ om. Ec   Ἐπίκουρος] fr. 276 p. 196,27
ed. Usener

πᾶν σῶμα βαρύτητα ἔχειν νομίζοντες καὶ πρὸς τὸ μέσον φέρεσθαι, τῷ 121ᵃ
δὲ τὰ βαρύτερα ὑφιζάνειν τὰ ἧττον βαρέα ὑπ' ἐκείνων ἐκθλίβεσθαι βίᾳ 35
πρὸς τὸ ἄνω, ὥστε, εἴ τις ὑφεῖλε τὴν γῆν, ἐλθεῖν ἂν τὸ ὕδωρ εἰς τὸ
κέντρον, καὶ εἴ τις τὸ ὕδωρ, τὸν ἀέρα, καὶ εἰ τὸν ἀέρα, τὸ πῦρ. ἐλέγχει
5 δὴ καὶ τοῦτον ὁ Ἀριστοτέλης τὸν λόγον διὰ τοῦ τὰ μὲν ἐκθλιβόμενα
πορρώτερον ἀφιστάμενα τοῦ ἐκθλίβοντος καὶ βιαζομένου βραδύτερον ἀεὶ 40
κινεῖσθαι κατὰ τὴν ἀναλογίαν τῆς ἀποστάσεως, ἐπὶ δὲ τῆς τῶν σωμάτων
τούτων κινήσεως πᾶν τοὐναντίον ὁρᾶται γινόμενον· ταχυτέρα γὰρ αὐτοῖς ἡ
κίνησις ἀεὶ γίνεται προϊοῦσιν ἀπὸ τῆς ἀρχῆς καὶ τάχιστα κινεῖται πλη-
10 σιάζοντα ἐκείνοις, ἐφ' ἃ κινεῖται. καὶ δυνατὸν μὲν ἦν καὶ τῇ ἐπὶ τῶν 45
ὑπ' ἄλλου φερομένων προειρημένῃ ἐπιχειρήσει χρή|σασθαι καὶ ἐπὶ τῶν 121ᵇ
ἐκθλιβομένων· ὡς γὰρ βραδύτερον ὑπὸ τοῦ αὐτοῦ κινεῖται τὸ πλέον, οὕτως
καὶ ἀτονώτερον ἐκθλίβεται· νῦν δὲ φαίνεται τὸ πλέον πῦρ θᾶττον ἐπὶ τὸ
ἄνω φερόμενον. ἀλλ' ἅμα μὲν δι' εὐπορίαν ἐξήλλαξε τὸ ἐπιχείρημα. ἅμα 5
15 δὲ καὶ ἔνστασιν ἴσως ὑφείλετο τὴν λέγουσαν, ὅτι τὸ πλέον ὑπὸ τοῦ πλεί-
ονος ἀεὶ περιέχοντος ἐκθλίβεται καὶ δυνάμει χρωμένου πλείονι, ὅπερ ἐπὶ
τοῦ φέροντος οὐκ ἦν ἀναγκαῖον. χωρὶς δὲ ὑπαντήσας πρός τε τοὺς ὑπ'
ἄλλου φέρεσθαι λέγοντας καὶ τοὺς κατὰ ἔκθλιψιν κινεῖσθαι κοινὸν ἐπιχεί- 10
ρημα προστίθησι πρὸς τοὺς βίᾳ καὶ μὴ κατὰ φύσιν τὴν κίνησιν λέγοντας.
20 εἰ γάρ, ἀφ' οὗ τόπου βίᾳ φέρεται καθ' ὁνδήποτε βίας τρόπον, εἰς ἐκεῖνον
φαίνεται μηκέτι βίᾳ φερόμενα, δῆλον, ὅτι κατὰ φύσιν φέρεται· οὐδὲ γὰρ
τὴν ἀρχὴν ἐξ ἐκείνου τοῦ τόπου βίᾳ ἐκινεῖτο, εἰ μὴ κατὰ φύσιν ἦν αὐτοῖς 15
τὸ ἐν αὐτῷ εἶναι, ἐν ᾧ δὲ μένει τι κατὰ φύσιν, ἐπὶ τοῦτο καὶ φέρεται
κατὰ φύσιν· ὥστε τῷ λέγοντι βίᾳ κινεῖσθαι τὰ σώματα καὶ μὴ κατὰ φύσιν
25 ἀκολουθεῖ καὶ τὸ κατὰ φύσιν αὐτὰ λέγειν κινεῖσθαι. εἰ δὲ πᾶσα αὐτοῖς ἡ
κίνησις βίαιος ἦν, ὁμοίως ἐχρῆν ἐπὶ τὰ ἀντικείμενα κινεῖσθαι· νῦν δὲ φαί- 20
νεται ἡ γῆ ἄνω μὲν βίᾳ κινουμένη, κάτω δὲ αὐτοφυῶς καὶ τὸ πῦρ ἀνά-
παλιν. εἰκότως οὖν ἐπὶ ταύταις ταῖς ἀποδείξεσιν ἐπήγαγεν, ὅτι ἐκ τούτων
θεωροῦσιν ἔστι λαβεῖν τὴν πίστιν περὶ τῶν λεγομένων ἱκανῶς, ὅτι ἐστὶ
30 κατὰ φύσιν τοῖς σώμασι κίνησις ἡ πρὸς τοὺς οἰκείους τόπους καὶ τὸ
συγγενὲς γινομένη. 25

Οἱ δὲ τοῦ πάντα πρὸς τὸ μέσον φέρεσθαι κατὰ φύσιν τεκμήριον κομί-
ζοντες τὸ τῆς γῆς ὑποσπωμένης τὸ ὕδωρ ἐπὶ τὸ κάτω φέρεσθαι καὶ τοῦ
ὕδατος τὸν ἀέρα ἀγνοοῦσι τὴν τούτου αἰτίαν τὴν ἀντιπερίστασιν οὖσαν·

---

1 μέσον AE²b: μέρος D: μεῖζον E   3. 4 εἰς τὸ κέν- in ras. E   5 τὸν λόγον ὁ
Ἀριστοτέλης A   διὰ] διὰ τὸ A   μὲν om. c   6 ἀφισταμένου c   βαρύτερον
E: corr. E²   8 πᾶν] ἐπαν E: ἅπαν E²c   ὁρᾶτι E, sed corr.   γινόμενον CD:
γενόμενον A: τὸ γιγνόμενον E: γιγνόμενον E²   9 γίγνεται E   προϊοῦσιν AE²b:
προιοῦσα D: προιοῦσαν E   10 καὶ (alt.) del. E: om. bc   ἐπὶ Ab: ὑπὸ DE
12 τοῦ αὐτοῦ] corr. ex τὸ αὐτὸ E²   15 ὑφείλετο A: ὑφείθετο DE: ὑπείδετο E²c:
previdit b   18 κατ' Ec   20 φέρεται A: φέρονται CDEc   οἱονδήποτε Ec
21 φαίνεται] φέρεται A   32. 33 κομίζοντες Ab: νομίζοντες DEc   33 ἀποσπωμέ-
νης D   34 τὴν (pr.) del. E²: om. c et Usener l. c. p. 197,2

τῶν γὰρ παχυτέρων εἰς τὴν τῶν λεπτοτέρων χώραν μετατιθεμένων τὰ 121ᵇ
λεπτότερα τὴν τῶν παχυτέρων χώραν μεταλαμβάνει περιωθούμενα πρὸς 30
τὸ κάτω διὰ τὸ μηδὲν εἶναι κενὸν μηδὲ σῶμα διὰ σώματος χωρεῖν.
ἰστέον δέ, ὅτι οὐ Στράτων μόνος οὐδὲ Ἐπίκουρος πάντα ἔλεγον εἶναι τὰ
5 σώματα βαρέα καὶ φύσει μὲν ἐπὶ τὸ κάτω φερόμενα, παρὰ φύσιν δὲ ἐπὶ
τὸ ἄνω, ἀλλὰ καὶ ὁ Πλάτων οἶδε φερομένην † αὐτὴν καὶ διελέγχει τό τε 35
κάτω καὶ τὸ ἄνω ἐπὶ τοῦ κόσμου μὴ καλῶς εἰρῆσθαι νομίζων καὶ τὸ βα-
ρέα λέγεσθαι οὕτως ὡς πρὸς τὸ κάτω φερόμενα μὴ ἀποδεχόμενος. γρά-
φει δὲ ἐν Τιμαίῳ τάδε· "φύσει γὰρ δή τινας τόπους δύο εἶναι διειληφότας
10 διχῇ τὸ πᾶν ἐναντίους, τὸν μὲν κάτω, πρὸς ὃν φέρεται πάντα, ὅσα τινὰ 40
ὄγκον σώματος ἔχει, τὸν δὲ ἄνω, πρὸς ὃν ἀκουσίως ἔρχεται πᾶν, οὐκ
ὀρθὸν οὐδαμῇ νομίζειν". καὶ γὰρ καὶ οἱ τὰς ἀτόμους λέγοντες ναστὰς
οὔσας βαρείας ἔλεγον αὐτὰς καὶ βάρους τοῖς συνθέτοις αἰτίας, ὥσπερ κου-
φότητος τὸ κενόν.
15 Ἐφιστάνειν δὲ ἐν τούτοις ἅπασι χρή, τίνα λέγει τὸν κάτω τόπον ὁ 45
Ἀριστοτέλης, εἴπερ ὁ τόπος τὸ πέρας τοῦ περιέχον|τός ἐστι, καθὸ περι- 122ᵃ
έχει τὸ περιεχόμενον. ὁ μὲν γὰρ ἄνω τόπος ἔστω τὸ κοῖλον τῆς σελη-
νιακῆς σφαίρας· καίτοι καὶ τοῦτο ἀδύνατον, διότι τοῦ μὲν ἄνω τόπου οὐκ
ἂν εἴη τι ἀνωτέρω, τῆς δὲ σεληνιακῆς σφαίρας πολλὰ τὰ ἀνωτέρω. ὁ δὲ 5
20 κάτω τόπος, εἰ μὲν ἡ τῆς γῆς ἐστιν ἐπιφάνεια, πρῶτον μὲν οὐ περιέχει
αὐτή, ἀλλὰ περιέχεται, ἔπειτα, πῶς καὶ κατωτέρω τῆς ἐπιφανείας τῆς
γῆς αὐτή τε ἡ γῆ φέρεται καὶ πάντα τὰ βαρέα; τοῦ γὰρ κάτω τόπου
κατωτέρω τις οὐκ ἂν εἴη. εἰ δὲ τὸ κέντρον τοῦ παντός ἐστιν ὁ κάτω
τόπος, δῆλον, ὅτι καὶ ὁ ἄνω τὸ πέριξ, καὶ οὐκέτι τόπος ἐστὶ τὸ πέρας 10
25 τοῦ περιέχοντος, καθὸ περιέχει τὸ περιεχόμενον. ἀλλ', ὡς ἔοικε, τῷ ὄντι
πρῶτος ὁ Ἀριστοτέλης, τί ποτέ ἐστιν ὁ τόπος, ἐπιχειρήσας ζητεῖν μερικῆς
ἐννοίας αὐτοῦ τῆς κατὰ τὸ περιέχειν ἔξωθεν κατεδράξατο καὶ διὰ τοῦτο
πολλαῖς ἐνστάσεσιν ὑπεύθυνον ἐποίησε τὸν λόγον.   15

p. 277ᵇ9   Ἔτι δὲ καὶ διὰ τῶν ἐκ τῆς πρώτης φιλοσοφίας ἕως τοῦ
30   καὶ ἐν τοῖς ἄλλοις κόσμοις.

Πρώτης μὲν φιλοσοφίας λόγους τὴν Μετὰ τὰ φυσικὰ πραγματείαν 20
καλεῖ καί φησιν ἔκ τε τῶν ἐκεῖ ῥηθέντων καὶ ἐκ τῶν ἐν τῷ Θ τῆς Φυσι-
κῆς ἀκροάσεως δείκνυσθαι, ὅτι εἷς ὁ κόσμος ἐστίν. ἐν μὲν γὰρ τῷ Θ

---

1 τῶν (alt.) om. A   λεπτοτέραν A   2 μεταλαμβάνουσι A   4 ἔλεγον] λε Γ D
6 εἶδε E   αὐτὴν] ταύτην τὴν δόξαν bc   9 Τιμαίῳ] 62 c   δή Ab: om. DEc
11 δ' c   12 λέγοντες Ab: λέγοντες εἶναι DEc   13 ὥσπερ] ὥσπερ οὖν D   15 λέ-
γειν E: corr. E²   21 αὐτὴ Ab: αὕτη DE: αὐτήν c   πῶς καὶ A: πῶς DEc:
om. b   21. 22 τῆς γῆς Ab: om. DEc   22 αὐτή Ab: αὕτη DE   23 τις οὐκ Ab:
τίς DEc   24 τόπος (alt.)] ὁ τόπος c   25 καθὸ Db: καθὰ AE   26 ὁ (pr.) om. A
26. 27 μερικῆς ἐννοίας] μερικὴν ἔννοιαν c   27 τῆς] τὴν c   περιέχειν Eb: περιέχον
ADc   κατεδέξατο c   32 Θ] θῆτα ADE   33 Θ] θῆτα ADE

περὶ τῆς κύκλῳ κινήσεως δέδεικται, ὅτι ἀΐδιός ἐστιν, ὅπου ἂν ᾖ, κἂν ἐν 122ᵃ
τούτῳ τῷ κόσμῳ κἂν ἐν ἄλλῳ τινί, καὶ ὅτι ὑπὸ ἀκινήτου αἰτίου κινεῖται, 25
ὃ ἐδείχθη ἀσώματόν τε καὶ ἀμερὲς διὰ τὸ ἄπειρον μὲν μηδὲν εἶναι σῶμα,
πεπερασμένον δὲ μηδὲν ἄπειρον ἔχειν δύναμιν, ἄπειρος δὲ δύναμις ἡ ἐπ᾽
5 ἄπειρον κινοῦσα. ἐν δὲ τῇ Μετὰ τὰ φυσικά, ὥς φησιν Ἀλέξανδρος, δεί-
κνυσιν, ὅτι ἕν ἐστι τὸ κινητικὸν τοῦτο τοῦ κυκλοφορητικοῦ σώματος· ἄυλον 30
γὰρ ὂν καὶ ἀσώματον καὶ λόγος μόνος καὶ εἶδος ταὐτὸν ἔσται κατ᾽ ἀριθ-
μόν· εἰ δὲ τοῦτο ἕν, καὶ τὸ κινούμενον ὑπ᾽ αὐτοῦ ἕν, ἑνὸς δὲ ὄντος τοῦ
κυκλοφορητικοῦ, ἀνάγκη καὶ κόσμον ἕνα εἶναι. ἐφ᾽ οἷς ἀπορεῖ ὁ Ἀλέ-
10 ξανδρος, διὰ ποίαν αἰτίαν ἓν ὂν τὸ πρῶτον κινοῦν οὐ δυνήσεται καὶ πλείω 35
κινεῖν κυκλοφορητικὰ σώματα, εἴ γε κινήσει ἐφέσει τῇ αὑτοῦ καὶ ὡς ἐρώ-
μενον· οὐδὲν γὰρ κωλύει πλείω τοῦ αὐτοῦ ἐφίεσθαι. καὶ ταῦτα εἰπὼν
"ἢ κατὰ τὸ εὔλογον, φησίν, ἥδε ἡ ἐπιχείρησις προΐοι ἄν, οὐχ ὡς ἀναγ-
καῖόν τι δεικνύουσα"· ἀξιῶ οὖν πρῶτον μὲν ἐπιστῆσαι, ὅτι οὐ φησὶν Ἀρι- 40
15 στοτέλης ἓν εἶναι τὸ κινητικὸν τοῦ κυκλοφορητικοῦ σώματος, ἀλλὰ τὴν μὲν
ἁπλῆν φορὰν τὴν τῆς ἀπλανοῦς ὑπὸ τῆς πρώτης οὐσίας κινεῖσθαί φησι,
τῶν δὲ πλανωμένων σφαιρῶν ἑκάστην ὑπὸ ἀκινήτου κινεῖσθαι καὶ ἀϊδίου
οὐσίας. γράφει δὲ ἐν τῷ Λ τῶν Μετὰ τὰ φυσικὰ τάδε· "ἡ μὲν γὰρ 45
ἀρχὴ καὶ τὸ πρῶτον τῶν ὄντων ἀκίνητον καὶ καθ᾽ αὑτὸ καὶ κατὰ συμβε-
20 βηκός, | κινοῦν δὲ τὴν πρώτην ἀΐδιον καὶ μίαν κίνησιν. ἐπεὶ δὲ τὸ κι- 122ᵇ
νούμενον ἀνάγκη ὑπό τινος κινεῖσθαι καὶ τὸ πρῶτον κινοῦν ἀκίνητον εἶναι
καθ᾽ αὑτὸ καὶ τὴν ἀΐδιον κίνησιν ὑπὸ ἀϊδίου κινεῖσθαι καὶ τὴν μίαν ὑφ᾽
ἑνός, ὁρῶμεν δὲ παρὰ τὴν τοῦ παντὸς τὴν ἁπλῆν φοράν, ἣν κινεῖν φαμεν 5
τὴν πρώτην οὐσίαν καὶ ἀκίνητον, ἄλλας φορὰς οὔσας τὰς τῶν πλανήτων
25 ἀϊδίους (ἀΐδιον γὰρ καὶ ἄστατον τὸ κύκλῳ σῶμα), ἀνάγκη καὶ τούτων
ἑκάστην τῶν φορῶν ὑπ᾽ ἀκινήτου τε κινεῖσθαι καθ᾽ αὑτὸ καὶ ἀϊδίου οὐ-
σίας." ἔπειτα πῶς οὐκ ἄτοπον τοὺς ἀπὸ τῆς πρώτης φιλοσοφίας καὶ τῆς 10
ἀκριβεστάτης αὐτοῦ φυσικῆς πραγματείας εἰς μαρτυρίαν κληθέντας λόγους
μὴ τὸ ἀναγκαῖον ἔχειν τῶν ἀποδείξεων; ἀλλὰ κἂν πολλὰ τὰ κινοῦντα
30 αἴτια καὶ ἓν πρὸ τῶν πάντων ἐστίν, ἀνάγκη καὶ μίαν εἶναι πάντων σύν-
ταξιν πρὸς τὸ ἓν αἴτιον συντεταγμένων καὶ κόσμον νοητὸν ἕνα, ἀφ᾽ οὗ καὶ 15
πρὸς ὃν ὁ αἰσθητὸς κόσμος ὑποστὰς εἷς καὶ αὐτὸς γέγονεν ἐκ περιεχόντων
καὶ περιεχομένων, ὥσπερ καὶ ὁ νοητὸς εἷς. καὶ εἴπερ οἱ λέγοντες τοὺς
πολλοὺς κόσμους εἰς μίαν σύνταξιν αὐτοὺς συνῆγον, ὡς εἶναι καὶ ἕνα τὸν
35 ἐκ πάντων τῶν μὲν ὁλικωτέρων, τῶν δὲ μερικωτέρων, καὶ τῶν μὲν περι- 20

---

1 δέδεικται] Phys. VIII 8 sq.   2 αἰτίας A   3 καὶ ἀ-] bis E: corr. E²
εἶναι] αὐτοῦ A   5. 6 δείκνυσιν] Metaph. Λ 6 sq.   6 τοῦτο] τὸ c   11 ὡς
suprascr. E²   11. 12 ἐρώμενον] post ρ ras. 1 litt. E   12 πλείω] corr. ex πλεῖον E²
13 ἢ om. Ebc   17 δὲ om. D   ἑκάστου D   ὑπὸ] ἢ ὑπὸ D   ἀκινή-
του ADE: immobili et aeterna substantia b: τῆς πρώτης οὐσίας c   18 Λ] λάβδα AE:
λάμβδα D   τῶν] τῆς D   φυσικὰ πραγματείας D   τάδε] Metaph. Λ 8. 1073ᵃ23
20 κινοῦν] κινεῖ A   21 τὸ om. A   κινοῦν om. E   23 τὴν (alt.) om. A
26 ὑπ᾽] ἐπ᾽ A   28 λόγους om. E   30 εἶναι] αὐτοῦ A   32 ἐκ] ἐκ τῶν Ec
33 ὁ om. A   34 τὸν] corr. ex τῶν E²

SIMPLICII IN L. DE CAELO I 8 [Arist. p. 277b9. 12] 271

ἐχόντων, τῶν δὲ περιεχομένων, ἔλεγον μὲν εἰκότα, τοῦτον δὲ ἔλεγον τὸν 122b
ἕνα κόσμον ἐκ πολλῶν κόσμων συνεστηκότα· κόσμος γὰρ καὶ τῶν οὐρανῶν
ἕκαστος καὶ τῶν ὑπὸ σελήνην πληρωμάτων· καὶ γὰρ ἡ γῆ κόσμος καὶ τὸ
ὕδωρ καὶ ὁ ἀὴρ καὶ ὁ αἰθήρ. διὰ τοῦτο οὖν εἷς ὅδε ὁ κόσμος, ὅτι καὶ 25
5 ὁ νοητὸς κόσμος εἷς ὁ τούτου κινητικός τε καὶ ποιητικὸς πλῆθος μὲν καὶ
ἐκεῖνος ἔχων συντεταγμένον, ἀλλ' αἰτιῶδες πλῆθος καὶ ἡνωμένον, οἷον ἐν
τῇ Μετὰ τὰ φυσικὰ ὁ Ἀριστοτέλης ἀπέδειξε τὸ τῶν πρώτως κινούντων
ἀκινήτων νοητῶν αἰτίων, εἰς ἃ νῦν τὸν λόγον ἀνέπεμψεν. εἰ γὰρ ὑφ' 30
ἑνὸς νοητοῦ κόσμου ἐκ πολλῶν ἀκινήτων αἰτίων συνεστηκότος αἱ ἀίδιοι
10 κυκλοφορίαι πρώτως κινοῦνται, δῆλον, ὅτι καὶ αὗται εἰς ἕνα τελοῦσι τὸν
αἰσθητὸν κόσμον. οὔτε οὖν εὔλογος μόνον ἡ ἐπιχείρησις, ὡς Ἀλέξανδρος
οἴεται, τοῦ ἀναγκαίου στερουμένη ἡ ἀπὸ τῆς πρώτης φιλοσοφίας καὶ τῆς 35
ἀιδίου κυκλοφορίας, οὔτε μέντοι τελικὸν μόνον αἴτιον τοῦ κόσμου τὸν θεὸν
ὁ Ἀριστοτέλης ὑπολαμβάνει, ἐξ οὗ ἠπόρησεν ὁ Ἀλέξανδρος, ἀλλὰ καὶ ποιη-
15 τικόν. καὶ ἀρκεῖ μὲν ἀντὶ πολλῶν εἷς αὐτοῦ λόγος λέγοντος ἐν τούτῳ τῷ
βιβλίῳ, ὅτι οὐδὲν μάτην ποιεῖ οὔτε ὁ θεὸς οὔτε ἡ φύσις, ἀρκεῖ δὲ καὶ τὸ 40
δεῖξαι τὴν ἀίδιον κίνησιν ἐκεῖθεν ἐποχετευομένην τῷ κυκλοφορητικῷ σώ-
ματι πεπερασμένην ἀφ' ἑαυτοῦ τὴν δύναμιν ἔχοντι, ἀρκεῖ δὲ ἱκανῶς καὶ
ὁ ἡμέτερος καθηγεμὼν Ἀμμώνιος ἐν ὅλῳ τῷ βιβλίῳ τοῦτο δεικνύς, ὅτι
20 οὐ τελικὸν μόνον, ἀλλὰ καὶ ποιητικὸν αἴτιον οἶδε τοῦ κόσμου τὸν θεὸν ὁ 45
Ἀριστοτέλης. εἰ δὲ καὶ ἐφετόν τις αὐτὸν μόνως λέγων ἀπορεῖ, διὰ τί μὴ
ὑφ' ἑνὸς ἐφετοῦ πλεί|ους οὐρανοὶ κινοῦνται, ῥᾴδιον λέγειν, ὅτι τῷ ἑνὶ τὸ 123b
πλῆθος οὐ προσεγγίζει μὴ καὶ αὐτὸ ἑνωθέν· τῷ γὰρ ὁμοίῳ τὸ ὅμοιον
πελάζει· διόπερ οὐδὲν τῶν καθ' ἕκαστον μερισθέντων ἑνοῦσθαι καθ' αὑτὸ
25 δύναται τῇ παντότητι τοῦ ἑνός, ἀλλ' ἀνάγκη πρὸς τὰ ἄλλα πρῶτον τὰ ἀπὸ 5
τοῦ ἑνὸς προελθόντα συνενωθὲν πανσυδίῃ μετ' ἐκείνων πρὸς τὸ ἓν ἀνα-
τείνεσθαι.

p. 277b 12 Δῆλον δὲ κἂν ὧδε γένοιτο ἕως τοῦ δῆλον ἡμῖν ἐκ τῶν
εἰρημένων. 10

30 Προθέμενος δεῖξαι, ὅτι εἷς ὁ κόσμος, ἐκ τοῦ ἑκάστῳ τῶν στοιχείων
εἶναί τινα κατὰ φύσιν τόπον οἰκεῖον ἀφωρισμένον, ἐφ' ὃν φέρεται, καὶ
τοῦτον ἐν τῷδε τῷ κόσμῳ εἶναι, δείξας, ὅτι ἐστὶ κατὰ φύσιν ἑκάστῳ τό-
πος οἰκεῖος ἀφωρισμένος, ἐφ' ὃ ὡρισμένη καὶ πεπερασμένη ἐστὶν ἡ κίνη- 15

---

1 μὲν] μὲν ἂν E²c   τοῦτο Ac   δὲ] δ' ἂν E²c   2 γὰρ Ab: δὲ DEc
καὶ] ὁ E: del. E²: om. c   4 οὖν Ab: om. DEc   ὅδε] corr. ex ὧδε E²
5 ὁ (pr.) om. A   εἷς – κινητικός om. E: εἷς ἐστι τοῦ αἰσθητοῦ τούτου κινητικός E²c
8 ἀνέπεμψε E: corr. E²   9 αἱ om. A   13 μέντοι A: μὲν τὸ DE: μὲν E²:
μὴν c   16 βιβλίῳ] 271 a 33   19 τῷ] τῶ AE: om. Dbc   22 ὑφ'] ἐφ' D
24 οὐδὲν DE: οὐδὲ AE²bc   ἕκαστα Ec   μερισθέντων ADE: μερισθέντων τὸ πλῆθος
E²bc   25 ἀλλ' om. Ab   26 συνενωθέντα E²c   πανσυδίη A: πᾶς οὐδίη E:
del. E²: om. Dc   28 ἡμῖν] ἡμῖν γένοιτο D   30 ἕκαστα A   31 ὃν] ᾧ E
32 ἐστὶ] seq. ras. 1 litt. E   32. 33 ἑκάστῳ τόπος οἰκεῖος] οἰκεῖος ἑκάστῳ D

σις, καὶ τοῦτο πιστωσάμενος ἐκ τοῦ πρὸς τοὺς οἰκείους τόπους θᾶττον φέ-
ρεσθαι τὰ φερόμενα καὶ παρεμβαλὼν τὴν ἐκ τῆς πρώτης φιλοσοφίας μαρ-
τυρίαν, ἐν ᾗ καὶ τῶν ἀνελιττουσῶν σφαιρῶν τὸ πλῆθος ἠναγκάσθη συλλο-
γίσασθαι, ἵνα τὸ πλῆθος εὕρῃ τῶν ἀκινήτων αἰτίων τῶν κινούντων αὐτάς,
5 τὸ λεῖπον ἀποδίδωσι τοῦ ἐπιχειρήματος· ἦν δέ, ὅτι εἷς κατ' ἀριθμόν ἐστιν
ὁ κατὰ φύσιν ἑκάστου τῶν στοιχείων τόπος. προτάξας οὖν τὸ πρόβλημα,
εἰς ὃ τείνει τὰ δεικνύμενα (ἦν δέ, ὅτι ἀνάγκη ἕνα εἶναι τὸν κόσμον),
δείκνυσιν ἐφεξῆς, ὅτι εἷς κατ' ἀριθμὸν ὁ κατὰ φύσιν ἑκάστου τῶν στοι-
χείων τόπος, οὕτως· ὅσαι τῶν σωματικῶν στοιχείων, ἐξ ὧν ὁ κόσμος
10 συνέστηκεν, εἰσὶ διαφοραὶ κατὰ τὴν τοπικὴν αὐτῶν κίνησιν, τοσαύτας
ἀνάγκη καὶ τόπων εἶναι διαφορὰς ἐν τῷ κόσμῳ· τριῶν οὖν ὄντων τῶν
σωματικῶν στοιχείων ὡς κατὰ γένος εἰπεῖν τρεῖς ἔσονται καὶ οἱ τόποι, ὁ
μὲν τοῦ βαρυτάτου καὶ πᾶσιν ὑφισταμένου σώματος ὁ περὶ τὸ μέσον,
ἄλλος δὲ ὁ ἔσχατος ὁ τοῦ πάντα περιέχοντος κυκλοφορητικοῦ σώματος,
15 καὶ τρίτος ὁ τοῦ μεταξὺ εἰς πλείονα διῃρημένου· εἴς τε γὰρ τὸ κοῦφον
καὶ πᾶσιν ἐπιπολάζον τοῖς ἐπ' εὐθείας κινουμένοις, ὅπερ ἐστὶ πῦρ, καὶ εἰς
τὰ μεταξὺ τούτου τε καὶ τοῦ βαρυτάτου δύο σώματα τόν τε ἀέρα καὶ τὸ
ὕδωρ. ὅτι δὲ ἐν τούτῳ τῷ κόσμῳ εἰσὶν οἵδε οἱ τόποι καὶ οὐκ ἐν ἄλλῳ,
δείκνυσιν, οἶμαι, ἐφ' ἑνὸς τοῦ πυρός, ὥσπερ πρότερον ἐπὶ τῆς γῆς ἐδείκνυ·
20 ἀνάγκη γὰρ τὸ ἐπιπολάζον τοῦτο, τουτέστι τὸ πῦρ, ἢ ἐν τούτῳ εἶναι τῷ
μεταξὺ ἢ ἔξω τοῦδε τοῦ τόπου, ἐν ᾧ κεῖται· οὕτως γὰρ ὁ Ἀλέξανδρος
ἀκούει, οὐχ ὡς ἐν ἄλλῳ κόσμῳ τὸ ἔξω, ἀλλ' ἐν τούτῳ· "ὁ γὰρ αὐτός,
φησί, λόγος, κἂν ἔξω τοῦδε τοῦ κόσμου ᾖ· καὶ γὰρ ἐκεῖ ὂν ἔσται που
καὶ ἐν τόπῳ, καὶ εἰ ἐν τόπῳ, τούτων τινὶ τῶν τριῶν. ἐκτὸς δὲ ὂν αὐ-
25 τοῦ, ἔνθα μὲν τὸ κύκλῳ κινούμενόν ἐστιν, οὐκ ἔσται· ἐκείνου γὰρ ἡ χώρα
ἥδε, ἧς οὐδὲ ἐκστῆναι δύναται· ὅτι δὲ οὐδὲ ἐν τῷ κάτω κατὰ | φύσιν
εἶναι δύναται, δείκνυσι διὰ τοῦ τοῦ βάρος ἔχοντος σώματος τοῦτον οἰκεῖον
εἶναι τόπον· ὁμοίως δὲ τοῦτο, φησὶν ὁ Ἀλέξανδρος, ἄν τε ἐν τούτῳ ᾖ
τῷ κόσμῳ ἄν τε ἐν ἄλλῳ· τριῶν γὰρ ὄντων καὶ ἐν ἐκείνῳ τόπων ὅμοιος
30 ὁ λόγος καὶ ἐπ' ἐκείνου τοῦ κόσμου· εἰ γὰρ τὸ ἐκεῖ μεταξὺ λέγοι τις κατὰ
φύσιν αὐτῷ εἶναι, δῆλον, ὅτι καί, ἐπεὶ ἐν τούτῳ ἐστί τι μεταξὺ ταὐτὸν ὂν
τῷ εἴδει ἐκείνῳ τῷ τόπῳ, ἔσται καὶ ἐν τούτῳ τῷ μεταξὺ τῷ ἐν τῷδε
τῷ κόσμῳ κατὰ φύσιν." οὕτως μὲν ὁ Ἀλέξανδρος ἐξηγεῖται. μήποτε δὲ
οὐδὲν ἂν εἴη πρὸς τὰ προκείμενα τὸ δεῖξαι, ὅτι τὸ πῦρ τοῦτον ἔχει κατὰ
35 φύσιν ἐν τῷδε τῷ κόσμῳ τὸν τόπον· ἄμεινον οὖν, εἰ δυνατόν, τὸ ἀλλ'
ἀδύνατον ἔξω οὕτως ἀκούειν, ὡς τοῦ Ἀριστοτέλους δεικνύντος, ὅτι ἀδύ-

---

1 τοῖς οἰκείοις τόποις AD   2 παραβάλλων E: παραβαλλὼν E²   5 λεῖπον DE: λοι-
πὸν Ac: *residuum* b   ἦν δὲ om. D   8 ὁ] ἐστιν ὁ c   13 πᾶσι E, sed corr.
14 ἄλλου E   ὁ (pr.) om. D   15 διῃρημένος D   19 ἐδείκνυεν D   20 τοῦτο
om. D   22 τὸ] τῷ A   ἔξω] 277b18   23 τοῦδε om. A   25 ἔνθα μὲν
AE²b: ἔνθα δὲ E: ἔνθα D   27 τοῦτον] τὸν A   28 τόπον εἶναι Ec
30 λέγει D   31 ἐν τούτῳ] ἐν τοῦτο D   τι addidi: om. ADEbc   ταὐτὸν —
μεταξὺ (32) om. E: ὁμοειδὲς ἐκείνῳ τῷ τόπῳ ἔσται κἂν τῷ μεταξὺ τούτῳ E²c
32 τῷ (quart.)] τῶν D   35 ἀλλ' om. A

νατον ἔξω τοῦδε τοῦ κόσμου τόπον εἶναι τῷ ἐπιπολαστικῷ· εἰ γὰρ ἔξω, 123b ἢ ἀνωτέρω τούτου τοῦ κόσμου ἔσται ἢ κατωτέρω. δυοῖν οὖν ὄντων κατὰ γένος σωμάτων τοῦ μὲν ἀβαροῦς, τουτέστι τοῦ κούφου, τοῦ δὲ βάρος ἔχοντος, εἰ μὲν ἔξω τοῦδε τοῦ κόσμου, κατωτέρω δὲ εἴη τὸ ἐπιπολάζον, [ὁ]
5 τοῦ βάρος ἔχοντος σώματός ἐστιν ὁ κάτω τόπος, εἴπερ ὁ πρὸς τῷ μέσῳ τούτου οἰκεῖος, καὶ οὐ τοῦ ἐπιπολάζοντος· εἰ δὲ ἀνωτέρω εἴη, πῶς πάλιν τὸ ἐνταῦθα ἐπιπολαστικὸν κατωτέρω ἂν εἴη ἀβαρὲς ὂν αὐτό, εἴπερ κατωτέρω τόπος ὁ τοῦ βάρος ἔχοντος σώματός ἐστιν; εἰ δὲ λέγοι τις παρὰ φύσιν εἶναι τὸ ἐπιπολάζον ἤτοι ἐν τούτῳ τῷ τόπῳ, ἐν ᾧ νῦν ἐστιν, ὡς ὁ
10 Ἀλέξανδρος ἀκούει, ἢ ἔξω τοῦδε τοῦ κόσμου, ὡς νῦν ἐφοδεύων ἐπαυσάμην, ἔσται τινὸς ἄλλου σώματος κατὰ φύσιν ἤτοι ὁ τοῦδε τοῦ πυρὸς τόπος, ἐν ᾧ νῦν παρὰ φύσιν εἶναι λέγεται, ἤτοι ὁ ἔξω τοῦδε τοῦ κόσμου ὑποτιθέμενος· τὸ γὰρ ἄλλῳ παρὰ φύσιν ἄλλῳ κατὰ φύσιν ἐστίν· ἄλλο δὲ σῶμα παρὰ ταῦτα τό τε βαρὺ καὶ τὸ κοῦφον οὐκ ἦν, ὡς ἐδείχθη ἀπὸ τῆς τῶν
15 κινήσεων ἀνάγκης. ὥστε κατὰ φύσιν οὗτος ὁ μεταξὺ τόπος παντὸς τοῦ κούφου ἐστίν, εἰ μὴ δυνατὸν ἔξω τοῦδε τοῦ κόσμου κοῦφον εἶναι μήτε παρὰ φύσιν μήτε κατὰ φύσιν· ᾧ ἕπεται τὸ ἕνα εἶναι κατ' ἀριθμὸν τὸν κατὰ φύσιν ἑκάστου τόπον, τούτῳ δὲ τὸ ἕνα εἶναι τὸν κόσμον, ὅπερ οὐχ ἕπεται τῷ τοῦ πυρὸς οἰκεῖον εἶναι τοῦτον, ὃν κατέχει τόπον, εἰ μή τις
20 προσλάβῃ, ὡς ὁ Ἀλέξανδρος, ὅτι ἐπὶ τοῦτον τὸ κοῦφον ἐνεχθήσεται πᾶν, ὅπερ ἦν τὸ ζητούμενον.

Εἰπὼν δέ, ὅτι τὸ ἐπιπολάζον ἐν τῷ μεταξύ ἐστι τοῦ τε μέσου καὶ τοῦ ἐσχάτου, ἐπειδὴ οὕτως ἀδιορίστως τὸ μεταξὺ ληφθὲν οὐ μόνον τοῦ ἐπιπολαστικοῦ ἐστι, τουτέστιν τοῦ πυρός, ἀλλὰ καὶ ἀέρος καὶ ὕδατος, εἰκό-
25 τως προσέθηκε τὸ τούτου δὲ αὐτοῦ, δηλονότι τοῦ μεταξύ, τίνες εἰσὶν αἱ διαφοραί, ὕστερον ἐροῦμεν. ἐν γὰρ τοῖς τελευταίοις βιβλίοις περὶ τῶν ἐν τῷ μεταξὺ τούτῳ πλάτει καὶ τῆς τάξεως αὐτῶν διαλέξεται.

Σημειοῦται δὲ ἐν τούτοις ὁ Ἀλέξανδρος, ὅτι καὶ τὸ αἰθέριον σῶμα στοιχεῖον εἶπεν ὁ Ἀριστοτέλης εἰπών· τριῶν γὰρ | ὄντων τῶν σω- 124a
30 ματικῶν στοιχείων· "τοῦτο δέ, φησίν, εἶπεν ἢ ὡς καὶ αὐτοῦ πρὸς τὴν τοῦ κόσμου σύστασίν τε καὶ οὐσίαν στοιχείου λόγον ἔχοντος ἢ ὡς τῶν

---

1 τόπον — κόσμου (2)] mg. E²   ἐπιπολαστικῷ] ἐπιπολάζοντι σώματι E²c   εἰ AE²b: ἢ CDc   2 τοῦ κόσμου τούτου E²c   δυεῖν D   4 ὁ] quod b: deleo   5 κάτω ACDE: κάτω δηλονότι E²c   7 ἂν — σώματός (8) om. A   αὐτῷ D   post αὐτό rep. εἴπερ κάτω ἂν εἴη ἀβαρὲς ὂν αὐτό E: del. E²   8 post ἐστιν rep. ὁ κάτω (5) — ἐπιπολάζοντος (6) D, sed del.   λέγοι E: comp. ambig. AD   10 ἔξω c: om. ADE 10. 11 ἐπλασάμην c   12 νῦν om. D   13 τὸ] corr. ex τῷ E²   15 οὗτος om. Ec 17 παρὰ Ab: κατὰ DEc   κατὰ Ab: παρὰ DEc   18 φύσι E: corr. E³   τοῦτο D εἶναι] αὐτοῦ A   τὸν — εἶναι (19)] bis E: corr. E²   οὐχ E (alt. loco): corr. E²   19 τῷ] τὸ F (alt. loco)   τὸν τόπον DE: corr. E²   μή τις] μήτε D   20 τὸ] corr. ex τὸν E² 22 ἐστιν E   23 λειφθὲν E: corr. E²   24 ἐστι] seq. ras. 1 litt. E   τουτέστι DEc 25 προσέθηκε] -ε in ras. 3 litt. E²   τούτου] τοῦ A   τίνες — μεταξύ (27) mg. E² 25. 26 εἰσὶν αἱ] εἰσὶ E²: εἰσὶν c   27 ἐν τῷ μεταξὺ] μεταξὺ τῶν ἐν E²c   τούτῳ τῷ E²c   28 ὁ Ἀλέξανδρος] lac. 12 litt. D   29 εἰπών om. D   30 ὡς καὶ] καὶ ὡς Ec

274 SIMPLICII IN L. DE CAELO I 8. 9 [Arist. p. 277b12. 27]

ἁπλῶν σωμάτων πάντων κοινότερον στοιχείων καλουμένων, διότι καὶ τὸ
στοιχεῖον ἁπλούστατον εἶναι βούλεται". καὶ ἐφεξῆς δὲ εὐθὺς συμπεραινόμενος στοιχεῖα τὰ ἁπλᾶ σώματα καλεῖ καὶ ἔτι σαφέστερον ἀρχόμενος τοῦ τρίτου βιβλίου. "σωματικὰ" δὲ στοιχεῖα λέγει τὰ σώματα ὄντα στοιχειώδη ἀντιδιαστέλλων αὐτὰ πρός τε τὸ εἶδος καὶ τὴν ὕλην· ἐκεῖνα γὰρ στοιχεῖα μὲν τῶν σωμάτων, καὶ κυρίως γε καὶ πρώτως, οὐ μὴν ὡς σώματα στοιχεῖα.

p. 277b27 Ὅτι δὲ οὐ μόνον εἷς ἐστιν ἕως τοῦ ἤτοι ἔστιν ἢ ἐνδέχεται πλείω γενέσθαι τὰ καθ' ἕκαστα.

Πολλαχοῦ τὸ μὲν οὕτως ἔχειν τι, ὡς ἔχει, πρόδηλόν ἐστι, τὸ δὲ ἀδύνατον ἄλλως ἔχειν, ὥστε, εἰ νῦν μὴ ἔστι, μηδὲ γενέσθαι ἄν, οὐκέτι φανερόν· καὶ γὰρ ὅτι μὲν πενταδάκτυλος κατὰ φύσιν ὁ ἄνθρωπος, πρόχειρον ἰδεῖν, ὅτι δὲ ἀδύνατον ἄλλως ἔχειν τὸ κατὰ φύσιν οὐκέτι παντὸς ἐπιστῆσαι. δείξας οὖν, ὅτι εἷς ἐστιν ὁ κόσμος καὶ οὐ πλείους, προστίθησιν ἐπιστημονικῶς, ὅτι καὶ ἀδύνατον ἄλλως ἔχειν, ὥστε οὐ μόνον ἐστὶν εἷς, ἀλλ' οὐδ' ἂν γένοιντο πλείους· τάχα γὰρ ἄν τις εἶπε νῦν μὲν ἕνα εἶναι, μηδὲν δὲ κωλύειν καὶ πλείονας γενέσθαι. καὶ ὅτι ἀΐδιος οὗτός ἐστιν ὁ κόσμος ὡς ἀγένητος ὢν καὶ ἄφθαρτος, μέλλων δι' ἄλλων ἐπιχειρημάτων δεικνύναι παρὰ τὰ πρότερα πρῶτον ἐκτίθεται πιθανὸν λόγον κατασκευάζειν δοκοῦντα, ὅτι ἀδύνατον ἕνα καὶ μόνον εἶναι τὸν κόσμον, ἢ μᾶλλον, ὅτι ἀδύνατον τὸ ἐξ ἀνάγκης ἕνα καὶ μόνον αὐτὸν εἶναι· τοῦτο γὰρ ἡ ἀπορία συνάγει, ὅτι ἢ εἰσὶ πλείους κόσμοι ἢ ἐνδέχεται πλείους γενέσθαι τοὺς καθ' ἕκαστα. διόπερ ὁ Ἀλέξανδρος προσυπακούειν ἀξιοῖ τῷ δόξειε γὰρ ⟨ἂν⟩ ἀδύνατον τὸ "ἐξ ἀνάγκης" ἕνα καὶ μόνον εἶναι. ἡ δὲ ἀπορία τοιαύτη· ἐν πᾶσι, φησί, καὶ τοῖς φύσει καὶ τοῖς τέχνῃ συνεστῶσι καὶ ὅλως τοῖς ἐξ ὕλης καὶ εἴδους ἕτερόν ἐστι τὸ εἶδος αὐτὸ καθ' αὑτὸ λαμβανόμενον καὶ ἕτερον τὸ συναμφότερον τὸ ἐκ τῆς ὕλης καὶ τοῦ εἴδους, ὅπερ ἐν πᾶσι τοῖς καθ' ἕκαστα, εἰ πλείονα εἴη, ἐμφαινόμενον κοινὸν λέγεταί τε καὶ ἔστι·

---

1 κοινότερον E: corr. E² 4 τρίτου] 298b6 δὲ om. c 5 τε C: γε ADE: om. c γὰρ] γὰρ τὰ A 6 μὲν om. D γε AC: τε DEc ὡς] τὰ C: om. b σώματα] corporea b: σωματικὰ c 8 δ' Ec ἢ suprascr. E² 11 ὥστε] ὡς E²c εἰ] ἡ E: corr. E² 12 πενταδάκτυλον C: comp. ambig. A 13 πάντα A 14. 15 προτίθησιν E: corr. E² 15 ἔχειν] bis A 16 μὲν] μὴ A 17 πλείους CD οὗτός Ab: οὕτως DE 18 ὡς] καὶ D ἀλλήλων E 19 παρὰ] περὶ E πρότερα] πρός τε A πρότερον A 20 ἀδύνατον—κόσμον] mg. E²: ἐνδέχεται καὶ ἄλλους γενέσθαι κόσμους D καὶ A: om. E²bc τὸν A: om. E²c 22 ἢ om. A 23 τῷ Db: τὸ Ac, e corr. E² 24 ἂν addidi: om. ADEbc ἕνα — εἶναι om. D: mg. E² 24. 25 ἡ δὲ ἀπορία τοιαύτη Ab: ὡς εἶναι τὸ ὅλον τοιοῦτον DEc deinde add. δόξειεν D et seq. lac. 14 litt. E: del. E² 25 τοῖς (alt.) ac: τῇ E: om. AD 26 ἔστι - συναμφότερον (27) om. Ec ἐστι AD 27 post εἴδους add. καὶ ἕτερον τὸ εἶδος αὐτὸ καθ' αὑτὸ c: τοῦ εἴδους αὐτοῦ καθ' αὑτό mg. E² 28 ἐμφαινόμενα E: corr. E² λέγεταί τε Ab: καὶ λέγεται DEc ἔστι] seq. ras. 1 litt. E

κἂν μὴ πλείονα δὲ εἴη τὰ καθ' ἕκαστα, ἀλλ' ἓν μόνον, οἷον εἷς ὁ φοῖνιξ 124ᵃ τὸ ὄρνεον ἢ εἷς ὁ κύκλος, οὐδὲν ἔλαττον ἄλλο τὸ εἶδος αὐτὸ καὶ ἄλλο 40 τὸ συναμφότερον· καὶ γὰρ τῷ κύκλῳ ἄλλο ἐστὶ τὸ κύκλῳ εἶναι, ὅπερ κατὰ τὸ εἶδος τοῦ κύκλου θεωρεῖται, καὶ ἄλλο ὁ αἰσθητὸς οὗτος κύκλος ὁ μετὰ
5 τῆς ὕλης ὑφεστηκώς. ἐφ' ὧν δέ ἐστι μορφή τις καὶ εἶδος χωρίζεσθαι τῆς ὕλης τῇ ἐπινοίᾳ δυνάμενον, ἐπὶ τούτων κοινοφυές ἐστι τὸ εἶδος, καὶ 45 ἢ ἔστιν ἢ ἐνδέχεται πλείονα εἶναι τὰ μετέχοντα αὐτοῦ | ἔνυλα καὶ 124ᵇ αἰσθητά. εἰκότως οὖν καὶ ὡς ἕνα τῷ ἀριθμῷ τὸν κύκλον ὑποθέμενος καὶ ἐπὶ τούτου τὴν αὐτὴν ἔδειξεν οὖσαν διαφορὰν τοῦ εἴδους τοῦ κατ' ἐπίνοιαν
10 χωριζομένου καὶ τοῦ συναμφοτέρου· κἂν γὰρ εἷς ὁ κόσμος ἐστίν, ἀλλ' ἐπειδὴ ἔνυλος καὶ αἰσθητός, καὶ ἄλλο παρὰ τὸ συναμφότερόν ἐστι τὸ 5 κόσμῳ εἶναι καὶ τὸ εἶδος αὐτοῦ χωρίζεσθαι τῇ ἐπινοίᾳ πεφυκός, καὶ διὰ τοῦτο πολλοῖς τὸ αὐτὸ ἐφαρμόττειν ἐνδέχεται καὶ πλείονας εἶναι κόσμους, ὥσπερ, κἂν εἷς ἦν ὁ κύκλος, διὰ τὴν αὐτὴν αἰτίαν ἐνδέχετο καὶ πλείονας
15 εἶναι. καὶ γὰρ ἐφ' ὧν μὲν πλείονα τὰ αἰσθητά, σαφὴς ἡ τοῦ ἑνὸς 10 εἴδους τοῦ ἐπὶ πᾶσι κοινότης· κἂν ἓν δὲ τὸ αἰσθητὸν ᾖ, καὶ διὰ τοῦτο μὴ δυνάμεθα νοῆσαι κοινόν τι καὶ ἄλλο παρὰ τὸ καθ' ἕκαστον, ὡς εἰ μόνος εἷς ληφθείη κύκλος, καὶ τότε οὐδὲν ἧττον τὸ εἶδος τὸ κατ' ἐπίνοιαν χωριζόμενον τῆς ὕλης καὶ μὴ κατεχόμενον ὑπ' αὐτῆς κοινὴν ἐμφαί- 15
20 νει φύσιν καὶ δυναμένην πολλοῖς ἐφαρμόττειν τοῖς καθ' ἕκαστα γεγονόσι διὰ τὴν ὕλην.

p. 278ᵃ16 Εἴτε γὰρ ἔστιν εἴδη, καθάπερ φασί τινες ἕως τοῦ τί 20 τούτων λέγεται καλῶς καὶ τί οὐ καλῶς.

Ἀπὸ τῆς τοῦ εἴδους κοινότητος τὴν ἀπορίαν κρατύνας, ἐπειδὴ τὸ
25 κοινὸν οἱ μὲν χωριστὸν ἔλεγον καὶ ἐξῃρημένον, ὥσπερ οἱ Πυθαγόρειοι καὶ ὁ Σωκράτης καὶ Πλάτων, νομίζοντες δεῖν πρὸ τῶν πολλῶν ὁμοίων εἶναί 25 τι τὸ τῆς ὁμοιότητος αὐτοῖς αἴτιον ἐξῃρημένον αὐτῶν, οἱ δὲ ἀχώριστον τῶν πολλῶν ὑπάρχειν, εἴτε οὕτως, φησίν, εἴτε ἐκείνως, ἐπὶ πάντων ὁρῶμεν τὸ αὐτὸ εἶδος πλείοσιν ἐνύλοις καὶ ὁμοειδέσιν ὑπάρχον· καὶ γὰρ ἄν-
30 θρωποι πολλοὶ τοῦ ἀνθρωπείου μετέχοντες εἴδους καὶ ἵπποι πολλοὶ καὶ 30 τῶν ἄλλων ἕκαστον. εἰ δὲ καὶ μὴ ἔστι πολλά, ἀλλ' ἐνδέχεταί γε εἶναι διὰ τὴν τοῦ εἴδους κοινότητα, ὥστε καὶ οὐρανοὶ ἢ εἰσὶ πλείους ἢ ἐνδέχεταί γε εἶναι, ταὐτὸν δὲ εἰπεῖν κόσμοι· γένος γάρ, φησὶν ὁ Ἀλέξανδρος, ἢ εἶδος ὁ κόσμος ἔσται χωρὶς τῆς ὕλης λαμβανόμενος, τὰ δὲ γένη καὶ εἴδη 35
35 ἀεὶ κατὰ πλειόνων κατηγορεῖται. πρὸς ὃν τάχα ἄν τις εἴποι· τί οὖν; τὸ

---

1 τὰ] corr. ex τὰ δὲ E²   ἀλλὰ c   2 καὶ] corr. ex κἂν E²   3 συναμφώτερον E: corr. E²   ἄλλος E   5 ἐστῖ E   6 δυνάμενον Ab: διδόμενον DE   7 πλείονι E: corr. E²   9 αὐτήν] bis E, sed corr.   11 τὸ (alt.)] τῷ AE: corr. E²   16 ᾖ ACD: εἴη Ec   17 δυναίμεθα D; fort. δυνώμεθα   20 γεγονόσι E   22 φασὶ om. A   24 τὸ Ab: τὸ μὲν DEc   26 ὅμοιον A   32 ἢ (pr.)] corr. ex οἱ E²   33 ὁ om. A

18*

τοῦ Σωκράτους εἶδος, καθ' ὃ τὸ εἶναι Σωκράτει ὑπάρχει, τὸ χωρὶς τῆς 124b
ὕλης νοούμενον, γένος ἢ εἶδός ἐστιν; ἢ οὐκ ἔστι Σωκράτους εἶδος τῇ ἐπι-
νοίᾳ χωριζόμενον, ἀλλὰ τὸ συναμφότερόν ἐστιν ὁ Σωκράτης καθ' ἕκαστα 40
ὑπάρχων εἷς καὶ οὐχ οὕτως ὑφεστώς, ὡς ὁ ἄνθρωπος: διὸ καὶ Ἀριστοτέ-
5 λης οὐκ ἀτόμων τινῶν ὀνόματα τέθεικεν, οἷον τὴν χρονίαν σφαῖραν ἢ κύ-
κλον τὸν ζῳδιακόν, ἀλλὰ σφαῖραν καὶ κύκλον, ἅπερ καὶ χρυσοῖς καὶ χαλ-
κοῖς καὶ οὐρανίοις ἐφαρμόττει. καὶ ἐγὼ μὲν οἶμαι τῶν ἰδεῶν αὐτὸν νῦν 45
μνησθῆναι τὴν ἀπορίαν ἐκ διαιρέσεως βουληθέντα κρατύνειν· εἴτε γὰρ χω-
ριστὰ τὰ εἴδη, ὡς οἱ τὰς ἰδέας λέγον|τες, εἴτε ἀχώριστα, πλείονα φαί- 125a
10 νεται τὰ ἑκάστου εἴδους μετέχοντα. τινὲς δὲ τῶν Πλάτωνος φίλων πρὸς
τὸν Πλάτωνά φασιν αὐτὸν ἀποτείνεσθαι, ὅτι ὅσον ἐκ τῶν παραδειγμάτων
πολλοὶ ὤφελον εἶναι κόσμοι, εἴπερ πρὸς ἕκαστον παράδειγμα πολλὰς ὁρῶ- 5
μεν γινομένας εἰκόνας· ὁ δὲ Πλάτων ἐκ τοῦ ἓν εἶναι τὸ παράδειγμα ἕνα
τὸν κόσμον ἀποδεικνύναι νομίζει. ταύτης δὲ καὶ Ἀλέξανδρος ἐγένετο τῆς
15 ὑπονοίας καὶ ἐγκαλεῖ τῷ Πλάτωνι διὰ τὸ ἓν εἶναι τὸ παράδειγμα ἕνα τὸν
κόσμον λέγοντι. "καὶ γὰρ τῶν ἄλλων, φησίν, ἁπάντων, ὅσων ἰδέαι κατ' 10
αὐτόν, ἡ ἰδέα μία καὶ τὸ παράδειγμα· οὐ γὰρ δὴ πολλοὶ οἱ αὐτοάνθρωποι·
καὶ ὅμως πολλὰ τὰ πρὸς ἐκεῖνο τὸ εἶναι ἔχοντα· τοὐναντίον γὰρ ἴσως
μᾶλλον ἔκ γε τούτου ἢ ὃ βούλεται δείκνυται. εἰ μὲν γὰρ ἦν ὥσπερ τῶν
20 νοητῶν ζῴων ἕκαστον ἓν τῷ ἀριθμῷ, οὕτως δὲ καὶ τῶν αἰσθητῶν, τὸ 15
γινόμενον πρὸς παράδειγμα, ὃ ἐν αὑτῷ περιέχει πάντα τὰ νοητὰ ζῷα, ἓν
ἂν ἦν καὶ αὐτὸ ἐν αὑτῷ πάντα περιέχον ὁμοίως ἐκείνῳ τὰ ζῷα τὰ
αἰσθητά, εἰ δὲ καθ' ἕκαστον τῶν νοητῶν ζῴων ἄπειρά ἐστιν αἰσθητὰ
ζῷα, οὐκέτι ἀνάγκη τὸ πρὸς παράδειγμα γινόμενον τὸ πάντα τὰ νοητὰ 20
25 περιέχον ζῷα περιέχειν πάντα τὰ αἰσθητά· πάντα μὲν γὰρ κατὰ τὸ εἶδος
δεήσει εἶναι ἐν τὰ πρὸς ἐκεῖνο γινόμενα, οὐκέτι δὲ καὶ πάντα ἐν τῷ
ἀριθμῷ. ὡς δὲ πολλὰ καθ' ἕκαστον ζῷον νοητὸν αἰσθητὰ ζῷα, οὕτως
ἀκολουθήσει καὶ κόσμους αἰσθητοὺς εἶναι πολλοὺς ἑνὸς ὄντος τοῦ παρα- 25
δείγματος." ταῦτα τοῦ Ἀλεξάνδρου λέγοντος θαυμάζω, πῶς οὐκ ἐπέστη-
30 σεν, ὅτι οὐ πάντα αἰσθητὰ ζῷα οὕτως ἔχει, ὥστε καθ' ἕκαστον νοητὸν
ζῷον πολλὰ εἶναι αἰσθητά· οὐ γὰρ πολλοὶ ἥλιοι οὐδὲ πολλαὶ σελῆναι,
ἀλλὰ πάντα μοναδικὰ τὰ οὐράνια ζῷα. ῥητέον οὖν, ὅτι ἕκαστον τῶν ἐν
τῷ κόσμῳ ἑστώτων εἰδῶν οὐ μόνον τῶν ἐν οὐρανῷ, ἀλλὰ καὶ τῶν ὑπὸ 30
σελήνην ἓν ἑνός ἐστι παραδείγματος· οὐ γὰρ ἥλιος μόνος εἷς καὶ σελήνη

---

2 τῇ] τὸ A   3 ἀλλὰ] corr. ex καὶ E²   συναμφώτερον E: corr. E²   4 ὑπάρ-
χων om. Ec   καὶ (alt.)] καὶ ὁ A   7 αὐτόν] corr. ex αὐτῶν A   12 ὤφειλον
E²c   πρὸς] suprascr. E   15 ἕνα] suprascr. E²   16 εἰδέαι E, sed corr.
19 ἢ ὃ] mg. E¹: om. D   βούλεται AE²b: εἰ βούλεται E: ἐβούλετο D   δείκνυται
AE: δεικνύναι Db   21 γιγνόμενον E   πρὸς om. A   αὑτῷ ADE
22 αὑτῷ ADE   πάντα] bis E, sed corr.   23 νοητῶν] ὄντων A   24 γιγνό-
μενον E   25 ζῷα περιέχον Ec   -ριέχον πε- mg. E²   26 τὰ om. D
γιγνόμενα E   καὶ om. A   27 ζῷα om. A   30 πάντα τὰ A   31 αἰσθητὰ]
αἰσθητὰ ζῷα A

SIMPLICII IN L. DE CAELO I 9 [Arist. p. 278ᵃ16]   277

μία, ἀλλὰ καὶ ἄνθρωπος εἷς ὁ ἀεὶ ἑστὼς ἐν τῷ κόσμῳ εἰκονικῶς καὶ 125ᵃ
ἵππος εἷς ἐν τοῖς γινομένοις καὶ φθειρομένοις τὸ εἶναι ἔχοντες, καὶ ταῦτά
ἐστι κοινὰ καὶ ἀχώριστα εἴδη τῆς ὕλης, ἅπερ καὶ Ἀριστοτέλης ὁμολογεῖ 85
ἀίδια εἶναι, οὐχ ὄντα δηλονότι πρωτότυπα· οὐδὲν γὰρ τῶν ἐνύλων πρω-
5 τουργόν, εἴπερ ἡ ὕλη μετέχουσα τῶν εἰδῶν μορφοῦται, ὄντος δὲ τοῦ μετ-
έχοντος ἀνάγκη ἄλλην μὲν εἶναι τὴν μέθεξιν, ἄλλο δὲ τὸ ἀφ' οὗ ἡ μέθ-
εξις ἐνδίδοται· διὸ οὐκ ἔστι πρωτότυπα τὰ ἐν τῇ ὕλῃ, ἀλλὰ καθ' ὁμοί- 40
ωσιν τῶν πρωτοτύπων ἐν τοῖς ἐσχάτοις ἐκτυπωθέντα. τῶν δὲ γινομένων
καὶ φθειρομένων ἕκαστον τὸ μὲν κοινόν, οἷον τὸ ἄνθρωπος εἶναι, ἀπὸ τοῦ
10 ἑνὸς ἔχει παραδείγματος, τὸ δὲ ἴδιον ἀπὸ τῆς τῶν οὐρανίων καὶ τῶν ὑπὸ
σελήνην ἄλλοτε ἄλλης γινομένης διαθέσεως, ἀφ' ἧς ὑφίσταται τὰ ἄτομα, 45
ἀτόμου καὶ αὐτῆς οὔσης, εἰ καὶ πολλῶν οἰστικῆς, καὶ πρὸς | ἣν ὁμοι- 125ᵇ
οῦται· διόπερ οἱ ταῦτα σοφοὶ καὶ γένη καὶ εἴδη καὶ μορφὰς τῶν γεννω-
μένων διαγράφουσιν εἰς τοὺς οὐρανίους σχηματισμοὺς ἀποβλέποντες καὶ
15 τὰς πρὸς ἐκείνους ἀνιχνεύοντες ὁμοιότητας τῶν ἐκεῖθεν παραγομένων.
ὥστε καὶ τῶν ἀιδίων ἕκαστον καὶ τῶν γενητῶν καὶ φθαρτῶν τὸ ἓν τῷ 5
ἀριθμῷ πρὸς ἓν ἀριθμῷ τὸ προσεχὲς παράδειγμα ἀφομοιοῦται, καὶ καλῶς
ὁ Πλάτων ἀπὸ τοῦ ἓν εἶναι τὸ τοῦ κόσμου παράδειγμα τὸ παντελὲς νοη-
τὸν ζῷον ἕνα εἶναι τὸν κόσμον ἀπέδειξεν.
20   Ὁ δὲ Ἀλέξανδρος καὶ ἄλλα προστίθησιν ἐπιχειρήματα, οὐ μόνον ὅτι 10
ἐνδέχεται, ἀλλ' ὅτι ἀνάγκη πλείονας εἶναι κόσμους λέγοντα, οἷς οὐκ ἐπή-
γαγε τὰς λύσεις, εἰ μὴ ἄρα τὴν Ἀριστοτέλει ἐπαχθησομένην καὶ ταύτας
λύειν νομίζει. λέγει τοίνυν, ὅτι ὁ κόσμος ἢ ὑπὸ δημιουργοῦ γέγονεν ἢ
ὑπὸ φύσεως· εἴτε δὲ ὑπὸ δημιουργοῦ, εὔλογον ἐκεῖνον καὶ ἄλλους δύνασθαι 15
25 ποιεῖν, ὡς ὁρῶμεν ἐπὶ τῶν τεχνητῶν, εἴτε ὑπὸ φύσεως, ταὐτὸν ἔστι λέ-
γειν. ῥητέον δέ, ὅτι, εἰ πολλοὺς ὁ ποιῶν ἐποίει, ἢ πάντῃ ὁμοίους ἢ πῃ
καὶ ἀνομοίους· ἀλλ', εἰ πάντῃ ὅμοιοι, μάτην ἂν ἦσαν πολλοί, εἰ δέ πῃ
ἀνόμοιοι, εἷς ἂν ἦν ὁ ἐκ πάντων τέλειος. δεύτερόν φησιν· εἰ ἐπὶ τῶν
ἄλλων τῶν ἀτελῶν καὶ ὀλίγον τοῦ ὄντος μετεχόντων ὁρῶμεν τὸ εἶδος 20
30 πλειόνων ὂν ἀποτελεστικόν, εἰκὸς μᾶλλον ἐπὶ τοῦ ἀρίστου καὶ τελείου
τοῦτο εἶναι. ἀλλὰ τῶν πλειόνων ἕκαστον οὐκ ἂν εἴη παντέλειον, εἴπερ
ἄλλα παρ' ἑαυτὸ ἔχει. τρίτον φησίν· εἰ ἄμεινον τὰ ἄριστα πλείω εἶναι,
ἄριστον δὲ ὁ κόσμος καὶ ὑπὸ τοῦ ἀρίστου γεγονώς, εὔλογον πλείους εἶναι 25

---

1 ὁ] del. E²   ἀεὶ—κόσμῳ Ab: σελήνη μία DE: del. E²   εἰκονικῶς Ab: εἰκονικὸς
DE   2 γιγνομένοις E   φθειρομένης E, sed corr.   3 κοινά] καὶ κοινά c
6 ἀνάγκη] seq ras. 3 litt. E   εἶναι] αὐτοῦ A   8 γιγνομένων E   11 ἄλλης]
καὶ ἄλλως A   12 οἰστικῆς] οἱ 'στι seq. lac. 3 litt. E   13 ταῦτα] alt. τ in ras. E
13. 14 γενομένων D   14 οὐρανοὺς E: corr. E²   16 τῷ om. c   17 ἐν ἀριθμῷ
om. c   προσεχῶς A   ἀφομοιοῦται—παράδειγμα (18)] mg. E²   ὁμοιοῦται E²c
18 ἀπό] ἐκ E²c   22 Ἀριστοτέλει D: Ἀριστοτέλους AEc: ab Aristotele b; fort. ὑπ' Ἀρι-
στοτέλους   24 ἄλλας E: ἄλλα c   25 τεχνητῶν Ab: τεχνιτῶν DEc
27 ἀνομοίους A   31 πλεόνων A   32 ἑαυτῷ E: corr. E²   εἰ om. A
ἄμεινον τὰ A: μένοντα D: μένον τὰ E: βέλτιον τὰ E²c   εἶναι] αὐτοῦ A   33 γε-
γονώς Ab: γεγονός DEc

κόσμους. ἀλλὰ τὰ πλείω οὐ δύναται τὸ ἄριστον εἶναι, εἰ μὴ ἑνὶ περιλαμ- 125ᵇ
βάνοιτο, διότι τὸ πάντων ἄριστον καὶ τἀγαθὸν ἕν ἐστιν.

p. 278ᵃ23   Τὸ μὲν οὖν ἕτερον εἶναι τὸν λόγον ἕως τοῦ λείπεται
ἄρα τοῦτο δεῖξαι, διότι ἐξ ἅπαντος τοῦ φυσικοῦ καὶ τοῦ αἰσθη-
5   τοῦ συνέστηκε σώματος.

Ἐντεῦθεν λύειν ἄρχεται τὴν ἀπορίαν. δύο δὲ προτάσεις τῆς ἀπορίας
λαβούσης, μίαν μὲν τὴν λέγουσαν τοῦ οὐρανοῦ ἄλλο μὲν τὸ εἶδος εἶναι, 35
ἄλλο δὲ τὸ συναμφότερον, διότι αἰσθητὸς καὶ ἔνυλος καὶ τῶν καθ᾽ ἕκαστά
ἐστιν, ἑτέραν δὲ τὴν λέγουσαν, ὧν ἄλλη μὲν ἡ μορφὴ καὶ τὸ εἶδος, ἄλλο
10 δὲ τὸ συναμφότερον, τούτων ἤτοι ἔστιν ἢ ἐνδέχεται πλείω γενέσθαι τὰ
καθ᾽ ἕκαστα, τὴν μὲν ἐλάττονα πρότασιν ἀποδέχεται, διαβάλλει δὲ τὴν μεί- 40
ζονα ὡς οὐκ ἀναγκαίως τὸ καθόλου τιθεῖσαν. οὐ γάρ, ὧν ἄλλη ἡ μορφὴ
καὶ ἄλλο τὸ συναμφότερον, ἀνάγκη πλείω τῷ ἀριθμῷ εἶναι. καὶ γάρ, εἰ
ἕν τι ἐξ ἁπάσης τῆς ὕλης συνέστηκεν, οἷον εἰ ἡ τῆς ῥινὸς μορφὴ κατὰ τὸ
15 γρυπὸν αὐτῆς ἢ σιμὸν ἐν σαρκὶ πεφυκυῖα γίνεσθαι μία οὖσα τῷ ἀριθμῷ 45
ἐν πάσῃ γίνοιτο τῇ σαρκί, ὁμοίως δὲ καὶ εἰ τῷ ἀνθρώπῳ ὕλη σάρκες καὶ
ὀστᾶ, εἰ ἐκ | πάσης τῆς σαρκὸς καὶ πάντων τῶν ὀστῶν ἄνθρωπος γί- 126ᵃ
νοιτο, τὸ μὲν ἄλλο τὸ εἶδος εἶναι καὶ ἄλλο τὸ συναμφότερον ἐπ᾽ αὐτῶν
ἀληθές, οὐκέτι μέντοι ἀνάγκη πλείονα τῷ ἀριθμῷ εἶναι τὰ τοῦ εἴδους
20 τούτου μετέχοντα, εἰ ἐξ ἁπάσης τῆς ὕλης εἴη τὸ συναμφότερον· ὥστε 5
οὔτε γρυπὰ πολλὰ οὔτε ἀνθρώπους πολλοὺς ἀνάγκη εἶναι, διὰ τὸ τὴν μεί-
ζονα πρότασιν μὴ ἀναγκαίως τὸ καθόλου τιθέναι. πάνυ δὲ ἀκριβῶς προσ-
έθηκε τὸ ἀδυνάτων ὄντων διαλυθῆναι· κἂν γὰρ ἐξ ἁπάσης τῆς σαρ-
κὸς καὶ πάντων τῶν ὀστῶν ἄνθρωπος συνεστήκει, διαλύοιτο δὲ ταῦτα, οὐ- 10
25 δὲν κωλύει συντιθεμένων πάλιν αὐτῶν καὶ ἄλλοτε ἄλλου γινομένου ἀνθρώ-
που πολλοὺς τῷ ἀριθμῷ γενέσθαι ἀνθρώπους· ἀδιαλύτων μέντοι μενόντων
οὐκ ἂν ἐνδέχοιτο ἄλλον εἶναι ἄνθρωπον, εἴπερ ἔνυλος μὲν ὁ ἄνθρωπος,
ἄλλη δὲ ὕλη μὴ ἔστι παρὰ τὴν τῷ ἑνὶ ἀνθρώπῳ ὑποκειμένην· ὥστε καὶ
ὁ οὐρανὸς κἂν ἔνυλος καὶ αἰσθητός ἐστι καὶ διὰ τοῦτο τῶν καθ᾽ ἕκαστα, 15

---

1 τά] corr. ex τῷ E² 1. 2 παραλαμβάνοιτο DE: corr. E² 2 ἀγαθὸν A ἕν ἐστιν] corr. ex ἔνεστιν E³ ἐστι A 4 δεῖξαι om. D 6 ἀπορείας E: corr. E² 8 συναμφότερον] -ό- e corr. E 11 καθ᾽ ἕκαστα AEb: καθέκαστα ὡς συνάγεσθαι ὅτι τοῦ οὐρανοῦ ἢ ἔστιν ἢ ἐνδέχεται πλείω γενέσθαι τὰ καθ᾽ ἕκαστα D: non hab. C 12 ὧν] ὧν supraser. ων E: ἂν E²: ὧν ἂν c 13 συναμφότερον E: corr. E² εἶναι] αὐτοῦ A 15 γρυπτὸν A γίγνεσθαι E: γενέσθαι D 16 γίγνοιτο E εἰ Db: ἐν A: ἡ Ec τοῦ ἀνθρώπου c 17. 18 γίγνοιτο E 18 συναμφότερον E, sed corr. ἐπ᾽] ἀπ᾽ A αὐτὸν E: corr. E² 19 εἶναι] αὐτοῦ A 21 γρυπτὰ A 23 ἀδύνατον A ἁπάσης] corr. ex ἀνάγκης E 24 συνεστήκει A: συνέστηκε Dc et corr. ex συνέστηκεν E; fort. συνεστήκοι deinde del. διαλύοιτο ταῦτα A 25 γιγνομένου E 28 ἔστι] seq. ras. 1 litt. E 29 ἐστι] seq. ras. 1 litt. E

ἄλλο μὲν ἐν αὐτῷ παρὰ τὸ σύνθετον τὸ οὐρανῷ εἶναι καὶ οὐχ ἁπλῶς οὐ- 126ᵃ
ρανῷ, ἀλλὰ τῷδε τῷ οὐρανῷ, τουτέστι τῷ καθ' ἕκαστα· ἄλλο γὰρ καὶ ἐν
αὐτῷ τὸ εἶδος καὶ ἄλλο τὸ συναμφότερον· οὐ μέντοι διὰ τοῦτο εἴη ἂν
ἄλλος οὐρανὸς οὔτ' ἂν ἐνδέχοιτο γενέσθαι πλείους διὰ τὸ πᾶσαν τὴν ὕλην
5 περιειληφέναι τοῦτον. εἰπόντος δὲ τοῦ Ἀριστοτέλους ὅλως γὰρ ὅσων 20
ἔστιν ἡ οὐσία ἐν ὑποκειμένῃ τινὶ ὕλῃ σημειωτέον, φησὶν Ἀλέξαν-
δρος, ὅτι τὸ εἶδος ἐν ὑποκειμένῃ τῇ ὕλῃ λέγει κοινότερον ὡς ὑποκειμένου
τινὸς δεόμενον· συνήθης γὰρ ἡ χρῆσις αὐτῷ· ἢ εἴρηται, φησίν, ἀντὶ τοῦ
οἷς τὸ εἶναι σὺν ὕλῃ ἐστι; καὶ ταῦτα μὲν δῆλα καὶ εἴρηται μετρίως. ἀλλ'
10 εἴπερ, φησί, τὸ εἶδος ἐν ὑποκειμένῃ τῇ ὕλῃ ἐστίν, ἔσται οὕτως καὶ ἡ 25
ψυχὴ ἐν ὑποκειμένῳ· πῶς οὖν τὸ οὐδεμία οὐσία ἐν ὑποκειμένῳ εἴρη-
ται ἐν Κατηγορίαις; καὶ τοῦτο μὲν λύει καλῶς· ἡ γὰρ συναμφότερος, φη-
σίν, οὐσία ἡ ἔνυλος καὶ αὐτὴ ἐφ' ἑαυτῆς οὖσα, αὕτη λέγεται ἐκεῖ μὴ
εἶναι ἐν ὑποκειμένῳ· τὸ δὲ τῆς ψυχῆς παράδειγμα μάτην, ὥς οἶμαι, παρέ- 30
15 θετο τούτου μόνου ἕνεκεν τοῦ δεῖξαι, ὅτι καὶ κατὰ Ἀριστοτέλην ἐντελέχεια
καὶ εἶδος οὖσα ἡ ψυχὴ ἐν ὑποκειμένῳ ἐστί. καίτοι καὶ ἐν τῇ Περὶ ψυ-
χῆς διττὴν τὴν ἐντελέχειαν καὶ τὸ εἶδός φησιν ὁ Ἀριστοτέλης, τὴν μὲν
χωριστήν, τὴν δὲ ἀχώριστον, καὶ περὶ τοῦ νοῦ καὶ τῆς θεωρητικῆς δυνά- 35
μεως σαφῶς εἶπεν, ὅτι ἔοικε ψυχῆς γένος ἕτερον εἶναι καὶ τοῦτο μόνον
20 ἐνδέχεσθαι χωρίζεσθαι, καθάπερ καὶ τὸ ἀΐδιον τοῦ φθαρτοῦ· καὶ ἐν τῷ
τρίτῳ δὲ περὶ τοῦ κατ' ἐνέργειαν νοῦ τῆς ψυχῆς λέγων "οὗτος, φησίν,
ὁ νοῦς χωριστὸς καὶ ἀπαθὴς καὶ ἀμιγὴς τῇ οὐσίᾳ ὢν ἐνέργεια". ἐνταῦθα 40
μέντοι σαφῶς περὶ τῶν σωματικῶν εἰδῶν ὁ λόγος, καὶ περὶ τούτων εἶπεν,
ὅτι, ὅσων ἐστὶν ἡ οὐσία ἐν ὑποκειμένῃ τινὶ ὕλῃ, τούτων οὐδὲν ἐνδέχεται
25 γίνεσθαι μὴ ὑπαρχούσης τινὸς ὕλης. εἰπὼν τοίνυν λύεσθαι τὴν ἀπορίαν
τῷ ἐξ ἁπάσης τῆς ὕλης συνεστάναι τὸν κόσμον εἰκότως λοιπόν, ὅτι ἐξ 45
ἁπάσης τῆς ὕλης συνέστηκεν ὁ οὐρανὸς ἤτοι ὁ κόσμος, προτίθεται δεικνύ-
ναι | διοριζόμενος πρῶτον, ποσαχῶς ὁ οὐρανὸς λέγεται, καὶ ὅτι καθ' ἓν 126ᵇ
τῶν σημαινομένων οὐρανὸν λέγομεν τὸν κόσμον, ὃν πρόκειται δεῖξαι νῦν
30 ὅτι ἐξ ἁπάσης τῆς ὕλης συνέστηκεν.

---

1 ἄλλο — καθ' ἕκαστα (2) om. c   οὐρανῷ] corr. ex οὐρανῷς Ε²   2 τῷ (pr.) om. A
τῷ (alt.) Db: τὸ Ε: τὰ A   3 συναμφώτερον E, sed corr.   6 τινὶ A: τῇ
DE(b)c   φησὶν ὁ c   8 ἢ AE³b: òm. DE   9 ἔστι] seq. ras. 1 litt. E
10 ἐν E²b: om. ADE   ἐστὶν A: om. DEb   ἔσται om. c   12 Κατη-
γορίαις] cap. 5 3ᵃ7   καλῶς] σαφῶς E   συναμφώτερος E, sed corr.
15 Ἀριστοτέλη E: corr. E²   16. 17 Περὶ ψυχῆς] II 1 412ᵃ22   19 εἶπεν]
413ᵇ24   20 χωρίζεσθαι] corr. ex ἐγχωρίζεσθαι E²: οὐ χωρίζεσθαι D
21 τρίτῳ] cap. 5. 430ᵃ17   24 τινὶ] τῇ A   ἐνδέχεσθαι E, sed corr.
25 γίγνεσθαι E   ἀπορείαν E, sed corr.   26 κόσμον] seq. ras. 18 litt. E
29 πρόκειται] πρῶτον A

p. 278ᵇ11 Ἕνα μὲν οὖν τρόπον οὐρανὸν λέγομεν ἕως τοῦ μήτε 126ᵇ
ἐνδέχεται γενέσθαι.

Τριχῶς λέγεσθαι τὸν οὐρανόν φησι· καὶ γὰρ τὴν ἀπλανῆ σφαῖραν
οὐρανὸν ἐξαιρέτῳ καλοῦμεν ὀνόματι, ἣν αὐτὸς διχῶς ἀφωρίσατο οὐσίαν
λέγων αὐτὴν τῆς ἐσχάτης τοῦ παντὸς περιφορᾶς, τουτέστιν ἡ ἐσχάτη κυ-
κλοφορουμένη οὐσία, ἢ σῶμα φυσικὸν τὸ κατὰ τὴν ἐσχάτην τοῦ παντὸς
περιφοράν, ἀντὶ τῆς οὐσίας κοινοτέρας οὔσης τὸ φυσικὸν σῶμα μεταλαβὼν
προσεχέστερον ὑπάρχον τοῦ προκειμένου γένος. καὶ μαρτύρεται τὴν συν-
ήθειαν οὐρανὸν τὸ ἄνω μάλιστα καὶ τὸ ἔσχατον καλοῦσαν· εἰ γὰρ ἐν οὐ-
ρανῷ τὸ θεῖον πᾶν ἱδρῦσθαί φαμεν, ὡς ἀνωτάτω δὲ πάντων ἱδρυμένον
αὐτὸ προσκυνοῦμεν (ἔλεγε γοῦν καὶ κατ' ἀρχάς, ὅτι πάντες τὸν ἄνω τόπον
τῷ θείῳ ἀποδιδόασι), δῆλον, ὅτι τὸ ἔσχατον καὶ ἀνωτάτω μάλιστα οὐρα-
νὸν καλεῖσθαι νομίζομεν, κἂν χρώμεθα τῷ ὀνόματι καὶ ἐπ' ἄλλων. ἐφι-
στάνει δὲ ὁ Ἀλέξανδρος, ὅτι οὐχ ὡς τοῦ αὐτοῦ ὄντος τοῦ ἄνω καὶ τοῦ
πέριξ ἤτοι τοῦ ἐσχάτου οὕτως εἶπε τὸ ἔσχατον καὶ τὸ ἄνω, ἀλλ' ὡς ἐν
ἔθει ὂν τὸ ἔσχατον ἐκεῖνο ἄνω καλεῖν, ἐπεὶ αὐτὸς τὸ ἄνω πρὸς τὸ κάτω
ἀντιτιθεὶς καὶ τὸ μὲν κοῦφον πρὸς τὸ ἄνω κινεῖσθαι λέγων, τὸ δὲ βαρὺ
πρὸς τὸ κάτω, τῷ κοίλῳ τῆς σεληνιακῆς σφαίρας ὁρίζει τὸ ἄνω· μέχρι
γὰρ ἐκείνου φέρεται τὸ πάντων ἐπιπολαστικόν τε καὶ κουφότατον τὸ πῦρ.
"εἴη δὲ ἄν, φησί, καὶ τὸ ἔσχατον ἄνω, εἴπερ ὑπὲρ τὸ κουφότατόν ἐστιν."
ἀλλὰ πῶς ἐν τῇ ἀπλανεῖ πᾶν ἱδρῦσθαι τὸ θεῖον λέγομεν, εἰ θείας καὶ τὰς
πλανωμένας νομίζομεν; ἢ ὅτι τῷ θείῳ πανταχοῦ τὸ ἀκρότατον ἀποδιδόντες
καὶ τὸν ὅλον οὐρανὸν θεῖον νομίζοντες κατὰ τὸ ἀκρότατον αὐτοῦ χαρακτη-
ρίζομεν, καὶ ἡ ἐπιστροφὴ ἡμῶν ἡ πρὸς τὸ θεῖον ἐπὶ τὸ ἄνω τεινομένη
μέχρι τοῦ ἀνωτάτω χωρεῖ; ἢ διότι πάντα τὰ θεῖα τῆς πρώτης ἀρχῆς
ἐξημμένα καὶ ὑπερκόσμια ὄντα τῇ ἑαυτῶν φύσει ὑπὸ τοῦ πρώτου καὶ καλ-
λίστου τῶν σωμάτων μάλιστα μετέχεται;

Δεύτερον σημαινόμενον τοῦ οὐρανοῦ λέγει, καθ' ὃ καὶ τὸ πλανώμενον
οὐρανὸν λέγομεν· τοῦτο γάρ ἐστι τὸ συνεχὲς ἤτοι προσεχὲς σῶμα τῇ
ἐσχάτῃ περιφορᾷ τοῦ παντός, ἐν ᾧ σελήνη καὶ ἥλιος καὶ τὰ ἄλλα ἄστρα
τὰ πλανᾶσθαι λεγόμενα. καὶ ὅτι καὶ τοῦτον οὐρανὸν λέγομεν, πιστοῦται
ἐκ τοῦ καὶ ταῦτα τὰ ἄστρα ἐν οὐρανῷ λέγειν ἡμᾶς. διῃρημένως δὲ τὴν

---

1 μήτ' c   2 ἐνδέχεται ADE: ἐνδέχεσθαι ex Aristotele c   3 ἀπλανεῖ D
4 ἐξαιρέτῳ DE²b: ἐξαιρέτως AE   καλοῦμεν Ab: καλούμενον DE   ἀφορίσατο E:
corr. E²   5 αὐτὴν] αὐτὴν τὴν A   τουτέστιν om. A   7 ἀντὶ Ab: τουτέστιν
ἀντὶ DE   11 αὐτῷ E: corr. E²   ἔλεγε] 270ᵇ6   12 ἀποδιδόασιν E
13 κἂν] καὶ A: autem b   τῶν ἄλλων Ec   16 ἐκεῖνο Ab: καὶ τὸ DE: καὶ E²c
18 τῷ κάτω E   ὁρίζοι E: corr. E²   21 ἀπλανῆ E: corr. E²   24 ἡμῶν] post
ras. 5 litt. E   27 μετέχεται] ante χ ras. 1 litt. A   28 τὸ om. c
30 προφορᾷ E: corr. E²   ἡ σελήνη A   31 καὶ (alt.) om. D   32 ταῦτα]
αὐτὰ c

ὀνομασίαν ἐπί τε τοῦ ἀπλανοῦς καὶ τοῦ πλανωμένου παραδοὺς δέδωκεν ἐν- 126ᵇ
νοεῖν, ὅτι καὶ | πᾶν τὸ κυκλοφορητικὸν καὶ ἀίδιον τὸ πρὸς τὸ γενητὸν 127ᵃ
καὶ φθαρτὸν ἀντιδιῃρημένον οὐρανὸν λέγομεν. καὶ γὰρ καὶ αὐτὸς ὡς μίαν
ἔχοντος τοῦ ὅλου φύσιν καὶ μίαν κίνησιν τὴν κυκλοφορίαν κοινῶς ἀπέ-
5 δειξε περὶ αὐτοῦ, καὶ ὅτι ἄλλη παρὰ τὰ ὑπὸ σελήνην στοιχεῖα πέμπτη 5
τίς ἐστιν οὐσία τοῦ οὐρανίου σώματος οὔτε βάρος ἔχουσα οὔτε κου-
φότητα, καὶ ὅτι ἀγένητον τοῦτο καὶ ἄφθαρτόν ἐστι, κοινῶς ἔδειξε καὶ
πάλιν ἀποδείξει· ὥστε καὶ ἑνὶ ὀνόματι καὶ τὸ ὅλον φαίνεται καὶ αὐ-
τὸς καλῶν.
10   Τρίτον δὲ τοῦ οὐρανοῦ σημαινόμενον λέγει τὸ περιεχόμενον σῶμα ὑπὸ 10
τῆς ἐσχάτης περιφορᾶς σὺν αὐτῇ δηλονότι τῇ ἐσχάτῃ περιφορᾷ· τὸ γὰρ
ὅλον καὶ τὸ πᾶν εἰώθαμεν λέγειν οὐρανόν, ὥστε τὸ περιεχόμενον εἰλῆφθαι
σὺν τῷ περιέχοντι, καὶ κατὰ τοῦτο τὸν ὅλον κόσμον οὐρανὸν λέγεσθαι.
καί ἐστι καὶ τοῖς πρὸ τοῦ Ἀριστοτέλους τὸ ὄνομα σύνηθες· πολλαχοῦ 15
15 γοῦν καὶ ὁ Πλάτων οὐρανὸν τὸν κόσμον καλεῖ ὥσπερ καὶ ἐν τῷ Πολιτικῷ
λέγων "ὃν δὲ οὐρανὸν καὶ κόσμον ἐπωνομάκαμεν" καὶ ἐν Τιμαίῳ "ὁ δὴ
πᾶς οὐρανὸς ἢ κόσμος ἢ καὶ ἄλλο, ὅ τι ποτὲ ὀνομαζόμενος μάλιστα ἂν
δέχοιτο, τοῦτο ἡμῖν ὠνομάσθω". λέγεται δὲ καὶ ὁ κόσμος οὐρανός, ἢ ὅτι 20
κατὰ τὸ κυριώτατον τῶν ἐν αὐτῷ καλῶς εἶχεν αὐτὸν ὀνομάζεσθαι, ὡς καὶ
20 ὁ ἄνθρωπος κατὰ τὴν ψυχὴν καὶ τῆς ψυχῆς τὸ λογιζόμενον ἄνθρωπος
λέγεται διὰ τὸ ἀναθρεῖν, ἃ ὄπωπεν, καὶ τὰ πολλὰ εἰς ἓν συνάγειν· μόνος
γὰρ τῶν ἄλλων ζῴων ὁ ἄνθρωπος τὰ ἐκ πολλῶν ἰόντα αἰσθήσεων ἀναλο- 25
γιζόμενος εἰς ἓν συναιρεῖ. εἰ δὲ καὶ τὴν ἐτυμολογίαν τις ἐννοήσει τοῦ
οὐρανίου σώματος, ἣν ὁ Πλάτων ἐν τῷ Κρατύλῳ παραδέδωκεν, ὅτι ὁ οὐ-
25 ρανὸς ὁ τὸ ἄνω ὁρῶν ἐστιν ὡς εἰς τὰ αἴτια τὰ ἑαυτοῦ ἐστραμμένος καὶ
μένων ἐν αὐτοῖς, εἰκότως ἂν καὶ ὁ κόσμος οὐρανὸς λέγοιτο τῶν ἑαυτοῦ
αἰτίων ἐξηρτημένος. τριχῶς δὴ τοῦ οὐρανοῦ λεγομένου τὸ τρίτον τοῦτο 30
σημαινόμενον, καθ' ὃ καὶ ὁ κόσμος ὅλος οὐρανὸς λέγεται, τοῦτο εἶναί φη-
σιν, ὅπερ ἐξ ἅπαντος εἴρηται συνεστάναι τοῦ φυσικοῦ καὶ αἰσθητοῦ σώμα-
30 τος· καὶ τὴν αἰτίαν προστέθεικεν· διὰ γὰρ τὸ μήτε εἶναι σῶμα ἔξω τοῦ
οὐρανοῦ μήτε ἐνδέχεσθαι γενέσθαι. εἰ γὰρ μηδέν ἐστιν ἐκτὸς αὐτοῦ σῶμα, 35
δῆλον, ὅτι ἐξ ἁπάσης ἂν εἴη τοῦτο τῆς σωματικῆς συστάσεως. τοῦτο οὖν

---

1 τοῦ (pr.)] corr. ex τὸν D   3 οὐρανοῦ E: corr. E²   ὡς ACb: καὶ ὡς DEc
4 τοῦ] τὴν τοῦ A   φύσιν] corr. ex φησὶν E¹   τὴν] καὶ Ec   5 αὐτοὺς A
14 τοῦ om. A   15 οὐρανὸν τὸν] τὸν οὐρανὸν A   Πολιτικῷ] 269 d   16 ἐπω-
νόμαχ/ A   Τιμαίῳ] 28 b   δὴ] δὲ c   17 ἄλλ' c   ποτ' c   μάλιστ' c
18 τοῦτ' c   ὠνομάσθαι D   καὶ om. C   οὐρανός] ὁ οὐρανός A   19 αὐτὸν
AC: corr. ex αὐτὸ D: αὐτὸ Ec   21 ἀναρθρεῖν A   ὄπωπεν AEc: ὄπωπε CD
πόλλ' c   22 ὁ om. Ac   23 συναιρεῖ] post ν ras. 1 litt. E: συνάγει C
καὶ om. Ec   24 Κρατύλῳ D   παραδέδωκεν] Crat. 396 c   ὁ (alt.) om. A
25 τὸ] τὰ C   26 κόσμος] κόσμος ὅλος A   27 τοῦ οὐρανοῦ] τ' οὐνοῦ E   28 καὶ
om. A   30 προστέθεικεν AE²c: προστέθεικε D: προστέθηκεν E   32 τῆς σωματικῆς
συστάσεως Ab: σῶμα δηλονότι CE: τὸ σῶμα δηλονότι D: τὸ σῶμα τῆς ὕλης E²: τῆς
ὕλης c

λοιπὸν δεικτέον, ὅτι οὔτε ἔστι τι σῶμα ἔξω τοῦ οὐρανοῦ οὔτε ἐνδέχεται 127ᵃ γενέσθαι.

p. 278ᵇ25 Εἰ γὰρ ἔστιν ἔξω τῆς ἐσχάτης περιφορᾶς ἕως τοῦ 40 ἀνάγκη γὰρ εἶναι καὶ τὰ ἁπλᾶ τοῦ μικτοῦ ὄντος.

Εἰ ἔστι τι σῶμα ἐκτὸς τοῦ ἐσχάτου οὐρανοῦ, ἀνάγκη αὐτὸ ἢ ἁπλοῦν 45 εἶναι ἢ σύνθετον. ἁπλᾶ δὲ σώματα, ὡς ἐκ τῶν ἁπλῶν κινήσεων ἐδείχθη, τό τε κύκλῳ κινούμενόν ἐστι καὶ | τῶν ἐπ' εὐθείας τό τε ἀπὸ τοῦ 127ᵇ μέσου τὸ κοῦφον καὶ ἐπιπολαστικὸν καὶ τὸ πρὸς τὸ μέσον τὸ βαρύ τε καὶ ὑφιστάμενον. ἀλλὰ τὸ μὲν κύκλῳ κινούμενον οὐχ οἷόν τε ἔξω εἶναι τοῦδε τοῦ κόσμου, διότι δέδεικται, φησὶν Ἀλέξανδρος, ὅτι οὐδὲ κινηθῆναί τινα 5 παρὰ φύσιν κίνησιν οἷόν τε αὐτό· εἰ δὲ τοῦτο, δῆλον, ὡς οὐδὲ ἐν ἄλλῳ τόπῳ οἷόν τε αὐτὸ ἢ εἶναι ἢ γενέσθαι παρὰ τὸν κύκλῳ, ἐν ᾧ ἔστιν. ἀλλὰ δῆλον, ὅτι ὁ λέγων ἔξω τῆς ἐσχάτης περιφορᾶς εἶναι σῶμα φυσικὸν κύκλῳ φερόμενον οὐ τοῦτον τὸν οὐρανὸν ἐκτὸς ἑαυτοῦ εἶναι ἢ γενέσθαι 10 λέγει, ἀλλὰ ἄλλον ἄλλου κόσμου περιεκτικόν. μήποτε οὖν ῥητέον, ὅτι δέδεικται ἐν τοῖς ἔμπροσθεν ἓν εἶναι τὸ μέσον καὶ ἓν τὸ ἔσχατον, τὸ δὲ ἔσχατον κυκλοφορητικόν ἐστι σῶμα· οὐκ ἂν οὖν εἴη ἐκτὸς τοῦ ἐσχάτου ἄλλο κυκλοφορητικόν, εἴπερ μηδὲ ἄλλο μέσον· ὥστε οὐκ ἐνδέχεται τὴν τοῦ 15 ἐσχάτου φύσιν ἐν ἄλλῳ τόπῳ γενομένην μεταλλάξαι τοῦτον τὸν τόπον, ὥστε μὴ ἐν τούτῳ εἶναι πᾶν ἔσχατον, ἀλλὰ καὶ ἐν ἐκείνῳ. τὸ δὲ μεταλλάξαι τὸν αὐτοῦ τόπον οὐκ ἐπὶ τῆς τοῦ κυκλοφορητικοῦ καὶ ἐσχάτου φύσεως ἐκδεξάμενος ὁ Ἀλέξανδρος, ἀλλ' ἐπὶ τούτου τοῦ κυκλοφορητικοῦ, φησὶν αὐτὸ μὴ δύνασθαι ἐν ἄλλῳ τόπῳ ἢ εἶναι ἢ γενέσθαι παρὰ τὸν 20 ἐν ᾧ ἔστι. καίτοι, ὅπερ εἶπον, οὐ τοῦτο προὔκειτο δεῖξαι, ὅτι οὗτος ὁ οὐρανὸς ἐκτὸς ἑαυτοῦ οὐκ ἔστιν, ἀλλ' ὅτι ἐκτὸς τοῦ ἐσχάτου κυκλοφορητικοῦ σώματος τοῦδε οὐκ ἔστιν ἄλλο ἐγκύκλιον σῶμα, ὥσπερ οὐδὲ κοῦφον οὐδὲ βαρύ ἄλλο ἐκτὸς εἶναι τοῦδε τοῦ κόσμου δείκνυσιν, ἀλλ' οὐχ ὅτι τὰ ἐν 25 τούτῳ οὐκ ἔστιν ἐκτὸς αὐτοῦ. ὅτι δὲ οὐδὲ βαρύ οὐδὲ κοῦφον οὐδὲ ὅλως τῶν ἐπ' εὐθείας τι κινουμένων ἐστὶν ἔξω τοῦ οὐρανοῦ, δείκνυσιν οἰκείῳ πάλιν τρόπῳ τῆς ἀποδείξεως χρώμενος. εἰ γὰρ ἔστιν, ἢ κατὰ φύσιν ἐστὶν ἢ παρὰ φύσιν· ἑκατέρως γὰρ εἶναι ταῦτα πέφυκεν ἐν τόπῳ· (ἀλλὰ κατὰ 30 φύσιν μὲν οὐκ ἔστιν)· ἄλλοι γὰρ αὐτῶν ἐδείχθησαν οἱ κατὰ φύσιν τόποι καὶ ἐν τῷδε τῷ κόσμῳ, εἰς ὃν κατὰ φύσιν ἕκαστον φέρεται, εἴπερ ἓν

ο'
8 τὸ (alt.) om. A   11 αὐτό b: αὐτ A: αὐτῷ DEc   οὐδὲ] ὁδὶ A   12 αὐτῷ D ἢ (pr.) om. A   κύκλῳ Ab: κύκλον DEc   14 τοῦτον] τοσοῦτον A   15 κόσμον A   17 οὖν E²: om. ADEc (fort. potius lin. 15 scrib. ὅτι διότι)   18 οὐκ AE²: οὖν DE   19 γινομένην D   20. 21 μεταλλάξαι] 278ᵇ29   21 αὐτοῦ AD: ἑαυτοῦ Ec   24 ἔστι] suprascr. E²   28 αὐτῶν A   οὐδὲ (alt.)] ἢ A   30. 31 φύσιν ἢ παρὰ φύσιν ἐστίν CD   31 ἀλλὰ—ἔστιν (32) addidi: ras. 11 litt. E: om. ADbc   32 ἐδείχθησαν] post ἐ- ras. 1 litt. A   33 καὶ ἐν] κἄν D   ἐν τῷδε] corr. ex ἐνταῦθα δὲ E²

SIMPLICII IN L. DE CAELO I 9 [Arist. p. 278ᵇ25. 279ᵃ2] 283

ἐδείχθη τὸ μέσον καὶ ἓν τὸ ἔσχατον. εἰ δὲ παρὰ φύσιν ἐκεῖ τις εἶναι 127ᵇ
λέγοι τι τῶν εὐθυπορουμένων σωμάτων, δῆλον, ὅτι ἄλλοις σώμασιν ἔσον- 35
ται κατὰ φύσιν ἐκεῖνοι οἱ τόποι· ὁ γὰρ ἄλλῳ παρὰ φύσιν τόπος ἄλλῳ
πάντως κατὰ φύσιν ἐστίν· οὐδὲν δέ ἐστιν ἄλλο σῶμα παρὰ ταῦτα ἁπλοῦν·
5 ὥστε οὐδὲ τόπος ἔσται, ἐν ᾧ τι ἄλλο σῶμα παρὰ ταῦτα ἔσται ἁπλοῦν.
εἰ δὲ μηδὲν ἁπλοῦν σῶμα οἷόν τε ἐκτὸς εἶναι τοῦδε τοῦ οὐρανοῦ, οὐδὲ τῶν 40
μικτῶν ἂν εἴη· τὰ γὰρ μικτὰ ἐκ τῶν ἁπλῶν σύγκειται, καὶ ὄντων μικτῶν
ἀνάγκη καὶ ἁπλᾶ εἶναι.

Ἐπιστῆσαι δὲ ἄξιον, ὅτι πᾶσαν ταύτην τὴν ἀπόδειξιν ἠρτημένην τῶν
10 πρόσθεν ἀποδεδειγμένων προήγαγεν, ἐν οἷς ἐδείκνυε τὸν κατὰ φύσιν ἑκά-
στου τῶν σωμάτων τόπον οὐ μόνον τῷ εἴδει, ἀλλὰ καὶ τῷ ἀριθμῷ ἕνα 45
ὄντα ἐν τούτῳ τῷ κόσμῳ εἶναι, διόπερ καὶ τὸ κυκλοφορητικὸν σῶμα ἀπο-
δεδεῖχθαί φη|σι μὴ ἐνδέχεσθαι μεταλλάξαι τὸν αὑτοῦ τόπον καὶ τῶν 128ᵃ
εὐθυπορουμένων ἐνταῦθα τοὺς οἰκείους εἶναι τόπους· τοῦτο γὰρ δηλοῖ τὸ
15 ἄλλοι γὰρ αὐτῶν οἰκεῖοι τόποι.

p. 279ᵃ2 Ἀλλὰ μὴν οὐδὲ γενέσθαι δυνατὸν ἕως τοῦ ἀλλ᾽ εἷς καὶ 5
μόνος καὶ τέλειος ὁ οὐρανός ἐστιν οὗτος.

Δείξας, ὅτι οὐδέν ἐστιν ἔξω τοῦ οὐρανοῦ σῶμα, ἐφεξῆς, ὅτι οὐδὲ γε-
νέσθαι δυνατόν, ἀποδείνυσι. τοῦτο γὰρ ἦν μάλιστα τὸ προσεχῶς προτεθέν, 10
20 ὅτι οὐ μόνον εἷς ἐστιν ὁ κόσμος, ἀλλὰ καὶ ἀδύνατον γενέσθαι πλείους,
ὅπερ δείκνυται διὰ τοῦ μὴ μόνον μὴ εἶναί τι σῶμα ἐκτὸς τοῦδε τοῦ
κόσμου, ἀλλὰ καὶ ἀδύνατον γενέσθαι. ὅτι οὖν οὐδὲ γενέσθαι δυνατόν,
διὰ τῆς αὐτῆς ἐφόδου δείκνυσιν· οὔτε γὰρ ἁπλοῦν οὔτε σύνθετον οὔτε κυ- 15
κλοφορητικὸν οὔτε εὐθυπορούμενον διὰ τὸ ἓν εἶναι τὸ μέσον καὶ ἓν τὸ
25 ἔσχατον καὶ τῶν κατὰ φύσιν ἕκαστον μὴ τῷ εἴδει μόνον ἀλλὰ καὶ τῷ
ἀριθμῷ ἓν εἶναι.

Λέγει δὲ ὁ Ἀλέξανδρος, ὅτι τοῦ μὴ εἶναί τι ἔξω σῶμα αἰσθητὸν
τοῦδε τοῦ κόσμου μήτε δύνασθαι γενέσθαι αἰτίαν ἀποδέδωκε τὸ ἐξ ἁπά- 20
σης εἶναι αὐτὸν τῆς οἰκείας ὕλης. μήποτε δὲ τοὐναντίον τοῦ ἐξ ἁπάσης
30 εἶναι τῆς ὕλης τόνδε τὸν κόσμον αἴτιον ἀποδέδωκε τὸ μηδὲν ἐκτὸς αὐτοῦ
σῶμα εἶναι μήτε ἁπλοῦν μήτε σύνθετον. καὶ γὰρ τὴν ἀπορίαν τὴν πολ-
λοὺς εἶναι κόσμους κατασκευάζουσαν λύσας διὰ τοῦ ἐξ ἁπάσης τῆς ὕλης 25
τόνδε τὸν κόσμον συνεστάναι λείπεσθαί φησι τοῦτο δεῖξαι, ὅτι ἐξ ἁπάσης,

---

4 δέ] γὰρ c   ἐστιν om. A   ἄλλο] mut. in ἄλλα E   σώματα E   5 σῶμα
A: corr. ex σώματα E²: om. CD   ταῦτα E: ταῦτα σῶμα A: ταῦτα τὰ σώματα CD
(fort. ἄλλο παρὰ ταῦτα σῶμα)   6 τε om. E   10 ἐδείκνυεν E: corr. E²
11 τόπον E: corr. E²   13 φησι] seq. ras. 1 litt. E   αὑτοῦ ACDE   14 τὸ
om. E   16 ἀλλὰ c   17 ὁ οὐρανός ἐστιν οὗτος A: οὐρανός ἐστιν οὗτος D: οὗτος
οὐρανός ἐστιν E (ν eras.), c   19 ἀποδείκνυσι] seq. ras. 1 litt. E   ἦν] εἶναι comp. A
21 τι μὴ εἶναι D   22 ὅτι οὖν] ὁτιοῦν. ὅτι δὲ c   26 ἓν] ἕνα E   28 ἀπο-
δέδωκεν E: corr. E²   30 τόνδε] post ν ras. 3 litt. E   ἀποδέδωκα] seq. ras. 1
litt. E   33 φησιν E, sed corr.

ὅπερ δείκνυσι διὰ τοῦ μήτε εἶναι μηδὲν ἔξω τοῦ οὐρανοῦ σῶμα μήτε ἐν- 128ᵃ
δέχεσθαι γενέσθαι. τοῦτο οὖν ἐκείνου αἴτιον, εἴπερ διὰ τοῦ αἰτίου ἡ ἀπό-
δειξις· κἂν γὰρ ἀκολουθῇ ἀλλήλοις τό τε ἐξ ἁπάσης τῆς ὕλης εἶναι καὶ
τὸ μηδὲν ἔξω περιλείπεσθαι, ἀλλὰ προηγεῖσθαι δοκεῖ τὸ μηδὲν περιλείπε- 30
5 σθαι τοῦ ἐξ ἁπάσης εἶναι· καὶ γὰρ τὸ πᾶν ὁριζόμενοι λέγομεν ᾧ μηδὲν
ἐλλείπει.

Καλῶς δὲ εἶπε μηδὲν διαφέρειν σκοπεῖν, εἰ ἔστιν ἢ γενέσθαι δυ-
νατόν· τὰ γὰρ δυνάμενα γενέσθαι καὶ μάλιστα τὰ φυσικὰ καὶ μὴ ἐμποδι-
ζόμενα καὶ γένοιτο ἂν ἢ μάτην ἔχει τὸ δύνασθαι, τὰ δὲ κατὰ προαίρεσιν 35
10 δυνάμενα γενέσθαι πολλάκις οὐκ ἂν γένοιτο μεθισταμένης τῆς προαιρέσεως
ἢ ποθεν κωλυόμενα. οὐ παρέργως δὲ ἤκουσεν ὁ Ἀλέξανδρος τοῦ ὁ πᾶς
κόσμος· σημεῖον γάρ τοῦ ἐκ πάσης τῆς ὕλης εἶναι τὸ πᾶν λέγεσθαι τὸν
κόσμον φησίν· οὐδὲ γὰρ οὕτως ὁ αἰσθητὸς ἄνθρωπος πᾶς λέγεται οὐδὲ 40
ἄλλο τι αἰσθητὸν παρὰ τὸν κόσμον.

15 p. 279ᵃ11 "Ἅμα δὲ δῆλον, ὅτι οὐδὲ τόπος ἕως τοῦ οὔτε τόπος οὔτε
κενὸν οὔτε χρόνος ἐστὶν ἔξω. 45

Δείξας, ὅτι οὐκ ἔστι σῶμα οὐδὲν ἔξω τοῦ οὐρανοῦ, ἐκ | τούτου δείκ- 128ᵇ
νυσιν, ὅτι οὐδὲ τόπος οὐδὲ κενὸν οὐδὲ χρόνος ἐστὶν ἐκεῖ, ἐν δευτέρῳ σχή-
ματι συνάγων τὰ συμπεράσματα· ἐν παντὶ τόπῳ δυνατὸν ὑπάρξαι σῶμα,
20 ἔξω τοῦ οὐρανοῦ ἀδύνατον ὑπάρξαι σῶμα, ἔξω ἄρα τοῦ οὐρανοῦ οὐκ ἔστι
τόπος. καὶ πάλιν· εἰ κενόν ἐστιν, ἐν ᾧ μὴ ὑπάρχει σῶμα, δυνατὸν δὲ 5
γενέσθαι, ἔξω δὲ τοῦ οὐρανοῦ οὐ μόνον οὐκ ἔστι σῶμα, ἀλλ' οὐδὲ δυνατὸν
γενέσθαι, ἔξω ἄρα τοῦ οὐρανοῦ οὐκ ἔστι κενόν. κἀκ τρίτου πάλιν· ὁ χρό-
νος κινήσεως ὢν ἀριθμὸς ἐκεῖ πάντως ἔστιν, ὅπου κίνησις· κίνησις δέ,
25 ὅπου κινούμενον σῶμα· εἰ οὖν χρόνος μὲν ὅπου καὶ σῶμα, ἔξω δὲ τοῦ 10
οὐρανοῦ οὐδὲν ἔστι σῶμα οὐδὲ γενέσθαι δύναται, ἔξω ἄρα τοῦ οὐρανοῦ οὐκ
ἔστι χρόνος οὐδὲ γενέσθαι δύναται.

Οἱ δὲ ἀπὸ τῆς Στοᾶς ἔξω τοῦ οὐρανοῦ κενὸν εἶναι βουλόμενοι διὰ
τοιαύτης αὐτὸ κατασκευάζουσιν ὑποθέσεως. ἔστω, φασίν, ἐν τῷ ἐσχάτῳ 15
30 τῆς ἀπλανοῦς ἑστῶτά τινα ἐκτείνειν πρὸς τὸ ἄνω τὴν χεῖρα· καὶ εἰ μὲν
ἐκτείνει, λαμβάνουσιν, ὅτι ἔστι τι ἐκτὸς τοῦ οὐρανοῦ, εἰς ὃ ἐξέτεινεν, εἰ δὲ
μὴ δύναιτο ἐκτεῖναι, ἔσται τι καὶ οὕτως ἐκτὸς τὸ κωλῦσαν τὴν τῆς χειρὸς

---

5 τὸ om. c   λέγοιμεν A   ᾧ] δ E   7 ἢ] ἢ εἰ Arist. vulg., sed εἰ om. Arist.
codd. FH   8 καὶ μή] μή C   9 καὶ om. D   γένοιτ' D   11 τοῦ ὁ πᾶς
A, cf. Arist. 279ᵃ8: τὸ πᾶς ὁ C: τοῦ ἅπας DE   12 πᾶν] πᾶς c   16 ἔξωθεν c ex
Arist. vulg., sed concinunt cum Simplicii libris FH; cf. Simpl. infra p. 131ᵃ2
17 post τούτου del. τοῦ οὐρανοῦ E¹   21 ὑπάρχῃ A   δὲ] suprascr. E²   22 ἔξω —
γενέσθαι (23) om. D   οὐδὲ] οὔτε Ec   25 καὶ om. A   26 ἔξω — δύναται (27)
om. D: mg. E²   οὐκ Ab: οὔτ' Ec   27 οὐδὲ A: οὔτε Ec   29 φησίν Ec
31 ἐκτείνει] -ει e corr. E   ἐξέτεινε E   32 ἔσται b: ἔστι A: om. DE   καὶ
οὕτως ἔσται τι c   post οὕτως add. ἔσται τι E²   τὸ] τι τὸ D
τῆς om. D

ἔκτασιν. κἂν πρὸς τῷ πέρατι πάλιν ἐκείνου στὰς ἐκτείνῃ, ὁμοία ἡ ἐρώ-
τησις· εἶναι γὰρ δειχθήσεται κἀκείνου τι ἐκτὸς ὄν. "ὅτι δέ, φησὶν Ἀλέ-
ξανδρος, μὴ ὑγιὲς τοῦτο, οὕτως ἂν δειχθείη· εἰ ἔστιν ὁ κόσμος τὸ πᾶν,
καὶ μηδὲν ἔστι τοῦ παντὸς ἐκτός, οὐδ' ἂν τοῦ κόσμου τι ἐκτὸς εἴη· οὐ
5 γὰρ ἂν ἔτι πᾶν εἴη, εἴ τι εἴη ἐκτὸς ἄλλο αὐτοῦ· ὥστε οὐδ' ἂν δύναιτό
τις ἐκτεῖναι τὴν χεῖρα γενόμενος ἐπὶ τῷ ἐσχάτῳ τοῦ οὐρανοῦ· καὶ γὰρ τὸ
ὅλως ἐκεῖ γενέσθαι τινὰ ἀδύνατον καὶ πρὸς ὑπόθεσιν· τὸ γὰρ σῶμα τὸ
κύκλῳ κινούμενον τὸ θεῖον ἀπαθὲς καὶ μηδὲν τοιοῦτον ἐν αὑτῷ δέξασθαι
δυνάμενον." ἀλλ' αὕτη μὲν ἴσως οὐκ ἀναγκαία ἡ ἔνστασις· πολλάκις γὰρ
10 ὑποτιθέμεθα τὰ ἀδύνατα διὰ τὴν ἐφεξῆς ἀκολουθίαν τοῦ λόγου· καὶ ὁ
Πλάτων γοῦν ὑπέθετό τινα ἐν τῷ ὑπεκκαύματι ἑστῶτα, καθ' ὃ ἡ τοῦ πυ-
ρὸς μάλιστα φύσις, καὶ πρὸς τῇ γῇ νεύουσαν ἔχοντα τὴν κεφαλὴν καὶ δύ-
ναμιν λαβόντα ὥστε τοῦ πυρὸς ἀφαιρούμενον ἱστάναι εἰς πλάστιγγας καὶ
ἕλκειν τὸν ζυγὸν ἐπὶ τὸν ἀέρα. καίτοι καὶ τοῦτο ἀδύνατον, ἀλλ' ἵνα δείξῃ
15 μὴ φύσει ὂν τὸ κάτω καὶ τὸ ἄνω καὶ τὸ βαρὺ καὶ τὸ κοῦφον ἐπὶ τῆς
σφαίρας, τοῦτο ὑπέθετο. ἐπάγει γοῦν τῇ ὑποθέσει· "ῥώμῃ γὰρ μιᾷ δυοῖν
ἅμα μετεωριζομένοιν τὸ μὲν ἔλαττον μᾶλλον, τὸ δὲ πλέον ἧττον ἀνάγκη
που κατατεινόμενον ξυνέπεσθαι τῇ βίᾳ, καὶ τὸ μὲν βαρὺ καὶ κάτω φερό-
μενον κληθῆναι, τὸ δὲ σμικρὸν ἐλαφρὸν καὶ ἄνω". καὶ ὁ Ἀριστοτέλης δὲ
20 ἐν τῷ τετάρτῳ βιβλίῳ μετατιθεμένην τὴν γῆν εἰς τὸν τοῦ πυρὸς τόπον
ὑποθήσεται. ἀλλ' ἐκεῖνο μᾶλλον ῥητέον, ὅπερ καὶ αὐτὸς ὁ Ἀλέξανδρος
ἐνεδείξατο, ὅτι, εἰ ἔστιν ὁ κόσμος τὸ πᾶν, καὶ μηδὲν ἔστιν ἐκτὸς τοῦ παν-
τός, ὁμοία ἡ ὑπόθεσις, ὡς εἴ τις εἰς τὸ μὴ ὂν ἐκτείνειν ἐπιχειροίη τὴν
χεῖρα· εἴτε γὰρ ἐκτείνοι, ἔστι τις τόπος ὁ δεχόμενος καὶ οὐκέτι τὸ μὴ
25 ὄν, εἴτε μὴ δύναιτο ἐκτείνειν, ἔστι τὸ κωλῦον. ἄτοπος οὖν ἡ ὑπόθεσις
καὶ τὸ ζητούμενον προλαμβάνουσα τῇ φαντασίᾳ, ὅτι ἔστι τι τοῦ παντὸς
ἐκτὸς ἢ κενὸν ἢ στερέμνιον. "καὶ ἐξ αὐτοῦ δέ, φησὶν Ἀλέξανδρος, οὗ
ὑποτίθενται κενοῦ, ἀναιροῦσι τὸ εἶναι κενόν. ἔστω γάρ, εἰ δυνατόν, ἐκτὸς
τοῦ κόσμου κενόν· τοῦτο δὴ ἤτοι πεπερασμένον ἐστὶν ἢ ἄπειρον. ἀλλ' εἰ
30 μὲν πεπερασμένον, ὑπό τινος περατοῦται, καὶ πάλιν ἐπὶ τοῦ πέρατος τοῦ
κενοῦ ὁ αὐτὸς ἐρωτηθήσεται λόγος, καὶ ἐκτενεῖ τις τὴν χεῖρα ἢ οὐκ ἐκτε-
νεῖ· τί γὰρ φήσουσιν; εἰ δὲ ἄπειρον εἴη, ὥσπερ Χρυσίππῳ δοκεῖ, κενὸν
δὲ τοῦτό φασι διάστημα, ὃ οἷόν τε ὂν σῶμα δέξασθαι μὴ δέδεκται, τῶν
δὲ πρός τι ἀναγκαῖον, εἰ θάτερον ἔστι, καὶ θάτερον εἶναι, εἰ ἔστι τὸ οἷόν
35 τε δέξασθαι, εἴη ἂν καὶ τὸ δεχθῆναι δυνάμενον ἢ ἐνδέχεται εἶναι· σῶμα

---

2 ὄν] corr. ex ὦν A   5 τι] τοι E   8 τὸ θεῖον om. c   12 τὴν γῆν D
13 ἀφαιρουμένου D   ἑστάναι D   15 τῷ κάτω E: corr. E²   τῷ ἄνω E:
corr. E²   ἐπὶ — γὰρ (16)] in ras. D   16 ἐπάγει] Tim. 63 c   18 μὲν] μὲν πολὺ c
19 κληθῆναι DE²   20 τετάρτῳ] cap. 3. 310b3   21 μᾶλλον] bis E, sed corr.
αὐτὸς om. D   22 ἐνεδείξατο αὐτὸς D   23 -τείνειν ἐπιχειρ-] in ras. E¹   24 ἔσται c
25 ἔστι Ab: εἴς τι τί D: εἴς τι E: ἔσται E²c   28 ἀναιροῦσιν E   κενὸν
om. A   29 δὴ] δὲ A   32 ἐδόκει c   33 δ] suprascr. E²   σῶμα ὂν A
μὴ] ὡς D   34 εἰ θάτερον ἔστι] ἔστι θατέρου ὄντος c   35 δεχθῆναι] post ε ras.
1 litt. E

δὲ οὔτε αὐτοὶ λέγουσιν οὔτε ἔστιν ἄπειρον, ὃ οἷόν τέ ἐστι δεχθῆναι ὑπὸ 129ᵃ
τοῦ ἀπείρου κενοῦ· οὐδ' ἄρα τὸ οἷόν τε δέξασθαί ἐστιν αὐτό. Ξέναρχος δὲ
τὸ οἷόν τε δέξασθαι μετέβαλεν εἰς τὸ δεκτικόν, ὡς οὕτως λύσων τὴν ἐκ
τοῦ πρός τι ἐπιφερομένην ἀτοπίαν τῇ θέσει· οὐ μὴν πλέον τι ἡ μετάληψις 20
5 ἐποίησε. τὸ γὰρ δεκτικὸν οὐδὲν ἄλλο ἐστὶν ἢ τὸ οἷόν τε δέξασθαι, τοιοῦ-
τον δὲ ὂν μένει πρός τι ὄν. "ἔτι, φησίν, εἰ ἐν κενῷ ἀπείρῳ ὁ κόσμος,
τίς ἡ αἰτία τοῦ μένειν αὐτῷ, ἔνθα ἔστιν; οὐδὲν γὰρ σῶμα ῥοπὴν ἔχον οἷόν
τέ ἐστι μένειν μὴ κωλύοντός τινος ἐκτός, εἰ μὴ ἐν οἰκείῳ εἴη τόπῳ· τῷ 25
δὲ κενῷ οὐδεμία διαφορά, ὡς εἶναι αὐτοῦ τόδε μὲν οἰκεῖον τῷ ἐν αὐτῷ
10 σώματι, τόδε δὲ μή. εἰ δὲ μὴ μένει ὁ κόσμος, ἀλλὰ φέρεται, τί μᾶλλον
ἐπὶ τάδε ἢ τάδε οἰσθήσεται ἀδιαφόρου ὄντος τοῦ κενοῦ; εἰ δὲ πάντῃ φέ-
ροιτο, διασπασθείη ἄν· οὐδὲ γὰρ ὁ θεὸς αὐτοῖς εὐλόγως ⟨ἂν⟩ ἀνθιστὰς ἑαυτὸν 30
εἴη· πῦρ γὰρ ὢν φέροιτο ἂν καὶ αὐτὸς τὴν κίνησιν τοῦ πυρός." ἢ "οὐ
τοιοῦτον λέγομεν αὐτὸν πῦρ ἄφθαρτον αὐτὸν ὑποτιθέμενοι" φαῖεν ἂν πρὸς
15 τὸν Ἀλέξανδρον; "τὸ δὲ λέγειν", φησίν, "ὑπὸ πνεύματος συνεχόμενον
τὸν κόσμον τεταμένου διὰ παντὸς αὐτοῦ κατέχεσθαι, ἔνθα ἔστι τοῦ κενοῦ, 35
κενολογεῖν ἐστιν· ἔδει γὰρ καὶ τῶν ἄλλων ἕκαστον σωμάτων ὑπὸ πνεύ-
ματος καὶ αὐτὸ συνεχόμενον μὴ κινεῖσθαι κατὰ τόπον. ἔτι τὸ πνεῦμα
πρὸς μὲν τὸ μὴ διασπᾶσθαι τὰ μόρια τοῦ ἐν ᾧ ἔστι συνεργοῖ ἂν συνέχον
20 αὐτό, οὐκέτι μέντοι καὶ πρὸς τὸ μὴ φέρεσθαι, καὶ αὐτὸ κινητὸν ὂν καὶ 40
οὐδενὶ σώματι πρὸς τὴν κατὰ φύσιν ῥοπὴν ἐμποδίζον, πρὸς τῷ καὶ τὸ
λέγειν ἕκαστον τῶν σωμάτων ὑπὸ πνεύματός τινος συνέχεσθαι ψεῦδος
εἶναι, ὡς ἐν ἄλλοις, φησίν, ἡμῖν δέδεικται." διαβάλλει δὲ ὁ Ἀλέξανδρος
καὶ τὸ τῇ φαντασίᾳ τῆς χειρὸς ἀκολουθοῦντας ἀληθὲς ἡγεῖσθαι τὸ λεγό- 45
25 μενον. "πολλῶν γάρ, φησί, καὶ ἀδυνάτων φαντασίας ἴσχομεν· καὶ γὰρ
ἕκαστος ἑαυτὸν ἔξω τοῦ ἄστεος | φαντασθείη ἂν καὶ τὸ μέγεθος πολλα- 129ᵇ
πλάσιον ἢ βραχύτατον καὶ κεγχριαῖον."

Ταῦτα καὶ περὶ τούτων· τοῦ δὲ Πλάτωνος δύο αἰτίας ἀποδεδωκότος
τοῦ ἕνα μόνον εἶναι τὸν κόσμον, μίαν μὲν τὴν ἀπὸ τοῦ παραδείγματος·
30 "ἵνα γάρ", φησί, "κατὰ τὴν μόνωσιν ὅμοιον ᾖ τῷ παντελεῖ ζῴῳ, διὰ 5
ταῦτα οὔτε δύο οὔτε ἀπείρους ἐποίησεν ὁ ποιῶν κόσμους, ἀλλ' εἷς ὅδε
μονογενὴς οὐρανός ἐστί τε καὶ ἔσται". εἰ γὰρ μετ' ἄλλων ἦν, οὐκ ἂν ἦν
παντέλειος οὗτος ἐν τοῖς αἰσθητοῖς, ὥσπερ ἐν τοῖς νοητοῖς τὸ παράδειγμα,
οὐδὲ ἓν ἂν ἦν τὸ τοῦ κόσμου παράδειγμα, εἴπερ, ὡς πρὸ ὀλίγου δεικνύειν 10

---

1 ἐστι] seq. ras. 1 litt. E   2 ἔστιν — δέξασθαι (3) om. E: αὐτό ἐστιν. ὁ δὲ Ξέναρχος τὸ
δυνατὸν δέξασθαι E²ᶜ   3 τὸ (pr.)] καὶ τὸ D   μετέλαβεν Dᶜ   οὕτω Dᶜ
7 οὐδὲ E   8 ἔστιν E, ν eras.   τόπῳ εἴη D   τῷ] corr. ex τὸ E¹
10 τόδε] τῷδε D   τί] corr. ex τὲ E²   11 πάντοι E: corr. E²   11. 12 δια-
φέροιτο c   12 θεῖος A   ἂν (alt.)] addidi: om. ADEc   14 λέγομεν DE: αὐτὸν
λέγομεν A: λέγωμεν αὐτὸν c   ὑποτιθέμενοι αὐτὸν D   17 ἑκάστου A   19 μὴ K²ᵇ:
om. ADE   διεσπάσθαι D   ἔστι] seq. ras. 1 litt. E   συνεργοίη D   20 αὐτοκινή-
τον c   23 εἶναι] ἔστιν c   26 ἄστεως E, sed corr.   26. 27 πολαπλάσιον E,
sed corr.   28 ταῦτα — τούτων] bis E, sed corr.   30 φησί] Tim. 31 b   μόνωσιν]
-ό- e corr. A   32 ὁ οὐρανός A   33 οὕτως A   τὸ παράδειγμα om. A

SIMPLICII IN L. DE CAELO I 9 [Arist. p. 279ᵃ11. 18]   287

ἐπειράθην, ἑνὸς ἀεὶ παραδείγματος μία ἐστὶν εἰκών, πρὸς ὃ προσεχῶς τε
καὶ προηγουμένως ἀφομοιοῦται. ἑτέραν δὲ αἰτίαν ὁ Πλάτων ἀποδίδωσι
τοῦ ἕνα τὸν κόσμον εἶναι ταύτην, ἣν καὶ Ἀριστοτέλης ἠσπάσατο, τὸ ἐκ
πάσης αὐτὸν εἶναι τῆς σωματικῆς συστάσεως. ἵνα δὲ κἂν τούτοις ἡ συμ-
5 φωνία φανῇ τοῦ Ἀριστοτέλους πρὸς τὸν διδάσκαλον καὶ μέχρι τῶν ὀνομά-
των αὐτῶν ἀπαράλλακτος, καὶ ταῦτα τοῦ Πλάτωνος τὰ ῥήματα παραθήσο-
μαι· "τῶν δὲ δὴ τεττάρων ἓν ὅλον ἕκαστον εἴληφεν ἡ τοῦ κόσμου σύστα-
σις· ἐκ γὰρ πυρὸς παντὸς ὕδατός τε καὶ ἀέρος καὶ γῆς ξυνέστησεν αὐτὸν
ὁ ξυνιστάς, μέρος οὐδὲν οὐδενὸς οὐδὲ δύναμιν ἔξωθεν ὑπολιπών, τόδε δια-
10 νοηθείς, πρῶτον μέν, ἵνα ὅλον ὅ τι μάλιστα ζῷον τέλεον ἐκ τελέων τῶν
μερῶν εἴη, πρὸς δὲ τούτῳ ἕν, ἅτε οὐχ ὑπολελειμμένων, ἐξ ὧν ἄλλο τοι-
οῦτο γένοιτο ἄν, ἔτι δὲ ἵνα ἀγήρων καὶ ἄνοσον." εἶτα ὀλίγα προσθεὶς
ἐπάγει· "διὰ δὴ τὴν αἰτίαν καὶ τὸν λογισμὸν τόνδε ἓν ὅλον ἐξ ὅλων ἁπάν-
των τέλεον καὶ ἀγήρων καὶ ἄνοσον αὐτὸ ἐτεκτήνατο." ταῦτα καὶ ὁ Ἀρι-
15 στοτέλης αὐτοῖς λέγει τοῖς ῥήμασιν, ὅτι ἐξ ἁπάσης τῆς οἰκείας ὕλης ὢν ὁ
κόσμος εἷς καὶ μόνος καὶ τέλειος ὁ οὐρανός ἐστιν οὗτος.

p. 279ᵃ18 Διόπερ οὔτε ἐν τόπῳ τἀκεῖ πέφυκεν ἕως τοῦ ὅθεν ἤρ-
ξατο καὶ εἰς ὃν τελευτᾷ.

Ὁ Ἀλέξανδρος τὰ ἐνταῦθα λεγόμενα ἤτοι περὶ τοῦ πρώτου κινοῦντος
20 λέγεσθαί φησιν, ὅπερ ἔξω δοκεῖ εἶναι παντὸς τοῦ σώματος τῷ ἐν μηδενὶ
εἶναι, οὐκ ἐν τόπῳ· ἀσώματον γάρ· ἢ περὶ τῆς τῶν ἀπλανῶν σφαίρας·
καὶ μᾶλλον περὶ ταύτης ἀκούει πάντα ἕως τοῦ τοῦ δὲ κύκλῳ σώματος
ὁ αὐτὸς τόπος, ὅθεν ἤρξατο καὶ εἰς ὃν τελευτᾷ. δέδειχε γάρ, φη-
σίν, ἐν τῇ Φυσικῇ ἀκροάσει, ὅτι οὐκ ἔστιν ἐν τόπῳ, διὰ τὸ τόπον μὲν
25 εἶναι τὸ πέρας τοῦ περιέχοντος, μὴ περιέχεσθαι δὲ ταύτην ὑπ' ἄλλου σώ-
ματος· καὶ ἐν χρόνῳ δὲ ταῦτα, ἃ περιέχει ὁ χρόνος, ὡς ἐν μέρει χρόνου
ὑφεστάναι. εἰ οὖν μήτε τι σῶμά ἐστιν ἐκτὸς αὐτῆς μήτε χρόνος περιέχων
αὐτῆς τὸ εἶναι, οὔτε ἐν τόπῳ ἂν εἴη οὔτε ὑπὸ χρόνου ἂν γηράσκοι.
καί ἐστι καὶ τοῦτο τῷ ὑπὸ τοῦ Πλάτωνος εἰρημένῳ οἰκεῖον· "τέλειον, γάρ
30 φησι, καὶ ἀγήρων καὶ ἄνοσον αὐτὸ ἐτεκτήνατο". ὑπὲρ δὲ τὴν ἐξωτάτω

---

1 τε om. A   3 post ταύτην ras. 5 litt. E   καὶ] καὶ ὁ c   τὸ om. Ec
6 Πλάτωνος] Tim. 32 c   8 αὐτὸν Ab: om. DE   9 ὑπολιπών A: ὑπολίπων E:
ὑπολείπων E²: ἀπολείπων D   τάδε bc   10 τῶν om. D   11 τοῦτο E¹: τού-
τοις c   ἆτ' Ec   11. 12 τοιοῦτον c   12 γίνοιτ' D: γένοιτ' c   δ' c
ἵνα E: ἴ A: ἵν' Dc   ἄνοσον ᾖ c   13 ἐπάγει] Tim. 33 a   τόνδ' c   ὅλων
ἐξ c   13. 14 πάντων DE   14 ἄνοσον] corr. ex ἄνοων E²   αὐτὸν c
ὁ om. Ec   16 ὁ om. A   17 οὔτ' Ec   κἀκεῖ A   19 ἐντεῦθεν Ec
20 ὅπερ E²b: ἅπερ ADE   21 ἀσώματον Db: ἀσώματος E: διὰ σώματος A
22 ταύτηˢ E   ἕως—τελευτᾷ (23)] mg. E²   ἕως] μέχρι E²c   24 Φυσικῇ]
IV 5   τόπον] τὸν τόπον E?c   27 ὑφιστάναι A   28 γηράσκει E: γη-
ράσχῃ C, sed corr.   29 τέλεον c   30 φησι] Tim. 33 a   αὐτὸ om. D:
αὐτὸν c

φορὰν εἰ μὲν λέγοι, φησί, περὶ τοῦ πρώτου αἰτίου, εἴη ἂν λέγων τὸ ὑπὲρ 130ᵃ
τὴν περιφορὰν τῆς ἀπλανοῦς σφαίρας· εἰ δὲ λέγοι περὶ τοῦ θείου σώματος 6
ταῦτα, ἐξωτάτω φορὰν ἂν λέγοι τὴν ὑστάτην τῶν ἐπ᾽ εὐθείας κινήσεων·
τὴν γὰρ τῶν ἐπ᾽ εὐθείας κίνησιν εἴωθε λέγειν φοράν, τὴν δὲ ἐγκύκλιον
5 περιφοράν. ὑπὲρ οὖν τὴν ἐξωτάτω φορὰν τὸ κυκλοφορητικόν ἐστι πᾶν
σῶμα, ὅπερ μήτε ἐν τόπῳ μήτε ἐν χρόνῳ ὂν ἀίδιον καὶ ἀγήρων φησί. 10
καὶ γὰρ σύμπαν μὲν τὸ θεῖον σῶμα οὐκ ἐν τόπῳ, μόρια δὲ αὐτοῦ ἐν τόπῳ,
αἱ τῶν πλανήτων σφαῖραι ἐν τόπῳ. εἰπὼν δὲ τὴν ἀρίστην καὶ αὐταρκε-
στάτην ζωὴν ἔχοντα τὰ θεῖα διατελεῖν τὸν ἅπαντα αἰῶνα βούλεται καὶ 15
10 ἀπὸ τοῦ ὀνόματος τοῦ αἰῶνος συστῆσαι τὴν ἀθανασίαν αὐτῶν καὶ τὴν
ἀιδιότητα καὶ πρῶτον τὴν ὁλοσχερῆ τοῦ αἰῶνος σημασίαν διαρθρώσας ἀπὸ
ταύτης ἐπὶ τὴν κυρίως λεγομένην ἄνεισιν. αἰῶνα γὰρ ἑκάστου λέγομεν τὴν
περιεκτικὴν τελειότητα τοῦ χρόνου τῆς ἑκάστου ζωῆς, οὗ μηδέν ἐστιν 20
ἔξω κατὰ φύσιν· "ἄνερ, ἀπ᾽ αἰῶνος νέος ὤλεο", φησὶν Ὅμηρος, τουτ-
15 έστι πρὸ τῆς τοῦ κατὰ φύσιν ἐπιβάλλοντός σοι χρόνου τελειότητος. κυριώ-
τερον δὲ αἰῶνα λέγεσθαί φησιν Ἀριστοτέλης τὴν ὁλότητα καὶ τελειότητα
τὴν συναιροῦσαν τὸν ἄπειρον χρόνον τοῦ παντὸς οὐρανοῦ· οὗτος γὰρ δι- 25
καίως ἀπὸ τοῦ ἀεὶ εἶναι τὴν ἐπωνυμίαν λαβὼν ἀθάνατος καὶ θεῖός
ἐστιν καὶ τοῖς μὲν προσεχῶς καὶ κυρίως αὐτοῦ μετέχουσιν ἀθανασίας καὶ
20 ἀιδιότητός ἐστιν αἴτιος, ἔχων καὶ περιέχων ἐν ἑαυτῷ τὸν σύμπαντα χρό-
νον, τοῖς δὲ ἄλλοις μερικὴν τῆς ζωῆς παράτασιν χορηγεῖ· πᾶσι γὰρ ἀπ᾽
αὐτοῦ χορηγεῖται τὸ εἶναί τε καὶ ζῆν, τοῖς μὲν ἀκριβέστερον, τοῖς δὲ 30
ἀμυδρότερον. οἶδε δὲ καὶ πρὸ τούτου αἰῶνα ὁ Ἀριστοτέλης ἐν τῇ Μετὰ
τὰ φυσικὰ δύναμιν ὄντα τοῦ πρώτου παρ᾽ αὐτῷ νοῦ, ὃν ὁ Πλάτων "πα-
25 ράδειγμά" φησι τοῦ χρόνου· τούτου γὰρ ἐν ἑνὶ μένοντος κατ᾽ ἀριθμὸν ἰοῦ-
σαν αἰώνιον εἰκόνα τὸν χρόνον ὑφίστασθαι. ἀπὸ δὲ τοῦ οὐρανίου αἰῶνος 85
ἐξηρτῆσθαί φησι τὸ εἶναι πᾶσι, διότι ἡ ἐκείνου κίνησις τοῖς ἐν γενέσει
πᾶσιν αἰτία τοῦ εἶναι. ὅτι δὲ ἀίδιον τὸ θεῖον, μαρτυρεῖ, φησί, καὶ τὰ ἐν
τοῖς ἐγκυκλίοις φιλοσοφήμασι πολλαχοῦ προφαινόμενα ἐν τοῖς λόγοις,
30 ὅτι τὸ θεῖον ἀμετάβλητον ἀναγκαῖον εἶναι πᾶν τὸ πρῶτον καὶ ἀκρότατον· 40
εἰ γὰρ ἀμετάβλητον, καὶ ἀίδιον. ἐγκύκλια δὲ καλεῖ φιλοσοφήματα τὰ κατὰ
τάξιν ἐξ ἀρχῆς τοῖς πολλοῖς προτιθέμενα, ἅπερ καὶ ἐξωτερικὰ καλεῖν

---

1 λέγοι CE: comp. ambig. AD   λέγων om. A   τὸ scripsi: τῷ A: τοῦ CDEc:
de ea quae b   2 φορὰν Ec   3 ταῦτα] τὴν A   4 post φορὰν del. ὑπὲρ οὖν
τὴν ἐξωτάτω φορὰν D   5 κυκλοφορητικὸν E: corr. E²   6 φησί] seq. ras.
1 litt. E   7 μόριον Ec   8 post πλανήτων add. γὰρ E²c   11 πρῶτον
τὴν] πρώτην E   14 ἀνήρ E²   ἑῷος E: corr. E²   ὤλεο D: ὤλετο E
Ὅμηρος] Il. Ω 725   17 τὴν om. A   συναιροῦσαν Ec: coextensam cum b
19 ἐστί E³   20 ἐν ἑαυτῷ καὶ περιέχων Ec   21 τῆς] τὴν D   ζωὴν E, sed
corr.   χορηγεῖται E: corr. E²   πᾶσι — χορηγεῖται (22) om. E: πᾶσι γὰρ
ἀπ᾽ ἐκείνου E²c   ἀπ᾽ om. D   23 δὲ om. A   23. 24 Μετὰ τὰ φυσικὰ] Λ 7.
1072ᵇ29   24 πρώτου Ab: om. DEc   Πλάτων] Tim. 37 c–d   25 τοῦ χρόνου
om. A   27 φησί] seq. ras. 1 litt. E   πᾶσι] seq. ras. 1 litt. E   γενέσει A
31 ἐγκύκλιον E: corr. E²

εἰώθαμεν, ὥσπερ καὶ ἀκροαματικὰ καὶ συνταγματικὰ τὰ σπουδαιότερα· λέγει 130ᵃ
δὲ περὶ τούτου ἐν τοῖς Περὶ φιλοσοφίας. καθόλου γάρ, ἐν οἷς ἐστί τι βέλ- 45
τιον, ἐν τούτοις ἐστί τι καὶ ἄριστον· ἐπεὶ οὖν | ἔστιν ἐν τοῖς οὖσιν ἄλλο 130ᵇ
ἄλλου βέλτιον, ἔστιν ἄρα τι καὶ ἄριστον, ὅπερ εἴη ἂν τὸ θεῖον. εἰ οὖν τὸ
5 μεταβάλλον ἢ ὑπ' ἄλλου μεταβάλλει ἢ ὑφ' ἑαυτοῦ, καὶ εἰ ὑπ' ἄλλου, ἢ
κρείττονος ἢ χείρονος, εἰ δὲ ὑφ' ἑαυτοῦ, ἢ ὡς πρός τι χεῖρον ἢ ὡς καλ- 5
λίονός τινος ἐφιέμενον, τὸ δὲ θεῖον οὔτε κρεῖττόν τι ἔχει ἑαυτοῦ, ὑφ' οὗ
μεταβληθήσεται· ἐκεῖνο γὰρ ἂν ἦν θειότερον· οὔτε ὑπὸ χείρονος τὸ κρεῖττον
πάσχειν θέμις ἐστί· καὶ μέντοι, εἰ ὑπὸ χείρονος, φαῦλον ἄν τι προσελάμ-
10 βανεν, οὐδὲν δὲ ἐν ἐκείνῳ φαῦλον· ἀλλ' οὐδὲ ἑαυτὸ μεταβάλλει ὡς καλ- 10
λίονός τινος ἐφιέμενον· οὐδὲ γὰρ ἐνδεές ἐστι τῶν αὑτοῦ καλῶν οὐδενός·
οὐ μέντοι οὐδὲ πρὸς τὸ χεῖρον, ὅτε μηδὲ ἄνθρωπος ἑκὼν ἑαυτὸν χείρω
ποιεῖ, μήτε δὲ ἔχει τι φαῦλον μηδέν, ὅπερ ἂν ἐκ τῆς εἰς τὸ χεῖρον μετα-
βολῆς προσέλαβε. † καὶ ταύτην δὲ ἀπὸ τοῦ δευτέρου τῆς Πλάτωνος Πολι- 15
15 τείας Ἀριστοτέλης μετέλαβε τὴν ἀπόδειξιν· λέγει γὰρ ἐν ἐκείνοις ὁ Πλάτων·
"Οὐκ ἀνάγκη, εἴπερ τι ἐξίσταιτο τῆς αὑτοῦ ἰδέας, ἢ αὐτὸ ὑφ' ἑαυτοῦ μεθ-
ίστασθαι ἢ ὑπ' ἄλλου; Ἀνάγκη. Οὐκοῦν ὑπὸ μὲν ἄλλου τὰ ἄριστα
ἔχοντα ἥκιστα ἀλλοιοῦταί τε καὶ κινεῖται, οἷον σῶμα ὑπὸ σιτίων τε καὶ 20
ποτῶν καὶ πόνων;" εἶτα τοῦτο δείξας ἐπάγει· "'Ἀλλ' ἆρ' αὐτὸς αὑτὸν
20 μεταβάλλοι ἂν καὶ ἀλλοιοῖ; Δῆλον, ἔφη, ὅτι εἴπερ ἀλλοιοῦται. Πότερον
οὖν ἐπὶ τὸ βέλτιόν τε καὶ κάλλιον μεταβάλλει ἑαυτὸν ἢ ἐπὶ τὸ χεῖρον
καὶ τὸ αἴσχιον ἑαυτοῦ; Ἀνάγκη, ἔφη, ἐπὶ τὸ χεῖρον, εἴπερ ἀλλοιοῦται· 25
οὐ γάρ που ἐνδεᾶ γε φήσομεν τὸν θεὸν κάλλους ἢ ἀρετῆς εἶναι." καὶ
δείξας, ὅτι οὐδεὶς ἑκὼν ἑαυτὸν χείρονα ποιεῖ, ἐπήγαγεν· "ἀλλ', ὡς ἔοικε,
25 κάλλιστος καὶ ἄριστος ὢν εἰς τὸ δυνατὸν ἕκαστος αὐτῶν μένει ἁπλῶς ἐν
τῇ ἑαυτοῦ μορφῇ". εὐλόγως δέ φησιν αὐτοῦ καὶ τὴν κίνησιν ἀίδιον εἶναι· 30
ἅπαντα γὰρ παύεται κατὰ φύσιν κινούμενα, ὅταν ἔλθῃ εἰς τὸν οἰκεῖον τό-
πον ἐξ ἄλλου, καί ἐστιν ἡ μὲν ἀρχὴ τῆς κινήσεως αὐτοῖς ἐν ἀλλοτρίῳ
τόπῳ οὖσι, τὸ δὲ τέλος ἐν τῷ οἰκείῳ γενομένοις, τοῦ δὲ κύκλῳ κινουμένου
30 σώματος ὁ αὐτὸς τόπος καὶ ἀρχὴ καὶ τέλος ἐστὶ κινήσεως, καὶ διὰ μὲν τὸ 35
ἀεὶ ἐν τέλει εἶναι ἀεὶ ἐν τῷ οἰκείῳ τόπῳ καὶ ἐν τῷ οἰκείῳ ἀγαθῷ ἐστι,
διὰ δὲ τὸ ἀεὶ ἐν ἀρχῇ, ἄπαυστον ἔχει τὴν κίνησιν· οὐδὲν γὰρ ἐν ἀρχῇ
παύεται.

---

1 εἴωθεν E   καὶ συνταγματικὰ om. A   2 τι Db: om. E: τὸ AE²c   3 τι
καὶ Ab: καὶ DE: καὶ τὸ E²c   7 αὑτοῦ D   8 ἂν om. A   9 post ἐστί add.
ἀμετάβλητον ἄρα ἐστί K²c   10 ἑαυτῷ DE: corr. E²   11 ἐστι τῶν CD: corr. ex
ἐστινῶν E: τι τῶν A   αὑτοῦ ACDE   12 ὅτι C   ἑαυτῶ χεῖρον A, sed corr.
13 ἂν ἐκ τῆς εἰς] ἂν ἐκ τῆς πρός c: corr. ex ἀνεκτ΄. εἰς E²   15 μετέβαλε E
λέγει] 380 d sq.   16 ἐξίστατο A   αὑτοῦ] αὐτοῦ AE: ἑαυτοῦ D   18 ἥκιστ' c   τε
om. D   ὑπὸ] ἀπὸ E   19 ἐπάγει] 381 b   ἆρα E   αὑτὸν AE
20 ὅτι A: om. DEb   23 φήσωμεν E: φήσομαι D   24 ἑαυτοῦ E   ἐπήγαγεν]
381 c   25 ἑαυτῶν A   μένει ἀεὶ c   26 αὐτοῦ om. D   ἀίδιον Eb: ἀίδιον
δεῖξαι A: αὑτοῦ ἀίδιον D   30 κινήσεώς ἐστι c et seq. ras. 1 litt. E   31 ἐστι]
seq. ras. 1 litt. E: ἐστιν C   32 τὸ] τοῦ CD   οὐδὲν] corr. ex οὐδὲ D: οὐδὲ C

Ταῦτα, ὅπερ εἶπον, πάντα ἀπ' ἀρχῆς τῆς ῥήσεως μέχρι τέλους ἐπὶ 130ᵇ τοῦ κυκλοφορητικοῦ σώματος ἀκούειν μᾶλλον ἀξιοῖ ὁ Ἀλέξανδρος, οἱ δὲ 40 νεώτεροι τῶν ἐξηγητῶν πάντα ὡς ἐπὶ τῶν ἀκινήτων αἰτίων τῶν τὰ οὐράνια κινούντων εἰρημένα παραινοῦσιν ἀκούειν. ἀλλ' ὅτι μὲν οὐ πάντα ἐπὶ τοῦ οὐρανίου σώματος ἀκούειν δυνατόν, φανερόν, οἶμαι, ἐκ τῶν προσεχῶς εἰρημένων. δείξας γάρ, ὅτι οὐδέν ἐστι σῶμα ἔξω τοῦ οὐρανοῦ οὔτε ἁπλοῦν 45 οὔτε σύνθετον, ἐπήγαγεν "ἅμα δὲ δῆλον, ὅτι οὔτε τόπος οὔτε κενὸν οὔτε χρόνος ἔστιν ἔξω τοῦ οὐρανοῦ." | καὶ δείξας καὶ ταῦτα καὶ συμπερανά- 131ᵃ μενος ἐν τῷ "φανερὸν ἄρα, ὅτι οὔτε τόπος οὔτε κενὸν οὔτε χρόνος ἔστιν ἔξω" τότε ὥσπερ πορίσματα ἐκ τῶν εἰρημένων ἐπάγει· διόπερ οὔτε ἐν τόπῳ τἀκεῖ πέφυκεν οὔτε χρόνος αὐτὰ ποιεῖ γηράσκειν καὶ τὰ ἐξῆς, δηλονότι τἀκεῖ λέγων τὰ ἔξω τοῦ οὐρανοῦ. πῶς οὖν ἂν ὁ οὐρανὸς 5 ἔξω τοῦ οὐρανοῦ λέγοιτο; πῶς δὲ τῶν οὐρανίων ἔλεγεν οὐδενὸς οὐδεμίαν εἶναι μεταβολὴν ἄπαυστον αὐτῶν τὴν κατὰ τόπον κίνησιν ὁρῶν; ἀλλ' οὐδὲ τὰ ὑπὲρ τὴν ἐξωτάτω τεταγμένα φορὰν τὰ οὐράνια ἂν εἶπε· καὶ γὰρ τὸ "κύκλῳ φερόμενον" λέγει πολλάκις καὶ οὐκ ἀεὶ "περιφέρεσθαι". λέγει 10 γοῦν ἐν τοῖς φθάσασιν "ἄλλος δὲ ὁ τοῦ κύκλῳ φερομένου, ὅσπερ ἐστὶν ἔσχατος". πῶς δὲ "τὸ πρῶτον καὶ ἀκρότατον θεῖον" τὸν οὐρανὸν ἔλεγεν; ἢ πῶς οὐκ ἂν εἴη τι κρεῖττον ἄλλο τοῦ οὐρανοῦ, ὅ τι κινήσει αὐτό, εἴπερ τὸ ἀκίνητον αἴτιον κρεῖττόν ἐστιν τὸ τῆς ἀιδίου κινήσεως αὐτῷ 15 αἴτιον; ὅτι δὲ οὐδὲ πάντα περὶ τῶν νοητῶν αἰτίων ἀκούειν δυνατόν, δῆλον ἐκ τοῦ κατὰ τὸν αὐτὸν δὴ λόγον καὶ τὸ τοῦ παντὸς οὐρανοῦ τέλος· καὶ ἔτι μᾶλλον τὰ ἐπὶ τέλει τὰ δεικνύντα εὐλόγως ἄπαυστον κίνησιν κινεῖσθαι τὸν οὐρανόν. ἀλλ' ὅτι μὲν μεμέλανται τὸ ῥητόν, πρόδηλον· 20 οὐ γὰρ ἂν ἄνδρες κλεινοὶ τοσαύτην ἔσχον περὶ αὐτὸ διαφωνίαν. μήποτε δὲ περὶ μὲν τῶν νοητῶν εἴρηται ὡς ὑπὲρ τὴν σωματικὴν ὄντων φύσιν καὶ οὕτως ἔξω λεγομένων αὐτῆς· καὶ γάρ, ὅταν ἐζήτει, εἰ ἔστι τι ἔξω τοῦ οὐρανοῦ, οὐχ ὡς τόπον τοῦ ἔξω σημαίνοντος ἔλεγε· παραδοὺς δὲ τὸ τοῦ 25 αἰῶνος σημαινόμενον τὸ προσεχὲς ἡμῖν τὸ περιέχον τὸν τῆς ἑκάστου ζωῆς χρόνον ἀνέβη ἀπ' ἐκείνου ἐπὶ τὸν οὐράνιον αἰῶνα λέγων κατὰ τὸν αὐτὸν δὲ λόγον καὶ τὸ τοῦ παντὸς οὐρανοῦ τέλος καὶ διὰ τοῦτο νῦν τοῦ οὐρανοῦ ἐμνημόνευσεν· εἶτα ἀπὸ τούτου ἐπὶ τὸν ὑπερκόσμιον αἰῶνα, ὅταν λέγῃ· καὶ τὸ τὸν πάντα χρόνον καὶ τὴν ἀπειρίαν περιέχον 30 τέλος αἰών ἐστι· καὶ ὅ γε κυριώτατος οὗτος, ἀφ' οὗ καὶ τὸ εἶναι καὶ

---

1 ὅπερ ADE: ἅπερ E²bc   εἶπον] suprascr. E   2 μᾶλλον] post μ ras. 1 litt. E
4 τὰ εἰρημένα A   7 ἐπήγαγεν] 279ᵃ11   8 καὶ ταῦτα Eb: ταῦτα AD   9 τῷ]
279ᵃ17   οὔτε κενὸν om. A   10 πορίσματα] τινὰ πορίσματα D: corollarium quasi b
ἐπάγει] 279ᵃ18   οὔτ' Ec   14 ἀπ' αὐτῶν DE: corr. E²   15 εἶπεν E: corr. E²
16 κυκλοφορούμενον A   λέγει] 277ᵇ16   17 οὖν e   κύκλου Ec   φερόμενος E   ὅπερ DE   18 ἑκατὸς A   τὸ om. A   19 οὐκ ἂν] ἂν E: ἂν μὴ E²c
ὅ τι] ὅ c et e corr. E   αὐτόν c   20 ἐστι DE   22 τοῦ (pr.)] 279ᵃ25   κατὰ
om. A   δὴ] Arist. δὲ, cf. infra v. 31   25 ἂν om. A   κλεινοὶ] -ει- e corr. E²
αὐτὸ Ab: αὐτὰ D: αὐτῶν E   27 οὕτως] οὔτε A   ζητεῖ E: ζητῇ E²c   28 ἔλεγεν E: corr. E²   31 παντὸς om. A   33 λέγει E, sed corr.

τὸ ζῆν ἀκριβέστερον μὲν τοῖς οὐρανίοις ἔπεισιν, ἀμυδρότερον δὲ τοῖς ὑπὸ σελήνην. καὶ τὸ ἀμετάβλητον δὲ παντὶ τῷ θείῳ μαρτυρῶν τῷ πρώτῳ καὶ ἀκροτάτῳ περὶ τῶν νοητῶν καὶ ἀκινήτων ἀρχῶν ἔοικε λέγειν τῶν τὰς οὐρανίους σφαίρας κινουσῶν· καὶ γὰρ ὅτι μὲν περὶ πολλῶν λέγει, δηλοῖ τὸ
5 πᾶν, ὅτι δὲ ἀκίνητον τὸ ἀμετάβλητον, ὅτι δὲ ὑπὲρ τὸν οὐρανὸν τὸ πρῶτον καὶ ἀκρότατον. ἀλλὰ καὶ τὸ μηδὲν εἶναι κρεῖττον, ὃ κινήσει αὐτό, ἐκείνῳ μᾶλλον ἢ τῷ οὐρανῷ προσήκει· τὸν γὰρ οὐρανὸν κινεῖ τὸ ἀκίνητον αἴτιον κρεῖττον ὑπάρχον αὐτοῦ. καὶ εἴπερ ἐκεῖνο περὶ τῶν νοητῶν εἴρηται τὸ οὐδὲ ἔστιν οὐδενὸς οὐδεμία μεταβολὴ τῶν ὑπὲρ τὴν
10 ἐξωτάτω τεταγμένων φοράν, ἐκείνοις μαρτυρεῖν φησι τὸ ἐν τοῖς ἐγκυκλίοις φιλοσοφήμασι πολλάκις προφαινόμενον, ὅτι τὸ θεῖον ἀμετάβλητον ἀναγκαῖον εἶναι πᾶν τὸ πρῶτον καὶ ἀκρότατον. τὸ δὲ καὶ ἄπαυστον δή κίνησιν κινεῖται εὐ|λόγως λέγεται μὲν σαφῶς περὶ τοῦ οὐρανοῦ, εἴπερ οὕτως γέγραπται, καὶ δοκεῖ συνῆφθαι τοῖς πρὸ αὐτοῦ ὡς περὶ τοῦ
15 αὐτοῦ καὶ τοῦτο λεγόμενον, ὅτι μὴ πρόσκειται, τί τὸ τὴν ἄπαυστον κινούμενον κίνησιν. περὶ τοῦ αὐτοῦ λέγεσθαι δοκεῖ, πῶς δὲ ἂν εἴη περὶ τοῦ αὐτοῦ λεγόμενον, εἴπερ ἐκεῖνο μὲν ἀμετάβλητον δέδεικται καὶ μηδὲ εἶναι ἄλλο κρεῖττον, ὅ τι κινήσει αὐτό, τοῦτο δὲ ἄπαυστον κίνησιν κινεῖσθαι εὐλόγως; εἰ δὲ νομίζει τις ἀμετάβλητον ἐκεῖνο λέγεσθαι κατὰ τὰς ἄλλας
20 μεταβολὰς πλὴν τῆς κατὰ τόπον, θαυμάζω, εἰ τῆς Ἀριστοτέλους ἀκριβείας ἦν εἰπεῖν περὶ τῶν κατὰ τόπον κινουμένων, ὅτι οὐδὲ ἔστιν οὐδενὸς οὐδεμία μεταβολή. ἀλλ' ὅτι μὲν τὸ ποιῆσαν καὶ τὰ πρότερα περὶ τῶν οὐρανίων ὑπονοεῖσθαι τοῦτο μάλιστα τὸ ῥητόν ἐστι τὸ καὶ ἄπαυστον δὴ κίνησιν κινεῖται εὐλόγως καὶ τὰ συνεχῆ αὐτῷ, πρόδηλον. εἰ μέντοι οὕτως ἔχοι
25 ἡ γραφή, ὡς ἔν τισιν ηὗρον ἀντιγράφοις, καὶ ἄπαυστον δὴ κίνησιν κινεῖ εὐλόγως, ἀλλ' οὐχὶ κινεῖται, ὡς Ἀλεξάνδρῳ δοκεῖ, καὶ τοῦτο καὶ τὰ πρὸ αὐτοῦ πάντα δυνατὸν ἀβιάστως ἐπὶ τὰ νοητὰ καὶ ἀκίνητα αἴτια καὶ ἔξω τοῦ κόσμου λεγόμενα ὡς ὑπερκόσμια ἀνάγειν. διότι γὰρ ἀμετάβλητα καὶ ἀκίνητά ἐστιν ἐκεῖνα, διὰ τοῦτο ἄπαυστον κίνησιν κινεῖται προσ-
30 εχῶς ὑπ' αὐτῶν κινούμενα τὰ οὐράνια· τοῦ γὰρ κινοῦντος ἀεὶ κατὰ τὰ αὐτὰ καὶ ὡσαύτως ἔχοντος καὶ τὸ προσεχῶς ὑπ' αὐτοῦ κινούμενον δι' ἄκρας ἐπιτηδειότητος αὐτῷ συνημμένον ἀπαύστως κινεῖται. συνεχὴς δὲ καὶ ἀίδιος ἡ κυκλικὴ μόνη δέδεικται κίνησις ἐν τῷ Θ τῆς Φυσικῆς ἀκροάσεως. ἀλλὰ καὶ διότι κύκλῳ κινεῖται ὁ οὐρανὸς εἰς νοῦν ἐστραμμένος καὶ
35 τῆς ἐκείνου ταυτότητος ἐφιέμενος καὶ τῆς ἀεὶ κατὰ τὰ αὐτὰ καὶ ὡσαύτως

---

1 τοῖς οὐρανίοις] e corr. E² ἔπεισιν A: provenit b: ἐπανίεται DE: ἐξήρτηται E²c
2 παντὶ AD: καὶ παντὶ E: πάντη c 3 λέγει E: corr. E² τῶν — λέγει (4) om.
E: τῶν τὰς οὐρανίας κινουσῶν σφαίρας· ὅτι μὲν γὰρ περὶ πλειόνων φησί E²c 5 ἀκίνητον] περὶ ἀκινήτων E²c δὲ om. D 7 αὐτὸ ἐκεῖνο A 10 περιφοράν D
12 ἀναγκαῖον a, Arist.: om. ADEb 13 δή] δὲ c λέγει A 15 ὅτι — λεγόμενον (17)] mg. D 17 μηδὲν A 20 τῆς (pr.)] τοῦ A τῆς (alt.)] corr. ex τοῦ E² 23 δή] δὲ c post κίνησιν del. ὑπονοεῖσθαι E¹ 25 δή] δὲ c
29 καὶ] ἔστι καὶ D ἔστιν om. D 33 Θ] θῆτα D Φυσικῆς] cap. 8

ἐχούσης ἐνεργείας μετέχων, διὰ τοῦτο ἄπαυστον κινεῖται κίνησιν. τὰ μὲν 131ᵇ
γὰρ ἐπ' εὐθείας κινούμενα ἄλλην ἀρχὴν ἔχοντα τῆς κινήσεως καὶ ἄλλην 30
τελευτὴν κινεῖται μὲν ἀπὸ τῆς ἀρχῆς, παύσεται δὲ εἰς τὸ τέλος καὶ τὸν
οἰκεῖον ἐλθόντα τόπον, τοῦ δὲ κύκλῳ κινουμένου σώματος, ἐπειδὴ ὁ αὐτὸς
5 τόπος ἐστίν, ὅθεν τε ἄρχεται καὶ εἰς ὃν τελευτᾷ, διότι μὲν ἀεὶ ἐν τέλει,
ἀεὶ ἐν τῷ οἰκείῳ τόπῳ ἐστί, διότι δὲ ἀεὶ ἐν ἀρχῇ ἀεὶ κινεῖται πρὸς 35
τὸ τέλος.

p. 279ᵇ4   Τούτων δὲ διωρισμένων ἕως τοῦ τοὺς μέλλοντας τἀλη-
θὲς κρίνειν καλῶς.

10   Δύο προθέμενος δεῖξαι περὶ τοῦ κόσμου, καὶ ὅτι εἷς ἐστι καὶ ὅτι ἀγέ-
νητος καὶ ἄφθαρτος, δείξας τὸ πρότερον μέτεισι νῦν ἐπὶ τὸ λοιπὸν καὶ 45
πρῶτον, ὥσπερ εἴωθε, τὰς τῶν ἄλλων περὶ τοῦ προκειμένου δόξας ἐπι-
σκέπτεται πολυειδεῖς | οὔσας, ὡς δοκοῦσι. καὶ γὰρ οἱ μὲν γενητὸν καὶ 132ᵃ
ἄφθαρτον δοκοῦσι λέγειν, οἱ δὲ ἀγένητον καὶ ἄφθαρτον, οἱ δὲ γενητὸν καὶ
15 φθαρτόν· τὸ γὰρ ἀγένητον μὲν αὐτὸν φθαρτὸν δὲ εἶναι οὐδεὶς οὐδὲ μέχρι
δοκήσεως ἐτόλμησεν εἰπεῖν. τοῦτο δὲ τὸ τὰς προκειμένας δόξας τῶν ἄλλων 5
προεξετάζειν ἀεὶ μὲν φαίνεται ποιῶν ὁ Ἀριστοτέλης, νῦν δὲ καὶ τὰς χρείας,
ἃς ἡμῖν ἔχει τοῦτο, προστέθεικε τρεῖς ἢ τέσσαρας οὔσας· πρώτην μὲν καὶ
κυριωτάτην, ὅτι οὐκ ἔστι τῆς ἀληθείας εὐπορῆσαι μὴ πρότερον πολυειδῶς
20 ἀπορήσαντα, ὡς καὶ τοῦτο ἐν ἄλλοις αὐτὸς διδάσκει. αἱ δὲ τῶν ἐναντίων 10
δογμάτων ἀποδείξεις ἀπορίαι περὶ τῶν ἐναντίων εἰσίν· οἱ γὰρ ἀποδεικνύναι
δοκοῦντες λόγοι, ὅτι γενητὸς ὁ κόσμος, ἀπορίαι γίνονται πρὸς τοὺς ἀγένητον
δεικνύντας· ὥστε ὁ βουλόμενος ἀποριῶν εὐπορεῖν τὰς ἐναντίας ἀλλήλων
δόξας ἐπισκεπτέσθω καὶ τοὺς κατασκευαστικοὺς αὐτῶν λόγους. δεύτερον δὲ 15
25 ὄφελος τὸ τὰ παρ' ἡμῶν λεχθησόμενα καὶ μᾶλλον πιστὰ φανήσεσθαι τοῖς
ἀκούουσιν, ὅταν μὴ τὰ παρ' ἡμῶν, ἀλλ' ἀμφοῖν τῶν ἀμφισβητουμένων καὶ
ζητουμένων λόγων τῶν τε ἡμετέρων καὶ τῶν ἐναντίων αὐτοῖς τὰς δικαιο-
λογίας, τουτέστι τὰς ἀποδείξεις, ἀκούσωσι. τοῦτο δὲ τοῖς μὲν τῶν ἡμετέ- 20
ρων λόγων ἀκουσομένοις καὶ μάθησιν ἀκριβεστέραν ἐμποιεῖ διὰ τὴν τῶν
30 ἀποριῶν εὐπορίαν καὶ πειθὼ βεβαιοτέραν, ὡς μηδὲ ἐκεῖνα ἀγνοούντων
ἡμῶν, ἡμῖν δὲ ἧττον ἂν ὑπάρχοι τὸ δοκεῖν ἐρήμην καταψηφίζεσθαι τῶν
ἐναντίων, ἐὰν αὐτῶν τὰς ἀποδείξεις ἐκθώμεθα καὶ κρατύνωμεν αὐτὰς κατὰ 25

---

1 μετέχον E: μετέσχε E²: μετέχει c   5. 6 τέλει ἀεί] corr. ex τελεία εἰ E²   6 ἀεὶ
(tert.) om. E   7 τὸ om. A   8. 9 ἀληθὲς A   9 καλῶς] ἱκανῶς Ec, cf.
p. 293,7   13 δοκοῦσιν E, ν eras.   14 ἀγένητον—δὲ om. A   15 φθαρ-
τόν (pr.)] ἄφθαρτον A   φθαρτὸν δὲ εἶναι AE²b: φθαρτὸν εἶναι E: εἶναι δὲ φθαρτὸν D
16 εἰπεῖν] corr. ex εἶπε E²   προκειμένας Ab: περὶ τοῦ προκειμένου DEc   17 χρείας]
corr. ex χρώας E²   20 ἐν ἄλλοις] velut Metaph. II 1   21 δογμάτων] δογ- in
ras. E¹   ἀπορίαι] ·(- e corr. E   τῶν om. A   22 λόγοι] οἱ λόγοι c
γίγνονται E   23 δεικνύοντας D   ἀλλήλαις c   25 τὸ Ab: om. DEc   ἡμῖν E
φανήσεται D   27 τὰς] om. DE   28 ἀκούσωσι] seq. ras. 1 litt. E   30 ἀποριῶν]
corr. ex ἀπορειῶν E¹: ἀπόρων A

SIMPLICII IN L. DE CAELO I 10 [Arist. p. 279 b 4. 12]   293

δύναμιν, ὅπερ ὁ Πλάτων μάλιστα ποιεῖ· οὐδεὶς γὰρ Καλλικλῆς ἢ Θρασύ- 132ᵃ
μαχος ἢ Πρωταγόρας οὕτως ἂν πιθανῶς τοῖς ἑαυτοῦ συνηγόρησε λόγοις,
ὡς ὁ Πλάτων αὐτοῖς συνηγορεῖ. τὸ δὲ καταδικάζεσθαι ἀντὶ τοῦ κατα-
ψηφίζεσθαι εἴρηται ταὐτὸν σημαῖνον τῷ καταδικάζειν παθητικὸν ἀντὶ 30
5 ἐνεργητικοῦ ῥηθέν. ἀλλὰ καὶ τοῦ μὴ δεῖν ἐρήμην καταψηφίζεσθαι τὴν
αἰτίαν ἐπάγει καλῶς· διαιτητὰς γὰρ δεῖ, φησίν, ἀλλ' οὐκ ἀντιδίκους
εἶναι τοὺς μέλλοντας τἀληθὲς κρίνειν ἱκανῶς. πῶς δὲ διαιτᾶν δυ-
νατὸν μὴ καὶ τοὺς ἐναντίους λόγους ἀκούοντα;

p. 279b 12   Γενόμενον μὲν οὖν ἅπαντες εἶναί φασιν ἕως τοῦ καὶ
10   Ἡράκλειτος ὁ Ἐφέσιος.

Τὸ κοινὸν τῆς τῶν προτέρων δόξης εἰπὼν οὕτως ἐπάγει τὴν διαφοράν. 40
καὶ γὰρ περὶ μὲν τὸ γεγονέναι τὸν κόσμον πάντας ὁμογνωμονεῖν φησι τούς
τε θεολόγους καὶ τοὺς φυσικούς· τῶν δὲ γεγονέναι λεγόντων αὐτὸν οἱ μὲν
ἀΐδιον λέγουσιν, ὥσπερ Ὀρφεὺς καὶ Ἡσίοδος καὶ μετ' αὐτοὺς ὁ Πλάτων,
15 ὥς φησιν Ἀλέξανδρος· τινὲς δὲ τῶν γενητὸν λεγόντων φθαρτὸν λέγουσι, 45
διχῶς δὲ τοῦτο· οἱ μὲν γὰρ οὕτως | φθαρτόν, ὥσπερ ὁτιοῦν ἄλλο τῶν 132ᵇ
συνισταμένων ἀτόμων, οἷον Σωκράτη φθειρόμενον ἅπαξ καὶ μηκέτι ἀνα-
κάμπτοντα, οἱ δὲ ἐναλλὰξ γίνεσθαι καὶ φθείρεσθαι τὸν αὐτὸν καὶ πάλιν γε-
νόμενον πάλιν φθείρεσθαι λέγουσι, καὶ ἀΐδιον εἶναι τὴν τοιαύτην διαδοχήν, 5
20 ὥσπερ Ἐμπεδοκλῆς τὴν Φιλίαν λέγων καὶ τὸ Νεῖκος παρὰ μέρος ἐπικρα-
τοῦντα τὴν μὲν συνάγειν τὰ πάντα εἰς ἓν καὶ φθείρειν τὸν τοῦ Νείκους
κόσμον καὶ ποιεῖν ἐξ αὐτοῦ τὸν σφαῖρον, τὸ δὲ Νεῖκος διακρίνειν πάλιν τὰ
στοιχεῖα καὶ ποιεῖν τὸν τοιοῦτον κόσμον. ταῦτα δὲ Ἐμπεδοκλῆς σημαίνει
λέγων·
25   ἄλλοτε μὲν Φιλότητι συνερχόμεν' εἰς ἓν ἅπαντα,
        ἄλλοτε δ' αὖ δίχ' ἕκαστα φορούμενα Νείκεος ἔχθει,
        ἠδὲ πάλιν διαφύντος ἑνὸς πλέον' ἐκτελέθουσι,

---

1 οὐδείς] οὐδὲ A   4 τῷ Db: τὸ AE   ἀντὶ τοῦ A   5 μὴ δεῖν D: corr. ex
μηδὲν A: μηδὲν E   6 δεῖ] suprascr. A   7 εἶναι om. D   τἀληθὲς E:
τὸ ἀληθὲς D: τἀληθῆ A   9 ἐνόμενον D   ἅπαντες] comp. A: corr. ex ἅπαντ' E²
10 ὁ] καὶ A   13 τῶν δὲ] AE²: καὶ τῶνδε E: καὶ τῶν D: et dicentium etiam b
15 φθαρτόν] καὶ φθαρτὸν A   λέγουσι—φθαρτὸν (16) om. E   16 οὕτω Dc
17 Σωκράτην CD   18 γίγνεσθαι E   18. 19 γενόμενον πάλιν scripsi: generato eo
et iterum b: om. ACDE: γίνεσθαι καὶ E²c   19 τοιαύτην om. D   20 Φιλίαν]
φιλί|λοσοφίαν A   λέγων E: comp. ambig. A: om. CD   μέρος] μέρος λέγει C:
μέρος λέγων D   21 συνάγει E: corr. E²   22 καὶ ποιεῖν—στοιχεῖα (23)] mg. E²
τὸν σφαῖρον] ἀεὶ E²   πάλιν] αὖθις E²c   23 τοιοῦτον om. A   Ἐμπεδοκλῆς]
I 67 Stein, cf. supra p. 141   25 συνερχόμενα DE: συνερχόμενον A   26 δίχα
ADE   φορεύμενα c   post v. 26 ins. οὕτως ᾗ μὲν ἓν ἐκ πλεόνων μεμάθηκε φέρεσθαι c
27 ἠδὲ] ἢ δὲ ADEb   διαφύντος] διαφάντος E: διαστάντος E²   πλέον A
ἐκτελέθουσι] seq. ras. 1 litt. E

τῇ μὲν γίγνονταί τε καὶ οὔ σφισιν ἔμπεδος αἰών·
ᾗ δὲ διαλλάσσοντα διαμπερὲς οὐδαμὰ λήγει,
ταύτῃ δ' αἰὲν ἔασιν ἀκίνητοι κατὰ κύκλον.

καὶ Ἡράκλειτος δὲ ποτὲ μὲν ἐκπυροῦσθαι λέγει τὸν κόσμον, ποτὲ δὲ ἐκ τοῦ πυρὸς συνίστασθαι πάλιν αὐτὸν κατά τινας χρόνων περιόδους, ἐν οἷς φησι· "μέτρα ἁπτόμενος καὶ μέτρα σβεννύμενος". ταύτης δὲ τῆς δόξης ὕστερον ἐγένοντο καὶ οἱ Στωικοί. ἀλλ' οὗτοι μὲν ἐάσθωσαν· ὅτι δὲ οἱ θεολόγοι οὐχ ὡς ἀπὸ χρονικῆς ἀρχῆς, ἀλλ' ὡς ἀπὸ αἰτίας ποιητικῆς λέγουσι τὴν γένεσιν τοῦ κόσμου καὶ ταύτην μυθικῶς ὥσπερ καὶ τὰ ἄλλα, πρόδηλον. Ἐμπεδοκλῆς δὲ ὅτι δύο κόσμους ἐνδείκνυται, τὸν μὲν ἡνωμένον καὶ νοητόν, τὸν δὲ διακεκριμένον καὶ αἰσθητόν, καὶ ὅτι καὶ ἐν τούτῳ τῷ κόσμῳ τὴν ἕνωσιν ὁρᾷ καὶ τὴν διάκρισιν, ἐν ἄλλοις οἶμαι μετρίως ἐκ τῶν αὐτοῦ δεδειχέναι ῥημάτων. καὶ Ἡράκλειτος δὲ δι' αἰνιγμῶν τὴν ἑαυτοῦ σοφίαν ἐκφέρων οὐ ταῦτα, ἅπερ δοκεῖ τοῖς πολλοῖς, σημαίνει· ὁ γοῦν ἐκεῖνα εἰπὼν περὶ γενέσεως, ὡς δοκεῖ, τοῦ κόσμου καὶ τάδε γέγραφε· "κόσμον τόνδε οὔτε τις θεῶν οὔτε ἀνθρώπων ἐποίησεν, ἀλλ' ἦν ἀεί". πλὴν ὅτι ὁ Ἀλέξανδρος βουλόμενος τὸν Ἡράκλειτον γενητὸν καὶ φθαρτὸν λέγειν τὸν κόσμον ἄλλως ἀκούει τοῦ κόσμου νῦν. "οὐ γὰρ μαχόμενα, φησί, λέγει ὡς ἄν τῳ δόξαι· κόσμον γάρ, φησίν, ἐνταῦθα οὐ τήνδε λέγει τὴν διακόσμησιν, ἀλλὰ καθόλου τὰ ὄντα καὶ τὴν τούτων διάταξιν, καθ' ἣν εἰς ἑκάτερον ἐν μέρει ἡ μεταβολὴ τοῦ παντός, ποτὲ μὲν εἰς πῦρ, ποτὲ δὲ εἰς τὸν τοιόνδε κόσμον· ἡ γὰρ τοιαύτη τούτων ἐν μέρει μεταβολὴ καὶ ὁ τοιοῦτος κόσμος οὐχ ἤρξατό ποτε, ἀλλ' ἦν ἀεί." καὶ ταῦτα δὲ προστίθησιν ὁ Ἀλέξανδρος, ὅτι οἱ λέγοντες ποτὲ μὲν οὕτως τὸ πᾶν, ποτὲ δὲ ἄλλως ἔχειν, ἀλλοίωσιν μᾶλλον τοῦ παντὸς ἀλλ' οὐ γένεσιν καὶ φθορὰν λέγουσιν. "οἱ δὲ γενητόν, φησί, καὶ φθαρτὸν λέγοντες τὸν κόσμον ὡς ὁτιοῦν ἄλλο τῶν συνισταμένων εἶεν ἂν οἱ περὶ Δημόκριτον. ὡς γὰρ ἕκαστον τῶν ἄλλων γίνεται καὶ φθείρεται κατ' αὐ|τούς, οὕτως καὶ τῶν κόσμων τῶν ἀπείρων ἕκαστος· ὡς γὰρ ἐπὶ τῶν ἄλλων τὸ γινόμενον οὐ ταὐτὸν τῷ φθαρέντι, εἰ μὴ ἄρα κατ' εἶδος, οὕτως καὶ ἐπὶ τῶν κόσμων λέγουσιν." εἰ δὲ αἱ ἄτομοι αἱ αὐταὶ μένουσιν ἀπαθεῖς οὖσαι, δῆλον, ὅτι καὶ οὗτοι ἀλλοίωσιν ἂν λέγοιεν τῶν κόσμων ἀλλ' οὐ φθοράν, ὥσπερ Ἐμπεδοκλῆς δοκεῖ λέγειν καὶ Ἡράκλειτος. ὀλίγα δὲ ἐκ τῶν Ἀριστοτέλους περὶ Δημοκρίτου

---

1 τῇ] corr. ex τὴν E²   γίνονται D   οὐσφίσιν A: οἷς φησι E   2 λέγει comp. A   3 ἀκίνητα c   4 Ἡράκλιτος E: corr. E²   ἐκπεροῦσθαι E: corr. E² τὸν κόσμον λέγει D: τὸν κόσμον λέγων C   6 φησι] fragm. 20 Bywater   ἐν ἄλλοις μέτρια A   μέτρια A   8 αἰτίου E   12 ὁρᾷν E: corr. E² supra p. 140 sq.   13 Ἡράκλιτο: E: corr. E²   αἰνιγμῶν DE: αἰνιγμάτων AE³c 14 ταῦτα E   ἐκεῖνα] corr. ex ἐπέκεινα E²   16 οὔτε (alt.)] οὔτ' Ec   ἄλλην E: corr. E²   ἀεί] lac. 8 litt. E   πλὴν ὅτι ὁ] ὁ E: ὁ μέντοι E²c   18 ἀλλ' ὡς AE: corr. E²   φησί, λέγει] φησί E: λέγειν φησίν c   19 δόξαι A   24 οὕτω Dc   26 οἱ] corr. ex εἱ E²   φησί om. A   ἄφθαρτον D, sed corr. 28 οὕτως A: οὕτως δὲ E: οὕτως δὲ D: οὕτω c   29 γιγνόμενον E   30 οὕτως καὶ E: οὕτω καὶ D: καὶ οὕτως A   32 φοράν E: corr. E²   33 Ἀριστοτέλει D

παραγραφέντα δηλώσει τὴν τῶν ἀνδρῶν ἐκείνων διάνοιαν. Δημόκριτος 133ᵃ
ἡγεῖται τὴν τῶν ἀιδίων φύσιν εἶναι μικρὰς οὐσίας πλῆθος ἀπείρους, ταύταις
δὲ τόπον ἄλλον ὑποτίθησιν ἄπειρον τῷ μεγέθει· προσαγορεύει δὲ τὸν μὲν
τόπον τοῖσδε τοῖς ὀνόμασι τῷ τε κενῷ καὶ τῷ οὐδενὶ καὶ τῷ ἀπείρῳ, τῶν
5 δὲ οὐσιῶν ἑκάστην τῷ τε δὲν καὶ τῷ ναστῷ καὶ τῷ ὄντι. νομίζει
δὲ εἶναι οὕτω μικρὰς τὰς οὐσίας ὥστε ἐκφυγεῖν τὰς ἡμετέρας αἰσθήσεις,
ὑπάρχειν δὲ αὐτοῖς παντοίας μορφὰς καὶ σχήματα παντοῖα καὶ κατὰ μέγε-
θος διαφοράς· ἐκ τούτων οὖν ἤδει καθάπερ ἐκ στοιχείων γεννᾶν καὶ
συγκρίνειν τοὺς ὀφθαλμοφανεῖς καὶ τοὺς αἰσθητοὺς ὄγκους· στασιάζειν δὲ
10 καὶ φέρεσθαι ἐν τῷ κενῷ διά τε τὴν ἀνομοιότητα καὶ τὰς ἄλλας τὰς εἰρη-
μένας διαφοράς, φερομένας δὲ ἐμπίπτειν καὶ περιπλέκεσθαι περιπλοκὴν τοσ-
αύτην, ἣ συμψαύειν μὲν αὐτὰ καὶ πλησίον ἀλλήλων εἶναι ποιεῖ. φύσιν
μέντοι μίαν ἐξ ἐκείνων κατ' ἀλήθειαν οὐδ' ἡντιναοῦν γεννᾷ· κομιδῇ γὰρ
εὔηθες εἶναι τὸ δύο ἢ τὰ πλείονα γενέσθαι ἄν ποτε ἕν. τοῦ δὲ συμμένειν
15 τὰς οὐσίας μετ' ἀλλήλων μέχρι τινὸς αἰτιᾶται τὰς ἐπαλλαγὰς καὶ τὰς ἀν-
τιλήψεις τῶν σωμάτων· τὰ μὲν γὰρ αὐτῶν εἶναι σκαληνά, τὰ δὲ ἀγκι-
στρώδη, τὰ δὲ κοῖλα, τὰ δὲ κυρτά, τὰ δὲ ἄλλας ἀναρίθμους ἔχοντα δια-
φοράς· ἐπὶ τοσοῦτον οὖν χρόνον σφῶν αὐτῶν ἀντέχεσθαι νομίζει καὶ συμ-
μένειν, ἕως ἰσχυροτέρα τις ἐκ τοῦ περιέχοντος ἀνάγκη παραγενομένη δια-
20 σείσῃ καὶ χωρὶς αὐτὰς διασπείρῃ. λέγει δὲ τὴν γένεσιν καὶ τὴν ἐναντίαν
αὐτῇ διάκρισιν οὐ μόνον περὶ ζῴων, ἀλλὰ καὶ περὶ φυτῶν καὶ περὶ κόσμων
καὶ συλλήβδην περὶ τῶν αἰσθητῶν σωμάτων ἁπάντων. εἰ τοίνυν ἡ μὲν
γένεσις σύγκρισις τῶν ἀτόμων ἐστίν, ἡ δὲ φθορὰ διάκρισις, καὶ κατὰ Δη-
μόκριτον ἀλλοίωσις ἂν εἴη ἡ γένεσις. καὶ γὰρ καὶ Ἐμπεδοκλῆς τὸ γινό-
25 μενον οὐ ταὐτὸν τῷ φθαρέντι φησίν, εἰ μὴ ἄρα κατ' εἶδος, καὶ ὅμως τοῦ-
τον ἀλλοίωσιν ἀλλ' οὐ γένεσιν ὑποτίθεσθαί φησιν Ἀλέξανδρος. ἐφιστάνειν
δὲ ἐν τούτοις ἀξιῶ, ὅτι οὐδεὶς τῶν παλαιῶν ἱστορεῖται φθορὰν τοῦ
κόσμου τοιαύτην λέγων, οἵαν οἱ νῦν λέγουσιν, ὡς φθαρέντα μὴ πάλιν ἀνα-
κάμπτειν.

---

1 παραγραφέντα Ab: παραγραφέντων DE   2 πλήθους E: τὸ πλῆθος E²c
5 ἑκάστη E: corr. E²   τῷ τε δὲν scripsi coll. fragm. 8 (Mullach I 359) et
Philopono in Phys. p. 110,10 Vitelli (cf. Zeller Archiv f. G. d. Philos. V 448): τῷ τε δὲ
A: τῷ τε seq. lac. 7 litt. D: lac. 8 litt. E: pleno b: πλήρει c   καὶ τῷ ναστῷ AD:
om. E: solido b: στερεῷ c   καὶ τῷ A: καὶ DEc   6 ἐκφεύγειν c   8 δια-
φοράν D   ᾔδει A: ἤδη Dbc et e corr. E   ἐκ Ab: εἰ DE   γεννᾶσθαι bc
9 συγκρίνεσθαι bc   10 τὰς (alt.) om. c   11 ἐκπίπτειν A   11. 12 τοιαύ-
την c   14 τὸ A: τὰ DE   τὰ om. c   17 τὰ δὲ κοῖλα, τὰ δὲ κυρτά b:
lac. A: om. DE   ἄλλας D: ἄλλα AEb   18 τοσούτων οὖν χρόνων DE: corr. E²
19 ἕως] ὡς D   19. 20 διασείσῃ] mut. in διασείσει E: καὶ διασείσῃ D   20 δια-
σπείρει E   21 αὐτῶν A   22 τι νῦν E: corr. E²   ἡ] e corr. A   23 φθορά]
corr. ex διαφθορὰ A   καὶ Ab: om. DEc   24 γὰρ καὶ] γὰρ Ec   25 καὶ κατ' ὁ
ὅμως] corr. ex ὅλως D   25. 26 τοῦτον Ab: τούτων DE

p. 279 b 17 Τὸ μὲν οὖν γενέσθαι μέν, ἀίδιον δὲ ὅμως εἶναι ἕως 133ᵃ
τοῦ ἅπαντα γὰρ τὰ γινόμενα καὶ φθειρόμενα φαίνεται.   45

Ἱστορήσας τὰς περὶ τῆς γενέσεως καὶ φθορᾶς τοῦ παν|τὸς δόξας 133ᵇ
καὶ βουλόμενος αὐτῶν ποιήσασθαι τὴν ἐπίκρισιν πρὸς πρώτους ἀποτείνεται
τοὺς γενητὸν μὲν ἄφθαρτον δὲ τιθέντας, ὧν ἦσαν οἵ τε θεολόγοι καὶ ὁ
Πλάτων, ὥς φησιν Ἀλέξανδρος. ἰστέον δέ, ὅτι ὁ μὲν Ἀριστοτέλης κατὰ
παλαιὰν συνήθειαν πρὸς τὸ φαινόμενον ἐνίσταται πολλάκις, ὅταν τοῦτο προ- 5
χειρότερον ἐκληφθὲν μὴ συμφωνῇ τῇ ἀληθείᾳ· ποιεῖ δὲ τοῦτο βοηθῶν τοῖς
ἐπιπολαιότερον τῶν παλαιῶν λόγων ἀκροωμένοις, ἐπεί, ὅτι καὶ οἱ θεολόγοι
μυθικῶς τὴν τοῦ κόσμου γένεσιν ἔλεγον ὡς καὶ τὴν αὐτῶν τῶν θεῶν τὴν 10
κατ' οὐσίαν τάξιν διὰ τοῦ προτέρου καὶ τοῦ ὑστέρου τῆς γενέσεως ἐνδεικ-
νύμενοι, καὶ ὅτι ὁ Πλάτων γενητὸν αὐτὸν ὡς αἰσθητὸν λέγει καὶ σωμα-
τικόν, διότι τὸ τοιοῦτον ἑαυτὸ παράγειν εἰς τὸ εἶναι μὴ δυνάμενον παρ'
ἄλλου τὴν ὑπόστασιν ἔχει τοῦ ποιοῦντος αὐτό, καὶ μέντοι ὅτι διὰ τὴν
σωματικὴν οὐσίαν μὴ δυνάμενον ἅμα καὶ ὁμοῦ ὅλον εἶναι ἀντὶ τοῦ ὂν 15
εἶναι γινόμενον ὑπέστη, ταῦτα μὲν οὖν Ἀριστοτέλης οἶδε. τοιγαροῦν τὸν
τοῦ Πλάτωνος Τίμαιον ἐπιτεμνόμενος γράφει· "φησὶ δὲ γενητὸν εἶναι·
αἰσθητὸν γάρ, τὸ δὲ αἰσθητὸν γενητὸν ὑποτίθεται, τὸ δὲ νοητὸν ἀγένητον".
οὐχ οὕτως οὖν γενητὸν ὡς ἀπὸ χρόνου τινὸς γενόμενον· τῶν γὰρ οὕτως 20
γενητῶν προϋπάρχειν ἀνάγκη χρόνον, εἴπερ ἔν τινι χρόνῳ τὴν ὑπόστασιν
ἔλαβεν, ὡς πρὸ ἑξακισχιλίων φέρε εἰπεῖν τοῦ νῦν ἢ ὁσωνοῦν ἐτῶν· ὁ δὲ
Πλάτων σαφῶς ἀπεφήνατο, ὅτι χρόνος μετ' οὐρανοῦ γέγονεν. εἰ οὖν
παντὸς τοῦ λαμβανομένου χρόνου κατὰ τὸ ἐνεστὼς ὑφεστῶτος προϋπάρχει 25
πάντως ὁ παρεληλυθὼς χρόνος, ὥσπερ ἕπεται πάντως ὁ μέλλων, οὔτε
ἀρχὴν ὁ χρόνος οὔτε πέρας ἔχει, ὥστε οὐδὲ ὁ κόσμος κατὰ τὸν εἰπόντα
'χρόνος μετ' οὐρανοῦ γέγονεν'. ὥστε οὔτε πρὸς τοὺς θεολόγους οὔτε πρὸς
Πλάτωνα τείνουσιν αἱ τοῦ Ἀριστοτέλους ἐνστάσεις, ἀλλὰ πρὸς τοὺς οὕτως 30
ἐκδεχομένους τὰ τῶν παλαιῶν, ὡς γενητὸν μὲν ἀπὸ χρόνου τινὸς νομίζειν
τὸν κόσμον, ἄφθαρτον δέ· τοῦτο γὰρ ὄντως ἄτοπον καὶ καλῶς ὑπὸ τοῦ
Ἀριστοτέλους διελεγχόμενον.

1 δ' Ac   εἶναι om. E   2 γιγνόμενα c   3 τὰς] τὰ A   5 τιθέντας Ab:
διατιθέντας DEc: τιθεμένους mg. E²   ὁ om. c   8 συμφωνεῖ E   10 ἔλεγον
om. D   τὴν (tert.) om. Ec   13 παρ'—δυνάμενον (15) om. A   14 ἔχει] corr.
ex ἐχεῖ E²   διὰ E²b: om. DE   15 post δυνάμενον add. ἅμα (del.) παρ' ἄλλου
τὴν ὑπόστασιν D: παρ' ἄλλου add. E, sed del.   16 γιγνόμενον E   τὸν] corr. ex
τὴν E²   17 τοῦ om. A   Τίμαιον] πρὸς Τίμαιον A   γράφει] fr. 206 Rose
(Lips. 1886 p. 164,18)   19 γινόμενον c   οὕτω Dc   21 πρὸ] πρὸ τοῦ νῦν c
τοῦ νῦν om. c   22 ἀπεφήνατο] Tim. 38 b   ὁ χρόνος A   23 παντὸς] τοῦ
παντὸς D   προυπάρχειν A   24 πάντως (pr.)] πάντων E: ἀεὶ E²c   pr. ὁ—πάντως
Ab: om. DE: ὁ παρελθὼν χρόνος ὥσπερ ἕπεται E²c   25 ὥστε—γέγονεν (26) mg. E²
εἰπόντα D: corr. ex εἰπάντα m. rec. A: λέγοντα E²c   26 οὔτε (pr.) K²: οὐδὲ ADE
29 ὑπὸ τοῦ] ὑπ' c   30 ἐλεγχόμενον Ec

SIMPLICII IN L. DE CAELO I 10 [Arist. p. 279ᵇ17]

Ὁ δὲ Ἀφροδισιεὺς Ἀλέξανδρος οὐχ οὕτως τὰ Πλάτωνος νοήσας, ὡς 133ᵇ
Ἀριστοτέλης ἐνόησεν, οὐδὲ παρακολουθήσας τῇ περὶ τὰς ἐννοίας αὐτῶν 35
συμφωνίᾳ, ἀλλ' ἐξ ἀρχῆς, ὡς ἔοικε, πρὸς τὰ τοῦ Πλάτωνος ὑπόπτως δια-
τεθείς, ὥσπερ ὀλίγον πρὸ ἡμῶν τινες πρὸς τὰ Ἀριστοτέλους, οὐκ ἀξιοῖ τὴν
5 δόξαν αὐτὴν εὐθύνειν, ὥσπερ Ἀριστοτέλης οὐδὲ μνημονεύων ὅλως τοῦ
Πλάτωνος ὀνόματος πλὴν ὀλιγάκις, ἀλλ' αὐτὸν εἰς τὰς εὐθύνας ἕλκει τὸν 40
Πλάτωνα. ἀναγκαῖον οὖν καὶ τῷ Ἀριστοτέλει πάντως ἀρέσκον καὶ τοῖς
διὰ τῶν ὑπομνημάτων αὐτοῦ τὰ Ἀριστοτέλους νοεῖν τε καὶ ἐξηγεῖσθαι
προαιρουμένοις λυσιτελοῦν τὸ τὰ παρ' αὐτοῦ λεγόμενα ἐπισκέψασθαι. "ὅτι
10 γάρ, φησί, καὶ Πλάτων τῆσδε τῆς δόξης ἦν καὶ οὐχ, ὥς τινές φασι τῶν 45
Πλατωνικῶν, ἀγένητον ὄντα τὸν κόσμον κατ' | αὐτὸν γενητὸν λέγεσθαι 134ᵃ
τῷ ἐν γενέσει τὸ εἶναι ἔχειν, ἐξ αὐτῶν τῶν ὑπὸ Πλάτωνος ἐν τῷ Τιμαίῳ
λεγομένων γνωρίσαι τις ἄν· τὸ μὲν γὰρ οὕτω γενητόν, ὡς οὗτοι βούλονται
τὸν κόσμον ὑπ' αὐτοῦ λέγεσθαι, γινόμενόν ἐστι καὶ ἀπολλύμενον, γεγονὸς 5
15 δὲ οὐδέποτε. διαιρούμενος γοῦν τὰ ὄντα φησί "τί τὸ ὂν ἀεί, γένεσιν δὲ
οὐκ ἔχον, καὶ τί τὸ γινόμενον μέν, ὂν δὲ οὐδέποτε" ἐπὶ δὲ τοῦ κόσμου
οὐ τῷ γίνεσθαι χρῆται, ἀλλὰ τῷ γεγονέναι· καὶ γὰρ τὴν ἀρχὴν προτίθεται
ζητῆσαι, οὐκ εἰ γιγνόμενος, ἀλλ' εἰ γεγονὼς ἢ ἀγένητος. λέγει γοῦν "ἡμᾶς 10
δὲ τοὺς περὶ παντὸς λόγους ποιεῖσθαι μέλλοντας, εἰ γέγονεν ἢ καὶ ἀγενές
20 ἐστι", καὶ ὀλίγον προελθὼν ἐπιδιορίζων τὸ αὐτὸ πρόβλημα "πότερον ἦν
γενέσεως ἀρχὴν οὐδεμίαν ἔχων ἢ γέγονεν ἀπ' ἀρχῆς τινος ἀρξάμενος"
προθέμενος δὲ περὶ τούτου ζητεῖν ἐφεξῆς δείκνυσιν, ὅτι γέγονε, δηλονότι 15
ἀπ' ἀρχῆς τινος ἀρξάμενος· τοῦτο γὰρ ἦν τὸ προκείμενον· ἥτις οὐκ ἄλλη
τις ἂν ἢ ἡ κατὰ χρόνον εἴη· καὶ γάρ, εἰ τὸ γινόμενον ἔτι οὔπω γέγονε,
25 τὸ γεγονὸς δῆλον ὡς οὐκέτι γίνεται· γεγονέναι δὲ τὸν κόσμον λέγει· οὐκ
ἄρα γινόμενός ἐστι κατ' αὐτόν. καὶ γὰρ εἰ οὕτως ἔλεγε γενητὸν τὸν κό- 20
σμον ὡς ἐν τῷ γίνεσθαι τὸ εἶναι ἔχοντα, ἔδει αὐτὸν δέχεσθαι καὶ τὸ
φθαρτὸν αὐτὸν εἶναι· τῷ γὰρ οὕτως γινομένῳ συγκεκλήρωται τὸ ὡς γίνεται

---

1 ὡς] ὡς ὁ A   2 τὰς om. A   4 ὀλίγον] τις τῶν ὀλίγῳ c   τινες om. c
τά] τὰ τοῦ c   οὐκ ἀξιοῖ] οὐ c·   5 εὐθύνειν] ἐξετάζει c   μνημονεύειν D
6 ἕλκει Aᵇ: ἕλκειν DE   9 προαιρουμένοις E: corr. ex προειρημένοις A: προαιρου-
μένων D   10 φησί] seq. ras. 1 litt. E   ὥς AE²ᵇ: οὕτω D: οὕτως E
12 τῶν] suprascr. E²   ὑπὸ] ὑπὸ τοῦ D, sed corr.   13 γνωρίσαι c: γνωρίσῃ D:
γνωρίσοι E: γνωρίσει E²: συνηγορήσοι A: cognoscet b   post ὡς suprascr. καὶ D
14 γιγνόμενον DE   γεγονὼς E, sed corr.   15 οὖν c   φησί] Tim. 27 d
τί] suprascr. E²   16 γιγνόμενον DEc   μέν, ὄν] μένον E   δὲ (alt.) suprascr. E²
τοῦ] τοῦδε τοῦ Ec   17 οὐ τῷ] corr. ex οὕτω E   γίγνεσθαι c   τῷ] corr. ex
τὸ E²   18 εἰ (pr.) Aᵇ: εἴη DE: εἰ εἴη E²c   γιγνόμενος Aᵇ: γενόμενος DEc
ἀλλ' εἰ AE²ᵇ: ἀλλὰ DE   λέγει] Tim. 27 c   οὖν c   19 τοῦ παντὸς c
ἀγένητον D   20 προσελθὼν A   αὐτὸ om. Ec   πότερον κτλ.] Tim. 28 b
πρότερον E: corr. E²   ἦν] ἢ A: ἦν ἀεὶ c   21 ἔχων οὐδεμίαν D   24 γιγνό-
μενον E   γέγονε] seq. ras. 1 litt. E   25 γίνεται AE²ᵇ: om. DE
δὲ AE²ᵇ: om. DE   26 γιγνόμενος E   27 ὡς] ὡς καὶ Ec   γενέσθαι A: γίγνε-
σθαι E   28 γιγνομένῳ E   τὸ] e corr. E¹   γίγνεται E

καὶ φθείρεσθαι· ὁ δὲ λέγων αὐτὸν γενητὸν οὐκέτι συγχωρεῖ τὸ καὶ 134a
φθαρτὸν αὐτὸν εἶναι. εἰ γὰρ οὕτως λέγοιεν ὡς μὴ ἐν τῷ φθείρεσθαι τὸ 25
εἶναι ἔχοντα, οὐδ' ἂν γίνεσθαι αὐτὸν ἐκείνως ἔτι λέγοι· συνέζευκται γὰρ
ἡ τοιαύτη γένεσις τῇ τοιαύτῃ φθορᾷ· εἰ δὲ ἄφθαρτον αὐτὸν κατὰ χρόνον
5 λέγοι, δῆλον, ὅτι καὶ τῷ γενητῷ ἂν εἴη τῷ κατὰ χρόνον χρώμενος· τῷ
γὰρ οὕτως ἀφθάρτῳ τὸ οὕτως γενητὸν ἀντίκειται. ἔτι τὸ ἕπεσθαι δοκοῦν 30
τῷ γενητῷ φθαρτὸν ἀναιρεῖν βουλόμενος ἄφθαρτον αὐτὸν λέγει· εἰ δὴ
κατὰ χρόνον ἄφθαρτον αὐτὸν λέγει, τοῦτο ἂν ἑπόμενον λαμβάνοι τῷ γε-
νητῷ· ἀλλὰ μὴν τοῦτο οὐ τῷ ἐν γενέσει τὸ εἶναι ἔχοντι γενητῷ ἕπεται,
10 ἀλλὰ τῷ ἀπ' ἀρχῆς χρόνου γεγονότι· οὕτως ἄρα γενητὸς ὁ κόσμος κατ' 35
αὐτόν. ἀλλὰ καὶ τὸ αἰτίαν τινὰ ζητεῖν αὐτοῦ τῆς ἀφθαρσίας, ὃ ποιεῖ Πλά-
των, ὁμολογοῦντός ἐστι τὸ ἀπ' ἀρχῆς αὐτὸν χρόνου λέγειν γεγονέναι· εἰ
γὰρ ἦν ἀγένητος, ἐν αὐτῷ τὴν αἰτίαν καὶ τὴν ἀρχὴν εἶχε τῆς ἀφθαρσίας,
εἴ γε ὁμολογεῖται ὑπ' αὐτοῦ τὸ ἀγένητον τῇ αὐτοῦ φύσει ἄφθαρτον εἶναι· 40
15 ὁ δὲ οὐκ ὄντος ἀφθάρτου τῇ αὐτοῦ φύσει τοῦ κόσμου τῇ τοῦ θεοῦ βου-
λήσει τὴν ἀφθαρσίαν ἀνατίθησιν αὐτοῦ. ἀλλὰ καὶ τὸ κατηγορεῖν τοῦ κό-
σμου τὸ 'ἔστι' σημεῖον τοῦ μὴ οὕτως αὐτὸν λέγειν γεγονέναι ὡς ἐν τῷ
γίνεσθαι τὸ εἶναι ἔχειν· εἰ γὰρ πρὸ μὲν τοῦ γεγονέναι οὐκ ἦν, γενόμενος 45
δὲ ἔστι, τὸ γεγονέναι αὐτοῦ οὐχ ὡς ἐν γενέσει τὸ εἶναι ἔχον|τος κατη- 134b
20 γορεῖται."
Ταῦτα πάντα τοῦ Ἀλεξάνδρου παρεθέμην εἰς ἐπίκρισιν τοῖς ἐντευξο-
μένοις τούτων τε καὶ τῶν ῥηθησομένων. ἐπειδὴ οὖν τὰ πλεῖστα τῶν
εἰρημένων εἰς τοῦτο τείνει τὸ μὴ οὕτως γενητὸν εἰρῆσθαι τὸν κόσμον ὑπὸ
τοῦ Πλάτωνος ὡς ἐν τῷ γίνεσθαι τὸ εἶναι ἔχοντα, ἀλλ' ὡς ἀπ' ἀρχῆς 5
25 χρόνου γενόμενον, ἀρκεῖ καὶ μίαν, οἶμαι, τοῦ Πλάτωνος παραθέσθαι ῥῆσιν,
ἧς καὶ ὁ Ἀλέξανδρος μέρη παρέθετο. ἐρωτήσας γὰρ "πότερον ἦν ἀεὶ γενέ-
σεως ἀρχὴν ἔχων οὐδεμίαν ἢ γέγονεν ἀπ' ἀρχῆς τινος ἀρξάμενος" ἀπε-
κρίνατο "γέγονεν· ὁρατὸς γὰρ ἁπτός τέ ἐστι καὶ σῶμα ἔχων, πάντα δὲ 10
τὰ τοιαῦτα αἰσθητά, τὰ δὲ αἰσθητὰ δόξῃ περιληπτὰ μετ' αἰσθήσεως γινό-
30 μενα καὶ γενητὰ ἐφάνη." ὁρᾷς, ὅτι τὸ αὐτὸ καὶ γεγονέναι εἶπε καὶ γινό-
μενον εἶναι, διότι αἰσθητόν ἐστι; καὶ γὰρ καὶ τὰ ἐν τῷ γίνεσθαι τὸ εἶναι
ἔχοντα καὶ τὸ γεγονέναι συνυπάρχον ἔχει, ὥσπερ ἡ οὐρανία κίνησις καὶ 15
συνεχὴς οὖσα καὶ ἀεὶ ἐν τέλει, διότι ἀπὸ τοῦ αὐτοῦ ἐπὶ τὸ αὐτὸ ἀεὶ τῆς

---

2 εἶναι αὐτόν A   οὕτω Dc   3 γίγνεσθαι E   λέγοι c: λέγῃ D: λέγει E: λέ-
γοιεν A: dicit b   5 ὅτι] ὡς A   6 τὸ] τῷ E   7 αὐτὸ A   δὴ scripsi:
δὲ ADE   8 λαβάνοι corr. ex λανανοι A   9 ἐν] ἐν τῇ A   γεννητὸν A
10 οὕτως] οὔτε A   11 τὸ] corr. ex τῷ E¹   αἴτιον E: corr. E²   13 αὐτῷ
ADE   14 εἴ γε] in ras. E¹   αὐτοῦ ADE   15 ὁ — φύσει Ab: om. DE:
mg. E²   ὁ] ἐνταῦθα E²c   οὐχ] ὡς μὴ E²c: tanquam non b   αὐτοῦ A: ἑαυτοῦ
E²c   16 αὐτῷ A   17 τὸ] e corr. E   σημεῖον] σημεῖόν ἐστι E²c
18 γίγνεσθαι DE   21 τοῦ] τὰ τοῦ D   24 γίγνεσθαι DE   26 ἐρωτήσας] Tim.
28 b—c   πρότερον E: corr. E²   28 τ' c   29 δ' c   29. 30 γιγνόμενα Ec
30. 31 γινό extr. lin. D   31 καὶ (alt.) om. Ec   γίγνεσθαι E   32 καὶ (alt.)
om. A

ἀποκαταστάσεως οὔσης πᾶν τὸ λαμβανόμενον τῆς περιφορᾶς μέρος καὶ
ἀρχὴ καὶ τέλος ἐστί· καὶ δῆλον, ὅτι, καθ' ὃ μὲν ἐν τέλει ἀεί ἐστιν, ἀεὶ
γέγονε, καθ' ὃ δὲ ἐν ἀρχῇ καὶ προκοπῇ, ἀεὶ γίνεται, ὥστε οὐ τῷ γενο-
μένῳ μόνον, ἀλλὰ καὶ τῷ γίνεσθαι ἐπὶ τοῦ κόσμου ἐχρήσατο. ὅλως δέ,
εἰ τοῦτο μόνον προυτίθετο ζητῆσαι περὶ τοῦ κόσμου τὸ εἰ γέγονεν, ἀλλὰ
μὴ καὶ τὸ εἰ γίνεται, ὡς ὁ Ἀλέξανδρος νομίζει, διὰ τί ἐξ ἀρχῆς τὸ γινό-
μενον ὡρίζετο μετὰ τὸ ὄν, ἀλλ' οὐχὶ τὸ γεγονός, ὅταν λέγῃ "τί τὸ ὂν
ἀεί, γένεσιν δὲ οὐκ ἔχον, καὶ τί τὸ γινόμενον μέν, ὂν δὲ οὐδέποτε"; θαυ-
μάζω δέ, πῶς ἔδοξε τῷ Ἀλεξάνδρῳ μὴ διὰ τὸν κόσμον τοὺς ὁρισμοὺς τοῦ
τε ὄντος καὶ τοῦ γινομένου προλαμβάνειν, ἵνα εὕρῃ, πότερον τῶν ὄντων ἢ
τῶν γινομένων ἐστὶν ὁ κόσμος, οὕτω σαφῶς τοῦ Πλάτωνος αὐτὰ παραδε-
δωκότος· ἀλλ' ἐπειδὴ ὡρίσατο μὲν τὸ γινόμενον, τὸν δὲ κόσμον γεγονέναι
εἶπε, μάτην, ὡς ἔοικε, προειλῆφθαι τὸν τοῦ ὄντος καὶ τοῦ γινομένου ὁρι-
σμὸν οὗτος οἴεται· καίτοι, ὅπερ εἶπε γεγονός, τοῦτο καὶ γινόμενον εἶναί φη-
σιν. εἰπόντος δὲ τοῦ Πλάτωνος, ὅτι γέγονεν ἀπ' ἀρχῆς τινος ἀρξάμενος,
ὁ Ἀλέξανδρός φησι ταύτην οὐκ ἄλλην τινὰ εἶναι ἀρχὴν ἢ τὴν κατὰ χρόνον.
εἰ τοίνυν τὸ ἀπὸ χρόνου τινὸς ἀρχόμενον πάντως ἔχει προϋπάρχοντα χρό-
νον, διότι τὸ νῦν, καθ' ὃ ἤρξατο κατὰ τὸν ἐνεστῶτα χρόνον ὑπάρχον, ἔχει
προϋπάρχοντα τὸν παρεληλυθότα ὥσπερ ἑπόμενον τὸν μέλλοντα, ὁ δὲ Πλά-
των μετ' οὐρανοῦ γεγονέναι τὸν χρόνον φησί, δῆλον, ὅτι οὔτε προϋπάρχει
τοῦ οὐρανοῦ χρόνος οὔτε ἀπὸ χρόνου τινὸς τὴν ἀρχὴν οὗτος ἔχει τῆς γε-
νέσεως. ἔπειτα ἐφιστάνειν ἐχρῆν, τίνα τὴν ἀρχὴν εἶπε ταύτην ὁ Πλάτων
καὶ ὅτι τὴν ποιητικὴν αἰτίαν· μετὰ γοῦν τὸ ὁρίσασθαι τὸ γινόμενον ἐπά-
γει· "πᾶν δὲ αὖ τὸ γινόμενον ὑπ' | αἰτίου τινὸς ἀνάγκη γίνεσθαι"· καὶ
πάλιν εἰπών, ὅτι γέγονεν ὁ κόσμος καὶ γινόμενος καὶ γενητός ἐστιν, ἐπάγει·
"τῷ δ' αὖ γενομένῳ φαμὲν ὑπ' αἰτίου τινὸς ἀνάγκην εἶναι γενέσθαι".
καὶ ἡ ἐρώτησις δὲ τῷ ἐπιβλέποντι σαφής· "πότερον ἦν ἀεὶ γενέσεως ἀρχὴν
ἔχων οὐδεμίαν ἢ γέγονεν ἀπ' ἀρχῆς τινος"· τὸ μὲν γὰρ ὄντως ὄν ἐστιν,
ὅπερ ἐστί, καὶ ποιητικοῦ αἰτίου οὐ δεῖται, τὸ δὲ γινόμενον πρὸς τὸ ποιοῦν
λέγεται. εἰ δὲ χρονικὴν τὴν ἀρχὴν καὶ αἰτίαν ἔλεγε ταύτην, πῶς διὰ τὸ

---

3 γέγονε] seq. ras. 1 litt. E   γίγνεται E   οὐ τῷ] corr. ex οὕτω E³   4 τῷ] corr. ex τὸ E²   γίγνεσθαι E   6 γίγνεται E   ὡς] suprascr. E²   ὁ om. A   6. 7 γιγνόμενον DE   7 ὡρίζετο Ab: ὁρίζεται DEc   ἀλλ'—ὂν Ab: om. DE: καὶ οὐ τὸ γεγονὸς λέγων· τί E² et addito τὸ ὂν μὲν c   λέγῃ] Tim. 27 d   8 καὶ—οὐδέποτε om. D   γιγνόμενον Ec   μέν, ὂν] corr. ex μένον E²   9 ἔδοξε τῷ] corr. ex ἔδοξεν ᾧ E   10 προσλαμβάνειν D   πρότερον E: corr. E²   11 γιγνομένων E   12 ὁρίσατο E: corr. E²   14 οὕτως E: corr. E²   γιγνόμενον E   16 οὐχ] οὖν DE: corr. E²   17 εἰ—χρόνον (17. 18) om. A   18 εἴρξατο E: corr. E²   20 post οὐρανοῦ add. φησί D   χρόνον Db: m. rec. A: οὐρανὸν AE   φησί] Tim. 38 b   22 τίνα] ὅτι c   23 γιγνόμενον E   23. 24 ἐπάγει] Tim. 28 a   24 δ' c   αὖ τὸ] τὸ αὐτό D   γιγνόμενον Ec   γίγνεσθαι Ec   24. 25 καὶ πάλιν εἰπών Ab: εἰπὼν καὶ πάλιν DE: εἰπὼν δὲ καὶ πάλιν E²: εἰπὼν δὲ ἀνάγκην εἶναι γενέσθαι καὶ πάλιν c   25 ἐπάγει] Tim. 28 c   26 γινομένῳ A   27 ἐρώτησις] Tim. 28 b   29 αἰτίας A   γιγνόμενον E   30 αἰτίαν] αἰτίαν ἔχειν D

σωματικὸν εἶναι ταύτην ὑπάρχειν αὐτῷ φησιν ὡς ἀξίωμα προλαμβάνων 135ᵃ
αὐτό; καίτοι καὶ αὐτὸς Ἀλέξανδρος καὶ Ἀριστοτέλης πρὸ αὐτοῦ σωματικὸν 10
τὸν οὐρανὸν λέγοντες οὐ νομίζουσι χρονικὴν ἀρχὴν ἔχειν. ἀλλ' ἐκεῖνο ἦν
ὄντως ἀξίωμα τὸ τὰ σώματα ἑτεροκίνητα ὄντα καὶ τὴν ὑπόστασιν ἔξωθεν
5 ἔχειν καὶ διὰ τοῦτο γινόμενα εἶναι, ὅτι ὑπὸ ποιοῦντος ὑφίσταται. ἀλλ' εἰ 15
οὕτως, φησί, γενητὸν ἔλεγεν ὡς ἐν τῷ γίνεσθαι τὸ εἶναι ἔχοντα, ἔδει καὶ
φθαρτὸν λέγειν· τῷ γὰρ οὕτως γινομένῳ συγκεκλήρωται τὸ ὡς γίνεται καὶ
φθείρεσθαι. ἆρα οὖν οὐκ ἤκουσε τὸ γενητὸν ὁριζομένου "γινόμενον καὶ
ἀπολλύμενον, ὄντως δὲ οὐδέποτε ὄν"; καὶ γὰρ ἡ κίνησις τοῦ οὐρανοῦ καὶ 20
10 οἱ διάφοροι σχηματισμοὶ γινόμενα καὶ ἀπολλύμενά ἐστιν ἀεί, καὶ ἡ οὐσία
κατὰ ταῦτα ἀλλοιουμένη τὸ γινόμενον ἔχει καὶ ἀπολλύμενον. ἀλλ' εἰ
ἄφθαρτον, φησί, κατὰ χρόνον λέγει, δῆλον, ὡς καὶ τῷ γενητῷ ἂν εἴη
τῷ κατὰ χρόνον χρώμενος· τῷ γὰρ οὕτως ἀφθάρτῳ τὸ οὕτως γινόμενον 25
ἀντίκειται. ἀλλ' εἰ γενητὸν καὶ ἄφθαρτον ὑπέθετο τὸν κόσμον ὁ Πλάτων,
15 δῆλον, ὅτι γενητὸν ἔλαβε τὸ τῷ κατὰ χρόνον ἀφθάρτῳ συνυπάρχειν δυνά-
μενον, τὸ δὲ κατὰ χρόνον γενητὸν καὶ πρὸ τοῦ Ἀριστοτέλους ὁ Πλάτων
φθαρτὸν εἶναι κατὰ χρόνον ἐν τῷ η' τῆς Πολιτείας φησίν, ἐν οἷς λέγει· 30
"χαλεπὸν μὲν κινηθῆναι πόλιν οὕτω συστᾶσαν, ἀλλ' ἐπεὶ γινομένῳ παντὶ
φθορά ἐστιν, οὐδὲ ἡ τοιαύτη ξύστασις τὸν ἅπαντα μενεῖ χρόνον, ἀλλὰ λυ-
20 θήσεται". ὅλως δέ, εἰ ἀντίκειται τῷ ἀφθάρτῳ κατὰ χρόνον τὸ γενητὸν 35
κατὰ χρόνον, οὐ καθ' ὃ γενητὸν δηλονότι, ἀλλὰ καθ' ὃ τὸ οὕτως γενητὸν
καὶ φθαρτόν ἐστιν, ἀντίκειται δὲ τὸ φθαρτὸν τῷ ἀφθάρτῳ, ἄφθαρτον λέ-
γων κατὰ χρόνον τὸν κόσμον ὁ Πλάτων οὐκ ἂν αὐτὸν γενητὸν εἶπε κατὰ
χρόνον· ᾔδει γὰρ ταὐτὸν λέγων τῷ φθαρτὸν αὐτὸν ἅμα καὶ ἄφθαρτον λέ- 40
25 γοντι. ἔτι δέ, φησί, τὸ κατὰ χρόνον ἄφθαρτον ἑπόμενον τῷ γενητῷ λαμ-
βάνει, τοῦτο δέ, φησίν, οὐ τῷ ἐν γενέσει τὸ εἶναι ἔχοντι ἕπεται, ἀλλὰ τῷ
ἀπ' ἀρχῆς χρόνου γεγονότι. θαυμάζω, πῶς τοῦτο λέγει ὁ Ἀλέξανδρος·
τὸ γὰρ ἄφθαρτον τῷ μὲν ὡς ἐν γενέσει τὸ εἶναι ἔχοντι γενητῷ δυνατὸν 45
ἀκολουθεῖν, τῷ δὲ ἀπ' ἀρχῆς χρόνου ἀδύνατον, εἴπερ τὸ μὲν οὕτως γενη-
30 τὸν καὶ φθαρτὸν | πάντως, τῷ δὲ φθαρτῷ τὸ ἄφθαρτον ἀδύνατον ἀκο- 135ᵇ

---

1 σημαντικὸν A   2 αὐτό] corr. ex αὐτῷ E¹   Ἀριστοτέλης καὶ Ἀλέξανδρος A
σημαντικὸν A   5 γιγνόμενα E   6 φησί] φύσει D   γίγνεσθαι E   7 γιγνο-
μένῳ E   γίγνεται E: γίνεσθαι D   8 ἆρ' c   γιγνόμενον DE   9 δ' c
οὐδέποτ' Ac   10 γιγνόμενα E (hoc et similia posthac non notabo)   11 ἀλλ']
seq. ras. 1 litt. E   εἰ] ἀεὶ D   12 φθαρτόν DE   λέγειν D   τὸ γενητὸν DE:
corr. E²   13 ἀφθάρτῳ] corruptibili b   τὸ] corr. ex τῷ E²   γινόμενον Ab:
γενόμενον DE   14 ἀλλ' εἰ γενητὸν b: ἀγέννητον A: εἰ γενητὸν DE   15 τὸ
om. A   17 η'] 546 a   18 οὕτω] seq. ras. 1 litt. E   ξυστᾶσαν c
γιγνομένῳ DE: γενομένῳ c   18. 19 φθορά ἐστι παντί D   19 οὐδ' c   μένει DE
20 φθαρτῷ A   20. 21 γενητὸν κατὰ χρόνον] γενητὸν E: κατὰ χρόνον γενητὸν E²c
21 γενητὸν (pr.) om. DE: corr. E²   22 φθαρτὸν (pr.)] post ras. 1 litt. E   23 χρόνον]
χρόνον ὃν DE: corr. E²   γενητὸν αὐτὸν Ec   24 λέγειν D   φθαρτὸν Ab: ἄφθαρ-
τον DEc   ἄφθαρτον Ab: φθαρτὸν DEc   27 γεγονότι] corr. ex λέγων ὅτι E²
29 τῷ] corr. ex τὸ E²

λουθεῖν. καὶ τὸ ἐφεξῆς δὲ ῥηθὲν οὐδὲν ἔλαττον θαυμάζω, ὅτι τὸν θεὸν 135ᵇ
ὁ Πλάτων αἰτιᾶται τῆς ἀφθαρσίας συνειδώς, ὅτι γενητὸς ὢν καὶ φθαρτός
ἐστι τῇ αὐτοῦ φύσει· "εἰ γὰρ ἦν, φησίν, ἀγένητος, ἐν ἑαυτῷ τὴν αἰτίαν
καὶ τὴν ἀρχὴν εἶχε τῆς ἀφθαρσίας". πῶς γὰρ οὐκ ἐννοεῖ, ὅτι καὶ ἀγέ-
νητον λέγων τὸν οὐρανὸν Ἀριστοτέλης ὅμως πεπερασμένην αὐτὸν δύναμιν
ἔχειν φησὶ τῇ ἑαυτοῦ φύσει, καὶ τῆς ἀϊδίου κινήσεως, ταὐτὸν δὲ εἰπεῖν
καὶ τῆς ἀϊδιότητος, εἰς τὸν θεὸν καὶ οὗτος τὴν αἰτίαν ἀνέπεμψεν; ἀλλὰ
καὶ τὸ κατηγορεῖν, φησί, τοῦ κόσμου τὸ 'ἔστι' σημεῖον τοῦ μὴ οὕτως
αὐτὸν λέγειν γεγονέναι ὡς ἐν τῷ γίνεσθαι τὸ εἶναι ἔχειν. ὅτι δέ, εἴ που
τὸ ἔστι κατηγορεῖ τοῦ κόσμου, διὰ τὴν συνήθειαν τοῦτο ποιεῖ, ὥσπερ καὶ
τὴν ἡμέραν καὶ τὸν αἰῶνα εἶναι λέγομεν, δῆλον. ἐξ ὧν αὐτὸς ἀκριβολο-
γούμενος γέγραφε· "καὶ τό τε ἦν καὶ ἔσται χρόνου γεγονότα εἴδη. ἃ δὴ
φέροντες λανθάνομεν ἐπὶ τὴν ἀΐδιον οὐσίαν, οὐκ ὀρθῶς· λέγομεν γὰρ δή,
ὡς ἦν, ἔστι τε καὶ ἔσται, τῇ δὲ τὸ ἔστι μόνον κατὰ τὸν ἀληθῆ λόγον
προσήκει, τὸ δὲ ἦν τό τε ἔσται περὶ τὴν ἐν χρόνῳ γένεσιν ἰοῦσαν πρέπει
λέγεσθαι". ἀΐδιον δὲ οὐσίαν ὅτι τὴν νοητὴν καὶ ὄντως οὖσαν καλεῖ, πρό-
δηλον καὶ ἐξ ὧν περὶ τοῦ παραδείγματος εἶπε "καθάπερ οὖν αὐτὸ τυγχά-
νει ζῷον ἀΐδιον ὄν".

Ταῦτα πρὸς τὸν Ἀλέξανδρον εἶχον λέγειν αἰδούμενος μὲν τὸν ἄνδρα
καὶ χάριτας ὀφείλων αὐτῷ, νομίζων δὲ καὶ αὐτῷ φίλον εἶναι τὸ τὴν ἀλή-
θειαν προτιμᾶν. ὁ δὲ Ἀριστοτέλης, ὡς εἶπον, καὶ τὸ φαινόμενον ἐν τοῖς
λόγοις, εἰ διαφωνεῖ πρὸς τὴν ἀλήθειαν, ἐλέγχειν προθέμενος πρὸς τοὺς γε-
νητὸν ὡς ἀπὸ χρόνου καὶ ἄφθαρτον λέγοντας τὸν κόσμον ὑπαντᾷ πρῶτον
ἐκ τῆς ἐπαγωγῆς· "πάντα γάρ, φησί, τὰ γινόμενα καὶ φθειρόμενα φαίνε-
ται". καίτοι, εἰ χρή ποτε χωρὶς αἰτίας καὶ ἀποδείξεως τιθέναι τι, μόνα
ἐκεῖνα θετέον, ὅσα ἐπὶ πολλῶν ἢ πάντων ὁρῶμεν ὑπάρχοντα, περὶ δὲ τὸ
νῦν ζητούμενον τὸ ἐναντίον τούτου συμβαίνει, εἴπερ πάντα τὰ ἀπ' ἀρχῆς
χρόνου γινόμενα καὶ φθειρόμενα φαίνεται.

p. 279ᵇ21   Ἔτι δὲ τὸ μὴ ἔχον ἀρχὴν τοῦ ὡδὶ ἔχειν ἕως τοῦ οὔτε
                    εἰ δυνατὸν ἄλλως ἔχειν.

Δείξας ἐκ τῆς ἐπαγωγῆς, ὅτι τὸ ἀπ' ἀρχῆς χρόνου γεγονὸς ἀδύνατον
ἄφθαρτον εἶναι, τὸ αὐτὸ καὶ δι' ἄλλης ἐφόδου δείκνυσιν. ὑπαντᾷ δὲ πρὸς
ὑπόθεσιν τὴν λέγουσαν ἔκ τινων γεγονέναι τὸν κόσμον, ἃ πρότερον ἄλλην
ἔχοντα διάθεσιν μετέβαλεν εἰς τόνδε τὸν κόσμον, καὶ προλαμβάνει τῆς
ἀποδείξεως ἀξίωμα τὸ λέγον, ὅτι τὸ μὴ ἔχον ἀρχὴν καὶ δύναμιν τοῦ με-

---

2 ἀφθασίας A   3 αὑτοῦ E²: αὐτοῦ ADE   4 ἀφθασίας A   5 ὁ Ἀριστοτέλης A
7 ἀνέπεμψε Ac   10 τοῦ] τὸ τοῦ E: corr. E²   12 γέγραφε] Tim. 37 e   13 λαμ-
βάνομεν L   δὴ om. D   14 ἔστι (pr.)] seq. ras. 1 litt. E   post μόνον del. οὐ E²
15 τὴν] corr. ex τῆς E²   17 εἶπε] Tim. 37 d   23 λέγειν comp. A   25 τι
om. D   27 ἐναντίον E²: lac. E   τούτῳ D   29 οὔτ' Ec   32 ἄφθατον D
δείκνυσι E: corr. E²   πρὸς] πρὸς τὴν Ec

ταβάλλειν εἴς τι, ὥστε δυνάμει εἶναι τοῦτο, εἰς ὃ μεταβάλλει, ἀλλ' οὕτως 135ᵇ
ἔχον ὡς ἀδύνατον ἄλλως | ἔχειν τὸν ἅπαντα αἰῶνα, τοῦτο ἀδύνατον με- 136ᵃ
ταβάλλειν· εἰ γὰρ μεταβάλλοι, πάντως ἐνυπάρχει τις αὐτῷ δύναμις, δι' ἣν
δύναται καὶ ἄλλως ἔχειν· ἐν πᾶσι γὰρ τοῖς μεταβάλλουσιν ἡ δύναμις ἤτοι
5 τὸ δυνάμει πρὸ τοῦ ἐνεργείᾳ ἐστί. τοῦτο προλαβὼν χρῆται αὐτῷ ἐπὶ τοῦ 5
κόσμου. εἰ γὰρ ἀπ' ἀρχῆς τινος χρόνου ἐγένετο καὶ συνέστη ὁ κόσμος
ἔκ τινων, οἷον φέρε τῶν στοιχείων, ἄλλως πρότερον ἐχόντων, εἰ μὲν ἀεὶ
οὕτως ἐχόντων, ὡς εἶχον πρότερον, καὶ ἀδυνάτων ἄλλως ἔχειν, οὐκ ἂν
ἐγένετο ἐξ αὐτῶν ὁ κόσμος μὴ μεταβαλλόντων ἐκείνων ἀπὸ τῆς προτέρας 10
10 ἑαυτῶν ἕξεως· εἰ δὲ γέγονεν ὁ κόσμος, ὥσπερ ἡ ὑπόθεσις ἔχει, καὶ τὸ
ἀντικείμενον τῷ ἡγουμένῳ ἀληθές, ὅτι ἀνάγκη καὶ τὰ ἐξ ὧν ἐστι δυνατὰ
εἶναι ἄλλως ἔχειν καὶ μὴ ἀεὶ οὕτως ἔχειν, ὡς ἐξ ἀρχῆς εἶχεν, ὥστε δια-
λελυμένα πρότερον συστήσεται. εἰ δὲ ταῦτά ἐστι τὰ συστάντα, ἅπερ δια- 15
λελυμένα κατ' ἐνέργειαν ἦν, καὶ δύναμιν εἶχε τοῦ μὴ ἀεὶ ὁμοίως ἔχειν,
15 δῆλον, ὅτι καὶ μετὰ τὴν σύστασιν οὐκ ἀπώλεσε τὸ πεφυκέναι καὶ διαλελυ-
μένα ὑφεστάναι καὶ τὴν δύναμιν ἔχειν τοῦ μὴ ἀεὶ ὁμοίως διακεῖσθαι,
ὥστε καὶ συνεστῶτα διαλυθήσεται, καὶ οὐκ ἔσται ἄφθαρτος ὁ κόσμος, 20
εἴπερ γενητὸς ὑπετέθη, ἀλλὰ διαλυθήσεται εἰς ἐκεῖνα, ἐξ ὧν συνέστη, καὶ
οὐχ ἅπαξ τοῦτο μόνον οὐδὲ δίς· διὰ τί γάρ, εἴπερ ἐξ ὧν ἔστιν ἀγένητα
20 ὑπόκειται, πάντως δέ, ὅτι καὶ ἄφθαρτα; ἀλλὰ ἀπειράκις ἢ οὕτως ἔσχεν ἢ
δυνατὸν ἦν ἄλλως ἔχειν. εἰ δὲ τοῦτο, οὐκ ἂν εἴη ἄφθαρτος· οὐδὲ γὰρ τὸ 25
μεταβάλλον καὶ γενόμενον ἐκ τῶν ἄλλως ἐχόντων ποτὲ οἷόν τε ἄφθαρτον
εἶναι τῷ μένειν ἐν ἐκείνοις, ἐξ ὧν ἐγένετό τε καὶ ἔστι, τὴν δύναμιν τοῦ
οὕτως ἔχειν, ὡς εἶχε καὶ πρὸ τοῦ γενέσθαι· οὐ γὰρ σὺν τῷ ἀποβάλλειν
25 τὸ κατ' ἐνέργειαν ἐκείνως ἔχειν ἀποβέβληκε καὶ τὴν δύναμιν τοῦ οὕτως 30
ἔχειν, ὡς πρόσθεν εἶχεν. ὥστε τὴν ὅλην ἀγωγὴν τοῦ λόγου τοιαύτην
εἶναι· εἰ γενητός ἐστιν ἀπὸ χρόνου ὁ κόσμος, τὰ ἐξ ὧν συνίσταται μετα-
βλητὴν ἔχει φύσιν· οὐ γὰρ ἂν μετέβαλεν εἰς αὐτόν· εἰ δὲ τοῦτο, οὐκ ἂν
εἴη ἄφθαρτος· ἀνακάμπτει γὰρ εἰς ἐκεῖνα πάλιν. εἰ δὲ ἄφθαρτος ὁ κό-
30 σμος, οὐκ ἐξ ἄλλως ἐχόντων πρότερον συνίσταται· εἰ δὲ τοῦτο, οὐκ ἂν 35
εἴη γενητός· ὥστε ἀδύνατον ἅμα γενητὸν ἀπὸ χρόνου καὶ ἄφθαρτον εἶναι.

Δύναται, φησίν Ἀλέξανδρος, τὸ οὔτε εἰ ἄλλως ἔσχε ποτὲ οὔτε
εἰ δυνατὸν ἄλλως ἔχειν εἰρηκέναι τὸ μὲν ὡς ἴσον τῷ οὔτε εἰ γενό-

---

2 ἀδύνατον AE²b: οὐ δυνατὸν CD: δυνατὸν E   3 μεταβάλλει CE: corr. E¹
ἐνυπάρχειν E: corr. E²   αὐτὸ E   5 ἐστί] seq. ras. 1 litt. E   7 ἀλλ' ὡς E:
corr. E²   8 ἀδυνάτως in ras. E²   9 ὁ κόσμος ἐξ αὐτῶν A   11 δυνατῶν D
'2 ὡς] ὡς καὶ A   15 ἀπώλεσεν E, sed corr.   16 ἀεί] δεῖν A   17 ἔστιν
Ec   19 διὰ τί γάρ, εἴπερ] εἰ γὰρ c(b)   ἐξ] τὰ ἐξ Dc   20 δέ] δῆλον c
21 ἦν Ab: om. DEc   οὐδὲ scripsi: οὔτε ADEc   23 τῷ] corr. ex τὸ E²
ἐστί] ἔχει E²c   24 εἶχεν E: corr. E²   ἀποβαλεῖν A   27. 28 μεταβλητὸν
Dc   28 μεταβα̅ A   29 εἰς A: om. DEbc   32 δύναται] δύναται δέ E²c
τὸ om. c   εἰ add. E²   ἔσχε ADE (ut Arist. codd. LM): εἶχε Arist. vulg.
οὔτε (alt.) add. E²

μενον πρότερον ἐφθάρη, τὸ δὲ τῷ οὔτε εἰ μὴ ἐφθάρη μὲν ἤδη πρότερον, 136ᵃ δύναμιν δὲ ἔχει τοῦ φθαρῆναι τῷ τὰ ἐξ ὧν γέγονεν εἶναι τῆς φύσεως 40 ταύτης.

"Ἔστι δέ, φησὶν Ἀλέξανδρος, καὶ οὕτως εἰς τὸ προκείμενον ἐπιχειρῆ-
5 σαι. εἰ τὸ ἀίδιον ἀδύνατον ἄλλως ἔχειν, τὸ δυνατὸν ἄλλως ἔχειν οὐκ ἀίδιον· τὰ δὲ ἐν τῷ κόσμῳ δυνατὸν ἄλλως ἔχειν, εἴπερ ἐκ προηγησα- 45 μένης δυνάμεως γέγονε τῶν δυναμένων καὶ ἄλλως ἔχειν. ἔτι | τὰ ἐξ 136ᵇ ὧν γέγονεν ὁ κόσμος, εἰ γέγονεν ὅλως, ἢ ἀίδια ἦν ἢ οὐκ ἀίδια· ἀλλ' εἰ μὲν ἀίδια καὶ ἀεὶ ὡσαύτως ἔχοντα, οὐκ ἐδύνατο μεταβάλλειν, ὥστε οὐκ
10 ἂν ὁ κόσμος ἐξ αὐτῶν ἐγένετο μὴ πρότερον ὢν ἐξ αὐτῶν· εἰ δὲ μὴ ἀίδια, καὶ αὐτὰ ἐκ μεταβολῆς τινων γέγονεν· εἰ δὲ τοῦτο, οἷά τέ ἐστι με- 5 ταβάλλειν πάλιν εἰς ἐκεῖνα, ἐξ ὧν γέγονεν· ἐξ ἐναντίων γὰρ καὶ εἰς ἐναντία αἱ μεταβολαί· εἰ οὖν φθαρτὰ τὰ ἐξ ὧν ὁ κόσμος, φθαρτὸς ἂν εἴη καὶ αὐτός."
15 Ταῦτα, ὡς εἶπον, συνήχθη πρὸς τοὺς λέγοντας ἐκ προϋπαρχόντων τινῶν ἀπ' ἀρχῆς τινος χρόνου γεγονέναι τὸν κόσμον, ὡς ἐδόκει λέγειν ὁ 10 Πλάτων ἐκ τῶν πλημμελῶς διακειμένων πρότερον στοιχείων οὔτε κατὰ χρόνον προϋπάρχειν τὸ πλημμελὲς λέγων, εἴπερ τὸν χρόνον μετ' οὐρανοῦ γεγονέναι φησίν, οὔτε καθ' αὑτὸ νομίζων αὐτό ποτε ὑποστῆναι, ἀλλ',
20 ὥσπερ ἐν τῷ Πολιτικῷ ἤδη ὄντος τοῦ κόσμου ἀποστήσας αὐτοῦ τῷ λόγῳ 15 τὸν δημιουργὸν εἰς ἀταξίαν αὐτὸν ὑποφερόμενον ἐθεάσατο, οὕτως καὶ πρὸ τοῦ τὴν δημιουργικὴν ἐλλάμψαι τάξιν ὁποία τις ἦν ἡ σωματικὴ φύσις, καθ' ὑπόθεσίν τις βουλόμενος μαθεῖν ἄτακτον ἂν αὐτὴν καὶ πλημμελῆ ἐθεάσατο. εἰ δέ τις, ὡς οἱ καθ' ἡμᾶς βούλονται σοφοί, μὴ προϋπάρχειν 20
25 λέγων τὰ ἐξ ὧν ὁ κόσμος συνέστηκε γενητὸν ὅμως αὐτὸν ὑπόθοιτο κατὰ χρόνον, οὐκ ἔχει λέγειν αἰτίαν, δι' ἣν τότε γέγονεν, ἀλλὰ μὴ πρότερον ἢ ὕστερον· τὰ μὲν γὰρ ἐκ μεταβολῆς γινόμενα καὶ αὐτὰ πάλιν εἰς ἄλλα μεταβάλλοντα αἴτιον ἔχει τὸν εἱρμὸν τῶν τε προηγησαμένων καὶ ἑπομένων 25 τοῦ τότε γενέσθαι, τὰ δὲ ἐκ τοῦ μὴ ὄντος ἀδύνατον ἔχειν τὴν τῆς αἰτίας
30 ἀπόδοσιν.

p. 279ᵇ 32   "Ἣν δέ τινες βοήθειαν ἐπιχειροῦσι φέρειν ἕως τοῦ ἐν 30 δὲ τοῖς διαγράμμασιν οὐδὲν τῷ χρόνῳ κεχώρισται."

Δοκεῖ μὲν πρὸς Ξενοκράτην μάλιστα καὶ τοὺς Πλατωνικοὺς ὁ λόγος τείνειν, διότι ἐξ ἀτάκτου καὶ πλημμελοῦς γεγονέναι τὸν κόσμον φασί, τοῦ 35

---
1 εἰ om. E   ἐφθάρει E, sed corr.   2 φθαρεῖναι E, sed corr.   deinde add.
τῷ mg. E²   γέγονεν] seq. ras. 8 litt. E   9 καὶ ἀεὶ] bis A   ὥστ' D
11. 12 μεταβαλεῖν A   20 Πολιτικῷ] 272 e sq.   22 τὴν om. c   ὁποῖον
E: corr. E²   24 ἀντίρρησις πρὸς δόξαν χριστιανικὴν τὴν ἤρχθαι ἐξ οὐκ ὄντων τὸ πᾶν
λέγουσαν mg. A²: δοκεῖ τοὺς χριστιανοὺς λέγειν mg. K²   25 λέγων Ab: λέγειν DE
αὐτὸν ὅμως A   27 γινόμενα] sic E   29 τοῦ τότε E²: τοῦτό τε ADE   ἔχειν]
comp. A, mut. in ἔχει   31 ἐπιχειροῦσιν ἐπιφέρειν (ut Arist. codd. FH) Ec
33 Ξενοκράτη E, sed corr.   μάλιστα om. D

Πλάτωνος εἰπόντος· παραλαβὼν γὰρ ὁ θεὸς πᾶν, ὅσον ἦν ὁρατόν, "οὐχ 136ᵇ
ἡσυχίαν ἄγον, ἀλλὰ κινούμενον πλημμελῶς καὶ ἀτάκτως, εἰς τάξιν αὐτὸ
ἤγαγεν ἐκ τῆς ἀταξίας". οὗτοι οὖν γενητὸν καὶ ἄφθαρτον λέγοντες τὸν
κόσμον τὴν γένεσιν οὐχ ὡς ἀπὸ χρόνου φασὶ δεῖν ἀκούειν, ἀλλ' ἐξ ὑποθέ- 40
5 σεως εἰρημένην διδασκαλίας χάριν τῆς τάξεως τῶν ἐν αὐτῷ προτέρων τε
καὶ συνθετωτέρων. ἐπειδὴ γὰρ τῶν ἐν τῷ κόσμῳ τὰ μὲν στοιχεῖά ἐστι,
τὰ δὲ ἐκ τῶν στοιχείων, οὐκ ἦν ῥᾴδιον γνῶναι τὴν τούτων διαφορὰν, καὶ
ὅπως ἐκ τῶν ἁπλουστέρων γίνεται τὰ σύνθετα, τὸν μὴ ἀναλύσαντα τῇ ἐπι- 45
νοίᾳ τὰ σύνθετα εἰς τὰ ἁπλᾶ καὶ σκοποῦντα, πῶς, εἰ τὰ ἁπλᾶ καθ' αὑτὰ
10 ἦν, ἐξ ἀρχῆς ἀπ' αὐτῶν ἂν ἐγεγόνει τὰ σύνθετα, ὥσπερ ἐπὶ τῶν δια- 137ᵃ
γραμμάτων οἱ μαθηματικοὶ τὴν φύσιν αὐτῶν ζητοῦντες τὰ σύνθετα εἰς τὰ
ἁπλᾶ ἀναλύουσι, καὶ ὅπως ἐξ ἐκείνων ἐγένετο ἄν, εἴπερ ἐξ ἀρχῆς ἐγίνετο,
σκοποῦσιν, οἷον ὅτι τὸ τρίγωνον ἐκ τριῶν εὐθειῶν κατὰ γωνίας συντιθεμέ- 5
νων, ὁ δὲ κύβος ἐκ τετραγώνων ἓξ κατὰ γωνίας καὶ γραμμὰς ἀλλ' οὐχὶ
15 κατὰ τὰ ἐπίπεδα συντιθεμένων. μήποτε δὲ καὶ τοῖς ἄλλοις φυσικοῖς τοῖς
γενητὸν καὶ ἄφθαρτον δοκοῦσι λέγειν τὸν κόσμον, ὅσοι ἐξ ἑνὸς ἢ δυεῖν ἢ
τεσσάρων στοιχείων προϋπαρχόντων αὐτὸν λέγουσι γεγονέναι, προσήκει τὴν 10
γένεσιν οὕτως ἐξηγεῖσθαι, ὡς εἴρηται. καὶ γὰρ οἱ λέγοντες ὕδωρ ἢ ἀέρα
ἢ πῦρ ἢ τὰ τέσσαρα τὴν ἀρχὴν τὰ νῦν φαινόμενα σύνθετα ἀναλύσαντες
20 ὡς ἁπλούστατα ταῦτα προϋποτίθενται καὶ ὅπως ἐξ αὐτῶν γίνεται τὰ σύν-
θετα σκοποῦντες, εἰ καὶ ἐξ ἀρχῆς τινος χρονικῆς ὁ κόσμος ἐγίνετο, οὕτως 15
ἂν γίνεσθαί φασιν. ὁ δὲ Ἀριστοτέλης οὔ φησι καλῶς αὐτοὺς ἐξηγεῖσθαι
τὸ γενητόν· οὐδὲ γὰρ τὸ ἀπὸ τῶν μαθημάτων παράδειγμα προσήκειν αὐ-
τοῖς. ὁ μὲν γὰρ μαθηματικὸς εἰς τὰ ἐνυπάρχοντα καὶ ἀεὶ συνόντα τοῖς
25 διαγράμμασιν ἀναλύει, τὸ τρίγωνον εἰς τρεῖς εὐθείας καὶ τὸν κύβον εἰς ἓξ 20
τετράγωνα, ἅπερ ἀεὶ συνυπάρχει αὐτοῖς οὐ δεόμενα μεταβολῆς τινος πρὸς
τὸ ἐξ αὐτῶν γενέσθαι τὸ σύνθετον, ἀλλ' οὐδὲ ὡς προϋπάρχοντα ταῦτα
λαμβάνειν ἀνάγκη· ἔνθα δέ, φησί, τὰ λαμβανόμενα εἰς γένεσίν τινος ἀδύ-
νατον ἅμα ὄντα ἐκείνῳ σώζειν τὴν ἀπόδοσιν τῆς γενέσεως, ἀλλὰ τὰ μὲν 25
30 πρότερα, τὰ δὲ ὕστερά ἐστι καὶ ὑπεναντίως ἔχοντα πρὸς ἄλληλα, οὐκέτι
σώζει τὴν ἐξ ὑποθέσεως γένεσιν, ὡς ἐπὶ τῶν διαγραμμάτων. οὗτοι δὲ ἐξ
ἀτάκτων τεταγμένα λέγουσι γενέσθαι, ἅμα δὲ τὸ αὐτὸ ἄτακτον εἶναι καὶ
τεταγμένον ἀδύνατον· ὥστε ἀνάγκη γένεσιν τῷ ὄντι εἶναι καὶ χρόνον, ὥστε 30

---

1 εἰπόντος] Tim. 30 a   2 ἄγον] corr. ex ἄγων A   2. 3 ἐκ τῆς ἀταξίας εἰς τάξιν
αὐτὸ ἤγαγεν D   4 φασί] φησί comp. A   5 τε om. A   7 τούτων E: corr. E²
8 τὸν—σύνθετα (9) om. E: τὸν μὴ ἐπινοίᾳ ἀναλύοντα τὰ σύνθετα E²c   τὸν Ab: om.
CD   9 σκοποῦντα, πῶς] σιωποῦντα, E: λέγοντα E²: ζητοῦντα πῶς c   εἰ τά] corr.
ex εἶτα E²   10 ἀπ' αὐτῶν] suprascr. C¹: ἁπάντων A   12 ἀναλύουσι] seq. ras. 1
litt. E   ἐγίνετο ACD: ἐγένετο Ec   14 οὐχί] οὐ C: οὐχ ὡς D   15 τὰ om. CD
ἐπίπεδον CD   16 δυεῖν DE   21 εἰ καὶ D: καὶ AE: καὶ εἰ E²c: et si b
χρονικοῦ A   ἐγένετο c   23 τὸ γενητὸν D: τὸ γεννητὸν A: τὸ νητὸν E: τὸ ῥητὸν
E²: τὴν γένεσιν postea E²,c   26 συνυπάρχει D: corr. ex συνυπάρχειν E²: συνυπάρ-
χουσιν A   28 ἔνθα] ἐνθάδε E²c   29 ἀπόδωσιν E: corr. E²   30 ἄλληλα Ab:
ἄλληλα ὄντα DE   33 εἶναι τῷ ὄντι D   καὶ] κατὰ c

τὰ μὲν προϋπάρχειν τῷ χρόνῳ, τὰ δὲ μετ' ἐκεῖνα ἐπισυνίστασθαι. ἐν δὲ 137ᵃ τοῖς διαγράμμασιν οὐ προϋπάρχουσι τῷ χρόνῳ αἱ τρεῖς εὐθεῖαι τοῦ τριγώνου. ὥσπερ οὖν οὐκ ἄν τις εἴποι καθ' ὑπόθεσιν προϋπάρχειν τὴν μῖξιν τῆς κυήσεως καὶ τὴν κύησιν τῆς ἀποτέξεως οὐδὲ τοὺς λίθους καὶ τὰ ξύλα 35
5 τῆς οἰκίας, ἀλλὰ τῷ ὄντι προϋπάρχει, καὶ διὰ τοῦτο οὐκ ἄν τις ἐξ ὑποθέσεως λέγοι τὴν τοιαύτην γένεσιν, ἀλλὰ γένεσιν ὄντως καὶ χρόνον διορίζοντα τὰ προϋπάρχοντα καὶ τὰ ὕστερον ἐπιγινόμενα, οὕτως ἡ τοῦ κόσμου 40 γένεσις οὐκ ἂν ἐξ ὑποθέσεως εἴη, εἰ προϋπάρχοι τοῦ κόσμου τὸ ἄτακτον καὶ μὴ δύναται συνυπάρχειν αὐτῷ, ἀλλ' ἀνάγκη τῆς ἀταξίας ἀναιρεθείσης
10 ἐπιγενέσθαι τὴν τάξιν. ἐπὶ δὲ τῶν μαθημάτων, κἂν ἀδύνατον τὸ γένεσιν εἶναι σχημάτων, ἀλλὰ διὰ τὸ συνυπάρχειν ἀεὶ τὰ ἁπλᾶ τοῖς συνθέτοις πρὸς ὑπόθεσιν οὐκ ἔστιν ἀδύνατον ἡ γένεσις. καί μοι θαυμάζειν ἔπεισι 45 τὴν τοῦ Ἀριστοτέλους ἀγχίνοιαν μηδὲ | τὰς τοιαύτας τῶν πραγμάτων 137ᵇ διαφορὰς ἀνεπιστάτους καταλιμπάνουσαν· πλὴν ὁ Πλάτων ὁρισάμενος, τί
15 λέγει τὸ γινόμενον, ὅτι τὸ ἐν τῷ γίνεσθαι καὶ ἀπόλλυσθαι τὸ εἶναι ἔχον, ὄντως δὲ οὐδέποτε ὄν, καὶ τοῦτο τῷ κόσμῳ λέγων ὑπάρχειν διὰ τὴν σω- 5 ματικὴν φύσιν, οὐ δεῖται τῆς εἰρημένης βοηθείας πρὸς τὸ γενητὸν αὐτὸν καὶ ἄφθαρτον λέγειν. οἱ γὰρ ταύτης δεόμενοι ἐξ ὑποθέσεως μέν, ὡς ἀπὸ χρόνου δέ τινος, τὴν γένεσιν ὑποτίθενται, αὐτὸς δὲ ἄλλο γενέσεως εἶδος
20 ἐνεῖδε τῷ κόσμῳ, ᾧ τὸ ἄφθαρτον οὐ κωλύεται συνυπάρχειν. ἐπειδὴ δὲ 10 καὶ Πλάτων καὶ Ἐμπεδοκλῆς καὶ Ἀναξαγόρας καὶ οἱ ἄλλοι φυσικοὶ τὴν τῶν συνθέτων ἀπὸ τῶν ἁπλῶν γένεσιν κατὰ τὸν ἐξ ὑποθέσεως τοῦτον τρόπον φαίνονται παραδιδόντες ἀπὸ τῶν νῦν ὁρωμένων τὴν ἀνάλυσιν ποιούμενοι τὴν ἐπὶ τὰ ἁπλᾶ καὶ τὴν ἐκ τῶν ἁπλῶν σύνθεσιν ἐξιστοροῦντες, ὡσεὶ 15
25 καὶ προϋπῆρχον τῷ χρόνῳ τὰ ἐξ ὧν γίνεται τὰ γινόμενα, ῥητέον, οἶμαι, πρὸς τὴν Ἀριστοτέλους ἔνστασιν, ὅτι ἡ μὲν διαφορὰ καλῶς ἀποδέδοται τῶν τε δυναμένων ἐξ ὑποθέσεως μόνης λαμβάνεσθαι καὶ τῶν μὴ δυναμένων, ὅτι, ἐν οἷς μὲν συνυπάρχει ἀεὶ τὰ ἐξ ὧν ἡ γένεσις λέγεται, ἐν τούτοις κἂν 20 ἀεί ἐστι δυνατὸν ἐξ ὑποθέσεως λαμβάνειν τὴν τῶν ἁπλουστέρων προΰπαρξιν
30 καὶ τὴν χρονικὴν γένεσιν, ἐν οἷς δὲ μὴ δύναται συνυπάρχειν τὰ ἐξ ὧν ἡ γένεσις τοῖς γινομένοις, ἀλλὰ καὶ ἐναντίως ἔχει πρὸς αὐτά, ἐν τούτοις τῷ χρόνῳ προϋπάρχειν ἀνάγκη τὰ ἐξ ὧν ἡ γένεσις. καί ἐστι γένεσις ὄντως 25 αὕτη κατὰ χρόνον, ἀλλ' οὐκ ἐξ ὑποθέσεως γένεσις. ταῦτα μὲν οὖν καλῶς

---

2 προυπάρχει A   4 κύησιν] κίνησιν E   ἀποτάξεως A, sed corr.   5 προϋπάρχειν c   τις] corr. ex τι E²   6 ἀλλὰ γένεσιν ὄντως] ὄντως E: ἀλλὰ γένεσιν φυσικὴν E²c   καὶ] κατὰ c   7 ὕστερα A   8 προυπαρχ́ A   11 ἀλλὰ om. Ec   12 πρός] ἀλλὰ πρός c   ἀδύνατος E²c   14 ἀνεπιστάτως A   ὁρισάμενος] Tim. 28 a—b   15 λέγει] λ corr. ex γ E¹   16 ὄντος E: corr. E²   17 οὐ δεῖται AE²: οὐ δεῖ E: om. D   20 τῷ κόσμῳ AE²b: τὸν κόσμον DE   21 καὶ οἱ] οἱ E: corr. E²   23 νῦν om. c   ἀνάλυσιν DEb: ἀναχώρησιν A   24 ἐξιστοροῦντες E, sed corr.   25 προυπῆρχεν A   26 τε om. c   27 δυναμένων (pr.)] δυνάμεων E: corr. E²   28 συνυπάρχειν E   κἂν] utique b: καὶ c   31 γινομένοις] sic E   ἔχει Ab: ἔχειν DE   32 ἐστι] seq. ras. 1 litt. E   33 αὕτη A

εἰρῆσθαι νομιστέον. μήποτε δὲ καὶ αἱ τῶν φυσικῶν ἀρχαί, οἷον τὸ ὕδωρ 137b
ἢ ὁ ἀὴρ ἢ τὰ τέσσαρα στοιχεῖα, ἐνυπάρχουσιν ἀεὶ τοῖς ἐξ αὐτῶν συν-
τιθεμένοις; ὁ γοῦν Ἐμπεδοκλῆς, οὐδὲν ἄλλο, φησίν, ἡ γένεσίς ἐστι καὶ 30
ἡ φθορά,

5 ἀλλὰ μόνον μῖξίς τε διάλλαξίς τε μιγέντων.
καὶ οἱ ἄλλοι δὲ φυσικοὶ οὐχὶ φθαρέντος τοῦ ὕδατος ἢ τοῦ ἀέρος ἢ τοῦ
μεταξὺ γενέσθαι τὸν κόσμον φασίν, ἀλλ' ἐνυπαρχόντων τῶν ἁπλῶν ἐξ
αὐτῶν γίνεσθαι τὰ σύνθετα καὶ εἰς αὐτὰ ἀναλύεσθαι, ὥσπερ καὶ Ἀριστο- 35
τέλης αὐτὸς ἐν τῷ κόσμῳ τὰ τέσσαρα στοιχεῖα θεωρῶν καὶ πρὸ τούτων
10 τὸ ἄποιον σῶμα καὶ τὰς ποιότητας καὶ ἔτι πρότερον τὴν ὕλην καὶ τὸ εἶδος
καὶ ἀεὶ τὰ συνθετώτερα ἐκ τῶν προσεχῶς ἁπλουστέρων γίνεσθαι λέγων
οὐδὲν ἄν, οἶμαι, διεκωλύθη ἐξ ὑποθέσεως τὴν ἀπὸ χρόνου γένεσιν παρα-
λαβεῖν· οὐ γὰρ ἂν αὐτὸν διεκώλυσεν ἡ τῶν στοιχείων ἀλλοίωσις καὶ μετα- 40
βολὴ ἀεὶ πάντων ὄντων ἐν τῷ κόσμῳ λέγειν, ὥσπερ καὶ λέγει, ὅτι τὸ
15 ἄποιον σῶμα δεξάμενον τὰς ποιότητας ἐποίησε τὰ τέσσαρα στοιχεῖα, ταῦτα
δὲ συντεθέντα ἐποίησε τὰ ζῷα καὶ τὰ φυτά. ἀλλ' ὁ Πλάτων, φαίη ἄν,
ἐξ ἀταξίας λέγει γεγονέναι τὸν κόσμον, ἀταξίαν δὲ τῇ τάξει συνυπάρχειν 45
ἀδύνατον· ὥστε ἐξ ὑποθέσεως προϋπάρ|χουσαν αὐτὴν ληφθῆναι. ἀλλ' 138a
οὐχ ὡς προϋπαρξάσης κατὰ χρόνον ἐκείνης καὶ φθαρείσης, ἀλλ' ὡς ἐνυπ-
20 αρχούσης μὲν ἀεὶ τῇ τῆς ὕλης φύσει κατὰ τὴν ἐν αὐτῇ τῶν εἰδῶν τῶν
κρατητικῶν αὐτῆς στέρησιν, κοσμουμένης δὲ ὑπὸ τῆς δημιουργικῆς εἰδο-
ποιΐας· καὶ ὥσπερ τὸ ἀνείδεον ἐνυπάρχει τῇ τῆς ὕλης φύσει καὶ κατὰ τὸν 5
Ἀριστοτέλην, κἂν ἀεὶ μετέχῃ τῶν εἰδῶν, οὕτως καὶ ἡ ἀταξία ἡ ὑλικὴ
συνυφέστηκεν αὐτῇ, κἂν ἀεὶ τάξεως μεταλαμβάνῃ κατὰ τὴν δημιουργικὴν
25 εἰδοποιΐαν. ὅτι δὲ ταύτην εἶχε τὴν ἔννοιαν περὶ τῆς ἀταξίας ἐκείνης ὁ
Πλάτων ἀεὶ τῇ ὕλῃ συνούσης, τεκμαίρομαι καὶ ἐκ τῶν ἐν τῷ Πολιτικῷ 10
γεγραμμένων, ἐν οἷς ἀποστήσας τῷ λόγῳ τοῦ κόσμου τὸν δημιουργὸν
ἀτάκτως πάλιν αὐτὸν κινούμενον ἐθεάσατο. λέγει δὲ ἐν ἐκείνοις· "ὁ μὲν
κυβερνήτης, οἷον πηδαλίων οἴακος ἀφέμενος, εἰς τὴν αὐτοῦ περιωπὴν ἀπέ-
30 στη, τὸν δὲ δὴ κόσμον πάλιν ἀνέστρεφεν εἱμαρμένη τε καὶ ξύμφυτος ἐπι- 15
θυμία". εἶτα προελθὼν φησιν· "ὁ δὲ μεταστρεφόμενος καὶ ξυμβάλλων

---

1 νομιστέον] -στ- e corr. E   3 φησίν] vs. 38 Stein   ἐστι] seq. ras. 1 litt. E
5 μιγνέντων A   6 ἢ τοῦ ἀέρος om. A   7 γίνεσθαι c   8 αὐτοῦ D   11 προσε-
χῶς Ab: om. DEc   12 ἂν om. A   γένεσιν] γένν^η A   14 λέγειν] ἀλ^ε A
ὅτι om. D   16 συντεθέντα scripsi: συντιθέντα A: τὰ σύνθετα DEc: composita b
18 προϋπάρχουσαν — pr. ὡς (19) om. D: mg. E²   αὐτὴν om. E²c   18. 19 ἀλλ' οὐχ ὡς] μὴ
ὡς E²c   22 ἀνείδεον D   τῆς ὕλης] ὕλῃ D   23 Ἀριστοτέλη E   μετέχει
E: corr. E²   27 τὸν κόσμον A   δημιουργικὸν A   28 λέγει] Politic. 272 e
29 αὐτοῦ E²: αὐτοῦ ADE   περιοπὴν A   30 πάλιν ἀνέστρεφεν A: ἀνέστρεφεν D:
ἀνέστρεφεν (ν eras.) πάλιν E   τε] πάλιν τε D   σύμφυτος E, sed corr.
31 φησιν] 273 a   καὶ A: om. DEb   ξυμβάλλων E: ξυμβάλων D: ξυμ-
βαλῶν A

ἀρχῆς τε καὶ τελευτῆς ἐναντίαν ὁρμὴν ὁρμῇ, σεισμὸν πολὺν ἐν αὐτῷ 138ᵃ
ποιῶν, ἄλλην αὖ φθορὰν ζῴων παντοίων ἀπειργάσατο". καὶ προελθὼν
πάλιν· "τούτων δὲ αὐτῷ τὸ σωματοειδὲς τῆς συγκράσεως αἴτιον τὸ τῆς ₂₀
πάλαι ποτὲ φύσεως σύντροφον, ὅτι πολλῆς ἦν μέτοχον ἀταξίας πρὶν εἰς
5 τὸν νῦν κόσμον ἀφικέσθαι. παρὰ μὲν γὰρ τοῦ ξυνθέντος πάντα καλὰ κέ-
κτηται, παρὰ δὲ τῆς ἔμπροσθεν ἕξεως, ὅσα χαλεπὰ καὶ ἄδικα ἐν οὐρανῷ
γίνεται, ταῦτα ἐξ ἐκείνης αὐτός τε ἔχει καὶ τοῖς ζῴοις ἐναπεργάζεται". 25
ὥστε ἐνυπαρχούσης τῆς ἀταξίας κατὰ τὸν Πλάτωνα ὥσπερ τῆς στερήσεως
οὐδὲν κωλύει καὶ ἐξ ὑποθέσεως τὴν γένεσιν εἰρῆσθαι τοῦ κόσμου. ὁ μέν-
10 τοι Ἀριστοτέλης τὴν γένεσιν κατὰ χρόνον ὑποθέμενος ὀρθῶς συνεπεράνατο,
ὅτι ἀδύνατον εἶναι καὶ γενέσθαι.

p. 280ᵃ11   Τὸ δὲ ἐναλλὰξ συνιστάναι καὶ διαλύειν ἕως τοῦ ἀλλ' αἱ
διαθέσεις αὐτοῦ.

Μετὰ τὸ ἀντειπεῖν τοῖς γενητὸν μὲν ἄφθαρτον δὲ λέγουσι τὸν κόσμον 35
15 μεταβέβηκεν ἐπὶ τοὺς γενητὸν μὲν καὶ αὐτούς, φθειρόμενον δὲ καὶ πάλιν
γινόμενον ἐναλλὰξ λέγοντας καὶ τοῦτο διηνεκῶς, ὡς Ἐμπεδοκλῆς καὶ Ἡρά-
κλειτος ἐδόκουν λέγειν καὶ ὕστερον τῶν Στωικῶν τινες. τοὺς δὴ τοι-
ούτους φησὶν Ἀριστοτέλης καὶ αὐτοὺς μὴ λέγειν φθαρτὸν τὸν κόσμον, ἀλλ' 40
ἀίδιον μὲν φυλάττειν, ἀλλοίωσιν δὲ αὐτῷ προστιθέναι μόνην τὴν μορφὴν
20 μεταβάλλοντας. εἰ γάρ ἐστι κόσμος ἡ πᾶσα ὕλη εἰδοπεποιημένη τε καὶ
τεταγμένη, καὶ τότε δέ, ὅτε λέγουσιν αὐτὸν ἐφθάρθαι, εἶδος ἔχει, ἀλλὰ τε-
λειότερον, εἰ τύχοι, ἢ ἀτελέστερον, ὁ φθορὰν ταύτην τοῦ κόσμου λέγων 45
τοιοῦτόν τι λέγει, ὥσπερ εἴ τις ἐκ παιδὸς | ἄνδρα γινόμενον καὶ ἐξ ἀν- 138ᵇ
δρὸς παῖδα ὁτὲ μὲν φθείρεσθαι, ὁτὲ δὲ εἶναι οἴοιτο· οὕτως γὰρ ἐν ταῖς
25 μεταβολαῖς καὶ ὁ κόσμος μένει κόσμος ὤν. οὐ γὰρ ἐν τῷ τήνδε τινὰ τὴν
μορφὴν ἀφωρισμένως ἔχειν ἐστὶ κόσμος, ἐπεὶ οὕτω γε καὶ αἱ τῶν στοι- 5
χείων εἰς ἄλληλα μεταβολαὶ καὶ ὑπαλλαγαὶ καὶ αἱ τῶν ὡρῶν διαδοχαὶ
φθοραὶ ἂν εἶεν τοῦ κόσμου· ἀλλ' ὥσπερ, εἰ ἐκ τῆς Σωκράτους φθορᾶς
Πλάτων ἐγίνετο καὶ ἐκ Πλάτωνος πάλιν Σωκράτης, οὐκ ἄν τις ἀνθρώπου
30 ταύτην ἔλεγε γένεσιν καὶ φθορὰν ὡς ἀνθρώπου, ἀλλ' εἰς μορφὰς ἀλλοιο- 10

---

1 τελετῆς D   ὁρμῇ ADEb: ὁρμηθείς E²c   ἐν αὐτῷ] ἐν αὐτῷ A: ἐὰν αὑτῷ DE: ἐν ἑαυτῷ E²c   2 αὖ om. E   3 πάλιν] 273 b   δ' c   αὐτὸ A   ξυγκράσεως Dc   4 ξύντροφον c   μετέχον c   5 νῦν AE²b: om. DE   παρὰ Eb: ἐ
π A: περὶ D   γάρ suprascr. E²   ξυνθέντος AE²b: ξύνθετος E: ξυνθέτου D
5. 6 κέκτηται A: τέκτηται E²: τέτυχται DE: constructa sunt b   6 παρὰ] περὶ D
7 ταῦτα A: om. D: ταῦτ' Ec   αὐτὸς E²b: αὑτῆς A: αὖ D: αὖ seq. lac. 6 litt. E
τε] τ' Ec   12 δ' Ec   συνεστάναι E   16. 17 Ἡράκλητος E, sed corr.   17 δὴ]
δὲ c   21 δέ] δὴ A   ἔχειν CD   22 εἰ τύχοι] ἐν τύχη E: ἂν τύχη E²
ταύτην om. Ec   λέγων] τοιαύτην λέγων K²c   24 μὲν] μὴ A   25 καὶ ὁ D:
καὶ AEc: ὁ C   26 ἔχων A   κόσμος] ὁ κόσμος A   αἱ D: om. AE
30 ἀλλοιώτερος E

20*

τέρας μεταβολήν, καὶ μάλιστα τῶν στοιχείων, ἐξ ὧν ἄμφω συνεστήκασι, τῶν αὐτῶν μενόντων, οὕτως καί, εἰ ἐκ τούτου τοῦ κόσμου γίνοιτο κόσμος ἄλλος ὁ καλούμενος σφαῖρος ἢ, ὡς οἱ νῦν λέγουσίν, ὁ καινός, καὶ ἐξ ἐκείνου πάλιν οὗτος, ἀλλοίωσις ἂν εἴη κόσμου καὶ οὐ γένεσις ἢ φθορά. κἂν γὰρ ἡ Φιλία συνάγουσα τὰ στοιχεῖα τούτου τοῦ κόσμου λυομένου τὸν σφαῖρον ποιῇ, κοσμοποιὸς πάλιν ἐστὶ καὶ ἐκείνη τῶν στοιχείων ἡ συγκριτικὴ τάξις καὶ οὐχ ἡ τυχοῦσα, ὥσπερ καὶ ἡ ὑπὸ τοῦ Νείκους γινομένη διακριτικὴ τάξις οὐχ ἡ τυχοῦσά ἐστιν, ἀλλὰ κοσμοποιὸς καὶ ἀεὶ τῷ εἴδει ἡ αὐτή. μόνως δὲ ἂν ἐφθάρθαι ἐλέγετο ὁ κόσμος, εἰ εἰς ἄτακτα καὶ ἄλλοτε ἄλλως ἔχοντα ἡ μεταβολὴ αὐτῶν ἐγίνετο· εἰ δὲ καὶ κόσμος ἑκάτερος καὶ ἀεὶ τὸ αὐτὸ εἶδος ἔχων ἑκάτερος· ποιεῖ γάρ τι καὶ τοῦτο τὰς τοῦ κόσμου διαφορὰς ἀεὶ τὰς αὐτὰς μένειν· πῶς ἂν εἴη τοῦτο κόσμου φθορά; μάλιστα δέ φησιν ἀκολουθεῖν τὸ ἑκάτερον τῶν κόσμων ἀεὶ τὸ αὐτὸ εἶδος ἔχειν Ἐμπεδοκλεῖ τῷ τὰ αὐτὰ αἴτια ὡρισμένα, εἴπερ ἐναντία, τῆς τε γενέσεως καὶ τῆς φθορᾶς λέγοντι τὸ Νεῖκος καὶ τὴν Φιλίαν. εἰ γὰρ ἀεὶ τὰ αὐτὰ αἴτια καὶ ἡ ὕλη ἡ αὐτή, τὰ τέσσαρα στοιχεῖα ἄφθαρτα ὄντα, καὶ τὴν ὑφ' ἑκατέρου γινομένην τάξιν ἀφωρισμένην ἀνάγκη εἶναι καὶ ἀεὶ τὴν αὐτὴν καὶ οὐκ ἄλλοτε ἄλλην· ὥστε, εἰ κόσμος ἐστὶν ἡ τοῦ συνεχοῦς σώματος τοῦ ὑποκειμένου σύστασις καὶ διακόσμησις, οὐχ ἡ τοιάδε, ἀλλ' ἁπλῶς, δῆλον, ὅτι, τὸ ὅλον συνεχὲς σῶμα κἂν ὁτὲ μὲν οὕτως, ὁτὲ δὲ ἐκείνως διατίθεται καὶ διακεκόσμηται, οὐκ ἂν ὁ κόσμος γίνοιτο καὶ φθείροιτο, ἀλλ' αἱ διαθέσεις αὐτοῦ.

p. 280ᵃ23 Τὸ δὲ ὅλως γενόμενον φθαρῆναι ἕως τοῦ ἔσται καὶ περὶ τούτου δῆλον.

Ἐπὶ τὴν τρίτην μέτεισι δόξαν τῶν γενητὸν τιθεμένων τὸν κόσμον τὴν λέγουσαν φθείρεσθαι μὲν αὐτὸν γενόμενον, οὐ μὴν οὕτως ὡς πάλιν ἀνακάμπτειν, ἀλλ' ὡς ἕκαστον τῶν φθαρτῶν λέγομεν φθείρεσθαι, οἷον τὸν Σωκράτην· οὐδὲ γὰρ Σωκράτης φθαρεὶς πάλιν Σωκράτης γίνεται. τὸ δὲ οὕτως ἔχειν, φησίν, ἑνὸς μὲν τοῦ κόσμου τιθεμένου ἀδύνατόν ἐστιν, | ἀπείρων δὲ προχωρεῖ. καὶ τὴν αἰτίαν γοργῶς ἐπάγει τοῦ ἀδύνατον ἐφ' ἑνὸς οὕτως ἔχειν τοιαύτην τινὰ οὖσαν· ἡ γὰρ ὕλη, φησί, καὶ ὅλως ἡ σύστασις καὶ ἡ φύσις, ἐξ ἧς ἐγένετο ὁ κόσμος, καὶ πρὸ τοῦ τὸν κόσμον γενέσθαι ἦν εἰς τοῦτον μεταβάλλειν δυναμένη, καὶ ἐξ αὐτῆς οὕτως ἐχούσης

---

1 ἄμφω] corr. ex ἀφ' ὧν E²   2 τῶν] τῷ A   οὕτω Dc   3. 4 ἐξ ἐκείνου] corr. ex ἐξελεῖν οὐ E²   4 οὕτως E: corr. E²   κόσμου] τοῦ κόσμου Ec
5 συνεισάγουσα E   6 ποιεῖ Ec   ἐστί] seq. ras. 1 litt. E   7 καὶ (pr.) om. c
ὥσπερ — τυχοῦσα (8) om. c   9 εἰ add. E²   11 εἶδος αὐτὸ D: εἶδος τὸ αὐτὸ C
τι om. c   12 τοῦτο] τοῦ CD   14 Ἐμπεδοκλῆ E: corr. E²   ὡρισμένα εἶναι A   16 post αἴτια add. ὡρισμένα E²c   ἡ (pr.) om. Ec   post αὐτή add. δῆλον ὅτι E²c   τέσσαρα] δ AE²: δὲ DE   23 δ' Ec   γινόμενον A
27. 28 Σωκράτην] comp. A: corr. ex Σωκράτη E   28 γίνεται] sic E   30 γοργῶς] τορῶς c   33 ἦν] corr. ex ἣν E²   τοῦτο D

ὁ κόσμος ἐγένετο· δύναμιν γὰρ εἶχε τοῦ μεταβάλλειν εἰς κόσμον· ὥστε καὶ ὅταν φθαρῇ ὁ κόσμος, μεταβάλλει πάλιν εἰς τὴν τοιαύτην σύστασιν, ἐξ ἧς ἐγένετο, δύναμιν ἔχουσαν τοῦ κόσμον ἐξ αὐτῆς γενέσθαι· τοιαύτη γὰρ ἦν καὶ πρότερον· εἰ δὲ τοῦτο, κἂν γένοιτο πάλιν κόσμος ἐξ αὐτῆς ὥσπερ καὶ πρόσθεν· τὸ γὰρ ἔχον δύναμιν τοῦ γενέσθαι τι ἐν τῷ ἀπείρῳ χρόνῳ κἂν γένοιτο. τὸ δὲ ἦν μὴ γενομένην οὐχ οἷόν τε εἶναί φαμεν μεταβάλλειν ἀσαφὲς ὄντως ὂν διαφόρως ἐξηγεῖται ὁ Ἀλέξανδρος τὴν χωρὶς γενέσεως σύστασιν, ἥτις καὶ πρὸ τοῦ τὸν κόσμον γενέσθαι ἦν περὶ τὸ ἐξ οὗ ὁ κόσμος ἐγένετο, ὃ οὐχ οἷόν τε ἦν εἰς τὸν κόσμον μεταβάλλειν ἄνευ γενέσεως, ἵνα ἐξ αὐτῆς ὁ κόσμος γένηται· εἰ δὲ διὰ γενέσεως, δῆλον, ὡς εἶχε δύναμιν ἐκείνη ἡ σύστασις πρὸ τοῦ τὸν κόσμον γενέσθαι ὥστε κόσμον γενέσθαι· πᾶσα γὰρ γένεσις ἀπὸ δυνάμεως· ᾧ ἕπεται, καὶ ὅταν φθαρῇ ὁ κόσμος καὶ μεταβάλῃ πάλιν εἰς τὴν τοιαύτην σύστασιν, μετὰ δυνάμεως πάλιν εἶναι ταύτην τοῦ ἐξ αὐτῆς κόσμον γενέσθαι. "δυνατόν, φησί, μᾶλλον τοιοῦτον εἶναι τὸ ἦν μὴ γενομένην· εἰ ἦν ἀγένητος καὶ ἀίδιος ἡ πρὸ τοῦ γενέσθαι τὸν κόσμον σύστασις, ἀδύνατος ἂν ἦν καὶ μεταβάλλειν· τοῦτο γὰρ αὐτῷ κεῖται· οὕτως δὲ οὐδὲ ὁ κόσμος ἂν ἐγεγόνει· ἐπεὶ δὲ γέγονεν, οὐδὲ ἡ πρὸ τοῦ γενέσθαι σύστασις ἀγένητος ἦν καὶ ἀίδιος. δύναται ἄρα εἰς ἐκείνην καὶ ἐξ ἐκείνης τὰ ὑποκείμενα αὐτῇ μεταβάλλειν, ὥστε καὶ πάλιν ἐξ αὐτῆς γενέσθαι· ὁπότερον γὰρ ἂν αὐτῶν δειχθῇ γεγονός, ἄν τε ὁ κόσμος ἄν τε τὸ ἐξ οὗ ὁ κόσμος, δέδεικται ἀνακάμπτοντα." καὶ καλῶς, οἶμαι, οὕτως ἐπέβαλεν· εἰ γὰρ ἀπὸ χρόνου γενητὸς ὁ κόσμος, πρὶν γενέσθαι αὐτὸν ἀιδίως προϋπῆρχεν ἡ πρὸ αὐτοῦ σύστασις, ἥντινα μὴ γενομένην, ἀλλ' ἀιδίως οὖσαν, διὰ τὸ ὁμοίως ἀεὶ ἔχειν οὔ φαμεν μεταβάλλειν εἰς τὸν κόσμον· δέδεικται γὰρ τοῦτο, ὅτι τὰ ἐν ἀιδίῳ καὶ ἀπείρῳ τῷ πρόσθεν χρόνῳ μὴ μεταβάλλοντα οὐκ ἂν ἔτι μεταβάλλοι.

Ταῦτα δὲ λέγει ὁ Ἀριστοτέλης ὁμολογούμενον λαβὼν τὸ πᾶν τὸ ἐν μέρει χρόνου γινόμενον· τοῦτο δέ ἐστι κατ' αὐτὸν τὸ γινόμενον· ἐκ μεταβολῆς γίνεσθαί τινος, διότι οὐδὲν ἐκ τοῦ μὴ ὄντος γίνεται. διὸ πολλάκις εἶπον, ὅτι ἀδύνατον εἰπεῖν αἰτίαν, δι' ἣν τότε γέγονεν, ἀλλὰ μὴ πρότερον ἢ ὕστερον. οἱ δὲ καθ' ἡμᾶς σοφοὶ ἀπ' ἀρχῆς χρόνου γεγονέναι τὸν κόσμον λέγοντες οὔτε προϋπάρχειν τινὰ σύστασιν νομίζουσιν, ἐξ ἧς ἂν ὁ κόσμος ἐγένετο, οὔτε κατὰ μεταβολὴν ὅλως γεγονέναι, ἀλλ' ἐκ τοῦ μὴ

---

1 μεταβαλεῖν A   2 φθαρεῖ E: corr. E² μεταβάλη A: μεταβαλεῖ c   3 κόσμον CDE²b: κόσμου AE   γίνεσθαι c   5 γίνεσθαι c   6 γενομένην] mut. in γινομένην E²   τ' c   7 ὄντως ὄν] -τως ὄν in ras. E²   διαφόρως DE²b: διαφόρους A: διαφόρῳ E   8 post γενέσεως add. δηλονότι E²c   περὶ] εἰ γὰρ c: si enim b   9 ὃ addidi: om. ADEb   εἰς—γένηται (10)] φθαρτὸν διατελεῖν E: μεταβληθῆναι εἰς κόσμον ἄνευ γενέσεως ὡς ἐξ αὐτῆς κόσμον γενέσθαι E²c (εἰς τὸν κόσμον μεταβάλλειν ἄνευ c)   10 αὐτῆς D: αὐτ῀ A   εἰ et seqq. ad p. 311,13 om. E: prorsus aberrat c   διὰ om. A   14 δυνατόν] δύναται D   16 ἦν ἂν D   18 τοῦ] τούτου A   20 αὐτῆς] αὐτοῦ A   24 διὰ τὸ A(b): τῷ D   25 τά] τὸ A   26 μεταβάλλη D   31 τῶν χριστιανῶν ὁ δείλαιος καθάπτεται mg. A: τοὺς χριστιανούς φησιν K²   32 ἂν] ὧν A

ὄντος ὑπο|στῆναι μὴ δυνάμενοι λέγειν, δι' ἣν αἰτίαν τότε, ἀλλὰ μὴ πρό- 139ᵇ
τερον ἢ ὕστερον ὑπέστη. δείξας οὖν ὁ Ἀριστοτέλης, ὅτι ἀδύνατον ἕνα
ὄντα γενόμενον φθαρῆναι καὶ μηκέτι ἀνακάμπτειν, ἐπάγει, ὅτι ἀπείρων
ὄντων ἐνδέχεται μᾶλλον τοῦτο. καὶ τὴν αἰτίαν ὁ Ἀλέξανδρος προστί- 5
5 θησιν· "οὐ γὰρ εἰς ὕλην τοῦ κόσμου, φησίν, ἡ διάλυσις αὐτοῦ καὶ
φθορά, ἥτις δύναμιν εἶχεν τοῦ γενέσθαι κόσμος, ἀλλ' εἰς ἄλλον κόσμον, ὧν
ἀπείρων ὄντων καὶ ἀλλήλους διαδεχομένων οὐκ ἀνάγκη πάλιν ἐπὶ τὸν αὐ-
τὸν τὴν ἐπάνοδον γίνεσθαι". οὕτως δὲ ἐδόκει τοῖς περὶ Λεύκιππον καὶ 10
Δημόκριτον· πρόχειρον δέ, οἶμαι, ζητεῖν, τί διενήνοχεν αὕτη ἡ ὑπόθεσις
10 τῆς ἐναλλὰξ συνιστώσης καὶ διαλυούσης, ἣν ἔλεγεν Ἀριστοτέλης οὐδὲν
ἀλλοιότερον ποιεῖν ἢ ἀίδιον μὲν κατασκευάζειν τὸν κόσμον, μεταβάλλοντα
δὲ τὴν μορφήν, ὡς Ἐμπεδοκλῆς ἐδόκει λέγειν. μήποτε δὲ καὶ μᾶλλον 15
τοῦτο τοῖς περὶ Δημόκριτον προσήκει, εἴπερ Ἐμπεδοκλῆς μὲν διάφορα τῶν
παρ' αὐτῷ κόσμων ἔλεγεν τὰ εἴδη, ὡς καὶ ὀνόμασι χρῆσθαι διαφόροις τὸν
15 μὲν 'σφαῖρον', τὸν δὲ 'κόσμον' ἰδίως καλῶν, οἱ δὲ Δημοκρίτου κόσμοι εἰς
ἑτέρους κόσμους μεταβάλλοντες ἐκ τῶν αὐτῶν ἀτόμων ὄντες οἱ αὐτοὶ τῷ 20
εἴδει γίνονται, εἰ καὶ μὴ τῷ ἀριθμῷ· εἰ μὴ ἄρα διὰ τὸ μὴ ὑποτίθεσθαι
τούτους ποιητικὰ αἴτια ὡρισμένα, ἀλλὰ τῇ κινήσει τῶν ἀτόμων, ὡς
ἔτυχε, γινομένῃ συνιστᾶν τὰ ἀποτελούμενα συμβαίνει μὴ τὰ αὐτὰ γίνεσθαι
20 τῶν κόσμων εἴδη, ἀλλ' ἄλλοτε ἄλλα, καὶ διὰ τοῦτο μὴ εἶναι ἀλλοίωσιν ὡς 25
ἐπ' ἐκείνων τὴν μεταβολήν, ἀλλὰ γένεσιν καὶ φθοράν· καὶ τάχα εἰς τοῦτο
βλέπων Ἀριστοτέλης ἔλεγεν ἐπ' ἐκείνων τὴν αὐτὴν τάξιν καὶ σύστασιν γί-
νεσθαι, οἳ τῆς διαθέσεως ἑκατέρας αἰτιῶνται τὸ ἐναντίον. ἀλλ' εἰ, ὥς
φησιν Ἀλέξανδρος, ἡ διάλυσις τοῖς περὶ Δημόκριτον οὐκ εἰς ὕλην γίνεται, 30
25 ἀλλ' εἰς ἄλλον κόσμον, πῶς τοῖς ἀπείρους λέγουσι κόσμους τοῦτο προχωρεῖ
λέγειν, ἀλλ' οὐχὶ καὶ τοῖς ἕνα ἢ πλείονας; μήποτε οὖν Ἀριστοτέλης τὴν
ὑπόθεσιν γυμνάζων τῶν λεγόντων γενητὸν μέν, φθαρτὸν δὲ οὕτως ὡς μὴ
ἀνακάμπτειν, οὐκ ἔλαβεν εἰς κόσμον γινομένην τὴν διάλυσιν (ταύτην γὰρ 35
ἀλλοίωσιν ἔλεγεν), ἀλλ' εἰς τὸ μὴ ὄν, καὶ τοῦτο τοῖς μὲν ἕνα τὸν κόσμον
30 ὑποτιθεμένοις ἔλεγε μὴ προχωρεῖν, ἀπείρων δὲ ὄντων ἐνδέχεσθαι μᾶλλον·
φθειρόμενοι γὰρ οὐκ ἐπιλείψουσι διὰ τὴν ἀπειρίαν. καὶ οὐχ ὅτι δυνατὸν
οὕτω λέγειν, εἶπε τὸ ἐνδέχεται μᾶλλον, ἀλλ' ὡς πρὸς σύγκρισιν τῶν 40
ἕνα λεγόντων καὶ φθειρόντων οὕτως ὡς μὴ ἀνακάμπτειν· ἐκεῖ γὰρ καὶ
ἐπέλιπεν ἂν ὁ κόσμος, ὅπερ ἐπὶ τῶν ἀπείρων οὐ γίνεται. ὅτι γὰρ οὐδὲ
35 ταύτην τὴν θέσιν ἐνδεχομένην νομίζει, ἐδήλωσε λέγων οὐ μὴν ἀλλὰ καὶ
τοῦτο πότερον ἀδύνατον ἢ δυνατόν, ἔσται δῆλον ἐκ τῶν ὕστε- 45

---

2 ἕνα] εἶναι D   3 φθαρῆναι] μὴ φθαρῆναι A   ἀπείρων δ' Arist.   5 φησίν
om. D   6 εἶχε D   κόσμος D: comp. A   9 πόχειρον D   διενήνοχε A
10 συνεστώσης D   12 δὲ (pr.)] corr. ex διὰ A   14 ἔλεγε D   14. 15 τὸν
μὲν] τὸ ἓν D   16 ὄντες A   19 γινομένη om. D   23 εἰ Ab: εἰ εἰς
κόσμους D   24 οὐχ' A   25 ἄλλον] ἄλληλον A   27 δὲ Db: δὲ καὶ A
28 ἔλαβε A   35 οὐ μὴν ἀλλὰ (ut Arist. codd. FHM) AD: ἀλλὰ μὴν Arist.
vulg. (c)

ρον. οὐ μόνον γὰρ ἤδη δέδεικται, ὅτι μή εἰσιν ἄπειροι οἱ κόσμοι, τῷ 139b μηδὲ ἄπειρον | εἶναι σῶμα καὶ τῷ μὴ πλείους ἑνὸς εἶναι, καὶ ὅτι ἀγέ- 140a νητος καὶ ἄφθαρτός ἐστιν ὁ κόσμος, ἀλλὰ καὶ ἐν τῷ δευτέρῳ περὶ τούτου δείξει, ὅτι ἀγένητος καὶ ἄφθαρτος. "ἐπισκεπτέον δέ, φησὶν Ἀλέξανδρος,
5 μήποτε ἐν τοῖς ὑστέροις βιβλίοις ἀναιρῶν τὰς ἀτόμους, ἐξ ὧν καὶ δι' ἃς ἡ 5 τῶν κόσμων κατὰ τοὺς ὑποτιθεμένους αὐτὰς ἀπειρία, ἅμα καὶ τὴν δόξαν αὐτῶν ἀδύνατον οὖσαν ταύτην συναποδείκνυσι". μήποτε δὲ οὐκ εἰς μακρὰν ἀναβαλλόμενος ὁ Ἀριστοτέλης εἶπε τὸ ἔσται δῆλον ἐκ τῶν ὕστερον οὐδὲ ὡς τοῦτο μέλλων δεικνύναι, ὅτι οὐκ εἰσὶν ἄπειροι κόσμοι· τοῦτο γὰρ 10
10 ἤδη δέδεικται· ἀλλ' ὡς ἐφεξῆς περὶ τούτου λέξων. τεκμαίρομαι δὲ ἐκ τοῦ ἐπαγομένου αἰτιολογικοῦ συνδέσμου τοῦ γάρ. εἰσὶ γάρ, φησίν, τινες, οἷς ἐνδέχεσθαι δοκεῖ καὶ ἀγένητόν τι ὂν φθαρῆναι καὶ γενόμενον ἄφθαρτον διατελεῖν, ἅπερ αὐτὸς ἀναιρῶν δείξει, ὅτι τὸ ἀγένητον πάντως 15 ἄφθαρτόν ἐστι καὶ τὸ ἄφθαρτον ἀγένητον καὶ αὖ πάλιν τό τε γενητὸν φθαρτὸν
15 καὶ τὸ φθαρτὸν γενητόν. τούτων δὲ δειχθέντων δειχθήσεται, ὅτι, ὥσπερ τὸ γενητὸν οὐχ οἷόν τε ἀιδίως εἶναι, οὕτως καὶ τὸ φθαρτὸν οὐχ οἷόν τε ἀιδίως μὴ εἶναι, ἀλλ' ἀνακάμπτειν πάλιν εἰς τὸ εἶναι· εἰ δὲ τοῦτο, δῆλον, ὅτι ἀδύνατον καὶ τὰ ἐκ τῶν ἀπείρων κόσμων φθειρόμενα μηκέτι ἀνα- 20 κάμπτειν. καί ἐστι καὶ αὕτη Ἀλεξάνδρου ὑπόνοια ἐγκεκρύφθαι λέγοντος ἐν
20 τῷ προκειμένῳ λόγῳ τὴν πρὸς τοὺς τὸν φθαρέντα κόσμον μηκέτι ἔσεσθαι λέγοντας ἀντιλογίαν.

Παράδειγμα δὲ τῶν λεγόντων γενόμενόν τι ἄφθαρτον διατελεῖν ἐπή- 25 γαγε τὸ ἐν τῷ Τιμαίῳ τοῦ Πλάτωνος λεγόμενον· ὅτι γὰρ οὐκ ἄμφω τὰ προτεθέντα τό τε ἀγένητόν τι ὂν φθαρῆναι καὶ γενόμενον ἄφθαρτον διατε-
25 λεῖν νομίζει λέγεσθαι ἐν Τιμαίῳ, ἐδήλωσεν αὐτὸς ἐπαγαγών· ἐκεῖ γάρ φησι τὸν οὐρανὸν γενέσθαι μέν, οὐ μὴν ἀλλ' ἔσεσθαί γε τὸν λοιπὸν ἀεὶ χρόνον. "καὶ κατὰ κοινοῦ δὲ δυνατόν, φησὶν Ἀλέξανδρος, ἀκούειν τὸ 30 ἐν Τιμαίῳ γεγραμμένον· τῆς γὰρ αὐτῆς διανοίας τό τε γενόμενόν τι ἄφθαρ- τον λέγειν καὶ τὸ ἀγένητον φθαρτόν. ἀλλὰ καὶ ἡ ἀταξία, φησίν, ἐξ ἧς ὁ
30 κόσμος γέγονε κατ' αὐτούς, ἀγένητος οὖσα ἐφθάρη εἰς τὴν τάξιν καὶ τὸν κόσμον μεταβάλλουσα." ἀλλὰ δῆλον, ὅτι, εἴπερ σωματικόν ἐστιν ἢ ὁρατὸν 35 τὸ ἄτακτον κατὰ Πλάτωνα, ὡς δηλοῖ λέγων "παραλαβὼν ὁ θεὸς πᾶν, ὅσον ἦν ὁρατόν, οὐχ ἡσυχίαν ἄγον, ἀλλὰ κινούμενον πλημμελῶς καὶ ἀτάκτως," δῆλον, ὅτι γενητὸν καὶ αὐτό φησιν ὁ Πλάτων· τὸ γὰρ ὁρατὸν πᾶν γινόμενον

---

1 εἰσι D   ἄπειροι οἱ κόσμοι Ab: κόσμοι ἄπειροι D   2 σῶμα] σῶμα κόσμον A?
3 ἐν Db: νῦν ἐν A   δευτέρῳ] cap. 1   13 ἄφθαρτον] φθαρτὸν A   διατελεῖν] διὰ τὸ λέγειν A   ἅπερ] hinc rursus inc. E et e c discrepantiam scripturae rursus enotavi   14 ἐστι] seq. ras. 1 litt. E   16 εἶναι DEb: om. A   οὕτως— ἀιδίως (16. 17) DE: om. Ab   οὕτως E: οὕτω Dc   17 μὴ om. D   18. 19 post ἀνακάμπτειν ras. 15 litt. E   19 Ἀλεξάνδρου AE²b: om. DE   23 τὸ] corr. ex τῷ E²   τῷ om. D   τοῦ Πλάτωνος om. c   24 φθαρῆναι om. A   26 οὐ μὴν om. D   γε] τε A   27 κατὰ] κατὰ τοῦ Ec   τὸ] corr. ex τῷ E²
28 αὐτῆς] corr. ex αὐτοῦ E²   30 ἐφθάρει E, sed corr.   31 μεταβαλοῦσα A
32 λέγων] Tim. 30 a   33 ἄγων E: corr. E²   34 ὁρατόν] γενητὸν D

καὶ γενητὸν ἀφωρίσατο. μήποτε οὖν ταύτης τῆς ὑποθέσεως τῆς λεγούσης 140ᵃ ἀγένητον μέν τι εἶναι, φθαρτὸν δέ, οὐδὲ ἔστι τις προϊστάμενος οὐδὲ κατὰ 41 τὸ φαινόμενον οὕτω ῥηθείσης, ἀλλ' ὁ Ἀριστοτέλης τοῦ τελείου ἕνεκεν τῆς διαιρέσεως καὶ ἐκεῖνο παρέθετο τὸ τμῆμα καὶ ἅμα, ὅτι ἡ ἀντιστροφὴ τοῦ
5 ἀγενήτου καὶ ἀφθάρτου συντελέσει αὐτῷ εἰς τὸ δεῖξαι, ὅτι καὶ τὸ γενητὸν 45 καὶ φθαρτὸν πρὸς ἄλληλα ἀντιστρέφουσιν. | ἐπειδὴ δὲ τῆς ἐν Τιμαίῳ 140ᵇ ἀταξίας καὶ ἐνταῦθα ἐμνημόνευσεν ὁ Ἀλέξανδρος ὡς προϋπαρχούσης τοῦ κόσμου κατὰ Πλάτωνα, καὶ ἐγὼ πάλιν ὑπομιμνήσκω, ὅτι ὁ Πλάτων τὸν χρόνον μετ' οὐρανοῦ γενέσθαι φησί. πῶς οὖν τοῦ οὐρανοῦ κατὰ χρόνον 5
10 τι προϋπάρχειν δυνατόν; καὶ ὅτι τὸ σωματοειδές, ὅσον ἐφ' ἑαυτῷ, καὶ λυτὸν καὶ ἄτακτον ὑπάρχον καὶ ἀΐδιον καὶ κεκοσμημένον δείκνυσι διὰ τὴν τοῦ θεοῦ ἀγαθότητα συμφωνοῦντος αὐτῷ καὶ τοῦ Ἀριστοτέλους, ὅταν λέγῃ τὸν κόσμον δι' ἑαυτὸν μὲν πεπερασμένην ἔχειν δύναμιν, διὰ δὲ τὸ κινοῦν 10 αἴτιον ἀκίνητόν τε καὶ ἀπειροδύναμον γίνεσθαι. "πρὸς δὲ τοὺς λέγον-
15 τας" φησί "γενητὸν καὶ ἄφθαρτον τὸν κόσμον ἢ ἀγένητον καὶ φθαρτὸν φυσικῶς μὲν εἴρηται πρότερον, ὅτε ἐδείκνυ τὸν οὐρανὸν ἀγένητον ὄντα καὶ ἄφθαρτον ἐκ τοῦ τὸ μὲν γινόμενον καὶ φθειρόμενον πᾶν ἐξ ἐναντίου γίνεσθαι καὶ εἰς ἐναντίον φθείρεσθαι, τῷ δὲ οὐρανῷ μηδὲν εἶναι ἐναντίον· εἰ 15 γὰρ ἦν τι ἐναντίον αὐτῷ, εἶχεν ἂν κίνησιν ἐκεῖνο τῇ κύκλῳ κινήσει ἐναν-
20 τίαν· ἐναντία γὰρ φυσικῶς ἐστι τὰ ἐναντίας ἔχοντα τὰς κατὰ φύσιν κινήσεις. δείξας οὖν, ὅτι τῇ κύκλῳ κινήσει οὐκ ἔστιν ἐναντία κίνησις, ἔχει ἑπόμενον 20 τὸ μηδὲ τῷ κυκλοφορητικῷ σώματι εἶναί τι ἐναντίον, τούτῳ δὲ τὸ μήτε γίνεσθαι αὐτὸ μήτε φθείρεσθαι." καί ἐστιν ἡ ἀπόδειξις φυσικωτάτη ἀπὸ τοῦ αἰτίου ληφθεῖσα τῆς τῶν φυσικῶν σωμάτων γενέσεώς τε καὶ φθορᾶς
25 τοῦ ἐξ ἐναντίων καὶ εἰς ἐναντία τὰς γενέσεις εἶναι καὶ τὰς φθοράς· ἀλλ' 25 εἴρηται περὶ τοῦ οὐρανοῦ μόνον· καθόλου δὲ περὶ παντὸς σκεψαμένοις, εἰ δυνατὸν γενητόν τι ἄφθαρτον εἶναι ἢ ἀγένητον φθαρτόν, ἔσται καὶ περὶ τοῦ οὐρανοῦ δῆλον· τοῖς γὰρ καθόλου τὰ ἐν μέρει συναποδείκνυται.

p. 280ᵇ1 Πρῶτον δὲ διαιρετέον ἕως τοῦ ἄδηλον γὰρ κατὰ ποίαν 30 φύσιν αὐτῶν συμβαίνει τὸ λεχθέν.

30 Προθέμενος ζητῆσαι, εἰ δυνατὸν ἕπεσθαι τῷ γενητῷ τὸ ἄφθαρτον ἢ τῷ ἀγενήτῳ τὸ φθαρτόν, ἐπειδὴ πολλαχῶς ἕκαστον τούτων λέγεται, δεῖν 35 φησι πρῶτον αὐτῶν τὰ σημαινόμενα διορίσασθαι καὶ τούτου τὴν χρείαν

---

2 τι] τοι E   3 οὕτως E   4 τὸ add. E²   6 φθαρτὸν E²b: ἄφθαρτον ADE
9 γενέσθαι—οὐρανοῦ] mg. E²: om. D   τοῦ] δυνατὸν πρὸ E², sed del. δυνατόν; πρὸ τοῦ c   14 τε om. D   ἀπειροδύναμιν c   15 φησί] mut. in φησίν E²
16 φυσικῶς — ἄφθαρτον (17)] mg. E²   φυσικῶς μὲν om. E²c   ἔδειξε E²c   ὄντα καὶ] καὶ ὄντα A   17 τοῦ τὸ] corr. ex τούτου E²   19 ἂν Ab: ἂν καὶ DE: ἂν καὶ τινα E²c   19. 20 ἐναντίαν add. E²   20 ἔστι DEc   21 τὸ] τῷ E   23 αὐτὸ] αὐτοῦ A   25 ἐναντία] AE²b: ἐναντίας DE   τὰς (pr.) AE² om. DE   28 τὰ] τὸ A   29 αὐτῷ c

διδάσκει καλῶς. ἐπὶ γὰρ τῶν πολλαχῶς λεγομένων, ἐὰν μὴ διέλῃ τις τὰ 140ᵇ
σημαινόμενα καὶ ἀφορίσῃ, περὶ ποῖον αὐτῶν ἡ ζήτησίς ἐστιν, ἀνάγκη τὴν
τοῦ ἀκούοντος διάνοιαν ἀοριστανεῖν. προσέθηκε δὲ ἐκ περιουσίας τὸ κἂν 40
μηδὲν διαφέρῃ πρὸς τὸν λόγον, ὅτι καὶ τότε χρὴ τὸ πολλαχῶς λεγό-
5 μενον διαιρεῖν. πότε δὲ οὐδὲν διαφέρει πρὸς τὸν λόγον ἡ τοῦ πολλαχῶς
λεγομένου διαίρεσις; ἢ ὅταν γνώριμον ᾖ, καθ᾽ ὃ σημαινόμενον οἱ λόγοι
γενήσονται; ἀλλὰ καὶ τότε, φησίν, ἀοριστανεῖ πως ἡ τοῦ ἀκούοντος διά- 45
νοια περιφανταζομένη τὰ πολλὰ σημαινόμενα. ἢ πρὸς τὸν λόγον τὸν τοῦ
λέγοντός φησι μηδὲν διαφέρειν | τὴν τοῦ πολλαχῶς λεγομένου διαίρεσιν, 141ᵃ
10 ὅταν ὁ λέγων ὡς ἐφ᾽ ἑνὸς καὶ τοῦ αὐτοῦ ποιῆται τὸν λόγον μήτε γυμνα-
σίας χάριν μήτε σοφιστικῶς ἐπ᾽ ἄλλο καὶ ἄλλο μεταφέρων αὐτὸν σημαι-
νόμενον· τότε γὰρ ὡς μὲν πρὸς τὸν λέγοντα οὐδὲν συντελεῖ ἡ τοῦ πολλα- 5
χῶς λεγομένου διαίρεσις, ὁ δὲ ἀκούων ἀοριστανεῖ καὶ τότε ἀδήλου ὄντος
καὶ τότε τοῦ δειχθέντος, κατὰ ποίου σημαινομένου δέδεικται.

15 p. 280ᵇ6   Λέγεται δὲ ἀγένητον ἕως τοῦ οὐδὲ γὰρ εἶναι γίνεσθαί 10
φασιν ἁπτόμενον οὐδὲ κινούμενον.

Προθέμενος διελέσθαι τὰ τοῦ ἀγενήτου σημαινόμενα πρῶτον μὲν ἐκεῖνό
φησιν, ὅπερ καίτοι πρότερον μὴ ὄν, ὕστερον δὲ ὄν, ἀγένητον ὅμως λέγεται
ὡς χωρὶς γενέσεως, τουτέστι κινήσεώς τινος καὶ παρατάσεως, ἐλθὸν εἰς τὸ 15
20 εἶναι. τὰ γὰρ γενέσεως μὴ δεηθέντα πρὸς ὑπόστασιν εἰκότως ἀγένητα λέ-
γεται, καθάπερ ἔνιοι τὸ ἅπτεσθαι καὶ τὸ κινεῖσθαι λέγουσι καὶ τὴν ἀφὴν
ἀθρόως καὶ ἀπαρατάτως γίνεσθαι νομίζουσι καὶ κινήσεως λέγουσι μὴ εἶναι
γένεσιν μηδὲ μεταβολὴν μηδὲ διὰ γενέσεως ἢ κινήσεως τὸ μὴ κινούμενον 20
ἐπὶ τὸ κινεῖσθαι προϊέναι· εἰ γὰρ καὶ ἡ κίνησις μεταβολή τίς ἐστιν, εἴη
25 ἂν μεταβολὴ μεταβολῆς καὶ κινήσεως κίνησις, καὶ τοῦτο ἐπ᾽ ἄπειρον· ὅπερ
νῦν μὲν εἰς ἄλλους ἀπέπεμψεν εἰπὼν καθάπερ ἔνιοι, ἐν δὲ τῷ Ε τῆς
Φυσικῆς ἀκροάσεως αὐτὸς ἀπέδειξε. μήποτε δὲ ἡ μὲν ἀφὴ καὶ ἡ ἀστραπὴ 25
καὶ ὅλως τὰ ἐξαίφνης καὶ ἀχρόνως δοκοῦντα ὑφίστασθαι καὶ ἀρχὴν ἔχει
καὶ μέσον καὶ τέλος τῆς ἀπὸ τοῦ μὴ ὄντος ἐπὶ τὸ εἶναι διόδου καὶ διὰ
30 γενέσεως πρόεισιν εἰς τὸ εἶναι, καὶ χρόνος αὐτῶν μετρεῖ τὴν γένεσιν, κἂν
ἐλάχιστος ὢν διαλανθάνῃ τὴν ἑαυτοῦ παράτασιν, ἡ μέντοι κίνησις καὶ ἡ 30

---

1 καλῶς] in ras. D   4 διαφέρει E: corr. E²   6 γνώριμος c   10 ὅταν—
διαίρεσις (13) om. D   ποιεῖται E: corr. E²   12 λέγοντα] λέγεται comp. A
14 καὶ τότε A: etiam b: om. DEc   ποίου σημαινομένου] τὸ ποῖον σημαινόμενον c
15 εγεται D   δ᾽ c   οὐ c   γίγνεσθαί Dc   16 φησιν A   18 πρώτερον
E: corr. E²   ὅμως] δ- e corr. E²   19 τουτέστι κινήσεώς om. CD   ἐλθὼν E:
corr. E²   20 γενέσεως om. A   ὑπόστασιν γενέσεως A   22 κινήσεως] κινήσεων
E: del. E²: om. c   25 μεταβολῆς] μεταβολῇ A   κινήσεως] κινήσει A: om. b
26 εἰς—τῆς] mg. E²   ἀνέπεμψε C: remisit b: ἀναπέμπει E²: ἀποπέμπει c   λέγων E²c
ἔνιοι AD: quidam dicunt b: ἔνιοι τὸ ἅπτεσθαι καὶ τὸ κινεῖσθαι λέγουσιν E²c   27 Φυσι-
κῆς] cap. ι   αὐτός] αὐ^τ A   ἀπέδειξε] seq. ras. 1 litt. E   29 ἐπί] εἰς Ec
διόδου CDE: ὁδοῦ A: viae b   31 διαλανθάνοι D: διαλανθάνει E: corr. E²

γένεσις καὶ αἱ μεταβολαὶ ἄλλων οὖσαι τῶν κινουμένων καὶ γινομένων καὶ 141ᵃ
μεταβαλλόντων καθ' ἑαυτὰς οὐ πάσχουσιν· οὐδὲ γὰρ αἱ ὁδοὶ ἐν ὁδοῖς
εἰσιν οὐδὲ αἱ παρατάσεις ἐν παρατάσεσιν οὐδὲ τὰ μέτρα ὡς μέτρα μετρεῖ-
ται· ὅταν δὲ τὴν κίνησιν καὶ τὴν γένεσιν καὶ τὴν μεταβολὴν ὡς εἴδη τινὰ 35
5 θεασώμεθα ἀπὸ τοῦ μὴ ὄντος εἰς τὸ εἶναι προελθόντα, τότε καὶ τούτων
ἐννοοῦμεν γένεσιν· ὥσπερ καὶ τὸ μέτρον, οἷον τὸν πῆχυν, ὅταν ὡς σῶμα
διεστὼς ἐννοήσωμεν, μετρεῖσθαι καὶ αὐτόν φαμεν· καίτοι καὶ ἐπὶ τούτου
δυνατὸν λέγειν, ὅτι, εἰ ἔστι τοῦ μέτρου μέτρον, ἀνάγκη ἐπ' ἄπειρον χω- 40
ρεῖν· ἀλλ' οὔτε ὡς μέτρου μέτρον ἐστὶν ἀλλ' ὡς σωματικῆς παρατάσεως,
10 οὔτε ὡς κίνησις κινεῖται οὔτε ὡς γένεσις γίνεται οὔτε ὡς μεταβολὴ μετα-
βάλλει, ἀλλ' ὡς καὶ αὐτὰ πρότερον μὲν μὴ ὄντα, ὕστερον δὲ ὄντα, τῷ
χρόνῳ συμμεταβάλλεται. καί μοι δοκεῖ καὶ Ἀριστοτέλης διὰ τὸ τὴν τοι- 45
αύτην αὐτῶν μεταβολὴν ἐννοεῖν εἰς ἄλλους ἀποπέμ|ψαι τὸν λόγον καθ- 141ᵇ
άπερ ἔνιοι λέγων· οὐ γὰρ εἶναι γίνεσθαί φησι.

15 p. 280ᵇ9 "Ἕνα δὲ εἴ τι ἐνδεχόμενον γίνεσθαι ἕως τοῦ ἢ τῷ μὴ 5
ῥᾳδίως μηδὲ ταχὺ ἢ καλῶς.

Δεύτερον σημαινόμενον τοῦ ἀγενήτου παραδίδωσιν, ὃ ἐνδέχεται μὲν
γίνεσθαι ἢ ἄνευ τοῦ γίνεσθαι εἰς τὸ εἶναι προελθεῖν, ὅπερ εἶπεν αὐτὸς
γενέσθαι, μήπω δὲ προῆλθεν εἰς τὸ εἶναι· οὕτως ἀγένητος τέως οἰκία λέ-
20 γεται, ἣν ἐνδέχεται γενέσθαι, καὶ ἡ γινομένη, μηδέπω δὲ οὖσα.   10
Τρίτον τοῦ ἀγενήτου σημαινόμενον ἀπαριθμεῖται τὸ ὅλως ἀδύνατον
γενέσθαι. ἐπειδὴ δὲ καὶ τὸ χωρὶς γενέσεως εἰς τὸ εἶναι παριόν, οἷον τὸ
πρῶτον ἦν σημαινόμενον, καὶ τοῦτο ἀδύνατον γενέσθαι, ἀλλ' ὅμως ποτὲ
μὲν ἔστι, ποτὲ δὲ οὐκ ἔστι, τούτου χωρίζων τὸ τρίτον σημαινόμενον ἀδύ-
25 νατον γενέσθαι φησίν, ὥστε ὁτὲ μὲν εἶναι, ὁτὲ δὲ μή· διὰ μέντοι 15
τοῦ ἀδύνατον γενέσθαι τοῦ δευτέρου χωρίζει αὐτό· ἐκεῖνο γὰρ ἐνδε-
χόμενον γίνεσθαι ἢ γενέσθαι ἄνευ τοῦ γίνεσθαι ἐλέγετο. τοῦτο οὖν
ἐστι τὸ κυρίως ἀγένητον, ὃ οὐχ οὕτως δυνατὸν γενέσθαι, ὥστε ποτὲ μὲν

---

1 γενομένων c   2 καθ' ἑαυτὰς b: ἑαυτὰς ACDE: κατ' αὐτὰς E²: καθ' αὐτὰς c
6 ἐννοοῦμεν] corr. ex ἐννοουν// E²: ἐννοοῦμεν τὴν A   7 καὶ ἐπὶ Db: e corr. C¹: ἐπὶ
AEc   τούτων A   8 ἀνάγκη — μέτρον (9) mg. E²   ἐπ'] εἰς E²c   8. 9 χω-
ρεῖν] ἰέναι E²c   9 οὔτε] οὐχ E²c   10 ὡς (pr.) CDE²b: ἡ AE: οὖν ὡς c
ὡς (alt.)] ἡ A   ὡς (tert.)] ἡ A   11 καὶ A: e corr. E: κατ' CD: om. b
13 ἀποπέμψαν E: ἀποπέμψαντι E²   λόγον] λόγον εἰπὼν c   14 λέγων] λέγοντες E²:
λέγουσιν c   οὐ γὰρ AC: καὶ γὰρ DE: καὶ γὰρ μὴ E²c   γίγνεσθαι D et corr. ex
γίνεσθαι E¹   15 δ' c   τῷ] mut. in τὸ E²   20 ἣν] ἢ Ac   22 προιὸν c
23 ἣν] AE²b: om. CD: οἷον E   καὶ — σημαινόμενον (24) om. Ec   24 χωρί-
ζον A   24. 25 post ἀδύνατον add. μὲν E²c   25 post ὥστε add. μέντοι E²c
μέντοι del. E²: μὲν c   26 ἀδυνάτου A: corr. A²   27 γίνεσθαι (pr.)] γίγνεσθαι
Ec   τοῦ] corr. ex οὐ E²   οὖν AE²b: om. CDE   28 οὐχ Ab: om. DEc
δυνατὸν Ab: ἀδύνατον DEc   post ὥστε del. μὴ E²

SIMPLICII IN L. DE CAELO I 11 [Arist. p. 280ᵇ9. 14]   315

εἶναι, ποτὲ δὲ μή· οὕτως δὲ τῶν μὲν ὄντων ἀγένητα τὰ ἀΐδια, τῶν δὲ μὴ 141ᵇ
ὄντων τὰ μηδέποτε εἶναι δυνάμενα.

Δοκεῖ δέ μοι τὸ ὅλως προσθεῖναι ἐνδεικνύμενος, ὅτι τὰ πρῶτα ση-
μαινόμενά πη τὸ ἀγένητον εἶχεν, ἀλλ' οὐχ ὁλοτελῶς. εἰπὼν δὲ ὅλως
5 ἀδύνατον γενέσθαι διαιρεῖ τὸ ἀδύνατον διχῶς, ἕνα μὲν τρόπον τὸν μετὰ
τοῦ ὅλως νοούμενον, καθ' ὃν οὐκ ἔστιν ἀληθὲς εἰπεῖν, ὅτι γένοιτο ἄν
ὅλως καθ' ὁποιονοῦν τοῦ γενητοῦ σημαινόμενον· πάντα γὰρ ἀναιρεῖ τὸ
ὅλως· ἕτερον δέ, καθ' ὃν παχυμερῶς λέγεται καὶ ὁλοσχερῶς τὸ ἀδύνατον
ἐπὶ τῶν μὴ ῥᾳδίως ἢ μὴ ταχὺ ἢ μὴ καλῶς γινομένων· καὶ γὰρ
10 τοῦτο πάνυ παχέως καὶ ἀκυρότερον ἀδύνατον γίνεσθαι καὶ ἀγένητον λέγε-
ται· ὥστε μετὰ τούτου τέσσαρα ἂν εἴη τὰ τοῦ ἀγενήτου σημαινόμενα.

p. 280ᵇ14   Τὸν αὐτὸν δὲ τρόπον καὶ τὸ γενητὸν ἕως τοῦ εἴτε καὶ
μήπω ὄντος, ἀλλ' ἐνδεχομένου.

Ἀποδοὺς τὰ τοῦ ἀγενήτου σημαινόμενα μεταβέβηκεν ἐπὶ τὰ τοῦ γε-
15 νητοῦ καὶ τὸν αὐτὸν ἐκείνοις αὐτὰ τρόπον ἀποδίδοσθαί φησι, διότι ἕκαστον
πρὸς ἕκαστον οἰκείως ἀντιτιθέμενον ἀποδίδοται. καὶ πρῶτον ἐκτίθεται τοῦ
γενητοῦ σημαινόμενον, ὃ μὴ ὂν πρότερον ἔστιν, εἴτε διὰ γενέσεως εἴτε
ἄνευ τοῦ γίνεσθαι, ὁτὲ μὲν μὴ ὄν, πάλιν δὲ ὄν, ὥσπερ αἱ ἁφαί· γενητὰ
γὰρ πάντα τὰ τοιαῦτα, διότι πρότερον μὴ ὄντα ὕστερον ἔστιν, κἂν ὁ τρόπος
20 τῆς εἰς τὸ εἶναι παρόδου διάφορος. ἀντίκειται δὲ τοῦτο τοῦ γενητοῦ τὸ
σημαινόμενον τῷ δευτέρῳ ῥηθέντι τοῦ ἀγενήτου σημαινομένῳ, ὃ μήπω ὂν
οἷόν τε γενέσθαι· τῷ γὰρ μήπω ὄντι καὶ διὰ | τοῦτο ἀγενήτῳ ἀντίκειται 142ᵃ
τὸ ἤδη ὂν ἐκ μὴ ὄντος καὶ διὰ τοῦτο γενητὸν λεγόμενον. δεύτερον δὲ τοῦ
γενητοῦ σημαινόμενον τὸ δυνατὸν γενέσθαι εἴτε τῷ ἀληθεῖ διοριζομένου
25 τοῦ δυνατοῦ εἴτε τῷ ῥᾳδίως ἢ ταχὺ ἢ καλῶς· ἀντέθηκε δὲ τοῦτο τῷ κατὰ
τὸ ἀδύνατον τοῦ ἀγενήτου σημαινομένῳ, τῷ μὲν πρώτῳ τοῦ ἀδυνάτου τὸ
διὰ τοῦτο λεγόμενον δυνατόν, ὅτι ἀληθές ἐστιν ἐπ' αὐτοῦ τὸ γένοιτο ἄν,
τῷ δὲ δευτέρῳ τὸ ῥᾳδίως γινόμενον ἢ ταχὺ ἢ καλῶς· λέγεται γὰρ δυ-
νατὸν γενέσθαι καὶ τοῦτο, ὥσπερ ἀδύνατον τὸ μὴ ῥᾳδίως γινόμενον. τρίτον
30 δὲ ἢ τέταρτον τοῦ γενητοῦ τρόπον ἐκτίθεται, οὗ ἡ μεταβολὴ ἐκ τοῦ μὴ
ὄντος εἰς τὸ ὂν διὰ γενέσεως γίνεται, εἴτε ἤδη εἴη τοῦτο οὕτως τὸ εἶναι
ἔχον εἴτε καὶ μηδέπω εἴη. ἀντίκειται δὲ ὁ τρόπος οὗτος τῷ πρώτῳ ῥη-
θέντι τοῦ ἀγενήτου· τὸ μὲν γὰρ ἀγένητον ἐκεῖνο ἦν, οὗ ἡ εἰς τὸ εἶναι με-

---

1 οὕτω Dc   τὰ] suprascr. E²   2 τὰ] corr. ex τὸ E²   4 ἔχει A   6 ἂν Ab: om. DEc   7 γενητοῦ] νοητοῦ D   8 ὁλωσχερῶς D   9 μὴ (sec.) om. A
10 ἀκυρώτερον A   10. 11 λέγεται] -ετ- in ras. D   12 δὴ E   17 ἔστιν ADEb: ὕστερον ἔστιν E²c   18 γίγνεσθαι Ec   δ' c   19 ἔστι DE
20 τοῦ. CE: τὸ τοῦ ADE²c   τὸ ACD: om. Ec   22 γὰρ] suprascr. E¹
25 τῷ (pr.)] corr. ex τὸ E²   26 post πρώτῳ add. τρόπῳ E²c   ἀδυνάτῳ E: corr. E²
28 δὲ AE²b: om. DE   31 τοῦτο — εἴη (32) om. E: εἴτε μήπω εἴη E²c

ταβολὴ οὐκ ἦν διὰ γενέσεως, τὸ δὲ γενητὸν τοῦτο, οὗ ἡ ἐκ τοῦ μὴ ὄντος 142ᵃ
εἰς τὸ εἶναι μεταβολὴ οὐκ ἄλλως ἐστὶν ἢ διὰ γενέσεως. 15

Οὕτως μὲν ὁ Ἀλέξανδρος φιλοπόνως ἐξηγήσατο καὶ ἀντιτέθεικε τὰ
τοῦ γενητοῦ σημαινόμενα τοῖς τοῦ ἀγενήτου. μήποτε δὲ τὸ πρῶτον τοῦ
5 γενητοῦ σημαινόμενον, ὅπερ καὶ κυριώτατόν ἐστι, καὶ πρὸς τὸ τρίτον ἀν- 20
τίκειται τοῦ ἀγενήτου, ὅπερ καὶ αὐτὸ τὸ κυριώτατον τοῦ ἀγενήτου ση-
μαινόμενον δηλοῖ τὸ ὅλως ἀδύνατον γενέσθαι, ὥστε ὁτὲ μὲν εἶναι,
ὁτὲ δὲ μή, εἴπερ τοῦτο γενητόν ἐστιν, ὃ μὴ ὂν πρότερον ὕστερον ἔστιν,
ὁτὲ μὲν μὴ ὄν, πάλιν δὲ ὄν, ὁποῖος ἂν τρόπος αὐτῷ εἴη τῆς εἰς τὸ εἶναι 25
10 παρόδου.

p. 280ᵇ20 **Καὶ φθαρτὸν δὲ καὶ ἄφθαρτον ὡσαύτως ἕως τοῦ δ
εἴποι ἄν τις εὔφθαρτον.**

Ἐφεξῆς καὶ τοῦ φθαρτοῦ καὶ ἀφθάρτου τὴν τῶν σημαινομένων διαί- 30
ρεσιν παραδίδωσιν ἀπὸ τοῦ φθαρτοῦ τὴν ἀρχὴν ποιησάμενος. καὶ πρῶτόν
15 φησι τοῦ φθαρτοῦ σημαινόμενον τὸ πρότερον μὲν ὄν, ὕστερον δὲ μὴ ὂν ἢ
ἐνδεχόμενον ὕστερον μὴ εἶναι, εἴτε διὰ τοῦ φθείρεσθαι εἰς τὸ μὴ εἶναι
μεταβάλλοι εἴτε καὶ ἄνευ τούτου, ὡς αἱ ἁφαί· τὸ γὰρ οὕτως φθαρτὸν οὐ 35
διὰ τὸν τρόπον τῆς μεταβολῆς λέγεται φθαρτόν, ἀλλὰ διὰ τὸ ποτὲ μὲν
εἶναι, ποτὲ δὲ μή. ὑποστικτέον δὲ εἰς τὸ "ἢ ἐνδέχεται", ἵνα τὸ ἐλλεῖ-
20 πον τὸ ὕστερον μὴ εἶναι διὰ τῆς ὑποστιγμῆς προσεννοῶμεν. καί ἐστιν
οὗτος ὁ τρόπος τῷ πρώτῳ τοῦ γενητοῦ ἀντικείμενος· καὶ γὰρ ἀντίκειται 40
τὸ γενητὸν τῷ μὲν φθαρτῷ ὡς ἐναντίῳ, τῷ δὲ ἀγενήτῳ ὡς ἀποφάσει·
ἐκεῖνο δὲ γενητὸν ἦν, ὅτι πρότερον μὴ ὂν ὕστερον ἔστιν, εἴτε γινόμενον
εἴτε ἄνευ τοῦ γίνεσθαι ὁτὲ μὲν μὴ ὄν, πάλιν δὲ ὄν, ὅπερ ἐνταῦθα ἐσήμανε
25 διὰ τοῦ εἴτε φθειρόμενόν ποτε καὶ μεταβάλλον εἴτε μή. διὸ οὐ 45
δοκεῖ μοι καλῶς Ἀλέξανδρος λέγειν, ὅτι δύναταί τις ἐκ τῆς λέξεως ταύτης
τῆς | λεγούσης εἴτε φθειρόμενόν ποτε καὶ μεταβάλλον εἴτε μή 142ᵇ
ἀκούειν ὡς λέγοντος αὐτοῦ φθαρτὸν τὸ ἐπιτηδειότητα ἔχον τοῦ φθαρῆναι,
κἂν μὴ φθείρηται ποτε τῷ κεκωλῦσθαι, ὡς τὸ ἐν τῇ ἀτόμῳ ἄχυρον. ἀλλ'
30 ὅπερ ἐσήμαινεν ἐπὶ τοῦ γενητοῦ τὸ "εἴτε γινόμενον εἴτε ἄνευ τοῦ γίνεσθαι 5
ὁτὲ μὲν μὴ ὄν, πάλιν δὲ ὄν", τοῦτο σημαίνει μετὰ ἀντιθέσεως τὸ εἴτε
φθειρόμενόν ποτε καὶ μεταβάλλον εἴτε μή. δεύτερον δὲ τοῦ φθαρ-
τοῦ σημαινόμενον παραδίδωσι μέρος ὂν τοῦ πρὸ αὐτοῦ τὸ διὰ τοῦ φθείρε-

---

3 ἀντιτέθεικε] -ε e corr. E²   5 σημαινόμενον om. A   καὶ (pr.) om. A
κυριώτερον A   ἐστι] seq. ras. 1 litt. E   καὶ (alt.)] x cum ras. 2 litt. E: om.
bc   9 τρόπος] ὁ τρόπος A   12 τις ἄν E   13 καὶ (pr.)] δὲ καὶ A   16 μὴ
(alt.) Db: om. AE   17 μεταβάλλει D   αἱ DE²: om. AE   οὕτω Dc
18 ἀλλά] mg. E²   19 ὑποστικτέον] -έ- e corr. E   ἤ] εἰ c   23 γενόμενον c
25 ποτε] τε Ec   26 λέγειν Ἀλέξανδρος A   28 ἐπιτηδειότητα] -ει- e corr. E
29 κἂν] corr. ex καὶ E²   τῷ] corr. ex τὸ A²   τῇ] e corr. E   . 30 τὸ]
                                                            β   α
280ᵇ15   γενόμενον c   γίγνεσθαι Ec   32. 33 σημαινόμενον τοῦ φθαρτοῦ E¹

σθαι μεταβάλλον ἐκ τοῦ ὄντος εἰς τὸ μὴ ὄν, καθ' ὃ ηὐκέτι αἱ ἀφαὶ φθαρ- 142b
ται λέγονται, ὅπερ ἀντίκειται τῷ τρίτῳ τοῦ γενητοῦ τρόπῳ. τρίτον δὲ τοῦ 11
φθαρτοῦ σημαινόμενόν φησι τὸ ῥᾳδίως φθειρόμενον, ὅπερ εὔφθαρ-
τον εἰώθαμεν καλεῖν κυριώτερον· ἀντίκειται δὲ τοῦτο τῷ δευτέρῳ τοῦ
5 γενητοῦ σημαινομένῳ μερικώτερον. ἔστι δὲ καὶ τοῦτο εἰπεῖν δυνατὸν φθα- 15
ρῆναι, εἴτε τῷ ἀληθεῖ διορισθέντος τοῦ δυνατοῦ εἴτε τῷ ῥᾳδίως.

p. 280b25   Καὶ περὶ τοῦ ἀφθάρτου ὁ αὐτὸς λόγος ἕως τοῦ πρό-
τερον οὖσαι ὕστερον οὐκ εἰσί.

Πρῶτον τοῦ ἀφθάρτου σημαινόμενον ἐκτίθεται τὸ ἄνευ φθορᾶς ὁτὲ 20
10 μὲν ὄν, ὁτὲ δὲ μὴ ὄν, τοιαῦται δὲ αἱ ἀφαί, ὅτι ἄνευ τοῦ φθείρε-
σθαι πρότερον οὖσαι ὕστερον οὐκ εἰσίν. ἰσοδυναμεῖ δὲ τοῦτο
μερικῶς τῷ πρώτῳ τῶν φθαρτῶν σημαινομένῳ. καὶ γὰρ ἐκεῖνο φθαρτὸν
ἐλέγετο, ὅτι ἐκ τοῦ ὄντος εἰς τὸ μὴ ὂν μετέβαλλε, κἂν μὴ διὰ τοῦ 25
φθείρεσθαι· τοῦτο δὲ ἄφθαρτον, ὅτι, κἂν μεταβάλλοι ἐκ τοῦ ὄντος εἰς
15 τὸ μὴ ὄν, ἀλλ' οὐ διὰ φθορᾶς. καὶ δῆλον, ὅτι τοῦτο μὲν ἄφθαρτον διὰ
τὸν τρόπον τῆς μεταβολῆς, ἐκεῖνο δὲ φθαρτὸν διὰ τὸ πρότερον ὂν ὕστερον
μὴ εἶναι.

p. 280b28   Ἢ τὸ ὂν μὲν καὶ δυνατὸν μὴ εἶναι ἕως τοῦ οὐδὲ ταῦτα
ἅπτεσθαι.

20   "Αὕτη, φησὶν Ἀλέξανδρος, ἡ λέξις πᾶσα σχεδὸν δοκεῖ πᾶσι μὴ οἰ- 35
κείως κεῖσθαι ἐν τῇ τοῦ ἀφθάρτου διαιρέσει· φθαρτοῦ γὰρ τὸ σημαινό-
μενον, ἀλλ' οὐκ ἀφθάρτου δι' αὐτῆς ἐκτίθεσθαι δοκεῖ. τὸ γὰρ οὐ γὰρ
εἶ, καὶ ἡ ἀφὴ νῦν τοιοῦτόν τινα φθαρτοῦ τρόπον σημαίνει, καὶ δοκεῖ
ταὐτὸν σημαίνεσθαι τῇ ἐν τῇ τοῦ φθαρτοῦ διαιρέσει τῇ λεγούσῃ "εἴτε γὰρ
25 πρότερον ὄν τι ὕστερον μὴ ἔστιν ἢ ἐνδέχεται μὴ εἶναι, φθαρτὸν εἶναί 40
φαμεν, εἴτε φθειρόμενόν τι καὶ μεταβάλλον εἴτε μή"· διὸ καὶ οἱ μὲν λέ-
γουσιν ἐκεῖ τὴν λέξιν ὀφείλουσαν γεγράφθαι ταύτην ἐν τῇ τοῦ φθαρτοῦ
διαιρέσει ὡς δευτέραν γραφὴν μετενεγκεῖν τὸν γραφέα διχῶς ἁμαρτόντα,
καὶ ὅτι μὴ ἔξω ἐτήρησεν αὐτὴν ὡς διπλῆν γραφήν, καὶ ὅτι μετήνεγκεν 45

---

1. 2 ἄφθαρται A   3 διαφθειρόμενον A   3. 4 ἔφθαρτον E: corr. E²   4 τῷ]
bis E, sed corr.   5 post μερικώτερον add. ὄν E²c   ἔστιν E, sed corr.
6 τὸ ἀληθὲς E: corr. E²   8 εἰσίν c   9 τοῦ om. D   13 ἐλέγομεν A   μετέ-
βαλε Ec   16 διὰ τὸ] τῷ D   18 καὶ δυνατὸν AD (ut Arist. cod. H): δυνατὸν δὲ E
(καὶ δ. δὲ Arist. cod. E): ἀδύνατον δὲ c (Arist. cod. L); cf. infra p. 318,16   lemma
continuandum erat usque ad p. 281ᵃ1 φθειρόμενον   20 δοκεῖ πᾶσι Ab: δοκεῖ CD:
πᾶσι δοκεῖ Ec   21 τὸ] del. E²   22 γὰρ σὺ γὰρ b: σὺ γὰρ A: γὰρ σὺ DE²c: γὰρ
seq. lac. 6 litt. E   24 ἐν τῇ om. A   εἴτε] κτλ. 280b20   25 εἶναί (alt.) om. D
26 φαμεν] φα' A   μή] καὶ μή D   καὶ (alt.) om. Ec   28 δευτέραν] δ' ἑτέραν e
corr. E²,c   ἁμαρτῶντα AE: corr. E¹   29 διπλῆν ADE: ἄλλην E²bc: mg. ἢ ὡς
ἄλλην ἢ ὡς διπλῆν, δοκεῖ δὲ μᾶλλον δεῖν λέγειν διπλῆν E¹   καὶ] suprascr. E²

ἐκεῖθεν. ἄλλοι δέ, φησίν, εἶναι μὲν ἐπὶ τοῦ ἀφθάρτου λέγου|σι, ταὐτὸν 143ᵃ
δὲ σημαίνουσαν τῇ μελλούσῃ λέγεσθαι τῇ "ἢ καὶ τὸ μήπω ἐφθαρμένον,
ἐνδεχόμενον δὲ ὕστερον μὴ εἶναι" μὴ δεόντως ἐν τῷ ἐδαφίῳ φέρεσθαί
φασι· πρὸς γὰρ ἐκείνῃ διπλῆν ποιεῖν γραφήν. οὐ μήν, φησίν, πάντῃ
5 ἀπᾴδοι ἂν τῆς τοῦ ἀφθάρτου διαιρέσεως· ἔοικε γὰρ λέγειν ἄφθαρτον δι' 5
αὐτῆς τὸ ὄν, ὅτε ἔστι, εἴτε δυνατὸν εἴη ποτὲ μὴ εἶναι εἴτε καὶ φθαρησό-
μενόν ποτε καὶ διὰ τοῦτο μὴ ἐσόμενον, νῦν μέντοι ὄν, πρὸς μηδὲν τούτων
ἀποβλεπόντων ἡμῶν ἀλλ' ἢ πρὸς τὸ εἶναι αὐτοῦ μόνον καὶ διὰ τοῦτο
ἄφθαρτον αὐτὸ λεγόντων."

10   Ταῦτα μὲν ὁ Ἀλέξανδρος. καὶ ὅτι μὲν καὶ τὸ ὄν, ὅτε ἔστι, δι' αὐτὸ 10
τοῦτο τὸ νῦν εἶναι ἄφθαρτον καλεῖ, κἂν μέλλῃ φθείρεσθαι, δῆλον καὶ ἐκ
τοῦ μετ' ὀλίγον λεγομένου τοῦ καὶ τὸ μήπω ἐφθαρμένον, ἐνδεχό-
μενον δὲ ὕστερον μὴ εἶναι· οὐ μέντοι πᾶσαν τὴν λέξιν οἶμαι τοῦτο
σημαίνειν· καὶ γὰρ ἡ ἀρχὴ τῆς λέξεως ἐν τοῖς πλείοσι τῶν εἰς ἐμὲ ἐλθόν- 15
15 των βιβλίων οὐχ οὕτως ἔχει, ὡς Ἀλέξανδρος ἔγραψεν, ἢ τὸ ὂν μὲν καὶ
δυνατὸν μὴ εἶναι, ἀλλ' οὕτως· ἢ τὸ ὂν μέν, ἀδύνατον δὲ μὴ εἶναι.
καὶ εἴπερ οὕτως ἔχει, τὰ δύο σημαινόμενα τοῦ ἀφθάρτου εἰπὼν νῦν ἀσα-
φέστερον τό τε κυρίως διὰ τοῦ ἢ τὸ ὂν μέν, ἀδύνατον δὲ μὴ εἶναι 20
καὶ τὸ ἀκύρως τὸ κατὰ τὸ νῦν ὂν διὰ τοῦ ἢ καὶ οὐκ ἐσόμενόν ποτε,
20 νῦν δὲ ὄν, καὶ παραδείγματα τοῦ τοιούτου προσθεὶς τὸ σὺ γὰρ εἶ καὶ
ἡ ἁφὴ νῦν, ἐπαγαγών, ὅτι, κἂν κατὰ τὸ νῦν εἶναι ἄφθαρτα ταῦτα λέγη- 25
ται, ἀλλ' ὅμως φθαρτά ἐστι κατ' ἀλήθειαν, ὅτι ἔσται ποτέ, ὅτε οὐκ
ἀληθὲς εἰπεῖν, ὅτι εἰ, οὐδὲ ταῦτα ἅπτεσθαι, ὧν τὸ μὲν μετὰ φθο-
ρᾶς οὐκέτι ἔστι, τὸ δὲ ἄνευ φθορᾶς· ταῦτα οὖν εἰπὼν ἀσαφέστερον ἐφε-
25 ξῆς τὰ αὐτὰ σαφέστερον παραδίδωσι, τὸ μὲν κυρίως διὰ τοῦ τὸ δὲ μά-
λιστα κυρίως τὸ ὂν μέν, ἀδύνατον δὲ φθαρῆναι οὕτως, ὥστε νῦν 30
ὂν ὕστερον μὴ εἶναι ἢ ἐνδέχεσθαι μὴ εἶναι, ὅπερ ἀντίκειται τῷ
πρώτῳ τοῦ φθαρτοῦ σημαινομένῳ καὶ τῷ πρώτῳ τοῦ γενητοῦ, τὸ δὲ ἀκυ-
ρότερον λεγόμενον φθαρτὸν διὰ τοῦ ἢ καὶ τὸ μήπω ἐφθαρμένον, ἐν-

---

1 φησίν] φα' A: om. b   2 ἢ καὶ] κτλ. 280ᵇ33   τὸ] corr. ex τοῦ E²
post ἐφθαρμένον add. ὂν δέ c   3 μὴ δεόντως scripsi: non opportune b: μηδὲ ὄντως
ADE²c: μὴ ὄντος E   4 ἐκείνην Ec   διπλῆν] ἄλλην K²bc   ποιεῖ ᵛ A
πάντῃ Ab: om. DEc   7 μὴ] τὸ μὴ c   8 καὶ om. A   10 καὶ (pr.)] corr. ex
κἂν E²   11 τὸ] suprascr. E²   μένῃ E: corr. E²   12 τὸ A: om. DE
μήπως A, sed corr.   ἐφθαρμένου D   deinde add. ex Arist. vulg. ὂν δέ c
12. 13 ἐνδεχομένου D   13 δ' c   15 ὡς] ὡς καὶ ὁ D   ἔγραψεν—οὕτως (16)
suprascr. E²   15. 16 καὶ δυνατὸν] δυνατὸν δὲ E²c   17 ἔχει om. E: corr. E²
εἰπὼν νῦν A: εἰπὼν δὲ DE: παραδίδωσιν εἰπὼν δὲ E²c   19 τὸ νῦν] corr. ex νῦν E²
20 δ' c   21 ἐπαγαγών] καὶ ἐπαγαγών E²bc   21. 22 λέγεται Ec   22 ποθ'
ὅτ' c   23 ἀληθές σ' c   εἶπεν E: corr. E²   ταῦθ' c   24 ἔστι] seq. ras.
1 litt. E   ταῦτα] οὐκέτι ταῦτα E   25 τοῦ] 280ᵇ31—33   25. 26 μάλ-
λιστα E, sed corr.   26. 27 νῦν ὄν] corr. ex νῦν E²   28. 29 ἀκυρώτερον ADE
29 τοῦ] 280ᵇ33—34   post ἐφθαρμένον add. ὂν δέ c

δεχόμενον δὲ ὕστερον μὴ εἶναι· ἰσοδυναμεῖ δὲ τοῦτο τῷ δευτέρῳ τοῦ 143a
δευτέρου τρόπῳ.

Τελευταῖον δὲ τοῦ ἀφθάρτου σημαινόμενον προσέθηκε τὸ μὴ ῥᾳ-
δίως φθειρόμενον, ὃ δύσφθαρτον ἂν λέγοιτο ἀντικείμενον τῷ εὐ-
5 φθάρτῳ.

p. 281a1 **Εἰ δὴ ταῦθ' οὕτως ἔχει ἕως τοῦ καὶ χίλια καὶ ἕν.**

Μετὰ τὸ διορίσαι τὰ σημαινόμενα τοῦ τε ἀγενήτου καὶ γενητοῦ καὶ
τοῦ φθαρτοῦ καὶ ἀφθάρτου περὶ τοῦ ἀδυνάτου καὶ δυνατοῦ προτίθεται
διδάξαι, πῶς λέγεται, καὶ ὅτι ἐχρήσατο αὐτοῖς ἐν τῇ τῶν σημαινομένων
10 διαστολῇ, καὶ μέντοι ὅτι | χρήσιμα ταῦτα αὐτῷ πρὸς τὴν τοῦ προχει- 143b
μένου δεῖξιν (τοῦτο δὲ ἦν τὸ μήτε γενόμενόν τι ἄφθαρτον μήτε ἀγένητον
οἷόν τε φθαρτὸν εἶναι), εἴπερ, ὡς αὐτὸς ἐρεῖ, τὸ μὲν ἀγένητον καὶ ἄφθαρ-
τον τῷ ἀδυνάτῳ ὥρισται τὰ κυρίως λεγόμενα, περὶ ὧν ὁ λόγος· ἀγένητον
γάρ ἐστι τὸ μὴ δυνάμενον γενέσθαι ὥστε πρότερον μὴ ὂν ὕστερον
15 εἶναι· τὸ γὰρ τὴν διάμετρον τῇ πλευρᾷ σύμμετρον εἶναι διὰ τοῦτο
ἀγένητον, ὅτι μὴ ὂν ἀδύνατον ὕστερον εἶναι· καὶ ἄφθαρτον δὲ κυρίως ἐκεῖνο
λέγομεν, ὅπερ νῦν ὂν ἀδύνατον ὕστερον μὴ εἶναι. τὸ δὲ γενητὸν καὶ τὸ
φθαρτὸν τῷ δυνατῷ ὁρίζεται· γενητὸν γάρ, ὃ πρότερον μὴ ὂν ὕστερον δυ-
νατὸν εἶναι, καὶ φθαρτὸν τὸ ὂν μέν, ἐνδεχόμενον δέ ποτε μὴ εἶναι. ἀναγ-
20 καῖος οὖν ὁ τοῦ δυνατοῦ καὶ τοῦ ἀδυνάτου διορισμός. λέγει οὖν, ὅτι
πᾶσα δύναμις πρὸς τὴν ὑπεροχὴν καὶ πρὸς τὸ μέγιστον, ὧν δύναται, λέ-
γεταί τε καὶ ἔστιν· οὔτε γὰρ τὸ ὑπὲρ τοῦτο δύναται· εἰ γὰρ ἔτι δύναται,
οὐκ ἦν τοῦτο, ᾧ ὡρίζετο ἡ δύναμις· οὔτε πρὸς τὸ ἐνδοτέρω καὶ ἔλαττον
λέγεται ἡ δύναμις· οὐ γὰρ τοῦτο μόνον δύναται· ἡ οὖν μὴ δυναμένη δύ-
25 ναμις πλέον τῶν ἑκατὸν σταδίων βαδίσαι ἢ ἆραι πλέον ἑκατὸν ταλάντων
βάρος τούτων ἂν εἴη δύναμις· τὰ γὰρ ἐντὸς τούτων ἀνάγκη μὲν αὐτὴν
δύνασθαι, ἀλλ' οὐ τούτοις ὁρίζεται, ἀλλ', ὥσπερ τὸ ἔλαττον βάρος ἐν τῷ
μείζονι, οὕτως καὶ ἡ ἐλάττων δύναμις ἐν τῇ μείζονι περιέχεται, καὶ ἔστι
τὸ μὲν μεῖζον τῆς μείζονος δυνάμεως ἴδιον, τὸ δὲ ἔλαττον τῆς ἐλάττονος.
30 ὥσπερ δὲ ἡ δύναμις τῷ ἐσχάτῳ καὶ τῇ ὑπεροχῇ, ὧν δύναται, ὁρίζεται,
οὕτως ἡ ἀδυναμία τῷ πρώτῳ, ὧν οὐ δύναται· ὅπερ καθ' ὑπερβολὴν εἶπεν

---

1 δὲ (pr.)] δ' c   δὲ (alt.)] τε c   2 δευτέρου] immo πρώτου, cf. 280b21   τρόπου
Ac   3 τὸ] 280b35   4 κείμενον E: corr. E²   4. 5 ἀφθάρτῳ D   6 ταῦτα E
post ἕν del. p. 320,13 δύναται—ἐλαχί (p. 321,16) E¹   8 τοῦ (pr.) om. E   ἀδυνάτου
Ab: δυνατοῦ DEc   δυνατοῦ Ab: ἀδυνάτου DEc   12 φθαρτὸν εἶναι] φθαρῆναι
C: φθαρτὸν D   15 τὸ γὰρ—εἶναι om. A   διάμετρον] e corr. E²   17 τὸ (alt.)
om. A   18 ἄφθαρτον E   ὃ] ὅτι A   19 ποτε om. Ec   19. 20 ἀναγκαίως E
20 δυνατοῦ] ἀδυνάτου CD   καὶ τοῦ ἀδυνάτου Eb: καὶ δυνατοῦ C: καὶ τοῦ δυνατοῦ D:
om. A   21 ὧν] corr. ex ὂν E²   22 ὑπὲρ τοῦτο] ὑπὸ τούτου A   23 οὔτε—
δύναμις (24) om. E   τὸ] corr. ex τῷ A²   24 μὴ om. E   25 τῶν om. c
28 οὕτω CD   29 ἥδιον E   τῆς ἐλάττον-] bis E: corr. E¹   31 ἀδυναμία] corr.
ex δύναμις E²   οὐ Ab: suprascr. DE²

ὁ Ἀριστοτέλης, οὐχ οὕτως ὡς ἐπὶ τῆς δυνάμεως τὴν ὑπεροχὴν ἔλεγεν· 143b
ἐκείνη μὲν γὰρ τὸ μέγιστον ἐσήμαινεν, ὧν δύναται, ἡ δὲ ὑπερβολὴ αὕτη
τὸ πρῶτον καὶ ἐλάχιστον, ὧν οὐ δύναται, σημαίνει, ὅπερ καθ' ὑπερβολήν, 30
ὧν δύναται, τὴν ὑπόστασιν ἔχει· ὁ γὰρ τέσσαρα στάδια βαδίσαι δυνάμενος
τὰ πέντε τὰ ὑπερβάλλοντα τὰ τέσσαρα οὐκέτι δύναται καὶ πλείω ἔτι
μᾶλλον ἀδυνατεῖ· ἀλλὰ πρῶτα τὰ πέντε ἐστὶ τὰ τὴν ἀδυναμίαν ὁρίζοντα.

p. 281ᵃ18   Μηδὲν δὲ ἡμᾶς παρενοχλείτω ἕως τοῦ ἡ δὲ ταχύτης ἡ
τοῦ πλείονος.   40

Εἰπὼν τὴν δύναμιν ὡρίσθαι τῷ πλείστῳ, ὧν δύναται, καὶ ὅτι ὁ τὸ
πλέον δυνάμενος καὶ τὸ ἔλαττον δύναται, ἐνενόησε τὴν ἀπὸ τῶν αἰσθήσεων
ἔνστασιν. ἀντιπεπονθότως γὰρ ἔχειν αἱ αἰσθήσεις πρὸς τὰς δυνάμεις δο-
κοῦσιν, ὡς καὶ ὁ Πλάτων ἐν τοῖς Νόμοις ἐπέστησεν· ἡ γὰρ μείζων αἴσθη- 45
σις τῷ ἐλάττονι αἰσθητῷ ὁρίζεται, οὗ ἡ ἐλάττων οὐκέτι δύναται ἀντι-|
λαβέσθαι· τὸ γὰρ ἐλάχιστον ὁρατὸν καὶ τὸ ἀμυδρότατον ἀκουστὸν ἐρρω- 144ᵃ
μένων ἐστὶν αἰσθήσεων ἀντιληπτά (τὰ γὰρ μέγιστα καὶ τῶν τυχουσῶν),
καὶ οὐ μόνον ἐπὶ ὁράσεως καὶ ἀκοῆς τοῦτο, ἀλλὰ καὶ ἐπὶ τῶν ἄλλων αἰ-
σθήσεων· τῶν γὰρ ἀμυδροτέρων καθ' ἑκάστην ποιοτήτων αἱ ἰσχυρότεραι 5
τῶν αἰσθήσεων μᾶλλον ἀντιλαμβάνονται· ὥστε, καθάπερ ἡ δύναμις ὁρίζεται
τῷ μεγίστῳ, ὧν δύναται, οὕτως ἡ αἴσθησις τῷ ἐλαχίστῳ, ὧν αἰσθάνεται.
ταύτην τὴν ἔνστασιν καὶ πρὸ τοῦ φανερὰν αὐτὴν ποιῆσαι λύων διωρίσθω
φησὶ κατὰ τῆς ὑπεροχῆς τὸ τέλος λεγόμενον τὸ κυρίως δυνατόν. 10
τὸ δυνατόν, φησί, τὸ τῇ ἀκρότητι πανταχοῦ τῆς δυνάμεως προσῆκον μὴ
τῷ μείζονι ἢ ἐλάττονι ὡρίσθω· οὕτως γὰρ διαφωνήσουσι τὰ τῶν αἰσθή-
σεων δυνατὰ πρὸς τὰ ἄλλα. εἰ μὲν γὰρ τῷ μείζονι ὁρίζεται τὸ δυνατόν,
οὐκέτι δυνατωτέρα αἴσθησις ἡ τοῦ ἐλάττονος ἀντιληπτική, εἰ δὲ τῷ ἐλάτ- 15
τονι, οὐκέτι δυνατώτερος ὁ πλέον ἆραι βάρος δυνάμενος καὶ πλείονα στά-
δια βαδίσαι· ἀλλὰ χρή, φησί, τὴν ὑπεροχὴν πανταχοῦ τῆς δυνάμεως τῷ
τέλει ὡρίσθαι ἐκείνου, οὗ δύναται τὸ δυνάμενον, εἴτε τὸ μεῖζόν ἐστι τὸ
τέλος εἴτε τὸ ἔλαττον. ἐπὶ μὲν γὰρ τῶν βαρῶν τέλος ἐστίν, ὧν δύναται 20
ἆραι ὁ αἴρων, τὸ μέγιστον· εἰ γὰρ αἴρων τις δέκα τάλαντα δύναιτο καὶ
εἴκοσιν ἆραι καὶ τριάκοντα καὶ μέχρι πεντήκοντα, τὸ τέλος ἐστίν, ὧν δύ-
ναται, τὰ πεντήκοντα. ἐπὶ δὲ τῶν αἰσθητῶν τὸ ἐλάχιστόν ἐστι τὸ τέλος·

---

1 ὑπεροχὴν CDE: ὑπερβολὴν Ac(b)   2 ἐκεῖνο A: illi b   5 τὰ (sec.) supra-
scr. E²   οὐκέτι Ab: οὐ CDEc   καὶ πλείω A: δὲ πλείω E: πλείω δὲ CD: εἰ δὲ
πλείω E²bc   6 πρῶτον CD   ἐστὶ] seq. ras. 1 litt. E   10 τῶν om. A
12 Νόμοις] 894 a   14 ἀμυδρότερον CD   14. 15 ἐρρωμένων E   15 ἐστὶν] corr.
ex ἐστὶ καὶ E²   19 τῷ ἐλαχίστῳ om. E   20 ἔνστασιν] corr. ex αἴσθησιν E¹   φανεραν-
ρᾶν E   διωρίσθω] -ω- e corr. E¹   22 τὸ δυνατόν addidi: om. ADEbc
φησὶ om. b   μὴ] non enim b   23 οὕτω Dc   25 ἀντιληπτικὴ E: corr. E²
deinde del. εἰ δὲ τοῦ ἐλάττονος ἀντιληπτικὴ E²   26 βάρος om. Ac   27 πανταχοῦ cum
lac. E: πανταχόθεν c   29 βαρέων Ec   ὧν] ἐκεῖνο δ D: ὅτε C   30 αἴρων τις]
αἴροντος CD   δύναται A   31 εἴκοσι E

SIMPLICII IN L. DE CAELO I 11 [Arist. p. 281ᵃ18] 321

ὁ γὰρ ὁρῶν δακτυλιαῖον μέγεθος εἰ καὶ τὸ ἥμισυ τούτου δύναιτο ὁρᾶν καὶ 144ᵃ
τὸ τέταρτον καὶ μέχρι τοῦ ἑκατοστοῦ, τοῦτό ἐστι τὸ τέλος, ᾧ ὁρίζεται ἡ 26
ὑπεροχὴ τῆς ὁρώσης δυνάμεως· ὥστε τὸ μὲν ἐλάχιστον ἴδιόν ἐστι τῆς
ὑπερεχούσης αἰσθήσεως· ἡ γὰρ μείζων τοῦ ἐλάττονός ἐστιν ἀντιληπτική·
5 τὸ δὲ μέγιστον ἴδιον τῆς τῶν ἄλλων δυνάμεων ὑπεροχῆς, τὸ δὲ τέλος, ὧν 30
δύναται, κοινὸν ἀμφοῖν ἐστι τῆς τε αἰσθητικῆς καὶ τῶν ἄλλων. ὁ δὲ
Ἀλέξανδρός φησιν, ὅτι καὶ ἐπὶ τῶν αἰσθητῶν δυνατόν φησιν ἀπὸ τοῦ με-
γίστου τὴν ὑπεροχὴν τῆς αἰσθητικῆς δυνάμεως χαρακτηρίζειν, εἰ ἐν τοῖς
διαστήμασι ληφθῇ τὸ μέγεθος, ἀφ' ὧν ἡ αἴσθησις ἀντιλαμβάνεται· μείζων 85
10 γὰρ ὁρατικὴ δύναμις ἡ ἀπὸ μείζονος διαστήματος ὁρῶσα καὶ ἀκοὴ ἡ ἀπὸ
μείζονος ἀκούουσα καὶ ὄσφρησις ὁμοίως. ἀλλὰ πρῶτον μὲν οὐ τὸ διά-
στημά ἐστιν ἐπὶ τῶν τοιούτων τὸ αἰσθητόν τε καὶ δυνατόν, ἔπειτα οὐκ
ἐπὶ πασῶν τῶν αἰσθήσεων ἔστι τοῦτο λαβεῖν· ἡ γὰρ ἁπτικὴ αἴσθησις, 40
κἂν μείζων κἂν ἐλάττων ᾖ, οὐκ ἀντιλαμβάνεται μὴ ἀμέσως πελάσαντος
15 τοῦ ἁπτοῦ. τὸ μέντοι τέλος, οὗ δύναται, καὶ ἐπὶ τῶν ἁπτῶν ὁρίζει τὴν
ὑπεροχὴν τῆς δυνάμεως· ἡ γὰρ τοῦ ἐλαχίστου μεγέθους ἢ σχήματος ἢ
τῆς ἀμυδροτάτης σκληρότητος ἢ μαλακότητος ἀντιληπτικὴ αἴσθησις ὑπερ-
έχει κατὰ δύναμιν τῶν μὴ τοιούτων. κἂν λέγῃ οὖν ὁ Ἀριστοτέλης ὁ γὰρ 45
ὁρῶν στάδιον, τὸ τοῦ ὁρατοῦ μέγεθος ὁρίζει, ὅτι | σταδιαῖον, οὐχὶ 144ᵇ
20 τὸ ἀπόστημα, ἀφ' οὗ τὸ ὁρώμενον ὁρᾶται.

Προσθεὶς δὲ τὴν ἀπὸ τῆς αἰσθήσεως ἀπορίαν ὁ Ἀριστοτέλης καὶ
ὑποδείξας, πῶς ἐν τοῖς αἰσθητοῖς τὰ ἐλάττονα τὰς ὑπεροχὰς ὁρίζει τῶν
δυνάμεων, οὐδέν, φησί, τοῦτο διαφέρει πρὸς τὸν ἀποδοθέντα τῆς δυνάμεως 5
καὶ τῆς ἀδυναμίας λόγον· καὶ γὰρ μείζων μὲν ἡ ὑπερβάλλουσα δύναμις καὶ
25 ἡ ὑπερβάλλουσα ἀδυναμία, ἀλλ' ἡ ὑπερβολὴ ἢ ἀπὸ τῆς δυνάμεως ὁρί-
ζεται, ὅταν δ μὲν ὑπερβάλλῃ, δ δὲ ἐλλείπῃ ἐν τῷ αὐτῷ εἴδει, ἢ ἐπὶ
τοῦ πράγματος τοῦ δυνατοῦ. ἀλλ' ὅταν ἡ δύναμις αὐτὴ καθ' αὑτὴν ὁρᾶ- 10
ται, ἁπλοῦς ὁ τῆς ὑπερβολῆς λόγος· ὅταν δὲ μετὰ τοῦ δυνατοῦ, ἡ μὲν
ὄψις καὶ ὅλως ἡ αἴσθησις ἡ τοῦ ἐλάττονος αἰσθητοῦ ὑπερέχει, ἡ δὲ τα-
30 χύτης ἡ τοῦ πλείονος διαστήματος ἐν τῷ ἴσῳ χρόνῳ ἀνυτική. ἡ μέντοι
τῆς δυνάμεως ὑπεροχή, ὅπως ἂν ἔχῃ τὸ δυνατόν, ὑπεροχή ἐστι, καὶ 15
ἀληθὲς τὸ πρότερον εἰρημένον, ὅτι τῇ ὑπεροχῇ ὁρίζεται ἡ δύναμις πρὸς
τὸ τελευταῖον, ὧν δύναται, λεγομένη.

---

3 ἴδιόν—ἐστιν (4)] mg. E²   4 ὑπεροχῆς τῆς Ec   ἐστι A   6 τε om. CD
8 τὴν ὑπεροχὴν A²E²b: τῆς ὑπεροχῆς ADE   9 μείζων] corr. ex μεῖζον E²   12 ἔπειτα]
ἐπεὶ A   13 τοῦτο] corr. ex τὸ E²   14 μεῖζον E: corr. E²   ᾖ om. D: corr.
ex ἢ E²   15 οὗ b: οὐ ADEc   ὁρίζει Ab: ὁρίζειν DEc   16 ἢ] corr. ex οἱ E²
17 ᾖ] καὶ A   23 τοῦτο] corr. ex τοῦ E²   24 τῆς] τῇ A   μεῖζον E: corr. E²
25 ὑπερβολῇ] in ras. E¹   ἢ A²: ἡ ADE: del. E²: om. c   ἀπό] mut. in ἐκ vel ἐπὶ
A²: iu ras. E¹   26 δ (pr.)] hoc b: ὁ A: ἡ DEc   δ (alt.)] hoc b: ὁ A: ἡ DEc
ἢ A: ἡ Ebc: om. D   30 ἀνυτική E: ἀνυστική E²c   31 ἔχει E, sed corr.:
comp. ambig. A

Comment. Arist. VII Simpl. de Caelo.   21

p. 281ᵃ28 Εἰ δή ἐστιν ἔνια δυνατὸν εἶναι καὶ μὴ ἕως τοῦ ἀλλὰ 144ᵇ
          τοῦτο ἀδύνατον.   21

   Προλαβὼν τὰ χρήσιμα πρὸς τὸ προκείμενον ἐφεξῆς ἐκείνοις χρώμενος
δείξει, ὅτι οὔτε γενητόν τι ἄφθαρτον εἶναι δυνατὸν οὔτε ἀγένητον φθαρτόν.
5 τοῦτο δὲ δείξει προδείξας, ὅτι πᾶν τὸ λαμβανόμενον, εἴτε οὐσία εἴτε ποσὸν 25
εἴτε ποιὸν εἴτε ὁποιαοῦν κατηγορία, ἀνάγκη, εἰ ἔχει δύναμιν τοῦ εἶναι καὶ
μὴ εἶναι, μὴ ἐπ' ἄπειρον ἀλλ' ὡρισμένον χρόνον ἔχειν ἑκατέραν τῶν δυ-
νάμεων. εἰ γὰρ μή ἐστιν ὡρισμένος ὁ χρόνος ὁ τοῦ εἶναι καὶ πάλιν ὁ
τοῦ μὴ εἶναι, μηδὲ ἔστι τις ἔξω ἐκείνου χρόνος, ὥστε ἐλάττονα εἶναι τὸν 30
10 ληφθέντα χρόνου τινός, ἀλλ' ἀεὶ πλείων ἐστὶ παντὸς τοῦ προτεθέντος, δῆ-
λον, ὅτι ἄπειρον ἔσται χρόνον δυνατὸν εἶναι καὶ μὴ εἶναι ἄλλον ἄπειρον,
ὅπερ ἀδύνατον. εἰ οὖν τὸ μὲν γενητὸν καὶ ἄφθαρτον λεγόμενον δύναται
ἐπ' ἄπειρόν τε μὴ εἶναι τὸν πρὸ τοῦ χρόνον καὶ ἐπ' ἄπειρον εἶναι τὸν 35
ἑξῆς, τὸ δὲ ἀγένητον μέν, φθαρτὸν δέ, δύναται εἶναί τε ἐπ' ἄπειρον τὸν
15 πρὸ τοῦ χρόνον, εἴπερ ἀγένητον, καὶ μὴ εἶναι τὸν μετά, εἴπερ φθαρτόν,
ἀδύνατον δὲ ἐπ' ἄπειρον ἅμα τοῦ εἶναι καὶ μὴ εἶναι δύναμιν ἔχειν, ὡς
δειχθήσεται, ἀδύνατον ἄρα καὶ γενητόν τι ὂν ἄφθαρτον εἶναι ἢ ἀγένητον 40
φθαρτόν.

p. 281ᵇ2 Ἀρχὴ δὲ ἔστω ἐντεῦθεν ἕως τοῦ ἀλλὰ τοῦ ἅμα πάντα
20   πρᾶξαι.   45

   Ἀρχὴν ποιεῖται τῆς δείξεως τοῦ ἀδύνατον εἶναί τι ἄπει|ρον χρόνον 145ᵃ
ἅμα τοῦ εἶναί τε καὶ μὴ εἶναι δύναμιν ἔχον τὸ δεῖξαι, ὅτι μὴ ταὐτόν ἐστι
τὸ ψεῦδος καὶ τὸ ἀδύνατον, μηδὲ ὁ ὑποτιθέμενος ψεῦδος ἤδη καὶ ἀδύνατον
ὑποτίθεται, καὶ ὅτι ἀκολουθεῖ ἀδυνάτῳ μὲν ἀδύνατον, ψεῦδος δὲ ψεύδει, ὡς
25 ἐν τῷ πρώτῳ τῶν Προτέρων Ἀναλυτικῶν ἔδειξε. καὶ πρῶτον, ὅτι μὴ ταὐ- 5
τόν ἐστι τὸ ψεῦδος καὶ τὸ ἀδύνατον, δείκνυσι διαιρῶν ἑκάτερον αὐτῶν εἰς
τε τὸ ἁπλῶς καὶ εἰς τὸ ἐξ ὑποθέσεως, ἵνα τὰ πολλαχῶς λεγόμενα διορίσας
ἐκλέξηται ἐκεῖνα, περὶ ὧν τὸν λόγον ποιήσεται· τῶν γὰρ ἁπλῶς καὶ κυρίως

---

1 δυνατὸν A: δυνατὰ D: δυνατὰ καὶ Ec   2 τοῦτ' c   3 ἐκείνους A: corr. A²
4 φθαρτόν] καὶ φθαρτόν A   5 προσδείξας A: corr. A²   ποσὸν CDb: ποιὸν
AEc   6 ποιὸν CDb: ποσὸν AEc   7 ὡρισμένον] ὤ- e corr. E¹   7. 8 δυνα-
μένων E, sed corr.   9 μηδὲν A: corr. A²   τι A: corr. A²   10 χρόνου CDb:
χρόνον AE   ἐστὶ] seq. ras. 1 litt. E   13 μὴ εἶναι] suprascr. E²   τὸν (alt.) A: τὸ
CDE   14 δέ] suprascr. E¹   τε om. Ec   15 -νον—ἀδύ- (16)] in ras. D
μετά ACD: μετὰ ταῦτα A²: μετὰ τὸ E²: τὸν ἐφεξῆς mg. E²,c   16 ἅμα] corr. ex
ἄρα E²   17 ἢ] suprascr. E²   19 δ' c   ἀλλὰ τοῦ] bis D: om. A
πάντα D: om. A   20 πρᾶξαι D: προδξαι A (prorsus alia hab. codd. Arist.)
22 ἔχων E: corr. E²   24 ἀδυνάτῳ μὲν Ab: μὲν ἀδυνάτῳ DE: τῷ μὲν ἀδυνάτῳ c
ψεῦδος—πρῶτον (25)] mg. E²   ψεῦδος δὲ ψεύδει] ψεῦδος δὲ E: del. E²: τῷ δὲ ψεύδει
ψεῦδος E²c   25 πρώτῳ] cap. 15   ἔδειξε AC: ἐδείχθη D: δείκνυσι E²c

λεγομένων δεήσεται πρὸς τὰ προκείμενα καὶ τὰς τούτων πρὸς ἄλληλα ἀκο- 145a
λουθίας. διὰ παραδειγμάτων δὲ ἐλλιπῶς ἑρμηνευθέντων τὸ ´καθ' αὐτὸ μὲν 11
ἀναγκαῖον ὄν, ἐξ ὑποθέσεως δὲ ἀδύνατον γινόμενον παρίστησι. τὸ γὰρ
δυσὶν ὀρθαῖς ἴσας ἔχειν τὰς τρεῖς γωνίας τὸ τρίγωνον ἐξ ἀνάγκης ὑπάρχον
5 αὐτῷ ἐξ ὑποθέσεως ἀδύνατον ἔσται, εἴ τις ὑπόθηται τὴν ἐκτὸς τοῦ τρι- 15
γώνου γωνίαν δύο ταῖς ἐντὸς καὶ ἀπεναντίον μὴ ἴσην εἶναι, ἀλλ' ἢ μείζονα
αὐτῶν ἢ ἐλάττονα, καὶ τὸ τὴν διάμετρον τοῦ τετραγώνου ἀσύμμετρον εἶναι
ταῖς πλευραῖς ἀναγκαῖον ὑπάρχον ἀδύνατον δειχθήσεται, ἐὰν ὑπόθηταί τις
ἐν τοῖς ὀρθογωνίοις ἰσοσκελέσι τριγώνοις τὴν ὑποτείνουσαν τὴν ὀρθὴν γω- 20
10 νίαν ἴσην ἢ διπλασίαν εἶναι ἑκατέρας τῶν περιεχουσῶν· ἀναπληρωθέντος
γὰρ τοῦ τετραγώνου ἡ ὑποτείνουσα διάμετρος γινομένη σύμμετρος ἔσται
ταῖς πλευραῖς ἢ ἴση οὖσα ἢ διπλασίων, ἀδύνατον δὲ τὸ σύμμετρον εἶναι, καὶ
συνῆκται τὸ ἀδύνατον ἐξ ὑποθέσεως. ὁ δὲ Ἀλέξανδρος τοῦτο παράδειγμά 25
φησιν εἶναι τοῦ καθ' αὑτὸ μὲν ἀδυνάτου, ἐξ ὑποθέσεως δὲ δυνατοῦ, τὸ
15 σύμμετρον εἶναι τὴν διάμετρον τῇ πλευρᾷ· καὶ δυνατὸν καὶ οὕτως ἐκδέ-
χεσθαι, καὶ μάλιστα ὅτι καὶ ὁ Ἀριστοτέλης περὶ ἀμφοῖν προὐβάλλετο
εἰπεῖν τοῦ τε ἀδυνάτου καὶ τοῦ δυνατοῦ τῶν ἐξ ὑποθέσεως, ἐν οἷς εἶπεν· 30
ἔστι δὲ τὸ ἀδύνατον καὶ δυνατὸν καὶ τὸ ψεῦδος καὶ τὸ ἀληθὲς
τὸ μὲν ἐξ ὑποθέσεως, τὸ δὲ ἁπλῶς.
20 Τῶν μέντοι ἐξ ὑποθέσεως ἀληθῶν καὶ ψευδῶν οὐκέτι τέθεικεν ἴδια
παραδείγματα ἢ ὡς ἐκ τῶν εἰρημένων περὶ τοῦ ἐξ ὑποθέσεως ἀδυνάτου 35
καὶ δυνατοῦ γινωσκόντων ἡμῶν, πῶς ἐξ ὑποθέσεως ψεῦδος γίνεται καὶ
ἀληθές· ἡμέρας γὰρ νῦν οὔσης ἐξ ὑποθέσεως ἔσται ψεῦδος τὸ ἡμέραν
εἶναι, εἴ τις ὑπόθηται τὸν ἥλιον ὑπὸ γῆν ὄντα, καὶ ψεῦδος ὂν καθ'
25 αὑτὸ τὸ νύκτα νῦν εἶναι ἀληθὲς ἐξ ὑποθέσεως εὑρεθήσεται, εἴ τις ὑπόθη-
ται νῦν τὸν ἥλιον ὑπὸ γῆν ὄντα. ἢ οὖν ὡς ἐκ τῶν εἰρημένων περὶ τοῦ 40
δυνατοῦ καὶ ἀδυνάτου σαφοῦς ὄντος καὶ τοῦ περὶ τούτων λόγου παρῆκεν
αὐτῶν τὰ παραδείγματα ἢ ὡς μὴ διαφερόντων ἐπὶ τῶν ἐξ ὑποθέσεως τῶν
τε ἀληθῶν καὶ τῶν δυνατῶν καὶ τῶν ψευδῶν καὶ τῶν ἀδυνάτων ἠρκέσθη
30 τοῖς ἐπ' ἐκείνων παραδείγμασιν, ὥς φησιν Ἀλέξανδρος. καὶ γὰρ τὸ τὴν 45
διάμετρον σύμμετρον εἶναι, τοῦ ἐξ ὑποθέσεως δυνατοῦ | παράδειγμα ληφ- 145b
θέν, καὶ τοῦ ἐξ ὑποθέσεως ἀληθοῦς ἂν εἴη παράδειγμα· καθ' αὑτὸ γὰρ
ψεῦδες ὂν τὸ σύμμετρον εἶναι ἐξ ὑποθέσεως ἀληθὲς γίνεται, ὡς καθ' αὑτὸ

---

1 τὰς A: τῆς CDEb   2 ἐλλιπῶς CD: ἐλλειπῶς AEc   3 γινόμενον om. D
παρίστησιν CD   4 ὑπάρχων E, sed corr.: ὑπάρχειν D   6 ἀπεναντίον E: comp.
ambig. C: ἀπεναντίας D: ἀπεναντίαις Ac   9 ἐν] καὶ ἐν Ac   ὀρθὴν E:
corr. E²   11 γινομένη A: e corr. D: γιγνομένη E: γενομένη c   12 ἢ (pr.)] corr.
ex ἡ E²: om. D   14 τοῦ] corr. ex τὸ A   15 τὴν πλευράν A   καὶ (alt.)
om. Ec.   15. 16 ἐνδέχεσθαι Ec   16 προὐβάλετο A   17 ὑποθέσεων E
18 δυνατόν] τὸ δυνατόν c   19 τὸ δὲ ἁπλῶς Db: om. A: τὸ δ' ἁπλῶς in spatio 8
litt. E, c   22 γίνεται ψεῦδος D: γίνεται τὸ ψεῦδος C   24 ὑπόθηται A: ὑπόθοιτο
CDc et e corr. E   24. 25 κατ' αὐτὸ D   25 νῦν om. Ec   εἴ] corr. ex ὃς E²:
ἦν c   25. 26 ὑπόθοιτο C   26 ἢ] εἰ DE: corr. E²   30 ὁ Ἀλέξανδρος A
31. 32 λειφθέν E, sed corr.   32 ἀληθὲς A: corr. A²   33 ψεῦδος A   γίνεται] sic E

21*

ἀληθὲς ὂν καὶ δυνατὸν τὸ δύο ὀρθαῖς ἴσας ἔχειν τὸ τρίγωνον ἐξ ὑποθέσεως 145b
γίνεται ψεῦδος καὶ ἀδύνατον, εἴ τις ὑπόθηται τὴν ἐκτὸς τοῦ τριγώνου γω- 5
νίαν μείζονα ἢ ἐλάττονα δυεῖν τῶν ἐντὸς καὶ ἀπεναντίων. μήποτε δὲ οὐδὲ
ἐπὶ τούτων ταὐτόν ἐστι τὸ ψεῦδος καὶ τὸ ἀδύνατον, ἀλλὰ τὸ μὲν ἀδύνατον
5 πάντως καὶ ψεῦδος, τὸ δὲ ψεῦδος οὐ πάντως ἀδύνατον. καθ᾽ αὑτὸ γὰρ 10
ἀληθὲς ὂν τὸ ἐμὲ καθῆσθαι ἐξ ὑποθέσεως ἔσται ψεῦδος, εἴ τίς με νηχό-
μενον ὑπόθοιτο· οὐ μέντοι καὶ ἀδύνατον τὸ καθῆσθαι, εἴπερ δύναμαι
καθῆσθαι.

Μετὰ δὲ τὰ ἐξ ὑποθέσεως δυνατὰ καὶ ἀδύνατα καὶ ψευδῆ καὶ ἀληθῆ
10 διδάσκει, τίνα τὰ ἁπλῶς καὶ κυρίως τοιαῦτα, περὶ ὧν τὸν λόγον ποιήσεται. 15
καὶ ἐπὶ τούτων μάλιστα τὴν διαφορὰν δείκνυσι τοῦ τε ψεύδους καὶ ἀδυνά-
του, ἀφ᾽ ὧν καὶ τοῦ ἀληθοῦς καὶ δυνατοῦ τὴν διαφορὰν ῥᾴδιον ἐννοεῖν.
τὸν γὰρ μὴ ἑστῶτα, δυνάμενον δὲ ἑστάναι εἰπεῖν ἑστάναι ψεῦδος μέν, οὐκ
ἀδύνατον δέ, καὶ δυνατὸν μέν, οὐκ ἀληθὲς δέ, εἴ γε κεῖται δύνασθαι 20
15 αὐτὸν ἑστάναι ποτέ. τὸ δὲ ἅμα φάναι ἑστάναι τε καὶ καθῆσθαι τὸν αὐ-
τὸν ἐν τῷ αὐτῷ χρόνῳ πρὸς τῷ ψεῦδος εἶναι καὶ ἀδύνατον ἁπλῶς ἐστιν.
ὁμοίως δὲ καὶ τὸ τὴν διάμετρον σύμμετρον εἶναι τῇ πλευρᾷ οὐ μό-
νον ψεῦδός ἐστιν, ἀλλὰ καὶ ἀδύνατον. διὰ δὲ τοῦ εἰπεῖν οὐ μόνον 25
ψεῦδος, ἀλλὰ καὶ ἀδύνατον ἐνεδείξατο, ὅτι τὸ μὲν ἀδύνατον πρὸς τῷ
20 ἀδύνατον εἶναι πάντως καὶ ψεῦδός ἐστι, τὸ δὲ ψεῦδος οὐκ ἤδη πάντως
καὶ ἀδύνατόν ἐστιν· εἰ γὰρ ἀντηκολούθουν ἀλλήλοις, οὐ χρεία ἦν τοῦ εἰ-
πεῖν οὐ μόνον ψεῦδος, ἀλλὰ καὶ ἀδύνατον.

Δείξας δέ, ὅτι ἄλλο τὸ ψεῦδός ἐστι καὶ ἄλλο τὸ ἀδύνατον, ἀκολούθως 30
ἐπιφέρει οὐ δὴ ταὐτόν ἐστιν ὑποθέσθαι ψεῦδος καὶ ἀδύνατον, οὐδὲ
25 τὸ ὑποθέσθαι ψεῦδος ταὐτόν ἐστι τῷ ἀδύνατον ὑποθέσθαι. ἐπιστῆσαι δὲ
ἄξιον, ὅτι οὐ ταὐτόν ἐστι τὸ ὑποθέσθαι τι ἀδύνατον ἢ ψεῦδος καὶ τὸ ἐξ
ὑποθέσεως ῥηθὲν ἀδύνατον ἢ ψεῦδος. ὁ μὲν γὰρ λέγων 'ἔστω ἡ διάμε-
τρος σύμμετρος τῇ πλευρᾷ' ἀδύνατόν τι ὑποτίθεται· ὁ δὲ λέγων 'εἰ ἡ 35
ὑποτείνουσα τὰς τὴν ὀρθὴν γωνίαν περιεχούσας ἴσας ἀλλήλαις πλευρὰς ἴση
30 ἐστὶν αὐταῖς, σύμμετρος ἔσται ἡ διάμετρος τῇ πλευρᾷ' οὗτος ἐξ ὑποθέ-

σεως ἀδυνάτου ἀδύνατόν τι συνήγαγεν. καὶ ὁ ἡμέρας οὔσης λέγων 'εἰ ὁ 145b ἥλιος ὑπὸ γῆν ἐστι, νύξ ἐστιν' ἐξ ὑποθέσεως ψεύδους ψεῦδός τι λέγει τῆς 40 ἀκολουθίας ἐν τούτοις ἐρρωμένης.

Ἐφεξῆς δὲ καὶ τὸ λοιπὸν ἐπήγαγεν, ὅτι συμβαίνει ἀδύνατον ἐξ ἀδυ-
5 νάτου, ἀλλ' οὐχὶ ἐκ ψεύδους ἁπλῶς, εἰ μὴ τύχοι τὸ ψευδὲς καὶ ἀδύνατον ὄν. τοῦτο δὲ ἀναποδείκτως νῦν τέθεικεν, ὅτι τυγχάνει δεδειχὼς ἐν τῷ πρώτῳ τῶν Προτέρων Ἀναλυτικῶν τὰς ἀκολουθίας οἰκείως ἐχούσας, ὥστε 45 τῷ μὲν ψεύδει ψεῦδος ἀκολουθεῖν, τῷ δὲ ἀδυνάτῳ ἀδύ|νατον. 146ᵃ

Εἶτα ἐφεξῆς καὶ ἄλλο τι προσλαμβάνει χρήσιμον αὐτῷ πρὸς τὴν τοῦ
10 προτεθέντος ἀπόδειξιν, ὅτι τῶν ἀντικειμένων, οἷον τοῦ ἑστάναι καὶ τοῦ καθῆσθαι, ἅμα ἔχει τι τὴν δύναμιν, οὐ μέντοι οὕτως ὥστε καὶ ἅμα τὰς ἐνεργείας τῶν δυνάμεων τούτων ἔχειν (τοῦτο γὰρ ἀδύνατον τὸ ἐνεργεῖν 5 ἅμα κατὰ τὰς ἐναντίας), ἀλλ' ὥστε ἐν ἄλλῳ καὶ ἄλλῳ χρόνῳ κατ' αὐτὰς ἐνεργεῖν παρὰ μέρος· οὐχ οὕτως δὲ ἐν ἄλλῳ, ὡς ἐν ἀφωρισμένοις, οἷον
15 τοῦ μὲν ἡβᾶν ἐν τῷδε, τοῦ δὲ πολιοῦσθαι ἐν τῷδε· εἰ γὰρ οὕτως, οὐκέτι τὰς δυνάμεις ἅμα ἔχει τὰς τῶν ἀντικειμένων (ὁ γὰρ γηράσας οὐκέτι δύ- 10 ναται ἡβᾶν)· ἀλλ' ὅταν μηδὲν μᾶλλον ἐν τῷδε τῷ χρόνῳ τῆσδε τῆς δυνάμεως τὴν ἐνέργειαν πέφυκεν ἐνεργεῖν ἤπερ τῆς ἀντικειμένης αὐτῇ, τότε ἅμα μὲν ἀμφοτέρων τὰς δυνάμεις λέγοιτο ἂν ἔχειν, ὡς τοῦ ἑστάναι καὶ
20 καθῆσθαι, οὐ μέντοι ἅμα ἄμφω τὰς ἐνεργείας ἐνεργεῖν. ὁ δὲ λέγων ἐπ' 15 ἄπειρόν τι πλειόνων καὶ ἀντικειμένων δύναμιν ἔχειν οὐχ ὡς ἐν ἄλλῳ χρόνῳ καὶ ἄλλῳ τὰς ἐνεργείας ἕξοντος αὐτοῦ λέγει· οὐκέτι γὰρ ἐπ' ἄπειρον ἕξει τὴν δύναμιν αὐτῶν, εἰ ἔστι ποτέ, ὅτε μὴ δύναται τὴν ἐνέργειάν τινος αὐτῶν ἔχειν· ἀλλ' ὁ τοῦτο λέγων λέγει ἅμα δύνασθαι τὰς τῶν πλειό- 20
25 νων καὶ ἀντικειμένων ἐνεργείας ἔχειν, ὅπερ ἀδύνατον. εἰ τοίνυν λέγοι τις τοῦ εἶναι καὶ τοῦ μὴ εἶναι ἐπ' ἄπειρόν τι δύναμιν ἔχειν, ὡς ἅμα κατ' ἀμφότερα δυναμένου ἐνεργεῖν λέγει, ὅπερ ἀδύνατον· ἀδύνατον γὰρ ἅμα τὰ πλείονα καὶ ἀντικείμενα πρᾶξαι ἢ παθεῖν.
25

p. 281b20   Ὥστε, εἴ τι ἄπειρον χρόνον ὂν φθαρτόν ἐστιν ἕως τοῦ
30   ἅπαν ἄρα τὸ ἀεὶ ὂν ἁπλῶς ἄφθαρτον.

Τοῖς προληφθεῖσι χρώμενος δείκνυσιν ἐφεξῆς, ὅτι τὸ ἀίδιον ἄφθαρτόν 30

---

1 καὶ—λέγων Ab: om. D: mg. E²   2 τι λέγει ψεῦδος A   5 τύχῃ D
7 πρώτῳ] cap. 15   8 τῷ (alt.)] corr. ex τὸ E²   9 προσλαμβάνει AC: προλαμβάνει DEc   10 ἑστάναι] e corr. E²   11 καθεῖσθαι E   τι Eb: τις A: om. D
ὥστε] οὔτε E: ὡς τῷ E²: ὡς c   13 ὥστε ἐν] ὥστ' ἐν corr. ex ὥστε E¹   αὐτοὺς E: corr. E²   14 οὕτω CD   ἄλλῳ, ὡς ἐν om. D   16 ἕξ' A
18 ἤπερ] corr. ex ἥπαρ A²: ex ὅπερ E²   19 λέγοιτο ἂν ἔχειν Cb: λέγοιτο ἂν DE: ἔχειν λέγοιτο ἂν AE²: post ἂν add. ἔχειν A²: ἔχειν λέγοιτ' ἄν c   ὡς τοῦ] ὥστε A
20 καθεῖσθαι E: corr. E²   ἅμα ἄμφω Eb: ἄμφω A: ἄμφω ἅμα CD   22 λέγειν A, sed corr.   24 λέγει] corr. ex ἔχει E²   25 ἔχειν om. CD   λέγοι] comp. ambig. A   27 δυνάμενον Ac   ἅμα τὰ] μετὰ E: ἅμα E²c   29 ὥστ' Ec
ὄν] suprascr. E²   ἐστιν D: ἐστι AEc

ἐστιν, εἶτα ὅτι καὶ ἀγένητον· εἶτα λοιπόν, ὅτι καὶ ἀντιστρέφει ταῦτα πρὸς 146ᵃ
τὸ ἀΐδιον, τουτέστιν ὅτι καὶ τὸ ἀγένητον καὶ τὸ ἄφθαρτον ἀΐδιά ἐστι, προ-
θέμενος δεῖξαι, εἰ μὴ ἀκολουθοῦσι, φησίν, ἀλλήλοις τὸ ἄφθαρτον καὶ τὸ
ἀγένητον, οὐδὲ τὸ ἀΐδιον ἑκατέρῳ αὐτῶν ἀκολουθήσει. ἵνα δὲ δείξῃ, ὅτι 35
5 τὸ ἄφθαρτον καὶ τὸ ἀγένητον ἀλλήλοις ἀκολουθοῦσι, δείκνυσι πρότερον, ὅτι
τὸ γενητὸν καὶ τὸ φθαρτὸν ἀντακολουθοῦσι· καὶ οὕτως ἔσται καθόλου δε-
δειγμένα, ἅπερ ὑπέσχετο, ὅτι ἀδύνατόν τι ἀγένητον ὂν φθαρῆναι ἢ γενό-
μενόν τι ἄφθαρτον διατελεῖν, εἴπερ καὶ τὸ ἀγένητον καὶ τὸ ἄφθαρτον 40
ἀΐδιά ἐστι, καὶ τὸ ἀγένητον καὶ τὸ ἄφθαρτον καὶ τὸ γενητὸν καὶ τὸ
10 φθαρτὸν ἀντακολουθοῦσιν ἀλλήλοις· ἑκάστη γὰρ τῶν τριῶν τούτων ἐφό-
δων, αἷς ἐχρήσατο, δείκνυσι τὰ ἐπαγγελθέντα. εἴτε γὰρ ἀΐδιά ἐστι τὰ
ἀγένητα καὶ ἄφθαρτα, ἀδύνατον ἢ τὸ ἀγένητον φθαρτὸν εἶναι ἢ τὸ γενη- 45
τὸν ἄφθαρτον· οὔτε γὰρ τὸ γενητὸν οὔτε τὸ φθαρτὸν ἀΐδια εἶναι δυνατόν·
εἴτε ἀντακολουθοῦσιν ἀλλήλοις τό τε | γενητὸν καὶ τὸ φθαρτὸν καὶ τὸ 146ᵇ
15 ἄφθαρτον καὶ ἀγένητον, καὶ οὕτως ἀδύνατον ἀγένητόν τι ὂν φθαρῆναι ἢ
γενητὸν ὑπάρχον ἄφθαρτον διατελέσαι.

Πρῶτον οὖν δείκνυσιν ἐκ τῶν προειρημένων, ὅτι τὸ ἀΐδιον ἄφθαρτόν
ἐστι καὶ οὐκ ἂν εἴη φθαρτόν. προείληπται δέ, ὅτι τὸ εἰς ἄπειρον χρόνον 5
πλειόνων δύναμιν ἔχον, οἷον τοῦ εἶναι καὶ μὴ εἶναι, οὕτως αὐτὰς ἔχει ὡς
20 καὶ τὰς ἐνεργείας αὐτῶν ἅμα δέξασθαι δυνάμενον· εἰ γὰρ ἔστιν ὅτε μὴ
δύναται ἐνεργεῖν κατ' ἄμφω, μάτην λέγεται εἰς ἄπειρον αὐτῶν τὴν δύνα-
μιν ἔχειν· πᾶσα γὰρ δύναμις ἐνεργείας τινός ἐστι δύναμις, ὥστε τὸ εἰς 10
ἄπειρον δύναμιν ἔχον τοῦ μὴ εἶναι (τοιοῦτον γὰρ ἂν εἴη τὸ ὑποτιθέμενον
ἀΐδιον φθαρτόν), ἐπειδὴ πᾶσα δύναμις ἐνεργείας ἐστὶ δύναμις, γένοιτο ἄν
25 ποτε ἐν τῷ μὴ εἶναι, καὶ οὐκ ἀδύνατον ὑποθέσθαι τοῦτο αὐτῷ παρεῖναι
κατ' ἐνέργειαν, ὃ ἐδύνατο· ὥστε ὑποκείσθω φθειρόμενον, κἂν μήπω φθεί- 15
ρεται, ἔσται δὲ ἡ ὑπόθεσις αὕτη ψευδὴς μέν, εἰ μήπω ἔφθαρται, οὐκ ἀδύ-
νατος δέ, εἴπερ δύναμιν ἔχει τοῦ φθαρῆναι· ἀλλ', εἰ ἀΐδιον ὂν φθείρεταί
ποτε, ἀνάγκη αὐτὸ ἅμα εἶναί τε καὶ μὴ εἶναι, ὅπερ οὐ μόνον ψεῦδός
30 ἐστιν, ἀλλὰ καὶ ἀδύνατον. οὐκ ἦν δὲ ἡ ὑπόθεσις ἀδύνατος, ἀλλὰ ψευδὴς 20
μόνον, τὸ νῦν, εἰ τύχοι, φθαρῆναι τὸ δύναμιν ἔχον τοῦ τοῦτο παθεῖν· οὐ
παρὰ τὴν ὑπόθεσιν ἄρα ἡ τοῦ ἀδυνάτου ἀκολουθία (οὐ γὰρ ἀκολουθεῖ
ψεύδει τὸ ἀδύνατον), ἀλλὰ παρὰ τὸ ἐξ ἀρχῆς ὅλως ἀδύνατον ὂν τὸ εἰς
ἄπειρον χρόνον δύναμιν ἔχειν τοῦ μὴ εἶναι. τοῦτο γὰρ λέγει ὁ ἀΐδιόν τι 25

---

1 καὶ (pr.) om. Ec   2 ἀΐδιά] ἀΐδιον E   5 δείκνυσι—ἀντακολουθοῦσι (6) mg. E²
6 καὶ τὸ] καὶ E²   ἀντακολουθοῦσι AC: ἀκολουθοῦσι Dc: ἀκολουθοῦσιν corr. ex ἀντι-
στρέφουσι E²   7 ὂν ἀγένητον CD   8 τι om. D   9 ἀΐδιά — ἄφθαρτον
Ab: om. CDEc   10 ἀκολουθοῦσιν Ec   11 ἐπαγγελθέντα E²b: ἀπαγγελθέντα
ADE   13 ἄφθαρτον] ἄφθαρτον εἶναι CEc   14 εἴτε] εἴ γε CD   15 τὸ ἀγένητον c
17 post ὅτι add. εἰ A²   18 ἐστι] ἐστιν AC   καὶ om. A   19 αὐτὰς Ab:
αὐτὰ DEc   22 ἔχειν] εἶχε E   24 γένοιτ' c   26 δ add. A²   οὔπω
CD   26. 27 φθείρηται D   27 δὲ] δὴ A   31 τὸ (alt.) Ab: καὶ τὸ DEc
τοῦ om. A   33 ψεῦδος A   τὸ ἀδύνατον] mut. in τῷ ἀδυνάτῳ A²   ὅλως AC:
ὅλον DEbc

SIMPLICII IN L. DE CAELO I 12 [Arist. p. 281b20. 25]   327

φθαρτὸν ὑποθέμενος· τὸ γὰρ ἀεὶ ὂν δύναμιν ἔχειν φησὶ τοῦ ποτὲ μὴ εἶναι, 146b
ὥστε, ἂν ὑποτεθῇ μὴ ὄν, ἅμα ὄν τε καὶ οὐκ ὂν ἔσται, οὗ τί ἂν εἴη ἀδυ-
νατώτερον; ὂν μέν, ὅτι τὸ ἐπ' ἄπειρον δύναμιν ἡντιναοῦν ἔχον εἶναι
ἀνάγκη ἐπ' ἄπειρον (τὸ γὰρ μὴ ὑφεστὼς οὐδ' ἂν δύναμιν ἔχειν λέγοιτο), 30
5 μὴ ὂν δέ, ὅτι ὑπόκειται τοῦτο παθόν, ὅπερ ἐδύνατο. καὶ τοῦτο σαφηνίζων
ὁ Ἀριστοτέλης προστέθεικε τὸ εἰ δὴ ἄπειρον χρόνον· τὸ γὰρ ἄπειρον
χρόνον δύναμιν ἔχον καὶ εἶναι ἄπειρον χρόνον ἀνάγκη, εἴτε τοῦ εἶναι καὶ
μὴ εἶναι ἔχει τὴν δύναμιν, ὅπερ προὔλαβεν Ἀριστοτέλης πλειόνων εἰπὼν 35
ἔχειν δύναμιν ἄπειρον χρόνον, εἴτε καὶ μόνου τοῦ μὴ εἶναι ἔχει τὴν δύ-
10 ναμιν. μάτην οὖν οἶμαι τὸν Ἀλέξανδρον ἀξιοῦν προσυπακούειν τῷ μὲν
εἰ δὴ ἄπειρον χρόνον τὸ ἀμφοτέρων τι τὴν δύναμιν ἔχει, καὶ πάλιν
τῷ ἔστω ὑπάρχον ὃ δύναται τό τε εἶναι καὶ μὴ εἶναι· ἀρκεῖ γὰρ πρὸς 40
τὸ ἀεὶ αὐτὸ εἶναι τὸ ὑποθέσθαι ἄπειρον χρόνον ὂν καὶ μέντοι καὶ τὸ ἐπ'
ἄπειρον δύναμιν τοῦ μὴ εἶναι· τὸ γὰρ φθαρτὸν εἶναι εἰς ἄπειρον οὐδὲν
15 ἄλλο δηλοῖ ἢ ὅτι εἰς ἄπειρον· τοιοῦτον γὰρ τὸ δύναμιν ἔχον ὡς ἄπειρον
οὑτινοσοῦν, μάλιστα δὲ τοῦ εἶναι καὶ μὴ εἶναι.   45

Συμπεραινόμενος δὲ τοῦτον τὸν λόγον ὁ Ἀριστοτέλης ἅπαν ἄρα,
φησί, τὸ ἀεὶ ὂν ἁπλῶς ἄφθαρ|τον, τουτέστιν οὐκ ἔχον δύναμιν τοῦ 147a
φθαρῆναι οὐδὲ τοιοῦτον ὄν, ὥστε φθαρτὸν λέγεσθαι· τοῦτο γὰρ ἡ τοῦ
20 ἁπλῶς προσθήκη δηλοῖ. εἰ γὰρ τὸ ἀεὶ ὂν μὴ ἁπλῶς ἄφθαρτον εἴη, ἀλλὰ
μετὰ δυνάμεως τοῦ φθαρῆναι ἤτοι τοῦ μὴ εἶναι, ἐδείχθη ἀδύνατόν τι 5
ἑπόμενον τὸ ἅμα τὸ αὐτὸ εἶναί τε καὶ μὴ εἶναι κατ' ἐνέργειαν, ὅπερ οὐ
τῷ ψευδῶς ὑποτεθέντι ἠκολούθησεν, ἀλλ' ἀδυνάτῳ τῷ τὸ ἀΐδιον φθαρτὸν
ὑποθεμένῳ. εἰκότως οὖν συμπερανάμενος εἶπεν, ὅτι ἅπαν τὸ ἀεὶ ὂν
25 ἁπλῶς ἄφθαρτόν ἐστιν.

p. 281b25 Ὁμοίως δὲ καὶ ἀγένητον ἕως τοῦ ἀεί τε δύνασθαι εἶναι
καὶ ἀεὶ μὴ εἶναι.

Δείξας, ὅτι τὸ ἀεὶ ὂν ἄφθαρτόν ἐστιν, ἐφεξῆς δείκνυσιν, ὅτι καὶ ἀγένητον,
καὶ ἑτέρᾳ τῆς πρόσθεν καὶ τῇ αὐτῇ καὶ νῦν ἐφόδῳ χρώμενος. ὑποθέμενος 15
30 γὰρ αὐτὸ γενητὸν ἐπάγει, ὅτι ἔσται δυνατὸν χρόνον τινὰ μὴ εἶναι.
ὡς γὰρ φθαρτὸν λέγομεν τὸ δυνάμενον μετὰ τὸ εἶναι μὴ εἶναι, οὕτως

---

2 ἂν (pr.)] ἐὰν A   τε om. A   οὗ τί] corr. ex οὔτε E²   4 ὑφεστὸς E
λέγοι E: corr. E²: deinde τὸ del. E²   5 παθεῖν Dc   6 δὴ b: δὲ ADE
8 ὅπερ—δύναμιν (9. 10) om. D   προὔλαβεν] ρ e corr. E   9 τὴν om. A   11 εἰ
δὴ] corr. ex εἴδει E²   ἔχ'' A   12 τῷ] corr. ex τὸ E²   ἔστω] in lac. E²
τό] del. E²   τε om. c   καὶ] καὶ τὸ E: corr. E²   13 ὑποθέμενον D
14 δύναμιν] δύναμιν ἔχοι ἂν c   εἰς] ὡς c   15 ὡς] εἰς Db   16 ante μά-
λιστα lac. 6 litt. D   18 ἁπλῶς καὶ ἄφθαρτον A: ἄφθαρτον ἁπλῶς D   21 ἤτοι]
ἢ A   23 τῷ (alt) E²: om. ADE   24 συμπεραινόμενος A   εἶπε A
27 ἀεὶ om. c   28. 29 ἀκίνητον E: corr. E²   29 καὶ (pr.)] e corr. D   τῆς] corr.
ex τις E²   αὐτῇ] αὐτῇ μεθόδῳ (με- e corr.) χρώμενος D, sed χρώμενος del.
ἐφόδῳ om. D

γενητὸν τὸ δυνάμενον πρὸ τοῦ εἶναι μὴ εἶναι, τὸ δὲ ὑποτεθὲν ἀεὶ εἶναι 147a
ἀδύνατον μὴ εἶναι· οὔτε οὖν τὸν ἄπειρον χρόνον δύναται μὴ εἶναι οὔτε 20
τὸν πεπερασμένον· ὃν γὰρ ἄν τις ὑπόθοιτο πεπερασμένον χρόνον μὴ εἶναι
αὐτό, ἀδύνατον ὑποτίθεται. εἰ γὰρ τὸν ἄπειρον χρόνον ἔστιν, ὅπερ αὐτὸς
5 εἶπε δύναται εἶναι, δῆλον, ὅτι καὶ ἐκεῖνον τὸν πεπερασμένον ἔστι· πᾶς
γὰρ πεπερασμένος ἐν τῷ ἀπείρῳ περιέχεται. οὕτως μὲν οὖν τῇ τοῦ ἀεὶ 25
ὄντος ἐννοίᾳ χρησάμενος ἔδειξεν, ὅτι τὸ ἀεὶ ὂν καὶ ἀγένητόν ἐστιν, εἴπερ
τὸ μὲν ἀεὶ ἔστι, τὸ δὲ γενητόν ποτε μὴ εἶναι ἀνάγκη. εἶτα ἐπήγαγεν οὐκ
ἄρα ἐνδέχεται τὸ αὐτὸ καὶ ἓν ἀεί τε δύνασθαι εἶναι καὶ ἀεὶ μὴ
10 εἶναι τῆς ἐπὶ τοῦ φθαρτοῦ ῥηθείσης ἡμᾶς ἀποδείξεως ὑπομιμνήσκων. εἰ 30
γὰρ ἀεὶ ὂν γενητὸν ὑποτεθῇ, ἐνεργείᾳ ὂν ἀεὶ δύναμιν ἔχει ἀεὶ τοῦ μὴ
εἶναι· ἀεὶ γὰρ ὂν γενητόν ἐστιν· ἐὰν οὖν ὑποθώμεθα ὑπάρχειν αὐτῷ, ὃ
δύναται, συμβήσεται τὸ αὐτὸ ἐνεργείᾳ εἶναί τε καὶ μὴ εἶναι, ὅπερ ἐστὶν
ἀδύνατον. ἐπιτείνων δὲ τὸ ἀδύνατον ὁ Ἀριστοτέλης οὐκ ἄρα ἐνδέχεται 35
15 φησὶ τὸ αὐτὸ καὶ ἓν ἀεί τε δύνασθαι εἶναι καὶ ἀεὶ μὴ εἶναι· ἐναν-
τίον γὰρ τὸ ἀεὶ μὴ εἶναι τῷ ἀεὶ εἶναι, ὡς μαθησόμεθα. καὶ πρότερον μὲν
ἀπὸ τῆς τοῦ ἀεὶ εἶναι ἐννοίας ἔδειξεν, ὅτι ἀδύνατον αὐτὸ ποτὲ μὴ εἶναι,
νῦν δὲ ἀπὸ τοῦ τὸ ἀεὶ ὂν γενητὸν λεγόμενον ἀεὶ δύναμιν ἔχειν τοῦ μὴ
εἶναι, εἰ ἄγοιτο εἰς ἐνέργειαν, ὃ δύναται, συμβαίνει ἀεί τε εἶναι καὶ 40
20 ἀεὶ μὴ εἶναι· οὐ γὰρ εἰς ὡρισμένον τινὰ χρόνον εἶχε τὴν τοῦ μὴ εἶναι
δύναμιν, ἐπεὶ πρὸ ἐκείνου καὶ μετ' ἐκεῖνον οὐκ ἂν ἦν γενητόν, ἀλλ' εἰς
ἄπειρον ὑπόκειται ὥσπερ τοῦ εἶναι οὕτως καὶ τοῦ μὴ εἶναι τὴν δύνα-
μιν ἔχον.
45

p. 281b33 Ἀλλὰ μὴν οὐδὲ τὴν ἀπόφασιν ἕως τοῦ ἀδύνατον καὶ 147b
25 γενητὸν εἶναι.

Εἰπών, ὅτι οὐκ ἐνδέχεται τὸ αὐτὸ καὶ ἓν ἀεί τε δύνασθαι εἶναι καὶ 5
ἀεὶ μὴ εἶναι, καὶ ἐννοήσας. ὅτι τὸ ἀεὶ εἶναι πρὸς τὸ ἀεὶ μὴ εἶναι ὡς
ἐναντίον ἀντίκειται, διότι συναληθεύουσι μὲν οὐδέποτε, συμψεύδονται δὲ
ἐπὶ τῶν ποτὲ μὲν ὄντων, ποτὲ δὲ μὴ ὄντων, ὥσπερ ἐπὶ τῶν ἀτόμων τῶν
30 γινομένων καὶ φθειρομένων, εἰκότως ἐπήγαγεν, ὅτι τῷ ἀεὶ εἶναι οὐ μόνον 10
τὸ ἐναντίον, ὅπερ ἐστὶ τὸ ἀεὶ μὴ εἶναι, ἀδύνατόν ἐστι συνυπάρχειν, ἀλλ'
οὐδὲ τὴν ἀπόφασιν τὴν λέγουσαν οὐκ ἀεὶ εἶναι δυνατόν ἐστι συναληθεύειν

---

3 ante ὂν ras. 7 litt. E   5 ἔστι] seq. ras. 1 litt. E   7 νῦν ἔδειξεν A
9 ταὐτὸ c   ἀεὶ (alt.) om. c   10 ἀφθάρτου A   11 γὰρ] γὰρ τὸ c
15 ταὐτὸ c   εἶναι (pr.) A²DE²b: om. AE   ἀεὶ (alt.) om. c   17 αὐτὸ Ab: αὐτῷ
DE   19 συμβαίνει Eb: comp. ambig. A: συμβαίνειν Dc   26 δύνασθαι εἶναι CE²b:
δύνασθαι DE: εἶναι δύνασθαι A   27 post pr. εἶναι magn. ras. E (fuit repetitio ver-
borum καὶ ἐννοήσας κτλ.)   28 συμψεύδονται A: corr. A²   30 τῷ] corr. ex τὸ E²
οὐ—εἶναι (31) bis E: corr. E²   31 ἐστὶ (pr.)] ἐστὶν E²   ἐστι (alt.)] ἐστιν D: om. C
συνυπάρχειν AE²b: ὑπάρχειν CDE   32 συναληθεύειν—ἐστι (p. 329,1)] mg. E²

SIMPLICII IN L. DE CAELO I 12 [Arist. p. 281ᵇ33] 329

τῇ καταφάσει τῇ λεγούσῃ ἀεὶ εἶναι· οὐ γὰρ δυνατόν ἐστι συναληθεύειν 147ᵇ
τὴν ἀντίφασιν. εἰ δὲ ἀεὶ ὂν ἢ φθαρτὸν ἢ γενητόν ἐστι, δῆλον, ὅτι οὐκ ἀεὶ 15
ὄν ἐστιν, ὥστε συναληθεύει ἡ ἀντίφασις τοῖς λέγουσιν ἀεὶ ὂν φθαρτὸν ἢ
γενητὸν εἶναι. ἐπειδὴ δὲ πρότερον τὸ ἀεὶ ὂν φθαρτὸν ὑπέθετο καὶ τότε
5 τὸ ἀεὶ ὂν γενητόν, διὰ τοῦτο καὶ ἐν τῷ ἐκ τῆς ἀποφάσεως ἐπιχειρήματι
πρώτου πάλιν ἐμνημόνευσε τοῦ φθαρτοῦ. ὅτι δὲ τοῦ ἀεὶ εἶναι ἀπόφασις 20
τὸ οὐκ ἀεὶ εἶναι, δῆλον μὲν καὶ ἐκ τοῦ ἐπὶ πάντων μερίζειν αὐτὰ τὸ
ἀληθὲς καὶ τὸ ψεῦδος· οὔτε γὰρ συναληθεύειν οὔτε συμψεύδεσθαι δυνατὸν
αὐτάς. δῆλον δὲ καὶ ἐκ τοῦ τῶν καταφάσεων τῶν τὸ ἔστι χρόνον προσση-
10 μαῖνον ἐχουσῶν τὰς ἀποφάσεις γίνεσθαι τῷ ἔστι τοῦ ἀρνητικοῦ μορίου 25
προστιθεμένου, ὥστε καί, ὅπου τὸ μὲν ἔστιν οὐ προσσημαίνει χρόνον, ἄλλο
δέ τι ἔστι χρόνου σημαντικόν, ἐκείνῳ δεῖ προστίθεσθαι τὸ ἀρνητικὸν μό-
ριον, ὥστε γενέσθαι ἀπόφασιν. εἰ οὖν ἐπὶ τοῦ ἀεὶ ὄν ἐστι τὸ μὲν ἔστιν
οὐ προσσημαίνει χρόνον (οὐ γὰρ ἀφώρισται ἐπ' ἐκείνων ὁ ἐνεστώς), τὸ 30
15 δὲ ἀεὶ δηλωτικὸν ἐπ' αὐτῶν χρόνου (ἀεὶ γάρ, ὅτι τὸν πάντα χρόνον ἐστὶ
καὶ οὐκ ἔν τινι τῶν πολλῶν ἀφωρισμένῳ), εἰκότως οὖν τῷ ἀεὶ τοῦ ἀρνη-
τικοῦ προστεθέντος ἡ ἀπόφασις γίνεται, καί ἐστι τοῦ ἀεὶ εἶναι ἀπόφασις
μὲν τὸ μὴ ἀεὶ εἶναι, ἐναντίον δὲ τὸ ἀεὶ μὴ εἶναι· πλεῖστόν τε γὰρ διέ- 35
στηκεν αὐτοῦ καὶ ἅμα ποτὲ ψευδῆ λαμβάνεται, οὐδέποτε δὲ ἀληθῆ. ἔτι
20 δὲ τὸ ἀεὶ τρόπος ὑπάρξεως εἶναι δοκεῖ, ὥσπερ τὸ ἐξ ἀνάγκης, αἱ δὲ ἀπο-
φάσεις γίνονται τοῖς τρόποις τῶν ἀρνητικῶν μορίων προστιθεμένων ἐν ταῖς
μετὰ τρόπου προτάσεσιν, ὡς ἐν τῷ Περὶ ἑρμηνείας ἐδιδάχθημεν. εἰπὼν 40
δέ, ὅτι καὶ διὰ τὸ τὴν ἀπόφασιν μηδέποτε τῇ καταφάσει συναληθεύειν τὸ
ἀεὶ ὂν ἀδύνατον μὴ ἀεὶ εἶναι καὶ διὰ τοῦτο ἀδύνατον ἀεὶ μέν τι εἶναι,
25 φθαρτὸν δὲ εἶναι (τὸ γὰρ φθαρτὸν οὐκ ἀεὶ ὄν ἐστιν), ἐπήγαγεν· ὁμοίως
δὲ οὐδὲ γενητόν ἐστι τὸ ἀεὶ ὄν· καὶ γὰρ καὶ τὸ γενητὸν οὐκ ἀεὶ ὂν
ἔστιν ὥσπερ τὸ φθαρτόν, διὸ οὐδὲ τὸ γενητὸν τῷ ἀεὶ ὄντι συνυπάρχειν 45
δύναται ὥσπερ οὐδὲ τὸ οὐκ ἀεὶ ὄν. δείκνυσι | δὲ τὸ αὐτὸ καὶ διὰ τῆς 148ᵃ
τῶν δύο ὅρων ἐκθέσεως· καὶ γὰρ καὶ τοῦτο, οἶμαι, τὸ ἐπιχείρημα ἐκ τῆς
30 ἀποφάσεως εἴληπται, διὸ καὶ τὸν γὰρ αἰτιολογικὸν σύνδεσμον προστέθεικεν
εἰπὼν δυοῖν γὰρ ὅροιν καὶ τὰ ἑξῆς. ὥσπερ γάρ, εἰ ἀδύνατον τὸν Σω- 5
κράτην ἄνθρωπον εἶναι μὴ καὶ ζῷον ὄντα (ἔστι δὲ ὕστερον μὲν ἄνθρωπος,
πρότερον δὲ ζῷον ὡς κοινότερον καὶ καθολικώτερον), ἀδύνατον δὲ εἴη τὸν

---

1 λεγούσῃ om. E²   δυνατόν ἐστι b: δυνατόν ἐστιν ὥστε A: δυνατὸν CD: ἔστι δυνα-
τὸν E²c   3 ἀεί] τὸ ἀεὶ CD   4 ὑπετίθετο E²c   9 αὐτά bc   ἔστι] seq.
ras. 1 litt. E   9. 10 προσσημαῖνον A²b: προσημαῖνον D: προσσημαῖνον A¹E
11 ὅπου] corr. ex οὔπω E²   μέν] corr. ex μένετις E²   προσσημαίνει DE: προση-
μαίνει A   ἄλλου E: corr. E²   12 τι om. E   14 προσσημαίνει A
15 αὐτῷ A   16 τῷ] corr. ex τὸ A   18 τὸ (pr.)] corr. ex τοῦ A²   19 ψευδῆ
ποτε D   ψευδεῖ E: corr. E²   δέ] ins. A²   20 αἱ] ἀεὶ A   21 προτιθεμένων A
22 Περὶ ἑρμηνείας] cap. 12   24 τι] τοι E   26 δ' c   30. 31 προστέθεικεν εἰπὼν
om. E: προσέθηκεν εἰπὼν E²c   31. 32 Σωκράτην D: comp. ambig. A: Σωκράτη
E, sed corr.   32 μὴ καὶ] καὶ μὴ E

Σωκράτην ζῷον εἶναι, ἀδύνατον καὶ ἄνθρωπον εἶναι· πῶς γὰρ ἂν εἴη τὸ 148ᵃ
μερικώτερον τοῦ ὁλικωτέρου καὶ περιέχοντος αὐτὸ μὴ ὄντος; οὕτως προ-
τέρου μὲν ὄντος καὶ καθολικωτέρου τοῦ ποτὲ μὲν ὄντος, ποτὲ δὲ μὴ ὄντος, 10
ὃ ταὐτόν ἐστι τῷ οὐκ ἀεὶ ὄντι, ὅπερ ἐστὶν ἀπόφασις τοῦ ἀεὶ ὄντος, ὑστέ-
5 ρου δὲ καὶ μερικωτέρου τοῦ γενητοῦ, διότι τὸ ποτὲ μὴ ὂν οὐ μόνον τῷ
γενητῷ ἀλλὰ καὶ τῷ φθαρτῷ ὑπάρχει, εἰ ἀδύνατον τὸ τὸ ἀεὶ ὂν ποτὲ
μὴ εἶναι, τουτέστιν οὐκ ἀεὶ εἶναι, ἀδύνατον καὶ τὸ γενητὸν αὐτῷ ὑπάρ- 15
χειν. ὡς οὖν δέδεικται διὰ τῆς ἀποφάσεως, ὅτι τὸ ἀεὶ ὂν ἀδύνατον φθαρ-
τὸν εἶναι, οὕτως διὰ τῆς αὐτῆς καί, ὅτι γενητὸν αὐτὸ εἶναι ἀδύνατόν ἐστιν,
10 ἐδείχθη· διὸ καὶ ὁμοίως εἶπεν οὐδὲ γενητόν ἐστιν.
  Ὁ μέντοι Ἀλέξανδρος καὶ οἱ ἄλλοι ἐξηγηταὶ ὡς ἄλλην ἀπόδειξιν τοῦ 20
τὸ ἀεὶ ὂν μὴ εἶναι γενητὸν παρὰ τὴν διὰ τῆς ἀποφάσεως ἐξεδέξαντο, καί-
τοι τοῦ Ἀριστοτέλους μετὰ τὸ δεῖξαι διὰ τῆς ἀποφάσεως, ὅτι τὸ ἀεὶ ὂν
οὐκ ἔστι φθαρτόν, ἐπαγαγόντος ὁμοίως δὲ οὐδὲ γενητόν ἐστι τὸ ἀεὶ
15 ὂν καὶ ἔτι καὶ ἄλλον τρόπον ἀποδείξεως προστιθέντος ἐκ τῆς ἀποφάσεως. 25
αἴτιον δέ, οἶμαι, γέγονε τὸ τὸν Ἀριστοτέλην ἐν τῇ τῶν δύο ὅρων ἐκθέσει
μὴ τὴν ἀπόφασιν ὀνομάσαι τοῦ ἀεὶ ὄντος τὸ οὐκ ἀεὶ ὄν, ἀλλὰ τὸ ταύτῃ
ἰσοδυναμοῦν τὸ ποτὲ μὴ εἶναι.

p. 282ᵃ4 Ἐπεὶ δὲ ἀπόφασις τοῦ μὲν ἀεὶ δυναμένου εἶναι ἕως 30
20 τοῦ οὔτε δὴ τὸ ἀεὶ ὂν γενητὸν οὐδὲ φθαρτὸν οὔτε τὸ ἀεὶ μὴ ὄν.

  Ὁ μὲν Ἀλέξανδρος διὰ τούτων δείκνυσθαί φησιν, ὅτι τὸ γενητὸν καὶ
φθαρτὸν τῇ αὐτῇ φύσει ὑπάρχει· καί ἐστι μὲν ἀληθὲς καὶ τοῦτο, μήποτε 35
δὲ οὐ τοῦτο προηγούμενόν ἐστιν, ἀλλὰ διὰ τούτου τὸ αὐτὸ ἔτι δείκνυται,
ὅτι τὸ ἀεὶ ὂν οὔτε γενητὸν οὔτε φθαρτόν ἐστιν. εἰς τοῦτο γοῦν ὁ λόγος
25 τελευτᾷ τὸ συμπέρασμα λέγων οὔτε δὴ τὸ ἀεὶ ὂν γενητὸν οὐδὲ φθαρ-
τὸν οὔτε τὸ ἀεὶ μὴ ὄν· καὶ τοῦτο γὰρ συνανεφάνη τοῖς εἰρημένοις. 40
συντελέσει δὲ ὁ λόγος οὗτος καὶ πρὸς τὸ δεῖξαι, ὅτι ἀκολουθοῦσιν ἀλλήλοις
τό τε γενητὸν καὶ τὸ φθαρτόν, ἐξ οὗ δειχθήσεται, ὅτι καὶ τὸ ἀγένητον καὶ
τὸ ἄφθαρτον ἀκολουθοῦσιν ἀλλήλοις. νῦν δὲ τέως, ὅτι οὔτε τὸ ἀεὶ ὂν
30 οὔτε τὸ ἀεὶ μὴ ὂν οὔτε γενητὸν οὔτε φθαρτόν ἐστι, δείκνυσιν ἐκ τοῦ τὰς 45
ἀποφάσεις τοῦ ἀεὶ ὄντος καὶ τοῦ ἀεὶ μὴ ὄντος ἀληθεύεσθαι κατά τινος

---

1 Σωκράτην D: comp. ambig. A: Σωκράτη E, sed corr.   2 οὕτω Dc   3 alt.
μὲν — δὲ om. CD   4 τῷ] corr. ex τὸ E²   6 φθαρτῷ] corr. ex ἀφθάρτῳ E²
τὸ τὸ A: om. CDEc   9 αὐτῷ E: corr. E²   ἀδύνατον] e corr. D   11 ἄλλην]
corr. ex ἄλλων A²   11. 12 τοῦ τὸ A²E²: τοῦτο ADE   12 post ἀποφάσεως del.
ὅτι τὸ ἀεὶ ὂν E¹   14 δ' c   οὐδὲ] bis A   15 ἄλλον] corr. ex ἄλλων A²
16 γέγονεν E: corr. E²   Ἀριστοτέλη E: corr. E²   19 δὲ] δ' ἡ Ec   ἀπόφασιν
A: corr. A²   20 οὐδὲ c: οὔτε AD   21 καὶ] καὶ τὸ c   22 αὐτοῦ D   ὑπάρ-
χουσι A   μηδέποτε E   23 τοῦτο AC: τοῦτο τὸ DEc   24 ὁ — δὲ (27)] mg. E²
25 τελευτᾷ] e corr. D: ὁρίζει E²c   27 συντελέσει] συμβάλλεται E²c   29 ὅτι
om. A   οὔτε scripsi: οὐδὲ ACDEc   30 οὔτε (pr.)] οὐδὲ ACDEc
ἐστι D

μέσης ἀμφοῖν φύσεως, ἥτις τῷ γενη|τῷ καὶ φθαρτῷ προσήκει. ἐπειδὴ 148b γάρ, φησί, τοῦ ἀεὶ δυναμένου εἶναι, τουτέστι τοῦ ἀεὶ ὄντος (οὕτως γὰρ πανταχοῦ φαίνεται χρώμενος), ἡ μὲν ἀπόφασίς ἐστι τὸ μὴ ἀεὶ δυνάμενον εἶναι, ἡ δὲ ἐναντία κατάφασις τὸ ἀεὶ δυνάμενον μὴ εἶναι, ταύτης
5 δὲ ἀπόφασις τὸ μὴ ἀεὶ δυνάμενον μὴ εἶναι, ἀνάγκη τὰς ἀποφά- 5
σεις ἀμφοῖν τοῖν καταφάσεοιν τῷ αὐτῷ ὑπάρχειν ἄλλῳ ὄντι παρὰ τὰ
ἐναντία· τοῦτο γὰρ προστέθεικεν ὁ Ἀλέξανδρος, διότι δυνατὸν τὴν τῆς
ἑτέρας καταφάσεως ἀπόφασιν ὑπάρχειν τῇ ἐναντίᾳ καταφάσει· τὸ γὰρ οὐ
λευκὸν καὶ κατὰ τοῦ μέλανος ἀληθεύεται, ἀλλ' οὐκέτι καὶ τὸ οὐ μέλαν. 10
10 ὥστε, καθ' οὗ ἀμφοῖν τοῖν ἐναντίοιν αἱ ἀποφάσεις ἀληθεύονται, ἀνάγκη
ἄλλο εἶναι παρ' ἄμφω, καὶ περιττῶς ἡμεῖς ὡς ἐλλεῖπον αὐτὸ τῇ ἑρμηνείᾳ
προστίθεμεν. ᾧ γὰρ αἱ καταφάσεις μὴ ὑπάρχουσιν, ἀνάγκη τούτῳ τὰς
ἀποφάσεις αὐτῶν ὑπάρχειν, εἴπερ παντὶ ἀναγκαῖον ἢ τὴν κατάφασιν ἢ τὴν 15
ἀπόφασιν ὑπάρχειν τὰς ἀντιφατικῶς ἀντικειμένας.
15   Ἀνάγκη δέ, φησίν, ᾧ αἱ ἀποφάσεις τοῦ ἀεὶ ὄντος καὶ τοῦ ἀεὶ μὴ
ὄντος ὑπάρχουσι, τοῦτο μέσον ἀμφοῖν εἶναι τοῖν καταφάσεοιν δυνάμενον
εἶναι καὶ μὴ εἶναι, εἶναι μέν, ὅτι οὐκ ἀεὶ μὴ ὄν ἐστιν, οὐκ εἶναι δέ, ὅτι 20
οὐκ ἀεὶ ὄν· ἡ γὰρ ἑκατέρου ἀπόφασις τὸ ἀεὶ ἀναιροῦσα τοῦ τε εἶναι καὶ μὴ
εἶναι, κἂν μὴ ἀεί, ἀλλὰ ποτὲ ὑπάρχειν καὶ ποτὲ μὴ ὑπάρχειν συγχωρεῖ,
20 διότι καὶ τὸ ἀεὶ μὴ εἶναι ἀναιρεῖ, ὥστε καὶ τὸ μὴ ἀεὶ μὴ ὄν καὶ τὸ μὴ
ἀεὶ ὄν ἔσται ποτὲ καὶ οὐκ ἔσται. τοιαῦτα δὲ τό τε γενητόν ἐστι καὶ τὸ 25
φθαρτόν, οἷς τὸ μὲν ποτὲ ὑπάρχειν ἡ τοῦ ἀεὶ μὴ ὑπάρχειν ἀπόφασις δί-
δωσι, τὸ δὲ ποτὲ μὴ ὑπάρχειν ἡ τοῦ ἀεὶ ὑπάρχειν, καί ἐστι μέσον ὄντως
τὸ τοιοῦτον τὸ ποτὲ μὲν ὄν, ποτὲ δὲ μὴ ὄν τοῦ τε ἀεὶ ὄντος καὶ τοῦ ἀεὶ
25 μὴ ὄντος, ὡς τοῦ ποτὲ καὶ εἶναι καὶ μὴ εἶναι μετέχον· αἱ γὰρ ἀποφάσεις τὸ 30
ἀεὶ ἀνελοῦσαι τὸ ποτὲ καταλελοίπασιν. οὐ τοῦτο δὲ λέγει, ὅτι πᾶν, καθ'
οὗ αἱ τῶν ἐναντίων ἀποφάσεις ἀληθεῖς, τοῦτο μέσον ἔσται τῶν ἐναντίων·
οὐ γὰρ ἀληθὲς καθόλου τοῦτο· οὔτε γὰρ τῶν ἀμέσων ἐναντίων ἔστι τι με- 35
ταξύ, καίτοι ἔστι τι καὶ ἐπ' ἐκείνων, καθ' οὗ αἱ ἀμφοτέρων τῶν ἐναντίων
30 ἀποφάσεις ἀληθεύονται. τὸ γὰρ νοσεῖν καὶ τὸ ὑγιαίνειν καὶ τὸ ἄρτιον καὶ
τὸ περιττὸν ἐναντία ἄμεσα δοκεῖ, καὶ οὐκ ἔστι τι μέσον τοῦ νοσεῖν καὶ τοῦ
ὑγιαίνειν, καθ' οὗ ἀληθὲς τὸ μήτε νοσεῖν μήτε ὑγιαίνειν (ἐπὶ γὰρ τοῦ 40
ξύλου ἄμφω ἀληθῆ), ἀλλ' οὐδὲ ἀρτίου καὶ περιττοῦ τὸ μήτε ἄρτιον μήτε
περιττὸν κατὰ μέσου λέγεταί τινος, ὅταν κατὰ συνεχοῦς ποσοῦ ἀληθεύηται.

---

1 γενητῷ] θνητῷ D   καὶ φθαρτῷ om. c   2 οὕτως ACE: οὕτω Dc   3 τὸ —
alt. εἶναι (4)] mg. E²   4 ἡ δὲ ἐναντία κατάφασις A: ἐναντία δὲ κατάφασις E²: ἡ ἐναντία
δὲ κατάφασις c: τὸ δὲ ἐναντίον D   ante ταύτης del. τὸ μὴ ἀεὶ δυνάμενον μὴ εἶναι E²
6 τοῖν] corr. ex τοῖς A   καταφάσεοιν] post ε ras. 1 litt. E: καταφάσεων c
7 προστέθηκεν E: corr. E²   11 ἐλλοῖπον E: corr. E²   16 τῶν καταφάσεων c
17 εἶναι (pr.)] καὶ εἶναι Ec   ἔστι Ac   18 τοῦ] τοῦ mut. in τὸ A²   22 φθαρ-
τόν ACE²: ἄφθαρτον DE   ποτὲ ACE²b: om. DE   22. 23 δίδωσιν E   23 ἀεὶ]
μὴ ἀεὶ CE: corr. E²   ὄντως AC: ὄντων DE: ὄν c: naturae b   24 τὸ (alt.)
om. A   28. 29 τὸ μεταξύ A   31 ἄμεσα] corr. ex μέσα E²   34 μέσου]
corr. ex μέσον A²

ζητεῖν δὲ ἄξιον, εἰ ἔστιν ὅλως ἄμεσα ἐναντία. καὶ γάρ, ὅτι μὲν ὑγεία καὶ 148ᵇ
νόσος οὐκ ἔστιν ἄμεσα, δηλοῖ ἡ παρὰ τοῖς ἰατροῖς οὐδετέρα λεγομένη κα- 45
τάστασις, ὅτι δὲ καὶ τοῦ ἀρτίου καὶ περιττοῦ μεσότητές εἰσι, δηλοῖ τὸ ἀρ-
τιοπέρισσον καὶ περισ|σάρτιον· καὶ καθόλου δέ, εἰ ἐναντία ἐστὶ τὰ ὑπὸ 149ᵃ
5 τὸ αὐτὸ γένος πλεῖστον ἀλλήλων διεστηκότα, τὸ δὲ πλεῖστον δηλοῖ καὶ
ἐλάττονα διάστασιν, οὐκ ἂν εἴη ἄμεσα. ἀλλ' οὐδὲ ἐπὶ τῶν ἐμμέσων ἐναν-
τίων ἀληθὲς τό, καθ' οὗ αἱ τῶν ἐναντίων ἀποφάσεις ἀληθεύονται, μέσον 5
εἶναι τῶν ἐναντίων· κατὰ γὰρ στιγμῆς ἀληθὴς καὶ ἡ τοῦ λευκοῦ καὶ ἡ
τοῦ μέλανος ἀπόφασις, καὶ οὐκ ἔστι μεταξὺ λευκοῦ καὶ μέλανος ἡ στιγμή.
10 ἀληθεύεται μὲν γὰρ ἐπὶ τῶν ἐμμέσων ἐναντίων ἡ ἑκατέρου τῶν ἐναν-
τίων ἀπόφασις καὶ κατὰ τοῦ μεταξύ, οὐ μὴν ἤδη καί, καθ' ὧν ἀλη- 10
θεύεται πάντων, ταῦτα μεταξύ ἐστιν, οὐδὲ ὁ Ἀριστοτέλης τοῦτο λέγει ὡς
καθόλου ὄν, ἀλλὰ τὸ μὲν τὰς τῶν ἐναντίων ἀποφάσεις ἐπὶ τοῦ αὐτοῦ ἀλη-
θεύεσθαι ὡς καθόλου ὂν τέθεικε, τὸ δέ, ἐφ' οὗ ἀληθεῖς αἱ ἀμφοῖν τῶν
15 ἐναντίων ἀποφάσεις, τοῦτο μέσον εἶναι ἰδίως ἐπὶ τούτου συμβέβηκεν, ἐφ' 15
οὗ αἱ τοῦ ἀεὶ ὄντος καὶ τοῦ ἀεὶ μὴ ὄντος ἀποφάσεις ἐπαληθεύονται. καὶ
τὴν αἰτίαν αὐτὸς προστέθεικεν εἰπών· ἡ γὰρ ἑκατέρου ἀπόφασίς ποτε
ὑπάρξει, εἰ μὴ ἀεί· τὸ γὰρ ἀεὶ ἀναιροῦσαι ἄμφω τὸ ποτὲ καταλιμπά-
νουσιν, ἡ μὲν τὸ ποτὲ εἶναι, ἡ δὲ τὸ ποτὲ μὴ εἶναι. ἐφ' ὧν οὖν αἱ τῶν 20
20 ἐναντίων ἀποφάσεις οὕτως εἰσὶν ἀληθεῖς, ὥς πῃ μετέχειν αὐτὰ τῶν ἐναν-
τίων, ταῦτα μεταξὺ τῶν ἐναντίων εἰσίν, ἀλλ' οὐχ ἁπλῶς πάντα, καθ' ὧν
αἱ ἀποφάσεις ἀληθεῖς.

Ζητεῖ δὲ ὁ Ἀλέξανδρος, πῶς ἐναντία τό τε ἀεὶ ὂν καὶ τὸ ἀεὶ μὴ ὄν.
τί γὰρ ἂν εἴη γένος αὐτῶν κοινόν; καὶ λέγει, ὅτι, εἰ καὶ οὐ συγχωρηθείη 25
25 τὰ ἐναντία ἀλλήλοις πάντα ὑπὸ τὸ αὐτὸ γένος εἶναι, ἀλλὰ τὰ ἁπλῶς καὶ
κυρίως ἐναντία τοιαῦτα ἂν εἴη· ταῦτα δέ ἐστι τὰ χωρὶς συμπλοκῆς λεγό-
μενα, ὡς λευκὸν καὶ μέλαν· τὰ δὲ κατὰ συμπλοκὴν οὐκέτι· ἄλλη γὰρ ἡ
ἐν προτάσεσιν ἐναντίωσις. ὡς οὖν συγχωρεῖται ἐναντίας εἶναι προτάσεις 30
τὰς 'ἐξ ἀνάγκης ἔστιν' — 'ἐξ ἀνάγκης οὐκ ἔστιν', καίτοι οὐδὲν ἔχουσι κοι-
30 νὸν γένος, οὕτως καὶ αἱ 'ἀεὶ ἔστιν' — 'ἀεὶ οὐκ ἔστιν' ἐναντίαι ἀλλήλαις
εἰσὶν ἴσον ἐκείναις δυνάμεναι· ἔστι γὰρ ἡ μὲν 'ἀεὶ ἔστιν' ἴση τῇ 'ἐξ ἀνάγ-
κης ἔστιν', ἡ δὲ 'ἀεὶ μὴ ἔστιν' ἴση τῇ 'ἐξ ἀνάγκης οὐκ ἔστιν'. ἔστι δέ, 35
φησί, καὶ τούτων κοινὸν γένος λέγειν τὴν πρότασιν ἢ τὴν κατάφασιν ἔτι
μᾶλλον.

---

1 post δὲ del. ἄ// D   ὑγίεια c   2 ἤ] suprascr. E²   οὐδετέρα] corr. ex δευ-
τέρα E²   3 περιττοῦ] τοῦ περιττοῦ D   4 καὶ (alt.) om. A   ἐναντία]
-αν- e corr. E²   6 ἀλλ' οὐδὲ] ἀλλὰ καὶ D   10 ἡ AD: om. CE   12 τοῦτο]
corr. ex τοῦ A²   13 τὰς μὲν CD   14 δέ om. A   ἐφ'] corr. ex ἀφ' A²
17 προστέθεικεν Cb: προτέθεικεν ADEc   εἰπών] e corr. E²   18 μή] μὴ εἴη c
(cf. varietas codd. Arist.)   21 ἐστιν c   24 εἰ καὶ οὐ scripsi: εἰ καὶ ADb: οὐκ ἂν Ec
29 ἔστιν (alt.)] ἔστι D   οὐδὲ A   ἔχουσι] ἐχούσας E²c   30 αἱ om. A
ἀλλήλοις E   31 ἐκείναις] ἀλλήλαις c   ἔστι] seq. ras. 1 litt. E   ἤ] corr. ex
εἰ E²   32 ἤ] corr. ex εἰ E²   ἔστι] ἔτι e corr. E²,c   33 φησίν Ec
καὶ — φησίν (p. 333,1) om. Ec

Τοῦτο οὖν, φησίν, ᾧ αἱ ἀμφοῖν ἀποφάσεις ἐπαληθεύουσιν, ἔσται ποτὲ 149ᵃ καὶ οὐκ ἔσται· ἡ αὐτὴ ἄρα φύσις ἀμφοῖν ἐστι δεκτικὴ τοῦ τε εἶναι δύνασθαι· καὶ τοῦ μὴ εἶναι. τοιαῦτα δὲ τό τε φθαρτὸν καὶ τὸ γενητόν· τὸ μὲν γὰρ φθαρτόν ἐστι τὸ δυνατὸν μὴ εἶναι, τὸ δὲ γενητὸν τὸ δυνατὸν 40 εἶναι. τὸ αὐτὸ ἄρα γενητόν τε καὶ φθαρτόν, εἴπερ τὸ αὐτὸ δυνάμενον εἶναι καὶ μή, ὡς Ἀριστοτέλης φησί, κἂν τὸ μὲν γενητὸν ἔχῃ κατὰ τὸ δύνασθαι εἶναι, τὸ δὲ φθαρτὸν κατὰ τὸ δύνασθαι μὴ εἶναι, ἓν ὂν τὸ αὐτὸ μεταξὺ τῶν ἐναντίων τὸ καὶ εἶναι καὶ μὴ εἶναι δυνάμενον· ὥστε ἀντιστρέ- 45 φοι ἂν ἀλλήλοις τό τε γενητὸν καὶ τὸ φθαρτόν.

Ὅτι δὲ καλῶς εἴληπται τό, καθ᾽ οὗ ἡ | θατέρου τῶν ἐναντίων ἀπό- 149ᵇ φασις ἀληθής, κατὰ τούτου καὶ ἡ τοῦ ἑτέρου, καὶ ὅτι καθολικὸς ὁ λόγος, ἐπὶ στοιχείων, ὥσπερ εἴωθεν ἐπὶ τῶν καθολικῶν ἀποδείξεων, δείκνυσι προορίσας, ὅτι καθολικὸς ὁ λόγος. τίθησι δὲ τὸ Α καὶ τὸ Β ὡς ἐναντία· τὰ γὰρ ἐναντία ἐστὶ τὰ μηδενὶ τῷ αὐτῷ δυνάμενα ὑπάρχειν· εἶτα τὴν ἑκα- 5 τέρου ἀπόφασιν προσθεὶς τοῦ μὲν Α τὸ Γ, τοῦ δὲ Β τὸ Δ, δύο πεποίηκεν ἀντιφάσεις, ἃς ἐσήμανε διὰ τοῦ ἅπαντι γὰρ τὸ Α ἢ τὸ Γ καὶ τὸ Β ἢ τὸ Δ· τοῦτο γὰρ ἀντιφάσεως ἴδιον. εἰ οὖν καταφάσεις μὲν τὰ Α Β ἐναντίαι, ἀποφάσεις δὲ ἀντιφατικῶς αὐταῖς ἀντικείμεναι τὰ Γ Δ, ἀνάγκη, ᾧ 10 μήτε τὸ Α ὑπάρχει μήτε τὸ Β, τούτῳ παντὶ ὑπάρχειν τὰ Γ Δ, εἴπερ παντὶ ἢ τὴν κατάφασιν ἢ τὴν ἀπόφασιν ὑπάρχειν ἀνάγκη τῶν ἀντιφατικῶς ἀντικειμένων ἀλλήλαις προτάσεων. λαβὼν δὴ τὸ Ε, ᾧ τὸ Α καὶ τὸ Β οὐχ ὑπάρχει, ἐξ ἀνάγκης, φησί, τούτῳ τὸ Γ καὶ τὸ Δ ὑπάρξει. 15 εἰπόντος δὲ αὐτὸ τὸ Ε τὸ μεταξὺ εἶναι τῶν Α Β καὶ ἐπαγαγόντος ἐναντίων γὰρ τὸ μηδέτερον μέσον, "τοῦτο, φησὶν ὁ Ἀλέξανδρος, οὕτως ἁπλῶς λεγόμενον οὐκ ἔστιν ἀληθές· οὐ γὰρ ἀνάγκη μέσον εἶναι, καθ᾽ οὗ αἱ ἀμφοῖν τοῖν ἐναντίοιν ἀποφάσεις, ὡς δέδεικται. ἀλλὰ μήποτε, φησίν, 20 οὐ τὸ κυρίως μεταξὺ νῦν λαμβάνει, ἀλλὰ κοινότερον μεταξὺ τοῦτο λέγει τῶν ἐναντίων, καθ᾽ οὗ αἱ ἀμφοῖν ἀποφάσεις ἀληθεύονται, καθ᾽ ὅσον μηδετέρῳ αὐτῶν ἐστι ταὐτόν. ἢ δύναται, φησί, καὶ ἐλλιπέστερον εἰρῆσθαι ἀντὶ τοῦ 'μηδέτερον ἐκείνων ὁλοκλήρως ὂν μέσον'· τὸ γὰρ μὴ ὁλοκλήρως μὲν ὂν 25 ἐκεῖνα, ἔχον δέ τι ἐκείνων τοιοῦτόν ἐστι. τοιαῦτα δέ ἐστι, περὶ ὧν ὁ λόγος· τὸ γὰρ μήτε ἀεὶ ὂν μήτε ἀεὶ μὴ ὂν ἀμφοτέρων ἐπί τι μετέχει τοῦ τε ἀεὶ ὄντος καὶ τοῦ ἀεὶ μὴ ὄντος, τοῦ μὲν καθ᾽ ὅσον ποτὲ ἔστι, τοῦ δὲ

καθ' ὅσον ποτὲ οὐκ ἔστιν." ὅτι δὲ κατὰ ταύτην τὴν ἔννοιαν ἔλαβε τὸ 149ᵇ
μέσον Ἀριστοτέλης ὡς ἀμφοῖν ἐπί τι μετέχον, ἐδήλωσε πρότερον εἰπὼν 31
τὸ αὐτὸ ἄρα ἔσται δυνατὸν εἶναι καὶ μή, καὶ τοῦτό ἐστιν ἀμφοῖν
μέσον, καὶ ἔτι μᾶλλον ἐν τοῖς πρὸ τούτων τὸ αὐτὸ δηλοῦται.

Προθέμενος δὲ δεῖξαι, ὅτι τὸ ἀεὶ ὂν οὔτε γενητὸν οὔτε φθαρτόν ἐστι, 35
καὶ δείξας, ὅτι αἱ ἀποφάσεις τοῦ ἀεὶ ὄντος καὶ τοῦ ἀεὶ μὴ ὄντος ἐπαλη-
θεύουσι κατὰ τοῦ γενητοῦ καὶ φθαρτοῦ τοῦ αὐτοῦ ὄντος, εἰκότως συμπεραινό-
μενος ἐπήγαγεν οὔτε δὴ τὸ ἀεὶ ὂν γενητὸν οὐδὲ φθαρτὸν οὔτε τὸ
ἀεὶ μὴ ὄν· εἰ γὰρ ἡ ἀντιφατικῶς ἀντικειμένη ἀπόφασις τῷ ἀεὶ εἶναι ἡ 40
οὐκ ἀεὶ εἶναι ὑπάρχει τῷ γενητῷ καὶ τῷ φθαρτῷ, οὐκ ἂν εἴη τὸ ἀεὶ ὂν
οὔτε γενητὸν οὔτε φθαρτόν, ἵνα μὴ συναληθεύσῃ ἡ ἀντίφασις. ἐπὶ τοῦ αὐ-
τοῦ τοῦ γενητοῦ καὶ φθαρτοῦ τῆς τε καταφάσεως ἀληθευούσης τῆς λεγού-
σης ἀεὶ εἶναι διὰ τὴν ὑπόθεσιν καὶ τῆς ἀποφάσεως τῆς λεγούσης οὐκ ἀεὶ 45
εἶναι διὰ τὸ δεῖν τὰς τῶν ἐναντίων ἀποφάσεις κατὰ τοῦ αὐτοῦ ἀληθεύε-
σθαι. ἐντεῦθεν οὖν γέγονε δήλη καὶ ἡ | χρεία τῆς τοῦ ἐναντίου τοῦ ἀεὶ 150ᵃ
μὴ εἶναι παραθέσεως· οὐ γὰρ προὔκειτό τι περὶ τούτου ζητεῖν, ἀλλ'
ἵνα τοῦ γενητοῦ καὶ φθαρτοῦ μεταξὺ τοῦ τε ἀεὶ ὄντος καὶ τοῦ ἀεὶ μὴ
ὄντος εὑρεθέντος καὶ τῶν ἀποφάσεων ἀληθευουσῶν ἐπ' αὐτοῦ δεδειγμένον 5
ᾖ λαμπρῶς, ὅτι ἀδύνατον τὸ ἀεὶ ὂν καὶ τὸ οὐκ ἀεὶ ὂν ἅμα γενητὸν ἢ
φθαρτὸν εἶναι.

p. 282ᵃ22 Δῆλον δέ, ὅτι, εἰ καὶ γενητὸν ἢ φθαρτὸν ἕως τοῦ δέ-
δεικται πρότερον.

Δείξας, ὅτι τὸ ἀεὶ ὂν οὔτε γενητὸν οὔτε φθαρτόν ἐστι, δείκνυσιν ἐφε- 10
ξῆς, ὅτι καὶ ἀντιστρέφει ταῦτα, καὶ οὔτε τὸ γενητὸν οὔτε τὸ φθαρτὸν
ἀίδιά ἐστιν. ἂν γὰρ ὑποτεθῇ, φησίν, ἀίδιον τὸ γενητὸν ἢ τὸ φθαρτόν,
ἅμα ἔσται τὸ αὐτὸ δυνάμενον εἶναι καὶ μὴ εἶναι, ὡς μὲν ὁ Ἀλέξανδρός
φησιν, ὅτι τὸ μὲν ἀεὶ ὂν ἀεὶ ἔστι καὶ οὐκ ἔχει δύναμιν τοῦ ποτὲ μὴ εἶναι, 15
τὸ δὲ γενητὸν καὶ τὸ φθαρτὸν δύναμιν ἔχει τοῦ ποτὲ μὴ εἶναι· ἐὰν οὖν
ὑποτεθῇ τὸ ποτὲ δυνάμενον μὴ εἶναι μὴ ὄν, οὐκ ἔσται μὲν διὰ τὴν ὑπό-
θεσιν, ἔσται δέ, διότι ἀίδιον ἦν, καὶ ψευδὴς μὲν ἡ ὑπόθεσις ἡ τὸ δυνά-
μενον μὴ εἶναι μὴ ὂν λαβοῦσα, οὐ μὴν ἀδύνατος, ἀδύνατον δὲ τὸ συναχ- 20
θὲν τὸ τὸ αὐτὸ ἅμα ὄν τε καὶ μὴ ὂν εἶναι· οὐ παρὰ τὴν ὑπόθεσιν ἄρα,
ἀλλὰ παρὰ τὸ τεθῆναι τὸ γενητὸν ἀίδιον εἶναι. οὕτως μὲν ὁ Ἀλέξανδρος

---

2 ὁ Ἀριστοτέλης Ec   3 ταὐτὸν c   ἄρ' c   τοῦτό b: τούτου A: τούτου τὸ DE:
τοῦτ' c   7 εἰκότως A²b: εἰκὸς comp. A: ras. 8 litt. E: om. D   9 τῷ] τοῦ c
ἡ (alt.)] ἢ corr. ex ἢ A²: ἢ c   12 καὶ b: ἢ ADEc: ἢ τοῦ C   τε] γε D
17 γενητόν] corr. ex γεννητοῦ A²   19 ᾖ] corr. ex ἢ E²: εἴη C   20 φθαρτὸν
DEb: ἄφθαρτον AC   21 δ' DEc   εἰ καὶ] καὶ ἡ E: καὶ εἰ E²c   23 ὄν]
suprascr. E²   26 ὁ om. Ec   28 τὸ δὲ—εἶναι om. b   καὶ τὸ—εἶναι A: om.
E: lacunae signum add. E²: δύναταί ποτε μὴ εἶναι D: οὐκ ἔστι ποτὲ K³c   29 τὸ
om. D   32 τὸ (pr.)] suprascr. E²   ταὐτὸ c

τῷ δυνάμενον μὴ εἶναι ἀκολουθήσας, ὡς οἶμαι. εἰ δὲ τὸ δυνάμενον 150ᵃ
εἶναι καὶ δυνάμενον μὴ εἶναι ἀντὶ τοῦ ἔστι καὶ οὐκ ἔστιν εἶπεν, ὡς 25
πολλάκις καὶ αὐτὸς ὁ Ἀλέξανδρος ἐπεσημήνατο, διὰ τί μὴ ἁπλούστε-
ρον ἐκδεχόμεθα, ὅτι τὸ αὐτὸ κατὰ ταὐτὸν ποτὲ ἔστι τε καὶ οὐκ ἔστιν;
5 ἔστι μέν, ὅτι ἀεὶ ὂν ὑπόκειται, οὐκ ἔστι δέ, ὅτι τὸ γενητὸν καὶ τὸ φθαρ-
τόν, ὥσπερ ποτὲ ὄν, οὕτως καὶ ποτὲ μὴ ὄν ἐστιν. ὅτι γὰρ τὸ δυνάμε- 30
νον μὴ εἶναι οὐχ οὕτως εἶπεν ὁ Ἀριστοτέλης ὡς ἐνεργείᾳ μὲν ὄν, δυνά-
μει δὲ μὴ ὄν, ἀλλ' ἀντὶ τοῦ μὴ εἶναι τέθεικεν αὐτό, δηλοῖ τὸ δυνάμε-
νον εἶναι ἐπὶ τοῦ ἀεὶ ὄντος ῥηθέν· οὐ γὰρ δὴ καὶ ἐπὶ τούτου τὸ κατ'
10 ἐνέργειαν μὲν μὴ ὄν, δυνάμει δὲ ὂν σημαίνει· τὸ γὰρ ἀεὶ ὂν ἐνεργείᾳ ὄν 35
ἐστιν. ἀλλὰ δυνάμενον νῦν οὐ τὸ δυνάμει λέγει, ἀλλὰ τὸ δύναμιν ἔχον
τὴν τῇ ἐνεργείᾳ συνοῦσαν· διὸ εἰς ταὐτὸν ἔρχεται τὸ δυνάμενον εἶναι καὶ
δυνάμενον μὴ εἶναι τῷ ὄντι καὶ τῷ μὴ ὄντι.

Ἐπιζητήσοι δὲ ἄν τις, οἶμαι, δικαίως, τί δήποτε τοσούτους Ἀριστο-
15 τέλης κατέτεινε λόγους τὸ ὄντως προφανέστατον δεικνύναι βουλόμενος. τί 40
γάρ ἐστιν ἐναργέστερον τοῦ τὸ ἀεὶ ὂν μήτε γενητὸν μήτε φθαρτὸν εἶναι
καὶ πάλιν τοῦ τὸ γενητὸν καὶ φθαρτὸν μὴ ἀεὶ ὂν εἶναι, εἴπερ γενητὸν καὶ
φθαρτόν ἐστι τὸ ποτὲ μὲν εἶναι, ποτὲ δὲ μὴ εἶναι δυνάμενον; τί δὲ τῶν
παραληφθέντων εἰς τὴν τούτου ἀπόδειξιν οὐκ ἔστιν ἀσαφέστερον τούτου; 45
20 πῶς οὖν οὐκ ἄτοπον τὸν Ἀριστοτέλην τὸν πάντων ἐν τούτοις μά|λιστα 150ᵇ
διδάσκαλον ἀγνοεῖν, τί μέν ἐστι τὸ δι' ἑαυτὸ πιστὸν καὶ ἄμεσον, τί δὲ τὸ
τῆς ἄλλου βοηθείας μέσης εἰς πίστιν δεόμενον; δεύτερον δὲ ἄν τις ἐπιζη-
τήσοι, τίνα χρείαν ὅλως αὐτῷ παρέσχεν ἡ τούτου τοῦ ἐναργοῦς ἀξιώματος
ἀπόδειξις. τὸ μὲν γὰρ προχείμενον ἦν ἐκείνοις ἀντειπεῖν, οἷς ἐνδέχεσθαι 5
25 δοκεῖ καὶ ἀγένητόν τι ὂν φθαρῆναι καὶ γενόμενον ἄφθαρτον διατελεῖν,
ὥσπερ ἐν τῷ Τιμαίῳ· πρὸς δὲ τοῦτο ἤρκεσεν ἂν ἡ ἀντιστροφὴ παραδο-
θεῖσα τοῦ τε γενητοῦ πρὸς τὸ φθαρτὸν καὶ τοῦ ἀγενήτου πρὸς τὸ ἄφθαρ-
τον, ἅπερ ἐφεξῆς νῦν παραδίδωσι. μήποτε οὖν νῦν ἀντιλέγων πρὸς τοὺς 10
γενητὸν μὲν ἄφθαρτον δὲ ἢ ἀγένητον μὲν φθαρτὸν δὲ λέγοντας δείκνυσιν,
30 ὅτι οὐ δύναται ταῦτα συνδυάζεσθαι ἀλλήλοις, εἴπερ τὸ μὲν ἀγένητον καὶ τὸ
ἄφθαρτον ἀίδια δειχθῇ, τὸ δὲ γενητὸν καὶ φθαρτὸν οὐκ ἀίδια, ἀλλ' ἐν
ὡρισμένῳ χρόνῳ τὸ εἶναι καὶ τὸ μὴ εἶναι ἔχοντα· οὕτως γὰρ ἐν δευτέρῳ 15
σχήματι συνάγεται διὰ μέσου τοῦ ἀιδίου, ὅτι οὔτε τὸ ἀγένητον φθαρτὸν

---

1 τῷ A: om. DE: πρὸς τὸ E²c   2 ἀντὶ] mut. in ἐναντία E¹: ἀντὶ E²   τοῦ] suprascr. E²   3 καὶ om. c   ἐπεσημάνατο c   τί] corr. ex τὸ E²   6 ὅτι] mut. in καὶ E²: καὶ c   7 οὐκ εἶπεν ὁ Ἀριστοτέλης οὕτως D   8 δηλοῖ D: comp. A: om. E: *significans* b: σημαίνων E²c   τὸ] suprascr. E²   12 τῇ A: τὸ D: τῷ E   14 ἐπιζητήσοι A: ἐπιζητήσειε c, D?: ἐπιζητήσῃ E: ἐπιζητήσει E²   15 ὄντως] οὕτω D   17 καὶ πάλιν—μὲν εἶναι (18)] mg. E²   πάλιν] αὖθις E²c   τοῦ τὸ] τοῦτο D   μὴ—φθαρτόν (18) om. D   18 ἔστι DE   μὲν om. D   19 ἔστιν] corr. ex ἔστι δὲ E²   21 ἑαυτοῦ D   22 δ' c   22. 23 ἐπιζητήσοι A: ἐπιζητήσῃ DE: ἐπιζητήσειε c   23 παρέσχεν] postea add. D   τούτου τοῦ] τοῦ ταὐτοῦ A: om. b   27 καὶ—ἄφθαρτον (27. 28) om. D: mg. E²   28 νῦν om. D   30 συνδιάζεσθαι E: corr. E²   33 φθαρτόν] καὶ φθαρτόν Ec

οὔτε τὸ γενητὸν ἄφθαρτον δύναται εἶναι. δείκνυσιν οὖν οὐ μόνον, ὅτι τὸ 150ᵇ
γενητὸν καὶ φθαρτὸν οὐ δύναται εἶναι ἀίδια· τοῦτο γὰρ τῷ ὄντι προφανὲς
ἦν· ἀλλὰ καὶ τίς αὐτῶν ἡ φύσις καὶ πῶς ἔχουσι πρὸς τὸ ἀεὶ ὄν, καὶ ὅτι 20
μεταξύ εἰσι τοῦ τε ἀεὶ ὄντος καὶ τοῦ ἀεὶ μὴ ὄντος, ὡς ἀμφοῖν ἐν μέρει
5 μετέχειν, καὶ ἐκ τοῦ μεταξὺ τούτου, ὅτι καὶ ἀκολουθοῦσιν ἀλλήλοις, ὃ
χρησιμεύσει αὐτῷ πρὸς τὸ δεῖξαι, ὅτι καὶ τὸ ἀγένητον καὶ ἄφθαρτον ἀκο-
λουθοῦσιν ἀλλήλοις. καὶ δείξας οὕτως ταύτην τὴν πρότασιν τὴν λέγουσαν· 25
τὸ γενητὸν καὶ φθαρτὸν οὐκ ἀεὶ ἔστιν οὕτως ὡς οὐκ ἀεὶ μὴ ὄν· δείκνυσιν
ἐφεξῆς, ὅτι τὸ ἀγένητον καὶ τὸ ἄφθαρτον ἀεὶ ἔστι, τοῦτο δὲ διὰ τοῦ δεῖ-
10 ξαι ἀντακολουθοῦντα αὐτὰ ἀλλήλοις, τοῦτο δὲ διὰ τοῦ δεῖξαι τὸ γενητὸν
καὶ φθαρτὸν ἀλλήλοις ἀκολουθοῦντα. 30

p. 282ᵃ25 Ἆρα οὖν, εἰ καὶ ἀγένητον, ὂν δὲ ἕως τοῦ δ νῦν ὂν ὕστε-
ρον μὴ ἀληθὲς ἔσται εἰπεῖν μὴ εἶναι.

Δείξας, ὅτι τὸ ἀίδιον οὔτε γενητὸν οὔτε φθαρτόν ἐστιν, οἷς ἀκολουθεῖ 35
15 τὸ ἀεὶ ὂν ἀγένητον καὶ ἄφθαρτον εἶναι· πᾶν γὰρ τὸ ὂν ἢ γενητὸν ἢ ἀγέ-
νητον καὶ ἢ φθαρτὸν ἢ ἄφθαρτον· καὶ αὖ πάλιν δείξας, ὅτι τὸ γενητὸν
καὶ φθαρτὸν οὐκ ἔστιν ἀίδια, ἐφεξῆς ζητεῖ, εἰ τὸ ἀγένητον καὶ τὸ ἄφθαρ-
τον ἀίδιά ἐστιν. προσέθηκε δὲ καὶ τῷ ἀγενήτῳ τὸ ὂν δὲ καὶ τῷ ἀφθάρτῳ, 40
διότι πλεοναχῶς λεγομένων τούτων δυνατὸν καὶ κατὰ τοῦ μηδὲ ὅλως ὄν-
20 τος καὶ κατὰ τοῦ μὴ δυναμένου γενέσθαι κατηγορεῖν τό τε ἀγένητον καὶ
τὸ ἄφθαρτον, οἷον τὸ τὴν διάμετρον σύμμετρον εἶναι τῇ πλευρᾷ· οὔτε γὰρ
γενέσθαι τοῦτο δυνατὸν οὔτε φθαρῆναι τὸ μὴ ὄν· ἀλλὰ καὶ κατὰ τοῦ ποτὲ 45
μὲν ὄντος, ποτὲ δὲ μὴ ὄντος, μὴ διὰ γενέσεως δὲ ἢ | φθορᾶς εἰς ταῦτα 151ᵃ
μεταβάλλοντος ἀληθεύει τὸ ἀγένητον καὶ ἄφθαρτον. πολλαχῶς οὖν λεγο-
25 μένων τούτων διὰ μὲν τῆς τοῦ ὂν δὲ προσθήκης ἀπέκρινεν αὐτὰ τῶν μὴ
ὄντων, διὰ δὲ τῆς τῶν κυρίως λεγομένων ἐκθέσεως καὶ τῶν μὴ ὄντων καὶ
τῶν ἄλλως ὁπωσοῦν λεγομένων ἐχώρισε· περὶ γὰρ τῶν κυρίως λεγομένων 5
ὁ λόγος αὐτῷ νῦν πρόκειται.

Ὁ μέντοι Ἀλέξανδρος, καίτοι ἐν τῇ τῆς λέξεως ἐκθέσει γράψας
30 ὁμοίως δὲ καὶ εἰ ἄφθαρτον, ὂν δέ, ἐν τῇ ἐξηγήσει ὡς οὕτως ἐχού-
σαν τὴν γραφὴν ἐξηγεῖται ὁμοίως δὲ καὶ εἰ ἀίδιον, ὂν δέ, καὶ λέγει 10

---

2 τοῦτο] διὰ τοῦτο D   3 post ὅτι del. ἔχουσι E²   5 μετέχειν A: μετεχόντων
DEc: participās b   δ—ἀλλήλοις (7) om. D   8 τὸ] ὅτι τὸ D   ἔστιν] εἶ-
ναι c   10 αὐτὰ] ταῦτα D   11 φθαρτὸν] τὸ φθαρτὸν D   12 ἆρ' Ec
νῦν Ec: om. AD   15 ἄφθαρτον εἶναι καὶ ἀγένητον D   17 φθαρτὸν] τὸ φθαρ-
τὸν c   εἰσιν c   18 ἀίδιά—ἀφθάρτῳ] mg. E²: om. D   ἔστιν] εἰσιν E²c
καὶ (pr.) A: om. E²bc   δὲ (alt.) A: om. E²bc   καὶ (alt.)] ἢ E²   τῷ ἀφθάρτῳ] mut. in
τὸ ἄφθαρτον E²   20 μὴ om. A   τό τε ἀγένητον] bis E: corr. E²   20. 21 καὶ
τὸ] καὶ C   21 οὔτε] corr. ex οὕτως A²   22 ποτὲ — μὴ ὄντος (23) AE²b: lac.
6 litt. D: lac. 16 litt. E   25 μὲν om. Ec   ὂν] in ras. E²   26 λεγομένης
A: corr. A²   ὄντων (alt.) CDE: ὄντων κυρίως A (b hic lacunosa est)   27 ἐχώ-
ρησεν E: corr. E²: ἐχώρισεν c   31 ἀίδιον] ἀεὶ ὂν Ec

τὸ ἀγένητον λέγεσθαι καὶ κατὰ τοῦ ὃ ἀδύνατον γενέσθαι· ἀγένητον 151ᵃ
γὰρ οὕτως τὸ τὴν διάμετρον εἶναι τῇ πλευρᾷ σύμμετρον, τὸ αὐτὸ δὲ
τοῦτο καὶ ἀίδιον οἷόν τε εἰπεῖν· ἀιδίως γὰρ ἀδύνατον εἶναι σύμμετρον.
"ἵνα οὖν, φησί, τὰ οὕτως λεγόμενα ἀίδια καὶ ἀγένητα ἢ τῷ μήτε εἶναι
5 μήτε ἔσεσθαί ποτε ἢ κατά τι ἄλλο τῶν κατ' αὐτὸ σημαινομένων χωρίσῃ
τῶν λεγομένων, διὰ τοῦτο προσέθηκεν ἑκατέρῳ αὐτῶν τὸ ὄν." καίτοι καὶ
καὶ τὰ τοῦ Ἀριστοτέλους βιβλία, ὅσα εἰς ἐμὲ ἦλθεν, οὕτως γέγραπται·
ὁμοίως δὲ καὶ εἰ ἄφθαρτον, ὂν δέ. καὶ μέντοι καὶ περὶ ἀμφοῖν ἡ
ζήτησις τοῦ τε ἀγενήτου καὶ ἀφθάρτου, εἰ ἀίδιά ἐστι· διὸ καὶ ἄμφω ταῦτα
10 ὡρίσατο τό τε κυρίως ἀγένητον καὶ τὸ κυρίως ἄφθαρτον, ἅπερ ἀντίκειται
τῷ κυρίως γενητῷ καὶ φθαρτῷ· καὶ γὰρ γενητὸν κυρίως ἔλεγεν, ὃ νῦν ὂν
πρότερον οἷόν τε μὴ εἶναι, καὶ φθαρτὸν κυρίως, ὃ πρότερον ὂν ὕστερον
οἷόν τε μὴ εἶναι.

p. 282ᵃ30 Ἢ εἰ μὲν ταῦτα ἀλλήλοις ἀκολουθεῖ ἕως τοῦ οὔτε τὸ
15 ἀγένητον οὔτε τὸ ἄφθαρτον ἀίδιον εἶναι.

Ζητήσας, εἰ τῷ ἀγενήτῳ καὶ ἀφθάρτῳ τὸ ἀίδιον ἀκολουθεῖ, λέγει νῦν,
ὅτι, εἰ μὲν ταῦτα ἀλλήλοις ἀκολουθεῖ, ὡς τὸ ἀγένητον ἄφθαρτον εἶναι καὶ
τὸ ἄφθαρτον ἀγένητον, ἀνάγκη καὶ τὸ ἀίδιον ἑκατέρῳ τούτων ἀκολουθεῖν.
τὸ γὰρ ἀγένητον ἅμα καὶ ἄφθαρτον, ὂν δέ, δῆλον ὅτι καὶ ἀίδιόν ἐστι·
20 οὔτε γὰρ πρότερον αὐτὸ μὴ εἶναι δυνατόν, εἴπερ ἀγένητόν ἐστιν, οὔτε ὕστε-
ρον, εἴπερ ἄφθαρτον, ὃ δὲ μήτε πρότερον ἀληθὲς ἦν εἰπεῖν ὅτι μὴ ἔστι
μήτε ὕστερον, τοῦτο ἀνάγκη ἀίδιον εἶναι. καλῶς οὖν εἶπεν, ὅτι ἐκ τοῦ
ὁρισμοῦ τοῦ ἀγενήτου καὶ τοῦ ἀφθάρτου δῆλον, ὅτι ἀκολουθούντων ἀλλή-
λοις τοῦ τε ἀγενήτου καὶ τοῦ ἀφθάρτου ἀκολουθήσει καὶ τὸ ἀίδιον αὐτοῖς.
25 παρεπισημαίνεται δέ, ὅτι, εἰ τὸ ἀγένητον καὶ ἄφθαρτον ἀκολουθοῦσιν ἀλλή-
λοις, ἀνάγκη καὶ τὸ γενητὸν καὶ φθαρτὸν ἀλλήλοις ἀκολουθεῖν. εἰ γὰρ
μὴ ἔστι τὸ φθαρτὸν γενητόν, ἀγένητον ἂν εἴη· τὸ δὲ ἀγένητον ἄφθαρτον
ὑπόκειται· τὸ ἄρα φθαρτὸν ἄφθαρτον ἂν εἴη, ὅπερ ἀδύνατον. ὁμοίως δὲ
καί, εἰ | γενητόν τι εἴη, ἀνάγκη καὶ φθαρτὸν αὐτὸ εἶναι· εἰ γὰρ ἄφθαρ- 151ᵇ
30 τον, καὶ ἀγένητον. τὸ δὲ ἀλλ' εἰ ἄφθαρτον, ἀγένητον ὑπόκειται
ἐπήγαγε τῷ καὶ εἰ γενητὸν δή, φθαρτὸν ἀνάγκη παραλιπὼν τὸ με-

2 τὸ (pr.) om. D   5 χωρήσει E: corr. E²   6 τῶν] τῶν νῦν c   9 ει E: corr.
ex τοῦ εἰ A: τοῦ DE   11 ἔλεγεν] comp. A: dixit b: ἐλέγετο DEc   '12. 13 οἷόν
τε ὕστερον D   14 ταῦτ' c   15 ἀίδια A   17 μὲν] μὴ D   ἀγένητον] ἀγένη-
τον καὶ A   18 ἑκατέρῳ] corr. ex ἐν ἑτέρῳ E²   19 post ἀγένητον del. ἀνάγκη
καὶ τὸ ἀίδιον E²   καὶ ἅμα c   21 ἦν Ab: om. CDEc   22 τοῦτο] e corr. E¹
καλῶς—ἀλλήλοις (23. 24) CDEb: post alt. καὶ lin. 26 ponit A   23 ὁρισμοῦ] ὡρισμέ-
νου E: ὡρισμοῦ E²   καὶ τοῦ CD: καὶ AEc   δῆλον—ἀφθάρτου (24) om. C
24 ἀφθάρτου] corr. ex φθαρτοῦ A²   καὶ (alt.) om. A   26 ἀκολουθοῦσιν E
27 ἄφθαρτον Ab: καὶ ἄφθαρτον DEc   29 καὶ εἰ Db: εἰ καὶ AEc   αὐτὸ καὶ
φθαρτὸν D   30 τῷ δέ· εἰ γὰρ ἀγένητον ἄφθαρτον c   ὑπόκειται A: ὑπέχειτο DE,
cf. p. 338,2 (b hic lacunosa)   31 τῷ] τὸ c   δέ c

ταξὺ διὰ συντομίαν τὸ ἢ γὰρ φθαρτὸν ἢ ἄφθαρτον. ἢ ἀκολούθως ἐπά- 151ᵇ
γεται τὸ ἀλλ' εἰ ἄφθαρτον, ἀγένητον ὑπόκειται; θαυμαστὸν δέ, ὅτι 6
μέλλων τὴν τοῦ ἀγενήτου καὶ ἀφθάρτου ἀκολουθίαν διὰ τῆς τοῦ γενητοῦ
καὶ φθαρτοῦ ἀκολουθίας δεικνύναι νῦν τὴν τοῦ γενητοῦ καὶ φθαρτοῦ ἀκο-
5 λουθίαν ἕπεσθαί φησι τῇ τοῦ ἀγενήτου καὶ ἀφθάρτου· ἀλλ' ἔοικε δείκνυ- 10
σθαι διὰ τούτων, ὅτι, ὁποτέρα τούτων τῶν ἀκολουθιῶν ὑπάρχει, καὶ τὴν
ἑτέραν ὑπάρχειν ἀνάγκη. εἰ δὲ μὴ ἀκολουθοῦσιν ἀλλήλοις τὸ ἀγένητον
καὶ τὸ ἄφθαρτον, οὐκ ἀνάγκη, φησίν, οὔτε τὸ ἀγένητον οὔτε τὸ ἄφθαρτον
ἀΐδια εἶναι· οὔτε γὰρ τὸ ἀγένητον μὲν φθαρτὸν δὲ οὔτε τὸ ἄφθαρτον μὲν 15
10 γενητὸν δὲ δυνατὸν ἀΐδια εἶναι.

p. 282ᵇ7 Ὅτι δὲ ἀνάγκη ἀκολουθεῖν ἕως τοῦ ἀκολουθοῦσιν ἄρα
ἀλλήλοις τὸ γενητὸν καὶ τὸ φθαρτόν.

Προθέμενος δεῖξαι, ὅτι τὸ ἀγένητον καὶ τὸ ἄφθαρτον ἀντακολουθεῖ 20
ἀλλήλοις, δείκνυσιν αὐτὸ διὰ τοῦ τὸ γενητὸν καὶ τὸ φθαρτὸν ἀντακολουθεῖν.
15 κἂν γὰρ ἀληθές, ὅτι, ὁποῖα ἂν αὐτῶν ἀντακολουθοῦντα ληφθῇ, καὶ τὰ
ἕτερα ἀντακολουθήσει, ἀλλὰ προχειρότερος ἔδοξεν ἡ τοῦ γενητοῦ καὶ φθαρ-
τοῦ ἀκολουθία διὰ τῆς μεσότητος τοῦ τε ἀεὶ ὄντος καὶ τοῦ ἀεὶ μὴ ὄντος. 25
δείξας γάρ, ὅτι αἱ ἀποφάσεις τοῦ τε ἀεὶ ὄντος καὶ τοῦ ἀεὶ μὴ ὄντος ἐπὶ
τοῦ αὐτοῦ ἀληθεύονται τοῦ ἀμφοῖν μεταξύ, καὶ ὅτι τοῦτό ἐστι τὸ δυνατὸν
20 ποτὲ εἶναι καὶ ποτὲ μὴ εἶναι, ὅπερ ἐστὶ τὸ γενητὸν καὶ φθαρτόν, συνήγα-
γεν, ὅτι ἀκολουθεῖ ἀλλήλοις τὸ γενητὸν καὶ τὸ φθαρτόν, εἴπερ ἐπὶ τοῦ 30
αὐτοῦ τοῦ μεταξὺ ἑνὸς ὄντος ἄμφω ὑπάρχει. ταύτης οὖν τῆς ἀποδείξεως
ἡμᾶς καὶ νῦν ὑπομιμνήσκων, ὅτι τὸ γενητὸν καὶ τὸ φθαρτὸν ἀκολουθοῦσιν
ἀλλήλοις, δῆλόν φησιν εἶναι ἐκ τῶν πρότερον, ἃ καὶ νῦν ἀναλαμβάνων
25 φησίν, ὅτι τοῦ ἀεὶ ὄντος καὶ τοῦ ἀεὶ μὴ ὄντος ἔστι μεταξὺ ἐκεῖνο, ᾧ μηδ- 35
έτερον ἀκολουθεῖ μήτε τὸ ἀεὶ ὂν μήτε τὸ ἀεὶ μὴ ὄν· ἀνάγκη οὖν τὰς
τούτων ἀποφάσεις ἀκολουθεῖν ἐκείνῳ, εἴπερ κατὰ παντὸς ἢ τὴν κατάφασιν
ἢ τὴν ἀπόφασιν ἀληθεύειν ἀνάγκη. ᾧ δὲ ἀκολουθοῦσιν αἱ ἐκείνων ἀπο-
φάσεις, τοῦτό ἐστι τὸ γενητὸν καὶ φθαρτόν· τὸ γὰρ οὐκ ἀεὶ ὂν καὶ οὐκ 40
30 ἀεὶ μὴ ὂν δυνατὸν καὶ εἶναι καὶ μὴ εἶναι, οὐδέτερον δὲ τούτων ἀεί, εἴπερ
καὶ ἐν τῷ 'οὐκ ἀεὶ ὄν' καὶ ἐν τῷ 'οὐκ ἀεὶ μὴ ὄν' ἀνῄρηται τὸ 'ἀεί'·
δυνατὸν οὖν ἑκάτερον καὶ τὸ εἶναι καὶ τὸ μὴ εἶναι τῷ μέσῳ κατὰ ὡρισμέ-

---

1 τὸ ἢ γάρ] τῷ γὰρ ἢ c   ἢ γάρ] κτλ. nunc quidem leguntur apud Arist. 282ᵇ4
ἢ (tert.) A: om. DE(b)c   2 ὑπέχειτο c   3 ἀκολούθησιν D   4 ἀκολουθή-
σεως D   6 ὅτι om. D   ἀκολουθήσεων D   7 ἀλλήλοις Ab: om. DEc
10 ἀΐδιον D   11 δ' Ec   ἀκολουθεῖν A   ἄρ' Ec   13 ἀντακολουθοῦσιν
A(b)c   14 καὶ τὸ A: καὶ DEc   ἄφθαρτον E   15 ὅτι Ab: ἔστιν DEc
16 ἀντακολουθήσει] e corr. A: ἀντακολουθήσειν c   προχειρότερον Ac   20 ὅπερ
AE²b: οὖπερ DE   καὶ] καὶ τὸ Ec   21 ἀκολουθῇ E: corr. E²   καὶ τὸ] καὶ A
22 τοῦ om. A   23 ὅτι] ὅτι καὶ D   30 οὐδέτερον δὲ A: καὶ οὐδέτερον D: οὐδέ-
τερον Ec (b hic lacunosa)   32 τὸ (alt.)] corr. ex τῷ E²   μὴ εἶναι] supra-
scr. E²   τῷ] suprascr. E²: τὸ D   μέσον D

SIMPLICII IN L. DE CAELO I 12 [Arist. p. 282ᵇ7]   339

νον χρόνον ὑπάρχειν, ἐπειδὴ μὴ ἀεί. ταὐτὸν γὰρ καὶ διὰ ταύτης λέγει 151ᵇ
τῆς λέξεως τῆς δυνατὸν γὰρ καὶ εἶναι καὶ μὴ εἶναι | ὡρισμένον 152ᵃ
χρόνον ἑκάτερον, ὅπερ δι' ἐκείνης ἔλεγεν "ἡ γὰρ ἑκατέρου ἀπόφασις
ποτὲ ὑπάρξει, εἰ μὴ ἀεί"· εἰ γὰρ μήτε δυνατὸν εἶναι ἀεὶ μήτε μὴ εἶναι
5 ἀεί, ἐν μέρει ἑκάτερον αὐτῶν ὑπάρξει. εἰ οὖν ἔστι τι ὅλως ἐν τῇ φύσει
τῶν ὄντων γενητὸν καὶ φθαρτόν, καὶ τῶν ἐναντίων αἱ ἀποφάσεις κατὰ 5
ὄντος φέρονταί τινος, τοῦτό ἐστι τὸ μεταξύ, ᾧ τὸ εἶναι καὶ τὸ μὴ εἶναι
ἐν μέρει ὑπάρχει κατὰ ὡρισμένον χρόνον. καὶ δείκνυσιν αὐτὸ πάλιν διὰ
τῆς τῶν στοιχείων ἐκθέσεως. λαβὼν γὰρ πάλιν τὸ μὲν Α ἐπὶ τοῦ ἀεὶ
10 ὄντος, τὸ δὲ Β ἐπὶ τοῦ ἀεὶ μὴ ὄντος, τὸ δὲ Γ, ὅπερ ἦν ἀπόφασις τοῦ Α, 10
ἐπὶ τοῦ γενητοῦ, καὶ τὸ Δ, ὃ ἦν ἀπόφασις τοῦ Β, ἐπὶ τοῦ φθαρτοῦ, πρῶ-
τον μέν, ὅτι τὸ Γ, ὅπερ ἐστὶ τὸ γενητόν, μεταξύ ἐστι τοῦ τε ἀεὶ ὄντος
καὶ τοῦ ἀεὶ μὴ ὄντος, δείκνυσι ἐκ τοῦ τῶν μὲν ἐναντίων τοῦ τε ἀεὶ ὄντος
καὶ τοῦ ἀεὶ μὴ ὄντος μὴ εἶναι χρόνον ὡρισμένον· τοῦτο γὰρ προσυπακου- 15
15 στέον 'ἐπ' οὐδέτερον τὸ πέρας' μήτε ἐπὶ τὸ πρότερον μήτε ἐπὶ τὸ ὕστε-
ρον· οὔτε γὰρ ἐν προτέρῳ τινὶ χρόνῳ τὸ ἀεὶ ὂν οἷόν τε μὴ εἶναι ἢ τὸ
ἀεὶ μὴ ὂν οἷόν τε εἶναι οὔτε ἐν ὑστέρῳ· τοῦ δὲ γενητοῦ ἀνάγκη εἶναί
τινα χρόνον ὡρισμένον καὶ πέρας τοῦ χρόνου, ἐν ᾧ ἢ ἐνεργείᾳ ἦν ἢ οὐκ 20
ἦν ἢ δυνάμει. ἐνεργείᾳ μὲν γὰρ οὐκ ἦν, ὅτε μήπω ἐγεγόνει γενητὸν ὄν,
20 ἦν δὲ ἐνεργείᾳ γεγονὸς ἤδη καὶ ὄν· δυνάμει δὲ οὐκ ἦν μέν, ὅτι ἤδη ἔστιν
γεγονός· τὸ γὰρ ἤδη ὂν καὶ γεγονὸς δύναμιν ἔχει τοῦ ἐν προτέρῳ χρόνῳ
μὴ εἶναι· ἦν δὲ δυνάμει πρὸ τοῦ γενέσθαι. ὁμοίως δὲ καὶ ἐπὶ τοῦ φθαρ- 25
τοῦ ταῦτα θεωρεῖν δυνατὸν ἀντεστραμμένως. ἔστι μὲν γὰρ ἐνεργείᾳ πρὸ
τοῦ φθαρῆναι, δυνάμει δὲ μετὰ τὸ φθαρῆναι, καὶ οὐκ ἔστιν ἐνεργείᾳ μὲν
25 φθαρέν, δυνάμει δὲ ἔτι ὄν· καθόλου γὰρ τὸ ποτὲ μὲν ὂν ποτὲ δὲ μὴ ὂν
ἐν παντὶ χρόνῳ τὸ μὲν ἕτερον ἐνεργείᾳ ἐστὶ τούτων, τὸ δὲ ἕτερον δυνά- 30
μει. εἰπὼν δὲ περὶ τοῦ γενητοῦ, ὅτι ἀνάγκη εἶναι πέρας τι τοῦ χρόνου,
ἐν ᾧ ἔστιν ἢ οὐκ ἔστιν ἢ ἐνεργείᾳ ἢ δυνάμει, ἐπάγει περὶ τοῦ ἀεὶ ὄντος
καὶ ἀεὶ μὴ ὄντος, ἅπερ ἦν τὰ Α Β, ὅτι τούτοις οὐδετέρως πρόσεστι τὸ
30 πέρας ἔχειν, τῷ μὲν τοῦ εἶναι, τῷ δὲ τοῦ μὴ εἶναι, οὔτε ἐνεργείᾳ οὔτε 35
δυνάμει. καὶ ὅτι μὲν ἐνεργείᾳ μὴ πρόσεστι πέρας τοῦ εἶναι τῷ ἀεὶ ὄντι
ἢ τοῦ μὴ εἶναι τῷ ἀεὶ μὴ ὄντι, δῆλον, ὅτι δὲ οὐδὲ δυνάμει, μάθοις ἂν
ἐκ τοῦ δύνασθαί ποτε καὶ ἐνεργείᾳ ὑπάρχειν αὐτοῖς, ὃ δυνάμει εἶχον· εἰ

---

3 ἐκείνης] 282ᵃ9   4 εἰ (pr.)] καὶ E: εἰ καὶ E²   ἀεὶ E: ἀεὶ εἴη E²c   δυνατὸν εἶναι
ἀεὶ E²b: εἶναι δυνατὸν ἀεὶ A: δυνατὸν ἀεὶ εἶναι D: δυνατὸν ἀεὶ E   5 ὑπάρξει αὐτῶν D
6 γενητῶν καὶ φθαρτῶν E, sed corr.   αἱ CE²: om. ADE (fort. potius pro alt. καὶ scr.
καὶ αἱ)   7 τὸ (tert.) AD: om. CEc   10 τοῦ A] τὸ A E   11 8] suprascr.
E²: ὅπερ A   11. 12 πρῶτον a: καὶ πρῶτον ADE   13 δείκνυσι—ὄντος (14) Ab: om.
DE   15 ἐπὶ τὸ (alt.)] ἐπὶ τοῦ E   17 δὲ om. E   18 ἦ (pr.)] ἡ DE: corr. E²
ἐνέργεια DE   19 γεγόνει A   20 γέγονεν E: γενητὸν E²   ὅτε c   ἔστι DE
22 πρὸ τοῦ] suprascr. E¹   24 τὸ] corr. ex τοῦ E²   καὶ—ὂν prius (25)] in lac.
magna E²   μὲν om. E²c   25 δυνάμει om. E²   δὲ (pr.) om. E²c
26 -τι—ἕτερον (pr.)] in lac. E²   ἕτερον (pr.)] ἕτερον ὅλον E²c   27 ἀνάγκη] in lac.
12 litt. E   30 μὴ A: om. E: οὐ DE²c

22*

οὖν τὸ μὲν ἀεὶ ὂν δυνάμει πέρας εἶχε τοῦ εἶναι, τὸ δὲ ἀεὶ μὴ ὂν δυνά- 152a
μει πέρας εἶχε τοῦ μὴ εἶναι, εἴ τις ὑπόθοιτό ποτε ὑπάρχειν αὐτοῖς ἐνερ- 41
γείᾳ, ὃ δύνανται, τὸ μὲν ἀεὶ ὂν ἔσται μὴ ὄν, τὸ δὲ ἀεὶ μὴ ὂν ἔσται ὄν,
ὥστε τὸ αὐτὸ κατὰ τὸ αὐτὸ εἶναί τε καὶ μὴ εἶναι, ὅπερ ἀδύνατον, οὐ διὰ
5 τὸ ὑποθέσθαι τὸ δυνάμει εἰς ἐνέργειάν ποτε ἐκβαῖνον (τοῦτο γὰρ ψευδὲς
μὲν ἦν, οὐ μέντοι καὶ ἀδύνατον)· ἀλλ' εἰ τὸ ἀδύνατον ἀδυνάτῳ ἕπεται· 45
εἵπετο δὲ τὸ αὐτὸ ἅμα εἶναί τε καὶ μὴ εἶναι τῷ | δυνάμει ὑπάρχειν τῷ 152b
μὲν ἀεὶ ὄντι τὸ μὴ εἶναι, τῷ δὲ ἀεὶ μὴ ὄντι τὸ εἶναι. εἰπὼν δὲ διὰ μέ-
σου περὶ τούτων ἐπήγαγε τὸ περὶ τοῦ γενητοῦ συμπέρασμα, ὅτι ποσὸν
10 ἄρα τινὰ καὶ ὡρισμένον χρόνον καὶ ἔσται καὶ πάλιν οὐκ ἔσται.
κεῖται γὰρ πέρας ἔχειν τοῦ χρόνου τὸ γενητόν, ἐν ᾧ ἔστι τε καὶ οὐκ 5
ἔστιν ἢ ἐνεργείᾳ ἢ δυνάμει· τούτῳ δὲ ἕπεται, ὃ ἐπιφέρει, τὸ ποσόν τινα
καὶ ὡρισμένον αὐτὸ χρόνον καὶ εἶναι καὶ μὴ εἶναι· ὁ γὰρ μὴ ἄπειρος
ὡρισμένος. τούτοις δὲ ἐπαγαγών, ὅτι ὁμοίως ἔχει ταῦτα· ὡς γὰρ ἐπὶ τοῦ
15 Γ γενητοῦ, οὕτως καὶ ἐπὶ τοῦ Δ τοῦ φθαρτοῦ· καὶ τοῦτο γὰρ ἀνάγκη πέ- 10
ρας τι τοῦ χρόνου ἔχειν καὶ ὡρισμένον αὐτὸ χρόνον εἶναί τε καὶ μὴ εἶναι·
καὶ τὸν αὐτὸν ἀμφοτέροις ὁρισμὸν ἐφαρμόσας ἐπήγαγε γενητὸν ἄρα καὶ
φθαρτὸν ἑκάτερον, εἴπερ ἑκατέρῳ αὐτῶν πρόσεστι τὸ ὡρισμένον χρόνον
εἶναί τε καὶ μὴ εἶναι. εἰ δὲ καὶ τὸ γενητὸν φθαρτόν ἐστι καὶ τὸ φθαρτὸν 15
20 γενητόν, καὶ ὁ αὐτὸς ἀμφοῖν λόγος, ἀκολουθοῦσιν ἄρα ἀλλήλοις τὸ γενητὸν
καὶ τὸ φθαρτόν, ὅπερ αὐτῷ δεῖξαι προέχειτο.
   Ταῦτα δὲ καὶ πρότερον φθάνει δεδειχώς, δι' ὧν ἐδείκνυ τὰς τῶν
ἐναντίων ἀποφάσεις τοῦ τε ἀεὶ ὄντος καὶ τοῦ ἀεὶ μὴ ὄντος ἐπὶ τοῦ αὐτοῦ 20
ἀληθεύεσθαι. οὐ χρὴ δὲ ὑπολαμβάνειν αὐτὸν καθόλου τοῦτο λέγειν, ὅτι,
25 εἴ τινα μεταξύ τινῶν ἐστιν, οἷς αἱ ἀποφάσεις τῶν ἐναντίων ἐπαληθεύονται,
ταῦτα ἀντακολουθεῖ ἀλλήλοις· οὐ γὰρ ἀληθὲς οὕτως λεγόμενον. τὸ γοῦν
φαιὸν καὶ τὸ ἐρυθρὸν μεταξὺ μέν ἐστι τοῦ τε λευκοῦ καὶ τοῦ μέλανος 25
ἐναντίων ὄντων, καὶ καθ' ἑκατέρου αὐτῶν ἀληθεύονται αἱ τῶν ἐναντίων
τοῦ τε λευκοῦ καὶ τοῦ μέλανος ἀποφάσεις, οὐ μὴν καὶ ἀκολουθεῖ ἀλλή-
30 λοις. ἀλλ' ὥσπερ ἴδιον ἦν τῶν ἐναντίων τούτων τοῦ τε ἀεὶ ὄντος καὶ τοῦ
ἀεὶ μὴ ὄντος τὸ πάντως μέσον εἶναί τι αὐτῶν, ἐφ' οὗ ἡ ἑκατέρου ἀπόφα- 30
σις· οὐ γὰρ εἶχεν ἐπὶ τῶν ἄλλων ἐναντίων οὕτως καθόλου οὔτε ἐπὶ τῶν
ἀμέσων οὔτε ἐπὶ τῶν ἐμμέσων· οὕτως δὲ καὶ τὸ τὰ μεταξὺ τούτων ἀντα-
κολουθεῖν ἀλλήλοις ἴδιον αὐτῶν. τῷ γὰρ τὰ μεταξὺ αὐτῶν ἐπί τι μετέ-

---

1 τοῦ — εἶχε (2) E: om. AD   3 δύναται A   post pr. ἔσται ras. 2 litt. E   5 ψεῦδος E
6 καί] om. D   εἰ] ἦ c   8 τό (pr.)] corr. ex τῷ E²   13 αὐτῷ E, sed corr.   χρόνον
αὐτὸ D   14 τούτοις AE²b: τούτῳ D: τούτους E   ἐπαγαγών AE²: πάλιν seq. lac. 5 litt. D:
παραγαγών E   γάρ Ab: om. DEc   14. 15 τοῦ Γ γενητοῦ AE: τοῦ γενητοῦ τοῦ Γ D : τοῦ
Γ τοῦ γενητοῦ c   16 ἔχει E   τε] ποτέ c   18 τό] corr. ex τὸν E²   19 φθαρτὸν
(alt.) Db: corr. ex ἄφθαρτον A²E²   21 ὅπερ] corr. ex εἴπερ E²: ὅπερ οὖν D
22 πρότερον] ἕτερα E   26 γοῦν] γάρ A: nam b   27 τε om. A   28 ἑτέ-
ρου A   31. 32 post ἀπόφασις add. ἀληθεύει K²bc   32 οὕτω DEc   33 τό om. c
34 αὐτῶν (pr.) — μόνῳ (p. 341,3)] in lac. magna E²   τῷ γάρ] καὶ γὰρ ὅτι E²c   ἐπί]
κατά E²c   34. p. 341,1 μετέχοντα D: μετέχον τά A: μετέχουσιν E²(b)c

χοντα έκατέρου αυτών ποτὲ μὲν εἶναι, ποτὲ δὲ μὴ εἶναι, καὶ ὡρισμένον 152ᵇ χρόνον ἑκάτερον τούτων καὶ εἶναι καὶ μὴ εἶναι, εἷς ὁ λόγος αὐτῶν· ὧν δὲ 36 εἷς καὶ ὁ αὐτὸς λόγος, τὰ αὐτὰ ἀλλήλοις ἐν τῷ ὀνόματι μόνῳ τὴν διαφο- ρὰν ἔχοντα, ὡς ὁ Ἀλέξανδρός φησιν· ὥστε ἀντακολουθοίη ἂν ἀλλήλοις
5 ὄντα γε τὰ αὐτά. "ὅτι δὲ ὁ αὐτὸς λόγος αὐτῶν, δῆλον, φησίν, ἐκ τοῦ ἑκά- τερον μὲν αὐτῶν δύναμιν ἔχειν τοῦ εἶναι καὶ μὴ εἶναι, δεδεῖχθαι δέ, ὅτι πᾶν τὸ δύναμιν ἔχον τοῦ εἶναί τε καὶ μὴ εἶναι ὡρισμένον χρόνον ἑκατέ- 40 ρου αὐτῶν ἔχει τὴν δύναμιν· οὐδὲ γὰρ οἷόν τε εἰς ἄπειρον δύναμιν ἔχειν τοῦ εἶναί τε καὶ μὴ εἶναι· ὥστε καὶ γένοιτο ἂν ἐν μέρει ἑκάτερον αὐτῶν
10 καὶ φθείροιτο."

Ταῦτα εἰπὼν ὁ Ἀλέξανδρος ἐφιστάνει, μήποτε οὔπω περὶ τῆς δείξεως τοῦ ἀντακολουθεῖν ἀλλήλοις τὸ γενητὸν καὶ τὸ φθαρτὸν ἱκανῶς εἰρῆσθαι 45 δόξει· οὔτε γὰρ ὁ αὐτὸς αὐτῶν ὁρισμός· κοινὸν μὲν γὰρ αὐτοῖς | τὸ ἐν- 153ᵃ δέχεσθαι ποτὲ μὴ εἶναι, οὐ μὴν τὸ ποτὲ ταὐτὸν ἐπ' ἀμφοῖν· τὸ μὲν γὰρ
15 τὸν πρότερον χρόνον, τὸ δὲ τὸν ὕστερον δηλοῖ· οὐκ ἀνάγκη δὲ ἐκ τῶν κει- μένων τὸ δυνάμενον πρότερον μὴ εἶναι καὶ ὕστερον δύνασθαι μὴ εἶναι. "ἔτι, φησί, καὶ ἐπὶ τοῦ φαιοῦ καὶ τοῦ ἐρυθροῦ ἀληθές ἐστιν εἰπεῖν, ὅτι 5 ἐπί τι ἑκατέρου τῶν ἐναντίων μετέχουσι τοῦ τε λευκοῦ καὶ τοῦ μέλανος, ἀλλ' οὐ διὰ τοῦτο ἤδη καὶ ἕπεται ταῦτα ἀλλήλοις."
20 Τούτοις καλῶς ἐπιστήσας ἐπάγει, ὅτι ἡ ἰσχὺς τοῦ ἐπιχειρήματος ἤρ- τηται τῷ Ἀριστοτέλει ἐκ τοῦ τὸ γενητὸν καὶ τὸ φθαρτὸν ποσόν τινα καὶ 10 ὡρισμένον χρόνον ἐπ' ἀμφότερα δύναμιν ἔχειν τοῦ εἶναι καὶ μὴ εἶναι· τοῦτο δὲ ἤρτηται πάλιν τοῦ ἐπαληθεύειν αὐτοῖς τὰς ἀποφάσεις. ὃ γὰρ οὕτως ἔστιν ὡς μὴ ἀεὶ εἶναι, δῆλον, ὅτι εἰς ὡρισμένον τινὰ καὶ πεπερασ-
25 μένον χρόνον τοῦ εἶναι δύναμιν ἔχει· διὰ τοῦτο γὰρ οὐκ ἀληθὲς ἐπ' 15 αὐτοῦ τὸ ἀεὶ εἶναι· μεταβάλλον ἄρα ἐκ τοῦ εἶναι εἰς τὸ μὴ ὂν φθαρτόν ἐστιν, εἴπερ μὴ ἀεὶ ἔστι. πάλιν δὲ αὖ τὸ οὕτως μὴ ὂν ὡς μὴ ἀεὶ μὴ εἶναι, ἀλλά ποτέ, καὶ τοῦτο ἀνάγκη προελθεῖν εἰς τὸ εἶναι, εἴπερ μὴ ἀεὶ μὴ ὄν ἐστι· γενητὸν ἄρα τὸ ἀπὸ τοῦ μὴ εἶναι μεταβάλλον εἰς τὸ εἶναι.
30 εἰ οὖν ἐπὶ τοῦ αὐτοῦ ἀληθεῖς αἱ ἀποφάσεις, ἡ μὲν οὐκ ἀεὶ ὂν τὸ φθαρτὸν 20 σημαίνουσα, ἡ δὲ οὐκ ἀεὶ μὴ ὂν τὸ γενητόν, τοῦτο, ὅπερ ἐστὶ γενητόν, καὶ φθαρτόν ἐστιν, καὶ ὅπερ φθαρτόν, καὶ γενητόν, καὶ ἀκολουθοῦσιν ἀλλή-

---

1 ποτέ (pr.)] τοῦ ποτὲ E²c   τοῦ εἶναι E²   τοῦ μὴ E²   1. 2 ὡρισμένῳ χρόνῳ E²   2 αὐτῶν E²c   ὁ om. E²c   αὐτῶν—λόγος (3) om. E²c
3 ἐν—μόνῳ] ἀκολουθεῖν μόνον E²c   4 ὥστε—ἐκ τοῦ (5)] del. E²: ἐκ τοῦ c ἀντακολουθείη ADE   5 αὐτῶν] om. E   5. 6 ante ἑκάτερον ins. τῷ E²
6 δέδεικται D   7 τοῦ] corr. ex τὸ E²   ὡρισμένον — μὴ εἶναι (9)] om. A   8 οὐδὲν E: corr. E²   9 τε] που E: πε E²   γίνοιτο A   11 ὁ om. D   οὔπω οὕτω c
13 οὔτε] fort. οὐδὲ   ὁρισμὸς αὐτῶν D   ὁ ὁρισμὸς E?c   15. 16 ἀντικειμένων E: corr. E²   17 τοῦ (alt.)] ἐπὶ τοῦ A   20 τούτοις] καὶ τούτοις Ec
21 τῷ] καὶ τῷ   τὸ (pr.) E²: καὶ τὸ A: om. D   καὶ (alt.)] εἶναι ἢ D
28 ποτέ] ποτὲ μέν c   εἴπερ—τὸ εἶναι (29) Db: om. AEc   31 μὴ Ab: om. DE   τοῦτο E: τοῦτο μὲν E²c   32 ἀκολουθοῦσιν AE²b: ἀκο- λουθοῦν DE

λοις ὡρισμένον τινὰ χρόνον ἑκάτερον τοῦ εἶναι καὶ τοῦ μὴ εἶναι δύναμιν 153ᵃ
ἔχοντα. ἐδείχθη δὲ καὶ πρότερον, ὅτι ἀνάγκη τὸ γενητὸν καὶ φθαρτὸν 25
εἶναι· εἰ γὰρ γέγονεν, ἐπειδὴ ἐξ ὄντος γίνεται τὸ γινόμενον, καὶ μεταβολή
τίς ἐστιν ἡ γένεσις, ἐκ δύναμιν ἔχοντος μεταβάλλειν εἰς τοῦτο γέγονε· καὶ
5 μεταβαλὸν ἄρα εἰς τοῦτο δύναμιν ἕξει τοῦ πάλιν εἰς ἐκεῖνο μεταβάλλειν,
ἐξ οὗ τοῦτο ἐγένετο· καὶ γὰρ καὶ ἡ εἰς τοῦτο μεταβολὴ γίνεται σώζοντι 30
τὴν οἰκείαν φύσιν, ἣν δὲ αὕτη τὸ δεκτικὸν τῶν ἐναντίων παρὰ μέρος. εἰ
οὖν μεταβάλλει πάλιν τὸ γεγονός, φθαρτὸν ἔσται, καὶ ἀκολουθήσει τῷ γε-
νητῷ τὸ φθαρτόν. πάλιν δὲ τὸ φθαρτὸν δύναμιν ἕξει τοῦ οὕτως ἔχειν,
10 ὡς εἶχε πρὸ τοῦ φθαρῆναι καὶ ἐφθάρθαι· φθαρέντος ἄρα τὸ εἰς ὃ ἐφθάρη 35
ἕξει τὴν δύναμιν τῆς εἰς τὸ ἐναντίον, ἀφ' οὗ καὶ γέγονε, μεταβολῆς, ὥστε
καὶ τῷ φθαρτῷ τὸ γενητὸν ἀντακολουθεῖ.

Ἆρα οὖν πρὸς τὸ ἀντιστρέφειν τὸ γενητὸν καὶ τὸ φθαρτὸν αὗται αἱ
πίστεις ἱκαναί; ἢ πρὸς μὲν τὸν ἀπὸ τῶν ἀποφάσεων λόγον δυνατὸν εἰπεῖν,
15 ὅτι αἱ ἀποφάσεις αὗται τό τε μὴ ἀεὶ εἶναι καὶ τὸ μὴ ἀεὶ μὴ εἶναι οὐ 40
μόνον τῷ γενητῷ καὶ φθαρτῷ ἐφαρμόζουσιν, ἀλλὰ καὶ τῷ γενητῷ μὲν
ἀφθάρτῳ δέ; καὶ γὰρ καὶ τοῦτο οὐκ ἀεὶ μὲν ἔστιν, ὅτι ἐκ τοῦ πρότερον
μὴ εἶναι εἰς τὸ εἶναι προελθὸν οὕτως γενητὸν ὑπέστη, οὐκ ἀεὶ δὲ μὴ ὄν
ἐστιν, εἴπερ ἄφθαρτον ὂν ἐπ' ἄπειρον ὂν ἔστι τοῦ λοιποῦ. ἀλλ' ὁ μὲν 45
20 Ἀλέξανδρος ἐνδούς, ὡς ἔοικε, τῇ ἀπορίᾳ ταύτῃ ἐπὶ τὴν ἑτέραν ἀπό-|
δειξιν καταφεύγει μᾶλλον τοῦ ἀντακολουθεῖν ἀλλήλοις τὸ γενητὸν καὶ 153ᵇ
φθαρτὸν τὴν λέγουσαν ἕπεσθαι τῷ μεταξὺ ὄντι μήτε τοῦ εἶναι εἰς ἄπειρον
δύναμιν ἔχειν μήτε τοῦ μὴ εἶναι, ἀλλ' εἰς ὡρισμένον· εἰ δὲ τοῦτο, τό τε
δυνάμενον γενέσθαι ὡρισμένον χρόνον ἕξει τοῦ μὴ εἶναι, ὃ δύναται, τό τε 5
25 ἐξ ἐκείνου γενόμενον ὡρισμένον χρόνον πάλιν ⟨τοῦ⟩ εἶναι δύνασθαι, καὶ τὸ
οὕτως γενόμενον πάλιν εἰς τὸ ⟨μὴ⟩ εἶναι μεταβάλλει· οὕτως δὲ ἔσται τὸ
γενητὸν καὶ φθαρτόν.

Μήποτε δὲ καὶ τὴν ἀπορίαν ἐκείνην διαλύειν δυνατὸν λέγοντα, ὅτι τὸ
οὐκ ἀεὶ εἶναι οὐκ ἀληθεύει ἐπὶ τοῦ γενητοῦ μὲν ἀφθάρτου δέ· εἰ γὰρ τὸ 10
30 ἄφθαρτον ἐπ' ἄπειρον τοῦ λοιποῦ τὸ εἶναι ἔχει, τὸ δὲ ἐπ' ἄπειρον ἀεί τί
ἐστιν, ἀληθὲς ἐπ' αὐτοῦ εἰπεῖν τὸ ἀεὶ εἶναι, κἂν ἐπὶ θάτερον μόνον ἔχῃ
τὸ ἀεί.

---

1 τοῦ μὴ] μὴ Ac   2 καὶ (pr.) om. Ec   4 ἔχοντα A   μεταβαλεῖν A
5 μεταβαλὸν Ab: μεταβάλλον DEc   μεταβαλεῖν A   6 καὶ (alt.) om. A   8 με-
ταβαλ´ A   8. 9 γενητῷ] in lac. 10 litt. E²   9 οὕτως Ab: ὄντως DE
ἔχειν] corr. ex ἔχει E²   10 ὡς εἶχε] ras 8 litt. E: om. c   φθαρέντος] καὶ φθα-
ρέντος A   τὸ] τοῦ Ec   12 γενητὸν] -ὀ- in ras. E¹   13 ἄρ' Ec   15 τε] γε A
τὸ (alt.)] corr. ex τῷ E³   16 καὶ (alt.) om. A   17 ἔστιν] ὂν ἔστιν c   18 προελ-
θὼν D   21 τοῦ D: τὸ E: om. A   22 ἔσεσθαι E: corr. E²   23 μὴ] supra-
scr. E²   24 ἕξει—χρόνον (25) om. D   25 τοῦ addidi: om. ADEbc   26 μὴ
addidi: om. ADEbc   post εἶναι rep. δύνασθαι καὶ οὕτω γενόμενον πάλιν εἰς τὸ εἶναι
Db   μεταβαλ´ A: μεταβάλλειν c   δὲ] δὴ A   27 καὶ] καὶ τὸ A   30 ἐπ'
(pr.) om. Ec   31 θάτερον A: θάτερα D: θατέρου Ec   ἔχει Ec

SIMPLICII IN L. DE CAELO I 12 [Arist. p. 282b7]   343

Καὶ μέντοι πρὸς τὴν δευτέραν ἀπόδειξιν τοῦ ἀντακολουθεῖν ἀλλήλοις 153b τὸ γενητὸν καὶ τὸ φθαρτὸν τὴν ἀπὸ τοῦ ὡρισμένου χρόνου ἔχειν τοῦ εἶναι καὶ μὴ εἶναι ἑκάτερον καὶ αὐτὸς ὁ Ἀλέξανδρος ἀπορεῖ καλῶς. "ἐπιζητήσαι γὰρ ἄν τις, φησί, πῶς εἴρηται τὸ ποσὸν ἄρα τινὰ καὶ
5 ὡρισμένον χρόνον ἔσται καὶ πάλιν οὐχ ἔσται· δοκεῖ γὰρ τοῦ μὲν εἶναι ἑκάστου τῶν ἐν γενέσει ὡρισμένος τις εἶναι χρόνος, οὐκέτι δὲ καὶ τοῦ μὴ εἶναι· ἐπὶ μὲν γὰρ τῶν ἁπλῶν ἐξ ἐναντίων τε καὶ ὡρισμένων εἰς ἐναντία τε καὶ ὡρισμένα τὴν μεταβολὴν εἶναι, οἷον ἐκ θερμῶν εἰς ψυχρὰ ἢ ἀνάπαλιν, καὶ ἐπὶ τῶν ἄλλων ὡσαύτως ὡρισμένος ἂν εἴη
10 χρόνος τοῦ τε πυρὸς τουδὶ καὶ τοῦ ὕδατος, ἐν ᾧ ἔστι τε καὶ οὐκ ἔστιν ἑκάτερον, ἐπὶ δὲ τῶν συνθέτων, οἷον φυτῶν καὶ ζῴων, τοῦ μὲν εἶναι χρόνος ὡρισμένος ἐστί, τοῦ δὲ μὴ εἶναι οὐκέτι· φθαρὲν γὰρ ἕκαστον τούτων ἄπειρον χρόνον τὸ λοιπὸν οὐκ ἔστιν, ὥσπερ καὶ τὸν πρὸ τοῦ γενέσθαι· καὶ γὰρ ἐκεῖνον ἄπειρον ὄντα οὐκ ἦν. τοιγαροῦν ὁ Σωκράτης
15 φθαρεὶς οὐχ ὡρισμένον τινὰ χρόνον δύναμιν ἔχει τοῦ μὴ εἶναι, εἴπερ μὴ ἀνάγκη πάλιν αὐτὸν γενέσθαι· καὶ καθόλου δέ, φησίν, ἐφ' ὧν ἡ ὑποκειμένη ὕλη εἰς πλείω μεταβάλλειν οἷά τε καὶ μὴ εἰς ἕν τι, ὡς ἐπὶ τῆς τοῖς ζῴοις καὶ τοῖς φυτοῖς ὑποκειμένης ὕλης ὁρῶμεν, πῶς ἐπὶ τούτων ὡρισμένος ὁ τοῦ μὴ εἶναι χρόνος ἑκάστου δυναμένου γε τοῦ ὑποκειμένου αὐτοῖς
20 ἄλλοτε εἰς ἄλλο μεταβάλλειν καὶ κατὰ τοῦτο μηδέποτε πάλιν ἀνακάμπτειν ἐπὶ τὸν ἄνθρωπον;" ταῦτα ἀπορήσας ἐπάγει, ὅτι πρὸς τὸ δεῖξαι τὸ αὐτὸ γενητόν τε ὂν ἅμα καὶ φθαρτόν, ὅπερ ἐστὶν αὐτῷ προκείμενον, αὔταρκες καὶ τὸ ὡρισμένον χρόνον ἕκαστον εἶναι τῶν ἐν γενέσει καὶ φθορᾷ, κἂν ὁ τοῦ μὴ εἶναι χρόνος μή ἐστιν ὡρισμένος. εἰ γὰρ ἐφ' ἑκάτερα ὡρισμένος
25 ἐστὶν ὁ τοῦ εἶναι χρόνος τῶν μὴ ἀιδίων, ὡς καὶ ἀρχὴν ἔχειν καὶ τέλος, εἴη ἂν γενητά τε καὶ φθαρτά. ἀλλὰ πῶς ὁ Ἀριστοτέλης οὐκ ἠρκέσθη τῷ εἶναι ὡρισμένον χρόνον τὰ ἐν τῇ γενέσει πρὸς τὸ ἀκολουθεῖν ἀλλή- | λοις τὸ γενητὸν καὶ τὸ φθαρτόν, ἀλλὰ καὶ τὸ μὴ εἶναι ὡρισμένον χρόνον 154a προστέθεικεν; "ἢ εἴη ἄν, φησὶν Ἀλέξανδρος, τοῦτο προσθείς, οὐχ ὡς
30 ὁμοίως ὡρισμένον χρόνον ἐσομένων τε καὶ οὐκ ἐσομένων, ἀλλὰ κυρίως μὲν ὡρισμένον ἐσομένων, ἤδη δὲ καὶ ὡρισμένον οὐκ ἐσομένων τῷ μὴ ἄπειρον· πρὸς γὰρ τὸ ἄπειρον ἀντιτιθεὶς τὸ ὡρισμένον εἶπεν· ὁρίζεται γὰρ ὁ χρόνος, ὃν οὐκ ἔστιν ἕκαστον, ὑπὸ τοῦ χρόνου, ἐν ᾧ ἔστι, καὶ ἀναιρεῖται αὐτοῦ ἡ ἀπειρία. οὕτως οὖν ὡρισμένος καὶ ὁ τοῦ μὴ εἶναι χρόνος, ὅτι
35 μὴ ἄπειρος."

Δυνατὸν δὲ καὶ οὕτως ὡρισμένον λέγειν τὸν τοῦ μὴ εἶναι χρόνον ὡς

---

4 ἐπιζητήσαι c   5 ἔσται (pr.) Ab: καὶ ἔσται DEc   καὶ om. E   οὐκ] καὶ οὐκ E   6 οὐκέτι] e corr. E¹   7 γὰρ om. D   ἐξ A: τῶν ἐξ DEb   8 ἐκ AE²b: οὐκ ἐκ DE   9 τῶν ἄλλων AE²b: τὴν ἄλλην DE   ὡσαύτως] corr. ex ὡς αὐτὸς E²   10 ἔστι] seq. ras. 1 litt. E   11 καὶ om. D   12 ἐστίν c   13 οὐκ—λοιπῷ (p. 345,13) om. E: abberrat c   17 τῆς Db: om. A   19 χρόνος Db: om. A   25 ἔχειν om. D   27 τῇ om. D   29 προστέθεικε A   ἢ om. D   οὐχ ὡς Ab: ὡς οὐχ D   34 ἀπειρία Db: ἀπορία A

μεμετρημένον τι ποσὸν ἔχοντα, ὥσπερ τὸν τοῦ εἶναι. ἐπὶ μὲν γὰρ τῶν 154ᵃ ἁπλῶν σωμάτων φανερὸν τοῦτο· ὡρισμένος γὰρ ὁ χρόνος ἑκάστου ἔσται τῶν καθ' ἃ ἡ μεταβολὴ τῷ ὑποκειμένῳ γίνεται, εἴπερ ἐξ ἐναντίου καὶ ὡρισμένου εἰς ἐναντίον καὶ ὡρισμένον ἡ μεταβολή· καὶ τὰ μεταξὺ γὰρ
5 ἐναντία πώς ἐστιν· ἐπὶ δὲ τῶν συνθέτων, οἷον φυτῶν καὶ ζῴων, τὰ μὲν ἐξ ὧν ἕκαστόν ἐστιν αὐτῶν ἁπλᾶ σώματα ταῦτα ὡρισμένον χρόνον ἔσται τε καὶ οὐκ ἔσται διὰ τὴν εἰς τὰ ἐναντία ἐν μέρει μεταβολήν, αὐτὰ δὲ οὐ κεκώλυται μὲν πάλιν γενέσθαι κατ' εἶδος· οὐ γὰρ τὸ κατ' ἀριθμὸν ταὐτὸν οἷόν τε ἐν τοῖς τοιούτοις σώζεσθαι, οὔτε ἀδύνατον τὰ ἐξ ὧν ἦν τι μετὰ
10 τὴν φθορὰν αὐτοῦ πάλιν μεταβάλλοντα δέξασθαι τὸ εἶδος ἐκεῖνο, ὥστε τὰ τοῦ ἵππου στοιχεῖα μετὰ τὴν τοῦ ἵππου φθορὰν εἰς σφηκῶν στοιχεῖα μεταβαλόντα καὶ δεξάμενα τὸ τῶν σφηκῶν εἶδος πάλιν τούτου φθειρομένου ἢ ἀμέσως ἢ δι' ἄλλων μέσων μεταβαλεῖν ἐπὶ τὰ τοῦ ἵππου στοιχεῖα καὶ δέχεσθαι τὸ τοῦ ἵππου εἶδος. οὐ μὴν καὶ ἐξ ἀνάγκης ἔσται ἐνεργείᾳ
15 τοῦτο πάλιν, ὥς φησιν Ἀλέξανδρος, τῷ δύνασθαι ταῦτα, ἐξ ὧν ὁ ἵππος ἦν, ἄλλα τινὰ γενέσθαι καὶ μὴ πάλιν ἵππον. ἀίδιον μέντοι εἶναί τι τῶν τοιούτων ἀδύνατον τῷ δύνασθαι τὰ ἐξ ὧν ἔστι μεταβάλλειν ἐξ ἀνάγκης· μήποτε δὲ τῆς γενέσεως ἐπ' ἄπειρον προϊούσης τὴν μὲν ὕλην τὴν αὐτὴν τῷ ἀριθμῷ τὰ αὐτὰ πάλιν εἴδη δέχεσθαι ἀναγκαῖόν ἐστι, καὶ τὸ σῶμα δέ,
20 εἴπερ καὶ αὐτὸ ἀίδιόν ἐστι· καὶ τὰ προσεχῶς δὲ τοῖς συνθέτοις εἴδεσιν ὑποκείμενα τέσσαρα στοιχεῖα οὐδὲν θαυμαστὸν τὰ αὐτὰ τῷ ἀριθμῷ μένοντα, οἷον πῦρ τοδὶ καὶ ὕδωρ, κἂν ἀλλοιοτέραν ἴσχῃ διάθεσιν πρὸ τοῦ εἰς τὰ ἐναντία μεταβάλλειν, πάλιν ὡσαύτως διατεθέντα καὶ συναρμοσθέντα τῶν αὐτῶν εἰδῶν ζῴου ἢ φυτοῦ δεκτικὰ γενέσθαι· ὥστε ἀληθὲς καὶ ἐπὶ
25 τῶν συνθέτων εἰπεῖν μὴ μόνον τὸν τοῦ εἶναι χρόνον ὡρισμένον εἶναι, ἀλλὰ καὶ τὸν τοῦ μὴ εἶναι, εἰ τὰ μὲν στοιχεῖα καὶ τῷ ἀριθμῷ τὰ αὐτά, τὰ δὲ σύνθετα τῷ εἴδει ἀνακάμπτοντα φαίνοιτο.

p. 282ᵇ23   Ἔστω δὴ ἐφ' ᾧ Ε ἀγένητον ἕως τοῦ καὶ τὸ ἄφθαρ- 154ᵇ τον, ἐφ' ᾧ Η, πρὸς τὸ φθαρτόν, ἐφ' ᾧ Θ.

30   Προθέμενος δεῖξαι, ὅτι καὶ τὸ ἀγένητον ἀίδιόν ἐστι καὶ τὸ ἄφθαρτον ἀίδιον, οὐκ ἄλλως φησὶ τοῦτο δείκνυσθαι, εἰ μὴ ἀντακολουθοῦντα ἀλλήλοις δειχθῇ τό τε ἀγένητον καὶ τὸ ἄφθαρτον, τοῦτο δὲ δείκνυσθαι, ἐὰν δειχθῇ, ὅτι τὸ γενητὸν καὶ τὸ φθαρτὸν ἀντακολουθοῦσιν ἀλλήλοις. δείξας οὖν τοῦτο καὶ προσχρώμενος αὐτῷ ἐφεξῆς δείκνυσιν, ὅτι καὶ τὸ ἀγένητον καὶ

---

3 ἃ A: οὖ D: quod b   τῷ ὑποκειμένῳ D: τῶν ὑποκειμένων A: in subiecto b
4 ὡρισμένου Db: ὡρισμένων A   6 σώματα Db: om. A   10 μεταβάλλοντα Db: μεταβαλόντα A   11. 12 μεταβαλόντα Ab: μεταβάλλοντα D   12 τούτου] τὸ τοῦ D   13 μεταβάλλειν D   19 τὰ αὐτὰ πάλιν] πα post lac. 7 litt. D
21 τὰ αὐτὰ Ab: τῷ αὐτῷ D   τῷ om. D   23 μεταβαλεῖν A   26 τὰ (tert.) om. A   27 φαίνοιτο A: videatur b: φαίνεται D   31 οὐκ ἄλλως CDb: οὐ καλῶς A

SIMPLICII IN L. DE CAELO I 12 [Arist. p. 282b23] 345

τὸ ἄφθαρτον ἀνταχολουθεῖ ἀλλήλοις. καὶ δείχνυσιν αὐτὸ διὰ καθολικοῦ 154b
θεωρήματος τοιούτου· ἐὰν δύο ὅροι ληφθῶσιν οὕτως ἔχοντες πρὸς ἀλλή- 10
λους ὡς τὰ ἀντιφατικῶς ἀλλήλοις ἀντικείμενα, ὥστε ἄμφω μὲν ἀδύνατον
τῷ αὐτῷ ὑπάρχειν, παντὶ δὲ τῷ λαμβανομένῳ ἐξ ἀνάγκης θάτερον ὑπάρ-
5 χειν, ὡς ἔχει τὸ γενητὸν καὶ ἀγένητον· κἂν γὰρ μὴ ἀντιφατικῶς ἀντίκειται 15
ταῦτα, διότι καὶ τὸ ἀγένητον κατάφασιν δηλοῖ, ἀλλ᾿ οὖν οὕτως ἔχει ὡς
ἄμφω μὲν μηδενὶ ὑπάρχειν· ἀδύνατον γὰρ τὸ αὐτὸ γενητὸν εἶναι καὶ ἀγέ-
νητον· παντὶ δὲ τῷ ληφθέντι ἀνάγκη θάτερον ὑπάρχειν· ἢ γὰρ γενητὸν ἢ
ἀγένητον ἀνάγκη εἶναι πᾶν τὸ ὄν· ληφθῶσι δὲ καὶ ἄλλοι δύο ὅροι ὁμοίως 20
10 ἐκείνοις ἔχοντες, ὡς τὸ φθαρτὸν καὶ τὸ ἄφθαρτον· καὶ γὰρ ταῦτα οὐδενὶ
μὲν ἄμφω ὑπάρχει, παντὶ δὲ θάτερον· τῶν δὲ ὕστερον ληφθέντων θάτε-
ρος ἀκολουθεῖ τῷ ἑτέρῳ τῶν προτέρων, καὶ ὁ λοιπὸς ἀκολουθήσει τῷ
λοιπῷ. ἔδειξε δὲ τοῦτο οὕτως ἔχον καὶ ἐν τῷ δευτέρῳ τῶν Προτέρων 25
Ἀναλυτικῶν, δείχνυσι δὲ αὐτὸ διὰ τῆς εἰς ἀδύνατον ἀπαγωγῆς καὶ νῦν
15 ἐπὶ στοιχείων διὰ τὸ καθολικὴν οὕτως γενέσθαι τὴν ἀπόδειξιν καὶ τίθησι
τὸ μὲν Ε ἀγένητον, τὸ δὲ Ζ γενητόν, καὶ τὸ μὲν Η ἄφθαρτον, τὸ δὲ Θ
φθαρτόν. ἐπεὶ οὖν ἐδείχθη ἀκολουθοῦντα ἀλλήλοις τὸ γενητὸν καὶ τὸ 30
φθαρτόν, τουτέστι τὸ Ζ καὶ τὸ Θ, λέγω, ὅτι ἀνταχολουθοῦσιν ἀλλήλοις
καὶ τὰ λειπόμενα, καὶ τῷ αὐτῷ ὑπάρξει τὸ Ε καὶ τὸ Η, ταὐτὸν δὲ εἰπεῖν
20 καὶ τὸ ἀγένητον καὶ τὸ ἄφθαρτον. εἰ γὰρ μὴ ἀκολουθεῖ τῷ Η τὸ Ε,
τουτέστι τῷ ἀφθάρτῳ τὸ ἀγένητον, ἀνάγκη τὸ Ζ τῷ Η ἀκολουθεῖν· παντὶ 35
γὰρ τὸ Ε ἢ τὸ Ζ ἀνάγκη ὑπάρχειν· ἀκολουθήσει ἄρα τῷ ἀφθάρτῳ τὸ
γενητόν. ἀλλὰ τὸ Ζ καὶ τὸ Θ, ταὐτὸν δὲ εἰπεῖν τὸ γενητὸν καὶ φθαρτόν,
ἐδείχθη ἀκολουθοῦντα ἀλλήλοις· ὥστε καὶ τῷ Η, τουτέστι τῷ ἀφθάρτῳ,
25 τὸ Θ τὸ φθαρτὸν ἀκολουθήσει, ὅπερ ἀδύνατον· ὑπέκειτο γὰρ οὕτως ἔχειν 40
πρὸς ἄλληλα τὸ Η καὶ τὸ Θ, ὡς μηδενὶ ἄμφω ὑπάρχειν· ἀλλὰ μὴν
καὶ τὸ φθαρτὸν καὶ ἄφθαρτον οὕτως ἔχει πρὸς ἄλληλα· ἀδύνατον γὰρ τὸ
αὐτὸ φθαρτὸν ἅμα καὶ ἄφθαρτον εἶναι. εἰ οὖν ὑποθεμένων ἡμῶν μὴ
ἀκολουθεῖν τὸ Ε τῷ Η, τουτέστι τὸ ἀγένητον τῷ ἀφθάρτῳ, ἀδύνατόν τι
30 συνέβη τὸ τὸ αὐτὸ φθαρτόν τε ἅμα καὶ ἄφθαρτον εἶναι, δῆλον, ὅτι ἀδύ- 45
νατον τὸ ὑποτεθέν· ἀκολουθεῖ ἄρα τῷ Η τὸ Ε, | τουτέστι τῷ ἀφθάρτῳ 155a
τὸ ἀγένητον. διὰ δὲ τὴν αὐτὴν ἀνάγκην καὶ τῷ Ε τὸ Η ἀκολουθήσει,
τουτέστι τῷ ἀγενήτῳ τὸ ἄφθαρτον· εἰ γὰρ μὴ τοῦτο, τὸ Θ, τουτέστι τὸ
φθαρτόν· ἀνάγκη γὰρ θάτερον· τῷ δὲ Θ τὸ Ζ ἐδείχθη ἀκολουθοῦν, τουτ-
35 έστι τῷ φθαρτῷ τὸ γενητόν· καὶ τὸ Ε ἄρα καὶ τὸ Ζ ἀκολουθήσει, καὶ 5

---

6 ἔχει ACb: ἔχειν D   7 αὐτὸ Db: αὐτὸν A   8 θάτερον Ab: θάτερον αὐτῶν D
11 ὑπάρχει Db: ὑπάρχειν A   12 scr. ἀκολουθῇ   13 ἔδειξε] hinc rursus inc. E: ex c
rursus discrepantiam scripturae enotavi   δευτέρῳ] cap. 22   15 τῶν στοιχείων c
τό] corr. ex τὴν Ε²   οὕτω CD   γίνεσθαι c   18 ἀνταχολουθήσει A   19 τὸ αὐτὸ
A, sed corr.   20 τῷ] τὸ Ε   25 τὸ (alt.) om. c   ὑπέκειτο Ab: ὑπέθηκε D: ὑπέθετο
Ec   27 τὸ (pr.) A: om. DEc   γὰρ om. E: ἄρα Ε²c   28 φθαρτὸν εἶναι A
εἶναι om. A   30 τὸ αὐτὸ A: corr. ex αὐτὸ D: ταῦτὸ Ec   32 ἀγένητον AΕ²b: γενητὸν
DE   αὐτὴν] bis E, sed corr.   35 καὶ τὸ Ε ἄρα Ab: τῷ Ε ἄρα DE²: καὶ τῷ Ε
ἄρα E: τῷ ἄρα Ε c   καὶ (alt.) AE: om. Db   τὸ (tert.) ADE²: τῷ Eb

ἔσται τὸ αὐτὸ ἅμα γενητὸν καὶ ἀγένητον, ὅπερ ἀδύνατον· ἀκολουθεῖ ἄρα 155*
καὶ τῷ ἀγενήτῳ τὸ ἄφθαρτον. ὥστε καὶ ἑκατέρῳ αὐτῶν τὸ ἀίδιον· τὸ
γὰρ ἀγένητον ἅμα καὶ ἄφθαρτον ὂν δῆλον ὅτι ἀίδιόν ἐστι μήτε ἀρχὴν
ἔχον τοῦ εἶναι, εἴπερ ἀγένητον, μήτε τέλος, εἴπερ ἄφθαρτον. εἰ οὖν τὸ 10
5 μὲν γενητὸν καὶ φθαρτὸν ἐν μέρει χρόνου τὸ εἶναι ἔχοντα οὐκ ἀίδια, οὔτε
γενητόν τι ἄφθαρτον εἶναι δυνατὸν οὔτε ἀγένητον φθαρτόν, ἵνα μὴ τὸ
αὐτὸ ἀίδιόν τε ἅμα καὶ οὐκ ἀίδιον ᾖ. καὶ οὕτως διὰ μέσου τοῦ ἀιδίου
τὴν ὅλην ἀπόδειξιν προήγαγε τοῦ μήτε ἀγένητόν τι φθαρτὸν εἶναι μήτε 15
γενητὸν ἄφθαρτον, ὅπερ ἐπὶ μὲν τοῦ οὐρανοῦ φυσικῶς πρότερον ἀπέδειξεν,
10 ὅτε ἀγένητον αὐτὸν ἐδείκνυ καὶ ἄφθαρτον ἐκ τοῦ μηδὲν ἔχειν ἐναντίον,
νῦν δὲ καθόλου προὔβάλετο σκοπεῖν ὡς τῆς καθολικῆς ἀποδείξεως τοῦ
μήτε ἀγένητόν τι φθαρτὸν εἶναι μήτε γενητὸν ἄφθαρτον καὶ τῷ οὐρανῷ 20
ἐφαρμοττούσης.

p. 283 a 4   Τὸ δὲ φάναι μηδὲν κωλύειν ἕως τοῦ τὸ δὲ πῇ ἄπειρον
15   οὔτε ἄπειρον οὔτε ὡρισμένον.

Δείξας ἀντακολουθοῦντα ἀλλήλοις τό τε γενητὸν καὶ τὸ φθαρτὸν καὶ
αὖ πάλιν τὸ ἀγένητον καὶ τὸ ἄφθαρτον, καὶ ὅτι καὶ τὸ ἄφθαρτον ἀίδιον
ὂν οὐ δύναται γενητὸν εἶναι καὶ τὸ ἀγένητον αὖ πάλιν ἀίδιον ὄν, εἴπερ 30
καὶ ἄφθαρτον, οὐ δύναται φθαρτὸν εἶναι, ὑπαντᾷ λοιπὸν πρὸς τοὺς νομί-
20 ζοντας μηδὲν κωλύειν γενητόν τι ἅμα καὶ ἄφθαρτον τὸ αὐτὸ λέγειν, ὡς ὁ
Πλάτων κατὰ τὸ φαινόμενον καὶ γεγονέναι σαφῶς λέγων τὸν κόσμον ὑπὸ
τοῦ δημιουργοῦ καὶ μὴ ἄν ποτε λυθῆναι· "τὸ γὰρ καλῶς ἁρμοσθέν, φησί, 35
καὶ ἔχον εὖ λύειν ἐθέλειν κακοῦ·" ἢ ἀγένητον ἅμα καὶ φθαρτόν, ὅπερ
οὐδεὶς μὲν φαίνεται λέγων, ἀλλ' ὁ Ἀριστοτέλης κατὰ τὴν κοινωνίαν τοῦ
25 λόγου καὶ ταύτην τοῖς ἐλέγχοις ὑπέβαλε τὴν ὑπόθεσιν· ὁ δὲ Ἀλέξανδρος
καὶ αὐτὴν ἐκ συλλογισμοῦ τῷ Πλάτωνι ἐπάγει· "τῷ γὰρ τὸ γενητόν, φη- 40
σίν, ἄφθαρτον λέγοντι καὶ τὸ ἀγένητον φθαρτὸν ἀκολουθεῖ λέγειν." καὶ
πρῶτον ἐπιφέρει τοῖς ταῦτα λέγουσι τὸ ἀναιρεῖν τι τῶν δεδομένων. καὶ
γάρ, ὅτι ἄτοπον τὸ τὰ δεδομένα ἀναιρεῖν, πρόδηλον· τί δὲ τοῦτό ἐστιν,
30 ὃ δεδομένον καὶ ἀποδεδειγμένον ἀναιροῦσιν οἱ ταῦτα λέγοντες; ὁ Ἀλέξαν- 45

---

3 ἐστι] seq. ras. 1 litt. E   5 γενητὸν AE²b: ἀγένητον DE   φθαρτὸν AE²: ἄφθαρ-
τον DEb (sed fort. scr. τὸ μὲν ἀγένητον καὶ ἄφθαρτον ἀίδια, τὸ δὲ γενητὸν καὶ φθαρτὸν
ἐν κτλ.)   6. 7 τῷ αὐτῷ E: corr. E²   7 post ᾖ del. καὶ οὐκ ἀίδιον E¹
8 τι AE²b: τι ἢ DE   10 ὅτε D: ὅτι AEb   μηδὲν] μὴ δὲ A   11 προὐβάλ-
λετο D   σκοπεῖ E: corr. E²   ὡς b: in lac. 16 litt. E²: καθόλου ὡς A: om. D
12 τι om. D   14 δὲ (pr.)] δὴ c   15 οὔτ' c   οὔθ' c   16. 17 καὶ αὖ—
pr. ἄφθαρτον (17) om. D   17 καὶ (tert.) om. Ebc   19 λοιπὸν] corr. ex πάλιν E¹
20 τι] τε A   22 φησί] Tim. 41 b   23 κακοῦ] κακοῦ εἶναι A   26 sq. om.
Ec   26. 27 φησίν om. A   27 ἀγένητον Ab: ἄφθαρτον DE   28 λέγουσι]
comp. A mut. in λέγειν   29 γὰρ om. A   30 λέγοντες] comp. corr. ex λ/ ͮ A

SIMPLICII IN L. DE CAELO I 12 [Arist. p. 283ᵃ4]   347

δρός φησι τὸ ἀντακολουθεῖν ἀλλήλοις τό τε γενητὸν καὶ τὸ φθαρτὸν καὶ 155ᵃ
τὸ ἀγένητον καὶ τὸ | ἄφθαρτον· ταῦτα γὰρ ἤδη δεδειγμένα ἀναιρεῖται 155ᵇ
ὑπὸ τῶν γενητὸν ἄφθαρτον ἢ ἀγένητον φθαρτὸν λεγόντων. ὑπώπτευσε δὲ
καὶ αὐτὸς ἐν τοῖς ἐφεξῆς ἄλλα τινὰ τὰ ἀναιρούμενα λέγειν τὸν Ἀριστοτέ-
5 λην, ἐν οἷς φησιν· ἢ γὰρ ἄπειρον ἢ ποσόν τινα ὡρισμένον χρόνον 5
δύναται ἅπαντα ποιεῖν ἢ πάσχειν. καὶ μάτην τὸν γὰρ αἰτιολογικὸν
σύνδεσμον ὁ Ἀλέξανδρος ἀφαιρεῖται σαφῶς συνάπτοντα τὸ ἀναιρούμενον
δεδομένον ὑπὸ τῶν οὕτω λεγόντων. εἰ γὰρ δέδοται καὶ ὡμολόγηται περὶ
τῶν ἐν χρόνῳ ποιούντων ἢ πασχόντων (τὰ γὰρ ὑπὲρ χρόνον ἐκτὸς ἂν εἴη 10
10 τοῦ λόγου), ὅτι ἢ ἐν ἀπείρῳ χρόνῳ ποιεῖ ἢ πάσχει ἢ ἐν πεπερασμένῳ·
ἐν ὡρισμένῳ μὲν γὰρ ὁπωσοῦν χρόνῳ δεῖ ποιεῖν ἢ πάσχειν ἢ εἶναι ἢ μὴ
εἶναι, ὡρισμένος δὲ χρόνος ἐστὶ κυρίως μὲν ὁ ἀρχὴν καὶ πέρας ἔχων,
ἤδη δὲ καὶ ὁ ἄπειρος ὥρισται τῇ νοήσει καὶ τῷ ἀεί, ὡς δέ φησιν Ἀλέ- 15
ξανδρος, καὶ τῷ μηδὲν εἶναι ἐκτὸς αὐτοῦ. οὐ χρὴ δὲ ἄπειρον τὸν ἐνερ-
15 γείᾳ ἄπειρον ὄντα λαμβάνειν, ἀλλὰ τὸν ἐπ' ἄπειρον· ὁ γὰρ ἐνεργείᾳ ἄπει-
ρος χρόνος οὐκ ἔστιν, ἀλλ' ὁ κατὰ τὸ ἐπ' ἄπειρον προϊέναι θεωρούμενος.
τοῦτον οὖν εἶπε τὸν ἄπειρον ὁ Ἀριστοτέλης, οὗ οὐκ ἔστι πλείων· 20
τοῦ γὰρ ἐπ' ἄπειρον προϊόντος χρόνου οὐκ ἔστιν ἄλλος πλείων, ἐπειδὴ ὁ
κατ' ἐνέργειαν ἄπειρος οὐκ ἔστιν οὐδὲ ὅλως τὸ τοιοῦτον ἄπειρον, ὡς ἐν
20 τῷ Γ τῆς Φυσικῆς ἀκροάσεως δέδεικται· τοῦ δὲ ἐπ' ἄπειρον προϊόντος,
κἂν ἀεί, ἔστι τις ἐκτὸς τοῦ λαμβανομένου, ἀλλὰ καὶ οὗτος μέρος ἐστὶν 25
αὐτοῦ, καὶ τοῦ γε ὅλου τούτου οὐδὲν ἔστιν ἐκτός, ὥσπερ οὐδὲ πλείων
ἔστι τις αὐτοῦ· καὶ οὗτός ἐστιν ὁ ἄπειρος χρόνος ὁ ἐπ' ἄπειρον ὡρισμένος
καὶ αὐτὸς τῷ ἀνεκλείπτῳ καὶ τῷ μὴ εἶναι πλείονα αὐτοῦ. τὸ δέ γε πῇ
25 ἄπειρον, οἷόν ἐστι τὸ γενητὸν μὲν ἄφθαρτον δὲ ἢ τὸ ἀγένητον φθαρτόν, 30
οὐδαμῶς ὡρισμένον ἐστὶν οὔτε ὡς ἀρχὴν καὶ πέρας ἔχον, ὡς τὸ πεπε-
ρασμένον, οὔτε τῷ μηδὲν αὐτοῦ πλεῖον εἶναι, ὡς τὸ ἄπειρον· ἑκατέρου
γὰρ ἔστιν ἐκτὸς καὶ πλείων χρόνος, οὐ μέντοι ἐφ' ἑκάτερα, ἀλλὰ τοῦ μὲν
γενητοῦ καὶ ἀφθάρτου πρὸ τοῦ εἶναι, τοῦ δὲ ἀγενήτου καὶ φθαρτοῦ μετὰ
30 τὸ εἶναι. "ἅμα δέ, φησὶν ὁ Ἀλέξανδρος, καὶ ἔνστασίν τινα λύει δυναμέ- 35
νην φέρεσθαι πρὸς τὴν τοῦ γενητοῦ καὶ φθαρτοῦ γεγενημένην ἀκολουθίαν.
εἰ γάρ, ὅτι ὡρισμένος ἀμφοῖν ὁ χρόνος τοῦ τε εἶναι καὶ τοῦ μὴ εἶναι, διὰ
τοῦτο ἀλλήλοις ἀκολουθοῦσιν, εἰ τοῦ μὲν γενητοῦ καὶ ἀφθάρτου τὸ μὲν μὴ

---

1 τὸ (tert.) om. c   1. 2 καὶ τὸ ἀγένητον καὶ τὸ ἄφθαρτον ACb: om. DE   2 τὸ
ἄφθαρτον AC: ἄφθαρτον c   3 ὑπώπτευσε] -ώ- e corr. E³   4 αὐτὸς AE²: αὐτοὺς
DEb   τά] bis D   4. 5 Ἀριστοτέλη E: corr. E²   6 ποιεῖν] ἢ ποιεῖν E²c
11 μὲν γὰρ Ab: γὰρ DE: μὲν c   ὁποσοῦν DE: corr. D¹   12 κυρίως μὲν Ab:
μὲν κυρίως DEc   17 πλείων D: πλεῖον AE   18 πλείων om. D   20 Φυσικῆς]
cap. 5   21 ἔστι] seq. ras. 1 litt. E   22 πλείων C: πλέων A: πλέον DEc
23 τις] τι bc   ἄπειρον] ἄπειρος E: corr. E²   25 ἀγένητον φθαρτόν DEb: ἀγένητον
μὲν φθαρτὸν δέ AE³c   26 ἐστὶ E   deinde del. τὸ γενητὸν μὲν ἄφθαρτον δὲ E¹
28 πλείων] -ων e corr. E¹   29 τοῦ δὲ—εἶναι (30) om. A   30 ὁ om. A
λύει D: λύειν AE   30. 31 δυναμένην AE²b: δυνάμενον DE   31 φθαρτοῦ] ἀφθάρ-
του A   32 ὁ om. A   τοῦ μὴ] μὴ A

εἶναι ὥρισται κατὰ τὴν ἀρχήν, τὸ δὲ εἶναι κατὰ τὸ πέρας, τοῦ δὲ ἀγενή- 155ᵇ
του καὶ φθαρτοῦ τὸ ἀνάπαλιν, οὐκ ἀνάγκη τὰ ὡρισμένον ἔχοντα χρόνον 41
ἀκολουθεῖν ἀλλήλοις. ταύτην οὖν, φησί, λύει τὴν ἔνστασιν διὰ τοῦ δεῖν
μὲν τὸ ποιοῦν ἢ πάσχον καὶ τὸ ὂν ἢ μὴ ὂν ἐν ὡρισμένῳ χρόνῳ ταῦτα
5 ἔχειν, τὸ δὲ πῇ ἄπειρον μηδαμῶς ὡρίσθαι μήτε ὡς ἑκατέρωθεν πεπερασ- 45
μένον μήτε ὡς τὸ ἀνέκλειπτον." |

p. 283ᵃ11 *Ἔτι τί μᾶλλον ἐπὶ τῷδε τῷ σημείῳ ἕως τοῦ ὥστε ἂν* 156ᵃ
ὑπάρχειν θῶμεν, ἃ δύνανται, τὰ ἀντικείμενα ἅμα ὑπάρξει.

Δείξας, ὅτι ὁ λέγων γενητόν τι ἄφθαρτον ἢ ἀγένητον φθαρτὸν ἀναιρεῖ 5
10 τι τῶν κειμένων καὶ δεδομένων τὸ τὰ ἐν χρόνῳ ποιοῦντα ἢ πάσχοντα
ἢ ἐν ἀπείρῳ ἢ πεπερασμένῳ χρόνῳ ποιεῖν ἢ πάσχειν ἢ εἶναι ἢ μὴ
εἶναι· τὸ γὰρ γενητὸν μὲν ἄφθαρτον δὲ καὶ τὸ ἀγένητον μὲν φθαρτὸν
δὲ οὔτε ἐν ἀπείρῳ χρόνῳ οὔτε ἐν πεπερασμένῳ τὸ εἶναι ἔχουσιν ἢ 10
τὸ μὴ εἶναι· τοῦτο οὖν δείξας καὶ δι' ἄλλου δείκνυσιν ἐπιχειρήματος, ὅτι
15 οἱ οὕτως λέγοντες ἀναιροῦσί τι τῶν ὡμολογημένων τὸ ἀδύνατον εἶναι τὸ
αὐτὸ ἅμα εἶναί τε καὶ μὴ εἶναι· καὶ γὰρ ὡμολόγηται μέν, ὅτι ἀδύνατόν
ἐστι τοῦτο, συμβαίνει δὲ αὐτοῖς τὸ ἀδύνατον, εἴπερ ἀγένητόν τι ὑποθέμε- 15
νοι, τουτέστιν ἀεὶ ὂν πρότερον, ἐφθάρθαι ποτὲ λέγουσιν· ἀπείρων γὰρ ὄν-
των νῦν ἐν τῷ ἀπείρῳ χρόνῳ, ἐν ᾧ πρότερον ἔστι τὸ ἀγένητον, ἢ ἐν
20 πᾶσιν ὁμοίως τοῖς νῦν δύναμιν ἔχει τοῦ φθαρῆναι ἢ ἔν τινι ἀφωρισμένῳ·
ἀλλὰ τοῦτο προδήλως ἄτοπον· τί γὰρ ἂν εἴη αἴτιον τοῦ μᾶλλον ἐν τῷδε 20
τῷ νῦν ἢ ἐν τῷδε φθαρῆναι τὸ τὸν ἄπειρον πρὸ τοῦ χρόνον ὑφεστώς;
διὸ καὶ ὁ Ἀριστοτέλης ἐνδειξάμενος αὐτὸ διὰ τοῦ τί μᾶλλον ἐπὶ τῷδε
τῷ σημείῳ ἀεὶ ὂν πρότερον ἐφθάρη ἐπὶ τὸ ἕτερον μετῆλθε τμῆμα
25 τὸ ἐν πᾶσιν ὁμοίως τοῖς νῦν δύναμιν ἔχειν τοῦ φθαρῆναι, εἴπερ μηδὲν 25
μᾶλλον ἐν τῷδε ἢ ἐν τῷδε. ἀπείρων δὲ ὄντων τῶν νῦν ἄπειρον χρόνον
τὸν πρὸ τοῦ, ἐν ᾧ ἦν, τὸ ἀγένητον δύναμιν εἶχε τοῦ ἐφθάρθαι καὶ μὴ
εἶναι· ἅμα οὖν τῷ εἶναι ἐνεργείᾳ δύναμιν ἕξει τοῦ μὴ εἶναι τὸ ἀγένητον
μὲν φθαρτὸν δέ, ὥστε, ἐὰν ὑπάρχειν θῶμεν, ἃ δύναται, τὸ ἀγένητον ἔσται 30
30 μὴ ὄν· ἅμα ἄρα ὂν καὶ μὴ ὂν ἔσται, ὅπερ ἀδύνατον. ὁμοίως δὲ καὶ τὸ

---

2 καὶ Ab: om. DE   4 ἢ (pr.) A: ἢ τὸ DEc   ἢ (alt.)] ἢ τὸ c   5 ἔχειν
E²b: μὴ ἔχειν DE et μὴ e corr. A   ὡς om. E: corr. E²   7 ὥστ' ἐάν c
ὥστε—δύνανται (8) om. D   8 ἃ δύνανται A: ἃ δύναται E: ἀδύνατα c   11 πεπε-
ρασμένῳ Ab: ἐν πεπερασμένῳ DEc   12 ἄφθαρτον—μὲν A: om. DE   καὶ—δὲ (13)
om. b   13 πεπερασμένῳ χρόνῳ A   15 οἱ] suprascr. E²   οὕτως ACE: οὕτω
Dc   τι AE²b: om. CDE   ὡμολογημένων CE: corr. ex ὡμολογουμένων A: ὁμο-
λογουμένων D   16 καὶ γὰρ Ab: om. CDEc   ὁμολόγηται E, sed corr.   post
μέν add. γάρ E²c   17. 18 ὑποθέμενοι AC: ὑποτιθέμενοι DEc   19 ἐν ᾧ AE²b:
om. DE   20 τοῦ φθαρῆναι] suprascr. A²   21 αἴτιον] ἄτοπον D   22 χρόνον
Db: χρόνου ACEc   ὑφεστός E   23 αὐτὸ D: corr. ex αὐτῷ A²E¹   26 ἢ ἐν]
ἢ A   post νῦν ins. τὸν A²   28 τῷ A: τοῦ DEc (b hic lac. hab.)   τοῦ ADE:
καὶ τοῦ E²c   29 ἃ] ὃ c   ἀγένητον] corr. ex ἀγέννητον A²

SIMPLICII IN L. DE CAELO I 12 [Arist. p. 283ᵃ11. 17]   349

γενητὸν μὴ ὂν τὸν ἄπειρον πρὸ τοῦ χρόνον οὐ μᾶλλον ἐν τῷδε ἢ τῷδε 156ᵃ
τῷ νῦν δύναμιν εἶχε τοῦ γενέσθαι, ἀλλ' ἐν παντὶ ὁμοίως· ἐὰν οὖν καὶ
τούτῳ μὴ ὄντι κατ' ἐνέργειαν, δύναμιν δὲ ἔχοντι τοῦ εἶναι, ὑπάρχειν 35
θῶμεν, ὃ δύναται, ἔσται ἅμα·μὴ ὂν τὸ αὐτὸ καὶ ὄν, ὅπερ ὁμοίως ἀδύ-
5 νατον. εἰ οὖν τὸ μὲν ὑποθέσθαι ὑπάρχειν, ὃ δύναται, ψεῦδός ἐστι καὶ
οὐκ ἀδύνατον, τὸ δὲ τὸ αὐτὸ ἅμα εἶναι καὶ μὴ εἶναι ἢ μὴ εἶναι καὶ εἶναι
οὐ μόνον ψεῦδός ἐστιν, ἀλλὰ καὶ ἀδύνατον, δῆλον, ὅτι οὐ τῷ ὑποθέσθαι
ὑπάρχειν, ὃ δύναται, ψευδεῖ ὄντι καὶ οὐκ ἀδυνάτῳ ἠκολούθησε τὸ ἀδύνα- 40
τον, ἀλλὰ τῷ δύναμιν ἔχειν τοῦ ἀντικειμένου τὸν ἄπειρον πρὸ τοῦ χρόνον·
10 τοῦτο οὖν ἀδύνατόν ἐστιν. ἀδύνατον οὖν εἶναί τι γενητὸν ἄφθαρτον ἢ ἀγέ-
νητον φθαρτόν, εἴπερ ἀνάγκη ταῦτα τὴν τοῦ ἀντικειμένου δύναμιν ἔχειν
ἐν ἀπείρῳ πρὸ τοῦ χρόνῳ.   45

Οὗτος μὲν ὁ τοῦ ὅλου λόγου σκοπός· ἐν δὲ τῇ λέξει τὸ ἢ μὴ ὂν
ἄπειρον ἐγένετο ὁ μὲν Ἀλέξανδρος | ἐλλιπῶς εἰρῆσθαί φησιν· εἶναι 156ᵇ
15 γὰρ τὸ ὅλον ἢ μὴ ὂν ἄπειρον χρόνον ἐγένετο. μήποτε δὲ τὸ ἄπει-
ρον ἀντὶ τοῦ ἐπ' ἄπειρον ἐπιρρηματικῶς ῥηθὲν οὐδὲν ἐλλείπει. σημεῖα
δὲ καλεῖ τὰ ἐν οἷς ἐφθάρη ἢ ἐγένετο, διότι τὸ μὲν φθείρεσθαι καὶ τὸ γί- 5
νεσθαι ἐν χρόνῳ, τὸ δὲ ἐφθάρθαι καὶ τὸ γεγονέναι ἀχρόνως καὶ ἐν τῷ
νῦν, ὡς ἐν τῇ Φυσικῇ ἀκροάσει δέδεικται. συντόμως δὲ τὸ ἐπιχείρημα
20 θεὶς ὁ Ἀριστοτέλης καὶ πανταχοῦ τὰ δύο προτιθεὶς τό τε ἀγένητον μὲν
φθαρτὸν δὲ καὶ τὸ γενητὸν ἄφθαρτον ἀσάφειαν ἐνεποίησεν ἐν τῷ δύνα-
ται ἄρα μὴ εἶναι ἄπειρον χρόνον μὴ προσθεὶς τὸ 'καὶ εἶναι', ὅπερ 10
ἐπὶ τοῦ γενητοῦ μὲν ἀφθάρτου δὲ ἀληθεύει. ὡς φανερὸν δὲ αὐτὸ καὶ
ἀπὸ τοῦ ἑτέρου συννοούμενον διὰ συντομίαν παρῆκεν.

25 p. 283ᵃ17   **Ἔτι δὲ καὶ τοῦτο ὁμοίως ἐν παντὶ σημείῳ ὑπάρξει** 15
            ἕως τοῦ ἀλλὰ δέδεικται, ὅτι ἀδύνατον τοῦτο.

Ὁ Ἀλέξανδρος "σαφέστερον ἂν ἦν, φησίν, εἰρημένον τοῦτο, εἰ ἀντὶ
τούτου ἔκειτο ὁμοίως γὰρ τοῦτο ἐν παντὶ χρόνῳ ὑπάρξει. οὐ γὰρ
νῦν, φησί, δείκνυσιν αὐτό, ἀλλ' ὡς ἑπόμενον τοῖς δεδειγμένοις λαμβάνει." 20

---

1 μὴ] τὸν μὴ E: τὸ μὴ E²c   ὂν τὸν C: corr. ex ὂν τὸ A²: ὂν τῶν D: ὄντων E: ὂν
ἐν E²c   ἄπειρον AC: ἀπείρων DE: ἀπείρῳ c   deinde add. τῷ E²c   χρόνον
C: comp. A: χρόνου DE: χρόνῳ E²c   οὐ AE²b: om. DE   2 τῷ E²: τοῦ C:
om. ADE   4 καὶ om. D   5 ἐστι] seq. ras. 1 litt. E   6 δὲ τὸ] δὲ A
8 οὐκ om. D   9 τῷ] τὸ A   10 ἀδύνατον (pr.)] ras. 3 litt. E   ἢ—φθαρτὸν (11)
Ab: om. DE   12 ἐν om. E   14 ἐλλειπῶς E   φασιν E   16 ἐπιρηματικῶς A
17. 18 γίγνεσθαι DE   19 ὡς] suprascr. E¹   Φυσικῇ] VI 6   ἐπίρημα A χεὶ
20 τὰ om. c   δύο] corr. ex θεῖα E²   21 γενητὸν μὲν Ac   ἄφθαρτον δὲ c
22 τὸν ἄπειρον ex Arist. c (sed cf. Arist. codd. EL)   23 ὡς] καὶ D   24 συννοού-
μενον c   25 τοῦθ' c   ἅπαντι Ec   27 εἰ] suprascr. E²   28 τούτου A:
τοῦ ἔτι Dbc: τοῦ E: τοῦ τόδε ἔτι E²   ἔκειτο τόδε c   29 τοῖς—ἑπόμενον (p. 350,1)
om. Ec

μήποτε δὲ ὡς ἑπόμενον μὲν εἴρηται τοῖς εἰρημένοις, ἄλλο δέ τι ἔτι μᾶλλον 156ᵇ
ἄτοπον συνάγει τὸ μὴ μόνον ἅμα εἶναι καὶ μὴ εἶναι ἔν τινι μέρει χρόνου,
ἀλλὰ καὶ ἐν παντὶ τῷ ἀπείρῳ χρόνῳ τοῦτο συμβαίνειν. ἐν παντὶ γὰρ τοῦ
ἀπείρου χρόνου νῦν δύναμιν ἔχει τοῦ εἶναι καὶ μὴ εἶναι, τοῦ μὲν μετὰ
5 τῆς δυνάμεως καὶ τὴν ἐνέργειαν ἔχον, τοῦ δὲ μόνην τὴν δύναμιν· οὐδὲ 25
γὰρ μᾶλλον ἐν τῷδε τῷ νῦν ἢ τῷδε. ἐὰν οὖν ὑποτεθῇ ὑπάρχειν αὐτῷ,
ὃ δύναται, ἐν τῷ ἀπείρῳ χρόνῳ ἅμα ἕξει τὸ εἶναι καὶ μὴ εἶναι. ὁ δὲ
Ἀριστοτέλης ἠρκέσθη τῷ τὸν ἄπειρον χρόνον δύναμιν ἔχειν τοῦ εἶναι καὶ
μὴ εἶναι· τούτῳ γὰρ ἕπεται τὸ καὶ κατ' ἐνέργειαν εἶναι καὶ μὴ εἶναι ἐν 30
10 τῷ ἀπείρῳ χρόνῳ, ἐὰν ὃ δύναται ὑποθώμεθα ὑπάρχειν αὐτῷ.

p. 283ᵃ20 Ἔτι εἰ πρότερον ἡ δύναμις ὑπάρχει τῆς ἐνεργείας ἕως
τοῦ ἄπειρον ἄρα χρόνον.

Καὶ διὰ τούτου τοῦ ἐπιχειρήματος τὸ αὐτὸ δείκνυσιν, ὅτι, ἐὰν γενη-
τόν τι ἄφθαρτον ὑποτεθῇ, ἀνάγκη αὐτὸ τὸν ἄπειρον χρόνον δύναμιν ἔχειν
15 τοῦ εἶναι καὶ μὴ εἶναι· τούτῳ δὲ ἕπεται τὸ τὸν ἄπειρον χρόνον ἅμα εἶναι
καὶ μὴ εἶναι, ὅπερ ὡς σαφὲς παρῆκε. δείκνυσι δέ, ὅτι τὸν ἄπειρον χρό- 40
νον δύναμιν ἔχει τοῦ εἶναι καὶ μὴ εἶναι, λαβὼν ὡς ἐναργές, ὅτι, ἐν οἷς
ἔστι τὸ δυνάμει καὶ τὸ ἐνεργείᾳ ἐπὶ τοῦ αὐτοῦ, οἷον τοῦ εἶναι καὶ μὴ
εἶναι, ἐν τούτοις προηγεῖται πάντως τὸ δυνάμει τοῦ ἐνεργείᾳ καὶ ἡ τοι-
20 αύτη δύναμις τῆς ἐνεργείας· δυνάμει γὰρ τοῦτο λέγομεν, ὃ δύναται εἰς 45
ἐνέργειαν ἀχθῆναι. τὸ οὖν γενητὸν καὶ πρὸ τοῦ γενέσθαι τὸν ἄπειρον
ἐκεῖ|νον χρόνον, ἐν τέως ἀγένητον ἦν· καὶ γὰρ τοιοῦτόν τι σημαινόμενον 157ᵃ
τοῦ ἀγενήτου παρέθετο· δύναμιν εἶχε τοῦ γενέσθαι. ἔχει δὲ καὶ ἤδη γε-
γονός· καὶ γὰρ τὸ γεγονὸς δύναται εἶναι καὶ γεγονέναι, ἀλλ' οὐ προϋπάρ-
25 χει τότε ἡ δύναμις τῆς ἐνεργείας. ἕξει οὖν τὴν τοῦ εἶναι δύναμιν καὶ ἐν 5
παντὶ τῷ ἀπείρῳ τῷ πρὸ τοῦ γενέσθαι χρόνῳ, ἐν ᾧ οὔπω ἦν· ἅμα γὰρ
οὐκ ἦν καὶ τοῦ εἶναι δύναμιν εἶχε καὶ τοῦ γενέσθαι τέως ἀγένητον ὄν.
ὑπάρξει δὲ ἡ δύναμις αὕτη καὶ γενομένῳ καὶ μηκέτι ὄντι ἀγενήτῳ, ἅπερ
βραχέως ἡρμήνευσεν Ἀριστοτέλης διὰ τοῦ ἅπαντα ὑπάρξει τὸν χρόνον, 10
30 καὶ ὃν ἀγένητον ἦν καὶ μὴ ὂν ἀντὶ τοῦ 'καὶ ὃν μηκέτι ἀγένητον, ἀλλ'
ἤδη γενόμενον'· καὶ οὕτως ἔχει τὴν δύναμιν ὡς τὸ ἄπειρον χρόνον γίνε-
σθαι δυνάμενον, εἴπερ καὶ ὂν δύναται εἶναι καὶ ἅμα δὲ τῷ μὴ εἶναι δύνα-
μιν ἔχειν οὐ μόνον τοῦ μὴ εἶναι, ἀλλὰ καὶ τοῦ εἶναι καὶ τοῦ πρότερον 15

---

1 ante μὲν del. δὲ A   τι Ab: om. DEc   5 μόνον c   οὐδὲ ADb: οὐδὲν Ec
7 ἅμα ἕξει Ab: ἕξει ἅμα DEc   8 τὸν] τοῦ D   9 καὶ (pr.) AD: om. Ebc
11 εἴπερ E   12 ἄρα om. E   18 τοῦ (alt.)] τε c   καὶ (alt.)] ἢ D   20 ὃ
ὅτι A   21 τὸν] corr. ex τεν E²   22 ὂν Db: ὂν AEc   γὰρ] γὰρ καὶ A
τι om. D   23 παρέθετο om. D   δύναμιν DE: ὃ δύναμιν Ac   24 δύναται
δύναμιν A: supra add. ἔχει μετὰ τὸ A²   28 ὑπάρχει c   29 ἑρμήνευσεν A
ἅπανθ' c   30 ὃν (pr.)] ὂν Ac   ὂν] ὃν D   ὃν (alt.)] corr. ex ὂν A: ὂν
Ec   ἦν ἀλλ' C   31 οὕτως] ὅπερ E   τὸ] τὸν Ac   32 ὃν] ὂν D
τῷ] τὸ E   33 ἔχει D

καὶ τοῦ ὕστερον καὶ ἁπλῶς τοῦ ἀεὶ εἶναι· τῷ γὰρ εἰς ἄπειρον μὴ ὄντι τίς 157ᵃ
ἂν αἰτία εἴη τοῦ τότε μὲν γενέσθαι καὶ εἶναι, ὅτε λέγεται, οὐχὶ δὲ πρότε-
ρον ἢ ὕστερον; ἄπειρον ἄρα χρόνον δύναμιν ἔχει τοῦ εἶναι καὶ μὴ εἶναι,
ᾧ ἕπεται, ἐὰν εἰς ἐνέργειαν ἀχθῇ, ὃ δύναται, τὸ ἄπειρον χρόνον καὶ εἶναι 20
5 καὶ μὴ εἶναι. ὅτι δὲ ἐπ' ἄπειρον χρόνον τὴν δύναμιν ἔχει τοῦ εἶναι τὸ
τὸν ἄπειρον πρὸ τοῦ χρόνον μὴ ὄν, δῆλον, εἴπερ μηδεμία ἀνάγκη ἐστὶ
τοῦ ἐν τῷδε γενέσθαι τῷ χρόνῳ, ἀλλὰ μὴ πρότερον ἢ ὕστερον. "καὶ τοῦτο
μὲν ἐπὶ τοῦ γενητοῦ, φησὶν Ἀλέξανδρος, τὸ συμπέρασμα συνήγαγε, τὸ δὲ 25
ἐφεξῆς ἐπὶ τοῦ φθαρτοῦ συνάξει." μήποτε δέ, ὡς καὶ αὐτὸς φαίνεται
10 συννοήσας, αὕτη μὲν ἡ δεῖξις ἐπ' ἀμφοῖν ἁρμόττει, τὸ δὲ ἐφεξῆς ἐπι-
χείρημα πρὸς ἄλλο τι βλέπει. ὡς γὰρ τὸ γενητὸν μὲν ἄφθαρτον δὲ καὶ
πρὸ τοῦ γενέσθαι μὴ ὂν εἶχε δύναμιν εἰς ἄπειρον τοῦ εἶναι, οὕτως τὸ 30
ἀγένητον μὲν φθαρτὸν δὲ ἅμα ὂν δύναμιν ἔχει τοῦ μὴ εἶναι.

p. 283ᵃ24 Φανερὸν δὲ καὶ ἄλλως ἕως τοῦ καὶ μὴ ἀεὶ ἄρα εἶναι. 35

15 Τοῦ Πλάτωνος εἰπόντος ἐν Τιμαίῳ "τὸ μὲν δὴ δεθὲν πᾶν λυτόν, τὸ
δὲ καλῶς ἁρμοσθὲν καὶ ἔχον εὖ λύειν ἐθέλειν κακοῦ" καὶ πάλιν ὡς ἀπὸ
τοῦ δημιουργοῦ πρὸς τοὺς οὐρανίους θεοὺς "ἀθάνατοι μὲν οὐκ ἐστὲ τὸ
πάμπαν, οὐ μὴν λυθήσεσθέ γε οὐδὲ τεύξεσθε θανάτου μοίρας" κατὰ τὸ 40
φαινόμενον δοκεῖ λέγεσθαι, ὅτι λυτὸς καὶ θνητὸς ὢν ὁ κόσμος τῇ ἑαυτοῦ
20 φύσει καὶ φθαρτὸς ὅμως οὐ φθείρεται. πρὸς τὸ τοιοῦτον οὖν τοῦ λόγου
φαινόμενον ἀντιλέγων ὁ Ἀριστοτέλης 'φανερόν, φησίν, ὅτι ἀδύνατον
φθαρτόν τι ὂν τῇ ἑαυτοῦ φύσει μὴ φθαρῆναί ποτε.' εἰ γὰρ τοῦτο, 45
ἅμα καὶ ἀεὶ ἔσται, τουτέστιν ἀΐδιον ἔσται, τὸ αὐτὸ καὶ φθαρτόν, καὶ ἄμφω
ἐν|τελεχείᾳ, τουτέστι κατ' ἐνέργειαν ἄμφω, καὶ οὐχὶ δυνάμει μόνον τὸ 157ᵇ
25 φθαρτόν, ἀλλ' ὥστε καὶ ἀΐδιον εἶναι καὶ ἐφθαρμένον, ὅπερ ἐναργῶς ἄτο-
πον. τὸ μὲν γὰρ φθαρτὸν εἶναι τὸ ἀΐδιον οὕτως, ὡς πεφυκέναι μόνον, εἰ
καὶ ἄτοπον, διότι χρὴ τὸ πεφυκὸς εἰς ἐνέργειαν ἄγεσθαί ποτε, ἀλλ' ἐναρ- 5
γέστερον τὸ ἄτοπον, ὅταν ἐνεργείᾳ ἄμφω θεωρῆται· καὶ γὰρ δύναμιν
μὲν ἔχειν τῶν ἀντικειμένων τὸ αὐτὸ δυνατόν, ὅταν μὴ ἀϊδίως ἔχῃ, τὸ

---

1 ante ὕστερον ras. 4 litt. E   2 τοῦ τότε A: τοῦτο ὁτὲ D: τοῦ seq. lac. 3 litt. et ὁτε E: in lac. ins. το E²   γίνεσθαι A   ὅτε] corr. ex ὁτὲ δὲ E²   4 δ] ὅ, τι E²c   τὸ] τὸν c   χρόνον om. D   5 τὸ A: τε DE: τι c   6 μὴ] οὐκ c   7 τῷ χρόνῳ γενέσθαι Ec   τοῦτο] corr. ex τούτου E¹   8 φησὶν ὁ c   συνήγα- γεν E: corr. E²   alt. τὸ—ἁρμόττει (10)] mg. E²   9 ἐπὶ—συνάξει] τῷ ἀφθάρτῳ συντάττει E²c   ὡς om. E²c   φαίνεται] δοκεῖ E²c   10 συνεννοῆσαι E²c ὅτι αὕτη E²c   ἀπόδειξις ἀμφοῖν συμβαίνει E²c   11 τὸ] e corr. E: mut. in τῷ D   γεννητὸν A: corr. A²   12 μὴ om. Ec   14 ἄρα om. E   15 ἐν Τιμαίῳ εἰπόντος Ec   Τιμαίῳ] 41 a—b   δεθὲν] corr. ex τεθὲν E²   17 ἐστὲ] corr. ex ἔστι E²   18 λυθήσεσθέ] -έ e corr. E   γ' c   τεύξεσθαι E: corr. E²   22 τι om. Ec   23 post pr. ἔσται suprascr. καὶ ἀεὶ μὴ ἔσται A²   25 ἄλλως τε E: corr. E²   26 πεφυκέναι] comp. ambig. A   26. 27 εἰ καὶ] εἶναι A   27 τὸ om. A   28 ἄμφω A: τὸ ἄμφω DE: τὰ ἄμφω E²   θεωρεῖται E

δὲ ἅμα τὰς ἐνεργείας ἔχειν ἀδύνατον· εἰκότως οὖν τὸ ἐντελεχείᾳ προσ- 157b
τέθεικεν.
   Ὁ δὲ Ἀλέξανδρος ὑπερβιβάζειν μᾶλλον ἀξιοῖ τὴν λέξιν οὕτως· 'ἀεὶ
δὲ ἔσται ἐντελεχείᾳ, ἅμα δὲ καὶ φθαρτόν'. "καὶ μᾶλλον, φησίν, ὑπὸ τῆς
5 λέξεως ἔοικε τοῦτο δηλοῦσθαι· εἰ γὰρ ἀεὶ ἔσται ἐντελεχείᾳ ὂν φθαρτόν,
τοῦ μὲν ἀεὶ εἶναι δύναμιν ἕξει, διότι καὶ ἔστιν ἀεί, τοῦ δὲ μὴ ἀεὶ εἶναι,
ὅτι φθαρτὸν ὑπόκειται· φθαρτὸν γάρ ἐστι τὸ δύναμιν ἔχον τοῦ μὴ ἀεὶ
εἶναι ἢ τοῦ ποτὲ μὴ εἶναι· οὕτως οὖν ἔσται ποτὲ δύναμιν ἔχον τοῦ ἅμα
εἶναί τε καὶ μὴ εἶναι". μήποτε δὲ ἐναργέστερόν ἐστι τὸ 'ἔσται γὰρ ἀίδιον
10 ἅμα καὶ φθαρτὸν ἐντελεχείᾳ', ᾧ ἕπεται τὸ ἅμα ἀεί τε εἶναι καὶ μὴ ἀεὶ
εἶναι, ὅπερ ἐστὶ τὴν ἀντίφασιν συναληθεύειν. αὐτὸς δὲ πάλιν τὸ δυνατὸν
τέθεικεν ὡς κοινὸν ἐπί τε τοῦ ἐνεργείᾳ ὄντος καὶ τοῦ δυνάμει· καὶ γὰρ
τὸ ἐνεργοῦν δύναται. "γράφεται δέ, φησίν Ἀλέξανδρος, οὕτως· ἀεὶ γὰρ
ἔσται καὶ ἅμα καὶ φθαρτὸν ἐντελεχείᾳ· καὶ εἴη ἄν, φησίν, ὁ νοῦς
15 τοῦ λεγομένου τοιοῦτος· εἰ φθαρτόν τι ὂν μηδέποτε φθείροιτο κατ' ἐνέρ-
γειαν, ἀεὶ ἂν εἴη, τουτέστιν ἀίδιον ἂν εἴη καὶ ἄφθαρτον· εἰ δὲ τοῦτο, τῷ
μὲν ἀεὶ εἶναι κατ' ἐνέργειαν καὶ τοῦ εἶναι ἀεὶ δύναμιν ἔχοι ἄν, τῷ δὲ
φθαρτὸν εἶναι οὐχ ἀεὶ εἶναι δυνατὸν ἔσται· τοιοῦτον γὰρ τὸ φθαρτόν·
ἅμα ἄρα τὸ αὐτὸ ἀεί τε εἶναι δυνατὸν ἔσται καὶ μὴ ἀεί, ὅπερ ἀδύνατον.
20 κἂν οὕτως ἔχῃ, φησίν, ἡ γραφή, καταλείποι ἂν ἡμῖν προστιθέναι τὸ
καὶ ἄφθαρτον, ὡς εἶναι τὸ ὅλον· ἀεὶ γὰρ ἔσται ἅμα καὶ ἄφθαρ-
τον καὶ φθαρτὸν ἐντελεχείᾳ." καὶ περιέτυχον ἐγὼ καὶ οὕτως ἐχούσῃ
γραφῇ.
   Δείξας δέ, ὅτι ἀδύνατον τὸ φθαρτὸν φύσει ἄφθαρτον εἶναι, ἐπήγαγε·
25 φθείρεται ἄρα ποτὲ τὸ φθαρτόν· "ὥστε, φησίν ὁ Ἀλέξανδρος, καὶ ὁ
κόσμος, καθ' οὓς τῇ αὐτοῦ φύσει φθαρτός ἐστι γενητὸς ὤν, οὐκ ἀίδιος
ἔσται, ἀλλὰ φθαρήσεταί ποτε." ὅτι δὲ πρὸς τὸ φαινόμενον τῶν Πλάτωνος
λόγων καὶ οὐ πρὸς τὴν ἔννοιαν ὑπήντησεν ὁ Ἀριστοτέλης, δῆλον, ὡς πρό-
τερον εἶπον, εἴπερ γενητὸν οὐκ ἀπὸ χρόνου τινὸς λέγει τὸν κόσμον ὁ Πλά-
30 των, ὅς γε τὸν χρόνον μετ' οὐρανοῦ γενέσθαι φησί, τὸ δὲ ἀπὸ χρόνου
τινὸς γενητὸν προϋπάρχοντα χρόνον ἔχει τῆς ἑαυτοῦ γενέσεως, ἀλλὰ γενη-
τὸν οὕτως εἶναι τὸν κόσμον φησὶν ὡς αἰσθητὸν καὶ σωματικὸν καὶ τοῦ
μὲν ὄντως ὄντος ὑποβεβηκότα, ἐν τῷ γίνεσθαι δὲ τὸ εἶναι ἔχοντα. |

---

3 Ἀλέξανδρος] om. DE: corr. E²   4 δὲ (pr.) om. c   5 φθαρτὸν δὲ E²c
6 καὶ om. A   8 ἢ—εἶναι om. c   10 τὸ ἅμα om. D   12 ἐπί] corr. ex
ἐπεί E   13 γράφεται] sic Arist. cod. E pr. nisi quod καὶ ante ἅμα cum ceteris om.
οὕτως Ab: καὶ οὕτως DEc   14 καὶ φθαρτὸν] bis A: καὶ φθαρτὸν καὶ ἄφθαρτον A²c:
καὶ ἄφθαρτον DE: incorruptibile b   16 ἀεί] ἀεὶ γὰρ A   19 ἄρα—δυνατὸν om. E
20 προτιθέναι A: corr. A²   21 ἄφθαρτον] τὸ ἄφθαρτον A: τὸ φθαρτὸν D: φθαρτὸν
E: φθαρτὸν εἶναι E²c: incorruptibile esse b   22 ἔχουσι E: corr. E²   24 φθαρτὸν
AE²b: ἄφθαρτον DE   ἄφθαρτον om. D   26 οὓς] οὗ D   αὐτοῦ ADE
οὐκ] καὶ οὐκ E   28 οὐ] add. A²   29 γεννητὸν A: corr. A²   post λέγει
del. εἴπερ γενητὸν E²   τὸν κόσμον Ab: in lac. 10 litt. E²: om. D   31 γεννητὸν
A: corr. A², ut saepius   33 ὄντως om. A

SIMPLICII IN L. DE CAELO I 12 [Arist. p. 283ᵃ24]

αὐτὸ δὲ τὸ δεθὲν καὶ μὴ πάμπαν ἀθάνατον γενητὸν τῇ αὐτοῦ φύσει 158ᵃ
λέγει οὕτως, ὡς καὶ Ἀριστοτέλης τὸ πεπερασμένον σῶμα τῇ αὐτοῦ φύσει
πεπερασμένην ἔχειν δύναμιν ἔδειξεν. ἄμφω δὲ καὶ Πλάτων καὶ Ἀριστο-
τέλης διὰ τὴν ὑπὸ θεοῦ προσεχῆ παραγωγὴν ἄφθαρτον καὶ ἀθάνατον 5
5 ἀπέδειξαν τὸν κόσμον, ὁ μὲν εἰπὼν ὡς ἀπὸ τοῦ δημιουργοῦ "οὐ μὴν
λυθήσεσθέ γε οὐδὲ τεύξεσθε θανάτου μοίρας κρείττονος δεσμοῦ καὶ κυ-
ριωτέρου τῆς ἐμῆς βουλήσεως τυχόντες ἤπερ ἐκείνων", ὁ δέ, ὅτι τὸ
ἀκίνητον αἴτιον ἀίδιον κινεῖ κίνησιν τὸ προσεχῶς ὑπ᾽ αὐτοῦ κινούμενον, 10
κἂν τῇ ἑαυτοῦ φύσει ἅτε πεπερασμένον ὂν ἐκεῖνο πεπερασμένην ἔχῃ δύ-
10 ναμιν.

Συμπερανάμενος δέ, ὅτι τὸ φθαρτὸν φθείρεσθαί ποτε ἀνάγκη, ἐπήγαγε
καὶ εἰ γενητόν, γέγονεν, οὐχ ὡς λέγοντός τινος γενητὸν μὲν τὸν κό-
σμον, μηδέποτε δὲ ἔσεσθαι, εἰ μὴ ἄρα, φησὶν ὁ Ἀλέξανδρος, οἱ φθαρτὸν 15
μὴ φθειρόμενον λέγοντες οὗτοι γενητὸν μὴ ἐσόμενόν φασι· τὸ γάρ, εἰς ὃ
15 μεταβάλλοι ἂν φθαρτὸς ὤν, γενητὸν μέν ἐστιν, οὐδέποτε δὲ ἐσόμενον,
εἴπερ μὴ φθείρεται τὸ εἰς αὐτὸ μεταβαλεῖν ὀφεῖλον· ἀλλὰ δείξας, ὅτι οὐχ
οἷόν τε τὸ φθαρτὸν μὴ φθαρῆναι, ὡς ἀκόλουθον τούτων εἰσάγει, ὅτι καὶ 20
τὸ γενητὸν γενέσθαι χρὴ ὁμοίας οὔσης τῆς ἀκολουθίας. δύναται δὲ καὶ
εἰς πίστιν παρῆχθαι τοῦ τὸ φθαρτὸν φθαρήσεσθαι· ὡς γὰρ ὁ γενητόν τι
20 λέγων γενήσεσθαι αὐτό ποτέ φησιν, οὕτως καὶ ὁ φθαρτόν τι λέγων φθα-
ρήσεσθαι αὐτὸ ὁμολογήσει. καὶ κατὰ ταύτην, φησὶν ὁ Ἀλέξανδρος, τὴν ἔν- 25
νοιαν ἐπήγαγε τὸ καὶ μὴ ἀεὶ ἄρα εἶναι· τῷ γὰρ φθαρτῷ τοῦτο ἐφαρ-
μόζει τὸ μὴ ἀεὶ εἶναι, δύναται δὲ καὶ τῷ γενητῷ προσήκειν· καὶ γὰρ καὶ
τοῦτο, εἰ πρότερον μὴ ὂν ὕστερον ἔστιν, ἀληθὲς εἰπεῖν ὅτι οὐκ ἀεὶ ἔστι.
25 καὶ εἴρηται πρότερον, ὅτι καὶ τῷ γενητῷ καὶ τῷ φθαρτῷ ἄμφω αἱ ἀπο- 30
φάσεις ἁρμόττουσιν ἥ τε 'οὐκ ἀεὶ ὄν' καὶ ἡ 'οὐκ ἀεὶ μὴ ὄν', ἐξ οὗ καὶ
ἀντιστρέφοντα ἀλλήλοις ἐδείχθη τὸ γενητὸν καὶ τὸ φθαρτὸν ὡς κατὰ μίαν
φύσιν τὴν μεταξὺ τοῦ ἀεὶ ὄντος καὶ τοῦ ἀεὶ μὴ ὄντος ἀφωρισμένα.

---

1 αὐτός A   τὸ γενητὸν A   αὐτοῦ ADE   2 καὶ om. c   αὐτοῦ AD: ἑαυτοῦ
Ec   3 δὲ] corr. ex δὴ A²   4 τοῦ θεοῦ E²c   5 ἀπέδειξε E: corr. E²
εἰπὼν] Tim. 41b   6 λυθήσεσθαι E: corr. E²   γ' c   τεύξεσθαι E: corr. E²
κρείττονος ADE: τῆς ἐμῆς βουλήσεως μείζονος ἔτι E²c   7 τῆς ἐμῆς] del. E²: om. c
βουλῆς ἕως E: del. E²: om. c   τυχόντες ADE: λαχόντες E²c   ἤπερ AD: εἴπερ
E: om. E²c   post ἐκείνων add. οἷς ὅτ᾽ ἐγίγνεσθε συνεδεῖσθε E²bc   ὁ δὲ] Phys.
VIII 6 sqq.   τὸ AE²: om. DE   8 κινεῖ DA²E²: κινεῖν AE   9 ὄν] ὃν E
ἔχῃ A: ἔχει DEc   11 φθείρεται ποτε ἀνάγκη c   13 δὲ om. D   οἱ] corr. ex
εἱ E²   14 φασιν E   15 μεταβάλοι A   φθαρτὸς Ab: φθαρτὸν DEc   ὤν
b: ὂν ADc: e corr. E   16 μεταβάλλειν c   19 ὡς γὰρ] ὥσπερ D   21 τὴν]
τὴν μὲν E: corr. E²   22 καὶ om. A   ἄρα om. c   εἶναι] suprascr. E²
τοῦτο A²Db: τούτῳ AEc   27 κατὰ b: καὶ DE: om. A   28 τοῦ (pr.)] καὶ
τοῦ A

p. 283ᵃ29 Ἔστι δὲ καὶ ὧδε θεωρῆσαι ἕως τοῦ καὶ ἅμα ὑπάρχειν   158ᵃ
ἐνεργείᾳ τὰ ἀντικείμενα.   37

Εἰπὼν πρὸς τοὺς δοκοῦντας λέγειν φθαρτὸν μὲν τῇ ἑαυτοῦ φύσει τὸν 40
κόσμον, μὴ φθείρεσθαι δέ, καὶ κατὰ τὴν ὁμοιότητα τοῦ λόγου γενητὸν
5 μέν, μὴ ἔσεσθαι δέ, πάλιν ἐπὶ τὴν αὐτὴν ἐπάνεισι συλλαβὴν δεικνύς, ὅτι
ἀδύνατον ἢ γενόμενόν ποτε ἄφθαρτον διατελεῖν ἢ ἀγένητον ὂν καὶ κατὰ
τὸ ἀεὶ τὸ πρότερον ὑφεστὼς φθαρῆναι. ἡ δὲ ἀπόδειξις πῇ μὲν ὁμοία τῇ
πρότερον εἰρημένῃ, πῇ δὲ διάφορος. ἔχει δὲ οὕτως· τὸ γενητὸν ἄφθαρ- 45
τον καὶ ἀγένητον φθαρτὸν ἢ φύσει τοιαῦτά ἐστιν | ἢ ἀπὸ ταὐτομάτου 158ᵇ
10 ἢ ἀπὸ τύχης. καί ἐστιν ἀναγκαία ἡ διαίρεσις ἐπὶ τῶν αἰτίου πρὸς τὸ
εἶναι δεομένων, τοιαῦτα δὲ τό τε γινόμενον καὶ τὸ φθειρόμενον. ἀλλὰ τὸ
μὲν ἀπὸ τύχης πᾶν καὶ ἀπὸ ταὐτομάτου ὡς ἐπ' ἔλαττον ἀεὶ ἔστι καὶ
οὔτε ἀεὶ οὔτε ὡς ἐπὶ τὸ πολύ, τὸ δὲ ἀγένητον καὶ τὸ ἄφθαρτον ἄπειρον 5
χρόνον ἔστιν, εἰ μὲν ἀλλήλοις συνυπάρχει τὸν ἐφ' ἑκάτερα ἄπειρον, ὡς
15 μήτε ἀρχὴν ἔχειν μήτε τέλος, ἀλλ' ἁπλῶς εἶναι ἄπειρον, εἰ δὲ τὸ μὲν
ἀγένητον φθαρτὸν ὑποτεθῇ, τὸ δὲ ἄφθαρτον γενητόν, τὸν ἐπὶ θάτερα
ἄπειρον καὶ ἀπό τινος· καὶ δῆλον, ὅτι τὰ μὲν ἐφ' ἑκάτερα ἐπ' ἄπειρον 10
ὄντα ἢ μὴ ὄντα ἀεί ἐστι καὶ ἀεὶ οὐκ ἔστι, τὰ δὲ ἐπὶ θάτερα ἐπὶ πλέον.
εἰ οὖν τὰ μὲν τοιαῦτα ἢ ἀεὶ ἢ ἐπὶ πλέον ἔστι καὶ οὐκ ἔστι, τὰ δὲ ἐκ
20 ταὐτομάτου ἢ ἀπὸ τύχης οὔτε ἀεὶ οὔτε ἐπὶ πλέον, συνάγεται ἐν δευτέρῳ
σχήματι, ὅτι τὸ γενητὸν ἄφθαρτον ἢ ἀγένητον φθαρτὸν οὔτε ἀπὸ τύχης οὔτε 15
ἀπὸ ταὐτομάτου· ἀνάγκη ἄρα φύσει τοιαῦτα εἶναι αὐτά, ὡς ὁτὲ μὲν εἶναι
ὁτὲ δὲ μή, ἐπὶ θάτερα τὸ ἀεὶ ἔχοντα τοῦ εἶναι καὶ τοῦ μὴ εἶναι. τῆς δὲ
φύσεως τῆς αὐτῆς μενούσης καὶ δύναμις ἡ αὐτὴ μένει καὶ τὸ ὑποκείμενον
25 τὸ αὐτὸ μένει τὴν αὐτὴν δύναμιν ἔχον καὶ οὐκ ἀπολλύον αὐτὴν ἐν ταῖς 20
εἰς τὰ ἐναντία μεταβολαῖς, εἴπερ δίδιος ἡ ὕλη. τῆς οὖν φύσεως καὶ τῆς
ὕλης τῆς αὐτῆς οὔσης ἀνάγκη καὶ τὴν αὐτὴν δύναμιν ἀεὶ εἶναι· καὶ γὰρ
πρὸ τοῦ πῦρ γενέσθαι ἤ τι τῶν ἄλλων στοιχείων ἡ ὕλη δύναμιν εἶχε τοῦ
γενέσθαι ταῦτα, γενομένη δὲ οὐκ ἀπολώλεκε τὰς δυνάμεις ταύτας, ἀλλὰ 25
30 μένει τὰς αὐτὰς δυνάμεις ἔχουσα· ἡ γὰρ αὐτὴ ὕλη καὶ τοῦ εἶναι τόδε τι

---

1 καί (alt.) om. DEc   2 ἐναργῆ D   τὰ om. c   5 συλλαβὴν ADE: ac-
ceptionem b: λαβὴν E²c   6 ἢ (pr.) AE²b: εἰ DE   ὂν A: τι ὂν A²   7 πῇ Ab:
τῇ DEc   8 πῇ Ab: τῇ DEc   ἔχει δὲ οὕτως om. D   9 καὶ A(b): εἰ DE:
ἢ E²c   10 αἰτίας Ac   11 τε om. A   γινόμενον A: γενόμενον DEc
12 ἀεὶ om. c   13 τὸ (pr.) om. A   14 εἰ μὲν b: εἰ οὖν A: ἢ οὖν DE: εἴ γε E²c
τὸν A: τῶν D: τὸ e corr. E²,c   15 ἔχειν om. A   16 τὸν A: τῶν CDE: τὸ E²c
17 ἄπειρον (pr.)] om. A: ἄπειρα C   καὶ] ἢ c   τινος] τινος ἔχουσι c   18 ἡ
μὴ ὄντα om. Ec   ἔστι (alt.)] ἔστιν Ec   19 τοιαῦτα] corr. ex ταῦτα E²   ἔστι (alt.)]
ἔστιν E   21 ἄφθαρτον C: μὲν ἄφθαρτον ADEb: μὲν ἄφθαρτον δὲ E²c   post τύχης
del. οὔτε ἀεὶ E²   25 ἀπολλύων A: corr. A²: ἀπολύων E   26 φύσεως] corr. ex
ἐφέσεως E²   27 καὶ γὰρ] οὐ γὰρ E²bc   29 γινομένη c   οὐκ om. Ebc   30 ἢ
εἰ A   ἡ ὕλη A

καὶ τοῦ μὴ εἶναι τὸ αὐτὸ δύναμιν ἔχει (τοῦτο γὰρ αὐτῇ τὸ ὕλῃ εἶναί 158b
ἐστι) καί ἐστιν ἄφθαρτος. εἰς τί γὰρ ἂν ἡ ὕλη φθαρείη; τὸ οὖν γενη-
τόν, εἰ πρὸ τοῦ γενέσθαι δύναμιν ἔχει τοῦ μὴ εἶναι τοῦτο, ὅπερ γενήσε- 30
ται, καὶ μετὰ τὸ γενέσθαι μένει τὴν αὐτὴν ἔχον δύναμιν. ἐὰν οὖν γενη-
5 τὸς καὶ ἄφθαρτος ὁ κόσμος ὑποτεθῇ, καὶ μετὰ τὸ γενέσθαι δύναμιν ἔχει
τοῦ μὴ εἶναι· ἦν γάρ ποτε, ὅτε οὐκ ἦν· εἰ οὖν ἄφθαρτος ὑποκείμενος
ἀίδιος τὸ λοιπὸν ᾖ κατ' ἐνέργειαν δύναμιν ἔχων τοῦ μὴ εἶναι, ἐὰν ὑποθώ- 35
μεθα, ὃ δύναται, ἅμα ἔσται τε καὶ οὐκ ἔσται ἐνεργείᾳ· ὥστε τὰ ἀντικεί-
μενα τῷ αὐτῷ ἐνεργείᾳ ὑπάρξει, ὅπερ ἀδύνατον ὂν ἀδυνάτῳ ἠκολούθησεν,
10 οὐ τῷ ὑποτεθῆναι, ὃ δύναται (τοῦτο γὰρ οὐκ ἀδύνατον, ἀλλ' ἀναγκαῖον
τοῦ ἀιδίου ὄντος τὸ ἐν αὐτῷ δυνάμει εἰς ἐνέργειαν ἀχθῆναί ποτε), ἀλλὰ 40
τῷ ἀίδιον ἅμα ὑποτεθῆναι καὶ δύναμιν ἔχον τοῦ ποτὲ μὴ εἶναι. ὁμοίως
δὲ καὶ τὸ φθαρὲν δύναμιν ἔχει τοῦ πάλιν γενέσθαι τὸ ὅπερ ἦν πρότερον,
εἴπερ ἀίδιον τὸ ὑποκείμενον καὶ τὰς δυνάμεις ἀεὶ ἔχει τοῦ εἶναι καὶ μὴ
15 εἶναι τῶν συνθέτων ἕκαστον. |

p. 283b6   Ἀλλὰ μὴν οὐδέν γε ἀληθὲς εἰπεῖν ἕως τοῦ ἀλλὰ τοῦ 159a
εἶναι ἢ ἔσεσθαι.

Δείξας, ὅτι τῷ λέγοντι γενητόν τι ἄφθαρτον εἶναι ἀκολουθεῖ τὸ δύνα- 5
μιν ἔχειν τὸ αὐτὸ τοῦ τὰ ἀντικείμενα ἅμα ὑπάρξαι αὐτῷ, ἔνστασιν ἐφεξῆς
20 λύει δυναμένην φέρεσθαι πρὸς τὸν λόγον τοιαύτην. τὸ γενητὸν μὲν ἄφθαρ-
τον δὲ τοῦ μὲν μὴ εἶναι τὴν δύναμιν εἰς τὸ παρεληλυθὸς ἔχει, εἴπερ
πρότερον μὴ ὂν ὕστερον ἔστι, τοῦ δὲ εἶναι εἰς τὸ μέλλον, εἴπερ ἄφθαρτον 10
ὑπόκειται· οὐκ ἄρα ἅμα ἕξει δύναμιν τοῦ εἶναί τε καὶ μὴ εἶναι, ὥστε
οὐδὲ ἐνεργείᾳ ἅμα ἕξει τὰ ἀντικείμενα. ταύτην δὲ τὴν ἔνστασιν λύων
25 φησίν, ὅτι πᾶσα δύναμις ἢ εἰς τὸν ἐνεστῶτα χρόνον ἔστιν ἢ εἰς τὸν μέλ-
λοντα· καὶ γὰρ κυρίως δυνατὰ λέγομεν τὰ μήπω μὲν ὄντα, οἷά τε δὲ 15
γενέσθαι, τούτῳ διαφέροντα τῶν ὑπαρχόντων τῷ μέλλειν καὶ μήπω εἶναι.
εἰ οὖν ἐπὶ μηδενὸς ἀληθές ἐστιν εἰπεῖν νῦν, ὅτι ἔστι πέρυσιν ἢ
οὐκ ἔστι πέρυσιν (ἀμφοτέρως γὰρ γράφεται)· οὐ γὰρ ἀληθὲς νῦν εἰπεῖν,
30 ὅτι ἔστιν ὁ πέρυσι χρόνος, οὐδέ τι τῶν ἐν τῷ χρόνῳ τῷ πέρυσιν ὄντων 20
ὅτι νῦν ἔστιν, ἀλλ' οὐδὲ πέρυσιν ἀληθὲς ἦν εἰπεῖν, ὅτι τὸ νῦν μέρος τοῦ
χρόνου ἔστιν, ὃ μετ' ἐνιαυτὸν γέγονεν· οὐ γὰρ ἔστιν ἐπαλλάσσειν τοὺς

---

1 αὐτῇ E: corr. E²   εἶναι ὕλη CD   2 ἂν ἡ] ἡ D, corr. in ἡ ἂν   4 καὶ—
ὑποτεθῇ (5)] mg. E²   δύναμιν ἔχον CDc   ἐὰν] εἰ E²c   5 ὑποτεθείη E²c
τὸ] corr. ex τοῦ E²   6 εἶναι—οὐκ] in ras. D   7 ᾖ] ἡ A: ἦν A²   δύμιν D
ἔχον E   9 ὄν] corr. ex ὦν A²   10 ἀλλ'] ἀλλὰ καὶ A   11 τοῦ] mut. in τὸ E²
12 τῷ AE²: τὸ DE   14. 15 καὶ μὴ εἶναι om. Ec   16 οὐδὲ D   γ᾽ c   17 ᾖ]
suprascr. E²   22 ἔστι] seq. ras. 1 litt. E   23 ἕξει ἅμα CD   24 ἕξει ἅμα
CD   τὰ om. c   λύων AE²b: λύειν DE   26 δυνατὸν A, sed corr.
δὲ] suprascr. E²   27 τοῦτο E: corr. E²   30 πέρυσι] πέρυσιν E   31 τὸ om. c
32 μετ᾽] corr. ex μεθ᾽ D: κατ᾽ c   ἐπαλάσσειν A: corr. A²

χρόνους· εἰ οὖν τοῦτο ἀληθές, ἀδύνατον τὸ μὴ ὄν ποτε ὕστερον ἀίδιον
εἶναι, τουτέστι τὸ γενητὸν ἄφθαρτον τοῦ λοιποῦ διατελεῖν. ἐπειδὴ γὰρ
πρότερον μὴ ὂν ὕστερον ἔστιν, ἕξει καὶ γενόμενον τὴν τοῦ μὴ εἶναι δύνα-
μιν, οὐχὶ τοῦ τότε μὴ εἶναι, ὅταν ἤδη γέγονεν· ὑπάρχει γὰρ ἐνεργείᾳ
5 τότε ὄν· ἀνάγκη οὖν τοῦ πέρυσι καὶ ἐν τῷ παρεληλυθότι χρόνῳ τὸ τοιοῦ-
τον ἔχειν τὴν δύναμιν. καὶ ἔστι μὲν καὶ τοῦτο ἄτοπον, εἴπερ μηδεμία
δύναμις τοῦ γεγονέναι ἔστιν, ἀλλὰ τοῦ εἶναι ἢ τοῦ ἔσεσθαι, αὐτὸς δὲ εἰς
ἐναργέστερον ἀπάγων ἔστω φησὶν οὗ ἔχει τὴν δύναμιν ὑπάρχον
αὐτῷ ἐνεργείᾳ· ἔσται ἄρα ἀληθὲς εἰπεῖν νῦν περὶ τοῦ νῦν δύναμιν
10 ἔχοντος τοῦ μὴ εἶναι, οὐ μόνον ὅτι πέρυσι δύναμιν ἔχει τοῦ μὴ εἶναι,
ἀλλ' ὅτι οὐκ ἔστι πέρυσιν· ὅπερ ἔτι ἀτοπώτερον τὸ νῦν αὐτὸ ὑπάρχειν
ἐν τῷ μὴ εἶναι πέρυσιν· ἔσται γὰρ νῦν τὸ πέρυσι· νῦν γὰρ ὑπόκειται
ἔχειν τὴν τοῦ μὴ εἶναι πέρυσι δύναμιν. ὅρα οὖν, ὅτι ἀκολουθοτέρα γραφή
ἐστιν ἡ λέγουσα "ὅτι οὐκ ἔστι πέρυσι". καὶ γὰρ τοῦτο συνεπεράνατο
15 εἰπών· ἔσται ἄρα ἀληθὲς εἰπεῖν νῦν, ὅτι οὐκ ἔστι πέρυσι. καὶ μέν-
τοι τῷ ἔστι πέρυσι χρήσεται ἐφεξῆς ἐπὶ τοῦ ἀγενήτου μὲν φθαρτοῦ δέ.
εἰκότως δὲ εἶπεν, ὅτι οὐδεμία δύναμις τοῦ γεγονέναι ἐστί· τὸ γὰρ παρελη-
λυθὸς πᾶν ἀναγκαῖον καὶ οὔτε δυνατὸν οὔτε ἐνδεχόμενον λέγεται. |

p. 283b14 'Ομοίως δὲ καὶ εἰ πρότερον ὂν ἀίδιον ἕως τοῦ καὶ
20   ὅλως ἐν τῷ παρελθόντι χρόνῳ.

Δείξας, ὅτι τῷ λέγοντι γενητὸν ἄφθαρτον ἕπεται τὸ δύναμιν τοῦ μὴ
εἶναι ἔχειν εἰς τὸ παρεληλυθός, ἐφεξῆς δείκνυσιν, ὅτι καὶ τῷ λέγοντι ἀγέ-
νητον φθαρτὸν ἕπεται τὸ δύναμιν ἔχειν τοῦ εἶναι εἰς τὸ παρεληλυθός,
ὅπερ καὶ αὐτὸ ὁμοίως ἀδύνατον. τὸ γὰρ ἀγένητον ἀίδιον ὂν ἐὰν φθαρῇ,
25 ἕξει δύναμιν τοῦ ἐν ᾧ ἦν πρὸ τοῦ φθαρῆναι· ἦν δὲ αὕτη τοῦ εἶναι· τὸ
γὰρ ὑποκείμενον μένει τὴν πρὸς ἄμφω τὰ ἀντικείμενα δύναμιν ἔχον. ἀλλ'
οὔτε εἰς τὸ ἐνεστὼς δυνατὸν ἔχειν τὸ ἐφθαρμένον οὔτε εἰς τὸ μέλλον·
ἀεὶ γὰρ ἔσται ἐφθαρμένον· ἕξει ἄρα δύναμιν εἰς τὸ μέλλον ἐκείνου, ὃ οὔτε
ἔστιν οὔτε γενέσθαι δύναται ἐνεργείᾳ, εἴπερ ἀεὶ ἐφθαρμένον ἐστίν. ἐπειδὴ
30 δὲ ὅλως ὑπόκειται δύναμιν ἔχειν, ἐὰν θῶμεν τὸ δυνατόν, ὡς ἀληθῶς δυ-
νατὸν ἔσται εἰπεῖν νῦν, ὅτι τοῦτο ἔστι πέρυσι καὶ ὅλως ἐν τῷ παρελθόντι

---

2 τοῦ λοιποῦ διατελεῖν Ab: διατελεῖν τοῦ λοιποῦ DEc   4 εἶναι om. c   ὅτε D
5 τοῦ Cb: τὸ ADE   πέρυσι D: corr. ex περισὺ C: πέρισυ A: πέρυσιν E
5. 6 τοῦ τοιούτου CD   7 ἢ τοῦ] ἢ D   8 ἐνεργέστερον DE: corr. E²   ἐπά-
γων A   ἔστω δὴ ex Arist. c   ἔχειν D   9 αὐτῷ om. Arist.   ἆρ' c
περὶ τοῦ νῦν E²b: om. ADE   τὴν δύναμιν D   10 οὐ — εἶναι] mg. E²: om. D
11 ἀλλ' om. D   αὐτῷ D   12 ἐν τῷ] τὸ D   πέρυσι] πέρυσιν Ec et ν
eras. A   νῦν γὰρ ὑπόκειται] ὑπόκειται γὰρ Ec   15 ἆρ' c   post νῦν del. εἰπεῖν E²
πέρυσιν E   16 τῷ] corr. ex τὸ E²   πέρυσιν E   17 εἰπεῖν E: corr. E²
17. 18 παρεληλυθός] ἀληθές E: γεγονός c   19 εἰ om. A   22 εἰς] corr. ex εἰ E²
ἐφεξῆς — παρεληλυθός (23) om. D   καὶ Eb: om. A   25 ἦν δὲ] ἢ D   αὕτη
AD   27 ἐνεστός e corr. E¹   31 ante ἔσται del. δὲ A   πέρυσιν AE

χρόνῳ, εἴπερ δύναμιν ἔχει τοῦ τότε εἶναι. εἰ οὖν τοῦτο ἀδύνατον, ἢ οὐχ 159b
ἕξει τὴν δύναμιν τοῦ ἐν ᾧ ποτε ἦν, ὃ δέδεικται τοῖς φύσει γινομένοις τε
καὶ οὖσιν ὑπάρχον, ἢ εἰ ἔχει καὶ φυλάσσει κἀκείνην τὴν δύναμιν, εἰς τὸν 20
ὕστερον αὐτὴν ἕξει χρόνον καὶ τὸ ὕστερον τῇ ἐνεργείᾳ τῇ κατ' αὐτὴν δύ-
5 νασθαι γενέσθαι, καὶ οὐδὲν ἄτοπον ἕπεται τοῖς ὑποτιθεμένοις τὸ μέλλον
ἤδη εἶναι ὥσπερ τοῖς ὑποτιθεμένοις τὸ παρεληλυθὸς εἶναι. ὁ γὰρ τὸ μέλ-
λον ὑποτιθέμενος ἤδη εἶναι τοῦτο ὑποτίθεται, οὐ τὴν δύναμιν ἔχει, ὥστε
ἐν παντὶ μέρει τοῦ μέλλοντος χρόνου δύνασθαι εἶναι· διὸ καὶ νῦν ὑποτί- 25
θεται εἶναι.

10 p. 283b17 **Καὶ φυσικῶς δὲ καὶ μὴ καθόλου σκοποῦσιν ἕως τοῦ
τέλους.**

Εἰπὼν πρότερον, ὅτι καθόλου περὶ παντὸς σκεψαμένοις, εἰ δυνατὸν 30
γενητόν τι ἄφθαρτον εἶναι ἢ ἀγένητον φθαρτόν, ἔσται καὶ περὶ τοῦ οὐρα-
νοῦ δῆλον, καὶ μέχρι νῦν καθολικὰς τὰς ἀποδείξεις ποιησάμενος νῦν φυσι-
15 κῶς καὶ ἀπὸ τῶν φυσικῶν ἀρχῶν τὰ αὐτὰ δεῖξαι προτίθεται. καὶ μέντοι
τὴν πίστιν ἀπὸ τῶν κατὰ μέρος λαμβάνει, ὥστε καὶ κατὰ τοῦτο τὰ νῦν 35
λεγόμενα διαφέρειν τῶν καθολικῶν ἀποδείξεων, οὐ μόνον ὅτι ἀπὸ φυσικῶν
ἀρχῶν καὶ οὐκ ἀπὸ κοινῶν εἴληπται, ὡς τὰ πρότερα, ἀλλὰ καὶ ὅτι ἀπὸ
τῆς τῶν κατὰ μέρος ἐν τοῖς φυσικοῖς ἐπιβλέψεως. δείκνυσιν οὖν, ὅτι καὶ
20 τὸ φθαρτὸν γίνεται πάντως καὶ ἀδύνατόν ἐστι φθαρτόν τι ὂν ἀγένητον 40
καὶ ἀίδιον οὕτως εἶναι, καὶ ὅτι τὸ γενητὸν πάντως φθείρεται καὶ ἀδύνατόν
ἐστι γενητόν τι ὂν καὶ πρότερον μὴ ὂν ἄφθαρτον καὶ ἀίδιον τοῦ λοιποῦ
διατελεῖν. δείκνυσι δὲ αὐτὰ προλαβὼν ἀξιώματα ταῦτα· ἓν μέν, ὃ ἐν τῇ
Περὶ γενέσεως καὶ φθορᾶς ἀποδείξει, ὅτι τὰ φθαρτὰ καὶ γενητὰ πάντως
25 καὶ ἀλλοιωτά ἐστιν· ἀλλοιουμένων γάρ τινων καὶ κατὰ ποιότητα μεταβαλ- 45
λόντων αἱ φθοραὶ καὶ αἱ γενέσεις | συμβαίνουσι. τούτῳ δὲ κατ' ἀρχὰς 160a
ἐχρήσατο τούτου τοῦ βιβλίου, ὅτε ἐδείκνυεν, ὅτι τὸ θεῖον σῶμα ἀναλλοίω-
τόν ἐστιν, εἴπερ ἀγένητον καὶ ἄφθαρτον. δεύτερον λαμβάνει, ὅτι τὰ ἀλλοι-
ούμενα κατὰ ποιότητα μεταβάλλοντα, ἐπειδὴ αἱ ποιότητες κατὰ ἐναντιώσεις 5

---

1 εἰ E²b: ἢ ADE   2 τὴν om. A   γινομένοις Db: γιγνομένοις E: ἡνωμένοις A;
an ἠλλοιωμένοις?   3 εἰ Ab: om. DEc   3. 4 τὸν ὕστερον — καὶ (4)] del. E³:
om. bc   4 ὕστερον (pr.) DE: ἕτερον A   τῇ (alt.) DE: τὸ Ac: τῷ E²b
5 τὸ — ὑποτιθεμένοις (6) om. Ec   6 ἤδη Db: εἶναι A   7 τοῦτο εἶναι Ec
10 δὲ om. A   12 εἰ δυνατὸν] εἰ CD: ἀδύνατον c   13 τι] τι δυνατὸν CD
14 νῦν Ab: καὶ νῦν CDE   17 τῶν A: om. DEc   18 ὡς] corr. ex
καὶ D   19 τῶν om. A   ἐπιβλέψεως] e corr. A: ἐπισκέψεως Dc   20 γίγνε-
ται DE   post ἀγένητον del. τι ὂν E²   21 ἀίδιον — ὂν καὶ (22) om. E: ἀίδιον
εἶναι καὶ ἀδύνατον γενητόν τι ὂν E²c   23 διατελέσαι A   αὐτὸ D   μέν] μὲν
οὖν A   τῇ AD: τῷ Ec   24 Περὶ γενέσεως] Ι 2   ὑποδείξει E: corr.
E²   27 βιβλίου] cap. 3   ὅτε AE²b: ὅπερ DE   27. 28 ἀναλλοίωτον DE²c:
ἀλλοιωτὸν E: οὐκ ἀλλοιωτικὸν A: οὐκ ἀλλοιωτὸν A²   28 λαμβάνειν E: corr. E²
29 κατ' c

διήρηνται, τοῖς ἐναντίοις ἀλλοιοῦνται. καὶ τρίτον, ὅπερ ἐν τῇ Φυσικῇ 160ᵃ ἀκροάσει δέδεικται, ὅτι καὶ τὰ γινόμενα ἐκ τῶν ἐναντίων γίνεται καὶ τὰ φθειρόμενα εἰς τὰ ἐναντία φθείρεται· καὶ τούτῳ δὲ κατ' ἀρχὰς ἐχρήσατο τοῦδε τοῦ βιβλίου, ὅτε ἀγένητον καὶ ἄφθαρτον ἐδείκνυ τὸν οὐρανὸν ἐκ τοῦ μὴ ἔχειν ἐναντίον. τούτων τοίνυν ἀκριβῶς ἀποδεδειγμένων ὑπομνήσας διὰ τῆς ἐν τάξει παραθέσεως αὐτῶν καὶ τὴν ὅλην περὶ τῶν προκειμένων ἀπόδειξιν παραδέδωκεν ἔχουσαν οὕτως· πάντα τὰ γενητὰ καὶ φθαρτὰ καὶ ἀλλοιωτὰ πάντως ἐστί, τὰ δὲ ἀλλοιωτὰ ὑπὸ ἐναντίων ἀλλοιοῦνται, τὰ δὲ ὑπὸ ἐναντίων ἀλλοιούμενα, ἐπειδὴ ὅλως ἔχει ἐναντία γενητὰ καὶ φθαρτὰ ὄντα, καὶ γίνεται ἐκ τῶν ἐναντίων καὶ φθείρεται εἰς τὰ ἐναντία· πᾶν ἄρα γενητὸν καὶ γίνεται ἐκ τοῦ ἐναντίου καὶ φθείρεται εἰς τὸ ἐναντίον καὶ πᾶν φθαρτὸν ὁμοίως· ὥστε καὶ τὸ γενητόν, ἐπειδὴ ἀλλοιωτὸν ὂν ἔχει ἐναντίον, καὶ γίνεται πάντως ἐκ τοῦ ἐναντίου καὶ φθείρεται εἰς τὸ ἐναντίον· ἀδύνατον ἄρα τὸ γενητὸν ἄφθαρτον εἶναι καὶ οὕτως ἀίδιον. καὶ τὸ φθαρτὸν πάλιν, ἐπειδὴ καὶ αὐτὸ ἀλλοιωτόν ἐστιν ἔχον ἐναντίον, οὐ μόνον φθείρεται εἰς τὸ ἐναντίον, ἀλλὰ καὶ γίνεται ἐκ τοῦ ἐναντίου· ὥστε ἀδύνατον ἀγένητον καὶ οὕτως ἀίδιον εἶναι τὸ φθαρτόν.

Ἐπιστῆσαι δὲ χρή, ὅτι καὶ τὸ ἀγένητον, κἂν φθαρτὸν ὑπόκειται, ἀίδιον ὁ Ἀριστοτέλης καλεῖ διὰ τὸ μὴ ἔχειν ἀρχὴν τῆς γενέσεως, εἰ καὶ πέρας ἔχει τοῦ εἶναι καὶ τὸ ἄφθαρτον ὁμοίως, κἂν γενητὸν λέγηται, καὶ αὐτὸ ἀίδιον καλεῖ διὰ τὸ ἀνέκλειπτον τοῦ λοιποῦ τὴν ὑπόστασιν ἔχειν. οἶδε δὲ διαφορὰν τοῦ τε ἐπὶ θάτερα τούτου ἀιδίου καὶ τοῦ ἐπ' ἄμφω, ὡς δηλοῖ σαφῶς τὸ ἄπειρον χρόνον ὑπάρχον διελὼν εἴς τε τὸ ἁπλῶς, ὅπερ ἐστὶ τὸ ἐπ' ἄμφω, καὶ εἰς τὸ ἀπό τινος, ὅπερ ἐστὶ τὸ ἐπὶ θάτερα, ὅτε ἔλεγεν· "τὸ δὲ ἄπειρον χρόνον ἢ ἁπλῶς ἢ ἀπό τινος ἢ ἀεὶ ἢ ὡς ἐπὶ τὸ πολὺ ὑπάρχει ὄν".

Ὁ δὲ Ἀλέξανδρος μετὰ τὸ πέρας τῆς τοῦ βιβλίου ἐξηγήσεως πάλιν τοῦ Ἀριστοτέλους ἐκείνης μνημονεύσας τῆς λέξεως τῆς λεγούσης "τὸ δὲ φάναι μηδὲν κωλύειν γενόμενόν τι ἄφθαρτον εἶναι" ἀντιλέγειν πειρᾶται πρὸς τὸν Πλάτωνα ἐκ πλείονος παρασκευῆς εἰπόντα, ὅτι ὅσον μὲν ἐφ' ἑαυτῷ τὸ σωματοειδὲς πᾶν λυτὸν ἂν εἴη καὶ φθαρτόν, διὰ δὲ τὴν ἀγαθότητα τῆς θείας βουλήσεως τῆς προσεχῶς τὸν οὐρανὸν παραγούσης ἄλυτος

---

1 ἀλλοιοῦται A   ὅπερ A: ὃ Dc: om. E   Φυσικῇ] I 5   3 τοῦτο A: corr. A²
4 βιβλίου] cap. 3   ὅτι A: corr. A³   καὶ ἄφθαρτον om. D   7 πάντα—
pr. τὰ (8)] mg. E²   8 εἰσί E²c   δὲ ἀλλοιωτά] ἀλλοιωτὰ E: ἀλλοιωτὰ δὲ E²c
9 ὅλως ἔχει Ab: ἔχει ὅλως DEc   12 ante ὂν del. εἰς τὸ ἐναντίον E¹   13 πάντα
Ec   18 καὶ om. Db   κἂν φθαρτὸν Ab: om. DE: εἰ καὶ φθαρτὸν E²c
19 ὁ Ἀριστοτέλης] in ras. E¹   εἰ] Ab: om. DE   20 ἔχει] AEb: ἔχειν DE²
ἄφθαρτον] corr. ex φθαρτὸν A²   21 δὲ AE²b: om. DE   22 τούτου A: τοῦ seq.
ras. 3 litt. E: del. E²: om. Dc   23 τε om. D   24 ὅπερ] ins. A   ἔλεγε D
τὸ] κτλ. 283ᵇ1   25 δ' c   ἢ (pr.)] corr. ex ἡ A   ἢ ὡς] ὡς A   26 ὂν
Ab: ὃν D: om. E   27 δὲ Ab: in ras. E²: om. D   τῆς] suprascr. E²
28 λέξεως] 283ᵃ4   29 κωλύει ͮ D   30 εἰπόντα E²: εἰπόντος ADE   ὅτι ὅσον
in lac. 8 litt. E²   μὲν om. E

SIMPLICII IN L. DE CAELO I 12 [Arist. p. 283ᵇ17]   359

καὶ ἀθάνατος ὁ οὐρανὸς διατελεῖ· καί φησιν, ὅτι τὰ ὑποδεκτικά τινος ἢ 160ᵃ
ἐνδεχομένως ἔχει τοῦτο, ὡς δύνασθαι καὶ τὰ ἐναντία δέχεσθαι, ἢ ἀναγ- 45
καίως· καὶ τὰ | μὲν ἐνδεχομένως δυνάμενα κατέχειν δύναται τὴν εἰς τὸ 160ᵇ
ἕτερον τῶν ἀντικειμένων μεταβολὴν ὑπό τινος κωλυθῆναι, ἐφ᾽ ὧν δὲ τὸ
5 δυνατὸν ἀντὶ τοῦ ἀναγκαίου λέγεται, ταῦτα ἁπλῶς ἀδύνατα ἐν τῷ ἀντικει-
μένῳ τούτων γενέσθαι· ὃ γὰρ ἁπλῶς ἀδύνατόν ἐστιν, ὑπ᾽ οὐδενὸς ἂν γέ- 5
νοιτο. "τῶν γὰρ ἀδυνάτων, φησί, τὰ μέν τισιν ἀδύνατα, ὡς τὸ ἆραι
βάρος τοσόνδε, ἄλλοις ἂν εἴη δυνατά, τὰ δὲ ἁπλῶς ἀδύνατα, ὧν ἡ φύσις
ἡ ὑποκειμένη ἀνεπίδεκτός ἐστι, καὶ ὧν τὰ ἀντικείμενα ἐξ ἀνάγκης αὐτοῖς
10 ὑπάρχει, ταῦτα πᾶσίν ἐστιν ἀδύνατα, ὡς τὸ τὴν διάμετρον σύμμετρον τῇ 10
πλευρᾷ ποιῆσαι ἢ τὰ δὶς δύο πέντε. τούτων δὲ οὕτως ἐχόντων, φησίν,
ἴδωμεν, τοῖς φθαρτοῖς πῶς ἡ τοῦ φθαρῆναι δύναμις ὑπάρχει, πότερον ὡς
ἐνδέχεσθαι καὶ μὴ φθαρῆναι ἢ ὡς ἐξ ἀνάγκης φθαρησομένοις. ἀλλ᾽, εἰ
μὲν ἐνδεχομένως, ἐνεδέχετο ἂν καὶ ἀφ᾽ ἑαυτοῦ τι τῶν φθαρτῶν μὴ φθα- 15
15 ρῆναι· τοιοῦτον γὰρ τὸ ἐνδεχόμενον τὸ οἷόν τε γενέσθαι καὶ μὴ γενέσθαι.
ἐπεὶ δὲ μηδὲν ἐνδέχεται τῶν φθαρτῶν ἐξ αὐτοῦ μὴ φθαρῆναι, ἐξ ἀνάγκης
ἂν ὑπάρχοι τὸ δεῖν φθαρῆναι τοῖς φθαρτοῖς. εἰ δὲ ἐξ ἀνάγκης τοῦτο, τοῦ
ἀντικειμένου ἂν τούτῳ ἀνεπίδεκτα εἴη· ἔστι δὲ τοῦτο τὸ μὴ φθαρῆναι· 20
ἀδύνατον ἄρα, καὶ πᾶσιν ἀδύνατον καὶ ἁπλῶς ἀδύνατον, τὸ φθαρτὸν μὴ
20 φθαρῆναι. τούτου δὲ οὕτως ἔχοντος, φησί, πότερον πάντα τῷ θεῷ δυ-
νατὰ λέγουσιν οἱ ταῦτα λέγοντες ἢ λέγουσί τινα κἀκείνῳ ἀδύνατα; εἰ γὰρ
εἴη τινὰ κατ᾽ αὐτοὺς ἀδύνατα τῷ θεῷ, δῆλον, ὅτι ταῦτα ἂν εἴη τὰ τῇ 25
αὑτῶν φύσει τοιαῦτα. ἀλλὰ μὴν λέγουσί τινα κἀκείνῳ ἀδύνατα· ὁ γὰρ
λέγων "ἀλλ᾽ οὔτε ἀπολέσθαι τὰ κακὰ δυνατόν, ὦ Θεόδωρε, οὔτε ἐν θεοῖς
25 αὐτὰ ἱδρῦσθαι, τὴν δὲ θνητὴν φύσιν καὶ τόνδε τὸν τόπον περιπολεῖ" ἐξ
ἀνάγκης ὡς ὂν τὸ τοιοῦτον ἀδύνατον καὶ τῷ θεῷ λέγει. εἰ γὰρ ἦν, φησί, 30
δυνατὸν αὐτῷ, τί ἂν πρὸ τούτου μᾶλλον ἐβουλήθη; ἀλλ᾽ εἰ τὰ τῇ αὑτῶν
φύσει ἀδύνατα καὶ τοῖς θεοῖς ἀδύνατα, ἀδύνατον δὲ τῇ αὑτοῦ φύσει τὸ
φθαρτὸν μὴ φθαρῆναι, φθαρτὸς δὲ ὁ κόσμος, ἀδύνατον καὶ τῷ θεῷ τὸ
30 μὴ φθαρῆναί ποτε τὸν κόσμον. εἰ γὰρ τοῦτο τὸ ἀδύνατον δυνατὸν ἐκείνῳ, 35

---

3 τὸ om. A   5 ἀντὶ τοῦ ἀναγκαίου] ἀναγκαίως D   ἀδύνατον A   7 τὰ
A: suprascr. ᵈ A²   ἀδύνατον A   8 post ἄλλοις add. γὰρ E²c   9 ἐστιν c
καὶ ὧν om. D   11 φησίν om. A   12 πότερον] πό- e corr. E¹   13 ἢ] supra-
scr. E²   φθαρησομένης DE: corr. E²   14 ἐνδέχοιτο D   15 τοιοῦτον D
16 αὑτοῦ DE: corr. E²   18 ἀνυπόδεκτα c   τὸ] suprascr. E²   19 πᾶσι c
ἀδύνατον (sec.)] del. E²: om. bc   20. 21 δυνατὸν A: corr. A²   21 ἢ AE²b: εἰ E:
ἢ εἰ D   22 τῷ — ἀδύνατα (23)] mg. E²   ἂν εἴη] ἔσονται E²c   23 αὑτῶν D
λέγουσί] φύσει E²c   κἀκείνῳ b: κἀκεῖνοι AD: αὐτῷ E²c   ἀδύνατα λέγουσιν E²c
24 λέγων] Plat. Theaet. 176 a   οὔτ᾽ Ac   ἀπωλέσθαι D   ὦ Θεόδωρε] comp.
A: τῷ θεῷ A²   οὔτ᾽ c   25 αὐτὰ] αὔτ᾽ c: om. D   ἱδρῦσθαι αὐτὰ D
τρόπον D   26 τὸ om. DE   27 αὐτῷ Ab: αὐτὸν D: om. Ec   ἂν] mut. in ἂν
οὐ E², c   post μᾶλλον add. ἐκεῖνο E²c   ἐβουλήθην E: corr. E²   αὐτῶν DE:
corr. E²   28 θέλοις A   ἀδύνατον] corr. ex ἀδύνατα E²   αὑτοῦ A²E²: αὑτῶν
A: αὑτοῦ DE   29 φθαρτὸς] φθαρτὸν A: corr. A²   30 τὸ ἀδύνατον δυνατὸν ba:
ἀδύνατον δυνατὸν ὂν ADE: ἀδύνατον ὂν δυνατὸν c

τί δήποτε οὐχὶ καὶ τῶν ἄλλων ἕκαστον τῶν γενητῶν τε καὶ φθαρτῶν 160ᵇ
ἄφθαρτον ἐποίησεν; ἐφ' ἑκάστου γὰρ ἔχει λόγον τὸ ἄφθονον εἶναι τὸ
θεῖον;"

Ταῦτα τοῦ Ἀλεξάνδρου καὶ αὐτοῖς γεγραφότος τοῖς ῥήμασι θαυμάσοι
5 ἄν τις, πῶς οὐ τὰ αὐτὰ πρὸς τὸν Ἀριστοτέλην ἀντείρηκεν ἐν τῷ ὀγδόῳ 40
τῆς Φυσικῆς ἀκροάσεως ἀποδείξαντα, ὅτι ὁ οὐρανὸς πεπερασμένος ἐστὶ
κατὰ μέγεθος τῇ ἑαυτοῦ φύσει, καὶ ὅτι τὸ πεπερασμένον σῶμα πεπερασ-
μένην ἔχει δύναμιν, καὶ ὅτι διὰ τὴν ἀπὸ τοῦ ἀκινήτου καὶ ἀεὶ κατὰ τὰ
αὐτὰ καὶ ὡσαύτως ἔχοντος αἰτίου προσεχῶς ἐνδιδομένην δύναμιν ἀεικίνη-
10 τός ἐστι. τί γὰρ διαφέρει ταῦτα λέγειν, ἢ ὅτι διὰ μὲν τὸ γενητὸς εἶναι | 45
ἀθάνατος οὐκ ἔστι τὸ πάμπαν, διὰ δὲ τὸ προσεχῶς τῆς θείας ἀγαθότη- 161ᵃ
τος ἀπολαύειν καὶ ἀμέσως οὔτε λυθήσεται οὔτε τεύξεται θανάτου μοίρας;
ἐξῆν γὰρ καὶ τὸν Ἀριστοτέλους ἐρωτᾶν λόγον· πῶς ἄρα ὑπάρχει τῷ οὐ-
ρανῷ τὸ πεπερασμένον τῆς δυνάμεως; πότερον ὡς ἐνδέχεσθαι καὶ μὴ πε- 5
15 ρανθῆναι ἢ ἐξ ἀνάγκης περανθησομένης; καὶ εἰ μὲν ἐνδεχομένως, ἐπά-
γειν, ὅτι ἐνεδέχετό τι καὶ ἄλλο πεπερασμένον σῶμα ἄπειρον ἔχειν δύναμιν,
εἰ δὲ ἐξ ἀνάγκης, ἐκεῖνο λέγειν, ὅτι πᾶσιν ἄρα ἀδύνατον καὶ ἁπλῶς ἀδύ-
νατον, ὥστε καὶ τῷ θεῷ ἀδύνατον εἶναι τὴν πεπερασμένην δύναμιν ποιῆ- 10
σαι μὴ περανθῆναι.

20 Ἀλλ' ἡ μὲν ὁμοιότης τῶν λόγων πρόδηλος, οἶμαι, καὶ τοῖς ἀμβλύτε-
ρον ὁρῶσιν, ὁ δὲ Ἀλέξανδρος οὐκ ἐνενόησεν, ὅτι καὶ Πλάτων καὶ Ἀριστο-
τέλης τὸν οὐρανὸν ὑπὸ τοῦ θεοῦ γίνεσθαι καὶ κινεῖσθαι προσεχῶς λέγοντες
οἴδασι μὴ ἐνδεχομένως μηδὲ παρὰ φύσιν, ἀλλὰ ἀναγκαίως καὶ κατὰ φύσιν 15
αἰδιότητα καὶ ἀεικινησίαν ὑπὸ τοῦ θεοῦ δεδομένην τῷ οὐρανῷ, βουληθέντες
25 δὲ διὰ θεοσέβειαν ἐπιδεῖξαι θεόθεν ταῦτα διδόμενα καὶ οὐκ ἀπὸ τῆς σω-
ματικῆς ἀναβλαστάνοντα φύσεως τῷ λόγῳ τὸ γινόμενον ἀπὸ τοῦ ποιοῦντος
καὶ τὸ κινούμενον ἀπὸ τοῦ κινοῦντος χωρίσαντες ὑπέδειξαν, ὅτι ἡ μὲν σω- 20
ματικὴ φύσις, ὥσπερ τὴν ὑπόστασιν ἀφ' ἑαυτῆς οὐκ ἔχει, οὕτως οὐδὲ τὴν
αἰδιότητα οὐδὲ τὴν ἀεικινησίαν, ἀλλ' ὁ θεὸς τούτων αἴτιος. ὥσπερ οὖν
30 ἐν τῷ Πολιτικῷ βουληθεὶς ὁ Πλάτων δεῖξαι τὴν διακόσμησιν πᾶσαν καὶ
τάξιν ἀπὸ τοῦ δημιουργοῦ τῷ σωματοειδεῖ παρεχομένην χωρίσας τῷ λόγῳ 25
τὸν δημιουργὸν εἰς ἀταξίαν ὑποφερόμενον ὑπέδειξε τὸν κόσμον, οὕτως καὶ
ἐν τούτοις ἐβουλήθησαν δεῖξαι, τίς μὲν ἡ τοῦ σωματοειδοῦς αὐτοῦ καθ'

---

1 τε om. D   4 θαυμάσαι Ec   5 οὐ] in ras. 4 litt. E¹   ὀγδόῳ] cap. 6
8 διὰ om. D   τὰ add. A²   9 προσεχῶς om. Ec   ἐνδεδομένην c
12 ἀπολαύειν] ὑ- ο corr. E¹   13 ὑπάρχειν A   15 ἢ A: τῆς DE: ἢ ὡς
E²bc   περανθησομένην A   16 ἄλλῳ E: corr. E²   21 ἐνενόησεν
A: ἐνόησεν DE   22 τοῦ om. Ec   γίγνεσθαι DE   23 οἴδασι AE²b: οὐδ'
ἂν D: οἱ δ' ἂν E   ἀλλ' DEc   καὶ κατὰ φύσιν om. c   24 ἀεικινησίαν AE²b:
ἀκινησίαν DE   διδομένην A   25 θεόθεν ταῦτα A: corr. ex ταῦτα θεόθεν ταῦτα
D: θεόθεν ταῦτα Ebc   διδόμενα AD: δεδομένα E²c: ταῦτα διδόνα E   καὶ om.
Ec   26 ἀναλαμβάνοντα A   γιγνόμενον DE   27 ἀπέδειξαν A
29 ἀεικινησίαν] -ει- e corr. E¹   30 Πολιτικῷ] 272 e seq.   33 ἠβουλήθησαν E
σωματοειδοῦς] corr. ex σώματος δοῦς E²   αὐτοῦ] αὐτὸ A

αὐτὸ φύσις, ὅτι ἁπλῆ, εἰ τύχοι, ἢ ἐκ τῆς τῶν τεσσάρων στοιχείων 161ᵃ
ἀκρότητος καὶ σφαιροειδὴς καὶ πεπερασμένη καὶ κυκλοφορητική, τίς δὲ ἡ 30
προσεχὴς εἰς αὐτὸ τοῦ δημιουργοῦ ἐνέργεια, ὅτι ἀιδιότητος καὶ ἀεικινησίας
αἰτία, ὅτι μὴ καὶ τοῦ σωματοειδοῦς αὐτοῦ καὶ τοῦ σχήματος καὶ τῶν
5 ἄλλων τῶν συνουσιωμένων ὁ θεὸς αἴτιος, ἀλλ᾽ ὅτι τούτοις ὑποστᾶσιν καὶ
καθ᾽ ἑαυτὰ θεωρουμένοις μείζονα καὶ θειότερα ἀγαθὰ ὑπάρχει ἀπὸ τῆς 35
ὑπεροχῆς αὐτοῖς τοῦ θεοῦ τῆς πρὸς αὐτὰ ἐνδιδόμενα· καὶ οὐδὲν ἄλλο λέ-
γει ὁ λόγος, ἢ τί μὲν ὡς γενητῷ καὶ πεπερασμένῳ τῷ κόσμῳ ὑπάρχει, εἰ
ὑποστὰς καθ᾽ αὑτὸν ἦν, τί δὲ ὡς τῷ θεῷ προσεχῶς συνηρτημένῳ καὶ
10 διὰ τοῦτο πρὸς τὴν ἀπ᾽ αὐτοῦ τελειοτέραν μέθεξιν ἐπιτηδείῳ. ὥσπερ γὰρ 40
γενητὸς καὶ πεπερασμένος ἐστὶ καθ᾽ αὑτόν, οὕτως καὶ ἐπιτήδειος πρὸς
ἀιδιότητα καὶ ἀεικινησίαν. οὐδὲ τοῦτο οὖν ἁπλῶς ἀληθὲς εἰπεῖν, ὅτι τῇ
ἑαυτοῦ φύσει φθαρτὸς ὁ κόσμος· ἡ γὰρ ὅλη φύσις αὐτοῦ μετὰ τῆς πρὸς
τὸν δημιουργὸν ἐπιτηδειότητος θεωρεῖται, δι᾽ ὃν μετέχει τῶν ἀιδίων αὐτὸς
15 ἀγαθῶν· ἀλλ᾽ ὁ λόγος τὰ ἀχώριστα χωρίσας τό τε σωματοειδὲς τοῦ 161ᵇ
κόσμου καὶ τὴν ἀγαθότητα τοῦ θεοῦ καθ᾽ αὑτὰ θεωρεῖν ἐπεχείρησεν.

1 εἰ τύχοι om. b: εἰ c   ἢ ἐκ] ἢ εἰς A: ἢ εἰ DE: ἐκ E²: καὶ ἐκ bc   τῆς]
τὴν A   2 ἀκρότητος] comp. ambig. A   καὶ κυκλοφορητικὴ] κτλ. om. E: aber-
rat c   3 εἰς αὐτὸ Ab: αὐτοῦ D   ἀεικινησίας] corr. ex ἀκινησίας A²   5 ὑπο-
στᾶσιν b: ὑπόστασιν AD   6 ἑαυτὰ] ἐὰ D   7 ἐνδιδόμενα Db: ἐνδιδομένης A
8 εἰ Ab: om. D   9 ὑποστὰς Db: ἀποστὰς A   ὡς Ab: ἡ D   12 ἀεικινησίαν
Ab: ἀκινησίαν D   οὐδὲ τοῦτο scripsi: neque (igitur) hoc b: ὅτι seq. lac. 4 litt. et τὸ
A: ὅτι τοῦτο D   14 ὃν A: ὧν D: quam b   16 ἐπεχείρησεν] in hoc vocabulo des.
AD; reliqua latine dedi ex cod. Balliolensi Oxon. 99 et ed. Aldina, quae hic sola me-
moriam genuinam servarunt. subiunxi interpretationem Graecam ex Kc

Et illud autem studiositatis Alexandri indignum, ut aestimo, di-
cere, quod, si possibile erat deo malum perdere, nihil utique vellet
ante hoc, et "cur itaque non et aliorum generabilium unumquodque
incorruptibile fecit? in unoquoque enim, ait, habet rationem sine
5 invidia esse divinum". haec quidem igitur sunt viri primo quidem

Discrepantias orthographicas neglexi   3 itaque non Ball.: non itaque Ald.
4 unoquoque Ald.: uno Ball.   habet rationem Ald.: ait ipsum Ball.   5 divinum
Ald.: deum Ball.; v. p. 360,2   igitur] om. Ald.   viro Ball.

[Κἀκεῖνο δὲ τῆς τοῦ Ἀλεξάνδρου σπουδῆς ἀνάξιον, ὡς οἶμαι, φάναι,
ὡς, εἰ δυνατὸν ἦν τῷ θεῷ τὸ κακὸν ἀπολέσαι, οὐδὲν ἂν ἐβουλήθη πρὸ
τούτου. καὶ διὰ τί δὴ μὴ καὶ τῶν ἄλλων τῶν γενητῶν ἕκαστον ἄφθαρ-
τον ἐποίησεν; ἐν ἑκάστῳ γάρ, φησίν, εὔλογον ἀνεπίφθονον εἶναι τὸ θεῖον.
5 ταῦτα γάρ ἐστιν ἀνδρὸς πρῶτον μὲν τὴν τοῦ θεοῦ δύναμιν τῆς βουλήσεως

potentiam dei voluntate deficientiorem putantis. et quid quidem
utique esset impeditivum dei potentiae, qui omnium entium naturas
produxit? si autem bonum totaliter putasset non esse malum, quo
modo ipsi locum subingrediendi in entia dedit talia extrema faciens,
5 ut malum adnascatur ipsis? Et haec dico adversus Alexandrum non
volentem duo principia entium dicere, sed persvasum ab Aristotele
unum principium ponere clamante non bonam pluralitatem princi-
patuum. deinde penitus videtur ignorare virtutem eorum, quae in
Theaeteto de malo dicta sunt, propter quod et contentivum dog-
10 matis in expositione praetermisit litterae, scilicet "subcontrarium
enim aliquid bono esse necesse". textus enim sic se habet: "sed
neque perire mala possibile, o Theodore; subcontrarium enim ali-
quid bono esse necesse est" et cetera. siquidem enim usque ad
caelum in processu operationis substitisset deus, non utique habuisset
15 malum subingressum in entia; quoniam autem fons omnis boni-
tatis existit deus, etiam extremam bonitatem non praetermisit eam,
quae sub luna, ubi generatio et corruptio et non solum species, sed

---

1 *voluntatem* Ball.   *quid quidem* Ball.: *quidem quod* Ald.   3. 4 *quo modo*] q̅u̅o̅ Ball.
4 *ipsi* Ald.: *ipsa* Ball.   *superingrediendi* Ball.   7 *unum principium ponere*] om. Ball.
clamare Ball.   *pluralitas* Ball.   9 *Theecico* Ball.   *connectivum* Ball.
10 *literę prętermisit* Ald.   11 *textus*] Theaet. 176 a   *se*] om. Ball.   12 *sub
contrario* Ball.   13 *est*] om. Ball.   16 *exsis* Ball.   *etiam*] *ut* Ball.

ἐνδεεστέραν νομίζοντος. καίτοι τί ἂν ἦν ἐμποδὼν τῇ τοῦ θεοῦ δυνάμει
τοῦ πάντων τῶν ὄντων τὰς φύσεις παραγαγόντος; εἰ δ' ἀγαθὸν ὅλως ἐνό-
μισε μὴ εἶναι τὸ κακόν, πῶς ἂν αὐτῷ χώραν τοῦ ὑπεισελθεῖν εἰς τὰ ὄντα
παρέσχεν τοιαῦτα τὰ ἔσχατα ποιήσας, ὡς τὸ κακὸν προσφύεσθαι αὐτοῖς;
5 καὶ ταῦτα πρὸς Ἀλέξανδρόν φημι οὐ βουλόμενον δύο ἀρχὰς τῶν ὄντων
λέγειν, ἀλλ' ὑπ' Ἀριστοτέλους πεπεισμένον μίαν ἀρχὴν τιθέναι βοῶντος
"οὐκ ἀγαθὸν πολυκοιρανίη"· ἔπειτα παντάπασιν ἀγνοεῖν δοκεῖ τὴν δύναμιν
τῶν ἐν Θεαιτήτῳ περὶ τοῦ κακοῦ εἰρημένων, δι' ὃ καὶ τὸ συνεκτικὸν τοῦ
δόγματος ἐν τῇ τοῦ δόγματος ἀναπτύξει παρέλιπεν τὸ δηλονότι "ὑπεναν-
10 τίον γάρ τι τῷ ἀγαθῷ εἶναι ἀνάγκη". τὸ γὰρ κείμενον οὕτως ἔχει·
"ἀλλ' οὔτε ἀπολωλέναι τὰ κακὰ δυνατόν, ὦ Θεόδωρε· ὑπεναντίον γάρ τι
τῷ ἀγαθῷ εἶναι ἀνάγκη" καὶ τὰ ἑξῆς. εἰ γὰρ μέχρι τοῦ οὐρανοῦ ἐν τῇ
προόδῳ τῆς ἐνεργείας ἔστη ὁ θεός, οὐκ ἂν ἔσχε τὸ κακὸν πάροδον εἰς
τὰ ὄντα· ἐπεὶ δὲ πάσης ἀγαθότητος ὁ θεὸς ὑπάρχει πηγή, ταύτῃ τοι καὶ
15 τὴν ἐκτὸς ἀγαθότητα οὐ παρέλιπε τὴν τῶν ὑπὸ σελήνην, ἔνθα γένεσις καὶ
φθορὰ καὶ οὐ μόνον εἶδος ἀλλὰ καὶ ἡ τοῦ εἴδους στέρησις ἀναγκαίως γέ-
γονεν, ὡς ὑπεναντίον τι τῷ ἐσχάτῳ γενέσθαι ἀγαθῷ, ὅπερ κατὰ τὴν αὐτοῦ

---

4 αὐτοῖς K: om. c   10 εἶναι K: δεῖ εἶναι c   11 οὔτ' c   ἀπολέσθαι c
12 δεῖ εἶναι c   τῇ c: corr. ex τῷ K²   16 ἀναγκαίως c: ἀναγκαίων K

et privatio speciei necessario facta est, ut subcontrarium aliquid
bono fieret extremo, quod secundum privationem ipsius consideratur.
quare si hoc non esset, neque opportunum sibi extremum esset bo-
num, neque deus omnis utique esset bonitatis causa. quare neque
5 vellet utique deus perire mala; vellet enim utique et opposita ipsis
bona perire et se ipsum non adhuc omnis bonitatis esse causam. si
autem dicat aliquis: quid autem prohibet et bona haec esse et mala
non esse? ignorat, quod non iam haec utique essent bona; non enim
utique humana iustitia et temperantia, si non esset possibile ipsas
10 detritas in privationes sui ipsorum transmutari, neque sanitas utique
esset elementorum animalium, si non et aegrotare possent, sed essent
virtutes animarum et infinitates corporum divinorum, et hoc utique
animarum et corporum genus abscissum esset penitus a mundo, et
esset etiam mundus imperfectus non etiam extremis bonis completus,
15 et prima bona extrema, et illaboriose perfecta derelicta a materia
videntur differre nihil. vide igitur, quot et quantorum malorum

---

3 *neque* Ball.: *et neque* Ald. 4 *utique omnis* Ald. 5 *vellet* (pr.)] *volet* Ball.
utique (alt.)] om. Ball. 6 *bona*] corr. ex *bonis* Ball. 9 post *et* del. *temporis*
Ball. *temporantia* Ball. 10 *detritas* Ald.: *decretas* Ball. 11 *elementariun*
Ald. *alium* Ball. 12 *hoc*] *h'* Ball. 14 *imperfectus*] *imper|ans* Ball.
15 *prima*] *propria* Ald. *illaboriosa perfectione* Ald. *derelicta* Ball.: *ab erran-*
tibus Ald.

στέρησιν θεωρεῖται. εἰ δὲ τοῦτο μὴ ἦν, καὶ οὐδὲ τὸ ἀντικείμενον αὐτῷ
ἔσχατον ἀγαθὸν ἦν, οὐδ' ὁ θεὸς ἂν ἦν πάσης ἀγαθότητος αἴτιος, ὥστε
οὐδὲ βούλοιτ' ἂν ὁ θεὸς ἀπολέσθαι τὰ κακά· βούλοιτο γὰρ ἂν καὶ τὰ ἀν-
τικείμενα αὐτοῖς ἀγαθὰ ἀπολέσθαι καὶ ἑαυτὸν μηκέτι πάσης ἀγαθότητος
5 εἶναι αἴτιον. εἰ δέ τις φαίη· τί δὲ κωλύει καὶ τὰ ἀγαθὰ τῇδε εἶναι καὶ
τὰ κακὰ μὴ εἶναι; ἀγνοεῖ, ὅτι οὐκέτι ταῦτα ἦν ἂν ἀγαθά· οὐ γὰρ ἂν ἦν
δικαιοσύνη ἡ ἀνθρωπίνη καὶ σωφροσύνη, εἰ μὴ δυνατὸν ἦν αὐτὰς κατα-
τριφθείσας εἰς τὰς στερήσεις ἑαυτῶν μεταβάλλειν· οὐδ' ἂν ἡ ὑγίεια ἦν
τῶν στοιχειωτῶν ζῴων, εἰ μὴ καὶ νοσεῖν ἐδύναντο· ἀλλ' οὐδ' ἦσαν ἂν
10 δυνάμεις τῶν ψυχῶν καὶ αἱ ἀπειρίαι τῶν ἀτόμων σωμάτων, καὶ ταύτῃ δ
τὸ τῶν ψυχῶν καὶ τῶν σωμάτων γένος ἀποτετμημένον ἂν ἦν παντάπασιν
ἀπὸ τοῦ κόσμου, καὶ ἦν ἂν ἔτι ὁ κόσμος ἀτελὴς οὐκέτι τῶν ἐσχάτων
ἀγαθῶν πλήρης, καὶ τὰ πρῶτα ἀγαθὰ τῇ ἐσχά|τῃ καὶ ἀπόνῳ τελειώσει 162ᵃ
τῶν πλημμελούντων ὑπὸ τῆς ὕλης ἐδόκουν ἂν διαφέρειν μηδέν. ὅρα οὖν,
15 πόσων καὶ πηλίκων κακῶν αἰτία ὑπῆρξεν ἂν ἡ τῶν κακῶν ἀπώλεια· καὶ
δῆλον, ὅτι καὶ μὴ βουλόμενος αὐτὸ οὐκ ἂν ἦν ἀγαθός. ἀλλὰ καλῶς ὁ

---

1 καὶ K: om. c   4 καὶ—ἀγαθότητος] in ras. K   7 ante δικαιοσύνη del.
ἡ K   8 οὐδ' K: οὐδὲ c   9 στοιχειωτῶν K: στοιχείων τῶν c

causa utique existeret malorum perditio; et palam, quod et nolens ipsum non esset bonus. sed bene Plato necessariam existentem mali adnascentiam propter bonum novitque ipse et posteris enuntiavit. ex dictis autem planum ac palam prope, quod neque generabilium
5 et corruptibilium unumquodque incorruptibile fecisse bonum utique esset nec extrema mundi; deinde quod id, quod sui ipsius omni natura est corruptibile, velut homo, si fieret incorruptibile, corrumperetur penitus; nam quod incorruptibile non adhuc homo, sed aut alia aliqua natura eminentior, quales multae ante extrema sunt in
10 mundo.

Quantum ad hoc admirabili Alexandro recusato propter eos, qui aliquando opinione viri deducuntur hic alicubi sententia, finiam et ipse expositionem in primum librorum de caelo obsecrans dignus laudatorum apparuisse caelique et dei magnificentiae circa caelum.

---

1 *utique*] om. Ald.   2 *Plato*] Theaet. 176 a   3 *posteris*] *posterea* Ball.
4 *planum ac*] om. Ball.   *prope*] om. Ball.   5 *fecisse* Ball.: *noluit facere* Ald.
bonum — caelum (14) Ball.: om. Ald.   7 *incoruptibile* Ball.   8 *incoruptibile*
Ball.   post *aut* lacuna videtur esse (fort. *aut divinum aut*)   11 *Alexandro —
caelum* (14)] linea alio atramento supposita Ball.   12 *aliquando*] *aliqū* Ball.

Πλάτων ἀναγκαίαν ὑπάρχουσαν τὴν τοῦ κακοῦ πρόσφυσιν διὰ τὸ ἀγαθὸν αὐτός τε οἶδεν καὶ τοῖς ὕστερον ἀπεφήνατο. ἐκ δὲ τῶν εἰρημένων δῆλον, καὶ διὰ τί μηδὲ τῶν γενητῶν καὶ φθαρτῶν ἕκαστον ἄφθαρτον ἐβουλήθη ποιῆσαι].

ΕΙΣ ΤΟ ΔΕΥΤΕΡΟΝ ΤΩΝ ΑΡΙΣΤΟΤΕΛΟΥΣ ΠΕΡΙ ΟΥΡΑΝΟΥ

Τῆς προκειμένης πραγματείας, ὡς εἴρηται πρότερον, σκοπὸν ἐχούσης μετὰ τὸν περὶ τῶν φυσικῶν καὶ σωματικῶν ἀρχῶν λόγον, ὃν ἐν τῇ Φυσικῇ παραδέδωκεν ἀκροάσει, περὶ τῶν ἁπλῶν σωμάτων εἰπεῖν τῶν πρώτων ἐκ τῶν ἀρχῶν συνισταμένων τοῦ τε κυκλοφορητικοῦ καὶ τῶν ὑπὸ σελήνην τεσσάρων ἐν τῷ πρώτῳ βιβλίῳ, ὅτι πέντε τὰ ἁπλᾶ σώματά ἐστιν, ἀπέδειξεν ἐκ τῶν ἁπλῶν κινήσεων, καὶ ὅτι τὸ κυκλοφορητικὸν οὔτε ἕν τι τῶν τεσσάρων ἐστὶν οὔτε σύνθετον ἐξ αὐτῶν, ἀλλὰ ἁπλοῦν ὑπερέχον τῶν τεσσάρων καὶ οὐσίᾳ, ᾗ καὶ δυνάμει, καὶ ὅτι ἀγένητον καὶ ἄφθαρτόν ἐστι τοῦτο, εἴπερ τὰ μὲν γινόμενα καὶ φθειρόμενα ἐξ ἐναντίων γίνεται καὶ φθείρεται εἰς τὰ ἐναντία, τῷ δὲ κυκλοφορητικῷ σώματι μηδέν ἐστιν ἐναντίον, καὶ ὅτι πεπερασμένον ἐστὶν αὐτό τε καθ' αὑτὸ καὶ καθόλου δεικνύς, ὅτι οὐδέν ἐστι σῶμα ἄπειρον, καὶ ἔτι μέντοι ὅτι ἕν, καὶ μηδέν ἐστιν ἐκτὸς τοῦ οὐρανοῦ μήτε σῶμα μήτε κενόν, ὡς ἀκόλουθον δὲ τῷ τὸν οὐρανὸν εἶναι τοιοῦτον τὸ καὶ τὸν κόσμον ἀγένητόν τε εἶναι καὶ ἄφθαρτον καὶ πεπερασμένον καὶ ἕνα, καὶ ταῦτα συναπέδειξεν, ὅσα διὰ τὸν οὐρανὸν ὁ κόσμος ἔχει, ὥσπερ καὶ τὸ μηδὲν ἐκτὸς ἀπολείπειν ἑαυτοῦ, ἀλλ' ὅλον ἐξ ὅλων εἶναι τῶν σωματικῶν συστάσεων. ταῦτα οὖν ἀποδείξας καὶ τὸν περὶ τοῦ ἀγενήτου καὶ ἀφθάρτου λόγον ἀναλαβὼν ἔδειξε πολυειδῶς, ὅτι τε ὁ οὐρανὸς καὶ δι' αὐτὸν ὁ ὅλος κόσμος ἀγένητος καὶ ἄφθαρτός ἐστι καὶ οὔτε γενητὸς μὲν ἄφθαρτος δέ, ὥς τινες ἐδόκουν λέγειν, οὔτε ἀγένητος φθαρτὸς δέ, ἀλλ' ἐφ' ἑκάτερα τὸ ἀίδιον ἔχει, καὶ καθόλου δὲ λοιπόν, ὅτι ἀντακολουθοῦσιν ἀλλήλοις τό τε γενητὸν καὶ φθαρτὸν καὶ τὸ ἀγένητον |

---

1 Rursus inc. ADE   Σιμπλικίου φιλοσόφου ὑπόμνημα εἰς τὸ β̄ τῶν (corr. ex τῷ) περὶ οὐρανοῦ Ἀριστοτέλους A   3 περὶ τῶν] suprascr. E²   4 παρέδωκεν c 6. 7 ἀποδείξας c   7 ἕν τι] corr. ex ἐν τῇ E²   8 ἀλλὰ] ἀλλὰ καὶ A   post ἁπλοῦν add. δὺ A²: δυσὶν Ec   9 ᾗ] scripsi: ἢ AD: om. Ec   12 τε om. Ec 13 ἔτι] ὅτι Ec   ὅτι om. c   ἓν e corr. E¹: ἕν ἐστι c   14 οὐρανὸν] corr. ex οὖν E²   15 καὶ ἄφθαρτον εἶναι c   19 λόγου E   λαβὼν E, sed corr. ἔδειξε] seq. ras. 1 litt. E   20 ἐστὶ] seq. ras. 1 litt. E   21 ὥς] καθά c ἀγένητος μὲν c   22 τὸ] δὲ τὸ D   λοιπόν om. c   23 τὸ φθαρτὸν Ec

καὶ ἄφθαρτον. ταῦτα τοίνυν ἐν τῷ πρώτῳ βιβλίῳ διὰ πολλῶν ἀπο- 163b
δείξας τὸ συμπέρασμα αὐτῶν ἀρχὴν ἐποιήσατο τοῦ δευτέρου βιβλίου, ἐν
ᾧ τὰ λοιπὰ περὶ τοῦ οὐρανοῦ προβλήματα διαρθροῖ· πρῶτον μέν, ὅτι ἡ
κύκλῳ κίνησις κατὰ φύσιν ὑπάρχει τῷ οὐρανῷ καὶ ἡ ἐν ταὐτῷ μονὴ καὶ 5
5 οὐ κατά τινα ἀνάγκην, καὶ δεύτερον περὶ τῶν τοπικῶν αὐτοῦ διαστάσεων
καὶ τῶν κατ' αὐτὰς περάτων τοῦ τε ἄνω καὶ τοῦ κάτω καὶ τοῦ δεξιοῦ
καὶ ἀριστεροῦ καὶ τοῦ ἔμπροσθεν καὶ ὄπισθεν, τρίτον περὶ τῆς τοῦ πλα-
νωμένου ἀντικινήσεως, διὰ τί γέγονε, καὶ τέταρτον περὶ τοῦ σχήματος, ὅτι 10
σφαιροειδὴς ὁ οὐρανός, καὶ πέμπτον, διὰ τί ἐπὶ ταῦτα κινεῖται ὁ πρῶτος
10 οὐρανός, ἐφ' ἃ νῦν κινεῖται, ἀλλὰ μὴ ἀνάπαλιν, καὶ ἕκτον, ὅτι ὁμαλής
ἐστι καὶ οὐκ ἀνώμαλος ἡ τοῦ πρώτου οὐρανοῦ κίνησις, καὶ ἕβδομον περὶ
ἀστέρων οὐσίας τε αὐτῶν καὶ σχήματος καὶ τάξεως καὶ κινήσεως, ὄγδοον, 15
διὰ τί τῆς ἀπλανοῦς μίαν κίνησιν κινουμένης οὐκ ἀεὶ τὰ πλέον ἀπέχοντα
αὐτῆς πλείους κινεῖται κινήσεις, ὥσπερ ὁ ἥλιος καὶ ἡ σελήνη, ἀλλὰ τὰ
15 μεταξὺ πλείστας, ἔνατον, διὰ τί ἑκάστη μὲν τῶν πλανᾶσθαι λεγομένων
σφαιρῶν ἓν ἄστρον ἔχει, ἡ δὲ ἀπλανὴς τοσαῦτα, ἐπὶ πᾶσι δὲ δέκατον 20
περὶ τῆς γῆς, οὐ καθ' ἑαυτήν, ἀλλὰ περὶ τῆς σχέσεως, ἣν πρὸς τὸν οὐ-
ρανὸν ἔχει, ὅτι κέντρου λόγον ἔχουσα ἐν τῷ μέσῳ τε τοῦ οὐρανοῦ κεῖται
σφαιροειδὴς οὖσα καὶ αὐτή, καὶ περὶ μένουσαν αὐτὴν ὁ οὐρανὸς κινεῖται,
20 καὶ μέγεθος ὡς πρὸς τὸν οὐρανὸν παραβαλλομένη βραχύτατον ἔχει. συν- 25
αιροῦντι δὲ τρία ἂν εἴη τὰ ὁλοσχερῆ τοῦ βιβλίου κεφάλαια περί τε τοῦ
οὐρανοῦ καὶ περὶ τῶν ἀστέρων καὶ τρίτον περὶ τῆς γῆς. |

p. 283b26 Ὅτι μὲν οὖν οὔτε γέγονεν ὁ πᾶς οὐρανὸς ἕως τοῦ εἰς 164a
πίστιν περὶ τῆς ἀθανασίας αὐτοῦ καὶ τῆς ἀιδιότητος.

25 Ὁ μὲν Ἀλέξανδρος τὸ πρῶτον ὅλον βιβλίον περὶ τοῦ ὅλου κόσμου 5
νομίζων εἶναι καὶ τὸ συμπέρασμα τοῦτο περὶ αὐτοῦ λέγεσθαί φησιν, ἤτοι
ὅτι οὐ πᾶς γέγονεν ὁ κόσμος δηλοῦν· τὸ γὰρ κυκλοφορητικὸν αὐτοῦ σῶμα,
ὅπερ ἐστὶν ἡ πλείστη τοῦ κόσμου μοῖρα, ἀγένητον καὶ ἄφθαρτον ἐδείχθη·
ἢ οὐχ ὡς ἀντιδιαστέλλων πρὸς γεγονότα αὐτοῦ τινα μέρη εἴρηκε τὸ ὁ 10
30 πᾶς οὐρανός; κἂν γὰρ τὰ ὑπὸ σελήνην στοιχεῖα γίνηται καὶ φθείρηται,
ἀλλὰ κατὰ τὴν εἰς ἄλληλα μεταβολὴν ἔχοντα τὴν γένεσιν καὶ τὴν φθορὰν

---

2 συμπέρασμα] πέρας c   ἀρχήν A: τὴν ἀρχήν DE   7. 8 τῶν πλανωμένων c
8 τέταρτον—πέμπτον (9) AE²b: om. DE   9 σφαιρικὸς E²   καὶ om. E²
πέμπτον] seq. ras. 2 litt. E   11 οὐρανοῦ] οὐνοῦ corr. ex ἀνοῦ A²   καὶ (alt.)
om. c   12 σχημάτων c   13. 14 αὐτῆς ἀπέχοντα c   14 ὡς c   15 ἔνατον
A¹DE: ἔνατον δέ C: ἔνατον A²c   μὲν om. c   16 δὲ (alt.) Ab: om. DE   18 τε
τοῦ AC: τοῦ τε DE   κεῖται] κινεῖται E   19 περί] παρὰ c   20 ἔχει] ἔσχεν E
21 βιβλίου CDE²: β" A: βίου E: δευτέρου βιβλίου bc   22 τρίτον Ab: om. D: γ̄ E:
γῆς E²   περὶ τῆς γῆς om. E   23 ὅτι—ἀιδιότητος (24) om. D   25 ὁ] καὶ ὁ D
26 νομίζει D   29 αὐτοῦ τινα μέρη AC: αὐτοῦ μέρη τινὰ DE: τινὰ μέρη αὐτοῦ c
εἴρηκε] corr. ex εἴρηται A²: dictum est b   ὁ] corr. ex οὐ A²   30 γίνεται E
φθείρεται E

SIMPLICII IN L. DE CAELO II 1 [Arist. p. 283ᵇ26]   367

οὐ γίνεται οὕτως ὡς πρότερον μὴ ὄντα, οὐδὲ ἦν, ὅτε οὐκ ἦν, οὔτε αὐτὰ 164ᵃ
οὔτε τὰ τῶν συνθέτων εἴδη ζῴων τε καὶ φυτῶν· ἀλλ' εἴπερ ἄρα, πρὸς 15
ἀντιδιαστολὴν τῶν ὑπὸ σελήνην ἀτόμων εἴη λεγόμενον τὸ ὁ πᾶς οὐρα-
νός· Σωκράτης γὰρ μὴ πρότερον ὢν γέγονεν· ἀλλὰ ταῦτα οὐκ ἔστιν
5 ἁπλῶς τοῦ κόσμου μέρη, ἀλλ' οἷον ἀποτελέσματα. εἰ γὰρ ἦν μέρη κυ-
ρίως, οὐδέποτε ἂν ὅλος ὁ κόσμος ἦν ἀεί τινων αὐτοῦ φθειρομένων μορίων· 20
ἀλλ' ἐν ἑστῶσί τισιν εἶναι χρὴ τὴν ὁλότητα αὐτοῦ. τὸ οὖν ὁ πᾶς οὐρα-
νός, ὥς μὲν ὁ Ἀλέξανδρός φησι, περὶ τοῦ ὅλου κόσμου εἴρηται, ἀλλ' οὐχὶ
τοῦ κυκλοφορητικοῦ σώματος. ἔστι δὲ τὸ λεγόμενον, ὅτι ὁ κόσμος οὐ
10 γέγονεν, οὔτε ἐνδέχεται αὐτὸν φθαρῆναι· οὐ γάρ, εἴ τινα τῶν σωμάτων 25
εἰς ἄλληλα μεταβάλλει, διὰ τοῦτο μέρη τινὰ τοῦ κόσμου φθείρεται, ἀλλ',
ὡς αὐτὸς ἀντιλέγων τοῖς περὶ Ἐμπεδοκλέα καὶ Ἡράκλειτον παρὰ μέρος
γίνεσθαι λέγουσι καὶ φθείρεσθαι τὸν κόσμον εἶπεν οὐ τὸν κόσμον γίνεσθαι
καὶ φθείρεσθαι, ἀλλὰ τοῦτον μὲν διαμένειν ἀΐδιον, τὰς δὲ διαθέσεις 30
15 αὐτοῦ ὑπαλλάσσεσθαι, οὕτως ἂν καὶ ἡμεῖς λέγοιμεν· τὸ γὰρ κόσμῳ αὐτῷ
εἶναι τοῦτό ἐστι τὸ τὰ μέν τινα αὐτοῦ ἀεὶ διαμένειν, ὅσα δὲ γενητὰ αὐτοῦ
καὶ φθαρτά, ταῦτα δὲ εἰς ἄλληλα μεταβάλλειν· τοὐναντίον γὰρ ἴσως εἴη
ἂν ἀληθὲς λέγειν φθείρεσθαι τὸν κόσμον, εἰ μὴ ταῦτα οὕτως ἔχει, ὡς 35
ἐχόντων αὐτῶν ὁ κόσμος ἦν κόσμος.
20   Ταῦτα δὲ ἔστω καλῶς ὑπὸ τοῦ Ἀλεξάνδρου λεγόμενα, εἰ τοῦτο προσ-
τεθείη μόνον, ὅτι προηγουμένως τῷ κυκλοφορητικῷ σώματι προσήκει τὰ
εἰρημένα πάντα· καὶ γὰρ περὶ ἐκείνου ἦν ὁ προηγούμενος ἐν τῷ πρώτῳ 40
βιβλίῳ λόγος· καὶ δι' ἐκεῖνο καὶ τῷ ὅλῳ κόσμῳ ὑπάρχει καὶ τὸ ἀγένητον
εἶναι καὶ ἄφθαρτον καὶ τὸ ἕνα καὶ μονογενῆ καὶ αὐτὸν ὑφεστάναι. δηλοῖ
25 δὲ καὶ τὰ ἐφεξῆς λεγόμενα ἀπὸ τοῦ διόπερ καλῶς ἔχει συμπείθειν
ἑαυτὸν περὶ τοῦ οὐρανίου λεγόμενα σώματος, καίτοι κατὰ μίαν συνέχειαν 45
προιόντος τοῦ λόγου καὶ μηδαμοῦ μεταβαίνειν δοκοῦντος. ἀλλὰ καὶ τὸ
ἀρχὴν καὶ τελευτὴν μὴ ἔχειν | τοῦ παντὸς αἰῶνος, τουτέστι 164ᵇ
τῆς χρονικῆς τοῦ βίου παρατάσεως· ἑκάστου γὰρ αἰὼν αὕτη λέγεται εἰκὼν
30 τις οὖσα τοῦ κυρίως αἰῶνος, καθ' ὅσον συναίρεσίς ἐστι τοῦ ὅλου βίου· καὶ
τοῦτο οὖν τὸ ἄναρχον καὶ ἀτελεύτητον προηγουμένως μὲν ὑπάρχει τῷ κυ- 5
κλοφορητικῷ σώματι, δι' ἐκεῖνο δὲ καὶ τῷ ὅλῳ κόσμῳ.

---

1 γίνεται] corr. ex γίνηται E²   2 οὔτε] corr. ex ὄντα E²   εἴδη] corr. ex ἤδη E²
3 ἂν εἴη?   λεγόμενον] corr. ex γεγόμενον A²   4 ὧν] ὂν E   5 ἀποτελέσματα
AC: ἀποτέλεσμα DE   6 αὐτοῦ AE²b: αὐτῶν DE   7 τισι E: corr. E²
8 κόσμου ὅλου Ec   οὐχὶ] οὐ c   9 δὲ] suprascr. E²   11 μεταβάλλη E:
corr. E²   13 γίνεσθαι λέγουσι AC: λέγουσι γίνεσθαι DE   14 δὲ om. E
15 λέγοιμεν C: λέγωμεν ADE²: λέγομεν E   τὸ AC: τῷ DE   16 τὸ om. c
17 δὲ] δὴ c: om. b   μεταβάλλειν AE²: μεταβάλλει CDE   γὰρ] corr. ex μὲν E¹
18 εἴη ἂν ἀληθὲς ACb: ἂν εἴη ἀληθὲς DE: ἂν ἀληθὲς εἴη c   ἔχοι A   19 ἦν] corr.
ex ἢ E²   20 εἰ] εἰ καὶ D   22 ὁ προηγούμενος] προηγουμένως ὁ Dc   25 τοῦ]
284ᵃ2   26 αὐτὸν c: αὐτὸν C   ante περὶ add. τὰ E²bc   27 μηδαμῇ c:
nullatenus b   27 τὸ] 283ᵇ28   30 συναίρεσίς Ab   συναίτιος D: θέσις E: γρ. συναίρε-
σις E²   32 τῷ] corr. ex τὴν E²

Πάνυ δὲ ἀκριβῶς τῷ ἀρχὴν καὶ τελευτὴν μὴ ἔχειν τοῦ παντὸς αἰῶνος 164ᵇ
ἐπήγαγε τὸ ἔχων δὲ καὶ περιέχων ἐν αὐτῷ τὸν ἄπειρον χρόνον.
εἰ μὲν γὰρ ἀπ' ἀρχῆς τινος ἐγεγόνει χρόνου, δῆλον, ὅτι προϋπῆρχε τῆς 10
ὑποστάσεως αὐτοῦ χρόνος, καὶ εἰ ἐν μέρει τινὶ χρόνου ἐφθείρετο, ἦν ἄν
5 χρόνος μετὰ τὴν ὑπόστασιν αὐτοῦ· τὸ οὖν μήτε προϋπάρχειν αὐτοῦ χρό-
νον μήτε μεθυπάρχειν ἐδήλωσε διὰ τοῦ ἔχειν καὶ περιέχειν ἐν αὐτῷ
τὸν ἄπειρον χρόνον. καὶ γὰρ μετ' οὐρανοῦ γεγονὼς ὁ χρόνος, ὥς φη- 15
σιν ὁ Πλάτων, οὔτε προϋπάρχει οὔτε μεθυπάρχει τοῦ οὐρανοῦ, ἀλλ' ἡ
ἀπειρία αὐτοῦ ἄπειρον ποιεῖ τὴν τοῦ εἶναι τοῦ οὐρανοῦ παράτασιν. ἄπει-
10 ρον δὲ οὐ τὸν κατ' ἐνέργειαν ἀκουστέον, ἀλλὰ τὸν ἄπειρον γινόμενον· τοι-
οῦτος γὰρ ὁ χρόνος ἐν τῷ γίνεσθαι τὸ εἶναι ἔχων.

Ἀλλὰ πῶς ἔχεσθαι καὶ περιέχεσθαι τὸν χρόνον ὑπὸ τοῦ οὐρανοῦ 20
φησιν; ἆρα, ὡς Ἀλέξανδρος οἴεται, ὅτι ποιητής ἐστι τοῦ χρόνου ὁ οὐρα-
νός, εἴπερ τῆς τούτου κινήσεως μέτρον ὁ χρόνος, καὶ οὐκ ἔστι τις χρόνος
15 ἔξω αὐτοῦ, περιέχεται δέ πως τὸ γινόμενον ὑπὸ τοῦ ποιοῦντος; ἢ τοῦτο
ἐπιστάσεως ἄξιον; εἰ γὰρ μέτρον τῆς κινήσεώς ἐστιν ὁ χρόνος, οὐ τὸ με- 25
τρούμενον ἂν εἴη τοῦ μετροῦντος αἴτιον, ἀλλ' ἀνάπαλιν, καὶ εἰ μετ' οὐρα-
νοῦ γέγονεν ὁ χρόνος, πῶς αἰτία τοῦ χρόνου ἡ τοῦ οὐρανοῦ κίνησις; μή-
ποτε οὖν πολλῶν ὄντων τῶν συμπληρούντων ἀγαθῶν τόν τε οὐρανὸν καὶ
20 τὸν ὅλον κόσμον ἕν τι τούτων καὶ κυριώτατον ὁ χρόνος, ὃν ὁ δημιουργός, 30
ὥς φησι Πλάτων, ἔτι μᾶλλον ἐξομοιῶσαι τὸν κόσμον τῷ παραδείγματι
βουληθεὶς αἰωνίῳ ὄντι εἰκόνα τοῦ αἰῶνος ποιήσας τὸν χρόνον προστέθεικε
τῷ κόσμῳ. πλήρωμα οὖν καὶ οὗτος τοῦ κόσμου γεγονὼς εἰκότως οὐ πε-
ριέχει τὸν κόσμον, ὥς τινες οἴονται, ὁ χρόνος προϋπάρχων ἢ μεθυπάρχων 35
25 αὐτοῦ, ἀλλ' ἔχεται ὑπ' αὐτοῦ καὶ περιέχεται μέρος τι καὶ αὐτὸς συμπλη-
ρωτικὸν ὑπάρχων τοῦ οὐρανοῦ ἢ τοῦ ὅλου κόσμου.

Ἔκ τε οὖν τῶν ἤδη δεδειγμένων, φησί, πιστὸν γέγονεν, ὅτι ἀγένητος
καὶ ἄφθαρτός ἐστιν ὅ τε οὐρανὸς καὶ ὁ ὅλος κόσμος, καὶ ἔτι μέντοι ἐκ 40
τοῦ τοὺς τἀναντία δοξάσαντας καὶ γενητὸν αὐτὸν καὶ φθαρτὸν λέγοντας
30 ἐληλέγχθαι. εἰ γὰρ οὕτω μέν, ὡς ἡμεῖς λέγομεν, τὸ ἀληθὲς ἔχειν ἐνδέχε-

---

1 ἀρχὴν ACE²b: om. D: ἀρχὴν εἰς τελευτὴν E   καὶ om. D   μὴ ἔχειν καὶ τελευ-
τὴν C   2 ἔχων AC: ἔχον DE   περιέχων AC: περιέχον DE   αὑτῷ C: ἑαυτῷ
DE: αὐτῷ A   3 χρόνου] corr. ex χρόνος A²   4 εἰ] εἴ τι c   φθείροιτο D
ἦν] εἴη E: εἴη E²   6 αὑτῷ C: αὐτῷ ADE   7 γεγονὼς ACE: γέγονεν Dc
7. 8 φησὶ Πλάτων c   φησιν] Tim. 38 b   8 οὔτε] καὶ οὔτε c   μετὰ τὸν οὐρανόν c
9 παράτασιν AC: περάτωσιν DE: παράστασιν c   10 τὸν (pr.)] τὸ Cb   τὸν (alt.)]
τὸ b   γενόμενον AC   13 ὡς] ὡς ὁ c   14 καὶ—χρόνος] mg. E²
16 ἐπιτάσεως E: corr. E²   18 αἰτία] e corr. A²   20 ὅλον κόσμον CDA²:
ὅλον χρόνον A¹: κόσμον ὅλον Ec   post χρόνος add. ἐστί E²   21 Πλάτων]
Tim. 38 b   23 καὶ οὗτος τοῦ κόσμου CDEb: τοῦ κόσμου καὶ οὗτος τοῦ κόσμου A:
τοῦ κόσμου καὶ οὗτος c   24 οἴονται E: corr. E²   προϋπάρχων ὁ χρόνος ἢ μεθυπάρ-
χων C: ὁ χρόνος μεθυπάρχων ἢ προϋπάρχων c   27 φησί om. E   27. 28 ἀγένητος
καὶ] bis E, sed corr.   28 ὅλος ὁ E   28. 29 ἐκ τοῦ] e corr. E²   29 τὰ
ἐναντία A   αὐτὸν Ab: om. DEc   φθαρτὸν αὐτὸν c   30 ἐληλέχθαι E

ται, ὥστε ἀγένητον αὐτὸν εἶναι καὶ ἄφθαρτον, ὡς δὲ ἐκεῖνοι λέγουσιν, ἢ 164b γενητὸν καὶ φθαρτὸν ἢ ἀγένητον μὲν φθαρτὸν δὲ ἢ γενητὸν ἄφθαρτον δέ, 45 οὐκ ἐνδέχεται, μεγάλην ἂν ἔχοι καὶ τοῦτο | ῥοπὴν εἰς πίστιν περὶ τῆς 165a ἀθανασίας αὐτοῦ καὶ τῆς ἀιδιότητος. λέγεται δὲ ἡ μὲν ἀθανασία κατὰ
5 τὸ ἀνέκλειπτον τῆς ζωῆς, ἡ δὲ ἀιδιότης κατὰ τὸ ἀνέκλειπτον τῆς οὐ-
σίας, ὡς καὶ ἐν τῷ τοῦ Πλάτωνος Φαίδωνι μεμαθήκαμεν. θαυμαστὴ δ' ἡ
τῶν Ἀριστοτέλους ῥημάτων μετὰ τῆς φιλοσόφου εὐλαβείας ἀκρίβεια· τὰ 5
μὲν γὰρ ὑπ' αὐτοῦ δειχθέντα ἐνδέχεσθαί φησιν οὕτως ἔχειν, καίτοι
οὐκ ἐνδεχόμενα, ἀλλὰ ἀναγκαῖα τὰ περὶ τοῦ ἀγενήτου καὶ ἀφθάρτου
10 συναγαγὼν συμπεράσματα ἐπὶ τοῦ ὅλου οὐρανοῦ καὶ ἐπὶ τοῦ κόσμου,
καθ' ὃν δὲ τρόπον ἐκεῖνοι λέγουσι φησὶν οὐκ ἐνδέχεται· εἰ οὖν 10
μὴ ἐνδέχεται οὕτως ἔχειν, ἀναγκαῖον ἂν εἴη τὸ μὴ οὕτως ἔχειν. πλὴν
οὐχ ἡ τῶν ἀλλοτρίων ἀναίρεσις θέσιν τῶν ἡμετέρων εἰσάγει κατὰ
ἀνάγκην· διὸ μεγάλην φησὶν ἂν ἔχοι καὶ τοῦτο ῥοπὴν εἰς πίστιν,
15 ἀλλ' οὐκ ἀπόδειξιν. τί οὖν; οὐκ ἀκριβῶς δέδεικται τὰ περὶ τούτων ἤδη 15
δεδειγμένα; ἢ ἐφ' ὧν ἀνάγκη ἢ οὕτως ἢ ἐκείνως ἔχειν, ὁ ἀνελὼν τὸ
δύνασθαι, ὡς ἄλλοι λέγουσι, τὸ καταλειπόμενον τίθησιν· εἰ οὖν μήτε
γενητὸν εἶναι ἐνδέχεται μήτε ἀγένητον μὲν φθαρτὸν δέ, δῆλον, ὅτι ἀνάγκη
ἀγένητον αὐτὸν καὶ ἄφθαρτον εἶναι· ἀλλ' εἰ καὶ ἐξ ἀνάγκης τῇ ἄλλων 20
20 ἀναιρέσει τιθέμενον ᾖ τι, οὐκ ἤδη τοῦτο λέγοιτο ἂν δι' οἰκείων κατα-
σκευῶν καὶ ἀποδείξεων τίθεσθαι· κατὰ συμβεβηκὸς γὰρ οὗτος ὁ τρόπος
ἐστὶ καὶ οὐ προηγουμένως γινόμενος.

Ὁ δὲ Ἀλέξανδρος ἐπέστησε τῷ οὔτε ἐνδέχεται φθαρῆναι καὶ 25
πλεῖόν τι σημαίνειν αὐτό φησιν τοῦ οὐ φθαρήσεται. ἐπειδὴ γάρ, φησίν,
25 ἐδόκει Πλάτωνι φθαρτὸν μὲν αὐτὸν εἶναι, μὴ φθαρήσεσθαι δὲ διὰ τὴν
βούλησιν τοῦ θεοῦ, δείξας τοῦτο ἀδύνατον εἰκότως οὖν τὸ οὔτε ἐνδέχε-
ται φθαρῆναι τίθησι. καίτοι καὶ ὁ Πλάτων εἴποι ἂν μὴ ἐνδέχεσθαι 30
φθαρῆναι, ἀλλὰ διὰ τὴν βούλησιν τοῦ θεοῦ τοῦτο ὑπάρχειν αὐτῷ, οὐ
μάτην δὲ ὑπάρχειν αὐτῷ, ἀλλ' ὅτι, κἂν τῇ ἑαυτοῦ φύσει πεπερασμένος
30 ὢν πεπερασμένην ἔχῃ δύναμιν, ἀλλὰ τῷ προσεχῶς ὑπὸ τοῦ ἀκινήτου αἰτίου
παράγεσθαι καὶ πρὸς ἐκεῖνο ἐπεστράφθαι ἐπιτηδείως ἔχει πρὸς ὑποδοχὴν 35
τῆς ἐνδιδομένης ὑπ' ἐκείνου καὶ δι' ἐκεῖνο ἀνεκλείπτου κινήσεως.

---

2 γενητὸν (alt.)] γενητὸν μὲν c   ἄφθαρτον δέ CF: ἄφθαρτον ADE   6 Φαίδωνι] cap. 55   δ' ἡ A: δὲ DE: δὲ ἡ c   7 ante ἀκρίβεια del. ἀκριβείας E²   8 δειχθέντα ἔχειν Fc (ad sententiam saltem apta): διχῶς ADE: om. b   9 ἀλλ' c   10 ἐπὶ (pr.)] corr. ex ἐπεὶ A²   ἐπὶ (alt.) om. c   11 λέγουσιν c   12 μὴ ἐνδέχεται E²b: μὴ δέχεται A: ἐνδέχεται DE   17 οἱ ἄλλοι c   18 post ἐνδέχεται add. ἄφθαρτον δὲ K²c   ἀνάγκη om. Abc   19 αὐτὸν D: αὐτὸ AE²: αὐτῷ E   εἶναι] esse ostendit b   20 τιθέμενον ᾖ τι] τίθεται in ras. plurium litt. E²: τιθέμενον εἴη τι c   23 τῷ] mut. in τὸ E²   οὔτ' Ec   24 πλέον c   τοῦ] τὸ D   26 post ἀδύνατον del. εἶναι μὴ φθαρήσεσθαι δὲ E¹   οὖν] νῦν c   οὔτ' c   27 καὶ om. D   29 πεπερασμένως E: corr. E²   31 ἐπεστράφθαι AE²: ἀπεστράφθαι DE   32 ἐνδιδομένης Ab: ἐνδεχομένης DE   κινήσεως] hic deficiunt DE; praeter A et C, ubi exstat, e F enotavi, quae utilia videbantur

p. 284ᵃ2 Διόπερ καλῶς ἔχει συμπείθειν αὐτὸν ἕως τοῦ ἔτι δὲ 165ᵃ ἀπαθὴς πάσης θνητῆς δυσχερείας ἐστί.

Πάνυ τεχνικῶς καὶ πρὸ τῶν ἀποδείξεων τὰς ἐνδόξους πίστεις τέθεικε τοῦ ἀγένητον εἶναι τὸ οὐράνιον σῶμα, καὶ ὅτε ἔλεγεν ἐν τῷ πρώτῳ βιβλίῳ
5 "πάντες γὰρ ἄνθρωποι περὶ θεῶν ἔχουσιν ὑπόληψιν, καὶ πάντες τὸν ἄνω τόπον τῷ θείῳ | ἀποδιδόασι καὶ βάρβαροι καὶ Ἕλληνες, οἵπερ εἶναι νο- 165ᵇ μίζουσι θεούς, δηλονότι ὡς τῷ ἀθανάτῳ τὸ ἀθάνατον συνηρτημένον· ἀδύνατον γὰρ ἄλλως," καὶ νῦν πάλιν μετὰ τὰς ἀποδείξεις τὴν ἀπὸ τῶν ἀρχαίων καὶ πατρίων λόγων μαρτυρίαν εἰς πίστιν βεβαιοτέραν προστίθησι. 5
10 τὰ γὰρ ἀπὸ τῶν ἐνδόξων ἐπιχειρήματα πρὸ μὲν τῶν ἀποδείξεων συντομωτέρους μὲν καὶ συντονωτέρους εἰς τὰς ἀποδείξεις ποιεῖ, ὑποψίαν δὲ ὅμως ἐμβάλλει παραλογισμοῦ τινος καὶ ἀποδεικτικῆς ἀδυναμίας, τὰ δὲ μετὰ τὰς ἀποδείξεις τοιαῦτα ἐπιχειρήματα ἀσφαλεστέραν τε ἅμα καὶ συμπαθεστέραν 10 τὴν πίστιν τῶν ἀποδείξεων ἀποτελοῦσι· διὸ καὶ πρὸ τῶν ἀποδείξεων αὐτοῖς
15 καὶ μετὰ τὰς ἀποδείξεις ὁ Ἀριστοτέλης ἐχρήσατο, καὶ ὁ Πλάτων δὲ μετὰ τὰς ἀποδείξεις τοὺς μύθους εἴωθε παραλαμβάνειν.

Λέγει οὖν νῦν, ὅτι καλῶς ἔχει καὶ ταῖς ἀποδείξεσι λοιπὸν θαρροῦντα συμπείθειν ἑαυτὸν ἔτι μᾶλλον τοὺς ἀρχαίους λόγους καὶ 15 τῶν ἀρχαίων μάλιστα τοὺς περὶ θεῶν ὑπὸ πατέρων τοῖς ἐγγόνοις παραδε-
20 δομένους ἀληθεῖς εἶναι. οὐ γὰρ πάντες οἱ ἀρχαῖοι λόγοι καὶ πάτριοί εἰσιν, ἀλλ' οἱ ὑπὸ πατέρων καὶ πατρίδων παραδιδόμενοι, οὗτοι δὲ οἱ περὶ τὸ θεῖον σέβας καὶ τὴν τῶν θεῶν θρησκείαν εἰσὶ μάλιστα, διότι πάντες 20 τούτων μετέχοντες ἄνθρωποι ὡς ἀπὸ θεῶν παραδεδομένα ἀκίνητα διαφυλάττειν σπουδάζουσι. τούτων δέ ἐστι τῶν δοξῶν τὸ τὰ οὐράνια πάντα σώ-
25 ματα κίνησιν ἀφ' ἑαυτῶν ἔχοντα φυσικά τε εἶναι καὶ ἔμψυχα καὶ θεῖα καὶ ἀνέκλειπτον ἔχοντα τὴν κίνησιν, ὥστε μηθὲν εἶναι πέρας αὐτῆς, καὶ 25 ὡς ἀθάνατα τοῖς θεοῖς προσήκειν· τούτοις οὖν, φησί, καὶ ὁ μετὰ τῶν ἀποδείξεων λόγος μεμαρτύρηκεν ἀγένητον καὶ ἄφθαρτον δείξας τὸν οὐρανόν.

Ὅτι δὲ συμφυές ἐστι ταῖς τῶν ἀνθρώπων ψυχαῖς τὰ οὐράνια θεῖα
30 νομίζειν, δηλοῦσι μάλιστα οἱ ὑπὸ προλήψεων ἀθέων πρὸς τὰ οὐράνια δια- 30 βλεπόμενοι. καὶ γὰρ καὶ οὗτοι τὸν οὐρανὸν οἰκητήριον εἶναι τοῦ θείου καὶ θρόνον αὐτοῦ λέγουσι καὶ μόνον ἱκανὸν εἶναι τὴν τοῦ θεοῦ δόξαν καὶ

---

1 αὐτόν] ἑαυτόν c: αὐτὸν A   δ' c   2 ἐστίν c   4 ὅτε AC: ὅ, τι c   ἔλεγεν] 270ᵇ5 sq.   5. 6 ἄνω τόπον] ἀνωτάτω c   6 θείῳ τόπον c   ὅσοιπερ c
9 προστίθησιν c   10. 11 συντομωτέρους AC: ἑτοιμοτέρους K²c   12 ἐμβάλλει A²C: ἐκβάλλει A¹   13 τε AC: om. Fc   συμπαθεστέραν AC: συντονωτέραν Fc
14 τῶν ἀποδείξεων F: demonstrationum ipsarum b: om. AC   ἀποτελοῦσι C: constituunt b: om. A: αὐτοῖς παρέχει Fc   διὸ—τῶν CF: om. A: propter quod b   αὐτοῖς A: αὐτῶν C: om. Fc   15 ἀποδείξεις αὐτοῖς Fc   21 οἱ (pr.)] add. A²   παραδεδομένοι c   26 μηδὲν Fc   27 ὡς τὸ c   ἀθάνατον Fc   29 τὰ] τὸ τὰ Fc
30 ὑπὸ] ἀπὸ c   30. 31 διαβλεπόμενοι F: δὲ βλεπόμενοι A: (qui) respiciunt b: ἀναβλεπόμενοι c; vix sanum   31 γὰρ καὶ] γὰρ c

ὑπεροχὴν τοῖς ἀξίοις ἀποκαλύπτειν· ὧν τί ἂν εἴη σεμνότερον; καὶ ὅμως, 165ᵇ ὥσπερ ἐπιλανθανόμενοι τούτων, τὰ κοπρίων ἐκβλητότερα τοῦ οὐρανοῦ τιμι- 85 ώτερα νομίζουσι καὶ ὡς πρὸς ὕβριν τὴν ἑαυτῶν γενόμενον οὕτως ἀτιμάζειν φιλονεικοῦσιν.

Ἄπαυστον δὲ καὶ ἀνέκλειπτον τοῦ οὐρανοῦ τὴν κίνησιν ἐνόμισαν ἄνθρωποι τὸ ἀνεξάλλακτον αὐτῆς καὶ ἀεὶ κατὰ τὰ αὐτὰ καὶ ὡσαύτως ἔχον ταῖς ἐκ διαδοχῆς παραδοθείσαις τηρήσεσι λογιζόμενοι· οὐδὲν γὰρ τῶν ὁτι- 40 οῦν φθειρομένων ἐν ταυτότητι τὸν ἄπειρον πρὸ τοῦ αἰῶνα μένειν δυνατὸν ἦν. ἀρκεῖ δέ, οἶμαι, πρὸς τὸ θεῖα τὰ οὐράνια νομίζειν καὶ τὸ κάλλος αὐτῶν πολλοῖς μέτροις ὑπερανέχον τῶν ὑπὸ σελήνην καλῶν καὶ τάς γε μὴ προδιεφθαρμένας ψυχὰς αὐτοφυῶς ἐπιστρέφον, ἀρκεῖ δὲ καὶ τὸ δρα- 45 στήριον τῶν ὑπὸ σελήνην καὶ τὸ πάντων περιεκτικὸν σωμάτων· καὶ τοῦτο γὰρ τῆς θείας ὑποδοχῆς ἐξαίρετόν ἐστι | τὸ πάντα γεννᾶν τὰ ὄντα καὶ 166ᵃ πάντα ἐν ἑαυτῷ περιέχειν μηδὲν ἐκτιθέμενον τῶν ὑφ' ἑαυτοῦ παραγομένων.

Πῶς δὲ μηδὲν ἔχουσαν πέρας τὴν τοῦ οὐρανοῦ κίνησιν αὐτὴν τῶν ἄλλων πέρας εἶναί φησι· πῶς γὰρ ἄλλη κίνησις ἄλλης ἐστὶ πέρας καὶ 5 μάλιστα ὁλικωτέρα τῆς μερικωτέρας; πῶς δὲ ἐν δευτέρῳ σχήματι ἐκ δύο καταφατικῶν συλλογίζεσθαι δοκεῖ λέγων· τὸ πέρας περιέχει· ἡ οὐρανία κίνησις τελεία οὖσα περιέχει· ἡ ἄρα οὐρανία κίνησις τελεία οὖσα πέρας ἐστίν; ἀδόκιμος γὰρ ὁ τρόπος οὗτος τῆς συμπλοκῆς ἐν τῷ δευτέρῳ σχήματι ὡς 10 μηδὲν ἀναγκαῖον συμπέρασμα συνάγων. ἀλλ' ἐν πρώτῳ σχήματι συνήγαγε τὸν συλλογισμὸν ὁ Ἀριστοτέλης οὕτως· ἡ τοῦ οὐρανοῦ κίνησις τέλειος οὖσα περιέχει τὰν ἄλλας κινήσεις· ἡ περιέχουσα τὰς ἄλλας κινήσεις πέρας ἐστὶ τῶν ἄλλων κινήσεων· τῶν γὰρ περιεχόντων ἐστὶν ἴδιον τὸ πέρας εἶναι 15 τῶν περιεχομένων, ὅπερ αὐτὸς ἐνεδείξατο διὰ τοῦ τὸ γὰρ πέρας τῶν περιεχόντων ἐστίν, οὐκ ἴσον, ὡς οἶμαι, λέγων, ὡς ὁ Ἀλέξανδρός φησιν, τῷ ἐν τοῖς περιέχουσι τὸ πέρας ἐστίν· εἰ γὰρ ἐν τοῖς περιέχουσι τὸ πέρας, μερικώτερον ἂν εἴη τὸ πέρας τῶν περιεχόντων, καὶ οὐκέτι εἰπεῖν ἀληθές, ὅτι τὸ περιέχον πέρας ἐστίν, ὥσπερ οὐδὲ ὅτι τὸ ζῷον 20 ἄνθρωπός ἐστιν, ἐπειδὴ ὁ ἄνθρωπος ἐν τῷ ζῴῳ ἐστίν· οὐ γὰρ κατηγορεῖται τῶν ὁλικωτέρων τὰ μερικώτερα, ἀλλὰ ἀνάπαλιν. ὁ δὲ Ἀλέξανδρος "οὐ συλλογιζόμενος" φησί "λέγει τοῦτο, ἀλλ' ὡς ὁμοιότητά τινα δεικνὺς τῆς τελείου κινήσεως πρὸς τὸ πέρας· ἀμφότερα γὰρ περιέχει καὶ τὸ πέρας 25 καὶ ἡ τέλειος κίνησις". ἀλλ' ὅτι μὲν ἡ τοῦ οὐρανοῦ κίνησις ἄπαυστος οὖσα περιέχει τὰς ἄλλας ἁπάσας κινήσεις τὰς ἀρχὴν καὶ τέλος ἐχούσας,

---

3 γενόμενον Fb: γενομένην A   6 αὐτῆς om. c   9 τὸ (pr.)] corr. ex τὰ A²
13 ὑποδοχῆς A: dⁿatricique excellentiae b: ὑπεροχῆς Fc   14. 15 παραγομένων Fb: παραγενομένων A   17 πέρας εἶναι Ab: εἶναι πέρας Fc   20 ἡ F: καὶ A
21 τῷ om. Fc   23 τέλειος AC: τελεία Fc   25 γὰρ F: om. A: sane b: fort. γοῦν   29 πέρας (pr.) Ab: πέρας ἐστι Fc   30 ἀληθὲς εἰπεῖν Fbc   31 ἐν τῷ ζῴῳ ὁ ἄνθρωπος Fc   33 μοιότητα A: corr. A²   34 τελείας Fc   35 τελεία Fc

πρόδηλον, εἴπερ προϋπάρχει τε αὐτῶν καὶ συνυπάρχει καὶ μεθυπάρχει, 166ᵃ
καὶ μέρος τι τῆς ὅλης, οἷον ἡ ἐτήσιος περιφορά, μέτρον γίνεται τοῦ ἐτη-
σίου τῶν ἐπικήρων βίου ἢ τῆς ὁποίας αὐτῶν μεταβολῆς. ὡς οὖν τῆς
ἡμερησίας ἢ ἐνιαυσίου περιφορᾶς καὶ ἡ ἀρχὴ καὶ τὸ πέρας ἐν τῇ ὅλῃ
5 περιέχεται, οὕτω καὶ τῶν ὑπὸ σελήνην κινήσεων ἑκάστη, καὶ διὰ τοῦτο
καὶ περιέχειν λέγεται τὰς ἄλλας κινήσεις καὶ πέρας αὐτῶν ὑπάρχειν αὐτὴ
πέρας οὐκ ἔχουσα. καὶ γὰρ αἱ ἀρχαὶ καὶ τὰ πέρατα τῶν προσκαίρων ὑπὸ
τῆς ἀνεκλείπτου ὁρίζονται· ἀνέκλειπτος γὰρ ἐκείνη διὰ τὸ πᾶν τὸ ληφθὲν
αὐτῆς οὐ μόνον πέρας εἶναι τῆς προηγησαμένης, ἀλλὰ καὶ τῆς ἐσομένης
10 ἀρχήν. ἐν ᾧ δὲ τὸ αὐτὸ πέρας ἐστὶ καὶ ἀρχή, πῶς ἂν εἴη τοῦτό ποτε
ἐκλείπειν ἢ ἀρχὴν ὅλως ἢ τέλος ἔχειν ἀφωρισμένα; τοιαύτη οὖν οὖσα ἡ
τοῦ οὐρανοῦ κίνησις εἰκότως τῶν ἄλλων τῶν μὲν αἰτία τῆς ἀρχῆς ἐστι,
τῶν δὲ δέχεται τὴν παῦλαν, αἰτία μὲν τῆς ἀρχῆς, διότι ἀπὸ ταύτης πᾶσα
ἡ γένεσις, οὐχ ὁμοίως δὲ τῆς παύλας αἰτία, διότι προηγουμένως οὐκ ἔστι
15 φθορᾶς αἰτία ἡ τοῦ οὐρανοῦ κίνησις, ὥσπερ | οὐδὲ ὁ δημιουργὸς θεός, 166ᵇ
ἀλλ' ἀναγκαίως ἐπεισῆλθεν ἡ φθορὰ τοῖς ἀεὶ μὴ δυναμένοις ὑποστῆναι,
ὥσπερ καὶ ἡ νόσος τοῖς μὴ πεφυκόσιν ὑγιαίνειν ἀεί· δέχεται μέντοι τὴν
παῦλαν τῶν παυομένων, καὶ ὅτι, ὥσπερ ἡ ἀρχὴ ἐν αὐτῇ, οὕτω καὶ ἡ παῦλα
ἐν αὐτῇ ἐστι, καὶ μᾶλλον ὅτι ἡ ἄλλου φθορὰ ἄλλου γένεσις γίνεται, καὶ τὰ
20 ἐν τοῖς συνθέτοις στοιχεῖα διαλυόμενα ταῖς ἑαυτῶν ὁλότησιν ἀποδίδοται.
καί μοι δοκεῖ τὸ Πλατωνικὸν ἐκεῖνο παραξεῖν ἐν τούτοις ὁ Ἀριστοτέλης
τὸ ἐν Τιμαίῳ ῥηθὲν ὑπὸ τοῦ δημιουργοῦ θεοῦ πρὸς τοὺς οὐρανίους θεοὺς
"τροφήν τε διδόντες αὔξετε καὶ φθίνοντα πάλιν δέχεσθε".
Εἰπὼν οὖν, ὅτι διὰ τὸ ἀνέκλειπτον τῆς κινήσεως καὶ τὸ ἀθάνατον οἱ
25 ἀρχαῖοι τὸν οὐρανὸν τοῖς θεοῖς ἀπένειμαν, ἐπήγαγεν ὁ δὲ νῦν μαρτυρεῖ
λόγος, ὡς ἄφθαρτος καὶ ἀγένητος ταῖς ἀναποδείκτοις καὶ αὐτοφυέσιν
ἐκείνων ἐννοίαις τὴν ἀποδεικτικὴν ἀκρίβειαν προστιθείς, προσαποδείξας δὲ
καί, ὅτι ἀπαθὴς πάσης θνητῆς δυσχερείας ἐστίν· οὐχ ἁπλῶς ἀπαθής·
πάσχει γάρ τι ὑπ' ἀλλήλων τὰ οὐράνια τελειούμενα, ὡς ἐναργῶς δηλοῦσιν
30 οἱ τῆς σελήνης ὑπὸ τοῦ ἡλίου γινόμενοι φωτισμοὶ καὶ τῶν διαφόρων συγ-
κράσεων αἱ διάφοροι εἰς τὰ ὑπὸ σελήνην ἐνέργειαι· ἀλλ' ἀπαθὴς πάσης
θνητῆς δυσχερείας. οὕτω γὰρ αὐτὸν καὶ ἀναλλοίωτον ἔδειξεν ἐν τῷ πρὸ
τούτου βιβλίῳ τὰς παθητικὰς ἀλλοιώσεις ἀποφήσας αὐτοῦ τὰς τοῖς γινο-
μένοις καὶ φθειρομένοις συνυπαρχούσας.

2 μέρος AC: si pars b: τέλος Fc   οἷον C: om. b: καὶ οἷον AFc   μέτρον om.
Fc   4 ἡμερησίας AC: ἡμερησίου F: ἡμερησίου τῶν ἐπικήρων βίου c   ὅλῃ Cb:
ὕλῃ AFc   5 ἑκάστης Fc   8 ὁρίζονται CF: ὁρίζεται A   9 πέρας CF: τὸ πέ-
ρας A   11 ἀφωρισμένον Fc   13 πᾶσα] πᾶσιν C   14 παύλας ACF: παύλης c
14. 15 ἔστιν αἰτία φθορᾶς Fc   18 ἀρχὴ CF: ἐν ἀρχῇ A   19 ἄλλου (alt.) CFb:
καὶ ἄλλου A   20 ἑαυτῶν AC: αὐτῶν Fc   21 παραξεῖν CF: παραξέειν A
ὁ CF: om. A   22 ἐν AC: ἐν τῷ Fc   Τιμαίῳ] 41 d   23 τε CF: δὲ Ab   αὐξά-
νετε c   24 τὸ (alt.) om. Fc   26 ἀναποδείκτοις ACb: αὐτοδείκτοις Fc
αὐτοφανέσιν C   28 πάσης om. Fc   31. 32 πάσης θνητῆς CFb: θνητῆς πά-
σης A   33 βιβλίῳ] cap. 3

Ἀλλ' εἰ ἀπαθῆ, φησί, τῶν τοιούτων παθῶν τὰ οὐράνια, πῶς τῆς 166ᵇ σεληνιακῆς σφαίρας ὑπὸ τοῦ ἡλίου μὴ θερμαινομένης τὸ ὑπέκκαυμα καὶ ὁ ἀὴρ θερμαίνεται ὑπ' αὐτοῦ τοῦ μεταξὺ μηδὲν πεπονθότος; καὶ λύουσι λέγοντες μὴ τὸ τυχὸν ὑπὸ τοῦ τυχόντος πάσχειν, ἀλλὰ τὸ πεφυκός· τοιγαρ-
5 οῦν οὔτε ἀκοὴ χρωμάτων οὔτε ὀφθαλμοὶ ψόφων ἀντιλαμβάνονται διὰ τὸ ἀπαθεῖς ὑπ' αὐτῶν εἶναι. ἐναργὲς δὲ τεκμήριον ποιοῦνται τοῦ μὴ τὸ τυχὸν εἰς τὸ τυχὸν δρᾶν μηδὲ τὰ μεταξὺ πάντως πάσχειν τὰ διαδιδόντα τὸ πάθος τὸ ἐπὶ τῆς θαλαττίας νάρκης συμβαῖνον. ὅταν γὰρ εἰς τὸ δίκτυον ἐμπέσῃ, οἱ μὲν ἐχόμενοι τῶν χαλῶν τοῦ δικτύου ναρκῶσιν ἄνθρωποι, οἱ
10 δὲ χάλοι τοιοῦτον πάσχουσιν οὐδὲν τῷ μὴ εἶναι τούτου τοῦ πάθους δεκτικούς· καὶ τοὺς ὑπερνηχομένους δὲ τῆς νάρκης ἰχθύας ναρκᾶν φασι καὶ καταφέρεσθαι οὐ δήπου τοῦ μεταξὺ ναρκῶντος ὕδατος. οὐδὲν οὖν ἄτοπον καὶ τὸ σῶμα τῆς σεληνιακῆς σφαίρας διαπέμπειν τὴν τοῦ ἡλίου θέρμην εἰς τὰ ὑπὸ σελήνην αὐτὸ μὴ θερμαινόμενον παθητικῶς· φθορὰ γὰρ ἄν τις καὶ
15 γένεσις πάντως τῇ τοιαύτῃ ἀλλοιώσει συνυπῆρχε. ζωτικῶς δὲ καὶ τελεσιουργῶς οὐδὲν κωλύει τὴν σεληνιακὴν σφαῖραν ὑπὸ τοῦ ἡλίου παθοῦσαν διαπέμπειν μὲν εἰς τὸ ὑπὸ σελήνην τὰς ἡλιακὰς ἀκτῖνας, τοῦτο δὲ πάσχειν ὑπ' αὐτῶν, ὡς αὐτὸ πέφυκε πάσχειν· πέφυκε δὲ θερμαινόμενον παθητικῶς καὶ διακρινόμενον· καὶ | γὰρ καὶ ἄλλων ἀστέρων μεθέξεις οὐκ οὖσαι θερμαὶ 167ᵃ
20 ἢ ψυχραὶ κατὰ τὴν παθητικὴν θερμότητα καὶ ψῦξιν τοιαύτας ὅμως τοῖς τῇδε διαθέσεις ἐμποιοῦσι· καὶ φωτιζομένη οὖν ὑπὸ τοῦ ἡλίου ἡ σελήνη καὶ τὸ φῶς εἰς ἡμᾶς διαπέμπουσα αὐτὴ μὲν οὐ θερμαίνεται παθητικῶς οὐδὲ διακρίνεται ὑπὸ τοῦ φωτός, τὰ δὲ ὑπὸ σελήνην παθητικῶς αὐτοῦ μετέχει.
25 Ταῦτα δὲ τὰ νῦν ῥηθέντα καὶ ὁ Ἀλέξανδρος σαφῶς ὡμολόγησε περὶ τοῦ αἰθερίου καὶ κυκλοφορητικοῦ σώματος εἰρῆσθαι καὶ οὐκέτι περὶ τοῦ ὅλου κόσμου. πῶς οὖν τὰ πρὸ αὐτῶν περὶ τοῦ ὅλου κόσμου μόνου νενόμικεν εἰρῆσθαι μιᾶς οὔσης τῆς τῶν λόγων συνεχείας; τὸν δὲ οὐρανὸν καὶ τὸν ἄνω τόπον εἶπεν, οὐχ ὅτι ταὐτὸν νομίζει τὸ πέριξ καὶ τὸ ἄνω·
30 τὸ γὰρ ἄνω καὶ τὸ κάτω πέρατα τῆς εὐθείας ἐστὶν ἀλλήλοις ἀντικείμενα, καί ἐστιν ὁ ἄνω τόπος, ἐφ' ὃν φέρεται τὰ κουφότητα ἔχοντα σώματα, ὥσπερ κάτω, ἐφ' ὃν τὰ βαρέα· ἀλλ' ἢ τῇ δόξῃ τῶν πολλῶν συνεξέδραμε τὸ πέριξ ἄνω καλούντων, ἢ ὅτι τοῦ ἄνω προσεχῶς τὸ πέριξ ὑπέρκειται, καὶ οὐκ ἀπεικότως ἂν καὶ αὐτὸ λέγοιτο ἄνω.
35 Μέχρι μὲν οὖν τούτου τὰ ἐν τῷ πρώτῳ βιβλίῳ περί τε τοῦ κυρίως οὐρανοῦ καὶ δευτέρως περὶ τοῦ κόσμου ῥηθέντα συνεπεράνατο.

---

3 ἀὴρ] αἰθὴρ c   5 ὀφθαλμοὶ] ὄψις Fc: oculus b   ἀντιλαμβάνεται Fc
6 ἀπαθῆ Fc   τοῦ F: τὸ A   7 εἰς τὸ τυχὸν Fb: om. A   διαδόντα Fc
8 τὸ (alt.) om. Fc   9 χαλῶν A: corr. A²   10 δὲ] μὲν Fc   15 πάντως τῇ τοιαύτῃ A: τῇ τοιαύτῃ πάντως Fbc   15. 16 τελεσιουργικῶς Fc   17 τὸ A: τὰ Fbc
τοῦτο AF: haec b   19 οὐκ] μὴ Fc   21 ἡ σελήνη ὑπὸ τοῦ ἡλίου Fc
22 αὐτῇ A   25 καὶ om. Fc   27 μόνου A: om. Fbc   31 κουφότητα b: e corr. K²: κουφότατα AF   32 ὁ κάτω c   34 ἀπεοικότως Fc   36 ῥηθὲν c
συνεπεράνατο Fb: συνεπεράναντο A

p. 284ᵃ14 Πρὸς δὲ τούτοις ἄπονος ἕως τοῦ ἀλλὰ τῶν μὲν τοιού- 167ᵃ
των λόγων ἅλις ἔστω τὰ νῦν.

Συμπερανάμενος τὰ ἐν τῷ πρώτῳ βιβλίῳ ἀποδειχθέντα, ὅτι ἀγένητος
καὶ ἄφθαρτός ἐστιν ὁ οὐρανὸς καὶ πάσης θνητῆς δυσχερείας ὑπερανέχων,
5 ἐντεῦθεν λοιπὸν δείκνυσιν, ὅτι ἄπονος καὶ φυσικὴ καὶ οὐ βίαιος οὐδὲ ἐξ
ἀνάγκης ἐστὶν αὐτῷ ἥ κύκλῳ κίνησις καὶ ἡ ἐν ταὐτῷ μονή. καλῶς δὲ 30
τῷ ἀναγκαίῳ τὸ βίαιον συνέθηκεν, ὅτι μὴ πᾶν τὸ ἀναγκαῖον βίᾳ· τὰ γὰρ
ἀίδια ἐξ ἀνάγκης μὲν ἔστιν, οὐ μὴν βίᾳ. δείκνυσι δέ, ὅτι ἄπονον καὶ κατὰ
φύσιν ἔχει τὴν κύκλῳ κίνησιν, οὕτως· ὁ οὐρανὸς οὐδεμιᾶς προσδεῖται βι-
10 αίας ἀνάγκης, ἥτις φέρεσθαι πεφυκότα αὐτὸν ἄλλως, οἷον ἐπὶ τὸ κάτω, 35
κωλύει ἐκείνην μὲν τὴν ῥοπὴν ἐπέχουσα, κύκλῳ δὲ ποιοῦσα κινεῖσθαι· τὸ
μηδεμιᾶς βιαίου ἀνάγκης πρὸς τὴν ἑαυτοῦ κίνησιν δεόμενον ἄπονον ἔχει
τὴν κίνησιν· ὁ οὐρανὸς ἄρα ἀπόνως καὶ κατὰ φύσιν κινεῖται τὴν κύκλῳ
κίνησιν. καὶ ὅτι μὲν τὸ μηδεμιᾶς ἀνάγκης τοιαύτης προσδεόμενον ἀπό- 40
15 νως κινεῖται, ἔδειξεν ἐκ τοῦ τὸ δεόμενον ἀνάγκης ἐπίπονον εἶναι καὶ
διαθέσεως τῆς ἀρίστης ἄμοιρον· ἡ γὰρ ἀρίστη διάθεσις οὐ κατὰ βί-
αιον ἀνάγκην, ἀλλὰ κατὰ τὴν κατὰ φύσιν ὑπάρχει τελειότητα. οὐ μόνον
δὲ τὸ βίαιον ἐπίπονον, ἀλλὰ καὶ τὸ ἐπίπονον ὂν βίαιον· εἰ οὖν τὸ ἐπί- 45
πονον βίαιον, τὸ μὴ δεόμενον βιαίας ἀνάγκης ἄπονον ἂν εἴη. ὅτι δὲ ὁ
20 οὐρανὸς οὐ δεῖται | βιαίας ἀνάγκης, δῆλον μὲν καὶ ἐκ τοῦ θεῖον ὄντα 167ᵇ
τὴν ἀρίστην ἔχειν διάθεσιν, τὸ δὲ τὴν ἀρίστην ἔχον διάθεσιν μὴ δεῖσθαι
βιαίου ἀνάγκης, εἴπερ τὰ βιαίου δεόμενα ἀνάγκης ἄμοιρα τῆς ἀρίστης ἐστὶ
διαθέσεως αὐτοφυοῦς οὔσης καὶ οὐ βιαίου. δῆλον δὲ καὶ ἐκ τοῦ τοὺς 5
ἀνάγκην τινὰ τῆς τοιαύτης τῷ οὐρανῷ κινήσεως ἢ τῆς μονῆς αἰτιωμένους
25 δείκνυσθαι μηδὲν λέγοντας ἀκριβές. καὶ γὰρ οἱ μὲν μυθικὴν εἰσάγουσιν
ἀνάγκην τοῦ μὴ πίπτειν τὸν οὐρανόν, ἀλλ' ἄνω μένοντα περιφέρεσθαι,
ὥσπερ Ὅμηρος τὸν Ἄτλαντα λέγων·
   Ἄτλας δ' οὐρανὸν εὐρὺν ἔχει κρατερῆς ὑπ' ἀνάγκης,   10
καὶ
30   ἔχει δέ τε κίονας αὐτὸς
μακράς, αἳ γαῖάν τε καὶ οὐρανὸν ἀμφὶς ἔχουσιν.
οἱ δὲ φυσικὴν ἀνάγκην αἰτιῶνται τοῦ μὴ φέρεσθαι κάτω τὴν δίνησιν ἐπι-
κρατοῦσαν τῆς οἰκείας ῥοπῆς αὐτοῦ ἐλάττονος οὔσης, ὥσπερ Ἐμπεδοκλῆς 15
λέγει καὶ Ἀναξαγόρας· οἱ δὲ ψυχικὴν τὴν ἀνάγκην φασὶ τῆς ψυχῆς αὐτοῦ

---

3 ἀγένητός ἐστι Fc   4 ἐστιν b: postea ins. A: om. Fc   6 ταὐτῷ A: se ipso b:
αὐτῷ Fc   8 μὴν βίᾳ Ab: μὴν καὶ βίᾳ C: βίᾳ μέντοι Fc   10 αὐτὸν CFb: αὐτὴν A
11 ποιοῦσα κινεῖσθαι AC: κινεῖσθαι ποιοῦσα Fbc   17 ἀλλὰ ACb: ἀλλὰ δὴ e corr. F, c
18 ὂν A: om. Fbc   19 βιαίας ἀνάγκης δεόμενον Fc   21 τὴν (alt.) om. Fc
22 βιαίου (pr.) A: βιαίας Fc   24 αἰτιομένους A¹: corr. A²   27 Ὅμηρος] immo
Hesiod. Theog. 517   δ' ACb: om. Fc   29 καὶ Ab: om. Fc   30. 31 Hom.
Od. I 52   33 αὐτοῦ ῥοπῆς Fc   34 λέγει A: φησὶν Fc   ἀνάγκην φασὶ Fb: ἀνάφ^α A

SIMPLICII IN L. DE CAELO II 1 [Arist. p. 284ᵃ14]   375

ἀναγκαζούσης ἀίδιον μένειν τὴν κίνησιν τὴν τοιαύτην, ὥσπερ ὁ Πλάτων ἐν 167ᵇ
Τιμαίῳ λέγειν ἐδόκει περὶ τῆς τοῦ οὐρανοῦ ψυχῆς "ἡ δὲ ἐκ μέσου πρὸς
τὸν ἔσχατον οὐρανὸν πάντῃ διαπλακεῖσα ἤρξατο ἀπαύστου καὶ ἔμφρονος 20
βίου πρὸς τὸν σύμπαντα χρόνον." ἀλλ' ὃ μὲν περὶ Ἄτλαντος, καὶ ὅτι μῦ-
5 θος, οὐδεμίαν ἀποδεικτικὴν ἀνάγκην εἰσάγει, καὶ ὅτι οἱ συστήσαντες αὐτὸν
ἐφίεσαν καὶ αὐτοὶ νομίζειν βάρος ἔχειν γεηρὸν τὰ οὐράνια καὶ διὰ τοῦτο
δεῖσθαί τινος ἀνάγκης ἐμψύχου τῆς ἀνεχούσης αὐτά. εἰ τοίνυν δέδεικται 25
μήτε βάρος ἔχοντα μήτε κουφότητα τὰ οὐράνια, δῆλον, ὅτι παρέλκων ἂν
εἴη ὁ μῦθος διὰ τὴν τοῦ βάρους ὑποψίαν πλασθείς. ἀλλ' εἰ μὲν πλάσμα
10 τι ἀνθρώπειον τοῦτο τὸ κατὰ τὸν Ἄτλαντά ἐστιν ἀπὸ τῆς τοῦ βάρους
ὑποψίας πλασθέν, ἐλήλεγκται τῷ ὄντι περιττὸν ἐκ τοῦ μήτε βάρος μήτε 30
κουφότητα τοῖς οὐρανίοις ὑπάρχοντα ἀποδεδεῖχθαι, εἰ δὲ μῦθος ὄντως ἐστὶ
θεῖόν τι κρύπτων ἐν ἑαυτῷ καὶ σοφόν, λεγέσθω, ὅτι Ἄτλας εἷς μέν ἐστι
καὶ αὐτὸς τῶν περὶ τὸν Διόνυσον Τιτάνων, διὰ δὲ τὸ μὴ τελέως ἐξαμαρ-
15 τεῖν εἰς αὐτόν, τουτέστι μὴ κατὰ τὴν Τιτανικὴν μόνην διάκρισιν ἐνεργῆσαι 35
περὶ τὴν Διονυσιακὴν δημιουργίαν, ἀλλ' ἀποκλίνειν πως καὶ πρὸς τὴν Δίον
συνοχὴν κατ' ἄμφω τὰς ἰδιότητας ἐνεργεῖ περὶ τὰς μεγίστας τοῦ κόσμου
μερίδας διακρίνων μὲν καὶ ἀνέχων τὸν οὐρανὸν ἀπὸ τῆς γῆς, ὡς μὴ ἐπι-
συγχεῖσθαι τὰ ἄνω τοῖς κάτω· ὡς γὰρ ὑπεζωκώς τις, οὐ μὴν νοερός, δια- 40
20 κρίνει κατὰ τὸ λόγιον
    πῦρ πρῶτον καὶ πῦρ ἕτερον σπεύδοντα μιγῆναι·
διακρίνει δὲ καὶ ἀνέχει μετὰ τοῦ συνέχειν ἐν ἀλλήλαις αὐτάς· καὶ γὰρ αἱ
κίονες τὴν συναμφότερον ἔχουσι δύναμιν διακριτικήν τε ἅμα καὶ συνοχικὴν
τῶν ὑπερκειμένων πρὸς τὰ ὑποκείμενα.
25 Ἀλλ' οὐδὲ διὰ τὴν ταχεῖαν τοῦ αἰθερίου σώματος δίνησιν ἐλαττουμέ- 45
μένης τῆς κατὰ τὴν οἰκείαν ῥοπὴν βαρεῖαν οὖσαν φορᾶς αὐτοῦ τε τοῦ
οὐρανοῦ καὶ τῆς γῆς ἥ τε τοῦ οὐρανοῦ κύκλῳ κίνησις ἀίδιος μένει καὶ 168ᵃ
ἡ τῆς γῆς ἐν τῷ μέσῳ στάσις, ὥς Ἐμπεδοκλῆς τε ἐδόκει λέγειν καὶ
Ἀναξαγόρας καὶ Δημόκριτος· κἂν γὰρ βάρος ἔχῃ καὶ τὸ αἰθέριον σῶμα
30 καὶ ἡ γῆ, ἀλλὰ ταχυτέρας οὔσης τῆς κυκλοφορίας ἢ κατὰ τὴν ἐπὶ τὸ 5
κάτω ῥοπὴν καὶ ἐπικρατούσης ἐκείνης μένειν ἐν τοῖς αὐτοῖς τόποις τὴν
μὲν γῆν ἐπὶ τοῦ μέσου ἑστῶσαν, τὸν δὲ οὐρανὸν ἐπὶ τοῦ πέριξ κινούμενον,
ὥσπερ φασὶ τὸ ἐν τῇ φιάλῃ ὕδωρ οὐκ ἐκχεῖσθαι περιδινουμένης τῆς φιά-
λης, ἐὰν θᾶττον ἡ δίνησις γένηται τῆς ἐπὶ τὸ κάτω τοῦ ὕδατος φορᾶς. 10
35 καὶ τοῦτο οὖν ἀπίθανον, φησί, τὸ τοσοῦτον χρόνον σώζεσθαι ταῦτα οὕ-

1 κίνησιν τὴν τοιαύτην] αὐτοῦ κίνησιν Fc   2 Τιμαίῳ] 36 e   τοῦ AC: om. Fc
δ' c   4 ξύμπαντα c   ὅ] quod b: ὁ AFc   περὶ] περὶ τοῦ Fc   post Ἄτλαντος
add. λόγος K²c   καὶ ὅτι om. b   10 ἀνεῖον A: ἀνθρώπινον Fc   11 τῷ ὄντι
om. c   13 αὐτῷ c: αὐτῷ F   14 αὐτός F: ὁ αὐτὸς A: om. b   διὰ δὲ] scripsi:
διὰ A: ὃς διὰ Fbc   14. 15 ἐξαμαρτῆσαι Fc   16 τὴν (pr.) F: τὸν comp. A
17 μεγίστας τοῦ κόσμου Ab: τοῦ κόσμου F: τοῦ κόσμου μεγίστας K²c   19 οὐ μὴν A:
ἡμῖν Fbc   23 συναμφότερον bc: συναμφο AF: fort. συναμφοτέρου

τως ἔχοντα παρὰ φύσιν· ὀλίγον μὲν γὰρ χρόνον εἰκὸς ἦν διαρκέσαι βε- 168ᵃ
βιασμένην τὴν ἐπὶ τὸ κάτω ῥοπήν, εἰς ἀεὶ δὲ ἀδύνατον, ὥστε οὐδὲ κινεῖ-
σθαι διὰ παντὸς οὕτως οἷόν τε ἦν, εἴπερ βάρος ἔχοντα πρὸς τὸ κάτω
ῥέπειν ἐπεφύκει.
   Ἀλλὰ καὶ τὸ τρίτον ἄλογον τὸ λέγειν ὑπὸ τῆς ἑαυτοῦ ψυχῆς ἀναγκα-
ζόμενον τὸ θεῖον σῶμα μένειν ἀϊδίως κινούμενον ἢ ὑπὸ ψυχῆς ἀναγκα-
ζούσης μένειν ἀΐδιον τὴν ἐν αὐτῷ κίνησιν. καὶ γὰρ τὸ κατὰ βίαιον ἀνάγ-
κην γινόμενον ἀΐδιον εἶναι τῶν ἀδυνάτων ἐστί· παρὰ φύσιν γὰρ τοῦτο, τὸ
δὲ παρὰ φύσιν τοῦ κατὰ φύσιν ἔκπτωσις ὂν οὐκ ἀΐδιον· δεῖ γὰρ εἶναι καὶ
τὸ κατὰ φύσιν, καὶ ἅμα ἄμφω εἶναι ἀδύνατον. οὕτω μὲν ἐπὶ τοῦ κινου-
μένου τὸ ἀδύνατον ἐνεδείξατο διὰ τοῦ μὴ εὔλογον εἶναι μένειν ἀΐδιον
ὑπὸ ψυχῆς ἀναγκαζούσης γινόμενον. λοιπὸν δὲ καὶ ἀπὸ τῆς κινούσης
ψυχῆς, ὅτι οὐδὲ ταύτης οἷόν τε εἶναι τὴν τοιαύτην ζωὴν ἄλυπον
καὶ μακαρίαν, ἀλλὰ ἄσχολον καὶ πάσης ἀπηλλαγμένην ῥαστώ-
νης ἔμφρονος, εἴπερ ἄλλως πεφυκότος φέρεσθαι τοῦ πρώτου σώματος,
οἷον ἐπὶ τὸ μέσον, ἡ ψυχὴ μετὰ βίας ἄλλως αὐτὸ κινεῖσθαι ἀναγκάζει
κυκλοφορούμενον. οὐ γὰρ τὸ κινούμενον μόνον τὴν παρὰ φύσιν καὶ βίαιον
κίνησιν κάμνει, ἀλλὰ καὶ τὸ κινοῦν αὐτήν, καὶ μάλιστα εἰ καὶ συνεχῶς
καὶ ἀϊδίως κινοίη· τὸ μὲν γὰρ πρὸς ἅπαξ, εἰ καὶ ὀχληρόν, ἀλλ' οἰστὸν ἂν
εἴη ταχείας τῆς ἀπαλλαγῆς τοῦ ἐνοχλοῦντος γινομένης, τὸ δὲ συνεχῶς καὶ
ἀϊδίως ἀφόρητον, καὶ πολλῷ χείρων ὁ τοιοῦτος βίος τοῦ τῶν ἐν τοῖς θνη-
τοῖς ζῴοις ψυχῶν, εἴ γε αὗται μέν, κἂν ἄλλως πεφυκότα κινεῖσθαι τὰ
οἰκεῖα σώματα κατὰ τὴν ἐπικρατοῦσαν ῥοπὴν τῶν ἐν αὐτοῖς στοιχείων
ἄλλως κινῶσι βαδίζοντα, ἀλλ' ἀναπαύονταί γε τῆς τοιαύτης ἐνεργείας
κατὰ τοὺς ὕπνους καὶ τὰς ἄλλας τῶν ζῴων ἠρεμίας, αἱ δὲ τῶν οὐρανίων
ψυχαὶ καὶ ταῦτα θεῖαι οὖσαι οὐδέποτε τοῦ παρὰ φύσιν κινεῖσθαι ἀνοχὴν
ἕξουσιν.
   Ἔμφρονα δὲ ῥαστώνην τὴν θεωρητικὴν ὁ Ἀλέξανδρός φησι, διότι
δεῖται ὁ θεωρητικὸς νοῦς καὶ ἡ τοιαύτη φρόνησις ῥαστώνης μάλιστα. φαί-
νεται δὲ τὴν μὲν ῥαστώνην τὴν ἐν τῷ κινεῖν τὰ σώματα λέγων ὁ Ἀρι-|
στοτέλης, τὸ δὲ ἔμφρονα προσθεὶς διὰ τὸ ὑπὸ Πλάτωνος εἰρημένον τὸ 168ᵇ
"ἤρξατο ἀπαύστου καὶ ἔμφρονος βίου πρὸς τὸν σύμπαντα χρόνον", ὥσπερ
καὶ τὸ Ἰξίονός τινος μοῖραν κατέχειν αὐτὴν ἀΐδιον καὶ ἄτρυτον.
καὶ γὰρ καὶ τοῦτό μοι δοκεῖ πρὸς ἐκεῖνο τοῦ Πλάτωνος ἀπερρῖφθαι τὸ
ῥητὸν τὸ λέγον "ἡ δὲ ἐκ μέσου πρὸς τὸν ἔσχατον οὐρανὸν πάντῃ διαπλε-
κεῖσα ἤρξατο ἀπαύστου καὶ ἔμφρονος βίου πρὸς τὸν σύμπαντα χρόνον."

---

1 χρόνον CF: τὸν χρόνον A   2 εἰς om. Fc   5 ἄλογον F: absurdum b: om. A
7 βίαιον AC: βιαίαν Fc   12 γινομένην C   14 ἀλλ' Fc   15 πρώτῳ] α̅ου F:
ἀνθρώπου c   17 βίαιον AC: βιαίαν Fc   21 τοῖς om. Fc   24 βαδίζοντα AF:
vim inferentes b: γρ. βιάζοντα mg. K²: βιάζοντα c   25 ἠρεμίας F: ἠρεμαίας A
31 ὑπὸ τοῦ Fc   τὸ (tert.)] Tim. 36 e   33 Ἰξίονός F: Ἰξίωνος A   τινος Fb:
τις A   34 τοῦ Πλάτωνος] τὸ Πλατωνικὸν Fc   τὸ om. Fc   35 δ' c
35. 36 διαπλεκεῖσα A: διαπλακεῖσα Fc

τοῦτο γάρ μοι δοκεῖ παραξέειν ὁ Ἀριστοτέλης διὰ τοῦ ἀλλ' ἀναγκαῖον 168ᵇ
Ἰξίονός τινος μοῖραν κατέχειν αὐτὴν ἀίδιον καὶ ἄτρυτον. καὶ ὁ μὲν
κατὰ τὸν Ἰξίονα μῦθος ἐπιθέσθαι λέγει τῷ γάμῳ τῆς Ἥρας τὸν Ἰξίονα, τὴν
δὲ νεφέλην μορφώσασαν ἀνθ' ἑαυτῆς αὐτῷ προσιέναι· μιχθέντος δὲ αὐτοῦ
τῇ νεφέλῃ γεννηθῆναι τὸν Κένταυρον· γνόντα δὲ τὸν Δία παρὰ τῆς Ἥρας
τροχῷ τὸν Ἰξίονα προσδῆσαι, ὥστε ἀπαύστως ἐπ' αὐτοῦ φέρεσθαι. τάχα
δὲ ἂν σημαίνοι ἂν ὁ μῦθος ἐπιθέσθαι μὲν πολιτικῇ καὶ βασιλικῇ τινι προ-
νοίᾳ τὸν Ἰξίονα· Ἡραῖον δὲ τὸ τοιοῦτον τῆς ζωῆς εἶδος· ἀνάξιον δὲ φα-
νέντα κατὰ δίκην τῆς Ἥρας εἰδώλῳ τινὶ ἐνύλῳ καὶ τεθολωμένῳ τῆς τοι-
αύτης προστασίας περιπεσεῖν, ὅπερ ἡ νεφέλη δηλοῖ ἀὴρ οὖσα θολώδης
καὶ ὑλικώτερος· τούτῳ δ' οὖν συμπλακέντα τῷ εἴδει γεννῆσαι μὲν συρφε-
τὴν λογικῶν τε καὶ ἀλόγων ἐνέργειαν, ἐνδεθῆναι δὲ ὑπὸ τοῦ τὸ κατ' ἀξίαν
πᾶσιν ἀφορίζοντος δημιουργοῦ θεοῦ ἐν τῷ τῆς εἱμαρμένης τε καὶ γενέσεως
τροχῷ, οὗπερ ἀδύνατον ἀπαλλαγῆναι κατὰ τὸν Ὀρφέα μὴ τοὺς θεοὺς ἐκεί-
νους ἱλεωσάμενον

                           "οἷς ἐπέταξεν"
ὁ Ζεὺς
            "κύκλου τ' ἀλλῆξαι καὶ ἀμψῦξαι κακότητος"
τὰς ἀνθρωπίνας ψυχάς.

    Ἐπειδὴ δὲ ὁ ἐκ τῆς Ἀφροδισιάδος Ἀλέξανδρος ἐν μὲν τοῖς ἄλλοις
καλῶς, οἶμαι, καὶ τῶν ἄλλων Περιπατητικῶν καλλιόνως τοῖς Ἀριστοτέλους
φαίνεται παρακολουθῶν λόγοις, ἐν δὲ τοῖς πρὸς Πλάτωνα τῷ Ἀριστοτέλει
λεγομένοις οὐκέτι μοι δοκεῖ φυλάττειν τὸν σκοπὸν τῆς Ἀριστοτέλους ἀντι-
λογίας πρὸς τὸ φαινόμενον τῶν Πλάτωνος λόγων ἀποτεινόμενον, ἀλλὰ κα-
κοσχόλως πως ὑπαντῶν πρὸς αὐτὸν οὐ τὸ φαινόμενον μόνον ἐλέγχειν καὶ
αὐτὸς πειρᾶται φειδοῖ τῶν ἁπλουστέρων, ὥσπερ καὶ Ἀριστοτέλης ἐποίησεν,
ἀλλὰ καὶ τὰς ἐννοίας διαβάλλει τοῦ θείου Πλάτωνος καὶ πορίσματα συνά-
γειν ἐκ τῶν λόγων ἐπιχειρεῖ οὐδὲ τῷ φαινομένῳ πολλάκις ἀκολουθοῦντα,
φέρε κἀνταῦθα τὴν τῷ θεῷ καὶ τῷ Ἀριστοτέλει φίλην ἀλήθειαν προστη-
σάμενος τὰ τοῦ Ἀλεξάνδρου περὶ τῆς ⟨τῆς⟩ ψυχῆς κινήσεως ὡς τῷ Πλά-
τωνι δοκοῦντα προσθεὶς βασανίσαι πειράσομαι διὰ τοὺς ἐπιπολαιότερον
αὐτοῦ τοῖς λόγοις ἐντυγχάνοντας καὶ κινδυνεύοντας ἐξ αὐτῶν διαβεβλη-
μένως ἴσχειν πρὸς τὰ τοῦ Πλάτωνος δόγματα, ταὐτὸν δὲ εἰπεῖν καὶ πρὸς
τὰ τοῦ Ἀριστοτέλους καὶ πρὸς τὴν θείαν ἀλήθειαν. λέγει τοίνυν ὁ Ἀλέ-
ξανδρος ἐπ' αὐτῶν τάδε τῶν ῥημάτων· "ἀκολούθως τῷ | λόγῳ τούτῳ 169ᵃ

---

2 Ἰξίονός F: Ἰξίωνος Α   3 Ἰξίονα (pr.) F: ἠξίωνα Α   Ἰξίονα (alt.) F: ἠξίωνα Α
5 τῇ νεφέλῃ Fb: τὴν νεφέλην Α   6 Ἰξίονα F: ἠξίωνα Α   7 ἂν (alt.) A: om. Fc
βασιλικῇ] καλῇ Fc   8 Ἰξίονα F: ἠξίωνα Α   11 δ' οὖν] δὲ Fc   τῷ] ἤδη τὸν Ἰξίονα
τῷ Fc   11. 12 συρφετὴν] scripsi: σύρφυσιν Α: σύμμικτον φύσιν Fc   12 ἐνέργειων c
14 Ὀρφέα] fr. 226 Abel   18 ἀλλῆξαι Α: ἀλῦσαι F: ἀλλῦσαι c: ἂν λήξαι Proclus
ἀμψῦξαι Α: ἀναψῦξαι Fc   21 καὶ τῶν ἄλλων οἶμαι Fc   κάλλιον Fc   25 μόνον Fb:
om. A   27 θείου] θείου καὶ σοφοῦ Fc   29 τὴν — προστησάμενος (30) om. c
30 τῆς τῆς] scripsi: τῆς AFc   ψυχῆς Ab: ψυχικῆς Fc   31 ἐπιπολαιότερον] corr.
ex ἐπιπαλαιότερον Α: ἐπιπολαιοτέρως Fc   33 ἴσχειν Α: ἔχειν Fc

εἴη ἂν δεικνύναι κατὰ Πλάτωνα τὰς τῶν θεῶν ψυχὰς ἐν χείρονι μοίρᾳ 169ᵃ
τῶν ἐν τοῖς θνητοῖς σώμασιν, ὥστε καὶ τὴν τοῦ κόσμου, εἴ γε ἄμεινον
μὲν πάσῃ ψυχῇ χωρὶς σώματος εἶναι, αὕτη δὲ οὐδέποτε χωρὶς σώματος
ἔσται ὄντος μετὰ τὴν γένεσιν ἀιδίου καὶ ἄπαυστον κίνησιν, ὥς φησι, κι- 5
5 νουμένου ὑπ' αὐτῆς, ὃ δόξει πρὸς βίαν κινεῖν. καὶ γάρ, εἰ μὴ ὅμοιον τὸ
τοῦ κόσμου σῶμα τοῖς τῶν ἄλλων ζῴων τῷ ταῦτα εἶναι ἐμπαθέστερα,
ἀλλ' οὖν κάλλιον κἀκείνη ἐφ' ἑαυτῆς εἶναι ἢ μετὰ σώματος. ὅλως δέ,
καθ' οὓς τὸ κυκλοφορητικὸν σῶμα ἢ τῶν τεσσάρων τί ἐστιν ἢ ἐκ τῶν 10
τεσσάρων, ἔπειτα τὴν κίνησιν τὴν κύκλῳ οὐκ οὖσαν αὐτῷ κατὰ φύσιν
10 κατὰ τὴν ψυχὴν κινεῖται, τούτοις τὸ προειρημένον ἕποιτο ἂν ἄτοπον." ἐν
δὴ τούτοις, εἰ καὶ Ἀριστοτέλης αὐτὸς τὸν οὐρανὸν ἀίδιον ὄντα ἔμψυχον
εἶναι βούλεται σαφῶς ἐν τούτῳ τῷ βιβλίῳ λέγων "ὁ δὲ οὐρανὸς ἔμψυχος 15
καὶ ἔχει κινήσεως ἀρχήν" καὶ προελθὼν πάλιν φησὶν "ἀλλ' ἡμεῖς ὡς
περὶ σωμάτων μόνον αὐτῶν καὶ μονάδων τάξιν μὲν ἐχόντων, ἀψύχων δὲ
15 πάμπαν διανοούμεθα, δεῖ δὲ ὡς μετεχόντων αὐτῶν ὑπολαμβάνειν πράξεως
καὶ ζωῆς", καὶ ὁ Ἀλέξανδρος συντίθεται τούτοις, πῶς τέως κατὰ Πλά- 20
τωνα τὰς τῶν θεῶν ψυχὰς καὶ τὴν τοῦ κόσμου ἐν χείρονι μοίρᾳ τετάχθαι
φησὶ τῶν ἐν τοῖς θνητοῖς σώμασιν, εἴ γε ἄμεινον μὲν τὸ χωρὶς εἶναι σώ-
ματος, αὗται δὲ οὐδέποτε χωρὶς σώματος ἔσονται ἀιδίων ὄντων αὐτῶν καὶ
20 ἀεὶ ἐμψύχων; ταῦτα γὰρ οὐ τῷ Πλάτωνι μόνῳ ἐδόκει, ἀλλὰ καὶ τῷ γνη- 25
σιωτάτῳ τῶν Πλάτωνος ἀκροατῶν τῷ Ἀριστοτέλει καὶ τῷ ἐπιμελεστάτῳ
τοῦ Ἀριστοτέλους σπουδαστῇ τῷ Ἀλεξάνδρῳ. πῶς δέ, εἰ ἄμεινον χωρὶς
εἶναι σωμάτων ταῖς θείαις ψυχαῖς, οὐδέποτε τυγχάνουσι καὶ κατ' αὐτὸν
τοῦ ἀμείνονος, εἴπερ ἀίδια τὰ σώματα αὐτῶν ἐστι; πῶς δὲ ταῖς τῶν θνη- 30
25 τῶν ζῴων ψυχαῖς τὰς θείας παραβάλλων ἐν χείρονι μοίρᾳ φησὶν αὐτὰς
ἐκείνων εἶναι κατὰ Πλάτωνα ἀεὶ συνεῖναι τὰς θείας ψυχὰς τοῖς σώμασι
λέγοντα, εἴ γε καὶ τὰς ψυχὰς τὰς ἐν τοῖς θνητοῖς σώμασιν ἐντελεχείας
ἀχωρίστους τῶν σωμάτων οὗτος ὑπολαμβάνει, καὶ τὸν Ἀριστοτέλην πάνυ 35
ἀπιθάνως ἐν τοῖς τοιούτοις παρεξηγούμενος; ὅτι δὲ οὐχ ὡς ὑπὸ ψυχῆς
30 κινεῖσθαι λέγοντι τὸν οὐρανὸν μέμφεται ὁ Ἀριστοτέλης τῷ Πλάτωνι,
δῆλον, εἴπερ καὶ αὐτὸς ἔμψυχον λέγει τὸν οὐρανὸν ἔχοντα κινήσεως ἀρχὴν
ἐν ἑαυτῷ, δηλονότι τὴν ψυχήν· περὶ γὰρ ταύτης ἦν ὁ λόγος αὐτῷ. ἀλλ' 40
εἰπόντος τοῦ Πλάτωνος περὶ τῆς ψυχῆς "ἡ δὲ ἐκ μέσου πρὸς τὸν ἔσχα-
τον οὐρανὸν πάντῃ διαπλακεῖσα ἤρξατο ἀπαύστου καὶ ἔμφρονος βίου"
35 ηὐλαβήθη, μή τις τῆς συνεκτάσεως καὶ τῆς συνδιαπλοκῆς ἀκούσας σωμα-
τικήν τινα καὶ βίαιον κατὰ ὠθισμὸν γινομένην ὑπονοήσῃ τὴν ψυχικὴν 45
κίνησιν οὐ πεφυκότος οὕτω κινεῖσθαι τοῦ σώματος· διὸ καὶ τὸν Ἰξίονα

3 μὲν om. Fc   4 γένεσιν τοῦ σώματος Fc   8 τὸ] καὶ τὸ Fc   τί Fh: τέ A
10 ἂν ἕποιτο Fc   12 βιβλίῳ] 285ᵃ29   δ' c   13 φησίν] 292ᵃ18   14 μόνον
Fb: μόνων A   15 δ' c   19. 20 καὶ ἀεὶ] corr. ex κάεὶ A   23 κατ' αὐτὸν
Fb: κατὰ ταὐτὸν A   27 ψυχὰς] ψυχὰς αὐτὰς Fc   29 δὲ Fb: om. A; fort. γὰρ
30 τῷ Πλάτωνι ὁ Ἀριστοτέλης Fc   31 ἔμψυχον εἶναι Fc   33 εἰπόντος] Tim. 36 c
δ' c   34 διαπλακεῖσα Fc   35 διαπλοκῆς Fc   36 τὴν om. Fc   37 Ἰξίονα
F: ἠξίωνα A

SIMPLICII IN L. DE CAELO II 1 [Arist. p. 284ᵃ14]   379

παρήγαγεν. ἐπεί, ὅτι οὔτε συνεκτετάσθαι τῷ σώματι τὴν ψυχὴν οὔτε 169ᵇ
συνδιαπεπλέχθαι σωματικῶς ἐνόμιζεν ὁ Πλάτων, δηλοῖ λέγων, ὅτι τὸ σω-
ματοειδὲς ἅπαν ὁ δημιουργὸς ἐντὸς αὐτῆς ἐτεκτήνατο ὡς αὐτὸ τῇ ψυχῇ
ἐνιδρυμένον. ὅτι δὲ οὐδὲ βιαίως ὑπὸ τῆς ψυχῆς νομίζει κύκλῳ κινεῖσθαι 5
5 τὸν οὐρανὸν ὁ Πλάτων, ἀλλὰ φυσικῶς, κἂν ἐκ τῆς τῶν τεσσάρων στοι-
χείων ἀκρότητος αὐτὸν συνεστάναι βούλοιτο, μάθοις ἂν ἐκ τοῦ καὶ πρὸ
τῆς ψυχώσεως τάδε περὶ τῆς τοῦ σώματος κινήσεως γράψαι· "κίνησιν γὰρ
ἀπένειμεν αὐτῷ τὴν τοῦ σώματος οἰκείαν τῶν ἑπτὰ τὴν περὶ νοῦν καὶ 10
φρόνησιν μάλιστα οὖσαν· διὸ δὴ κατὰ τὰ αὐτὰ ἐν τῷ αὐτῷ καὶ ἐν ἑαυτῷ
10 περιαγαγὼν αὐτὸ ἐποίησε κύκλῳ κινεῖσθαι στρεφόμενον". εἰ τοίνυν πρὸ
τῆς ψυχώσεως αὐτοῦ ταῦτά φησι, δῆλον, ὅτι τὴν φυσικὴν ἐπιτηδειότητα
παρίστησι τοῦ σώματος τοῦ οὐρανίου πρὸς τὴν ἐγκύκλιον κίνησιν. πῶς 15
οὖν ἔτι δυνατὸν ἐγκαλεῖν τῷ Πλάτωνι ὡς ἄλλως πεφυκότα κινεῖσθαι τὸν
οὐρανὸν ἄλλως ὑπὸ τῆς ψυχῆς λέγοντι φέρεσθαι; καὶ πάντων, οἶμαι,
15 μᾶλλον ὁ Ἀριστοτέλης τὴν ἐν Τιμαίῳ περὶ τούτων τοῦ Πλάτωνος γνώ-
μην ἠπίστατο, ὃς καὶ σύνοψιν ἢ ἐπιτομὴν τοῦ Τιμαίου γράφειν οὐκ ἀπη- 20
ξίωσεν.

"'Ἀλλὰ μὴν οὐδὲ ὑπ' ἄλλης ψυχῆς", ὁ Ἀλέξανδρός φησιν, "βίᾳ
κινηθήσεται τὸ κύκλῳ κινούμενον σῶμα. δεῖ μὲν γάρ, εἰ μέλλοι ψυχὴ
20 κινήσειν βίᾳ, μετὰ σώματος αὐτὴν εἶναι· ἀδύνατον γὰρ βίᾳ κινεῖσθαι
σῶμα ὑπό τινος ἄνευ ἁφῆς τε καὶ ἀντερείσεως, ταῦτα δὲ σωματικά· 25
δεήσει ἄρα μετὰ σώματος αὐτὴν εἶναι, δι' οὗ κινουμένου καὶ αὐτὴ κινή-
σει τὸ κύκλῳ παρὰ φύσιν· καὶ δῆλον, ὅτι καὶ τὸ αὐτῆς σῶμα κύκλῳ
κινοῖτο ἄν, εἰ μέλλοι συμπεριφέρειν ἐκεῖνο καὶ βιάζεσθαι καὶ μὴ πεφυκὸς
25 οὕτω· μόνως γὰρ οὕτως ὁμαλήν τε καὶ ἀίδιον κίνησιν αὐτὸ κινήσει·
κύκλῳ δὲ κινούμενον κατὰ τὴν ἐν αὐτῷ ψυχὴν συνεχῶς τε καὶ κατὰ φύ- 30
σιν ἀεὶ ἂν κινοῖτο· τὸ γὰρ κατὰ τὴν οἰκείαν ψυχὴν οὕτω κινούμενον κατὰ
φύσιν κινεῖται· εἰ δὲ τοῦτο, ἐκεῖνο ἂν εἴη τὸ κυκλοφορητικόν." ταῦτα
ὁ Ἀλέξανδρος τοῖς ῥήμασι λέγων πῶς οὐκ ἐπέστησεν, ὅτι καὶ τὸ οὐρά-
30 νιον κατὰ τὴν οἰκείαν ψυχὴν κυκλοφορούμενον οὐδὲν κωλύει κατὰ φύσιν 35
κινεῖσθαι;

Τὰ δὲ ἐφεξῆς ὑπὸ τοῦ Ἀλεξάνδρου λεγόμενα πλείονος ἢ οὐκ ἐλάττο-
νος ἐπιστάσεως τῶν ἤδη ῥηθέντων ἄξια νομίζω. "ἐζητήσαμεν γάρ", φησί,
"κατὰ τούσδε τοὺς τόπους τοῦ δευτέρου γενόμενοι, τίνα κίνησιν ἡ ψυχὴ 40
35 τὸ κυκλοφορητικὸν σῶμα κινεῖ, εἴ γε τὴν κύκλῳ φύσει κινεῖται, καὶ ἡ μὲν
ζήτησις ἀναγκαία καὶ πάντως ὀφείλουσα προβεβλῆσθαι, τὰς δὲ λύσεις

---

2 λέγων] Tim. 36 d   5 ἀλλά Fb: ἀλλὰ καὶ A   6 συνεστάναι Fb: συνιστάναι A
7 γράψαι] Tim. 34 a   9 μάλιστ' c   ταῦτα c   ταὐτῷ c   10 αὐτὸ F: τὸ A
18 φησὶν ὁ Ἀλέξανδρος Fc   19 ψυχὴ Fb: ψυχὴν A   20 βίᾳ (alt.) om. Fc
20. 21 σῶμα κινεῖσθαι Fc   21 ἁφῆς Fb: om. A   22. 23 κινήσει τὸ] κινηθήσεται
Fc   23 δῆλον, ὅτι] δὴ c   24 καὶ μὴ] μὴ Fc   25 οὕτως c   κινήσει
κίνησιν αὐτὸ Fc   27 ἂν F: om. A   29 τοῖς] αὐτοῖς τοῖς c et corr. ex αὐτοῖς F;
fort. scr. αὐτοῖς   34 δευτέρου] β' A: βιβλίου F: β' βιβλίου c

ἐπισκεπτέον. Ἰουλιανοῦ μέν, φησί, τοῦ Τραλλιανοῦ δόξα ἦν τῆς ἐπὶ 169ᵇ
δεξιὰ κινήσεως αἰτίαν αὐτῷ τὴν ψυχὴν εἶναι καὶ τῆς ὁμαλοῦς καὶ τε-
ταγμένης. Ἑρμίνος δὲ τοῦ εἰς ἄπειρον αὐτὸ κινεῖσθαι τὴν ψυχὴν ἔλεγε 45
αἰτίαν· μηδὲν γὰρ σῶμα πεπερασμένον ἔχειν τῇ ἑαυτοῦ | φύσει δύνα- 170ᵃ
5 μιν τῆς ἐπ' ἄπειρον κινήσεως". καὶ τούτῳ μὲν ἐπέσκηψεν ὁ Ἀλέξανδρος
λέγων τοῦ ἐπ' ἄπειρον κινεῖσθαι μὴ τὴν οἰκείαν ψυχὴν αἰτίαν εἶναι, ἀλλὰ
τὸ κινοῦν πρῶτον. καὶ εἰ μέχρι τούτου προήγαγεν τὸν λόγον, καλῶς ἄν,
οἶμαι, ἔλεγεν. ὥσπερ γὰρ ἡ κίνησις ἀπὸ ψυχῆς διὰ τὴν αὐτοκίνητον αὐ- 5
τῆς δύναμιν, οὕτω τὸ ἐπ' ἄπειρον καὶ ἀεὶ κατὰ τὰ αὐτὰ καὶ ὡσαύτως
10 καὶ περὶ τὰ αὐτὰ καὶ ἐν τῷ αὐτῷ καὶ ὅσα τοιαῦτα ἀπὸ τῆς ἀκινήτου
νοερᾶς αἰτίας ἐφήκει τῷ οὐρανῷ. ὁ δὲ εἰς τὴν οἰκείαν σχολὴν ἀπάγων
τὸν λόγον μετὰ τὸ εἰπεῖν, ὅτι τῆς ἐπ' ἄπειρον κινήσεως τὸ πρῶτον κινοῦν 10
ἐστιν αἴτιον, ἐπάγει· "ἡ γὰρ οἰκεία ψυχὴ κατὰ τὸ εἶδος καὶ τὴν δύναμιν
μᾶλλόν ἐστιν, εἴ γε ἐντελέχεια, ὥστε κατὰ τὰ προειρημένα οὐχ οἷόν τε
15 ταύτην τοῦ εἰς ἄπειρον κινεῖν εἶναι δύναμίν γε οὖσαν τοῦ πεπερασμένου".
ἀλλ' ὅτι μέν, κἂν ἐντελέχειαν λέγῃ τὴν ψυχὴν Ἀριστοτέλης, διττὴν οἶδε 15
τὴν ἐντελέχειαν, τὴν μὲν ἀχώριστον, τὴν δὲ χωριστήν, καὶ τὴν ψυχὴν
μάλιστα τὴν λογικὴν ὡς χωριστὴν ἐντελέχειαν λέγει ἐν τοῖς Περὶ ψυχῆς,
πολλοῖς ἀνδράσι καὶ κλεινοῖς ἀποδέδεικται.
20 Πρὸς δὲ τὸν Ἰουλιανὸν μηδὲν εἰπόντος τοῦ Ἀλεξάνδρου ῥητέον, ὅτι, 20
εἰ τῆς ἐπὶ δεξιὰ κινήσεως ἡ ψυχὴ τῷ οὐρανῷ αἰτία, δῆλον, ὅτι ἡ τῆς
ἀπλανοῦς· αὕτη γὰρ ἡ ἐπὶ δεξιὰ κινουμένη καὶ τὰς ἄλλας ἐπὶ τοῦτο συμ-
περιάγουσα. αἱ οὖν τῶν πλανᾶσθαι λεγομένων σφαιρῶν ψυχαὶ τίνα κίνη-
σιν αὐτὰς κινοῦσι; τὴν μὲν γὰρ ἐπὶ δεξιὰ τῇ ἀπλανεῖ συγκινοῦνται, εἰ δὲ 25
25 τὴν ἐπ' ἀριστερὰ τὴν οἰκείαν, ἡ ἀπορία μένει ζητοῦσα, ποίαν μὲν ἡ
φύσις κινεῖ κίνησιν, ποίαν δὲ ἡ ψυχή, καὶ εἰ τὴν ἐπὶ δεξιὰ κίνησιν τὴν
ἀπ' ἀνατολῶν τὴν τῆς ἀπλανοῦς ἡ ψυχὴ κινεῖ, ποίαν κίνησιν ἡ φύσις
ἐκείνην κινήσει.
"Ἡμεῖς δέ", φησὶν ὁ Ἀλέξανδρος, "ἐπιχειροῦμεν δεικνύναι τοῦ θείου 30
30 σώματος οὐκ ἄλλην μὲν τὴν φύσιν οὖσαν, ἄλλην δὲ τὴν ψυχήν, ἀλλ' ὡς
ἡ βαρύτης τῆς γῆς καὶ τοῦ πυρὸς ἡ κουφότης· ὡς γὰρ ταῦτα λέγοντες
φύσει κινεῖσθαι κατὰ τὰς δυνάμεις ταύτας κινεῖσθαι λέγομεν, καὶ οὐκ ἄλλη
τις αὐτῶν παρὰ τὴν κατὰ φύσιν ἢ κατὰ τὰς οἰκείας δυνάμεις κίνησίς 35
ἐστιν, οὕτω καὶ τὴν φύσιν τοῦ θείου σώματος εὔλογον ἐφαίνετο εἶναι καὶ
35 τὴν δύναμιν τὴν ψυχήν· τίς γὰρ ἂν ἄλλη παρὰ ταύτην εἴη φύσις αὐτοῦ;
τελειοτέρα γὰρ φύσεως ἡ ψυχή, εὔλογον δὲ τοῦ τελειοτέρου σώματος καὶ

---

3. 4 αἰτίαν τὴν ψυχὴν ἔλεγεν Fc (ἔλεγε c)   7 προήγαγε Fc   10 καὶ ἐν
τῷ αὐτῷ om. Fc   13 αἴτιόν ἐστιν Fc   15 εἶναι] αἰτίαν εἶναι c   16 κἂν]
ἐὰν Fc   ὁ Ἀριστοτέλης Fc   18 λέγει] Γ 5. 430ᵃ17   21 ἡ (alt.)] τῆς c
24 κινοῦσι] κινοῦσαν κινοῦνται Fc   28 ἐκείνην] ἐκείνης Fc   29 ἐπεχειροῦμεν Fc
33 ἡ om. Fc   35 τὴν (alt.) Α¹: τῆς Α²Fc   ψυχὴν Α: ψυχῆς Fc: *secundum
animam* b: ἢ τὴν κατὰ τὴν ψυχὴν mg. Κ²   ἄλλη] ἄλλη φύσις Fc   φύσις om.
Fc   36 τελειοτέρα] τελειότερον c   καὶ] καὶ τὴν ψυχὴν καὶ Fc

SIMPLICII IN L. DE CAELO II 1 [Arist. p. 284ᵃ14]   381

τὴν φύσιν εἶναι τελειοτέραν, καθ' ἣν φύσιν τε καὶ ψυχὴν ἐστι κυκλοφορη- 170ᵃ
τικόν." πῶς οὖν ταῦτα συνᾴδει τοῖς Ἀριστοτελικοῖς δόγμασιν; εἴπερ ὁ 41
Ἀριστοτέλης σαφῶς ἄλλην μὲν τὴν φύσιν, ἄλλην δὲ τὴν ψυχὴν εἶναι βού-
λεται, τὴν μὲν ἐν τῷ δευτέρῳ τῆς Φυσικῆς ἀκροάσεως ὁριζόμενος ἀρχὴν
5 κινήσεως καὶ ἠρεμίας, ἐν ᾧ ἐστι, τὴν δὲ ἐν τῷ δευτέρῳ τῆς Περὶ ψυχῆς 45
ἐντελέχειαν σώματος φυσικοῦ ὀργανικοῦ δυνάμει ζωὴν ἔχοντος. εἰ οὖν
πᾶσα ψυχὴ | φυσικοῦ σώματός ἐστιν ἐντελέχεια, καὶ ἄλλο μὲν τὸ φυσι- 170ᵇ
κὸν σῶμά ἐστιν, ἄλλο δὲ ἡ ἐντελέχεια αὐτή καὶ μάλιστα ἡ χωριστή, πῶς
ταὐτὸν ἂν εἴη φύσις καὶ ψυχή; ἀλλ' οὗτος ἀχώριστον ἐντελέχειαν νομίζων
10 τὴν ψυχήν, ἐπειδὴ καὶ ἡ φύσις ἀχώριστός ἐστι τοῦ φυσικοῦ σώματος καὶ 5
εἰς ταὐτόν πως ἔρχεται τῷ εἴδει, συνέφυρε τὴν φύσιν καὶ τὴν ψυχὴν
ἑκατέρα τὸ τῆς ἐντελεχείας ὄνομα προσήκειν οἰόμενος, διὸ καὶ δύναμιν καὶ
ψυχὴν καὶ φύσιν τὴν αὐτὴν ἐνόμισεν. οὕτω δὲ σαφῶς εἰπόντος τοῦ Ἀρι-
στοτέλους, ὅτι ἡμεῖς ὡς περὶ σωμάτων μόνον ἀψύχων τῶν οὐρανίων δια- 10
15 κείμεθα, δεῖ δὲ ὡς μετεχόντων αὐτῶν ὑπολαμβάνειν πράξεως καὶ ζωῆς,
εἰ καὶ τὰ ἄψυχα σώματα φυσικά ἐστιν, ἡ δὲ φύσις ἐπ' ἐκείνων ψυχή,
ὡς οὗτος λέγει, τίς ἦν χρεία προσθεῖναι τὴν πρᾶξιν καὶ τὴν ζωὴν τὴν
ψυχικήν; αὕτη γάρ ἐστιν ἡ πρακτική.   15

Ἀλλὰ ταῦτα μέν, οἶμαι, πρόδηλα, ζητεῖν δὲ οὐδὲν ἧττον περιλεί-
20 πεται, τίνα μὲν ἡ φύσις κίνησιν κινεῖ τὸ οὐράνιον σῶμα, τίνα δὲ ἡ ψυχή.
καὶ ῥητέον, οἶμαι, ὅτι ἡ φύσις καθ' ἑαυτὴν οὐκ ἔστιν ἱκανὴ κινῆσαι τε-
λείαν καὶ αὐτοφυᾶ τοπικὴν κίνησιν· οὐδὲ γὰρ ἡ τῶν τεσσάρων στοιχείων
κατὰ τὴν ἐπὶ τὸ ὅλον ῥοπὴν γινομένη κίνησις τελεία κίνησίς ἐστι καὶ 20
αὐτοφυὴς ὡς ἐνυπάρχοντος τοῦ κινοῦντος, ἀλλὰ πτώσει μᾶλλον ἔοικεν ἢ
25 ὁλκῇ τινι κατὰ τὴν ἀπὸ τῆς ὁλότητος ἐνδιδομένην τῷ μέρει δύναμιν ἐπι-
τελουμένη. οὐδὲ γὰρ ἔχει ταῦτα ἐν ἑαυτοῖς ὡς φυσικὰ μόνως τὸ κυρίως
κινοῦν· ἡ γὰρ φύσις μὴ οὖσα αὐτοκίνητος ἑτέρωθεν κινουμένη κινεῖ, διὸ 25
οὐδὲν μᾶλλον κινεῖν ἢ κινεῖσθαι λέγοιτο ἄν, καὶ τὰ μὲν μόρια τῶν ὅλων
ἀποσπασθέντα τῆς μὲν ἐν τῷ ὅλῳ ψυχώσεως καὶ τῆς τελείας φύσεως
30 ἐστέρηται, φύσιν δὲ ἔχειν λέγεται, καθὸ πέφυκε πάλιν συνάπτεσθαι τῷ
ὅλῳ κινούμενα, τὸ δὲ ὅλον φυσικόν τε καὶ ἔμψυχον ὑπὸ ψυχῆς κυρίως 30
κινεῖται διὰ μέσης τῆς φύσεως· ἡ γὰρ φύσις ζωή τίς ἐστιν ἐν ὑποκειμένῳ
τῷ σώματι ἐπιτηδειότης οὖσα καὶ εὐφυΐα πρὸς τὸ κινεῖσθαι τὰ σώματα
ὑπὸ ψυχῆς καὶ διὰ μέσης ἑαυτῆς τὴν τῆς ψυχῆς δύναμιν τὴν κινητικὴν
35 εἰς τὸ σῶμα διαπορθμεύουσα. καὶ ταῦτα, οἶμαι, καὶ τῷ Ἀριστοτέλει δο- 35
κοῦντα λέγω, εἴπερ τὴν ψυχὴν ἐντελέχειαν σώματος φυσικοῦ φησι, καὶ

---

2 Ἀριστοτέλους Fc   3 εἶναι τὴν ψυχὴν Fc   4 δευτέρῳ] cap. 1   5 δευτέρῳ]
cap. 1   τῆς] τοῦ F: τῶν c   8 αὐτή F: αὕτη Ab   9 ἡ φύσις c
ἡ ψυχή Fc   11 συνέφυρε A: συνέφερε F: συνέμιξε K²c   12 ἑκατέρα F: ἑκα-
τέρω A   καὶ (alt.) om. c   13 οὕτως c   εἰπόντος] 292ᵃ18   14. 15 δια-
νοούμεθα c: ratiocinamur b   15 ζωῆς F: ζῶς A   16 εἰ Fb: om. A
17 ἡ χρεία Fc   22 αὐτοφυᾶ Fb: αὐτοφυοῦ A   28 τὰ μὲν] τὰ Fc   36 λέγω]
λέγειν c

εἴπερ ἐν τοῖς ἑξῆς, ἐν οἷς φησι "τῶν γὰρ ἄλλων ἐν οὐδενὶ ὁρῶμεν, ὅθεν 170ᵇ ἡ ἀρχὴ τῆς κινήσεως" καὶ πάλιν "ἡμῖν δὲ ἐπεὶ διώρισται πρότερον, ὅτι ἐν τοῖς ἔχουσιν ἀρχὴν κινήσεως αἱ τοιαῦται δυνάμεις ἐνυπάρχουσιν", ἀρ- 40 χὴν κινήσεως ἔχειν σαφῶς τὰ ψυχὴν ἔχοντα λέγει καὶ οὐ τὰ φυσικά, ὡς
5 καὶ ὁ Ἀλέξανδρος ἐξηγεῖται. καὶ τῷ Πλάτωνι δὲ πρὸ τοῦ Ἀριστοτέλους ταῦτα δοκεῖ, εἴπερ ἐν τῷ δεκάτῳ τῶν Νόμων τὴν ἐνάτην κίνησιν τὴν κινουμένην μὲν ὑφ' ἑτέρου, κινοῦσαν δὲ ἕτερα, τὴν φύσιν εἶναί φησι κατὰ 45 τὴν τοῦ κινεῖσθαι εὐφυΐαν ἀλλ' οὐ κατὰ τὸ | κινεῖν ὑφεστῶσαν. ὥστε, 171ᵃ εἴ τις ἔροιτο, τίνα μὲν τοπικὴν κίνησιν ἡ φύσις, τίνα δὲ ἡ ψυχὴ τὸν οὐ-
10 ρανὸν κινεῖ, ἐροῦμεν, ὅτι ἡ ψυχὴ διὰ μέσης τῆς φύσεως κύκλῳ κινεῖσθαι τὸν οὐρανὸν ποιεῖ μιᾶς μὲν οὔσης καὶ τῆς αὐτῆς κινήσεως, ἀλλ' ἀπὸ μὲν 5 τῆς φύσεως ἐχούσης τὴν αὐτοφυᾶ καὶ ἀβίαστον καὶ κατ' αὐτὸ τὸ εἶδος ἐπιτηδειότητα πρὸς τὸ κινεῖσθαι, ἀπὸ δὲ τῆς ψυχῆς τὴν μεταβατικὴν ἐνέργειαν, πρὸς ἣν ἐπεφύκει διὰ τὴν φύσιν, ὥσπερ ἀπὸ τοῦ νοῦ τὸ ἀεὶ
15 καὶ κατὰ τὰ αὐτὰ καὶ ὡσαύτως καὶ περὶ τὰ αὐτὰ καὶ ἐν τῷ αὐτῷ περι- 10 φέρεσθαι· ὑπὸ γὰρ τούτων ἀπὸ τοῦ νοῦ χορηγουμένων ἡ ψυχικὴ κίνησις ἡ διὰ τῆς φύσεως ἐνδιδομένη τῷ σώματι συναιρεῖταί τε καὶ εἰς ὁμοιότητα τῆς νοερᾶς ἐνεργείας ἀποκαθίσταται. διὸ καὶ ὁ θεῖος ἐκεῖνος ἐρωτήσας, διότι κύκλῳ κινεῖται ὁ οὐρανός, ὅτι νοῦν μιμεῖται, φησίν.
20 Ἀλλὰ τῶν μὲν τοιούτων λόγων ἅλις ἔστω τὸ νῦν κατὰ τὸν Ἀριστο- 15 τέλην. δείξας δέ, ὅτι κατ' οὐδένα τρόπον τῶν εἰρημένων βίαιον εἶναι δυνατὸν τὴν τοῦ οὐρανοῦ κίνησιν, ἀλλὰ κατὰ φύσιν ἔχειν ἀνάγκη, εἴπερ ἀΐδιός ἐστιν, ἐπήγαγεν, ὅτι οὐ μόνον τῇ ἀϊδιότητι τοῦτο συνᾴδει τοῦ παντὸς τὸ μὴ βίαιον κατὰ φύσιν δὲ ἔχειν τὴν κίνησιν, ἀλλὰ καὶ τῇ μαντείᾳ, 20
25 ἣν ἔχομεν περὶ παντὸς τοῦ θείου, ὅτι ἄπονον αὐτὸ χρὴ εἶναι καὶ ἐν ῥᾳστώνῃ καὶ μακαριότητι διάγειν, μόνως ἂν οὕτως ἔχομεν ἀναμφιλέκτως συμφώνους ἀποδιδόναι τοὺς λόγους, εἰ λέγοιμεν μὴ βίαιον, ἀλλὰ κατὰ φύσιν αὐτοῦ τὴν ἐνέργειαν. μαντείαν δὲ ἐκάλεσε τὴν κοινὴν ταύτην 25 ἔννοιαν, ἣν ἔχομεν περὶ τῆς ἀπονίας καὶ μακαριότητος τοῦ θείου, ὅτι
30 κρειττόνως ἢ κατὰ ἀπόδειξιν ἐνυπάρχουσα βεβαιοτάτη καὶ ἀμετάπειστός ἐστιν· τοιαῦται γὰρ αἱ μαντεῖαι κατὰ θείαν γνῶσιν ὑπὲρ πᾶσαν ἀπόδειξιν προερχόμεναι μετὰ πίστεως ἀμεταθέτου.

p. 284ᵇ6 Ἐπειδὴ δέ τινές εἰσιν, οἵ φασιν εἶναι ἕως τοῦ ἐν ἅπασιν ὁμοίως ἐνόμιζον ὑπάρχειν. 35

35 Εἰπὼν περὶ τοῦ ὅλου οὐρανοῦ, ὅτι ἁπλοῦς, ὅτι τῶν τεσσάρων στοι-

---

1 εἴπερ] ὥσπερ Fc φησί] 284ᵇ33 2 πάλιν] 285ᵃ27 δ' c ἐπειδὴ ὥρισται c
6 δεκάτῳ] 894 c ἐννάτην Fc 7 ἑτέρου Fb: ἑκατέρου A ἕτερα] ἑτέραν Fc
φησίν c 10. 11 ποιεῖ τὸν οὐρανὸν κινεῖσθαι c 14 τῆς φύσεως Fc 15 τοῖς
αὐτοῖς Fc 16 ψυχικὴ Fb: ψυχὴ A 18 ὁ F: om. A ἐκεῖνος A: Plato b:
Πλωτίνος Fc; est Plato Tim. 34 a ἐρωτηθείς c 19 διότι] διὰ τί Fc 20 τὸ]
τὰ Fc 23 ἰδιότητι c 30 κρειττόνως AC: κρεῖττον Fc κατ' c ἀμετάπειστός CF: ἀμετάπιστος A 35 περὶ CFb: γὰρ περὶ A

SIMPLICII IN L. DE CAELO II 2 [Arist. p. 284ᵇ6]   383

χείων ἐξῃρημένος, ὅτι κυκλοφορητικός, ὅτι ἀγένητος καὶ ἄφθαρτος καὶ 171ᵃ
ἀναυξὴς καὶ ἀναλλοίωτος καὶ ἀπαθὴς πάσης θνητῆς δυσχερείας, ἔτι δὲ ἄπο-
νος ὡς ἀβιάστως καὶ κατὰ φύσιν κινούμενος, καὶ τῶν περὶ αὐτοῦ κοινῶν 40
ἐννοιῶν ὡς περὶ θεοῦ μαντευομένων ὑπομνήσας ἡμᾶς· καὶ γὰρ πρῶτον τὸν
5 οὐρανὸν καὶ τὰ ἐν οὐρανῷ παρὰ τὸ θέειν θεοὺς ἐκάλεσαν ἄνθρωποι καὶ ἀπὸ
τούτων εἰς ἐπίγνωσιν ἦλθον τοῦ τε δημιουργοῦ καὶ τῶν ἄλλων θείων τά-
ξεων· ταῦτα οὖν εἰπὼν εἰκότως λοιπὸν περὶ τῶν μερῶν τοῦ οὐρανοῦ προ- 45
τίθεται διδάξαι. διττὰ δὲ τὰ μέρη, τὰ μὲν καθ' αὑτά, ὡς αἱ σφαῖραι |
καὶ οἱ ἀστέρες, τὰ δὲ πρός τι καὶ κατὰ σχέσιν, ὡς τὸ δεξιὸν καὶ τὸ ἀρι- 171ᵇ
10 στερὸν τό τε ἔμπροσθεν καὶ τὸ ὄπισθεν καὶ τὸ ἄνω καὶ τὸ κάτω· διχῶς
δὲ καὶ ταῦτα θεωρεῖται κατά τε τὴν θέσιν καὶ κατὰ τὴν κίνησιν. καὶ περὶ
πρώτων διαλέγεται τῶν κατὰ σχέσιν, διότι τοῖς μὲν πολλοῖς ἀμφισβητήσιμον 5
ἐδόκει τὸ ἔχειν ὅλως ταῦτα τὸν οὐρανὸν ἁπλοῦν ὄντα καὶ ὁμοιομερῆ, οἱ δὲ
Πυθαγόρειοι τὸ δεξιὸν καὶ τὸ ἀριστερὸν ἐτίθεσαν ἐν ταῖς δέκα συστοιχίαις,
15 ἃς ἁπάντων κοινὰς ἀρχὰς ἔλεγον, ὥστε καὶ τοῦ οὐρανοῦ. εἴπερ οὖν ὅλως,
φησίν, ἐν οὕτως ὁμοιομερεῖ τῷ τοῦ οὐρανοῦ σώματι, ταὐτὸν δὲ εἰπεῖν 10
τῷ τοῦ παντὸς τοῦ κατὰ τὸν οὐρανὸν ὁριζομένου, ταύτας χρὴ τὰς ἀρχὰς
ἐνορᾶν τὰς κατὰ τὸ δεξιὸν καὶ ἀριστερόν, σκεπτέον, πότερον τοῦτον
ἔχει τὸν τρόπον, ὡς οἱ Πυθαγόρειοι λέγουσιν αὐτά, ἢ μᾶλλον ἑτέ-
20 ρως, ὡς ἡμεῖς ἐπινοοῦμεν. τριῶν γὰρ οὐσῶν τοῦ σώματος διαστάσεων, 15
μήκους, πλάτους, βάθους, καὶ δύο καθ' ἑκάστην διάστασιν περάτων τρεῖς
γίνονται συζυγίαι διάφοροι ἐν τοῖς τῶν ζῴων σώμασι. τοῦ μὲν γὰρ μή-
κους πέρατα τὸ ἄνω καὶ τὸ κάτω, τοῦ δὲ πλάτους τὸ δεξιὸν καὶ τὸ ἀρι-
στερόν, τοῦ δὲ βάθους τὸ ἔμπροσθεν καὶ τὸ ὄπισθεν, καί ἐστι τὸ μὲν 20
25 ἄνω τοῦ μήκους ἀρχή, τὸ δὲ δεξιὸν τοῦ πλάτους, τὸ δὲ ἔμπρο-
σθεν τοῦ βάθους. ἀρχαὶ δὲ τῶν κινήσεων αὗται· ἀπὸ γὰρ τούτων ἄρ-
χονται πρῶτον αἱ κινήσεις τοῖς ἔχουσιν αὐτά, τουτέστι τοῖς ζῴοις, ἀπὸ
μὲν τοῦ ἄνω ἡ αὔξησις, ἀπὸ δὲ τῶν δεξιῶν ἡ κατὰ τόπον, ἀπὸ 25
δὲ τῶν ἔμπροσθεν ἡ κατὰ τὴν αἴσθησιν καὶ μάλιστα τὴν εἰς τὸ
30 πρόσω τεινομένην· διὸ οὐδὲ ἐν πᾶσι τοῖς σώμασι ζητοῦμεν ταύτας τὰς
ἀρχάς, ἀλλ' ἐν τοῖς ἔχουσιν ἀρχὴν κινήσεως ἐν ἑαυτοῖς ἐπὶ πάσας τὰς
διαστάσεις φοιτώσης, ταῦτα δέ ἐστι τὰ ἔμψυχα. τὰ γὰρ ἄψυχα, οἷον 30
βῶλος ἢ σπινθήρ, κἂν ἔχῃ κινήσεως ἀρχήν, οὐ ψυχικῆς ἔχει τῆς ἐπὶ
πάντα ἰούσης, ἀλλὰ φυσικῆς τῆς ἐφ' ἓν ἀφωρισμένης· ἡ μὲν γὰρ βῶλος
35 ἐπὶ τὸ μέσον μόνον, ὁ δὲ σπινθὴρ ἐπὶ τὸ ἄνω. κἂν λέγωμέν ποτε καὶ ἐπὶ
τῶν μορίων τῶν ἐν τοῖς ἀψύχοις τὸ ἄνω καὶ τὸ κάτω καὶ τὸ δεξιὸν καὶ
τὸ ἀριστερὸν καὶ τὸ ἔμπροσθεν καὶ τὸ ὄπισθεν, πρὸς ἡμᾶς ἀναφέροντες 35
λέγομεν· ἢ γὰρ δεξιὰ λέγομεν τὰ κατὰ τὰ ἡμέτερα δεξιά, ὥσπερ οἱ

---

1 ἐξῃρημένος] ἐστερημένος Fc   ὅτι κυκλοφορητικός om. c: ὅτι κυκλοφορητικόν F
6 τούτου Fc   10 τὸ ὄπισθεν A: ὄπισθεν CF   11 δὲ καὶ] δὲ c   τε AC: om.
Fc   21 πλάτους, βάθους Ab: βάθους πλάτους C: βάθους καὶ πλάτους Fc   23 καὶ
τὸ (alt.) A: καὶ CFc   26 δὲ Fb: δὲ καὶ A   32 ἔμψυχα. τὰ γὰρ Fb: om. A
34 ἀφωρισμένης Fb: mut. in ἀφωρισμένως A¹   36 τῶν ἐν] ἐν Fc   38 τὴν ἡμε-
τέραν δεξιάν Fc

μάντεις· καὶ γὰρ δεξιὸν ὄρνιν τὸν ἐν τοῖς δεξιοῖς ἡμῶν καὶ σύμβολον 171ᵇ
δεξιὸν οὕτω λέγομεν· ἢ καθ' ὁμοιότητα τοῖς ἡμετέροις, ὡς ἐπὶ τῶν
ἀνδριάντων δεξιὰν χεῖρα λέγομεν καὶ ἀριστεράν, ἢ τὰ ἐναντίως ἔχοντα 40
τῇ θέσει ὡς ἀντιπρόσωπα δοκεῖν ἡμῖν εἶναι, ὡς ἐν τοῖς κατόπτροις
5 δεξιὸν μὲν τὸ κατὰ τὸ ἡμέτερον ἀριστερόν, ἀριστερὸν δὲ τὸ κατὰ τὸ ἡμέ-
τερον δεξιόν· ἐν τοῖς ἀψύχοις δὲ οὐ μίαν ὁρῶμεν κατὰ φύσιν διαφοράν.
τὰ γὰρ πρὸς ἡμᾶς λαμβανόμενα ἐὰν ἀνάπαλιν στραφῇ, τὰ ἐναντία τῶν 45
πρότερον ἐροῦμεν δεξιὰ καὶ ἀριστερὰ καὶ ἄνω καὶ | κάτω καὶ ἔμπρο- 172ᵃ
σθεν καὶ ὄπισθεν. τούτων τὰ πλεῖστα σαφῶς ἡμῖν ὁ Ἀριστοτέλης ἐν τῇ
10 Περὶ πορείας ζῴων παραδέδωκεν, εἰς ἣν πραγματείαν καὶ νῦν τὸν λόγον
ἀνέπεμψε. γράφει δὲ ἐν ἐκείνοις οὕτως· "τὸ μὲν ἄνω καὶ κάτω μόριον
πάντα ἔχει τὰ ζῶντα· οὐ μόνον γὰρ ἐν τοῖς ζῴοις ἐστὶ τὸ ἄνω καὶ 5
κάτω, ἀλλὰ καὶ ἐν τοῖς φυτοῖς"· καὶ ὀλίγον προβάς· "ὅσα δὲ μὴ μόνον
ζῇ, ἀλλὰ καὶ ζῷά ἐστι, τοῖς τοιούτοις ὑπάρχει τό τε ἔμπροσθεν καὶ ὄπι-
15 σθεν· αἴσθησιν γὰρ ἔχει πάντα ταῦτα"· καὶ πάλιν ὀλίγον προβάς· "ὅσα δὲ
τῶν ζῴων μὴ μόνον αἰσθήσεως κοινωνεῖ, ἀλλὰ δύναται ποιεῖσθαι τὴν 10
κατὰ τόπον μεταβολὴν αὐτὰ δι' ἑαυτῶν, ἐν τούτοις δὲ διώρισται πρὸς τοῖς
λεχθεῖσι τό τε ἀριστερὸν καὶ τὸ δεξιόν, καὶ ὁμοίως τοῖς πρότερον εἰρημέ-
νοις ἔργῳ τινὶ καὶ οὐ θέσει διωρισμένον ἑκάτερον αὐτῶν"· ἔνια δὲ τῶν
20 ζῴων, ὅσα μὴ κινεῖται κατὰ τόπον, ὡς τὰ ζῳόφυτα λεγόμενα, ταῦτ' οὐκ 15
ἂν ἔχοι τὸ ἀριστερόν τε καὶ δεξιόν.

Ὡς δὴ τούτων οὕτως ἐχόντων τρία ταῦτα τοῖς Πυθαγορείοις ἐγκαλεῖ
ὁ Ἀριστοτέλης· πρῶτον μέν, ὅτι ἐξ οὐσῶν τῶν τοιούτων διαφορῶν δύο
μόνας οὗτοι παρέλαβον τὸ δεξιὸν καὶ τὸ ἀριστερὸν τὰς τέσσαρας παραλι- 20
25 πόντες τό τε ἄνω καὶ τὸ κάτω καὶ τὸ ἔμπροσθεν καὶ τὸ ὄπισθεν· δεύτε-
ρον, ὅτι τὰς κυριωτέρας παραλελοίπασι τό τε ἄνω καὶ τὸ κάτω· τοῦτο δὲ
διὰ πλειόνων δείκνυσιν ἐπιχειρημάτων· πρῶτον μέν, ὅτι καὶ ἐν τούτοις
διαφοραὶ ἐναργεῖς εἰσιν οὐκ ἔλαττον ἢ τῷ δεξιῷ πρὸς τὸ ἀριστερὸν ἢ τό
γε ἀληθὲς καὶ ἔτι μᾶλλον καὶ φυσικώτερον ἐν τούτοις ἤπερ τὸ δεξιὸν καὶ 25
30 τὸ ἀριστερόν· οἷον δεξιὰ χεὶρ καὶ ἀριστερὰ καὶ πόδες ὁμοίως οὐδὲν ἀλλή-
λων κατὰ τὰ σχήματα διαφέροντα τῇ δυνάμει μόνον διαφέρουσι· χεὶρ μὲν
γὰρ δεξιὰ τῆς λαιᾶς ἐρρωμενεστέρα, τῶν δὲ ποδῶν ὁ μὲν λαιὸς πρὸς τὸ
στηρίζεσθαι μᾶλλον ἐπιτήδειος, ὁ δὲ δεξιὸς πρὸς τὸ ἄρχειν κινήσεως, καὶ 30
τῶν ὤμων ὁμοίως ὁ μὲν λαιὸς πρὸς τὸ ἀχθοφορεῖν, ὁ δὲ δεξιὸς πρὸς τὸ
35 κινεῖσθαι ἐπιτήδειος, καίτοι κατὰ τὸ σχῆμα μηδὲν ἀλλήλων διαφέροντα·
κεφαλὴ δὲ ποδῶν καὶ ἀκρεμόνες ῥιζῶν καὶ ὅλως τὰ ἄνω τῶν κάτω καὶ

---

2 οὕτω AC: οὕτως c   ὡς] ἐπεὶ ὡς Fc   3 ἀνδριάντων F: ἁδριάντων A   8 προτέ-
ρων Fc   9 τῇ A: τῷ Fc   10 πορείας ζῴων A: πορείας F: ζῴων πορείας K²c
παρέδωκεν Fc   11 γράφει] 705ᵃ28   12 πάντ' c   13 προβάς] 705ᵇ8
14 ζῷ' c   τ' c   καὶ (alt.) A: καὶ τὸ Fc   15 προβάς] 705ᵇ13   17 τό-
πους c   αὐτῶν c   δὲ om. Fc   18 τ' c   καὶ (alt.) om. c   24 τέσ-
σαρας] δ-ας F: δευτέρας c   27 καὶ ACb: om. Fc   29 ἤπερ CF: εἴπερ Ab
32 γὰρ ACb: om. Fc   33 δὲ δεξιὸς CF: δεξιὸς δὲ Ac   35 ἐπιτήδειος Cb: om. AFc

τὰ ἔμπροσθεν τῶν ὄπισθεν οὐ τῇ δυνάμει μόνον, ἀλλὰ καὶ τῷ σχήματι 172ᵃ
διενηνόχασι. τοῦτό τε οὖν ἐγκαλεῖ τοῖς Πυθαγορείοις, ὅτι τῶν ἓξ ἀρχῶν 86
οὗτοι δύο μόνας παρέλαβον τὰς μᾶλλον διαφερούσας καὶ κυριωτέρας παρα-
λιπόντες, καὶ δεύτερον, ὅτι τὰς κοινοτέρας καὶ καθολικωτέρας παρέλιπον,
5 εἴπερ τὸ μὲν ἄνω καὶ τὸ κάτω πᾶσι τοῖς ἐμψύχοις ἔνεστιν ὁμοίως 40
ζῴοις τε καὶ φυτοῖς, τὸ δὲ δεξιὸν καὶ τὸ ἀριστερὸν οὐκ ἐνυπάρ-
χει τοῖς φυτοῖς· καὶ τρίτον, ὅτι τὰ πρότερα τῇ φύσει παραλιπόντες τὰ
ὕστερα παρέλαβον· πρότερον γὰρ τὸ μῆκος τοῦ πλάτους, εἴπερ ἡ γραμμὴ
τῆς ἐπιφανείας προτέρα τῇ φύσει καὶ ἀρχοειδεστέρα ὡς καὶ τὸ σημεῖον 45
10 τῆς γραμμῆς, καὶ εἴπερ ἡ ἐπὶ τὸ μῆκος αὔξησις προτέρα γίνεται τοῖς
ζῴοις τῆς ἐπὶ | τὸ πλάτος, καὶ εἰ συναναιρεῖ μὲν ἡ γραμμή, οὐ συναν- 172ᵇ
αιρεῖται δέ. εἰ οὖν μῆκος πλάτους πρότερον τῇ φύσει, τῶν δὲ προτέρων
τῇ φύσει καὶ αἱ ἀρχαὶ πρότεραι, αἱ τοῦ μήκους ἄρα ἀρχαί, τουτέστι τὸ
ἄνω καὶ τὸ κάτω, τῶν τοῦ πλάτους ἀρχῶν τοῦ τε δεξιοῦ καὶ τοῦ ἀριστε- 5
15 ροῦ πρότεραί εἰσι τῇ φύσει. πολλαχῶς δὲ τοῦ προτέρου λεγομένου, ἢ
θέσει ὡς ἐπὶ τῶν προκαθημένων ἢ τάξει ὡς τὰ προοίμια τῶν διηγήσεων
ἢ δυνάμει καὶ τιμῇ ὡς ὁ ἄρχων τῶν ἀρχομένων ἢ τῇ φύσει ὡς τὸ
συναναιροῦν μὲν μὴ συναναιρούμενον δὲ ἢ χρόνῳ καὶ γενέσει ὡς πατὴρ 10
υἱέος, τὸ ἄνω, φησί, τοῦ δεξιοῦ κατὰ γένεσιν ἂν εἴη πρότερον, διότι ἡ
20 ἐπὶ τὸ μῆκος αὔξησις, ὡς εἴρηται, προτέρα γίνεται τοῖς ζῴοις τῆς ἐπὶ τὸ
πλάτος. εἰ οὖν πρότερον τὸ μῆκος γίνεται τοῦ πλάτους, ἐστὶ δὲ τοῦ μὲν
μήκους ἀρχὴ τὸ ἄνω, τοῦ δὲ πλάτους τὸ δεξιόν, καὶ ἡ ἀρχὴ ἡ τοῦ προτέρου 15
πρότερον ἂν εἴη κατὰ γένεσιν. τέταρτον δὲ πρὸς τούτοις, εἰ τὸ μὲν ἄνω
ἐστὶ τὸ ὅθεν ἡ κίνησις ἡ κατὰ τὴν αὔξησιν εἰδοποιεῖται, τὸ δὲ δεξιὸν
25 ἀφ' οὗ ἡ κίνησις ἄρχεται, καὶ τὸ εἰς τὸ πρόσθεν τὸ ἐφ' ὃ πρόεισιν αὕτη,
κυριωτέρα δὲ καὶ οὐσιωδεστέρα ἐστὶν ἡ κατὰ αὔξησιν κίνησις τῷ ζῴῳ τῆς 20
κατὰ τόπον, δῆλον, ὅτι καὶ τὸ ἄνω κυριωτέραν δύναμιν ἀρχῆς ἂν ἔχοι
πρὸς τὰς ἄλλας διαφοράς· ἀτόπως οὖν τὸ δεξιὸν καὶ ἀριστερὸν παραλα-
βόντες τὸ ἄνω καὶ τὸ κάτω παρέλιπον. οὕτω μὲν οὖν κατεσκεύασεν ὁ
30 Ἀριστοτέλης τὸ τὰς κυριωτέρας καὶ ἀρχηγικωτέρας παραλελεῖφθαι διὰ 25
πλειόνων ἐπιχειρημάτων, δυνατὸν δὲ ἀπὸ τῆς διαφορᾶς τῶν προθέσεων
τῆς τε ὅθεν καὶ τῆς ἀφ' οὗ καὶ τῆς ἐφ' ὃ οὐ πρότερον νῦν τὸ ἄνω τοῦ
δεξιοῦ καὶ τοῦ ἔμπροσθεν δεικνύναι, ἀλλ' ἕτερον μόνον· εἰ γὰρ ἕτεραι αἱ
προθέσεις, ἕτεραι καὶ αἱ κατ' αὐτὰς λεγόμεναι ἀρχαί. τρίτον δὲ αὐτοῖς 30
35 ἐγκαλεῖ ἢ δεύτερον, εἴ τις ὡς ἓν πάντα τὰ πρῶτα λαμβάνοι τὸ τὰ κυριώ-
τερα παραλελεῖφθαι δι' αὐτῶν λέγων κατεσκευάσθαι, τρίτον δ' οὖν αὐτοῖς

---

3 δύο] μάλιστα τὰς δύο Fc   4 καὶ (alt.) AC: καὶ τὰς Fc   6 τὸ δὲ—φυτοῖς (7) F:
om. Ab   7 πρότερα b: πρῶτα ACF   8 παρέλαβον] corr. ex παρέλιπον A²
πρότερον b: πρῶτον AF   9 προτέρα c: πρώτη ACF   10 προτέρα c: πρώτη ACF:
primo b   13 τουτέστι] ἤγουν Fc   18 συναναιροῦν ACb: ἀναιροῦν Fc
πατὴρ AC: ὁ πατὴρ Fc   20 προτέρα a: πρώτη AFb   23 πρότερον AF:
προτέρα ac   25 κίνησις] κίνησις αὕτη c   εἰς τὸ πρόσθεν] ἔμπροσθεν c   αὕτη
om. c   29 οὕτως c   35 λαμβάνει Fc

ἢ δεύτερον ἐπάγει, διότι κοινῶς ἐν ἅπασιν ὑπάρχειν ταύτας τὰς ἀρχὰς 172ᵇ
ἐνόμιζον τὴν κατὰ τὸ δεξιὸν καὶ τὸ ἀριστερόν, καίτοι γε ἐν τοῖς ἀψύχοις 35
μὴ ὑπαρχούσας κατὰ φύσιν· κἂν γὰρ λέγωνται καὶ ἐν ἐκείνοις, κατὰ τὴν
πρὸς ἡμᾶς ἀναφορὰν λέγονται, ὡς εἴρηται πρότερον. τὸ δὲ ἐν πᾶσιν
5 αὐτοὺς τὸ δεξιὸν καὶ τὸ ἀριστερὸν λέγειν ἔλαβεν ἐκ τοῦ τῶν δέκα
συστοιχιῶν, ἃς πάντων κοινὰς ἀρχὰς ἔλεγον, μίαν τὴν κατὰ τὸ δεξιὸν καὶ 40
ἀριστερὸν λαμβάνειν, ἐπεὶ οὐχ ὡς ἐπὶ τοῦ οὐρανοῦ ἰδικῶς ταῦτα θεωρούν-
των. τίς οὖν ὁ τῶν Πυθαγορείων σκοπὸς καὶ πῇ καλῶς ἐκείνων λεγόν-
των ὁ Ἀριστοτέλης πρὸς τὸ φαινόμενον ἀντεῖπε τοῦ λόγου; οἱ μὲν οὖν
10 Πυθαγόρειοι εἰς δύο συστοιχίας πάσας τὰς ἀντιθέσεις ἀναγαγόντες, τὴν 45
μὲν χείρονα, τὴν δὲ κρείττονα, ἤτοι τοῦ ἀγαθοῦ καὶ κακοῦ, καὶ τῇ δεκάδι
συμβολικῶς ὡς | τῷ παντὶ ἀριθμῷ συμπληρώσαντες ἑκατέραν ἑκάστην ἀντί- 173ᵃ
θεσιν τῶν δέκα οὕτω παρέλαβον ὡς πάσας τὰς ἑαυτῆς συγγενείας συνεμ-
φαίνουσαν. καὶ τῶν τοπικῶν οὖν σχέσεων τὸ δεξιὸν καὶ ἀριστερὸν παρέ-
15 λαβον, ἅμα μὲν ὅτι τὸ ἀγαθὸν καὶ τὸ κακὸν ἐνδείκνυται ταῦτα· δεξιὰν 5
γοῦν φύσιν καὶ δεξιὰν τύχην λέγομεν τὰς ἀγαθὰς δηλοῦντες καὶ λαιὰς τὰς
ἐναντίας· ἅμα δὲ ὅτι, ἐν οἷς μὲν τὸ δεξιὸν καὶ ἀριστερόν ἐστιν, ἐν τούτοις
καὶ τὸ ἄνω καὶ τὸ κάτω καὶ τὸ ἔμπροσθεν καὶ τὸ ὄπισθεν, ὡς ὁ Ἀρι-
στοτέλης διώρισεν, οὐ μέντοι ἀνάπαλιν· εἰκότως οὖν ἐκ τούτων καὶ τὰς 10
20 ἄλλας τοπικὰς ἀντιθέσεις ἐδήλωσαν. τὸ γοῦν δεξιὸν καὶ ἄνω καὶ ἔμπρο-
σθεν καὶ ἀγαθὸν ἐκάλουν, τὸ δὲ ἀριστερὸν καὶ κάτω καὶ ὄπισθεν καὶ
κακὸν ἔλεγον, ὡς αὐτὸς Ἀριστοτέλης ἱστόρησεν ἐν τῇ τῶν Πυθαγορείοις
ἀρεσκόντων συναγωγῇ.

Ὁ μὲν οὖν ὅλος τῶν προκειμένων σκοπὸς εἴρηται, ἐν δὲ τοῖς κατὰ 15
25 μέρος, ὅταν λέγῃ "τοῖς μὲν τὰ τοιαῦτα μόρια, λέγω δὲ οἷον τό τε
δεξιὸν καὶ τὸ ἀριστερόν", ἐνδεῖ τῇ λέξει "τό τε ἔμπροσθεν καὶ τὸ
ὄπισθεν καὶ τὸ ἄνω καὶ τὸ κάτω", ἅπερ ὡς γνώριμα διὰ τῶν εἰρημένων
ἐσόμενα παρῆκεν. ὅταν δὲ λέγῃ "ταύτας δὲ τὰς διαστάσεις εὔλογον 20
ὑπάρχειν τοῖς σώμασι τοῖς τελείοις", οὐχὶ τὸ μῆκος λέγει καὶ πλά-
30 τος καὶ βάθος· ταῦτα γὰρ παντὶ σώματι ὑπάρχει· ἀλλὰ τὰς τρεῖς ἀντιθέ-
σεις, ἄνω κάτω, πρόσθεν ὄπισθεν, δεξιὸν ἀριστερόν. τέλεια δὲ σώματα

---

3 κατὰ (alt.) AC: ἀλλὰ διὰ Fc   5 τὸ (pr.) CFb: καὶ τὸ A   6 συστοιχειῶν A, sed corr.
καὶ CF: καὶ τὸ Ac   7 εἰδικῶς c   8 Πυθαγορείων] hic rursus inc. E (συναναιρεῖ Πυθα-
γορείων)   9 μὲν οὖν AE: μὲν F: γὰρ c   11 τοῦ κακοῦ c   13 οὕτως c   συγγε-
νείας] post γγ ras. 1 litt. E   14 οὖν] corr. ex οὐ E²   καὶ (alt.) A: καὶ τὸ EFc
16 γοῦν E: οὖν AFc: enim b   17 καὶ AE: καὶ τὸ Fc   18 ὁ Ab: καὶ EFc
20 ἐδήλωσαν Ab: ἐδήλωσεν EKc: om. F   γοῦν] nam b: οὖν Fc   21 καὶ (pr.) om.
Kbc: suprascr. F   καὶ (quart.)] eras. K: om. bc   22 ἔλεγον] ἐκάλουν Fc
ἱστορήσας E: corr. E²   Πυθαγορείων E: Πυθαγόρᾳ Fc; v. fr. 200 Rose   24 ὁ] corr.
ex ὡς E²   25 λέγῃ] 284ᵇ15   τὰ] πάντα τὰ Fc   δ' Fc   25. 26 τ' ἀρι-
στερὸν καὶ τὸ δεξιόν c   26 ἐνδεῖ] ἐν δὲ E   τ' c   τὸ (tert.) om. A
27 γνώριμα] corr. ex γνώρισμα AE²   28 λέγει E: corr. E²   ταύτας] κτλ.
284ᵇ23   δὲ (alt.)] γὰρ Fc   29 τελείοις πάσας Fc   30 γὰρ] corr. ex δὲ E²
ὑπάρχει EFb: ὑπάρχειν A: ὑπάρξει C

λέγει, ὅσα οὐ μόνον ζωὴν ἔχει θρεπτικὴν καὶ αὐξητικήν, ὥσπερ τὰ φυτά, οὐδὲ αἴσθησιν πρὸς τούτοις μόνον, ὥσπερ τὰ ζῳόφυτα, ἀλλὰ καὶ ὄρεξιν καὶ τὴν κατὰ τόπον μεταβολήν, ὡς τὰ τέλεια ζῷα· διὸ καὶ ἐπήγαγεν "ἔστι δὲ τὸ μὲν ἄνω τοῦ μήκους ἀρχή" καὶ τῇ ἑξῆς.

Ἐπιστῆσαι δὲ χρὴ καὶ τῇ λέξει τῇ λεγούσῃ "τῶν γὰρ ἀψύχων ἐν οὐδενὶ ὁρῶμεν, ὅθεν ἡ ἀρχὴ τῆς κινήσεως" καὶ τῇ τοῦ Ἀλεξάνδρου ἐξηγήσει λέγοντος "ἀρχὴν δὲ κινήσεως λέγοι ἂν τὴν δύναμιν τὴν κινητικήν. ἔχει μὲν γὰρ καὶ τὰ ἄψυχα ἀρχήν τινα κινήσεως, εἴ γέ ἐστι φυσικὰ σώματα, ἀλλ' οὐ τὴν κινοῦσαν ἀρχὴν ἔχει οὐδὲ κινητικὴν δύναμιν ἐν αὑτοῖς· ἔξωθεν γάρ ἐστι τὸ κινοῦν αὐτά· ἀλλὰ ἀρχὴν καὶ δύναμιν ἔχει τοῦ κινεῖσθαι τὴν παθητικήν", οἷον φύσιν ἔχει τοῦ κινεῖσθαι, οὐκ ἐξ ἑαυτῶν δέ, ἀλλὰ ὑπ' ἄλλου, ὡς ἔδειξεν ἐν τῇ Φυσικῇ ἀκροάσει. ὥστε, εἴ τις ζητεῖ, πῶς μὲν ἡ φύσις κινεῖ τὸν οὐρανόν, πῶς δὲ ἡ ψυχή, οὐ ῥητέον, ὡς ὁ Ἀλέξανδρος ἔλεγεν, ὅτι ταὐτόν ἐστιν ἐκεῖ φύσις καὶ ψυχή· πῶς γὰρ ἂν εἴη ταὐτόν, εἴπερ ἡ μὲν φύσις δύναμις παθητικὴ τοῦ κινεῖσθαί ἐστιν ἐν ὑποκειμένῳ οὖσα τῷ κινουμένῳ, ἡ δὲ ψυχὴ τὸ ἔξωθεν κινοῦν; οὐκ ἄρα ταὐτὸν ῥητέον ψυχὴν καὶ φύσιν ἐπὶ τοῦ οὐρανοῦ, τὴν αὐτὴν μέντοι κίνησιν κατ' ἄμφω κινεῖσθαι, ἀλλὰ κατὰ μὲν τὴν ψυχὴν ὡς κινοῦσαν ἔξωθεν, κατὰ δὲ τὴν φύσιν ὡς ἀρχὴν τοῦ κινεῖσθαι ἐνυπάρχουσαν. | ὅταν δὲ ἐπὶ τῶν ἀψύχων λέγῃ "τὰ μὲν γὰρ ὅλως οὐ κινεῖται, τὰ δὲ κινεῖται μέν, ἀλλ' οὐ πανταχόθεν ὁμοίως", μὴ κινεῖσθαι μὲν λέγει τὰ τὸν οἰκεῖον τόπον κατειληφότα ἤδη, ἐν ᾧ μένει λοιπόν, μὴ πανταχόθεν δὲ κινεῖσθαι, τουτέστι μὴ κατὰ τὰς ἓξ διαστάσεις, ἀλλ' ἢ ἄνω μόνον, ὡς τὸ πῦρ, ἢ κάτω, ὡς ἡ γῆ.

Ἀλλ' ἐπὶ τὰ ἑξῆς ἰτέον.

Ἡμῖν δὲ ἐπεὶ διώρισται πρότερον ἕως τοῦ καὶ τὸ δεξιὸν καὶ τὸ ἀριστερόν.

Αἰτιασάμενος τοὺς Πυθαγορείους ὡς τὰς κυριωτέρας ἀρχὰς παραλιπόντας τῶν διαστάσεων καὶ ὡς τὰς μὴ κοινὰς ὡς κοινὰς παραλαβόντας ἐφεξῆς λοιπὸν αὐτὸς ὑφηγεῖται, πῶς ἐπὶ τοῦ οὐρανοῦ χρὴ λαμβάνειν αὐτὰς τὰς ἀντιθέσεις τῶν διαστάσεων. καὶ πρῶτον, ὅτι καὶ ἐπὶ τοῦ οὐρανοῦ χρὴ ζητεῖν αὐτάς, δείκνυσιν οὕτως. ὁ οὐρανὸς ἔμψυχός ἐστι· τὸ ἔμψυχον ἔχει κινήσεως ἀρχὴν ἐν ἑαυτῷ τὴν κατὰ τὸ κινεῖν· τῷ ἔχοντι ἀρχὴν κι-

νήσεως τοιαύτην καὶ αἱ δυνάμεις αὗται ὑπάρχουσι· διώρισται γὰρ πρότε- 173b
ρον, ὅτι οὐκ ἐν παντὶ σώματι τὸ ἄνω καὶ κάτω καὶ ἀριστερὸν καὶ δεξιὸν 20
καὶ ἔμπροσθεν καὶ ὄπισθεν ζητητέον, ἀλλ᾽ ὅσα ἔχει κινήσεως ἀρχὴν ἐν
ἑαυτοῖς τὴν κατὰ τὸ κινεῖν ἔμψυχα ὄντα· ὁ ἄρα οὐρανὸς ἔχει ταύτας τὰς
5 δυνάμεις. κἂν γὰρ μὴ ηὔξηται ὁ οὐρανός, οὐ κωλύεται τὸ ἄνω καὶ τὸ
κάτω ἔχειν· οὐδὲ γὰρ τῶν αὐξομένων τὰ παυσάμενα τῆς αὐξήσεως εὐθὺς 25
παύσεται τοῦ τὸ ἄνω καὶ τὸ κάτω ἔχειν. ἔδειξε δὲ αὐτὸς ἐν τοῖς προλα-
βοῦσι τὴν κατὰ τὸ μῆκος αὔξησιν ἐπὶ τὸ ἄνω γενομένην, ἐν οἷς γίνεται,
χρώμενος ἐναργεῖ τούτῳ σημείῳ τοῦ εἶναί τε τὸ ἄνω καὶ τὸ κάτω ἐν
10 τοῖς ζῴοις καὶ ἄλλο εἶναι τοῦ δεξιοῦ καὶ ἀριστεροῦ. καὶ τούτου οὕτως 30
ἔχοντος δείκνυσι καθόλου, ὅτι, ἐν οἷς τὸ δεξιὸν καὶ ἀριστερόν ἐστι ζῴοις
οὖσι τελείοις καὶ ἔχουσιν ἐν ἑαυτοῖς τῆς κατὰ τόπον κινήσεως τὴν τοῦ
κινεῖν ἀρχήν, ἐν τούτοις ἐστὶ τὸ ἄνω καὶ τὸ κάτω καὶ τὸ ἔμπροσθεν καὶ
τὸ ὄπισθεν· προτέρα γὰρ ἡ αὔξησις, εἶτα ἡ αἴσθησις, εἶτα ἡ ὄρεξις καὶ ἡ 35
15 κατὰ τὴν ὄρεξιν τοπικὴ κίνησις.

Ἐπειδὴ δέ τινες τῶν ἐμοὶ προσκυνητῶν φιλοσόφων ἔμψυχον οὕτω
λέγεσθαι τὸν οὐρανὸν ὑπὸ τοῦ Ἀριστοτέλους οἴονται ὡς ἔχοντα ζωὴν σύμ-
φυτον τῷ σώματι, καθ᾽ ἣν ἔχει τὴν τῆς κινήσεως ἀρχήν, ἀλλ᾽ οὐχ ὡς
λογικὴν ἔχοντα ψυχήν, ἀξιῶ αὐτοὺς πρῶτον μὲν ἀποδέχεσθαι τὸν Ἀρι- 40
20 στοτέλην ἄλλα μὲν τὰ ἔμψυχα ἄλλα δὲ τὰ φυσικὰ λέγοντα, ἔπειτα τὸ
ἔμψυχον τοῦτο ἀπ᾽ ἐκείνων κρίνειν τῶν λόγων, ἐν οἷς φησιν ἐν αὐτῷ
τούτῳ τῷ βιβλίῳ περὶ τῶν οὐρανίων "ἀλλ᾽ ἡμεῖς ὡς περὶ σωμάτων
μόνον αὐτῶν καὶ μονάδων διανοούμεθα τάξιν μὲν ἐχόντων, ἀψύχων δὲ 45
πάμπαν· δεῖ δὲ ὡς μετεχόντων ὑπολαμβά|νειν πράξεως καὶ ζωῆς·" τὸ 174a
25 γὰρ πράττειν λογικῆς ψυχῆς ἐστι καὶ κατ᾽ αὐτόν.

p. 285a31   Οὐ δεῖ γὰρ ἀπορεῖν διὰ τὸ σφαιροειδὲς εἶναι ἕως τοῦ 5
           κἂν εἰ σταίη, κινηθείη ἂν πάλιν.

Ἀποδείξας τὸ δεῖν καὶ ἐν τῷ οὐρανῷ ζητεῖν τὰς τοιαύτας ἀρχὰς δύο
φερομένας πρὸς τὸν λόγον τοῦτον ἐνστάσεις τίθησί τε καὶ διαλύει τὴν μὲν
30 κοινὴν πρὸς πάσας ταύτας τὰς ἀντιθέσεις τὴν ἀπὸ τῆς ὁμοιότητος τῶν τοῦ 10
οὐρανοῦ μορίων. πῶς γὰρ σφαιροειδὴς ὢν ὁ οὐρανὸς καὶ ὁμοιομερὴς τὸ δεξιὸν
ἔχει καὶ τὸ ἀριστερὸν ἢ τὸ ἄνω καὶ τὸ κάτω ἢ τὸ ἔμπροσθεν καὶ τὸ ὄπισθεν
καὶ τοῖς σχήμασι τούτων διαφέρειν ὀφειλόντων; αὐτὸς δὲ τὸ δεξιὸν μόνον καὶ
τὸ ἀριστερὸν ὠνόμασεν ἀπὸ τούτων, οἶμαι, καὶ τὰ ἄλλα δηλῶν, διότι τὰ 15

---

1 τοιαῦται E   αἱ om. E   4 ἑαυτοῖς CE: αὐτοῖς A   κινεῖν] seq. ras. 5 litt. E;
tum rursus deficit   οὐρανὸς ἄρα Fc   6 αὐξανομέων Fc   παυόμενα Fc
8 γινομένην Fc   9 ἐναργεῖ Fb: ἐνεργείᾳ χρώμενος A   11 δείκνυσιν c   13 τὸ
κάτω] κάτω c   deinde add. καὶ τὸ δεξιὸν καὶ ἀριστερὸν Kc   14 τὸ om.
Kc   πρότερον Fc   16. 17 οὕτως λέγεσθαι τὸν οὐρανὸν ἔμψυχον c et corr. ex οὕτω
λέγεσθαι τὸν οὐρανὸν F   22 βιβλίῳ] 292a18   24 μετόχων Fc   25 ante ψυχῆς
del. ζωῆς A

τὸ δεξιὸν καὶ ἀριστερὸν ἔχοντα ζῷα ὄντα καὶ τὰς ἄλλας ἔτι πρότερον ἀν- 174ᵃ
τιθέσεις ἔχει. τὴν δὲ ἑτέραν ἔνστασιν πρὸς τὸ δεξιὸν καὶ τὸ ἀριστερὸν
ἐνισταμένην συντόμως ᾐνίξατο διὰ τοῦ καὶ κινουμένων τὸν ἅπαντα
χρόνον. εἰ γὰρ τὸ δεξιὸν ἐν τοῖς ζῴοις τοῦτό ἐστιν, ἀφ᾽ οὗ ἡ ἀρχή 20
5 ἐπὶ τῆς κατὰ τόπον κινήσεως, ἐπὶ τοῦ ἀεὶ κινουμένου καὶ μηδέποτε τῆς
κινήσεως ἀρξαμένου πῶς οἷόν τε λέγειν ἀρχὴν τῆς κατὰ τόπον κινήσεως;
ταύτας δὴ τὰς ἐνστάσεις ὑπενεγκών, τὴν μὲν προτέραν διὰ πλειόνων,
ἄμφω δὲ συντόμως διὰ τοῦ ὁμοίων γε ὄντων πάντων τῶν μορίων 25
καὶ κινουμένων τὸν ἅπαντα χρόνον, ἐπιλύεται τὴν μὲν προτέραν,
10 ὅτι οὐκ ἀπὸ τοῦ σχήματος χρὴ λαμβάνειν τὴν διαφοράν, ἀλλ᾽ ἀπὸ τῆς
δυνάμεως· καὶ γὰρ ἐν τοῖς ζῴοις, ἐν οἷς δοκεῖ καὶ κατὰ σχῆμα καὶ κατὰ
δύναμιν εἶναι ἡ διαφορά, εἴ τις σφαιρικὸν σχῆμα περιθείη, οὐ διὰ τὴν 30
τοῦ σχήματος ὁμοιότητα τὴν κατὰ τὰς δυνάμεις διαφορὰν ἀναιρεῖ. ἀλλ᾽
ἐρεῖ τις ἴσως, ὅτι, ἡ περίθεσις τοῦ σφαιρικοῦ σχήματος εἰ μενούσης γίνε-
15 ται τῆς κατὰ τὸ σχῆμα διαφορᾶς, οὐδὲν θαυμαστόν, εἰ καὶ ἡ κατὰ δυνά-
μεις παραμένει· ἡ γὰρ σφαιρικὴ περίθεσις οὕτω λέγεσθαι δοκεῖ ὡς με- 35
νούσης ἔνδον τῆς κατὰ τὸ σχῆμα διαφορᾶς. ἀλλὰ μήποτε οὐχ οὕτως
ἀκούειν χρὴ τοῦ σφαῖραν περιθεῖναι· τί γὰρ ἂν ἦν τὸ ἔξωθεν ὡς ἱματίῳ
περικαλύψαι τῇ σφαίρᾳ; ἀλλ᾽ ἀντὶ τῆς ἀνομοιομεροῦς διοργανώσεως εἴ
20 τις σφαῖραν περιθείη τῶν δυνάμεων τῶν διαφόρων μενουσῶν, ἡ διαφορά 40
σωθήσεται, καὶ ἐκεῖθεν ἄρξονται αἱ ἐνέργειαι καὶ τῆς αὐξήσεως καὶ τῆς
αἰσθήσεως καὶ τῆς κινήσεως, ὅθεν καὶ νῦν ἄρχονται· ὅλως δὲ ἐν τοῖς δε-
ξιοῖς καὶ ἀριστεροῖς οὐδέ ἐστι διαφορὰ τῶν σχημάτων, ἀλλ᾽ αἱ δυνάμεις
εἰσὶν αἱ ποιοῦσαι τὴν διαφοράν. τὴν δὲ δευτέραν ἔνστασιν λύει ὑποτιθέ- 45
25 μενος ἄρξασθαι ἄν ποτε τῆς κινήσεως τὸν οὐρανὸν καὶ ἱστῶν αὐτὸν
τῷ λόγῳ καὶ | σκοπῶν, πόθεν ἂν ἄρξαιτο κινεῖσθαι. πολλὰ γὰρ καὶ 174ᵇ
τῶν ἀδυνάτων ὑποτιθέμεθα τῷ λόγῳ τὴν τῶν πραγμάτων ἀκολουθίαν ζη-
τοῦντες, ὡς ὅταν τὰς ποιότητας καὶ ποσότητας τῆς ἐνύλου οὐσίας χωρίζω-
μεν οὔτε τῆς ποιότητος καὶ ποσότητος χωρὶς οὐσίας εἶναι δυναμένων οὔτε 5
30 τῆς οὐσίας τούτων χωρίς. καὶ τοῦτο δὲ Πλατωνικῶς ὁ Ἀριστοτέλης
εἶπεν· ἐν γὰρ τῷ δεκάτῳ τῶν Νόμων ὁ Πλάτων· "εἰ σταίη" φησὶ "τὰ
πάντα ὁμοῦ γενόμενα, τίνα ἄρα ἐν αὐτοῖς ἀνάγκη πρώτην κίνησιν γενέσθαι
τῶν εἰρημένων";
  Κατὰ δὲ τὴν λέξιν, ὅταν λέγῃ δόξει δὲ οὐ διὰ τὴν ὁμοιότητα 10
35 τοῦ σχήματος, ἐν τῷ "δόξει δὲ οὔ" ὑποστικτέον.

---

2 καὶ τὸ AC: καὶ Fc   5 ἐπὶ (pr.) ACb: om. Fc   6 οἷόν τε CF: *possunt* b: οἴον-
ται A   8 γ᾽ ὄντων τῶν μορίων ἁπάντων c   12 ἡ om. Fc   15. 16 κατὰ
δυνάμεις] κατὰ τὰς δυνάμεις διαφορὰ Fc   17 τὰ σχήματα Fc   19 τῇ σφαίρᾳ A:
τὴν σφαῖραν F: σφαίρᾳ c   ἀνομοίου Fc   20 ἡ F: om. A   26 πόθεν] ὅθεν
C: πότε Fc   ἄρξαιτο F: ἄρξαι τοῦ A: ἄρξοιτο C   31 δεκάτῳ] 895 a   σταίη]
σταίη πως c   32 πάνθ᾽ c   τίν᾽ ἄρ᾽ c   κίνησιν πρώτην ἐν αὐτοῖς ἀνάγκη F
γενέσθαι πρώτην κίνησιν C   34 δὲ (alt.)] δ᾽ Fc   35 ἐν τῷ "δόξει δὲ οὔ"] om. F:
εἰς τὸ "δόξει δ᾽ οὔ" K²c

p. 285b8 Λέγω δὲ μῆκος μὲν αὐτοῦ ἕως τοῦ συμβαίνει δὲ τοὐν- 174b
ἀντίον.

Δείξας, ὅτι καὶ ἐν τῷ οὐρανῷ χρὴ τὰς τοιαύτας διαστάσεις ζητεῖν, καὶ τὰς ἐνστάσεις τὰς πρὸς τοῦτο ἐπιλυσάμενος λοιπὸν διδάσκει, πῶς αὐ- 20
τὰς ἐπὶ τοῦ οὐρανοῦ χρὴ λαμβάνειν, πρῶτον μὲν τὸ μῆκος εὑρίσκων ἐκ τοῦ μεγέθους τῆς διαστάσεως· μῆκος γὰρ ἐν πᾶσι τοῖς σώμασι λέγεται τὸ μέγιστον ἐν αὐτοῖς διάστημα· εἰ οὖν μέγιστον ἐν σφαίρᾳ τὸ κατὰ τὴν διάμετρον· αὕτη γὰρ μεγίστη τῶν ἐν αὐτῇ εὐθειῶν· ἀπείρους δὲ διαμέτρους δυνατὸν λαβεῖν ἐν τῇ σφαίρᾳ, τὴν ὡρισμένην ληπτέον· ὥρισται δὲ ἡ κατὰ τὸν ἄξονα· τοῦτο ἄρα μῆκος τοῦ οὐρανοῦ. τοῦ δὲ μήκους τὰ πέρατα 25
τὸ ἄνω καὶ τὸ κάτω ἐστίν, ὥσπερ τοῦ πλάτους τὸ δεξιὸν καὶ τὸ ἀριστερόν· καὶ τῶν πόλων ἄρα ὁ μὲν ἄνω ἐστίν, ὁ δὲ κάτω· ποῖος δὲ ποτέρως, τέως ἄδηλον. ὅτι δὲ τὴν κατὰ τὸ ἄνω καὶ κάτω διαφορὰν ἐν τοῖς πόλοις ὁρᾶν χρή, δείκνυσιν αὐτὸς καὶ ἐκ τοῦ ἀπείρων λαμβανομένων ἡμισφαιρίων 30
ταῦτα μόνα ὡρισμένα εἶναι, ἐν οἷς οἱ πόλοι, τό τε βόρειόν φημι καὶ τὸ νότιον, τὰ ὑπὸ τοῦ ἰσημερινοῦ κύκλου διοριζόμενα· καὶ γὰρ τὰ μὲν ἄλλα πάντα ἡμισφαίρια, οἷον τὰ τῷ μεσημβρινῷ ἢ τῷ ὁρίζοντι διοριζόμενα, ἄλλα καὶ ἄλλα ἐστίν, ἐπειδὴ καὶ οἱ μεσημβρινοὶ καὶ οἱ ὁρίζοντες διάφοροί 35
εἰσι καὶ ἄλλοι πρὸς ἄλλους· οὐ γὰρ καθ' αὑτούς εἰσιν, ὥσπερ ὁ ἰσημερινός, ἀλλὰ πρὸς τὰς οἰκήσεις· τὰ δὲ τοὺς πόλους ἔχοντα ἀεὶ τὸν αὐτὸν κατέχοντα τόπον κινεῖται· ὡς γὰρ περὶ κέντρα μένοντα τοὺς πόλους οὕτω κινεῖται. διὸ καὶ Ἀριστοτέλης τὸ μὴ κινεῖσθαι τοὺς πόλους αἴτιον ἔφατο 40
τῆς τῶν ἐχόντων αὐτὰ ἡμισφαιρίων διαφορᾶς· ἀκινήτων γὰρ ἀεὶ τῶν πόλων ὄντων καὶ τὴν αὐτὴν ἀεὶ πρὸς αὐτοὺς ἀπόστασιν φυλαττόντων τῶν περὶ αὐτοὺς κινουμένων ἀνάγκη τὸν αὐτὸν τόπον ἐπέχειν ἀεί. τὸ δὲ αὐτὸ καὶ ἀπὸ τῆς κοινῆς ὑπολήψεως δείκνυσιν. εἰώθαμεν γὰρ πλάγια ἐν τῷ 45
κόσμῳ λέγειν οὐ τοὺς πόλους, ἀλλὰ τὰ παρὰ τοὺς πόλους· εἰ οὖν | πλά- 175a
για ἐστὶ τὰ παρ' ἑκάτερα τοῦ ἄνω καὶ τοῦ κάτω, πλάγια δὲ τὰ παρ' ἑκάτερα τῶν πόλων λέγομεν, δῆλον, ὅτι οἱ πόλοι εἰσὶ τὸ ἄνω καὶ τὸ κάτω.
ἀσάφειαν δὲ μικρὰν ἐποίησεν ἐν τῷ λόγῳ εἰπὼν οὐ τὸ ἄνω καὶ τὸ κάτω ἀντὶ τοῦ εἰπεῖν "οὐ τοὺς πόλους." τούτῳ γὰρ οἰκείως ἐπήγαγε τὸ 5
ἀλλὰ τὸ παρὰ τοὺς πόλους.

Δείξας δέ, ὅτι οἱ πόλοι τὸ ἄνω καὶ τὸ κάτω εἰσί, λοιπὸν διορίζει, πότερος ὁ ἄνω καὶ πότερος ὁ κάτω. καὶ τοῦτο ἤδη παρὰ τὴν τῶν πολλῶν ὑπόνοιαν ἀποφαίνεται τὸ ἄνω τοῦ οὐρανοῦ τὸν νότιον λέγων πόλον τὸν ἀεὶ ἡμῖν ἀφανῆ. τοιοῦτος γὰρ ὁ ἐπιστήμων εἰς τὸ ἀληθὲς ἀεὶ βλέ- 10

---

1 μὲν om. Fc   3 χρὴ om. Fc   τοιαύτας] αὐτὰς Fc   διαστάσεις] διαθέσεις C: διαστάσεις προσήκει Fc   7 τὸ κατὰ — σφαίρᾳ (9) om. Fc   12 ποῖον c πότερος c   13 ἄδηλον CFb: δῆλον A   16 ὑπὸ] ἀπὸ Fc   19 οὐ γὰρ] καὶ γὰρ οὐ Fc   21 οὕτως c   22 καὶ AC: καὶ ὁ Fc   27 παρὰ A: secus b: περὶ Fc   32 τὸ παρὰ] περὶ Fc

πων καί, εἰ μὲν συνᾴδει τούτῳ ἡ τῶν πολλῶν δόξα, μετὰ τὰς ἀποδείξεις 175ᵃ
καὶ ταύτην παράγει τοῖς μανθάνουσιν ἀβίαστον καὶ πιθανὴν ποιοῦσαν τὴν
τῆς ἀποδείξεως ἀνάγκην, εἰ δὲ ἀπᾴδει πρὸς τὴν ἀλήθειαν ἡ τῶν πολλῶν
δόξα, καταφρονεῖ ταύτης ὡς μηδὲ οὔσης, ὥσπερ καὶ νῦν. τῶν γὰρ πολλῶν 15
ἀπὸ τῆς πρὸς ἡμᾶς σχέσεως ἄνω λεγόντων τοῦ οὐρανοῦ τὸν φανερὸν ἡμῖν
ἀεὶ πόλον καὶ μετέωρον ὁρώμενον, κάτω δὲ τὸν ἀεὶ ἀφανῆ, αὐτὸς τὸ κατὰ
φύσιν ἄνω καὶ κάτω ζητῶν τοὐναντίον τοῖς πολλοῖς ἀποφαίνεται. οὐδὲ γὰρ
ἐπὶ τῶν μερικῶν ζῴων, ἂν κατορύξας τις τὴν κεφαλὴν τοὺς πόδας μετεω- 20
ρίσῃ, διὰ τοῦτο οἱ μὲν πόδες ἄνω κατὰ φύσιν ἔσονται, ἡ δὲ κεφαλὴ κάτω·
καὶ τὰ δένδρα δὲ κατὰ φύσιν ἐπὶ τὰς ῥίζας τὸ ἄνω ἔχοντα, διότι ἐκεῖθεν
ἡ τροφὴ καὶ ἡ πρώτη αὔξησις, ὡς πρὸς ἡμᾶς τοὺς ἀκρεμόνας ἔχειν ἄνω
δοκεῖ. ὁ δὲ Ἀλέξανδρος καὶ τὸν Σολέα Ἄρατον εὐθύνει ὡς καὶ αὐτὸν 25
κατὰ τοὺς πολλοὺς τὸν βόρειον πόλον ἄνω λέγοντα, ἐν οἷς φησι περὶ τοῦ
ἄξονος λέγων

   καί μιν πειραίνουσι δύω πόλοι ἀμφοτέρωθεν·
   ἀλλ' ὁ μὲν οὐκ ἐπίοπτος, ὁ δ' ἀντίος ἐκ Βορέαο,
   ὑψόθεν Ὠκεανοῖο. 30

καὶ ὁ μὲν Ἀλέξανδρος μόνον παραγράψας τὸ "ἀλλ' ὁ μὲν οὐκ ἐπίοπτος"
τῷ ἐπιόπτῳ καὶ μὴ τὸ ἄνω καὶ κάτω σημαίνειν τὸν Ἄρατόν φησιν,
μᾶλλον δὲ τῷ "ὑψόθεν Ὠκεανοῖο" τὸ ἄνω δηλοῖ. οὐ χρὴ δὲ τοῦ Ἀρά-
του καταγινώσκειν· φαινόμενα γὰρ ἐπαγγειλάμενος γράφειν καὶ τὴν πραγ- 35
ματείαν οὕτως ἐπιγράψας εἰκότως ἀπὸ τῆς πρὸς ἡμᾶς σχέσεως τὸ ὕψος
ἤτοι τὸ ἄνω τοῦ πόλου ἔλαβεν. ὅτι μέντοι ὁ νότιος πόλος ἐστὶν ὁ τὸ
ἄνω τοῦ οὐρανοῦ κατὰ φύσιν ἐπέχων καὶ ὁ βόρειος τὸ κάτω, κἂν τοῖς
πολλοῖς τοὐναντίον δοκῇ, δείκνυσιν ἐκ τοῦ δεξιὸν μὲν εἶναι τὸ ἀνατολικόν, 40
ἀριστερὸν δὲ τὸ δυτικόν· καὶ εἴπερ οὕτως ἔχει, δῆλον, ὅτι ὁ ἄνω πόλος
ὁ νότιός ἐστιν. ὅτι δὲ δεξιὸν τὸ ἀνατολικόν, δείκνυσιν ἐκ τοῦ καὶ ἐν τοῖς
μερικοῖς ζῴοις δεξιὰ λέγειν ἐκεῖνα, ὅθεν ἡ ἀρχὴ τῆς κατὰ τόπον κινή-
σεως, τοῦ δὲ οὐρανοῦ ἡ ἀρχὴ τῆς περιφορᾶς ἀπὸ τῶν ἀνατολῶν τῶν 45
ἄστρων ἐστί· τὰ οὖν ἀριστερά, ἔνθα αἱ δύσεις. εἰ οὖν καὶ ἄρχεται ἀπὸ
τῶν δεξιῶν ἡ κίνησις καὶ | ἐπὶ δεξιὰ περιφέρεται· τοῦτο γὰρ κρεῖττον 175ᵇ
τοῦ ἐπ' ἀριστερά· ἐπὶ δεξιὰ δὲ τὸ ἐπὶ τὸ ἔμπροσθεν, ἀνάγκη τὸ ἄνω τὸν
νότιον εἶναι πόλον, ὡς εἰ νοῆσαι ἄνθρωπον ἐπὶ τοῦ ἄξονος ἐκτεταμένον
ὕπτιον τὴν κεφαλὴν ἔχοντα πρὸς τῷ νοτίῳ πόλῳ καὶ συμπεριφερόμενον 5
τῷ οὐρανῷ· ἀπὸ δεξιῶν γὰρ αὐτοῦ καὶ ἐπὶ δεξιὰ ἡ κίνησις ἔσται· εἰ δὲ
τὴν κεφαλὴν ἐπὶ τοῦ βορείου πόλου ἔχοι, εἰ μὲν ὕπτιος ἐπὶ τοῦ ἄξονος
εἴη εἰς τὸ φανερὸν βλέπων τοῦ οὐρανοῦ, οὔτε ἀπὸ δεξιῶν αὐτοῦ ἡ κίνη-
σις ἔσται οὔτε ἐπὶ δεξιά, ἀλλὰ τἀναντία, εἰ δὲ πρηνὴς τις αὐτὸν ἐπὶ τοῦ 10
ἄξονος φαντασθείη πρὸς τῷ βορείῳ πόλῳ τὴν κεφαλὴν ἔχοντα, ἀπὸ δεξιῶν

---

2 καί (pr.) om. Fc   10 δὲ κατὰ Fb: κατὰ A   13 φησι] Φαινόμ. 24   15 δύω
a: δύω AF   18 μόνον Fb: θερμὸν A; quid in θερ- lateat, nescio   20 τῷ] τὸ
Fc   33 εἰ Ab: εἴ τις Fc   34 συμπεριφερόμενον F: συμπεροφερόμενον A   36 ἔχοι
A: ἔχει F(b)c

αὐτῷ μόρια· διαφέρουσι δὲ ἀλλήλων μάλιστα οἱ πόλοι μονίμως ἀλλήλων 176ᵃ
τοῖς τόποις διεστηκότες. ταῦτα οὖν ὑπὸ τοῦ Ἀριστοτέλους προδεδειγμένα
λαβὼν συλλογίζεται ἐκ διαιρέσεως οὕτως· ἀνάγκη τοὺς πόλους διαφέρειν
μάλιστα αὐτοὺς ὀφείλοντας ἀλλήλων κατά τινα τῶν τριῶν διαστάσεων τῶν 10
5 ἐν τοῖς ζῴοις διαφέρειν ἢ κατὰ τὸ δεξιὸν καὶ ἀριστερὸν ἢ κατὰ τὸ ἔμ-
προσθεν καὶ ὄπισθεν ἢ κατὰ τὸ ἄνω καὶ τὸ κάτω. ἀλλὰ κατὰ μὲν τὸ
δεξιὸν καὶ τὸ ἀριστερὸν λέγειν ἄτοπον, εἴπερ δεξιὸν μὲν ἐν πᾶσίν ἐστιν,
ἀφ᾽ οὗ ἡ κατὰ τόπον κίνησις ἄρχεται, οἱ δὲ πόλοι ἀκίνητοί εἰσιν, ὡς διὰ 15
τούτους καὶ τὸν ὅλον οὐρανὸν ἐν ταὐτῷ περιφέρεσθαι. ἀλλ᾽ οὐδὲ κατὰ τὸ
10 ἔμπροσθεν καὶ ὄπισθεν λέγειν δυνατόν· ἐφ᾽ ἃ γὰρ αἱ κινήσεις τοῖς κατὰ
φύσιν κινουμένοις, ταῦτα τὰ ἔμπροσθέν ἐστι, τῷ δὲ κόσμῳ ἡ κίνησις ἐπ᾽
οὐδέτερον τῶν πόλων ἐστίν. εἰ οὖν μήτε κατὰ τὰ δεξιὰ καὶ ἀριστερὰ δια- 20
φέρουσιν ἀλλήλων οἱ πόλοι μήτε κατὰ τὸ ἔμπροσθεν καὶ ὄπισθεν, διαφέ-
ρουσι δὲ πλεῖον ἢ τὰ ἄλλα μόρια, εἴη ἂν κατ᾽ αὐτοὺς τὸ ἄνω καὶ τὸ
15 κάτω τοῦ οὐρανοῦ διάστημα.

Ἔτι δὲ καὶ οὕτω δείκνυσιν ὁ Ἀλέξανδρος· τὸ ἄνω καὶ τὸ κάτω παρὰ τὸ
ὅθεν ἡ ἀρχὴ τῆς κατὰ τόπον κινήσεώς ἐστι καὶ παρὰ τὸ τούτῳ ἀντικείμενον, 25
τουτέστι παρὰ τὸ ἀριστερὸν καὶ τὸ δεξιόν· ἐν δὲ τῷ θείῳ σώματι σφαι-
ρικῷ ὄντι καὶ κύκλῳ κινουμένῳ παρὰ τὰ δεξιὰ καὶ τὰ ἀριστερὰ μόνοι οἱ
20 πόλοι λείπονται· ἐν τούτοις ἄρα τὸ ἄνω καὶ τὸ κάτω.

Ὅτι δὲ τῆς τοπικῆς κινήσεως ἡ ἀρχὴ τοῖς ζῴοις τοῖς κατὰ φύσιν 30
κινουμένοις ἀπὸ τῶν δεξιῶν, δῆλον ἔκ τε τοῦ τοὺς τρέχειν μέλλοντας τὸν
ἀριστερὸν προβάλλεσθαι πόδα, ὥστε περὶ ἐκεῖνον μένοντα τὴν κίνησιν ἀπὸ
τοῦ δεξιοῦ ἄρξασθαι, καί ἐστιν ἡ προβολὴ τοῦ ἀριστεροῦ ποδὸς παρασκευὴ
25 τοῦ ἀπὸ τῶν δεξιῶν ἄρξασθαι τῆς ἐπὶ τὸ πρόσω κινήσεως· ἀλλὰ μὴν καὶ 35
τὰ φορτία ἐλαφρῶς τοῖς λαιοῖς ἐπιτίθεμεν ὤμοις τὰ δεξιὰ εὔλυτα ἐῶντες
ὡς ἄρχοντα τῆς κινήσεως. καὶ κατὰ λόγον δὲ ἂν εἴη τὸ ἀπὸ τῶν ἰσχυ-
ροτέρων κατὰ φύσιν τῆς κατὰ τόπον κινήσεως ἄρχεσθαι· ἰσχυρότερα δὲ
φύσει τὰ δεξιὰ καὶ ὡς θερμότερα· συστοιχεῖ γὰρ τοῖς δεξιοῖς τὸ θερμόν, 40
30 ὡς τοῖς ἀριστεροῖς τὸ ψυχρόν. διότι δὲ τὰ δεξιὰ ἰσχυρότερα φύσει ἐστίν,
ὅταν τις καὶ τοῖς ἀριστεροῖς ἰσχύῃ, ἀμφιδέξιον τοῦτον καλοῦμεν. εἰ δὲ
τὸ δεξιὸν καὶ τὸ ἀριστερὸν ἐκ πλαγίου, τὰ δὲ πλάγια παρὰ τὸ ἄνω καὶ
τὸ κάτω, ἐν οἷς ἄρα τὸ δεξιὸν καὶ τὸ ἀριστερόν, ἐν τούτοις τὸ ἄνω καὶ 45
τὸ κάτω· ἐν οἷς δὲ ἐξ ἑαυτῶν ἡ τοπικὴ κίνησις, ἐν τούτοις τὸ | δεξιὸν 176ᵇ
35 καὶ τὸ ἀριστερόν, εἴπερ δεξιόν ἐστιν, ὅθεν ἡ ἀρχὴ τῆς κατὰ τόπον κινή-
σεως· τὸ δὲ θεῖον σῶμα ἐξ ἑαυτοῦ τὴν κύκλῳ κίνησιν κινεῖται τοπικὴν
οὖσαν· τὸ ἄρα θεῖον σῶμα ἔχει τὸ δεξιὸν καὶ τὸ ἀριστερόν· εἰ δὲ τοῦτο,
καὶ τὸ ἄνω καὶ τὸ κάτω. 5

---

5 τὸ δεξιὸν — ὄπισθεν ἢ κατὰ (6) Fb: om. A   7 καὶ τὸ] καὶ Fc   10 καὶ] καὶ τὸ
Fc   12 τὰ F: om. A   14 πλεῖον b: πολλοὶ A: πολὺ F   τὸ ἄνω F: ἄνω A
16 οὕτως c   17 τούτων Fc   20 λείπονται Fc: λιπόντες A   ἄρα] ἄρα καὶ
Fc   23 προβάλλεσθαι F: προβάλεσθαι A   26 ἐλαφρῶς] del. K: om. c   λαιοῖς]
corr. ex λαοῖς Aᵈ   29 ὡς om. Fc   32 καὶ τὸ] καὶ Fc

μὲν αὐτοῦ δόξει ἡ κίνησις, οὐκ ἐπὶ δεξιὰ δέ· ἡ γὰρ ἐπὶ δεξιὰ πάντως εἰς 175ᵇ
τὸ ἔμπροσθέν ἐστι. πάνυ οὖν ἀκριβῶς προστέθεικεν ὁ Ἀριστοτέλης τὸ
καὶ ἐπὶ δεξιὰ περιφέρεται· ἔδοξε γὰρ ἄν τινι ἀπὸ τῶν δεξιῶν εἶναι 15
τοῦ πρηνοῦς ἐκείνου ἡ ἀπ' ἀνατολῶν κίνησις, οὐ μέντοι ἐπὶ τὰ δεξιὰ ἐπὶ
τὰ ὄπισθεν γινομένη. ὅτι δὲ τὰ δεξιὰ τοῦ παντὸς τὰ ἀνατολικά ἐστι καὶ
τὰ ἀριστερὰ τὰ δυτικά, καὶ Ὅμηρος ὁ σοφώτατος μαρτυρεῖ λέγων
   εἴτ' ἐπὶ δεξιά ἐστι πρὸς Ἠῶ τ' Ἠέλιόν τε,   20
   εἴτ' ἐπ' ἀριστερὰ τοίγε ποτὶ ζόφον ἠερόεντα.
συμπεραινόμενος δὲ τὸν λόγον ὁ Ἀριστοτέλης δῆλον τοίνυν, φησίν, ὅτι
ὁ ἀφανὴς πόλος ἐστὶ τὸ ἄνω καὶ οἱ μὲν ἐκεῖ οἰκοῦντες ἐν τῷ
ἄνω εἰσὶν ἡμισφαιρίῳ.

Καὶ τὰ μὲν μέχρι τούτου ἀκόλουθα τοῖς δεδειγμένοις ἐστί, τὰ δὲ ἐν- 25
τεῦθεν ἐνστάσεις ἔχειν δοκεῖ πολλάς. πῶς γὰρ οἱ ἐν τῷ ἄνω ἡμισφαιρίῳ
καὶ πρὸς τοῖς δεξιοῖς εἰσι καὶ οἱ ἐν τῷ κάτω καὶ πρὸς τοῖς ἀρι-
στεροῖς, εἴπερ καὶ τὸ ἄνω καὶ τὸ κάτω ἴσον ἑκάτερον ἀφέστηκε τοῦ τε
δεξιοῦ καὶ τοῦ ἀριστεροῦ; πῶς δὲ τοὺς Πυθαγορείους ἡμᾶς ἄνω ποιεῖν 30
φησι καὶ ἐν τῷ δεξιῷ, τοὺς δὲ ἐκεῖ κάτω καὶ ἐν τῷ ἀριστερῷ,
εἴπερ, ὡς αὐτὸς ἐν τῷ δευτέρῳ τῆς συναγωγῆς τῶν Πυθαγορικῶν ἱστορεῖ,
τοῦ ὅλου οὐρανοῦ τὸ μὲν ἄνω λέγουσιν εἶναι, τὸ δὲ κάτω, καὶ τὸ μὲν κάτω
τοῦ οὐρανοῦ δεξιὸν εἶναι, τὸ δὲ ἄνω ἀριστερόν, καὶ ἡμᾶς ἐν τῷ κάτω
εἶναι; ἢ τὸ μὲν ἄνω καὶ πρὸς τοῖς δεξιοῖς ἐνταῦθα λεγόμενον οὐ 35
κατὰ τὸ ἑαυτῷ ἀρέσκον εἶπεν, ἀλλὰ κατὰ τοὺς Πυθαγορείους· ἐκεῖνοι γὰρ
τῷ δεξιῷ τὸ ἄνω καὶ τὸ ἔμπροσθεν συνέταττον, τῷ δὲ ἀριστερῷ τὸ κάτω
καὶ τὸ ὄπισθεν. τὰ δὲ ἐν τῇ τῶν Πυθαγορικῶν συναγωγῇ μεταγεγράφθαι
μᾶλλον ὑπό τινος ὁ Ἀλέξανδρος οἴεται ὀφείλοντα ἔχειν οὕτω "τὸ μὲν ἄνω 40
τοῦ οὐρανοῦ δεξιὸν εἶναι, τὸ δὲ κάτω ἀριστερόν, καὶ ἡμᾶς ἐν τῷ ἄνω
εἶναι", οὐχὶ ἐν τῷ κάτω, ὡς γέγραπται· οὕτω γὰρ συνάσεται τοῖς ἐν-
ταῦθα λεγομένοις, ὅτι ἡμᾶς κάτω λέγοντες οἰκεῖν καὶ διὰ τοῦτο καὶ ἐν
τοῖς ἀριστεροῖς, εἴπερ τῷ ἀριστερῷ τὸ κάτω συντέτακται, ἐναντίως λέ- 45
γομεν, ἢ ὡς οἱ Πυθαγόρειοι λέγουσιν ἄνω καὶ ἐν τοῖς δεξιοῖς. καὶ
τάχα ἔχει λόγον τὸ μεταγε|γράφθαι, εἴπερ οἶδεν ὁ Ἀριστοτέλης τῷ μὲν 176ᵃ
δεξιῷ τὸ ἄνω, τῷ δὲ ἀριστερῷ τὸ κάτω συντάττοντας.

Ὅτι δὲ οἱ πόλοι τὸ ἄνω καὶ κάτω τοῦ οὐρανοῦ εἰσι, καὶ οὕτω δείκ-
νυσιν ὁ Ἀλέξανδρος λαβών, ὅτι ὁ οὐρανὸς ζῷον ὑπάρχων ἔχειν ὤφειλε
τὰς τῶν διαστάσεων διαφορὰς καὶ μᾶλλον κατὰ τὰ μᾶλλον διαφέροντα ἐν 5

---

4 τὰ om. Fc   5 τὰ ὄπισθεν A: τὸ ὄπισθεν Fc   6 λέγων] Il. XII 239   7 δεξιὰ
AC: δεξί' Fc   ἐστι C: om. A: ἴωσι Fc   Ἠῶ τ'] ἠῶτ A   8 τοίγε om. C: τ'
εἴτε F   ποτὶ CFb: ποσὶ A   9 ὁ Ἀριστοτέλης om. Fc   17 ἐν τῷ δεξιῷ] πρὸς τὸ
δεξιόν Fc   18 ἱστορεῖ] φησί Fc; v. fr. 205 Rose   24 τὸ ὄπισθεν] ὄπισθεν Fc
25 οἴεται ὁ Ἀλέξανδρος Fc   27 οὕτως c   27 οὕτω c   συνάσεται A: συνάγεται
F: ἂν συνάδοι K²c   28 ἡμεῖς c   καὶ διὰ A: διὰ Fbc   31 ὁ om. c
32 συντάττοντας AF: συντατόμενα K²c   33 οὕτως c   34 ὤφειλε Fc

τὸν περὶ τοῦ σχήματος τοῦ οὐρανίου λόγον τὴν αἰτίαν τῆς ἐπὶ τοῦτο κινή- 177ᵃ
σεως, ἐφ' ὃ κινεῖται, ζητῶν τότε περὶ τοῦ ἔμπροσθεν διαλέξεται οἰκεῖον
εὑρὼν τῷ προβλήματι τόπον, ὡς ἐκεῖ μαθησόμεθα.

p. 285ᵇ33 **Περὶ μὲν οὖν τῶν κατὰ τὰς διαστάσεις τῶν μορίων**
5 **καὶ τῶν κατὰ τόπον ὡρισμένων τοσαῦτα εἰρήσθω.**

Συμπερανάμενος λοιπὸν τὰ εἰρημένα τὰ μὲν κατὰ τὰς διαστάσεις
τῶν μορίων τὸ μῆκος ἴσως καὶ τὸ πλάτος καὶ τὸ βάθος λέγει, τὰ δὲ 10
κατὰ τόπον ὡρισμένα τὸ ἄνω καὶ κάτω καὶ δεξιὸν καὶ ἀριστερὸν καὶ
ἔμπροσθεν καὶ ὄπισθεν· αὗται γάρ εἰσι τόπων διαφοραί. μήποτε δὲ ἄμφω
10 περὶ τῶν αὐτῶν τῶν ἓξ τοπικῶν διαστάσεων λέγεται, ὡς ἐξηγεῖται καὶ ὁ
Ἀλέξανδρος. "διαστάσεις γὰρ τῶν μορίων τὸ ἄνω καὶ κάτω, φησί, καὶ 15
τὰ σύστοιχα τούτοις· κατὰ γὰρ τὰς διαφορὰς ταύτας, φησί, τὰ μόρια διέ-
στηκε· καὶ τὸ τῶν κατὰ τόπον ὡρισμένων εὐλόγως, φησίν, ἐπενήνοχε·
τὰ γὰρ προειρημένα τοῖς τόποις ὥρισται. ἔτι δέ, φησί, κατὰ τόπον
15 ὡρίσθη καὶ ἐδείχθη τὸ ἡμᾶς μὲν ἐν τῷ κάτω οἰκεῖν, τοὺς δὲ πρὸς τῷ 20
νοτίῳ πόλῳ ἐν τῷ ἄνω."

p. 286ᵃ3 **Ἐπεὶ δὲ οὐκ ἔστιν ἐναντία κίνησις ἡ κύκλῳ τῇ κύκλῳ**
ἕως τοῦ ἐνθένδε ληπτέα. 25

Καὶ κατὰ τὴν τῶν προβλημάτων τάξιν ἀκόλουθον ἦν μετὰ τὴν σχε-
20 τικὴν τῶν τοῦ θείου σώματος μορίων διαφορὰν κοινῶς ὑπάρχουσαν ἐν τῷ
ἀπλανεῖ καὶ τῷ πλανᾶσθαι λεγομένῳ, καὶ περὶ τῆς κατὰ τὴν κίνησιν αὐτῶν
διαφορᾶς ἐπισκέψασθαι, διὰ τί ἀνάπαλιν γίνεται. καὶ μέντοι ἐν τῷ συμπερανι- 30
θέντι προβλήματι ἐμνημόνευσε τῆς ἀνάπαλιν ταύτης κινήσεως εἰκότως τὸ
ἄνω καὶ κάτω διάφορον καθ' ἑκατέραν τῶν κινήσεων δεικνύς, ἐπειδὴ καὶ τὸ
25 δεξιὸν καὶ ἀριστερὸν διάφορον, ἐξ ὧν τὸ ἄνω καὶ τὸ κάτω ἐλαμβάνετο· τὸ
δὲ δεξιὸν καὶ ἀριστερὸν διάφορα, διότι διάφοροι αἱ τῶν κινήσεων ἀρχαί· 35
αὗται δὲ διάφοροι, διότι ἀνάπαλιν αἱ κινήσεις. εἰς ταύτην οὖν τὴν αἰτίαν
ἀναχθείσης ἐκείνης τῆς διαφορᾶς ἔδει καὶ ταύτης τὴν αἰτίαν ζητεῖν
τὸν φιλομαθῆ, διὰ τίνα αἰτίαν ἡ ἀντικίνησις αὕτη γέγονε. καὶ πρῶτον
30 μέν, ὅτι ἀναγκαία ἡ ζήτησις, δείκνυσιν, εἶτα, ὅτι καὶ χαλεπὴ ἡ εὕρεσις. 40
καὶ τὸ μὲν ἀναγκαῖον δείκνυσιν οὕτω· τῆς ἀπλανοῦς κύκλῳ κινουμένης. εἰ
ἦν, φησί, τῇ κύκλῳ κινήσει ἐναντία κίνησις κυκλική, ὥσπερ τῇ ἐπ' εὐ-
θείας τῇ ἄνω ἡ ἐπ' εὐθείας ἡ κάτω, ἤρκει τῷ ζητοῦντι, διὰ τί τὸ πλα-
νώμενον ἀνάπαλιν κινεῖται τῆς ἀπλανοῦς, ἀποκρίνασθαι, ὅτι τῆς κύκλῳ 45
35 τῆς ἀπλανοῦς κινήσεως ἐχούσης ἐναντίαν ἔδει πάντως καὶ τὴν ἐναντίαν |

---

4 περὶ—εἰρήσθω (5) om. c   6 συμπεραινόμενος Fc   7 πλάτος] βάθος Fc   βάθος]
πλάτος Fc   λέγει Fb: ἴσως λέγει A   9 καὶ ὄπισθεν Fb: om. A   10 ὁ om. Fc
17 δ' c   20 ἐν A: καὶ Fc: om. b   24 καὶ τὸ] τὸ Fc   25 καὶ (pr.)] καὶ τὸ
Fc   26 διάφορα] διάφορον Fc   27 τὴν F: om. A   30 ἡ (alt.) A²F: καὶ A

p. 285b28   Ἀλλὰ τῆς μὲν δευτέρας περιφορᾶς ἕως τοῦ τοσαῦτα 176b
εἰρήσθω.

Δείξας, ὅτι τὸ μὲν ἄνω τοῦ οὐρανοῦ κατὰ τὸν νότιόν ἐστι πόλον τὸν ἡμῖν ἀεὶ ἀφανῆ, τὸ δὲ κάτω κατὰ τὸν βόρειον, καὶ διὰ τοῦτο οἱ μὲν ἐν τῷ νοτίῳ ἡμισφαιρίῳ ἐν τῷ ἄνω οἰκοῦσι καὶ ἐν τῷ δεξιῷ, εἴπερ κατὰ τοὺς Πυθαγορείους τὸ ἄνω δεξιόν ἐστιν, ἡμεῖς δὲ ἐν τῷ κάτω καὶ τῷ ἀριστερῷ, ἀπὸ τοῦ δεξιοῦ καὶ τοῦ ἀριστεροῦ τὸ ἄνω καὶ κάτω συλλογισάμενος καὶ δεξιὸν τοῦ οὐρανοῦ λαβὼν τὸ ἀνατολικόν, ὅτι ἐκεῖθεν ἡ ἀρχὴ τῆς κινήσεως, εἰκότως ἐπέστησεν, ὅτι ταῦτα ἐπὶ τῆς ἀπλανοῦς τῆς ἀπ' ἀνατολῶν κινουμένης καλῶς εἴρηται, ἐπὶ δὲ τῆς τῶν πλανήτων σφαίρας ὡς μιᾶς λαμβανομένης τὰ ἐναντία συμβαίνει. εἰ γὰρ δεξιὸν καὶ ἐπ' ἐκείνης ἐστὶ τὸ ὅθεν ἡ ἀρχὴ τῆς κινήσεως, πρὸς τῇ δύσει τῆς ἀπλανοῦς εἴη ἂν τὸ δεξιὸν τῆς πλανωμένης· εἰ δὲ τοῦτο, ἄνω μὲν ὁ βόρειος πόλος, κάτω δὲ ὁ νότιος, καὶ ἡμεῖς μὲν ἐν τοῖς ἄνω καὶ ἐν τοῖς δεξιοῖς ἐσμεν, ὡς ἂν εἴποιεν οἱ Πυθαγόρειοι, οἱ δὲ ἐν τῷ νοτίῳ ἡμισφαιρίῳ ἐν τοῖς κάτω καὶ τοῖς ἀριστεροῖς. αἴτιον δὲ τὸ ἀνάπαλιν τὴν ἀρχὴν εἶναι τῆς κινήσεως, τουτέστι τὸ δεξιόν, ἐν τῷ πλανωμένῳ· τούτου δὲ αἴτιον τὸ ἀνάπαλιν γίνεσθαι τὰς φοράς. καὶ τί μὲν καὶ τούτου αἴτιον, μετ' ὀλίγον ζητήσει, ἐναντίας δὲ τὰς φορὰς ἀντὶ τοῦ ἀνάπαλιν γινομένας εἶπεν, ἐπεί, ὅτι τῇ κύκλῳ κινήσει οὐκ ἔστιν ἐναντία κίνησις, καὶ πρότερον αὐτὸς ἔδειξε διὰ πλειόνων καὶ πάλιν ἐρεῖ. εἰ δὲ τὸ μὲν ἄνω καὶ τὸ δεξιὸν ἀρχαί, τὸ μὲν τῆς αὐξήσεως, τὸ δὲ τῆς κατὰ τόπον κινήσεως, τὸ δὲ κάτω καὶ τὸ ἀριστερὸν τέλη τῶν αὐτῶν, συμβαίνει ὡς πρὸς τὴν ⟨τῶν⟩ πλανωμένων σφαῖραν ἡμᾶς μὲν ἐν τῇ ἀρχῇ οἰκεῖν, ἐκείνους δὲ πρὸς τῷ τέλει· ὥστε καὶ οἱ πολλοὶ λέγοντες ἄνω μὲν τὸν βόρειον πόλον εἶναι καὶ ἡμᾶς πρὸς τῷ ἄνω οἰκεῖν, κάτω δὲ τὸν νότιον καὶ ἐκείνους πρὸς τῷ κάτω, εἰ πρὸς τὸ πλανώμενον ἀφορῶντες λέγοιεν, ὀρθῶς λέγουσιν.

Ἐπιζητήσαι δὲ ἄν τις εἰκότως, τί δήποτε τῶν διαστάσεων τούτων τὴν κατὰ τὸ δεξιὸν καὶ ἀριστερὸν καὶ ἄνω καὶ κάτω ἀπολογισάμενος τὴν ἔμπροσθεν καὶ ὄπισθεν παρῆκε. καὶ ἔστι μὲν εἰπεῖν, ὅτι ἀπὸ τῶν εἰρημένων εὐσύνοπτος καὶ αὕτη γέγονεν· εἰ γὰρ ἡ ἀπὸ τῶν δεξιῶν ἀρχομένη κίνησις ἐπὶ τὰ πρόσω | γίνεται, δῆλον, ὅτι ἀεὶ τὸ μὲν ὑπὲρ γῆν πρόσω 177a ἐστί, τὸ δὲ ὑπὸ γῆν ὀπίσω, κἂν ἐκεῖνον φαντασθῇς τὸν ἐπὶ τοῦ ἄξονος ἀνακεκλιμένον ὕπτιον καὶ τὴν κεφαλὴν ἔχοντα πρὸς τῷ νοτίῳ πόλῳ, ἔμπροσθεν αὐτοῦ τὸ ἀεὶ ὑπὲρ γῆν ὄψει. καὶ αὐτὸς δὲ ὁ Ἀριστοτέλης μετὰ

---

1 τοσαῦτ' Fc   7 ἀπὸ A: καὶ ἀπὸ Fc   κάτω] τὸ κάτω c   8 τὸν οὐρανὸν c
11. 12 ἐκείνης AC: ἐκείνοις Fc   14 τοῖς ἄνω AC: τῷ ἄνω Fc   16 καὶ] καὶ ἐν C(b)   20 πρότερον] Ι 4   21 πάλιν] νῦν F: νῦν αὖθις c   ἐρεῖ] 286a3
22 ἀρχαί Fb: ἀρχῇ A   23 ὡς] καὶ Fc   τῶν (alt.) addidi: om. AFc
23. 24 πλανωμένων Ab: πλανωμένην Fc   26 τῷ (pr.)] τὸ Fc   28 ἐπιζητῆσαι c
29 συλλογισάμενος Fc   35 ὄψει F: ὅλη A: ὄψεται c: videbit b

τὸ ἀθλῆσαι καὶ ἐπὶ τῶν φυσικῶν ἔτι μᾶλλον· ἵππος γὰρ τοῦ τρέχειν ἕνε- 177b
κεν καὶ ἄνθρωπος τοῦ πράττειν καὶ θεωρεῖν. οὕτω δὲ καὶ τῶν ἐν τῷ 45
σώματι μορίων ἕκαστον τῆς ἐνεργείας αὐτοῦ ἕνε|κεν ἔστιν, ἧς δεῖται τὸ 178a
ζῷον. ἐπεὶ οὖν ἕκαστον, ὧν ἔστιν ἐνέργεια, διὰ τὴν ἐνέργειαν ἔστι, τοῦ
5 δὲ θείου σώματος· τοῦτο γὰρ θεὸν καλεῖ νῦν· ἐνέργεια ἀθανασία ἐστί, τὸ
ἄρα θεῖον σῶμα ἀθάνατόν ἐστι καὶ ἐν τούτῳ ἔχει τὸ εἶναι. ἀληθὲς οὖν
εἰπεῖν, ὅτι ὁ οὐρανὸς θεός· ὁ τοιοῦτος θεὸς θεῖον σῶμά ἐστι· τὸ θεῖον 5
σῶμα ζωὴν ἀΐδιον ἔχει· τὸ ζωὴν ἀΐδιον ἔχον κίνησιν ἀΐδιον ἔχει τὴν κατὰ
τόπον· τὸ ἀΐδιον κίνησιν τοπικὴν ἔχον ἐγκύκλιον κίνησιν κινεῖται· αὕτη γὰρ
10 μόνη δέδεικται δυναμένη ἀΐδιος εἶναι, διότι καὶ συνεχὴς αὕτη μόνη· ἐπ' 10
εὐθείας γὰρ ἄπειρος μὲν οὐκ ἔστιν, αἱ δὲ πεπερασμέναι, ὅταν ἀνακάμπτωσι,
στάσει διαλαμβάνονται.

Οὕτω μὲν οὖν, ὅτι κύκλῳ κινεῖται ὁ οὐρανός, ἔδειξεν ἐκ τοῦ θεὸν
ὄντα καὶ θεῖον ζῷον ἀΐδιον ἔχειν τὴν κατὰ τόπον κίνησιν, τοιαύτην δὲ
15 μόνην εἶναι τὴν ἐγκύκλιον. τῶν δὲ λημμάτων ἕκαστον ἐπισκεπτέον καὶ 15
πρῶτόν γε τὸ πρῶτον ἀξίωμα τοῦ λόγου. εἰ γὰρ ἡ οὐσία κρείττων παν-
ταχοῦ καὶ οἰστικὴ τῆς ἐνεργείας καὶ ἐπὶ τῶν τεχνῶν καὶ ἐπιστημῶν αἱ
ἕξεις τῶν ἐνεργειῶν οἰστικαί, πῶς ἀληθές, ὅτι ἕκαστον, ὧν ἔστιν ἐνέργεια,
ἕνεκα τῆς ἐνεργείας ἔστι; δεύτερον δέ, πῶς ἐνέργεια τοῦ θείου ζῴου ἡ
20 ἀθανασία, εἴπερ τῆς οὐσίας αὐτοῦ συστατική ἐστιν, ὡς τὸ θνητὸν τοῦ ἀν- 20
θρώπου, καὶ δῆλον, ὅτι διαφορὰ καὶ πάθος τοῦ ἀνθρώπου ἐστίν, ἀλλ' οὐκ
ἐνέργεια; ἢ πρὸς τοῦτο τέως ῥητέον ἐν μέν, ὅτι οἱ θεοὶ ἀπαθεῖς ὄντες, ὡς
πρότερον δέδεικται, τὰς τελειωτικὰς μεθέξεις οὐκ ἔχουσι παθητικάς, ὡς ὁ
ἄνθρωπος, ἀλλ' ἐνεργητικάς. ὡς οὖν τὸ λογικὸν καὶ νοερὸν ἐν αὐτοῖς οὐκ 25
25 ἔστι παθητικόν, ἀλλ' ἐνεργητικόν, ἐπειδὴ οὐδὲ ἔξωθεν τὸ ὅλον ἔχουσιν,
ἀλλὰ καὶ ἑαυτοῖς ταῦτα παρέχουσιν, οὕτως οὐδὲ ἡ ἀΐδιος κίνησις πάθος,
ἀλλ' ἐνέργεια. καὶ ἄλλως δέ, ἐπειδὴ θεῖον σῶμα ὁ οὐρανός, αἱ δὲ τῶν
σωμάτων ἐνέργειαι κινήσεις εἰσίν, ὡς θεῖον ἀΐδιον ἀνάγκη κίνησιν ἔχειν. 30
ἔπειτα, ὡς ὁ μέγας Συριανὸς ἐπέβαλεν, ὅτι ἐνέργειαν τοῦ θεοῦ τοῦ κόσμου
30 τὴν ἀθανασίαν λέγει, διότι ἐπεστραμμένος πρὸς τὸν νοῦν καὶ ὁρῶν αὐτὸν
ἀθάνατον καὶ ἀΐδιον ὀρέγεται τῆς ἐν αὐτῷ ἀθανασίας ὡς τέλους καὶ ἀγα-
θοῦ οἰκείου καὶ τυγχάνων ἐνεργεῖ αὐτὴν ἀϊδίως κινούμενος. ἐκ δὴ τούτου 35
καὶ τὸ πρότερον, οἶμαι, τῶν ζητηθέντων λυτέον· ὧν γὰρ ἔστιν ἐνέργειά
τις ὡς τέλος καὶ τὸ ἀγαθόν, ταῦτα τῆς ἐνεργείας ἕνεκεν ἔστι καὶ τοῦ
35 ἔργου ὡς ἀποτελέσματος, ὥσπερ τοῦ θείου ζῴου ἐνέργειά ἐστι καὶ ἔργον
τελειωτικὸν ἡ ἀθανασία, καὶ ταύτης ἕνεκεν ἔστιν, ἵνα ᾖ θεῖον ζῷον· ἕκα- 40

---

1. 2 ἕνεκα C   2 οὕτως c   3 αὐτοῦ CFb: αὐτῷ A   5 ἡ ἀθανασία Fc
7 εἰπεῖν] ἐστὶ λέγειν K²c   ἐστι σῶμα K²c   8 ἀΐδιον ζωὴν ἔχει Fc   10 ἐπ' AC:
ἡ ἐπ' Fc   11 γὰρ] μὲν γὰρ C   μὲν AF: eras. K: om. Cbc   13 οὕτως c
ὁ F: om. A   16. 17 πανταχοῦ A: πάντων F: om. c   22 τέως om. Fc
οἱ om. Fc   23 ὁ om. c   26 πάθος Fb: om. A   28 ἀνάγκη ἀΐδιον Fc
κίνησιν ἔχειν Fb: κίνησις A   29 ὁ F: om. A   30 νοῦν] οὐρανὸν c
34 ἕνεκα Fc

αὐτῇ ὑφεστηκέναι ταύτης ὑφεστώσης· τῶν γὰρ ἐναντίων ἐὰν τὸ ἕτερον 177ᵇ
ᾖ κατὰ φύσιν, ἀνάγκη καὶ τὸ ἕτερον εἶναι· πρὸς ἄλληλα γὰρ τὰ ἐναντία,
τῶν δὲ πρός τι τοῦ ἑτέρου ὄντος ἀνάγκη καὶ θάτερον εἶναι· ἐπειδὴ δὲ
ἀπεδείχθη, ὅτι τῇ κύκλῳ κινήσει οὐκ ἔστιν ἐναντία κίνησις, ἀργήσει πάν- 5
τως ἡ ἀπὸ τούτου τῆς ἀντικινήσεως αἰτία, καὶ ἄλλην ζητεῖν ἀνάγκη. καί,
ὥς φησιν ὁ καλὸς Ἀλέξανδρος ἐνταῦθα ἀνδριζόμενος, οὐδὲ φυσικὴν ἢ
ὑλικὴν ἀνάγκην ἐπὶ τούτων αἰτιᾶσθαι δυνατόν· ἡ γὰρ αὐτὴ ἀμφοῖν
ὕλη· ἀλλὰ κατά τινα θείαν διοίκησίν τε καὶ διάταξιν ἀπολογίζεσθαι τὴν 10
διαφοράν. τὸ δὲ χαλεπὸν τῆς ἐν τοῖς τοιούτοις αἰτιολογίας ἐδήλωσε διὰ
τοῦ πόρρωθεν ἡμᾶς ποιεῖσθαι τὴν ταύτης ζήτησιν, οὐχ ὅτι τῷ τόπῳ
πολὺ διεστήκαμεν ἐκείνων, ἀλλ᾽ ὅτι πολὺ μᾶλλον αὐτῶν διεστήκαμεν τῷ
περὶ ὀλίγων συμβεβηκότων αὐτοῖς αἴσθησιν ἔχειν. εἰ γὰρ αἱ μὲν ἀποδεί- 15
ξεις ἐκ τῶν καθ᾽ αὑτὰ ὑπαρχόντων γίνονται, ἅπερ συμβεβηκότα αὐτὸς
ἐκάλεσε, τῶν δὲ περὶ τὰ αἰσθητὰ ἀποδείξεων ἀνάγκη τὰς ἀρχὰς ἐκ τῆς
αἰσθήσεως λαμβάνειν, ἐν οἷς ἀδυνατοῦμεν αἰσθάνεσθαι, ἐν τούτοις οὐδὲ
ἀποδείξεων ῥᾴδιον εὐπορεῖν, ἀλλ᾽, ὥς ὁ Πλάτων φησίν, εἰκότας ἀνάγκη 20
τοὺς περὶ τῶν τοιούτων γίνεσθαι λόγους, τοῦτο ὁ Πλάτων καὶ καθόλου
ἐπὶ τῶν αἰσθητῶν καὶ εἰκονικῶν εἰπών. πάνυ δὲ ἀκριβῶς εἶπεν, οἶμαι,
τὸ πλέον ἡμᾶς τῇ γνώσει διεστάναι ἤπερ τῷ τόπῳ· τὸ μὲν γὰρ μέχρι
τοῦ οὐρανοῦ διάστημα κἂν πολλαπλάσιον ᾖ τοῦ μέχρι τινὸς ὁρατοῦ δια- 25
στήματος, οἷον τουδὶ τοῦ δένδρου, ἀλλ᾽ ἐν λόγῳ τινί πάντως ἐστίν, ἡ δὲ
ἄγνοια τῶν ἐκείνοις ὑπαρχόντων πρὸς τὴν γνῶσιν τῶν ἐν τῷ δένδρῳ
φαινομένων ἐν οὐδενὶ λόγῳ ἐστί. τοῦτο δὲ καὶ ἐνταῦθα συμβαίνει· τῶν
γὰρ ἀπὸ δέκα σταδίων οὐκ αἰσθανόμεθα ὅλως, ἐὰν μὴ μετέωρα ᾖ· καίτοι
τὸ διάστημα πρὸς τὸ τοῦ ὁρωμένου ἡμῖν διάστημα συμβλητόν ἐστιν. 30

p. 286ᵃ8   Ἕκαστον δέ, ὧν ἔστιν ἔργον ἕως τοῦ δ φύσει κινεῖται
κύκλῳ ἀεί.

Τὴν αἰτίαν προθέμενος εἰπεῖν τῆς ἀντικινήσεως τῶν οὐρανίων σφαι- 35
ρῶν ὡς ἀξίωμα προλαμβάνει τὸ ἕκαστον, ὧν ἔστιν ἔργον, ἕνεκα τοῦ
ἔργου εἶναι, ἔργον καὶ τὸ ἀποτέλεσμα καὶ τὴν ἐνέργειαν καλῶν, ὡς
δηλοῖ ἐπαγαγὼν θεοῦ ἐνέργεια ἀθανασία. καὶ γὰρ αἱ δυνάμεις αἱ
κατὰ τὰς τέχνας καὶ τὰς ἐπιστήμας τῶν κατ᾽ αὐτὰς ἐνεργειῶν ἕνεκέν 40
εἰσιν, ὡς ἔστι προχειριζόμενον ἑκάστας ἰδεῖν καὶ τὰς θεωρητικὰς καὶ τὰς
ποιητικὰς καὶ τὰς πρακτικάς. καὶ γὰρ γεωμετρίας τέλος τὸ γνῶναι τὰ
τοῖς μεγέθεσιν ὑπάρχοντα καὶ οἰκοδομικῆς τὸ οἰκοδομῆσαι καὶ αὐλητικῆς

---

5 τούτου om. c   8 ἀπολογίζεται c   10 ταύτης] τοιαύτην Fc   12 εὐπορεῖν Fb: ἀπορεῖν A   16 Πλάτων] Tim. 29 c   17 γίγνεσθαι c   ὁ Πλάτων] del. c   καὶ om. c   26 ἕκαστον—εἶναι (30)] postea add. mg. F; in textu del. ἕκαστον ἔστιν ὧν ἔστιν δὲ Ab: ἔστιν c   29 τὸ] τοῦτο δηλονότι τὸ Fc   31 θεοῦ] θεοῦ δ᾽ Fc   34 γεωμετρίας A²CF: γεωτρίας A

SIMPLICII IN L. DE CAELO II 3 [Arist. p. 286ᵃ12]

Περιπατητικὸς παραφράζων τὰ ἐνταῦθα λεγόμενα ἐν τοῖς Περὶ τῆς Ἀρι- 178ᵇ
στοτέλους φιλοσοφίας οὕτω τέθεικε τὴν λέξιν "διὰ τί οὖν οὐχ ὅλος ὁ
κόσμος τοιοῦτος; ὅτι ἀνάγκη μένειν τι περὶ τὸ μέσον τοῦ κύκλῳ φερο-
μένου· τὸ δὲ πέμπτον σῶμα οὔτε μένειν ἠδύνατο οὔτε ἐν μέσῳ εἶναι". 45
5 καὶ αὐτὸς δὲ ὁ Ἀλέξανδρος καλῶς τῷ Ἀριστοτέλει παρακολουθεῖ δεικνύντι |
τὸ μένον ἐπὶ τοῦ μέσου μόριόν τι μὴ εἶναι τοῦ κυκλοφορητικοῦ· οὐδὲν 179ᵃ
γὰρ τούτου μένειν οἷόν τε οὔτε ἀλλαχοῦ που· πάντῃ γὰρ αὐτῷ κίνησις
ἀίδιος ὑπάρχει· οὔτε ἔτι μᾶλλον ἐπὶ τοῦ μέσου. εἰ γὰρ ἔμενεν ἐπὶ τοῦ
μέσου κατὰ φύσιν, καὶ ἐφέρετο ἂν εἰς τοῦτο κατὰ φύσιν· ἐν ᾧ γάρ τι 5
10 μένει κατὰ φύσιν, καὶ φέρεται εἰς τοῦτο κατὰ φύσιν· καὶ ἦν αὐτῷ ἡ
κατὰ φύσιν κίνησις αὕτη· μία δὲ ἡ κατὰ φύσιν ἑκάστῳ τῶν ἁπλῶν, τούτῳ
δὲ ἡ κύκλῳ κίνησις κατὰ φύσιν, εἴπερ ἀίδιος· οὐκ ἄρα ἡ ἐπὶ τὸ μέσον
κατὰ φύσιν· οὐδὲ ἄρα ἡ ἐν τῷ μέσῳ μονὴ οὔτε τῷ ὅλῳ οὔτε τῷ μέρει 10
αὐτοῦ κατὰ φύσιν. ἀλλ' οὐδὲ παρὰ φύσιν· τοῦτο μὲν γὰρ κυκλοφορητικὸν
15 ⟨ὂν⟩ ἀίδιον ἔχει τὴν κίνησιν, τὸ δὲ παρὰ φύσιν οὐκ ἀίδιον· ὕστερον γάρ ἐστιν
τοῦ κατὰ φύσιν τὸ παρὰ φύσιν, διότι ἔκστασίς ἐστι τὸ παρὰ φύσιν τοῦ κατὰ
φύσιν ἐν τῇ γενέσει, τὸ δὲ ἐξιστάμενόν τινος καὶ παρυφιστάμενον ὕστερόν 15
ἐστιν τούτου, οὗ ἐξίσταται. καὶ ὅλως, εἰ ἐν τῇ γενέσει τὸ παρὰ φύσιν,
ἔνθα οὐδὲ τὸ κατὰ φύσιν ἀίδιόν ἐστιν, πῶς ἂν εἴη τὸ παρὰ φύσιν ἀίδιον;
20 κἂν γὰρ ᾖ ἀεὶ τὸ παρὰ φύσιν ἐν τῇ γενέσει ὥσπερ καὶ τὸ κατὰ φύσιν,
ἀλλὰ ἄλλοτε ἄλλο καὶ οὐ τὸ αὐτὸ ἀεί, ὥσπερ ὁ οὐρανὸς κατὰ φύσιν ὁ 20
αὐτὸς τῷ ἀριθμῷ ἀεί. ἀνάγκη τοίνυν τὸ ἐπὶ τοῦ μέσου μηδὲν ὂν τοῦ
ἀιδίου σώματος μὴ ἀίδιον εἶναι, ἀλλὰ φθαρτὸν καὶ βαρὺ καὶ μόνιμον καὶ
διὰ τοῦτο καὶ ψυχρὸν καὶ ξηρόν· τὰ γὰρ φθαρτὰ ταῖς παθητικαῖς ταύταις
25 ποιότησιν εἰδοποιεῖται· βαρὺ δὲ καὶ ψυχρὸν καὶ ξηρόν ἐστιν ἡ γῆ. καὶ 25
ὅτι ἡ γῆ ἐν τῷ μέσῳ, καὶ ἤδη μὲν ἔδειξε τοῦ βαρέος τὸν μέσον δείξας
τόπον οἰκεῖον, ἡ δὲ γῆ τοιοῦτον, δείξει δὲ καὶ ἐπὶ τέλει τούτου τοῦ
βιβλίου.

Ἀλλ' εἰ γῆν, ἀνάγκη, φησί, καὶ πῦρ εἶναι· τῶν γὰρ ἐναντίων
30 εἰ θάτερον φύσει, ἀνάγκη καὶ θάτερον εἶναι φύσει· τῶν γὰρ ἐναν- 30
τίων ἡ αὐτὴ ὕλη πρὸς ἄμφω. ὁμοίως πεφυκυῖα. εἰ τοίνυν καὶ κατὰ τὰς
δραστικὰς τὰς ἐναντίας ποιότητας εἰδοποιοῦνται τὸ πῦρ καὶ ἡ γῆ, τὸ μὲν
κατὰ τὴν θερμότητα, ἡ δὲ κατὰ τὴν ψύξιν, καὶ ἔτι μᾶλλον τὰς τοπικὰς
κινήσεις, εἴπερ τὸ μὲν ἐπὶ τὸ πέριξ, τὸ δὲ ἐπὶ τὸ μέσον κινεῖται, τοῖς δὲ 35
35 φυσικοῖς σώμασιν οὐσιωδῶς μάλιστα τὸ κινεῖσθαι κατὰ φύσιν, ὧν φυσικῶν
σωμάτων αἱ κινήσεις ἐναντίαι, τούτων αἱ φύσεις ἐναντίαι· ὥστε, κἂν τὸ

---

2 οὕτως c   3. 4 κύκλῳ φερομένου scripsi: κύκλου φερομένου A: κυκλοφορουμέ-
νου Fc   4 μέσῳ] τῷ μέσῳ Fc   6 τοῦ μέσου c: τὸ μέσον AF   μὴ εἶναι
μόριόν τι c   11 ἑκάστῳ AC: ἑκάστου Fc   τοῦτο Fc   12 κατὰ φύσιν
om. c   13 τῷ ὅλῳ] ὅλῳ Fc   14 τοῦτο AF: τὸ c(b)   15 ὂν addidi: om. AFbc
ἐστι Fc   18 ἐστι Fc   19 ἐστι Fc   27 τοιοῦτον F: τὸν τοιοῦτον A
28 βιβλίου] cap. 14   29 ἀλλ'] ἀλλὰ μὴν c   33 ἡ] τὸ Fc   τὰς AF: κατὰ
τὰς c(b)

στον γὰρ ἐν τούτῳ ἐστίν, ἐν ᾧ τὸ εἶναι αὐτῷ, τὸ δὲ εἶναι τῷ θείῳ ζῴῳ 178ᵃ
ἐν ἀιδίῳ ζωῇ καὶ ἀθανασίᾳ. καὶ αἱ ἐπιστῆμαι δὲ τελειωτικαὶ οὖσαι ἐνέρ-
γειαί εἰσι, καὶ ἀληθὲς εἰπεῖν, ὅτι ὁ ἐπιστήμων τέλος ἔχει τὸ κατ᾽ ἐνέρ-
γειαν εἶναι ἐπιστήμων. αἱ δὲ τέχναι διττὰς ἔχουσι τὰς ἐνεργείας τὰς μὲν 45
5 ἔνδον κατὰ τὴν ἕξιν καὶ τὸ ἐνεργείᾳ· τῆς ἐπιστήμης οὖν ἕνεκεν λέγοιντο
ἂν | εἶναι τεχνῖται· διὰ γὰρ τὴν τελειότητα καὶ τὸ ἀγαθὸν τό γε ἑαυτοῦ 178ᵇ
ἔστιν ἕκαστον· τὰς δὲ ἔξω τεινομένας καὶ ἀπὸ τῆς ὀρέξεως προϊούσας·
καὶ ὅ γε τοιοῦτος τεχνίτης ὁ εἰς τὸ ἐκτὸς βλέπων εἰκότως ἂν λέγοιτο τῆς
ἐνεργείας ἕνεκεν εἶναι καὶ τοῦ ἀποτελέσματος. 5

10 p. 286ᵃ12 **Διὰ τί οὖν οὐχ ὅλον τὸ σῶμα τοῦ οὐρανοῦ τοιοῦτον
ἕως τοῦ ὕστερον δὲ πειρατέον δεῖξαι.**

Δείξας, ὅτι θεῖον σῶμα ὢν ὁ οὐρανὸς ἀίδιον κίνησιν κινεῖται καὶ διὰ
τοῦτο ἐγκύκλιον, ζητεῖ, διὰ τί μὴ τὸ ὅλον τοῦ οὐρανοῦ σῶμα τοιοῦτόν ἐστι,
τουτέστιν κυκλοφορητικόν, μίαν καὶ ἁπλῆν κινούμενον κίνησιν· οὐρανὸν δὲ 15
15 νῦν τὸν κόσμον λέγει· καὶ ἀποκρίνεται, ὅτι ἀνάγκη μένειν τι τοῦ σώ-
ματος τοῦ φερομένου κύκλῳ τὸ ἐπὶ τοῦ μέσου. τὸ γὰρ κύκλῳ κυ-
ρίως κινούμενον καὶ μὴ κινούμενον ἔχει τι πάντως ἐν τῷ μέσῳ, περὶ ὃ
μένον κινήσεται· καὶ γὰρ καὶ καθόλου, εἰ μέλλοι τι κινεῖσθαι κατὰ τόπον, 20
ἀνάγκη μένειν τι σῶμα, ἀφ᾽ οὗ κινήσεται ἢ περὶ ὅ, ὡς δέδεικται ἐν τῷ
20 Περὶ κινήσεως ζῴων. εἰ γὰρ λέγοι τις, ὅτι περὶ τὸ κέντρον τὸ αὐτοῦ
κινήσεται, ἀδύνατα δόξει λέγειν· τὸ γὰρ κέντρον ἀσώματον πέρας ὂν οὐχ
οἷόν τε μένειν κινουμένων τούτων, ὧν πέρας ἐστίν· οὐ γὰρ καθ᾽ αὑτὸ 25
ὑφέστηκε τὸ κέντρον· μὴ μένοντος δὲ τοῦ κέντρου οὐδ᾽ ἂν τὸ πᾶν ἐν τῷ
αὐτῷ περιφέροιτο.

25 Ὁ δὲ Ἀλέξανδρος καὶ ταύτην λέγων τὴν ἐξήγησιν τὴν ὅλον τὸ
σῶμα τοῦ οὐρανοῦ τὸν κόσμον λέγεσθαι νομίζουσαν προτιμᾷ ὅμως ὅλον
τὸ σῶμα τοῦ οὐρανοῦ τὸ κυκλοφορητικὸν ἀκούειν, ὥστε τούτου ἐν τῷ 30
μέσῳ μένειν τι, περὶ ὃ κινήσεται. καίτοι τὸ μένον καὶ ἐπὶ τῆς τῶν
ἄλλων ζῴων κινήσεως αὐτοῦ τί ἐστι τοῦ κινουμένου μέρος, καὶ μέντοι καὶ
30 αὐτὸς ὁ Ἀριστοτέλης νῦν εἶπεν, ὅτι ἀνάγκη τοῦ σώματός τι τοῦ φερο-
μένου μένειν ἐπὶ τοῦ μέσου· ἡ δὲ γῆ τοῦ κόσμου μέρος τί ἐστιν, οὐ
μέντοι τοῦ οὐρανοῦ. καὶ τούτῳ καὶ αὐτὸς ἐπιστήσας εἶπε τούτου δὲ 35
οὐθὲν οἷόν τε μένειν μόριον, τούτου λέγων τοῦ κυκλοφορητικοῦ,
ἀλλ᾽ οὐ τοῦ κόσμου, περὶ οὗ τὰ πρῶτα εἴρητο. καὶ κατασκευάζει διὰ
35 πλειόνων, ὅτι οὐκ ἔστι τοῦ οὐρανοῦ μέρος ἡ γῆ, καίτοι τοῦ κινουμένου
κύκλῳ μέρος εἶναι βούλεται τὸ μένον ἐν τῷ μέσῳ. καὶ Νικόλαος δὲ ὁ 40

---

2 αἱ K²: om. AF   3 ὁ F: om. A   5 τὸ AF: κατὰ τὸ K²c   ἕνεκα Fc
λέγοιντ᾽ c   8 εἰς τὸ om. c   ἐκτὸς AK²: ἐκτὸς ἐντὸς F   14 τουτέστι Fc
17 καὶ μὴ κινούμενον ἔχει τι πάντως AF: ἔχει τι πάντως μὴ κινούμενον K²c   19 δέδεικται]
cap. 1   20 ζῴων κινήσεως Fc   αὐτοῦ A   21 οὐχ om. c   22 ἐστίν
F: ἐστί A   31 τὸ μέσον AFc   32. 33 δ᾽ οὐδὲν c   34 εἴρηται Fc

ἑρμηνευτικῆς ἀκριβείας τὸ μὴ ἑκάτερον πρὸς ἑκάτερον εἰπεῖν, ἀλλ' ἕκα- 179b στον πρὸς ἕκαστον. δείξας δὲ καὶ νῦν τὴν μὲν τῆς γῆς ἀναγκαίαν 35 ὑπόστασιν ἐκ τοῦ δεῖν εἶναί τι μέσον ἀκίνητον τοῦ κυκλοφορητικοῦ σώματος, τὴν δὲ τῶν ἄλλων στοιχείων ἐκ τῆς ἐναντιώσεως, ὑποτίθεσθαι
5 ὅμως ταῦτα νῦν φησιν, ὕστερον δὲ δείξειν, ἐπειδὴ καὶ ἐν τῷ τετάρτῳ βιβλίῳ καὶ ἐν τῇ Περὶ γενέσεως καὶ φθορᾶς πολὺν περὶ τούτου ποιήσεται 40 λόγον, ὅτι τε ἀνάγκη ταῦτα εἶναι τὰ στοιχεῖα, καὶ ὅτι οὐκ ἔστιν ἄλλα παρὰ ταῦτα.

Ὁ δὲ Πλάτων ἐν Τιμαίῳ διακόσμια τάδε στοιχεῖα οὕτως ἀπέδειξεν·
10 ἐπεὶ γενητὸς ὁ κόσμος, αἰσθητός· ὁρατὸς οὖν καὶ ἁπτός, καὶ ὁρατὸς μὲν 45 διὰ τὸ πῦρ, ἁπτὸς δὲ διὰ τὴν γῆν· τούτων δὲ δύο στερεῶν ἐναντίων ὄντων, εἰ μέλλοι | στερεὸς ὁ κόσμος εἶναι καὶ μὴ ἐπίπεδος, δυεῖν μέσων 180a ἀνάλογον χρεία τῶν τὴν στερεὰν ἀναλογίαν συμπληρωσόντων.

p. 286a31 Τούτων δὲ ὑπαρχόντων ἕως τοῦ εἴπερ καὶ κινεῖσθαί
15   τι ἀεί.

Δείξας, ὅτι ἀνάγκη τέσσαρα εἶναι σώματα ἐναντίωσιν ἔχοντα πρὸς ἄλληλα, φανερόν, φησίν, ὅτι ἀνάγκη τούτων ὑπαρχόντων γένεσιν εἶναι καὶ φθοράν. εἰ γὰρ ἐναντία ἐστὶ τὰ τέσσαρα ταῦτα, τὰ δὲ ἐναντία οὐκ ἔστιν 10
20 ἀΐδια, διότι γίνεταί τε ἐξ ἀλλήλων καὶ φθείρεται εἰς ἄλληλα, ἀνάγκη γένεσιν εἶναι καὶ φθοράν. ὅτι δὲ γενητὰ καὶ φθαρτά ἐστι ταῦτα, καὶ ἐκ τῶν κινήσεων αὐτῶν δείκνυσιν· ὧν γὰρ αἱ κατὰ φύσιν κινήσεις οὐκ εἰσὶν ἀΐδιοι, ταῦτα οὐδὲ αὐτὰ ἂν εἴη ἀΐδια, ὡς ἑκάστου τῶν φυσικῶν σωμάτων 15 τὸ εἶναι ἐν τῇ κινήσει τῇ οἰκείᾳ ἔχοντος, διὸ καὶ τὴν τοῦ θείου σώματος
25 ζωὴν ἀΐδιον κίνησιν εἶπε. τὰ δὲ τέσσαρα σώματα κινητὰ ὄντα καὶ ἐπ' εὐθείας κινούμενα οὐκ ἔχει τὰς κινήσεις ἀϊδίους· ἐδείχθη γὰρ ἐν τῷ ὀγδόῳ τῆς Φυσικῆς ἀκροάσεως οὐδεμία κίνησις ἐπ' εὐθείας δυναμένη 20 ἀΐδιος εἶναι. ὅτι δὲ ἡ ἀΐδιος ζωὴ κίνησίς ἐστιν ἀΐδιος οὐχ ἁπλῶς πάντων, ἀλλὰ τῶν σώματα ἐχόντων καὶ κινητῶν, ἐδήλωσεν ἐν τούτοις εἰπὼν τού-
30 των δὲ ἔστι κίνησις· ὡς εἴ γε μὴ ἦν κινητά, οὐκ ἀναγκαῖον ἦν αὐτὰ φθαρτὰ πάντως εἶναι, κἂν μὴ εἶχε κίνησιν ἀΐδιον· τὰ γὰρ ἀκίνητα καὶ ἄφθαρτά ἐστι καὶ ζωὴν ἀΐδιον ἔχει, τῶν δὲ κινουμένων τὰ ζωὴν ἀΐδιον 25

---

1 τὸ F: καὶ A   3 ἐκ F: ἐπὶ A   5 τετάρτῳ] δ᾽ AF: δευτέρῳ c   5. 6 βιβλίῳ] cap. 5   6 ante καὶ add. τῆσδε τῆς πραγματείας c   Περὶ γενέσεως] II 1 sq.
9 ἐν] ἐν τῷ Fc   Τιμαίῳ] 31 b sq.   διακόσμια τάδε A: intermedia haec b: διακόσμια τὰ τέσσαρα F, fort. recte: τὰ ἐγκόσμια δ^α in ras. K²: τὰ ἐγκόσμια τέσσαρα c
10 οὖν] ἦν Fc   11 στερεῶν A²F: στερρῶν A   12 δυοῖν Fc   13 ἀνάλογον F: ἀναλόγων Ac   14 δ᾽ c   καὶ om. c   27 ὀγδόῳ A: η̄ F: ἑβδόμῳ c; est VIII 7   29 σώματα AF: σῶμά τε K²c: corpus b   30 δ᾽ c   31 καὶ om. Fc   32 ἔχει AF: ἔχοντα Kc   32. p. 402,1 ἔχοντα ἀΐδιον Fc

ὕδωρ κατ' ἄμφω τὰς ποιότητας ἀντίκειται τῷ πυρὶ ψυχρόν τε ὂν καὶ 179ᵃ
ὑγρόν, ἡ δὲ γῆ κατὰ τὸ ψυχρὸν μόνον, οὐδὲν θαυμαστόν, εἰ πλείων γέ- 40
γονεν πρὸς τὸ πῦρ ἐναντίωσις· τὸ γὰρ παχυμερέστερον τῆς γῆς βαρυτέραν
αὐτὴν ποιῆσαν πορρωτέρω κατὰ τὸν τόπον διῴκισε. κἂν γὰρ ξηρὸν ἑκά-
5 τερον λέγηται καὶ τὸ πῦρ καὶ ἡ γῆ, ἀλλ' ἄλλο παντελῶς ἑκατέρας ξηρό-
τητος τὸ εἶδος· τὸ μὲν γὰρ κοῦφον καὶ ἀκίνητόν ἐστι καὶ λεπτόν, τὸ δὲ 45
βαρὺ καὶ παχυμερὲς καὶ νενεκρωμένον.

Δείξας δὲ ἐκ τῆς κατὰ τὴν ἐναντίωσιν ἀντιθέσεως, | ὅτι, εἰ ἔστι 179ᵇ
γῆ, ἀνάγκη καὶ πῦρ, τὸ αὐτὸ δείκνυσιν ἐκ τῆς κατὰ στέρησιν καὶ ἕξιν
10 ἀντιθέσεως. εἰ γὰρ ἔστιν ἡ στέρησις, ἀνάγκη προϋπάρχειν τὴν ἕξιν, ἣν
αὐτὸς κατάφασιν ἐκάλεσε· στέρησιν δὲ νῦν λέγει τὸ χεῖρον ἐν τῇ τῶν
ἐναντίων φύσει, ὡς τὸ ψυχρὸν τοῦ θερμοῦ στέρησις, τὸ δὲ θερμὸν τοῦ 5
ψυχροῦ ἕξις ἢ κατάφασις. οὕτω δὲ καὶ ἡ ἠρεμία καὶ τὸ βαρύ, οἷς ἡ γῆ
εἰδοποιεῖται, κατὰ στέρησιν λέγονται κινήσεως καὶ κουφότητος, οἷς εἰδο-
15 ποιεῖται τὸ πῦρ. εἰ οὖν ἔστιν ἡ γῆ στέρησις οὖσα, ἀνάγκη καὶ τὸ πῦρ
εἶναι ἕξεως ἔχον λόγον, καὶ δῆλον, ὅτι καὶ πρότερον ἀνάγκη φύσει εἶναι 10
τὸ πῦρ, εἴπερ ἡ ἕξις προτέρα τῆς στερήσεως καὶ ἡ κατάφασις τῆς ἀποφά-
σεως. αὐτὸς δὲ σαφῶς ἐνεδείξατο, κατὰ τίνα μάλιστα τὴν ἐναντίωσιν καὶ
τὴν στέρησιν τῆς γῆς πρὸς τὸ πῦρ ἔλαβεν, ὅτι κατὰ τὸ ψυχρὸν καὶ βαρὺ
20 καὶ ἠρεμεῖν. τὸ γὰρ πῦρ ἀεὶ κινεῖται· καὶ γὰρ καὶ κάτω ὂν ἐπὶ τὸ ἄνω 15
κινεῖται ἀεὶ καὶ ἄνω γενόμενον τῷ θείῳ σώματι συμπεριφέρεται. καὶ ὅλως
τῶν στοιχείων τὰ μὲν ποιητικώτερα καὶ εἴδους ἔχειν λόγον καὶ ἕξεώς
φησι, τὰ δὲ παθητικώτερα στερήσεως καὶ ὕλης. εἰ δὲ ἔστι τὰ ἄκρα γῆ
καὶ πῦρ, ἀνάγκη καὶ τὰ μέσα εἶναι τό τε ὕδωρ καὶ τὸν ἀέρα, διότι ἑκά- 20
25 τερον τούτων κατ' ἄμφω τὰς ἑαυτοῦ ποιότητας ἐναντίως ἔχει πρὸς ἑκά-
τερον ἐκείνων· γῆ μὲν γὰρ ψυχρὰ καὶ ξηρὰ οὖσα ἐναντίως ἔχει πρὸς ἀέρα
θερμὸν ὄντα καὶ ὑγρόν, πῦρ δὲ θερμὸν καὶ ξηρὸν ὑπάρχον ἐναντίως ἔχει
πρὸς ὕδωρ ψυχρὸν ὂν καὶ ὑγρόν· ἐναντία δὲ καὶ ταῖς κινήσεσίν ἐστι ταῦτα 25
πρὸς ἐκεῖνα· εἴρηται δέ, ὅτι τῶν ἐναντίων, ἂν ᾖ θάτερον, καὶ θάτερον,
30 διότι ἡ αὐτὴ τῶν ἐναντίων ὕλη.

Δύναται δέ, φησὶν Ἀλέξανδρος καλῶς, οἶμαι, λέγων, μὴ τὰ μεταξὺ
νῦν μόνα τοῖς ἄκροις ἐναντία λέγειν, ἀλλὰ περὶ πάντων εἰρηκέναι· ὃ γὰρ
ἂν λάβῃς, εὑρήσεις αὐτὸ ἐναντίωσιν ἔχον πρὸς τὰ λοιπὰ τρία· εἰ δὲ πάντα 30
ἐναντίωσιν ἔχει τινὰ φύσει πρὸς ἄλληλα, πάντα ἀνάγκη εἶναι. καὶ τῷ
35 ὄντι, εἰ τὰ δύο πρὸς τὰ δύο παρέβαλλεν, οὐκ ἦν, οἶμαι, τῆς Ἀριστοτέλους

---

2. 3 γέγονεν A: γέγονεν τῆς γῆς Fc   4 ποιῆσαν F: ποιοῦσαν A   5 ἀλλ' om. Fc
8 ἐκ ACb: καὶ ἐκ Fc   9 δείκνυσιν ACb: δείκνυσι καὶ Fc   11 δὲ ACb: om. Fc
λέγει ACFb: λέγων K²c   12 ψυχρὸν τοῦ θερμοῦ CFb: θερμὸν τοῦ ψυχροῦ A
12. 13 θερμὸν τοῦ ψυχροῦ CFb: ψυχρὸν τοῦ θερμοῦ A   16 λόγον ἔχον Fc   17 πρό-
τερον c   22 καὶ εἴδους] εἴδους Fbc   23 στερήσεως] εἴδους c   24 τε A:
om. CFc   24. 25 ἑκάτερον τούτων A: ἑκάτερα τούτων C: τούτων ἑκάτερον Fc
26 ἀέρα AC: τὸν ἀέρα Fc   28 ἐστι AC: εἰσι Fc   30 διότι AC: ὅτι Fc
31 φησὶν ὁ Fc   32 νῦν om. Fc   33 τρία] τὰ τρία Fc   34 εἶναι] εἶναι
ἐναντία Fc   35 παρέβαλλεν A: παρέλαβεν F: παρέβαλεν c

SIMPLICII IN L. DE CAELO II 3 [Arist. p. 286ᵃ31]

δὲ τοσοῦτόν ἐστι, φησί, δῆλον, διὰ τίνα αἰτίαν πλείω τὰ ἐγκύκλιά 180ᵇ
ἐστι σώματα, ὅπερ προὐβαλόμεθα ζητῆσαι· καὶ συντόμως κάτωθεν καὶ 25
ἀπὸ τῶν ἑπομένων ἀναβαίνων ἐπὶ τὰ ἡγούμενα συντίθησιν ἀναλυτικῶς τὰ
τῆς ἀποδείξεως λήμματα· πλείω γάρ ἐστι τὰ ἐγκύκλια καὶ ἀνάπαλιν κινού-
5 μενα, διότι ἀνάγκη γένεσιν εἶναι· γένεσιν δέ, εἴπερ ἀνάγκη πῦρ εἶναι
ἐναντίωσιν πρὸς ἀέρα καὶ ὕδωρ ἔχον καὶ διὰ τοῦτο καὶ ἐκεῖνα συνεισάγον· 30
πῦρ δὲ καὶ τὰ ἄλλα ἀναγκαῖον εἶναι, εἴπερ καὶ γῆν· ταύτην δὲ ἀνάγκη
εἶναι, ὅτι ἀνάγκη μένειν τι ἀεί· τοῦτο δέ, εἴπερ καὶ κινεῖσθαί τι
δεῖ ἀεί. αὐτὸς μὲν οὖν συντόμως συνεῖλε τὸ τελευταῖον, τὸ δὲ ἐφεξῆς
10 δοκεῖ εἶναι, ὅτι ἀνάγκη τι μένειν ἐν τῷ μέσῳ, εἴπερ ἀνάγκη κύκλῳ τι 35
κινεῖσθαι, τοῦτο δὲ ἀνάγκη, εἰ ἀεί τι κινεῖσθαι ἀνάγκη· μόνη γὰρ ἀίδιος
κίνησις ὡς μόνη συνεχὴς ἡ κυκλοφορία. αὐτὸς δὲ ἀνάγκη μένειν τι
ἀεί φησιν, εἴπερ καὶ κινεῖσθαί τι δεῖ ἀεί, καθολικώτερον ποιησάμενος
τὸν λόγον· ὡς γὰρ ἔδειξεν ἐν τοῖς Περὶ κινήσεως, πᾶσα κίνησις περί τι 40
15 μένον γίνεται καὶ οὐ μόνη ἡ κυκλοφορία. τοῦ δὲ εἶναί τι τὸ ἀεὶ κινού-
μενον τὴν ἀνάγκην ἐν μὲν τῇ Φυσικῇ ἀκροάσει ἔλαβεν ἀπὸ τοῦ δεῖν ἀεὶ
κίνησιν εἶναι, εἴπερ μήτε χρόνου μήτε κινήσεως ἐστιν ἀρχὴν λαβεῖν· εἰ
δὲ ἀεὶ δεῖ κίνησιν εἶναι, καὶ τὸ κινούμενον δεῖ ἀεὶ εἶναι· ἡ γὰρ κίνησις 45
ἐν τῷ κινουμένῳ, ὡς ἔδειξεν ἐν Γ τῆς Φυσικῆς ἀκροάσεως· καὶ ἦν οὗτος
20 ὁ τρόπος τῆς τοῦ ἀιδίου σώματος ἀποδείξεως | ἀπὸ τῆς κινήσεως εἰλημ- 181ᵃ
μένος οἰκεῖος τοῖς περὶ κινήσεως λόγοις· νῦν δὲ περὶ τοῦ οὐρανίου καὶ
θείου σώματος διαλεγόμενος ἀπὸ τούτου τὴν ἀπόδειξιν ἐποιήσατο λέγων,
ὅτι ἀνάγκη τὸ θεῖον σῶμα ἀιδίως κινεῖσθαι, εἴπερ ἀίδιον ζωὴν ζῇ· τοῦτο
δὲ ἀνάγκη, εἴπερ ἀθάνατον αὐτὸ ἀνάγκη εἶναι· τοῦτο δὲ ἀνάγκη, εἴπερ 5
25 ἀνάγκη τῷ θείῳ σώματι τὸ εἶναι θείῳ σώματι ὑπάρχειν διὰ τὴν κατ᾽
ἐνέργειαν ἀθανασίαν. ὥστε, κἂν συνθεῖναι πάλιν βούλει τὸν λόγον, ἐρεῖς·
ὁ οὐρανὸς θεῖον σῶμά ἐστι· τὸ θεῖον σῶμα κατ᾽ ἐνέργειαν ἀθάνατόν ἐστιν·
τὸ κατ᾽ ἐνέργειαν ἀθάνατον ζωὴν ἀίδιον ἔχει· τὸ ζωὴν ἀίδιον ἔχον σῶμα 10
κίνησιν ἀίδιον ἔχει· τὸ ἀιδίως κινούμενον κυκλοφορεῖσθαι ἀνάγκη· κυκλο-
30 φορουμένου δὲ ὄντος ἀνάγκη μέσον τι εἶναι σῶμα μένον κατὰ φύσιν ἐν
τῷ μέσῳ, οὗ τὰ μέρη ἐπὶ τὸ μέσον φέρεται κατὰ φύσιν βαρέα ὄντα καὶ
ψυχρά, τοιοῦτον δὲ ἡ γῆ· γῆς δὲ οὔσης ἀνάγκη καὶ πῦρ εἶναι καὶ τὰ 15
μεταξὺ ἐναντίως διακείμενα ἀλλήλοις· τούτων δὲ ὄντων ἀνάγκη καὶ γένε-
σιν εἶναι καὶ φθοράν· γενέσεως δὲ καὶ φθορᾶς οὔσης ἀνάγκη πλείονας
35 εἶναι τὰς οὐρανίας κινήσεις καὶ ἀνάπαλιν γινομένας. ταύτην δὲ δηλονότι
τὴν ἀνάγκην ὡς ἐκ τεκμηρίου συνάγομεν· αἴτιαι γὰρ αἱ τοῦ οὐρανοῦ 20

---

1 τίν' c ἐγκύκλι' c 5 δέ om. c 10 κύκλῳ τι A: τι κύκλῳ Fbc
11 ἀνάγκη κινεῖσθαι Fc 14 τοῖς A: τῇ F: libris de incessu animalium b
[Περὶ κινήσεως] sc. ζῴων, cap. 1 15 μόνη] μόνον Fc 16 Φυσικῇ]
VIII 1 sq. 19 ἔδειξεν] III 3 Γ' om. Fc τῇ Φυσικῇ ἀκροάσει
Fc 26 βούλῃ Kc 27 τὸ κατ' Fc ἔστιν om. F 34 φορὰν A:
corr. A² φορᾶς A: corr. A² 35 οὐρανίους Fc 35. 36 τὴν ἀνάγκην
δῆλον ὅτι Fc

ἔχοντα κίνησιν ἀίδιον ἔχει πάντως. λείπει δὲ τῷ τούτων δὲ ἔστι κί- 180ᵃ
νησις τὸ καὶ οὐκ ἀίδιος αὕτη.

Οὕτως ὁ Ἀλέξανδρος τοῦτο τὸ χωρίον ἐξηγήσατο τῷ μὲν τὴν ἀίδιον
ζωὴν κίνησιν ἀίδιον εἶναι καὶ λέγεσθαι ὑπὸ Ἀριστοτέλους οὐκ ἐπὶ πάντων 30
ἁπλῶς, ἀλλ' ἐπὶ τῶν κινουμένων, καλῶς, οἶμαι, ἐπιστήσας, τῷ δὲ κινητῷ
παρέργως προσεσχηκώς· καὶ γὰρ ἔοικεν ἀντὶ τοῦ κινουμένῳ αὐτοῦ ἀκοῦσαι,
ὡς καὶ ἐπὶ τῶν ἀιδίως κινουμένων αὐτὸ δέξασθαι τοῦ Ἀριστοτέλους εἰπόν-
τος οὐκ εὔλογον εἶναί τι κινητὸν ἀίδιον. μήποτε δὲ κινητὸν τὸ 35
δυνάμει ποτὲ ἔχον τὸ κινεῖσθαι λέγει, τοιοῦτον δὲ τό ποτε ἠρεμοῦν, τοι-
οῦτον δὲ τὸ ἐπ' εὐθείας κινούμενον. καὶ ὁ Ἀριστοτέλης γὰρ ἐξηγούμενος,
πῶς εἶπε τὸ κινητόν, ἐπήγαγεν οὗ μὴ ἐνδέχεται κατὰ φύσιν τὴν κί-
νησιν εἶναι ἀίδιον· εἰ γὰρ ἦν ἀίδιος, οὐκ ἦν κινητόν, ἀλλὰ κινούμενον. 40
μήποτε δὲ καὶ τὸ τούτων δὲ ἔστι κίνησις οὐκ ἐλλιπῶς εἴρηται, ἀλλ'
ἀντὶ τοῦ "ταῦτα δὲ ποτὲ καὶ οὐκ ἀεὶ κινεῖται", τουτέστι κινητά ἐστι καὶ
οὐκ ἀίδιον ἔχοντα κατὰ φύσιν κίνησιν, καὶ διὰ τοῦτο οὐκ εὔλογον αὐτὰ
ἀίδια εἶναι, ἀλλὰ γενητὰ καὶ φθαρτά.

Δείξας οὖν οὕτως, ὅτι ἀιδίου τῆς κύκλῳ κινήσεως οὔσης ἀνάγκη γέ- 45
νεσιν εἶναι καὶ φθοράν, ἐπάγει, ὅτι, εἰ ταῦτα, ἀνάγκη καὶ ἄλλην κίνησιν
εἶναι ἢ μίαν | ἢ πλείους· κατὰ γὰρ τὴν τῶν θείων σωμάτων κίνησιν 180ᵇ
καὶ ποιὰν πρὸς τὰ ἐν γενέσει σχέσιν ἡ τούτων εἰς ἄλληλα μεταβολὴ γίνε-
ται, καὶ εἴπερ ἦν μία ἡ κίνησις, ὁμοία ἦν ἀεὶ τῶν ἐνθάδε κατάστασις·
ἓν γὰρ ἂν ἦν καὶ ἁπλοῦν τὸ ἀεὶ τοῖς τῇδε ἐγγινόμενον πάθος. ἵνα γὰρ 5
τὰς ἀφανεῖς τῶν οὐρανίων εἰς τὰ τῇδε παραλίπω ποιήσεις, αἱ τοῦ ἡλίου
καὶ τῆς σελήνης αἱ οὕτως ἐναργῶς τρέπουσαι τὰ ὑπὸ σελήνην ἀεὶ ἂν αἱ
αὐταὶ ἦσαν. μιᾶς γὰρ οὔσης τῆς ⟨τῆς⟩ ἀπλανοῦς κινήσεως καὶ τοῦ ἡλίου
καὶ τῆς σελήνης ἐν τῇ ἀπλανεῖ πεπηγότων καὶ σὺν ἐκείνῃ κινουμένων 10
οὔτε χειμῶνος καὶ θέρους καὶ τῶν μεταξὺ τροπῶν ἦν ἂν διαφορὰ οὔτε
τῆς καθ' ἡμέραν ἐξαλλαγῆς τὴν αὐτὴν ὁδὸν ἀεὶ τοῦ ἡλίου μετὰ τῆς
ἀπλανοῦς διιόντος· εἰ γὰρ ἐν Καρκίνῳ ἔτυχε πεπηγώς, ἀεὶ θερινὴ ἂν ἦν
ἡ κατάστασις παρ' ἡμῖν, εἰ δὲ ἐν Αἰγοκέρωτι, ἀεὶ χειμερινή, καὶ οὐκ ἂν 15
ἦν γένεσις καὶ φθορά; ἀλλ' οὐδὲ διάφοροι τῆς σελήνης φωτισμοί. εἰ δέ
τις τὸν ἥλιον αὐτὸν καθ' αὑτὸν ἐπὶ τοῦ διὰ μέσων τῶν ζῳδίων κινούμενον
ὑποτίθοιτο καὶ τὴν σελήνην ἐπὶ λοξοῦ πρὸς τὸν ζῳδιακὸν κύκλον, ἐπειδὴ
ἀπὸ Κριοῦ ἐπὶ Ταῦρον καὶ ἀπὸ Ταύρου ἐπὶ Διδύμους μεταβαίνοντες φαί- 20
νονται, πρῶτον μὲν πλειόνων ἔδει κινήσεων, ὡς εἶπεν Ἀριστοτέλης, ἔπειτα
δὲ καὶ ἀνάπαλιν γινομένων.

Καὶ περὶ τούτου δὲ ἐν τοῖς ἑξῆς ἐρεῖν ἐπαγγέλλεται σαφέστερον· νῦν

---

1 δὲ (alt.)] δ' c   2 καὶ om. Fc   αὕτη om. c   4 ὑπὸ] ὑπὸ τοῦ Fc   5 ἀλλὰ Fc
6 κινουμένῳ scripsi: κινουμένων AF: κινουμένου Kbc   11 εἶναι κατὰ c   12 εἶναι
om. c   13 δὲ (alt.)] δ' c   16 post ἀίδια del. ὄντα A   21 ἦν (alt.)] ἂν ἦν C
ἀεὶ AF: ἀεὶ ἡ Cc   23 ποιήσεις A: e corr. F: ἐνεργείας K²c   25 τῆς ἀπλανοῦς
scripsi: ἀπλανοῦς AFb: ἀπλανοῦς τῆς c   32 διὰ μέσων] μέσου Fc   33 ὑπό-
θοιτο Fc   34 ἐπὶ (pr.)] πρὸς Fc   35 εἶπεν ὁ Fc   36 γενομένων c

τὸ μένειν τὰ τέσσαρα στοιχεῖα τῆς τοῦ οὐρανοῦ κινήσεως ἀναιρουμένης, 181b ὑφ' ἧς γίνεται. ἔστιν μὲν οὖν διὰ ταῦτα καὶ ἡ ζήτησις κατὰ τὴν ἐμὴν 21 δόξαν παρέλκουσα, καὶ ἡ λύσις δὲ τῆς ζητήσεως ἀπάδειν μοι δοκεῖ τὸ μὴ εἶναι τῆς τῶν στοιχείων μεταβολῆς αἰτίας τὰς οὐρανίας περιφοράς. τίς γὰρ ἀγνοεῖ, ὅτι πλησιάζων μὲν τῷ κατὰ κορυφὴν ἡμῶν ὁ ἥλιος θερμαίνει 25 τε τὰ περὶ ἡμᾶς καὶ τὰ ὑγρὰ ἐξατμίζει καὶ ἀέρος καὶ πυρὸς γένεσιν ἐξ ὕδατος ποιεῖ, ἀφιστάμενος δὲ τὰ λεπτυνθέντα συγκρίνει πάλιν καὶ ὕδατος γένεσιν ἀπεργάζεται; ἀλλ' ἔστω μὲν καὶ τοῦ τάξει καὶ μέτροις ὡρισμένοις μεταβάλλειν αἴτια ἐκεῖνα, πρὸ τούτου δὲ καὶ αὐτοῦ τοῦ μεταβάλλειν ὅλως 30 καὶ τοῦ εἶναι ἐκ τῆς μεταβολῆς γινόμενα οὐδὲν ἄλλο ἢ τὴν οὐρανίαν κίνησιν αἰτιατέον. τούτῳ δὲ καὶ αὐτὸς Ἀλέξανδρος ἐπέστησε δευτέραν λύσιν τῆς ζητήσεως ἐπάγων τοιαύτην· "εἰ γὰρ πᾶν τὸ γινόμενον, φησίν, οὐ μόνον ἔκ τινος γίνεται ἀλλὰ καὶ ὑπό τινος· οὐ γὰρ ἐξ ὕλης μόνον ἀλλὰ καὶ ὑπὸ 35 ποιοῦντος αἰτίου· οὐκ αὐτάρκη τὰ στοιχεῖα μόνα πρὸς τὴν εἰς ἄλληλα μεταβολὴν καὶ γένεσιν ἐξ ἀλλήλων· δεῖ γὰρ τοῦ μεταβάλλοντος αὐτά· αὐτὰ γὰρ ὕλης λόγον ἐπέχει πρὸς ἄλληλα." καίτοι τοιαῦτα εἰδότα ἐχρῆν τῆς ζητήσεως εὐθὺς τὴν ὑπόθεσιν μέμψασθαι, ὅτι εἶναι τὰ τέσσαρα στοιχεῖα 40 ὑπέθετο ἢ μεταβάλλοντα εἰς ἄλληλα ἢ ἀίδια τῆς οὐρανίας κινήσεως ἀναιρουμένης. πῶς δὲ καὶ τοῦτο λέγει, ὅτι οὐκ ἀναγκαῖον τὰ ἐναντία συνυπάρχειν, ἀλλὰ δύναται καὶ παρὰ μέρος εἶναι, ὡς ἐνδέχεσθαί ποτε μὴ εἶναι γῆν εἰς πῦρ, ἂν οὕτω τύχῃ, πάντων μεταβαλλόντων καὶ πάλιν ἐκ 45 τούτου εἰς ἄλλο; καὶ γὰρ πρῶτον μέν, εἰ ἐνδέχεται, καὶ | γένοιτο ἂν ἐν 182a τῷ ἀπείρῳ χρόνῳ τὸ ἐνδεχόμενον ἀεὶ ὄντων αὐτῶν· ἔπειτα, εἰ τὸ μεταβάλλον οὐ μόνον ἐξ ἐναντίου μεταβάλλει, ἀλλὰ καὶ ὑπὸ ἐναντίου, εἰς ὃ καὶ γίνεται ἡ μεταβολή, μηδενὸς ἄλλου ὄντος πλὴν πυρὸς τί ἔσται τὸ μεταβάλλον αὐτό, ὥστε ἄλλο τι ἐξ ἐκείνου γενέσθαι; ἀλλὰ ταῦτα καὶ πλέον 5 ἐμοῦ γινώσκοντος τοῦ Ἀλεξάνδρου τῶν ἐφεξῆς ἀντιληπτέον ἐμοί.

p. 286b 10   Σχῆμα δὲ ἀνάγκη σφαιροειδὲς ἔχειν τὸν οὐρανὸν ἕως 10
τοῦ καὶ συνεχῆ ἐστι ταῖς σφαίραις.

Μετὰ τὸν περὶ τῆς οὐσίας τοῦ οὐρανίου σώματος λόγον, ὃν ἐν τῷ 15 πρώτῳ βιβλίῳ συνεπεράνατο, δείξας ἐν τῷ προκειμένῳ, ὅτι κατὰ φύσιν ἐστὶν τῷ οὐρανῷ ἡ κύκλῳ κίνησις καὶ οὐ βίᾳ, καὶ ἐφεξῆς περὶ τῶν τοπικῶν σχέσεων ζητήσας, ὧν πρώτην τὴν τοῦ δεξιοῦ καὶ ἀριστεροῦ ἀπὸ τῆς ἀρχῆς τῆς κινήσεως εὑρὼν ἀπὸ ταύτης τὰς λοιπὰς συνελογίσατο, εἶτα τῆς 20 ἀντικινήσεως τὴν αἰτίαν εὑρὼν μετὰ τὰ περὶ τῆς κινήσεως σκέμματα ἐναρ-

2 ἔστι Fc   καὶ om. Fc   2. 3 κατὰ τὴν ἐμὴν δόξαν ἡ ζήτησις Fc
4 οὐρανίους Fc   5 κατά] κατὰ τὴν Fc   10 τῆς om. Fc   10. 11 αἰτιατέον ἢ
τὴν οὐρανίαν κίνησιν Fc   16 ἐπέχει] ἔχει Fc   τοιαῦτα A: ταῦτα Fc: hoc b
20 ποτε] μὲν ποτε Fc   23 εἰ Fb: εἰς A   24. 25 ὃ καί] ὃ Fc   26 αὐτό] νῦν
Fc   γίνεσθαι Fc   28 δ' c   29 σφαίραις F: συμφοραῖς A   30 οὐρανίου σώματος] οὐρανοῦ c   32 ἐστὶ Fc

κινήσεις τῆς γενέσεως καὶ τῆς φθορᾶς, ταῦτα δὲ ἐκείνων τεκμήρια· καὶ 181ᵃ
τὰ ἄλλα δὲ κατὰ τὸν λόγον συμπεράσματα τὰ μὲν ὡς ἐξ αἰτίων συνῆκται,
τὰ δὲ ὡς ἐκ τεκμηρίων.

"Εἴη δὲ ἄν, φησὶν ὁ Ἀλέξανδρος, διὰ τούτων ὁ Ἀριστοτέλης καὶ περὶ
τοῦ τὰ ἐνταῦθα προνοεῖσθαι εἰρηκώς· οὕτω γάρ, φησίν, ἕπεται τῇ τῶν 25
θεῶν οὐχ ἁπλῇ κινήσει καὶ ἡ τῶν στοιχείων εἰς ἄλληλα μεταβολὴ καὶ ἡ
τῶν ζῴων γένεσις. ἐζήτησα δέ, φησὶν ὁ Ἀλέξανδρος, εἰ ὄντων τῶν τεσ-
σάρων στοιχείων καθ' ὑπόθεσιν ἀναιρεθείη ἡ ποικίλη τοῦ θείου σώματος
κίνησις, πότερον ταῦτα μεταβάλλει εἰς ἄλληλα ἢ οὔ. καὶ γὰρ εἰ μὲν μὴ 30
μεταβάλλει, ἀίδια ἔσται, ὅπερ ἀδύνατον· καὶ μέντοι εἰ ἀίδιος ἡ γῆ, οὐδὲν
ἔδει τῆς ποικίλης ἐκείνων κινήσεως, εἴ γε γίνεται διὰ τὸ δεῖν ἀεὶ γῆν
εἶναι· εἰ δὲ μεταβάλλει εἰς ἄλληλα· φθαρτὰ γάρ ἐστι τῇ ἑαυτῶν φύσει,
καὶ ἡ μεταβολὴ τοῖς φθειρομένοις εἰς τὰ ἐναντία, ταῦτα δέ ἐστιν τὰ ἐναν- 35
τία· τί πάλιν ἔδει τῆς τοῦ θείου σώματος ποικίλης κινήσεως πρὸς τὴν
τούτων γένεσιν καὶ φθοράν;" ταῦτα τοίνυν ἀπορήσας αὐταῖς λέξεσι λύει
λέγων "ἢ οὔτε τοῦ φθείρεσθαι αὐτὰ οὔτε τοῦ εἰς ἄλληλα μεταβάλλειν ἡ
ἐκείνων κίνησίς ἐστιν αἰτία, ἀλλὰ τοῦ τεταγμένως· ἐκ τούτου γὰρ τὸ καὶ 40
πάντα ἀεὶ κατ' εἶδος σῴζεσθαι, ἐπεὶ ὅσον γε ἐπὶ τῇ οἰκείᾳ φύσει αὐτῶν
οὐδὲν ἐκώλυεν ἂν εἰς ἕν ποτε πάντα μεταβάλλειν, ὡς λέγουσιν οἱ τὴν
ἐκπύρωσιν γίνεσθαι λέγοντες, καὶ πάλιν ἐκ τοῦ ἑνὸς εἰς ἄλλο. οὐ γὰρ
συνυπάρχειν ἀναγκαῖον τὰ ἐναντία ὥσπερ τὰ πρός τι, οὐδὲ τοῦτο ἐδείχθη, 45
ἀλλὰ φύσει εἶναι· δύναται δὲ φύσει ὄντα καὶ παρὰ μέρος εἶναι· τούτου δὲ
γενομένου ἐνεδέχετο ἄν | ποτε μὴ εἶναι γῆν εἰς πῦρ, ἂν οὕτως τύχῃ, 181ᵇ
πάντων μεταβαλλόντων· μὴ οὔσης δὲ γῆς οὐδ' ἂν ἡ ἐν κύκλῳ φορὰ ἦν.
τοῦ οὖν ἀεὶ τὰ αὐτὰ διαμένειν τάξει καὶ κατὰ τὰ μέτρα μεταβάλλοντα εἰς
ἄλληλα τούτου αἰτία ἡ ποικίλη κίνησις τοῦ θείου σώματος· ἕπεται δὲ τῇ 5
εὐτάκτῳ τῶν ἐνθάδε μεταβολῇ καὶ εὐκρασίᾳ τῶν ζῴων ὕπαρξις." ταῦτα
καὶ ἐν τῷ λύειν τὴν ζήτησιν αὐτοῖς τοῖς ῥήμασιν εἰπόντος τοῦ Ἀλεξάνδρου
ἐγὼ περὶ τὰς τοιαύτας ζητήσεις, εἰ χρὴ τἀληθὲς εἰπεῖν, λευκή τίς εἰμι
στάθμη κατὰ τὴν παροιμίαν. τὸ γὰρ ἀνελόντα τὰ κυρίως αἴτια ζητεῖν τὰ 10
τοῖς ἀποτελέσμασιν ὑπάρχοντα παιζόντων μᾶλλον ἢ σπουδαζόντων μοι
δοκεῖ τὸ ἔργον, ὡς εἴ τις ἀνελὼν τῷ λόγῳ τὴν πηγὴν περὶ τοῦ ποταμοῦ
τοῦ ἐξ αὐτῆς πυνθάνοιτο φυλάττων αὐτόν, πότερον ῥεῖ ὁ ποταμὸς ἀναιρε-
θείσης τῆς πηγῆς ἢ οὔ, καὶ εἰ μὲν μὴ ῥεῖ, ἄτοπον εἶναι λέγων ποταμὸν 15
τὸν μὴ ῥέοντα, εἰ δὲ ῥεῖ, ἐπάγων, ὅτι μηδὲν δεῖται τῆς πηγῆς ὁ ποταμὸς
πρὸς τὸ εἶναι. καίτοι πρόχειρον εἰπεῖν, ὅτι ἡ ἐξ ἀρχῆς ὑπόθεσις ἄτοπος
τὸ μένοντος τοῦ ποταμοῦ τὴν πηγὴν ἀναιρεθῆναι· τούτου δὲ ἀτοπώτερον

---

1 καὶ τῆς] καὶ c   4 δ' c   διὰ] περὶ c   4. 5 περὶ τοῦ] διὰ τὸ c   7 ἐζή-
τησα A: ἐζήτησε Fbc   9 μὲν om. c   13 ἐστι Fc   15 αὐταῖς] αὐταῖς
ταῖς c   16 post αὐτὰ del. ἢ A   τοῦ F: τὰ A   17 ἐστιν αἰτία b: ἐναντία A:
αἰτία Fc   19 ἐκώλυσεν Fc   20 γίνεσθαι A: γενέσθαι F: γενήσεσθαι bc
22 τούτου Fb: τοῦ A   23 γινομένου Fc   οὕτω Fc   25 τοῦ F: τῇ A   τὰ om.
Fc   27 τῶν] ἡ τῶν Fc   34 λέγειν Fc

νων ἑκάστου τό τε γενητὸν καὶ τὸ ἀίδιον αὐτοῦ αἴτιον τέλεια ἀτελοῦς. 182ᵇ
ὥσπερ δὲ ἐν τοῖς ἐπιπέδοις ἁπλοῦς τέ ἐστιν ὁ κύκλος καὶ τέλειος, οὕτως
ἐν τοῖς στερεοῖς ἡ σφαῖρα καὶ διὰ τὰς αὐτὰς αἰτίας· καὶ γὰρ καὶ ἡ 20
σφαῖρα ἐν τοῖς στερεοῖς ὑπὸ μιᾶς ἐπιφανείας περιέχεται τῶν εὐθυγράμμων
5 στερεῶν σχημάτων ὑπὸ πλειόνων ἐπιφανειῶν περιεχομένων, καὶ ἡ περι-
έχουσα τὴν σφαῖραν ἐπιφάνεια μόνη τέλειός ἐστιν ὡς ἀνεπίδεκτος προσ-
θήκης οἰκείας· ὡς ἄρα ὁ κύκλος ἐν τοῖς ἐπιπέδοις, οὕτως ἡ 25
σφαῖρα ἐν τοῖς στερεοῖς· πρώτη ἄρα ἡ σφαῖρα τῶν στερεῶν σχημά-
των κατ᾽ οὐσίαν καὶ εἰκότως τῷ πρώτῳ κατ᾽ οὐσίαν τῶν σωμάτων
10 ἐφήρμοσεν.

Ὅτι δὲ ἁπλῆ μόνη τῶν στερεῶν σχημάτων ἐστὶν ἡ σφαῖρα, καὶ ταύ-
την εἶχον περὶ αὐτῆς ἔννοιαν οἱ φυσικοί, δηλοῦσιν οἱ ἐξ ἐπιπέδων τὰ 30
σώματα γεννῶντες καὶ εἰς τὰ ἐπίπεδα διαιροῦντες αὐτά. οὗτοι γὰρ καίτοι
στοιχεῖα καὶ ἀρχὰς τῶν σωμάτων τὰ ἐπίπεδα λέγοντες μόνην ὅμως τῶν
15 στερεῶν οὐ διαιροῦσι τὴν σφαῖραν ὡς οὐκ ἔχουσαν πλείους ἐπιφανείας ἢ
μίαν. τί οὖν; φαίη ἄν τις, οὐκ ἔστι σῶμα καὶ ἡ σφαῖρα καὶ μέρη ἔχει 35
καὶ δύναται διαιρεθῆναι εἰς τὰ μέρη; ταύτην λύων τὴν ἔνστασιν ὁ Ἀρι-
στοτέλης ἄλλην φησὶν εἶναι τὴν εἰς τὰ ἐπίπεδα διαίρεσιν καὶ ἄλλην τὴν
εἰς τὰ μέρη· ἡ μὲν γὰρ εἰς τὰ ἐπίπεδα ὡς εἰς ἁπλούστερα καὶ στοιχειω-
20 δέστερα καὶ ἄλλα τῷ εἴδει γίνεται· οὐ γὰρ εἰς σώματα, ἀλλ᾽ εἰς ἀσώματα· 40
τὸ δὲ εἰς τὰ μέρη διαιρούμενον σῶμα εἰς σώματα διαιρεῖται τὴν αὐτὴν
οὐσίαν ἔχοντα τῷ ὅλῳ, ὡς ἡ σφαῖρα εἰς ἡμισφαίρια, καὶ ἡ μὲν εἰς τὰ
μέρη τοιαύτη διαίρεσις καὶ τοῖς ἁπλοῖς ὑπάρχει, ἡ δὲ εἰς τὰ ἐπίπεδα
μόνοις τοῖς συνθέτοις· διὸ τὸ μὴ διαιρεῖσθαι τὴν σφαῖραν εἰς ἐπίπεδα ὑπ᾽ 45
25 ἐκείνων τεκμήριον τοῦ ἁπλῆν νομίζεσθαι αὐτήν.

Καὶ ἄλλως δὲ δείκνυσιν, ὅτι πρῶ|τον τῶν σχημάτων ἐν μὲν τοῖς 183ᵃ
ἐπιπέδοις ὁ κύκλος, ἐν δὲ τοῖς στερεοῖς ἡ σφαῖρα, ἀπὸ τῆς τῶν ἀριθμῶν
τάξεως πάλιν. εἰ γὰρ πρότερον τὸ ἓν τοῖν δυοῖν, καί ἐστιν ὁ μὲν κύκλος
κατὰ τὸ ἓν ὑπὸ μιᾶς γραμμῆς περιεχόμενος, τὸ δὲ τρίγωνον, ὅπερ ἐστὶ 5
30 τῶν εὐθυγράμμων σχημάτων τὸ ἁπλούστατον, κατὰ τὰ δύο δυσὶν ὀρθαῖς
ἴσας ἔχον τὰς ἐντὸς γωνίας, εἴη ἂν ὁ κύκλος πρῶτον· εἰ δὲ τῷ τριγώνῳ
τις τὸ ἓν ἀφορίσοι, ὁ κύκλος ἁπλούστερος ὢν τοῦ τριγώνου οὐκέτι ἂν εἴη
σχῆμα· τοῦ γὰρ ἑνὸς οὐδέν ἐστιν ἁπλούστερον. εἰ οὖν ὡς ἐν τοῖς ἐπι- 10
πέδοις σχήμασιν ὁ κύκλος ἔχει πρὸς τὰ εὐθύγραμμα, οὕτως ἐν τοῖς στε-
35 ρεοῖς ἡ σφαῖρα, δῆλον, ὅτι πρώτη ἂν εἴη ἡ σφαῖρα. τὴν δὲ ἀναλογίαν
ταύτην ὡς σαφῆ παρεὶς προσθεῖναι τὸ συμπέρασμα τῆς ὅλης ἀποδείξεως
ἐπήγαγε παρασυναπτικῶς μετὰ τὴν ἀπόδειξιν. ἐπειδὴ γὰρ τὸ πρῶτον 15
σχῆμα, τουτέστι τὸ σφαιρικόν, ὡς ἀποδέδεικται, τοῦ πρώτου σώματος

---

1 γενητόν] γεννητὸν AF: *id quod genuit* b: γεννῆσαν K²c   τέλεια] ὡς τέλεια Fc
3 καὶ ἡ] ἡ Fc   15 οὐκ AC: om. F: μὴ K²c   24. 25 εἰς ἐπίπεδα ὑπ᾽ ἐκείνων
ACb: ὑπ᾽ ἐκείνων εἰς ἐπίπεδα Fc   28 πρότερον b: πρῶτον AF   τοῖν] τῶν Fc
30 τῶν] τῶν ἐπιπέδων Fc   37 ἀπόδειξιν b: ἀπὸ Α: ἀπόδοσιν Fc

γεστέρας οὔσης περὶ τοῦ σχήματος λοιπὸν τοῦ οὐρανίου ζητεῖ καὶ σαφῶς 182ᵃ
καὶ ἀκριβῶς καὶ τεταγμένως διὰ πλειόνων ἐπιχειρημάτων, ὅτι σφαιροειδές
ἐστιν, ἀποδείκνυσι. καὶ τό γε πρῶτον τῶν ἐπιχειρημάτων ἐπὶ ἀξιώματι 25
πρόεισι τῷ λέγοντι· τὸ πρῶτον φύσει τῶν σχημάτων τοῦ πρώτου φύσει
5 τῶν σωμάτων ἐστί· καὶ ὅτι πρῶτον φύσει τῶν σωμάτων τὸ οὐράνιόν ἐστι.
ταῦτα οὖν ἐναργῆ λαβὼν συνάγει τὸν λόγον οὕτω· τὸ σφαιρικὸν σχῆμα
πρῶτον τῶν σχημάτων ἐστί· τὸ πρῶτον τῶν σχημάτων τοῦ πρώτου σώματός 30
ἐστι, τουτέστι τοῦ οὐρανίου. ὅτι δὲ πρῶτον τῶν σχημάτων ἐστὶ τὸ σφαιρικόν,
δείκνυσι καθόλου περὶ τῶν σχημάτων διορισάμενος, ποῖόν ἐστι πρῶτον καὶ
10 ἐν ἐπιπέδοις καὶ ἐν στερεοῖς. διελὼν οὖν τὰ ἐπίπεδα σχήματα εἴς τε τὰ 35
εὐθύγραμμα σχήματα καὶ εἰς τὰ περιφερόγραμμα δείκνυσιν, ὅτι τὸ κυρίως
περιφερόγραμμον ὁ κύκλος καὶ ἁπλούστερός ἐστι καὶ τελειότερος τῶν εὐθυ-
γράμμων σχημάτων. καὶ ὅτι μὲν ἁπλούστερός ἐστι, δείκνυσιν ἐκ τῶν
ὁρισμῶν· εἰ γὰρ κύκλος μέν ἐστι σχῆμα ἐπίπεδον ὑπὸ μιᾶς γραμμῆς πε- 40
15 ριεχόμενον, τῶν δὲ εὐθυγράμμων τὸ ἁπλούστατον τὸ τρίγωνον ὑπὸ τριῶν
εὐθειῶν περιέχεται γραμμῶν, ἐν ἑκάστῳ δὲ γένει τὸ ἓν τῶν πολλῶν
ἁπλούστερόν ἐστι, τὸ δὲ ἁπλοῦν πρότερον ἀεὶ τοῦ συνθέτου, εἴπερ ἐκ τῶν
ἁπλῶν τὰ σύνθετα συνέστηκε, πρῶτον ἂν εἴη τῶν ἐπιπέδων ὁ κύκλος. 45
ἀλλὰ μὴν καὶ τέλειον τῶν ἐπιπέδων σχημάτων ὁ κύκλος ἐστίν, εἴπερ |
20 τέλειόν ἐστιν, οὗ μηδὲν ἔστι λαβεῖν ἔξω τῶν αὐτοῦ μερῶν, ᾧ δὲ 182ᵇ
δύναται οἰκείως προστεθῆναι, ὡς διώρισται πρότερον, τοῦτο οὐ τέλειον,
καὶ τῇ μὲν εὐθείᾳ δυνατὸν ἀεὶ προστίθεσθαι, τῇ δὲ τὸν κύκλον περιεχούσῃ
γραμμῇ οὐ δυνατόν, περιέχεται δὲ τὰ μὲν εὐθύγραμμα ὑπὸ τῶν οὐδέποτε 5
τελείων εὐθειῶν, ὁ δὲ κύκλος ὑπὸ τῆς ἀεὶ τελείας περιφερείας· δῆλον, ὅτι
25 τέλειον τῶν ἐπιπέδων σχημάτων ὁ κύκλος ἐστί. τὸ δὲ τέλειον πανταχοῦ
τοῦ ἀτελοῦς πρότερόν ἐστι τῇ φύσει, εἴπερ τὰ ἀτελῆ ἐκ τῶν τελείων με-
ταλαγχάνει τελειότητος· καὶ κατὰ τοῦτο ἄρα ὁ κύκλος τῶν εὐθυγράμμων 10
σχημάτων πρότερος. οὐ μόνον δὲ κατὰ τὴν οὐσίαν, ἀλλὰ καὶ τῷ χρόνῳ
πρότερόν ἐστι τὸ τέλειον τοῦ ἀτελοῦς· ὅταν μὲν γὰρ ἐπὶ τοῦ αὐτοῦ ληφθῇ
30 ἄμφω, ὡς ἐπὶ τῶν ἐν γενέσει, τὸ ἀτελὲς τοῦ τελείου πρότερόν ἐστι τῷ
χρόνῳ· πρότερον γὰρ σπέρμα ἐμβρύου καὶ τοῦτο τοῦ βρέφους τῷ χρόνῳ· 15
ἀλλὰ προηγεῖται τῷ χρόνῳ τοῦ σπέρματος ὁ σπερμαίνων καὶ τῶν γινομέ-

---

2 ὅτι b: δείκνυσιν ὅτι A: δείκνυσιν ὅτι δὴ Fc   3 ἐστι Fc   ἀποδείκνυσι A: *ostendens* b: om. Fc   4 τὸ AFb: ὅτι τὸ c   6 οὕτως c   7 σώματος] τῶν σωμάτων c   8 post ἐστι (pr.) add. τὸ πρῶτον ἄρα τῶν σχημάτων τοῦ πρώτου σώματός ἐστι c   9 καὶ om. Fc   12 καὶ (pr.)] ἐστὶ καὶ Fc(b), sed ἐστὶ punctis suppositis del. F   ἐστι Fc   15 ὑπὸ] ἐστὶν ὁ ὑπὸ Fc   17 πρότερον b: πρῶτον AF   18 ὁ] σχημάτων ὁ Fc   19 τέλειον Ab: τέλος F: τέλειος K²c   ἐστίν om. Fc   20 τέλειόν A: τέλ^{ος} F: τέλειος K²   ἔστιν ἔξω λαβεῖν Fbc   ᾧ δὲ] ὃ Fc   21 προστεθῆναι F: προστεθεῖναι A   τοῦτο οὐ] τὸ Fc   24 δῆλον AFb; fort. δῆλον οὖν   28 πρότερον Fc   30 πρότερόν b: πρῶτον AF   31 πρότερον b: πρῶτον AF   ἐμβρύου scripsi: ἔμβρυον AF: ἢ ἔμβρυον Kc   32 ὁ σπερμαίνων] τὸ σπερμαῖνον Fc

τε αὐτὸ ἑαυτῷ σχημάτων νομίσας μυρίῳ κάλλιον ὅμοιον ἀνομοίου". τί 183b
τοίνυν διαφέρει πρέπον καὶ συγγενὲς εἰπεῖν τοῦ "οἰκειότατόν τε τῇ οὐσίᾳ 15
καὶ τῇ φύσει"; εἴρηται δὲ καί, ὅτι πάντων τελειότατον σχημάτων τὸ
σφαιρικόν ἐστιν. ἐφεξῆς δὲ καὶ τὰ ἄλλα παρεξιὼν ὁ Ἀριστοτέλης φα-
5 νήσεται.

p. 287ᵃ11 "Ἔτι δὲ ἐπεὶ φαίνεται καὶ ὑπόκειται ἕως τοῦ διὰ τὸ μὴ
τὴν αὐτὴν χώραν κατέχειν τὸ ὅλον.

Δεύτερον ἐπιχείρημα δεικνύον, ὅτι σφαιροειδής ἐστιν ὁ οὐρανός, ἐκ
τῶν προαποδεδειγμένων. εἰ γὰρ κύκλῳ περιφέρεται ὁ οὐρανός, ὡς δέ- 25
10 δεικται πρότερον, καὶ μήτε κενόν ἐστιν ἐκτὸς αὐτοῦ μήτε τόπος, ὡς καὶ
τοῦτο προαποδέδεικται, σφαιρικὸν αὐτὸν εἶναι ἀνάγκη. εἰ γὰρ εὐθύγραμμον
εἴη τὸ σχῆμα, οὐκ ἂν περιφερόμενος τὸν αὐτὸν καθέξει τόπον· οὐδὲ γὰρ
τὰ μέρη ἐν τοῖς ἀλλήλων τόποις χωρηθήσεται· αἱ γὰρ ἐξοχαὶ τῶν γωνιῶν 30
κινουμένων ποιοῦσιν, ὅπου πρότερον ἦν σῶμα, νῦν οὐκ εἶναι, καὶ
15 οὗ νῦν οὐκ ἔστι, πάλιν εἶναι, μείζονα τῶν εἰσοχῶν τόπον ἐπιλαμβά-
νουσαι, ὥστε κενὸν ἂν εἴη καὶ τόπος ἐκτὸς ὁ τὰς ἐξοχὰς τῶν γωνιῶν δε-
χόμενος.

Τὸ δὲ συμβήσεται καὶ τόπον εἶναι ἔξω καὶ σῶμα καὶ κενὸν
ἤτοι ἀντὶ τοῦ ἢ τόπον ἢ σῶμα ἢ κενὸν εἴρηται· πάντως γὰρ ἕν τι τού- 35
20 των ἔσται ἐκτὸς αὐτοῦ· ἢ μᾶλλον, ὅσα ἀποδέδεικται μὴ εἶναι ἔξω τοῦ
οὐρανοῦ, σῶμα, κενόν, τόπος, πάντα ἔσται, ἐὰν κύκλῳ κινούμενος ὁ οὐρα-
νὸς εὐθυγραμμικὸν ἔχῃ τὸ σχῆμα. εἰ γάρ, ὅπου πρότερον ἦν σῶμα, νῦν
οὐκ ἔσται, κενὸν ἂν εἴη, καὶ εἰ, οὗ νῦν οὐκ ἔστι, πάλιν ἔσται, σῶμα ἂν 40
εἴη καὶ τόπος ὁ δεκτικὸς αὐτοῦ· τὸ γὰρ τέως κενὸν τόπος ἐγένετο δεξά-
25 μενος σῶμα. γίνεται δὲ σῶμα ἐκτὸς αὐτοῦ οὐκ ἄλλο παρὰ τὰ μόρια
αὐτοῦ, ἀλλὰ καθ' ὅσον, καθ' ὃ μέρος ἐκτὸς αὐτοῦ οὐκ ἦν σῶμα, κατ' ἐκεῖνο
γίνεται σῶμα ἐν τῇ περιφορᾷ. κἂν μὴ εὐθυγραμμικὸν δέ, φησίν, ᾖ τὸ 45
τοῦ οὐρανοῦ σχῆμα, ἀλλά τι ἄλλο μὴ σφαιρικόν· τοῦτο γὰρ ἐδήλωσε διὰ
τοῦ | μὴ ἴσας ἔχον τὰς ἐκ τοῦ μέσου γραμμάς, ἀλλὰ φακοειδὲς 184ᵃ
30 ἢ ᾠοειδές· ἐν ἅπασι, φησί, τοῖς τοιούτοις συμβήσεται καὶ τόπον
ἔξω καὶ κενὸν εἶναι τῆς περιφορᾶς διὰ τὸ μὴ τὴν αὐτὴν χώραν
κατέχειν τὸ ὅλον. ταῦτα τοῦ Ἀριστοτέλους εἰπόντος καὶ ὁ Ἀλέξανδρος 5
ἀνθυπάγει καλῶς, ὅτι οὐχ ἁπλῶς ὑγιὴς ἐπὶ τούτων ὁ λόγος, ἀλλ' εἰ μὲν
φακοειδὲς ὂν τοὺς πόλους ἔχει κατὰ τὰ κέντρα τῶν ἐπιπέδων, τὸν αὐτὸν
35 ἀεὶ καθέξει τόπον περιφερόμενον, εἰ δὲ κατὰ τὴν περιφέρειαν ἔχει τοὺς

---

4 παρεξιὼν A: *pertractans* b: παραξέων Fc 6 δ' c 10 μήτε (pr.) F: μή τι
Ab 13 τοῖς] in ras. F: τοῖς τῶν A 16 εἰσοχὰς c 29 μέσου Fb:
μέρους A ἀλλὰ AFb: οἷον c φακοειδὲς F: σφακοειδὲς A 30 ἅπασι] ἅπασι
γάρ c τοῖς τοιούτοις om. c 31 περιφορᾶς] φορᾶς c 34 φακοειδὲς F:
φακκοειδὲς A

ἐστιν· ἀνάγκη γὰρ εἶναι τὸ πρῶτον τοῦ πρώτου· πρῶτον δὲ σῶμα τὸ τῆς 183ᵃ
ἀπλανοῦς, ὅπερ εἶπεν ἐν τῇ ἐσχάτῃ περιφορᾷ, τὸ ἄρα σφαιρικὸν
σχῆμα τοῦ ἀπλανοῦς οὐρανίου σώματός ἐστι τοῦ τὴν κύκλῳ φορὰν περι-
φερομένου. εἰ δὲ πρότερον μὲν ἀπὸ τῆς κύκλῳ κινήσεως πρῶτον ἔδειξε 20
5 τῇ φύσει τὸ οὐράνιον σῶμα· καὶ γὰρ ὅτι ἀίδιον, ἐκ τούτου ἔδειξε· νῦν δὲ
ἀπὸ τοῦ πρῶτον εἶναι τῇ φύσει δείκνυσιν, ὅτι σφαιρικόν, μὴ νομιζέτω τις
διάλληλον εἶναι τὴν δεῖξιν· οὐ γὰρ ταὐτόν ἐστι τὸ κύκλῳ κινεῖσθαι καὶ τὸ
σφαιρικὸν εἶναι· δύναται γὰρ τι καὶ σφαῖρα ὂν μὴ κύκλῳ κινεῖσθαι καὶ 25
κύκλῳ κινούμενον μὴ εἶναι σφαῖρα. δείξας δὲ τὸ τῆς ἀπλανοῦς σῶμα
10 σφαιροειδὲς ὂν ὡς πρώτῳ σώματι πρώτου σχήματος τοῦ σφαιρικοῦ προσ-
ήκοντος δείκνυσιν ἀκολούθως καὶ τὰ περιεχόμενα ὑπ' αὐτοῦ σώματα καὶ
ἁπτόμενα αὐτοῦ πανταχόθεν τῆς κοίλης ἐπιφανείας σφαιρικὰ καὶ αὐτὰ 30
ὄντα· ἢ γὰρ κενὸν ἀνάγκη εἶναι μεταξύ, ὅπερ ἀδύνατον δέδεικται, ἤ, εἰ
πάντα πλήρη, ἀνάγκη τὸ πανταχόθεν ἁπτόμενον τῆς κοίλης ἐπιφανείας
15 τοῦ σφαιρικοῦ σχήματος καὶ αὐτὸ σφαιρικὸν εἶναι, κατὰ δὲ τὴν ἀκολουθίαν
τὴν αὐτὴν καὶ μετὰ τὸ θεῖον σῶμα τὰ ἐν γενέσει καὶ φθορᾷ, ἅπερ ἅμα 35
πάντα ὡς ἓν πρὸς τὸ μέσον ἐκάλεσε, σφαιρικὰ εἶναι καὶ ταῦτα· τὰ γὰρ
ὑπὸ τοῦ σφαιροειδοῦς περιεχόμενα καὶ ἁπτόμενα αὐτοῦ πανταχόθεν ὡς
μηδὲν κενὸν ἀπολείπεσθαι σφαιροειδῆ καὶ αὐτὰ ἀνάγκη εἶναι, τὰ δὲ ὑπὸ
20 σελήνην ἅπτεται τῆς σεληνιακῆς σφαίρας. 40

Καὶ ὅτι μὲν παντὸς ἅμα τοῦ ἐν γενέσει σώματος ὡς ἑνὸς τὸ σχῆμα
σφαιρικόν ἐστιν, ἔδειξε νῦν· ὅτι δὲ καὶ ἑκάστου τῶν τεσσάρων τὸ οἰκεῖον
σχῆμα σφαιρικόν ἐστιν, ὀλίγον προελθὼν ἀποδείξει. οὐ γὰρ ἀνάγκη, εἰ
τοῦ πυρὸς ἔξωθεν ἐπιφάνεια σφαιρικὴ τῷ ἅπτεσθαι τοιαύτης, καὶ τὴν ἐν- 45
25 τὸς ὁμοίαν εἶναι· τοῦτο γὰρ ἐπὶ τῶν κατὰ τὴν ἑαυτῶν οὐσίαν ἐχόντων τὸ
σφαιρικὸν ἀναγκαῖον | ἐστι καὶ οὐκ ἐπὶ τῶν ἄλλοις συντυπουμένων. 183ᵇ

Μέχρι τούτων τὸ πρῶτον ἐπιχείρημα συνεπληρώθη τὸ δεικνύον, ὅτι
σφαιροειδὴς ὁ οὐρανός, ἐκ τοῦ δεῖν τὸ πρῶτον τῶν σχημάτων τῷ πρώτῳ
τῶν σωμάτων ὑπάρχειν ὡς κατ' οὐσίαν αὐτῷ καὶ κατὰ φύσιν προσῆκον· 5
30 εἰ δὲ οὗτος σφαιροειδής, καὶ ὁ ὅλος κόσμος τοιοῦτος. καλὸν δὲ ἂν εἴη καὶ
τῶν τῷ Πλάτωνι περὶ τοῦ κοσμικοῦ σχήματος ῥηθέντων ἀκοῦσαι· "σχῆμα
δὲ ἔδωκεν αὐτῷ τὸ πρέπον καὶ τὸ συγγενές· τῷ δὲ τὰ πάντα ἐν ἑαυτῷ
περιέχειν μέλλοντι ζῴῳ πρέπον ἂν εἴη σχῆμα τὸ περιειληφὸς ἐν ἑαυτῷ 10
πάντα ὅσα σχήματα· διὸ καὶ σφαιροειδὲς ἐκ μέσου πάντῃ πρὸς τελευτὰς
35 ἴσον ἀπέχον κυκλοτερὲς αὐτὸ ἐτορνώσατο, πάντων τελειότατον ὁμοιότατόν

---

1 γὰρ om. Fc   8 τι Ab: om. Fc   σφαῖρα] σφαιρικὸν Fc   ὂν b: τι ὂν AFc
9 σφαῖρα] σφαιρικὸν Fc   12 πανταχόθεν αὐτοῦ Fc   κοίλης F: κοινῆς Ab
15 σχήματος AFb: σώματος Cc   15. 16 τὴν ἀκολουθίαν τὴν αὐτὴν A: τὴν αὐτὴν
ἀκολουθίαν Fc: illationem hanc b   16 μετὰ Ab: τὰ μετὰ CFc   20 ἅπτεσθαι c
23 εἰ A: εἰ ἡ Fc   24 τῷ] διὰ τὸ Fc   26 οὐκ om. Fc   27 συνεπλήρωσε
Fc   31 τῷ om. Fc   ῥηθέντων] Tim. 33 b   ἀκοῦσαι] ἐπακοῦσαι λόγων Fc
34 πάντῃ AF: πάντα A²   τελευτὰς A: τὰς τελευτὰς Fc   35 ἐτορνώσατο F: ἐτορ-
νεύσατο c

φορά του ουρανού μέρη προσπιπτούσας ευθείας· μείζονες άρα και ελάττονες
αλλήλων και αυτοί εαυτών φανήσονται κατά τάς διαφόρους αποστάσεις τάς
προς ημάς και επί της αυτής επιφανείας όντες. ὁ δὲ Πτολεμαῖος τὸ
σφαιρικὸν σχῆμα συνελογίσατο καὶ ἐκ τοῦ μὴ δύνασθαι κατ' ἄλλην ὑπό-
5 θεσιν τὰ τῶν ὡροσκοπίων κατασκευὰς συμφωνεῖν, καὶ φυσικῶς δὲ ἐπιβάλ-
λων ὁ θαυμάσιος τῶν Πλάτωνι ῥηθέντων μέμνηται· "τῶν σωμάτων, φησί,
πάντων λεπτομερέστερος καὶ ὁμοιομερέστερός ἐστιν ὁ αἰθήρ, τῶν δὲ ὁμοιο-
μερῶν ὁμοιομερεῖς αἱ ἐπιφάνειαι, (ὁμοιομερεῖς δὲ ἐπιφάνειαι) μόναι ἥ τε
κυκλοτερὴς ἐν τοῖς ἐπιπέδοις καὶ τῶν στερεῶν ἡ σφαιρική."

10 p. 287ᵃ23 Ἔτι δὲ εἰ τῶν μὲν κινήσεων τὸ μέτρον ἕως τοῦ σφαι-
ροειδῆ αὐτὸν ἀνάγκη εἶναι.

Τρίτον ἐπιχείρημα τοῦτο δεικνύον, ὅτι σφαιρικόν ἐστι τὸ τοῦ οὐρανοῦ
σχῆμα. ἡ δὲ συναγωγὴ τοῦ λόγου τοιαύτη· ἡ τοῦ οὐρανοῦ κίνησις μέτρον
κινήσεών ἐστιν· ἡ μετροῦσα δὲ κίνησις ἡ ἐλαχίστη ἐστίν· ἐλαχίστη δὲ ἡ
15 ταχίστη· ταχίστη δὲ κίνησις ἀπὸ τῆς αὐτῆς δυνάμεως ἡ κατὰ τῆς ἐλα-
χίστης διαστάσεως· ἐλαχίστη δὲ τῶν ἴσον χωρίον περιεχόντων σχημάτων
ἐν μὲν τοῖς ἐπιπέδοις ἡ κυκλικὴ γραμμή, ἐν δὲ τοῖς στερεοῖς ἡ σφαιρικὴ
ἐπιφάνεια· ἡ ἄρα οὐρανία περιφορὰ σώματός ἐστιν σφαιρικὸν ἔχοντος
σχῆμα. τῶν δὲ λημμάτων ἕκαστον τὸ μὲν τὴν οὐρανίαν περιφορὰν μέ-
20 τρον εἶναι τῶν κινήσεων ἐν τῷ τετάρτῳ τῆς Φυσικῆς ἀκροάσεως ἐν τοῖς
περὶ χρόνου λόγοις δέδεικται. καὶ νῦν συντόμως ὑπέμνησται ἡ αἰτία· διὰ
γὰρ τὸ εἶναι μόνη κίνησις ὁμαλῆς καὶ συνεχὴς καὶ ἀΐδιος. δεῖ
γὰρ τὸ μέτρον τῶν κινήσεων κίνησιν εἶναι καὶ αὐτό, ὡς τῶν μεγεθῶν
μέγεθος καὶ τῶν μονάδων μονάδα καὶ τῶν χοῶν χοῦν καὶ τῶν ῥοπῶν
25 ῥοπήν. δεῖ δὲ καὶ συνεχῆ εἶναι τὴν τὰς ἄλλας μετροῦσαν κίνησιν· εἰ γὰρ
διαλαμβάνοιτο στάσει, πῶς μετρήσει τὰς συνεχεῖς; δεῖ δὲ καὶ ὁμαλὲς
εἶναι τὸ μέτρον· εἰ γὰρ ἐπιτείνοιτο καὶ ἀνίοιτο, πῶς ἂν μετρήσειεν;
ὅμοιον γὰρ ὡς εἰ πῆχύν τις ποτὲ μὲν ἐκτεινόμενον ποτὲ δὲ συστελλό-
μενον εἰς μέτρον παραλαμβάνοι. δεῖ δὲ καὶ ἀΐδιον εἶναι τὴν μετροῦσαν
30 κίνησιν· ἀεὶ γὰρ οὔσης κινήσεως ἀεὶ δεῖ καὶ τὸ μετροῦν αὐτὴν εἶναι.
ταῦτα δὲ ἅμα πάντα, τὸ συνεχές, τὸ ὁμαλές, τὸ ἀΐδιον, μόνῃ πρόσεστι
τῇ τοῦ οὐρανοῦ κινήσει· ὀρθῶς οὖν εἴρηται, ὅτι ἡ τοῦ οὐρανοῦ περιφορὰ
μέτρον ἐστὶ τῶν ἄλλων κινήσεων. καθ' ἕκαστον δὲ γένος τῶν μετρου-

---

1 μείζονες Fb: μείζον' A   3 Πτολεμαῖος] Σύντ. I 2   5 ὡροσκοπιῶν A: ὡροσκο-
πειῶν F: ὡροσκοπείων c   6 [Πλάτωνι] Tim. 33 b   σωμάτων] σωμάτων γὰρ Fc
φησί] Ptolem. Σύντ. I 2 p. 10 Halma   7 ἐστιν om. Fc   8 ὁμοιομερεῖς δὲ ἐπιφάνειαι
addidi e Ptolemaeo: om. AFbc   9 στερεῶν F: στερρεῶν A   14 δὲ (pr.) Fb:
om. A   15 ἀπό] ὑπό c   τῆς F: τῇ A   18 ἐστι Fc   19 σχῆμα Fb:
om. A   20 ἐν (pr.)] καὶ ἐν Fc   τετάρτῳ] cap. 11   21 δέδεικται AC:
ἀποδέδεικται Fc   ὑπέμνησται ACF: ὑπομέμνησται K: ὑπομέμνηται c   ἡ αἰτία ACF:
τῆς αἰτίας c   22 γὰρ om. c   27 ἀνίοιτο CF: ἀνί///το A: ἀνιεῖτο c   μετρή-
σειεν CF: μετρήσαιεν A

πόλους, ὥστε ἐπὶ τὸ κυκλικὸν σχῆμα γίνεσθαι τὴν περιφοράν, ἀνάγκη 184ᵃ
κενὸν ἀπολείπεσθαι καὶ τόπον· ὁμοίως δὲ καὶ εἰ ᾠοειδὲς ὂν μὴ κατὰ τὸ 11
μῆκος ἔχει τοὺς πόλους, ἀλλὰ πλαγίους, ὡς κατὰ τὸ μῆκος γίνεσθαι τὴν
περιστροφήν, ἀνάγκη κενὸν ἀπολείπειν, εἰ δὲ κατὰ τὸ μῆκος ἔχοι τοὺς
5 πόλους, οὐκέτι. καὶ ὁ κύλινδρος δὲ καὶ ὁ κῶνος καὶ τὸ ῥομβοειδὲς καλού- 15
μενον στερεόν, ὅπερ ἐκ δυοῖν κώνων κατὰ τὰς βάσεις συνημμένων συν-
έστηκεν, ἐὰν περὶ τὸν αὐτῶν ἄξονα κινῶνται, τὸν αὐτὸν ἀεὶ κατέχουσι
τόπον. τί δήποτε οὖν οὕτως ἐχόντων τούτων ἀδιορίστως αὐτὸ τέθεικεν ὁ
Ἀριστοτέλης; ἢ τὸ συμβήσεται νῦν κυρίως ἀκουόμενον λύει τὴν ἀπο-
10 ρίαν; ἐν ἅπασι γὰρ τούτοις ἄλλως καὶ ἄλλως τῶν πόλων λαμβανομένων 20
συμβήσεται κατά τινα λῆψιν καὶ τόπον ἔξω καὶ κενὸν εἶναι τῆς φορᾶς, τὸ
δὲ σφαιρικὸν σχῆμα διὰ τὴν ὁμοιότητα, ὅπως ἂν ληφθῶσιν οἱ πόλοι, ἐν
τῷ αὐτῷ ἀεὶ τόπῳ περιστραφήσεται, διότι πάσας ἴσας ἔχει τὰς ἀπὸ τοῦ
μέσου· ὁμοιομερὲς γὰρ ὂν τί μᾶλλον τόδε ἢ τόδε πλέον ἢ ἔλαττον διέστηκε 25
15 τοῦ μέσου;

Ὁ μὲν οὖν Ἀριστοτέλης ἐκ τῶν φυσικῶς προαποδεδειγμένων τοῦ τε
μηδὲν εἶναι ἔξω τοῦ οὐρανοῦ σῶμα μήτε τόπον μήτε κενὸν συλλογίζεται
ἐν δευτέρῳ σχήματι, ὅτι σφαιροειδής ἐστιν ὁ οὐρανός, οὕτως· ὁ οὐρανὸς 30
κύκλῳ κινούμενος τὸν αὐτὸν ἀεὶ τόπον κατέχει· οὐδὲν τῶν ἄλλο σχῆμα
20 ἐχόντων παρὰ τὸ σφαιρικὸν κύκλῳ κινούμενον τὸν αὐτὸν ἀεὶ τόπον
κατέχει, ἀλλὰ τὰ μὲν εὐθυγραμμικὰ περιφερόμενα καὶ τόπον ἀπολείπει
καὶ κενὸν καὶ σῶμα, ὡς εἴρηται πρότερον, τὰ δὲ περιφερόγραμμα πάντα
οὐκ ἀεὶ πληροῖ τὸν τόπον· συμβαίνει γὰρ κατά τινα τῶν πόλων λῆψιν 35
ἀπολείπειν τε καὶ προσλαμβάνειν τοῦ ἔξωθεν τόπου· ὁ ἄρα οὐρανὸς οὐδὲν
25 ἂν ἔχοι τῶν ἄλλων σχημάτων παρὰ τὸ σφαιρικόν. οἱ δὲ ἀστρονόμοι
συγχωροῦντές τισι τῶν σχημάτων, οἷον κυλίνδρῳ καὶ κώνῳ καὶ τῷ φα-
κοειδεῖ καὶ ᾠοειδεῖ καὶ τῷ ῥομβοειδεῖ καλουμένῳ στερεῷ, οὕτως ἔχειν 40
τοὺς πόλους, ὡς ἀεὶ τὸν αὐτὸν κατέχειν τόπον, ἐκ τῶν φαινομένων δεικνύ-
ουσι μηδὲν ἄλλο σχῆμα τὸν οὐρανὸν ἔχειν δυνάμενον πλὴν τοῦ σφαιρικοῦ.
30 κἂν γὰρ οἱ ἀπλανεῖς ἐπὶ παραλλήλων κύκλων τῶν αὐτῶν ἀεὶ φέρεσθαι
δοκοῦντες τὸ αὐτὸ φυλάττουσιν ἀπόστημα πρὸς ἡμᾶς, ἀλλ᾽ οἵ γε πλανᾶ- 45
σθαι λεγόμενοι ἐπὶ λοξοῦ κινούμενοι κύκλου καὶ ἐξ ἄλλου παραλ|λήλου 184ᵇ
εἰς ἄλλον μεταβαίνοντες πλείονα καὶ ἐλάττονα τὴν πρὸς ἡμᾶς ἀπόστασιν
ἕξουσιν, οὐ τῷ ἀπόγειοι καὶ περίγειοι γίνεσθαι, ὥσπερ νῦν λέγομεν, ἀλλὰ
35 τῷ ἀνίσους ἐπὶ τῶν ἄλλων σχημάτων εἶναι τὰς ἀπὸ τῆς γῆς ἐπὶ τὰ διά-

---

1 ὥστε scripsi: ut b: ὥσπερ A: ὡς μὴ Fc   γίνεσθαι Fb: γίνεται A   4 κατὰ
τὸ] μὴ κατὰ τὸ F: μὴ κατὰ c   ἔχοι F: ἔχ// A: ἔχει Kc   6 στερεόν F: στερ-
ρεόν A   7 αὐτῶν] αὐτῶν A: ἑαυτῶν Fc   8 ἐχόντων τούτων] αὐτῶν ἐχόντων Fc
ἀορίστως Fc   10 τούτοις F: τούτους comp. A   14 μᾶλλον] μᾶλλον κατὰ τὰ
διέστηκε Kbc: διεστήκοι A: comp. F; fort. ἂν διεστήκοι   21 εὐθύγραμμα c   24 τοῦ]
μέρη τοῦ Fc   26. 27 φακοειδεῖ c: φακχοειδεῖ A (F hic lac. hab.)   27 ᾠοειδεῖ c:
ᾠειδεῖ A   στερεῷ c: στερρεῷ A: στερεῶς F   28 τῶν Fb: τόπων A
31 φυλάττωσιν Fc   33 ἄλλον] ἄλλον ἀεὶ Fc   35 ἐπὶ] πρὸς Fc

SIMPLICII IN L. DE CAELO II 4 [Arist. p. 287ᵃ23]   413

των γραφομένων ηὕρητό ποσως ὁ τετραγωνισμός· οὐδὲ γὰρ νῦν, φησίν, 185ᵃ
ὡμολόγηται εὑρῆσθαι, διότι αἱ φερόμεναι δείξεις ἐπὶ ὑποθέσεσι προίασιν· ἢ
τὴν σύγκρισιν, φησίν, οὐ πρὸς τὰ εὐθύγραμμα ποιεῖται τοῦ κύκλου νῦν, 45
ἀλλὰ πρὸς τὰ περιφερόγραμμα, οἷον τὴν καλουμένην ἔλλειψιν. καὶ | γὰρ 185ᵇ
5 οὐ μόνον τῶν εὐθυγράμμων ἴσων, ἀλλὰ καὶ τῶν περιφερογράμμων ὁ κύ-
κλος ἐλαχίστην ἔχει περίμετρον· ὁμοίως δὲ καὶ ἡ σφαῖρα οὐ μόνον τῶν
εὐθυγράμμων στερεῶν, ἀλλὰ καὶ τῶν ὑπὸ μιᾶς ἐπιφανείας περιεχομένων,
οἷον τοῦ φακοειδοῦς καὶ ᾠοειδοῦς, ἴσων ὄντων ἐλάττονα ἔχει τὴν ἐπιφά- 5
νειαν. ὅτι δὲ πρὸς ταῦτα τὴν σύγκρισιν ἐποιήσατο ὁ Ἀριστοτέλης, πιστοῦ-
10 ται ὁ Ἀλέξανδρος ἐκ τοῦ τὸ ἀπὸ τοῦ αὐτοῦ ἐπὶ τὸ αὐτὸ τούτοις μά-
λιστα προσήκειν τοῖς σχήμασι τοῖς ὑπὸ μιᾶς γραμμῆς ἢ μιᾶς ἐπιφανείας
περιεχομένοις. καίτοι προελθὼν ὀλίγον αὐτὸς ὁ Ἀλέξανδρος τοῦτο εἰρῆσθαί 10
φησιν, ἵνα σχήματος δηλώσῃ περίμετρον. σχῆμα γάρ ἐστι τὸ ὑπό τινος
ἤ τινων ὅρων περιεχόμενον· τοιοῦτον δὲ ὄν, φησίν, ἀπὸ τοῦ αὐτοῦ ἐπὶ τὸ
15 αὐτὸ ἔχει τὰς περιεχούσας γραμμάς· οὐ γὰρ τὴν εὐθεῖαν φησι περίμετρον·
οὐ γὰρ ἀπὸ ταὐτοῦ ἐπὶ τὸ αὐτό· ἀλλ᾽ οὐδὲ τὴν γωνίαν, διὸ οὐδὲ αὕτη 15
σχῆμα· ὥστε κοινῶς τοῦτο περὶ τοῦ σχήματος εἴρηκε καὶ οὐ μόνον τῶν
περιφερογράμμων.

Καὶ ἄλλως δὲ πειρᾶται δεικνύναι ὁ Ἀλέξανδρος, ὅτι πρὸς τὰ περιφε-
20 ρόγραμμα νῦν τὴν σύγκρισιν ὁ Ἀριστοτέλης ἐποιήσατο, λέγων, ὅτι ἡ πρὸ
ταύτης ἐπιχείρησις ἡ εἰς τὸ κενὸν ἀπάγουσα ἐπὶ μὲν τῶν εὐθυγράμμων 20
σχημάτων φανερὰ ἦν διὰ τὰς τῶν γωνιῶν ἐξοχάς, ἐπὶ δὲ τῶν περιφερο-
γράμμων οὐχ ὁμοίως· διὸ εἴη ἂν ταῦτα περὶ τούτων προστιθείς, ἃ διὰ
τῆς προλαβούσης δείξεως οὐκ ἦν ὁμοίως δεδειγμένα.

25 Μήποτε δὲ οὔτε τὸ ζήτημα τοῦ Ἀλεξάνδρου οὔτε ἡ λύσις αὐτοῦ 25
ἔχει τινὰ πρὸς τὰ παρόντα χρείαν, οὐδὲ ἐκεῖνο ὀρθῶς εἴρηκεν, ὅτι τὴν τοῦ
κύκλου γραμμὴν συμβάλλειν ταῖς εὐθείαις ἤρτηται τοῦ τετραγωνισμοῦ τοῦ
κύκλου. ὁ γὰρ προβαλλόμενος κύκλον τετραγωνίσαι οὐ τοῦτο προβάλλεται
τὸ τῇ γραμμῇ τοῦ κύκλου μιᾷ οὔσῃ τέσσαρας εὐθείας ἴσας εὑρεῖν, ἀφ᾽ 30
30 ὧν ἂν τὸ τετράγωνον γένοιτο· τοῦτο γὰρ εὕρητο πάλαι καὶ πρόπαλαι, ἐξ
οὗ ἡ τοῦ κύκλου γραμμὴ τριπλασιεφέβδομος εὑρέθη τῆς διαμέτρου, καὶ
οὐδὲν ἦν χαλεπὸν τριπλασιεφέβδομον τῆς διαμέτρου ποιήσαντα εὐθεῖαν
ἴσην οὖσαν τῇ τοῦ κύκλου γραμμῇ εἰς τέσσαρας διελεῖν ἴσας, ἀφ᾽ ὧν τε- 35
τράγωνον συστήσεται· ἀλλὰ τὸ πρόβλημα τὸ λέγον κύκλῳ ἴσον τετράγω-

1 ποσως] ὁπωσοῦν c   φησίν om. Fc   2 ηὑρῆσθαι Fc   ὑπόθεσιν c   3 κύκλου F,
mg. A²: x ͧ corr. ex ϑ A²   5 μόνον Fb: μόνων A   8 φακοειδοῦς F: φακκοειδοῦς A
10 τοῦ αὐτοῦ] ταὐτοῦ c   ταὐτὸ c   13 τινος b: τινων AFc; cf. Eucl. Elem. I
def. 14   14 τινων ὅρων Ab: τινος ὅρου Fc   15 οὐ] ὁ Fc   περίμετρον b:
μέτρον A: μετρῶν Fc   16 οὐ γὰρ] οὐκ Fc   τοῦ αὐτοῦ   τὴν] ὁ τὴν Fc
18 περιφερομένων c   23 προστιθείς Fb: προτιθείς A   24 ὁμοίως] ὁμοίως τοῖς
ἄλλοις Fc   26 τὴν τοῦ A: τὸ τὴν Fc   29 ἴσας A²F: οὔσας Ab   30 τὸ om.
Fc   εὕρητο Ab: ηὕρηται Fc   31 εὑρέθη AF: ηὑρέθη c   32 τριπλασιεφέβδομον
A²F: τριπλασιέβδομον A

μένων τε καὶ | μετρούντων τὸ ἐλάχιστόν ἐστι τὸ μέτρον· εἰ μὲν γὰρ 185ᵃ
στάδια εἴη, στάδιον, εἰ δὲ μονάδες, μονάς, εἰ κύαθοι, κύαθος, καὶ ἀεὶ τὸ
τοῦ ἐλαχίστου μεῖζον, κἂν ἄλλο τι μετρῇ, ἀλλὰ καὶ αὐτὸ ὑπὸ τοῦ ἐλαχί-
στου μετρεῖται· ὁ γοῦν πῆχυς μέτρον ὢν ὑπὸ τοῦ ποδὸς ὅμως μετρεῖται 5
5 καὶ ὁ πούς ὑπὸ δακτύλου. ἐλαχίστη δὲ κίνησις ἡ ἐν ἐλαχίστῳ χρόνῳ
γινομένη· ἐν ἐλαχίστῳ δὲ χρόνῳ τὸ ἴσον περίεισιν ἡ ταχίστη· ταχίστη
δὲ ἀπὸ τῆς αὐτῆς δυνάμεως ἡ τὸ ἴσον μὲν περιοῦσα χωρίον, οἷον δεκά-
πλεθρον ἐμβαδόν, δι' ἐλαχίστης δὲ τῆς περιεχούσης αὐτὸ διαστάσεως, ἵνα 10
τῆς αὐτῆς μενούσης τῆς τὸ αὐτὸ χωρίον περιούσης ἐλαχίστη καὶ ἅμα
10 ταχίστη γένηται ἡ κίνησις καὶ παρὰ τὸν χρόνον καὶ παρὰ τὴν διάστασιν
τὴν περιέχουσαν· ἐλαχίστη δὲ τῶν ἀπὸ τοῦ αὐτοῦ ἐπὶ τὸ αὐτό, τουτέστι
τῶν σχῆμα περιεχουσῶν τι καὶ ὁριζουσῶν διαστάσεων, ἐν μὲν ἐπιπέδοις 15
ἡ κυκλική, ἐν δὲ στερεοῖς ἡ σφαιρική, διότι δέδεικται καὶ πρὸ Ἀριστοτέ-
λους μὲν πάντως, εἴπερ αὐτὸς ὡς δεδειγμένῳ συγκέχρηται, καὶ παρὰ Ἀρ-
15 χιμήδους καὶ παρὰ Ζηνοδώρου πλατύτερον, ὅτι τῶν ἰσοπεριμέτρων σχη-
μάτων πολυχωρητότερός ἐστιν ἐν μὲν τοῖς ἐπιπέδοις ὁ κύκλος, ἐν δὲ τοῖς 20
στερεοῖς ἡ σφαῖρα. τούτῳ δὲ ἀκόλουθόν ἐστι τὸ νῦν ὑπὸ τοῦ Ἀριστοτέ-
λους λεγόμενον τὸ τῶν τὰ ἴσα ἐπίπεδα περιεχουσῶν γραμμῶν ἐλαχίστην
εἶναι τὴν κυκλικήν, ὁμοίως δὲ καὶ ἐπὶ τῶν στερεῶν τὴν σφαῖραν· εἰ γὰρ
20 ἴσων ὄντων τῶν περιεχόντων ἐλάττονά ἐστι τὰ περιεχόμενα, ἐὰν ἴσα γέ-
νηται τὰ περιεχόμενα, ἐλάττονα ἂν εἴη τὰ περιέχοντα. δεῖ ἄρα τὸ τὴν 25
ταχίστην καὶ ἐλαχίστην κίνησιν τὴν κύκλῳ κινούμενον, εἰ μὲν ἐπίπεδον
εἴη, κυκλικὸν εἶναι, εἰ δὲ στερεόν, σφαιρικόν. εἰ γὰρ ἄλλο τι σχῆμα ἔχον
ἴσον εἴη τῷ σφαιρικῷ, ἐπειδὴ ἐν ἴσῳ ὄγκῳ ἐλάττων ἐστὶν ἡ τῆς σφαίρας
25 ἐπιφάνεια τῶν ἄλλως ἐσχηματισμένων, ἐλάττων ἂν εἴη καὶ ἡ κίνησις τῆς 30
σφαίρας δυνάμεως τῆς αὐτῆς οὔσης· μείζων ἄρα ἡ τοῦ ἄλλως ἐσχημα-
τισμένου, ὅπερ ἄτοπον, εἰ μέλλοι μέτρον εἶναι τῆς κινήσεως· ἕκαστον γὰρ
τῶν κύκλῳ κινουμένων τὴν αὐτοῦ περίμετρον κινεῖται, ὥσπερ τῶν ἐπ' εὐ-
θείας κινουμένων ἕκαστον τὴν τοῦ ὑποκειμένου διαστήματος. 35
30 Ζητεῖ δὲ ὁ Ἀλέξανδρος ἐν τούτοις, πῶς ὁ Ἀριστοτέλης δύναται λέγειν
τῶν ἴσων ἐπιπέδων ὑπὸ ἐλαχίστης γραμμῆς περιέχεσθαι τὸν κύκλον, εἴ
γε μήπω κατ' αὐτὸν ὁ τοῦ κύκλου τετραγωνισμὸς ηὑρημένος ἐτύγχανε·
τὸ γὰρ τὴν τοῦ κύκλου, φησί, γραμμὴν συμβάλλειν ταῖς εὐθείαις ἤρτηται 40
τοῦ τετραγωνισμοῦ τοῦ κύκλου. καὶ λύει τὴν ζήτησιν λέγων, ἢ ὅτι τού-

---

2 εἰ (alt.) Ab: εἰ δὲ Fc   τὸ F: om. A   4 ὢν] ὂν Fc   5 χρόνῳ om. c   9 με-
νούσης] μενούσης δυνάμεως Fc   10 ἡ om. Fc   παρὰ (pr.)] περὶ Fc   παρὰ (alt.)]
περὶ Fc   τὴν διάστασιν om. c   11 τὴν F: om. A   12 τι AFb: τε C   13 στε-
ρεοῖς F: στερρεοῖς A: τοῖς στερεοῖς c   15 Ζηνοδώρου] Περὶ ἰσομέτρων σχημάτων apud
Theonem in Ptolem. Σύντ. p. 33 sq. ed. Halma; totus ab Archimede pendet   16 πολυ-
χωρητότερός] comp. A: πολυχωρητότερον Fc   19 στερεῶν F: στερρεῶν A   22 τὴν
om. Fc   23 στερεόν F: στερρεόν A, ut saepe   24 ἐστὶν ἡ] ἐστὶ c   26 ἄρα Fb:
om. A   27 μέλλοι AF: μέλλει c   τῆς om. Fc   28 αὑτοῦ AF   32 μήπω Fb:
μήπως A   κύκλου Fb: comp. corr. ex ὁ A²

ούτε του πυρός ή εντός ανάγκην έχουσιν είναι σφαιροειδείς· ή ανάγκη; 186ᵃ
φησί· και γαρ ο αήρ υγρός ων ώσπερ το ύδωρ συρρέων εις τα κοίλα
σφαιρικήν ποιεί την εκτός επιφάνειαν, ώσπερ και το ύδωρ· ει δε τούτο 40
τοιούτον, και ή του πυρός επιφάνεια ή εντός είη αν σφαιρική, ή δέ γε
5 εκτός, αν ή το σώμα το θείον σφαιρικόν, ως εδείχθη πρότερον. ούτω
δε δι' αμφοτέρων, φησί, των δείξεων είη δεδειγμένον το τα μέσα σώματα
εκατέραν επιφάνειαν έχειν σφαιρικήν, την μεν εκτός δια το περιέχον, την 45
δε εντός δια το περιεχόμενον.
   Ταύτα μεν ο Αλέξαν|δρος, ο δε Αριστοτέλης ως δια τούτον τον 186ᵇ
10 λόγον σφαιροειδούς δεικνυμένου του ουρανού και αρχόμενος αυτού 'του
σφαιροειδή' φησιν 'εξ ανάγκης είναι τον ουρανόν' λάβοι αν τις την
πίστιν και εκ των περί το μέσον ιδρυμένων σωμάτων, και συμ- 5
περαινόμενος δε αυτόν ώστε, φησί, κάν δια τούτο φανερόν είη, ότι
σφαιροειδής εστιν ο ουρανός. πως ούν ημείς το ήμισυ της αποδεί-
15 ξεως μόνον εκ τούτου φαμέν ειλήφθαι του λόγου; μήποτε ούν αυτάρκης
και ούτος καθ' αυτόν εστιν, ει τη του Αριστοτέλους ακριβεία τον νουν
προσέχοιμεν. ει γαρ ο αήρ δια μεν το ύδωρ σφαιροειδές ον την απτο- 10
μένην αυτού κοίλην επιφάνειαν έχει σφαιρικήν, δια δε το περιρρείν παν-
ταχόθεν τω ύδατι σφαιρικώ όντι και εκτός σφαιρούται, δήλον, ότι και του
20 πυρός ή εντός σφαιρική έσται· ή δε εκτός απ' ανατολής επί δύσιν τη
απλανεί συγκινείται, ως δηλοί τα εν αυτή συνιστάμενα φάσματα, κομήται 15
και δοκίαι και τα τοιαύτα, συνανατέλλοντα και συνδύνοντα τοις απλανέσιν
άστροις· του ούν την σελήνην φέροντος σώματος επ' ανατολήν από δύσεως
κινουμένου πανταχόθεν εφαπτόμενον του φέροντος την σελήνην σώματος
25 το πυρ, ει μη λείον είη, κωλύοι τε αν και κωλύοιτο κινείσθαι· ώστε και 20
δια τούτου δήλον, ότι ή εντός επιφάνεια της σελήνης σφαιροειδής εστιν.
αλλά μην και ή εκτός· ιδίαν γαρ πάλιν ή σελήνη κίνησιν κινείται παρά
την του Ερμού, και τούτο μέχρι της απλανούς ανιούσιν. όλως δε
των υπό σελήνην σφαιρικών δειχθέντων ατοπώτατον αν ην τα ουράνια 25
30 χείρον τι του σφαιρικού σχήμα έχειν. ορθώς ούν είπε και τα άνω σώ-
ματα κατά τον αυτόν λόγον.

p. 287ᵇ 4 Αλλά μην ότι γε ή του ύδατος επιφάνεια έως του σφαι- 30
ροειδής άρα ή του ύδατος επιφάνεια, εφ' ής ή ΒΕΓ.

   Το προσεχές επιχείρημα ποιησάμενος επί υποθέσει τη λεγούση σφαι-
35 ροειδές είναι το ύδωρ νυν αυτό τούτο προτίθεται δείξαι γραμμικήν ακρί- 35

---

1 του F: ή του A   1. 2 ή ανάγκη; φησί] del. c   3 ποιεί] αν ποιή F: αν ποιοί
Kc   5 ούτως c   13 τούτο] τούτου c   16 του om. Fc   18 δε om. Fc
19 και (pr.)] και την Fc   20 ανατολών Fc   δύσει Fc   21 κομήται] δοκί-
δες Fc   22 δοκίαι] κομίται F: κομήται c   23 επ'] corr. ex απ' A²   ανατο-
λήν] comp A   από δύσεως επ' ανατολάς Fc   31 post λόγον add. συνεχή μεν (γαρ
add. c) ουκ έστιν, άπτεται δε τούτων Fc   32 γ' c   33 αρ' c   ή (alt.) om.
Fc   35 ύδωρ] πυρ c

νον θέσθαι ἐπιπέδῳ κυκλικῷ ἐπίπεδον τετραγωνικὸν ἀπαιτεῖ ἴσον, ὡς τῷ 185ᵇ δοθέντι τριγώνῳ ἴσον τετράγωνον συστήσασθαι ὁ στοιχειωτὴς προεβάλετο οὐ ταῖς γραμμαῖς τοῦ τριγώνου τὰς τοῦ τετραγώνου γραμμὰς ἐξισῶσαι 40 προθέμενος, ἀλλὰ τῷ ἐμβαδῷ τὸ ἐμβαδόν. ὅταν οὖν λέγῃ ὁ Ἀριστοτέλης,
5 ὅτι τῶν ἀφ' ἑαυτοῦ ἐφ' ἑαυτὸ ἐλαχίστη ἐστὶν ἡ τοῦ κύκλου γραμμή, γραμμὰς ἀλλήλαις παραβάλλει, ὁ δὲ λέγων, ὅτι τῶν ἰσοπεριμέτρων σχημάτων μεῖζόν ἐστι τὸ τοῦ κύκλου ἐμβαδὸν τῶν ἄλλων, τὰς πε- 45 ριεχούσας τὰ σχήματα γραμμὰς ἴσας ὑποθέμενος ὡς εὑρεθέντος | τούτου 186ᵃ μεῖζον λέγει τὸ τοῦ κύκλου ἐμβαδὸν καὶ τῶν ἄλλων τῶν ὑπὸ ἴσης τῷ κύ-
10 κλῳ περιμέτρου περιεχομένων καὶ τοῦ τετραγώνου, οὐ μέντοι ἤδη καὶ τὸ ἴσον κατείληπται τῆς τῶν ἐμβαδῶν συστάσεως.

Ἐπιστῆσαι δὲ χρή, ὅτι καὶ τοῦτο τὸ ἐπιχείρημα Πλατωνικὸν ὂν ὁ 5 Ἀριστοτέλης ἠσπάσατο. εἰ γὰρ τῶν ἐμβαδῶν ἴσων ὄντων ἐλαχίστη ἐστὶν ἡ τὸ κυκλικὸν περιέχουσα γραμμὴ καὶ διὰ τοῦτο ἐλαχίστη, ὅτι τῶν ἰσο-
15 περιμέτρων πολυχωρητότερος ὁ κύκλος, ὅπερ ὁ Πλάτων ἐδήλωσε διὰ τοῦ περιέχειν πάντα ὁπόσα σχήματα, κἂν ἐνδεικνύηταί τι καὶ ἄλλο διὰ τούτου, 10 δῆλον, ὅτι ἐξ ἐκείνου καὶ τοῦτο εἴληπται.

p. 287ᵃ30   Λάβοι δὲ ἄν τις καὶ ἐκ τῶν περὶ τὸ μέσον ἕως τοῦ ὅτι 15 σφαιροειδής ἐστιν ὁ οὐρανός.

20   Τέταρτος οὗτος λόγος σφαιροειδῆ δεικνύων τὸν οὐρανὸν ἀπὸ τοῦ σφαιροειδὲς εἶναι τὸ ὕδωρ, καὶ οὐ μόνον τὸν οὐρανόν, ἀλλὰ καὶ τὰ ὑπὲρ τὸ ὕδωρ γενητὰ καὶ φθαρτὰ στοιχεῖα τόν τε ἀέρα καὶ τὸ πῦρ· περὶ γὰρ τῆς 20 γῆς, ὅτι καὶ αὐτὴ σφαιροειδὴς ὡς πρὸς αἴσθησιν, ὕστερον ἀποδείξει. ὁ δὲ λόγος καὶ ἐνταῦθα τοιοῦτος· εἰ ἡ τοῦ ὕδατος ἐπιφάνεια σφαιροειδής, τὸ δὲ
25 τῷ σφαιροειδεῖ συνεχὲς ἢ πανταχόθεν αὐτοῦ ἁπτόμενον ἀνάγκη καὶ αὐτὸ σφαιροειδὲς εἶναι, οὕτω δὲ ἔχει πρὸς τὸ ὕδωρ ὁ ἀὴρ διὰ τὸ μηδὲν εἶναι 25 μεταξὺ κενόν, καὶ ὁ ἀὴρ σφαιροειδὴς ἂν εἴη· διὰ τὰ αὐτὰ δὲ καὶ τὸ τὸν ἀέρα περιέχον πῦρ τοιοῦτον καὶ τὰ ἐφεξῆς καὶ ἁπτόμενα τῶν ὑφ' ἑαυτὰ κατὰ τὸν αὐτὸν λόγον μέχρι τῆς ἀπλανοῦς. πρὸς ταύτην δὲ τὴν ἀπόδειξιν
30 ὁ Ἀλέξανδρος ἐνίσταται λέγων, ὅτι τὰς μὲν ἐντὸς ἐπιφανείας τοιαύτας 30 εἶναι δεικνύοι ἂν κατὰ τήνδε τὴν δεῖξιν, οὐ μέντοι γε καὶ τὰς ἐκτός, ἀλλ' ὄντος μὲν καὶ τοῦ αἰθερίου σώματος σφαιροειδοῦς εἴη ἂν καὶ τὰ ἄλλα τὰ μέχρι τοῦ ὕδατος σφαιροειδῆ, εἴ γε τὴν μὲν ἐκτὸς ἐπιφάνειαν διὰ τὰ ὑπερκείμενα ἔχουσι σφαιροειδῆ, τὴν δὲ ἐντὸς διὰ τὰ ὑποκείμενα. ἴσως δέ, 35
35 φησίν, ὅσον ἐπὶ τούτοις τοῖς λόγοις, οὔτε ἡ τοῦ ἀέρος ἐκτὸς ἐπιφάνεια

---

2 στοιχειωτής] Eucl. Elem. II 14   προεβάλετο F: προσεβάλλετο A   5 ἀφ' ἑαυτοῦ ἐφ' ἑαυτὸ AF: ab eodem ad idem b: ἀπὸ ταὐτοῦ ἐπὶ ταὐτὸν c   8 ὡς εὑρεθέντος om. c   15 ἐδήλωσε] Tim. 33 b   16 ἐνδείκνυταί Fc   18 δ' Fc   21 οὐ μόνον τὸν οὐρανόν] οὐ τὸ ὕδωρ μόνον Fc   23 ἀποδείξει AC: δείξει Fc   24 καὶ om. Fc   25 ἢ] ἥ c   30 ἐνίσταται ὁ Ἀλέξανδρος Fc   33 τὰ (pr.) om. Fc   35 τοῦ F: om. A

λομένων εὐθειῶν, τὸ δὲ διὰ τῶν περάτων ἐκείνων ἀγόμενον ἐν στερεῷ 187ᵃ
σφαιρικὴν ποιεῖ τὴν ἐπιφάνειαν, τὸ ὕδωρ ἄρα σφαιρικὴν ἔχει τὴν ἐπιφά-
νειαν, καὶ κέντρον αὐτῆς τὸ σημεῖον, οὗ πανταχόθεν ἴσον διέστηκεν ἡ ἐπι- 30
φάνεια. διὸ καὶ κέντρον αὐτὸ κέκληκεν ὁ Ἀριστοτέλης, εἴτε τὸ τῆς γῆς
5 ἐστι τοῦτο κέντρον εἴτε τοῦ παντὸς εἴτε τὸ τοῦ ὕδατος αὐτοῦ, εἴτε πάντων
μὲν τῶν κέντρων ὁ αὐτὸς τόπος, δυνάμεις δὲ διαφόρους ἔχουσιν. ὅτι δὲ
σφαιρικὴ ἡ τοῦ ὕδατος ἐπιφάνεια, δηλοῖ καὶ τὸ τὰς ρανίδας εἰς λεῖον ἐμ- 35
πιπτούσας τι, οἷον εἰς φύλλον λαχάνου ἢ δένδρου ἢ τῶν Νειλῴων κιβω-
ρίων, συστρεφομένας καὶ σφαιρουμένας ἠρεμεῖν· ἔτι δὲ ἐναργέστερον τὸ
10 τοὺς πλέοντας τὰ πελάγη ἀπὸ μὲν τῶν πλοίων αὐτῶν πολλάκις μὴ ὁρᾶν
γῆν μηδὲ τὰ ἐν αὐτῇ ἀνεστηκότα, ἐπὶ δὲ τοὺς ἱστοὺς ἀναβαίνοντας ὡς 40
πλησίον ὄντα ὁρᾶν· ἀλλὰ καί, εἰς ποτήριον ἄν τις ὕδωρ ἐμβάλῃ καὶ νο-
μίσματα ἢ ψηφῖδας ἢ ἄλλους ὄγκους τινάς, σφαιροῦται τὸ ὕδωρ καὶ οὐκ
ἐκχεῖται, ἕως ἂν ὑπερβάλῃ τὴν σφαιρικὴν ἐπιφάνειαν.

15 p. 287ᵇ14 Ὅτι μὲν οὖν σφαιροειδής ἐστιν ὁ κόσμος ἕως τοῦ καὶ 187ᵇ
τὰ πλεῖον ἀεὶ ἀπέχοντα τῶν στοιχείων.

Τὸ μὲν οὖν πρόβλημα ἦν, ὅτι σφαιρικὸν τὸ οὐράνιον σῶμα, δεικνύ- 5
ναι. ἐπειδὴ δὲ ὁ ὅλος κόσμος κατὰ τὸν οὐρανὸν σφαιρικός ἐστι, καὶ
μέντοι κατὰ τὸν λόγον καὶ τῶν ὑπὸ σελήνην τὰ πλεῖστα δέδεικται σφαι-
20 ρικά, οὐκ ἀπεικότως συμπεραινόμενος τὸν λόγον σφαιροειδῆ τὸν ὅλον
κόσμον εἶπεν ἀποδεδεῖχθαι. ἐπειδὴ δὲ πρὸς ἀνθρώπους διαλέγεται τεχνι- 10
κοῖς καὶ φυσικοῖς σφαιροειδέσι συνειθισμένους, πάνυ θεοφιλῶς καὶ τὴν
κατὰ τὸ σχῆμα πρὸς πάντα τὰ ἄλλα ὑπεροχὴν τοῦ οὐρανίου σώματος
ἐπιδείκνυσιν, ὅτι οὐχ ὁλοσχερῶς λέγεται σφαιροειδές, ὡς καὶ τὴν γῆν πρὸς
25 αἴσθησιν σφαιροειδῆ λέγομεν καίτοι τηλικαύτας ἔχουσαν ἐπαναστάσεις τὰς 15
τῶν ὀρῶν καὶ φαραγγώδεις κοιλότητας, ἀλλ' οὕτω κατὰ ἀκρίβειαν ἐν-
τορνός ἐστι σφαῖρα, ὡς μηδὲν μήτε τεχνικὸν μήτε φυσικὸν μήτε ὅλως τι
τῶν ἡμῖν ἐν ὀφθαλμοῖς φαινομένων μηδὲν παραπλησίως ἔχειν αὐτῷ. ἀλλ'
ἐδεῖτό τινος παραμυθίας ἡ διάστασις αὕτη τοῦ λόγου· κἂν γὰρ σφαιροειδὴς 20
30 ἀποδέδεικται, ἀλλὰ τό γε ἀκριβὲς τοῦτο μὴ φαινόμενον τῇ αἰσθήσει τάχα
ἂν ἀπιστίαν παρέσχετο· δείκνυσιν οὖν, ὅτι οὐδὲν ἄλλο τῶν ἐν τῷ κόσμῳ
σωμάτων, ἐξ ὧν ὁ κόσμος τὴν σύστασιν εἴληφεν, οὕτω δυνατὸν ὁμα-
λότητα δέξασθαι καὶ ἀκρίβειαν σχήματος, ὡς ἡ τοῦ πέριξ σῶμα- 25
τος φύσις. δείκνυσι δὲ αὐτὸ ἐκ τῆς τῶν ὁρωμένων ἡμῖν στοιχείων ἀνα-
35 λογίας. καὶ γὰρ ὅτι ἡ τοῦ ὕδατος ἐπιφάνεια λειοτέρα τε καὶ ὁμαλωτέρα

---

1 ἐν] ἐν τῷ Fc   3 αὐτῆς] αὐτοῦ Fc   5 τὸ om. Fc   6 μὲν τῶν] mut. in τῶν
μὲν F: τῶν μὲν c   8 Νειλῴων F: νηλώων A   10 πλέοντας A²Fb: πλέονας A
12 καὶ (alt.)] ἔπειτα Fc   16 πλεῖον K: πλείω AF   18 ὁ] καὶ ὁ Fc   20. 21 ὅλον
κόσμον Fb: κόσμον ὅλον A   26 φαλαγγώδεις c   28 μηδὲ?   αὐτῷ] αὐτ A: αὐτὸ Fc:
cum ipsa b   31 παρείχετο c   34 ὁρωμένων AC: φαινομένων Fc   35 ὁμαλω-
τέρα K: ὁμαλοτέρα AF

SIMPLICII IN L. DE CAELO II 4 [Arist. p. 287ᵇ4]

βειαν τῇ ἀποδείξει προστιθεὶς καὶ γεωμετρῶν ὄντως τὴν φύσιν. λαβὼν 186ᵇ
τοίνυν καὶ νῦν ὑπόθεσιν, ἀλλ' ἐκ τῶν φαινομένων ταύτην ἐναργεστάτην,
ὅτι πέφυκεν ἀεὶ συρρεῖν τὸ ὕδωρ εἰς τὸ κοιλότερον, κοιλότερος
δέ ἐστιν ὁ τόπος ἐκεῖνος ἀεὶ ὁ μᾶλλον πλησιάζων τῇ χώρᾳ, πρὸς ἣν πέ- 40
5 φυκε ῥέπειν τὸ ὕδωρ καὶ ἐφ' ἣν συρρεῖ μὴ κωλυόμενον, τοῦτο τοίνυν
κέντρον καλεῖ νῦν μὲν ὡς σημεῖον λαμβάνων τὸ ὡς ἂν εἴποις κοιλότα-
τον, ἐφ' ὃ συρρεῖ τὸ ὕδωρ, ὀλίγον δὲ ὕστερον κέντρον δειχθησόμενον τῆς
τοῦ ὕδατος ἐπιφανείας. καὶ ἀπὸ τούτου τοῦ Α εὐθείας ἴσας ἐκβάλλει
τὴν ΑΒ καὶ ΑΓ καὶ ἐπιζεύξας τὴν ΒΓ τρίγωνον ποιεῖ καὶ ἀπὸ τῆς κορυ- 45
10 φῆς ἐπὶ τὴν βάσιν μεταξὺ τῶν Β Γ σημείων ἄγει | τὴν ΑΔ· αὕτη τοί- 187ᵃ

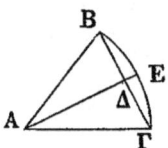

νῦν ἐλάττων ἐστὶ τῶν ΑΒ ΑΓ· ἐὰν γὰρ κέντρῳ τῷ Α καὶ διαστήματι
ὁποτέρῳ τῶν Β Γ κύκλον γράψωμεν, αἱ μὲν ΑΒ ΑΓ ἔσονται ἐκ τοῦ
κέντρου ἐφαπτόμεναι τῆς περιφερείας, ἡ δὲ μεταξὺ αὐτῶν ἐπὶ τὴν βάσιν
ἀχθεῖσα ΑΔ οὐκ ἐφάψεται καὶ αὕτη ἀπὸ τοῦ κέντρου οὖσα· ἐλάττων ἄρα 5
15 ἐκείνων ἔσται· πλησιαίτερον ἄρα τοῦ Α τὸ Δ ἔσται ἤπερ τὰ Β Γ· κοιλό-
τερος ἄρα ὁ τοῦ Δ τόπος παρὰ τοὺς τῶν Β Γ· ἐπὶ τὸ Δ ἄρα συρρεύσει
τὸ ὕδωρ, ἕως ἂν ἐξισωθῇ ταῖς ΑΒ ΑΓ ἡ ΑΔ· τότε γὰρ οὐκ ἔσται ἔτι
κοιλότερον τὸ Δ τῶν Β Γ. ἐὰν οὖν προσεκβάλλοντες τὴν ΑΔ ἀφέλωμεν 10
ἀπ' αὐτῆς τὴν ΑΕ ἴσην ταῖς ΑΒ ΑΓ, οὐκέτι ἔσται κοιλότερος τόπος, εἰς
20 ὃν συρρεύσει τὸ ὕδωρ· εἰ γὰρ μεταξύ τις νομίζει τῶν τριῶν εὐθειῶν εἶναι,
καὶ δι' ἐκείνων τῶν σημείων ἀπὸ τοῦ Α ἴσας εὐθείας διαγαγόντες ταῖς
τρισὶν ἀναπληρώσομεν τὸ κοῖλον. ἐὰν οὖν ἐπὶ τὰ Α Ε Γ σημεῖα καὶ εἴ 15
τινα ἄλλα μεταξὺ τούτων πέρατα τῶν ἀπὸ τοῦ Α σημείου ἴσων εὐθειῶν
εὑρεθῇ, εἰ μὲν ἐν ἐπιπέδῳ, γράφοιντο αἱ ἀπὸ τοῦ Α εὐθεῖαι, κυκλικὴ
25 ἔσται ἡ ἐπιζευγνυμένη ἐπὶ τὰ πέρατα τῶν εὐθειῶν γραμμή, εἰ δὲ ἐν στε-
ρεῷ, σφαιρικὴ ἔσται ἐπιφάνεια ἡ διὰ τῶν περάτων τῶν γραμμῶν ἐκβαλ- 20
λομένη. ἐὰν γὰρ ἀπό τινος σημείου ἐπὶ τὰ αὐτὰ μέρη πλείους ἢ δύο
εὐθεῖαι ἐκβληθῶσιν ἴσαι, εἰ μὲν ἐν τῷ αὐτῷ εἰσιν ἐπιπέδῳ, κυκλικὴ ἔσται
γραμμὴ ἡ διὰ τῶν περάτων αὐτῶν ἀγομένη, εἰ δὲ ἐν διαφόροις ἐπιπέδοις,
30 σφαιρικὴ ἔσται ἡ ἐπιφάνεια. εἰ οὖν τὸ ὕδωρ τότε μόνον φυσικῶς ἠρεμεῖ 25
καὶ οὐ συρρεῖ, ὅταν πρὸς τοῖς πέρασι γένηται τῶν ἴσων ἀπὸ τοῦ Α ἐκβαλ-

---

6 τὸ om. c   9 τὴν (pr.)] τὰς c   καὶ (pr.) om. Fc   10 Β Γ AFb: β ε γ
mg. A²   Fig. hab. A, sed litt. A, B permutatae sunt et recta ΔΕ om.
14 αὕτη AC: αὐτὴ Fc   17 ἔσται om. Fc   18 τὸ] ἔσται τὸ Fc   προεκβάλλον-
τες c   18. 19 ἀφέλωμεν ἀπ'] γράφωμεν ἀντ' c   19 τὴν F: om. A   22 Α Ε Γ
ΑΓ: Ε Γ c   24 ἐπιπέδοις Fc   25 ἐπεζευγμένη Fc   26 ἐπιφάνεια] ἡ ἐπιφά-
νεια c   27 ἐὰν] εἰ Fc   28 εἰσιν] ὦσιν c   30 ἡ om. F

λεύεται ἐκ τούτου ὁ λόγος ὁ δείξας, ὅτι τῇ κύκλῳ κινήσει οὐκ ἔστιν ἐναν- 188ᵃ
τία κίνησις· οὐδὲ γὰρ ἐναντίαι εἰσὶν αὗται, ἀλλ' ἀνάπαλιν. γινώσκων δὲ
ὕποπτον ἐσομένην πολλοῖς τοῦ ῥηθησομένου λόγου τὴν ἀγωγὴν καὶ μά-
λιστα ἐκ τοῦ προχείρου σκοποῦσι μετὰ φιλοσόφου εὐλαβείας ὑπὲρ αὐτοῦ 35
5 προαπολογεῖται λέγων, ὅτι, ὅταν τις ἐντύχῃ τοῖς εὑρίσκουσι τὰς ἀκριβεστέ-
ρας ἀκάγκας τῆς ζητουμένης αἰτίας, τότε χάριν αὐτοῖς ἔχειν δεῖ, ἕως δ'
ἂν ἐκείνοις μὴ περιτύχωμεν, τὸ νῦν φαινόμενον τέως ῥητέον. ἀξιώσας
οὖν τὴν φύσιν καὶ ἔτι μᾶλλον τὸν δημιουργὸν τῶν ἐνδεχομένων γενέσθαι 40
ἀεὶ τὸ βέλτιστον ποιεῖν, καὶ ὅτι, ὥσπερ ἐπὶ τῆς κατὰ μῆκος φορᾶς ἡ
10 πρὸς τὸν ἄνω τόπον τιμιωτέρα τῆς πρὸς τὸν κάτω, τὸν αὐτὸν τρό-
πον καὶ ἡ εἰς τὸ πρόσθεν τιμιωτέρα τῆς εἰς τὸ ὄπισθεν, ἐπειδὴ
πρότερον δείξας, ὅτι τὸ ἄνω καὶ τὸ κάτω καὶ τὸ δεξιὸν καὶ τὸ ἀριστερὸν 45
ἔχει τὸ πᾶν, περὶ τοῦ ἔμπροσθεν καὶ ὄπισθεν οὐδὲν εἶπε, νῦν δὲ αὐτῷ
ὡς ὄντι συνεχρήσατο, εἰκότως | ἀπέδειξεν, ὅτι ἔχει καὶ ταῦτα, εἴπερ 188ᵇ
15 ἔχει καὶ τὸ δεξιὸν καὶ τὸ ἀριστερόν. εἰ γὰρ δεξιὸν μέν ἐστι τὸ ἀφ' οὗ
ἡ κίνησις, ἔμπροσθεν δὲ τὸ ἐφ' ὅ, ὄντος δὲ τοῦ ἀφ' οὗ ἔστι πάντως καὶ
τὸ ἐφ' ὅ, δῆλον, ὅτι ὄντος τοῦ δεξιοῦ ἔστι καὶ τὸ ἔμπροσθεν· τὸ γὰρ 5
ἀρξάμενον κινεῖσθαι ἐπί τι κινεῖται, καὶ οὔσης τῆς ἀρχῆς ἔστι καὶ τὸ ἀπὸ
τῆς ἀρχῆς. μαρτυρεῖ δέ, φησίν, ἡ ῥηθεῖσα ἀπορία· αὕτη δέ ἐστιν
20 ἡ ζητοῦσα, διὰ τί ἐπὶ τάδε κινεῖται ὁ πρῶτος οὐρανός, ἀλλὰ μὴ ἀνάπαλιν·
αὕτη οὖν μαρτυρεῖ, ὅτι ἔχει κατὰ τὰς διαστάσεις ὁ οὐρανὸς τὸ κρεῖττον 10
καὶ καταδεέστερον, καί ἐστι τὸ ἔμπροσθεν τοῦ ὄπισθεν κρεῖττον. καὶ πῶς
μαρτυρεῖ, ἐπήγαγεν εἰπὼν αὕτη γὰρ ἡ αἰτία λύει τὴν ἀπορίαν. εἰ
γὰρ κρεῖττον τὸ ἔμπροσθεν τοῦ ὄπισθεν, ἔχει δὲ ἡ οὐρανία κίνησις ὡς ἐν-
25 δέχεται βελτίστως ὡς ὑπὸ φύσεως καὶ θεοῦ γινομένη, αὕτη ἂν εἴη αἰτία 15
τοῦ ἐπὶ ταῦτα κινεῖσθαι, ἐφ' ἃ νῦν κινεῖται, καὶ μὴ ἀνάπαλιν· βέλτιον
γὰρ πρὸς τῷ ἁπλῆν κίνησιν καὶ ἄπαυστον κινεῖσθαι τὸ καὶ ἐπὶ τὸ τιμιώ-
τερον, τουτέστι τὸ ἔμπροσθεν, ποιεῖσθαι τὴν κίνησιν. ὥστε τῷ ἀποροῦντι,
διὰ τί οὕτως ἀλλὰ μὴ ἀνάπαλιν κινεῖται ὁ οὐρανός, ἀποκριτέον, ὅτι βέλ- 20
30 τιον αὐτῷ ἐπὶ τὸ ἔμπροσθεν κινεῖσθαι ἤπερ ἐπὶ τὸ ὄπισθεν· πρόσθεν γὰρ
τοῦτό ἐστιν, ἐφ' ὃ ἡ κατὰ φύσιν κίνησις γίνεται. ὁ δὲ Ἀλέξανδρος "δύ-
ναται" φησί "καὶ ἀπὸ τῶν δεξιῶν τι ἀρχόμενον μὴ πάντως ἐπὶ τὸ ἔμ-
προσθεν κινεῖσθαι, ὡς οἱ εἰς τοὐπίσω ἀναβαίνοντες"· εἴποι δὲ ἂν καὶ τοὺς 25
διπλάζοντας τὴν δεξιὰν ἐπὶ τῷ τὰ νῶτα κινήσασθαι· αὗται δέ εἰσιν
35 οὐκ αὐτοφυεῖς αἱ κινήσεις, ἀλλ' ἐπιτεχνηταί, ὡς τὸ ἀντὶ τοῦ βαδίζειν
κυβιστᾶν.

---

9 τὸ βέλτιστον ἀεὶ Fc   μῆκος] τὸ μῆκος Fc   11 ἐπειδὴ K: ἐπειδὴ δὲ AFb
14 ἐχρήσατο Fc   ἔχει καὶ] ἔχει Fc   19 ῥηθεῖσα AC: ῥηθεῖα F: ῥηθεῖσ' c
ἀπορία Ab: ἀπόδειξις C: μαρτυρία F   22 καὶ (pr.) AC: καὶ τὸ Fc   25 βέλ-
τιστα C   αἰτία AC: ἡ αἰτία Fc   27 τῷ e corr. C¹: τὸ AFc   29 ὅτι
ACb: om. Fc   31 κίνησις γίνεται CFb: γίνεται κίνησις A   33 δ' Fc
34 τῷ A: corr. ex τὸ F: om. Kbc   κινήσασθαι A: moveri b: κινεῖσθαι Fc
34. 35 εἰσιν οὐκ A: οὐκ εἰσὶν Fbc

ἐστὶ τῆς κατὰ τὴν γῆν ἐπιφανείας, παντὶ πρόδηλον. εἰ οὖν ἀνάλογον 187ᵇ
ἔχουσι πρὸς ἄλληλα τὰ στοιχεῖα, ὥστε εἶναι, ὡς ὕδωρ πρὸς γῆν, οὕτως 30
ἀέρα πρὸς ὕδωρ καὶ πρὸς ἀέρα πῦρ, καὶ τῶν συστοίχων, τουτέστι τῶν
ἐφεξῆς κειμένων, τὰ πλέον ἀπέχοντα τῆς γῆς ὁμαλότητι τῶν ὑπ' αὐτὰ
5 διὰ λεπτότητα καὶ καθαρότητα διενήνοχε, δῆλον, ὅτι καὶ τὸ ὑπὲρ τὸ πῦρ
σῶμα πρὸς ἀναλογίαν τῆς ἀποστάσεως τὴν λεπτότητα ἔχει καὶ τὴν καθα- 35
ρότητα καὶ ὁμαλότητα καὶ διὰ ταῦτα τὴν κατὰ τὸ σχῆμα ἀκρίβειαν.

Ἐπιστῆσαι δὲ χρή, ὅτι καὶ τὸ ἔντορνον ἀπὸ τῆς Πλάτωνος μετεί-
ληπται λέξεως τῆς λεγούσης, ὅτι "σφαιροειδὲς ἐκ μέσου πάντῃ πρὸς τὰς
10 τελευτὰς ἴσον ἀπέχον κυκλοτερὲς αὐτὸ ἐτορνώσατο". ὅτι δὲ σφαιροειδῆ 40
τὸν κόσμον εἶπε διὰ τὸ τὸν οὐρανὸν εἶναι σφαιροειδῆ, καὶ νῦν ἐδήλωσε,
δι' ὧν φησι μηδὲν τῶν ἐν τῷ κόσμῳ σωμάτων ὁμαλότητα καὶ ἀκρίβειαν
οὕτω δύνασθαι καταδέξασθαι ὡς τὴν τοῦ πέριξ σώματος φύσιν.

p. 287ᵇ22   Ἐπεὶ δὲ ἔστι διχῶς ἐπὶ τοῦ κύκλου κινηθῆναι ἕως 188ᵃ
15   τοῦ καὶ ταύτην ἐπὶ τὸ τιμιώτερον.

Πέμπτον νῦν προβάλλεται ζήτημα περὶ τῆς τοῦ οὐρανοῦ τοῦ πρώτου 5
κινήσεως, ἐπειδὴ κύκλῳ κινούμενον αὐτὸν δυνατὸν ἦν διχῶς κινεῖσθαι ἢ
οὕτως, ὡς νῦν κινεῖται, ἢ ἀνάπαλιν, ὥστε τὴν ἀπλανῆ ἀπὸ τῆς νῦν λεγο-
μένης δύσεως κινουμένην ἐκείνην ποιεῖν ἀνατολήν, τὸ δὲ πλανώμενον δη-
20 λονότι ἀπὸ τῆς νῦν ἀνατολῆς. καὶ πρῶτον μέν, ὅτι εἰκότως καὶ ταύτην 10
τὴν ζήτησιν ζητεῖ, δείκνυσιν ἐκ τοῦ εἶναί τινα καὶ τούτου αἰτίαν. εἰ γὰρ
ὁ οὐρανὸς ἀΐδιος καὶ ἀϊδίως κινούμενος, τῶν δὲ ἀϊδίων οὐδὲν μάτην οὐδὲ
ἐκ ταὐτομάτου γίνεται, δῆλον, ὅτι εἴη ἄν τις αἰτία τοῦ οὕτως ὡς νῦν
ἀλλὰ μὴ ἀνάπαλιν κινεῖσθαι. ἐπεὶ οὖν μὴ ἀναίτιόν ἐστι τὸ τοιῶσδε κι- 15
25 νεῖσθαι, ἢ ἀρχὴ καὶ αἰτία τοῦτο ἄλλων ἐστίν, ὡς ἡ ἀντικίνησις ἐλέγετο
τῆς γενέσεως ἀρχή, ἢ καὶ τούτου ἄλλη τίς ἐστιν ἀρχή, ὡς τοῦ σφαιροει-
δοῦς τὸ δεῖν τῷ πρώτῳ σώματι τὸ πρῶτον σχῆμα ὑπάρχειν. εἶτα εἰς
τὴν χαλεπότητα τοῦ ζητήματος ἀποβλέψας διορίζει, τίνας χρὴ τὰ τοιαῦτα 20
προβλήματα καταζητεῖν, ὅτι οὐ τοὺς φιλοτίμους οὐδὲ τοὺς προπετῶς ταῖς
30 ἑαυτῶν φαντασίαις πιστεύοντας, ἀλλὰ τοὺς φιλομαθεῖς καὶ τοὺς εὐλαβεστέ-
ραν τὴν ἑαυτῶν συγκατάθεσιν ἔχοντας· τούτοις γὰρ προσήκει καὶ τὸ περὶ
ἐνίων τῶν ἀπορωτάτων δοκούντων ἀποφαίνεσθαί τι καὶ τὸ περὶ πάντων 25
πειρᾶσθαι ζητεῖν καὶ παριέναι μηδέν· ἐπὶ γὰρ τούτων οὔτε εὐηθείας
οὔτε περιττῆς προθυμίας αἰτίαν ἕξει τὰ τοιαῦτα ζητήματα.

35 Εἰπὼν δέ, ὅτι διχῶς ἔστι κυκλικὴν κίνησιν κινεῖσθαι, τὴν μὲν ἀπὸ
τοῦ Α ἐπὶ τὸ Β, τὴν δὲ ἀπὸ τοῦ Α ἐπὶ τὸ Γ, ὑπομιμνήσκει, ὅτι οὐ σα- 30

---

1 τὴν AC: om. Fc   πρόδηλον ACF: δῆλον Kc   3 συστοίχων CF: στοιχείων
Abc   4 αὐτὰ A: αὐτὴν C: αὐτοὺς F   6 τὴν (pr.) AF: τήν τε C   8 καὶ om.
Fc   9 λέξεως] Tim. 33 b   14 δ' c   17 κινεῖσθαι CF: κινηθῆναι A
19 ἐκείνην ACb: ἐκεῖ Fc   27 τὸ δεῖν ACFb: δηλονότι in ras. K², c   29 ζητεῖν Fc
33 παριέναι Fb: περιέναι A   μηδέν c

SIMPLICII IN L. DE CAELO II 5 [Arist. p. 287b22] 421

ἔμπροσθεν κινήσεως οὔσης ἀνάγκη πάντως εἶναι τὸ ἔμπροσθεν, τοῦ δὲ 189ᵃ
ἔμπροσθεν ὄντος οὐκ ἀνάγκη τὴν ἐπὶ τὸ ἔμπροσθεν κίνησιν εἶναι· ἀληθὲς 30
εἰπεῖν καὶ ἐπὶ τοῦ ἀπλανοῦς καὶ ἐπὶ τοῦ πλανωμένου, ὅτι διὰ τοῦτο ἐπὶ
τάδε ἡ κίνησις, ὅτι τοῦτό ἐστι τὸ ἔμπροσθεν, οὐ μέντοι, διότι ἐπὶ τάδε
5 ἡ κίνησις, διὰ τοῦτο τοῦτό ἐστι τὸ ἔμπροσθεν, ὅπερ ὁ ἀπορῶν ἀξιοῖ
λόγος.

Ἀλλ' ὅτι μὲν ἐπὶ τὸ ἔμπροσθεν χρὴ τὴν κατὰ φύσιν γίνεσθαι κίνη- 35
σιν, οὐδεὶς ἂν ἀμφισβητήσοι, εἴπερ τοῦτό ἐστι πρόσθεν, ἐφ' ὃ γίνεται
κατὰ φύσιν ἡ κίνησις. ὅτι δέ ἐστι τὸ πρόσθεν καὶ τὸ ὄπισθεν κατὰ φύσιν
10 ἐν τῷ οὐρανῷ, καὶ οὕτως, οἶμαι, δυνατὸν ἐπιδεικνύναι· ἐν τοῖς συντεταγ-
μένως κινουμένοις πᾶσι πλήθεσιν, οἷον ἐν χορῷ καὶ ἐν πομπῇ καὶ ἐν 40
στρατοπέδῳ, πάντως ἐστὶν ἀναγκαία τις τάξις τῶν τε προηγουμένων καὶ
τῶν ἑπομένων· πολλῷ οὖν μᾶλλον τὸ τῶν ἀστέρων πλῆθος ἐν τῷ οὐρανῷ
τεταγμένον ἐνίδρυσεν ὁ δημιουργός, ὥστε τοιάνδε θέσιν καὶ τοιούσδε σχη-
15 ματισμοὺς ἔχειν πρὸς ἀλλήλους, καὶ τούσδε μὲν προηγεῖσθαι κατὰ φύσιν ἐν 45
τῇ κινήσει, τοὺς δὲ ἕπεσθαι, πρὸς τὴν τῆς οὐσίας αὐτῶν καὶ τῆς δυνά-
μεως καὶ τῆς ἐνεργείας ἀπιδὼν οἰκειότητα, καθ' ἣν καὶ τὰ ὑπὸ σελήνην 189ᵇ
δημιουργοῦσι. τεταγμένοι οὖν οὕτω κατά τε θέσιν καὶ προήγησιν, ὡς ἦν
ἄριστα τετάχθαι, εἰ τὴν ἀνάπαλιν ἐκινοῦντο κίνησιν, τὰ προηγούμενα νῦν
20 ἑπόμενα ἦν ἐξ ἀνάγκης γενέσθαι καὶ τῷ Κριῷ τοὺς Ἰχθύας ἕπεσθαι καὶ 5
τὸν Ὑδροχόον καὶ τὰ ἐφεξῆς, ἀλλ' οὐχὶ Ταῦρον καὶ Διδύμους καὶ τὰ ἑξῆς,
καὶ μετὰ τὴν ἐν Κριῷ ἰσημερίαν οὐχ ὡς νῦν ἔαρ, ἀλλὰ μετόπωρον ἐγίνετο
καὶ θέρος μετὰ τὸν Ζυγόν, καὶ οὕτως ἡ τάξις καὶ ἡ δύναμις τῶν τοῦ
ἡλίου συγκράσεων πρός τε τὸν ζῳδιακὸν καὶ τοὺς παρανατέλλοντας καὶ τὰ 10
25 ὑπὸ σελήνην ἀποτελέσματα ἀλλοίαν ἐλάμβανε τὴν διοίκησιν· ἐν Ἰχθύσι γὰρ
ὁ ἥλιος γενόμενος ἀρχὴν ἐποίει φθινοπώρου καὶ οὐχὶ τέλος χειμῶνος
ὥσπερ νῦν. εἰ οὖν τῆς κινήσεως ἐπὶ θάτερα γινομένης καὶ τὰς ἐνεργείας
ἦν ἀνάγκη τῶν οὐρανίων καὶ τὰς δυνάμεις ἀλλοίας ὑπάρχειν καὶ δηλονότι 15
καὶ τὰς οὐσίας, γινωσκέτω ὁ ἐρωτῶν, διὰ τί ἐπὶ τάδε κινεῖται ὁ οὐρανός,
30 ἀλλὰ μὴ ἐπὶ τάδε, μὴ τοῦτο ἁπλῶς ἐρωτᾶν, ἀλλὰ διὰ τί ὁ κόσμος οὕτως,
ὡς νῦν ἔχει, διακεκόσμηται, ἀλλὰ μὴ καθ' ἕτερόν τινα τρόπον· καίτοι ὡς
ἀδιάφορον ὂν οὕτως ἢ ἐκείνως ἡ ἀπορία ἐγίνετο. καλῶς οὖν ὁ Ἀριστο- 20
τέλης εἰς τέλος τὸ βέλτιστον ἀνήγαγε τὸν λόγον.

Ἀριστ. δὲ ἐνταῦθα δῆλον γέγονε, διὰ . . ιτίαν, ὅτε τὸ ἄνω καὶ τὸ
35 κάτω καὶ τὸ δεξιὸν καὶ τὸ ἀριστερὸν ἐδείκνυε τοῦ οὐρανοῦ, τὸ ἔμπροσθεν καὶ
τὸ ὄπισθεν αὐτοῦ παραλέλοιπεν· ὡς γὰρ ἀπὸ τῆς ἀπορίας ἑτοίμως ἐνταῦθα 25
εὑρεθησόμενον εἰς τοῦτον ἀνεβάλετο τὸν τόπον τὸν περὶ αὐτῶν λόγον.

---

3 διὰ Fb: δὲ διὰ A   4 διότι A: ὅτι Fc   5 τοῦτο om. c   πρόσθεν Fc
7 πρόσθεν Fc   8 ἂν F: om. A   ἀμφισβητῆσαι c   πρόσθεν] τὸ πρόσθεν Fc
16 τοὺς] fort. τούσδε   18 δημιουργεῖ Fc   τεταγμένα Fc   21 Ὑδροχόον F:
ἡδροχόον A   23 καὶ ἡ] καὶ Fc   25 ἐν b: om. AF   26 γινόμε-
νος Fc   φθινοπώρου F: corr. ex φθεινοπώρου A   30 ἐρωτῶν c
32 ἀδιάφορον A: διάφορον Fbc   37 ἀνεβάλλετο Fc

Ἔστιν οὖν ἡ ὅλη τοῦ προκειμένου ἀπόδειξις τοιαύτη· εἰ ἔχει δεξιὸν 188ᵇ
ὁ οὐρανὸς τοῦτο, ἀφ' οὗ κινεῖται ἐπὶ τάδε, ἔχοι ἂν καὶ τὸ ἔμπροσθεν 30
τοῦτο, ἐφ' ὃ κινεῖται· τὸ γὰρ ἔχον τὸ ἀφ' οὗ ἔχει καὶ τὸ ἐφ' ὅ. εἰ οὖν
κρεῖττον τὸ δεξιὸν καὶ τὸ ἔμπροσθεν τοῦ ἀριστεροῦ καὶ τοῦ ὄπισθεν, τὸ
5 ὡς βέλτιστα διακείμενον, ὥσπερ καὶ ὁ οὐρανὸς διάκειται, ἀπὸ τοῦ κρείττονος
ἂν καὶ ἐπὶ τὸ κρεῖττον ποιοῖτο τὴν κίνησιν.
    Ταύτην τὴν ἀπόδειξιν διάλληλον νομίζουσί τινες· εἰ γὰρ δεξιὰ ἔδειξεν 35
ἔχοντα τὸν οὐανὸν ἀπὸ τοῦ ἔχειν ἀρχὴν τῆς ἐπὶ τάδε κινήσεως, τουτέστι
τῆς ἐπὶ τὸ ἔμπροσθεν, εἴη ἂν τὸ δεξιὸν ἀπὸ τοῦ ἔμπροσθεν δεδειγμένον·
10 εἰ οὖν νῦν ἔχειν τὸ ἔμπροσθεν καὶ τὸ ὄπισθεν τὸν οὐρανόν φησιν, εἴπερ
καὶ τὸ δεξιὸν καὶ τὸ ἀριστερόν, διάλληλός ἐστιν ἡ δεῖξις. ὁ δὲ Ἀλέξαν- 40
δρός φησι μὴ εἶναι διάλληλον τὴν δεῖξιν. δείξας γάρ, ὅτι δεῖ ἔχειν τὸν
οὐρανὸν πάσας τὰς διαστάσεις τέλειον ὄντα καὶ ἔμψυχον, τίνα ἐστὶ τὰ
δεξιὰ αὐτοῦ, λοιπὸν ἀπὸ τῆς κινήσεως ἔλαβε· τοῦτο γάρ ἐστι τὸ δεξιὸν τὸ
15 ὅθεν ἡ ἀρχὴ τῆς κινήσεως, ἣν κινεῖται. εἰ δὲ καὶ δεξιὸν μέν ἐστι τὸ 45
ἀφ' οὗ ἡ κίνησις, ἔμπροσθεν δὲ τὸ | ἐφ' ὃ κατὰ φύσιν ἡ ἀπὸ τοῦ 189ᵃ
δεξιοῦ κίνησις, καὶ συνυπάρχει πάντως ἀλλήλοις τό τε ἀφ' οὗ καὶ τὸ ἐφ'
ὅ, τί ἄτοπον τὸ σὺν ἀλλήλοις καὶ τὸ ἀπ' ἀλλήλων γινώσκεσθαι.
    Ἀλλὰ τοῦτο μὲν οὐ πολλοῦ τινος, οἶμαι, λόγου ἐστὶν ἄξιον, ἐκεῖνο
20 δὲ μᾶλλον ἀπορητέον, πῶς ζητήσας, διὰ τί ὁ οὐρανὸς ἐπὶ θάτερα 5
φέρεται, ἀλλ' οὐκ ἐπὶ θάτερα, καὶ εἰπών, ὅτι ἐπὶ τὸ ἔμπροσθεν φέ-
ρεται· οὕτω γὰρ ἄμεινον ἦν· λελυκὼς ἂν εἴη τὴν ἀπορίαν. εἰ μὲν γὰρ
ἦν τις ἐν τῷ οὐρανίῳ σώματι διαφορὰ ἐμπροσθίων τε καὶ ὀπισθίων, ὡς
ἐπὶ τῶν ἐν γενέσει ζῴων ὁρᾶται, ἦν λέγειν, ὅτι ἐπὶ τάδε γέγονεν ἡ κίνη- 10
25 σις διὰ τὸ τοῦτο εἶναι τὸ ἔμπροσθεν· ὁμοιομεροῦς δὲ ὄντος τοῦ οὐρανοῦ
ἄδηλον, εἴτε διὰ τὸ τοῦτο ἔμπροσθεν εἶναι ἐπ' αὐτὸ γέγονεν ἡ κίνησις,
εἴτε διὰ τὸ τὴν κίνησιν ἐπὶ τάδε γεγονέναι τοῦτο ἔμπροσθέν φαμεν. κἂν
γὰρ ἐπὶ θάτερα ἐκινεῖτο, ὡς ἀπὸ τῆς νῦν δύσεως ἀνατέλλειν καὶ δύνειν 15
εἰς τὴν νῦν ἀνατολὴν ὥσπερ καὶ τὸ πλανώμενον, δῆλον, ὅτι δεξιὰ ἦν
30 ἐκεῖνα καὶ ἔμπροσθεν τὸ ἐφ' ὃ ἡ κίνησις καὶ ἄνω ὁ βόρειος πόλος, ὡς
ἐπὶ τῶν πλανωμένων ἔχειν αὐτὸς ἀπεδείκνυε, καὶ τὸ ζήτημα ἦν, διὰ τί
μὴ ἡ μὲν ἀπλανὴς ἀπὸ τῆς νῦν λεγομένης δύσεως κινεῖται, τὸ δὲ πλανώ- 20
μενον ἀντικινεῖσθαι ὀφείλοι διὰ τὴν εἰρημένην αἰτίαν ἀπὸ τῆς νῦν ἀνα-
τολῆς. μήποτε δὲ ἀκριβέστερος τῶν ἀπορούντων ἡμῶν τὴν λύσιν ὁ
35 Ἀριστοτέλης ἐθεάσατο· εἰ γὰρ ἀνάγκη τὸ ἔμπροσθεν καὶ τὸ ὄπισθεν ἔχειν
κατὰ φύσιν τὸν οὐρανὸν καὶ τὸν ἀπλανῆ καὶ τὸν πλανώμενον, καὶ προη- 25
γεῖται ταῦτα φυσικῶς τῆς κινήσεως ἐν τοῖς ζῴοις· δεῖ γὰρ ἔχειν πρῶτον
τὸ ἔμπροσθεν καὶ οὕτως ἐπὶ τὸ ἔμπροσθεν κινεῖσθαι, καὶ τῆς μὲν ἐπὶ τὸ

---

1 ἔχει AC: ἔχοι Fc   3 τοῦτο ACFb: τοῦτο ὡς βέλτιον c   4 ἀριστεροῦ καὶ τοῦ
ὄπισθεν CFb: ὄπισθεν καὶ τοῦ ἀριστεροῦ A   5 διακείμενον CF: διακείμενα A
9 τὸ (pr.) Fb: τὰ A   τὸ (alt.)] καὶ τὸ Fc   18 τὸ ἀπ' A: ἐπ' F: ἀπ' c
31 ἐπεδείκνυε c   31. 32 διὰ τί μὴ Ab: μὴ F: διὰ τί c   34 ἡμῶν τῶν ἀπο-
ρούντων F(b)c

βραδύτατον. τὴν δὲ ἐλάττονα πρότασιν τὴν λέγουσαν, ὅτι ἡ κύκλῳ φορὰ 190ᵃ
οὔτε ἐπίτασιν ἔχει οὔτε ἀκμὴν οὔτε ἄνεσιν καὶ αὐτὴν ἐν δευτέρῳ σχήματι
κατεσκεύασεν οὕτως· τὸ ἀκμὴν ἔχον ἢ ἀρχὴν ἔχει ἢ μέσον ἢ τέλος· ἡ
κύκλῳ κίνησις οὔτε ἀρχὴν ἔχει οὔτε μέσον οὔτε τέλος· ἡ ἄρα κύκλῳ 35
5 κίνησις ἀκμὴν οὐκ ἔχει. εἰ δὲ μὴ ἀκμήν, οὔτε ἄνεσιν οὔτε ἐπίτασιν· ἡ
γὰρ ἀκμὴ πέρας τῆς ἐπιτάσεώς ἐστιν ἢ ἀρχὴ τῆς ἀνέσεως. πάλιν δὲ τὴν
ἐν ταύταις μείζονα πρότασιν τὴν λέγουσαν, ὅτι τὸ ἀκμὴν ἔχον ἀρχὴν ἔχει
ἢ μέσον ἢ τέλος, δείκνυσιν ἐκ διαιρέσεως οὕτως· τὰ ἀκμὴν ἔχοντα ἐν 40
ταῖς κινήσεσιν ἢ φυσικά ἐστιν ἢ ἔμψυχα σώματα, τουτέστιν ἢ ἁπλᾶ ἢ
10 μικτά· τῶν δὲ φυσικῶν τὰ μὲν κατὰ φύσιν κινεῖται, τὰ δὲ βίᾳ· καὶ τὰ
μὲν κατὰ φύσιν κινούμενα τὴν ἀκμὴν ἔχει πρὸς τῷ τέλει καὶ τῆς κινή-
σεως, ἣν κινεῖται, καὶ τοῦ τόπου καὶ τοῦ χρόνου· θᾶττον γὰρ κινεῖται 45
πρὸς ταῖς οἰκείαις ὁλότησι γινόμενα, εἰς ἃς ἐλθόντα παύεται τῆς κινήσεως·
τὰ δέ γε βίᾳ | κινούμενα καὶ παρὰ φύσιν τὴν ἀκμὴν ἐν ἀρχῇ τῆς κινή- 190ᵇ
15 σεως ἔχει· ἐν ἀρχῇ γὰρ θᾶττον κινεῖται τῆς τοῦ κινοῦντος αὐτὰ δυνάμεως
τότε μᾶλλον συνούσης· τοιγαροῦν ἐκείνης κατὰ βραχὺ μειουμένης καὶ ἀπο-
λειπούσης κατὰ τὴν οἰκείαν ῥοπὴν λοιπὸν φέρεται τὸ φερόμενον. τὰ γοῦν 5
ἀκοντιζόμενα ἢ ἀναρριπτούμενα βάρη ἕως τότε φέρεται παρὰ φύσιν, ἕως ἡ
τοῦ βιαζομένου δύναμις σύνεστιν, ἐκείνης δὲ ἀπολειπούσης ἐπὶ τὸ κάτω
20 φέρεται λοιπὸν κατὰ τὴν οἰκείαν ῥοπήν. τοῖς δὲ ῥιπτουμένοις, φησίν,
ἀνὰ μέσον ἡ ἀκμή. τίνα οὖν ἐστι τὰ ῥιπτούμενα; ἢ δῆλον, ὅτι οὐ τὰ ἁπλᾶ 10
καὶ φυσικὰ σώματα· ταῦτα γὰρ ἢ κατὰ φύσιν ἢ παρὰ φύσιν κινούμενα ἤδη
ἀποδέδοται· ἀλλὰ τὰ μικτὰ τῶν ζῴων, ἅπερ οὔτε ἄνω κινεῖται διὰ τὸ ἔχειν
καὶ τὰ κάτω βρίθοντα οὔτε κάτω διὰ τὰ ὧν ἄνω ἡ φορά, ἀλλ' εἰς τὸ
25 πλάγιον, ἅτινα ῥιπτούμενα εἶπεν ἢ ἀπὸ τῆς πρὸς τὰ ῥιπτεῖσθαι λεγο- 15
μένα βέλη τε καὶ δόρατα ὁμοιότητος, ὅτι καὶ ἐκεῖνα εἰς τὰ πλάγια πεμπό-
μενα ῥιπτεῖσθαι λέγεται, ἢ ῥιπτούμενα τὰ τῶν ζῴων σώματα καλεῖ ὡς
τῆς ἐν αὐτοῖς ψυχῆς ἀκοντιζούσης αὐτὰ ἐπὶ τὰ πλάγια παρὰ τὴν κατὰ
φύσιν ἑκάστου τῶν ἐν αὐτοῖς κίνησιν· ἄνευ γοῦν τῆς ψυχικῆς ὁρμῆς κινού- 20
30 μενα οὐ ταύτην κινεῖται τὴν κίνησιν, ἀλλ' ἐπὶ τὸ κατὰ φύσιν τοῦ ἐπικρα-
τοῦντος ἐν αὐτῷ τῶν ἁπλῶν. ὅτι δὲ τοῖς ἐμψύχοις αἱ κινήσεις τὴν ἀκμὴν
ἔχουσι περὶ τὸ μέσον, ἐκ τῆς ἐπαγωγῆς ἐστι μαθεῖν. καὶ τὰ πτηνὰ γὰρ
καὶ τὰ πεζὰ ζῷα ἐν μὲν ἀρχῇ τῆς κινήσεως γυμνασίας δεῖται καὶ παρασκευῆς 25
τῶν μελῶν πρὸς τὴν κίνησιν, πρὸς δὲ τῷ τέλει κεκμηκότα λοιπὸν ἀργό-
35 τερον κινεῖται· δῆλον δὲ τοῦτο καὶ ἐν τοῖς γυμνασίοις ἐστί· τὴν ἀκμὴν δὲ
ἔχουσι περὶ τὸ μέσον τῆς κινήσεως.

Ὁ δὲ Ἀλέξανδρος μετὰ ταύτην τὴν ἐξήγησιν τὴν ἐπὶ τῶν ζῴων περὶ 30
τὸ μέσον τῆς κινήσεως τὴν ἀκμὴν λέγουσαν ἄλλην ὡς ταύτης πιθανωτέραν

---

1 βραδύτατον Fb: βραδύτερον AC   ἐλάττω Fc   2 αὐτήν] ταύτην c   6 πέρας
Ab: ἢ πέρας Fc   7 μείζω Fc   7. 8 ἀρχὴν ἔχει ἢ μέσον] ἢ μέσον ἔχει ἢ ἀρχήν
Fc   15 γὰρ AC: γὰρ τὸ Fc   16 συνούσης ACb: αὐτὰ κινούσης Fc   19 σύν-
εστι c   ἐστι Fc   23 ἀποδέδεικται c   24 ὧν ἄνω ἡ φορά] ἐν αὐτοῖς
ἀνάφορα Fc   38 λέγουσαν] corr. ex ἄγουσαν A   ταύτης Fb: ταύτην A

p. 288ᵃ13 Περὶ δὲ τῆς κινήσεως αὐτοῦ, ὅτι ὁμαλής ἐστιν ἕως τοῦ 189ᵇ ἡ γὰρ ἀνωμαλία γίνεται διὰ τὴν ἄνεσιν καὶ ἐπίτασιν.

Ἕκτον τοῦτο τὸ πρόβλημα τῶν περὶ τοῦ οὐρανοῦ ἐν τούτῳ τῷ βιβλίῳ προβαλλομένων περὶ τῆς κινήσεως αὐτοῦ, ὅτι ὁμαλής ἐστι καὶ οὐκ 35
5 ἀνώμαλος, δεικνύον, διότι καὶ τοῦτο πρὸς ὕμνον τοῦ θείου σώματος ἄξιον ἦν παραληφθῆναι, καὶ μέντοι ὅτι προσεχρήσατο αὐτῷ ἐν τῷ περὶ σχήματος τοῦ οὐρανίου λόγῳ εἰπὼν τὴν τοῦ οὐρανοῦ περιφορὰν μέτρον εἶναι τῶν κινήσεων διὰ τὸ συνεχῆ τε εἶναι καὶ ὁμαλῆ καὶ ἀΐδιον· ταῦτα δὲ ὑπάρχει 40 μὲν ἑκάστῃ τῶν οὐρανίων σφαιρῶν· θεῖαι γὰρ οὖσαι πᾶσαι καὶ συνεχῆ
10 καὶ ἀΐδιον κινοῦνται κίνησιν· ἀλλ' αὗται μὲν διὰ τὸ πλείονας ἑκάστην κινεῖσθαι κινήσεις, τὴν μὲν οἰκείαν, τὴν δὲ τῇ ἀπλανεῖ συμπεριφερομένην, τὰς δὲ ὑπὸ τῶν ἀνελιττουσῶν καλουμένων σφαιρῶν περιαγομένας, εἰ καὶ 45 μὴ ἀληθῆ, ἀλλὰ φαινομένην γε ἔχουσί τινα ἀνωμαλίαν. καί ἐστι τὸ θαυμαστὸν πρόβλη|μα τῶν ἀστρονόμων τοῦτο τὸ διδομένων αὐτοῖς τινων ὑπο- 190ᵃ
15 θέσεων, τοῖς μὲν πάλαι τοῖς περὶ Εὔδοξον καὶ Κάλλιππον, οἷς καὶ Ἀριστοτέλης ἀκολουθεῖ, τῶν καλουμένων ἀνελιττουσῶν σφαιρῶν, περὶ ὧν αὐτὸς ἐν τῇ Μετὰ τὰ φυσικὰ διδάσκει, τοῖς δὲ μετ' ἐκείνους ἐκκέντρων τινῶν καὶ 5 ἐπικύκλων, δεῖξαι πάντα τὰ οὐράνια ἐγκύκλιόν τε καὶ ὁμαλῆ φερόμενα κίνησιν, τὴν δὲ δοκοῦσαν ἀνωμαλίαν ἑκάστων ποτὲ μὲν θᾶττον ποτὲ δὲ
20 βραδύτερον κινουμένων καὶ ποτὲ μὲν πρόσω ποτὲ δὲ ὀπίσω καὶ ἄνω καὶ κάτω, ἔστι δὲ ὅτε καὶ ἠρεμεῖν ἐπὶ τοῦ αὐτοῦ τόπου καὶ μείζονας καὶ 10 ἐλάττονας ὁρᾶσθαι τοὺς αὐτοὺς ταῦτα πάντα καὶ τὰ τοιαῦτα φαινόμενα μόνον εἶναι καὶ οὐκ ἀληθῆ. ἀλλὰ τούτων μὲν τὴν ὁμαλότητα δείξει, ὅταν περὶ τῶν ἀνελιττουσῶν σφαιρῶν ἐν τῇ Μετὰ τὰ φυσικὰ λέγῃ, νῦν δὲ περὶ
25 τῆς πρώτης φορᾶς, ὅτι ὁμαλής ἐστι, δείκνυται, φησί, τῶν μὲν ἀποδείξεων 15 πασῶν, οἶμαι, καὶ ταῖς πλανωμέναις ἁρμοττουσῶν, διὰ δὲ τὸ τὴν πρώτην φορὰν καὶ τὸ φαινόμενον ὁμαλὲς ἔχειν καὶ μὴ δεῖσθαί τινων ὑποθέσεων διὰ τοῦτο περὶ ἐκείνης νῦν ἐπαγγέλλεται δεικνύναι.

Καί ἐστι τὸ πρῶτον ἐπιχείρημα κατηγορικῶς, οἶμαι, συνηγμένον ἐν 20
30 δευτέρῳ σχήματι οὕτως· πᾶσα ἀνώμαλος φορὰ ἐπίτασιν ἢ ἀκμὴν ἢ ἄνεσιν ἔχει· ἡ κύκλῳ φορὰ ἐπίτασιν ἢ ἀκμὴν ἢ ἄνεσιν οὐκ ἔχει· ἡ κύκλῳ ἄρα φορὰ ἀνώμαλος οὐκ ἔστι. καὶ τὴν μὲν μείζονα πρότασιν ὡς ἐναργῆ παρέλαβε τὴν λέγουσαν, ὅτι ἡ ἀνώμαλος φορὰ ἐπίτασιν ἔχει ἢ ἀκμὴν ἢ ἄνεσιν· 25 κινήσεως γὰρ διαφοραὶ τὸ θᾶττον καὶ τὸ βραδύτερον, καὶ τοῦ μὲν θάττονος
35 ἡ ἀνωμαλία κατὰ τὴν ἐπίτασιν γίνεται τῆς κινήσεως ἀεὶ μᾶλλον θάττονος γινομένης, τοῦ δὲ βραδυτέρου κατὰ τὴν ἄνεσιν ἀεὶ ἐπὶ τὸ βραδύτερον χωρούσης, ἡ δὲ ἀκμὴ θεωρεῖται κατὰ τὸ τάχιστον, ὥσπερ ἡ παρακμὴ κατὰ τὸ 30

---

1 ἐστι Fc   2 γίγνεται c   6 ἦν] ἐστι c   9 πᾶσαι om. Fc   10 πλείους Fc   11 οἰκείαν Fb: οἰκεῖα A   13 τινα om. C: τὴν Fc   14 δεδομένων Fc   17 Μετὰ τὰ φυσικὰ] XI 8   28 περὶ] ἐπ' c   νῦν Fb: om. A   32 μείζω Fc   36. 37 χωρούσης AC: χωροῦσα Fc   37 παρακμὴ CFb: ἀκμὴ A

SIMPLICII IN L. DE CAELO II 6 [Arist. p. 288ᵃ13. 27]   425

ἐπιτάσεως ἢ ἀρχὴ τῆς ἀνέσεως, ἡ κυκλοφορία ἄρα οὔτε ἀκμὴν οὔτε ἐπί- 191ᵃ
τασιν οὔτε ἄνεσιν ἔχει· ἡ ⟨δὲ⟩ ἀνώμαλος κίνησις ἀκμὴν ἔχει καὶ ἢ ἐπίτα- 31
σιν ἢ ἄνεσιν· ἡ κυκλοφορία ἄρα ἀνώμαλον κίνησιν οὐκ ἔχει.

   Καλῶς δὲ ὁ Ἀλέξανδρος ἐσημειώσατο, ὅτι καὶ ἐξ ὧν ὁ Ἀριστοτέλης
5 λέγει οὐκ ἀνάγκη πᾶν τὸ κινούμενον ἀνωμάλως καὶ ἐν ἐπιτάσει καὶ ἐν
ἀκμῇ γίνεσθαι καὶ ἐν ἀνέσει. οὔτε γὰρ τὰ τὴν ἀκμὴν ἔχοντα ἐν τῇ τῆς 35
κινήσεως ἀρχῇ ἔχοι ἂν ἐπίτασιν· ἡ γὰρ ἐπίτασις ὁδός ἐστιν ἐπὶ τὴν
ἀκμὴν καὶ πρὸ τῆς ἀκμῆς γίνεται, ταῦτα δὲ ἀπὸ τῆς ἀκμῆς ἄρχεται· οὔτε
αὖ πάλιν, ὧν ἡ ἀκμὴ πρὸς τῷ πέρατι, ταῦτα ἄνεσιν καὶ παρακμὴν οἷόν 40
10 τε ἔχειν· ἡ γὰρ ἄνεσις, ἐν οἷς ἔστι, μετὰ τὴν ἀκμήν ἐστι, τούτοις δὲ ἡ
ἀκμὴ πρὸς τῷ τέλει. ὅταν οὖν ὁ Ἀριστοτέλης λέγῃ ἅπασα γὰρ ἡ ἀνώ-
μαλος φορὰ καὶ ἄνεσιν ἔχει καὶ ἐπίτασιν καὶ ἀκμήν, οὐχ ὡς
πάσης πάντα ἐχούσης, ἀλλὰ τῆς πάσης τὰ πάντα, ἑκάστης δέ, εἰ καὶ μὴ 45
πάντα, ἀλλὰ ἀκμήν γε πάντως καὶ τῶν λοιπῶν τὴν ἑτέραν. τοῖς μὲν γὰρ
15 κατὰ φύσιν ἐπίτασίς ἐστι καὶ ἀκμή, | τοῖς δὲ παρὰ φύσιν ἀκμὴ καὶ 191ᵇ
ἄνεσις, τοῖς δέ, ὥς λέγει, ῥιπτουμένοις ἐπίτασις καὶ ἀκμὴ καὶ ἄνεσις.

   Ἀξιῶ δὲ ἐφιστάνειν, εἰ μὴ κατὰ τὰ αὐτὰ λήμματα καὶ τῆς τοῦ πλανω-
μένου κινήσεως τὸ ἀνώμαλον ἀποφάσκοιτο· καὶ γὰρ καὶ ἐπὶ τούτου ἀληθές, 5
ὅτι καὶ τῷ χρόνῳ ἀίδιος καὶ τῷ μήκει συνηγμένη καὶ ἄκλαστος, ὥστε μήτε
20 κατὰ τὸν χρόνον μήτε κατὰ τὴν κίνησιν μήτε κατὰ τὸ διάστημα ἀρχὴν
ἔχειν ἢ μέσον ἢ τέλος· εἰ δὲ μὴ ταῦτα, οὐδὲ ἀκμήν, εἴπερ ἐν ἑνὶ τούτων
ἡ ἀκμή· εἰ δὲ μὴ ἀκμήν, οὔτε ἐπίτασιν οὔτε ἄνεσιν· εἰ δὲ μήτε ἀκμὴν 10
μήτε ἐπίτασιν μήτε ἄνεσιν, οὐδὲ ἀνωμαλίαν. ὅτε οὖν ὁ Ἀριστοτέλης περὶ
τῆς κινήσεως εἰπών, ὅτι ὁμαλής ἐστιν, ἐπήγαγε λέγω δὲ τοῦτο περὶ
25 τοῦ πρώτου οὐρανοῦ καὶ περὶ τῆς πρώτης φορᾶς, ὡς ἐπὶ τούτου
τὸν λόγον ἐποιήσατο βουλόμενος αὐτῷ καὶ τὰ φαινόμενα μαρτυρεῖν.   15

p. 288ᵃ27   Ἔτι, ἐπεὶ πᾶν κινούμενον ὑπό τινος κινεῖται ἕως τοῦ
         ὥστε καὶ τὴν φορὰν ἀδύνατον ἀνώμαλον εἶναι.   20

   Δεύτερον ἐπιχείρημα τοῦτο δεικνύον, ὅτι οὐκ ἔστιν ἀνώμαλος ἡ τοῦ
30 πρώτου οὐρανοῦ κίνησις, ἐπὶ δύο ἀξιώμασι περαινόμενον, ἑνὶ μὲν τῷ λέ-
γοντι, ὅτι πᾶν τὸ κινούμενον ὑπό τινος κινεῖται, ὅπερ ἐν τῷ Η τῆς
Φυσικῆς ἀκροάσεως οὕτως ἔχον ἀποδέδεικται, δευτέρῳ δὲ τούτῳ ἑπομένῳ 25
τῷ λέγοντι, ὅτι ἡ ἀνωμαλία τῆς κινήσεως ἢ παρὰ τὸ κινοῦν γίνεται, ὅταν
ἄλλοτε ἄλλο ᾖ τὸ κινοῦν ἢ τὸ αὐτὸ μὲν ᾖ, ἄλλοτε δὲ ἄλλῃ δυνάμει κινῇ,

---

2 ἡ δὲ ἀνώμαλος scripsi: *sed regularis* b: ἡ ἀνώμαλος AFc   3 οὐκ Fb: postea
ins. A¹   6 τὴν om. Fc   14 ἀλλ' Fc   post πάντως del. δὲ A   21 ἔχειν
F: corr. ex ἔχει A¹   οὐδὲ a: οὔτε AF   22. 23 ἐπίτασιν μήτε ἄνεσιν μήτε ἀκμήν
Fc   24 ἐπήγαγεν Fc   λέγω b: λέγων AF   25 περὶ τῆς F: τῆς περὶ A
26 αὐτῷ Fb: εἶναι comp. A   27 ἔτι F: om. A   31 ὅτι om. F   H F:
ἦτα A   32 Φυσικῆς] VIII 4   δὲ F: om. Ab   34 μὲν ᾖ A: μὲν CFb
κινῇ] e corr. F: κινείῃ A: κινεῖ C

ἐπάγει γράφων, ὅτι τοῖς ῥιπτουμένοις ἀνὰ μέσον λέγοι ἂν οὐ τῆς ἰδίας 190ᵇ
αὐτῶν κινήσεως, ἣν κινοῦνται, τὸ μέσον λαμβάνων, ἀλλὰ τῆς κατὰ τόπον,
ἐν ᾗ κινοῦνται. τὰ μὲν γὰρ κατὰ φύσιν καὶ παρὰ φύσιν κινούμενα τῶν 35
ἁπλῶν, οἷον γῆ καὶ πῦρ, τὸ μὲν ἐν τῷ κάτω τὴν ἀκμὴν ἔχει καὶ τῆς
5 κατὰ φύσιν καὶ τῆς παρὰ φύσιν κινήσεως· καὶ γὰρ καὶ ἡ κατὰ φύσιν φερο-
μένη βῶλος πρὸς τῷ κάτω τὴν ἀκμὴν ἔχει καὶ ἡ βίᾳ ἀναρριπτουμένη· ἡ
γὰρ τοῦ ῥιπτοῦντος κάτωθεν δύναμις νεαρωτέρα πρὸς τῷ κάτω ἐστί· πλὴν 40
ὅτι τῆς μὲν κατὰ φύσιν κινήσεως ἐν τῷ τέλει τῆς κινήσεώς ἐστιν ἡ
ἀκμή, τῆς δὲ παρὰ φύσιν ἐν ἀρχῇ· καὶ τὸ πῦρ δὲ ὁμοίως ἄνω τὴν
10 ἀκμὴν ἔχει καὶ τῆς κατὰ φύσιν κινήσεως, ὅταν ἐπὶ τὸ ἄνω φέρηται, καὶ
τῆς παρὰ φύσιν, ὅταν ἄνωθεν ἐκθλίβηται βίᾳ. τὰ δέ γε ῥιπτούμενα, 45
φησίν, οὔτε ἄνω οὔτε κάτω κινούμενα, ἀλλ᾽ ἐπὶ τὸ μέσον, ἐν τούτῳ καὶ
τὴν ἀκ|μὴν ἔχει τῆς κινήσεως· ἐν ᾧ γὰρ κινεῖται ἕκαστον τόπῳ, ἐν 191ᵃ
τούτῳ καὶ τὴν ἀκμὴν ἴσχει τῆς κινήσεως, κινεῖται δὲ τὰ ῥιπτούμενα ἐν
15 τῷ μεταξὺ τοῦ ἄνω καὶ κάτω· οὕτω γὰρ καὶ τὰ τοξεύματα καὶ τὰ
δόρατα.

  Μήποτε δὲ τὴν ἀρχὴν καὶ τὸ μέσον καὶ τὸ τέλος οὐ τοπικῶς λαμ- 5
βάνει μόνον ὁ Ἀριστοτέλης, ἀλλὰ καὶ χρονικῶς καὶ κατὰ τὴν κίνησιν.
δηλοῖ δὲ καὶ αὐτὸς τὴν ἐλάττονα πρότασιν τὴν λέγουσαν, ὅτι ἡ κύκλῳ
20 φορὰ οὔτε ἀρχὴν ἔχει οὔτε μέσον οὔτε τέλος, ὑπομιμνῄσκων διὰ τοῦ τῷ
τε γὰρ χρόνῳ ἀΐδιος καὶ τῷ μήκει συνηγμένη καὶ ἄκλαστος· 10
ὥστε μήτε κατὰ τὸν χρόνον ἀρχὴν ἔχειν ἢ μέσον ἢ τέλος μήτε κατὰ τὴν
φορὰν ἢ τὸ διάστημα κυκλικὰ ὄντα· τὸ γὰρ τῷ μήκει συνηγμένον
καὶ ἄκλαστον καὶ περὶ τῆς κύκλῳ φορᾶς εἴρηται· περὶ γὰρ αὐτῆς ἦν
25 προσεχῶς ὁ λόγος· διὸ καὶ θηλυκῶς προήχθη, κἂν ἀπὸ μεταφορᾶς εἴρη-
ται τοῦ μεγέθους καὶ τοῦ μήκους, ἐφ᾽ οὗ τὸ συνηγμένον καὶ τὸ ἄκλαστον 15
κυρίως ἐπαληθεύει. τὸ μὲν γὰρ συνηγμένον, ὅτι περιφερὲς καὶ οὐκ εὐθύ·
τὸ γὰρ εὐθὺ ἀρχὴν ἔχει καὶ μέσον καὶ τέλος· τὸ δὲ ἄκλαστον, ὅτι οὕτω
συνηγμένον ὥστε μὴ κεκλάσθαι, ἵνα μὴ παρὰ τὴν κλάσιν ἐξοχῆς τινος
30 γινομένης καὶ ἀρχή τις ᾖ καὶ τέλος καὶ ἀνωμαλία. καὶ αὐτὸς δὲ ὁ 20
Ἀλέξανδρος προελθὼν διὰ τούτων, ὧν ἐγὼ παρεθέμην τοῦ Ἀριστοτέλους,
δηλοῦσθαί φησιν, ὅτι τὸ μέσον οὐ τὸ μεταξὺ τοῦ ἄνω τε καὶ κάτω λέγει,
εἴπερ φησὶ τῷ τε χρόνῳ ἀΐδιος καὶ τῷ μήκει συνηγμένη καὶ
ἄκλαστος. εἰ τοίνυν ἡ κύκλῳ κίνησις οὔτε ἀρχὴν οὔτε μέσον οὔτε 25
35 τέλος ἔχει, τὸ δὲ ἀκμὴν ἔχον ἢ ἀρχὴν ἢ μέσον ἢ τέλος ἔχει, ἡ κύκλῳ
ἄρα κίνησις ἀκμὴν οὐκ ἔχει· εἰ οὖν τὸ μὴ ἔχον ἀκμὴν οὔτε ἐπί-
τασιν οὔτε ἄνεσιν ἔχει, εἴπερ ἡ ἀκμὴ πάντως ἢ πέρας ἐστὶ τῆς

---

4 τὸ AF: τὰ bc   5. 6 φερομένη] κάτω φερομένη Fc   6 τῷ] τὸ Fc   ἀναρ-
ριπτουμένη F: ἀναριπτουμένη A   7 κάτωθεν] κάτω Fc   τῷ] τὸ Fc
13 τὴν F: τὰ A   18 μόνον om. Fc   19 δὲ καί] δὲ Fc   ἐλάττω Fc
23 συνηγμένη Fc   24 ἄκλαστος Fc   27 μὲν om. Fc   28 οὕτως c   32 τε
om. Fc   λέγει b: comp. ambig. A: λέγεται Fc   33 τε om. Fc   34. 35 τέλος
οὔτε μέσον Fc

καὶ κινούμενον· καὶ γὰρ λεπτομεροῦς μὲν ὄντος τοῦ μεταξὺ θάττων ἡ 192ᵃ κίνησις γίνεται παρὰ τοῦτο, παχυτέρου δὲ βραδυτέρα. ἀλλὰ συνεχὲς ὂν 25 ἑαυτῷ τὸ οὐράνιον σῶμα καὶ μηδὲ ἐκτὸς ἔχον τι οὐδὲν ἔχει τὸ μεταξύ.

Καὶ τοῦτο δὲ τὸ ἐπιχείρημα οὐ μόνον ἐπὶ τοῦ πρώτου οὐρανοῦ φαί-
5 νεται ἁρμόττον, ἀλλὰ καὶ ἐπὶ τῶν πλανᾶσθαι λεγομένων. καὶ γὰρ ἐκεί-
νων ἕκαστος ὑπὸ κινοῦντος ἀκινήτου καὶ ὑπὸ ἀσωμάτου αἰτίου κινεῖται 30
καὶ τῆς πρώτης φύσεώς ἐστιν καὶ ἁπλοῦς καὶ ἀγένητος καὶ ἄφθαρτος καὶ
διὰ τοῦτο καὶ ἀμετάβλητος, καὶ πολλῷ μᾶλλον τὰ κινοῦντα αὐτὰ ἔχει
ταῦτα ἀσώματα καὶ ἀκίνητα ὄντα. εἰ οὖν καὶ ἐπὶ τούτων ἑκάτερον ἀμετά-
10 βλητόν ἐστι καὶ τὸ κινοῦν καὶ τὸ κινούμενον, ἀδύνατον καὶ τὴν τούτων 35
κυκλοφορίαν ἀνώμαλον εἶναι, κἂν φαίνηταί τις ἐν ταύταις ἀνωμαλία, φαι-
νομένη μόνον ἐστί. διὸ καὶ οἱ ἀστρονόμοι ὑποθέσεις τινάς, ὡς πρότερον
εἶπον, λαβόντες σώζουσι τὰ φαινόμενα ἐγκυκλίως καὶ ὁμαλῶς πάντα τὰ
οὐράνια κινεῖσθαι συγχωροῦντες.

15 p. 288 b 7 Καὶ γάρ, εἰ γίνεται ἀνώμαλος ἕως τοῦ εἰ γὰρ ἐπίτασις,
καὶ ἄνεσις.

Ἐν τῷ δευτέρῳ ἐπιχειρήματι τῶν δεικνύντων, ὅτι ὁμαλής ἐστιν ἡ 45
κίνησις τοῦ οὐρανοῦ, λαβών, ὅτι πᾶν τὸ κινούμενον | ὑπό τινος κινεῖται, 192ᵇ
καὶ ὅτι, εἰ ἀνώμαλος ἐν τῷ οὐρανῷ κίνησις, ἢ παρὰ τὸ κινούμενον ἂν ἦν
20 ἢ παρὰ τὸ κινοῦν ἢ παρ' ἄμφω, καὶ δείξας συντόμως, ὅτι οὔτε παρὰ τὸ
κινούμενον δυνατὸν ἀνωμαλίαν εἶναι ἐν τῇ τοῦ οὐρανοῦ οὔτε πολλῷ 5
μᾶλλον παρὰ τὸ κινοῦν, ἐν τούτοις μερίσας ἐκεῖνο τὸ ἐπιχείρημα δι'
ἄλλων ἐπιβολῶν κατὰ μὲν τὸ τρίτον τοῦτο δείκνυσιν, ὅτι παρὰ τὸ κινού-
μενον οὐκ ἂν γένοιτο ἀνώμαλος ἡ τοῦ οὐρανοῦ κίνησις, κατὰ δὲ τὸ
25 ἐφεξῆς, ὅτι οὐδὲ παρὰ τὸ κινοῦν. καὶ ὅτι μὲν οὐ παρὰ τὸ κινούμενον,
δείκνυσιν οὕτως· εἰ γὰρ γίνεται, ἤτοι ἡ ὅλη κίνησις, τουτέστιν ἡ ὅλου 10
τοῦ σώματος, μεταβάλλει καὶ ὁτὲ μὲν γίνεται θάττων ὁτὲ δὲ βρα-
δυτέρα πάλιν, ἢ τὰ μέρη τῆς κινήσεως μεταβάλλει· μέρη δὲ κινήσεως
λέγει τὰς τῶν μερῶν τοῦ οὐρανοῦ κινήσεις, ὥσπερ καὶ ὅλην τὴν τοῦ
30 ὅλου· εἰ οὖν δειχθείη μήτε τὸ ὅλον μήτε τὰ μέρη μεταβάλλοντα τὴν 15
κίνησιν ὡς ποτὲ μὲν ἐπιτείνεσθαι ποτὲ δὲ ἀνίεσθαι, οὐκ ⟨ἂν⟩ ἀνωμάλως κινη-
θείη. καὶ πρῶτον μέν, ὅτι ἐν τοῖς μέρεσιν οὐκ ἔστιν ἀνωμαλία, δείκνυσιν
ἐκ τῶν φαινομένων. εἰ γὰρ ἐν τοσαύταις ἐτῶν μυριάσιν, ἀφ' οὗ μνήμη

---

1 λεπτομεροῦς F: λεπτομεροῦ? A   θάττων A: θᾶττον Fbc   2 βραδυτέρα A: βραδύτερον Fbc   3 μηδὲ] μηδὲν Fc   5 λεγομένων ἀστέρων c   7 ἐστι Fc
9 ἀσώματα Fb: σώματα A   10. 11 κυκλοφορίαν τούτων Fc   11 ταύταις] αὐτοῖς c   12 ὡς] ὡς καὶ Fc   14 συγχωροῦντες Fb: συγχωροῦνται A
15 εἰ (pr.) F: ἢ A   γίγνεται c   18 τοῦ οὐρανοῦ κίνησις Fc   19 εἰ b: ἡ A: εἰ ἦν Fc   21 οὐρανοῦ] οὐρανοῦ κινήσει Fc   22 ἐκεῖνο Fb: ἐκεῖνος A
23 δείκνυσι τοῦτο Fc   28 πάλιν om. Fc   28. 29 λέγει κινήσεως Fc   30 τὸ om. Fc   31 ἂν] addidi: om. AFc

ἢ παρὰ τὸ κινούμενον, ὅταν ἄλλοτε ἄλλως διακείμενον ᾖ καὶ μὴ ἀεὶ δυνά- 191ᵇ
μενον ὁμοίως ὑπακούειν τῇ τοῦ κινοῦντος δυνάμει, ἢ παρ' ἄμφω διαφό- 30
ροις χρώμενα δυνάμεσιν. ἡ οὖν ἀνώμαλος κίνησις γίνεται ἢ τοῦ κινου-
μένου ἢ τοῦ κινοῦντος ἢ ἀμφοῖν μεταβαλλόντων, περὶ δὲ τὸν οὐρανὸν
5 οὐδὲν τοιοῦτον συμβαίνειν δυνατόν· οὔτε γὰρ αὐτὸν οὔτε τὸ κινοῦν αὐτὸν
οὔτε ἄμφω μεταβάλλειν δυνατόν· καὶ τὸ συμπέρασμα, ὅτι περὶ τὸν οὐρα- 35
νὸν ἀνωμαλία γενέσθαι ἀδύνατόν ἐστιν.

Ἐν δευτέρῳ σχήματι κἀνταῦθα ἡ συναγωγή, καὶ ἡ μὲν μείζων πρό-
τασις ὡς ἐναργὴς παρείληπται, τὴν δὲ ἐλάττονα τὴν λέγουσαν, ὅτι περὶ
10 τὸν οὐρανὸν οὐκ ἂν γένοιτο οὔτε τοῦ κινουμένου οὔτε τοῦ κινοῦντος
οὔτε ἀμφοῖν μεταβολή, δείκνυσι πρῶτον ἐπὶ τοῦ κινουμένου τοῖς προ- 40
αποδεδειγμένοις ἐπ' αὐτοῦ συγχρώμενος. τὸ κινούμενον πρῶτον τῶν
σωμάτων ἐστὶ καὶ ἁπλοῦν καὶ ἀγένητον καὶ ἄφθαρτον, ὡς δέδεικται,
τὸ δὲ τοιοῦτον ἁπλῶς καὶ τελέως ἀμετάβλητόν ἐστιν, εἶτα, ὅτι καὶ τὸ
15 κινοῦν τὸν οὐρανὸν ἀμετάβλητόν ἐστιν, ἐκ τοῦ μᾶλλον ἐπιχειρῶν δείκνυσιν· 45
εἰ γὰρ τὸ κινοῦν τὸ πρῶτον τῶν κινουμένων καὶ ἁπλοῦν καὶ ἀγένητον |
καὶ ἄφθαρτον, καί ἐστι τὸ μὲν κινούμενον σῶμα, τὸ δὲ κινοῦν ἀσώμα- 192ᵃ
τον, πολὺ μᾶλλον τὸ κινοῦν ἀμετάβλητον ἂν εἴη καὶ ἀναλλοίωτον· ἔδειξε
δὲ καὶ ἐν τῷ ὀγδόῳ τῆς Φυσικῆς ἀκροάσεως, ὅτι τὸ πρώτως κινοῦν ἀκί- 5
20 νητον παντελῶς ἐστιν. εἰ οὖν ἑκάτερον αὐτῶν ἀμετάβλητόν ἐστι, δῆλον,
ὅτι καὶ ἄμφω· ἡ δὲ ἀνώμαλος φορὰ γίνεται ὁποτέρου τούτων ἢ ἀμφοῖν
μεταβαλλόντων· ἀδύνατον ἄρα τὴν κυκλοφορίαν ἀνώμαλον εἶναι.

Τὸ δὲ εἴτε ἄμφω μεταβάλλοι, οὐδὲν κωλύει ἀνωμάλως 10
κινεῖσθαι ἀσφαλῶς εἴρηται· ἐνδέχεται γάρ ποτε ἀμφοτέρων μεταβαλλόντων
25 ὁμαλῆ κίνησιν γίνεσθαι, ἐὰν κατὰ ἀναλογίαν ἡ μεταβολὴ γίνεται· διὸ οὐδὲν
κωλύει εἶπεν· εἰ μὴ ἄρα, κἂν γένηται ὁμαλῆς διὰ τὴν τῆς μεταβολῆς ἀναλο-
γίαν, οὐχ ὁμοία ἡ τοιαύτη κίνησις τῇ πρὸ τῆς μεταβολῆς ἔσται, καὶ οὕτως 15
ἀνώμαλον πάλιν ἀνάγκη γενέσθαι. ἀσφαλῶς δὲ τὴν σύγκρισιν ἐποιήσατο
τοῦ κινουμένου σώματος πρὸς τὸ ἀκίνητόν τε καὶ ἀσώματον· σώματι
30 γὰρ κατὰ φύσιν μᾶλλον τὸ μεταβάλλειν ἢ ἀσωμάτῳ καὶ κινουμένῳ ἢ ἀκι-
νήτῳ· καθόλου γὰρ σωμάτων αἱ τοιαῦται μεταβολαί. 20

Δοκεῖ δὲ καὶ ἄλλην αἰτίαν τῆς ἐν τῇ κινήσει ἀνωμαλίας παραλείπειν
τὴν τοῦ μεταξὺ διαφοράν, δι' οὗ ἡ κίνησις, ἄλλην οὖσαν παρὰ τὸ κινοῦν

---

1 ὅταν A: om. CFbc   ᾖ A: om. CFbc   5 δυνατόν] δύναται Fc   7 γίνε-
σθαι c   8 ἡ συναγωγὴ κἀνταῦθα Fc   9 παρείληπται A: παραλέλειπται Fb
ἐλάττω Fc   12 ἐπ'] ὑπ' Fc   16 γάρ] fort. γάρ ἐστι   κινουμένων] κινουμένων
ἐστὶ c   17 post ἄφθαρτον add. καὶ αὐτὸ πρῶτον τῶν κινουμένων ἐστὶ καὶ ἁπλοῦν καὶ
ἀγένητον καὶ ἄφθαρτον Fc   19 δὲ Kc: om. AFb   ὀγδόῳ A: H Fc
Φυσικῆς] VIII 5 sq.   21 ὁποτέρου b: ὁποτέρα A: ἢ ὁποτέρου Fc   24 εἴρηται F:
εἰρῆσθαι A: dictum esse videtur b: fort. εἰρῆσθαι δοκεῖ   25 κίνησιν F: κίνησις A
κατ' Fc   26 κωλύειν c   29 σώματος c: comp. ambig. F   30 τὸ μεταβάλλειν
μᾶλλον Fc   ἀσωμάτου c: comp. F   κινουμένῳ] comp. ambig. A: κινουμένου Fc
30. 31 ἀκινήτου c: comp. F   31 γάρ] γάρ τῶν Fc   32 παραλιπεῖν Fc

SIMPLICII IN L. DE CAELO II 6 [Arist. p. 288ᵇ7. 22]   429

Ἀπορεῖ δὲ ὁ Ἀλέξανδρος, πῶς, ἐν οἷς κατὰ τὴν ἀρχήν ἐστιν ἡ ἀκμὴ 193ᵃ
καὶ μετὰ τὴν ἀκμὴν ἡ ἄνεσις, ὡς ἐπὶ τῶν παρὰ φύσιν κινουμένων εἴρηται, 20
μετὰ τὴν ἐπίτασιν ἡ ἄνεσίς ἐστιν ἐπιτάσεως ὅλως ἐκεῖ μὴ οὔσης, ἢ πῶς,
ἐν οἷς ἐπὶ τέλει ἡ ἀκμή, ὡς ἐπὶ τῶν κατὰ φύσιν κινουμένων, μετὰ ἄνεσιν
5 ἡ ἐπίτασις ἀνέσεως ὅλως ἐκεῖ μὴ οὔσης· καὶ λύει τὴν ἀπορίαν λέγων·
"μήποτε οὐ παρὰ μέρος ταῦτα γίνεσθαί φησιν ἐξ ἀνάγκης, ἀλλὰ συνο- 25
δεύειν ἀλλήλοις· τό τε γὰρ ἀνιέμενον κατὰ τὴν ἐπίτασιν τὴν ἐνοῦσαν ἐν
αὐτῷ ἀνίεται· εἰ γὰρ μὴ ἐνῆν ἐπίτασις αὐτῷ, οὐδ' ἂν ἀνίεσθαι ἐδύνατο·
ὁμοίως καὶ τὸ ἐπιτεινόμενον ἐπιτείνεται, καθ' ὅσον ἀνέσεως μετέχει, ὡς,
10 εἰ μηδὲν ἦν ἀνειμένον ἐν αὐτῷ, οὐδ' ἂν ἐπίτασιν ἐχώρει". καὶ λέγει 30
καλῶς, εἴπερ ἡ μὲν ἐπίτασις τὸ ἐφεξῆς θᾶττον ἔχει τοῦ προηγησαμένου,
ἡ δὲ ἄνεσις τὸ ἀνάπαλιν. δυνατὸν δὲ ἴσως καὶ τοῦτο λέγειν, ὅτι, ἐφ' ὧν
μετὰ τὴν ἀκμὴν ἡ ἄνεσις, ὡς πρὸς ἐπιτεταμένην τὴν ἀκμὴν ἄνεσις λέγε-
ται, καὶ ἐφ' ὧν πρὸ τῆς ἀκμῆς ἐπίτασις, ὡς ἐπὶ τῶν κατὰ φύσιν, πρὸς 35
15 τὴν ἀνειμένην ἐν ἀρχῇ διάθεσιν ἡ ἐπὶ τὴν ἀκμὴν ἰοῦσα ἐπιτείνεσθαι λέ-
γεται.

Μήποτε δέ, φησὶν ὁ Ἀλέξανδρος, καὶ αἱ κατὰ προαίρεσιν γινόμεναι
ἀνέσεις τὴν αὐτὴν αἰτίαν τὴν ἀδυναμίαν ἔχουσι· φόβῳ γὰρ τοῦ κατανα-
λωθῆναι τὴν δύναμιν τῇ ἀνέσει χρώμεθα.   40

20 p. 288ᵇ22   Ἔτι δὲ καὶ ἄλογον ἄπειρον χρόνον ἀδύνατον εἶναι ἕως
τοῦ ἄπειρον ἀνιέναι χρόνον.

Δείξας ἀπὸ τοῦ κινουμένου, ὅτι οὐχ οἷόν τε ἀνωμάλως κινεῖσθαι τὸν 45
οὐρανόν, νῦν ἀπὸ τοῦ κινοῦντος ποιεῖ τὴν ἐπι|χείρησιν ἐκ διαιρέσεως 193ᵇ
αὐτήν, ὡς ἔοικε, προάγων τοιαύτης· εἰ ἀνωμάλως κινεῖται ὁ οὐρανός, ἤτοι
25 ἄπειρον χρόνον ἀνίεται αὐτοῦ ἡ κίνησις καὶ ἄπειρον ἐπιτείνεται ἢ μόνον
ἀνίεται ἢ μόνον ἐπιτείνεται ἐπ' ἄπειρον ἢ κατά τινας περιόδους ἐναλλὰξ 5
νῦν μὲν ἀνίεται, νῦν δὲ ἐπιτείνεται. καὶ τὸ μὲν πρῶτον δείκνυσιν οὕτως
κατὰ τὸν δεύτερον τῶν ὑποθετικῶν· εἰ ἄπειρον χρόνον ἡ τοῦ οὐρανοῦ
κίνησις ἀνίεται καὶ ἄπειρον ἐπιτείνεται, ἐπειδὴ τὸ καὶ ἀνίεσθαι καὶ ἐπιτεί-
30 νεσθαι αὐτὴν παρὰ τὴν ἀδυναμίαν καὶ δύναμιν τοῦ κινοῦντος γίνεται,
ἄπειρον ἂν χρόνον τὸ κινοῦν ἀδυναμίαν ἔχοι καὶ ἄπειρον χρόνον δύναμιν· 10
εἰ οὖν ἡ ἀδυναμία παρὰ φύσιν, ἄπειρον ἂν χρόνον τὸ κινοῦν παρὰ φύσιν
ἔχοι. ἀλλὰ μὴν τοῦτο ἀδύνατον· οὐδὲν γὰρ φαίνεται ὂν ἄπειρον
χρόνον παρὰ φύσιν, εἴπερ ἐκτροπὴ καὶ παρυπόστασίς ἐστι τοῦ κατὰ
35 φύσιν τὸ παρὰ φύσιν. ἀδύνατον ἄρα καὶ τὸ ἡγούμενον, ᾧ τοῦτο ἠκολού- 15

---

3 ἔστιν ἡ ἄνεσις Fc   6 γίνεσθαι ταῦτα Fc   8 οὐδ' Fc   10 οὐδὲ c   18 τὴν
ἀδυναμίαν] τῆς ἀδυναμίας F: τῆς δυνάμεως c   21 ἄπειρον F: ἄπειρον δὲ A
23 ποιεῖ A: ποιεῖται CFc   26 ἐπ' ACb: καὶ ἐπ' Fc   29 ἀνίεται] ἐπιτείνεται Fc
ἐπιτείνεται ACb: ἀνίεται Fc   29. 30 ἐπιτείνεσθαι καὶ ἀνίσθαι Fc   31 χρόνον
(pr.) Fb: om. A   χρόνον (alt.) Ab: om. Fc   32 ἢ om. c   33 ἔχοι F:
ἔχῃ A   οὐδὲν c

τῆς τῶν οὐρανίων θέσεως διεσώθη, οὐδεμία φαίνεται παραλλαγὴ γενομένη 192b
τῆς πρὸς ἀλλήλους τῶν ἀστέρων σχέσεως οὐδὲ διαφορὰ τῆς διαστάσεως αὐτῶν, 21
ὡς αἱ νῦν σχηματογραφίαι δηλοῦσιν οὐδὲν πρὸς τὰς πάλαι παραλλάττουσαι,
δῆλον, ὅτι οὐδεμία γέγονεν ἀνωμαλία τῆς τῶν μερῶν πρὸς ἄλληλα κινή-
5 σεως, ὥστε τὰ μὲν θᾶττον κινηθῆναι, τὰ δὲ βραδύτερον· πάντως γὰρ ἂν 25
ἠμείβετο καὶ τὰ διαστήματα καὶ τὰ σχήματα πρὸς ἀλλήλους. εἰ γὰρ ἅμα
πάντα θᾶττον ἢ ἅμα πάντα βραδύτερον ἐκινεῖτο, οὐκ ἦν τῶν μερῶν ἡ
τοιαύτη ἀνωμαλία, ἀλλὰ τοῦ ὅλου, περὶ ἧς ὅτι καὶ αὕτη ἀδύνατος ἀπο-
δείκνυσιν οὕτως· ἡ ἀνωμαλία τῆς κινήσεως κατὰ ἄνεσιν γίνεται καὶ ἐπί- 30
10 τασιν· ἡ ἄνεσις πανταχοῦ δι᾽ ἀδυναμίαν συμβαίνει μὴ δυναμένης τῆς
οἰκείας δυνάμεως ἐπαρκεῖν πρὸς τὴν ὁμοίαν καὶ ὁμαλὴ διὰ παντὸς ἐνέρ-
γειαν· πᾶσα δὲ ἀδυναμία παρὰ φύσιν ἐστί, καὶ τούτου μὲν μαρτύριον τὸ
καὶ τὰς ἐν ζώοις ἀδυναμίας καὶ παρακμὰς παρὰ φύσιν εἶναι, ὡς τὸ γῆρας 35
ὁρῶμεν καὶ τὰς νόσους. προστίθησι δὲ καὶ τὸ αἴτιον τῆς ἐν τοῖς
15 ζώοις καὶ δηλονότι καὶ ἐν τοῖς φυτοῖς ἀδυναμίας. ἡ γὰρ σύστασις,
φησίν, αὐτῶν ἐκ σωμάτων ἐστὶν οὐδὲ αὐτῶν κατὰ φύσιν ἐχόντων τελέως·
ἔστι γὰρ ἐκ τῶν τεσσάρων στοιχείων, ὧν ἄλλος ἄλλου κατὰ φύσιν ὁ τόπος 40
ἐστὶ καὶ οὐχ ὁ αὐτὸς πάντων, ἐν ᾧ τὰ ζῷα καὶ τὰ φυτά· οὐδὲν γὰρ τῶν
ἐν τούτοις μερῶν ἤτοι στοιχείων τὴν χώραν εἰλικρινῶς κατέχει· οὔτε γὰρ
20 ἐν γῇ κυρίως ἐστὶ ταῦτα οὔτε ἐν ὕδατι οὔτε ἐν ἀέρι καθαρῷ ἢ πυρί, ἀλλ᾽
ἐν τῷ περὶ τὴν γῆν τόπῳ σύμφυρσιν ἔχοντι τῶν στοιχείων, καὶ ἐν αὐτοῖς 45
δὲ τοῖς τῶν ζώων μορίοις καὶ τῇ ἄνω καὶ τῇ κάτω συγκέ|κριται· διὸ 193a
παρὰ φύσιν διακείμενα κάμνει καὶ ἀδυναμίας αἴτια τοῖς συγκειμένοις ἀφ᾽
ἑαυτῶν γίνεται καὶ τῆς παρὰ φύσιν καὶ αὐτοῖς διαθέσεως. καὶ οὐ μάτην
25 νῦν τὴν αἰτίαν τῆς ἀδυναμίας καὶ τοῦ παρὰ φύσιν προστέθεικεν, ἀλλ᾽ ἵνα
δείξῃ, ὅτι τὸ θεῖον σῶμα ἁπλοῦν ὂν καὶ μὴ ἐξ ἐναντίων συνεστηκός, 5
ἀλλὰ καὶ ἐν τῇ ἑαυτοῦ χώρᾳ ἀεὶ ἰδρυμένον, οὔτε παρὰ φύσιν γίνεταί
ποτε οὔτε ἀδυναμεῖ οὔτε ἄνεσιν καὶ ἐπίτασιν ὑφίσταται οὔτε ἀνωμάλως
κινεῖται. καὶ συνελόντι φάναι τὸ θεῖον σῶμα παρὰ φύσιν οὐ διατίθεται·
30 τὸ ἀνωμάλως κινούμενον παρὰ φύσιν διατίθεται· τὸ θεῖον ἄρα σῶμα ἀνω- 10
μάλως οὐ διατίθεται· ἐν δευτέρῳ σχήματι ἡ συναγωγή.

Ἐπειδὴ δὲ ἡ ἀδυναμία ἀνέσεώς ἐστιν αἰτία προσεχῶς, διὰ τοῦτο
εἰπὼν οὐδ᾽ ἂν ἀδυναμία εἴη ἐπήγαγεν ὥστε οὐδὲ ἄνεσις. ἐπειδὴ
δὲ ἡ ἄνεσις μετὰ ἐπίτασίν ἐστιν, οὐ τὴν ὁμαλότητος ἐπίτασιν, ἀλλὰ τὴν 15
35 πρὸς ἄνεσιν λεγομένην, ἐπήγαγεν οὐδὲ ἐπίτασις· εἰ γὰρ ἐπίτασις,
καὶ ἄνεσις· πρὸς ἄλληλα γάρ ἐστι καὶ λέγεται ταῦτα, ὥσπερ τὸ μᾶλλον
καὶ τὸ ἧττον καὶ τὸ μεῖζον καὶ τὸ ἔλαττον.

---

1 οὐδεμία F: οὐδὲ βία A: neque simul b   γινομένη Fc   5 ἂν F: om. A
11 ὁμαλῇ CF: ὁμαλὴν A   13 ἐν] ἐν τοῖς Fc   16 αὐτῶν, φησίν Fc   18 ὁ
αὐτὸς Fb: corr. ex οὕτως A¹   οὐδὲν Fc   19 τὴν] τὴν αὑτοῦ F: τὴν αὐτοῦ c
22 τῇ (pr.) A (sc. χώρᾳ): γῇ Fbc   τῇ (alt.) A: πῦρ Fbc   24 καὶ (alt.)] ἐν Fc
28 ἀνωμάλως Fb: ἀνωμαλία A   33 ὥστ᾽ οὐδ᾽ c   34 ὁμαλότητος b: comp. A:
ὁλότητα F: καθ᾽ ὁλότητα c   35 οὐδ᾽ c

γὰρ μέχρι τοῦδε ἦν καὶ οὐχὶ καὶ πρὸ ἀπείρου τῆς κινήσεως οὔσης, οὐχ 194ᵃ
οἷόν τε εὔλογον εἰπεῖν αἰτίαν. ἀλλὰ μήν, εἰ καὶ ἄνεσίς ἐστιν, ἐπ' ἄπει-
ρον πάλιν ἐστὶν αὕτη· τί γὰρ τὸ αἴτιον τὸ τὴν ἄνεσιν ἀναληψόμενον ταύ-
την, καὶ διὰ τί μέχρι τοῦδε ἀνίεται, οὐχ οἷόν τε αἰτίαν ἀποδοῦναι εἰς 15
5 ἄπειρον κινουμένου τοῦ σώματος. ὥστε ἐπ' ἄπειρον καὶ ἡ ἄνεσίς ἐστιν·
ἐπιτάσεως μὲν γὰρ ἡ ἄνεσις ἄνεσις, ἀπείρου δὲ ἐπιτάσεως ἄπειρος ἡ ἄνε-
σις· διὰ τί γὰρ μέρους τῆς ἐπιτάσεως ἡ ἄνεσις ἔσται, οὐ πάσης δέ; ἀλλὰ
μὴν ἡ ἄνεσις κατὰ ἀδυναμίαν, τοῦτο δὲ παρὰ φύσιν, τὸ δὲ παρὰ φύσιν 20
οὐχ οἷόν τε ἴσον εἶναι τῷ κατὰ φύσιν· ὁδὸς γὰρ ἐπὶ φθορὰν τὸ παρὰ
10 φύσιν· ὥστε οὐκ ἂν εἴη ἄνεσις· εἰ δὲ μὴ ἄνεσις, οὐδὲ ἐπίτασις." ταῦτα
μὲν οὖν τὰ τοῦ Ἑρμίνου κατὰ τὸν Ἀσπάσιον εἰρημένα. καὶ δῆλον, ὅτι
καὶ οὗτοι οὐχ ὡς κατὰ τὴν τῆς διαιρέσεως ἀνάγκην ληφθὲν τὸ ἐπ' ἄπει- 25
ρον ἀνιέναι καὶ ἐπ' ἄπειρον ἐπιτείνεσθαι ἐνόησαν, ἀλλ' ὡς ἐξ ἀνάγκης, εἰ
ἔστιν ἀνώμαλος ἡ κίνησις, ἀνέσεως καὶ ἐπιτάσεως οὔσης. καὶ τοῦτο μὲν
15 δῆλον, ἀλλ' ὅτι καὶ ὡς ἄπειροι πάντως ἐσόμεναι ἥ τε ἄνεσις καὶ ἡ ἐπί-
τασις ὑπὸ τοῦ Ἀριστοτέλους ἐλέγχονται· ὅτι δὲ οὐχ οὕτως εἴληπται, 30
δηλοῖ τὰ ἐφεξῆς τμήματα τῆς διαιρέσεως, ἐν οἷς φησιν· ἀλλὰ μὴν οὐδὲ
ἐπιτείνειν ἀεὶ ἢ πάλιν ἀνιέναι δυνατόν, καὶ πάλιν λείπεται δὴ
λέγειν ἐναλλὰξ εἶναι τῇ κινήσει τὸ θᾶττον καὶ τὸ βραδύτερον·
20 ἐν γὰρ τούτοις καὶ τὰ ἄλλα τμήματα τῆς διαιρέσεως ἐλέγχει τὰ μὴ ἄπει-
ρον ἐπίτασιν καὶ ἄνεσιν ὑποτιθέμενα, ἀλλ' ἢ ἀεὶ ἐπίτασιν ἢ ἀεὶ ἄνεσιν 35
ἢ ἐναλλάξ.

Ἐκεῖνο δὲ ἄξιον ζητεῖν, διὰ τί προστέθεικεν ὁ Ἀριστοτέλης τὸ
ἀνάγκῃ δέ, εἰ ἀνίησιν ἡ κίνησις, ἄπειρον ἀνιέναι χρόνον·
25 τοῦτο γὰρ τὸ ἀνάγκῃ καὶ τοὺς προτέρους ἐποίησεν ἐξηγητὰς μὴ ὡς ἐκ
διαιρέσεως τεθὲν ἀκούειν, ἀλλὰ τὴν αἰτίαν τῆς ἀνάγκης ζητεῖν. ὁ δὲ 40
Ἀλέξανδρος ὁ Ἀφροδισιεὺς ἐπιστήσας τούτῳ "δεῖ" φησὶ "προσυπακούειν
τῷ εἰρημένῳ τὸ μετὰ τὴν ἐπ' ἄπειρον ἐπίτασιν· εἰ γὰρ μετὰ τὴν ἐπ'
ἄπειρον χρόνον ἐπίτασιν ἀνίησιν ἡ κίνησις, καὶ μὴ μόνον ἐπίτασίς ἐστιν,
30 ἀλλὰ καὶ ἄνεσις, ἄπειρον ἀνήσει χρόνον. τοῦτο δὲ ἦν μὲν καὶ ἄλλως 45
ὑποκείμενον, οὐ μὴν ἀλλὰ καὶ ἀναγκαίως ἑπόμενον αὐτὸ δείκνυσι τῇ προ-
γεγενημένῃ ἐπ' ἄπειρον ἐπιτάσει· εἰ γὰρ ἡ ἄνεσις δι' ἀδυναμίαν τοῦ 194ᵇ
κινοῦντός ἐστιν ἀρξαμένη γίνεσθαι, λοιπὸν ἐπ' ἄπειρον ἔσται· τί γὰρ τὸ
τὴν ἀδυναμίαν ἀναληψόμενον τὴν τοῦ κινοῦντος ἀιδίου τῆς κινήσεως οὔσης
35 καὶ ἐπιτεινομένης ἀεὶ τῆς ἀνέσεως; καὶ διὰ τοῦτο οὖν ἐπ' ἄπειρον ἡ 5
ἄνεσις ἔσται, καὶ διότι τῆς ἀπείρου ἐπιτάσεως ἄπειρος ἡ ἄνεσις· οὕτως δὲ
ἴσον χρόνον ἔσται τὸ παρὰ φύσιν τῷ κατὰ φύσιν, ὅπερ ἐστὶν ἄτοπον".

1 οὐχ F: ἧς οὐχ Ab   2 εἰ καὶ] καὶ εἰ Fc   7 μέρος Fc   11 οὖν b: οὖν καὶ
A: καὶ F: om. c   12 ληφθὲν τὸ Fb: ληφθέντα A   13 ἀνίεσθαι c   17 φησιν]
288ᵇ27   μὴν F: μὲν Ac   οὐδ' c   18 πάλιν] 289ᵃ4   19 τὸ (pr.) F:
τοῦ A   24 δ' c   28 ἐπ' (pr.) A: om. Fbc   ἐπ' (alt.) Ab: om. Fc
29 χρόνου c   30 καὶ (pr.) F: καὶ ἡ A   35 ἐπιτεταμμένης F: ἐπιτεταμένης c
36 καὶ om. c

θησεν· ἦν δὲ τὸ ἄπειρον χρόνον τὴν τοῦ οὐρανοῦ κίνησιν ἀνίεσθαι καὶ 193ᵇ
ἄπειρον ἐπιτείνεσθαι. καὶ ἄλλο δὲ ἐκ τῶν αὐτῶν λημμάτων συμπέρασμα
συνάγει· εἰ γὰρ ἄπειρον χρόνον δυνατόν, τουτέστι κατὰ φύσιν, καὶ ἄπειρον
χρόνον ἀδύνατον, τουτέστι παρὰ φύσιν, ἐστὶ τὸ κινοῦν, τὸν ἴσον ἂν χρόνον 20
5 παρὰ φύσιν εἴη καὶ κατὰ φύσιν, ταὐτὸν δὲ εἰπεῖν, ἀδύνατον καὶ δυνατόν·
τοῦτο δὲ ἄτοπον τὸ ἰσοχρόνιον εἶναι τὸ παρὰ φύσιν τῷ κατὰ φύσιν καὶ
τὸ ἀδύνατον τῷ δυνατῷ, εἴπερ προηγούμενον μὲν τὸ κατὰ φύσιν καὶ τὸ
δυνατόν, ἀποτυχία δὲ τούτων τὸ παρὰ φύσιν καὶ τὸ ἀδύνατον· ὥστε ἄτο-25
πον πάλιν καὶ ἀδύνατον ἂν εἴη καὶ τὸ ἡγούμενον, ᾧ τοῦτο ἠκολούθησε, τὸ
10 ἄπειρον χρόνον ἀνίεσθαι τὴν τοῦ οὐρανοῦ κίνησιν καὶ ἄπειρον ἐπιτεί-
νεσθαι.

Λέγει δὲ ὁ Ἀλέξανδρος, ὅτι χρησάμενος τῷ ἄπειρον χρόνον ἐπιτεί-
νεσθαι καὶ ἄπειρον ἀνίεσθαι οὐκ ἀπέδειξε ταῦτα, ἀλλὰ τὸ μὲν τῆς ἐπιτά-30
σεως καὶ τέλειον παρέλειπε, περὶ δὲ τῆς ἀνέσεως τοσοῦτον ἐπήνεγκεν·
15 ἀνάγκη δέ, εἰ ἀνίησιν ἡ κίνησις, ἄπειρον ἀνιέναι χρόνον· εἰ
γὰρ τὸ πρῶτόν ἐστι τὸ ταύτην τὴν κίνησιν τὴν ἀδύναμον ἀιδίως κινοῦν,
τί τούτου τὴν ἀδυναμίαν ἀναλήψεται; ὥστε, εἰ ἀεὶ κινεῖ, κατὰ τὴν ἀδυνα-35
μίαν ἀεὶ κινεῖ. τὸ δέ, ὅτι καὶ ἡ ἐπίτασις εἰς ἄπειρον, παρῆκε· δῆλον
γάρ, ὥς, εἰ ἡ ἀδυναμία εἰς ἄπειρον παρὰ φύσιν οὖσα, καὶ ἡ δύναμις κατὰ
20 φύσιν οὖσα ἔτι μᾶλλον εἰς ἄπειρον· οὐ γὰρ δεῖ τὸ κατὰ φύσιν τοῦ παρὰ
φύσιν ἐπ' ἔλαττον εἶναι, ὅπου γε οὐδὲ ἐπ' ἴσης. καὶ ταῦτα εἰπὼν ὁ 40
Ἀλέξανδρος ἐφιστάνει καλῶς, ὅτι οὐ προὔκειτο νῦν τῷ Ἀριστοτέλει δεῖξαι,
ὅτι, εἰ ἀνωμάλως κινεῖται ἀνιέμενον καὶ ἐπιτεινόμενον, ἐπ' ἄπειρον ἀνεθή-
σεται καὶ ἐπ' ἄπειρον ἐπιταθήσεται, ἀλλ' ὅτι προθέμενος δεῖξαι ὁμαλὴν
25 τὴν τοῦ οὐρανοῦ κίνησιν πάντας ἀναιρεῖ τοὺς τῆς ἀνωμαλίας τρόπους ἐκ 45
διαιρέσεως αὐτοὺς λαβών, ἧς ἤδη προεξεθέμην.

Ἀσαφεστέρα δέ, φησίν, ἡ λέξις ἐστὶ τῷ μὴ θεῖναι τὴν διαίρεσιν |
πρώτην. καὶ ἔοικε τούτῳ τῷ ἐκ διαιρέσεως εἰλῆφθαι τὴν ἀπόδειξιν 194ᵃ
πρῶτος αὐτὸς ὁ Ἀφροδισιεὺς Ἀλέξανδρος ἐπιστῆσαι· τὴν γοῦν προειρη-
30 μένην ἐξήγησιν τοῦ ἀναγκαίαν εἶναι τὴν ἐπ' ἄπειρον ἄνεσιν διὰ τὸ μὴ
εἶναι τὸ ἀναληψόμενον τὴν δύναμιν τοῦ πρώτου κινοῦντος καὶ διορθώσων 5
τὴν ἀδυναμίαν ὡς Ἀλεξάνδρου τοῦ Αἰγαίου παρατίθεται. "Ἑρμίνου δέ",
φησίν, "ἤκουσα, καθὰ ἦν καὶ ἐν τοῖς Ἀσπασίου φερόμενον, εἰ ἔστιν ἄνεσις
περὶ τὸ θεῖον σῶμα, ἦν ἐπίτασις πρὸ τοῦ· πᾶσα γὰρ ἄνεσις ἐπιτάσεως.
35 ἀλλὰ μήν, εἰ ἦν ἐπίτασις πρὸ τῆς ἀνέσεως, ἐπ' ἄπειρον ἦν αὕτη· διὰ τί 10

---

4 χρόνον ἀδύνατον] ἀδύνατον F: οὐ c   παρὰ φύσιν Fb: om. A   ἐστὶ F: om.
Ab   τὸ κινοῦν om. b   9 τὸ ἡγούμενον, ᾧ τοῦτο c: τῷ ἡγουμένῳ τούτῳ A: τῷ
ἡγουμένῳ ᾧ τούτῳ F: quod antecedens hoc b; fort. τὸ ᾧ ἡγουμένῳ τοῦτο   12 τῷ F:
om. A   14 τέλεον Fc   παρέλιπε Fc   18 κινεῖ A: κινεῖται F: ἀνίεται bc   ἄπειρον
Fb: ἄδηλον A   19 εἰ Fc: om. A   21 ἐλάττονος c   31 τοῦ — ἀδυναμίαν (32) Fb:
om. A   32 Ἀλεξάνδρου τοῦ Αἰγαίου F: Ἀλέξανδρος τοῦ αἰγαίου A: τοῦ Ἀσπασίου ὁ
Ἀλέξανδρος c   34 ἦν Brandis: ἢ AFc   πᾶσα γὰρ Brandis, γὰρ πᾶσα A: πᾶσα
ἦν Fc   ἐπιτάσεως] ἢ ἐπίτασις c

φορῶν ἔσπευδε πληρῶσαι ἢ ἐπὶ πέρας τῆς κατὰ τὴν κίνησιν ταχύτητος 195ᵃ
ἐλθεῖν, ὧν οὐδέτερον συμβαίνει τῷ ἐπ' ἄπειρον μετ' ἐπιτάσεως τοιαύτης
κινουμένῳ. ὁ δὲ αὐτὸς λόγος καὶ ἐπὶ τῆς ἐπ' ἄπειρον ἀνέσεως· οὐδὲ 10
γὰρ ἐπὶ τούτων ἐστὶ τό ποι καὶ τὸ ἐφ' ὃ ἡ κίνησις, εἴπερ πλησίον ἀεὶ τοῦ
5 ἐφ' ὃ ἡ ἀκμὴ τοῦ τάχους ἐστί, τὰ δὲ ἀεὶ ἀνιέμενα ἀεὶ πορρωτέρω τῆς
ἀκμῆς καὶ τοῦ ἐφ' ὃ γίνεται. εἰ οὖν πᾶσα μὲν κίνησις ἡ κατὰ φύσιν
ποθέν ποι, οὐδεμία δὲ ἐπ' ἄπειρον ἀνιεμένη ποθέν ποι, οὐδεμία ἄρα κίνη- 15
σις ἐπ' ἄπειρον ἀνιεμένη ἐστί. τῆς δὲ αὐτῆς οὔσης συναγωγῆς τῶν λό-
γων καὶ ἐπὶ τῆς ἐπ' ἄπειρον ἐπιτάσεως καὶ ἐπὶ τῆς ἐπ' ἄπειρον ἀνέσεως
10 μίαν ὁ Ἀριστοτέλης ἐπ' ἀμφοῖν ἐποιήσατο.

p. 288ᵇ30   Ἔτι δέ, εἴ τις λάβοι εἶναί τινα χρόνον ἐλάχιστον ἕως 20
τοῦ καὶ ἄπειρον χρόνον.

Ἄλλο τοῦτο ἐπιχείρημα τοῦ αὐτοῦ μετὰ πολλῆς ἐναργείας κατασκευ-
αστικὸν τοῦ μὴ δύνασθαι οὕτως ἀνώμαλον εἶναι τὴν τοῦ οὐρανοῦ κίνησιν 25
15 ὡς ἀεὶ ἐπιτείνεσθαι ἢ ἀεὶ ἀνίεσθαι. προλαμβάνει δὲ ἀξίωμα τὸ εἶναί
τινα χρόνον ἐλάχιστον, οὗ οὐκ ἐνδέχεται ἐν ἐλάττονι κινηθῆναι
τὸν οὐρανόν, καὶ τοῦτο ἐκ τῆς ἐπαγωγῆς πιστοῦται τῷ πάσης πράξεως
καὶ παντὸς τοῦ κινουμένου εἶναί τινα χρόνον ἐλάχιστον, οὗ οὐχ οἷόν τε 30
ἐν ἐλάττονι κινηθῆναι τὴν κίνησιν τὴν αὐτοῦ, οἷον τοῦ στάδιον δραμεῖν ἢ
20 νόμον τινὰ κιθαρίσαι ἢ ᾆσαι· εἰ δὲ τοῦτο, καὶ τῆς τοῦ οὐρανοῦ περιφορᾶς
τῆς ἀπὸ τοῦ αὐτοῦ ἐπὶ τὸ αὐτὸ εἴη ἄν τις χρόνος ἐλάχιστος, οὗ ἐν
ἐλάττονι οὐχ οἷόν τε περιενεχθῆναι. καθόλου μὲν γὰρ οὐκ ἔστι χρόνος 35
ἐλάχιστος διὰ τὸ τὰ συνεχῆ πάντα ἐπ' ἄπειρον εἶναι διαιρετά, πρός τι δὲ
καί τινων ἔστι τις ἐλάχιστος χρόνος, ὥσπερ καὶ τῶν κινήσεων. τούτου
25 οὖν οὕτως ἔχοντος, εἰ τὸ ἐπιτεινόμενον ἐν ἐλάττονι χρόνῳ τὸ αὐτὸ διά-
στημα κινεῖται, εἴ τι ἀεὶ ἐπιτείνοιτο, ἀεὶ ποιήσει τοῦτο πρὸς ἀναλογίαν τῆς
ἐπιτάσεως· ἀεὶ συστελλομένου τοῦ χρόνου· εἰ δὲ τοῦτο, ἔσται καὶ τοῦ ἐλα- 40
χίστου χρόνου, ἐν ᾧ κινεῖται, ἐλάττων ποτέ, ἐν ᾧ καὶ αὐτῷ κινήσεται, ὅπερ
ἀδύνατον· ἀδύνατον ἄρα καί, ᾧ τοῦτο ἠκολούθησε, τοῦτο δὲ ἦν τὸ ἀεὶ
30 ἐπιτείνεσθαι κινούμενον.

Δείξας δὲ οὕτως, ὅτι οὐκ ἔστιν ἐπίτασις ἐπ' ἄπειρον, ἐπάγει, ὅτι, 45
εἰ μὴ ἐπίτασις, οὐδὲ ἄνεσις· ὡς γὰρ ἂν τὸ ἕτερον αὐτῶν ἔχῃ,
οὕτως ἔχει καὶ ἀμφότερα, διότι πρὸς | ἄλληλα λέγεταί τε καὶ ἔστιν, ὡς
τὸ μᾶλλον καὶ τὸ ἧττον· ἢ γὰρ ἄνεσις ἡ ἄπειρος ἐπιτάσεως ἀπείρου καὶ
35 ἡ ἐπίτασις ἀνέσεως· οὐ γὰρ ἄλλο τι ἀνίεται ἢ τὸ ἐπιτεταμένον, καὶ ἐφ'
ὅσον ἐπιτέταται, ἐπὶ τοσοῦτον ἀνίεται, ὥστε, εἰ δέδεικται τὴν ἐπίτασιν μὴ 5
εἶναι εἰς ἄπειρον, δέδεικται καὶ τὸ μηδὲ ἄνεσιν εἰς ἄπειρον εἶναι.

---

3 κινουμένῳ Fb: κινουμένης A   4 ἐπὶ τούτων] τούτων F: τούτῳ c   11 δ' c
χρόνον F: χρόνον καὶ A   15 προλαμβάνων Fc   17 τῷ] scripsi: τὸ Abc: καὶ F
20 κιθαρίσαι F: κιθαρῆσαι A   28 αὑτῷ C: corr. ex αὐτὸ F: αὐτὸ Abc   31 ἐπί-
τασις F: ἐπίτασις οὐδὲ ἄνεσις Ab   34 ἢ (alt.) A: om. Fc   37 καὶ A: om. Fbc

μήποτε δὲ οὐκ ἀνάγκη προσυπακούειν τὸ μετὰ τὴν ἄπειρον ἐπίτασιν· ὁ 194ᵇ
γὰρ Ἀριστοτέλης ἐκ διαιρέσεως ἀναιρῶν τοὺς τῆς ἀνωμαλίας τρόπους
ἀναθεὶς τοῦτον τὸν λέγοντα ἄπειρον χρόνον ἐπιτείνεσθαι καὶ πάλιν ἄλλον
χρόνον ἄπειρον ἀνίεσθαι καὶ ἐλέγξας αὐτὸν διχῶς ἔκ τε τοῦ μηδὲν ἄπει-
5 ρον χρόνον παρὰ φύσιν εἶναι καὶ ἐκ τοῦ μηδὲν τὸν ἴσον χρόνον παρὰ
φύσιν καὶ κατὰ φύσιν εἶναι ἐπέστησεν, ὅτι τῷ λέγοντι ἀνίεσθαι ὅλως τὴν
τοῦ οὐρανοῦ κίνησιν οὐ καθ' ὑπόθεσιν μόνον ἀκολουθεῖ τὸ ἄπειρον χρόνον
λέγειν ἀνίεσθαι, ἀλλὰ καὶ ἐξ ἀνάγκης ἕπεται ἀιδίου τῆς κινήσεως ὑποκει-
μένης διὰ τὸ μηδὲν εἶναι τὸ ἀναληψόμενον τὴν τοῦ πρώτου κινοῦντος
10 ἀδυναμίαν πάντων ὄντος ἐπέκεινα, ἀλλ' οὐ διὰ τὸ ἄπειρον ἐπίτασιν προη-
γεῖσθαι τῆς ἀνέσεως· τοῦτο γάρ, κἂν ἀληθὲς ᾖ, οὐ φαίνεται νῦν ὡς
ἀναγκαῖον ἀλλ' ὡς ἐξ ὑποθέσεως ὁ Ἀριστοτέλης λαβών, τῇ δὲ ἀνέσει
μόνον ἐπιστήσας, ὅτι ἀνάγκη, εἰ ἀνίησιν ὅλως ἡ κίνησις, ἄπειρον ἀνιέναι
χρόνον.

15 p. 288ᵇ27 **Ἀλλὰ μὴν οὐδὲ ἐπιτείνειν ἀεὶ ἕως τοῦ ἔκ τινος εἴς τι
εἶναι καὶ ὡρισμένην.**

Δείξας, ὅτι τῷ ἀνώμαλον οὕτως ὑποτιθεμένῳ τὴν τοῦ οὐρανοῦ κίνη-
σιν, ὡς ἄπειρον εἶναι τὴν ἄνεσιν καὶ ἄπειρον τὴν ἐπίτασιν, δύο ἄτοπα
ἕπεται τό τε ἀίδιον λέγειν τὸ παρὰ φύσιν καὶ ἰσοχρόνιον τὸ παρὰ φύσιν
20 τῷ κατὰ φύσιν, νῦν τὸ δεύτερον τμῆμα τῆς διαιρέσεως προτίθησι τὸ
λέγον ἀνώμαλον γίνεσθαι τὴν κίνησιν τῷ τὸ ἕτερον ἐπ' ἄπειρον ἐν
αὐτῇ εἶναι, ὡς ἢ ἀεὶ ἐπιτείνεσθαι ἢ ἀεὶ ἀνίεσθαι, καὶ δείκνυσι καὶ
τοῦτο ἀδύνατον οὕτως· πᾶσα κίνησις ἔκ τινος εἴς τι γίνεται καὶ ὥρισται
τῷ ποθέν ποι· ἡ δὲ ἀεὶ ἐπιτεινομένη ἢ ἀεὶ ἀνιεμένη οὐχ ὥρισται
25 οὐδὲ ἔχει τὸ ποθέν ποι· οὐδεμία ἄρα κίνησις ἀεὶ ἐπιτείνεται ἢ ἀεὶ
ἀνίεται. ὅτι δὲ τὸ ἀεὶ ἐπιτεινόμενον ἀόριστόν ἐστι καὶ οὐκ ἔχει τό
ποι, δῆλον ἐντεῦθεν· ἡ ἐπίτασις τοῖς κατὰ φύσιν κινουμένοις γίνεται κατὰ
τὸ πλησιάζειν ἀεὶ τῷ ἐφ' ὃ φέρεται· τῷ δὲ ἐπ' ἄπειρον ἐπιτεινομένῳ
οὐδὲν ἔσται τὸ ἐφ' ὃ κινεῖται· ἀεὶ γὰρ τό, ἐφ' ὃ ἐπιτεινόμενον κατὰ τὴν
30 κίνησιν φέρεται, ἄλλο ἔσται τοῦ πρὸ αὐτοῦ, καὶ τῷ ἐπ' ἄπειρον τοῦτο
πάσχειν ἐπ' ἄπειρον εἰς ἄλλο μεταβήσεται· ὥστε οὐχ ἕξει τὸ ἐφ' ὃ οὐδὲ
τὸ ποθέν ποι οὐδὲ ὥρισται ἡ ἀεὶ ἐπιτεινομένη κίνησις. ἐπ' ἄπειρον μὲν
γὰρ οἷόν τέ τι | κινεῖσθαι ἐν τῷ αὐτῷ κινούμενον τῷ πάλιν καὶ πάλιν 195ᵃ
κινεῖσθαι τὴν αὐτὴν κίνησιν, ὡς ἐπὶ τῆς ἐγκυκλίου φορᾶς λέγομεν, οὐ
35 μέντοι ἐπ' ἄπειρον ἐπιτείνεσθαι· οὐ γὰρ ἡ αὐτὴ κίνησις ἔτι ἔσται, ἀλλ' ἡ
παροῦσα τῆς πρὸ αὐτῆς ἑτέρα τε καὶ ἀνόμοιος ἀεὶ μετὰ προσθήκης γινο-
μένη. καὶ εἰ ἦν τι κυκλικὸν οὕτως ἐπιτεινόμενον, ἢ ἀριθμόν τινα περι-

---

4 χρόνον om. Fc   6 εἶναι καὶ κατὰ φύσιν Fc   8 ἕπεται] ἕπεται τοῦτο Fc   15 μὴν
F: μὲν A(?)c   οὐδ' c   19 ἕπεται] λέγεται Fc   20 νῦν] νῦν δὲ Fc   προτίθησιν
Fc, -ν del. F   24 δὲ Ab: om. CFc   26 τὸ (pr.) F: ins. A¹   28 ἀεὶ om. Fc
τῷ (pr.) Fb: τὸ A   32 ἡ om. Fc

ὅτι ἁπλοῦς καὶ ἁπλῆν κίνησιν κυκλοφορητικὴν κινούμενος καὶ ταύτην 196ᵃ
ὁμαλήν, καὶ ὅτι εἷς μόνος, οὐχ ὅτι μία σφαῖρα· οἶδε γὰρ ἄλλο τὸ πλανώμενον παρὰ τὸ ἀπλανὲς καὶ τοῦ πλανωμένου τὴν εἰς πλείονα διάκρισιν·
ἀλλ᾽ ὅτι ἓν ὀκτάσφαιρον ἑνὸς κόσμου καὶ οὐχὶ πλείονες οὐρανοὶ οὕτως ὡς
5 πλείονας κόσμους ἐμπληροῦντες, καὶ ὅτι οὕτως ἀγένητός ἐστιν, οὐχ ὡς
ἀναίτιος, ἀλλ᾽ ὡς ἀίδιος καὶ μὴ ἐν μέρει χρόνου γενόμενος μηδὲ πρότερον
μὲν ὢν ὕστερον δὲ μὴ ὤν. εἰκότως δὲ νῦν τοῦτο τέθεικε τὸ συμπέρασμα,
ὅτε τὰ περὶ τοῦ οὐρανίου σώματος συμπληρώσας ἐπὶ τὴν τῶν ἀστέρων
θεωρίαν μεταβιβάζει τὸν λόγον.

10 p. 289ᵃ11 Περὶ δὲ τῶν καλουμένων ἀστέρων ἕως τοῦ ὁμοίως καὶ
ἡμεῖς λέγομεν.

Ἕβδομον μὲν τοῦτο τὸ κεφαλαιόν ἐστι τῶν ἐν τούτῳ τῷ βιβλίῳ
προβαλλομένων, μετὰ δὲ τὴν τῶν ὅλων σφαιρῶν θεωρίαν καὶ τὰ συμφυῆ
μέρη αὐτῶν τὰ κατὰ τὰς τοπικὰς σχέσεις ἐν αὐτοῖς θεωρούμενα τό τε δεξιὸν
15 καὶ ἀριστερὸν καὶ ἄνω καὶ κάτω καὶ ἔμπροσθεν καὶ ὄπισθεν καὶ τὰ περὶ τῆς
κινήσεως αὐτῶν παντοδαπὰ προβλήματα ἐπὶ τὴν θεωρίαν τῶν περιεχομένων
ἐν αὐταῖς ἀστέρων μεταβαίνει νῦν μὲν κοινῶς περὶ πάντων τῶν ἀστέρων
προβαλλόμενος ζητεῖν, τίνα τε οὐσίαν ἔχουσι καὶ σχῆμα ὁποῖον καὶ κατὰ
τίνα τρόπον κινήσεως κινοῦνται, ὕστερον δὲ διαπορήσει τι καὶ περὶ τῆς
20 τῶν πλανωμένων πρὸς τὰς ἀπλανεῖς διαφορᾶς. λέγει οὖν πρῶτον περὶ τῆς
οὐσίας αὐτῶν, ὅτι τῆς αὐτῆς οὐσίας εἰσὶν οἱ ἀστέρες καὶ τοῦ αὐτοῦ σώματος ταῖς σφαίραις, ἐν αἷς περιεχόμενοι περιφέρονται. ἑπόμενον δὲ τοῦτο
τοῖς εἰρημένοις αὐτῷ φησιν εἶναι, διότι ἀπὸ τῶν ἁπλῶν καὶ πρώτων
δύο κινήσεων τῆς τε ἐπ᾽ εὐθείας καὶ τῆς κύκλῳ δύο κατὰ γένος ὑπέθετο
25 τὰ πρῶτα σώματα, τὸ μὲν κυκλοφορητικὸν οὐράνιον πᾶν, τὸ δὲ εὐθυπορούμενον τὸ ὑπὸ σελήνην· οἱ οὖν ἀστέρες ἐν οὐρανῷ ὄντες καὶ τὴν οὐρανίαν
κίνησιν κινούμενοι τῆς οὐρανίας ἂν εἶεν οὐσίας. εἰ δὲ διάφορον ὁρᾶται τὸ
τῶν ἀστέρων σῶμα παρὰ τὸ οὐράνιον, οὐκ ἀνάγκη διὰ τοῦτο διάφορον
οὐσίαν ἔχειν αὐτούς. καὶ πιστοῦται τοῦτο ἀπὸ τῶν πύρινα τὰ ἄστρα πρὸς
30 τὴν φαντασίαν εἰπόντων διὰ τὸ καὶ τὸν οὐρανὸν πύρινον ὅλον ὑπολαμβάνειν.
μήποτε δὲ καὶ τὸν οὐρανὸν πύρινον ἀπὸ τῶν ἄστρων ὑπέλαβον οἱ οὕτως
ὑπολαβόντες. ὁ δὲ θεῖος Πλάτων τὸν ὅλον κόσμον ἐκ τῶν τεσσάρων στοιχείων
συνεστάναι λέγων διὰ τὰς εἰρημένας πρότερον αἰτίας τὸν οὐρανὸν ἐκ τῶν
ἀκροτήτων τῶν στοιχείων συνεστάναι βούλεται, καὶ ὥσπερ ἐν τοῖς ἐνταῦθα |
35 σώμασιν ἐκ τῶν τεσσάρων στοιχείων καὶ αὐτοῖς συνεστηκόσιν, ἐσχάτοις 196ᵇ
δὲ οὖσιν, ἐπικρατεῖ τὸ τῶν στοιχείων ἔσχατον τὸ γήινον, οὕτω καὶ ἐν τοῖς
θείοις σώμασιν ἐκ τῶν ἀκροτάτων συνεστηκόσιν ἐπικρατεῖ ἡ τοῦ πρώτου

---

2 ὁμαλῇ c: comp. F   γὰρ] γὰρ καὶ Fc   4 ὀκτάσφαιρον CF: ὀκατάσφαρον A
5 συμπληροῦντες Fc   οὗτος Fc   10 ἄστρων c   12 τὸ A: om. Fc
15 καὶ (pr.) A: καὶ τὸ Fc   18 ποῖον c   26 οἱ F: εἱ A   27 εἱ CFb:
οὐ A   30 ὅλον πύρινον Fc   34 ἀκροτήτων Ab: ἀκροτάτων Fc   36 οὕτως c

Ἐπειδὴ δὲ ἡ μὲν ἐπίτασις κατὰ προσθήκην γίνεται, ἡ δὲ ἄνεσις κατὰ 195ᵇ ὑφαίρεσιν, οὐ πᾶσα δὲ προσθήκη ἐπίτασιν ἁπλῶς ποιεῖ, ὥστε καὶ ἄνεσιν ἔχειν, μετὰ τὸ εἰπεῖν, ὅτι ὁμοίως ἄμφω καὶ θάτερον, ἐπάγει, πῶς ἐχούσης τῆς προσθέσεως γίνεται ἡ ἐπίτασις, πρὸς ἣν ἀνάγκη τὴν ἄνεσιν ἀποδίδοσθαι, καὶ ἐφ' ἧς ἀληθὲς τὸ ὁμοίως ἄμφω καὶ θάτερον. ἀληθὲς γάρ, εἴπερ αἱ προσγινόμεναι προσθῆκαι τῷ λεγομένῳ ἐπιτείνεσθαι ἢ ἴσαι ἀλλήλαις εἰσὶν ἢ μείζων ἡ ἑπομένη τῆς προηγησαμένης· τότε γὰρ κυρίως καὶ μόνως ἐπίτασίς ἐστιν· ἐὰν δὲ αἱ προσθῆκαι ἐπὶ τὸ ἔλαττον προίωσιν, ὡς νῦν μέν, εἰ τύχοι, δέκα δακτύλων τάχος προστίθεσθαι, αὖθις δὲ ἐννέα καὶ ἐφεξῆς οὕτως, πρῶτον μὲν οὐκ ἔστιν ἡ τοιαύτη μόνον ἐπίτασις, ἀλλὰ καὶ ἄνεσις, διὸ οὐδὲ ἄλλη τις ἔστι ταύτης ἄνεσις, ἔπειτα οὐδὲ εἰς ἄπειρον χρόνον ταύτην γίνεσθαι δυνατόν· δαπανηθήσεται γὰρ τὸ προστιθέμενον ἀεὶ μειούμενον. διὰ τοῦτο οὖν εἰπὼν ὁμοίως γὰρ ἄμφω καὶ θάτερον ἐπήγαγεν εἴπερ τῷ αὐτῷ ἐπιτείνεται τάχει ἢ μείζονι καὶ ἄπειρον χρόνον. ἡ μέντοι ἄνεσις, κἂν ἴσα ἀλλήλοις ᾖ τὰ ἀφαιρούμενα, κἂν τὸ μὲν μεῖζον, τὸ δὲ ἔλαττον, ἄνεσις μένει. τότε δὲ ἡ ἄνεσις ἀνάλογον ἔχει τῇ ἐπιτάσει, ὅταν αἱ ἀφαιρέσεις ἀνάλογον ταῖς προσθήκαις γίνωνται.

p. 289ᵃ4 **Λείπεται δὴ λέγειν ἐναλλὰξ ἕως τοῦ εὐαισθητότερα γὰρ τὰ παρ' ἄλληλα τιθέμενα.**

Τοῦτο τῷ ὄντι λοιπόν ἐστι τὸ τρίτον τῆς διαιρέσεως τμῆμα τὸ λέγον ἀνώμαλον γίνεσθαι τὴν κίνησιν τῷ ἐναλλὰξ ἐν αὐτῇ κεῖσθαι τὸ θᾶττον καὶ τὸ βραδύτερον. ἐλέγχει δὲ καὶ ταύτην τὴν ὑπόθεσιν ἔκ τε τοῦ μὴ ἔχειν εὔλογον εἰπεῖν αἰτίαν τοῦ σήμερον μέν, εἰ τύχοι, θᾶττον, αὔριον δὲ βραδύτερον κινεῖσθαι τὸν οὐρανόν, διότι τὰ ἐν τοῖς λόγοις πλάσματα τὸ μὴ ὂν λέγοντα οὐδὲ αἰτίαν εὔλογον εἰπεῖν ἔχει τοῦ λεγομένου. δεύτερον δὲ ἔλεγχον ἐπάγει τῷ λόγῳ τὸ μὴ ἂν λαθεῖν τοῦτο γινόμενον· τὰ γὰρ διάφορα καὶ ἀνόμοια καὶ ἐναντία παρ' ἄλληλα τιθέμενα εὐφώρατον ἔχει τὴν διάκρισιν, εἴτε αἰσθητὰ εἴτε νοητὰ τυγχάνει.

p. 289ᵃ8 **Ὅτι μὲν οὖν εἷς τε μόνος ἐστὶν ὁ οὐρανὸς ἕως τοῦ ἐπὶ τοσοῦτον εἰρήσθω.**

Συμπέρασμα τοῦτο κοινὸν ἐπάγει τῶν τε ἐν τῷ πρώτῳ βιβλίῳ καὶ τῶν ἐν τούτῳ περὶ τοῦ οὐρανοῦ ῥηθέντων. δέ|δεικται γὰρ περὶ αὐτοῦ, 196ᵃ

---

7 γὰρ om. c   9 προίωσιν CF: προιοῦσιν A   11 οὐδὲ (alt.)] οὐδ' c   13 γὰρ Fbc: παρ' A   14 τῷ αὐτῷ] ταύτῷ τ' c   17 τὴν ἐπίτασιν c   αἱ F: om. A   22 αὐτῇ F: αὐτῷ A   κεῖσθαι F: insit b: κινεῖσθαι Ac   25 post οὐρανόν add. τοῦτο δὲ πλάσματι ὅμοιον εἰπε(ν) Fc   26 ἔχοι c   29 τυγχάνει AC: comp. F: τυγχάνουσιν c   30 εἷς τε om. F   τε A: καὶ c   ὁ om. c   31 εἰρήσθω A: ἡμῖν εἰρήσθω Fc   32 ἐπάγει] ὑπάρχει Fc

μεταβάλλον εἰς ὕδωρ, πολὺ δὲ ἔτι τὸ ἀερῶδες ἔχον καὶ οἷον ἀφρῶδες καὶ 197ᵃ
διὰ τοῦτο λελευκασμένον, ἐπειδὴ ὑπὸ ψύξεως εἰς τοιοῦτον εἶδος συνεκρίθη, 5
ὅταν θερμότητι πελάσῃ, διακρίνεται πάλιν εἰς ἐκεῖνα, ἐξ ὧν συνέστη, καὶ
τὸ μὲν ἐξαεροῦται θερμαινόμενον. ᾧ συναπέρχεται τὸ λευκόν, τὸ δὲ ἐξυ-
5 δατοῦται χεόμενον· καὶ εἴπερ μὴ τῇ ψύξει θερμότης καὶ τῇ πήξει καὶ
συγκρίσει χύσις καὶ διάκρισις ἠναντιοῦντο, οὐκ ἄν ποτε χιὼν διελύθη. 10
μήποτε οὖν ἐκεῖνο ἀληθές ἐστιν, ὅτι τὰ μὲν γινόμενα καὶ φθειρόμενα ἐν
τοῖς ἐναντίοις ὑφέστηκε, καὶ ὅπου μὴ ἔστιν ἐναντίωσις, ἐκεῖ γένεσιν ἢ
φθορὰν ἀδύνατον εἶναι, οὐ μέντοι καὶ ἐκεῖνο ἔτι ἀληθές, ὅτι, ὅπου ἂν
10 ἐναντίωσις ᾖ, γένεσιν ἀνάγκη καὶ φθορὰν ὑπάρχειν, ἀλλ' ἐπ' ἐκείνων 15
μόνων τῶν ἐναντίων τοῦτο ἀληθές, ὅσα ἐν τῷ αὐτῷ ὑποκειμένῳ πεφυκότα
γίνεσθαι συνυπάρχειν ἀλλήλοις ἀδυνατεῖ· ταῦτα γὰρ ἀντιποιούμενα τοῦ
εἶναι καὶ περὶ τοῦ εἶναι μαχόμενα φθείρειν ἄλληλα πέφυκεν, οἱ δὲ ἐν τῇ
ἐπιστήμῃ τῶν ἐναντίων λόγοι, λευκοῦ καὶ μέλανος, θερμοῦ καὶ ψυχροῦ, 20
15 ἅτε ἀδιάστατοι ἐν ἀδιαστάτῳ ὄντες συνυπάρχειν ἀλλήλοις πεφυκότες οὐ
μόνον οὐ φθείρουσιν ἀλλήλους, ἀλλὰ καὶ συνιστῶσιν· ἀλλ' οὐδὲ τὸ ἐν τῇ
ἐπιστήμῃ λευκὸν πρὸς τὸ ἐν τῇ ὕλῃ μέλαν μάχεται, οὔτε φθείρει ἄλληλα
οὔτε γίνεται ἐξ ἀλλήλων, διότι μὴ πέφυκεν ἐν τῷ αὐτῷ γίνεσθαι ὑποκει- 25
μένῳ. οὕτως οὖν καὶ τὸ ἐν οὐρανῷ πυκνόν, εἰ τύχοι, καὶ τὸ ἐνταῦθα
20 μανὸν οὔτε μάχεται πρὸς ἄλληλα οὔτε μεταβάλλει εἰς ἄλληλα διὰ τὸ μὴ
πεφυκέναι ἐν τῷ αὐτῷ γίνεσθαι ὑποκειμένῳ ἀλλόφυλα ὄντα. ἀλλ' οὐδὲ τὸ
ἐν τῷ οὐρανῷ πυκνὸν πρὸς τὸ ἐκεῖ μανὸν μάχεται οὐδὲ στάσις πρὸς 30
κίνησιν, ὅτι καὶ τὰ ὑποκείμενα διάφορα κατὰ φύσιν ἐστίν, οἱ πόλοι, φέρε
εἰπεῖν, καὶ ὁ ἰσημερινὸς κύκλος, οἱ μὲν πρὸς στάσιν πεφυκότες, ὁ
25 δὲ πρὸς κίνησιν· καὶ ὁ ἥλιος, εἰ τύχοι, καὶ οἱ ἀστέρες πυκνοὶ δοκοῦντες,
τὰ δὲ τῶν οὐρανῶν σώματα μανοῖς ἐοικότα οὐ μεταβάλλει εἰς ἄλληλα διὰ 35
τε τὴν τοῦ ὑποκειμένου φύσιν πρὸς ἓν τὸ αὐτὸ ἀεὶ πεφυκότος εἶδος καὶ
διὰ τὴν τοῦ εἴδους ἀμετάβλητον οὐσίαν ὑπὸ ἀκινήτου προσεχῶς αἰτίου
γινομένην.

30   Καὶ ταῦτα οὐ διαφέρεται πρὸς τὰ ὑπὸ τοῦ Ἀριστοτέλους ἐν τῷ
πρώτῳ βιβλίῳ δεδειγμένα περὶ τοῦ ἀγένητον καὶ ἄφθαρτον εἶναι τὸν 40
οὐρανόν. λέγει γὰρ ἐν ἐκείνοις γίνεσθαι μὲν ἅπαν τὸ γινόμενον ἐξ ἐναντίου
τε καὶ ὑποκειμένου τινὸς καὶ φθείρεσθαι ὡσαύτως ὑποκειμένου τέ τινος
καὶ ὑπὸ ἐναντίου καὶ εἰς ἐναντίον, καθάπερ εἴρηται ἐν τοῖς πρώτοις λόγοις.
35 καὶ ταῦτα ὑποθέμενος ἐκ τῶν ἐν τῷ πρώτῳ τῆς Φυσικῆς ἀκροάσεως δε-

---

1 μεταβαλὸν c   8 ὅτου c   8. 9 ἀδύνατον ἢ φθορὰν Fc   11 μόνον Fc   13 εἶναι
(alt.) A(b), ὑποκειμένου Fc   14 καὶ (alt.)] τε καὶ Fc   15 ἐν] καὶ ἐν Fc
πεφυκότες—ἀλλήλους (16) F: om. A: *possunt coexistere invicem* b   19 ἐν] ἐν τῷ
Fc   ἐνταῦθα] del. K: om. c   23 οἱ πόλοι] οἷον Fc   24 καὶ] οἱ πόλοι καὶ
Fc   στάσιν] στάσιν μόνον Fc   26 οὐρανίων c   28 εἴδους c: εἴδους τὴν A:
εἴδους πρὸς F   ὑπὸ A: ἀπὸ Fc   31 πρώτῳ] a AF: αὐτῷ c   βιβλίῳ] cap. 3
δεδιδαγμένα Fc   32 λέγει] cap. 3. 270ᵃ14   33 τε καὶ A: τε Fc   34 εἴρηται]
καὶ c   πρώτοις] πρώτοις εἴρηται F: προτέροις εἴρηται c   35 πρώτῳ] cap. 7

τῶν στοιχείων ἀκρότης τοῦ πυρός. γράφει δ' οὖν ἐν Τιμαίῳ "τοῦ μὲν
οὖν θείου τὴν πλείστην ἰδέαν ἐκ τοῦ πυρὸς ἀπειργάζετο, ὅπως ὅτι λαμ-
πρότατον ἰδεῖν τε κάλλιστον εἴη."

Ἀπορεῖ δὲ καλῶς ὁ Ἀλέξανδρος, πῶς ἁπλῆς οὔσης τῆς πέμπτης λε-
γομένης οὐσίας τοῦ κυκλοφορητικοῦ σώματος τοσαύτη φαίνεται διαφορὰ
τοῦ τῶν ἄστρων σώματος πρὸς τὸ οὐράνιον· εἰ δὲ διαφέρει ὅλως πυκνότησιν
ἢ μανότησιν ἢ κατὰ χρώματα ἢ κατά τινα ἄλλα τοιαῦτα εἴδη, πῶς ἁπλᾶ
λέγεται ἢ πῶς ἀπαθῆ, εἴπερ τὰ πάθη κατὰ ταύτας γίνεται τὰς διαφορὰς
καὶ εἰσιν αἱ διαφοραὶ πάθη. καὶ λέγει, ὅτι "οὐδὲν ἄτοπον, ὥσπερ καὶ
πρότερον εἴρηται, εἶναι τοιαύτας διαφορὰς ἐν τῷ οὐρανίῳ σώματι καὶ
ποιότητας οὐ διὰ πάθους ἐγγινομένας αὐτοῖς, ἀλλ' ἐνυπαρχούσας· ἀπαθῆ
γὰρ οὐχ ἁπλῶς ἐστιν, ἀλλὰ πάσης θνητῆς δυσχερείας, τοῦτο δὲ αὐτοῖς
ὑπάρχει τῷ τῇ οὐσίᾳ αὐτῶν καὶ τῷ εἴδει, καθ' ὃ ἐστι, μηδὲν ἐναντίον
ὑπάρχειν, εἰς ὃ οἷόν τε μεταβάλλοντα φθαρῆναι. τὸ μέντοι συμβεβηκέναι
αὐτοῖς τινα ἐναντίωσιν ἔχοντα πρός τινα οὐδὲν ἐπικοινωνοῦντα τῇ οὐσίᾳ
αὐτῶν οὐδὲν ἄτοπον. καὶ γὰρ καὶ ἐν τοῖς φθαρτοῖς τε καὶ γενητοῖς σώ-
μασίν ἐστί τινα, οἷς ἔστιν ἐναντία, ὡς τῇ χιόνι τὸ λευκὸν τὸ ψυχρόν· ἔστ'
ἂν γὰρ χιὼν ᾖ, ἀχώριστον αὐτῆς τὸ λευκόν, καὶ οὐ, διότι ἔστι τὸ ἐναντίον
αὐτῷ, διὰ τοῦτο μεταβάλλει ἡ χιὼν κατὰ χρῶμα· καὶ γὰρ ἁπλᾶ ἐστιν
ὡς σώματα, ὧν οὐδὲν ἁπλῶς ἁπλοῦν, εἴ γε ἐξ ὑποκειμένου καὶ εἴδους".
ταῦτα τοῦ Ἀλεξάνδρου λέγοντος αὐταῖς λέξεσι τὸ μὲν ὑπάρχειν τινὰς ἐν
τοῖς οὐρανίοις ποιότητας ἐχούσας πρὸς ἀλλήλας ἐναντίωσιν κατὰ τε χρῶμα
καὶ κατὰ μέγεθος, ἴσως δὲ καὶ κατὰ σχῆμα· καὶ γὰρ εὐθύγραμμα σχή-
ματά ἐστιν ἐν τοῖς οὐρανίοις σχηματισμοῖς, ὡς τὸ Δελτωτόν, καὶ περιφερό-
γραμμα, ὡς ὁ Στέφανος· τὸ μὲν οὖν ὑπάρχειν ταύτας τὰς ἐναντιώσεις
ἐκεῖ χωρὶς θνητῆς δυσχερείας καὶ φθοροποιοῦ πάθους ἀποδέξαιτο ἄν τις τοῦ
Ἀλεξάνδρου, τὸ μέντοι λέγειν· κἂν ᾖ ἐναντία τῷ λευκῷ καὶ τῷ ψυχρῷ τῷ
ἐν τῇ χιόνι, οὐ διὰ τοῦτο μεταβάλλει ἡ χιὼν κατὰ χρῶμα καὶ ποιότητας· ἐπι-
σκέψεως ἄξιον εἶναί μοι δοκεῖ. εἰ μὲν γὰρ τοῦτο λέγει, ὅτι μένουσα χιὼν
οὐκ ἂν μεταβάλλοι κατὰ ταῦτα, λέγει μὲν ἀληθῶς, οὐδὲν δέ, οἶμαι, πρὸς
τὸ προκείμενον· οὐδὲ γὰρ ἄλλο τι μένον, ὅπερ ἐστί, μεταβάλλει, ἀλλὰ τὸ
ὑποκείμενον ἄλλας ἐξ ἄλλων μεταλαμβάνον διαφορὰς μεταβάλλειν λέγεται. εἰ
δέ, ὅτι οὐ μεταβάλλει ὅλως διὰ τὴν ἐναντίωσιν, πῶς ἀληθὴς ὁ λόγος, εἴπερ
μέχρι τοῦ νῦν διετελέσαμεν λέγοντες, ὅτι ἐν τοῖς ἐναντίοις εἰσὶν αἱ γενέσεις
καὶ φθοραί, διότι | καὶ τὰ γινόμενα ἐξ ἐναντίων γίνεται καὶ τὰ φθειρόμενα
εἰς ἐναντία φθείρεται. καὶ γὰρ ἡ χιὼν πεπηγὸς οὖσα νέφος ἤδη μὲν

---

1 δ' οὖν] igitur b; fort. γοῦν   Τιμαίῳ] 40 a   2 τοῦ A: om. Fc   ἀπειργάσατο Fc   3 ἰδεῖν A: τε ἰδεῖν F: τ' ἰδεῖν c   6 ἀστέρων Fc   9 καὶ — διαφορὰς (10) Fc: om. A   πάθη] passionum b   14 μεταβαλόντα c   15 ἔχοντα] habere b   οὐδὲν om. c   16 τε om. c   17 τὸ (alt.) AF: καὶ K²bc   18 αὐτῆς F: ab ipsa b: αὐτῇ A   τὸ (alt.) mut. in τι K²   26 ἀποδέξαιτ' c   27 λέγειν Ab: λέγειν ὅτι Fc   30 μεταβάλλοι A: comp. F: μεταβάλοι c   36 ἤδη] εἴδει c: corr. ex ἤδει F

γὰρ θερμαίνουσι τὰ τῇδε, τὸ δὲ θερμαίνειν πυρός, πῶς οὐ πύρινα, φασίν, 197b
ἐστι τὰ οὐρανία; καὶ ὅτι μὲν εἰς τοῦτο τείνει ὁ λόγος αὐτῷ, δηλοῖ τὸ
συμπέρασμα λέγον· ὅτι μὲν οὖν οὔτε πύρινά ἐστιν οὔτε ἐν πυρὶ φέ-
ρεται, ταῦτα ἡμῖν εἰρήσθω περὶ αὐτῶν. ὅτι δέ, κἂν θερμαίνῃ τὰ τῇδε,
5 οὐκ ἀνάγκη πύρινα ὄντα αὐτὰ θερμαίνειν, ἀλλ' ἀρκεῖ πρὸς τοῦτο ἡ κίνησις
αὐ|τῶν, πιστοῦται τοῦτο ἐκ τοῦ καὶ τὰ στερεώτατα διὰ κινήσεως ἐξάπτεσθαι· 198a
καὶ γὰρ ξύλα καὶ λίθοι καὶ σίδηρος. καὶ τὸ τῶν βελῶν δι' ἀέρος φερο-
μένων παράδειγμα ἐναργὲς παρατίθεται· ταῦτα γὰρ διὰ τὴν κίνησιν οὕτως
ἐκπυροῦται, ὡς καὶ τὰς μολιβδίδας τὰς τὸν σίδηρον ἐν τῷ ξύλῳ συνε-
10 χούσας τήκεσθαι καὶ τὸν πέριξ αὐτῶν ἀέρα συνεκπυροῦσθαι. ὡς οὖν ὑπὸ
τῆς κινήσεως ἐκπυρουμένου συνεκπυροῦται ὁ παρακείμενος ἀήρ, οὕτως ὑπὸ
τῆς οὐρανίου κινήσεως κινουμένου προσεχῶς τοῦ ὑπεκκαύματος καὶ ἐκ-
πυρουμένου εὔλογον τὸν ἀέρα ἐγγυτέρω τοῦ πυρὸς ὄντα θερμαίνεσθαι. ὁ
δὲ Ἀλέξανδρος ἀέρα τὸ ὑπέκκαυμα ἀκούει, ὃ ἐν ἄλλοις, φησίν, ὡς στοιχεῖον
15 πῦρ καλεῖ ὁ Ἀριστοτέλης. καίτοι πῶς ἐγγύτερον τοῦ πυρὸς ἔλεγε τὸν
ἀέρα, εἴπερ ἀέρα τὸ ὑπέκκαυμα ἐνόμιζε; πῶς δὲ τὴν πρὸς τὸ βέλος ἀνα-
λογίαν διασώζει, εἴπερ τὸ ἐξάπτον τὸν ἀέρα βέλος ἀνάλογον ἦν τῷ πυρί;
ὅτι καὶ τὸ βέλος ὑπὸ τοῦ ἀέρος παρατριβομένου ἤκουσε θερμαίνεσθαι ὁ
Ἀλέξανδρος, ἀλλ' οὐχὶ τὸν ἀέρα ὑπὸ τοῦ βέλους, καίτοι τοῦ Ἀριστοτέλους
20 εἰπόντος, ὅτι τὰ βέλη αὐτά τε ἐκπυροῦται οὕτως ὑπὸ τῆς κινήσεως
ὥστε τήκεσθαι τὰς μολιβδίδας, καὶ ἐπείπερ ἐκπυροῦνται αὐταί,
ἀνάγκη καὶ τὸν κύκλῳ αὐτῶν ἀέρα τὸ αὐτὸ πάσχειν. καὶ ἴσως
ἀπὸ τοῦ ἐφεξῆς λεγομένου ταύτην ἔσχε τὴν ὑπόνοιαν ὁ Ἀλέξανδρος· λέγει δέ,
ὅτι τὰ μὲν ἐνταῦθα δι' ἀέρος φερόμενα ὑπὸ τῆς ἐν αὐτῇ τῇ κινήσει
25 πληγῆς καὶ παρατρίψεως αὐτὰ ἐκπυροῦται, τῶν δὲ ἀστέρων ἕκαστος ἐν τῇ
καθ' ἑαυτὸν τοῦ οὐρανοῦ σφαίρᾳ φερόμενος αὐτὸς μὲν οὐκ ἐκπυροῦται·
οὐδὲ γὰρ πέφυκε· τὸν δὲ ἀέρα· νῦν δὲ ἀέρα τὸν ὅλον μετὰ τοῦ ὑπεκκαύ-
ματος καλεῖ· τοῦτον οὖν ὑπὸ τὴν σφαῖραν ὄντα τοῦ κυκλοφορητικοῦ σώ-
ματος κινουμένης ἐκείνης καὶ συγκινούσης αὐτὸ δῆλον ὅτι ἀνάγκη ἐκθερ-
30 μαίνεσθαι· καὶ γὰρ οὐ μόνον τὸ ὑπέκκαυμα συγκινεῖται τῷ οὐρανῷ, ἀλλὰ
καὶ ὁ πλησιάζων αὐτῷ ἀήρ, καὶ μέχρι σχεδὸν τοῦ περὶ τὴν γῆν τοῦ
λιμνάζοντος καὶ ὑπὸ τῶν ἀκρωρειῶν κατεχομένου.

Ἐπειδὴ δὲ τοῦτο εἰπόντος παντὸς ἦν ἀπορεῖν, διὰ τί τοῦ οὐρανοῦ
καὶ τῶν ἐν αὐτῷ ἀστέρων καὶ ἐν νυξὶν ὁμοίως ὡς ἐν ἡμέρᾳ κινουμένων
35 καὶ ἐν χειμῶσιν ὁμοίως ὡς καὶ ἐν θέρει καὶ τοῦ ὑποκειμένου ἀέρος ὁμοίως
ὡς ἑνὸς ἀεὶ συγκινουμένου αἱ ἡμέραι ὅμως τῶν νυκτῶν καὶ τὰ θέρη τῶν

---

1 θερμαίνουσι F: corr. ex θερμαίνουσα A   2 τοῦτο] τοσοῦτον F: τοιοῦτον c
3 πύριν' c   οὔτ' ἐν c   4 ταῦθ' c   10 οὖν Ab: οὖν τοῦ βέλους Fc   12 οὐ-
ρανίας c   18 ὅτι] οἶδα δέ, ὅτι Fc   21 αὐταί AF: ipse b; fort. αὐτὰ coll.
Arist. 289ᵃ25   23 λέγων c   24 αὐτῇ τῇ scripsi: αὐτῇ A: τῇ Fc   27 νῦν
δὲ ἀέρα F: om. Ab   31 περὶ τὴν A: ὑπὲρ F: περὶ c   35 χειμῶσιν A: χειμῶνι
Fc   καὶ (alt.) om. Fc   36 ὡς ἑνὸς b: ὡς ἐν A: om. Fc   ὅμως Fb:
ὁμοίως A

δειγμένων προσαποδείκνυσι λοιπόν, ὅτι τῷ οὐρανίῳ σώματι οὐδὲν ἔστιν | 197ᵃ
ἐναντίον, εἰς ὃ ἂν μεταβάλλοι, τοῦ αὐτοῦ ὑποκειμένου μένοντος· ἦν γὰρ 197ᵇ
ἂν καὶ τῇ νῦν κινήσει αὐτοῦ ἐναντία κίνησις, ἣν κατὰ φύσιν ἂν ἐκινεῖτο
ἐκεῖνο τὸ ἐξ οὗ καὶ εἰς ὃ μετέβαλε. δείξας οὖν, ὅτι καὶ τῇ κύκλῳ κινήσει,
5 ἣν κινεῖται ὁ οὐρανός, οὐκ ἔστιν ἐναντία κίνησις, συνήγαγεν, ὅτι οὐδὲ σῶμα
ἔστι τῷ οὐρανίῳ σώματι ἐναντίον, ἐξ οὗ ἂν καὶ εἰς ὃ μετέβαλεν· ὥστε
διὰ πάντων δῆλον, ὅτι ἡ μὲν γένεσις καὶ ἡ φθορὰ ἐν τοῖς ἐναντίοις ἐστὶ
πάντως, καὶ ὅπου μὲν οὐκ ἔστιν ἐναντία, οὐκ ἔστι γένεσις οὐδὲ φθορά, οὐ
μέντοι, ἔνθα τὰ ἐναντία ἐστίν, ἐκεῖ ἀνάγκη πάντως γένεσιν εἶναι καὶ 10
10 φθοράν, εἰ μὴ καὶ ὑποκείμενον εἴη τοῖς ἐναντίοις κοινὸν καὶ διάστατον
τοῦτο καὶ μεριστόν, ὥστε συνυπάρχειν ἀλλήλοις ἐν αὐτῷ τὰ ἐναντία μὴ
δύνασθαι.
Ἀλλ' ἔτι μοι δοκεῖ τὸ τοῦ Ἀλεξάνδρου μένειν ἄπορον. κἂν γὰρ
ἀγένητα καὶ ἄφθαρτα μὴ κωλύηται εἶναι τὰ ἄστρα ἐναντίας ἔχοντα ποιό- 15
15 τητας, ἀλλὰ τό γε τῆς αὐτῆς οὐσίας εἶναι τοῖς οὐρανίοις σώμασιν, ἐν οἷς
φέρεται, πῶς ἀληθὲς δόξει τοσαύτης οὔσης διαφορᾶς ἔν τε χρώμασι καὶ
συστάσεσι καὶ δηλονότι καὶ ἐν ταῖς δυνάμεσι καὶ ἐν ταῖς ἐνεργείαις; μήποτε
οὖν ὁ Ἀριστοτέλης ταύτην ἔλυεν αὐτὸς τὴν ἀπορίαν ἐπαγαγὼν τὸ ἐπειδὴ 20
ἐφαμέν τι εἶναι, ὃ κύκλῳ φέρεσθαι πέφυκεν. ὡς γὰρ τὰ ὑπὸ
20 σελήνην ἁπλᾶ σώματα τὰ εὐθυπορούμενα γένος μὲν ἔχει κοινόν, καθὸ
εὐθυπορούμενα γενητά τε καὶ φθαρτά ἐστι καὶ εἰς ἄλληλα μεταβάλλοντα,
εἴδη δὲ τὰ προσεχῆ τοσοῦτον ἀλλήλων διαφέροντα, ὅσον οὐ μόνον ὁ λόγος 25
ἡμῶν ἀλλὰ καὶ ἡ αἴσθησις σημαίνει, οὕτω καὶ τὰ οὐράνια σώματα τὸ
κυκλοφορητικὸν ἔχοντα κοινὸν καὶ διὰ τοῦτο καὶ τὸ ἀγένητον καὶ ἄφθαρτον
25 κατὰ τὰ προσεχῆ εἴδη οὐδὲν κωλύεται πολλὴν ἔχειν τὴν πρὸς ἄλληλα
διαφοράν.
Ἀλλ' ἐπὶ τὰ ἑξῆς τῶν τοῦ Ἀριστοτέλους λόγων ἰτέον. 30

p. 289ᵃ19 'Η δὲ θερμότης ἀπ' αὐτῶν καὶ τὸ φῶς ἕως τοῦ ταῦτα 35
ἡμῖν εἰρήσθω περὶ αὐτῶν.

30 Μνημονεύσας τῶν πύρινα τὰ ἄστρα λεγόντων, διότι καὶ ὁ οὐρανὸς
πύρινός ἐστι, καὶ τοσοῦτον ἀπὸ τοῦ λόγου λαβὼν εἰς τὴν ἑαυτοῦ δόξαν τὸ
καὶ ἐκείνους ὁμοούσια τῷ οὐρανῷ λέγειν τὰ ἄστρα, ἀπαρεσκόμενος δὲ τὸ
πύρινα εἶναι, ἀναιρεῖ τοῦτο διελέγχων τὸ πιθανὸν ἐν τῷ λόγῳ δοκοῦν. εἰ 40

---

2 μεταβάλῃ Fc   3 νῦν om. Fc   8 οὐκ (pr.) K²b: om. AF   9 ἐκεῖ] ἐκεῖ καὶ
Fc   γένεσιν πάντως Fc   15 οὐρανίοις F: οὐρανείοις A   16 φέρεται] comp.
ambig. A: φέρονται Fc   17 alt. καὶ — κύκλῳ (19) om. F   ἐν (alt.) om. c
μήποτε] ἴσως c   18 ταύτην ἔλυεν αὐτός] αὐτὸς ταύτην λύει c   ἐπαγαγὼν τὸ] εἰ-
πών c   21 μεταβάλλοντα] μεταβάλλον A: μεταβάλλονται Fc   23 τὸ Fb:
τὰ A   25. 26 διαφορὰν πρὸς ἄλληλα Fbc   27 ἰτέον F: corr. ex ἰστέον A
28 ἀπ' αὐτῶν F: ἁπάντων A   ταῦθ' c

SIMPLICII IN L. DE CAELO II 7 [Arist. p. 289ᵃ19]

τὸ θερμαίνειν τὰ τῇδε τὸν ἥλιον, ἀλλὰ τῷ πλησιάζειν ἡμῖν καὶ ὑπὲρ ἡμᾶς 198ᵇ
γίνεσθαι. ῥητέον τοίνυν ἀπὸ τοῦ ἡλιακοῦ σώματος ἀκτῖνας ἐκδιδομένας
σωματικὰς φέρεσθαι διὰ τοῦ οὐρανίου σώματος ἐπὶ τὰ ὑπὸ σελήνην τὸ
μὲν οὐρανίον ὡς ἄυλον ἀύλους οὔσας ἀύλως τε καὶ ἀκωλύτως διεξιούσας,
5 διὰ δὲ τοῦ ὑπὸ σελήνην μηκέτι χωρούσας οὕτως, ἅτε τούτου ἐνύλου ὄντος·
καὶ γὰρ τὰς ἀσωμάτους τῶν οὐρανίων ἐλλάμψεις τινὲς μὲν ψυχαὶ δι'
ἐπιτηδειότητα δέχονται, τινὲς δὲ τῆς ἐπιτηδειότητος ἀντεμφραττούσης οὐ
δέχονται· οὕτω δὲ καὶ τὰ ὑπὸ | σελήνην. ἀλλὰ δι' ἀέρος μὲν διὰ 199ᵃ
τῶν πόρων δίασιν, ἀπὸ δὲ τῶν στερεμνίων ἀνακλῶνται πρὸς ἴσας γωνίας·
10 μεσολαβούμενος οὖν ὑπ' αὐτῶν ὁ ἀὴρ καὶ συγκινούμενος καὶ πρὸς αὑτὸν
παρατριβόμενος διὰ τὴν πίλησιν ἐκθερμαίνεται καὶ μάλιστα ἐν ἐκείνοις τοῖς
τόποις, ἐν οἷς αἱ ἀκτῖνες πρὸς ἑαυτὰς ἀνακλώμεναι τὸν μεταξὺ ἀέρα
πυκνοῦσι· καὶ διὰ τοῦτο τῶν μὲν τροπῶν ἡ θερινὴ θερμοτέρα, ὅτι κατ'
ἐκείνην ὁ ἥλιος, οὐχ ἡμῶν ἁπλῶς γίνεται πλησιέστερος ἀεὶ σχεδόν, ὡς
15 εἶπον, ἴσον ἡμῶν ἀφεστηκώς, ἀλλὰ τῷ κατὰ κορυφὴν ἡμῶν πλησιάζειν
τὰς ἀκτῖνας κατὰ τὴν μεσημβρίαν μάλιστα καὶ περὶ ἐκείνην εἰς ἑαυτὰς
ἀνακλᾶσθαι ποιῶν τὸν ἀπολαμβανόμενον ἀέρα συμπιλεῖσθαι καὶ συντρίβεσθαι
παρασκευάζει· ἐν δὲ τῷ χειμῶνι καὶ καθ' ἡμέραν πρὸς ἀνατολαῖς καὶ πρὸς
δύσει τοῦ ἡλίου ὄντος αἱ ἐπὶ τὴν ἡμετέραν οἴκησιν πεμπόμεναι ἀκτῖνες
20 οὐκέτι ὁμοίως πρὸς ἑαυτὰς ἀνακλώμεναι, ἀλλὰ κεχηνυῖαι μᾶλλον, οὐχ ὁμοίως
τὸν ἀέρα συνθλίβουσι. διὰ τοῦτο δὲ καὶ τὰ ὄρη τῶν πεδιάδων ἐστὶ ψυχρό-
τερα, ὅτι πρὸς αὐτῇ τῇ ἀνακλάσει συνημμέναι μᾶλλόν εἰσιν αἱ ἀκτῖνες καὶ
μᾶλλον τὸν ἀέρα συνθλίβουσιν, ἀνιοῦσαι δὲ διίστανται μᾶλλον, διόπερ ὁ
μετεωρότερος ἀὴρ ψυχρότερός ἐστιν. καίτοι εἰ ἄνωθεν διὰ τὴν κίνησιν ἡ
25 ἐκπύρωσις ἤρχετο, θερμότερα ἐχρῆν εἶναι τὰ μετεωρότερα ἅτε ἐγγυτέρω
μᾶλλον ὄντα τῶν κινουμένων. ὅταν οὖν λέγῃ ὁ Ἀριστοτέλης, ὅτι γίνεται
θερμότης πλησιάζοντος τοῦ ἡλίου καὶ ἀνίσχοντος καὶ ὑπὲρ ἡμῶν
ὄντος, πλησιάζοντος μὲν λέγει τὸ κατὰ κορυφὴν ἡμῶν, ἀνίσχοντος
δὲ ὑπὲρ γῆν ὄντος, ἀλλὰ μὴ ὑπὸ γῆν, ὑπὲρ ἡμῶν δὲ ὄντος τουτέστι
30 μεσημβριάζοντος· τὰ γὰρ τρία ταῦτα συνελθόντα θερμαίνεσθαι τὰ τῇδε
μάλιστα ὑπὸ τοῦ ἡλίου ποιεῖ. καὶ ταῦτα μὲν σωματικῶς καὶ φυσικῶς
ἀπολελόγισται. λεγέσθω δὲ καί, ὅτι, ὥσπερ ὑγείας καὶ νόσους καὶ πλούτους
καὶ πενίας καὶ τέχνας ἄλλοις ἄλλας τῶν ὑπὸ σελήνην παρέχουσι κατὰ τὰς

---

1 τῷ F: τὸ A   3 ἐπὶ] εἰς Fc: corr. F   4 ἀύλους F: ἀύλας A   5 τούτου Fb: τοῦ A
7 δὲ Fb: om. A   ἀντιφραττούσης Fc   8 οὕτως c   ἀλλὰ om. c   9 πόρων
Fb: ἀπόρων A   10 αὐτὸν] αὐτὸν A: ἑαυτὸν Fc   13 τροπῶν Fb: τόπων A
14 πλησιαίτερον Fc   15 τῷ Fc: τὸ A   πλησιάζειν Fb: πλησιάζον A   16 ἑαυτὰς
σχεδὸν Fc   17 ἐναπολαμβανόμενον Fc   18 ἀνατολῇ Fc   22 συνηγμέναι Fc   23 διί-
στανται Fb: ἵστανται A   διόπερ] διότι Fc   24 ἐστὶ Fc   εἰ Fb: ἡ A   post
τὴν del. πύρ͞, quod in κίνησιν mutare voluit, A   26 λέγῃ F: corr. ex λέγει A²
27 καὶ (alt.) Fb: δὲ A   ἡμῶν scripsi coll. l. 29: ἡμᾶς Fc: γῆν Ab e l. 29 petitum
28 μὲν om. Fc   29 ἡμῶν A: ἡμᾶς Fc   30 τὰ (alt.) Fb: om. A   32 ὑπολελόγισ-
ται Fc   33 τῶν] τοῖς c

χειμώνων ἐστὶ τοσούτῳ θερμότερα, ταύτην λύων τὴν ἔνστασιν προστέθει- 198ᵃ
κεν, ὅτι ταύτῃ μάλιστα ὁ οὐρανὸς περιφερόμενος τὸν ὑποκείμενον ἀέρα 40
θερμαίνει, ᾗ ὁ ἥλιος τετύχηκεν ἐνδεδεμένος, καὶ διὰ τοῦτο ἐν μὲν
τῷ θέρει πλησιάζοντος αὐτοῦ τῷ κατὰ κορυφὴν ἡμῶν, ἐν ἡμέρᾳ δὲ
5 ἀνίσχοντος καὶ ὑπὲρ ἡμῶν ὄντος μᾶλλον γίνεται θερμότης. καὶ λέγει ὁ
Ἀλέξανδρος, ὅτι οὐκ ἄλογον κατὰ τὸ μέρος τοῦτο τοῦ περιφερομένου σώ- 45
ματος ὡς ἑνός, καθ' ὃ μέγα σῶμά ἐστιν ἐν | αὐτῷ καὶ πεπιλημένον 198ᵇ
καὶ μὴ πολὺ ἀφεστώς, μᾶλλον γίνεσθαι καὶ πλείω τὴν ἐκ τῆς κινήσεως
θερμότητα ἐν τῷ ὑποκειμένῳ σώματι ἀντιβατικωτέρας πως κατὰ τὸ μέρος
10 τοῦτο διὰ τὴν πυκνότητα καὶ τὸ μέγεθος γινομένης τῆς κατὰ τὴν κίνησιν 5
ἁφῆς· μάλιστα οὖν κατ' ἐκεῖνο τὸ μέρος διὰ τοῦτο ἡ τοῦ οὐρανοῦ περι-
φορὰ θερμαίνει τὸν ἀέρα, καθ' ὃ ὁ ἥλιος ἐνδέδεται.
    Ἀλλ' ἔτι μοι δοκεῖ μένειν τὸ ἄπορον, πῶς ὁ ἥλιος σχεδὸν ἴσον ἡμῶν
πανταχόθεν ἀφεστώς, εἴπερ καὶ πρὸς τὴν τοῦ ἡλίου σφαῖραν ἡ γῆ σημείου
15 σχεδὸν καὶ κέντρου λόγον ἐπέχει ἐλαχίστης οὔσης τῆς παραλλάξεως, πλέον 10
ἐν θέρει τὸν περὶ ἡμᾶς ἀέρα θερμαίνει ἤπερ ἐν χειμῶνι τοῦ τόπου τούτου
μηδὲν σχεδὸν ἔλαττον ἐν θέρει διεστηκώς· πῶς δὲ μεσουρανῶν θερμαίνει
μᾶλλον ἢ ἀνατέλλων τε καὶ δύνων τῆς αὐτῆς οὔσης πρὸς τὸ ὑποκείμενον 15
ἀποστάσεως; πῶς δέ, κἂν μέγα καὶ πυκνὸν ᾖ τὸ τοῦ ἡλίου σῶμα, ἀντι-
20 βατικωτέρα ἡ κατὰ τὴν κίνησιν τοῦ οὐρανίου σώματος ἁφὴ πρὸς τὸ ὑπὸ
σελήνην κατ' ἐκεῖνο γίνεται τὸ μέρος τοσούτων ὄντων οὐρανίων μεταξὺ
σωμάτων.
    Ἀλλὰ ταύτην μὲν τὴν ἔνστασιν καὶ πρότερον καὶ νῦν λύων ὁ Ἀλέ- 20
ξανδρος λέγει πολλὰ πάθη πολλοῖς ἐνδίδοσθαι διὰ μέσων τινῶν τῶν μέσων
25 μὴ πασχόντων τὸ αὐτὸ πάθος, διαβιβαζόντων δὲ αὐτὸ πρὸς τὰ πάσχοντα,
ὥσπερ, φησί, τὰ ὑπὸ ἡλίου ἐξαπτόμενα φρύγανα τῶν μέσων μὴ ἐξαπτο-
μένων· πρότερον δὲ καὶ τὸ ὑπὸ τῆς θαλασσίας νάρκης τοῖς ἀνθρώποις 25
ἐνδιδόμενον πάθος ἐμαρτύρετο διὰ μέσων τῶν δικτύων μὴ ναρκώντων.
μήποτε δὲ ποιότητας μέν τινας οὕτω μεταδίδοσθαι οὐδὲν θαυμαστὸν τῶν
30 μέσων οἷον ἀγγείων τινῶν ἀψύχων γινομένων πρὸς τὴν διαπόρθμευσιν, σω-
ματικὸν δὲ ὠθισμὸν καὶ ἀντέρεισιν τοιαύτην διὰ μέσου γίνεσθαί τινος μὴ 30
ὠθουμένου καὶ αὐτοῦ καὶ ἀντερείδοντος οὐδὲ πλάσαι νομίζω δυνατόν, ἀλλ'
ἀναγκαῖον ἦν τὸ ὑπὸ τὸν ἥλιον οὐράνιον σῶμα πυκνούμενον καὶ αὐτὸ ὑπὸ
τοῦ κατὰ τὸν ἥλιον μέρους καὶ ὠθούμενον οὕτω τὸ πάθος εἰς τὸ ὑπὸ
35 σελήνην διαβιβάζειν. εἰ οὖν τῶν τοιούτων παθῶν ἀνεπίδεκτόν ἐστι τὸ 35
οὐράνιον, ἄλλως χρὴ τὴν τῶν ἀπόρων λύσιν ἀπολογίζεσθαι, καὶ μάλιστα
ὅτι οὐδὲ ὁ Ἀριστοτέλης τῇ πυκνώσει καὶ ἀντερείσει προσεχρήσατο πρὸς

---

5 ἡμῶν A: ἡμᾶς Fc   6 τοῦ F: om. A   10 μέγεθος] μέγεθος τοῦ σώματος Fc
16 ἐν (pr.)] ὅμως ἐν Fc   ἤπερ Fb: corr. ex εἴπερ A   25 post δὲ hab. καὶ τὸ ὑπὸ τῆς
θαλασσίας A e l. 27 petita   αὐτὸ] αὐτὰ Fc   27 πρότερον] v. supra p. 373, 6 sq.
28 μὴ Ab: μεταδιδόμενον τῶν δικτύων μὴ Fc   29 οὕτω μεταδίδοσθαι b: αὑτῷ μετα-
δίδοσθαι A: μεταδίδοσθαι οὕτω Fc (οὕτως c)   34 τὸ (alt.)] τὰ Fc   36 ἄλλως F:
corr. ex ἀλλ' ὡς A

κατὰ ἁπτὰς ἐναντιώσεις, ὅτι ἔνυλά τε καὶ μεταβαλεῖν αὐτὰ εἰς ἄλληλα 199b
ἀνάγκη, τοῦτο δὲ οὐ τοιοῦτον, εἰδοποιεῖται δὲ ποιότητι ἁπτῇ τῇ κυκλοφορίᾳ,
ᾗ οὐδέν ἐστιν ἐναντίον. εἰ γὰρ ἡ βαρύτης καὶ ἡ κουφότης ἁπταί εἰσι 30
ποιότητες, ὡς εἶπεν ἐξαριθμούμενος τὰς ἁπτὰς ἐναντιώσεις, εἴη ἂν καὶ ἡ
5 κυκλοφορία ἁπτή, ἣ ἐστιν εἶδος ἐκείνου τοῦ σώματος. ἡ μὲν οὖν βαρύτης
καὶ ἡ κουφότης οὐκ ἦν εἴδη τῶν ἐν γενέσει σωμάτων, ὅτι μήτε ποιητικὰ
μήτε παθητικὰ ταῦτα· οὐ γὰρ τῷ ποιεῖν ἢ πάσχειν ὑφ᾽ ἑτέρου λέγονται, 35
ὡς εἶπε· τὰ δὲ ἐν γενέσει σώματα ποιητικὰ καὶ παθητικὰ ὑπ᾽ ἀλλήλων·
ἡ δὲ κυκλοφορία ποιητικὴ μὲν οὖσα, οὐκέτι δὲ καὶ παθητικὴ τῷ μὴ
10 ἔχειν τι ἐναντίον, ὑφ᾽ οὗ πείσεται· οὐδὲ γὰρ τὰ πάσχοντα ὑπ᾽ αὐτῆς ὡς
ἐναντία πάσχει· εἰκότως εἶδός ἐστιν ἐκείνου τοῦ σώματος. εἴη δ᾽ ἂν καὶ 40
μανὸν τοῦτο ὡς ἀραιὸν λεγόμενον, ᾧ ἐναντίον τὸ πυκνὸν ἦν, καὶ ἧττον
καὶ μᾶλλον ἂν ἔχοι τοῦτο, μᾶλλον μὲν αἱ σφαῖραι, ἧττον δὲ τὰ ἄστρα·
δοκεῖ γὰρ ταῦτα πεπιλῆσθαι μᾶλλον, ἥτις πίλησις οὐδὲ ἐξίστησιν αὐτὰ τῆς
15 οὐσίας τῷ ἕπεσθαι μὲν τὴν τοιαύτην μάνωσιν καὶ πύκνωσιν τῇ κυκλο-
φορίᾳ, ταύτην δὲ ἀμετάβλητον εἶναι· χροαὶ δὲ καὶ εἴ τινα τοιαῦτα
ὑπάρχει αὐτοῖς, ὡς συμβεβηκότα ἂν καὶ ἔξωθεν | καὶ ἑπόμενα ἐκείνῃ 200a
τῇ ποιότητι ὑπάρχοι". καὶ ταῦτα μὲν τοῦ Ἀλεξάνδρου. πολλοῖς δὲ ἄν
τις, οἶμαι, τῶν ὑπ᾽ αὐτοῦ ῥηθέντων ἐπιστήσειε, καὶ πρῶτόν γε τῷ τὰ
20 οὐράνια τῇ τρίψει θερμαίνειν τὰ ὑπὸ σελήνην ὡς αὐτὰ τοῖς ὑπὸ σελήνην
παρατριβόμενα. οὐ γὰρ τοῦτο οἶμαι λέγειν τὸν Ἀριστοτέλην, ἀλλ᾽ ὅτι ὁ 5
ἀὴρ τῇ τοῦ οὐρανοῦ κινήσει συγκινούμενος αὐτὸς πρὸς ἑαυτὸν παρατρίβεται.
οὐ γὰρ εἰκὸς οὕτως ἀντιτυπεῖν τὸ σῶμα τὸ οὐράνιον, ὥστε τρίβειν τὸ
πλησιάζον· εἰ δὲ τοῦτο οὕτως εἶχε, θερμότερα ἂν ἦν τοῦ ἀέρος τὰ τῷ
25 οὐρανῷ πλησιάζοντα μᾶλλον, νῦν δὲ τοὐναντίον φαίνεται τὰ πρὸς τῇ γῇ 10
θερμότερα τῶν ὑψηλοτέρων. δεύτερον δὲ ἐπιστῆσαι ἄν τις τῷ πᾶν ἁπτὸν
κατὰ τὰς τέσσαρας ποιότητας χαρακτηρίζεσθαι. ἅπτονται μὲν γὰρ ἀλλήλων
καὶ αἱ οὐράνιαι σφαῖραι· οὐ γὰρ ἔστι τι μεταξὺ τὸ διεῖργον· εἰ δὲ τῶν
τεσσάρων στοιχείων ἐξῄρηται τὸ οὐράνιον, οὐκ ἂν τὸ ἁπτὸν κατὰ ταύτας
30 ἔχοι τὰς διαφοράς. εἰ δὲ κατὰ τὸ γήινον μὲν ἔχει τὸ ἁπτόν, κατὰ δὲ τὸ 15
πυρινὸν τὸ ὁρατόν, ὥς φησιν ὁ Πλάτων, οὔτι γε κατὰ ταῦτα τὰ ἐν γενέσει
καὶ φθορᾷ τὰ μεταβάλλοντα εἰς ἄλληλα, ἀλλὰ κατὰ τὰς ἀκρότητας αὐτῶν
τὰς ὁμονοητικῶς ἀλλήλαις προϋπαρχούσας καὶ διὰ τοῦτο τὴν ἰδιότητα τοῦ
οὐρανοῦ μὴ βλαπτούσας· εἴρηται γὰρ καὶ πρότερον, ὅτι οὐ πάντα τὰ ἐξ 20

---

1 κατὰ A: κατὰ τὰς Fc   τε A: τέ ἐστι F: γέ ἐστι c   μεταβαλεῖν A: ὅτι μετα-
βάλλει F: μεταβάλλειν c   4 εἶπεν F: εἴπερ A   5 ᾗ] ἡ c   7 τῷ F: τὸ A
8 εἶπε] 329b20 sq.   11 εἶδός—εἴη Fb: om. A   18 μὲν] μὲν τὰ Fc   δ᾽ c
19 ῥηθέντων F: ῥημάτων A   22 τῇ] bis A extr. et init. pag.   28 οὐ Fb: εἰ A
ὥστε F: ὥστε τὸ A   26 ἐπιστήσοι] ἐπιστήσῃ corr. ex ἐπιστήσα(οι?) A: ἐπιστήσαι corr.
ex ἐπιστῆσαι F: ἐπιστήσειεν c   26 τῷ F: τὸ A   27 τὰς om. F   28 εἰ δὲ—
διαφοράς (30) om. c   30 ἔχει] ἔχοι Fc   31 πυρινὸν F: πύριον A   [Πλάτων]
Tim. 31 b   33 τὰς F: om. A   προϋπαρχούσας Ab: συνυπαρχούσας Fc
ἰδιότητα F: ἰδιώτητα A

ἑαυτῶν κινήσεις καὶ τοὺς σχηματισμούς, οὕτω δὲ καὶ τὰς κατὰ ποιότητα 199ᵃ
διαφοράς· εἰ γὰρ μὴ μόνον θερμαίνουσιν, ἀλλὰ ψύχουσιν οἱ κατ' οὐρανόν, 35
οὐ μόνον τὰς κινήσεις, ἀλλὰ πρὸ τούτων τὰς ἰδιότητας αἰτιατέον.

Σημειοῦται δὲ ὁ Ἀλέξανδρος, ὡς προέθετο μὲν περὶ τῆς ἀπὸ τῶν
5 ἄστρων θερμότητός τε καὶ τοῦ φωτὸς εἰπεῖν, πῶς γίνεται, ἐπεὶ μὴ πύρινά
ἐστιν, εἴρηκε δὲ περὶ τῆς θερμότητος μόνης, ὡς μὲν δόξαι ἄν τισι, διὰ 40
τὸ ἕπεσθαι τῇ θερμότητι καὶ τῇ ἐκπυρώσει τὸ καὶ φωτίζειν τὸ διαφανές·
οὐ μὴν οὕτως ἔχει, ἀλλ' ὅτι μὴ μόνον τὸ πῦρ φωτίζει, ἀλλὰ καὶ ἄλλα
τινὰ καὶ αὐτά γε τὰ θεῖα. ἐρεῖ οὖν περὶ φωτὸς καὶ ἐν τῷ δευτέρῳ Περὶ
10 ψυχῆς, ὅτι ἐστὶ τὸ φῶς γινόμενον ὑπὸ πυρὸς ἢ τοῦ θείου σώματος ἐν 45
διαφανεῖ· ὥστε τὸ φωτίζειν ἔχει καὶ τὰ ἄστρα αὐτά, εἰ καὶ μὴ τὸ θερ-
μαίνειν, ὡς ἐν ἄλλοις ἐρεῖ· διὸ νῦν | παρῆλθε τὸν περὶ τούτου λόγον. 199ᵇ

Ταῦτα τοῦ Ἀλεξάνδρου παρεθέμην ἄλλως ὄντα χρήσιμα, ἐπεὶ
θαυμάζω, πῶς λέγει μὴ εἰπεῖν ἐν τούτοις, πῶς ἀπὸ τῶν ἀστέρων γίνεται
15 τὸ φῶς, ἀλλὰ μόνον, πῶς ἡ θερμότης, καίτοι ἀκούων λέγοντος αὐτοῦ
ἡ δὲ θερμότης ἀπ' αὐτῶν καὶ τὸ φῶς γίνεται παρεκτριβομένου 5
τοῦ ἀέρος ὑπὸ τῆς ἐκείνων φορᾶς. εἰ οὖν περὶ τοῦ φωτὸς μηδὲν
εἶπε, μηδὲ περὶ θερμότητος εἶπέ τι· οὐ γὰρ ἄλλο τι περὶ αὐτῆς εἶπεν, ἢ
ὅτι παρεκτριβομένου τοῦ ἀέρος ὑπὸ τῆς ἐκείνων φορᾶς γίνεται ἡ θερ-
20 μότης· τὰ γὰρ ἐφεξῆς λεγόμενα πάντα πρὸς τὴν τούτου πίστιν παρ- 10
είληπται.

Παρακείσθω δὲ καὶ ταῦτα τοῦ Ἀλεξάνδρου· εἰπόντος γὰρ τοῦ Ἀριστο-
τέλους τῇ τρίψει θερμαίνειν τὰ ὑπ' αὐτὰ τὰ οὐράνια, "πῶς ἂν εἴη τοῦτο"
φησὶν "ἀληθές, εἰ μὴ ἁπτὰ εἴη; ἐζήτησα οὖν, φησίν, ἐπειδὴ πᾶν ἁπτὸν
25 κατά τινα ἐναντίωσιν τοιοῦτον, καὶ τά γε πρῶτα κατὰ τὰς πρώτας, πρῶται 15
δὲ ἁπταὶ ἐναντιώσεις δείκνυνται ἐν τῷ δευτέρῳ Περὶ γενέσεως καὶ φθορᾶς
θερμότης καὶ ψυχρότης καὶ ξηρότης καὶ ὑγρότης, εἰ κατὰ ταύτας εἰδοποιεῖται
καὶ τὸ κυκλοφορητικὸν ἢ κατ' ἄλλας. εἰ μὲν γὰρ κατὰ τούτων τινάς, τῶν 20
τεσσάρων τινάς, εἰ δὲ κατὰ ἄλλας, πρῶτον μὲν ἄτοπον δόξει τὸ μὴ κατὰ
30 τὰς πρώτας τὸ πρῶτον τῶν σωμάτων· ἔπειτα καὶ οὕτως, εἰ κατά τινα
ἁπτὴν ἐναντίωσιν, οὐκ ἀίδιον· ἔσται γάρ τι αὐτῷ ἐναντίον. μήποτε οὖν,
φησί, ῥητέον ἁπτὸν μὲν αὐτὸ εἶναι καὶ εἰδοποιεῖσθαι καὶ αὐτὸ κατὰ ἁπτὴν
ποιότητα, οὐ μὴν κατὰ ἐναντίωσιν. τὰ μὲν γὰρ ἐν γενέσει καὶ φθορᾷ 25

των, τῆς δὲ γῆς περὶ τοὺς τοῦ ἰσημερινοῦ πόλους ἀπὸ δυσμῶν κινουμένης 200ᵇ
ἑκάστης ἡμέρας μίαν ἔγγιστα περιστροφήν· τὸ δὲ ἔγγιστα πρόσκειται διὰ
τὴν τοῦ ἡλίου τῆς μιᾶς μοίρας ἐπικίνησιν· ὡς, εἴ γε μὴ κινοῖτο ἡ γῆ,
ὅπερ μετ᾽ ὀλίγον μὲν ἀποδείξει, νῦν δὲ ὡς ὑπόθεσιν ἔλαβεν, ἀδύνατον τοῦ 25
5 οὐρανοῦ καὶ τῶν ἄστρων ἠρεμούντων σωθῆναι τὰ φαινόμενα. πῶς γὰρ
ἂν ἡ μετάβασις σώζοιτο πάντων ἀκινήτων λαμβανομένων; καὶ τοῦτο μὲν
τὸ τμῆμα τῆς διαιρέσεως ἀκίνητον τὴν γῆν ὑποθέμενος οὕτω διέλυσεν.
ὅτι δὲ οὐδὲ ἀμφότερα κινοῦνται ὅ τε οὐρανὸς καὶ οἱ ἐν αὐτῷ ἀστέρες, 30
δείκνυσιν οὕτως. ἐπειδὴ ἕκαστος τῶν ἀστέρων κατὰ κύκλον φαίνεται
10 κινούμενος, οἱ μὲν πρὸς τοῖς πόλοις κατὰ ἐλάττονας, οἱ δὲ πρὸς τῷ
ἰσημερινῷ κατὰ μείζονας, ἐὰν ἀμφότερα ὑποτεθῇ κινούμενα καὶ οἱ ἀστέρες
καὶ ὁ οὐρανός, ἀνάγκη τὸν ἀστέρα καὶ τὸν κύκλον, καθ᾽ οὗ φέρεται ὁ 35
ἀστήρ, ἰσοταχῶς κινεῖσθαι· καὶ τὴν αἰτίαν τῆς ἀνάγκης προστίθησιν, ὅτι
φαίνονται οἱ ἀστέρες ἅμα τοῖς κύκλοις εἰς τὸ αὐτὸ ἀποκαθιστάμενοι· ὁ
15 γὰρ τῇ πρώτῃ τοῦ Κριοῦ μοίρᾳ σήμερον συνανατέλλων ἀπλανὴς ἀστὴρ
καὶ τῇ ἑξῆς αὐτῇ συνανατέλλει. οὕτω δὲ χρὴ φαντασθῆναι τὴν ἀμφοῖν 40
κίνησιν, ὡς εἴ τις ἐφ᾽ ἵππου καθίσας μακροσκελὴς ἀναστὰς ἰσοταχῶς
συμβαδίζει τῷ ἵππῳ τοῦ αὐτοῦ μήκους ὑπ᾽ ἀμφοῖν ἐν τῷ αὐτῷ χρόνῳ
ἀνυομένου· οὕτω γὰρ καὶ ὁ ἀστὴρ ἀμφοτέρων κινουμένων τὸν αὐτὸν ἀεὶ
20 τόπον ἐπέχων τοῦ κύκλου ἰσοταχῶς κινηθήσεται τῷ κύκλῳ. εἰ γὰρ ἐφαπτό- 45
μενος τοῦ κύκλου ὁ ἀστὴρ καὶ ἰδίαν κίνησιν κινούμενος ἐπ᾽ αὐτοῦ ἰσοταχῶς |
κινοῖτο, προστιθεμένης τῆς τοῦ ἀστέρος κινήσεως ἀνάγκη δὶς ἀποκαθίστα- 201ᵃ
σθαι τὸν ἀστέρα, ἕως οὗ ὁ κύκλος ἅπαξ ἀποκαθίσταται, ὥστε ὑπὲρ γῆς
φαίνεσθαι γινόμενον τὸν ἀστέρα· μὴ ἐφαπτόμενος δέ, εἰ μὲν θᾶττον τοῦ
25 κύκλου κινοῖτο, προσεπιλαμβάνει τι αὐτοῦ, εἰ δὲ βραδύτερον, ὑπολείπει. 5
τοῦτο δὲ οὐκ εὔλογον, φησί, τὸ ἰσοταχεῖς εἶναι τοὺς ἀστέρας τοῖς κύκλοις·
ἐπειδὴ γὰρ ἐν τῇ σφαίρᾳ οἱ μείζονες καὶ ἐλάττονες κύκλοι περὶ τὸ αὐτὸ
κέντρον ἢ περὶ τὸν αὐτὸν πόλον ὄντες συναποκαθίστανται μέν, ἀλλ᾽ οἱ μὲν
μείζονες θᾶττον κινούμενοι, οἱ δὲ ἐλάττονες βραδύτερον, εἰ καὶ οἱ ἀστέρες 10
30 συναποκαθίστανται τοῖς κύκλοις, ἐφ᾽ ὧν κινοῦνται, ἀνάλογον ἕξει τὰ τάχη
τῶν ἀστέρων πρὸς τὰ μεγέθη τῶν κύκλων, ὥστε, ὅσῳ μείζων ὁ ἰσημερινὸς
τοῦ ἀεὶ φανεροῦ, τοσούτῳ θᾶττων ὁ ἐπὶ τοῦ ἰσημερινοῦ ἀστὴρ τοῦ ἐπὶ 15
τοῦ ἀεὶ φανεροῦ· καὶ γὰρ ὁ ἰσημερινὸς τοῦ ἀεὶ φανεροῦ τοσούτῳ θᾶττων.
ἀλλὰ τοὺς μὲν κύκλους ἀνάλογον ἔχειν τοῖς μεγέθεσι τὰ τάχη οὐ μόνον
35 εὔλογον, ἀλλὰ καὶ ἀναγκαῖον, εὔλογον μέν, ὅτι κατὰ λόγον καὶ ἀναλογίαν
τὰ τάχη συνήρμοσται τοῖς μεγέθεσιν, εἴπερ οἱ μείζους θᾶττον κινοῦνται,
ἀναγκαῖον δέ, ὅτι οἱ κύκλοι οὐκ εἰσὶν αὐτοὶ καθ᾽ αὑτοὺς ἀπολελυμένοι τῆς 20

---

5 ἄστρων A: ἀστέρων Fc   6 μετάβασις Fb: μετάστασις comp. A   7 οὕτως c
15 συνανατέλλων σήμερον Fc   αὐτῇ] αυτη cum ras. supra lin. A   συνανατελεῖ
Fc   οὕτως c   ἀμφοτέρων Fc   19 οὕτως c   20. 21 ἐφαπτόμενος Fb:
ἐφαπτομένου A   23 ὥστε Ab: ὥστε καὶ δὶς Fc   24 ἐφαπτόμενος Fb: ἐφαπτομέ-
νου A   26 εἶναι CFb: om. A   27 γὰρ] δὲ τῶν c: δὲ τοὺς F   τὸ αὐτὸ Fb:
τοῦ αὐτοῦ A   32 ὁ ἐπὶ — θάττων (33) Fb: om. A   34 μὲν om. Fc

ἐναντίων συγκείμενα γίνεσθαι καὶ φθείρεσθαι ἀνάγκη, εἰ μὴ ὡς μὴ δύνασθαι 200ᵃ
συνυπάρχειν ἀλλήλοις, καὶ τὸ ὑποκείμενον αὐτοῖς τοιοῦτον, ὡς παρὰ μέρος
ἑκάτερον δέχεσθαι πεφυκός, ὥσπερ καὶ αὐτὸς ὁ Ἀλέξανδρος βούλεται. 25
τρίτον δέ, πῶς ἁπτὴν ποιότητα λέγων τὴν κυκλοφορίαν οὐ βούλεται αὐτὴν
5 ἔχειν ἐναντίον, εἴπερ πᾶσαι αἱ ποιότητες διαφοραὶ οὖσαι κατὰ ἀντίθεσιν
ἀπὸ τοῦ γένους διαιροῦνται; τέταρτον, πῶς τὴν μάνωσιν καὶ τὴν πύκνωσιν
ἐν τοῖς οὐρανίοις ἐνορᾷ ἐναντίας οὔσας, εἰ νομίζει πᾶσαν ἐναντίωσιν γενέ-
σεως εἶναι καὶ φθορᾶς αἰτίαν; πῶς δὲ αὐτὰς ἕπεσθαι τῇ κυκλοφορίᾳ 30
φησίν, εἴπερ καὶ ἐν τοῖς ὑπὸ σελήνην ἔστι μάνωσίς τε καὶ πύκνωσις;
10 πέμπτον δέ, πῶς τὰς χροὰς καὶ τὰ τοιαῦτα συμβεβηκότα καὶ ἔξωθεν ἐν
τοῖς οὐρανίοις ὑπολαμβάνων οὐκ ἀναγκάζεται κατὰ πάθος αὐτὰς ἐγγίνεσθαι
λέγειν, ὥστε κἂν μὴ γενέσεως αὐτοῖς καὶ φθορᾶς, ἀλλὰ πάντως ἀλλοιώσεως 35
αἰτίας γίνεσθαι παθητικῆς καὶ τῇ θνητῇ δυσχερείᾳ πρεπούσης; καίτοι καὶ
τὸ συμβεβηκότα καὶ ἔξωθεν ἐπ' ἐκείνων λέγειν ἀτοπώτατον, οἶμαι, πάντων
15 τῶν ἐν αὐτοῖς οὐσιώδη καὶ εἰδοποιὸν δύναμιν ἐχόντων.

p. 289ᵇ1 Ἐπεὶ δὲ φαίνεται καὶ τὰ ἄστρα μεθιστάμενα ἕως τοῦ
οὐδὲ τὸ πανταχοῦ καὶ πᾶσιν ὑπάρχον τῆς τύχης.

Δεύτερον τοῦτο περὶ τῶν ἄστρων πάντων τῶν τε ἀπλανῶν καὶ πλανωμένων 45
πρόβλημα ζητοῦν, ἡ φαινομένη κίνησις | αὐτῶν καὶ μετάβασις πότερον 200ᵇ
20 καθ' αὑτὰ κινουμένων ἔστιν ἢ ἄλλον τρόπον τινὰ συμβαίνει. ἐκ διαιρέσεως
δὲ προάγει τὴν ζήτησιν ὁμολογούμενον λαβὼν τὸ φαινόμενον, ὅτι καὶ τὰ
ἄστρα μεθίσταται καὶ ὁ ὅλος οὐρανός. ὅλον δὲ λέγει μεθίστασθαι, οὐχ ὅτι 5
καθ' ὅλον ἀμείβει τόπον ἐκ τόπου, ἀλλ' ὅτι τὸ τοῦ οὐρανοῦ σῶμα κινεῖται
ὅλον ὡς πρὸς τοὺς ἀστέρας λεγόμενον· κινεῖται δὲ κατὰ μέρη, ὡς δῆλον
25 ἐκ τοῦ ἄλλοτε ἄλλα τοῦ ἰσημερινοῦ κύκλου καὶ τοῦ ζῳδιακοῦ καὶ τῶν ἐν
αὐτῷ τῷ οὐρανίῳ σώματι ὄντων ἀνατέλλοντά τε καὶ μεσουρανοῦντα καὶ 10
δύνοντα ἐκ τῶν ὀργάνων καταλαμβάνεσθαι. τῆς οὖν ἀμφοῖν μεταβάσεως
φαινομένης τοῦ τε ἀπλανοῦς οὐρανοῦ καὶ τῶν ἀπλανῶν ἀστέρων· περὶ γὰρ
τούτων νῦν ὁ λόγος· ἀναγκαῖον ἤτοι ἠρεμούντων ἀμφοτέρων
30 γίνεσθαι τὴν μεταβολὴν ἢ κινουμένων ἀμφοτέρων ἢ τοῦ μὲν
ἠρεμοῦντος τοῦ δὲ κινουμένου, καὶ παρὰ ταῦτα οὐκ ἔστιν. ὑποθέσεως 15
δὲ ἠξίωσε καὶ τὸ ἀμφοτέρων ἠρεμούντων, καίτοι ἀπεμφαῖνον δοκοῦν τὸ
σῴζεσθαι τὴν φαινομένην αὐτῶν μετάβασιν ἀμφοτέρων ἠρεμούντων, διὰ τὸ
γεγονέναι τινάς, ὧν Ἡρακλείδης τε ὁ Ποντικὸς ἦν καὶ Ἀρίσταρχος, νομί-
35 ζοντας σῴζεσθαι τὰ φαινόμενα τοῦ μὲν οὐρανοῦ καὶ τῶν ἄστρων ἠρεμούν- 20

---

1 γίνεσθαι Fb: λέγεσθαι A   post μὴ add. καὶ τὰ ἐναντία τοιαῦτα εἴη Fc   7 οὐ-
ρανίοις Fb: οὐρανοῖς A   ἐνορᾷ] ὁρᾷ Fc   9 καὶ (pr.) om. Fc   12 κἂν F:
καὶ A   αὐτοῖς] εἶναι Fc   15 αὐτοῖς Fc: τοῖς A   17 τῆς A: ἀπὸ F:
τὸ ἀπὸ c   τύχης F: ψυχῆς A   18 πλανωμένων F: corr. ex πλανομένων A²
20 κινουμένων Fb: κινούμενα A   τρόπον τινὰ A: τινὰ τρόπον Fbc   23 τοῦ CF:
om. A   24 μέρη AC: τὰ μέρη Fc   32 τὸ (alt.) Fb: τῷ A

SIMPLICII IN L. DE CAELO II 8 [Arist. p. 289b1] 447

καὶ ἐν πᾶσι κατὰ φύσιν ἐστί· τὰ κατὰ φύσιν οὔτε ὡς ἔτυχεν οὔτε ἀπὸ 201b
τύχης ἐστίν· εἰ οὖν ἡ ἐν τοῖς ἄστροις πρὸς τοὺς κύκλους ἀναλογία παντα- 20
χοῦ καὶ ἐν πᾶσίν ἐστιν, οὐκ ἂν οὔτε ἀπὸ τύχης οὔτε ὡς ἔτυχεν εἴη.
    Ὁ δὲ Ἀλέξανδρος τὸ ἅμα δὲ οὐχ ἔστιν ἐν τοῖς φύσει τὸ ὡς
5 ἔτυχεν, οὐδὲ τὸ πανταχοῦ καὶ πᾶσιν ὑπάρχον ἀπὸ τύχης οὕτως
ἐξηγήσατο· οὔτε ἐν τοῖς φύσει τὸ ὡς ἔτυχε καὶ ἀπὸ τύχης· τὰ γὰρ φύσει 25
γινόμενα ὡς ἐπὶ τὸ πλεῖστον γίνεται, οὐ σπανίως· οὔτε ἐν τοῖς ἐξ ἀνάγ-
κης· τὸ γὰρ πανταχοῦ καὶ πᾶσιν ὑπάρχον ἀναγκαῖον· τὸ γὰρ ἀντικείμενον
αὐτοῦ ἀδύνατον· τὰ δὲ κατὰ τὸν οὐρανὸν καὶ φύσει καὶ ἐξ ἀνάγκης
10 συνέστηκε, τὰ δὲ ὡς ἔτυχε καὶ ἀπὸ τύχης καὶ ἐπ' ἔλαττον καὶ σπάνια, 30
ὥστε οὐκ εὔλογον οὕτω συμπεσεῖν.
    Εἰ τοίνυν συναποκαθισταμένων τῶν ἀστέρων τοῖς κύκλοις, ὡς ἐκ τῶν
φαινομένων δῆλον, ἀκολουθεῖ τοῖς λέγουσι κινεῖσθαι τοὺς ἀστέρας τὸ ἰσοτα-
χῶς αὐτοὺς κινεῖσθαι τοῖς κύκλοις, ἐφ' ὧν κινοῦνται, τούτῳ δὲ ἀκολουθεῖ
15 τὸ ἢ δι' ἀνάγκης τῶν κύκλων καὶ μὴ δι' αὑτοὺς κινεῖσθαι τοὺς ἀστέρας, 35
ἤ, εἰ δι' ἑαυτοὺς κινοῖντο, ἢ κατὰ φύσιν ἡ ἀναλογία διασώζεται τῶν ἀστέρων
πρὸς τοὺς κύκλους ἢ ἐκ ταὐτομάτου καὶ ἀπὸ τύχης, εἰ οὖν ἄμφω ἀδύνατα
ἐδείχθη, καὶ ταῦτα ἠκολούθησε τῷ ἄμφω κινεῖσθαι καὶ τοὺς κύκλους καὶ
τοὺς ἀστέρας, δῆλον, ὅτι ἀδύνατος ἡ ὑπόθεσις. 40
20 Λέγει δὲ ὁ Ἀλέξανδρος, ὅτι δύναται τὰ εἰρημένα καὶ ταῖς σφαίραις
ἐφαρμόζειν, ὡς κύκλους αὐτῶν τὰς σφαίρας εἰρηκέναι· καὶ γὰρ τῇ τῶν
πλανωμένων σφαιρῶν περιφορᾷ συναποκαθιστάμενα φαίνεται τὰ ἐν αὐταῖς
ἄστρα, ὥστε ἕκαστον ἂν αὐτῶν ἰσοταχῶς κινοῖτο τῇ σφαίρᾳ, ἐφ' ἧς ἔστιν· 45
ὧν σφαιρῶν αἱ μέν εἰσι μείζους, αἱ δὲ ἐλάττους· αἱ γὰρ ἐξωτέρω καὶ
25 περιέχουσαι μείζους τῶν ἐνδοτέρων καὶ | περιεχομένων. καὶ εἴη ἂν τὸ 202a
τοὺς μὲν κύκλους οὐδὲν ἄτοπον ἀλλὰ καὶ ἀναγκαῖον ἀνάλογον
ἔχειν τὰ τάχη τοῖς μεγέθεσιν ἴσον τῷ τὰς μὲν γὰρ σφαίρας ἀναγκαῖον
ἀνάλογον ἔχειν τὰ τάχη τοῖς μεγέθεσιν· ἡ γὰρ μείζων αὐτῶν ἐν πλείονι 5
κινεῖται χρόνῳ· διὸ ἡ μὲν τοῦ Κρόνου ἐν τριάκοντα ἔτεσιν, ἡ δὲ τοῦ
30 Διὸς ἐν δώδεκα, ἄλλη δὲ ἐν ἄλλῃ.
    Μήποτε δὲ ὁ μὲν Ἀριστοτέλης τοὺς κύκλους ἀνάλογον ἔχειν τὰ τάχη
τοῖς μεγέθεσιν εἶπεν ὡς τῶν μειζόνων κύκλων θᾶττον κινουμένων, εἴπερ
συναποκαθίστανται τοῖς βραχυτέροις, ὁ δὲ Ἀλέξανδρος ἐπὶ τῶν σφαιρῶν τὸ 10
ἐναντίον λέγει, ὅτι ἡ μείζων ἐν πλείονι κινεῖται χρόνῳ. ὅλως δὲ περὶ τῶν

2 ἡ om. Fc   4 οὐκ Ab: καὶ οὐκ F: κοὐκ c   5 οὐδὲ—ἔτυχε (6) F: om. Ab
ἀπό F: τὸ ἀπό c   6 post τύχης add. exponens inquit b   8 καὶ Fb: om. Ac
ὑπάρχον Fb: ὑπάρχει A   τὸ—ἀδύνατον (9)] ἀντίκειται γὰρ τῷ ἀδυνάτῳ c   9 αὐ-
τοῦ Ab: αὐτῷ F   11 οὕτως c   15 ἀνάγκην Fc   αὐτοὺς] αὐτοὺς A: ἑαυτοὺς
Fc   16 ἡ] bis A extr. et init. pag.   21 αὐτῶν] αὐτὸν Fc   τῇ Fb: τῆς A
22 περιφορᾷ Fb: περιφορᾶς A   συναποκαθιστάμενα Fb: συναποκαθισταμένης A
25 ἐνδοτέρων A: ἐνδετέρω F: ἐνδοτέρω c   25 καὶ—κύκλους (26) Fb: τὸ δὲ Ab
26 οὐδὲν ἄτοπον Fb: οὐδένα τόπον A   27 γὰρ A: om. Fbc   28 ἀνάλογον Fb:
om. A   ἡ F: ὁ A   29 κινεῖται FA²b: κεῖται A   34 δὲ] δὲ ὁ Ἀρι-
στοτέλης c

σφαίρας καὶ κινούμενοι· συνεχὲς γὰρ ἐκεῖνο τὸ σῶμα· ἀλλὰ τῆς σφαίρας 201ᵃ
κινουμένης καὶ ἀποκαθισταμένης ἀπὸ τοῦ αὐτοῦ ἐπὶ τὸ αὐτὸ καὶ οἱ κύκλοι,
καθ' ὧν φέρεται τὰ ἄστρα, συναποκαθίστανται πάντες οἵ τε μείζονες καὶ 25
οἱ ἐλάττονες· πῶς γὰρ οἷόν τε τῆς σφαίρας συνεχοῦς οὔσης καὶ κύκλῳ
5 περιενεχθείσης τὸ μέν τι ἤδη αὐτῆς ἀποκαθεστάναι, τὸ δὲ μήπω; ἐπὶ δὲ
τῶν ἀστέρων καθ' αὑτοὺς κινουμένων οὐκέτι εὔλογον τὴν αὐτὴν ἀναλογίαν
ὑπάρχειν τοῦ τάχους αὐτῶν πρὸς τὸ τάχος, ἣν ἔχει τὰ μεγέθη τῶν κύκλων 30
πρὸς ἄλληλα· ἀνάγκη γὰρ ἢ τοὺς κύκλους αἰτίους εἶναι τῆς τοιαύτης
ἀναλογίας, ὡς ἐξ ἀνάγκης τὸν ἐπὶ τοῦ μείζονος κύκλου κινούμενον
10 θᾶττον κινεῖσθαι, ἢ τῶν ἀστέρων αὐτῶν δι' ἑαυτοὺς ὁ μὲν θάττων ἐστίν, 35
ὁ δὲ βραδύτερος. ἀλλ', εἰ μὲν οἱ κύκλοι αἴτιοι, ἀνάγκη μετατεθέντας κατ'
ἐπίνοιαν τοὺς ἀστέρας τὸν μὲν πρότερον τάχιστον τῷ ἐπὶ τοῦ μεγίστου καὶ
ταχίστου κύκλου κινεῖσθαι βραδύτατον γίνεσθαι τῷ ἐπὶ τοῦ ἐλαχίστου καὶ
βραδυτάτου κεῖσθαι κύκλου καὶ ἀνάπαλιν· οὕτω δὲ οὐκέτι ἂν εἶεν οἰκείαν
15 κίνησιν κινούμενοι οἱ ἀστέρες, ἀλλ' ὑπὸ τῶν κύκλων περιφερόμενοι. εἰ δὲ 40
δι' αὑτοὺς οἱ ἀστέρες, οἱ μὲν θάττονες ὄντες, οἱ δὲ βραδύτεροι, συνδιῃρέ-
θησαν οἰκείως τοῖς κύκλοις, οἱ μὲν θάττονες τοῖς μείζοσι καὶ θάττοσιν, οἱ
δὲ βραδύτεροι τοῖς βραδυτέροις καὶ βραχυτέροις, ἢ κατὰ φυσικόν τινα καὶ
προηγούμενον λόγον τοῦτο γέγονεν ἢ ἐκ ταὐτομάτου συνέπεσεν. ἀλλὰ τὸ 45
20 μὲν κατὰ φυσικὸν λόγον προδήλως ἐστὶν ἀδύνατον, διὸ καὶ παρῆκεν ἴσως |
τοῦτο τὸ τμῆμα τῆς διαιρέσεως· εἰ γὰρ ἐν πᾶσι τοῖς κατὰ φύσιν τὸ 201ᵇ
μεῖζον σῶμα θᾶττον φέρεται τὴν αὐτοῦ φοράν, ὡς αὐτὸς μετ' ὀλίγον ἐρεῖ·
καὶ γὰρ ἡ μείζων βῶλος θᾶττον ἐπὶ τὸ κάτω φέρεται καὶ τὸ μεῖζον πῦρ
θᾶττον ἐπὶ τὸ ἄνω· οὐκ ἂν οἱ μείζονες ἀστέρες κατὰ φυσικὸν λόγον βρα- 5
25 δύτεροι γινόμενοι τοῖς βραχυτέροις καὶ βραδυτέροις κύκλοις συνηρμόζοντο.
ἀλλὰ μὴν οὐδὲ ἐκ ταὐτομάτου συνέπεσεν, ὥστε ἐν ἅπασιν ἅμα τόν τε
κύκλον εἶναι μείζω καὶ τὴν φορὰν θάττονα τοῦ ἐν αὐτῷ ἀστέρος, διότι τὰ
ἐκ ταὐτομάτου ἐπ' ἔλαττόν ἐστι, καὶ εἴπερ ἐν ἢ δύο οὕτως εἶχεν, οὐδὲν 10
ἄτοπον ἐδόκει λέγειν ἐκ ταὐτομάτου, τὸ δὲ πάντα ὁμοίως ἔχειν εἰ ἐκ
30 ταὐτομάτου λέγει τις, πλάσματι ἔοικε, πλάσμα δέ ἐστι τὸ κατὰ τὴν
ἡμετέραν φαντασίαν ἀσυμφώνως πρὸς τὰ ὄντα λεγόμενον· ὥστε συλλογί-
σασθαι οὕτως· τὰ ἐκ ταὐτομάτου καὶ τύχης οὐ πανταχοῦ οὐδὲ ἐν πᾶσιν· 15
ἡ τῶν ἄστρων ἄρα πρὸς τοὺς κύκλους ἀναλογία οὐκ ἐκ ταὐτομάτου οὐδὲ
ἀπὸ τύχης. καὶ ἄλλον δέ τινα τοιοῦτον συλλογισμὸν τέθεικε· τὰ πανταχοῦ

---

4 συνεχοῦς οὔσης F: continuate b: συνεχθείσης A   9 κύκλου c: καὶ ἐλάττονος κύκλου Ab: καὶ τὸν ἐπὶ τοῦ ἐλάττονος ἔλαττον κύκλον F   10 post κινεῖσθαι add. ἢ τὸν ἐπὶ τοῦ ἐλάττονος c   13 κινεῖσθαι κύκλου Fc   14 κεῖσθαι A: κινεῖσθαι Fc οὕτως c   16 αὐτοὺς] αὐτοὺς A: ἑαυτοὺς CFc   θάττονες AC: θάττους Fc   17 καὶ CF: om. Ab   18 καὶ βραχυτέροις Fb: καὶ ταχυτέροις C: om. A   19 τοῦτο CFb: τούτου A   20 ἴσως ὁ Ἀριστοτέλης Fbc   22 αὐτοῦ AF   25 γενόμενοι Fc   βραδυτέροις καὶ βραχυτέροις Fc   27 θάττονα scripsi: θᾶττον A: θάττω Fc   29 εἰ Fb: om. Ac   30 λέγει A: λέγοι F: εἰ λέγοι c   31. 32 συλλογίζεσθαι Fc   32 ἅπασιν Fc   33 ἄρα Ab: om. CF

SIMPLICII IN L. DE CAELO II 8 [Arist. p. 289ᵇ27. 30]   449

διαφοράν· ὥστε εὔλογον, φησίν, ὡς ἔφαμεν, τάσδε τὰς δείξεις ἐπὶ τοῦ παρ- 292ᵇ
όντος λέγειν αὐτὸν περὶ τῶν ἐν τῇ ἀπλανεῖ σφαίρᾳ ἀστέρων.

p. 289ᵇ30   Ἐπειδὴ τοίνυν οὔτε ἀμφότερα κινεῖσθαι εὔλογον ἕως 10
             τοῦ καὶ ὅτι δέδεικται συνεχὲς ὂν τὸ ὅλον.

5   Τεσσάρων ὄντων τῆς διαιρέσεως τμημάτων τῆς λεγούσης, κατὰ πό- 15
σους τρόπους δυνατὸν σώζεσθαι τὴν φαινομένην τῶν ἀστέρων μετάβασιν,
δείξας, ὅτι οὔτε ἄμφω ἠρεμεῖν οὔτε ἄμφω κινεῖσθαι εὔλογον τούς τε κύκ-
λους καὶ τοὺς ἀστέρας οὔτε τὸ ἕτερον μόνον, δηλαδὴ τοὺς ἀστέρας· περὶ
τούτων γὰρ προσεχῶς ἔδειξεν· ἐπάγει εἰκότως, ὅτι λείπεται τοὺς μὲν 20
10 κύκλους κινεῖσθαι, τὰ δὲ ἄστρα ἠρεμεῖν καὶ ἐνδεδεμένα φέ-
ρεσθαι· τοῦτο γάρ ἐστι τὸ λοιπὸν τῆς διαιρέσεως τμῆμα. καὶ μόνως
οὕτως, φησίν, οὐδὲν ἄλογον συμβαίνει, καὶ δείκνυσι λοιπόν, ὅτι τὸ
μὲν ταῖς ἄλλαις ὑποθέσεσιν ἄλογον ἀκολουθῆσαν τὸ ἀνάλογον εἶναι τὰ 25
τάχη τῶν ἀστέρων τοῖς μεγέθεσι τῶν κύκλων ταύτῃ οὐκ ἀκολουθεῖ, τὸ δὲ
15 ταύτῃ ἑπόμενον τὸ θᾶττον εἶναι τοῦ μείζονος κύκλου τὸ τάχος τῶν περὶ
τὸ αὐτὸ κέντρον ἐνδεδεμένων τοῦτο οὐ μόνον οὐκ ἄλογον, ἀλλὰ καὶ ἀναγ-
καῖον κατὰ δύο τρόπους, καθ᾽ ἕνα μέν, ὅτι, ὥσπερ ἐν τοῖς ἄλλοις φυσι- 30
κοῖς μεγέθεσι τὸ μεῖζον σῶμα θᾶττον φέρεται τοῦ ἐλάττονος τὴν οἰκείαν
αὐτοῖς κατὰ φύσιν φοράν· ἡ γὰρ μείζων βῶλος τῆς βραχυτέρας καὶ τὸ
20 μεῖζον πῦρ τοῦ ἐλάττονος· οὕτω καὶ ἐν τοῖς ἐγκυκλίοις τὸ μεῖζον θᾶττον
φέρεται. εἰ γὰρ ἐκ τοῦ κέντρου τῶν ὁμοκέντρων κύκλων ἐκβαλλόμεναι 35
εὐθεῖαι ἐπὶ τὰς τῶν κύκλων περιφερείας ὅμοια τμήματα τῶν κύκλων
ἀφαιροῦσιν, οἷον τεταρτημόρια ἢ ἡμικύκλια ἢ ὁποιαοῦν, ὅταν κινουμένων
τῶν κύκλων μία εὐθεῖα τῶν ἐκ τοῦ κέντρου συγκινουμένη καὶ αὐτὴ κατ᾽
25 ἐπίνοιαν τοῖς κύκλοις ἐφαρμόσῃ τῇ ἑτέρᾳ μενούσῃ κατ᾽ ἐπίνοιαν, τότε τὰ 40
ὅμοια τμήματα τῶν κύκλων ἐν τῷ αὐτῷ χρόνῳ τὰ μὲν μεῖζον, τὰ
δὲ ἔλαττον διάστημα τὸ καθ᾽ ἑαυτὸ κεκίνηται ἕκαστον· ὥστε εὐλόγως
καὶ οἱ ὅλοι κύκλοι οἱ μείζονες καὶ οἱ ἐλάττονες ἐν τῷ ἴσῳ χρόνῳ
περιοισθήσονται. τοῦτό τε οὖν ἀναγκαίως συμβαίνει τῷ ἀνάλογον εἶναι 45
30 τὰ τάχη τοῖς μεγέθεσι τὸ τοὺς μείζονας καὶ ἐλάττονας κύκλους ἐν τῷ
ἴσῳ χρόνῳ συναποκαθίστασθαι καὶ ἔτι τὸ μὴ διασπᾶσθαι τὸν οὐρα- 293ᵃ
νόν· τοῦτο γὰρ ὑπάρχει μὲν αὐτῷ μάλιστα, διότι δέδεικται συνεχὲς τὸ
ὅλον, συμβαίνει δὲ καὶ διὰ τὴν ἀναλογίαν τῶν κατὰ τὰ μέρη αὐτοῦ κινή-
σεων πρὸς τὰ μεγέθη· εἰ γὰρ ἰσοταχῶς ὁ μείζων κύκλος ἐκινεῖτο τῷ 5

---

1 δείξεις] λέξεις F: λήξεις c   3 ἐπειδὴ A: ἐπεὶ Fc   οὔτ᾽ c   4 ὅτι A: διότι
Fc   8 μόνον] μέρος Fc   9 τούτου c   10 δ᾽ ἄστρ᾽ c   19 αὐτοῖς]
αὐτοῦ Fc   φοράν Fb: φθοράν A   20 καὶ ἐν] καὶ F: κἂν c   21 ἐκ] αἱ ἐκ
Fc   26 χρόνῳ CF: corr. ex κύκλῳ A²   τὰ (pr.) ACb: τὸ Fc   τὰ (alt.)
ACb: τὸ Fc   27 ἑαυτὸ AC: αὐτὸ Fc   29 τοῦτό τε] τότε Fc   32. 33 τὸ ὅλον
A: totum esse b: ὂν τὸ ὅλον Fc; fort. τὸ ὅλον ὄν
Comment. Arist. VII Simpl. de Caelo.   29

συναποκαθισταμένων λέγει κύκλων, αἱ δὲ πλανώμεναι σφαῖραι οὐ συναπο- 202ᵃ
καθίστανται, καὶ τοῦτο καὶ αὐτὸς ὁ Ἀλέξανδρος προϊὼν ἐφιστάνει.

Προστίθησι δὲ καὶ τοῦτο ὁ Ἀλέξανδρος, ὅτι ἀμφοτέρων κινουμένων 15
τῶν τε κύκλων καὶ τῶν ἀστέρων καὶ ἅμα ἀποκαθισταμένων ἡ ἑτέρα κίνησις
5 μάτην οὖσα φαίνεται, οὐδὲν δὲ μάτην ἐστὶν ἐν τοῖς φύσει γινομένοις. καὶ
θαυμάζω, πῶς τοῦτο λέγει· κἂν γὰρ συναποκαθιστῶνται οἵ τε κύκλοι
καὶ οἱ ἀστέρες, ἑκάτεροι οὐσίας καὶ δυνάμεις ἔχοντες οἰκείας κατ' αὐτὰς
ἐνεργοῦσιν. 20

p. 289ᵇ27 Ἀλλὰ μὴν πάλιν εἰ οἱ μὲν κύκλοι μένουσιν ἕως τοῦ
10 καὶ τὰ τάχη εἶναι.

Δείξας, ὅτι οὔτε ἀμφότερα οἷόν τε ἠρεμεῖν τούς τε κύκλους καὶ τοὺς 25
ἀστέρας οὔτε ἀμφότερα κινεῖσθαι, νῦν δείκνυσιν, ὅτι οὐδὲ τὰ μὲν ἄστρα
κινεῖσθαι εὔλογον, μένειν δὲ τοὺς κύκλους· τὰ αὐτὰ γὰρ ἔσται ἄλογα καὶ
ὁμοίως συναγόμενα. κἂν γὰρ οἱ ἀστέρες ὑποτεθῶσι κινούμενοι τῶν κύκλων 30
15 ἠρεμούντων, συμβήσεται καὶ οὕτω τὸν ἐπὶ τοῦ μείζονος κύκλου θᾶττον
κινεῖσθαι καὶ ἀνάλογον ἔχειν τὰ τάχη τῶν ἀστέρων πρὸς τὰ μεγέθη τῶν
κύκλων, ἐφ' ὧν κινοῦνται, ὅπερ ἐστὶν ἀδύνατον· οὔτε γὰρ φυσικῶς τοῦτο
συμβῆναι δυνατόν, εἴπερ κατὰ φύσιν τὰ μείζονα μεγέθη τὰς ὁμοίας κινήσεις 35
θᾶττον κινεῖται τῶν βραχυτέρων. ἀνάγκη οὖν ἢ τοὺς κύκλους αἰτίους εἶναι
20 τῆς τοιαύτης ἀναλογίας, καὶ οὕτως οὐκ ἔσονται οἱ ἀστέρες κινούμενοι καθ'
αὑτούς· οὐ γὰρ ὁ βραχύτερος ἀστὴρ ἐπὶ τοῦ μείζονος ἐκινεῖτο κύκλου· ἢ
ἐκ ταὐτομάτου καὶ ἀπὸ τύχης συνέπεσεν, ὅπερ ἄλογον ἐπὶ τῶν φυσικῶν 40
εἰπεῖν καὶ μάλιστα τῶν θείων. κατ' οὐδένα οὖν τρόπον τῶν ἀστέρων
κινουμένων τὰ τάχη τῶν ἀστέρων ἀνάλογον ἔχειν τοῖς μεγέθεσι τῶν κύ-
25 κλων δυνατόν, ὥστε τὰ αὐτὰ καὶ ὁμοίως ἔσται ἄλογα καὶ ἐπὶ ταύτης τῆς
ὑποθέσεως.

Εἰπόντος τοῦ Ἀριστοτέλους, ὅτι συμβήσεται θᾶττον κινεῖσθαι 45
τὰ ἔξω, τουτέστι τὰ πορρωτέρω τῶν πόλων, καὶ τὰ τάχη εἶναι κατὰ
τὰ μεγέθη τῶν κύκλων, ἐπέστησεν | ἐνταῦθα ὁ Ἀλέξανδρος, ὅτι οὐκ 202ᵇ
30 ἂν λέγοι τὴν συναποκατάστασιν τῶν πλανήτων· οὐ γὰρ συναποκαθίστανται
οὗτοί γε· ἀλλ' ἕκαστον αὐτῶν ἐν διαφόροις ἀποκαθίστασθαι χρόνοις κατὰ
τὴν οἰκείαν κίνησιν· εἰ δὲ μὴ συναποκαθίστανται, οὐδὲ αἱ τῶν ταχῶν 5
αὐτοῖς διαφοραὶ γενήσονται κατὰ τὴν τοῦ μεγέθους, ἐφ' ὧν κινοῦνται,

---

2 τοῦτο A: τούτῳ Fc   αὐτὸς ὁ] ὁ αὐτὸς ὁ A: αὐτὸς Fc   προϊὼν—Ἀλέξανδρος (3)
F: novit b: om. A   5 ἐστὶν om. Fc   γινομένοις ἐστί Fc   14 ὑποτεθῶσι CF:
ὑποτιθῶσι A   15 οὕτως c   17 οὐδὲ c   19 οὖν A: τοίνυν Fc
20 κινούμενοι ac: οἱ κινούμενοι AF   27 τοῦ Ab: δὲ τοῦ Fc   θᾶττον] καὶ
θᾶττον c   29 ἐνταῦθα F: ἐνταῦθα ει A: hic etiam b   30 λέγοι F: λέγῃ A
τῶν] ἐπὶ τῶν Fc   31 οὗτοί γε F: hi b: οἷ τό γε F   ἕκαστον AF: ἕκαστος c
ἀποκαθίστασθαι scripsi: ἀποκαθῆσθαι A: ἀποκαθίσταται F(b)c   33 post μεγέθους add.
[τῶν κύκλων] c

ζονα, τὸ δὲ τὴν ἐλάττονα κινοῦνται, πῶς οὐκ ἂν εἴη τεκμήριον ἐναργές; | 203ᵃ οὐκ οἶδα δέ, διὰ τί ὁ Ἀλέξανδρος οὐκ εὐθείας βούλεται τὰς ἐκ τοῦ 203ᵇ κέντρου, ἀλλ' ἐπίπεδα διὰ τοῦ κέντρου ἀγόμενα διαιρεῖν ἀνάλογον τοὺς κύκλους, καίτοι τοῦ Ἀριστοτέλους ἐκ τοῦ κέντρου ἀλλ' οὐ διὰ τοῦ
5 κέντρου εἰπόντος καὶ κύκλους εἶναι τοὺς ἀνάλογον διαιρουμένους ἀλλ' οὐ 5 σφαίρας.

Εἰπόντος δὲ τοῦ Ἀριστοτέλους τό τε μὴ διασπᾶσθαι τὸν οὐρανὸν διά τε τοῦτο συμβήσεται, καὶ ὅτι δέδεικται συνεχὲς τὸ ὅλον, ὁ Ἀλέξανδρος ἐφιστάνει καλῶς, ὅτι καὶ ἐκ ταύτης τῆς λέξεως δῆλον
10 τὸ ἐπὶ τῆς τῶν ἀπλανῶν σφαίρας ταῦτα λέγεσθαι· ἐπὶ γὰρ συνεχοῦς λέγε- 10 ται, αἱ δὲ πλανώμεναι οὐ συνεχεῖς, ἀλλ' ἅπτονται ἀλλήλων καὶ ἐν ταύταις οὐκ ἂν ἦν διασπασμὸς διαφόρως κινουμέναις. καὶ ταῦτα μὲν εἴρηται τῷ Ἀλεξάνδρῳ καλῶς, τὸ δὲ ἐφεξῆς λεγόμενον ἐπισκεπτέον. "ἐπὶ γὰρ ἑκάστης σφαίρας", φησί, "διασπασμὸς γίνεται συνεχοῦς ὄντος τοῦ 15
15 ἑκάστης αὐτῶν σώματος, ἂν οἱ ἀστέρες ὦσι συγκινούμενοι μενουσῶν τῶν σφαιρῶν· οὐκέτι γὰρ συνεχῆ τὰ σώματα αὐτῶν, εἴ γε οἱ ἀστέρες μέρη ὄντες αὐτῶν τόπον ἐκ τόπου μεταβαίνουσιν". μήποτε δὲ οὐ τοῦτο νῦν πρόκειται λέγειν· ἤδη γὰρ δέδεικται, ὅτι οὐ κινοῦνται οἱ ἀστέρες μενου- 20 σῶν τῶν σφαιρῶν· ἀλλ' ὅτι τὸ ἀνάλογον εἶναι τὰ τάχη τῶν κύκλων πρὸς
20 τὰ μεγέθη αἴτιόν ἐστι τοῦ ἐν ἴσῳ χρόνῳ συναποκαθισταμένων τῶν μειζόνων καὶ τῶν ἐλαττόνων κύκλων μὴ διασπᾶσθαι τὸν οὐρανόν· τοιγαροῦν οὐδαμοῦ μνήμη γέγονεν ἐνταῦθα ἀστέρος.

Ὁ δὲ Ἀλέξανδρος ἐπιμένων τῇ αὐτῇ γνώμῃ "δύναται" φησί "τοῦτο 25 ἐπὶ πασῶν τῶν σφαιρῶν ἀκούεσθαι, οὐχ ὡς ἀλλήλαις συνεχῶν, ἀλλ' ὡς
25 τοῖς ἄστροις τοῖς ἐν αὐταῖς, ὧν κινουμένων ἑκάστη ἂν αὐτῶν διεσπᾶτο". καίτοι καλῶς πρὸ ὀλίγου συνελογίζετο, ὅτι τοὺς πλανωμένους ἀδύνατον συναποκαθίστασθαι ἢ ἀλλήλοις ἢ τῇ ἀπλανεῖ. 30

Νῦν οὖν τοῦτο συνεπεράνατο ὁ Ἀριστοτέλης, ὅτι τῶν ἄλλων τῆς διαιρέσεως τμημάτων ἀλόγων ὄντων περιλείπεται τὸ λέγον τοὺς μὲν κύκ-
30 λους κινεῖσθαι, τὰ δὲ ἄστρα ἠρεμεῖν. ἀλλὰ τίνες εἰσὶν οὗτοι οἱ κύκλοι, ζητεῖν ἄξιον. ὁ μὲν γὰρ ἰσημερινὸς καὶ ὁ ζῳδιακὸς ὡς διχοτομοῦντες τὴν σφαῖραν εἰκότως ἐνυπάρχειν δοκοῦσι κατ' οὐσίαν τὰ ἡμισφαίρια διορί- 35 ζοντες, οἱ δὲ ἄλλοι κύκλοι μήποτε κατ' ἐπίνοιαν τὴν ἡμετέραν εἰσὶ κέντρῳ μὲν τῷ πόλῳ, διαστήματι δὲ ἑκάστῳ τῶν ἀστέρων κύκλους γραφόντων
35 ἡμῶν· ἢ οὐ κατὰ τὴν ἡμετέραν ἐπίνοιαν εἰσὶν οἱ τῶν κινήσεων κύκλοι, ἀλλὰ τῆς ὅλης σφαίρας περὶ τοὺς αὐτοὺς πόλους ἀεὶ τοὺς τοῦ ἰσημερινοῦ 40 κινουμένης ἕκαστος τῶν ἐν αὐτῇ ἀστέρων ἐν τῷ αὐτῷ μένων ἀεὶ τόπῳ καὶ ὑπὸ τῆς ὅλης σφαίρας περιφερόμενος τὸ ἴσον ἀεὶ διάστημα τοῦ πόλου

---

1 ἐλάττονα F: ἐλάσσονα A   4 τοῦ Ἀριστοτέλους F: ὁ Ἀριστοτέλης Ab   ἀλλ' οὐ Fb: ἀλλὰ A   8 ὅτι Fb: ὅτε A   τὸ Ab: ὃν τὸ Fc   12 ἦν] εἴη c
15 ὦσιν Fc   συγκινούμενοι Ab: οἱ κινούμενοι F: κινούμενοι c   16 εἴ γε F: εἴτε A
20 τοῦ Fb: τὸ A   22 μνήμη F: μνῆμα A   36 περὶ Fb: om. A   37 κινουμένης Fb: κινουμένους A   38 τὸ scripsi: τοῦ A: om. Fc

ἐλάττονι, οἷον ὁ ἰσημερινὸς τῷ ἀεὶ φανερῷ, μὴ συναποκαθισταμένων ἐν 203ᵃ
τῷ αὐτῷ χρόνῳ, διέσπαστο ἂν ἡ τοῦ ὅλου συνέχεια.

Ἐπιστῆσαι δὲ χρή, ὅτι πρὸς τὸν τε ἐκεῖνον τὸν λέγοντα τό τε
γὰρ θᾶττον εἶναι τοῦ μείζονος κύκλου τὸ τάχος ἀποδέδοται οὗτος
ὅ τε ὁ λέγων τό τε μὴ διασπᾶσθαι τὸν οὐρανόν.   10

Ὁ δὲ Ἀλέξανδρος ἀκούσας αὐτοῦ λέγοντος περὶ τὸ αὐτὸ κέντρον
ἐνδεδεμένων "δύναται" φησί "τοῦτο ὡς ἐπὶ τῶν σφαιρῶν ἀκούεσθαι, καὶ
εἴη ἂν διὰ τούτου ἀναιρῶν τὴν δόξαν τῶν κατὰ ἐκκεντρότητα τὴν κίνησιν τοῖς
πλάνησιν ἀποδιδόντων καὶ οὕτω τὰ φαινόμενα σώζειν πειρωμένων. καὶ τὸ 15
ἐφεξῆς δὲ", φησί, "τὸ μεῖζον γὰρ τῶν ἀφαιρουμένων ὑπὸ τῶν ἐκ
τοῦ κέντρου τὸ τοῦ μείζονος κύκλου τμῆμα εἴη ἂν ὡς ἐπ' εὐθειῶν
λεγόμενον· ἀλλὰ τὸ μὲν μείζονα", φησίν, "ἀφαιρεῖσθαι τὰ τῶν ἐξωτέρω
κύκλων τμήματα ἀληθές, οὐ μὴν τεκμήριον τοῦ εὐλόγως τὸν μείζονα κύκ- 20
λον κινεῖσθαι θᾶττον, ἀλλ' εἴπερ, κατ' ἐκεῖνο μᾶλλον, ὅτι τὸ μεῖζον σῶμα
θᾶττον κινεῖται τὴν κατὰ φύσιν κίνησιν". ἀλλ' ὅτι μὲν οὐ τοῖς πλανωμέ-
νοις, ἀλλὰ τοῖς ἐν τῇ ἀπλανεῖ κύκλοις ταῦτα προσήκει, καὶ αὐτὸς ἐπέστησε·
τὸ γὰρ ἐν τῷ ἴσῳ χρόνῳ τὸν μείζονα κύκλον τῷ ἐλάττονι ἀποκαθίστασθαι 25
ἐπὶ μὲν τῶν ἐν τῇ ἀπλανεῖ κύκλων ἀληθές, ἐπὶ δὲ τῶν πλανωμένων σφαι-
ρῶν οὐκέτι ἀληθὲς οὔτε κατὰ τὴν οἰκείαν αὐτῶν κίνησιν· ἄλλη γὰρ ἐν
ἄλλῳ χρόνῳ ἀποκαθίσταται· οὔτε κατὰ τὴν μετὰ τοῦ παντός· καὶ γὰρ
ὑπ' ἐκείνης ὑπολείπεται τοσοῦτον ἑκάστη, ὅσον κατὰ τὴν οἰκείαν κίνησιν 30
κινεῖται ἔμπαλιν τῷ παντί· διὸ καὶ τὰ ἐν αὐταῖς ἄστρα φαίνονται μὴ
συναποκαθιστάμενα τοῖς ἀπλανέσιν, οἷς ἔτυχον συνοδεύοντα, ἀλλ' ὑπολειπό-
μενα. τὸ δὲ περὶ τὸ αὐτὸ κέντρον ἐνδεδεμένων ὡς ἐπὶ κέντρου
κυρίως ἀκούων "ἴσον" φησὶ "τῷ ἐν τῇ σφαίρᾳ ὄντως". μήποτε δέ,
ἐπειδὴ καὶ αἱ ἐκ τοῦ κέντρου ἐκβαλλόμεναι εὐθεῖαι καὶ αἱ ἐκ τοῦ πόλου 35
ἐκβαλλόμεναι περιφέρειαι ἀνάλογον τέμνουσι τούς τε μείζονας καὶ τοὺς
ἐλάττονας κύκλους, δεῖται μὲν τῶν ἐκ τοῦ πόλου νῦν, σημαίνει δὲ καὶ
αὐτὰς ἀπὸ τῶν ἐκ τοῦ κέντρου· ἐναργέστερον γὰρ ἐπὶ τούτων τὸ θεώρημα
καὶ πρὸ τῶν σφαιρικῶν μαθημάτων ἐν τοῖς ἐπιπέδοις παραδιδόμενον. διὰ 40
τί δὲ τὴν ἀνάλογον ταύτην τομὴν ὁ Ἀλέξανδρος λέγει μὴ εἶναι τεκμήριον
τοῦ εὐλόγως τὸν μείζονα κύκλον θᾶττον κινεῖσθαι; εἰ γὰρ ἐν τῷ αὐτῷ
χρόνῳ τό τε τοῦ μείζονος κύκλου τμῆμα καὶ τὸ ἀνάλογον αὐτῷ τοῦ ἐλάτ-
τονος τὰς μεταξὺ τῶν ἐκ τοῦ κέντρου εὐθειῶν διαστάσεις τὸ μὲν τὴν μεί- 45

---

1 ἐν] αὐτῶν ἐν Fc   2 διεσπᾶτο Fc   3 ὅτι Fb: om. A   τὸν τε] (sc. σύνδεσμον) λόγον c
5 τε ὁ om. Fc   6 ταὐτὸ c   7 ἐνδεδεμένων Fb: ἐνδεδεμένον A   8 τὴν
δόξαν] τὸν λόγον Fc   τῶν F: corr. ex τὴν A²   9 οὕτως c   12 ἐξωτέρων Fc
13 ἀληθές Fb: ἀληθῆ A   16 ἐν τῇ ἀπλανεῖ A: ἀπλανέσι F: ἐν ἀπλανεῖ c
17 ἐλάττονι F: ἐλάττωνι A   συναποκαθίστασθαι Fc   20 μετὰ τοῦ F: τοῦ
μετὰ A   21 ὑπ' A: ἀπ' Fc, corr. F   ὑπολείπεται A: ἀπολείπεται Fc
22 φαίνονται A: φαίνεται Fc   23 συναποκαθιστάμενα Fb: οὖν ἀποκαθιστάμενα A
ἔτυχον A: ἔτυχε Fc   24 ἐνδεδεμένων bc: ἐνδεδεμένον AF   κέντρου Fb:
κέντρον A   25 τῷ Fb: τῶν A   τῇ] τῇ αὐτῇ Fc   26 αἱ (pr.) F: om. A
εὐθεῖαι — ἐκβαλλόμεναι (27) F: om. Ab

ἐκ τοῦ μηδὲ τὸν ἥλιον πανταχοῦ φαίνεσθαι δινούμενον, ἀλλ' ἀνατέλλοντα 204ᵃ
μόνον καὶ δύνοντα, καὶ τρίτον ἐκ τοῦ τὴν αἰτίαν ἀποδοῦναι τῆς κατὰ δίνη-
σιν φανταζομένης τοῦ ἡλίου κινήσεως παρ' ἡμᾶς οὖσαν καὶ οὐ παρὰ τὸν
ἥλιον. ἡ γὰρ ὄψις, φησίν, ἀποτεινομένη μακρὰν καὶ ἀσθενοῦσα διὰ 45
5 τὸ μῆκος κραδαίνεται· τοῦτο γὰρ τὰ ἀσθενῆ κινούμενα πάσχει· | 6 δὲ 204ᵇ
κραδασμὸς οὗτος καὶ ὁ τρόμος καὶ ἡ περιέλιξις τοῦ ὁρῶντος δίνησις
εἶναι δοκεῖ τοῦ ὁρωμένου· οὐδὲν γὰρ διαφέρει πρὸς τὴν τοιαύτην φαντασίαν
τὸ τὴν ὄψιν ὑποθέσθαι κινουμένην ἢ τὸ ὁρώμενον· οἱ γοῦν τοὺς αἰγιαλοὺς
παραπέμποντες κινεῖσθαι τὴν γῆν καὶ τὰ ὄρη νομίζουσι τῆς ὄψεως κινου- 5
10 μένης καὶ τὸ οἰκεῖον πάθος τῷ ὁρατῷ περιτιθείσης. ὅτι δὲ τοῦτο αἴτιον
τοῦ δινούμενον φαίνεσθαι τὸν ἥλιον, πιστοῦται καὶ ἐκ τοῦ τοὺς μὲν ἀπλα-
νεῖς ἀστέρας στίλβοντας φαίνεσθαι· τούτους γὰρ λέγει τοὺς ἐνδεδεμένους
ὡς πρὸς τοὺς πλανᾶσθαι δοκοῦντας ἀντιδιαστέλλων αὐτοὺς ἢ ὡς τῇ 10
ἀπλανεῖ σφαίρᾳ, περὶ ἧς ὁ λόγος, ἐνδεδεμένους· τοὺς δὲ πλάνητας μηκέτι
15 πάσχειν δοκεῖ τοῦτο. οἱ μὲν γὰρ πλάνητες, φησίν, ἐγγύς εἰσιν,
ὥστε ἐγκρατὴς ἑαυτῆς ἔτι καὶ ἐρρωμένη ἀφικνεῖται πρὸς αὐτοὺς ἡ
ὄψις, καὶ διὰ τοῦτο μηδὲ αὐτὴ πάσχουσα οὐδὲ ἐκείνων τι κατηγορεῖ 15
πάθος, πρὸς δὲ τοὺς ἀπλανεῖς, οὓς μένοντας διὰ τοῦτο καλεῖ ὡς ἀπλανεῖς,
πορρωτέρω ὄντας ἀποτεινομένη κραδαίνεται διὰ τὸ πολὺ μῆκος ἀτο-
20 νοῦσα, καὶ ὁ τρόμος αὐτῆς ἐπὶ μὲν τοῦ ἡλίου τὴν δίνησιν, ἐπὶ δὲ τῶν
ἀπλανῶν τὴν στιλβηδόνα φαίνεσθαι ποιεῖ.

Ἀλλ' ὅτι μὲν καὶ στιλβηδὼν ἐπὶ τοῦ ἡλίου φαίνεται, πρόδηλον· διὰ 20
τί δέ, φαίη ἄν τις, ἡ δίνησις ἐπὶ τοῦ ἡλίου μόνου φαίνεται καὶ μὴ καὶ
τῶν ἐπέκεινα τοῦ ἡλίου, πρὸς οὓς πορρωτέρω ὄντας ἀποτεινομένη ἡ ὄψις
25 μᾶλλον ἂν κραδαίνοιτο καὶ τρέμοι διὰ τὴν μᾶλλον ἀσθένειαν; καὶ λέγει
πρὸς ταύτην τὴν ἀπορίαν ὁ Ἀλέξανδρος, ὅτι ἴσως μέν τι γίνεται καὶ παρὰ 25
τὴν τοῦ ἡλίου λαμπρότητα, ἴσως δέ τι γίνεται καὶ παρὰ τὴν γῆν, διὸ
παρ' αὐτὴν ὁρᾶται δινούμενος· ἀνατέλλων τε γὰρ καὶ δύνων· τὰς γὰρ δύο
κινήσεις αὐτοῦ, καθ' ἥν τε μετὰ τοῦ παντὸς περιφέρεται καὶ ἣν καθ'
30 αὑτὸν ἀνάπαλιν κινεῖται, συμβαίνει πως ὁρᾶσθαι τῷ παρὰ τὴν γῆν ἠρε- 30
μοῦσαν βλέπεσθαι, καὶ οὕτω κραδαίνεσθαι δοκεῖ καὶ διὰ τοῦτο ἀνατέλλων
μόνον καὶ δυόμενος τοιοῦτος ἡμῖν ὁρᾶται· καὶ μόνος ἂν ὁ ἥλιος, φησί,
ταῦτα πάσχοι τῷ μέγιστος εἶναι τῶν πλησίον καὶ λαμπρότατός τε καὶ
φανερώτατος. τὸ δὲ ἡ γὰρ ὄψις ἀποτεινομένη μακρὰν οὐχ ὡς κατ' 35
35 ἔχχυσιν ἀκτίνων, φησὶν ὁ Ἀλέξανδρος, ὁρώντων ἡμῶν εἴρηκεν· οὐ γὰρ

---

6 καὶ ὁ A: καὶ Fc   δίνησις F: δίνησιν A   9 παραπέμποντες A: παραπλέοντες
Fc   11 τὸν ἥλιον φαίνεσθαι Fc   πιστοῦται Fb: πληροῦται A   μὲν om. Fc
15 τοῦτο πάσχειν δοκεῖν Fc   πλάνητες F: πλανῆται A   16 ὥστ' c   ἐγκρατὴς
οὖσα bc   ἔτι AF: om. bc   17 οὐδὲ Fb: οὐδὲν A   18 ὡς ἀπλανεῖς] πρὸς τοὺς
ἀπλανεῖς F: om. c   20 αὐτῆς om. c   23. 24 μὴ καὶ τῶν] μὴ τοῦ F: μὴ τῶν c
26 μέν τι] μέντοι c   28 ὁρᾶται δινούμενος Fb: ὁρᾷ τὰ δινούμενα A   γὰρ (alt.) A:
om. Fbc   31 δοκεῖν Fc   32 δυόμενος A: δύνων Fc   καὶ Fb: om. A
33 πάσχοι F: πάσχει A   τε A: om. Fc

ἀπέχων κυκλικὴν ἔχει τὴν κίνησιν. κἂν μὴ ἐγκεχαραγμένοι οὖν ὦσιν
οὗτοι οἱ κύκλοι τῇ σφαίρᾳ, ἀλλ' ἐπειδὴ πᾶσα κίνησις κατὰ διάστημά τι
γίνεται, τῆς κινήσεως κυκλικῆς οὔσης ἀνάγκη καὶ τὸ διά|στημα φυσικῶς
κυκλικὸν εἶναι, ἐν ᾧ οἱ ἴσον ἀπέχοντες τοῦ πόλου ἀστέρες ἐνεστηρίχθησαν
ὑπὸ τοῦ δημιουργοῦ θεοῦ. καὶ οὗτοι οἱ ἀνάλογον ἔχοντες τὰ τάχη τοῖς
μεγέθεσιν.

p. 290a7 Ἔτι δέ, ἐπεὶ σφαιροειδῆ τὰ ἄστρα ἕως τοῦ οὐθὲν γὰρ
διαφέρει κινεῖν τὴν ὄψιν ἢ τὸ ὁρώμενον.

Μετὰ τὴν ἐκ διαιρέσεως ἀπόδειξιν τὴν περὶ τῆς κινήσεως ἢ τῆς ἀκι-
νησίας τῶν ἄστρων ἄλλον τρόπον ἀποδείξεως ἐπάγει περὶ τοῦ μὴ κινεῖσθαι
τὰ ἄστρα ὑποθέμενος αὐτὰ σφαιροειδῆ εἶναι καὶ νῦν μὲν τὸ πιθανὸν τῆς
ὑποθέσεως πιστούμενος ἔκ τε τῆς τῶν ἄλλων δόξης οὕτως οἰομένων περὶ
αὐτῶν καὶ ἐκ τοῦ δεῖν τῆς αὐτῆς οὐσίας ὄντας αὐτοὺς τῷ οὐρανίῳ σώ-
ματι καὶ σχῆμα τὸ αὐτὸ ἔχειν, μετ' ὀλίγον δὲ καὶ τοῦτο καθ' αὑτὸ προ-
βαλλόμενος δείξει σφαιρικὸν ὑπάρχον τῶν ἄστρων τὸ σχῆμα. ὑποθέμενος
οὖν, ὅτι σφαιρικὰ τὰ ἄστρα, καὶ προλαβών, ὅτι τῶν σφαιρικῶν σωμάτων,
καθ' ὃ σφαιρικά ἐστι, δύο εἰσὶν αἱ κινήσεις ἥ τε δίνησις καὶ ἡ κύλισις·
γίνεται δὲ ἡ μὲν δίνησις ἐν τῷ αὐτῷ τόπῳ περὶ τὸν οἰκεῖον ἄξονα στρε-
φομένης τῆς σφαίρας, ἡ δὲ κύλισις ἀμειβούσης τοὺς τόπους· καὶ δείξας
μηδετέραν τούτων τῶν κινήσεων προσήκειν τοῖς ἄστροις ἠρεμουσῶν τῶν
σφαιρῶν λοιπόν, ὅτι μὴ κινεῖται αὐτὰ τὰ ἄστρα, κατεσκεύασεν, ὥς φησιν
ὁ Ἀλέξανδρος. καὶ ὅτι μὲν μὴ δινεῖται, δείκνυσιν ἐκ τοῦ μεθιστάμενα
φαίνεσθαι καὶ μὴ ἐν τῷ αὐτῷ μένοντα τόπῳ· εἰ γὰρ τὰ μὲν δινούμενα
ἐν τῷ αὐτῷ μένει τόπῳ· τοιοῦτον γὰρ τὸ δινεῖσθαι· τὰ δὲ ἄστρα οὐκ ἐν
τῷ αὐτῷ μένει τόπῳ, ἀλλὰ μεταβάλλει τὸν τόπον, ὡς καὶ τὰ φαινόμενα
μαρτυρεῖ καὶ ἡ κοινὴ πάντων δόξα, δῆλον, ὅτι ἐν δευτέρῳ σχήματι συνά-
γεται τὸ τὰ ἄστρα μὴ δινεῖσθαι ἢ τό γε ἀληθέστερον τὸ τὰ ἄστρα μὴ
κατὰ δίνησιν ταύτην ἔχειν τὴν ὁρωμένην ἐπ' αὐτῶν μετάβασιν. εἶτα ἔν-
στασιν λύει τὴν λέγουσαν, ὅτι καὶ ὁ ἥλιος δινούμενος φαίνεται· εἰκὸς οὖν
καὶ τὰ ἄστρα οὕτω κινεῖσθαι. καὶ λύει τὴν ἔνστασιν πολλαχῶς, πρῶτον
μὲν ἐκ τοῦ εὔλογον μὲν εἶναι πάντα τὴν αὐτὴν κινεῖσθαι κίνησιν οὐσίαν
τὴν αὐτὴν ἔχοντα, μόνον δὲ δινούμενον ὁρᾶσθαι τὸν ἥλιον, δεύτερον δὲ

---

1 κἄν] ἐάν c   ἐγκεχαραγμένοι F: ἐγκεχαρμένοι A: ἐκκεχαραγμένοι c   2 τῇ σφαίρᾳ scripsi: τῆς σφαίρας AFc   4 ἐνεστηρίχθησαν Fb: ἐνεκηρύχθησαν A   5 οἱ ἀνάλογον ἔχοντες scripsi: proportionaliter habentia b: εἰ λόγον ἔχοι ταῦτα A: εἰσὶν οὓς λέγει ὁ Ἀριστοτέλης ἀνάλογον ἔχοντας Fc   7 δ' c   οὐδὲν c   8 διαφέρει F: διαφαίρει A
11 ὑποθέμενος Fb: ἀποθέμενος A   13 αὐτῶν] αὑτῆς Fc   14 τοῦτο] τοῦτο αὐτὸ Fc   15 δείξει Fb: δείξεις A   τὸ σχῆμα τῶν ἄστρων Fbc   19 τοὺς τόπους ACb: τὸν τόπον Fc   21 κινεῖται] δινεῖται c   26 δόξα πάντων Fc   27 μὴ (alt.) Fb: om. A   28 ταύτην om. c   αὐτῶν Fb: αὐτὴν A   29 λύει Fb: λέγει A
30 οὕτως c

SIMPLICII IN L. DE CAELO II 8 [Arist. p. 290ᵃ7]   455

κόσμον ἀληθινὸν αὐτῷ πεποικιλμένον εἶναι καὶ καθ' ὅλον κινήσεις δύο 205ᵃ
προσῆψεν ἑκάστῳ τὴν μὲν ἐν ταὐτῷ κατὰ ταὐτὸ δινουμένῳ, τὴν δὲ εἰς 31
τὸ πρόσθεν ὑπὸ τῆς ταύτου καὶ ὁμοίου περιφορᾶς κρατουμένῳ, τὰς δὲ
πέντε κινήσεις ἀκίνητον καὶ ἑστώς, ἵνα ὅτι μάλιστα καὶ αὐτῶν ἕκαστον
5 γένοιτο ὡς ἄριστον. ἐξ ἧς δὴ τῆς αἰτίας γέγονεν, ὅσα ἀπλανῆ τῶν 35
ἄστρων θεῖα ὄντα, καὶ διὰ ταῦτα ἐν ταὐτῷ στρεφόμενα ἀεὶ μένει· τὰ δὲ
τρεπόμενα καὶ πλάνην τοιαύτην ἴσχοντα, καθάπερ ἐν τοῖς πρόσθεν ἐρρήθη,
κατ' ἐκεῖνα γέγονεν". ἐν δὴ τούτοις ὁ Πλάτων δύο κινήσεις ἕκαστον τῶν
ἀπλανῶν ἀστέρων κινεῖσθαί φησι τὴν μὲν οἰκείαν περὶ τὸ ἑαυτοῦ κέντρον 40
10 ἐν ταὐτῷ μένοντα, τὴν δὲ εἰς τὸ πρόσθεν ὑπὸ τοῦ περιέχοντος αὐτοὺς
οὐρανοῦ γινομένην. ὁ δὲ Ἀριστοτέλης ὅτι μὲν ἀναιρεῖ τὴν δίνησιν, δῆλον·
ἀναιρεῖ δὲ αὐτὴν οὐχ ὡς μηδὲ ὅλως οὖσαν ἐν αὐτοῖς, ἀλλ' ὡς μὴ μόνην
οὖσαν ἀτρεμουσῶν τῶν σφαιρῶν μηδὲ τῆς φαινομένης αὐτῶν κατὰ τόπον 45
μεταβάσεως οὖσαν αἰτίαν. λέγει γοῦν δινούμενα γὰρ | ἂν ἔμενεν ἐν 205ᵇ
15 τῷ αὐτῷ καὶ οὐ μετέβαλε τόπον, ὅπερ φαίνεταί τε καὶ πάντες
φασί· καὶ ἐν τοῖς ἑξῆς δὲ τὴν φύσιν ὥσπερ ἐπίτηδες ἀφελεῖν αὐτῶν
φησι πάντα, δι' ὧν ἐνεδέχετο προϊέναι καθ' αὐτά, τὸ δὲ σφαιροειδὲς
αὐτοῖς ἀπολείπειν, ὅπερ πρὸς τὴν ἐν ἑαυτῷ κίνησιν χρησιμώτερον ὁμο- 5
λογεῖ· "οὕτω γὰρ ἄν," φησί, "καὶ τάχιστα κινοῖτο καὶ μάλιστα κατ-
20 έχει τὸν αὐτὸν τόπον", ἅπερ ἄμφω τοῖς δινουμένοις ἐστὶν οἰκεῖα.
ἀλλὰ καὶ πρὸς τῷ πέρατι τοῦ λόγου "ἐπεὶ οὖν δεῖ" φησί "τὸν μὲν
οὐρανὸν κινεῖσθαι τὴν ἐν αὐτῷ κίνησιν, τὰ δὲ ἄλλα ἄστρα μὴ προϊέναι 10
δι' ἑαυτῶν, εὐλόγως ἂν ἑκάτερον εἴη σφαιροειδές· οὕτω γὰρ μάλιστα τὸ
μὲν κινήσεται, τὸ δὲ ἠρεμήσει". ὥστε πανταχοῦ τὸ μὴ προϊέναι δι' ἑαυτῶν
25 ἀναιρεῖ τὴν τοιαύτην κίνησιν, ἀλλ' οὐχ ἁπλῶς τὸ κινεῖσθαι. καὶ τὸν μὲν
οὐρανὸν κινεῖσθαι λέγει ὡς τῶν μερῶν αὐτοῦ διὰ τὸ μέγεθος αἰσθητὴν 15
ἐχόντων τὴν μετάβασιν, τοὺς δὲ ἀστέρας ἠρεμεῖν ὡς τῆς μὲν τῶν μερῶν
αὐτῶν μεταβάσεως κατὰ τὴν περὶ τὰ οἰκεῖα κέντρα κίνησιν μὴ ὁρωμένης,
τῆς δὲ ὁλότητος αὐτῶν τὸν αὐτὸν ἀεὶ τοῦ οὐρανοῦ κατεχούσης τόπον. ὅλως
30 δέ, εἰ φυσικὰ ὄντα καὶ τὰ ἄστρα οὐσίας τε τῆς αὐτῆς ἐστι τῷ οὐρανῷ 20
τῆς πέμπτης καὶ σχήματι τῷ αὐτῷ μεμόρφωται τῷ σφαιρικῷ, πῶς οὐχὶ

---

1 καί om. c   ὅλου F   δύο Ab: δὲ δύο Fc   2 ἐν ταὐτῷ Fb: ἐνταῦθα A
ταὐτό A: ταὐτὰ περὶ τῶν αὐτῶν ἀεὶ ταὐτό (ταὖθ' c) ἑαυτῷ Fc   δινουμένῳ scripsi:
semper volveretur b: διανοούμενον A: δινούμενον F: διανοουμένῳ c   δ' c   3 κρατού-
μενον F   4 καί (pr.) AFb: om. c   ἵν'   μάλιστα καί] μάλιστ' c
5 γένοιθ' c   δσ' c   6 θεῖα ὄντα AF: divina animalia b: ζῷα θεῖ' ὄντα c
διὰ ταῦτα] ἀΐδια καὶ κατὰ ταῦτ' c   στρεφόμεν' c   7 πλάνην ac: ἀπλανῆ AF
8 δή F: δὲ Ab   9 φησὶ κινεῖσθαι Fc   10 ταὐτῷ A: τῷ αὐτῷ Fc   ὑπό] καὶ
ὑπό Fc   12 μήδ' c   14 γοῦν] οὖν Fc   γάρ] μὲν γάρ c   ἔμενεν ἂν c
15 τῷ αὐτῷ] ταὐτῷ c   καὶ οὐ] κοὺ c   τὸν τόπον c   16 φασίν c   ἑξῆς] c
290ᵃ 30 sq.   18 ἑαυτῷ] αὐτοῖς Fc   χρησιμώτατον Fc   19 φησί] 290ᵇ 2
κατέχει AF: κατέχοι c   21 φησί, δεῖ c   φησί] 290ᵇ 8   22 αὐτῷ] αὐτῷ A:
ταὐτῷ F   τὰ δὲ ἄλλα] τἆλλα δὲ c   23 αὐτῶν c   ἄν F: om. Ab   24 δ' c
28 ὁρωμένης Fb: ὁρωμένην A

δοκεῖ τοῦτο αὐτῷ· ἀλλὰ τὸ διαφανὲς τὸ μεταξὺ ὄψιν ἄρτι κέκληκεν, ᾧ 204b
τῷ διὰ πολλοῦ τοῦ μεταξὺ διαστήματος τὸ εἶδος ἡμῖν ἀναγγέλλειν οὐκέτι
ὁμοίως τῷ πλησίον τῆς ἡμετέρας ὄψεως ἀναμάττεται τὸ εἶδος τοῦ ὁρω- 40
μένου οὐδὲ κατακρατεῖ αὐτοῦ διὰ τὴν ἐκ μακροῦ διάδοσιν. ἀλλὰ καὶ τὸ
5 ὥστε ἐγκρατὴς οὖσα πρὸς αὐτοὺς ἀφικνεῖται ἡ ὄψις ἡ ἡμετέρα,
φησίν, Ἀριστοτέλης ἐπὶ τοῦ μεταξὺ διαφανοῦς ἤκουεν. αἰσθόμενος δὲ ὁ
Ἀλέξανδρος, ὅτι λίαν ἀπίθανον ἦν τὸ διαφανὲς ὄψιν καλέσαι καὶ λέγειν 45
αὐτὸ ἑλίσσεσθαι δι' ἀσθένειαν, κἂν ἐπὶ τῆς ὄψεως, φησί, λέγῃ καὶ τῶν
ἀκτίνων, οὐχ ὡς ἀρεσκόμενος λέγοι ἄν, | ἀλλὰ τῷ τὰ αὐτὰ μὲν γίνε- 205a
10 σθαι πάθη, ἄν τε τὸ διαφανὲς καὶ τὸ μεταξύ ἐστι τὸ πάσχον ἀπὸ τοῦ αἰσθη-
τοῦ καὶ ἀναγγέλλον τῇ ὄψει, ἄν τε ἀπὸ τῆς ὄψεως ἐκπέμπονται ἀκτῖνες·
συνηθέστερον δὲ εἶναι τὸ τοιοῦτον διὰ τὸ τοὺς μαθηματικοὺς οὕτω λέγειν· 5
ἐν πολλοῖς γοῦν αὐτῷ καίτοι μὴ ἀρεσκόμενος προσχρῆται, ὅτι δὲ οὐχ οἷόν
τε οὕτως ἔχειν, ἐν τῷ Περὶ αἰσθήσεως καὶ αἰσθητῶν δείξει.

15 Ὅταν δὲ λέγῃ τοὺς δὲ πλάνητας μὴ στίλβειν καίτοι τοῦ ἡλίου
ἑνὸς ὄντος τῶν πλανήτων καὶ στίλβοντος, ἢ τοὺς ἄλλους παρὰ τὸν ἥλιόν
φησιν ἢ πλάνητας ἰδίως λέγοι ἂν τοὺς πέντε τοὺς παρὰ τὸν ἥλιον καὶ 10
τὴν σελήνην. καὶ δῆλον, ὅτι καὶ τοῦτο κατὰ τὸ ἐπικρατοῦν εἶπεν· ὅτι
γὰρ καὶ ὁ Ἑρμῆς ἐν τοῖς πλάνησι στίλβει, δηλοῖ καὶ τὸ ὄνομα τοῦτο
20 προσκείμενον αὐτῷ, τισὶ δὲ καὶ ὁ τῆς Ἀφροδίτης ἀστὴρ δοκεῖ τοιοῦτος.
καὶ κάλλιον εἰς τὰς ἰδιότητας μᾶλλον ταῦτα τῶν ἀστέρων ἀναφέρειν, 15
ὥσπερ τὰ χρώματα.

Ἐπειδὴ δὲ οἱ τὸν Ἀριστοτέλην τοῦ Πλάτωνος διοικίζειν φιλονεικοῦντες
ὡς καὶ τοῦτο διάφωνον αὐτῶν δόγμα παρατίθενται τὸ τὸν μὲν Πλάτωνα
25 λέγειν τοὺς ἀπλανεῖς ἀστέρας δύο κινεῖσθαι κινήσεις τὴν μὲν ὑπὸ τοῦ 20
οὐρανοῦ περιφερομένους, τὴν δὲ οἰκείαν περὶ τὰ ἑαυτῶν κέντρα κυκλιζομέ-
νους καὶ δινουμένους, τὸν δὲ Ἀριστοτέλην τὴν δίνησιν ἀναιρεῖν, ἴδωμεν, εἰ
δοκεῖ, τὴν ἑκατέρου γνώμην, καὶ πρῶτον τῶν ὑπὸ τοῦ Πλάτωνος ῥηθέντων
ἀκούσωμεν γράφοντος ἐν Τιμαίῳ τάδε· "τοῦ μὲν οὖν θείου τὴν πλείστην 25
30 ἰδέαν ἐκ πυρὸς ἀπειργάσατο, ὅπως ὅτι λαμπρότατον ἰδεῖν τε κάλλιστον
εἴη· τῷ δὲ παντὶ προσεικάζων εὔκυκλον ἐποίει τίθησί τε εἰς τὴν τοῦ κρα-
τίστου φρόνησιν ἐκείνῳ ξυνεπόμενον νείμας περὶ πάντα κύκλῳ τὸν οὐρανὸν

---

1 κέκληκεν F: κέκληκε A   ᾧ F: om. Ab   2 ἀναγγέλλειν F: ἀναγγέλειν A
3 τῷ Fb: τὸ A   4 αὐτοῦ Fb: εἶναι A   5 ὥστ' c   ἡ (alt.) F: ὁ A
6 φησίν] φησὶν ὁ Fc   ἤκουεν A: ἤκουσεν Fc   8 φησί Fb: φυσικὴ A   9 τῷ
Fb: τὸ A   10 διαφανὲς καὶ τὸ μεταξύ A: diaphanum intermedium b: μεταξὺ τὸ δια-
φανὲς F: μεταξὺ διαφανὲς c   ἐστι A: ἢ Fc: fuerit b   11 ἀναγγέλλον F: ἀναγ-
γέλον A   ἐκπέμπονται F: ἐκπέμπωνται Ac   14 Περὶ αἰσθήσεως] cap. 2
15 δὲ (alt.) om. Fc   16 στίλβοντος F: στίλβοντα A   17 λέγοι F: λέγῃ A   18 σε-
λήνην] σελήνην δηλονότι Fc   20 προσκείμενον F: προκείμενον A   23 ἐπειδὴ] ἐπεὶ
Fc   24 διαφωνοῦν c   τὸ δόγμα c   26 ἑαυτῶν F: corr. ex αὐτῶν A²
26. 27 κυκλιζομένους A: κυλιουμένους F: κυλιομένους c   27. 28 εἰ δοκεῖ om. c
29 Τιμαίῳ] 40 a—b   30 ἀπειργάσατο AF: ἀπειργάζετο c   31 τῷ δὲ παντὶ Fb: τὰ
δὲ A   προσεικάζων F: προσεικάζον A   τ' c   32 κύκλῳ F: κύκλον A: om. b

στάσιν λύσας ἐφεξῆς δείκνυσιν, ὅτι οὐδὲ κυλιόμενα τὰ ἄστρα ποιεῖται τὴν 206a
φαινομένην μετάβασιν. κἂν γὰρ μεταβαίνῃ, ὥσπερ τὰ κυλιόμενα, ἀλλ' ὅτι 16
μὴ κατὰ κύλισιν μεταβαίνει, κἂν οἰκεία τῷ σφαιρικῷ σώματι ᾖ ἡ κύλισις,
δείκνυσιν ἀπὸ τοῦ τὸ φαινόμενον τῆς σελήνης πρόσωπον τὴν αὐτὴν ἀεὶ
5 θέσιν ἔχον ὁρᾶσθαι· οὐκ ἂν δὲ τοῦτο συνέβαινε τοῦ ἐν ᾧ ἔστιν ὁ τύπος 20
ἄλλοτε ἄλλως περιφερομένου τε καὶ μετακυλιομένου. δῆλον δέ, ὅτι ὁ
λόγος οὗτος ὡς ἐπὶ ἀξιώματι πρόεισι τῷ λέγοντι, ὡς ἐφ' ἑνός, οὕτω
δὴ καὶ ἐπὶ πάντων ἔχειν· καὶ ἔχει λόγον ἐπὶ τῶν θείων τὸ ἀξίωμα.
ἀλλ' εἰ μὲν τὸ ἐμφαινόμενον πρόσωπον διαφορά τις οὐσιώδης ἐστὶ 25
10 τοῦ σεληνιακοῦ σώματος ἢ παραδειγματικῶς περιέχοντος τὸ πολυειδὲς
καὶ διάφορον τῆς γενέσεως, ὡς Ἰάμβλιχός φησιν, ἢ διὰ τὸ μεσότης εἶναι
τῶν οὐρανίων καὶ τῶν ὑπὸ σελήνην τὸ μὲν εὐφώτιστον ἔχει, τὸ δὲ σκιε-
ρώτερον κατ' οὐσίαν, ὡς ἄλλοις ἀρέσκει, ἰσχυρὸν δοκεῖ πρὸς ἀπόδειξιν τὸ 30
εἰρημένον· πῶς γὰρ τοῦ ὅλου σώματος κυλιομένου τὴν αὐτὴν ἐκεῖνο θέσιν
15 ἐφύλαττε συνεχὲς ὂν πρὸς τὸ ὅλον; εἰ δέ, ὥς τινες λέγουσιν, ἔμφασίς τίς
ἐστιν ὡς ἐν κατόπτρῳ ἤτοι τῆς γῆς ἢ τῆς θαλάσσης ἢ τῶν ὀρῶν, δύνα-
ται, φησὶν ὁ Ἀλέξανδρος, καὶ κυλιομένης αὐτῆς ὁμοία μένειν ἡ ἔμφασις 35
τῷ καὶ ταῦτα ἀφ' ὧν ἡ ἔμφασις τὰ αὐτὰ μένειν κἀκείνην πρὸς τὸ δέ-
χεσθαι τὴν τοιαύτην ἔμφασιν κατὰ πάντα αὐτῆς μέρη ὁμοίαν ἔχειν ἐπι-
20 τηδειότητα καὶ κατὰ τὴν τοῦ σώματος φύσιν καὶ κατὰ τὴν τοῦ σχήματος
ὁμοιότητα. ἀλλ' εἰ μὲν ἡ ἔμφασις κατὰ τὴν ἀπὸ τοῦ κατόπτρου τῶν
ἀκτίνων ἀνάκλασιν ἐπὶ τὸ ἐμφαινόμενον γίνεται, ὡς τοῖς πολλοῖς δοκεῖ, 40
οὐκ ἂν ἀπὸ παντὸς τόπου ὁρῶντι τὸ αὐτὸ ἂν ἐμφαίνοιτο, ὥσπερ νῦν τὸ
τῆς σελήνης πρόσωπον καὶ ἀπὸ μεσημβρινωτάτων τόπων καὶ ἀπὸ βορειο-
25 τάτων καὶ ἀπὸ ἀνατολικῶν καὶ δυτικῶν ὁρῶντι τὸ αὐτὸ φαίνεται. εἰ
μέντοι ἀπόρροιαι τῶν ὑπὸ σελήνην ἀναθέουσαι ἄλλαι ἀπ' ἄλλων ἀεὶ περὶ 45
τὸ στιλπνὸν τῆς σελήνης τοιαύτην λαμβάνουσι σύστασιν, | ὡς καὶ ἐν 206b
τοῖς κατόπτροις εἰδώλων ἔμφασιν συνίστασθαι λέγουσί τινες, δυνατὸν ἂν
εἴη καὶ κυλιομένης καὶ δινουμένης τὴν αὐτὴν ἔμφασιν ὁρᾶσθαι ἀπὸ παντὸς
30 τόπου.

Ἐπιστῆσαι δὲ χρή, διὰ τί μὴ καὶ ἐπὶ τῆς δινήσεως ἐχρήσατο τῷ
ἀπὸ τοῦ τῆς σελήνης προσώπου ὁ Ἀριστοτέλης· καὶ γὰρ καὶ τὸ δινού- 5
μενον ἄλλοτε ἄλλην θέσιν ἴσχον οὐκ ἂν τὴν αὐτὴν ἔμφασιν ἐδείκνυε τοῦ
προσώπου, εἰ κατ' οὐσίαν ἦν ἐν τῇ σελήνῃ τοῦ σώματος ἡ τοιαύτη δια-

---

1 λύσας Fb: δείξας A   3 κἂν Fb: κἂν γὰρ A   ᾖ ἡ] ἡ Fc   κύλισις εἴη Fc
4 ἀεὶ om. Fc   7 ἐπὶ] ἀπ' c   ἀξιώματι] comp. F: ἀξιώμασι A: ἀξιώμα-
τος c   τοῦ λέγοντος c   οὕτως c   8 δὴ] δεῖν Fc   12 ἔχει Fb: ἔχειν A:
ἔχοντος c   14 ἐκεῖνο Fb: ἐκείνῳ A   16 θαλάττης Fc   ὁρῶν Fb: ὁρώντων A
16. 17 δύναται F: δύνασθαι Ab   18 τῷ — ἔμφασις Fb: om. A   18. 19 πρὸς τὸ
δέχεσθαι A: προσδέχεσθαι F: [εἰς τὸ] προσδέχεσθαι c   24 μεσημβρινωτάτων F: μεσημ-
βριωτάτων A   24. 25 βορειοτάτων F: corr. ex βορειωτάτων A²   25 ἀπὸ Fb:
om. A   καὶ (alt.)] καὶ ἀπὸ c   26 ἀπόρροιαι Fb: ἀπόρροια A   ἄλλων F: ἀλλήλων
Ab   28 ἐμφάσεις Fc   32 προσώπου F: προσώπῳ A(b)   34. p. 458,1 διαφορά
F: διαφερα A

καὶ κίνησιν ἂν ἔχοι τὴν αὐτὴν φυσικά γε ὄντα; εἰ δέ, ὡς ἐν τοῖς ἐφεξῆς 205ᵇ
λέγει, καὶ πράξεως καὶ ζωῆς, ἔμψυχα δηλονότι, ὅλα μετέχει τὰ οὐράνια,
πῶς ἂν ἀκίνητα εἴη καθ' αὑτὰ τὰ ἄστρα; κἂν γὰρ μέρη ᾖ τοῦ οὐρανοῦ, 25
ἀλλὰ τοιαῦτα μέρη, ὡς καὶ ὁλότητα οἰκείαν ἔχειν καὶ περιγραφὴν ἀφωρισ-
5 μένην· ἔτι δὲ εἰ καὶ πρὸς μονὴν ἐπιτήδειόν ἐστι τὸ σφαιρικὸν σχῆμα,
οὐδὲν ἂν εἴη σῶμα φύσει κυκλοφορητικόν.

Προσεκτέον δὲ καὶ τῷ ὅλῳ ἐπιχειρήματι. σφαιρικὰ γὰρ ὄντα, φησί, τὰ
ἄστρα, εἴπερ κινεῖται δι' ἑαυτῶν, ἢ κατὰ δίνησιν ἢ κατὰ κύλισιν κινηθήσεται 30
τὴν κίνησιν, ἣν κινούμενα φαίνεται· ἀλλ' οὔτε κατὰ δίνησίν ἐστιν αὕτη· τὰ
10 γὰρ δινούμενα ἐν τῷ αὐτῷ τόπῳ μένει· οὔτε κατὰ κύλισιν, ὡς δείξει·
οὐκ ἄρα ταύτην τὴν μεταβάλλουσαν τὸν τόπον κίνησιν δι' ἑαυτῶν κινεῖται.
οὐ μέντοι τοῦτο ἔδειξεν, ὅτι ταύτην μόνην ἔχει τὴν μεταβατικὴν κίνησιν 35
τὰ ἄστρα τὴν ὑπὸ τοῦ οὐρανοῦ γινομένην ἄλλην μὴ ἔχοντα, εἰ μὴ ἄρα
τῷ δεικνύναι τὸν ἥλιον μὴ δινούμενον πρὸς τῷ ὁρίζοντι δοκεῖ τελέως τὴν
15 δίνησιν ἀναιρεῖν. ἀλλ' εἰ καθ' αὑτὴν τὴν δίνησιν ἀνῄρει, οὐκ ἂν ἀπὸ
τοῦ μεταβαίνειν αὐτὴν ἀνῄρει λέγων δινούμενα γὰρ ἂν ἔμενεν ἐν τῷ 40
αὐτῷ· ἀλλ' ἐπειδὴ ὁ ἥλιος δινούμενος ἀνατέλλειν δοκεῖ καὶ δύνειν τῆς
ἡμετέρας ὄψεως ἑλισσομένης, ὡς δοκεῖν κατὰ δίνησιν μεταβάλλειν τὸν
τόπον, διὰ τοῦτο τὴν ἀπὸ τοῦ ἡλίου ἔνστασιν ἔλυσε βοηθῶν τῷ τὸ δινού-
20 μενον ἐν τῷ αὐτῷ μένειν καὶ δεικνύς, ὅτι ἡ ἐν τῇ ἀνατολικῇ καὶ δυτικῇ 45
προόδῳ τοῦ ἡλίου φαινομένη δίνησις οὐκ αὐτοῦ ἐστι τοῦ ἡλίου, ἀλλὰ τῆς
ἡμετέρας ὄψεως. ἀκοῦσαι δὲ χρὴ καὶ τοῦ ἀρίστου τῶν ἀστρονόμων τοῦ 206ᵃ
Πτολεμαίου λέγοντος ἐν τῷ δευτέρῳ βιβλίῳ τῶν Ὑποθέσεων "ὥστε εὐλο-
γώτερον εἶναι τὸ κινεῖν μὲν τῶν ἄστρων ἕκαστον, ὅτι τοῦτό ἐστι καὶ δύ-
25 ναμις καὶ ἐνέργεια αὐτῶν, κατὰ τὸν ἴδιον μέντοι τόπον καὶ περὶ τὸ αὐτοῦ 5
μέσον ὁμαλῶς πάλιν καὶ ἐγκυκλίως· ὑπάρχειν γὰρ αὐτῷ πρώτῳ δίκαιον,
ὃ καὶ ἐν ταῖς περιεχούσαις αὐτὸ συστάσεσι περιποιεῖ".

p. 290ᵃ 24 Ἀλλὰ μήν, ὅτι οὐδὲ κυλίεται τὰ ἄστρα ἕως τοῦ δῆλον, 10
ὅτι οὐκ ἂν κινοῖντο δι' ἑαυτῶν.

30 Δείξας, ὅτι ἡ φαινομένη τῶν ἄστρων κίνησις οὐ κατὰ δίνησίν ἐστι·
δινούμενα γὰρ ἂν ἔμενεν ἐν τῷ αὐτῷ· καὶ τὴν ἀπὸ τοῦ ἡλίου ἔν-

---

1 ἂν—φυσικά] τὴν αὐτὴν ἔχει, σφαιρικά Fc   ἐφεξῆς] 292ᵃ20   2 ἔμψυχα Ab: ὡς
ἔμψυχα Fc   ὅλα om. Fc   3 καθ' αὑτὰ εἴη Fc   τοῦ οὐρανοῦ ᾖ Fc
4 καὶ (pr.) om. Fc   4. 5 ἀφωρισμένην F: ἀφορισμένην A   5 εἰ καὶ] καὶ F: καὶ εἰ c
6 οὐδὲν] οὐδὲ c   φύσει] comp. A: om. Fc   7 γὰρ—ἑαυτῶν (8) F: enim cum sint b: om. A
8 κύλισιν F: corr. ex κύλησιν A²   12 μέντοι Fb: μέντι A   14 τῷ δεικνύναι]
δεικνύων Fc   16 ἔμενεν ἂν c   ἔμενεν F: ἔμενε A   ἐν Fb: om. A
16. 17 ταύτῳ c   20 ἀνατολικῇ F: corr. ex ἀνατολὴ κῇ A²   23 δευτέρῳ]
quae hodie exstant Hypotheses (planetarum) Ptolemaei uno libello continentur, nec ibi
legimus, quae hic citantur   ὥστε om. c   25 αὐτοῦ AF   27 ἐν om. Fc
29 κινοῖντο AF: κινοῖτο c   αὐτῶν c   31 ἔμενεν ἂν ἐν ταὐτῷ c

ὁ οὐρανὸς μέτρον κινήσεως πάσης ὑπάρχων καὶ μάλιστα κατέχοι τὸν 207ᵃ
αὐτὸν τόπον τῷ μηδὲν ἐκτὸς ἑαυτοῦ ἔχειν. τάχιστα μὲν γὰρ κινεῖται,
διότι τῶν ἰσοπεριμέτρων χωρίων ἐλαχίστη ἡ περιφερής, τῶν δὲ τῇ αὐτῇ
δυνάμει κινουμένων θᾶττον κινεῖται τὸ τὴν ἐλάττονα περίμετρον διιόν· 5
5 ἀλλὰ καὶ διὰ τὸ λεῖον τῆς ἐπιφανείας καὶ πανταχόθεν ὅμοιον καὶ ἰσόρροπον
καί, ὥς φησιν ὁ Πλάτων, "ἐπὶ σμικροτάτου ποδὸς ἀεὶ βαῖνον" εὐκινητότατόν
τέ ἐστι τὸ σφαιρικὸν καὶ ὁμαλὴν ἔχει τὴν κίνησιν, ἅτε μὴ κατὰ τὰς γωνίας
ἀντικόπτον καὶ ἐμποδιζόμενον καὶ ἀνωμάλως φερόμενον. τὰ γὰρ γεγωνιω- 10
μένα τῶν σχημάτων καὶ διὰ τὴν ἐξοχὴν τῶν γωνιῶν καὶ διὰ τὴν ἀνο-
10 μοιότητα τοῦ σχήματος ἀνώμαλον ἔχει τὴν κίνησιν καὶ κατὰ μὲν τῆς γω-
νίας ἐρεισθὲν θᾶττον περιφέρεται, ὡς καὶ τὸ σφαιρικὸν ἀεὶ καθ' ἑνὸς ση-
μείου βαῖνον, κατὰ δὲ τοῦ ἐπιπέδου βραδύτατα. ἀλλὰ καὶ τὸν αὐτὸν ἀεὶ 15
τόπον κατέχει τὸ σφαιρικὸν σχῆμα δινούμενον διὰ τὸ μηδεμίαν ἔχειν ἐξο-
χήν, ἥτις ἐν τῇ περιφορᾷ ἄλλοτε ἄλλον ἐπιλαμβάνειν τε καὶ ἀπολείπειν
15 τόπον ἀναγκάζεται. οὕτω μὲν οὖν τὸ σφαιρικὸν σχῆμα πρός τε τὴν ἐν
ἑαυτῷ κίνησιν τὴν κατὰ ἀντιπαραχώρησιν τῶν μορίων γινομένην καὶ πρὸς 20
τὴν ἐν ταὐτῷ μονὴν χρησιμώτατόν ἐστι, πρὸς δὲ τὴν εἰς τὸ πρόσθεν
πρόοδον ἀχρηστότατον, εἴπερ ἀνόμοιόν ἐστι πάντη τοῖς δι' ἑαυτῶν κινου-
μένοις τὴν μεταβατικὴν κίνησιν· ἀνόμοιον δέ, εἴπερ ἐκεῖνα εὐθύγραμμα
20 ὄντα καὶ οὐ σφαιρικὰ προχείμενά τινα ἔχει μόρια καὶ ἀπηρτημένα, οἷς 25
ὀργάνοις χρῆται πρὸς τὴν μετάβασιν, ἵνα μὴ τοῖς κυριωτάτοις αὐτῶν μο-
ρίοις ἐφάπτηται τοῦ ὑποκειμένου, ἡ δὲ σφαῖρα, εἰ μεταβαίνοι καὶ κυλίοιτο,
παντὶ ἂν τῷ σώματι πρὸς τὴν μετάβασιν ἐχρῆτο. εἰ οὖν πρὸς τὴν εἰς τὸ
πρόσθεν πρόοδον ἀχρηστότατόν ἐστι τὸ σφαιρικὸν σχῆμα, δῆλον, ὅτι ἡ 30
25 κύλισις οὐκ ἔστιν αὐτῷ κατὰ φύσιν.

Ἐφιστάνει δὲ ὁ Ἀλέξανδρος, πῶς λέγει τὸν ἀπλανῆ οὐρανὸν κατέχειν
τὸν αὐτὸν τόπον μὴ ὄντα ὅλως ἐν τόπῳ κατ' αὐτόν, καὶ λέγει, ὅτι
τόπον νῦν κοινότερον τὸ διάστημα καλεῖ. ποῖον δὲ ἄρα διάστημα; εἰ 35
μὲν γὰρ τὸ αὐτοῦ τοῦ σώματος λέγει, καὶ τοῖς μεταβατικοῖς ὑπάρχει
30 τοῦτο τὸ εἶναι ἐν τῷ τοῦ οἰκείου σώματος διαστήματι, εἰ δὲ διάστημα
τὴν χώραν λέγομεν, τοῦτο νῦν συγχωροῦμεν, ὅπερ ἐν τοῖς περὶ τόπου
λόγοις ἀναιρεῖν ἐπιχειροῦμεν.

---

1 κινήσεως πάσης ὑπάρχων A: *omnis motus existens* b: ὑπάρχων πάσης κινήσεως DEFc
κατέχοι AE: κατέχει DF   2 τῷ Fb: τὸ ADE   ἔχειν Fb: ἔχον ADE
6 Πλάτων] Politic. 270 a   σμικροτάτου comp. F: σμικρότητα A   7 τέ om. c
12 βραδύτατα] βραδύτατον EF: corr. E¹: βραδύτερον c   καὶ om. D: supra-
scr. E²   13 ἔχει E: corr. E²   14 ἐπιλαμβάνειν F(b): ἀπολαμβάνειν ADE
15 οὕτως c   16 αὑτῷ F: ταὐτῷ bc   τὴν AFb: καὶ τὴν DE   κατὰ om. A: κατ' c
17 ταὐτῷ] corr. ex αὐτῷ E: αὑτῷ F   πρόσθεν] πρόσω A   18 ἑαυτῶν A: αὐτῶν
DE: αὑτῶν Fc   19 ἀνόμοιον DEb: ἀνομοίου A: ἀνόμοια F   21 ἵνα—μετάβασιν (23)
om. D   αὐτῶν A: ἑαυτῶν EFc: *ipsorum* b   22 μεταβαίνοι] corr. ex μεταβαίνει
E: comp. F   23 ἐχρῆτο A: ἐχρήσατο DEF   25 κύλισις] κύγλησις E: κίνησις E²
27 καθ' αὐτὸν Ab   29 ὑπάρχον A   31 τόπου A: τοῦ πόλου DE: τοῦ τόπου E²:
τόπους F

φορά. ἢ ἄρα δυνατὸν ἦν τῆς σφαίρας, ἐν ᾗ ἐνδέδεται, ἐπὶ τἀναντία τῆς 206ᵇ δίνης κινουμένης καὶ περιαγούσης αὐτὴν ἀντανίσωσιν ἀεὶ ἐγγίνεσθαι τῆς τοῦ προσώπου θέσεως;

Δείξας δέ, ὅτι οὔτε κατὰ δίνησιν οὔτε κατὰ κύλισιν δυνατὸν κινεῖσθαι τοὺς ἀστέρας ταύτην, ἣν φαίνονται κινούμενοι κίνησιν, ἐπειδὴ δι' ἑαυτῶν ἄλλως ἀδύνατον ἦν αὐτοὺς κινεῖσθαι, συμπεραίνεται λοιπόν, ὅτι οὐκ ἂν κινοῖτο δι' αὐτῶν.

p. 290ᵃ29 Πρὸς δὲ τούτοις ἄλογον ἕως τοῦ οὕτω γὰρ μάλιστα τὸ μὲν κινήσεται, τὸ δὲ ἠρεμήσει.

Δείξας, ὅτι μὴ δι' ἑαυτῶν οἱ ἀστέρες κινοῦνται ταύτην, ἣν φαίνονται κινούμενοι κίνησιν, διότι μήτε κατὰ δίνησιν αὐτὴν μήτε κατὰ κύλισιν κινοῦνται, κατ' ἄλλην ἐπιβολὴν πάλιν δείκνυσιν τὸ μὴ δι' ἑαυτῶν κινεῖσθαι ταύτην τὴν μεταβατικὴν κίνησιν. ὁ δὲ συλλογισμὸς δυνάμει τοιοῦτος· τὰ δι' αὐτῶν κινούμενα τὴν μεταβατικὴν κίνησιν ἀπηρτημένα ἔχει μόρια καὶ προέχοντα, ὥσπερ τοὺς πόδας τὰ ζῷα· ὁ οὐρανὸς καὶ οἱ ἀστέρες σφαιρικὰ ὄντα οὔτε ἀπηρτημένα οὔτε προέχοντα ἔχουσι μόρια· καὶ συμπέρασμα ἐν δευτέρῳ σχήματι, ὅτι ὁ οὐρανὸς καὶ οἱ ἀστέρες οὐ δι' ἑαυτῶν κινοῦνται μεταβατικὴν κίνησιν, ἀλλ' ὁ μὲν οὐρανὸς δῆλον ὅτι οὐδὲ ὅλως μεταβαίνει τόπον ἐκ τόπου, οἱ δὲ ἀστέρες μεταβαίνουσι μέν, ἀλλ' οὐκ ἐξ ἑαυτῶν.

Ἐπειδὴ δὲ ἀπὸ τῆς πρὸς τὰ ἄλλα ζῷα ὁμοιότητος τὴν ἐπιχείρησιν ἐποιήσατο, πρῶτον δείκνυσιν, ὅτι ἄλογόν ἐστι τὴν φύσιν μηδὲν μάτην ποιοῦσαν τοῖς μὲν ἀτιμοτέροις ζῴοις, ἃ καὶ ἰδίως ὡς γνώριμα ζῷα κέκληκεν, ὄργανα πρὸς τὴν μεταβατικὴν κίνησιν παρασχεῖν, τῶν δὲ τιμιωτέρων ἀμελῆσαι. εἰ οὖν τοῦτο ἄτοπον, ἐκεῖνο μᾶλλον ἀληθὲς καὶ πρέπον τὸ τοῦ οὐρανοῦ καὶ τῶν ἀστέρων ὥσπερ ἐπίτηδες ἀφελεῖν πάντα, δι' ὧν ἐνεδέχετο καθ' ἑαυτὰ προϊέναι, τουτέστι μεταβατικὴν κινεῖσθαι κίνησιν, καὶ ὅ τι πλεῖστον ἀποστῆσαι αὐτὰ τῶν ἐχόντων ὄργανα πρὸς μεταβατικὴν κίνησιν, σφαιροειδῆ δὲ καὶ τὸν οὐρανὸν ποιῆσαι καὶ ἕκαστον τῶν ἀστέρων, διότι πρὸς μὲν τὴν ἐν τῷ αὐτῷ κίνησιν, εἶπεν, ἐπιτηδειότατόν ἐστι τὸ σφαιρικὸν σχῆμα· οὕτω γὰρ καὶ τάχιστα ἂν κινοῖτο καὶ ὁμαλῶς

---

2 γίνεσθαι Fc   5 ἑαυτῶν] αὐτῶν αὐτοὺς Fc   6 αὐτοὺς A om. Fc   7 κινοῖτο Fc   αὐτῶν A   8 οὕτω] οὕτω μὲν c   9 δ' c   12 δείκνυσι F   14 αὐτῶν] αὐτῶν A: ἑαυτῶν Fc   17 ὅτι om. Fc   17. 18 οὐ κινοῦνται τὴν μεταβατικὴν κίνησιν δι' ἑαυτῶν Fc   18 οὐδ' Fc   22 μηδὲν] hic rursus inc. D   23 τοῖς] hic rursus inc. E   ἀτιμωτέροις E, sed corr.   ἃ om. D: suprascr. E²   26 ἀφελεῖν DEFb: ἀφαιρεῖν A   27 αὐτὰ Fc   κινεῖσθαι κίνησιν ADE: κίνησιν κινεῖσθαι Fbc   29 καὶ (pr.) ADE: om. Fbc   ποιῆσαι ADE: ποιεῖ Fc   30 πρὸς μὲν A: om. DE: εἰς E²: πρὸς Fc   κίνησιν Ab, cf. Arist. 290ᵇ2: περιφορὰν ἣν (suprascr. E²) ἐν ἑαυτῷ κίνησιν DEFc   31 οὕτως c   τάχιστα ADF: τὰ τάχιστα Ec

ὡς καὶ ἐν τοῖς ἄλλοις, τὸ μεῖζον σῶμα θᾶττον φέρεσθαι τὴν αὐτοῦ 207ᵇ
φοράν, εἰ δὲ ἐν τοῖς ἄστροις καὶ βραχύτερά τινα μειζόνων θάττονα φαίνεται μείζονας κύκλους ἐν τῷ ἴσῳ χρόνῳ διανύοντα, δῆλον, ὅτι ἡ ἀναλογία κατὰ τὰ μεγέθη τῶν σωμάτων ἐστίν, ἐν οἷς περιφέρονται, ταῦτα δέ 35
5 ἐστι τὰ οὐράνια τὴν ἀναλογίαν τοῦ τάχους ἔχοντα πρὸς τὸ μέγεθος.
ὅλως δέ, εἰ δέδεικται, ὅτι οὐ δι' ἑαυτῶν κινοῦνται τὴν φαινομένην ταύτην κίνησιν οἱ ἀστέρες, ἀλλ' ὑπὸ σφαιρικῶν ἄλλων σωμάτων περιφερόμενοι, δέδεικται καὶ ὑπὸ Ἀριστοτέλους τὸ εἶναι τὰς οὐρανίας σφαίρας. καὶ 40
ἐν ἀρχῇ δὲ τῆς πραγματείας ἔδειξεν ἐκ τοῦ δύο εἶναι τὰς ἁπλᾶς γραμμὰς
10 τὸ δύο εἶναι τὰς ἁπλᾶς κινήσεις, ἐκ τούτου δὲ τὸ δύο εἶναι τὰ ἁπλᾶ σώματα τὰς ἁπλᾶς κινήσεις κινούμενα τό τε κυκλοφορητικὸν καὶ τὸ εὐθυπορούμενον. ἡ δὲ τῶν ἀστέρων αὕτη κίνησις τόπον ἐκ τόπου μεταβαινόν- 45
των οὐκ ἔστι κυρίως κυκλική, κἂν ἐπὶ κύκλου γίνηται· ἡ γὰρ κυκλικὴ
κίνησις ἐν | τῷ αὐτῷ τόπῳ μένοντός ἐστι· δεῖ ἄρα εἶναι σῶμα ὁλικώ- 208ᵃ
15 τερον τῶν ἀπὸ τόπου εἰς τόπον περιφερομένων ἀστέρων.

Οὕτω μὲν οὖν ὁ Ἀριστοτέλης κατὰ πολλοὺς τρόπους ἀπέδειξε τὴν τοῦ
οὐρανίου σώματος ὑπόστασιν. ἐρωτητέον δέ, τὸ μεταξὺ τῶν ἀστέρων τί ποτε 5
ἂν εἴη; κενὸν μὲν γὰρ οὐκ ἔστι· τοῦτο γὰρ δέδεικται μὴ ὄν. εἰ οὖν
σῶμα, ἢ τὸ ἀίδιον τοῦτο, ὅπερ ζητοῦμεν, τὸ οὐράνιον, ἢ γινόμενόν τι καὶ
20 φθειρόμενον, οἷον ὁ ἀήρ, ἤ τι αἰθερῶδες ὑπέκκαυμα. καὶ πῶς δυνατὸν
τῶν κατ' οὐσίαν τοσοῦτον διαφερόντων τῶν τε ἀστέρων, φημί, ἀιδίων ὄντων καὶ τοῦ μεταξὺ σώματος, εἴπερ εἴη γενητὸν καὶ φθαρτόν, τὸν αὐτὸν 10
εἶναι κατὰ φύσιν τόπον; πῶς δὲ ἔχει λόγον τῶν μὲν γενητῶν καὶ φθαρτῶν σωμάτων τὰς ὁλότητας συνεχεῖς εἶναι καὶ ἡνωμένας, τὸ δὲ ἀίδιον
25 σῶμα διακεκριμένον εἶναι καὶ διεσπασμένον μὴ ἔχον σωματικὴν μίαν ὁλό- 15
τητα; ἀπὸ δὲ τῶν ἐν ἀστρονομίᾳ δεικνυμένων τὸ εἶναι τὸ οὐράνιον σῶμα
δειχθήσεται διὰ τῆς τῶν ἐκλειπτικῶν συνδέσμων κινήσεως τοῦ τε ἡλίου
καὶ τῆς σελήνης. ἐπὶ λοξῶν γὰρ πρὸς ἀλλήλους κύκλων κινουμένων τῶν
δύο φωστήρων αἱ κατὰ διάμετρον τῶν κύκλων συμβολαὶ οἱ ἐκλειπτικοὶ 20
30 σύνδεσμοί εἰσι· καὶ γὰρ ἀμφοῖν μὲν τοῖν φωτοῖν ἐν τῇ αὐτῇ συμβολῇ γενομένων ἡλίου γίνεται ἔκλειψις, διαμετρησάντων δὲ ἄλληλα ἐπὶ τῶν συμβολῶν ἡ σελήνη ἐκλείπει. ἐπεὶ οὖν αἱ συμβολαὶ κινούμεναι φαίνονται

---

1 αὐτοῦ ADE 2 βραχυτέραν A 4 τὰ om. Fc περιφέρεται c 6 εἰ]
ἐπεὶ Fc κινεῖται A 6. 7 ταύτην τὴν φαινομένην A 7. 8 περιφερομένου A
8 οὐρανίους E 9 γραμμὰς om. E: κινήσεις E² 10 τὸ (pr.) DE: τῷ A: τὸ
καὶ E² τὰς—σώματα (11) om. DE 11 τὰς] τὰ τὰς Fc κυκλοφορικὸν D
13 κἂν—κίνησις (14) DEFb: om. A; fort. del. κίνησις 14 εἶναι Ab: εἶναι τοιοῦτον
DE: τοιοῦτον εἶναι Fc 15 ἄστρων Fc 16 οὕτως c 17 δέ] τε A 19 ἢ
τὸ] corr. ex ἢ τὸ E²: ἤτοι Ac γενόμενόν c 20 ὁ om. A αἰθερῶδές τι
Fc 21 τῶν κατ' οὐσίαν] τῇ οὐσίᾳ Fc τῶν (alt.) om. E τε del. E² post
ἀστέρων add. τε E² 22 τὸν om. DE 23 τόπον] τόπων DE: corr. E²
25 διεσπασμένον AFb: διεσπαρμένον DEc 28 κύκλῳ? A κινουμένων—κύκλων (29)
bis D 29 τῶν] τῶν δύο DE 30. 31 γινομένων Fc

460   SIMPLICII IN L. DE CAELO II 8 [Arist. p. 290ᵃ29]

Συμπεραινόμενος δὲ τὸν λόγον ὁ Ἀριστοτέλης ἐπεὶ οὖν δεῖ φησὶ 207ᵃ
τὸν μὲν οὐρανὸν κινεῖσθαι τὴν ἐν αὐτῷ κίνησιν ἤτοι τὴν ἐν τῷ 41
αὐτῷ τόπῳ λέγων, ἐπειδὴ συνεχώρησε κατέχειν τὸν αὐτὸν τόπον, ἢ πρὸς
ἀντιδιαστολὴν τῆς ἐν τόπῳ κινήσεως ἐπὶ τοῦ μὴ ὄντος ἐν τόπῳ εἶπε τὴν
5 ἐν ἑαυτῷ κίνησιν· τὰ δὲ ἄλλα οὐράνια σώματα, τουτέστι τὰ ἄστρα.
μὴ προϊέναι δι' αὐτῶν εἰς τὸ πρόσω, ὥσπερ τὰ πορευόμενα καὶ 45
μεταβάλλοντα τὸν τόπον· | εὐλόγως ἂν ἑκάτερον εἴη σφαιροειδές· 207ᵇ
οὕτω γὰρ μάλιστα τὸ μὲν οὐράνιον σῶμα κινηθήσεται τὴν ἐν αὐτῷ κίνη-
σιν τὴν καὶ ὁρωμένην, τὰ δὲ ἄστρα τὸν αὐτὸν τόπον ἀεὶ καθέξει.
10   Γράφεται δὲ καὶ τὸ μὲν κινήσει, τὸ δὲ ἠρεμήσει, καί ἐστιν 5
αὕτη σαφεστέρα ἡ γραφή, εἴπερ ὁ μὲν οὐρανὸς περιφέρει τὰ ἄστρα, αὐτὰ
δὲ ἐν τῷ αὐτῷ μένει τόπῳ.
   Καὶ ὅρα, ὅτι τὰ ἄστρα οὐκ εἶπε δεῖν ἁπλῶς μὴ κινεῖσθαι, ἀλλὰ μὴ
προϊέναι δι' ἑαυτῶν, ὅπερ καὶ ὁ οὐρανὸς ἔχει· ἐπίτηδες γάρ φησιν
15 ἡ φύσις ἀφεῖλεν αὐτῶν τὰ ὄργανα, δι' ὧν ἐνεδέχετο προϊέναι 10
καθ' αὑτά. ἀμφοῖν δὲ ἐχόντων καὶ τὸ μένειν ἐν τῷ αὐτῷ τόπῳ καὶ
τὸ κυκλικῶς κινεῖσθαι, ἡμῶν δὲ ὁρώντων τοῦ μὲν οὐρανοῦ τὴν κυκλικὴν
κίνησιν ἀπὸ τῆς τῶν ἄστρων περιφορᾶς, τῶν δὲ ἄστρων τὴν ἐν τῷ αὐτῷ
τόπῳ τοῦ οὐρανοῦ μονήν, ἑκάτερον ἀπὸ τοῦ παρ' ἡμῶν ὁρωμένου χα- 15
20 ρακτηρίσας οὕτω γάρ φησι τὸ μὲν κινήσεται, τὸ δὲ ἠρεμήσει.
   Καὶ ἐπιστῆσαι χρή, ὅτι καὶ τοῦτο ὅλον τὸ ἐπιχείρημα πρὸς ἐκεῖνο
τείνει τὸ δεῖξαι, ὅτι τὴν μεταβατικὴν ταύτην κίνησιν τὴν φαινομένην,
καθ' ἣν ἑκάστης ἡμέρας ἀνατέλλοντα φαίνεται καὶ μεσουρανοῦντα καὶ
δύνοντα, οὐ καθ' αὑτὰ προϊόντα κινεῖται, ἀλλ' ὑπὸ τοῦ οὐρανοῦ περι- 20
25 φέρεται ἐν τῷ αὐτῷ τοῦ οὐρανοῦ τόπῳ ἀεὶ ἠρεμοῦντα. ἐπειδὴ δὲ δια-
φανῆ ὄντα τὰ τῶν οὐρανίων σφαιρῶν σώματα ἡμῖν οὐχ ὁρᾶται, μόνους
δὲ τοὺς ἀστέρας βλέπομεν, πόθεν δῆλον, ὅτι ἔστιν ὅλως οὐράνια σώματα
καὶ μὴ καθ' αὑτοὺς οἱ ἀστέρες ἐν τῷ αἰθέρι τὴν φαινομένην ταύτην κίνη- 25
σιν κινοῦνται; πῶς δὲ τοῦτο παρῆκεν ὁ Ἀριστοτέλης ζητεῖν ὁ ἐκ τῶν ἐναρ-
30 γῶς φαινομένων ἀποδείξεις πανταχοῦ ποριζόμενος; ἢ οὐ παρῆκεν, ἀλλ'
ἔδειξεν ἐναργῶς, ὅτε τὰ τάχη τῶν ἀστέρων ἐδείκνυ τὴν ἀναλογίαν ἔχοντα
πρὸς τὰ μεγέθη τῶν οὐρανίων κύκλων, ἐν οἷς περιφέρονται, δεῖν μὲν λέγων, 30

---

1 δὲ Ab: δὲ λοιπὸν DEFc   δεῖ] corr. ex δὴ A²   2 αὐτῷ E²F: αὐτῷ ADE
3 λέγων] comp. D: λέγει AEFbc   συνεχώρη E   4 εἶπεν E: corr. E²
5 αὐτῷ c   post ἄλλα ras. 5 litt. E   6 αὐτῶν] αὐτῶν A: ἑαυτῶν DEFc
7 εἴη ἑκάτερον A   8 οὕτως c   γάρ] γὰρ ἂν A   αὐτῷ] αὐτῷ A: ἑαυτῷ
DEF   9 τόπον ἀεὶ AF: ἀεὶ τόπον DEc: locum b   10 κινήσει] ἠρεμήσει Fc
ἠρεμήσει] κινήσει Fc   12 μένει om. D: suprascr. E²   13 εἶπεν E   δεῖν]
evan. F: om. c   15 αὐτῶν AEF: ἀμφοῖν Db   17 τὴν] τὴν μὲν A   20 δ' c
23 φαίνονται Fc   25 τόπῳ] περιφέρεται τόπῳ DE: corr. E²   26 τὰ] supra-
scr. E³   mg. ὅτι ἔστι τὸ οὐράνιον σῶμα A   28 οἱ ἀστέρες om. E: τὰ
ἄστρα E²   αἰθέρι E, sed corr.   29 κινεῖται A   30 ἀποδείξεις] ἀποδείξει
A: τὰς ἀποδείξεις DEFc   31 ὅτε] ὅτι A   32 μεγέθη] -η e corr. E¹   δεῖ
μὲν λέγειν c

Ἐπισημαντέον δὲ καί, ὅτι τοῦ Ἀριστοτέλους εἰπόντος ἄλογον εἶναι τὸ 208ᵇ τὴν φύσιν τῶν μὲν ζῴων φροντίσαι, τῶν δὲ οὕτω τιμίων ὑπεριδεῖν, ὁ Ἀλέξανδρος ζῷα τὰ ἐν γενέσει κληθῆναί φησι, διότι ἴδιον μὲν ζῴων τὸ αἰσθητικόν ἐστιν, ἐν δὲ τοῖς θείοις οὐκ ἔστιν ἡ δύναμις αὕτη τῆς ψυχῆς, ὥσπερ οὐδὲ ἡ θρεπτική, ὥστε οὐδ' ἂν ζῷα εἴη ὄντα ἔμψυχα, εἰ μὴ ὁμώνυμα. θαυμαστὸν μήν, εἰ αἰσθητόν ἐστι καὶ ἁπτὸν τὸ θεῖον, ὡς αὐτὸς λέγει, αἰσθητικὸν δὲ οὐκ ἔστιν. ἆρα ὡς κρεῖττον ὂν σώματι τὸ μὴ αἰσθάνεσθαι; καίτοι τοῦτο τοῖς ἐσχάτοις καὶ ἀτιμοτάτοις τοῖς ἀψύχοις τῶν σωμάτων ὑπάρχει. μήποτε οὖν τὰς μὲν ἐνύλους αἰσθήσεις καὶ μάλιστα παθητικὰς ἀφαιρετέον ὄσφρησιν καὶ γεῦσιν, τὰς δὲ ἄλλας ἀκριβεστάτας δοτέον· ἁπτόμενα γὰρ ἀλλήλων οὐκ ἀναισθήτως ἅπτεται, καὶ πάντα ἐφορῶσι καὶ πάντα ἀκούουσιν.

p. 290ᵇ 12   Φανερὸν δὲ ἐκ τούτων, ὅτι καὶ τὸ φάναι γίνεσθαι φερομένων ἁρμονίαν ἕως τοῦ καὶ τοῖς ἀνθρώποις τὸ αὐτὸ συμβαίνειν.

Τὸ μὲν προκείμενόν ἐστιν ἐλέγξαι τοὺς λέγοντας ἐκ τῆς κινήσεως τῶν ἀστέρων ψόφον γίνεσθαι καὶ τοῦτον ἐναρμόνιον. ἔστι δὲ καὶ καθ' αὑτὸ μὲν οἰκεῖον τὸ πρόβλημα τοῖς περὶ τῆς κινήσεως τῶν ἀστέρων λόγοις, ἐξ ἀκολουθίας δὲ ἀνασκευαστικὸν καὶ τοῦ προσεχῶς ἐλεγχθέντος λόγου τοῦ λέγοντος κινεῖσθαι δι' ἑαυτῶν τοὺς ἀστέρας. εἰ γὰρ κινουμένους οὕτως ἀναγκαῖον ἦν ψοφεῖν, δειχθείη δέ, ὅτι μὴ ψοφοῦσι, δῆλον, ὅτι οὐδὲ κινοῦνται ταύτην τὴν κίνησιν. καὶ ἔστι μὲν ὁ λόγος τῶν Πυθαγορείων· οὗτοι γὰρ καὶ αἰσθάνεσθαι τὸν Πυθαγόραν ἔλεγον τοῦ ἐναρμονίου ψόφου τοῦ γινομένου ἐκ τῆς τῶν οὐρανίων σωμάτων κινήσεως. παραστὰς δὲ πρῶτον τῷ λόγῳ πιθανῶς ὁ Ἀριστοτέλης οὕτως ἐλέγχειν πειρᾶται αὐτόν· ὑποθέμενοι γάρ, φησίν, ἐκεῖνοι γίνεσθαι ψόφον ἀπὸ τῆς τῶν οὐρανίων σωμάτων κινήσεως καὶ πιστωσάμενοι τὴν ὑπόθεσιν ἐκ τοῦ καὶ παρ' ἡμῖν κινουμένων σωμάτων γίνεσθαι ψόφον μήτε τὸ μέγεθος ἴσον ἐχόντων ἐκείνοις

---

2 οὕτως c   3 τὰ ἐν γενέσει ζῷα EFc   φησι] mut. in φησιν E¹: φησι E²
4 τῶν ζῴων Fc   5 ὄντα ἔμψυχα DEb: τὰ ὄντα A: ἔμψυχα ὄντα Fc   6 ὁμώνυμα b: καὶ ὁμώνυμα A: ὁμωνύμως DEFc   μήν scripsi: μέν Ab: δέ DEFc   ἔστι Ab: μέν ἔστι DEFc   τὸ θεῖον καὶ ἁπτόν c   7 σώματι Eb: σώματος ADFc   τὸ] τῷ Fc   8 ἀτιμοτέροις A, sed corr.   τοῖς] καὶ Fc   10. 11 ἀκριβεστέρας c   11 ἅπτονται c   12 ἀκούουσιν DEFc: v eras. E: ἀκούουσι A   13 δ' DEc   φάναι] φαίνεσθαι A   γίγνεσθαι Ec   14 ἕως τοῦ A: hic non modo, ut solet, in E exscripta omnia verba Aristotelis, sed etiam in D, qui alibi fere cum AF consentit   ταὐτὸ DEc: αὐτὸ F   17 καί (pr.)] ἢ A   18 τῆς om. Fc   ἀστέρων] seq. ras. 4 litt. E   19 ἐξ ἀκολουθίας] ἐξακολουθεῖ A   21 ἦν om. Fc   22 Πυθαγορίων A   23 καὶ om. Fc   ἀναρμονίου A   25 Ἀριστοτέλης] Ἀρ- in ras. D¹   πειρᾶται αὐτόν A: nititur ipsum arguere b: αὐτὸν πειρᾶται DEFc   27 post καὶ (alt.) ins. τῶν E²   28 ἐκείνοις F: comp. ambig. D: ἐκείνων AE²: ἐκεῖνον E

ὁμαλῶς, διόπερ οὐ κατὰ τὸν αὐτὸν ἀεὶ τόπον αἱ ἐκλείψεις γίνονται, ὁ δὲ 208ᵃ
ἥλιος δέδεικται κατὰ τοῦ αὐτοῦ κύκλου τοῦ διὰ μέσων τῶν ζῳδίων ἀεὶ 26
κινούμενος, ἐὰν ἡ σελήνη λοξῶς πρὸς αὐτὸν κινουμένη δι' ἑαυτῆς κινεῖται
ταύτην τὴν κίνησιν ἄλλοτε κατ' ἄλλο σημεῖον τῷ ἡλιακῷ κύκλῳ συμβάλ-
5 λουσα, οὐκέτι κατὰ κύκλον κινηθήσεται, ἀλλ' ἕλικα γράψει· ὅπερ ἐστὶν
ἄτοπον, εἴ γε χρὴ τῆς πέμπτης οὐσίας ὄντα ἁπλῆν καὶ κυκλικὴν ἔχειν 30
τὴν κίνησιν· ἔστιν οὖν ὁ λοξὸς τῆς σελήνης κύκλος, οὗ κατὰ τὴν κίνησιν
οἱ σύνδεσμοι μεταβαίνουσι· κύκλος δὲ καθ' αὑτὸν οὔτε ἔστιν οὔτε κινεῖται,
ἀλλ' ἐν σφαίρᾳ τὸ εἶναι ἔχων τῇ σφαίρᾳ συγκινεῖται· ἔστιν ἄρα καὶ σελη-
10 νιακὸς καὶ ἡλιακὸς οὐρανός, εἰ δὲ οὗτοι, καὶ οἱ τῶν ἄλλων ἄστρων πε- 35
ριεκτικοί.

Ἀλλὰ τοῦτο μὲν καὶ δι' ἄλλων ἀποδείξεων πιθανωτέρων ἴσως τις
ἀποδείξειε, τοσοῦτον δὲ προσθετέον τοῖς εἰρημένοις, ὅτι ἡ μὲν ἀπλανὴς
καλουμένη σφαῖρα, εἴπερ ὄντως ἀπλανὴς εἴη καὶ μὴ δέχεται τις ἐπ' αὐτῆς 40
15 τὴν Ἱππάρχου καὶ Πτολεμαίου τήρησιν, ὡς δι' ἑκατὸν ἐτῶν μίαν μοῖραν
καὶ αὐτῆς ἀνάπαλιν κινουμένης, μίαν ἂν κινοῖτο κίνησιν καὶ ταύτην ἁπλῆν,
οἱ δὲ ἐν αὐτῇ ἀστέρες δύο τήν τε ἑαυτῶν δίνησιν καὶ τὴν τοῦ παντός, οἱ
δὲ πλανώμενοι τρεῖς τήν τε οἰκείαν καὶ τὴν τῶν περιεχουσῶν αὐτοὺς 45
σφαιρῶν καὶ τὴν τοῦ παντός.

20 Ἐπειδὴ δὲ καὶ ὁ ἡμέτερος καθηγεμὼν Ἀμμώνιος ἐμοῦ παρόντος ἐν
τῇ Ἀλεξανδρείᾳ τηρήσας διὰ τοῦ στερεοῦ ἀστρολάβου τὸν Ἀρκτοῦρον 208ᵇ
ηὗρε πρὸς τὴν κατὰ Πτολεμαῖον ἐποχὴν αὐτοῦ τοσοῦτον ἐπικινηθέντα,
ὅσον ἐχρῆν κατὰ ἑκατὸν ἔτη μίαν μοῖραν ἀντικινούμενον, ἀληθέστερον
ἴσως ἂν εἴη λέγειν, ὅτι ἡ μὲν ἄναστρος σφαῖρα ἡ πάσας περιέχουσα,
25 ἧς οὔπω γνῶσις ἦν, ὡς ἔοικεν, ἐν τοῖς κατὰ Ἀριστοτέλην χρόνοις, μίαν 5
καὶ ἁπλῆν τὴν ἀπ' ἀνατολῆς κινουμένην κίνησιν τὰς ἄλλας πάσας ταύτην
συμπεριάγει, ἡ δὲ ἀπλανὴς παρ' ἡμῶν λεγομένη δύο κινεῖται κινήσεις τήν
τε ἀπ' ἀνατολῶν τοῦ παντὸς οὖσαν καὶ τὴν ἀπὸ δύσεως οἰκείαν, οἱ δὲ
ἐν αὐτῇ ἀστέρες ταύτας τε τὰς δύο καὶ τὴν οἰκείαν δίνησιν, ὁμοίως δὲ 10
30 καὶ αἱ ἐφεξῆς σφαῖραι καὶ οἱ ἐν αὐταῖς ἀστέρες αἱ μὲν δύο τὰς αὐτάς,
αἱ δὲ τρεῖς τὰς αὐτὰς κινοῦνται κινήσεις.

---

1 τῶν αὐτῶν DE   ἀεὶ om. EFc   τόπων DE   αἱ D: om. A: ἀεὶ αἱ E: γι-
νόμεναι αἱ Fc   γίνονται] φαίνονται Fc   3 ἐὰν δὲ Fc   κινεῖται AEF: κινῆται
Dc   4. 5 συμβάλλουσα] συλλαμβάνουσα DE: corr. E²   5 ἕλικα γράψει]
ἐν|κα////τράφει A   6 εἴ γε] εἴπερ DE   ἔχειν DFb: ἔχει AE   7 οὖν ὁ]
ἄρα ὁ F: ἄρα c   ὁ τῆς c   οὗ] ὃς A   8 μεταβαίνουσι] seq. ras. 1 litt. D
κατ' αὐτὸν D, sed. corr.   9 ἀλλ'—συγκινεῖται] in ras. D¹   10 εἰ] corr. ex οἱ E²
ἀστέρων D   12 πειθανωτέρων E   14 εἴη] ἔστι c   τις] τῆς A   15 Ἱππάρ-
χου F: Ἱππαρχίαν A: Ἱππάρχου τε DE   τήρησιν] v. Ptolem. Σύντ. VII 2   ἐτῶν
om. A   μοῖραν om. Fc   16 κινεῖτο E: corr. E²   17 αὐτῷ D   21 ἀστρολάβου
DF: ἀστραλάβου AE   22 εὗρε DFc   Πτολεμαίου DE   ἐπικινηθέντος A
23 ἔτη] corr. ex ἔτι E²   μοῖραν om. c   24 ἴσως ἂν] ἂν ἴσως D: ἂν E   26 ἀνα-
τολῶν Fc   ταύτην AE: ταύτῃ DFc: ἑαυτῇ E²: om. b   27 συμπεριάγει DEb: περιάγει
AFc   28 οἱ—οἰκείαν (29) om. E   29 κίνησιν Fc   31 αἱ] οἱ D   post
κινοῦνται ras. 7 litt. E

καθάπερ τοὺς | χαλκοτύπους ὁ κτύπος οὐκ ἐπιστρέφει διὰ τὴν συνήθειαν 209b οὐδὲ ἐν διαφορᾷ τινι δοκοῦσιν εἶναι κατακτυπούμενοι, οὕτω καὶ ἔτι μᾶλλον ἡμῖν διὰ τὴν συνέχειαν ἀναίσθητος ὁ ψόφος ἐκεῖνος γίνεται. ταῦτα τοίνυν, ἅτε ὄντα πιθανά, κομψῶς εἰρῆσθαί φησι, τουτέστιν εὐπρεπῶς, 5 καὶ περιττῶς δέ, τουτέστιν εὑρετικῶς καὶ ἐπινενοημένως.

p. 290b30   Ταῦτα δή, καθάπερ εἴρηται πρότερον ἕως τοῦ ὅτι μὲν οὖν σφαιροειδῆ τὰ ἄστρα, καὶ ὅτι οὐ κινεῖται δι' αὐτῶν, εἴρηται.

Πιθανῶς ἐκθέμενος τὸν λόγον πρότερον μὲν κομψῶς εἰρῆσθαι καὶ 10 περιττῶς εἶπε, νῦν δὲ ἐμμελῶς καὶ μουσικῶς, οἰκείοις τούτοις ὀνόμασι χρησάμενος εἰρωνικῶς, καὶ λοιπὸν ὑπαντᾷ πρὸς αὐτὸν τοῖς μὲν ἄλλοις συγχωρῶν πᾶσι τοῖς κατὰ τὴν ἀναλογίαν ὡς τῷ ὄντι μουσικῶς εἰρημένοις· ἀνάγκη γὰρ ἀνάλογον ἔχειν τοῖς ἀποστήμασι τὰ μεγέθη καὶ τοῖς μεγέθεσι τὰ τάχη τῶν κινήσεων καὶ τούτοις, εἰ καθ' αὑτὰ γίνοιτο, τὰς ὀξύτητας καὶ 15 βαρύτητας τῶν ψόφων. αἰτιᾶται δὲ τὴν ἐξ ἀρχῆς ὑπόθεσιν τὴν λέγουσαν ψόφον ἀμήχανόν τινα τὸ μέγεθος ἀπὸ τῆς ἐκείνων κινήσεως γίνεσθαι· ἀδύνατον γὰρ τοῦτο, φησίν, οὐ μόνον, ὅτι ἄτοπόν ἐστι τὸ τηλικούτου ψόφου γινομένου μηδὲν ἀκούειν, περὶ οὗ, τουτέστι τοῦ μηδὲν ἀκούειν, λύειν ἐπιχειροῦσι τὴν αἰτίαν δεικνύντες, ὅτι οὐκ ἔστιν αἰτία ἀτοπίας τὸ 20 μηδὲν ἀκούειν· ἔστι γάρ τι ἄλλο τοῦ μηδὲν ἀκούειν αἴτιον τὸ σύνηθες· οὐ μέντοι λύουσιν. ἔδει γάρ, εἰ διὰ συνήθειαν μὴ αἰσθανόμεθα τῶν τηλικούτων ψόφων, μηδὲ τῶν ἐλαττόνων ἀντιλαμβάνεσθαι· οὐδὲ γὰρ ὁ χαλκοτύπος ἐμπίδος πετομένης ἀκούει· καὶ μέντοι τὰ διὰ συνήθειαν ἀναίσθητα ἐφιστανόντων ἡμῶν αἰσθητὰ γίνεται· οὐ μόνον οὖν διὰ ταῦτα ἀδύνατόν 25 φησι τὸ ὑπ' ἐκείνων εἰρημένον, ἀλλὰ καὶ τὸ νομίζειν μόνα τὰ αἰσθανόμενα πάσχειν ὑπὸ τῶν ψόφων ἀκούοντα αὐτῶν· διὰ τοῦτο γὰρ τοῦ μὴ ἀκούειν αἰτίαν εἰπόντες ἐκφεύγειν τὸ ἄτοπον ὑπολαμβάνουσιν. ἔδει δὲ ἐννοεῖν, ὅτι οἱ ὑπερβάλλοντες ψόφοι διακναίουσι καὶ τῶν ἀψύχων καὶ μὴ αἰσθανομένων σωμάτων τοὺς ὄγκους· ὁ γὰρ τῆς βροντῆς ψόφος 30 διίστησι λίθους πολλάκις καὶ τὰ καρτερώτατα τῶν σωμάτων. εἰ οὖν βροντῆς μιᾶς ψόφος τηλικαῦτα δρᾷ, τοσούτων ἄρα κινουμένων καὶ

---

1 καθάπε A: corr. A² — κτύπος om. E: ψόφος E² — τὴν om. D — 2 οὕτως Fc 4 ἅτε Ab: οὕτως DEF — 6 ἕως τοῦ] hic quoque omnia verba Aristotelis hab. D 7 ὅτι — εἴρηται (8) om. E — τἄστρα c — αὐτῶν ADEF — 9 κομψῶς Ab: κομψῶς αὐτὸν DEFc — 11 χρώμενος Fc — 12 τὴν A: om. DEFc — 14 τάχη] corr. ex τείχη E² — γένοιτο c — 14. 15 τὰ τῆς ὀξύτητος καὶ βαρύτητος Fc — 15 τὴν λέγουσαν ὑπόθεσιν E — 17. 18 ψόφου γινομένου Ab: γινομένου ψόφου DEFc 18 μηδὲν AF: μηθὲν DE — μηθὲν] μηδὲν Fc — 20 μηδὲν (pr.) Fc — μηδὲν (alt.) c 21 γὰρ] δὲ A — 23 ἐμπὶ A: ὅος add. A² — τὰ om. D: suprascr. E² — 25 αἰσθόμενα DE: corr. E² — 30 διίστησι — ψόφος (31)] bis E: corr. E² — 31 post ψόφος del. διίστησι λίθους D¹ — τοσοῦτον E: corr. E² — 31. p. 466,1 καὶ τηλικούτων om. D

μήτε τοιούτῳ τάχει φερομένων· πολλῷ οὖν μᾶλλον ἡλίου καὶ σελή-
νης καὶ τῶν ἄλλων ἄστρων ἐν τοσούτῳ πλήθει καὶ μεγέθει καὶ τάχει
φορᾶς τοιούτῳ κινουμένων, ὡς ἐν τέτρασι καὶ εἴκοσιν ὥραις τὸ τηλικοῦτον
τοῦ οὐρανοῦ περιιέναι διάστημα, ἀδύνατον μὴ γίνεσθαι ψόφον ἀμή-
5 χανόν τινα τὸ μέγεθος· οὕτως οὖν πιθανῶς τὸ γίνεσθαι ψόφον ὑποθέ-
μενοι καὶ τὰς ἀποστάσεις αὐτῶν τὰς πρὸς τὴν γῆν ἐν ἁρμονικοῖς οὔσας
λόγοις καταλαβόντες εἶτα ἐκ τῶν ἀποστάσεων τὰ μεγέθη συλλογισάμενοι
ἐν τῷ αὐτῷ λόγῳ τῶν ἀποστάσεων ὄντα· μείζονα γὰρ ἀεὶ τὰ περιέχοντα τῶν
περιεχομένων καὶ τοσούτῳ μείζονα, ὅσῳ πλησιαίτερον ἢ πορρώτερον περιέχει·
10 εἶτα καὶ τὰς ταχύτητας τῶν κινήσεων ἐν τῷ αὐτῷ λόγῳ τῶν μεγεθῶν εὑρόν-
τες, διότι τὸ μεῖζον σῶμα θᾶττον φέρεται τὴν αὑτοῦ φοράν, ὡς αὐτὸς
εἶπε, καὶ τοσούτῳ θᾶττον, ὅσῳ καὶ μεῖζόν ἐστιν, ἐπειδὴ αἱ μὲν ταχύ-
τεραι κινήσεις ὀξυτέρους ποιοῦσι τοὺς ψόφους, αἱ δὲ βραδύτεραι βαρυτέ-
ρους, ἐν δὲ ὀξύτησι καὶ βαρύτησίν εἰσιν οἱ τῶν ἐναρμονίων λόγοι, εἰκότως
15 τούτους ἐν ταῖς ἀποστάσεσιν εὑρηκότες καὶ διὰ τὰς ἀποστάσεις ἐν τοῖς
μεγέθεσιν ἀνάλογον ἔχουσι ταῖς ἀποστάσεσι καὶ διὰ τὰ μεγέθη ἐν ταῖς
ταχύτησι καὶ βραδύτησι τῆς αὐτῆς ἀναλογίας φυλαττομένης ἐναρμόνιον
γίνεσθαί φασι τὴν φωνὴν ἤτοι τὸν ψόφον φερομένων κύκλῳ τῶν
ἀστέρων. καὶ ὅρα, ὅτι τῶν ἀποστάσεων καὶ τῶν μεγεθῶν ἡλίου καὶ
20 σελήνης καὶ τῶν ἐν τούτοις λόγων γεωμετρικαῖς ἀποδείξεσι καταληφθέντων,
ὡς ἐν τοῖς περὶ μεγεθῶν καὶ ἀποστημάτων ἀστρονομικοῖς θεωρήμασιν
ἔγνωμεν, εἰ καὶ ἐπὶ τῶν ἄλλων ἀστέρων τῶν ἀνωτέρω τοῦ ἡλίου οἱ λόγοι
τῶν ἀποστημάτων καὶ τῶν μεγεθῶν ὑπ' αὐτῶν ἔτυχον κατειλημμένοι
μέχρι νῦν τοῖς ἄλλοις ἀγνοούμενοι, ἐπειδὴ τοῖς μὲν ἀποστήμασι τὰ μεγέθη,
25 τοῖς δὲ μεγέθεσιν αἱ ταχύτητες καὶ βραδύτητες τῶν κινήσεων ἀνάλογον
ἀκολουθοῦσι καὶ ταύταις αἱ ὀξύτητες καὶ βαρύτητες τῶν ψόφων, ἀνάγκη
πάντως ἐναρμόνιον εἶναι τὴν ἀπήχησιν. ἐπειδὴ δὲ ἄλογον ἐδόκει τὸ μὴ
συνακούειν ἡμᾶς τῆς φωνῆς, λύουσι τὴν ἔνστασιν ταύτην ἐκ τοῦ
γινομένοις ἡμῖν εὐθὺς ὑπάρχειν τὸν ψόφον συνεχῆ ὄντα καὶ μὴ
30 διαλείποντα· διά τε γὰρ τὴν συνήθειαν καὶ συντροφίαν οὐκ αἰσθανόμεθα
αὐτοῦ καὶ διὰ τὴν συνέχειαν· φωνὴ γὰρ καὶ σιγὴ τῇ πρὸς ἄλληλα παρα-
θέσει διαγινώσκονται μάλιστα, ὥσπερ καὶ κίνησις καὶ ἠρεμία καὶ λευκὸν
καὶ μέλαν καὶ τὰ ἄλλα ἀντικείμενα· οὐκ αἰσθανόμεθα οὖν διὰ τὸ μὴ διά-
δηλον εἶναι τὸν ψόφον πρὸς ἐναντίαν σιγὴν παραβαλλόμενον, ὥστε,

---

2 καὶ τάχει] τάχει D   3 κινουμένων Ab: φερομένων DEFc   ὥστε c   5 πειθανῶς
E, sed corr.   7 καταλαβόντες Ab: καταβαλόντες DEFc   9 ὅσῳ DE: ὅσον AF
10. 11 εὑρῶντες E, sed. corr.   11 αὐτοῦ ADEF   12 εἶπεν E: corr. E²
13. 14 βαρυτέρους Eb: corr. ex βραδυτέρους A²: βραδυτέρους CDF   14 ἐναρμονίων] ἐν
ἁρμονίᾳ EF   15 τούτοις D   16 ὑποστάσεσι Ab   ἐν ταῖς DEF: ἐν C: ἐπὶ
τοῖς A   17 ἀναλόγως E   20 καταλειφθέντων A, sed corr.   22 οἱ λόγοι om. D
25 τῶν] corr. ex τῶς E²   26 ψόφον A   27 πάντη πάντως D   ἐπειδὴ]-ἡ e
corr. E   30 τὴν συντροφίαν D   33 ἄλλα A: ἄλλα τὰ DEFc   αἰσθανόμενα
A, sed corr.   34 ὥστε]-τε e corr. E¹

ἀέρι τὸ πῦρ· ἀναγκαῖον ποιεῖν ὑπερφυᾶ τῷ μεγέθει τὸν ψόφον, 210ᵃ
εἰ δὲ γένοιτο ὁ ψόφος, ἀναγκαῖον δεῦρο ἀφικνεῖσθαι αὐτὸν καὶ διακναίειν
τὰ τῇδε. εἰ οὖν μὴ φαίνεται συμβαῖνον τὸ ἐξ ἀνάγκης ἂν ἀκολουθῆσον τῷ 40
κινεῖσθαι τοὺς ἀστέρας καθ' ἑαυτοὺς τὸ δεῦρό τε ἀφικνεῖσθαι τὸν ψόφον καὶ
5 διακναίειν τὰ τῇδε, δῆλον, ὅτι ψεῦδος ἂν εἴη τὸ ἡγούμενον· ὥστε οὐκ ἂν καθ'
αὑτοὺς οἱ ἀστέρες κινοῖντο οὔτε καθ' ὁρμὴν οἰκείαν, ὡς τὰ ἔμψυχα, οὔτε βίᾳ
ῥιπτούμενα ὑπό τινος ἢ ὠθούμενα ἢ ἑλκόμενα. τοῦτο δέ, φησί, γέγονεν 45
ὥσπερ τὸ μέλλον προνοούσης καὶ προαναλογισαμένης τῆς φύσεως,
ὅτι μὴ τοῦτον | τὸν τρόπον κινουμένων τῶν ἀστέρων, ὥσπερ νῦν κι- 210ᵇ
10 νοῦνται ἐν τοῖς οὐρανίοις σώμασι συγκινούμενοι, ἀλλὰ καθ' αὑτοὺς κινουμέ-
νων, οὐθὲν ἂν ἦν τῶν περὶ τὸν δεῦρο τόπον ὁμοίως ἔχον, ὡς νῦν
ἔχει, πάντων ὑπὸ τοῦ ψόφου καὶ τοῦ ῥοίζου τῆς κινήσεως διαφθαρέντων. 5
   Καλῶς δὲ ἐν τούτοις ὁ Ἀλέξανδρος ἐφιστάνει, ὅτι τὸ νῦν εἰρημένον
δεικτικόν ἐστι τοῦ εὐλόγως μηδὲ τὰς σφαίρας αὐτὰς κινουμένας ἦχον ποιεῖν·
15 οὐδὲν γὰρ διαιροῦσι σῶμα τῇ κινήσει μένον αὐτό, δι' οὗ κινεῖται· οὐδὲ
γὰρ ἔστι τι σῶμα τοιοῦτον ἐκεῖ· ἀλλ' αὐταὶ κινοῦνται ἐν ἑαυταῖς, ὡς 10
πολλαχοῦ ὁ Ἀριστοτέλης εἶπεν, ἁπτόμεναι ἀλλήλων κατὰ τὴν ἐπιφάνειαν
μηδενὸς μεσιτεύοντος ἄλλου σώματος οὐκ ἔχοντος τοῦ σώματος αὐτῶν
ἀντιτυπίαν ἢ τραχύτητά τινα ἢ ὅλως ἐξοχήν. δεύτερον δὲ ἐφιστάνει καὶ
20 τούτῳ καλῶς, ὅτι ἐκ τῶν ἐνθάδε λεγομένων δῆλός ἐστιν ὁ Ἀριστοτέλης 15
πρόνοιαν ἐναργῶς καὶ τῶν ἐνταῦθα ἡγούμενος· τὴν γὰρ φύσιν φησὶ προ-
νοουμένην τῶν τῇδε ποιεῖσθαι τὰς σφαίρας κινουμένας, ἀλλ' οὐ τὰ ἄστρα·
τὸ γὰρ ποιοῦν αἴτιον τοῦτο καὶ προνοεῖ. δῆλον δέ, ὅτι φύσιν νῦν τὸν θεὸν
καλεῖ ὁ Ἀριστοτέλης· ἡ γὰρ κυρίως παρ' αὐτοῦ λεγομένη φύσις ἡ ἀρχὴ 20
25 κινήσεως καὶ ἠρεμίας, ἐν ᾧ ἔστιν, οὐ μόνον προνοεῖν οὐκ ἰσχύει, ἀλλ'
οὐδὲ νοεῖν ἢ γινώσκειν ὅλως πέφυκεν οὐδὲ αἰσθάνεσθαι ἐν τοῖς ἀναισθήτοις
σώμασι πρώτως ἐμπεφυκυῖα.
   Ἐφεξῆς δὲ ὁ Ἀλέξανδρος καὶ δι' οἰκείου ἐπιχειρήματος πειρᾶται δεικ-
νύναι προσεχέστερον, ὅτι οὐ κινεῖται τὰ ἄστρα καθ' αὑτὰ τῶν σφαιρῶν 25
30 μενουσῶν. εἰ γὰρ κινεῖται, φησίν, οὕτως, ἤτοι ἐν τῷ βάθει τῶν σφαιρῶν
ὄντα κινεῖται ἢ ἐν τῇ ἐπιφανείᾳ· ἀλλ' εἰ ἐν τῷ βάθει, ἢ δι' αὐτοῦ τοῦ
οὐρανίου σώματος κινεῖται διαιροῦντα τὸ ἐπιπροσθοῦν αὐτοῦ ἢ δι' ἄλλου

---

1 ἀέρει E, sed corr.   2 γίνοιτο DFc   3 εἰ—τῇδε (5) EF: om. ADb: ha-
buit C   ἀνάγκης] mut. in ἀνάγγης E²   ἀκολουθῆσον CE: ἀκολουθήσῃ Fc
τῷ CF: τὸ E   4 ἑαυτοὺς CF: αὐτοὺς E   5 διαχνέειν E: corr. E²
6 ἑαυτοὺς Fc   10 ἐν om. Fc   11 ante οὐθὲν del. καὶ E²   οὐδὲν c
τῶν δεῦρο τόπων DE   ἔχων E: corr. E²   12 τῶν ῥοίζων DE   15 κινοῦν-
ται D   16 αὐταὶ Fb: αὗται ADE   17 πολλαχῇ Fc   19 ἀντιτυπίας Fc
20 τοῦτο D   δῆλόν A   23 ποιεῖν e corr. D¹   δέ om. Fc   24 αὐτοῦ Ab:
αὐτῶν DEF: αὐτῷ E²   25 ἔστιν, οὐ] ἔστι καὶ D   27 πρώτως] πρώ^τ A:
primum b   28 οἰκείων ἐπιχειρημάτων Fc   29 οὐ] suprascr. D¹   31 αὐτοῦ]
corr. ex ἑαυτοῦ E²   32 διαιροῦντος Fc   ἐπιπροσθοῦν] -οῦ- e   D¹
αὐτοῦ scripsi: αὐτῷ ADEFc: om. b

τηλικούτων σωμάτων τῶν ἀστέρων τοῦ ψόφου διιόντος εἰς τὰ τῇδε πρὸς 209b
ἀναλογίαν τοῦ κινουμένου μεγέθους πολλαπλάσιον καὶ τῆς μεγίστης βροντῆς
ψόφου μέγεθος ἀναγκαῖον ἀφικνεῖσθαι δεῦρο, κἂν μὴ ἀκούωμεν, ὥς φασι,
διὰ συντροφίαν· ὥστε καὶ τὴν ἰσχὺν τῆς βίας αὐτοῦ ἀμήχανον εἶναι, ὡς 45
πάντα ἂν διαφθεῖραι τὰ τῇδε. ἀλλ' εὐ|λόγως, φησίν, οὔτε ἀκούομεν 210a
οὔτε πάσχοντα φαίνεται τὰ τῇδε σώματα βίαιον οὐδὲν πάθος
διὰ τὸ μὴ ψοφεῖν. εἰ γὰρ ἐψόφει, καὶ ἀκούειν ἦν ἀνάγκη καὶ διαφθεί-
ρεσθαι τὰ τῇδε, εἰ δὲ μηδὲν τούτων γίνεται, δῆλον, ὅτι οὐ ψοφεῖ ἐκεῖνα. 5
τὸ δὲ αἴτιον, φησί, τοῦ μὴ ψοφεῖν τὰ ἄστρα κινούμενα δῆλον γενόμενον
ἅμα καὶ μαρτύριον τῶν εἰρημένων ἡμῖν λόγων ἐστίν, ὡς εἰσὶν
ἀληθεῖς. ἐλέγομεν δέ, ὅτι οὐ κινεῖται καθ' αὑτὰ τὰ ἄστρα· τὸ γὰρ
ἀπορηθέν, διὰ τί οὐκ ἀκούομεν, καὶ τὸ ποιῆσαν τοὺς Πυθαγορείους
φάναι γίνεσθαι συμφωνίας τῶν ἐν οὐρανῷ κινουμένων ἡμῖν ἐστι 10
τεκμήριον τοῦ μὴ καθ' αὑτὰ κινεῖσθαι τὰ ἄστρα. εἰ γὰρ κινεῖται μέν,
καὶ τοῦτο τοὺς Πυθαγορείους ἐποίησε συμφωνίας φάναι τῶν κινουμένων,
μὴ ἀκούομεν δὲ ψόφου, δῆλον, ὅτι οὐ καθ' αὑτὰ κινεῖται· ὅσα μὲν γὰρ
καθ' αὑτὰ φέρεται, ποιεῖ ψόφον πλήττοντα, ὅσα δὲ κατὰ συμβεβηκὸς τῷ 15
ἐν τῷ φερομένῳ εἶναι ἢ μέρη τοῦ φερομένου, καθάπερ ἐν τῷ πλοίῳ τὰ
μόρια, ταῦτα οὐχ οἷόν τε ψοφεῖν, κἂν ψοφῇ τὸ πλοῖον δι' ὕδατος ἱσταμένου
ἢ ἀντικινουμένου κινούμενον. ἀλλ' οὐδὲ αὐτὸ τὸ πλοῖον, εἰ κατὰ ῥοῦν
φέροιτο, ψοφεῖ· ὡς γὰρ μόριόν πως καὶ ὡς ἐν ἀγγείῳ γίνεται τῷ ὕδατι 20
τοῦ ποταμοῦ ἡ ναῦς. λέγει δὲ καὶ ἐν τῇ Φυσικῇ ἀκροάσει, ὅτι ὡς μὲν
ἐν τόπῳ ἡ ναῦς ἐν τῷ τοῦ ὅλου ποταμοῦ τόπῳ ἐστί· καὶ γὰρ τῶν ἐν
ἀγγείῳ τόπος οὗτος, ὃς καὶ τοῦ ἀγγείου ἐστίν· ὡς δὲ ἐν ἀγγείῳ τῷ τοῦ
ποταμοῦ ὕδατι. ἐναργῶς δὲ καὶ χαριέντως τὴν ἀπορίαν εἰς τὰ μέρη τοῦ 25
πλοίου καὶ τὸ πλοῖον μεταγαγὼν ἐπήγαγε τὸ δὲ ἐν μὴ φερομένῳ φερό-
μενον ποιεῖ ψόφον, ὡς ἡ ναῦς διὰ τοῦ ἑστηκότος ὕδατος ἢ τὸ δι' ἀέρος
ἑστηκότος φερόμενον· τὸ δὲ συνημμένον τῷ φερομένῳ, ὅπερ συνεχὲς
καλεῖ, οἷον ὁ ἱστὸς ἐν τῇ νηὶ ἢ τὸ ὕδωρ ἐν τῷ κεράμῳ ἢ τὸ πλοῖον ἐν 30
τῷ ῥέοντι ποταμῷ, καὶ μὴ καθ' αὑτὸ πλῆττον ἀδύνατον ψοφεῖν. ὥστε
ἐνταῦθα, φησί, λεκτέον κατὰ τὸν δεύτερον τῶν ὑποθετικῶν τὸν διὰ
τριῶν καλούμενον τρόπον, ὡς, εἴπερ ἐφέροντο τὰ σώματα τῶν ἀστέ-
ρων εἴτε ἐν ἀέρος πλήθει κεχυμένῳ μέχρι τῶν. ἀνωτάτω εἴτε 35
πυρός· τοῦτο γὰρ μᾶλλον ἀκολουθότερον δοκεῖ διὰ τὸ ἐπιπολάζειν τῷ

---

1 ἀστέρων Ab: ἀστεριῶν καὶ D: ἀστέρων καὶ EFc   3 ἀκούσωμεν A   5 τὰ τῇδε
DEb: τὰ τῇδε σώματα AFc   οὔτ' c   6 τῇδε om. c   οὐδὲν c   7 εἰ
ACFb: εἰ μὲν DE   12 Πυθαγορείου A   18 φερομένῳ] φαινομένῳ A   μέρος Fc
φερομένου] φαινομένου A   πλοίῳ] corr. ex πλείω E²   19 μόρια αὐτοῦ Fc
ἀνθισταμένου Fc   20 ἀντικειμένου A   ἀλλ' om. Fc   21 ἀγγείῳ E: corr. E²
22 Φυσικῇ] Δ 4. 212a16 sq.   23 ἐστίν E, ν eras.   24 ἀγγείῳ E   ὅς] ὡς A
ἀγγείου E: corr. E²   ἀγγείῳ E: corr. E²   25 ἀπόρειαν E, sed corr.   26 ἐπήγα-
γεν E: corr. E²   δ' c   28 ἑστηκότως A: corr. A²   30 ὥστ' c   31 τὸν
(pr.) CDEF: τὸ A   τὸν (alt.)] corr. ex τῶν E²: om. C   32 ἐφέρετο c
33 εἴτε (pr.)] ὥστε E: εἴτ' c   34 τῷ CDEF: τῷ ἐν Ab

ἀνδρῶν φιλοσοφίαν λυτέον τὴν ἔνστασιν λέγοντα, ὅτι οὐ πάντα ἀλλήλοις 211ᵃ
ἐστὶ σύμμετρα, οὐδὲ πᾶν παντί ἐστιν αἰσθητὸν οὐδὲ παρ' ἡμῖν· δηλοῦσι δὲ 21
οἱ κύνες ὀσφραινόμενοι τῶν ζῴων πόρρωθεν, ὧν οἱ ἄνθρωποι οὐκ ὀσφραί-
νονται. πόσῳ δὴ μᾶλλον ἐπὶ τῶν τοσοῦτον τῇ φύσει διεστηκότων, ὅσον
5 τὰ ἄφθαρτα τῶν φθαρτῶν καὶ τὰ οὐράνια τῶν ἐπιγείων, ἀληθὲς εἰπεῖν, 25
ὅτι ὁ τῶν θείων σωμάτων ἦχος ταῖς ἐπικήροις ἀκοαῖς οὐκ ἔστιν ἀκουστός.
εἰ δέ τις καὶ τοῦτο τὸ σῶμα τὸ ἐπίκηρον ἐξηρτημένος τὸ αὐτοειδὲς αὐτοῦ
καὶ οὐράνιον ὄχημα καὶ τὰς ἐν αὐτῷ αἰσθήσεις κεκαθαρμένας σχοίη ἢ δι'
εὐμοιρίαν ἢ δι' εὐζωίαν ἢ πρὸς τούτοις διὰ ἱερατικὴν τελεσιουργίαν, οὗτος 30
10 ἂν ἴδοι τὰ τοῖς ἄλλοις ἀόρατα καὶ ἀκούσοι τῶν τοῖς ἄλλοις μὴ ἀκουομένων,
ὥσπερ ὁ Πυθαγόρας ἱστόρηται. θείων δὲ καὶ ἀύλων σωμάτων κἂν εἰ
γίνηταί τις ψόφος, οὔτε πληκτικὸς οὔτε ἀποκναίων γίνεται, ἀλλὰ τῶν γενε-
σιουργῶν ἤχων διεγείρει τὰς δυνάμεις καὶ τὰς ἐνεργείας καὶ τὴν σύστοιχον 35
αἴσθησιν τελειοῖ· καὶ ἀναλογίαν μὲν ἔχει τινὰ πρὸς τὸν ψόφον τὸν συνε-
15 δρεύοντα τῇ κινήσει τῶν ἐπικήρων σωμάτων, ἐνέργεια δέ τίς ἐστι τῆς
ἐκείνων κινήσεως ἀπαθὴς τοῦ ψόφου παρ' ἡμῖν γινομένου διὰ τὴν ἠχητικὴν
τοῦ ἀέρος φύσιν· εἰ οὖν ἐκεῖ ἀὴρ παθητικὸς οὐκ ἔστι, δῆλον, ὅτι οὐδὲ 40
ψόφος ἂν εἴη. ἀλλ' ἔοικεν ὁ Πυθαγόρας οὕτω λέγεσθαι τῆς ἁρμονίας
ἐκείνης ἀκούειν, ὡς εἰ καὶ τοὺς ἐν τοῖς ἀριθμοῖς ἁρμονικοὺς λόγους ἐννοῶν
20 καὶ τὸ ἐν αὐτοῖς ἀκουστὸν ἀκούειν ἔλεγε τῆς ἁρμονίας.

Ἀπορήσοι δὲ ἄν τις εἰκότως, διὰ τί αὐτὰ μὲν τὰ ἄστρα ταῖς ὁρατικαῖς 45
ἡμῶν αἰσθήσεσιν ὁρᾶται, ὁ δὲ ἦχος αὐτῶν ταῖς ἀκοαῖς ἡμῶν οὐκ ἀκούεται.
καὶ ῥητέον, ὅτι οὐδὲ τὰ | ἄστρα αὐτὰ ὁρῶμεν· οὐδὲ γὰρ τὰ μεγέθη 211ᵇ
αὐτῶν οὔτε τὰ σχήματα οὔτε τὰ ὑπεραίροντα κάλλη, ἀλλ' οὐδὲ τὴν κί-
25 νησιν, δι' ἣν ὁ ψόφος, ἀλλ' οἷον ἔκλαμψίν τινα αὐτῶν ὁρῶμεν τοιαύτην,
οἷον καὶ τὸ τοῦ ἡλίου περὶ γῆν φῶς, οὐκ αὐτὸς ὁ ἥλιος ὁρᾶται. τάχα δὲ 5
οὐκ ἂν εἴη θαυμαστὸν τὴν μὲν ὀπτικὴν αἴσθησιν ἅτε ἀυλοτέραν καὶ κατ'
ἐνέργειαν μᾶλλον ἱσταμένην ἥπερ κατὰ πάθος καὶ πολὺ τῶν ἄλλων ὑπερέ-
χουσαν τῆς αἴγλης καὶ ἐκλάμψεως τῶν οὐρανίων ἀξιοῦσθαι, τὰς δὲ ἄλλας
30 αἰσθήσεις μηδὲ πρὸς ταύτας ἐπιτηδείως ἔχειν.

Ἀλλὰ τούτων μὲν καὶ τῶν τοιούτων εἴ τις ἄλλας πιθανωτέρας αἰτίας 10
ἀποδιδοίη, φίλος ὤν, ἀλλ' οὐκ ἐχθρὸς κρατεῖ. χρὴ δὲ μηδὲ ἐκεῖνο παρα-

---

2 παντὸς A   οὐδὲ (alt.)] corr. ex οὐ E²   4 τοσοῦτον A²b: comp. F: τοσούτων AE:
τοσούτῳ D   τῇ] τῶν A   ὅσῳ Fc   7 ἐξηρτημένος] mut. in ἐξηρτημένον E²
αὐτοειδὲς scripsi: *autoideale* b: αὐγοειδὲς ADEFc   ἑαυτοῦ D   8 ἐν αὐτῷ] ἐξ αὐτῷ
E: ἑαυτῷ E², sed rursus corr.   ἔσχοι A   9 εὐμοιρίαν] εὐνουρίαν E: εὐκληρίαν
E²   10 ἀκούσαι c   μὴ om. A   12 γένηται D   τῶν A: τῶν τε
DEFc   13 διαγείρει A   18 οὕτως c   19 ἀκούειν ἐκείνης Fc
εἰ om. Fbc   ἐννοῶν A   21 ἀπορήσοι DEF: ἀπορήσῃ A: ἀπορῆσαι c   23 ῥη-
τέον Ab: ῥητέον ἴσως DEFc   τὰ ἄστρα αὐτά] mut. in τὴν ἄστρων? E²   οὐδὲ —
ὑπεραίροντα (24)] mg. E²   οὐδὲ] οὔτε E   γὰρ om. A   24 ὑπερέχοντα E
κάλη A   25 τοιαύτην] -ην e corr. E²   26 τὸ τοῦ scripsi: τὸ A: τοῦ DEFc
27 ἅτε] οὔτε A   29 ἐλλάμψεως A   32 κρατεῖ] -εῖ e corr. D¹

γενητοῦ τινος σώματος ὄντος ἐκεῖ ἢ διὰ κενοῦ τοῦ ἐνυπάρχοντος. ἀλλὰ 210ᵇ
κενὸν μὲν οὔτε ἀλλαχοῦ οὔτε πολλῷ μᾶλλον ἐν τῷ οὐρανῷ δυνατὸν εἶναι· 30
ἀλλ' οὐδὲ ἄλλο τι σῶμα φθαρτόν ἐστιν ἐν τῷ θείῳ καὶ ἀιδίῳ σώματι·
παρὰ φύσιν γὰρ ἂν εἴη· εἰ οὖν δι' αὐτοῦ τοῦ οὐρανίου σώματος κινεῖται
5 τέμνον αὐτό, τὸ δὲ μετὰ τὴν τομὴν συγχεῖται πάλιν, παθητόν τε ἂν εἴη τὸ 35
σῶμα διαιρούμενον καὶ μέντοι καὶ ὑγρόν· αὕτη γὰρ ὑγροῦ φύσις. εἰ οὖν
τὸ ὑγρὸν ξηρῷ ἐναντίον, ἡ δὲ αὐτὴ ὕλη τῶν ἐναντίων, δυνήσεται αὐτὴ καὶ
τὸ ξηρὸν δέξασθαι· εἰ δὲ τοῦτο, οὐκ ἀίδιον οὐδὲ ἄφθαρτον τῇ αὐτοῦ 40
φύσει τὸ οὐράνιον σῶμα. εἰ δὲ ἐπικείμενα ἐν τῇ ἐπιφανείᾳ τῶν οἰκείων
10 σφαιρῶν καὶ ἐξέχοντα κινεῖται, τῶν παρακειμένων τὸ ἐπιπροσθοῦν ἀεὶ
διαιρεῖ ἢ φθαρτόν τι σῶμα ἢ οὐράνιον ἢ διὰ κενοῦ χωρεῖ, καὶ πάλιν οἱ
αὐτοὶ λόγοι ῥηθήσονται· εἰ δὲ εἴη ἄλλο τι ἐκεῖ σῶμα, οὐκ ἔσται σφαιρι- 45
κὸν ἔτι καθ' αὑτὸ τὸ θεῖον σῶμα οὐδέ, ὥς αὐτὸς ἔφη, πρὸς ἀκρίβειαν
ἔντορνον.
15 Δῆλον δέ ἐστιν, ὅτι καὶ τὰ ὑπὸ | τοῦ Ἀλεξάνδρου λεγόμενα πρὸς 211ᵃ
τοὺς λέγοντας αὐτὰ καθ' αὑτὰ τὰ ἄστρα μεταβατικὰ κινεῖσθαι τὴν ὑπάντησιν
ποιεῖται, καὶ οὐδὲν τῶν Πλάτωνος ἐνοχλοῦσι λόγων τῶν λεγόντων καὶ τοὺς
ἀστέρας ὁμοίως ταῖς ὅλαις σφαίραις περὶ τὰ ἑαυτῶν κέντρα κυκλικῶς 5
περιφέρεσθαι· οὔτε γὰρ μετὰ τῶν σφαιρῶν καὶ ἐν ταῖς σφαίραις περιφε-
20 ρόμενοι ψοφήσουσιν οὔτε ἐν ἑαυτοῖς κινούμενοι ὥσπερ αἱ σφαῖραι· οὐδὲ
γὰρ αἱ σφαῖραι ψοφοῦσι κατ' αὐτούς. οἱ δὲ Πυθαγόρειοι ἐναρμόνιον ἦχον
ἀπὸ τῆς τῶν οὐρανίων σωμάτων κινήσεως ἔλεγον ἀποτελεῖσθαι καὶ ἐκ τῆς 10
τῶν ἀποστημάτων αὐτῶν ἀναλογίας μετ' ἐπιστήμης συνελογίζοντο, εἴπερ οὐ
μόνον Ἡλίου καὶ Σελήνης καὶ Ἀφροδίτης καὶ Ἑρμοῦ, ἀλλὰ καὶ τῶν ἄλλων
25 ἀστέρων οἱ λόγοι τῶν ἀποστημάτων ὑπ' αὐτῶν κατελήφθησαν.
Ἡ μέντοι τοῦ μὴ ἀκούειν ἡμᾶς ἀποδοθεῖσα αἰτία ἡ διὰ συντροφίαν 15
καὶ συνήθειαν λέγουσα θαυμάζω εἰ τοῖς Πυθαγορείοις ἐπιτρέπει τὸν Πυθα-
γόραν ἱστοροῦσιν ἀκοῦσαί ποτε τῆς τοιαύτης ἁρμονίας· καίτοι καὶ ἐκείνῳ
σύντροφος ἦν, ὥσπερ τοῖς ἄλλοις ἀνθρώποις. μήποτε οὖν κατὰ τὴν τῶν

---

1 ἐνυπάρχοντος Ab: ἐκεῖ ὑπάρχοντος DFc, e corr. E   2 δυνατὸν εἶναι ἐν τῷ οὐ-
ρανῷ A   4 γὰρ om. A   5 ποθητόν D   6 σῶμα Ab: θεῖον σῶμα DEFc
7 τὸ ὑγρὸν AFb: τῷ ὑγρῷ DE   ξηρῷ A²b: ξηρὸν ADE: τῷ ξηρῷ Fc   ἢ] mut.
in εἰ A   αὐτή (pr.)] αὕτη A   αὐτή (alt.) Ab: ἡ αὐτή DEFc; fort. αὕτη
8 τοῦτο] τὸ A   αὐτοῦ AD   10 καὶ] suprascr. D¹   ἐξέχονται D   ἀεὶ] ἡ
ἀεὶ A: ἡ ἀεὶ F   11 ἢ (tert.)] καὶ A   12 ἄλλο τι Ab: τι ἄλλο DFc et corr. ex τι
ἄλλω E   ἔσται] corr. ex ἔστε E²   15 τοῦ Ἀλεξάνδρου Ab: τοῦ Ἀριστοτέλους καὶ τὰ
ὑπὸ τοῦ Ἀλεξάνδρου D et omisso τὰ EFc   16 μεταβατικὰ Ab: μεταβατικῶς DEFc
17 οὐδὲν] neque b   τῶν AE: τὸν DE²Fbc   λόγων τῶν λεγόντων A: λόγον τὸν
λέγοντα DEFbc   18 ὅλαις Ab, e corr. F: ἄλλαις DEc   19 οὔτε] οὐ Fc
21 ψοφοῦσι] κινοῦσι A   κατ' αὐτούς DEF: καθ' αὑτοὺς AE²b   οἱ—ἀποτελεῖ-
σθαι (22)] bis E lemmate interposito: corr. E²   ἦχον] corr. ex εἶχον A   24 ἄλλων]
ἀλ extr. pag. A   25 ὑπ'] ἀπ' A   27 λέγουσα DEb: λέγω A: om. Fc
θαυμάζω εἰ] corr. ex θαυμάζων E²   ἐπιτρέπει A et -ι- e corr. E: ἐπιτρέπει D, comp.
F: ἐπιτρέποιτο E²: concederetur b   28 ἀκούσας A

βαλλομένοις, ἐξ ὧν καὶ οἱ τῶν μεγεθῶν λόγοι καταλαμβάνονται. ταῦτα 212a
οὖν, φησίν, ἐκ τῶν περὶ ἀστρολογίαν θεωρείσθω· καὶ γὰρ ἐκεῖ περὶ 10
τῆς τάξεως τῶν πλανωμένων καὶ περὶ μεγεθῶν καὶ ἀποστημάτων ἀποδέ-
δεικται Ἀναξιμάνδρου πρώτου τὸν περὶ μεγεθῶν καὶ ἀποστημάτων λόγον
5 εὑρηκότος, ὡς Εὔδημος ἱστορεῖ τὴν τῆς θέσεως τάξιν εἰς τοὺς Πυθαγορείους
πρώτους ἀναφέρων. τὰ δὲ μεγέθη καὶ τὰ ἀποστήματα Ἡλίου καὶ Σελήνης 15
μέχρι νῦν ἔγνωσται ἀπὸ τῶν ἐκλείψεων τὴν ἀφορμὴν τῆς καταλήψεως
λαβόντα, καὶ εἰκὸς ἦν ταῦτα καὶ τὸν Ἀναξίμανδρον εὑρηκέναι, καὶ Ἑρμοῦ
δὲ καὶ Ἀφροδίτης ἀπὸ τῆς πρὸς τούτους μεταπαραβολῆς, ὧνπερ τὰ μεγέθη
10 καὶ τὰ ἀποστήματα ὑπὸ τῶν μετὰ Ἀριστοτέλην πλέον ἠκριβώθη καὶ 20
τελεώτατά γε ὑπὸ τῶν περὶ Ἵππαρχον καὶ Ἀρίσταρχον καὶ Πτολεμαῖον.
κατὰ δὲ τὴν τῶν ἀποστημάτων, φησίν, ἀναλογίαν συμβαίνει γίνεσθαι τὰς
κινήσεις διὰ τὸ θᾶττον μὲν κινεῖσθαι τὰ περιγειότερα, ὥσπερ τὴν Σελήνην,
βραδύτερον δὲ τὰ πορρωτέρω κατὰ τὴν ἀναλογίαν τῶν ἀποστημάτων. τοῦτο 25
15 τοίνυν οἰκείως ἐπαχθὲν τῷ περὶ τῆς τάξεως καὶ τῶν ἀποστημάτων λόγῳ
ἀπορίαν ἐκίνει δικαίως, διὰ τί θᾶττον κινεῖται τὰ περὶ τὴν γῆν, βραδύτερον
δὲ τὰ ἀνωτέρω καὶ μᾶλλον τῇ ἀπλανεῖ πλησιάζοντα, ὥσπερ ὁ τοῦ Κρόνου
διὰ τριάκοντα ἐτῶν ἀποκαθιστάμενος τῆς Σελήνης διὰ μηνὸς περιιούσης. 30
καὶ ἡ ἀπορία διχόθεν ἂν ὁρμηθείη ἀπό τε τοῦ μεγέθους· τὸ γὰρ μεῖζον
20 σῶμα θᾶττον φέρεται τὴν οἰκείαν φοράν, ὡς αὐτὸς εἶπεν ὁ Ἀριστοτέλης,
μεῖζον δὲ ἀεὶ τὸ περιέχον τοῦ περιεχομένου· πῶς οὖν οὐ θᾶττον μᾶλλον
αἱ ἐξώτεραι κατὰ λόγον τοῦ μεγέθους καὶ τοῦ ἀποστήματος, ἀλλὰ τοὐναντίον 35
βραδύτερον φέρονται; καὶ μέντοι καὶ ἀπὸ τῆς πρὸς τὴν ἀπλανῆ γειτνιάσεως
ἢ ἀποστάσεως ἀπορεῖν ἀνάγκη· εἰ γὰρ ταχίστην κίνησιν πασῶν τῶν σφαιρῶν
25 ἡ ἀπλανὴς κινεῖται, ἀκόλουθον τὰ προσεχέστερα αὐτῇ θᾶττον κινεῖσθαι
τῶν πορρωτέρω κατὰ τὸν λόγον τῆς ἀποστάσεως, καὶ εἰ ἡ γῆ ἀκίνητος 40
κατὰ φύσιν ἐστί, βραδύτερα ἐχρῆν εἶναι τὰ μᾶλλον τῇ γῇ πλησιάζοντα τῶν
μᾶλλον διεστηκότων καὶ τοῦτο πάλιν κατὰ τὸν λόγον τῆς ἀποστάσεως.
ταύτας οὖν τὰς ἀπορίας εὐμηχάνως λύων λέγει, ὅτι τῆς ἀπλανοῦς μίαν καὶ 45
30 ταχίστην κίνησιν τὴν ἀπ' ἀνατολῶν κινουμένης, τῶν δὲ πλανωμένων ταύ-
την τε καὶ τὴν ἐναντίαν, εὔλογον ἦν τὸ | μὲν ἐγγύτατω τῆς ταχίστης 212b
περιφορᾶς ἐν πλείστῳ χρόνῳ διιέναι τὴν ἐναντίαν αὐτῇ περιφορὰν ἅτε

---

2 ἐκ] καὶ ἐκ A   θεωρεῖσθαι Fc   3 καὶ (pr.)] δ A   4 πρῶτον A   καὶ
om. c   5 εὑρηκότος AE³F: ηὑρηκότος D: ἠρηκότος E   6 πρῶτος A
8 καὶ (tert.) om. c   9 δὲ om. DE   τούτου A   μεταπαραβολῆς] μετὰ παρα-
βολῆς A: παραβολῆς DEFc   10 Ἀριστοτέλη E, sed corr.   ἠκριβω seq. ras. 2 litt. E
11 τελεώτατα EFc   13 post μὲν del. καὶ E²   14 πορρώτερα Fc   15 καὶ] κατὰ A
16 ἐκίνει] -ι- e corr. E¹   17 ἀνώτερα Fc   18 ἀποκαθιστάμενος F: ἀποκαθιστα-
μένου ADE   22 ἐξώτεραι A: ἐξωτέρω DEFc   κατὰ λόγον om. E   23 βρα-
δύτεραι A   φέρονται c: corr. ex φαίρονται F: φαίνονται A: φέρεται DE   τῆς] seq.
ras. 3 litt. E   25 ἀκόλουθον Ab: ἀκόλουθον δοκεῖ DEFc   τὰ om. Fc
26 πορρωτέρω A: comp. DF: πορρώτερον E: πορρωτέρων c   27 ἐστίν E   πλησιά-
ζοντα om. A   30 τὴν] τῆς DE: corr. E²   κινουμένην? A   31 ἐγγύτατον c

δραμεῖν, πῶς αἱ βρονταὶ τοὺς λίθους καὶ τὰ καρτερώτατα τῶν σωμάτων 211b διαρρηγνύουσι. διχῶς τοίνυν γινομένης τῆς βροντῆς ἢ κατὰ ῥῆξιν ἀθρόαν παχυτέρων νεφῶν ἢ κατὰ συγκρουσμόν, καθ' ἑκάτερον τῶν τρόπων πνεῦμα 15 βιαίως ἀπ' ἐκείνων ἐκδίδοται τῶν νεφῶν· τοῦτο οὖν μετὰ ῥοίζου καὶ βίας
5 φερόμενον διίστησι τὰ προσπίπτοντα. ὅσην δὲ δύναμιν ἔχει τὰ πνεύματα βιαίως κινούμενα, καὶ οἱ ἄνεμοι δηλοῦσι καὶ οἱ σεισμοὶ καὶ αἱ τῆς θαλάσσης ἀμπώτεις τε καὶ ἐπικλύσεις. 20

Συμπεραινόμενος δὲ ὁ Ἀριστοτέλης τὰ περὶ τῶν ἄστρων εἰρημένα, ὅτι τε σφαιροειδῆ, φησίν, εἴρηται· τοῦτο δὲ καὶ μετ' ὀλίγον ἀκριβέστερον
10 ἀποδείξει· καὶ ὅτι οὐ κινεῖται δι' ἑαυτῶν, τὴν μεταβατικὴν δηλονότι ταύτην κίνησιν τὴν ὁρωμένην, περὶ ἧς ἀποδεικνὺς διετέλεσε. καὶ δῆλον ἐντεῦθεν, ὅτι καὶ τὸ μὴ ψοφεῖν καὶ ὡς καθ' αὑτὸ τοῖς προκειμένοις οἰκεῖον 25 ὑπάρχον ἀπέδειξε καὶ μέντοι ὡς καὶ ἐκ τούτου τὸ μὴ κινεῖσθαι συλλογιζόμενος. συνήργησε δὲ αὐτῷ πρὸς τὸ ἀπὸ τοῦ μὴ ψοφεῖν τὸ μὴ κινεῖσθαι
15 συναγαγεῖν τὸ τοὺς Πυθαγορείους, ὥς φησιν, ἢ οὐκ οἶδα τίνας· οὐ γὰρ σαφῶς τοῦτο περὶ τῶν Πυθαγορείων λέγει· δοκεῖν ἀναγκαῖον εἶναι τηλι- 30 κούτων σωμάτων φερομένων γίνεσθαι ψόφον· εἰ οὖν κινούμενα ἀνάγκη ψοφεῖν, ἐὰν μὴ ψοφῇ, οὐδὲ κινεῖται. δῆλον δέ, ὅτι ὡς ἐκείνοις ἀκόλουθον ἐπῆκται τοῦτο τοῖς λέγουσι κινούμενα αὐτὰ ψοφεῖν· εἰ μέντοι μήτε μετα-
20 βατικήν τις αὐτὰ κίνησιν λέγοι κινεῖσθαι μήτε διὰ σωμάτων ψοφητικῶν, 35 οὐκέτι ἀληθὲς εἰπεῖν, εἰ μὴ ψοφεῖ, μηδὲ κινεῖσθαι· καὶ γὰρ τὰς σφαίρας ὁ Ἀριστοτέλης κινεῖσθαι λέγων οὔ φησι ψοφεῖν οὐδὲ τὸ μὴ ψοφεῖν αὐτὰς τεκμήριον τοῦ μὴ κινεῖσθαι ποιεῖται διὰ τὸ ἐν αὐταῖς ἀλλὰ μὴ δι' ἄλλου σώματος μεταβατικῶς κινεῖσθαι. καὶ οἱ ἀστέρες τοίνυν, εἰ ἐν αὐτοῖς ὁμοίως 40
25 ταῖς σφαίραις κινοῖντο, οὐκ ἀναγκάζονται ψοφεῖν οὐδέ, εἰ μὴ ψοφοῦσιν, ἤδη διὰ τοῦτο οὐδὲ κινοῦνται.

p. 291a29 Περὶ δὲ τῆς τάξεως αὐτῶν ἕως τοῦ | ὥσπερ καὶ δεικνύ- 212a ουσιν οἱ μαθηματικοί.

Τῷ περὶ τῶν οὐρανίων λέγοντι ἀναγκαῖον ἦν καὶ περὶ τῆς κατὰ τὴν
30 θέσιν τάξεως τῶν τε σφαιρῶν καὶ τῶν ἀστέρων εἰπεῖν, τίνα μὲν πρότερα 5 καὶ τῇ ἀπλανεῖ προσεχέστερα, τίνα δὲ ὕστερα καὶ περιγειότερα, καὶ ἔτι μέντοι πῶς ἔχει πρὸς ἄλληλα τοῖς ἀποστήμασι τοῖς ὡς πρὸς τὴν γῆν παρα-

---

2 γενομένης c   4 οὖν] μὲν οὖν Fc   7 ἀμπώτεις τε] ἀμπότητες A   8 δὲ om. E   9 τε om. c   σφαιροειδῆ] -ῆ e corr. E   10 ἑαυτῶν A: αὐτῶν DE: αὐτῶν E²c   11 κίνησιν om. DE   διετέλεσεν E: corr. E²   12 μὴ] μηδὲ E προκειμένοις Ab: προειρημένοις DEFc   16 Πυθαγορίων A   δοκεῖν Ab: comp. D: δοκεῖ EF   19 λέγουσι D   κινούμενα om. D   20 τις om. Fc   21 ψοφῇ A 22 λέγει A   23 αὐταῖς E²: αὐταῖς ADE: ἑαυταῖς Fc   24 αὐτοῖς] αὐτοῖς A: ἑαυτοῖς DEFc   25 κινοῖν E: corr. E²   οὐδὲ A: οὔτε DEF   27 ἕως τοῦ] omnia verba Arist. hab. D   ὥσπερ] κτλ. om. E   30 τάξεως] τάξεως αὐτῶν ἕως τοῦ A e lin. 27 petita   30 τε] suprascr. D¹   πρώτερα A: corr. A²   31 καὶ (pr.) om. DE

ἀκινήτῳ γῇ προσεχὲς θάττονα· ταῦτα οὖν οὐκ ἔλυσεν, ὡς οἶμαι, ἀλλὰ 212ᵇ
ἄλλην αἰτίαν ἐπενόησε τὸ βίαιον οὐ τελέως ἐκφεύγουσαν. καὶ γὰρ τὴν ἀπ᾽
ἀνατολῶν κίνησιν τῇ ἀπλανεῖ συγκινούμεναι κἂν ἀλλοτρίαν ταύτην κινῶνται,
ἀλλ᾽ οὐδὲν κωλύει | ἑκουσίως αὐτὴν φέρεσθαι, διότι καὶ τὴν οἰκείαν κί- 213ᵃ
5 νησιν τὴν κατ᾽ οἰκείαν ὁρμὴν γινομένην ἀνεμπόδιστον ἔχουσι καὶ κατὰ φύσιν
προϊοῦσαν, ὡς εἰ μηδὲ συμπεριφέροιντο τῇ ἀπλανεῖ. εἰ δὲ ἡ οἰκεία καὶ
κατὰ φύσιν ὡς ἀντικοπτομένη κρατεῖται, πῶς ἀβίαστος ἔσται; εἰ μὴ ἄρα 5
λέγοι τις τὰς πλησιαζούσας τῇ ἀπλανεῖ, καθ᾽ ὅσον μὲν συγγενεῖς πρὸς
αὐτήν εἰσιν, οἰκείαν ἔχειν καὶ αὐτὰς τὴν ἀπ᾽ ἀνατολῆς κίνησιν καὶ θᾶττον
10 ἀεὶ φέρεσθαι τὴν μείζονα ἐν τῷ αὐτῷ λόγῳ τοῦ τε μεγέθους ὄντος καὶ
τοῦ τάχους τῆς κινήσεως μιᾶς οὔσης πασῶν τῶν σφαιρῶν ἐν ἑνὶ τῷ σώματι 10
τῷ οὐρανίῳ συνδέσεως, καθ᾽ ὅσον δὲ τῆς ἀντικινουμένης εἰσὶ φύσεως, αἱ
μὲν ἐπ᾽ ὀλίγον εἰς αὐτὴν ὑπελθοῦσαι διὰ τὸ μένειν μᾶλλον ἐν τῇ τῆς
ἀπλανοῦς ἰδιότητι τὴν μὲν ἐκείνῃ συγγενῆ κίνησιν θᾶττον κινοῦνται, τὴν
15 δὲ τῆς ἀντιφερομένης φύσεως βραδύτερον * * * ἅτε μηδὲ εἰλικρινῶς πως 15
κατ᾽ ἐκείνην ἱστάμεναι, ὥσπερ ἡ τῆς σελήνης σφαῖρα πορρωτέρα μὲν τῆς
ἀπλανοῦς οὐ τῷ τόπῳ μόνον, ἀλλὰ καὶ τῇ οὐσίᾳ γενομένη, ἐγγυτέρα δὲ
τῆς γενέσεως, τὴν μὲν τῆς ἀπλανοῦς κίνησιν βραδύτερον ὡς βραχυτέρα
κινεῖται, τὴν δὲ ἀντιπεριφορὰν θᾶττον· ὡς εἰ νοήσαις ἐν τῷ ὑπὸ σελήνην 20
20 σύστασιν οὐσίας τινὰ ἐξ ἀέρος εἰς ὕδωρ μεταβαλούσης· ἐν ταύτῃ γὰρ ἡ
μὲν ἐπ᾽ ὀλίγον τοῦ ἀέρος ἐξελθοῦσα τὴν μὲν τῷ ἀέρι συγγενῆ κίνησιν τὴν
ἐπὶ τὸ ἄνω θάττονα τῶν μᾶλλον ἐξελθουσῶν τοῦ ἀέρος ἔχει, τὴν δὲ ἐπὶ
τὸ κάτω βραδυτέραν, καὶ ἐφεξῆς ἀνάλογον τῇ πρὸς τὸν ἀέρα συγγενείᾳ τὸ 25
τάχος ἔχουσι καὶ τὴν βραδύτητα οὐδαμοῦ βίας ἐμφαινομένης, ἀλλὰ τῆς
25 φύσεως αὐτῆς ἑκάτερον ἐχούσης. ἀλλ᾽ ἐνταῦθα μὲν καὶ κατὰ μεταβολὴν
καὶ κατὰ ἐναντίωσιν ἡ τοιαύτη μῖξις τῆς οὐσίας ὑφίσταται, ἐκεῖ δὲ κατὰ
πρόοδον καὶ ὕφεσιν καὶ εἴδους ἐξαλλαγὴν χωρὶς ἐναντιώσεως· ἐδείχθη γάρ, 30
ὅτι οὐκ εἰσὶν ἐναντίαι κινήσεις ἥ τε ἀπὸ δυσμῶν ἥ τε ἀπ᾽ ἀνατολῶν· διὸ
καὶ ἅμα ἄμφω δυνατὸν ἴσως ταύτας κινεῖσθαι τὰς κινήσεις τὸ αὐτὸ κατὰ μίαν

---

1 ἀλλ᾽ Fc   3 ἀνατολῆς DE   ἀπλανεῖ] -εῖ e corr. E¹ ut saepe   4 ἀλλ᾽ om.
EFc   5 καὶ Fb: καὶ τὴν A: om. DE   9 ἀπ᾽] mut. in ἐπ᾽ E², sed rursus corr.
ἀνατολῶν DE²: ἀνατολὰς E   9. 10 θᾶττον ἀεί] corr. ex θᾶττον εἰ E²: θάττονα
εἰ D   10 τε om. Fc   μεγέθους] μέσου A   11 μιᾶς οὔσης] ἑνὸς ὄντος c
ἑνὶ τῷ] τῷ ἑνὶ D   12 συνδέσεως E: comp. D: συνδέσμῳ AF: συνδέσμου c   ἀντι-
κειμένης D   14 τὴν (pr.)] corr. ex τῇ E²   συγγενεῖ E: corr. E²   15 post
βραδύτερον desunt haec fere: αἱ δὲ μᾶλλον ἐξελθοῦσαι τὴν μὲν τῆς ἀντιφερομένης θᾶττον
κινοῦνται, τὴν δὲ τῆς ἀπλανοῦς βραδύτερον   16 σελήνην E   πορρωτέρα A: πορρω-
τέρω DEc: πορρώτερον F   τῆς] e corr. D¹   17 γινομένη A   ἐγγυτέρα A:
ἐγγυτέρω DEFc   δὲ] corr. ex καὶ A²   18 βραχυτέρα ADb: ταχυτέρα E: βραδύ-
τερον F: βραδυτέρα c   19 ὑπὸ σελήνην] ὑποθε̅μ̅ν̅ A   20 εἰς — ἀέρος (21) om. A
μεταβαλλούσης D   21 μὲν (alt.) DE: μὲν ἐν AFb   23 καὶ] bis E, sed corr.
24 βίας E²Fb: μιᾶς ADE   27 ἐξαλλαγῆς A   mg. σ̅η̅ ὅτι οὐκ ἔστιν ἐναντία ἡ τῶν
ἀπλανῶν καὶ πλανομένων κίνησις A²   28 ἀπὸ δυσμῶν ἥ τε ἀπ᾽ ἀνατολῶν Ab: ἀπ᾽
ἀνατολῶν καὶ (ἡ add. Fc) ἀπὸ δυσμῶν DEFc   29 μίαν] μὲν D

κρατούμενον ὑπ' αὐτῆς καὶ ἀντικοπτόμενον, τὸ δὲ πορρώτατον πάντων 212ᵇ
ἥκιστα κρατούμενον διὰ τὴν ἀπόστασιν θᾶττον κινεῖσθαι τῶν ἄλλων, τὰ δὲ 5
μεταξὺ κατὰ λόγον ἤδη τῆς ἀποστάσεως, ὥσπερ καὶ δεικνύουσιν οἱ μαθη-
ματικοί. τί οὖν; βιαζόμεναι ὑπὸ τῆς ἀπλανοῦς αἱ πλησιάζουσαι μᾶλλον
5 αὐτῇ βραδύτερον κινοῦνται; καίτοι εἰ βίᾳ, πάντως καὶ παρὰ φύσιν· ὥστε
ἄμφω τὰς κινήσεις καὶ τὴν ἀπ' ἀνατολῶν, ἣν τῇ ἀπλανεῖ συμπεριφέρονται, 10
καὶ τὴν ἀπὸ δυσμῶν τὴν οἰκείαν αὐτῶν βίᾳ καὶ παρὰ φύσιν κινηθήσονται.
καλῶς δὴ πρὸς ταύτην τὴν ἀπορίαν ὑπήντησεν ὁ Ἀλέξανδρος λέγων, ὅτι ἡ
τῆς ἀπλανοῦς ταχίστη κίνησις αἰτία μέν ἐστι τῇ τοῦ Κρόνου σφαίρᾳ τῆς
10 βραδυτέρας ἀποκαταστάσεως. οὐκ ἀκούσῃ μέντοι οὐδὲ αὐτῇ· καὶ γὰρ 15
προαιροῖτο ἂν καὶ βούλοιτο ἂν ταῦτα· οὐδὲν γὰρ ἦν αὐταῖς βέλτιον οὐδὲ
αἱρετώτερον τῆς τοιαύτης διακοσμήσεως. ἅμα οὖν καὶ ἡ κατὰ τὸ ἀναγκαῖον
καὶ ἡ κατὰ τὸ ἄριστον αἰτία συνδεδραμήκασιν· ἀναγκαῖον γὰρ οὐ τὸ βίαιον
μόνον· καὶ διότι μὲν ἄριστον οὕτως ἔχειν, ἑκουσίως, διότι δὲ πλησίον τῆς 20
15 ἀντιφερομένης, ἐξ ἀνάγκης. οὐ γὰρ παρὰ φύσιν αὐταῖς αἱ ὑπ' ἀλλήλων
κινήσεις τῷ μηδὲ εἶναί τινα κίνησιν αὐταῖς παρὰ φύσιν, ὅτι μηδὲ ἐναντίον.
οὖσαι δὲ αὐταῖς, ἃς κινοῦνται, πᾶσαι κατὰ φύσιν οὕτως ἂν εἶεν, ὡς τὰς
μὲν ἐξ αὐτῶν γίνεσθαι, τὰς δὲ ὑπ' ἀλλήλων· ὥστε καὶ ἐπὶ τῆς φορᾶς, 25
ἣν φέρονται τῇ ἀπλανεῖ συγκινούμεναι, τὰ αὐτὰ ῥητέον, ὅτι οὐδὲ αὕτη
20 παρὰ φύσιν αὐταῖς.

Μήποτε δὲ ἔτι μένει τὸ ἄπορον. ἔστω γὰρ μήτε βίᾳ μήτε παρὰ
φύσιν, ἀλλ' ἑκουσίως κινεῖσθαι τὰς ὑπ' ἀλλήλων κινήσεις· ἆρα οὐκ ἔδει
πάντως καὶ οἰκείας ἔχειν κινήσεις κατὰ φύσιν τὰς σφαίρας ἐμψύχους οὔσας 30
καὶ πράξεως μετεχούσας, ὡς αὐτὸς ἐρεῖ; εἰ δὲ δύο μέν εἰσιν αἱ κινήσεις,
25 ἃς κινοῦνται, ἥ τε ἀπ' ἀνατολῶν καὶ ἡ ἀπὸ δυσμῶν, ἐπεὶ τὴν μὲν ἀπ'
ἀνατολῶν τῆς ἀπλανοῦς οὖσαν κινοῦνται· ἐκείνη γὰρ αὐτὴν συμπεριφέρονται·
τὴν δὲ ἀπὸ δυσμῶν καὶ αὐτὴν ὑπὸ τῆς ἀπλανοῦς κρατουμένην ἔχουσι καὶ 35
ἀντικοπτομένην, τίνα ἂν ἔχοιεν οἰκείαν κατὰ φύσιν κίνησιν; ὥστε ὁ τοῦ
Ἀριστοτέλους λόγος τὰς μὲν ἀπορίας οὐκ ἔλυσε, πῶς ἔτι ἀληθὲς τὸ τὸ
30 μεῖζον σῶμα θᾶττον φέρεσθαι τὴν οἰκείαν φοράν, πῶς δὲ τὸ μὲν τῇ
ἀπλανεῖ γειτνιάζον τῇ ταχίστην ἐχούσῃ τὴν κίνησιν καὶ συγγενέστερον δη- 40
λονότι πρὸς αὐτὴν ὑπάρχον· κατὰ γὰρ τὴν τῆς οὐσίας συγγένειαν ὁ τῶν
τόπων ἀπεδόθη πλησιασμός· βραδυτέραν ἔχει τὴν κίνησιν, τὸ δὲ τῇ

---

1 ἀντικοπτώμενον E   πορρωτάτω DE   2 ὑπόστασιν DE: corr. D¹E²
3 ὑποστάσεως DE: corr. E²   4 βιαζόμενα A   6 τῇ om. c   8 δὴ] corr. ex
δὲ A   11 ἂν (alt.) om. D   αὐτῇ c   12 ἤ] corr. ex εἰ E²   τὸ] seq.
ras. 1 litt. E   13 αἰτία] mut. in αἰτίαι E²   15 ἐξ ἀνάγκης] ἀναγκαίως Fc: corr.
mg. F   16 ἐναντίον Db: ἐναντίαν AEFc   17 αὐταῖς πᾶσαι Fc   πᾶσαι om. Fc
τὰς] τὰ D   22 ἆρα—κινήσεις (23)] bis E: corr. E²·   23 καὶ om. A   25 καὶ—
ἀνατολῶν (26) b: om. A   ἐπεὶ—δυσμῶν (27) om. D: mg. E²   ἐπεὶ E²: cum b:
καὶ Fc   τὴν F: ἡ E²b   26 οὖσαν κινοῦνται AF: ἐστιν E²b   ἐκείνη F:
ἐκεῖνοι A: μετ' ἐκείνης E²   ταύτην c   27 ἔχουσι c   29 ἔλυσεν E: corr. E²
post πῶς add. γὰρ E²   ἀληθὲς δὲ Fc   30 περιφέρεσθαι DE   31 ἀπλανεῖ]
-εῖ e corr. E¹   32 ὑπάρχει A   33 δὲ] γὰρ A

SIMPLICII IN L. DE CAELO II 10 [Arist. p. 291ᵃ29]   475

τῶν λόγων τῆς ἀποστάσεως καὶ τῶν μεγεθῶν οὐκ ἔστιν εἰπεῖν, ὅτι τοῖς 213ᵇ
μεγέθεσιν ἀνάλογον ἔχουσι τὰ τάχη. ἐπειδὴ γὰρ ἡ μὲν τοῦ Κρόνου σφαῖρα 30
ἐν τριάκοντα ἔτεσιν ἀποκαθίσταται, τουτέστιν ἐν μησὶ τριακοσίοις ἑξήκοντα,
ἡ δὲ σελήνη ἐν ἑνὶ μηνὶ ὑποκείσθω παχυμερέστερον, εἴπερ ἦν τὸ μέγεθος
5 τῆς Κρονίας σφαίρας μεῖζον ἢ τριακοσιεξηκονταπλάσιον τοῦ τῆς σεληνιακῆς,
ἣν ἀποφήνασθαι, ὅτι θᾶττον ἡ τοῦ Κρόνου σφαῖρα κινεῖται τῆς σεληνιακῆς· 35
τὸ γὰρ ἐν ἴσῳ χρόνῳ μεῖζον διάστημα κινούμενον ἀνάγκη θᾶττον κινεῖσθαι
μάλιστα ἐν τοῖς ὁμαλῶς κινουμένοις.

     Οὐ μόνον δὲ ὁ Ἀριστοτέλης, ἀλλὰ καὶ ὁ Πλάτων θᾶττον οἴεται κι-
10 νεῖσθαι τὰ τοὺς ἐλάττονας κύκλους κινούμενα τῶν τοὺς μείζονας κινουμένων. 40
λέγει γοῦν ἐν Τιμαίῳ· "κατὰ δὴ τὴν θατέρου φορὰν πλαγίαν οὖσαν διὰ τῆς
τοῦ αὐτοῦ φορᾶς ἰούσης τε καὶ κρατουμένης τὸ μὲν μείζονα αὐτῶν, τὸ δὲ
ἐλάττω κύκλον ἰόν, θᾶττον μὲν τὰ τὸν ἐλάττω, τὰ δὲ τὸν μείζω βραδύτερον
περιίεται"· ἐν δὲ τῇ Πολιτείᾳ εἰπὼν περὶ τῆς τάξεως αὐτῶν καὶ πρώτην 45
15 μὲν τάξας τὴν ἀπλανῆ, ὀγδόην δὲ τὴν σελήνην καὶ μεταξὺ τοὺς ἄλλους
ἐπάγει |"αὐτῶν δὲ τούτων τάχιστα μὲν τὸν ὄγδοον, δεύτερον δὲ καὶ ἅμα 214ᵃ
ἀλλήλοις τόν τε ἕβδομον καὶ ἕκτον καὶ πέμπτον, τρίτον δὲ φορᾷ ἰέναι τὸν
τέταρτον, τέταρτον δὲ τὸν τρίτον καὶ πέμπτον τὸν δεύτερον." ἀλλ' ὁ μὲν
Πλάτων δύναιτο ἂν θᾶττον λέγειν κινεῖσθαι τὰ κατωτέρω εἰς τὸν χρόνον 5
20 μόνον τῆς ἀποκαταστάσεως ἀποβλέπων, ὅτι ἐν ἐλάττονι ἀποκαθίστανται,
οὐ μέντοι καὶ πρὸς τὸν τοῦ μεγέθους λόγον· ἐὰν γάρ, ὡς εἴρηται, ὁ τοῦ
μεγέθους λόγος ὑπεραίρῃ τὸν λόγον τοῦ χρόνου τῆς κινήσεως, δυνατὸν τὸν
ἐν ἐλάττονι χρόνῳ ἀποκαθιστάμενον βραδύτερον εἶναι. ὁ μέντοι Ἀριστοτέλης 10
ὡς αὐτῆς τῆς κινήσεως τῶν περιγειοτέρων θάττονος οὔσης οὕτω δοκεῖ τὴν
25 λύσιν τῆς ἀπορίας ἐξευρίσκειν. εἰ γὰρ τὸ κρατεῖσθαι καὶ ἀντικόπτεσθαι
ὑπὸ τῆς ἀπλανοῦς αὐτὴν ἐμποδίζει τὴν κίνησιν καὶ βραδυτέραν ποιεῖ,
δῆλον, ὅτι καθ' αὑτὴν καὶ οὐ διὰ τὴν ἀποκατάστασιν ἡ τῶν περιγειοτέρων 15
κίνησις θάττων ἐστίν, εἰ μὴ ἄρα λέγοι τις, ὅτι τὴν μείζονα περιφορὰν θάτ-
τονα οὖσαν καὶ νῦν καὶ δυναμένην ὅσον ἐφ' ἑαυτῇ συναποκαθίστασθαι τῇ
30 ἐλάττονι οὐ ποιεῖ τοσοῦτον φαίνεσθαι θάττονα ἡ τῆς ἀπλανοῦς κράτησις,

---

1 λόγον A   τῆς] e corr. D¹   ὑποστάσεως DE: corr. E²   2 μεγέθεσιν—
ἔχουσι] in ras. E¹   mg. ση ὅτι ἡ τοῦ χρόνου σφαῖρα ἐν λ' ἔτεσι ποιεῖ τὴν ἰδίαν ἀπο-
κατάστασιν A²   4 σελήνη] τῆς σελήνης Fc   post ὑποκείσθω add. γὰρ E²
5 τριακόσια ἑξηκονταπλάσιον A   σεληνιακῆς A, sed corr.   post ἦν add. ἂν E²
10 κύκλους] κύκλους κινεῖσθαι A   τοὺς (alt.)] τὰς E   11 οὖν Fc   ἐν Ab: ἐν
μὲν DEFc   Τιμαίῳ] 39 a   θατέρου] θάτερον A: θάτερον F   πλαγίαν om. A
12 τοῦ αὐτοῦ A: ταὐτοῦ DEc: αὐτῆς F   ἰούσης] libri Platonis, οὔσης ADEF: ἰοῦσαν c
κρατουμένην c   μείζω c   13 κύκλον ἰόν] κύκλῳ A   μὲν] hinc ad p. 477,13
deficit E   τὸν (pr.)] τῶν A: hinc ad p. 477,13 deficit D   τὸν (alt.) F: τῶν A
14 περιίεται A: revolvuntur b: περιίει F: περιίειν c   16 ἐπάγει] 617 a—b   μὲν Ab:
om. Fc   δευτέρους c   19 δύναιτο F: δύναται τὸ A   λέγειν κινεῖσθαι b: λέγει
κινεῖσθαι A: κινεῖσθαι λέγειν Fc   20 ἐν Fb: om. A   21 οὐ Fb: τοῦ A   ἐὰν—
λόγος (22) Fb: om. A   22 ὑπεραίρῃ F: ὑπεραίρει A   23 ἐν Fb: om. A
24 περιγειοτέρων Fb: τε γειοτέρων A   οὕτως c   28 λέγοι Fb: λέγει A

τινὰ φύσιν τὴν κατὰ πρόοδον ὑφισταμένην, εἴπερ λέγει τι ἀληθὲς ἐν τοῖς 213ᵃ
ἀπορωτάτοις ὁ λόγος οὗτος· οὕτω γὰρ ἥ τε τοῦ μεγέθους πρὸς τὸ τάχος 35
ἀναλογία ἀπὸ τῶν ἄνω μέχρι τῶν κάτω ὡς ἐν ἑνὶ τῷ ὅλῳ διασωθήσεται,
καὶ ἡ τῶν πλανωμένων πάλιν ὡς πλανωμένων κίνησις οἰκεία καὶ αὐτὴ
5 οὖσα οὐκέτι κατὰ τὸ μέγεθος ἕξει τὴν τοῦ τάχους ἀναλογίαν, ἀλλὰ κατὰ
τὸ μᾶλλον ἢ ἧττον ἐμφαίνειν τοῦ πλανωμένου τὴν ἰδιότητα.   40
   Ὁ δὲ Ἀλέξανδρος τὸ ταχυτέρας μὲν εἶναι τὰς μείζονας σφαίρας κατὰ
τὴν αὐτῶν φύσιν, βραδύτερον δὲ τὰς ἀνωτέρω κινεῖσθαι ὡς ὑπὸ τῆς ἀπλα-
νοῦς ἐμποδιζομένας πιστοῦται καὶ ἐκ τοῦ τὰς τοῦ Ἄρεος καὶ τοῦ Ἑρμοῦ,
10 ὥς φησι, σφαίρας ἀνωτέρας οὔσας, ὥς λέγει, τῆς Ἀφροδισιακῆς καὶ διὰ 45
τοῦτο καὶ μείζονας ἰσοταχῶς ἀλλήλαις τε καὶ τῇ τῆς | Ἀφροδίτης ἀπο- 213ᵇ
καθίστασθαι· οὐκέτι γὰρ ὁμοίως ἐμποδιζόμεναι ὑπὸ τῆς ἐσχάτης περιφορᾶς
αἱ ἐλάττους διὰ τὸ ἀπόστημα ἰσοταχῶς κινοῦνται ταῖς μείζοσιν αὐτῶν.
ἀλλὰ τὸ μὲν τὴν τοῦ Ἑρμοῦ σφαῖραν ὑπὲρ τὴν Ἀφροδίτης εἰπεῖν ἢ γρα- 5
15 φικόν ἐστι πταῖσμα ἀντὶ Ἡλίου τὸν Ἑρμῆν ἔχον ἢ κατὰ τὴν τῶν παλαιῶν
εἴρηται δόξαν, καθ' ἣν καὶ ὁ Πλάτων ἐν Πολιτείᾳ σφαιροποιεῖ λέγων ἕκτον
μὲν ἄνωθεν τὸν τῆς Ἀφροδίτης δεύτερον ὄντα λευκότητι μετὰ τὸν Δία,
ἕβδομον δὲ τὸν Ἥλιον καὶ ὀγδόην τὴν Σελήνην· ὥστε ὑπὲρ τὴν Ἀφροδίτην 10
τετάχθαι τὸν Ἑρμῆν. ὅτι δὲ ὁ Ἑρμῆς ὑπὸ τὴν Ἀφροδίτην κατείληπται,
20 δηλοῦσι καὶ αἱ τηρήσεις, ἐν αἷς ὁ τοῦ Ἑρμοῦ ἀστὴρ ὑποδραμὼν τὸν τῆς
Ἀφροδίτης ἱστόρηται. δέδεικται δὲ τοῦτο καὶ ἀπὸ τοῦ λόγου τῆς τῶν
ἀπογείων καὶ περιγείων αὐτῶν ἀποστάσεως· τὸ γὰρ μέγιστον ἀπόστημα 15
τῆς Ἀφροδίτης τὸ αὐτό πως δέδεικται τῷ τοῦ Ἡλίου ἀποστήματι, ὡς
πλησίον εἶναι τοῦ Ἡλίου τὴν Ἀφροδίτην, καὶ τὸ μέγιστον δὲ τοῦ Ἑρμοῦ
25 ἐγγύς πως τῷ ἐλαχίστῳ τῆς Ἀφροδίτης καὶ τὸ τῆς Σελήνης μέγιστον
ἐγγὺς τῷ ἐλαχίστῳ τοῦ Ἑρμοῦ· ταῦτα γὰρ δέδεικται ἐν τῇ Πτολεμαίου 20
Συντάξει μεταφερομένου τοῦ λόγου τῆς τῶν ἀστέρων ἐκκεντρότητος εἰς τὸν
λόγον τῆς ἐκ τοῦ κέντρου τῆς γῆς.
   Ἀλλὰ τοῦτο μέν, ὡς εἴρηται, ἢ γραφικὸν πταῖσμα ὑπάρχον ἢ κατὰ
30 παλαιοτέραν σφαιροποιΐαν εἰρημένον οὐ πολλοῦ δεῖται λόγου· καὶ ἄλλην
δὲ αἰτίαν ὁ Ἀλέξανδρος λέγει τοῦ τὰ πλησιαίτερον τῆς ἀπλανοῦς βραδύτερον 25
ἀποκαθίστασθαι τὸ μείζονας εἶναι τὰς ἀνωτέρω σφαίρας. καὶ ὅτι μὲν μεί-
ζονες αἱ περιέχουσαι τῶν περιεχομένων, δῆλον· μὴ καταληφθέντων δὲ ἐκεῖ

---

2 οὕτως c   4 πλανωμένων (alt.) AE²F: πλανωμένων πάλιν DE: πλανωμένη bc
9 τοῦ (pr.) D: suprascr. τῆς D¹   τὰς om. D: suprascr. E²   τοῦ (sec.) om. DE
Ἄρεος A²DF: Ἄρεως E: ἀέρος A   τοῦ (tert.) AE²: ἐκ τοῦ DEF   10 ὥς om.
Fc   Ἀφροδεισιακῆς A: corr. A²   11 τῇ] suprascr. E²   12 ἐσχάτης] αἴσχη A
13 αἱ E²F: om. ADE   14 τὴν (alt.)] τῆς E: τὴν τῆς E³   15 τὴν om. A
16 εἴρηται δόξαν] in ras. A²   Πολιτείᾳ] 617 a   σφαιροποιεῖν λέγει A   ἕκτον]
ἑκατὸν A   17 καὶ δεύτερον D   Δία] διὰ A: τοῦ Διὸς DEFc   19 ὑπὸ]
ὑπὲρ A   21 τῶν om. A   22 ἀποστάσεως DEb: ἀποστήσεως A: ἀποκαταστάσεως Fc
23 τὴν Ἀφροδίτην A   25 πω c   τῷ] τὸ A   26 δέδεικται Ab: δείκνυται
DEFc   29 πταῖσμα ὑπάρχον ADE: vitium extitit b: ἔστι πταῖσμα Fc   30 εἰρη-
μένον] εἴρηται καὶ Fbc   32 τὸ E²F: τὸ δὲ ADEb   ἀνωτέρας Fc

δρόμων ἡ τῶν μεγεθῶν πρὸς τὰ τάχη ἀναλογία μήτε τῶν πλησιαίτερον 214ᵇ
τῆς ἀπλανοῦς ἐν αὐτοῖς μήτε τῶν βραχυτέρων θᾶττον κινουμένων.   16

p. 291ᵇ 11   Τὸ δὲ σχῆμα τῶν ἀστέρων ἑκάστου ἕως τοῦ δῆλον, 20
ὅτι σφαιροειδῆ ἂν εἴη τὸν ὄγκον.

5   Εἶπε μὲν καὶ ἤδη σφαιροειδῆ εἶναι τὰ ἄστρα, διότι τῆς αὐτῆς οὐσίας
ἐστὶ τῷ οὐρανίῳ σώματι, καὶ διὰ τοῦ σφαιροειδῆ εἶναι ἀκίνητα αὐτὰ
ἐδείκνυ τὴν μεταβατικὴν κίνησιν, μᾶλλον δὲ ἐξ ὑποθέσεως ἐλάμβανε τὸ
σφαιροειδῆ αὐτὰ εἶναι, διὸ καὶ οὕτως εἶπεν "ἔτι δέ, ἐπεὶ σφαιροειδῆ τὰ 25
ἄστρα, καθάπερ οἵ τε ἄλλοι φασὶ καὶ ἡμῖν ὁμολογούμενον." οὐχ ὑπο-
10 θετικῷ δὲ ἁπλῶς, ἀλλὰ παρασυναπτικῷ τῷ ἐπεὶ χρησάμενος εἰκότως τὴν
προχειροτέραν πίστιν ἐπήγαγε διὰ τοῦ "εἴπερ ἐξ ἐκείνου γε τοῦ σώματος
γεννῶσιν." ἐκεῖ οὖν διὰ τὴν κίνησιν μνημονεύσας νῦν προηγουμένως δείκ- 30
νυσιν, ὅτι σφαιρικὰ τὰ ἄστρα, δυσὶ χρώμενος ἐπιχειρήμασιν, ὧν τὸ
δεύτερόν ἐστι διπλοῦν. πρῶτον δέ ἐστι τὸ ἐκ τοῦ μὴ κινεῖσθαι τὴν δι'
15 αὑτῶν κίνησιν· ταύτην δὲ λέγει τὴν δι' ἑαυτῶν μεταβατικὴν ἀπὸ τόπου
εἰς τόπον, οἵα ἐστὶν ἡ πορευτική. λαβὼν οὖν ἀξίωμα πάλιν τὸ τὴν φύσιν 35
μηδὲν ἀλόγως ποιεῖν καὶ προαποδεδειγμένον ἔχων, ὅτι ἀκίνητα τὰ ἄστρα
τὴν δι' ἑαυτῶν μεταβατικὴν κίνησιν, συλλογίζεται δυνάμει οὕτω· τὰ ἄστρα
ἀκίνητά ἐστι τὴν δι' ἑαυτῶν μεταβατικὴν κίνησιν· τὰ τοιαῦτα οὐδὲν ἔχει
20 ὄργανον πρὸς τὴν τοιαύτην κίνησιν διὰ τὸ μηδὲν ἀλόγως τὴν φύσιν ποιεῖν· 40
τὰ δὲ μηδὲν ὄργανον ἔχοντα πρὸς κίνησιν ἅτε μηδεμίαν ἐξοχὴν ἔχοντα
σφαιρικά ἐστιν· ὥστε δῆλον, ὅτι σφαιροειδῆ ἂν εἴη τὰ ἄστρα τὸν
ὄγκον, τουτέστι τὸ σῶμα.

   Ἀλλ' εἰ πρότερον τὸ μὴ κινεῖσθαι μεταβατικῶς διὰ τοῦ σφαιροειδῆ 45
25 εἶναι ἔδειξεν ἐκ διαιρέσεως τὴν τῶν σφαιρικῶν οἰκείαν κίνησιν ἐπισκεψάμενος,
νῦν δὲ ἐκ τοῦ μὴ κινεῖσθαι τὸ | σφαιρικὰ εἶναι δείκνυσι, πῶς οὐ διάλληλος 215ᵃ
ἡ δεῖξις; λέγουσιν οὖν πρὸς τοῦτο, ὅτι οὔτε τὸ μὴ κινεῖσθαι διὰ μόνου τοῦ

---

1 ἡ F: ἢ A   τὰ τάχη ab: τάχους A: comp. F   ἀναλογία F: ἀναλογίαν A
τῶν F: τὸν A   πλησιαίτερον A: comp. F: πλησιαίτερων c   2 ἐν αὐτοῖς] βραδύ-
τερον c   βραχυτέρων] βραδυτέρων c   3 ἄστρων c   5 ἤδη Fb: εἰ
δεῖ A: εἴδει c   6 τοῦ F: τὸ A   8 εἶπεν] 290ᵃ7   δ' c   8. 9 τἄστρα c
9 τ' c   11 προχειροτέραν Ab: προχειροτάτην F   τοῦ F: τοῦτο A   εἴπερ]
κτλ. 290ᵃ8   γε A: om. Fc   12 κίνησιν αὐτοῦ Fc   13 δυσὶ] hic rursus inc.
DE   ἐν δυσὶ E: corr. E²   15 αὑτῶν E²: αὐτῶν ADE: ἑαυτῶν C
16 πάλιν ἀξίωμα Fbc   17 ἀλόγος A   ποιεῖν om. A   18 συλλογίζεται —
κίνησιν (19) om. A   οὕτως EFc   20 διὰ — κίνησιν (21) om. E: ἐπεὶ μηδὲν ἡ
φύσις ἀλόγως ποιεῖ τὰ δὲ μηδὲν ὄργανον ἔχοντα πρὸς κίνησιν mg. E²   22 δῆλόν ἐστιν
Fbc   24 τοῦ] τὸ c   25 ἔδειξεν A   26 τὸ] corr. ex τὰ A²
οὐ om. A   27 λέγουσιν — δείξις (p. 478,3)] mg. E²   λέγουσιν] φασὶν E²   ὅτι]
ὡς E²   οὔτε Db: om. AFc: evan. E²   μόνου τοῦ σφαιροειδοῦς (p. 478,1)] τοῦ σφαι-
ρικοῦ μόνου E²

καὶ τούτου ἂν εἴη τὴν αἰτίαν ὁ Ἀριστοτέλης ἀποδούς, οὐ τοῦ βραδυτέρας 214ᵃ
ἁπλῶς εἶναι τὰς πλησίον τῆς ἀπλανοῦς, ἀλλὰ τοῦ βραδυτέρας φαίνεσθαι 21
ἤπερ εἰσί· μέλλουσαι γὰρ ὅσον ἐφ᾽ ἑαυταῖς συναποκαθίστασθαι ταῖς ἐλάττοσιν, εἰ τύχοι, τοσοῦτον ἀπολείπονται τοῦ συναποκαθίστασθαι διὰ τὴν τῆς
5 ἀπλανοῦς κράτησιν· οὕτω γὰρ καὶ ὁ λόγος ἀσάλευτος μένει τοῦ τὰ μείζονα 25
θᾶττον φέρεσθαι τὴν κατὰ φύσιν κίνησιν καὶ τοσούτῳ, ὅσῳ ἂν ᾖ μείζονα.
καὶ οὐδὲν ἄτοπον εἴδους τινὸς ἐπιτηδειότητα τοιαύτην εἶναι, ὡς δι᾽ ἑαυτὸ
μὲν εἶναι τόδε, διὰ δὲ τὴν τοῦ κρείττονος κράτησιν τοιόνδε γίνεσθαι, ὥσπερ
δι᾽ ἑαυτὸ μὲν πεπερασμένην ἔχει δύναμιν, διὰ δὲ τὸ ἀκίνητον αἴτιον ἐπ᾽ 30
10 ἄπειρον ἔστι καὶ κινεῖται.

Οἱ δὲ πάσας τὰς σφαίρας τὴν αὐτὴν λέγοντες κίνησιν τὴν ἀπ᾽ ἀνατολῶν κινεῖσθαι καθ᾽ ὑπόληψιν, ὥστε τὴν μὲν Κρονίαν σφαῖραν συναποκαθίστασθαι καθ᾽ ἡμέραν τῇ ἀπλανεῖ παρ᾽ ὀλίγον, τὴν δὲ τοῦ Διὸς παρὰ 35
πλέον καὶ ἐφεξῆς οὕτως, οὗτοι πολλὰς μὲν ἄλλας ἀπορίας ἐκφεύγουσι· καὶ
15 γὰρ ἡ κίνησις ἀνάλογον ἕξει τὰ τάχη τοῖς μεγέθεσι, καὶ τῆς αὐτῆς οὐσίας
ὄντα τὴν αὐτὴν ποιήσεται κίνησιν· ἀδύνατος δὲ ἡ τοιαύτη ὑπόθεσις
ἐδείχθη· τὴν γὰρ τοῦ πλανωμένου περιφορὰν κατὰ κύκλον τε γίνεσθαι 40
ἀνάγκη καὶ τοῦτον ἀεὶ τὸν αὐτόν, εἴπερ τεταγμένη ἔσται αὐτῶν ἡ κίνησις,
ἵνα καὶ καταληπτὴ ᾖ. τοῦτον οὖν τὸν κύκλον, ἐφ᾽ οὗ ποιεῖσθαί φασι τῶν
20 πλανωμένων ἕκαστον τὴν ἀπ᾽ ἀνατολῶν ἐπὶ δυσμὰς κίνησιν, πότερον ἕνα
τῶν παραλλήλων ἐροῦσιν ἢ λοξὸν πρὸς αὐτούς; εἰ μὲν γὰρ ἦν τῶν παραλ- 45
λήλων, οὐκ ἐχρῆν αὐτοὺς γίνεσθαι νοτιωτέρους καὶ βορειοτέρους οὐδὲ κατ᾽
ἄλλον καὶ ἄλλον τόπον τοῦ | ὁρίζοντος ἀνατέλλειν τε καὶ δύνειν· εἰ δὲ 214ᵇ
λοξόν, ἀναγκαῖον ἦν ἕκαστον τῶν πλανωμένων ἑκάστης ἡμέρας φαίνεσθαι
25 νοτιώτερον καὶ βορειότερον γινόμενον ἅτε πάντα τὸν λοξὸν κύκλον περιιόντα,
ὥς φασι, καθ᾽ ἑκάστην τοῦ παντὸς περιφορὰν πλὴν τῶν μοιρῶν, ἃς ὑπο- 5
λειπόμενα φαίνεται· ταῦτα δὲ ἄμφω παρὰ τὰ ἐναργῆ.

Ἐπιστῆσαι δὲ ἄξιον, ὅτι κατὰ πᾶσαν ὑπόθεσιν τὸ περὶ τῶν ἰσοδρόμων
ἀστέρων ἀπορούμενον, πῶς αἱ περιέχουσαι καὶ περιεχόμεναι σφαῖραι, ταὐ-
30 τὸν δὲ εἰπεῖν αἱ μείζονες καὶ ἐλάττονες, ἐν ἴσῳ χρόνῳ ἀποκαθίστανται, ἔτι 10
μένει ἄπορον. εἴτε γὰρ καθ᾽ ὑπόληψίν τις ἀπὸ τῶν αὐτῶν καὶ τὴν ἀπλανῆ
λέγει κινεῖσθαι καὶ τὰς πλανωμένας εἴτε τὰς πλησιαζούσας τῇ ἀπλανεῖ ὑπ᾽
αὐτῆς κρατουμένας βραδύτερον φέρεσθαι, οὐδετέρως σώζεται ἐπὶ τῶν ἰσο-

---

3 ἤπερ b: ὅπερ A: εἴπερ F   εἰσίν c   ἑαυταῖς Fb: ἑαυτῆς A   4.5 τῆς ἀπλανοῦς Ab: ἀπλανῆ Fc   5 οὕτως c   6 φέρεσθαι b: φαίνεσθαι A: κινεῖσθαι Fc
ὅσῳ F: om. Ab   7 ἐπιτηδειότητα Fb: ἐπιτηδειότητι A   8 τόδε Ab: τοιόνδε Fc
9 πεπερασμένην μὲν Fc   12 Κρονίαν F: Κρονείαν A   15 τὰ τάχη Fb: τὸ τάχος A   οὐσίας] e corr. A   17 τε om. Fb   22 νοτιωτέρους F: νοτιοτέρους A
23 ἄλλον καὶ ἄλλον τόπον Fb: ἄλλων καὶ ἄλλων τόπων A   25 νοτιώτερον Fb: νοτειότατον A   βορειότερον Fb: βορειότατον A   26. 27 ὑπολειπόμενα scripsi cum b: ὑπολειπομένας A: ὑπολειπόμενος Fc   28 ante ἐπιστῆσαι titulum περὶ τοῦ σχήματος τῶν ἀστέρων A: eadem mg. praemisso σῆ A²   32 λέγοι Fc   33 σώζεται A²b: σώζεσθαι AF

p. 291ᵇ17 Ἔτι δέ, εἰ ὁμοίως μὲν ἅπαντα καὶ ἓν ἕως τοῦ ὅτι καὶ 215ᵃ
τὰ ἄλλα εἴη ἂν σφαιροειδῆ. |

Δεύτερον ἐπιχείρημα τοῦτο τοῦ σφαιρικοῦ τῶν ἀστέρων δεικτικὸν 215ᵇ
ἀξιώματι καὶ αὐτὸ προσχρώμενον τῷ λέγοντι ὁμοίως ἔχειν κατὰ τὸ σχῆμα
ἓν ὁποιονοῦν τῶν ἄστρων καὶ πάντα, εἴπερ ἁπλῆς φύσης τῆς αὐτῆς οὐσίας
ἐστὶν ἅπαντα· εἰ οὖν ἡ σελήνη ἐκ τῶν ὁρωμένων αὐτῆς φωτισμῶν σφαι-
ροειδὴς δείκνυται, δῆλον, ὅτι καὶ τὰ ἄλλα εἴη ἂν σφαιροειδῆ. εἰ γὰρ μὴ
σφαιροειδὴς ἦν, ἀλλὰ τυμπανοειδής, εἰ τύχοι, ἢ φακοειδής, οὐκ ἂν οἱ
φωτισμοὶ τοιοῦτοι ἐγίνοντο, ὡς αὐξανομένην, φησί, καὶ φθίνουσαν τὰ μὲν
πλεῖστα μηνοειδῆ φαίνεσθαι ἢ ἀμφίκυρτον, ἅπαξ δὲ διχότομον. ἀλλ' εἰ
μὲν διχότομον τὴν πανσέληνον ἔλεγεν, ὡς διχόμηνον αὐτὴν ἐκάλεσεν
Ἄρατος διὰ τὸ διχῇ τέμνειν τὸν μῆνα, καὶ τὰ ἄλλα συνεφώνει καὶ τὸ
πλεονάκις μηνοειδῆ φαίνεσθαι· καὶ γὰρ αὐξανομένη καὶ φθίνουσα· καὶ
ἀμφίκυρτος ὁμοίως. ἐπειδὴ δὲ μετ' ὀλίγον διχότομον τὴν καὶ παρ' ἡμῖν
λεγομένην ὀνομάζει, ὅταν λέγῃ "τὴν γὰρ σελήνην ἑωράκαμεν διχότομον
μὲν οὖσαν, ὑπελθοῦσαν δὲ τῶν ἀστέρων τὸν τοῦ Ἄρεος καὶ ἀποκρυβέντα
μὲν κατὰ τὸ μέλαν αὐτῆς, ἐξελθόντα δὲ κατὰ τὸ φανερὸν καὶ λαμπρόν,"
καλῶς ἐξηγοῦνται τὸ ἅπαξ διχότομον· καὶ γὰρ αὐξομένη καὶ φθίνουσα
καὶ μηνοειδὴς καὶ ἀμφίκυρτος ἐπὶ χρόνον γίνεται πλείονα· ἔστι γὰρ τὸ
μᾶλλον καὶ ἧττον ἐν τούτοις τοῖς σχήμασι· διχότομος δὲ κἂν γίνηται καὶ
αὐτὴ καὶ αὐξομένης καὶ φθινούσης, ἀλλ' οὐκ ἐπὶ χρόνον τινά, οὐδὲ τὸ
μᾶλλον καὶ ἧττον ἔστιν ἐν τούτῳ τῷ σχήματι, ἀλλ' ἀκαριαῖός ἐστιν αὐτοῦ
χρόνος, ὅπερ τὸ ἅπαξ δηλοῖ. τοῦ δὲ σφαιρικοῦ ἴδια τυγχάνει ταῦτα τὰ
τῶν φωτισμῶν σχήματα, διότι ἡμισφαιρίου ἀεὶ φωτιζομένου, ὅταν μὲν
κατὰ τὴν αὐτὴν οὖσα μοῖραν ὑποτρέχῃ τὸν ἥλιον ἡ σελήνη, τὸ μὲν πρὸς
τῷ ἡλίῳ μέρος αὐτῆς φωτίζεται, τὸ δὲ πρὸς ἡμᾶς σκιερόν ἐστιν, ἀφιστα-

---

1 δέ, εἰ] corr. ex δὲ εἰς A: δ' DEc: δὲ F   ἕως τοῦ] omnia verba Arist. hab. D
2 τἄλλα c   εἴη ἂν AF: ἂν εἴη DEc   5 ἓν] corr. ex ἐν E²: εἰ F   ἀστέρων
Fc   ἁπλᾶ ὄντα c   6 ἐστὶν] ἢ A   εἰ—σφαιροειδῆ (7)] mg. E²   ὁρω-
μένων—φωτισμῶν] φωτισμῶν αὐτῆς τῶν φαινομένων E²   6. 7 δείκνυται σφαιροειδὴς Fc
7 εἴη ἂν A: εἴη D: om. E: ἂν εἴη Fc   σφαιροειδῆ] σφαιρικά εἰσιν E²   ante εἰ del. ἡ
οὖν σελήνη σφαιροειδὴς E²   8 ἦν] e corr. D   9 ἐγίνωντο A   10. 11 ἀλλ' εἰ μὲν
om. E   11 διχότομον om. E: διχότομον δὲ E²   ἔλεγεν] mut. in λέγει E²
post ὡς add. δὲ E²   12 Ἄρατος] ἄρα A; cf. Φαινόμ. 78   συνεφώνει καὶ τὸ scripsi:
συνεφωνεῖτο A: συνεφώνει τὸ DEFbc   13 αὐξομένη D   14 ἐπεὶ Fc   μετ'
ὀλίγον] 292ᵃ3 sq.   καὶ om. c   15 γὰρ] μὲν E   ἑωράκαμεν Ec   15. 16 διχότο-
μον μὲν om. A   16 τὸν] corr. ex τῶν E¹   Ἄρεως E   ἀποκρυβέντα AF:
ἀποκρυφθέντα DEc   18 διχότομον AFb: διχότομος DE   αὐξανομένη Fc   20 καὶ
(pr.)] τε καὶ Fc: καὶ τὸ A   ἓν—ἧττον (22) om. Ab   γένηται c   21 post αὐτὴ
add. δὶς E²   αὐξομένης DE: αὐξανομένη Fc   φθινούσης DE: φθίνουσα Fc
22 ἧττον EF: τὸ ἧττον D   23 δηλοῖ E¹Fb: δηλοῦν ADE   τὰ C: om. ADEFc
25 μοῖραν] μύραν A·   ὑποτρέχῃ AF: ὑποτρέχει DE

σφαιροειδοῦς ἔδειξεν οὔτε τὸ σφαιροειδὲς διὰ μόνου τοῦ μὴ κινεῖσθαι, ἀλλὰ καὶ ἐκεῖνο καὶ τοῦτο διὰ πλειόνων δέδεικται λόγων· καὶ διὰ τοῦτο, φησὶν ὁ Ἀλέξανδρος, οὐκ ἔστι διάλληλος ἡ δεῖξις. πῶς δὲ ταύτην τὴν ἀπόδειξιν ποιεῖ μὴ εἶναι διάλληλον τὸ καὶ δι' ἄλλων ἐπιχειρημάτων τὸ αὐτὸ συν-
5 ῆχθαι συμπέρασμα; τοῦ μὲν γὰρ μὴ ἀνατρέπεσθαι τοὺς λόγους τεκμήριον ἂν εἴη καὶ αἴτιον τὸ μὴ διὰ τούτων μόνον τῶν διαλλήλων, ἀλλὰ καὶ δι' ἄλλων ἀποδεδεῖχθαι, τοῦ δὲ μὴ εἶναι διαλλήλους ταύτας τὰς δείξεις πῶς ἂν εἴη τοῦτο τεκμήριον ἢ αἴτιον; μήποτε οὖν ὡς ἀντιστρέφοντα λαβὼν ὁ Ἀριστοτέλης τὸ σφαιρικὸν καὶ τὸ μὴ ἔχον ὄργανον πρὸς τὴν μεταβατικὴν
10 κίνησιν, ᾧ ἕπεται ἐξ ἀνάγκης τὸ μὴ κινεῖσθαι μεταβατικῶς, εἰκότως ἀφ' ἑκατέρου τὸ ἕτερον ἀπέδειξεν, ὡς εἴ τις ἐκ τοῦ τετοκέναι τὸ γάλα ἔχειν συλλογίζοιτο καὶ ἐκ τοῦ γάλα ἔχειν τὸ τετοκέναι ἢ ἐκ τοῦ ζῷον λογικὸν θνητόν, ὅτι ἄνθρωπος, καὶ ἐκ τοῦ ἀνθρώπου τὸν ὁρισμόν· αἱ γὰρ οὕτω διάλληλοι δείξεις οὐκ εἰσὶν ἀπόβλητοι.
15 Ἐπιστῆσαι δὲ χρὴ καὶ ἐκ τούτων, τίνα κίνησιν ἀποφάσκει τῶν ἄστρων ὁ Ἀριστοτέλης, ὅτι τὴν τοῖς σφαιρικοῖς σχήμασιν ἀνοίκειον τὴν δι' ὀργάνων μεταβατικήν· τὴν γὰρ τοιαύτην κίνησιν ἥκιστα κινητικὸν εἶναί φησι τὸ σφαιρικὸν σχῆμα καὶ τὴν αἰτίαν προστίθησι διὰ τὸ μηδὲν ἔχειν ὄργανον πρὸς τὴν κίνησιν· ἐπεὶ τὴν ἐν ἑαυτῷ κίνησιν τῶν σφαιρικῶν
20 οἰκειοτάτην ἔλεγεν, οὐ τοῦ οὐρανοῦ μόνον, ἀλλὰ καὶ τῶν ἄστρων, ὅτε ταῦτα ἔγραφε· "διὸ καὶ εὐλόγως ἂν δόξειεν ὅ τε ὅλος οὐρανὸς σφαιροειδὴς εἶναι καὶ ἕκαστον τῶν ἄστρων. πρὸς μὲν γὰρ τὴν ἐν ἑαυτῷ κίνησιν ἡ σφαῖρα τῶν σχημάτων χρησιμώτατον· οὕτω γὰρ ἂν καὶ τάχιστα κινοῖτο καὶ μάλιστα κατέχοι τὸν αὐτὸν τόπον. πρὸς δὲ τὴν εἰς τὸ πρόσθεν ἀχρηστό-
25 τατον· ἥκιστα γὰρ ὅμοιον τοῖς δι' αὐτῶν κινουμένοις· οὐδὲν γὰρ ἀπηρτημένον ἔχει οὐδὲ προέχον, ὥσπερ τὸ εὐθύγραμμον." καὶ συμφωνεῖ τούτοις καὶ τὰ ἐνταῦθα λεγόμενα τὴν μὲν φαινομένην ταύτην κατὰ τόπον μετάβασιν μὴ δι' ἑαυτῶν λέγοντος τοῦ Ἀριστοτέλους ποιεῖσθαι τοὺς ἀστέρας, τὴν δὲ ἐν ἑαυτοῖς ὡς οἰκείαν τοῦ σφαιρικοῦ σχήματος σαφῶς διδόντος. διὸ καὶ
30 ἀμφότερα λέγει περὶ τοῦ σφαιρικοῦ σχήματος, καὶ ὅτι ἥκιστά ἐστι κινητικὸν τὴν δι' ἑαυτοῦ μεταβατικὴν κίνησιν, καὶ ὅτι πρὸς τὴν ἐν ἑαυτῷ κίνησιν ἡ σφαῖρα τῶν σχημάτων χρησιμώτατον.

---

1 ἔδειξεν] δείκνυσιν E   3 μὴ εἶναι διάλληλον τὴν δεῖξιν E   4 δι' ἀλλήλων A   τὸ (pr.) om. A   καὶ AD: om. EFbc   6 διαλλήλων] διαλλήλλων e corr. E: ἀλλήλων A   ἀλλὰ — ἄλλων (7) om. E   9 ὄργανον Ab: ὄργανα DEFc   10 ἀφ'] ἐφ' A   13 οὕτως c   15 χρὴ καὶ ἐκ τούτων Ab: καὶ ἐκ τούτων χρή DEFc   17 φησι om. A   18 μηδὲ A   19 αὐτῷ c   20 ἔλεγε A   οὐ] postea ins. A   21 ἔγραφεν Ec, ν eras. E   διὸ] κτλ. 290ᵃ35   ὅ θ' c   ὅλος] corr. ex ὅλως A   ὁ οὐρανὸς A   22 καὶ] bis D   τῶν] seq. ras. 3 litt. E   24 κατέχοι corr. ex κατέχει E²   24. 25 ἀχρηστότητα A   25 ὁμοίαν A   αὐτῶν E²: αὐτῶν ADEF   κινητικοῖς c   28 ἑαυτὸν E: corr. E²   29 ἑαυτοῖς] corr. ex αὐτοῖς A¹   οἰκείαν] e corr. E²: σκιὰν D   30 λέγουσι A   ὅτι om. A   ἥκιστ' Fc   31 ἑαυτοῦ] corr. ex αὐτοῦ A¹   32 χρησιμώτερον A

συμβέβηκεν. ὁ γὰρ ἥλιος καὶ ἡ σελήνη κατωτέρω τῶν ἄλλων ὄντες· καὶ 216ᵃ
γὰρ καὶ αὐτὸς τὸν ἥλιον προσεχῶς ὑπὲρ τὴν σελήνην ὑποτίθεται, ὥσπερ
καὶ ὁ Πλάτων· ἐλάττους κινοῦνται κινήσεις ἢ τῶν πλανωμένων ἄστρων
ἔνια· καὶ γὰρ ἁπλουστάτη μὲν ἐν τοῖς πλανωμένοις ἡ τοῦ ἡλίου κίνησις, 30
5 ἡ δὲ τῆς σελήνης τῶν ἄλλων ἁπλουστέρα. καίτοι ἐχρῆν τοὺς ἀνωτέρω
πορρώτερον ὄντας τοῦ μέσου καὶ πλησιαίτερον τῆς ἀπλανοῦς, ἣν πρῶτον
σῶμα καλεῖ, ἁπλουστέρας τοῦ ἡλίου καὶ τῆς σελήνης ἔχειν τὰς κινήσεις.
καὶ ὅτι τῶν ἄλλων κατωτέρω ἐστὶν ἡ σελήνη, δείκνυσιν ἐκ τῶν ἱστορημένων
αὐτῆς ὑποδρομῶν, ὧν μίαν καὶ αὐτὸς ἑωρακέναι φησὶ τὴν τοῦ Ἄρεος· 35
10 διχότομον γὰρ οὖσαν ὑπελθεῖν φησι τὸν τοῦ Ἄρεος, καὶ ἀποκρυφθῆναι μὲν
αὐτὸν κατὰ τὸ μέλαν αὐτῆς, ἐξελθεῖν δὲ κατὰ τὸ λαμπρόν, ὡς αὐξομένην
αὐτὴν εἶναι διχότομον. ἀλλὰ τοῦτο μὲν αὐτὸς ἐθεάσατο, καὶ περὶ τοὺς 40
ἄλλους δὲ ἀστέρας τὸ αὐτὸ συμβὰν τοὺς ἀνωτέρω ἐτήρησαν Αἰγύπτιοί τε
καὶ Βαβυλώνιοι, ὡς πολλὰς αὐτῶν περὶ ἑκάστου τῶν ἀστέρων τηρήσεις
15 παραδεδόσθαι.
  Εἶτα καὶ τὴν δευτέραν ἀπορίαν ἐπάγει, διὰ τίνα ποτὲ αἰτίαν ἐν μὲν
τῇ ἀπλανεῖ τοσοῦτόν ἐστιν ἀστέρων πλῆθος, ὥστε τῶν ἀναριθμήτων εἶναι 45
δοκεῖν, ἐν ἑκάστῃ δὲ τῶν ὑπ' αὐτὴν σφαιρῶν οὐ φαίνεται πλέον ἑνὸς
ὑπάρχον ἄστρου. καὶ τότε πρὸς τὸ | παράβολον τῆς ζητήσεως ἀπιδὼν 216ᵇ
20 καὶ φοβερὰν αὐτὴν εἶναι διὰ τὸ μέγεθος τῶν ἀποριῶν λογισάμενος παρα-
μυθεῖται λέγων περὶ μὲν δὴ τούτων ζητεῖν μὲν καλῶς ἔχει καὶ
τὴν ἐπὶ πλέον σύνεσιν ἀποδέχεσθαι ἢ μᾶλλον ἀπαιτεῖν· τούτῳ γὰρ 5
μᾶλλον ἐλλείπειν τὸν λόγον οἴεται ὁ Ἀλέξανδρος, διότι τὸ ἐπιφερόμενον
τούτῳ μᾶλλον κατάλληλον εἶναι δοκεῖ. μήποτε δὲ οὐκ ἐλλειπτικῶς ὁ λόγος
25 εἴρηται· οὐδὲ γὰρ εἴωθεν ὁ Ἀριστοτέλης, κἂν βραχύλογος ᾖ, ἐλλειπτικῶς
ἑρμηνεύειν· ἀλλὰ τοὺς μάλιστα συνετοὺς φησι δεῖν τὰ τοιαῦτα ζητεῖν καὶ 10
οὐ τοὺς τυχόντας καὶ μὴ ἀποδειλιᾶν, κἂν μικρὰς ἔχωσιν ἀφορμὰς περὶ
αὐτῶν καὶ πλέον τῆς κατὰ τόπον διαστάσεως, ὡς εἶπεν ἀλλαχοῦ, τῶν περὶ
αὐτὰ συμβεβηκότων ἀφεστήκωσιν· ὅμως δέ, κἂν τοῦτο οὕτως ἔχῃ, ἐκ τῶν
30 ῥηθησομένων λογισμῶν οὐκ ἂν ἄλογον δόξοι τὸ νῦν ἀπορούμενον.

---

2 αὐτός] corr. ex αὐτοῖς E²   ὑπέρ] ὑπό A   3 Πλάτων] Tim. 38 d   5 ἀνωτέρω
CDE: comp. F: ἀνωτέρους Ac   6 πορρωτέρω C: comp. F   8 κατωτέρα CFc
9 ἑορακέναι c   Ἄρεως E   10 Ἄρεως E   11 αὐτόν DF: αὐτήν AE
αὐξομένην] post o ras. 2 litt. E   13 τοὺς om. c   16 ἀπορείαν E, sed corr.
ποτ' c   17 εἶναι om. Fc   18 δὲ ἑκάστῃ Fc   πλεῖον CE   19 ὑπάρχον-
τος D   21 μὲν (pr.) om. c   τούτων δεῖ E: corr. E²   22 τούτῳ] τοῦτο DE: τὸ E²
23 τὸν λόγον] mut. in τῷ λόγῳ E²   24 εἶναι] c corr. E   ἐλλειπτικὸς D
28 αὐτοὺς E   29 ἀφεστήκωσιν E: ἀφεστήκασιν ADF   ἔχει E: corr. E²
30 λογισμῶν om. Fc   ἄλογον] λ e corr. E¹   δόξοι F: δείξῃ A: δόξει DE:
δόξειε c

μένης δὲ τοῦ ἡλίου τὸ φωτιζόμενον ἀεὶ ἡμισφαίριον, ὅσον ἀπολείπει τοῦ 215ᵇ ἄλλου μέρους, τοσοῦτον ἀπολαμβάνει τοῦ πρὸς ἡμᾶς· διὸ μέχρι μὲν τοῦ ἡμίσεως μηνοειδὴς φαίνεται, τοῦ δὲ ἡμίσεως τοῦ ἄνω καὶ τοῦ ἡμίσεως τοῦ πρὸς ἡμᾶς φωτιζομένου διχότομος ὁρᾶται, ὅταν τετραγωνικὴν διάστασιν 35
5 ἀποστῇ τοῦ ἡλίου, τὸ δὲ ἐκεῖθεν μέχρι τῆς διαμέτρου ἀμφίκυρτος φαίνεται· διαμετρήσασα δὲ τὸ μὲν πρὸς ἡμᾶς ὅλον ἡμισφαίριον ἔχει πεφωτισμένον, τὸ δὲ ἄνω νεῦον ἀφώτιστον, καὶ πάλιν προσιοῦσα τῷ ἡλίῳ ἀμφίκυρτόν τε ἴσχει πρὸς ἡμᾶς καὶ διχότομον καὶ μηνοειδὲς καὶ ἐν τῇ συνόδῳ σκιερόν. 40 αἴτιον δέ, ὅπερ εἶπον, τὸ ἡμισφαίριον αὐτῆς ἀεὶ φωτίζεσθαι σφαιρικῆς
10 οὔσης· ὡς, εἴ γε τυμπανοειδὴς ἢ φακοειδὴς ἦν, ἐν μὲν ταῖς συνόδοις καὶ ταῖς πανσελήνοις ὁμοίως ἂν εἶχεν ὥσπερ καὶ νῦν, ἀποστᾶσα δὲ ὁσονοῦν τοῦ ἡλίου ἐφ' ἑκάτερα οὐκέτι μηνοειδὴς ἢ διχότομος ἢ ἀμφίκυρτος ἦν, 45 ἀλλ' ὅλον ἐφωτίζετο τὸ πρὸς ἡμᾶς διὰ τὸ μηδὲν | εἶναι τὸ ἀντιβαῖνον 216ᵃ ταῖς ἀκτῖσιν ἐπὶ τοῦ τυμπανοειδοῦς· ἐπὶ δὲ τοῦ φακοειδοῦς ὀλίγου τοῦ
15 ἐν μέσῳ ἀναστήματος ὄντος ἀλλοῖον ἂν ἐγίνετο τὸ σχῆμα τοῦ φωτισμοῦ.

Εἶτα καὶ ἄλλην ἀπόδειξιν ἀπὸ τῆς ἀστρονομίας ἐπάγει, ὅτι οὐκ ἂν ἦσαν αἱ τοῦ ἡλίου ἐκλείψεις μηνοειδεῖς, ὥσπερ νῦν ὁρῶνται, εἰ μὴ 5 σφαιροειδὴς ἦν ἡ ὑποτρέχουσα αὐτὸν σελήνη. δέδεικται γάρ, ὅτι, ὅταν σφαῖρα ὑπὸ σφαίρας ἐπισκοτῆται, τοιαῦται γίνονται αἱ ἀποτομαί. μήποτε
20 δὲ καὶ τὰ ἄλλα κυκλοτερῆ σκιάζοντα, οἷον τυμπανοειδῆ καὶ φακοειδῆ, μηνοειδεῖς τὰς ἀποτομὰς ποιοῦσιν· εἰ μέντοι κινεῖσθαι ὑποτεθείη περὶ τὰ 10 ἑαυτῶν κέντρα, οὐκέτι κατὰ πᾶσαν θέσιν τὰ τυμπανοειδῆ ἢ φακοειδῆ τὰς ἀποτομὰς ποιήσεται.

p. 291ᵇ24   Δυοῖν δ' ἀποριῶν οὐσῶν ἕως τοῦ οὐδὲν ἂν ἄλογον
25   εἶναι δόξειε τὸ νῦν ἀπορούμενον.

Δύο λοιπὰς ἀπορίας περὶ τῶν οὐρανίων ἀπορωτάτας ὄντως προβάλ- 20 λεται, ὧν ἡ πρώτη τοιαύτη· διὰ τί τῆς ἀπλανοῦς μίαν κινουμένης φορὰν τὸ πλησιαίτατον αὐτῆς, οἷον ἡ τοῦ Κρόνου σφαῖρα, οὐκ ἐλαχίστας κινεῖται κινήσεις, οἷον δύο, τὸ δὲ μετ' ἐκείνην τρεῖς ἢ κατ' ἄλλην τινὰ τῶν ἀριθμῶν
30 ἀνάλογον τάξιν, ὥστε ἀεὶ τὰ πορρώτερον πλείονας κινεῖσθαι, ἀλλὰ τοὐναντίον 25

---

1 τοῦ (pr.) om. A   2 ἄλλου μέρους Ab: ἄνω μέρος DEFc   3 ἡμίσεος (pr.) DEF ἡμίσεος (alt.) DEF   ἡμίσεος (tert.) DEF   4 τοῦ] τοῦ κάτω τοῦ Fc   7 προσιοῦσα DEF: προιοῦσα Ab   8 πρός] τὸ πρὸς c   9 τὸ ADE: τὸ τὸ E²Fc 11 πανσελήναις A   13 ὅλον] ὅσον D   ἀμβαῖνον A   14 τοῦ (pr.) om. Fc φακοειδοῦς] σφαιροειδοῦς A   15 ἀναστήματος] ἀπαναστήματος E: ἐπαναστήματος E²   ἂν] om. DE   ἐγίνετο A: ἐγένετο DEFc   17 ὁρῶμεν D 18 ὁπόταν c   19 ἐπισκοτῆται] ἐπισκόπτηται E: ἐπικρύπτηται E²: lac. F   ὑποτομαί A   20 οἷον AF: οἷον τὰ DE   22 τὰς] fort. τοιαύτας τὰς   24 ἀποριῶν οὐσαιν DEFc   ἕως τοῦ] omnia verba Arist. hab. D   ἄλογον ἂν DEc 25 εἶναι δόξειε A: δόξειεν D et seq. ras. 1 litt. E: δόξειεν εἶναι Fc   26 ἀπορωτάτω A   ὄντως] οὔσας Fc   27 τοιαύτη om. Fc   τί] suprascr. E²   κινουμένης μίαν Fc   φορᾶς A   30 ἀεί] ἀνάλογον D   πορρώτερα Fc

SIMPLICII IN L. DE CAELO II 12 [Arist. p. 292a18] 483

παλαίειν γυμναστικῆς διατριβῆς· τοιαύτη γὰρ ἡ κόνισις διὰ τὸ ἐν κόνει 217ᵃ
γυμνάζεσθαι τὰ παλαιστρικά· τοῦτο δὲ ὡς τῷ πλανωμένῳ ἀναλογοῦν παρ-
είληπται· τῷ δὲ ἐσχάτως διακειμένῳ οὐδὲ ὁποσοῦν πονοῦντι τὸ εἰλικρινὲς 15
τῆς ὑγείας ἀγαθὸν ὑπάρχει, ὅπερ τῷ ὑπὸ σελήνην ἀπείκασεν ἀμέσως
5 μετέχειν τῆς θείας ἀγαθότητος μὴ δυναμένῳ καὶ διὰ τοῦτο μὴ κινουμένῳ
καθ' αὑτό.

Αἰσθανόμενος δὲ ἔτι ἐλλιπῶς τὸν λόγον ἔχειν· μὴ γὰρ εἰρῆσθαι τὴν
αἰτίαν τῆς ἐν τῷ πλανωμένῳ διαφορᾶς, διὰ τί ἡ μὲν σελήνη καὶ ὁ ἥλιος 20
ἐλάττους κινοῦνται κινήσεις, τὰ δὲ ἀνωτέρω πλείονας· ἀναπληροῖ τὸ λεῖπον
10 λέγων τὰ τιμιώτερα πλείονα πράττειν διὰ τὸ πολλῶν τῶν εὖ δύνασθαι
τυχεῖν, καὶ τούτοις μᾶλλον προσήκειν τὸ πολλὰ ἢ τὸ πολλάκις κατορθοῦν,
ὅπερ ἐστὶ χαλεπώτατον· οἷον μυρίους ἀστραγάλους Χίους βαλεῖν 25
ἀστραγαλίζοντα ἢ Κῴους· γράφεται γὰρ καὶ οὕτως ὡς μεγάλων ἀστραγά-
λων ἐν ἀμφοτέραις γινομένων ταῖς νήσοις· οὐ μόνον δύσκολον, ἀλλὰ
15 καὶ ἀδύνατόν ἐστιν, ἀλλ' ἕνα ἢ δύο ῥᾷον· τοῦτο δὲ τοῖς ἰσχυροτέροις
προσήκει καὶ τὸ διὰ πλειόνων τοῦ τελικωτάτου ἀγαθοῦ τυγχάνειν, οἷον εἰ 30
τοδὶ μὲν δέοι τοῦδε ἕνεκα ποιῆσαι, τοῦτο δὲ ἄλλου καὶ τοῦτο ἑτέρου, ὡς
τὸ γράμματα μαθεῖν διὰ τὸ καὶ μαθημάτων δύνασθαι μετασχεῖν καὶ τοῦτο
διὰ τὸ φιλοσοφῆσαι καὶ τοῦτο διὰ τὴν πρὸς τὸ θεῖον ὁμοίωσιν· καὶ γὰρ
20 ἐν μὲν ἑνὶ ἢ δυσὶ ῥᾴδιον καὶ τῷ ἀσθενεστέρῳ ἐπιτυχεῖν, ὅσῳ δ' ἂν 35
διὰ πλειόνων, χαλεπώτερον. ὡς οὖν ἐν τοῖς γενητοῖς ζῴοις αἱ τοῦ
ἀνθρώπου πράξεις πλεῖσταί εἰσι διὰ τὸ πολλῶν τῶν εὖ δύνασθαι τυγχάνειν
τὸν ἄνθρωπον, ὅς γε πολλὰ πράττει καὶ ἄλλων ἕνεκα πολιτευόμενος καὶ τὸ
ἐκείνων ἀγαθὸν εἰς ἑαυτὸν ἀναφέρων, οὕτω δεῖ νομίζειν καὶ τὴν τῶν ἄστρων 40
25 πρᾶξιν καὶ κίνησιν ποικιλωτέραν εἶναι πολλάκις ἄλλων παρ' ἄλλα διὰ τὸ
πλειόνων ἀγαθῶν δύνασθαι τυγχάνειν· καὶ γὰρ καὶ ὁ ἄνθρωπος τιμιώτερόν
ἐστι τῶν ἄλλων ζῴων τῷ πλείονα πράττειν.

Εἴη δ' ἂν ὁ πᾶς λόγος τοιοῦτος· εἰ μὲν τιμιώτερα εἴη τὰ πλείω
κινούμενα, διὰ τὸ πλείω κατορθοῦν πλείω κινοῦνται, εἰ δὲ καταδεέστερα, διὰ 45
30 τὸ μὴ δύνασθαι δι' ἁπλῆς κινήσεως τοῦ | ἀρίστου τυχεῖν· ὥστε κἂν 217ᵇ
τοῖς αὐτοῖς τἀναντία κἂν τοῖς ἐναντίοις τὰ αὐτὰ ὑπάρχῃ, οὐκ ἀπορήσομεν
λύσεως, ἀλλὰ προσφόρως τοῖς πράγμασι τὰς αἰτίας ἀποδώσομεν. λέγει οὖν
ταῦτα ὁ Ἀριστοτέλης οὐ διαιτῶν τῇ ἀξίᾳ τῶν θεῶν· ἐπισφαλὴς γὰρ ὁ 5

---

1 γυμναστικῆς AC: γυμναστικῶς DEF   κόνισις F, cf. Arist. 292ᵃ26: κίνησις ADEb
3 ὁπωσοῦν Fc   4 ὑπάρχοι E: ὑπάργον F   ὅπερ τῷ] mut. in ᾧπερ τὸ D
5 θείας] εὐθείας Fc   τοῦτο] τοῦ A   6 αὑτούς A   7 ἐλλιπῶς CDF: ἐλλειπῶς
AE   τὸν λόγον ἔχειν ACb: ἔχειν τὸν λόγον DEFc   8 διὰ τί AC: διότι DEFc
13 καὶ Fb: om. ADE   15 τοῦτο] τούτοις DE   16 καὶ om. c   17 τοδὶ] τὸ δεῖ··
A: τὸ E   δέον E   21 οὖν om. Fc   23 γε] γὰρ A   24 οὕτως c
δεῖ] corr. ex δὴ E²   ἀστέρων D   26 τιμιώτερός D(b)   27 ἐστι τῶν ἄλλων
ζῴων Ab: τῶν ἄλλων ζῴων ἐστί DEFc   πλείονα] -ο- c corr. E¹   31 ὑπάρ-
χει E   33 διαιτῶν c   θέσεων c

p. 292ᵃ18 Ἀλλ' ἡμεῖς ὡς περὶ σωμάτων μόνον αὐτῶν ἕως τοῦ 216ᵇ
ἢ καὶ τὰ πολλὰ πάντα πρὸ ὁδοῦ ἐστι πρὸς τὸ ἄριστον.   20

   Τὰ μὲν εἰρημένα μέχρι τοῦ νῦν περὶ τῶν δύο ἀποριῶν εἴρηται, ἐν-
τεῦθεν δὲ ἐπὶ τὴν λύσιν τῆς προτέρας ὁρμήσας τὴν αἰτίαν πρῶτον λέγει,
5 δι' ἣν ἀπορώτατος ὁ λόγος δοκεῖ, καὶ ὅτι οὐ παρὰ τὸ ζητούμενον, ἀλλὰ 25
παρὰ τοὺς ζητοῦντας. ὡς γὰρ περὶ σωμάτων ἀψύχων αὐτῶν καὶ οἷον τῶν
ἐν τοῖς ἀριθμοῖς μονάδων τάξιν μόνον ἐχουσῶν πρὸς ἀλλήλας, ἀψύ-
χων δὲ τὸ πάμπαν οὐσῶν, οὕτω περὶ τῶν οὐρανίων διανοούμενοι ἄλυτον
τὴν ἀπορίαν νομίζομεν· καὶ γὰρ ἦν ἂν ἄλυτος οὕτως ἐχόντων μηδεμιᾶς 30
10 ἀπ' αὐτῶν ἀφορμῆς πρὸς λύσιν εὑρισκομένης. δεῖ δὲ ὡς περὶ ἐμψύχων
αὐτῶν διανοεῖσθαι λογικὴν ψυχὴν ἐχόντων, ὥστε καὶ πράξεως καὶ ζωῆς
πρακτικῆς μετέχειν· τὸ μὲν γὰρ ποιεῖν καὶ ἐπὶ τῶν ἀλόγων ψυχῶν λέγομεν
καὶ ἐπὶ τῶν ἀψύχων σωμάτων, τὸ δὲ πράττειν ἰδίως ἐπὶ τῶν λογικῶν 35
ψυχῶν κατηγοροῦμεν. ἐὰν οὖν οὕτως αὐτὰ νοήσωμεν ἔχοντα, οὐδὲν παρά-
15 λογον ⟨ἂν⟩ δόξειεν εἶναι τὸ περὶ τὰς κινήσεις τῶν οὐρανίων συμβαῖνον.
ἐπειδὴ γὰρ πρακτικά ταῦτά ἐστι, πᾶσα δὲ πρᾶξις διὰ κινήσεως τοῦ ἀγαθοῦ
ἕνεκα γίνεται, δῆλον, ὅτι τῷ μὲν ἄριστα ἔχοντι καὶ ἡ αὐτοαγαθῷ ὄντι ἢ 40
συνηγμένῳ κατ' οὐσίαν τῷ αὐτοαγαθῷ, οἷον τὸ πρῶτον κινοῦν· τοιοῦτος
δὲ ὁ πολυτίμητος νοῦς· ταῦτα χωρὶς πράξεως καὶ κινήσεώς ἐστί τε καὶ
20 ἔχει τὸ ἀγαθόν, ἤ, ὡς αὐτός φησι, τὸ μὲν ἔχει, τὸ δὲ μετέχει τοῦ ἀγαθοῦ
προσεχῶς, τῷ δὲ ἐγγυτάτω δι' ὀλίγης καὶ μιᾶς κινήσεως ὑπάρχει τὸ 45
ἀγαθόν, ὥσπερ τῇ ἀπλανεῖ, τοῖς δὲ πορρωτέρω διὰ πλειόνων, ὡς τοῖς
πλάνησι, τὰ δὲ οὐδὲ | τυχεῖν ἀμέσως ἐκείνου δύναται, ἀλλὰ ἀγαπᾷ πλη- 217ᵃ
σιάζειν τοῖς τυγχάνουσιν, ὥσπερ ἡ γῆ, καὶ διὰ τοῦτο ἀκίνητός ἐστιν, ἢ καὶ
25 τὸ ὑπὸ σελήνην πᾶν, εἴπερ ἡ μὲν ἐπ' εὐθείας ἀτελῶν ὄντων ἐστίν, ἡ δὲ 5
κύκλῳ τῷ πυρὶ καὶ τῷ ἄνω ἀέρι μετὰ τοῦ οὐρανοῦ. εἶτα παραδείγματι τῷ
σώματι καὶ τῇ ὑγείᾳ χρησάμενος, τὸ μέν, φησί, σῶμα καὶ χωρὶς τοῦ
γυμνάσασθαι εὖ ἔχει διὰ τὸ ἄριστα συνεστάναι, ὅπερ ἀναλογεῖ τῷ ἀκινήτῳ,
τὸ δὲ μικρὰ περιπατῆσαν, ὅπερ τῇ ἀπλανεῖ προσείκασε, τῷ δὲ πλειόνων 10
30 δεῖ γυμνασίων πρὸς τὸ ὑγιαίνειν οἷον δρόμου καὶ πάλης καὶ τῆς ἐν τῷ

---

1 ὡς om. D   αὐτῶν μόνον Ec: αὐτῶν μόνων F   ἕως τοῦ] omnia verba Arist.
hab. D; quod posthac non notabo   2 τὰ πολλὰ A: τὰ ἄλλα DE: τἄλλα F
τἄριστον Ec   3 τοῦ A: om. DEFc   4 δὲ om. Fc   5 ἣν CDEF: ἧς Ab
6 οἵων Fc   8 τὸ om. Fc   οὕτως c   9 μηδεμιᾶς A: οὐδεμιᾶς DEFc
10 ἀπ'] ὑπ' D   ἀφορμῆς ὑπ' αὐτῶν E   12 ἀλόγων] ἄλλων E   ἀλόγων —
alt. τῶν (13) om. A   15 ἂν addidi: om. ACDEFbc   16 ἐστιν E: om. c
17 αὐτῷ ἀγαθῷ Ab   18 αὐτῷ ἀγαθῷ A: ἀγαθῷ C   21 τῷ AE²b: τὸ CDE   ἐγγυ-
τάτῳ ACF: ἐγγύτατα DE   22 τοῖς (pr.) e corr. D: τῆς C   ὡς] ὥσπερ Fc
23 πλάνεσι A   ἀλλ' Fc   24 ἢ scripsi: ἡ ACDEFc   25 πᾶν Ab: πᾶν ἰδίαν
(corr. ex ἠδίαν E²) γὰρ οὐκ ἔχει κατὰ φύσιν κίνησιν DEFc   28 γυμνάζεσθαι EFc
29 ἀπλανῆ E: corr. E²   προσήκασε E, sed corr.

ταῦτα πρὸ ὁδοῦ ἐστι πρὸς τὸ ἓν αὐτοῦ καὶ τελικώτατον ἀγαθὸν ἀπεστενω- 217b
μένον ὂν πρὸς τὸ ἀνθρώπινον.

p. 292b 10   **Τὸ μὲν οὖν ἔχει καὶ μετέχει τοῦ ἀρίστου ἕως τοῦ |
διὰ πλειόνων δὲ ἀφικνεῖται τῶν κινήσεων.**   218a

Εἰπών, ὅτι χρὴ περὶ τῶν οὐρανίων μὴ ὡς περὶ ἀψύχων ἀλλ' ὡς
περὶ ἐμψύχων καὶ πρακτικῶν διανοεῖσθαι, καὶ τὰς διαφορὰς τῶν πραττόν- 5
των παραδοὺς ἐπὶ τὸ προκείμενον ἔρχεται τὴν λύσιν τοῦ ἀπορηθέντος
ἀποδιδούς, ὡς μὲν ὁ Ἀλέξανδρος λέγει, τῷ πρώτῳ ῥηθέντι πρὸς τὴν τῆς
αἰτίας ἀπόδοσιν χρώμενος τῷ τοῖς μὲν ἄριστα ἔχουσι μὴ δεῖν πράξεως,
τοῖς δὲ ὀλίγης δεῖν πρὸς τὸ τυχεῖν τοῦ ἀρίστου, τοῖς δὲ πλείονος. μή-
ποτε δὲ καὶ τὸν δεύτερον μίγνυσι διορισμὸν τὸν τὴν ὀλίγην κίνησιν μὴ 10
ἀεὶ κρείττονα, ἀλλὰ καὶ χείρονά ποτε δεικνύντα τῆς πλείονος. λέγει οὖν,
ὅτι τῶν ὄντων οὔτε τὸ πρῶτον δεῖται πράξεως οὔτε τὸ ἔσχατον, τὸ μὲν
ἔσχατον, ὅτι μηδὲ τυγχάνει προσεχῶς τοῦ τέλους, τὸ δὲ πρῶτον, ὅτι οὐ
διώρισται τοῦ ἀγαθοῦ, ἀλλὰ κατὰ τὴν ἑαυτοῦ οὐσίαν ἔχει αὐτὸ καὶ μετέ- 15
χει αὐτοῦ. καὶ εἴη ἂν τὸ μὲν ἔχειν ἐπὶ τῆς ὑπερουσίου λέγων ἀγαθότη-
τος καὶ τοῦ ἑνός, τὸ δὲ μετέχειν ἐπὶ τοῦ νοῦ τοῦ προσεχῶς ἡνωμένου τῷ
ἀγαθῷ καὶ μετέχοντος αὐτοῦ· τὸ μὲν γὰρ κατὰ τὴν ἑαυτοῦ τι προβεβλη-
μένον οὐσίαν ἔχειν λέγεται, τὸ δὲ ἀπ' ἄλλου λαμβάνον μετέχειν· ὅτι γὰρ 20
ἐννοεῖ τι καὶ ὑπὲρ τὸν νοῦν καὶ τὴν οὐσίαν ὁ Ἀριστοτέλης, δῆλός ἐστι
πρὸς τοῖς πέρασι τοῦ Περὶ εὐχῆς βιβλίου σαφῶς εἰπών, ὅτι ὁ θεὸς ἢ νοῦς
ἐστιν ἢ καὶ ἐπέκεινά τι τοῦ νοῦ. τὸ δὲ δι' ὀλίγων κινήσεων ἀφικνεῖται
πρὸς τὸ ἑαυτοῦ τέλος· διττὸν δὲ τὸ τέλος, τὸ μὲν πάντων ἄριστον καὶ 25
τελικώτατον, τὸ δὲ μερικώτερον· καὶ ἡ ὀλίγη κίνησις διττή, ἡ μὲν ὡς
συνῃρηκυῖα τὸ πλῆθος τῶν κινήσεων καὶ ἐν αὑτῇ καὶ διὰ τοῦτο τοῦ κοι-
νοῦ καὶ ὅλου τυγχάνουσα τέλους, ἡ δὲ μέρος οὖσα τῶν πολλῶν καὶ διὰ
τοῦτο πρὸς μερικὸν ἀνατεινομένη. καὶ δῆλον, ὅτι ἡ μὲν κρείττων ἐστὶ 30
τῶν πολλῶν κινήσεων, ἡ δὲ καταδεεστέρα, ὥστε τὸ διὰ πλειόνων πράξεων
καὶ ἐνεργειῶν τυγχάνον τοῦ τέλους μέσον ἂν εἴη τοῦ δι' ὀλίγων. καὶ διὰ
τοῦτο λύεται ἡ ἀπορία· διὰ τί γὰρ τῆς ἀπλανοῦς μίαν κίνησιν κινουμένης 35
τὰ πορρώτερα αὐτῆς, ἥλιος καὶ σελήνη, ὀλιγωτέρας κινήσεις κινεῖται τῶν

---

1 προόδου ADE: corr. E² ἐστιν c 4 δ' c τῶν A: om. DEFc 5 ὡς
περὶ DEFb: ὥσπερ A: ὡς c 8 ἀποδοὺς A ὡς μὲν ὁ EF: ὥσπερ ὁ A: ὡς ὁ
μὲν D 9 τοῖς] corr. ex ταῖς E² 10 ὀλίγης DE²: ὀλίγοις AE: ὀλίγου c et
corr. ex ὀλίγοις F 11 δὲ om. DE: δὲ μίγνυσι E² μίγνυσι om. E τὸν (alt.)
om. Fc 20 ἐστι] seq. ras. 1 litt. E 21 εἰπών] fr. 49 Rose (Lips. 1886 p. 55,16)
22 καὶ om. DFc 23 διττὸν—τέλος om. A 24 μερικώτατον Fb 25 καὶ (pr.)
DEFb: del. E²: om. c καὶ ἐν—κινήσεων (28) om. A αὑτῇ E²: αὐτῇ DE:
ἑαυτῇ Fc καὶ διὰ—πολλῶν (26)] mg. E² 25. 26 κοινοῦ καὶ om. E² 26 τυγχά-
νουσα] μετέχουσα E² 27 ἐστί] seq. ras. 1 litt. E 29 ὀλίγου A τούτου D
30 γὰρ] del. E² 31 πορρώτερον DE ὀλιγοτέρας D

λόγος· ἀλλὰ ἀφορμὰς διδοὺς λύσεως, καθ' ἅς, κἂν τὰ τιμιώτερα ἧττον 217ᵇ ἐνεργῇ, οὐ θαυμασόμεθα, κἂν τὰ καταδεέστερα.

Εἰπὼν δὲ περὶ τοῦ ἀνθρώπου, ὅτι πολλὰ πράττει καὶ οὕτω πολλά, ὥστε καὶ ἄλλων ἕνεκα πράττειν, ἵνα μὴ τοῦτο τὸ ἄριστόν τις ὑπολάβῃ, 5 ἐπήγαγε τῷ δὲ ἴσως ἄριστα ἔχοντι οὐδὲν δεῖ πράξεως καὶ τὴν 10 αἰτίαν προστέθεικε, μᾶλλον δὲ καὶ τὴν ὅλην ἀπόδειξιν, εἰπών, ὅτι τὸ ἄριστα ἔχον τοῦτό ἐστιν, ᾧ τὸ εἶναι τοῦτό ἐστι τὸ οὗ ἕνεκα εἶναι· τὸ γὰρ ἄριστον τὸ πάντων τέλος ἐστὶ καὶ οὗ ἕνεκα πάντα, τὸ δὲ πρᾶττον ἄλλο ἐστὶ παρὰ τὸ οὗ ἕνεκα. καὶ ταύτης πάλιν τῆς προτάσεως τὴν αἰτίαν 15 10 ἐπήγαγεν εἰπών· ἡ γὰρ πρᾶξις ἐν δυσίν, ὅταν καὶ οὗ ἕνεκα ᾖ καὶ τὸ τούτου ἕνεκα. εἰ γὰρ πᾶν τὸ πρᾶττον δι' ἀγαθοῦ ἔφεσιν πράττει, ὃ πράττει, ἄλλο ἂν εἴη τὸ ἀγαθὸν καὶ ἄλλο τὸ πρᾶττον· συνάγεται οὖν ἐν δευτέρῳ σχήματι, ὅτι τὸ ἄριστα ἔχον οὐ δεῖται πράξεως, εἴπερ τὸ μὲν 20 ἄριστα ἔχον τὸ οὗ ἕνεκά ἐστι, τὸ δὲ πρᾶττον οὐκ ἔστι τὸ οὗ ἕνεκα. καὶ 15 εἰπὼν διὰ μέσου τὰ περὶ τοῦ ἀρίστου συνάπτει τῷ περὶ τοῦ ἀνθρώπου προειρημένῳ τὸ καὶ δὴ καὶ τῶν ἄλλων ζῴων ἐλάττους καὶ τὰ ἑξῆς.

Μικρὰν δὲ λέγει τὴν τῶν φυτῶν πρᾶξιν καὶ μίαν τὴν περὶ τὴν 25 τροφὴν ἴσως ὡς μὴ δυναμένων αὐτῶν ἐν πολλοῖς κατορθοῦν. κοινότερον 20 δὲ τὴν ἐνέργειαν τοῦ φυτοῦ πρᾶξιν ἐκάλεσεν, ἐπεὶ ἥ γε κυρίως πρᾶξις κατὰ λόγον ἐνέργειά ἐστι. τὸ δὲ ἐφεξῆς τὸ ἢ γὰρ ἕν τί ἐστιν, οὗ τύχοι ἂν ἢ οὐ περὶ τῶν φυτῶν λέγοι ἄν, ἀλλὰ καθόλου περὶ τῶν πρασσόντων, ὅτι 30 ἢ ἕν τί ἐστι τῷ πράσσοντι προκείμενον, οὗ καὶ τύχοι ἄν, ὥσπερ καὶ ὁ ἄνθρωπος τῶν αὐτῷ προκειμένων πλειόνων ὄντων, ἢ εἰ καὶ μὴ ἕν ἐστιν, 25 ἀλλὰ πλείω τὰ προκείμενα, ὡς καὶ τῷ ἀνθρώπῳ, ἀλλ' οὖν τὰ πολλὰ ταῦτα πρὸ ὁδοῦ ἐστι πρὸς τὸ ἄριστον τῷ πάντα τὰ ἄλλα πρὸς ἐκεῖνο νεύειν καὶ δι' ἐκεῖνο αἱρετὰ εἶναι. δύναται δὲ τὸ ἢ γὰρ ἕν τί ἐστι καὶ 35 ἐπὶ τῶν φυτῶν εἰρῆσθαι πρὸς τὸ μικρά τις καὶ μία ἴσως ἀποδιδόμενον καὶ λέγον, ὅτι· ἢ γὰρ ἕν τί ἐστιν ἀγαθὸν τοῦ φυτοῦ, οὗ τύχοι ἄν, ὥσπερ 30 καὶ ὁ ἄνθρωπος ἑκάστου τῶν πολλῶν ἑαυτοῦ ἀγαθῶν, ἢ εἰ καὶ πολλὰ εἶναι δοκεῖ τὰ ἀγαθὰ αὐτοῦ, οἷον τὸ τρέφεσθαι, τὸ αὐξάνεσθαι, τὸ γεννᾶν, πάντα 40

---

1 λόγος Ab: τόπος DEF: τρόπος c   ἀλλ' Fc   2 ἐνεργεῖ E: corr. E²   3 οὕτως c   4 τὸ om. Fc   ὑπολάβῃ DEFb: ὑποδείξῃ A   5 ἐπήγαγεν E: corr. E² δὲ ἴσως] δ' ὡς c   ἄριστ' c   6 καὶ om. Fc   7 ἄριστα—γὰρ (8) om. DE 8 ἐστί] seq. ras. 1 litt. E   10 γὰρ] δὲ c   ἕν] ἀεὶ ἔστιν ἕν c   post pr. καὶ add. τὸ E²   ἕνεκ' c   11 τούτου] -του e corr. D   12 ἄλλο—pr. ἕνεκα (14) DEFb: δ A   13 οὐ—ἔχον (14) E²Fb: om. DE   εἴπερ] εἴ γε E   14 τὸ (pr.)] τοῦ DE: corr. E²   καὶ b: om. ADEFc   15 post εἰπὼν add. δὲ E²   τῷ τὰ A   16 καὶ δὴ] ναὶ δὴ E: del. E²   21 ἐνεργείας DE   ἢ] supraser. E¹ 23 προκείμενον] corr. ex πρὸς κείμενον E²: τὸ προκείμενον Fc   24 εἰ] om. Fc ἔνεστιν E   25 τῷ ἀνθρώπῳ] τοῦ οὐρανοῦ A   26 πρὸ ὁδοῦ E²: προόδου ADE: πρόδοσος Fc   27 αἱρετὰ] αἵρεται A   γὰρ om. A   29 γὰρ om. c 31 δοκεῖ] seq. ras. 3 litt. E   αὐξάνεσθαι A: αὔξεσθαι DEF

γινόμενα· ἐπεί, ὅτι μετέχει τῆς πρώτης ἀρχῆς κατὰ τὰ ἑαυτῶν μέτρα, 218ᵇ σαφῶς εἶπε· μέχρι γὰρ οὗ δύναται, φησί, μετέχει τῆς θειοτάτης ἀρχῆς.

Ὁ δὲ πρῶτος, φησίν, οὐρανὸς εὐθύς, τουτέστιν ἀμέσως, τυγχάνει
5 τῆς πρώτης ἀρχῆς διὰ μιᾶς τῷ εἴδει κινήσεως, ὅτι ἡ μία αὕτη πασῶν 30 ἐστι τῶν κινήσεων περιεκτικὴ καὶ ἀπογεννητικὴ καὶ συναιρετική· πρῶτος γὰρ κινηθεὶς ὁ πρῶτος οὐρανὸς τὸ παντελὲς τοῦ ἀκινήτου διὰ τῆς παντελοῦς κινήσεως ἐμιμήσατο, καὶ ὅπερ ἐστὶν ἐκεῖνο κατὰ τὸ αἰώνιον ἀεί, τοῦτο γίνεται οὗτος, φαίη ἂν ὁ Πλάτων, κατὰ τὸν σύμπαντα χρόνον τῶν ὑπ' 35
10 αὐτὸν μερισαμένων τὴν ἐκείνου ταυτότητα. καὶ εἴ τῳ φίλον καὶ τοῖς θείοις ἐπαναπαύεσθαι μύθοις, ἐννοείτω κἂν τούτοις τὸν μετὰ τὸν πρῶτον οὐρανὸν τὸν μέγιστον Κρόνον διακρίσεως ἄρξαι καὶ μερισμοῦ.

Ἀλλὰ ταῦτα μὲν ἐν ἄλλοις. τὰ δὲ ἐν μέσῳ, φησί, τοῦ πρώτου καὶ 40 τῶν ἐσχάτων, πρῶτον μὲν τὸν ἀπλανῆ λέγων οὐρανόν, ἔσχατα δὲ τὸν
15 ἥλιον καὶ τὴν σελήνην· ταῦτα γὰρ ἄκρα τοῦ θείου σώματος· τὰ οὖν ἐν μέσῳ τούτων, φησίν, ὁλικώτερα ὄντα ἀφικνεῖται μὲν τῶν ἐσχάτων μᾶλλον πρὸς τὸ παντελὲς τῆς ἀρχῆς, διὰ μερισμοῦ δὲ τῶν κινήσεων ἀφικνεῖται 45 καὶ οὐ διὰ μιᾶς κινήσεως, ὡς ὁ πρῶτος οὐρανός· διὰ πλειόνων οὖν τῶν τὴν | μίαν μεριζομένων τελείως· διὸ καὶ ἀφικνεῖσθαι λέγονται, ὅπου καὶ 219ᵃ
20 ἡ μία κίνησις ἀνάγει. καί μοι δοκεῖ ὁ Ἀριστοτέλης τὰς οὐρανίας πάσας κινήσεις ἐπισκεψάμενος τὰς τὴν παντότητα διατεινούσας τῆς ἀκινήτου ἑνώσεως εὑρεῖν τὴν μὲν ἀπλανῆ μίαν κίνησιν κινουμένην πασῶν περιεκτικήν, 5 τὰς δὲ μετ' αὐτὴν πάσας μεμερισμένας, ἥλιον δὲ καὶ σελήνην οὐ πάσας· οὔτε γὰρ στηριγμοὺς οὔτε ὑποποδισμοὺς οὔτε φάσεις διαφόρους οὗτοι φαί-
25 νονται ποιούμενοι οὔτε προηγήσεις καὶ ἀκολουθήσεις, διὸ καὶ ἁπλουστέραις ὑποθέσεσιν ἠρκέσθησαν οἱ ἀστρονόμοι τῶν φαινομένων τὰς αἰτίας ἀποδι- 10 δόντες. πρακτικὰς οὖν τὰς κινήσεις ὑποθέμενος καὶ διὰ τὴν πρὸς τἀγαθὸν ὁμοίωσιν γινομένας τὸν μὲν πρῶτον οὐρανὸν διὰ μιᾶς παντελοῦς κινήσεως προσεχῶς τυγχάνειν φησὶ τῆς παντελοῦς πρὸς τὸ ἀκίνητον ὁμοιώσεως,
30 τὰς δὲ μετ' αὐτὸν σφαίρας διὰ πασῶν τῶν μεμερισμένων κινήσεων 15 ἀφικνεῖσθαι πρὸς τὴν παντελῆ ὁμοίωσιν, τὸν δὲ ἥλιον καὶ τὴν σε-

---

2 εἶπεν E   οὗ] οὐ E   μετέχειν A   4 τυγχάνει—μία (5) bis DE: corr. E²
5 post ἀρχῆς del. κατὰ τὰ ἑαυτῶν μέτρα σαφῶς εἶπεν E¹   6 καὶ (pr.) A: τε καὶ DEFc
ἀπογεννητικὴ Ab: συναιρετικὴ DEFc   συναιρετικὴ Ab: ἀπογεννητικὴ DEFc   7 πρῶτος
om. c   9 γίνεται] lac. D   οὗτος] corr. ex οὕτως E¹   10 ταυτότητα AE²:
παντότητα DEF   καὶ (alt.) om. Fc   13 δ' c   14 μὲν om. E   λέγει
Ab   ἔσχατον A   16 ὁλικώτερα AE¹Fb: ὑλικώτερα DE   18 οὐ διὰ μιᾶς DE:
οὐδὲ μιᾶς A: οὐδεμιᾶς F: nequaquam b   19 τελείως A: τελέως DEFc   pr. καὶ—
καί μοι (20) om. A   20 καὶ μοι] etenim b   21 τὰς om. E   21. 22 ἑνώσεως]
κενώσεως E: κινήσεως E²: γενήσεως mg. E²   23 αὐτὴν] ἣν c corr. D   μεμερισμένας Ac   24 στηριγμὸς A   ὑποποδισμὸς A   25 ἁπλουστέραις Ab: ἀπλουστέραις (-αι- in ras E¹) ἐπὶ τούτων DEFc   27 τὸ ἀγαθὸν Fc   30 αὐτὸν b:
αὐτὴν ADEF

ἀνωτέρω καὶ τῇ ἀπλανεῖ μᾶλλον πλησιαζόντων, ταῦτα δὲ πλείονας; ὅτι 218ᵃ
τῶν ὀλίγας, φησί, κινήσεις κινουμένων τὰ μὲν κρείττονα τῶν πλείους
κινουμένων ἐστί, τὰ δὲ καταδεέστερα· εἴρηται δέ, πότερα ποτέρως· τὸ
δὲ ἔσχατον οὐδὲ ἐγχειρεῖ ἀμέσως τοῦ τέλους τυχεῖν, διὸ οὐδὲ κινεῖται, 40
5 ἀλλ' ἱκανὸν αὐτῷ εἰς τὸ ἐγγὺς τοῦ τέλους ἐλθεῖν.

Εἶτα διὰ τοῦ τῆς ὑγείας παραδείγματος σαφηνίσας τὰ εἰρημένα, ἐν ᾧ
τὸ ἰσχνανθῆναι τὸ ἀπέριττον γενέσθαι δηλοῖ, καὶ εἰπών, ὅτι ἄριστον μέν
ἐστι τὸ τοῦ τελικωτάτου τέλους τυχεῖν, εἰ δὲ μή, τοῦ ὡς ὅτι ἐγγυτάτω 45
ἐκείνου, ἐφαρμόττει λοιπὸν τὰ προκείμενα τοῖς εἰρημένοις ἀπὸ τῶν ἐσχάτων
10 ἐπὶ τὰ πρῶτα χω|ρῶν καὶ τότε τὰ μέσα περιλαμβάνων· διὰ τοῦτο γὰρ 218ᵇ
φησιν ἡ μὲν γῆ ὅλως οὐ κινεῖται, οὐ διὰ τὴν αὐτὴν αἰτίαν ἔχουσα τὸ
ἀκίνητον, δι' ἣν τὸ ἀγαθὸν καὶ τὸ οὗ ἕνεκα· ἐκεῖνο μὲν γὰρ ἦν τὸ οὗ
ἕνεκα κινεῖται τὰ κινούμενα καὶ οὐκ ἐδεῖτο ἐπ' αὐτὸ κινεῖσθαι, ἡ δὲ γῆ 5
ἐσχάτη οὖσα οὐκ ἐκείνου πέφυκεν ἀμέσως μετέχειν, ἀλλὰ διὰ τὸ πλησιάζειν
15 τοῖς ἐκείνου προσεχῶς μετέχουσιν, ὡς δυνατὸν αὐτῇ, κἀκείνου μεταλαμ-
βάνει. τὰ δὲ ἐγγὺς τῆς γῆς ὀλίγας κινήσεις κινεῖται, διότι οὐκ ἀφικνεῖται
πρὸς τὸ ἔσχατον τέλος, τουτέστι τὸ πρῶτον καὶ τὸ παντελὲς ἀγαθόν, ἀπο- 10
μερισθέντα αὐτοῦ, ἀλλὰ μέχρι τοσούτου κινεῖται, μέχρις οὗ δύναται μετα-
σχεῖν τῆς θειοτάτης ἀρχῆς· δύναται δὲ μερικῶς. καὶ εἰ μὲν γῆν λέγοι
20 τὴν κυρίως γῆν, ἐγγὺς ἂν αὐτῆς λέγοι τὰ ὑπὲρ τὴν γῆν ὑποσέληνα
στοιχεῖα, εἰ δὲ γῆν λέγοι τὸ ὑπὸ σελήνην πᾶν, ἐγγὺς ἂν εἴη λέγων τὴν 15
σελήνην καὶ τὸν ἥλιον ὀλίγας κινουμένους κινήσεις, καὶ τοῦτο μᾶλλον οἰκεῖον
τοῖς εἰρημένοις· περὶ γὰρ τούτων καὶ ἡ ἀπορία κεκίνηται, διὰ τί τῆς
ἀπλανοῦς μίαν κίνησιν κινουμένης οὐχὶ τὰ πορρώτερον αὐτῆς πλείονας ἀεὶ
25 κινεῖται κινήσεις, ἥλιος καὶ σελήνη, ἀλλ' οὗτοι μὲν ὀλίγας, τὰ δὲ μέσα 20
πλείονας. εἰ οὖν τὸ ὀλίγας κινήσεις μὴ περὶ ἡλίου λέγοι καὶ σελήνης,
ἐλλείποι ἂν τῇ λύσει τῆς ἀπορίας τὸ κυριώτατον· εἰ δὲ περὶ ἡλίου καὶ
σελήνης λέγοι, σκληρὸν δοκεῖ τὸ οὐ γὰρ ἀφικνεῖται πρὸς τὸ ἔσχατον,
εἰ μὴ ἄρα τοῦτο λέγοι, ὅτι οὐ παρισοῦται τῇ ἐκείνου παντελείᾳ μερικώτερα 25

---

2 φησί] e corr. E: φήσω D   κρείττω Fc   τῶν] corr. ex τοὺς E²   3 ἐστίν E,
sed corr.   πότερα] comp. ambig. E   4 τοῦ τέλους om. D: τοῦ τέλους τοῦ A
6 ὑγείας ACF: ὑγιείας DEc   8 post μὴ del. ὡς E²   ὅτι] τὸ A   ἐγγυτάτω b:
ἐγγυτέρω DEF: ἐγγύ^τρ A   10 τὸ πρῶτον c   12 τὸ οὗ] corr. ex τοῦ E²
13 ἐδεῖτο] ἔδει τὸ DE: ἔδει E²   ἐπ' om. c   γῆ om. DE   14 τὸ] τοῦ DE
15 μετέχουσα E, sed corr.   αὐτῇ] αὕτη DE   15. 16 μεταλαμβάνειν c
16 κινεῖται] -εῖ e corr. E¹   ἀφικνεῖται D   17 καὶ τὸ] καὶ C   18 ἀλλὰ]
ἀλλὰ καὶ Fc   μέχρις] μέχρι E   19 λέγοι] corr. ex λέγει E¹: λέγει A
20 ὑποσέληνα] ὑπὸ σελήνην, ἣν e corr., E²   21 στοιχείων E: corr. E²   λέγοι] λέ-
γει E   23 κεκίνηται A: κεκίνητο DE²F: κεκίνοιτο E: mota fuit b   24 πορ-
ρωτέρω c   25 ὁ ἥλιος E   ἡ σελήνη E   26 κινήσεις Ab: κινεῖσθαι κινήσεις
DEFc   27 ἐλλείποι—λέγοι (28) om. A: mg. E²   ἐλλείποι—ἀπορίας] ἐλλείψει τῇ
τῆς ἀμφιβολίας λύσει E²   καὶ—λέγοι (28) λέγει καὶ σελήνης E²   28 οὐ γὰρ] γὰρ
οὐ A   ἔσχατον] αἴσχιστον τὸν A   29 μὴ] μι E   λέγῃ E   ἐκείνων c
μερικώτερον A

ἕκαστον τετάχθαι, ἔνθα λυσιτελεῖ τῷ παντί. τῶν οὖν ὑπὸ σελήνην μὴ 219ᵃ
ἐχόντων οἰκεῖον φῶς, ἀλλ' ἔξωθεν φωτιζομένων, εἰκότως, φαίη ἄν τις, οἱ 10
δύο τοῦ κόσμου φωστῆρες ὑπὲρ αὐτὰ προσεχῶς ἐτάχθησαν τὸ ἁπλοῦν
ἴσως τῶν κινήσεων κατὰ τὸ κρεῖττον ἔχοντες τοῦ συνθέτου.

5   Ὁ δέ γε Πλάτων ἐν μὲν τοῖς Νόμοις δοκεῖ λέγειν, ὅτι φαίνονται μὲν
οὕτω ποικίλως κινούμενοι οἱ πλάνητες, οὐ μὴν κατὰ ἀλήθειαν οὕτω κι- 15
νοῦνται, ἐν δὲ τῷ Τιμαίῳ ποικιλωτέραν αὐτῶν εἶναι τὴν κίνησιν συγχωρεῖ
ὡς μέσων ὄντων τῶν τε πάντῃ τεταγμένων καὶ τῶν πάντῃ ἀτάκτων καὶ
διὰ τοῦτο τεταγμένην ἐχόντων ἀνωμαλίαν. διὸ καὶ ἐν τοῖς Νόμοις κατα-
10 βοᾷ τῶν μόνην πλάνην αὐτῶν κατηγορούντων καὶ μὴ οἰομένων καὶ ταύτην 20
τάξεως μετέχειν καὶ εἶναι κατὰ φύσιν αὐτοῖς.

Ἐπειδὴ δὲ ὁ Ἀλέξανδρος ἐν τούτοις ἀνέδην ἄψυχα τὰ τέσσαρα στοιχεῖά
φησιν εἶναι τὰ ὑπὸ σελήνην καὶ πράξεως ἄμοιρα, τίς οὐκ ἂν θαυμάσοι, εἰ
τὰ μὲν ἐξ ἐλαχίστης αὐτῶν μοίρας συγκείμενα ζῷα ἔμψυχά ἐστιν ἐφήμερον 25
15 ἔχοντα τὴν οὐσίαν καὶ εἰς βραχὺ κομιδῇ συνεσταλμένην, αἱ δὲ τηλικαῦται
τοῦ παντὸς μοῖραι ἀίδιοι οὖσαι ταῖς ὁλότησιν οὐκ ἂν ψυχῆς ὑπὸ τοῦ δη-
μιουργοῦ κατηξιώθησαν; κἂν γὰρ ἁπλᾶ ᾖ, οὐκ ἦν ἀνάγκη. ἄψυχα αὐτὰ
εἶναι, εἴπερ καὶ ὁ οὐρανὸς ἁπλοῦς ὢν ἐψύχωται, ὁπότε καὶ τούτων ἕκαστον 30
ἐκ τῶν τεσσάρων συγκείμενον κατ' ἐπικράτειαν ἑνός ἐστι τοῦτο, ὃ λέγεται.
20 εἰ δὲ διὰ τοῦτο πράξεως οὐ μετέχει, ὅτι μὴ ἄλλοτε ἄλλα ἐνεργεῖ ὥσπερ
τὰ μερικὰ ζῷα, καὶ ὁ οὐρανὸς ἀεὶ τὴν αὐτὴν ἔχει τάξιν τῶν ἐνεργειῶν·
εἰ δέ, ὅτι κατὰ τόπον ἀκίνητος ἡ γῆ, διὰ τοῦτο ἄζως αὐτῷ δοκεῖ καὶ 35
ἄψυχος, πρῶτον μὲν αἰσχύνεσθαι δεῖ, εἰ τὰ μὲν φυτὰ τὰ ὑπὸ τῆς γῆς
ζωούμενα ζῆν λέγομεν καὶ ἔμψυχα εἶναι, αὐτὴν δὲ τὴν γῆν ἄζων καὶ ἄψυ-
25 χον· ἔπειτα ζῆν λέγων καὶ τὸν νοῦν καὶ τὴν ψυχὴν ὁ Ἀριστοτέλης οὐκ
ἀναγκάζει κατὰ τόπον αὐτὰ κινεῖσθαι· κἂν ἕστηκεν ἡ γῆ ἑστία τοῦ παντὸς 40
οὖσα, ταύτην ἔχει πρᾶξιν καὶ ἐνέργειαν· ὡς γὰρ τὸ κινεῖσθαι ζωτικῶς,
οὕτως καὶ τὸ ἑστάναι ζωτικῶς πρᾶξίς ἐστι καὶ ἐνέργεια ἔμψυχος· διὸ τὰ
μὲν οὐράνια κινεῖται, ἡ δὲ γῆ ἕστηκε, τὰ δὲ μερικὰ ζῷα καὶ κινεῖται καὶ
30 ἕστηκε.

p. 292ᵇ25   Περὶ δὲ τῆς ἀπορίας ἕως τοῦ | πολλὴν ὑπεροχὴν 220ᵃ
εἶναι τῆς πρώτης πρὸς τὰς ἄλλας.

Δύο προθεὶς ἀπορίας καὶ τὴν πρώτην διαλύσας ἐπὶ τὴν δευτέραν μέτεισι

---

3 δύο] o seq. ras. E?   5 Νόμοις] VII 822   6 οὕτως Fc   πλάνηται A
οὕτως c   7 Τιμαίῳ] 35 a   9 τὴν ἀνωμαλίαν Fc   9. 10 καταβοᾷ om. A
10 ταύτην] ταῦτα A: hoc b   13 θαυμάσοι DF: θαυμάσῃ A: θαυμάσει E: θαυμά-
σαι c   15 κομιδῇ A   συνεσταλμένα? A   17 ἁπλᾶ ᾖ A: ἁπλῆν D: ἁπλῆς
E: ἁπλᾶ ἦν E²Fbc   ἦν ἀνάγκη ADE: ἂν ἦν ἀνάγκη E²: ἀνάγκη ἦν Fc   18 ἐψύ-
χωται F: ἐμψύχωται ADE   19 συγκείμενα A   ante ἑνός del. συγκείμενο A
ὃ Ab: ὅπερ DEFc   20 ἄλλοτ' D   22 ἐδόκει A   26 ἕστηκεν Ab: ἕστηκεν
οὖν DEFc   27 πρᾶξιν ἔχει Fc   28 οὕτω D   ἔμψυχος Ab: εἰκότως ἐμψύχου
DE: ἐμψύχου F   30 ἕστηκεν Fc   33 προθεὶς DEb: προσθεὶς AF   λύσας Fc

λήνην οὐ πάσας κινουμένους τὰς κινήσεις, ἐφ' ὅσον δυνατόν, αὐτῆς 219ᵃ μεταλαμβάνειν.

Οὕτω μὲν οὖν ὁ Ἀριστοτέλης τὴν λύσιν τῆς ἀπορίας ἀποδέδωκεν ἐνδοὺς τῇ ἀπορίᾳ καὶ συγχωρήσας τοὺς πλάνητας πολλὰς κινεῖσθαι κινήσεις τῷ εἴδει διὰ τοὺς φαινομένους αὐτῶν οὐ μόνον προποδισμούς, ἀλλὰ καὶ ὑποποδισμοὺς καὶ στηριγμοὺς καὶ φάσεις διαφόρους καὶ προηγήσεις καὶ ἀκολουθήσεις καὶ πολυειδεῖς ἀνωμαλίας· διὰ γὰρ τὸ ταύτας σώζεσθαι πλείονας καθ' ἕκαστον κινήσεις παραλαμβάνουσιν, οἱ μὲν ἐκκέντρους καὶ ἐπικύκλους, οἱ δὲ ὁμοκέντρους τὰς ἀνελιττούσας καλουμένας ὑποτιθέμενοι. ὁ δέ γε ἀληθὴς λόγος οὔτε στηριγμοὺς αὐτῶν ἢ ὑποποδισμοὺς αὐτῶν οὔτε προσθέσεις ἢ ἀφαιρέσεις τῶν ἐν ταῖς κινήσεσιν ἀριθμῶν παραδεχόμενος, κἂν οὕτω φαίνωνται κινούμενοι, οὐδὲ τὰς ὑποθέσεις ὡς οὕτως ἐχούσας προσίεται, ἀλλὰ ἁπλᾶς καὶ ἐγκυκλίους καὶ ὁμαλεῖς καὶ τεταγμένας τὰς οὐρανίας κινήσεις ἀπὸ τῆς οὐσίας αὐτῶν τεκμαιρόμενος ἀποδείκνυσι· μὴ δυνάμενοι δὲ δι' ἀκριβείας ἑλεῖν, πῶς αὐτῶν διακειμένων φαντασία μόνον ἐστὶ καὶ οὐκ ἀλήθεια τὰ συμβαίνοντα, ἠγάπησαν εὑρεῖν, τίνων ὑποτεθέντων δι' ὁμαλῶν καὶ τεταγμένων καὶ ἐγκυκλίων κινήσεων δυνήσεται διασωθῆναι τὰ περὶ τὰς κινήσεις τῶν πλανᾶσθαι λεγομένων φαινόμενα. καὶ πρῶτος τῶν Ἑλλήνων Εὔδοξος ὁ Κνίδιος, ὡς Εὔδημός τε ἐν τῷ δευτέρῳ τῆς Ἀστρολογικῆς ἱστορίας ἀπεμνημόνευσε καὶ Σωσιγένης παρὰ Εὐδήμου τοῦτο λαβών, ἅψασθαι λέγεται τῶν τοιούτων ὑποθέσεων Πλάτωνος, ὥς φησι Σωσιγένης, πρόβλημα τοῦτο ποιησαμένου τοῖς περὶ ταῦτα ἐσπουδακόσι, τίνων ὑποτεθεισῶν ὁμαλῶν καὶ τεταγμένων κινήσεων διασωθῇ τὰ περὶ τὰς κινήσεις τῶν πλανωμένων φαινόμενα.

Εἰ οὖν ὑποθέσεις εἰσὶν αἱ πλείονες καθ' ἕκαστον τῶν πλανωμένων πλειόνων οὖσαι σωμάτων κινήσεις καὶ οὐχ ὡς κατὰ ἀλήθειαν οὕτως ἔχουσαι ἀπο|δείκνυνται, ὡς δηλοῖ τὸ ἄλλον ἄλλως αὐτὰς ὑποθέσθαι, τίς ἀνάγκη 219ᵇ ὡς κατὰ ἀλήθειαν πλειόνων ὄντων σωμάτων περὶ ἕκαστον τῶν ἀπλανῶν καὶ διὰ τοῦτο πλειόνων κινήσεων οὕτως αἰτίαν ζητεῖν, διὰ τί οἱ προσεχεῖς τῇ ἀπλανεῖ πλάνητες πλείονας φέρονται φορὰς τῶν ἐσχάτων; μήποτε δέ, εἰ χρὴ τολμᾶν ὅλως ἡμᾶς τοιαύτας ποιεῖσθαι συγκρίσεις, οὐ πρὸς τὴν τῶν τόπων διαφορὰν τὰς ἀξίας αὐτῶν ἀφορίζειν ἀνάγκη, ἀλλ' ἐκεῖ λέγειν

τίς γὰρ ἦδε, εἰ μὴ πρὸς τὴν ὑπεροχὴν ἀποδέδωκε; τὸ γὰρ λέγειν ἥδε ἡ 220ᵃ
θέσις καὶ ἡ τάξις καὶ ἡ δοκοῦσα ἀνισότης, ὥς ὁ Ἀλέξανδρός φησι, πολὺ 45
τὸ ἐλλειπτικὸν ἔχει τῆς ἑρμηνείας. μήποτε οὖν πολλὴν | εἰπὼν τὴν 220ᵇ
ὑπεροχὴν τῆς ἀπλανοῦς πρὸς τὰς πλανωμένας καὶ διὰ τούτου λύσας τὴν
5 ἀπορίαν ἐφεξῆς δείκνυσιν, ὅτι καὶ ἥδε ἡ ὑπεροχὴ ἀνισάζεταί πως διὰ τῆς
ἀναλογίας ὑπὸ τῆς θείας δημιουργίας. ὡς γὰρ ἡ μία κίνησις τῆς ἀπλανοῦς
ἔχει πρὸς τὰ πολλὰ ὑπ' αὐτῆς κινούμενα ἄστρα, οὕτω τὸ πλανώμενον ἓν 5
ἄστρον πρὸς τὰς κινουμένας αὐτῷ πολλὰς κινήσεις. εἰ γὰρ μὴ οὕτως τις
ἀποδέξαιτο τὸ εἰρημένον, ἀλλ' ὡς ἴδιον καθ' αὑτὸ τελέως ἐπιχείρημα,
10 μήποτε καὶ ἀνατρεπτικόν ἐστι τοῦ πρὸ αὐτοῦ ῥηθέντος, εἴπερ ἐκεῖνο μὲν
τὴν ὑπεροχήν, τοῦτο δὲ τὴν ἀνίσωσιν ᾐτιάσατο. 10

p. 293ᵃ 4 Καὶ ἔτι διὰ τοῦτο ἓν ἔχουσι σῶμα αἱ ἄλλαι σφαῖραι
ἕως τοῦ παντὸς δὲ πεπερασμένου σώματος πρὸς πεπερασμένον
ἡ δύναμίς ἐστιν.

15 Ἄλλο τοῦτο ἐπιχείρημα ἢ δεύτερον ἢ τρίτον τὴν αἰτίαν ἀπὸ τῶν
ἀνελιττουσῶν καλουμένων σφαιρῶν ἀποδιδὸν τοῦ τὰς μὲν πλανωμένας ἓν
ἄστρον ἔχειν ἑκάστην, τὴν δὲ ἀπλανῆ τοσαῦτα. λέγει οὖν, ὅτι ἡ σφαῖρα ἡ
τὸ ἓν ἄστρον ἔχουσα τὸ πλανᾶσθαι λεγόμενον ἐν πολλαῖς σφαίραις ταῖς 20
ἀνελιττούσαις καλουμέναις ἤ, ὡς ὁ Θεόφραστος αὐτὰς καλεῖ, ταῖς ἀνά-
20 στροις ἐνδεδεμένη φέρεται τελευταία οὖσα τῆς ὅλης αὐτῶν συντάξεως,
οἷον τῶν τὸν Κρόνον ἢ τὸν Δία ἢ τῶν ἄλλων τινὰ κινουσῶν· καὶ ἑκάστῃ
μέντοι τούτων τῶν σφαιρῶν τῇ τε ἄστρον ἐχούσῃ καὶ ταῖς ταύτην περι- 25
χούσαις ἴδιόν ἐστι κατὰ φύσιν ἁπλῆ κίνησις, ἡ δὲ ποικιλία καὶ ἀνωμαλία
τοῦ ἀστέρος προποδίζειν τε καὶ ὑποποδίζειν δοκοῦντος καὶ προστιθέναι καὶ
25 ἀφαιρεῖν τοῖς ἀριθμοῖς καὶ στηρίζειν ἔξωθεν πρόσκειται· ὑπὸ γὰρ τῶν
ἀνελιττουσῶν γίνεται κινουμένης μὲν ἑκάστης αὐτῶν, ὡς εἴρηται, κατὰ τὴν 30
ἑαυτῆς ἰδίαν κίνησιν, κινούσης δὲ τὴν τὸ ἄστρον ἐχούσαν ἄλλης ἄλλως
κατὰ τὴν ἑαυτῆς οἰκείαν κίνησιν. ἐπειδὴ οὖν ἑκάστη σφαῖρα σῶμα τυγχάνει
ὄν, τῇ δὲ ἐξωτάτω καθ' ἑκάστην σύνταξιν σὺν τῇ ἀπλανεῖ κινουμένῃ πρὸς
30 τῇ ἰδίᾳ κινήσει πρόσκειται τὸ καὶ τὰς ἄλλας τὰς ὑφ' ἑαυτῆς περιεχομένας 35

---

2 ἀνησότης A   3 πολὴν E: corr. E²   7 οὕτως] οὕτω(ς) καὶ Fc   8 κινουμένας]
mut. in κινούσας E²: *moventes* b   αὐτῷ Ac: αὐτὸ DEFb: corrigere voluit E²
οὕτω D   9 ἀποδείξαιτο A   11 τὴν (alt.) om. A   12 τοῦτο AF: τόδε DE: τόδ' c
σφαῖραι AF: φοραὶ Dc   13 πρὸς πεπερασμένον DF: προσπεπερασμένη A   15 ἐπιχείρημα
τοῦτο Fc   ἀπὸ τῶν] suprascr. E¹   19 καλεῖ] fr. 31 Wimmer   19. 20 ἐνάστροις A
21 τῶν (pr.) om. A   ἢ (pr.)] οἷον A   22 μέντοι A: μὲν DE: om. b   ἄστρον]
corr. ex τῶν ἄστρων E²: τὰ ἄστρα D   23 ἴδιόν A: ἴδιός D et in ras. E²   24 δο-
κοῦντα D   25 ἀφελεῖν A   πρόκειται E: corr. E²   26 γίνονται D
μὲν om. A   ἑκάστης] corr. ex ἕκαστος E²   27 ἑαυτῆς] in ras. D   κινούσης —
κίνησιν (28) om. A   ἄλλης] ἄλλην c   29 ἐξωτάτη A   ἑκάστη A   σύνταξιν
om. A   30 τὰς ἄλλας τὰς] ἄλλας c¹

τὴν ζητοῦσαν, διὰ τί ἡ μὲν ἀπλανὴς μία οὖσα σφαῖρα καὶ μίαν κινουμένη
φορὰν τοσοῦτον ἔχει πλῆθος ἀστέρων ὡς ἀνάριθμον δοκεῖν πάντων μίαν
κίνησιν τὴν τῆς ἀπλανοῦς κινουμένων, τῶν δὲ πλανᾶσθαι λεγομένων ἕκαστον
ἰδίαν κίνησιν εἴληφε κατὰ τὴν σφαῖραν, ἐν ᾗ μόνον αὐτό ἐστι. ταύτην οὖν
5 τὴν ἀπορίαν τρισὶν ἢ δυοῖν ἐπιχειρήμασι λύων τὸ πρῶτον εἴρηκεν ἀπὸ τῆς
ὑπεροχῆς, ἣν ἔχει πρὸς τὰς ἄλλας σφαίρας ἡ ἀπλανής· κἂν γὰρ πᾶσαι
καὶ ζωὴν καὶ ἀρχικὸν ἀξίωμα ἔχωσιν, ἐννοῆσαι χρὴ πολλὴν ὑπεροχὴν
εἶναι καὶ ζωῆς καὶ ἀρχῆς τῆς πρώτης πρὸς τὰς ἄλλας. δηλοῖ δὲ τὴν
ὑπεροχὴν τῆς δυνάμεως ἥ τε ἄμεσος συγγένεια πρὸς τὸ πρῶτον ποιοῦν
10 τε καὶ κινοῦν αἴτιον καὶ τὸ πάντων τῶν ἄλλων εἶναι περιεκτικὴν καὶ τὸ
συμπεριφέρειν ἑαυτῇ τὰς ἄλλας καὶ ἔτι μέντοι τὸ διὰ μιᾶς καὶ ἁπλῆς κι-
νήσεως καὶ σχεδὸν ἀχρόνου, εἴ τις ἐννοήσοι τὸ μέγεθος, ὁλοκλήρου τυγ-
χάνειν τοῦ τελεωτάτου ἀγαθοῦ· ὥστε τάχα ἄν τις δικαιότερον τὸ ἐναντίον
θαυμάσειεν, εἰ τοσοῦτον ὑπερφέρουσα λόγον ὅμως ἀριθμητικόν τινα δυνά-
15 μεως ἔχει πρὸς τὰς ἄλλας, ὃν τὸ πλῆθος τῶν ὑπ' αὐτῆς κινουμένων
ἀστέρων πρὸς ἓν ἕκαστον τῶν ἐν ταῖς ἄλλαις ἐνδεδεμένων.

p. 292ᵇ30 Εἴη δ' ἂν ἥδε συμβαίνουσα κατὰ λόγον ἕως τοῦ τῷ δὲ
ἑνὶ σώματι πολλὰς φοράς.

Τοῦτο οὐ χρή, φασί, τοῖς ἐπάνω συνάπτοντας συγχεῖν τοὺς λόγους,
20 ἀλλ' ὡς δεύτερον ἐπιχείρημα ἀποδέχεσθαι. λέγει γάρ, ὅτι ἡ μὲν πρώτη
φορὰ ἡ τῶν ἀπλανῶν μία οὖσα πολλὰ κινεῖ τῶν θείων σωμάτων
κατὰ τὴν μίαν ἑαυτῆς κίνησιν, αἱ δὲ τῶν πλανωμένων φοραὶ καθ' ἕκαστον
ἀστέρα πολλαὶ οὖσαι πολλῶν σφαιρῶν ἓν σῶμα πολλὰς κινοῦσι κινήσεις·
ἕκαστον γὰρ τῶν πλανωμένων ἄστρων πλείους φέρεται φορὰς ὑπὸ πλειόνων
25 τῶν ἀνελιττουσῶν καλουμένων φερόμενον. ταύτῃ οὖν, φησί, καὶ τὴν
τοσαύτην ὑπεροχὴν ἀνισάζει ἡ φύσις καὶ ποιεῖ τινα τάξιν τῇ μὲν
μιᾷ φορᾷ τῆς ἀπλανοῦς πολλὰ ἀποδοῦσα σώματα τῶν ἀπλανῶν
ἀστέρων, τῷ δὲ ἑνὶ σώματι τοῦ πλανωμένου ἀστέρος πολλὰς κινήσεις.
καὶ οἱ μὲν ἐξηγηταὶ ὡς ἴδιον αὐτόθεν τοῦτο τάττοντες ἐπιχείρημα μὴ
30 συνάπτειν αὐτὸ τῷ προτέρῳ παρακελεύονται· μήποτε δέ, εἰ μὴ συνάπτοιτο
ἐκείνῳ, ἀδιανόητόν ἐστι τὸ εἴη δ' ἂν ἥδε συμβαίνουσα κατὰ λόγον.

---

1 μίαν] seq. ras. 4 litt. E   κινουμένην A, sed corr.   2 τοιοῦτον Fc   5 εἴρηκεν A:
dictum accipit b: εἴληφεν c: εἴληπται DE²F: εἴλειπται E   9 ἤ] corr. ex εἴ E²
11 περιφέρειν D: συμφέρειν F   12 ἐννοήσει c   13 δικαιότερον] -ό- e corr. E
14 ὑπερφέρουσι A   ἀριθμητικόν] mut. in ἀριθμόν E²   15 ἐν E: ὂν ADE²F:
quorum b (etiam ὧν E²): τοσοῦτον ὂν c   ὑπ'] ἐπ' c   16 ἐν Ab: om. DEFc
17 δὲ] δ' c   18 διαφοράς E   19 τοῖς ἐπάνω φασί E   συγχεῖν A: συγχεεῖν DFc:
συνέχειν E   21 μία om. A   οὖσα om. c   25 ταύτῃ Fc   26 ἀνισάζῃ? A
27 τῆς ἀπλανοῦς] τἀπλανοῦς D   ἀποδιδοῦσα Fc   28 δ' c   29 αὐτῷ D:
αὐτόθι E   τοῦτο] ins. D   30 συνάπτοιτο DEb: συνάπτοντ// A: συνάπτον Fc
31 ἀδιονόητόν D   λόγον] seq. ras. 4 litt. E

SIMPLICII IN L. DE CAELO II 12 [Arist. p. 293a4]   493

σεσι τὸ ἐγκύκλιον καὶ ὁμαλὲς καὶ τεταγμένον ἀνενδοιάστως ἀποδιδοὺς πρό- 221a
βλημα τοῖς μαθηματικοῖς προὔτεινε, τίνων ὑποτεθέντων δι' ὁμαλῶν καὶ 80
ἐγκυκλίων καὶ τεταγμένων κινήσεων δυνήσεται διασωθῆναι τὰ περὶ τοὺς
πλανωμένους φαινόμενα, καὶ ὅτι πρῶτος Εὔδοξος ὁ Κνίδιος ἐπέβαλε ταῖς
5 διὰ τῶν ἀνελιττουσῶν καλουμένων σφαιρῶν ὑποθέσεσι. Κάλλιππος δὲ ὁ
Κυζικηνὸς Πολεμάρχῳ συσχολάσας τῷ Εὐδόξου γνωρίμῳ μετ' ἐκεῖνον εἰς 35
Ἀθήνας ἐλθὼν τῷ Ἀριστοτέλει συγκατεβίω τὰ ὑπὸ τοῦ Εὐδόξου εὑρεθέντα
σὺν τῷ Ἀριστοτέλει διορθούμενός τε καὶ προσαναπληρῶν· τῷ γὰρ Ἀρι-
στοτέλει νομίζοντι δεῖν τὰ οὐράνια πάντα περὶ τὸ μέσον τοῦ παντὸς κινεῖ-
10 σθαι ἤρεσκεν ἡ τῶν ἀνελιττουσῶν ὑπόθεσις ὡς ὁμοκέντρους τῷ παντὶ τὰς 40
ἀνελιττούσας ὑποτιθεμένη καὶ οὐκ ἐκκέντρους, ὥσπερ οἱ ὕστερον. Εὐδόξῳ
τοίνυν καὶ τοῖς πρὸ αὐτοῦ τρεῖς ὁ ἥλιος ἐδόκει κινεῖσθαι κινήσεις, τῇ τε
τῶν ἀπλανῶν σφαίρᾳ ἀπ' ἀνατολῶν ἐπὶ δυσμὰς συμπεριαγόμενος καὶ αὐτὸς
τὴν ἐναντίαν διὰ τῶν δώδεκα ζῳδίων φερόμενος καὶ τρίτον ἐπὶ τοῦ διὰ 45
15 μέσων τῶν ζῳδίων εἰς τὰ πλάγια παρεκτρεπόμενος· καὶ γὰρ καὶ τοῦτο
κατείληπτο ἐκ τοῦ μὴ κατὰ τὸν αὐτὸν | ἀεὶ τόπον ἐν ταῖς τροπαῖς ταῖς 221b
θεριναῖς καὶ ταῖς χειμεριναῖς ἀνατέλλειν. διὰ τοῦτο οὖν ἐν τρισὶν αὐτὸν
φέρεσθαι ἔλεγον σφαίραις, ἃς ὁ Θεόφραστος ἀνάστρους ἐκάλει ὡς μηδὲν
ἐχούσας ἄστρον καὶ ἀνταναφερούσας μὲν πρὸς τὰς κατωτέρω, ἀνελισσούσας 5
20 δὲ πρὸς τὰς ἀνωτέρω. τριῶν γὰρ οὐσῶν περὶ αὐτὸν κινήσεων ἀδύνατον
ἦν τὰς ἐναντίας ὑπὸ τοῦ αὐτοῦ κινεῖσθαι, εἴ γε μὴ καθ' αὑτὸν μήτε ὁ
ἥλιος μήτε ἡ σελήνη μήτε ἄλλο τι τῶν ἄστρων κινεῖται, πάντα δὲ ἐνδεδε-
μένα φέρεται τῷ κυκλικῷ σώματι. εἰ μὲν δὴ τήν τε κατὰ μῆκος περίοδον 10
καὶ τὴν εἰς πλάτος παραχώρησιν ἐν ἑνὶ καὶ τῷ αὐτῷ χρόνῳ ἐποιεῖτο,
25 αὐτάρκεις ἂν ἦσαν δύο σφαῖραι, μία μὲν ἡ τῶν ἀπλανῶν ἐπὶ δυσμὰς
περιιοῦσα, ἑτέρα δὲ πρὸς ἕω περὶ ἄξονα στρεφομένη ἐνδεδεμένον μὲν τῇ
προτέρᾳ, πρὸς ὀρθὰς δὲ ὄντα λοξῷ κύκλῳ, καθ' οὗ τὴν πορείαν ἔδοξεν ἂν 15
ποιεῖσθαι ὁ ἥλιος. ἐπεὶ δὲ οὐχ οὕτως ἔχει, ἀλλὰ τὸν μὲν κύκλον ἐν ἄλλῳ
χρόνῳ περίεισι, τὴν δὲ κατὰ πλάτος παραχώρησιν ἐν ἄλλῳ τῳ ποιεῖται,
30 ἀνάγκη καὶ τρίτην προσλαβεῖν σφαῖραν, ὅπως ἑκάστη κίνησις ἑκάστην τῶν
φαινομένων περὶ αὐτὸν ἀποδιδῷ. ταύτῃ τοίνυν τριῶν οὐσῶν τῶν σφαιρῶν 20

1 ἀνεδειάστως E: ἀνενδειάστως E²: ἀνενδυάστως c   2 προὔτεινε om. A   3. 4 τὰς πλανωμένας Fc   4 ἐπέβαλλε A   5 καλουμέναις A   Κάλιππος AF   6 Κυζηκηνὸς D: Κιζικηνὸς E: corr. E²   7 ἐλθών] ἐλθόντων DE: corr. E²   8 συναναπληρῶν Fc   11 οἱ DEF: om. Ab   13 σφαίρων A   αὐτὴν F: om. c   14 τοῦ] τὸ A   15 μέσου A   καὶ (alt.) om. A   16 ταῖς (alt.) A: om. DEFc   17 αὐτόν] ἔλεγον αὐτὸν DE   18 φέρεσθαι ἔλεγον A: ἔλεγε φέρεσθαι Fbc: φέρεσθαι DE   ὁ om. DE   ἐκάλει) fr. 32 Wimmer   19 τὰς A: τὰ DEFc ἀνελιττούσας Fc   20 δὲ] καὶ A   τὰς AD: τὰ EFc   οὐσῶν] c corr. D   αὐτῶν] αὐτῶν DE: corr. E²   21 αὐτὸν A: ἑαυτὸν DEFc   23 κυκλικῷ D: κυκλίῳ E: κύκλῳ AE² ἐγκυκλίῳ Fc   24 ἐποιεῖτο] -o c corr. E¹   25 αὐτάρκης E   26 περιιστῶσα A   ἄξωνα A   27 τῷ λοξῷ Fc   πορείαν] -εί- c corr. E ἔδοξεν] -ν eras. E   30 τὴν τρίτην Fc   ὅπως] ὅπερ F: ἵναπερ c   ἑκάστην] mut. in ἕκαστον E²   31 αὐτὸν E²Fb: αὐτῶν ADE

κινεῖν κοινῶς τὴν αὐτὴν κίνησιν πάσας, ἣν αὐτὴ κινεῖται, ἐργῶδες ἂν ἦν 220ᵇ αὐτῇ κινεῖν καὶ σφαίρας σωματικὰς τοσαύτας καὶ τὴν τὸ ἓν ἄστρον ἔχουσαν μηκέτι ἓν ἔχουσαν ἀλλὰ πολλά, ὥσπερ καὶ τῇ ἀπλανεῖ. τὸ δὲ ἐργῶδες ἔδειξεν ὁ Ἀριστοτέλης διὰ τοῦ εἰπεῖν **παντὸς δὲ πεπερασμένου σώμα-** 40
5 **τος πρὸς πεπερασμένον ἡ δύναμίς ἐστιν**. εἰ μὲν γὰρ ἄπειρον εἶχε δύναμιν τὸ κινοῦν, οὐδὲν ἂν ἦν πρᾶγμα ὁσαοῦν ὑποβάλλειν αὐτῷ πρὸς τὸ κινεῖσθαι, ἐπειδὴ δὲ σῶμα ὂν πεπερασμένον πεπερασμένην ἔχει δύναμιν, πρὸς πεπερασμένον ἂν εἴη αὕτη ἡ δύναμις καὶ σύμμετρον αὐτῇ καὶ οὐ πρὸς 45 ὁποιονοῦν. εἰ οὖν ὑπεραίρει τὴν τῆς μιᾶς σφαίρας κινητικὴν δύναμιν πρὸς
10 τὸ | κινεῖσθαι ὑπ' αὐτῆς τὰ τοσαῦτα σώματα, εἰ καὶ πολλοὺς εἶχεν 221ᵃ ἀστέρας ἢ τὸν ἕνα ἔχουσα σφαῖρα, ἐργῶδες ἂν ὄντως ἦν τὸ ἐπίταγμα.

Δοκεῖ δέ μοι ὁ λόγος οὗτος ὡς ἐπ' ἐκείνῳ προϊέναι τῷ λέγοντι πολλὴν ὑπεροχὴν εἶναι τῆς ἀπλανοῦς πρὸς τὰς πλανωμένας· ἐπεὶ τί ἐκώλυεν, 5 ὥσπερ ἡ ἀπλανὴς τούς τε ἐν αὐτῇ πάντας ἀστέρας καὶ τὰς περιεχομένας
15 ὑφ' αὑτῆς σφαίρας πάσας ἑαυτῇ συγκινεῖ, οὕτω καὶ τὴν ἐξωτάτω τῶν ἀνελιττουσῶν τάς τε ὑφ' ἑαυτὴν ἀνελιττούσας κινεῖν καὶ τὴν τὸ ἄστρον μηκέτι ἓν ἀλλὰ πολλὰ ἔχουσαν; εἰ μὴ ἄρα τι διάφορον ἔχει τὸ τὴν μὲν ἀπλανῆ 10 μετὰ τῶν ἄστρων ὑφεστῶσαν καὶ κινουμένην τὴν ἑαυτῆς κίνησιν οὕτω τὰς περιεχομένας ὑπ' αὐτῆς συμπεριάγειν, τὴν δὲ τὸ πλανώμενον ἄστρον
20 ἔχουσαν, εἰ πλῆθος εἶχεν ἀστέρων, τὴν ὑπ' ἄλλου κίνησιν ἐργωδεστέραν ποιεῖν τῷ κινοῦντι. τὸ δὲ ἐργῶδες, οὐχ ὅτι βάρος ἔχει τὰ σώματα ἐκεῖνα· 15 τοῦτο γὰρ ἀποδεικτικῶς ὁ Ἀριστοτέλης ἀπέφησεν· ἀλλ' ὅτι χρὴ πάντως καὶ ἐν ἐκείνοις συμμετρίαν τοῦ κινοῦντος πρὸς τὸ κινούμενον εἶναι, δι' ὃ τὴν ἀπόδειξιν ἀπὸ ταύτης ὁ Ἀριστοτέλης πεποίηται.
25 Ἐπιστῆσαι δὲ χρή, ὅτι καὶ τοῦτο τὸ ἐπιχείρημα ὡς ἐπὶ ἀληθῶς 20 ὑφεστώσαις προῆλθε ταῖς κατὰ τὰς ἀνελιττούσας ἀστρολογικαῖς ὑποθέσεσιν οὐδεμίαν ἐχούσαις ἀνάγκην, ὡς καὶ πρότερον εἶπον, εἴπερ καὶ ἄλλοι δι' ἄλλων ὑποθέσεων ἔσωσαν τὰ φαινόμενα. οἰκεῖον δὲ ἂν εἴη τοῖς περὶ τοῦ οὐρανοῦ καὶ τῶν οὐρανίων κινήσεων λόγοις τὸ καὶ περὶ τῶν ὑποθέσεων 25
30 τούτων βραχέα διαλεχθῆναι, ὧν ὑποτεθεισῶν ἕκαστοι σώζειν τὰ φαινόμενα διετείνοντο. καὶ εἴρηται καὶ πρότερον, ὅτι ὁ Πλάτων ταῖς οὐρανίαις κινή-

---

1 αὑτήν] ἑαυτῶν ο corr. E³   αὐτῇ] αὕτη Ab   ἐργῶδες] corr. ex ἔργῳ δ' DE²
2 κινεῖ E: corr. E²   3 ἔχουσα A   τῇ ἀπλανεῖ AD: corr. ex τῇ ἀπλανῆ E²: τὴν ἀπλανῆ Fbc   5 πρός om. AFc   πεπερασμένη Fc   6 οὐδὲν ἂν DEF: non utique b: οὐδὲ A   ὁσαοῦν F: ὁποσαοῦν c   7 ὄν] corr. ex ὧν A   8 πρὸς πεπερασμένον] προσπεπερασμένη A   9 ποιονοῦν E: corr. E²   10 τὰ om. c
11 ὄντως b: corr. ex ὄντος A: οὕτως DEFc   12 οὗτος om. D   13 εἶναι] εἶναι τῷ λέγοντι A   14 αὑτῇ] αὐτῇ A: ἑαυτῇ DEFc   15 ὑφ' αὑτῆς] ὑπ' αὐτῆς A: ὑφ' ἑαυτῆς DEFc   οὕτως c   ἐξωτάτω DE: comp. AF: ἐξωτάτην c   18 τῶν] seq. ras. 4 litt. E   ὑφεστῶσα A   κινουμένη A: κινουμένης F   οὕτως c
21 ποιεῖν] ποιεῖ A   22 ἀπέφηνεν E   23 τοῦ] εἶναι τοῦ c   εἶναι om. c
25 mg. περὶ τῶν ὑποθέσεων A   26 ταῖς om. E   ἀνελιττούσας D   27 καὶ (alt.) Ab: om. DEFc   28 ἔσωσε A   δ' Fc   29 κινήσεως c   30 ὧν] τῶν A   ἕκαστοι DEFb: ἑκάστῳ A: ἕκαστον E

ὁμοίως, ἀλλ' ἐναντίως μὲν τῇ δευτέρᾳ, τῇ δὲ πρώτῃ φερομένην ἐπὶ ταὐτὰ 222ᵃ
βραδεῖαν μὲν κίνησιν κινουμένην, περὶ ἄξονα δ' οὖν στρεφομένην ὀρθὸν
πρὸς τὸ ἐπίπεδον τοῦ κύκλου, ὃς ἐπινοηθείη ἂν ὑπὸ τοῦ κέντρου τῆς
σελήνης γραφόμενος ἐγκεκλιμένος πρὸς τὸν διὰ μέσων τῶν ζῳδίων τοσοῦτον,
ὅσον ἡ πλείστη κατὰ πλάτος τῇ σελήνῃ παραχώρησις γίνεται· φανερὸν δὲ
ὅτι οἱ τῆς τρίτης σφαίρας πόλοι ἀπὸ τῶν τῆς δευτέρας διεστῶτες ἂν εἶεν
περιφέρειαν ἐπὶ τοῦ δι' ἀμφοῖν νοουμένου μεγίστου κύκλου, ἡλίκη ἐστὶν ἡ
ἡμίσεια τοῦ πλάτους, ὃ κινεῖται ἡ σελήνη. τὴν μὲν οὖν πρώτην ὑπέθετο
σφαῖραν διὰ τὴν ἀπ' ἀνατολῶν αὐτῆς ἐπὶ δυσμὰς περίοδον, τὴν δὲ δευτέ-
ραν διὰ τὴν ὑπὸ τὰ ζῴδια φαινομένην αὐτῆς ὑπόλειψιν, τὴν τρίτην δὲ διὰ
τὸ μὴ ἐν τοῖς αὐτοῖς τοῦ ζῳδιακοῦ σημείοις βορειοτάτην τε καὶ νοτιωτάτην
φαίνεσθαι γινομένην, ἀλλὰ μεταπίπτειν τὰ τοιαῦτα σημεῖα τῶν ζῳδίων ἀεὶ
ἐπὶ τὰ προηγούμενα. διὸ δὴ καὶ τὴν σφαῖραν ταύτην ἐπὶ ταὐτὰ τῇ τῶν
ἀπλανῶν κινεῖσθαι, τῷ δὲ τὴν μετάπτωσιν παντάπασιν ὀλίγην γίνεσθαι καθ'
ἕκαστον μῆνα τῶν εἰρημένων σημείων βραδεῖαν αὐτῆς τὴν ἐπὶ δυσμῶν
κίνησιν ὑπεστήσατο.

  Τοσαῦτα μὲν δὴ καὶ περὶ σελήνης, περὶ δὲ τῶν πέντε πλανήτων τὴν
δόξαν ἐκτιθέμενος αὐτοῦ ὁ Ἀριστοτέλης διὰ τεττάρων σφαιρῶν τούτους
κινεῖσθαί φησιν, ὧν ἡ πρώτη τε καὶ ἡ δευτέρα αἱ αὐταὶ καὶ τὴν αὐτὴν
ἔχουσαι θέσιν ταῖς ἐπί τε ἡλίου καὶ σελήνης πρώταις δύο· ἥ τε γὰρ
ἁπάσας περιέχουσα καθ' ἑκάστην αὐτῶν ἐστι σφαῖρα περὶ τὸν ἄξονα τοῦ
κόσμου στρεφομένη ἐπὶ δυσμὰς ἀπ' ἀνατολῶν ἰσοχρονίως τῇ τῶν ἀπλανῶν,
καὶ ἡ δευτέρα τοὺς πόλους ἐν τῇ πρώτῃ ἔχουσα περὶ ἄξονα καὶ πόλους
τοῦ διὰ μέσων τῶν ζῳδίων ἔμπαλιν τὴν στροφὴν ποιεῖται ἀπὸ δυσμῶν ἐπ'
ἀνατολάς, ἐν ᾧ χρόνῳ ἕκαστος αὐτῶν δοκεῖ τὸν ζῳδιακὸν κύκλον διεξ-
ιέναι· διὸ ἐπὶ μὲν τοῦ τε Ἑρμοῦ ἀστέρος καὶ τοῦ Ἑωσφόρου ἐνιαυτῷ
φησι τὴν τῆς δευτέρας σφαίρας συντελεῖσθαι, ἐπὶ δὲ τοῦ Ἄρεος ἔτεσι δυσίν,
ἐπὶ δὲ τοῦ Διὸς δώδεκα ἔτεσι, ἐπὶ δὲ τοῦ Κρόνου τριάκοντα, ὃν Ἡλίου
ἀστέρα οἱ παλαιοὶ προσηγόρευον. αἱ δὲ λοιπαὶ δύο ὧδέ πως ἔχουσιν· ἡ
μὲν τρίτη καθ' ἕκαστον τοὺς πόλους ἔχουσα ἐπὶ τοῦ διὰ μέσων τῶν

καὶ πασῶν ὁμοκέντρων ἀλλήλαις τε καὶ τῷ παντὶ τὴν μὲν τὰς δύο περιέ- 221ᵇ
χουσαν περὶ τοὺς τοῦ κόσμου πόλους ὑπετίθετο στρέφεσθαι ἐπὶ ταὐτὰ τῇ
τῶν ἀπλανῶν καὶ ἰσοχρονίως ταύτῃ ἀποκαθισταμένην, τὴν δὲ ταύτης μὲν
ἐλάττω, μείζω δὲ τῆς λοιπῆς, ἐπιστρέφεσθαι περὶ ἄξονα, καθάπερ εἴρηται, 25
5 πρὸς ὀρθὰς ὄντα τῷ τοῦ διὰ μέσων τῶν ζῳδίων ἐπιπέδῳ ἀπὸ δυσμῶν ἐπὶ
ἀνατολάς, τὴν δὲ ἐλαχίστην καὶ αὐτὴν μὲν ἐπιστρέφεσθαι ἐπὶ ταὐτὰ τῇ
δευτέρᾳ, περὶ ἄξονα μέντοι ἕτερον, ὃς νοοῖτο ἂν ὀρθὸς πρός τινος κύκλου
ἐπίπεδον μεγίστου καὶ λοξοῦ, ὃν ὁ ἥλιος τῷ ἑαυτοῦ κέντρῳ γράφειν δοκεῖ 30
φερόμενος ὑπὸ τῆς ἐλαχίστης σφαίρας, ἐν ᾗ καὶ ἐνδέδεται. τὴν δ' οὖν
10 ὑπόλειψιν τῆς σφαίρας ταύτης βραδυτέραν πολλῷ τίθεται ἢ τὴν τῆς περιε-
χούσης αὐτήν, μέσης δὲ οὔσης τῷ τε μεγέθει καὶ τῇ θέσει, ὥς ἐστι δῆλον
ἐκ τοῦ Περὶ ταχῶν αὐτῷ γεγραμμένου συγγράμματος. ἡ μὲν οὖν μεγίστη 35
τῶν σφαιρῶν ἐπὶ ταὐτὰ τοῖς ἀπλανέσιν ἄμφω τὰς λοιπὰς ἐπιστρέφει διὰ
τὸ τῆς μὲν φέρειν ἐν ἑαυτῇ ὄντας τοὺς πόλους, ἐκείνην δὲ τοὺς τῆς τρίτης
15 τῆς φερούσης τὸν ἥλιον, ὁμοίως δὲ ἔχουσαν ἐν ἑαυτῇ τοὺς πόλους μεθ'
ἑαυτῆς, ἐφ' ἃ περιάγεται, συνεπιστρέφειν καὶ ταύτην καὶ ἅμα ταύτῃ τὸν 40
ἥλιον, οὕτω τε φαίνεσθαι αὐτὸν ἀπ' ἀνατολῶν ἐπὶ δυσμὰς φερόμενον συμ-
βαίνει. καὶ εἰ μέν γε ἀκίνητοι ἦσαν καθ' ἑαυτὰς αἱ δύο σφαῖραι ἥ τε
μέση καὶ ἡ ἐλαχίστη, ἰσοχρόνιος κόσμου στροφῇ γίνοιτο ἂν ἡ τοῦ ἡλίου
20 περιαγωγή, νῦν δέ, ἐπεὶ πρὸς τοὐναντίον αὗται ἀποστρέφονται, ὑστερεῖ τοῦ 45
εἰρημένου χρόνου ἡ ἀπ' ἀνατολῆς ἐπὶ τὴν ἑξῆς ἀνατολὴν τοῦ ἡλίου
ἀπονόστησις.
 Καὶ ταῦτα μὲν περὶ τὸν | ἥλιον, περὶ δὲ τὴν σελήνην τὰ μὲν κατὰ 222ᵃ
ταῦτα, τὰ δὲ οὐ κατὰ ταῦτα διετάξατο· τρεῖς μὲν γὰρ σφαίρας καὶ ταύτην
25 εἶναι τὰς φερούσας, διότι καὶ τρεῖς αὐτῆς ἐφαίνοντο εἶναι κινήσεις, τούτων
δὲ μίαν μὲν τὴν ὁμοίως κινουμένην τῇ τῶν ἀπλανῶν, ἑτέραν δὲ ἐναντίως 5
μὲν ταύτῃ, περὶ ἄξονα δὲ στρεφομένην πρὸς ὀρθὰς ὄντα τῷ ἐπιπέδῳ τοῦ
διὰ μέσου τῶν ζῳδίων, καθάπερ καὶ ἐφ' ἡλίου, τρίτην δὲ οὐκέτι καθάπερ
ἐφ' ἡλίου, ὅτι κατὰ μὲν τὴν θέσιν ὁμοίως, κατὰ δέ γε τὴν κίνησιν οὐχ

---

1 παντί] corr. ex πέρατι? E² 2 πόλους] -ους in ras. E ταὐτά—ἰσοχρονίως (3)] bis A. ταὐτὰ E²Fb: ταῦτα ADE 3 ἰσοχρονίως] corr. ex ἰσοχρόνως AE ἀποκαθισταμένην AE²b: ἀποκαθισταμένων DEF 5 ζῳδίων A 6 ἐπὶ A: ἐπ' DEFc ταὐτὰ E²Fb: ταῦτα ADE 7 ἕτερος A νοεῖτο E: corr. E² ὀρθῶς E: corr. E² 8 μεγίστη DE: corr. E² ὁ om. E δοκεῖ E: corr. E² 9 ἐλαχίστου A 10 ὑπόλειψιν DE²Fb: ὑπόληψιν AE 11 μέσου A τε A: om. DEFc 13 ταὐτὰ E²Fb: ταῦτα ADE ἀπλανέσι A 14 τῆς (pr.)] τὴν Fbc πόλους] -λ- e corr. E ἐκείνην F: κινεῖν ADEb τοὺς] τοῦ A 17 οὕτως c 17. 18 συμβαίνειν c 19 μέση DEb: μεγίστη AFc κόσμου στροφῇ E²F: κόσμου στροφὴ ADE: τῇ τοῦ κόσμου περιστροφῇ c γένοιτ' Fc 20 νῦν δέ A: νυνὶ δέ DE: om. Fc ἐπεὶ δὲ Fc ἀποστρέφονται A: μεταστρέφονται DEFc 21 ἀπ'] corr. ex ἐπ' E² 23 τοῦ ἡλίου D 24 ταῦτα E²Fb: ταῦτα ADE ταὐτὰ E²Fb: ταῦτα ADE διετάξατο] δέξατο DE: corr. E² 26 δὲ (pr.) ac: δὴ ADEFb 28 μέσου Ab: μέσων DEFc ζῳδίων AE: corr. E² ἐφ'] ἐ- 29 ὅτι] ἅτε c δέ om. DE

SIMPLICII IN L. DE CAELO II 12 [Arist. p. 293a4]   497

ἐν ἴσῳ χρόνῳ τὴν στροφὴν αὐτῶν ποιουμένη τό τε ἐπὶ πλέον ὑπερβάλλειν 222b
τὸν διὰ μέσων τῶν ζῳδίων παραιτήσεται καὶ τὴν λεγομένην ὑπὸ Εὐδόξου
ἱπποπέδην περὶ τὸν αὐτὸν τουτονὶ κύκλον τῷ ἀστέρι γράφειν παρέξεται,
ὥστε, ὁπόσον τὸ τῆς γραμμῆς ταύτης πλάτος, τοσοῦτον καὶ ὁ ἀστὴρ εἰς
5 πλάτος δόξει παραχωρεῖν, ὅπερ ἐγκαλοῦσι τῷ Εὐδόξῳ.

Αὕτη μὲν ἡ κατὰ Εὔδοξον σφαιροποιία εἴκοσι καὶ ἓξ τὰς πάσας ἐπὶ
τῶν ἑπτὰ παραλαμβάνουσα ἓξ μὲν ἐπὶ ἡλίου καὶ σελήνης, εἴκοσι δὲ ἐπὶ
τῶν πέντε. περὶ δὲ Καλλίππου τάδε γέγραφεν | ὁ Ἀριστοτέλης ἐν τῷ 223a
Λ τῆς Μετὰ τὰ φυσικά· "Κάλλιππος δὲ τὴν μὲν θέσιν τῶν σφαιρῶν τὴν
10 αὐτὴν ἐτίθετο Εὐδόξῳ, τουτέστι τῶν ἀποστημάτων τὴν τάξιν, τὸ δὲ πλῆθος
τῷ μὲν τοῦ Διὸς καὶ τῷ τοῦ Κρόνου τὸ αὐτὸ ἐκείνῳ ἀπεδίδου, τῷ δὲ 5
ἡλίῳ καὶ τῇ σελήνῃ δύο ᾤετο προσθετέας εἶναι σφαίρας, τὰ φαινόμενα εἰ
μέλλοι τις ἀποδώσειν, τοῖς δὲ λοιποῖς τῶν πλανήτων ἑκάστῳ ἀνὰ μίαν".
ὡς εἶναι κατὰ Κάλλιππον τὰς πάσας πεντάκις πέντε καὶ δὶς τέσσαρας,
15 τουτέστι τριάκοντα καὶ τρεῖς σφαίρας. οὔτε δὲ Καλλίππου φέρεται σύγ- 10
γραμμα τὴν αἰτίαν τῶν προσθετέων τούτων σφαιρῶν λέγον, οὔτε Ἀριστο-
τέλης αὐτὴν προσέθηκεν, Εὔδημος δὲ συντόμως ἱστόρησε, τίνων φαινομένων
ἕνεκα ταύτας προσθετέας εἶναι τὰς σφαίρας ᾤετο. λέγειν γὰρ αὐτόν φησιν,
ὡς, εἴπερ οἱ μεταξὺ τροπῶν τε καὶ ἰσημεριῶν χρόνοι τοσοῦτον διαφέρουσιν, 15
20 ὅσον Εὐκτήμονι καὶ Μέτωνι ἐδόκει, οὐχ ἱκανὰς εἶναι τὰς τρεῖς σφαίρας
ἑκατέρῳ πρὸς τὸ σώζειν τὰ φαινόμενα διὰ τὴν ἐπιφαινομένην δηλονότι ταῖς
κινήσεσιν αὐτῶν ἀνωμαλίαν. τὴν δὲ μίαν, ἣν ἐν ἑκάστῳ τῶν τριῶν πλα-
νήτων Ἄρεος καὶ Ἀφροδίτης καὶ Ἑρμοῦ προσετίθει, σφαῖραν, τίνος ἕνεχεν 20
προσετίθει, συντόμως καὶ σαφῶς ὁ Εὔδημος ἱστόρησεν. ὁ δὲ Ἀριστοτέλης
25 μετὰ τὸ ἱστορῆσαι τὴν τοῦ Καλλίππου δόξαν περὶ τῶν ἀνελιττουσῶν ἐπή-
γαγεν "ἀναγκαῖον δέ, εἰ μέλλουσι συντεθεῖσαι πᾶσαι τὰ φαινόμενα ἀπο-
δώσειν, καθ' ἕκαστον τῶν πλανωμένων ἑτέρας σφαίρας μιᾷ ἐλάττονας εἶναι 25
τὰς ἀνελιττούσας καὶ εἰς ταὐτὸν ἀποκαθιστώσας τῇ θέσει τὴν πρώτην
σφαῖραν ἀεὶ τοῦ ὑποκάτω τεταγμένου ἄστρου· οὕτω γὰρ μόνως ἐνδέχεται

---

2 τόν] τῶν EF   3 τουτονὶ A: τοῦτον DEFc   6 κατά] κατὰ τὸν Fc   7 περι-
λαμβάνουσα c   εἴκοσι] τέσσαρας c   8 Καλίππου A   ταῦτα Fc   ὁ om. E
9 Λ] λάβδα AF: λάμβδα D: λαμ δα E: λάμβδα E²   Μετὰ τὰ φυσικά] cap. 8. 1073b32
τά om. A   Κάλιππος A   10 ἐτίθετ' c   11 ταυτὸν c   ἐκεῖνο A
11. 12 δ' Ἡλίου c   12 τῷ Σελήνης c   ᾤετο] ᾤετ' ἔτι c   φαινόμεν' c   13 μέλ-
λει Ec   ἀποδώσειν E: corr. E²   ἀνὰ om. c   16 προσθετέων] mut. in προσθέ-
σεων E²   post τούτων add. τῶν E²   λέγον] λέγων AE: corr. A²   17 αὐτὸν E
προσέθηκεν] -ν eras. E   ἱστόρησε] fr. 97 Spengel   τίνων] πολλῶν A   19 ἰσημεριῶν DE:
ἰσημερίων A: ἰσημερινῶν Fc   20 Εὐκτήμονι] Ἀκτήμονι A: Almconi b   Μέτωνι] -ι e
corr. E¹   22 ἀνωμαλίαν] ἀνωμαλίας A   23 Ἄρεως E   προσετίθει] corr. ex προσε-
τίθη E²: προσετίθεισαν A   σφαῖραν – προσετίθει (24) om. A   σφαῖραν Fb: φορὰν DE
ἕνεχεν] -ν eras. E   24 προσετίθη E   Εὔδημος E: corr. E²   post ἱστόρησεν
lac. statuit Schiaparelli   25 τὴν τοῦ A: καὶ τὴν DEF: τὴν c   25. 26 ἐπήγαγεν]
Metaph. 1073b38 sq.   26 δ' c   φαινόμεν' c   26. 27 ἀποδώσειν E
27 μιᾷ] μία A: μιᾶς DE   28 ἀποκαθιστώσας Fc   29 μόνην A

Comment. Arist. VII Simpl. de Caelo.   32

ζωδίων τοῦ ἐν τῇ καθ' ἕκαστον δευτέρᾳ σφαίρᾳ | νοουμένου ἀπὸ μεσημ- 222ᵇ
βρίας ἐπὶ τὰς ἄρκτους ἐπιστρέφεται, ἐν ᾧ ἕκαστος χρόνῳ ἀπὸ φάσεως
ἐπὶ τὴν ἐφεξῆς φάσιν παραγίνεται τὰς πρὸς ἥλιον ἁπάσας σχέσεις διεξιών,
ὃν καὶ διεξόδου χρόνον οἱ ἀπὸ τῶν μαθημάτων καλοῦσιν. ἔστι δὲ οὗτος
5 ἄλλῳ ἄλλος, διὸ καὶ οὐκ ἰσοχρόνιος ἅπασιν ἡ τῆς τρίτης σφαίρας στροφή,
ἀλλά, καθάπερ Εὔδοξος ᾤετο, τῷ μὲν Ἀφροδίτης ἀστέρι ἐν μησὶν ἐννεα-
καίδεκα, τῷ δὲ τοῦ Ἑρμοῦ ἐν ἡμέραις δέκα καὶ ἑκατόν, τῷ δὲ τοῦ Ἄρεος
ἐν μησὶν ὀκτὼ καὶ ἡμέραις εἴκοσι, τῷ δὲ τοῦ Διὸς καὶ τῷ τοῦ Κρόνου
ἑκατέρῳ ἔγγιστα ἐν μησὶ τρισκαίδεκα. ἡ μὲν οὖν τρίτη σφαῖρα οὕτω καὶ
10 ἐν τοσούτῳ χρόνῳ κινεῖται· ἡ δὲ τετάρτη σφαῖρα, ἥτις καὶ τὸ ἄστρον
φέρει, περὶ λοξοῦ τινος κύκλου στρέφεται πόλους ἰδίους καθ' ἕκαστον,
ἐν ἴσῳ μέντοι χρόνῳ τὴν στροφὴν τῇ τρίτῃ ποιεῖται ἐναντίως ἐκείνῃ
κινουμένη ἀπ' ἀνατολῶν ἐπὶ δυσμάς· ὁ δὲ λοξὸς οὗτος κύκλος ἐγκεκλίσθαι
πρὸς τὸν μέγιστον τῶν ἐν τῇ τρίτῃ σφαίρᾳ παραλλήλων λέγεται ὑπ' αὐτοῦ
15 οὐκ ἴσον οὐδὲ ταὐτὸν ἐφ' ἁπάντων. φανερὸν οὖν, ὅτι ἡ μὲν ὁμοίως τῇ
τῶν ἀπλανῶν στρεφομένη πάσας τὰς λοιπάς, ἅτε ἐν ἀλλήλαις τοὺς πόλους
ἐχούσας, ἐπιστρέφει ἐπὶ ταὐτά, ὥστε καὶ τὴν τὸ ἄστρον φέρουσαν καὶ αὐτὸ
τὸ ἄστρον· καὶ διὰ ταύτην δὴ τὴν αἰτίαν ἀνατέλλειν τε καὶ δύνειν ὑπάρξει
ἑκάστῳ αὐτῶν. ἡ δὲ δευτέρα σφαῖρα τὴν ὑπὸ τὰ δώδεκα ζῴδια πάροδον
20 αὐτῷ παρέξεται· στρέφεται γὰρ περὶ τοὺς τοῦ διὰ μέσων τῶν ζῳδίων πό-
λους καὶ συνεπιστρέφει τάς τε λοιπὰς δύο σφαίρας καὶ τὸν ἀστέρα ἐπὶ τὰ
ἑπόμενα τῶν ζῳδίων, ἐν ᾧ χρόνῳ ἕκαστος δοκεῖ τὸν ζῳδιακὸν διανύειν
κύκλον. ἡ δὲ τρίτη σφαῖρα τοὺς πόλους ἔχουσα ἐπὶ τοῦ ἐν τῇ δευτέρᾳ
διὰ μέσων τῶν ζῳδίων ἀπὸ μεσημβρίας τε πρὸς ἄρκτον στρεφομένη καὶ
25 ἀπ' ἄρκτου πρὸς μεσημβρίαν συνεπιστρέψει τὴν τετάρτην καὶ ἐν αὐτῇ τὸν
ἀστέρα ἔχουσαν καὶ δὴ τῆς κατὰ πλάτος κινήσεως ἕξει τὴν αἰτίαν· οὐ μὴν
αὐτὴ μόνη· ὅσον γὰρ ἐπὶ ταύτῃ καὶ πρὸς τοὺς πόλους τοῦ διὰ μέσων
τῶν ζῳδίων ἧκεν ἂν ὁ ἀστὴρ καὶ πλησίον τῶν τοῦ κόσμου πόλων ἐγί-
νετο· νυνὶ δὲ ἡ τετάρτη σφαῖρα περὶ τοὺς τοῦ ⟨τοῦ⟩ ἀστέρος λοξοῦ κύκλου
30 στρεφομένη πόλους ἐπὶ τἀναντία τῇ τρίτῃ ἀπ' ἀνατολῶν ἐπὶ δυσμὰς καὶ

δ'
1 ζω AE, ut saepius   τοῦ] τοῦ τε DE   ἀπὸ Fb: ἐπὶ ADE   2 στρέφεται
Fc   3 φάσιν] -ν e corr. E²: φησὶ A   4 μαθημάτων] post μαθη- ras. 3 litt. E
5 ἄλλος] ἄλλως DE   7 τοῦ (pr.) om. E   ἡμέραις δέκα καὶ ἑκατόν] ἡμέραις δέκα
καὶ ἕκτον D: μησὶ τρισὶ δίμοιρον Fc   Ἄρεως E   8 μησὶν ὀκτὼ] κτλ. numerum
falsum esse monuit Schiaparelli   ἡμέραι A   9 ἑκατέρως A   τρεισκαίδεκα D
ἡ] καὶ ἡ Fc   οὕτως c   11 περὶ AEb: παρὰ D: ἐπὶ τοῦ F: ἐπὶ c
DE²: πολλοὺς E: καὶ πολλοὺς A: καὶ πόλους Fbc   12 ἐκίνῃ A   13 ἐγκεκλεῖσθαι
AE: corr. E²   14 τὸν] τὸ A   λέγεται ὑπ' αὐτοῦ Ab: ὑπ' αὐτοῦ λέγεται DEFc
16 ἀπλανῶν] ἁπάντων A   17 ἐπὶ om. D: suprascr. E²   ταῦτα E²Fb: ταῦτα
ADE   18 δὴ Db: δὲ AEFc   τὸ ἀνατέλλειν c   20 τοῦ om. E   τοῦ
om. D: mut. in τοὺς E²   21 συνεπιστρέφειν A   22 ᾧ] ᾧ τῷ A   διανύ-
σαι A   25 συνεπιστρέψας A: convertit b   αὐτῇ ADE   26 κατὰ] κατὰ τὸ
Fc   27 αὐτὴ Fb: αὐτὰ A: αὑτῇ DE   28 ἂν om. D   28. 29 ἐγένετο DEFc
29 τοῦ τοῦ scripsi: τοῦ ADEFc   κύκλους E, sed corr.   30 καὶ om. Fc

καὶ αὗται φερομένης καὶ αὐτῆς ἐκείνης ἐπὶ ταὐτά. ὁ δὲ αὐτὸς λόγος καὶ 223b ἐπὶ τῶν ἐφεξῆς· ἥ τε γὰρ κίνησις μᾶλλον καὶ μᾶλλον συντεθήσεται καὶ 20 τὴν οἰκείαν θέσιν παραλλάξουσιν αὐτῶν οἱ πόλοι· δεῖ δέ, καθάπερ ἔφαμεν, οὐδέτερον τούτων συμβαίνειν. ὅπως οὖν τοῦτο μὴ γένοιτο μηδὲ ἀπαντῷη
5 τι τούτου γε ἕνεκα πλημμελές, ἐπενόησε "τὰς ἀνελιττούσας καὶ εἰς ταὐτὸν ἀποκαθιστώσας τῇ θέσει τὴν πρώτην σφαῖραν ἀεὶ τοῦ ὑποκάτω τεταγμένου 25 ἄστρου"· οὕτω γὰρ δὴ καὶ κατὰ λέξιν εἶπεν ἄμφω μηνύων, ὧν ἕνεκα παρεισήγαγεν αὐτά, διὰ μὲν τοῦ φάναι ἀνελιττούσας τὴν τῆς κινήσεως ἀποκατάστασιν εἰς τὸ τάχος τὸ οἰκεῖον, διὰ δὲ τοῦ εἰπεῖν "εἰς ταὐτὸν
10 ἀποκαθιστώσας τῇ θέσει τὴν πρώτην σφαῖραν ἀεὶ τοῦ ὑποκάτω τεταγμένου 30 ἄστρου" τὴν τῶν πόλων ἐν τῷ προσήκοντι μονήν· κατὰ τούτους γὰρ ἡ τῶν φερομένων σφαιρῶν θέσις νοεῖται, εἴπερ μόνοι μένουσι. τὴν δὲ πρώτην ἔφη σφαῖραν ὑπ' αὐτῶν ἀποκαθίστασθαι τοῦ ὑποκάτω τεταγμένου ἄστρου, ἐπειδὴ ταύτης τήν τε οἰκείαν θέσιν καὶ τὸ οἰκεῖον τάχος διὰ τὴν 35
15 ἀνείλησιν λαβούσης τὰ τῶν ἑξῆς σφαιρῶν ἅπαντα διασῴζεται.

Ὅτι δὲ ταῦτα συμβαίνει, ἔδειξεν ὁ Σωσιγένης προεκθέμενός τινα χρήσιμα πρὸς τὸν λόγον, ὧν ἡ σύντομος ἔκθεσίς ἐστι τοιαύτη. δύο σφαιρῶν ὁμοκέντρων οὐσῶν, οἷον τῶν ΔΕ ΖΗ, καὶ περιεχομένων ἔξωθεν ὑπ' 40 ἄλλης εἴτε μενούσης εἴτε περιειλούσης ἐκείνας, ἐκείνων δὲ ἐναντίως κινου-
20 μένων ἀλλήλαις καὶ δι' ἴσου χρόνου, τουτέστιν ἰσοταχῶς, πάντα τὰ ἐν τῇ περιεχομένῃ σημεῖα κατὰ ταὐτὸν ἀεὶ ἔσται πρὸς τὴν περιέχουσαν, ὡς ἂν εἰ καὶ μένουσα ἐτύγχανε. τῆς γὰρ ΔΕ κινουμένης ὡς ἀπὸ τοῦ Α ἐπὶ τὸ 45 Β, εἰ μὲν ἡ ἐλάσσων ἡ ΖΗ συνεπεστρέφετο μόνον καὶ μὴ ἀντεφέρετο, ὤφθη ἄν, ὡς | τὸ Δ ποτὲ ὑπὸ τὸ Β, οὕτω καὶ τὸ Ζ συμφερόμενον τῷ 224a
25 Δ καὶ ἐν τῷ ἴσῳ χρόνῳ· ἐπειδὴ δὲ καὶ συμφέρονται, καὶ ἀντιφέρεται τῇ ΔΕ ἡ ΖΗ, ὅσον συμφερομένη προστίθησιν, ἀντιφερομένη τοσοῦτον ἀναλύει, καὶ γίνεται, ὅτε τὸ Δ ὑπὸ τὸ Β, τὸ Ζ ὑπὸ τὸ Α, καθάπερ ἐξ ἀρχῆς ἐφαί- 5

---

1 καὶ αὐτῆς om. DE ταὐτά E²Fb: ταῦτα ADE 2 ἐφεξῆς A: ἑξῆς DEFc
3 θέσιν] θέσω|σιν ἢ A παραλλάξωσιν A οἱ πόλοι αὐτῶν c: οἱ πόλοι αὐτῶν F
πόλοι] πολλοί A δεῖ] εἰ A 4 γίνοιτο DE 6 ἀποκαθιστάσας c 7 οὕτως c εἶπεν] Metaph. 1074ᵃ2 8 παρήγαγεν E 9 δὲ] suprascr. E²
10 ἀποκαθιστάσας c 11 πόλων] post λ ras. 1 litt. E 13 ἔφη] ἐφ' ἧς A
15 ἀνείλησιν DE: ἀνέλισσιν A: ἀνάλειψιν Fc ἐφεξῆς Fc 16 συμβαίνειν E
ἔδοξεν D 18 τῶν] τῷ D: τὸν F 19 ἄλλην E: corr. E² μενούσης] κινουμένης Fc περιειλούσης scripsi: circumducente b: περιεχούσης A: περιαγομένης DE: μενούσης τῆς περιεχούσης Fc ἐκείνας] mut. in ἐκείνης E²: om. c δ' DE
20 διὰ Fc πάντα] seq. ras. 1 litt. E 21 σημεῖα] σημειώσει A κατὰ
ταὐτὸν DE: τὸν A: κατὰ τὸν αὐτὸν F: κατὰ τὸ αὐτὸ c 22 μένουσα DEb: μάλιστα
A: μένοντα Fc τὸ] τοῦ A 23 ἡ (pr.) DE: εἴη A: ὁ F: om. c 24 ἄν] γὰρ
ἂν E: corr. E² ὡς om. A τὸ Β E²: τοῦ Β ADEFc οὕτως c
συμπεριφερόμενον Fc τῷ ADb: τὸ E: ὑπὸ τοῦ Fc 25 Δ] scripsi: Α ADEFbc: B
Schiaparelli συμφέρονται Ab: συμφέρεται DEFc 26 προστίθησιν om. Ab
ἀντιφερομένη τοσοῦτον DEF: contra delatae tantum b: τοσοῦτον A: τοσοῦτον ἀντιφερομένη c

τὴν τῶν πλανήτων φορὰν ἅπαντα ποιεῖσθαι." ταῦτα τοίνυν τοῦ Ἀριστοτέ- 223ᵃ
λους συντόμως οὕτως σαφῶς εἰρηκότος ὁ Σωσιγένης ἐγκωμιάσας τὴν ἀγ- 30
χίνοιαν αὐτοῦ ἐπεχείρησεν εὑρεῖν τὴν χρείαν τῶν ὑπ' αὐτοῦ προστιθεμένων
σφαιρῶν καὶ λέγει, ὅτι δυοῖν ἕνεκα ταύτας, ἃς ἀνελιττούσας καλεῖ, φησὶν
5 ἀναγκαῖον εἶναι προσγενέσθαι ταῖς ὑποθέσεσιν, ἵνα τε θέσις ἡ οἰκεία εἴη
τῇ τε καθ' ἕκαστον ἀπλανεῖ καὶ ταῖς ὑπ' αὐτῇ, καὶ ὅπως τάχος τὸ οἰκεῖον 35
ἐν πάσαις ὑπάρχοι· ἔδει γὰρ τήν γε ὁμοίαν τῇ τῶν ἀπλανῶν ἢ ἄλλῃ τινὶ
σφαίρᾳ περί τε τὸν αὐτὸν ἄξονα ἐκείνῃ φέρεσθαι καὶ χρόνῳ ἴσῳ αὐτὴν
περιστρέφεσθαι, ὧν οὐδὲν ἄνευ τῆς προσθέσεως τῶν ὑπὸ Ἀριστοτέλους
10 λεγομένων σφαιρῶν ὑπάρξαι δυνατόν. ποιώμεθα δέ, φησί, τὸν λόγον τοῦ 40
σαφοῦς ἕνεκα ἐπὶ τῶν φερουσῶν τὸν τοῦ Διὸς σφαιρῶν. εἰ τοίνυν ἐν τῇ
τελευταίᾳ τῶν τοῦ Κρόνου τεττάρων, ἐν ᾗ καὶ αὐτὸς ἐνδέδεται, τοὺς πό-
λους τῆς πρώτης τῶν τοῦ Διὸς ἐναρμόσαιμεν, τίνα τρόπον οὗτοι μένειν
δύναιντο ἂν ἐπὶ τοῦ ἄξονος τῆς τῶν ἀπλανῶν σφαίρας, ὅτε γε ἡ φέρουσα 45
15 αὐτοὺς περὶ ἄλλον ἄξονα στρέφεται πλάγιον; ἀλλὰ μὴν δεῖ | γε μένειν 223ᵇ
αὐτοὺς ἐπὶ τοῦ εἰρημένου ἄξονος ἐπὶ τῆς ἐξωτάτης φορᾶς, εἴπερ μέλλοι
τὴν τάξιν τῆς τῶν ἀπλανῶν σφαίρας δέχεσθαι ἡ στρεφομένη σφαῖρα περὶ
αὐτούς. ἔτι τοίνυν, ἐπειδὴ τῶν φερουσῶν τὸν τοῦ Κρόνου σφαιρῶν αἱ
τρεῖς ὑπ' ἀλλήλων τε καὶ τῆς πρώτης συνεπιστρέφονται, ἔχουσαι μέντοι 5
20 καὶ αὐταὶ οἰκεῖόν τι τάχος, εἴη ἂν περὶ τὴν τετάρτην οὐχ ἁπλῆ τις ἡ κί-
νησις, ἀλλὰ πασῶν τῶν ὑπεράνω μετέχουσα· δειχθήσεται γάρ, ὅτι τῶν
μὲν ἀντιφερομένων ἀφαιρεῖταί τι τοῦ διὰ τὴν συνεπιστρέφουσαν αὐταῖς 10
τάχους ὑπάρχοντος, τῶν δὲ συνεπιστρεφομένων προστίθεταί τι τῇ διϊκνου-
μένῃ εἰς αὐτὰς κινήσει ἐκ τῆς ὑπεράνω σφαίρας διὰ τὴν ἰδίαν αὐτῶν κίνησιν,
25 ὥστε, εἴπερ ἐνδεθείη τῇ φερούσῃ τὸν τοῦ Κρόνου σφαίρᾳ ἡ πρώτη τῶν
τοῦ Διὸς καὶ τάχος οἰκεῖον ἔχοι, ὡς ἐν κόσμου περιστροφῇ ἐπὶ ταὐτὸν 15
πάλιν ἀναπολεῖν, αἱ τῶν ὑπεράνω σφαιρῶν κινήσεις οὐκ ἐάσουσι τουτὶ τὸ
τάχος αὐτῇ παρεῖναι, ἀλλ' ἔσται τις πρόσθεσις· φέρονται γὰρ ἐπὶ δυσμὰς

---

2 οὕτως Ab: οὕτω καὶ DEF: οὕτως καὶ c   4 καὶ λέγει om. D   ἃς E²F: τὰς A: om.
DE: quis b   5 εἴη A: ᾖ DEFc   6 αὐτήν Fc   7 ἐν πάσαις A: ἑκάσταις DEFc:
singulis b   ὑπάρχοι] comp. ambig. A: ὑπάρχῃ DE²c: ὑπάρχει EF   γε] τε Fc   9 προ-
θέσεως E: corr. E²   10 δύναται Fc   φησί om. Fc   11 σαφῶς E: corr. E²
ἕνεκα, φησίν Fc   τὸν D: τῶν AEFc   εἰ τοίνυν] ἤτοι νῦν A   12 τελευταίᾳ]
τῶν τελευταίων A   13 τῆς πρώτης] primos b: om. A   ἐναρμόσαμεν E: ἐναρμόσο-
μεν E²   14 δύναιντ' c   ὅτε γε] ὅτι γ' c   φέρουσ' c   16 ἐξωτάτης A:
ἐξωτάτῳ DEFc   μέλλει c: comp. F   18 τὸν F: τῶν ADEc: del. E²
τοῦ Κρόνου] mut. in τὸν Κρόνον E²   22 post ἀντιφερομένων del. σφαιρῶν A: add.
αὐτὸς Fc, sed del. F   ἀφερεῖται E, sed corr.   συνεπιστρέφουσαν DEb: ἐπιστρέ-
φουσαν AFc   αὐταῖς A: αὐτὰς DEF(b)c   23 ὑπάρχοντος αὐταῖς DEF(b)c   τι τῇ]
τέλος A   24 εἰς αὐτὰς om. A   κινήσει A(b): om. DEFc   σφαίρας] σφαίρας
κινήσει DEFc   ἰδίαν c   25 εἴπερ om. A   τὸν F: τῶν Ac: τὴν DE   σφαῖ-
ραν D   πρῶτον τὸν A   26 ἔχει E   περιφορᾷ Fc   ἐπὶ E: καὶ ἐπὶ E²
27 ἀναπολεῖν αἱ A: ἀναποδεῖν αἱ F: ἀναπολεῖται D: ἀνάπαλιν εἶναι E: περιστρέφον-
ται E²   post σφαιρῶν add. αἱ E²   28 ἔστι A   πρόσθεσις E²b: mut. in πρόσθεσις
A: πρόθεσις DE

ἀμφοῖν διπλασία τῆς ἑτέρας κινήσεως. ταῦτα δὲ λέγομεν, φησίν, εἰ περὶ 224ᵃ τοὺς αὐτοὺς εἶεν πόλους αἱ κινήσεις· εἰ δὲ μὴ περὶ τοὺς αὐτούς, ἄλλο τι 41 συμβήσεται διὰ τὴν λοξότητα τῆς ἑτέρας σφαίρας· οὐ γὰρ οὕτω συγκείσεται τὰ τάχη, ἀλλ' ὡς ἐπὶ τοῦ παραλληλογράμμου δείκνυσθαι εἴωθεν τῆς ἐπὶ
5 τῆς διαμέτρου κινήσεως ἀποτελουμένης ἐκ δύο κινήσεων, μιᾶς μὲν σημείου 45 τινὸς ἐπὶ τοῦ μήκους τοῦ παραλληλογράμμου κι|νουμένου, μιᾶς δὲ τούτου 224ᵇ αὐτοῦ τοῦ μήκους καταγομένου ἰσοχρονίως διὰ τοῦ πλάτους τοῦ παραλληλογράμμου· ἔσται γὰρ ὁμοῦ τό τε σημεῖον ἐπὶ θατέρου πέρατος τῆς διαμέτρου καὶ ἡ τοῦ μήκους πλευρὰ κατηγμένη, καὶ οὐκ ἔστιν ἡ διάμετρος 5
10 ἀμφοτέραις ἴση ταῖς περὶ αὐτὴν κεκλασμέναις, ἀλλ' ἐλάσσων, ὥστε καὶ τὸ τάχος ἔλασσον μὲν τοῦ ἐξ ἀμφοῖν, σύγκειται δὲ ὅμως ἐξ ἀμφοῖν.

Τούτοις τοίνυν κἀκεῖνο λέγεται παραπλήσιον· δύο σφαιρῶν ὁμοκέντρων οὐσῶν εἴτε περὶ τοὺς αὐτοὺς πόλους εἴτε περὶ ἑτέρους, ἐναντίως δὲ ἀλλή- 10 λαις περιαγομένων καὶ ἐλάσσονα τῆς ἐλάσσονος ἀντικινουμένης, συμπεριφε-
15 ρομένης δὲ ὑπὸ τῆς μείζονος, τὰ ἐν τῇ ἐλάσσονι σημεῖα ἐν πλείονι χρόνῳ ἐπὶ τὸ αὐτὸ ἥξει, ἢ εἰ ἐνδεδεμένη μόνως ἐτύγχανεν ἡ ἐλάσσων σφαῖρα ἐν τῇ μείζονι· διὰ γὰρ τοῦτο καὶ ἡ τοῦ ἡλίου αὐτοῦ ἀπ' ἀνατολῆς ἐπ' ἀνατολὴν ἀποκατάστασις βραδυτέρα ἐστὶ τῆς τοῦ κόσμου περιστροφῆς, διότι 15 ἐπὶ τἀναντία κινεῖται τῷ παντὶ βραδύτερον, ὡς, εἴπερ ἴσον ἐκινεῖτο τῇ
20 ἀπλανεῖ ἀντιπεριαγόμενος ἀεὶ κατὰ τὸν αὐτὸν χρόνον ἀποκαθιστάμενος, ἔμελλεν ἀεὶ τῷ αὐτῷ σημείῳ συνανατέλλειν.

Τούτων οὖν προληφθέντων ὁ Σωσιγένης ἐλθὼν ἐπὶ τὰ ὑπὸ τοῦ Ἀρι- 20 στοτέλους εἰρημένα περὶ τοῦ δεῖν καθ' ἕκαστον τῶν πλανωμένων ἑτέρας ἀνελιττούσας εἶναι σφαίρας μιᾷ ἐλάττους, εἰ μέλλοι τὰ φαινόμενα ἀποδο-
25 θήσεσθαι, ἐκτίθεται τὴν θεωρίαν τῆς κατὰ τὸν Ἀριστοτέλην σφαιροποιίας λέγων "ἦν τοίνυν τῶν τὸν Κρόνον φερουσῶν σφαιρῶν ἡ μὲν πρώτη κατὰ 25 τὴν τῶν ἀπλανῶν φερομένη, ἡ δὲ δευτέρα κατὰ τὸν διὰ μέσων τῶν ζῳδίων ὑπολειπομένη, τρίτη δὲ ἡ κατὰ τὸν πρὸς ὀρθὰς τῷ διὰ μέσων τῶν ζῳδίων κύκλῳ, ἥτις παρέφερεν αὐτὸν κατὰ τὸ πλάτος ἀπὸ μεσημβρίας
30 πρὸς ἄρκτους· πρὸς ὀρθὰς δὲ ἦν ὁ κύκλος οὗτος τῷ διὰ μέσων, διότι ἐπ' 30 αὐτοῦ τοὺς πόλους εἶχεν, οἱ δὲ διὰ τῶν πόλων τέμνοντες καὶ πρὸς ὀρθὰς τέμνουσιν· ἡ δὲ τετάρτη ἡ τὸν ἀστέρα ἔχουσα κατὰ λοξοῦ κύκλου τινὸς

---

1 κινήσεώς ἐστι Fc: motus erit b   2 ἀλλ' ὅτι A   3 οὕτως c   4 εἴωθε DEc
6. 7 αὐτοῦ τούτου c   10 ἀλλ' om. A   ὥστε] ὡς DE: corr. E²   11 σύγκειται—ἀμφοῖν om. A   ἀμφοῖν seq. lac. dimid. liu. E   12 κἀκεῖνο—παραπλήσιον] lac. D   13 ἑτέρους] lac. E: ἄλλους E²   14 ἀντικινουμένης] -ης e corr. D
16 τὸ] γὰρ A   ἢ εἰ] DFb: εἴη A: ἢ ἡ E   μόνον c   21 ἀνατέλλειν DE
22 τοῦ om. Fc   25 Ἀριστοτέλη E: corr. E¹   26 τῶν om. A   τοῦ Κρόνου c   σφαιρῶν φερουσῶν DE   27 post δευτέρα add. ὑπολειπομένη E²
τὸν scripsi: τὴν ADEFbc   28 τὸν] τὴν bc   29 κύκλων EF   30 ἄρκτον Fbc   δὲ] suprascr. E²   ἦν] mut. in ἐστὶν E²: est b   μέσων AF: μέσων τῶν ζῳδίων κύκλῳ (corr. ex κύκλων E²) ἥτις (del. E²) DE: media animalia b   31 πόλων πολλῶν e corr. E

νετο· ὥστε ἀληθὲς τὸ προτεθέν. μενούσης μὲν οὖν τῆς ΑΒ δῆλον τὸ
δειχθὲν καὶ † ὅπως ἀμφοτέρων ὑπαρχόντων τὸ τὴν ἐντὸς συμπεριφερο-
μένην καὶ ἀντιφερομένην τῇ ἐκτὸς τοῖς αὐτοῖς ἀεὶ σημείοις τὴν αὐτὴν
ἔχειν θέσιν καὶ οὔτε μόνον συμφερομένην οὔτε μόνον ἀντιφερομένην.
5 εἰ δὲ δὴ καὶ ἐκινεῖτο ἡ ΑΒ εἴτε ἐναντίως εἴτε ἐπὶ ταὐτὰ τῇ δευτέρᾳ
σφαίρᾳ τῇ ΔΕ, τὰ αὐτὰ συμβήσεται περὶ τὰ σημεῖα τῆς τρίτης τῆς ΖΗ
συμφερομένης τῇ ΔΕ καὶ ἀντιφερομένης ὁμοίως. εἰ γὰρ τῆς ΑΒ σφαί-
ρας ἀπὸ τοῦ Α ὡς ἐπὶ τὸ Β στραφείσης καὶ συνεπισπώσης τὴν ΔΕ, ὡς
τὸ Δ ἐπὶ τὸ Ε ἐλθεῖν, ἡ μέση σφαῖρα αὐτὴ ἡ ΔΕ ἐπὶ τὰ ἐναντία ἢ ἐπὶ
10 ταὐτὰ φέροιτο τῇ ΑΒ ᾡτινιοῦν τάχει πρὸς τὴν ΑΒ, πρὸς δὲ τὴν ΖΗ
ἰσοχρονίως, καὶ διὰ τὸ συνεπιστρέφειν τὴν τρίτην τὸ Ζ σημεῖον ποιεῖ
παραλλάττειν τὸ Α· ἀλλ᾽ ἡ τρίτη σφαῖρα ἀντικινουμένη πάλιν ὑπὸ τὸ Α
ποιήσει τὸ Ζ, καὶ ἀεὶ τούτου γινομένου πάντα τὰ ἐπὶ τῆς ΖΗ σφαίρας
σημεῖα ὑπὸ ταὐτὰ ἔσται σημεῖα τῆς ΑΒ σφαίρας.
15 Νῦν μὲν οὖν ὡς περὶ τὸν αὐτὸν ἄξονα κινουμένων τῶν σφαιρῶν δέ-
δεικται τὸ προτεθέν, ὁ αὐτὸς δὲ λόγος, κἂν μὴ περὶ τὸν αὐτὸν ἄξονα κι-
νῶνται· οὐ γὰρ διὰ τὴν κατὰ τῶν αὐτῶν παραλλήλων κίνησιν ἡ τῶν
σημείων ὑπὸ τὰ αὐτὰ σημεῖα συμβαίνει θέσις, ἀλλὰ διὰ τὴν τῆς περιε-
χομένης συμπεριαγωγὴν πρὸς τὴν περιέχουσαν καὶ ἀντιπεριαγωγήν, ὅσον
20 προσέθηκεν, ἀφαιροῦσαν εἴτε ἐπὶ λοξοῦ κύκλου εἴτε ἐπὶ ὀρθοῦ τῆς τε
περιαγωγῆς γινομένης καὶ τῆς ἀντιπεριαγωγῆς.
Πάλιν δὲ δύο σφαιρῶν ὁμοκέντρων ἐπὶ τὰ αὐτὰ κινουμένων ἑκατέρας
ἐν τάχει τινὶ καὶ τῆς ἐλάσσονος οὐ μόνον συμφερομένης τῇ μείζονι, ἀλλὰ
καὶ ἰδίαν ἐπὶ τὰ αὐτὰ κινουμένης κίνησιν, εἰ μὲν ἴσα τὰ τάχη, ἡ συγκει-
25 μένη κίνησις διπλάσιον δείξει τὸ τάχος, εἰ δὲ διπλάσιον τὸ τῆς ἑτέρας
τάχος, τριπλάσιον ἔσται τὸ τῆς συγκειμένης καὶ ἑξῆς ὡσαύτως. εἰ γὰρ
ἡ μείζων κινεῖ τὴν ἐλάσσονα τεταρτημόριον, καὶ αὕτη δὲ ἰσοταχὴς οὖσα
τεταρτημόριον κινεῖται, δὶς ἔσται κεκινημένη τεταρτημόριον, ὥστε ἡ ἐξ

---

1 μὲν om. E   2 καὶ ὅπως] corruptum   τὴν] τῆς c   2. 3 συμπεριφερόμενον Ac
3 ἀντιφερόμενον Ac   τῇ b: τὴν A: τῆς DEFc   4 ἔχειν θέσιν F: ἔχει θέσιν Abc:
θέσιν ἔχειν DE   συμφερόμενον A   ἀντιφερόμενον A   5 ἐκινεῖτο Ab: κινεῖτο E:
κινοῖτο DFc et e corr. E   ταὐτὰ E²b: ταυ A: ταῦτα DE   6 περὶ] καὶ περὶ Fc
7 συμπεριφερομέης c   εἰ F: ἡ ADE: om. b   8 γραφείσης c   συνεπισπώσης]
DE²F: συνεπιπτώσης A: συνσπώση, ω e corr., E   9 αὐτὴ] αὐτῇ A: αὕτη c
ante ἐπὶ (alt.) add. ἢ E²   τὰ ἐναντία A: τἀναντία DEFc   ἢ] ἡ A   ἐπὶ] (tert.)
e corr. E²   10 ταὐτὰ] ταῦτα AE   11 καὶ om. D   συνεπιστρέφειν AF: ἐπι-
στρέφειν DE: συστρέφειν E²: συμπεριστρέφειν c   ποιεῖν A   12 τὸ (pr.)] corr.
ex τῷ A   ἀντικινουμένη] ἀντικεινουμένη μᾶλλον A   τὸ (alt.)] τὰ A   14 ταὐτά]
ταῦτα A: τὰ αὐτὰ DEFc   16 προστεθέν A   17 κατὰ om. c   18 ὑπὸ] ἐπὶ A
19 πρὸς — ἀντιπεριαγωγήν om. A   περιέχουσαν καὶ] in ras. 5 litt. E²   20 ἐπὶ (alt.) Ab:
om. DEFc   τε om. Fc   21 περιαγωγῆς] -ῆς e corr. D   γινομένης] κινουμέ-
νης A   22 δὲ om. D: suprascr. E²   24 κινουμένη A   ἴσα τὰ τάχη] κατὰ τάχη DE
ἰσοταχής E²   27 ἐλάττονα Fc   καὶ — τεταρτημόριον (28) om. A   28 τεταρτημόριον
(alt.)] τὸν τεταρτημόριον F: τὸ τεταρτημόριον c   deinde del. καὶ αὕτη δὲ ἰσοταχής D¹

οὐσῶν τῶν φερουσῶν τέτταρας. γίνονται οὖν αἱ πᾶσαι ἀνελίττουσαι δὶς 225ᵃ
μὲν τρεῖς αἱ Κρόνου καὶ Διός, τετράκις δὲ τέτταρες αἱ Ἄρεος, Ἀφροδίτης, 26
Ἑρμοῦ, ἡλίου, ὥστε πᾶσαι δύο καὶ εἴκοσιν. ἦσαν δὲ αἱ φέρουσαι ὀκτὼ
μὲν αἱ Κρόνου καὶ Διός, πέντε δὲ καὶ εἴκοσι τῶν λοιπῶν πέντε· τριῶν
5 οὖν τούτων καὶ τριάκοντα ταῖς δύο καὶ εἴκοσι συντεθεισῶν ἀνελιττούσαις 30
αἱ πᾶσαί εἰσι πέντε καὶ πεντήκοντα· ταῖς γὰρ τὴν σελήνην φερούσαις
οὐδὲν δεῖ ἀνελιττουσῶν ἐσχάτης οὔσης τοῦτο καὶ τοῦ Ἀριστοτέλους
εἰπόντος, ὅτι μόνας οὐ δεῖ ἀνελιχθῆναι, ἐν αἷς φέρεται τὸ κάτω τεταγμέ-
νον ἄστρον.
10 Ἀλλ' ὅτι μὲν ὁ πασῶν ἀριθμὸς τοσοῦτος, δῆλον. ἐπειδὴ δὲ ἐπή- 35
νεγκεν ὁ Ἀριστοτέλης, ὅτι, εἴ τις μὴ προσθείη τῷ ἡλίῳ καὶ τῇ σελήνῃ,
ἃς εἴπομεν κινήσεις, ἑπτὰ καὶ τεσσαράκοντα ἔσονται πᾶσαι, τοῦτο ταραχὴν
ἐποίησεν. ἐὰν γὰρ ἀφέλωμεν τὰς τοῦ ἡλίου δύο καὶ τῆς σελήνης δύο, ἃς
προσέθηκε Κάλλιππος, καὶ δηλονότι καὶ δύο ἄλλας ἀπὸ ἡλίου τὰς ἀνε- 40
15 λιττούσας ἐκείνας· ἀφαιρουμένων γὰρ ἐκείνων δεῖ συναφαιρεῖν καὶ τὰς
μελλούσας αὐτὰς ἀνελίττειν· ἓξ μὲν ἔσονται ἀφῃρημέναι δύο φέρουσαι τὸν
ἥλιον καὶ δύο αἱ ταύτας ἀνελίττουσαι πρὸς ταῖς δύο ταῖς τῇ σελήνῃ προσ-
τεθείσαις ὑπὸ Καλλίππου, οὐκέτι δὲ συμβαίνει τούτων ἀφαιρεθεισῶν ἀπὸ 45
τῶν πέντε καὶ πεντήκοντα λοιπὰς εἶναι πάσας ἑπτὰ καὶ τεσσαράκοντα,
20 ἀλλὰ | ἐννέα καὶ τεσσαράκοντα. λέγει δὲ ὁ Ἀριστοτέλης ἑπτὰ καὶ τεσσα- 225ᵇ
ράκοντα καταλιμπάνεσθαι ἢ ὡς ἐπιλελησμένος, ὅτι τῆς σελήνης οὐ τέτταρας
ἀλλὰ δύο μόνας ἀφεῖλεν· εἰ μὴ ἄρα δεῖ λέγειν, ὅτι τοῦ μὲν ἡλίου τὰς
τέσσαρας ἀφεῖλεν, ἃς αὐτὸς προσέθεικεν ἀνελιττούσας, καὶ ἀμφοτέρων, ἃς 5
ὁ Κάλλιππος, καὶ οὕτως ὀκτὼ τῶν ἀφαιρεθεισῶν οὐσῶν ἀπὸ τῶν πεντή-
25 κοντα καὶ πέντε αἱ λοιπαί εἰσιν αἱ ἑπτὰ καὶ τεσσαράκοντα. συμβαίνει μὲν
οὕτως ὁ ἀριθμός, διὰ τί δὲ τοῦ ἡλίου τὰς δύο τὴν δευτέραν καὶ τὴν
τρίτην οὐκ ἀνελίξουσί τινες, οὐχ ἕξομεν λέγειν, καὶ ταῦτα εἰπόντος αὐτοῦ 10
μόνον τὸ κάτω κείμενον μὴ ἀνελίττεσθαι. καίτοι καὶ τοῦτο καλῶς ὁ
Σωσιγένης ἐπέστησεν, ὅτι καὶ ἐπὶ σελήνης ἀναγκαῖον ὑποθέσθαι τὰς ἀνε-
30 λιττούσας, ἵνα μὴ τὸ ἀπὸ τῶν ἀνωτέρω κινήσεων τάχος ταῖς φερούσαις
αὐτὴν προστιθέμενον ποιῇ μηκέτι τῇ ἀπλανεῖ ἰσοταχῶς ἐπὶ δυσμὰς αὐτὴν 15
παραχωρεῖν. ἀλλ' οὖν καὶ τούτου δοθέντος τοῦ μόνην αὐτὴν μὴ ἔχειν
ἀνελίττουσαν οὐ συμβαίνει ὁ ἀριθμός, καὶ τοῦτο τόν τε Ἀλέξανδρον καὶ
τὸν Πορφύριον ἐτάραξεν ἐν ταῖς εἰς τὸ Λ τῆς Μεταφυσικῆς σχολαῖς.
35 Σωσιγένης δὲ ἐπιστήσας βέλτιον εἶναί φησι τοῦ ἀριθμοῦ παρόραμα νομίζειν 20

---
1 τέτταρας F: quattuor habentur revolventes b   3 πᾶσαι] scr. αἱ πᾶσαι   5 δύο]
δυσὶ c   6 τὴν σελήνην Fb: τῆς σελήνης A   φαιρούσαις A   12 ἑπτὰ
Fb: ἑπτὰ δὲ A   τετταράκοντα F   16 φαίρουσαι A   17. 18 προστεθείσαις
F: corr. ex προστεθείσας A   21 τέσσαρας c   24 οὕτως F: οὕτω A
ὀκτώ] ἢ AF ut saepe   25 μὲν A: μὲν οὖν F (et sic evenit b)   27 ἀνελίξουσί
Fb: ἀνέξουσί A   28 μὴ] οὐκ Fc   τοῦτο A: τούτῳ Fc   30 τάχος ταῖς Fb: τα-
χίσταις A   φερούσαις F: φέρουσαι A   33 Ἀλέξανδρον] in Metaph. p. 681,6
34 Λ F: λάβδα A   Μεταφυσικῆς A: Μετὰ τὰ φυσικὰ Fc   35 ἐπιστήσας F:
ἐπιστήσαις A

αὐτὸν ἐκίνει τοῦ τὸ πλάτος τῆς ἐκτροπῆς ὁρίζοντος ἐπὶ τὴν ἄρκτον, ἵνα 224ᵇ
μὴ πλησίον γένηται τῶν τοῦ κόσμου πόλων. δεῖ τοίνυν νοῆσαι πέμπτην 35
σφαῖραν ἄλλην πρὸ τῶν φερουσῶν τὴν διὰ τεττάρων περὶ πόλους τοὺς
αὐτοὺς τῇ τετάρτῃ κινουμένην, ἐναντίως δὲ αὐτῇ καὶ ἐν ἴσῳ χρόνῳ στρε-
5 φομένην· αὕτη γὰρ ἀφαιρήσει τὴν τῆς τετάρτης κίνησιν διὰ τὸ περὶ τοὺς
αὐτοὺς αὐτῇ φέρεσθαι πόλους, ἐναντίως μέντοι καὶ ἰσοχρονίως· τοῦτο γὰρ 40
δέδεικται· καὶ μειώσει κατὰ τὸ φαινόμενον τὸ τάχος. μετὰ δὲ τὴν πέμπ-
την ἄλλην νοητέον ἕκτην τῇ μὲν τρίτῃ τοὺς πόλους τοὺς αὐτοὺς ἔχουσαν,
ἀνελίσσουσαν δὲ αὐτὴν καὶ ἰσοχρονίως καὶ ἐναντίως κινουμένην, ἵνα σωθῇ
10 τὰ φαινόμενα, καὶ τὰ σημεῖα τὰ ἐπὶ τῆς τρίτης ἀεὶ κατὰ τὴν αὐτὴν ἐπὶ 45
τῆς πέμπτης φαίνηται κάθετον. μετὰ δὲ ταύτην ἑβδόμην προσθετέον τὴν
ἀνε|λίττουσαν τὴν δευτέραν ἐνηρμοσμένην περὶ τοὺς πόλους τοῦ διὰ 225ᵃ
μέσων, περὶ οὓς καὶ ἐκείνη ἐκινεῖτο, ἐναντίως μέντοι καὶ ἰσοχρονίως τῇ
δευτέρᾳ στρεφομένην, ἀφαιροῦσαν τὴν κίνησιν καὶ τὸ τάχος τὸ ἀπ' αὐτῆς
15 διικνούμενον εἰς τὰς ὑπ' αὐτὴν σφαίρας· καὶ γὰρ ἡ δευτέρα συγκινουμένη 5
τῇ ἀπλανεῖ προσετίθει τῷ τάχει τῶν ὑπ' αὐτὴν τῷ ἀπ' ἀνατολῶν ἐπὶ
δυσμάς· στραφήσεται μὲν οὖν οὕτως ὁμοίως κινουμένη τῇ ἀπλανεῖ, οὐ
μέντοι καὶ τὴν τάξιν ἕξει τῆς ἀπλανοῦς περὶ ἄλλους στρεφομένη πόλους
καὶ οὐ τοὺς τῆς ἀπλανοῦς, ἀπ' ἀνατολῶν δὲ ὅμως ἐπὶ δυσμάς." μετὰ δὲ 10
20 ταύτην ὀγδόην λοιπὸν νοητέον τὴν πρώτην τοῦ Διός, ὀρθῶς τοῦ Σωσιγέ-
νους ἐπιστήσαντος, ὡς οὐκ ἔστιν ἡ τελευταία τῶν τριῶν ἀνελιττουσῶν
πρώτη τῶν τοῦ Διός, ὅπερ τινὲς ᾠήθησαν, ὅτι ἡ τελευταία τῶν τὰς ἐπάνω
φορὰς ἀνελιττουσῶν πρώτη ἔσται τῶν τὸν ὑποκάτω ἀστέρα φερουσῶν, ὡς 15
εἶναι τὴν αὐτὴν ἑβδόμην τε καὶ ἣν ἡμεῖς φαμεν ὀγδόην πρώτην οὖσαν τῶν
25 τοῦ Διός· τοῦτο γὰρ συμβαίνει αὐτοῖς δὶς τὴν αὐτὴν ἀριθμεῖν σώζειν
πειρωμένοις τὸν ἀριθμὸν τῶν ἀνελιττουσῶν τὸν ὑπὸ τοῦ Ἀριστοτέλους λε-
γόμενον. δεῖ γὰρ μιᾷ ἐλάττους εἶναι καθ' ἕκαστον ἀστέρα τῶν φερουσῶν 20
τὰς ἀνελισσούσας, ὥστε ἐπὶ μὲν Κρόνου καὶ ἐπὶ Διὸς τεττάρων καθ' ἑκά-
τερον οὐσῶν τῶν φερουσῶν τρεῖς εἶναι τὰς ἀνελιττούσας, ἐπὶ δὲ τῶν
30 λοιπῶν τεττάρων, Ἄρεος, Ἀφροδίτης, Ἑρμοῦ, ἡλίου, πέντε καθ' ἕκαστον

---

1 ἐκίνει] ἐκείνη A: movet b   τοῦ τό] τοῦτο τὸ A: τὸ τοῦ E   πλάτος] πλατεινός E: πλάτους E³   τήν] τὸν A   2 γίνηται E: corr. E²   3 τήν] e corr. E²: τὸν D   4 κινουμένην Db: κινουμένους AF: κινουμένη E   5 ἀφαιρέσει DE τούς] πόλους A   6 αὐτῇ E: αὐτή AD: ἀεὶ Fc: ipsius b   ἐναντίως] ἐν αὐτῇ A   7 τό (alt.) om. A   8 ἄλλην Ab: καὶ ἄλλην DEFc   9 ἀνελίσσουσαν] ἀνελίσσου ἐὰν A   καὶ αὐτήν Fc   καὶ ἐναντίως om. A   11 φαίνηται] Brandis: φαίνεται ADEFbc   κάθετον] κάθοδον A   ταῦτα A   ἕβδομον DE   12 τοῦ] τῆς c   13 μέσον E: corr. E²   ἐκείνην D   14 στρεφομένη AF ἀφεροῦσαν E: corr. E²: ἀφαιροῦσα F   ἀπ'] ὑπ' Fc   16 αὐτῇ] hic deficiunt DE   17 μὲν οὖν b: μὲν A: οὖν Fc   20 ταύτην Fb: τὴν A   τοῦ (pr.)] τῶν τοῦ c   22 post Διός rep. ὀρθῶς τοῦ Σωσιγένους e lin. 20 A   23 τὸν ὑποκάτω ἀστέρα F: τῶν ὑποκάτω ἀστέρων A: inferiora astra b   24 ἥν] ἥν νῦν c   26 ὑπὸ τοῦ] ὑπ' Fc   28 ἀνελιττούσας Fc   30 Ἄρεος Fb: Ἄρεος καὶ A   πέντε—ἡλίου (p. 503,3) om. A

SIMPLICII IN L. DE CAELO II 12 [Arist. p. 293ᵃ4]   505

πίπτειν ἐπ' αὐτήν. πρὸς δὲ τούτοις καὶ τὰ περὶ τὰς τοῦ ἡλίου παντελεῖς 226ᵃ
ἐκλείψεις συμβαίνοντα τῷ λελεγμένῳ μαρτυρεῖ καὶ ἔστι γε τεκμήρια τῆς
περὶ τοῦτο ἀληθείας· ὅτε γὰρ τύχοι κατὰ στάθμην ὄντα τό τε κέντρον 20
αὐτοῦ καὶ τὸ τῆς σελήνης καὶ δὴ καὶ ἡ ἡμετέρα ὄψις, οὐχ ὅμοια τὰ συμ-
5 βαίνοντα ἀεὶ φαίνεται, ἀλλ' ὁτὲ μὲν τῷ περιλαμβάνοντι τὴν σελήνην κώνῳ,
κορυφὴν δὲ ἔχοντι τὴν ἡμετέραν ὄψιν καὶ αὐτὸς ὁ ἥλιος συμπεριλαμβάνε- 25
ται, ὅτε καὶ διατελεῖ χρόνον τινὰ μὴ φαινόμενος ἡμῖν, ὁτὲ δὲ αὖ τοσοῦτον
ἀποδεῖ τούτου, ὥστε καὶ ἔξωθεν ἴτυν αὐτοῦ τινα περιφαινομένην ἀπολείπε-
σθαι κατὰ τὸν μέσον τῆς ἐκλείψεως χρόνον· ὥστε ἀναγκαῖον ἂν εἴη τὴν
10 περὶ τὰ μεγέθη αὐτῶν διαφορὰν φαίνεσθαι διὰ τὴν τῶν ἀποστάσεων ἀνισό- 30
τητα τῶν περὶ τὸν ἀέρα παραπλησίων ὄντων. ὅπερ δὲ ἐπὶ τούτων συμ-
βαῖνον καὶ τῇ ὄψει καταφανές ἐστιν, εἰκὸς καὶ τοῖς ἄλλοις συμβαίνειν, κἂν
εἰ μὴ τῇ ὄψει πρόδηλον εἴη, καὶ οὐ μόνον εἰκός, ἀλλὰ καὶ ἀληθές, εἴπερ
ἡ καθ' ἑκάστην ἡμέραν κίνησις αὐτῶν ἀνώμαλος φαίνεται· ἀλλὰ περὶ τὰ 35
15 φανταζόμενα αὐτῶν μεγέθη οὐ προσπίπτει τις διαφορὰ διὰ τὸ μηδὲ πολὺ
διαφέρειν τὴν εἰς ὕψος τε καὶ τοὐναντίον μετάστασιν, ἣν δὴ καὶ κατὰ βάθος
κίνησιν οἱ ἀπὸ τῶν μαθημάτων καλεῖν εἰώθασι. τοῦτο τοίνυν οὐδαμῶς
ἐπειράθησαν διασῶσαι, ὥστε μὴ καθ' ἑκάστην ἡμέραν παραλλάττουσαν 40
ἐπιδεικνύναι, καίτοι τοῦ προβλήματος τοῦτο ἀξιοῦντος. ἀλλὰ μὴν οὐδὲ ὡς
20 ἐλελήθει γε αὐτοὺς ἡ ἀνισότης τῶν ἀποστημάτων ἑκάστου πρὸς ἑαυτόν,
ἐνδέχεται λέγειν. Πολέμαρχος γὰρ ὁ Κυζικηνὸς γνωρίζων μὲν αὐτὴν φαί-
νεται, ὀλιγωρῶν δὲ ὡς οὐκ αἰσθητῆς οὔσης διὰ τὸ ἀγαπᾶν μᾶλλον τὴν 45
περὶ αὐτὸ τὸ μέσον ἐν τῷ παντὶ τῶν σφαιρῶν αὐτῶν θέσιν· δηλοῖ δὲ καὶ
Ἀριστοτέλης ἐν τοῖς | Φυσικοῖς προβλήμασι προσαπορῶν ταῖς τῶν ἀστρο- 226b
25 λόγων ὑποθέσεσιν ἐκ τοῦ μηδὲ ἴσα τὰ μεγέθη τῶν πλανήτων φαίνεσθαι.
οὕτως οὐ παντάπασιν ἠρέσκετο ταῖς ἀνελιττούσαις, κἂν τὸ ὁμοκέντρους
οὔσας τῷ παντὶ περὶ τὸ μέσον αὐτοῦ κινεῖσθαι ἐπηγάγετο αὐτόν." καὶ 5
μέντοι καὶ ἐξ ὧν ἐν τῷ Λ τῶν Μετὰ τὰ φυσικά φησι, φανερός ἐστιν οὐχ
ἡγούμενος αὐτάρκως ὑπὸ τῶν μέχρι καὶ καθ' αὐτὸν ἀστρολόγων εἰρῆσθαι
30 τὰ περὶ τὰς κινήσεις τῶν πλανωμένων. λέγει γοῦν ὧδέ πως· "νῦν μὲν
οὖν ἡμεῖς, ἃ λέγουσι τῶν μαθηματικῶν τινες, ἐννοίας χάριν λέγομεν, ὅπως 10
ᾖ τι τῇ διανοίᾳ πλῆθος ὡρισμένον ὑπολαμβάνειν, τὸ δὲ λοιπὸν τὰ μὲν ζη-

---

2 λεγομένῳ Fc: dictis b   5 φαίνεται Fb: φαίνεσθαι A   7 ὅτε καὶ A: ὅτε F: ὁτὲ
δὲ bc   ὁτὲ] ὅτε F: ὁ A   αὖ F: αὖ το| A   9 τὸν F: τὸ A   14 ἡ
F: εἴη Ab   περὶ τὰ F: τὰ περὶ Ab   15 φανταζόμενα Fb: φανταζομένων A
16. 17 κατὰ βάθος κίνησιν Fb: καταμα A seq. ras.   17 τοῦτο Fb: ταῦτα A
19 ὡς οὐδὲ Fc   20 ἐλελήθει Fb: ἐληλύθει A   21 γὰρ Fb: δὲ A   22 ὀλι-
γωρῶν Fb: ὀλίγων A   23 περὶ Fb: περὶ τὸ A   καὶ] καὶ ὁ Fc   24 Φυσικοῖς
προβλήμασι] fr. 211 Rose (ed. Lips.)   25 μηδὲ A: μὴ Fbc   27 ἐπηγάγετο] corr. ex
ἐπήγαγεν F: corr. ex ἐπήγαγε A   αὐτόν F: αὐτῷ A   28 Λ F: λάβδα A   τῶν|
τῆς Fc   φανερός Fb: φανερῶς A   29 καὶ A: om. Fbc   30 λέγει] cap. 8 1073b11
31 οὖν om. c   32 ὑπολαβεῖν c

τοῖς γράφουσι γεγονέναι ἢ τὰς αὐτὰς ἑβδόμας καὶ ὀγδόας σφαίρας ποιεῖν 225ᵇ οὐδέ, εἰ τοῦτο γένοιτο, συνᾴδοντος τοῦ ἀριθμοῦ ταῖς ῥήσεσιν· οὐ γὰρ ἔτι ἔσονται αἱ πᾶσαι πέντε καὶ πεντήκοντα, καθάπερ αὐτός φησι.

Προστίθησι δὲ καὶ τοῦτο ὁ Σωσιγένης δῆλον εἶναι λέγων ἐκ τῶν εἰρημένων, ὅτι κατ' ἄλλο μὲν ἀνελιττούσας αὐτὰς ὁ Ἀριστοτέλης προσαγορεύει, κατ' ἄλλο δὲ Θεόφραστος ἀνταναφερούσας· ἔστι γὰρ ἄμφω περὶ αὐτάς· ἀνελίττουσι γὰρ τὰς τῶν ὑπεράνω κινήσεις καὶ ἀνταναφέρουσι τοὺς τῶν ὑπ' αὐτοὺς σφαιρῶν πόλους, τὰς μὲν ἀφαιροῦσαι, τὰς δὲ εἰς τὸ δέον καθιστῶσαι. δεῖ γὰρ τὰς μὲν ἄνωθεν κινήσεις μὴ διικνεῖσθαι πρὸς τὰς τῶν κατωτέρων διαφορὰς ἄστρων, τοὺς δὲ τῶν ὑποκάτω πόλους ὑπὸ τὴν αὐτὴν κάθετον τοῖς τῶν ὁμοίων σφαιρῶν πίπτειν πόλοις, ὅπως εἰς ταὐτὸν εἶεν ἀποκαθεστηκυῖαι τῇ θέσει, καθάπερ φησίν, αἱ πρῶται σφαῖραι τῶν ὑποκάτω τεταγμένων ἄστρων καὶ δηλονότι διὰ τὰς πρώτας καὶ αἱ μετ' αὐτάς· οὕτως γὰρ μόνως, φησίν, ἐνδέχεται τὴν τῶν ἀπλανῶν φορὰν ἅπαντα ποιεῖσθαι, καθάπερ ἤδη ἔφαμεν, εὖ λέγων.

Τοιαύτη τίς ἐστιν ἡ διὰ τῶν ἀνελιττουσῶν σφαιροποιία μὴ δυνηθεῖσα διασῶσαι τὰ φαινόμενα, ὡς καὶ ὁ Σωσιγένης ἐπισκήπτει λέγων· "οὐ μὴν αἵ γε τῶν περὶ Εὔδοξον σῴζουσι τὰ φαινόμενα, οὐχ ὅπως τὰ ὕστερον καταληφθέντα, ἀλλ' οὐδὲ τὰ πρότερον γνωσθέντα καὶ ὑπ' αὐτῶν ἐκείνων πιστευθέντα. καὶ τί δεῖ περὶ τῶν ἄλλων λέγειν, ὧν ἔνια καὶ Κάλλιππος ὁ Κυζικηνὸς Εὐδόξου μὴ δυνηθέντος ἐπειράθη διασῶσαι, εἴπερ ἄρα καὶ διέσωσεν; ἀλλ' αὐτό γε τοῦτο, ὅπερ καὶ τῇ ὄψει πρόδηλόν ἐστιν, οὐδεὶς | αὐτῶν μέχρι καὶ Αὐτολύκου τοῦ Πιταναίου ἐπεβάλετο διὰ τῶν ὑποθέσεων 226ᵃ ἐπιδεῖξαι, καίτοι οὐδὲ αὐτὸς Αὐτόλυκος ἠδυνήθη· δηλοῖ δὲ ἡ πρὸς τὸν Ἀριστόθηρον αὐτοῦ διαφορά. ἔστι δέ, ὃ λέγω, τὸ ποτὲ μὲν πλησίον, ἔστι δὲ ὅτε ἀποκεχωρηκότας ἡμῶν αὐτοὺς φαντάζεσθαι. καὶ γὰρ τῇ ὄψει συμφανὲς ἐπ' ἐνίων τοῦτό ἐστιν· ὅ τε γὰρ τῆς Ἀφροδίτης λεγόμενος ἀστὴρ καὶ δὴ καὶ ὁ τοῦ Ἄρεος κατὰ μέσας τὰς προηγήσεις αὐτῶν πολλαπλάσιοι φαίνονται, ὥστε ὅ γε τῆς Ἀφροδίτης ἐν ἀσελήνοις νυξὶ σκιὰς πίπτειν ἀπὸ τῶν σωμάτων ποιεῖ, ἥ τε αὖ σελήνη καὶ ἐν αὐτῇ μὲν τῇ ὄψει συμφανής ἐστιν οὐκ ἀεὶ τὸ ἴσον ἡμῶν ἀφισταμένη διὰ τὸ μὴ ἀεὶ τὸ ἴσον ἔχουσα μέγεθος ἡμῖν φαίνεσθαι τῶν αὐτῶν περὶ τὸ δι' οὗ θεωρεῖται καθεστώτων· οὐ μὴν ἀλλὰ καὶ ὀργανικώτερον παραφυλάττουσι τὸ αὐτὸ συνδοκεῖ διὰ τὸ τότε μὲν ἑνδεκαδάκτυλον, τότε δ' αὖ δωδεκαδάκτυλον τύμπανον ἐξ ἴσης ἀποστάσεως τοῦ θεωμένου τιθέμενον ἀντιφράττειν αὐτοῦ τῇ ὄψει, ὥστε μὴ

---

1 τοῖς γράφουσι F: τὸ γὰρ γραφόμενον A: *per scriptiones* b   ἢ Fb: ἡ A   Θεόφραστος] cf. supra 493, 18; fr. 32 Wimmer   8 αὐτοὺς] corr. ex αὐτοῦ A   10 κατωτέρω c: comp. F διαφορὰς AF: *lationes* b: φορὰς c   τοὺς F: τοῖς A   14 οὕτω F   φορὰν Fb: σφαιρῶν A ἅπαντα b: ἅπαντες A: ἅπαντας Fc   16 τοιαύτη τίς F: τοιαῦτα τί A   17 ὡς Fb: postea ins. A   21 Κυζικηνὸς F: corr. ex Κυκικηνὸς A   23 καί] καὶ τοῦ Fc   24 δηλοῖ corr. ex δῆλον F: δῆλον Ab   τὸν om. Fc   25 λέγει F   26 ὅτε F: ὅτι A ἀποκεχωρηκότας F: ἀποκεχωρηκότας A   29 γε] τε c   30 αὖ om. c   ἐν om. c 32 τὸ F: τοῦ A   33 ταὐτὸ Fc   34 τότε (pr.) Ab: ποτὲ Fc   τότε δ' αὖ δωδεκαδάκτυλον F: om. Ab   τότε (alt.) scripsi: ποτὲ Fc   35 θεωρουμένου Fc

τῆς ἀπλανοῦς συναποκατάστασις ἡ αὐτὴ οὖσα πασῶν τῶν σφαιρῶν πῶς 227ᵃ
οὐκ ἠρκέσθη τῇ τῆς ἀπλανοῦς συμπεριαγωγῇ, ἀλλ' ἐδεήθη τῶν ταύτην 5
τὴν κίνησιν φερουσῶν ἕκαστον ἀστέρα καὶ τῶν ἐκείνας ἀνελιττουσῶν κατὰ
τὸν Ἀριστοτέλην; λέγοιεν δὲ ἂν ἴσως, ὅτι, κἂν συναποκαθιστῶνται τῇ
5 ἀπλανεῖ τὴν αὐτὴν αὐτῇ κίνησιν τὴν ἀπ' ἀνατολῶν κινούμεναι, ἀλλὰ
διάφορον ἔχουσαι τὸ μέγεθος διάφορον πάντως καὶ τὸ τάχος ἔχουσι τῆς 10
κινήσεως· πῶς οὖν ἦν εἰκὸς ἀπολελυμένας αὐτὰς καὶ μὴ συνδεδεμένας
ὑπὸ μιᾶς τῆς ἀπλανοῦς τὰς διαφόρους κινεῖσθαι κινήσεις;
    Κατεγνωκότες οὖν τῆς τῶν ἀνελιττουσῶν ὑποθέσεως οἱ μεταγενέστεροι
10 μάλιστα διὰ τὸ τὴν κατὰ βάθος διαφορὰν καὶ τὴν ἀνωμαλίαν τῶν κινή- 15
σεων μὴ ἀποσώζειν τὰς μὲν ὁμοκέντρους ἀνελιττούσας παρῃτήσαντο, ἐκκέν-
τρους δὲ καὶ ἐπικύκλους ὑπέθεντο· εἰ μὴ ἄρα ἡ τῶν ἐκκέντρων κύκλων
ὑπόθεσις ὑπὸ τῶν Πυθαγορείων ἐπενοήθη, ὡς ἄλλοι τέ τινες ἱστοροῦσι καὶ
Νικόμαχος καὶ Νικομάχῳ κατακολουθῶν Ἰάμβλιχος. ἵνα δὲ καὶ τούτων 20
15 τῶν ὑποθέσεων τῆς χρείας ἔννοιάν τινα λάβωμεν περὶ οὐρανοῦ τὴν πραγ-
ματείαν ποιούμενοι, ἐκκείσθω πρῶτον ὡς ἐπὶ καταγραφῆς ἡ κατὰ τὸν
ἔκκεντρον ὑπόθεσις τῇ κατὰ τὸν ὁμόκεντρον παραβαλλομένη.
    Νοείσθω ὁ διὰ μέσων τῶν ζῳδίων κύκλος ὁμόκεντρος ὁ ΑΒΓΔ περὶ 25
κέντρον τὸ Ε, ἐφ' οὗ ὑποκείσθω ἡ ἡμετέρα ὄψις, καὶ διάμετρον τὴν ΑΕΓ.
20 εἰ μὲν οὖν ὁ ἀστὴρ ὡς ἀπὸ τοῦ Α ἐπὶ τὸ Β ποιεῖται τὴν ὁμαλὴν πάροδον
ἐπὶ τοῦ ΑΒΓΔ κύκλου, φανερόν, ὅτι τῆς ὄψεως πρὸς τῷ Ε κέντρῳ τυγχα-
νούσης, ἐὰν νοήσωμεν τὴν ἀπ' αὐτῆς ἐπὶ τὸν ἀστέρα πίπτουσαν ἀκτῖνα ὡς 30
τὴν ΑΕ εὐθεῖαν, καὶ αὕτη ὁμαλῶς συμπεριενεχθήσεται, καὶ φανήσεται
δηλαδὴ ὁ ἀστὴρ καὶ ὁμαλὴν ποιούμενος τὴν πάροδον καὶ ἀπόστασιν ἀεὶ
25 τὴν ἴσην ἡμῶν ἀπέχων. ἀλλ' ἐπεὶ οὐχ οὕτως ὁρῶνται, ἀλλὰ πάντοτε
ἀνώμαλον ποιούμενοι τὴν πάροδον καὶ ἄλλοτε ἄλλην ἀπόστασιν ἀφεστῶτες, 35
ὡς δῆλον γίνεται ἐκ τῆς τῶν μεγεθῶν διαφορᾶς, ὑποκείσθω ὁ ΑΒΓΔ
κύκλος μηκέτι ὁμόκεντρος τῷ ζῳδιακῷ, οἷον ἵνα μηκέτι ἐπὶ τοῦ Ε τυγχάνῃ
τὸ τοῦ ζῳδιακοῦ κέντρον, ἐφ' οὗ φαμεν τὴν ὄψιν εἶναι, ἀλλ' ἐπὶ τοῦ Ζ,
30 καὶ γίνεσθαι τὸν ΑΒΓΔ μηκέτι ὁμόκεντρον τῷ διὰ μέσων τῶν ζῳδίων 40
κύκλῳ, ἀλλ' ἔκκεντρον πρὸς αὐτόν, καὶ ἀπογειότατον μὲν αὐτοῦ τὸ Α,
τουτέστι τὸ μέγιστον ἀπὸ τῆς κατὰ τὸ Ζ ὄψεως ἀπέχον, περιγειότατον δὲ
τὸ Γ τὸ ἐλάχιστον τῆς κατὰ τὸ Ζ ὄψεως ἀπέχον. ἐὰν οὖν νοήσωμεν ἐπὶ
τοῦ ΑΒΓΔ ἐκκέντρου κύκλου τὸν ἀστέρα ὁμοίως ἀπὸ τοῦ Α ἀπογείου ἐπὶ 45
35 τὸ Β τὴν ΑΒ περιφέρειαν ὁμαλῶς κινούμενον καὶ εὐθεῖάν τινα ἀπὸ τοῦ

---

1 συναποκατάστασις F: corr. ex ἀποκατάστασις A   2 συμπεριαγωγῇ F: συμπεριαγω-
γῆς A   4 δ' Fc   5 κινούμεναι F: κινουμένην A   6 ἔχουσαι—διάφορον om.
F: τὸ μέγεθος ἔχουσαι διάφορον c   9 οἱ F: om. A   13 Πυθαγορείων a: Πυθαγορίων
A: om. F   τέ om. F   14 κατακολουθῶν Fb: κατακολουθεῖ A   Ἰάμβλιχος F:
Ἰάμβληχος A   16 καταγραφῇ c   18 ὁ (pr.) F: τὰ A   19 ἐφ' Brandis: in b: ὑφ'
AFc   καὶ] κατὰ Fc   23 αὐτὴ Fbc   27 γίνεται om. c   28 κύκλος
οὐκέτι c   32 προσγειότατον c   34 ἀπογείου] τοῦ ἀπογείου Fc   35 τὴν] κατὰ
τὴν c

τοῦντας αὐτοὺς δεῖ, τὰ δὲ πυνθανομένους τῶν ζητούντων, ἐάν τι φαίνηται παρὰ τὰ νῦν εἰρημένα τοῖς ταῦτα πραγματευομένοις, φιλεῖν μὲν ἀμφοτέρους, πείθεσθαι δὲ τοῖς ἀκριβεστέροις." ἀλλὰ καὶ καταριθμησάμενος ἐν τῷ αὐτῷ βιβλίῳ τὰς συμπάσας φορὰς ἐπάγει "τὸ μὲν πλῆθος τῶν φορῶν ἔστω τοσοῦτον, ὥστε καὶ τὰς οὐσίας καὶ τὰς ἀρχὰς τὰς ἀκινήτους καὶ τὰς αἰσθητὰς τοσαύτας εὔλογον ὑπολαβεῖν· τὸ γὰρ ἀναγκαῖον ἀφείσθω τοῖς ἰσχυροτέροις λέγειν." τό τε οὖν ἔστω καὶ τὸ εὔλογον καὶ τὸ ἄλλοις ἰσχυροτέροις καταλείπειν τὸν περὶ αὐτὰ ἐνδοιασμὸν ἐνδείκνυται. τῷ οὖν Ἀριστοτέλει πειθομένους ἀκολουθεῖν χρὴ μᾶλλον τοῖς μεταγενεστέροις ὡς μᾶλλον σώζουσι τὰ φαινόμενα, κἂν εἰ μηδὲ οὗτοι τελέως διασώζωσιν, ἐκείνων μήτε τοσαῦτα ἐπισταμένων φαινόμενα διὰ τὸ μήπω τὰς ὑπὸ Καλλισθένους ἐκ Βαβυλῶνος ἐκπεμφθείσας τηρήσεις ἥκειν εἰς τὴν Ἑλλάδα Ἀριστοτέλους τοῦτο ἐπισκήψαντος αὐτῷ, ἃς ἱστορεῖ Πορφύριος ἐτῶν εἶναι χιλίων καὶ μυριάδων τριῶν ἕως τῶν Ἀλεξάνδρου τοῦ Μακεδόνος σωζομένας χρόνων, μήτε, ὁπόσα ἠπίσταντο, διὰ τῶν ὑποθέσεων ἐπιδεικνύναι δυναμένων. ἐγκαλεῖ δὲ αὐτοῖς ὁ Πτολεμαῖος καὶ ὡς πολὺ πλῆθος σφαιρῶν εἰσάγουσι μόνης ἕνεκα τῆς συναποκαταστάσεως τῶν ἑπτὰ πλανήτων πρὸς τὴν περιφορὰν τῆς ἀπλανοῦς καὶ τὸ λέγειν τὰς περιεχομένας ταῖς περιεχούσαις καὶ τὰς ἐσχάτας ταῖς ὑπὲρ αὐτὰς αἰτίας εἶναι τῆς συναποκαταστάσεως, καίτοι τῆς φύσεως ἀεὶ τὰ ἀνωτέρω τοῖς κατωτέρω αἴτια ποιούσης τῆς κινήσεως· καὶ γὰρ ἐφ' ἡμῶν ἄνωθεν ἀπὸ τοῦ ἡγεμονοῦντος μορίου τὰς ὁρμὰς τῆς κινήσεως διὰ τῶν νεύρων εἰς πάντα τὰ ὄργανα διαδίδοσθαι. ἐγὼ δὲ ἀγνοῶ, τί δήποτε καθ' ἕκαστον ἀστέρα τὴν πρώτην σφαῖραν τάττουσιν ὁμοίως τῇ ἀπλανεῖ καὶ ἰσοταχῶς κινουμένην καὶ τὰς μεθ' ἑαυτὴν πάσας μέχρι τῆς τὸν ἀστέρα ἐχούσης τῇ ἀπλανεῖ συναποκαθιστῶσαν· εἰ γὰρ διαδίδωσιν ἡ ὑπερκειμένη ταῖς ὑποκειμέναις τὸ τῆς οἰκείας κινήσεως εἶδος, διὰ τί μὴ τὴν ἀπλανῆ λέγομεν ἰσχυροτάτην καὶ ἐπικρατεστάτην πασῶν οὖσαν πάσας τὰς ὑφ' ἑαυτὴν ἑαυτῇ συναποκαθιστάνειν; τὰς μὲν γὰρ | τὴν κατὰ μῆκος καὶ κατὰ πλάτος κίνησιν φερούσας, ἐπειδὴ διάφοροι αὐταὶ καθ' ἕκαστον ἀστέρα, ἀναγκαῖον ἦν διαφόρους εἶναι· ἡ δὲ μετὰ

---

1 δεῖ, τὰ F: δεῖται A   τῶν] παρὰ τῶν c   4 ἐπάγει] 1074ᵃ14   μὲν] μὲν οὖν c
φορῶν Fb: φόρων A: σφαιρῶν c   6 ὑπολαβεῖν F: corr. ex ὑπολαβαίνειν A   7 λέγειν—
ἰσχυροτέροις (7. 8) Fb: om. A   τό τε οὖν Brandis: τοῦτο οὖν F: τὸ τοίνυν c
ἄλλοις b: ἄλλο F   8 καταλιπεῖν Fc   10 διασώζουσιν Fc   11. 12 Καλλισθένους a:
Καλισθένους AF   12 ἐκπεμφθείσας τηρήσεις ἐκ Βαβυλῶνος Fc   ἥκειν F: ἧκον A
14 μυριάδων] nongentorum b, prob. Schiaparelli   15 ὁπόσα Fb: om. A   ἠπίσταντο]
Brandis: ὑπίσταν A: ἠδύναντο F: credebant b   16 Πτολεμαῖος] cf. Σύντ. IX 2
19 ταῖς F: τὰς A   19. 20 συναποστάσεως Fc   24 μεθ' ἑαυτὴν Fb: μεθ'
ἑαυτὰ A: μετ' αὐτὴν c   25 συναποκαθιστῶσαν scripsi: συναποκαθιστώσας AF:
συναποκαθιστάσας c   27 τὴν ἀπλανῆ Fb: τῇ ἀπλανεῖ A   28 συναποκαθιστάνειν F:
συναποκαθιστᾶ A: restituentem b   29 κατὰ (pr.) A: κατὰ τὸ Fc   κατὰ (alt.) A: τὴν κατὰ τὸ Fc   διάφοροι F: διάφοραι A

πάλιν ὁ ἀστὴρ περιενεχθεὶς ἔσται ὑπὸ τοῦ ἐπικύκλου τὴν AB περιφέρειαν, 227b
τουτέστι τὴν ὑπὸ AEB γωνίαν, φαίνεται δὲ τὴν ὑπὸ AEH μείζονα τῆς
ὁμαλῆς, διαφορὰ δὲ αὐτῶν γίνεται ἡ ὑπὸ BEH γωνία. ὅταν δὲ ἀπὸ τοῦ 40
Z ἀπογείου μὴ ὡς ἐπὶ τὸ H ποιῆται τὴν πάροδον, ἀλλ' ὡς ἐπὶ τὸ K, ἡ
5 μὲν ὑπὸ AEB γωνία πάλιν ἔσται τῆς ὁμαλῆς παρόδου, ἡ δὲ ὑπὸ AEK
τῆς φαινομένης ἐλάττονος τῆς ὁμαλῆς, διαφορὰ δὲ αὐτῶν ἡ ὑπὸ KEB·
ὥστε ἡ τοιαύτη ὑπόθεσις δύναται πρὸς τοῖς ἀπογειοτέροις τὰς τῶν ἀστέρων 45
παρόδους καὶ μείζονας καὶ ἐλάττονας ἐπιδεικνύναι, | μείζονας μὲν δηλον- 228a
ότι, ὅταν ὁ ἀστὴρ ἀπὸ τοῦ ἀπογείου τοῦ ἐπικύκλου ἐπὶ τὰ αὐτὰ τῷ κύκλῳ
10 ποιῆται τὴν πάροδον, ἐλάττονας δέ, ὅταν ἐπὶ τὰ ἐναντία, ἡ δὲ κατ' ἔκκεν-
τρον ἀεὶ τὴν πρὸς τῷ ἀπογειοτέρῳ φαινομένην ἐλάττονα τῆς ὁμαλῆς, ἐπεὶ
καὶ πάντοτε ἡ ὑπὸ AZB φαινομένη ἐλάττων ἐστὶ τῆς ὑπὸ AEB ὁμαλῆς. 5

Τούτων τῶν ὑποθέσεων ἑκατέρα τὸν ἀστρολογικὸν σκοπὸν ἀποδίδωσιν
ἰδίᾳ λαμβανομένη, πλὴν ὅτι ἐπὶ τῆς σελήνης ἀμφοῖν δέονται συντιθεμένων·
15 τὸν γὰρ φέροντα τὴν σελήνην ἐπίκυκλον ἐπὶ ἐκκέντρου κύκλου περιαγόμενον
ὑποτίθενται, ἵνα σωθῇ τὰ φαινόμενα ὑπ' αὐτῆς. αὗται δὲ αἱ ὑποθέσεις 10
καὶ ἁπλούστεραι τῶν προτέρων εἰσὶν οὐ δεόμεναι τοσαῦτα σώματα οὐράνια
ἀναπλάττειν καὶ σώζουσι τὰ φαινόμενα τά τε ἄλλα καὶ μάλιστα τὰ περὶ
τὸ βάθος καὶ τὴν ἀνωμαλίαν, οὔτε δὲ τὸ ἀξίωμα τοῦ Ἀριστοτέλους φυ-
20 λάττουσι τὸ βουλόμενον πᾶν κυκλοφορητικὸν σῶμα περὶ τὸ τοῦ παντὸς 15
μέσον κινεῖσθαι, ἀλλ' οὐδὲ ἡ τῆς ἀπορίας λύσις ἡ εἰρημένη χώραν ἔχει
λοιπόν, δι' ἣν οἱ λόγοι πάντες οὗτοι κεκίνηνται· οὐδὲ γὰρ ὁ ἀνισασμὸς
ἔτι χώραν ἔχει, εἴπερ μηκέτι ἀληθὲς τὸ εἰρημένον, ὅτι ἡ μὲν πρώτη φορὰ
μία οὖσα πολλὰ κινεῖ τῶν θείων σωμάτων, αἱ δὲ πολλαὶ οὖσαι ἓν μόνον 20
25 ἑκάστη· οὐ γὰρ πολλὰ σώματα κινοῦσιν αἱ πρὸ τῆς τελευταίας καὶ τῆς ἓν
ἄστρον ἐχούσης. καὶ ταῦτα τὰ ἄτοπα ἐπάγει ταύταις ταῖς ὑποθέσεσιν ὁ Σω-
σιγένης οὐδὲ τῇ τῶν ἀνελιττουσῶν ἀρεσκόμενος διὰ τὰς εἰρημένας ἔμπροσθεν
αἰτίας. ἀλλὰ πρὸς μὲν τὸ πρῶτον ἐνίστασθαι ἀνάγκη τοὺς νομίζοντας καὶ 25
τοὺς ἀστέρας ἐμψύχους ὄντας ἔχειν ἰδίαν κίνησιν· οὐδὲ γὰρ μέρη μόνον
30 εἰσὶ τοῦ οὐρανοῦ, ἀλλὰ καὶ ὅλος καθ' αὑτὸν ἕκαστος. ἀληθὲς οὖν ἂν
μᾶλλον ἀξίωμα εἴη τὸ λέγον, ὅτι πᾶν κυκλοφορητικὸν σῶμα περὶ τὸ
ἑαυτοῦ κέντρον κινεῖται, διό, ὅσα μὲν τῶν οὐρανίων σωμάτων μέσον ἔχει 30
τὸ τοῦ παντὸς μέσον, ἀληθὲς εἰπεῖν περὶ τὸ μέσον τοῦ παντὸς κινεῖσθαι,

---

1 ὑπὸ] ἐπὶ c   2 ὑπὸ om. c   AEH b: AEB A: AKH F   μείζονα Fb: γωνίαν A
3 διαφορὰ F: corr. ex διαφορᾶς A   BEH Fb: BE A   4 ἡ — AEK (5) om. F
5 ὑπὸ (pr.) b: ἡ ἀπὸ A: ὑπὸ τὸ c   ὑπὸ (alt.) ac: ἡ ὑπὸ A   AEK b: om. A
6 τῆς (pr.) — ὑπὸ Fb: om. A   8 ἐπιδεικνύναι] corr. ex ἀποδεικνύναι F: ἀπιδεικνύ-
ναι A   10 τἀναντία c   11 τὴν Fc: τὴν μὲν A   ἐλάσσονα Fc   12 ἐλάσσων
Fc   14 λαμβανομένη b: λαμβανόμενον AFc   δέονται Fb: δὲ A   18 τά (sec.)
F: om. A   ἀλλὰ A   19 οὔτε] οὔτι c   22 κεκίνηνται Fb: corr. ex κινοῦν-
ται A   23 ἔτι χώραν ἔχει] ἔχει χώραν Fc   μὲν om. Fc   29 ἰδίαν ἔχειν Fc
30 ὅλος b: ὅλως AF   ἑαυτὸν c   οὖν ἂν] corr. ex οὖν A: ἂν οὖν εἴη Fc: igitur
erit utique b   31 εἴη om. Fc   πᾶν] πᾶν τὸ Fc   32 διό Fb: δι' A
33 μέσον (pr.) — κινεῖσθαι Fb: om. A

ἐκκέντρου συμπερια|γομένην αὐτῷ, καὶ αὕτη ὁμαλῶς περιενεχθήσεται. 227b ἔστω οὖν ὡς ἡ ΕΒ. συμβήσεται οὖν ἐπιζευχθείσης ἀπὸ τῆς κατὰ τὸ Ζ ὄψεως ἐπὶ τὸν ἀστέρα τῆς ΖΒ ὁμαλῶς μὲν κεκινῆσθαι τὸν ἀστέρα τὴν ὑπὸ ΑΕΒ γωνίαν, πεφηνέναι δὲ ἐλάττονα τὴν ὑπὸ ΑΖΒ· ἡ γὰρ πρὸς 5 τῷ Ε γωνία ἐκτὸς οὖσα τοῦ ΒΕΖ τριγώνου μείζων ἐστὶ τῆς ἐντὸς καὶ ἀπεναντίον τῆς πρὸς τῷ Ζ. ἐὰν δὲ ὡς ἀπὸ τοῦ Γ περιγείου ποιούμενος τὴν πάροδον κινηθῇ ὁμαλῶς τὴν ΓΔ περιφέρειαν, ὥστε καὶ τὴν ΕΔ εὐθεῖαν ὁμαλῶς συμπεριενεχθῆναι, καὶ ἐπιζεύξωμεν πάλιν ἀπὸ τῆς κατὰ τὸ 10 Ζ ὄψεως τὴν ΖΔ εὐθεῖαν, ἔσται πάλιν ἡ μὲν ὁμαλὴ ἀπὸ τοῦ περιγείου πάροδος περιεχομένη ὑπὸ τῆς ὑπὸ ΓΕΔ γωνίας, ἡ δὲ ἀνώμαλος καὶ φαινομένη ὑπὸ τῆς ὑπὸ ΓΖΔ, καὶ μείζων ἔσται δηλονότι κατὰ τὴν ἀπὸ τοῦ Ζ περιγείου ἡ φαινομένη τῆς ὁμαλῆς διὰ τὸ μείζονα εἶναι τὴν πρὸς τῷ 15 Ζ γωνίαν τῆς πρὸς τῷ Ε· καὶ ἔσται ἐπὶ μὲν τῆς κατὰ τὸ Β τοῦ ἀστέρος θέσεως ὁμαλὴ μὲν ἡ ὑπὸ ΑΕΒ, φαινομένη δὲ ἡ ὑπὸ ΑΖΒ, διαφορὰ δὲ ἡ ὑπὸ ΕΒΖ, ἐπὶ δὲ τῆς κατὰ τὸ Δ τοῦ ἀστέρος θέσεως ὁμαλὴ μὲν ἡ ὑπὸ ΓΕΔ, φαινομένη δὲ ἡ ὑπὸ ΓΖΔ, διαφορὰ δὲ ἡ ὑπὸ ΕΔΖ.

Ταύτης οὖν τῆς ὑποθέσεως κατὰ τὸ ἁπλούστερον ἁρμοζούσης τῷ εἰρημένῳ σκοπῷ τοῦ μαθηματικοῦ καὶ ἑτέραν ἐξεῦρον τὰ αὐτὰ τῇ προειρημένῃ δυναμένην ἐπιδεικνύναι, τουτέστιν ὥστε ὁμαλῶς τῶν ἀστέρων κινουμένων ἀνωμάλως αὐτοὺς φαίνεσθαι διεξιόντας τὰς τοῦ διὰ μέσων τῶν ζῳδίων κύκλου περιφερείας.

Νοείσθω γὰρ πάλιν ὁ ΑΒΓΔ κύκλος ὁμόκεντρος πρὸς τὸ διὰ μέσων περὶ κέντρον τὸ Ε, ἐφ' οὗ πάλιν ἡ ἡμετέρα ὄψις, ὁ δὲ ἀστὴρ μὴ ἐπ' αὐτοῦ ποιούμενος τὴν κίνησιν, ἀλλ' ἐπὶ τοῦ ΖΗΘΚ κυκλικοῦ καλουμένου ἐπικύκλου τὸ Α κέντρον πάντοτε ἔχοντος ἐπὶ τῆς τοῦ ΑΒΓΔ κύκλου περιφερείας, ὥστε κατὰ μὲν τοῦ Ζ ἀπογειότατον ὁμοίως γίνεσθαι τὸν ἀστέρα, κατὰ δὲ τοῦ Θ περιγειότατον· καὶ δῆλον, ὅτι, ὅταν μὲν ὁ ἐπίκυκλος τὴν ΑΒ περιφέρειαν ὁμαλῶς κινηθεὶς γένηται κατὰ τὸ Β συμπεριαγομένης πάλιν καὶ τῆς ΕΒ ὁμαλῶς, ὁ δὲ ἀστὴρ ἀπὸ τοῦ Ζ ἀπογείου ὡς ἐπὶ τὸ Η ποιούμενος τὴν πάροδον τὴν ΖΗ πάλιν ὁμαλῶς κινηθῇ, καὶ ἐπιζεύξωμεν ἀπὸ τῆς κατὰ τὸ Ε ὄψεως τὴν ΕΗ εὐθεῖαν, ὁμαλῶς μὲν

---

1 αὐτὴ Fc   συμπεριενεχθήσεται F: συμπεριενεχθήσεται c   3 κινεῖσθαι c
4 πεφυκέναι c   ΑΖΒ Fb: αβ̅ζ̅ Α   5 ἐκτὸς — τριγώνου Fb: om. A   ἐστὶ τῆς
ἐντὸς μείζων c   6 τῷ F: τὸ A   προσγείου c   7 περιφέρειαν — συμπεριενεχθῆναι (8) Fb: εὐθεῖαν ὁμαλῶς συμπεριενεχθῆναι περιφέρειαν ὥστε καὶ τὴν ΕΔ Α   ΕΔ]
ΕΖ c   8. 9 τὸ Ζ Fb: τῆς A   9 προσγείου c   11 κατὰ] ἡ κατὰ c
12 προσγείου c   ἡ om. Fc   εἶναι F: om. A   τῷ F: corr. ex τὸ Α
14 ΑΕΒ Fb: αε A   ΑΖΒ] c corr. Α   15 ΕΒΖ F: corr. ex ΕΖΒ
16 ΓΕΔ] ΑΕΒ F: ΓΕΒ c   ΕΔΖ scripsi: ΕΖΔ AFb: ΑΖΔ c   18 τοῦ μαθηματικοῦ σκοπῷ Fc   ἐξηῦρον c   19 δυναμένην Fc: δυνάμει Α   20 ἀνωμάλως F: ἀνωμάλους A   21 κύκλου F: κύκλους A   22 πρὸς τὸ Α: τῷ Fc
24 κυκλικοῦ AF: circulo b   25 τοῦ om. Fc   26 τοῦ AF: τὸ ac   27 τοῦ
AF: τὸ ac   προσγειότατον Fc   28 τὴν F: τοῦ A   28. 29 συμπεριαγομένης Fb: συμπεριαγόμενος A   30 τὸ] τοῦ F

p. 293ᵃ15 Λοιπὸν δὲ περὶ τῆς γῆς εἰπεῖν ἕως τοῦ καὶ πειρώμε- 228ᵇ
νοι συγκοσμεῖν.

Ἐπὶ τὸ δέκατον καὶ τελευταῖον τοῦ βιβλίου κεφαλαῖον τὸ περὶ τῆς
γῆς μέτεισιν οἰκεῖον καὶ αὐτὸ τοῖς περὶ τοῦ οὐρανοῦ λόγοις ὑπάρχον.
5 μνημονεύσας γὰρ πρότερον τῆς γῆς καὶ ὡς ἐν μέσῳ κειμένης τοῦ παντὸς
οὐρανοῦ καὶ ὡς ἀκινήτου καὶ κέντρου λόγον πρὸς αὐτὸν ἐχούσης καὶ ἀπὸ
τοῦ σφαιροειδοῦς αὐτῆς τὸ τοῦ οὐρανοῦ σφαιροειδὲς ἀποδείξας καὶ ἁπλῶς
τὰ κατὰ τὴν πρὸς τὸν οὐρανὸν αὐτῆς σχέσιν ἐξ ὑποθέσεως λαβὼν ταῦτα
νῦν ἀποδείκνυσιν, ἵνα τέλεος ὁ περὶ τοῦ οὐρανοῦ λόγος ᾖ· καὶ γὰρ καὶ οἱ
10 ἀστρονόμοι περὶ οὐρανοῦ καὶ τῶν οὐρανίων πραγματευόμενοι περὶ τῆς γῆς
καὶ αὐτοὶ ταῦτα δεικνύουσιν, ὅτι ἐν μέσῳ τοῦ οὐρανοῦ καὶ ὅτι ἀκίνητος
κέντρου λόγον ἔχουσα πρὸς τὸν οὐρανὸν καὶ τὸ σχῆμα σφαιροειδής. πάντα
γὰρ αὐτῇ ταῦτα κατὰ | τὴν σχέσιν ὑπάρχει τὴν πρὸς τὸν οὐρανόν, τὰ
δὲ ἄλλα, ὅσα ὑπάρχει τῇ γῇ κατὰ τὴν πρὸς τὰ ἄλλα τρία στοιχεῖα σύν-
15 ταξιν, ἐν τοῖς δυσὶ βιβλίοις τοῖς ἐφεξῆς ἐρεῖ. τρία οὖν περὶ αὐτῆς προ-
βαλλόμενος περί τε τῆς θέσεως αὐτῆς, ὅπου κειμένη τυγχάνει, καὶ δεύτερον,
πότερον τῶν ἠρεμούντων ἐστὶν ἢ τῶν κινουμένων, καὶ τρίτον περὶ τοῦ
σχήματος αὐτῆς, τὰς προκαταβεβλημένας καὶ περὶ τούτων δόξας πρῶτον
ἐκτίθεται καὶ πρὸς αὐτὰς ὑπαντήσας οὕτω τὰ δοκοῦντα ἑαυτῷ περὶ τούτων
20 συλλογίζεται. πρῶτον δὲ περὶ τῆς θέσεως λέγει, ὅτι οἱ μὲν ἄπειρον τὸν
κόσμον λέγοντες οὐδ᾽ ἂν ζητοῖεν τὴν ἐν τῷ παντὶ θέσιν αὐτῆς· ἐν γὰρ
ἀπείρῳ οὔτε ἀρχὴ οὔτε μέσον οὔτε τέλος ἐστί· τῶν δὲ πεπερασμένον τὸν
κόσμον λεγόντων οἱ μὲν πλεῖστοι ἐπὶ τοῦ μέσου κεῖσθαι λέγουσι τὴν γῆν,
ὥσπερ Ἐμπεδοκλῆς καὶ Ἀναξίμανδρος καὶ Ἀναξιμένης καὶ Ἀναξαγόρας καὶ
25 Δημόκριτος καὶ Πλάτων· ἀντιφάσκουσι δὲ οἱ Πυθαγόρειοι· τοῦτο γὰρ
σημαίνει τὸ ἐναντίως· οὐ περὶ τὸ μέσον λέγοντες αὐτήν, ἀλλ᾽ ἐν μὲν
τῷ μέσῳ τοῦ παντὸς πῦρ εἶναί φασι, περὶ δὲ τὸ μέσον τὴν ἀντίχθονα
φέρεσθαί φασι γῆν οὖσαν καὶ αὐτήν, ἀντίχθονα δὲ καλουμένην διὰ τὸ
ἐξ ἐναντίας τῇδε τῇ γῇ εἶναι, μετὰ δὲ τὴν ἀντίχθονα ἡ γῆ ἥδε φερομένη
30 καὶ αὐτὴ περὶ τὸ μέσον, μετὰ δὲ τὴν γῆν ἡ σελήνη· οὕτω γὰρ αὐτὸς ἐν
τῷ περὶ τῶν Πυθαγορικῶν ἱστορεῖ· τὴν δὲ γῆν ὡς ἓν τῶν ἄστρων οὖσαν
κινουμένην περὶ τὸ μέσον κατὰ τὴν πρὸς τὸν ἥλιον σχέσιν νύκτα καὶ
ἡμέραν ποιεῖν· ἡ δὲ ἀντίχθων κινουμένη περὶ τὸ μέσον καὶ ἑπομένη τῇ
γῇ ταύτῃ οὐχ ὁρᾶται ὑφ᾽ ἡμῶν διὰ τὸ ἐπιπροσθεῖν ἡμῖν ἀεὶ τὸ τῆς γῆς

---

8 τὰ Cb: τὸ AFc   9 τέλεος A: τέλειος CFc   τοῦ AC: om. Fc   pr. καὶ—
οὐρανοῦ (10) Fb: om. A   10 πραγματευόμενοι Fb: πραγματευόμενος A   15 δυσὶ]
β F: δὺς A   19 οὕτω] οὕτως c   20 πρῶτον Fb: καὶ πρῶτον A   23 κόσμον Fb:
σκοπὸν A   25 ἀντιφάσκουσι δὲ Fb: ἀντιφάσκουσιν A   Πυθαγόρειοι F: Πυθαγό-
ριοι A   γὰρ Fb: om. A   27 φασι om. b   περὶ—φασι (28) Fb: om. A
29 δὲ Fb: om. A   30 οὕτως c   31 περὶ A: πέρατι Fb   ἱστορεῖ] fr. 204 Rose
(ed. Lips.)   33 ποιεῖν b: ποιεῖ AF   34 τῆς γῆς τὸ Fc

ὅσα δὲ ἐκτὸς ἐκείνου τοῦ μέσου ἐστὶ μερικώτερα ὄντα, περὶ τὸ ἑαυτῶν 228ᵃ
κινεῖται μέσον, ὥσπερ οἱ ἀστέρες καὶ οἱ ἐπίκυκλοι καὶ οἱ ἔκκεντροι, εἴπερ 85
ἔστι καὶ τοιαῦτα ἐν τῷ οὐρανῷ σώματα. ταῦτα δὲ κινεῖται περὶ τὸ τοῦ
παντὸς μέσον, κἂν μὴ τὴν ἰδίαν κίνησιν, ἀλλὰ τὴν τῆς φερούσης αὐτὰ
5 σφαίρας ὁμοκέντρου τῷ παντὶ οὔσης. καὶ ταύτῃ γε καὶ ὁ τοῦ Ἀριστοτέ-
λους λόγος ἀληθὴς ἂν εἴη, ὅτι πᾶν κυκλοφορητικὸν σῶμα περὶ τὸ μέσον 40
φέρεται τοῦ παντός, εἰ μὴ προσθείη τις, ὅτι κατὰ τὴν ἰδίαν κίνησιν φέρε-
ται. ἡ δὲ λύσις τῆς ἀπορίας μερικῶς ἕξει χώραν καὶ ἐπὶ τούτων τῶν
ὑποθέσεων· καὶ γὰρ ἐπὶ τούτων ἀληθές πως εἰπεῖν, ὅτι ἀνισάζει ἡ φύσις
10 καὶ ποιεῖ τινα τάξιν τῇ μὲν μιᾷ φορᾷ πολλὰ ἀποδοῦσα σώματα, τῷ δὲ 45
ἑνὶ σώματι πολλὰς φοράς· κἂν γὰρ μίαν ἕκαστον τὴν ἰδίαν κινῆται κίνησιν,
ἀλλὰ καὶ τὴν τῆς ἀπλανοῦς πάντα | κινεῖται τὰ ὑπ' αὐτὴν καὶ οἱ ἐπί- 228ᵇ
κυκλοι ταύτην τε καὶ τὴν τῶν ὁμοκέντρων ἢ ἐκκέντρων καὶ ὁ ἀστήρ, ὃν
ἓν σῶμα εἶπε, τήν τε τοῦ ἐπικύκλου καὶ τοῦ ὁμοκέντρου ἢ ἐκκέντρου καὶ
15 τὴν τῆς ἀπλανοῦς. ἔτι δὲ οἱ ἔκκεντροι κύκλοι οὐκ ἂν εἶεν κύκλῳ κινού- 5
μενοι, εἴπερ μὴ περὶ μέσον, ἀλλὰ περὶ τὸ ἔξω τοῦ μέσου κινοῦνται, ἕν τε
τῷ στρέφεσθαι ἐπιλαμβάνοντες τόπον καὶ καταλιπόντες κενὸν ἀναγκάζουσιν
εἶναι, τό τε σχῆμα αὐτῶν ἀλλόκοτον ἔσται τοῦ ἐντὸς ἀεὶ μέρος τοῦ ἐκτὸς
ἀποτέμνοντος. μήποτε δὲ πάντα διαφευξόμεθα ταῦτα ἐκκέντρους σφαίρας 10
20 ἐν ὁμοκέντροις ἐναρμόζοντες καὶ τὴν ὁμόκεντρον περὶ τὸ ἑαυτῆς κέντρον
κινουμένην περιάγειν λέγοντες τὴν ἔκκεντρον καὶ αὐτὴν περὶ τὸ αὑτῆς
κέντρον κινουμένην· καὶ πάσας τελείας ἐροῦμεν σφαίρας μὴ δεδοικότες ἐπ'
ἐκείνων τὸ σῶμα διὰ σώματος χωρεῖν.

Καὶ ἄλλας δὲ ἀστρονομικὰς ἀπορίας οὐκ ὀλίγας ὁ Σωσιγένης ἀπορεῖ 15
25 καὶ πρὸς ταύτας τὰς ὑποθέσεις εὐφυῶς, ἃς ἄλλης ἂν εἴη σχολῆς ἐπισκέπτε-
σθαι. νῦν δὲ ἐδόκει τοὺς περὶ τοῦ οὐρανοῦ καὶ τῶν οὐρανίων κινήσεων
λόγους ἀνερευνῶντα καὶ τὰς ἀποδείξεις βεβαιωσάμενον, δι' ὧν ἐγκύκλιοί
τε καὶ ὁμαλεῖς καὶ τεταγμένοι ἐδείχθησαν, ἐπειδὴ φαίνονται ἀνώμαλοί τε 20
καὶ ἀνόδους ἔχουσαι καὶ καθόδους, ἔννοιαν παρασχεῖν, τίνων ὑποτεθέντων
30 δι' ὁμαλῶν καὶ ἐγκυκλίων καὶ τεταγμένων κινήσεων οἵ τε παλαιοὶ ἀστρο-
νόμοι καὶ οἱ μεταγενέστεροι σῴζουσι τὰ φαινόμενα. εἰ οὖν μᾶλλον τοῖς
περὶ τοῦ οὐρανοῦ λόγοις τοῦτο προσήκει ἤπερ τοῖς περὶ τῆς πρώτης φιλο- 25
σοφίας, μηδεὶς ἡμῶν αἰτιάσεται τὴν πλείονα τοῦ λόγου παρέκβασιν, εἰ
κατὰ καιρὸν εἴη γεγενημένη. ἀλλ' ἐπὶ τὰ ἑξῆς τῶν τοῦ Ἀριστοτέλους λό-
35 γων ἰτέον.

---

1 μερικώτερα Fb: μερικώτερον A   3 ταῦτα b: τὰ A: καὶ ταῦτα Fc   9 ἀνισάζ..
F: ἂν ἰσάζῃ A   10 ποιεῖ F: ποιῇ A   ἀποδιδοῦσα c   δ' Fc   12 τὴν b:
om. AF   15 οἱ] καὶ οἱ c   16 τὸ] τῆς Fc   18 ἀλλόκοτον F: ἀλόκοτον A
19 διαφευξόμεθα b: διαφευξώμεθα AF   20 ἐν ὁμοκέντροις Fb: ἀνομοκέντροις A
περὶ — κέντρον Fb: om. A   21 κινουμένην Fb: κινούμενοι A   αὐτῆς] αὑτῆς A:
ἑαυτῆς Fc   22 κινουμένην περιάγειν c   24 ἀστρονομικὰς Fb: ἀστρονομίας καὶ A
25 ἃς Fb: om. A   33 scr. αἰτιάσηται   εἰ Fb: εἰ καὶ A

SIMPLICII IN L. DE CAELO II 13 [Arist. p. 293ᵃ27]

τιμιώτατον, τοῦ τιμιωτάτου τῶν σωμάτων οἰκεῖος ὁ τιμιώτατος τόπος· 229ᵇ
καὶ συμπέρασμα, ὅτι τοῦ πυρὸς οἰκεῖος τόπος ὁ τιμιώτατος· ἀλλὰ μὴν 25
τιμιώτατος τῶν τόπων ὁ μέσος· τὸ γὰρ πέρας τιμιώτατον, ἐν δὲ τῷ κόσμῳ
τὸ ἔσχατόν τε καὶ τὸ μέσον πέρατα· ὥστε καὶ τόπος ὑπὸ σελήνην ὁ
5 μέσος τόπος· εἰ οὖν τοῦ πυρὸς ὁ τιμιώτατος τόπος οἰκεῖος, τιμιώτατος δὲ
ὑπὸ σελήνην ὁ μέσος, τοῦ πυρὸς ἄρα οἰκεῖος τόπος ὁ μέσος.   30
  Ταύτης δὲ τῆς δόξης νεώτερος μὲν τοῦ Ἀριστοτέλους Ἀρχέδημος
γέγονε, πρὸ δὲ Ἀριστοτέλους τίνες οὕτως ἐδόξασαν, ἐκ τῆς ἱστορίας, φησὶν
Ἀλέξανδρος, ζητητέον. μήποτε δὲ οὐχ ὡς ἄλλων τινῶν παρὰ τοὺς Πυθα-
10 γορείους δοξασάντων οὕτως εἶπε πολλοῖς δ᾽ ἂν καὶ ἑτέροις συνδό- 35
ξειεν, ἀλλ᾽ ὅτι καὶ ἄλλοις ἂν τοῦτο συνδόξειε πιθανῶς πως ἐκτιθεμένου
τοῦ λόγου· διὸ καὶ ἐφεξῆς τὴν τῶν Πυθαγορείων ἀπόδειξιν ἐκτίθεται ὡς
καὶ ταύτην πιθανῶς ἐπιχειρηθεῖσαν. οἱ γὰρ Πυθαγόρειοι, φησίν, οὐ μόνον
διὰ τὸ τὴν δεκάδα τῶν κυκλοφορητικῶν σωμάτων συμπληρῶσαι τὴν μὲν 40
15 γῆν περὶ τὸ μέσον ἔλεγον κινεῖσθαι, τὸ δὲ πῦρ ἐν τῷ μέσῳ ἱδρῦσθαι,
ἀλλ᾽ ἔτι καὶ διὰ τοῦτο τὸ πῦρ ἐν τῷ μέσῳ ἱδρῦσθαι ἔλεγον διὰ τὸ μά-
λιστα προσήκειν φυλάττεσθαι τὸ κυριώτατον τοῦ παντός, τὸ δὲ
μέσον, τουτέστι τὸ ἐν τῷ μέσῳ, τοιοῦτον εἶναι ὡς φυλάττεσθαι, ἅτε 45
μηδενὸς ἀλλοτρίου πλησιάζοντος καὶ τῆς συνοχικῆς καὶ φρουρητικῆς ἰδιότη-
20 τος τῶν θεῶν ἀπολαύοντος μάλιστα τοῦ κέντρου. διότι οὖν φυλάττεται 230ᵃ
ἐν τῷ μέσῳ τὸ πῦρ, διὰ τοῦτο Διὸς φυλακὴν αὐτὸ καλοῦσιν ὡς φυλατ-
τόμενον ὑπὸ τῆς ἐν τῷ κέντρῳ δημιουργικῆς συνοχῆς. δυνατὸν δὲ καὶ
κυριώτατον μὲν τοῦ παντὸς τὸ μέσον αὐτὸ λέγειν, ὅπερ καὶ τιμιώτα- 5
τον ὡς ἔσχατον ἔλεγε πρότερον, καὶ τοῦτο μάλιστα προσήκειν φυλάττεσθαι,
25 τὸ δὲ φυλάττον εἶναι τὸ ταύτην ἔχον τὴν χώραν πῦρ, ὃ διὰ τὸ φυλάττειν
ἀλλ᾽ οὐ διὰ τὸ φυλάττεσθαι φυλακὴν Διὸς ὀνομάζουσιν· ὥστε τὸ μὲν
πρότερον ἐπιχείρημα τὸ πῦρ ἐν τῷ μέσῳ τιθέναι ὡς τιμιώτερον ἐν χώρᾳ 10
τιμιωτέρᾳ, τοῦτο δὲ ὡς φυλακτικὸν ἐν τῷ μάλιστα φυλάττεσθαι ὀφείλοντι.
κατὰ δὲ τὴν αὐτὴν ἐξήγησιν τὸ Διὸς φυλακὴν ὀνομάζουσι καὶ τὸ
30 ἑξῆς ἀπηρτημένον ἀνάγκη λαμβάνειν, ταύτῃ δὲ μᾶλλον τῇ ἐξηγήσει τῇ τὸ
κυριώτατον τὸ μέσον λαμβανούσῃ, ἀλλ᾽ οὐ τὸ πῦρ ἔοικε τὰ ἑξῆς λε-
γόμενα συμφωνεῖν.   15

---

1 σωμάτων τῶν ὑπὸ σελήνην c   4 τόπος AFb: τῶν ac   5 τόπος (pr.)] τόπος τιμιώ-
τατος c   εἰ—ὁ μέσος (6) om. F   τιμιώτατος F: τιμιώτατος Abc   7 τοῦ F: ὁ A
8 πρὸ F: πρὶν A   ἐδόξασαν F: corr. ex ἐδόξας A   9. 10 Πυθαγορείους F: Πυθα-
γορίους A   10 καὶ Fb: om. A   10. 11 συνδόξειε c   11 ἄλλοις Ab: ἄλλοις
πολλοῖς Fc   πως] πως οὕτως Fc   12 Πυθαγορείων F: Πυθαγορίων A   13 γὰρ]
δὲ Fc   Πυθαγόρειοι F: Πυθαγόριοι A   15 τῷ om. c   18 ἅτε F: διάτε A
19 συνοχικῆς F: συνεχικῆς A   20 οὖν Fb: ἂν A   φυλάττεται F: corr. ex φυ-
λάττει A   22 τῷ CF: om. A   δύναται c   23 καὶ] ἐστὶ Fc   24 πρότερον]
293ᵃ32   προσήκειν A: προσήκει Fbc   26 ἀλλ᾽ οὐ b: corr. ex ἀλλὰ A: οὐ Fc
29 τὴν αὐτὴν scripsi: ταύτην τὴν AFbc   Διὸς b: corr. ex δὶς A: ὃ Διὸς Fc
ὀνομάζουσι F: ὀνομάζουσιν ὥστε τὸ μὲν πρότερον ἐπιχείρημα A (cf. lin. 26)   31 ἔοικε
b: ἔοικε καὶ AFc

σῶμα. ταῦτα δέ, φησί, λέγουσιν οὐ πρὸς τὰ ἐναργῆ πράγματα τοὺς λό- 229ᵃ
γους καὶ τὰς αἰτίας ἁρμοδίως ζητοῦντες, ἀλλὰ πρός τινας ἑαυτῶν 30
δόξας καὶ λόγους τὰ φαινόμενα πράγματα προσέλκοντες καὶ
πειρώμενοι ἐκείνοις ταῦτα συναρμόττειν, ὅπερ ἐστὶν ἀτοπώτατον· τέλειον
5 γὰρ ἀριθμὸν ὑποθέμενοι τὴν δεκάδα ἐβούλοντο καὶ τῶν κυκλοφορητικῶν
σωμάτων τὸν ἀριθμὸν εἰς δεκάδα συνάγειν. θέντες οὖν, φησί, τὴν ἀπλανῆ 35
μίαν καὶ τὰς πλανωμένας ἑπτὰ καὶ τὴν γῆν ταύτην τῇ ἀντίχθονι τὴν
δεκάδα συνεπλήρωσαν.

Καὶ οὕτω μὲν αὐτὸς τὰ τῶν Πυθαγορείων ἀπεδέξατο· οἱ δὲ γνη-
10 σιώτερον αὐτῶν μετασχόντες πῦρ μὲν ἐν τῷ μέσῳ λέγουσι τὴν δη-
μιουργικὴν δύναμιν τὴν ἐκ μέσου πᾶσαν τὴν γῆν ζῳογονοῦσαν καὶ τὸ 40
ἀπεψυγμένον αὐτῆς ἀναθάλπουσαν· διὸ οἱ μὲν Ζηνὸς πύργον αὐτὸ καλοῦσιν,
ὡς αὐτὸς ἐν τοῖς Πυθαγορικοῖς ἱστόρησεν, οἱ δὲ Διὸς φυλακήν, ὡς ἐν
τούτοις, οἱ δὲ Διὸς θρόνον, ὡς ἄλλοι φασίν. ἄστρον δὲ τὴν γῆν ἔλεγον
15 ὡς ὄργανον καὶ αὐτὴν χρόνου· ἡμερῶν γάρ ἐστιν αὕτη καὶ νυκτῶν αἰτία· 45
ἡμέραν μὲν γὰρ ποιεῖ τὸ πρὸς τῷ ἡλίῳ μέρος καταλαμπομένη, νύκτα δὲ
κατὰ τὸν κῶνον τῆς γινο|μένης ἀπ' αὐτῆς σκιᾶς. ἀντίχθονα δὲ τὴν 229ᵇ
σελήνην ἐκάλουν οἱ Πυθαγόρειοι, ὥσπερ καὶ "αἰθερίαν γῆν," καὶ ὡς
ἀντιφράττουσαν τῷ ἡλιακῷ φωτί, ὅπερ ἴδιον γῆς, καὶ ὡς ἀποπερατοῦσαν
20 τὰ οὐράνια, καθάπερ ἡ γῆ τὸ ὑπὸ σελήνην. 5

p. 293ᵃ27   Πολλοῖς δὲ ἂν καὶ ἑτέροις συνδόξειεν ἕως τοῦ τὸ 10
ταύτην ἔχον τὴν χώραν πῦρ.

Ἔμελε καὶ τῷ Πλάτωνι καὶ κατὰ ζῆλον ἐκείνου τῷ Ἀριστοτέλει τὸ
μὴ δοκεῖν ἐρήμην τῶν ἀρχαίων λόγων καταψηφίζεσθαι, διὸ παρίσταντο
25 πρότερον αὐτοῖς, ὡς δυνατὸν ἦν, πιθανῶς· ὅπερ καὶ νῦν ὁ Ἀριστοτέλης
ποιεῖ λέγων, ὅτι πολλοῖς ἂν καὶ ἄλλοις συνδόξειε μὴ τὴν μέσην χώραν 15
ἀποδιδόναι τῇ γῇ, εἰ τὸ πιστὸν μὴ ἐκ τῆς τῶν πραγμάτων φύσεώς τις
λαμβάνει, ἀλλ' ἐκ τῆς τῶν λόγων πιθανότητος. καὶ γὰρ δυνατὸν πιθανῶς
κατασκευάζειν, ὅτι τὸ πῦρ ἐν τῷ μέσῳ ἐστίν, ἀλλ' οὐχ ἡ γῆ· καὶ λοιπὸν
30 ἐκτίθεται πιθανὸν λόγον ἀξίωμα προλαμβάνων, ὅτι τῷ τιμιωτάτῳ τῶν 20
σωμάτων τῶν ὑπὸ σελήνην ἡ τιμιωτάτη τῶν ὑπὸ σελήνην προσήκει χώρα,
καὶ συλλογιζόμενος ἐν πρώτῳ σχήματι οὕτω· τὸ πῦρ τῶν σωμάτων

---

7 τῇ] σὺν τῇ Fc   9 οὕτως c   Πυθαγορείων F: Πυθαγορίων A   12 Ζηνὸς ACb:
Ζανὸς Fc   αὐτὸ F: αὐτὸν A   13 ἱστόρησεν] fr. 204 Rose   13. 14 ἐν τούτοις] 293ᵇ3
15 χρόνου AC: χ F: om. c   16 τὸ C: τῷ AFc   μέρος ACFb: μέρει F²c
18 Πυθαγόρειοι F: Πυθαγόριοι A   ὡς om. Fc   19 τῷ Ab: καὶ ἐπιπροσθοῦσαν τῷ
CFc   20 τὸ ACb: τὰ Fc   21 δ' Fc   συνδόξειεν F: συνδόξῃ A: συνδόξειε c
22 ἔχον F: corr. ex ἔχων A   23 ἔμελε Fb: ἔμελλε A   26 δόξειε Fc
27 μὴ] οὐχ Fc   28 λαμβάνοι c   30 προλαμβάνων] corr. ex προλαμβάνειν A:
προσλαμβάνων Fc: assumens c   31 τῶν ὑπὸ σελήνην Ab: om. Fc   χώρα τῶν ὑπὸ
σελήνην F   32 ἐν Ab: λοιπὸν ἐν Fc   οὕτως c

ἐνταῦθα τὰ ἀνώτερα στοιχεῖα κρείττονα τῶν ὑποκάτω παράγουσα, ὡς εἰς ἐσχάτην ἀποτελευτῆσαι τὴν γῆν καὶ τὸ τοῦ παντὸς κέντρον. μήποτε δὲ τὸν ὅλον οὐρανὸν τελείαν σφαῖραν μέχρι τοῦ κέντρου χρὴ νοεῖν καὶ οὕτω τὸ ἀμερὲς τοῦ κέντρου καὶ τὸ συνεκτικὸν καὶ τὸ ἀρχικὸν σεβόμενον ἀντι-
5 πλεονεκτεῖν ἐν τῷ οὐρανῷ λέγειν τό τε μέσον αὐτοῦ καὶ τὸ πέριξ καὶ τοὺς Πυθαγορείους ἴσως τὸ ἐν τῷ κέντρῳ θεῖον λανθάνον τοὺς πονηροὺς ἐμφαί- νειν προθυμηθῆναι. ὅλως δὲ ὅτι τιμιώτερον τὸ κέντρον λέγει, ὡς ἀρχὴν καὶ αὐτὸ ⟨καὶ⟩ πέρας ὄν, ὥσπερ καὶ ὁ οὐρανός, τιμιώτερον τοῦ μεταξὺ ἔλεγε. διὸ καὶ τὸ πρῶτον ἐπιχείρημα οὕτω συνελογίζετο· τὸ πέρας τοῦ μεταξὺ
10 τιμιώτερον· τὸ δὲ ἔσχατον καὶ τὸ μέσον πέρας· ὥστε οὐ πρὸς τὸν οὐρανὸν ἡ σύγκρισις ἐγίνετο τοῦ κέντρου, ἀλλὰ ἀμφοῖν πρὸς τὸ μεταξύ. καὶ γὰρ καὶ ὁ Πλάτων πρώτην καὶ πρεσβυτάτην τὴν γῆν ἐν τῷ μέσῳ οὖσαν οὐχὶ τοῦ οὐρανοῦ φησιν, ἀλλ' ὅσοι ἐντὸς οὐρανοῦ γεγόνασιν.

p. 293ᵇ 16   'Ομοίως δὲ καὶ περὶ μονῆς καὶ κινήσεως ἕως τοῦ
15   τὴν ἡμίσειαν ἀπεχόντων ἡμῶν τῆς διαμέτρου.

Μετὰ τὴν περὶ τῆς θέσεως τῆς γῆς ἱστορίαν καὶ τὰς περὶ τῆς κι- νήσεως αὐτῆς καὶ μονῆς ἱστορεῖ δόξας καὶ λέγει, ὅτι, ὅσοι μὴ ἐπὶ τοῦ μέσου κεῖσθαι λέγουσι τὴν γῆν, οὗτοι κινεῖσθαι κύκλῳ φασὶν αὐτὴν περὶ τὸ μέσον, ὥσπερ οἱ Πυθαγόρειοι, καὶ οὐ μόνον τὴν γῆν, ἀλλὰ καὶ
20 τὴν ἀντίχθονα [κινεῖσθαι περὶ τὸ μέσον λέγουσιν]· ἐνίοις δὲ δοκεῖ μὴ τὴν ἀντίχθονα μίαν οὖσαν, ἀλλὰ πλείω σώματα τοιαῦτα ἐνδέχεσθαι φέρεσθαι περὶ τὸ μέσον, ὥσπερ δὲ τὴν ἀντίχθονα ἄδηλον ἡμῖν ἔλεγον οἱ Πυθαγόρειοι διὰ τὴν τῆς γῆς ἐπιπρόσθησιν, οὕτω καὶ ταῦτα διὰ τὴν αὐτὴν αἰτίαν μὴ ὁρᾶσθαι πρὸς ἡμῶν. τίνων δὲ ἡ τοιαύτη δόξα, οὐκ εἶπε.
25 λέγει δὲ ὁ Ἀλέξανδρος, ὅτι δύναται τοῦτο καὶ ὡς Πυθαγορείων τινῶν ἐπὶ ταύτης γενομένων τῆς δόξης ἀκούεσθαι. τεκμήριον δὲ ἐποιοῦντο τοῦ λόγου τοῦδε τὸ τὴν σελήνην πολλάκις ἐκλείπειν καὶ πρὸς τὸν ἥλιον· διὰ γὰρ τὸ μὴ μόνον ὑπὸ τῆς γῆς, ἀλλὰ καὶ ὑπὸ τῶν ἄλλων τούτων σωμάτων τῶν περὶ τὸ μέσον κινουμένων ἀντιφράττεσθαι πολλάκις αὐτὴν ἐκλείπειν,

---

1 ἀνωτέρω c   παράγουσα] παράγουσαν c   3 οὕτω AF: sic ob b: οὕτως διὰ c
4 σεβόμενον] venerabile eo quod b   5 λέγειν Fb: λέγει A   6 Πυθαγορείους F:
Πυθαγορίους A   πονηροὺς] πολλοὺς Fc   6. 7 ἐκφαίνειν F   7 ὅτι] b: ὅ A:
ὁ Fc   λέγει b: comp. ambig. A: λέγων Fc   8 αὐτὸ καὶ scripsi: αὐτὸ
AFc: om. b   9 οὕτως c   11 ἐγένετο c   κέντρου F: e corr. A   12 Πλά-
των] Tim. 40 c   13 τοῦ οὐρανοῦ F: τὸν οὐρανὸν A: caelo b   ὅσοι A: ὅσα Fc:
deorum quicunque b   15 τὴν—διαμέτρου AF   ἡμῶν A: om. F   16 τῆς
AC: om. Fc   18 φασὶν αὐτὴν] λέγουσι τὴν γῆν Fc   20 κινεῖσθαι—λέγουσιν F:
om. A: unam existentem b   ἐνίοις—ἀντίχθονα (21) Fb: om. A   21 ἀλλὰ Ab:
ἀλλὰ καὶ c   23 οὕτως c   25 Πυθαγορείων F: Πυθαγορίων A   ἐπὶ om. c.
26 γενομένων Fb: γενόμενον A   27 τὸ F: τῷ A   πολλάκις A: saepius b: πλεο-
νάκις Fc   καὶ πρὸς A: quam b: ἤπερ Fc   29 πολλάκις A: saepius b: πλεονάκις Fc

p. 293ᵇ 4 Ὥσπερ τὸ μέσον ἁπλῶς λεγόμενον ἕως τοῦ περὶ μὲν οὖν 230ᵃ
τοῦ τόπου τῆς γῆς ταύτην ἔχουσί τινες τὴν δόξαν.   20

Καὶ τοῦ προτέρου ἐπιχειρήματος καὶ τοῦ προσεχῶς εἰρημένου τοῦ
μὲν τιμιωτάτην χώραν τὸ μέσον λαβόντος, τοῦ δὲ κυριώτατον τοῦ παντὸς
5 τὸ μέσον, καὶ ἐκ τούτου συναγαγόντος ἑκατέρου, ὅτι τὸ πῦρ μέσον ἐστίν,
ἐλέγχει τὸν λόγον ἐκ τῆς τοῦ μέσου ὁμωνυμίας καὶ λέγει, ὅτι οὕτως ἐπεχεί- 25
ρησεν ὁ λόγος ὡς μοναχῶς τοῦ μέσου λεγομένου καὶ μηδὲν διαφέροντος
τοῦ κατὰ τὸ μέγεθος μέσου καὶ τοῦ κατὰ τὴν τοῦ πράγματος φύσιν. καί-
τοι ἐν τοῖς ζώοις οὐ ταὐτὸν ἑκάτερον, ἀλλὰ τοῦ μὲν σωματικοῦ μεγέθους
10 ἐν αὐτοῖς μέσον ἐστίν, ἀφ᾽ οὗ τὸ ἑκατέρωθεν μέγεθος ἴσον ἐστίν, οἷον ὁ 30
ὀμφαλός, τὸ δὲ κατὰ φύσιν μέσον ἐκεῖνό ἐστιν, ἐν ᾧ τὸ τιμιώτατόν ἐστι
καὶ ἡ κατὰ τὸ εἶναι ἀρχή, οἷος ὁ περὶ τὴν καρδίαν ἐστὶ τόπος, ἔνθα ἂν
ᾖ αὕτη ἢ τὸ ταύτῃ ἀνάλογον. οὕτως οὖν καὶ περὶ τὸν ὅλον κόσμον ὡς
μὲν μεγέθους καὶ σώματος σφαιρικοῦ συμβαίνει μέσον τὸ κέντρον εἶναι, 35
15 ὡς δὲ τὸ τιμιώτατον καὶ τὸ τῇ καρδίᾳ ἀναλογοῦν ἄλλο τι χρὴ ζητεῖν τὸ
μέσον καὶ οὐ τὸ κέντρον, ἀλλὰ τὴν ἀπλανῆ μᾶλλον σφαῖραν ὡς ἀρχὴν τοῦ
εἶναι τῷ κόσμῳ καὶ συμπεριφέρουσαν τὰς ἄλλας καὶ περιέχουσαν τὴν ὅλην
σωματικὴν φύσιν. ἐνταῦθα οὖν ἐχρῆν ζητεῖν τὸ τιμιώτατον, ὅπου μηδὲ 40
φυλακῆς ἐστι χρεία καὶ μὴ τὸ κέντρον λέγοντας θορυβεῖσθαι περὶ αὐτῷ
20 ὡς φυλακῆς δεομένῳ καὶ διὰ τοῦτο τὸ πῦρ φυλακὴν τοῦ Διὸς καλοῦντας
εἰσάγειν ἐπὶ τὸ κέντρον· ὥστε καὶ πρότερον, ὅτε ἔλεγε μάλιστα προσή-
κειν φυλάττεσθαι τὸ κυριώτατον τοῦ παντός, φυλάττεσθαι μὲν τὸ μέσον 45
ἔλεγε, φυλάττειν δὲ τὸ πῦρ.

Λέγει δὲ καὶ | τοῦτο, ὅτι διχῶς λεγομένου τοῦ μέσου τὸ μὲν κατὰ 230ᵇ
25 τὴν φύσιν ἀρχὴ καὶ τίμιον ὄντως ἐστί, τὸ δὲ τοῦ τόπου μέσον τελευτῇ
μᾶλλον ἔοικεν ἢ ἀρχῇ. ταῦτα δὲ δείκνυσιν οὕτως· τὸ κατὰ τὸν τόπον
μέσον καὶ μάλιστα ἐν τοῖς σφαιρικοῖς σχήμασιν ὁρίζεται καὶ περιέχεται ὑπὸ 5
τῆς ἀρχῆς περαινόμενον, ἡ δὲ ἀρχὴ ὁρίζει καὶ περιέχει· εἰ οὖν τὸ μὲν
ὁριζόμενον καὶ περαινόμενον ὕλῃ ἀναλογεῖ, τὸ δὲ ὁρίζον καὶ περαῖνον εἴδει
30 καὶ τῷ εἶναι, τιμιώτερον δὲ τὸ εἶδος καὶ ἡ οὐσία τῆς ὕλης ἐστί, τιμιώτερον
ἄρα ἡ ἀρχὴ τοῦ μέσου. ὅλως δὲ τὰς παραβόλους ταύτας συγκρίσεις αἱρού- 10
μενός τις ποιεῖσθαι καὶ τοῦτο ἂν εἴποι, ὅτι ἄνωθεν ἀπὸ τῆς ἀπλανοῦς ἡ
δημιουργία προϊοῦσα ἀπὸ τοῦ οὐρανοῦ πρὸς τὸ ὑπὸ σελήνην ὑπῆλθε καὶ

---

5 συναγαγόντος CF: συνάγοντος A   8 μέσου ACb: μέσου λεγομένου Fc   9 οὐ
om. c   ἑκάτερον Fb: ἑκάτερα A: ἑκατέροις C   10 ante οἷον e lin. 12 repet.
καὶ ἡ κατὰ τὸ εἶναι ἀρχή A   11 κατὰ CF: κατὰ τὴν A   12 οἷος CFb: οἷον A
13 αὕτη Fc   16 τὴν ἀπλανῆ μᾶλλον AF: μᾶλλον τὴν ἀπλανῆ Cb   τοῦ Ab: τοῦτο
C: om. Fc   19. 20 περὶ αὐτῷ ὡς Ab: περὶ αὐτὸ ὡς C: ὡς καὶ αὐτῷ Fc   20 δεό-
μενον C   21 πρότερον] 293ᵇ 1   25 τοῦ om. Fc   27 ὁρίζεται Fb: ὁρίσεται corr.
ex ὅρεται A   28 ἡ—περαινόμενον (29) Fb: om. A   29 καὶ (pr.) b: om. F
ἀναλογεῖ Fb: mut. in ἀναλογοῦν A   30 ὕλης] συστάσεως τῆς ὕλης Fc   τιμιωτέρα c:
comp. F   31 παραβολικὰς c   33 τό] τὰ Fc   ὑπῆλθε Fb: ἐπῆλθε A

p. 293ᵇ30 Ἔνιοι δὲ καὶ κειμένην ἐπὶ τοῦ κέντρου ἕως τοῦ | 231ᵃ
ὥσπερ ἐν τῷ Τιμαίῳ γέγραπται.   231ᵇ

Εἰπὼν περὶ τῶν λεγόντων ἔξω τοῦ κέντρου κειμένην τὴν γῆν περὶ
τὸ κέντρον κινεῖσθαι ἐπάγει, ὅτι ἔνιοι καὶ κειμένην αὐτὴν ἐπὶ τοῦ 5
5 κέντρου λέγουσιν ἴλλεσθαι καὶ κινεῖσθαι, ὥσπερ ἐν τῷ Πλάτωνος
Τιμαίῳ γέγραπται. ἀλλ' ἡ μὲν ἐν Τιμαίῳ ῥῆσις τοῦ Πλάτωνος οὕτως
ἔχει· "γῆν δὲ τροφὸν ἡμετέραν, ἰλλομένην δὲ περὶ τὸν διὰ παντὸς τετα-
μένον πόλον φύλακα καὶ δημιουργὸν νυκτός τε καὶ ἡμέρας ἐμηχανήσατο 10
πρώτην καὶ πρεσβυτάτην θεῶν, ὅσοι ἐντὸς οὐρανοῦ γεγόνασιν". διὰ
10 παντὸς δὲ τεταμένον πόλον τὸν ἄξονα λέγει νῦν· τρία γὰρ τοῦ πόλου ση-
μαινόμενα παρὰ Πλάτωνι· καὶ γὰρ τὸν οὐρανὸν ἐν Φαίδωνι πόλον καλεῖ
καὶ τὰ πέρατα τοῦ ἄξονος, περὶ ἃ πολεύει ὁ οὐρανός, ἐν τῷ Τιμαίῳ καὶ 15
νῦν τὸν ἄξονα. τὸ δὲ ἰλλομένην, εἴτε διὰ τοῦ ἰῶτα γράφοιτο, τὸ δεδεσμη-
μένην δηλοῖ, καθ' οὕτως καὶ ὁ Ἀπολλώνιος ὁ ποιητής
15   "δεσμοῖς ἰλλόμενον μεγάλων ἀπεσείσατο νώτων"
καὶ Ὅμηρος
       "ἰλλάσιν οὐκ ἐθέλοντα βίῃ δήσαντες ἄγουσιν",   20
εἴτε διὰ τῆς ει διφθόγγου γράφοιτο, καὶ οὕτως εἰργομένην δηλοῖ, ὡς καὶ
Αἰσχύλος ἐν Βασσάραις· καὶ ὅτι τὸ ἰλλομένην οὕτως ὑπὸ τοῦ Πλάτωνος
20 εἴρηται, δηλοῖ τὰ ἐν Φαίδωνι περὶ τῆς γῆς εἰρημένα, ἐν οἷς φησιν "ἰσόρ-
ροπον γὰρ πρᾶγμα ὁμοίου τινὸς ἐν μέσῳ τεθὲν οὐχ ἕξει μᾶλλον οὐδὲ ἧττον 25
οὐδαμόσε κλιθῆναι," δηλοῖ δὲ καὶ τὸ Τιμαίου ῥητόν, ὅπερ ὁ Πλάτων ἐν
τούτοις παρέξεσεν, οὕτως ἔχον "γᾶ δὲ ἐν μέσῳ ἱδρυμένα ἑστία θεῶν ὄρος
τ' ὄρφνας καὶ αὐγᾶς γίνεται δύσιάς τε καὶ ἀντολὰς γεννῶσα κατὰ ἀποτομὰς
25 τῶν ὁριζόντων· πρεσβίστα δὲ ἐντὶ τῶν ἐντὸς ὠρανῶ σωμάτων". εἶτα 30
ὀλίγα εἰπὼν περὶ τῶν ἄλλων στοιχείων ἐπάγει "ὥστε ῥίζα πάντων καὶ
βάσις τῶν ἄλλων ἁ γᾶ καὶ ἐρήρεισται ἐπὶ τὰς αὐτᾶς ῥοπᾶς".

---

5 ἴλλεσθαι] ἴ- e corr. A, mg. εἰ: εἰλεῖσθαι Fc   6 ἡ] ᾗ Fc   ἐν] ἐν τῷ Fc
Τιμαίῳ] 40 b   ῥῆσις] γέγραπται ῥῆσις Fc   7 τροφὸν Ab: τροφὸν μὲν Fc
7. 8 τεταμένον Fb: τεταγμένον A   πόλον τεταμένον c   9 τῶν θεῶν F
10 τεταμένον F: τεταγμένον Ab   11 Φαίδωνι] locum non invenio   12 Τιμαίῳ]
locum non invenio   13 ἰῶτα Fb: ε̄ A   13. 14 δεδεμένη F: δεδεμένην c
14 Ἀπολλώνιος] Argon. I 129   16 Ὅμηρος] Il. N 572   17 δήσαντες Fb: δήσαν-
ται A   18 δηλοῖ Fb: δηλῶν A   19 Αἰσχύλος] fr. 24 Nauck Fr. Tr.² 10
ἰλλομένην A: εἰλομένην F: ἰλλόμενον c   20 δηλοῖ Fb: δηλῶν A   Φαίδωνι]
109 a   φησιν Fb: φασιν A   21 πρᾶγμ' c   οὐδ' c   22 κλιθῆναι] libri
Platonis: καὶ θεῖναι A: κινηθῆναι Fbc   τὸ] τὸ τοῦ Fc   ῥηθέν c   23 παρέξεσεν
F: παρέξουσιν A: retraxit b   ἔχον F: corr. ex ἔχων A   γᾶ δὲ] κτλ. Tim.
Locr. 97 d   γᾶ Fb: τᾶ A   δ' c   23. 24 ὄρος τ' ὄρφνας F: ὀροστορ-
φὰς A   24 αὐγᾶς scripsi: ἄγος A: ἀοῦς Fc: luminis b   ἀνατολὰς Fc   κατ' c
25 πρεσβίστα δὲ] πρεσβίστα δ' c: πρέσβ″ τάδε A: πρέσβυστα F   ἐντὸς Fb: ἐν A
26 ἐπάγει] Tim. Locr. 97 e   27 ἁ γᾶ Fb: ἄγα A   καὶ AFb: om. c   ἐρήρεισ-
ται c: εἴρηται A: ἤρεισται F   τὰς αὐτᾶς ῥοπᾶς AFb

Ἐπειδὴ δὲ τοῖς μὴ ἐπὶ τοῦ μέσου λέγουσι τὴν γῆν, ἀλλ' ἔξω τοῦ 231ᵃ
μέσου ἢ ἑστάναι ἢ κινεῖσθαι, ἀντέπιπτε τὸ τὰ φαινόμενα ὡς κέντρου λόγον
ἐχούσης τῆς γῆς καὶ ἐν τῷ μέσῳ οὔσης οὕτω συμβαίνειν· εἰ γὰρ μὴ
μέση τοῦ παντὸς ἐτύγχανεν ἡ γῆ κέντρου λόγον ἔχουσα πρὸς τὸν οὐρανόν,
5 οὐκ ἂν τοῖς ἀπὸ διαφόρων τόπων τηροῦσιν οἱ αὐτοὶ ἀστέρες ἰσομεγέθεις 10
ἐφαίνοντο, ὡς εἰ ἐν τῷ αὐτῷ τόπῳ ἐτύγχανον οἱ τηροῦντες· ἀλλὰ καὶ τὰ
διὰ τῆς ὄψεως ἡμῶν ἐκβαλλόμενα ἐπίπεδα, ἃ καλοῦμεν ὁρίζοντας, διχοτο-
μοῦντα φαίνεται πάντοτε τὴν οὐρανίαν σφαῖραν καὶ τοὺς ἐν αὐτῇ μεγίστους
κύκλους, ὡς ἓξ μὲν ἀεὶ ζῴδια τοῦ ζῳδιακοῦ κύκλου ὑπὲρ γῆς ἡμῖν 15
10 φαίνεσθαι, ἓξ δὲ ὑπὸ γῆν μένειν, ὅπερ οὐ συνέβαινεν, εἰ μέγεθός τι αἰσθη-
τὸν εἶχε πρὸς τὸν οὐρανὸν ἡ γῆ ἢ μὴ ἐν τῷ μέσῳ ἦν· ταύτας οὖν καὶ
τὰς τοιαύτας ἐνστάσεις ὡς ἀπ' ἐκείνων λύων ὁ Ἀριστοτέλης δύνασθαί
φησι τὰ φαινόμενα σῴζεσθαι καὶ κατὰ τὴν τοιαύτην δόξαν ὡς καὶ κατὰ 20
τοὺς ἐν μέσῳ λέγοντας εἶναι τὴν γῆν. οὐδὲ γὰρ οἱ ἐν μέσῳ λέγοντες
15 κέντρον αὐτὴν τοῦ παντὸς λέγουσιν· οὐ γὰρ ἀμερής ἐστιν, ὥσπερ τὸ
κέντρον, τοσοῦτον ἔχουσα μέγεθος· ἀλλὰ καὶ κατὰ τούτους τὸ τοῦ παντὸς
κέντρον οὐχὶ ἡ γῆ ὅλη ἐστίν, ἀλλὰ τὸ τῆς γῆς κέντρον. οὕτω δὲ ἔσται 25
ἡ τῆς γῆς ἐπιφάνεια, ἀφ' ἧς αἵ τε τηρήσεις γίνονται καὶ τὰ ἐπίπεδα τῶν
ὁριζόντων ἐκβάλλεται, τὸ ἡμισφαίριον ὅλον τῆς γῆς ἀπέχουσα ἀπὸ τοῦ
20 κέντρου τοῦ παντός. εἰ οὖν τὸ ἡμισφαίριον ἡμῖν ἀπέχουσι τοῦ κέντρου
τοῖς ἐπὶ τῆς ἐπιφανείας τῆς γῆς οἰκοῦσιν οὐδεμία γίνεται παραλλαγὴ πρὸς 30
τὰ φαινόμενα, ὡς εἰ καὶ ἐπ' αὐτοῦ τοῦ κέντρου ἦμεν, κἂν ὅλην τὴν σφαῖ-
ραν ἀπέχειν τις ὑπόθηται τοῦ κέντρου τὴν γῆν, ὡς οἱ ἐκτὸς τοῦ κέντρου
λέγοντες αὐτὴν εἶναι, οὐδὲν κωλύει σῴζεσθαι τὰ φαινόμενα. εἰ μὲν γὰρ
25 ἐν τῷ μέσῳ τῆς γῆς οὔσης ἐν τῷ κέντρῳ ἡμεῖς ᾠκοῦμεν, ἦν ἂν πολλὴ 35
παραλλαγὴ πρὸς τοὺς λέγοντας ἔξω τοῦ μέσου τὴν γῆν εἶναι, εἰ δὲ καὶ ἐν
τῷ μέσῳ τῆς γῆς ὑποτιθεμένης οὐκ ἐν τῷ κέντρῳ οἰκοῦμεν, ἀλλ' ἐν τῇ
ἐπιφανείᾳ, οὐ πολλὴν ἕξει παραλλαγὴν ἡ τῆς γῆς ἐπιφάνεια, κἂν ἐν τῷ
μέσῳ ἡ γῆ κεῖται κἂν ἔξω τοῦ μέσου. καὶ γὰρ τῆς ἐκτὸς καὶ τῆς ἐν τῷ 40
30 μέσῳ κειμένης γῆς αἱ πρὸς ἀλλήλας νεύουσαι ἐπιφάνειαι ἐν τῷ αὐτῷ
σχεδὸν εἶναι τόπῳ δύνανται.

---

1 ἐπειδὴ δὲ Ab: ἐπειδὴ CF: ἐπεὶ δὲ c   2 ἀντέπιπτε τὸ] mut. in ἀντεπίπτετο A: ἀντέ-
πιπτε CF: ἀνέπιπτε c   3 οὕτω] οὕτως c   συμβαίνειν CFb: συμβαίνει Ac
4 μέσον c: comp. F   6 ἐφαίνοντο C: corr. ex ἐφαίνωντο A: corr. ex ἐφαίνετο F
8 φαίνεται πάντοτε Ab: πάντοτε φαίνεται C: πάντοτε φαίνονται Fc   10 ὅπερ—εἰ CFb:
om. A   εἰ CF: ἂν εἰ K²c   11 ἢ CFb: εἰ A   14 οὐδὲ CF: οὐ Ab
17 ἀλλὰ Fb: ἀλλὰ καὶ AC   οὕτω] οὕτως c   19 ὅλον — ἡμισφαίριον (20) CFb:
om. A   ἀπέχουσα F: ἐναπέχουσα C   20 τοῦ (pr.) C: om. F   ἀπέχουσι CFb:
ἀπέχουσα A   21 οἰκοῦσιν CFb: ἥκουσιν A   22 ἐπ' Fb: ὑπ' AC   23 τὴν γῆν
ACb: τῆς γῆς Fc   24 σῴζεσθαι Fb: αὔξεσθαι A: om. C   25 τῷ (alt.) CF:
om. A   ᾠκοῦμεν F: οἰκοῦμεν ACb   27 τῷ (pr.) CF: om. A   οἰκοῦμεν CF:
corr. ex οἰκῶμεν A   29 μέσῳ Ab: μέσῳ τοῦ παντὸς CFc   κεῖται CF: κέκλιται
Ab   ἔξω] ἐκτὸς C   31 τόπῳ δύνανται A: δύνανται τόπῳ Fbc

ἢ τῶν κινουμένων, καὶ ἱστορήσας τοὺς κινεῖσθαι λέγοντας αὐτὴν περὶ τὸ 232ᵃ μέσον ἐπήγαγε καὶ τοῦ δεδέσθαι καὶ τοῦ ἠρεμεῖν ἐν τῷ μέσῳ μαρτυρίαν 30 ἀπὸ τοῦ Πλάτωνος Τιμαίου· μὴ προσκειμένου γὰρ τοῦ καὶ κινεῖσθαι δυνατὸν καὶ οὕτως ἐκδέχεσθαι τὸν λόγον. ὅτι γὰρ τῶν ἀντικειμένων
5 ἐποιήσατο τὴν ἱστορίαν καὶ οὐ μόνον τοῦ κινεῖσθαι, ἀλλὰ καὶ τοῦ μένειν, δηλοῖ καὶ τὰ περὶ τοῦ σχήματος ἐπαγόμενα, ὅτι παραπλησίως τοῖς ἐπὶ τῆς κινήσεως καὶ τῆς μονῆς καὶ τὸ σχῆμα οἱ μὲν σφαιροειδές, οἱ δὲ τυμ- 35 πανοειδὲς λέγουσιν.

Ἐν τῷ κέντρῳ δὲ οὖσαν τὴν γῆν καὶ κύκλῳ κινουμένην, τὸν δὲ οὐ-
10 ρανὸν ἠρεμεῖν Ἡρακλείδης ὁ Ποντικὸς ὑποθέμενος σῴζειν ᾤετο τὰ φαινόμενα.

p. 293ᵇ 32 Παραπλησίως δὲ καὶ περὶ τοῦ σχήματος ἀμφισβητεῖται. 40

Καὶ περὶ τοῦ σχήματος διάφορον εἶναι τὴν ἱστορίαν φησὶ τῶν μὲν σφαιροειδῆ λεγόντων τὴν γῆν, τῶν δὲ πλατεῖαν | καὶ τυμπανοειδῆ. οἱ 232ᵇ
15 δὲ τυμπανοειδῆ λέγοντες, φησί, τεκμήριον τούτου ποιοῦνται, ὅτι δύνων καὶ ἀνατέλλων ὁ ἥλιος εὐθεῖαν ἔχων φαίνεται τὴν διορίζουσαν τό τε φαινόμενον αὐτοῦ καὶ τὸ ἀφανές· καίτοι, εἰ σφαιροειδὴς ἦν, φασίν, ἡ γῆ ἐπι- 5 προσθοῦσα τῷ ἡλίῳ, ἡ ἀποτομὴ μηνοειδὴς ἢ ἀμφίκυρτος ἐγίνετο, ὡς ἐπὶ τῶν ἐκλείψεων ὁρᾶται τῶν ἡλιακῶν καὶ σεληνιακῶν, ἐπὶ μὲν τῶν ἡλιακῶν
20 τῆς σελήνης ἀντιφραττούσης, ἐπὶ δὲ τῶν σεληνιακῶν τοῦ κώνου τῆς σκιᾶς. νῦν δέ, φασίν, ἐν τῷ ἐπιπέδῳ τοῦ τυμπανοειδοῦς σχήματος ὄντες εὐθείας 10 τὰς ἀποτομὰς ὁρῶμεν· ἐὰν γὰρ ἐν τῷ αὐτῷ ἐπιπέδῳ τῷ ὄμματι κύκλου περιφέρεια τεθῇ, εὐθεῖα φανήσεται, ὡς ἐν τοῖς ὀπτικοῖς δέδεικται. πρὸς δὴ τοὺς ταῦτα λέγοντας ὁ Ἀριστοτέλης φησίν, ὅτι οὐ προσλογίζονται τό τε
25 ἀπόστημα τοῦ ἡλίου πολὺ ὂν πρὸς τὴν γῆν καὶ τὸ τοῦ ἡλιακοῦ σώματος 15 μέγεθος μικρότατον φαινόμενον ὡς πρὸς τὸ ἀπόστημα, καὶ ὅτι οἱ ἐν τοῖς μικροῖς φαινομένοις σώμασι κύκλοι ἀπὸ πλείονος διαστήματος εὐθεῖαι φαίνονται· καὶ γὰρ αἱ σφαιρικαὶ ἐπιφάνειαι πόρρωθεν ἐπίπεδοι δοκοῦσιν, ὡς ἡ τοῦ ἡλίου καὶ τῆς σελήνης. ἀλλ' εἰ τὸ ἀπόστημα καὶ ἡ φαινομένη 20
30 σμικρότης τοῦ μεγέθους αἰτία τοῦ εὐθεῖαν τὴν ἀποτομὴν φαίνεσθαι, διὰ τί μὴ τοῦτο συμβαίνει καὶ ἐπὶ τῶν ἐκλείψεων τῶν ἡλιακῶν καὶ σεληνιακῶν; καὶ γὰρ τὸ ἀπόστημα τὸ αὐτὸ καὶ τὰ φαινόμενα μεγέθη. τάχα οὖν ῥη-

---

2 τοῦ (alt.) F: om. A   3 προσκειμένου F: προχειμένου A   καὶ κινεῖσθαι] καὶ κεκινῆσθαι F: κινεῖσθαι c   5 τοῦ (pr.) Fb: τὸ A   τοῦ (alt.) Fb: τὸ A   6 δηλοῖ Fb: δηλῶν A   10 ἠρεμοῦντα c   10. 11 τὰ φαινόμενα F: τὴν φαινομένην A: om. b   12 Lemma ad p. 294ᵃ 11 continuat F   16 τὴν] καὶ τὴν Fc   17 φασίν b: comp. suprascr. F: φησίν A   18 ἐγένετο Fc   19 τῶν (pr.) F: τῷ A   21 σχήματος F: τοῦ σχήματος A   22 τῷ ὄμματι scripsi: τὰ ὄμματα τοῦ A: τῷ ὄμματι τοῦ F: τῷ ὄμματι ἢ τοῦ c   23 ὀπτικοῖς] cf. Eucl. opt. 23   24 προλογίζονται F: συλλογίζονται c   25 πρὸς τὴν γῆν πολὺ ὂν Fc   27 φαινομένοις AF: φαινόμενοι Cb   28 γὰρ A: γὰρ καὶ Fc

Ὁ δὲ Ἀλέξανδρος "τοῦ Ἀριστοτέλους" φησὶν "οὕτω λέγοντος εἰρῆσθαι 231ᵇ ἐν Τιμαίῳ καὶ τῆς λέξεως αὐτῆς τῆς ἰλλομένης σημαινούσης τὸ βιάζεσθαι 35 ὡς οὐχ οὕτως εἰρημένου πρὸς ἰδίας ὑποθέσεις τὰ λεγόμενα μεταφερόντων ἐστί· καὶ γὰρ τὸ στρεφομένην", φησίν, "εἰς ὃ μεταλαμβάνουσι τὸ ἰλλομένην, 5 καὶ αὐτὸ κινήσεώς ἐστι σημαντικόν. εἰ δὲ ἀλλαχοῦ", φησίν, "ὁ Πλάτων ἄλλως λέγει", ὑπὸ τοῦ ἐν Φαίδωνι δηλονότι νυττόμενος, "οὐδὲν τοῦτο", φησί, 40 "πρὸς τὸν λόγον· ὁ γὰρ Ἀριστοτέλης τὸ ἐν Τιμαίῳ εὐθύνει, εἴτε ἀρεσκόμενος αὐτῷ Πλάτων οὕτω λέγει εἴτε καὶ ὡς Τιμαίου δόξαν".

Ταῦτα τοῦ Ἀλεξάνδρου λέγοντος, ἵνα ἀπὸ τοῦ τελευταίου τῶν ῥηθέν-
10 των ἄρξωμαι, ὅτι ὁ Τίμαιος ἱδρῦσθαι τὴν γῆν ἐν τῷ μέσῳ λέγει καὶ βεβηκέναι καὶ ἐρηρεῖσθαι, πρόδηλον ἐκ τῶν παρα|τεθέντων αὐτοῦ ῥημάτων. 232ᵃ τῆς δὲ λέξεως δηλούσης μὲν ὡς ἐπίπαν τὸ δεδεμένην, ὡς αἱ παρατεθεῖσαι χρήσεις ἐσήμαινον, δηλούσης δὲ καὶ τὸ συστρεφομένην, ὅταν διὰ τῆς ει διφθόγγου γράφηται, πρῶτον μὲν δι' ἑνὸς τοῦ λ γράφεται, ἔπειτα καὶ ἐπὶ 5
15 τῶν κυκλικῶν σχημάτων λέγεται τὸ συνεστράφθαι, κἂν ἀκίνητα ᾖ· πρὸς δὲ τούτοις, κἂν ἑκάτερον ἡ λέξις σημαίνῃ καὶ τὸ δεδεμένῃ καὶ τὸ κινουμένῃ, πῶς ἔδει τοῦ Πλάτωνος ἀποδέχεσθαι τὸν λόγον τοῦ τὰ Τιμαίου παραξέοντος οὕτως ἔχοντα, τοῦ τὴν ἠρεμίαν ἀποδείξαντος τῆς γῆς; ἆρα ὡς 10 δεδεμένην ἢ ὡς κινουμένην σημαίνοντος; ἀλλ' Ἀριστοτέλους, φησίν, οὕτω
20 λέγοντος εἰρῆσθαι οὐκ εὔλογον ἀντειπεῖν· τῷ γὰρ ὄντι οὔτε τὴν τῆς λέξεως σημασίαν εἰκὸς ἦν ἀγνοεῖν αὐτὸν οὔτε τὸν τοῦ Πλάτωνος νοῦν. μήποτε οὖν εἰς πάντα ἀποβλέψαντας καλῶς ἔχει λέγειν, ἢ ὅτι τῆς λέξεως καὶ τὸ 15 συστρεφομένην δηλούσης εἰς τοῦτο μετέλαβεν αὐτὴν ὁ Ἀριστοτέλης, ὥσπερ εἴωθε καὶ τὸ φαινόμενον τῶν λόγων διελέγχειν σπουδάζειν διὰ τοὺς ἐπιπο-
25 λαιότερον ἐκδεχομένους, ὡς ἂν εἰ ἔλεγε μετὰ τοὺς περὶ τὸ μέσον κινεῖσθαι ταύτην λέγοντας· εἴ τις νομίζοι τὸν Πλάτωνα ἐν τῷ μέσῳ λέγειν αὐτὴν 20 κινεῖσθαι τὸ ἰλλομένην ὡς κινουμένην ἐκδεχόμενος, ἅμα μὲν ἔσται τις καὶ ἄλλη ὑπόθεσις τῶν κινεῖσθαι λεγόντων τὴν γῆν· ἢ γὰρ περὶ τὸ μέσον ἢ ἐν τῷ μέσῳ ὑποτεθήσεται κινουμένη· ἅμα δὲ καὶ ὁ τὰ τοῦ Πλάτωνος
30 οὕτως ἀποδεχόμενος ἐλεγχθήσεται. ἢ οὖν τοῦτο ῥητέον ἢ ὅτι τὸ καὶ κι- 25 νεῖσθαι τῷ ἴλλεσθαι ὕστερον ὑπό τινος προσετέθη, ὁ δὲ Ἀριστοτέλης προθέμενος ἐν ἀρχῇ ζητεῖν περὶ τῆς γῆς, πότερον τῶν ἠρεμούντων ἐστὶν

---

1 οὕτως c   2 ἐν] ἐν τῷ Fc   ἰλλομένης τὸ στρεφομένης Fc   3 εἰρημένον Fc
4 συστρεφομένην F   6 ἐν] ἐν τῷ Fc   οὐδὲν Fb: οὐδὲ A   7 ἐν] ἐν τῷ Fc
8 οὕτως c   11 ἐρηρεῖσθαι F: ἐρειρῆσθαι A   αὐτῷ F   13 ῥήσεις c   ει Fb:
om. A   14 γραφῇ A: γράφηται Fc   14. 15 ἐπὶ τῶν κυκλικῶν Fb: τῶν ἐπικυκλίων A   16 δεδεμένῃ AF: δεδεμένην c   16. 17 κινουμένῃ AF: κινουμένην c
17 τοῦ τὰ A: τοῦ F: τὰ τοῦ c: verba b   18 παραξέοντος A: παραξέοντα Fbc
ἠρεμίαν AF: ἵδρυσιν K²c   19 σημαίνοντος A: σημαίνοντα Fbc   ἀλλὰ F
Ἀριστοτέλους b: comp. F: Ἀριστέλης A   οὕτως c   21 τοῦ om. Fc   23 μετέβαλεν c   αὐτὴν F: αὐτὸν A   24 τῶν λόγων Fb: τὸν λόγον A   24. 25 ἐπιπολαιότερον Fb: ἐπιπαλαιότερον A   25 ἂν scripsi: οὖν AFbc   26 ταύτην Ab: τὴν γῆν Fc   30. 31 καὶ κινεῖσθαι b: κεκινῆσθαι A: κινεῖσθαι Fc   31 τῷ] corr. ex τὸ F: τὸ A

SIMPLICII IN L. DE CAELO II 13 [Arist. p. 294ᵃ11]   521

γόντων, ὡς Ἀναξίμανδρος καὶ Πλάτων. πρῶτον δὲ συνίστησι τὴν ἐπὶ τῇ 233ᵃ
μονῇ τῆς γῆς ἀπορίαν, ὅτι ἀναγκαῖον τὸ πᾶσιν ἐπελθεῖν ἀπορῆσαι 25
τὸ πῶς μένει ἡ γῆ· τάχα γὰρ ἀλυποτέρας, τουτέστιν ἀργοτέρας, δια-
νοίας ἐστὶ τὸ μὴ θαυμάζειν, πῶς μικρὸν μὲν μόριον τῆς γῆς,
5 ἐὰν μετεωρισθὲν ἀφεθῇ, φέρεται κάτω καὶ μένειν οὐκ ἐθέλει,
καὶ τὸ μεῖζον ἀεὶ θᾶττον φέρεται, πᾶσαν δὲ τὴν γῆν εἴ τις μετεω-
ρίσας ἀφῇ, οὐκ ἂν φέροιτο κάτω· τεκμήριον γὰρ ἱκανὸν τοῦ μὴ ἂν 30
ἐνεχθῆναι ἀφεθεῖσαν τὸ καὶ νῦν μετέωρον οὖσαν ἠρεμεῖν τοσοῦτον ἔχουσαν
βάρος. καὶ τοῦτο δὲ ἄξιον ἀπορίας περὶ τοῦ αὐτοῦ φησι, πῶς ἄνωθεν
10 καταφερομένων μορίων τῆς γῆς, εἴ τις πρὸ τοῦ πεσεῖν αὐτὰ ὑποσπῴη ἀεὶ
τὴν ὑποκειμένην γῆν, μένει φερόμενα, ἕως ἂν ἀντερείσῃ τι αὐτοῖς, ἡ δὲ 35
ὅλη γῆ μηδενὸς κάτω ἀντερείδοντος οὐ φέρεται, ἀλλ' ἠρεμεῖ. διὰ ταῦτα
μὲν γάρ, φησί, τὸ ἀπορεῖν περὶ τῆς γῆς ἐγένετο φιλοσόφημα πᾶσι·
φιλόσοφον γὰρ ὄντως ἐστὶ τὸ τὰς αἰτίας τῶν ὄντων ζητεῖν· τὸ δὲ περὶ
15 τὰς περὶ τούτου λύσεις μὴ μᾶλλον ἀτόπους εἶναι δοκεῖν φυλάξα- 40
σθαι τῆς ἀπορίας θαυμάσειεν ἄν τις· δοκεῖν γὰρ λύειν τὴν ἐν τούτοις
ἀπορίαν βουληθέντες πλείονος ἀπορίας ἀξίοις προσχρῶνται.

Οὕτω μὲν οὖν ὁ Ἀλέξανδρος ἐξηγήσατο τὴν λέξιν οὕτω γράψας· τὸ
δὲ περὶ τὰς τούτου λύσεις μὴ μᾶλλον ἀτόπους εἶναι δοκεῖν καὶ
20 ὡς ἐλλειπούσης τὸ πλῆρες, ὡς εἴρηται, ἀποδούς. μήποτε δέ, κἂν οὕτως
ἔχῃ ἡ λέξις, συντόμως, οὐ μέντοι ἐλλιπῶς | ἀπήγγελται· εἰπὼν γάρ, ὅτι 233ᵇ
τὸ μὲν ἀπορεῖν εἰκότως ἐγένετο φιλοσόφημα πᾶσιν, ἐπάγει τὸ δὲ περὶ
τὰς τούτου λύσεις μὴ μᾶλλον ἀτόπους εἶναι δοκεῖν τῆς ἀπορίας
τοὺς οὕτω λύοντας δηλονότι θαυμάσειεν ἄν τις· ὥστε τὸ ἀτόπους μὴ
25 πρὸς τὰς λύσεις ἀκούειν, ἀλλὰ πρὸς τοὺς λύοντας. ἐγὼ μέντοι πολλὰ τῶν 5
ἀντιγράφων ηὗρον οὕτως ἔχοντα· τὸ δὲ τὰς περὶ τούτων λύσεις μὴ
μᾶλλον ἀτόπους εἶναι δοκεῖν· καί ἐστιν οὕτω καταλληλότερον.

Ταῦτα εἰπὼν λοιπόν, τίνες τῶν παλαιῶν τίνας τοῦ μένειν τὴν γῆν
ἀποδεδώκασιν αἰτίας, λέγει.

---

3 τὸ om. Fc   5 φέρεται Ab: θᾶττον φέρεται Fc   οὐ θέλει F   7. 8 ἂν
ἐνεχθῆναι Fb: ἀνεχθῆναι A   8 ἔχουσαν F: ἔχουσα A   10 ὑποσπῴη Fb:
ὑποπνῷ A   11 φερόμενα F: comp. A: motus b: ἡ φορά c   τι Fb: τις A
12 κάτωθεν F   13 γάρ Fb: om. A   πᾶσιν c   14. 15 περὶ τὰς περὶ A: τὰς
περὶ F: περὶ τὰς ac   15 τούτων c   μᾶλλον — φυλάξασθαι A: φυλάξασθαι τὸ
μᾶλλον ἀτόπους εἶναι Fbc   16 δοκεῖν Fb: δοκεῖ A   λύειν Fb: μὲν A
18 οὕτως (pr.) c   οὕτως (alt.) c   19 τούτου Ab: τούτων Fc   20 πλῆρες
AF: πλήρωμα c: supplementum b   21 ἐλλιπῶς F: ἐλλειπῶς A   ἀπήγγελται A: εἴ-
ρηται Fc   23 τούτου Ab: τούτων Fc   24 οὕτως c   λύοντας CFb: λέγον-
τας A   δηλονότι F: δηλοῖ A   26 εὗρον Fc   τὰς περὶ F: περὶ τὰς A
27 οὕτως c

τέον, ὅτι, εἰ μὲν ἔξω τῆς γῆς ὄντες ἑωρῶμεν τὸν ἥλιον μερικῶς ἐπιπροσ- 232ᵇ
θούμενον ὑπὸ τῆς γῆς, πάντως ἂν περιφερεῖς ἡμῖν ἐφαίνοντο αἱ ἀποτομαί, 26
ὥσπερ καὶ αἱ τοῦ ἡλίου ἐν ταῖς ἡλιακαῖς ἐκλείψεσιν ὑπὸ τῆς σελήνης
ἐπιπροσθουμένου ἢ τῆς σελήνης ὑπὸ τοῦ κώνου τῆς σκιᾶς· νῦν δέ, ἐπειδὴ
5 ἐν αὐτῇ ὄντες ὁρῶμεν τὸν ἥλιον ἀνατέλλοντα καὶ δύνοντα διὰ τοῦ ὁρίζον- 30
τος, ὁρίζων δέ ἐστι τὸ διὰ τῆς ἐπιφανείας τῆς γῆς καὶ τῆς ὄψεως ἡμῶν
ἐκβαλλόμενον ἐπίπεδον, συμβαίνει τὴν ἡλιακὴν σφαῖραν κατὰ κύκλον ὑπὸ
τοῦ ὁρίζοντος τέμνεσθαι· ὁ δὲ κύκλος ἐν τῷ αὐτῷ ἐπιπέδῳ ὢν τῷ
ἡμετέρῳ ὄμματι εὐθεῖα φαίνεται. ὁ δὲ Ἀριστοτέλης διαβαλὼν τὸ ἀπὸ τοῦ 85
10 ἡλίου τεκμήριον ὡς οὐχ ἱκανὸν πρὸς τὸ νομίζειν μὴ εἶναι κυκλοτερῆ τὴν
γῆν λέγει, ὅτι καὶ ἄλλην αἰτίαν προστιθέασι τοῦ τυμπανοειδῆ τὴν γῆν
εἶναι ἀναγκαῖον λέγοντες *τὸ σχῆμα τοῦτο ἔχειν αὐτὴν διὰ τὴν
ἠρεμίαν· διὰ γὰρ* τοῦτο ἠρεμεῖν αὐτήν. καὶ γὰρ τὸ μὲν σφαιρικὸν σχῆμα 40
εὐκίνητόν ἐστι, τὸ δὲ τυμπανοειδὲς πρὸς μονὴν ἐπιτήδειον ὅλῳ τῷ ἐπι-
15 πέδῳ βαῖνον ἐπὶ τοῦ ὑποκειμένου ἢ καὶ ἐπιπωμάζον, ὥς φασι, τὸν κάτω-
θεν ἀέρα· εἰπὼν δὲ μόνιμον εἶναι τὴν γῆν διὰ τὸ τυμπανοειδὲς σχῆμα
ἐπήγαγεν, ὅτι πολλοὶ τυγχάνουσιν εἰρημένοι τρόποι τῆς κατὰ τὴν γῆν δια-
θέσεως, ὧν τινὲς μὲν πρὸς κίνησιν αὐτῆν, τινὲς δὲ πρὸς | μονὴν ἐπιτη- 233ᵃ
δείαν εἶναι λέγουσιν, ὥσπερ ὁ νῦν εἰρημένος πρὸς μονήν.

20 p. 294ᵃ11 **Τὸ μὲν οὖν ἀπορῆσαι πᾶσιν ἀναγκαῖον ἐπελθεῖν ἕως** 5
τοῦ θαυμάσειεν ἄν τις.

Ἱστορήσας πρότερον τάς τε περὶ τῆς θέσεως τῆς γῆς καὶ τῆς κινή-
σεως καὶ τοῦ σχήματος αὐτῆς δόξας καὶ πρὸς ὀλίγα ἀντειπών, τῶν δὲ 10
πολλῶν ὡς ἀπεμφαινόντων καταφρονήσας μετάγει τὸν λόγον λοιπὸν ἐπὶ
25 τοὺς μένειν μὲν τὴν γῆν λέγοντας, τὴν δὲ αἰτίαν τῆς μονῆς οὐ καλῶς
ἀποδιδόντας. καὶ πρῶτον μνημονεύει τῶν μένειν λεγόντων διὰ τὸ ἄπειρον
αὐτὴν εἶναι, ὥσπερ Ξενοφάνης ὁ Κολοφώνιος, δεύτερον δὲ τῶν ἐφ᾽ ὕδατος 15
ὀχουμένην μένειν, ὡς Θαλῆς ὁ Μιλήσιος, τρίτον δὲ τῶν λεγόντων μένειν
αὐτὴν ἀνεχομένην ὑπὸ τοῦ ὑποκειμένου ἀέρος, ὃν ἐπιπωματίζει πλατεῖα
30 οὖσα καὶ τυμπανοειδὴς ἡ γῆ καὶ οὐ συγχωρεῖ ἀναχωρεῖν· οὕτω δὲ Ἀναξι-
μένης καὶ Ἀναξαγόρας καὶ Δημόκριτος ἐδόκουν λέγειν· τέταρτον δὲ τῶν 20
περὶ Ἐμπεδοκλέα τὴν δίνην τοῦ οὐρανοῦ τῆς μονῆς τῆς γῆς αἰτιωμένων,
καὶ πέμπτον τῶν τὴν ὁμοιότητα καὶ τὴν ἰσορροπίαν αἰτίαν τῆς μονῆς λε-

---

5 αὐτῇ A: αὐτῇ τῇ γῇ F: *eadem terra* b   7 τὴν ἡλιακὴν] τοῦ ἡλίου τὴν K²c
8 κύκλος οὗτος Fc   11. 12 εἶναι τὴν γῆν c   14 εὐκίνητον Cb: ἀεικίνητον AF
15 καὶ AC: om. Fb   ἐπιπωμάζον AF: ἐπιπωματίζον c   18. 19 ἐπιτήδειον Fc   22 τε
om. Fc   23 σχήματος Fb: σώματος A   πρὸς Fb: om. A   ἀντειπὼν Fb: ἂν
εἰπὼν A   24 λοιπὸν τὸν λόγον Fc   28 μένειν (pr.) Fb: om. A   29 ἀνεχο-
μένην—ὑποκειμένου F: ὑπὸ τοῦ ὑποκειμένου A: *a supposito retentam* b; fort. ὑπὸ τοῦ ὑπο-
κειμένου ἀνεχομένην   30 οὕτως c   31 δὲ A: om. Fbc   32 τὴν] τῶν
τὴν Fc

ἂν παντὸς μορίου καταβυθισθείη· ὥστε καὶ ἡ ἐπιφορὰ τοῦ συλλογισμοῦ 234ᵃ
δηλονότι· οὐκ ἄρα πέφυκεν ἡ ὅλη γῆ μένειν ἐφ' ὕδατος.

Εἰπὼν δὲ ταῦτα τὴν αἰτίαν ἡμῖν καθόλου τοῦ μὴ καλῶς λύειν τὰς
ἀπορίας θαυμαστῶς παρεγύμνωσεν· ἐοίκασι γάρ, φησί, μέχρι τινὸς ζη-
τεῖν, ἀλλ' οὐ μέχρι τοσούτου τῆς ἀπορίας, μέχρις οὗ δυνατὸν ἦν ἐπαπο-
ρεῖν ταῖς τοιαύταις λύσεσι· διὸ τὴν τυχοῦσαν λύσιν εἰπόντες ἠρκέσθησαν.
ὅτι δὲ τοῦτο οὕτως ἔχει, πιστοῦται ἐκ τοῦ πᾶσιν ἡμῖν σύνηθες εἶναι
μὴ πρὸς τὸ πρᾶγμα τὸ προτιθέμενον ποιεῖσθαι τὴν ζήτησιν, ἀλλὰ
πρὸς τὸν τὰ ἐναντία λέγοντα· ἐὰν γὰρ τοῦτον ἀποπλήσωμεν, ἀρκού-
μεθα, κἂν μὴ πάσας ἡμῖν τὰς ἀπορίας προήγαγεν, ὅσαι τοῦ πράγμα-
τός εἰσιν οἰκεῖαι. καὶ τοῦτο πάλιν ὅτι οὕτως ἔχει, πιστοῦται, ἐξ ὧν αὐτός
τις ἕκαστος ἡμῶν ἑαυτῷ πάσχοντι σύνοιδεν ἐν ταῖς ζητήσεσι· καὶ γὰρ
μέχρι τοσούτου καθ' ἑαυτὸν ἕκαστος περὶ τοῦ προτιθεμένου ζητεῖ, ἕως ἂν
μηκέτι ἔχῃ ἀντιλέγειν αὐτὸς ἑαυτῷ· τότε γὰρ μηδὲν ἄπορον ἔτι
νομίζομεν ὑπολείπεσθαι. διὰ τοῦτο οὖν δεῖ τὸν μέλλοντα καλῶς ζητήσειν
πάσας ἐπεσκέφθαι τὰς ἀπορίας τὰς οἰκείας τῷ προκειμένῳ πράγματι καὶ
κατὰ πάσας ἐνίστασθαι, εἴτε πρὸς ἑαυτὸν εἴτε πρὸς ἄλλον ποιεῖται τὴν
ζήτησιν· οὕτω γὰρ αἱ τῶν ἀποριῶν λύσεις τὸ τέλειον ἕξουσιν.

Οἰκείας δὲ ἐνστάσεις λέγει τὰς ἀπ' αὐτοῦ τοῦ πράγματος εἰλημ-
μένας καὶ μὴ σοφιστικάς. ἀπορήσομεν δὲ καὶ ἐνστησόμεθα κατὰ πάσας
τὰς οἰκείας τῷ πράγματι ἐνστάσεις, ἐὰν ὦμεν πάσας τὰς διαφοράς, αἷς
διαφέρει τῶν ἄλλων τὸ προκείμενον εἰς ζήτησιν, ἐπεσκεμμένοι· καὶ γὰρ
τῷ τὴν διαφορὰν τῆς γῆς μὴ διεγνωκέναι τὴν πρὸς τὸ ξύλον ἠπατήθησαν
οἱ τὴν γῆν ἐπινήχεσθαι τῷ ὕδατι λέγοντες, διότι τὸ ξύλον ἑώρων ἐπινη-
χόμενον. τοῦτο δὲ καὶ ἐν τῷ πρώτῳ τῶν Τοπικῶν εἶπε χρήσιμον εἶναι
ἓν τῶν πρὸς εὐπορίαν ἐπιχειρημάτων τὸ τὰς διαφορὰς ἐγνωκέναι πάσας
τὰς πρὸς ἄλληλα μάλιστα τῶν κοινωνεῖν ἀλλήλοις δοκούντων.

Τοῦτο δὲ νῦν εἰπὼν ἡμῖν παρῆκε συννοεῖν, ὅτι καὶ τὰς κοινωνίας
πάσας δεῖ τεθεωρηκέναι τῶν διαφερόντων· καὶ γὰρ ἀπὸ τούτων ἀπορίαι
κινοῦνται πολλαί. ἔστι δὲ τὰ ἐν τοῖς Τοπικοῖς πρὸς εὐπορίαν συλλογισμῶν
εἰρημένα συντελεῖν τὸ προτάσεις εὑρεῖν, ἡ τοῦ πολλαχῶς λεγομένου διαί-
ρεσις, τὸ τὰς οἰκείας διαφορὰς εὑρεῖν τοῦ προκειμένου, ἡ τοῦ ὁμοίου
θεωρία. |

---

2 δηλονότι A: *videlicet vera est* b: δήλη ὅτι Fc   4 παρεγύμνωσε θαυμαστῶς F
παρεγύμνωσε c   9 ἀποπλήσωμεν AC: ἀπο seq. lac. F: *repulerimus* b: ἀπωσώμεθα c
12 τις F: τε A   18 οὕτως c   19. 20 εἰλημμένας CFb: εἰλεγμένας A   20 ἀπο-
ρήσομεν Fb: ἀπορήσωμεν A   ἐνστησόμεθα Fb: ἐνστησώμεθα A   22 εἰς ζή-
τησιν ACF: ἐν τῇ ζητήσει c   23 τῷ F: τὸ A   διεγνωκέναι] διαγνωκέναι A:
ἐγνωκέναι C: ἐπεγνωκέναι Fc   25 Τοπικῶν] I 18   28 τοῦτο] ταὐτὸ c   31 λε-
γομένου Fb: λεγομένη A

p. 294ᵇ13   Ἀναξιμένης δὲ καὶ Ἀναξαγόρας καὶ Δημόκριτος ἕως 234ᵇ
τοῦ τεκμήρια πολλὰ λέγουσι.

Τρίτους προχειρίζεται τοὺς λέγοντας αἴτιον εἶναι τοῦ μένειν τὴν γῆν
τὸ πλάτος αὐτῆς· τοῦτο γάρ, κἂν ἐπεφύκει φέρεσθαι ἐπὶ τὸ κάτω, μὴ
5 δύνασθαι τέμνειν τὸν ὑποκείμενον ἀέρα, ἀλλ' ἐπιπωμάζειν αὐτόν, ὅπερ
φαίνονται τὰ πλάτος ἔχοντα σώματα ποιοῦντα· ἐπιπωμάζοντα γὰρ
ὁρᾶται· καὶ ὥσπερ τὰ πλάτη ἔχοντα σώματα δυσκινήτως ἔχει πρὸς τοὺς
ἀνέμους διὰ τὸ ἀποφράττειν καὶ ἀντερείδειν αὐτοῖς· ἀποφραχθεὶς γὰρ ὁ
ἄνεμος καὶ διέξοδον μὴ ἔχων ἀκίνητος μένει ὡς ἐπὶ τῶν οἴκων τῶν μὴ
10 ἐχόντων διάπνοιαν, καὶ διὰ τοῦτο δυσκίνητά ἐστιν ὑπ' αὐτοῦ τὰ πλατύτερα·
τὸ αὐτὸ οὖν τοῦτο καὶ ἡ γῆ τῷ πλάτει ποιεῖ πρὸς τὸν ὑποκείμενον ἀέρα,
ὁ δὲ ἀὴρ μὴ ἔχων ἱκανὸν τόπον πρὸς τὸ μεταστῆναι ἀναγκάζεται ἀθρόῳ
ἑαυτοῦ μέρει τῷ κάτωθεν καὶ μὴ κινουμένῳ ἠρεμεῖν· τοῦ γὰρ πρὸς τῇ
γῇ μέρους μὴ ἔχοντος διέξοδον τὸ ὑπ' ἐκεῖνο ὂν ἀθρόον μένει. καὶ ὁ
15 ὅλος οὖν ἀὴρ ἀθρόῳ τῷ κάτωθεν ἠρεμεῖ· ἠρεμοῦντος δὲ αὐτοῦ καὶ μὴ
διακρινομένου μένειν ἀνάγκη ἐπ' αὐτοῦ τὴν γῆν.

Τοῦ δὲ μένειν ἀκίνητον τὸν ὑποκάτω ἀέρα τοῦ πλησιάζοντος τῇ γῇ
ἀέρος μὴ ἔχοντος πάροδον διὰ τῆς γῆς παράδειγμα φέρει τὸ ἐν ταῖς
κλεψύδραις ὕδωρ. κλεψύδρα δέ ἐστιν ἀγγεῖον στενόστομον πλατυτέραν
20 ἔχον βάσιν μικραῖς ὀπαῖς κατατετρημένον, ὃ νῦν ὑδράρπαγα καλοῦσι· καθ-
ιεμένου γὰρ εἰς ὕδωρ τοῦ ἀγγείου ἐπιληφθέντος τοῦ ἄνω στομίου οὐκ
εἴσεισι τὸ ὕδωρ διὰ τῶν ὀπῶν διὰ τὸ ἀθρόον τὸν ἀέρα τὸν ἐν αὐτῷ ἀντε-
ρείδειν τῷ ὕδατι καὶ κωλύειν τὴν ἄνω πάροδον αὐτοῦ τῷ μὴ ἔχειν, ὅπου
αὐτὸς μεταστῇ· ἀφαιρεθέντος δὲ τοῦ ἐπειληφότος τὸ ἄνω στόμιον εἴσεισι
25 τὸ ὕδωρ τοῦ ἀέρος ὑπεξισταμένου αὐτῷ. καὶ κατὰ τοῦτο οὖν ἔοικε τὸ
παράδειγμα τοῦ μὲν ὕδατος ἀνάλογον τῇ γῇ ληφθέντος τῇ μὴ χωρούσῃ
διὰ τοῦ ὑποκειμένου ἀέρος, τοῦ δὲ ἐν τῇ κλεψύδρᾳ ἀναλογοῦντος τῷ ὑπο-
κειμένῳ τῇ γῇ ἀέρι καὶ ἀντερείδοντι πρὸς αὐτήν. ἀλλὰ καὶ πληρωθείσης
τῆς κλεψύδρας ὕδατος, ἐὰν ἐπιλάβῃ τις τὸ ἄνω στόμιον ὡς μὴ εἰσιέναι,
30 οὐκ ἐκρεῖ διὰ τῶν ὀπῶν τὸ ὕδωρ, ἵνα μὴ κενὸν μείνῃ τὸ ἄγγος μὴ εἰσιόν-
τος ἀέρος μήτε διὰ τοῦ ἄνω στομίου ἐπειλημμένου ὄντος μήτε διὰ τῶν
κάτω ὀπῶν τὴν δίοδον τοῦ ὕδατος ἐχουσῶν δι' ὅλου τοῦ ἑαυτῶν ἀνοίγμα-

---

2 λέγουσιν Fc   4 τὸ (alt.) CF: τὰ A   μὴ Fb: καὶ A   5 ἐπιπωματίζειν c
ὅπερ Fb: ὥσπερ A   6 φαίνονται] φαίνον A: φαίνεται Fc   πλάτος Fb: om. A
σώματα] τῶν σωμάτων Fc   ἐπιπωρατίζοντα K²c   7 ὥσπερ Fb: ἅπερ A   9 ἀκί-
νητος Fb: εὐκίνητος A   οἴκων] ἀγγείων c   10 ἐστιν ὑπ' αὐτοῦ] ἐστι Fc
14 ὁ om. Fc   15 ὁ ἀὴρ Fc   ἠρεμεῖ Fb: ἠρεμεῖν A   20 κατατετρημένον F:
κατατετρημμένον A   ὑδράρπαγα a: ἅρπαγα A: ὑδράπαγον C: ὑδράσπαγα F: hydarpaga b
21 γὰρ Fb: om. A   ὕδωρ AC: τὸ ὕδωρ Fc   23 καὶ CFb: om. A   ὅποι c
24 αὐτὸς j b: αὐτὸ AFc: om. C   27 κλεψύδρᾳ ἀέρος c   29 εἰσιέναι ἀέρα Fc   31 ἐπει-
λημμένου bc: ἀπειλημμένου A: ἀπειλημμένου F   32 ἑαυτῶν om. Fc

τος· ὡς οὖν τοῦ ἀέρος μὴ εἰσιόντος μένει τὸ ὕδωρ τὸ ἐν τῇ κλεψύδρᾳ, 234b
οὕτω καὶ ὁ ὑπὸ τὴν γῆν ἀὴρ τῷ μὴ ἔχειν πάροδον μένει· τούτου δὲ
μένοντος καὶ ὁ ὑπ' αὐτὸν ἀθρόως μένει, οὗ μένοντος παντὸς καὶ τὴν γῆν
ὀχεῖσθαί τε καὶ ἀνέχεσθαι ὑπ' αὐτοῦ συμβαίνει.

Τοῦ δὲ Ἀριστοτέλους εἰ|πόντος, ὅτι πολλὰ τεκμήρια λέγουσι 235a
τοῦ δύνασθαι πολὺ βάρος φέρειν ἀπολαμβανόμενον τὸν ἀέρα καὶ μένοντα,
μὴ προσθέντος δὲ τὰ τεκμήρια ὁ Ἀλέξανδρος, ὅτι ἰσχυρός ἐστιν ὁ ἀήρ,
φησί, δῆλον ἐκ τῶν σεισμῶν καὶ τῶν ἀνέμων καὶ τοῦ ῥήγνυσθαι τὰ καρ-
τερώτατα ἐνσεισθέντος αὐτοῖς τοῦ ἀπὸ τῶν βροντῶν ψόφου. ταῦτα δὲ
δῆλον ὅτι κινουμένου ἔργα καὶ οὐχ ἠρεμοῦντός ἐστι τοῦ πνεύματος· κάλ-
λιον οὖν, ὅπερ ἐφεξῆς παρέθετο, τὸ ἀπὸ τῶν ἀσκῶν παράδειγμα· φυση-
θέντες γὰρ οὗτοι καὶ ἐφ' ὕδατος ὀχούμενοι βαρέα φέρουσι φορτία, ὡς
ἐπειράθην καὶ ἐγὼ κατὰ τὸν Ἀβόραν ποταμόν.

p. 294b23 Πρῶτον μὲν οὖν, εἰ μὴ πλατὺ τὸ σχῆμα ταύτης ἐστὶν
ἕως τοῦ τὰ γὰρ αὐτὰ τῶν αὐτῶν ἀναγκαῖον εἶναι αἴτιον τοῖς
αὐτοῖς.

Πιθανῶς ὡς δυνατὸν συνηγορήσας τοῖς διὰ τὸ πλάτος τὴν γῆν ἠρεμεῖν
λέγουσιν ἐντεῦθεν ἀντιλέγει πρὸς αὐτοὺς καὶ πρώτῳ χρῆται ἐπιχειρήματι
τοιούτῳ· εἰ διὰ τὸ πλάτος τις καὶ τὸ τοιοῦτον σχῆμα ἠρεμεῖν λέγει τὴν
γῆν, ἐὰν δειχθῇ μὴ οὖσα πλατεῖα ἀλλὰ σφαιρική, οὐκ ἂν εἴη τὸ πλάτος
αἴτιον αὐτῇ τῆς ἠρεμίας· ἀνάγκη οὖν τὸν οὕτως δεικνύντα δεῖξαι πρότερον,
ὅτι πλατεῖά ἐστιν ἡ γῆ, καὶ οὕτως, ὅτι διὰ τὸ πλάτος ἠρεμεῖ. μήποτε δὲ
συλλογισμὸν ἀντέστρεψεν ὁ Ἀριστοτέλης ὑπ' ἐκείνων λεγόμενον τοιοῦτον·
εἰ μένει ἡ γῆ, πλατεῖά ἐστι καὶ διὰ τὸ πλάτος μένει. λέγει οὖν αὐτός·
εἰ μὴ πλατεῖα ἡ γῆ ἐστιν, οὐκ ἂν διὰ τὸ πλάτος ἠρεμοίη· ὥστε τῷ
δειχθῆναι, ὅτι οὐκ ἔστι πλατεῖα, συναποδείκνυται καὶ τὸ μὴ διὰ τὸ πλά-
τος ἠρεμεῖν.

Δεύτερον δέ, ὅτι, κἂν ὑπὸ τοῦ ἀέρος τοῦ ὑποκειμένου ἀνεχομένη ἡ
γῆ μένῃ, οὐ τὸ πλάτος αἴτιον αὐτῇ τῆς μονῆς, ἐξ ὧν λέγουσι, φαίνεται,
ἀλλὰ τὸ μέγεθος μᾶλλον. εἰ γὰρ πολὺς ὢν ὁ ἀὴρ καὶ πᾶσαν πληρῶν
τὴν χώραν στενοχωρεῖται διὰ τὸ ὑπὸ μεγέθους πολλοῦ περιλαμβάνεσθαι
τοῦ τῆς γῆς, οὐκ ἂν ἐν αὐτῇ κινοῖτο τῇ χώρᾳ· εἰ δὲ καὶ πάροδον μὴ

---

1 ἐπεισιόντος Fc   2 οὕτως e   3 πάντως c   7 δὲ] δὲ καὶ Fc   7. 8 ἐστι,
φησίν, ὁ ἀὴρ Fc   8 ἐκ A: ἔκ τε Fc   13 ἀβοράν A: ἀβοράν F   14 τῆς γῆς
τὸ σχῆμα F   ταύτης A: τῆς γῆς c   ἐστι c   15 αὐτῶν Fc: αἰτίων A
αἴτιον A: αἰτία Fc   18 πρώτῳ Ab: πρῶτον Fc   19 τις om. Fc   ἠρεμεῖν
λέγει AC: λέγει τις ἠρεμεῖν Fc: dicit quiescere b   20 εἴη—ἠρεμίας (21) AC: τὸ πλάτος
εἴη αὐτῇ τῆς ἠρεμίας αἴτιον Fc: ipsa latitudo causa quietis erit b   23 ὑπ' AF: τὸν
ὑπ' c   24 μένει (pr.) Fb: μὲν A   25 ἡ γῆ ἐστιν A: ἐστιν ἡ γῆ Fc (terra non
est lata b)   τῷ Fb: τὸ A   28 κἂν Fb: οὐκ ἂν A   28. 29 ἡ γῆ ἀνελομένη
F: ἡ γῆ ἀνεχομένη c

ἔχει πανταχόθεν ἐπιπωματιζόμενος, οὐδ' ἂν διεξιὼν κινοῖτο· ἀλλὰ ταῦτα 235ᵃ
δύναται ὑπάρχειν, κἂν μὴ πλατεῖα, ἀλλὰ σφαιρειδὴς μὲν ᾖ ἡ γῆ, τηλικαύτη
δὲ τὸ μέγεθος, ὡς πανταχόθεν ἐπιπωματίζειν τὸν ἀέρα· μένει γὰρ καὶ 40
οὕτως ὁ ἀὴρ ἀκίνητος· κατὰ τὸν ἐκείνων λόγον καὶ ἡ γῆ ἐπ' αὐτοῦ. δυ-
5 νάμενοι οὖν διὰ τοῦ μεγέθους ταύτην ἀποδιδόναι τὴν αἰτίαν, κἂν σφαιροει-
δὴς ἐτύγχανεν οὖσα, ἀπεστένωσαν αὐτὴν εἰς τὸ πλάτος τοῦ σχήματος. οὔτε
οὖν ἐκεῖνοι δεόντως, οὔτε ὁ σφαιροειδῆ δεικνὺς τὴν γῆν ἀνήρηκε τὴν ἀπὸ
τοῦ ὑποκειμένου ἀέρος τῆς μονῆς αἰτίαν. οὕτως οὖν περιτρέψας αὐτοῖς | 45
τὸν λόγον τρίτον ἐπιχείρημα τίθησιν ἐκ τῶν φυσικῶν ἀρχῶν καθολικῶς 235ᵇ
10 ὡρμημένον· ὅλως γάρ, φησὶ πρὸς τοὺς οὕτω λέγοντας περὶ τῆς κινήσεως
τῆς γῆς ὡς οὐκ ἐχούσης κίνησιν, οὐ περὶ τῆς γῆς αὐτῆς ἐστιν ἡ ἀμφισβή-
τησις μορίου οὔσης τοῦ παντός, ἀλλὰ περὶ ὅλης τῆς τῶν φυσικῶν σωμά- 5
των συστάσεως· ὡς γὰρ ἔχει τὰ ἄλλα, οὕτως ἔχειν καὶ τὴν γῆν ἀνάγκη.
ἐξ ἀρχῆς οὖν διοριστέον, πότερον ἔστι τοῖς σώμασι φύσει κίνησις ἢ οὐδε-
15 μία ἔστι, καὶ εἰ μὴ φύσει ἔστιν, ἆρα βίαιος ἔστιν ἢ οὐδὲ αὕτη. καὶ
διελὼν οὕτως ὑπομιμνήσκει ἡμᾶς τῶν ἔν τε τῇ Φυσικῇ ἀκροάσει καὶ τῷ 10
πρὸ τούτου βιβλίῳ ῥηθέντων, ἐν οἷς δέδεικται, ὅτι, εἰ μηδεμία φύσει
κίνησις ἔστιν, οὐδὲ βίαιος ἔσται· βίαιος γάρ ἐστιν ἡ παρὰ φύσιν,
παρὰ φύσιν δέ ἐστιν ἡ τῇ κατὰ φύσιν ἀντικειμένη· εἰ οὖν τὸ παρὰ φύσιν
20 ἐκτροπὴ τοῦ κατὰ φύσιν ἐστί, μὴ οὔσης κατὰ φύσιν κινήσεως οὔτε παρὰ 15
φύσιν οὔτε βίαιος ἂν εἴη· ὥστε, εἰ μὴ εἴη κατὰ φύσιν κίνησις, οὐδὲν ὅλως
κινηθήσεται. τὰ δὲ αὐτὰ καὶ ἐπὶ τῆς ἠρεμίας δέδεικται, ὅτι, εἰ ἔστι
παρὰ φύσιν, ἀνάγκη καὶ κατὰ φύσιν εἶναι, εἰ δὲ μὴ ἔστι κατὰ φύσιν, οὐδὲ
παρὰ φύσιν, οὐδὲ ἠρεμεῖ τι ὅλως τῶν σωμάτων. ἀλλὰ καὶ τοῦτο ἐδείχθη, 20
25 ὅτι, εἰ μὴ κινεῖταί τι κατὰ φύσιν, οὐδὲ ἠρεμεῖ κατὰ φύσιν, ἀλλ' οὐδὲ
παρὰ φύσιν. ἡ γὰρ κατὰ φύσιν ἠρεμία πέρας ἐστὶ τῆς κατὰ φύσιν κινή-
σεως καὶ ἡ παρὰ φύσιν τῆς παρὰ φύσιν, ὥστε, εἰ μὴ ἔστι κατὰ φύσιν
κίνησις, οὔτε κινεῖταί τι οὔτε ἠρεμεῖ. εἰ οὖν ταῦτα ἄτοπα· φαίνεται γὰρ 25
καὶ κινούμενα πολλὰ καὶ ἠρεμοῦντα· δῆλον, ὅτι ἔστιν ἡ κατὰ φύσιν κίνησις
30 τῶν σωμάτων. εἰ δὲ εἴη αὕτη, οὐκ ἂν ἡ βίαιος εἴη φορὰ μόνον
οὐδὲ ἠρέμησις· ὥστε, εἰ βίᾳ νῦν ἡ γῆ μένει ἐν τῷ μέσῳ κατὰ τοὺς
ὑπερείδειν αὐτὴν τὸν ἀέρα νομίζοντας, δῆλον, ὅτι καὶ φέρεται εἰς τὸ μέσον 30
βιαίως, ὡς λέγουσιν οἱ διὰ τὴν δίνην αὐτὴν εἰς τοῦτο συνωθοῦντες.

Εἶτα μεταξὺ εἰπών, ὅτι διὰ τὴν δίνην τοῦ οὐρανοῦ εἰς τὸ μέσον
35 συνελθεῖν τὴν γῆν λέγουσι πάντες οἱ γένεσιν τοῦ κόσμου παραδιδόντες· οὐ

---

1 οὐδ' a: οὔτε A: οὔτ' Fc   2 μὲν ᾖ F: μένει Ab   4 οὕτως Fb:
οὕτος A   7 δεόντως Fb: δέονται A   ἀνήρηκε scripsi: ἂν εἴρηκε A: ἀνείρηκε
A²Fc: dixit b   8 περιστρέψας c   9 τίθησιν Fb: δείκνυσιν τίθησιν A
10 περὶ CFb: οὐ περὶ A   11 ὡς τῆς γῆς c   ὡς—γῆς Fb: om. A   αὐτῆς ἐστιν]
αὐτῆς αὐτῆς ἐστιν A: ἐστιν αὐτῆς F: ἐστιν αὐτοῖς c: ipsorum est b   12 ὅλης τῆς AC:
τῆς ὅλης Fc   14 ἔστι] ἔστι τις Fc   15 αὕτη a: αὐτή AFb   16 Φυσικῇ] V 6
καὶ AF: καὶ ἐν Cbc   17 βιβλίῳ] cap. 2   21 βίαιος Fb: βιαίως A   26 ἡ γὰρ]
εἰ γὰρ ἡ Fc   29 ἔστιν Ab: καὶ F: ἔστιν καὶ c   30 εἴη (pr.) A: ἔστιν Fc
33 βιαίως ACb: βίᾳ Fc   ὡς om. b

γὰρ Ἐμπεδοκλῆς μόνος, ἀλλὰ καὶ οἱ περὶ Ἀναξαγόραν καὶ ἄλλοι· καὶ ὅτι 235ᵇ
πρὸς τοῦτο ἠνέχθησαν ἐκ τοῦ καὶ τὰς ἐν ὕδατι καὶ τὰς ἐν ἀέρι γινομένας 36
συστροφὰς τὰ μείζω καὶ βαρύτερα τῶν σωμάτων πρὸς τὸ μέσον συνωθεῖν
καὶ τοῦ μὲν ἐνεχθῆναι κατ' ἀρχὰς τὴν δίνην αἰτιῶνται, τοῦ δὲ μένειν ἐπι-
5 ζοῦντες οἱ μὲν τὸ πλάτος αἴτιόν φασιν, ὡς εἴρηται πρότερον, οἱ δὲ καὶ 40
τούτου τὴν δίνην, ὥσπερ Ἐμπεδοκλῆς· τὴν γὰρ τοῦ οὐρανοῦ φορὰν κύκλῳ
διαθέουσαν καὶ θᾶττον φερομένην ἢ κατὰ τὴν τῆς γῆς φορὰν κωλύειν
αὐτήν, καθάπερ τὸ ἐν τοῖς κυάθοις ὕδωρ· περιφερομένων γὰρ σφοδρῶς
τῶν κυάθων ὑπὸ τῶν θαυματοποιῶν, ὡς νῦν τῶν ποτηρίων, κάτω τοῦ
10 χαλκοῦ πολλάκις ἐπὶ τῶν κυάθων ἢ τοῦ ποτηρίου γινόμενον τὸ ὕδωρ ὅμως 45
οὐ φέρεται κάτω διὰ τὴν | δίνησιν καίτοι πεφυκὸς φέρεσθαι, ἀλλ' ἡ δίνη 236ᵃ
θάττων οὖσα τῆς κατὰ φύσιν τοῦ ὕδατος ῥοπῆς κωλύει φέρεσθαι αὐτό·
ταῦτα μεταξὺ εἰπὼν περὶ τοῦ βίᾳ τὴν γῆν καὶ συνελθεῖν εἰς τὸ μέσον καὶ
μένειν ἐν τῷ μέσῳ κατὰ τοὺς τὴν δίνην καὶ τὸ πλάτος αἰτιωμένους ἐπάγει 5
15 λοιπὸν τὰ τοῖς προτέροις ἀκόλουθα. εἰ γὰρ καὶ συνῆλθε πρὸς τὸ μέσον
βίᾳ ἡ γῆ καὶ μένει βίᾳ, ἐὰν καθ' ὑπόθεσιν ἀφαιρεθῇ ἡ βία μήτε τῆς δί-
νης κωλυούσης μήτε τοῦ πλάτους, ἀλλὰ καὶ τοῦ ἀέρος τοῦ ὑπερείδοντος
ἐκστάντος. ποῦ λοιπὸν κατὰ φύσιν οἰσθήσεται; πρὸς μὲν γὰρ τὸ μέσον βίᾳ 10
συνῆλθε καὶ μένει βιαίως, φασίν, ἀναγκαῖον δὲ διὰ τὰ δεδειγμένα καὶ
20 κατὰ φύσιν εἶναί τινα αὐτῆς φοράν· αὕτη οὖν ἄνω ἢ κάτω ἢ ποῦ ἔστιν;
εἶναι γὰρ ἀναγκαῖόν τινα. εἰ οὖν πανταχόθεν ἐπὶ τὸ μέσον βίᾳ ἠνέχθη,
καὶ πάντοσε κατὰ φύσιν ἀπὸ τοῦ μέσου κινηθήσεται· εἰ δὲ μηδὲν μᾶλ- 15
λον κάτω ἢ ἄνω διὰ τὸ πανταχόσε, ὁ δὲ ἀὴρ μὴ κωλύει τὴν ἄνω
φοράν· οὐ γὰρ τὸν ἀέρα αἰτιῶνται τὸν ὑπερκείμενον αὐτῆς τοῦ μὴ κινεῖ-
25 σθαι αὐτὴν ἄνω· οὐδὲ τοῦ κάτω μὴ κινεῖσθαι αἴτιος ἂν ὁ ἀὴρ εἴη· τὰ
γὰρ αὐτὰ τῶν αὐτῶν ἀναγκαῖον εἶναι αἴτια τοῖς αὐτοῖς. εἰ οὖν 20
ὁμοίως ἄνω καὶ κάτω κατὰ φύσιν ἡ γῆ πέφυκε κινεῖσθαι, ὅπερ ἠκολούθησε
τοῖς πρὸς τὸ μέσον βίᾳ φέρεσθαι λέγουσι καὶ βίᾳ μένειν ἐν τῷ μέσῳ,
ὅπερ αἴτιόν ἐστι τοῦ μὴ φέρεσθαι ἄνω πεφυκυῖαν αὐτήν, τοῦτο ἂν εἴη
30 αἴτιον τοῦ μηδὲ κάτω φέρεσθαι.

Εἰπὼν δὲ τῆς μὲν εἰς τὸ μέσον συνελεύσεως τὸ αὐτὸ λέγειν αἴτιον 25
τὴν δίνην καὶ τοὺς περὶ Ἀναξαγόραν καὶ Ἐμπεδοκλέα, τῆς δὲ μονῆς τοὺς
μὲν τὸ πλάτος, τὸν δὲ τὴν δίνην αἰτιᾶσθαι, ἀντειπὼν πρὸς τοὺς τὴν δίνην
καὶ τὸ πλάτος καὶ τὸν ἀντερείδοντα ἀέρα τῆς μονῆς αἰτιωμένους τρέπει
35 πάλιν ἐπὶ τὸν Ἐμπεδοκλέα τὸν λόγον. 30

---

2 ἠνέχθησαν CF: ἐνήχθησαν A   4. 5 ἐπιζητοῦντες b: ἐπιζητοῦ|τες A: τὴν αἰτίαν ζη-
τοῦντες Fc   6 τούτου] τοῦ οὐρανοῦ Fc   6. 7 κύκλῳ φορὰν περιθέουσαν Fc
10 τοῦ ποτηρίου] τῶν ποτηρίων c   15 γὰρ καὶ AFb: γὰρ Cc   17 ἀέρος Fb: corr.
ex πλάτους A   18 ποῦ AF: τοῦ C: ποῖ c   20 αὕτη Fb: αὐτὴ A   ποῦ]
ποῖ c   22 πάντοσε AC: πάντοτε Fc   μηθὲν F   23 κάτω ἢ Fb: κατὰ
τὸν A   27 ἠκολούθηκε Fc   29 τοῦτο] ταὐτὸ Fc   32 τοὺς] mut. in τὸν F: τὸν c
34 καὶ (pr.) Fb: ὡς καὶ A

p. 295ᵃ29 Ἔτι δὲ πρὸς Ἐμπεδοκλέα καὶ ἕως τοῦ οὐ γὰρ δὴ 236ᵃ
καὶ τότε αἰτιάσεται τὴν δίνην.

Εἰπὼν κοινῶς πρότερον πρός τε τοὺς τὴν δίνην καὶ πρὸς τοὺς τὸ πλά- 35
τος τῆς μονῆς αἰτιωμένους ἔτι φησὶ πρὸς Ἐμπεδοκλέα κἀκεῖνό τις
5 εἴποι ἂν ἄλλην προστιθεὶς πρὸς αὐτὸν ἀντιλογίαν. τέτρασι δὲ χρῆται
ἐπιχειρήμασιν, ὧν τὸ πρῶτον ἀσαφῶς ἀπηγγέλθαι δοκεῖ. ὅτε γάρ, φησί,
τὰ στοιχεῖα διειστήκει χωρὶς ὑπὸ τοῦ Νείκους, τίς αἰτία τῇ γῇ
τῆς μονῆς ἦν; οὐ γὰρ δὴ καὶ τότε αἰτιάσεται τὴν δίνην. δοκεῖ 40
τοίνυν λέγειν ὅτε τὰ στοιχεῖα διειστήκει ὑπὸ τοῦ Νείκους ὡς ἄλλην
10 τινὰ κατάστασιν παρὰ τὴν νῦν ἐκείνην λέγων τὴν ὑπὸ τοῦ Νείκους γινομένην.
καίτοι ὑπὸ τοῦ Νείκους διακρίνοντος τὰ στοιχεῖα τοῦτον λέγει γίνεσθαι τὸν
κόσμον ὁ Ἐμπεδοκλῆς, ὥσπερ ὑπὸ τῆς Φιλίας συναγούσης καὶ ἑνούσης 45
αὐτὰ τὸν σφαῖρον. πῶς δὲ ἐν τῇ τοῦ Νείκους ἐπικρατείᾳ, εἴπερ αὕτη 236ᵇ
ἐστίν, οὐ φησὶν εἶναι τὴν δίνην; ὁ μὲν οὖν Ἀλέξανδρος οὕτω πως εὐθετί-
15 ζειν οἴεται τὸ λεγόμενον· ὅτε τὰ στοιχεῖα, φησί, διειστήκει ὑπὸ τοῦ Νείκους
χωρὶς μήπω γεγονότα, τουτέστι μηδέπω κεχωρισμένα καὶ διακεκριμένα εἰς
τήνδε τὴν διακόσμησιν, ἐν ᾗ ἡ δίνη αἰτία τῆς ἐν τῷ μέσῳ μονῆς, ἀλλ' 5
ἦν ἅμα τῆς Φιλίας κρατούσης, τότε τῆς μονῆς τῇ γῇ τί ποτε ἦν τὸ αἴτιον;
οὐ γὰρ δὴ καὶ τότε ἡ δίνη· τότε γὰρ τὰ στοιχεῖα εἱστήκει μηδέπω χωρὶς
20 ὑπὸ τοῦ Νείκους οὕτω διακεκριμένα. ἢ οὖν οὕτω, φησί, ῥητέον ἢ χωρὶς
ὑπὸ τοῦ Νείκους, τουτέστι τοῦ Νείκους αὐτῶν κεχωρισμένου· τὸ γὰρ Νεῖκος 10
αὐτῷ αἴτιον κεῖται τῆς τῶν στοιχείων τοιᾶσδε διακοσμήσεως, ὁποία ἐστὶν
ἡ νῦν, καὶ τῆς δίνης τοῦ πέριξ ἀέρος, ὃν φησι πρῶτον ἀποκριθέντα φέρε-
σθαι κύκλῳ. καὶ ὅτι μὲν ἀπιθάνως ἐξέλαβε καὶ συνέταξε τὰ εἰρημένα,
25 παντὶ πρόδηλον, χωρὶς μήπω γεγονότα ἀκούων, καὶ τοῦ Ἀριστοτέλους 15
σαφῶς λέγοντος ὅτε διειστήκει χωρὶς ὑπὸ τοῦ Νείκους αὐτὸς βιαζό-
μενος εἰς τὴν τῆς Φιλίας ἐπικράτειαν ἀπάγειν ἐκεῖνον τὸν χρόνον πειρᾶται·
τὸ δὲ διειστήκει χωρὶς ὑπὸ τοῦ Νείκους τίς ἂν εἴπεν ἀντὶ τοῦ Νεί-
κους αὐτῶν κεχωρισμένου; ἀλλ' ἐβιάζετο, μᾶλλον δὲ ἐβιάσθη νομίζων τὸν 20
30 κόσμον τοῦτον ὑπὸ μόνου τοῦ Νείκους κατὰ τὸν Ἐμπεδοκλέα γενέσθαι. μή-
ποτε δέ, κἂν ἐπικρατῇ ἐν τούτῳ τὸ Νεῖκος ὥσπερ ἐν τῷ σφαίρῳ ἡ Φιλία,
ἀλλ' ἄμφω ὑπ' ἀμφοῖν λέγονται γίνεσθαι. καὶ τάχα οὐδὲν κωλύει παρα-
θέσθαι τινὰ τῶν τοῦ Ἐμπεδοκλέους ἐπῶν τοῦτο δηλοῦντα· 25

---

2 τότ' c   3 καὶ πρὸς AC: πρός τε Fc   5 εἴποι ἂν scripsi: εἴποιεν A: εἴποι C:
ἂν εἴποι Fc   7 διειστήκει] comp. F: διιστήκει A   τίς AF: τίς ἡ c   9 ὅτε b:
ὅτι AF   διειστήκει F: διεστήκει A   10 τὴν νῦν Fb: τὸν νοῦν A   11 καίτοι Ab:
καίτοι ὁ Ἐμπεδοκλῆς Fc   12 ὁ Ἐμπεδοκλῆς om. Fc   13 τὸν σφαῖρον Fb: τῶν
σφαιρῶν A   δὲ] fort. δὴ   14 οὕτως c   15 διειστήκει] comp. F: διιστήκει A
16 μηδέπω Fb: μηδέποι A   διακεκριμένα F: διακεκριμένα A   18 ἅμα AF:
ὁμοῦ c   20 οὕτως c   διακεκριμένα F: διακεκριμένα A   οὕτως c
21 κεχωρισμένου F: κεχωρισμένον c   27 ἀπάγειν A: ἐπάγειν Fc: adducere b
πειρᾶται Fb: ποιεῖται πειρᾶται A   29 ἐβιάσατο Fc   33 Ἐμπεδοκλέους] v. 169 sq.

SIMPLICII IN L. DE CAELO II 13 [Arist. p. 295ᵃ29]

Αὐτὰρ ἐγὼ παλίνορσος ἐλεύσομαι ἐς πόρον ὕμνων,
τὸν πρότερον κατέλεξα, λόγῳ λόγον ἐξοχετεύων
κεῖνον· ἐπεὶ Νεῖκος μὲν ἐνέρτατον ἵκετο βένθος
δίνης, ἐν δὲ μέσῃ Φιλότης στροφάλιγγι γένηται,
ἐν τῇ δὴ τάδε πάντα συνέρχεται ἓν μόνον εἶναι,
οὐκ ἄφαρ, ἀλλὰ θελημὰ συνιστάμεν' ἄλλοθεν ἄλλα.
τῶν δέ τε μισγομένων χεῖτ' ἔθνεα μυρία θνητῶν·
πολλὰ δ' ἄμιχθ' ἕστηκε κεραιομένοισιν ἐναλλάξ,
ὅσσ' ἔτι Νεῖκος ἔρυκε μετάρσιον· οὐ γὰρ ἀμεμφέως
πω πᾶν ἐξέστηκεν ἐπ' ἔσχατα τέρματα κύκλου,
ἀλλὰ τὰ μέν τ' ἐνέμιμνε μελέων, τὰ δέ τ' ἐξεβεβήκει.
ὅσσον δ' αἰὲν ὑπεκπροθέοι, τόσον αἰὲν ἐπῄει
ἠπιόφρων Φιλότητος ἀμεμφέος ἄμβροτος ὁρμή.
αἶψα δὲ θνήτ' ἐφύοντο, τὰ πρὶν μάθον ἀθάνατ' εἶναι,
ζωρά τε τὰ πρὶν ἄκρητα διαλλάξαντα κελεύθους.

ἐν τούτοις δηλοῦται, ὅτι ἐν τῇ ἁπλῇ διακοσμήσει ὑποστέλλεται μὲν τὸ Νεῖκος, ἡ δὲ Φιλότης ἐπικρατεῖ, ὅταν ἐν μέσῃ τῇ στροφάλιγγι, τουτέστι τῇ δίνῃ, γένηται, ὥστε καὶ τῆς Φιλότητος ἐπικρατούσης ἔστιν ἡ δίνη, καὶ ὅτι τὰ μὲν τῶν στοιχείων ἄμικτα μένει ὑπὸ τοῦ Νείκους, τὰ δὲ μιγνύμενα ποιεῖ τὰ θνητὰ καὶ ζῷα καὶ φυτά, διότι | πάλιν διαλύεται τὰ μιγνύμενα. ἀλλὰ καὶ περὶ γενέσεως τῶν ὀφθαλμῶν τῶν σωματικῶν τούτων λέγων ἐπήγαγεν

ἐξ ὧν ὄμματ' ἔπηξεν ἀτειρέα δῖ' Ἀφροδίτη,
καὶ μετ' ὀλίγον

γόμφοις ἀσκήσασα καταστόργοις Ἀφροδίτη,

καὶ τὴν αἰτίαν λέγων τοῦ τοὺς μὲν ἐν ἡμέρᾳ, τοὺς δὲ ἐν νυκτὶ κάλλιον ὁρᾶν Κύπριδος, φησίν, ἐν παλάμῃσιν ὅτε ξὺμ πρῶτ' ἐφύοντο.
ὅτι δὲ περὶ τούτων λέγει τῶν ἐν τούτῳ τῷ κόσμῳ, ἄκουε τούτων τῶν ἐπῶν·

---

2 τὸν AF: τοῦ c   λόγῳ AF: λόγου c   ἐξοχετεύων Fc: adnectens b: ἐπιχετεύων A: ἐποχετεύων Brandis   3 ἐπεὶ F: ἐπὶ A   4 δίνης ἐν Simplic. in Phys. p. 32,14: δίνησε F: δίνησιᵛ A   5 ἐν τῇ δὴ F: ἐν τῇ ἡ δὲ A: ἔνθ' ἤδη c   6 ἄφαρ F: ἄφορα A   ἀλλ' Fc   θελημά] θέλημα A: ἐθελημά F: ἐθελυμνά c   ἄλλα AF: ἄλλο c   8 ἄμιχθ' Stein: ἄμικτ' F: ἅμα A   ἕστηκε] ἕστηκε F: κατεστήκει A ἐναλλάξ F: ἐλλάξ A   9 ἀμεμφέως Simplic. in Phys.: ἀμεμφέος F: ἀμφαρεως A 10 πω F: τὸ A   ἐπ' ἔσχατα τέρματα Fb: ἐπέστατα τεύματα A   11 τὰ (pr.) Fb: τὸ A   δέ τ' Simplic. in Phys.: δ' AF   ἐξεβεβήκει Fb: ἐξεβεβλήκει A 12 τόσον F: τόσσον A   13 Φιλότητος F: Φιλότητι A   ἀμεμφέος Fb: ἀμφέσσον A   14 δὲ θνήτ' F: δ' ἔθνεά τ' Ab   15 ἄκρητα Theophr. ap. Athen. X 424 a: ἄκριτα AFb   16 ἁπλῇ Ab: αὐτῇ Fc   17 μέσῃ F: μέσῳ A 20 καὶ (pr.) Ab: om. Fc   διότι] δίχα τε c   23 Empedocl. 240   δῖ'] δι A: δι' F   25 Empedocl. 241   27 Empedocl. 242   28 τούτων (pr.)—κόσμῳ] τῶν ἐν τούτῳ τῷ κόσμῳ λέγει c   τούτων (alt.)] τῶνδε c

εἰ δέ τί σοι περὶ τῶνδε λιπόξυλος ἔπλετο πίστις,
πῶς ὕδατος γαίης τε καὶ αἰθέρος ἠελίου τε
κιρναμένων εἴδη τε γενοίατο χροιά τε θνητῶν,
τοῖ' ὅσα νῦν γεγάασι συναρμοσθέντ' Ἀφροδίτῃ,
καὶ μετ' ὀλίγα
ὡς δὲ τότε χθόνα Κύπρις, ἐπεί τ' ἐδίηνεν ἐν ὄμβρῳ,
αἰθέρ' ἐπιπνείουσα θοῷ πυρὶ δῶκε κρατῦναι,
καὶ πάλιν
τῶν δ' ὅσ' ἔσω μὲν πυκνά, τὰ δ' ἔκτοθι μανὰ πέπηγεν,
Κύπριδος ἐν παλάμῃσι πλάδης τοιῆσδε τυχόντα.
ταῦτ' ἐξ ὀλίγων τῶν εὐθὺς προσπεσόντων ἐπῶν ἀναλεξάμενος παρεθέμην.
μήποτε δὲ τοῦ Ἐμπεδοκλέους ὡς ποιητοῦ μυθικώτερον παρὰ μέρος τὴν
ἐπικράτειαν αὐτῶν λέγοντος
ἄλλοτε μὲν Φιλότητι συνερχόμεν' εἰς ἓν ἅπαντα,
ἄλλοτε δ' αὖ δίχ' ἕκαστα φορεύμενα Νείκεος ἔχθει
ὁ Ἀριστοτέλης τῷ μυθικωτέρῳ τούτῳ ἀποχρησάμενος ἐρωτᾷ τοὺς τὴν δίνην
τῆς μονῆς τῆς γῆς αἰτιωμένους· ὅτε τὰ στοιχεῖα διειστήκει χωρὶς ὑπὸ
τοῦ Νείκους, ἐπειδὴ τότε ἀμίκτων ὄντων οὐκ ἦν σύνταξις τῷ οὐρανῷ πρὸς
τὴν γῆν, μᾶλλον δὲ ἀμίκτων ὄντων τῶν στοιχείων οὔπω οὐδὲ ὁ οὐρανὸς
ἦν κατὰ τὴν τοιαύτην ὑπόθεσιν, ἡ δὲ γῆ ἦν, εἴπερ ἀίδια τὰ στοιχεῖα, ὡς
ὑποτίθενται, τίς αἰτία τότε τῇ γῇ τῆς μονῆς ἦν; οὐ γὰρ δὴ καὶ τότε
αἰτιάσεται τὴν δίνην. εἴποι δὲ ἄν, οἶμαι, Ἐμπεδοκλῆς, ὅτι οὐκ ἔστιν,
ὅτε χωρὶς διειστήκει τὰ στοιχεῖα μὴ καὶ τῆς πρὸς ἄλληλα συντάξεως
αὐτῶν οὔσης· οὐ γὰρ ἂν ἦν στοιχεῖα· ἀλλ' ὁ λόγος τὴν φύσιν τῶν
πραγμάτων ἀναπτύξαι βουλόμενος, καὶ γένεσιν τῶν ἀγενήτων καὶ διάκρισιν τῶν ἡνωμένων καὶ ἕνωσιν τῶν διακεκριμένων ὑποτίθεται.

p. 295ᵃ32 Ἄτοπον δὲ καὶ τὸ μὴ συννοεῖν ἕως τοῦ οἱ μὲν οὖν πλεῖστοι περὶ τὰς αἰτίας ταύτας διατρίβουσι.

Δεύτερον ἐπιχείρημα πάλιν, ἐξ ὧν αὐτοὶ λέγουσιν, ἐπάγει. οἱ γὰρ
τὸν κόσμον γεννῶντες ἐξ ἀρχῆς ὑπὸ τῆς δίνης εἰς τὸ μέσον ἀπωσθεῖσαν

---

1 Empedocl. 210 sq.   δέ τί Ab: δέ τις F: δ' ἔτι c   3 χροιαί τ' εἴδη τε γενοίατο Ritschl   χροιαί τε γενοίατο c   4 τοῖ'] Stein: τοῖα AF: τόσσ' c   γεγάασι F: γεγῶασι A   5 ὀλίγον Fc   6 Empedocl. 215   ἐδίηνεν F: ἐδείκνεεν A: voluit b   ἐν Ab: om. F   7 αἰθέρ' Stein: εἰ δὲ A: εἴδεα Fc   ἐπιπνείουσα Panzerbieter: ἀποπνοιοῦσα A: ποιπνύουσα Fc   θοῷ A: θεῷ F: puro b   9 Empedocl. 217   ὅσ' c: ὅσσ' AF   πέπηγε F   10 παλάμῃσι c: παλάμῃσιν A: παλάμης F   11 ταῦτ' A: ταῦτα Fc   14 Empedocl. 67 sq.   συνερχόμεν' corr. ex συνερχόμεν A: συνερχόμενα F   18 post νείκους add. τίς ἡ αἰτία τότε τῇ γῇ τῆς μονῆς ἦν; c   οὐχ—ὄντων (19) F: om. Ab   19 ὁ om. Fc   20 ἀίδια Fb: ἀεὶ διὰ A   21 τίς—ἦν om. c   22 δ' Fc   ὅτι F: corr. ex ὅτε A   27 συννοεῖν F: συ paene evan. A   28 αἰτίας F: evan. A   διατρίβουσιν Fc   29 αὐτοὶ CF: evan. A   30 δίνης CF: paene evan. A

SIMPLICII IN L. DE CAELO II 13 [Arist. p. 295a32. b10]

τὴν γῆν, ὡς τὰ κάρφη τὰ ἐν τοῖς δινου|μένοις ὕδασι, ⟨φασὶ⟩ μένειν λοιπὸν 237b
ἐν τῷ μέσῳ βίᾳ. ἄτοπον οὖν, φησί, τὸ μὴ συννοεῖν αὐτούς, διὰ τίνα
αἰτίαν νῦν τὰ βάρος ἔχοντα φέρεται πρὸς τὴν γῆν· διὰ μὲν γὰρ τὴν δίνην
οὐκ ἂν εἴποις· κἂν γὰρ ᾖ καὶ νῦν, ἀλλ' οὐ πλησιάζει ἡμῖν ἡ δίνη. δι' ἣν 5
5 δὲ αἰτίαν καὶ νῦν φέρεται τὰ βαρέα πρὸς τὸ μέσον, διὰ τὴν αὐτὴν αἰτίαν
καὶ τότε ἡ γῆ ἠνέχθη, εἴπερ ἦν ἀρχὴ τῆς φορᾶς αὐτῆς.

Τρίτον δὲ ἐπιχείρημα ἐπάγει τοιοῦτον· εἰ τὸ πῦρ ἄνω φέρεται μὴ
διὰ τὴν δίνην, ἀλλ' ὅτι πέφυκεν οὕτως· ἡ γὰρ δίνη τοῖς βαρέσιν, ὥς φασιν,
αἰτία τῆς ἐπὶ τὸ μέσον φορᾶς· διὰ τί μὴ καὶ τὴν γῆν λέγομεν ἐπὶ τὸ 10
10 μέσον φέρεσθαι πεφυκυῖαν οὕτως; εἰ μὴ ἄρα λέγοι τις τῶν βαρέων ἐπὶ τὸ
μέσον φερομένων διὰ τὴν δίνην τὰ κουφότερα ἐκείνοις ἐξ ἀνάγκης ἐπιπο-
λάζειν καὶ τοῦτο αἴτιον εἶναι τῷ πυρὶ τῆς ἐπὶ τὸ ἄνω φορᾶς· καὶ γὰρ καὶ
αὐτὸς ὁ Ἀριστοτέλης ἐρεῖ, ὅτι τὰ μὲν εἰς τὸ μέσον ἔρχεται, τὰ δὲ 15
ἐπιπολάζει διὰ τὴν κίνησιν.

15 Τέταρτον δὲ ἐπιχείρημα ἐπάγει καὶ ἐν τούτῳ τὸ ἄτοπον, ἐξ ὧν
ἐκεῖνοι λέγουσι, συνάγων. εἰ γὰρ λέγουσιν, ὅτι ἡ δίνη τὰ βαρέα συνωθεῖ
εἰς τὸ μέσον, ἐχρῆν ἐπιστῆσαι, ὅτι ἡ δίνη οὐκ ἔστιν αἰτία τῆς βαρύτητος 20
ἢ τῆς κουφότητος τοῖς σώμασι κατ' αὐτούς, ἀλλὰ προϋπαρχόντων τῶν
μὲν βαρέων τῶν δὲ κούφων, διότι κατὰ τὰς ῥοπὰς διέφερε, διὰ τοῦτο ἐν
20 τῇ δίνῃ τὰ μὲν ἐπὶ τόδε τὰ δὲ ἐπὶ τόδε ἐφέρετο. εἰ οὖν κατὰ τὴν
αὐτῶν φύσιν καὶ πρὸ τῆς δίνης τὰ μὲν ἦν βαρέα τὰ δὲ κοῦφα, πῶς
διεκέκριτο ἀπ' ἀλλήλων; καὶ τίς ἦν οἰκεῖος ἑκάστου τόπος καὶ ἐπὶ τί ἡ 25
κατὰ φύσιν κίνησις αὐτοῖς; οὐ γὰρ δὴ ὁ αὐτός· ἦν γὰρ ἂν ταὐτὸν τὸ
βαρεῖ καὶ κούφῳ εἶναι, οὕτω δὲ ἐχόντων οὐδ' ἂν ἡ δίνη διεχώριζεν αὐτὰ
25 τὰ αὐτὰ ὄντα, ἀλλ' ἐπὶ τὰ αὐτὰ ἂν καὶ ὑπὸ τῆς δίνης ἐφέρετο. εἰ δὲ
δοίη τις αὐτοῖς κατὰ φύσιν οἰκείους τόπους, ἔχει τὴν αἰτίαν τῆς κατὰ 30
φύσιν κινήσεως καὶ μονῆς, ἀλλ' οὐ πάντες τοῦτο παρέχουσιν. ἀπείρου γὰρ
ὄντος τοῦ παντός, ὡς Ἀναξίμανδρος καὶ Ἀναξιμένης δοκοῦσι λέγειν, ἀδύ-
νατον εἶναι τὸ ἄνω καὶ τὸ κάτω, τούτων δὲ μὴ ὄντων οὐδὲ τὸ βαρὺ καὶ 35
30 κοῦφον, εἴπερ βαρὺ μὲν τὸ ἐπὶ τὸ κάτω κατὰ φύσιν κινούμενον, κοῦφον
δὲ τὸ ἐπὶ τὸ ἄνω.

p. 295b10 Εἰσὶ δέ τινες, οἳ διὰ τὴν ὁμοιότητά φασιν αὐτὴν
μένειν ἕως τοῦ σχεδὸν ταὐτά ἐστι. 40

Ταύτης μὲν οὖν τῆς δόξης καὶ Πλάτων ἐστίν, ἐν οἷς ἐν Φαίδωνι λέγει

---

1 φασί scripsi: om. ACFc (post λοιπὸν add. λέγουσι c, post βίᾳ aiunt b)   3 φέρεται
Fb: φαίνεται A   4 εἴποις C: εἴποτε AF: εἴποιεν c: dicet b   5 καὶ νῦν αἰτίαν Fc
αἰτίαν (alt.)] ἂν αἰτίαν Fc   13 ἐρεῖ] 295b5   ἔρχεται F: corr. ex ἐπέρχεται A
14 δίνησιν c   16 ἐκεῖνοι CFb: ἐκεῖνα A   τὰ βαρέα συνωθεῖ AF: συνωθεῖ τὰ βαρέα
Cb   22 διεκέκριτο ACb: διεκρίνετο Fc   23 γὰρ (alt.) CFb: om. A   ταύτῃ b:
τὸ C: corr. ex τῷ AF: om. c   24 οὕτω ACF: οὕτως c   27 παρέχουσιν Ab:
παρέχουσι C: παραχωροῦσιν Fc   28 ὄντος CF: om. Ab   λέγειν Ab: λέγειν καὶ Δη-
μόκριτος CFc   33 ταῦτ' c   ἐστίν Fc   34 Φαίδωνι] 109 a

'Ἰσόρροπον γὰρ πρᾶγμα ὁμοίου τινὸς ἐν μέσῳ τεθὲν οὐχ ἕξει μᾶλλον οὐδὲ 237ᵇ
ἧττον οὐδαμόσε κλιθῆναι." ἀλλ' ὅ γε Ἀριστοτέλης εὑρὼν προειλημμένην 45
αὐτὴν ὑπὸ Ἀναξι|μάνδρου ἐμμελέστερον οἴεται τὸ τοῦτον ἐλέγχειν τοῦ 238ᵃ
ἀντιλέγειν πρὸς Πλάτωνα ἤ, ὥς φησί τις τῶν διιστώντων τοὺς φιλοσόφους,
5 ἐπειδὴ ἀνωτέρω ἴλλεσθαι καὶ κινεῖσθαι τὴν γῆν ἔφη λέγειν τὸν Πλάτωνα
περὶ τὸν διὰ παντὸς τεταμένον πόλον, διὰ τοῦτο τὴν περὶ τῆς μονῆς δόξαν 5
οὐκ ἀνήγαγεν εἰς τὸν Πλάτωνα. ὁ δὲ Ἀλέξανδρος, διὰ τοῦ εἰπεῖν, φησίν,
ὥσπερ τῶν ἀρχαίων Ἀναξίμανδρος ἐδήλωσεν ὡς καὶ ἄλλων ὄντων
οὐκ ἀρχαίων ταύτης τῆς δόξης· ἢ καὶ ἄδηλον, φησίν, ὅσον ἐπὶ τῇ λέξει
10 ταύτῃ, πότερον καὶ ἠρεμεῖ ἐν τῷ μέσῳ οὖσα ἢ μένει μὲν ἐν τῷ μέσῳ 10
διά τε τὴν ἰσορροπίαν τὴν οἰκείαν καὶ τὴν τοῦ περιέχοντος ὁμοιότητα,
μένουσα δὲ ἴλλεται καὶ κινεῖται περὶ τὸν διὰ παντὸς πόλον τεταμένον;
Ἀναξιμάνδρῳ δὲ ἐδόκει καὶ διὰ τὸν ἀέρα τὸν ἀνέχοντα μένειν ἡ γῆ καὶ
διὰ τὴν ἰσορροπίαν καὶ ὁμοιότητα. πρὸς ταύτην τοίνυν ἀντειπεῖν τὴν 15
15 δόξαν προθέμενος τὸν συνιστῶντα αὐτὴν πρῶτον λόγον, ὥσπερ εἴωθεν, ἐκ-
τίθεται. τὸ γὰρ ἐπὶ τοῦ μέσου ἱδρυμένον καὶ ὁμοίως πρὸς τὰ ἔσχατα
ἔχον διά τε τὴν ἑαυτοῦ πανταχόθεν ἰσορροπίαν καὶ ὁμοιότητα αὐτοῦ τε
καὶ τοῦ περιέχοντος οὐθὲν μᾶλλον ἄνω ἢ κάτω ἢ εἰς τὰ πλάγια προσήκει 20
φέρεσθαι· ἀλλὰ καὶ ἅμα εἰς τὰ ἐναντία ποιεῖσθαι τὴν κίνησιν ἀδύνατον
20 ἐστιν· εἰ οὖν μήτε ἅμα μήτε παρὰ μέρος κινεῖσθαι ταύτην δυνατόν,
ἀνάγκη ἠρεμεῖν. τοῦτον οὖν τὸν λόγον κομψῶς μὲν εἰρῆσθαί φησι,
τουτέστι πιθανῶς, οὐκ ἀληθῶς δέ· τὸ γὰρ ὁμοίως ἔχειν πρὸς τὰ ἔσχατα 25
οὐκ ἔστιν ἴδιον τῆς γῆς, ἀλλὰ καὶ πυρὶ καὶ τοῖς ἄλλοις στοιχείοις ὑπάρχει·
καὶ τούτων γὰρ ἕκαστον διά τε τὴν ἑαυτοῦ καὶ τὴν τοῦ περιέχοντος ὁμοιο-
25 μέρειαν ὁμοίως ἔχει πρὸς αὐτό· ὥστε κατὰ τοῦτον τὸν λόγον ἀναγκαῖον,
ὃ ἂν τεθῇ ἐπὶ τοῦ μέσου, μένειν· ὥστε καὶ τὸ πῦρ τεθὲν ἐπὶ τοῦ μέσου 30
ἠρεμήσει. οὕτως οὖν ἀντιπαραστὰς πρὸς τὸν λόγον καὶ συγχωρήσας τὴν
ἀρχὴν αἰτίαν εἶναι τὴν ὁμοιότητα ἐλέγχει αὐτὸν ἐκ τοῦ καὶ τοῖς ἄλλοις
αἰτίαν ὀφείλειν τοῦ αὐτοῦ γίνεσθαι καὶ τότε λοιπὸν ἐνίσταται, ὅτι οὐκ
30 ἀναγκαῖον τῆς μονῆς τὴν ὁμοιότητα αἰτίαν εἶναι, ἀλλ' ἐκεῖνο μᾶλλον, ὃ καὶ 35
τῆς φορᾶς αἴτιόν ἐστι τῆς πρὸς τὸ μέσον· οὐ γὰρ μόνον φαίνεται μένουσα
ἐπὶ τοῦ μέσου, ἀλλὰ καὶ φερομένη πρὸς τὸ μέσον. εἶτα, ἐπειδὴ τῇ
αἰσθήσει οὐ φαίνεται ἡ ὅλη γῆ φερομένη πρὸς τὸ μέσον, κατεσκεύασεν
αὐτὸ διὰ τοῦ ὅπου γὰρ ὁτιοῦν φέρεται μόριον αὐτῆς, ἀναγκαῖον 40
35 ἐνταῦθα φέρεσθαι καὶ τὴν ὅλην ὁμοιομερῆ οὖσαν. ἀλλὰ μήν, ὅπου

---

1 πρᾶγμ' c   οὐδ' c   2 οὐδαμόσε F: *ulla tenus* b: οὐδαμῶς AC   κλιθῆναι
Fb: ἐκκλιθῆναι A: κινηθῆναι C   5 ἀνώτερον F   6 τεταμένον c: τεταμένον Ab:
τεταμμένον F   12 καὶ] τε καὶ Fc   τεταμμένον πόλον F: τεταμένον πόλον c
τεταμένον Ab   13 δ' c   15 τὸν] πρῶτον τὸν c   πρῶτον om. c
16 ἔσχατα Fb: ἔχοντα A   17 καὶ] AC: τε καὶ Fc   18 οὐδὲν c   19 τἀναν-
τία c   20 κινεῖσθαι—ἠρεμεῖν (21) F: κινεῖν ἀνάγκη Ab; fort. κινεῖται ἠρεμεῖν ἀνάγκη
21 οὖν] μὲν Fc   μὲν A: om. Fb   23 ὑπάρχει F: *inest* b: om. A   26 δ]
πᾶν δ Fc   29 αἰτίαν ὀφείλειν AC: ὀφείλειν αἰτίαν Fc   31 οὐ—μέσον (32) Fb:
om. A

φέρεταί τι κατὰ φύσιν, καὶ μένει ἐνταῦθα κατὰ φύσιν· τοῦτο γὰρ δέδεικται 238ᵃ πρότερον. εἰ οὖν τὸ μὲν ὁμοίως ἔχειν πρὸς τὰ ἔσχατα κοινὸν καὶ τοῖς ἄλλοις στοιχείοις ἐστί, τὸ δὲ κατὰ φύσιν πρὸς τὸ μέσον φέρεσθαι τῆς γῆς ἴδιον, τοῦτο ἂν εἴη αἴτιον, ἡ πρὸς τὸ μέσον συγγένεια, δι' ἣν καὶ φέρεται 45
πρὸς τὸ μέσον καὶ μένει | ἐν τῷ μέσῳ, καὶ οὐχὶ ἡ ὁμοιότης.   238ᵇ

Καὶ τοῦτο δέ, φησίν, ἄτοπον ποιοῦσιν οἱ περὶ τῆς μονῆς τῆς γῆς ζητοῦντες τὸ περὶ μὲν ταύτης ζητεῖν, διὰ τί ποτε μένει ἡ γῆ ἐπὶ τοῦ μέσου, τὸ δὲ πῦρ μὴ ζητεῖν διὰ τί ἐπὶ τοῦ ἐσχάτου μένει· κατὰ 5 γὰρ τοῦ κοινοῦ τὸ μένει· ὁδὸς γὰρ ἦν αὐτοῖς καὶ ἐπὶ τὴν περὶ τῆς γῆς
10 εὕρεσιν αὕτη. εἰ γὰρ εὕροιεν, ὅτι κατὰ φύσιν τοῦτο τῷ πυρὶ τὸ ἐπὶ τοῦ ἐσχάτου μένειν, δῆλον, ὅτι ἀναγκαῖον εἶναι καὶ τῇ γῇ φύσει τινὰ τόπον, ἐν ᾧ μένει· εἰ δὲ μὴ τῷ πυρὶ κατὰ φύσιν ἐστὶν ὁ ἔσχατος τόπος, οὐδὲ 10 τῇ γῇ ἂν εἴη κατὰ φύσιν ὁ μέσος, καὶ τότε, εἰ ἄρα, ἐχρῆν τὴν ἀνάγκην τῆς ὁμοιότητος αἰτιᾶσθαι. καίτοι πλασματώδης ὁ λόγος καὶ ὅμοιος ἐκείνῳ
15 τῷ περὶ τῆς τριχός· λέγουσι γὰρ οἱ σοφισταί, ὅτι, ἐὰν θρὶξ ὁμοιομερὴς οὖσα ἰσχυρῶς ταθῇ καὶ ὁμοία γένηται δι' ὅλης ἡ τάσις, οὐ ῥαγήσεται· τί 15 γὰρ μᾶλλον κατὰ τόδε τὸ μέρος ἢ τόδε τῆς τε τριχὸς ὁμοίας οὔσης κατὰ πάντα τὰ μέρη καὶ τῆς τάσεως αὐτῆς ὁμοίας γινομένης; ὁμοίως δὲ καὶ ἐπὶ τοῦ πεινῶντος καὶ διψῶντος σφόδρα, ὁμοίως δὲ ἑκάτερον, καὶ ὁμοίως
20 ἐνδέοντος τροφῆς τε καὶ πόματος καὶ διὰ τοῦτο ὁμοίως ὀρεγομένου· καὶ 20 τοῦτον γὰρ ἠρεμεῖν ἀναγκαῖον ἐπὶ μηδέτερον κινούμενον. διὰ τί γὰρ ἐπὶ τόδε πρῶτον, ἀλλὰ μὴ ἐπὶ τόδε, ὁμοίας οὔσης τῆς τε ἐνδείας καὶ τῆς ὀρέξεως; εἰ οὖν μὴ κατὰ φύσιν οἱ τόποι, ἀλλὰ διὰ τὴν ἀνάγκην τῆς ὁμοιότητος μένει ἡ γῆ, ὅπερ ὅμοιόν ἐστι τοῖς εἰρημένοις πλάσμασι, ζητη- 25
25 τέον αὐτοῖς περὶ τῆς τοῦ πυρὸς ἐν τῷ ἄνω μονῆς. εἰ γὰρ μὴ κατὰ φύσιν μένει, ἄπορος ὁ λόγος καὶ τοῦ περὶ τῆς γῆς ἀπορώτερος, εἴπερ μὴ ἔστιν ἐπὶ τούτου τὴν ὁμοιότητα αἰτιάσασθαι· εἰ δὲ κατὰ φύσιν, καὶ τῆς γῆς ἂν εἴη τὸ αὐτὸ αἴτιον. θαυμαστὴ δὲ ἡ τῶν παραδειγμάτων τῆς ὁμοιότητος 30 εὐπορία μετὰ σκωπτικῆς χάριτος· δῆλον δέ, ὅτι διαρρήγνυται ἡ θρίξ·
30 πλάσμα γὰρ τὸ οὕτως ὁμοιομερῆ αὐτὴν ὑποθέσθαι· ἀλλὰ καὶ ἡ ὁμοία τάσις ἀδύνατος τῶν ἄκρων καὶ τοῦ μέσου. ἐπὶ δὲ τοῦ ἑτέρου παραδείγματος, κἂν ἴσον ἀπέχῃ, κατεπείγει μᾶλλον τὸ δίψος· εἰ δὲ μηδὲν μᾶλλον τοῦτο ἢ ἐκεῖνο κατεπείγει, ὁπότερον ἂν τύχῃ, αἱρήσεται, ὡς δύο 35 ὄψων ἡδέων προκειμένων ὁμοίως, ὅπερ ἂν τύχῃ, πρῶτον ἀναιρούμεθα· ἡ

---

2 ἔσχατα Fb: ἔχοντα A   4 τοῦτο] τούτου c   5 οὐχὶ CF: οὐκ ἦν A
6 δέ A: om. Fc   8. 9 κατὰ γὰρ τοῦ κοινοῦ AC: κατὰ κοινοῦ γὰρ F: κατὰ τοῦ κοινοῦ γὰρ c   9 μένει ACF: μένειν c   10 αὐτή A   11 ante δῆλον del. κατὰ γὰρ τοῦ κοινοῦ τὸ μένει A   13 εἴη F: ἐστὶ A: ᾖ C   16 ὁμοίως Fc   διαρραγήσεται Fc   18 ὁμοίας AF: ὁμοίως Cb   19 καὶ (pr.)] ἅμα καὶ Fc   20 πόματος] corr. ex πώματος F: πώματος A   21 τοῦτον γάρ] γὰρ καὶ τοῦτον Fc   ἐπὶ Fb: ἐπειδὴ A   28 τῆς τῶν παραδειγμάτων ὁμοιότητος Fc   29 εὐπορία — ἡ Fb: om. A
30 οὕτως F: οὕτω A   33 τύχῃ F: τύχοι A   34 τύχῃ F: τύχοι A   ἀναιρούμεθα A: utique eligemus b: αἱρούμεθα Fc

γὰρ ὁμοιότης οὐ παντελῶς κωλύει τὴν αἵρεσιν, ἀλλ' ἀργοτέραν ποιεῖ τὴν 238ᵇ ἐπιδρομὴν ὑπὸ τοῦ ἑτέρου περισπωμένην.

Θαυμαστὸν δέ, φησί, καὶ τὸ περὶ μὲν τῆς μονῆς τῆς γῆς ζη- 40 τεῖν, περὶ δὲ τῆς φορᾶς μὴ ζητεῖν, διὰ τίνα αἰτίαν τὸ μὲν ἄνω 5 φέρεται, τὸ δὲ ἐπὶ τὸ μέσον, μηδενὸς κωλύοντος· ἡ γὰρ εὕρεσις τῆς τοῦ μένειν αἰτίας ἀκολουθεῖ τῇ περὶ τῆς κινήσεως, ὥσπερ καὶ ἀνάπαλιν· συνυπάρχουσι γὰρ ἀλλήλαις. δείξας δὲ πρότερον, ὅτι πρὸς τὴν τῆς γῆς μονὴν οὐκ ἔστιν ἀναγκαῖος ὁ ἀπὸ τῆς ὁμοιότητος λόγος ἄλλης οὔσης 45 αἰτίας προχειροτέρας τῆς τοῦ κατὰ φύσιν· εἰ γὰρ φέρεται κατὰ | φύσιν 239ᵃ 10 πρὸς τὸ μέσον, δῆλον, ὅτι καὶ μένει κατὰ φύσιν· νῦν δείκνυσιν, ὅτι οὐδὲ ἀληθὲς ὅλως ἐστὶ καθ' αὑτὸ τὸ λεγόμενον, ἀλλὰ κατὰ συμβεβηκὸς ἀληθὲς τὸ ἀναγκαῖον μένειν ἐπὶ τοῦ μέσου πᾶν, ᾧ μηθὲν μᾶλλον δεῦρο ἢ δεῦρο κινεῖσθαι προσήκει· ᾧ γὰρ κατὰ φύσιν ἐστὶ τὸ μένειν ἐπὶ 5 τοῦ μέσου, τούτῳ ἀνάγκη μένειν ἐπὶ τοῦ μέσου, ᾧ δὲ ἀνάγκη μένειν ἐπὶ 15 τοῦ μέσου, τούτῳ συμβέβηκε τὸ μηδὲν μᾶλλον ἐπὶ τάδε ἢ ἐπὶ τάδε κινεῖσθαι. κἂν ἀληθὲς οὖν εἰπεῖν, ὅτι ἀνάγκη μένειν ἐπὶ τοῦ μέσου, ᾧ μηδὲν μᾶλλον δεῦρο ἢ δεῦρο κινεῖσθαι προσήκει, ἀλλ' οὐχ ὅτι αἴτιον τοῦτο τοῦ μένειν ἐστίν, ἀλλ' ὅτι τῷ ἐξ ἀνάγκης μένοντι συμβέβηκεν· ἐπεὶ ὅτι οὐκ 10 ἔστιν αἴτιον τοῦτο τοῦ μένειν, δηλοῖ τὸ ὅσον ἐπὶ τούτῳ μηδὲν κωλύειν 20 κινεῖσθαι τὸ τοιοῦτον, οὐ μέντοι ὅλον ἅμα, ἀλλὰ διασπώμενον. καὶ γὰρ τὸ πῦρ ἐὰν ἐν τῷ μέσῳ τεθῇ, ὅσον μὲν ἐπὶ τῷ λόγῳ τῆς ὁμοιότητος μένειν αὐτὸ ἐπὶ τοῦ μέσου ἀνάγκη· ὁμοίως γὰρ ἔχει καὶ αὐτὸ πρὸς πᾶν 15 τὸ ἔσχατον ὁμοιομερὲς ὄν· ἀλλ' ὁρῶμεν, ὅτι οὐ μένει τὸ πῦρ, ἀλλὰ πάντη φέρεται ἀπὸ τοῦ μέσου πρὸς τὸ ἔσχατον, ἂν μή τι κωλύῃ, πλὴν οὐχ ὅλον 25 πρὸς ἓν σημεῖον, ἀλλὰ τὸ ἀνάλογον μόριον τοῦ πυρὸς πρὸς τὸ ἀνάλογον τοῦ ἐσχάτου, οἷον τὸ τέταρτον τοῦ πυρὸς μέρος πρὸς τὸ τέταρτον τοῦ 20 περιέχοντος· καὶ γὰρ δυνατὸν ἀνάλογον διαιρεῖσθαι, ἐπεὶ μηδὲν τῶν σωμάτων ἀμερές ἐστι· τοῦτο γὰρ ἡ στιγμὴ δηλοῖ. τοῦτο δέ φησι μόνον ἀναγκαῖον συμβαίνειν ἐκ τῆς ὁμοιότητος, τὸ μὴ ὅλον σῶμα πρὸς ἓν σημεῖον 30 χωρεῖν, οὐ μέντοι τὸ μὴ κινεῖσθαι.

Εἰπὼν οὖν, ὅτι ὅσον ἐπὶ τῇ ὁμοιότητι, ὥσπερ τὸ πῦρ, εἰ ὑποτεθείη 25 ἐν τῷ μέσῳ κείμενον, οὐκ ἐκωλύετο διὰ τὴν ὁμοιότητα κατὰ μέρη κινηθῆναι, οὕτω καὶ ἡ γῆ, προστίθησι καὶ ἄλλον κινήσεως τρόπον· ἐδύνατο

---

2 περισπωμένην A: περισπωμένη F: παρασπωμένην c   4 περὶ — ζητεῖν c: et de latione autem non quaerere b: om. AF   φορᾶς] φορᾶς αὐτῶν c   τίν' c 5 δ' c   7 ἀλλήλαις F: ἀλλήλοις Ac   9 τῆς om. c   10 δείκνυσιν c: ostendit b: om. AF   11 ὅλως ἐστὶ Fb: ἐστὶν ὅλως A: ἔστι ὅλως c   12 μηδὲν c 14 τούτῳ — μέσου (15) AC: om. bc: mg. F   τούτῳ CF: τοῦτο A   15 ἐπὶ (pr.) F: corr. ex ἐπεὶ A   16 ᾧ] πᾶν ᾧ c   17 τοῦτο F: corr. ex τούτῳ A   18 ἐστίν — μένειν (19) F: habuit C: om. Ab   19 κωλύει AF: κωλύει Cc   20 ὅλον ἅμα] ἅμα F: ὅλον c   διεσπασμένον c   27. 28 σωμάτων Fb: ἀσωμάτων A   29 συμβαίνειν Fb: συμβαίνει A   σῶμα ACFb: ἅμα c   31 ὅτι om. Fc   ὑποτεθείη F: ἀποτεθείη Ab   32 διὰ τὴν ὁμοιότητα Ab: om. Fc   κατὰ F: κατὰ τὰ A 33 οὕτως c   ἠδύνατο c

γάρ, φησί, μανουμένη καὶ ἐξ ἐλάττονος μείζων γινομένη κινεῖσθαι ἀπὸ τοῦ 239ᵃ μέσου μηδὲν τῆς ὁμοιότητος κωλυούσης τὸν τρόπον τοῦτον τῆς κινήσεως, 30 εἰ μὴ φύσει τῆς γῆς ὁ τόπος οὗτος ἦν, διὸ οὐδὲ αὐξομένη ὑπεροχοῦται.

Ταῦτα μὲν οὖν τοῦ Ἀριστοτέλους, καὶ τάχα ἄν τις ὑπονοήσοι τῷ
5 ὄντι μὴ πρὸς τὴν Πλατωνικὴν ἀπόδειξιν αὐτὸν ἁπλῶς ἀποτείνεσθαι· τοῦ γὰρ Πλάτωνος τὴν ἰσορροπίαν καὶ τὴν ὁμοιότητα αἰτιωμένου ὁ Ἀριστοτέλης 35 οὐδαμοῦ φαίνεται τῆς ἰσορροπίας μνησθείς, κἂν ὁ Ἀλέξανδρος ἀντὶ τῆς ὁμοιότητος πανταχοῦ τὴν ἰσορροπίαν παραλαμβάνῃ. πλὴν κἂν πρὸς ἐκεῖνον ἀποτείνηται τὸν λόγον ὁ Ἀριστοτέλης, ῥητέον, ὅτι ὁ Σωκράτης ἐξ ὑποθέ-
10 σεως προάγει τὸν λόγον, ὡς, εἰ ἔστιν ἡ γῆ ἐν μέσῳ τῷ οὐρανῷ περιφερὴς 40 οὖσα, οὐδενὸς αὐτῇ δεῖ πρὸς τὸ μὴ πεσεῖν οὔτε ἀέρος οὔτε δινήσεως· ἡ γὰρ κατὰ φύσιν ἰσορροπία οὐχ ἡ τυχοῦσα, ἀλλ' ἡ πανταχόθεν αὐτὴν εἰς τὸ κέντρον συνάγουσα ὁμοίως ὁμοιομερῆ οὖσαν καὶ ἡ τοῦ οὐρανοῦ ὁμοιομέρεια καὶ ἰσορροπία αὐτάρκης πρὸς τὴν τῆς γῆς μονήν. οὔτε γὰρ αὐτή 45
15 ποτε ἔχουσα ἐκστήσεται οὔτε ὅλη οὔτε κατὰ μέρος· τί γὰρ μᾶλλον τῇδε ἢ τῇδε ὁμοίως ἔχουσα πρὸς ὅλον τὸν | οὐρανόν; ἀλλ' οὐδὲ κατὰ μέρη 239ᵇ κατὰ φύσιν ὄντος αὐτῇ τούτου τοῦ τόπου. ἀλλ' οὐδὲ ὁ οὐρανὸς αὐτήν ποτε βιάσεται οὔτε κατὰ μέρος ἑαυτοῦ ὁμοιομερὴς ὅλος ὢν οὔτε καθ' ὅλον ἑαυτὸν ἀεὶ ὁ αὐτὸς ὢν καὶ τὴν αὐτὴν ἀεὶ πρὸς τὴν γῆν ἔχων σχέσιν. τὸ 5
20 δὲ πῦρ, κἂν ᾖ ὁμοίως τῇ γῇ ὁμοιομερές τε καὶ ἰσόρροπον, ἀλλ' οὐ πρὸς τὸ κέντρον ἔχει τὴν ἰσορροπίαν, ἀλλὰ πρὸς τὸ πέριξ· διό, ὅταν ἐν ἀλλοτρίῳ τόπῳ τῷ κέντρῳ τεθῇ τὸ πῦρ, σπουδάζει διὰ τῆς συντομωτάτης ὁδοῦ πρὸς τὸ οἰκεῖον ἀναθεῖν, καὶ τῷ ὄντι εἴ τις ὅλον τὸ πῦρ τέθεικε πρὸς τῷ 10 κέντρῳ, διασπασθῆναι ἦν αὐτὸ ἀνάγκη· τὸ δὲ αὐτὸ ἂν ἔπαθε καὶ ἡ γῆ
25 ἐν τῷ πέριξ τεθεῖσα. οὐδὲ δὲ τὸ πῦρ ἀπὸ τοῦ πέριξ κατὰ φύσιν ὄντος αὐτῷ καὶ ὁμοίως πρὸς αὐτὸ τοῦ οὐρανοῦ ἔχοντος κινηθείη ἂν οὔτε καθ' ὅλον οὔτε κατὰ μέρη, πλὴν εἰ μή τι αὐτοῦ μεταβάλλει, ἀλλὰ καὶ ἐπὶ τού- 15 του ἀληθὲς εἰπεῖν "ἰσόρροπον γὰρ πρᾶγμα ὁμοίου τινὸς πλησίον τεθὲν οὐχ ἕξει μᾶλλον οὐδὲ ἧττον οὐδαμόσε κλιθῆναι". ἀλλὰ τὸ μὲν πῦρ ἅτε πλη-
30 σιάζον τῷ οὐρανῷ καὶ μᾶλλον αὐτῷ ἡνωμένον μετὰ τοῦ φυλάττειν τὸν ἑαυτοῦ τόπον ὥσπερ ὁ οὐρανὸς καὶ συγκινεῖται αὐτῷ, ἡ δὲ γῆ τῷ κέντρῳ συγγενὴς ὑποστᾶσα μένει περὶ αὐτό. ὅρα οὖν, ὅτι, ὅπερ ὁ Ἀριστοτέλης 20 αἴτιον εἶναί φησι τῆς μονῆς τῇ γῇ τὸ κατὰ φύσιν αὐτῇ τοῦτον εἶναι τὸν τόπον, τοῦτο ὑποθέμενος ὁ Σωκράτης τὴν αἰτίαν προστίθησι φυσικήν, δι'

---

1 φησί Fb: φασί A   ὑπονοήσοι F: ὑπονοήσῃ A: ὑπονοήσειε c   6 αἰτιωμένου Fb: αἰτιώμενος A   11 δινήσεως scripsi: διανοήσει A: δίνης Fc   ἡ F: corr. ex ἤ A   13. 14 ὁμοιομέρεια F: ὁμοιομερία A   14 αὐτῇ F: αὕτη Ab
15 οὔτε ὅλη — μέρος om. c   μέρη F   16 ὅλον τόν] τὸν ὅλον Fc   18 μέρη Fc   post ὢν rep. καὶ τὴν αὐτὴν ἀεὶ c lin. 19 A: et idem semper b   21 ἐν Fb: om. A   22 μετατεθῇ τῷ κέντρῳ F: τῷ κέντρῳ μετατεθῇ c   ὁδοῦ Fb: συνόδου A   23 τό (pr.)] τόν c   τῷ ὄντι om. Fc   τέθεικε F: comp. A: fort. θείη
24 αὐτό (pr.) Fb: αὐτῷ A   25 ὄντος F: ὄντ" A   27 τι αὐτοῦ Fb: πᾶν τοῦ A
29 οὐδαμόσε F: οὐδαμῶς A   30 ἡνωμένον A: ὡμοιωμένον F: similis b   32 ὑποστᾶσα Fb: ὑποστάσει A   ὁ om. Fc   33 τό F: τῇ A

ἦν ἐν τοῖς οἰκείοις τόποις ὄντα οὐ δεῖταί τινος ἄλλης περιεργείας, οἷον 239b
ἀέρος ἢ δίνης, πρὸς τὸ μὴ κινηθῆναι ἐκεῖθεν ἀρκούσης αὐτοῖς τῆς τε 25
ἰσορροπίας καὶ τῆς τοῦ περιέχοντος ὁμοιότητος. ὁ δὲ Ἀριστοτέλης πρὸς
τοὺς οἰομένους ἀπαντᾷ τὴν ὁμοιότητα καὶ τὴν ἰσορροπίαν ἀρκεῖν πρὸς τὸ
5 μὴ κινεῖσθαι καὶ τοῖς ἐν ἀλλοτρίῳ τόπῳ κειμένοις, διὸ ἀπὸ τῆς τοῦ πυρὸς
παραθέσεως ἐλέγχειν πειρᾶται τὸν λόγον τοῦ ἐνταῦθα τιθεμένου καὶ παν- 30
ταχοῦ τὴν αἰτίαν εἰς τὸ κατὰ φύσιν εἶναι τὸν τόπον περιάγει αὐτάρκη
ταύτην ἀρχὴν εἶναι νομίζων· ὁ δέ γε Σωκράτης καὶ τούτου τὴν αἰτίαν
ἀποδέδωκε. καί μοι δοκεῖ καὶ περὶ τὰς τῶν στοιχείων ἀρχὰς τοιοῦτόν τι
10 συμβῆναι τῷ Ἀριστοτέλει. αὐτὸς μὲν γὰρ ἠρκέσθη ταῖς ποιότησι θερμῷ 35
καὶ ξηρῷ καὶ τοῖς ἐναντίοις, ὁ δὲ Τίμαιος καὶ τούτων τὰς ἀρχὰς ἀναζητῶν
ἀνῆλθεν εἰς τὰ σχήματα.

Συμπερανάμενος δὲ τὴν περὶ τοῦ σχήματος καὶ τῆς θέσεως καὶ τῆς
μονῆς τῆς γῆς ἱστορίαν ἐπὶ τὰ ἑαυτῷ περὶ τούτων δοκοῦντα λοιπὸν 40
15 μέτεισιν.

p. 296ᵃ24 Ἡμεῖς δὲ λέγομεν πρῶτον, πότερον ἔχει κίνησιν ἢ
μένει ἕως τοῦ φανερὸν ἐκ τούτων. 45

Πρῶτον προτίθεται δεῖξαι, ὅτι οὐ κινεῖται ἡ γῆ κύκλῳ | οὔτε περὶ 240ᵃ
τὸ μέσον, ὡς ἓν τῶν ἄστρων οὖσα, ὡς ἔλεγον οἱ Πυθαγόρειοι, οὔτε ὡς
20 ἐν τῷ μέσῳ περὶ τὸν ἄξονα τοῦ παντὸς ἰλλομένη. καὶ δείκνυσιν, ὅτι ἀδύ-
νατον αὐτὴν οὕτω κινεῖσθαι κατὰ τὸν δεύτερον τῶν ὑποθετικῶν τρόπον
οὕτως· εἰ κινεῖται κύκλῳ ἡ γῆ, βίᾳ κινεῖται ταύτην τὴν κίνησιν· ἀλλὰ 5
μὴν ἀδύνατον αὐτὴν βίᾳ κινεῖσθαι καὶ παρὰ φύσιν· ἀδύνατον ἄρα κύκλῳ
κινεῖσθαι τὴν γῆν. καὶ τὸ μὲν συνημμένον δείκνυσιν οὕτως· εἰ μὴ βίᾳ
25 κινεῖται τὴν κύκλῳ κίνησιν ἡ γῆ, κατὰ φύσιν αὐτὴν κινεῖται· ἀνάγκη γὰρ
τὸ κινούμενον ἢ βίᾳ ἢ κατὰ φύσιν κινεῖσθαι· ἀλλ' εἰ κατὰ φύσιν ἐκινεῖτο 10
κύκλῳ, καὶ τῶν μορίων ἕκαστον αὐτῆς ταύτην εἶχε τὴν φοράν· ἀλλὰ μὴν
τὰ μόρια οὐ κινεῖται κύκλῳ, ἀλλ' ἐπ' εὐθείας φέρεται πρὸς τὸ μέσον· οὐκ
ἄρα κατὰ φύσιν ἡ γῆ κινεῖται τὴν κύκλῳ κίνησιν· βίᾳ ἄρα. τὴν δὲ ἀντι-
30 στροφὴν τὴν λέγουσαν· ἀλλὰ μὴν βίᾳ οὐ κινεῖται· κατεσκεύασε δυνάμει 15
ἐν δευτέρῳ σχήματι κατηγορικῶς οὕτως· ἡ γῆ ἀΐδιος· τὸ βίᾳ καὶ παρὰ
φύσιν κινούμενον οὐκ ἀΐδιον· ἡ ἄρα γῆ οὐ κινεῖται βιαίως. ὅτι δὲ ἡ γῆ
ἀΐδιος, παρέδειξεν ἐκ τοῦ τὴν τοῦ κόσμου τάξιν ἀΐδιον εἶναι, ὥστε καὶ ἡ
γῆ ἀΐδιος.

---

1 ἄλλης τινὸς c περιεργείας A: συνεργείας Fc: cooperatione b 3. 4 ἀπαντᾷ
πρὸς τοὺς οἰομένους Fbc 10. 11 ξηρῷ καὶ θερμῷ Fc· 11 τούτων Fb: τοσου A
13 καὶ (pr.)] ἢ A 14 τὰ ἑαυτῷ Fb: τῷ ἑαυτοῦ A 16 λέγομεν A: λέγωμεν Fc
19 Πυθαγόρειοι F: Πυθαγόριοι A 20 ἰλλομένη b: ἰλλομένην A: ἰλλομένην F
21 οὕτω ACF: οὕτως c 22 ταύτην Fb: αὐτὴν AC 23 ἀδύνατον (alt.) Fb: om.
AC 25 τὴν κύκλῳ κίνησιν κινεῖται Fc 29 κινεῖται ἡ γῆ Fc 31 κατηγορι-
κῶς CF: κατηγορηκώς A: κατηγορικῶν c

SIMPLICII IN L. DE CAELO II 14 [Arist. p. 296ᵃ24] 537

Εἶτα καὶ δεύτερον ἐπιχείρημα ἐπάγει τοιοῦτον· εἰ κύκλῳ κινεῖται ἡ 240ᵃ
γῆ εἴτε περὶ τὸ μέσον εἴτε ἐπὶ τοῦ μέσου, ἀναγκαῖον αὐτὴν δύο κι- 21
νεῖσθαι κινήσεις, ὥσπερ τὰ ἄλλα πάντα τὰ μετὰ τὴν ἀπλανῆ τήν τε τῆς
ἀπλανοῦς κινοῦνται καὶ τὴν ἰδίαν τὴν περὶ τοὺς τοῦ ζῳδιακοῦ πόλους
5 ἀνάπαλιν τῇ ἀπλανεῖ γινομένην. δι' ἣν καὶ ὑπολείπονται τῆς ἀπλανοῦς. εἰ 25
γὰρ ἀνατέλλοι σήμερον ὁποιοσοῦν τῶν πλανωμένων μετὰ τοῦ ἐπὶ τῆς καρ-
δίας τοῦ Λέοντος, εἰ τύχοι, κινηθεὶς ἐπὶ τὰ ἑπόμενα ὁ πλανώμενος δύο
μοίρας, εἰ τύχοι, ὥστε κατὰ τὴν πέμπτην μοῖραν γενέσθαι τοῦ Λέοντος,
τῇ ἑξῆς προανατέλλοντος τοῦ ἐπὶ τῆς καρδίας καὶ προδύνοντος ὑπολειπό- 30
10 μενος φαίνεται ὁ πλανώμενος. εἰ οὖν κινεῖται κύκλῳ ἡ γῆ, δῆλον, ὅτι
καὶ αὐτὴ τὴν ἐναντίαν τε τῇ ἀπλανεῖ κινηθήσεται ἰδίαν κίνησιν, διὸ καὶ
ὑπολειφθήσεται τῆς ἀπλανοῦς, καὶ ἔτι μέντοι περὶ τοὺς τοῦ ζῳδιακοῦ
πόλους, καθάπερ καὶ αἱ τῶν πλανωμένων αἱ τιμιώτεραι αὐτῆς. εἰ δὲ 35
τοῦτο, οὐκέτι τὰ ἀπλανῆ ἄστρα κατὰ τὰ αὐτὰ σημεῖα τοῦ ὁρίζοντος ἀνα-
15 τέλλοντα καὶ δύνοντα φανήσεται ἡμῖν ὥσπερ νῦν, ἀλλὰ μᾶλλον τὰ πλανώ-
μενα ὡς περὶ τοὺς αὐτοὺς αὐτὰ πόλους κινούμενα, ὧν πᾶν τοὐναντίον
φαίνεται. λοιπὸν δέ, ἐὰν ἡ κίνησις αὐτῆς ἰσοταχὴς γένηται τῶν πλανω- 40
μένων τινί, ἐκεῖνος κατὰ τὸ αὐτὸ σημεῖον ὀφθήσεται οὔτε ἀνατέλλων οὔτε
δύνων, ὅπερ ἐναργῶς ἄλογον.
20   Χρὴ οὖν τούτῳ ἐφιστάνειν, ὅτι τῷ ἐξομοιῶσαι τὴν ἐγκύκλιον κίνησιν
τῆς γῆς, εἰ γίνοιτο, ταῖς ἄλλαις ἐγκυκλίοις κινήσεσι ταῖς περὶ τὴν ἀπλανῆ
ἐνεδείξατο, ὅτι καὶ περὶ τοὺς τοῦ ζῳδιακοῦ πόλους κινηθήσεται, καὶ μέντοι 45
καὶ ἐκ τοῦ ἐπαγομένου ἀτόπου· οὔτε γὰρ τῷ κινεῖσθαι | τὴν γῆν ἁπλῶς 240ᵇ
οὔτε τῷ ὑπολείπεσθαι αἱ παραλλαγαὶ τῶν ἀνατολῶν καὶ δύσεων ἀκολου-
25 θοῦσιν, εἰ μὴ καὶ περὶ τοὺς τοῦ ζῳδιακοῦ πόλους ἢ ἄλλους παρὰ τοὺς
τοῦ ἰσημερινοῦ ἐκινεῖτο ἡ γῆ.
   Τρίτον δὲ ἐπιχείρημα ἐπάγει ὡς ἐπὶ ἀξιώματι προειλημμένῳ τοιούτῳ· 5
ἐφ' ὃ φέρεταί τι κατὰ φύσιν, ἐν τούτῳ καὶ μένει κατὰ φύσιν· εἰ οὖν ἡ
φορὰ τῶν μορίων τῆς γῆς καὶ ὅλης αὐτῆς ἡ κατὰ φύσιν ἐπὶ τὸ μέσον
30 τοῦ παντός ἐστιν, ἐφ' ὃ δὲ φέρεταί τι κατὰ φύσιν, ἐν τούτῳ καὶ μένει
κατὰ φύσιν, μένει ἄρα ἐν τῷ μέσῳ τοῦ παντός· καὶ γὰρ καὶ τὸ πῦρ πρὸς 10
τὸ πέριξ φερόμενον, ὅσον ἐφ' ἑαυτῷ μένει ἐκεῖ. τάχα δὲ καὶ τοῦτο ἐν-
δείκνυται, ὅτι ἡ τῆς γῆς κίνησις ἐπὶ τὸ μέσον ἐστίν, οὐ περὶ τὸ μέσον·
καὶ γὰρ ἡ φορὰ τῶν μορίων καὶ ὅλης αὐτῆς ἐπὶ τὸ μέσον ἐστὶ τοῦ παντός.
35   Εἰπὼν δέ, ὅτι ἡ φορὰ τῆς γῆς ἐπὶ τὸ τοῦ παντός ἐστι μέσον, ἐπάγει 15
ὅτι, κἂν μὴ κινῆται ἡ γῆ, ὥς τινες λέγουσιν, ἀλλ' ἐπὶ τοῦ κέντρου τυγχάνῃ

---

4 τοῦ ζῳδιακοῦ A: ζῳδιακοὺς F: τοῦ ζῳδιακοῦ κύκλου Cb   8 εἰ τύχοι] εἰ τύχοι κινη-
θείς AFb e lin. 7: om. ac   9 τῇ] τοῦ Fc   τοῦ om. Fc   10 πλανώμενος b:
ἀπλανής AF   11 ἰδίαν] καὶ ἰδίαν Fc   καὶ (alt.) om. Fc   12 ὑπολειφθήσεται F:
ὑπολειφθήσεται A   περὶ] τὴν περὶ c   16 ὡς περὶ F: ὥσπερ A   αὐτὰ Ab:
αὐτῇ Fc   21 γένοιτο c   23 καὶ Fb: om. A   τῷ F: τὸ A   24 τῷ
F: τὸ A   27 ἐπὶ A: ἐν F: ἐπ' c   29 τῆς γῆς CFb: om. A
30 δὲ Fb: om. A   36 κινεῖται F   τυγχάνῃ] corr. ex τυγχάνει A: comp. F

κειμένη, τοῦτο ἄν τις ἀπορήσειεν· ἐπειδὴ ταὐτὸν τῷ ὑποκειμένῳ τὸ μέσον ἐστὶν ἀμφοτέρων τοῦ τε παντὸς καὶ τῆς γῆς, ὡς πρὸς πότερον μέσον φέρεται τὰ βάρος ἔχοντα καὶ τὰ μόρια τῆς γῆς κατὰ φύσιν; πότερον ὅτι τοῦ παντός ἐστι μέσον ἢ διότι τῆς γῆς; τοῦτο οὖν ἀπορήσας λέγει, ὅτι ἀνάγκη πρὸς τὸ τοῦ παντὸς φέρεσθαι, καὶ δείκνυσιν αὐτὸ ἐκ τοῦ πυρὸς καὶ ὅλως τῶν κούφων· ταῦτα γὰρ εἰς τὸ ἐναντίον τοῖς βαρέσι φερόμενα ὡς ἐναντία ἐκείνοις, οἷον τὸ πῦρ, οὐ φέρεται ἐπὶ τὸ ἑαυτῶν ἄνω, ἀλλ' ἐπὶ τὸ τοῦ παντός· ὥστε καὶ ἡ γῆ τὴν ἐναντίαν τῷ πυρὶ κινουμένη καὶ εἰς τοὐναντίον ἐπὶ τὸ τοῦ παντὸς κάτω τε καὶ μέσον κινοῖτο.

Τὸ δὲ πρὸς τὸ ἔσχατον φέρεται τοῦ περιέχοντος τόπου τὸ μέσον ὁ μὲν Ἀλέξανδρος ἴσον εἶναί φησι τῷ πρὸς τὸ τοῦ παντὸς ἔσχατον καὶ ἄνω τὸν οὐρανόν, ὑφ' οὗ τὸ κάτω, τε καὶ μέσον περιέχεται τὸ ὑπὸ σελήνην. μήποτε δὲ ἔσχατον λέγει τοῦ περιέχοντος τόπου τὸ μέσον τὸ ἀνωτάτω τοῦ ἀέρος, ἐφ' ὃ φέρεται τὸ πῦρ, ἵνα ᾖ ὁ περιέχων τόπος τὸ μέσον τὸ τοῦ ἀέρος πέρας τὸ πρὸς τῇ γῇ, ἔσχατον δὲ αὐτοῦ τὸ ἄνω μέρος, εἰς ὃ φέρεται καὶ ὁ ἀὴρ ὁ καθαρώτατος καὶ τὸ πῦρ.

Δείξας οὖν, ὅτι πρὸς τὸ τοῦ παντὸς κέντρον φέρεται τὰ βαρέα, ἐπάγει, ὅτι καὶ πρὸς τὸ τῆς γῆς, καὶ δείκνυσι τοῦτο ἐκ τοῦ μὴ παράλληλα φέρεσθαι τὰ βάρη· εἰ γὰρ παράλληλα κατεφέρετο, οὐκ ἂν εἰς τὸ αὐτὸ σημεῖον ἄμφω συνένευε τὸ κέντρον. ὅτι δὲ οὐ φέρεται παράλληλα, ἀλλὰ πρὸς τὸ κέντρον συννεύει, δείκνυσιν ἐκ τοῦ πρὸς ὁμοίας γωνίας φέρεσθαι. ὁμοίας δὲ ἐκάλουν τὰς ἴσας γωνίας οἱ τὴν γωνίαν ὑπὸ τὸ ποιὸν ἀνάγοντες. ἴσαι δὲ δηλονότι ἢ ὁμοίαι εἰσίν, ὅταν ὀρθὴ ᾖ ἑκατέρα· ὅταν γὰρ εὐθεῖα ἐπ' εὐθεῖαν σταθεῖσα τὰς ἐφεξῆς γωνίας ἴσας ἀλλήλαις ποιήσῃ, ὀρθὴ ἑκατέρα τῶν ἴσων γωνιῶν ἐστιν, ὡς ἐν τοῖς Στοιχείοις ἐμάθομεν. καὶ ὅτι μὲν πρὸς ὀρθὰς | γωνίας καταφέρεται τὰ βάρη φυσικῶς ἐπὶ τὴν γῆν, δηλοῖ τὸ μὴ ἄλλως ἵστασθαι κίονα ἢ τοῖχον ἢ ἄλλο τι βάρος, εἰ μὴ ὀρθὴν ποιεῖ τὴν πρὸς τὸ ἐπίπεδον γωνίαν. ὅτι δὲ αἱ πρὸς ὀρθὰς καταφερόμεναι πρὸς τὸ κέντρον συννεύουσιν, ἐμάθομεν ἀπὸ τοῦ ιθ' θεωρήματος τοῦ τρίτου βιβλίου τῶν Στοιχείων, οὗ ἡ πρότασίς ἐστι τοιαύτη· ἐὰν κύκλου ἐφάπτηταί τις εὐθεῖα, ἀπὸ δὲ τῆς ἁφῆς τῇ ἐφαπτομένῃ πρὸς ὀρθὰς γωνίας ἀχθῇ εὐθεῖα, ἐπὶ τῆς ἀχθείσης ἔσται τὸ κέντρον τοῦ κύκλου· καὶ τὸ πρὸ αὐτοῦ δὲ τὸ αὐτὸ δείκνυσι πρότασιν ἔχον τοιαύτην· ἐὰν κύκλου ἐφάπτηταί τις εὐθεῖα, ἀπὸ δὲ τοῦ κέντρου ἐπὶ τὴν ἁφὴν ἐπιζευχθῇ τις εὐθεῖα, ἡ ἐπιζευχθεῖσα κάθετος ἔσται ἐπὶ τὴν ἐφαπτομένην. ἀλλ' ἐπειδὴ ἐν μὲν τοῖς Στοιχείοις δέδεικται ἐπὶ τῆς πρὸς ὀρθὰς τῇ ἐφαπτομένῃ τὸ

---

7 ἑαυτῶν AC: ἑαυτοῦ Fc   9 τὸ ἐναντίον Fc   12 τὸ κάτω - μέσον Fb: om. A
12. 13 τὸ ὑπὸ σελήνην AF: om. b   14 ᾖ Fb: καὶ A   20 συνένευε A¹Fb: συνέβη A²
23 γὰρ Fb: om. A   23. 24 ἐπ' εὐθεῖαν A: εὖ πεν F: ἢ ἐπ' εὐθείας c   24 τὰς F: τὰ A   ποιήσῃ A: ποιῇ F   25 Στοιχείοις] Eucl. Elem. I 13   26 φυσικῶς ἐπὶ τὴν γῆν Cb: ἐπὶ τὴν γῆν A: ἐπὶ τὴν γῆν φυσικῶς Fc   30 ἐστὶ τοιαύτη ACb: τοιαύτη ἐστὶν Fc   34 ἐπιζευχθῇ K: ἐπιζευχθείη ACF   36 τῆς F: τοῦ A

κέντρον καὶ ἡ διὰ τοῦ κέντρου πρὸς ὀρθὰς οὖσα τῇ ἐφαπτομένῃ, νῦν δὲ 241ᵃ πρόκειται τὴν τῷ ἐπιπέδῳ τῆς γῆς πρὸς ὀρθὰς οὖσαν δεῖξαι ἐπὶ τὸ κέντρον συννεύουσαν, δεικτέον, ὅτι ἡ τῇ ἐφαπτομένῃ πρὸς ὀρθὰς οὖσα καὶ τῷ ἐπιπέδῳ τῆς γῆς πρὸς ὀρθάς ἐστιν.

5 Ἔστω δὴ μέγιστος κύκλος ἐν τῇ ἐπιφανείᾳ τῆς γῆς ὁ ΑΒΓ, καὶ ἤχθω ἐφαπτομένη τοῦ κύκλου εὐθεῖα ἡ ΔΕ, καὶ ἔστω βάρος τι τὸ Ζ φερόμενον ἐπὶ τὴν ἐφαπτομένην κατὰ τὴν ΖΑ εὐθεῖαν, ὥστε ἴσας εἶναι τὰς ὑπὸ ΖΑΔ ΖΑΕ γωνίας ἀλλήλαις. λέγω, ὅτι καὶ πᾶσα ἡ ὑπὸ ΖΑΒ γωνία πάσῃ τῇ ὑπὸ ΖΑΓ γωνίᾳ ἴση ἐστίν· αὗται δέ εἰσιν αἱ πρὸς τῷ ἐπιπέδῳ 25
10 τῆς γῆς ὑπὸ τοῦ καταφερομένου βάρους γινόμεναι. ἐκβεβλήσθω ἡ ΖΑ ἐπὶ τὸ κέντρον τοῦ κύκλου τὸ Η· δέδεικται γάρ, ὅτι ἐπὶ τῆς πρὸς ὀρθὰς τῇ ἐφαπτομένῃ ἐστὶ τὸ κέντρον. ἐπεὶ οὖν ἴσαι εἰσὶν αἱ ΔΑΗ ΕΑΗ γωνίαι· ὀρθὴ γὰρ ἑκατέρα· ὧν ἡ ΗΑΓ τῇ ΗΑΒ ἴση ἐστὶ τῶν ἡμικυκλίων 30 οὖσαι τοῦ ΑΒΓ κύκλου, καὶ λοιπαὶ ἄρα αἱ πρὸς τῷ Α κερατοειδεῖς ἴσαι

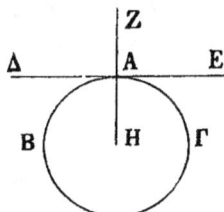

15 ἀλλήλαις εἰσίν· εἰσὶ δὲ καὶ αἱ ὑπὸ ΖΑΔ ΖΑΕ ἴσαι· καὶ ὅλη ἄρα ἡ ὑπὸ ΖΑΓ ὅλῃ τῇ ὑπὸ ΖΑΒ ἴση ἐστί, καί εἰσιν αἱ πρὸς τῇ τῆς γῆς ἐπιφανείᾳ.

Ὁ δὲ Πτολεμαῖος ἐν τῇ ἀρχῇ τῆς Συντάξεως ὑποθέμενος τὰ βάρη 35 πρὸς ἴσας γωνίας καταφέρεσθαι, διὸ καὶ μένειν ἀκλινῆ καὶ οὐ πίπτειν,
20 δείκνυσι καί, ὅτι πάντα ἐπὶ τὸ κέντρον ἐπείγεται. τοῦ γὰρ ΖΑ πρὸς ἴσας γωνίας ἑστῶτος, οἷον κίονός τινος, ἐὰν ἀπὸ τοῦ κέντρου ἐπὶ τὸ Α ἐπιζεύξωμεν εὐθεῖαν καὶ ἀπὸ τοῦ Α τῇ ΑΗ διαμέτρῳ πρὸς ὀρθὰς ἀναστήσωμεν 40 τὴν ΔΕ, ἔσται ἡ ΖΑ τῇ ΑΗ ἐπ' εὐθείας. ἐπεὶ γὰρ ὅλη ἡ ὑπὸ ΖΑΒ ὅλῃ τῇ ὑπὸ ΖΑΓ ὑπόκειται ἴση, ὧν ἡ κερατοειδὴς τῇ κερατοειδεῖ ἴση,
25 διότι καὶ αἱ τῶν ἡμικυκλίων ἴσαι, καὶ λοιπὴ ἄρα ἡ ΖΑΔ ἴση τῇ ΖΑΕ· ὀρθὴ ἄρα ἑκατέρα. ὀρθαὶ δὲ καὶ αἱ ὑπὸ ΔΑΗ ΕΑΗ· δύο ἄρα ὀρθαὶ αἱ ὑπὸ ΖΑΔ ΔΑΗ· ὥστε μία εὐθεῖα ἡ ΖΑΗ διὰ τὸ ιδ' τοῦ πρώτου τῶν 45

---

1 κέντρον ὂν c   3 τῇ Fb: γῇ A   6 ἡ ΔΕ Fb: ηδε A   9 ἐστίν] ἔσται Fc
10 τοῦ F: om. A   11 τῆς Fb: γῆς A   12 ΔΑΗ ΕΑΗ b: δᾱ η̄ε αη AF
13 ΗΑΓ F: ΑΒ A¹: ΗΑΒ A²c: om. b   τῇ om. b   ΗΑΒ A¹Fb: ΗΑΓ A²c   14 οὖσαι AF: οὖσα bc   τῷ] τὸ Fc   Fig. hab. A   15 αἱ F: om. A   16 ΖΑΒ A²Fb: ΖΑ καὶ A¹   18 Πτολεμαῖος] Σύντ. Ι 6   22 ΑΗ Ab: ΗΑ Fc διαμέτρῳ—ΑΗ (23) Fb: om. A   25 ἡμικυκλίων F: corr. ex ἡμικλίων A   26 ἑκατέρα. ὀρθαὶ Fb: ἑκάτεραι A   27 ΖΑΔ Fb: corr. ex ΖΔΑ A

Στοιχείων, οὗ ἡ πρότασίς ἐστι τοιαύτη· | ἐὰν πρός τινι εὐθείᾳ καὶ τῷ 241ᵇ πρὸς αὐτῇ σημείῳ δύο εὐθεῖαι μὴ ἐπὶ τὰ αὐτὰ μέρη κείμεναι τὰς ἐφεξῆς γωνίας δυσὶν ὀρθαῖς ἴσας ποιῶσιν, ἐπ' εὐθείας ἔσονται ἀλλήλαις ⟨αἱ⟩ εὐθεῖαι. τὸ ἄρα Ζ βάρος ἐπὶ τὸ κέντρον οἰσθήσεται.

Ὅλως δέ, εἰ μὴ πρὸς τὸ κέντρον συνένευε τὰ βάρη πάντα, ἀλλὰ καὶ 5 παράλληλα ἐφέρετο, οὐκ ἂν πάντα ἐπὶ τὴν γῆν ἐφέρετο, ἀλλὰ παρήλλασσέ τινα τὴν γῆν· οὐ γὰρ παντὶ τῷ μεταξὺ παρεκτείνεται ἡ γῆ ἐν μέσῳ οὖσα. εἰ οὖν φέρεται κατὰ φύσιν ἐπὶ τὸ μέσον ἡ γῆ, καὶ μένει ἐν τῷ μέσῳ κατὰ φύσιν.

Εἶτα καὶ ἄλλην ἀπόδειξιν ἐναργεστέραν προστίθησιν τοῦ μὴ κινεῖσθαι 10 τὴν γῆν ὅλως μήτε περὶ τὸ μέσον μήτε ἀπὸ τοῦ μέσου· εἰ γὰρ τὰ βίᾳ ῥιπτούμενα ἄνω βάρη εἰς τὸν αὐτὸν πάλιν τόπον κατὰ στάθμην καταφέρεται, κἂν εἰς ἄπειρον ἡ δύναμις ἀναρριπτῇ, ὥστε καὶ χρόνον πολὺν γενέσθαι μεταξὺ τῆς ἀναρρίψεως καὶ τῆς πτώσεως, οὐ κινεῖται ἡ γῆ. εἰ γὰρ ἡ γῆ 15 ἐκινεῖτο, καὶ τόπον ἐκ τόπου παρήλλασσε τὰ μόρια αὐτῆς, ἐπ' ἄλλον τόπον ἂν κατεφέρετο τὸ ἀναρριφθὲν καὶ οὐκ εἰς ἐκεῖνον, ἀφ' οὗ ἀνερρίφθη.

Δείξας δὲ ἄμφω τὰ προβλήματα, καὶ ὅτι ἐν τῷ μέσῳ ἐστὶν ἡ γῆ καὶ ὅτι ἀκίνητος οὔτε κύκλῳ περὶ τὸ μέσον οὔτε ἐπ' εὐθείας κινουμένη, κοινὸν 20 ἐπήγαγε συμπέρασμα φανερὸν εἶναι λέγων ἐκ τῶν εἰρημένων, ὅτι οὔτε κινεῖται οὔτε ἐκτὸς κεῖται τοῦ μέσου, ὃ ταὐτόν ἐστι τῷ καὶ ἐν τῷ μέσῳ κεῖσθαι καὶ ἠρεμεῖν.

p. 296ᵇ26 Πρὸς δὲ τούτοις δῆλον ἐκ τῶν εἰρημένων τὸ αἴτιον 25 ἕως τοῦ ἀναγκαῖον μένειν αὐτὴν ἐπὶ τοῦ μέσου.

Δείξας, ὅτι ἐπὶ τοῦ μέσου ἠρεμεῖ ἡ γῆ, ἐφεξῆς καὶ τὴν αἰτίαν διδάσκει, 30 δι' ἣν ἠρεμεῖ, ὅτι οὔτε διὰ τὸν ὑποκείμενον ἀέρα οὔτε διὰ τὴν δίνην, ἀλλ' ὅτι κατὰ φύσιν ἐστὶν αὐτῇ τὸ μένειν ἐπὶ τοῦ μέσου. ὁ δὲ λόγος ἐστὶ τοιοῦτος· εἰ φύσει φέρεται τὰ μόρια αὐτῆς πάντοθεν πρὸς τὸ μέσον, ὥσπερ φαίνεται, διότι καὶ τὸ πῦρ ἀπὸ τοῦ μέσου πρὸς τὸ ἔσχατον, ἀδύ- 35 νατον ἐνεχθῆναι ὁτιοῦν μόριον αὐτῆς ἀπὸ τοῦ μέσου μὴ βιασθέν· οὐ γὰρ δυνατὸν φύσει καὶ ἀπὸ τοῦ μέσου καὶ ἐπὶ τὸ μέσον φέρεσθαι, διότι μία φορὰ κατὰ φύσιν τοῦ ἑνὸς σώματος καὶ ἁπλῆ τοῦ ἁπλοῦ, ἀλλ' οὐχ

---

1 ἐστὶν ἡ πρότασις Fc   τινι A²Fb: τῇ A¹   τῷ A²F: om. A¹   3 ἐπ' εὐθείας A²: comp. F: εὐθείας A¹: ἐπ' εὐθείας c   αἱ addidi: om. AFc   5 καὶ AF: om. b   6 οὐκ — ἐφέρετο F: om. Ab   ἀλλά] mut. in ἄλλα A: om. b   παρήλλασσέ Κ: παρήλλασέ AF   10 προστίθησι Fc   11 ὅλως om. Fc   ἀπὸ Ab: ἐπὶ Fc   12. 13 περιφέρεται Fc   13 ἀναρριπτῇ] corr. ex ἀναριπτῇ A: ἀναρρείπτη F   14 καὶ Fb: ἢ A   15 παρήλλασσε Κ: παρήλασσε AF: παρήλασσε C   μόρια CF: βόρια A: μέρη A²   16 ἂν C: om. AFbc   20 κεῖται] in ras. F: κινεῖται Ab καὶ A: om. Fbc   21 κεῖσθαι F: κινεῖσθαι Ab: om. c   καὶ om. c   23 ἀναγκαῖον AF: ἀναγκαῖον ἂν εἴη c   27 πανταχόθεν c   28 διότι Fb: διατί A   29 μόριον om. Fc   οὐ F⁰: καὶ A   30 φύσει] comp. F: φησὶ c

αἱ ἐναντίαι· ἡ δὲ ἀπὸ τοῦ μέσου τῇ ἐπὶ τὸ μέσον ἐναντία· ὥστε, 241b
εἰ ἡ ἐπὶ τὸ μέσον κατὰ φύσιν ἐστίν, ἡ ἀπὸ τοῦ μέσου οὐκ ἄν εἴη κατὰ 40
φύσιν, ἀλλ', εἴπερ ἄρα, βίᾳ. εἰ οὖν ἀδύνατον ὁτιοῦν μόριον ἐνεχθῆναι
ἀπὸ τοῦ μέσου κατὰ φύσιν, καὶ τὴν ὅλην ἀδυνατώτερον. εἰ οὖν κατὰ
5 φύσιν ἐπὶ τὸ μέσον φέρεται, ἀδύνατον ἀπὸ τοῦ μέσου κατὰ φύσιν φέρεσθαι·
εἰ δὲ τοῦτο ἀδύνατον, ἀναγκαῖον μένειν αὐτὴν ἐπὶ τοῦ μέσου. ἀλλὰ μὴν 45
τὸ ἡγούμενον ἀληθὲς τὸ κατὰ φύσιν τὰ μόρια τῆς γῆς | πανταχόθεν 242a
πρὸς τὸ μέσον φέρεσθαι· καὶ τὸ λῆγον ἄρα ἀληθὲς τὸ κατὰ φύσιν μένειν
αὐτὴν ἐπὶ τοῦ μέσου· αὕτη ἄρα αἰτία τοῦ μένειν ἐπὶ τοῦ μέσου τὴν γῆν
10 τὸ πεφυκέναι οὕτω, καὶ ἄλλην οὐ χρὴ ζητεῖν.

p. 297a2 Μαρτυρεῖ δὲ τούτοις ἕως τοῦ τοσαῦτα εἰρήσθω περὶ 5
αὐτῆς.

Τοῦ τὴν γῆν ἐπὶ τοῦ μέσου κεῖσθαι καὶ ἠρεμεῖν μαρτύριον φέρει τὸ 10
καὶ τοὺς ἀστρολόγους δεικνύναι τὰ φαινόμενα περὶ τὸν οὐρανὸν οὕτως συμ-
15 βαίνειν ὡς ἐπὶ τοῦ μέσου τῆς γῆς κειμένης καὶ ἠρεμούσης. τὸ δὲ ἑξῆς
τῆς λέξεως τοιοῦτον· τὰ φαινόμενα μεταβαλλόντων τῶν σχημάτων, οἷς
ὥρισται τῶν ἄστρων ἡ τάξις, συμβαίνει ὡς ἐπὶ τοῦ μέσου κειμένης τῆς 15
γῆς· ἡ γὰρ τάξις τῶν ἄστρων κατὰ τοὺς σχηματισμοὺς ὥρισται τοὺς κατὰ
τὰς κινήσεις γινομένους. εἰ γὰρ μὴ μέση τοῦ οὐρανοῦ ἦν ἡ γῆ, τῶν
20 ἀστέρων ἀνατολικῶν γινομένων, εἶτα ἐπὶ τοῦ μεσημβρινοῦ καὶ τελευταῖον
πρὸς δυσμὰς οὐκ ἄν τὰ μεγέθη τῶν αὐτῶν ἀεὶ ἴσα ἐφαίνετο, ἀλλ' εἰ μὲν 20
πρὸς δυσμὰς ἡ γῆ παρεχεχωρήκει, μείζονα ἐφαίνετο τὰ αὐτὰ δύνοντα
ἤπερ ἀνατέλλοντα, εἰ δὲ πρὸς ἀνατολάς, τοὐναντίον, καὶ τὰ μεταξὺ αὐτῶν
διαστήματα ὁμοίως. οὐδ' ἄν αἱ τῆς σελήνης ἐκλείψεις τοιαύτην εἶχον
25 τάξιν τῶν σχηματισμῶν, ὥστε κατὰ τὴν ⟨κατὰ⟩ διάμετρον αὐτῆς ἀεὶ πρὸς 25
τὸν ἥλιον στάσιν ἀποτελεῖσθαι, ἀλλὰ καὶ ἐν τοῖς ἐλάττοσι τοῦ ἡμικυκλίου
διαστήμασι. τοῦτο δὲ ἄν συνέβαινε, καὶ εἰ μεταβατικὴν ἐποιεῖτο κίνησιν
ἡ γῆ· εἰ δὲ κύκλῳ περὶ τὸ κέντρον, ὡς Ἡρακλείδης ὁ Ποντικὸς ὑπετίθετο,
τῶν οὐρανίων ἠρεμούντων, εἰ μὲν πρὸς δύσιν, ἐκεῖθεν ἄν ἐφάνη τὰ ἄστρα 30
30 ἀνατέλλοντα, εἰ δὲ πρὸς ἀνατολάς, εἰ μὲν περὶ τοὺς τοῦ ἰσημερινοῦ πόλους,
οὐκ ἄν ἀπὸ διαφόρων ὁρίζοντος τόπων ὁ ἥλιος καὶ οἱ ἄλλοι πλάνητες
ἀνέτελλον, εἰ δὲ περὶ τοὺς τοῦ ζῳδιακοῦ, οὐκ ἄν οἱ ἀπλανεῖς ἀπὸ τῶν
αὐτῶν ἀεὶ τόπων ἀνέτελλον, ὥσπερ νῦν· εἴτε δὲ περὶ τοὺς τοῦ ἰσημηρινοῦ

---

8 λῆγον AF: ἐπόμενον c 10 οὕτως c 14 περὶ ACF: κατὰ c 16 τὰ AF: τὰ γὰρ c μεταβαλλόντων F: μεταβαλόντων A 20 ἀνατολικῶν ACF: ἐν ἀνα- τολῇ c 21 πρὸς AF: ἐπὶ C 22 παρεχεχωρήκει A: παρακεχωρήκει C: περιχεχωρήκει F 23 ἀνατολάς AC: ἀνατολὴν F 25 κατὰ διάμετρον scripsi coll. Ptolemaeo Σύντ. I 4 p. 15 Halma: diametralem b: διαμετρικὴν c 27 μεταβατικῶς Fc τὴν κίνησιν Fc 28 κέντρον] μέσον Fc 30 ἀνατολὴν Fc 32 εἰ — ἀνέτελλον (33) F: om. Ab 33 περὶ — εἴτε (p. 542,1) F: om. A (sive autem circa polos zodiaci sive circa polos aequinoctialis b)

542   SIMPLICII IN L. DE CAELO II 14 [Arist. p. 297ᵃ2. 8]

εἴτε περὶ τοὺς τοῦ ζῳδιακοῦ, πῶς ἂν ἐσώθη τῶν πλανωμένων ἡ εἰς τὰ 242ᵃ
ἑπόμενα ζῴδια μετάβασις ἀκινήτων τῶν οὐρανίων ὄντων; ὃ δὴ λέγει καὶ 36
ὁ Πτολεμαῖος, ὅτι πάντα ἂν τὰ μὴ βεβηκότα μίαν ἀεὶ τὴν ἐναντίαν τῇ
γῇ κίνησιν ἐφαίνετο ποιούμενα, καὶ οὔτ' ἂν νέφος ποτὲ ἐδείκνυτο παροδεῦον
5 πρὸς ἀνατολὰς οὔτε ἄλλο τι τῶν ἱπταμένων ἢ βαλλομένων φθανούσης ἀεὶ 40
πάντα τῷ τάχει τῆς γῆς, εἴπερ τοσαύτην ἐν βραχεῖ χρόνῳ ποιεῖται τὴν
ἀποκατάστασιν.

Συμπερανάμενος δὲ τὰ εἰρημένα περί τε τῆς θέσεως τῆς γῆς, ὅτι ἐν
τῷ μέσῳ, καὶ περὶ τῆς μονῆς καὶ κινήσεως, ὅτι μένει καὶ οὐ κινεῖται, 45
10 ἐφεξῆς ἐπὶ τὸν περὶ τοῦ σχήματος μεταβαίνει λόγον. |

p. 297ᵃ8   Σχῆμα δὲ ἔχειν σφαιροειδὲς ἀναγκαῖον αὐτὴν ἕως τοῦ 242ᵇ
κατὰ τοῦτον δὴ τὸν λόγον ἀναγκαῖον εἶναι τὸ σχῆμα σφαιροει-
δὲς αὐτῆς.

Ὅτι σφαιροειδὴς ἡ γῆ, διὰ πέντε δείκνυσιν ἐπιχειρημάτων, ὧν τὸ 5
15 πρῶτον ἀποδείκνυσι προλαβών, ὅτι τὰ τῆς γῆς μόρια μέχρι τοῦ μέσου
πέφυκε κινεῖσθαι· τοῦτο γὰρ σημαίνει διὰ τοῦ βάρος ἔχει μέχρι πρὸς
τὸ μέσον· τὸ γὰρ βάρος ἔχον καὶ κατὰ βάρος κινούμενον ἕως τοῦ μέσου
τοῦ παντὸς κινεῖται μὴ κωλυόμενον. πάντων δὲ τῶν μορίων πρὸς τὸ μέ- 10
σον ῥεπόντων καὶ τῶν ἐλαττόνων ὑπὸ τῶν μειζόνων ὠθουμένων καὶ θλι-
20 βομένων διὰ τὴν ἰσχυροτέραν τῶν μειζόνων ἀεὶ πρὸς τὸ μέσον ῥοπὴν καὶ
παραχωρούντων ἄλλων ἄλλοις πανταχόθεν τὸ σφαιροειδὲς γίνεται σχῆμα,
ὡς ἐπὶ τοῦ εἰς σφαῖραν πλαττομένου κηροῦ τὸ ἐξέχον ἀεὶ πρὸς τὸ μέσον 15
ὠθεῖται. εἶτα καὶ τὴν φαντασίαν ἡμῶν διορθοῖ τὴν ἄλλο μόριον ἐπ' ἄλλο
τιθεῖσαν εἰς ὕψος πολύ, ἕως ἂν ἐκπεσὸν τῆς ἐπὶ τὸ μέσον σπουδῆς ἀλλα-
25 χοῦ που ἐνεχθῇ· οὐ γὰρ κυμαίνει, φησί, τουτέστιν οὐκ ὀγκοῦται, μέχρι
τοῦ ὑπερεχεῖσθαι· οὔτε γὰρ τὸ ὠθοῦν οὔτε τὸ ὠθούμενον πρὸς ἄλλο τι 20
τὴν ῥοπὴν ἔχουσιν ἢ πρὸς τὸ μέσον. ἢ τὸ οὐχ οἷόν τε κυμαίνειν
εἶπεν ἀντὶ τοῦ ὑποχωρεῖν καὶ ἀντιπεριίστασθαι τῷ πλείονι τὸ ἔλαττον·
τοῦτο γὰρ τὰ ὑγρὰ πάσχει, ἐπὶ δὲ τῶν τῆς γῆς μορίων πιέζεται μᾶλλον
30 τὸ ἔλαττον ὑπὸ τοῦ μείζονος καὶ συμπλάττεται ἢ συγχωρεῖ ἕτερον ἑτέρῳ, 25
ἕως ἂν ἔλθῃ ἐπὶ τὸ μέσον τὸ βαρύτερον, ἀλλὰ μὴ ὑπερεχυθῇ ὀγκούμενα
ὡς τὰ κύματα. εἰς ἐνάργειαν δὲ φέρων τὸ λεγόμενον ὑποτίθεται τὴν γῆν
γινομένην, καθάπερ καὶ τῶν φυσιολόγων τινὲς καὶ αὐτοὶ τὴν παράταξιν
τῶν ἐν τῷ κόσμῳ πρώτων καὶ ὑστέρων διὰ τῆς γενέσεως ἐνδεικνύμενοι· 30

---

1 περὶ F: καὶ A; fort. καὶ περὶ   2 δὴ F: δὲ Ab   3 Πτολεμαῖος] Σύντ. Ι 6 p. 20
πάντα] bis A   5 ἀνατολὴν Fc   οὔτ' c   11 δ' c   ἔχειν F: ἔχει A
αὐτὴν Kc: om. F: εἶναι A   12 δὴ AF: τε δὴ c   15 ὅτι CF: om. A   19 post
μειζόνων del. ἀεὶ πρὸς τὸ μέσον ῥοπὴν e lin. 20 petita A   21 ἄλλων ἄλλοις F:
ἀλλήλων ἄλλοις Ab: ἀλλήλοις C   22 ἐξέχον CF: ἔξοχον A   25 που ἐνεχθῇ
A: ὑπενεχθῇ F: ποι ἐνεχθῇ c   μέχρι Fb: μέρει A   30 συμπλάττεται AF:
συμπιλεῖται c   33 παράταξιν A: τάξιν Fc

ἀλλ' ἐκεῖνοι μὲν τὴν δίνην αἰτιώμενοι βιαίως αὐτὴν πρὸς τὸ μέσον φέρεσθαι 242ᵇ
λέγουσι, βέλτιον δὲ καὶ ἀληθέστερον τὸ λέγειν τοῦτο γίνεσθαι διὰ τὸ φύσιν
ἔχειν φέρεσθαι τὸ βάρος ἔχον πρὸς τὸ μέσον. ὑποθέμενος οὖν τὴν γῆν 35
μεμιγμένην τέως τοῖς ἄλλοις, εἶτα διακρινομένην, ὡς Ἀναξαγόρας ἐδόκει
5 λέγειν, καὶ ἐνεργείᾳ ἐκ τοῦ δυνάμει γινομένην καὶ φερομένην ἐπὶ τὸ μέσον,
εἰ μὲν πανταχόθεν ἀπὸ τῶν ἐσχάτων ἴσα φέροιτο τὰ βαρέα ἐπὶ τὸ μέσον
ἓν ὄν, ἀνάγκη πανταχόθεν ἴσου προστιθεμένου ἴσον ἀπέχειν τοῦ μέσου τὸ 40
ἔσχατον· τοῦτο δὲ τὸ σχῆμα σφαιροειδές ἐστιν· κἂν μὴ πανταχόθεν δὲ
ὁμοίως συνέθει πρὸς τὸ μέσον τὰ μόρια αὐτῆς, ἀλλ' ὅθεν μὲν πλέον, ὅθεν
10 δὲ ἔλαττον, τὸ αὐτὸ συμβαίνει· καὶ οὕτω γὰρ σφαιρικὸν ἀνάγκη τὸ σχῆμα
γίνεσθαι· καθὸ γὰρ μείζων ἡ προσθήκη γένηται, κατὰ τοῦτο τοῦ βάρους
αὐξανομένου τὸ ὑποκείμενον ἔλαττον ὂν καὶ κουφότερον ἐξωθήσεται ὑπὸ 45
τοῦ βαρυτέρου, ἕως | ἂν ἐξωθούμενα τὰ κουφότερα ὑπὸ τῶν βαρυτέρων 243ᵃ
ἐπὶ θάτερα τοῦ κέντρου ἀθροισθέντα ἰσόρροπα τοῖς ἐξωθοῦσι πρὸς τὴν ἐπὶ
15 τὸ κέντρον σπουδὴν ὁμοίαν γένηται. οὕτω μὲν καὶ ὁ Ἀλέξανδρος, οὐχ
ὅτι ὑπερβαίνειν τὸ κέντρον οἴεταί τι βάρος ὠθούμενον· τὸ γὰρ ἐξιστάμενον 5
ἀπὸ τοῦ κέντρου πρὸς τὸ ἄνω δηλονότι χωρεῖ καὶ τὸ ὠθοῦν αὐτὸ πρὸς τὸ
ἄνω ὠθεῖ· πῶς οὖν τὸ βαρύτερον ἐπὶ τὸ ἄνω ἐξωθήσει κατὰ φύσιν; ὅλως
γὰρ πρὸς τῷ κέντρῳ γενόμενον οὐδὲ βάρος ἔτι λοιπὸν ἕξει ὥστε ὠθεῖν.
20 καὶ ὁ Ἀριστοτέλης δὲ σαφῶς τὰ βαρύτερα μέχρι τοῦ μέσου ὠθεῖν φησιν, 10
ἀλλ' οὐχ ὑπερωθεῖν τοῦ μέσου. τὸ οὖν λεγόμενόν ἐστιν, ὅτι τὸ πλέον τὸ
πρὸ αὐτοῦ ἔλαττον προωθεῖ καὶ τοῦτο ἄχρι τοῦ μέσου. συμβαίνει οὖν ὁ
προωθισμὸς ἄλλου ἄλλο ὠθοῦντος καὶ συμπιλοῦντος τῶν παρ' ἑκατέρου
συγχωρούντων, ὡς εἶπε, καὶ ὀγκουμένων διὰ τὴν στενοχωρίαν· οὕτω γὰρ 15
25 εἰς μίαν ἐπιφάνειαν καθίσταται. ἀλλὰ καὶ τὸ ἐξέχον ἀεὶ καὶ πορρώτερον
τοῦ κέντρου γενόμενον σπουδάζον αὐτῷ πλησιάζειν ἐπικαταφέρεται τῷ κοι-
λοτέρῳ, καὶ οὕτως ἡ σφαίρωσις γίνεται.

Καὶ διὰ τῆς καθ' ὑπόθεσιν οὖν γενέσεως τῆς γῆς τὴν σφαίρωσιν αὐτῆς
ἐνδειξάμενος καὶ ὅτι τὸ μέσον αὐτῆς πανταχόθεν ἴσον ἀπέχει τῶν περάτων, 20
30 ἀπορίαν ἐπάγει τινὰ ἀπὸ τῶν κεντροβαρικῶν παρὰ τοῖς μηχανικοῖς λεγο-
μένων ἀναφυομένην. τὰ μὲν οὖν κεντροβαρικά, οἷα πολλὰ καὶ χαριέστατα
ὅ τε Ἀρχιμήδης καὶ ἄλλοι γεγράφασι πολλοί, σκοπὸν ἔχει, πῶς τοῦ δοθέν- 25
τος βάρους τὸ κέντρον εὑρεθείη, τουτέστι σημεῖόν τι ἐπὶ τοῦ σώματος,
ἀφ' οὗ σπάρτου τινὸς ἐξαφθείσης μετεωριζόμενον ἀκλινὲς ἔσται τὸ σῶμα·

---

7 ἓν ὄν F: ἐνόν A: unum b   8 σφαιροειδές F: σφεροειδές A   κἂν] scripsi:
etsi b: καὶ A: ἐὰν Fc   9 συνέθει AF: συνθέη c   10 οὕτως c   12 αὐξομένου
Fc   ὂν om. Fc   ἐξωθήσεται AF: ἐξωσθήσεται c   13 ἐξωθούμενα Fb:
ἐξωθήσεται A   14 θάτερον Fc   15 post κέντρον rep. οἴεται c lin. 16 A
οὕτως c   καὶ om. Fc   18 ἄνω ὠθεῖ b: ἄνω θεῖ AF   ἐξωθήσει F: comp. A:
ἐξωσθήσει c: pelletur b   19 γενόμενον F: γινόμενον A   21 ὅτι F: τί A
23 προωθισμὸς F: corr. ex προωσθισμὸς A   ἑκατέρου b: comp. F: ἑκάτερα A
24 οὕτως c   25 ἐξέχον F: ἔξοχον A   28 τῆς (pr.) F: τὴν A   οὖν F: οὖν
τῆς A   αὐτῆς] αὐτὴν Fc

δῆλον δέ, ὅτι οὐ πάντως τὸ αὐτὸ ἔσται μέσον τοῦ τε μεγέθους καὶ τοῦ 243ᵃ
βάρους. ἡ δὲ ἀπορία τοιαύτη· εἰ τῆς γῆς ἐπὶ τοῦ μέσου οὔσης καὶ σφαι- 30
ροειδοῦς οὔσης πολλαπλάσιόν τι βάρος ἐπιγίνοιτο πρὸς θάτερον ἡμισφαίριον,
δῆλον, ὅτι οὐκέτι τὸ αὐτὸ μέσον τῆς γῆς ἔσται καθ' ἓν μέρος πολλαπλασίῳ
τοῦ ἐξ ἀρχῆς μεγέθει προσαυξηθείσης, ὥσπερ καὶ πρότερον τῆς γῆς ἦν
μέσον τὸ αὐτὸ καὶ τοῦ κόσμου ὑπάρχον· ὥστε οὐκ ἠρεμήσει τότε ἡ γῆ 35
ἐπὶ τοῦ μέσου· οὐ γὰρ ἔτι ἐν τῷ μέσῳ τοῦ παντός ἐστι προσαυξηθεῖσα
τοσοῦτον ἐφ' ἓν μέρος, ἢ εἴπερ καὶ οὕτως ἔχουσα ἠρεμεῖ, ὅπερ διὰ τῆς
ἐν τῷ ἢ εἴπερ ὑποστιγμῆς δηλοῦται, ἠρεμήσει καὶ νῦν καὶ ἔξω τοῦ μέσου
τοῦ παντὸς κειμένη καὶ μὴ μέσον ἔχουσα τὸ τοῦ παντὸς μέσον, κἂν μηδὲν 40
αὐτῇ βάρος κατὰ τὸ ἕτερον μέρος προστεθῇ, εἴπερ προστεθέντος ἔξω τοῦ
μέσου γενόμενον διὰ τὴν προσθήκην ὅμως ἠρεμεῖν ὑποτίθεται. εἰπὼν δὲ
ἠρεμήσει γε καὶ νῦν καὶ μὴ τὸ μέσον ἔχουσα ἐπήγαγεν ᾗ πέφυκε
κινεῖσθαι. λέγει δέ, ὅτι κατ' ἐκεῖνο ἠρεμήσει τὸ ἔξω τοῦ μέσου, καθ'
ὃ οὐχὶ ἠρεμεῖν ἀλλὰ κινεῖσθαι πέφυκεν· ἄτοπον δὲ τὸ ἐν ἐκείνῳ ἠρεμεῖν, 45
καθ' ὃ πέφυκε κινεῖσθαι. πολλαπλάσιον δὲ | τὸ προστιθέμενον βάρος 243ᵇ
ὑπέθετο, ἵνα τὸ νῦν μέσον τοῦ βάρους αὐτῆς πορρωτάτω γένηται τοῦ μέσου.
τοῦτο οὖν ἀπορήσας ἀπὸ τῆς ἐν τῇ γενέσει τῆς γῆς ὑποτεθείσης προσθή-
κης, ὅτι κατὰ τὸ ἕτερον μέρος προσαυξηθείσης τῆς γῆς πολλαπλασίῳ ἑαυτῆς 5
μεγέθει ἀνάγκη τοῦ μέσου αὐτῆς ἀμειφθέντος τοῦ κατὰ τὸ βάρος ῥέπειν
εἰς ἐκεῖνο τὸ μέρος, εἰς ὃ γέγονεν ἡ τοῦ βάρους προσθήκη. καὶ μηκέτι
μένειν ἐπὶ τοῦ μέσου, ἢ εἴπερ οὕτως ἔχουσα, ὡς διὰ τὴν προσθήκην ἐκ-
τὸς εἶναι τοῦ μέσου, ἐδύνατο μένειν, ἠρεμήσει γε καὶ νῦν χωρὶς τῆς προσ- 10
θήκης τὸ μὴ μέσον ἐπέχουσα, καθ' ὃ οὐ μένειν ἀλλὰ κινεῖσθαι πέφυκεν·
ὅπερ ἄτοπον· οὐδὲν γὰρ ἠρεμεῖ ἐκεῖ, ᾗ πέφυκε κινεῖσθαι, ἀλλ' ἐκεῖ, ὅθεν
οὐ πέφυκε κινεῖσθαι· τὸ μὲν οὖν ἀπορούμενον, φησί, τοῦτό ἐστιν,
οὐ χαλεπὸν δὲ ἰδεῖν καὶ ἐπιστῆσαι τῇ ἀπορίᾳ καὶ τῇ λύσει μικρὸν ἐπι- 15
τείναντας, τὴν διάνοιαν δηλονότι, ἢ μᾶλλον τὸν πρότερον λόγον ἐπιτεί-
ναντας τὸν τὴν γένεσιν τῆς γῆς ὑποθέμενον, καὶ διορισαμένους, πῶς ἀξιοῦ-
μεν ὁποσονοῦν μέγεθος βάρος ἔχον φέρεσθαι πρὸς τὸ μέσον. τότε μὲν
γὰρ ἀδιορίστως ἐλέγετο φύσιν ἔχειν φέρεσθαι τὸ βάρος ἔχον πρὸς τὸ μέσον, 20
νῦν δὲ διοριζέσθω, ὅτι οὐ μέχρι τούτου μόνον φέρεται τὸ βάρος ἔχον πρὸς
τὸ κέντρον μέχρι τοῦ τῷ ἑαυτοῦ ἐσχάτῳ ἅψασθαι τοῦ κέντρου καὶ οἷον
ἐπιστῆναι αὐτῷ, ἀλλὰ τὸ πλέον ἀεὶ βάρος τοῦ ἐλάττονος κρατοῦν καὶ ἢ
ἐξωθοῦν αὐτὸ ἢ συμπιλοῦν καὶ ἑνούμενον αὐτῷ μέχρι τοσούτου φέρεται 25

---

1 πάντως F: παντὸς Ab   1. 2 μεγέθους καὶ τοῦ βάρους A: βάρους καὶ τοῦ μεγέθους
F: βάρους καὶ τοῦ μεγέθους c   5 τοῦ CF: τῷ A   μεγέθει C: μεγέθη A: μεγέ-
θους F   προσαυξηθείσης F: προσαυξηθεῖσαν C: προσαυξηθῆναι A   7 ἐστι] ἔσται
Fc   8 καὶ om. Fc   12 γενόμενον F: γινόμενον A   13 γε Fb: τε A
μὴ Fb: μὴν A   15 οὐχὶ A: οὐ χρὴ C: οὐκ F   17 ὑπετίθετο Fc   πορρώ-
τερον Fc   γένηται F: γενήσεται A   21 μηκέτι Fb: μὴ καί τι A   23 γε om. c
24 πέφυχεν F: comp. A: πέφυκε c   26 τοῦτό] τοιοῦτόν Fc   30 τότε—μέσον (31) F:
om. Ab   32 οὐ] οὖν μόνον F: οὐ μόνον c   μόνον om. Fc   33 ἑαυτοῦ Fb:
ἑαυτῷ A   35 ἐξωθοῦν CF: ἔξωθεν Ab

πρὸς τὸ μέσον, ἕως ἂν ὡς δυνατὸν ἐνταθὲν καὶ σφαιρωθὲν τῷ ἑαυτοῦ 243b
μέσῳ, τουτέστι τῇ κοίλῃ ἐπιφανείᾳ, περιλάβῃ τὸ τοῦ παντὸς μέσον· μέχρι
γὰρ τούτου τὴν ῥοπὴν ἔχει· ὥστε, κἂν προστεθῇ τῇ γῇ βάρος, οἷον ὁ
ἀπορῶν ὑπέθετο λόγος, οὐ μένει ἐξέχον, ἀλλὰ γενήσεται καὶ αὐτὸ σφαι-
5 ρικὸν καὶ περιλήψεται τὴν τῆς γῆς ἐπιφάνειαν, καὶ ἔσται πάλιν τὸ ἐξ ἀρχῆς 30
μέσον καὶ τοῦ μετὰ τῆς προσθήκης μέσον· ἀνάγκη γὰρ καὶ τοῦτο γήινον
ὂν καθ' ὅλον ἐθέλειν ἑαυτὸ πελάζειν τῷ μέσῳ· μέχρι τούτου γὰρ ἔχει
τὴν ῥοπήν. εἰ γὰρ ἔτι κινοῖτο παραλλάξαν τῷ ἑαυτοῦ μέσῳ τὸ τοῦ
παντὸς μέσον, ἄνω ἂν φέροιτο καὶ παρὰ φύσιν. 35

10 Οὐδὲν δέ, φησί, διαφέρει, κἂν ἐπὶ μέρους τις τῆς γῆς κἂν ἐπὶ ὅλης
ποιοῖτο τὸν λόγον· οὐ γὰρ διὰ μικρότητα ἢ μέγεθος συμβαίνει τὸ
εἰρημένον, ἀλλὰ διὰ τὴν φυσικὴν ἐπὶ τὸ μέσον ῥοπήν, ὥστε, εἴτε ὅλη
ποθὲν ἐφέρετο, ὥς φασιν οἱ διακριθεῖσάν ποτε αὐτὴν ἀπὸ τοῦ μίγματος 40
εἰς τὸ μέσον εἰπόντες ἐνεχθῆναι, εἴτε κατὰ μέρος, ἀναγκαῖον μέχρι
15 τούτου φέρεσθαι, ἕως ἂν πανταχόθεν περιχεομένη ὁμοίως λάβῃ
τὸ μέσον τῶν ἐλαττόνων ἀεὶ τὴν ἴσην ἐπιφάνειαν τοῖς μείζοσι λαμβανόν-
των· τῶν γὰρ μειζόνων καὶ βαρυτέρων ἐπὶ τὸ κάτω μᾶλλον χωρούντων
τὰ ἐλάττονα τῇ προώσει τῆς ῥοπῆς ταύτης παρ' ἑκάτερα τῶν μειζόνων 45
ἐξωθούμενα βίᾳ πρὸς τὸ | ἄνω ἴσην αὐτοῖς ἀπολαμβάνει τὴν ἐπιφάνειαν. 244a
20 Ἀντὶ δὲ τοῦ ἀναγκαῖον μέχρι τοῦδε φέρεσθαι λέγει ὁ Ἀλέξαν-
δρός τινας γράφειν ἀναγκαῖον μετὰ τούτου φέρεσθαι, τουτέστι τῆς
ἐπὶ τὸ μέσον ῥοπῆς, ἀποδέχεται δὲ τὴν ἑτέραν γραφήν. 5

Συμπεραινόμενος δὲ τὸ ἐπιχείρημα ὁ Ἀριστοτέλης, εἴτε ἐγένετο, φησίν,
ἡ γῆ, ἀναγκαῖον οὕτω γενέσθαι, ὡς εἴρηται, κατὰ τὴν πρὸς τὸ μέσον
25 ῥοπήν, ὥστε σφαιροειδές ἐστιν αὐτῆς τὸ σχῆμα, εἴτε ἀΐδιος οὖσα διατελεῖ,
τὸν αὐτὸν ἔχει τρόπον, ὅνπερ καὶ γινομένη τὸ πρῶτον ἐγένετο ἄν· ὥστε 10
καὶ οὕτως ἀναγκαῖον αὐτὴν σφαιροειδῆ εἶναι.

p. 297b18   Καὶ ὅτι πάντα φέρεται τὰ βάρη πρὸς ὁμοίας γωνίας
ἕως τοῦ ἀλλὰ μὴ βίᾳ καὶ παρὰ φύσιν. 15

30 Δεύτερον τοῦτο ἐπιχείρημα ἐκ τοῦ πρὸς ὁμοίας ἤτοι πρὸς ἴσας γω-
νίας φέρεσθαι τὰ βάρη δεικνύον, ὅτι σφαιρικόν ἐστι τὸ τῆς γῆς σχῆμα.
πάντων γὰρ ἐπὶ ταὐτὸ πανταχόθεν συννευόντων καὶ ἄλλοις ἄλλων ἀεὶ
προστιθεμένων κατὰ τὴν ὁμοίαν ῥοπὴν ἴσας ἀνάγκη γίνεσθαι τὰς ἀπὸ τοῦ 20

---

1 ὡς δυνατὸν ἐνταθὲν A: ἐκταθὲν ὡς δυνατὸν C: ᾗ δυνατὸν ἐκταθὲν Fc: *possit inextensa* b   4 ἐξέχον CF: corr. ex ἐξέχων A   6 γήινον ACb: γῆν Fc
7 ἑαυτὸ Fb: corr. ex ἑαυτῷ A: αὐτὸ C   γὰρ CF: om. Ab   9 ἄνωθεν Fc
13 μίγματος Fb: πράγματος A   18 παρ' ἑκάτερα A: παρ' ἑκα F: *ex utraque parte* b
20 τοῦδε A: τούτου Fc   23 συμπερανάμενος Fc   24 οὕτως c   28 βάρη AF: βαρέα c   29 μὴ A: μὴ δ Fc   31 δεικνύον F: corr. ex δεικνύων A
32 ταὐτὸν c

μέσου, ἐφ' ὃ πάντα συννεύει, πρὸς τὰ ἔσχατα, τοῦτο δὲ σφαιροειδές ἐστι 244ᵃ
τὸ σχῆμα· διὸ τὸ πρὸς ὁμοίας γωνίας καταφέρεσθαι τὰ βάρη καὶ μὴ
παράλληλα πρὸς τὸ φύσει σφαιροειδὲς πέφυκε· πανταχόθεν γὰρ οὐχ οἷόν
τε πρὸς ὁμοίας φέρεσθαι γωνίας τὰ φερόμενα βάρη μὴ τὸ πρὸς ὃ φέρεται 25
σφαιρικὴν ἔχον τὴν ἐπιφάνειαν. ἐπειδὴ δὲ οὐκ ἀπηκρίβωται τὸ σφαιρικὸν
τῆς γῆς σχῆμα διὰ τὰς ἐξοχὰς τῶν ὀρῶν καὶ τὰς κοιλότητας, ἢ σφαιροει-
δής, φησίν, ἐστιν ἡ γῆ, εἴ τις τὴν τοιαύτην διαφορὰν ἐλαχίστην οὖσαν
προσλογίζοιτο· οὐδὲ γάρ, εἰ κέγχρον τις ἐπιθείη μεγάλῃ σφαίρᾳ κηρίνῃ, 30
ὀκνήσοι ἂν αὐτὴν καλεῖν σφαῖραν διὰ τὴν τῆς κέγχρου ἐπανάστασιν· ἢ εἴ
τις ἀκριβολογεῖται, καὶ οὕτω φύσει γε σφαιροειδής ἐστι· φύσει γὰρ
πανταχόθεν συννεύει πρὸς τὸ μέσον, ὡς δηλοῖ πάντων τῶν βαρῶν ἡ πρὸς
ὁμοίας γωνίας καταφορά. εἰ οὖν δεῖ ἕκαστον τοιοῦτον εἶναι λέγειν, οἷον 35
εἶναι καὶ ὑπάρχειν φύσει βούλεται, ἀλλὰ μὴ ὃ βίᾳ καὶ παρὰ φύσιν,
δῆλον, ὅτι σφαιροειδὴς ἂν εἰκότως ἡ γῆ λέγοιτο.

Φιλοκάλως δὲ ὁ Ἀλέξανδρος τὴν αἰτίαν προστίθησι τοῦ μὴ ἀκριβῶς
σφαιροειδὲς εἶναι τὸ τῆς γῆς σχῆμα τὸ ἀνομοιομερὲς τῆς γῆς αἰτιώμενος 40
καὶ ἀνισόρροπον. οὐ γὰρ ἐπὶ πάντων, φησί, τῶν βαρέων σωμάτων τὸ
μέσον τῆς ῥοπῆς καὶ τοῦ βάρους τοῦτο μέσον ἀκριβῶς καὶ τοῦ μεγέθους
ἐστίν, ἀλλ' ἐπ' ἐνίων παραλλάσσει· οὐ γὰρ πάντα τὰ βαρέα ἰσοβαρῆ ἐστι,
σπεύδει δὲ τὰ βαρέα τῷ τῆς ῥοπῆς τῆς οἰκείας μέσῳ λαβέσθαι τοῦ μέσου,
οὐ τῷ τοῦ μεγέθους μέσῳ. διόπερ οὐδὲν κωλύει τοῦ μέσου τῆς γῆς τοῦ 45
κατὰ τὴν ῥοπὴν ὄντος ἐν | τῷ τοῦ παντὸς μέσῳ τὰς τοῦ μεγέθους τῆς 244ᵇ
γῆς ἀποστάσεις τὰς ἀπὸ τοῦ μέσου μὴ πάντῃ ἴσας εἶναι.

p. 297ᵇ 23   Ἔτι δὲ καὶ διὰ τῶν φαινομένων ἕως τοῦ σφαιροειδὴς 5
            οὖσα.

Τρίτον τοῦτο ἐπιχείρημα ἐναργὲς ἀπὸ τῶν τῇ αἰσθήσει φαινομένων
περὶ τὴν τῆς σελήνης ἔκλειψιν· οὐ γὰρ ἂν αἱ τῆς σελήνης ἐκλείψεις ἐφαί-
νοντο κυρτὴν ἀεὶ τὴν γραμμὴν ἔχουσαι τὴν ὁρίζουσαν τό τε φωτεινὸν καὶ 10
τὸ σκιερὸν τῆς σελήνης, εἰ μὴ σφαιροειδὴς ἦν ἡ γῆ. εἰ γὰρ ἡ τῆς σε-
λήνης ἔκλειψις συμβαίνει ἐμπιπτούσης εἰς τὴν ἀπὸ τῆς γῆς γινομένην
σκιάν, ἀνάγκη τὴν σκιὰν κωνικὴν εἶναι ἢ κυλινδρικὴν ἢ καλαθοειδῆ·
ἄλλου γὰρ οὖσα σχήματος οὐκ ἂν κυρτὴν ἐποίει τὴν ἀποτομὴν ἀεὶ τῆς 15
σεληνιακῆς σφαίρας. πάντα δὲ τὰ τοιαῦτα τῶν σκιῶν σχήματα ἀπὸ σφαι-
ρικοῦ σχήματος γινόμενα δέδεικται. μείζονος γὰρ ὄντος τοῦ ἡλίου τῆς

---

2 τὸ (alt.) om. c   4 γωνίας φέρεσθαι Fc   τὰ φερόμενα βάρη] τὰ βάρη τὰ φερό-
μενα Fc   μὴ Ab: εἰ μὴ Fc   5 ἔχον Ab: ἔχει Fc   6 διὰ A: διά τε Fc
ὀρῶν Fb: ὡρῶν A   ἢ] ἢ καὶ Fc   8 εἰ] εἰ καὶ Fc   9 ὀκνήσοι A et corr.
ex ὀκνήσῃ F: ὀκνήσαι c   10 ἀκριβολογοῖτο Fc   οὕτως c   19 ἰσοβαρῆ—
βαρέα (20) Fb: om. A   21 οὐ τῷ Fb: οὕτω A   μέσῳ b: comp. F: μέσον A
31 κωνικήν] ἢ κωνικήν Fc   34 σχήματος Fb: σώματος A

γῆς κωνοειδὴς ⟨ἡ⟩ σκιὰ γενήσεται, ἴσων δὲ ἀμφοῖν ὄντων κυλινδροειδής, 244b
εἰ δὲ ἐλάττων ἦν ὁ ἥλιος, καλαθοειδὴς καὶ οἷον κόλουρος κῶνος τὸ στενώ- 20
τερον πρὸς τῇ γῇ ἔχων. εἰ οὖν ἡ διορίζουσα κυρτὴ ἀεί, ἡ δὲ ἀεὶ κυρτὴ
ὑπὸ τῆς τοιαύτης προσγίνεται, σκιαὶ δὲ τοιαῦται πᾶσαι ἀπὸ σφαιρικοῦ γί-
5 νονται σώματος, σφαιρικὸν ἂν ἔχοι τὸ σχῆμα ἡ γῆ. κατὰ μὲν γάρ τινα
θέσιν τοῦ ἡλίου πρὸς τὴν γῆν καὶ τυμπανοειδὴς οὖσα ἡ γῆ τοιαύτην σκιὰν 25
ἀπέδωκεν ἄν, ἀεὶ δὲ καὶ κατὰ πᾶσαν θέσιν οὐκ ἄν, εἰ μὴ σφαιροειδὴς ἦν.
ὅτι δὲ οὐ παρὰ τὴν σελήνην μὴ πεφυκυῖαν κατ' εὐθεῖαν γραμμὴν ἀπο-
τέμνεσθαι συμβαίνει τὸ ἐν ταῖς ἐκλείψεσι κυρτὴν ἀεὶ τὴν διορίζουσαν εἶναι,
10 ἀλλὰ παρὰ τὴν σκιάν, ὑπέμνησεν ἐκ τοῦ τὴν σελήνην ἐν μὲν τοῖς κατὰ 30
μῆνα σχηματισμοῖς, ἐν οἷς οὐδὲν εἰς αὐτὴν ἡ σκιὰ δρᾷ, πάσας λαμβάνειν
τὰς διαιρέσεις· καὶ γὰρ εὐθεῖα γίνεται ἡ διαίρεσις ἐν ταῖς διχοτόμοις φά-
σεσι καὶ ἀμφίκυρτος ἐν ταῖς ἀμφικύρτοις καὶ κοίλη ἐν ταῖς μηνοειδέσιν, ἐν
δὲ ταῖς ἐκλείψεσιν ἀεὶ κυρτὴν ἔχει τὴν ὁρίζουσαν γραμμήν. 35

15 p. 297b30   Ἔτι δὲ διὰ τὰς τῶν ἄστρων φαντασίας ἕως τοῦ τοῦτο 40
πεπονθότων.

Τέταρτον ἐπιχείρημα τοῦτο τῶν σφαιροειδῆ τὴν γῆν ἀποδεικνύντων,
ὅπερ ἤδη καὶ περὶ τοῦ μεγέθους αὐτῆς ἀποδείκνυσιν, ὅτι σημείου λόγον
ἔχει πρὸς τὸν οὐρανόν. εἰ γὰρ πρὸς ἄρκτον μὲν ἡμῶν μεταβαινόντων ὁ
20 μὲν Κάνωβος ἀστὴρ καλούμενος οὐ φαίνεται ὅλως, οἱ δὲ τῆς Ἄρκτου 45
ἀστέρες ὑπὲρ κεφαλῆς εἶναι δοκοῦσιν ἀεί, τοῖς δὲ ἐν Διος|πόλει τῇ Θη- 245a
βαΐᾳ ὁ μὲν Κάνωβος μετέωρος φαίνεται, ὁ δὲ ἔσχατος ἀστὴρ τῆς μεγάλης
Ἄρκτου δύνων φαίνεται καὶ ἀνατέλλων, δῆλον, ὅτι καὶ πρὸς ὀλίγον μεθι-
σταμένοις διάφοροι γίνονται οἱ ὁρίζοντες. τοῦτο δὲ διὰ τὸ σφαιροειδῆ τὴν
25 γῆν εἶναι συμβαίνει. εἰ γὰρ τυμπανοειδὴς ἦν, ἀπὸ τῶν περάτων ἐπὶ τὰ 5
πέρατα κινηθεῖσιν ἡμῖν ὁ αὐτὸς ἔμενεν ὁρίζων τῷ ἐν ἑνὶ καὶ τῷ αὐτῷ
μένειν ἐπιπέδῳ προϊόντας ἡμᾶς, καὶ τὰ αὐτὰ ἂν ἐφαίνετο ἀεὶ περὶ τὴν
τῶν ἄστρων θέσιν. εἰ οὖν διάφοροι οἱ ὁρίζοντες, καὶ σφαιροειδὴς ἡ γῆ
καὶ οὐ μεγάλη, εἴπερ καὶ μὴ πολὺ προελθόντων ἐπιδήλως ἀμείβονται· με- 10
30 γάλης γάρ τινος οὔσης σφαίρας οὐκ ἂν εὐσύνοπτος εὐθὺς ἦν ἡ τῶν ὁριζόν-
των παραλλαγή. εἰ δὲ μὴ πάνυ μεγάλη, φησίν, ἐστὶν ἡ γῆ, οὐ χρὴ
νομίζειν ἄπιστα λέγειν τοὺς ὑπολαμβάνοντας τὸν δυτικώτατον καὶ τὸν ἀνα-

---

1 κωνοειδὴς ἡ σκιὰ scripsi: κωνοειδὴς σκιὰ A: umbra conoydalis b: ἡ τῆς γῆς σκιὰ κωνο-
ειδὴς Fc   2 κόλουρος F: κώλουρος A   2. 3 στενώτερον Fbc: στερρότερον A
4 τῆς A: om. Fc   προσγίνεται A: provenit b: τινὸς γίνεται Fc   σκιαὶ Ab: σκιᾶς
αἱ Fc   5 σφαιρικὸν Ab: σφαιροειδὲς Fc   ἔχοι] ἔχοιτο c   7 ἀπέδωκεν ἂν scripsi:
ἀποδέδωκεν A: ἀποδέδωκεν ἂν F: ἀποδεδώκοι ἂν c: redderet b   13 ταῖς A: τοῖς Fc
14 ὁρίζουσαν A: διορίζουσαν Fc   15 τὰς AF: τῆς c   19 μὲν ἡμῶν F: ἡμῶν A:
nobis quidem b   20 καλούμενος ἀστὴρ Fc   22 φαίνεται A¹F: φέρεται A²b
τῆς] τῆς Οὐρᾶς Fc   26 ἔμενεν A: ἔμεινεν Fc   30 εὐθὺς om. Fc

35*

τολικώτατον τῶν ἐγνωσμένων ἡμῖν τόπων τόν τε περὶ τὰ Γάδειρα καὶ τὰς Ἡρακλείους στήλας, ὃν Ἡράκλειαν ἐκάλεσε, καὶ τὸν περὶ τὴν Ἰνδικὴν συνάπτειν ἀλλήλοις οὐ πόρρωθεν, καὶ οὕτως εἶναι τὴν θάλατταν μίαν τήν τε Ἐρυθρὰν καλουμένην καὶ τὴν παρ' ἡμῖν. τεκμαίρονται δέ, ὅτι μὴ
5 πολύ τι διεστήκασιν ἀλλήλων οἱ εἰρημένοι τόποι τῷ ἐν ἀμφοτέροις ἐσχάτοις οὖσι τῆς ἡμετέρας οἰκήσεως τὸ τῶν ἐλεφάντων εἶναι γένος, ὡς τῶν ἐσχάτων τούτων διὰ τὸ συνῆφθαι ἀλλήλοις πεπονθότων τοῦτο τὸ φέρειν ἐλέφαντας τῇδε κἀκεῖσε τοὺς αὐτούς, ὡς ἔοικε, νεμομένους· οὐ γὰρ ὁμοιότητα τῶν τόπων ἐπιδεῖξαι βούλεται, ὡς οἶμαι, διὰ τούτων, ἀλλὰ γειτνίασιν·
10 ἡ γὰρ ὁμοιότης ἠδύνατο καὶ τοῖς πόρρω διεστηκόσιν ὑπάρχειν τῆς αὐτῆς οὔσης τῶν ἀέρων σχεδὸν καταστάσεως τοῖς ὑπὸ τὸν αὐτὸν παράλληλον οἰκοῦσι.

p. 298ᵃ15 Καὶ τῶν μαθηματικῶν δέ, ὅσοι τὸ μέγεθος ἀναλογίζεσθαι πειρῶνται ἕως τοῦ τέλους.

15 Καὶ ταύτην τελευταίαν πίστιν ἀπὸ τῆς τῶν μαθηματικῶν μαρτυρίας παράγει τοῦ καὶ σφαιρικὴν εἶναι τὴν γῆν καὶ μὴ μεγάλην ὡς πρὸς τὸ μέγεθος τῶν ἄστρων παραβαλλομένην· καὶ γὰρ ὡς σφαιρικῆς οὔσης τὰ μέτρα παραδεδώκασι καὶ οὐ λίαν μεγάλης, εἴπερ εἰς στάδια τοσαῦτα συναγόμενον τὸ μέγεθος αὐτῆς συνελογίσαντο. ἀλλὰ καὶ τὸν ἥλιον αὐτὸν
20 ἑκατοντοεβδομηκονταπλάσιον ἐγγὺς τῆς γῆς ἀπέδειξαν κατὰ τὸ μέγεθος ποδιαῖον φαινόμενον διὰ τὴν ἀπόστασιν, ὡς, εἴ γε τὴν γῆν ἀπὸ τοῦ ἡλίου τις ἑώρα, τὸ ἑκατοστοεβδομηκοστὸν ἂν μέρος ἔχουσαν αὐτὴν τοῦ ποδιαίου διαστήματος ἐθεάσατο. εἰ δὲ καὶ τῶν ἀπλανῶν τινες μείζονες ὄντες τοῦ ἡλίου τοσούτῳ βραχύτεροι φαίνονται διὰ τὴν ἀπόστασιν, καὶ πρὸς τούτους
25 ἡ γῆ παραβαλλομένη ἐλάχιστον ἂν ἐμφαίνοι τὸ μέγεθος. τῶν δὲ ἄλλων ἄστρων εἶπεν, ὅτι | καὶ τὴν γῆν ἓν τῶν ἄστρων συμβολικῶς ἔλεγον οἱ Πυθαγόρειοι. εἰ μέντοι πρὸς τὴν ἀπλανῆ τις ὅλην σφαῖραν παραβάλοι τὴν γῆν, ὄντως ἀδιάστατος καὶ τοῦ κυρίως κέντρου λόγον ἔχουσα φανήσεται πρὸς αὐτήν. ἐναργὲς δὲ τοῦτο καὶ ἀπὸ τοῦ τὰ κέντρα τῶν πρὸς
30 ἀστρονομίαν παραλαμβανομένων ὀργάνων τοῦ τε μετεωροσκόπου καὶ τῶν ἀστρολάβων ἐν παντὶ μέρει τῆς γῆς τιθέμενα τῷ κέντρῳ τοῦ παντὸς ἀναλογεῖν.

---

1 συνεγνωσμένων Fc   3 τὴν (pr.) AF: om. c   4 μὴ A: οὐ Fc   5 ἀλλήλων F: ἀλλήλοις A   7 τούτων om. c   πεπονθότων τοῦτο] πεπονθέναι τοῦτο A: *pati hoc* b: τοῦτο πεπονθότων Fc   9 διὰ τούτων om. Fc   13 μαθηματικῶν F: corr. ex μαθητικῶν A   δέ AF: om. c   16 μὴ om. c   22 ἑώρα τὸ F: ἑωρᾶτο A   ἑκατοστοεβδομηκοστὸν A: ἑκατοεβδομηκοστον F: ἑκατοντοεβδομηκοστὸν c   24 πρὸς τούτους] τούτοις Fc   27 Πυθαγόρειοι F: Πυθαγόριοι A   τις A: τὴν Fc   28 τὴν γῆν Ab: τις τῆς γῆς Fc   τοῦ AF: om. Kc   29 τὰ κέντρα F: κέντρου A: *centrum* b   30 παραλαμβανομένων Fb: λαμβανομένων A   τε om. Fc   μετεωροσκοπείου Fc   31 τῆς γῆς μέρει Fc

SIMPLICII IN L. DE CAELO II 14 [Arist. p. 298ᵃ15]   549

Ἐπειδὴ δὲ τοῦ μέτρου τῆς γῆς ἐμνημόνευσεν ὁ Ἀριστοτέλης τεττα- 245b
ράκοντα μυριάδων αὐτῆς λέγεσθαι τὴν περιφέρειαν εἰπών, καλῶς ἂν ἔχοι 10
καὶ διὰ τοὺς ἀπιστοῦντας τῇ σοφίᾳ τῶν παλαιῶν ἀνδρῶν τὴν μέθοδον τῆς
μετρήσεως συντόμως προσαναγράψαι. λαβόντες ἀπὸ διόπτρας δύο τῶν
5 ἀπλανῶν ἀστέρων μοιριαῖον ἀλλήλων ἀπέχοντας διάστημα, τουτέστι τρια-
κοσιοστοεξηκοστὸν μέρος τοῦ μεγίστου ἐν τῇ ἀπλανεῖ κύκλου, καὶ εὑρόντες 15
ἀπὸ διόπτρας τόπους, οἷς κατὰ κορυφὴν εἰσιν οἱ δύο ἀστέρες, καὶ τὸ
μεταξὺ διάστημα διὰ ὁδομέτρου μετρήσαντες, πεντακοσίων ηὗρον αὐτὸ
σταδίων· ἐξ οὗ συνάγεται, ὅτι ὁ μέγιστος τῶν ἐν τῇ γῇ κύκλων περίμετρον
10 ἔχει μυριάδων δεκαοκτώ, ὡς ὁ Πτολεμαῖος ἐν τῇ Γεωγραφίᾳ ἀνελογίσατο. 20
ἐπεὶ δὲ δείκνυται ὑπὸ Ἀρχιμήδους ἡ περίμετρος τοῦ κύκλου τριπλασίων
τῆς διαμέτρου καὶ ἔτι ἑβδόμῳ μέρει αὐτῆς ὑπερέχουσα, ἔσται ἡ διάμετρος
μυριάδων πέντε καὶ ἑπτακισχιλίων διακοσίων ἑβδομήκοντα τριῶν. δείκνυται
δὲ πάλιν τὸ ὑπὸ τῆς διαμέτρου καὶ τοῦ τετάρτου μέρους τῆς περιμέτρου 25
15 ἴσον τῷ ἐμβαδῷ τοῦ κύκλου, ὡς γίνεσθαι τὸ ἐπίπεδον τοῦ κύκλου μυριά-
δων διπλῶν ἐμβαδῶν εἴκοσι πέντε καὶ ἁπλῶν ἑπτακισχιλίων ἑπτακοσίων
εἰκοσιοκτὼ καὶ ἔτι σταδίων πεντακισχιλίων. πάλιν δὲ δείκνυται, ὅτι ἡ ὅλη
τῆς σφαίρας ἐπιφάνεια τετραπλασίων ἐστὶ τοῦ ἐμβαδοῦ τοῦ ἐν αὐτῇ με- 30
γίστου κύκλου, ὡς συνάγεσθαι τὸ τῆς ἐπιφανείας μέγεθος σταδίων μυριάδων
20 διπλῶν ἑκατὸν τριῶν καὶ ⟨ἁπλῶν⟩ ἐννακοσίων δεκατεσσάρων. ἵνα δὲ καὶ τὸ
στερεὸν εὑρεθῇ τῆς γῆς μέγεθος, ὁ μέγιστος κύκλος ὁ ἔχων μυριάδας
διπλᾶς εἴκοσι πέντε καὶ ἁπλᾶς ἑπτακισχιλίας ἑπτακοσίας εἰκοσιοκτὼ καὶ 35
ἔτι πεντακισχιλίας μονάδας πολλαπλασιάζεται ἐπὶ τὴν διάμετρον καὶ γίνεται
κύλινδρος ὁ βάσιν μὲν ἔχων ἴσην τῷ μεγίστῳ κύκλῳ, ὕψος δὲ ἴσον τῇ
25 διαμέτρῳ, μυριάδων τριπλῶν ἑκατὸν τεσσαράκοντα ἑπτὰ καὶ διπλῶν ἑξακισ-
χιλίων ὀγδοήκοντα ὀκτὼ καὶ ἁπλῶν τετρακισχιλίων τριακοσίων ὀγδοήκοντα 40
καὶ ἔτι πεντακισχιλίων μονάδων. καὶ ἐπειδὴ ὁ οὕτως ἔχων κύλινδρος
ἡμιόλιός ἐστι τῆς σφαίρας, ἀφαιρῶ τούτων τὸ τρίτον καὶ τὸν καταλειπό-
μενον ἀριθμὸν ἔχω τοῦ στερεοῦ τῆς σφαίρας τῆς γῆς μυριάδων τριπλῶν
30 ἐνενήκοντα ὀκτὼ καὶ διπλῶν τετρακισχιλίων ἑξήκοντα τριῶν καὶ ἁπλῶν 45
ἑξακισχιλίων τετρακοσίων τεσσαράκοντα ἓξ καὶ ἔτι μονάδων | ἐννακισχιλίων 246a
πεντακοσίων τριῶν. πρὸς δὲ τὸ τοσοῦτον μέγεθος τῆς γῆς τὰ τῶν ὀρῶν
ἀναστήματα οὐκ ἔστιν ἱκανὰ τὸ σφαιρικὸν αὐτῆς ἀφελέσθαι σχῆμα οὐδὲ

---

1 δὲ Fb: om. A   4 διόπτρας F: διόπτρου? A   5 ἀπλανῶν F: ἀναπλανῶν A
μοιριαῖον F: μο ριαῖον A   6 ἐν] τῶν ἀπλανῶν ἐν Fc   εὑρόντες F: εὑρόντας A
7 τόπους A: τοὺς τόπους Fc   οἷς Fb: om. A   8 πεντακοσίων ηὗρον A: εὗρον
πεντακοσίων F(b)c   10 Πτολεμαῖος] Geogr. I 11,2   Γεωγραφίᾳ Fb: γεωμετρίᾳ A
ἀνελογίσατο A: συνελογίσατο Fc   11 ἐπεὶ AF: ἐπειδὴ c   Ἀρχιμήδους] Circuli
dim. 3   15 ὡς — κύκλου Fb: om. A   17 εἰκοσιοκτὼ A: κη̄ F: εἴκοσιν ὀκτὼ c
ἡ F: om. A   20 ἁπλῶν ἐννακοσίων scripsi: ἑπτακοσίων AFbc   21 στερεὸν F:
στερρεὸν A   22 εἰκοσιοκτὼ A: κη̄ F: εἴκοσιν ὀκτὼ c   26 ὀγδοήκοντα (pr.) — τετρα-
κισχιλίων Fb: om. A   28 ἐστι Fb: ἐπὶ A   29 στερεοῦ F: στερρεοῦ A
30 ἑξήκοντα] hinc in numero computando erravit Simplicius   32 τὸ A: om. Fc
αὐτῆς Fc: αὐτὴν A

τὰ μέτρα τὰ ὡς σφαιρικῆς οὔσης αὐτῆς συναχθέντα διαβάλλειν. ὁ γὰρ 246ᵃ
Ἐρατοσθένης τὴν ἀπὸ τῶν ὑψηλοτάτων ὁρῶν ἐπὶ τὰ χθαμαλώτατα πίπτου-
σαν κάθετον δείκνυσι διὰ τῶν ἐξ ἀποστημάτων μετρουσῶν διοπτρῶν στα-
δίων οὖσαν δέκα.

Εἰ δὲ ὁ Ἀριστοτέλης τὸ τῆς περιφερείας τῆς γῆς μέγεθος εἰς τεσσα-
ράκοντα μυριάδας συλλογίζεσθαι τοὺς μαθηματικούς φησι περιφέ|ρειαν 246ᵇ
πάντως τὴν ἐπιφάνειαν αὐτῆς λέγων, ἐπειδὴ μὴ προστέθεικε σταδίων
εἶναι τοῦτο τὸ μέτρον, ἄδηλον, εἰ διαφωνεῖ πρὸς τὸν ὕστερον συλλογισθέντα
τῆς ἐπιφανείας τῆς γῆς τῶν σταδίων ἀριθμόν. κἂν διαφωνῇ δέ, θαυμαστὸν
οὐδέν· οὔπω γὰρ ηὕρητο τὰ ὑπὸ Ἀρχιμήδους πορισθέντα θεωρήματα πρὸς
τὴν ἀκαμπῆ τοῦ προκειμένου κατάληψιν. μήποτε δὲ οὐδὲ ὁ Ἀριστοτέλης
φαίνεται ὡς ἀκριβὲς τοῦτο τὸ μέτρον ἀποδεχόμενος, ἀλλὰ τοσοῦτον ἔλαβεν
ἐξ αὐτοῦ μόνον, ὅτι οὐ λίαν ἐστὶ μεγάλη τοσούτων οὖσα μέτρων.

1 τὰ (alt.) F: om. A   αὐτῆς οὔσης Fc   2 χθαμαλώτατα F: χθαμαλώτερα Ab
10 ηὕρητο scripsi: ηὕρηται A: ηὕρετο F: *inventa fuerunt* b   11 ἀκαμπῆ A: ἀκριβῆ F:
certam b. Subscriptio in K (del. K²) πραγματίης διττῆς λάβε σιμπλικίοιο ἀοιδή | οὐρανοῖο
πέρι πλήρωσιν ἀριστοτέλους γε | χειρὶ γεωργίου ἀρητῆρος ὃν ἤγετο χρήτη:

ΕΙΣ ΤΟ ΤΡΙΤΟΝ ΤΩΝ ΑΡΙΣΤΟΤΕΛΟΥΣ ΠΕΡΙ ΟΥΡΑΝΟΥ

Οὐδὲν ἴσως κωλύει καὶ νῦν ὑπομνῆσαι περὶ τοῦ τῆς ὅλης πραγματείας σκοποῦ, ὅτι περὶ τῶν ἁπλῶν ἐστιν ἐν τῷ κόσμῳ σωμάτων τῶν πρώτων ἀπὸ τῶν ἀρχῶν συγκειμένων· πέντε δὲ ὄντων τούτων, ὡς ἐκ τῶν ἁπλῶν
5 ἐδείχθη κινήσεων, τοῦ τε κυκλοφορητικοῦ καὶ τῶν ὑπὸ σελήνην τεσσάρων ἐν τοῖς πρώτοις δύο βιβλίοις τὰ περὶ τοῦ κυκλοφορητικοῦ σώματος παντοδαπὰ θεωρήματα παραδέδωκε· καὶ γὰρ καὶ ὅσα περὶ τοῦ κόσμου λέγειν ἔδοξεν, ὅτι εἷς καὶ πεπερασμένος ἀγένητός τε καὶ ἄφθαρτος, ὡς διὰ τὸν οὐρανὸν ὑπάρχοντα τῷ κόσμῳ μνήμης ἐν ἐκείνοις τετύχηκε, καὶ τὰ περὶ
10 τῆς γῆς εἰρημένα οὐχ ἁπλῶς ὡς περὶ γῆς εἴρηται, ἀλλ' ὡς σχέσιν ἐχούσης πρὸς τὸν οὐρανόν, διὸ περὶ θέσεώς τε αὐτῆς εἴρηται ἐν τῷ παντὶ καὶ περὶ μονῆς καὶ σχήματος καὶ τῆς κατὰ τὸ μέγεθος παραβολῆς πρὸς τὸν οὐρανόν. ἐντεῦθεν δὲ περὶ τῶν ὑπὸ σελήνην ἁπλῶν σωμάτων ἄρχεται διδάσκειν, ὅτι οὔτε ἄπειρα τὸν ἀριθμὸν οὔτε ἕν, ἀλλὰ τέσσαρα, καὶ ὅτι γενητὰ καὶ
15 οὔτε ἐξ ἀσωμάτων γινόμενα οὔτε ἐξ ἄλλου σώματος, ἀλλ' ἐξ ἀλλήλων, καὶ οὔτε κατ' ἔκκρισιν οὔτε κατὰ σύνθεσιν καὶ διάλυσιν ἐπιπέδων ἢ ἀτόμων· περὶ τούτων γὰρ ἐν τῷ προκειμένῳ βιβλίῳ διδάξει, ὥσπερ ἐν τῷ τετάρτῳ περὶ τῶν δυνάμεων αὐτῶν. ὅτι δὲ ὡς περὶ ἁπλῶν καὶ πρώτων σωμάτων καὶ περὶ τούτων ποιεῖται τὸν λόγον ὥσπερ περὶ τοῦ οὐρανοῦ, δηλοῖ τὸ καὶ
20 ἐνταῦθα πάλιν τῷ αὐτῷ χρήσασθαι προοιμίῳ δεικνύντα, ὅτι ἡ φυσικὴ πραγματεία περὶ σωμάτων ἐστί, δηλώσει δὲ καὶ τὰ ἐν τῷ προοιμίῳ ῥηθησόμενα. |

p. 298ᵃ24 Περὶ μὲν οὖν τοῦ πρώτου οὐρανοῦ ἕως τοῦ διεληλύθαμεν πρότερον.

Τὸ προοίμιον κἀνταῦθα σύντομον ὑπόμνησιν ἔχει τῶν ἤδη προδι-

---

1 τῶν] τῆς A   εἰς τὸ Ἀριστοτέλους περὶ οὐρανοῦ γ c   2 ἴσως κωλύει AF: ἂν ἴσως κωλύοι c   5 τεττάρων c   10 ἐχούσης F: ἐχούσ// A   11 τε αὐτῆς F: αὐτῆς τε Ac   12 τὸ om. F   14 καὶ (alt.) ACFb: om. c   15 ἀσωμάτων AC: ἀσωμάτου Fb   17 βιβλίῳ διδάξει ACb: διδάξει βιβλίῳ F: βιβλίῳ διδάσκει c   19 ὥσπερ καὶ περὶ c   καὶ (alt.)] hic rursus inc. D   20 πάλιν] hic rursus inc. E   ὅτι ἡ φυσικὴ] lac. 10 litt. E   21 πράγματα E   ἐστί] seq. ras. 1 litt. E

δαχθέντων ἔν τε τῷ πρώτῳ καὶ δευτέρῳ βιβλίῳ. πρῶτον δὲ οὐρανὸν 247b
τὸ αἰθέριον λέγει πᾶν σῶμα· εἰ γὰρ οὐρανὸς καὶ ὁ κόσμος ὅλος καλεῖται
διὰ τοῦτον, ὁ πρῶτος καὶ κυρίως οὐρανὸς οὗτος ἂν εἴη ἡ τῶν ὀκτὼ
σφαιρῶν συνῃρημένη μονάς, περὶ ἧς ἐν τῷ πρώτῳ βιβλίῳ τὸν λόγον
5 ἐποιήσατο. μέρη δὲ αὐτοῦ προσεχῶς τὰς ὀκτὼ λέγει σφαίρας· μέρη μὲν
γάρ εἰσι καὶ οἱ ἀστέρες, ἀλλὰ μερῶν μέρη. περὶ δὲ τῶν μερῶν αὐτοῦ 10
καὶ τῶν ἀστέρων ἐν τῷ δευτέρῳ βιβλίῳ διῆλθε. τὰ δὲ ἐφεξῆς κατὰ κοινοῦ
περὶ πάντων ἀκουστέον τοῦ τε πρώτου οὐρανοῦ καὶ τῶν μερῶν αὐτοῦ καὶ
τῶν ἄστρων· καὶ γὰρ ἐκ τίνων συνεστᾶσιν, ὅτι ἐκ τῆς πέμπτης οὐσίας,
10 καὶ ποῖα ἄττα τὴν φύσιν, ὅτι οὐκ ἄψυχα σώματα, ἀλλ' ἐψυχωμένα καὶ 15
νοῦ καὶ πράξεως μέτοχα καὶ κατὰ τὸ σχῆμα σφαιρικά, πρὸς δὲ τούτοις,
ὅτι ἀγένητα καὶ ἄφθαρτα καὶ ἀναλλοίωτα καὶ ἀπαθῆ καὶ πάσης
ἀπηλλαγμένα θνητῆς δυσχερείας· ταῦτα γὰρ περὶ πάντων εἴρηται καὶ δέ-
δεικται κοινῶς. εἰ δέ, ὡς Ἀλέξανδρος οἴεται, τῷ ἐκ τίνων τε συνεστᾶσι 20
15 καὶ ποῖα ἄττα τὴν φύσιν ἐστίν, ὅτι ὅμοια ταῖς σφαίραις, ἐν αἷς εἰσιν,
ἐδείχθη, καὶ ὅτι σφαιροειδῆ καὶ ἀκίνητα, δεῖ καὶ τὸ ἀγένητα καὶ
ἄφθαρτα μὴ περὶ πάντων, ὡς αὐτὸς εἶπεν, ἀλλὰ περὶ τῶν ἄστρων καὶ
ταῦτα ἀκούειν, διότι περὶ τοῦ οὐρανοῦ παντός, ὅτι ἀγένητος καὶ ἄφθαρτος, 25
ἐν τῷ πρώτῳ δέδεικται βιβλίῳ. |

20 p. 298ᵃ27 Ἐπεὶ δὲ τῶν φύσει λεγομένων ἕως τοῦ καὶ ἐκ τῆς 248ᵃ
καθ' ἕκαστα θεωρίας.

Μέλλων, ὡς εἴρηται, πάλιν περὶ ἄλλων ἁπλῶν σωμάτων τῶν ὑπὸ 5
σελήνην ποιεῖσθαι τὸν λόγον τῷ αὐτῷ χρῆται προοιμίῳ πάλιν, ᾧ καὶ κατ'
ἀρχὰς τῆς πραγματείας ἐχρήσατο. ἔστι δὲ ὁ λόγος τοιοῦτος κατὰ τὸν
25 πρῶτον τρόπον τῶν ὑποθετικῶν προερχόμενος· εἰ τῶν φύσει λεγομένων
τὰ μέν εἰσιν οὐσίαι, τὰ δὲ ἔργα καὶ πάθη τῶν τοιούτων οὐσιῶν, τὴν 10
πλείστην συμβαίνει τῆς περὶ φύσεως ἱστορίας περὶ σωμάτων
εἶναι· καὶ γὰρ ὁ περὶ τῶν ἔργων καὶ παθῶν τῶν σωμάτων λόγος ἐπὶ
τὰ σώματα τὴν ἀναφορὰν ἔχει· ἀλλὰ μὴν τὸ πρῶτον· καὶ τὸ δεύτερον ἄρα.
30 τὰ δὲ μεταξὺ παρεμβληθέντα σαφηνίζει, τίς μὲν ἡ οὐσία ἡ φυσική, ὅτι 15
τὰ σώματα, τίνα δὲ τὰ ἔργα καὶ τὰ πάθη. ἐν δὲ τοῖς ὑποθετικοῖς, ἐν

---

1 τε om. c   δὲ] suprascr. E²   2 αἰθαίριον E: corr. E²: οὐράνιον suprascr. E²
λέγει om. E: post σῶμα add. E²   3 τοῦτον A¹DEb: τούτων A²c   πρῶτος
ADEb: πρώτως c   5 μὲν ACb: om. DEF   7 διῆλθεν E, ν eras.   8 τε DE:
om. Ac   9 ὅτι] corr. ex ὅτε E²   10 ποῖ'] ποῖ' c   ἐψυχωμένα DF: ἐμψυχωμένα A
et corr. ex ἐμψυχομένα E²: ἔμψυχα C: animata b   13 γὰρ om. c   — κοινῶς
(14) DEFb: om. Ac; ante κοινῶς ras. 7 litt. E   14 τῷ c: τὸ ADEF
τε om. D   15 ποῖ'] c   16 τὸ DEb: τὰ A   17. 18 καὶ ταῦτα om. Fb
18 περὶ] περὶ τῆς E: corr. E²   19 βιβλίῳ] βλίω A   22 ἄλλων] τῶν ἄλλων D
23 ᾧ] corr. ex ὃ E²   28 παθῶν A¹CDE: περὶ παθῶν A²c   λόγος — δὲ (30) om.
E: λόγος εἰς τὰ σώματα ἀναφέρεται ἀλλὰ τὸ πρῶτον καὶ τὰ E²   29 καὶ Cb: om.
ADc   δεύτερον ἄρα CF: ἄρα δεύτερον AD   31 τὰ (pr.) om. c

οἷς τὸ ἡγούμενον οὐ μόνον ἀληθές ἐστιν, ἀλλὰ καὶ ἐναργὲς καὶ ἀναμφί- 248ᵃ
λεκτον, ἀντὶ τοῦ εἰ συνδέσμου τῷ ἐπεὶ χρῶνται παρασυναπτικῷ ἀντὶ τοῦ
συναπτικοῦ, διὸ τὸ τοιοῦτον ἀξίωμα οἱ νεώτεροι παρασυναπτικὸν καλοῦσι· 20
καὶ Θεόφραστος δὲ ἐν τῷ πρώτῳ τῶν Προτέρων Ἀναλυτικῶν τὴν αἰτίαν
5 τῆς τοιαύτης χρήσεως ἐδήλωσεν. διὰ τοῦτο οὖν καὶ ὁ Ἀριστοτέλης νῦν οὐκ
εἶπεν "εἰ τῶν φύσει λεγομένων", ἀλλ' ἐπειδὴ τῶν φύσει λεγομένων,
ὡς φανεροῦ ὄντος τοῦ τῶν φύσει λεγομένων τὰ μὲν οὐσίας εἶναι, τὰ δὲ 25
ἔργα καὶ πάθη τῶν οὐσιῶν. ἐπειδὴ δὲ οὐσίαι καὶ ὑπὲρ φύσιν εἰσίν, εἰκό-
τως διακρίνει διὰ τῆς ἐπαγωγῆς, τίνες αἱ φυσικαὶ οὐσίαι, ὅτι αἱ σωματικαί·
10 αἱ γὰρ ὑπὲρ φύσιν ἀσώματοι· ὥστε, ὅτε ἔλεγε τῶν φύσει λεγομένων
τὰ μέν εἰσιν οὐσίαι, τὰς σωματικὰς ἔλεγεν οὐσίας, διὸ τούτῳ ἡγουμένῳ 30
ἠκολούθει τὸ ἑπόμενον τὸ τῆς περὶ φύσεως ἱστορίας τὴν πλείστην εἶναι
περὶ σώματα.

Πῦρ δὲ καὶ γῆν εἰπὼν ἐπήγαγεν καὶ τὰ σύστοιχα τούτοις τὰ ἄλλα
15 τρία λέγων τὰ ἁπλᾶ τό τε πέμπτον καὶ τὸν ἀέρα καὶ τὸ ὕδωρ. τὸ δὲ
καὶ ὅσα ἐκ τούτων τὰ σύνθετα πάντα δηλοῖ, ἅπερ ἐφεξῆς ὀνομάζει τόν 35
τε σύνολον οὐρανὸν τὸ αἰθέριον εἰπὼν πᾶν καὶ τὰ μέρη αὐτοῦ καὶ
πάλιν ἐν τῷ ὑπὸ σελήνην τά τε ζῷα καὶ τὰ φυτὰ καὶ τὰ μόρια
τούτων· πάντα γὰρ τὰ ὑπὸ σελήνην ἢ ζῷά ἐστιν ἢ φυτὰ ἢ τούτων μόρια.
20 Εἰπὼν δέ, τίνες εἰσὶν αἱ φυσικαὶ οὐσίαι, ἐπάγει, τίνα τὰ πάθη καὶ τὰ
ἔργα τὰ φυσικὰ τῶν σωμάτων, τάς τε κατὰ τόπον κινήσεις λέγων ἔργα 40
μᾶλλον οὔσας τῶν εἰρημένων οὐσιῶν καὶ τὰ ἄλλα, ὧν εἰσιν αἴτιαι αὐταὶ
κατὰ τὴν φυσικὴν δύναμιν. καὶ γὰρ οὐ μόνον κατὰ τόπον κινεῖται τὸ
πῦρ, ἀλλὰ καὶ θερμαίνει καὶ ξηραίνει φυσικῶς, καὶ τῶν ἄλλων φυσικῶν
25 σωμάτων ἕκαστον κατὰ τὴν ἑαυτοῦ δύναμιν ἐνεργεῖ, καί ἐστι τὸ γινόμενον 45
τοῦ μὲν ποιοῦντος ἔργον, τοῦ δὲ πάσχοντος πάθος, τοιαῦται δὲ καὶ αἱ
ἀλλοιώσεις, τοῦ μὲν | ἀλλοιοῦντος ἔργα, τοῦ δὲ ἀλλοιουμένου πάθη, καὶ 248ᵇ
αἱ εἰς ἄλληλα μεταβάσεις, τουτέστιν αἱ γενέσεις καὶ αἱ φθοραί, τοῦ μὲν
ποιοῦντος ἢ φθείροντος ἔργα, τοῦ δὲ γινομένου ἢ φθειρομένου πάθη. εἰ
30 οὖν καὶ τὰ ἔργα καὶ τὰ πάθη τὰ φυσικὰ τῶν φυσικῶν οὐσιῶν εἰσι, τουτέστι 5
τῶν σωματικῶν, εἰκότως ἔλεγεν ἡ ἐπιφορὰ τοῦ λόγου, ὅτι ἡ πλείστη τῆς

---

2 τῷ] τὸ A   τοῦ (alt.) om. c   3 καλοῦσιν DE   5 ἐδήλωσε DE   5 νῦν
οὐκ DE: οὐχ Ac: καὶ νῦν οὐκ F: nunc b   7 ως—λεγομένων AFb: om. DE
8 post (alt.) καὶ add. αἱ E²   10 ἔλεγε AF: ἔλεγεν DEc   τῶν — ἔλεγεν (11)
om. D, mg. E²   11 εἰσιν AF: ἐστιν c: evan. E²   τὰς om. E²
τούτῳ] corr. ex τοῦτο E²   12 πλείονα D   13 σώματα DE: τὰ σώματα Ac
14 ἐπήγαγε DEF   16 ὅσ' c   δηλοῖ] corr. ex φησί A: om. C   18 καὶ
τὰ φυτά—ζῷά (19) om. A   18. 19 τούτων μόρια c   19 πάντα — μόρια om. c
21 τὰ φυσικὰ τῶν] τῶν φυσικῶν Ac   25 ἑαυτοῦ AC: αὐτοῦ DE   ἐνεργεῖ
om. A   γιγνόμενον DE   26 πάθος] post o ras. 1 litt. E   27 post δὲ del.
γινομένου ἢ φθειρομένου πάθη. εἰ οὖν καὶ τὰ ἔργα καὶ τὰ πάθη τὰ φυσικὰ τῶν φυσικῶν
οὐσιῶν εἰσι A e lin. 29 sq. petita   28 αἱ (pr.) A: om. DE   τουτέστι c   αἱ
(tert.) ADE: om. c   29 ἢ (pr.)] καὶ Ac   30 τὰ φυσικὰ om. c   εἰσίν c
31 ὅτι] ὅτι καὶ Ac

περὶ φύσιν ἐπιστήμης περὶ σωμάτων ἐστί. τὴν πλείστην δὲ εἶπεν ἤτοι 248b ἀντὶ τοῦ πᾶσαν μετὰ φιλοσόφου μετριότητος ἢ κυρίως τὴν πλείστην, ἐπειδὴ καὶ περὶ ψυχῆς καὶ περὶ τοῦ πρώτου κινοῦντος ἐπὶ ποσὸν ὁ λόγος τῷ φυσικῷ· καὶ γὰρ καὶ οὗτος πρὸς τὸ συνεχῆ καὶ ἀίδιον εἶναι τὴν κυκλο-
5 φορίαν προσεχρήσατο τοῖς περὶ τοῦ ἀκινήτου αἰτίου λόγοις. ἢ τὴν πλείστην εἶπε περὶ σωμάτων εἶναι, διότι καὶ περὶ τὰ ἔργα καὶ τὰ πάθη τῶν σωμάτων ἄλλων ὄντων παρὰ τὰ σώματα, κἂν εἰς τὰ σώματα καὶ ταῦτα ἀναφέρηται; ἢ ὅτι αἱ φυσικαὶ οὐσίαι οὐχ ἁπλῶς εἰσι σώματα, ἀλλ' ἢ σώματα ἢ μετὰ σωμάτων, ὡς αὐτὸς ἐπήγαγεν· ὥστε εἴη ἂν ἡ πλείστη
10 περὶ σώματα, εἴπερ καὶ ψυχαί τινες οὐσίαι φυσικαί, οὐ σώματα. ὅτι δὲ αἱ φυσικαὶ οὐσίαι ἢ σώματα ἢ μετὰ σωμάτων γίνονται κατὰ τὴν ψυχῆς πρὸς σῶμα κοινωνίαν, δῆλον, φησίν, ἔκ τε τοῦ διωρίσθαι, ποῖά ἐστι τὰ φύσει, ὡς πρότερον παρεδείκνυε πῦρ καὶ γῆν λέγων καὶ τὰ σύστοιχα τούτοις καὶ ὅσα ἐκ τούτων καὶ καθόλου τὰ ἐν αὐτοῖς ἀρχὴν κινήσεως
15 ἔχοντα καθ' αὑτά· ταῦτα δὲ πάντα ἢ σώματα μόνον εἰσὶν ἢ μετὰ σωμάτων. ἔστι δὲ δῆλον τοῦτο, φησί, καὶ ἐκ τῆς καθ' ἕκαστα θεωρίας· καὶ γὰρ ἑκάστη θεωρία τούτων, ἃς φυσικὰς λέγομεν, περὶ σωμάτων ἢ τῶν μετὰ σωμάτων ἐστί. τὰ αὐτὰ δὲ σχεδόν ἐστι ταῦτα τοῖς κατ' ἀρχὰς τῆς πραγματείας εἰρημένοις ἔχουσιν οὕτως· "ἡ περὶ φύσεως ἐπιστήμη σχεδὸν ἡ
20 πλείστη τυγχάνει περί τε σώματα καὶ μεγέθη καὶ τὰ τούτων οὖσα πάθη καὶ τὰς κινήσεις."

p. 298b6 Περὶ μὲν οὖν τοῦ πρώτου τῶν στοιχείων εἴρηται ἕως τοῦ λοιπὸν δὲ περὶ τοῖν δυοῖν εἰπεῖν.

Δείξας καὶ πρότερον καὶ νῦν, ὅτι ἡ περὶ φύσεως πραγματεία περὶ
25 σωμάτων ἐστὶ καὶ δηλονότι περὶ προτέρων τῶν ἁπλῶν, εἶθ' οὕτω περὶ τῶν συνθέτων, οὐκέτι δεῖται νῦν περὶ τῆς τοῦ σώματος φύσεως διδάξαι, οὐδὲ πόσα τὰ ἁπλᾶ σώματα, ὡς ἤδη περὶ τούτων δεδειχώς, ἀλλ' ὑπομνήσας, ὅτι περὶ ἑνὸς τῶν ἁπλῶν εἴρηται τοῦ οὐρανίου, ὃ πρῶτον εἰκότως εἶπεν ὡς καὶ θέσει καὶ χρόνῳ καὶ τῷ τῆς αἰτίας λόγῳ τῶν ὑπὸ σελήνην

---

1 φύσιν A: φύσεως DE   ἤτοι] ἢ c   1. 2 ἤτοι ἀντὶ τοῦ] corr. ex ἂν τὸ ////// A
2 μετριότητος] -ό- e corr. E¹   4 οὗτος] fort. αὐτὸς   τὸ] τῷ D   6 εἶπεν c
7 ἄλλα ὄντα F   8 ἀναφέρονται E: ἀναφέρωνται E²   10 περὶ] περὶ τὰ A   οὐ
AF: καὶ οὐ DE   σώματα AF: σῶμα DE   11. 12 τῆς ψυχῆς πρὸς τὸ σῶμα
EF   12 διωρίσθη A   ποῖά DE: τὰ ποῖα A: τὰ ποῖ' c   13 τὰ (pr.) om. c
παρεδείκνυεν c   τὰ (alt.) om. Ac   14 αὐτοῖς A: τοῖς DE   15 ἔχοντα AE: ἔχουσι
DE²   16 καὶ om. c   17 καὶ c: ἐν ADEF   17. 18 τῶν μετὰ DE: μετὰ A
et suprascripto τῶν F: περὶ τῶν μετὰ bc   18 ἐστί] corr. ex ἐστίν E: ἔστιν c   ἐστί
seq. ras. 1 litt. E   τῆς] e corr. E¹   19 ἔχουσιν] -ου- e corr. E²   οὕτως]
268ᵃ1   20 τυγχάνειν A   τε D: τὰ AE: om. F   οὖσα FE²: οὖσαι Ab:
ὅσα E¹: om. D   deinde del. μεγέθη E¹   22 εἴρηται om. D   23 λοιπὸν δὲ
om. D   25 περὶ (pr.) Ab: om. DEF   τῶν A: καὶ DEFb   οὕτως EF
27 οὐδὲ DEF: non b: om. Ac   28 δ AF: om. DEb

SIMPLICII IN L. DE CAELO III 1 [Arist. p. 298b 6. 8]   555

πρωτεῦον, ἐπὶ τὰ λοιπὰ μέτεισι τὰ ὑπὸ σελήνην. στοιχεῖον δὲ τὸ 248b
οὐράνιον ὡς ἁπλοῦν καλεῖ, ἐπεὶ οὐδὲ τοῦ κόσμου στοιχεῖόν ἐστιν, ὡς
Ἀλέξανδρός φησιν, ἀλλὰ μέρος μᾶλλον· τὸ γὰρ στοιχεῖον δι' .ὅλου τοῦ 45
στοιχειωτοῦ διήκει καὶ τοῖς μεθ' ἑαυτοῦ στοι|χείοις συγκεράννυται. τὸ 249a
5 δὲ ποῖόν τι τὴν φύσιν, ὅτι πέμπτης τινὸς ἐξῃρημένης οὐσίας κυκλοφο-
ρητικῆς καὶ ὅτι ἄφθαρτον καὶ ἀγένητον. λοιπὸν οὖν περὶ τοῖν δυοῖν
εἰπεῖν τῶν γένεσιν καὶ φθορὰν ἐχόντων. δύο δὲ τὰ τέσσαρα τὰ ὑπὸ
σελήνην εἶπεν εἰς τὰς κινήσεις αὐτὰ συνελὼν τήν τε ἄνω καὶ τὴν κάτω 5
καὶ εἰς τὰς ῥοπὰς τὸ κοῦφον καὶ βαρύ· δείξας δὲ πρότερον ἀπὸ τῶν κινή-
10 σεων τῶν ἁπλῶν, ὅτι τρία τὰ ἁπλᾶ σώματα κατὰ γένος ἐστὶ τό τε κυκλο-
φορητικὸν καὶ τὸ ἄνω καὶ τὸ κάτω κινούμενον, καὶ περὶ τοῦ κυκλοφορητικοῦ 10
εἰπὼν εἰκότως ἐπήγαγεν, ὅτι λοιπὸν περὶ τοῖν δυοῖν εἰπεῖν.

p. 298b 8   Ἅμα δὲ συμβήσεται περὶ τούτων λέγουσιν ἕως τοῦ καὶ
πρὸς ἀλλήλους διηνέχθησαν.   15

15   Μετὰ τὸν περὶ τοῦ ἀϊδίου σώματος λόγον περὶ τῶν γενητῶν μέλλων
λέγειν ζητεῖ πρῶτον, εἰ ἔστιν ὅλως γένεσις ἢ οὔ, ἐπειδὴ ἔλεγόν τινες μὴ
εἶναι, καὶ εἰ ἔστι, πῶς μὲν οὐκ ἔστι, πῶς δὲ ἔστιν, ἐπειδὴ τῶν λεγόντων 20
εἶναι γένεσίν τινες οὐ κατὰ τὸ προσῆκον αὐτὴν ἐξηγοῦνται. δείξας δὲ
πρῶτον, ὅτι ἀναγκαῖος ὁ περὶ γενέσεως λόγος τῷ περὶ τῶν ὑπὸ σελήνην
20 μέλλοντι λέγειν, εἴπερ ἢ τὸ παράπαν οὐκ ἔστι γένεσις ἢ μόνον ἐν τούτοις
ἔστι τοῖς ὑπὸ σελήνην στοιχείοις καὶ τοῖς ἐκ τούτων συνισταμένοις, ζητεῖ 25
λοιπόν, πότερον ἔστι γένεσις ἢ οὐκ ἔστιν· τοῦτο γὰρ πρῶτόν ἐστι τῶν
προβλημάτων τὸ εἰ ἔστιν ἢ οὐκ ἔστι τὸ προτιθέμενον, ὅταν μὴ παντελῶς
προφανὲς καὶ ἀναμφίλεκτον ᾖ τὸ εἶναι, ὡς ἐπὶ τῆς γενέσεως ἔχει. οἱ γὰρ
25 πρῶτον περὶ τῆς ἀληθείας φιλοσοφήσαντες θεωρητικῶς, ἀλλ' οὐ πρακτικῶς 30
καὶ πολιτικῶς περὶ τὰ αἱρετὰ καὶ φευκτὰ διατρίψαντες καὶ πρὸς τοὺς
ἡμετέρους διηνέχθησαν λόγους καὶ πρὸς ἀλλήλους, πρὸς μὲν ἡμᾶς, ὅτι
λέγομεν εἶναι γένεσιν καὶ οὐκ ἐν πᾶσιν, ἀλλ' ἐν τοῖς ὑπὸ σελήνην μόνοις,
ἐκείνων τῶν μὲν οὐδενὸς λεγόντων γένεσιν, τῶν δὲ πάντων, καὶ διὰ τοῦτο 35
30 καὶ πρὸς ἀλλήλους διαφερομένων· ὥστε καὶ τὸ περὶ γενέσεως ὅλως ζητεῖν
ἀναγκαῖον τῷ περὶ τῶν ὑπὸ σελήνην διασκοποῦντι καὶ τὸ εἰ ἔστι γένεσις
καὶ τίνων ἔστι πολλῆς οὔσης περὶ τοῦτο διαφωνίας.

---

4 μεθ'] καθ' A   6 ἄφθαρτον AFb: ἀγένητον DE   ἀγένητον AFb: ἄφθαρτον DE
οὖν AF: δὴ D: τοίνυν E   περὶ] corr. ex ἐπὶ E²   7 δέσσαρα E, sed corr.: comp.
DF   9 πρότερον b: πρῶτον ADEFc   10 γένος DEFb: γένη Ac   ἐστὶ DE
13 δὲ] δὲ καὶ D   περὶ — λέγουσιν om. D   λέγουσιν AEF, v eras. E: λέγουσι c
14 πρὸς A: πρὸς ἡμᾶς καὶ DEF   15 μετὰ — λόγον ad lemma trahit A   μέλλων
ACE²Fb: μᾶλλον DE   16 ἔλεγόν τινες DEb: τινες ἔλεγον AFc   17 ἔστι (pr.)]
ἔστιν E   οὐκ om. c   δὲ] δὲ οὐχ c   18 οὐ AE²b: οὖν οὐ DE   20 μέλ-
λοντι] corr. ex μᾶλλόν τι E²   ἔστι] seq. ras. 1 litt. E   22 ἔστιν] ἔστι DE
23 ἔστι] seq. ras. 1 litt. E   25 πρῶτον Ab: πρῶτοι DE   26 διατρίψαντες] -αν- e
corr. E²   32 ἔστι] seq. ras. 1 litt. E

p. 298ᵇ14 Οἱ μὲν γὰρ αὐτῶν ὅλως ἀνεῖλον γένεσιν ἕως τοῦ μετή- 249ᵃ
νεγκαν ἐπὶ ταῦτα τοὺς ἐκεῖ λόγους.

Τετραχῇ διεῖλε τὰς περὶ γενέσεως δόξας· καὶ γὰρ οἱ μὲν τελέως τὴν
γένεσιν ἀναιροῦσι πάντα τὰ ὄντα ἀγένητα λέγοντες διὰ τὸ τῶν γενητῶν
καὶ φθαρτῶν μὴ εἶναι γνῶσιν ἀεὶ ῥεόντων αὐτῶν, ὡς Παρμενίδης καὶ 45
Μέλισ|σος ἐδόκουν λέγειν, οἱ δὲ ἀπ' ἐναντίας τούτων, ὡς Ἡσίοδος καὶ 249ᵇ
τὸ πρώτιστον τῶν παρ' αὐτῷ γενέσθαι λέγων
  ἤτοι μὲν πρώτιστα Χάος γένετ',
οἱ δὲ τὰ μὲν ἄλλα γενέσθαι λέγουσιν, ἓν δὲ μόνον τὸ κοινὸν ὑποκείμενον 5
ἀγένητόν φασιν, ἐξ οὗ τὰ ἄλλα γίνεται, ὥσπερ Ἡράκλειτος, οἱ δὲ οὐδὲν
ἀγένητον σῶμα λέγουσιν, ἀλλὰ πάντα γενέσθαι, ἐξ ἐπιπέδων μέντοι συντι-
θέμενα. πρώτους δὲ προχειρίζεται τοὺς περὶ Μέλισσον καὶ Παρμενίδην,
ὧν ὁ μὲν οὐδὲ ὅλως γένεσιν εἶναί φησι, Παρμενίδης δὲ οὐ πρὸς ἀλήθειαν 10
ἀλλὰ πρὸς δόξαν· διὰ τοῦτο προσέθηκε τὸ ἀλλὰ μόνον δοκεῖν ἡμῖν.
οὗτοι δέ, φησί, κἂν τὰ ἄλλα λέγωσι καλῶς· τὰ γὰρ περὶ τοῦ ἑνὸς ὄντος
καὶ τῆς νοητῆς φύσεως καλῶς τῷ ὄντι καὶ θείως ἐνόησάν τε καὶ τοῖς
ἑπομένοις ἐξέφηναν καὶ τὸ μὴ δύνασθαι ἐπιστήμην εἶναι τῶν ἐν γενέσει
τε καὶ κινήσει ὄντων ἅτε ῥεόντων ἀεί· ἀλλ' οὐ φυσικῶς γε δεῖ νομίσαι 15
λέγειν αὐτοὺς περὶ τὰ ὑπὲρ τὴν φύσιν φιλοσοφοῦντας. τὸ γὰρ εἶναι
ἄττα τῶν ὄντων ἀγένητα καὶ ὅλως ἀκίνητα, ὅπερ ἀπεδείκνυον
ἐκεῖνοι, ἑτέρας ἐστὶ τῆς πρώτης φιλοσοφίας ἀποδεικνύναι καὶ οὐχὶ τῆς φυ-
σικῆς σκέψεως τῆς περὶ τὰ κινούμενα ἐχούσης, εἴπερ ἡ φύσις ἀρχὴ κινή- 20
σεως, οἱ δὲ κίνησιν ἀναιροῦντες καὶ τὴν φύσιν ἀναιροῦσι καὶ τὰ φυσικὰ
πράγματα. καὶ τί κωλύει, φαίη ἄν τις, μὴ λέγεσθαι φυσικοὺς ἐκείνους
μηδὲ ὡς φυσικοὺς εὐθύνεσθαι; ἢ ὅτι Περὶ φύσεως ἐπέγραφον τὰ συγγράμ-
ματα καὶ Μέλισσος καὶ Παρμενίδης; τοῦτο δὲ οὐκ ἂν εἴη τοσοῦτον· καὶ 25
γὰρ καὶ κοινὸν ἦν ὄνομα τῆς φύσεως, καθὸ καὶ θεοῦ φύσιν πολλάκις τολ-
μῶσιν εἰπεῖν καὶ τὴν τῶν ὄντων φύσιν λέγομεν, καὶ μέντοι οὐ περὶ τῶν
ὑπὲρ φύσιν μόνον, ἀλλὰ καὶ περὶ τῶν φυσικῶν ἐν αὐτοῖς τοῖς συγγράμμασι
διελέγοντο, καὶ διὰ τοῦτο ἴσως οὐ παρῃτοῦντο περὶ φύσεως ἐπιγράφειν. 30

---

1 ὅλως ἀνεῖλον AF: ἀνεῖλον ὅλως DE   2 ἐκεῖ A: ἐκεῖθεν DEFc   4 ἀναιροῦσι] seq. ras. 1 litt. E   5 post εἶναι del. λεγόντων A   6 καὶ om. c   7 αὐτοῦ D λέγων] Theogon. 116   λέγων — γενέσθαι (9) mg. E²   8 γένετ' E²: ἐγένετο ADF
9 ἄλλα πάντα E²   λέγουσιν] del. E²   10 ἀγέν̆ητον A   γίνεσθαι c   11 γενέσθαι A: γίγνεσθαι DE   13 οὐδ' c   16 φύσεως] οὐσίας c   19 αὐτοὺς om. A   τὰ] τῶν c   τὴν om. c   φιλοσοφήσαντες A   τὸ corr. ex τοῦ
E²: τοῦ D   23 ἀναιροῦσιν Ec: corr. E¹   27 γὰρ καὶ] γὰρ A   κοινὸν] corr.
ex κοινῶς E: κοινῶς D   27. 28 τολμῶσιν εἰπεῖν πολλάκις D   τολμῶμεν EF
30 ὑπογράφειν A

ἀλλ' ὅπερ Ἀριστοτέλης αὐτοῖς ἐγκαλεῖ τὴν αἰτίαν τῆς διαμαρτίας ἐξελέγχων 249b
σκληρὸν ὄντως ἦν, εἴπερ ἀληθὲς ἦν· ἐκεῖνοι γάρ, φησίν, οὐδὲν μὲν ἄλλο
παρὰ τὴν τῶν αἰσθητῶν οὐσίαν ὑπολαμβάνοντες ἐν ὑποστάσει εἶναι, πρῶτοι
δὲ ἐννοήσαντες, ὅτι ἀνάγκη τοιαύτας τινὰς ἀγενήτους καὶ ἀκινήτους εἶναι 35
5 φύσεις, εἴπερ ἔστι γνῶσις ἐπιστημονική· τῶν γὰρ ἀεὶ ῥεόντων οὐκ ἔστιν
ἐπιστήμη, καὶ λέγει καὶ ὁ παρὰ τῷ Πλάτωνι Παρμενίδης, ὅτι οὐδὲ ὅποι
τρέψει τις τὴν διάνοιαν ἕξει μὴ τῶν ἀιδίων εἰδῶν ὑποτιθεμένων εἶναι·
ταῦτα οὖν ἐννοήσαντες μετήνεγκαν ἐπὶ τὰ αἰσθητὰ καὶ γενητὰ τοὺς τοῖς 40
νοητοῖς καὶ ἀκινήτοις ἐφαρμόζοντας λόγους, εἴ γε περὶ φύσεως προτιθέμενοι
10 λέγειν τὰ ἐκείνοις προσήκοντα λέγουσι. καὶ εἰ Περὶ φύσεως ἢ Περὶ τοῦ
ὄντος ἐπέγραψε Μέλισσος, δῆλον, ὅτι τὴν φύσιν ἐνόμιζεν εἶναι τὸ ὂν καὶ
τὰ φυσικὰ τὰ ὄντα, ταῦτα δέ ἐστι τὰ αἰσθητά. καὶ ταύτῃ δὲ ἴσως ὁ 45
Ἀριστοτέλης εἶπεν αὐτοὺς μηδὲν ἄλλο παρὰ τὴν τῶν αἰσθητῶν |
οὐσίαν ὑπολαμβάνειν τῷ ἓν λέγειν τὸ ὄν· τοῦ γὰρ αἰσθητοῦ ἐναρ- 250a
15 γῶς εἶναι δοκοῦντος, εἰ ἓν τὸ ὄν ἐστιν, οὐκ ἂν εἴη ἄλλο παρὰ τοῦτο.
λέγει δὲ Μέλισσος μὲν "εἰ γὰρ εἴη, ἓν εἴη ἄν· εἰ γὰρ δύο εἴη, οὐκ ἂν
δύναιτο ἄπειρα εἶναι, ἀλλ' ἔχοι ἂν πείρατα πρὸς ἄλληλα", Παρμενίδης δὲ 5
οὖλον μουνογενές τε καὶ ἀτρεμὲς ἠδ' ἀγένητον.
ἀλλ' ὁ μὲν Ἀριστοτέλης, ὡς ἔθος αὐτῷ, πρὸς τὸ φαινόμενον καὶ νῦν τῶν
20 λόγων ὑπήντησε προνοῶν τοῦ μὴ τοὺς ἐπιπολαιοτέρους παραλογίζεσθαι, οἱ
δὲ ἄνδρες ἐκεῖνοι διττὴν ὑπόστασιν ὑπετίθεντο, τὴν μὲν τοῦ ὄντως ὄντος 10
τοῦ νοητοῦ, τὴν δὲ τοῦ γινομένου τοῦ αἰσθητοῦ, ὅπερ οὐκ ἠξίουν καλεῖν
ὂν ἁπλῶς, ἀλλὰ δοκοῦν ὄν· διὸ περὶ τὸ ὂν ἀλήθειαν εἶναί φησι, περὶ δὲ
τὸ γινόμενον δόξαν. λέγει γοῦν ὁ Παρμενίδης·
25   χρεὼ δέ σε πάντα πυθέσθαι,
    ἠμὲν ἀληθείης εὐκυκλέος ἀτρεμὲς ἦτορ   15
    ἠδὲ βροτῶν δόξας, ταῖς οὐκ ἔνι πίστις ἀληθής.

---

4 τοιαύτας τινάς b: τοιαύτας DEF: τινὰς Ac   5 ἔστι] ἔσται c   6 ἐπιστήμην E, sed corr.   λέγειν DE: corr. E   καὶ (alt.) om. F: δὲ c   τῷ om. c   Πλάτωνι] Parmenid. 135 b   7 τρέψῃ D   ἕξει DEb: ἦ A: ἔστι c   μὴ Db: om. AE 8 ἐννοήσαντες A: ἐννοοῦντες DE   γενητά] νοητὰ A   9 προστιθέμενοι A   10 λέγουσι] corr. ex λέγουσιν E: λέγουσιν c   13 αὐτοὺς μηδὲν ADEb: μηδὲν αὐτοὺς F: διὰ τὸ μηδὲν αὐτοὺς c   14 τῷ K: τὸ ADEF: εἶναι τὸ c: sed b   15 εἴη] seq. ras. 1 litt. E: om. F   ἄλλο Ab: ἄλλο τι DEF   τοῦτο εἴη F   16 δὲ] δ' ὁ D Μέλισσος] cf. Papst de Mel. fragm. Bonn. 1889 p. 27   ὁ μὲν μέλισσος in ras. E²: μέλισσος (om. μὲν) D   εἴη ἄν Ab: ἂν εἴη DEc   mg. γράφεται ἄλλως· εἰ γὰρ οὕτως ἓν ἔσται, δύναιντ' ἂν ἄπειρα εἶναι ἀλλ' ἔχοι ἂν πείρατα πρὸς ἄλληλα E²   17 ἔχοι] corr. ex ἔχει E² 18 Parmenid. v. 65   μουνογενὲς Peyron: μονογενὲς ADEF   19 ὡς] suprascr. E² καὶ νῦν] ἦν δὴ A   19. 20 τῶν λόγων καὶ νῦν F   τῶν λόγων Ab: τοῦ λόγου c   20 ἐπιπολεοτέρους E, sed corr.   21 ὑπόστασιν DEF: ὑπόθεσιν Abc   ὑπετίθεντο DE: παρετίθεντο Ab   ὄντος om. E   22 γινομένου A: γενομένου DE(b)   23 περὶ (pr.) Ab: περὶ μὲν DEc   φησι (sc. Parmenides) Ab: φασι DEc   δὲ om. A 24 γιγνόμενον DE   24 Παρμενίδης] v. 28 sq.   25 χρεῶδες ἐπαντᾷ A   26 ἠμὲν D: εἰ μὲν AE   ἀληθῇ A   εὐκυκλέος DE: εὐκύκλιος A: εὐπείθεος Sextus, Clemens, Laertius: εὐφεγγέος Proclus   27 ἠδὲ] ἡ δὲ E: εἰ δὲ E²

ἀλλ' ἔμπης καὶ ταῦτα μαθήσεαι, ὡς τὰ δοκοῦντα
χρῆν δοκίμως εἶναι διὰ παντὸς πάντα περῶντα.
ἀλλὰ καὶ συμπληρώσας τὸν περὶ τοῦ ὄντως ὄντος λόγον καὶ μέλλων περὶ τῶν αἰσθητῶν διδάσκειν ἐπήγαγεν·

ἐν τῷ σοι παύσω πιστὸν λόγον ἠδὲ νόημα
ἀμφὶς ἀληθείης, δόξας δ' ἀπὸ τοῦδε βροτείας
μάνθανε κόσμον ἐμῶν ἐπέων ἀπατηλὸν ἀκούων.

παραδοὺς δὲ τὴν τῶν αἰσθητῶν διακόσμησιν ἐπήγαγε πάλιν·

οὕτω τοι κατὰ δόξαν ἔφυ τάδε καί νυν ἔασι
καὶ μετέπειτ' ἀπὸ τοῦδε τελευτήσουσι τραφέντα·
τοῖς δ' ὄνομ' ἄνθρωποι κατέθεντ' ἐπίσημον ἑκάστῳ.

πῶς οὖν τὰ αἰσθητὰ μόνον εἶναι Παρμενίδης ὑπελάμβανεν ὁ περὶ τοῦ νοητοῦ τοιαῦτα φιλοσοφήσας, ἅπερ νῦν περιττόν ἐστι παραγράφειν; πῶς δὲ τὰ τοῖς νοητοῖς ἐφαρμόζοντα μετήνεγκεν ἐπὶ τὰ αἰσθητὰ ὁ χωρὶς μὲν τὴν ἕνωσιν τοῦ νοητοῦ καὶ ὄντως ὄντος παραδούς, χωρὶς δὲ τὴν τῶν αἰσθητῶν διακόσμησιν ἐναργῶς καὶ μηδὲ ἀξιῶν τῷ τοῦ ὄντος ὀνόματι τὸ αἰσθητὸν καλεῖν; ἀλλὰ καὶ Μέλισσος ὡς καταλογάδην γράψας σαφέστερον ἔτι τὴν ἑαυτοῦ περὶ τούτων γνώμην ἐξέφηνε δι' ὅλου μὲν τοῦ λόγου, καὶ ἐν τούτοις δὲ οὐχ ἥκιστα τοῖς ῥητοῖς· εἰπὼν γὰρ περὶ τοῦ ὄντος, ὅτι ἕν ἐστι καὶ ἀγένητον καὶ ἀκίνητον καὶ μηδενὶ κενῷ διειλημμένον, ἀλλ' ὅλον ἑαυτοῦ πλῆρες, ἐπάγει· "μέγιστον μὲν οὖν σημεῖον οὗτος ὁ λόγος, ὅτι ἓν μόνον ἔστιν, ἀτὰρ καὶ τάδε σημεῖα· εἰ γὰρ ἦν πολλά, τοιαῦτα χρὴ αὐτὰ εἶναι, οἷόν περ ἐγώ φημι τὸ ἓν εἶναι· εἰ γὰρ ἔστι γῆ καὶ ὕδωρ καὶ ἀὴρ καὶ σίδηρος καὶ χρυσὸς καὶ πῦρ καὶ τὸ μὲν ζῶον, τὸ δὲ τεθνηκός, καὶ μέλαν καὶ λευκὸν καὶ τὰ ἄλλα, ὅσα φασὶν οἱ ἄνθρωποι εἶναι ἀληθῆ, εἰ δὴ ταῦτα ἔστι, καὶ ἡμεῖς ὀρθῶς ὁρῶμεν καὶ ἀκούομεν, εἶναι χρὴ ἕκαστον τοιοῦτον, οἷόν περ | τὸ πρῶτον ἔδοξεν ἡμῖν, καὶ μὴ μεταπίπτειν μηδὲ γίνεσθαι ἑτεροῖον, ἀλλὰ ἀεὶ εἶναι ἕκαστον, οἷόν περ ἐστίν. νῦν δέ φαμεν ὀρθῶς ὁρᾶν καὶ ἀκούειν καὶ συνιέναι, δοκεῖ δὲ ἡμῖν τό τε θερμὸν ψυχρὸν γίνεσθαι καὶ τὸ ψυχρὸν θερμὸν καὶ τὸ σκληρὸν μαλθακὸν καὶ τὸ μαλθακὸν σκληρὸν

---

1 ταῦτα] τοῦτο Stein   μαθήσεαι DE: μαθήσεται A: μυθήσομαι Fc   2 χρῆν DE: χρὴν A: χρὴ c   εἶναι ADEF: σ' ἰέναι c: κρῖναι Karsten   περῶντα A: περ ὄντα DEF   3 ὄντος ὄντως E   4 ἐπήγαγεν] Parmenid. v. 113sq.   7 ἀπατηλῶν E   8 ἐπήγαγε] Parmenid. v. 153 sq.   9 ἔφυν Stein   ἐφύτα δὲ DE: corr. E²   καὶ νυν Gaisford: καὶ νῦν ADEF: νῦν τε Peyron, c   11 ἐπίσημον ἑκάστῳ DE: ἑκάστῳ ἐπίσημον AF   12 εἶναι Ab: om. DE   13 νῦν] e corr. E   14 ἐφαρμόττοντα c   αἰσθητά] μαθητὰ E   15 νοητοῦ] bis E   καὶ — παραδούς om. D   19 ἕν ἐστι] ἔνεστι E   21 ἐπάγει] frg. 17 Mullach   22 χρῆν Mullach   24 ζῶον AE: ζῶν DE²: ζῶιον suprascr. E²   25 ἀληθινά F   ταῦτα] ταῖς E   26 ἔστι] ἔνι? E: ἔστιν c   ὁρῶμες DE: corr. E²   ἀκούομες DE: corr. E²   28 ἀλλ' c   ἐστὶ DE   29 θερμὸν ψυχρὸν DE: θερμὸν καὶ ψυχρὸν A: ψυχρὸν θερμὸν Fb   γίνεσθαι F: γίγνεσθαι DE: γενέσθαι A   30 ψυχρὸν θερμὸν] θερμὸν ψυχρὸν Fb   μαλθακὸν (pr.) A: μαλακὸν DE   καὶ — σκληρὸν DE: om. Ab   τὸ μαλθακὸν c: τὸ μαλακὸν D: μαλακὸν E

καὶ τὸ ζῶον ἀποθνήσκειν καὶ ἐκ μὴ ζῶντος γίνεσθαι, καὶ ταῦτα πάντα 250ᵇ
ἑτεροιοῦσθαι καὶ ὅ τι ἦν τε καὶ ὃ νῦν οὐδὲν ὅμοιον εἶναι, ἀλλ' ὅ τε σί-
δηρος σκληρὸς ἐὼν τῷ δακτύλῳ κατατρίβεσθαι ὁμοῦ ῥέων καὶ χρυσὸς καὶ
λίθος καὶ ἄλλο ὅ τι ἰσχυρὸν δοκεῖ εἶναι πᾶν, ἐξ ὕδατός τε γῆ καὶ λίθος
5 γίνεσθαι· ὥστε συμβαίνει μήτε ὁρᾶν μήτε τὰ ὄντα γινώσκειν. οὐ τοίνυν
ταῦτα ἀλλήλοις ὁμολογεῖ· φαμένοις γὰρ εἶναι πολλὰ καὶ ἀίδια καὶ εἴδη τε
καὶ ἰσχὺν ἔχοντα πάντα ἑτεροιοῦσθαι ἡμῖν δοκεῖ καὶ μεταπίπτειν ἐκ τοῦ
ἑκάστοτε ὁρωμένου· δῆλον τοίνυν, ὅτι οὐκ ὀρθῶς ἑωρῶμεν, οὐδὲ ἐκεῖνα
πολλὰ ὀρθῶς δοκεῖ εἶναι· οὐ γὰρ ἂν μετέπιπτεν, εἰ ἀληθῆ ἦν, ἀλλ' ἦν,
10 οἷόν περ ἐδόκει ἕκαστον, τοιοῦτον· τοῦ γὰρ ἐόντος ἀληθινοῦ κρεῖσσον οὐδέν,
ἢν δὲ μεταπέσῃ, τὸ μὲν ἐὸν ἀπώλετο, τὸ δὲ οὐκ ἐὸν γέγονεν. οὕτως οὖν,
εἰ πολλὰ εἴη, τοιαῦτα χρὴ εἶναι, οἷόν περ τὸ ἕν". σαφῶς οὖν οὗτος καὶ
τὴν αἰτίαν εἶπε, δι' ἣν τὰ αἰσθητὰ οὐκ εἶναι λέγουσιν ἀλλὰ δοκεῖν εἶναι.
πῶς οὖν ἄν τις αὐτοὺς ὑπολάβοι μόνον τὸ αἰσθητὸν νομίζειν εἶναι; ἀλλὰ
15 καὶ γένεσιν ἀπὸ τοῦ ὄντως ὄντος ἀναιροῦσιν· ἐπ' ἐκείνου γὰρ καὶ Παρμε-
νίδης εἶπε τὸ

γένεσις μὲν ἀπέσβεσται καὶ ἄπυστος ὄλεθρος

καὶ Μέλισσος ὡς Παρμενίδης· τῶν μέντοι αἰσθητῶν γένεσιν σαφῶς λέγουσι,
Μέλισσος μὲν ἐν τούτοις "τὸ θερμὸν ψυχρὸν γίνεσθαι" καὶ τὰ ἑξῆς *
20 "ἐξ ὕδατός τε γῆ καὶ λίθος γίνεσθαι", Παρμενίδης δὲ περὶ τῶν αἰσθητῶν
ἄρξασθαί φησι λέγειν,

πῶς γαῖα καὶ ἥλιος ἠδὲ σελήνη
αἰθήρ τε ξυνὸς γάλα τ' οὐράνιον καὶ Ὄλυμπος
ἔσχατος ἠδ' ἄστρων θερμὸν μένος ὡρμήθησαν
25 γίγνεσθαι,

καὶ τῶν γινομένων καὶ φθειρομένων μέχρι τῶν μορίων τῶν ζῴων τὴν γέ-
νεσιν παραδεδώκασι. δῆλον δέ, ὅτι οὐκ ἠγνόει Παρμενίδης, ὅτι γενητὸς

---

1 ζῶν D   γίγνεσθαι DE   2 τε (pr.)] ποτε E²c   νῦν] νῦν ἔστι Mullach
3 ὁμοῦ ῥέων ADEFbc: ὁμουρέων Bergk: ⟨καὶ⟩ ὁμοῦ ῥέειν conicio   4 ἐξ—γίνεσθαι (5)
c: om. ADEFb   5 γινώσκειν ἐξ ὕδατός τε γῆ καὶ λίθος γίνεσθαι ADEFb   6 φα-
μὲν οἷς A   καὶ (pr.) Ab: om. DEF   7 μεταπίπτει A   8 ὁρέομεν Mullach
9 ἐδόκει c   ἂν om. Ab   10 τοῦ γὰρ ἐόντος] τοῦτο γὰρ ἐῶντος A   11 μὲν
ἐὸν Brandis: μέσον ADEFb   ἐῶν A   γέγονε E   12 εἴη] ἦν Preller
χρῆν Preller   καὶ οὗτος c   13 εἶπεν E, sed corr.   14 τὸ] seq. ras.
1 litt. E: τὸν D   15 ὄντως om. E   15. 16 Παρμενίδης] v. 82   16 εἶπε τὸ]
εἶπεν ὡς c   17 ἀπέσβεσθαι E: corr. E²   ἄπυστος A: ἄπαυστος DE: ἄπιστος Fülle-
born   18 καὶ—λέγουσι] τῶν μέντοι αἰσθητῶν γένεσιν σαφῶς λέγουσι καὶ παρμενίδης καὶ
μέλισσος F: τῶν μέντοι αἰσθητῶν γένεσιν σαφῶς λέγουσιν καὶ Μέλισσος καὶ Παρμενίδης c
ὡς scripsi: καὶ ADEb   λέγουσι Ab: λέγουσι καὶ D et corr. ex λέγουσιν καὶ E
19 τὸ] τό τε c   γίγνεσθαι DE   τά] τοῖς c   post ἑξῆς desidero καὶ ego, ἕως
τοῦ c   20 τε] τε καὶ A   λίθοι Ac   γίνεσθαι om. F   21 ἀρξάμενος
Stein   λέγειν] ad verba Parmenidis trahit Stein   22 Parmenid. v. 129 sq.
24 θερμῶν DE   25 γίγνεσθαι DE: γίνεσθαι AF   26 γινομένων καὶ φθειρομένων
Fb: γιγνομένων καὶ φθειρομένων DE: εἰρομένον A   27 παραδεδώκασι Ab: παραδιδῶσι
DEc   δ' c   ἠγνόει] e corr. E

αὐτὸς ἦν, ὥσπερ οὐδέ, ὅτι δύο πόδας εἶχεν, ἓν λέγων τὸ ὄν, ἀλλ' ὅπερ ἐν 250ᵇ τῇ Μετὰ τὰ φυσικὰ καλῶς ὁ Ἀριστοτέλης ἀπεφθέγξατο, τὸ "Παρμενίδης δὲ ἔοικέ που βλέπειν," τοῦτο πανταχοῦ μετὰ τὸν τοῦ φαινομένου ἔλεγχον 40 ἐπιφέρειν τὸν Ἀριστοτέλην νομιστέον.

5   Ὁ δὲ Ἀλέξανδρος οὕτως αὐτοὺς συλλογίζεσθαί φησι· τὰ αἰσθητὰ μόνα ὄντα· τῶν ὄντων ἐπιστήμη· ὧν δὲ ἐπιστήμη, ταῦτα ἀκίνητά ἐστι· τὰ αἰσθητὰ ἄρα ἀκίνητα. τούτῳ δέ, φησίν, ἀκολουθήσαντες τῷ λόγῳ τὰ ἐπὶ 45 τῶν ἀκινήτων οὐσιῶν ἀληθῶς λεγόμενα μετή|νεγκαν ἐπὶ τὰ αἰσθητά, οὐχ 251ᵃ ὑγιῶς· διὸ συνέβαινεν αὐτοὺς περὶ τῶν φυσικῶν οὐ φυσικῶς λέγοντας ἀναι-
10 ρεῖν τὴν φύσιν.

p. 298ᵇ24   "Ἕτεροι δέ τινες ὥσπερ ἐπίτηδες ἕως τοῦ καὶ διαλύον- 5
τες εἰς ἐπίπεδα καὶ ἐξ ἐπιπέδων.

Μετὰ τοὺς ἀναιρεῖν τελέως τὴν γένεσιν δοκοῦντας τοὺς ἐξ ἐναντίας τούτοις παρατίθησι τοὺς πάντα γίνεσθαι λέγοντας καὶ μηδὲν ἀγένητον εἶναι
15 τῶν ὄντων, πάντων δὲ γινομένων τὰ μὲν ἄφθαρτα μένειν, τὰ δὲ φθείρεσθαι. 10 τούτων δὲ εἶναι τὸν Ἡσίοδόν φησιν, ὃς καὶ τὸ πρώτιστον τῶν ὑπ' αὐτοῦ λεγομένων εἶναι τὸ Χάος γενητὸν ποιεῖ λέγων·
      ἤτοι μὲν πρώτιστα Χάος γένετο.
τοῦτον μὲν οὖν μάλιστα πάντα γενητὰ ποιεῖν φησιν, ὅτι καὶ τὸ πρῶτον 15
20 παρ' αὐτῷ γενέσθαι λέγει· τῶν δὲ ἄλλων πρώτους φυσιολογῆσαι τοὺς περὶ Ὀρφέα καὶ Μουσαῖον λέγειν εἰκός, οἵτινες πλὴν τοῦ πρώτου πάντα γενέσθαι λέγουσι. δῆλον δέ, ὅτι διὰ μύθων οὗτοι θεολογοῦντες γένεσιν ἐκάλουν τὴν ἀπὸ τῶν αἰτίων πρόοδον· διὸ καὶ τὸ πρῶτον αἴτιον πάντες ἀγένητον φυ- 20 λάττουσι. καὶ γὰρ καὶ Ἡσίοδος εἰπὼν πρῶτον γενέσθαι τὸ Χάος ἐνεδείξατο
25 εἶναί τι καὶ πρὸ τοῦ Χάους, ἀφ' οὗ τὸ Χάος γέγονε· τὸ γὰρ γινόμενον ἀνάγκη πάντως ὑπό τινος γίνεσθαι· καὶ τοῦτο δὲ προσενεδείξατο, ὅτι τὸ πρῶτον αἴτιον καὶ ὑπὲρ γνῶσιν καὶ ὑπὲρ ὀνομασίαν ἐστί.   25

---

1 ἦν αὐτός Ac   ante ὥσπερ ras. 3 litt. E   2 Μετὰ τὰ φυσικά] A 5. 986ᵇ27 ἀπεφθέγξατο A: ἐπεφθέγξατο DE: εἶπεν F   3 δὲ] μὲν c   ἐπιφέρειν μετὰ c φαινομένου] φιλοσόφου c   4 ἐπιφέρειν om. c   Ἀριστοτέλη E   5 φησίν c 6 ἐπιστήμη (pr.) DEb: ἐπιστήμη ἐστίν A: ἐπιστήμη τῶν αἰσθητῶν μόνων ἐπιστήμη F: ἐπιστήμη τῶν αἰσθητῶν μόνων ἐπιστήμη ἐστίν c   7 τούτῳ] corr. ex τοῦτο E²   9 ὑγιῶς ADb: ὑγιῶς δέ EF   συνέβενεν E, sed corr.   11 καὶ — ἐπιπέδων (12)] περὶ μὲν οὖν τῶν ἄλλων ἕτερος ἔστω λόγος D (in his verbis lemma etiam in E des.)   13 μετά] μετὰ δὲ DE: corr. E²   τελέως om. Ac   14 τούτους A   παρατίθησιν c 16 τούτων] e corr. E   17 λέγων] Theogon. 116   18 γένετο DE: ἐγένετο ACF: γένετ' c   19 καὶ om. c   20 παρ'] τῶν παρ' c   τοὺς πρώτους φυσιολογήσαντας c   20. 21 περὶ Ὀρφέα] περιορφέστα A   21 Μουσέον E: corr. E² 22 λέγουσιν c   23. 24 φυλάττουσιν c   24 γὰρ καὶ] γάρ c   25 ἀφ' A: ὑφ' DE   γέγονεν c   γιγνόμενον DE   26 γενέσθαι DE   προσενεδείξατο F?: προενεδείξατο ADE   τὸ om. DE   27 ἐστίν c

SIMPLICII IN L. DE CAELO III 1 [Arist. p. 298ᵇ24]

Διαστήσας οὖν οὕτω τὰς ἐναντίας ἀλλήλαις δόξας τρίτον προστίθησι 251ᵃ
τὴν τῶν κυρίως φυσικῶν λεγομένων δόξαν, οἵτινες πάντα γίνεσθαι λέγοντες
ἓν μόνον ἔφασκον ἀγένητον ὑπομένειν, ἐξ οὗ τὰ ἄλλα γίνεται καὶ εἰς ὃ
ἀναλύεται, Θαλῆς μὲν ὕδωρ, Ἀναξιμένης δὲ ἀέρα, Ἀναξίμανδρος τὸ μεταξύ, 30
5 πῦρ δὲ Ἡράκλειτος. δῆλον δέ, ὅτι, κἂν ἀγένητον τὸ ἓν ἔλεγον ἐκεῖνοι,
ἀλλ' οὐκ ἀκίνητον, εἴπερ μετασχηματιζομένου αὐτοῦ τὰ ἄλλα γίνεσθαί φασιν.
ἀλλ' οὗτοι μὲν τὸ πρῶτον τοῦτο, ἐξ οὗ τὰ ἄλλα, σῶμα καὶ αὐτὸ ὂν ἀγέ-
νητον ἔλεγον. τετάρτους δὲ ἐπάγει τοὺς πᾶν σῶμα γενητὸν λέγοντας, 35
οὕτω δὲ γενητὸν ὡς ἐξ ἐπιπέδων συγκείμενον καὶ εἰς τὰ ἐπίπεδα πάλιν
10 διαιρούμενον. τοιαύτη δέ τίς ἐστιν ἡ τοῦ Πυθαγορικοῦ Τιμαίου φυσιολογία,
ἣν καὶ ὁ Πλάτων ἐν τῷ ὁμωνύμῳ διαλόγῳ παραδέδωκε. δύο γὰρ τρί-
γωνα ὑποθέμενοι, τὸ μὲν σκαληνὸν ἥμισυ ἰσοπλεύρου τριγώνου καὶ διὰ 40
τοῦτο ἡμιτρίγωνον λεγόμενον, τὸ δὲ ἰσοσκελὲς ὀρθογώνιον, ἐκ τούτου μὲν
συνιστῶσι τὸν κύβον καὶ τὴν γῆν, ἐκ δὲ τοῦ ἑτέρου τήν τε πυραμίδα καὶ
15 τὸ ὀκτάεδρον καὶ τὸ εἰκοσάεδρον, ἐξ ὧν τό τε πῦρ καὶ τὸν ἀέρα καὶ τὸ
ὕδωρ συνεστάναι λέγουσι, τὸ μὲν πῦρ ἐκ πυραμίδων, τὸν δὲ ἀέρα ἐξ
ὀκταέδρων, τὸ δὲ ὕδωρ ἐκ τῶν εἰκοσαέδρων· καὶ διὰ τοῦτο ταῦτα μὲν τὰ 45
τρία εἰς ἄλληλα μεταβάλλειν φασίν, ὅτι | ἐκ τοῦ αὐτοῦ ἡμιτριγώνου 251ᵇ
συνεστήκασι, τὴν δὲ γῆν ἐξ ἰδίου στοιχείου τοῦ ἰσοσκελοῦς ὀρθογωνίου γε-
20 νομένην οὔτε γίνεσθαι ἔκ τινος τῶν τριῶν ἐκείνων λέγουσιν οὔτε μεταβάλ-
λειν εἰς ἐκεῖνα. πᾶν δὲ σῶμα γενητὸν ποιεῖν αὐτοὺς εἶπεν ὁ Ἀριστο- 5
τέλης ἀντὶ τοῦ αὐτὸ τὸ σῶμα εἰς ἀτοπίαν ἐντεῦθεν ἤδη τὸν λόγον ἀπάγων·
σώματος γὰρ γένεσιν ποιοῦσιν οἱ οὕτω λέγοντες, ὅπερ αὐτὸς ἀπογινώσκει·
ἐκ γὰρ μὴ σώματος σῶμα λέγοντες γίνεσθαι οὔ τινος σώματος, ἀλλὰ ἁπλῶς
25 σώματος γένεσίν φασι.

Παραπεμψάμενος μὲν οὖν ὁ Ἀριστοτέλης τὰς ἄλλας τρεῖς περὶ γενέ- 10
σεως δόξας τήν τε λέγουσαν μηδὲν γίνεσθαι καὶ τὴν πάντα γενητὰ ὑποτι-
θεμένην καὶ τὴν ἕν τι μόνον ὑπομένειν ἀγένητον σῶμα ὄν, ἐξ οὗ τὰ ἄλλα
γίνεται καὶ εἰς ὃ ἀναλύεται, πρὸς τὴν τελευταίαν ῥηθεῖσαν ὑπαντᾷ τὴν ἐξ
30 ἐπιπέδων τὰ σώματα συνιστῶσαν, ὡς μὲν ὁ πολυτίμητος τῶν Πλάτωνος 15
φίλων χαριέντως ἀπέσκωψεν

αὐτὰρ Ἀχιλλεὺς
Ἕκτορος ἄντα μάλιστα λιλαίετο δῦναι ὅμιλον,

---

2 γίγνεσθαι DE   3 γίγνεται DE   4 δὲ om. DE   6 οὐκ om. D
7 ἀλλὰ E   οὕτω A   9 οὕτως c   τὰ om. c   10 Τιμαίου] Tim. Locr.
cap. 8   11 Πλάτων] Tim. cap. 20   παραδέδωκεν CE, ν eras. E   12 ὑποθέμενος
Fb   ἥμισυ Ab: ἥμισυ ὂν DEc   14 κύβον] κύκλον A   πυραμίδα] e corr. E
16 συνιστάναι E   λέγουσιν Ec   17 ταῦτα Fb: ταῦτα τὰ DE: τὰ Ac   τὰ
om. c   18 φασίν] φασὶ καὶ D   αὐτοῦ] αὐτοῦ τοῦ Ac   19 συνεστήκασιν c
γῆν] τὴν DE   ἰδίων στοιχείων D   ὀρθογωνίου] -ω- e corr. E   19. 20 γινομένην c
22 ἐπάγων Ac   24 γίγνεσθαι DE   οὔ τινος σώματος] bis A   ἀλλὰ A: ἀλλ'
DEc   25 φασίν E   26 μὲν οὖν Ab: δὲ νῦν DEF   27 δόξαν D   28 ἓν] ἓν DE
corr. E   ὄν] ὂν E: ὧν E²   31 χαριέντως om. D   ἐπέσκωψεν D: ἀπέσκοψεν E,
corr. E²   32 Il. XX 75   33 λιλάβετο A   ὅμιλον] ὅσμιλον E: εἰς ὅμιλον E²

ὡς δὲ Ἀλέξανδρος ἀπολογεῖται, διότι καινοτέρα ἦν ἡ δόξα καὶ διὰ τοῦτο 251ᵇ
πιθανωτέρα μηδέπω μηδεμιᾶς ἀντιλογίας τετυχηκυῖα. καὶ τῇ τάξει δὲ
πρώτην ταύτην τὴν ὑπόθεσιν ὁ Ἀλέξανδρος εἶναί φησι, διότι ἡ τοῦ σώ-
ματος γένεσις προτέρα τῆς ἐκ σωμάτων ἐστί· πρότερον γὰρ εἶναι δεῖ τὰ
5 ἁπλᾶ σώματα, ὧν ἐποίουν τὴν γένεσιν ἐκ τῶν ἐπιπέδων, εἶθ᾽ οὕτω τὰ ἐκ 25
τούτων γίνεσθαι. μήποτε δὲ καὶ διὰ τοῦτο τὰς ἄλλας νῦν παρῆκε δόξας,
ὅτι ἐν τῇ Φυσικῇ ἀκροάσει πολὺν πρὸς ἐκείνας ἐποιήσατο τὸν λόγον. τάχα
δὲ τὰ μὲν Παρμενίδου καὶ Ἡσιόδου κατ᾽ ἄλλας ἐννοίας λεγόμενα οὐ πολλῆς
ἐδεῖτο τῆς ὑπαντήσεως· τῶν δὲ φυσικῶν ὁ μὲν ὕδωρ, ὁ δὲ ἀέρα, ὁ δὲ 30
10 πῦρ ἔλεγεν, ὁ δὲ τὸ μεταξύ· ὁ τοίνυν Ἀριστοτέλης ἀπὸ τῶν ἁπλῶν κινή-
σεων τέτταρα δείξας τὰ κατ᾽ εὐθεῖαν κινούμενα ἁπλᾶ σώματα καὶ περὶ
τούτων μέλλων διδάσκειν, ὅτι γενητὰ καὶ ὅπως γενητά, ὅτι κατὰ τὴν εἰς
ἄλληλα μεταβολήν, εἰκότως ταύτην ἐξετάζει πρώτην τὴν δόξαν τὴν καὶ 35
αὐτὴν γίνεσθαι μὲν τὰ τέσσαρα στοιχεῖα λέγουσαν καὶ μὴ τὸ ἓν αὐτῶν
15 ἀγένητον ὑποτιθεμένην, ὥσπερ οἱ φυσικοί, τὸν δὲ τρόπον τῆς γενέσεως
καινοπρεπῶς παραδιδοῦσαν καὶ ἀναιροῦσαν μάλιστα τὰς φυσικὰς αὐτῶν
ῥοπὰς βαρύτητά τε καὶ κουφότητα, καθ᾽ ἃς αὐτὸς εἰδοποιεῖσθαι τὰ τέσσαρα 40
στοιχεῖα βούλεται.

p. 299ᵃ2 Τοῖς δὲ τὸν τρόπον τοῦτον λέγουσιν ἕως τοῦ ὅτι οὐκ
20   ἔστιν ἀδιαίρετα μήκη.   45

Πρῶτον ἔγκλημα τούτοις ἐπάγει τὸ τὰς γεωμετρικὰς | ἀρχὰς ἀναι- 252ᵃ
ρεῖν πρόχειρον εἶναι λέγων τὴν τούτου κατανόησιν· διὸ καὶ παρῆκεν αὐτήν.
λέγει δὲ ἀναιρεῖν αὐτοὺς τοὺς τῶν γεωμετρῶν ὅρους τοῦ τε σημείου καὶ
τῆς γραμμῆς καὶ τῆς ἐπιφανείας· εἰ γὰρ σημεῖον λέγουσιν, οὗ μέρος οὐθέν, 5
25 γραμμὴν δὲ μῆκος ἀπλατές, ἐπιφάνειαν δέ, ὃ μῆκος καὶ πλάτος μόνον
ἔχει, οὐκ ἄν ποτε ἐκ σημείων γραμμὴ γένοιτο, ὥστε οὐδὲ ἐκ γραμμῶν
ἐπιφάνεια οὐδὲ ἐξ ἐπιφανείας ἀβαθοῦς οὔσης σῶμα βεβαθυσμένον· εἰ δὲ
γίνεται ἐξ ἐπιπέδου σῶμα, βάθος ἂν ἔχοι τὸ ἐπίπεδον, καὶ εἰ ἐκ γραμ-
μῶν ἐπίπεδον, οὐκ ἂν εἴη ἀπλατὴς ἡ γραμμή, καὶ εἰ ἐκ σημείων γραμμή, 10
30 οὐκ ἂν ἀμερὲς εἴη τὸ σημεῖον. ἔδει δέ, φησίν, ἢ μὴ κινεῖν τὰς τῶν
μαθημάτων ἀρχὰς τοσοῦτον ἀξίωμα ἐχόντων εἰς ἀκρίβειαν ἐπιστημονικήν,
ὡς τὰ ἀναμφιλέκτως ἀποδεικνύμενα λέγεσθαι γεωμετρικαῖς ἀνάγκαις ἀποδε- 15
δεῖχθαι, ἢ εἴ τις καὶ πρὸς τὰ τοιαῦτα παραβάλλεται, τοιούτοις ἔδει χρῆσθαι

---

2 ἀπολογίας D   τετυχηκυῖα] e corr. E   4 τῶν σωμάτων c   ἐστίν c
δεῖ om. c   5 οὕτως c   6 καὶ om. c   7 τὸν A: om. DE   8 παρμε-
νίδους A   ἐννοίας] e corr. A   13 πρώτην DE   14 τὰ τέσσαρα] e corr. A
μὴ τὸ ἓν] μηδὲν c   17 τε om. Ac   19 τοῦτον τὸν τρόπον] λέγουσι c
22 αὐτήν] αὐτόν DE: corr. E³   24 λέγουσιν] Eucl. Elem. I def. 1, 2, 5
οὐδέν c   25. 26 μόνον ἔχει Ab: ἔχει μόνον CDE   26 γραμμῆς Ab: γραμμῆς
CDE   27 σῶμα] corr. ex σῶμα δὲ E²   28 καὶ εἰ] κἂν εἰ C: καὶ D
29 ἀπλατὺς E   31 μαθηματικῶν bc   32 ἐπιδεικνύμενα   33 τι c   παραβάλ-
ληται A: παρέβαλλε F

λόγοις, ὥστε πιστοτέρους αὐτοὺς τῶν ἀναιρουμένων εἶναι, ἀλλ' οὐ καινο- 252ᵃ
πρεπεῖς οὕτω καὶ ἀπεμφαίνοντας. ὑποθέσεις δὲ καλεῖ τὰς μαθηματικὰς
ἀρχάς, διότι ἐξ ὑποθέσεως αὐτὰς λαμβάνουσιν· ὑποτίθενται γὰρ τὸ ση-
μεῖον ἀμερὲς καὶ τὰ τοιαῦτα· οὐ γὰρ οἷόν τε τὴν ἀρχὴν ἀποδεῖξαι κατὰ 20
5 τὴν μέθοδον ἐκείνην, ἧς λαμβάνεται ὡς ἀρχή, διότι ἡ ἀπόδειξις ἀεὶ εἰς
πρότερον, ἀρχῆς δὲ οὐδὲν πρότερον. διὰ τοῦτο τὰς τῶν κατωτέρω ἀρχὰς
αἱ ἀναβεβηκυῖαι ἐπιστῆμαι ἀποδεικνύουσιν, ἀρχιτεκτονικῆς μὲν μηχανική, 25
ταύτης δὲ γεωμετρία, ταύτης δὲ ἡ πρώτη φιλοσοφία.
  Εἶτα δεύτερον ἐπάγει λόγον δυνάμενον μὲν καὶ αὐτὸν εἰς τὸ αὐτὸ
10 ἄτοπον ἀπάγειν, αὐτὸς δὲ εἰς ἄλλο καὶ αὐτὸ ἐναργὲς ἀπήγαγε τὸ μὴ γίνε-
σθαι τὸ τῆς γραμμῆς μέρος γραμμὴν μηδὲ τὸ συνεχὲς ἐπ' ἄπειρον διαιρετὸν
εἶναι, ὃ καὶ αὐτὸ ὑπεναντίον ἐστὶ τοῖς μαθήμασι. τὸ δὲ λεγόμενόν ἐστι 30
τοιοῦτον· ὃν ἔχει λόγον ἐπίπεδον πρὸς σῶμα, τοιοῦτον ἔχει καὶ γραμμὴ
πρὸς ἐπίπεδον καὶ στιγμὴ πρὸς γραμμήν· πέρατα γὰρ πάντα· τοῦ αὐτοῦ
15 οὖν ἐστι λόγου τό τε σῶμα ἐξ ἐπιπέδων γεννᾶν καὶ τὸ ἐπίπεδον ἐκ γραμ-
μῶν καὶ τὴν γραμμὴν ἐκ στιγμῶν. ἀλλ' ἐὰν ἐκ στιγμῶν ἡ γραμμή, ἔσονται 35
μέρος αἱ στιγμαὶ τῆς γραμμῆς· ἐξ ὧν γάρ τι σύγκειται, ταῦτα ἔχει μέρη·
ὥστε οὐ πᾶν μέρος γραμμῆς γραμμή, εἴπερ καὶ αἱ στιγμαὶ μέρη τῆς
γραμμῆς εἰσιν· ὥστε καὶ καταλήξει ἡ τῆς γραμμῆς τομή, καὶ οὐκέτι ἐπ'
20 ἄπειρον ἔσται διαιρετή, εἴπερ ἐκ στιγμῶν ἡ γραμμὴ σύγκειται. ἀλλὰ μὴν 40
δέδεικται ἐν τῇ Φυσικῇ ἀκροάσει ἐν τοῖς περὶ κινήσεως λόγοις, ἐν οἷς
ἀντέλεγε πρὸς Ξενοκράτη γραμμὰς ἀτόμους λέγοντα, ὅτι οὐκ ἔστιν ἀδιαί-
ρετα μήκη, τουτέστιν ὅτι οὐδὲν μέρος ἐστὶ τῆς γραμμῆς ἀδιαίρετον, ἀλλ'
ἐπ' ἄπειρόν ἐστι διαιρετή· οὐκ ἄρα ἐκ στιγμῶν ἡ γραμμή, ὥστε οὐδὲ ἐκ 45
25 γραμμῶν τὸ ἐπίπεδον οὐδὲ ἐξ ἐπιπέδων τὸ | στερεόν. 252ᵇ
  Ταῦτα μὲν τὰ τοῦ Ἀριστοτέλους, ὅπερ ἀεὶ λέγω, πρὸς τὸ φαινόμενον
ὑπαντῶντος τοῦ λόγου. ῥητέον δέ, ὅτι, εἰ μὲν τὰ ἐπίπεδα μαθηματικὰ
ἔλεγον εἶναι, ὡς μῆκος μόνον καὶ πλάτος ἔχειν, οἱ ἐξ ἐπιπέδων τὰ στερεὰ
λέγοντες καὶ εἰς ἐπίπεδα αὐτὰ ἀναλύοντες, καὶ ταῦτα καλῶς ὁ Ἀριστοτέλης 5
30 ἐπήγαγεν αὐτοῖς τὰ ἄτοπα καὶ τὰ ἑξῆς ἐπαγόμενα· εἰ δὲ φυσικὰ τὰ ἐπί-
πεδα λέγουσιν, ὡς μὴ μόνον μῆκος καὶ πλάτος ἀλλὰ καὶ βάθος ἔχειν τὸ
πρῶτον ἐν τοῖς φυσικοῖς συστῆναι δυνάμενον, οὐκέτι τῇ ἐκείνων θέσει ἀκο- 10
λουθεῖ τὰ ἄτοπα τὰ ὡς πρὸς ἀβαθῆ τὰ ἐπίπεδα ἐπαγόμενα. ὅτι δὲ φυσικὰ

---

1 πιστωτέρους E, sed corr.   ἀλλ' οὐ A: ἀλλὰ μὴ DEF   3 αὐτὰ Ac   4 τὴν
ἀρχὴν A: ἀρχὴν DEF: τὰς ἀρχὰς c   5. 6 εἰς πρότερον Ab: ἐκ προτέρων DEF: ἐκ
προτέρου c   6 κατωτέρων DE   7 αἱ om. A   10 ἀπήγαγε A: ἐπήγαγε DEc
11 τὸ (alt.) F?: om. ADE   12 μαθήμασιν c   13 τοιοῦτον (alt.) Ab: τοῦτον DEF
16 καὶ τὴν—στιγμῶν (pr.) DEF: om. Ab   17 τι] τοι E   18 τῆς γραμμῆς c
20 μὴν DE: μηδὲν A: solum b   21 Φυσικῇ] VI 10   22 ἀντέλεγεν c   ξενο-
κράτῃ̆ E: ξενοκράτην c   22. 23 ἀδιαίρετα—γραμμῆς (23) om. DE   24 ἐστιν c:
ἔσται F   διαιρετὰ A: διαίρετα c   25 στερρεόν A   26 μὲν οὖν c
28 στερρεὰ A   29 λέγοντες] γεννῶντες c   εἰς A: εἰς τὰ DEF   32 φυσικοῖς]
φυσικοῖς ἔχειν A   ἐκείνου E   33 τὰ ὡς] ὡς Dc   ἀβαθῆ E: corr. E²

36*

καὶ οὐ μαθηματικὰ τὰ ἐπίπεδα ὑποτίθενται, δῆλον ἐκ τοῦ ἔνυλα λέγειν 252b
αὐτά, διὸ καὶ τὴν ὕλην πρότερον παραδόντες διεσχηματίσθαι ταύτην εἴδεσί
τε καὶ ἀριθμοῖς λέγουσι. καὶ αὐτὸς δὲ ὁ Τίμαιος ἐν τῷ οἰκείῳ συγγράμ- 15
ματι τόδε γέγραφεν· "ἀρχαὶ μὲν οὖν τῶν γεννωμένων ὡς μὲν ὑποκείμενον
ἁ ὕλα, ὡς δὲ λόγος μορφᾶς τὸ εἶδος· ἀπογεννάματα δὲ τουτέων ἐστὶ τὰ
σώματα, γᾶ τε καὶ ὕδωρ, ἀήρ τε καὶ πῦρ, ὧν ἀπογέννασις τοιαύτα· ἅπαν
σῶμα ἐξ ἐπιπέδων ἐστί, τοῦτο δὲ ἐκ τριγώνων, ὧν τὸ μὲν ὀρθογώνιον 20
ἰσοσκελὲς ἡμιτετράγωνον," καὶ ἑξῆς λοιπὸν τὴν τῶν τριγώνων διαφορὰν
παραδοὺς τὰ τέσσαρα σχήματα ἐξ αὐτῶν συντίθησιν, ἃ τοῖς τέτρασι στοι-
χείοις ἀποδίδωσι. ταύτην δὲ τὴν διὰ τῶν σχημάτων φυσιολογίαν τινὲς
μὲν τῶν τοῦ Πλάτωνος ἐξηγητῶν, ὧν καὶ ὁ θεῖος Ἰάμβλιχός ἐστι, συμβο- 25
λικῶς εἰρῆσθαι νομίζουσι, καὶ οὕτως αὐτὸς ἐξηγεῖται τὸν Πλατωνικὸν Τί-
μαιον, οἱ δὲ νεώτεροι τῶν Πλατωνικῶν φιλοσόφων ὡς οὕτως κατὰ τὸ
λεγόμενον ἔχουσαν πειρῶνται δεικνύναι. συνθέτων γὰρ ὄντων τῶν τεσσά-
ρων στοιχείων ἐξ ὕλης καὶ εἴδους καὶ διὰ τοῦτο πρὸς ἀρχῆς λόγον μὴ 30
ὄντων ἐπιτηδείων οἱ μὲν τὰς παθητικὰς λεγομένας ποιότητας, θερμότητα,
ξηρότητα καὶ τὰς ἀντικειμένας ταύταις, πρώτας ἐγγενομένας τῇ ὕλῃ ἤτοι
τῷ ἀποίῳ σώματι συνιστάνειν καὶ τὰ τέσσαρα στοιχεῖά φασιν, ὥσπερ καὶ
ὁ Ἀριστοτέλης ἀξιοῖ καὶ τὴν κουφότητα καὶ τὴν βαρύτητα προσλογιζόμενος 35
ὡς αἰτίας μὲν ταύτας κινήσεως τῆς ἁπλῆς καὶ φυσικῆς, τῆς δὲ φύσεως
κατὰ κίνησιν μάλιστα χαρακτηριζομένης· κἂν ἐρωτήσῃ τις, διὰ τί τὸ μὲν
πῦρ θερμαίνει, τὸ δὲ ὕδωρ ψύχει, ὅτι τὸ μὲν θερμόν, τὸ δὲ ψυχρόν,
ἐροῦσιν· ἀρχὰς γὰρ θέμενοι ταύτας οὐδὲν ἔτι ζητοῦσιν ἐπέκεινα τῶν ἀρ- 40
χῶν αἴτιον. Δημόκριτος δέ, ὡς Θεόφραστος ἐν τοῖς Φυσικοῖς ἱστορεῖ, ὡς
ἰδιωτικῶς ἀποδιδόντων τῶν κατὰ τὸ θερμὸν καὶ τὸ ψυχρὸν καὶ τὰ τοιαῦτα
αἰτιολογούντων ἐπὶ τὰς ἀτόμους ἀνέβη, ὁμοίως δὲ καὶ οἱ Πυθαγόρειοι ἐπὶ
τὰ ἐπίπεδα νομίζοντες τὰ σχήματα αἴτια καὶ τὰ μεγέθη τῆς θερμότητος 45
εἶναι καὶ τῆς ψύξεως· τὰ μὲν γὰρ διακριτικὰ καὶ διαιρετικὰ θερμότητος
συν|αίσθησιν παρέχεσθαι, τὰ δὲ συγκριτικὰ καὶ πιλητικὰ ψύξεως· καὶ 253a
γὰρ πᾶν σῶμα κατ' οὐσίαν εὐθὺς πεπόσωται, τὸ δὲ σχῆμα, εἰ καὶ ποιότης

---

1 τοῦ] τοῦ καὶ c   2 παραδόντες πρότερον DE   3 λέγουσιν Ec   καὶ Ab: διὸ
καὶ DEF   δὲ Ab: om. DE: δὴ F   4 τόδε DEb: τάδε Ac   γέγραφεν]
97 e seq.   ἀρχαὶ] e corr. E: ἀρχὰς AD   ὧν c   γεννωμένων E²: γενομένων
ADE   5 ἁ ὕλα E²K²: ἄυλα ADEF   μορφᾶς] μαρτυρεῖ σφᾶς A   ἀπογεννάματα]
ἀπογέννωμα τὰ A   τουτέων] τοῦτε ὧν A   6 γᾶ E²: om. ADE   ἀπογέν-
νασις F: ἀπογέννωσις A: γέννασις E: ἁ γέννασις DE²c   8 ἡμιτετράγωνον] ἢ μὴ τετράγω-
νον A   λοιπὴν A   10 ἀποδίδωσιν c   τὴν om. c   11 τοῦ om. c
Ἰάμβλιχός] Ἰά- e corr. E²   12 ἐρεῖσθαι E   νομίζουσιν c   13 οὕτω D   τὸ]
suprascr. E²   14 ἔχουσαν] ἔχουσι corr. ex λέγουσι A: se habere b   15 ὕλης] ἄγης A
16 τὰς om. A   18 τῷ om. DE   συνιστάναι c   καὶ (pr.) Ab: om. DEc   19 ὁ
om. DE   21 ἐρωτήσει E, sed corr.   22 ψυχραίνει DE   ὅτι om. DE: διότι E²
23 γὰρ] δὲ c   θέμενοι] θερμαίνει A   ἱστορεῖ] fr. 52 Wimmer   25 καὶ τὸ] καὶ κατὰ τὸ
DE   26 ἀτόπους A   πυθαγόριοι A   27 αἰτία om. c   μεγέθη αἴτια c   28 γὰρ
om. DE   κριτικὰ E   διακριτικὰ καὶ διαιρετικὰ Db: διαιρετικὰ καὶ κριτικα A

ἐστίν, ἀλλ' ἐκ τοῦ γένους εἴληπται τῶν ποσῶν, διὸ τῶν σωμάτων ἕκαστον 253ᵃ ποσόν ἐστιν ἐσχηματισμένον· ἡ μὲν γὰρ ὕλη καθ' αὑτὴν ἀσώματός ἐστι, τὸ δὲ δεύτερον ὑποκείμενον σῶμα μὲν ἄποιον καθ' αὑτό, σχήμασι δὲ ποικίλοις μεμορφωμένον καὶ τοῦ μαθηματικοῦ σώματος διαφέρον τῷ ἔνυλον
5 καὶ ἁπτὸν εἶναι τῆς ἁφῆς κατὰ τὸν ὄγκον ἀντιλαμβανομένης αὐτοῦ καὶ οὐ κατὰ θερμότητα ἢ ψυχρότητα. τοῦτο οὖν τὸ δεύτερον ὑποκείμενον διαφόροις σχήμασι διαζωγραφούμενον τὰ τῶν τεσσάρων στοιχείων φασὶν ὑφιστάνειν ἀρχοειδέστερα στοιχεῖα, τὰ μὲν τῆς γῆς τῷ κυβικῷ, οὐχ ὅτι ἡ ὅλη κυβικὸν ἔχει τὸ σχῆμα, ἀλλ' ὅτι ἐκ κυβικῶν πλειόνων ἀοράτων διὰ
10 σμικρότητα ἕκαστον τῆς γῆς μέρος συνέστηκεν, οὕτω δὲ καὶ ἐκ τῶν ἄλλων τὰ ἄλλα. τῇ δὲ τῶν τοιούτων σχημάτων διαφορᾷ καὶ τὰς ἄλλας πάσας δυνάμεις ἀκολουθεῖν φασι καὶ τὰς εἰς ἄλληλα μεταβολάς. πῶς γὰρ ἐξ ὀλίγου ὕδατος ἀὴρ γίνεται τοσοῦτος, οὗτοι μὲν ἑτοίμως ἀποδιδόασιν, ὅτι τὰ τοῦ ὕδατος στοιχεῖα πολλὰ ὄντα· εἰκοσάεδρα γὰρ ἦν τὰ τοῦ ὕδατος
15 σχήματα· διακρινόμενα πολλὰ ὀκτάεδρα ποιεῖ καὶ πολὺν ἀέρα τὸν ἐξ ὀκταέδρων συγκείμενον. οἱ δὲ μάνωσιν καὶ πύκνωσιν αἰτιώμενοι πῶς ἀσωμάτου δυνάμεως προσγινομένης αὔξεσθαι τὰ σώματα λέγουσιν ἢ μειοῦσθαι; πῶς δὲ ὅλως ἀσώματος τοῦ πυρὸς δύναμις διαιρεῖν πέφυκε; τὸ γὰρ ἀσώματον ἀναφῶς διὰ τοῦ σώματος δίεισιν, ἡ δὲ διαίρεσις κατὰ σχῆμα γίνεται
20 τοῦ διαιροῦντος. καὶ ἐπὶ τῆς ψυχρότητος δὲ τὰ αὐτὰ λέγουσι. πῶς δὲ προσθήκη ποιότητος, φασί, βαρύτερον ποιεῖ τὸν ὄγκον: ποσὸν γὰρ τὸ βαρὺ καὶ οὐ ποιόν· διαιρεῖται γοῦν ἰσότητι καὶ ἀνισότητι. ὅλως δέ, εἰ καὶ Ἀριστοτέλης πρῶτον ἐξ ὕλης καὶ εἴδους τὸ ἄποιον γίνεσθαι σῶμα νομίζει τὸ ταῖς ποιότησιν ὑποκείμενον καὶ πεπερασμένον εἶναί φησιν αὐτό, πῶς
25 οὐκ ἀνάγκη σχῆμα ἔχειν αὐτὸ καὶ προϋπάρχειν τῶν ποιοτήτων τὰ σχήματα; ἀλλὰ ταῦτα μὲν εἰς ἔνδειξιν παρεθέμην τοῦ μὴ ἀλόγως καὶ τοὺς Πυθαγορείους καὶ Δημόκριτον ἀρχὰς τῶν ποιοτήτων ἐπιζητοῦντας εἰς τὰ σχήματα ἀνελθεῖν. μήποτε δὲ οὐχ ὡς πάντῃ πάντως τῆς συστάσεως ἐκ τριγώνων τοιούτων οὔσης ὑπέθεντο αὐτὴν οἵ τε Πυθαγόρειοι καὶ ὁ Πλάτων, ἀλλ'
30 ὥσπερ οἱ ἀστρονόμοι ὑποθέσεις ὑπέθεντό τινας ἄλλοι ἄλλας οὐ πάντως τοιαύτας εἶναι ποικιλίας ἐν οὐρανῷ διαβεβαιούμενοι, ἀλλ' ὅτι τοιούτων ἀρχῶν ὑποτεθεισῶν σώζεσθαι τὰ φαινόμενα δυνατὸν ἐγκυκλίως πάντων καὶ ὁμαλῶς κινουμένων τῶν οὐρανίων σωμάτων, οὕτω καὶ οὗτοι τὸ ποσὸν

---

1 ἐστί c   2 ἐστι] ἐστιν c   4 τῷ] τὸ E   5 ἁπτὸν] αὐτὸ A   7 σχήμασιν c τὰ] διὰ D   στοιχείων K²: στοιχείων στοιχεῖα ADEFh   9 ὅλη Ab: ὅλη γῇ DEF: γῇ c   10 οὕτω] οὔπω A   καὶ Fb: om. ADE   11 τὰ] καὶ τὰ DE   12 φασίν c   εἰς ἄλληλα] ἀλλήλων E   13 γίγνεται DE   ἀπάσας c   τοσοῦτον A   14 στοιχεῖα] ἐπίπεδα ἢ σχήματα suprascr. F²: σχήματα c   τὰ (alt.)— σχήματα (15) om. c   15 πολὺν] πολὺν τὸν DE   16 ὀκταέδρου c   17 προσγενομένης c   18 ἀσωμάτου c   πέφυκεν c   19 σχήματα   20 λέγουσιν Ec: v eras. E   21 φασίν c   22 οὖν c   23 ὁ ἀριστοτέλης DEF   ὕλης] εἴδους c   εἴδους] ὕλης E   γίγνεσθαι DE   νομίζειν D   26. 27 πυθαγορίους c   27 καὶ] καὶ τὸν c   29 πυθαγόριοι A   30 ἐπέθεντό τινες E   31 ποικίλας A   32 ἀρχῶν om. c   ἐγκυκλίων D, sed corr.   33 ποσόν] ποιόν E

τοῦ ποιοῦ προτιμήσαντες ἐν ἀρχῆς λόγῳ καὶ τὸ σχῆμα τῆς ποιότητος καὶ 253ᵃ
τῶν σχημάτων τὰ ἀρχοειδέστερα καὶ ὁμοιότητι καὶ συμμετρίᾳ κρατούμενα 45
ταῦτα | ἀρχὰς ὑπέθεντο τῶν σωμάτων, ἃς ἀρχεῖν ἐνόμιζον πρὸς τοὺς 253ᵇ
ἀπολογισμοὺς τῆς τῶν γινομένων αἰτίας. ὅτι γὰρ οὐ πάντῃ πάντως ταύτας
5 ἀρχὰς ὑπελάμβανον τῶν σωμάτων, ἄκουε τοῦ Πλάτωνος λέγοντος "τοῖν δὴ
δυοῖν τριγώνοιν τὸ μὲν ἰσοσκελὲς μίαν εἴληχε φύσιν, τὸ δὲ πρόμηκες 5
ἀπεράντους· προαιρετέον οὖν αὖ τῶν ἀπείρων τὸ κάλλιστον, εἰ μέλλομεν
ἄρξασθαι κατὰ τρόπον. ἂν οὖν τις ἔχῃ κάλλιον ἐκλεξάμενος εἰπεῖν εἰς
τὴν τούτων ξύστασιν, ἐκεῖνος οὐκ ἐχθρὸς ὢν ἀλλὰ φίλος κρατεῖ." ἀλλὰ
10 καὶ πρὸ τούτων τάδε γέγραφε· "τὴν δὴ πυρὸς ἀρχὴν καὶ τῶν ἄλλων σω- 10
μάτων ὑποτιθώμεθα κατὰ τὸν μετ' ἀνάγκης εἰκότα λόγον πορευόμενοι, τὰς
δὲ ἔτι τούτων ἀρχὰς ἄνωθεν θεὸς οἶδε καὶ ἀνδρῶν ὃς ἂν ἐκείνῳ φίλος ᾖ.
δεῖ δὴ λέγειν, ποῖα κάλλιστα σώματα γένοιτο ἂν τέτταρα, ἀνόμοια μὲν
ἑαυτοῖς, δυνατὰ δὲ ἐξ ἀλλήλων αὐτῶν αὐτὰ διαλυόμενα ἄττα γίνεσθαι· 15
15 τούτου γὰρ τυχόντες ἔχομεν τὴν ἀλήθειαν γενέσεως πέρι γῆς καὶ πυρὸς
τῶν τε ἀνάλογον ἐν μέσῳ".

Ἐγὼ δὲ ἐπὶ τὰ ἑξῆς πρόειμι τὴν πρὸς τὸ φαινόμενον τῶν τοιούτων
λόγων ἐξεταστικὴν τοῦ Ἀριστοτέλους ἀκρίβειαν διαρθρῶσαι κατὰ τὸ δυνατὸν
προθυμούμενος καὶ καθ' ἕκαστον ἐπιχείρημα τὰς ἀληθεῖς ἐννοίας μηδὲν 20
20 ὑπ' αὐτῶν βλαπτομένας ἐπιδεῖξαι.

p. 299ᵃ 11   Ὅσα δὲ περὶ τῶν φυσικῶν σωμάτων ἕως τοῦ τὰ δὲ
  φυσικὰ ἐκ προσθέσεως.

Τὰς μὲν ἀπὸ τῶν μαθημάτων ὁρμωμένας ἐνστάσεις πρὸς τοὺς ἐξ ἐπι- 25
πέδων τὰ σώματα γεννῶντας, ὡς μὲν ἄν τῳ δόξειεν, ὑπερέθετο νῦν καὶ
25 ὡς προχείρους ἰδεῖν καὶ ὡς ἐν τῷ Περὶ τῶν ἀτόμων γραμμῶν περὶ αὐτῶν
εἰρηκώς, ὅ τινες εἰς Θεόφραστον ἀναφέρουσιν, ὡς δὲ τὸ ἀληθὲς ἔχει, κατὰ
τὸ παραλειπτικὸν παρὰ τοῖς ῥήτορσι καλούμενον σχῆμα καὶ τούτων τὰς 30
κυριωτέρας παρήγαγεν, ὅτι ἀναιρεθήσονται αἱ ὁριστικαὶ τῶν μαθημάτων
ἀρχαί, ὅτι τὸ τῆς γραμμῆς μέρος οὐκ ἔσται γραμμή; ὅτι ἡ γραμμὴ ἐκ

---

1 ποιοῦ] corr. ex ποσοῦ E²   καὶ (alt.)] om. E   2 τὰ om. c   καὶ (pr.)] τὰ c
κρατούμενα] κρατοῦντα νομίζοντες c   4 ante τῆς ras. 3 litt. E   5 λέγοντος] Tim.
54 a   δὴ] δὲ DE   6 φύσιν] corr. ex φησὶν E²   7 αὖ τῶν E²: αὐτῶν
ADEb   ἀπείρων Ab: ἄπειρον DEF   8 ἄρξεσθαι E²c   ἂν om. A: ἦν c
ἔχει A   10 τάδε] Tim. 53 d sq.   γέγραφεν c   τὴν] ταύτην DE²c
πυρός] corr. ex πρός E²   11 ὑποτιθέμεθα c   μετ' c   12 δ' c   οἶδε]
corr. ex οἶδεν E²: οἱ δὲ A   12. 13 ᾖ. δεῖ δὴ] ᾔδει δὲ A   13 γένοιτ' c
14 αὖθ' ἑαυτοῖς c   αὐτὰ] ἄττα K²c: del. E²   διαλεγόμενα A   ἄττα DE¹:
ἄττα AE²F: om. c   γίγνεσθαι c   15 τούτου] τοῦτο DE: corr. E   γῆς] γῆν
DE: corr. E²: γῆς τε c   16 τῶν] τὸν DE: corr. E²   τ' c   ἀνάλογον] corr.
ex ἀναλόγως ἡ E²   18 ἐξεταστικὸν A   21 ἕως τοῦ] τεˡ D   22 προθέσεως A
23 μαθηματικῶν c   ἐκστάσεις D   25 ἰδεῖν] ἰ- e corr. E   τῶν om. D
28 ὅτι—ἀρχαί (29) om. DE   μαθηματικῶν c   29 ἡ AF: om. DE

στιγμῶν ἔσται συγκειμένη, ὅτι τὰ μεγέθη οὐκ ἔσται ἐπ' ἄπειρον διαιρετά. 253b νῦν δὲ ὅσα ἀδύνατα περὶ τῶν φυσικῶν σωμάτων ἀκολουθεῖ λέγειν ἐπάγει 35 τοῖς ποιοῦσι τὰς ἀτόμους γραμμάς, ταὐτὸν δὲ εἰπεῖν τοῖς ἐξ ἐπιπέδων τὰ σώματα συνιστῶσιν. εἰ γὰρ ἐξ ἐπιπέδων τὰ σώματα τὰ πρῶτα, καὶ αἱ
5 γραμμαὶ αἱ πρῶται ἐκ στιγμῶν· καὶ διαιροῦνται ἄρα οὐκ εἰς γραμμὰς αὗται ἀλλ' εἰς στιγμάς, καὶ ταύτῃ λέγονται ἀδιαίρετοι γραμμαί, ὅτι οὐκ 40 εἰς γραμμὰς διαιροῦνται. ὅτι δὲ ταῦτα ἀτοπώτερα τῶν εἰς τὰ μαθήματα ἁμαρτανομένων, δείκνυσιν ἐκ τοῦ πλείονα εἶναι τὰ τοῖς φυσικοῖς ἑπόμενα, τοῦτο δὲ ἐκ τοῦ τὰ μὲν ἐκ τῶν μαθημάτων συμβαίνοντα ἄτοπα τῷ λόγῳ
10 καὶ τοῖς φυσικοῖς ἀκολουθεῖν, τὰ δὲ τοῖς φυσικοῖς συμβαίνοντα ἐκ τούτου 45 τοῦ λόγου μηκέτι τοῖς μαθηματικοῖς | πάντα ἕπεσθαι. τούτου δὲ πάλιν 254a ἡ πίστις ἐκ τοῦ τὰ μὲν μαθηματικὰ ἐξ ἀφαιρέσεως εἶναι, τὰ δὲ φυσικὰ ἐκ προσθέσεως· εἰ γὰρ χωρισθείη τῇ ἐπινοίᾳ τοῦ φυσικοῦ σώματος ἥ τε ὕλη τά τε πάθη, οἷον θερμότητες, ψυχρότητες, βαρύτητες, κουφότητες, 5
15 καὶ αἱ ἀντιτυπίαι καὶ αἱ κινήσεις πᾶσαι, τὸ καταλειπόμενόν ἐστι τὸ μαθηματικὸν σῶμα, εἰ δὲ προστεθείη ἐκεῖνα τούτῳ, γίνεται τὸ φυσικόν, ὥστε ἐν τῷ φυσικῷ ἐστι τὸ μαθηματικόν. διὸ ὅσα τῷ μαθηματικῷ ἕπεται ἄτοπα, ταῦτα καὶ τῷ φυσικῷ, ὅσα δὲ ἕπεται ἄτοπα ἀπὸ τοῦ λόγου τούτου 10 περί τε τὴν κίνησιν τῶν φυσικῶν καὶ τὰ πάθη, οἷον τὸ μὴ εἶναι κίνησιν
20 ἐν τοῖς σώμασιν, εἴπερ ἐξ ἐπιπέδων εἴη, μηδὲ βαρύτητα ἢ κουφότητα ἢ ὅλως πάθη, ταῦτα τοῖς μαθηματικοῖς οὐκ ἀκολουθεῖ. δείξει οὖν αὐτός, ὅτι οἱ τοιαύτην ὑποτιθέμενοι τὴν τῶν σωμάτων γένεσιν οὐ δύνανται σῴζειν 15 τὰ τῶν σωμάτων πάθη, ὧν χωρὶς ἀδύνατόν τι εἶναι σῶμα φυσικόν.

p. 299a17 **Πολλὰ δέ ἐστιν, ἃ τοῖς ἀδιαιρέτοις οὐχ οἷόν τε ὑπάρ-**
25 **χειν ἕως τοῦ διὸ τὸ ἀδύνατον ἐν τοῖς τοιούτοις ἐπισκεπτέον.** 20

Εἰ μὲν ἀδιαίρετα καλεῖ τὰ μαθηματικὰ ὡς ἀρχὴν ἔχοντα τὸ σημεῖον ἀδιαίρετον ὄν, ἀκόλουθα ἂν εἴη ταῦτα τοῖς προειρημένοις δεικνύντα, τίνα ἐστίν, οἷς πλεονάζοντα τὰ φυσικὰ τῶν μαθηματικῶν ἐκ προσθέσεως ἔλεγε· ταῦτα γὰρ πάντα κοινῷ λόγῳ περιλαβὼν ἀδιαίρετα εἶπε. τὰ γὰρ φυσικὰ 25
30 πάντα διαιρετά ἐστι, διαιρετὸν δὲ ἐν ἀδιαιρέτῳ ἀδύνατον εἶναι. τίνα δὲ τὰ διαιρετὰ τὰ ἐν τοῖς φυσικοῖς, ἐπάγει, ὅτι τὰ πάθη. ταῦτα δέ, φησί, διχῶς ἐστι διαιρετά· ἢ γὰρ κατ' εἶδος, ὡς ὅταν τὸ χρῶμα διαιρῆται εἰς τὸ λευκὸν καὶ τὸ μέλαν, ἢ κατὰ συμβεβηκός, ὅταν τὸ ᾧ ὑπάρχει 30

---

1 ἔσται (alt.)] ἔστιν E   5 ἄρα] ἔτι A   9 ἐκ τῶν μαθημάτων Ab: ἐκ τῶν μαθηματικῶν CDE: τοῖς μαθηματικοῖς c   τῷ λόγῳ] ἐκ τοῦ λόγου c   13 ἐκ] καὶ ἐκ A   προθέσεως AF   15 ἀντιτυπίαι A   αἱ (alt.) om. D   καταλιπόμενον E: corr. E²   ἐστιν c   17 ἔστι c   18 ἄτοπα (pr.) om. A   20 ἢ (pr.) ACb: om. DE   22 οἱ om. c   τὴν om. c   23 τι εἶναι DEb: εἶναί τι Ac   24 δ' c   οὐχ—ὑπάρχειν om. D   θ' c   28 προθέσεως E, sed corr.   29 κοινῇ] τῷ κοινῷ A   ἀδιαίρετα Ab: διαιρετά DEc   εἶπεν Ec   30 ἐστιν Ec   31 δέ] seq. ras. 3 litt. E   32 ἐστιν c   διαιρῆται D: διαιρεῖται AE   33 τὸ] Ab: τὸ σῶμα DEc   ὑπάρχῃ A

τὸ πάθος ᾗ διαιρετόν· τοῦτο δὲ μάλιστα τὸ σημαινόμενον ἴδιόν ἐστι τῆς 254a
τῶν παθῶν διαιρέσεως· τὸ γὰρ κατ' εἶδος καὶ ἐν τοῖς μαθηματικοῖς ἐστιν·
ὥστε, φησίν, ὅσα ἁπλᾶ τῶν παθημάτων ἐστί, τουτέστιν ὅσα ἄτομα καὶ μὴ
ἄλλων περιεκτικὰ ὥσπερ τὰ εἴδη, ταῦτα διαιρετά ἐστι κατὰ συμβεβηκός· 35
5 εἰ οὖν ἐν ἀδιαιρέτῳ διαιρετὸν ἀδύνατον εἶναι, τὰ ἐν τοῖς φυσικοῖς ὄντα
πάθη ἐν τοῖς μαθηματικοῖς οὐκ ἔστιν.

Οὕτω μέν, εἰ τοῖς ἀδιαιρέτοις ἐξ ἀρχῆς τοῖς μαθηματικοῖς ἔλεγεν·
εἰ δὲ ἀδιαιρέτοις ἔλεγε τοῖς ἐπιπέδοις, ἐξ ὧν τὰ σώματα συνιστῶσιν, ἢ 40
ὅτι καὶ αὐτὰ ἀβαθῆ ὄντα τὴν τῶν σωμάτων διαίρεσιν οὐχ ὑπομένει, ἢ
10 ὅτι, εἰ τὰ σώματα ἐξ ἐπιπέδων ἐστί, τὰ δὲ ἐπίπεδα ἐκ γραμμῶν, αἱ δὲ
γραμμαὶ ἐκ στιγμῶν, καὶ τὰ σώματα ἐκ στιγμῶν ἂν εἴη κατ' αὐτούς,
ὥστε ἐξ ἀδιαιρέτων· πολλὰ δέ ἐστιν, ἃ τοῖς μὲν φυσικοῖς σώμασιν ὑπάρχει,
ταῖς δὲ στιγμαῖς οὐχ ὑπάρχει· οὐκ ἂν εἴη τὰ σώματα ἐξ ἀδιαιρέτων· εἰ 45
γὰρ τὰ ἀδιαίρετα | μηδὲν ἔχει διαιρετόν, οὐδ' ἂν τὰ ἐξ αὐτῶν ἔχοι. 254b
15 ὥστε διὰ τούτου τοῦ ἐπιχειρήματος ἀπὸ καθολικοῦ τοῦ διαιρετοῦ πᾶσι τοῖς
πάθεσι τοῖς σωματικοῖς ὑπάρχοντος καθόλου ἂν εἴη δεδειχώς, ὅτι οὐκ
ἔστιν ἐξ ἐπιπέδων τὸ σῶμα, ὅπερ ἐφεξῆς διὰ τοῦ βαρέος καὶ τοῦ κούφου 5
τινῶν παθῶν ὄντων δείκνυσιν.

Καὶ οὕτω μᾶλλον ἐκδεκτέον τὸ εἰρημένον· τεκμαίρομαι δὲ ἐκ τοῦ εἰ-
20 πόντα αὐτὸν διὸ τὸ ἀδύνατον ἐν τοῖς τοιούτοις ἐπισκεπτέον ἐπαγα-
γεῖν τὴν ἀπὸ τοῦ βαρέος καὶ τοῦ κούφου ἀπόδειξιν. τὸ ἀδύνατον δὲ
εἶπε δεῖν ἐπισκέψασθαι ἐν τοῖς τοιούτοις, ὅτι ἐκ τῆς τῶν παθῶν θεωρίας 10
ἀδύνατον φανήσεται τὸ ἐξ ἐπιπέδων εἶναι τὰ σώματα. πάντα δὲ τὰ πάθη
διχῶς διαιρετὰ εἶπεν, οὐχ ὡς ἑκάστου πάθους κατὰ τοὺς δύο τρόπους
25 διαιρουμένου· τὰ γὰρ ἁπλᾶ οὐκέτι κατ' εἶδος διαιρετά ἐστιν· ἀλλ' ὡς πάν-
των ἐν ταύτῃ τῇ διαιρέσει περιειλημμένων, ὥστε τὰ μὲν οὕτως τὰ δὲ 15
ἐκείνως διαιρεῖσθαι.

p. 299a25 **Εἰ δὴ τῶν ἀδυνάτων ἐστὶν ἕως τοῦ ἡ δὲ στιγμὴ ἀδιαί-**20
ρετον ὑπόκειται.

30 Δείξας καθόλου διὰ τοῦ διαιρετοῦ, ὅτι ἀδύνατον ἐξ ἐπιπέδων συγκεῖσθαι

---

1 μάλιστα] corr. ex κάλλιστα A   3 ἐστί] seq. ras. 1 litt. E   6 ἐστι c
7 οὕτως c   τοῖς (pr.) om. c   τοῖς μαθηματικοῖς] -οῖς bis e corr. E   8 ἔλεγε
ἔλεγεν c   9 ἀβαθῆ Db: ἀμαθῆ AE: ἀπαθῆ c   ὄντα ἀβαθῆ F   10 εἰ A: om.
DEb   ἐστί] seq. ras. 1 litt. E: εἰσί A   γραμμῶν] τῶν γραμμῶν A   12 δ' Dc
13 στιγμαῖς] γραμμαῖς Ac   οὐχ] ὥστε οὐκ c; fort. οὐκ ἄρα   τὸ σῶμα c   14 οὐδ' ἂν
οὐδὲν E   ἔχει EF   16 πάθεσιν c   πάθεσι τοῖς Ab: om. DE   δεδειχώς]
corr. ex διχῶς E²   17 βαρέως e corr. E²   18 δείκνυσι D   19 οὕτως c
μᾶλλον AFb: μάλιστα DE   20 διὸ] corr. ex διὰ E²   21 βαρέος] e corr. E
22 εἶπε Ab: εἰπεῖν DE   24 ἑκάστου] ἑκατέρου E   δύο Ab: αὐτοὺς DE   25 κατ'
εἶδος διαιρετὰ Ab: διαιρετὰ κατ' εἶδος DE   26 ὥστε] ὡς c   οὕτω D   δ' c
28 δὴ] e corr. E   ἕως τοῦ] ἑκατέρου μέρους ἕως D   δὲ] δέ γε E

SIMPLICII IN L. DE CAELO III 1 [Arist. p. 299ᵃ25] 569

τὰ σώματα, νῦν ἀπό τινος ἑνὸς πάθους σωματικοῦ τοῦ βάρους τὸ αὐτὸ 254ᵇ
δείκνυσι προλαβὼν τρία τινὰ ἀξιώματα ἢ ὑποθέσεις τοιαύτας· εἰ σύγκειταί
τι ἔκ τινων, ἀδύνατον τῶν συντιθέντων μηδὲν ἐχόντων βάρος τὸ συντεθὲν 25
ἔχειν βάρος, καὶ δεύτερον, ὅτι τὰ αἰσθητά, τουτέστι τὰ φυσικά, σώ-
5 ματα ἢ πάντα ἢ ἔνια βάρος ἔχει. οἱ γὰρ περὶ Δημόκριτον καὶ ὕστερον
Ἐπίκουρος τὰς ἀτόμους πάσας ὁμοφυεῖς οὔσας βάρος ἔχειν φασί, τῷ δὲ
εἶναί τινα βαρύτερα ἐξωθούμενα τὰ κουφότερα ὑπ' αὐτῶν ὑφιζανόντων ἐπὶ 30
τὸ ἄνω φέρεται, καὶ οὕτω λέγουσιν οὗτοι δοκεῖν τὰ μὲν κοῦφα εἶναι τὰ
δὲ βαρέα. καὶ εἰ μὴ πάντα δὲ εἴη βαρέα τὰ φυσικὰ σώματα, ἀλλ' ἔνιά
10 γε ὑπὸ πάντων ὁμολογεῖται, ὥσπερ ἡ γῆ καὶ τὸ ὕδωρ. τρίτον δὲ δυνάμει
προλαμβάνει τὸ ἤδη εἰρημένον, ὅτι τοῦ αὐτοῦ λόγου ἐστὶ στερεὰ ἐξ ἐπι- 35
πέδων συγκεῖσθαι καὶ ἐπίπεδα ἐκ γραμμῶν καὶ γραμμὰς ἐκ στιγμῶν. τού-
των οὖν ὑποκειμένων, εἰ ἐξ ἐπιπέδων τὰ σώματα, ἡ δὲ στιγμὴ μηδὲν ἔχει
βάρος, δῆλον, ὅτι οὐδὲ αἱ γραμμαὶ διὰ τὴν πρώτην ὑπόθεσιν, εἰ δὲ 40
15 μηδὲ αἱ γραμμαί, οὐδὲ τὰ ἐπίπεδα, εἰ δὲ μηδὲ ταῦτα, οὐδὲ τῶν σωμάτων
οὐδὲν διὰ τὸ τρίτον. ἀλλὰ μὴν τὰ σώματα ἢ πάντα ἢ ἔνια βάρος ἔχει
διὰ τὸ δεύτερον ὡς ὡμολογημένον προληφθέν· οὐκ ἄρα ἐξ ἐπιπέδων τὰ
σώματα. τὸ μὲν οὖν συνημμένον καὶ ἡ πρόσληψις καὶ ἡ ἐπιφορὰ τοιαῦτα. 45
πρῶτον δὲ τὸ ἐν τῷ συνημμένῳ προϋποτεθὲν τὸ τὴν στιγμὴν μὴ ἔχειν
20 βάρος πολυειδῶς ἐφεξῆς ἀποδείκνυσιν ἀπὸ τοῦ τὸ μὲν βαρὺ ἅπαν διαι- 255ᵃ
ρετὸν εἶναι, τὴν δὲ στιγμὴν ἀδιαίρετον, καὶ μὴ δύνασθαι διαιρετὸν ἐν
ἀδιαιρέτῳ εἶναι. ὅτι δὲ διαιρετὸν τὸ βαρύ, πρῶτον δείκνυσιν ἐκ τοῦ πᾶν
τὸ βαρὺ καὶ βαρύτερον εἶναι, ὥσπερ τὸ κοῦφον καὶ κουφότερον καὶ τὸ 5
μέγα καὶ μεῖζον· εἰ δὲ πᾶν τὸ βαρὺ καὶ βαρύτερόν ἐστιν, ἀνάγκη βάρει
25 τινὶ ὑπερέχειν· ὥστε πᾶν τὸ βαρὺ διαιρετόν· διαιρεῖται γὰρ εἰς τὴν ὑπερ-
οχήν· ἡ δὲ στιγμὴ ἀδιαίρετον· καὶ συμπέρασμα ἐν δευτέρῳ σχήματι, ὅτι
ἡ στιγμὴ οὐ βαρεῖα, τουτέστιν οὐκ ἔχει βάρος, ὅπερ προέκειτο δεῖξαι. 10
      Ἀπορίας δὲ ἐκ τῶν εἰρημένων ἀναφυομένης, πῶς τὸ βαρὺ πᾶν βαρύ-
τερόν φησιν· εἰ γὰρ τὸ βαρύτερον βαρέος βαρύτερον, τὸ δὲ βαρύ, οὗ βαρύ-

---

1 ἑνὸς CDEF: om. Ab   βάρους] ἀέρος D   2 δείκνυσιν c   ἀξιώμα A
3 συντιθέντων b: συντεθέντων ADE   τὸ] seq. ras. 2 litt. E   4 ἔχει E: corr. E²
5 ἢ (pr.) om. A   6 ἐπίκουρον A   τῷ] τὸ A   8 οὕτω] οὗτοι D   9 δὲ
(alt.) om. c   10 γε A: δ DEF: om. b   ὁμολογεῖται AF: ὡμολόγηται DEK²: con-
fessum est b: ὡμολόγηται c   11 προσλαμβάνει c   ἠρημένον E: corr. E²
ἐστὶ] ἐστὶ τὰ Ac   12 συγκεῖσθαι E²: συγκεῖσται corr. ex σύγκειται E¹   καὶ (pr.)]
καὶ τὰ c   καὶ (alt.)] καὶ τὰς c   γραμμὰς] γὰρ DE: corr. E²   13 σώματα
CDEFb: σώματα τὰ δὲ ἐπίπεδα ἐκ στιγμῶν Ac   14 γραμμαὶ CDEb: στιγμαὶ A
εἰ—ἐπίπεδα (15) DEb, habuit C: om. A   15 μηδὲ (pr.) DE: μὴ bc   μηδὲ (alt.)]
μὴ c   16 τὰ A: om. DE   βάρος] ἢ βάρος E   17 ὁμολογημένον E
ἐξ DEb: καὶ ἐξ ACc   19 συνημμένον E: corr. E²   προϋποτεθὲν b: μὴ προ-
υποτεθὲν ADEF: om. C   20 ἅπαν A: πᾶν DE   21 τὴν — εἶναι (22) AFb: om.
DE   24 καὶ βαρύτερόν—βαρὺ (25) DEF: om. Ab   βάρος E: corr. E²
26 ἡ] corr. ex εἰ E²   ἀδιαίρετον—στιγμὴν (27) AFb: om. D: mg. E²   ἀδιαίρετον]
οὐ διαιρετὴ E²   καὶ] καὶ τὸ E²   27 ὅπερ] ὅπερ καὶ A   29 φασιν A
βαρύτερον (pr.) Ab: βαρὺ DE

τερον ἦν τὸ βαρύτερον, καὶ αὐτὸ βαρύτερόν ἐστιν ἄλλου βαρέος καὶ τοῦτο 255ᵃ πάλιν βαρύτερον, ἀνάγκη ἐπ' ἄπειρον ἰέναι· ταύτην οὖν τὴν ἀπορίαν προαναστέλλων ὁ Ἀριστοτέλης τὸ μὲν ἁπλῶς βαρὺ καὶ βαρύτερον ἅπαν 15 εἶναί φησιν, ὥσπερ καὶ τὸ κοῦφον κουφότερον καὶ τὸ μέγα μεῖζον, τὸ δὲ
5 βαρύτερον ἢ κουφότερον οὐκ ἀνάγκη καὶ ἁπλῶς βαρὺ ἢ ἁπλῶς κοῦφον εἶναι. καὶ γὰρ οὐ πᾶν τὸ μεῖζόν τινος ἤδη μέγα λέγομεν· καὶ γὰρ μεῖζον κέγχρος σινήπιος καὶ ὅμως οὐχ ἁπλῶς μέγα ἡ κέγχρος· οὐδὲ τὸ αἱρετώ- 20 τερον καὶ ἁπλῶς αἱρετόν· καὶ γὰρ αἱρετώτερον νόσος κακίας καὶ τὸ ἀδικεῖσθαι τοῦ ἀδικεῖν, ἀλλ' οὐδέτερον τούτων ἁπλῶς αἱρετόν· λέγει γοῦν ὁ
10 ἐν Γοργίᾳ Σωκράτης, ὅτι "βουλοίμην μὲν ἂν οὐδέτερον, εἰ δὲ ἀνάγκη θάτερον, ἑλοίμην ἂν μᾶλλον ἀδικεῖσθαι ἢ ἀδικεῖν." ὥστε, κἂν τὸ βαρὺ 25 πᾶν βαρύτερον, τὸ βαρύτερον οὐ πᾶν βαρύ, διὸ οὐδὲ ἀντιστρέφει ταῦτα οὐδὲ λέγεται τοῦ βαρυτέρου βαρύ, ἀλλὰ τὸ βαρύτερον τοῦ κουφοτέρου καὶ τὸ κουφότερον τοῦ βαρυτέρου. τί δὲ βούλεται τὸ ἴσως προστεθέν, ὅτε
15 ἔλεγε **τὸ δὲ βαρύτερον ἢ κουφότερον ἴσως οὐκ ἀνάγκη βαρὺ ἢ** 30 **κοῦφον εἶναι;** ἢ ὅτι, εἴ τις ἀκριβολογοῖτο, λέγοι ἂν μὴ κυρίως αἱρετώτερον λέγεσθαι, ὃ μὴ καὶ αἱρετόν ἐστιν, μηδὲ μεῖζον, ὃ μὴ καὶ μέγα, ὥστε οὐδὲ βαρύτερον, ὃ μὴ μετέχει βάρους, ἀλλὰ τὰ τοιαῦτα οὐχ αἱρετώτερον οὐδὲ μεῖζον οὐδὲ βαρύτερον, ἃ μὴ μετέχει τοῦ ὀνόματος, ἀλλ' ἧττον τὸ 35
20 ἐναντίον ῥητέον μᾶλλον, τὸ μὴ καὶ ἁπλῶς αἱρετὸν ἧττον φευκτὸν καὶ τὸ μεῖζον τὸ μὴ μέγα ἧττον μικρὸν καὶ τὸ βαρύτερον τὸ μὴ βαρὺ ἧττον κοῦφον· πάντως δὲ τὸ βάρος ποσότητα ἐμφαῖνον διαιρετόν ἐστιν, διὸ καὶ πάντως βαρύτερον.

Ἐφιστάνει δὲ ὁ Ἀλέξανδρος, ὅτι τῷ αὐτῷ λόγῳ χρωμένους δυνατὸν 40
25 δεικνύναι, ὅτι οὐδὲ ἄλλο τι πάθος τῇ στιγμῇ συμβέβηκεν, εἴπερ πᾶν τὸ ἁπλῶς τι ἔχον καὶ ὑπερέχει κατ' αὐτό τινος· καὶ γὰρ εἰ μὴ ἄλλου τινός, ἀλλὰ τοῦ γε μὴ ἁπλῶς τοιούτου ὑπερέχοι ἄν· ὥστε οὐδὲ κατὰ συμβεβηκὸς ἔστι τι διαιρετὸν ἐν ἀδιαιρέτῳ. |
45

p. 299ᵇ7 **Ἔτι εἰ τὸ μὲν βαρὺ πυκνόν τι ἕως τοῦ τὸ δὲ ὑπεῖκον** 255ᵇ
30 **διαιρετόν.**

Δείξας ἀπὸ τοῦ βαρυτέρου τὸ βάρος διαιρετὸν εἶναι τῆς στιγμῆς ἀδιαι- 5 ρέτου οὔσης συνήγαγεν, ὅτι ἡ στιγμὴ βάρος οὐκ ἔχει. ἐφεξῆς δὲ ἀπὸ τοῦ

---

3. 4 ἅπαν εἶναί φησιν Ab: εἶναί φησιν ἅπαν DE   5 οὐκ] supraser. DE²   καὶ ADE: om. Fb   6 μεῖζον (alt.) E: μείζων AD   7 σινήπυος, -ιν- e corr., E
7. 8 αἱρετώτερον] -ώ- e corr. E   8 τό] corr. ex τῷ E²   9 τούτῳ E λέγει] Plato Gorg. 469 c   10 ἂν F?: om. ADEb   δ' c   12 ταῦτα om. D   14 προτεθέν E: corr. E²   15 ἔλεγεν E: corr. E²   17 μὴ καὶ (pr.) Ab: καὶ μὴ DE   αἱρετόν] corr. ex αἱρετώτερον E²   ἔστι D: om. E καὶ (alt.) om. c   20 καὶ (pr.) ADE: om. bc   ἔστι D: -ν eras. E   24 ὅτι] ἐπί A   27 ὑπερέχει E: corr. E²   28 τι Ab: τὸ DEF   29 εἰ om. A τοῦ om. D   δ' c

πυκνοῦ καὶ μανοῦ τὸ αὐτὸ δείκνυσιν, ὅτι, εἴ ἐστι βαρεῖα ἢ κούφη ἡ στιγμή· 255ᵇ κοινὸν γὰρ ποιεῖται τὸν λόγον· ἔσται πυκνὴ ἢ μανή· ἀλλὰ μὴν οὔτε πυκνὴ οὔτε μανή ἐστιν· οὔτε βαρεῖα ἄρα ἢ κούφη. καὶ τὸ μὲν συνημμένον 10 δείκνυσιν ὁριζόμενος τὸ πυκνὸν καὶ τὸ μανόν· εἰ γὰρ πυκνὸν μὲν τὸ ἐν
5 ἴσῳ ὄγκῳ πλείονα ἔχον τοῦ μανοῦ σώματα, συμπεπιλημένα δηλονότι, μανὸν δὲ τὸ ἐν ἴσῳ ὄγκῳ ἐλάττονα ἔχον, διεξασμένα εἰκότως, τὸ μὲν πυκνὸν βαρύ ἐστι καὶ τὸ βαρὺ πυκνόν, τὸ δὲ μανὸν κοῦφον καὶ τὸ κοῦφον μανόν· 15 τὸ γὰρ ὕδωρ ἐξαεριζόμενον καὶ ἀραιούμενον κουφότερον γίνεται καὶ ὁ ἀὴρ ὑδατούμενος πυκνότερος. οἱ δὲ Πλατωνικοὶ οὐ λέγουσι τὸ βαρὺ διὰ πυκνό-
10 τητα εἶναι βαρύ· τὸ γοῦν πῦρ τῆς γῆς πυκνότερόν φασιν· ἀλλὰ τὴν βαρύ- τητα τὸ μεγαλομερέστερον ποιεῖν φασι. 20

Τὴν δὲ πρόσληψιν δείκνυσιν ἐν δευτέρῳ σχήματι κατηγορικῶς οὕτως· τὸ πυκνὸν καὶ μανὸν διαιρετά, εἴπερ τὸ μὲν ἐκ πλειόνων, τὸ δὲ ἐξ ἐλατ- τόνων ἔστι σωμάτων, καὶ οἱ ὄγκοι ἴσοι· ἡ στιγμὴ ἀδιαίρετος· ἡ στιγμὴ
15 οὔτε πυκνὴ οὔτε μανή ἐστιν. εἰ οὖν μήτε βαρεῖαι μήτε κοῦφαι αἱ 25 στιγμαί εἰσιν, οὐδ' ἂν κοῦφα σώματα οὐδὲ βαρέα εἴη, εἴπερ αἱ μὲν γραμμαὶ ἐκ στιγμῶν, τὰ δὲ ἐπίπεδα ἐκ γραμμῶν, τὰ δὲ σώματα ἐξ ἐπιπέδων.

Δείξας δὲ διὰ μέσου τοῦ πυκνοῦ καὶ μανοῦ, ὅτι ἡ στιγμὴ οὔτε βαρεῖα οὔτε κούφη ἐστί, καὶ διὰ τοῦ μαλακοῦ ἢ σκληροῦ τὸ αὐτὸ δείκνυσι κατη- 30
20 γορικῶς· τὸ βαρὺ ἢ σκληρόν ἐστιν ἢ μαλακόν· ἀνάγκη γὰρ πᾶν σῶμα θατέρῳ τούτων κατέχεσθαι· τὸ σκληρὸν καὶ τὸ μαλακὸν διαιρετά, εἴπερ τὸ μὲν μὴ ὑπείκει εἰς ἑαυτό, τὸ δὲ ὑπείκει· ἄμφω γὰρ ἐν διαστήματι λέ- γεται, τὸ δὲ διεστὼς διαιρετόν· ὥστε πάλιν τὸ μὲν βαρὺ διαιρετόν, εἴτε 35 σκληρὸν εἴτε μαλακὸν εἴη· ἡ δὲ στιγμὴ οὐ διαιρετή· ἡ ἄρα στιγμὴ οὐ
25 βαρεῖα οὐδὲ κούφη· οὐδὲ τὰ σώματα ἄρα· εἰ οὖν τὰ σώματα βαρέα καὶ κοῦφα, οὐκ ἂν εἴη ἐξ ἐπιπέδων.

p. 299ᵇ 14 Ἀλλὰ μὴν οὐδὲ ἐκ μὴ ἐχόντων βάρος ἔσται βάρος ἕως 40 τοῦ ὥστε καὶ ἡ μία στιγμὴ βάρος ἕξει.

Δείξας, ὅτι οὐκ ἔστιν ἐξ ἐπιπέδων τὰ σώματα, ἐκ τοῦ αὐτὰ μὲν βάρος
30 ἔχειν καὶ κουφότητα, τὰς δὲ στιγμὰς μήτε βαρείας εἶναι μήτε κούφας, καὶ

---

1 μανοῦ καὶ πυκνοῦ c   ἐστι] seq. ras. 1 litt. E   3 ἄρα] ἔτι A   5 πλείονα— ὄγκῳ (6) om. A   σώματα Db: σῶμα E (σ corr. ex τ)   συμπεπιλημένον e corr. E²   6 διεξασμένα EF: διεξασμένον A: διεξεσμένα D: διεσπασμένα c   8 ἐξαερι- ζόμενον A: ἐξαερούμενον DEF   ἀραιούμενον A²F: ἀναιρούμενον A¹: ἀερούμενον DE   γίγνεται DE   9 οὐ om. A   10 γοῦν] γὰρ c   post πῦρ add. οὐ E², sed del.   ἀλλὰ—φασι (11) om. D   12 κατηγορηκὼς A   οὕτω DE 13 μὲν] μ̅ E: μανὸν D   14 καὶ] κἂν c   ἡ (alt.)] ἡ ἄρα K²c   post alt. στιγμὴ add. ἄρα E²   15 οὔτε (pr.)] e corr. D   ἔστι E: corr. E²   βαρεῖαι] βαθεῖαι DE: corr. E²   αἱ A: om. DE   16 οὐδὲ DE: οὔτε Ac   17 γραμμῶν] e corr. D   18 ante διά ras. 10 litt. E   19 ἢ] καὶ c   19. 20 κατηγορηκὼς A   22. 23 λέγεται Ab: λέγεται τὸ μὲν οὖν ὑπεῖχον εἰς ἑαυτὸ προδήλως, καὶ τὸ μὴ ὑπεῖκον δὲ εἰς ἑαυτὸ ἀλλὰ ἀντι- τυποῦν (-ούμενον F) ὡς ἐν διαστήματι λέγεται DEF   23 δὲ om. A   27 οὐδ' Ac   ἐκ μὴ] bis A   ἔσται—τοῦ (28)] ἕως D   29 αὐτὰ] corr. ex αὐτοῦ E¹

τοῦτο διὰ τριῶν δείξας ἐπιχειρημάτων, ὅτι ἡ στιγμὴ οὔτε βαρεῖα οὔτε κούφη ἐστίν, ἐφεξῆς τὸ πρῶτον τῶν ὑποτεθέντων δείκνυσιν, | ὅτι, εἰ σύγκειταί τι ἔκ τινων, ἀδύνατον τῶν συντιθέντων μηδὲν ἐχόντων βάρος τὸ συγκείμενον βάρος ἔχειν. καί ἐστιν αὐτῷ τὸ πρῶτον ἐπιχείρημα τοιοῦτον·
5 εἰ ἐξ ἀβαρῶν τὸ βάρος ἔχον γίνεται, πόσα ἄρα ἀβαρῆ συνελθόντα βάρος ποιήσει; δῆλον γάρ, ὡς ἀριθμὸς ἀβαρῶν συνελθόντων ποιήσει τι βάρος· τοῦτον δὲ πῶς ὁριοῦσι; τί γὰρ μᾶλλον ὁ ῥηθεὶς ὑπ' αὐτῶν ἀριθμὸς ἀληθὴς ἢ ὁ ἑνὶ ἐλάττων ἢ ὁ ἑνὶ πλείων, οὐχ ἕξουσιν εἰπεῖν πάντων ὁμοίως τῶν συνιόντων ἀβαρῶν ὄντων, εἰ μὴ πλάσμα μόνον ἀναίτιον λέγοιεν. δεύτερον
10 δὲ ἐπάγει δεικνύς, ὅτι οἱ ἐξ ἀβαρῶν συνελθόντων λέγοντες γίνεσθαι βάρος ἀντιφάσει περιπίπτουσι· δειχθήσεται γάρ, ἃ λέγουσιν ἀβαρῆ, βάρος ἔχοντα ἕκαστον. δείκνυσι δὲ προλαβὼν ἐναργὲς λῆμμα τὸ πᾶν μεῖζον βάρος τοῦ ἐλάττονος βάρους βάρει μεῖζον εἶναι· οὐ γὰρ δὴ γλυκύτητι ὑπερέχει τινὸς τὸ βαρύτερον αὐτοῦ, ἀλλὰ βάρει· καὶ ἕτερον, ὅτι τὸ βαρέος βαρύτε-
15 ρον ἀνάγκη βαρὺ εἶναι ὥσπερ καὶ τὸ λευκοῦ λευκότερον λευκόν. εἰ οὖν τὸ ἐκ τεσσάρων στιγμῶν βάρος ἔχει, τὸ δὲ ἐκ πλειόνων τοῦ ἐκ τεσσάρων βαρέος ὄντος οἷον τὸ ἐκ πέντε βαρύτερόν ἐστι, τὸ δὲ βαρέος βαρύτερον βαρύ ἐστι καὶ βάρει ὑπερέχει, τὸ ἄρα ἐκ πέντε στιγμῶν τοῦ ἐκ τεσσάρων βάρει ὑπερέχειν ἀνάγκη στιγμῇ ὑπερέχον· ἀφαιρεθέντος οὖν τοῦ ἴσου,
20 τουτέστιν ἀπὸ τῶν πέντε στιγμῶν ἀφαιρεθεισῶν τεσσάρων, μία στιγμὴ ὑπολείπεται, ᾗ ὑπερέχουσαι αἱ πέντε τῶν τεσσάρων βάρει ὑπερεῖχον· οὐ γὰρ ἄλλῳ τινὶ ὑπερεῖχον ἢ τῇ στιγμῇ βάρει ὑπερέχουσαι· ὥστε ἑκάστη τῶν στιγμῶν βάρος ἕξει.

Καὶ ὁ μὲν Ἀλέξανδρος οὕτω συνήγαγε τὸν λόγον· οὗ ἀφαιρεθέντος
25 τὸ μεῖζον βάρος ἔλαττον γίνεται, βαρὺ τοῦτο· στιγμῆς δὲ ἀφαιρεθείσης τὸ μεῖζον βάρος ἔλαττον γίνεται· ἡ στιγμὴ ἄρα βαρύ. ἐπειδὴ δὲ ὁ Ἀριστοτέλης οὐ τῆς στιγμῆς ἀφαιρεθείσης εἶπεν, ἀλλὰ τοῦ ἴσου, μήποτε οὕτω

---

2 δείκνυσιν Eb: δεικνύειν D: om. A   ὅτι — συντιθέντων (3) om. A   3 τι Fb: om. DE   συντιθέντων Fb: corr. ex συντεθέντων E²: συνθέντων D   4 βάρος om. c   αὐτῷ Ab: αὐτὸ DE   5 εἰ] καὶ εἰ A   ἄρα] ἔτι A   6 συνελθόντων Ab: συνελθὼν DE   7 τοῦτον] corr. ex τούτων E²   ὁριοῦσιν c   8 ἑνὶ (pr.)] ἓν A   ἑνὶ (alt.)] ἓν A   πάντων CDE: παρὰ τῶν A: de b   9 συνιόντων CDEb: συνιέντων A: σωμάτων F   ὄντων — μόνον AFb: om. DE: in mg. quaedam evan. E²   ἀναίτιον Ab: τούτων τὸ αἴτιον F: om. DE   λέγοιεν AF: λέγειν DE: del. E²   10 δεικνύς A: δεικνύων DE   γίγνεσθαι DE   11 περιπίπτουσιν Ec   δειχθήσονται D   λέγουσι E: corr. E²   12 πᾶν A: πᾶν τὸ DE   14 βάρει] corr. ex βάρος E²   βαρέος] corr. ex βαρέως E¹   15 τὸ] corr. ex τοῦ E²   16 τοῦ] τούτου A   18 ἐστιν c   ἄρα] ἔτι A: om. c   πέντε ἄρα c   19 ὑπερέχειν A: ὑπερέχει DE: excedens b   ἀνάγκη Ab: om. DEF   στιγμῇ A: in puncto b: μιᾷ στιγμῇ DEF   ὑπερέχον] excedere b   20 μία — τεσσάρων (21) mg. E²   21 καταλείπεται E²   ᾗ] ἢ D: ἡ E²   αἱ πέντε ὑπερέχουσαι E²   21 οὐ — ὑπερεῖχον (22) AFb: om. DE: οὐδὲ γὰρ οὐδενὶ ἄλλῳ ὑπερεῖχον E²   25 γίνεται Fb: γίγνεται E et e corr. D: om. A   βαρὺ — γίνεται (26) DEF: om. Ab   26 γίνεται] mut. in γίγνεται E¹: γίγνεται D   ἄρα] ἔτι A   27 στιγμῆς] corr. ex τομῆς E²

SIMPLICII IN L. DE CAELO III 1 [Arist. p. 299ᵇ14]   573

μᾶλλον συνακτέον τὸν λόγον· ᾧ τοῦ ἴσου βάρους ἀφαιρεθέντος καταλείπεται 256ᵃ
ἐν τῷ βαρυτέρῳ, βαρὺ τοῦτό ἐστι· στιγμὴ δέ ἐστιν ἡ καταλειπομένη.

   Ταῦτα τοίνυν ὑπὸ τοῦ Ἀριστοτέλους ῥηθέντα ὡς μὲν πρὸς ἄνδρας ἐξ 35
ἐπιπέδων μαθηματικῶν ὄντως γεννῶντας τὰ σώματα καλῶς εἴρηται καὶ
5 φυσικῶς, ὡς δὲ πρὸς τοὺς Πυθαγορείους φυσικὰ καὶ ἔνυλα καὶ βάθος τι
ἔχοντα λέγοντας τὰ ἐπίπεδα οὐκ ἂν ἁρμόττοι τὰ εἰρημένα. καὶ γὰρ καὶ
ὁ Τίμαιος αὐτὸς διὰ τὸ πλῆθος τῶν ἐπιπέδων βαρύτερα γίνεσθαι τὰ σώ- 40
ματά φησι λέγων "τρίτον δὲ τὸ εἰκοσάεδρον, βάσεων μὲν εἴκοσι, γωνιῶν
δὲ δώδεκα, ὕδατος στοιχεῖον, πολυμερέστατον καὶ βαρύτατον." καὶ ὁ τοῦ
10 Πλάτωνος δὲ Τίμαιος ἐλαφρότατόν φησι τὸ ἐξ ὀλίγων συνεστὼς τῶν αὐτοῦ
μερῶν.

   Ἐπισημαίνονται δέ τινες καὶ τὸ λέγειν, ὅτι ἀδύνατόν ἐστιν ἑκατέρου 45
μηδὲν ἔχοντος βάρος τὰ ἄμφω ἔχειν βάρος· καὶ γὰρ καὶ κατ' αὐτόν, φασί,
μήτε τῆς ὕλης | μήτε τοῦ εἴδους βάρος ἐχόντων τὸ ἐξ ἀμφοῖν ἔχει 256ᵇ
15 βάρος. ἀλλὰ ταύτην τὴν ἀπορίαν προλαβὼν διέλυσεν ὁ Ἀριστοτέλης· ἡ
μὲν γὰρ ὕλη καὶ τὸ εἶδος στοιχεῖα ὄντως ὄντα τοῦ συνθέτου δυνάμει βαρέα
ὄντα συνελθόντα ἐνεργείᾳ ποιεῖ τὸ ἐξ αὐτῶν βαρύ, τὴν δὲ στιγμὴν ἔδειξεν 5
ὁ Ἀριστοτέλης οὐ δυνάμει ἀλλ' ἐνεργείᾳ βαρεῖαν οὖσαν, ἐὰν ὑποτεθῇ ἐξ
ἐπιπέδων τὰ σώματα. καὶ γὰρ οἱ τὰ σώματα λέγοντες ἐξ ἐπιπέδων ἢ τὰ
20 ἐπίπεδα ἐκ γραμμῶν ἢ τὰς γραμμὰς ἐκ στιγμῶν οὐχ ὡς ἐξ ὕλης καὶ εἴ-
δους, ἀλλ' ὡς ἐκ μερῶν ἐκείνων συγκεῖσθαί φασιν· ἡ μὲν γὰρ ὕλη καὶ τὸ 10
εἶδος καὶ ὅλως τὰ κυρίως στοιχεῖα δυνάμει ὄντα εἰς ἐνέργειαν πρόεισι
συνιόντα· καὶ οὕτως σὰρξ καὶ ὀστοῦν καὶ τῶν ἄλλων ἕκαστον τῶν συνθέτων
ἐκ τῶν τεσσάρων γίνεται στοιχείων συναλλοιουμένων ἀλλήλοις καὶ μηκέτι
25 εἰλικρινῆ τὴν ἑαυτῶν φύσιν ἐχόντων ἐν τῷ συνθέτῳ, ὁ δὲ τοῖχος ἐκ λίθου 15
καὶ πηλοῦ γίνεται συντιθεμένων, ἀλλ' οὐ συναλλοιουμένων· διὸ ἡ τῶν με-
ρῶν φύσις κατ' ἐνέργειαν οὖσα καὶ ἐν τῷ ὅλῳ ἐστίν· οὕτω δὲ καὶ ἐξ ἐπι-
πέδων τὸ σῶμα ἂν εἴη.

---

2 ἐστι] ἐστιν c   4 ὄντως om. D   καὶ DE: om. Ab   5 πυθαγορίους A
6 ἁρμόττει E: corr. E²   γὰρ καὶ AE: γὰρ Dc   7 γίνεσθαι Fb: γίγνεσθαι DE:
om. Ac   8 λέγων] Tim. Locr. 98 d   εἰκοσίεδρον c   βασίων c
γωνιῶν] corr. ex γωσεων A   9 πολυμερέστατον D: πολυμερέστερον AEb
βαρύτατον c: βαρύτερον Ab: om. DE   καὶ om. DE   10 φησι] Tim.
56 b   ὀλίγων] ὀλιγοστῶν DE   συνεστὼς om. E   αὐτοῦ] αὑτοῦ ADEc
12 τὸ E: mut. in τῷ A: τῷ DF   13 βάρος (pr.)] βάρους e corr. E²   ἔχειν] λέ-
γειν A   αὐτό DE   αὑτόν AE²: αὐτό DE   φασὶ ADEb: φασιν ἀριστοτέλην c   14 τὸ]
corr. ex τὸ δὲ E²   ἔχει AE²b: ἔχειν DEc   15 ἀπορίαν] -ί- e corr. E
προλαβὼν A: om. DEb   ἡ—ὕλη (16) om. E: ἡ δ' ὕλη E²   17 συνελθόντα A:
ὅταν συνέλθῃ DEF: quando conveniunt b   στιγμὴν] ς A   19 λέγοντες] γεννῶντες c
22 πρόεισιν c   23 οὕτω D   τῶν (alt.) om. E   25 ἑαυτῶν] corr. ex αὑτῶν D
26 συναλλοιουμένων] συνημμένων c   28 ἂν Ab: om. DE

p. 299b23 Ἔτι εἰ μὲν τὰ ἐπίπεδα μόνον κατὰ γραμμὴν ἕως τοῦ 256b
ἐκ τῶν οὕτω συντιθεμένων ἐπιπέδων.

Οἱ ἐκ τῶν ἐπιπέδων τὰ σώματα γεννῶντες τὴν σύνθεσιν τῶν ἐπιπέδων
οὐ κατὰ ἐφαρμογὴν αὐτῶν τὴν κατὰ πλάτος ποιοῦνται, ἀλλὰ κατὰ τὰ
5 γραμμικὰ πέρατα· οὕτω γὰρ στερεὰς γωνίας ποιοῦντες διαφερούσας ἀλλή-
λων κατὰ τὸν ἀριθμὸν τῶν ἐπιπέδων τὰ διάφορα σώματα ἐγέννων. τριῶν
μὲν γὰρ τριγώνων ἰσοπλεύρων εἰς μίαν κορυφὴν συναγομένων καὶ κατὰ τὰς
περιεχούσας γραμμὰς συνημμένων καὶ βάσιν ἐχόντων τρίγωνον ἰσόπλευρον
ἡ πυραμὶς γίνεται τέσσαρας ἔχουσα στερεὰς γωνίας, ὧν ἑκάστη ἐκ τριῶν
10 γωνιῶν συνέστηκεν ἀπὸ διμοίρου ὀρθῆς οὐσῶν διὰ τὸ ἰσόπλευρα εἶναι τὰ
τρίγωνα. τὸ δὲ ὀκτάεδρον σύγκειται μὲν ἐξ ὀκτὼ τριγώνων πάντῃ ἰσοπλεύ-
ρων εἴκοσι τέσσαρας γωνίας ἐχόντων ἐπιπέδους, διὸ στερεὰς ἓξ ἔχει γωνίας
ἑκάστην ἐκ τεσσάρων ἐπιπέδων συγκειμένην. τὸ δὲ εἰκοσάεδρον σύγκειται
μὲν ἐξ εἴκοσι τριγώνων ἰσοπλεύρων, ἑξήκοντα δὲ οὐσῶν ἐπιπέδων γωνιῶν
15 ἑκάστης ἐν αὐτῷ στερεᾶς γωνίας ἐκ πέντε ἐπιπέδων ὁμοίων συνισταμένης
δώδεκα ἔχει στερεὰς γωνίας. ὁ δὲ κύβος σύγκειται μὲν ἐκ τεσσάρων
τετραγώνων, ὧν ἕκαστον σύγκειται ἐκ τεσσάρων τριγώνων ἰσοσκελῶν ὀρθο-
γωνίων τὰς κορυφὰς ἐν τῷ κέντρῳ τοῦ τετραγώνου συνημμένας ἐχόντων
καὶ πλευρὰς μὲν τὰ τμήματα τῶν τοῦ τετραγώνου διαμέτρων, βάσεις δὲ
20 τὰς τοῦ τετραγώνου πλευράς· ἔχει δὲ ὁ κύβος στερεὰς γωνίας ὀκτὼ ἑκά-
στην ἐκ τριῶν ὀρθῶν ἐπιπέδων γω|νιῶν συνισταμένην. τὸ δὲ δωδεκάεδρον 257a
σύγκειται μὲν ἐκ δώδεκα πενταγώνων ἰσοπλεύρων τε καὶ ἰσογωνίων, ἔχει
δὲ στερεὰς γωνίας εἴκοσιν ἑκάστην ἐκ τριῶν τοῦ πενταγώνου ἐπιπέδων
γωνιῶν συνισταμένην, ὧν ἑκάστη μιᾶς ὀρθῆς καὶ πέμπτου ἐστί.
25   Λέγει οὖν ὁ Ἀριστοτέλης πρὸς αὐτούς, ὅτι τῆς τοιαύτης συνθέσεως
τῶν ἐπιπέδων κατὰ γραμμὴν οὔσης, εἰ μὲν μόνον οὕτω πεφυκέναι λέ-
γουσι συντίθεσθαι τὰ ἐπίπεδα, ἄτοπον λέγουσι· δεῖ γάρ, ὥσπερ γραμμὴ
πρὸς γραμμὴν ἀμφοτέρως συντίθεται καὶ κατὰ μῆκος καὶ κατὰ πλάτος·

---

2 οὕτως E   3 ἐκ τῶν] ἐξ c   4 κατ' (pr.) c   κατὰ (alt.) CDE: κατὰ τὸ Ac
5. 6 ἀλλήλων A: ἀλλήλαις DE   8 καὶ—τρίγωνον DEF (τρίγωνα F): om. Ab
9 γίγνεται DE   10 γωνιῶν A: trigonis b: ἐπιπέδων γωνιῶν DEc   διμοίρου] corr.
ex δυμοίρου A   ἰσόπλευρον DE   11 πάντῃ Ab: πάλιν DEF   12 ἐπιπέδους]
corr. ex ἐπιπέδων A   15 ἑκάστης—ὁμοίων om. E: ἑκάστης ἐν τῷ στερεῷ γω-
νίας E²   αὐτῷ F: ἑαυτῷ AD: τῷ Κ²   στερεᾶς] mut. in στερεῷ Κ²   ὁμοίων
AFb: γωνιῶν DK²   16 δώδεκα—γωνίας] del. E²   γωνίας] γωνίας ἐκ πέντε ἐπι-
πέδων c: γωνίας γωνιῶν συνισταμένης E   17 τετραγώνων—τεσσάρων DEF: om. Ab
ὧν E²F?: om. DE   τριγώνων] tetragonis b   19 τοῦ om. E   τετραγώνου] mut.
in τετραγώνων E²   20 τοῦ] τοῦ τετάρτου c   23 εἴκοσι E   24 συνισταμένην ΑΕ²:
συνισταμένων DEb et corr. ex συνισταμένην F   ὧν AE²: om. DEFb   ἑκάστη]
corr. ex ἑκάστου E²: ἑκάστης F   πέμπτης Fc   ἐστίν Ec: οὔσης F
26 γραμμὴν AE²F: γραμμῆς DE   οὕτως c·   26. 27 λέγουσιν Ec

λέγει δὲ κατὰ πλάτος μέν, ὃ κατὰ γραμμὴν ἐφεξῆς καλεῖ, ἐπιτιθεμένην, 257ᵃ κατὰ μῆκος δὲ οὐκ ἐπιτιθεμένην, ἀλλὰ προστιθεμένην, οὐ κατὰ γραμμήν, 11 ἀλλὰ κατὰ σημεῖον, καὶ διὰ τούτου μὲν τοῦ τρόπου τὸ μῆκος αὔξουσαν, διὰ δὲ τοῦ κατὰ γραμμὴν τὸ πλάτος, εἴπερ γραμμῶν συντιθεμένων ἐπί-
5 πεδον γίνεται, ὥσπερ ἐπιπέδων σῶμα· ὡς οὖν ἡ γραμμὴ διχῶς συντίθεται, 15 οὕτω χρὴ καὶ τὸ ἐπίπεδον μὴ μόνον κατὰ γραμμὴν καὶ μῆκος συντίθεσθαι, ὡς οὗτοι λέγουσιν, ἀλλὰ καὶ κατὰ πλάτος, ὥστε ἐφαρμόζειν ἀλλήλοις τὰ ἐπίπεδα, ὡς ἐφήρμοζον ἀλλήλαις καθ' ὅλον τὸ μῆκος αἱ γραμμαὶ αἱ κατὰ γραμμὴν ἐπιτιθέμεναι, ἀλλ' οὐχὶ αἱ προστιθέμεναι. ἀλλ' εἰ καὶ κατὰ πλά- 20
10 τος ἐνδέχεται συντίθεσθαι τὰ ἐπίπεδα ὥσπερ τὰς γραμμὰς καὶ κατὰ μῆκος, ἔσται τι σῶμα τὸ ἐκ τῶν οὕτω συντιθεμένων ἐπιπέδων γινόμενον, εἴπερ τὸ ἐξ ἐπιπέδων συντιθέμενον σῶμά ἐστιν, ὃ οὔτε στοιχεῖον οὔτε ἐκ στοιχείων ἐστίν· οὔτε γὰρ τῶν τεσσάρων τι σωμάτων, ὧν ἡ γένεσις κατὰ 25 γραμμὴν συντιθεμένων· οὔτε γὰρ πυραμὶς οὔτε ἄλλο τι τῶν συστοίχων
15 οὔτε σύνθετόν τι ἐκ τούτων σῶμα οὔτε πῦρ οὔτε ἀὴρ οὔτε ἄλλο τι τούτων· οὐδὲν δὲ σῶμα οἷόν τε εἶναι, ὃ μὴ στοιχεῖόν ἐστιν ἢ ἐκ στοιχείων σύγκειται. 30

Ταῦτα τοῦ Ἀριστοτέλους εἰπόντος ῥητέον, ὅτι, εἰ μὲν πᾶσαν σύνθεσιν ἐπιπέδων σῶμα ποιεῖν ἔλεγον οἱ οὕτως ὑποθέμενοι, ἀλλὰ μὴ τὴν κατὰ
20 γραμμὰς συντιθεμένην, καλῶς ἂν ἐλέγετο ταῦτα, εἰ δὲ κατ' ἐκείνην μόνην, καθ' ἣν ἡ ἐπίπεδος φύσις περιέχει τὸ στερεόν, ὡς ὁ Πλάτων φησίν, οὐδὲν ἂν εἴη πρὸς ἐκείνους τὰ εἰρημένα. ἔπειτα οὐδὲν θαυμαστὸν κατὰ 35 πλάτος συντιθεμένων τῶν ἐπιπέδων ἀτελές τι καὶ παρὰ φύσιν ἐν τοῖς ἐσχάτοις ὑφίστασθαι· καὶ γὰρ καὶ κατ' αὐτὸν ἐν τῇ τῶν στοιχείων μετα-
25 βολῇ εἴη ἄν τινα ἀποτυγχανόμενα, ὡς μήτε στοιχεῖα μήτε ἐκ στοιχείων εἶναι.

Ἐπειδὴ δὲ ὁ Ἀλέξανδρος καὶ καθ' αὑτὸν ἀντιλέγειν πειρᾶται τῷ 40 λόγῳ, ἴδωμεν καὶ τὰ ὑπ' ἐκείνου λεγόμενα. ὅτι γάρ, φησίν, ἐξ ἐπιπέδων τὴν γένεσιν ἀληθῶς ἐποίουν καὶ οὐ διὰ τὴν πρὸς τὰ ἁπλᾶ σώματα τῶν
30 σχημάτων τούτων ὁμοιότητα, καὶ ὅτι εὐλόγως αὐτοῖς ὁ Ἀριστοτέλης ἀντιλέγει, δῆλον ἐκ τοῦ διὰ τοῦτο λέγειν τὰ μὲν ἄλλα σώματα εἰς ἄλληλα 45 ποιεῖσθαι τὴν μεταβολήν, ὅτι ἡ γένεσις αὐτοῖς ἐκ | τῶν ὁμοίων ἀλλήλοις 257ᵇ σκαληνῶν ὀρθογωνίων τριγώνων ἐστίν, ἐξ ὧν σύγκειται τὰ ἰσόπλευρα τρίγωνα, τὴν δὲ γῆν εἰς μηδὲν τῶν ἄλλων μεταβάλλειν, ὅτι μόνη ἐξ ἰσοσκε-

---

1 post γραμμὴν add. ἐπιτιθεμένην καλεῖ E²   καλεῖ CDb: καλεῖν A: om. E ἐπιτιθεμένην ACb: ἐ cum lac. 10 litt. D: om. E   2 μῆκος] -η- e corr. E¹ οὐ om. D   3 μῆκος] -η- corr. E¹   4 κατὰ CDEK²b: μὴ κατὰ AF   5 γίνεται DE   6 οὕτως c   καὶ (alt.)] καὶ κατὰ c   8 αἱ κατὰ] κατὰ D   10 καὶ κατὰ DE: κατὰ AFbc   11 σῶμα τὸ] μῆκος τῶν E   οὕτως c   γιγνόμενον DE   14 τῶν — alt. τι (15) om. D   18 εἰ] corr. ex ἡ E²   19 ὑποθέμενοι A: ὑποτιθέμενοι E²: ἐπιτιθέμενοι DE   20 γραμμὰς A: τὰς γραμμὰς F: γράμμα DE: γραμμὴν E²   21 φησίν] Tim. 53 c   24 γὰρ καὶ] γὰρ A   27 καὶ om. E καθ' αὑτὸν] κατ' αὐτὸν A   30. 31 ὁ ἀριστοτέλης ἀντιλέγει A: ἀριστοτέλης ἀντιλέγει DE: ἀντιλέγει ὁ ἀριστοτέλης Fb

λῶν ὀρθογωνίων τριγώνων γέγονεν. ἀλλ' ὅτι μὲν οὐκ ἀναγκαῖον τὴν κατὰ 257b ὁμοιότητα τῶν σχημάτων πρὸς τὰ στοιχεῖα ἐξήγησιν ἐκβάλλειν διὰ τὸ μὴ 6 πάντα τὰ στοιχεῖα ἐκ τοῦ αὐτοῦ λέγεσθαι τριγώνου, πρόδηλον ἂν εἴη· εἰ γὰρ τὰ ἄλλα συμβολικῶς εἴρηται, τί κωλύει καὶ τούτου συμβολικῶς ἀκούειν; 5 ὅτι δὲ ἀρχοειδέστεραί εἰσιν αἱ κατὰ τὰ σχήματα αἰτίαι τῶν κατὰ τὰς 10 ποιότητας, δῆλον, εἴπερ καὶ αὐτὸς ὁ Ἀριστοτέλης πρὸ τῶν ἄλλων ποιοτήτων ἐγγίνεσθαι τὰ σχήματα τῇ ὕλῃ νομίζει· τοῦτο δὲ δῆλον ἐκ τοῦ τὸ παρ' αὐτῷ δεύτερον καλούμενον ὑποκείμενον ὂν τὸ ἄποιον λέγεσθαι σῶμα· τῷ δὲ σώματι καθὸ σῶμα τριχῇ διαστατῷ ὄντι συνουσίωται τὸ σχῆμα καὶ 15 10 μάλιστα πεπερασμένου ὄντος αὐτοῦ, ὡς αὐτὸς ἀποδείκνυσιν. ἀλλὰ τί, φησίν, διοίσει τῆς Δημοκρίτου δόξης ἡ ἐκ τῶν ἐπιπέδων λέγουσα, εἴπερ καὶ αὐτὴ κατὰ τὰ σχήματα εἰδοποιεῖσθαι τὰ φυσικὰ σώματά φησι; ῥᾴδιον δὴ καὶ πρὸς τοῦτο λέγειν, ὅτι κατὰ τοῦτο μὲν οὐδὲν διαφέρει· καὶ γάρ, ὅπερ καὶ 20 πρότερον εἶπον, Δημόκριτον ὁ Θεόφραστος ἱστορεῖ ὡς ἰδιωτικῶς ἀποδιδόν- 15 των τῶν κατὰ τὸ θερμὸν καὶ τὸ ψυχρὸν καὶ τὰ τοιαῦτα αἰτιολογούντων ἐπὶ τὰς ἀτόμους ἀναβῆναι· διαφέρει δὲ ἴσως ταύτης ἐκείνη ἡ δόξα καὶ τῷ ἁπλούστερόν τι τῶν σωμάτων προϋποτίθεσθαι τὸ ἐπίπεδον τῶν ἀτόμων σω- 25 μάτων οὐσῶν καὶ τῷ συμμετρίας καὶ ἀναλογίας δημιουργικὰς τοῖς σχήμασιν ἐνιδεῖν καὶ τῷ περὶ τῆς γῆς ἀλλοίως διαιτᾶσθαι.

20 p. 299b31 **Ἔτι εἰ μὲν πλήθει βαρύτερα τὰ σώματα τῶν ἐπιπέδων** 30 **ἕως τοῦ τὸ γὰρ τῆς γῆς ἐπίπεδον ἔσται βαρύτερον ἢ τὸ τοῦ πυρός.**

Καὶ τοῦτο πάλιν ἀπὸ τῆς βαρύτητος αὐτοῖς ἐπάγει τὸ ἐπιχείρημα. ἔστι δὲ τοιοῦτον· εἰ πλήθει μὲν τῶν ἐπιπέδων βαρύτερα τὰ σώματά ἐστιν, 25 ὀλιγότητι δὲ ἐλαφρότερα, ὡς ἐν τῷ Τιμαίῳ γέγραπται· λέγει γὰρ "ἔτι τε 35 ἐλαφρότατον τὸ ἐξ ὀλίγων συνεστὼς τῶν αὐτοῦ μερῶν" ὡς πάντων ἰσορρόπων ὄντων τῶν ἐπιπέδων· ἕξει καὶ ἡ γραμμὴ καὶ ἡ στιγμὴ βάρος, ὅπερ ἀδύνατον δέδεικται. εἰ γὰρ παρὰ τὸ πλῆθος τῶν ἐπιπέδων βαρύτερον γίνεται τὸ σῶμα, δῆλον, ὅτι ἕκαστον αὐτῶν εἰς βαρύτητα συντελεῖ· τὸ γὰρ 40 30 πλέον βάρος, τουτέστι τὸ βαρύτερον, βάρει βαρύτερόν ἐστιν. εἰ οὖν τὰ ἐπίπεδα βαρέα, ἐξ ὧν τὸ σῶμα, καὶ αἱ γραμμαὶ βαρεῖαί εἰσιν, ἐξ ὧν τὰ

---

2 ἐκβάλλειν scripsi: ἐμβάλλειν ADEFbc   3 τοῦ] seq. ras. 5 litt. E   4 τούτου A: τοῦτο DE   7 ἐγγίγνεσθαι DE   8 αὐτὸ E: corr. E²   9 συνουσίωται DEF: οὐσίωται A: subsistit b   10 φησί DEc   11 αὐτὴ] αὕτη c   12 φησίν Dc   13 καὶ (alt.) Ab: om. DE   14 πρότερον εἶπον p. 564,25] εἰπὼν πρότερον DE: εἶπον πρότερον E² δημόκριτος DE: corr. E²   ὡς Ab: om. DE   14. 15 ἀποδιδόντων] -δό- e corr. E   15 καὶ τὸ] καὶ c   16 διαφέρει Ab: καὶ διαφέρει DE   τῷ DE²b: τὸ AE   18 τῷ] τῆς A   δημιουργικὰς A¹DEF: δημιουργητικὰς A²c   19 τῷ] τῷ τὸ c διαιτᾶσθαι scripsi: διατᾶσθαι A¹: διατάττεσθαι A²DEFc: disponit b   20 ἔτι] add. E² τῶν] τὰ τῶν c   τῶν—ἐπίπεδον (21)] ἕως D   25 δ' c   ἐλαφρότατα A, sed corr.   λέγει] Tim. 56 b   ἔτι τε] ὅτι c   26 ὀλίγων Ab: ὀλιγίστων DEc; cf. p. 573,10   αὐτοῦ] αὐτῶν ADEc   28. 29 γίγνεται DE

ἐπίπεδα, καὶ αἱ στιγμαί, ἐξ ὧν αἱ γραμμαί· ὁ γὰρ αὐτός ἐστι λόγος, διότι 257b
πέρατα ὁμοίως πάντα. ἀλλὰ μὴν τὸ τὴν στιγμὴν βάρος ἔχειν δέδεικται
διὰ πλειόνων ἀδύνατον, εἴπερ τὸ μὲν βάρος διαιρετόν, ἡ δὲ στιγμὴ ἀδιαί- 45
ρετον. | εἰ δὲ μὴ τῷ πλήθει τῶν ἐπιπέδων ἡ κατὰ τὸ βάρος διαφορὰ 258a
5 τοῖς σώμασιν ἀκολουθεῖ, ἀλλ' ἀνάπαλιν τῷ τὴν γῆν βαρεῖαν εἶναι, τὸ δὲ
πῦρ κοῦφον, τὰ μὲν τῆς γῆς ἐπίπεδα βαρέα ἐστί, τὰ δὲ τοῦ πυρὸς κοῦφα,
ὅπερ αὐτὸς εἶπε διὰ τοῦ τὸ γὰρ τῆς γῆς ἐπίπεδον ἔσται βαρύτερον 5
ἢ τὸ τοῦ πυρὸς ἀντὶ τοῦ εἰπεῖν· τὸ γὰρ τῆς γῆς ἐπίπεδον ἔσται βαρύ,
τὸ δὲ τοῦ πυρὸς κοῦφον· εἰ δὲ τοῦτο, καὶ τῶν γραμμῶν πάλιν καὶ τῶν
10 στιγμῶν ἡ αὐτὴ ἔσται διαφορά, ὥστε καὶ οὕτως ἀκολουθήσει τὸ ἀδύνατον
τὸ τὴν στιγμὴν βάρος ἔχειν ἢ κουφότητα. εἰ οὖν ἀνάγκη, εἰ ἐξ ἐπιπέδων 10
ἐστὶ τὰ σώματα, ἢ τῷ πλήθει τῶν ἐπιπέδων βαρύτερα καὶ κουφότερα
αὐτὰ εἶναι ἢ διὰ τὸ τὰ μὲν φύσει βαρέα εἶναι τῶν σωμάτων, τὰ δὲ κοῦφα,
καὶ τῶν ἐπιπέδων, ἐξ ὧν συνεστήκασι, τὰ μὲν βαρέα ἐστί, τὰ δὲ κοῦφα,
15 ἑκατέρᾳ δὲ τῶν ὑποθέσεων ἀδύνατόν τι ἀκολουθεῖ τὸ τὴν στιγμὴν βάρος 15
ἔχειν ἢ κουφότητα, ἀδύνατον τὸ ἐξ ἀρχῆς ἐστι τὸ ἐξ ἐπιπέδων εἶναι τὰ
σώματα. καὶ πρὸς τοῦτο δὲ τὸ αὐτὸ ῥητέον, ὅτι οὐ μαθηματικὰ τὰ ἐπί-
πεδα ὑποτίθενται, ὥστε ἀνάλογον εἶναι, ὡς ἐπίπεδα πρὸς σῶμα, οὕτω
γραμμὰς πρὸς ἐπίπεδον καὶ στιγμὰς πρὸς γραμμήν.
20

20 p. 300a7 "Ὅλως δὲ συμβαίνει ἢ μηδέν ποτε εἶναι μέγεθος ἕως τοῦ
σῶμα δὲ μηδέν.

Τοῦτο ἔτι βιαιότερον τὸ ἐπιχείρημα οὐκ ἀπὸ τῆς συνθέσεως τῶν ἐπι- 25
πέδων, ἀλλ' ἀπὸ τῆς ἀναλύσεως εἰλημμένον. συμβήσεται γάρ, φησί, ποτε
κατὰ τοῦτον τὸν λόγον μηδὲν εἶναι μέγεθος ἐν τοῖς οὖσιν ἢ ἐνδέχεσθαι
25 μὴ εἶναι· τὸ δὲ ἐνδέχεσθαι μὴ εἶναι τοῦ μὴ εἶναι τῷ χρόνῳ διαφέρει.
πῶς οὖν τοῦτο συμβήσεται; εἴπερ ὁμοίως ἔχει, φησί, στιγμὴ μὲν 30
πρὸς γραμμήν· αὐτὸς δὲ ἀντὶ τῆς στιγμῆς τὴν μονάδα παρέλαβε κατὰ
τὸ κοινὸν τῆς ἀμερείας· γραμμὴ δὲ πρὸς ἐπίπεδον, τὸ δὲ ἐπίπεδον
πρὸς σῶμα, ὥσπερ τὸ σῶμα εἰς ἐπίπεδα κατ' αὐτοὺς διαλύεται, διότι καὶ
30 ἐκ τούτων συνέστηκεν, οὕτω καὶ τὸ ἐπίπεδον εἰς γραμμὰς οἷόν τε διαλυ- 35
θῆναι καὶ τὰς γραμμὰς εἰς στιγμάς· ἐνδέχεται οὖν σημεῖα μόνον εἶναί

---

1 ἐξ] corr. ex αἱ A   4 διαφορᾷ] seq. lac. 1 litt. E   5 ἀλλ' A: ἀλλὰ DE
τῷ] τὸ A: τῶν F   γῆν DEb: μὲν A: μὲν γῆν c   6 γῆς] γῆς ὡς A
ἐστίν c   7 εἶπεν Ec   διὰ τοῦ τὸ γὰρ c: διὰ τοῦτο γὰρ τὸ ADEFb   11 ἀνάγκη
εἰ E²b: ἀνάγκης A: ἀνάγκη DE   12 ἐστὶ Ab: om. DE   σώματά ἐστιν DE
13 ἢ] ἢ καὶ c   14 τῶν] τῶν ἐξ DE: corr. E²   17 τὸ om. DE   20 μηδέν c
ποτ' c   τοῦ om. D   21 μηθέν D   22 βεβαιότερον c   συνθέσεως CDE:
θέσεως Abc   23 ποτε φησί F   φησίν E   ποτε] ὅτε E: suprascr. D: ἔστιν
ὅτε E²   25 τὸ —εἶναι (sec.) om. D: mg. E²   διαφέρει Ab: διαφέρειν DE
27 παρέλαβεν c   28 δ' (alt.) c   29 τὸ] γὰρ τὸ Fc   καὶ Ab: om. DEF
30 οὕτως] οὕτω γὰρ A   τε] καὶ τὸ DE: corr. E²   31 οὖν Ab: μὲν οὖν
DE   μόνον Ab: μὲν DE

ποτε, μηδὲν δὲ μέγεθος. ἐνταῦθα ὁ Ἀλέξανδρος αἰσθόμενος τῆς ὁμοίας 258ᵃ
ἐνστάσεως "οὐκέτι, φησί, τοῖς ἐξ ὕλης καὶ εἴδους τὰ σώματα λέγουσιν
ἀκολουθεῖ τὸ ἐνδέχεσθαι μηδὲν εἶναι μέγεθος· οὐ γὰρ σώματος γένεσίς 40
ἐστι κατ' αὐτούς, ἀλλὰ τοῦδε τοῦ σώματος, οὗ δέ ἐστιν ἡ γένεσις, ἐκείνου
5 καὶ ἡ φθορά. ἔτι οὐκ ἔστιν ἡ ὕλη κατ' αὐτοὺς ἐνεργείᾳ, κατὰ δὲ τοὺς
τὰ ἐπίπεδα ἔστιν. ἴσως δέ, φησίν, οὐδὲ ἡ ὕλη εἴη ἂν αὐτὴ καθ' αὑτὴν
ἀμεγέθης". καὶ πρὸς μὲν τοῦτο ῥητέον· εἰ λέγει ὁ Ἀριστοτέλης "ἔστι 45
γὰρ καὶ σώματος ὕλη καὶ μεγάλου καὶ μικροῦ ἡ αὐτή," πῶς ἕξει τῷ
ἑαυτῆς λόγῳ | μέγεθος ἡ ὕλη, εἴπερ σώματός ἐστιν ὕλη ἄλλη οὖσα 258ᵇ
10 δηλονότι παρὰ τὸ σῶμα, καὶ εἴπερ καὶ μεγάλου καὶ μικροῦ ἡ αὐτή; εἰ
γὰρ ἔχει μέγεθος, πεπερασμένον πάντως τοσονδί. πρὸς δὲ τὸν τοῦ Ἀρι-
στοτέλους λόγον ῥητέον, ὡς, εἰ μόνον ἀναλύοιτο τὰ ἐν γενέσει, ἀλλὰ μὴ 5
καὶ συντιθοῖτο κατὰ τοὺς ἐνεργοῦντας ἀεὶ δημιουργικοὺς λόγους καὶ τὴν
οὐράνιον κίνησιν καὶ τὴν εἰς ἄλληλα καὶ ὑπ' ἀλλήλων δρᾶσίν τε καὶ πεῖσιν,
15 καὶ κατὰ τοὺς ἐξ ὕλης καὶ εἴδους λέγοντας τὴν γένεσιν, κἂν μέγεθος μὴ
ἐνδέχεταί ποτε μὴ εἶναι, διότι ἡ ἄλλου φθορὰ ἄλλου γένεσίς ἐστιν ἐν τοῖς 10
ἁπλοῖς, ἀλλὰ ἄνθρωπον ἐνδέχεται μὴ εἶναι καὶ ἵππον πάντων εἰς τὰ στοι-
χεῖα διαλυθέντων καὶ ἄλλων μὴ συστάντων, οὐδὲν δὲ ἧττον ἄτοπον τοῦτο
τοῦ μέγεθος μὴ εἶναι.
20 Πάλιν δὲ ὁ Ἀλέξανδρος "πρὸς τοὺς λέγοντας, φησίν, ὅτι οὐ τὰ φυ-
σικὰ σώματα ὁ Πλάτων ἐκ τῶν ἐπιπέδων ἐν τῷ Τιμαίῳ συνίστησιν, ἀλλὰ 15
τὸ εἶδος ἑκάστου τῶν σωμάτων, καθ' ὃ ἕκαστόν ἐστιν αὐτὸ τοῦτο, ὅ ἐστι,
τὸ δὲ εἶδος ἀσώματον, τοῦτο δὲ τὸ γεννώμενον εἶδος ἐκ τῶν ἐπιπέδων
γενόμενον ἐν τῇ ὕλῃ τὸ μὲν πῦρ ποιεῖ, τὸ δὲ ὕδωρ, τὸ δὲ γῆν, τὸ δὲ
25 ἀέρα, ὥστε οὐ τὸ ἔνυλον σῶμα, ὥς φησιν Ἀριστοτέλης, ἐξ ἐπιπέδων γεννᾷ 20
ὁ Πλάτων· πρὸς τούτους οὖν, φησί, ῥητέον, ὅτι, κἂν δέξηταί τις τοῦτο
αὐτὸν βούλεσθαι λέγειν, ἀλλ' οὖν καὶ οὕτως ἐξ ἐπιπέδων αὐτῷ γεννᾶται τὸ
βάθος. οὐ γὰρ ἀβαθὴς ἡ ἐκ τῶν τριγώνων γινομένη πυραμίς· πυραμὶς
γὰρ ἐπίπεδος οὐκ ἔστιν οὐδὲ τῶν ἄλλων οὐδὲν τῶν συστοίχων τῇ πυρα- 25
30 μίδι. ἕπεται δὲ τῷ ἐκ τῶν ἀβαθῶν τὸ βάθος γεννῶντι καὶ ἐκ τῶν ἀπλα-
τῶν τὸ πλάτος ποιεῖν καὶ ἐκ τῶν ἀδιαστάτων τὸ μῆκος πρὸς τῷ, φησί,
μηδὲ εὐλόγως αὐτοὺς λέγειν γένεσιν εἴδους γίνεσθαι. ὡς γὰρ οὐκ ἔστι
γένεσις ὕλης, οὕτως οὐδὲ εἴδους καθ' αὑτό, ἀλλ' ἔστιν ἡ γένεσις τοῦ 30

---

1 τῆς om. c   4 δ' c   ἐστιν ἡ] ἔστι c   5 ἡ (pr.) om. c   6 ἔστιν om. A:
ἔστι c   7 τοῦτο] mut. in τοῦτον E²: τοῦτον F   λέγει] Phys. Δ 9. 217ᵃ26   8 τῷ]
corr. ex τὸ E²   9 ὕλη (alt.) AD: ἡ ὕλη Ec   10 καὶ εἴπερ om. E   11 τοσονδί
τοσόνδε A   14 ἀλλήλων Ab: ἀλλήλων ἐν τοῖς μερικοῖς DE et e corr. F   15 κἂν
καὶ c   16 ἐνδέχεται A: ἐνδέχηται DEF   17 καὶ om. D   ἵππον] corr. ex
εἴππον A   18 συ^ϋστάντων A   20 οὐ τὰ] αὐτὰ A   22 αὐτὸ A¹b: αὐτῶν A²DEc
ὅ AFb: om. DE   ἐστιν c et E, sed v eras.   23 γενόμενον c   24 γενόμενον] γεννώ-
μενον E²c   25 ὁ ἀριστοτέλης DE   26 ὁ Πλάτων] πλάτος A   τούτους
E²Fb: τούτοις ADE   27 αὐτῷ] seq. ras. 1 litt. E: αὐτῶν D   28 ἀβαθῦς E,
sed corr.   γενομένη c   πυραμὶς DEF: om. Ab   29 οὐδὲν E²F: om.
ADEb   31 τῷ] ὅ E: ᾧ E²   33 οὐδ' c

συναμφοτέρου, καὶ τοῦτό ἐστι τὸ γινόμενον καὶ φθειρόμενον, γινόμενον μὲν τῇ παρουσίᾳ τοῦ εἴδους, φθειρόμενον δὲ τῇ ἀπουσίᾳ". ταῦτα τοῦ Ἀλεξάνδρου λέγοντος, ὅτι μὲν οὐκ ἐξ ἀβαθῶν τὸ βάθος γεννῶσιν οὐδὲ μαθηματικὰ αὐτῶν ἐστι τὰ ἐπίπεδα, εἴρηται πολλάκις· ἐχρῆν μέντοι ἐννοεῖν, ὅτι καὶ ἡμεῖς ἐξ ὕλης καὶ εἴδους ἀσωμάτων ὄντων καὶ ἀποίων σῶμα καὶ ἡμεῖς πεποιωμένον ποιοῦμεν, εἰ μὴ ἄρα λέγοι τις, ὅπερ καὶ πρότερον εἶπον, ὅτι τὰ μὲν ἐπίπεδα ὡς μέρη παραλαμβάνεται, ἡ δὲ ὕλη καὶ τὸ εἶδος ὡς στοιχεῖα. πῶς δὲ λέγει γένεσιν εἴδους μὴ εἶναι; εἰ μὲν ὡς μὴ διὰ γενέσεως ἀλλὰ ἀχρόνως εἰς τὸ εἶναι παραγινομένου, καὶ τοῦτο μὲν ἀμφιδοξεῖται· πλὴν οἱ τὸ εἶδος ἐκ τῶν ἐπιπέδων λέγοντες γενέσθαι οὕτω ἔλεγον, ὡς ἐκ τοῦ μὴ εἶναι εἰς τὸ εἶναι παραγόμενον, εἴτε ἐν χρόνῳ εἴτε ἀχρόνως τοῦτο συμβαίνοι, εἴπερ ἄρα τινὲς ἦσαν οἱ οὕτω λέγοντες. |

p. 300ᵃ12 Πρὸς δὲ τούτοις καὶ εἰ ὁ χρόνος ἕως τοῦ οἷον στιγμὴ γραμμῆς ἐστι.

Κατὰ τὴν αὐτὴν ἐπιχείρησιν εἰς ἄλλο ἀτοπώτερον ἀπάγει τὸν λόγον. ἐπειδὴ γάρ, φησί, τὸ νῦν, οὗ τὸ πλατυκόν, ἀλλὰ τὸ ἄτομον, οἷον στιγμὴ γραμμῆς ἐστιν· ἀναλογίαν γὰρ ἔχει πρὸς ἄλληλα, ὡς στιγμὴ πρὸς γραμμήν, οὕτω τὸ νῦν πρὸς τὸν χρόνον· ἐάν τις λέγῃ καὶ τὸν χρόνον ὁμοίως ἔχειν τοῖς σώμασιν, ὥστε συγκεῖσθαι ἐκ τῶν νῦν ὡς ἐκεῖνα ἐκ τῶν στιγμῶν διὰ μέσων τῶν γραμμῶν καὶ τῶν ἐπιπέδων, ἢ ὁμοίως ἔχειν ταῖς γραμμαῖς ἐκ τῶν στιγμῶν συγκειμέναις, ἀναιροῖτο ἂν καὶ ὁ χρόνος ποτὲ διαλυθεὶς εἰς τὰ νῦν ἢ ἐνδέχοιτο ἀναιρεῖσθαι, ὅπερ ἐστὶν ἀτοπώτατον τὸ ποτὲ μὴ εἶναι χρόνον· εἰ γὰρ τὸ ποτὲ χρόνος, ταὐτὸν εἰπεῖν, ὅτι ἔστι χρόνος, ὅτε μὴ ἔσται χρόνος. ἐπειδὴ δέ, ἐξ ὧν ἕκαστον σύγκειται, εἰς ταῦτα καὶ διαλύεσθαι δοκεῖ, χώραν ἔσχεν ὁ τὴν εἰς τὰ νῦν ἀνάλυσιν τοῦ χρόνου ἐπάγων τοῖς ἐκ τῶν νῦν αὐτὸν συγκεῖσθαι λέγουσι, δῆλον δέ, ὅτι οἱ ἐξ ἐπιπέδων ἐνύλων καὶ φυσικῶν τὰ σώματα λέγοντες συγκεῖσθαι οὔτε τὴν γραμμὴν ἐκ στιγμῶν ἀναγκασθήσονται λέγειν οὔτε τὸν χρόνον ἐκ τῶν νῦν.

---

1 ἐστιν c   μὲν] corr. ex δὲ E²   5 καὶ ἡμεῖς om. Fc   6 ἄρα] ἔτι Ac
8 στοιχεῖον Fc   9 παραγινομένην c   10 γενέσθαι A: γίνεσθαι DE: γεννᾶσθαι
Fc: generari b   ἔλεγεν A   11 παραγόμενον A: παραγενόμενον DEF: provenientem b   12 ἄρα] ἔτι A   οὕτως c   13 ἕως τοῦ] ὁμοίως ἔχει ἕως D
14 ἐστίν c   16 οὗ A: οὐχὶ DE   πλατυκόν E²: πλατινόν AF: πλατωνικόν
DE: latitudinale b   18 ἐάν A: si b: κἂν DE: εἰ E²   λέγοι CE   19 νῦν—
καὶ τῶν (20) om. E   22 εἰς τὰ νῦν ἢ ἐνδέχοιτο Ab: ἢ ἐνδέχοιτο εἰς τὰ νῦν DE
23 ὅτι] τῷ ὅτι c   ἔστι] ἔσται c   24 ὅτε] ὅτι D   ἔσται] ἔστι c   ἐπεὶ c
26 αὐτὸν] e corr. E²   λέγουσιν Ec

p. 300ᵃ14 Τὸ δὲ αὐτὸ συμβαίνει καὶ τοῖς ἐξ ἀριθμῶν συντι- 259ᵃ
θεῖσιν ἕως τοῦ οὔτε βάρος ἔχειν.

Ὅπερ συμβαίνει, φησί, τοῖς ἐξ ἐπιπέδων τὰ σώματα συνιστῶσι καὶ 25
ὅλως τοῖς ἐξ ἀβαρῶν τὰ βάρος ἔχοντα, τοῦτο συμβαίνει καὶ τοῖς ἐξ
ἀριθμῶν τὸν κόσμον ποιοῦσι καὶ τὰ φυσικὰ πράγματα. αἱ γὰρ μονάδες
οὐ τὰ σώματα συντιθέμεναι ποιοῦσιν, οὐχ ὅτι ἀδιαίρετοι ἁπλῶς· οὐδὲ γὰρ
ἡ δυὰς συντιθεμένη ποιεῖ σῶμα οὐδὲ ἡ τριάς· ἀλλ' ὅτι ἐξ ἄλλου εἴδους 30
ποσότητός ἐστι τοῦ διωρισμένου, τὸ δὲ σῶμα ἐκ τοῦ συνεχοῦς, οὐδὲν δὲ
συνεχὲς ἐκ διωρισμένου· ἀλλ' οὐδὲ βάρος ἐστὶν ἐν τοῖς ἀριθμοῖς. ὅτι δὲ
τοῖς ἐξ ἀριθμῶν λέγουσι τὰ ὄντα ἀκολουθεῖ τὸ ἐκ μονάδων λέγειν, πρόδη-
λον, εἴπερ οἱ ἀριθμοὶ ἐκ μονάδων εἰσί. δῆλον δέ, ὅτι ἐξ ἀριθμῶν ἔλεγον
οὗτοι τὰ ὄντα ὡς τῶν ἀριθμῶν πάντα τὰ εἴδη ἀρχοειδῶς ἐν αὑτοῖς προει- 35
ληφότων καὶ ὡς πάντων τῶν ἐν τῷ κόσμῳ εἰδῶν τοῖς ἀριθμοῖς δια-
κεκοσμημένων, διότι καὶ "πατέρα μακάρων καὶ ἀνδρῶν" τὸν ἀριθμὸν
ἐξύμνουν καὶ
            ἀριθμῷ δέ τε πάντ' ἐπέοικεν
ἔλεγον.   40

p. 300ᵃ20 Ὅτι δὲ ἀναγκαῖον ὑπάρχειν κίνησιν τοῖς ἁπλοῖς σώ-
μασιν ἕως τοῦ παρὰ φύσιν δὲ ἔχει πολλὰς ἕκαστον.

Δείξας τὸ πρῶτον ἀξίωμα τὸ λέγον, ὅτι ἀδύνατον ἐκ μὴ ἐχόντων 45
βάρος συντεθῆναι τὸ βάρος ἔχον, δείξας δὲ καί, ὅτι ἡ | στιγμὴ βάρος 259ᵇ
οὐκ ἔχει, διὰ τοῦ τὸ μὲν βάρος διαιρετὸν εἶναι, τὴν δὲ στιγμὴν ἀδιαίρετον,
καὶ προσθεὶς καὶ ἄλλα πρὸς τὸν ἐξ ἀρχῆς λόγον ἐπιχειρήματα νῦν τὸ
δεύτερον τῶν προληφθέντων ἢ ὑποτεθέντων ἀποδείκνυσι τὸ λέγον, ὅτι τὰ
αἰσθητὰ σώματα ἢ πάντα ἢ ἔνια βάρος ἔχει. δείκνυσι δὲ αὐτὸ διὰ τοῦ 5
δεῖξαι, ὅτι ἀνάγκη κίνησιν ὑπάρχειν τοῖς ἁπλοῖς σώμασι κατὰ φύσιν καὶ

---

1 δὲ AF: δ' DEc   1. 2 συντιθεῖσι Ec: om. D   2 τοῦ om. D   3 φησίν E
5 ἀριθμῶν DEb: ἀριθμοῦ Ac   ποιοῦσιν c   6 συντιθέμεναι AE²b: συντιθέμενα DEc
8 τῆς ποσότητός F: ποσότης c   οὐδὲν δὲ DE: οὐδὲ Ab   9 συνεχῶς E: corr. E²
διωρισμένη E: corr. E²   10 λέγουσιν c   11 ἐκ Ab: καὶ ἐκ DE   εἰσίν c
ἔλεγον] seq. ras. 5 litt. E   12 αὑτοῖς] αὐτοῖς A: ἑαυτοῖς DEFc   12. 13 προειλη-
φότων A: προσειληφότων DEF: comprehendentibus b   14 διότι A: διὸ seq. ras. 2 litt.
E: δι' οὗ D   πατέρα] κτλ. v. Lobeck Aglaoph. I 718   καὶ ἀνδρῶν om. c
16 ἔοικεν D   18 ὅτε A   δὲ AF: δ' DEc   κίνησιν AF: καὶ κίνησιν DE
τοῖς—τοῦ (19)] ἕως D   18. 19 σώμασι Ec   19 δ' c   20 πρῶτον om. c   21 τὸ
Ab: τι CDE   ἔχον] -ο- e corr. E   καὶ om. E   ἡ CDE om. Ac
22 τοῦ τὸ] τοῦτο Ac   23 προσθεὶς Ab: προσθεὶς δὲ DE   24 ἢ Ab: καὶ F:
om. DE   ὑποτιθέντων DE   ἀποδείκνυσιν c   25 βάρος] -ος e corr. E
αὐτὰ A

SIMPLICII IN L. DE CAELO III 2 [Arist. p. 300ᵃ20]   581

ὅτι αὕτη κατὰ τὰς κατὰ φύσιν ῥοπὰς ἐπιτελεῖται, τουτέστι βαρύτητας καὶ 259ᵇ
κουφότητας· εἰ δὲ τοῦτο, οὐκ ἐξ ἐπιπέδων ἡ τῶν σωμάτων γένεσις, εἴπερ
τὰ μὲν σώματα βαρέα ἢ κοῦφά ἐστι, τὰ δὲ ἐπίπεδα οὔτε βάρος ἔχει οὔτε
κουφότητα· οὔτε γὰρ αἱ γραμμαὶ οὔτε τὰ σημεῖα. ὅτι δὲ ἑκάστῳ τῶν
5 ἁπλῶν σωμάτων κίνησις ὑπάρχει κατὰ φύσιν, δείκνυσι λαβὼν ἐκ τῆς
ἐναργείας τὸ κινεῖσθαι τὰ ἁπλᾶ σώματα· φαίνεται γὰρ κινούμενα. ἀλλ'
εἰ μὲν κατὰ φύσιν αὐτὰ κινούμενα ἐλάμβανε, τὸ ζητούμενον ἐλάμβανεν ἐξ
ἑτοίμου· τά τε γὰρ ἄνω καὶ τὰ κάτω κινούμενα εἰ κατὰ φύσιν ὑπετέθη
κινούμενα, κατὰ κουφότητα ἂν καὶ βαρύτητα κινούμενα ἐλαμβάνετο, ὅπερ
10 προὔκειτο δεικνύναι· διὸ τὸ κινεῖσθαι ὅλως ἐκ τῆς ἐναργείας λαβὼν παρὰ
φύσιν αὐτὰ καὶ βίᾳ κινεῖσθαι ὑπέθετο. εἰ γὰρ μὴ κατὰ φύσιν, ἵνα μὴ τὸ
ζητούμενον προλάβῃ, ἀνάγκη δὲ τὸ κινούμενον ἢ κατὰ φύσιν ἢ παρὰ φύσιν
κινεῖσθαι, δῆλον, ὅτι παρὰ φύσιν ἂν κινοῖτο. ἀλλὰ δέδεικται ἐν τῇ Φυσικῇ
ἀκροάσει, ὅτι οὐχ οἷόν τε παρὰ φύσιν τι κινηθῆναι, ὃ μὴ φύσει καὶ κατὰ
15 φύσιν κινητόν ἐστιν· ὃ γὰρ τὴν ἀρχὴν μὴ πέφυκεν ὅλως κινεῖσθαι, οὐδ'
ἂν τὴν ἀρχὴν κινηθείη ποτέ, ὃ δὲ πέφυκε κινεῖσθαι ἁπλοῦν ὂν ἁπλῆν κί-
νησιν, δῆλον, ὅτι καί που πέφυκε φέρεσθαι· ὥστε καὶ τῷ βίᾳ κινουμένῳ
ἐστὶ κίνησις κατὰ φύσιν· ὑστέρα γὰρ ἡ παρὰ φύσιν κίνησις τῆς κατὰ φύσιν·
εἰ ἄρα κινεῖται τὰ ἁπλᾶ σώματα παρὰ φύσιν, ἀνάγκη εἶναι αὐτῶν καὶ
20 κατὰ φύσιν κίνησιν. ἀλλὰ κἂν τὸ παρὰ φύσιν κινούμενον πάντως καὶ κατὰ
φύσιν κινεῖται, οὐχ ἤδη, ὅσαι αἱ παρὰ φύσιν εἰσὶ κινήσεις, τοσαύτας ἀνάγκη
τὰς κατὰ φύσιν εἶναι· ἐν πᾶσι γὰρ μοναχῶς μὲν τὸ κατορθοῦν, τὸ δὲ
παρεκβαίνειν τοῦ ὀρθοῦ καὶ ἁμαρτάνειν πολλαχῶς· ἁμαρτία δέ τις καὶ
παρέκβασις τοῦ κατὰ φύσιν ἡ παρὰ φύσιν κίνησις.
25   Ἀπορεῖ δὲ καὶ ἐνταῦθα καλῶς ὁ Ἀλέξανδρος, πῶς ἐν τῷ πρώτῳ
τῆσδε τῆς πραγματείας εἰπὼν τὸ παρὰ φύσιν ἐναντίον εἶναι τῷ κατὰ φύσιν
καὶ ἓν ἑνὶ ἐναντίον ἐνταῦθα παρὰ φύσιν δὲ ἔχει πολλὰς ἕκαστον
εἶπε, καὶ λύει κἀνταῦθα πολλαχῶς τὴν ἀπορίαν, προσφυέστερον δέ, ὅτι
παρὰ φύσιν πλείους ἐπὶ τῶν ἁπλῶν λέγοιντο ἂν κινήσεις, εἴ τις λαμβάνοι
30 μὴ μόνον, ἣν κινεῖται, ἀλλὰ καὶ ἣν οὐχ οἷόν τέ ἐστι κινηθῆναι. τῷ γὰρ
κάτωθεν ἄνω κινουμένῳ παρὰ φύσιν μὲν ἡ ἄνωθεν κάτω, ἣν καὶ κινεῖται

---

1 αὕτη Db: e corr. E: αὐτὸ A: om. C   κατὰ τὰς] τὰς corr. ex ταῖς D: supra-
scr. E²   ἐπιτελεῖται] mut. in ἀποτελεῖται E²   2 οὐχ] postea add. A: suprascr. E²
3 ἐστιν c   4 ἕκαστον DE: corr. E²   6 ἐναργείας E: corr. E²   ἀλλ' A: ἀλλὰ
DE   9 κατὰ κουφότητα—κινούμενα om. Ac   10 διὸ Ab: διὸ καὶ DE   κεῖσθαι
E, sed corr.   ἐναργείας E: corr. E²   11 εἰ] γ A   13 κινεῖτο E, sed corr.
Φυσικῇ] IV 8   14 τι κινηθῆναι Ab: κινηθῆναί τι CDE   16 ἁπλοῦν ὂν E²: ἀπ'
οὗνὸν E: ἀπ seq. lac. D   17 που] ποι c   τῷ] τὸ DE: corr. E²   κινουμένῳ
Ab: κινουμένῳ (corr. ex κινούμενον E²: κινούμενον D) καὶ παντὶ ἄρα τῷ κινουμένῳ DEF
19 ἄρα] ἔτι A   21 κινεῖται AE: κινῆται DFc   ἤδη] ἤ- e corr. E: ᾔδει A   αἱ]
καὶ E   22 τὰς] καὶ τὰς Fb   25 ἀπορεῖ— p. 582,9] om. F   πρώτῳ] 269ᵃ9
27 δὲ DEb: om. A   28 εἶπεν c et E, sed corr.   ἀπορίαν] -ί- e corr. E
29 λεγεῖεν c   λαμβάνει E   30 τῷ] τὸ A   31 κινουμένῳ—κάτω
om. A   μὲν ἡ ac: μὲν DE: quidem cietur b   κάτω DEb: ἐπὶ τὸ κάτω ac   ἣν]
corr. ex ἦν E²   καὶ κινεῖται Ab: κεκίνηται DE

βίᾳ, καὶ ἡ κύκλῳ δὲ παρὰ φύσιν ἂν λέγοιτο αὐτῷ, ἣν οὐδὲ κινεῖται ὅλως. 259ᵇ
εἰ δὲ ὁ Ἀριστοτέλης κινεῖσθαι λαβὼν ἀπὸ τῆς | ἐναργείας παρὰ φύσιν 260ᵃ
ὑπέθετο τὰς κινήσεις, οὐ χρή, οἶμαι, παρὰ φύσιν ἐκείνας λαμβάνειν, ἃς οὐ
πέφυκε κινεῖσθαι, ἀλλὰ ἃς πέφυκεν. ἡ δὲ βῶλος οὐ μόνον ἄνω κινεῖται
5 παρὰ φύσιν, ἀλλὰ καὶ λοξὰς κινήσεις ῥιπτουμένη κινεῖται οὐκέτι ἁπλᾶς 5
οὔσας καὶ κύκλῳ περιαγομένας, κἂν μὴ περὶ τὸ τοῦ παντὸς μέσον. ὥστε
ἡ μὲν παρὰ φύσιν ἁπλῆ μία τέ ἐστι καὶ ἐναντία τῇ κατὰ φύσιν, δύναται
δὲ τὰ ἁπλᾶ βιαζόμενα καὶ μὴ ἁπλᾶς, ὡς εἴρηται, κινεῖσθαι κινήσεις. οἶδε
δὲ καὶ ταύτην τὴν λύσιν τῆς ἀπορίας ὁ Ἀλέξανδρος. 10

10 p. 300ᵃ27 Ἔτι δὲ καὶ ἐκ τῆς ἠρεμίας ἕως τοῦ εἰς τοῦτον τὸν
τόπον φορά.

Δείξας ἀπὸ τῆς παρὰ φύσιν κινήσεως, ὅτι ἀνάγκη κατὰ φύσιν εἶναι 15
κίνησιν ἑκάστου τῶν ἁπλῶν σωμάτων, τὸ αὐτὸ καὶ ἀπὸ τῆς ἠρεμίας
δείκνυσιν. ὑποθέμενος γὰρ πάλιν ὡς ἐναργὲς τὸ εἶναί τι ἠρεμοῦν, ὥσπερ
15 τὴν γῆν ἐπὶ τοῦ μέσου, ἐρωτᾷ, πότερον κατὰ φύσιν ἠρεμεῖ ἐνταῦθα ἢ
παρὰ φύσιν. καὶ γάρ, εἰ μὲν κατὰ φύσιν, δῆλον, ὅτι καὶ ἡ φορὰ ἡ ἐνταῦθα 20
κατὰ φύσιν αὐτῷ· ἐν ᾧ γὰρ ἠρεμεῖ τι κατὰ φύσιν, εἰς τοῦτο καὶ φέρεται
κατὰ φύσιν· ἡ δὲ ἐπὶ τὸ μέσον φορὰ κατὰ βαρύτητα γίνεται, ὥστε ἐστὶν
ἡ κατὰ φύσιν φορὰ τὴν ἀρχὴν ἀπὸ βαρύτητος ἢ κουφότητος ἔχουσα. εἰ
20 δὲ τὸ ἠρεμοῦν ἐπὶ τοῦ μέσου βίᾳ ἠρεμεῖ, πρόχειρον μὲν ἦν εἰπεῖν, ὅτι 25
φέρεται κατὰ φύσιν ἀπὸ τοῦ μέσου· ἐν ᾧ γὰρ ἠρεμεῖ τι παρὰ φύσιν, ἀπὸ
τούτου φέρεται κατὰ φύσιν· ὥστε πάλιν ἐστὶν ἡ κατὰ φύσιν κίνησις τὴν
ἀρχὴν ἀπὸ κουφότητος ἔχουσα. ὁ δὲ μακροτέραν καὶ ἀκριβεστέραν ἴσως
ἀπόδειξιν ἐπάγει ἀπὸ τοῦ βιαζομένου ἐπιχειρῶν. τὸ γὰρ βίᾳ ἠρεμοῦν ἐπὶ 30
25 τοῦ μέσου ὑπό τινος πάντως βιαζόμενον καὶ κωλυόμενον ἠρεμεῖ, καὶ τὸ
κωλύον ἤτοι ἠρεμοῦν αὐτὸ κωλύει ἢ κινούμενον· ἀλλ' εἰ μὲν ἠρεμοῦν,
τὸν αὐτὸν κυκλήσομεν λόγον· ἢ γὰρ κατὰ φύσιν ἠρεμεῖ καί, ἔνθα
ἠρεμεῖ, εἰς τοῦτο καὶ φέρεται κατὰ φύσιν ἢ παρὰ φύσιν καὶ βίᾳ· εἰ δὲ 35
τοῦτο, περὶ τοῦ βιαζομένου καὶ κωλύοντος πάλιν ἔστι τὰ αὐτὰ ἐρωτᾶν. εἰ
30 δὲ τὸ κωλῦον φέρεσθαι μὴ ἠρεμοῦν ἀλλὰ κινούμενον κωλύει, ὥσπερ Ἐμ-

---

1 αὐτῷ] corr. ex αὐτό E²   3 οἶμαι DE: εἶναι Abc   4 πέφυκεν c   ἀλλ' DE
πέφυκε E   5 ῥιπτομένη c   6 καὶ DEb: om. Ac   περιαγομένας Ab:
περιαγομένη DE   μέσον DE: om. A: κέντρον bc   7 ἐστιν c   τῇ] τοῦ A
8. 9 οἶδε δὲ DEb: εἰ δὲ A: εἶδε c   10 ἕως τοῦ] δῆλον ἕως ἡ D: ἕως τοῦ ἡ F
11 φορᾶς A   12 ὅτι] ὅτι οὐκ Ac   13 ἀπὸ] ἐπὶ DE: corr. E²   15 ἠρεμεῖν
in ras. E: corr. E²   15. 16 ἢ παρά] κατὰ E: corr. E²   16 καὶ—ὅτι] in
ras. E¹   20 ἠρεμοῦν] ἠρεμεῖν A   ὅτι] ὅτι καὶ D   22 φέρεται] καὶ φέρεται Fc
23 ἀπὸ CDE: ἀπὸ τῆς Ac   ὁ—ἀκριβεστέραν] bis E: corr. E²   καὶ] μὲν καὶ
DE²   25 ἠρεμεῖ] -εῖ e corr. E   26 ἤτοι] ἤτοι τὸ E: corr. E²   ἀλλὰ DE
27 κυκλήσομεν D: corr. ex κυκλήσωμεν A: κυκλήσωμεν E: κυκλόσωμεν F   ἔνθα]
inter ν et θ ras. 3 litt. E   29 ἔστι τὰ αὐτὰ Ab: τὰ αὐτὰ ἔστιν CDE

πεδοκλῆς φησι τὴν γῆν ὑπὸ τῆς δίνης κωλυομένην ἠρεμεῖν, ἐρωτητέον· εἰ 260ᵃ
μὴ ἐκωλύετο ὑπὸ τῆς δίνης ἡ γῆ, ποῦ ἂν ἐφέρετο; ἀνάγκη γὰρ ἢ εἰς 40
ἄπειρον φέρεσθαι ἢ στῆναί που φερομένην· ἀλλ' εἰς ἄπειρον φέρεσθαι
ἀδύνατον, εἴπερ τὴν ἄπειρον ἀδύνατον διελθεῖν· οὐδὲν γὰρ γίνεται ὅλως, ὃ
5 ἀδύνατόν ἐστι γενέσθαι. ἐπειδὴ γὰρ ἀδύνατον τὴν διάμετρον σύμμετρον
τῇ πλευρᾷ γενέσθαι, τὴν ἀρχὴν οὐδὲ γίνεται· πανταχοῦ γὰρ ἐκεῖνο γίνεται 45
κατὰ φύσιν, ὃ καὶ γενέσθαι δυνατόν, ἀδύνατον δὲ τὴν ἄπειρον διελθεῖν,
ὥστε οὐδὲ κινεῖταί τι ταύτην. ἀνάγκη | οὖν, εἰ κινοῖτο μηδενὸς κωλύον- 260ᵇ
τος, πεπερασμένην κινηθῆναι καὶ στῆναί που τὸ φερόμενον μὴ βίᾳ ἀλλὰ
10 κατὰ φύσιν. εἰ δὲ ἔστιν ἠρεμία κατὰ φύσιν, καὶ κίνησις ἔστιν κατὰ φύσιν
ἡ εἰς τοῦτον τὸν τόπον φορά· ἐν ᾧ γάρ τι κατὰ φύσιν ἠρεμεῖ, ἐπ' ἐκεῖνο 5
καὶ κινεῖται κατὰ φύσιν. ὁ δὲ Ἀλέξανδρος τὸ ποῦ ἂν ἐφέρετο ἐπὶ τοῦ
κωλύοντος τὴν γῆν φέρεσθαι ἀκούων καὶ οὐκ ἐπὶ τῆς γῆς "δόξει, φησί,
μὴ δείκνυσθαι τὸ προκείμενον".

15 p. 300ᵇ 8 Διὸ καὶ Λευκίππῳ καὶ Δημοκρίτῳ ἕως τοῦ ταύτην δὲ ὁ 10
κόσμος ἔχει τὴν διάστασιν.

Δείξας, ὅτι ἔστι κατὰ φύσιν κίνησις τοῖς σώμασι καὶ προτέρα γε τῆς
παρὰ φύσιν· οὐδὲ γὰρ αὕτη ἂν ἦν μὴ οὔσης ἐκείνης· εὐθύνει τοὺς τὴν 15
ἄτακτον καὶ παρὰ φύσιν κίνησιν πρὸ τῆς κατὰ φύσιν εἶναι λέγοντας. διττὴ
20 δὲ ἦν αὕτη ἡ δόξα· οἱ μὲν γὰρ περὶ Λεύκιππον καὶ Δημόκριτον ἔλεγον
ἀεὶ κινεῖσθαι τὰ πρῶτα κατ' αὐτοὺς σώματα, τουτέστι τὰς ἀτόμους, ἐν τῷ
ἀπείρῳ κενῷ βίᾳ, ὁ δὲ Τίμαιος πρὶν γενέσθαι τὸν κόσμον ἀτάκτως κινεῖ- 20
σθαι τὰ στοιχεῖά φησι. λέγει οὖν πρὸς μὲν τὴν προτέραν δόξαν· εἰ ἄλλη
ὑπ' ἄλλης τῶν ἀτόμων βίᾳ καὶ παρὰ φύσιν κινεῖται ἀεί, τίς ἡ κατὰ φύσιν
25 αὐτῶν κίνησις; ἀνάγκη γὰρ τὴν κατὰ φύσιν ἑκάστου προϋπάρχειν, ᾗ παρυφ-
έστηκεν ἡ παρὰ φύσιν, διὸ καὶ παρὰ φύσιν λέγεται· εἰ οὖν ὑπ' ἀλλήλων 25
βίᾳ κινοῦνται, δεῖ τὴν πρώτην κινοῦσαν μὴ βίᾳ κινουμένην κινεῖν ἀλλὰ
κατὰ φύσιν ἢ ὑφ' ἑαυτῆς κινουμένην ἢ ὑπὸ ἀκινήτου αἰτίου, ἵνα μὴ ἐπ'
ἄπειρον ἴωμεν· τὸ γὰρ βίᾳ κινούμενον ὤσει τινὶ καὶ μοχλείᾳ κινούμενον
30 ὑπὸ κινουμένου κινεῖται· εἰ οὖν καὶ τοῦτο ἐπ' ἄπειρον ἰέναι, καὶ οὕτως 30
οὐδὲν κινηθήσεται· ὥστε ἀνάγκη προϋπάρχειν τῆς παρὰ φύσιν κινήσεως

---

1 φησιν Dc κωλυωμένην E, sed corr.   2 ποῦ] ποῖ c   ἢ Ab: ἀεὶ DE
εἰς] bis D   3 ἀλλ' Ab: ἀλλ' ἀεὶ DE   4 ὅλως om. c   5 γενέσθαι A: γίνεσθαι
DE   7 δυνατόν DEF: ἐδύνατο A: potest b   10 καὶ κίνησις ἔστιν] καὶ ἡ κίνησις
ἔστιν Abc: ἔστι καὶ κίνησις DEF   φύσιν (tert.) om. A   11 τόπον] corr. ex τρό-
πον E²   ἐκεῖνον DE   12 ποῦ] ποῖ c   ἂν ἐφέρετο] corr. ex ἀνέφερε τὸ E²
13 δοκεῖ c   15 τοῦ om. D   δὲ AF: δ' DEc   16 διάστασιν AF: διάταξιν
DEc   17 ἐστὶν c   χίνησις] ἡ κίνησις c   προτέρα bc: πρώτη ACDEF
γε] τε A: om. c   τῆς] καὶ A   18 αὕτη] αὐτὴ corr. ex αὐτῇ A   20 Λεύκιππον
καὶ] mg. E¹   23 φησὶν Dc   25 ἑκάστου] e corr. A   26 διὸ—φύσιν om. A
29 ὤσει scripsi: pulsione b: ὡσεὶ ADEc   καὶ] supraser. K²: om. c   30 ἰέναι
AD: εἶναι E: ἴωμεν F: εἶσι E²K²bc

τὴν κατὰ φύσιν, καὶ τίς αὕτη, λεγέτωσαν, καὶ μέντοι μὴ ἀεὶ εἶναι τὴν 260ᵇ παρὰ φύσιν, εἴπερ προϋπάρχειν αὐτῆς ἀνάγκη τὴν κατὰ φύσιν. ὁ δὲ Ἀριστοτέλης τὸ ἀδύνατον τῆς τῶν ἀτόμων κινήσεως ἐνεδείξατο καὶ διὰ τοῦ ἐν τῷ κενῷ καὶ τῷ ἀπείρῳ κινεῖσθαι τὰ πρῶτα σώματα. εἰ γὰρ πᾶσα
5 φορὰ ποθέν ποι, ἐξ ὡρισμένου εἰς ὡρισμένον, ἐν δὲ τῷ ἀπείρῳ οὐδὲν 35 ὥρισται, οὐκ ἄν τι ἐν τῷ ἀπείρῳ κινοῖτο. ἔτι δὲ πᾶσα φορὰ ἢ ἄνω ἢ κάτω, ἐν δὲ τῷ ἀπείρῳ οὐδὲν ἄνω ἢ κάτω, ὡς ἐν τῷ τετάρτῳ τῆς Φυσικῆς ἀκροάσεως δέδεικται.

Ταῦτα πρὸς τοὺς περὶ Δημόκριτον εἰπὼν μέτεισι λοιπὸν ἐπὶ τὴν τοῦ
10 Τιμαίου δόξαν καὶ λέγει καὶ ἐπὶ ταύτης, ὅτι, εἰ πρὶν γενέσθαι τὸν 40 κόσμον ἀτάκτως τὰ στοιχεῖα ἐκινεῖτο, ἀνάγκη ἢ βίαιον καὶ παρὰ φύσιν εἶναι τὴν κίνησιν ἢ κατὰ φύσιν· καὶ δῆλον μέν, ὅτι, εἰ ἄτακτος ἦν, παρὰ φύσιν ἦν, ἀλλὰ τοῦ τελείου τῆς διαιρέσεως ἕνεκεν καὶ τὴν κατὰ φύσιν παρέλαβε καὶ ἅμα, ἵνα καὶ τὰ τῇ κατὰ φύσιν διαθέσει ἑπόμενα δη- 45
15 λώσῃ. λέγει οὖν, ὅτι, εἰ μὲν παρὰ φύσιν καὶ βίαιος | ἡ κίνησις, τὰ 261ᵃ αὐτὰ ἀκολουθήσει, ἅπερ καὶ πρότερον· ἀνάγκη γὰρ πάλιν προϋπάρχειν τὴν κατὰ φύσιν, ᾗ παρυφέστηκεν ἡ παρὰ φύσιν, καὶ τίς αὕτη, λεγέτωσαν. καὶ εἰ ὑπ᾽ ἀλλήλων ἢ ὑπ᾽ ἄλλου κινεῖται βίᾳ, ἀνάγκη τὴν πρώτην κινοῦσαν κατὰ 5 φύσιν κινουμένην κινεῖν, ἵνα μὴ ἐπ᾽ ἄπειρον ἴωμεν βίαιον πρὸ βιαίου τι-
20 θέντες καὶ ἀναιρεθείη πᾶσα κίνησις, εἴπερ ἀνάγκη κινήσεως οὔσης τὴν κατὰ φύσιν εἶναι πρὸ τῆς παρὰ φύσιν. εἰ δὲ κατὰ φύσιν λέγοι τις εἶναι τὴν πρὸ τοῦ κόσμου κίνησιν, ἀνάγκη κόσμον εἶναι καὶ πρὸ τοῦ κόσμου, ἄν 10 τις βούληται θεωρεῖν ἐπιστήσας, τίνα πρὸς ἄλληλα τάξιν τοῖς σώμασιν ἡ κατὰ φύσιν κίνησις παρέχεται· τό τε γὰρ πρῶτον κινοῦν αὐτὸ
25 κινούμενον κατὰ φύσιν οὕτως ἀνάγκη κινεῖ, ἵνα μὴ ἀεὶ ἄλλο ὑπ᾽ ἄλλου βίᾳ κινούμενον ὑποτιθέμενοι ἐπ᾽ ἄπειρον ἴωμεν τὴν κατὰ φύσιν προϋπάρχουσαν 15 ζητοῦντες. ἔστι δὲ ὁ οὐρανὸς τὸ πρῶτον κατὰ φύσιν κινούμενον ἢ ὑφ᾽ ἑαυτοῦ, ἂν ᾖ γεγραμμένον ἀνάγκη κινεῖν ἑαυτὸ κινούμενον κατὰ φύσιν, εἰ δέ, ὡς ὁ Ἀλέξανδρος ἀξιοῖ, χωρὶς τοῦ εἰ γέγραπται "αὐτὸ κι-
30 νούμενον κατὰ φύσιν", ὑπὸ τοῦ ἀκινήτου δηλονότι αἰτίου κινούμενον. οὕτω δὲ ὁ Ἀλέξανδρος γράφει καίτοι πολλῶν βιβλίων τὸ εἰ ἐχόντων δείσας, 20 οἶμαι, μὴ καὶ κατὰ Ἀριστοτέλην τὸ πρῶτον κινοῦν τὰς φυσικὰς κινήσεις

---

1 καὶ τίς — κατὰ φύσιν (2) om. c   μὴ] καὶ A   3 τοῦ] τοῦ τὸ A: τὴν E: τὸ E²
5 ὁρισμένον A   οὐδὲν — ἀπείρῳ (6) om. A   6 ἐν τῷ ἀπείρῳ om. c   7 ἐν (pr.) —
κάτω AF: om. DEb   τετάρτῳ] δευτέρῳ c   7. 8 Φυσικῆς] Δ 8. 215ᵃ8   9 πρὸς
DEb: om. AF   13 τελείου] τέλους A: perfectioris b   14 παρέλαβεν Ec: ν
eras. E   τῇ om. DE   κατὰ] suprascr. E²   φύσιν] seq. ras. 2 litt. E
14. 15 δηλώσει E: corr. E²   16 ἅπερ Ab: καθάπερ DE   18 εἰ] corr. ex ἢ A
21 λέγοι A: comp. ambig. DF: λέγει E   23. 24 σώμασι DE   24 ἡ AE²: om.
DE   τε om. c   25 φύσιν — κινούμενον (26) bis E: corr. E²   27 ὁ om. E
ἢ] καὶ F: om. C   28 ἑαυτὸ] ἑαυτῷ E: corr. E²   29 ει AD: ε EF: ἐ c
30 αἰτίου] in ras. E²: ἔτι οὐ D   31 ει AD: ε seq. ras. 1 litt. E: ε Fb: ἐ c
32 καὶ DE: om. AF: eo quod b   κατ᾽ c   Ἀριστοτέλην] comp. A: τοῦ ἀριστοτέλους E

SIMPLICII IN L. DE CAELO III 2 [Arist. p. 300ᵇ8]   585

τὸ αὐτοκίνητον εὑρεθῇ· "οὐδὲ γὰρ ἦν, φησί, πρὸ τοῦ τὸν κόσμον γενέσθαι 261ᵃ
κατὰ Πλάτωνα τὸ αὐτοκίνητον, τουτέστιν ἡ ψυχή· ἢ κἀκεῖνο, φησίν, αὐτο-
κίνητον, εἴ γε μὴ ὑπ' ἄλλου ἐκινεῖτο, οὐ πάντως δέ, εἰ αὐτοκίνητον, ψυχή· 25
καὶ γὰρ καὶ τὰ κατὰ φύσιν κινούμενα αὐτοκίνητά πως τῷ τὴν ἀρχὴν τῆς
5 κινήσεως ἔχειν ἐν ἑαυτοῖς." χρὴ δὲ ἐπιστῆσαι, ὅτι διττὴ ἡ ἀρχὴ τῆς κι-
νήσεως, ἡ μὲν κατὰ τὸ κινεῖν, ἡ δὲ κατὰ τὸ κινεῖσθαι, μᾶλλον δὲ τριττή·
ἔστι γὰρ καὶ ἡ κατὰ τὸ κινεῖν ἅμα καὶ κινεῖσθαι· καὶ ὅτι ἡ μὲν κατὰ τὸ 30
κινεῖν μόνως ἀρχὴ ἐν τῷ πρώτως κινοῦντι τῷ ἀκινήτῳ ἐστὶν αἰτίῳ, ἡ δὲ
κατὰ τὸ κινεῖν ἅμα καὶ κινεῖσθαι ἐν τῷ κυρίως αὐτοκινήτῳ, ἐν ᾧ ταὐτόν
10 ἐστι τῷ ὑποκειμένῳ τό τε κινοῦν καὶ τὸ κινούμενον, ἡ δὲ κατὰ τὸ κινεῖσθαι
τῆς κινήσεως ἀρχὴ ἐν τοῖς φυσικοῖς ἐστιν ἡ φύσις· αὕτη γὰρ πρώτη κι- 35
νουμένη ὑπὸ ψυχῆς ἑαυτῇ τὰ σώματα συγκινεῖ. εἰ οὖν τὸ πρῶτον κινοῦν
κατὰ φύσιν κινεῖ, δῆλον, ὅτι καὶ τὰ κινούμενα ὑπ' αὐτοῦ κατὰ φύσιν κι-
νεῖται, κινούμενα δὲ κατὰ φύσιν ἐπὶ τοὺς οἰκείους ἂν φερόμενα τόπους
15 ἠρεμοίη, οὕτω δὲ κόσμον ἂν ποιοίη τὴν νῦν ἔχοντα τῶν σωμάτων τάξιν, 40
εἴπερ τὰ μὲν βάρος ἔχοντα ἐπὶ τὸ μέσον φερόμενα ἐκεῖ ἠρεμοίη, τὰ δὲ
κοῦφα ἐπὶ τὸ ἄνω ἀπὸ τοῦ μέσου· ταύτην γὰρ ὁ κόσμος ἔχει καὶ νῦν
πρὸς ἄλληλα τῶν σωμάτων διάστασιν· ὥστε ἦν κόσμος πρὸ τοῦ κόσμον
γενέσθαι. εἰ οὖν μήτε βίᾳ μήτε κατὰ φύσιν, δῆλον, ὅτι οὐκ ἂν εἴη πρὸ 45
20 τοῦ κόσμου κίνησις.
    Ὁ δὲ Ἀλέξανδρος καὶ τοῦτο προστίθησιν, | ὡς, εἰ ἄπειρον χρόνον 261ᵇ
ἐξ αὑτῶν ἀτάκτως ἐκινεῖτο τὰ στοιχεῖα, ἔπειτα ἀρξάμενα ἀπό τινος χρόνου
τεταγμένως ὑπό τινος κινεῖται εἰς ἄπειρον, ἐκείνη ἂν ἡ κίνησις κατὰ φύσιν
εἴη τοῖς σώμασιν, ἣν ἐξ αὑτῶν κινοῦνται· τὰ γὰρ κατὰ τὴν ἐν αὑτοῖς ἀρ- 5
25 χὴν τῆς κινήσεως κινούμενα κατὰ φύσιν κινεῖται· ἡ δὲ κατὰ φύσιν κίνησις
τάξει καὶ κόσμῳ μᾶλλον ἁρμόζει.
    Καὶ τοῦτο δὲ προστίθησιν ὁ Ἀλέξανδρος, ὅτι τὸ ἄτοπον τοῦτο τὸ
εἶναι κόσμον πρὸ τοῦ γενέσθαι οὐ μόνον τοῖς ἐν τῷ Τιμαίῳ ῥηθεῖσιν ἀκο-
λουθεῖ, ἀλλὰ καὶ τοῖς περὶ Λεύκιππον καὶ Δημόκριτον τὰς ἀτόμους ἐν 10
30 ἀπείρῳ τῷ κενῷ βίᾳ φέρεσθαι λέγουσιν· εἰ γὰρ ἀνάγκη πρὸ τοῦ παρὰ
φύσιν εἶναι τὸ κατὰ φύσιν, τούτου δὲ ὄντος ἀνάγκη κόσμον εἶναι, εἴη ἂν
πρὸ τοῦ γενέσθαι. μήποτε δὲ οὐκ ἀκολουθεῖ τοῦτο λέγειν τοῖς περὶ Δημό-

---

1 αὐτοκίνητον AE²b: κινητὸν DE   3 εἴ] δ bc   ὑπὸ DE   ἐκινεῖτο] -τ- e
corr. E¹   εἰ] om. c   ψυχή] ἡ ψυχή E: ὡς ἡ ψυχή c   4 τὰ DEb: om. AF
τῷ] τὸ A   7 ἔστιν c   γὰρ AE²b: δὲ DE   ἡ (pr.) A: om. DE: quidam b
καὶ ὅτι A: κατά τι DEF   μὲν] μὲν οὖν F   8 ἀκινήτῳ DE: αὐτοκινήτῳ AFc   ἡ]
corr. ex εἰ E²   9 καὶ] καὶ τὸ D   10 ἡ] corr. ex εἰ E²   12 ὑπὸ] ἐστὶν ὑπὸ DE:
corr. E²   ἑαυτῇ om. D   14 post φύσιν del. κινεῖται E¹   ἂν φερόμενα E²K³:
ἀναφερόμενα ADE: φερόμενα F: delata b   15 ποιοίη] ποιῇ A: ποιοῖ DEc
τὴν] corr. ex τῇ E¹: το D   16 ἠρεμοίη] -οί- e corr. E¹   17 τὸ] τὰ c
18 διάταξιν c   22 αὑτῶν E²: αὐτῶν ADE: ἑαυτῶν c   23 ὑπό τινος] del. F: ἀπό
τινος E: del. E³   κίνησις Ab: φύσις DE   24 σώμασι E: corr. E²   αὐτῶν E²:
αὑτῶν ADE: ἑαυτῶν Fc   αὑτοῖς E²K²: αὐτοῖς ADE   30 κενῷ] corr. ex καινῷ E²
31 τὸ] corr. ex τῷ E²   32 οὐκ ἀκολουθεῖ] οὐκ ἀληθῆ E: οὐχ ἕπεται E²

κριτον· ἐκεῖνοι γὰρ ἀεὶ βίᾳ κινεῖσθαι ἔλεγον καὶ κόσμου ὄντος, ἀλλ' οὐ πρὸ 261ᵇ τῆς κοσμοποιίας μόνον, ὡς ὁ Τίμαιος ἔγραψεν.

p. 300ᵇ25 Ἔτι δὲ τοσοῦτον ἐπανέροιτο ἄν τις ἕως τοῦ πολλαὶ μὲν κόρσαι ἀναύχενες ἐβλάστησαν. 20

Καὶ ἄλλο ἄτοπον ἐπάγει τοῖς ἄτακτον κίνησιν πρὸ τοῦ κόσμου λέγουσιν, ὃ διὰ βραχυλογίαν ἀσαφέστερον δοκεῖ. ἐρωτᾷ δέ, πότερον οὐχ οἷά τε ἦν τότε οὕτω κινεῖσθαι ἀτάκτως, ὥστε καὶ μίγνυσθαι τοιαύτας μίξεις ἔνια, ἐξ ὧν συνίσταται τὰ κατὰ φύσιν συνιστάμενα σώματα, οἷον 25 ὀστᾶ καὶ σάρκες καὶ ὅλως τὰ τῶν ζῴων μέρη καὶ τῶν φυτῶν καὶ αὐτὰ τὰ ζῷα καὶ τὰ φυτά, καθάπερ Ἐμπεδοκλῆς γίνεσθαί φησιν ἐπὶ τῆς Φιλότητος λέγων·

ᾗ πολλαὶ μὲν κόρσαι ἀναύχενες ἐβλάστησαν.

τοῦτο δὲ ἐρωτήσας καὶ τὸ ἀντικείμενον μέρος τῆς ἐρωτήσεως καὶ τὰ ἑπό- 30 μενα ἄτοπα ἡμῖν καταλέλοιπε συλλογίζεσθαι. ἔστι δὲ τὸ μὲν ἀντικείμενον τὸ οὕτω μίγνυσθαί ποτε αὐτά, ὥστε καὶ συστῆναι ἂν ἐξ αὐτῶν τὰ φυσικὰ σώματα· τὰ δὲ ἑπόμενα ἄτοπα· εἰ μὲν γὰρ οὐχ οἷόν τε ἦν ἀτάκτως κι- 35 νούμενα καὶ οὕτω κινεῖσθαι, ὡς μίγνυσθαί ποτε ἀλλήλοις τὰς εἰρημένας μίξεις, οὐ πάντῃ ἀτάκτως ἐκινεῖτο· τὸ γὰρ ἄτακτον ἀόριστόν ἐστιν, ὥστε καὶ μιχθῆναι ἂν καὶ μὴ μιχθῆναι· ὥστε οὐκ ἦν ἁπλῶς ἀταξία. εἰ δὲ ἐδύνατο καὶ τότε μιγνύμενα ταῦτα ποιεῖν πῦρ καὶ γῆν καὶ ὕδωρ καὶ ἀέρα 40 καὶ τὰ ἐκ τούτων ζῷα καὶ φυτά, διότι οἱ γίνεσθαι τὸν κόσμον λέγοντες ἐν τῇ γενέσει αὐτοῦ τὰ ζῷα οὐκ ἐκ ζῴων δηλονότι ἀλλ' ἐκ τῶν σωμάτων συγκρινομένων ποιοῦσι, καὶ τότε ἂν κόσμος ἦν. διὰ τί γὰρ δυναμένων καὶ οὕτω μίγνυσθαι τῶν σωμάτων τότε μὲν οὐκ ἦν κόσμος, νῦν δὲ ἔστιν; 45 καὶ ὁ ὅλος τοῦ λόγου σκοπὸς τοιοῦτος. τὸ δὲ καθάπερ Ἐμπεδοκλῆς γίνεσθαί φησιν ἐπὶ τῆς | Φιλότητος ὁ μὲν Ἀλέξανδρος ὡς μίξεως 262ᵃ παράδειγμα ἀκούει, ἐξ ἧς συνίσταται τὰ κατὰ φύσιν σώματα, καὶ συναιρεῖσθαι δοκεῖ τῷ λόγῳ αὐτοῦ τὸ ἐπὶ τῆς Φιλότητος τοῦτο λέγεσθαι μίξεως αἰτίας οὔσης ὥσπερ τοῦ Νείκους διακρίσεως. πῶς δὲ ἂν εἴη μίξεως ση- 5 μαντικὸν ἡ 'ἀναύχενος κόρση' καὶ τἆλλα τὰ ὑπὸ τοῦ Ἐμπεδοκλέους λεγόμενα ἐν τούτοις

---

1 ἀεὶ AE²b: ἢ DE   κόσμου] κόσμον A: τοῦ κόσμου c   ἀλλ' οὐ AE²: ἄλλου DEF: sed b   2 ὡς om. b   Τίμαιος] Plat. Tim. 30 a, Tim. Locr. 94 c   3 ἐπανέροιτ' DEc   τοῦ om. D   3. 4 πολλαὶ μὲν κόρσαι om. D   4 ἀναύχενες] ἂν αὐχέν' A   7 οἷά τε] οἷά γε A: οἷόν τ' c   10 γίγνεσθαι E   11 λέγων] v. 244   12 ᾗ] ἡ A   μὲν] μὲν γὰρ D   ἂν αὐχένες A   13. 14 ἑπόμενα Ab: om. CDE   17 οὕτως E   18. 19 ἐστιν ὥστε καὶ AFb: om. DE   19 ἂν— μιχθῆναι AFb: mg. E²: om. D   ἂν καὶ] ἢ E   20 ταῦτα Ab: πάντα DEF   21 γίγνεσθαι DE   23 ποιοῦσιν c   24 ἔστι DE   25 ὁ ὅλος] tota b: ὅλως A: ὅλος F: ὁ μὲν ὅλος DEK²c   ὁ σκοπὸς F   26 γίγνεσθαι E   φησὶ γίγνεσθαι c   28 τὸ] τῷ A   λέγεσθαι] seq. ras. 5 litt. E   30 ᾗ] τὸ c   ἀναυ F: ἀναύχενες c   κόρσαι c   τὰ ἄλλα DE   31 τούτοις] v. 245 sq.

γυμνοὶ δ' ἐμπλάζοντο βραχίονες εὔνιδες ὤμων,
ὄμματά τ' οἶ' ἐπλανᾶτο πενητεύοντα μετώπων
καὶ πολλὰ ἄλλα, ἅπερ οὐκ ἔστι μίξεως παραδείγματα, ἐξ ἧς τὰ κατὰ φύσιν
συνίσταται; μήποτε οὖν εἰπὼν ὁ Ἀριστοτέλης πότερον οὐχ οἷά τε ἦν
5 κινούμενα ἀτάκτως καὶ μίγνυσθαι τοιαύτας μίξεις ἔνια, ἐξ ὧν
συνίσταται τὰ κατὰ φύσιν συνιστάμενα σώματα ἐπήγαγε καθάπερ
Ἐμπεδοκλῆς γίνεσθαί φησιν, τουτέστι κινούμενα ἀτάκτως μίγνυσθαι·
τὸ γὰρ πλανᾶσθαι καὶ τὸ πλάζεσθαι ἄτακτον κίνησιν δηλοῖ. καὶ πῶς
ταῦτα, φαίη ἄν τις, ἐπὶ τῆς Φιλότητος γίνεσθαι λέγει ὁ Ἀριστοτέλης,
10 δι' ἣν πάντα ἓν γίνεσθαι ὁ Ἐμπεδοκλῆς φησιν

ἐν τῇ δὴ τάδε πάντα συνέρχεται ἓν μόνον εἶναι;
μήποτε οὖν οὐκ ἐν τῇ ἐπικρατείᾳ τῆς Φιλίας ταῦτα λέγει γενέσθαι ὁ Ἐμπεδοκλῆς, ὡς ἐνόμισεν Ἀλέξανδρος, ἀλλὰ τότε, ὅτε οὔπω τὸ Νεῖκος
πᾶν ἐξέστηκεν ἐπ' ἔσχατα τέρματα κύκλου,
15 ἀλλὰ τὰ μέν τ' ἐνέμιμνε μελέων, τὰ δέ τ' ἐξεβεβήκει·
ὅσσον δ' αἰὲν ὑπεκπροθέοι (φησὶ τὸ Νεῖκος), τόσον αἰὲν ἐπῄει
ἠπιόφρων Φιλότητος ἀμεμφέος ἄμβροτος ὁρμή.
ἐν ταύτῃ οὖν τῇ καταστάσει "μουνομελῆ" ἔτι τὰ γυῖα ἀπὸ τῆς τοῦ Νείκους διακρίσεως ὄντα ἐπλανᾶτο τῆς πρὸς ἄλληλα μίξεως ἐφιέμενα.
20 αὐτὰρ ἐπεὶ (φησί) κατὰ μεῖζον ἐμίσγετο δαίμονι δαίμων,
ὅτε τοῦ Νείκους ἐπεκράτει λοιπὸν ἡ Φιλότης,
ταῦτά τε συμπίπτεσκον, ὅπῃ συνέκυρσεν ἕκαστα,
ἄλλα τε πρὸς τοῖς πολλὰ διηνεκῆ ἐξεγένοντο.
ἐπὶ τῆς Φιλότητος οὖν ὁ Ἐμπεδοκλῆς ἐκεῖνα εἶπεν, οὐχ ὡς ἐπικρατούσης
25 ἤδη τῆς Φιλότητος, ἀλλ' ὡς μελλούσης ἐπικρατεῖν, ἔτι δὲ τὰ ἄμικτα καὶ
μονόγυια δηλούσης. ἀλλ' εἰ μὲν οὕτως ἔλεγεν ὁ Τίμαιος ὡς πρὸ τῆς τοῦ
κόσμου γενέσεως τῷ ὄντι οὔσης ἀτάκτου τῶν στοιχείων κινήσεως, καλῶς
ἂν ὄντως καὶ φυσικῶς ὁ Ἀριστοτέλης πρὸς τὸν Τιμαίου λόγον ὑπήντησεν·
εἰ δὲ τοῦτο παραστῆσαι βουλόμενος, ὅτι πᾶσα τάξις καὶ διακόσμησις ἀπὸ
30 τῆς δημιουργικῆς ἀγαθότητος ἐφήκει τῇ ὕλῃ, αὐτὴν καθ' αὑτὴν ἀπογυμνώσας τῷ λόγῳ μετὰ μόνης τῆς ἐπιτηδειότητος τῆς πρὸς τὰ εἴδη πλημμελῶς

αὐτὴν καὶ ἀτάκτως κινουμένην ὑπέδειξε, καὶ τὰ τοῦ Τιμαίου νοερᾶς ἐστι 262ᵃ
θεωρίας γεννήματα, καὶ ὁ Ἀριστοτέλης πρὸς τὸ φαινόμενον τοῦ ῥηθέντος
ἀλλ' οὐ πρὸς τὸ | ἀληθὲς ἱκανῶς ἠγωνίσατο. ὥσπερ δὲ ἐν Τιμαίῳ πρὸ 262ᵇ
τῆς κοσμοποιίας ὁ Πλάτων τὴν ὕλην αὐτὴν καθ' αὑτὴν πλημμελῶς καὶ
5 ἀτάκτως κινουμένην ὑπέδειξεν, οὕτως ἐν τῷ Πολιτικῷ ἀποστήσας τῷ λόγῳ
τοῦ κόσμου τὴν δημιουργικὴν πρόνοιαν ὑπὸ τῆς εἱμαρμένης ἀναστρεφόμενον 5
αὐτὸν παραδείκνυσιν.

p. 300ᵇ 31   Τοῖς δὲ ἄπειρα ἐν ἀπείρῳ τὰ κινούμενα ποιοῦσιν ἕως
τοῦ ἀλλὰ τὰ συγγενῆ μόνον.

10   Ταῦτα πρὸς τοὺς περὶ Δημόκριτον ἐπάγει· οὗτοι γάρ εἰσιν οἱ ἄπειρα 10
τὰ κινούμενα ἐν ἀπείρῳ τῷ κενῷ ποιοῦντες. λέγει οὖν πρὸς τούτους,
ὅτι τὸ κινοῦν ἤτοι ἕν ἐστιν ἢ πεπερασμένα ἢ ἄπειρα· ἓν δὲ λέγει τὸ
κινοῦν οὐ τῷ ἀριθμῷ ἀλλὰ κατὰ τὸ εἶδος, οἷον βαρύτητα ἢ κουφότητα.
καὶ εἰ μὲν ἕν ἐστι τὸ κινοῦν, ἀνάγκη μίαν φέρεσθαι φοράν, ὥστε 15
15 οὐκ ἄτακτος ἡ κίνησις αὐτῶν ἀεὶ κατὰ ταύτην κινουμένων, εἰ δὲ ἄπειρα
κατ' εἶδος τὰ κινοῦντα, καὶ τὰς φορὰς αὐτῶν ἀναγκαῖον ἀπείρους εἶναι κατ'
εἶδος. καὶ τοῦτο εἰπὼν οὐκέτι ἄτοπον ἐπήνεγκεν ἄλλο ὡς εἰς τοῦτο ἄτοπον
ἀπαγαγὼν τὸν λόγον τὸ τὰς φορὰς ἀπείρους εἶναι· τῶν γὰρ ἁπλῶν κινή- 20
σεων τὰ εἴδη πεπερασμένα ἐστίν· ἢ γὰρ κύκλῳ ἢ ἄνω ἢ κάτω· αἱ δὲ
20 ἄλλαι μικταὶ ἐκ τούτων. ἔτι δέ, φησὶν Ἀλέξανδρος, εἰ ἄπειρα τὰ κινοῦντα,
ἄπειρα δὲ καὶ τὰ κινούμενα, διττὰ ἄπειρα συμβήσεται, τοῦτο δὲ ἄτοπον·
ἢ εἰ τὰ ἄπειρα κινοῖ, οὐδ' ἂν εἴη τὰ κινούμενα ὅλως. εἰ δὲ πεπερασμένα 25
τὰ κινοῦντα, καὶ αἱ φοραὶ πεπερασμέναι, αἱ δὲ πεπερασμέναι κατ' εἶδος
φοραὶ τεταγμέναι εἰσίν, ὥστε τάξις ἔσται τῶν κινήσεων καὶ οὐκ ἀταξία.
25 οὐδὲ γὰρ τῷ πλείονας εἶναι τὰς φορὰς καὶ μὴ φέρεσθαι εἰς ταὐτὸν πάντα
ἡ ἀταξία συμβαίνει· οὐδὲ γὰρ εἰς ταὐτὸ φέρεται τὰ βαρέα καὶ τὰ κοῦφα, 30
ἀλλὰ τὰ συγγενῆ μόνον· τὰ γὰρ βαρέα ἐπὶ τὸ μέσον καὶ τὰ κοῦφα ἐπὶ τὸ
πέριξ. ἔλαθε δὲ ὁ Ἀριστοτέλης καὶ πεπερασμένα τὰ κινοῦντα ὑποθέμενος
διὰ τοῦ εἰ γὰρ πεπερασμέναι, τάξις τις ἔσται, ἔλαθε δὲ τὰς φορὰς
30 πεπερασμένας ἀντὶ τῶν κινούντων λαβών. τοῦτο δὲ ἐποίησε, καὶ ὅτι τῶν 35
φορῶν πεπερασμένων οὐσῶν κατ' εἶδος καὶ τὰ κινοῦντα πεπερασμένα ἔσται
κατ' εἶδος, καὶ μάλιστα ὅτι πρὸς τὸ τάξιν εἶναι τῶν φορῶν προσεχῶς

---

1 ὑπέδειξεν c   3 Τιμαίῳ] 30 a   5 Πολιτικῷ] 272 e   ὑποστήσας c
6 εἱμαρμένης] ἡμαρτημένης ἀνάγκης DE: εἱμαρμένης ἀνάγκης E²   7 ἀποδείκνυσιν c
8 δ' c   τὰ EF: om. A   τὰ – τοῦ (9)] ἕως D   11 τούτοις E   12 ἐστιν] ἔστι
ἢ πλείω καὶ c   πεπερασμένον ἢ ἄπειρον c   14 ἐστιν c   φθοράν A
15 ταύτην CDE: ταὐτὰ A: ταὐτὰ bc   16 κατ' εἶδος Ab: εἴη DE   16. 17 κατ'
εἶδος ἀπείρους εἶναι DE   17 τοῦτο AE: τοῦτο τὸ Dc   18 τὸ τὰς A: τὸ τινὰς D:
τινὰς E   γάρ] δὲ DE   20 ὁ ἀλέξανδρος DE   εἰ] εἰ δὲ DE   22 κινεῖ Fc
δέ] δὲ τὰ Ac   23 φοραί] seq. ras. 2 litt. E   26 φέρεσθαι D et in ras. E¹
29 post δὲ add. καὶ E²   30 ἐποίησεν E: corr. E²

προσεδεῖτο πεπερασμένων. ὁ δὲ Ἀλέξανδρος τὴν τῶν πεπερασμένων ὑπό- 262b
θεσιν παραλιπεῖν αὐτόν φησι, διότι τὸ τῷ ἑνὶ ἑπόμενον καὶ τοῖς πεπερασ- 40
μένοις ἀκολουθεῖ.

p. 301ᵃ4 Ἔτι τὸ ἀτάκτως οὐδέν ἐστιν ἕτερον ἢ τὸ παρὰ φύσιν
5   ἕως τοῦ οὐδὲν γὰρ ὡς ἔτυχε γίνεται τῶν κατὰ φύσιν. 45

Καὶ τοῦτο τοῖς περὶ Δημόκριτον ἐπάγει μᾶλλον· οὗτοι | γὰρ ἄπειρα 263ᵃ
λέγουσι τὰ κινούμενα. προλαμβάνει δέ, ὅτι τὸ ἀτάκτως τὸ παρὰ φύσιν
ἐστίν, εἴπερ ἡ τάξις τὸ κατὰ φύσιν, ὅπερ αὐτὸς φύσιν εἶπε, καὶ ἕτερον,
ὅτι φύσις ἐκείνη τῶν πραγμάτων, οἵαν ἔχει τὰ πλείω καὶ τὸν
10 πλείω χρόνον· καὶ γὰρ τῷ ἀνθρώπῳ κατὰ φύσιν ἐστίν, ὃ τοῖς πλείστοις 5
καὶ τὸν πλείω χρόνον ὑπάρχει. τούτων οὖν τεθέντων ἄτοπον καὶ ἀδύ-
νατον τὸ ἄπειρον ἐν ἀπείρῳ χρόνῳ ἄτακτον ἔχειν κίνησιν· τὸ γὰρ
ἄπειρον καὶ ἐν ἀπείρῳ χρόνῳ κινούμενον κατὰ φύσιν κινεῖται, τὸ δὲ κατὰ
φύσιν κινούμενον ἀδύνατον ἄτακτον κίνησιν κινεῖσθαι, διότι τὸ ἄτακτον τῷ 10
15 παρὰ φύσιν ταὐτόν ἐστι· τὸ ἄρα ἄπειρον καὶ ἐν ἀπείρῳ χρόνῳ κινούμενον
ἀδύνατον ἄτακτον κίνησιν κινεῖσθαι. συμβαίνει οὖν αὐτοῖς τοὐναντίον καὶ
πρὸς τὴν ἀλήθειαν καὶ πρὸς τὴν ἑαυτῶν βούλησιν τὸ τὴν μὲν ἀταξίαν
εἶναι κατὰ φύσιν, εἴπερ τὸ πλείω χρόνον ὑπάρχον τοῖς πλείστοις καὶ
πρῶτον τοῦτο κατὰ φύσιν ἐστί, τὴν δὲ τάξιν καὶ τὸν κόσμον παρὰ φύσιν,
20 εἴπερ τὸν ἄπειρον χρόνον ἀτάκτως κινούμενα ἐπ' ὀλίγον καταλλήλως συμ- 15
πλεχόμενα τάττεται καὶ κοσμεῖται. καίτοι, φησίν, οὐδὲν ὡς ἔτυχε γί-
νεται τῶν κατὰ φύσιν, οἱ δὲ τὴν κατὰ φύσιν κίνησιν ἄτακτον λέγοντες
τὰ κατὰ φύσιν ὡς ἔτυχε γίνεσθαι ἔλεγον· τὸ γὰρ ἄτακτον οὐ πρὸς τέλος
ὡρισμένον ἀναφερόμενον ὡς ἔτυχε γίνεται. 20

25 p. 301ᵃ11 Ἔοικε δὲ τοῦτό γε αὐτὸ καλῶς Ἀναξαγόρας λαβεῖν
ἕως τοῦ φανερὸν ἐκ τούτων.

Αἰτιασάμενος τοὺς ἐξ ἀτάκτως πρότερον κινουμένων τῶν στοιχείων 25
κοσμοποιοῦντας, καὶ ὅτι τὸ παρὰ φύσιν πρὸ τοῦ κατὰ φύσιν ὑπετίθεντο,
καὶ ὅτι τὴν ἄτακτον κίνησιν ὡς ἄτακτον παρὰ φύσιν οὖσαν ὡς πρώτην
30 καὶ ἄπειρον καὶ ἀπείρων κατὰ φύσιν ἔλεγον, τὸν Ἀναξαγόραν ἀποδέχεται

---

1 ἐδεῖτο DE   2 παραλείπειν A: derelinquere b   φησίν Dc   διότι τὸ] δύο A
4 οὐδέν AF: οὐθέν E   οὐδέν—τοῦ (5)] ἕως D   5 οὐδὲν γὰρ AF: οὐθὲν DE:
καίτοι οὐδὲν c   γίνεται AF: γίγνεται DEc   8 φύσιν (alt.)] φησίν c   εἶπεν E:
corr. E²   9 φύσις] ἡ φύσις c   οἵαν AF: οἷον DE   τὸν F: τὰ ADE
11 ἄτοπον] -τοπ- in ras. E¹   12 ἐν ἀπείρῳ χρό-] in ras. E¹   14 διότι—κινεῖσθαι
(16) DE: om. AFbc   τῷ D: τὸ E   15 ἐστι] seq. ras. 1 litt. E   17 τὸ] corr.
ex τῷ E²   18 τὸ CE²: τὰ A: τὸν D: τῷ E   χρόνῳ AE: corr. E²
τοῖς] καὶ τοῖς C   19 ἐστίν Cc   21. 22 γίνεται c: comp. D   24 γίγνεται DE
25 γ' c   Ἀναξαγόρας—τοῦ (26)] ἕως D   29 ὡς] om. c

κατ' αὐτό γε τοῦτο, ὅτι οὐκ ἐκ κινουμένων καὶ διακεκριμένων ἀλλ' ἐξ 263ᵃ
ἠρεμούντων καὶ ἡνωμένων κοσμοποιεῖ. λέγει γάρ, ὅτι ἦν ὁμοῦ πάντα
χρήματα, νοῦς δὲ αὐτὰ διακρίνας διεκόσμησεν. "καίτοι ἔνεστι, φησὶν ὁ
Ἀλέξανδρος, καὶ ἐπὶ τούτου λέγειν· εἰ ἐξ ἠρεμούντων κοσμοποιεῖ τῇ δια- 35
κρίσει, καί ἐστιν ἡ κίνησις καὶ ἡ διάκρισις τοῖς σώμασι κατὰ φύσιν, ἡ
ἠρεμία ἦν αὐτοῖς παρὰ φύσιν· ἡ γὰρ ἐκ τῆς παρὰ φύσιν μονῆς τῶν σω-
μάτων κίνησις κατὰ φύσιν. εἰ δὲ παρὰ φύσιν ἡ μονὴ αὐτοῖς καὶ ἐπ'
ἄπειρον χρόνον, εἴη ἂν ἡ παρὰ φύσιν αὐτοῖς κατὰ φύσιν. ἔτι δέ, εἰ ἐκείνη 40
ἡ ἠρεμία παρὰ φύσιν, ἄλλη τις ἦν προϋπάρχουσα κατάστασις κατὰ φύσιν,
ἐπειδὴ τοῦ παρὰ φύσιν ἀνάγκη προϋπάρχειν τὸ κατὰ φύσιν· εἰ δὲ τοῦτο,
ἦν κόσμος πρὸ τοῦ γενέσθαι."
 Ταῦτα μὲν ὁ Ἀλέξανδρος· ὁ δὲ Ἀριστοτέλης τοῦτό γε αὐτὸ μόνον
ἀποδέχεται τοῦ Ἀναξαγόρου τὸ ἐξ ἀκινήτων καὶ ἡνωμένων κοσμοποιεῖν, 45
καὶ τὴν αἰτίαν αὐτὸς ἐν τοῖς ἑξῆς ἐπάγει· εἰ γὰρ ἐκ διακρινομένων τῶν |
στοιχείων συνέστηκε νῦν ὁ κόσμος, εἰ ἐγένετο, ἀνάγκη ἦν ἐκ τῆς ἐναν- 263ᵇ
τίας γενέσθαι καταστάσεως, ὥστε ἀναγκαῖον ἐκ συγκεκριμένου τινὸς καὶ
διὰ τοῦτο ἑνὸς ὄντος γενέσθαι. μαρτύρεται δὲ καὶ τοὺς ἄλλους φυσιολό-
γους, τοὺς μὲν ἐξ ἑνὸς ποιοῦντας, ὥσπερ οἱ περὶ Θαλῆν καὶ Ἀναξιμένην 5
καὶ Ἡράκλειτον, τοὺς δὲ ἐκ συγκεκριμένων, ὥσπερ Ἐμπεδοκλῆς· συγκρι-
νόμενα γὰρ πρότερον ὑπὸ τῆς Φιλίας τὰ στοιχεῖα ὕστερον ὑπὸ τοῦ Νείκους
διακρινόμενα τόνδε τὸν κόσμον ποιεῖν λέγει. ἐκ διεστώτων δέ, φησί,
καὶ κινουμένων οὐκ εὔλογον ποιεῖν τὴν γένεσιν τοῦ κόσμου· εἰ γὰρ 10
διακεκριμένα καὶ κινούμενά ἐστι τὰ ἐν τῷ κόσμῳ, ἀπὸ δὲ τῶν ἐναντίων
ἡ γένεσις, ἐκ συγκεκριμένων εἶναι χρὴ καὶ ἠρεμούντων. διό, φησί, καὶ
Ἐμπεδοκλῆς παραλείπει τὴν ἐπὶ τῆς Φιλότητος διάθεσιν τῶν
στοιχείων, τουτέστιν οὐ ταύτην αἰτιᾶται τῆς κοσμοποιίας, ἀλλὰ τὴν ἐπὶ 15
τοῦ Νείκους διάκρισιν. οὐ γὰρ ἂν ἐδύνατο, φησί, συστῆσαι κόσμον
ἐκ κεχωρισμένων μὲν αὐτὸν κατασκευάζων, ὡς ἔχων νῦν φαίνεται,
σύγκρισιν δὲ ποιῶν διὰ τὴν Φιλότητα· οὐ γὰρ ἐκ συγκεκριμένων
ἀλλ' ἐκ διακρινομένων τῶν στοιχείων ὁ κόσμος συνέστηκεν· εἰ οὖν ἐκ
τῶν ἐναντίων ἡ γένεσις, ἀναγκαῖον ἐξ ἑνὸς καὶ συγκεκριμένου γίνεσθαι. 20
εἰκότως οὖν κοσμοποιῶν ὁ Ἐμπεδοκλῆς οὐ προσεχρήσατο τούτῳ, ἵνα κατὰ

---

1 αὐτό] αὐτούς DE: corr. E²   γε AF: om. DEb   διακεκριμένων DE: διακρινο-
μένων Ac   3 δ' c   διεκόσμησε D et e corr. E¹   ἔνεστι] ἕν ἐστι AE:
corr. E¹: ἔξεστι c   4 τῇ DEb: λέγει γὰρ ὅτι ἦν ὁμοῦ τῇ AFc   5. 6 ἡ ἠρε-
μία Ab: in lac. E²: ἡ πρώην μονὴ F: lac. 8 litt. D   6 ἦν] ἂν supra add. E²
ἦ] e corr. E¹   8 ἡ om. A   κατὰ] ἡ κατὰ A   ἔτι] corr. ex ἔστι E²
9 κατὰ DE: τὸ κατὰ A: τοῦ κατὰ c   10 ἐπειδὴ—φύσιν (alt.) om. A   16 συγκρινο-
μένου Fc   18 θαλλῆν E   19 συγκεκριμμένων E: συγκρινομένων Fc   21 τόνδε
om. A   23 διακεκριμμένα E, sed corr.   24 ἡ A: om. DE   συγκρινομένων Fc
25 παραλίπει E, sed corr.   27 Νείκους] κόσμου A   ἠδύνατο c   κόσμον AF:
τὸν κόσμον DE: τὸν οὐρανὸν c   28 αὐτὸν om. c   29 φιλότητα mut. in
φιλίαν D   συγκεκριμένων A: συγκρινομένων DE   31 καὶ om. D   συγκεκριμμένου
E: συγκρινομένου F   γενέσθαι E

SIMPLICII IN L. DE CAELO III 2 [Arist. p. 301ᵃ11. 22]   591

τὴν ἀπ' αὐτοῦ μεταβολὴν ὑποδείξῃ γινομένην τὴν κοσμικὴν διάκρισιν. καλῶς 263ᵇ
οὖν ἐνόησαν τὸ παραλείπειν οἱ ἐξηγηταί· εἰς γὰρ τὴν τοῦ κόσμου κατα- 25
σκευὴν παραλείπει τὴν ἐπὶ τῆς Φιλότητος· κατ' ἐκείνην γὰρ οὐχ ὅδε ὁ
κόσμος ὁ αἰσθητὸς ἀλλ' ὁ νοητὸς ἐγίνετο
5   σφαῖρος κυκλοτερὴς μονίῃ περιγηθέϊ γαίων
καὶ τὰ ἐν τούτῳ ἡνωμένα. τινὲς δὲ τὸ παραλείπει ἐξηγοῦνται ἀντὶ τοῦ 30
διακρίνει τῆς τοῦ Νείκους αἰτίας καὶ ἰδίαν καταλιμπάνει.

Προθέμενος οὖν ὁ Ἀριστοτέλης δεῖξαι, ὅτι ἀναγκαῖον ὑπάρχειν τοῖς
ἁπλοῖς σώμασι κατὰ φύσιν τινὰ κίνησιν, καὶ λαβὼν ἐκ τῆς ἐναργείας, ὅτι
10 κινεῖται, ἔδειξεν, ὅτι, εἰ μὲν κατὰ φύσιν, ἔχει τὸ ζητούμενον, εἰ δὲ βίᾳ
καὶ παρὰ φύσιν, καὶ οὕτως ἀνάγκη προϋπάρχειν τῆς παρὰ φύσιν κινήσεως 35
τὴν κατὰ φύσιν. ἠναγκάσθη ⟨δὴ⟩ τὸν λόγον ἐκτρέψας ἀντειπεῖν τοῖς τὴν
παρὰ φύσιν πρὸ τῆς κατὰ φύσιν ὑποτιθεμένοις· οὗτοι δὲ ἦσαν οἵ τε περὶ
Δημόκριτον ἐν ἀπείρῳ τῷ κενῷ τὰ ἄπειρα ἄτομα λέγοντες ἐπ' ἄπειρον
15 χρόνον κινεῖσθαι πρὸ τῆς κοσμοποιίας καὶ ὁ Τίμαιος ἐκ προϋπαρχούσης 40
πλημμελοῦς κινήσεως τὸν κόσμον γίνεσθαι. συμπληρώσας οὖν τὴν ἀντι-
λογίαν τὸ ἐξ ἀρχῆς προτεθὲν συμπεραίνεται, ὅτι ἔστι φυσική τις κίνησις
ἑκάστου τῶν σωμάτων, φανερὸν εἶναι λέγων ἐκ τῶν προειρημένων.

p. 301ᵃ22 Ὅτι δὲ ἔχειν ἔνια ἀναγκαῖον ῥοπὴν βάρους καὶ κου-| 45
20   φότητος ἕως τοῦ ὁ δὲ αὐτὸς λόγος καὶ ἐπὶ κουφότητος.   264ᵃ

Δείξας, ὅτι ἀνάγκη τοῖς ἁπλοῖς σώμασι κατὰ φύσιν ὑπάρχειν τινὰ κί-
νησιν, ἐφεξῆς δείκνυσιν, ὅτι τοῖς κατὰ φύσιν κινουμένοις οὐ πᾶσιν ἀλλ' 5
ἐνίοις αὐτῶν, τοῖς ἐπ' εὐθείας πᾶσιν, ἀνάγκη ῥοπὴν ὑπάρχειν βάρους ἢ
κουφότητος· τὸ γὰρ κύκλῳ κινούμενον ἐξῄρηται τούτων· καὶ ὅτι κατὰ τὰς
25 ῥοπὰς ταύτας ἐστὶν αὐτοῖς ἡ κατὰ φύσιν κίνησις. τὸ γὰρ ἔχειν βάρος καὶ
κουφότητα τὰ ὑπὸ σελήνην πάντα σώματα πρότερον ὁμολογούμενον λαβὼν 10
καὶ ἐκ τούτου ἐλέγξας τοὺς ἐξ ἐπιπέδων συνιστῶντας τὰ σώματα μήτε βα-
ρύτητα ἐχόντων μήτε κουφότητα νῦν δείκνυσι τὸ πρότερον ὑποτεθέν, ὅτι
ἀνάγκη πάντα βάρος ἢ κουφότητα ἔχειν τὰ ἐπ' εὐθείας κινούμενα ἁπλᾶ
30 σώματα κατὰ φύσιν. οὐ γὰρ τοῦτο πρόκειται δεῖξαι, ὅτι ἔστι σώματα 15

2 παραλείπειν Ab: παραλείπει DEc   εἰς ADb: εἰ E: οὐ F   3 παραλίπει E:
corr. E²   4 ἐγίνετο AC: ἐγένετο DEc   5 Empedocl. v. 138   σφαῖρος Ab:
σφαῖρος γὰρ DE   μονίῃ A: μόνη DE   περιγηθέϊ] περὶ γήθεϊ AF: περιγηθεῖ E:
περὶ γήθ' ἡ D: περιήγη E²: περιηγέϊ c cum aliis   γαίων] mut. in γαιῶν E²
7 ἰδίαν bc: ἴδια ADE   8 προϋθέμενος A   οὖν Ab: δὲ DE   9 ἁπλῶς A
σώμασιν c   10 βίᾳ] μία E   11 καὶ (pr.) om. A   καὶ (alt.) om. A
προϋπάρχει E: corr. E²   12 δὴ addidi: om. ADEFbc   ἐκτρέψας E²: ἐκτρίψας
ADE: ἐκστρέψας F   13 πρὸ τῆς] πρὸς τὴν DE: corr. E²   16 πλημ-
μελούσης DE: corr. E²   γενέσθαι D   18 προειρημένων Ab: εἰρημένων DEF
19 δὲ A: δ' DEc   ἔνι' ἔχειν c   ῥοπὴν — τοῦ (20)] ἕως D   20 δ' c
23 πᾶσιν om. c   26 πρότερον] corr. ex πότερον E²: πρότερον ὡς C   28 νῦν
om. E   δείκνυσιν c

βαρέα καὶ κοῦφα· οὐ γὰρ ἂν ἐν τῇ ἀποδείξει ὑπετίθετο βαρέα καὶ κοῦφα· 264ᵃ
ἀλλ' ὅτι οὐκ ἔστι τι, ὃ μὴ βαρὺ ἢ κοῦφόν ἐστι, τῶν ἐπ' εὐθείας κινουμένων, ἅπερ ἔνια εἶπεν διὰ τὸ οὐράνιον. ὅτι γὰρ τοῦτο πρόκειται δεῖξαι
τὸ μηδὲν εἶναι ἐν τούτοις μὴ ἔχον ῥοπήν, δηλοῖ μὲν καὶ εὐθὺς εἰπὼν εἰ 20
5 γὰρ μὴ ἕξει φύσει ῥοπὴν τὸ κινούμενον καὶ μετ' ὀλίγα "ἔτι δέ, εἰ
ἔσται τι σῶμα κινούμενον μήτε κουφότητα μήτε βάρος ἔχον", ἡ δὲ δεῖξις
πρόεισιν ἐπὶ προδεδειγμένῳ τῷ ὑπάρχειν κατὰ φύσιν κίνησιν τοῖς σώμασιν
ἐπί τε τὸ ἄνω καὶ ἐπὶ τὸ κάτω καὶ μέντοι ἐπὶ τῷ τὸ βάρος ἔχον τοῦ μὴ 25
ἔχοντος ἐν τῷ ἴσῳ χρόνῳ ἐπὶ πλέον διάστημα ἐπὶ τὸ κάτω κατὰ φύσιν
10 κινεῖσθαι· ἐναργὲς δὲ τοῦτό ἐστιν, ἐὰν ἄρα κινῆται· καὶ τρίτῳ, ὅτι ἐν τοῖς
βίᾳ κινουμένοις ὑπὸ τῆς αὐτῆς δυνάμεως ἐν τῷ αὐτῷ χρόνῳ μεῖζον ἂν
διάστημα κινηθείη τὸ μὴ ἔχον βάρος, ἔλαττον δὲ τὸ ἔχον. τούτων προληφ- 30
θέντων δείκνυσιν, ὅτι, εἰ μὴ ἔχει τὸ κινούμενον ῥοπὴν ἢ βάρους ἢ κουφότητος, ἀδύνατον αὐτὸ κινεῖσθαι ἀπὸ τοῦ μέσου ἢ ἐπὶ τὸ μέσον, καὶ
15 πρῶτον, ὅτι ἀδύνατον ἀβαρές τι ὂν κάτω κινηθῆναι, οὗ πέφυκε κινεῖσθαι
τὰ βάρος ἔχοντα. ἡ δὲ δεῖξις διὰ τῆς εἰς ἀδύνατον ἀπαγωγῆς οὕτως· 35

```
   A      B  Z
  |―|    |――|

  |――|   |―| |―|
   Γ  Δ      E
```

ἔστω βάρος μὲν ἔχον σῶμα τὸ Β, ἀβαρὲς δὲ τὸ Α, καὶ ἐνηνέχθω τὸ μὲν
Α τὸ ἀβαρὲς διάστημά τι τὸ ΓΔ, τὸ δὲ Β τὸ βάρος ἔχον ἐν τῷ αὐτῷ
χρόνῳ κεκινήσθω διάστημά τι τὸ ΓΕ μεῖζον δηλονότι τοῦ ΓΔ· τὸ γὰρ Β
20 βάρος ἔχον τοῦ μὴ ἔχοντος βάρος Α ἐν τῷ ἴσῳ χρόνῳ κάτω κινούμενον 40
πλέον διάστημα κινεῖται. ἐὰν δή, ὡς ἔχει τὸ ΓΔ διάστημα πρὸς τὸ μεῖζον
αὐτοῦ τὸ ΓΕ, οὕτως ἔχον μέρος τι τοῦ Β τοῦ βάρος ἔχοντος πρὸς ὅλον
τὸ Β ἀφέλωμεν τὸ Ζ· δυνατὸν γὰρ ἐν τῷ αὐτῷ λόγῳ τῇ τετμημένῃ τὴν
ἄτμητον τεμεῖν· ἔσται, ὡς τὸ ΕΓ διάστημα, ὃ κεκίνηται τὸ βάρος ἔχον
25 τὸ Β, πρὸς τὸ ΓΔ διάστημα, ὃ κεκίνηται τὸ Α τὸ ἀβαρές, οὕτως τὸ Β 45

---

2 μὴ CDEb: μὴ ἢ Ac   3 εἶπε DE   4 δηλοῖ—ῥοπὴν (5) om. AF: mg. K²
5 γὰρ] δὲ c   φύσει ῥοπὴν om. c   μετ' ὀλίγα] 301ᵇ1   δ' c   8 μέντοι] μέντοι καὶ
Fc   τῷ] τὸ D   9 ἐπὶ (pr.) Ab: om. CDE   10 κινεῖσθαι] κινεῖται A   κινῆται]
-ῆ- e corr. E¹   13 ἔχει AEF: ἔχοι CDc   14 ἢ ἐπὶ τὸ μέσον Ab: ἐπὶ τὸ πέριξ
ἢ ἀπὸ τούτου ἐπὶ τὸ μέσον C: om. DE   15 οὗ] οἷ c   16 οὕτω D   Fig. paullo
aliter descriptam hab. ADE²   17 μὲν ἔχον] ἔχον μὲν Α: corr. ex μὲν ἔχων E²
17. 18 μὲν A DEb: μὲν πρῶτον Ac   18 τὸ ΓΔ—τι (19) om. E: in mg. quaedam
evan. E²   19 κεκινήσθω scripsi: κινήσθω AD: κινείσθω Fc   ΓΔ] ΓΑ DE:
corr. E²   B Ab: Z F: om. DE   20 βάρος (alt.)] βάρους E   A A: scilicet
a b: B F: om. DE: fort. τοῦ Α   ἐν—χρόνῳ om. D   21 δή] γὰρ F: δέ c
ΓΔ] ΓΑ DE: corr. E²   22 ἔχον] mut. in ἔχῃ E²F   B τοῦ om. c   23 ἀφέλομεν E   τῇ] τῷ c: ὡς C   τετμημένῳ c   τὴν] τὸ Ac   24 τελεῖν E:
corr. E²   ὡς] ᾧ D: om. E   τὸ βάρος—κεκίνηται (25) om. D: mg. E²
25 τὸ Β (pr.) om. E   οὕτως A: οὕτω CDF: οὕτως τως E: ὡς E²

βάρος πρὸς τὸ Ζ· καὶ ἐναλλὰξ ἄρα, | ὡς τὸ Β ὅλον πρὸς τὸ ΓΕ, οὕτω
τὸ Ζ πρὸς τὸ ΓΔ διάστημα· κινεῖται δὲ τὸ Β τὸ ΓΕ διάστημα· καὶ τὸ Ζ
ἄρα ἐν τῷ αὐτῷ χρόνῳ κινηθήσεται τὸ ΓΔ διάστημα. ἀλλὰ τὸ ΓΔ διά-
στημα ἐν τῷ ἴσῳ χρόνῳ ἐκινεῖτο τὸ Α τὸ ἀβαρές· ἐν τῷ αὐτῷ ἄρα χρόνῳ
τὸ ΓΔ διάστημα κινηθήσεται τό τε Α τὸ ἀβαρὲς καὶ τὸ Ζ τὸ βάρος ἔχον,
ὅπερ ἄτοπον· τὸ γὰρ βάρος ἔχον τοῦ μὴ ἔχοντος ἐν τῷ ἴσῳ χρόνῳ ἐπὶ
τὸ κάτω πλέον κινηθήσεται, κἂν ὑποτεθῇ καὶ τὸ μὴ ἔχον βάρος κινού-
μενον.

Τῷ δὲ αὐτῷ λόγῳ δειχθήσεται μηδὲ ἄνω δυνάμενόν τι κινηθῆναι, εἰ
μὴ ἔχοι κουφότητα. μεῖζον γὰρ διάστημα κινηθήσεται τὸ κουφότητα ἔχον
τοῦ μὴ ἔχοντος εἰς τὸ ἄνω. ἂν δή, ὡς ἔχει τὸ διάστημα, ὃ κινεῖται τὸ
κοῦφον, πρὸς τὸ διάστημα, ὃ κινεῖται τὸ μὴ ἔχον κουφότητα, οὕτω τὸ
κοῦφον αὐτὸ ποιήσωμεν πρός τι τῶν αὐτοῦ μορίων, ἔσται, ὡς τὸ μεῖζον
διάστημα πρὸς τὸ ἔλαττον, οὕτω τὸ κοῦφον πρὸς τὸ ἴδιον μέρος· καὶ ἐναλ-
λάξ, ὡς τὸ μεῖζον διάστημα πρὸς ὅλον τὸ κοῦφον, οὕτω τὸ ἔλαττον διά-
στημα πρὸς τὸ τοῦ κούφου μέρος· ἐν τῷ ἴσῳ ἄρα χρόνῳ ἴσον διάστημα
εἰς τὸ ἄνω κινηθήσεται τό τε ἔχον κουφότητα καὶ τὸ μὴ ἔχον, ὅπερ ἐστὶν
ἀδύνατον.

p. 301ᵇ1 Ἔτι δέ, εἰ ἔσται τι σῶμα κινούμενον ἕως τοῦ ἀνάγκη
σῶμα πᾶν βάρος ἔχειν ἢ κουφότητα διωρισμένον.

Δείξας, ὅτι ἀδύνατον τὸ σῶμα τὸ μὴ ἔχον βαρύτητα ἢ κουφότητα
κατὰ φύσιν ἢ ἄνω ἢ κάτω κινηθῆναι, νῦν δείκνυσιν, ὅτι οὐδὲ παρὰ φύσιν
καὶ βίᾳ δυνατόν· ἀκολουθεῖ γὰρ τὸ εἰς ἄπειρον κινεῖσθαι ὑπὸ τῆς κινούσης
δυνάμεως· εἰ οὖν τοῦτο ἀδύνατον, καὶ τὸ βίᾳ κινεῖσθαι ῥιπτούμενον ἢ
ὠθούμενον ἢ ἑλκόμενον ὑπό τινος μὴ ἔχον βάρος ἢ κουφότητα ἀδύνατον.
δείκνυσι δὲ αὐτὸ προλαβὼν πάλιν, ὅτι τὸ ἔλαττον καὶ τὸ κουφότερον ὑπὸ
τῆς αὐτῆς δυνάμεως πλέον κινηθήσεται, ὅπερ ἐστὶν ἐναργές. ἔστω οὖν τὸ
μὲν ἐφ' ᾧ τὸ Α ἀβαρές, τὸ δὲ ἐφ' ᾧ τὸ Β τὸ βάρος ἔχον, καὶ κεκινήσθω
ὑπὸ τῆς αὐτῆς δυνάμεως τῆς βίᾳ κινούσης τὸ μὲν ἐφ' ᾧ τὸ Α τὸ ΓΕ
διάστημα, τὸ δὲ ἐφ' ᾧ τὸ Β βάρος ἔχον ἐν τῷ ἴσῳ χρόνῳ τὸ ΓΔ διά-
στημα ἔλαττον ὂν τοῦ ΓΕ. διαιρεθέντος δὴ τοῦ Β τοῦ βάρος ἔχοντος σώ-
ματος οὕτως ὡς εἶναι, ὡς ἡ ΓΕ πρὸς τὴν ΓΔ, οὕτω τὸ Β πρός τι μέρος

---

1 πρός (alt.) — πρός (2) add. E²   οὕτως c   2 διάστημα τὸ ΓΔ corr. ex διάστημα E²
κινεῖται — διάστημα CDF: om. AEb   καὶ AFb: om. CDE   Z (alt.)] B D   4 ἄρα]
εἴπερ A   5 κινήσονται Ac   Z] B D   7 κἂν — κινηθῆναι (9) om. A   9 δυνά-
μενόν] mut. in δυνατόν K: δυνατόν c   11. 12 τὸ κοῦφον — κινεῖται (12) om. Ab
13 ποιήσωμεν E²: ποιήσομεν ADE   αὐτοῦ ADEc   14 οὕτω] οὕτω καὶ c
15 οὕτως c   19 δ' DEc   τοῦ — πᾶν (20) om. D   20 πᾶν σῶμα E   τὸ διω-
ρισμένον DEc   22 κατὰ φύσιν om. c   23 ἀκολουθεῖν c   ὑπό C: ἀπό ADE
28 δ' c   τὸ βάρος] βάρος c   κεκινήσθω A: κινείσθω DEc   29 ἀπὸ F
τὸ Α A: A DE   30 τὸ B A: B DE   31 δή] corr. ex διὰ E²   βάρους E
32 ἡ ΓΕ] ῆγε A   οὕτως E

αύτοῦ τὸ Z, συμβήσεται τὸ Z τὸ ἀφαιρούμενον ἀπὸ τοῦ B τοῦ βάρος 264ᵇ ἔχοντος σώματος τὴν ΓΕ τὴν μείζονα φέρεσθαι ἐν τῷ χρόνῳ, ἐν ᾧ ὅλον τὸ B τὴν ΓΔ ἐφέρετο· τὸ γὰρ τάχος ἕξει τὸ τοῦ ἐλάττονος πρὸς τὸ τοῦ μείζονος, ὡς τὸ μεῖζον σῶμα πρὸς τὸ ἔλαττον. ἀλλὰ μὴν καὶ τὸ A τὸ 45
5 ἀβαρὲς ἐν τῷ αὐτῷ χρόνῳ ὑπὸ τῆς αὐτῆς δυνάμεως τὸ | ΓΕ διάστημα 265ᵃ ἐκινεῖτο· ἴσον ἄρα τὸ ἀβαρὲς σῶμα τὸ A καὶ τὸ βάρος ἔχον τὸ Z ἐν τῷ αὐτῷ χρόνῳ ὑπὸ τῆς αὐτῆς δυνάμεως κινηθήσεται, ὅπερ ἐστὶν ἀδύνατον.

Ἐπειδὴ δὲ παντὸς τοῦ προτεθέντος διαστήματος πεπερασμένου μεῖζον κινηθήσεται τὸ ἀβαρές· ὃ γὰρ ἂν ληφθῇ βάρος ἔχον ὁποσονοῦν κινούμενον 5
10 τὸ προτεθὲν μέγιστον διάστημα, εὐκινητότερον ἐκείνου τῷ βιαζομένῳ τὸ ἀβαρές ἐστιν· ἀλλὰ μὴν ἄπειρόν τι διάστημα οὐχ οἷόν τε κινεῖσθαι· πᾶσα γὰρ κίνησίς ποθέν ποι, καὶ ὃ μὴ δυνατὸν γενέσθαι, οὐδὲ γίνεται, ὡς ἔλεγε 10 πρότερον· οὐκ ἄρα κινηθήσεται τὸ σῶμα τὸ μήτε βάρος ἔχον μήτε κουφότητα· φανερὸν οὖν, ὅτι ἀνάγκη πᾶν σῶμα διωρισμένον βάρος
15 ἔχειν ἢ κουφότητα.

Διωρισμένον δὲ λέγει, ὥς φησιν ὁ Ἀλέξανδρος, ἢ τὸ διῃρημένον καὶ διακεκριμένον, ὡς τὸ μὲν κουφότητα ἔχειν τὸ δὲ βαρύτητα, ἢ διω- 15 ρισμένον τὸ διῃρημένον καὶ μὴ ἐγκύκλιον. "ἄμεινον δέ, φησί, τοῦ διωρισμένου ἀκούειν ἀντὶ τοῦ ἐνεργείᾳ ὂν καὶ ἐν τόπῳ ἀλλὰ μὴ δυνάμει·
20 τὸ γὰρ δυνάμει σῶμα οὐδέπω οὔτε σῶμά ἐστιν οὔτε ἐν τόπῳ. καὶ εἴη ἂν τοῦτο διὰ τὸ μαθηματικὸν σῶμα προστιθείς· ἐκεῖνο γάρ, ὥσπερ οὐκ ἔχει βάρος ἢ κουφότητα, οὕτως οὐδὲ διωρισμένον ἐστὶ καὶ ἐνεργείᾳ ὄν." ἀλλὰ 20 τοῦτο μὲν οὐκ οἶδα πῶς εἴρηται· τὸ γὰρ μαθηματικὸν ὡς μαθηματικὸν καὶ διωρισμένον ἐστὶ καὶ ἐνεργείᾳ· ἐκεῖνο δὲ ἔχειν μοι δοκεῖ λόγον τὸ
25 διωρισμένον τὸ εὐθυπορούμενον λέγεσθαι ὡς ἀντιδιαιρεθὲν κουφότητι καὶ βαρύτητι τοῦ κυκλικοῦ ὑπὲρ τοῦτον ὄντος τὸν διορισμόν. καὶ ἐκεῖνο δὲ 25 ἔτι πιθανώτερόν μοι δοκεῖ ⟨λέγεσθαι⟩ διωρισμένον τὸ καθ᾽ αὑτὸ περιγεγραμμένον καὶ ἐν τόπῳ ὄν· τοῦτο γὰρ καὶ κατὰ τόπον δύναται κινεῖσθαι. τὸ γὰρ συνεχὲς πρὸς ἄλλο, ὥσπερ τὰ ἐν τῷ ὅλῳ μέρη, οὔτε ἔστιν ἐν
30 τόπῳ καθ᾽ αὑτὸ οὔτε κινεῖται κατὰ τόπον κατὰ τὴν Ἀριστοτέλους διάταξιν. 30

---

1 αὑτοῦ ADEc   2 φαίρεσθαι A   post τῷ del. αὑτῷ D   3 ἔχει A τὸ τοῦ ἐλάττονος ἔχει c   τὸ (quart.) om. E   5 τὸ—δυνάμεως (7) om. DE
8 προστεθέντος c   9 ὁπόσον A   10 προστεθὲν c   ἐκείνου] ἐκινεῖτο D et -ει- e corr. E   τῷ AEb: om. D: τοῦ Fc   βιαζομένου Fc   11 post ἐστιν add. ἄπειρον ἂν φέροιτο c   16 ὁ om. DE   ἢ] καὶ D   17 διακεχριμμένον A ἢ] ἢ τὸ Ac   17. 18 διωρισμένον τὸ διῃρημένον] εὐθυπορούμενον c   18 τοῦ] τὸ c   20 σῶμα om. DE   21 μαθητικὸν E   προτιθείς A   ὥσπερ] ὅπερ A
22 ἢ Ab: οὐδὲ DEF   οὕτως DEF: οὕτως δὲ A: et sic b   ἐστὶν E   23 οἶδ᾽ DE   ὅπως DE   ὡς μαθηματικὸν om. DE   24 ἐνεργείᾳ ὂν c   λόγον om. D: suprascr. E²   25 κουφότητι] καὶ κουφότητι c   26 τοῦτον] corr. ex τοῦ E² ὄντως A   διορισμόν] διωρισμένον A   καὶ—διωρισμένον (27) om. D: mg. E² κἀκεῖνο E²   27 μοι δοκεῖ πιθανώτερον E²   λέγεσθαι διωρισμένον scripsi: dici illud determinatum b: διωρισμένον ADEF: τὸ διωρισμένον λέγεσθαι c   28 δύναται] -τ- e corr. E   29 οὔτ᾽ c   30 αὑτὰ DE   κατὰ—ἐπειδὴ (p. 595,1)] κατὰ δὴ DE: κατ᾽ ἀριστοτέλη ἐπειδὴ E²

ἐπειδὴ οὖν τὰ ἀποσπώμενα τῶν στοιχείων μέρη καὶ τῆς γῆς καὶ τοῦ πυρὸς καὶ τῶν μεταξὺ ταῦτά ἐστι τὰ ἐπ' εὐθείας κινούμενα καὶ οὔτε αἱ ὁλότητες οὔτε τὰ συνημμένα τῇ ὁλότητι μέρη, διὰ τοῦ εἰπεῖν σῶμα πᾶν διωρισμένον τὰ ἐπ' εὐθείας κινούμενα ἐνεδείξατο μέρη ὄντα τῶν ὑπὸ σελήνην στοιχείων. οὔτε γὰρ τῶν οὐρανίων διωρισμένον τί ἐστιν ἀπὸ τῆς ὁλότητος τῆς ἑαυτοῦ, καὶ ἐν τοῖς ὑπὸ σελήνην αἱ ὁλότητες οὐ διωρισμέναι ἀλλὰ συνεχῆ πρὸς ἄλληλα τὰ μόρια ἔχουσιν. ἀντὶ οὖν τοῦ εἰπεῖν σῶμα πᾶν ἐπ' εὐθείας κινούμενον διωρισμένον εἶπεν.

Λαβὼν δέ, ὅτι πᾶν σῶμα ὑποσέληνον κινεῖται ἢ κατὰ φύσιν ἢ βίᾳ, καὶ δείξας, ὅτι τὸ μήτε κουφότητα μήτε βάρος ἔχον οὔτε κατὰ φύσιν κινεῖται οὔτε βίᾳ, συνηγμένον ἔχει διὰ τούτων τὸ μήτε βαρύτητα μήτε κουφότητα ἔχον μὴ εἶναι σῶμα ὑποσέληνον.

p. 301ᵇ17 **Ἐπεὶ δὲ φύσις μέν ἐστιν ἡ ἐν αὐτῷ ἕως τοῦ καὶ πῶς αἱ παρὰ φύσιν κινήσεις ἔχουσιν, ἐν τούτοις φανερόν.**

Δείξας, ὅτι τὸ μήτε βάρος ἔχον σῶμα μήτε κουφότητα οὔτε κατὰ φύσιν οὔτε βίᾳ κινεῖσθαι δυνατόν, ἐφεξῆς δείκνυσι, τίς τε ἡ φύσις ἡ τὰ κατὰ φύσιν λεγόμενα κινεῖσθαι κινοῦσα καὶ τίς ἡ δύναμις ἡ τὰ παρὰ φύσιν, καὶ ὅτι ἡ μὲν ἐν τῷ κινουμένῳ, ἡ δὲ ἐν ἄλλῳ. καὶ γὰρ φύσις μέν ἐστιν ἡ ἐν αὐτῷ ὑπάρχουσα κινήσεως ἀρχή· τοῦτο δὲ ἤδη δέδεικται ἐν τῷ δευτέρῳ τῆς Φυσικῆς ἀκροάσεως· δύναμις δὲ ἡ ἐν ἄλλῳ ὑπάρχουσα ἀρχὴ κινήσεως· τὸ γὰρ ὑπ' ἄλλου κινούμενον ἐν ἐκείνῳ τὴν ἀρχὴν ἔχει τοῦ κινεῖσθαι. τὸ δὲ ᾗ ἄλλο προσέθηκεν, ἐπειδή τινα μὴ κατὰ φύσιν κινούμενα ἐν αὐτοῖς μὲν ἔχει τὴν τῆς κινήσεως ἀρχήν, ἧς κινεῖται, οὐ μὴν ὡς καθ' αὑτὸ ἐν αὐτοῖς οὔσης τῆς τοιαύτης δυνάμεως ἀλλ' ὡς κατὰ συμβεβηκός, καθ' αὑτὸ δὲ ὡς ἐν ἄλλῳ οὔσης τῆς δυνάμεως κινεῖται ὑπ' αὐτῆς, οἷον εἴ τις νοσῶν ὑγιάζοιτο ὑφ' ἑαυτοῦ ἰατροῦ ὄντος· οὐ γάρ, ᾗ νοσῶν ἐστιν, ὑφ' ἑαυτοῦ ἂν ὑγιάζοιτο οὐδὲ κατὰ τοῦτο ἂν ἔχοι τὴν τῆς κινήσεως ἀρχήν καίτοι ἔστι γε ἐν αὐτῷ τῷ νοσοῦντι ἡ ἰατρική, καθ' ἣν ὑγιάζεται, ἀλλ' ὡς ἐν ἄλλῳ καὶ οὐχ ὡς ἐν τῷ πυρὶ ἡ κουφότης, διὸ πᾶν μὲν πῦρ μετὰ κουφότητος, οὐ πᾶς δὲ νοσῶν μετὰ ἰατρικῆς. τὸ δὲ κίνησις δὲ ἡ μὲν κατὰ φύσιν, ἡ δὲ βίᾳ πᾶσα εἴρηται ἀντὶ τοῦ πᾶσα κίνησις ἢ κατὰ

---

1 ἀπωσώμενα DE   2 ἐστιν c   3 διὰ—ἐνεδείξατο (4) CDEF: om. Ab   τοῦ] τὸ c   σῶμα πᾶν om. C   6 διωρισμένα Ab: διωρισμέναι C: διωρισμένον DE   8 εὐθείας DE: εὐθεῖαν ACc   εἶπε D et corr. ex εἶπεν E   9 ὑποσέληνον AC: ὑπὸ σελήνην DEb   11 συνηγμένην E: corr. E²   τοῦτο c   11. 12 κουφότητα μήτε βαρύτητα CF   13 ἡ—κινήσεις (14)] ἕως D   14 ἔχουσι κινήσεις c   ἐκ τούτων c   15 τὸ om. c   16 ἐφεξῆς] -ῆ- e corr. E   τε om. c   τὰ] suprascr. CDE²F   17 κινοῦσα] -α e corr. E   20 δευτέρῳ] cap. 1   22 ᾗ] ἢ E: ἤ ἡ D   ἄλλῳ E: corr. E²   προσέθηκε Ac   23 αὐτοῖς] E²: αὐτοῖς ACDEc ἧς ACDEF: mut. in ἢ K: ἥν c   24 αὑτὸ] αὐτὴν C   ἀλλ'—δυνάμεως (25) om. c   26 ὑφ'—ὑγιάζοιτο (27) om. A   27 ἔχῃ D et e corr. E¹   28 ἑαυτῷ A   29 διὸ] διότι E

φύσιν ἢ βίᾳ. καὶ ἡ μὲν κατὰ φύσιν ὑπὸ τῆς ἐνυπαρχούσης αἰτίας γίνεται, 265b
ἥτις ἦν ἡ φύσις, ἡ δὲ βίᾳ ὑπὸ τῆς ἐν ἄλλῳ δυνάμεως. ὑπὸ ταύτης δὲ 25
καὶ τὰ κατὰ φύσιν κινούμενα συνεπωθούσης θᾶττον κινεῖται τῆς κατὰ δύ-
ναμιν μόνον γινομένης κινήσεως· τῷ γὰρ λίθῳ τὴν ἐπὶ τὸ κάτω φορὰν ἡ
5 συνεπωθοῦσα δύναμις θάττω ποιήσει τῆς φορᾶς τῆς κατὰ δύναμιν μόνην
γινομένης, οἷον τῆς ἐπὶ τὸ ἄνω τοῦ λίθου· ταύτην γὰρ τὴν ἐπὶ τὸ ἄνω 30
τοῦ λίθου παρὰ φύσιν οὖσαν ἡ δύναμις μόνη ποιεῖ, τὴν δὲ ἐπὶ τὸ κάτω
συνεπωθοῦσα ἡ δύναμις αὐτή τε καὶ ἡ φύσις ποιοῦσιν.

Ἐφεξῆς δὲ λέγει, πῶς ἡ δύναμις κινεῖ καθ' αὑτήν τε ἐνεργοῦσα καὶ
10 μετὰ τῆς φύσεως, καὶ ὅτι πρὸς ἄμφω τὰς κινήσεις ὡς ὀργάνῳ χρῆται
τῷ ἀέρι τήν τε ἄνω, ἣν μόνη βιαζομένη ἐπὶ τῶν βαρέων ἐνεργεῖ, καὶ 35
τὴν κάτω συνεπωθοῦσα τὴν φύσιν. ὁ δὲ ἀὴρ πρὸς ἄμφω ἐπιτήδειος, διότι
καὶ κοῦφος καὶ βαρύς ἐστιν· εἶπε γὰρ καὶ πρόσθεν, ὅτι τὰ μεταξὺ γῆς
καὶ πυρὸς στοιχεῖα ἐπαμφοτερίζει· οὐδέτερον γὰρ αὐτῶν οὔτε ἁπλῶς βαρύ
15 ἐστιν· οὐ γὰρ πᾶσιν ὑφίσταται· οὔτε ἁπλῶς κοῦφον· οὐ γὰρ πᾶσιν ἐπιπο- 40
λάζει· τὸ δὲ μὴ ἁπλῶς πᾶν μίξει πως τοῦ ἐναντίου τοιοῦτον. ὁ δὲ ἀὴρ
καὶ εὐκίνητός ἐστιν λεπτομερὴς ὤν, διὸ πρὸς μὲν τὸ ἄνω καὶ κατὰ τὴν
ἑαυτοῦ φορὰν ἐνεργεῖ καὶ μέντοι καὶ ἀρχὴν ἄλλην κινήσεως ἀπὸ τῆς δυ-
νάμεως προσλαβών, τὴν δὲ κάτω κίνησιν ὁ ἀὴρ ἐνεργεῖ καὶ ὡς ἔχων τι 45
20 βαρὺ καὶ ὡς ἀρχὴν κινήσεως πάλιν ἀπὸ τῆς δυνάμεως λαβών· ἡ γὰρ |
κινοῦσα δύναμις ὥσπερ συναρτήσασα καὶ ἐναποδήσασα κινητικὴν δύναμιν 266a
παραδίδωσιν ἑκατέρῳ τῶν ἀέρων τῷ τε ἄνω ἐπωθουμένῳ καὶ τῷ κάτω
ἢ ἑκατέρῳ τῷ τε ἀέρι καὶ τῷ λίθῳ. καὶ ὅτι ἐνδίδοταί τις ἀπὸ τοῦ κι-
νοῦντος δύναμις συνηρτημένη, τεκμήριον ἱκανὸν παράγει τὸ καὶ μὴ παρα- 5
25 κολουθοῦντος τοῦ κινήσαντος φέρεσθαι τὸ παρὰ φύσιν κινηθέν· τὸ μὲν γὰρ
κατὰ φύσιν κινούμενον ἔχει κινοῦσαν τὴν φύσιν, τὸ δὲ παρὰ φύσιν δῆλον
ὅτι ἀπὸ τοῦ βίᾳ κινοῦντος τὴν τοῦ κινεῖσθαι δύναμιν λαμβάνει συνεργοῦντος
τοῦ ἀέρος. εἰ μὴ γὰρ ἦν τι τοιοῦτον σῶμα τὸ συνεργοῦν, οὐκ ἂν ἡ βίᾳ 10
κίνησις τοιαύτη ἦν· εἰ μὴ γὰρ εἶχέ τι κοῦφον ὁ ἀήρ, οὐκ ἂν τὸ βαρὺ ἄνω
30 ἔφερε, καὶ εἰ μὴ βαρύ τι εἶχεν, οὐκ ἂν τὸ πῦρ ἐπὶ τὸ κάτω ἐκίνει.

Καὶ τὴν κατὰ φύσιν δὲ ἑκάστου κίνησιν ὁ ἀὴρ συνεπουρίζει,
τουτέστιν ἐπωθεῖ, δυνάμεως ἀπὸ τοῦ κινοῦντος μεταλαμβάνων· τὸ δὲ 15

---

1 ἦ—φύσιν om. Ab   γίγνεται DE   3 καὶ om. E   συνεπωθούση E:
corr. E²   4 μόνον DEb: μόνην Cc: μόνης AF   5 θᾶττον A   μόνης F
6 τὸ (pr.)] seq. ras. 5 litt. E   8 καὶ om. c   12 συνεπωθοῦσαν AE   δὲ] corr.
ex δὲ ὁ E   διὸ DE   13 εἶπεν E: corr. E²   γὰρ DE: om. Ab
πρόσθεν] I 3   15 ὑφίσταται—πᾶσιν om. A   16 μίξει Ab: μίζει E et post ras.
3 litt. D: νομίζει E² corr. deinde in μίξει   17 ἐστιν AE, v eras. E: ἔστι D   κατὰ
DEb: κάτω ACc   18 φοράν] φύσιν C   19 καὶ DE: om. Ab   20 ὡς ἀρχὴν
Ab: ἀρχὴν ἄλλην DE   21 ἀναποδήσασα A   22 ἑκάστῳ Ab   ἐπωθουμένῳ
om. c   23 ἐνδίδοται] -ο- e corr. E: ἐνδέδοται c   27 τὴν A: om. DE   28 μὴ
γὰρ AF: γὰρ μὴ DEc   τι Ab: om. DE   βίᾳ] mut. in βιαία E²   29 γὰρ
μὴ c   ἂν—ἄνω] in ras. E¹   30 ἔφερε] in ras. E seq. ras. 2 litt.: ἐφέρετο E²:
ἔφερεν c

SIMPLICII IN L. DE CAELO III 2 [Arist. p. 301ᵇ17. 31]   597

συνεπουρίζειν ἀπὸ τῶν ὄπισθεν πνεόντων καὶ τὴν ναῦν ὠθούντων ἀνέ- 266ᵃ
μων μετείληπται, οὓς διὰ τοῦτο οὐρίους καλοῦσιν ὡς κατὰ τὸ οὐραῖον τῆς
νεὼς πνέοντας. μήποτε δὲ καὶ ἀπὸ μεταφορᾶς τῶν λεόντων λέγεται, οὕς
φασι τῇ ἑαυτῶν οὐρᾷ ἀντὶ μάστιγος πλήττοντας ἑαυτοὺς εἰς δρόμον 20
5 ἐλαύνειν.

   Εἶτα συμπεραινόμενος τὸν λόγον, ὅτι, φησίν, ἅπαν τὸ ὑπὸ σελήνην
σῶμα, ὃ καὶ εὐθυπορούμενόν ἐστι· περὶ γὰρ τούτου νῦν ὁ λόγος· ἢ κοῦ-
φον ἢ βαρύ ἐστι, καὶ πῶς αἱ παρὰ φύσιν κινήσεις ἔχουσιν ἐν
τούτοις, ἐν οἷς καὶ εἰσίν, ὅτι ὕστεραι τῶν κατὰ φύσιν εἰσὶ καὶ ὀλιγοχρο- 25
10 νιώτεραι, καὶ ὅτι ὑπὸ τῆς ἔξωθεν δυνάμεως κινοῦνται τοῦ ἀέρος ὑπουρ-
γοῦντος πρὸς τὴν κίνησιν, ὅτι οὖν ταῦτα οὕτως ἔχει, φανερόν. ἐκ τῶν δε-
δειγμένων δηλονότι.

   Ὁ δὲ Ἀλέξανδρος ἐλλειπτικῶς ἔχειν κατὰ τὴν λέξιν νομίζει τὸ ἐν
τούτοις· λείπειν γὰρ τὸ καὶ προείρηται ἢ ὡς ἂν εἰ ἔλεγεν ἐν τούτοις 30
15 εἴρηται, ἵνα μηκέτι ἀκούωμεν ἐν τούτοις τοῖς βάρος ἢ κουφότητα ἔχουσιν,
ἀλλ' ἐν τούτοις τοῖς λόγοις· τοῦτο δὲ πέπονθε τὸ φανερὸν τῷ ἐφεξῆς
συντάξας καὶ οὕτω γράψας "φανερὸν δέ, ὅτι οὔτε πάντων ἔστι γένεσις."
ἐγὼ μέντοι τὸ μὲν φανερὸν ὡς τέλος εὑρίσκω τοῦ προτέρου λόγου χωρὶς 35
τοῦ δὲ συνδέσμου γεγραμμένον, τὸ δὲ ἑξῆς οὕτως ἔχον· "ὅτι δὲ οὔτε πάν-
20 των ἔστι γένεσις οὔτε ἁπλῶς οὐδενός, δῆλον ἐκ τῶν προειρημένων." ὁ δὲ
Ἀλέξανδρος, ὡς ἔοικεν, ἔν τισιν ἀντιγράφοις εὑρὼν ὡς δῆλον ἐκ τῶν
εἰρημένων τὸ φανερὸν ἠναγκάσθη τοῖς ἐφεξῆς συντάξαι. κάλλιον δέ, 40
οἶμαι, πταῖσμα τοῦτο τοῦ γράψαντος λέγειν ἢ ὡς ἐλλιπῆ τὴν ἑρμηνείαν
ἀποδέχεσθαι· καὶ γὰρ οὐδὲ συντάττειν οὕτως εἰκὸς ἦν ἐπ' ἄλληλα τὸ φα-
25 νερὸν καὶ τὸ δῆλον λέγοντα "φανερὸν δέ, ὅτι οὔτε πάντων ἔστι γένεσις
οὔτε ἁπλῶς οὐδενός, ὡς δῆλον ἐκ τῶν εἰρημένων." ἀλλὰ τοῦτο μὲν 45
ὅπως ἂν ἔχῃ, οὐδὲν ἂν εἴη πρὸς τὴν τῶν πραγμάτων ἀλήθειαν. ἐπὶ δὲ
τὰ ἑξῆς ἰτέον. |

p. 301ᵇ31 Ὅτι δὲ οὔτε πάντων ἔστιν γένεσις ἕως τοῦ κενὸν ἔσται 266ᵇ
30   κεχωρισμένον.

   Τοῦ λόγου τοῦ πρὸς τοὺς ἐξ ἐπιπέδων λέγοντας τὰ σώματα τάς τε
ὑποθέσεις ἀποδείξας καὶ τὸν ὅλον συλλογισμὸν ἀποτρέχει λοιπὸν ἐπὶ τὴν 5

---

1 τὴν] mut. in τῶν E²   3 νεὸς E: corr. E²   μήποτε δέ] bis E, sed corr.
7 ἐστιν Ec: ν eras. E   8 ἐστιν Ec   9 εἰσί] εἰσὶν Ec: ν eras. E   10 ὑπὸ AF:
ἐκ CDE   14 καὶ om. Fb   16 πέπονθεν E   τῷ] τὸ A   17 οὕτως c
δ' c   18 ἐγὼ—γένεσις (20) om. A   19 ἑξῆς] 301ᵇ31   δ' c   20 οὔθ' c
εἰρημένων DE   21 ὡς AF: om. DEb   ἔν τισιν ἔοικεν E   τισι A   23 τῶν
γραψάντων c   ἐλλειπῆ E, sed corr.   24 γὰρ om. DE   25 λέγοντα AF: λύοντα
DE: solvendo b   δ' c   26 οὔθ' c   27 ἔχῃ] -η e corr. E   29 δ' c
ἐστι DEc   τοῦ om. D   ἔσται] ἔστι DE   31 τοῦ λόγου τοῦ AF: τοὺς λόγους
τοὺς DE: τοὺς λόγους Cb   λέγοντος c

ἐξ ἀρχῆς περὶ γενέσεως διαίρεσιν, ἐν ᾗ ἔλεγεν, ὅτι οἱ μὲν ὅλως ἀνεῖλον 266ᵇ
γένεσιν, ὡς οἱ περὶ τὸν Παρμενίδην καὶ Μέλισσον, οἱ δὲ ἀπ' ἐναντίας
αὑτοῖς πάντων ἔλεγον γένεσιν, ὡς οἱ περὶ τὸν Ἡσίοδον θεολόγοι. λέγει
οὖν, ὅτι ἐκ τῶν εἰρημένων δῆλόν ἐστιν, ὅτι οὔτε πάντων γένεσις, εἴπερ δέ- 10
5 δεικται, ὅτι τὸ κυκλοφορητικὸν σῶμα ἀγένητόν τε καὶ ἄφθαρτόν ἐστιν,
οὔτε οὐδενός, εἴπερ διήλεγξε τοὺς τῶν Παρμενίδου καὶ Μελίσσου λόγων
οὕτως ἀκούοντας ὡς πᾶν τὸ ὂν ἀγένητον λεγόντων. δείκνυσι δὲ καὶ νῦν,
ὅτι οὐ πάντων ἔστι γένεσις, ἐκ τοῦ σώματος μὴ εἶναι τοῦ ἁπλῶς· ἐξ 15
ὕδατος μὲν γὰρ ἀὴρ γίνεται καὶ ἄλλο ἐξ ἄλλου τῶν ποιοτήτων ἀμειβο-
10 μένων, τὸ δὲ σῶμα αὐτὸ τὸ ταῖς ποιότησιν ὑποκείμενον οὐ γίνεται. εἰ
γὰρ γίνεται, ἐξ οὗ σώματος γίνεται· τόδε μὲν γὰρ τὸ σῶμα, οἷον ὁ ἀήρ,
ἐκ τοῦ μὴ ἀέρος γίνεται, ἐκ σώματος μέντοι, ὅτι οὐχ ᾗ σῶμα γίνεται ἀλλ' 20
ᾗ ἀήρ, τὸ δὲ σῶμα εἰ ὡς σῶμα γίνεται, ἀνάγκη ἐξ οὗ σώματος γίνεσθαι
αὐτό· εἰ δὲ τοῦτο, ἀνάγκη κενὸν εἶναι κεχωρισμένον. διττὸν γὰρ τὸ κενὸν
15 οἱ λέγοντες αὐτὸ ὑπετίθεντο, τὸ μὲν τοῖς σώμασιν ἀναμεμιγμένον κατὰ τοὺς
ἐν αὐτοῖς πόρους, οὓς ἡμεῖς ἀέρος λέγομεν μεστούς, τὸ δὲ κεχωρισμένον 25
τῶν σωμάτων τόπον τῶν σωμάτων γινόμενον. εἰ οὖν γίνεται σῶμα μὴ
πρότερον ὂν σῶμα, χώρας δεῖταί τινος κενῆς σώματος, ἐν ᾗ χωρηθήσεται.
εἶτα, οἶμαι, ἔνστασιν λύει τὴν λέγουσαν· τί οὖν ἡ ὕλη οὐχ, ὥσπερ τὰ
20 ἄλλα πάντα δυνάμει ἐστίν, οὕτω καὶ σῶμα, καὶ ἐκ τοῦ δυνάμει γίνεται τὸ 30
ἐνεργείᾳ, ὥσπερ καὶ ἐπὶ τῶν ἄλλων ἔχει; λέγει οὖν, ὅτι μάλιστα γὰρ ἐκ
δυνάμει τινὸς ὄντος σώματος ἐνεργείᾳ γένοιτο ἂν σῶμα· ἀλλ' εἰ
τὸ δυνάμει ὂν σῶμα μηδέν ἐστιν ἄλλο σῶμα ἐνεργείᾳ πρότερον,
ὥστε ἐκ τοῦδε τοῦ σώματος τὸ μὴ τοιοῦτον γίνεσθαι, ἀλλ' ἐξ ἀσωμάτου 35
25 γίνοιτο σῶμα, κενὸν ἔσται κεχωρισμένον.

Λέγει δὲ ὁ Ἀλέξανδρος, ὅτι τὸ ἀρέσκον αὐτῷ περὶ τῆς ὕλης νῦν ὁ
Ἀριστοτέλης ἐκτίθεται. οὐ γὰρ δοκεῖ αὐτῷ ἡ ὕλη εἶναι ἐνεργείᾳ ἀσώμα-
τος, ἀλλὰ καὶ ταύτην καὶ τὸ εἶδος ἐπινοίᾳ χωρίζεσθαι, ἐνεργείᾳ μέντοι
μηδέτερον αὐτῶν χωρὶς εἶναι· ἀλλ' ὅταν λέγηται ἐξ ὕλης γίνεσθαί τι, ἐξ 40

---

1 οἱ AC: om. D: suprascr. E²: τινὲς F   2 τὸν A: om. DEc   παρμενίδη D
6 οὐδενός] οὐδὲ DE: corr. E²   εἴπερ] ὅπερ DE: ὅπερ ἀληθῶς E²   διήλεγξεν c
παρμενίδων A, sed corr.: comp. F   8 ἔστιν c   post τοῦ (pr.) add. τοῦ ἁπλῶς E²
τοῦ ἁπλῶς AE²: ἁπλῶς C: τὸ ἁπλῶς DE: del. E²   9. 10 ἀμειβόμενος E:
corr. E²   10 εἰ] οὐ A   11 τόδε — pr. γίνεται (12) om. D: corr. ex ἀλλ' ἢ ἀὴρ τὸ δὲ
σῶμα εἰς σῶμα γίνεται E²   ὁ om. CE   12 τοῦ om. E   ἐκ (alt.) — γίνεται
om. A   γίνεται (alt.) om. C   13 ᾗ] corr. ex ἢ E²   ἀήρ] ἀέρος A: ἀὴρ γί-
νεται C   τὸ δὲ] τόδε τὸ A   εἰ ὡς CD: εἴως A: εἰ μὲν ὡς F   εἰ ὡς σῶμα]
εἰς σῶμα bis E, semel del. E¹: ᾗ σῶμα E²   γίνεσθαι A: γενέσθαι CDE   17 τό-
πον τῶν σωμάτων om. DE   γενόμενον c   18 χωρισθήσεται Ac   19 ᾗ] bis
A: ἐν c   20 οὕτως c   καὶ (alt.)] om. D: suprascr. E²   τοῦ om. D
21 ὥσπερ — ἐνεργείᾳ (22) E²Fb: habuit C: om. ADE   ὥσπερ] ὡς E²   ἐν τοῖς
ἄλλοις E²   λέγει] φησίν E²   μὲν γὰρ c   γὰρ om. E²   22 γένοιτ' c
26 δὲ Ab: οὖν DE   ὅτι] ὅτι οὐ DE   29 λέγηται C: λέγεται A: λέγῃ τὰ DEF:
λέγῃ E²K²

SIMPLICII IN L. DE CAELO III 2 [Arist. p. 301b31]

ἐνεργείᾳ μέν τι ὄντος τινὸς λέγεται, καθ' ὃ δὲ δυνάμει τοῦτό ἐστιν, ὃ γί- 266b
νεται, κατὰ τοῦτο ἐξ ἐκείνου τοῦτο λέγεται γίνεσθαι ὡς ἐξ ὕλης· ὅλως
γάρ, φησί, γίνεσθαί τι ἐκ μηδενὸς ἄλλου προϋπάρχοντος μεγέθους
ἐνεργείᾳ, τουτέστι σώματος, ἀδύνατον· εἰ γὰρ τοῦτο, ἔσται κενόν· ὥστε 45
5 κατ' αὐτὸν τὸ ἄποιον σῶμα, ὃ δεύτερον ὑποκείμενον καλεῖ, ἀγένητόν ἐστιν·
εἰ | γὰρ γίνοιτο, ἐκ μὴ σώματος ἀνάγκη γενέσθαι· τοῦτο δὲ ἀδύνατον, 267a
εἰ μὴ κενὸν εἴη κεχωρισμένον. μήποτε δὲ οὐδὲ ἄλλου τινὸς τῶν κοινῶν
γενῶν ἔστι γένεσις· οὔτε γὰρ χρώματος οὔτε σχήματος· εἰ γὰρ γίνοιτο
χρῶμα, ἐξ ἀχρωμάτου γίνοιτο ἄν, καὶ εἰ σχῆμα, ἐξ ἀσχηματίστου, οὔτε 5
10 δὲ ἀχρώματον πάντῃ οὔτε ἀσχημάτιστον εἶναι σῶμα δυνατὸν πεπερασμένον.
τῷ δὲ αὐτῷ λόγῳ οὐδὲ αἱ τῶν ἄλλων ποιοτήτων κοινότητες, οἷον θερμό-
τητος καὶ ψυχρότητος, γλυκύτητος καὶ πικρότητος, γίνοιντο ἄν, εἰ ἀνάγκη
πᾶν σῶμα ἑνί τινι τῶν ἐναντίων ἢ τῶν μεταξὺ κρατεῖσθαι, ἀλλὰ πανταχοῦ 10
τὸ τί ἐστιν ἔκ τινος γινόμενον τοῦ πεφυκότος. τί οὖν; ἔστι τοσαῦτα εἴδη
15 ἀγένητα ὑπὸ σελήνην, καὶ πῶς γενητὰ καὶ φθαρτὰ πάντα λέγομεν τὰ
ὑπὸ σελήνην; ἢ ὥσπερ ἔστι τὰ κοινὰ εἴδη τὰ ἐνθάδε, οὕτω καὶ γίνεται
καὶ φθείρεται· ἔστι δὲ οὐ καθ' αὑτά, ἀλλ' ἐν τοῖς ἀτόμοις. οὐ γάρ ἐστι 15
χρῶμα καθ' αὑτὸ ἐνταῦθα ἢ σχῆμα, ὃ μὴ τόδε τί ἐστιν, ὁμοίως οὐδὲ
σῶμα. ὥσπερ οὖν ἔστι τὰ κοινὰ ἐν τοῖς κατὰ μέρος, οὕτω καὶ γίνεται
20 καὶ φθείρεται ἐν αὐτοῖς, ἔστι δὲ ὡς τοῖς μέρεσιν ἀεὶ ἀμειβόμενα, ὥσπερ
καὶ ὁ χρόνος ὁ ἐνθάδε καὶ ἡ κίνησις· οὔτε γὰρ χρόνος ἔστιν, ὃ μὴ ὅδε 20
τις χρόνος, οὔτε κίνησις, ἀλλ' ἐν τῇ συνεχεῖ ῥοῇ τῶν κατὰ μέρος αἱ κοι-
νότητες ἐμφαίνονται, καὶ τὸ δοκοῦν αὐτῶν ἑστάναι ἓν διὰ τὴν τοῦ ἀεὶ ὄντος
νοεροῦ εἴδους ἔμφασιν ἔστιν, ὡς εἰ πρόσωπον εἰς ποταμὸν ἀεὶ ῥέοντα ἐμ-
25 βλέποι· μία γὰρ ἡ ἐν τῷ ὕδατι τοῦ προσώπου ἔμφασις ἡ αὐτὴ δοκεῖ οὐχ 25
ἡ αὐτὴ οὖσα ἀλλὰ δόκησιν τοῦ μία εἶναι διὰ τὸ ἑστὼς πρόσωπον ἔχουσα.
ἀλλ' ὅτι μὲν τὸ κοινὸν ἐν τοῖς κατὰ μέρος ἀεὶ ῥέουσιν ὑφεστὼς ἐξαλλατ-
τόμενον μένει, καὶ τοῖς ἀπὸ τοῦ Περιπάτου δοκεῖ πάντα τὰ κοινὰ ἐν τοῖς
κατὰ μέρος τιθεμένοις. μήποτε δὲ διὰ ταύτην μᾶλλον τὴν αἰτίαν χρὴ λέ- 30
30 γειν μὴ γίνεσθαι τὸ ἁπλῶς σῶμα καὶ οὐ διὰ τὸ μὴ ἀναγκασθῆναι κενὸν
ὑποτίθεσθαι. εἰ γὰρ ἔστι μάνωσις καὶ πύκνωσις καὶ οὔτε κενὸν ἀνάγκη
εἶναι οὔτε κυμαίνει τὸ πᾶν, ὡς Ξοῦθος ἔλεγεν, οὔτε τὸ δοκοῦν πλασματῶ-
δες ἀνάγκη ὑποτίθεσθαι τὸ μανουμένου τινὸς ἄλλο πυκνοῦσθαι κατὰ τὸ 35

---

1 ἐνεργείας E   μέν τι om. C: quidem b: μέντοι EFc   τοῦτό] bis D   2 post
λέγεται add. καθ' ὃ δὲ E², sed del.   3 ἄλλο D   5 καλεῖ Ab: καλοῦσιν DEF
ἐστι A   11 κοινότητες] contrarietates b   11. 12 θερμότητος καὶ ψυχρότητος Ab: θερ-
μότητες καὶ ψυχρότητες DEFc   12 γλυκύτητος καὶ πικρότητος b: γλυκύτητες καὶ πικρό-
τητες DE: καὶ γλυκύτητες καὶ πικρότητες c: om. A   13 τῶν (alt.)] τῷ E   πανταχῇ DE
14 τὸ] τόδε c   ἔστι] ἔστιν c   16 ἢ EF: om. ADbc   ἔστιν c   18 μὴ] μὴ δὲ DE
ὁμοίως δὲ DE   20 ὡς AF: ἐν DEc: ut in b   21 ὁ (alt.) om. DE   μὴ AFb: μηδὲ
DEc   ὅδε om. DE   22 συνεχῆ E: corr. E²   23 ἐν A: om. DEb   25 ἡ
(alt.) DEb: καὶ ἡ AE²c   26 μία A: μίαν DEc   27. 28 ἐξαλλτ'όμενον A
28 μένει] corr. ex μέρει E²   30 μὴ (alt.) om. F   32 οὔτε (alt.)] corr. ex ὅτε E²
33 ἄλλο] corr. ex ἄλλου E²

αὐτὸ μέτρον, τί κωλύει γινομένου σώματος ἄλλο φθείρεσθαι ἢ πυκνοῦσθαι 267ᵃ
τέως;

p. 302ᵃ10   Λοιπὸν δὲ εἰπεῖν, τίνων τε ἔστι γένεσις ἕως τοῦ καὶ ἐν 40
ἅπασι βούλονται λέγειν.

Δείξας, ὅτι οὔτε οἱ πάντα γίνεσθαι λέγοντες οὔτε οἱ μηδὲν κατορθοῦσιν, ἀκολούθως ζητεῖ, τίνων ἔστι γένεσις· προέθετο γὰρ ἐξ ἀρχῆς μετὰ τὸν περὶ τοῦ κυκλοφορητικοῦ σώματος λόγον περὶ τῶν λοιπῶν ἁπλῶν σωμάτων εἰπεῖν, ἐν οἷς ἤδη γένεσις ἔστι καὶ φθορά· διὸ καὶ περὶ γενέσεως καὶ 45 φθορᾶς, εἶπε, δεῖ σκοπεῖν, καὶ πρῶτον, εἰ ἔστιν ὅλως | γένεσις, καὶ εἰ 267ᵇ πάντων ἢ τίνων. ἐλέγξας οὖν καὶ τοὺς ἀναιροῦντας τελέως τὴν γένεσιν καὶ τοὺς πάντων εἶναι λέγοντας ἐπὶ τό, τίνων ἔστι γένεσις καὶ διὰ τί ἔστιν, ἐτράπη, τίνων μὲν λέγων, ὅτι τῶν ποιότητας παθητικὰς ἐχόντων καὶ ἐπ' εὐθείας κινουμένων, διὰ τί δὲ ἀντὶ τοῦ τίνων γινομένων. ἐπεὶ 5 οὖν ἐν πᾶσι τοῖς ἔχουσιν ἀρχὰς τὸ εἰδέναι καὶ τὸ ἐπίστασθαι συμβαίνει ἐκ τοῦ τὰς ἀρχὰς γνωρίσαι, εἰσὶ δὲ τῶν γινομένων ἀρχαὶ τὰ στοιχεῖα· πᾶν γὰρ τὸ γινόμενον ἔκ τινος γίνεται· καί ἐστι πρῶτα τῶν ἐνυπαρχόντων τοῖς 10 γενητοῖς τὰ στοιχεῖα, ἐκ δὲ τῶν πρώτων ἡ γνῶσις, εἰκότως ὁ περὶ γενέσεως λόγος ἀπὸ τῶν στοιχείων τὴν ἀρχὴν ποιήσεται. σκεπτέον οὖν, φησί, ποῖα τῶν τοιούτων σωμάτων ἐστὶ στοιχεῖα. ἐπεὶ δὲ ἄλλοι ἄλλα ὑπέθεντο, τὰς ἐκείνων δόξας ἱστορήσας πρῶτον τότε τὸ ἑαυτῷ ἀρέσκον ἐν τοῖς Περὶ γενέσεως βιβλίοις ἐρεῖ, ἐν οἷς καὶ τὴν αἰτίαν τοῦ γένεσιν ἐν τοῖς 15 τέτρασιν εἶναι σώμασι δηλώσει. πρῶτα δὲ τῶν ἐνυπαρχόντων τοῖς γενητοῖς λέγει τὰ στοιχεῖα, διότι καὶ τὰ συμβεβηκότα ἐνυπάρχει αὐτοῖς, ἀλλ' οὐ πρῶτα. σκεπτέον οὖν, φησί, τὰ ὁποῖα τῶν ἐν γενέσει σωμάτων στοιχεῖά ἐστιν, ἐπειδὴ τῶν ἐν γενέσει σωμάτων τὰ μὲν στοιχεῖά ἐστι, 20 τὰ δὲ ἐκ στοιχείων. ὅταν οὖν διορισθῇ, τὰ ὁποῖά ἐστι τὰ στοιχεῖα, ὅτι τὰ ἐξ ἐναντίων παθητικῶν ποιοτήτων συνεστῶτα, ζητεῖν χρή, διὰ τί ταῦτα τῶν ἐν γενέσει σωμάτων ἐστὶ στοιχεῖα, καὶ ἐπὶ τούτῳ, πόσα καὶ ποῖα τῶν σωμάτων ἐστὶ τοιαῦτα ὡς εἶναι στοιχεῖα, ὅτι τὰ τέσσαρα, πῦρ, 25 ἀήρ, ὕδωρ, γῆ. ταῦτα δέ, φησίν, ἔσται φανερὰ ὑποθεμένων ἡμῶν, τίς ἐστιν ἡ τοῦ στοιχείου φύσις· πρὸς γὰρ τὸν τοῦ στοιχείου λόγον

---

3 δ' DEc   γένεσις om. D   τοῦ] ἅπαντες D   5 ὅτι] οὖν ὅτι c   6 ἀκολούθως ζητεῖ CDE: ἀκόλουθον ζητεῖ A: consequens est quaerere b   προέθετο DEb: προσέθετο Ac   6. 7 τὸν περὶ om. E: τὸν E²   9 εἶπεν Ec: ν del. E²   εἶπε 298ᵇ8 sq.   δεῖ] corr. ex δὴ E²   16 γιγνόμενον DE   γίγνεται D   18 τῶν] e corr. E   20 ἑαυτῷ] αὐτῷ DE²: ἐν αὐτῷ E   21 τοῦ] τὴν DE: corr. E²   22 σώμασιν c   23 γεννητικοῖς A   25 ἐστί] ἐστιν Ec: ν eras. E   26 διωρισθῇ A   τὰ (sec.)] τὸ D   ἔστι τὰ om. c   στοιχεῖά ἐστιν c   28 τούτῳ] τούτων DE: τούτοις E²   28. 29 πόσα καὶ ποῖα AE²: ποῖα DE: qualia et quot b   29 ὅτι] δηλονότι c   30 ἔσται A: ἔστι DEc   ὑποθεμένοις DE²c: ὑποθέμενος E   ἡμῖν DEc   31 τοῦ στοιχείου (pr.)] τῶν στοιχείων c

παραβάλλοντες τὰ σώματα εὑρήσομεν, πόσα καὶ τίνα ἐστὶ τὰ τοιαῦτα. καὶ 267b
λοιπὸν ὁρίζεται τὸ στοιχεῖον στοιχεῖον εἶναι λέγων τῶν σωμάτων, εἰς 30
ὃ τὰ ἄλλα σώματα διαιρεῖται τὰ στοιχειωτά· οὐ γὰρ σώματος ὡς
σώματος ἀλλ' ὡς συνθέτου σώματος ζητοῦμεν στοιχεῖον. καλῶς οὖν
5 εἶπεν εἰς ὃ τὰ ἄλλα σώματα διαιρεῖται ἐνυπάρχον δυνάμει ἢ
ἐνεργείᾳ. τοῦτο δέ, φησί, ποτέρως, ἔτι ἀμφισβητήσιμον, ἐπειδὴ 35
τοῖς μὲν συγκρίσει ἢ ἐκκρίσει λέγουσι τὴν γένεσιν γίνεσθαι, ὥσπερ Ἐμπε-
δοκλῆς καὶ Ἀναξαγόρας, ἀκολουθεῖ τὸ ἐνεργείᾳ τὰ στοιχεῖα ἐνυπάρχειν,
τοῖς δὲ ἀλλοιώσει τὸ δυνάμει. αὐτὸ δέ, φησί, τὸ στοιχεῖον, κἂν διαιρετὸν
10 ᾖ ὡς σῶμα, ἀλλ' ὡς στοιχεῖον εἰς ἕτερα τῷ εἴδει ἀδιαίρετόν ἐστι καὶ δια- 40
φέρει καὶ ταύτῃ τοῦ στοιχειωτοῦ, ὅτι ἐκεῖνο μὲν εἰς ἕτερα τῷ εἴδει τὰ
στοιχεῖα διαιρεῖται, κἂν διαιρῆται καὶ εἰς ὁμοιομερῆ· ἡ γὰρ σὰρξ διαιρεῖται
μὲν καὶ εἰς σάρκας, διαιρεῖται δὲ καὶ εἰς τὰ τέσσαρα στοιχεῖα τῷ εἴδει
διαφέροντα ἀλλήλων, τὸ δὲ πῦρ οὐκέτι διαιρεῖται εἰς ἕτερα τῷ εἴδει. τὸ 45
15 δὲ ἐνυπάρχον διορίζει τὸ στοιχεῖον τῶν εἰδῶν· καὶ γὰρ διαιρεῖται τὸ
ἁπλοῦν σῶμα εἴς τε τὸ | πέμπτον καὶ εἰς τὰ τέσσαρα, ἀλλ' οὐκ ἐνυπάρ- 268a
χοντα· ὡς γὰρ γένος εἰς εἴδη διαιρεῖται, οὐχ ὡς στοιχειωτὸν εἰς στοιχεῖα·
τοιοῦτον γάρ τι, φησί, τὸ στοιχεῖον ἅπαντες καὶ ἐν ἅπασι τοῖς
στοιχειωτοῖς βούλονται εἶναι· καὶ γὰρ τὸ τοῦ λόγου στοιχεῖόν ἐστιν, εἰς 5
20 ὃ διαιρεῖται ὁ λόγος ἐνυπάρχον αὐτὸ ἀδιαίρετον ὂν εἰς ἕτερα τῷ εἴδει.

p. 302a 19 Εἰ δὴ τὸ εἰρημένον ἐστὶ στοιχεῖον ἕως τοῦ θεωρητέον, 10
τίς ὁ τρόπος τῆς γενέσεως.

Ἐπειδὴ γένεσίς ἐστιν, ἀνάγκη εἶναι στοιχεῖα, ἐξ ὧν τὸ γινόμενον γί-
νεται. εἰ οὖν τοιοῦτόν ἐστι τὸ στοιχεῖον, ἀνάγκη εἶναί τινα τῶν σωμάτων
25 τοιαῦτα· ἀλλὰ μὴν τοιαῦτα τὰ στοιχεῖά ἐστιν, οἷα εἴρηται· ἔστιν ἄρα
τινὰ τῶν σωμάτων τοιαῦτα. καὶ τὸ μὲν συνημμένον δῆλον ἐκ τοῦ εἶναι 15
γένεσιν· εἰ γὰρ ἔστι γένεσις, ἀνάγκη εἶναι τοιαῦτα σώματα, ἐξ ὧν γίνεται
τὸ γινόμενον καὶ εἰς ἃ διαλύεται· τὴν δὲ πρόσληψιν ἐκ τῆς κοινῆς προλή-
ψεως ἐπιστώσατο, ὅτι τοιοῦτον τὸ στοιχεῖον· τὴν δὲ ἐπιφορὰν λοιπόν, ὅτι
30 ἔστι τινὰ τοιαῦτα σώματα, ἐκ τῆς ἐπαγωγῆς μαρτύρεται, ὅτι ἐν σαρκὶ 20
καὶ ξύλῳ καὶ ἑκάστῳ τῶν τοιούτων ἔνεστι δυνάμει πῦρ καὶ γῆ.

---

1 πόσα καὶ τίνα DEF: τίνα C: ποῖα καὶ τίνα Abc   ἐστί] ἐστὶ καὶ πόσα C: ἐστὶν c
τὰ AC: om. DE   3 τἆλλα c   5 δυνάμει ἢ] corr. ex δύναμιν Ε²   6 δέ
om. c   7 λέγουσιν c   8 καί] ὁ A   9 ἀλλοιώσει] corr. ex ἄλλοις ὡς εἰ Ε²
κἂν] εἰ καὶ A   10 ἐστιν c   11 ἐκεῖνο Ab: ἐκεῖνα DEF   ante τὰ suprascr.
δηλονότι K: idem post τὰ Ε²   12 διαιρεῖται (pr.) om. A   διαιρῆται] corr. ex διαιρεῖ-
ται Ε¹   14 οὐκέτι] οὐ DE   15 καὶ—ἁπλοῦν (16) om. A   16 εἰς Ab:
om. DEF   18 καὶ om. c   20 αὐτὸ DEb: αὐτῷ Ac   21 τοῦ] ἀλλὰ D
θεωρητέον A: προθεωρητέον DE: προσθεωρητέον c   24 ἐστι DE   25 ante ἀλλά
del. τὰ στοιχεῖά ἐστιν οἷα εἴρηται ἔστιν ἄρα τινὰ τῶν σωμάτων τοιαῦτα Ε²   26 τινά]
suprascr. Ε²   27 ἐστιν c   28 ἃ Ab: ὃ DEF   28. 29 προλήψεως] ὑπολήψεως c
31 ἔνεστιν c

ὅτι γὰρ ἔνεστι, δῆλον ἐκ τοῦ ἐκκρίνεσθαι αὐτὰ ἐξ αὐτῶν· δυνάμει δὲ 268ᵃ
ἔνεστι· τοῖς γὰρ τὰ τέσσαρα σώματα συναλλοιούμενα ἀλλήλοις στοιχεῖα τι-
θεμένοις δυνάμει λέγειν αὐτὰ ἀκολουθεῖ. τῷ δὲ τῆς ἐκκρίσεως ὀνόματι 25
κοινότερον ἐχρήσατο· δοκεῖ γὰρ ἡ ἔκκρισις ἐπὶ τῶν ἐνυπαρχόντων ἐνεργείᾳ
5 λέγεσθαι. ὅτι δὲ ἐκκρίνεται πῦρ ἐκ σαρκός, Θεόφραστος μὲν ἀπὸ ὀφθαλ-
μῶν ἀνθρώπου φλόγα ἐκκριθῆναι ἱστορεῖ, Μεγέθιος δὲ ὁ Ἀλεξανδρεὺς
ἰατρὸς ἐμοὶ διηγήσατο τεθεᾶσθαι ἰσχιαδικοῦ ἀνδρὸς πῦρ ἀπὸ τοῦ ἰσχίου 30
ἐξελθὸν καὶ καῦσαν τὰ στρώματα, ἐφ᾽ ᾧ καὶ ἐπαύσατο τὸ πάθος, δηλοῦσι
δὲ καὶ αἱ τῶν ἀνθράκων ἐσχάραι ἀπὸ πυρὸς γινόμεναι καὶ οἱ διακαεῖς πυ-
10 ρετοί· ἀπὸ δὲ ξύλων πῦρ ἐκβάλλουσι τὸ ἕτερον ξύλον ὡς τρύπανον ἐν τῷ
ἑτέρῳ περιστρέφοντες. ὅτι δὲ γῆ τούτοις ἔνεστι, δηλοῖ ἡ μετὰ τὴν καῦσιν 35
ὑπολειπομένη τέφρα, δηλοῖ δὲ καὶ ἡ ἐκκρινομένη ὑγρότης καὶ ὁ ἐξατμιζό-
μενος ἀήρ. εἰ οὖν ἐν σαρκὶ μὲν καὶ ξύλῳ ἔνεστι πῦρ καὶ γῆ καὶ τὰ
λοιπά, ἐν πυρὶ δὲ καὶ γῇ σὰρξ οὐκ ἔστιν ἢ ξύλον οὔτε δυνάμει οὔτε ἐνερ-
15 γείᾳ· ἐξεκρίνετο γὰρ ἄν ποτε· δῆλον, ὅτι πῦρ μὲν καὶ γῆ καὶ τὰ λοιπὰ 40
στοιχεῖά ἐστιν ὡς ἐνυπάρχοντα σαρκὸς καὶ ξύλου, ταῦτα δὲ ἐκείνων οὐκ
ἔστι στοιχεῖα.

Ἐπειδὴ δὲ οὔπω δέδεικται τὸ εἶναι τέσσαρα στοιχεῖα, ἦσαν δέ τινες
οἱ ἓν λέγοντες, Θαλῆς μὲν καὶ Ἵππων ὕδωρ, Ἀναξιμένης δὲ καὶ Διογένης
20 ἀέρα, Ἵππασος δὲ καὶ Ἡράκλειτος πῦρ, καὶ τὸ μεταξὺ Ἀναξίμανδρος, 45
εἰκότως προσέθηκεν, ὅτι, καὶ εἰ μὴ τέσσαρα εἴη τὰ πρῶτα σώματα |
ἀλλὰ ἕν, οὐκ ἐνυπάρξει ἐν ἐκείνῳ οὔτε κατ᾽ ἐνέργειαν οὔτε κατὰ δύναμιν 268ᵇ
τὰ ἐξ αὐτοῦ γινόμενα, ἀλλὰ προσθεωρητέον τὸν τῆς γενέσεως τρόπον· εἰ
μὲν γὰρ ἐκκρίσει λέγει τις τὴν γένεσιν, ἐνυπάρχειν ἀνάγκη, εἰ δὲ κατὰ
25 μεταβολήν, οὐκέτι. ἐπειδὴ δὲ δοκεῖ καὶ ἐκ τῶν συνθέτων διαλυομένων γί- 5
νεσθαι τὰ στοιχεῖα καὶ ἐκ τῶν στοιχείων τὰ σύνθετα· καὶ γὰρ οἱ ἓν τὸ
στοιχεῖον ὑποτιθέμενοι ἐκ τούτου τὰ ἄλλα γεννῶσιν· οὐ διὰ τοῦτο ὁμοίως
ἐνυπάρχειν ῥητέον τὸ στοιχεῖον ἐν τῷ συνθέτῳ καὶ τὸ σύνθετον ἐν τῷ
στοιχείῳ, οὐδὲ ταὐτὸν εἶναι τὸ ἐνυπάρχειν τινὶ καὶ τὸ γεγονέναι ἐξ ἐκείνου· 10
30 τὰ μὲν γὰρ ἁπλᾶ γινόμενα ἐκ τῶν συνθέτων ἐνυπῆρχεν αὐτοῖς, τὰ δὲ
σύνθετα γίνεται μὲν ἐκ τῶν ἁπλῶν, οὐ μὴν ἤδη καὶ ἐνυπάρχει αὐτοῖς· οὐ
γὰρ αὔταρκες τὸ γεγονέναι ἔκ τινος πρὸς τὸ ἐνυπάρχειν αὐτῷ. ὥστε, κἂν
εἴη σὰρξ καὶ ὀστοῦν καὶ τῶν συνθέτων ἕκαστον ἐκ τῶν ἁπλῶν, οὐ διὰ 15

---

3 ἐκκρίσεως DEb: κρίσεως F: κινήσεως A   4 ἐνυπαρχόντων A: ὑπαρχόντων DE: existentibus b   6 ἱστορεῖ] hoc fragm. om. Wimmer   ὁ om. A   7 ἰσχιακοῦ D
8 ἐξελθὼν E: corr. E²   9 αἱ om. DE   ἐσχάραι] ἰσχάρες DE: ἐσχάρες E²
10 ἐκβάλλουσιν c   ἕτερον AFb: στερρὸν DE   12 δηλοῖ AE²: δήλη DEb, comp. F
ἐκκρινομένη] seq. ras. 1 litt. E   14 γῇ AE²b: om. DE   16 ἐνυπάρχοντα] mut. in
ἐνυπάρχοντος E²   18 τὸ AC: corr. ex τι E²: τι post lac. 2 litt. D   19 Θαλῆς
DE   δὲ Ab: om. DE   20 Ἵππασσος DE   21 προσέθηκε ACc   καὶ εἰ A: κἂν
εἰ C: εἰ F: εἰ καὶ DE   22 ἀλλ᾽ DE   23 γενόμενα DE   προσθεωρητέον] prius
considerandum b   24 γὰρ om. A   λέγει τις Ab: τις λέγει DEF   25 βολὴν DE:
corr. E²   καὶ Ab: om. DE   26. 27 τὸ στοιχεῖον Ab: τῶν στοιχείων DE
30 γενόμενα DE   31 ἐνυπάρχειν DE   αὐτοῖς — ἐνυπάρχειν (32) om. E

τοῦτο ῥητέον ἐνυπάρχειν ταῦτα τοῖς ἁπλοῖς, ὡς οἱ κατὰ ἔκκρισιν τὴν γέ- 268ᵇ
νεσιν ἀποδιδόντες φασίν, ἀλλὰ προσθεωρητέον, τίς ὁ τρόπος τῆς γενέσεως·
εἰ γὰρ κατὰ ἀλλοίωσιν, οὐκ ἀνάγκη ἐνυπάρχειν. 20

p. 302ᵃ28 Ἀναξαγόρας δὲ ἐναντίως Ἐμπεδοκλεῖ λέγει περὶ τῶν
5 στοιχείων ἕως τοῦ τὸ γὰρ πῦρ καὶ τὸν αἰθέρα προσαγορεύει
τὸ αὐτό.

Ὡς στοιχείων μνημονεύσας ἀέρος καὶ πυρὸς καὶ τῶν συστοίχων τού- 25
τοις, ἅπερ καὶ Ἐμπεδοκλῆς ἔλεγε στοιχεῖα, ἐφεξῆς τῆς Ἀναξαγόρου δόξης
μνημονεύει ὡς ἐναντίας τῇ Ἐμπεδοκλέους, οὐ κατὰ τὴν τοῦ στοιχείου
10 ἔννοιαν· πάντες γὰρ στοιχεῖον ἔλεγον, εἰς ὃ ἐνυπάρχον διαιρεῖται τὰ σώ-
ματα, αὐτὸ δέ ἐστιν ἀδιαίρετον εἰς ἕτερα τῷ εἴδει· ἀλλ' ἡ διαφωνία γέγονε, 30
καθ' ὅσον τὴν τοιαύτην φύσιν οἱ μὲν ἄλλοις οἱ δὲ ἄλλοις σώμασιν ἐνυπάρ-
χειν ἔλεγον, Ἐμπεδοκλῆς μὲν τοῖς τέτρασιν ἐκεῖνα λέγων στοιχεῖα, Ἀναξα-
γόρας δὲ ταῖς ὁμοιομερείαις, Θαλῆς δὲ τῷ ὕδατι, ἄλλος δὲ ἄλλῳ τινί· τῷ
15 γὰρ αὐτῷ τεκμηρίῳ χρώμενος ἕκαστος τὰ καθ' αὑτὸν ἔλεγε στοιχεῖα τῷ 35
αὐτὰ μὲν ἐκ τῶν ἄλλων ἐκκρίνεσθαι, τὰ δὲ ἄλλα ἐκ τούτων μηκέτι. διὰ
τοῦτο γὰρ καὶ Ἐμπεδοκλῆς τὰ τέσσαρα ἔλεγεν εἶναι στοιχεῖα, καὶ Ἀναξα-
γόρας τὰ ὁμοιομερῆ, οἷον σάρκα καὶ ὀστοῦν καὶ τὰ τοιαῦτα, σπέρματα
ἐκάλει, ἐξ ὧν καὶ τὰ ὑπὸ Ἐμπεδοκλέους στοιχεῖα μεμῖχθαι ἔλεγεν ἀέρα 40
20 καὶ πῦρ καὶ τὰ ἄλλα πάντα καὶ εἶναι ἀθροίσματα τῶν ὁμοιομερῶν πάντα,
μὴ δοκεῖν δὲ ἐξ αὐτῶν εἶναι διὰ τὸ ἀόρατα καὶ ἀναίσθητα διὰ μικρότητα
εἶναι τὰ ὁμοιομερῆ. ὁ δὲ Ἀναξαγόρας πολλαχοῦ τῷ τοῦ αἰθέρος ὀνόματι
ἀντὶ τοῦ πυρὸς κέχρηται. εἰπὼν δὲ τὴν ἑκατέρου δόξαν περὶ τῶν στοι- 45
χείων καὶ ἅμα τὴν ἐναντίωσιν αὐτῶν παραδούς, ὅτι ὁ μὲν Ἐμπεδοκλῆς
25 τὰ ὁμοιομερῆ πάντα ἀπὸ τῶν | τεσσάρων συγκεῖσθαί φησι καὶ εἶναι 269ᵃ
ταῦτα πάντων στοιχεῖα, ὁ δὲ Ἀναξαγόρας καὶ ταῦτα καὶ τὰ ἄλλα πάντα
ἀπὸ τῶν ὁμοιομερῶν συνίστησι καὶ ἀπὸ τούτων ὡς ὁμοιομερῶν καὶ αὐτῶν
ὄντων, τὴν μὲν περὶ τοῦ στοιχείου δόξαν ἀπὸ τῆς κοινῆς προλήψεως ἔλαβεν 5
ὁμολογουμένην, τίνα δέ ἐστι τοιαῦτα σώματα, οὐκέτι παρ' ἐκείνων λαμ-
30 βάνει· διαφέρονται γὰρ περὶ τούτου· ἀλλ' αὐτὸς δείξας ἐφεξῆς, τίνα ἐστὶν
ἁπλᾶ τῶν σωμάτων, ἕξει δεδειγμένον, τίνα τὰ στοιχεῖά ἐστιν.

---

1 ὑπάρχειν DE 1. 2 γένεσιν—τρόπος (2) om. E: γένεσιν τιθέμενοι φάσκουσιν mg. E²
2 προσθεωρητέον F: προθεωρητέον AD: *considerandum* b τῆς γενέσεως] del. E²
3 κατ' c ὑπάρχειν D 4 δ' DEc ἐμπεδοκλεῖ ἐναντίως c περὶ—
τοῦ (5)] ἕως D 6 ταὐτό c 9 μνημονεύει] Ab: ἐμνημόνευσεν DE τῇ] corr.
ex τῆς E² τοῦ στοιχείου] τούτων c 11 γέγονεν c 12. 13 ὑπάρχειν DE
13 τέτταρσιν D 14 ἄλλῳ] corr. ex ἄλλο E² 17 τέτταρα D 18 σπέρματα
Ab: ἅπερ σπέρματα DEF 19 στοιχεῖα Ab: λεγόμενα στοιχεῖα DEF 20 τὰ om. c
21 σμικρότητα DE 24 αὐτῶν Fb: αὐτῆς ADE 25 τὰ] τὰ μὲν DE 27 συνί-
στησι—ὁμοιομερῶν] mg. E² συνίστησι] comp. A: συνέστησε DF: συνίστητιν E²c
28 ὑπολήψεως c 29 ὡμολογημένην c τὰ τοιαῦτα c

p. 302ᵇ 5 Ἐπεὶ δ' ἐστὶ φυσικοῦ σώματος κίνησις ἕως τοῦ ὅτι οὐκ 269ᵃ ἔστιν ἄπειρα, καθάπερ οἴονταί τινες, θεωρητέον.

Πρὸς τὴν ἀπόδειξιν τοῦ εἶναι ἁπλᾶ σώματα καὶ ταῦτα τὰ τέσσαρα χρῆται τοῖς ἤδη δεδειγμένοις ὑπ' αὐτοῦ, ὅτι φυσικά ἐστι σώματα τὰ ἀρχὴν κινήσεως ἐν αὑτοῖς ἔχοντα καθ' αὑτά, ὅπερ ἐν τῇ Φυσικῇ ἀκροάσει δέδεικται, καὶ ὅτι τῶν κινήσεων αἱ μέν εἰσιν ἁπλαῖ αἱ δὲ μικταί, καὶ ὅτι ἡ μὲν ἁπλῆ ἁπλοῦ σώματος, ἡ δὲ μικτὴ μικτοῦ, καὶ τοῦ ἁπλοῦ σώματος ἁπλῆ ἡ κίνησις· αἱ γὰρ τῶν συνθέτων κινήσεις ἁπλαῖ κατὰ ἐπικράτειαν τῶν ἐν αὐτοῖς ἁπλῶν γίνονται· ταῦτα δὲ ἐν τῷ πρώτῳ ταύτης τῆς πραγματείας ἔχει δεδειγμένα. τούτων δὲ κειμένων, ἐπειδή εἰσι κινήσεις ἁπλαῖ αἱ κατὰ τὰς ἁπλᾶς γραμμὰς γινόμεναι τήν τε εὐθεῖαν καὶ τὴν περιφερῆ, φανερόν, ὅτι ἔσται καὶ σώματά τινα ἁπλᾶ, εἴπερ αἱ ἁπλαῖ κινήσεις ἁπλῶν σωμάτων εἰσὶ κατὰ φύσιν· τὰ δὲ ἁπλᾶ τῶν σωμάτων στοιχεῖά ἐστι, διότι καὶ εἰς αὐτὰ διαιρεῖται τὰ σύνθετα, αὐτὰ δὲ ἀδιαίρετά ἐστιν εἰς ἕτερα τῷ εἴδει.

Τὸ δὲ διὰ τί ἔστι δύναται μὲν διὰ τὰ ἁπλᾶ εἰρῆσθαι· διὰ τοῦτο γάρ ἐστι στοιχεῖα, ὅτι ἐστὶ τὰ τὴν ἁπλῆν κίνησιν κατὰ φύσιν κινούμενα σώματα· δύναται δὲ καὶ πρὸς τὴν γένεσιν ἀναφέρεσθαι· ὅτι γὰρ ἐδείχθη γένεσις οὖσα, διὰ τοῦτο ἔστι τινὰ στοιχεῖα· μὴ γὰρ ὄντων στοιχείων γένεσιν ἀδύνατον εἶναι.

Δείξας δέ, ὅτι ἔστιν ἁπλᾶ τινα σώματα, ἃ καὶ στοιχεῖά ἐστιν, ἐπὶ τούτῳ ζητεῖ, πότερον πεπερασμένα ταῦτα ἢ ἄπειρα, καὶ εἰ πεπερασμένα, πόσα. καὶ δυνατὸν μὲν ἦν ἀπὸ τῶν κινήσεων καὶ τοῦτο λαβεῖν, ὅτι πεπερασμένα, καὶ πόσα, ὁ δὲ πρῶτον μὲν πρὸς τοὺς ἄπειρα λέγοντας ἐνστὰς κατασκευάζει, ὅτι πεπερασμένα, ἔπειτα πρὸς τοὺς ἓν τὸ στοιχεῖον τιθεμένους ὑπαντᾷ· ἀξιοπιστότερα γὰρ οὕτως ἔσται τὰ δειχθησόμενα μὴ ἐνοχλούσης τινὸς δόξης ὡς πιθανῆς.

p. 302ᵇ 13 Καὶ πρῶτον τοὺς πάντα τὰ ὁμοιομερῆ στοιχεῖα ποιοῦντας ἕως τοῦ καθάπερ εἴρηται πρότερον.

Τῶν ἄπειρα λεγόντων τὰ στοιχεῖα Λεύκιππος μὲν καὶ | Δημόκριτος 269ᵇ τὰς ἀτόμους ἀπείρους ὑπέθεντο, Ἀναξαγόρας δὲ καὶ Ἀρχέλαος τὰς ὁμοιομερείας, καὶ πρὸς ταύτην πρώτην ὑπαντᾷ τὴν δόξαν. καὶ εἴρηκε μὲν ἤδη

---

1 δ' ἐστι A: δὲ παντὸς τοῦ DE: δέ ἐστι παντὸς F: δ' ἐστὶ παντὸς c   σώματος—ἄπειρα (2)] ἕως D   3 τὰ A: om. DE   4 τά] τὴν c   5 αὑτοῖς E²: ἑαυτοῖς C: αὐτοῖς ADEc   Φυσικῇ] 192ᵇ 13   8 ἡ A: om. DEF   κατ' c   9 πρώτῳ] cap. 2   13 ἔστι CEF: comp. D: εἰσι A: ἔστιν c   14 καὶ ACb: om. DEc   16 ἔστιν c   17 ἔστιν c   supra τὰ add. κατὰ E   22 τούτῳ] τοῦτο DE: corr. E²   26 ὑπαντᾷ CDE: ἁπαντᾷ A   28 πρῶτον] seq. ras. 3 litt. E   στοιχεῖα—τοῦ (29)] ἕως D   30 μέν] δὲ E   32 καὶ (alt.) om. c

πρὸς αὐτὴν ἐν τῷ πρώτῳ τῆς Φυσικῆς ἀκροάσεως, λέγει δὲ καὶ νῦν καὶ 269b
δείκνυσιν, ὅτι μὴ ὀρθῶς ὑπέθεντο οἱ πάντα τὰ ὁμοιομερῆ στοιχεῖα ὑπο-
θέμενοι· πολλὰ γὰρ καὶ τῶν συνθέτων σωμάτων, ἅτινα οὐκ ἂν εἴη στοι-
χεῖα, ὁμοιομερῆ. ὁμοιομερῆ γάρ ἐστι τὰ εἰς ὅμοια τῷ ὅλῳ μέρη διαιρού-
5 μενα, τοιαῦτα δὲ σὰρξ καὶ ὀστοῦν καὶ ξύλον καὶ λίθος, ἅπερ ὅτι μή ἐστιν
ἁπλᾶ δῆλον· ἐκκρίνεται γὰρ ἀπ' αὐτῶν, ὥσπερ εἶπε, τὰ ἁπλᾶ σώματα
πῦρ καὶ γῆ καὶ τὰ μεταξύ, καὶ τὴν γένεσιν ἐκ πλειόνων ἔχει· ἐκ γὰρ
τροφῆς γίνεται ποικίλης οὔσης, καὶ τὸ ξύλον δὲ καὶ γῆς τι ἔχει καὶ ἀέρος
καὶ ὕδατος, καὶ ὁ λίθος οὐκ ἄνευ ὕδατος· ἄνευ γὰρ ὕδατος συνεχῆ τὴν
10 γῆν γενέσθαι ἀδύνατον. καὶ αὐτὸς δὲ Ἀναξαγόρας λέγει μὴ εἶναι στοιχεῖα
ταῦτα τὰ τέσσαρα, καίτοι ὁμοιομερῆ ὄντα. εἰ οὖν μηδὲν σύνθετον στοι-
χεῖον· ἁπλοῦν γὰρ τὸ στοιχεῖον· τὶ δὲ σύνθετον σῶμα ὁμοιομερές, ὡς
πῦρ καὶ γῆ καὶ τὰ μεταξύ, συνάγεται ἐν τρίτῳ σχήματι, ὅτι οὐχ ἅπαν
ἔσται τὸ ὁμοιομερὲς στοιχεῖον, ἀλλ' ὃ μή ἐστι σύνθετον μηδὲ διαιρεῖται
15 εἰς ἕτερα τῷ εἴδει. οὐ πᾶν δὲ ὁμοιομερὲς τοιοῦτον, εἴπερ σὰρξ καὶ ὀστοῦν
καὶ τὰ τοιαῦτα ὁμοιομερῆ ὄντα διαιρεῖται εἰς ἕτερα τῷ εἴδει, ἐξ ὧν καὶ
συνίσταται. ἢ δείξας, ὅτι μὴ ὑγιῶς οἱ τὰ ὁμοιομερῆ στοιχεῖα λέγοντες
εἶπον, προσέθηκε καθόλου, τίνι δεῖ κρίνειν τὸ στοιχεῖον, ὅτι οὐ τῇ ὁμοιο-
μερείᾳ οὐδὲ ἄλλῳ τινὶ τοιούτῳ, ἀλλὰ τῷ ἀδιαίρετον εἶναι εἰς ἕτερα τῷ
20 εἴδει;

p. 302b20 Ἔτι δὲ οὐδ' οὕτω λαμβάνοντας τὸ στοιχεῖον ἕως τοῦ
ἢ τῷ εἴδει ἢ τῷ ποσῷ.

Ἀπὸ τῆς ὁμοιομερείας πρότερον ἐπιχειρήσας καὶ δείξας, ὅτι οὐ πάντα
τὰ ὁμοιομερῆ στοιχεῖά ἐστιν· οὐδὲ γὰρ ἁπλᾶ πάντα· νῦν πρὸς τὴν ἀπει-
25 ρίαν ὑπαντᾷ καὶ συγχωρήσας καθ' ὑπόθεσιν τῇ ὁμοιομερείᾳ λέγει, ὅτι,
κἂν ὁμοιομερῆ τις λαμβάνῃ τὰ στοιχεῖα, οὐκ ἀνάγκη διὰ τοῦτο ἄπειρα
ποιεῖν αὐτά· καὶ πεπερασμένων γὰρ ὑποτιθεμένων τὰ αὐτὰ δυνατὸν ἀπο-
διδόναι, κἂν ὀλίγα τις ὑποθῆται τῷ πλήθει δύο ἢ τρία ἢ τέτταρα, καθάπερ
Ἐμπεδοκλῆς. καὶ γὰρ οὗτος τέσσαρα τὰ στοιχεῖα ὑποθέμενος καὶ ἕκαστον
30 αὐτῶν ὁμοιομερὲς εἰπὼν ἐκ τούτων πᾶσαν τὴν γένεσιν ἀποδίδωσι, πλὴν
ὅτι Ἐμπεδοκλῆς μὲν ἁπλᾶ ταῦτα ὑποτίθεται, Ἀναξαγόρας δὲ καὶ ταῦτα
σύνθετα ἐξ ὁμοιομερῶν, ὥσπερ καὶ τὰ ἄλλα πάντα τὰ αἰσθητὰ σύνθετα

---

1 Φυσικῆς] I 4   2 οἱ A: om. DE   4 ὁμοιομερῆ (pr.) A: ὁμοιομερῆ ἐστιν DE: sunt similaria b   ἐστί] ἐστιν E: om. F   μέρει AE: corr. E¹   6 εἶπε] 302a22 εἶπε, τὰ] εἰ πέντε A   7 καὶ (tert.) DEb: ἃ Ac   ἐκ γὰρ E²b: καὶ γὰρ ADE: καὶ γὰρ ἐκ c   10 δὲ] δὲ ὁ c   11. 12 εἰ—στοιχεῖον DEb: om. AF   12. 13 ὡς πῦρ] ὥσπερ DE   14 ἔσται] ἐστί c   16 εἴδει] εἴδει στοιχεῖα c   19 τῷ (pr.)] τὸ EF: corr. E²   21 δ' c   οὐδ' c: οὐθ' ADE: om. F   οὕτω ADF: οὕτως Ec   22 ἦ (alt.)] καὶ A   24 γὰρ om. A   24. 25 τὴν ἀπειρίαν Ab: τὸν ἄπειρον D: τὸ ἄπειρον E   26 λαμβάνει E: corr. E²   28 τέτταρα ADE: δ F: τέσσαρα c   30 ἀποδίδωσιν Ec   32 τὰ (alt.) om. D

ἐκ τῶν ὁμοιομερῶν ποιεῖ κατ' ἐπικράτειαν ἑνὸς τῶν ἐν αὐτοῖς χαρακτηρι- 269b
ζόμενα. εἶτα καὶ τρίτον ἐπ' ἀμφοῖν ἐπιχείρημα ἐπάγει ἀπό τε τῆς ὁμοιο-
μερείας καὶ ἀπὸ τῆς ἀπειρίας. ἐπειδὴ γάρ, φησί, κἂν ἄπειρα τῷ πλή-|
θει τὰ στοιχεῖα ὑποθῶνται, συμβαίνει μὴ πάντα τὰ σύνθετα ἐξ ὁμοιο- 270a
5 μερῶν ποιεῖν· σάρκα μὲν γὰρ τὴν αἰσθητὴν καὶ χρυσὸν καὶ τὰ τοιαῦτα
ἐξ ὁμοιομερῶν ποιεῖν αὐτοῖς ὁπωσοῦν προχωρεῖ ἐπικρατοῦντος τοῦ πλήθους
ἐν τῷ μίγματι τῶν ἀναισθήτων διὰ μικρότητα σαρκίων ἢ χρυσίων, πρόσω- 5
πον δὲ καὶ τὰ ἄλλα ὀργανικὰ καλούμενα μόρια οὐκέτι δυνατὸν ἐκ πολλῶν
ἀναισθήτων τῷ μεγέθει προσώπων συντιθέναι. καὶ ὁ μὲν Ἀλέξανδρός φησι
10 μὴ εἶναι ἐξ ὁμοιομερῶν, διότι ὁ ὀφθαλμὸς καὶ ἡ ῥὶς οὐκ ἔστιν ὅμοια·
μήποτε δὲ ἀκριβέστερον ὁ Ἀριστοτέλης εἶπε πρόσωπον γὰρ οὐκ ἐκ 10
προσώπων, διότι τὰ ὁμοιομερῆ, εἰ καὶ ἀλλήλοις ὅμοια ἔχει τὰ μόρια,
οὐ διὰ τοῦτο λέγεται ὁμοιομερῆ, ἀλλ' ὅτι τῷ ὅλῳ ὅμοια ἔχει τὰ μέρη.
πάνυ δὲ ἀκριβῶς προσέθηκε τὸ οὐδ' ἄλλο τῶν κατὰ φύσιν ἐσχημα-
15 τισμένων οὐδέν, ἐπειδὴ οὐ μόνα τὰ ἐξ ἀνομοίων ἀλλήλοις συγκείμενα 15
οὐκ ἔχει ὅμοια τὰ μέρη τῷ ὅλῳ, ὡς εἴρηται ἐπὶ τοῦ προσώπου, ἀλλὰ καὶ
ἐν οἷς ὅμοια τὰ μέρη ἀλλήλοις ἐστὶ καὶ τῷ ὅλῳ τοῦ ὅλου κατὰ σχῆμα
φυσικὸν εἰδοπεποιημένου, ὡς τὸ τοῦ κρανίου ὀστοῦν ἢ τοῦ βραχίονος ἢ
τοῦ μηροῦ ἢ νεῦρον ἢ φλὲψ ἢ ἀρτηρία, οὐδὲ ταῦτα ἐξ ὁμοίων τῷ ὅλῳ 20
20 μερῶν ἐστι· κἂν γὰρ τὸ τοῦ ὀστοῦ μέρος ὀστοῦν καὶ τὸ τοῦ νεύρου νεῦρον,
ἀλλ' οὐκ ἐσχημάτισται τὸ μέρος τῷ ὅλῳ, τὸ δὲ ὅλον μετὰ τοῦ σχήματος
ἦν τοῦτο, ὅπερ εἶναι λέγεται. εἰ δὲ ἀνάγκη κατ' αὐτοὺς καὶ μὴ ἐξ ὁμοιο-
μερῶν τινα γίνεσθαι, καὶ μηδὲν ἡ ἀπειρία συντελεῖ πρὸς τὸ πάντα ἐξ 25
ὁμοιομερῶν εἶναι, οὐδὲν κωλύει πεπερασμένα τὰ ὁμοιομερῆ ποιεῖν, εἴπερ
25 ἐστὶ στοιχεῖα· καὶ γὰρ πεπερασμένων ὄντων τὰ μὲν ἐξ ὁμοίων ἔσται τὰ
δὲ ἐξ ἀνομοίων, ὥσπερ καὶ ἀπείρων ὑποκειμένων. εἰ οὖν τὰ αὐτὰ σώζειν
δυνατὸν πεπερασμένας τε τὰς ἀρχὰς καὶ ἀπείρους ὑποτιθεμένους, βέλτιον, 30
φησί, πεπερασμένας λαμβάνειν, ὥσπερ καὶ ἐν τοῖς μαθήμασιν, καὶ ὡς δυ-
νατὸν ἐλαχίστας. εἰ γὰρ ἀγνοουμένων τῶν ἀρχῶν ἀγνοεῖσθαι καὶ τὰ ἐξ
30 αὐτῶν ἀναγκαῖον, ὁ γινώσκειν τὸ ἐκ τῶν ἀρχῶν βουλόμενος πεπερασμένας
ἀρχὰς ὑποτιθέσθω καὶ ταύτας ὡς ἐλαχίστας, διότι τὸ μὲν ἄπειρον ἄγνω- 35
στόν ἐστι, τὸ δὲ πεπερασμένον γνωστόν, καὶ τοσούτῳ μᾶλλον, ὅσῳ εὐπερι-
ληπτότερόν ἐστι καὶ τῇ μονάδι πλησιάζει. διὸ καὶ οἱ μαθηματικοὶ ἐπι-

---

1 ἐκ τῶν A: ἐξ DE 1. 2 χαρακτηριζομένων D 4 τὰ (alt.) om. c 5 σάρκα—
ποιεῖν (6)] mg. E² μὲν om. E² τὴν om. E² 6 ὁποσοῦν E: corr. E²
6. 7 ἐν τῷ μίγματι τοῦ πλήθους CF 7 μικρότητα A: σμικρότητα CDE σαρχίων]
-ων e corr. E 9 φησι Ab: τὸ πρόσωπόν φησι DE: φησὶ τὸ πρόσωπον c 11 εἶπεν
Ec: corr. E² 12 εἰ καὶ A: κἂν DE ὅμοια om. DE: corr. E² ἔχει ΑE: ἔχῃ
DE² 13 ὅλῳ] λόγῳ A 14 οὐδ' A: οὐδὲ CDE 15 ἀνομοιομερῶν Fc
17 ἐστὶν c 18 εἶδος πεποιημένου DE 18. 19 ἢ τοῦ] ἢ A 20 ἔστιν c 23 πρὸς
τὸ om. E 28 ἐν scripsi: in b: οἱ ἐν ADEc μαθήμασι DE 29 τὰ] τὸ A
30 ἀναγκαῖον—βουλόμενος om. b ὁ AE²: om. DE τὸ] τὰ c πεπερασμένας
DEb: om. A: πεπερασμένας τὰς c 32 ἐστιν c 33 μαθηματικοί] μαθηματικὴν A:
disciplinalem et b

SIMPLICII IN L. DE CAELO III 4 [Arist. p. 302ᵇ20. 30] 607

στημονικὴν γνῶσιν ἔχειν τῶν ὑποκειμένων βουλόμενοι πεπερασμένας τὰς 270ᵃ
ἀρχὰς λαμβάνουσιν ἢ τῷ εἴδει ἢ τῷ ποσῷ, τῷ μὲν εἴδει, ὅταν σημεῖον 40
καὶ γραμμὴν καὶ ἐπίπεδον ὁρίζωνται· οὐ γὰρ ἓν ἀριθμῷ τούτων ἕκαστον,
ἀλλὰ τῷ εἴδει καὶ τῷ λόγῳ· τῷ δὲ ποσῷ μαθηματικὰς ἀρχὰς ὡρίσθαι ὁ
5 μὲν Ποτάμων λέγει, ὅταν τὴν μονάδα ἀρχὴν ἀριθμοῦ λαμβάνωσιν, Ἀσπά-
σιος δὲ τῷ ποσῷ ὡρίσθαι τὰ πέντε αἰτήματά φησι· ταῦτα γὰρ οὐ κατ' 45
εἶδος, ἀλλὰ κατ' ἀριθμὸν πέντε ἐστί. "δύναται δέ, φησίν Ἀλέξανδρος, ἀρ-
χὰς τῷ ποσῷ λέ|γειν πεπερασμένας καὶ αὐτὰς ταύτας, ὧν ἑκάστην κατὰ 270ᵇ
τὸ εἶδος ὡρισμένην ἐλάμβανον· ὧν γοῦν τοὺς ὁρισμοὺς ὡς στοιχείων ἀπο-
10 διδόασιν, ὥρισται ταῦτα κατὰ τὸν ἀριθμόν. ἢ τῷ μὲν εἴδει, φησίν,
ὡρισμένα τὰ στοιχεῖα κατ' αὐτούς ἐστιν, ὅτι σημεῖον καὶ γραμμή, ἡ μὲν 5
εὐθεῖα, ἡ δὲ περιφερής, καὶ ὅσα πρῶτα λαμβάνοντες ὁρίζονται, ἃ καὶ
ὅρους καλοῦσιν· οὐ γὰρ ἄπειρα τὰ εἴδη αὐτῶν, ἀλλ' ἔστιν αὐτῶν ἀριθμός·
τῷ δὲ ποσῷ, ὅτι οὐδενὶ ἀπείρῳ χρῶνται οὔτε εὐθείᾳ οὔτε ἐπιπέδῳ,
15 ἐπειδάν τι δεικνύωσι· κἂν γὰρ ἄπειρον ὑποθῶνται, ἀλλ' ἀεὶ πεπερασμένον 10
ἀφαιροῦντες χρῶνται." μήποτε δὲ τῷ μὲν εἴδει πεπερασμένας, ὅτι οὐδὲν
ἄπειρον ὑποτίθενται, ἀλλὰ τρίγωνα καὶ τετράγωνα καὶ κύκλους καὶ σημεῖα
καὶ γραμμὰς καὶ ἐπίπεδα, τῷ δὲ ποσῷ, ὅτι ἠρίθμηνται αἱ λαμβανόμεναι
ἀρχαὶ οἵ τε ὅροι πόσοι καὶ τὰ ἀξιώματα καὶ τὰ αἰτήματα, οἷς ἀρχοῦνται 15
20 πρὸς τὰς ἀποδείξεις τῶν ἑξῆς.

p. 302ᵇ30 Ἔτι εἰ σῶμα σώματος ἕτερον λέγεται ἕως τοῦ φανερόν,
ὅτι καὶ τὰ στοιχεῖα ἀνάγκη πεπερασμένα εἶναι.

Καὶ τοῦτο τὸ ἐπιχείρημα δείκνυσιν, ὅτι τὰ στοιχεῖα τῷ εἴδει πεπε- 20
ρασμένα ἐστίν. ἡ δὲ συναγωγὴ τοῦ λόγου ὑποθετικῶς μὲν οὕτω προάγεται·
25 εἰ πάντα τὰ σώματα ἀλλήλων πεπερασμέναις κατ' εἶδος διαφοραῖς διαφέρει,
τὰ δὲ πεπερασμέναις κατ' εἶδος διαφοραῖς διαφέροντα πεπερασμένα κατ'
εἶδός ἐστιν, ἀνάγκη τὰ σώματα πεπερασμένα εἶναι τῷ εἴδει· εἰ οὖν καὶ 25
τὰ στοιχεῖα σώματά ἐστιν ἁπλᾶ, ἔτι μᾶλλον ἀνάγκη ταῦτα ἥπερ τὰ ἀπ'
αὐτῶν πεπερασμένα εἶναι τῷ εἴδει. καὶ ὅτι μὲν τὰ σώματα ταῖς οἰκείαις
30 διαφοραῖς διαφέρει, πρόδηλον· καὶ γὰρ πάντα τὰ διαφέροντα ταῖς οἰκείαις
διαφοραῖς διαφέρει· ὅτι δὲ αἱ διαφοραί, αἷς διαφέρει τὰ σώματα, πεπερασ- 30
μέναι εἰσὶ τῷ εἴδει, δῆλον ἐκ τοῦ αἰσθητὰς αὐτὰς εἶναι. καὶ ὅτι μὲν

---

1 ἔχειν γνῶσιν DE   3 ὁρίζονται E   ἓν bc: ἐν ADE   4 λόγῳ] ποσῷ DE
ὁρίσθαι E   5 ποταμῶν A   λαμβάνουσιν A   6 οὐ κατ'] οὔτ' DE: corr. E²
7 ἐστίν Ec   9 γοῦν scripsi: οὖν ADEbc   στοιχείων Ab: στοιχείων καὶ ἀρχῶν
DEF   10 ἢ AE²b: εἰ DE   τῷ] τὸ A   εἴδει] -ει e corr. E   11 σημεῖα A
15 δεικνύωσιν c   17 τρίγωνας καὶ τετράγωνας E, sed corr.   21 τοῦ om. D
21. 22 φανερόν, ὅτι om. D   22 ἀνάγκη καὶ τὰ στοιχεῖα E   στοιχεῖα EF, comp.
A: στοιχεῖ' c   ἀνάγκη om. D   πεπερασμέν' c   23 τῷ—ἐστίν (24) Ab: πεπε-
ρασμένα ἐστὶ τῷ εἴδει DE: ἀνάγκη πεπερασμένα εἶναι τῷ εἴδει C: πεπερασμένα τῷ εἴδει
ἐστίν F   25 κατ' εἶδος διαφοραῖς διαφέρει DEb: διαφέρει διαφοραῖς κατ' εἶδος Ac
27 ante εἶναι del. κατ' εἶδός ἐστιν E¹   28 ἥπερ] corr. ex εἴπερ E²

αἰσθηταῖς διαφοραῖς διαφέρει τὰ σώματα, ἔδειξεν ἐν τῷ Η τῆς Φυσικῆς 270ᵇ ἀκροάσεως, τὸ δὲ τὰς αἰσθητὰς πεπερασμένας εἶναι τῷ εἴδει ἔδειξεν ἐν τῷ Περὶ αἰσθήσεως καὶ αἰσθητῶν οὕτω· πᾶν τὸ αἰσθητὸν ἔχει ἐναντίωσιν· 35 τὸ ἔχον ἐναντίωσιν ἔχει ἔσχατα κατ' εἶδος· τὸ ἔχον ἔσχατα κατ' εἶδος
5 πεπερασμένον κατ' εἶδός ἐστι· τῶν ἄρα αἰσθητῶν τὰ εἴδη πεπέρανται. καὶ κατηγορικῶς δὲ οὕτως ἔστι συναγαγεῖν τὸ περὶ τῶν στοιχείων ἐπιχείρημα· τὰ στοιχεῖα σώματα· τὰ σώματα ἀλλήλων ταῖς οἰκείαις διαφοραῖς αἰσθη- 40 ταῖς οὔσαις διαφέρει· τὰ ταῖς αἰσθηταῖς διαφοραῖς διαφέροντα πεπερασμέναις τῷ εἴδει διαφοραῖς διαφέρει· τὰ πεπερασμέναις τῷ εἴδει διαφοραῖς διαφέ-
10 ροντα πεπερασμένα κατ' εἶδός ἐστι.

Ταῦτα μὲν ἐν τούτοις τῷ Ἀναξαγόρου λόγῳ προσήγαγεν, ἐν δὲ τῷ πρώτῳ τῆς Φυσικῆς ἀκροάσεως καὶ πρὸς τὸ πάντα ἐν πᾶσι μεμῖχθαι τὴν 45 ὑπάντησιν ἐποιήσατο. ἔλεγε γὰρ | ἕκαστον τῶν αἰσθητῶν σωμάτων 271ᵃ ἄπειρα ἔχειν ἐν ἑαυτῷ ὁμοιομερῆ· διὰ τοῦτο γὰρ ὁρᾶσθαι πάντα ἐκ πάν-
15 των γινόμενα. ἔδειξεν οὖν ἀκολουθοῦν τούτῳ τὸ ἕκαστον τῶν αἰσθητῶν ἀπειρομέγεθες γίνεσθαι· τὸ γὰρ ἐξ ἀπείρων τῷ πλήθει μεγεθῶν κατ' ἐνέρ- 5 γειαν συγκείμενον μέγεθος ἄπειρον ἀνάγκη γίνεσθαι τῷ μεγέθει· εἰ οὖν τοῦτο ἀδύνατον, οὐκ ἂν εἴη ἄπειρα τὰ στοιχεῖα. καὶ δῆλον, ὅτι τοῦτο τὸ ἐπιχείρημα τὴν κατ' ἀριθμὸν ἀπειρίαν ἀναιρεῖ, ἥτις τῇ κατ' εἶδος ἀπειρίᾳ
20 οὐ συνανῃρέθη.

Λέγει δὲ ὁ Ἀναξαγόρας ἀρχόμενος τοῦ συγγράμματος· "ὁμοῦ χρήματα 10 πάντα ἦν ἄπειρα καὶ πλῆθος καὶ μικρότητα· καὶ γὰρ τὸ σμικρὸν ἄπειρον ἦν, καὶ πάντων ὁμοῦ ἐόντων οὐδὲν ἔνδηλον ἦν ὑπὸ σμικρότητος," καὶ ὅτι "ἐν σύμπαντι χρὴ δοκεῖν ἐνεῖναι πάντα χρήματα." μήποτε δὲ τὸ ἄπειρον
25 ὡς ἡμῖν ἀπερίληπτον καὶ ἄγνωστον λέγει· τοῦτο γὰρ ἐνδείκνυται διὰ τοῦ 15 "ὥστε τῶν ἀποκρινομένων μὴ εἰδέναι τὸ πλῆθος μήτε λόγῳ μήτε ἔργῳ." ἐπεί, ὅτι τῷ εἴδει πεπερασμένα ᾤετο, δηλοῖ λέγων πάντα γιγνώσκειν τὸν νοῦν· καίτοι, εἰ ἄπειρα ὄντως ἦν, παντελῶς ἦν ἄγνωστα· ἡ γὰρ γνῶσις ὁρίζει καὶ περατοῖ τὸ γνωσθέν. λέγει δέ, ὅτι "καὶ τὰ συμμισγόμενά τε 20
30 καὶ ἀποκρινόμενα πάντα ἔγνω νοῦς, καὶ ὁποῖα ἔμελλεν ἔσεσθαι καὶ ὁποῖα ἦν". ἔοικε δὲ διττὴν ἐνδείκνυσθαι διακόσμησιν ὁ Ἀναξαγόρας, τὴν μὲν νοητὴν καὶ ἡνωμένην, ἐν ᾗ ὁμοῦ πάντα χρήματα ἦν καὶ ἕκαστον πάντα

---

1 διαφοραῖς om. DE   H] ἦτα DE: ὀγδόῳ τῷ A: ὀγδόῳ Cbc   Φυσικῆς] VII 2. 244ᵃ28
2 ἔδειξεν] ἔδει- suprascr. E¹   3 αἰσθήσεων D, sed corr.   οὕτω] 6. 445ᵇ23   4 τὸ (alt.)— εἶδος DEFb: om. AC   τὸ] καὶ τὸ E   5 ἐστιν c: om. F   8 ταῖς (alt.) A(C): om. DEc   περασμέναις E   10 ἐστιν c   11 ἐπήγαγεν Fc   12 πρώτῳ] cap. 4
13 ἀπάντησιν D   ἔλεγον A   ἕκαστον] ἑκάστοις DE: corr. E²   15 γενόμενα DE   τὸ om. DE: corr. E²   16 ἀπειρομεγέθεις DE: corr. E²   18 τοῦτο (alt.) om. c   19 ἀπειρίαν] corr. ex ἐπήρειαν E²   21 λέγει] fragm. 1 Mullach
22 σμικρότητα c   μικρὸν DE   23 ὁμοῦ DE: suprascr. K: om. AFb   δῆλον A   ὅτι] v. fragm. 4   24 ἐν] fort. ἐν τῷ   ἐν εἶναι DE: corr. E²
25 τοῦ] hoc fragm. om. Mullach   27 γινώσκειν E: corr. E¹   28 νοῦν] νῦν A   καίτοι] καὶ τὸ DE   29 περατοῖ] περᾶται E: περατοῦται E²   λέγει] v. fragm. 6   30 πάντα τε πάντες A   ἔγνω νοῦς] ἔγνων οὓς A: ἔγνω ὁ νοῦς c   32 ἐν ᾗ om. DE: corr. E²   πάντα τὰ Ac

SIMPLICII IN L. DE CAELO III 4 [Arist. p. 302ᵇ30. 303ᵃ3]

ἦν τὰ ἄλλα διὰ τὴν νοητὴν ἕνωσιν, τὴν δὲ αἰσθητὴν καὶ διακεκριμένην 271ᵃ ἀπ' ἐκείνης τῆς ἑνώσεως ὑπὸ τοῦ δημιουργικοῦ νοῦ, ὃν καὶ αὐτὸν ἀπὸ τοῦ νοητοῦ προελθόντα διακοσμῆσαι πάντα φησίν. ὅτι γὰρ νοητὴν ἐνδείκνυταί τινα διακόσμησιν πρὸ ταύτης τῆς αἰσθητῆς κατ' αἰτίαν καὶ σπερματικῶς
5 ταύτην προειληφυῖαν, ἐκεῖνα, οἶμαι, σαφῶς παρίστησι τὰ ῥητά· "τούτων 30 δὲ οὕτως ἐχόντων χρὴ δοκεῖν ἐνεῖναι πολλά τε καὶ παντοῖα ἐν πᾶσι τοῖς συγκρινομένοις καὶ σπέρματα πάντων χρημάτων καὶ ἰδέας παντοίας ἔχοντα καὶ ἡδονὰς καὶ χροιάς, καὶ ἀνθρώπους συμπαγῆναι καὶ τὰ ἄλλα ζῷα, ὅσα ψυχὴν ἔχει, καὶ τοῖς γε ἀνθρώποισιν εἶναι καὶ πόλεις συνῳκημένας καὶ 35
10 ἔργα κατεσκευασμένα ὥσπερ παρ' ἡμῖν καὶ ἥλιον καὶ σελήνην καὶ τὰ ἄλλα ὥσπερ παρ' ἡμῖν", καὶ ταῦτα δηλονότι σπερματικῶς ἐκεῖ καὶ κατ' ἰδέας, ὡς εἶπε, προειλημμένα.

p. 303ᵃ3 Ἀλλὰ μὴν οὐδέ, ὥς ἕτεροί τινες λέγουσιν ἕως τοῦ ὅμως 40 τοῦτο βούλονται λέγειν.

15 Πρὸς τοὺς ἄπειρα πλήθει τὰ στοιχεῖα ὑποθεμένους προθέμενος ὑπαντῆσαι καὶ ἀντειπὼν πρὸς τοὺς περὶ Ἀναξαγόραν ἀπείρους ὁμοιομερείας τὰ 45 στοιχεῖα λέγοντας μετέβη πρὸς τοὺς περὶ Λεύκιππον καὶ Δημόκριτον στοιχεῖα λέγοντας | τὰς διὰ σμικρότητα καὶ ναστότητα ἀτόμους ἀπείρους 271ᵇ οὔσας κατά τε τὸν ἀριθμὸν καὶ τὰ σχήματα. ταύτας δὲ μόνας ἔλεγον
20 συνεχεῖς· τὰ γὰρ ἄλλα τὰ δοκοῦντα εἶναι συνεχῆ ἁφῇ προσεγγίζειν ἀλλήλοις· διὸ καὶ τὴν τομὴν ἀνῄρουν ἀπόλυσιν τῶν ἁπτομένων λέγοντες τὴν 5 δοκοῦσαν τομήν, καὶ διὰ τοῦτο οὔτε ἐξ ἑνὸς πολλὰ γίνεσθαι ἔλεγον· οὐ γὰρ διαιρεῖσθαι τὴν ἄτομον· οὔτε ἐκ πολλῶν ἓν κατὰ ἀλήθειαν συνεχές, ἀλλὰ τῇ συμπλοκῇ τῶν ἀτόμων ἕκαστον ἓν δοκεῖν γίνεσθαι· τὴν
25 δὲ συμπλοκὴν Ἀβδηρῖται ἐπάλλαξιν ἐκάλουν, ὥσπερ Δημόκριτος. εἰπὼν 10 δέ, ὅτι οὐδέ, ὡς ἕτεροί τινες λέγουσιν, εὔλογα τὰ συμβαίνοντα, καὶ ἐκτιθέμενος τὴν δόξαν αὐτῶν μεταξὺ μίαν παρέρριψεν αἰτίαν τοῦ μὴ

---

1 ἕνωσιν Ab: γνῶσιν DEF   διακεκριμένην ΑΕ   5 προειληφυῖαν Fb: προείληφεν Α: προσειληφυῖαν DE   ἐκεῖνα] fragm. 3 et 10   ῥητά] ῥήματα Α   6 ἐνεῖναι]
ἐν εἶναι Α: ἓν εἶναι DE   9 ἀνθρώποισιν, -οι- e corr., Ε: ἀνθρώποις D   καὶ (sec.)]
del. Ε²   συνοικημένας ΑΕ: corr. Α²   10 καὶ ἥλιον—ἡμῖν (11) om. D: mg. Ε²
ἥλιον ΑΕb: ἡλιόν τε αὐτοῖς εἶναι Fc   11 ὥσπερ ΑΕFb: ὡς καὶ in ras. Κ: ἅπερ c
κατ' εἰδέας Ε: κατὰ ἰδέας Ε²   12 εἶπον c   προειλημμένας Fc   13 οὐδὲ AF:
οὐδ' DEc   τοῦ om. D   15 πρὸς τοὺς] ad dicentes b   πλήθει] οἰομένους πλήθει Fc (πλήθει comp. F): τῷ πλήθει C   ὑποθεμένους Α: om. DEbc   προθέμενος ACDEb: ὑποθέμενος c   18 λέγοντας] suprascr. Ε²   post ἀτόμους del. οὔσας D   20 ἁφῇ om. Ac   21 ἀπόλυσιν] corr. ex ἀπόλυσι Ε²: om. C: διάλυσιν c
22 τοῦτο οὔτε] τούτου τε DE: corr. Ε²   οὔτ' C   γίγνεσθαι DE   23 κατ'
DE   24 ἀλλὰ CDEb: om. Ac   post τῇ suprascr. δὲ Κ   τὴν συμπλοκὴν
Ε: corr. Ε²   τῶν CDEb: δὲ τῶν Ac   γίγνεσθαι DE   25 ἀβδηρεῖται Ε, sed corr.   ἐπάλλαξιν Α; cf. p. 295,15: permutationem b: παράλλαξιν C: περιπάλαξιν DE: περίπαλξιν F   26 ὡς om. Ε

εὔλογα τὰ συμβαίνοντα εἶναι· τρόπον γάρ τινα, φησί, καὶ οὗτοι πάντα 271ᵇ
τὰ ὄντα ποιοῦσιν ἀριθμοὺς καὶ ἐξ ἀριθμῶν· εἰ οὖν τοῦτο ἀδύνατον,
οὐκ ἂν εὔλογα εἴη τὰ συμβαίνοντα τῷ λόγῳ αὐτῶν. τρόπον δέ τινα 15
ἀριθμοὺς εἶπε τὰς ἀτόμους, διότι ταῖς μονάσιν ἐοίκασιν αἱ ἄτομοι, καὶ
5 ὅτι μὴ διαιροῦνται ὥσπερ οὐδὲ αἱ μονάδες, καὶ ὅτι οὐδὲ ἐκ τῶν ἀτόμων
τῷ κενῷ διειλημμένων γίνεταί τι συνεχὲς ὥσπερ οὐδὲ ἐκ τῶν μονάδων·
καὶ γὰρ ἐκείνας τῷ κενῷ φασιν οἱ Πυθαγόρειοι διορίζεσθαι. τὸ δὲ τρό- 20
πον τινὰ πρόσκειται, ὅτι καὶ διαφορά τις τῶν ἀκολουθούντων ἀτόπων ἐστὶ
τοῖς ἐξ ἀτόμων καὶ τοῖς ἐξ ἀριθμῶν γεννῶσι· τὸ γὰρ ἐξ ἀσωμάτων μερῶν
10 σώματα γεννᾶν ἄτοπον ὑπάρχον τοῖς μὲν ἐξ ἀριθμῶν λέγουσιν ἀκολουθεῖ,
οἱ δὲ ἐξ ἀτόμων γεννῶντες ἀποφεύγουσι. 25

p. 303ᵃ10 Καὶ πρὸς τούτοις ἕως τοῦ πάντων τῶν στοιχείων.

Ταῦτα ὁ Ἀλέξανδρος ὡς ἐναντιολογίαν τινὰ αὐτῶν πρὸς ἑαυτοὺς συνά- 30
γοντα ἐξεδέξατο τῶν ἀρχὰς τὰς ἀτόμους λεγόντων, διότι λέγουσι μὲν κατὰ
15 τὸ σχῆμα διαφέρειν ἀλλήλων τὰ στοιχεῖα καὶ οὐ κατὰ τὸ ὑποκείμενον, εἰ
δὲ τοῦτο, δῆλον, ὡς καὶ τὰ ἐκ τῶν στοιχείων γινόμενα κατὰ τὸ σχῆμα
διοίσουσιν ἀλλήλων. ἀκόλουθον οὖν ἦν αὐτοῖς, τίνα τε τῶν ἑκάστου στοι- 35
χείων καὶ τίνα τῶν ἐξ αὐτῶν γινομένων τὰ σχήματα, εἰπεῖν, οἱ δὲ μόνου
τοῦ πυρὸς καὶ τῶν γεννητικῶν αὐτοῦ ἀτόμων σφαιρικὸν εἶπον τὸ σχῆμα·
20 διὸ καὶ εὐλόγως αὐτὸ διαδύεσθαι καὶ κινεῖσθαί τε καὶ κινεῖν καὶ διαιρεῖν
καὶ καίειν τὰ οἷς ἂν πλησιάσῃ διά τε τὴν περιφέρειαν καὶ λειότητα
καὶ προσέτι τὴν μικρότητα τῶν στοιχείων, ἐξ ὧν ἔστιν· οὐκέτι μέντοι, τί 40
τὸ σχῆμα τοῦ ἀέρος ἢ τοῦ ὕδατος ἢ τῆς γῆς ἢ τῶν τούτων στοιχείων,
λέγουσι· μόνην γὰρ τούτων διαφορὰν τὴν κατὰ τὸ μέγεθος τῶν ἐξ αὐτῶν
25 στοιχείων ἀποδιδόασιν, ἐκ μὲν μικροτέρων τῶν αὐτῶν κατὰ τὸ σχῆμα
ἀέρα λέγοντες, ἐκ δὲ μειζόνων ὕδωρ, ἐκ δὲ ἔτι μειζόνων γῆν, οὐκέτι κατὰ 45
τὸ σχῆμα διαφερόντων, ἀλλ' ἐκ παντο|δαπῶν σχημάτων καὶ τῶν αὐτῶν 272ᵃ
ἑκάστου τούτων γινομένου. τούτῳ δέ, φησὶν ὁ Ἀλέξανδρος, τὸ ἑπόμενον
αὐτὸς μὲν οὐ προσέθηκεν, εἴη δὲ ἂν τό, εἰ μὴ κατὰ τὸ σχῆμα τὴν δια-
30 φορὰν εἶναι τῶν στοιχείων τῶν κατ' εἶδος διαφερόντων ἔθεντο ἀλλὰ κατὰ 5

---

1 τινα] suprascr. E²   2 καὶ DEb: om. Ac   6 διειλημμένον E   γίγνεταί DE
7 γάρ] γὰρ καὶ DE   κενῷ] καιρῷ E   φασιν] φῇ E   δὲ] δὴ DE   8 καὶ
om. b   διαφορά τις CD: aliqua diversitas b: διαφορὰ A: διαφορά τινα Ec
ἀτόμων E   ἐστίν c   9 γεννῶσιν Dc   μερῶν om. c   11 ἀποφεύγουσι
AD: ἀποφεύγουσιν CEc   12 ἕως τοῦ] ἐπεὶ διαφέρει ἕως οἶον πανσπερμίαν D
13. 14 συνάγοντα A: συναγαγόντα DEF   ἐξεδέξατο συνάγοντα C   14 τῶν CDE: τὰς
AF   16 γενόμενα DE   17 οὖν DEb: suprascr. K: om. AF   τῶν ἑκάστου]
τῶν ἐκεῖ A: ἑκάστου τῶν c   18 αὐτοῦ A   οἱ] corr. ex εἰ E²   19 εἶπον] corr. ex
εἶπε F: corr. ex εἰπὼν E²   20 αὐτὸ] corr. ex αὐτῷ E   διαδύεσθαι AE²b: διαλύεσθαι
CDE   22 σμικρότητα C   τῶν] τὴν D   στοχείων E   ἔστι A
23 τούτων Fb: τοιούτων ADEc   24 λέγουσιν c   ἐξ om. c   αὐτῶν Ab: αὐτοῦ
DE: fort. ὧν   28 τούτῳ] corr. ex τοῦτο E²   29 δ' c   εἰ μὴ om. A

SIMPLICII IN L. DE CAELO III 4 [Arist. p. 303ᵃ10. 17]   611

τὸ μέγεθος, τὸν ἀέρα καὶ τὸ ὕδωρ καὶ τὴν γῆν κατὰ τὸ τῶν στοιχείων 272ᵃ
μέγεθος μόνον διαφέροντα μὴ κατ' εἶδος ἀλλήλων διαφέρειν. ὁ μὲν οὖν
Ἀλέξανδρος ὡς ἐπὶ ἐλέγχῳ τούτων προβληθέντων καὶ τὸ ἄτοπον τὸ ἑπόμενον
ἐπήγαγε. μήποτε δὲ καὶ ταῦτα ἔτι ὡς τὴν δόξαν αὐτῶν σαφηνίζοντα
5 προστέθεικεν ὁ Ἀριστοτέλης, ἅμα μὲν τὴν αἰτίαν λέγων τοῦ κατ' ἀριθμὸν
ἀπείρους τὰς ἀτόμους εἰπεῖν· διότι γάρ, φησί, τοῖς σχήμασιν διαφέρουσιν,
ἄπειρα δὲ τὰ σχήματα, διὰ τοῦτο ἄπειρα τὰ ἁπλᾶ σώματα ἔλεγον, ποῖον
δὲ καὶ τί τὸ σχῆμα τῶν στοιχείων τῶν ἑκάστου σώματος γεννητικῶν,
οὐκέτι διώρισαν, εἰ μὴ μόνον ἐπὶ τοῦ πυρός· ἀέρα δὲ καὶ ὕδωρ καὶ τὰ
10 ἄλλα γίνεσθαι ἐκ στοιχείων ἔλεγον σχήματα μὲν τὰ αὐτὰ ἐχόντων, μεγέθει
δὲ μόνον καὶ μικρότητι διαφερόντων. τὴν δὲ ἀρχὴν τῆς πρὸς τὴν δόξαν
ταύτην ἀντιλογίας ἑξῆς ποιεῖται λέγων· "πρῶτον μὲν οὖν ταὐτὸν καὶ τούτοις
ἁμάρτημα." καὶ τὰ τοῖς προσεχῶς ἐκτεθεῖσι τῆς δόξης μέρεσιν ἑπόμενα
ἄτοπα οὐ παρέλιπεν ὁ Ἀριστοτέλης, ὡς ἐνόμισεν ὁ Ἀλέξανδρος. ἀλλὰ
15 τετάρτην ἀντιλογίαν ἐκείνην ἐπήγαγεν, ἧς ἀρχὴ "ἅμα δὲ καὶ ἐναντία λέγειν
αὐτοὺς αὑτοῖς ἀνάγκη."

p. 303ᵃ17 Πρῶτον μὲν οὖν ταὐτὸν καὶ τούτοις ἁμάρτημα ἕως τοῦ
καὶ ἀέρα καὶ γῆν ἐξ ἀλλήλων.

Καὶ τῶν στοιχεῖα τὰς ἀτόμους λεγόντων τὴν δόξαν ἐκθέμενος δύο
20 πρὸς αὐτοὺς ἀντιλογίαις χρῆται, αἷς καὶ πρὸς τοὺς τὰς ὁμοιομερείας λέγοντας
ἐχρήσατο, πρώτῃ μὲν τῇ λεγούσῃ ἁμαρτάνειν αὐτούς, εἰ δυνάμενοι
ἐκ πεπερασμένων ἀρχῶν τὰ τοιαῦτα ἀποδιδόναι ἀπείρους ὑποτίθενται·
δεύτερον δέ, εἰ μὴ ἄπειροι τῶν σωμάτων αἱ διαφοραί, καθ' ἃς διαφέρουσιν
ἀλλήλων, οὐδὲ τὰ στοιχεῖα ἂν εἴη ἄπειρα τῷ εἴδει· ἀλλὰ μὴν τὸ πρῶτον·
25 τὸ ἄρα δεύτερον. καὶ τὸ μὲν συνημμένον δῆλον, εἴπερ ἐκ τῶν στοιχείων
τοῖς συνθέτοις αἱ διαφοραὶ αἱ κατὰ τὸ εἶδος. ὅτι δὲ οὐκ εἰσὶν ἄπειροι
τῶν σωμάτων αἱ κατὰ τὸ εἶδος διαφοραί, δῆλον, εἴπερ αἰσθηταί μέν εἰσιν,
ὡς δέδεικται ἐν τῷ ἑβδόμῳ τῆς Φυσικῆς ἀκροάσεως, αἱ δὲ αἰσθηταὶ διαφοραὶ
πεπερασμέναι εἰσίν, ὡς ἐν τῷ Περὶ αἰσθήσεως καὶ αἰσθητῶν ἀπο-

---

1 τὸν] τὸ τὸν A   3 ἐλέγχων DE   τὸ (alt.) om. c   4 ἐπήγαγεν Ec:
corr. E²   ἔτι D: adhuc b: ἐστι comp. A: om. CE   5 προτέθεικεν A   ὁ] δὲ
ὁ E   6 ἀπείρου E: corr. E²   φησίν Dc   σχῆμα E: σχήμασι DE²
8 τί] ὅτι A   9 δὲ DEb: γὰρ Ac   καὶ τὰ] τὰ A   10 γίνεσθαι DE   σχήματι
E: corr. E²   11 τῆς] corr. ex τοῦ E²   πρὸς τὴν] bis D   12 ποιεῖται
ἑξῆς DE   λέγων] 303ᵃ17   12. 13 ταὐτὸν καὶ τούτοις ADEF: ταὐτὸν C: et his
b: καὶ τούτοις ταὐτὸν c   13 τὰ F: om. ADE   ἐκτιθεῖσι A: ἐκτεθεῖσιν c
τῆς] τοῖς E   14 παρέλειπεν AE: corr. E²   15 τετάρτην] δευτέραν c   ἀρχὴ] ἡ
ἀρχὴ E   ἅμα κτλ. 303ᵃ24   16 αὑτοῖς D: αὐτοῖς AE   17 ταὐτὸ DE
καὶ τούτοις ταὐτὸν c   τοῦ—ἀέρα (18)] om. D   19 καὶ om. bc   20 ἀντιλογίας
E   αἷς] ὡς A   21 δυνάμενος E: corr. E²   22 ἐκ A: καὶ ἐκ C: ἐκ τῶν
DE   τοιαῦτα Ab: αὐτὰ DEc   26 αἱ (pr.) om. DE   27 αἰσθηταὶ] -σθη- e corr. E²
28 ἑβδόμῳ] 244ᵃ28   29 Περὶ αἰσθήσεως] 445ᵇ23   29. p. 612,1 ἀποδέδεικται c

δείκνυται. ὁ μέντοι Ἀλέξανδρος τὸ εἰ μὴ ἄπειροι τῶν σωμάτων αἱ 272ᵃ
διαφοραὶ ὡς ἐπὶ τῶν στοιχείων εἰρημένον ἀκούει· διό φησιν οὕτως εἰρῆ-
σθαι ὡς οὐχ ἱκανῆς οὔσης τῆς κατὰ τὰ σχήματα διαφορᾶς διαφορὰν τῶν 45
στοιχείων ποιεῖν, ἀλλὰ μόνων τῶν κατὰ τὰ | αἰσθητὰ διαφορῶν δυνα- 272ᵇ
5 μένων τοῦτο, ἢ ὅτι οὐδὲ τὰ σχήματα ἄπειρα, καθ' ἃ φασι διαφέρειν τὰ
στοιχεῖα, ὡς δείξει. μήποτε δέ, ὡς εἴρηται, μᾶλλον ἀκουστέον, ὅτι, εἰ μὴ
ἄπειροι τῶν συνθέτων σωμάτων αἱ κατ' εἶδος διαφοραί, οὐδὲ τὰ στοιχεῖα 5
ἄπειρα κατ' εἶδός ἐστιν· ὁ γὰρ λόγος οὗτος τὴν κατ' εἶδος ἀπειρίαν ἀλλ'
οὐ τὴν κατ' ἀριθμὸν ἀναιρεῖ.
10   Τρίτον δὲ αὐτοῖς ἴδιον λοιπὸν ἐπάγει τὸ *μάχεσθαι ταῖς μαθημα-
τικαῖς ἐπιστήμαις ἄτομα σώματα λέγοντας*. οὐδὲν γὰρ συνεχὲς
κατὰ τοὺς μαθηματικοὺς ἀδιαίρετον, ἀλλ' ἐπ' ἄπειρον πᾶν μέγεθος διαιρε- 10
τόν. εἰ οὖν καὶ τὴν συνέχειαν ἀναιροῦσιν οὗτοι καὶ τὴν ἐπ' ἄπειρον τῶν
σωμάτων τομήν, καὶ τὴν τομὴν ὅλως καὶ τὴν αἴσθησιν καὶ συναίσθησιν·
15 πῶς γὰρ ἂν συναισθάνοιτό τις τοῦ ἐν τῷ ποδὶ πάθους τῶν σωμάτων μὴ
ἡνωμένων; πῶς δὲ ἐξ ἀδιαιρέτων καὶ ἀμερῶν γένοιτό τι διαιρετὸν καὶ με- 15
ριστόν; ἀλλὰ τοῦτο μὲν ἐν τοῖς τῆς Φυσικῆς διήλεγξεν ἀκροάσεως, ἃ περὶ
χρόνου λέγει νῦν καὶ κινήσεως· καὶ τἆλλα δὲ πάντα ἔνδοξα ὄντα τὰ
μὲν ὡς τῆς ἀκριβεστάτης ἐπιστήμης, τὰ δὲ ὡς κατὰ τὴν αἴσθησιν ἐναργῆ,
20 ἀναιρεῖν δοκοῦντες ἄτοποι δόξουσι. καὶ κρᾶσις δὲ ἀναιρεθήσεται κατ' 20
αὐτούς· παράθεσις γάρ ἐστι μόνον τῶν σωμάτων.
   Τετάρτην δὲ λοιπὸν ἔνστασιν ἐπάγει πρὸς ἐκεῖνον ὑπαντῶν τὸν λόγον
τὸν λέγοντα· "*ἀέρα δὲ καὶ ὕδωρ καὶ τὰ ἄλλα μεγέθει καὶ σμικρότητι
διεῖλον*". εἰ γὰρ καὶ ἐξ ἀλλήλων λέγουσι ταῦτα γίνεσθαι καὶ μεγέθει καὶ 25
25 σμικρότητι τῶν ἀτόμων ἀλλήλων αὐτὰ διαφέρειν, ἐναντία λέγειν αὐτοὺς
αὐτοῖς ἀνάγκη· οὐ γὰρ συντρέχει ταῦτα ἀλλήλοις. εἰ γὰρ ἐξ ὕδατος γῆν
λέγουσι γίνεσθαι τῶν ἐν τῷ ὕδατι μεγίστων ἐκκρινομένων, ἐπειδὴ δυνατόν
ποτε ἀπὸ τοῦ ὕδατος πάντων ἐκκριθέντων τῶν μεγίστων καὶ ἀπὸ τοῦ 30
ἀέρος ὁμοίως ἐπιλιπεῖν τὴν τῶν μεγίστων ἔκκρισιν, ἐπιλείψει καὶ ἡ τῆς
30 γῆς ἀπὸ τοῦ ὕδατος καὶ ἡ τοῦ ὕδατος ἀπὸ τοῦ ἀέρος γένεσις, ὥστε εἶναί
τι ὕδωρ, ἀφ' οὗ μὴ δυνατὸν γῆν γενέσθαι, καὶ ἀέρα, ἐξ οὗ μηκέτι ὕδωρ
ἂν γένοιτο. ἐναντία οὖν λέγουσιν αὐτοὶ αὑτοῖς καὶ ἐξ ἀλλήλων ταῦτα λέ- 35

---

3 οὔσης A: om. DEF   4. 5 δυναμένων DEb: δυνάμεων AF   5 καθ' ἃ DEb:
καθάπερ Ac   διαφέρειν ἀλλήλων c   6 δόξει A   8 ἀπορίαν E: corr. E²
8. 9 ἀλλ' οὐ] ἀλλὰ A   11 ἐπιστήμαις] -αις e corr. E   12 ἐπ'] ἐπὶ A   14 καὶ
(tert.)] ACD: καὶ τὴν Ec   15. 16 τοῦ σώματος μὴ ἡνωμένου c   16 δὲ A: δὲ μὴ
DE: etiam b   17 ἐν τοῖς τῆς Φυσικῆς] ἐν τοῖς φυσικοῖς E: ἐκ τῆς περὶ φυσικῆς E²
Φυσικῆς] VI 3—4   18 λέγει] comp. A: λέγεται c   τὰ ἄλλα DE   19 τῇ ἀκρι-
βεστάτῃ ἐπιστήμῃ c   20 δόξουσιν Ec: v eras. E   21 γάρ] δὲ DE   ἐστι Ab:
ἔσται DEc   μόνων DE   22 λοιπόν] πάλιν E   λόγον] 303ᵃ 14
23 δὲ CDEb: om. Ac   μεγέθη E: corr. E²   24 λέγουσιν c   26 αὑτοῖς E²:
αὐτοῖς ACDE   γῆν] γῆς DE: corr. E²   27 λέγουσιν c   γίγνεσθαι DE
28 τοῦ (alt.)] om. DE   29 ἐπιλιπεῖν DE²F: ἐπιλειπεῖν E: ἐπιλείπειν Ac   ἐπιλείπει
C, sed corr.   32 ἐναντία CEb: ἐναντίον ADc   γοῦν c   αὐτοῖς AE: corr. E²

γοντες γίνεσθαι καὶ μεγέθει καὶ σμικρότητι διαφέρειν τῶν στοιχείων. εἰ 272b δὲ τὰ σμικρότατα ἐκκρινόμενα ἐπιλείψει, οὐκέτι ἀπὸ τῆς γῆς ὕδωρ οὔτε ἀπὸ τοῦ ὕδατος ἀὴρ γενήσεται· καίτοι καὶ πᾶν μέρος ὕδατος εἰς ἀέρα μεταβάλλον ὁρῶμεν καὶ πᾶν μέρος ἀέρος εἰς ὕδωρ. εἰ δὲ τὸ πῦρ ἐκ μόνων 40
5 σφαιροειδῶν σύγκειται, τὰ δὲ ἄλλα ἐκ πάντων, οὔτε ἄλλο τι ἐκ πυρὸς γενήσεται οὔτε ἐξ ἄλλων ἀεὶ πῦρ.

p. 303ᵃ 29 Ἔτι οὐδὲ κατὰ τὴν τούτων ὑπόληψιν ἕως τοῦ καὶ τὰ
  ἁπλᾶ σώματα τοσαῦτα ἔσται τὸ πλῆθος. 45

  Ὥσπερ κατὰ τὴν Ἀναξαγόρου δόξαν οὐκ ἦν ἀνάγκη | λέγειν ἄπειρα 273ᵃ
10 τὰ στοιχεῖα, εἴπερ ἔλεγον τοῖς πάθεσιν ἀλλήλων διαφέρειν τὰς ὁμοιομερείας,
ἐδείχθη δὲ τὰ πάθη κατὰ τὰς αἰσθήσεις πεπερασμένα, οὕτως οὐδὲ κατὰ
τούτους ἀνάγκη τὰς ἀρχὰς ἀπείρους λέγειν. εἰ γὰρ διὰ τοῦτο ἀπείρους
ἔλεγον εἶναι τὰς ἀτόμους, ὅτι σχήμασι διαφέρουσι, τὰ δὲ σχήματά ἐστιν 5
ἄπειρα, ἐὰν δείξῃ τις λόγος, ὅτι τὰ πρῶτα τῶν σωμάτων σχήματα ὡρισμένα
15 καὶ πεπερασμένα ἐστί, δῆλον, ὅτι αἱ ἀρχαὶ τῶν σωμάτων ὡρισμέναι ἔσονται. ὅτι οὖν τὰ σχήματα τὰ σύνθετα ἐκ σχημάτων ἁπλῶν ὡρισμένων
σύγκειται, δείκνυσιν ἐκ τοῦ πάντα τὰ σύνθετα τῶν σωμάτων σχήματα 10
συγκεῖσθαι ἐκ πυραμίδων. ὡς γὰρ ἐν τοῖς ἐπιπέδοις πᾶν εὐθύγραμμον
ἐπίπεδον εἰς τρίγωνα διαιρεῖται καὶ ἐκ τριγώνων συνέστηκε, διότι ἁπλούσ-
20 τατον καὶ ἀρχοειδέστατον τῶν ἐπιπέδων σχημάτων ἐστὶ τὸ τρίγωνον, οὕτω
πᾶν ἐξ εὐθυγράμμων ἐπιπέδων περατούμενον στερεὸν εἰς πυραμίδας ἀνα- 15
λύεται, καί ἐστιν ἁπλούστατον ἐν τοῖς στερεοῖς καὶ ἀρχοειδέστατον ἡ πυραμίς, καὶ ἐκ ταύτης σύγκειται καὶ εἰς ταύτην διαιρεῖται τὰ εὐθύγραμμα
στερεὰ σχήματα.
25   Ἀλλὰ τοῦτο μὲν δῆλον, καὶ ὅτι ἀνάγκη τῶν συνθέτων σχημάτων ἀρχὰς εἶναι· πῶς δὲ τὴν σφαῖραν ἐξ ὀκτὼ μορίων συγκεῖσθαί φησι, μαντείας 20
ὄντως ἐδεήθησαν οἱ ἐξηγηταί. καλῶς δέ, οἶμαι, ἐπέστησεν ὁ Ἀλέξανδρος,
ὅτι πάντα τὰ σώματα ἐκ πυραμίδων συγκεῖσθαί φησι, τὰ μὲν εὐθύγραμμα
ἐξ εὐθυγράμμων, τὴν δὲ σφαῖραν ἐξ ὀκτὼ πυραμίδων σφαιρικὰς ἐχουσῶν
30 τὰς βάσεις. ἐὰν γὰρ σφαῖραν τέμωμεν δίχα τῷ ὁρίζοντι κύκλῳ καὶ διὰ 25
τοῦ κατὰ κορυφὴν τῆς σφαίρας δύο κύκλους γράψωμεν μεγίστους πρὸς ὀρθὰς τέμνοντας ἀλλήλους τε καὶ τὸν ὁρίζοντα τῷ ἰσημερινῷ καὶ τῷ μεσημβρινῷ ἀναλογοῦντας, εἰς ὀκτὼ ἴσα τμήματα διαιρεθήσεται ἡ σφαῖρα,

---

1 γίγνεσθαι DE   2 οὔτ' c   6 ἄλλων] ἀλλήλων DE   7 ὑπόλειψιν E: corr. E²
τοῦ — τοσαῦτα (8) om. D   8 τοσαῦτ' c   10 ἔλεγεν?   ἀλλήλοις A   13 διαφέρουσιν c   14 δείξει E: corr. E²   15 ἐστίν c   17 σύγκειται om. A   19 συνέστηκε ἀb:
σύγκειται DE: συνέστηκεν c   21 ἐξ om. D   πυραμίδα Ac   23 καὶ εἰς ταύτην διαιρεῖται καὶ ἐκ ταύτης F   σύγκειται DEFb: om. Ac   27 ἐδέησαν E: corr. E²
κακῶς A   28 συγκεῖσθαι — πυραμίδων (29)] mg. E²   φασὶ D   30 ὁρίζοντι Ab:
ὡς ὁρίζοντι DEF   31 τὴν κορυφὴν c   γράψομεν E: corr. E²

τούτων δὲ ἕκαστον πυραμίς ἐστιν ἐκ τριγώνων ἰσοσκελῶν μὲν τῶν πρὸς τῷ κέντρῳ τῆς σφαίρας, βάσιν δὲ ἐχόντων ἰσόπλευρον τρίγωνον· ἐὰν οὖν αἱ βάσεις αὗται σφαιρικὴν ἐπιφάνειαν λάβωσιν, ἐξ ὀκτὼ τοιούτων πυραμίδων ἡ σφαῖρα συγκείσεται. καὶ διὰ τοῦτο εἰπὼν ὁ Ἀριστοτέλης, ὅτι τὰ εὐθύγραμμα σώματα ἐξ εὐθυγράμμων πυραμίδων σύγκειται, τὴν σφαῖραν ἐξ ὀκτὼ μορίων πυραμοειδῶν συγκεῖσθαί φησιν, ἅπερ οὔτε εὐθύγραμμα ἁπλῶς οὔτε περιφερόγραμμα λέγειν δυνατὸν οὔτε κυρίως πυραμίδας, καὶ διὰ τοῦτο ἐνεδείξατο μὲν τὴν ἀπὸ πυραμοειδῶν σχημάτων καὶ τῆς σφαίρας σύστασιν, ἐξ ὀκτὼ δὲ μορίων εἶπεν οὔτε εὐθυγράμμων οὔτε σφαιρικῶν προσθείς.

Τούτοις δὲ ἐπήνεγκεν· ἀνάγκη γὰρ εἶναί τινας ἀρχὰς τῶν σχημάτων, διότι ἐστὶν ἐν αὐτοῖς τὰ μὲν ἁπλᾶ τὰ δὲ σύνθετα, ἐν δὲ τοῖς οὕτως ἔχουσι τὰ ἁπλᾶ τῶν συνθέτων ἀρχαί, ὥστε, εἴτε μία ἀρχὴ τῶν σχημάτων ἡ πυραμὶς εἴτε δύο εἴτε πλείους δειχθεῖεν, ἀνάγκη τοσαῦτα εἶναι τὸ πλῆθος τὰ πρῶτα σώματα καὶ οὐκ ἄπειρα. τὸ δὲ | εἴτε δύο εἴτε πλείους προσέθηκεν, ὥς φησιν Ἀλέξανδρος, ὅτι οὐ δοκεῖ αὐτῷ τῆς σφαίρας ἡ πυραμὶς ἁπλούστερον εἶναι σχῆμα· οὐδὲ γὰρ τοῦ κύκλου τὸ τρίγωνον.

Αἱ δὲ ἀποδείξεις αὗται κατ' εἶδος πεπερασμένα σώματα τὰ πρῶτα ἔδειξαν· τὰ δὲ κατ' εἶδος πεπερασμένα καὶ κατ' ἀριθμὸν ἀνάγκη πεπερασμένα εἶναι· εἰ γὰρ εἴη τι τῶν εἰδῶν τῷ ἀριθμῷ ἄπειρον, ἔσται τὰ ὑπὸ τὰ ἄλλα εἴδη ἐκτὸς τοῦ ἀπείρου, ὅπερ ἀδύνατον· τοῦ γὰρ ἀπείρου πλέον οὐκ ἔστιν.

p. 303b4 Ἔτι δέ, εἰ ἑκάστῳ μὲν τῶν στοιχείων ἕως τοῦ δ περιέχειν φασὶ πάντας τοὺς οὐρανοὺς ἄπειρον ὄν.

Ἀνατρέψας διὰ πολλῶν ἐπιχειρημάτων τοὺς λόγους τοὺς ἀπείρους τῷ πλήθει τὰς ἀρχὰς τῶν σωμάτων ὑποτιθεμένους εἴτε τὰς ὁμοιομερείας, ὡς Ἀναξαγόρας, εἴτε τὰς ἀτόμους, ὡς οἱ περὶ Δημόκριτον, αὐτὸς λοιπὸν ἀντεπιχειρῶν ἀποδείκνυσιν, ὅτι μὴ οἷόν τε ἄπειρα εἶναι τὰ ἁπλᾶ σώματα, εἰ δὲ τοῦτο, οὐδὲ τὰ στοιχεῖα· τὰ γὰρ στοιχεῖα ἁπλᾶ ἐστιν ἀδιαίρετα ὄντα εἰς ἕτερα τῷ εἴδει. ὅτι οὖν πεπερασμένα ἐστὶ τῷ πλήθει τὰ ἁπλᾶ σώματα, ἀπὸ τῶν κινήσεων δείκνυσιν, ὡς ἐν ἀρχῇ τοῦ πρώτου βιβλίου. εἰ

---

1 μὲν] corr. ex δὲ seq. ras. 1 litt. E   2 τῷ] e corr. E   6 συγκεῖσθαί] bis E, sed corr.   8 καὶ τῆς Ab: καὶ τὴν ἀπὸ DE   9 οὔτε (pr.)] οὐ A   13 ἔχουσιν Ec: ν eras. E   ἁπλᾶ] seq. ras. 6 litt. E   19 αὗται] seq. lac. 16 litt. D: αὗται τὰ A   πεπερασμέναι A   σώματα—πεπερασμένα (20) om. A   20 ἔδειξαν — πεπερασμένα om. b   ἔδειξαν FE²: ἔδειξε DE   καὶ κατ' A: καὶ κατὰ DE   21 ὑπὸ] ἀπὸ A   22 ἄλλα εἴδη] εἴδει D   ὅπερ — ἀπείρου (alt.)] mg. E²   24 δ' ε τοῦ—φασί (25) om. D   24. 25 δ περιέχειν E: ὅπερ ἔχειν AF   25 ἄπειρον ὄν] οὐκ ἄπειρον A   26 διὰ] δὲ διὰ A   30 ὄντα om. E   31 ἐστὶν c   32 ἀρχῇ]
I 2   πρώτου Cb: α D: om. E: πέμπτου Ac

γὰρ ἁπλᾶ σώματα κατὰ φύσιν ἐστὶ τὰ τὰς ἁπλᾶς κινήσεις κινούμενα, ὅσαι 273b
εἰσὶν αἱ ἁπλαῖ κινήσεις κατ' εἶδος, τοσαῦτα ἀνάγκη εἶναι καὶ τὰ ἁπλᾶ σώ- 26
ματα· εἰ οὖν μὴ ἄπειροι αἱ ἁπλαῖ κινήσεις αἱ ὑπὸ σελήνην μηδὲ πλείους
δυεῖν, εἴπερ καὶ αἱ φοραὶ τῶν σωμάτων αἱ ἁπλαῖ δύο ὁρῶνται ἡ μὲν
5 ἄνω ἡ δὲ κάτω, καὶ οἱ τόποι, ἐφ' οὓς αἱ κινήσεις αἱ ἁπλαῖ, οὐκ ἄπειροι 30
ἀλλὰ δύο ὅ τε ἄνω καὶ ὁ κάτω, οὐκ ἂν εἴη ἄπειρα τῷ εἴδει τὰ στοιχεῖα
ἀλλὰ δύο μόνον τό τε βαρὺ καὶ τὸ κοῦφον.

Δείξας δὲ καί, ὅτι μὴ οἷόν τε ἀπείρους εἶναι τὰς τῶν σωμάτων ἀρ-
χάς, καὶ ὅτι ἀνάγκη πεπερασμένας εἶναι, εἴπερ αἱ ἁπλαῖ κινήσεις πεπερασ-
10 μέναι, ἐπὶ τοὺς ἓν τὸ στοιχεῖον λέγοντας μέτεισι. πλειόνων δὲ ὄντων ἄλλος 35
ἄλλο τι τὸ ἓν ὑπέθετο τοῦτο, Θαλῆς μὲν ὁ Μιλήσιος καὶ Ἵππων ὕδωρ,
ἐπειδὴ ἐξ ὕδατος τά τε σπέρματα τῶν ζῴων ἑώρων καὶ τὰς τροφὰς τῶν
τε ζῴων καὶ τῶν φυτῶν, Ἀναξίμανδρος δὲ Θαλοῦ πολίτης καὶ ἑταῖρος
ἀόριστόν τι ὕδατος μὲν λεπτότερον ἀέρος δὲ πυκνότερον, διότι τὸ ὑποκεί- 40
15 μενον εὐφυὲς ἐχρῆν εἶναι πρὸς τὴν ἐφ' ἑκάτερα μετάβασιν. ἄπειρον δὲ
πρῶτος ὑπέθετο, ἵνα ἔχῃ χρῆσθαι πρὸς τὰς γενέσεις ἀφθόνως· καὶ
κόσμους δὲ ἀπείρους οὗτος καὶ ἕκαστον τῶν κόσμων ἐξ ἀπείρου τοῦ
τοιούτου στοιχείου ὑπέθετο, ὡς δοκεῖ. Ἀναξιμένης δὲ ἑταῖρος Ἀναξι- 45
μάνδρου καὶ πολίτης ἄπειρον μὲν καὶ αὐτὸς ὑπέθετο τὴν ἀρχήν, οὐ μὴν |
20 ἔτι ἀόριστον· ἀέρα γὰρ ἔλεγεν εἶναι ἀρκεῖν νομίζων τὸ τοῦ ἀέρος εὐαλ- 274a
λοίωτον πρὸς μεταβολήν. τὸ δὲ αὐτὸ Διογένης ὁ Ἀπολλωνιάτης ὑπέθετο,
Ἵππασος δὲ ὁ Μεταπόντιος καὶ Ἡράκλειτος ὁ Ἐφέσιος πῦρ ἔλεγον τὴν
ἀρχὴν εἰς τὸ δραστήριον τοῦ πυρὸς ἀποβλέψαντες. 5

p. 303b13 Ὅσοι μὲν οὖν τὸ ἓν τοῦτο ἕως τοῦ ἀνάγκη γὰρ ἕν τι
25 τῶν ἄλλων εἶναι πρῶτον καὶ μὴ τὸ μέσον.

Πρὸς πρώτους ὑπαντᾷ τοὺς τὰ μέσα στοιχεῖα τιθεμένους τὸ ὕδωρ καὶ 10
τὸν ἀέρα καὶ τὸ μεταξὺ τούτων, ἵνα ἔχωσι μανότητι καὶ πυκνότητι τὰ
ἄλλα ἐκ τοῦ στοιχείου γεννᾶν, μανότητι μὲν τὰ λεπτότερα, πυκνότητι δὲ
τὰ παχυμερέστερα. λέγει οὖν πρὸς τούτους, ὅτι λανθάνουσιν ἑαυτοὺς

---

1 κατὰ φύσιν ἐστὶ Ab: ἐστι κατὰ φύσιν DE: ἐστι τὰ φύσιν E² τὰ om. E
2 αἱ om. Fc ἁπλαῖ] ἁπλῶς A 4 δυεῖν A: δυοῖν Ec et e corr. D 6 ἀλλὰ
om. A 7 καὶ τὸ] καὶ E 8 καί om. bc μὴ — ὅτι (9) AFb: om. DE
εἶναι AF: om. b 8. 9 ἀρχὰς Ab: om. F 9 εἶναι Fb: om. ADE 10 μέτει-
σιν c 11 τοῦτο om. c 13 ἑταῖρος] corr. ex ἕτερος A 14 τι] μέν τι A
ἁπτότερον A 15 εὐθυὲς A 16 πρῶτος Ab: πρώτως DEF ἔχῃ] -η e
corr. E 17 δὲ ADEb: γὰρ C: om. Fc τοῦ om. C 18 τοιούτου om. E
19 μὲν om. A τὴν ἀρχήν] καὶ αὐτός E 20 τοῦ DE: τοιούτου A: talem b
21 διογένης Ab: καὶ διογένης CDEc ὁ om. A 22 μεταπόντιος A: c corr. E:
μεταποντῖνος DEc: Metapontinus b ἔλεγε DE 23 ἀποβλέποντες c 24 ἓν (pr.)]
seq. ras. 4 litt. E: ἓν A τοῦτο EF: τούτῳ A: om. D τοῦ — εἶναι (25) om. D
25 πρῶτον] καὶ πρῶτον A μὴ om. D 26 πρώτους] τοὺς πρώτους c 29 λέγει]
λέγων comp. A

οὗτοι πρότερόν τι τοῦ στοιχείου σῶμα λέγοντες εἶναι· τοῦτο δὲ ἄτοπον· 274ᵃ
οὐδὲν γὰρ πρότερον εἶναι τοῦ στοιχείου δυνατόν. ὅτι δὲ τοῦτο πάσχουσι,
δῆλον, εἴπερ ἡ μὲν πύκνωσις σύνθεσίς ἐστιν, ἡ δὲ μάνωσις διάλυσις, λέ-
γουσι δὲ συνθέσει μὲν τὰ ἐκ τῶν στοιχείων γίνεσθαι, διαλύσει δὲ τὰ στοι-
5 χεῖα ἐκ τῶν συγκειμένων· ὅσα γὰρ μανώσει γίνεται, ἐκ τοῦ λεγομένου ὑπ'
αὐτῶν στοιχείου διαλύσει γίνεται, ἡ δὲ διάλυσις εἰς τὰ στοιχεῖα ἀνάλυσίς
ἐστιν, ὥστε τοῦ μανουμένου λεπτομερέστερον καὶ ἀρχοειδέστερόν ἐστι τὸ
ἐκ τῆς μανώσεως γινόμενον· οὐ γὰρ δὴ τὰ λεπτομερέστερα συνθέσει γίνε-
ται ἀλλὰ ἀναλύσει, ἡ δὲ ἀνάλυσις ⟨εἰς⟩ στοιχεῖον. καὶ ἔστιν ὁ λόγος
10 τοιοῦτος· τὸ μανούμενον ἀναλύεται, τὸ δὲ ἀναλυόμενον εἰς στοιχεῖον ἀνα-
λύεται, ὥστε τὰ λεπτότερα τῶν σωμάτων πρότερα καὶ κατ' αὐτοὺς ἔσται
καὶ στοιχεῖα μᾶλλον, εἴπερ τὸ λεπτότερον ἐκ τῆς διαλύσεως γίνεται, τὸ δὲ
ἐκ τῆς διαλύσεως γινόμενον στοιχεῖον. εἰ οὖν τὸ πῦρ λεπτότερον εἶναι
τῶν μεταξὺ ὁμολογοῦσιν, καὶ τῇ μανώσει γίνεσθαι αὐτὸ ἐκ τῶν μεταξύ
15 φασι· τὸ πῦρ ἄρα μᾶλλον ἔσται στοιχεῖον κατ' αὐτούς. οὐδὲν δέ, φησί,
διαφέρει, κἂν μὴ τὸ πῦρ ᾖ πρῶτον μηδὲ λεπτότερον κατ' αὐτούς· καὶ
οὕτω γὰρ ἀκολουθεῖ ἄλλο τι λέγειν αὐτοὺς τὸ λεπτότερον καὶ στοιχειω-
δέστερον, εἰς ὃ ἡ ἀνάλυσις γίνεται τοῦ ὑποτιθεμένου ὑπ' αὐτῶν στοιχείου
μέσου ὄντος καὶ τῇ μανώσει κατ' αὐτοὺς ἀναλυομένου εἰς λεπτότερον. ὅσα
20 οὖν μανώσει γίνεται, ταῦτα μᾶλλόν ἐστι στοιχεῖα.

p. 303ᵇ22 **Ἔτι δὲ τὸ μὲν πυκνότητι καὶ μανότητι τὰ ἄλλα γεννᾶν
ἕως τοῦ διὰ τὸ ἐνυπάρχειν ἐν τοῖς μείζοσι τοὺς τῶν ἐλαττόνων
λόγους.**

Καὶ τοῦτο τὸ ἐπιχείρημα προσάγει τοῖς ἀπὸ τῶν μέσων | μανότητι 274ᵇ
25 καὶ πυκνότητι τὰ ἄλλα γεννῶσι καὶ δείκνυσιν ἑπόμενον αὐτοῖς ἄτοπον τὸ
πάντα τὰ γινόμενα ἀπὸ τοῦ παρ' ἑαυτοῖς στοιχείου πρός τι λέγειν καὶ μὴ
εἶναι καθ' αὑτὸ τὸ μὲν πῦρ τὸ δὲ ὕδωρ τὸ δὲ ἀέρα. ὅτι δὲ τοῦτο συμ-
βαίνει αὐτοῖς, συλλογίζεται οὕτως· τὸ μανότητι καὶ πυκνότητι τὰ ἄλλα
γεννᾶν οὐδὲν διαφέρει ἢ λεπτότητι καὶ παχύτητι, εἴπερ τὸ μὲν μανὸν λεπτόν
30 ἐστι, τὸ δὲ πυκνὸν παχύ· τὸ δὲ παχύτητι καὶ λεπτότητι τὰς διαφορὰς
τῶν γινομένων ὁρίζειν τὸ αὐτό ἐστι τῷ μεγέθει καὶ σμικρότητι· καὶ διὰ

---

2 οὐδὲν DEb: οὐδὲ A: οὐ C   πρότερον Cb: πρῶτον ADE   τοῦτο] seq. ras.
7 litt. E   4 διαλύει E: corr. E²   6 εἰς τὰ στοιχεῖα DEb: om. Ac   8 τὰ
om. A   9 εἰς addidi: om. ADEbc   στοιχείου c   10 τοιοῦτος] οὗτος Ac
10. 11 τὸ δὲ — ἀναλύεται om. D: mg. E²   11 ὥστε] mut. in διότι E²   λεπτό-
μερα Α   καὶ om. c   καὶ — ἔσται] bis E: corr. E²   13 γενόμενον Ac   14 ὁμο-
λογοῦσι DEc   ἐκ — φασι (15) om. D   15 φασι om. b: ὁμολογοῦσιν c   16 τὸ om. A
πρῶτον] πρότερον C   18 ᾖ CDE: om. Ac   ὑποθεμένου Ac   19 μέσου
om. E   21 τἆλλα Fc   τὰ — μείζοσι (22)] ἕως D   25 γεννῶσιν Ec
26 λέγετν] λέγων comp. A   26. 27 εἶναι καὶ μὴ c   27 αὐτὸ AC: ἑαυτὸ DE
δὲ (pr.)] δ' C   δὲ (sec.)] δ' CDE   28 οὕτω D   29 ᾖ] ἢ τὸ E   μανὸν] seq. ras. 3
litt. E   30 ἐστιν c   31 ἐστιν c   μικρότητι E

SIMPLICII IN L. DE CAELO III 5 [Arist. p. 303ᵇ22]

τί, προστίθησι· λεπτὸν μὲν γάρ ἐστι τὸ μικρομερές, παχὺ δὲ τὸ 274ᵇ
μεγαλομερές· τὸ γὰρ ἐπεκτεινόμενον, φησίν, ἐπὶ πολὺ λεπτόν
ἐστιν, ὡς μὴ πολλὴν οὐσίαν ἐν τῷ αὐτῷ τόπῳ ἔχον, τοιοῦτον δὲ τὸ
ἐκ μικρῶν μερῶν συνεστώς· τοῦτο δὲ λέγουσιν αὐτοῖς συμβαίνει με-
5 γέθει καὶ σμικρότητι διορίζειν τὴν τῶν ἄλλων οὐσίαν τῶν ἐκ τοῦ στοιχείου 15
δηλονότι γινομένων. εἰ οὖν τὸ μέγα καὶ τὸ μικρὸν πρός τι, ὡς καὶ ἐν
Κατηγορίαις διώρισται, εἰ καὶ ἐν τῇ Μετὰ τὰ φυσικὰ κατὰ τὸ ποσὸν
αὐτὰ θεασάμενος ὑπὸ τὴν τοῦ ποσοῦ κατηγορίαν ἀνήγαγε, συμβήσεται τοῖς
οὕτω διοριζομένοις ἅπαντα λέγειν πρός τι τὰ γινόμενα, καὶ οὐκ ἔσται 20
10 ἁπλῶς τὸ μὲν πῦρ τὸ δὲ ὕδωρ τὸ δὲ ἀήρ, ἀλλὰ τὸ αὐτὸ πρὸς μὲν τόδε
πῦρ πρὸς δὲ ἄλλο ἀήρ. ἂν γὰρ τὸ ὕδωρ, φησὶν ὁ Ἀλέξανδρος, τοσούτῳ
μεῖζον ᾖ τοῦ ἀέρος, ὅσῳ τῆς γῆς ἔλαττον ὂν ὕδωρ ἐστίν, ἔσται ὡς μὲν
πρὸς τὴν γῆν ὕδωρ, ὡς δὲ πρὸς τὸν ἀέρα γῆ, καὶ ὁ ἀὴρ πάλιν, ἂν τοσούτῳ 25
τοῦ πυρὸς ὑπερέχῃ, ὅσῳ ἐλαττοῦται τοῦ ὕδατος, πρὸς μὲν τὸ ὕδωρ ἀὴρ
15 ἔσται, πρὸς δὲ τὸ πῦρ ὕδωρ, καὶ πάλιν, ἂν ὁ ἀὴρ τοσούτῳ τοῦ ὕδατος
ἐλάττων ᾖ, ὅσῳ αὐτοῦ τὸ πῦρ, ἔσται ὡς πρὸς ἐκεῖνο πῦρ ἀὴρ ὢν ὡς
πρὸς τὸ λεπτότερον αὐτοῦ σῶμα τὸ πῦρ, οὕτω τε τὸ αὐτὸ ἅμα ὕδωρ τε 30
καὶ ἀὴρ ἔσται. οὐ γὰρ ὥριζον, φησίν, ὅτι τὸ ἐκ τοῦ τοσούτου στοιχείου
ἀὴρ καὶ τὸ ἐκ τοῦ τοσούτου στοιχείου ὕδωρ, ἀλλ᾽ ἐν τῷ μείζονι καὶ ἐλάτ-
20 τονι εἶναι τοσῳδέ τινι ἐν τούτῳ ἐτίθεντο τὴν τῶν ἐκ τοῦ στοιχείου γινο-
μένων αὐτοῖς πρὸς ἄλληλα διαφοράν.

Εἶτα λοιπὸν κοινοποιεῖ τὴν δόξαν αὐτῶν τοῖς περὶ Δημόκριτον τοῖς 35
τὰς ἀπείρους ἀτόμους ἀρχὰς ὑποτιθεμένοις καὶ μικρότητι καὶ μεγέθει τῶν
ἀτόμων τὴν τῶν γινομένων ἐξ αὐτῶν διαφορὰν ἀνατιθεῖσιν, ὡς ἐρρήθη
25 πρὸ ὀλίγου· γῆν γὰρ καὶ ὕδωρ καὶ ἀέρα ταύτῃ διαφέρειν ἔλεγον ἀλλήλων
τῷ τὸ μὲν ἐκ μειζόνων τὸ δὲ ἐκ μικροτέρων συγκεῖσθαι τῶν αὐτῶν. 40
λέγει δέ, ὅτι καὶ τούτοις ταὐτὸν ἕπεται. ἐπεὶ γὰρ μεγέθει καὶ μικρότητι
τὰ στοιχεῖα διαφέρειν λέγουσιν ἀλλήλων, τὰ μεγέθη αὐτῶν ἐν λόγῳ τινὶ
ἔσται πρὸς ἄλληλα· εἰ οὖν διὰ τὸν πρὸς ἄλληλα λόγον τῶν μεγεθῶν τῶν
30 στοιχείων καὶ τὴν ὑπεροχὴν τὴν τοσήνδε τὸ μὲν γῆ ἐστι τὸ δὲ ὕδωρ τὸ 45
δὲ ἀήρ, ὅ τι ἂν ᾖ σῶμα πρὸς ἄλλο σῶμα ἐν τῇ ὑπεροχῇ, ἐν ᾗ τὰ τῆς |

---

1 τί] τοῦτο c   προστίθησιν c   ἐστιν c   λεπτομερές D   1. 2 παχὺ δὲ τὸ
μεγαλομερές om. E   2 φησί A   3 πολὴν E, sed corr.   4 συνεστός c
4. 5 μεγέθει] καὶ μεγέθει Ac   6 ἐν] ἐν ταῖς D   7 Κατηγορίαις] cap. 7   Μετὰ
τὰ φυσικὰ] Δ 13. 1020ᵃ23   8 αὐτὰ] αὐτὸ Fc: ipsa(m) b   ἀνήγαγεν c   10 τὸ δὲ ἀὴρ
om. c   ἀέρ A   12 ᾖ om. Ac   14 ὑπερέχει EF   16 ἐκεῖνον Fc
17 τὸ αὐτό] corr. ex τῷ αὐτοῦ E   ἅμα om. E   18 τοῦ τοσούτου] τόσου τοῦ A
19 τὸ DE: om. A(b?) c   τοσούτου] τόσου A   στοιχείου Ab: om. DE   20 τούτῳ]
τίνι DE: mg. ἐν τούτῳ ἔτι E²   τῶν στοιχείων E   20. 21 γινομένην DE
22 κοινοποιεῖται c   τὴν om. c   περὶ] τε περὶ c   23 ὑποθεμένοις D et corr.
ex ὑποθεμένους E   24 γινομένων AE²: γενομένων DE   ἀνατιθεῖσιν AE²(b): ἀνατί-
θησιν DE   ὡς Ab: ὥσπερ DE   26 ἐκ (pr.)] ἐκ τῶν A   τῶν] πάντων E
29 οὖν DEb: τοίνυν Ac   30 καὶ] suprascr. E²   ἐστίν c   31 ἂν ᾖ σῶμα] ἀνίσῳ ᾱ A

γῆς στοιχεῖα πρὸς τὰ τοῦ ὕδατος, ἔσται τὸ μὲν γῆ τὸ δὲ ὕδωρ, ὥστε, 275ᵃ
κἂν τὰ τοῦ ὕδατος στοιχεῖα τοσοῦτον ὑπερέχῃ τῶν τοῦ ἀέρος, ὅσον ὑπερέ-
χεται ὑπὸ τῶν τῆς γῆς, ἔσται τὸ μὲν ὕδωρ γῆ ὁ δὲ ἀὴρ ὕδωρ πρὸς
ἄλληλα· ὁμοίως καὶ ἐπὶ τῶν ἄλλων. δύναται δέ, φησί, μὴ περὶ τῆς Δη- 5
5 μοκρίτου δόξης ταῦτα λέγειν, ἀλλὰ πρὸς τοὺς λέγοντας τέσσαρα μὲν εἶναι
τὰ στοιχεῖα, διαφέρειν δὲ αὐτὰ ἀλλήλων μεγέθει καὶ σμικρότητι. καὶ
ἴσως ἔχει τινὰ τοῦτο λόγον, εἴπερ οἱ μὲν περὶ Δημόκριτον τὸ πῦρ οὐ τῷ
μεγέθει μόνον ἀλλὰ καὶ τῷ σχήματι διαφέρειν τῶν ἄλλων λέγουσιν, ὁ δὲ 10
Ἀριστοτέλης κοινὸν καὶ ἐπὶ τοῦ πυρὸς ποιεῖται τὸν λόγον.

10   "Τὸ δὲ διὰ τὸ ἐνυπάρχειν ἐν τοῖς μείζοσι τοὺς τῶν ἐλαττό-
νων λόγους ἀσάφειάν τινα ἔχει, φησὶν ὁ Ἀλέξανδρος, εἴη δὲ ἂν τὸ λε-
γόμενον τοιοῦτον· διὰ τὸ τὰ μείζονά τινων ὄντα ἔχειν πρὸς ἄλλα τινὰ τὸν 15
τῶν ἐλαττόνων λόγον· οὕτω γὰρ ἔχοντα, καθ' ὃ μὲν πρός τινα τὸν τῶν μει-
ζόνων λόγον ἔχει, ἔσται τινὰ τῶν μειζόνων ὡς πρὸς ἐκεῖνα, καθ' ὃ δὲ πάλιν
15 τὸν τῶν ἐλαττόνων, ἔσται πάλιν ὡς πρὸς ἐκεῖνα τῶν ἐλαττόνων τινά, οὕτω
τε τὸ αὐτὸ πρὸς μὲν ἄλλο ὕδωρ ἔσται πρὸς δὲ ἄλλο γῆ. δύναται δέ, 20
φησί, καὶ τοιοῦτόν τι διὰ ταύτης προστιθέναι τῆς λέξεως· ἐπεὶ ἐν τῷ
μείζονι καὶ τὸ ἔλαττον περιέχεται ἔστι γὰρ τὸ μεῖζον τοσοῦτον, ὅσον τὸ
ἔλαττον, καὶ ἔτι, τὸ δὲ ἔλαττον τοσῷδε τοῦδέ τινος εἶναί ἐστιν ἐν ἄλλῳ
20 εἶναι σώματί τινι· τὸ αὐτὸ ἅμα σῶμα ἀμφοτέρους ἔχοι ἂν τοὺς λόγους 25
τόν τε τοῦ μείζονος καὶ τὸν τοῦ ἐλάττονος. εἰ δὲ ἀμφοτέρους τοὺς λόγους,
καὶ ἀμφότερα ἂν εἴη τὰ σώματα, ὥστε τὸ μεῖζον καὶ ἐκ μειζόνων σῶμα
ἔσται τοῦτό τε καὶ τὸ ἐξ ἐλαττόνων. ἡ γῆ ἅμα ἄρα γῆ τε καὶ ὕδωρ καὶ πάλιν
τὸ ὕδωρ ὕδωρ τε καὶ ἀὴρ καὶ ὁ ἀὴρ ἀήρ τε καὶ πῦρ, ὥστε ἡ γῆ κατὰ τὴν ἐν 30
25 αὐτῇ τῶν μορίων πρὸς ἄλληλα σχέσιν πάντα ἔσται· περιέχει γὰρ τῷ ἐκ μει-
ζόνων εἶναι τοὺς τῶν ἐλαττόνων λόγους, καὶ δυνατὸν μόρια ἐξ αὐτῆς ἀφελεῖν,
ἐν ᾧ ἂν βούληταί τις λόγῳ. ἢ τὸ ἐν τοῖς μείζοσι, φησίν, ἐνυπάρχειν
τοὺς τῶν ἐλαττόνων λόγους οὐ περὶ πάντων εἴρηται τῶν μειζόνων, ἀλλὰ 35
περὶ τῶν ἄλλων πλὴν τῆς γῆς, ἵνα τὸ λεγόμενον ᾖ· διὰ τὸ τὰ μείζω τι-
30 νῶν ἄλλων εἶναι ἐλάττω· καὶ διὰ τοῦτο καὶ τοὺς τῶν μειζόνων καὶ τοὺς
τῶν ἐλαττόνων λόγους ἔχει· ὕδωρ γὰρ πρὸς μὲν γῆν ἐλάττονα λόγον ἔχει
πρὸς δὲ ἀέρα μείζονα, καὶ ἀὴρ πρὸς μὲν πῦρ μείζονα πρὸς δὲ ὕδωρ ἐλάτ- 40

---

2. 3 ὑπερέχει E, sed corr.   4 ὁμοίως Ab: ὁμοίως δὲ DE   6 διαφέρει E: corr. E²
μικρότητι Fc   11 ἀσάφιάν E: corr. E²   ἔχει ADE: ἔχειν E²bc   12 μείζονά
A: μείζω DEc   13 τὸν om. DE   16 τε τὸ b: τε ADEF: τὸ c   17 καὶ] καὶ
τὸ c   τι] τινα DE: τινα νοῦν E²   18 τὸ ἔλαττον] ἐλάττονι DE: corr. E²
ἐστι] ἔσται c   τοσοῦτον Ab: τοιοῦτον DEF   19 ἔτι] ἔλαττον DE: corr. E²
τοσῷδε A: τοσόνδε DEF: tantum b   ἐν bc: om. ADE   ἄλλο E: corr. E²
20 ἔχοι ἂν ἀμφοτέρους σῶμα c   21 τόν τε—ἐλάττονος om. c   23 τοῦτό τε] ταυτὸ
δὲ c   ἐξ om. DE   ἄρα ἅμα bc   24 ἐν add. E²   25 ἑαυτῇ, -ῇ e corr., E
περιέχοι E   τῷ] corr. ex τὸ E²   ἐκ] ἐκ τῶν A   26 τοὺς Ab: καὶ τοὺς DEc
καὶ—λόγους (28) om. A   29 μείζω] corr. ex μείζο E   30 καὶ (pr.) om. c
καὶ (sec.) om. b   μειζόνων] μειζόνων λόγους c   καὶ (tert.)—ἐλαττόνων (31) om.
Ab   31 λόγους om. c   δὲ (alt.) om. E

SIMPLICII IN L. DE CAELO III 5 [Arist. p. 303ᵇ22] 619

τονα, ἡ μέντοι γῆ πρὸς πάντα τὸν μείζονα καὶ τὸ πῦρ τὸν ἐλάττονα. τῷ 275ᵃ
τοίνυν ταῦτα καὶ τοὺς μείζονας λόγους ἔχειν καὶ τοὺς ἐλάττονας ἔσται πρός
τι· πρὸς μὲν γὰρ ἀέρα τὸ ὕδωρ γῆ ἔσται· μείζονα γὰρ λόγον ἔχει· πρὸς
δὲ τὴν γῆν ὕδωρ· ἐλάττονα γὰρ ἔχει πρὸς ταύτην τὸν λόγον· πάλιν ὁ
5 ἀὴρ ὡς μὲν πρὸς πῦρ γῆ ἂν ἢ ὕδωρ εἴη πρὸς δὲ ὕδωρ ἀὴρ ἢ πῦρ, καὶ
ἡ ληφθεῖσα γῆ, | εἰ καὶ μείζων τοῦ ὕδατός ἐστιν, ἀλλὰ ἄλλης γέ τινος 275ᵇ
γῆς ἐλάττων ἔσται καὶ τοσούτῳ, ὅσῳ μείζων ἦν τοῦ ὕδατος αὐτή, οὕτω
δὲ ἔχουσα ὕδωρ ἔσται ἅμα καὶ γῆ."
  Ταύτην τοῦ Ἀλεξάνδρου παρεθέμην αὐτοῖς ῥήμασι τὴν ἐξήγησιν διὰ
10 τοὺς ἐμοῦ μᾶλλον, ὡς εἰκός, ἐξ αὐτῆς τὰ τοῦ Ἀριστοτέλους δυναμένους
γνωρίζειν· ἐμοὶ γὰρ βίαιον δοκεῖ τὸ ἐπιχείρημα. κἂν γὰρ τὸ μέγα καὶ τὸ
μικρὸν πρός τι ᾖ, οὐκέτι καὶ τὰ οἷς ὑπάρχει ταῦτα πρός τί ἐστι· κἂν
γὰρ ὁ φίλος πρός τι ᾖ, ἀλλ' ὁ ἄνθρωπος, ᾧ ὑπάρχει τὸ φίλῳ εἶναι, οὐκ
ἔστι πρός τι, καὶ ἡ δυάς, ὅσῳ ὑπερέχει τῆς μονάδος, τοσούτῳ ὑπερέχεται
15 ὑπὸ τῆς τριάδος, καὶ ὅμως οὐκ ἔστιν ἡ δυὰς πρὸς τὴν τριάδα μονάς· ὥστε,
κἂν τὸ ὕδωρ τοσούτῳ μεῖζον ᾖ τοῦ ἀέρος, ὅσῳ τῆς γῆς ἔλαττον, καὶ καθ'
ὅσον μεῖζον καὶ ἔλαττον πρός τι ᾖ, ἀλλ' οὐκέτι ἐστὶν ὡς πρὸς τὸν ἀέρα
γῆ οὐδὲ ὁ ἀὴρ ὡς πρὸς τὸ ὕδωρ πῦρ, κἂν τοσούτῳ ἐλάττων ᾖ τοῦ ὕδατος,
ὅσῳ τοῦ ἀέρος τὸ πῦρ· κἂν γὰρ καθ' ὅσον μείζω καὶ ἐλάττω πρός τι ᾖ,
20 ἀλλ' οὐκέτι καθ' ὃ ὕδωρ καὶ ἀήρ. κἂν γάρ, ὡς λέγει ὁ Ἀλέξανδρος, ἐν
τῷ μείζονι καὶ ἐλάττονι εἶναι τοσῳδέ τινι ἐτίθεντο τὴν διαφοράν, οὐκ ἤδη
διὰ τοῦτο καὶ τὰ οἷς ὑπάρχει τὸ μείζοσι καὶ ἐλάττοσι τοσῳδέ τινι εἶναι πρός
τί ἐστι· καὶ γὰρ ἡ δυὰς ὥρισται τῷ μονάδι μείζων μὲν εἶναι τῆς μονά-
δος ἐλάττων δὲ τῆς τριάδος. καὶ τὸ πρὸς τῷ πέρατι δὲ ῥηθέν, ὅτι "ἡ
25 ληφθεῖσα γῆ, εἰ καὶ μείζων τοῦ ὕδατός ἐστιν, ἀλλὰ ἄλλης γέ τινος γῆς
ἐλάττων ἔσται καὶ τοσούτῳ, ὅσῳ μείζων ἦν τοῦ ὕδατος αὐτή, οὕτω δὲ
ἔχουσα ὕδωρ ἔσται ἅμα καὶ γῆ," καὶ τοῦτο οὖν δοκεῖ μοι λέγεσθαι ὡς
τῆς γῆς αὐτῆς μείζονος λαμβανομένης τοῦ ὕδατος καὶ οὐχὶ τῶν στοιχείων
τῆς γῆς μειζόνων ὄντων τῶν τοῦ ὕδατος στοιχείων. τίνα δὲ ἂν ἔχοι
30 λόγον, εἰ τὸ ληφθὲν μέρος τῆς γῆς μεῖζον μέν ἐστί τινος μέρους ὕδατος
ἔλαττον δέ τινος μέρους γῆς, διὰ τοῦτο ὕδωρ ἅμα καὶ γῆν τὸ αὐτὸ εἶναι;

---

3 πρὸς μὲν—ἔχει] mg. E² τὸν ἀέρα E² ἕξει E² 6 λειφθεῖσα E, sed corr. μείζων AFb: ἐκ μειζόνων DE 7 μεῖζον E: corr. E² αὐτὴ] αὕτη ADEbc 9 αὐτοῖς τοῖς c 10 τοὺς] corr. ex τοῦ E²: τὸ e corr. D δυναμένους] corr. ex δυναμένη E²: δυναμένου D 11 μέγα] corr. ex μεγέθει E² 12 ἐστιν Fc κἂν—ἄνθρωπος (13) om. D 13 ᾖ] ἐστιν E τὸ] τῷ DE 13. 14 οὐχ ἔστι DEb: οὐκέτι Ac 16 post τὸ del. μεῖζον E¹ ἐλάττων DE καὶ—ἔλαττον (17) om. A 17 οὐκέτι] οὐκ A ὡς] corr. ex τις E¹ 18 γῆ DE: ἡ γῆ Ac οὐδὲ ὁ] ὁ δὲ A τὸ πῦρ c ἐλάττων ᾖ] ἐλάττονι A: ἔλαττον ᾖ c 19 ὅσῳ] ὅσον c μεῖζον bc ἔλαττον A: comp. D: ἔλαττον Ebc 20 λέγῃ D 22 τινι] τι E 23 τῷ Ab: ἐν τῷ E²: ἐν τῇ DE μείζονι E: corr. E² 24 τὸ] τῷ E, sed corr.: τὸ μὲν Ab τῷ] corr. ex τὸ E² δὲ om. b 25 μείζων E, sed corr. ἀλλ' c 26 μεῖζον E: corr. E² 27 οὖν δοκεῖ DE: συνδοκεῖ A 30 εἰ] τοῦτο εἰ Fc λειφθὲν E τοῦ ὕδατος Fc 31 τῆς γῆς c τοῦτο] τοῦτο καὶ DE τὸ αὐτὸ om. D

p. 304ᵃ7 Ὅσοι δὲ πῦρ ὑποτίθενται τὸ στοιχεῖον ἕως τοῦ πυραμὶς 275ᵇ
ἂν εἴη τὸ πῦρ.

Εἰπὼν πρὸς τοὺς τῶν μέσων τι στοιχεῖον τιθέντας καὶ μανότητι καὶ
πυκνότητι ἀπὸ τούτου τὰ ἄλλα γεννῶντας μέτεισιν ἐπὶ τοὺς τὸ λεπτότατον 40
τῶν τεσσάρων τὸ πῦρ στοιχεῖον λέγοντας, ὧν ἦν Ἵππασός τε ὁ Μεταπόν-
τιος καὶ Ἡράκλειτος ὁ Ἐφέσιος. οὗτοι οὖν, φησί, τὸ μὲν ἓν σχέσει καὶ
ἐν τῷ πρός τι τὰ στοιχεῖα ποιεῖν διαφεύγουσι καὶ τὸ εἶναι κατ᾽ αὐτοὺς
τοῦ στοιχείου στοιχεῖα, ἀλλὰ δέ τινα αὐτοῖς ἄτοπα ἐπάγει διελὼν αὐτῶν 45
πρῶτον τὰς δόξας. οἱ μὲν γὰρ αὐτῶν σχῆμα προσάπτουσι τῷ πυρί, ὃ
στοιχεῖον | τίθενται, οἱ μὲν σφαῖραν οἱ δὲ πυραμίδα τὸ σχῆμα λέγον- 276ᵃ
τες· τῶν δὲ σφαῖραν λεγόντων οὐ μέμνηται νῦν· οἱ δὲ σχῆμα μὲν οὐδὲν
προσάπτουσι, λεπτομερέστατον δὲ μόνον ποιοῦσι. διαιρεῖ δὲ καὶ τοὺς πυρα-
μίδα τὸ σχῆμα τιθέντας εἴς τε τοὺς ἁπλούστερον λέγοντας, πρὸς οὓς 5
ὑπαντᾷ πρώτους, καὶ εἰς τοὺς κομψότερον τῷ λόγῳ προσάγοντας.
λέγει οὖν πρὸς τοὺς ἁπλουστέρους, οὓς εὐφημότερον ἁπλουστέρους καλεῖ,
ὅτι ἀσυλλογίστῳ χρῶνται λόγῳ ἐκ δύο καταφατικῶν ἐν δευτέρῳ σχήματι
συλλογιζόμενοι οὕτω· τὸ πῦρ τμητικώτατον· ἡ πυραμὶς τμητικώτατον· 10
τὸ πῦρ ἄρα πυραμίς. ὅμοιοι δὲ τούτοις εἰσίν, ὥς φησιν ὁ Ἀλέξανδρος,
καὶ οἱ τὸ πῦρ ἐν πολλαπλασίῳ λέγοντες ἀναλογίᾳ, ὅτι καὶ τὸ πῦρ καὶ ἡ
πολλαπλάσιος ἀναλογία αὔξονται ταχύ. μήποτε δὲ δυνατὸν ἐν τῷ πρώτῳ
σχήματι τὸν συλλογισμὸν συνάγεσθαι οὕτως· ἡ πυραμὶς τῶν σχημάτων 15
τμητικώτατον· τὸ τῶν σχημάτων τμητικώτατον οἰκεῖον τῷ τῶν σωμάτων
τμητικωτάτῳ· τοιοῦτον δὲ τὸ πῦρ· ἡ ἄρα πυραμὶς οἰκεία τῷ πυρί εἰ
δὲ ὁ συλλογισμὸς ὀρθῶς συνάγει, ἁπλουστέρως ἂν εἴποι λέγειν αὐτοὺς
ὡς πρὸς τοὺς ἐφεξῆς παραβάλλων, οὓς κομφοτέρως τῷ λόγῳ προσ- 20
άγοντας εἶπεν, ὅτι προαξιώσαντές τινα φυσικώτερον τὸν συλλογισμὸν
οὕτω τεχνικώτερον ποιοῦνται. προλαμβάνουσι γάρ, ὅτι τὰ σώματα πάντα
σύγκειται ἐκ τοῦ λεπτομερεστάτου· τὸ γὰρ λεπτομερέστατον ἁπλούστατον,
ἐκ δὲ τοῦ ἁπλοῦ τὰ σύνθετα. καὶ δεύτερον, ὅτι τὰ σχήματα τὰ στερεὰ 25
πάντα ἐκ πυραμίδων σύγκειται, ὥστε ἡ πυραμὶς ἂν εἴη τὸ πρῶτον καὶ

---

1 τὸ — τοῦ] ἕως D   4 γεννῶντα E: corr. E²   λεπτότερον A   5. 6 μεταπόντιος
AE²: μεταποντῖνος DEc   6 φασί A   7 τῶν στοιχείων A, sed corr.   δια-
φεύγουσιν Ec   αὐτάς A   8 στοιχεῖα] στοιχεῖον Fc   9 γὰρ om. A
προσάπτουσιν c   10 μὲν] δὲ DE   11 οὐδὲν] οὐ Fc   12 προσάπτουσιν c
λεπτομερέστατον ADEb: λεπτομερέστερον A²c   ποιοῦσιν Ec   13 ἁπλουστέρως c
14 κομφοτέρως c   17 οὕτως c   18 ὅμοιον E: corr. E²   ὁ] suprascr. D   19 τὸ
πῦρ καὶ om. D   20 τῷ om. DE   22 τμητικώτατον (pr.) CDE: τμητικώτερον A: τμη-
τικωτάτη b   τὸ — τμητικώτατον (alt.) om. Cb   σωμάτων] σχημάτων D   24 συνάγει
b: comp. ADF: συνάγοι E: συνάγεται c   ἁπλουστέρους AF   εἴποις c   25 τοὺς
om. DE: corr. E²   παραβάλλειν c   κομφοτέρως DEb: κομφοτέρῳ Ac   26 φυσικώ-
τερον] mut. in φυσικώτερα E²   30 σύγκεινται DE

λεπτομερέστατον τῶν σχημάτων. καὶ τρίτον, ὅπερ ὕστερον τέθεικεν, τὸ 276ᵃ πρῶτον σχῆμα τοῦ πρώτου σώματος εἶναι. τούτων οὖν τεθέντων, ὅτι τὸ πῦρ πυραμίς ἐστι, συλλογίζονται οὕτω· τὸ πῦρ τῶν σωμάτων λεπτότατον 30 καὶ πρῶτον· τὸ τῶν σωμάτων λεπτότατον καὶ πρῶτον τῷ λεπτοτάτῳ καὶ
5 πρώτῳ τῶν σχημάτων ἐσχημάτισται, τοιοῦτον δὲ ἡ πυραμίς· τὸ πῦρ ἄρα πυραμὶς κατὰ τὸ σχῆμα. ζητῆσαι δὲ χρή, τίνος ἐστὶν αὕτη ἡ δόξα ἡ τὸ πῦρ πυραμίδα λέγουσα, διότι πρῶτον τῶν σωμάτων ἐστίν. Ἡράκλειτος μὲν 35 γὰρ ὁ στοιχεῖον τῶν ἄλλων λέγων τὸ πῦρ οὐ λέγει πυραμίδα εἶναι τὸ πῦρ, οἱ δὲ Πυθαγόρειοι ἐκ πυραμίδων συγκεῖσθαι τὸ πῦρ λέγοντες οὐ λέγουσι
10 τὸ πῦρ τῶν ἄλλων στοιχεῖον, εἴπερ καὶ αὐτὸ λέγουσιν ἐξ ὕδατος καὶ ἀέρος γίνεσθαι, ὥσπερ καὶ ἐκ πυρὸς ἀέρα καὶ ὕδωρ. 40

p. 304ᵃ 18   Οἱ δὲ περὶ μὲν σχήματος οὐδὲν ἀποφαίνονται ἕως τοῦ καθάπερ ἂν εἰ συμφυσωμένου ψήγματος.

Ἱστορήσας τὴν δόξαν τῶν πυραμίδα τὸ πῦρ εἶναι λεγόντων τῶν μὲν 45
15 ἁπλούστερον τοῦτο τῶν δὲ πραγματοειδέστερον συλλογιζομένων ἐφεξῆς ἱστορεῖ τοὺς σχῆμα μὲν οὐδὲν | ἀποδιδόντας, λεπτομερέστατον δὲ 276ᵇ μόνον λέγοντας τὸ πῦρ, ἔπειτα ἐκ τούτου συντιθεμένου γίνεσθαι τὰ ἄλλα, καθάπερ ἐκ ψήγματος συμφυσωμένου καὶ συγχωνευομένου· συνιόντος γὰρ καὶ πυκνουμένου τοῦ πυρὸς τὰ παχύτερα ἐξ αὐτοῦ γίνεσθαι, ἀλλ᾽ οὐχὶ 5
20 μιγνυμένου τινὸς αὐτῷ. "δοκεῖ δέ μοι διὰ τούτου, φησὶν ὁ Ἀλέξανδρος, τοῦ παραδείγματος τὸ ἄτοπον τῆς δόξης παραδεικνύναι· ὡς γὰρ ἐπὶ τοῦ συμφυσωμένου ψήγματος παχύτερον μέν τι ἐξ αὐτοῦ γίνεται σῶμα, χρυσὸς μέντοι καὶ αὐτό, οὕτω καὶ ἐκ τοῦ πυρὸς εἰ τούτῳ γίνοιτο τῷ τρόπῳ 10 παχύτερα σώματα, πῦρ ἂν εἴη καὶ αὐτὰ παχύτητι καὶ μεγέθει μόνον
25 διαφέροντα."

p. 304ᵃ 21   Ἀμφοτέροις δὲ ταὐτὰ συμβαίνει δυσχερῆ ἕως τοῦ οὔτε 15 πῦρ οὔτε ἕτερον στοιχεῖον οὐδέν.

Καὶ τοῖς σχηματίζουσι τὸ πῦρ καὶ τοῖς ἀσχημάτιστον λέγουσι τὰ

---

1 λεπτότατον A   τέθεικε DE²   τό] τὸ τὸ EF   4 τὸ τῶν — λεπτότατον om. Cb: mg. E²   τῶν σωμάτων AE²: om. D   πρῶτον (alt.) DE²: om. ACEb   4. 5 τῷ λεπτοτάτῳ καὶ πρώτῳ CDEb: πρώτῳ τῷ A: τῷ πρώτῳ καὶ λεπτοτάτῳ c   4 λεπτωτάτῳ E, sed corr.   5 σχημάτων] corr. ex σωμάτων E²   6 κατὰ om. A   7 διότι] corr. ex διὰ τί E²   10 τῶν AEb: πρῶτον τῶν Dc   στοιχεῖον A: στοιχείων DEbc   αὐτό] mut. in αὐτοί E²   12 μὲν] postea add. A   οὐδὲ A   οὐδὲν — τοῦ] ἕως D   13 συμφυσωμένου E: συμφυομένου ADF: corr. F   15 πραγματοειδέστερον A: πραγματειωδέστερον DE συλλογιζομένων DEb: λογιζομένων Ac   18 ἐκ] ἐκ τοῦ Ac   συμφυσσωμένου A συγχωνευομένου] -γ- e corr. E²   19 τὰ CDF: om. AEc   γίγνεσθαι DE   21. 22 συμφυσομένου A: φυσωμένου E   22 μέν τι] μέντοι D   23 οὕτως c   γίνοιτο A: γένοιτο DE   26 ἀμφοτέρως D   δυσχερῆ — πῦρ (27)] ἕως D   27 οὔτε AF: οὔθ᾽ DEc   28 τό] δὲ τὸ DE   λέγουσιν Ec: ν eras. E   28. p. 622,1 τὰ αὐτά A: ταὐτά DE

αὐτά, φησίν, ἕπεται δυσχερῆ, εἰ πρῶτον αὐτὸ πάντων ποιοῦσι. πρὸς μὲν 276b
γὰρ τοὺς ἄτομον αὐτὸ νομίζοντας εἴτε σχῆμα ἔχον εἴτε ἀσχημάτιστον 20
ἐροῦμεν, ἃ καὶ πρὸς τοὺς ἐξ ἀτόμων πάντα ποιοῦντας, τό τε μάχεσθαι
ταῖς μαθηματικαῖς ἐπιστήμαις ἄτομόν τι μέγεθος λέγοντας καὶ τὸ τρόπον
τινὰ ἐξ ἀριθμῶν ἢ ἐκ μονάδων τὰ ἄλλα γεννᾶν, καὶ ὅσα ἄλλα πρὸς ἐκεί-
νους εἶπεν· ἄτομον δὲ λέγει τὸ ὡς ἀμερές. ὅτι δὲ οὐκ ἐνδέχεται ἄτομον 25
λέγειν τὸ στοιχεῖον καὶ ἐξ ἀτόμων ποιεῖν τὴν τῶν φυσικῶν σωμάτων γένε-
σιν φυσικῶς λέγοντα, δείκνυσι καθόλου οὕτως· εἰ τὰ τῶν σωμάτων στοι-
χεῖα σώματά ἐστι καὶ αὐτά, καὶ πᾶν σῶμα παντὶ σώματι συμβλητὸν κατὰ
ποσὸν τῷ μηδὲν ἄπειρον εἶναι σῶμα, εἴη ἂν καὶ τὰ ὁμοιομερῆ, οἷον ἀὴρ 30
ὅλος, ὕδωρ ὅλον, γῆ πῦρ ὅλα, καὶ ταῦτα συμβλητὰ ἀλλήλοις, καὶ ὃν ἔχει
λόγον αὐτὰ πρὸς ἄλληλα μεγέθους, τοῦτον αὐτὸν καὶ τὰ στοιχεῖα ἕξει
πρὸς ἄλληλα ὄντα καὶ αὐτὰ τοιαύτης φύσεως. ἔχει δὲ οὕτω τὰ σώματα
ταῦτα πρὸς ἄλληλα· τὸ λεπτότερον αὐτῶν μείζονα ὄγκον ἔχει τοῦ παχυ- 35
μερεστέρου καὶ ἐπὶ πλέον ἐκτείνεται, ὕδωρ μὲν γῆς, ἀὴρ δὲ ὕδατος, πῦρ
δὲ ἀέρος· δῆλον δὲ τοῦτο οὕτως ἔχον καὶ ἐκ τῆς εἰς ἄλληλα μεταβολῆς
αὐτῶν· ἐκ γὰρ ἐλάττονος τὸν ὄγκον ὕδατος ὁ γινόμενος ἀὴρ πλείων γίνε-
ται, καὶ ἐπὶ τῶν ἄλλων ὡσαύτως· καὶ τὰ στοιχεῖα ἄρα τῶν λεπτομερεσ- 40
τέρων· καὶ γὰρ αὐτὰ τοιαῦτα ὄντα γε τοιούτων γεννητικά. τὸ τοῦ πυρὸς
ἄρα στοιχεῖον μεῖζον τὸν ὄγκον ἔσται τῶν τοῦ ἀέρος· εἰ δὲ μεῖζον, καὶ
διαιρετόν· τὸ γὰρ μεῖζόν τινος αὐτό τε ἔχει τὸ οὗ μεῖζόν ἐστι καὶ τὴν
ὑπεροχὴν αὐτοῦ· διαιρεῖται ἄρα εἴς τε τὸ ἴσον καὶ τὴν ὑπεροχὴν αὐτοῦ· 45
διαιρετὸν ἄρα τὸ στοιχεῖον τοῦ πυρός.

Ἀπορήσειε δ' ἄν τις, πῶς πρότερον εἰπὼν λεπτὸν μὲν εἶναι τὸ
μικρομερές, παχὺ δὲ τὸ μεγαλομερές, — καὶ ὁ Ἀλέξανδρος ἐξηγούμενος 277a
ταῦτα, ὡς εἶναι, φησί, τὸ μὲν ἐκ διπλασίου ἢ ὁ ἀὴρ συνεστὼς ὕδωρ, τὸ
δὲ ἐκ τριπλασίου γῆν — πῶς οὖν τούτων πρότερον εἰρημένων νῦν φησιν,
ὅτι καὶ τὸ στοιχεῖον ἔλαττον ἔσται τὸ τοῦ ὕδατος ἢ τὸ τοῦ ἀέρος; μή- 5
ποτε οὖν ἐκεῖ μὲν τὸ ὕδωρ μεγαλομερέστερον ἐλέγετο τοῦ ἀέρος, ὅτι ἐν
τῷ αὐτῷ ὄγκῳ μείζονα οὐσίαν ἔχει τὰ παχύτερα καὶ πυκνότερα τῶν
λεπτοτέρων καὶ μανωτέρων, ἐνταῦθα δὲ ἔλαττον τὸ τοῦ ὕδατος ἢ τὸ τοῦ

---

1 αὐτὸ] αὐτῶν A   ποιοῦσιν Ec: ν eras. E   4 τὸ] corr. ex τὸν E²   6 ἄτο-
μον—στοιχεῖον (7)] ὅτι δ' οὐκ ἐνδέχεται ἄτομον λέγειν· ἄτομον δὲ λέγει τὸ στοιχεῖον ὡς
ἀμερές c   δὲ (alt.) om. A   7 τὸ στοιχεῖον Ab: om. DE   8 λέγοντα] -α ε
corr. E: λέγοντας c   10 τῷ] corr. ex τὸ E²   μηδὲ DE   ὁμοιομερῆ] -ο- ε
corr. E²   ὁ ἀὴρ A   11 γῇ] γῆ ὅλη c   ὅλα ACDEb: ὅλη E²: ὅλον c
συμβλητὰ AE²K°b: συμβάντα DEF   11. 12 ἔχει λόγον A: λόγον ἔχει DE(b)
12 μεγέθους AE²b: μεγέθους πέρι DEc   τοῦτον αὐτὸν E²Fb: αὐτὸν A: τούτων αὐτῶν
DE: αὐτὸν τοῦτον c   14 ταῦτα om. D   ὄγκον] corr. ex ὄγγον E²   15 πλέον
A: πλεῖον DEF   17 γὰρ om. E   πλεῖον E   19 γε om. (b)c   20 τῶν
om. D   21 διαιρετὸν A: comp. D: ἀπορήσει E: ἀπορήσοι F   22 διαιρεῖται—αὐτοῦ Ab: om. DEc   24 ἀπορήσειε A:
δ' A: δὲ DE   26 φασί E   ἢ ὁ ἀὴρ]
ἀέρος c   συνεστὸς c   28 καὶ om. b   ἔσται E²b: ἔσται καὶ ADEF
29 ἐλέγετο DE: ἔλεγε τὸ A: ἔλεγεν bc   31 μανωτέρων] corr. ex πυκνοτέρων E¹

ἀέρος λέγει, ὅτι τῆς αὐτῆς οὐσίας οὔσης μᾶλλον συνέσταλται τὸ παχύτερον 277ᵃ
καὶ πυκνότερον τοῦ λεπτοτέρου καὶ μανωτέρου, ὡς δηλοῖ ἡ ἐξ ὀλίγου ὕδατος 11
πολλοῦ γένεσις ἀέρος.

    Ἐφιστάνει δὲ καλῶς ὁ Ἀλέξανδρος, ὅτι τὸ δεδειγμένον ἐν τούτοις τῷ
5 Ἀριστοτέλει τὸ μὴ εἶναι ἄτομον τὸ τοῦ πυρὸς στοιχεῖον πρὸς μὲν τοὺς
ἀρχὰς τῶν φυσικῶν σωμάτων τὰς ἀτόμους ἢ τὰ ἐπίπεδα λέγοντας 15
ἁρμόσοι ἄν, πρὸς δὲ τοὺς πῦρ λέγοντας τὸ στοιχεῖον, περὶ ὧν ὁ λόγος
ἦν, πῶς ἂν ἁρμόσειε; καὶ λύει τὴν ἔνστασιν λέγων, ὅτι καὶ τούτοις ἂν
ἀκολουθοίη, εἰ λέγοιεν μικρά τινα εἶναι πυρὰ τὰ στοιχεῖα τοῦ πυρὸς καὶ
10 ταῦτα ἄφθαρτα· τὸ γὰρ παρ' ἡμῖν πῦρ καὶ φθειρόμενον ὁρᾶται, δεῖ 20
δὲ τὸ στοιχεῖον ἄφθαρτον εἶναι· ἔστιν ἄρα καὶ τοῦ πυρὸς στοιχεῖά τινα.
ἀλλ' εἰ τοῦτο, ἔστι δὲ καὶ τῶν ἐκ τοῦ πυρὸς γινομένων στοιχεῖά τινα
κατὰ τὴν τοῦ πυρὸς ἀλλοίωσίν τε καὶ μεταβολὴν γινόμενα, ἔχοι ἂν λόγον
τά τε τοῦ πυρὸς στοιχεῖα καὶ τὰ τῶν ἄλλων πρὸς ἄλληλα, ὃν καὶ τὰ ἐξ 25
15 αὐτῶν, οὕτω τε εἴη ἂν καὶ τὸ τοῦ πυρὸς στοιχεῖον ἐπὶ μείζονος ὄγκου ἢ
τὰ ἐκείνων· εἰ δὲ τοῦτο, καὶ διαιρετόν, ὡς δέδεικται. ὅτι δὲ ἐπὶ τῆς τοῦ
πυρὸς παντοίας ὑποθέσεως τοῦτο δείκνυσιν, ἡ τῶν ἑξῆς ἀκολουθία δηλοῖ
τῶν πρὸς τὰ πρότερα ἀποδοθέντων. εἰπὼν γὰρ εἰ μὲν γὰρ ἄτομον τὸ 30
πρῶτον σῶμα ποιοῦσι καὶ περιαγαγὼν εἰς τοὐναντίον ταύτην τὴν ὑπό-
20 θεσιν καὶ δείξας, ὅτι διαιρετὸν ἀνάγκη εἶναι, ἐπάγει· εἰ δὲ διαιρετὸν τὸ
τοῦ πυρὸς στοιχεῖον, ὅπερ δέδεικται, τοῖς μὲν σχηματίζουσιν αὐτὸ τῇ
πυραμίδι ἀκολουθήσει τὸ τοῦ πυρὸς μέρος μὴ εἶναι πῦρ, ὅπερ ἄτοπον· 35
ὁμοιομερὲς γὰρ ὁρᾶται τὸ πῦρ. ἀκολουθεῖ δὲ τοῦτο, εἴπερ πυραμὶς μὲν τὸ
σχῆμα τοῦ στοιχείου τοῦ πυρός, διαιρετὴ δέ, ὡς δέδεικται· τῆς δὲ πυρα-
25 μίδος τὰ μέρη οὐ πυραμίδες ἄμφω, εἰ καὶ τὸ ἕτερόν ποτε πυραμὶς γίνεται·
γίνεται οὖν τὰ μέρη τοῦ πυρὸς οὐ πῦρ, εἴ γε ἐν τῷ πυραμίδος σχῆμα 40
ἔχειν ἐν τούτῳ ἦν αὐτῷ τὸ εἶναι πυρί. δεύτερον δὲ ἄτοπον ἐπάγει τοῖς
σχηματίζουσι τὸ πῦρ τὸ μὴ πᾶν σῶμα ἢ στοιχεῖον εἶναι ἢ ἐκ στοιχείων,
ὅπερ ὄντως ἄτοπον. τοῦτο δὲ συμβαίνει, διότι τὸ μέρος τῆς πυραμίδος
30 οὔτε πυραμίς ἐστιν, ἵνα στοιχεῖον ᾖ, οὔτε ἐκ πυραμίδων, ἵνα ἐκ στοιχείων. 45
εἰ οὖν πυραμὶς τὸ πῦρ, τὸ τοῦ πυρὸς μέρος οὔτε πῦρ | ἐστιν, ὅτι μὴ 277ᵇ
πυραμίς, οὔτε ἕτερον στοιχεῖον οὐδέν, οἷον ἀὴρ ἢ ὕδωρ ἢ γῆ, — στοιχεῖα

---

5 τὸ μὴ] τῷ μὴ A   τοὺς] τὰς DE: corr. E²   6 ἀρχὰς om. A   post φυσικῶν del. στοιχείων E   7 ἁρμόσοι ἄν A: ἁρμόσειε D: ἁρμόσειαν corr. ex ἁρμόσοιαν E: ἁρμόσειεν ἄν Fc   στειχεῖον E   8 ἂν (pr.) DEb: om. Ac   ἁρμόσειεν E: corr. E²: ἁρμόσειεν ἄν c   9 ἀκολουθοίη A: ἀκολουθείη DE: ἀκολουθήσειεν Fc   εἰ om. E   12 ἀλλ'—τινα om. D   τῶν] ἐκ τῶν A   13 ἔχοιεν A   14 ὃν] ὃν AE: corr. E²   15 τε εἴη ἂν A: τέθει D: τέθεικαν E: τέθεικε E²b: τεθείκασι F   μείζονος] μεί E: μείζονα E²   ὄγκον DE   16 δὲ (alt.)] δ' DE   17 τῶν] τὸ E: τοῦ E²   18 πρότερον c   γὰρ (alt.) Ab: om. DE: τὸ c   ἄτοπον DE: corr. E²   19 ποιοῦσιν Ec: ν eras. E   21 μὲν om. Ac   24 δέ (pr.)] corr. ex γάρ E¹   δὲ (alt.) Cb: τε ADEc   25 γένηται A   26 πυραμίδες E: corr. E²   27 τοῖς] τὸ εἶναι σχῆμα τοῖς A   29 ὅπερ] δ c   31 ἐστιν om. D

γὰρ τὰ ἁπλᾶ ταῦτα λέγει σώματα — εἴπερ τούτων μὲν ἕκαστον ἐκ συνθέ-
σεως πυρὸς ἐγίνετο, τὸ δὲ τῆς πυραμίδος μέρος πυρὸς μόριόν ἐστιν. καὶ
ἄλλως δὲ ἄτοπον ἂν ἦν τὸ τοῦ πυρὸς μόριον ἀέρα λέγειν ἢ ὕδωρ ἢ γῆν·
ἔσται γὰρ οὕτω μέρη τοῦ στοιχείου τὰ γινόμενα ἐκ τοῦ στοιχείου. εἰ δὲ
5 λέγοι τις τὸ μέρος τῆς πυραμίδος, εἰ καὶ μὴ πυραμίς ἐστιν, ἀλλὰ συγκεῖ-
σθαί γε ἐκ πυραμίδων τῷ πᾶν στερεὸν σχῆμα εἰς πυραμίδας διαιρεῖσθαι,
σχῆμα δέ τι ἔχειν καὶ τὸ μέρος τῆς πυραμίδος, εἶναί τε διὰ τοῦτο τῶν
ἄλλων τι σωμάτων τῶν ἐκ τοῦ πυρός, ἔσται κατ' αὐτοὺς τὸ μέρος τοῦ
ἁπλοῦ στοιχείου σύνθετον καὶ οὐκ ὂν πυραμὶς ἐκ πυραμίδων συγκείσεται.
10 "ἔτι δέ, φησὶν ὁ Ἀλέξανδρος, ἐπ' ἄπειρον ἡ τομὴ ἔσται, εἰ τῆς μὲν
πυραμίδος ἁπλῆς οὔσης τὸ μέρος σύνθετον, τοῦ δὲ συνθέτου πάλιν τὸ
μέρος πυραμὶς ἁπλῆ οὖσα καὶ τῆς πυραμίδος τὸ μέρος πάλιν κατ' αὐτοὺς
σύνθετον· οὕτω δὲ οὐδὲν ἂν εἴη στοιχεῖον."

p. 304b6   Τοῖς δὲ τῷ μεγέθει διορίζουσιν ἕως τοῦ καὶ πάλιν ὕδωρ
15   καὶ γῆ.

Μετὰ τοὺς σχηματίζοντας τῇ πυραμίδι τὸ πῦρ ἢ καὶ τῇ σφαίρᾳ —
οἱ γὰρ αὐτοὶ ἂν ἥρμοσαν λόγοι — μετέβη ἐπὶ τοὺς τῷ μεγέθει διορίζοντας
καὶ διὰ τοῦτο στοιχεῖον λέγοντας, ὅτι λεπτότατόν τε καὶ μικρομερέστατον
τῶν ἄλλων ἐστί, καὶ λέγει, ὅτι τοῖς τῷ μεγέθει διορίζουσιν ἀκολουθεῖ πρό-
20 τερόν τι τοῦ στοιχείου στοιχεῖον εἶναι καὶ τοῦτο εἰς ἄπειρον βαδίζειν.
πῶς δὲ τοῦτο ἀκολουθεῖ, συντόμως ἔδειξεν εἰπὼν εἴπερ ἅπαν σῶμα
διαιρετὸν καὶ τὸ μικρομερέστατον στοιχεῖον· εἰ γάρ, διότι μικρο-
μερέστατον, διὰ τοῦτο στοιχεῖον, ἔστι δὲ διαιρετὸν εἰς τὰ μέρη, τὸ μέρος
μικρότερον ὂν πρότερον ἂν αὐτοῦ εἴη καὶ πάλιν τὸ τοῦ μέρους μέρος,
25 εἴπερ ἅπαν σῶμα διαιρετόν, καὶ τοῦτο εἰς ἄπειρον· ἀναιρεθήσεται ἄρα
πᾶν τὸ ὑποτιθέμενον στοιχεῖον διὰ τὸ μικρομερές, εἴπερ τὸ μικρὸν εἰς
μικρότερα διαιρεῖται. ἐπιστῆσαι δὲ χρή, ὅτι τῷ μεταλαβεῖν τὸ λεπτὸν εἰς
τὸ μικρὸν καὶ τὸ λεπτομερὲς εἰς τὸ μικρομερὲς ἠκολούθησε τοῦτο τὸ ἄτο-
πον. ὅπερ δὲ πρότερον ἔδειξεν ἀκολουθοῦν ἄτοπον τοῖς μεγέθει καὶ μικρό-

---

1 λέγει ταῦτα E   2 ἐγίνετο CDE: ἐγένετο Ac   τῆς om. c   ἐστι D:
om. F   4 γενόμενα DE   5 λέγει Ec: corr. E¹   τὸ om. c
6 πυραμίδων] πυραμίδος c   τῷ E²b: τὸ ADE   7 τούτων Ac   8 μέρος A:
μέγεθος DEbc   9 ὄν] ἂν E   12 ἁπλῶς A   13 οὕτως c   οὐδὲ A
14 διορίζουσι Ec   τοῦ om. D   17 ἐπὶ] bis E, sed corr.   18 τοῦτο] τοῦτο
τὸ A   τε — ἐστί (19) CDEb: τῶν ἄλλων ἐστὶ καὶ μικρότατον A: τῶν ἄλλων ἐστὶ καὶ
μικρομ(ερ)έστατον c   τε] τὸ E   19 διορίζουσιν] e corr. E¹   21 τοῦτο
om. A   22 γάρ] del. E²   23 post στοιχεῖον rep. εἰ γὰρ διότι μικρομερέστατον E
τὰ om. c   24 πρότερον Fb: πρῶτον AD: πρῶτερον E, sed corr.   25 ἄρα] εἴπερ A
27 ἐπεισπῆσαι E, sed corr.   τῷ] corr. ex τὸ E²   μεταλαβεῖν DEFb: μεταβαλεῖν
Ac   τὸ λεπτὸν — καὶ (28) om. A   27. 28 εἰς τὸ] εἰς c   28 λεπτομερὲς καὶ
μικρὸν E   τὸ (tert.) om. Ac   μικρομερὲς] λεπτομερὲς D   ἠκολούθησεν c
τούτω A   29 ἀκολουθοῦν] -οῦν e corr. E

τητι τῶν στοιχείων τὴν διαφορὰν τῶν σωμάτων ὁρίζουσιν, ὡς οἱ περὶ 277ᵇ
Δημόκριτον τὰ τρία ἀέρα καὶ ὕδωρ καὶ γῆν τῇ μικρότητι τῶν στοιχείων 40
ὁμοιοσχήμων ὄντων διαφέρειν ἔλεγον, τοῦτο καὶ τούτοις ἀκολουθεῖν φησιν.
ἦν δὲ τὸ ἄτοπον ἐκεῖνο τὸ τῇ αὐτῶν φύσει μὴ εἶναι τὰ στοιχεῖα, ἅπερ
5 ἔστιν, ἀλλ' ἐν τῇ σχέσει τῇ πρὸς ἄλληλα τὸ εἶναι ἔχειν. τοῦτο οὖν τὸ
ἄτοπον καὶ τοῖς τὸ πῦρ στοιχεῖον εἶναι λέγουσι διὰ τὸ λεπτομερὲς ἀκο- 45
λουθεῖν φησι· τὸ γὰρ αὐτὸ σῶμα τοῦδε μὲν ὂν μικρομερέ|στερον, τοῦδε 278ᵃ
δὲ μεγαλομερέστερον, πρὸς μὲν τόδε ἀέρα ἔσεσθαι, πρὸς δὲ ἄλλο ὕδωρ ἢ
γῆν. ἐπεὶ γὰρ τὸ πῦρ τῷ λεπτότερον εἶναι τοῦ ἀέρος στοιχεῖόν ἐστιν
10 αὐτοῦ, καὶ ἡ ὑπεροχή, ἣν ἔχει κατὰ τὴν λεπτότητα, ἔν τινι λόγῳ ἐστίν, 5
ὅταν ταύτην τὴν ὑπεροχὴν τὴν κατὰ λεπτότητα ὁ ἀὴρ ἄλλου τινὸς ὑπερέχῃ,
ἔσται στοιχεῖόν τε ἐκείνου καὶ πῦρ ὡς πρὸς ἐκεῖνο, εἴ γε τὸ πυρὶ εἶναι ἦν
ἐν τῷ τοσούτῳ λεπτοτέρῳ εἶναι. ὁ αὐτὸς καὶ ἐπὶ τῶν ἄλλων λόγος.

p. 304ᵇ11 Κοινὸν δὲ πᾶσιν ἁμάρτημα ἕως τοῦ ἀνάγκη πλείω εἶναι
15   καὶ πεπερασμένα.

Εἰπὼν πρότερον πρὸς τοὺς ἕν τι τῶν μεταξὺ στοιχεῖον λέγοντας ἢ 15
ὕδωρ ἢ ἀέρα ἢ τὸ μεταξύ, εἶτα καὶ πρὸς τοὺς τὸ πῦρ στοιχεῖον λέγοντας,
κοινὸν πᾶσι νῦν ἄτοπον ἐπάγει τοῖς ἓν τὸ στοιχεῖον λέγουσι τὸ μίαν πάντων
ποιεῖν τὴν κατὰ φύσιν κίνησιν καὶ πάντων τὴν αὐτήν· πάντα γὰρ ἐκείνην
20 κινήσεται τὴν κίνησιν, ἥτις οἰκεία τοῦ στοιχείου ἐστίν, ἐξ οὗ τὴν σύστασιν 20
ἔχει. ἐπεὶ οὖν ὁρῶμεν πᾶν φυσικὸν σῶμα κινήσεως ἔχον ἀρχήν,
εἰ πάντα τὰ σώματα ἕν τί ἐστι, καθ' ὃ ἐξ ἑνός, ἀφ' οὗ καὶ τὴν ἀρχὴν
τῆς κινήσεως ἔχει, πάντων ἂν εἴη μία κίνησις τῷ εἴδει. τὴν δὲ δια-
φορὰν εἶναι κατὰ τὸ μᾶλλον καὶ ἧττον, ἥτις ἀκολουθεῖ τῷ πλέον εἶναι καὶ 25
25 ἔλαττον, ὥσπερ καὶ τὸ πῦρ, ὅσῳ ἂν πλεῖον γένηται, φέρεται θᾶττον ἄνω
τὴν αὐτοῦ φοράν. καὶ εἴπερ τὸ πῦρ ἦν μόνον στοιχεῖον, πάντα ἂν κατὰ
φύσιν ἄνω ἐφέρετο τὰ μὲν θᾶττον τὰ δὲ βραδύτερον, νῦν δὲ καὶ κάτω
φέρεταί τινα· καὶ ὅτι μὴ παρὰ φύσιν μηδὲ ταῦτα, δηλοῖ τὸ καὶ ἐπὶ τούτων, 30
ὥσπερ καὶ ἐπὶ τοῦ πυρός, τὸ μεῖζον θᾶττον φέρεσθαι κάτω· καίτοι εἰ βίᾳ
30 ἐφέρετο, τὸ μεῖζον βραδύτερον καὶ οὐχὶ θᾶττον ἐφέρετο. εἶτα συμπεραι-
νόμενος, ὥστε, φησί, διά τε ταῦτα, ὅσα πρὸς τοὺς ἓν τὸ στοιχεῖον

---

2 καὶ (pr.) om. E   σμικρότητι Fc   3 ὁμοιοσχημόνων c   4 τὸ (pr.) corr. ex
τῷ E²   6 λέγουσιν Ec: v eras. E   λεπτομερὲς ἢ μικρομερὲς DF   7 φησιν Dc
τοῦδε (alt.)] τοῦ c   9 λεπτομερέστερον c   ἐστίν] ἦν A   10 ἐστί D
deinde add. καὶ ἡ ὑπεροχὴ ἣν ἔχει DE: del. E²   11 ὅταν] ὅταν οὖν CE²   12 τὸ]
τῷ A   πυρὶ ADb: πῦρ CE   13 λεπτότερον Cc   14 τοῦ om. D
πλείω ἀνάγκη c   15 πεπερασμένον D   16 στοιχεῖον A: στοιχείων DEb
λέγοντας om. c   17 καὶ om. Ac   18 λέγουσιν c   20 τὴν (pr.) om. Ac
22 ἐστιν c   23 ἔχει AC: καὶ DEb   μία A: ἡ μία DE   24 τῷ] corr. ex τὸ
DE²   πλέον F   28 καὶ ἐπὶ] ἐπὶ c   29 καὶ om. A   30 φέρετο E, sed
corr.; seq. ras. 10 litt.   31 τε A: τί DEF: del. E²

λέγοντας ἐρρήθη, εἴτε τῶν μέσων τι εἴτε τὸ πῦρ, καὶ ὅσα κοινῶς πρὸς 278ᵃ
τοὺς ἓν τὸ στοιχεῖον λέγοντας, καὶ μέντοι, φησίν, ἐπεὶ διώρισται πρό- 35
τερον, ὅτι πλείους αἱ φυσικαὶ κινήσεις, ἀδύνατον ἓν εἶναι τὸ
στοιχεῖον. τοῦτο δὲ τὸ ἐκ τῶν ἁπλῶν κινήσεων ἐπιχείρημα κοινὸν ἦν
5 δεικνύον, ὅτι ἔστι στοιχεῖα καὶ ὅτι οὔτε ἄπειρα οὔτε ἕν· οὐσῶν γὰρ ἁπλῶν
κινήσεων καὶ οὔτε μιᾶς οὔτε ἀπείρων, ἀλλὰ πλειόνων μὲν μιᾶς πεπερασμένων 40
δέ, ἐπειδὴ αἱ ἁπλαῖ κινήσεις ἁπλῶν σωμάτων εἰσί, καὶ ὅσαι αἱ ἁπλαῖ
κινήσεις, τοσαῦτά ἐστι τὰ ἁπλᾶ σώματα, τὰ δὲ ἁπλᾶ σώματα στοιχεῖα,
δῆλον, ὅτι καὶ ἐκ τῶν κινήσεων ἀληθὲς εἰπεῖν, ὅτι ἀδύνατον ἓν εἶναι
10 τὸ στοιχεῖον ὥσπερ καὶ ἄπειρα· καὶ γὰρ καὶ τοῦτο διά τε τοῦ τῶν 45
κινήσεων λόγου ἀνήρηται καὶ δι' ἄλλων πολλῶν ἐπιχειρημάτων. ἐπεὶ οὖν |
οὔτε ἄπειρα, φησίν, οὔτε ἕν, εἶναι δὲ χρὴ πάντως στοιχεῖα, ἀνάγκη 278ᵇ
πλείονα αὐτὰ εἶναι καὶ πεπερασμένα.

p. 304ᵇ 23 Ἐπισκεπτέον δὲ πρῶτον, πότερον ἀίδιά ἐστιν ἕως τοῦ 5
15 ὅπερ ἀδύνατον.

Μετὰ τὸ δεῖξαι, ὅτι οὔτε ἄπειρα δυνατὸν εἶναι τὰ στοιχεῖα οὔτε ἕν,
καὶ συναγαγεῖν ἐκ τούτου, ὅτι πλείονα αὐτὰ ἀνάγκη εἶναι καὶ πεπερασμένα.
ἀκόλουθον ἦν ζητεῖν, πόσα καὶ ποῖα. ἀλλ' αὐτὸς πρότερόν φησι δεῖν 10
ἐπισκέψασθαι, πότερον ἀίδιά ἐστιν ἢ γινόμενα καὶ φθειρόμενα· τούτου
20 γὰρ δειχθέντος φανερὸν ἔσται, καὶ πόσα ἄττα καὶ ποῖά ἐστιν.
δείκνυσιν οὖν ἐφεξῆς, ὅτι οὐκ ἔστιν ἀίδια, τοῦτον τὸν τρόπον· λαβὼν ὡς
ἐναργές, ὅτι τὰ συνεγνωσμένα πάντα ἡμῖν ὑπὸ σελήνην σώματα καὶ τὰ 15
σύνθετα καὶ τὰ ἁπλᾶ, ἅπερ ἐκ τῶν ἁπλῶν ηὗρε κινήσεων, ὁρᾶται διαλυό-
μενα καὶ φθειρόμενα καὶ μᾶλλον τῶν ἁπλῶν τὰ σύνθετα, τοὺς τρόπους,
25 καθ' οὓς δυνατὸν ἦν καὶ διαλυόμενα τὰ ἁπλᾶ ἀίδια εἶναι, ἐκτίθεται, ἵνα
τούτους ἐλέγξας ἔχῃ τὸ μὴ εἶναι ἀίδια. εἰκότως δὲ τῶν συνεγνωσμένων 20
τὰ ἁπλούστερα ἐκλεξάμενος ἐπὶ τούτων ποιεῖται τὸν λόγον ὡς ἐν αὐτοῖς
τῶν στοιχείων ὀφειλόντων εὑρεθῆναι, εἰ μὴ ἄρα τὸ ἐν ἀρχῇ δόξει λαμβά-
νειν οὔπω δείξας, πόσα τε καὶ τίνα ἐστὶ τὰ στοιχεῖα, ταὐτὸν δὲ εἰπεῖν τὰ
30 ἁπλᾶ σώματα. λέγει οὖν, ὅτι, εἰ διαλυόμενα ὁρᾶται τὰ ἁπλᾶ σώματα, εἰ 25
μέλλοι οὕτως ἔχοντα ἀίδιόν τι ἔχειν ἐν αὑτοῖς, ὥσπερ προσήκει στοιχεῖον

---

1 ἐρρήθη A: ἐρρέθη CDEF   μέσον D   2 ἐπεὶ διώρισται A: ἐπειδὴ ὥρισται DEc
4 τὸ om. DE   5 δεικνύων E: corr. E²   ὅτι (pr.) DEb: καὶ ὅτι Ac
7 ἁπλῶν—κινήσεις (8) Fb: mg. E²: om. ADE   εἰσίν E   αἱ om. E   8 στοιχεῖα
σώματα A   9 post τῶν del. στοιχείων E¹   ἀδύνατον—γὰρ καὶ (10)] bis E:
corr. E²   ἕν] ἂν E: corr. E²   10 ἄπειρον A   καὶ γὰρ] εἰ γὰρ A
12 δὲ om. A   στοιχεῖα CDEb: στοιχεῖον Ac   14 πότερον EF: πρότερον A
πότερον—τοῦ] ἕως ἔξω γίγνεσθαι ἄπειρον D   16 τὸ] ins. A   ἀδύνατον A
17 καὶ (pr.)] καὶ τὸ c   συνεισαγαγεῖν D   18 καὶ CDE: τε καὶ Ac   ἐστι CD
23 ηὗρε A: εὗρε CDEc   κινήσεων] κινησ cum ras. A   24 τοὺς] mut. in τοὺς
δὲ E²   28 δόξειε c   28. 29 λαμ|λαμβάνειν E   29 δείξας] δείξας νῦν A
τίνα DEb: οἷα A: ποῖα c   31 μέλλει c

εἶναι, ἀνάγκη ἢ ἐπ' ἄπειρον προχωρεῖν τὴν διάλυσιν, ὡς μηδέποτε δια- 278ᵇ
λελύσθαι, ἢ ἵστασθαι καὶ παύεσθαι τὴν διάλυσιν μήπω διαλυθέντος τοῦ
ὅλου· καθ' ἑκάτερον γὰρ τούτων τῶν τρόπων δυνατόν, κἂν μὴ τὸ ὅλον, 30
ἀλλὰ μέρος γέ τι ὑπομένειν ἀίδιον. εἰ οὖν μήτε ἐπ' ἄπειρον αὐτὰ δυνατὸν
5 διαλύεσθαι μήτε καταλήγειν εἴς τι ἀδιάλυτον τὴν διάλυσιν, δῆλον, ὅτι οὐκ
ἔσται ἀίδια. καὶ ὅτι μὲν οὐκ ἐπ' ἄπειρον αὐτῶν ἡ διάλυσις, δείκνυσι προ-
λαβών, ὅτι ἐν χρόνῳ διαλύεται, καὶ ὅτι ἐν ἄλλῳ καὶ ἄλλῳ χρόνῳ δια- 35
λύεται καὶ συντίθεται· καὶ γὰρ συντιθέμενα ὁρᾶται· οὐ γὰρ δυνατὸν τὸ
αὐτὸ κατὰ ταὐτὸν ὑπομένειν ἄμφω· καὶ ὅτι ὅσος ὁ τῆς διαλύσεως χρόνος,
10 τοσοῦτος ἂν εἴη ἢ καὶ πλείων ὁ τῆς συνθέσεως· ἐργωδεστέρα γὰρ ἡ σύν- 40
θεσις πανταχοῦ τῆς διαλύσεως. τούτων δὲ προειλημμένων συμβήσεται
ἔξω τοῦ ἀπείρου χρόνου ἄλλον εἶναι ἄπειρον, ὅπερ ἐστὶν ἀδύνατον·
οὐδὲ γὰρ πεπερασμένον ἔξω τοῦ ἀπείρου δυνατὸν εἶναι, μή τί γε ἄπειρον.
ἕκαστον δὲ τῶν μερῶν εἶπε, διότι μέρη τοῦ παντός ἐστι τὰ τέσσαρα
15 ταῦτα στοιχεῖα.

Ἀπορεῖ δὲ ὁ Ἀλέξανδρος, διὰ τί ἄλλος χρόνος ἔσται τῆς συνθέσεως· 45
δύναται γὰρ ἐν τῷ αὐτῷ χρόνῳ ἄλλου μὲν διάλυσις γίνεσθαι ἄλλου δὲ
σύνθεσις, οἷον ἀέρος | διάλυσις καὶ πυρὸς γένεσις· τὸ μὲν γὰρ αὐτὸ 279ᵃ
ἅμα διαλύεσθαί τε καὶ συντίθεσθαι ἀδύνατον κατὰ ταὐτόν, κατ' ἄλλο μέντοι
20 διαλύεσθαι καὶ κατ' ἄλλο συντίθεσθαι οὐδὲν κωλύει. καὶ λύει τὴν ἀπορίαν
λέγων· "εἰ καὶ ἕκαστον αὐτῶν εἴς τινα διαλύεται καὶ ἔκ τινων γίνεται, εἴη 5
ἂν ἡ ἐπ' ἄπειρον ἑκάστου αὐτῶν διάλυσις ἐπ' ἄπειρον ἄλλου πάλιν σύν-
θεσις αὐτῶν ἐκείνων, εἰς ἃ διαλύεται, ἑνουμένων καὶ συντιθεμένων πάλιν·
εἰ τοίνυν ἐπ' ἄπειρον ἡ διάλυσις τοῦ πυρός, ὅτε δὲ διαλύεται πῦρ, τότε οὐ
25 γίνεται οὐδὲ συντίθεται, ἐν ἄλλῳ ἂν εἴη συνιστάμενον καὶ γινόμενον, οὐχ 10
ἐν ᾧ διαλύεται· οὗτος δὲ ἄπειρος· ἔξω ἄρα τοῦ ἀπείρου χρόνου ὁ χρόνος,
ἐν ᾧ συνίσταται τὸ πῦρ. καὶ ἐπεὶ οὐκ ἐν ἐλάττονι γίνεται χρόνῳ ἢ φθεί-
ρεται, ἄπειρος δὲ ὁ τῆς φθορᾶς, ἄπειρος ἂν εἴη καὶ ὁ τῆς συνθέσεως
αὐτοῦ. εἰ δὲ λέγοι τις ἐν τῇ αὐτῇ ἀπειρίᾳ τοῦ χρόνου τὸ μὲν γίνεσθαι 15
30 τοῦ πυρός, τὸ δὲ φθείρεσθαι, καὶ τὸ γενόμενον πάλιν φθείρεσθαι καὶ ἄλλο
γίνεσθαι, ὥσπερ καὶ τὸ ἀληθὲς ἔχει, ἡ τοιαύτη ὑπόθεσις οὐδὲν τοῦ πυρὸς
ἀίδιον φυλάττει."

---

1 ἢ om. DE: corr. E² -λυσιν — τὴν διά- (2)] mg. E² 1. 2 διαλύεσθαι F: εἶναι διαλελυμένα E² 2 ἢ] corr. ex μηδὲ E² ἵστασθαι] στῆναι E² καὶ] corr. ex ἢ E² παύσασθαι E² 3 post ὅλου del. καὶ παύεσθαι τὴν διάλυσιν E 5 τι ἀδιά- λυτον] τιδιάλυτον Λ τὴν διάλυσιν om. Fc 6 ἔσται] ἔστιν Ac 7 ἄλλῳ (alt.) CDE: ἐν ἄλλῳ Ac 8 καὶ (pr.) AE: τε καὶ CDc γὰρ (pr.) CDE: γὰρ καὶ Ac 8. 9 τὸ αὐτὸ κατὰ om. Λ 10 ἂν εἴη ἢ F: ἂν εἴη Kbc: ἂν ᾖ A: ἢ C: ἂν ἢ DE πλείων] πλέον εἴη DE: πλέον ὁ E² ὁ] om. DE 12 ἔξω] seq. ras. 3 litt. E 13 οὐδὲ] οὐ Λ εἶναι] ἢν c τί] corr. ex τῇ E² 14 εἶπεν E 16 τῆς] ὁ τῆς Ac 19 ἄλλον DE: ν eras. E 20 ἄλλῳ E, sed corr. 22 ἕκαστα E: corr. E² 25 ἄλλο D συνιστάμενα c γινόμενα c deinde rep. οὐ (24) — συνιστάμενον (25) E: del. E² οὐχ — διαλύεται (26)] del. E: add. mg. E² 28 δὲ ὁ A: διὸ DEb 29 ἀπορίᾳ A γίγνεσθαι DE

p.305a1 Εἰ δὲ στήσεταί που ἡ διάλυσις ἕως τοῦ τὰ στοιχεῖα 279a
τῶν σωμάτων.

Τὸν ἕτερον τρόπον ἀνελὼν τῆς τῶν στοιχείων ἀιδιότητος τὸν κατὰ τὸ 25
ἐπ' ἄπειρον διαλύεσθαι ἐπὶ τὸν ἕτερον μεταβέβηκε τὸν ἵστασθαί που τὴν
5 διάλυσιν ὑποτιθέμενον καὶ δείκνυσιν, ὅτι ἀδύνατόν ἐστιν εἴς τι τοιοῦτον
ἵστασθαι, ὃ μηκέτι διαλύεται. εἰ γὰρ ἵσταται, ἤτοι ἄτομόν τί ἐστι τοῦτο,
εἰς ὃ ἵσταται, ἢ διαιρετὸν μὲν οὐ διαιρεθησόμενον δέ, τουτέστιν οὐ φθαρη- 30
σόμενον, καθάπερ Ἐμπεδοκλῆς φησιν. οὗτος γὰρ διαιρετὰ μὲν λέγει τὰ
στοιχεῖα· οὐ γὰρ ἀτόμους τὰς ἀρχὰς ὑποτίθεται οὗτος, ὡς οἱ περὶ Δημό-
10 κριτον· ἀλλὰ ἀμετάβλητα εἰς ἄλληλα καὶ ἄφθαρτα τὰ τέσσαρα στοιχεῖα
ὑφίστησι, διότι κοινὴν ὕλην αὐτῶν οὐκ ἀπολείπει, τὴν δὲ ἐξ ἀλλήλων ὁρω- 35
μένην γένεσιν κατὰ ἔκκρισιν γίνεσθαι λέγει· πάντα γὰρ ἐν πᾶσιν ἐνυπάρχειν
κατ' ἐνέργειαν ὄντα. ἀλλ' ἄτομον μὲν ἀδύνατον εἶναι τοῦτο, εἰς ὃ ἵσταται
ἡ διαίρεσις τῶν σωμάτων, ὡς Δημόκριτος ἔλεγε. δέδεικται γάρ, ὅτι οὐχ
15 οἷόν τε ἐξ ἀτόμων τὰ σώματα συγκεῖσθαι· οὔτε γὰρ συνεχές τι ἔσται οὔτε 40
διαίρεσις οὔτε συναίσθησις οὔτε κρᾶσις· δέδεικται δὲ καί, ὅτι οὐδὲν ἐστιν
ἄτομον σῶμα. ἀλλὰ μὴν οὐδὲ διαιρετὸν μὲν εἶναι δυνατόν, εἰς ὃ ἵσταται
ἡ διάλυσις, οὐ διαιρεθησόμενον δέ· ἐν πᾶσι γὰρ τοῖς σώμασιν ὁρῶμεν,
ὅτι τὸ ἔλαττον τοῦ μείζονος, ἂν ᾖ ὁμοειδὲς καὶ τῆς αὐτῆς φύσεως, εὐφθαρ- 45
20 τότερόν ἐστι· εἰ οὖν τὸ μεῖζον φθείρεται διαλυόμενον, ὡς πῦρ καὶ ἀὴρ
καὶ ἕκαστον τῶν | ἄλλων ὁρᾶται, πολὺ εὐλογώτερον τὸ ἔλαττον εὐπα- 279b
θέστερόν γε ὄν· ὥστε οὐδὲ εἰς διαιρετὸν στήσεται ἡ διάλυσις. ὅτι δὲ τὸ
ἔλαττον εὐφθαρτότερόν ἐστιν, ἐπὶ παραδείγματος τοῦ πυρὸς δείκνυσι. δύο
γὰρ ὄντων τρόπων, καθ' οὓς φθείρεται τὸ πῦρ, ὑπό τε τοῦ ἐναντίου 5
25 σβεννυμένου καὶ αὐτὸ ὑφ' ἑαυτοῦ μαραινόμενον, ἐν ἀμφοτέροις τὸ
ἔλαττον εὐπαθέστερόν ἐστι καὶ εὐφθαρτότερον. εἴη δὲ ἂν διὰ τούτου τοῦ
δύο τοὺς τρόπους εἶναι τῆς τοῦ πυρὸς φθορᾶς καὶ αὐτὸ τοῦτο δηλούμενον,
ὅτι φθείρεται τὸ πῦρ καὶ ἀεὶ τὸ ἔλαττον τοῦ πλείονός ἐστιν εὐφθαρτότε- 10
ρον· τὸ δὲ ἐπὶ τοῦ πυρὸς ῥηθὲν καὶ ἐπὶ τῶν ἄλλων ἀκουστέον. εἰ οὖν
30 μήτε ἐπ' ἄπειρον αὐτῶν ἡ διάλυσις μήτε καταλήγει που εἰς τὰ μηκέτι

---

3 τὸν (alt.) CDE: om. A   κατὰ τὸ om. c   4 ἐπὶ] ins. A   μεταβέβηκε] seq.
ras. E   5 ἐστι ADE   εἴς τι τοιοῦτον om. b   εἴς τι A: om. DE   6 τί]
τε E   ἐστιν c   7 οὐ (pr.)] ἢ E: μὴ E²   δὲ om. DE: corr. E²   8 οὕ-
τως E: corr. E²   9 οὕτως E   11 ἐφίστησι EF   οὐ E   καταλίπει E:
καταλείπει E²   12 ἔκκρισιν D: ἐx^ρισιν pr. ι corr. ex ρ E   λέγει γίνεσθαι c
14 ἔλεγεν E: corr. E²   16 συναίσθησις A²Cb: συναίνθησις A: σύνθεσις DEc
καὶ CDEb: om. Ac   18 οὐ] οὐδὲ Ec: corr. E²   19 ἂν A: ἐὰν CDE
21 πολὺ—ὄν (22) om. DE: εὐλογώτερον τὸ ἔλαττον εὐφθαρτότερον εἶναι E²   22 εἰς] εἰ
DE   23 δείκνυσιν Ec   26 ἐστι] τε A   τούτου] corr. ex τοῦτο E²   27 δύο τοὺς
τρόπους A: τρόπου δύο D: τρόπους δύο E: δύο τρόπους c   30 αὐτῶν om. A
μήτε (alt.) E²F: μηδὲ C: μηκέτι ADE: neque adhuc b   καταλήγῃ CE   30. p. 629,1 τὸ
μηκέτι διαλυθησόμενον Fc

διαλυθησόμενα, λείπεται φθαρτὰ καὶ γενητὰ εἶναι τὰ στοιχεῖα τῶν 279b σωμάτων. τὰ δὲ τέσσαρα ταῦτα προεχειρίσατο σώματα οὐ τὸ ἐν ἀρχῇ λαμβάνων, ὥς ἄν τις ὑποτοπήσειεν, ἀλλὰ τὰ ἀπὸ τῶν ἁπλῶν κινήσεων 15 εὑρεθέντα ἁπλᾶ σώματα ἐκλεξάμενος ζητεῖ, εἰ ταῦτα ἢ ἐν τούτοις ἔστι τι
5 ἀίδιον· ποῦ γὰρ ἂν ἦν ἀλλαχοῦ τῶν συνεγνωσμένων;

p. 305a 14 Ἐπεὶ δέ ἐστι γενητὰ ἕως τοῦ τοῦτο δὲ ὅτι ἀδύνατον, 20 δέδεικται πρότερον.

Δείξας, ὅτι γενητά ἐστι καὶ φθαρτὰ τὰ στοιχεῖα, ἑξῆς ἐκ διαιρέσεως ἀκριβοῦς ζητεῖ, πότερον ἐξ ἀσωμάτου ἢ ἐκ σώματός ἐστιν ἡ γένεσις, καὶ 25
10 δείξας, ὅτι ἐξ ἀσωμάτου ἀδύνατον, ἔχει, ὅτι ἐκ σώματος. εἰ δὲ ἐκ σώματος, ἤτοι ἐξ ἄλλου ἢ ἐξ ἀλλήλων. ἀνάγκη γὰρ ἐξ ἑαυτῶν ἢ οὐκ ἐξ ἑαυτῶν· ἀλλὰ τὸ γινόμενον ὑπό τινος ἄλλου γίνεται καὶ οὐχ ὑφ' ἑαυτοῦ, ἵνα μὴ τῆς ἑαυτοῦ γενέσεως προϋπάρχῃ. εἰ οὖν μὴ ἐξ ἑαυτῶν, ἢ ἐξ 30 ἀλλήλων ἢ οὐκ ἐξ ἀλλήλων, ὃ ταὐτόν ἐστι τῷ ἐξ ἄλλων. δείξας οὖν
15 πάλιν, ὅτι ἐξ ἄλλου σώματος ἀδύνατον αὐτὰ γίνεσθαι, ἔχει λειπόμενον τὸ ἐξ ἀλλήλων γίνεσθαι τὰ στοιχεῖα· τῆς γὰρ διαιρέσεως ἀντιφατικῆς οὔσης τὸ λειπόμενον ἀναγκαίως περιλείπεται τῶν ἄλλων ἀναιρεθέντων. 35

Πρῶτον οὖν δείκνυσιν, ὅτι ἐξ ἀσωμάτου ἀδύνατον γενέσθαι, διότι ὁ ἐξ ἀσωμάτου γεννῶν λόγος κενὸν ποιεῖ κεχωρισμένον, ὅπερ ἀδύνατον δέδεικ-
20 ται. ὅτι δὲ τοῦτο οὕτως ἔχει, δείκνυσιν ἐκ τοῦ πᾶν τὸ γινόμενον σῶμα ἔν τινι γίνεσθαι τόπῳ· πᾶν γὰρ σῶμα μάλιστα γενητὸν καὶ ὑποσέληνον 40 ἐν τόπῳ εἶναι ἀνάγκη· καὶ τὰ ἐκ τοῦ ἀσωμάτου ἄρα γινόμενα στοιχεῖα σώματά γε ὄντα ἐν τόπῳ ἔσται τινί. ἐν δὴ τῷ τόπῳ ἐκείνῳ, ἐν ᾧ γίνεται καὶ ὃν κατέχει γινόμενα, ἤτοι προϋπῆρχέ τι σῶμα κατέχον αὐτόν, ἢ
25 οὐδὲν ἦν ἐν αὐτῷ σῶμα. ἀλλ' εἰ μὲν ἦν τι σῶμα τὸ προκατέχον τὸν τόπον, δύο σώματα ἐν τῷ αὐτῷ τόπῳ ἔσται τό τε προϋπάρχον καὶ τὸ 45 γεγονὸς ἐν τῇ αὐτῇ τοῦ τόπου περιγραφῇ | ἄμφω κεχωρημένα, καὶ οὕτως 280a ἔσται σῶμα ἐν σώματι καὶ σῶμα διὰ σώματος χωροῦν, ὅπερ ἀδύνατον καὶ ἐν τῇ Φυσικῇ ἀκροάσει ἔδειξεν· ἠκολούθει γὰρ ἄτοπον τὸ τὸ μέγιστον
30 ἐν τῷ ἐλαχίστῳ καὶ τὴν θάλασσαν ἐν κυάθῳ χωρεῖσθαι.

---

2 προεχειρήσατο E: corr. E²   4 τι] τὸ c   6 δέ] δ' c   τοῦτο—ἀδύνατον om. D δὲ] δ' c   7 καὶ πρότερον c   8 καὶ φθαρτά ἐστι Cb   9 ἢ—ἀσωμάτου (10) CDEb: om. A   10. 11 εἰ δὲ ἐκ σώματος CDE: om. Ab   11 ἤτοι] ἢ E   post ἀλλήλων add. εἰ δὲ ἐκ σώματος A   13 αὐτοῦ F: αὐτοῦ c   γεννήσεως A   προϋπάρχῃ] corr. ex προυπάρχει E²: προυπάρχον C   14 ἢ om. DE: corr. E²   δ] ἢ A   τῷ] corr. ex νῷ E¹   ἀλλήλων A   15 πάλιν om. E   18 ἀδύνατον—ἀσωμάτου (19)] bis E: corr. E²   γίνεσθαι c   19 ἀσωμάτων c   21 ὑπὸ σελήνην Fc 22 ἀσωμάτος] σώματος A   23 γε] τε DE: corr. E²   ἐκεῖνο E, sed corr. 24 γινόμενον c   25 ἀλλ'—τόπον (26) om. E: ἀλλ' εἰ μὲν προυπῆρχέ τι σῶμα τόπον κατέχον E²   25. 26 τὸν τόπον] αὐτὸν ἢ οὐδὲν ἦν ἐν αὐτῷ σῶμα D   27 γεγονὸς] corr. ex γένος A: ex γενονὼς E   κεχωρισμένα D   29 Φυσικῇ] IV 6   τὸ τὸ] τὸ A

Καὶ ἡ μὲν ἔννοια τῶν λεγομένων τοιαύτη· ἡ δὲ λέξις ἡ λέγουσα 280ᵃ πᾶν γὰρ τὸ γιγνόμενον ἤτοι ἀσώματον ἔσται, ἐν ᾧ ἡ γένεσις, ἀσαφὴς ὄντως ἐστὶ καὶ ἔοικεν, ὡς καὶ τῷ Ἀλεξάνδρῳ δοκεῖ, ἡμαρτῆσθαι μέρους τινὸς αὐτῆς ἀφαιρεθέντος, εἶναι δὲ τὸ πλῆρες "πᾶν γὰρ τὸ γινόμε-
5 νον ἔν τινι γίνεται καὶ ἤτοι ἀσώματον ἔσται, ἐν ᾧ ἡ γένεσις", ὅπερ δηλοῖ, ὅτι πᾶν τὸ γινόμενον ἐν τόπῳ ἔσται, καὶ οὗτος ὁ τόπος, ἐν ᾧ ἡ γένεσις, τουτέστι τὸ γινόμενον, ἤτοι ἄλλο τι περιέχων ἔσται σῶμα ἢ οὔ· τὸν δὲ μὴ ἔχοντα σῶμα τόπον ἀσώματον εἶπεν. εἰ δὲ ἐκχωρεῖν τις λέγοι τῷ γινομένῳ σώματι τὸ προϋπάρχον, κενός τις ἔσται τόπος, εἰς ὃν μεταβή-
10 σεται· οὐ γὰρ δὴ εἰς τὸν ἐκείνου, ἐξ οὗ τοῦτο γίνεται· ἐκ γὰρ ἀσωμάτου γίνεσθαι ὑπόκειται. οὕτω μέν, εἰ ὁ τόπος, ἐν ᾧ ἔσται τὸ γινόμενον, περιεῖχέ τι σῶμα πρὸ τοῦ γινομένου· εἰ δὲ μηδὲν περιέχει σῶμα, κενὸν ἔσται τι ἀφωρισμένον, ὃ δέχεται τὸ σῶμα τὸ ἐκ τοῦ ἀσωμάτου γινόμενον, δέδεικται δὲ ἐν τῷ τετάρτῳ τῆς Φυσικῆς ἀκροάσεως, ὅτι ἀδύνατον
15 εἶναι κενόν.

p. 305ᵃ22   Ἀλλὰ μὴν οὐδὲ ἐκ σώματός τινος ἕως τοῦ λείπεται ἐξ ἀλλήλων γίνεσθαι.

Δείξας, ὅτι ἐξ ἀσωμάτου ἀδύνατον τὴν τῶν σωμάτων γένεσιν εἶναι, μέτεισιν ἐπὶ τὸ δεῖξαι, ὅτι οὐδὲ ἐκ σώματός τινος ἄλλου· τὸ γὰρ ἐκ σώ-
20 ματός τινος τὸ ἐξ ἄλλου δηλοῖ. τούτου δὲ δειχθέντος καταλείπεται τὸ ἐξ ἀλλήλων εἶναι τῶν στοιχείων τὴν γένεσιν. ὅτι δὲ οὐκ ἐξ ἄλλου τινὸς σώματος, προθέμενος δεῖξαι βραχέως αὐτὸ συνελογίσατο εἰπὼν συμβήσεται γὰρ ἄλλο σῶμα πρότερον εἶναι τῶν στοιχείων, ὅπερ ἐναργῶς ἄτοπον, καὶ ὅτι πρῶτα χρὴ τῶν ἄλλων εἶναι τὰ στοιχεῖα, καὶ ὅτι ἐπ'
25 ἄπειρον ἀνάγκη ἰέναι, εἰ γενητὰ καὶ αὐτά ἐστι, καὶ ὅτι ἐκεῖνα ἂν εἴη μᾶλλον στοιχεῖα καὶ οὐ ταῦτα, ἅπερ ὑποτιθέμεθα. ταῦτα δ' οὖν ἐνδειξάμενος προφανῆ τε ὄντα καὶ κοινότερα καὶ φυσικῶς λοιπὸν ὕπαντα πρὸς τὸν λόγον. τὸ γὰρ σῶμα τοῦτο, ἐξ οὗ τὰ στοιχεῖα λέγει τις εἶναι, εἰ μὲν ἕξει βάρος ἢ κουφότητα, τῶν ὑποτεθέντων ἂν εἴη τι στοιχείων,
30 εἰ μὲν βάρος ἔχοι, τῶν πρὸς τὸ μέσον κινουμένων, εἰ δὲ κουφότητα, τῶν

---

3 ἐστὶν Ec: ν eras. E   4 τινὸς αὐτῆς DEb: αὐτῆς τινὸς Ac   4. 5 γιγνόμενον c
5 γίγνεται c   ὅπερ—γένεσις (6) om. D   δηλοῖ E: δῆλον A   6 γιγνόμενον E
οὗτος A: αὐτὸς Ec   7 περιέχων A: περιέχον Dc, e corr. E   8 λέγει c:
comp. F   9. 10 μεταβήσεται A: μεταστήσεται DE: transfertur b   11 οὕτως c
ἔσται] ἔστι c   γιγνόμενον DE   13 τι Ab: τὸ DE   ᾧ AE²b: ᾧ DE
ἀσωμάτου] σώματος A   14 τετάρτῳ b: τρίτῳ ACDEc   Φυσικῆς] IV 8   16 οὐδ'
Ec   τινὸς] ἑνὸς D   τοῦ λείπεται om. D   17 γίγνεσθαι DEc   19 ἄλλου
τινὸς (20) DEFb: τοῦτο γὰρ A   20 τὸ ἐξ] suprascr. E²   21 οὐχ] οὐδ' Fc
23 εἶναι om. A   24 πρῶτα ADE: πρῶτον CFb   25 ἀνάγκη ἰέναι CDEb: ἰέναι
ἀνάγκη Ac   ἐστὶν c   26 δ' οὖν ADE: οὖν Cc: enim b   27 καὶ (alt.) om. c
28 τοῦτο om. c   λέγοι τις DE: λέγουσιν E²: dicit b   29 ὑποτιθέντων A

πρὸς τὸ πέριξ· εἰ δὲ μηδεμίαν ἔχοι ῥοπήν, ἀκίνητον καὶ μαθημα- 280ᵃ
τικὸν ἔσται. πῶς γὰρ ἂν κινηθείη βάρος ἢ κουφότητα μὴ ἔχον; μὴ
κινούμενον δὲ μήτε καθόλου μήτε κατὰ τὰ μέρη μαθηματικὸν ἂν εἴη·
ταύτῃ γὰρ μάλιστα τὸ φυσικὸν σῶμα | τοῦ μαθηματικοῦ διενήνοχε τῷ 280ᵇ
5 κινήσεως ἀρχὴν ἐν ἑαυτῷ ἔχειν. τοιοῦτον δὲ ὂν ἄρροπον καὶ κινήσεως
ἀρχὴν μὴ ἔχον καὶ οὐδὲν ἄλλο ἢ μαθηματικὸν οὐδὲ ἐν τόπῳ ἔσται· τοῦτο
δὲ καὶ αὐτὸ μὲν καθ' αὑτὸ ἄτοπον τὸ εἶναί τι σῶμα φυσικὸν μὴ ὂν ἐν 5
τόπῳ· καὶ ἄλλο δέ τι ἄτοπον αὐτὸς ἐνεῖδεν, εἰ μὴ εἴη ἐν τόπῳ, τὸ μηδὲν
ἐξ αὐτοῦ γίνεσθαι· ἐν ᾧ γὰρ τόπῳ ἐστὶ τὸ ὑποκείμενόν τινι, ἐξ οὗ
10 γίνεται, ἐν τούτῳ καὶ τὸ γινόμενον ἀνάγκη εἶναι, εἴπερ τὸ γινόμενον τὸν
τόπον τοῦ ἐξ οὗ γίνεται μεταλαμβάνει· εἰ οὖν μὴ ἔστιν ἐν τόπῳ τὸ ἐξ 10
οὗ γίνεται, οὐδ' ἂν γένοιτό τι ἐξ αὐτοῦ.

"Ὅτι δὲ ῥοπὴν μὴ ἔχον οὐκ ἂν εἴη ἐν τόπῳ, δείκνυσι δι' ἀδυνάτου.
εἰ γὰρ εἴη ἐν τόπῳ ἀκίνητον ὂν καὶ ἠρεμοῦν, καὶ κινεῖσθαι ἐν τούτῳ
15 τῷ τόπῳ δυνατὸν ἀντὶ τοῦ ἐπὶ τοῦτον τὸν τόπον· ἐν ᾧ γάρ τι ἠρεμεῖ
τόπῳ, ἐπὶ τοῦτον καὶ κινεῖσθαι πέφυκεν. καὶ εἰ μὲν βίᾳ ἠρεμεῖ ἐν αὐτῷ, 15
καὶ κινεῖται ἐπ' αὐτὸν βίᾳ καὶ παρὰ φύσιν, τὸ δὲ βίᾳ κινούμενον πᾶν
ἔχει τινὰ καὶ κατὰ φύσιν κίνησιν· ὕστερον γὰρ ἐν πᾶσι τὸ παρὰ φύσιν
τοῦ κατὰ φύσιν· εἰ δὲ κατὰ φύσιν ἠρεμεῖ, καὶ κινεῖσθαι κατὰ φύσιν ἐπ'
20 αὐτὸν δυνατόν. εἰ οὖν ἀκίνητον παντελῶς ἐστιν, οὔτε ἠρεμήσει ἐν τόπῳ 20
οὔτε ἔσται ὅλως ἐν τόπῳ, οὐδὲ γενήσεταί τι ἐξ αὐτοῦ· εἰ δὲ ἐν τόπῳ
ἐστί, καὶ κινήσεται κατὰ τὸν τόπον καὶ βάρος ἕξει καὶ κουφότητα καὶ τῶν
τεσσάρων ἔσται τι στοιχείων. "εἰ δὲ μὴ ἐν τόπῳ, δύναται, φησὶν ὁ
Ἀλέξανδρος, καὶ τοῦτο ἐπαχθῆναι τὸ κενὸν εἶναι, ἐν ᾧ τὸ γινόμενον ἔσται· 25
25 τὸ γὰρ αὐτὸ συμβαίνει, ὃ καὶ τοῖς ἐξ ἀσωμάτου τὸ σῶμα γεννῶσιν."

Ταῦτα δὲ δείξας εἰκότως συμπεραίνεται τὸ ἐξ ἀλλήλων γίνεσθαι τὰ
στοιχεῖα, ἐπεὶ μήτε ἐξ ἀσωμάτου δυνατὸν μήτε ἐξ ἄλλου σώματος, ὡς
ἀποδέδεικται.

p. 305ᵃ33 Πάλιν οὖν ἐπισκεπτέον, τίς ὁ τρόπος τῆς ἐξ ἀλλήλων 31
30 γενέσεως ἕως τοῦ ὅταν γὰρ ὕδωρ ἐξ ἀέρος γένηται, βαρύ-
τερόν ἐστιν.

Δείξας, ὅτι τοῦτο ὑπελείφθη τὸ ἐξ ἀλλήλων γίνεσθαι τὰ στοιχεῖα, 35

---

1 μηδεμίαν] corr. ex μίαν DE² ἔχει Fc 3 καθόλου DE τὰ om. Fc
4 διενήνοχεν Ec 5 ἐν] corr. ex μὴ E² ἄροπον E καὶ CDE: τε καὶ Ac
6 καὶ om. bc 9 ἔστιν c τὸ] corr. ex vo E¹ 10 γιγνόμενον (pr.) DE
γιγνόμενον (alt.) D 10. 11 τοῦ τόπου C 11 μεταλαμβάνει — γίνεται (12)
om. A μεταλαμβάνει CD: μεταλαβάνει E: καταλαμβάνει c: assumit b 13 ἐν τόπῳ
εἴη A 16 τόπῳ] τῷ τόπῳ A πέφυκε D et e corr. E 22 pr. καὶ —
τόπῳ (23) om. b κινήσεται A: κινεῖται DEc τὸν A: om. DEc τῶν]
τῷ A 23 τι A: om. DEc 24 τούτῳ D γιγνόμενον DE
25 ἀσωμάτων Ac γεννῶσι D: v eras. E 26 δὲ] suprascr. D τὸ] τὰ DE:
corr. E² γίγνεσθαι DE τὰ om. DE: corr. E² 29 τίς — γένηται (30)] ἕως D
30 ὅτε A 32 ὑπελήφθη E: corr. E² γίγνεσθαι DE

ἐπειδὴ καὶ γενητὰ δέδεικται καὶ οὔτε ἐξ ἀσωμάτου οὔτε ἐξ ἄλλου σώμα- 280b
τος, ζητεῖ λοιπὸν τὸν τρόπον τῆς ἐξ ἀλλήλων γενέσεως. καὶ ἐπειδὴ διά-
φοροι καὶ περὶ τούτου ἐγένοντο δόξαι τοῦ μὲν Ἐμπεδοκλέους ἀΐδια λέ-
γοντος τὰ στοιχεῖα τῇ μίξει τε καὶ διακρίσει τούτων τὴν γένεσιν
5 ἀποδιδόντος, τοῦ δὲ Ἀναξαγόρου πάντα ἐν πᾶσι λέγοντος καὶ τὴν γένεσιν 40
ἔκκρισιν τιθέντος, Δημοκρίτου δὲ καὶ τῶν τὰ ἐπίπεδα λεγόντων τῇ
συγκρίσει καὶ διακρίσει τῶν ἀτόμων καὶ τῶν ἐπιπέδων τὴν τῶν στοιχείων
ἐξ ἀλλήλων γένεσιν ποιούντων, πρὸς πρώτους ὑπαντᾷ τοὺς περὶ Ἐμπε-
δοκλέα καὶ Δημόκριτον καὶ Ἀναξαγόραν κοινὸν ἐνιδὼν αὐτῶν τῇ δόξῃ τὸ 45
10 τὰ παρ' ἑκάστῳ τιθέμενα στοιχεῖα ἀΐδια ὄντα τότε γίνεσθαι | δοκεῖν, 281a
ὅταν ἀπὸ τῶν ἄλλων διακριθῇ. ὁ μὲν γὰρ Ἀκραγαντῖνος Ἐμπεδοκλῆς, ὅταν
ὕδωρ ἐξ ἀέρος γίνηται ἢ ἀὴρ ἐξ ὕδατος, ἐνυπάρχοντα πρότερον ἐν τῷ
συγκρίματι ἐνεργείᾳ τότε ἐκκρίνεσθαι δοκεῖ λέγειν. Ἀναξαγόρας δὲ οὐ
τὰ τέσσαρα μόνον, ἀλλὰ καὶ τὰ ἄλλα πάντα, τὰς ὁμοιομερείας στοιχεῖα 5
15 λέγων καὶ πάντα ἐν πᾶσιν εἶναι, κατὰ δὲ τὸ ἐπικρατοῦν χαρακτηρίζεσθαι·
ὅταν οὖν πλείονα ἐκκριθέντα πυρὰ συστῇ, τότε δοκεῖ γίνεσθαι πῦρ. καὶ
Δημόκριτος δὲ τὰ ἑαυτοῦ στοιχεῖα τὰς ἀτόμους ἐξ ἀλλήλων γίνεσθαι λέγει
ὡς ἀποκρινομένας ἀπὸ τοῦ μίγματος· ὕδατος γὰρ διαλυομένου ἀποκρινό- 10
μεναι αἱ ἄτομοι εἰς ἀέρα συνίστανται τοιαίδε τοιῶσδε συμπλακεῖσαι. οὗτοι
20 οὖν, φησίν, οὐ γένεσιν ἐξ ἀλλήλων ποιοῦσιν τῶν στοιχείων, ἀλλὰ φαι-
νομένην γένεσιν, διότι ἐνυπάρχον ἕκαστον τῶν παρ' αὐτοῖς στοιχείων
κατ' ἐνέργειαν ἐκκρίνεσθαί φασιν ὥσπερ ἐξ ἀγγείου τῆς γενέσεως 15
οὔσης, ἀλλ' οὐχ ἔκ τινος ὕλης κατὰ μεταβολὴν συνισταμένης· διαφορὰ
δέ, ὅτι τὸ μὲν ἐξ ἀγγείου ἐνεργείᾳ ὑπάρχον ἐκκρίνεται, τὸ δὲ ἐξ ὕλης ἐκ
25 τοῦ δυνάμει μεταβάλλει εἰς τὸ ἐνεργείᾳ. εἰ δὲ καὶ δοθείη, φησίν, αὐτοῖς
τὸ τὴν ἔκκρισιν γένεσιν εἶναι καίτοι καὶ καθ' αὑτὸ ἄτοπον ὑπάρχον, καὶ 20
οὕτως οὐδὲν ἧττον ἄτοπον αὐτοῖς ἀκολουθήσει. λαβὼν οὖν ἐκ τῆς ἐναργείας,
ὅτι τὸ αὐτὸ μέγεθος συμπιληθὲν οὐ γίνεται βαρύτερον· οὔτε γὰρ τὸ ἱμάτιον
τὸ ἐπτυγμένον βαρύτερον ἑαυτοῦ ἡπλωμένου ἐστὶν οὔτε τὸ πεπιλημένον
30 ἔριον ἑαυτοῦ ἐξαμμένου· τοῖς δὲ τὴν γένεσιν κατ' ἔκκρισιν ποιοῦσιν ἕπεται 25
τοῦτο λέγειν· εἰ γὰρ τὸ ὕδωρ τῇ ἐκκρίσει τῇ ἀπὸ τοῦ ἀέρος γίνεται, οὐδὲν
ἄλλο προσγίνεται αὐτῷ ἢ πίλησίς τις καὶ πύκνωσις· ἐν γὰρ τῷ ἀέρι ὕδωρ
μὲν ἦν ὁμοίως, ἀλλὰ κεχυμένον· ἀλλὰ μὴν βαρύτερον τὸ ὕδωρ ἐκκριθὲν

---

1 ἐπεὶ DE   2 τὸν τρόπον] add. E²   2. 3 διαφόρως E: corr. E²   3 περὶ τούτου scripsi: de hoc b: περὶ τούτων DE: περὶ τούτων Ac   ἐγίνοντο D   ἀΐδια A(b): ἀΐδια μὲν DEc   4 τε DEb: δὲ Ac   5 πάντα om. A   7 καὶ διακρίσει om. E   10 δοκεῖν E   16 γίγνεσθαι DE   17 γίγνεσθαι DE   18 ἀποκρινομένῳ A   19 τοιῶσδε] τοιαῖσδε D   συμπλεκεῖσαι E   20 ποιοῦσι DE   24 ἀγγείου] ἀπείρου A   ἐνυπάρχον C   ὕλης] ὕλης A   25 δυνάμει om. A   26 καὶ (pr.) om. c   27 οὕτω c   οὖν] del. K: om. c   28 συμπηληθὲν E: corr. E²   29 τὸ ἐπτυγμένον] -υ- e corr. E¹: τὸ ἐκπεπιλημένον C: συνεπτυγμένον c: compressum b   αὐτοῦ c   πεπηλημένον E: corr. E²: ἐκπεπιλημένον C   30 ἑαυτοῦ C: αὐτοῦ DE²: αὐτοῦ AEc   ἐξαμμένου AEF: mut. in ἐξασμένου K: ἐξημμένου C: ἐξαμένου D   κατὰ DE   32 ἐν—ἀέρι (p. 633,1)] post γίνεται p. 633,2 ponit A   33 ὁμοίως om. E

ἦν, ἦ ὅτε ἦν ἐν τῷ ἀέρι· πιληθὲν ἄρα τὸ αὐτὸ σῶμα βαρύτερον κατ' 281ᵃ
αὐτοὺς γίνεται. καίτοι οὐδὲν τῶν βάρος ἐχόντων σωμάτων μετὰ ἀέρος 31
κουφότερόν ἐστιν ἢ χωρὶς ἀέρος καθ' αὑτὸ λαμβανόμενον, εἰ ἐν ἀέρι καὶ
μὴ ἐν ὕδατι κρίνοιτο τὸ βάρος αὐτῶν· ἐν μὲν γὰρ ὕδατι συντελεῖ τοῖς βα-
5 ρέσιν εἰς κουφότητα ἡ τοῦ ἀέρος μίξις τῷ τὸν ἀέρα ἐπιπολαστικὸν εἶναι 35
τῷ ὕδατι, ἐν δὲ τῷ ἀέρι οὐκέτι τῷ μηκέτι ἔχειν τὸν ἀέρα ἐν τῷ ἀέρι
κουφότητα. καὶ τοῦτο καὶ αὐτὸς εἶπε διὰ τοῦ τὸ γὰρ αὐτὸ μέγεθος οὐ
δοκεῖ συμπιληθὲν γίνεσθαι βαρύτερον· τὸ γὰρ συμπιληθὲν δη-
λωτικόν ἐστι τοῦ στερηθὲν τοῦ μεσιτεύοντος ἀέρος.   40

10 p. 305ᵇ10   Ἔτι δὲ τῶν μεμιγμένων σωμάτων ἕως τοῦ ἄλογον τὸ ἐξ
ἀνάγκης ἀεὶ πλείω τόπον ἐπιλαμβάνειν τὸ χωριζόμενον.

Δεύτερον ἐπάγει τούτοις ἄτοπον προλαβὼν κἀνταῦθα ὡς | ἐναργές, 281ᵇ
ὅτι, τῶν μεμιγμένων σωμάτων ἐὰν θάτερον χωρισθῇ, οὐκ ἀνάγκη πλείω
τόπον ἐπέχειν. εἰ οὖν, ὅταν ἐξ ὕδατος ἀὴρ γένηται, πλείω καταλαμβάνει
15 τόπον, οὐ μόνον οὗ κατεῖχεν ἐν τῷ ὕδατι ὤν, ἀλλὰ καὶ οὗ μετὰ τοῦ ὕδατος
κατεῖχε· τὸ γὰρ λεπτομερέστερον χεόμενον πλείονα τόπον κατέχει τοῦ πα- 5
χυμερεστέρου· καὶ εἰ μὲν ἐγίνετο τοιοῦτος οὐκ ὢν πρότερον ἀήρ, εὔλογον
τοιοῦτον αὐτὸν γινόμενον πλείονα κατασχεῖν τόπον, εἰ δὲ ἦν καὶ προϋπῆρχε
τοιοῦτος ὢν ὁ ἀήρ, οὐκ ἔστιν εὔλογον τὸ κατέχειν αὐτὸν μετὰ τὴν ἔκκρισιν 10
20 πλείω τόπον. πιστωσάμενος δὲ ἐκ τοῦ λόγου τὸ πλείω κατέχειν τόπον
τὸν ἐκ τοῦ ὕδατος ἀέρα γινόμενον διὰ τὸ λεπτομερέστερον εἶναι ἐπάγει καὶ
τὴν ἀπὸ τῆς αἰσθήσεως ἐνάργειαν· τοῦ γὰρ γλεύκους εἰς ἀτμὸν ἀναλυο-
μένου καὶ πνευματουμένου ἐν τῇ τοιαύτῃ μεταβολῇ ῥήγνυται πολλάκις τὰ 15
περιέχοντα ἀγγεῖα διὰ τὴν στενοχωρίαν.

25   Τὸ δὲ οὐκ ἀνάγκη χωρισθὲν θάτερον ἀεὶ πλείω τόπον ἐπέ-
χειν εἶπε διὰ τὸ ἐφεξῆς ῥηθησόμενον· κἂν γὰρ ᾖ κενὸν καὶ δύνηταί τις
ἐπέκτασις γίνεσθαι διὰ τοῦτο τῶν σωμάτων, ἀλλ' οὐκ ἀεί γε τοῦτο γίνεται
οὐδὲ ἐξ ἀνάγκης, ὡς ἐπὶ τοῦ ἀέρος ἔχει.

Ἐπιχειρήσας δὲ οὕτω πρότερον μὲν ἀπὸ τοῦ ὕδατος, ὅτι βαρύτερον 20
30 ἔσται ἐκκρινόμενον, εἶτα ἀπὸ τοῦ ἀέρος, ὅτι πλείονα τόπον κατέχει, τὸ τρί-
τον ἀπὸ τοῦ τόπου ποιεῖται τὴν ἐπιχείρησιν καὶ λέγει, ὅτι, εἰ μὲν ὅλως

---

1 ἦν (pr.) om. A   πηληθὲν E: corr. E²   αὐτοῦ A   2 γίγνεται DE
4 κρίνεται Fc   γὰρ om. E   ὕδατι A: τῷ ὕδατι DE   5 τῷ] corr. ex
τὸ E²   6 τῷ (tert.)] τὸ DE: corr. E²   7 εἶπεν Ec: ν eras. E   τοῦ τὸ E²:
τοῦτο ADE   αὐτὸ] αὐτῷ A: τὸ αὐτὸ D   8 συμπιληθὲν E: corr. E²
γίνεσθαι A: γίγνεσθαι Dc   γίνεσθαι—συμπιληθὲν (8. 9) om. E   9 τοῦ στερηθὲν] τὸ
ὑστερηθὲν A   10 τοῦ—τόπον (11) om. D   11 ἐπιλαμβάνειν] ἔχειν A   14 εἰ
οὖν, ὅταν] ὅταν δ' c   16 κατεῖχεν Ec: corr. E   λεπτομερέστατον E, sed corr.
17 ἐγένετο c   ὢν] ἂν E: mg. γρ. οὐκ ὢν E²   18 αὐτὸν τοιοῦτον Ac   προϋπῆρ-
χεν c   19 οὐκ ἔστιν DEb: οὐκέτι A   μετά—ἔκκρισιν om. D   20 πλείω (alt.)] πλεῖον
E, sed corr.   21 ἀέρα γινόμενον A: γινόμενον ἀέρα DE   23 ῥήγνυται] ῥήτ'νται A
25 πλεῖον E, sed corr.   26 εἶπεν E, sed corr.   δύναταί A   28 οὐδ' c

μὴ ἔστι κενόν, ὡς αὐτὸς ἔδειξεν, εἰς ὃ ἐπεκταθήσεται τὰ σώματα, αὐτό- 281ᵇ
θεν πρόδηλον τὸ ἀδύνατον· τίνα γὰρ τρόπον ἢ πῶς πλείονα τόπον ἐπιλή- 25
ψεται τὸ αὐτὸ σῶμα ἀεὶ διαμένον οὐκ ὄντος κενοῦ τόπου τινὸς ἄνευ σώ-
ματος, εἰς ὃν ἡ χύσις τῷ λεπτομερεστέρῳ γενήσεται; εἰ δὲ ἔστι κενόν,
5 ὡς λέγουσιν οἱ περὶ Δημόκριτον, εἰς ὃ ἡ τῶν σωμάτων ἐπέκτασις γίνεται,
ὅσον μὲν ἐπὶ τῷ τόπῳ δυνήσεται ἐπεκτείνεσθαι τὰ σώματα, ἄλογον δὲ τὸ 30
ἐξ ἀνάγκης ἀεὶ τὸ ἕτερον οἷον τὸν ἀέρα χωρισθέντα ἐκ τῆς μίξεως πλείονα
τόπον ἐπιλαμβάνειν. οὕτω τὴν ἀρχὴν ὁ Ἀλέξανδρος ἐπὶ τοῦ κεχωρισμένου
κενοῦ ποιησάμενος τὴν ἐξήγησιν· τοῦτο γὰρ ἂν εἴη τόπος, εἰς ὃν ἡ ἐπέκ-
10 τασις τοῖς σώμασι γίνεται· ἀνεπισημάντως ἐπὶ τὸ παρεσπαρμένον κενὸν 35
μετέβη λέγων ''τὸ γὰρ τῆς χύσεως αἰτιᾶσθαι τὴν τοῦ κενοῦ παρέμπτωσιν
ἄλογον· κατὰ τίνα γὰρ ἀνάγκην ἢ δύναμιν παρεμπῖπτον τοῦτο διίστησι τὰ
σώματα καὶ διαιρεῖ ἀσώματόν γε ὂν καὶ εἰς τὸ εἴκειν, οὐκ εἰς τὸ ποιεῖν
παρεσκευασμένον; ἔτι δὲ διὰ τί οὐ πάντα χεῖται, φησί, καὶ πλείονα τόπον 40
15 κατέχει τὰ ἐκκρινόμενα, εἴ γε τὸ κενὸν παρεμπῖπτον αἴτιον τούτου, ἀλλ᾽
ὕδωρ μὲν ἐξ ἀέρος ἐκκρινόμενον οὐ χεῖται, ἀλλὰ συστέλλεται, ἀὴρ δὲ ἐξ
ὕδατος ἐκκρινόμενος ἀεὶ χεῖται''; μήποτε δὲ ὁ Ἀριστοτέλης περὶ τοῦ παρε-
σπαρμένου κενοῦ λέγει τὸ ὅλον ἐπιχείρημα· τοῦτο γὰρ κατὰ τοὺς περὶ 45
Δημόκριτον αἴτιόν ἐστι τῆς τῶν σωμάτων ἐπεκτάσεως. τὸ γὰρ | κεχω- 282ᵃ
20 ρισμένον κενὸν αἴτιον μὲν ἐπεκτάσεως οὐκ ἔστιν, ἐπεκτεινομένοις δὲ χώραν
παρέχει, καὶ διὰ τοῦτο οὕτως· εἶπεν· εἰ μὲν ὅλως μηδὲν ἔστι κενὸν
μήτε τὸ χωριστὸν μήτε τὸ παρεσπαρμένον, μηδὲ ἐπεκτείνεται τὰ σώματα,
ὡς οἱ περὶ Δημόκριτον τῇ παρεμπτώσει τοῦ κενοῦ ἐπεκτείνεσθαι λέγουσιν 5
αὐτά, ἀλλὰ τὴν ἑαυτῶν φύσιν καὶ μεμιγμένα φυλάττει, ὡς Ἐμπεδοκλῆς
25 καὶ Ἀναξαγόρας διετάττοντο· οὗτοι γάρ εἰσιν οἱ ταῦτα λέγοντες· φανε-
ρόν, φησίν, τὸ ἀδύνατον· ἔδει γὰρ καὶ χωριζόμενον τὸν ἀέρα μένειν
ὅμοιον καὶ τὸν ἴσον κατέχειν τόπον καὶ μή, ὡς νῦν ὁρᾶται, πλείονα ἐπι- 10
λαμβάνειν. εἰ δὲ ἔστι, φησί, τὸ παρεσπαρμένον κενὸν καὶ ἡ ἐπέκτασις,
ὡς Δημόκριτος βούλεται, ἄλογον τὸ μεμιγμένας μὲν τὰς ἀτόμους μὴ διει-
30 λῆφθαι τῷ κενῷ, χωριζομένας δὲ τοῦτο πάσχειν, καὶ διὰ τοῦτο πλείονα
τόπον ἐπέχειν τὸ χωριζόμενον. καὶ εἰ οὕτως εἴρηται, εἴη ἂν διὰ μὲν τῶν 15
προτέρων πρὸς Ἀναξαγόραν καὶ Ἐμπεδοκλέα ἀποτεινόμενος, οἵτινες οὐκ
ἔλεγον εἶναι κενόν, τὰ δὲ ὕστερα πρὸς τοὺς περὶ Δημόκριτον ἐρρήθη συγ-
χωροῦντα τῇ τοῦ κενοῦ παρεμπλοκῇ.

---

2 γὰρ] τὸν A   2. 3 ἐπιλήψεται] -ή- e corr. E   4 ὄν] ὃ CE   τῶν λεπτομε-
ρεστέρων c   5 τῶν] e corr. E¹   6 δὲ τὸ] δὲ A   9 ἡ om. A   11 μετέβη
λέγων] μεταίρει λόγον E: μεταβαίνει λέγων E²   14 δὲ] τὲ A   14. 15 τόπον κατέχει
Db: τόπον κατέχειν E: κατέχει τόπον Ac   15 κενόν] κοινὸν DE: corr. E²
17 περὶ] οὐ περὶ Fc: οὐ del. F   20. 21 παρέχει χώραν DE   21 ἔστιν E, sed corr.
24 μιγμένα E: corr. E²   25 διέταττον A   28 ἡ A: om. DE   29 Δημόκριτον
E, sed corr.   31 μὲν om. A   33 δὲ ὕστερα] δεύτερα A   ἐρρέθη C: ἐρρήθησαν A
33. 34 συγχωροῦντας C: concedentem b   34 τῇ] mut. in τὴν E²   παρεμπλοκῇ]
mut. in παρεμπλοκήν E²

p. 305ᵇ20 Ἀνάγκη δὲ καὶ ὑπολείπειν τὴν ἐξ ἀλλήλων γένεσιν 282ᵃ
ἕως τοῦ ὅτι μὲν οὖν οὐκ ἔστι τῇ ἐκκρίσει ἡ εἰς ἄλληλα μετά-
βασις, εἴρηται.

    Καὶ διὰ ταύτης τῆς ἐπιχειρήσεως ἀναιρεῖ τὸ κατὰ ἔκκρισιν εἶναι τὴν
5 γένεσιν οὕτως ὡς πάντων ἐν πᾶσι κατ' ἐνέργειαν ὑπαρχόντων, ὡς Ἀναξα- 25
γόρας ἔλεγεν· καὶ γὰρ ἐχρήσατο πρὸς αὐτὸν ταύτῃ τῇ ἐπιχειρήσει καὶ ἐν
τῷ πρώτῳ τῆς Φυσικῆς ἀκροάσεως, ἐκεῖ μὲν τὰς ἀρχὰς τῶν σωμάτων ζη-
τῶν, ἐνταῦθα δὲ νῦν τὸν τρόπον τῆς ἐξ ἀλλήλων γενέσεως. λέγει οὖν,
ὅτι, εἰ κατὰ ἔκκρισιν ἡ γένεσις οὕτως ὡς πάντων ἐν πᾶσιν ὄντων, ἀνάγκη 30
10 ὑπολείπειν τὴν ἐξ ἀλλήλων γένεσιν, ὅπερ οὐ βούλονται οἱ οὕτως
ὑποτιθέμενοι· δείκνυται δὲ καὶ τοῦτο προλαμβανομένου τοῦ ἐν πεπερασμένῳ
μεγέθει μὴ ἐνυπάρχειν ἄπειρα πεπερασμένα. ἀσφαλῶς δὲ εἶπεν ''ἄπειρα
πεπερασμένα''· κἂν γὰρ ἐπ' ἄπειρον διαιρετὰ ᾖ τὰ σώματα, ἄλλο τὸ ἐπ'
ἄπειρόν ἐστι καὶ ἄλλο τὸ ἐνεργείᾳ ἄπειρον, καὶ τὰ μὲν ἐπ' ἄπειρον διαι- 35
15 ρετὰ συνεχῆ ἐστι, τὰ δὲ κατὰ Ἀναξαγόραν πεπερασμένα ἐστίν· οὐ γὰρ
ἥνωται πρὸς ἄλληλα ἀνομοειδῆ ὄντα. εἰ οὖν τὰ πεπερασμένα τῷ μεγέθει,
ἄπειρα δὲ τῷ πλήθει, συντιθέμενα ἄπειρον τῷ μεγέθει ποιεῖ, τὸ ὅλον τὸ
μὴ ἄπειρον τῷ μεγέθει, ἀλλὰ πεπερασμένον, οὐκ ἂν ἐξ ἀπείρων εἴη τῷ 40
πλήθει πεπερασμένων, τουτέστιν ἐνεργείᾳ περιγεγραμμένων. τούτου οὖν
20 τεθέντος, εἰ κατὰ ἔκκρισιν τῆς γῆς ὄντως γένεσις τοῦ ὕδατος, ὅταν ἐκ γῆς
ὕδωρ γένηται καὶ πάλιν ἐκ τῆς ὑπολειπομένης ὡσαύτως, εἰ μὲν ἀεὶ τοῦτο
ἔσται, συμβήσεται ἐν τῷ πεπερασμένῳ ἄπειρα ἐνυπάρχειν πεπερασμένα· 45
οὐ γὰρ συνεχοῦς ἐστιν ἐπ' ἄπειρον αὕτη το|μή, ἀλλ' ἔκκρισις τῶν ἐνερ- 282ᵇ
γείᾳ διωρισμένων. εἰ οὖν ἀδύνατον τὸ ἐν τῷ πεπερασμένῳ ἄπειρα ἐνυπ-
25 άρχειν πεπερασμένα, ἀδύνατον ἀεὶ ἐκ τῆς γῆς ἐκείνης ὕδωρ γίνεσθαι, εἰ
κατ' ἔκκρισιν ἡ γένεσίς ἐστιν· ἐπιλείψει ἄρα ἡ γένεσις τοῦ ὕδατος ἡ ἐκ 5
τῆς γῆς. εἰ οὖν καὶ αὐτοὶ βούλονται ἐκ τῆς γῆς ἀεὶ γίνεσθαι ὕδωρ καὶ
φαίνεται ἐξ ἑκάστου τῶν στοιχείων τὰ ἄλλα γινόμενα, οὐκ ἂν εἴη κατὰ
ἔκκρισιν ἡ γένεσις τῶν στοιχείων ἡ ἐξ ἀλλήλων.

---

1 ἀνάγκη δὲ] ἀλλ' ἀνάγκη c   τὴν—ἐκκρίσει (2)] ἕως D   4 κατ' c
6 ἔλεγεν Ab: ἔδειξε CD et corr. ex ἔδειξεν E   7 πρώτῳ] cap. 4   8 ἐνταῦθα δὲ νῦν]
bis E, sed corr.   νῦν om. Fc   9 εἰ om. DE: corr. E²   κατ' c   10 ὑπο-
λείπειν A et mut. in ὑπολιπεῖν E: ὑπολιπεῖν DF   12 μὴ ἐνυπάρχειν] μὲν ὑπάρχειν D
ἀσφαλῶς—πεπερασμένα (13) om. Ec   14 ἐστιν < ἄπειρον (sec.)] seq. ras. 4 litt. E
15 τὰ δὲ] in ras. E   κατ' c   17 τῷ (alt.) om. DE   20 κατ' c
ὄντως Ab: ἡ D et suprascr. E³: om. EF   γένεσις τοῦ ὕδατος Ab: τοῦ ὕδατος γένεσις
DEF   24 τὸ] corr. ex τῷ E   τῷ om. D   25 γίγνεσθαι DE   26 ἡ (pr.)
om. A   ἐπιλήψει E, sed corr.   27 γίγνεσθαι DE   28 τά] ὧν τὰ A
κατ' c   29 ἡ (alt.) A: om. DE

p. 305ᵇ28 Λείπεται δὲ εἰς ἄλληλα μεταβάλλοντα γίνεσθαι ἕως 282ᵇ
τοῦ μήτε τὸ τοῦ κύβου κύβον.

Τῆς ἐκκρίσεως ἀνῃρημένης λείπεται κατὰ τὴν εἰς ἄλληλα μεταβολὴν
ἐξ ἀλλήλων γίνεσθαι τὰ στοιχεῖα· ἀνάγκη γάρ, εἰ ἐξ ἀλλήλων γίνεται, ἢ 15
5 ἐνεργείᾳ ὄντος ἑκατέρου τὸ ἕτερον ἐκ τοῦ ἑτέρου ἐκκρίνεσθαι, ὅπερ οὐδὲ
γένεσις κυρίως ἐστὶν ἀλλὰ φαινομένη γένεσις, ἢ μεταβάλλοντος τοῦ ἐξ οὗ
ἡ γένεσις εἰς τὸ γινόμενον. διχῶς δέ, φησί, καὶ τοῦτο· ἢ γὰρ τῇ μετα-
σχηματίσει, καθάπερ ἐκ τοῦ αὐτοῦ κηροῦ γένοιτο ἂν σφαῖρα 20
καὶ κύβος ἄλλοτε ἄλλως μεταπλαττομένου, ἢ τῇ εἰς τὰ ἐπίπεδα δια-
10 λύσει τοῦ ἐξ οὗ ἡ γένεσις καὶ τῇ ἐξ ἐκείνων τῶν ἐπιπέδων συνθέσει τοῦ
γινομένου κατὰ μεταβολὴν ἡ ἐξ ἀλλήλων γένεσις ἀκολουθεῖ, ὡς εἰ λυθέντος
οἴκου ἐκ τῆς αὐτῆς ὕλης ἄλλος συντεθείη οἶκος. καὶ ἔστι μὲν καὶ οὗτος 25
μετασχηματισμός, ἀλλ᾽ οὐκέτι τοῦ ὑποκειμένου ἑνὸς συνεχοῦς μεταπλαττο-
μένου, ἀλλὰ πλειόνων μετασυντιθεμένων. δῆλον δέ, ὅτι καὶ τρίτος ἐστὶ
15 τρόπος τῆς τῶν στοιχείων κατὰ μεταβολὴν ἐξ ἀλλήλων γενέσεως, ὃν αὐτὸς
ἐγκρίνει, οὐ κατὰ τὴν τῶν σχημάτων ἀλλὰ κατὰ τὴν τῶν ἄλλων τῶν 30
δραστικῶν λεγομένων ποιοτήτων μεταβολήν, θερμότητος, ψυχρότητος, ξηρό-
τητος, ὑγρότητος, αἷς καὶ αἱ ἄλλαι συνακολουθοῦσιν. πρὸς πρῶτον τοίνυν
ἀντιλέγει τὸν κατὰ μετάπλασιν τοῦ ἑνὸς ὑποκειμένου μετασχηματισμόν·
20 ἔοικε δὲ καὶ τοῦτον ἀπὸ τῶν ἐν Τιμαίῳ λεγομένων προβάλλεσθαι τὸν τῆς 35
γενέσεως τρόπον· περὶ γὰρ τῆς τῶν στοιχείων ἐκεῖ μεταβολῆς εἰπὼν ἐπά-
γει "ἔτι δὲ σαφέστερον αὐτοῦ πέρι προθυμητέον αὖθις εἰπεῖν. εἰ γὰρ
πάντα τις σχήματα πλάσας ἐκ χρυσοῦ μηδὲν δὲ μεταπλάττων παύοιτο
ἕκαστα εἰς ἅπαντα, δεικνύντος δή τινος αὐτῶν ἓν καὶ ἐρομένου, τί ποτε
25 ἔστι, μακρῷ πρὸς ἀλήθειαν ἀσφαλέστατον εἰπεῖν, ὅτι χρυσός, τὸ δὲ τρί- 40
γωνον, ὅσα τε ἄλλα σχήματα ἐνεγίνετο, μηδέποτε λέγειν ταῦτα ὡς ὄντα,
ἅ γε μεταξὺ τιθεμένου μεταπίπτει". ὅτι δὲ οὐχ ὡς κατὰ μετάπλασιν
γινομένης τῆς ἐξ ἀλλήλων μεταβολῆς, ἀλλὰ παράδειγμα τοῦτο παρήγαγε
τοῦ τὴν μὲν ὑποκειμένην ὕλην ὑπομένειν, τὰ δὲ περὶ αὐτὴν εἴδη μετα- 45

---

1 δὲ AF: δ' DEc   μεταβάλλοντα — τοῦ (2)] ἕως D   γίγνεσθαι Ec   3 κατὰ] suprascr. E²   μεταβολὴν] suprascr. E²   4 γίγνεσθαι DE   εἰ] εἰ καὶ DE: corr. E²   γίγνεται DE   6 τοῦ Ab: τὸ DE   9 ἢ] καὶ DE: corr. E²   11 ἀκολουθῇ E, sed corr.   16 ἐγκρίνει CF, mg. E²: ἐκκρίνει ADEbc   κατὰ — σχημάτων A(b): κατασχηματίζων C: κατὰ σχημάτων DEF   17. 18 ξηρότητος, ὑγρότητος CDEb: ὑγρότητος ξηρότητος Ac   18 αἱ A: om. DEc   συνακολουθοῦσι E²: συνακολουθοῦσαι DE   πρὸς] πρὸς τὸ c   21. 22 ἐπάγει] Tim. 50 a   23 δὲ om. c   23. 24 παύοιθ' ἕκαστ' c   24 δεικνύντος AE²b: δεικνὺς ἔδει F: ἔδει corr. in ἐδείκνυτο D: ἔδει E   δὴ] in ras. K: δέ Ab: om. DEF   ἐρωμένου E: corr. E²   ποτ' c   25 χρυσός E²K²: om. ADEFb   τὸ δὲ E²: τόδε Ab: δὲ DE   26 σχήματ' c   ἐνεγίνετο] ἓν ἐγίνετο A: ἐγίνετο DEb: ἐνεγγίνετο c   ταῦθ' c   27 ἅ γε AE²K²: γε DEF: quae b   μεταπίπτει AE²K²b: πίπτει DEF   28 παρήγαγεν c   29 ὑπομένειν] -ειν e corr. E²   εἴδη] corr. ex ᾔδη E

SIMPLICII IN L. DE CAELO III 7 [Arist. p. 305ᵇ28]   637

βάλλεσθαι, τὰ πρὸ ταύτης τῆς ῥήσεως πλείονα ὄντα | δηλοῖ, ἐξ ὧν 283ᵃ
ὀλίγα παραγράφειν ἀνάγκη τῆς ὅλης ῥήσεως μακρᾶς οὔσης τῆς σαφεστέραν
ποιούσης τὴν ἔννοιαν. εἰπὼν δὴ περὶ τῆς τῶν στοιχείων εἰς ἄλληλά μετα-
βολῆς καὶ ὅτι τὸ ἀεὶ γινόμενον, οἷον τόδε τὸ πῦρ καὶ τόδε τὸ ὕδωρ, οὐκ
5 ἄξιον ὡρισμένῳ ὀνόματι καλεῖν ὡς ἀεὶ μεταπῖπτον, ἀλλὰ τὸ ἀεὶ τοιοῦτον, 5
ἐπάγει "καὶ δὴ καὶ πῦρ τὸ διὰ παντὸς τοιοῦτον καὶ ἅπαν, ὅσον περ ἂν
ἔχῃ γένεσιν· ἐν ᾧ δὲ ἐγγινόμενα ἀεὶ ἕκαστα αὐτῶν φαντάζεται καὶ πάλιν
ἐκεῖθεν ἀπόλλυται, μόνον ἐκεῖνο αὖ προσαγορεύειν τῷ τε τοῦτο καὶ τῷ 10
τόδε προσχρωμένους ὀνόματι, τὸ δὲ ὁποιονοῦν τι θερμὸν ἢ λευκὸν ἢ καὶ
10 ὁτιοῦν τι τῶν ἐναντίων καὶ πάντα, ὅσα ἐκ τούτων, μηδὲν ἐκεῖνα αὖ
τούτων καλεῖν". τούτοις οὖν ἐφεξῆς εἰς παράδειγμα παράγει τὰ πρό-
τερον παρατεθέντα περὶ τῆς τοῦ χρυσοῦ μετασχηματίσεως ὡς σαφέστε-
ρον δυνάμενα δηλῶσαι τὸ ῥηθὲν τῷ σχήματι ἀντὶ τῆς μορφῆς καὶ τοῦ 15
ὁποιουοῦν εἴδους χρώμενος, διὸ καὶ ἀλλαχοῦ ἀμφότερα εἶπε καὶ τὴν μορ-
15 φὴν καὶ τὸ σχῆμα, ὅτε λέγει περὶ τῆς ὕλης "δέχεταί τε γὰρ ἀεὶ πάντα
καὶ μορφὴν οὐδεμίαν ποτὲ οὐδενὶ τῶν εἰσιόντων ὁμοίαν ἀνείληφεν οὐδαμῇ
οὐδαμῶς· ἐκμαγεῖον γὰρ φύσει παντὶ κεῖται κινούμενόν τε καὶ διασχηματι- 20
ζόμενον ὑπὸ τῶν εἰσιόντων." ὅτι μὲν οὖν οὐ Πλάτωνός ἐστιν ὁ μετασχη-
ματισμός, κἂν ἀπὸ τῶν Πλάτωνος ἐλήφθη λόγων, δῆλον. λέγει δὲ πρὸς
20 τοὺς οὕτως ἐξ ἀλλήλων τὰ στοιχεῖα γεννῶντας ὁ Ἀριστοτέλης, ὅτι ἀκο-
λουθεῖ αὐτοῖς ἄτομα τὰ στοιχεῖα λέγειν οὕτως, ὥστε τὸ τοῦ πυρὸς μέρος 25
μὴ εἶναι πῦρ. εἰ γὰρ τὸ πῦρ τὸ στοιχειῶδες τῷ πυραμίδος ἔχειν σχῆμα
πῦρ ἐστιν, εἰ διαιρεθείη ὡς μηκέτι τὰ μέρη τῆς πυραμίδος πυραμίδας
εἶναι, οὐκ ἔσται τὸ τοῦ πυρὸς μέρος πῦρ οὐκ ἔχον τὸ τοῦ πυρὸς
25 σχῆμα, ὅπερ ἄτοπον. καὶ ἐπὶ τῶν ἄλλων δὲ ὁμοίως· ἄλογον γὰρ τὸ μέρος 30
τοῦ ὕδατος μὴ εἶναι ὕδωρ ἢ τὸ τοῦ ἀέρος ἀέρα. οὐ πάντως δὲ εἶπε τὸ
τῆς πυραμίδος μέρος πυραμίδα εἶναι, διότι πῶς μὲν διαιρουμένη ἡ πυραμὶς
εἰς πυραμίδας διαιρεῖται, πῶς δὲ ἓν μέρος ἔσται πυραμὶς τὰ δὲ ἄλλα οὐ
πυραμίδες, πῶς δὲ οὐδὲ ἓν μέρος πυραμὶς ἔσται. ἀδιαίρετα ἄρα συμβήσεται 35

---

1 πλείονα — ῥήσεως (2)] om. DE   3 post ποιούσης ins. πλείονα ὄντα δηλοῖ (1) — ποι-
ούσης (2) E: τῆς σαφεστέραν ποιούσης πλείονα ὄντα del. E²   δὴ] δὲ Ac   4 γιγνό-
μενον DE   6 ἐπάγει] Tim. 49 e   7 γένεσιν] θέσιν D   δ' c   ἐγγιγνό-
μεν' c   ἕκαστ' c   8 ἐκεῖν' c   τῷ τε] τότε corr. ex του A¹
9 δ' c   10 τι om. c   καὶ A: ἢ καὶ DEb   πάνθ' ὅσ' c
ὅσα A: ὁπόσα DE   ἐκείνῳ DE: corr. E²: ἐκεῖν' c   11 τούτῳ DE: corr. E²
τούτοις] τούτων A   12 περὶ om. A   14 ὁποίου D   εἶπεν Ec: ν
eras. E   15 λέγει] Tim. 50 c   τε om. E   πάντα] τὰ πάντα c
16 ποτ' c   εἴληφεν c   17 φύσει DE: φησὶ Ab   παντὶ A: πάντη DE: omnium b
18. 19 σχηματισμός EF: corr. E²   19 ἐλείφθη E: corr. E²   21 ἄτομα τὰ] τὰ
αὐτόματα A   τὸ A: om. DEc   22 τῷ] τὸ DE: corr. E²   24 ἔχων E:
corr. E²   25 ἄτομον E: corr. E²   ὁμοίως AC: ὁμοίως ἄλογον DEbc
25. 26 τοῦ ὕδατος τὸ μέρος F   26 τοῦ ὕδατος om. A   εἶπεν Ec: corr. E²
27 post μὲν del. συν D   29 ἄρα] εἴπερ A   συμβήσεται — στοιχεῖα (p. 638,1) DEF:
εἰς ὅμοια συμβήσεται τὰ στοιχεῖα Ac: συμβήσεται τὰ στοιχεῖα εἰς ὅμοια C (accidet ergo in-
divisibilia in similia elementa esse b)

εἰς ὅμοια τὰ στοιχεῖα εἶναι, τοῦτο δὲ δέδεικται ἀδύνατον. ἕπεται 283ᵃ
δὲ τούτοις καὶ ἐκεῖνο τὸ ἄτοπον διαιρουμένης τῆς πυραμίδος τὸ εἶναί τι
σῶμα, ὃ οὔτε στοιχεῖον οὔτε ἐκ στοιχείων ἐστίν. εἰ δέ τις λέγοι, ὅτι,
ὥσπερ τὸ πῦρ φαίνεται εἰς πῦρ διαιρούμενον, οὕτω καὶ ἡ τοῦ πυρὸς πυ- 40
5 ραμὶς εἰς πυραμίδας, ἐπειδὴ ἐν τούτῳ ἔχει τὸ εἶναι πῦρ ἐν τῷ πυραμὶς
εἶναι, ἀπὸ τῶν ἄλλων ἐλεγχθήσεται σωμάτων· τὸ γὰρ τοῦ κύβου τῆς γῆς
μόριον ἀφαιρεθὲν οὐκέτι εἰς κυβικὸν σχῆμα μεταβάλλει, ἀλλὰ μένει τοιοῦτον,
οἷον ἀφαιρεθείη. ἀλλ᾽ ἴσως ἐρεῖ τις, ὅτι οὔτε τὸ πῦρ πυραμίς ἐστιν οὔτε 45
ἡ γῆ κύβος, ἀλλὰ τὰ στοιχεῖα τούτων, καὶ πᾶν πῦρ | καὶ τὸ βραχύτατον 283ᵇ
10 εἰς πῦρ διαιρεῖται καὶ ἡ γῆ εἰς γῆν, ἡ δὲ πυραμὶς καὶ ὁ κύβος εἰ διαιροῖντο,
φθορὰ τῶν στοιχείων ἔσται τοῦ πυρὸς καὶ τῆς γῆς. καὶ τούτῳ ἀκολουθεῖ
ἄτοπον τὸ εἶναί τι σῶμα, ὃ μήτε στοιχεῖον μήτε ἐκ στοιχείων ἐστίν.

p. 306ᵃ 1 **Εἰ δὲ τῇ τῶν ἐπιπέδων διαλύσει.**

Καὶ κατ᾽ ἀρχὰς τοῦδε τοῦ βιβλίου πρὸς ταύτην ἀντεῖπε τὴν ὑπόθεσιν 10
15 καὶ νῦν διὰ πεντεκαίδεκα ἐπιχειρημάτων ἐνίσταται πρὸς αὐτήν, ἀλλ᾽ ἐκεῖ
μὲν ζητῶν, εἰ ἔστιν ὅλως γένεσις ἢ οὔ, καὶ πότερον πάντων ἢ τινων, εἰς
ταύτην ἐμπέπτωκε τὴν ὑπόθεσιν πᾶν σῶμα γενητὸν ποιοῦσαν καὶ φθαρτόν, 15
ἐνταῦθα δὲ τὸν τρόπον τῆς γενέσεως ζητῶν τῶν στοιχείων καὶ ὅτι ἐξ ἀλ-
λήλων δείξας καὶ ὅτι οὐ κατὰ μεταπλασμὸν εἰς ταύτην πάλιν ἠνέχθη τὴν
20 ὑπόθεσιν λέγουσαν ἐξ ἀλλήλων γίνεσθαι τὰ στερεὰ σχήματα προσεχῆ στοι-
χεῖα τῶν τεσσάρων τούτων σωμάτων, πυρός, ἀέρος, ὕδατος, γῆς, ἃ κα- 20
λοῦμεν ἡμεῖς στοιχεῖα οὐδὲ ἐν συλλαβῆς ὄντα τάξει, ὡς ὁ Πλάτων φησίν,
ἀλλ᾽ ἔτι συνθετώτερα, εἴπερ ταῦτα μὲν ἐκ τῶν στερεῶν σύγκειται σχη-
μάτων, πυραμίδος καὶ κύβου καὶ τῶν λοιπῶν, τὰ δὲ σχήματα ταῦτα ἐκ
25 τῶν ἐπιπέδων, τὰ δὲ ἐπίπεδα ἐξ ὕλης καὶ εἴδους. χρὴ δὲ πάλιν ἀναμνῆσαι 25
τῆς ὑποθέσεως πρὸς ἀκριβεστέραν κατανόησιν τῶν ῥηθησομένων. δύο γὰρ
ἀρχοειδῆ τρίγωνα ὀρθογώνια ὑποτίθενται τὸ μὲν ἰσοσκελὲς τὸ δὲ σκαληνὸν
διπλῆν κατὰ τὸ μῆκος ἔχον τῆς ἐλάττονος τὴν μείζονα πλευράν, ὃ καὶ ἡμι-
τρίγωνον λέγουσιν διὰ τὸ εἶναι αὐτὸ ἥμισυ ἰσοπλεύρου τριγώνου τῇ ἀπὸ 30
30 τῆς κορυφῆς ἐπὶ τὴν βάσιν καθέτῳ δίχα διαιρουμένου. καὶ ἀπὸ μὲν τοῦ
ἰσοσκελοῦς τριγώνου, ὃ καὶ ἡμιτετράγωνον ὁ Τίμαιος καλεῖ, τεττάρων τοιού-

---

3 λέγοι AE: λέγει De: comp. F   4 οὕτως c   6 ἐλεχθήσεται E: corr. E²: δειχθή-
σεται A   8 ἀφαιρεθείη] ἂν ἀφαιρεθῇ Fc; fort. ἀφῃρέθη   9 πᾶν] πᾶν καὶ A
11 τοῦτο E: corr. E²   14 κατ᾽ ἀρχάς] cap. l. 299 a   τοῦδε] τούτου c   ἀντεῖπε
A: ἀντεῖπεν E: corr. E²   20 γίγνεσθαι DE   τὰ προσεχῆ c   21 τούτων] c
corr. E¹   22 συλλαβῇ DE: corr. E²   τάξει, ὡς AE²b: τάξεως DEF   [Πλάτων]
Tim. 48 b   23 στερῶν E: corr. E²   27 ἰσοσκελὲς] -σκε- in ras. E
28 τὸ A: om. DE   τῆς] corr. ex τὴν E²   29 λέγουσι DE   ἥμισυ — καθ-
έτῳ (30)] mg. E²   ἰσοπλεύρου] corr. ex πλευροῦ m. rec. A: τοῦ ἰσοπλεύρου E²
τῇ ἀπὸ ADb: τοῦ ἀπὸ E²: ἐξ αὐτῆς Fc   30 καθέτου D: κατὰ κάθετον E²
31 ἡμιτετράγωνον A (supraser. τρίγωνον m. rec.) E²b: ἡμιτρίγωνον DEF   [Τίμαιος]
Tim. Locr. 98 a

SIMPLICII IN L. DE CAELO III 7 [Arist. p. 306ᵃ1]

των εἰς ἓν κέντρον τὰς ὀρθὰς γωνίας συνηγμένας ἐχόντων τετράγωνον ἀπο-
τελεῖται, ἓξ δὲ τοιαῦτα συμπαγέντα γωνίας ἔχοντα ὀκτὼ τὸν κύβον ἅπερ-
γάζεται στοιχεῖον ὄντα τῆς γῆς· τὸ δὲ ἡμιτρίγωνον τήν τε πυραμίδα καὶ τὸ
ὀκτάεδρον καὶ τὸ εἰκοσάεδρον ἀποτελεῖ τῷ τε πυρὶ καὶ τῷ ἀέρι καὶ τῷ ὕδατι
5 διανεμηθέντα, καί ἐστιν ἡ μὲν πυραμὶς ἐκ τεσσάρων ἰσοπλεύρων τριγώνων
συνεστῶσα, ὧν ἕκαστον ἐξ ἡμιτρίγωνα συνέστησε, τὸ δὲ ὀκτάεδρον ἐξ ὀκτὼ
μὲν ἰσοπλεύρων τριγώνων ἡμιτριγώνων δὲ τεσσαράκοντα καὶ ὀκτώ, τὸ δὲ
εἰκοσάεδρον ἐξ εἴκοσι μὲν ἰσοπλεύρων τριγώνων, ἡμιτριγώνων δὲ ἑκατὸν καὶ
εἴκοσι· καὶ διὰ τοῦτο τὰ μὲν τρία ταῦτα ἐξ ἑνὸς στοιχείου τοῦ ἡμιτριγώνου
10 συστάντα μεταβάλλειν εἰς ἄλληλα πέφυκε κατ' αὐτούς, ἡ δὲ γῆ ἅτε ἐξ ἄλλου
τῷ γένει τριγώνου συστᾶσα οὔτε ἀναλύεσθαι δύναται εἰς τὰ ἄλλα | τρία σώ-
ματα οὔτε συνίστασθαι ἐξ αὐτῶν. καὶ λέγει γε ὁ Πλάτων περὶ τούτων· "τὸ δὴ
πρόσθεν ἀσαφῶς ῥηθὲν νῦν μᾶλλον διοριστέον. τὰ γὰρ τέτταρα γένη δι' ἀλλή-
λων εἰς ἄλληλα ἐφαίνετο πάντα γένεσιν ἔχειν οὐκ ὀρθῶς φανταζόμενα· γίνεται
15 μὲν γὰρ ἐκ τῶν τριγώνων, ὧν προῃρήμεθα, γένη τέσσαρα, τρία μὲν ἐξ
ἑνὸς τοῦ τὰς πλευρὰς ἀνίσους ἔχοντος, τὸ δὲ τέταρτον ἓν μόνον ἐκ τοῦ
ἰσοσκελοῦς τριγώνου συναρμοσθέν· οὔκουν δύναται πάντα εἰς ἄλληλα δια-
λυόμενα ἐκ πολλῶν σμικρῶν ὀλίγα μεγάλα καὶ τοὐναντίον γίνεσθαι, τὰ δὲ
τρία οἷόν τε· ἐκ γὰρ ἑνὸς ἅπαντα πεφυκότα λυθέντων τε τῶν μειζόνων
20 πολλὰ σμικρὰ ἐκ τῶν αὐτῶν συστήσεται δεχόμενα τὰ προσήκοντα ἑαυτοῖς
σχήματα, καὶ σμικρὰ ὅταν αὖ πολλὰ κατὰ τὰ τρίγωνα διασπαρῇ, γενόμενος
εἷς ἀριθμὸς ἑνὸς ὄγκου μέγα ἂν ἀποτελέσειεν ἄλλο εἶδος". μετὰ δὲ ὀλίγα
περὶ τῆς γῆς καὶ ταῦτα προστίθησιν· "ἐκ δὴ πάντων, ὧν περὶ τὰ γένη
προειρήκαμεν, ὧδε ἂν κατὰ τὸ εἰκὸς μάλιστα ἔχοι. γῆ μὲν ξυντυγχάνουσα
25 πυρὶ διαλυθεῖσά τε ὑπὸ τῆς ὀξύτητος αὐτοῦ φέροιτ' ἄν, εἴτ' ἐν αὐτῷ
πυρὶ λυθεῖσα εἴτ' ἐν ἀέρος εἴτ' ἐν ὕδατος ὄγκῳ τύχῃ, μέχρι περ αὐτῆς
πῃ ξυντυχόντα τὰ μέρη πάλιν συναρμοσθέντα αὐτὰ αὐτοῖς γῆ γένοιτο· οὐ

---

1 ὀρθὰς] corr. ex ὀρθο- E²   γωνίας om. A: seq. ras. 4 litt. E   συνηγμένας] cf. Tim. 55 b: συνημμένας Ac   5 ἀπονεμηθέντα c   5 τεσσάρων] τεσσάρων καὶ Ac 6 συνέστησεν c   7 ἡμιτριγώνων—τριγώνων (8) Ab: om. DEF   8 καὶ DF: om. AEc   εἴκοσιν c   10 μεταβάλλει E: corr. E²   12 γε A: corr. ex καὶ F: δὲ DE: om. bc   Πλάτων] Tim. 54 b sq.   13 γάρ] μὲν DE   14 ἀλλήλ' c γίγνεται c   15 τῶν om. A   ὧν E²b: om. ADEF   προῃρήμεθα A: προειρήμεθα E²: προειρημένα DEFb   τέσσαρα A: ττάρα E: τέτταρα DE²c   17 ἰσομελοῦς A   ξυναρμοσθέν c   δυνατά c   πάντ' c   17. 18 διαλύομεν' c 18 γίγνεσθαι c   19 τρία] seq. ras. 7 litt. E: τρί' c   20 σμικρ' c   αὐτῶν] bis E, sed corr.   ξυστήσεται c et e corr. DE   προσήκοντ' c   21 σμίκρ' c ὅταν AE²b: τ' ἂν DEF   πολλά] in ras. E   τὰ A: om. DE   22 εἷς] e corr. E¹: εἰς A   ἀριθμὸν A   μέγα ἂν DEb: μέγα AE²: μέγ' c   ἀποτελέσειεν—ταῦτα (23)] mg. E² (evan.)   ἀποτελέσειεν ἂν c   ἄλλο εἶδος Ab: εἶδος ἄλλο D: ἄλλο εἶδος ἓν EK²: ἀλλ' εἶδος ἓν c   23 προστίθησιν] Tim. 56 c sq.   ἐκ δὴ πάντων om. A 24 ὧδ' c   μάλιστ' c   ἔχοι] e corr. E   25 θ' c   26 διαλυθεῖσα A: λυθεῖσ' c   εἴτ' ἐν (pr.)] εἴτε A   τύχῃ DE   ἂν αὐτῆς c   27 ξυναρμοσθέντ' c αὖθ' c   αὐτοῖς E²: ἐν αὐτοῖς A: αὐτοῖς DE

γὰρ εἰς ἄλλο γε εἶδος ἔλθοι ποτὲ ἄν. ὕδωρ δὲ ὑπὸ πυρὸς μερισθὲν εἴτε 284ᵃ
καὶ ὑπ' ἀέρος ἐγχωρεῖ γίνεσθαι συστάντα ἓν μὲν πυρὸς σῶμα δύο δὲ
ἀέρος". οὕτω δὲ καὶ περὶ ἀέρος ἐπάγει καὶ πυρός. τὸ δὲ ἐν ἀρχῇ τῆς
ῥήσεως εἰρημένον, ὅτι τὸ πρόσθεν ἀσαφῶς ῥηθὲν νῦν μᾶλλον διοριστέον, ὡς
καὶ ὁ Ἀλέξανδρος καλῶς συνεῖδεν, εἴρηται, διότι πρότερον ἐκ τῆς αὐτῆς
ὕλης ὑποθέμενος αὐτὰ μεταβάλλειν πάντα εἰς ἄλληλα ἔλεγεν, ὕστερον δὲ
ἀντὶ τῆς ὕλης προσεχῶς τρίγωνα διάφορα αὐτοῖς ὑποθεὶς οὐκέτι ἐξ ἀλλή-
λων γίνεσθαι αὐτὰ συγχωρεῖ. ἐνίσταται δὲ πρὸς τοῦτον τὸν λόγον λέγων·
"εἰ ἡ ὕλη, καθ' ἃ λέγουσιν, εἰδοποιεῖται τοῖς τριγώνοις κατ' αὐτὸν καὶ ἐκ
τούτων γεννᾶται τὰ σώματα, διὰ ποίαν αἰτίαν οὐ δυνήσεται ἡ τῇ γῇ ὑπο-
κειμένη ὕλη σχηματισθῆναι πάλιν τοῖς εἰδοποιοῖς ὕδατος τριγώνοις καὶ τοῖς
ἀέρος καὶ τοῖς πυρός;" ῥητέον δέ, οἶμαι, πρὸς ταύτην τὴν ἔνστασιν, ὅτι
ἡ μὲν ὕλη κοινῶς ὑποκειμένη ἄλλοτε ἄλλου τριγώνου δέχεται εἶδος, καὶ
κατὰ τοῦτο πάντα εἰς πάντα μεταβάλλει τὰ σώματα περὶ τὴν κοινὴν ὕλην
τῶν τριγώνων προσεχῶς μεταβαλλομένων, τὰ δὲ ἀποδεδομένα τοῖς τέτρασι
καλουμένοις στοιχείοις σχήματα ὅ τε κύβος καὶ ἡ πυραμὶς καὶ τὸ εἰκοσάε-
δρον καὶ τὸ ὀκτάεδρον ἅτε μὴ πάντα κοινὸν ἔχοντα τὸ προσεχῶς ὑποκεί-
μενον τρίγωνον οὐκέτι πάντα μεταβάλλει εἰς ἄλληλα, ἀλλὰ τὰ τρία μόνον
τὰ ἐκ τοῦ αὐτοῦ ἡμιτριγώνου συντιθέμενα.

Τοῦτο τοίνυν προειλήφθω καὶ τὴν ὑπὸ Ἀλεξάνδρου ῥηθεῖσαν ἔνστασιν
καὶ τὴν ὑπὸ Ἀριστοτέλους πρώτην ῥηθησομένην διαλύειν δυνάμενον. ἐπειδὴ
δὲ πρὸς | ταύτας τὰς ἐνστάσεις τὰς τῇ γενέσει τῶν σωμάτων τῇ ἐκ τῶν 284ᵇ
ἐπιπέδων λεγομένῃ προσενεχθείσας τινὲς μὲν καὶ ἄλλοι τῶν Πλατωνικῶν
ἀντειρήκασι, Πρόκλος δὲ ὁ ἐκ Λυκίας ὀλίγον πρὸ ἐμοῦ γεγονὼς τοῦ Πλά-
τωνος διάδοχος βιβλίον ἔγραψε τὰς ἐνταῦθα τοῦ Ἀριστοτέλους ἐνστάσεις
διαλύων, καλῶς ἔχειν ἔδοξέ μοι συντόμως ὡς δυνατὸν ταῖς ἐνστάσεσι τὰς
λύσεις ἐκείνας ὑποτάξαι. ὅπερ δὲ πολλάκις εἴωθα, καὶ νῦν εἰπεῖν καιρός,
ὅτι οὐ πραγματική τίς ἐστι τῶν φιλοσόφων ἡ διαφωνία, ἀλλὰ πρὸς τὸ
φαινόμενον τοῦ λόγου καὶ δυνάμενον καὶ χειρόνως νοεῖσθαι πολλάκις ὑπαν-
τῶν ὁ Ἀριστοτέλης φειδοῖ τῶν ἐπιπολαίως ἀκουόντων τοῦ Πλάτωνος ἀντι-
λέγειν δοκεῖ πρὸς αὐτόν, ὅπερ καὶ ἐνταῦθα, οἶμαι, σαφές ἐστι συνιδεῖν, ἐν
οἷς τὰ τῷ Πυθαγορικῷ Τιμαίῳ δοκοῦντα γέγραφεν ὁ Πλάτων. καὶ γὰρ

---

1 εἰς] corr. ex εἰ E²   γε om. F: γ' c   ποτ' c   δ' c   2 ἐγχχωρεῖ E
γίγνεσθαι DEc   συνιστάντα A: ξυστάνθ' c   σῶμα — πυρός (3) add. E² (evan.)
δ' c   3 τοῦ ἀέρος E²   ἐπάγει] ἐπιφέρει E²   ἀρχῇ] in ras. E
4 ἀσαφὲς A   νῦν — εἴρηται (5)] mg. E²   4. 5 ὡς καὶ] οὐδ' E²   5 συνοῖ-
δεν D: κατενόησε E²   εἴρηται γάρ E²   6 ἔλεγεν] e corr. E   8 γίγνεσθαι DE
9 ἡ om. A   10 οὐ AE²b: suprascr. F: om. DE   11 ὕλη om. A   σχηματισ-
θῆναι πάλιν DEFb: πάλιν σχηματισθῆναι Ac   τοῖς E: om. D: ὕλη τῆς A
καὶ] ἢ F: ἢ καὶ c et e corr. E   12 ἔκτασιν E: corr. E²   14 τοῦτο] corr. ex
τὸ E²   18 μόνα D   19 ἡμιτριγώνου αὐτοῦ A   20 ὑπὸ A: ὑπὸ τοῦ DE: ὑπ' F
21 ὑπὸ A: ὑπὸ τοῦ DE: ὑπ' F   23 ἄλοι corr. ex ἄλογοι E²   24 ἀντειρήκασιν c
γεγωνὼς A   26 διαλύων bc   ἐντεύξεσι A   27 δὲ om. A   εἴωθα λέγειν
Fc   30 φειδεῖ E: corr. E²   ἐπιπολέως E, sed corr.   31 φαφές A

SIMPLICII IN L. DE CAELO III 7 [Arist. p. 306ᵃ1]   641

ὅτι μὲν τῆς τῶν τεσσάρων τούτων σωμάτων, πυρός, ἀέρος, ὕδατος, γῆς, 284ᵇ
γενέσεως πρὸ τῶν κατὰ θερμότητα καὶ ψῦξιν καὶ ξηρότητα καὶ ὑγρότητα 16
ποιοτήτων ἄλλας ἀρχὰς προτέρας ἀπὸ τῶν ἐν τῷ ποσῷ διαφορῶν ὡς συγ-
γενεστέρων οὐσῶν πρὸς τὰ σώματα ζητεῖ, πρόδηλον ἐκ τοῦ τὰς τῶν ποιο-
5 τήτων ἐκείνων διαφορὰς ἀπὸ τῆς τῶν σχημάτων διαφορᾶς αἰτιολογεῖν· αἱ 20
γὰρ κατὰ τὸ θερμὸν καὶ τὸ ψυχρὸν καὶ τὰ τοιαῦτα ἀποδόσεις ἰδιωτικῶς
ἀποδίδοσθαι καὶ ὑπὸ Δημοκρίτου πρότερον ἐλέγοντο, ὡς Θεόφραστος ἱστορεῖ,
τῆς ψυχῆς ἐπιποθούσης ἀρχὴν ἄλλην ἀκοῦσαι τῷ σώματι οἰκειοτέραν τῆς
τοιαύτης τοῦ θερμοῦ ἐνεργείας. ὅτι μέντοι ἐξ ὕλης καὶ εἴδους τὰ τέσσαρα 25
10 ταῦτα στοιχεῖα λέγουσι γίνεσθαι, δηλοῖ μὲν συντόμως αὐτὸς ὁ Τίμαιος
εἰπὼν "ἀρχαὶ μὲν οὖν τῶν γινομένων ὡς μὲν ὑποκείμενον ἡ ὕλη, ὡς δὲ
λόγος μορφᾶς τὸ εἶδος· ἀπογεννάματα δὲ τουτέων ἐστὶ τὰ σώματα γᾶ τε
καὶ ὕδωρ ἀήρ τε καὶ πῦρ, ὧν ἀπογέννασις τοιαύτα· ἅπαν σῶμα ἐξ ἐπι- 30
πέδων ἐστί, τοῦτο δὲ ἐκ τριγώνων" ἀρχοειδέστερον τοῦ σώματος τὸ ἐπί-
15 πεδον λαβὼν καὶ ἐν τῷ ἐπιπέδῳ τὸ τρίγωνον· πρῶτον γὰρ τοῦτο τῶν ἐπι-
πέδων ἐστὶ σχημάτων· καὶ ἐν τοῖς τριγώνοις τὰ ἀρχοειδέστερα καὶ οὕτως
ἐκ τούτων τὰ πρῶτα συνιστάμενα κάλλιστα σώματα ἥ τε πυραμὶς καὶ τὰ 35
σύστοιχα. "πάντα δὲ ταῦτα, φησὶν ὁ Πλάτων, δεῖ διανοεῖσθαι σμικρὰ
οὕτως, ὡς καθ' ἓν ἕκαστον μὲν τοῦ γένους ἑκάστου διὰ σμικρότητα οὐδὲν
20 ὁρώμενον ὑφ' ἡμῶν, συναθροισθέντων δὲ πολλῶν τοὺς ὄγκους αὐτῶν
ὁρᾶσθαι." καὶ ὅτι μέν, ὅπερ εἶπον, ἀρχοειδέστερα τὰ σχήματα τῶν ἄλλων 40
ποιοτήτων ἐνόμισαν, πρόδηλον, καὶ ὅτι τῷ εἰκότι λόγῳ τοιαῦτα ὑπέθεντο
τὰ σχήματα· ὅτι μέντοι ὑποθέσεσιν ἔοικε ταῦτα, οἷαι καὶ παρὰ τοῖς ἀστρο-
νόμοις εἰσίν, ὧν ὑποτεθεισῶν ἔστι σώζεσθαι τὰ φαινόμενα, δηλοῖ λέγων ὁ
25 Πλάτων ὡς ἀπὸ τοῦ Τιμαίου πρὸς τοὺς περὶ Σωκράτην "ἀλλὰ γὰρ ἐπεὶ 45
μετέχετε τῶν κατὰ παίδευσιν ὁδῶν," — λέγει δὲ τῶν μαθηματικῶν —
"δι' ὧν | ἐνδείκνυσθαι τὰ λεγόμενα ἀνάγκη, συνέψεσθε". εἰ οὖν ἐνδεικ- 285ᵃ
τικά ἐστι τὰ λεγόμενα, οὐ πάντως ταῦτά ἐστιν, ἀλλ' ἢ ταῦτα ἢ τοιαῦτα.
ἴδωμεν δὲ λοιπὸν τὴν πρώτην τῶν Ἀριστοτέλους ἐνστάσεων τὴν λέξιν ἀνα- 5
30 λαβόντες.

---

1 σωμάτων τεσσάρων τούτων Ac   τεττάρων DE   γῆς AE: καὶ γῆς Dbc, e corr. E¹
2 πρὸ τῶν] πρῶτον DE: corr. E²   3 τῷ om. A   6 ἀποδόσεις E, sed corr.   7 ἀπο-
δίδωσθαι E, sed corr.: ἀποδεδόσθαι c   Θεόφραστος] cf. de sens. 63. Doxogr. p. 517,10
8 οἰκειωτέραν E: corr. E²   10 λέγουσιν c   γίγνεσθαι DE   αὐτὸ E   11 εἰπὼν]
Tim. Locr. 97 e sq.   ἀρχὰς A   ὧν c   γινομένων A: γενομένων DE²F: γεν-
νομένων E: γεννωμένων c   ἡ ὕλη E²b: ἄυλα ADEF   12 γᾶ om. A   13 ἀπο-
γέννασις DEF: ἀπογέννωσις A: ἁ γέννασις E²c   14 δ' c   16 τὰ] τὰ σκαληνὰ c
17 συνιστάμενα DEb: συντιθέμενα Ac   κάλιστα A   18 σύστοιχα AE²b: στοιχεῖα
DE   δὲ] δὴ c   φησὶν] Tim. 56 b sq.   δεῖ] e corr. E¹   μικρὰ E: σμίκρ' c
19 σμικρότητ' c   20 ξυναθροισθέντων c   21 ὅπερ εἶπον om. Fc   εἶχον A
22 ποιοτήτων ὅπερ εἶπον Fc   23 τὰ om. A   ὑπόθεσιν A   οἷα Ac   25 σω-
κράτη A   ἀλλὰ] κτλ. Tim. 53 c   26 μετέχεται F: μετέχε γε A   ὁδῶν] ὡδῶν
DE   μαθηματικῶν A(b): μαθημάτων DE   27 συννέψεσθε A   27. 28 ἐνδειχτικά E:
corr. E²   28 πάντων A

Commeut. Arist. VII Simpl. de Caelo.   41

p. 306a 1 Εἰ δὲ τῇ τῶν ἐπιπέδων διαλύσει ἕως τοῦ τὸ φαινό- 285a
μενον ἀεὶ κυρίως κατὰ τὴν αἴσθησιν.

Πρῶτον αἰτιᾶται ταύτης τῆς ὑποθέσεως τὸ μὴ πάντα γεννᾶν ἐξ 6
ἀλλήλων· ἡ γὰρ γῆ κατ' αὐτοὺς οὔτε ἐξ ἄλλου γίνεται οὔτε αὐτὴ εἰς
5 ἄλλο μεταβάλλει. εἰπὼν δὲ τοῦτο ἐξ ἀνάγκης λέγειν αὐτοὺς ὡς ἑπόμενον
τῇ τῶν τριγώνων ὑποθέσει ἐπήγαγε καὶ λέγουσι· καὶ γὰρ αὐτόθεν 10
λέγουσι καὶ τὴν αἰτίαν ἀποδιδόασι τοῦ μὴ μεταβάλλειν τὴν γῆν. διχῶς οὖν
αἰτιᾶται τοῦτο καὶ ἀπὸ τοῦ λόγου ὡς οὐκ εὔλογον ὂν συστοίχων ὄντων τῶν
τεσσάρων ἓν μόνον ἐξ αὐτῶν ἄμοιρον γενέσθαι τῆς τοιαύτης μεταβολῆς καὶ
10 ἀπὸ τῆς αἰσθήσεως δέ, διότι ὁμοίως ἅπαντα φαίνεται μεταβάλλοντα εἰς 15
ἄλληλα, ὡς καὶ αὐτὸς ὁ Πλάτων ἐν ἐκείνοις εἶπε· "πρῶτον μέν, ὃ δὴ νῦν
ὕδωρ ὠνομάκαμεν, πηγνύμενον, ὡς δοκοῦμεν, λίθους καὶ γῆν γινόμενον
ὁρῶμεν, τηκόμενον δὲ καὶ διακρινόμενον αὖ ταὐτὸν τοῦτο πνεῦμα καὶ ἀέρα,
συγκαυθέντα δὲ ἀέρα πῦρ"· εἶτα καὶ ἀνάπαλιν τὰ αὐτὰ εἰπὼν ἐπάγει 20
15 "κύκλον τε οὕτω διαδιδόντα εἰς ἄλληλα, ὡς φαίνεται, τὴν γένεσιν." εὔηθες
οὖν δοκεῖ δι' ἀναποδείκτων ἀρχῶν ὑπόθεσιν τὴν ἐν τοῖς αἰσθητοῖς ἐνάργειαν
βιάζεσθαι, ὅπερ συμβαίνειν τούτοις φησί· περὶ τῶν φαινομένων γὰρ λέγον- 25
τες οὐχ ὁμολογούμενα λέγουσι τοῖς φαινομένοις. τούτου δὲ αἴτιόν φησιν
εἶναι τὸ μὴ καλῶς λαβεῖν τὰς πρώτας τῶν αἰσθητῶν ἀρχάς· ἔδει γὰρ ὁμο-
20 γενεῖς εἶναι τοῖς ἐξ αὐτῶν γινομένοις, ὥστε τῶν μὲν αἰσθητῶν αἰσθη-
τάς, τῶν δὲ ἀϊδίων ἀϊδίους, τῶν δὲ φθαρτῶν φθαρτὰς εἶναι τὰς
ἀρχάς. τὸ δὲ ἴσως προσέθηκεν, ὅτι οὐ πάντως τῶν αἰσθητῶν αἰσθητὰς 30
ἀνάγκη τὰς ἀρχὰς εἶναι· ἡ γὰρ ὕλη ἀρχὴ τῶν αἰσθητῶν οὖσα διαφεύγει
τὴν αἴσθησιν. οὗτοι δέ, φησί, βουλόμενοι πάντα πρὸς ὡρισμένας δόξας
25 ἀνάγειν, ὥς μέν Ἀλέξανδρος λέγει, τὰς ἀϊδίους ἀρχάς, ὡς τοὺς μὲν ἀριθ-
μοὺς εἰς τὴν μονάδα, τὰ δὲ σώματα εἰς τὰ ἐπίπεδα, οὐκ ἔλαβον τὰς ἰδίας 35
ἀρχάς. μήποτε δὲ ὡρισμένας δόξας τὰς ὁρισθείσας ὑπ' αὐτῶν ὑπονοίας
τῶν ἀρχῶν λέγει τῶν μαθηματικῶν· δηλοῖ δὲ ἐφεξῆς εἰπών, ὅτι διὰ τὴν
τούτων φιλίαν — τὴν τῶν μαθημάτων λέγων — ἐοίκασι τοῖς τὰς
30 θέσεις ἐν τοῖς λόγοις διαφυλάττουσι. θέσις δέ ἐστι παράδοξος καὶ 40
ἀναπόδεικτος ὑπόληψις, ὡς τὸ πάντας ἀληθεύειν τοὺς ὁτιοῦν λέγοντας·

---

1 ἕως—αἴσθησιν (2)] καὶ τὰ ἑξῆς bc   τοῦ om. D   1. 2 τὸ φαινόμενον om. D
2 κυρίως ἀεὶ A   3 ταύτην τὴν ὑπόθεσιν τῷ c   4 αὐτὴ c: αὕτη ADEb: om. C
6 ἐπήγαγεν c   λέγουσιν c   γὰρ A: γὰρ καὶ DE   αὐτόθι Ac   7 ἀποδιδόα-
σιν c   8 σύστοιχον E: corr. E²   10 δέ om. Fc   φαίνονται D
11 Πλάτων] Tim. 49 b   εἶπεν c   8 — ὠνομάκαμεν (12) om. A   12 γῆν AE²:
τὴν γῆν CDE   γιγνόμενον DEc   13 ταὐτὸ c   14 ξυγκαυθέντα c   δ' c
πῦρ] καὶ πῦρ E²F   ἐπάγει] Tim. 49 c   15 θ' c   διαδόντα E: corr. E²: διαδι-
δόντ' c   ἄλληλ' c   16 ὑποθέσεσι A   17 φησίν Dc   20 γιγνομένοις
DE   αἰσθητῶν om. DE   22 προσέθειχε E: corr. E²   27 ὁρισθείσας] ὡσι-
σθείσας A   29 τοῖς τὰς] in ras. E   30 θέσεις] αἰσθήσεις E   διαφυλάττουσιν
Dc   31 ἀναπόδεικτος] -κτ- in ras. E

οὗτοι δέ, φησίν, πᾶν τὸ συμβαῖνον ἄτοπον τῷ λόγῳ ὑπομένουσι καὶ δέχονται, 285ᵃ
ὥσπερ καὶ τὸ τοὺς λέγοντας αὐτοὺς ψεύδεσθαι ἀληθεύειν, διὰ τὸ πάνυ
θαρρεῖν ὡς ἀληθέσι ταῖς ἑαυτῶν ἀρχαῖς καὶ παντὸς ἀτόπου νομίζειν ἀτο-
πώτερον τὸ μὴ φυλάττειν ταύτας. καίτοι ἔδει, φησί, τινὰς τῶν | ὑποτι- 285ᵇ
θεμένων ἀρχῶν, τὰς μὴ ἐναργεῖς δηλονότι, ἐκ τῶν ἀποβαινόντων κρίνειν,
μάλιστα δὲ ἐκ τοῦ τέλους, εἰς ὃ βλέπουσιν αἱ ἀρχαί· τέλος δὲ τῆς μὲν
ποιητικῆς ἐπιστήμης τὸ ἔργον, τουτέστι τὸ ἀποτέλεσμα, οἷον ὑφαν-
τικῆς τὸ ἱμάτιον. εἰ γὰρ λέγοι τις ὑποκείμενον καὶ ὕλην καὶ ἀρχὴν ὡς
ὑλικὴν τῆς ὑφαντικῆς εἶναι τὸν χαλκόν, ἐλεγχθήσεται τοῦ ἱματίου δειχθέντος
οὐκ ἐκ χαλκοῦ ἀλλ' ἐξ ἐρίου γεγονότος. ὥσπερ δὲ τῆς ποιητικῆς τέλος τὸ
ἔργον, οὕτω τῆς θεωρητικῆς μὲν ἁπλῶς ἡ ἁπλῶς ἀλήθεια, τῆς δὲ φυσικῆς ἡ
ἐν τοῖς φαινομένοις κατὰ τὴν αἴσθησιν τὴν κυρίως καὶ κατωρθωμένην ἀλήθεια.
  Πρὸς ταύτην τοίνυν τὴν ἔνστασιν ὁ Πρόκλος φησίν, ὅτι ἡμῖν αὐτὸ
τοὐναντίον λεκτέον, ὡς οἱ μεταβάλλοντες τὴν γῆν καὶ τὰ ἀκίνητα κινοῦντες
οὐχ ἕπονται τοῖς φαινομένοις· οὐδαμοῦ γὰρ ἔστιν ἰδεῖν γῆν εἰς τὰ ἄλλα
μεταβάλλουσαν, ἀλλὰ τὰ μὲν γήινα μεταβάλλει, καθ' ὅσον ἀέρος ἢ ὕδατος
ἀναπέπλησται, γῆ δὲ πᾶσα ἀμετάβλητός ἐστιν, ὅταν ᾖ γῆ μόνον, οἷον τέφρα
γενομένη καὶ κόνις. ἐν γοῦν ταῖς μεταλλείαις τὰ μὲν ὑγρὰ δαπανᾶται ὅλα,
μένει δὲ ἀπαθῆ τὰ τεφρώδη, οὐχ ὅτι πάντη ἀπαθὴς ὑπὸ τῶν ἄλλων ἡ
γῆ· διαιρεῖται γὰρ ὑπ' αὐτῶν ἐμπιπτόντων· τὰ δὲ μέρη αὐτῆς μένει, ἕως
ἂν πάλιν ἀλλήλοις ἐντυχόντα ποιήσῃ πάλιν ἐξ αὐτῶν ἕν. εἰ δὲ διὰ τὰς
ποιότητας λέγοι τις τὴν γῆν μεταβάλλειν εἰς τὰ ἄλλα ψυχρὰν οὖσαν καὶ
ξηράν, θᾶττον ἂν ἡ γῆ μετέβαλλεν εἰς πῦρ ἤπερ τὸ ὕδωρ· καίτοι τὸ μὲν
ὕδωρ ὅλον ὁρᾶται φλογούμενον, γῆ δὲ καθ' αὑτὴν οὖσα οὐ φλογοῦται. καὶ
ὁ μὲν οὐρανός, φησίν, οὔτε διαιρετὸς οὔτε μεταβλητός, ἡ δὲ γῆ πρεσβυ-
τάτη οὖσα τῶν ἐντὸς οὐρανοῦ διαιρετὴ μὲν οὐ μεταβλητὴ δέ, τὰ δὲ μέσα
καὶ διαιρεῖται καὶ μεταβάλλεται. ταῦτα καὶ τοῦ φιλοσόφου Πρόκλου λέ-
γοντος, ἵνα καὶ τὸ πρέπον τῇ πρὸς τὰ ἄλλα συστοιχίᾳ καὶ τῆς γῆς φυλάτ-
τηται καὶ τὸ δεῖν τὰ ἐκ τῆς αὐτῆς ὕλης ὄντα μεταβάλλειν εἰς ἄλληλα τῆς
ὕλης τὴν μεταβολὴν ὑπομενούσης, ὅπερ καὶ ὁ Πλάτων αὐτῇ μαρτυρεῖ λέγων
"δέχεταί τε γὰρ ἀεὶ πάντα καὶ μορφὴν οὐδεμίαν ποτὲ οὐδενὶ τῶν εἰσιόν-

---

2 ὥσπερ] ὥσπερ γὰρ A   3 ἀτόπου νομίζειν ACb: om. DE: ἀτόπου E²   4 ante
τὸ add. οἴεσθαι E²   6 τοῦ ACE²: om. DEF   7 ποιητηκῆς E: corr. E²
τουτέστιν c   8 λέγει c: comp. F   ἀποκείμενον E: corr. E²   ὕλην καὶ ἀρχὴν A:
materiam principium b: ἀρχὴν καὶ ὕλην DE   9 τὸν] τὸ A   ἐλεγχθήσεται E: corr. E²
10 αἰρίου E: corr. E²   11 οὕτως c   τῆς (pr.) om. A   ἡ ἁπλῶς DE: om.
Ab   15 ἰδεῖν ἔστι Ac   16 καθ'] καὶ καθ' A   18 μεταλλείαις F: μεταλείαις
A: μεταλλίαις DE   19 μένει AE²b: εἰ DEF   21 ἀλλήλοις] ἑαυτοῖς c
ποιήσει DE: corr. E²   αὐτῶν ADEc   22 λέγοι AE²: λέγει E: comp. D
23 μετέβαλλεν E: μετέβαλεν ADE²   ἤπερ] ἤ- c corr. E²   καίτοι Ab: καίτοι καὶ
DE   23. 24 τὸ μὲν ὕδωρ om. b   23 μὲν A: om. DE   24 ὅλον Ab:
om. DE   25 γῆ δὲ A   26 διαιρετὴ μὲν] μὲν διαιρετὴ DE: corr. E²   28 τῇ]
τὸ c   συστοιχίᾳ DEF: στοιχεῖα Abc   καὶ] καὶ ἡ F: om. c   τῆς γῆς] mut. in
τῇ γῇ E: τῇ γῇ c   30 λέγων] Tim. 50 b   31 τὰ πάντα c   ποτ' c   οὐδὲν D

των ὁμοίαν εἴληφεν οὐδαμῇ οὐδαμῶς· ἐκμαγεῖον γὰρ φύσει παντὶ κεῖται 285ᵇ
κινούμενόν τε καὶ διασχηματιζόμενον ὑπὸ τῶν εἰσιόντων, φαίνεται δὲ δι'
ἐκεῖνα ἄλλοτε ἀλλοῖον. τὰ δὲ εἰσιόντα καὶ ἐξιόντα τῶν ὄντων ἀεὶ μιμή-
ματα τυπωθέντα ἀπ' αὐτῶν τρόπον τινὰ δύσφραστον". καὶ ὅτι οὐδὲ ἐκεῖνα 40
χρὴ κατανωτίσασθαι τὰ πρὸ ὀλίγου παρατεθέντα, ἐν οἷς πῇ μὲν καὶ τὴν
γῆν ἐκ τῶν ἄλλων γίνεσθαί φησιν ὁ Πλάτων, πῇ δὲ ἀμετάβλητον εἶναι.
καὶ ἵνα μήτε ὁ Πλάτων αὐτὸς πρὸς ἑαυτὸν διαφωνεῖν δοκῇ μήτε Ἀριστο-
τέλης πρὸς Πλάτωνα, ῥητέον τὰ πρὸ ὀλίγου ῥηθέντα, ὅτι ὡς μὲν ἐκ τῆς 45
αὐτῆς ὕλης τῆς πρώτης καὶ τὴν γῆν οὖσαν μεταβάλλειν αὐτὴν εἰς τὰ ἄλλα
καὶ ἐκ | τῶν ἄλλων φησίν, ὡς δὲ ἐκ προσεχοῦς τοῦ ἰσοσκελοῦς οὖσαν 286ᵃ
τριγώνου ἀμετάβλητον. καὶ γάρ, ἕως μὲν τὰ τρίγωνα φυλάττει τὴν ἑαυτῶν
ἰδιότητα, οὔτε ἡ γῆ ἐκ τοῦ ἡμιτριγώνου οὔτε τὰ ἄλλα ἐκ τοῦ ἰσοσκελοῦς
γένοιτο ἄν, ὅταν δὲ αὐτὰ τὰ τρίγωνα καταθραυσθέντα πάλιν συστῇ καὶ 5
σχηματισθῇ, τότε τὸ πρότερον ἰσοσκελὲς ἢ ὅλον ἢ μέρος ἡμιτρίγωνον γί-
νεται, κἀνταῦθα καὶ τῆς γῆς ἡ ἐκ τῶν ἄλλων καὶ τῶν ἄλλων ἐκ τῆς γῆς
γένεσις καταφαίνεται, εἴπερ ἡ ἀνάλυσις τῶν τριγώνων μέχρι τῆς ὕλης γί-
νεται· εἰ γὰρ μὴ τοῦτο, μάταιος ὁ περὶ τῆς ὕλης τῆς πάντῃ ἀμορφώτου 10
καὶ τὰς πάντων μορφὰς δεχομένης λόγος.

p. 306ᵃ17   Συμβαίνει δὲ αὐτοῖς μάλιστα τὴν γῆν εἶναι στοιχεῖον
            ἕως τοῦ ἀδιάλυτος εἰς ἄλλο σῶμα.

Δεύτερον ἐπιχείρημα τοῦτο εἰς ἄτοπον ἀπάγον τὸ τὴν γῆν μάλιστα 15
εἶναι στοιχεῖον ἢ καὶ μόνην, καίτοι χείρονα τῶν ἄλλων δοκοῦσαν. ὅτι δὲ
τοῦτο ἕπεται, δείκνυσιν οὕτως· εἰ ἡ γῆ ἀδιάλυτος εἰς ἄλλο σῶμα καὶ
μένει ἡ αὐτή, τὸ δὲ μὴ διαλυόμενον εἰς ἄλλο ἄφθαρτον, τὸ δὲ ἄφθαρτον
πρῶτον, τὸ δὲ πρῶτον τῶν ἄλλων στοιχεῖον μᾶλλον, ἡ γῆ αὐτοῖς στοι- 20
χεῖον. ἀδιάλυτον δὲ εἰς ἄλλο σῶμα εἶπεν, ὅτι διαλύεσθαι μὲν ἔλεγον
τὴν γῆν ἀλλ' εἰς τὰ τρίγωνα, ἐξ ὧν συνέστηκεν, οὐ μὴν γίνεσθαί γε ἐξ
ἐκείνων τῶν τριγώνων ἄλλο τι σῶμα ἀλλὰ γῆν πάλιν. οὕτω μὲν ὁ Ἀλέ-
ξανδρος ἐξηγήσατο συντόμως τὴν αἰτίαν τοῦ λόγου παρελθών· διὰ τί γὰρ 25
μόνη ἡ γῆ ἀδιάλυτος εἰς ἄλλο σῶμα; καίτοι καὶ τὰ ἄλλα σχήματα εἰς
ἐπίπεδα διαλύεται, ὥσπερ ὁ κύβος. διὰ τί δέ, εἰ ἀδιάλυτος εἰς ἄλλο σῶμα,

---

2 δὲ δι' E²K²: δι' A: δὲ DEF: tamen b   3 ἐκεῖν' ἄλλοτ' c   ἀλλοῖον. τὰ] ἄλλοι ὄντα A   δ' c   ὄντων] αὐτῶν A   4 τυπωθέντ' c   ἐκεῖνα om. c   5 χρὴ om. A: δεῖ c   κατονοτάσασθαι D   παρατεθέντα] p. 639,12   7 δοκεῖ E: corr. E² μήτε (alt.)] μήτε ὁ DE   8 ὡς] ἐκ D   13 γένοιτ' c   14 ἢ μέρος] ἢ μέρη F: ἡμε-ρινὴ A   ἡμιτρίγωνον] ἢ τρίγωνον A   15 ἢ] ἡ A   16. 17 εἴπερ—γίνεται om. A   18 δεχόμενος E   19 δ' DEc   μάλιστα—τοῦ (20)] ἕως D   μάλιστα τὴν γῆν AF: τὴν γῆν μάλιστα E   21. 22 εἶναι στοιχεῖον μάλιστα Ac   22 τῶν ἄλλων χεί-ρονα Cb   23. 24 καὶ μένει ἡ αὐτή] αὐτὴ καὶ μόνη c   24 post ἄλλο rep. σῶμα (23)—ἄλλο (24) D   25 στοιχείων E   26 ἄλλο] mut. in ἄλλα E²   σώ-ματα E   27 γε] τε AE: corr. E²   28 οὕτως c   30 εἰς (alt.)] ἐκ A   31 post εἰ del. ὁ E²

ἄφθαρτος; καίτοι διαλυομένη εἰς τὰ ἐπίπεδα φθείρεται. ἀλλ' ἔοικε τοῦτο 286ᵃ
αἰτιᾶσθαι, ὅπερ ὁ Ἀλέξανδρος συντόμως ἐδήλωσε διὰ τοῦ "οὐ μὴν γίνεσθαι 30
ἐξ ἐκείνων τῶν τριγώνων ἄλλο τι σῶμα ἀλλὰ γῆν." τῶν μὲν γὰρ τριῶν
ἕκαστον διαλύεται εἰς τρίγωνα, ἐξ ὧν καὶ τὰ ἄλλα δύο συντίθεται, καὶ διὰ
5 τοῦτο εἰς ἄλλο σῶμα διαλύεσθαι λέγεται ἐκεῖνο τὸ σῶμα τὸ ἐκ τῶν τρι-
γώνων τοῦ διαλυθέντος συντιθέμενον, καὶ διὰ τοῦτο σύνθετόν πως ἦν καὶ 35
ἐξ ἐκείνου τοῦ σώματος, οὗ στοιχεῖά ἐστι τὰ ἐν αὐτῷ ἐπίπεδα. ἡ δὲ γῆ
κἂν διαλύηται εἰς ἐπίπεδα, ἀλλ' οὖν οὐχὶ ἄλλου σώματος ἐπίπεδα· καὶ
διὰ τοῦτο ταύτην ἄφθαρτον εἶπεν, ὅτι μένει τὰ τῆς γῆς ἐπίπεδα μὴ γινό-
10 μενα ἄλλο τι σῶμα, ἀλλὰ τρόπον τινὰ γῆ ὄντα καὶ ἀπὸ γῆς εἰς γῆν μετα- 40
βάλλοντα, τὸ δὲ φθειρόμενον εἰς ἄλλο τι μεταβάλλει. εἰ οὖν τὸ ἄφθαρτον
καὶ τὸ μὴ συγκείμενον μηδὲ διαλυόμενον εἰς ἄλλο σῶμα, ἐξ οὗ καὶ συντί-
θεται, στοιχείου ἴδιον, ἡ γῆ ἂν εἴη μάλιστα στοιχεῖον. καίτοι εἰ στοιχεῖόν 45
ἐστιν, ἐξ οὗ τὰ ἄλλα γίνεται καὶ εἰς ὃ ἀναλύεται, αὕτη ἂν εἴη ἧττον στοι-
15 χεῖον. καὶ πρὸς ταύτην | δὴ τὴν ἔνστασιν ὁ φιλόσοφος Πρόκλος ὑπαντᾷ 286ᵇ
ἐνδιδοὺς τῷ πάντη ἀμετάβλητον εἶναι τὴν γῆν εἰς τὰ ἄλλα τρία σώματα
καὶ λέγει, ὅτι καὶ ὁ Πλάτων διὰ τοῦτο πρώτην αὐτὴν προσείρηκε καὶ πρε-
σβυτάτην τῶν ἐντὸς οὐρανοῦ ὡς ἀμετάβλητον εἰς τὰ ἄλλα, καὶ εἶναι τὰ 5
ἄλλα πληρώματα τῆς γῆς ἐν τοῖς κόλποις αὐτῆς ἡδρασμένα, τὸ ὕδωρ, τὸν
20 ἀέρα, τὸ ἐν τοῖς ὑπὸ σελήνην πῦρ, αὐτὸ δὲ τοῦτο τὸ διαιρεῖσθαί πως ὑπὸ
τῶν ἄλλων ἐποίησεν αὐτὴν ἕν τι τῶν στοιχείων εἶναι. ἔστι γὰρ καὶ ἡ
διαίρεσις πάθος τὴν συνέχειαν ἀφανίζον· εἰ δὲ πάσχει καὶ αὕτη ὑπὸ τῶν 10
ἄλλων διαιρουμένη καὶ ποιεῖ εἰς αὐτὰ πιλοῦσα καὶ θλίβουσα καὶ ταύτῃ
καταθραύουσα, εἰκότως ἀντιδιῄρηται πρὸς ἐκεῖνα, ὑφ' ὧν τε πάσχει καὶ
25 εἰς ἃ ποιεῖ κατὰ τὸ αὐτό πως πάθος· διαίρεσις γὰρ ἑκατέρα, εἰ καὶ ἄλλως
μὲν διαιρεῖ τὰ λεπτότερα ταῖς ὀξύτησιν, ὡς ἐν ταῖς τέχναις πρίονες καὶ 15
τρύπανα καὶ σμῖλαι, ἄλλως δὲ τὰ παχύτερα συμπιλοῦντα καὶ θλίβοντα, ὡς
ὑπέρα καὶ δοίδυξ. ταῦτα μὲν ὁ φιλόσοφος. μήποτε δέ, ὡς καὶ πρότερον
εἶπον, εἰ καὶ μὴ εὐθὺς ἡ γῆ μεταβάλλει εἰς τὰ ἄλλα, ἀλλ' ἡ εἰς τὴν κοι-
30 νὴν ὕλην καὶ αὐτῆς ἀνάλυσις καὶ τὴν γῆν ἐκ τῶν ἄλλων καὶ τὰ ἄλλα ἐκ 20
τῆς γῆς ποιεῖ γίνεσθαι. καὶ ὅρα, ὅπως τοῦτο συμφωνεῖ τοῖς γινομένοις.
κἂν γὰρ ἡ γῆ καὶ δρᾷ εἰς τὰ ἄλλα καὶ πάσχῃ ὑπ' αὐτῶν, ἀλλὰ χρόνῳ
καὶ μόγις· οὐ γὰρ οὕτως ὑπὸ πυρὸς ἡ γῆ πάσχει, ὡς ἀὴρ καὶ ὕδωρ, ἀλλ'

---

1 ἄφθαρτον E: corr. E²   φθείρεται A: seq. ras. 9 litt. E: διαφθείρεται DF
2 ἐδήλωσεν Ec: v eras. E   οὐ] e corr. E   γίγνεσθαι DE   3 ἄλλο τι] ἀλλ' ὅτι
AE: corr. E²   5 λέγουσιν Ac   7 ἡ — pr. ἐπίπεδα (8) om. D   8 διαλύεται E
12 μηδὲ] ἐκ τινος καὶ τὸ μὴ c···· ἐκ τινος μὴ F   διαλυόμενον] corr. ex δια-
λυόμενον F   16 τῷ] τὸ c   17 καὶ ὁ] ὁ c   Πλάτων] Tim. 40 c   προσ-
είρηκε DE²K²: προσείρηχε AF: προσείρηκεν E: om. b   18 εἶναι μὲν F   20 τὸ (alt.)]
add. E²   21 εἶναι] ἕνεκα E   22 πάθος — διαιρουμένη (25)] mg. E²
ἀφανίζον] διορίζον E²   δὲ] καὶ D   αὐτὴ Db: αὕτη AE   τῶν om. E²
23 διαιρεθεῖσα E²   25 πως om. A   26 διαιρεῖ A: διαιρεῖται DEb   28 μή-
ποτε] μήτε A   29 ἡ (alt.)] ἢ A   31 γίγνεσθαι DE   32 πάσχει DE   χρόνοι E:
corr. E²   33 ὡς] suprascr. E²

οὐδὲ ὑπὸ ὕδατος ἢ ἀέρος, ὡς τὰ ἄλλα. ἀλλ' οὐδὲ κατὰ τόπον οὕτως εὐ- 286ᵇ
κόλως εἴκει τοῖς κινοῦσιν, ὡς τὰ ἄλλα· ἔδει γὰρ τῷ ὄντι περὶ τὸ κέντρον 26
τοῦ παντὸς οὐσιωθεῖσαν μήτε κατ' οὐσίαν εὐκίνητον εἶναι μήτε κατ' ἐνέρ-
γειαν. τοῦ δὲ πρεσβυτάτην εἶναι τὴν γῆν τῶν ἐντὸς οὐρανοῦ ὁ μὲν Πλάτων
5 οὐκ εἶπε τὴν αἰτίαν, ὁ δὲ Τίμαιος αὐτὸς ἐν τῷ συγγράμματι, ὅπερ ὁ Πλά- 30
των παρέξεσεν, οὕτως ἔγραψε περὶ τῆς γῆς· "πρεσβίστα δέ ἐντι τῶν ἐντὸς
ὠρανῶ σωμάτων. οὐδέ ποκα ὕδωρ ἐγεννάθη δίχα γᾶς, οὐδὲ μάν τοι ἀὴρ
χωρὶς ὑγρῶ, πῦρ τε ἤρεμον ὑγρῷ καὶ ὕλας, ἃς ἐξάπτοι, οὐκ ἂν διαμένοι·
ὥστε ῥίζα πάντων καὶ βάσις τῶν ἄλλων ἁ γᾶ." ἐν δὲ τοῖς κόλποις τῆς 35
10 γῆς ἀὴρ ἥδρασται καὶ πῦρ, οὐ τὰ καθαρὰ ἀλλὰ τὰ λιμνάζοντα. καὶ τά
γε ἄκρα τῆς γῆς ἐν τῷ Φαίδωνι ὁ Πλάτων ἐξυμνεῖ ὡς μέχρι τοῦ αἰθέρος
ἀνατεινόμενα πολλῷ τῷ μυθικῷ, οἶμαι, καὶ αἰνιγματώδει χρώμενος· καὶ
γὰρ μῦθον καλεῖ τὸν περὶ αὐτῆς λόγον.   40

Ὁ δὲ Ἀλέξανδρος καὶ ἰδίαν ἔνστασιν ἐπήγαγε τοῖς εἰς ἐπίπεδα λέγουσι
15 διαλύεσθαι τὴν γῆν καὶ μὴ μεταβάλλειν εἰς ἄλλο σῶμα. εἰ γὰρ σῶμα
οὖσα, φησίν, ἡ γῆ καὶ τόπον κατέχουσα διαλύεται εἰς ἐπίπεδα τρίγωνα καὶ
μὴ μεταβάλλει εἰς ἄλλο τι σῶμα, ἔσται κενὸς ὁ τόπος, ὃν ἡ διαλελυμένη 45
γῆ κατεῖχεν, ὥστε, εἰ μὴ ἔστι κενὸν κατ' αὐτούς, οὐδὲ ὅλως ἂν ἡ γῆ εἰς
τὰ στοιχεῖα διαλύοιτο. δύναται | δὲ κοινὴ αὕτη ἡ ἀπορία εἶναι· καὶ γὰρ 287ᵃ
20 τῶν ἄλλων στοιχείων διαλυομένων τὰ τρίγωνα οὐκ ἀμέσως εἰς ἄλλο σῶμα
συμπήγνυσθαί φασιν, ἀλλὰ μένειν τινὰ χρόνον διαλελυμένα. καὶ εἰ μὲν
μαθηματικὰ τὰ τρίγωνα ἔλεγον, εἶχε λόγον ἡ ἔνστασις, εἰ δὲ φυσικὰ αὐτὰ 5
λέγουσι καὶ βάθος ἔχοντα, δῆλον, ὅτι καὶ αὐτὰ τόπον κατέχει διαλυθέντα
καὶ τὸν ἴσον ἅμα πάντα ἐκείνῳ, ὃν συγκείμενα κατεῖχε. ταύτην δὲ τὴν
25 ἔνστασιν ὁ Ἀριστοτέλης τετάρτην ἐπήγαγεν.

---

1 ἢ om. A   3. 4 ἐνέργειαν εἶναι DE: corr. E²   5 εἶπε] seq. ras. 1 litt. E
6 οὗτος A   ἔγραψεν Ec: ν eras. E   πρεσβίστα] κτλ. Tim. Locr. 97 c
πρεσβίστα] πρέσβε͂ τὰ A: πρεσβόστα in ras. E²   δ' c: in ras. E²   7 ὠρανῶ]
mut. in οὐρανῶ E²: ὠρανοῦ A   ποτε A   ἐγεννήθη A   γῆς A   μάν τοι
E: μάντης A: μέντοι D et e corr. F: μὰν c   8 τ' c   ἤρεμον ADEF: ἔρημον
E²c   ὕλας, ἅς] ὅλως ἄν A   οὐκ ἂν ADE: οὐδὲν F: οὐ κα c   9. 10 τῆς
γῆς om. A   10 ἥδρασται] ὕδωρ τὸ A   11 τῷ om. A   Φαίδωνι] 109 e
ἐξυμνοῖ A   12 οἶμαι] corr. ex εἶναι E²   αἰνιγματώδη E: corr. E²   13 γὰρ
A: γὰρ καὶ DE   μῦθος E: corr. E²   καλεῖ] Phaed. 110 b   14 λέγουσιν c
15 εἰ] seq. ras. 1 litt. E   17 μεταβάλλῃ AE   18 γῆ (pr.)] ἡ γῆ E: corr. E²
ἔσται] ἔσται A   19 κοινὴ E²b: καὶ μὴ F: κοινῶς A: κενὴ DE   20 διαλυωμένων
E: corr. E²   21 φησίν E   μένει A   22 τὰ A: om. DEc
εἶχε ADEF: εἶχεν ἂν K²c   23 βάρος Eb   24 ἐκεῖνα A   ὃν] ὃν AE
συγκείμενον E, sed corr.   κατεῖχε] e corr. E: κατεῖχεν c   25 ὁ ἀριστοτέλης τε-
τάρτην ἐπήγαγεν AEb: ὁ ἀριστοτέλης ἐπήγαγεν· τετάρτην D: τετάρτην ἐπήγαγεν ὁ ἀρι-
στοτέλης Fc

p. 306ᵃ20 Ἀλλὰ μὴν οὐδὲ ἐν τοῖς διαλυομένοις ἕως τοῦ διὰ τὸ ἐξ 28ᵃ
ἀνίσων τῷ πλήθει συνεστάναι τριγώνων.

Πρὸς τὰ περὶ τῆς γῆς ῥηθέντα τοῖς ἐξ ἐπιπέδων λέγουσι τὰ σώματα
ὑπαντήσας νῦν πρὸς τὰ περὶ τῶν ἄλλων τριῶν στοιχείων ἐνίσταται ἐπὶ μὲν
5 τῆς γῆς τὸ μὴ μεταβάλλειν εἰς τὰ ἄλλα καὶ ἐκ τῶν ἄλλων αἰτιασάμενος, 15
ἐπὶ δὲ τῶν τριῶν μεταβάλλειν εἰς ἄλληλα λεγομένων ἄτοπον ἐπάγει τὸ ἐξ
ἀνίσων τῷ ἀριθμῷ τριγώνων συγκειμένων αὐτῶν τῶν τε ἰσοπλεύρων καὶ
ἐξ ὧν τὰ ἰσόπλευρα σύγκειται συμβαίνειν ἐν τῷ γίνεσθαι ἐξ ὕδατος ἀέρα
ἢ ἐξ ἀέρος ὕδωρ παραιωρεῖσθαί τινα τρίγωνα. εἰ γὰρ τὸ μὲν ὕδωρ ἐξ 20
10 εἴκοσι τριγώνων ἰσοπλεύρων ἐστίν, ὁ δὲ ἀὴρ ἐξ ὀκτώ, ἐὰν ἐξ ὕδατος δια-
λυθέντος ἀὴρ γίνηται, ἑνὸς ὑδατίου σώματος εἰς εἴκοσι τρίγωνα διαλυθέντος
δύο γίνεται ἀέρος. καὶ τὰ τέσσαρα τρίγωνα παραιωρεῖται, ὡς ἄν εἴποι τις,
μάτην· κἂν ἐξ ἀέρος ὕδωρ γίνηται, τριῶν ἀέρος διαλυθέντων σωμάτων εἰς 25
ἑνὸς ὕδατος σύστασιν τέσσαρα πάλιν πλεονάζει. "οὐ γὰρ δή, φησὶν ὁ Ἀλέ-
15 ξανδρος, ἅμα ἐξ ἀέρος ὕδωρ τε καὶ πῦρ ἔσται, ὡς τὰ τέσσαρα τρίγωνα
πῦρ ποιεῖν, ὡς ἐν τῷ Τιμαίῳ λέγεται· μεταβάλλει μὲν γὰρ εἰς ὕδωρ ἀὴρ
ψυχρούμενός τε καὶ πυκνούμενος, οὐ δύναται δὲ αὕτη ἡ αἰτία εἶναι καὶ 30
πυρὸς γεννητική. ἔστι δὲ πῶς οὐκ ἄτοπον τὸ λέγειν ἐξ ἀνάγκης, ὅταν ἐξ
ἀέρος ὕδωρ γίνηται, ὀφείλειν πάντως καὶ πῦρ γενέσθαι;" ταῦτα μὲν ὁ Ἀλέ-
20 ξανδρος. ὁ δὲ Πλάτων, εἴ τι συνίημι, ὕδωρ μὲν καὶ πῦρ ἅμα οὐ λέγει
γίνεσθαι ἐκ τοῦ ἀέρος, ἀλλ' ἐξ ἑνὸς μέρους ἀέρος διαλυθέντος δύο γίνεσθαι 35
σώματα πυρός, ἐξ ὕδατος δὲ ἓν μὲν πυρὸς σῶμα, δύο δὲ ἀέρος, τοῦ πυρὸς
καὶ ἐξαεροῦντος τὸ ὕδωρ καὶ εἰς πῦρ μεταβάλλοντος. αὐτὸ μέντοι τοῦτο
τὸ μένειν τινὰ χρόνον τινὰ τῶν τριγώνων ἀπαιωρούμενα σαφῶς δίδωσιν
25 ἐπὶ τῆς γῆς λέγων, ὅτι διαλυθεῖσα φέρεται, "μέχρι περ αὐτῆς πῃ ξυντυ- 40
χόντα τὰ μέρη αὐτὰ αὐτοῖς γῆ γένοιτο". καὶ τί τοῦτο ἄτοπον, ὅτε καὶ
τὰ ὑφ' ἡμῶν λεγόμενα στοιχεῖα διαλυθέντος τοῦ συνθέτου πολλάκις μένει
καθ' αὐτά, ἕως ἂν πάλιν συναρμοσθῇ.

---

1 οὐδ' DEc   τοῦ—πλήθει (2) om. D   διά] δή? comp. A   3 πρὸς—ῥηθέντα
om. c   8 γίγνεσθαι DE   9 παραιωρεῖσθαι] -αι- in ras. E²: παραιωρᾶσθαι A
11 ἀὴρ γίνηται—διαλυθέντος Ab: mg. E²K²: om. DEF   γίγνοιτο E²   ὑδατώδους
K²c: e corr. E   12 γίγνεται DE   τὰ om. A   παραιωρεῖται] -αι- e corr. E
13 κἂν Ab: εἰ γὰρ C: τὸ γὰρ DE: ἂν δὲ E²F   γίνηται] comp. D: mut. in γίνεται E²
16 μεταβάλλειν E: corr. E²   17 ψυχόμενος D: ψυχούμενος F   18 οὐκ ἄτοπον]
οὐ κατὰ τόπον A   18. 19 ὕδωρ ἐξ ἀέρος Ac   19. 20 ὁ ἀλέξανδρος om. A
20 Πλάτων] Tim. 56 d sq.   21 γίγνεσθαι (pr.) DE   γίγνεσθαι (alt.) DE
23 τὸ om. A   εἰς] e corr. E   24 δίδωσιν A: δίδωσιν ὁ Πλάτων DEbc
25 λέγων] Tim. 56 d   διαλυθῆσα E: corr. E²   φέρεται DE: φαίνεται Ab
25. 26 πῇ ξυντυχόντα DE²: πῆξιν τυχόντα AEb   26 post μέρη add. πάλιν ξυναρμοσ-
θέντα E²   αὐτά] αὐᵀ A   αὐτοῖς ADE   γένοιτο γῆ F   γίνοιτο Ac
28 ἕως Ab: ὡς DEF

'Ο δὲ φιλόσοφος Πρόκλος ἐπὶ μὲν τῆς τοῦ ὕδατος εἰς ἀέρα ἀναλύσεως, 287ᵃ ἐπειδὴ πῦρ τὸ ἀναλύον ἐστί, δύο φησὶν ἀέρος γίνεσθαι μέρη καὶ ἓν πυρός, ὅταν δὲ τοὐναντίον ἐξ ἀέρος | ὕδωρ γίνηται, τριῶν ἀέρος μερῶν ἀναλυ- 287ᵇ θέντων τὰ περιλειφθέντα τέσσαρα τρίγωνα ὑπὸ τῆς αὐτῆς αἰτίας τῆς πιλη-
5 τικῆς μετὰ δύο μερῶν ἀέρος συγκριθέντα καὶ αὐτὰ ἓν μέρος ὕδατος ποιεῖ. θαυμαστὸν δέ, φησίν, οὐδὲν καὶ ἀμόρφωτά τινα φέρεσθαι· ἐν γὰρ πάσαις 5 μεταβολαῖς εἶναί τι ἀνείδεον μέχρι τινὸς συγχωρητέον, κρατηθὲν δὲ εἴδει τινὶ χωρεῖν εἰς τὴν τοῦ κρατήσαντος φύσιν· καὶ γὰρ καὶ ἡμεῖς ἂν ὁμολογήσαιμεν ἐν τῇ τῶν καθ' ἡμᾶς στοιχείων μεταβολῇ μένειν τινὰ μέρη πολ-
10 λάκις ἡμιγενῆ.

p. 306ᵃ23   Ἔτι δὲ ἀνάγκη τοῖς ταῦτα λέγουσιν ἕως τοῦ οὐκ ἐκ 11
σώματος ἔσται γεγονός.

Τέταρτον ἄτοπον ἐπάγει τὸ σώματος ποιεῖν γένεσιν τοῦ ἁπλῶς σώματος ἀλλ' οὐχὶ τοῦ τινος. εἰ δὲ σῶμα ἐπὶ σῶμα γίνοιτο, ἔδειξε πρότε- 15
15 ρον, ὅτι ἀνάγκη κενὸν ἀφωρισμένον εἶναι, ὅπερ οὐδὲ οὗτοι βούλονται· τὸ γὰρ σῶμα, εἰ γίνοιτο, ἐξ ἀσωμάτου γίνεται· δεῖ ἄρα χώραν εἶναι κενὴν τὴν δεξομένην τὸ γινόμενον σῶμα. εἰ οὖν ἐξ ἐπιπέδων λέγουσι γίνεσθαι σῶμα, οὐκ ἐκ σώματος ἔσται τὸ γεγονός· τὸ γὰρ ἐπίπεδον μῆκος καὶ 20 πλάτος μόνον ἔχει. πρὸς τοῦτο λέγει ὁ Πρόκλος, ὅτι τὰ φυσικὰ ἐπίπεδα
20 οὐκ ἔστιν ἀβαθῆ· εἰ γὰρ τὸ σῶμα τὴν λευκότητα τὴν εἰς ἑαυτὸ ἐμπίπτουσαν διίστησι, πολλῷ μᾶλλον τὰ περιέχοντα αὐτὸ ἐπίπεδα· εἰ δὲ ἔχει βάθος, οὐκέτι ἐξ ἀσωμάτου ἡ τοῦ σώματος γένεσις, ἀλλ' ἐξ ἁπλουστέρου σώματος 25 τὸ συνθετώτερον.

p. 306ᵃ26   Πρὸς δὲ τούτοις ἀνάγκη μὴ πᾶν σῶμα ἕως τοῦ οὐχ
25   ἅπαν σῶμα διαιρετόν.

Πέμπτον ἐπιχείρημα τοῦτο καὶ ἤδη πως προειρημένον. τοῦτο δὲ τὸ 30 ἐπιχείρημα κοινῶς πρὸς τοὺς σχηματίζοντας τὰ πρῶτα σώματα λέγεται εἴτε ἐξ ἐπιπέδων εἴτε ὡς Δημόκριτος· ἀπάγει δὲ εἰς θάτερον τοῖν δυαῖν

---

2 ἐστίν c   γίγνεσθαι E   4 περιληφθέντα E: corr. E²   ὑπό] ἀπό A
5 συγκριθεῖσα A   ποιεῖν c   6 ἀμόρφωτά A: ἄμορφά DE   7 ἤδει E, sed corr.   8. 9 ἂν ὁμολογήσαιμεν b: ἀνομολογήσαιμεν A: ἀναλογίσαιμεν DE: ἀναλογίσαιμεν F: ὁμολογήσαιμεν ἂν E²K²   9 μεταβολῇ Ab: εἰς ἄλληλα μεταβολῇ DEc   11 δ' c   τοῖς — σώματος (12)] ἕως D   13 σώματος] σώματα C: οὐκ ἐκ σώματος c
13. 14 σώματος om. C   14 ἐπὶ σῶμα DEb: εἴη σῶμα A: ἐξ οὗ σώματος c   γίνοιτο A: γένοιτο DE   15 οὗτοι] αὐτοὶ A   16 ἀσωμάτου] DEb: ἀσωμάτων Ac   εἶναι om. DE: corr. E²   κενὸν DE   18 γεγονός E, sed corr.   19 Πρόκλος] p corr. ex λ E   20 ἀμαθῆ E: corr. E²   20. 21 ἐμπίπτουσα E: corr. E²
21 αὐτῷ A   22 οὐκέτι] οὐκ ἔστι c   ἀλλ'] suprascr. E²   24 ἀνάγκη—τοῦ] ἕως ἡ D   σῶμ' c   25 ἅπαν] ἁπλῶς DE   28 δὲ] suprascr. E²

ἀτόπων· οἱ γὰρ σχήματι διορίζοντες τὰς οὐσίας τῶν στοιχείων, οἷον πυρα- 287b
μίδι τὸ πῦρ καὶ ὀκταέδρῳ τὸν ἀέρα καὶ τὰ ἄλλα, ὡς εἴρηται, ἢ ἀδιαίρετα 35
λέγοντες αὐτὰ ἀναγκάζονται μὴ πᾶν σῶμα διαιρετὸν λέγειν καὶ μάχεσθαι
ταῖς μαθηματικαῖς ἐπιστήμαις τὰ ἐναντιώτατα αὐταῖς λέγοντες· ἐκεῖναι
5 μὲν γὰρ καὶ τὸ νοητὸν σῶμα τὸ ὑποκείμενον αὐταῖς — νοητὸν γὰρ ἐξ
ἀφαιρέσεως αἰσθητοῦ γινόμενον — διαιρετὸν λαμβάνουσιν, οὗτοι δὲ οὐδὲ 40
τὸ αἰσθητόν. καὶ τοῦτο μὲν ἀκολουθεῖ τὸ ἄτοπον αὐτοῖς, ἐὰν ἀδιαίρετα
τὰ σχήματα λέγωσι, τὸ μάχεσθαι ταῖς ἀκριβεστάταις ἐπιστήμαις·
εἰ δὲ διὰ τὸ τοῦτο φυγεῖν διαιρεῖσθαι λέγουσιν αὐτά, τῆς πυραμίδος ἢ
10 τῆς σφαίρας — ἐπειδὴ σφαῖραν τὸ πῦρ οἱ περὶ Δημόκριτον ἔλεγον — 45
διαιρεθείσης πως, τουτέστι κατά τινα τρόπον διαιρεθείσης, τῆς | μὲν 288a
πυραμίδος παραλλήλῳ τῇ βάσει ἐπιπέδῳ, τῆς δὲ σφαίρας ὥστε πανταχόθεν
ἴσον περιαιρεθῆναι, τὸ μὲν πρὸς τῷ κέντρῳ μένει σφαῖρα καὶ τὸ πρὸς τῇ
κορυφῇ πυραμίς, τὰ δὲ λειπόμενα οὔτε τὸ τῆς σφαίρας σφαῖρά ἐστιν οὔτε
15 τὸ τῆς πυραμίδος πυραμίς. ἀλλ', εἰ τοῦτο, δύο ἄτοπα ἀκολουθήσει· καὶ 5
γὰρ τὸ τοῦ πυρὸς μέρος οὐκ ἔσται πῦρ· οὔτε γὰρ πυραμὶς τὸ ἕτερον οὔτε
σφαῖρα. τοῦτο δὲ ἄτοπον· παρὰ γὰρ τὰ φαινόμενα· τὸ γὰρ τοῦ πυρὸς
μέρος ὁρᾶται πῦρ. καὶ ἔτι μέντοι, εἰ πᾶν σῶμα ἢ στοιχεῖον ἢ ἐκ στοι-
χείων ἐστί, τὸ δὲ τῆς πυραμίδος μέρος οὐκ ἔστιν ἐκ στοιχείων σῶμα ὄν, 10
20 στοιχεῖον ἄρα ἐστὶ καὶ τῆς πυραμίδος ἁπλούστερον μέρος γε αὐτῆς ὄν,
ὥστε καὶ στοιχειωδέστερον τοῦ πρώτου στοιχείου καὶ πρότερον ἐκείνου. ἢ
οὖν ταῦτα ἀνάγκη ὑπομένειν τὰ ἄτοπα τὸν σχηματίζοντα λόγον τὰ πρῶτα
σώματα ἤ, ὅπερ εἴρηται πρότερον, τὸ μὴ πᾶν σῶμα διαιρετὸν ποιεῖν. 15
ἀσφαλῶς δὲ εἶπε τῆς πυραμίδος πως διαιρεθείσης· δύναται γὰρ καὶ
25 εἰς πυραμίδας διαιρεθῆναι, ἐὰν ἐπιπέδῳ διὰ τῆς κορυφῆς τμηθῇ· δῆλον
δέ, ὅτι αὐταὶ αἱ τομαὶ οὐ φυλάττουσιν ἰσόπλευρα τὰ τῶν πυραμίδων
τρίγωνα. 20

Πρὸς τοῦτο δὲ ὁ Πρόκλος ὑπαντῶν μέμφεται τῷ πυραμίδα τὸ πῦρ
ποιοῦντι καὶ μὴ μένοντι ἐπὶ τῶν Πλατωνικῶν ὑποθέσεων, τὴν πυραμίδα
30 σπέρμα πυρὸς λέγοντος τοῦ Πλάτωνος ἀλλ' οὐχὶ πῦρ· τὸ γὰρ πῦρ ἄθροισμα
πυραμίδων διὰ σμικρότητα ἀοράτων κατὰ μίαν, οὐδὲ ἕως ἂν εἰς πῦρ 25
διαιρῆται τὸ πῦρ, εἰς πυραμίδας διαιρεῖται, ἡ δὲ μία πυραμὶς οὐκέτι

---

1 ἀτόπων AEF: mut. in ἀτόποιν K: ἀτόποιν Dc   4 αὐτῇ A   5 γὰρ ADEF: γάρ
ἐστιν C: γὰρ τὸ E²c   6 αἰσθητοῦ CDEF: τοῦ αἰσθητοῦ Ac   οὐδὲ om. A
7 αὐταῖς A   8 λέγωσιν c   τὸ] corr. ex τῷ E²   9 δὲ διὰ] δὲ ⁰διὰ A
9. 10 τῆς πυραμίδος ἢ τῆς σφαίρας] mut. in τὴν πυραμίδα ἢ τὴν σφαῖραν E²   11 τουτ-
έστιν c   μὲν] μὴν? comp. A   12 τῆς δὲ DE²K²b: τῆς A et post ras. E: δὲ
τῆς F   13 τῷ] τὸ E   μένει] corr. ex μέλλει E²   14 οὔτε (pr.)—ἐστιν om. D
16 ἔστι DE   18 ὁρᾶται πῦρ DEb: πῦρ ὁρᾶται Ac   19 ἐστί om. C: ἐστίν Ec: ν
eras. E   20 ἐστὶν Ec: ν eras. E   γε] τε A   αὐτοῦ c   21 στοχείου E
πρότερον b: πρῶτον ACDE   ἢ E²: εἰ ADEb   23 σώματα] σχήματα A
24 εἶπεν E: corr. E²   26 αἱ] ὁ D   τὰ E²: om. ADEF   28 πυραμίδος c
30 σπέρματα A   τὸ γὰρ πῦρ om. A   31 οὐδὲ c: οὔτε ADE   32 διαιρεῖται
EF   τὸ—διαιρεῖται om. A   πυραμίδας E²K²b: πῦρ DEF

πῦρ, ἀλλὰ στοιχεῖον πυρός, ἀόρατος οὖσα διὰ σμικρότητα. ἐὰν οὖν αὕτη 288ᵃ
διαιρεθῇ, τὸ μέρος αὐτῆς οὔτε στοιχεῖον οὔτε ἐκ στοιχείων, εἴπερ μὴ
εἰς πυραμίδας ἢ εἰς τὰ ἐπίπεδα διαιρεθείη. καὶ τί θαυμαστὸν εἶναί
τι ἄτακτον ἐν τοῖς τῇδε σώμασι; καὶ γὰρ καὶ ἐν τῇ καθ' ἡμᾶς τῶν στοι- 30
5 χείων μεταβολῇ, εἴποι ἂν ὁ Πρόκλος, γίνονταί τινες διαφοραί, αἵτινες καὶ
τὰ λοιμώδη καταστήματα ποιοῦσιν ὅλῳ τῷ γένει εἰς τὸ παρὰ φύσιν ἐκτρέ-
πουσαι τὰ στοιχεῖα. "τί δὲ καὶ ἀδύνατον, φησί, τὸ τμῆμα τοῦτο πιε-
ζόμενον καὶ ὑπὸ τῶν περιεχόντων εἰδοποιούμενον μορφοῦσθαι πάλιν εἰς 35
πυραμίδα ἢ ἄλλο τι τῶν στοιχείων ἐξομοιούμενον τοῖς περιέχουσιν αὐτὸ
10 καὶ θλίβουσιν;" ἀλλ', εἰ τοῦτο, τίς χρεία τῆς εἰς τὰ ἐπίπεδα διαλύσεως,
καὶ μὴ τὸ περιεχόμενον σῶμα ὑπὸ τοῦ περιέχοντος μεταβάλλεται; μήποτε
οὖν ἡ μία πυραμίς, ὅταν βιασθῇ, θᾶττον εἰς τὰ ἐπίπεδα διαλύεται, εἴπερ 40
συνεστῶσα τέμνεται, εἰ δὲ καὶ διαιρεθείη ἢ αὐτὴ ἢ ἐπίπεδον, ἐπειδὴ καὶ
ταῦτα φθαρτὰ τῷ διαιρετὰ εἶναί ἐστιν, ὕλη πάλιν ἄλλου γίνεται ἢ μετ'
15 ἀλλήλων ἢ μετ' ἄλλων συμφυομένων τῶν διαιρεθέντων μερῶν.

p. 306ᵇ3 "Ὅλως δὲ τὸ πειρᾶσθαι τὰ ἁπλᾶ σώματα σχη|ματί- 288ᵇ
ζειν ἕως τοῦ διὰ τὸ πλείω τὰ στοιχεῖα ποιεῖν.

Καὶ τὸ ἕκτον ἐπιχείρημα πρὸς τὰ εἰρημένα σχήματα τῶν στοιχείων
ἵσταται δεικνύων, ὅτι, εἴπερ τοῖς εἰρημένοις σχήμασιν ἐσχημάτισται τὰ 5
20 στοιχεῖα, ἀνάγκη κενὸν εἶναι, ὅπερ οὐδὲ οἱ τὰ ἐπίπεδα λέγοντες βούλονται.
δείκνυσι δὲ αὐτὸ ἐκ τοῦ τινὰ σχήματα ὀλίγα καὶ ἐν τοῖς ἐπιπέδοις καὶ ἐν
τοῖς στερεοῖς συμπληροῦν δύνασθαι τὸν περὶ ἓν σημεῖον τόπον, ὡς μηδὲν
καταλείπειν διάκενον, ἐν μὲν τοῖς ἐπιπέδοις τρίγωνα καὶ τετράγωνα καὶ 10
ἑξάγωνα τὰ ἰσόπλευρά τε καὶ ἰσογώνια, τρίγωνα μὲν ἕξ, τετράγωνα δὲ
25 τέσσαρα, ἑξάγωνα δὲ τρία, ἐν δὲ τοῖς στερεοῖς δύο μόνα συμπληροῖ τὸν
περὶ ἓν σημεῖον τόπον ἥ τε πυραμὶς καὶ ὁ κύβος, ὧν τὸ μὲν τοῦ πυρὸς
τὸ δὲ τῆς γῆς στοιχεῖον, καὶ πυραμίδες μὲν δώδεκα συμπληροῦσι, κύβοι 15
δὲ ὀκτώ. εἰ οὖν τὰ ἄλλα στοιχεῖα τό τε ὀκτάεδρον καὶ τὸ εἰκοσάεδρον
μὴ συμπληροῖ τὸν τόπον, ἀνάγκη κενὸν εἶναι μεταξὺ καὶ ἐν τῷ ἀέρι καὶ
30 ἐν τῷ ὕδατι, μόνα δὲ τὸ πῦρ καὶ τὴν γῆν μὴ ἔχειν μεταξὺ κενὸν τῶν
ἀναισθήτων ἐκείνων διὰ σμικρότητα πυραμίδων καὶ κύβων, ἐξ ὧν συντι-
θεμένων τὰ αἰσθητὰ γίνεται πῦρ καὶ γῆ, συμπληροῦν δυναμένων τὸν τό- 20
πον. ἀλλ' οὐδὲ ἀλλήλοις παρατιθέμενα συμπληρώσει τὸν τόπον, οἷον κύβῳ

---

1 αὕτη] αὐτὴ A   4 σώμασιν c   γὰρ καὶ A: γὰρ DE   5 γίγνονταί DE
6 τὸ DEb: τὰ Ac   9 πυραμίδα DEb: πυραμίδας Ac   10 χρεία] ἡ χρεία c
11 μὴ] οὐ c   12 διαλύσεται c   13 ἢ (pr.)] mut. in ἡ E²: ἡ A   14 ὕλη] ἡ ὕλη
Ac   γίγνεται DE   14. 15 ἢ μετ' ἀλλήλων om. c   15 μετ' A: μετὰ DE
συμφυομένων E   16 τὰ — τοῦ (17)] ἕως D   19 ἐνίσταται C   δεικνύων AE:
δείκνυσιν C: δεικνύον Dc   21 δὲ] δὲ καὶ DE   ἐπιπέδοις — τοῖς (22) om. c
24 τε A: om. CE: καὶ ἰσόπλευρα D   δὲ om. D   25 δύο om. A
27 συμπληροῦσιν c   30 τὴν γῆν καὶ τὸ πῦρ E   33 τὸν om. A

εἰκοσάεδρον ἢ ὀκτάεδρον ἢ πυραμίδι. ἐκ τούτων δὲ συγκειμένων ὁ κόσμος· 288ᵇ
κενὸν ἄρα τῷ κόσμῳ ἐναπολειφθήσεται. ὅτι δὲ μόνα τὰ εἰρημένα σχή-
ματα ἰσόπλευρά τε καὶ ἰσογώνια ἔν τε ἐπιπέδοις καὶ στερεοῖς τὸν περὶ ἓν 25
σημεῖον τόπον συμπληροῖ, ὡς μήτε κενόν τι καταλείπεσθαι δυνάμενον ἄλλο
5 τι δέξασθαι σχῆμα παρὰ τὸ προϋπάρχον ἐν τῷ τόπῳ μήτε ὑπερέχειν τοῦ
τόπου τὰ σχήματα, ἀλλ' ἀεὶ τὸ ὑπολειπόμενον διάστημα ὁμοίοις σχήμασι 30
καταπυκνοῦσθαι καὶ ἀναπληροῦσθαι, δείκνυται δυοῖν τινων προληφθέντων,
ἑνὸς μέν, ὅτι, ἐὰν ἀπὸ τοῦ αὐτοῦ σημείου διαχθῶσιν ὁσαιδήποτε εὐθεῖαι
ἐφ' ἑκάτερα τοῦ σημείου, αἱ πρὸς τῷ σημείῳ γωνίαι πᾶσαι τέτρασιν ὀρθαῖς
10 ἴσαι εἰσί· τοῦτο δὲ δείκνυται ἐκ τοῦ τρισκαιδεκάτου θεωρήματος τοῦ πρώ- 35
του τῶν Στοιχείων, οὗ ἡ πρότασις τοιαύτη ἐστίν· ὡς ἂν εὐθεῖα ἐπ'
εὐθεῖαν σταθεῖσα γωνίας ποιῇ, ἤτοι δύο ὀρθὰς ἢ δυσὶν ὀρθαῖς ἴσας ποιήσει·
δῆλον γάρ, ὅτι τῆς ἐπισταθείσης εὐθείας ἐκβαλλομένης καὶ αἱ κατὰ κορυ-
φὴν γωνίαι ἢ δύο ὀρθαὶ ἢ δυσὶν ὀρθαῖς ἴσαι ἔσονται, καὶ ὅσαι ἂν ἄλλαι 40
15 διὰ τοῦ αὐτοῦ σημείου διαχθῶσιν εὐθεῖαι, ταῖς τέτρασιν ὀρθαῖς γωνίαις
οὐδὲν προστιθέασι. τοῦτό τε οὖν προληπτέον, καὶ ὅτι πᾶν πολύγωνον τὰς
γωνίας τοσαύταις ὀρθαῖς ἴσας ἔχει, ὅσος ἐστὶν ὁ διπλάσιος ἀριθμὸς τοῦ
δυάδι ἐλάττονος τοῦ πλήθους τῶν γωνιῶν, τὸ μὲν τρίγωνον δυσὶν ὀρθαῖς, 45
ὅτι δυάδι ἐλάττων τοῦ πλήθους τῶν γωνιῶν αὐτοῦ ἡ μονὰς ἦν, ταύτης δὲ
20 διπλασίων ἡ δυάς, τὸ δὲ τετράγωνον | διὰ τὰ αὐτὰ τέτρασι, τὸ δὲ πεν- 289ᵃ
τάγωνον ἕξ, τὸ ἑξάγωνον ὀκτὼ καὶ ἐφεξῆς. τούτων προληφθέντων, ἐπειδὴ
πᾶς ὁ πρὸς ἑνὶ σημείῳ τόπος, ὅσας ἂν ἔχῃ γωνίας, τέτρασιν ὀρθαῖς αὐτὰς
ἴσας ἔχει, τῶν εὐθυγράμμων σχημάτων ὅσα μὲν δύναται πρὸς ἑνὶ σημείῳ 5
πλείονα τὰ αὐτὰ συνιστάμενα, οἷον τρίγωνα ἢ τετράγωνα, τὰς πρὸς τῷ
25 σημείῳ γωνίας τέτρασιν ὀρθαῖς ἴσας ποιεῖν, ταῦτα συμπληροῦσι τὸν τόπον
τεσσάρων ὀρθῶν ὄντα γωνιῶν καὶ οὔτε πλειόνων οὔτε ἐλαττόνων, ὡς
προείρηται, τὰ δὲ μὴ ποιοῦντα τέτρασιν ὀρθαῖς ἴσας τὰς πρὸς τῷ ἑνὶ ση- 10
μείῳ γωνίας, εἰ μὲν ἐλάττονας τῶν τεσσάρων ποιεῖ, κενὸν ἀπολείπει τόπον,
εἰ δὲ πλείονας, ὑπερβάλλει τὸν τόπον τὰ σχήματα. ἐπεὶ οὖν παντὸς μὲν
30 τριγώνου αἱ τρεῖς γωνίαι δυσὶν ὀρθαῖς ἴσαι εἰσί, τοῦ δὲ ἰσογωνίου ἑκάστη

---

1 ἢ (alt.) om. c   συγκείμενος C: σύγκειται Fc   2 ἐναπολη(φ)θήσεται E   3 στε-
ρεοῖς DEFb: ἐν στερεοῖς Ac   6 σχήμασιν c   7 πυκνοῦσθαι D   δυοῖν A: δύο
DE: δυσὶ F   προλειφθέντων E: corr. E²   8 ἑνὸς μέν] ἓν A   διαχθῶσιν
om. A: δειχθῶσιν F   10 εἰσίν Ec   τρεισκαιδεκάτου D   11 ἐστὶ τοιαύτη
Ac   12 εὐθεῖαν DEF: εὐθείας Ac   ποιεῖ E   14 ὀρθαί] corr. ex ὀρθὰς E²
ἂν A: om. DE   15 τοῦ] seq. ras. 5 litt. E   16 προστιθέασιν Ec: ν eras. E
17 ἴσας] corr. ex ἴσα E²   διπλάσιος] δι- e corr. A   18 ἔλαττον A, sed corr.
19 ἐλάττους D   post γωνιῶν add. τὸ γὰρ τρίτον D, τὸ μὲν τρίγωνον E: del. E²   20 τέ-
τρασιν c   21 δὲ ἑξάγωνον Eb   22 ἔχοι E   αὐτὰς — ὀρθαῖς (25) om. b
24 ὑφιστάμενα A   ἢ τετράγωνα om. A   25 ἴσας ποιεῖν] ἴσας ἔχει ποιεῖν A: ἴσας
ἔχειν ποιεῖν m. rec. A: καὶ ποιεῖν DEF: ἔχειν καὶ ποιεῖν E²: ἴσας ἔχειν καὶ ποιεῖν K²bc
26 τῶν τεσσάρων Fc   ὄντων E   27 μὴ om. A   28 ἀπολείπῃ E   29 εἰ —
τόπον om. A   τῶν τόπων D   30 εἰσίν c   τοῦ δὲ ἰσογωνίου AE²b: τὸ δὲ
ἰσογώνιον DE

διμοίρου ὀρθῆς ἐστιν, ἐὰν πρὸς ἑνὶ σημείῳ ἓξ τρίγωνα ἰσόπλευρα καὶ ἰσο-
γώνια συστῇ. αἱ πρὸς τῷ σημείῳ ἓξ γωνίαι ἀπὸ διμοίρου ὀρθῆς οὖσαι τέ-
τρασιν ὀρθαῖς ἴσον ἐπέχουσι τόπον· ὁμοίως κἂν τέσσαρα τετράγωνα πρὸς
ἑνὶ σημείῳ συστῇ, τέτρασιν ὀρθαῖς ἴσας ποιοῦσι τὰς γωνίας, διότι ὀρθαί
5 εἰσιν αἱ τοῦ τετραγώνου. ἐπειδὴ δὲ τοῦ ἑξαγώνου ἡ γωνία μιᾶς ἦν ὀρθῆς
καὶ τρίτου, εἴπερ αἱ ἓξ γωνίαι ὀρθαῖς ὀκτὼ ἐτύγχανον ἴσαι, ἐὰν τρία ἑξά-
γωνα πρὸς ἑνὶ σημείῳ συστῇ, αἱ τρεῖς αὐτῶν γωνίαι τέτρασιν ὀρθαῖς ἴσαι
ἔσονται καὶ συμπληρώσουσι τὸν τόπον.

Καὶ ὅ γε Ποτάμων, ὡς Ἀλέξανδρος ἱστορεῖ, διὰ συντόμου τὰς τῶν
10 εἰρημένων σχημάτων συμπληρώσεις ἐπὶ καταγραφῆς παραδέδωκεν.

"Ἔστω γάρ, φησίν, ἰσόπλευρον τρίγωνον, καὶ ἐκβεβλήσθωσαν αὐτοῦ
δύο πλευραὶ ἐπ' εὐθείας αἱ τὴν αὐτὴν γωνίαν ποιοῦσαι κατὰ τοῦτο, καθ'

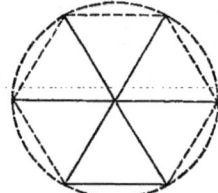

ὃ συννεύουσιν ἀλλήλαις, καὶ κατὰ τὴν διχοτομίαν, καθ' ἣν τέμνουσιν ἀλλή-
λας αἱ δύο αἱ ἐκβληθεῖσαι, ἤχθω τις εὐθεῖα μὴ τέμνουσα τὴν τοῦ τριγώνου
15 γωνίαν μηδὲ τὴν κατὰ κορυφὴν ταύτης ἀλλὰ τὰς λοιπὰς δίχα· ἔσονται δὴ
περὶ τὴν διχοτομίαν τῶν ἐκβληθεισῶν πλευρῶν γωνίαι ἓξ ἴσαι ἀλλήλαις.
ἀλλ' ἣν ἡ τοῦ τριγώνου διμοίρου· αἱ ἄρα ἕξ, ἐπεὶ ἴσαι ἀλλήλαις εἰσί,
τεττάρων ὀρθῶν ἔσονται· ἐκπληροῦται ἄρα ὑπὸ τῶν τριγώνων ὁ τόπος.
ἐὰν γὰρ ἀπολαβόντες ἀφ' ἑκάστης τῶν ἐκβεβλημένων εὐθειῶν ἴσα ταῖς ἐξ
20 ἀρχῆς εὐθείαις ἐπιζεύξωμεν εἰς τὸ κύκλῳ εὐθείας, ἔσται συγκείμενα τρί-
γωνα ἕξ, καὶ κενὸς τόπος οὐδείς.

Ἔστω πάλιν τετράγωνον, καὶ ἐκβεβλήσθωσαν ὁμοίως ἐπὶ τὸ αὐτό,
καθ' ὃ συννεύουσιν ἀλλήλαις, δύο πλευραὶ αὐτοῦ τῶν τὴν αὐτὴν γωνίαν

περιεχουσῶν· ἔσονται δὴ αἱ περὶ τὴν κοινὴν τομὴν τῶν ἐκβληθεισῶν ἴσαι 289a
ἀλλήλαις καὶ τὸν ἀριθμὸν τέτταρες. ἔστι δὲ ἡ τοῦ τετραγώνου ὀρθή·

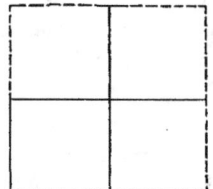

αἱ ἄρα τέτταρες ἔσονται τέτταρες ὀρθαί· οὐδεὶς ἄρα ἀπολειφθήσεται κενὸς
τόπος. καὶ ἐὰν ἀπολαβόντες ἀφ' ἑκατέρας τῶν ἐκβληθεισῶν εὐθειῶν ἴσην 45
5 τῇ τοῦ τετραγώνου πλευρᾷ προσαναγράψωμεν τὸν γνώμονα, ἔσται | τέτ- 289b
ταρα τετράγωνα ἐκπληροῦντα τὸν τόπον, ὥσπερ τὰ ἓξ τρίγωνα ἐγίνετο."

Τὸ δὲ ἑξάγωνον ὁ Ποτάμων κατὰ τὴν αὐτὴν ἔφοδον καταγράψας ἀπο-
δίδωσι τὸ ζητούμενον, προστίθημι δὲ ἐγὼ στοιχεῖα, ἵνα σαφηνίσω τοῖς
ἐντυγχάνουσι τὸ λεγόμενον. 5

10   "Ἔστω γάρ, φησί, πάλιν ἑξαγώνου γωνία ἡ Α, καὶ ἐκβεβλήσθωσαν
αὐτοῦ δύο πλευραὶ αἱ περὶ τὴν αὐτὴν γωνίαν τὴν Α, καθ' ἃ συννεύουσι
πρὸς ἀλλήλας, ἡ ΒΑΓ καὶ ἡ ΔΑΕ, καὶ δίχα τετμήσθω ἡ τοῦ ἑξαγώνου
ἡ Α καὶ ἡ κατὰ κορυφὴν αὐτῇ γεγονυῖα ὑπὸ τῶν ἐκβληθεισῶν τῇ ΖΗ 10

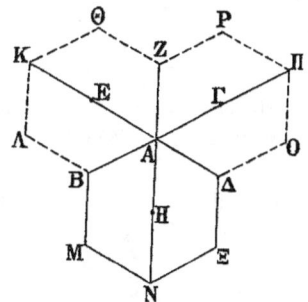

εὐθείᾳ· ἔσονται δὴ περὶ τὸ κατὰ τὴν διχοτομίαν σημεῖον γωνίαι ἓξ ἴσαι
15 ἀλλήλαις, ὧν ἑκάστη ἡμίσεια ἔσται τῆς τοῦ ἑξαγώνου γωνίας· καὶ γὰρ

---

1 δὴ scripsi: δὲ Ab: διὰ D: οὖν K²c, in ras. E²: om. F   αἱ om. DF: in ras. E²
περὶ om. D   2 τέτταρας A: τέσσαρες Ec: comp. D   Fig. om. codd.   3 τέσσαρες
(pr.) c   τέτταρες (alt.) A: τέσσαρες c: om. DE   4 ἀπολαύοντες E: corr. E²
ἀφ' Db: ἐφ' AE   εὐθειῶν om. A   5 προσγράψωμεν A: προσαναγράψομεν E
ἀγνώμονα A, sed corr.   5. 6 τέσσαρα c   6 ἓξ] ἑξῆς DE: corr. E²   ἐγένετο c
8 σαφηνίζω A   9 τὰ λεγόμενα Ac   10 πάλιν om. A   11 ἃ A: quod b: ᾃς
DEc   12 ἡ τοῦ ἑξαγώνου A: exagoni angulus b: ἡ τοῦ ἑξαγώνου γωνία καθ' ἣν ἡ
ἐκβολὴ ἐγένετο DEc   13 ἡ A Ab: καὶ ἡ A DEF   αὐτῆς c   τῇ K: τὴν A:
τοῦ D: τὸ E   Fig. om. codd.   14 περὶ] παρὰ comp. A

καὶ ἡ ΕΑΒ καὶ ἡ ΓΑΔ διμοίρου ὀρθῆς ἐστιν ἑκατέρα· εἰσὶ γὰρ αἱ λεί- πουσαι εἰς τὰς δύο ὀρθὰς μετὰ τὴν τοῦ ἑξαγώνου γωνίαν, ἡ δέ γε τοῦ ἑξαγώνου γωνία ἐστὶ μιᾶς ὀρθῆς καὶ τρίτου· αἱ γὰρ ἓξ αὐτοῦ γωνίαι ὀκτὼ ὀρθαῖς ἴσαι εἰσίν. εἰ οὖν ἑκάστη τῶν περὶ τὸ Α ὀκτὼ γωνιῶν διμοίρου
5 ἐστὶν ὀρθῆς, αἱ ὀκτὼ τέτρασιν ὀρθαῖς ἴσαι εἰσίν· ἀναπληροῦσιν ἄρα τὸν περὶ τὸ Α τόπον, καὶ οὔτε ἐλλείπει τι οὔτε πλεονάζει. ἐὰν οὖν ἀπὸ τῶν τριῶν γωνιῶν τῶν περὶ τὸ Α τῆς τε ΖΑΒ καὶ τῆς ΒΑΔ καὶ τῆς ΔΑΖ, ὧν ἑκάστη ἑξαγώνου ἐστί, καί εἰσιν αἱ τρεῖς τέτρασιν ὀρθαῖς ἴσαι, γράψωμεν ἑξάγωνα τὰ ΑΖΘΚΛΒ, ΑΒΜΝΞΔ, ΑΔΟΠΡΖ, ἔσται τρία ἑξάγωνα
10 ἀναπληροῦντα τὸν περὶ τὸ Α τόπον καὶ οὔτε κενὸν ἀπολείποντά τι οὔτε ὑπερβάλλοντα."

Οὕτω μὲν καὶ τὰ ἑξάγωνα ὁ Ποτάμων ἐμμεθόδως ἀνέγραψε, κατ' ἄλλον δὲ τρόπον καταγραφῆς οὕτως ὁ Ἀλέξανδρος ἐκτίθεται.

" Ἐὰν γὰρ ἑξάγωνον ἀναγράψωμεν τὸ ΑΒΓΔΕΖ, καὶ ἀπὸ τῆς ΓΔ πλευ-
15 ρᾶς ὅμοιον ἑξάγωνον ἀναγράψωμεν τῷ προτέρῳ τὸ ΓΔΗΘΙΚ, ἡ ὑπὸ τῶν

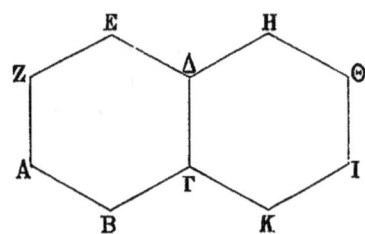

ΒΓΚ περιεχομένη γωνία γίνεται καὶ αὐτὴ τεσσάρων τρίτων, οὗ καὶ αἱ τῶν περὶ τὸ Γ σημεῖον ἀναγεγραμμένων δύο ἑξαγώνων. ἐπεὶ γὰρ αἱ τρεῖς τέτρασιν ὀρθαῖς ἴσαι, τουτέστι δεκαδύο τρίτοις, ὧν ἑκατέρα τῶν δύο τεσσάρων ἐστὶ τρίτων, καὶ ἡ λοιπὴ ἄρα τεσσάρων τρίτων ἔσται. ἂν δὴ προσ-
20 αναγράψωμεν ἑξάγωνον ἀπὸ τῶν ΓΒ, ΓΚ ἰσόπλευρόν τε καὶ ἰσογώνιον,

συμπληρώσομεν τὸν τόπον, καὶ οὐδὲν μέσον διάκενον καταλειφθήσεται περὶ 289ᵇ τὸ Γ σημεῖον ἀλλοῖον σχῆμα δέξασθαι δυνάμενον. τοῦτο δὲ ἐπ' οὐδενὸς τῶν ἄλλων ἐπιπέδων σχημάτων συμβαίνει. καὶ γὰρ τοῦ πενταγώνου ἡ μία γωνία μιᾶς ὀρθῆς ἐστι καὶ πέμπτου· τούτων δὴ ὅσας ἂν λάβῃς γωνίας, 5 οὐκ ἐκπληρώσουσι τὰς τέσσαρας ὀρθάς· ἐὰν μὲν γὰρ ἐλάττονας τῶν τεσσάρων, ἐλλείψουσιν, ἐὰν δὲ πλείονας τῶν τριῶν, ὑπερβαλοῦσιν, ὥστε οὐκ ἐκπληροῖ τὸν τόπον τὸ πεντάγωνον. ὁμοίως δὲ δειχθήσεται, ὅτι οὐδὲ ἄλλο τι τῶν ἐπιπέδων ἐκπληροῖ τὸν τόπον ἐκτὸς τῶν ῥηθέντων τριῶν.

Ἐπὶ δὲ τῶν στερεῶν, ὅτι μὲν ὁ κύβος ἐκπληροῖ τὸν τόπον, τί 10 δεῖ καὶ λέγειν; ἐὰν γάρ τις κατὰ τὰς πλευρὰς παραβάλλῃ τέσσαρας κύβους, ἐκπληρώσει τὸν τόπον. ἄλλως τε, ὃν ἔχει λόγον ἐν ἐπιπέδοις τὸ τετράγωνον, τοῦτον ἔχει τὸν λόγον ἐν στερεοῖς ὁ κύβος· ἐξεπλήρου δὲ τὸν τόπον ἐν τοῖς ἐπιπέδοις τὸ τετράγωνον· καὶ ὁ κύβος ἄρα ἐν τοῖς στερεοῖς πληρώσει τὸν τόπον. ὄψει δὲ ἐναργῶς, ἐὰν ἀπὸ τῶν τεσσάρων τετραγώνων 15 τῶν πρὸς ἑνὶ σημείῳ συνεστηκότων κύβους ἀναστήσῃς βάσεις ἔχοντας τὰ τετράγωνα· ἀντὶ γὰρ τοῦ σημείου ἐκείνου γενήσεται ἡ ἐπὶ τὸ σημεῖον κάθετος ἀγομένη εὐθεῖα, πρὸς ἣν συνάψουσιν ἀλλήλοις οἱ τέσσαρες κύβοι τὸν στερεὸν τόπον συμπληροῦντες. ὅτι δὲ καὶ ἡ πυραμίς, δῆλον· οὐδὲν γὰρ ἄλλο ἐστὶν ἡ πυραμὶς ἢ κύβου γωνία· ἐπεὶ οὖν αἱ τοῦ κύβου γωνίαι 20 ἀνεπλήρουν τὸν τόπον, καὶ ἡ πυραμὶς ἀναπληρώσει. ἄλλως τε ὁ κύβος αὐτὸς ἐκ δυοῖν πυραμίδων συμπεπλήρωται· ἐὰν ἄρα ὀκτὼ πυραμίδες συντεθῶσι τὰς κορυφὰς ἔχουσαι πρὸς τῷ κέντρῳ τῆς σφαίρας, ἐκπληρώσουσι τὸν τόπον. ἔτι ὃν λόγον ἔχει τὸ τρίγωνον ἐν τοῖς ἐπιπέδοις, τοῦτον ἔχει τὸν λόγον ἐν τοῖς στερεοῖς ἡ πυραμίς· τὸ δὲ τρίγωνον ἐν ἐπιπέδοις ἐκπλη-25 ροῖ τὸν τόπον· καὶ ἡ πυραμὶς ἄρα ἐν στερεοῖς. καὶ δι' αὐτῆς, φησί, τῆς αἰσθήσεως φανερόν. εἰ γάρ τις πυραμίδας συνθείη ὀκτὼ τὰς κορυφὰς αὐτῶν εἰς ἀλλήλας νευούσας ποιῶν ὡς σφῆνας, οὐκ ἀπολείψει κενὸν τόπον."

Ταῦτα καὶ περὶ τῶν στερεῶν ἱστορεῖται τοῦ Ποτάμωνος ἐνστάσεις, οἶμαι, τινὰς ἔχοντα. ὁ δὲ Ἀλέξανδρος "οὐδὲν δὲ ἄλλο, φησίν, ἢ τὸ 30 ἐπὶ τῶν ἐπιπέδων γινόμενον τοῦτο καὶ ἐπὶ τῶν στερεῶν γίνεται κατὰ τὰς τρεῖς διαστάσεις ὁμοίως ὡς ἐπ' ἐκείνων κατὰ τὴν μίαν". καὶ τοῦτο αἰνίγ-

---

1 συμπληρώσωμεν E: corr. E² τὸν] περὶ τὸν DE: corr. E² καταληφθήσεται E 2 ἀλλ' οἷον A 3 γὰρ] γὰρ καὶ E 5 ἐκπληρώσουσιν c 6 ὑπερβαλοῦσιν Db: ὑπερβάλλουσιν AEc 7 ἐκπληροῖ] -οῖ e corr. E² 9 μὲν ὁ DEb: ὁ μὲν Ac 10 δεῖ] δὴ E παραβάλῃ DE 13 ἄρα] εἴπερ A 14 τόπον—τῶν] in ras. D 15 σημείῳ] seq. ras. E ἐστηκότων E κύβ^c A: κύβον c ἀναστήσῃ^ςς A ἔχοντα c τὰ DE: om. Ac 17 ἀγομένη] γινομένη A 18 πληροῦντες DE ὅτι δὲ] mg. E² δὲ] δὴ A 19 ἐστὶν ἡ A: ἐστὶ DE κύβου γωνία] vocabulum πυραμίς (tetraedrum regulare) non recte intellexit Potamo; cf. v. 28 οὖν] γοῦν A 21 πυραμίδες] πυραμίδας E: corr. E² 22 ἐκπληρῶσι A 24 τοῖς om. DE 25 αὐτῆς Ab: αὐτῆς δὲ DE 27 ἄλληλα E τόπον] τὸν τόπον Ac 28 καὶ om. bc ἐνστάσεις E²K²b: ἐπιστάσεις ADEF 29 ἔχοντα E²Fb: ἔχοντας A: ἔχοντος DEc ὁ om. A δὲ] del. E²: om. bc 30 γίνεσθαι c 31 ὡς om. E τοῦτο] τοῦτο δὲ Ac

ματί μοι μᾶλλον ἐοικέναι δοκεῖ· πῶς γὰρ τῶν ἐπιπέδων κατὰ γραμμὴν 290ᵃ
συντάττομένων (αὕτη γάρ, ὡς ἔοικεν, ἐστὶν ἡ μία διάστασις) τὰ στερεὰ 30
κατὰ τὰς τρεῖς συνταχθήσεται, εἴπερ κατὰ τὰ ἐπίπεδα ἀλλήλοις συνήρμοσ-
ται; φιλόκαλον δέ ἐστιν, ὥσπερ τῶν ἐπιπέδων, οὕτω καὶ τῶν στερεῶν
5 ἐμμέθοδον ποιήσασθαι τὴν συναρμογήν.

 Καὶ πρὸς τοῦτο δὲ τὸ ἐπιχείρημα Πρόκλος ὑπαντῶν "παράλληλα,
φησί, κείμενα τὰ στοιχεῖα καὶ ἄνωθεν ὑπὸ τοῦ οὐρανοῦ σφιγγόμενα συνω- 35
θεῖται τὰ λεπτομερέστερα εἰς τοὺς τῶν παχυτέρων τόπους, οὓς ποιεῖ διὰ
τὸ μὴ συμπληροῦν τὸν περὶ ἓν σημεῖον τόπον, ὠθούμενα δὲ καὶ εἰσδυό-
10 μενα εἰς αὐτοὺς ἀναπληροῖ τὸ ἐλλεῖπον. ταύτην γοῦν, φησί, τὴν αἰτίαν
καὶ Πλάτων ἀποδέδωκεν ἡμῖν τοῦ μηδὲν ὑπολείπεσθαι κενὸν ἐλασσόνων 40
παρὰ μείζονα τιθεμένων· οὕτω γὰρ αἱ μὲν κοιλότητες τοῦ ἀέρος ἔχουσι
τὰς πυραμίδας μέσας συμπληρούσας τὸν τόπον, αἱ δὲ τοῦ ὕδατος ὀκτάεδρα
παρενεσπαρμένα, καὶ αἱ τῆς γῆς πάντα, καὶ κενὸς τόπος οὐκ ἔστιν." ἀλλ'
15 ἐχρῆν ἴσως τοῦτο πρότερον δειχθῆναι, ὅτι οἱ ἀπολειπόμενοι τόποι ἐν τῇ 45
τῶν ὀκταέδρων συνθέσει πυραμίσιν ἀναπληροῦνται καὶ οἱ | τῶν εἰκοσαέ- 290ᵇ
δρων ὀκταέδροις καὶ πυραμίσιν. καὶ ὁ μὲν Ἀριστοτέλης ἐγκαλεῖ τῷ ἐκ
πλειόνων στερεῶν μὴ ἀναπληροῦσθαι τὸν τόπον, μήποτε δὲ καὶ ἐπὶ ἑκάστου
τῶν στερεῶν σχημάτων ἔστιν ἀπορεῖν, πῶς ἐκ τεσσάρων τριγώνων πυρα-
20 μὶς καὶ ἐκ τεσσάρων τετραγώνων κύβος καὶ τὰ ἄλλα, ὡς εἴρηται· ταῦτα 5
γὰρ τὴν ἐπιφάνειαν μόνην συμπληροῖ τῶν στερεῶν σχημάτων, τὸ δὲ τοῦ
σώματος εἶδος πᾶν, ὡς ὁ Πλάτων φησί, καὶ βάθος ἔχει, τὸ δὲ βάθος αὖ
πᾶσα ἀνάγκη τὴν ἐπίπεδον περιειληφέναι φύσιν· τί οὖν ἐστι τὸ συμπλη-
ροῦν τὸ βάθος; μήποτε οὖν ῥητέον, ὅτι καὶ τὰ τρίγωνα αὐτὰ βάθος ἔχοντα 10
25 καὶ συμπιλούμενα ἀναπληροῖ, καὶ καθ' ἕκαστον τῶν σχημάτων ἐστὶ μείζονα
καὶ βραχύτερα, οἷον πυραμίδες μείζους καὶ βραχύτεραι, διότι καὶ τῶν 15
τριγώνων ἐξ ἀρχῆς τὰ μὲν μείζονα τὰ δὲ βραχύτερα γέγονε. τοῦτο δὲ
καὶ αὐτὸς ὁ Πλάτων δηλοῖ λέγων· "τοῦ δὲ ἐν τοῖς εἴδεσιν αὐτῶν ἕτερα
ἐμπεφυκέναι γένη τὴν ἑκατέρου τῶν στοιχείων αἰτιατέον σύστασιν μὴ μόνον
30 ἐν ἑκατέραν μέγεθος ἔχον τὸ τρίγωνον φυτεῦσαι κατ' ἀρχάς, ἀλλ' ἐλάττω 20
τε καὶ μείζω, τὸν ἀριθμὸν δὲ ἔχοντα τοσοῦτον, ὅσαπερ ἂν ᾖ τἂν τοῖς

---

2 συντάττομένον A   γάρ] γάρ ἐστιν E   ἐστιν om. E   3. 4 συνηρμόσθαι E:
corr. E²   4 φιλοκάλου c: *amoris boni* b   8 λεπτομερέστερα Ab: λεπτομερέστατα
DE   10 γοῦν] γάρ Ac   τὴν αἰτίαν φησί Ac   11 ὁ πλάτων Ec
μὴ δ' A   ἀπολείπεσθαι D   12 οὕτως c   μὲν om. Ac   ἔχουσιν E
14 παρεσπαρμένα D   15 τόποι ἐν τῇ] τοῦ ποιεῖν τί A   16 συνθέσει—εἰκοσαέδρων
om. b   καί—πυραμίσιν (17) om. D   17 πυραμίσιν AEc: v eras. E   ἐκκαλεῖ
E: corr. E²   τῷ] τὸ Fc   19 τεττάρων c: δ D   τριγώνων τεσσάρων E
20 ἐκ] πῶς ἐκ Fc   τεττάρων c: δ D   τετραγώνων] τριγώνων A   22 ὁ] supra-
scr. D   φησί] Tim. 32 a sq.   23 πᾶσ' c   περιείληφε A   φύσιν] φησί DE:
corr. E²   25 καὶ (pr.) DEFb: καὶ συμπληρούμενα ἀναπληροῖ τὸ τοῦ στερεοῦ βάθος εἰκὸς
δὲ καὶ ἄλλα τρίγωνα ἐναπολαμβανόμενα καὶ Ac, fort. recte   συμπιλούμενα A: συμπλη-
ρούμενα DEbc   ἐστί] ἔσται A   27 γέγονεν c   28 δηλοῖ λέγων] φησί E
λέγων] Tim. 57 c   δ' c   ἕτερ' c   31 δ' c: om. F   τἂν] e corr. E

εἴδεσι γένη. διὸ δὴ ξυμμιγνύμενα αὐτά τε πρὸς αὐτὰ καὶ πρὸς ἄλληλα 290b τὴν ποικιλίαν ἐστὶν ἄπειρα". τὰ τοίνυν ἐλάττονα τοῦ αὐτοῦ γένους εἰς τὰ διάκενα χωρεῖν καὶ συμπιλεῖσθαι εἰκός, ὡς μὴ εἰλικρινὲς διασώζειν τὸ 25 σχῆμα. καὶ τί τοῦτο ἄτοπον, ὅτε καὶ οἱ ταῦτα πρῶτα λέγοντες στοιχεῖα, 5 ἀέρα καὶ ὕδωρ καὶ τὰ λοιπά, ὁμολογοῦσιν εἶναί τινα ἐν αὐτοῖς ἀνωμαλίαν ἢ κατὰ μίξιν ἢ κατὰ τὰς ἐν τῇ μεταβολῇ διαφοράς; ὥστε, κἂν ἐρωτήσῃ τις, ἐκεῖνα τὰ συμπιληθέντα καὶ μὴ σώζοντα τὸ σχῆμα εἰλικρινὲς πότερον 30 στοιχεῖα ἢ ἐκ στοιχείων ἐστί, πρόχειρον εἰπεῖν, ὅτι στοιχεῖα μέν, παρὰ φύσιν δέ πως διατεθέντα, πρὸς ὀλίγον ἴσως.

10 p. 306b9 Ἔπειτα φαίνεται πάντα μὲν τὰ ἁπλᾶ σώματα ἕως τοῦ 35 τῶν κατὰ πάθη διαφορῶν.

Ἕβδομον τοῦτο καὶ αὐτὸ ἀνασκευάζον τὸ κατὰ τὰ σχήματα ταῦτα τὴν τῶν στοιχείων οὐσίαν ἀφωρίσθαι ἐκ τοῦ μὴ δεῖν ὅλως κατ' ἴδιόν τι σχῆμα εἰδοποιεῖν αὐτά. ὁ δὲ λόγος ἐκ διαιρέσεως πρόεισιν οὕτως· εἰ 40
15 τούτοις τοῖς σχήμασιν ἀφώρισται τὸ εἶναί τι τῶν στοιχείων, ἢ διαμένει τὰ σχήματα αὐτῶν, ἵνα καὶ μένῃ ὄντα, ἅπερ ἐστίν, ἢ οὐ διαμένει, ἀλλὰ μεταρρυθμίζεται. ἀλλ' εἰ μὲν διαμένει τὸ τοῦ στοιχείου σχῆμα, οὐκ ἂν τὸ ὅλον στοιχεῖον πανταχῇ τοῦ περιέχοντος ἅπτοιτο. ἀλλὰ μὴν φαίνεται 45 πάντα τὰ ἁπλᾶ σώματα σχηματιζόμενα τῷ περιέχοντι τόπῳ,
20 μά|λιστα δὲ τὸ ὕδωρ καὶ ὁ ἀήρ· καὶ γὰρ καὶ ἡ γῆ αὐτὴ ἡ καθαρὰ 291a τῷ δεχομένῳ αὐτὴν συσχηματίζεται· ὁ γὰρ λίθος οὐχ ἁπλοῦν ἐστι σῶμα οὐδὲ ψιλὴ γῆ· καὶ τὸ πῦρ δέ, εἴ τις ἔν τινι τόπῳ ἢ ἀγγείῳ καθείρξοι ὡς μὴ διαχεῖσθαι, συσχηματίζεται τῷ περιέχοντι, τὸ δὲ ὕδωρ καὶ ὁ ἀήρ 5 ἐναργῶς φαίνεται· ἀδύνατον ἄρα μένειν τὰ τῶν στοιχείων σχήματα ταῦτα.
25 εἰ δὲ μεταρρυθμίζεται καὶ ἀποβάλλει τὰ σχήματα τοῖς περιέχουσι σχηματιζόμενα, ἀκολουθεῖ τὸ μηκέτι αὐτὰ ὕδωρ ἢ πῦρ εἶναι, εἴπερ τούτοις ἦν τοῖς σχήμασιν οὐσιωμένα. ὥστε, εἰ μήτε διαμένειν ἐν αὐτοῖς τὰ σχήματα 10 δυνατὸν μήτε ἀποβάλλεσθαι, ἀνάγκη δὲ τούτων θάτερον, οὐκ ἂν ἔχοιεν ἴδια σχήματα ἀφωρισμένα. εἰ δὲ καὶ συρρέοντα φαίνεται ὅ τε ἀὴρ καὶ
30 τὸ ὕδωρ, δῆλον, ὅτι οὐ φυλάττει τὸ οἰκεῖον σχῆμα· εἰ δὲ μὴ φυλάττει, οὐκ ἂν εἴη τὸ μὲν ἀὴρ τὸ δὲ ὕδωρ, εἴπερ ἐν τῷ τοιῷδε ἐσχηματίσθαι 15

---

1 ξυμιγνύμενα A: ξυμμιγνύμεν' c   αὐτά c: αὐτὰ ADE   2 γένη D   3 ὡς AE²K²b: om. DEF   5 ante τὰ del. πῦρ E¹   6 μίξιν] μ- e corr. E¹   ὥστε] ἅτε A   ἐρωτήσῃ] -η e corr. E²   10 μὲν—τῶν (11)] ἕως D   11 κατά] κατὰ τὰ DE   13 τῶν στοιχείων A: κατὰ τὸ στοιχεῖον CDEb   ἀφορεῖσθαι E: ἀφαιρεῖσθαι D   13. 14 σχῆμά τι A   14 πρόσεισιν E, sed corr.   οὕτως om. A: οὕτω C   15 ἢ] ins. A   16 μένῃ] corr. ex μένει E²   17 μεταρυθμίζεται AE   18 πανταχοῦ c   19 πάντα] πάντα μὲν Ac   σώματα] σχήματα A   20 ὁ om. A   αὐτὴ b: αὕτη ADE   21 σχηματίζεται A   24 ταῦτα ADEb: ταὐτὰ E²c   25 μεταρυθμίζεται AE   25. 26 σχηματιζόμενα Db: συσχηματιζόμενα Ac: τὰ σχηματιζόμενα E   26 αὐτὰ om. A   28 ἔχοι c   29 ante φαίνεται del. καὶ E²   30 σχῆμα om. E

εἶχε τὸ ταῦτα εἶναι. ἔσται οὖν ἄλλα σώματα, ἃ οὔτε στοιχεῖα οὔτε ἐκ 291ᵃ στοιχείων· ὅπερ ἄτοπον. ὥστε οὐκ ἂν ἔχοι σχήματα οἰκεῖα τὰ πρῶτα σώματα, ἀλλ' ἔοικε, φησίν, ἡ φύσις αὐτῶν διὰ τοῦ ἀσχηματίστου σημαίνειν ἡμῖν τοῦτο, ὅπερ καὶ κατὰ λόγον ἐστὶν αἰτιώδη, τὸ τὰ στοιχεῖα ταῦτα 20
5 τὸν τῆς ὕλης ἔχειν λόγον πρὸς τὰ γινόμενα ἐξ αὐτῶν· ἡ γὰρ ὕλη "δέχεται ἀεὶ πάντα καὶ μορφὴν οὐδεμίαν ποτὲ οὐδενὶ τῶν εἰσιόντων ὁμοίαν εἴληφεν οὐδαμῇ οὐδαμῶς", ἵνα μὴ τὰ ἐνδιδόμενα εἴδη "κακῶς ἀφομοιοῖ τὴν αὐτῆς παρεμφαίνουσα ὄψιν"· ταῦτα γὰρ ἐν τῷ Τιμαίῳ περὶ αὐτῆς γέγραπται. 25 οὕτως οὖν καὶ τὰ στοιχεῖα ἐν τῇ τῶν συνθέτων σωμάτων γενέσει τῶν
10 σχήμασιν οἰκείοις ἐναργῶς ἀφωρισμένων οὐδὲν οἰκεῖον σχῆμα συνεισφέρειν προσήκει. εἰπὼν δέ, ὅτι καὶ τὰ στοιχεῖα δεῖ νομίζειν ὥσπερ ὕλην εἶναι τοῖς συνθέτοις, τεκμήριον ἐπήγαγε τούτου τὸ δύνασθαι μετα- 30 βάλλειν εἰς ἄλληλα χωριζομένων τῶν κατὰ τὰ πάθη διαφορῶν· διὰ γὰρ τὸ ὕλη πως εἶναι καὶ αὐτὰ δύναται μεταβάλλειν εἰς ἄλληλα, οὐ
15 πάντῃ δὲ σωζόμενα· οὕτω γὰρ ἂν ἦν ἄντικρυς ἡ πρώτη ὕλη· ἀλλὰ χωριζόμενα τῶν κατὰ τὰ πάθη διαφορῶν καὶ κατὰ τὴν ἐν αὐτοῖς ὕλην ἀπ' 35 ἄλλων εἰς ἄλλα μεταβαίνοντα. οὕτω μὲν ἐνταῦθα βραχέως ἐνεδείξατο τὸν τρόπον τῆς ἐξ ἀλλήλων τῶν στοιχείων γενέσεως, ὅτι μενούσης μὲν τῆς ὕλης τῶν δὲ κατὰ τὰ πάθη διαφορῶν ὑπαλλαττομένων ἐξ ἀλλήλων
20 γίνεται τὰ στοιχεῖα· τοῦτο δὲ ἐν τοῖς Περὶ γενέσεως καὶ φθορᾶς ἀπο- 40 δείξει.

Εἴποιεν δ' ἂν οἱ τὰ πρῶτα σώματα σχηματίζοντες, ὅτι τῆς ὕλης μενούσης τῶν δὲ κατὰ τὰ σχήματα διαφορῶν πρώτων ἐπαλλαττομένων ἡ ἐξ ἀλλήλων τῶν στοιχείων γίνεται γένεσις. ὁ δὲ Πρόκλος καὶ πρὸς τὸ
25 ἕβδομον ἐπιχείρημα τοῦτο ἐνιστάμενος τὸ μὴ συγχωροῦν ἔχειν ἴδιον σχῆμα 45 τὰ στοιχεῖα, εἴπερ μήτε μόνιμον αὐτὸ δυνατὸν ἔχειν μήτε ἀποβαλλόμενον, | "οὐχ αἱ ὁλότητες, φησί, τῶν τεσσάρων τούτων σωμάτων τούτοις τοῖς 291ᵇ σχήμασιν ἐσχηματισμέναι εἰσίν, ἀλλὰ τὰ τούτων στοιχεῖα τὰ μικρὰ ἐκεῖνα καὶ ἀόρατα, ἐξ ὧν συνελθόντων τὰ αἰσθητὰ γίνεται ταῦτα πῦρ καὶ ὕδωρ
30 καὶ τὰ λοιπά, τὰ δὲ ὅλα ἐσφαίρωται συνεξομοιούμενα τῷ οὐρανῷ παντα- 5 χόθεν· ἕκαστα γὰρ ἔχει τι κρεῖσσον τῆς ἑαυτῶν ἰδιότητος ἐκ τῶν θειοτέρων, ὥσπερ καὶ τὴν κύκλῳ κίνησιν τὰ τῷ οὐρανῷ πλησιάζοντα. δῆλον οὖν, ὅτι τὰ πέρατα τῶν πυραμίδων τὰ πρὸς τῷ περιέχοντι, κἂν ἐπιπέδων ᾖ τριγώνων, ἀλλὰ κυρτοῦται σφιγγόμενα, ἵνα ἐφαρμόσῃ τῇ κοιλότητι τοῦ 10

---

4 αἰτιώδη] mut. in αἰτιώδης E²: tale b   τὸ] corr. ex τῷ E²   6 οὐδενὶ] οὐδὲν DE: corr. E²   7 οὐδαμῇ om. A   ἐνδιδόμενα] -ό- e corr. E   αὐτῆς] αὐτῆς ACDE: αὐτὴν c   8 παρεμφαίνοντα C: παρεμφαίνουσαν E: corr. E²   Τιμαίῳ] 50 b—e
10 ἐναργῶς A: μὴ ἐναργῶς DE: μὴ ἀργῶς Fb, fort. recte   14 διὰ — διαφορῶν (16) om. b   δύναται CDE: δυνατὸν A   16 αὐτοῖς] αὐτοῖς ADEc: ἑαυτοῖς C
17 ἄλλα] ἄλλο E   ἐνεδείξαντο c   20 Περὶ γενέσεως] II 1 sq.   22 δ' Fc
23 ἐπαλλαττομένων DE: ὑπαλλαττομένων Fc: om. A   23. 24 ἡ ἐξ ἀλλήλων om. A
25 σχῆμα] ἄσχη^μ A   29 ταῦτα γίνεται Ac   31 τι] τὸ Ac   κρείσσων E   34 ἡ Fb: ἢ ADE   σφιγγόμενα] -ό- e corr. E²   ἐφαρμόσει E: corr. E²

οὐρανοῦ, τὰ δὲ μέρη ὅταν ἐν ἄλλοις ὄντα οἷον ἐν ἀγγείοις συσχηματίζηται ἐκείνοις, οὐκ ἀπόλλυται τὸ τῶν στοιχείων σχῆμα. καὶ γὰρ τὰ περιέχοντα, φησίν, ἐξ εὐθυγραμμικῶν ἐστι στοιχείων καὶ οὐδὲν κωλύονται ἐφαρμόζειν ἀλλήλοις· ἡμεῖς δὲ οἰόμενοι κυλινδρικὰς ἢ σφαιρικὰς τῶν περιεχόντων
5 ὁρᾶν τὰς ἐπιφανείας διὰ τὸ λεληθέναι ἐξ εὐθυγράμμων καὶ αὐτὰς οὔσας ἀποροῦμεν· ἦν δὲ ἄρα πάντα καὶ τὰ περιέχοντα, ἐξ ὧν καὶ τὰ περιεχόμενα, καὶ ἐφαρμόζεται πάντα ἀλλήλοις κατὰ τὰ ἐπίπεδα." μήποτε δὲ τοῦτο ῥητέον, ὡς, εἰ τὰ περιέχοντα ὑπὸ τέχνης ἢ φύσεως βιασθέντα σφαιρικὰ γέγονεν, οὐδὲν θαυμαστὸν καὶ ὑπ᾽ ἐκείνων τὰ περιεχόμενα εὔπλαστα ὄντα
10 κυρτοῦσθαι.

p. 306ᵇ22 Πρὸς δὲ τούτοις πῶς ἐνδέχεται ἕως τοῦ ἀναιροῦντας αὐτοὺς ὄψεται τὴν γένεσιν ἐκ τῶν ὄντων.

Ὄγδοον τοῦτο κοινῶς πρὸς τοὺς συνθέσει μεγεθῶν εἴτε τῶν ἀτόμων, ὡς οἱ περὶ Δημόκριτον λέγουσιν, εἴτε τῶν ἐπιπέδων, ὡς ὁ Τίμαιος, τὴν
15 ἐξ ἀλλήλων γένεσιν τῶν σωμάτων ποιοῦντας καὶ δείκνυσιν αὐτοὺς καὶ ἀναιροῦντας ὅλως τὴν γένεσιν. πῶς γάρ, φησίν, ἐνδέχεται σάρκα ἢ ὀστοῦν ἢ ὁτιοῦν ἄλλο τῶν συνεχῶν γενέσθαι σωμάτων, εἴπερ μήτε ἐκ τῶν στοιχείων ἐνδέχεται γενέσθαι μήτε ἐκ τῶν ἐπιπέδων; στοιχεῖα δὲ λέγει κατὰ μὲν Δημόκριτον τὰς ἀτόμους, κατὰ δὲ τὸν Τίμαιον τὰ πρῶτα τέσσαρα
20 σώματα πυραμίδα καὶ κύβον καὶ τὰ λοιπά. εἰ γὰρ ἐκ μὲν τῆς τῶν στοιχείων τούτων συνθέσεως κατὰ ἁφὴν συγκειμένων συνεχὲς οὐ γίνεται, τὰ δὲ σώματα συνεχῆ ἐστι, τὰ σώματα οὐκ ἂν εἴη ἐκ τῆς τῶν στοιχείων συνθέσεως γινόμενα· ἐν δευτέρῳ σχήματι ἡ συναγωγή. ἔτι δέ, φησὶν ὁ Ἀλέξανδρος, ἐν τῇ πρὸς ἄλληλα ἁφῇ οὐκ ἐκπληροῖ τὸν τόπον τὰ στοιχεῖα
25 οὔτε τὰ ἄτομα οὔτε πάντα τὰ σχήματα, ἀλλ᾽ ἀνάγκη κενὸν εἶναι μεταξύ, ὡς εἴρηται πρότερον. ἀλλὰ τοῦτο μὲν τὸ εἶναι κενὸν οὐ δοκεῖ τοῖς περὶ Δημόκριτον ἄτοπον εἶναι, ἐκεῖνο δὲ καὶ τούτοις καὶ τοῖς ἄλλοις ἀκολουθεῖ τὸ μὴ γίνεσθαι τὸ συγκείμενον συνεχές. ἀλλ᾽ εἶπεν ἄν τις ἴσως, | ὅτι τὰ ἐπίπεδα διὰ τὸ ἀβαθῆ εἶναι ῥᾷον δύναται συνεχίζεσθαι· ἀλλὰ τὰ
30 στοιχεῖα, φησί, τουτέστι πυραμὶς καὶ τὰ λοιπά, γεννᾶται τῇ τῶν ἐπιπέδων συνθέσει, ἀλλ᾽ οὐ τὰ ἐκ τῶν στοιχείων συντιθέμενα σώματα· εἰ οὖν μήτε ἐκ τῶν στοιχείων μήτε ἐκ τῶν ἐπιπέδων, οὐκ ἂν γένοιτο κατ᾽ αὐτοὺς σῶμα συνεχές. εἰ οὖν τις, φησί, μὴ ἐκ παρόδου τοὺς λόγους τοὺς περὶ τοῦ στοιχείου λεγομένους ἀποδέχοιτο, ἀλλ᾽ ἐννοεῖ, ὡς, εἴπερ ἐστι

---

1 ἀγγείοις E: corr. E²   συσχηματίζεται E   3 ἐστι om. A   4 ἀλλήλαις A
6 καὶ (pr.) om. c   8 ὑπὸ] ἀπὸ E   9 γέγονεν] -ο- e corr. E¹: γέγονε A
11 τοῦ ἀναιροῦντας om. D   12 αὐτοὺς AF: om. DEc   τὴν DE: om. AFc
15 καὶ (alt.) CDb: ras. E: om. Ac   18 στοιχεῖα--ἀτόμους (19)] bis D   23 ὁ
om. D   27 ἄτοπον] corr. ex ἄτομον E¹   27. 28 ἀκολουθῇ E: corr. E²
28 γίγνεσθαι DE   ἐγκείμενον A   32 στοιχείων] seq. ras. 3 litt. E   γένοιτο κατ᾽] corr. ex γένοι E¹

γένεσις, τὰ σώματά ἐστι τὰ γινόμενα, τὰ δὲ σώματα συνεχῆ ἐστι, τὰ δὲ
συνεχῆ οὐκ ἂν γένοιτο κατὰ τοῦτον τὸν τρόπον, ὃν λέγουσιν, ἀναιροῦντας 10
αὐτοὺς ὄψεται γένεσιν ἐκ τῶν ὄντων.

Ὁ δὲ Πρόκλος καὶ πρὸς ταῦτα "οὐκ ἐξ ἀέρος, φησί, μόνου οὐδὲ
ἐξ ὕδατος μόνου γίνεται σύνθεσις· ἐν τούτοις οὖν τὰ σμικρομερέστερα με-
ταξὺ τῶν μεγαλομερεστέρων χωροῦντα συμπληροῖ τὸν τόπον καὶ οὐδὲν 15
ἀπολείπει κενόν. εἰ δὲ παράθεσίς ἐστι, φησί, καὶ οὐχ ἕνωσις, μὴ θαυ-
μάσῃς· ἔδει γὰρ αὐτὰ καὶ διάλυτα εἶναι ἀπ' ἀλλήλων. εἰ δὲ καὶ παρα-
κείμενα, φησί, δυσαπόσπαστά ἐστιν ἀλλήλων, οὐδὲ τοῦτο θαυμαστόν·
ἡμῖν γὰρ ἔστι τοιαῦτα τοῖς ἐκ μαλακῶν τῶν ἔξωθεν ἐπιχειροῦσι θλίβειν 20
τὰ ἐκείνων μὴ πεφυκότων εἴκειν τῶν ἐκ μειζόνων ἐπιπέδων τοῖς ἐκ τῶν
ἐλαττόνων καὶ τῶν ἐκ στασιμωτέρων τοῖς ἐκ τῶν εὐκινητοτέρων."

Καὶ ταῦτα μὲν εἰρήσθω μετρίως πρὸς Ἀλέξανδρον μάλιστα λέγοντα
μὴ ἐκπληροῦσθαι τὸν τόπον ἐν τῇ τῶν ἀτόμων ἢ τῶν σχημάτων συνθέσει· 25
ἡ δὲ τοῦ Ἀριστοτέλους ἔνστασις ἡ λέγουσα σάρκα καὶ ὀστοῦν καὶ τὰ τοι-
αῦτα συνεχῆ εἶναι, μὴ γίνεσθαι δὲ ἐξ ἁπτομένων συνεχές, τὰ δὲ ἐσχημα-
τισμένα στοιχεῖα κατὰ ἁφὴν συγκεῖσθαι, πῶς ἐκ τῶν εἰρημένων λύεται;
ἢ φαίνεται ὁ φιλόσοφος μὴ ἐνδοὺς τῷ κυρίως συνεχῆ καὶ ἡνωμένα εἶναι
τὰ σώματα πάλιν εἰς τὰ ἐξ ὧν συνετέθη διαλυόμενα; μήποτε γὰρ οὐδὲ 30
κατὰ τοὺς στοιχεῖα τὰ τέσσαρα λέγοντας πρῶτα, πῦρ καὶ γῆν καὶ τὰ με-
ταξύ, συνεχῆ κυρίως ἐξ αὐτῶν καὶ ἡνωμένα τὰ σώματα γίνεται, ἀλλὰ
ταῦτα μὲν παρεμπλέκεται ἀλλήλοις κατὰ μικρὰ συγκεκομμένα, τὸ δὲ ἓν τῆς
σαρκὸς ἢ τοῦ ὀστέου εἶδος ἐπιγινόμενον τὴν δοκοῦσαν συνέχειαν καὶ ἕνωσιν 35
ἐμποιεῖ, ὅπερ καὶ τοῖς χρώμασι τοῖς κατὰ μικρὰ παρακειμένοις συμβαίνει
ἕν τι μικτὸν εἶδος αὐτοῖς ἐπιφαίνεσθαι· τοιαῦτα γὰρ καὶ ἱμάτια εἶδον
ἐκ διαφόρων χρωμάτων τοὺς στήμονας ἔχοντα καὶ τὴν κρόκην. κἂν παρα-
κείμενα οὖν ἀλλήλοις τὰ τέσσαρα στοιχεῖα τὰς ποιότητας διαδίδωσι καὶ 40
ἀλλοιοῖ πως ἄλληλα πρὸς ἑαυτά, ἀλλὰ τά γε σώματα αὐτὰ οὐ χωρεῖ δι'
ἀλλήλων οὔτε ἥνωται πρὸς ἄλληλα οὔτε μετέβαλεν εἰς ἄλληλα τελέως.
δηλοῖ δὲ τὸ ἐν τῇ φθορᾷ χωρίζεσθαι πάλιν τὰ στοιχεῖα καὶ ἕκαστον εἰς
τὴν οἰκείαν ὁλότητα χωρεῖν ὡς ἐνεργείᾳ ἐνυπάρχοντα. εἰ γὰρ ἐν τῇ συν- 45

---

1 ἐστι (alt.)] ἐστίν c   4 καὶ πρὸς om. A   οὐδ' c   5 γίγνεται D   σμικρό-
τερα A   7 οὐχ ἕνωσις] οὐ κένωσις A   8 διάλυτα A: distare b: δι' αὐτὰ D: δι'
αὐτὰ e corr. E   ἀπ'] ὑπ' A   εἰ—ἀλλήλων (9) A: om. DEb   11 [ἐντὸς]
οτ
ἐκείνων c   τοῖς ἐκ] καὶ A   12 τῶν ἐκ DEF: ἐκ τῶν A: τῶν c   σταμωτέ-
ρων A   13 εἰρήσθω] -ή- e corr. E   14 ἀτόπων A   16. 17 τὰ διεσχη-
ματισμένα A   17 ἀφὴν E²: ἀφὴν DEF (ut saepius): ἀμφοῖν A   18 κυρίως
κῶ' A   19 τὰ (alt.)] τὸ DE   20 τοὺς] τοὺς τὰ DE   22 κατὰ] καὶ τὰ A
σμικρὰ DE   συγκεκομμένα A: συγκείμενα DEb   ἐν τῆς A: ἐν τῇ DEc   23 σαρ-
κὸς ἢ A: σαρκώσει DE: σαρκώσει c   εἴδους A   25 καὶ—στήμονας (26) om. E: εἶδον
ἱμάτια ἐκ διαφόρων χρωμάτων mg. E²   26 στήμονας] τίμωνας A   καὶ del. E²
27 διαδίδωσιν c   28 αὐτὰ om. E   29 οὔτε (alt.)—ἄλληλα om. A   μετέβαλεν]
post λ ras. 1 litt. E   31 εἰ] e corr. D

SIMPLICII IN L. DE CAELO III 7 [Arist. p. 306ᵇ22. 29] 661

θέσει ἀπώλεσεν ἕκαστον τὸ ἑαυτοῦ εἶδος, πῶς ἐν | τῇ φθορᾷ τοῦ συν- 292ᵇ
θέτου πάλιν αὐτὸ ἀπολαμβάνει; κἂν γὰρ ἐν τῷ συνθέτῳ μεταβάλλει εἰς
ἄλληλά τινα καὶ τό τε ὕδωρ τὸ ἐν ἡμῖν ἐξαεροῦται καὶ ὁ ἀὴρ ἐκφλογοῦται,
ἀλλὰ τά γε σώματα αὐτῶν ἁφῇ συνῆπται, καί τι πάντως ἐστὶ καὶ τῇ 5
5 κόλλῃ τῇ κατὰ τὰς τέχνας ἀνάλογον· οὐδὲ ἡ κόλλα δὲ συνεχῆ ποιεῖ· οὐδὲ
γὰρ ἀφανίζει τῶν κολλωμένων τὰ πέρατα· ἀλλ' ὥσπερ πλειόνων λαμπάδων
συνιουσῶν ἡ πασῶν φλὸξ μίγνυται καὶ μία εἶναι δοκεῖ, χωριζομένων δὲ
τῶν λαμπάδων συναποσπᾶται ἡ οἰκεία ἑκάστης φλὸξ καὶ τὸ ἀπὸ τῆς φλογὸς 10
φῶς, οὕτω καὶ ἡ τῶν τεσσάρων στοιχείων σύνοδος τῶν σωμάτων παρακει-
10 μένων καὶ συναλλοιούντων ἄλληλα ταῖς ποιότησι μίαν ἐπιπρέπειαν ἐμφαίνει,
ὥσπερ καὶ τὸ ἀπὸ διαφόρων ψόφων συγκείμενον μέλος τῇ κατὰ μικρὰ
παραθέσει κεκραμένον καὶ ἓν εἶναι δοκοῦν. τοιοῦτον γάρ τι καὶ ἡ λεγο- 15
μένη κρᾶσίς ἐστι σωμάτων ἀλλήλοις παρακειμένων, ἕως ἂν παρακέηται,
συναλλοίωσις.

15 p. 306ᵇ29 Ἀλλὰ μὴν καὶ πρὸς τὰ πάθη τε καὶ τὰς δυνάμεις ἕως
τοῦ ἐν δὲ τῷ οἰκείῳ κύβος.

Ἔνατον ἐπιχείρημα τοῦτο τὴν τῶν σχημάτων ὑπόθεσιν ἐλέγχον ὡς
οὐ τυγχάνουσαν τοῦ σκοποῦ, δι' ὃν ὑπετέθη· καὶ γὰρ πρὸς τὰ πάθη
καὶ τὰς δυνάμεις καὶ τὰς κινήσεις, ⟨εἰς⟩ ἃ μάλιστα βλέψαντες οὕτως 25
20 ἐσχημάτισαν, ἀσύμφωνα τὰ σχήματα τοῖς σώμασίν ἐστι. λέγει δὲ
πάθη μὲν τὰς παθητικὰς καλουμένας ποιότητας, οἷον θερμότητας, ψύξεις
καὶ τὰς τοιαύτας, δυνάμεις δέ, καθ' ἃς ἡ κατὰ φύσιν κίνησις, βαρύτητας,
κουφότητας, κινήσεις δὲ τὰς κατὰ τόπον· ἢ δυνάμεις μὲν τὰς τῶν 30
ποιούντων πρὸς τὸ ποιεῖν παρασκευάς, οἷον καθ' ἣν θερμαίνει τὸ θερμαῖ-
25 νον, πάθος δέ, καθ' ὃ θερμαίνεται τὸ θερμαινόμενον, κίνησις δὲ ἡ
μεταξὺ ἀμφοῖν, ἡ θέρμανσις. ἀλλ' ἐν μὲν τοῖς ὑστέροις οὕτω μᾶλλον αὐτὰ
διαιρεῖ, νῦν δὲ κατὰ τὴν προτέραν εἰρημένην ἐπιβολήν. πρῶτον οὖν πα-
ραδίδωσιν, ὅπως εἰς ταῦτα βλέποντες διένειμαν τὰ σχήματα τοῖς σώμασι, 35
καὶ οὕτως, ὅτι μὴ τυγχάνουσι τοῦ σκοποῦ, δείκνυσιν. ἐπεὶ γὰρ εὐκίνητον,
30 φησίν, ἐστὶ τὸ πῦρ καὶ θερμαντικὸν καὶ καυστικόν, οἱ μὲν περὶ Δημό-
κριτον ἐποίησαν αὐτὸ σφαῖραν, οἱ δὲ τὰ ἐπίπεδα πυραμίδα· καὶ γὰρ
ἡ μὲν σφαῖρα εὐκίνητος διὰ τὸ κατὰ σημεῖον ἅπτεσθαι τοῦ ὑποκειμένου 40

---

1 ἀπώλεσεν] -ώ- e corr. E¹   2 ἀπολαμβάνει] seq. ras. 1 litt. E   γὰρ om. E
μεταβάλλει EF: μεταβάλλῃ ADc   3 ἐξαερῶται c   ἐκφλογῶται c   5 τὰς
om. c   ἀνάλογ A   οὐδὲ (alt.)] οὐδὲν A   10 μίαν δὲ E   12 κεκραμμένον A
13 ἕως] ὡς DEF: corr. E²   παρακέηται DEF: παρακά//ηται A: παρακατακέηται c
15 τε om. E   καὶ (alt.)—τοῦ (16)] ἕως D   17 ἔνατον DE: ϑ˙ A: ἔννατον E²Fc
τὴν om. DE   19 τὰς (alt.) ins. A   εἰς scripsi: om. ADEbc: πρὸς E²   20 ἐστιν
Ec: ν eras. E   22 τὰ τοιαῦτα Fc   ἢ] ἡ A   κίνησιν A, sed corr.
23 τόπον] τὸν τόπον A   24 ποιούντων] ποιοτήτων DE   κατασκευὰς Fc
26 ἐν] εἰ DE: corr. E²   28 σώμασι] seq. ras. 1 litt. E

ἐπιπέδου καί, ὡς ὁ Πλάτων φησίν, ἐπὶ σμικροτάτου ποδὸς βαίνειν, ἡ δὲ 292ᵇ
πυραμὶς διὰ τὸ ὑπὸ τριγώνων περιέχεσθαι, ἅπερ ἐλάχιστά ἐστι τῶν εὐθυ-
γράμμων σχημάτων, καὶ διὰ τοῦτο ἕδραν ἐλαχίστην ἔχουσα καὶ ἡ πυραμὶς
ἥκιστα βέβηκε. καὶ μέντοι ἀνόμοιον ὂν τὸ τρίγωνον ἑαυτῷ διὰ τὸ μὴ 45
5 ἔχειν γωνίας γωνίαις ἀντιρρόπους καὶ πλευρὰς πλευραῖς, | ὡς τὸ τετρά- 293ᵃ
γωνον, ἀλλὰ πλευρὰς γωνίαις, εὐκόλως ῥέπει καθάπερ ἐν ζυγῷ διὰ τὴν
ἀνομοιότητα τῶν ἀπ' ἐναντίας. καὶ θερμαντικώτατα καὶ καυστικώτατα
ταῦτα τὰ σχήματα δοκεῖ, διότι καίει μὲν καὶ θερμαίνει ταῖς γωνίαις, ὥς
φασι, τὰ σώματα διακρίνοντα καὶ διαιροῦντα λεπτομερῶς, ἔστι δὲ ἡ μὲν 5
10 πυραμὶς ὀξυγωνιώτατον, τὸ δὲ σφαιρικὸν ὅλον γωνία· εἰ γὰρ τὸ συγκεκαμ-
μένον ἐστὶ γωνία, ἡ δὲ σφαῖρα καθ' ὅλην ἑαυτὴν συγκέκαμπται, εἰκότως
ὅλη γωνία λέγεται. εἰπὼν οὖν, ὅπως ἐφαρμόζουσι τὰ πάθη καὶ τὰς κινή-
σεις τοῖς σώμασι, δείκνυσιν, ὅτι κατὰ τὴν κίνησιν ἀμφότεροι διημαρ- 10
τήκασι τοῦ σκοποῦ καὶ οἱ σφαῖραν καὶ οἱ πυραμίδα τὸ πῦρ ποιήσαντες
15 διὰ τὸ εὐκίνητον. κἂν γὰρ εὐκινητότατα ταῦτα τῶν σχημάτων ᾖ διὰ τὸ
ἐλαχίστῳ ἅπτεσθαι τοῦ ὑποκειμένου καὶ ἥκιστα βεβηκέναι, ἀλλὰ κατὰ τὴν
τοῦ πυρὸς κίνησιν οὐ μόνον εὐκίνητα οὐκ ἔστιν, ἀλλ' οὐδὲ ἔχει ὅλως 15
αὐτήν. ἡ μὲν γὰρ τοῦ πυρὸς κίνησις ἄνω καὶ κατ' εὐθεῖάν ἐστι, ταῦτα
δὲ εὐκίνητα κατὰ κύλισιν· εὐπερίτρεπτα γάρ ἐστι καὶ εὐμετακύλιστα. τί
20 οὖν ὄφελος τούτων τῶν σωμάτων πρὸς εὐκινησίαν πυρός; ἔπειτα, φησίν,
εἰ διὰ τοῦτο κύβος ἐστὶν ἡ γῆ διὰ τὸ βεβηκέναι καὶ μένειν, ἐπειδὴ 20
μόνιμον τοῦτο τὸ σχῆμα, ἕκαστον δὲ τῶν στοιχείων ἐν μὲν τῷ οἰκείῳ
τόπῳ μένει κατὰ φύσιν, κινεῖται δὲ ἐκ τοῦ ἀλλοτρίου ἐπὶ τὸν οἰκεῖον μὴ
κωλυόμενον, δῆλον, ὅτι ἕκαστον τῶν στοιχείων ἐν τῷ ἀλλοτρίῳ
25 τόπῳ σφαῖρά ἐστιν ἢ πυραμίς, ἐν δὲ τῷ οἰκείῳ κύβος. καὶ συνά- 25
ξεις τὸν λόγον οὕτως· καὶ πῦρ καὶ γῆ καὶ τῶν ἄλλων ἕκαστον ἐν τῷ
οἰκείῳ τόπῳ μένει· τὸ μένον κύβος· ἕκαστον ἄρα τῶν τεσσάρων ἐν τῷ
οἰκείῳ τόπῳ κύβος ἐστί. καὶ πάλιν· ἕκαστον ἐν τῷ ἀλλοτρίῳ τόπῳ κινεῖ-
ται· τὸ κινούμενον σφαῖρα ἢ πυραμίς· ἕκαστον ἄρα ἐν ἀλλοτρίῳ τόπῳ 30
30 σφαῖρα ἢ πυραμίς· ὥστε καὶ τὸ πῦρ ἔσται κύβος καὶ ἡ γῆ σφαῖρα.
    Ἐπιστῆσαι δὲ ἄξιον, ὅτι καὶ ὁ Ἀριστοτέλης οἶδεν τὸν Πλάτωνα μόνι-
μον νομίζοντα τὴν γῆν, εἴπερ διὰ τοῦτο κύβον αὐτὴν ἔλεγεν διὰ τὸ βεβη-
κέναι καὶ μένειν, ὥστε, ὅτε ἐν τῷ πρὸ τούτου βιβλίῳ ἰλλομένην καὶ κινου- 35

---

1 [Πλάτων] Politic. 270 a   ποδός] τοῦ ποδός A   2. 3 εὐθυγραμμάτων A
3 ἔχουσα] ἔχουσι C   5 γωνίας om. E   γωνίαις] mut. in γωνίας E   7 καί (alt.)
Ab: δὲ καί DEc   9 διακρίνοντα om. A   μέν om. A   10 ὀξυγωνιωτάτη c
                    μ
10. 11 συγκεκαμένον E   12 τάς] αἱ c   16 ἐλαχίστως Ac   17 ἔστιν] ἔσται Ac
18 ἐστιν c   19 κίνητα c   κύλισιν] corr. ex κόλλησιν E²   20 εὐκίνη-
σιν A   22 τῶν στοιχείων] corr. ex τὸ στοιχεῖον A   24 ἐν] ἐν μέν Ac
25. 26 συνάξει DE   26 οὕτω DEF   καὶ πῦρ CDEb: πῦρ μέν Ac: καὶ τὸ
πῦρ F   27 τόπῳ om. c   τόπῳ — alt. τόπῳ (28) om. A   28 τῷ om. E
29 ἐν] τῶν ἐν A: ἐν τῷ c   30 πυραμίς ἐστιν Fc   31 οἶδε DE   32 αὐτὸν E
ἔλεγε D   33 βιβλίῳ] cap. 13. 293ᵇ31   ἠλομένην A: ἰλλουμένην D

μένην τὴν γῆν ὑπὸ τοῦ Τιμαίου λέγεσθαι εἶπε, πρὸς τοὺς οὕτω τὰ τοῦ 293ᵃ
Τιμαίου ἐκδεχομένους ἀπήντησεν. 37
  Ἀλλ' ἴδωμεν, τί καὶ πρὸς ταύτην τὴν ἐπιχείρησιν ἀντέθηκε Πρόκλος.
λέγει τοίνυν, ὅτι, κἂν ἐν τοῖς οἰκείοις τόποις ᾖ τὰ στοιχεῖα, οὐκ ἄνευ
5 κινήσεώς ἐστι τά γε ἐκ τῶν εὐκινήτων σχημάτων συγκείμενα· σείονται 40
γὰρ αἱ πυραμίδες ἀεὶ διὰ τὴν ἀνομοιότητα τῆς κορυφῆς πρὸς τὴν βάσιν.
οὕτω δὲ καὶ τὰ τοῦ ἀέρος στοιχεῖα καὶ ταῦτα ἐν οἰκείῳ τόπῳ ὄντος ἀεὶ
ῥέουσιν ἔοικε, καὶ τὰ τοῦ ὕδατος ἀεὶ κυλινδεῖσθαι φιλεῖ· προστυγχάνουσαι
γὰρ αἱ κορυφαὶ ταῖς τῶν ὁμοίων βάσεσι καὶ κρουόμεναι σαλεύουσι τὸ ὅλον, 45
10 ἐν ᾧ ἔστι τόπῳ ἕκαστον. κινούμενα δὲ οὕτω κυκλικὴν | μιμεῖται φορὰν 293ᵇ
οὐκ ἀπὸ τοῦ μέσου οὐδὲ ἐπὶ τὸ μέσον φερόμενα, ἀλλὰ περὶ ἄλληλα τρε-
πόμενα ἐν τῷ αὐτῶν τόπῳ, τὰ δὲ τῆς γῆς στοιχεῖα μένει, διότι τὰς κορυ-
φὰς ἔχει ταῖς βάσεσι τὰς αὐτάς, δρᾷ δὲ οὐδὲν τὸ ὅμοιον εἰς τὸ ὅμοιον,
εἴτε κατὰ σχῆμα εἴτε κατὰ δύναμιν εἴτε κατὰ μέγεθος ἔχει τὴν ὁμοιό- 5
15 τητα.

p. 307ᵃ13   "Ετι δέ, εἰ θερμαίνει καὶ καίει τὸ πῦρ ἕως τοῦ τοῦτο
         δὲ ὅτι ἐστὶ ψεῦδος, φανερόν.

  Δείξας, ὅτι ταῖς κινήσεσιν οὐ συμφωνεῖ τὰ σχήματα, ἐφεξῆς δείκνυσιν, 10
ὅτι οὐδὲ ταῖς παθητικαῖς ποιότησιν. εἰ γὰρ διὰ τὰς γωνίας θερμαίνει
20 τὸ πῦρ, καί ἐστιν ἡ γωνία θερμαντικὸν τῷ τμητικὸν εἶναι· οὕτω γὰρ καὶ
ὁ Πλάτων τὸ θερμὸν οἷον τεμόν τι ὁμολογεῖ τοῦ ρ παρεμβληθέντος διὰ 15
τὴν κίνησιν· εἰ πάντα ἔχει τὰ στοιχεῖα γωνίας, πάντα ἂν εἴη τμητικὰ καὶ
θερμαντικὰ καὶ μόνον ἄρα διοίσει τῷ μᾶλλον καὶ ἧττον ἄλλο ἄλλου θερ-
μαίνειν. ἀλλὰ μὴν τοῦτο ψεῦδος, ὡς δῆλον ἐκ τοῦ τινα τῶν στοιχείων
25 μὴ μόνον μὴ θερμαίνειν ἀλλὰ καὶ ψύχειν· ψεῦδος ἄρα καὶ τὸ ἡγούμενον,
ὅτι διὰ τὰς γωνίας θερμαίνει τὸ πῦρ. 20
  Λέγει δὴ καὶ πρὸς τοῦτο τὸ δέκατον ὁ Πρόκλος, ὅτι κακῶς εἴληπται
τὸ τὴν γωνίαν εἶναι θερμαντικήν, καὶ τούτῳ τὸ ψεῦδος ἠκολούθησεν. ὁ
γὰρ Τίμαιος, ὅτι μὲν ὀξύ τι τὸ πάθος τοῦ θερμοῦ καὶ διαιρετικόν, παρὰ

---

1 τὴν γῆν om. D   εἶπεν E, sed corr.   οὕτως c   2 ἀπήντησε A
3 ἀντέθειχε E: ἀντέθηκεν ὁ Ac   7 ὄντος scripsi: existentis b: ὄντως AE: ὄντα Dc
9 τῶν] bis D   κρουόμενα E: corr. E²   σαλεύουσι] σ- e corr. E²   11 οὐδ' c
12 αὐτῶν b: αὐτῶν E et corr. ex αὐτῷ F: αὐτῷ AD   13 δρᾷ — ὅμοιον (alt.)] lac.
E: ποιεῖ δὲ οὐδὲν ὅμοιον εἰς ὅμοιον E²   14 σχῆμα] τὸ σχῆμα DE   ἔχοι A
16 δ' c   κάει c   τὸ — ψεῦδος (17)] ἕως D   17 δ' Ec   ἐστὶ om. E
18 ὅτι] ὅτι ἐστὶ c   κινήσεσι E: corr. E²   σύμφωνα Fc   20 θερμαντικὴ A(b)
τῷ] corr. ex τὸ E²   τμητικὴ A(b): τμητικὰς C   21 τι ὁμολογεῖ] ἐτυμολογεῖ c,
non male   παραβληθέντος A   22 εἴη] εἰς DE: corr. E²   22. 23 καὶ
θερμαντικὰ om. c   23 ἄρα E²: παρά ADEF: om. b   διοίσει] δ seq. lac. F:
διούσει A   25 μόνον μὴ] bis E, sed corr.: μόνον C: μόνον οὐ F   26 τὸ om. A
27 δὴ] δὲ D   28 εἶναι om. A   29 παρά] π̇ A

τῆς αἰσθήσεως ἔλαβε, τέμνει δὲ τὸ τέμνον οὐ γωνίᾳ ἁπλῶς, ἀλλ' ὀξύτητι 293ᵇ
μὲν γωνίας λεπτότητι δὲ πλευρᾶς· οὕτω γὰρ καὶ αἱ τέχναι τὰ τμητικὰ 20
ποιοῦσιν ὄργανα, καὶ ἡ φύσις τῶν ἐν τοῖς ὀδοῦσι τομέων καὶ τὰς γωνίας
ὤξυνε καὶ τὰς πλευρὰς ἐλέπτυνε τοὺς μασητῆρας πλατύνασα. χρεία δὲ
5 καὶ ταχείας κινήσεως. οὐκ ἄρα τῇ γωνίᾳ ἁπλῶς δοτέον τὴν τοιαύτην δύ- 30
ναμιν, ἀλλὰ τῇ ὀξύτητι τῆς γωνίας νυττούσῃ καὶ τῇ λεπτότητι τῆς πλευρᾶς
τεμαχιζούσῃ καὶ τῷ τάχει τῆς κινήσεως· δεῖ δὲ προσεῖναι καὶ μέγεθος,
ὡς ἐν πυραμίδι, ἵνα βιαζόμενον εἰσδύῃ. εἰ οὖν ἐν μόνῳ τῷ πυρὶ γωνίας
ἐστὶν ὀξύτης καὶ πλευρᾶς λεπτότης καὶ τάχος κινήσεως, εἰκότως τοῦτο 35
10 μόνον θερμόν, καὶ τοῦτο δὲ οὐ πᾶν, ἀλλὰ τὸ ἐκ μειζόνων πυραμίδων.
διόπερ, ὥς φησιν ὁ Τίμαιος, ἔστι τι πῦρ φωτίζον μὲν οὐ καῖον δὲ διὰ
τὸ ἐκ σμικροτάτων εἶναι στοιχείων, καὶ κατὰ τοῦτο ὁρατόν ἐστι τὸ πῦρ.

Τάχα δὲ οὐδὲν ἂν εἴη χεῖρον καὶ αὐτὴν τοῦ Πλάτωνος παραθέσθαι 40
τὴν λέξιν ἔχουσαν οὕτω· "πρῶτον μὲν οὖν, ᾗ πῦρ θερμὸν λέγομεν, ἴδωμεν
15 οὕτως σκοποῦντες τὴν διάκρισιν καὶ τομὴν αὐτοῦ περὶ τὸ σῶμα ἡμῶν γι-
νομένην ἐννοηθέντες. ὅτι μὲν γὰρ ὀξύτητι τὸ πάθος, πάντες σχεδὸν αἰσθα-
νόμεθα, τὴν δὲ λεπτότητα τῶν πλευρῶν καὶ γωνιῶν ὀξύτητα τῶν τε μο- 45
ρίων σμικρότητα", ὡς πρὸς τὰ ἄλλα δηλονότι, "καὶ τῆς φορᾶς τάχος, οἷς
πᾶσι σφοδρὸν ὂν καὶ τομὸν ὀξέως τὸ προστυχὸν ἀεὶ | τέμνει, λογιστέον 294ᵃ
20 ἀναμιμνησκομένοις τὴν τοῦ σχήματος αὐτοῦ γένεσιν, ὅτι μάλιστα ἐκείνη
καὶ οὐκ ἄλλη φύσις διακρίνουσα ἡμῶν κατὰ σμικρά τε τὰ σώματα κερμα-
τίζουσα τοῦτο, ὃ νῦν θερμὸν λέγομεν, εἰκότως τὸ πάθημα καὶ τὸ ὄνομα 5
παρέσχεν."

p. 307ᵃ 19 Ἅμα δὲ συμβήσεται καὶ τὰ μαθηματικὰ σώματα ἕως
25 τοῦ ἀλλ' οὐχ ἁπλῶς οὕτω λεκτέον, ὥς λέγουσιν.

Ἑνδέκατον τοῦτο ἐπιχείρημα εἰς πολλὴν ἀπάγον ἀτοπίαν καὶ κωμῳ- 10
δίαν τὸν λόγον. εἰ γὰρ διὰ τὰς γωνίας καίει καὶ θερμαίνει τὸ πῦρ, συμ-
βήσεται καὶ τὰ μαθηματικὰ σώματα καίειν καὶ θερμαίνειν. καὶ
τάχα ἐπὶ τούτων οὐδὲ τὸ τὴν ὀξύτητα τῶν γωνιῶν αἰτιᾶσθαι βοηθεῖ τι τῷ
30 λόγῳ· καὶ γὰρ ἐν τοῖς μαθηματικοῖς ἐστιν ὀξεῖα γωνία καὶ πυραμίδες καὶ 15

---

1 γωνίαι A   3 τῶν om. DE: corr. E²   4 ὄξυνε E: corr. E²   ἐλέπτυνε]
ἔπλυνε A   6 νυττούσῃ] comp. F: νυττούσ⁵ A   7 τεμαχιζούσῃ D: τεμαχιζούσης
F: τεμαχιζούσ⁵ A   8 πυρὶ] corr. ex περὶ E²   11 Τίμαιος] Plat. Tim. 58 c; cf. Tim.
Locr. 99 b   καίων E: corr. E²   12 μικροτάτων E, sed corr.   13 [Πλάτωνος]
Tim. 61 d sq.   14 οὖν om. D   ᾗ E²: ἢ A: εἰ DEFb   εἴδωμεν E: corr. E²
15 οὕτω D: ὧδε c   σῶμ' c   15. 16 γιγνομένην c   16 ὀξύτητι AEb:
ὀξύ τι DFc   18 ὡς—δηλονότι] del. E²: om. c   ὡς πρὸς] ὥσπερ A   τάχος]
τὸ τάχος c   19 ὀξέως om. D   προστυχὸν] προσ   χὸν intercedente lac. 3 litt. D
τέμνει] μένει DE: corr. E²   20 μάλιστ' c   21 καὶ οὐκ] οὐκ E: corr. E²:
κοὐκ c   διακρίνους' c   μικρά A   22 τὸ ὄνομα A: τοὔνομα DEc
24 σώματα — τοῦ (25)] ἕως D   25 οὕτως] τοῦτο A   λέγουσιν] -ν eras. E
26 ἀπάγων E   30 ὀξεῖ A: corr. m. rec.

σφαῖραι καὶ αὗται ἄτομοι, ὥσπερ καὶ αἱ ὑπὸ τούτων ὑποτιθέμεναι, τουτέστι 294ᵃ μὴ διαιρούμεναι εἰς ὅμοια τῷ ὅλῳ· οὔτε γὰρ ἡ σφαῖρα εἰς σφαίρας οὔτε ἡ πυραμὶς πάντως εἰς πυραμίδας. ὥστε καὶ κατὰ τοῦτο ὁμοιότης ἂν εἴη καὶ ἔτι μᾶλλον, εἰ οὐσίαι τινές εἰσι κεχωρισμέναι τὰ μαθηματικά, ὡς ἐν 20
5 τῇ Μετὰ τὰ φυσικὰ πρὸς Πλάτωνα ὡς οὕτω λέγοντα ἀπετείνετο. εἰ δὲ καὶ ἔστιν ἄτομα μεγέθη καὶ ἀπαθῆ καὶ ἄποια, ὡς οἱ περὶ Δημόκριτον ἔλεγον καὶ Ξενοκράτης τὰς ἀτόμους γραμμὰς ὑποτιθέμενος, ἄντικρυς τοῖς μαθηματικοῖς ἂν ἦν ἐοικότα. εἰ δὲ τὰ μὲν ὑπ' αὐτῶν ὑποτεθέντα θερ- 25 μαίνει καὶ καίει κατὰ τὰς γωνίας, τὰ δὲ μαθηματικὰ ὁμοίως τούτοις
10 ἐσχηματισμένα γωνίαις μηκέτι, λεκτέον τὴν διαφοράν, ἀλλ' οὐχ ἁπλῶς οὕτω, τουτέστιν ὁλοσχερῶς καὶ ἀναιτίως, λεκτέον, ὡς λέγουσι· ζητοῦντες γὰρ τὴν διαφορὰν ἀποδοῦναι, δι' ἣν τὰ μὲν φυσικὰ καίει, τὰ δὲ μαθημα- 30 τικὰ οὔ, εὑρήσουσιν, ὅτι οὐχ αἱ γωνίαι αἴτιαι, αἵτινες οὐδὲν ἔλαττον καὶ ἐν τοῖς μαθηματικοῖς εἰσιν, ἀλλὰ τὰ πάθη, ὧν οὐδὲν τοῖς μαθηματικοῖς
15 μέτεστι.

Ταῦτα μὲν ὁ Ἀριστοτέλης, ὁ δὲ Πρόκλος πρὸς αὐτὰ καλῶς ὑπαντῶν τοῦτο ποιεῖ, ὅπερ ὁ Ἀριστοτέλης ἀπαιτεῖ, τὸ τὴν διαφορὰν ἀποδοῦναι ταῖς 35 ὑποθέσεσιν ἀκολούθως, καθ' ἣν ταῦτα μὲν καίει, τὰ δὲ μαθηματικὰ οὐ καίει. ὁ γὰρ Πλάτων καὶ ἔνυλα καὶ κινούμενα τὰ σχήματα ταῦτά φησιν
20 εἶναι· διὰ γὰρ τοῦτο καὶ τὸ ρ τῷ ὀνόματι προσκεῖσθαι κινήσεως ὄργανον ὑπάρχον. οὐ πᾶν οὖν τὸ γεγωνιωμένον θερμαντικόν, ἂν μὴ καὶ ὀξυγώνιον 40 ᾖ καὶ τὰς πλευρὰς λελεπτυσμένον καὶ ἔτι μέντοι ἔνυλον καὶ εὐκίνητον. αὐτὸς δὲ τὰ μὲν πρῶτα δύο παραλιπὼν τὴν δεκάτην ἔνστασιν ἔπλασε, τὰ δὲ δύο τὰ τελευταῖα τὴν ἑνδεκάτην.

25 p. 307ᵃ24 Ἔτι, εἰ τὸ καιόμενον πυροῦται ἕως τοῦ | ἢ τὸν πρίονα 294ᵇ εἰς πρίονας.

Δυοδέκατον καὶ τοῦτο σκωπτικόν. εἰ γὰρ τὸ πῦρ, φησί, πυραμίς ἐστιν ἢ σφαῖρα καὶ τῷ διαιρεῖν θερμαίνει καὶ πυροῖ, τὸ δὲ πυρούμενον καὶ καιόμενον πῦρ γίνεται, τὸ δὲ πῦρ σφαῖρά ἐστιν ἢ πυραμίς, ἀνάγκη τὸ 5
30 καιόμενον γίνεσθαι σφαῖραν ἢ πυραμίδα. ἀλλὰ τὸ μὲν τέμνειν καὶ διαιρεῖν εὔλογον ἔστω συμβαίνειν τῷ σχήματι τῷ ὀξυγωνίῳ, τὸ δὲ ἐξ

---

1 ὑποτιθέμενοι E   2 εἰς (alt.)] ἐx F: εἰ E   4 εἰσιν E   5 Μετὰ τὰ φυσικὰ] K 1   ἀποτείνεται c   8 ὑποτεθέντα A: ὑποτιθέμενα Cc: ὑποτίθενται DE
10 ante ἀλλ' del. ἁ E²   11 λέγουσιν Ec   12 διαφορὰν A: διαφορὰν ὡς λέγουσιν DEb   13 καὶ om. A   15 μέτεστιν DEc: ν eras. E   20 τὸ] corr. ex τῷ E²   ρ] seq. ras. 1 litt. E: ρω A   κινήσεως] κτλ. Cratyl. 426 c
21 καὶ om. E   ὀξυγώνιον A: ὀξύγωνον DE   22 πλευρὰς] λεπτὰς A λελεπτυμένον DE: corr. E²   καὶ (tert.)] τε καὶ c   23 μὲν πρῶτα] πρῶτα μὲν τὰ A   καταλιπὼν E   ἔπλασεν E: corr. E²   25 καόμενον c   τοῦ om. D πρίον' c   27 δυοδέκατον AE: δωδέκατον C: δυοχαιδέκατον D   σκωπτικόν E: corr. E²   πυραμίς — σφαῖρα καὶ (28) om. c   27. 28 ἐστιν ἢ σφαῖρα] ἐστι A
28 τῷ] τὸ DE: corr. E²   29 καιόμενον] seq. ras. 15 litt. E

ἀνάγκης τὴν πυραμίδα ποιεῖν πυραμίδας ἢ τὴν σφαῖραν 294ᵇ
σφαίρας παντελῶς ἄλογον. τὸ δὲ ἄλογον ἡ τοῦ ὁμοίου μάλιστα δείξει
παράθεσις· ὅμοιον γάρ, ὥς εἴ τις ἀξιοῖ ἢ τὴν μάχαιραν εἰς μαχαίρας
διαιρεῖν τὸ διαιρούμενον ὑπ' αὐτῆς ἢ τὸν πρίονα εἰς πρίονας. τὸ
μὲν γὰρ τὸ πυρούμενον γίνεσθαι πῦρ τοῦ πυροῦντος κατ' ἀλλοίωσιν εἰς
ἑαυτὸ τὸ πυρούμενον μεταβάλλοντος οὐδὲν ἄτοπον, τὸ δὲ τὸ διαιροῦν
καὶ τέμνον εἰς ἑαυτῷ ὅμοια τὸ διαιρούμενον διαιρεῖν τῶν ἀπεμφαινόντων
ἐστί.

Λέγει δὲ καὶ πρὸς τοῦτο ὁ Πρόκλος, ὅτι τὸ πῦρ πυρῶσαν τὸ καυθὲν
διέλυσεν αὐτοῦ τὰ στοιχεῖα καὶ μετέβαλεν εἰς τὰ ἑαυτοῦ, ἡ δὲ μάχαιρα
οὐκ εἰς τὴν οὐσίαν δρᾷ τοῦ τεμνομένου· οὐ γὰρ ἀναλύει τὴν οὐσίαν αὐτοῦ,
ἀλλὰ τὸ ποσὸν ἐκ μείζονος ἔλαττον ποιεῖ διαιροῦσα· οὐδὲ γὰρ αὐτὴ κατ'
οὐσίαν ἔχει τὸ σχῆμα τοῦτο ἀλλὰ κατὰ συμβεβηκός. εἰ οὖν μηδὲν εἰς
τὰ στοιχεῖα τοῦ τεμνομένου δρᾷ μηδὲ ἀμείβει τὸ εἶδος αὐτοῦ, πῶς ἂν εἰς
ὅμοια ἑαυτῇ ποιήσαιτο τὴν διαίρεσιν; ἀλλ' ἔστω, φαίην ἄν, τὰ πυρούμενα
διαλύεσθαι εἰς τὰ τρίγωνα, οἷον ὕδωρ καὶ ἀέρα καὶ τὰ στοιχεῖα αὐτῶν τά
τε εἰκοσάεδρα καὶ τὰ ὀκτάεδρα, τί τὸ συντιθὲν τὰ τούτων τρίγωνα εἰς τὸ
τοῦ πυρὸς σχῆμα τὴν πυραμίδα, ἵνα πολλαὶ τοιαῦται συναχθεῖσαι γένωνται
πῦρ; λέγει τοίνυν ὁ Πλάτων, ὅτι, τὰ διαλυόμενα ὑπὸ τοῦ πυρὸς τρίγωνα
ἕως μὲν ἂν εἰς ἄλλο εἶδος συστάντα, οἷον τὰ ἐξ εἰκοσαέδρων διαλυθέντα
εἰς ὀκτάεδρα, διαιρετὸν μᾶλλον ὂν τῷ τοῦ πυρὸς διαιρετικῷ ὄντι μάχηται,
λυόμενον οὐ παύεται, ἐὰν δὲ εἰς τὴν τοῦ πυρὸς φύσιν συστῇ, πέπαυται·
τὰ γὰρ ὅμοια οὔτε ποιεῖ τι εἰς ἄλληλα οὔτε πάσχει ὑπ' ἀλλήλων. καλὸν
δὲ αὐτῶν ἀκοῦσαι τῶν τοῦ Πλάτωνος παγκάλων ῥημάτων· "ᾧδε γὰρ δὴ λο-
γισώμεθα αὐτὰ πάλιν, ὡς, ὅταν ἐν πυρὶ λαμβανόμενον τῶν ἄλλων ὑπ'
αὐτοῦ τι γένος τῇ τῶν γωνιῶν καὶ κατὰ τὰς πλευρὰς ὀξύτητι τέμνηται,
ξυστὰν μὲν εἰς τὴν ἐκείνου φύσιν πέπαυται τεμνόμενον· τὸ γὰρ ὅμοιον καὶ
ταὐτὸν αὐτῷ γένος ἕκαστον οὔτε τινὰ μεταβολὴν ἐμποιῆσαι δυνατὸν οὔτε
τινὰ παθεῖν ὑπὸ τοῦ κατὰ ταὐτὰ ὁμοίως τε ἔχοντος· ἕως δ' ἂν εἰς ἄλλο
γινόμενον ἧττον ὂν κρείττονι μάχηται, λυόμενον οὐ παύεται". δῆλον δέ,

---

3. 4 διαιρεῖν εἰς μαχαίρας Ac   3 εἰς] ὡς DE: corr. E²   4 εἰς] ὡς DE: corr. E²
5 κατὰ DE   6 ἑαυτὸ AC: αὐτὸ DEc   οὐδὲν ἄτοπον om. A   7 εἰς] del. E²
ἑαυτὸ A   ἀπεμφαινόντων] ἀτοπωτάτων Fc   8 ἐστίν Ec   9 πυρῶσαι E:
corr. E²   10 μετέβαλλεν E   11 τὴν] τὰ A   12 ἔλαττον] seq. ras. 2 litt. E
13 μηδὲν] μὴ Fc   14 ἀμείβῃ A: ἀμοίβει E: corr. E²   15 φαίην ADEF: dicetur b:
φαῖεν E²K²c   16 ἀναλύεσθαι A   18 γίνωνται E   20 ἂν A: om. DEb
συνιστάμενα c   21 ὂν A: ἐν DEb   μάχηται] corr. ex μάχῃ τὲ E²: μάχῃ τὲ F
22 λυόμενα c (pugna perfecta b)   παύεται] corr. ex παράγηται E²: cessabunt b
23 καλὸν— παύεται (30) om. F: mg. K²   καλὸν Ab: κάλλιον DEK²c   24 παγκά-
λων E   ῥημάτων] Tim. 56 e sq.   δὴ] e corr. E¹   24. 25 λογισόμεθα E:
λογισώμεθ' c   25 λαμβανόμενον AE²: λαμβανομένων DEK²   27. 28 καὶ
ταὐτόν] κατ' αὐτὸν A   28 αὐτῷ ADE   29 ταὐτὰ K²b: ταῦτα ADE: ταὐθ' c
τε om. b: τ' c   ἔχοντας A   deinde add. οὔτε τι δρᾶσαι δύνατον E²K²   ἄλλο
τι c   30 γιγνόμενον DEK²c   ὂν om. A   παύηται A

ὅτι οὐκ εἰκῆ καὶ ὡς ἔτυχε ποτὲ μὲν εἰς τόδε τὸ σχῆμα ποτὲ δὲ εἰς ἄλλο 294b
συντίθεται τὰ ἐπίπεδα, ἀλλὰ τὸ διαλύον αὐτὰ τὴν μὲν πρὸς ἐκεῖνο τὸ |
σχῆμα, ὅπερ εἶχεν, ἐπιτηδειότητα, οἷον τὴν πρὸς τὸ εἰκοσάεδρον, ἀφα- 295a
νίζει παχυτέραν τινὰ οὖσαν καὶ θολωδεστέραν, πρὸς δὲ τὸ ἐγγὺς μεθίστησι
5 καθαρώτερον τὸ τοῦ ἀέρος, καὶ πρῶτον εἰς ὀκτάεδρα συμπήγνυται, εἶτα
καὶ ταῦτα ὑπὸ τοῦ πυρὸς διαλυόμενα καθαίρεται μᾶλλον καὶ λεπτύνεται 5
καὶ γίνεται πρὸς πυραμίδος σύστασιν ἐπιτήδεια. δῆλον δέ, ὅτι, πρὸς ὃ ἂν
εἶδος ἐπιτηδείως ἔχῃ σχήματος, τοῦτο καταδέχεται ῥᾳδίως, καὶ διὰ τοῦτο
ἐξ ὕδατος ἀὴρ πρῶτον γίνεται καὶ τότε ἐξ ἀέρος πῦρ.

10 p. 307 a 31 Ἔτι δὲ γελοῖον τὸ πρὸς τὸ διαιρεῖν μόνον ἕως τοῦ ἢ
μᾶλλον ἐπὶ τὸ συγκρίνειν.

Τρισκαιδέκατον μέμφεται τοῖς τῷ διαιρετικῷ μόνον ἀλλὰ μὴ τῷ 15
συγκριτικῷ μᾶλλον τὸ πῦρ χαρακτηρίζουσιν ἢ ἀμφοτέροις. δοκεῖ γάρ,
φησίν, μᾶλλον συγκρίνειν καὶ συνορίζειν ἢ διακρίνειν, εἴπερ διακρίνει μὲν
15 τὰ μὴ ὁμόφυλα, ὅταν χρυσὸν ἀργύρου διαχωρίζῃ ἢ τὴν σκωρίαν ἀποκα-
θαίρῃ τοῦ σιδήρου, συγκρίνει δὲ τὰ ὁμόφυλα. εἰ οὖν τιμιώτερον τοῦτο,
προηγουμένην ἂν ἔχοι ταύτην τὴν ἐνέργειαν τὸ πῦρ, ἡ δὲ διάκρισις κατὰ 20
συμβεβηκός· συγκρῖνον γὰρ τὸ ὁμόφυλον ἐξαιρεῖ τὸ ἀλλότριον· ὥστε,
φησίν, ἢ πρὸς ἄμφω ἐχρῆν ἀποδοῦναι τὸ σχῆμα τῷ πυρί, εἴπερ ἄμφω
20 ἐνεργεῖ συγκρῖνόν τε καὶ διακρῖνον, ἢ μᾶλλον ἐπὶ τὸ συγκρίνειν, εἴπερ
τοῦτο μὲν καθ' αὑτὸ ποιεῖ, διακρίνει δὲ κατὰ συμβεβηκός. 25

Πρὸς δὲ τοῦτον ἐνίσταται τὸν λόγον ὁ Πρόκλος τοὐναντίον λέγων ἀλη-
θὲς εἶναι, διακρίνειν μὲν καθ' αὑτὸ τὸ πῦρ, συγκρίνειν δὲ κατὰ συμβεβη-
κός· τῷ γὰρ ἐξαιρεῖν τὰ ἀλλότρια τοῖς ὁμοίοις τὴν πρὸς ἄλληλα σύνοδον
25 καὶ τὴν εἰς ταὐτὸ ῥοπὴν ἐξευμαρίζει. πάντα γοῦν τὰ πύρια κατὰ πάσας 30
τὰς αἰσθήσεις διακριτικὴν ἔχει δύναμιν· τὴν μὲν γὰρ ἁφὴν διακρίνει τὸ
θερμόν, τὴν δὲ ὄψιν τὸ λαμπρόν, τὴν δὲ γεῦσιν τὸ δριμύ, καὶ τὰ φάρμακα
δὲ πάντα, ὁπόσα πύρια, διαφορητικὴν ἔχει τὴν δύναμιν. ἔτι δὲ πᾶν μὲν
τὸ συγκρῖνον περιίστασθαι βούλεται τὸ συγκρινόμενον συνωθοῦν αὐτό, τὸ 35
30 δὲ πῦρ οὐχὶ περιίστασθαι, ἀλλὰ δύνειν κατὰ τῶν σωμάτων ἐθέλει. προστί-
θησι δέ, ὅτι καὶ κατὰ τοὺς μὴ σχηματίζοντας τὰ στοιχεῖα λεπτομερὲς

---

1 ἔτυχε] seq. ras. 1 litt. E   4 θολωθεστέραν A   μεθίστησιν E   5 πρότε-
ρον Fc   8 ἔχει E: ἔχοι F   9 πῦρ om. D   10 τὸ (pr.) AEF: om. Dc
πρὸς — τοῦ] ἕως D   12 τρεισκαιδέκατον D   μὴ] μὴ καὶ c   13 συγκρι-
τικὸν E: corr. E²   14 φησί E   15 μὴ om. DE   ἀργύρου AE²b: ἄρ-
γυρον DEF: καὶ ἄργυρον C   διαχωρίζει E   15. 16 ἀποκαθαίρει E
16 τὰ om. AF: suprascr. K²   17 ἂν] μὲν ἂν c et corr. ex μὲν F   ἔχει E:
corr. E²   18 ἀλλότριον Ab: ἀλλόφυλον DE   21 διακρίσει E: corr. E²
24 τῷ] τὸ DE: corr. E²   25 εὐμαρίζει c   πύρια DE: πυρία A: πύρινα Fc
28 πύρια E: πυρία A: πύρεια D: πύρινα Fc   30. 31 προστιθεῖ AF   31 καὶ
om. A   τοὺς] τοῦ DE: corr. E²   σχηματίζοντος D

μᾶλλον νενόμισται τὸ πῦρ, τὸ δὲ τοιοῦτον διακριτικὸν μᾶλλόν ἐστιν εἰσδυό- 295ᵃ
μενον εἰς τὰ ἄλλα ἤπερ συγκριτικόν. ὅτι δὲ τὸ διαιρετικὸν καθ' αὑτὸ 40
τῷ πυρὶ προσήκει, δηλοῖ τὸ μὴ μόνον τὰ ἀλλόφυλα διακρίνειν ἀπ' ἀλλή-
λων, ἀλλὰ καὶ αὐτὸ ἕκαστον· χεῖ γοῦν τὸν χρυσὸν καὶ τὸν ἄργυρον καὶ
5 τὰ ἄλλα μέταλλα τῷ διακρίνειν αὐτά.

p. 307ᵇ5 Πρὸς τούτοις δέ, ἐπεὶ τὸ θερμὸν καὶ τὸ ψυχρὸν | ἕως 295ᵇ
τοῦ καίτοι προσῆκεν ἢ πάντα ἀφορίσαι σχήμασιν ἢ μηδέν.

Τεσσαρεσκαιδέκατον καὶ τοῦτο σαφὲς ἐπιχείρημα δεικνύον, ὅτι ἀδύ-
νατον τὸ θερμὸν καὶ τὸ ψυχρὸν σχήμασιν ἀφορίζειν. ὁ δὲ λόγος τοιοῦτος· 5
10 τὸ θερμὸν καὶ τὸ ψυχρὸν καὶ ὅλως τὰ κατὰ τὰς παθητικὰς ποιότητας
ἐναντία ἐστὶ ταῖς δυνάμεσιν· τὰ σχήμασιν ἀφωρισμένα οὐκ ἐναντία, διότι
σχῆμα σχήματι οὐδέν ἐστιν ἐναντίον· τὸ θερμὸν ἄρα καὶ τὸ ψυχρὸν ἀδύ-
νατον σχήμασιν ἀφορισθῆναι· ἡ συναγωγὴ ἐν δευτέρῳ σχήματι. δυνατὸν 10
δὲ καὶ ὑποθετικῶς συναγαγεῖν οὕτως· εἰ τὸ θερμὸν καὶ τὸ ψυχρὸν ἐναντία
15 ὄντα σχήμασιν ἀφορίζεται, εἴη ἂν τὰ σχήματα αὐτῶν ἐναντία· ἀλλὰ μὴν
σχῆμα σχήματι οὐκ ἔστιν ἐναντίον· οὐκ ἄρα τὸ θερμὸν καὶ τὸ ψυχρὸν
σχήμασιν ἀφορίζεται. δηλοῖ δέ, φησί, καὶ τὸ πάντας ἀπολείπειν τὸ τῷ 15
ψυχρῷ προσῆκον σχῆμα τοὺς τὸ θερμὸν σχήματι ἀφορίζοντας· καίτοι ἔδει
ἢ πάντα τὰ κατὰ τὰς ποιότητας ἐναντία ἀφορίσαι σχήμασιν ἢ μηδέν.
20   Καὶ ταύτην διαλύων τὴν ἔνστασιν ὁ Πρόκλος λέγει καλῶς ἀπαιτεῖν τὸν
λόγον τῷ ψύχοντι τὸ προσῆκον ἀποδοῦναι σχῆμα, δεῖν δὲ προσαναμνη- 20
σθῆναι περὶ τῆς θερμότητος, ὡς οὐ τὴν πυραμίδα ἐλέγομεν εἶναι θερμό-
τητα, ἀλλὰ δύναμιν τμητικὴν διὰ τῆς κατὰ τὰς γωνίας ὀξύτητος καὶ τῆς
κατὰ τὰς πλευρὰς λεπτότητος. ὅτι οὖν ἡ ψυχρότης οὐδὲ αὐτὴ σχῆμά ἐστιν,
25 ὥσπερ οὐδὲ ἡ θερμότης, ἀλλὰ δύναμίς τινος σχήματος, καὶ ὡς ἐκείνη 25
τμητική, οὕτως αὕτη συγκριτικὴ δι' ὤσεως, καὶ ὡς ἐκείνη κατὰ τὴν ὀξύ-
τητα τῶν γωνιῶν καὶ τὴν λεπτότητα τῶν πλευρῶν, οὕτως ἀπ' ἐναντίας
αὕτη κατὰ τὴν ἀμβλύτητα τῶν γωνιῶν καὶ τὴν παχύτητα τῶν πλευρῶν·
ἐναντία ἄρα ἡ δύναμις αὕτη πρὸς ἐκείνην οὐ τῶν σχημάτων ὄντων ἐναν- 30
30 τίων, ἀλλὰ τῶν ἐν τοῖς σχήμασι δυνάμεων· ἀπῄτει δὲ ὁ λόγος σχῆμα
ἐναντίον οὐ δέον, ἀλλὰ δύναμιν ἐναντίαν. ὅσα τοίνυν ἀμβλείας ἔχει τὰς
γωνίας καὶ παχείας τὰς πλευράς, ταῦτα τὰς ἐναντίας ἔχει τῇ πυραμίδι

---

1. 2 εἰσδυόμενον] εἰς δύο μὲν A   2 ἤπερ E²Fb: ὅπερ A: εἴπερ DE   4 χεῖ E²b: ἔχει DEF: ἔχειν A   οὖν A   6 τούτοις δέ A: δὲ τούτοις DEFc   ἐπεὶ — πάντα (7)] ἕως D   7 προσῆκεν A: προσήκει E: comp. F   πάντ' c   σχήμασιν AD: σχήματα E: σχήματι E²   8 καὶ om. CE   11 δυνάμεσι DE   12 οὐδέν οὐκ Ac   15 ἀφορίζηται C: ἀφορισθῆναι E: ἀφορισθείη E²   εἴη ἂν Ab: om. C: καὶ DE: εἰσὶ καὶ c   17 ἀπολειπεῖν E: ἀπολιπεῖν DF   18. 19 καίτοι ἔδει ἢ] in ras. E¹   19 τὰ E²: om. ADE   20 διαλύον D   21 τὸ om. A   23 τμητικὴν δύναμιν Ac   διὰ om. D   24 ἐστι Ac   26 τμητική – ἐκείνη om. DE   27 πλευράν A   30 δὲ om. A   31 οὐ δέον E: οὐδὲ ὂν Ab: οὐδὲν U   ἀμβλίας E: corr. E²

SIMPLICII IN L. DE CAELO III 7 [Arist. p. 307ᵇ5] 669

δυνάμεις καί έστι συγκριτικά των σωμάτων· τοιαύτα δὲ τὰ στοιχεία τῶν 295ᵇ
τριῶν σωμάτων, διὸ πάντα ἐκεῖνα συγκριτικὰ δι' ὤσεως συγκρίνοντα, μόνον 36
δὲ τὸ πῦρ, ὡς εἴρηται, διακριτικόν.

Ταῦτα τοῦ Πρόκλου λέγοντος ἀπορήσαι ἄν τις, πῶς τῶν ἐν τοῖς σχή-
5 μασι δυνάμεων, ὥς φησιν, ἐναντίων οὐσῶν τὰ σχήματα οὐκ ἂν εἴη ἐναν-
τία· αἱ γὰρ δυνάμεις οἰκεῖαι τοῖς δυναμένοις εἰσίν. μήποτε οὖν σχήματα 40
τὰ τέσσαρα λέγει, πυραμίδα καὶ τὰ λοιπά, ὧν μὴ ὄντων ἐναντίων αἱ δυνά-
μεις ἐναντίαι εἰσίν, ἐπεὶ μὴ κατὰ τὰ σχήματα αὐτῶν εἰσιν αἱ δυνάμεις·
οὔτε γὰρ τὸ παχὺ καὶ λεπτὸν οὔτε τὸ μεγαλομερὲς καὶ σμικρομερὲς οὔτε 45
10 τὸ δυσκίνητον καὶ εὐκίνητον σχήματός εἰσι διαφοραί, τάχα δὲ οὐδὲ τὸ ὀξὺ
καὶ ἀμβλὺ τῶν γωνιῶν ἁπλῶς σχή|ματός εἰσι διαφοραί, εἴπερ μηδὲ ἡ 296ᵃ
γωνία σχῆμα ἁπλῶς. εἰ οὖν κατὰ ταύτας τὰς ἐναντιώσεις καὶ τοῦ θερμοῦ
καὶ ψυχροῦ διαθέσεις ἀποτελοῦνται ἐναντίαι οὖσαι, οὐδὲν ἄτοπον συμβαίνει,
ἀλλ' ἡ πρότασις ἡ λέγουσα, ὅτι τὰ σχήμασιν ἀφωρισμένα οὐκ ἔστιν ἐναν- 5
15 τία, διορισμοῦ δεῖταί τινος· οὐ γάρ ἐστιν ἐναντία κατὰ τὰ σχήματα, ἔχειν
μέντοι ἐναντία οὐ κωλύεται. εἰ δὲ καὶ βιάζοιτό τις κατὰ τὰ σχήματα
τὰς ἐναντιώσεις εἶναι, ὑπομνησθῆναι χρὴ τοῦ Ἀριστοτέλους ἐν ταύτῃ τῇ
πραγματείᾳ εἰπόντος, ὅτι ἔστι πως καὶ ἐν τοῖς σχήμασιν ἐναντίωσις.   10

Ἐπειδὴ δὲ τὴν περὶ τοῦ θερμοῦ ῥῆσιν παρεθέμην τοῦ Πλάτωνος,
20 καλὸν ἂν εἴη καὶ τὴν περὶ τοῦ ψυχροῦ μετ' ἐκείνην εὐθὺς ἐπαχθεῖσαν
ἐνταῦθα προσθεῖναι· "τὸ δὲ ἐναντίον τούτῳ κατάδηλον μέν, ὅμως δὲ μηδὲν
ἐπιδεὲς ἔστω λόγου· τὰ γὰρ δὴ τῶν περὶ τὸ σῶμα ὑγρῶν μεγαλομερέστερα 15
εἰσιόντα τὰ σμικρομερέστερα ἐξωθοῦντα εἰς τὰς ἐκείνων μὴ δυνάμενα ἕδρας
ἐνδῦναι ξυνωθοῦντα ἡμῶν τὸ νοτερὸν ἐξ ἀνωμάλου κεκινημένου τε ἀκίνητον
25 δι' ὁμαλότητα καὶ τὴν ξύνωσιν ἀπεργαζόμενα πήγνυσι· τὸ δὲ παρὰ φύσιν
ξυναγόμενον μάχεται κατὰ φύσιν αὐτὸ ἑαυτὸ εἰς τοὐναντίον ἀπωθοῦν. τῇ 20
δὴ μάχῃ καὶ τῷ σεισμῷ τούτῳ τρόμος καὶ ῥῖγος ἐτέθη, ψυχρόν τε τὸ
πάθος ἅπαν τοῦτο καὶ τὸ δρῶν αὐτὸ ἔσχεν ὄνομα."

---

1 τά] e corr. E   στοιχεῖα] seq. ras. 4 litt. E   2 πάντα μὲν c   συγκρίνοντα]
bis D   4 ἀπορῆσαι ADEF: ἀπορῆσαι Kc   6 τοῖς δυναμένοις] ταῖς δυνάμεσιν A
εἰσί D: ν eras. E   μήποτε — εἰσίν (8) om. A   7 πυραμίδας c   9 τὸ λεπτὸν
DE   10 post διαφοραί add. εἴπερ μηδὲ ἡ γωνία σχῆμα ἁπλῶς A   τάχα — διαφο-
ραί (11) om. D   οὐδέ] οὐ A   11 εἰσι om. A   εἴπερ] corr. ex ἤπερ E²
εἴπερ — ἁπλῶς (12) om. A   12 καὶ τοῦ ADEFb: αἱ τοῦ E²c   13 οὐδένα τόπον c
16 ἐναντία E²b: ἐναντίας ADE   18 πραγματείᾳ] Ι 4   ἔστι] seq. ras. 1 litt. E
καί] οὐκ A   ἐναντιώσεις EF   19 τὴν περὶ A: τὴν F: om. DE: περὶ E²   20 καὶ —
ἐπαχθεῖσαν] mg. E²   ἐπαγομένην E²   21 ἐνταῦθα om. E   τὸ δὲ] κτλ. Tim.
62 a sq.   τοῦτο E: corr. E²   22 γὰρ om. A   τῶν om. D   ὑγρῶν] -ῶν
e corr. D   23 μὴ A: οὐ DEc   24 ἐκδῦναι A   τὸ νοτερὸν E³: τονώτερον
ADEFb   25 ξύνωσιν A   post ἀπεργαζόμενα del. δείκνυσι A   πήγνυσι AE²:
πήγνυει DEF: πήγνυσιν c   26 ξυναγόμενον A   ἑαυτὸ K: om. Ab: ἑαυτῷ DE
27 δὴ DEb: δὲ Ac

p. 307ᵇ10 Ἔνιοι δὲ περὶ τῆς δυνάμεως αὐτοῦ ἕως τοῦ ἀλλὰ τοῦ 296ᵃ
ἐναντίου.   25

   Πεντεκαιδέκατον τοῦτο ἐφ' ἅπασι τοῖς εἰρημένοις προστίθησι πρὸς τὸ
μέγεθος ὑπαντῶν καὶ δεικνύς, ὅτι, ὅσοι τὴν τοῦ ψυχροῦ δύναμιν αἰτιολο- 30
5 γοῦντες τὸ μεγαλομερὲς ᾐτιάσαντο διὰ τὸ συνθλίβειν καὶ μὴ διιέναι διὰ
τῶν πόρων, ὥσπερ ἡ προσεχῶς ὑπ' ἐμοῦ τοῦ Πλάτωνος ἐκτεθεῖσα ῥῆσις,
οὗτοι καὶ τὸ θερμὸν ἂν διιέναι λέγοιεν. τοιοῦτον δὲ ἂν εἴη τὸ λεπτομερές.
καὶ τὸ παχυμερὲς δὲ καὶ τὸ λεπτομερὲς μεγέθει διαφέρειν ἐλέγετο πρότε- 35
ρον· εἰ δὴ τῷ μεγαλομερεῖ καὶ λεπτομερεῖ διορίζουσι, συμβαίνει καὶ μι-
10 κρότητι καὶ μεγέθει διαφέρειν τὸ θερμὸν καὶ τὸ ψυχρόν, ἀλλ'
οὐ τοῖς σχήμασιν. ὅλως δέ, εἰ τὸ μεῖζον ψυχρόν, ἐπειδὴ καὶ ἐν ταῖς
πυραμίσιν αἱ μὲν μεγάλαι λέγονται αἱ δὲ μικραί, αἱ μεγάλαι ἂν εἶεν οὐ 40
πῦρ ἀλλά τι τῶν ψυχόντων, καὶ ἐν ταύταις τὸ σχῆμα οὐ τοῦ καίειν ἀλλὰ
τοῦ ψύχειν ἔσται αἴτιον διὰ τὸ μέγεθος, ὥστε συμβαίνει τὰ ἐναντία λέγειν
15 αὐτοῖς, ὅπερ προεῖπε.
   Τὰ δὲ τοῦ Πρόκλου καὶ ἐν τούτοις, ὅτι οὐ μεγέθει μόνῳ τὰ στοιχεῖα
τῶν ἁπλῶν σωμάτων διορίζομεν, ἀλλὰ καὶ λεπτότητι καὶ παχύτητι καὶ 45
ὀξύτητι καὶ ἀμβλύτητι καὶ εὐκινησίᾳ καὶ δυσκινησίᾳ, ἅπερ | ἐξαλλάσσει 296ᵇ
τὰ εἴδη καὶ οὐ ποιεῖ τὰ τὸ αὐτὸ εἶδος ἔχοντα κατὰ μέγεθος μόνον δια-
20 φέρειν. "τὸ μὲν γὰρ πλῆθος, φησί, τῶν ἐπιπέδων ποιεῖ τὸ μεγαλομερὲς
ἢ σμικρομερὲς ἐν τοῖς σώμασιν· μέρη γὰρ αὐτῶν τὰ στοιχεῖα λέγεται, οἷον
αἱ πυραμίδες τοῦ πυρός, ἐξ ὧν τὸ πῦρ, καὶ τὰ ὀκτάεδρα τοῦ ἀέρος· μεῖζον 5
γὰρ τὸ ὀκτάεδρον τῆς πυραμίδος ἐκ τοῦ ἴσου τριγώνου γεγονότοιν ἀμφοῖν.
ἡ δὲ σύνθεσις μετὰ τοῦ τοσοῦδε πλήθους τὸ ὀξὺ ποιεῖ καὶ ἀμβλύ· πλειό-
25 νων γὰρ ἢ ἐλασσόνων τριγώνων συννευσάντων ἡ γωνία ἢ ὀξεῖα ἢ ἀμβλεῖα
γίνεται, ὀξεῖα μὲν ἡ τῶν ἐλασσόνων, ἀμβλεῖα δὲ ἡ τῶν πλειόνων. ἡ δὲ 10
τῶν ἐπιπέδων ἰδιότης ποιεῖ τὸ εὐκίνητον ἢ δυσκίνητον ἑδραίων ὄντων δι'

---

1 αὐτοῦ—ἐναντίου (2) AF: ἕως φανερὸν ἐκ τῶν εἰρημένων D; lemma in εἰρημένων desinit
in E   3 ἐφ' ἅπασι τοῦτο A   προστίθεται E, sed corr.   6 ἡ] corr. ex οἱ E²
ἐκτεθεῖσα (ῥηθεῖσα F) ὑπ' ἐμοῦ τοῦ πλάτωνος Fc   7 δὲ Db: om. AE   8 τὸ (alt.) om.
DE   ἐλέγετο DE: ἔλεγε τὸ A: ἐλέγετο τὸ Fc   9 εἰ] ἀεὶ D   δὴ scripsi: δὲ ADEc
διορίζουσιν c   9. 10 μικρότητι Ab: μεγέθει DE: σμικρότητι c   10 μεγέθει Ab:
μικρότητι D: σμικρότητι E   θερμὸν καὶ τὸ ψυχρὸν Ab: ψυχρὸν καὶ τὸ θερμὸν DE
13 ἀλλὰ (alt.)] ἀλλὰ καὶ DE   14 ἔσται αἴτιον DEb: αἴτιον ἔσται Ac   συμβαίνει
A: comp. F: συμβαίη DE: συμβαίνειν c   15 αὐτοῖς ADE   προεῖπεν Ec: corr. E
seq. ras. 4 litt.: προεῖπεν αὐτοῖς F   18 ἀμβλύτητι] corr. ex ἀμφότητι E²   ante
ἅπερ add. καὶ ἀκινησίᾳ E²: et immobilitate b   ἐξαλλάσει A   19 τὰ (alt.) E²K²:
om. ADE   19. 20 φέρειν A   20 τὸ μεγαλομερὲς ποιεῖ Dc   ποιεῖ] -εῖ e corr. E
21 ἢ σμικρομερὲς] εἰς μικρομερὲς A   σώμασι DE   22 πυρός] ἀέρος A   23 γε-
γονότοιν A: -ότοιν in ras. E²: γέγονε τοῖν DF   24 τοῦ τοσοῦδε DEF: τοσοῦδε A:
τοσοῦδε c   25 ἐλαττόνων Ac   ἢ] ἢ A   26 τῶν (pr.)] τοῦ A   ἐλαττόνων Ac
27 ἴδιο D: ἰδιότητι A   αἰδραίων D

ὁμοιότητα ἢ πρὸς ῥοπὴν ἑτοίμων δι' ἀνομοιότητα· οὐκ ἄρα αἱ μεγάλαι 296b
πυραμίδες οὐ πῦρ, ἀλλὰ μεγαλομερέστερον πῦρ, ὥσπερ τὰ μεγάλα ὀκτά-
εδρα μεγαλομερέστερος ἀὴρ καὶ τὰ μεγάλα εἰκοσάεδρα μεγαλομερέστερον 15
ὕδωρ. παρὰ ποίαν γάρ, φησίν, αἰτίαν καὶ ὕδατά ἐστι λεπτὰ καὶ πα-
5 χέα καὶ ἀὴρ λεπτός, ὁ δέ τις παχύς; ὅτι μὲν γὰρ ποσῷ ταῦτα διώρισται,
δῆλον."

Ἐν δὴ τούτοις πρῶτον μὲν ἐφιστάνω, πῶς τὸ πλῆθος τῶν ἐπιπέδων 20
ποιεῖν φησι τὸ μεγαλομερὲς καὶ σμικρομερὲς καὶ ἐξ ἴσων τριγώνων εἶναι τὰ
σχήματα τοῦ Πλάτωνος σαφῶς εἰπόντος " μὴ μόνον ἓν ἑκάτερον μέγεθος ἔχον
10 τὸ τρίγωνον φυτεῦσαι κατ' ἀρχάς, ἀλλ' ἐλάττω τε καὶ μείζω"; πῶς δὲ πυρα-
μίδες μείζονες καὶ ἐλάττονες γένοιντο ἂν ἐκ τεσσάρων οὖσαι πᾶσαι τριγώνων; 25
ἔοικεν οὖν καὶ αὐτὸς τοῦτο λέγειν, ὅτι ὕδωρ μὲν ἀέρος καὶ ἀὴρ πυρὸς μεγαλο-
μερέστερα, κἂν ἐξ ἴσων ᾖ τῷ μεγέθει τριγώνων, διότι τὸ εἰκοσάεδρον τοῦ
ὀκταέδρου καὶ τὸ ὀκτάεδρον τῆς πυραμίδος ἐκ πλειόνων ἐστὶ τριγώνων,
15 πυραμὶς δὲ πυραμίδος μείζων οὐ διὰ τὴν τοῦ πλήθους ἀλλὰ διὰ τὴν τοῦ 30
μεγέθους τῶν τριγώνων διαφοράν. πῶς δὲ ἡ τῶν ἐπιπέδων ἰδιότης ποιεῖ
τὸ εὐκίνητον ἢ δυσκίνητον; τετράγωνον μὲν γὰρ τριγώνου δυσκινητότερόν
ἐστι καὶ διὰ τοῦτο τῶν ἄλλων στοιχείων ἡ γῆ, τὰ μέντοι τρία τὰ ἐκ τοῦ
αὐτοῦ τριγώνου τοῦ σκαληνοῦ συνεστῶτα τὸ εὐκινητότερον ἔχει τῇ ὀλιγό- 35
20 τητι καὶ βραχύτητι τῶν τριγώνων.

p. 307b 19 **Ἐπεὶ δὲ κυριώταται διαφοραὶ τῶν σωμάτων ἕως τοῦ
τέλους.**

Συμπερανάμενος τὸ προσεχῶς προτεθέν, ὅτι οὐ τοῖς σχήμασι διαφέρει 40
τὰ στοιχεῖα, ἐφεξῆς, τίσι διαφέρει, δηλοῖ, ὅτι κατὰ τὰ πάθη καὶ τὰ
25 ἔργα καὶ τὰς δυνάμεις. διορίζει δὲ ταῦτα Ἀλέξανδρος πολλαχῶς ποτὲ
μὲν πάθη λέγων κουφότητας, βαρύτητας, σκληρότητας, μαλακότητας, μανό- 45
τητας, πυκνότητας, δυνάμεις δὲ θερμότητας, ψυχρότητας, ποτὲ δὲ πάθη
μὲν τὰς παθητικὰς | ποιότητας, δυνάμεις δὲ τὰς κατὰ τὰς ῥοπάς, ἔργα 297a
30 δὲ τὰς ἐνεργείας, καὶ πάλιν δυνάμεις μὲν τὰς ποιητικὰς αὐτῶν ποιότητας,
θερμότητας, ξηρότητας, κουφότητας· αὗται γὰρ αἱ δυνάμεις ποιητικαί·

---

1 οὐκ ἄρα] οὐκοῦν c   3 μεγαλομερέστερος — εἰκοσάεδρα Ab: om. DE   4 ἐστι] ἐστι
καὶ DE   7 δὴ] δὲ c   9 σαφῶς om. D   εἰπόντος] Tim. 57 c
μέγεθος om. D   10 ἀλλ' Ab: ἀλλὰ καὶ DEc   11 γένοιτο E: corr. E²: γέ-
νοιντ' c   12. 13 μεγαλομερέστερα A, comp. F: μεγαλομερέστατα DE   13 ἢ]
ἢ AE: corr. A   13. 14 τοῦ ὀκταέδρου] in ras. E¹   14 ἐκ — πυραμίδος (15) Ab:
om. DE   ἐστί] enim b   15 μείζων] μεῖζον DE   17 γὰρ Fb: om. ADE
21 τῶν om. Dc   σωμάτων ἕως τοῦ] ἕως D   23 συμπερανάμενος] 307b 18
συμπερανάμενοι E: corr. E²   προσεχὲς c   προστεθέν AF   25 ἀλέξανδρος AC: ὁ
ἀλέξανδρος DEc   26. 27 δυνάμεις δὲ θερμότητας ψυχρότητας σκληρότητας μαλακότητας
μανότητας πυκνότητας E   μανότητας CDb: μανότητας ψυχρότητας Ac   29 τὰς (sec.)
AE²b: τὰ C: om. DE   τὰς (tert.) om. A   31 θερμότητα ξηρότητα κουφότητα C:
comp. ambig. A   αὗται] seq. ras. 3 litt. E

πάθη δὲ τὰς ἀντικειμένας αὐταῖς, ψυχρότητας, ὑγρότητας, βαρύτητας, ὡς 297ᵃ
παθητικὰς καὶ ὑλικωτέρας· καὶ γὰρ καὶ ἐν τοῖς Περὶ γενέσεως ἐκείνας μὲν 6
μᾶλλον ποιητικάς, ταύτας δὲ μᾶλλον παθητικὰς εἶναί φησι καὶ δὴ καὶ
στερήσεις ταύτας ἐκείνων καλεῖ. "κατ' ἄλλην δὲ ἐπιβολὴν ταὐτό, φησί,
5 δύναμις καὶ πάθος ἐστίν, ἀπὸ μὲν τοῦ πάθος ἐμποιεῖν ἢ πασχούσης τῆς 10
ὕλης γίνεσθαι πάθος, δύναμις δὲ ἀπὸ τοῦ δύνασθαι." καὶ τάχα οὕτω μᾶλλον
ἐκδεκτέον. βούλεται μὲν γὰρ μὴ κατὰ τὰ σχήματα τὰς τῶν στοιχείων
ἀφορίζεσθαι διαφοράς, ὅτι μηδὲ ἔστιν ἐν τούτοις ἐναντίωσις κυρίως, ἀλλὰ
κατὰ τὰς παθητικὰς καλουμένας ποιότητας, θερμότητας, ξηρότητας, μαλα-15
10 κότητας, κουφότητας, καὶ τὰς ἀντικειμένας αὐταῖς καὶ ὅσαι τοιαῦται· ἐν
γὰρ ταύταις ἔστιν ἐναντίωσις, καθ' ἣν ἡ εἰς ἄλληλα τῶν στοιχείων γίνεται
μεταβολή, ὅπερ ἐστὶ νῦν προβεβλημένον. τῶν δὲ ποιοτήτων τούτων ἑκάστη
τριχῶς θεωρεῖται· ἢ γὰρ ὡς δύναμις· αὕτη γάρ ἐστιν ἡ τῆς οὐσίας πρὸς 20
ἐνέργειαν παρασκευή, καθ' ἣν τὸ πῦρ δύναμιν θερμαντικὴν ἔχειν λέγομεν·
15 ἢ ὡς ἡ κατὰ τὴν δύναμιν ταύτην ἐνέργεια, ὡς τὸ θερμαίνειν· ἢ ὡς τὸ
ἀπὸ τῆς δυνάμεως διὰ τῆς ἐνεργείας ἐγγινόμενον τῷ πάσχοντι πάθος, ὡς
τὸ θερμαίνεσθαι. ἀπὸ δὲ τούτων τῆς τε δυνάμεως καὶ τῆς ἐνεργείας καὶ 25
τοῦ πάθους καὶ αἱ οὐσίαι γνωρίζονται καὶ ἡ εἰς ἄλληλα τῶν στοιχείων
μεταβολὴ καταλαμβάνεται. τούτων δὲ μίαν ἐν τῷ ἐφεξῆς βιβλίῳ προχει-
20 ρισάμενος ὡς μᾶλλον πρὸς τὴν φυσικὴν κίνησιν οἰκείαν περὶ τῶν ἄλλων
ἐν τοῖς Περὶ γενέσεως καὶ φθορᾶς διδάξει, καὶ ὅτι κατὰ ταύτας τὰς ποιό-30
τητας οὐσιωμένα τὰ στοιχεῖα καὶ οὐ κατὰ τὰ σχήματα κατὰ ταύτας καὶ
τὴν εἰς ἄλληλα ποιεῖται μεταβολήν, ἀποδείξει.

Τοῦτο μὲν οὖν τὸ πέρας ἐστὶ τοῦ τρίτου τῆς Περὶ οὐρανοῦ πραγμα-
25 τείας βιβλίου, ἔφοδος δὲ αὐτοῦ σύντομ|μος ἔστω τοιαύτη. προθέμενος 297ᵇ
περὶ τῶν ἁπλῶν ἐν τῷ παντὶ σωμάτων εἰπεῖν κατὰ τὰ δύο πρῶτα βιβλία
τῆς πραγματείας περὶ τοῦ κυκλοφορητικοῦ καὶ ἀιδίου σώματος ἀποδοὺς ἐν
τούτῳ περὶ τῶν εὐθυπορουμένων καὶ γενητῶν διδάσκων ζητεῖ πρῶτον, εἰ 5
ἔστι γένεσις ἢ οὔ, ἐπειδὴ οἱ μὲν τελέως ἀνῄρουν γένεσιν ἀγένητον τὸ ὂν
30 λέγοντες, ὥσπερ Παρμενίδης καὶ Μέλισσος, οἱ δὲ πάντων ἁπλῶς ἔλεγον
γένεσιν, ὡς Ἡσίοδος, οἱ δὲ τῶν σωμάτων πάντων, ὡς οἱ ἐξ ἐπιπέδων τὰ
σώματα συνιστάντες. πρὸς τούτους οὖν ἀντειπὼν ἐφεξῆς λέγει, τίνων ἐστὶ
γένεσις, ὅτι τῶν ποιότητας παθητικὰς ἐναντίας ἐχόντων καὶ ἐπ' εὐθείας 10

---

2 γὰρ καὶ AE: γὰρ CD   Περὶ γενέσεως] I 6   ἐκείνας] οἰκείας A   3 μᾶλλον (pr.) Ab: μάλιστα DE   ποιητικάς] τὰς ποιητικάς c   ποιητικάς—μᾶλλον om. A   φησίν Dc   4 καλεῖ] 318ᵇ16   δὲ] τε D   5 μὲν] μὲν γὰρ Fc   πάθος (alt.)] cómp. A: πάθους EF   ἢ Ab: om. DEc   7 ἐκδοτέον DE   11 γίνεται om. A   12 προβεβλημένων E: corr. E¹   14 θερμαντικὴν—δύναμιν (15) om. DE: mg. E²   14. 15 λέγομεν ἢ] λεγομένη A: λέγεται ἢ E   15 ἢ om. c   κατὰ—ἢ ὡς τὸ om. b   ἐνεργείᾳ c   ἢ AE²: om. DEF   18 καὶ αἱ ACDE: αἱ bc   20 πρός] evan. F: om. A   οἰκείαν] IV 1. 307ᵇ30   21 τοῖς] τῷ C   καὶ ὅτι Ab: ὅτι καὶ CF: ὅτι DEK²   23 ἀποδείξει] ὡς ἀποδείξει c   25 προθέμ A   26 κατά] καὶ Ac   28 καὶ om. D   29 τελέως] τελέαι A   29. 30 -νητον τὸ ὂν λέ- bis D   30 πάντως E: corr. E²   32 συνιστῶντες] -ῶ- e corr. E   τούτους] τοὺς A   33 ἐναντίας om. DE

SIMPLICII IN L. DE CAELO III 7 [Arist. p. 307b19]   673

κινουμένων. εἰ δὲ μέλλοι τις τὴν τῶν γενητῶν σωμάτων οὐσίαν γινώσκειν, 297b
τὰ στοιχεῖα αὐτῶν πρῶτον γνωστέον· ἄλλων δὲ ἄλλα στοιχεῖα λεγόντων
ὁρισάμενος πρῶτον τὸ στοιχεῖον, πότερον ἄπειρα τῷ ἀριθμῷ ἢ πεπερασ-
μένα ἐστί, ζητεῖ καὶ ἐλέγξας τοὺς ἄπειρα λέγοντας τοὺς περὶ Ἀναξαγόραν 15
5 καὶ Δημόκριτον μέτεισιν ἐπὶ τοὺς ἓν τὸ στοιχεῖον ὑποτιθεμένους καὶ ἀντει-
πὼν καὶ πρὸς τούτους συνεπεράνατο, ὅτι ἀνάγκη πλείονα εἶναι καὶ πεπε-
ρασμένα. καὶ τότε δείξας, ὅτι οὐκ ἔστιν ἀίδια ἀλλὰ γενητὰ καὶ φθαρτά, 20
ἐκ διαιρέσεως ζητεῖ, πότερον ἐξ ἀσωμάτου ἢ ἐκ σώματος γίνεται, καί, εἰ
ἐκ σώματος, πότερον ἐξ ἄλλου ἢ ἐξ ἀλλήλων, καὶ διελέγξας τὰ ἄλλα τῆς
10 διαιρέσεως τμήματα κατέλιπε τὸ ἐξ ἀλλήλων καὶ ζητεῖ λοιπὸν τὸν τρόπον
τῆς ἐξ ἀλλήλων γενέσεως καὶ δείξας, ὅτι οὔτε κατὰ ἔκκρισιν πάντων ἐκκρι- 25
νομένων οὔτε κατὰ σύγκρισιν καὶ διάκρισιν, ὡς Ἐμπεδοκλῆς καὶ Δημό-
κριτος, οὔτε κατὰ μετασχηματισμὸν οὔτε κατὰ τὴν εἰς τὰ ἐπίπεδα διάλυσιν,
ὡς ὁ Τίμαιος, ἐπὶ τέλει λοιπὸν συνάγει, ὅτι ἡ εἰς ἄλληλα μεταβολὴ τῶν
15 στοιχείων κατὰ τὰς εἰδοποιοὺς αὐτῶν ἐναντίας διαφορὰς εἰδοποιεῖται, κυριώ- 30
ταται δὲ διαφοραὶ αὐτῶν αἱ κατὰ τὰς ποιότητας, αἵτινες θεωροῦνται τριχῶς,
ἢ ὡς δυνάμεις ἢ ὡς πάθη ἢ ὡς ἐνέργειαι.

---

2 αὐτῷ A   ἄλλα] ἄλλων E   3 τὸ] e corr. D   πότερον] πρότερον AE:
corr. E²   4 ἐστίν E   5 ἓν τὸ στοιχεῖον] ἓν τῷ στοιχείῳ A   6 πλείονας A
6. 7 πεπερασμένας A   10 κατέλιπε] -ι- e corr. E: κατέλειπε F   καὶ — ἀλλήλων (11)
om. A   11 οὔτε om. A   11. 12 ἐκκρινομένων ὡς Ἀναξαγόρας c   15 εἰδο-
ποιοὺς A: εἰδοποιούσας DE   αὐτὰ D   15. 16 κυριάταται D   16 αὐτῶν αἱ κατὰ
om. DE   τὰς ποιότητας] mut. in αἱ ποιότητες E²   θεωροῦνται DE: διαιροῦνται
Abc. lib. IV sine distinctione adiungit E: τέλος τοῦ γ̅ βιβλίου, ἀρχὴ τοῦ δ̅ add. E²

ΕΙΣ ΤΟ ΤΕΤΑΡΤΟΝ ΤΩΝ ΑΡΙΣΤΟΤΕΛΟΥΣ ΠΕΡΙ ΟΥΡΑΝΟΥ 298ᵃ

Τὸν ὅλον σκοπὸν κατὰ τὴν περὶ οὐρανοῦ πραγματείαν ὁ Ἀριστοτέλης ἐνστησάμενος περὶ τῶν ἁπλῶν ἐν τῷ κόσμῳ σωμάτων διδάξαι τὸ μὲν πρῶτον ὅλον βιβλίον κοινῶς περὶ τοῦ κυκλοφορητικοῦ καὶ οὐρανίου σώματος
5 ἐποιήσατο, τὸ δὲ δεύτερον περὶ τῶν τοῦ οὐρανοῦ μερῶν τῶν τε ὁλικωτέρων, φημὶ δὴ τῶν σφαιρῶν, καὶ τῶν μερικωτέρων, τουτέστι τῶν ἐν αὐταῖς ἄστρων, ἐν δὲ τῷ τρίτῳ λοιπὸν περὶ τῶν ὑπὸ σελήνην ἁπλῶν σωμάτων τῶν εὐθυπορουμένων προθέμενος εἰπεῖν, ἅτινα καὶ στοιχεῖα πάντως ἐστί, καὶ δείξας, ὅτι οὔτε ἄπειρα τὸ πλῆθος οὔτε ἕν ἐστι ταῦτα ἀλλὰ πεπε-
10 ρασμένα μὲν τοῦ δὲ ἑνὸς πλείω, καὶ ὅτι οὐκ ἀΐδια ἀλλὰ γενητὰ καὶ φθαρτά, καὶ ὅτι ἡ γένεσις αὐτοῖς οὐκ ἐξ ἀσωμάτου οὔτε ἐξ ἄλλου σώματος ἀλλ' ἐξ ἀλλήλων, οὐκ ἐκκρίσει οὐδὲ μετασχηματισμῷ οὐδὲ τῇ εἰς τὰ ἐπίπεδα ἀναλύσει, ἀλλὰ κατὰ τὰς ποιότητας τριχῶς θεωρουμένας, ἢ κατὰ τὴν δύναμιν τὴν ἐνεργητικὴν ἢ κατὰ τὴν ἐνέργειαν τὴν κατὰ τὴν δύναμιν
15 ἢ κατὰ τὸ πάθος τὸ κατὰ τὴν δύναμιν διὰ τῆς ἐνεργείας ἐγγινόμενον τῷ πάσχοντι, εἰκότως περὶ δυνάμεως καὶ ἐνεργείας καὶ πάθους τῶν κατὰ τὰς ποιότητας εἶπε χρῆναι ζητεῖν ὡς ἐκ τούτων γνωσομένων ἡμῶν τὸν τρόπον τῆς ἐξ ἀλλήλων γενέσεως ἐκ δὲ τοῦ τρόπου, πόσα τε καὶ τίνα τὰ στοιχεῖά ἐστιν, εὑρισκόντων. ὥσπερ δὲ τὸ πρῶτον τῶν ἁπλῶν σωμάτων ἀπὸ τῆς
20 κυκλοφορητικῆς ηὗρε κινήσεως, οὕτως τὰ λοιπὰ ἀπὸ τῆς κατ' εὐθεῖαν ἀνιχνεύσει· προσήκει γὰρ τῷ φυσικῷ τὸ ἀπὸ τῶν κινήσεων εὑρίσκειν τὰ φυσικὰ πράγματα, διότι ἡ φύσις ἀρχὴ κινήσεώς | ἐστιν. ἐπειδὴ οὖν ἡ κατ' εὐθεῖαν φυσικὴ κίνησις κατὰ τὴν τοῦ βαρέος καὶ κούφου δύναμιν ὑπάρχει τοῖς φυσικοῖς, περὶ βαρέος καὶ κούφου πρῶτον προτίθεται ζητεῖν ὡς κατὰ

---

1 εἰς τὸ τέταρτον A: σιμπλικίου φιλοσόφου προλεγόμενα εἰς τὸ δ̄ τῶν περὶ οὐρανοῦ E² 2 οὐρανὸν A 3 ἐν] τῶν ἐν Fᶜ 5 ἐποιήσατο — μερῶν] mg. E² ἐποιήσατο] γέγραφε E² τε] mut. in γε E² ὁλικωτέρων D 7 λοιπῶν A περὶ] τε A 15 τῆς] τὰς DE 17 εἶπεν E: corr. E² ἡμῖν A 20 ηὗρε A: εὗρε CDE οὕτω DF 21 τῇ φυσικῇ D τὸ] τῷ E: del. E² τῆς κινήσεως C 22 ἐπεί c οὖν CDE: om. A: δὴ c 23 βαρέως E, sed corr. δύναμιν] κίνησιν D 24 τίθεται A: intendit b

ταῦτα μάλιστα εἰδοποιουμένων τῶν ὑπὸ σελήνην ἁπλῶν σωμάτων τῶν ἐπ' 298b
εὐθείας κινουμένων καὶ γενητῶν καὶ τὴν γένεσιν ἐξ ἀλλήλων ἐχόντων, κἂν 6
ὦσι πολλαὶ καὶ ἄλλαι δυνάμεις ἐν αὐτοῖς καὶ πάθη καὶ ἐνέργειαι· καὶ γὰρ
κατὰ θερμότητα καὶ ξηρότητα καὶ μάνωσιν καὶ τὰ τούτοις ἐναντία καὶ
5 ἄλλα τοιαῦτα. τινὲς δὲ τῇ εἰρημένῃ τῶν λόγων ἀκολουθίᾳ μὴ προσεσχη- 10
κότες νοθεύειν τοῦτο τὸ βιβλίον ἐτόλμησαν ὡς οὐ προσῆκον τοῖς περὶ οὐρα-
νοῦ σκέμμασιν, ἀλλ', εἴπερ ἄρα, τοῖς περὶ γενέσεως καὶ φθορᾶς. εἴρηται
δέ, ὅτι τοῖς ὑπὸ σελήνην ἁπλοῖς σώμασιν οἰκειότατα τὸ βαρὺ καὶ κοῦφον,
καὶ μέντοι, ὅτι τοῖς οὐρανίοις οὐ προσήκει ταῦτα, ἀκριβέστερον εἰσόμεθα 15
10 νῦν· διὸ καὶ αὐτὸς κατ' ἀρχὰς τοῦ πρώτου βιβλίου "δεῖ, φησίν, ὑπο-
θέσθαι, τί λέγομεν τὸ βαρὺ καὶ τὸ κοῦφον, νῦν μὲν ἱκανῶς ὡς πρὸς τὴν
παροῦσαν χρείαν, ἀκριβέστερον δὲ πάλιν, ὅταν ἐπισκοπῶμεν περὶ τῆς οὐ-
σίας αὐτῶν" εἰς τούτους ὑπερτιθέμενος τοὺς λόγους. διελὼν οὖν ἐν ἀρχῇ 20
τό τε ἁπλῶς βαρὺ καὶ κοῦφον καὶ τὰ πρὸς ἄλλα λεγόμενα καὶ τὴν δια-
15 φορὰν αὐτῶν παραδοὺς ἐφεξῆς τὰς περὶ βαρέος καὶ κούφου δόξας τῶν προ-
τέρων ἱστορεῖ καὶ δείκνυσιν, ὅτι οὐδεὶς ἐκείνων περὶ τοῦ ἁπλῶς βαρέος καὶ
κούφου τὸν λόγον ἐποιήσατο ἀλλὰ περὶ τῶν πρὸς ἕτερον. καὶ τρίτον 25
αὐτῷ κεφάλαιόν ἐστιν, ἐν ᾧ διορίζει, διὰ τί τὰ μὲν ἄνω φέρεται τὰ δὲ
κάτω | τῶν σωμάτων ἀεὶ κατὰ φύσιν τὰ δὲ καὶ ἄνω καὶ κάτω. κοινὴν 299a
20 δὲ αἰτίαν ἀποδοὺς ἐν τῷ τετάρτῳ λοιπὸν κεφαλαίῳ τὴν διαφορὰν παραδί-
δωσι τῶν ἄκρων στοιχείων τοῦ τε πυρὸς καὶ τῆς γῆς πρὸς τὸν ἀέρα καὶ
τὸ ὕδωρ. πέμπτον, ὅτι ἁπλῶς μὲν βαρὺ ἡ γῆ, ἁπλῶς δὲ κοῦφον τὸ πῦρ, 5
δείκνυσιν ὑποθέμενος ὡρισμένον εἶναι τὸ μέσον. ἕκτον, ὅτι ἐστὶ τὸ μέσον
ὡρισμένον, δείκνυσιν, ἐκ τούτου δέ, ὅτι καὶ τὸ ἔσχατον καὶ διὰ ταῦτα τὰ
25 ἄκρα τῶν στοιχείων τό τε ἁπλῶς κοῦφον καὶ τὸ ἁπλῶς βαρύ, ταὐτὸν
δὲ εἰπεῖν πῦρ καὶ γῆ. ἕβδομον, ὅτι ἔστιν καὶ τὰ μεταξὺ ἀὴρ καὶ 10
ὕδωρ, ὧν ἑκάτερον πῇ μὲν κοῦφον πῇ δὲ βαρύ ἐστιν. ὄγδοον, ὅτι τὸ
μὲν πῦρ οὐδαμῶς ἔχει βαρύτητα, ἡ δὲ γῆ οὐδαμῶς ἔχει κουφότητα,
τὰ δὲ μέσα ἐν μὲν τοῖς οἰκείοις τόποις καὶ τοῖς τῶν ὑποκειμένων
30 βαρύτητα μὲν ἔχει, κουφότητα δὲ οὐκ ἔχει. ἔνατον, ὅτι τὰ τέσσαρα 15
στοιχεῖα οἰκείαις διενήνοχε διαφοραῖς ὕλης καὶ οὐ σύγκειται τὰ μέσα ἐκ
τῶν ἄκρων.

---

1 τῶν (alt.) om. A   2 κινουμένων τῶν c   3 πάθη καὶ] παθητικαὶ A
4 ξηρότητα] ψυχρότητα A   6 περὶ om. E   8 οἰκειότητα A: comp. F   9 ἀκρι-
βέστερον om. EF   10 βιβλίου] cap. 3. 269b20   13 τοὺς λόγους ὑπερτιθέμενος Fb
14 καὶ (pr.)] καὶ τὸ Ac   τὰ] τὸ Ac   ἄλλα CDE: ἄλληλα Abc   λεγόμενον
Ac   15. 16 πρότερον C: πρεσβυτέρων D   18 αὐτῷ DE: ἑαυτῷ Ab: αὐτοῦ
C: ἐν αὐτῷ Fc   19 δὲ καὶ] δὲ C   20 τῷ om. CF   22 πέμπτον δέ Fc
24 τὰ om. A   26 ἔστι DEc   29 τοῖς (alt.)] corr. ex τῆς E²   30 μὲν om. A
ἔννατον C et corr. ex ἔνατον E²   31 οἰκείοις A   διαφόροις E²Fc   ὕλης E²b:
ὕλαις ADE¹Fc: om. C

p. 307ᵇ28 Περὶ δὲ βαρέος καὶ κούφου ἕως τοῦ οὕτω καὶ τὸ φαινό- 299ᵃ
μενον ἡμῖν εἴπωμεν περὶ αὐτῶν.

Βαρύτης καὶ κουφότης οἰκειότεραι τῶν ἄλλων ποιοτήτων εἰσὶ τοῖς φυσικοῖς σώμασιν, διότι κατὰ ταύτας αἱ φυσικαὶ γίνονται κινήσεις, καθ' ἃς
5 εἰδοποιεῖται τὰ φυσικὰ σώματα. ἀναγκαῖος δὲ καὶ ἄλλως ὁ περὶ τούτων
λόγος, ὅτι δι' αὐτῶν ἐν τοῖς φθάσασιν ἔδειξεν ἀδύνατον εἶναι τὸ ἐκ στιγ- 25
μῶν καὶ γραμμῶν καὶ ἐπιπέδων τὴν γένεσιν τῶν φυσικῶν εἶναι σωμάτων,
εἴπερ ἀνάγκη μὲν ἕκαστον τῶν φυσικῶν σωμάτων ἢ βαρὺ ἢ κοῦφον εἶναι,
μηδὲν δὲ δύνασθαι ἐξ ἐκείνων τοιοῦτον γενέσθαι· ἔδειξε δὲ καί, ὅτι οὐδὲν 30
10 οἷόν τε σῶμα κινηθῆναι ἐπ' εὐθείας μὴ ἔχον κουφότητα ἢ βαρύτητα.
ἀλλὰ καὶ ἐν τῷ πρώτῳ βιβλίῳ τούτοις ἐχρήσατο καὶ τὸν οὐρανὸν δεικνὺς
κουφότητος καὶ βαρύτητος ἐξῃρημένον, καὶ ὅτι μὴ ἔστιν ἄπειρον σῶμα,
διὰ τούτων ἐδείκνυτο. πολλαχοῦ οὖν χρησάμενος αὐτοῖς εἰκότως καὶ διὰ 35
τοῦτο τὸν ἀκριβῆ περὶ αὐτῶν ἀποδίδωσι λόγον νῦν εἰς τοῦτον αὐτὸν ὑπερ-
15 θέμενος τὸν καιρόν. καὶ ἄλλως δὲ ἀναγκαῖος ὁ περὶ αὐτῶν λόγος διὰ τὸ
ἀμφιδοξεῖν τοὺς φυσικοὺς περὶ αὐτῶν καὶ μὴ συμφώνους ἀλλήλοις τοὺς
περὶ αὐτῶν ἀποδιδόναι λόγους. αὐτὸς δὲ καὶ προσεχεστέραν ἀποδίδωσιν 40
αἰτίαν τῆς τοῦδε τοῦ λόγου χρείας, ὅτι ἡ περὶ αὐτῶν θεωρία οἰκεία ἐστὶ
τοῖς περὶ κινήσεως λόγοις, ὡς μὲν ὁ Ἀλέξανδρος λέγει, τοῖς περὶ
20 φύσεως· ἡ γὰρ φύσις κινήσεως ἀρχή, φυσικὴ δὲ ἡ πραγματεία· μήποτε
δὲ προσεχέστερον εἰπεῖν τοῖς ἐκ τῶν κινήσεων καὶ τὰ ὑπὸ σελήνην εὑρί- 45
σκουσιν ἁπλᾶ σώματα, ὥσπερ καὶ τὸ οὐράνιον.

Ζητεῖ δέ, τί τέ ἐστιν ἑκάτερον καὶ τίς ἡ φύσις αὐτῶν, τουτ-
έστι κατὰ τὴν | φύσιν αὐτῶν ζητεῖν παρακελευόμενος. βαρὺ δὲ καὶ 299ᵇ
25 κοῦφον τὰ σώματα λέγει τὰ βαρύτητα καὶ κουφότητα ἔχοντα, ἅπερ δυνάμεις καλεῖ· διὸ καὶ ἐπήγαγεν καὶ διὰ τίνα αἰτίαν τὰ βαρέα καὶ κοῦφα
τὰς δυνάμεις ἔχουσι ταύτας. τοῦτο δὲ ἐν τοῖς Περὶ γενέσεως καὶ 5
φθορᾶς ἀποδώσει, ὥσπερ καὶ τὰ περὶ τῶν ἄλλων παθῶν καὶ τοῦ τρόπου
τῆς ἐξ ἀλλήλων γενέσεως τῶν τεσσάρων στοιχείων ἅμα μὲν συνεχοῦς
30 ἅμα δὲ διακεκριμένης οὔσης τῆς πραγματείας ἐκείνης πρὸς ταύτην. ὅτι

---

1 hinc libr. IV inc. E¹ τοῦ — ἡμῖν (2) om. D 3 οἰκειότεραι] comp. F: corr.
ex οἰκειότερον E² 4 σώμασι C 5 ἀναγκαῖος DE²b: ἀναγκαίως AE
δὲ καί] corr. ex εἰς τὸ E²: δὲ F 6 λόγος ἐστίν c ἔδειξεν] III 1 εἶναι —
πραγματείας (30) om. A; contuli J 9 ἔδειξε] III 2 11 δεικνὺς] I 3
12 καὶ (pr.) E²J: ἢ DEFb μὴ DE: οὐκ FJc 13 τούτων FJ: τοῦ DE: τοῦτο
c: per hoc b ἐδείκνυτο] I 6 χρυσάμενος D 15. ἄλλως] corr. ex ἄλλος J
ἀναγκαῖον E 17 προσεχεστέραν DEb: προσεχεστέρας Jc 18 αἰτίαν DEb: αἰτίας
Jc 21 τοῖς] del. c 23. 24 τουτέστι — αὐτῶν om. b 24 κατά] del.
E²: om. Jc 25 ἅπερ DE: ἃ καὶ Jc 26 ἐπήγαγε DE² 28 τὰ FJbc: τὸ
DE 29 μὲν] bis D 30 δὲ DEb: δὲ καὶ Jc οὔσης τῆς πραγματείας DEb:
τῆς πραγματείας οὔσης Jc

δὲ οἰκείως ἔχει πρὸς κίνησιν τὸ βαρὺ καὶ κοῦφον, ἔδειξε διὰ τοῦ βαρὺ 299b καὶ κοῦφον οὐ κατ' ἄλλο τι λέγεσθαι, ἀλλὰ καθ' ὅσον τὸ μὲν πρὸς τὸ μέσον 11 κινεῖται τὸ δὲ ἀπὸ τοῦ μέσου.

Ἐπέστησε δὲ καλῶς, ὅτι τὰ μὲν μετέχοντα βαρὺ καὶ κοῦφον καλεῖται καὶ αἱ δυνάμεις βαρύτης καὶ κουφότης, ταῖς δὲ ἐνεργείαις οὐ κεῖται ὄνομα, ὡς ἐπὶ τῆς θερμότητος θέρμανσις ἡ ἐνέργεια καὶ τῆς οἰκοδομικῆς ἡ οἰκο- 15 δόμησις, πλὴν εἴ τις, φησίν, οἴοιτο τὴν ῥοπὴν κοινῷ ὀνόματι δηλοῦν τήν τε τῆς βαρύτητος καὶ τῆς κουφότητος ἐνέργειαν. ἐπειδὴ δέ, φησίν, ἡ μὲν φυσικὴ πραγματεία περὶ κίνησίν ἐστιν· ἀρχὴ γὰρ κινήσεως ἡ φύσις καὶ ἀρχὴ οὕτως ὡς ἐν τῷ κινεῖσθαι θεωρουμένη· τὸ δὲ βαρὺ καὶ κοῦφον 20 σῶμα, καθ' ὃ τοιαῦτα, ζωῆς ἔχει τινὰ ἐμπυρεύματα τὴν βαρύτητα καὶ τὴν κουφότητα κινήσεως ἀρχὰς οὔσας· ζωὴ γάρ τίς ἐστι τοῖς φύσει συνεστῶσιν ἡ τῆς κινήσεως ἀρχή, ὡς αὐτὸς ἐν ἄλλοις εἶπε· διὰ τοῦτο οἱ φυσικοὶ πάντες χρῶνται μὲν ταῖς δυνάμεσι τῶν βαρέων καὶ κούφων, τουτέστι 25 τῇ βαρύτητι καὶ τῇ κουφότητι, οὐ μὴν διωρίκασί γε περὶ αὐτῶν πλὴν ὀλίγων, τίνες τέ εἰσιν αἱ δυνάμεις, καὶ διὰ τίνα αἰτίαν τὰς δυνάμεις ταύτας ἔχει τὰ φυσικὰ σώματα. εἰ δὲ ταύτας τὰς δυνάμεις λέγει τὴν κουφότητα καὶ τὴν βαρύτητα καὶ οὐχὶ τὰ σώματα, τὸ ἔχειν ἀντὶ τοῦ 30 εἶναι εἴρηται, ὅτι ταῦτα ζώπυρα ἄττα κινήσεώς ἐστιν ἐν τοῖς ἔχουσιν, ὥστε, κἂν περὶ τῶν σωμάτων εἴρηται τὸ ταῦτα κἂν περὶ τῶν δυνάμεων, τὰ ζώπυρα αἱ δυνάμεις εἰσί· δηλοῖ δὲ καὶ τὸ ἐπαχθέν, ὅτι πάντες χρῶνται ταῖς δυνάμεσιν αὐτῶν, ὡς εἶναι τὸν λόγον τοιοῦτον· ἡ φυ- 35 σικὴ πραγματεία περὶ κινήσεως ἀρχήν· περὶ γὰρ φύσιν, ἥτις ἐστὶ κινήσεως ἀρχή· κινήσεως δὲ ἀρχὴ καὶ ζώπυρα βαρύτης καὶ κουφότης· ἡ φυσικὴ ἄρα πραγματεία περὶ βαρύτητα καὶ κουφότητα ἔσται, καὶ οἱ φυσικοὶ περὶ τούτων ἐροῦσιν. εἰ οὖν καὶ ἀναγκαία τοῖς φυσικοῖς ἡ περὶ τούτων θεωρία, 40 καὶ μὴ τελέως διωρίκασι περὶ αὐτῶν, χρήσιμος ἂν εἴη ὁ περὶ αὐτῶν λόγος. ἰδόντες οὖν, φησί, πρῶτον, ὥσπερ ἔθος ἡμῖν, τὰ παρὰ τῶν ἄλλων περὶ αὐτῶν εἰρημένα καὶ ἐκ διαιρέσεως τὰς πρὸς τὸν λόγον ἀπορίας ἐκθέμενοι οὕτω καὶ τὸ φαινόμενον ἡμῖν περὶ αὐτῶν εἴπωμεν. |

---

1 καὶ bc: ἢ ADEF   post τοῦ add. τὸ E²   2 οὐ κατ'] οὐ κατὰ E²c: οὐκ ADEFb   6 οἰκοδομῆς EF   7 οἴοιτο — φησίν (8)] bis E: corr. E²   8 δέ om. E priore loco   9 φύσις] φυσικὴ A   11 καθ' ὃ — τὴν (12) om. DE: καθόσον τοιαῦτα ζωῆς ἔχει τινὰ ἐμπυρεύματα (?) τὴν βαρύτητα E²   τοιαῦτα] ταῦτα c   ἐμπυρεύματα] ἐμ- evan. A   12 τῆς κινήσεως Fc: τῆς del. F   13 ἐν ἄλλοις] Phys. 250b 14   εἶπεν Ec: corr. E²   14 δυνάμεσιν c   15 καὶ τῇ] καὶ E   16 εἰσιν] εἰσὶ corr. ex ἐστιν E²   αἱ δυνάμεις om. E: ὃ inter lacunas D   17. 18 τὰς κοῦφο' A   19 ζῶ/πυρὰ A, sed corr.   20 σωμάτων DEb: σωμάτων αὐτῶν Ac   21 εἰσίν c   22 post δυνάμεσιν interponit p. 678,19 τὸ μέσον — p. 679,8 ἔλεγον A   23 φύσιν] φύσεως c: comp. F   25 βαρύτητος καὶ κουφότητος Ac   28 φησίν c   παρὰ] περὶ comp. A   30 εἴπωμεν b: corr. ex εἴπομεν A: εἴπομεν DE

p. 308ᵃ7 Λέγεται δὴ τὸ μὲν ἁπλῶς βαρὺ καὶ κοῦφον ἕως τοῦ 300ᵃ κάτω φέρεται θάτερον φύσει θᾶττον.

Διαιρεῖ πρῶτον τὸ βαρὺ καὶ κοῦφον εἴς τε τὰ ἁπλῶς λεγόμενα τοι- 5
αῦτα καὶ εἰς τὰ πρὸς ἕτερον, ἅπερ κατὰ σύγκρισιν λέγεται, ὡς ὅταν
ἀμφοῖν ἐχόντων βάρος καὶ τοῦ χαλκοῦ καὶ τοῦ ξύλου τὸ μὲν βαρύτερον
λέγωμεν τὸν χαλκὸν τὸ δὲ κουφότερον τὸ ξύλον, πρὸς σύγκρισιν αὐτὸ τοῦ
βαρυτέρου κουφότερον λέγοντες καίτοι καθ' αὑτὸ βάρος ἔχον. διελὼν δὲ 10
οὕτω περὶ μὲν τῶν ἁπλῶς βαρέων καὶ κούφων οὐδὲν εἰρῆσθαι παρὰ τῶν
προτέρων φησίν, ἀλλὰ περὶ μόνων τῶν πρὸς ἕτερον. οὐ γάρ, τί ἐστι τὸ
βαρὺ καὶ τί τὸ κοῦφον, λέγουσιν· οὕτω γὰρ ἂν τὸ ἁπλῶς ἀπεδίδοσαν·
ἀλλὰ τί τὸ βαρύτερον καὶ κουφότερον, ἀμφότερα ἐν τοῖς βάρος 15
ἔχουσι θεωροῦντες. καὶ τοῦτο ἑαυτοῖς ἀκολούθως, ἐπειδὴ πᾶν σῶμα βάρος
ἔχειν ἐνόμιζον, ἄλλο δὲ ἄλλου βαρύτερον ὡς μᾶλλον ὑφιζάνον, καὶ τό γε
ἧττον βαρὺ καὶ κουφότερον ἐκάλουν ἀραιότερον ὑπάρχον καὶ ἐπιπολάζον
καὶ τὸ μάλιστα ἀραιὸν κοῦφον. βουλόμενος δὲ δεῖξαι, καὶ ὅτι ἄλλα μὲν 20
τὰ ἁπλῶς βαρέα καὶ κοῦφα, ἄλλα δὲ τὰ κατὰ σύγκρισιν, καὶ τίνα ἑκάτερα,
καὶ ὅτι περὶ μὲν τῶν ἁπλῶς οὐδὲν εἰρήκασιν οἱ πρότεροι περὶ μόνων δὲ
τῶν πρὸς ἕτερον, ἐκ τῆς ἐναργείας λαμβάνει, ὅτι τὰ μὲν τῶν σωμάτων
ἀεὶ πέφυκεν ἀπὸ τοῦ μέσου φέρεσθαι τὰ δὲ ἀεὶ πρὸς τὸ μέσον. 25
καὶ τοῦτο μὲν ἐναργὲς καὶ κοινὸν ὁμολόγημα, τὰ δὲ ἐφεξῆς λοιπὸν ὡς
αὐτῷ δοκοῦντα νῦν μὲν ἀποφαίνεται, ὕστερον δὲ ἀποδεικνύναι πειράσεται.
τούτων γάρ, φησί, τῶν εἰρημένων τὰ μὲν ἀπὸ τοῦ μέσου φερόμενα ἄνω
λέγομεν ἡμεῖς φέρεσθαι, κάτω δὲ τὰ πρὸς τὸ μέσον, καὶ ἁπλῶς μὲν κοῦφον 30
λέγομεν τὸ ἄνω φερόμενον καὶ πρὸς τὸ ἔσχατον βαρὺ δὲ ἁπλῶς τὸ ἁπλῶς
κάτω καὶ πρὸς τὸ μέσον. πρὸς ἄλλο δέ, φησί, κοῦφον, ὃ καὶ κουφότερον
καλεῖται, τοῦτό ἐστιν, ὃ δυοῖν ἐχόντων βάρος ἢ μᾶλλον κουφότητα καὶ
τῶν ὄγκων ἴσων ὄντων τὸ ἕτερον θᾶττον τοῦ ἑτέρου ἄνω φέρεται κατὰ 35
φύσιν, βαρύτερον δέ, ὅταν βάρος ἀμφοῖν ἐχόντων καὶ ὄγκον ἴσον τὸ ἕτερον
θᾶττον φέρηται ⟨κάτω⟩ κατὰ φύσιν. αὐτὸς δὲ τὸ κουφότερον ὡς πρὸς τὸ
βαρύτερον λεγόμενον ἀποδέδωκεν ὡς τὸ μεῖζον πρὸς τὸ ἔλαττον. εἰκότως
δὲ προσέθηκε τὸ καὶ τὸν ὄγκον ἴσον· εἰ γὰρ ἀνίσους ὄγκους ἔχει, δύ- 40
ναται τὸ βαρύτερόν τινος τῇ αὑτοῦ φύσει μὴ θᾶττον ἀλλὰ βραδύτερον
καταφέρεσθαι διὰ τὸ ἔλαττον εἶναι, καὶ οὕτως οὐδὲ τὸ τῇ αὑτοῦ φύσει
κουφότερον ἔτι κουφότερον ἔσται.

---

1 καὶ κοῦφον om. D   τοῦ—θᾶττον (2)] lac. D   4 λέγεται om. A   ὡς om. D   5 τὸ] καὶ τὸ E: corr. E²   6 λέγομεν E   10 οὕτως C   ἀπεδίδοσαν E   13 καὶ τό γε] del. E²   γε] hic deficiunt DE   14 καὶ (pr.) A: om. bc   17 ἁπλῶς Cb: comp. A: ἁπλῶν F   πρότερον C   21 αὐτῷ Ac   24 ἄνω Fb: κάτω Ac   καὶ Fb: om. A   ἁπλῶς (alt.) om. c   28 βαρύτερον—φύσιν (29) om. b   29 φέρηται F: φέρεται Ac   κάτω addidi: om. AFc   32 αὑτοῦ AF   33 αὑτοῦ A: ἑαυτοῦ CFc

Τὸ μὲν οὖν ἑξῆς τοῦ λόγου τοιοῦτόν ἐστιν· εἰπὼν δέ, τί μὲν τὸ ἄνω αὐτὸς οἴεται τί δὲ τὸ κάτω, ἀντιλέγει μεταξὺ πρὸς τοὺς μὴ νομίζοντας εἶναί τι ἐν τῷ κόσμῳ τὸ μὲν ἄνω τὸ δὲ κάτω. ταύτης δὲ | γεγόνασιν τῆς δόξης Ἀναξίμανδρος καὶ Δημόκριτος διὰ τὸ ἄπειρον ὑποτίθεσθαι τὸ
5 πᾶν· ἐν γὰρ τῷ ἀπείρῳ οὐδέν ἐστιν ἄνω ἢ κάτω φύσει· ὅροι γὰρ ταῦτα καὶ πέρατα διαστάσεως. ἄλλοι δέ, ὧν καὶ ὁ παρὰ Πλάτωνι Τίμαιος, πρὸς ὃν μάλιστα ἀποτείνεται, οὐκ ἀξιοῦσιν ἐν τῷ κόσμῳ εἶναι τὸ μὲν ἄνω τὸ δὲ κάτω διὰ τὴν ὁμοιότητα· τῆς δὲ ὁμοιότητος σημεῖον ἔλεγον τὸ δύνασθαι κατὰ πάντα τὰ μέρη τῆς γῆς ἀντίποδά τινα αὐτὸν ἑαυτῷ γενέσθαι.
10 ἔνθα γὰρ ἄν τις ᾖ, οἷόν τε πάλιν πρὸς τοῦτον τὸν τόπον ἀντίποδα γενέσθαι· τί οὖν μᾶλλον τὸ ὑπὸ πόδας ἡμῶν κάτω πᾶν ἐστιν ἄχρι τοῦ οὐρανοῦ καὶ τὸ ὑπὲρ κεφαλῆς ἄνω ἢ τὸ ἐν τοῖς ἀντίποσιν; εἰ δὲ τὸ αὐτὸ ἄνω καὶ κάτω διὰ τὴν ὁμοιότητα, οὐκ ἂν εἴη τὸ μέν τι ἄνω τὸ δὲ κάτω τῇ αὐτοῦ φύσει ἀφωρισμένως ἐν τῷ κόσμῳ. ἐκεῖνοι μὲν οὖν οὕτως ἀνῄρουν τὸ ἄνω
15 καὶ τὸ κάτω· ἡμεῖς δέ, φησίν, ἐπειδή ἐστι τοῦ κόσμου τὸ μὲν ἔσχατον τὸ δὲ μέσον, τὸ μὲν ἔσχατον ἄνω λέγομεν, ὡς καὶ τῇ θέσει ἄνω· μετέωρον γὰρ καὶ τῇ φύσει πρῶτον· τὸ γὰρ ἄνω τοῦ κάτω τῇ φύσει πρότερον ὡς τὸ δεξιὸν τοῦ ἀριστεροῦ. τὸ δὲ μέσον, φησί, κάτω λέγομεν, ὥσπερ καὶ οἱ πολλοὶ λέγουσι, κἂν ἀπολείπωνται τῆς ἀληθείας ἐκεῖνοι μὴ νομίζοντες
20 σφαῖραν εἶναι τὸν οὐρανόν, ἀλλὰ μόνον τὸ ὑπὲρ ἡμᾶς ἡμισφαίριον, ὃ καὶ ὁρῶσιν· ὡς, εἴ γε προσεννοήσουσι καὶ κύκλῳ τοιοῦτον εἶναι καὶ τὸ μέσον ὁμοίως ἔχειν πρὸς ἅπαν, τὸ μὲν ἔσχατον πᾶν ἄνω φήσουσιν εἶναι τὸ δὲ μέσον κάτω· νῦν γὰρ οὔτε τὸ ἔσχατον ἴσασι τελείως οὔτε τὴν γῆν μέσον νομίζουσι, καίτοι κάτω λέγοντες αὐτήν. εἰ οὖν διὰ τὴν ὁμοιότητα οὐκ
25 ἐνόμιζον ἐν τῷ παντὶ εἶναι τὸ ἄνω καὶ τὸ κάτω, δεδειγμένης διαφορᾶς τοῦ ἐσχάτου πρὸς τὸ μέσον τί κωλύει τὸ μὲν ἄνω εἶναι τὸ δὲ κάτω;

Ταῦτα τοῦ Ἀριστοτέλους εἰπόντος, ὅτι μὲν ἀπὸ τῆς τῶν πολλῶν εἴληπται συνηθείας, ἣν οὐ βούλεται ξενίζειν Ἀριστοτέλης, πρόδηλον ἐκ τῶν εἰρημένων· ὁ δὲ Πλάτων τῆς τῶν πολλῶν συνηθείας καταφρονήσας σφαιρι-
30 κοῦ ὄντος τοῦ κόσμου οὐκ ἀξιοῖ τὸ μὲν ἄνω λέγειν αὐτοῦ τὸ δὲ κάτω, ἀλλὰ τὸ μὲν πέριξ τὸ δὲ μέσον. καὶ γὰρ τὸ μὲν πέριξ συννεύει πρὸς τὸ κέντρον ὡς πρὸς ἀρχὴν καὶ περιχορεύει τὸ μέσον, τὸ δὲ ἄνω τῷ κάτω ἐναντίον ὑπάρχον οὐκ ἂν συννεύοι πρὸς τὸ ἐναντίον οὐδὲ περὶ τὸ ἐναντίον ἀλλ' ἀπὸ τοῦ ἐναντίου μᾶλλον ἂν κινοῖτο· φεύγει γὰρ αὐτὸ τῇ φύσει κε-
35 χωρισμένον. ἔτι δέ, εἰ τὸ ἄνω καὶ τὸ κάτω πλεῖστον ἐν τῷ μήκει διέστηκεν, ἐν δὲ τῇ σφαίρᾳ τὰ πέρατα τῆς διαμέτρου τὴν πλείστην ἔχει διά-

---

3 γεγόνασι Fc   4 καὶ Ab: μὲν καὶ Cc   6 παρὰ CF: παρὰ τῷ Ac
7 ἀποτείνεται C: ἀποτίνεται A: conatur b   12 ἀντίποσι A   13 ἂν Ab: ἄν τι
Fc   τι Ab: om. Fc   αὐτοῦ AF   14 ἀφωρισμένως Ab: ἀφωρισμένον Fc
17 τῇ (alt.)] postea ins. A   πρότερον scripsi: πρῶτον ACFc   19 λέγουσιν c
ἀπολείπωνται CF: corr. ex ἀπολείπονται A   21 εἴ γε] εἴτε c   23 μέσον (alt.) Ab:
μέσην Fc   24 νομίζουσιν c   28 ὁ Ἀριστοτέλης c   29 πολλῶν] παλαιῶν c
32 τὴν ἀρχὴν c   34 ἀλλ'] rursus incipiunt DE

στασιν, οὐκ ἂν εἴη τὸ μὲν πέριξ ἄνω τὸ δὲ μέσον κάτω. ὅλως δὲ τὸ 300b
ἄνω καὶ τὸ κάτω τῆς κατ' εὐθὺ διαστάσεώς ἐστι πέρατα ἀλλ' οὐ τῆς
σφαιρικῆς, διὸ καὶ ὡς πρὸς ἡμᾶς νοεῖται ὅρθιον ἔχοντας τὸ σχῆμα, καὶ 45
τὸ βαρὺ καὶ κοῦφον ὡς πρὸς ἡμᾶς ἀποδόντες ὠνόμασαν, βαρὺ μὲν |
5 λέγοντες τὸ ἐπὶ τὴν βάσιν ἡμῶν ὁροῦν κοῦφον δὲ τὸ ἐπὶ τὴν κορυφὴν 301a
ἰόν. καὶ αὐτὸς δὲ ὁ Ἀριστοτέλης κατὰ τὴν θέσιν ἄνω τὸ ἔσχατον εἰπὼν
πόθεν ἄλλοθεν ἢ ἀπὸ τῆς πρὸς ἡμᾶς παραβολῆς οὕτως ὠνόμασεν, ὥσπερ
καὶ οἱ πολλοί; καὶ τὸ τῇ φύσει δὲ πρῶτον οὐκ ἀναγκάζει τὸ εἶναι, εἰ 5
μή τις τὸ μέσον κάτω δείξειεν ὄν· καὶ γὰρ ἀρκεῖ τῷ πέριξ τὸ τῇ φύσει
10 πρότερον, ὥσπερ κατ' ἄλλο τι τῷ μέσῳ.
  Καλῶς δὲ ἂν ἔχοι καὶ τὴν τοῦ Πλάτωνος παραθέσθαι ῥῆσιν, ἐν ᾗ
τὸ ἄνω καὶ τὸ κάτω τοῦ παντὸς ἀποφάσκει· "τοῦ γὰρ παντὸς οὐρανοῦ 10
σφαιροειδοῦς ὄντος, ὅσα μὲν ἀφεστῶτα ἴσον τοῦ μέσου γέγονεν ἔσχατα,
ὁμοίως αὐτὰ χρὴ ἔσχατα πεφυκέναι, τὸ δὲ μέσον τὰ αὐτὰ μέτρα τῶν
15 ἐσχάτων ἀφεστηκὸς ἐν τῷ καταντικρὺ νομίζειν δεῖ πάντων εἶναι. τοῦ δὴ
κόσμου ταύτῃ πεφυκότος τί τῶν εἰρημένων ἄνω τις ἢ κάτω τιθέμενος οὐκ 15
ἐν δίκῃ δόξει τὸ μηδὲν προσῆκον ὄνομα λέγειν; ὁ μὲν γὰρ μέσος ἐν αὐτῷ
τόπος οὔτε κάτω πεφυκὼς οὔτε ἄνω λέγεσθαι δίκαιος ἀλλ' αὐτὸ ἐν μέσῳ·
ὁ δὲ πέριξ οὔτε δὴ μέσος οὔτε ἔχων διάφορον αὐτοῦ μέρος ἕτερον θατέ-
20 ρου μᾶλλον πρὸς τὸ μέσον ἤ τι τῶν καταντικρύ. τοῦ δὲ ὁμοίως πάντῃ 20
πεφυκότος ποῖά τις ἐπιφέρων ὀνόματα αὐτῷ ἐναντία καὶ πῇ καλῶς ἂν
ἡγοῖτο λέγειν; εἰ γάρ τι καὶ στερεὸν εἴη κατὰ μέσον τοῦ παντὸς ἰσοπαλές,
εἰς οὐδὲν ἄν ποτε τῶν ἐσχάτων ἐνεχθείη διὰ τὴν πάντῃ ὁμοιότητα αὐτῶν·
ἀλλ' εἰ καὶ περὶ αὐτὸ πορεύοιτό τις ἐν κύκλῳ, πολλάκις ἂν στὰς ἀντίπους 25
25 ταὐτὸν αὐτοῦ κάτω καὶ ἄνω προσείποι". ταῦτα μὲν οὖν περὶ τοῦ ἄνω
καὶ τοῦ κάτω τοῦ Πλάτωνος δόγματα· βάρος δὲ πάντα μὲν τὰ στοιχεῖα
φησιν ἔχειν, οὐχ οὕτω δὲ ὡς πάντων πρὸς τὸ κέντρον φερομένων καὶ τῶν
μὲν βαρυτέρων ὑφιζανόντων τῶν δὲ ἧττον βαρέων ἐξωθουμένων καὶ ἐπι- 30
πολαζόντων ἐκείνοις καὶ διὰ τοῦτο κούφων λεγομένων, ἀλλ' ὡς πάντων
30 τὴν μὲν ἐπὶ τὸν οἰκεῖον τόπον φορὰν διὰ βαρύτητα ἐχόντων· ἄγει γὰρ ἡ

---

1 μὲν] seq. ras. 5 litt. E   2 ἐστιν c   3 ἐχόντων D   4 κοῦφον DE: τὸ κοῦφον Ac   ἀποδόντες Ab: mut. in ἀπιδόντες D¹: ἀπιδόντες E   5 τὴν βάσιν] τῆς βαρείας A: βάσεως mg. A²   ὁροῦν] τοῦ ὅρου ὂν A   6 ὁ om. A
7 μεταβολῆς A   8 τὸ (pr.)] corr. ex τῷ E¹   ἀναγκάζει τὸ AE: ἀναγκάζεται E²: ἀναγκάζοιτο Dc: cogetur b   9 δόξειεν A   τῷ scripsi: τὸ ADEbc   τὸ — πρότερον (10) A: om. E: τῷ τῇ φύσει προτέρῳ Dbc   11 καλῶς — δόγματα (26) om. F   [Πλάτωνος] Tim. 62 d sq.   13 ἀφεστῶτα] ἀφεῖτο τὰ A: ἀφεστῶτ' c   ἔσχαθ' c
14 ὁμοίως — ἔσχατα om. A   τὸ — εἶναι (15) om. b   ταῦτὰ c   15 πάντως A   18 οὔτε (alt.)] οὔτ' c   δίκαιος A: corr. ex δίκαιον D¹: δίκαιον EK²   αὐτὸ E²K²: αὐτῷ ADEb   19 οὔτε (alt.)] οὔτ' c   ἔχον E   αὐτοῦ DEK²
20 καταντικρύ] κατ' ἀρετήν A   δ' c   21 ἐπιφέρων] ἐπεὶ φέρων A   ὀνόματ' c   πῇ] ποῖ D   22 ἡγοῖτο] ἡγεῖτο AE: corr. E¹   στερ" A   23 ὁμοιότητ' c   26 τοῦ (pr.) om. K²c   26. 27 τὰ στοιχεῖα φησιν Ab: φησὶ τὰ στοιχεῖα DE: φησὶν ὁ πλάτων τὰ στοιχεῖα Fc   28 βαρυτέρων] βαρέων Fc   30 τῶν οἰκείων τόπων A

ἔφεσις ἕκαστον πρὸς τὸ συγγενές, ἡ δὲ ἀγωγὴ διὰ βαρύτητος· καὶ ἡ ἐν 301ᵃ τῷ οἰκείῳ τόπῳ μονὴ διὰ ταύτης ὑπάρχει τῆς δυνάμεως. διὸ καὶ τὸ πῦρ βαρύ φησιν ὥσπερ καὶ τὴν γῆν, καὶ μένειν ἑκάτερον ἐν τῷ οἰκείῳ τόπῳ διὰ τὴν ἑαυτοῦ βαρύτητα, ἀποσπᾶσθαι δὲ ἐκ τοῦ οἰκείου, καθ' ὅσον κοῦ-
5 φόν ἐστι· διὸ τοῖς μὲν ὅλοις βαρύτητα μόνον ὑπάρχειν· οὐ γὰρ ἐξίστανται τῶν οἰκείων τόπων οὐδὲ ἀποσπῶνται· τοῖς δὲ μέρεσι καὶ κουφότητα, καθ' ἣν καὶ ἐπὶ τοὺς παρὰ φύσιν τόπους μεταπίπτειν πεφύκασιν. ὥσπερ δὲ Ἀριστοτέλης ἀπὸ τοῦ βαρέος καὶ κούφου τὸ ἄνω καὶ τὸ κάτω διώρισε καὶ ἀπὸ τούτων ἐκεῖνα, οὕτω καὶ ὁ Πλάτων διὰ τὴν περὶ τὸ βαρὺ καὶ κοῦφον
10 ψευδοδοξίαν καὶ τὸ ἄνω καὶ τὸ κάτω ἐπὶ τοῦ παντὸς ψευδῶς ὑπολαμβάνεσθαί φησιν. γράφει δὲ ἐφεξῆς τοῖς πρότερον | ἐκτεθεῖσι τάδε· "τὸ μὲν 301ᵇ γὰρ ὅλον, καθάπερ εἴρηται νῦν δή, σφαιροειδὲς ὂν τόπον τινὰ κάτω τὸν δὲ ἄνω λέγειν οὐκ ἔμφρονος· ὅθεν δὲ ὠνομάσθη ταῦτα καὶ ἐν οἷς ὄντα εἰθίσμεθα δι' ἐκεῖνα καὶ τὸν οὐρανὸν ὅλον οὕτω διαιρούμενοι λέγειν, ταῦτα
15 διομολογητέον ὑποθεμένοις τάδε ἡμῖν. εἴ τις ἐν τῷ τοῦ παντὸς τόπῳ, καθ' ὃν ἡ τοῦ πυρὸς εἴληχε μάλιστα φύσις, οὗ καὶ πλεῖστον ἂν ἠθροισμένον εἴη πρὸς ὃ φέρεται, ἐπεμβὰς ἐπ' ἐκεῖνο καὶ δύναμιν εἰς τοῦτο ἔχων μέρη τοῦ πυρὸς ἀφαιρῶν ἱσταίη τιθεὶς εἰς πλάστιγγας αἴρων τὸν ζυγὸν καὶ τὸ πῦρ ἕλκων εἰς ἀνόμοιον ἀέρα βιαζόμενος, δῆλον, ὡς τοὔλαττόν που
20 τοῦ μείζονος ῥᾷον βιᾶται· ῥώμῃ γὰρ μιᾷ δυοῖν ἅμα μετεωριζομένοιν τὸ μὲν ἔλαττον μᾶλλον τὸ δὲ πλέον ἧττον ἀνάγκη που κατατεινόμενον ξυνέπεσθαι τῇ βίᾳ, καὶ τὸ μὲν πολὺ βαρὺ καὶ κάτω φερόμενον κληθῆναι τὸ δὲ σμικρὸν ἐλαφρὸν καὶ ἄνω. ταὐτὸν δὴ τοῦτο δεῖ φωρᾶσαι δρῶντας ἡμᾶς περὶ τόνδε τὸν τόπον. ἐπὶ γὰρ γῆς βεβῶτες γεώδη γένη διιστάμενοι καὶ
25 γῆν ἐνίοτε αὐτὴν ἕλκομεν εἰς ἀνόμοιον ἀέρα βίᾳ καὶ παρὰ φύσιν ἀμφότερα τοῦ ξυγγενοῦς ἀντεχόμενα. τὸ δὲ σμικρότερον ῥᾷον τοῦ μείζονος βιαζομένοις εἰς τὸ ἀνόμοιον πρότερον ξυνέπεται· κοῦφον οὖν αὐτὸ προσειρήκαμεν καὶ τὸν τόπον, εἰς ὃν βιαζόμεθα, ἄνω, τὸ δὲ ἐναντίον τούτοις πάθος βαρὺ καὶ κάτω". εἶτα μετ' ὀλίγα συμπεραινόμενος τὰ εἰρημένα ἐπάγει· "τόδε

---

1 βαρύτητα c: comp. F   2 οἰκείῳ Ab: οἰκείῳ δὲ DEc   τῆς] postea ins. E¹: om. D
4 διά] κατὰ A   4. 5 καὶ κοῦφόν c   5 ἐστιν c   μόνον EFb: e corr. D: μόνην A
ἐξίσταται A, sed corr.   6 οὐδὲ] corr. ex οὐδὲν E²   μέρεσιν c   7 καὶ] suprascr. D¹   δὲ DEb: om. A: δὲ ὁ E²Fc   8 διώρισεν c   10 ἐπί] ὑπό A
10. 11 ὑπολαμβάνεσθαί Ab: ὑπολαμβάνοντες DE: ὑπολαμβάνοντας E²   11 φησι DE
γράφει] comp. A: γράφεται c   γράφει — θάτερα (p. 682,3) om. F   τάδε] Tim. 63 a sq.
13 δ' (pr.) c   λέγειν ADEb: λέγειν ἔχειν E²K²c   δ' (alt.) c   καὶ ἐν] κἂν c
οἷς] οὓς A   ὄντ' c   14 οὕτω E²K²: οὗτοι ADEb   15 τάδε ἡμῖν DEK²:
δὲ ἡμῖν τάδε Ab   16 φύσις om. A   17 ἐπαναβὰς E²K²c   τοῦτ' c
18 ἱσταίη AK²: εἰ σταίη DEb: ἱστᾷ ἢ E²   20 δυεῖν? D   τό] τὰ A   21 τό] τὰ A   ἧττον πλέον A   22 καὶ (alt.)] ἢ A   χλιθῆναι A   23 σμικρόν] σμικρὸν καὶ D   δεῖ Ab: om. DEK²   φορᾶσαι E: φωρᾶσαι δεῖ E²K²   24 τόνδε] δὲ A   25 ἐνίοτε] ἐνί τε A: ἐνίοτ' c   ἀνόμοιον ἀέρα Ab: ἀέρα ἀνόμοιον DEK²   27 οὖν] suprascr. E²   προσειρήκαμεν K²: προειρήκαμεν ADEb
28 βιαζόμεθ' c   δ' c   βαρὺ om. A   29 ὀλίγον A   συμπερανόμενος E: συμπερανάμενος D   ἐπάγει] Tim. 63 e   τόδε K²: τὸ δὲ ADE²: τί δὲ E

γε μὴν ἕν τι διανοητέον περὶ πάντων αὐτῶν, ὡς ἡ μὲν πρὸς τὸ ξυγγενὲς 301ᵇ
ὁδὸς ἑκάστοις οὖσα βαρὺ μὲν τὸ φερόμενον ποιεῖ, τὸν δὲ τόπον, εἰς ὃν τὸ
τοιοῦτον φέρεται, κάτω, τὰ δὲ τούτοις ἔχοντα ὡς ἑτέρως θάτερα."

p. 308ᵃ34 **Τῶν δὴ πρότερον ἐλθόντων ἐπὶ τὴν περὶ τούτων σκέ-** 30
**ψιν ἕως τοῦ οἱ μὲν οὖν τοῦτον τὸν τρόπον περὶ βαρέος καὶ κού-
φου διώρισαν.**

Εἰπών, τίνα ἐστί τά τε ἁπλῶς βαρέα καὶ κοῦφα καὶ τίνα τὰ πρὸς 35
ἕτερον λεγόμενα, νῦν ὡς ἐπὶ δήλοις ἐπάγει τοῦτο, ὃ πρότερον εἶπεν, ὅτι
περὶ μὲν τῶν ἁπλῶς οὐδὲν εἴρηται παρὰ τοῖς προτέροις, περὶ δὲ τῶν πρὸς
ἕτερον μόνον, ἅπερ ἐν τοῖς βάρος ἔχουσι θεωρεῖται, ἀλλὰ μᾶλλόν τε καὶ
ἧττον, ὡς τὸ ἧττον βαρὺ κοῦφον καὶ κουφότερον λέγεσθαι. οὕτω δέ, φησί, 40
τὸ πρός τι βαρὺ καὶ πρός τι κοῦφον διελόντες ἀπ' ἀλλήλων οἴονται καὶ
περὶ τῶν ἁπλῶς κούφων καὶ βαρέων διωρικέναι· οὐ μὴν ὁ λόγος ὁ ἐπὶ
τῶν πρὸς ἕτερον ὑπ' αὐτῶν ἀποδεδομένος ἐφαρμόττει τοῖς ἁπλῶς λεγομέ-
νοις, ὅπερ ἔσται δῆλον τὰς δόξας αὐτῶν προσελομένοις. καὶ προχειρίζεται 45
πρώτην τὴν ἐν τῷ Τιμαίῳ περὶ τούτων δόξαν καὶ σαφῶς αὐτὴν ἐκθέμενος |
οὕτως ὑπαντᾷ πρὸς αὐτήν· τῶν γὰρ τριῶν στοιχείων, ὕδατος, ἀέρος, 302ᵃ
πυρός, καὶ τῶν ἀφωρισμένων αὐτοῖς σχημάτων, εἰκοσαέδρου, ὀκταέδρου,
πυραμίδος, ἐκ τοῦ αὐτοῦ τριγώνου τοῦ σκαληνοῦ συνεστηκότων τὸ ἐκ πλειό-
νων τῶν αὐτῶν τριγώνων συνεστὼς βαρύτερον εἶναι λέγουσι, τὸ μὲν εἰκο- 5
σάεδρον ἤτοι τὸ ὕδωρ τοῦ ὀκταέδρου ἤτοι τοῦ ἀέρος, ταῦτα δὲ τῆς πυρα-
μίδος καὶ τοῦ πυρός· ὥστε ἐν ὑπεροχῇ τῶν ἴσων μορίων βαρύτερον ἕκαστόν
ἐστι κατ' αὐτούς, ὥσπερ μόλιβδος μολίβδου καὶ χαλκὸς χαλκοῦ ὁ πλείων
τοῦ ἐλάττονος καὶ ὅλως τὰ ὁμοειδῆ ἀλλήλων. εἰ οὖν μόλιβδος μολίβδου 10
ὁ μείζων τοῦ ἐλάττονος βαρύτερος οὐ τῇ φύσει ἀλλὰ τῷ μεγέθει, οὐκ
ἐφαρμόσει οὗτος ὁ λόγος τῷ ἁπλῶς βαρεῖ καὶ τῷ ἁπλῶς κούφῳ διάφορον
ἔχουσι τὴν φύσιν. ὡς δὲ ἐπὶ τῶν ὁμοειδῶν, οὕτω καὶ ἐπὶ τῶν ἀνομοει-

---

1 τι] e corr. E   συγγενὲς A, sed corr.   3 τοιοῦτο c   ἔχοντα A: om. DE
ἑτέρως E²K²: ἑτέροις ADE   4 ἐπὶ—τρόπον (5)] ἕως D   5 τοῦτον om. EF
τρόπον τοῦτον EK²   5. 6 βαρέος καὶ κούφου F: καὶ βαρέος καὶ κούφου A: κούφου καὶ
βαρέος DEc   7 καὶ κοῦφα om. c   8 ἕτερα A   ἐπίδηλον c   10 ἕτερα A
μόνων A   ἀλλὰ] secundum b: κατὰ τὸ c   11 ἧττον (alt.)] μᾶλλον D   κοῦφον]
καὶ κοῦφον A   οὕτως c   12 πρός τι (alt.) DEb: om. Ac   οἴονται AE²b:
mut. in οἷόν τε F: οἷόν τε DE   13 ἐπὶ] ὑπὸ D   14. 15 λεγομένοις — δόξας
om. A   15 ὅπερ—προσελομένοις om. E   τὰς CF: τὰς δὲ Db   προσελομένοις
D: προελομένοις A: διελομένοις C: prius distinguens b   16 πρώτων Ec
18 ὀκταέδρου] καὶ c   20 τῶν Ab: om. DE   συνεστὼς A: συνεστὸς DFc et e
corr. E   λέγουσι E: corr. E²   21 τὸ om. A   τῆς] γῆς DE: corr. E²
23 μόλυβδος μολύβδου D: μολίβδου μόλιβδος Fc   χαλκοῦ χαλκὸς Fc   πλεῖον E:
corr. E²   24 ὅλως] corr. ex ὅμως E²: om. F   μόλυβδος D: ὁ μόλιβδος A
μολύβδου D   25 μεῖζον E: corr. E²   26 ἐφαρμόττει c: ἐφαρμόσσει F   27 ἔχου-
σιν c   δὲ om. A   τῶν (alt.) om. D

SIMPLICII IN L. DE CAELO IV 2 [Arist. p. 308ᵃ 34]   683

δῶν ἔλεγον ἔχειν τὸ βαρύτερον πρὸς τὸ κουφότερον· καὶ γὰρ ξύλου χαλκὸν 302ᵃ
βαρύτερον εἶναι λέγουσι τῷ πλείω ἔχειν ἐν αὐτῷ τρίγωνα· ἅπαντα γὰρ ἐκ
τῶν αὐτῶν συγκεῖσθαι τὰ σώματα καὶ ἐκ μιᾶς ὕλης τῆς τῶν τριγώνων,
κἂν οὐ δοκῇ οὕτως ἐπὶ τῶν ἀνομοειδῶν. οἱ δὲ οὕτω διοριζόμενοι οὐ
5 λέγουσι περὶ τοῦ ἁπλῶς κούφου καὶ βαρέος ἀλλὰ περὶ τοῦ πρὸς ἕτερον· 20
φαίνεται δὲ τὸ πῦρ, κἂν πλεῖον ᾖ κἂν ἔλαττον, ἄνω φερόμενον, καὶ ἡ γῆ,
ὁπόση ἂν ᾖ, κάτω καὶ πρὸς τὸ μέσον· ὥστε ἔστι τι ἁπλῶς κοῦφον καὶ
ἁπλῶς βαρὺ καὶ οὐ πάντα πρὸς ἕτερον τοιαῦτα, εἴπερ μὴ δι' ὀλιγότητα
τῶν τριγώνων τὸ πῦρ ἄνω φέρεσθαι πέφυκεν. εἰ γὰρ τοῦτο, τὸ πλέον 25
10 πῦρ ἧττον ἂν ἐφέρετο ἄνω καὶ βαρύτερον ἦν ἐκ πλειόνων ὂν τρι-
γώνων, νῦν δὲ φαίνεται τοὐναντίον· ὅσῳ γὰρ ἂν ᾖ πλεῖον, ἄνω φέ-
ρεται θᾶττον καὶ κουφότερόν ἐστι. καὶ μέντοι, εἰ τὸ πλεῖον βαρύτερόν
ἐστιν, ἔδει καὶ ἄνωθεν κατασπώμενον τὸ πλεῖον πῦρ θᾶττον καταφέρεσθαι, 30
εἴπερ βαρύτερον· νῦν δὲ οὐχ οὕτω γίνεται, ἀλλὰ τὸ ὀλίγον θᾶττον οἰσθή-
15 σεται κάτω, διότι τὸ ὀλίγον ῥᾷον βιάζεται, τὸ δὲ πολὺ δυσκολώτερον.

Δείξας οὖν οὕτως ἐπὶ τοῦ πυρὸς καὶ ἀπὸ τῆς κατὰ φύσιν καὶ ἀπὸ
τῆς παρὰ φύσιν φαινομένης τῶν ἁπλῶν σωμάτων κινήσεως, ὅτι οὐ χρὴ 35
τῷ πλήθει καὶ τῇ ὀλιγότητι τῶν συντιθέντων τὸ βαρὺ καὶ τὸ κοῦφον ὁρί-
ζοντας διὰ τοῦτο τὰ πρὸς ἕτερον βαρὺ καὶ κοῦφον μόνα τίθεσθαι τῶν
20 ἁπλῶς ὀλιγωροῦντας, τὸ αὐτὸ δείκνυσι καὶ ἀπὸ τοῦ ἀέρος. εἰ γὰρ τὸ ἐκ
πλειόνων τριγώνων βαρύτερον, ἔσται τι πλῆθος ἀέρος, ὅπερ ὀλίγου τινὸς 40
ὕδατος βαρύτερον ἔσται· δέκα γὰρ ὀκτάεδρα δυεῖν εἰκοσαέδρων διπλάσιον
ἔχει πλῆθος τριγώνων. συμβαίνει δὲ νῦν πᾶν τοὐναντίον, ὡς καὶ
ἐπὶ τοῦ πυρός· ὁ γὰρ πλείων ἀὴρ οὐ μόνον βαρύτερος οὐκ ἔστιν ὀλίγου
25 ὕδατος ἀλλὰ καὶ μᾶλλον κουφότερος ἤπερ ὁ ἐλάττων. τοῦτο δὲ δῆλον ἐκ
τοῦ τὸν πλείονα ἀέρα ἄνω φέρεσθαι μᾶλλον, τὸ δὲ ἄνω φερόμενον κοῦφον. 45
εἰπὼν δέ, ὅτι ὁ πλείων ἀὴρ ἄνω φέρεται | μᾶλλον, ἐπήγαγεν· καὶ ὅλως 302ᵇ
ὁτιοῦν μέρος ἀέρος ἄνω φέρεται ἐκ τοῦ ὕδατος· εἰ γὰρ ὁτιοῦν
μέρος ἀέρος κἂν μεῖζον κἂν ἔλαττον ἐπὶ τὸ ἄνω τοῦ ὕδατος φέρεται, δῆλον
30 ὅτι φύσει κοῦφός ἐστιν ὁ ἀὴρ καὶ οὐ διὰ τὴν ὀλιγότητα τῶν τριγώνων 5
τοῦ ὕδατος κουφότερος.

Ἐπιστῆσαι δὲ χρή, ὅτι τὸ πῦρ καὶ τὸν ἀέρα ἁπλῶς κοῦφα, τὸ δὲ
ὕδωρ βαρύ, ταῖς ἑαυτοῦ ὑποθέσεσιν ἑπόμενος συνήγαγεν ὁ Ἀριστοτέλης·
τὸ γὰρ ἄνω καὶ τὸ κάτω κατὰ φύσιν διορίσας ἐν τῷ παντὶ τῇ ἐπὶ ταῦτα

---

1 ἔλεγον] ἐλέγχειν E: ἐλέγχειν E²   κοῦφον A   2 λέγουσιν c   αὐτῷ ADEc
3 αὐτῶν] ἁπλῶν Fc   4 οὐ (pr.) A: μὴ DEc   οὕτως c   5 λέγουσι] -ου- e
corr. E¹   6 δὲ] γὰρ Ac   πῦρ κἂν] mg. E²   πλεῖον CDE: πλέον Ac
7 ἔστι] ἔσται Ac   8 δι'] δ' A   9 τῶν τριγώνων om. A   τὸ — φέρεσθαι
om. Ac   11 ὅσον A   12 ἐστιν c   14 εἴπερ] ἤπερ A   γίνεται] φέρεται
Fc   17 παρά] περὶ comp. A   19 τοῦτο] τούτων D   τὰ om. A
κοῦφα D   μόνον A   20 δείκνυσιν c   22 δυεῖν EFc   23 τὸ ἐναντίον
Ac   24 πλεῖον E   βαρύτερος οὐκ CDEb: οὐ βαρύτερος Ac   27 πλεῖον E:
corr. E²   ἐπήγαγε DE²   29 κἂν (alt.)] suprascr. E²   30 φύσει om. D
34 τὸ (alt.) om. E   κάτω om. DE: corr. E²

κινήσει τὸ κοῦφον τοῦ βαρέος διέστησεν. ὁ δὲ Πλάτων οὐ τῷ πλήθει καὶ 302b τῇ ὀλιγότητι τῶν ἐπιπέδων· οὕτω γὰρ τὸ ὕδωρ βαρύτερον ἦν τῆς γῆς, εἴπερ τὸ μὲν εἰκοσάεδρον ἐξ ἰσοπλεύρων τριγώνων εἴκοσι συνέστηκεν, ὧν ἕκαστον τέσσαρα συνέστησεν ἡμιτρίγωνα †· ἀλλ' "ἡ μὲν πρὸς τὸ ξυγγενές,
5 φησίν, ὁδὸς ἑκάστοις οὖσα βαρὺ μὲν τὸ φερόμενον ποιεῖ, τὸν δὲ τόπον, εἰς ὃν τὸ τοιοῦτον φέρεται, κάτω, τὰ δὲ τούτοις ἔχοντα ὡς ἑτέρως θάτερα," τουτέστι τὰ μὴ πρὸς τὸ συγγενὲς φερόμενα μηδὲ πρὸς ἐκεῖνο, οὗ ἐφίεται καὶ πρὸς ὃ ῥέπει, ἀλλὰ πρὸς τοὐναντίον, ταῦτα κοῦφα, καὶ ὁ τόπος, πρὸς ὃν φέρεται, ἄνω· ὥστε, εἴ τις βούλοιτο καὶ παρὰ Πλάτωνι τὸ ἁπλῶς κοῦ-
10 φον καὶ τὸ ἁπλῶς βαρὺ διωρισμένον εὑρεῖν, ἐν τοῖς νῦν παρατεθεῖσιν εὑρήσει οὐ τῇ ἄνω καὶ τῇ κάτω φορᾷ ἁπλῶς διοριζόμενα ἀλλὰ τῇ πρὸς τὸ οἰκεῖον καὶ τῇ πρὸς τὸ ἀλλότριον.

Κατὰ δὲ τὴν λέξιν τοῦ Ἀριστοτέλους, ὅταν λέγῃ ἐπεὶ τὸ μὲν ἔλαττω ἔχον τὰ ὁμογενῆ κουφότερον εἶναί φασιν, † ἐπεὶ μὴ πάντα ἐξ ὁμοει-
15 δῶν τριγώνων σύγκειται, ἀλλὰ τὰ τρία μόνον, πῦρ, ἀήρ, ὕδωρ, διὸ καὶ ἐν τούτοις μάλιστα τὴν σύγκρισιν ἐποιήσατο.

p. 308b30   Τοῖς δὲ οὐχ ἱκανὸν ἔδοξεν οὕτω διελεῖν ἕως τοῦ ὥστε τοῦτο λεκτέον.

Μετὰ τοὺς πλήθει καὶ ὀλιγότητι τῶν ἐπιπέδων τὸ βαρὺ καὶ τὸ κοῦ-
20 φον διορίζοντας μέτεισιν ἐπὶ τοὺς περὶ Λεύκιππον καὶ Δημόκριτον τοῦ μὲν βάρους τὴν τῶν ἀτόμων αἰτιωμένους ναστότητα τῆς δὲ κουφότητος τὴν τοῦ κενοῦ παρεμπλοκήν, καὶ λέγει τούτους καίτοι ταῖς ἡλικίαις ἀρχαιοτέρους ὄντας καινοτέρως νοῆσαι περὶ τῶν προκειμένων ἤπερ τοὺς πλήθει καὶ ὀλιγότητι τῶν ἐπιπέδων τὴν τοῦ βαρέος καὶ κούφου διαφορὰν ἀπο-
25 δόντας· καινοτέρως δὲ ἀντὶ τοῦ περινενοημένως μᾶλλον καὶ ἐπιβλητικώτερον. καὶ τὴν αἰτίαν ἀποδίδωσι τῆς τούτων προτιμήσεως λέγων, ὅτι φαίνεται ἔνια τῶν σωμάτων τὸν μὲν ὄγκον ἐλάττω βαρύτερα δέ, ὡς χαλκὸς ἐρίου. τοῦτο δὲ τοῖς μὲν πλήθει καὶ ὀλιγότητι τῶν | συντιθέντων 303a τὴν διαφορὰν ἀποδιδοῦσιν ἐναντιοῦται· τὰ γὰρ ἐξ ἴσων τῷ πλήθει καὶ τῷ
30 μεγέθει κατ' αὐτοὺς ἴσα ὄντα τὸν ὄγκον ἀνάγκη καὶ ἰσοβαρῆ εἶναι πάντως· εἰ γὰρ τὰ μὲν ἐκ πλειόνων βαρύτερα τὰ δὲ ἐξ ἐλαττόνων κουφότερα,

---

1 συνέστησεν AE: corr. E²   2 οὕτως c   γάρ] γὰρ καὶ Ac   ἦν] ἂν ἦν c: ἂν suprascr. EK   3 μὲν] del. K: om. c   4 post ἡμιτρίγωνα exciderunt nonnulla de triangulis cubi   συγγενές c   5 φησίν] Tim. 63 e   6 τοιαῦτον A   8 ὃ ῥέπει] ὅρον ἐπεὶ A   9 ἄνω] ἄ- e corr. E¹   βούλοιτο] -οι- e corr. E   10 βαρὺ E², mg. K: om. ADEFb   13 κατὰ] κτλ. corrupta vel lacunosa   16 μᾶλλον A   17 δ' c   οὕτω διελεῖν om. D   τοῦ om. D   21 μαστότητα A   23 καινοτέροις E: corr. E²   ἤπερ] εἴπερ DE: corr. E²   26 ἀποδίδωσιν c   28 τοῦτο] corr. ex τούτοις E²   ὀλιγότητι] μεγέθει E, suprascr. τῷ τῶν—μεγέθει (30)] mg. E²   τῶν] τὴν τῶν E²   συνθέντων E²   29 τὴν om. E²   τῷ (pr.) om. E²   τῷ (alt.) om. E²   31 ante εἰ del. εἰ μὲν E¹   πλείονος E   τὰ (alt.)] corr. ex τὸ E²

δῆλον, ὅτι τὰ ἐξ ἴσων καὶ ἰσόρροπα ἂν εἴη. ἔστι δὲ καὶ ἰσόογκα· τί γὰρ 303ᵃ ἂν εἴη τὸ ποιοῦν τὴν διαφορὰν τοῦ μεγέθους; εἰ οὖν τὰ ἰσόογκα ἰσοβαρῆ κατ' αὐτοὺς ἀνάγκη εἶναι, πῶς συνᾴσουσι τοῖς φαινομένοις, ἐν οἷς ἔνια τῶν σωμάτων ἐλάττω τὸν ὄγκον ὄντα βαρύτερά ἐστιν; ὅλως δὲ τοῖς μὲν ἐπί-
5 πεδα λέγουσι τὰ πρῶτα καὶ ἄτομα, τουτέστι τὰ στοιχεῖα τὰ μὴ διαιρούμενα εἰς ἕτερα τῷ εἴδει, ἐξ ὧν συνέστηκε τὰ βάρος ἔχοντα τῶν σωμάτων, ἄτοπον τὸ φάναι τὸ μεῖζον πάντως βαρύτερον εἶναι· ἐξ ἀβαρῶν γὰρ τῶν ἐπιπέδων οὐκ ἂν γένοιτο βάρος ἔχοντα, ὡς ἔλεγεν ἐν τῷ τρίτῳ βιβλίῳ. τοῖς δὲ στερεὰ λέγουσι τὰ πρῶτα, ὡς τοῖς περὶ Δημόκρι-
10 τον, ἐνδέχεται λέγειν τὸ μεῖζον βαρύτερον εἶναι· σώματα γὰρ ὄντα καὶ αὐτὰ τὰ ἐξ ὧν ἔστιν ἀλλ' οὐκ ἐπίπεδα ῥοπὴν ἔχει καὶ αὐτά τινα. οὕτω μὲν οὖν τοῦ τὰ μείζονα βαρύτερα εἶναι τὴν αἰτίαν οὗτοι μὲν ἀκολούθως ἑαυτοῖς ἀποδώσουσιν, ἐκεῖνοι δὲ οὔ. ἐπειδὴ δὲ οὐ φαίνεται τῶν συνθέτων ἕκαστον τοῦτον ἔχειν τὸν τρόπον, ὡς τὸ μεῖζον πάντως βαρύτερον εἶναι,
15 ἀλλὰ πολλὰ βαρύτερα ὁρῶμεν ἐλάττω τὸν ὄγκον ὄντα, καθάπερ ἐρίου χαλκόν, οὐκέτι τὰς ἀτόμους αἰτιᾶσθαι δύνανται· δι' ἐκείνας γὰρ τὸ μεῖζον βαρύτερον ἀνάγκη εἶναι· ἀλλ' ἕτερον αἴτιον λέγουσι· τὸ γὰρ κενὸν ἐμπεριλαμβανόμενον τὰ σώματα κουφίζειν φασὶ καὶ ποιεῖν ἔστιν ὅτε τὰ μείζονα κουφότερα διὰ τὸ πλέον ἔχοντα κενὸν μείζονα τὸν
20 ὄγκον εἶναι, καίτοι πολλάκις ἐξ ἴσων στερεῶν ἢ καὶ ἐξ ἐλαττόνων συγκείμενα, καὶ καθόλου δὲ καὶ παντὸς τοῦ κουφοτέρου αἴτιον εἶναι νομίζουσι τὸ πλέον ἐνυπάρχειν αὐτῷ κενόν. οὕτως οὖν οὗτοι παρὰ τοὺς ἐξ ἐπιπέδων λέγοντας εὐποροῦσι μᾶλλον καὶ τοῦ τὰ μείζονα τῶν ἐλαττόνων καὶ τοῦ τὰ ἐλάττονα πολλάκις τῶν μειζόνων βαρύτερα εἶναι τὰς αἰτίας ἀποδιδόναι.
25 ἐπισκήπτει δὲ καὶ τοῖς οὕτω διορίζουσιν ὡς ὀφείλουσι προσθεῖναι μὴ μόνον τὸ κενὸν ἔχειν πλέον, ἂν ᾖ κουφότερον, ἀλλὰ καὶ τὸ στερεὸν ἔλαττον, καὶ λέγει κοῦφον καὶ κουφότερον μὴ ἁπλῶς τὸ ἔχον ἐν ἑαυτῷ κενὸν πλέον, ἀλλὰ πρὸς τούτῳ καὶ στερεὸν ἔλαττον· εἰ γὰρ ὑπερέχοι τῆς τοιαύτης ἀναλογίας, τουτέστιν εἰ μὴ ἔλαττον ἔχοι τὸ στερεὸν ἀλλὰ πλέον,
30 ὥσπερ καὶ τὸ κενόν, οὐκέτι ἔσται τὸ τοιοῦτον κουφότερον. οὗτοι δὲ παραλιμπάνοντες τὴν κατὰ τὸ στερεὸν ἀναλογίαν καὶ μόνην τὴν τοῦ κενοῦ ὑπεροχὴν λογιζόμενοι διαμαρτάνουσιν· εἰ γὰρ διὰ τοῦτο τὸ πῦρ φασιν εἶναι κουφότατον, ὅτι πλεῖστον ἔχει κενόν, συμβήσεται μικροῦ πυρὸς πολὺν χρυσὸν πλεῖον ἔχοντα τὸ κενὸν κουφότερον εἶναι ὅσον ἐπὶ τῷ
35 κενῷ, εἰ μὴ καὶ τὸ | στερεὸν πολλαπλάσιον εἶχεν· ὥστε χρὴ προσκεῖσθαι 303ᵇ τὸ δεῖν τὸ κουφότερον πρὸς τῷ τὸ κενὸν πλέον ἔχειν καὶ τὸ στερεὸν ἔχειν

---

2 ἰσοβαρῆ] -ῆ e corr. E   3 συνᾴσουσι] mut. in συνᾴδουσι E²   5 λέγουσιν c καὶ A: καὶ τὰ DEc   9 τρίτῳ] cap. 1. 299ᵇ15   λέγουσιν E, sed corr.   11 οὕτως c 12 μὲν (alt.) Db: μὲν οὖν AE   13 ἐκεῖνος E: corr. E²   14 ἑκάστου E: corr. E²   ἔχει E: corr. E²   15 ὄντα] ἔχοντα Fb   17 λέγουσιν c   18 φασὶν c 22 αὐτῷ om. A   23 τὰ (alt.) om. A   25 ἐπισκώπτει C: deridet b   καὶ] τι A 27 καὶ λέγειν — ἔλαττον (28) om. Kb   28 ὑπερέχει AEc: corr. E¹   29 ἔχει c 30. 31 περιλιμπάνοντες A: περιλαμβάνοντες c   36 τὸ (pr.)] τῷ A   τὸ (sec.) om. A   τῷ τὸ C: τῷ AE²K²c: τὸ DEF   πλεῖον C

ἔλαττον. τὰ μὲν οὖν πολλὰ τῶν ἀντιγράφων οὕτως ἔχοντα εἰ μὴ καὶ 308ᵇ στερεὸν ἕξει πολλαπλάσιον τοιαύτην ἔννοιαν ἀποδίδωσιν· ὁ δὲ Ἀλέ- 5
ξανδρος ὡς τῆς γραφῆς ἐχούσης "εἰ καὶ τὸ στερεὸν ἕξει πολλαπλάσιον"
οὕτως ἐξηγεῖται λέγων· "ὥστε κατὰ τοῦτο εἴη ἂν ὁ πολὺς χρυσὸς τοῦ ὀλί-
5 γου πυρὸς κουφότερος, νῦν δὲ οὐκ ἔστιν, εἰ καὶ τὸ στερεὸν ἔχει πολλαπλά-
σιον τοῦ ἐν τῷ πυρί." νῦν μὲν οὖν ὡς μὴ προσλογιζομένους τὴν ἀνα- 10
λογίαν ταύτην αἰτιᾶται, μετ' ὀλίγον δὲ καὶ προσλογιζομένους ὑποθέμενος
καὶ οὕτως εὐθύνει.

p. 309ᵃ19 Ἔνιοι μὲν οὖν τῶν μὴ φασκόντων εἶναι κενὸν ἕως τοῦ
10 ὁμολογούμενα τοῖς φαινομένοις συμβήσεται λέγειν αὐτοῖς. 15

Ταῦτα τῶν προειρημένων ἀνάληψιν ἔχει μετά τινος τῶν ἐγκλημάτων
συναιρέσεως καὶ ἐπιδιαρθρώσεως. λέγει δέ, ὅτι τῶν μὴ λεγόντων εἶναι
κενὸν οἱ μὲν οὐδὲν διώρισαν περὶ κούφου καὶ βαρέος, ὥσπερ Ἀνα- 20
ξαγόρας καὶ Ἐμπεδοκλῆς, οἱ δὲ διώρισαν μέν, ὥσπερ ὁ Πλάτων, οὐ μὴν
15 τὴν αἰτίαν ἀποδεδώκασιν, διὰ τί τὰ μὲν ἁπλῶς κοῦφα τὰ δὲ ἁπλῶς βαρέα
τῶν σωμάτων ἐστί, καὶ διὰ τί φέρεται τὰ μὲν ἀεὶ ἄνω τὰ δὲ ἀεὶ κάτω,
ἀλλ' οὐδὲ περὶ τοῦ ἔνια μείζω τὸν ὄγκον ὄντα κουφότερα τῶν ἐλατ- 25
τόνων εἶναι σωμάτων οὐδὲν ἐπεμνήσθησαν, οὐδὲ δῆλον, πῶς
ἐκ τῶν εἰρημένων ὑπ' αὐτῶν ὁμολογούμενα τοῖς φαινομένοις
20 συμβήσεται λέγειν αὐτούς. τούτων δὴ τῶν τριῶν ἐγκλημάτων περὶ
μὲν τοῖν δυοῖν εἴρηται πρότερον, περὶ μὲν τοῦ ἄνω καὶ κάτω, ὅτι οὐ νο-
μίζει ταῦτα κατὰ φύσιν ὁ Πλάτων εἶναι ἐν σφαιροειδεῖ ὄντι τῷ κόσμῳ, 30
περὶ δὲ τοῦ ἁπλῶς βαρέος καὶ κούφου, ὅτι οἶδε μὲν αὐτά, οὔτε δὲ κατὰ
τὴν ἐπὶ τὸ κάτω καὶ ἄνω κίνησιν αὐτὰ ἀφορίζει, ἀλλὰ τὸ μὲν βαρὺ κατὰ
25 τὴν ἐπὶ τὸ οἰκεῖον, τὸ δὲ κοῦφον κατὰ τὴν ἐπὶ τὸ ἀλλότριον, ὡς ἡ παρα-
τεθεῖσα ῥῆσις ἐδήλωσεν, οὔτε ἀφωρισμένως τὸ μὲν ἁπλῶς βαρὺ τὸ δὲ 35
ἁπλῶς κοῦφον τῶν τεσσάρων στοιχείων φησίν, ἀλλὰ πάντα καὶ βαρέα καὶ

---

2 στερεὸν Ab: στερεὸν ἔχειν ἔλαττον DE   ἕξει — στερεὸν (3) om. E: τοιοῦτον ποιεῖ τὸν νοῦν ὁ δὲ ἀλέξανδρος ὡς τῆς λέξεως οὕτως ἐχούσης ἀλλὰ καὶ στερεὸν E²   3 εἰ] ὡς A   πολλαπλάσον A, sed corr.   4 ὥστε om. A   5 πυρὸς κουφότερος DEb: κουφότερος πυρὸς Ac   9 τοῦ — φαινομένοις (10) om. D   10 αὐτούς F   11 ταῦτα CDEb: ταῦτα οὖν Ac   12 λεγόντων] -ν- e corr. E²   13 οἱ μὲν AF: om. DEb   περὶ — διώρισαν (14)] mg. E²   περὶ] περὶ τοῦ E²   ὡς E²   14 οἱ] ἄλλοι E²   15 ἀποδεδώκασι DE   διὰ τί] διὰ comp. miro A   16 φέρεται om. c   κάτω] corr. ex ἄνω E¹   17 ὄντα E²: τὰ ADE: om. b   18 οὐδὲ] οὐδὲ δ᾽ A   19 ὁμολογούμενον A   20 αὐτούς] -ούς e corr. E   21 τοῖν] τοῖς A   δυσὶν A   22 ὄντι] -ι in ras. E   23 οἶδε] corr. ex εἶδε E²   κατὰ om. D   25 τὸ (pr.)] mut. in τὸν E²   post οἰκεῖον add. τὸ δὲ ἐπὶ τὸ οἰκεῖον E: del. E²: τόπον κίνησιν add. E²   27 πάντα καὶ DEb: καὶ πάντα A: καὶ πάντα καὶ c

SIMPLICII IN L. DE CAELO IV 2 [Arist. p. 309ᵃ19. 27]   687

κοῦφα, διότι πάντα καὶ πρὸς τὸ συγγενὲς πέφυκε φέρεσθαι καὶ πρὸς τὸ 303ᵇ
ἐναντίον. τοῦ δὲ ἔνια μείζονα τὸν ὄγκον ὄντα κουφότερα τῶν ἐλαττόνων
εἶναι τὸ μεγάλα ἐντὸς αὐτῶν διαλείμματα ἔχειν ἠτιάσατο, ὡς ἐπὶ τοῦ 40
χαλκοῦ δῆλον πεποίηκε λέγων "τῷ δὲ μεγάλα ἐντὸς αὐτοῦ διαλείμματα
5 ἔχειν κουφότερον τῶν λαμπρῶν πηκτῶν τε ἓν γένος ὑδάτων χαλκὸς ξυστα-
θεὶς γέγονεν."

   p. 309ᵃ27 Ἀναγκαῖον δὲ καὶ τοῖς περὶ τῆς τοῦ πυρὸς κουφότητος | 45
   ἕως τοῦ εἴπερ τούτῳ διώρισται τὸ βαρὺ καὶ κοῦφον.   304ᵃ

   Εἰπὼν πρὸς τοὺς ἐξ ἐπιπέδων γεννῶντας τὰ σώματα ὡς οὔτε περὶ 5
10 τῶν ἁπλῶς βαρέων καὶ κούφων εἰρηκότας οὔτε τὴν αἰτίαν ἀποδεδωκότας
τοῦ μείζονα τὸν ὄγκον ὄντα κουφότερα τῶν ἐλαττόνων εἶναι σωμάτων λέγει,
ὅτι καὶ τοῖς τὸ κενὸν τῆς κουφότητος αἰτιωμένοις ἀναγκαῖόν ἐστι ταῖς
αὐταῖς σχεδὸν δυσχερείαις ἐνέχεσθαι· ἐκείνοις τε γὰρ τὴν ὀλιγότητα τῶν 10
στοιχείων αἰτιωμένοις ἠκολούθει πολλοῦ πυρὸς ὕδωρ ὀλίγον κουφότερον
15 εἶναι λέγειν, καὶ τούτοις τὸ αὐτὸ ἀκολουθήσει ἄτοπον, εἴ γε κουφότερόν
ἐστι κατ' αὐτοὺς τὸ ἔλαττον ἔχον στερεὸν κενὸν δὲ πλέον· ἀλλὰ μὴν δύ-
ναται πῦρ πολὺ ληφθὲν ὀλίγου ἀέρος ἢ ὕδατος ἢ γῆς καὶ στερεὸν πλέον 15
ἔχειν καὶ κενόν, ὥστε οὐκ ἂν αὐτοῦ κουφότερον εἴη· τὸ γὰρ κουφότερον
οὐ μόνον χρὴ πλέον τὸ κενὸν ἔχειν ἀλλὰ καὶ τὸ στερεὸν ἔλαττον. εἶτα
20 ἔνστασιν ὡς ἀπ' ἐκείνων ἐπάγει διὰ τοῦ ἐὰν δὲ φῶσι καὶ τὸ κενόν,
τουτέστιν εἰ λέγοιεν, ὅτι ἡ ὀλίγη γῆ τοῦ πλείονος πυρὸς οὐ μόνον στερεὸν 20
ἔλαττον ἔχει ἀλλὰ καὶ κενόν, καὶ διὰ τοῦτο οὐκ ἔστι κουφοτέρα· κουφό-
τερον γὰρ ἦν οὐ μόνον τὸ στερεὸν ἔλαττον ἔχον ἀλλὰ καὶ τὸ κενὸν πλέον·
ἐὰν οὖν τοῦτο, φησίν, ὑπενέγκωσιν, λεγέτωσαν σαφῶς, πῶς διοριοῦσι τὸ
25 ἁπλῶς βαρὺ καὶ δηλονότι καὶ τὸ ἁπλῶς κοῦφον· ἀνάγκη γὰρ τὸ ἁπλῶς
βαρὺ διορίζειν ἢ τῷ πλέον στερεὸν ἔχειν ἢ τῷ ἔλαττον κενόν, τὸ
δὲ ἁπλῶς κοῦφον ἀντικειμένως ἢ τῷ πλέον κενὸν ἔχειν ἢ τῷ ἔλαττον στε- 25
ρεόν. ἢ οὖν οὕτως ἤ, ὅπερ μᾶλλον, οὐ κατὰ τὸ ἕτερον μόνον ἀλλὰ κατὰ

---

2 τὸν — κουφότερα] bis D   3 τὸ] τῷ A   αὐτῶν] αὐτῶν DE²c, comp. A: αὐτὸς
αὐτῶν E   ἠτιάσατο — ἔχειν (5) om. A   4 λέγων] Tim. 59 c   μεγάλ' c
αὐτοῦ E: corr. E²   διαλείμματ' c   7 τοῖς] suprascr. E²   κουφότητος
om. D   8 τὸν — κοῦφον] lacun. D   10 ἁπλῶν A   12 ἀναγκαῖον — αἰτιωμένοις (14)
om. D   17 ὀλίγου] om. A   20 τοῦ] e corr. D   φῶσι] corr. ex φῶς A
κενόν] -όν e corr. E   21 ὀλίγη Ab: ὅλη DE   22 ἀλλὰ — ἔχον (23) om. c
κουφοτέρα DE²b: κουφοτερα AE: κουφότερον C   23 καὶ om. c   τὸ CDE: om.
Ac   πλέον om. E?   24 ὑπενέγκωσιν CF: ὑπενέγκωσι DE: ἐνέγκωσιν A: ἐπε-
νέγκωσιν c   σαφῶς om. c   διοριοῦσι A   25 δηλονότι καὶ] del. E²
τὸ (pr.) om. E   sec. ἁπλῶς — κενόν (26)] mg. E²   ἀνάγκη — κοῦφον (27)
om. D   26 διορίζεσθαι E²   27 δὲ] suprascr. E²   ἔχειν DEF: om. Ac
τῷ (alt.) AE²: τὸ DE   28 ἢ οὖν οὕτως Ab: om. DEc   ἢ Ab: εἴη οὖν οὐχ F:
om. DE: ἢ οὖν τούτῳ τῷ τρόπῳ ἢ E²   post ὅπερ add. καὶ E²K²c   ἕτερον A:
στερεὸν DEb

τὴν ἀμφοῖν πρὸς ἄλληλα ἀναλογίαν διοριοῦσιν, ὥστε, ὡς ἐπὶ τοῦ ἁπλῶς 304ᵃ
βαρέος τὸ πλῆρες ἔχει πρὸς τὸ κενὸν πλέον ὑπάρχον, οὕτως ἐπὶ τοῦ ἁπλῶς
κούφου τὸ κενὸν ἔχειν πρὸς τὸ πλῆρες πλέον ὑπάρχον αὐτοῦ. τὸ δὲ 30
ἁπλῶς προσέθηκεν ἐν τῷ ἁπλῶς βαρὺ καὶ πρὸς ἀντιδιαστολὴν ἴσως τοῦ
5 πρὸς ἄλλο, ἐπεὶ δύνανται κουφότερον λέγειν τὸ ἐν τῷ ἴσῳ ὄγκῳ (ἔλαττον
μὲν στερεὸν ἔχον πλέον δὲ κενὸν τοῦ ἐν τῷ ἴσῳ ὄγκῳ) πλέον μὲν στερεὸν
ἔχοντος ἔλαττον δὲ κενόν, ἀλλὰ τοῦτο οὐκ ἔστιν ἁπλῶς κοῦφον, ὁμοίως
δὲ οὐδὲ βαρὺ τὸ οὕτως ἀποδιδόμενον· δεῖ γὰρ τὸ ἁπλῶς μὴ διὰ τὸ μέ- 35
γεθος εἶναι τοιοῦτον ἀλλὰ τῇ οἰκείᾳ φύσει. πρὸς τούτους οὖν τοὺς τρεῖς
10 διορισμοὺς ἀντιλέγων καὶ πρῶτον πρὸς τὸν πρῶτον· εἰ γὰρ τὸ ἁπλῶς βαρὺ
διορίζουσι τῷ πλέον στερεὸν ἔχειν, ἔσται πλῆθος γῆς οὕτως ὀλίγον, ἐν ᾧ
στερεὸν ἔσται ἔλαττον ἥπερ ἐν πολλῷ πλήθει πυρός· ἔσται οὖν τὸ πῦρ 40
ἐκεῖνο βαρύτερον ἐκείνης τῆς γῆς καὶ ἡ γῆ ἐκείνη τοῦ πυρὸς ἐκείνου κου-
φοτέρα. προσυπακουστέον δέ, ὅτι, κἂν τὸ ἁπλῶς κοῦφον τῷ ἔλαττον στε-
15 ρεὸν ἔχειν, ἔσται τι πλῆθος ὀλίγον γῆς πολλοῦ πυρὸς ἔλαττον στερεὸν ἔχον,
ὥστε κουφοτέρα ἡ γῆ ἐκείνη τοῦ πυρὸς ἐκείνου ἔσται καὶ τὸ πῦρ ἐκεῖνο 45
τῆς γῆς ἐκείνης βαρύτερον. ὁμοίως δέ, κἂν τῷ κενῷ διορίσωσιν, ὥστε
βαρὺ λέγειν ἁπλῶς | τὸ ἔλαττον ἔχον κενόν, κοῦφον δὲ ἁπλῶς τὸ πλέον 304ᵇ
ἔχον κενόν, ἔσται τι πλῆθος γῆς πλέον ἔχον κενὸν ὀλίγου πυρός, καὶ οὕτω
20 τοῦ ἁπλῶς κούφου καὶ φερομένου ἀεὶ ἄνω τοῦ πυρὸς ἔσται κουφότερον τὸ
ἁπλῶς βαρὺ καὶ φερόμενον ἀεὶ κάτω ἡ γῆ· τοῦτο δὲ ἀδύνατον, διότι τὸ 5
ἁπλῶς κοῦφον τοῦ βάρος ὁσονοῦν ἔχοντος κουφότερόν ἐστιν. οὐ μέντοι
ἀντιστρέφει ὁ λόγος, ὥστε τὸ κουφότερόν τινος ἤδη καὶ ἁπλῶς κοῦφον
εἶναι· καὶ γὰρ ἐν τοῖς βάρος ἔχουσιν ἄλλο ἄλλου κουφότερον λέγεται, ὡς
25 τοῦ ταλαντιαίου τὸ μναϊαῖον. εἶτα λοιπὸν οὐδὲ τὸν τρίτον τοῦ διορισμοῦ 10
τρόπον, ὃν αὐτὸς ὑπέδειξεν αὐτοῖς προσθεὶς ἐπὶ τοῦ κούφου τῷ πλεῖον
κενὸν ἔχειν τὸ καὶ ἔλαττον ὀφείλειν στερεὸν ἔχειν, ἱκανόν φησι λῦσαι
τὴν νῦν λεγομένην ἀπορίαν· τοῦτο γάρ ἐστιν, ἐν ᾧ τὸ κενὸν ἀνάλογον
ἔχει πρὸς τὸ πλῆρες, ὥστε, ὡς ἐπὶ τοῦ ἁπλῶς βαρέος τὸ πλῆρες ἔχει 15
30 πρὸς τὸ κενὸν πλέον ὑπάρχον, οὕτως ἐπὶ τοῦ ἁπλῶς κούφου τὸ κενὸν
ἔχειν πρὸς τὸ πλῆρες. καὶ τοῦτον γάρ, φησί, τὸν τρόπον λέγουσιν αὐτοῖς
καίτοι δοκοῦντα λόγον ἔχειν τὸ ἀδύνατον ὡσαύτως συμβήσεται· ἐν γὰρ τῷ

---

1 διοριοῦσι corr. ex διοροῦσι A: διορίσουσιν c   3 ὑπῆρχεν? D   4 προσέθηκε D
5 ἔλαττον—ὄγκῳ (6) addidi: om. ADEbc   7 ἔχοντος AEb: ἔχον DE²c   10 ἀντι-
λέγει E²   τὸν] τὸ DE   11 διορίζουσιν c   τῷ] corr. ex τὸ E²   πλεῖον C
ἔσται—ἔχον (15) om. A   12 ἔσται (pr.) om. Fc   14 τῷ E²F: τὸ DE
ἔλαττον—πυρὸς (15) om. D   15 ἔχειν] corr. ex ἔχον E²   ἔσται—ἔχον Fb:
mg. E²   17 διορίσωσι A   18 ἔχον om. E   πλέον] in ras. D   20 φερομ.ου]
corr. ex φανερουμένου E²   21 τοῦτο] τὸ A   22 τοῦ] τὸ A   βάρεος DE: corr. E²
23 ᾔδει E, sed corr.   26 προθεὶς c   τῷ DE²b: τὸ ACE   πλέον C   27 τὸ]
τῷ D: om. c   28 γάρ] mut. in δέ E²   ἐστιν ἐν ᾧ CDEb: ἐστι A
κενὸν A: om. CDEbc   29 ἔχει (pr.)] ἔχειν A   ὥστε om. c   ὡς om. C
30 οὕτως] οὕτω καὶ D: οὕτως καὶ E   31 φησί] mut. in φησίν E²   32 δο-
κοῦντα] in ras. E   λόγους A   τὸ] τὸν A

πλείονι πυρὶ καὶ ἐν τῷ ἐλάττονι τὸν αὐτὸν ἕξει λόγον τὸ στε- 304b
ρεὸν πρὸς τὸ κενόν, ὥστε ὅσον ἐπὶ τούτῳ ἰσοταχῆ ὀφείλειν εἶναι καὶ 20
ὁμοίως κοῦφα· ἀλλ' οὐκ ἔστι· δηλοῖ δὲ τὸ θᾶττον ἄνω φέρεσθαι τὸ πλέον
πῦρ τοῦ ἐλάττονος. ὁμοίως δὲ καὶ ἐν τῷ πλείονι χρυσῷ καὶ τῷ ἐλάτ-
5 τονι ὁ αὐτὸς λόγος ἔσται τοῦ στερεοῦ πρὸς τὸ κενόν, καὶ ὅμως ὁ πλείων
χρυσὸς καὶ μόλιβδος τοῦ ἐλάττονος θᾶττον φέρεται κάτω· οὐκ ἔδει δὲ 25
τοῦτο συμβαίνειν, εἴπερ τῇ ἀναλογίᾳ ταύτῃ διώριστο τὸ ἁπλῶς βαρὺ
καὶ τὸ ἁπλῶς κοῦφον· ἦν γὰρ ἂν ἰσοταχῆ τὰ τῶν αὐτῶν λόγων.

p. 309b18 Ἀλλὰ μήν, εἴ γε τὸ μὲν κενὸν ἕως τοῦ οὐ γὰρ αὐτὸ 30
10   κινεῖται μόνον, ἀλλὰ καὶ τὸ στερεόν.

Καὶ ἄλλας ἐνστάσεις ἐφεξῆς ἐπάγει τοῖς τὸ μὲν κενὸν τῆς κουφότητος
τὸ δὲ πλῆρες τῆς βαρύτητος αἰτιωμένοις, ὧν πρώτη μέν, ὅτι ἄτοπον τὰ 35
μὲν σώματα ἄνω φέρεσθαι διὰ τὴν τοῦ κενοῦ παρεμπλοκήν, αὐτὸ δὲ τὸ
κενὸν μὴ φέρεσθαι ἄνω· εἰ γὰρ τοῖς ἄλλοις αἴτιον αὐτὸ γίνεται τῆς εἰς τὸ
15 ἄνω φορᾶς οὐκ ἂν ἄλλως ἐνεχθεῖσιν ἄνω, πῶς οὐχὶ καὶ αὐτὸ τῇ ἑαυτοῦ
φύσει ἐπὶ ταὐτὸ φέρεται; οὕτως οὖν ὑποδείξας, ὅτι τοῖς λέγουσι τῆς μὲν 40
ἄνω φορᾶς αἴτιον εἶναι τὸ κενὸν τῆς δὲ κάτω τὸ πλῆρες ἕπεται τὸ λέγειν
κατὰ φύσιν ἄνω μὲν φέρεσθαι τὸ κενὸν κάτω δὲ τὸ πλῆρες, λοιπὸν τὰ
ἑπόμενα τούτῳ ἄτοπα συνάγει· πρῶτον μέν, ὅτι, εἰ τὸ μὲν κενὸν ἄνω πέ-
20 φυκε φέρεσθαι τὸ δὲ πλῆρες κάτω, καὶ διὰ τοῦτο τοῖς ἄλλοις αἴτια τὸ 45
μὲν τῆς ἄνω τὸ δὲ τῆς κάτω φορᾶς ἐστιν, οὐκ ἔδει λοιπὸν περὶ τῶν
συνθέτων σκοπεῖν, διὰ τί | τὰ μὲν τῶν σωμάτων κοῦφα τὰ δὲ βαρέα 305a
ἐστίν· τοῦτο γὰρ δῆλον ἤδη λοιπὸν ἦν τοῖς οὕτως ὑποθεμένοις· ἀλλὰ περὶ
τούτων αὐτῶν τοῦ κενοῦ καὶ τοῦ πλήρους ζητεῖν, διὰ τί τὸ μὲν κοῦ-
25 φόν ἐστι, τὸ δὲ ἔχει βάρος, ταὐτὸν δὲ εἰπεῖν, διὰ τί τὸ μὲν κενὸν 5
ἄνω φέρεται τὸ δὲ πλῆρες κάτω. ἄτοπον γὰρ εὐθὺς ἂν ἔδοξεν εἶναι τὸ
κουφότητα καὶ ῥοπὴν καὶ δύναμιν ὅλως τινὰ τῷ κενῷ διδόναι· οὐ γὰρ
σώζει τοῦτο τὴν περὶ τοῦ κενοῦ ἔννοιαν· πλὴν οὕτως ἂν ζητοῦντες περὶ
τοῦ ἁπλῶς βαρέος καὶ κούφου τὴν ζήτησιν ἐποιοῦντο, ἀλλ' οὐχ ὡς νῦν
30 περὶ τῶν κατὰ σύγκρισιν μόνην. δεύτερον δέ, φησίν, εἰ τὸ μὲν κενὸν ἄνω 10
φέρεται φύσει τὸ δὲ πλῆρες κάτω, τί τὸ αἴτιον τοῦ μὴ διαστῆναι ταῦτα

---

1 ἐν τῷ om. D   2 τούτων Fc   in τούτῳ desin. DE   βαρῆ ἰσοταχῆ E²
ὀφείλει C: ἔδει E²   3 ἔστιν c: εἰσὶν E²   τὸ (pr.)—φέρεσθαι] ὡς E²   4 τοῦ ἐλάτ-
τονος] ἄνω φέρεται τάχιον ἢ τὸ ἔλαττον E²   τῷ πλείονι] μείζονι E²   τῷ (alt.)
om. E²   5 ἔσται λόγος E²   6 τάχιον E²   7 εἰ E²   διωρίζετο E²
8 τὸ om. E²   ἂν Kb: postea ins. A   τῶν αὐτῶν λόγων A: τὸν αὐτὸν ἔχοντα
λόγον bc: τὴν αὐτὴν ἀναλογίαν ἔχοντα E²   desin. E²   12 τῆς C: om. Ac
πρώτην Fc   13 παρεμπλοκὴν F: παραπλοκὴν A   16 ταὐτὸ b: τοῦτο A: ταὐτὸν
Fc   λέγουσιν c   18 λοιπὸν Fb: λοιπὸν δὲ A   23 λοιπὸν AF: del. K:
om. bc   οὕτως F: οὕτω A   24 πλήρους F: corr. ex πλῆρες A   25 ἔχει
βάρος Fb: βάρος ἔχει Ac   δὲ (alt.) Fb: om. A   28 σώζει Fb: om. A
τοῦτο A   30 μόνην Ab: μόνων C: μόνον Fc

Comment. Arist. VII Simpl. de Caelo.

ἀπ' ἀλλήλων, ἀλλὰ μεμίχθαι πρὸς ἄλληλα καὶ συμμένειν; τάχα δὲ ἂν εἴη 305ᵃ
πρὸς τοῦτο ῥᾴδιον εἰπεῖν τὸ αὐτὸ αἴτιον εἶναι, ὅπερ τοῦ τὸ πῦρ καὶ τὴν 15
γῆν μεμίχθαι, τὸ μὲν ἄνω φερόμενον, τὸ δὲ κάτω, εἰ μὴ ἄρα ταῦτα μὲν
καὶ χωρίζεται, τὸ δὲ κενὸν καὶ τὸ πλῆρες οὐ λέγουσι χωρίζεσθαι. τρίτον
5 δὲ ἐπάγει τὸ ἄλογον εἶναι τὸ χώραν τῷ κενῷ ποιεῖν λέγοντας ἄνω
φέρεσθαι αὐτὸ κατὰ φύσιν· αὐτὸ γὰρ τὸ κενὸν χώρα καὶ τόπος ἐστερημένος
σώματός ἐστι κατ' αὐτούς, τοῦ δὲ τόπου τόπον ποιεῖν τῶν ἀτοπωτάτων ἐστίν. 20
ἔτι δὲ ἄπειρον αὐτοῖς τὴν χώραν ὑποτιθεμένοις οὔτε τὸ ἄνω οὔτε τὸ κάτω
λέγειν ἔξεστιν οὔτε τὸ ἐξ οὗ οὔτε τὸ εἰς ὅ· πᾶν δὲ τὸ κατὰ τόπον κινού-
10 μενον ἀπὸ τόπου εἰς τόπον μεταβάλλει. τέταρτον δὲ πρὸς τούτοις, φησί, 25
τί τὸ αἴτιον τῆς κινήσεως τὸ κοινὸν τῆς τε ἐπὶ τὸ ἄνω καὶ τῆς ἐπὶ τὸ
κάτω; ἡμεῖς μὲν γὰρ τὴν φύσιν αἰτιώμεθα ἀρχὴν οὖσαν ῥοπῆς καὶ κινή-
σεως ἐν τοῖς σώμασιν, οὗτοι δὲ οὐκ ἂν τὸ κενὸν τῆς κινήσεως αἴτιον λέ-
γοιεν, διότι οὐκ αὐτὸ κινεῖται μόνον, ἀλλὰ καὶ τὸ στερεόν.

15 p. 309ᵇ 29 'Ωσαύτως δὲ συμβαίνει, κἄν τις ἄλλως διορίζῃ ἕως τοῦ
κουφότερα ἀλλήλων καὶ τῶν ἁπλῶν ἐστι.

Ταῦτα λοιπὸν κοινῶς ἐπάγει πᾶσι τοῖς περὶ βαρέος καὶ κούφου λέγουσι 35
προσπαραλαμβάνων ἐν τοῖς νῦν λεγομένοις καὶ ἐκείνας τὰς δόξας, πρὸς ἃς
ἀντείρηκε προσεχῶς, τήν τε πλήθει καὶ ὀλιγότητι τῶν ἐπιπέδων καὶ τὴν
20 τῷ κενῷ καὶ πλήρει τὸ βαρὺ καὶ κοῦφον διορίζουσαν, καὶ λέγει, ὅτι ὡσαύ- 40
τως συμβαίνει ἢ περὶ τοῦ ἁπλῶς βαρέος καὶ κούφου μηδὲν λέγειν αὐτοὺς
ἢ περὶ τῶν μεταξὺ τῶν ἁπλῶς βαρέων καὶ κούφων. λέγει οὖν, ὅτι, κἂν
ἄλλως τις μεγέθει καὶ σμικρότητι διορίζῃ τὰ βαρύτερα καὶ κουφότερα καὶ
μὴ ὡς ὁ Πλάτων, ἀλλ' ἢ ὡς οἱ περὶ Δημόκριτον· οὗτοι γὰρ ἐκ μὲν μικρῶν 45
25 σφαιρῶν ἔλεγον τὸ πῦρ γίνεσθαι, διὸ λεπτομερέστατον εἶναι, ἐκ μειζόνων
δὲ ἀτόμων τὴν γῆν, ἐκ δὲ τῶν | μέσων τὰ μεταξύ· ἢ ὡς οἱ τὸ στοι- 305ᵇ
χεῖον ἓν ὑποτιθέμενοι καὶ τῇ τούτου πυκνότητι καὶ μανότητι τὰ ἄλλα
γεννῶντες· καὶ οὗτοι γὰρ τῆς μανότητος τὸ κενὸν ᾐτιάσαντο· καὶ πρὸς
τούτους γὰρ καὶ μάλιστα πρὸς τούτους ἁρμόττει τὸ κἂν ἄλλον ὁντιναοῦν
30 τρόπον κατασκευάζων, τουτέστι κἂν μὴ μέγεθος καὶ σμικρότητα ὀνο- 5
μάζῃ, ἀλλὰ πυκνότητα καὶ μανότητα, μόνον δὲ τὴν αὐτὴν ὕλην ἅπα-

---

4 καὶ (pr.)] Ab: om. Fc   7 τόπον ποιεῖν Fb: ποιεῖν τόπον Ac   τῶν ἀτοπωτάτων
A: ἀτοπώτατον Fbc   8 ὑποτιθεμένοις CFb: ὑποτιθεμένων A   9 ἐξ οὗ Fb: ἔξω A
δὲ] γὰρ C   10 πρὸς τούτοις, φησί Fb: φησι πρὸς τούτοις Ac   12 ῥοπῆς] rursus
inc. DE   ῥοπῆς] ρρεπῆς D: τῆς ῥοπῆς E   15 κἄν—κουφότερα (16)] ἕως D
ἄλλως F: ἄλλος AE: corr. E¹   διορίζει E: corr. E²   16 κουφότερ᾿ c   ἐστιν
Ec: ν eras. E   17 βαρέος] -ο- e corr. E   λέγουσιν c   18 προσπεριλαμβά-
νων C   20 κενῷ] πυκνῷ D   καὶ πλήρει om. A   21 μηδὲν] μηδὲ A: om. b
23 ἄλλος D   μικρότητι Ac   διορίζει EF: corr. E²F¹   24 γὰρ ἐκ om. E:
corr. E²   μὲν] del. E²   25 γενέσθαι A   26 δὲ (alt.) om. A   τὰ] δὲ τὰ A
28 γεννῶντες E: corr. E²   κενὸν] μανὸν D   καὶ (alt.)] del. E²   29 γὰρ—τούτους (alt.)
om. b: γὰρ μάλιστα Fc   ὁντιοῦν A: ὁντινοῦν c   30 μικρότητα A

SIMPLICII IN L. DE CAELO IV 2 [Arist. p. 309b29]   691

σιν ἀποδιδούς, οἷον ὕδωρ ἢ ἀέρα ἢ τὸ μεταξύ. ὕλην δὲ λέγει τὸ 305b
ὑποκείμενον· τὴν αὐτὴν δὲ ὕλην καὶ ὁ Ἀριστοτέλης ἅπασιν ἀποδίδωσιν,
ἀλλ' ἡ διαφορά, ὅτι οὗτοι ἐνεργείᾳ τι ὂν ἤδη ὑποκεῖσθαι λέγουσιν, οἷον 10
ὕδωρ ἢ ἀέρα ἢ τὸ μεταξύ. τὸ δὲ ἢ πλείους μὲν ἐναντίας δὲ μόνον
5 δύναται περιλαμβάνειν καὶ τοὺς τὸ κενὸν καὶ πλῆρες λέγοντας καὶ τοὺς
γῆν καὶ πῦρ, ὡς Παρμενίδης, καὶ τοὺς πυκνὸν καὶ μανὸν καὶ τοὺς πλήθει
καὶ ὀλιγότητι τῶν ἐπιπέδων τὴν γένεσιν ἀποδιδόντας. οὕτως οὖν διχῇ 15
διαστήσας πάντας εἴς τε τοὺς μίαν ὕλην ὑποτιθέντας καὶ εἰς τοὺς πλείους
μὲν μιᾶς ἐναντίας δὲ τὰ ἑκατέροις ἑπόμενα ἄτοπα ἐπάγει, καὶ πρῶτον,
10 ὅτι μιᾶς τῆς ὕλης οὔσης, ὥσπερ καὶ τοῖς ἐκ τῶν τριγώνων συνιστᾶσιν·
ἐξ ἑνὸς γὰρ τοῦ σκαληνοῦ ἡμιτριγώνου τὰ τρία παρ' αὐτοῖς γέγονε στοι- 20
χεῖα, πῦρ, ἀήρ, ὕδωρ· τούτοις οὖν τοῖς ἐξ ἑνὸς τοῦ αὐτοῦ ὑποκειμένου
γεννῶσιν οὐκ ἔσται τὸ ἁπλῶς βαρὺ καὶ ἁπλῶς κοῦφον· ἡ γὰρ αὐτὴ φύσις
ἐν πᾶσιν αὐτοῖς ἐστιν, ἥτις εἰ μὲν βαρεῖα εἴη, τὸ ἁπλῶς κοῦφον οἴχεται,
15 εἰ δὲ κούφη, τὸ βαρὺ οὐκ ἔσται τὸ ἁπλῶς, ἀλλὰ τὰ πρὸς ἄλληλα μόνον, 25
εἴτε πλήθει καὶ ὀλιγότητι εἴτε μεγέθει καὶ σμικρότητι τοῦ ὑποκειμένου τὸ
μὲν βαρύτερον τὸ δὲ κουφότερον γίνεσθαί φασιν, αὐτοῦ τοῦ στοιχείου μη-
δεμίαν ἔχοντος ῥοπήν. ἐναντίας δὲ οὔσης τῆς ὕλης καὶ τοῦ ὑποκειμένου,
καθάπερ οἱ τὸ κενὸν καὶ πλῆρες λέγοντες, περὶ μὲν τοῦ ἁπλῶς βαρέος 30
20 καὶ ἁπλῶς κούφου λέγειν δόξουσι τὸ μὲν κενὸν ἁπλῶς κοῦφον τὸ δὲ πλῆρες
ἁπλῶς βαρὺ λέγοντες, τὰ δὲ μεταξὺ σώματα πυρός, ἀέρος καὶ τῶν λοιπῶν
— μεταξὺ δὲ ὡς ἐξ ἀμφοῖν συγκειμένων τοῖν ἄκροιν τοῦ τε πλήρους καὶ 35
τοῦ κενοῦ — οὐκέτι ἔσται· οὐ γὰρ ἔχουσι διορίζειν, κατὰ τί βαρύτερα καὶ
κουφότερά ἐστιν ἀλλήλων τε καὶ τῶν στοιχείων τοῦ τε κούφου τοῦ κενοῦ
25 καὶ τοῦ βαρέος τοῦ στερεοῦ· μὴ εἰδότες γάρ, διὰ τί τὸ μὲν κενὸν κοῦφόν
ἐστι τὸ δὲ στερεὸν βαρύ, οὐδὲ περὶ τῶν μετεχόντων ἀπολογήσασθαι δύναν- 40
ται. τῶν μέντοι ἁπλῶς διὰ τί τὰ σύνθετα βαρύτερα καὶ κουφότερα, τὴν
αἰτίαν ἂν λέγοιεν· τοῦ μὲν γὰρ κενοῦ βαρύτερα ἂν λέγοιεν αὐτὰ εἶναι τῷ
ἔχειν καὶ στερεὸν ἐν αὐτοῖς, τοῦ δὲ στερεοῦ κουφότερα τῷ ἔχειν ἐν αὐτοῖς
30 κενόν· ἢ ὅτι οἱ μὴ ἔχοντες εἰπεῖν τὴν αἰτίαν, δι' ἣν τῶν συνθέτων τὸ 45
μὲν βαρύ ἐστι τὸ δὲ κοῦφον, οὐδ' ἂν τοῦ βαρύτερά τινος ὅλως αὐτὰ εἶναι
ἢ κουφότερα ἔχοιεν | τὴν αἰτίαν εἰπεῖν. μήποτε δὲ τὰ μεταξὺ βαρύτερα 306a
καὶ κουφότερα ἀλλήλων δύνανται λέγειν, κουφότερα τῷ ἐν τῷ ἴσῳ ὄγκῳ
πλέον κενὸν ἔχειν ἔλαττον δὲ στερεόν, ἔμπαλιν δὲ βαρύτερα. ἀλλὰ πῶς τὰ
35 μὴ ἰσόογκα συγκρίνουσιν, οὐχ ἕξουσιν εἰπεῖν· ἐὰν γὰρ μικρὸν γῆς μέρος 5

---

3 ἐνεργεῖ E: corr. E² τι ὂν Ab: αἴτιον DEF: τι αἴτιον E²K² ἤδει? D
4 ὑπεναντίας c 6 πυκνόν] -ὸν e corr. D 7 ἀποδιδόντος E: corr. E² 8 τοὺς
(alt.)] corr. ex τὸ E² 9 τὰ om. D 12 τοῖς om. A 13 αὐτή] αὐτοῦ A
14 ἐν — ἥτις om. A εἰ] corr. ex ἢ E² 15 ἔστι Fc τὰ] τὸ c 17 μὲν]
mut. in μὲν κουφότερον τὸ δὲ E² βαρύτερον γίνεσθαι DE κουφότερον] βα-
ρύτερον DE γίνεσθαι om. DE 19 καὶ] ins. E² 26 ἐστὶ CDEFb: om. Ac
ἀπολογήσασθαι] mut. in ἀπολογίσασθαι E²: ἀπολογίσασθαι F 27 ἁπλῶν Ac
29 καὶ — ἔχειν (alt.) om. A αὐτοῖς DEc post alt. ἔχειν del. καὶ στερεὸν E¹ αὐτοῖς
ADEc 31 οὐδὲ c αὐτὰ om. A 32 μήποτε] μήπω A

καὶ πολὺ πυρὸς συγκρίνηται, τίνι κριθήσεται τὸ πῦρ κουφότερον εἶναι τὸ 306ᵃ πολλαπλάσιον τῆς γῆς; οὐ γὰρ δυνατὸν ἐπὶ τούτων εἰπεῖν, ὅτι, οὗ τὸ ἴσον μέρος λαμβανόμενον κουφότερόν ἐστι, τοῦτο καὶ ἁπλῶς κουφότερόν ἐστιν· εἰ γὰρ τὸ ἴσον τοῦ ἴσου ἦν κουφότερον, διότι ἐλάττω μὲν εἶχε στερεὰ
5 πλεῖον δὲ κενόν, ἐν οἷς τοῦτο μὴ σώζεται, οὐδ᾿ ἂν ἡ αἰτία μένοι τοῦ κουφοτέρου καὶ βαρυτέρου.

Οὕτω μὲν οὖν ὁ Ἀλέξανδρος τὰ μεταξὺ τῶν ἁπλῶς βαρέων καὶ κούφων τὰ σύνθετα ἐκ τοῦ κενοῦ καὶ πλήρους ἀκούων ἐξηγεῖται. μήποτε δὲ ἁπλῶς βαρὺ καὶ κοῦφον γῆν καὶ πῦρ λέγει μεταξὺ δὲ ἀέρα καὶ ὕδωρ,
10 καὶ ὅτι οὐκ ἔσται ταῦτα· οὐ γὰρ ἔχουσιν εἰπεῖν, διὰ τίνα αἰτίαν βαρύτερα ταῦτα καὶ κουφότερά ἐστιν ἀλλήλων τε καὶ τῶν ἁπλῶς.

Καὶ νῦν μὲν τοσοῦτον εἶπε μόνον, πρὸς δὲ τῷ τέλει τοῦ βιβλίου τὸ αὐτὸ ἐπιχείρημα θεὶς σαφέστερον λέγει τὰ ἑπόμενα ἄτοπα καὶ τοῖς ἓν τὸ ὑποκείμενον λέγουσι καὶ τοῖς τὰ ἐναντία καὶ ἐκεῖ σαφῶς τὰ μεταξὺ τὸν
15 ἀέρα λέγει καὶ τὸ ὕδωρ.

Ἰστέον δέ, ὅτι ὁ μὲν Ἀλέξανδρος ἀλλήλων τε καὶ τῶν ἁπλῶν γράφει, ηὗρε δὲ ἔν τισι τῶν ἁπλῶς γεγραμμένον.

p. 310ᵃ3 **Τὸ δὲ μεγέθει καὶ σμικρότητι διορίζειν ἕως τοῦ τοῦτο δέ ἐστιν ἀδύνατον.**

20 Εἰπών, τίνα μὲν ἄτοπα ἀκολουθεῖ περὶ βαρύτητα καὶ κουφότητα τοῖς μίαν ὕλην καὶ ἓν τὸ ὑποκείμενον λέγουσι, τίνα δὲ τοῖς τὰ ἐναντία, ἐκείνοις μὲν τὸ περὶ τοῦ ἁπλῶς κούφου καὶ βαρέος μηδὲν λέγειν, τούτοις δὲ τὸ περὶ τῶν μεταξύ, ταὐτὸν δὲ εἰπεῖν περὶ τῶν φυσικῶν σωμάτων ἢ τῶν δύο μέσων στοιχείων, μὴ διορίζειν τὴν αἰτίαν, δι᾿ ἣν τὰ μέν ἐστιν αὐτῶν βα-
25 ρύτερα τὰ δὲ κουφότερα, μέτεισιν ἐπὶ τοὺς μεγέθει καὶ σμικρότητι τὴν διαφορὰν τῶν στοιχείων ἀποδιδόντας· οὗτοι δὲ ἂν εἶεν οἱ παχυμερείᾳ καὶ λεπτομερείᾳ, ταὐτὸν δὲ εἰπεῖν πυκνώσει καὶ μανώσει, διορίζοντες καὶ μίαν ὕλην ταῖς διαφοραῖς ταύταις καὶ αὐτοὶ ὑποτιθέντες. καὶ λέγει περὶ αὐτῶν, ὅτι ὁ μὲν λόγος ὁ λεγόμενος ὑπ᾿ αὐτῶν πλασματίας μᾶλλόν ἐστι τοῦ τὸ
30 κενὸν καὶ τὸ πλῆρες ὑποθεμένου, πρὸς δὲ τὰς ἀπορίας τὰς πρὸς τοῦτον ὑπενεχθείσας ἀσφαλέστερός ἐστιν ὁ νῦν προτεθείς. ἕκαστον γὰρ τῶν τεσ-

---

1 συγκρίνονται E: συγκρίνεται F: συγκρίνωνται E², e corr. K   2 οὗ] corr. ex οὐ E²   7 οὕτως c   9 τὰ μεταξὺ c   11 ἁπλῶς DEb: ἁπλῶν Ac   12 τὸ τέλος DE   βιβλίου] cap. 5   14 λέγουσιν c   15 λέγει] 312ᵇ28   16 μὲν] μὴν comp. A   17 γράφει—ἁπλῶς om. A   ηὗρε δὲ (D?)Eb: εὗρε δὲ F: εὕρηται δ᾿ c   γεγραμμένον Ab: γεγραμμένων DE et corr. ex γεγραμμένον F
18 μικρότητι DF   διορίζειν ἕως τοῦ] ἕως D   δ᾿ DE   20 τοῖς] τὴν Ac
21 ἓν τὸ] τὸ ἓν D   τἀναντία c   23 δυοῖν c   24 μέσον E: corr. E²
25 τὴν om. DE   26 οἱ] ἡ E   παχομέρειαν A   27 λεπτομέρειαν A   δ᾿ C
καὶ μανώσει om. c   καὶ (alt.) om. A   29 ὁ (alt.) om. D   31 ὑπενεχθείσας DEF: ἐπενεχθείσας Ac: ἐπαχθείσας E²   ἀσφαλέστατος A   προστεθείς EF

σάρων σωμάτων τῇ τῆς λεπτότητος καὶ παχύτητος μεθέξει καὶ τῇ κατὰ 306ᵃ
ταύτην ἀναλογίᾳ τὴν τοῦ βάρους καὶ | τῆς κουφότητος ἕξει ῥοπήν, ὅπερ 306ᵇ
οὐκ εἶχον λέγειν οὔτε οἱ ἐκ τῶν ἐπιπέδων συντιθέντες· τὰ γὰρ καθ' αὑτὰ
ῥοπὴν μὴ ἔχοντα οὔτε ἐλάττονα οὔτε πλείονα συντεθέντα ἕξει ῥοπήν· ἀλλ'
5 οὐδὲ οἱ τὸ κενὸν καὶ πλῆρες αἰτιώμενοι τῆς κατὰ κουφότητα καὶ βαρύτητα 5
διαφορᾶς τῶν στοιχείων τὴν αἰτίαν εἶχον ἀπολογίζεσθαι· οἱ γὰρ μὴ ἔχοντες
εἰπεῖν, διὰ τί τὸ μὲν κενὸν κοῦφόν ἐστι τὸ δὲ στερεὸν βαρύ, οὐδὲ τῶν ἐκ
τούτων συγκειμένων τῆς διαφορᾶς τὴν αἰτίαν ἔχουσι λέγειν.

Αἰτιᾶται δὲ καὶ τοὺς μεγέθει καὶ σμικρότητι διορίζοντας ὡς τῷ ἓν 10
10 ὑποκείμενον καὶ μίαν φύσιν ποιεῖν τῶν τῷ μεγέθει διαφερόντων τοῖς αὐτοῖς
ἐνεχομένους, οἷς καὶ οἱ μίαν ὕλην ποιοῦντες ἐνείχοντο· ταῦτα δὲ ἦν τὸ μὴ
εἶναι τὸ μὲν ἁπλῶς κοῦφον καὶ φερόμενον ἄνω κατ' αὐτούς, τὸ δὲ ἁπλῶς
βαρὺ καὶ φερόμενον κάτω· πάντα γὰρ μίαν ἕξει φυσικὴν ῥοπὴν κατ' αὐτούς, 15
ἢ πλείω δὲ ἢ ἐλάσσω ταύτην, οὐ μὴν διάφορον κατ' εἶδος, εἴπερ ἓν τὸ
15 ὑποκείμενον. εἰ δὲ μή ἐστι τὸ φερόμενον ἄνω φύσει, δῆλον, ὅτι τὰ νῦν
ἄνω φέρεσθαι δοκοῦντα ἢ ὑστερίζοντα καὶ προλαμβανόμενα ὑπὸ τῶν βαρυ-
τέρων ἐν τῇ ἐπὶ τὸ κάτω φορᾷ ἄνω δοκεῖ εἶναι ἢ ἐκθλιβόμενα ὑπὸ τῶν 20
βαρυτέρων ἐπὶ τὸ ἄνω φέρεται βίᾳ, ἀλλ' οὐ κατὰ φύσιν. ἀκολουθεῖ δέ,
φησί, τούτοις τὸ πολλὰ μικρά, τουτέστι πολλὰ λεπτομερῆ, ὀλίγων μεγαλο-
20 μερῶν βαρύτερα εἶναι· τῷ γὰρ ἐκ τοῦ αὐτοῦ ὑποκειμένου εἶναι τοῖς μεγα-
λομερέσι τὰ μικρομερῆ καὶ τὴν αὐτὴν φυσικὴν ῥοπὴν ἔχειν, ἂν ἀθροισθῇ 25
πλείω μικρομερῆ, βαρύτερα ἔσται τῶν ὀλίγων μεγαλομερῶν. εἰ δὲ τοῦτο,
συμβήσεται πολὺν ἀέρα καὶ πολὺ πῦρ ὕδατος ὀλίγου βαρύτερα
εἶναι καὶ γῆς ὀλίγης· τοῦτο δέ ἐστιν ἀδύνατον.

25 Τοῦτο δέ, φησὶν Ἀλέξανδρος, δύναται καὶ πρὸς τοὺς περὶ Δημόκριτον
λέγεσθαι, οἳ ἐκ τῶν μικρῶν σφαιρικῶν ἀτόμων ἔλεγον συντίθεσθαι τὸ πῦρ. 30
εἰ γὰρ πᾶσαι αἱ ἄτομοι τῆς αὐτῆς οὖσαι φύσεως βάρος ἔχουσι καὶ εἰσὶν
αἱ μείζους βαρύτεραι τῷ μείζους εἶναι, διὰ τοῦτο δὲ καὶ τὰ σώματα τὰ
ἐκ τῶν μειζόνων ἀτόμων συγκείμενα βαρύτερα, ἐὰν πολλαὶ ἄτομοι μικραί,
30 ὀλίγων μεγάλων ἔσονται βαρύτεραι· εἰ δὲ τοῦτο, πολὺ πῦρ ἔσται βαρύ- 35
τερον ὀλίγης γῆς. ἢ τοῦτο ἄν, φησί, πρὸς αὐτοὺς λέγοιτο, εἰ μὴ τὸ κενὸν
ᾐτιῶντο.

---

1. 2 κατὰ ταύτην DEb: κατ' αὐτὴν AC   2 τοῦ βάρους ADE: τῆς βαρύτητος bc
3 συντιθέντα E   9 τῷ] τὸ DE: corr. E²   ἓν] ἐν E   11. 12 τὸ μὴ εἶναι]
bis D   13 βαρὺ] suprascr. E²   ἕξει μίαν DE   14 ἢ πλείω] μείζω c
17 ἐν—βαρυτέρων (18) om. A   εἶναι] mut. in ἰέναι E²   18 φέρεσθαι A
19 τούτοις] suprascr. E²   ὀλίγων] ἢ ὀλίγων D   21 μικρομερῆ—πλείω (22) ACFb:
om. DE   μικρομερῆ CFb: μικροπρεπῆ A   22 σμικρομερῆ DE   βαρύτερα]
-ύ- e corr. E   23 βαρύτερα DEb: βαρύτερον Ac   25 τοῦτο δέ] τοῦ δέ A
φησὶν] φησὶν ὁ E   27 βάρους A   28 μείζονες (pr.) c   τῷ] corr. ex
τὸ E²   28. 29 τὰ ἐκ A: ἐκ DE   29 ἐὰν ADEFb: αἱ E²c

p. 310a13   Τὰ μὲν οὖν παρὰ τῶν ἄλλων εἰρημένα ἕως τοῦ τὸ 306ᵇ
εἰς τὸ αὐτοῦ εἶδός ἐστι φέρεσθαι.

Συμπερανάμενος τὰ εἰρημένα ὡς τὰς περὶ βαρέος καὶ κούφου δόξας 45
τῶν προτέρων μετὰ τῆς προσηκούσης ἀντιλογίας ἐκθέμενος καιρὸν εἶχε
λοιπὸν ἐπὶ τὰ ἑαυτῷ δοκοῦντα | μεταβαίνειν. ἀλλὰ χρὴ πρῶτον, φησί, διο- 307ᵃ
ρισθῆναι, περὶ οὗ μάλιστα ἀποροῦσί τινες, διὰ τί τῶν σωμάτων τὰ
μὲν ἀεὶ κάτω φέρεται κατὰ φύσιν τὴν αὑτῶν κινούμενα τὰ δὲ ἀεὶ ἄνω
τὰ δὲ κάτω καὶ ἄνω, εἶτα οὕτω περὶ βαρέος καὶ κούφου καὶ τῶν συμβαι- 5
νόντων παθῶν αὐτοῖς, διὰ τίνα αἰτίαν αὐτά τε γίνεται καὶ τὰ συμβαίνοντα
αὐτοῖς. ἔστι δέ, φησὶν ὁ Ἀλέξανδρος, τὰ ἀπορούμενα περὶ τῆς τῶν σω-
μάτων εἰς τοὺς οἰκείους τόπους φορᾶς τοιαῦτα· πρῶτον μέν, φασίν, εἰ τὸ
τοῦ περιέχοντος πέρας ἐστὶν ὁ ἑκάστου τόπος, δῆλον, ὅτι τὸ μήπω τι 10
περιέχον οὐδέ ἐστι τόπος. πῶς οὖν φέροιτο ἂν ἐπὶ τοὺς οἰκείους τόπους
τὰ σώματα τοὺς μηδὲ τὴν ἀρχὴν ὄντας ὅλως τῶν σωμάτων μήπω ὄντων;
καὶ γὰρ οὐδὲ πρότερόν ποτε ἐν αὐτοῖς ἐγένοντο, ἵνα κατὰ τοῦτο λέγηται
ἐπὶ τοὺς οἰκείους φέρεσθαι τόπους τούς ποτε γενομένους· εὐθὺς γὰρ τῷ 15
γενέσθαι καὶ σχεδὸν ἔτι γινόμενα φέρεται τὰ σώματα. εἰ οὖν τὰ φερό-
μενα σώματα πρὸς τὰ ὅμοια φέρεται, τὸ μὲν πῦρ πρὸς τὸ πῦρ, ὁ δὲ ἀὴρ
πρὸς τὸν ἀέρα, ὁμοίως δὲ καὶ τὸ ὕδωρ καὶ ἡ γῆ, γενόμενα δὲ ἐν ἐκείνοις
συνεχῆ τοῖς ὅλοις γίνεται καὶ μέρη αὐτῶν, τὰ δὲ συνεχῆ μέρη οὐκ ἔστιν 20
ἐν τόπῳ καθ' αὑτά, οὐκ ἐπὶ τοὺς οἰκείους ἂν τόπους φέροιτο τὰ κατὰ φύσιν
κινούμενα οὐδὲ εἰς τόπους ὅλως, ἀλλ' ἐπὶ τὸ καταλείποντα τὸν τόπον, ὃν
εἶχε, μηκέτι ἔχειν τόπον μηδὲ εἶναι ἐν τόπῳ. ἀλλ' οὐδέ, εἰ λέγοι τις τὸ
εἰς τὸν οἰκεῖον τόπον φέρεσθαι εἶναι τὸ πρὸς τὸ οἰκεῖον καὶ ὅμοιον σῶμα 25
φέρεσθαι, ὑγιῶς ἐρεῖ· ἂν γὰρ καθ' ὑπόθεσιν μετενεχθῇ ἡ γῆ εἰς τὸν τοῦ
πυρὸς τόπον κἀκεῖ κρατῆται. μετατεθῇ δὲ τὸ πῦρ κάτω, ἔπειτα γῆ τις
ἀφεθῇ, ἐπὶ τί κινηθήσεται κινουμένη κατὰ φύσιν; πότερον ἄνω πρὸς τὴν
ὅλην γῆν, ὅτι ἐστὶν ὁμοία αὐτῇ, ἢ κάτω πρὸς τὸ πῦρ; εἰ μὲν γὰρ πρὸς 30
τὴν ὅλην γῆν, οὐκ ἔσται τοῖς βάρος ἔχουσιν οἰκεῖος ὁ κάτω τόπος οὐδὲ
ἐπὶ τοῦτον ἔσται κινούμενα, εἰ δὲ κάτω φέροιτο ὡς ἐπ' οἰκεῖον τοῦτον τὸν
τόπον, οὐκέτι ἂν εἴη ἴσον τῷ εἰς τὸν αὐτῶν τόπον φέρεσθαι τοῖς σώμασι

---

1 εἰρημένα ἕως τοῦ] ἕως D   1. 2 τὸ εἰς—φέρεσθαι] τὸ δ' εἰς τὸν αὐτοῦ τόπον φέρεσθαι ἕκαστον τὸ εἰς τὸ αὐτοῦ εἶδός ἐστι φέρεσθαι in ras. D   2 αὐτοῦ c: αὐτοῦ AE: αὐτὸ F
3 ὡς] ὥστε A   περὶ τοῦ C   4 ἐκθέμενος CE²: ἐκθέμενα ADE: expositas b
7 ἀεί (pr.)] seq. ras. 3 litt. E   αὐτῶν ADE   ἀεί (alt.) om. A   8 κάτω] καὶ κάτω Fc   10 ὁ om. A   11 εἰ] corr. ex εἰς E²   12 τι] corr. ex εἰς E²
16 οἰκείους] suprascr. E²   τῷ] corr. ex τὸ E²   17 εἰ—σώματα (18) om. DE: corr. E²   19 καὶ ἡ] ἡ DE: corr. E²   21 ἑαυτά c   οὐκ] corr. ex καὶ E²
22 καταλείποντα] -εἰ- e corr. E²: καταλιπόντα Fc   24 τὸ (alt.)] suprascr. D
σῶμα] e corr. D: τόπον σῶμα E, sed corr.   26 κρατεῖται AE   28 ὁμοία ἐστὶν Fc   αὐτῇ] corr. ex αὕτη E²   31 τῷ] corr. ex τὸ E²   αὐτῶν c: αὐτῶν AD: αὐτὸν EF

κατὰ φύσιν τὸ πρὸς τὸ οἰκεῖον φέρεσθαι, οὐδὲ ὁ αὐτὸς τοῦ ὅλου καὶ τοῦ 307ᵃ μέρους τόπος.

Τὰ μὲν οὖν ἀπορούμενα τοιαῦτα. εἴποι δὲ ἄν τις, ὅτι, ἐὰν ὁ θεὸς 36 καὶ ἡ φύσις μεταθῶσι τὴν γῆν, ὅπου νῦν ἐστιν ἡ σελήνη, ὡς δέον οὕτως, 5 οἰσθήσεται καὶ ἡ βῶλος ἐκεῖ· λήψεται γὰρ καὶ τὰ μέρη παρὰ τῆς δημιουργίας ταύτην τὴν δύναμιν, ἣν τὸ ὅλον. αὐτὸς δὲ ταῦτα λύσει διὰ τοῦ δεῖξαι, 40 ὅτι τὸ εἰς τὸν αὐτοῦ τόπον φέρεσθαι τοῖς σώμασίν ἐστιν ἴσον τῷ ἐπὶ τὸ οἰκεῖον εἶδος φέρεσθαι καὶ τὴν οἰκείαν τελειότητα. δείξει δὲ αὐτὸ διὰ τοῦ παντὸς μὲν τοῦ δυνάμει τι ὄντος τελειότητα εἶναι τὸ ἐν ἐκείνῳ γενέσθαι· 10 τοῦ γὰρ δυνάμει γραμματικοῦ τελειότης καὶ εἶδος τὸ γραμματικὸν γενέσθαι, 45 ὁμοίως καὶ τοῦ μουσικοῦ τὸ μουσικὸν καὶ τοῦ | θερμοῦ τὸ θερμόν. εἰ 307ᵇ δὲ τὸ ἐν οἷς δύναται κατὰ φύσιν γενέσθαι τελειότης τῶν δυναμένων, καὶ ἡ ἐπ᾽ ἐκεῖνα μεταβολὴ ὁδὸς ἂν αὐτοῖς εἴη ἐπὶ τὴν τελειότητα. τούτων δὲ οὕτως ἐχόντων, ἐπεὶ τὰ κινούμενα ἐπί τι δυνάμει ὄντα ἐν ἐκείνῳ ἐπὶ 5 15 τὸ γενέσθαι ἐν αὐτῷ ἐνεργείᾳ μεταβάλλει, πάντα ἂν τὰ κινούμενα ἐπὶ τὴν καθ᾽ ὃ δυνάμει ἐστὶ τελειότητα καὶ τὸ εἶδος μεταβάλλει ὑπὸ τῶν κινεῖν αὐτὰ καὶ μεταβάλλειν πεφυκότων· ὥστε καὶ τὰ κατὰ τόπον κινούμενα ἐπὶ τὸ οἰκεῖον εἶδος ἂν καὶ τὴν τελειότητα, καθ᾽ ἣν ἐστι κινητά, μεταβάλλοι. 10 εἰ δὲ τοῦτο, τὸ εἰς τὸν αὐτοῦ τόπον μεταβάλλειν εἴη ἂν τὸ εἰς τὸ αὐτοῦ 20 εἶδος καὶ τὴν τελειότητα μεταβάλλειν.

Τὴν μὲν οὖν ἀπόδειξιν συνελὼν οὕτως ἐξέθετο ὁ Ἀλέξανδρος· ὁ δὲ Ἀριστοτέλης προθέμενος τὴν αἰτίαν εἰπεῖν τοῦ τὰ μὲν ἄνω κινεῖσθαι τῶν σωμάτων τὰ δὲ κάτω, τὰ δὲ ἐπαμφοτερίζειν κατὰ τὴν αὐτῶν φύσιν κινού- 15 μενα, ὃ ἀπῄτει καὶ παρὰ τῶν τὸ μὲν κενὸν κοῦφον τὸ δὲ στερεὸν βαρὺ 25 λεγόντων, κοινὴν αἰτίαν ἐπὶ πάντων τῶν εἰδῶν τῆς κινήσεως ἀποδίδωσι. τριῶν γὰρ οὐσῶν κινήσεων τῆς τε κατὰ αὔξησιν, ἣν κατὰ μέγεθος εἶπε, καὶ τῆς κατὰ ποιότητα, ἣν κατ᾽ εἶδος εἶπε, τὴν γένεσιν ἴσως ἅμα καὶ 20 τὴν ἀλλοίωσιν δηλῶν· ἡ γὰρ κυρίως κατ᾽ εἶδος μεταβολὴ ἡ γένεσίς ἐστι καὶ ἡ φθορά· κἂν κίνησις οὖν κυρίως οὐκ ᾖ ἡ γένεσις, ὡς αὐτὸς ἐν τῷ 30 πέμπτῳ τῆς Φυσικῆς ἀκροάσεως διώρισεν, ἀλλ᾽ ἁρμόττει καὶ αὐτῇ τὰ νῦν

---

1 post οἰκεῖον add. καὶ ὅμοιον E²K²c   post φέρεσθαι add. σῶμα E²   3 τοιαῦτα] ταῦτα c   δὲ A: δ᾽ DE   ὅτι om. Ac   5 ἐκεῖ E²: ἐκείνη ADE   6 αὐτός] mut. in Ἀριστοτέλης E²   7 αὐτοῦ] αὐτοῦ ADE: αὐτῶν c: αὐτὸν F   9 μὲν Ab: om. DEc   τοῦ AE²K²: τῇ DEF   τὸ] τῷ DE: corr. E²   ἐν] ἓν A   10 τοῦ—γενέσθαι om. DE: ὡς τοῦ δυνάμει γραμματικοῦ ὄντος τὸ ἐνεργείᾳ γενέσθαι γραμματικόν E   12 τὸ ἐν] τὸ γένος ἐν D   ante τῶν add. ἐστι E²   δυναμένων] δυνάμει comp. A: δυναμένων ἐστί Fc   15 τὸ] τοῦ E   16 δυνάμει AE²b: δύναμιν DEF   17 τόπον] τὸν τόπον E et e corr. D   18 μεταβάλλοι scripsi: μεταβάλλει ADc: μεταβάλλειν E   19 εἰ—μεταβάλλειν om. E   αὑτοῦ (pr.)] e corr. K: αὐτοῦ ADF   μεταβάλλει D, sed corr.   αὑτοῦ (alt.)] e corr. K: αὐτοῦ ADF   21 οὖν om. A   23 τὰ δὲ κάτω om. E   δ᾽ c   αὐτῶν c: αὐτῶν ADE   26 ἣν] suprascr. E²   κατὰ (alt.)] καὶ κατὰ DE   εἶπεν E   27 εἶπεν E   28 ἡ (alt.) AE²: ἡ DE: om. Fc   ἐστί] ἐστιν ἡ D   ἡ (pr.) AE²: om. DEFc   30 πέμπτῳ DEFb: πέμπτῳ βιβλίῳ Ac   Φυσικῆς] αὑτῆς A   διώρισεν] c. 1. 225ᵃ26

περὶ κινήσεως λεγόμενα· τρίτης δὲ οὔσης κινήσεως τῆς κατὰ τόπον καθ' 307b
ἑκάστην τῶν τριῶν ὁρῶμεν τὴν μεταβολὴν γινομένην ἐκ τῶν ἐναντίων 26
εἰς τὰ ἐναντία ἢ τὰ μεταξὺ καὶ οὐκ εἰς τὸ τυχὸν τῷ τυχόντι τὴν
μετάβασιν οὖσαν· τὸ γὰρ λευκὸν μεταβάλλον οὐκ εἰς γραμματικὸν μετα-
5 βάλλει οὐδὲ εἰς ἄλλο τι πλὴν εἰς τὸ ἐναντίον τῷ λευκῷ ἤ τι τῶν μεταξύ.
ὁμοίως καὶ ἐπὶ τῶν ἄλλων· ἑκάστου γὰρ ἡ καθ' αὑτὸ κίνησις ὡρισμένη, 30
καθ' αὑτὸ δὲ τοῦ λευκοῦ ἡ καθ' ὃ λευκὸν μεταβολὴ καὶ τοῦ τοσοῦδε, ἢ
τοσόνδε, καὶ τοῦ εἰς τόνδε τὸν τόπον, καθ' ὃ πέφυκεν εἰς αὐτόν· ὥστε καὶ
τὸ κατὰ τόπον μεταβάλλον οὐκ εἰς τὸ τυχὸν οὐδὲ ἐκ τοῦ τυχόντος μετα- 35
10 βάλλει, ἀλλ' ἐκ τοῦ ἐναντίου εἰς τὸ ἐναντίον ἢ τὸ μεταξύ· ἐναντία δὲ κατὰ
τόπον τὸ ἄνω καὶ τὸ κάτω.

Αἴτιον δέ φησιν ὁ Ἀλέξανδρος τοῦ τὴν μεταβολὴν εἰς τὸ ἐναντίον
τῷ μεταβάλλοντι ὀφείλειν γίνεσθαι τὸ δεῖν πάντως μὲν τὸ μεταβάλλον ἐξί-
στασθαι τούτου τοῦ ἐξ οὗ μεταβάλλει· οὐ γὰρ δὴ ἅμα μένοι τε ἂν ἐν αὐτῷ 40
15 καὶ μεταβάλλοι ἐξ αὐτοῦ. τὸ οὖν ὑποκείμενον, ὃ καὶ λέγεται μεταβάλλειν,
ἀπολεῖπον τὸ πρότερον εἶδος ἐν ἄλλῳ γίνεται πάντως εἴδει· οὐ γὰρ οἷόν
τε ἐν στερήσει παντὸς εἴδους εἶναι τὸ ὑποκείμενον. ἐν τοιούτῳ οὖν ἔσται
μεταβεβληκός, ἐν ᾧ ὃν οὐκέτι ἔσται ἐν ἐκείνῳ, ἐξ οὗ μεταβέβληκεν· ὥστε 45
ἐν τῷ μὴ δυναμένῳ συνυπάρχειν αὐτῷ· τοιαῦτα δὲ τὰ ἐναντία καὶ τὰ |
20 μεταξύ· οὐ γὰρ οἷόν τε ἅμα τὸ αὐτὸ κατὰ τὸ αὐτὸ ἐν τοῖς ἐναντίοις 308a
εἶναι. διὰ τοῦτο οὖν οὐ λέγεται ἐκ λευκοῦ εἰς γραμματικὸν μεταβάλλειν,
ὅτι δύναται ἅμα καὶ λευκὸς καὶ γραμματικὸς εἶναι, ἀλλ' ἐκ λευκοῦ εἰς
μέλαν ἢ τὰ μεταξὺ μεταβάλλει, ὅτι ἀδύνατον ἅμα λευκὸν καὶ μέλαν ἤ τι 5
τῶν μεταξὺ εἶναι. προσχρῆται δὲ τῷ μὴ εἰς τὰ τυχόντα ἀλλ' εἰς τὰ
25 ἐναντία κινεῖσθαι τὰ κινούμενα ὑπὲρ τοῦ δεῖξαι, ὅτι οὐδὲ ὑπὸ τοῦ τυχόντος
κινεῖται ἀλλ' ὑπὸ τοῦ τὴν ἐναντίαν κίνησιν κινοῦντος· διὰ γὰρ τούτου τὴν
αἰτίαν ἀποδίδωσι τῆς τῶν σωμάτων ἐπὶ τοὺς οἰκείους τόπους φορᾶς. ἐπά- 10
γει οὖν, ὅτι οὐδὲ κινητικὸν γίνεται τὸ τυχὸν τοῦ τυχόντος· ὡς γὰρ
τὰ κινούμενα τὰς διαφόρους κινήσεις ἕτερα ἀλλήλων ἐστίν· ἄλλο γὰρ τὸ
30 κατὰ ποσὸν κινούμενον τὸ αὐξητὸν καὶ ἄλλο τὸ κατὰ ποιὸν τὸ ἀλλοιωτόν·
οὕτω καὶ τὰ κινοῦντα ἄλλα· οὔτε γὰρ τὸ αὐξόμενον ὑπὸ τοῦ ἀλλοιωτικοῦ 15
αὔξεται, ἀλλ' ὑπὸ τοῦ αὐξητικοῦ, οὔτε τὸ ἀλλοιούμενον ὑπὸ τοῦ αὐξητικοῦ

---

4 γραμματικὴν E   6 ὁμοίως om. A: ὁμοίως δὲ C   κίνησις—αὐτό (7) om. A
7 ἡ] ἢ AE: corr. E²   μεταβολὴ om. A   ἢ] ἢ τὸ A   9 εἰς] e corr. E
12 εἰς] εἰ εἰς A   13 ὀφείλειν D   γίγνεσθαι DE   14 ἅμα] utique b   μένοι
ACDE: μένει Fc   ἂν AF: om. CDEb: ὃν c   15 μεταβάλλει Fc   ὃ A: om.
CDEb   16 ἐν ἄλλῳ] corr. ex ἄλλο E²   γίνεται Ab: γίνεσθαι CF: γίγνεσθαι DE:
γίγνεται E²   17 οὖν ἔσται AE²: οὖν συνέσται C: συνεστάναι DE: συνέσται F: erit b
18 μεταβεβληκός] με- corr. ex μαι F   20 ἅμα] bis E   ἐν τοῖς om. DE: ἐν E²
21 οὖν om. c   οὐ om. A   22 ἅμα om. A   23 τὰ—ἢ om. b   μεταβάλλει
D et post ras. 1 litt. E: μεταβάλλειν F: ἡ μεταβολὴ Ac   24 προσχρῆται] -ῆ- e
corr. E   27 ἀποδίδωσιν c   29 ἕτερα AE²: εἰς ἕτερα DEb   30 αὐξητικὸν A
31 οὕτως c   ἄλλα Ab: ἀλλ' DEF: del. E²: om. c   αὐξημένον A   32 οὔτε
DF: ἀλλ' οὔτε AEb; fort. scr. ἀλλ' οὐδὲ

ἀλλοιοῦται, ἀλλ' ὑπὸ τοῦ ἀλλοιωτικοῦ. ὡς δὲ ἐπὶ τῶν κατὰ ποιὸν καὶ 308ᵃ
ποσὸν μεταβολῶν οὔτε τὸ τυχὸν εἰς τὸ τυχὸν μεταβάλλει οὔτε ὑπὸ τοῦ
τυχόντος, ἀλλὰ μεταβάλλει μὲν εἰς τὸ ἐναντίον ἢ εἰς τὸ μεταξύ, μεταβάλ- 20
λεται δὲ καὶ κινεῖται ὑπὸ τοῦ τὴν τοιαύτην κίνησιν δυναμένου κινεῖν, τὸν
5 αὐτὸν τρόπον ὑποληπτέον καὶ ἐπὶ τῆς κατὰ τόπον μεταβολῆς· τὸ γὰρ
φερόμενον οὔτε τὸ τυχὸν οὔτε εἰς τὸ τυχὸν φέρεται οὔτε ὑπὸ τοῦ 25
τυχόντος, ἀλλ' αὐτό τε ὡρισμένον ἐστὶ καὶ εἰς ὡρισμένον φέρεται καὶ
ὑπὸ ὡρισμένου.

Τοῦτο οὖν προδιαρθρώσας καὶ ἀπὸ τῶν ἄλλων κινήσεων πιστωσάμενος,
10 ὅτι τὸ κατὰ τόπον κινούμενον οὐ τὸ τυχὸν εἰς τὸ τυχὸν οὐδὲ ὑπὸ τοῦ
τυχόντος, ἀλλὰ τὸ δυνάμει εἰς τὸ ἐνεργείᾳ ὑπὸ τοῦ εἰς τοῦτο ἄγειν πεφυ- 30
κότος μεταβάλλει, συλλογίζεται λοιπὸν οὕτως· εἰ ἐπὶ τὸ ἄνω καὶ ἐπὶ τὸ
κάτω κινητικὸν μὲν τὸ βαρυντικὸν καὶ τὸ κουφιστικόν, ἀλλ' οὐ τὸ τυχόν,
κινητὸν δὲ τὸ δυνάμει βαρὺ καὶ τὸ δυνάμει κοῦφον, τὸ εἰς τὸν αὑτοῦ τό-
15 πον φέρεσθαι ἢ ἄνω ἢ κάτω φερόμενον τὸ εἰς τὸ ἑαυτοῦ εἶδος ἀπὸ τοῦ 35
δυνάμει εἰς τὸ ἐνεργείᾳ φέρεσθαί ἐστιν. ἀλλὰ μὴν τὸ ἡγούμενον ἀληθὲς
διὰ τὰ προδειχθέντα τὸ κινεῖν μὲν τὸ βαρυντικόν, κινεῖσθαι δὲ τὸ δυνάμει
βαρὺ ἐπὶ τὸ ἐνεργείᾳ τοιοῦτον· καὶ τὸ λῆγον ἄρα ἀληθὲς τὸ τὸ κινούμενον
ἄνω ἢ κάτω κατὰ φύσιν ἀπὸ τοῦ δυνάμει ἐπὶ τὸ ἐνεργείᾳ ἑαυτοῦ εἶδος
20 κινεῖσθαι. καὶ γὰρ ἐπὶ τῆς θερμότητος, εἰ κινεῖ μὲν τὸ θερμαντικόν, κι- 40
νεῖται δὲ τὸ δυνάμει θερμὸν εἰς τὸ ἐνεργείᾳ τοιοῦτον, δῆλον, ὅτι τὸ κινεῖ-
σθαι, ἐφ' ὃ πέφυκεν, οὐδὲν ἄλλο ἐστὶν ἢ τὸ εἰς τὸ ἑαυτοῦ εἶδος κινεῖσθαι
καὶ γίνεσθαι θερμὸν κατ' ἐνέργειαν. καὶ ἕως μὲν ἂν φέρηται ἄνω ἢ κάτω,
οὐδέπω τελέως τὸ ἑαυτοῦ εἶδος ἀπείληφε γινόμενον ἔτι, ὅταν δὲ ἀπολάβῃ 45
25 τὸν οἰκεῖον τόπον, τότε καὶ τὸ εἶδος ἀπολαμ|βάνει τὸ οἰκεῖον· τὸ γὰρ 308ᵇ
ἐνεργείᾳ τοῦ ὅπερ ἦν δυνάμει τότε ἀπολαμβάνει.

Διὰ τί οὖν κάτω κινεῖται τὰ σώματα κατὰ φύσιν; ὅτι τὸ βαρεῖ εἶναι
τοῦτό ἐστιν ἐν τῷ κάτω εἶναι κατὰ φύσιν. τὰ οὖν τέως δυνάμει ὄντα
βαρέα ὑπὸ τοῦ κατὰ βαρύτητα κινεῖν πεφυκότος, τουτέστι τοῦ ποιοῦντος 5
30 γῆν ἢ ὕδωρ, μεταβαλλόμενα ἐπὶ τὸ ἐνεργείᾳ εἶναι βαρέα εἰς τὸ οἰκεῖον
εἶδος μεταβάλλει. καὶ γὰρ τὰ μόρια τῶν ὅλων, εἰ καὶ μή ἐστιν αὐτὰ ἐν
προσεχεῖ τινι τόπῳ, ὅταν τοῖς ὅλοις συνεχῆ γένηται, ἀλλὰ μετά γε τῶν

---

1 ποιὸν] -ὸ- e corr. D   2 τυχὸν] -ὸ- e corr. D   εἰς] ὡς A   3 μὲν] μὲν
ἢ A   4 τὴν om. E   κινεῖν] κινῆσαι A   6 post pr. οὔτε del. κατὰ D
οὔτε (sec.) om. Ec   εἰς τὸ τυχὸν om. E   οὔτε (tert.) om. A   7 ἐστὶν c
8 ὑπὸ CDE: ὑπὸ τοῦ Ac   9 οὖν] γοῦν A: om. b   προδιαρθρώσας] mut. in προσ-
διαρθρώσας E²: προδιορθώσας A   πιστωσάμενος] ἐπισωσάμενος A   11 τὸ (pr.)]
τοῦ E   13 κινητὸν A   14 δὲ] εἰ A   τὸ (sec.) A: om. DE   τὸν
αὑτὸν E   αὑτοῦ] αὐτοῦ ADE: αὐτὸν c   15 φερόμενον] post -ό- ras. 4 litt. E
18 τὸ τὸ AF: τὸ DEc   19 ἑαυτοῦ AFb: om. DE   εἶδος om. A   22 εἶδος
om. c   κινεῖσθαι—εἶδος (24)] bis E: corr. E²   23 ἄνω ἢ κάτω Ab: κάτω ἢ ἄνω
DE   24 ἀπείληφε] ἀπείλη- in ras. D   27 post τὰ add. βαρέα E²K²c   βαρεῖ
ADb: βαρὺ Ec   29 τουτέστιν c   30 ἢ Ab: καὶ DE   31 μεταβάλλει om. E:
κινεῖται E²   ὅλων] ἄλλων Ac   32 γε om. DE

ὅλων ἐστὶν ἐν ἐκείνῳ τῷ τόπῳ, ἐν ᾧ γενόμενα τὸ ἐνεργείᾳ καὶ τὴν κατὰ 308ᵇ
τὸ εἶδος τὸ ἑαυτῶν ἀπείληφε τελειότητα. εἰ δὴ ταῦτα ἀληθῆ καί, ὡς ὁ
Ἀριστοτέλης φησί, τὸ εἰς τὸν αὑτοῦ τόπον φέρεσθαι ἕκαστον τό εἰς
τὸ αὑτοῦ εἶδός ἐστι φέρεσθαι, τὸ ἀπολαβὸν τὸ εἶδος τοῦ βαρέος ἢ 15
5 κούφου οὐκέτι φέρεται. εἰ οὖν βαρὺ τὸ πρὸς τὸ μέσον καὶ κοῦφον τὸ
πρὸς τὸ ἄνω, πρῶτον μὲν ἀνάγκη καὶ ἐν τοῖς οἰκείοις τόποις ἔχειν βαρύ-
τητα καὶ κουφότητα, μᾶλλον δὲ ἐκεῖ μόνον ἔχειν κατ' ἐνέργειαν· ἔπειτα,
εἰ βαρὺ τὸ πρὸς τὸ μέσον καὶ κοῦφον τὸ πρὸς τὸ ἄνω, οὐ κατὰ τὴν αὐτὴν
πρὸς τὸ ἄνω καὶ κάτω χαρακτηριστέον, ἀλλὰ κατὰ τὴν σύννευσιν. 20
10 Ταῦτα μὲν οὖν περὶ τῆς τῶν εἰρημένων ἐννοίας· κατὰ δὲ τὴν λέξιν,
εἰ μέν, ὡς ἔν τισι τῶν ἀντιγράφων, εἰ μὲν εἰς τὸ ἄνω καὶ τὸ κάτω
κινητικὸν μὲν τὸ βαρυντικὸν γέγραπται, σαφὲς τὸ λεγόμενόν ἐστιν· εἰ
δέ, ὡς ὁ Ἀλέξανδρος γράφει, "εἰ μὲν τὸ ἄνω καὶ τὸ κάτω", ἀρχαιοπρεπῶς 25
ἑρμηνευθὲν ἀντὶ τοῦ ἐπὶ τὸ ἄνω καὶ τὸ κάτω εἴρηται.

15 p. 310ᵇ1   Καὶ ταύτῃ ἄν τις μᾶλλον ὑπολάβοι ἕως τοῦ οὕτως ἔχει
πρὸς ἄλληλα.

Εἰπών, ὅτι τὸ εἰς τὸν αὑτοῦ τόπον φέρεσθαι τὸ εἰς τὸ ἑαυτοῦ εἶδός
ἐστι φέρεσθαι ἀπὸ τοῦ δυνάμει εἰς τὸ ἐνεργείᾳ, κατὰ τοῦτο, φησί, μᾶλλον
ἄν τις ἀποδέχοιτο καί, ὅταν οἱ παλαιοὶ λέγωσι τὸ ὅμοιον πρὸς τὸ ὅμοιον 35
20 φέρεσθαι· ὅμοιον γὰρ τὸ δυνάμει τῷ ἐνεργείᾳ καὶ τὸ γινόμενόν τι τῷ ἤδη
ὄντι τοιούτῳ. ὡς γὰρ ὑπολαμβάνουσί τινες εἰρῆσθαι τοῦτο, ὅτι ἡ γῆ πρὸς
τὴν γῆν, οὐ συμβαίνει πάντως· οὐ γάρ, ἂν μεταθῇ τις τὴν γῆν, ὅπου
νῦν ἐστιν ἡ σελήνη, οἰσθήσεται τὰ μόρια αὐτῆς ἔτι πρὸς αὐτήν. καὶ νῦν 40
γὰρ οὐ διὰ τοῦτο κάτω φέρεται τὰ μόρια τῆς γῆς, ὅτι ἡ γῆ κάτω, ἀλλ'
25 ὅτι τοῖς ὁμοίοις καὶ ἀδιαφόροις ὑπὸ τοῦ αὐτοῦ κινητικοῦ συμβαίνει τὴν
αὐτὴν κινεῖσθαι κίνησιν· διὰ τοῦτο οὖν, ὅπου τὸ πᾶν, ἐκεῖ καὶ τῶν μορίων
ἕκαστον πέφυκε φέρεσθαι, ἀλλ' οὐχ ὅτι πρὸς τὴν γῆν. τὰ μὲν οὖν ὅμοια 45
καὶ οὐχ ἁπλῶς ὅμοια ἀλλὰ τὰ αὐτὰ τῇ φύσει οὐδ' ἂν λέγοιτο κυρίως 309ᵃ
ἐπὶ τὸ ὅμοιον, ἀλλ' ἐπὶ τὸ αὐτὸ φέρεσθαι ταῦτα. εἴπερ δὲ ὅλως κυριώ-

---

1 ὅλων] ἄλλων DE   ἐν (pr.) — ᾧ] ἐν E: ἐν E²   γινόμενα c   τὴν om. A:
corr. ex τὸ E²   2 τὸ (alt.)] del. E²   3 φησίν E   αὑτοῦ] corr. ex αὐτοῦ K:
αὑτοῦ ADEF   4 αὑτοῦ c: αὐτοῦ ADE: ἑαυτοῦ F   ἀπολαυὸν E: corr. E²
6 πρῶτον — ἄνω (8) om. b   7. 8 ἔπειτα εἰ A: ἐπεὶ τὸ ἀεὶ DE   8 τὸ πρὸς (alt.)] bis
E: corr. E²   8. 9 αὐτὴν πρὸς ADEb: ἀφὴν πρὸς Fc; verba corrupta (τὸ ἄνω καὶ
κάτω subiectum est), fort. αἴσθησιν ἡμῶν   9 ante τὸ del. ταῦτα D   ἀλλά] ἀλλ'
οὐ A   11 τισιν c   12 ἐστι E: corr. E²   13 κάτω ADE: κάτω κινητικὸν
μὲν τὸ βαρυντικόν, τὸ ἄνω καὶ τὸ κάτω Fc: deorsum motivum quidem quod generativum
scriptum est illud sursum et deorsum b   14 καὶ] καὶ ἐπὶ A   15 ἄν τις μᾶλλον AFb:
μᾶλλον ἄν τις DEc   τοῦ om. D   17 αὑτοῦ] αὐτοῦ ADF: mut. in αὑτὸν E¹: corr.
ex αὑτὸν K: αὐτὸν c   18 ἐστι om. A   ἀπὸ — φέρεσθαι (20) om. D: mg. E²
20 τῷ (pr.)] e corr. C: corr. ex τὸ E²   22 ἂν] suprascr. E²: om. F   24 τοῦτο]
τὸ DE: corr. E²

τερον βούλεταί τις τὴν ἐπὶ τὸ ὅμοιον φορὰν εὑρεῖν, τὴν ἐπὶ τὸν αὐτοῦ 309ᵃ τόπον εὑρήσει. ἐπειδὴ γὰρ τόπος ἐστὶ τὸ τοῦ περιέχοντος πέρας, τὸ ἐπὶ τὸν οἰκεῖον τόπον φερόμενον ἐπὶ τὸ πέρας φέρεται τοῦ περιέχοντος· τὸ δὲ περιέχον ὅμοιόν ἐστι τῷ περιεχομένῳ, διότι τὰ ἐφεξῆς ὅμοιά ἐστιν
5 ἀλλήλοις, οἷον ὕδωρ ἀέρι καὶ ἀὴρ πυρί. καὶ ἀνάπαλιν δὲ ἐπὶ τῶν μέσων ἀληθὲς εἰπεῖν ὅμοια εἶναι, ἀέρα μὲν οὐ μόνον πυρὶ ὅμοιον εἶναι ἀλλὰ καὶ ὕδατι, ὥστε καὶ τῷ ὑπερκειμένῳ καὶ τῷ ὑποκειμένῳ, καὶ ὕδωρ ὁμοίως τῷ τε ἀέρι καὶ τῇ γῇ. τὰ μέντοι ἄκρα τό τε πῦρ καὶ ἡ γῆ οὐκέτι ἔχει τὸ τοιοῦτον ἀνάπαλιν· οὔτε γὰρ τὸ πῦρ ὑπερκείμενόν τι ἔχει οὔτε ἡ
10 γῆ ὑποκείμενον. ὅτι δὲ ὅμοια τὰ ἐφεξῆς, δῆλον ἐκ τοῦ ῥᾳδίως μεταβάλλειν εἰς ἄλληλα κατὰ τὴν ἐνυπάρχουσαν αὐτοῖς κοινὴν ποιότητα συγγενῆ ὄντα· κατὰ ταύτην δὲ τάχα καὶ τὸ πῦρ καὶ ἡ γῆ τὸ ἀνάπαλιν ἕξουσι κοινὴν ἔχοντα τὴν ξηρότητα.

Καὶ ἡ μὲν ὅλη τοῦ λόγου συναγωγὴ τοιαύτη· τὸ ἐπὶ τὸν οἰκεῖον
15 τόπον φερόμενον ἐπὶ τὸ περιέχον φέρεται· τὸ ἐπὶ τὸ περιέχον φερόμενον ἐπὶ τὸ ὅμοιον φέρεται. εἰπὼν δέ, ὅτι ὁ τόπος ἐστὶ τὸ τοῦ περιέχοντος πέρας, ἐπήγαγεν· περιέχει δὲ πάντα τὰ κινούμενα, οὐχ ἁπλῶς, ἀλλ' ἄνω καὶ κάτω, τό τε ἔσχατον καὶ τὸ μέσον· τὸ γὰρ κυκλοφορητικὸν σῶμα αὐτὸ ὂν τὸ ἔσχατον οὐ περιέχεται ὑπὸ τοῦ ἐσχάτου καὶ
20 τοῦ μέσου, ἀλλὰ μόνα τὰ ἄνω καὶ κάτω κινούμενα. τοῦτο δὲ οὐ μάτην, οἶμαι, προσέθηκεν, ἀλλ' ἐνδεικνύμενος, ὅτι τῶν μὲν ἐπὶ τὸ ἄνω κινουμένων τὸ ὑπερκείμενόν ἐστι περιεκτικὸν τοῦ ὑποκειμένου, ὥσπερ τὸ πῦρ τοῦ ἀέρος, τῶν δὲ ἐπὶ τὸ κάτω τὸ ὑποκείμενον· ταῦτα γὰρ πλησιαίτερα τῶν περιεχόντων ἐστὶ τοῦ τε ἐσχάτου καὶ τοῦ μέσου. τὸ δὲ περιέχον, φησί, τρό-
25 πον τινὰ εἶδος γίνεται τοῦ περιεχομένου, ὃ περιεχόμενον εἶπεν ὡς ἐφεξῆς κείμενον· εἰ γὰρ τοῖς μὲν τὸ εἶδος ὁ ἄνω τόπος δίδωσι κούφοις τότε γινομένοις, ὅταν ἐν τῷ ἄνω τόπῳ γένωνται, τοῖς δὲ βαρέσι τὸ κάτω, τῷ μὲν πυρὶ τὸ ἔσχατον ἄνω ἐστὶ τὸ εἶδος ὡς ἐν ἐκείνῳ τὸ τέλειον ἔχοντι, τῷ δὲ ἀέρι τὸ πῦρ, ὅτι μέχρι ἐκείνου ἡ ἄνοδος· καὶ πάλιν τῇ μὲν γῇ τὸ
30 μέσον ἐστὶν εἶδος, τῷ δὲ ὕδατι ἡ γῆ, διότι τὸ ὕδωρ ἐν γῇ γενόμενον ὡς τὸ ἑαυτοῦ εἶδος ἀπειληφὸς τὸ κατὰ βάρος ἠρεμεῖ. καί ἐστι τὰ μὲν εἴδει

---

1 τὴν om. c   αὐτοῦ c: αὐτοῦ ADE   4 τὰ om. D: suprascr. E²   5. 6 τῶν μέσων] τὸ μέσον A   7 ὑπερκειμένῳ καὶ τῷ CEb: om. ADc   8 τῇ γῇ CDEb: πυρὶ Ac   9 ὑπερκείμενον] corr. ex ὑποκείμενον E²   10 ὑποκείμενον—τοῦ AE²K²b: om. DEF: ᾧ καὶ C   11 κατὰ AE²K²b: ἀλλὰ DE: ἀλλὰ τὰ κατὰ F: οὐ δύνανται ἀλλὰ κατὰ C   12 καὶ τὸ— ἔχοντα (13) om. A   15 ἐπὶ (pr.)—φέρεται (16) om. b φέρεται] corr. ex φαίνεται A   16 post φέρεται add. τὸ ἄρα ἐπὶ τὸν οἰκεῖον τόπον φερόμενον ἐπὶ τὸ ὅμοιον φέρεται E²K²c   τοῦ om. A   17 ἐπήγαγε DE τὰ] suprascr. E²   18 ἀλλ' Ab: ἀλλὰ καὶ DE: ἀλλὰ F   19 ὑπὸ] ὑπό τε c   22 περιεκτικτικὸν E   23 τὸ (alt.) om. A   γὰρ] δὲ A   24 δὲ] γὰρ Ac   27 βαρέσιν c   τὸ] ὁ c   τῷ ACE²: τοῖς D: τὸ EFb   28 πυρὶ AE²: περὶ CDEFb   29 μέχρις CFc   μὲν γῇ A: γῇ μὲν CDE 30 ἐστὶν CDE: ἐστὶ A: ἐστὶ τὸ c   διότι Ab: διὸ CDE   31 εἴδει CE²F: εἴδη ADEb

ἀνάλογα τὰ ἄκρα ὡς εἰδοποιὰ τῶν ἐφεξῆς κειμένων, τὰ δὲ ὕλη τὰ μέσα 309ᵃ ὡς εἰδοποιούμενα παρ' ἐκείνων· τὸ μὲν γὰρ πῦρ τῷ ἀέρι κουφότητα ἐνδί- 42 δωσιν, ἡ δὲ γῆ τῷ ὕδατι βαρύτητα. ἄλλος δὲ οὗτος ὁ τρόπος ἐστὶ τῆς εἰς τὰ εἰδικὰ καὶ ὑλικὰ τῶν τεσσάρων στοιχείων διαιρέσεως καὶ ἄλλος ἐκεῖ-
5 νος, καθ' ὃν τὰ μὲν βαρέα καὶ ψυχρὰ ὕλης λόγον ἔχειν, τὰ δὲ κοῦφα καὶ 45 θερμὰ εἴδους, αὐτός τε Ἀριστοτέλης ἐν ἄλλοις | λέγει καὶ Θεόφραστος 309ᵇ ἐν τῷ Περὶ τῆς τῶν στοιχείων γενέσεως, καὶ Ποσειδώνιος ὁ Στωικὸς παρὰ τούτων λαβὼν πανταχοῦ χρῆται.

Ὁ δὲ ἐξηγητὴς Ἀλέξανδρος ἐφιστάνει μὲν τῷ ἄλλην εἶναι τὴν νῦν
10 παραδιδομένην κατὰ τὸ ὑλικὸν καὶ εἰδικὸν τῶν στοιχείων διαίρεσιν, λέγει 5 δὲ τὸ ὕδωρ τῆς γῆς εἶναι εἶδος καὶ οὐκ ἀνάπαλιν, ὡς ἐγὼ νομίζω· γράφει δὲ οὕτως· "ἔστι μὲν οὖν ἁπλῶς ὑλικὰ ἡ γῆ καὶ τὸ ὕδωρ καὶ ἁπλῶς εἰδικὰ τὸ πῦρ καὶ ὁ ἀήρ, πρὸς ἄλληλα δὲ καὶ ὡς προσεχῆ εἴδη καὶ ὡς προσεχεῖς ὕλαι τὰ ἐγγὺς ἀλλήλων ὄντα ὀλίγην ἔχοντα τὴν κατὰ τὸ ὑλικὸν παρ- 10
15 αλλαγήν· καὶ γὰρ τὸ ὕδωρ τῆς γῆς εἶδός πως καίτοι ὂν καὶ αὐτὸ ὑλικόν, ὅτι πρὸς ταύτην οὕτως ἔχει." καίτοι εἰ οἱ τόποι εἰσὶν εἰδοποιοί, ὡς ὁ Ἀριστοτέλης φησίν, ὅ τε ἔσχατος καὶ ὁ μέσος, καί ἐστι τῷ ὕδατι ἡ κατὰ φύσιν ῥοπὴ ὡς πρὸς εἶδος καὶ τελειότητα πρὸς τὸ μέσον, προσεχεστέρα 15 δὲ τῷ μέσῳ τοῦ ὕδατος ἡ γῆ, αὕτη ἂν μᾶλλον πρὸς τὸ ὕδωρ εἴδους ἔχοι
20 λόγον ἢ τὸ ὕδωρ πρὸς τὴν γῆν· τὸ γὰρ τῆς βαρύτητος εἶδος ἀπὸ τοῦ μέσου πρώτως ἡ γῆ λαβοῦσα καὶ τῷ ὕδατι αὐτοῦ μεταδίδωσι· καὶ ὡς ἔχει πρὸς τὸν ἀέρα τὸ πῦρ, οὕτως ἔχει ἡ γῆ πρὸς τὸ ὕδωρ. ἔοικε δὲ ὁ Ἀλέξανδρος 20 πρὸς τὸ ὑπὸ τοῦ Ἀριστοτέλους ῥηθὲν ἀπιδεῖν τὸ ἀεὶ γὰρ τὸ ἀνώτερον πρὸς τὸ ὑφ' ἑαυτό, ὡς εἶδος πρὸς ὕλην, οὕτως ἔχει πρὸς ἄλληλα.
25 μήποτε δὲ περιέχειν εἰπὼν πάντα τὰ κινούμενα ἄνω καὶ κάτω τὸ ἔσχατον καὶ τὸ μέσον, ὡς περιέχον καὶ τὸ μέσον ἀνώτερον εἶπε τοῦ ὑφ' ἑαυτοῦ 25 περιεχομένου. τὸ δὲ ἔσχατον καὶ τὸ μέσον τρόπον τινὰ εἶδος γίνεσθαι τῶν περιεχομένων φησίν, ὅτι οὐκ αὐτά ἐστι αὐτῶν εἴδη, ἀλλὰ τὰ ὑπ' αὐτῶν ἐνδιδόμενα, τοῦ μὲν ἐσχάτου τὸ ἄνω καὶ ἡ κουφότης εἰδοποιὸς οὖσα τῶν
30 κούφων, ἀπὸ δὲ τοῦ μέσου ἡ βαρύτης καὶ τὸ κάτω.   30

---

1 ἀνάλογα ACE²: ἀνάλογον DEb   τὰ (alt.)] τὰ δὲ Α   2. 3 ἐνδίδωσιν] e corr. D
3 ἐστὶν Ec: ν eras. E   τῆς] corr. ex τοῖς E²   5 ἔχειν DE: ἔχει Ab: ἐπέχει C
6 ante αὐτός add. ὡς K²c   τε E²: corr. ex δὲ K: δὲ AEFb: δὲ ὁ D   ἄλλοις] cf. Περὶ γενέσεως καὶ φθ. II 8   Θεόφραστος] fragm. om. Wimmer   7 Περὶ] corr. ex πυρὶ E²
γενέσεως] γεννήσεως A   9 τῷ AE²: τὸ DEc   10 παραδεδομένην Fc   12 εἰδικὰ] διὰ DE: corr. E²   13 δὲ om. A   14. 15 παραλλαγὴν] corr. ex παρ' ἄλληλα γῆν E²
15 καίτοι ὂν AF: mut. in καὶ ποιὸν K: καὶ ποιὸν DE: *equidem existens* b   16 εἰ om. D
οἱ om. E   16. 17 ὡς ὁ] καὶ ὡς A   17 φησίν A: λέγει DEF   ἔστι E
ἔσται E   19 ἔχοι] corr. ex ἔχει A: ἔχει DE   21 αὐτοῦ A: αὐτὴ D: αὐτῇ EF
23 ἀπιδεῖν om. A   24 αὐτὸ c   26 εἶπεν E: corr. E²   28 τῶν] e corr. D
περιεχομένων D: ἐχομένων AEb   ὑπ' DE: ἀπ' Ac   29 ἐνδιδόμενα DEF: ἐκδιδόμενα Ac   τὸ A: om. DE

p. 310ᵇ16 Τὸ δὲ ζητεῖν, διὰ τί φέρεται τὸ πῦρ ἄνω ἕως τοῦ ὥστε 309ᵇ
πρώτη ἂν εἴη καὶ κατὰ τὴν οὐσίαν αὕτη ἡ κίνησις.

Δείξας, ὅτι τὰ ἄνω καὶ τὰ κάτω φερόμενα κατὰ φύσιν ὡς ἐπὶ τὸ 35
οἰκεῖον εἶδος καὶ τὴν οἰκείαν τελειότητα φέρεται καὶ ἀπὸ τοῦ δυνάμει εἰς
5 τὸ ἐνεργείᾳ, οὗ τὴν δύναμιν εἶχε, νῦν τοῦτο πιστοῦται καὶ ἀπὸ τῶν ἄλλων
κινήσεων δεικνύς, ὅτι, ὡς ἐπ' ἐκείνων ἀπὸ τοῦ δυνάμει εἰς τὸ οἰκεῖον
ἐνεργείᾳ καὶ οὐκ εἰς ἄλλο τι γίνεται ἡ κατὰ φύσιν μεταβολή, οὕτω καὶ 40
ἐπὶ τῆς κατὰ τόπον ἔχει. διό, φησίν, οὐδὲν διαφέρει ζητεῖν, διὰ τί τὸ
πῦρ ἄνω φέρεται ἢ δὲ γῆ κάτω, τοῦ ζητεῖν, διὰ τί τὸ ὑγιαστόν, ἄν, καθ'
10 ὃ ὑγιαστόν ἐστι, μεταβάλλῃ, εἰς ὑγίειαν ἔρχεται, ἀλλ' οὐκ εἰς λευκότητα·
ὁμοίως δὲ καὶ τὰ ἄλλα πάντα τὰ ἀλλοιωτά. καὶ τὸ αὐξητὸν δέ, 45
ὅταν μεταβάλλῃ, καθ' ὃ αὐξητόν, οὐκ εἰς ὑγίειαν ἔρχεται οὐδὲ | εἰς ἄλλην 310ᵃ
ποιότητα, ἀλλ' εἰς μεγέθους ὑπεροχήν, διότι κατὰ ποσόν ἐστιν ἡ μεταβολή,
ἀλλ' οὐ κατὰ ποιόν. οὕτως οὖν καὶ ἐν τοῖς κατὰ τόπον κινου-
15 μένοις τὰ μὲν κοῦφα ἄνω τὰ δὲ βαρέα κάτω καὶ οὐκ ἐπ' ἄλλο τι
κινεῖσθαι πεφύκασι· τὸ γὰρ πῦρ κάτω ὂν κοῦφον οὕτως ἐστὶ καὶ λέγεται 5
ὡς ἐπιπολαστικὸν καὶ δυνάμει τέως ἔχον τὸ ἐπιπολάζειν, ὁμοίως δὲ καὶ
ἡ γῆ ἄνω ὡς ὑποστατικὸν καὶ δυνάμει τέως ἔχουσα τὸ ὑφίστασθαι, ὡς
καὶ τὸ ὑγιαστόν. ὅταν δὲ κινῆται, καθ' ὃ τοιαῦτα, τὸ μὲν πῦρ ἐπὶ τὸ
20 ἄνω καὶ τὸ ἐπιπολάζειν ὡς ἐπ' οἰκεῖον εἶδος καὶ τὸ ἐνεργείᾳ τὸ ἑαυτοῦ 10
κινεῖται καὶ τὴν τελειότητα, ἡ δὲ γῆ ἐπὶ τὸ κάτω καὶ τὸ ὑφίστασθαι, καὶ
οὐκ ἐπ' ἄλλο τι κατὰ φύσιν οὐδέτερον. ταῦτα δέ, ὡς καὶ μετ' ὀλίγον
μαθησόμεθα, λέγεται ἐπὶ τῶν ἔτι γινομένων καὶ μεταβαλλόντων καὶ μήπω
τὴν ἑαυτῶν τελειότητα καὶ τὸ ἐνεργείᾳ τὸ ἑαυτῶν τελέως ἀπειληφότων, 15
25 ἀλλ' ἐπὶ τοῦτο κινουμένων, ὅπερ ὑπάρχει καὶ τῷ κάτω ὄντι πυρὶ καὶ τῇ
ἄνω οὔσῃ γῇ. ἐναργέστερον δὲ ἐπὶ τῶν ἀναθυμιάσεων ὁρᾶται οὔπω
τελέως εἰς ἀέρα τῆς μεταβολῆς γινομένης καὶ ἐπὶ τῶν ἐξυδατουμένων,
ὡς ἡ δρόσος ἔχει καὶ ἡ πάχνη· φέρεται γὰρ ταῦτα οὔπω ὄντα ἐνεργείᾳ 20
ἀὴρ ἢ ὕδωρ.

30 Ἐπισημαίνεται δὲ πρὸς τὰς γραφὰς ὁ Ἀλέξανδρος λέγων, ὅτι ἀντὶ
τοῦ τὸ δὲ ζητεῖν ἄμεινον ἦν "τὸ δὴ ζητεῖν" γεγράφθαι, διότι τοῦτο ὡς
ἐπὶ προδεδειγμένοις ἐπήχθη. δύναται δὲ καὶ διὰ τοῦ εἰ γεγράφθαι καλῶς

---

1 τὸ πῦρ — καὶ (2)] ἕως D   ὥστε — κίνησις (2) om. E   2 καὶ AFb: om. c
ἡ om. c   3 καὶ τὰ] καὶ A: τὰ e corr. C   5 οὗ] οὐ AE: corr. E²   7 γίγνεται DE   9 γῇ δὲ A   10 μεταβάλλει DE: corr. E²   ὑγίειαν A: ὑγιείαν DEFc
12 ὑγίειαν c   οὐδὲ A: οὐδ' DEF   16 πέφυκε   ἐστὶν c   18 ὡς (alt.) —
ὑγιαστόν (19) del. E²   19 κινῆται] -ῇ- e corr. E   τοιαῦτα] τοιαῦτα εἶδος D
20 ἐπιπολάζον Ac   23 ἐπὶ] καὶ ἐπὶ D   ἔτι om. DE   24 ἑαυτῶν (pr.)] ἑαυ A
τελέως DE   25 τῷ] corr. ex τὸ E²   27 τελέως F   31 τοῦ τὸ] τοῦτο A
τὸ δὲ] corr. ex τόδε E²   τὸ (alt.)] del. E²   32 ἐπὶ] ἐν A   εἰ] mut.
in ε E²: ε c

τὴν ὁμοιότητα τὴν πρὸς τὰς ἄλλας κινήσεις τῶν κατὰ τόπον κινουμένων 310ᵃ
παραδεικνύον καὶ ἀπ' ἐκείνων ταύτην πιστούμενον. "καὶ τὸ ὁμοίως καὶ 26
τούτων ἕκαστον ἤτοι, φησίν, ἔδει γεγράφθαι ʽὁμοίως δὲ καὶ τῶν ἄλλων
ἕκαστον' ἢ ʽὁμοίως δὲ ὡς τούτων ἕκαστον'· τὸ γὰρ ἀκόλουθον, φησίν,
5 ἐστίν, ὡς ταῦτα, οὕτω καὶ τὰ ἐν τόπῳ." μήποτε δὲ οὐδεμιᾶς ὑπαλλαγῆς 30
ἡ λέξις δεῖται, ἐὰν κατὰ συναφὴν ἀναγνωσθῇ· λέγει γὰρ ὁμοίως δὲ καὶ
τούτων ἕκαστον, τὸ μὲν ἐν τῷ ποιῷ, τὸ δὲ ἐν τῷ ποσῷ μετα-
βάλλει, καὶ ἐν τόπῳ τὰ μὲν κοῦφα ἄνω, τὰ δὲ βαρέα κάτω. πῶς
γὰρ ἂν εἶπεν ἕκαστον ἐπὶ δυοῖν τοῦ τε κατὰ ποιότητα καὶ τοῦ κατὰ πο- 35
10 σότητα μεταβάλλοντος, εἰ μὴ τρίτον αὐτοῖς τὸ κατὰ τόπον συνέταττεν;
ἐπιστῆσαι δὲ χρή, ὅτι δυνάμενος καὶ ἐπὶ τῶν κατ' οὐσίαν μεταβαλλόντων,
τουτέστι τῶν γινομένων, τὰ αὐτὰ λέγειν ὁ Ἀριστοτέλης, ἅπερ ἐπὶ τῶν ἀλ-
λοιουμένων, ὅτι καὶ ἐκεῖνα ἀπὸ τοῦ δυνάμει εἰς τὸ ἐνεργείᾳ μεταβάλλει, 40
παρῆκεν ὅμως ἐκεῖνα, διότι οὐδὲ κινεῖσθαι βούλεται αὐτὰ μήπω ὄντα, ἅπερ
15 λέγεται, τὴν δὲ κίνησιν ἐν τοῖς τρισὶν ἀπολείπει τοῖς κατὰ ποσότητα καὶ
ποιότητα καὶ κατὰ τόπον μεταβάλλουσι, διὸ ὡς ἀπὸ ὁμοίων τῶν αὐξομένων
καὶ ἀλλοιουμένων τὰ κατὰ τόπον κινούμενα ἐπιστώσατο. 45

Εἰπὼν δὲ ὁμοίως ἔχειν τὰς ζητήσεις ἐπί τε τῶν κατὰ τόπον κινου-
μένων, διὰ τί ἡ μὲν γῆ κάτω τὸ δὲ | πῦρ ἄνω κινεῖται, καὶ ἐπὶ τῶν 310ᵇ
20 κατὰ ποσότητα καὶ ποιότητα, ἐφεξῆς τὴν διαφορὰν τῆς κατὰ τόπον κινή-
σεως πρὸς τὰς ἄλλας παραδίδωσιν, ὅτι τὰ μὲν κατὰ τόπον κινούμενα ἐν
αὑτοῖς ἔχειν δοκεῖ τὴν ἀρχὴν τῆς μεταβολῆς τὴν βαρύτητα καὶ τὴν κου- 5
φότητα, τὰ δὲ κατὰ ποιότητα καὶ ποσότητα οὐκέτι, ἀλλ' ὑπ' ἄλλων κινεῖται
τῶν ἔξωθεν αὐτὰ μεταβαλλόντων, οἷον τῶν ἀλλοιούντων καὶ αὐξανόντων.
25 εἶτα καὶ τὴν ὁποιανοῦν ἐν τοῖς διαφέρουσιν ὁμοιότητα ἐπιδεικνύων, ἔστιν ὅτε,
φησί, καὶ ταῦτα τὰ ἀλλοιούμενα καὶ αὐξόμενα ἐξ ἑαυτῶν μεταβάλλει· 10
καὶ γὰρ ὑγιάζονταί τινες οὐδὲν ἰατρικῆς δεηθέντες καὶ αὔξονται τῆς ἐν
αὐτοῖς θρεπτικῆς καὶ αὐξητικῆς δυνάμεως ἐνεργούσης. καλῶς δὲ προσέ-
θηκε τὸ μικρᾶς γενομένης ἐν τοῖς ἔξω κινήσεως δεικνύς, ὅτι οὐχ
30 ὁμοίως τοῖς κατὰ τόπον κινουμένοις τὴν ὅλην τῆς κινήσεως αἰτίαν ἐξ ἑαυ- 15
τῶν ἔχουσι ταῦτα· καὶ γὰρ τροφῆς δεῖται προσφερομένης καὶ τὸ αὐξόμενον
καὶ τὸ ὑγιαζόμενον καὶ ἀέρων εὐκρασίας· τὸ μέντοι ὑγιάζον καὶ αὖξον
προσεχῶς ἡ φύσις ἐστὶν ἡ τούτοις χρωμένη. εἰπὼν δέ, ὅτι εἰς ὑγείαν ἐξ

---

2 παραδεικνύων AE   ὁμοίως Ab: ὁμοίως δὲ DEc   3 ἤτοι— τούτων ἕκαστον (4)
Ab: om. DEF   4 δὲ om. b   7 δ' c   8 καὶ om. D   κοῦφ' c   10 μετα-
βάλλοντος DE: μεταβάλλεσθαι Ab   εἰ μὴ τρίτον] ἡμίτριτον A   συνέταττον DE:
corr. E²   12 τουτέστιν ἐπὶ bc   τὰ αὐτὰ om. Ac   13 ὅτι] καὶ αὐξομένων
ὅτι Ac   εἰς τὸ ἐνεργείᾳ] καὶ ἐνεργ̇ A   μεταβάλλειν A   16 μεταβάλλουσι] seq.
ras. 1 litt. E   17 τὰ—κινουμένων (18.19)] bis D   20 τὴν om. E
22 αὑτοῖς EF: corr. E²   καὶ om. DE   23 ἄλλων AE²: ἀλλήλων DEF
26 αὐξόμενα A: αὐξανόμενα DE: τὰ αὐξανόμενα F: τὰ αὐξόμενα c   27 τῆς] e
corr. E²   28. 29 προσέθεικε E, sed corr.   29 γεναμένης E: corr. E²
ἐν τοῖς ἔξω γενομένης A   32 ἀέρα A: aeris b   33 ἐστὶ Ac   ἡ τούτοις
om. A   ὑγίειαν DEc

SIMPLICII IN L. DE CAELO IV 3 [Arist. p. 310ᵇ16]   703

ἑαυτοῦ μεταβάλλει βραχείας ἔξωθεν δεηθέντα συνάρσεως, προστίθησιν, ὅτι 310ᵇ
τὸ αὐτό ἐστι τὸ ὑγιαστὸν καὶ τὸ νόσου δεκτικόν, διό, ἂν μὲν καθ' ὃ ὑγια- 21
στὸν κινηθῇ, εἰς ὑγείαν φέρεται, ἂν δὲ καθ' ὃ νοσερόν, εἰς νόσον· ἕκαστον
γὰρ ἐπ' ἐκεῖνο κινεῖται, πρὸς ὃ τὴν δύναμιν ἔχει. συναγαγὼν οὖν, ὅτι τὰ
5 κατὰ τόπον κινούμενα (ταῦτα γάρ ἐστι τὸ βαρὺ καὶ κοῦφον) μᾶλλον τῶν 25
ἄλλως κινουμένων ἐν ἑαυτοῖς ἔχει τὴν τῆς κινήσεως ἀρχήν, τὴν αἰτίαν
ἐπήγαγε τούτου τὸ τὰ κατὰ τόπον κινούμενα τελειότερα εἶναι, τὰ δὲ τελειό-
τερα καὶ ἤδη ὄντα κατ' ἐνέργειαν μᾶλλον ἔχειν ἐν ἑαυτοῖς τὴν τῆς κινήσεως
ἀρχήν. διὰ τοῦτο γὰρ καὶ τὰ ζῷα καὶ ὅλως τὰ ἔμψυχα τελειότερα τῶν 30
10 ἄλλων ὄντα τούτῳ μάλιστα πλεονεκτεῖ τῷ ἐξ ἑαυτῶν κινεῖσθαι· τὸ γὰρ
ἀτελὲς καὶ μηδέπω ὂν ὑπὸ τούτου κινεῖται, ὑφ' οὗ καὶ γίνεται. τοῦ δὲ
τελειότερα τὰ κατὰ τόπον κινούμενα εἶναι αἴτιον ἐπήγαγε τὸ τὴν τούτων
ὕλην ἐγγύτατα τῆς οὐσίας εἶναι ἀσαφῶς τὸ αἴτιον αἰνιξάμενος· ὕλην μὲν
γὰρ λέγει τὴν ἐπιτηδειότητα αὐτῶν καὶ τὸ δυνάμει, οὐσίαν δὲ τὸ τέλειον 35
15 αὐτῶν εἶδος· πᾶν γὰρ τὸ δυνάμει ὕλη ἐστὶ πρὸς τοῦτο, ὃ δύναται, καὶ ἡ
ἑκάστου οὐσία κατὰ τὸ τέλειον αὐτοῦ εἶδος ἀφώρισται. ἐπεὶ οὖν τὰ κατὰ
τόπον κινούμενα οὐ κατά τι τῶν ἐν ἑαυτοῖς μεταβάλλει, ἀλλὰ κατὰ τὸν 40
τόπον μόνον, κἂν ἔχῃ τι ἀτελὲς ἔτι, διὸ καὶ κινεῖται, τὰ οὖν κατ' οὐσίαν
ἤδη τέλεια ἐγγύς ἐστι τῆς κατὰ τόπον τελειότητος· ἡ γὰρ κατὰ τὴν τοπι-
20 κὴν κίνησιν ἐπιτηδειότης οὐχ ὡς πρὸς οὐσίαν ἀλλ' ὡς πρὸς ἐνέργειαν ἵεται,
διὸ καὶ τὰ θεῖα σώματα τὴν κίνησιν ταύτην οὐκ ἀπηξίωσε κινηθῆναι ὡς 45
πολὺ τὸ ἐνεργητικὸν ἔχουσαν. τὸ μὲν γὰρ ἀλλοιοῦσθαι καὶ τὸ αὔξεσθαι
καὶ ἔτι πρὸ | τούτων τὸ γίνεσθαι πάθη μᾶλλόν ἐστιν, ἡ δὲ κατὰ τόπον 311ᵃ
κίνησις ἐνέργειά ἐστι μᾶλλον, διὸ τὰ κατὰ τόπον κινούμενα, καθ' ὃ μὲν κι-
25 νεῖται ὅλως, οὐδέπω μὲν τὴν κατὰ τοῦτο τελειότητα ἀπείληφεν, εἴ γε ἐπὶ
τὴν ἐντελέχειαν καὶ τὸ εἶδος τὸ ἑαυτῶν τὸ κατὰ τοῦτο κινεῖται, ἀφικόμενα 5
δὲ εἰς τὸν οἰκεῖον τόπον διὰ τῆς κατὰ τόπον κινήσεως τὴν οἰκείαν ἀπολαμ-
βάνει κατὰ τοῦτο τελειότητα ἐνεργείᾳ γινόμενα τοῦτο, ὃ τέως ἦν δυνάμει
μόνον. εἰκότως οὖν τὴν τούτων ἐπιτηδειότητα ἐγγύτατα τῆς κατ' αὐτὴν
30 τελειότητος εἶπεν, εἴ γε τέλεια ὄντα κατ' οὐσίαν ἐνεργεῖν δεῖται μόνον, 10

---

1 ἑαυτῶν c   δεηθέντα] corr. ex τὰ E²   συναρμόσεως A   2 ἐστι] seq. ras.
1 litt. E   τὸ (sec.)] τό τε Ac   νόσου] corr. ex νόσο E²   δεκτηκόν E: corr. E²
ἂν] post ras. 1 litt. E   3 κινηθεῖ E: corr. E²   ὑγίειαν c   5 κοῦφον AE:
τὸ κοῦφον Cc et e corr. D   6 ἄλλων CD   7 τὸ τὰ ACE²F: τὰ D: τὸ E
9 ἀρχήν] ἀρχὴν τὴν αἰτίαν ἐπήγαγε τούτου DE: corr. E²   10 τῷ] corr. ex τὸ E²
11 ὄν] corr. ex ὦν E   12 τελειότερον E   αἴτιον om. Ac   13 ἐγγύτα-
τον A   14 δυνάμει] δυνάμενον c   15 δυνάμει] δυνάμενον C   ἐστὶν CE:
ν eras. E   16 εἶδος om. A   17 αὐτοῖς A   18 ἔχει E: corr. E²
οὖν] μὲν οὖν C: δὲ c; fort. γοῦν   19 ἤδη om. A   ἡ] corr. ex εἰ E²
20 ἀλλ' ὡς] ἀλλὰ DE   ἵεται F: ἵεται ACDE²: εἴεται E: vadit b: εἴρηται c
23 πρὸ] corr. ex πρὸς E²   25 ὅλως om. CD   τοῦτο CEb: τὸ A:
τόπον D   ἀπείληφε A: ἀπείληφον E   26 κινεῖται] -ι- in ras. E   28 κατά]
καὶ κατὰ A   γινόμενα AC: γενόμενα DEc   29 αὐτήν] αὐτῶν AC: corr. C¹
30 δεῖται] δύναται A

καὶ εἴ γε διὰ τῆς ἐξ ἑαυτῶν κινήσεως αὐτῆς τυγχάνει οὐδενὸς ἄλλου 311ᵃ δεόμενα.

Ὅτι δὲ ἐγγὺς τῆς τελειότητός ἐστι καὶ τελειότερα τῶν ἄλλως κινουμένων τὰ κατὰ τόπον κινούμενα, σημεῖα παράγει δύο, ἓν μὲν τὸ ἀπολε-
5 λυμένων εἶναι τὴν τοιαύτην κίνησιν, τουτέστιν ὁλοκλήρων κατ' οὐσίαν 15 ὄντων καὶ οὐ κατά τι τῶν ἐν ἑαυτοῖς μεταβαλλόντων· τὰ γὰρ γινόμενα καὶ αὐξόμενα καὶ ἀλλοιούμενα οὔπω ἀπολελυμένα ἐστὶν εἰς τὴν καθ' ἑαυτὰ ὑπόστασιν· δεύτερον δὲ ἐκ τοῦ τὰ κατὰ τόπον κινούμενα ὕστερα κατὰ τὴν γένεσιν εἶναι, τὰ δὲ κατὰ τὴν γένεσιν ὕστερα τελειότερα εἶναι· καὶ γὰρ 20
10 ἐπὶ ζῴων τὰ ἀτελῆ τῶν τελείων ἐν τῇ γενέσει προηγεῖται, σπέρμα καὶ καταμήνιον, εἰ τύχοι, καὶ ἐμβρύου κατ' ὀλίγον διάπλασις καὶ ἀπότεξις τῆς μετὰ χρόνον τοῦ τεχθέντος τελειώσεως, ὥστε ὅμοιον ἑαυτῷ γεννῆσαι· καὶ ἐπὶ φυτῶν ὁμοίως ἐξ ἀτελοῦς ἕκαστον εἰς τὸ τέλειον πρόεισι. τὸ δὲ τε- 25 λειότερον πρότερον τῇ οὐσίᾳ ὡς ἕνεκεν τούτου καὶ τῶν ἄλλων προειλημ-
15 μένων. ἀλλὰ μὴν καὶ ἡ κατὰ τόπον κίνησις ὑστέρα τῶν ἄλλων καὶ ἐν ζῴοις καὶ ἐν ἀψύχοις παραγίνεται· ἤδη γὰρ τελειωθέντα τὰ ζῷα κινεῖται κατὰ τόπον, καὶ τὰ φυσικὰ σώματα τελειωθέντα τὴν κατὰ φύσιν ἑαυτῶν 30 κίνησιν τὴν κατὰ τόπον ἀπολαμβάνει, πῦρ μὲν γενόμενον τὴν πρὸς τὸ ἔσχατον, γῆ δὲ τὴν πρὸς τὸ μέσον. προηγεῖται δὲ ἡ ἀλλοίωσις καὶ ἐπ' αὐτῇ
20 ἡ αὔξησις, καὶ οὕτως ἡ κατὰ τόπον κίνησις ἐπιγίνεται καὶ μάλιστα ἐπὶ τῶν τελειοτέρων, οἷα τὰ ζῷά ἐστι. τελειωθέντα γὰρ ἤδη καὶ ἀπολελυμένα 35 ταῦτα τὴν προσήκουσαν τοῖς ζῴοις τοπικὴν κινεῖται κίνησιν. ὥστε πρώτη ἂν εἴη κατὰ τὴν οὐσίαν ἡ τοπικὴ κίνησις τῶν ἄλλων ὑστέρα καὶ τῷ χρόνῳ καὶ τῇ τάξει παραγινομένη.

25 p. 311ᵃ1 "Ὅταν μὲν οὖν γίνηται ἐξ ὕδατος ἀὴρ ἕως τοῦ φέρεται εὐθύς.

Εἰπών, ὅτι τὰ εἰς τὸν αὐτῶν τόπον κινούμενα εἰς τὸ αὐτῶν εἶδος 45 κινεῖται καὶ τὴν αὐτῶν τελειότητα, ἐπειδὴ καὶ ἡ γῆ ἤδη οὖσα ἐπὶ τὸ κάτω κινεῖται καὶ πῦρ ἤδη | ὂν ἐπὶ τὸ ἄνω, διάκρισιν παραδιδῶσιν ἡμῖν τῶν τε ἐν 311ᵇ
30 τῷ γίνεσθαι καὶ ἀπὸ τοῦ δυνάμει εἰς τὸ ἐνεργείᾳ μεταβάλλειν τὴν ἑαυτῶν κίνησιν κινουμένων καὶ τῶν ἤδη ὄντων καὶ λέγει, ὅτι, ὅταν γίνηται ἐξ ὕδατος ἀὴρ καὶ ὅλως ἐκ βαρέος τινὸς κοῦφον, ἔρχεται εἰς τὸ ἄνω, 5

β   α
1 ἑαυτῶν] αὐτῶν A   τυγχάνει οὐδενὸς E, sed α β eras.   3 ἄλλων DE   5 ὁλόκληρον A   7 αὐξόμενα A: αὐξανόμενα CDEc   αὐτὰ D   8 τὰ D: supraser. C¹: om. AEc   11 εἰ] ἔχει εἰ A   12 γενῆσαι A   13 πρόεισιν c   14 πρότερον b: πρῶτον ACDE   15 καὶ (pr.)] seq. ras. 3 litt. E   18 πῦρ] -ῦ- e corr. D   γενόμενα c   19 γῆν DE   21 ἐστι] seq. ras. 1 litt. E: ἔστιν c   25 γίνηται AF: γίγνηται DEc   ἐξ — τοῦ] ἕως ὅταν ἐπίσχον μὴ ᾖ D   27 αὐτῶν (pr.) A: corr. ex αὐτῶν K: αὐτῶν CDEF   αὑτῶν (alt.)] corr. ex αὐτῶν K: αὐτῶν ACDEF   28 καὶ (pr.)] κατὰ Fc   αὐτῶν] corr. ex αὐτῶν K: αὐτῶν ACDEF   29 τὸ πῦρ F   30 γενέσθαι A   αὐτῶν A   31 γίνηται c

SIMPLICII IN L. DE CAELO IV 3 [Arist. p. 311ᵃ1]   705

ἅμα δὲ τῷ ἀπολαβεῖν τὸ εἶδος καὶ γενέσθαι κοῦφον τελέως οὐκέτι γίνεται 311ᵇ
κοῦφον, ἀλλ' ἔστιν. εἰ οὖν κοῦφον τὸ ἐπιπολάζον, ἄνω ἤδη ἐστί· φανερὸν
οὖν, ὅτι δυνάμει ὂν κοῦφον καὶ εἰς ἐντελέχειαν ἰὸν κινεῖται ἐπὶ τὸ ἄνω,
ἐνεργείᾳ δὲ γενόμενον ἔστιν ἐκεῖ. εἰπὼν δὲ περὶ τῶν κατὰ τόπον, ὅτι εἰς 10
5 ἐντελέχειαν ἰόντα ἔρχεται ἐκεῖ· τοπικὸν γὰρ τὸ ἐκεῖ· ἐπάγει καὶ περὶ τῶν
ἄλλων κινήσεων συντόμως, ὅτι κατὰ τὸ ποσὸν εἰς ἐντελέχειαν ἰόντα ἔρχεται
εἰς τὸ τοσοῦτον καὶ κατὰ τὸ ποιὸν εἰς τὸ τοιοῦτον, ὅπου τε ἡ ἐντελέχεια,
οἷον ἄνω, καὶ ὅσου ἦν, εἰ τύχοι, διπήχεος, καὶ οἵου, εἰ τύχοι, λευκοῦ. 15
εἰπὼν δὲ περὶ τῶν γινομένων ἐπάγει καὶ περὶ τῶν ἤδη ὄντων ἐνεργείᾳ τοῦ
10 ἤδη ὄντος πυρὸς καὶ τῆς ἤδη οὔσης γῆς, ὅτι καὶ ἐπὶ τούτων τὸ αὐτὸ
αἴτιόν ἐστι τοῦ εἰς τὸν αὑτῶν κινεῖσθαι τόπον μηδενὸς ἐμποδίζοντος, ὅπερ
καὶ ἐπὶ τῶν ἔτι γινομένων. καὶ γὰρ τὰ ἐνεργείᾳ ὄντα καὶ βίᾳ ἐν ἀλλο- 20
τρίῳ τόπῳ κατεχόμενα ἢ καὶ ἀθρόως ἐν ἀλλοτρίῳ τόπῳ γινόμενα, ὡς τὸ
ἐνταῦθα ἐξαπτόμενον πῦρ ἢ ὁ ἐν νέφεσι συνιστάμενος λίθος, καὶ ταῦτα
15 μηδενὸς ἐμποδίζοντος φέρεται ἐπὶ τὸν κατὰ φύσιν αὐτοῖς προσήκοντα
τόπον, ἐν ᾧ γενόμενα τὴν τελειότητα τοῦ εἴδους ἀπολαμβάνει. εἴτε γὰρ 25
διὰ τοῦτό ἐστιν ἐν ἀλλοτρίῳ τόπῳ, ὅτι ἐκεῖ ἐγένετο, μετέχει πως ἔτι τῆς
ἐναντίας φύσεως, ἐξ ἧς μετέβαλεν, ἣν ἀποτίθεται πρὸς τὸν οἰκεῖον φερό-
μενον τόπον, εἴτε ὡς βίᾳ κατεχόμενον, καὶ οὕτω παρὰ φύσιν πως διάκει- 30
20 ται· τὸ γὰρ ἐπιπολάζειν πεφυκός, ἐὰν ὑφίστασθαι τοῖς ἄλλοις βιάζηται, ἢ
τὸ ὑφίστασθαι πεφυκός, ἐὰν ἀπηρτῆσθαι καὶ ἐπιπολάζειν ἀναγκάζηται, παρὰ
φύσιν διάκειται τότε, ὥστε καὶ τὰ ἐνεργείᾳ ἤδη εἶναι δοκοῦντα, ὅταν ἐν
ἀλλοτρίοις τόποις ᾖ, ἀτελῆ πώς ἐστι καὶ ἔχει τι δυνάμει καὶ κινεῖται πρὸς 35
τὸ ἐνεργείᾳ καὶ τὸ τέλειον ἐπειγόμενα. καὶ ὅτι καὶ τὰ ἐνεργείᾳ ἤδη εἶναι
25 δοκοῦντα ἐμποδιζόμενα δὲ ἔχειν τι δυνάμει βούλεται, δηλοῖ ἐπαγαγών·
καὶ γὰρ ἡ τροφὴ καὶ τὸ ὑγιαστόν, ὅταν τὸ κωλῦον ἀρθῇ, φέρεται
ἐπὶ τὸ ἑαυτῶν ἐνεργείᾳ δυνάμει τέως ὄντα· καὶ γὰρ ἡ τροφή, ὅταν ἐνερ- 40
γείᾳ γένηται τοῦτο, ὃ ἦν δυνάμει, οἷον σάρξ, τότε προστίθεται καὶ τρέφει
καὶ αὔξει ἐκεῖνο, οὗ λέγεται εἶναι τροφή. πολλὴν δὲ ἔχει τὸ δυνάμει δια-
30 φορὰν ἔν τε τῷ ἤδη γεγονότι καὶ ἐν τῷ μήπω τὸ εἶδος ἀπειληφότι· τοῦτο
μὲν γάρ ἐστιν ὡς τὸ ἐν τῷ παιδὶ γραμματικόν, ἐκεῖνο δὲ ὡς τὸ ἐν τῷ 45

---

1 τῷ] corr. ex τὸ E²   2 κοῦφον (pr.) om. A   ἐστί] comp. A: ἐστίν Ec   3 οὖν] del. E²: om. c   ἰὸν ΑΚ²b: ὂν DEF   4 ἔστιν om. A   5 ἰόντα Ab: ἰὸν DEK²: ὂν F   τοπικὸν—ἐκεῖ om. EK   6 κατὰ A: καὶ κατὰ DEF: καὶ τὰ κατὰ E²K²c: quae secundum b   τὸ A: del. K²: om. DE   ἔρχεται] ἔρχεται ἐκεῖ c   7 post καὶ add. τὰ E²   ἡ Ab: ἦν ἡ DEc   8 τύχει (pr.) E, sed corr.   οἵου] οἷον DE: οἵου οἷον E²: om. b   εἰ] del. E²   τύχοι (alt.) c: τύχη A: om. DEb   11 τὸν] corr. ex τῶν E   αὑτῶν Κ²: αὐτῶν ADE: αὐτὸν F: ἑαυτῶν c   13 ἀθρόως] ἀθρόως ὡς A: ἀθρόα Fc   16 γενόμενα A: γινόμενα DEc   18 supra μετέβαλεν eras. λ E: μετέβαλλεν c   ἦν] ἢ E   19 οὕτως c   πέρα φύσεως Ac   21 τὸ om. A   ἀπηρτεῖσθαι E: ἐπηρτῆσθαι E²   21. 22 πέρα φύσεως Ac   22 διάκειται] βιάζηται E: καὶ βίᾳ κεῖται E²   ἤδη om. E   23 ἐστιν c   24 ἐπειγόμενον D: ἐπειγό- μενοι E: corr. E²   26 ὅταν] bis A   28 τρέφη E: corr. E²   29 αὔξη E: corr. E²   εἶναι om. DE   δ' DE   29. 30 διαφθοράν E, sed corr.   31 ἐν τῷ παιδί] παιδίον DE   τὸ ἐν] suprascr. D   τῷ] e corr. D

Comment. Arist. VII Simpl. de Caelo.   45

τὴν μὲν ἕξιν ἔχοντι τὴν γραμματικήν, μὴ ἐνεργοῦντι δὲ κατὰ ταύτην· 311ᵇ τοιοῦτον δὲ καὶ τοῦ κατὰ τόπον | κινουμένου τὸ δυνάμει. καὶ ἔοικεν ὁ 312ᵃ Ἀριστοτέλης διὰ τούτων ἔνστασιν λύειν τινὰ τὴν λέγουσαν· εἰ τὸ φερόμενον ἐπὶ τὸν οἰκεῖον τόπον κατὰ φύσιν ἐπὶ τὸ οἰκεῖον εἶδος φέρεται, διὰ τί τὸ
5 ἀπειληφὸς ἤδη τὸ οἰκεῖον εἶδος ἐπὶ τὸν οἰκεῖον φέρεται τόπον; καὶ λέγει, 5 ὅτι τότε τὸ οἰκεῖον εἶδος ἀπολαμβάνει τελέως τὸ κατὰ τόπον κινούμενον, ὅταν ἐν τῷ οἰκείῳ γένηται τόπῳ.

p. 311ᵃ9 Κινεῖ δὲ τό τε ἐξ ἀρχῆς ποιῆσαν ἕως τοῦ καὶ τὸ φέρε- 10
σθαι εἰς τὸν αὑτοῦ τόπον τί ἔστιν, εἴρηται.

10 Εἰπών, ὅτι μᾶλλον τῶν ἄλλως κινουμένων τὰ κατὰ τόπον κινούμενα ἐν ἑαυτοῖς ἔχει τὴν τῆς κινήσεως ἀρχήν, ἐφιστάνει τὸν ἀκροατήν, ὅτι ὡς πρὸς σύγκρισιν τῶν ἄλλων εἴρηται τοῦτο τῶν τε κατὰ ποιότητα καὶ τῶν 15 κατὰ ποσότητα κινουμένων, ὧν καὶ τελεώτερά ἐστι τὰ κατὰ τόπον κινούμενα, ἐπεί, ὅτι οὐδὲ αὐτὰ κυρίως ἐν ἑαυτοῖς ἔχει τὴν τῆς κινήσεως ἀρχήν,
15 ἀλλὰ καὶ ἐπὶ τούτων ἀληθὲς τὸ ἐν τῷ Η τῆς Φυσικῆς ἀκροάσεως εἰρημένον, ὅτι οὐδὲν τῶν φυσικῶς κινουμένων αὐτὸ ἑαυτὸ κινεῖ, ἀλλὰ πᾶν τὸ 20 κινούμενον οὕτως ὑφ' ἑτέρου κινεῖται· πρώτους δὲ λόγους ἐκάλεσεν ἐκείνους ὡς περὶ τῶν φυσικῶν ἀρχῶν πραγματευομένους. λέγει οὖν, ὅτι καὶ τὰ κατὰ τόπον κινούμενα ὑφ' ἑτέρου κινεῖται, πάντα μὲν ὑπὸ τοῦ ἐξ
20 ἀρχῆς ποιήσαντος· τὸ γὰρ εἰς πῦρ μεταβάλλον αὐτὸ αἴτιόν ἐστιν αὐτῷ 25 καθ' αὑτὸ τῆς ἐπὶ τὸ ἄνω κινήσεως· ἀλλὰ καὶ εἴ τι κωλύει φέρεσθαι ἢ τὸ πῦρ ἄνω ἢ τὴν γῆν κάτω, τὸ ὑποσπάσαν τὸ κωλῦον αἴτιόν ἐστιν αὐτῷ τῆς κινήσεως, ἀλλὰ κατὰ συμβεβηκὸς αἴτιον· καὶ τὸ ὅθεν, φησίν, ἀπεπήδησεν καὶ αὐτὸ κινεῖ πως, ὡς ὁ τοῖχος τὸν ἀποπαλλόμενον λίθον 30
25 ἢ τὴν σφαῖραν. ἐπιστῆσαι δὲ χρή, εἰ φυσικὴ καὶ ἁπλῆ ἐστιν ἡ τοιαύτη κίνησις· οὔτε γὰρ ἄνω οὔτε κάτω, ἀλλ' ἐπὶ τὰ πλάγια γίνεται.

Ἐπὶ δὴ τούτοις συμπεραίνεται τὸ προσεχῶς προτεθὲν καὶ ἀποτεθέν, ὅπερ εἶπεν ἀπορεῖν τινας, διὰ τί τὰ μὲν ἄνω φέρεται τῶν σωμάτων, τὰ 35 δὲ ἀεὶ κάτω κατὰ φύσιν, τὰ δὲ ἄνω καὶ κάτω· ἔδειξε γάρ, ὅτι τὸ ἐπὶ τὸν
30 αὑτοῦ τόπον κινούμενον εἰς τὸ αὑτοῦ εἶδος καὶ τὴν ἑαυτοῦ τελειότητα

---

1 κατ' αὐτήν Fc   2 καὶ (alt.) om. E   post ἔοικεν add. δὲ E²   5 ἤδει E: corr. E² ἐπὶ—εἶδος (6) om. DE   6 τότε A: om. Fb   7 γίνηται c   τόπῳ γένηται Fb   8 κινεῖ Ab: καὶ κινεῖ DEc: κινεῖται F   τ' c   τοῦ—φέρεσθαι (9) om. D 9 αὑτοῦ ADEF   10 ἄλλων Fc   11 αὐτοῖς A   ὡς om. DE   13 ποσότητα A, sed corr.: ποσότητα τῶν E   15 τὸ] corr. ex τῷ E²   Η F: ἦτα DE: ὀγδόῳ ACb   Φυσικῆς] VII 1. 241ᵇ24   16 φυσικῶν E: corr. E²   κινουμένων] corr. ex κειμένων A: ex κινημάτων E²   17 οὕτως ACb: om. DEc   20 αὐτῷ c: αὑτῷ AD et mut. in αὐτὸ E: om. C   23 αὐτῷ] corr. ex αὐτὸ E²   κατά] καὶ κατὰ c 24 ἐπεπήδησεν A: ἀπεπήδησε DE²   ὡς] suprascr. E²   ὁ om. D   τὸν] τὸ A 27 ἐπὶ δὴ A: ἐπὶ δὲ Fc: ἐπειδὴ DEb   ἀποτεθέν A: ἀποδειχθέν DEbc   29 κάτω ἀεὶ Ac   ἄνω Ab: καὶ ἄνω DEc   30 αὑτοῦ (pr.)] αὐτοῦ ADE   αὐτοῦ (alt.)] αὑτοῦ ADE: ἑαυτοῦ c   ἑαυτοῦ] αὑτοῦ e corr. K: αὐτοῦ F

κινεῖται, καὶ ὅτι ταὐτόν ἐστι ζητεῖν, διὰ τί φέρεται τὸ πῦρ ἄνω ἡ δὲ γῆ 312ᵃ κάτω, καὶ διὰ τί τὸ ὑγιαστόν, ἂν κινῆται καὶ μεταβάλλῃ καθ' ὃ ὑγιαστόν, 40 εἰς ὑγείαν ἔρχεται, ἀλλ' οὐκ εἰς λευκότητα.

p. 311ᵃ 15   **Τὰς δὲ διαφορὰς καὶ τὰ συμβαίνοντα περὶ αὐτὰ ἕως τοῦ καὶ διὰ τὸ κενὸν τὸ κοῦφον.**

Κοινὴν αἰτίαν ἀποδοὺς τοῖς ζητοῦσι, διὰ τί τὰ μὲν ἄνω | φέρεται 312ᵇ τῶν σωμάτων, τὰ δὲ κάτω, τὰ δὲ καὶ ἄνω καὶ κάτω, ἐπὶ τὰς διαφορὰς τρέπεται νῦν, καθ' ἃς τὰ μὲν βαρέα ἐστί, τὰ δὲ κοῦφα, τὰ δὲ ἐπαμφοτερίζει, καὶ τὰ συμβαίνοντα, ὅτι οὐ τὰ αὐτὰ δοκεῖ πανταχοῦ βαρέα ἢ κοῦφα εἶναι. λαμβάνει δὲ πρῶτον ἀπὸ τῆς κοινῆς ὑπολήψεως, ὅτι ἔστι τι ἁπλῶς βαρὺ καὶ ἁπλῶς κοῦφον, καὶ τίνα ταῦτά ἐστιν, ὕστερον δὲ καὶ προσαποδείξει αὐτά. λέγει οὖν· βαρὺ μὲν ἁπλῶς πᾶσι δοκεῖ τὸ πᾶσιν ὑφιστάμενον, κοῦφον δὲ ἁπλῶς τὸ πᾶσι τοῖς ἐπ' εὐθείας κινουμένοις ἐπιπολάζον. εἶτα ἐξηγεῖται τὸ ἁπλῶς ὅπως εἴληπται· ἁπλῶς γὰρ λέγω, φησίν, εἴς τε τὸ γένος βλέπων, καὶ ὅσοις μὴ ἀμφότερα ὑπάρχει, κατὰ τὰ δύο ταῦτα τὸ ἁπλῶς χαρακτηρίζων. οἷς μὲν γὰρ ἀμφότερα ὑπάρχει καὶ κουφότης καὶ βαρύτης, ὥσπερ τοῖς μέσοις δύο στοιχείοις ἀέρι καὶ ὕδατι, διότι ἑκάτερον αὐτῶν ὑφίσταται μὲν τῷ ὑπερκειμένῳ ἐπιπολάζει δὲ τῷ ὑποκειμένῳ, ταῦτα οὐκ ἂν εἴη ἁπλῶς κοῦφα ἢ βαρέα, ἀλλὰ πρὸς μὲν τὰ ὑφιστάμενα αὐτοῖς κοῦφα πρὸς δὲ τὰ ἐπιπολάζοντα αὐτοῖς βαρέα· μόνον δὲ ἐκεῖνο ἁπλῶς κοῦφον τὸ μόνως κοῦφον ἀλλὰ μὴ καὶ βαρύ, καὶ μόνον ἁπλῶς βαρὺ τὸ μόνως βαρύ. εἰς δὲ τὸ γένος βλέπων εἶπεν ἀντὶ τοῦ εἰς τὴν φύσιν αὐτὴν καθ' ὃ τοιοῦτον, ἀλλὰ μὴ εἰς τὴν πρὸς ἄλλο τι σύγκρισιν. τὸ δὲ τῇ φύσει τοιοῦτον δύο ταῦτα χαρακτηρίζειν φησὶ τό τε μὴ διὰ σμικρότητα ἢ μέγεθος τοιοῦτον, ἀλλ' οὗ καὶ τὸ τυχὸν μόριον τὴν αὐτὴν δύναμιν ἔχει τῷ ὅλῳ, οἷον τοῦ πυρὸς τὸ τυχὸν μέγεθος ἄνω φέρεται, ἂν μή τι τύχῃ κωλῦον ἕτερον, ὥστε, κἂν μὴ

---

2 κινεῖται E: corr. E² μεταβάλλει E: corr. E² 3 ὑγίειαν c 4 δὲ om. A καὶ — τοῦ (5)] ἕως D 5 διὰ] τοὺς διὰ D κενὸν] κενὸν καὶ A 6 ζητοῦσιν c διὰ τί] suprascr. E² 7 τὰ δὲ καὶ ἄνω καὶ κάτω ACb: om. DE καὶ ἄνω AC: om. b 8 ἐστίν c 10 ὑπολείψεως E: corr. E² 12 δοκεῖν DE 13 κοῦφον] καὶ κοῦφον E πᾶσιν c εὐθείᾳ c 14 ὅπως — ἁπλῶς] mg. E² 15 ἀμφότερ' c 15. 16 ὑπάρχῃ D 16 τὰ A: om. CDE χαρακτηρίζον DE 18 αὐτῶν] αὑ- e corr. D ὑπερκειμένῳ] mut. in ὑποκειμένῳ E² 18. 19 ἐπιπολάζει δὲ τῷ ὑποκειμένῳ] ταῦτα τῷ ὑπερκειμένῳ δὲ ἐπιπολάζει A 19 ὑποκειμένῳ] mut. in ὑπερκειμένῳ δὲ E² 20 μὲν] om. E κοῦφα] mut. in βαρέα E² δὲ om. A 21 βαρέα] mut. in κοῦφα E² μόνον δὲ om. A κοῦφον (pr.) om. A 23 αὐτὴν] αὐτοῦ DE καθ' ὃ] καθο seq. ras. 1 litt. E 24 τοιοῦτον om. A 25 τό] e corr. E² τὸ] τὸ τοιοῦτον E: corr. E² 26 πυρὸς] corr. ex πρὸς E² 27 μέγεθος] μόριον K²c τύχει E, sed corr.

ἐπιπολάζῃ ποτὲ τῷ ἐμποδίζεσθαι, τὸ οὕτω πεφυκὸς ἁπλῶς κοῦφόν ἐστιν· 312ᵇ
ὁμοίως δὲ καὶ τὸ ἁπλῶς βαρύ. δεύτερον δὲ τοῦ οὕτω πεφυκέναι σημεῖον
τὸ τὴν αὐτὴν κίνησιν θᾶττον φέρεσθαι τὸ πλέον· ὁμοφυῶν γὰρ ὄντων, 30
ὡς τὸ πλέον πρὸς τὸ ἔλαττον, οὕτω καὶ ἡ κίνησις ἔχει πρὸς τὴν κίνησιν.
5 ἔοικε δὲ τὸ μὲν ὅσοις μὴ ἀμφότερα ὑπάρχει διορίζειν αὐτὰ τῶν
μέσων δύο στοιχείων τοῦ τε ὕδατος καὶ τοῦ ἀέρος, ὧν ἑκατέρῳ ἀμφότερα
ὑπάρχει καὶ τὸ βαρὺ καὶ τὸ κοῦφον, τὸ δὲ τῷ γένει τοιαῦτα εἶναι πρὸς 35
τὰ πλήθει ἢ μεγέθει διοριζόμενα. εἰπὼν δὲ περὶ τοῦ ἁπλῶς βαρέος
καὶ τοῦ ἁπλῶς κούφου, ὧν ἑκατέρῳ τὸ ἕτερον μόνον ὑπῆρχεν, ἐπάγει περὶ
10 τῶν μέσων, ὅτι ταῦτα οὕτως ἐστὶ βαρέα καὶ κοῦφα ὡς ἑκατέρῳ αὐτῶν
ἀμφοῖν ὑπαρχόντων καὶ διὰ τοῦτο ἀμφοτεριζόντων. καὶ ταῦτα δέ, εἰ καὶ 40
μὴ καθόλου τὸ ἁπλῶς ἔχει, ὥστε τὸ μὲν αὐτῶν ἁπλῶς εἶναι βαρὺ τὸ δὲ
ἁπλῶς κοῦφον, ἀλλὰ κατ' ἄλλο τι καὶ αὐτὰ τὸ ἁπλῶς ἔχει· πρὸς ἄλ-
ληλα γὰρ ἁπλῶς τὸ μὲν βαρύ ἐστι τὸ δὲ κοῦφον, διότι ἀὴρ μέν,
15 ὁπόσος ἂν ᾖ εἴτε ὅλος εἴτε μέρος, ἐπιπολάζει ὕδατι, καὶ κατὰ τοῦτο ἂν 45
καὶ οὗτος ἁπλῶς κοῦφος λέγοιτο πρὸς | τὸ ὕδωρ, ὅτι οὐ τὸ μὲν αὐτοῦ 313ᵃ
ἐπιπολάζει τῷ ὕδατι τὸ δὲ οὔ, ἀλλὰ πᾶν ἁπλῶς καὶ ὅλον καὶ μέρος, ὕδωρ
δέ, ὁπόσον ἂν ᾖ, ὑφίσταται τῷ ἀέρι καὶ διὰ τοῦτο καὶ αὐτὸ ὡς πρὸς τὸν
ἀέρα ἁπλῶς βαρὺ λέγεται, οὐ καθόλου τοῦ ἁπλῶς ὄντος τούτου, ὅτι μὴ 5
20 καὶ πρὸς τὰ ἄκρα στοιχεῖα τὸν αὐτὸν ἔχουσι λόγον. δῆλον δέ, ὅτι κατὰ
τὴν αὐτὴν ἀναλογίαν ὁ μὲν ἀὴρ πρὸς τὸ πῦρ βαρὺς ἂν εἴη, τὸ δὲ ὕδωρ
πρὸς τὴν γῆν κοῦφον.

Εἰπὼν δὲ περὶ τῶν ἁπλῶν σωμάτων τοῦ τε καθόλου ἁπλῶς κούφου
καὶ τοῦ καθόλου ἁπλῶς βαρέος καὶ τῶν μὴ καθόλου μὲν ἁπλῶς δὲ ὡς 10
25 πρὸς ἄλληλα ἐφεξῆς περὶ τῶν ἄλλων ἐπάγει σωμάτων, τουτέστι τῶν
συνθέτων· ταῦτα γάρ ἐστιν ἄλλα παρὰ τὰ ἁπλᾶ. καὶ λέγει, ὅτι, ἐπειδὴ
καὶ τούτων τὰ μὲν ἔχει βάρος τὰ δὲ κουφότητα, οὐδὲν αὐτὰ τού-
των ἕνεκα χρὴ πολυπραγμονεῖν· δῆλον γάρ, ὅτι ἡ ἐν τοῖς ἁπλοῖς, ἐξ ὧν 15
σύγκειται καὶ ταῦτα, διαφορά, καθ' ὅσον ἐκείνων τοῦ μὲν πλέον τοῦ δὲ
30 ἔλαττον μετέσχεν, αὕτη τοῖς συνθέτοις γέγονεν αἰτία τοῦ τὰ μὲν αὐτῶν
κοῦφα τὰ δὲ βαρέα εἶναι, ὥστε τὸν περὶ βαρέος καὶ κούφου ζητοῦντα
περὶ τῶν ἐν τοῖς ἁπλοῖς χρὴ λέγειν· ἐκείνοις γὰρ ἀκολουθεῖ τὰ σύνθετα. 20

---

1 ἐπιπολάζει E, sed corr.   ἐστι CE: corr. E²   2 τοῦ] corr. ex τὸ E²
5 τὸ ACDE: mut. in τῷ K: τῷ E²c   6 στοιχεῖα A   7 τὸ (tert.) CDEF: τῷ
Ac   8. 9 κούφου καὶ τοῦ ἁπλῶς βαρέος Ac   10 ἑκατέρῳ AE²b: e corr. K: ἑκατέρας
F: ἑκατέρως DE   11 ὑπαρχόντων] mut. in ὑπάρχοντα E: comp. F   καὶ (sec.)
om. b   13 ἀλλὰ] ἀλλὰ καὶ c   13. 14 γὰρ ἁπλῶς ἄλληλα DE   15 τῷ ὕδατι
Fc   17 ἀλλὰ πᾶν] ἀλλ' ἅπαν CE   καὶ μέρος CD: μέρος AEb: corr. E¹
19 τοῦ καθόλου c   21 ἂν εἴη βαρύς Ac   23 δὲ] δὴ Fc   ἁπλῶς καθόλου
DE   24 καθόλου (pr.) om. A   ὡς Ab: om. DEF   25 ἐφεξῆς DE²b: καὶ
ἐφεξῆς AEF: καὶ del. K   ἄλλων] ἁπλῶν A   26 συνθέτων] σωμάτων A
28 ἡ om. E   ὧν] corr. ex ὡς E   29 post ταῦτα del. ἁπλῶς E¹   30 γέγονεν
αἰτία] γεγονέναι αἰτ͞ A   31 τὸν] e corr. D: corr. ex τὴν E²

τοῦτο δὲ καὶ τοὺς διὰ μὲν τὸ πλῆρες βαρέα λέγοντας εἶναι τὰ σώματα, 313ᵃ
διὰ δὲ τὸ κενὸν κοῦφα, ἀξιοῦμεν ποιεῖν καὶ περὶ αὐτοῦ τοῦ πλήρους πρῶ-
τον καὶ τοῦ κενοῦ λέγειν, δι' ἣν αἰτίαν τὸ μέν ἐστι βαρὺ τὸ δὲ κοῦφον·
τούτου γὰρ γνωσθέντος δῆλον ἂν ἦν λοιπόν, διὰ τί τῶν ἐξ αὐτῶν σύγκει-
5 μένων τὰ μὲν κοῦφά ἐστι τὰ δὲ βαρέα.

p. 311ᵇ1 Συμβαίνει δὲ μὴ πανταχῇ τὰ αὐτὰ ἕως τοῦ τῷ δὲ ὕδατι
ἐπιπολάζει.

Εἰπών, ὅτι τὰ σύνθετα διὰ τὴν τῶν ἁπλῶν διαφοράν, ἐξ ὧν σύγκει-
ται τῶν μὲν πλέον τῶν δὲ ἔλαττον μετέχοντα, τὰ μέν ἐστι βαρέα τὰ δὲ
10 κοῦφα, ἔνστασιν ἐνόησέ τινα τὴν λέγουσαν· εἰ τὰ αὐτὰ πανταχοῦ ἐκ τῶν
αὐτῶν ἁπλῶν σύγκειται, οἷον ξύλον ταλαντιαῖον καὶ ἐν ἀέρι καὶ ἐν ὕδατι
ὂν ἐκ τῶν αὐτῶν συνέστηκε στοιχείων καὶ μολίβδος μναϊαῖος ὁμοίως, καὶ
παρὰ τὰ στοιχεῖα ἡ κουφότης καὶ ἡ βαρύτης ἐν τοῖς συνθέτοις ἐστίν, ὡς
προσεχῶς εἶπεν ὁ Ἀριστοτέλης, διὰ τί μὴ πανταχοῦ τὰ αὐτὰ βαρέα ἐστὶ
15 καὶ κοῦφα, ἀλλ' ἐν μὲν ἀέρι βαρύτερόν ἐστι τὸ ταλαντιαῖον ξύλον τοῦ
μναϊαίου μολίβδου, ἐν δὲ ὕδατι τὸ ἀνάπαλιν· τοῦ γὰρ ξύλου ἐπιπολάζοντος
ὁ μόλιβδος κάτω χωρεῖ. ταύτην οὖν τὴν ἀπορίαν, οὐχ, ὥς τινες ᾠήθησαν,
παρὰ καιρὸν ἐνταῦθα κειμένην ἀλλ' ἀκολούθως ἐπαχθεῖσαν τῷ λέγοντι
τὴν ἐν τοῖς συνθέτοις βαρύτητα καὶ κουφότητα ἐκ τῆς τῶν ἁπλῶν | εἶναι 313ᵇ
20 διαφορᾶς, ἐξ ὧν σύγκειται τὰ σύνθετα, λύει ὁ Ἀριστοτέλης αἴτιον εἶναι
λέγων τοῦ συμβαίνοντος τὸ πάντα τὰ ἁπλᾶ σώματα βάρος ἔχειν ἐν τῇ
αὐτῶν χώρᾳ πλὴν πυρὸς καὶ πάντα κουφότητα πλὴν γῆς. εἰ γὰρ ὑφίστα-
ται ἕκαστον τῶν μετὰ τὸ πῦρ, τὸ μὲν πλείοσι τὸ δὲ ἐλάττοσι, τὸ δὲ
ὑφιστάμενον βαρύ, δῆλον, ὅτι πάντα βάρος ἔχει πλὴν πυρός, καί, εἰ ἐπι-
25 πολάζει πάντα πλὴν γῆς, τὸ δὲ ἐπιπολάζον κοῦφον, πάντα κοῦφα πλὴν
γῆς· αὕτη γὰρ μόνη οὐδενὶ ἐπιπολάζει, ὥσπερ τὸ πῦρ μόνον οὐδενὶ ὑφί-
σταται. τούτων δὲ οὕτως ἐχόντων τὴν μὲν γῆν καὶ ὅσα γῆς ἔχει πλεῖ-
στον πανταχοῦ βάρος ἔχειν ἀναγκαῖον· πᾶσι γὰρ ὑφίσταται ἡ γῆ· ὕδωρ
δὲ ἐν μὲν τοῖς ἄλλοις σώμασιν, οἷς ὑφίστασθαι πέφυκε, βάρος ἕξει καὶ ἐν
30 πᾶσιν αὐτοῖς τὴν εἰς τὸ κάτω ῥοπὴν φυλάξει, διότι πρὸς ἐκεῖνα βαρύ ἐστιν

---

1 τοῦτο] corr. ex τούτους E¹   2 διὰ δέ] διὰ A: et propter b   ἀξιοῦμεν DEb:
ἠξίου μὲν Ac   πλήρους] e corr. E¹   4 ἦν] εἴη C: erit b   6 συμβαίνει—
καιρόν (18) om. E   δὲ A: δὴ DFc   μὴ om. AF   πανταχοῦ DFc
ταῦτα c   τὰ αὐτὰ—ἐπιπολάζει (7)] ἕως seq. lac. D   δ' c   10 ἐνόησέ τινα AC:
τινα ἐνόησε bc   εἰ] εἰς D   11 αὐτῶν om. CD   ἀέρι καὶ ἐν ὕδατι CDb:
ὕδατι καὶ ἐν ἀέρι Ac   12 στοιχεῖον A   14 προσεχῶς] 311ᵃ29 sq.   16 μο-
λίβδου] μολίβδου ἐν ὕδατι c   δὲ DF: δὲ τῷ Ac   17 ψεύθησαν D, sed corr.
21 λέγων] corr. ex λεγόντων E²   22 αὐτῶν] corr. ex αὐτῶν K: αὐτῶν ADEF
23 τὸ μὲν πλείοσι CFb: τὸ δὲ πλείοσι A: om. DE   τὸ δὲ ἐλάττοσι] del. E²   δὲ]
(alt.) eras. E   25 πάντα (pr.) CDE: τὰ πάντα Ac   γῆς CDE: τῆς γῆς
Ac   κοῦφα] corr. ex πάντα κοῦφον E²   26 ante ἐπιπολάζει del. πλὴν E²
28 πανταχῇ C   29 δὲ ἐν] suprascr. A

ὑφιστάμενον αὐτοῖς, οὐκέτι δὲ καὶ ἐν γῇ βάρος ἕξει· ταύτῃ γὰρ ἐπιπολάζει· 313ᵇ
διὸ τὸ ἐν ἀέρι ὕδωρ γῆς τινος βαρύτερον ὄν, ἐὰν ἐπὶ τῆς γῆς ἄμφω τεθῇ,
ἐπιπολάσει τῷ μορίῳ τῆς γῆς, οὗ ἦν ἐν τῷ ἀέρι βαρύτερον· ὁ δὲ ἀὴρ
πρὸς μὲν τὸ πῦρ κοῦφον ἁπλῶς ὂν αὐτὸς βαρύς ἐστιν· ὑφίσταται γοῦν τῷ 20
5 πυρὶ ἐπιπολάζοντι αὐτῷ· πρὸς δὲ ὕδωρ καὶ γῆν κοῦφος· τούτοις γὰρ ἐπι-
πολάζει. διὰ τοῦτο οὖν ὁ μὲν μόλιβδος, ὁπόσος ἂν ᾖ, γῆς ἔχων τὸ πλεῖ-
στον καὶ διὰ τοῦ ὕδατος καταδύεται, τὸ δὲ ταλαντιαῖον ξύλον ἀέρος πολλοῦ
μετέχον ἐπιπολάζει τῷ ὕδατι, ὅτι καὶ ὁ ἀὴρ αὐτῷ ἐπιπολάζει· ἐν μέντοι 25
ἀέρι τὸ ταλαντιαῖον ξύλον τοῦ μναϊαίου μολίβδου βαρύτερόν ἐστι πολλοῦ
10 μετέχον ἀέρος, διότι καὶ ὁ ἀὴρ ἐν τῷ οἰκείῳ τόπῳ βάρος ἔχει, καὶ τὰ
πολλοῦ μετέχοντα ἀέρος ἐν τῷ τοῦ ἀέρος τόπῳ ῥοπὴν ἔχει βάρους. ὅτι
δὲ ὁ ἀὴρ ἐν τῷ οἰκείῳ τόπῳ βάρος ἔχει, ἐκ τῶν ἀσκῶν πιστοῦται, οἵτι- 30
νες πεφυσημένοι ἕλκουσι πλέον τῶν ἀφυσήτων ἐν ἀέρι.

Ταῦτα μὲν ὁ Ἀριστοτέλης· Πτολεμαῖος δὲ ὁ μαθηματικὸς ἐν τῷ Περὶ
15 ῥοπῶν τὴν ἐναντίαν ἔχων τῷ Ἀριστοτέλει δόξαν πειρᾶται κατασκευάζειν
καὶ αὐτός, ὅτι ἐν τῇ ἑαυτῶν χώρᾳ οὔτε τὸ ὕδωρ οὔτε ὁ ἀὴρ ἔχει βάρος.
καὶ ὅτι μὲν τὸ ὕδωρ οὐκ ἔχει, δείκνυσιν ἐκ τοῦ τοὺς καταδύοντας μὴ αἰσ- 35
θάνεσθαι βάρους τοῦ ἐπικειμένου ὕδατος, καίτοι τινὰς εἰς πολὺ καταδύον-
τας βάθος. δυνατὸν δὲ πρὸς τοῦτο λέγειν, ὅτι ἡ συνέχεια τοῦ ὕδατος τοῦ
20 τε ἐπικειμένου τῷ καταδύοντι καὶ τοῦ ὑποκειμένου καὶ τοῦ παρ' ἑκάτερα
στηρίζοντος ἑαυτὸ ποιεῖ μὴ αἰσθάνεσθαι βάρους, ὡς τὰ ἐν ταῖς ὀπαῖς τῶν 40
τοίχων, κἂν πανταχόθεν ἐφάπτωνται τοῦ τοίχου, ζῷα οὐ βαρεῖται ὑπ'
αὐτοῦ διὰ τὸ πανταχόθεν τὸν τοῖχον ἑαυτὸν στηρίζειν· ὡς, εἴ γε διῃρη-
μένον ἐπέκειτο τὸ ὕδωρ, εἰκὸς ἦν βάρους αἰσθάνεσθαι ἀπ' αὐτοῦ. τὸ δὲ
25 τὸν ἀέρα ἐν τῇ ὁλότητι τῇ ἑαυτοῦ μὴ ἔχειν βάρος καὶ ὁ Πτολεμαῖος ἐκ 45
τοῦ αὐτοῦ τεκμηρίου τοῦ κατὰ τὸν ἀσκὸν δείκνυσιν οὐ μόνον | πρὸς τὸ 314ᵃ
βαρύτερον εἶναι τὸν πεφυσημένον ἀσκὸν τοῦ ἀφυσήτου, ὅπερ ἐδόκει τῷ
Ἀριστοτέλει, ἀντιλέγων, ἀλλὰ καὶ κουφότερον αὐτὸν γίνεσθαι φυσηθέντα
βουλόμενος. ἐγὼ δὲ πειραθεὶς μετὰ τῆς δυνατῆς ἀκριβείας τὸν αὐτὸν

---

1 βάρος — ἀέρι (2)] mg. E²   2 διὸ F: διὰ D: διότι AEc: *propter quod* b   3 ἐπι-
πολάζει Ac   9 τῷ ἀέρι Fc   μναϊαίου] μ- e corr. D   πολλοῦ] πολλοῦ γὰρ A
10 διότι — μετέχοντα ἀέρος (11) om. A   καὶ (pr.)] *autem et* b   βάρος ἔχει
om. c   alt. καὶ — ἔχει (11) om. b   11 ῥοπῆς E: corr. E²   βάρους ACE:
καὶ βάρος Dc   deinde del. ἐν δὲ κτλ. — πλεῖστον (Arist. 311ᵇ 4—6) E²: mg. ἐπεὶ
τοιοῦτον (Arist. 308ᵃ 22—27) E²   13 πεφυσημένον E: corr. E²   πλέον ἕλκουσι
Ac   ἀφυσίτων E   ἀέρι] mut. in ἀέρα E   14 Περὶ] corr. ex πυρὶ E²
15 Ἀριστοτέλη E, sed corr.   πειρᾶται] e corr. E¹   16 ἔχει βάρος Ab: βάρος ἔχει
DE   17 ἔχει] ἔχει βάρος A   τοὺς] τὸ A   δύοντας A   18 ὕδατος] seq.
ras. 3 litt. E: evan. F   19 πρὸς] ἐπὶ DE: corr. E²   20 παρ'] ὑπὸ A
21 ἑαυτὸ om. Fbc   22 τοίχων] στοιχείων A   κἂν DEF: om. Ab   ἐφάπτων-
ται D: ἐφάπτονται AE: ἐφάπτεται F: ἐφάπτηται Kc: *tangentia* b   23 διὰ] δὴ DE:
corr. E²   τὸ] corr. ex τοῦ E   24 ὑπέκειτο c: *succederet* b   ἀπ' αὐτοῦ
om. A   25 τῇ (alt.)] bis E, sed corr.   27 ἀφυσίτου E: corr. E²   28 γίνεσθαι
scripsi: ἐγγίνεσθαι A: γενέσθαι DEFc   φυσηθέντα γενέσθαι DE   29 πειραθεὶς
corr. ex πεισθεὶς A

ηὖρον σταθμὸν ἀφυσήτου τε ὄντος καὶ φυσηθέντος τοῦ ἀσκοῦ· τῶν δὲ 314ᵃ
πρὸ ἐμοῦ τις καὶ αὐτὸς πειραθεὶς τὸν αὐτὸν εὑρηκέναι σταθμὸν ἔγραψε,
μᾶλλον δὲ πρὶν φυσηθῆναι βαρύτερον ὄντα ἐλαχίστῳ τινί, ὅπερ τῷ Πτολε-
μαίῳ συμφθέγγεται. καὶ δῆλον, ὅτι, εἰ μέν, ὡς ἐπειράθην ἐγώ, τὸ ἀλη-
5 θὲς ἔχει, ἀρρεπῆ ἂν ἐν τοῖς οἰκείοις τόποις εἴη τὰ στοιχεῖα μήτε βάρος 10
ἔχοντα μηδὲν αὐτῶν μήτε κουφότητα, ὅπερ ἐπὶ τοῦ ὕδατος ὁ Πτολεμαῖος
ὁμολογεῖ. καὶ ἔχοι ἄν τινα λόγον τοῦτο· εἰ γὰρ ἡ φυσικὴ ῥοπὴ ἔφεσίς
ἐστι τοῦ οἰκείου τόπου, τὰ τυχόντα αὐτοῦ οὐκέτι ἂν ἐφίοιτο οὐδὲ ῥέποι ἂν 15
πρὸς αὐτὸν ἐν αὐτῷ ὄντα, ὥσπερ οὐδὲ τὸ κεκορεσμένον ὀρέγεται τροφῆς.
10 εἰ δέ, ὡς ὁ Πτολεμαῖός φησι, κουφότερος ὁ πεφυσημένος ἐστὶν ἀσκὸς τοῦ
ἀφυσήτου, ὁ μὲν ἀὴρ κουφότητα ἔχει ἐν τῷ ἑαυτοῦ τόπῳ, τὸ δὲ ὕδωρ
ἀκόλουθον ἂν εἴη κατὰ τὸν αὐτὸν λόγον βάρος ἔχειν ἐν τῷ ἑαυτοῦ τόπῳ· 20
καὶ γὰρ ἀναδύοντες ἀπὸ τοῦ ὕδατος βάρος τι δοκοῦμεν ἀποτίθεσθαι, εἰ μὴ
ἄρα τὴν τῆς ἀναπνοῆς ἐποχὴν ἀνατιθέμενοι τῆς ἐπὶ τούτῳ ῥᾳστώνης ὡς
15 βάρους ἀποθέσεως αἰσθανόμεθα. ὅλως δέ, εἰ οὕτως ἔχει ὁ ἀὴρ πρὸς τὸ
ὕδωρ, ὡς τὸ ἁπλῶς κοῦφον πρὸς τὸ ἁπλῶς βαρύ, εὔλογον τὸν μὲν ἀέρα 25
συγγενέστερον ὄντα τῷ ἁπλῶς κούφῳ καὶ ἐν τῷ οἰκείῳ τόπῳ κουφότητα
ἔχειν ὥσπερ τὸ πῦρ, τὸ δὲ ὕδωρ βαρύτητα διὰ τὴν πρὸς τὴν γῆν συγγέ-
νειαν· διαφορὰν γάρ τινα ἔχειν αὐτὰ καὶ κατὰ τοῦτο ἀναγκαῖον οὕτως
20 ἔχοντα, ὡς, εἴ τις αὐτὰ μόνα παραβάλλοι πρὸς ἄλληλα, τὸν μὲν ἀέρα λέ- 30
γεσθαι ἁπλῶς κοῦφον, τὸ δὲ ὕδωρ ἁπλῶς βαρύ, ὡς αὐτὸς Ἀριστοτέλης
ἐδίδαξεν· ὥστε τὸν μὲν ἀέρα ἐν μόνῳ πυρὶ βαρύτητα ἔχειν, οὗ ἐστι
βαρύτερος, τὸ δὲ ὕδωρ ἐν μόνῃ τῇ γῇ κουφότητα, ἧς ἐστι κουφότερον,
καὶ πάλιν τὸν μὲν ἀέρα καὶ ἐν αὑτῷ καὶ ἐν τοῖς μετ' αὐτὸν κουφότητα, 35
25 τὸ δὲ ὕδωρ καὶ ἐν αὑτῷ καὶ ἐν τοῖς πρὸ αὐτοῦ βαρύτητα.

Ἀλλὰ ταῦτα μὲν τῷ φιλοσοφωτάτῳ Συριανῷ δοκοῦντα εἰρήσθω· μή-
ποτε δέ, κἂν ἀληθῶς εἴρηται ταῦτα, ἄλλως μὲν ὁ ἀὴρ ἐν τοῖς μετ' αὐτὸν
στοιχείοις εἴρηται κοῦφος, ἄλλως δὲ ἐν τῇ ἑαυτοῦ χώρᾳ, ἐν μὲν τοῖς 40
ἄλλοις στοιχείοις ὡς καὶ ἐπὶ τὸ ἄνω ἀπ' ἐκείνων φερόμενος, ἐν δὲ τῇ
30 ἑαυτοῦ χώρᾳ ὡς τοῖς ἄλλοις ἐπιπολάζων, ἀλλ' οὐχ ὡς ἀπ' ἐκείνης ἐπὶ
τὸ ἄνω φερόμενος, ὅπερ ἀνάγκη λέγειν τοὺς οἰομένους τὸν πεφυσημένον
ἀσκὸν κουφότερον εἶναι τοῦ ἀφυσήτου. πῶς γὰρ ὅλως δυνατὸν ἐν τῷ 45
οἰκείῳ τόπῳ κοῦφον οὕτω λέγειν τὸν ἀέρα ὡς πρὸς τὸ ἄνω κινούμενον
κατὰ φύσιν; οὐ γὰρ ἐκστῆναι τοῦ οἰκείου | τόπου βουλήσεται. ἀλλά, 314ᵇ

---

1 ηὗρον AE²: ἦρον E: εὗρον Dc, mg. E²   ἀφυσίτου E: corr. E²   φυσιθέντος E:
corr. E²   2 ηὑρηκέναι E: corr. E²   ἔγραψε] seq. ras. 1 litt. E   3 πρὶν] seq.
ras. 11—12 litt. E   5 ἔχει A: om. DEF: sit b   ἀρρεπῆ] π e corr. E: supra
ras. est   εἴην EF: ν del. F   6 ἔχοντα] ἔχον DE: corr. E²   μήτε om. A
κουφότητα] hic des. E   τοῦ] hic des. D   7 ἔχοι F: ἔχει A   τοῦτο λόγον F
ἢ om. c   12 λόγον Fb: τόπον A   14 ὡς F: om. Ab   21 κοῦφον—ἁπλῶς (alt.)
F: om. A   24 αὑτῷ] corr. ex αὐτῷ K: αὐτῷ AF   25 αὑτῷ] corr. ex αὐτῷ K:
αὐτῷ AF   28 ἑαυτοῦ Fb: ἑαυτῶν A   ἐν (alt.) Fb: ᾖ ἐν A   34 βουλήσεται Ab:
comp. F: βούλεται c

κἂν ἔλαττον ὁ πεφυσημένος ἀσκὸς ἕλκῃ τοῦ ἀφυσήτου, οὐδὲ τοῦτο, οἶμαι, 314ᵇ
ἀναγκάζει τὰ στοιχεῖα ῥοπήν τινα ἔχειν ἐν τῷ ἑαυτῶν τόπῳ, ἀλλὰ μᾶλλον
δείκνυσι τὴν ἀρροπίαν αὐτῶν· ὁ γὰρ ἐν τῷ ἀσκῷ ἀὴρ κατέχει τὸν ἀσκὸν 5
ἐν τῷ ἑαυτοῦ τόπῳ, ὁ δὲ συμπεπτωκὼς γεώδη τὴν σύστασιν ἔχων καὶ
5 τοῦ ἀέρος στέρησιν πρὸς τὸ κάτω ῥέπει μᾶλλον. οὕτω δὲ καὶ τὸ ἐπο-
χούμενον τῷ ὕδατι ξύλον ἐν τῷ τοῦ ἀέρος τόπῳ κατά τι μέρος ἑαυτοῦ
γενόμενον τῷ ἐν αὐτῷ ἀέρι τὸ ἐν αὐτῷ γεῶδες ἐν τῇ χώρᾳ τοῦ ἀέρος 10
ἑδράζει. τὸ δὲ καὶ βάρος ἔχειν ἐν τῇ οἰκείᾳ χώρᾳ τὸν ἀέρα, ὡς διὰ
τοῦτο πλέον ἕλκειν τὸν πεφυσημένον ἀσκόν, ἀπορώτερον ἂν εἴη· ἔσται
10 γὰρ ὁ ἀὴρ κατὰ φύσιν ἀπὸ τῆς αὑτοῦ χώρας ἐπὶ τὸ κάτω βρίθων, ὅπερ
ἄτοπον, οἶμαι, καὶ τῷ Ἀριστοτέλει δοκεῖ. ἐπειδὴ δὲ τοῦ Ἀριστοτέλους
εἰπόντος πλέον ἕλκειν τὸν πεφυσημένον ἀσκὸν τοῦ κενοῦ οὐ ῥᾴδιον ἀνδρὸς 15
οὕτως ἀκριβοῦς τὴν κρίσιν κατανωτίσασθαι, μήποτε ὁ εἰσπεμπόμενος εἰς
τὸν ἀσκὸν ἀὴρ ἀπὸ στομάτων ὡς ἐπίπαν ἀνθρωπείων εἰσφυσώμενος ὑγρό-
15 τερος ὢν καὶ τῇ συνεχείᾳ τῆς ἐμφυσήσεως συμπληρούμενος προστίθησί
τι ἐνίοτε βραχὺ βάρος, εἴ τις δι' ἀκρίβειαν μηδὲ τοῦ τοσούτου κατα- 20
φρονοίη.

p. 311ᵇ 13 Ὅτι δὲ ἔστι τι ἁπλῶς βαρὺ καὶ ἁπλῶς κοῦφον ἕως τοῦ 25
καὶ τὸ ὑφιστάμενον φέρεται ἐπὶ τὸ μέσον.

20   Ἐκ τῶν φαινομένων πρότερον λαβὼν τὸ εἶναι τὸ πᾶσιν ἐπιπολάζον
καὶ τὸ πᾶσιν ὑφιστάμενον καὶ εἰπών, ὅτι τούτων τὸ μὲν ἁπλῶς κοῦφόν 30
ἐστι τὸ δὲ ἁπλῶς βαρύ, ἑκάτερον ἀκοινώνητον τῆς τοῦ ἑτέρου φύσεως,
νῦν ἀποδείκνυσιν αὐτὸ οὕτως ἔχον. μέλλων δὲ περὶ αὐτῶν λέγειν πάλιν
ὑπέμνησε, τί ποτέ ἐστι τὸ ἁπλῶς κοῦφον καὶ τί τὸ ἁπλῶς βαρύ, ὅτι
25 ἁπλῶς μὲν κοῦφον, ὃ ἀεὶ ἄνω, ἁπλῶς δὲ βαρύ, ὃ ἀεὶ κάτω πέφυκε φέρε- 35
σθαι μὴ κωλυόμενον. καὶ τοῦτο εἰπὼν προσέθηκε τοιαῦτα γάρ ἐστιν,
ἀντὶ τοῦ ἔστι γὰρ τοιαῦτα σώματα, καὶ οὐχ ὥσπερ οἱ περὶ Δημόκριτον
οἴονται, πάντα μὲν ἔχειν βάρος, τῷ δὲ ἔλαττον ἔχειν βάρος τὸ πῦρ ἐκθλι-
βόμενον ὑπὸ τῶν † λαμβανόντων ἄνω φέρεσθαι καὶ διὰ τοῦτο κοῦφον δοκεῖν· 40
30 τούτοις δὲ τὸ βαρὺ μόνον εἶναι δοκεῖ καὶ ἀεὶ φέρεσθαι πρὸς τὸ μέσον
τοῦτο. οὐδὲν δὲ κωλύει βάρος ἔχειν καὶ τὸ πῦρ καὶ τὰ ἄλλα πάντα τοι-

---

3 ἀρροπίαν F: ἀρρο̈π̈ Α   4 γαιώδη F   6 τόπῳ Fb: om. A   ἑαυτοῦ Fb:
om. A   7 γενόμενον F(b): γινόμενον A   αὐτῷ (pr.) K: αὑτῷ AFc   ἀέρι
Fb: om. A   αὐτῷ (alt.)] corr. ex αὑτῷ K: αὑτῷ AFc   γαιῶδες F   10 αὑτοῦ]
corr. ex αὑτοῦ K: αὐτοῦ F: ἄλλου A   11 δὲ Ab: δὲ καὶ Fc   13 ὁ εἰσπεμπόμενος
Fb: θεὶς (comp.) πεμπόμενος A   14 ἀὴρ F: ὁ ἀὴρ A   15 συμπληρούμενος A:
πληρούμενος Fc: compactus b; fort. συμπιλούμενος   18 δ' c   βαρὺ καὶ ἁπλῶς
κοῦφον Ab: βαρὺ F: κοῦφον καὶ ἁπλῶς βαρὺ c   19 φέρεσθαι AF: corr. F   23 νῦν
Fb: om. A: νῦν καὶ C   24 ὑπέμνησεν c   26 ἔστιν F: ἔστι Ac   27 ἔστι
γὰρ Fb: γάρ ἐστι A   28 ἔχειν Fb: ἔχει A   τῷ—βάρος (alt.) om. b   τῷ δὲ K: τὸ
δὲ F: τό τε A   29 λαμβανόντων A: προλαμβανόντων Fc: prementibus b   φέρεσθαι]
φέρεται F: fertur b   δοκεῖν K: δοκεῖ AFb

SIMPLICII IN L. DE CAELO IV 4 [Arist. p. 311ᵇ13]   713

οὗτον, οἷον ὁ Πλάτων λέγει, τὸ αἴτιον ἑκάστῳ τῶν στοιχείων τῆς ἐπὶ τὸν 314ᵇ
οἰκεῖον τόπον φορᾶς· βάρος γὰρ τὴν τοιαύτην ῥοπὴν ὁ Πλάτων καλεῖ περὶ 45
τὸ ὄνομα πρὸς τὸν Ἀριστοτέλην διαφερόμενος, ὅτι οὗτος τὴν ἐπὶ τὸ μέσον
ῥοπὴν | βάρος καλεῖ κάτω τὸ μέσον καλῶν, τὴν δὲ ἐπὶ τὸ πέριξ κου- 315ᵃ
5 φότητα, κατὰ τὴν τῶν πολλῶν ἀνθρώπων συνήθειαν, ὁ δέ γε Πλάτων τὸ
κοινὸν αὐτῶν τὴν ῥοπὴν ταὐτὸν εἶναι τῷ βάρει φησίν, ὅπερ μοι δοκεῖ καὶ
Ἀριστοτέλης αὐτοφυῶς μετ' ὀλίγον εἰρηκέναι.   5
    Εἰπὼν δέ, ὅτι τισὶ τὸ βαρὺ μόνον εἶναι δοκεῖ, ἐπήγαγεν, ὅτι ὁμοίως
καὶ τὸ κοῦφον· εἰ γὰρ ἁπλῶς βαρὺ τὸ πᾶσιν ὑφιστάμενον, ἀνάγκη καὶ
10 ἁπλῶς εἶναι κοῦφον τὸ πᾶσιν ἐπιπολάζον, τοιοῦτον δὲ τὸ πῦρ. εἰ γὰρ τὰ
γεηρὰ καὶ πᾶσιν ὑφιστάμενα κάτω καὶ ἐπὶ τὸ μέσον φέρεται, ὥρισται δὲ 10
τὸ μέσον, ἀνάγκη καὶ τὸ ἔσχατον ὡρίσθαι καὶ εἶναί τι τὸ ἐπὶ τοῦτο φερό-
μενον καὶ πᾶσιν ἐπιπολάζον· τοιοῦτον δὲ φαίνεται τὸ πῦρ, εἴπερ καὶ ἐν
αὐτῷ τῷ ἀέρι ἡσυχάζοντι τοῦτο φέρεται πρὸς τὸ ἄνω· δῆλον γάρ, ὅτι
15 πρὸς τὸ ἔσχατον ὡς καὶ τῷ ἀέρι ἐπιπολάζον. ἡσυχάζοντι δὲ τῷ ἀέρι 15
εἶπεν, ἵνα μή τις ὑπὸ τοῦ ἀέρος ὑφισταμένου ἐκθλιβόμενον τὸ πῦρ ἄνω
λέγῃ φέρεσθαι. εἰ δὲ καὶ τῷ ἀέρι ἐπιπολάζει τὸ πῦρ, βάρος οὐδὲν ἔχει·
τὸ γὰρ ἔχον βάρος ὑφίστατο ἂν ἄλλῳ· τοῦτο γάρ ἐστι τοῦ βάρους ἴδιον.
εἰ δὲ τὸ πῦρ βάρος ἔχον ὑφίσταταί τινι, εἴη ἄν τι ἕτερον, ὃ φέρεται ἐπὶ 20
20 τὸ ἔσχατον καὶ πᾶσι τοῖς φερομένοις ἐπιπολάζει· νῦν δὲ οὐδὲν φαίνεται
τοιοῦτον· τὸ ἄρα πῦρ οὐδὲν ἔχει βάρος, εἴπερ πρὸς τὸ ἔσχατον φέρεται
καὶ πᾶσιν ἐπιπολάζει, ὥσπερ οὐδὲ ἡ γῆ κουφότητα ἔχει τινά, εἴπερ ὑφί-
σταται πᾶσι, καὶ τὸ ὑφιστάμενον πᾶσι φέρεται πρὸς τὸ μέσον· δύο γὰρ 25
ἦν ταῦτα καὶ τοῦ ἁπλῶς βαρέος καὶ τοῦ ἁπλῶς κούφου χαρακτηριστικὰ
25 τό τε φέρεσθαι πρὸς τὸ μέσον καὶ τὸ πᾶσιν ἐπιπολάζειν· τὸ γὰρ μὴ
πᾶσιν ἐπιπολάζον ὑφίσταταί τινι καὶ ἔστι βαρὺ πρὸς ἐκεῖνο καὶ οὐχ ἁπλῶς
κοῦφον. εἰ οὖν πᾶσιν ἐπιπολάζει τὸ πῦρ, οὐ μόνον κοῦφον ἀλλὰ καὶ κου- 30
φότατόν ἐστιν, εἰ δὲ τοῦτο, καὶ ἁπλῶς κοῦφον· τὸ γὰρ ὑπερθετικὸν παντα-
χοῦ καὶ ἁπλῶς τοιοῦτόν ἐστι. τὸ γὰρ γλυκύτατον καὶ ἁπλῶς γλυκὺ καὶ
30 τὸ λευκότατον καὶ ἁπλῶς λευκὸν καὶ ἐπὶ τῶν ἄλλων ὡσαύτως.
    Τὸ δὲ ὡρίσθαι τὸ μέσον νῦν μὲν λαμβάνει φανερὸν ὄν, ὀλίγον δὲ 35
ὕστερον ἀποδείκνυσιν. ἔλαβε δὲ αὐτὸ νῦν ὡς χρήσιμον πρὸς τὸ καὶ τὸ
ἔσχατον ὡρίσθαι. μέσον γάρ ἐστι τὸ πάντῃ ἴσον ἀπέχον τοῦ ἐσχάτου·
εἰ οὖν ὥρισται τὸ μέσον, ὡρίσθαι καὶ τὸ ἔσχατον ἀνάγκη. τὸ δὲ ὡρίσθαι
35 τὸ ἔσχατον χρήσιμον αὐτῷ πρὸς τὴν δεῖξιν τοῦ ἁπλῶς κούφου· τὸ γὰρ 40

---

1 Πλάτων] Tim. 63 e   2 τὴν Ab: τὴν μὲν Fc   8 τισὶν c   ὅτι (alt.) Ab: ὅτι
ἔστιν Fc   9 πᾶσιν Fb: πᾶν A   10 πᾶσιν Fb: πᾶν A   11 πᾶσιν Fb: πᾶν A
13 πᾶσιν Fb: πᾶν A   14 τὸ] τὰ c   20 πᾶσι Fb: πᾶν A   22 πᾶσιν Fb: πᾶν A
ἡ γῆ Fb: om. A   23 πᾶσι (pr.) Fb: πᾶν A   πᾶσι (alt.) Fb: πᾶν A   24 βα-
ρέος—ἁπλῶς (alt.) CFb: om. A   25 πᾶσιν CFb: πᾶν A   ἐπιπολάζειν CF: ἐπιπο-
λάζον ὑφίσταται A: supernatans b   26 πᾶσιν Fb: πᾶν A   27 πᾶσιν CFb: πᾶν A
29 ἐστὶ] ἔστιν c   30 λευχὸν CFb: κοῦφον A   32 καὶ ACF: δεῖξαι c   33 ἐστὶ
ACF: ἔστιν c   34 καὶ τὸ ἔσχατον ὡρίσθαι F   35 δεῖξιν CF: ἀπόδειξιν Ac

ἐπὶ τοῦτο φερόμενον καὶ πᾶσιν ἐπιπολάζον καὶ ἁπλῶς κοῦφόν ἐστι. τού- 315ᵃ
των δὲ προληφθέντων ἡ τοῦ λόγου συναγωγὴ τοιαύτη γέγονε· τὸ πῦρ
ἀνωτέρω τοῦ ἀέρος χωρεῖ· τὸ ἀνωτέρω τοῦ ἀέρος χωροῦν πρὸς τὸ ἔσχα-
τον χωρεῖ· τὸ πρὸς τὸ ἔσχατον χωροῦν πᾶσιν ἐπιπολάζει· τὸ δὲ πρὸς τὸ
5 ἔσχατον χωροῦν καὶ πᾶσιν ἐπιπολάζον κουφότατόν ἐστι καὶ ἁπλῶς κοῦ- 45
φον, ὥσπερ τὸ πρὸς τὸ μέσον καὶ πᾶσιν | ὑφιστάμενον βαρύτατον καὶ 315ᵇ
ἁπλῶς βαρύ· τὸ ἄρα πῦρ ἁπλῶς κοῦφον, ὡς ἡ γῆ ἁπλῶς βαρεῖα.

p. 311ᵇ29 **Ἀλλὰ μὴν ὅτι ἔστι μέσον ἕως τοῦ ἡ δὲ φορὰ γένεσίς** 5
ποθέν ποι.

10 Ὑποθέμενος πρότερον ὡρισμένον εἶναι τὸ μέσον καὶ ἐκ τούτου λαβών,
ὅτι καὶ τὸ ἔσχατον ὥρισται, νῦν ἀποδείκνυσι τὸ ὑποτεθὲν τὸ ὡρίσθαι τὸ
μέσον, ᾧ συναποδείκνυσιν, ὅτι καὶ τὸ ἔσχατον. διὰ δυεῖν δὲ ἐπιχειρημά-
των δείκνυσι τὸ προκείμενον, ἑνὸς μὲν κατὰ τὸν δεύτερον τῶν ὑποθετικῶν 10
τρόπον συλλογιζόμενος οὕτως· εἰ μή ἐστιν ὡρισμένον τὸ μέσον, πρὸς δ᾽ ἡ
15 φορὰ τοῖς ἔχουσι βάρος καὶ ἀφ᾽ οὗ τοῖς κούφοις, ἐπ᾽ ἄπειρον ἀνάγκη
φέρεσθαι τὸ φερόμενον· ἀλλὰ μὴν τοῦτο ἀδύνατον· ὥστε καὶ τὸ μὴ εἶναι
τὸ μέσον ὡρισμένον ἀδύνατον· ὡρισμένον ἄρα ἐστί. καὶ τὸ μὲν συνημμέ- 15
νον δῆλον, διότι τὸ εἰς πέρας φερόμενον εἰς ὅρον φέρεται· τὴν δὲ πρόσ-
ληψιν δείκνυσιν οὕτω· λαβὼν ὡς ἐναργές, ὅτι φέρεταί τι πρὸς τὸ μέσον
20 καὶ τὸ κάτω, καὶ ὅτι ἡ φορὰ γένεσίς ἐστί ποθέν ποι, καὶ ὅτι τὸ ἀδύ-
νατον γενέσθαι οὐδ᾽ ἂν γίνοιτο ὅλως, ὅπερ καὶ πρότερον εἶπε, συλλογίζε- 20
ται λοιπὸν οὕτω δυνάμει· τὸ φερόμενον γινόμενόν ἐστι φερόμενον· τὸ
γινόμενον φερόμενον εἰς τέλος ἂν ἔλθοι τῆς φορᾶς· τὸ ἄρα φερόμενον εἰς
τέλος ἂν ἔλθοι τῆς φορᾶς· τὸ δὲ ἐπ᾽ ἄπειρον φερόμενον οὐκ ἂν εἰς τέλος
25 ἔλθοι τῆς φορᾶς· τὸ ἄρα φερόμενον οὐκ ἂν ἐπ᾽ ἄπειρον φέροιτο. ὅτι δέ,
ὃ μὴ δύναται γενέσθαι, οὐδ᾽ ἂν γίνοιτο, ὑπέμνησεν διὰ τοῦ ὥσπερ γὰρ 25
οὐκ ἔστιν οὐδὲν ἀδύνατον, οὕτως οὐδὲ γίγνεται. ὡς γὰρ οὐκ ἔστιν
ἄνθρωπος πτερωτός, οὕτως οὐδ᾽ ἂν γίνοιτο· πᾶν γὰρ τὸ γινόμενον ὡς δυνά-
μενον εἰς τέλος ἐλθεῖν τῆς γενέσεως γίνεται. τὸ δὲ μηδὲν ἀδύνατον γίνε-

---

1 πᾶσιν Fb: πᾶν A   ἐστιν Fc   2 γέγονε AF: γίνεται c: est b   4 χωρεῖ—
ἔσχατον Fb: om. ACc   χωροῦν] χωρεῖ C   πᾶσιν CK²b: πᾶν A: om. F
ἐπιπολάζει τὸ om. F: mg. K²   τὸ — ἐπιπολάζον (5) om. C   δὲ — καὶ (pr.)
om. F   5 ἐστιν c: comp. A   7 ἄρα Fb: εἴπερ A   8 ὅτι Ab: ὅτι γε corr.
ex ὅτι γη F: ὅτι γ᾽ c   11 ὑποτεθὲν Fb: ὑποτιθὲν A   τὸ (pr.) F:
om. A   12 συναποδείκνυσι A   δυεῖν AC: δυοῖν Fc   14 τρόπων C
δ ἡ] corr. ex ὃν A   16 μὴν F: μὲν A   19 οὕτω ACF: οὕτως c
21 γενέσθαι Fb: γίνεσθαι A   ὅπερ Fb: εἴπερ A   εἶπε] 274ᵇ13   22 ἔστι —
γινόμενον (23) Fb: om. A   alt. τὸ — pr. φερόμενον (23) om. C   23 τὸ ἄρα —
φορᾶς (24) b: mg. F¹: om. ACc   24 τὸ δὲ — ἂν (25) om. C   25 ἄρα Fb: εἴπερ A
26 ὑπέμνησε F   27 οὕτως F: οὕτω A   γίνεται F   29 γίνεται Fb: corr.
ex δύναται A¹

σθαι οὐ τοῦτο σημαίνει, ὅτι πᾶν τὸ γινόμενον εἰς τέλος ἔρχεται πάντως, 315ᵇ
ἀλλ' οὐκ ἀδύνατόν ἐστι τελειωθῆναι.

p. 311ᵇ33 Ἔπειτα πρὸς ὁμοίας γωνίας ἕως τοῦ καὶ γὰρ οἱ τόποι 35
δύο τὸ μέσον καὶ τὸ ἔσχατον.

Δεύτερον ἐπιχείρημα τοῦτο δεικνύον, ὅτι ὡρισμένον τὸ μέσον ἐστί,
πρὸς ὃ ἡ φορὰ τοῖς ἔχουσι βάρος καὶ ἀφ' οὗ τοῖς κούφοις, ἐκ τοῦ πρὸς
ὁμοίας, ταὐτὸν δὲ εἰπεῖν πρὸς ἴσας, γωνίας φέρεσθαι φερόμενα τό τε
πῦρ ἄνω καὶ τὴν γῆν καὶ τὰ βαρέα πάντα κάτω. καὶ ὅτι οἱ μὲν παλαιοὶ 40
τὴν γωνίαν ὑπὸ τὸ ποιὸν ἀλλ' οὐχ ὑπὸ τὸ ποσὸν ἀνάγοντες τῷ ὁμοίῳ
καὶ ἀνομοίῳ διῄρουν ἀλλ' οὐχὶ τῷ ἴσῳ καὶ ἀνίσῳ, ὡς οἱ νεώτεροι, εἴρη-
ται καὶ πρότερον· τὸ δὲ πρὸς ἴσας γωνίας καταφέρεσθαι φυσικῶς τὰ βάρη,
ὥστε ἴσας ποιεῖν τὰς πρὸς τῇ γῇ γωνίας, δῆλον ἐκ τοῦ καὶ τοὺς τοίχους 45
καὶ τοὺς κίονας τότε μόνον ἵστασθαι βεβαίως, ὅταν | πρὸς ὀρθὰς γωνίας 316ᵃ
ἑδρασθῶσιν. ἀλλὰ καὶ τὰ ἀπὸ τοῦ μέσου πάλιν ἄνω φερόμενα ὥσπερ τὸ
πῦρ καὶ αὐτὸ ἴσας ποιεῖ τὰς ἑκατέρωθεν γωνίας πρὸς ἐκεῖνο τὸ μέρος τῆς
γῆς, ὅθεν ἄρχεται τῆς κινήσεως· ἀεὶ γὰρ τὰ ἀπὸ τοῦ μέσου κινούμενα 5
ἐπὶ τὸ καθ' ἑαυτὰ ἄνω κατὰ κάθετον φέρεται, διὸ ἴσας ποιεῖ γωνίας τὰς
ἑκατέρωθεν, ὅθεν ἄρχεται κινεῖσθαι. οὔτε γὰρ τὰ ἄνωθεν κάτω οὔτε τὰ
κάτωθεν ἄνω παράλληλα φέρεται, ἀλλὰ καὶ τὰ ἄνωθεν κάτω καὶ τὰ κάτω-
θεν ἄνω πρὸς τὸ κέντρον συννένευκε, διὸ καὶ ἀεὶ μείζονα τὴν πρὸς ἄλληλα 10
διάστασιν κατὰ τὴν πρὸς τὸ ἄνω γειτνίασιν ποιεῖται. εἰ οὖν συννεύει, πρὸς
ἴσας φέρεται γωνίας, καὶ εἰ πρὸς ἴσας φέρεται γωνίας, συννεύει· συννεύ-
οντα δὲ συμπίπτει εἴς τι κοινὸν πέρας, ἐφ' ὃ πάντα φέρεται· οὐ γὰρ δὴ
παραλλάξαντα ἄλληλα φέροιτο ἄν· οὕτω γὰρ πάλιν ἐπὶ τὸ ἄνω ἂν φέροιτο· 15
ἔστιν ἄρα τι ὡρισμένον, ἐφ' ὃ τὰ πανταχόθεν φερόμενα βάρη συμπεσεῖ-
ται, τοῦτο δέ ἐστι τὸ μέσον, εἴπερ τὰ πανταχόθεν εἰς τοῦτο συννεύει.

Δείξας δέ, ὅτι τὰ ἄνωθεν φερόμενα ἐπὶ τὸ μέσον ὡρισμένον φέρεται,
ἐπέστησεν, ὅτι ἀνάγκη τὸν ἀκούοντα ζητεῖν, πότερον ἐπὶ τὸ τοῦ παντὸς 20
μέσον ἢ ἐπὶ τὸ τῆς γῆς φέρεται, ἐπειδὴ τὸ αὐτό ἐστι τὸ ἀμφοῖν μέσον.
καὶ λέγει, ὅτι αὕτη ἡ ζήτησις ἄλλου ἂν εἴη λόγου καὶ οὐχὶ τοῦ περὶ τοῦ
βαρέος καὶ κούφου· τούτῳ γὰρ ἀρκεῖ πρὸς τὴν τοῦ βαρέος καὶ κούφου δια-
φοράν, ὁπότερον ἂν ᾖ τὸ μέσον, βαρὺ μὲν τιθέντι τὸ πρὸς αὐτὸ φερόμενον, 25
κοῦφον δὲ τὸ ἀπ' αὐτοῦ. κατὰ δὲ τὸ δεύτερον ταύτης τῆς πραγματείας βιβ-

---

1 σημαίνει, ὅτι πᾶν Fb: ὅτι πᾶν σημαίνει A   2 ἐστι Ab: comp. F: τι c   3 γω-
νίας A: φέρεται γωνίας F: φαίνεται (-αίν- in ras. K) γωνίας Kc   5 δεικνύον CF:
δεικνύων A   τὸ μέσον ἐστί AC: ἐστὶ τὸ μέσον Fbc   7 πρὸς Ab: om. F
8 οἱ μὲν Ab: μὲν οἱ Fc   13 τοὺς ACF: τὰς c   14 ἄνω φερόμενα Ab: φερόμενα
ἄνω CF   17 ἑαυτὰ CF: corr. ex αὐτὰ A   21 γειτνίασιν F: γειτνίωσιν A   26 εἰς
τοῦτο Fb: om. A   30 οὐχὶ τοῦ K²b: οὐχὶ ἡ AF: οὐχ ὃ C   31 τούτῳ Ab:
τοῦτο F: τοῦτο͞ω c

λίον ἐν τοῖς περὶ τῆς γῆς λόγοις ζητήσας τοῦτο "ἀνάγκη, φησί, πρὸς τὸ 316ᵃ τοῦ παντός· καὶ γὰρ τὰ κοῦφα καὶ τὸ πῦρ εἰς τοὐναντίον φερόμενα τοῖς βαρέσι πρὸς τὸ ἔσχατον φέρεται τοῦ περιέχοντος τόπου τὸ μέσον", "φέρε- 30 ται δὲ καὶ ἐπὶ τὸ τῆς γῆς μέσον, ἀλλὰ κατὰ συμβεβηκός, ᾗ τὸ μέσον ἔχει
5 ἐν τῷ τοῦ παντὸς μέσῳ"· ὅλως γάρ, εἰ πᾶν μόριον τῆς γῆς ἐπὶ τὸ μέσον κινεῖται, οὐκ ἂν ἐπὶ τὸ τῆς γῆς μέσον κινοῖτο.

Δείξας δέ, ὅτι ὥρισται τὸ μέσον, ἐφ' ὃ φέρεται τὰ βάρος ἔχοντα, ὡς 85 διὰ τούτου δεδειγμένου τοῦ καὶ τὸ ἔσχατον ὡρίσθαι· μὴ γὰρ ὄντος ὡρισμένου τοῦ ἐσχάτου οὐδὲ μέσον τι εἶναι οἷόν τε, εἴ γε μέσον ἐστὶ τὸ ἴσον
10 πανταχόθεν ἀφεστὼς τοῦ ἐσχάτου· δείκνυσιν, ὅτι ἐπὶ τοῦτο φέρεται τὸ πᾶσιν ἐπιπολάζον· ἐπεὶ γὰρ ἐναντίον ἐστὶ τὸ μὲν ὑφίστασθαι τῷ ἐπιπολάζειν, τὸ δὲ μέσον τῷ ἐσχάτῳ, καὶ τὸ ὑφιστάμενον καὶ βαρὺ πρὸς τὸ 40 μέσον φαίνεται φερόμενον, ἀνάγκη τὸ ἐπιπολάζον πρὸς τὸ ἔσχατον φέρεσθαι· εἰ γὰρ τὸ ἐναντίον πρὸς τὸ ἐναντίον, καὶ τὸ ἐναντίον πρὸς τὸ ἐναν-
15 τίον. οὐ γὰρ δὴ πρὸς τὸ κάτω οἰσθήσεται· οὐκέτι γὰρ ἂν ἐναντίον εἴη οὐδὲ διάφορον τὸ ἐπιπολάζειν τοῦ ὑφίστασθαι· τὰ γὰρ κατὰ τὴν ῥοπὴν 45 ἐναντία ἐπὶ ἐναντίους φέρεσθαι τόπους ἀνάγκη.

Ἀσφαλῶς δὲ | πρὸς τὸ ἔσχατον τῆς χώρας εἶπεν, ἐν ᾗ ποι- 316ᵇ οῦνται τὴν κίνησιν· οὐ γὰρ πρὸς τὸ τοῦ παντὸς ἔσχατον φέρεται τὸ
20 κοῦφον· ταύτην γὰρ ἡ ἀπλανὴς ἔχει τὴν χώραν· ἀλλὰ τὸ ἔσχατον τοῦ ὑπὸ σελήνην, ἐν ᾧ κινεῖται τὰ βαρέα καὶ κοῦφα καὶ ὅλως τὰ ἐπ' εὐθείας 5 κινούμενα σώματα. τῷ δὲ ὑφίστασθαι τὸ ἀεὶ προσέθηκε δηλῶν τὸ ἁπλῶς βαρύ· τοῦτο γάρ ἐστι τὸ ἀεί τε καὶ πᾶσιν ὑφιστάμενον. δείξας δὲ δύο τοὺς τόπους ὡρισμένους τε καὶ ἀντικειμένους ἀλλήλοις τό τε μέσον καὶ τὸ
25 ἔσχατον εἰκότως ἐπήγαγεν· διὸ καὶ εὐλόγως τὸ βαρὺ καὶ κοῦφον δύο 10 ἐστί· καὶ γὰρ οἱ τόποι δύο τὸ μέσον καὶ τὸ ἔσχατον. εἰ γὰρ δύο οἱ τόποι καὶ ἀντικείμενοι, ἐφ' οὓς αἱ κινήσεις, καὶ αἱ κατὰ τὰς κινήσεις ῥοπαὶ αἱ ἐπὶ τούσδε τοὺς τόπους δύο ἂν εἶεν καὶ οὐ μία, ὡς ὁ Πλάτων ἐν τῷ Τιμαίῳ δοκεῖ λέγειν βάρος εἶναι τὴν ἐπὶ τὸν οἰκεῖον τόπον φορὰν 15
30 ἑκάστου τῶν στοιχείων βουλόμενος. καὶ γάρ, ὥσπερ δύο ὄντων τῶν ἁπλῶν διαστημάτων τοῦ τε κύκλου καὶ τῆς εὐθείας δύο καὶ αἱ ἁπλαῖ κινήσεις γεγόνασιν ἥ τε ἐπ' εὐθείας καὶ ἡ κύκλῳ, οὕτω καὶ δύο ὄντων τόπων τοῦ τε μέσου καὶ τοῦ ἐσχάτου δύο καὶ αἱ ῥοπαί εἰσι καὶ τὰ κατ' αὐτὰς κινού- 20 μενα σώματα τό τε βαρὺ καὶ τὸ κοῦφον. εἴρηται δέ, ὅτι ὁ Πλάτων τὸ
35 βάρος ταὐτὸν σημαίνειν τῇ ῥοπῇ λογισάμενος ὥσπερ ῥοπὴν οὕτω καὶ βάρος ἔχειν πάντα πρὸς τοὺς οἰκείους τόπους λέγει καὶ τοῦτο πεποίηκεν ἐναργὲς

---

1 φησί] cap. 14. 296ᵇ12   3 τὸ (pr.) Fb: τι A   3. 4 φέρεται] κτλ. 296ᵇ16   4 ᾗ] corr. ex ἢ K: ἢ F: γῆς A: terra b   6 κινεῖται Fb: κινεῖσθαι A   7 τὰ F: τὸ A   9 τι εἶναι AFb: ὡρίσθαι c et in ras. K   10 ἀφεστὼς K: ἐφεστὼς A: ἀφεστὸς Fc   11 πᾶσιν Fb: πᾶν A   14 καὶ — πρὸς τὸ ἐναντίον CFb: om. A   15 ἂν b: suprascr. A: om. Fc   ἐναντίον ἂν Fc   16 τοῦ F: τῷ A   23 πᾶσιν Fb: πᾶν Ac   25 ἐπήγαγε F   δύο] δύ᾽ c   28 αἱ F: τὰς A   29 Τιμαίῳ] 63 e   33 αὐτὰς Fb: αὐτ A

διὰ τῆς εἰκόνος ἐκείνης, περὶ ἧς τάδε γέγραφε· κάλλιον γὰρ πάλιν αὐτῶν 316b
ἀκούειν τῶν τοῦ Πλάτωνος ῥημάτων ὡς χρυσοῦ ἀργύρῳ τοῖς τοῦ Ἀριστο- 26
τέλους ἐλλαμπόντων· "εἴ τις ἐν τῷ τοῦ παντὸς τόπῳ, καθ' ὃν ἡ τοῦ
πυρὸς εἴληχε μάλιστα φύσις, οὗ καὶ πλεῖστον ἂν ἠθροισμένον εἴη, πρὸς ὃ
5 φέρεται, ἐπεμβὰς ἐπ' ἐκεῖνο καὶ δύναμιν εἰς τοῦτο ἔχων μέρη τοῦ πυρὸς 30
ἀφαιρῶν ἱσταίη τιθεὶς εἰς πλάστιγγας αἴρων τὸν ζυγὸν καὶ τὸ πῦρ ἕλκων
εἰς ἀνόμοιον ἀέρα βιαζόμενος, δῆλον, ὡς τοὐλαττόν που τοῦ μείζονος ῥᾷον
βιᾶται· ῥώμῃ γὰρ μιᾷ δυοῖν ἅμα μετεωριζομένοιν τὸ μὲν ἔλαττον μᾶλλον
τὸ δὲ πλέον ἧττον ἀνάγκη που κατατεινόμενον ξυνέπεσθαι τῇ βίᾳ, καὶ τὸ 35
10 μὲν πολὺ βαρὺ καὶ κάτω φερόμενον κληθῆναι, τὸ δὲ σμικρὸν ἐλαφρὸν καὶ
ἄνω." καὶ οὕτω μὲν φανήσεται τὸ πῦρ βαρύ· εἰ δὲ ἐν γῇ ἑστῶτες γεώδη
σώματα ἄνισα θέντες εἰς τὰς πλάστιγγας εἵλκομεν τὸν ζυγὸν εἰς ἀνόμοιον
ἀέρα βιαζόμενοι, τὸ σμικρότερον ῥᾷον τοῦ μείζονος συνέπεται· κοῦφον οὖν 40
αὐτὸ προσειρήκαμεν καὶ τὸν τόπον, εἰς ὃν βιαζόμεθα, ἄνω, καὶ ἔσται κατὰ
15 τοῦτο κοῦφον ἡ γῆ. ὅτι μέντοι, κἂν τὸ ἄνω καὶ τὸ κάτω μὴ προσίηται
ὁ Πλάτων ἐν τῷ παντὶ σφαιρικῷ ὄντι μηδὲ τὸν τοῦ κούφου καὶ βαρέος
διορισμὸν ὡς τῶν αὐτῶν κούφων καὶ βαρέων εὑρισκομένων, οἶδεν ὅμως 45
διαφορὰν τῆς ἐπὶ τὸ μέσον καὶ τὸ πέριξ κινήσεως, σαφῶς, | οἶμαι, δεδή- 317a
λωκεν εἰπών· "ταῦτα οὖν δὴ διαφόρως ἔχειν αὐτὰ πρὸς αὑτὰ ἀνάγκη διὰ
20 τὸ τὰ πλήθη τῶν γενῶν τόπον ἐναντίον ἀλλήλοις κατέχειν."

p. 312a8 Ἔστι δή τι καὶ μεταξὺ τούτων ἕως τοῦ ἀὴρ δὲ πλὴν
πυρὸς πᾶσιν ἐπιπολάζει.

Δείξας, ὅτι δύο ὄντων τῶν ἀντικειμένων τόπων τοῦ τε μέσου καὶ τοῦ 10
ἐσχάτου ἀνάγκη δύο εἶναι καὶ τὰ ἐπ' αὐτοὺς κινούμενα τό τε ἁπλῶς βαρὺ
25 καὶ τὸ ἁπλῶς κοῦφον, ἐφεξῆς δείκνυσιν ἐκ τοῦ ἀντικεῖσθαι τούτους τοὺς
τόπους ἀλλήλοις, ὅτι ἔστι τις καὶ μεταξὺ αὐτῶν τόπος, ὃς πρὸς ἑκάτερον 15
ἐκείνων τὸν τοῦ ἑτέρου λόγον ἔχει· τοῦτο γὰρ τῶν μεταξὺ πάντων ἐστὶν
ἴδιον· διὸ πρὸς μὲν τὸ κυρίως μέσον τε καὶ κάτω ἄνω τε καὶ ἔσχατός
ἐστιν ὁ μεταξὺ τόπος, πρὸς δὲ τὸν κυρίως ἄνω τε καὶ ἔσχατον ὁ μεταξὺ
30 κάτω τε καὶ μέσος ἐστίν. ὥσπερ δὲ δύο ὄντων τῶν ἄκρων τόπων δύο ἦν 20
καὶ τὰ ἄκρα σώματα, τὸ μὲν ἁπλῶς κοῦφον, τὸ δὲ ἁπλῶς βαρύ, οὕτω
καὶ μεταξὺ ὄντος τόπου τὴν συναμφοτέρων ἔχοντος ἰδιότητα ἔστι καὶ σῶμα

---

2 χρυσοῦ c: χρυσὸν A: χρυσ͂ F   ἀργύρῳ Fb: ἀργύρου A   3 ἐλλαμπόντων F: ἐλαμπόντων A   εἴ τις] κτλ. Tim. 63 b sq.   5 τοῦτ' c   10 pr. καὶ — κληθῆναι Fb: om. A   12 εἵλκομεν F: εἴλην A: ἕλκοιμεν c: traxerimus b   τὸν ζυγὸν εἰς ἀνόμοιον Fb: εἰς ἀνόμοιον ζυγὸν τὸν A   15 κοῦφον Fb: κούφη Ac   16 Πλάτων] Tim. 63 a   19 εἰπών] Tim. 63 b   ταῦτ' c   αὐτὰ] αὐτὰ AF: αὑτ' c   21 δή A: δὲ δή Fc   καὶ AF: καὶ τὸ c   24 καὶ AC: om. Fb   26 καὶ AC: suprascr. comp. F: om. b   27 ἑτέρου ACFb: ἑκατέρου c   γὰρ CFb: om. A   28 τὸ ACFb: τὸν c   29 τε A: om. CF   32 συναμφοτέρων CFb: συναμφότερον A

μεταξὺ οὐκέτι ἁπλῶς βαρὺ ἢ κοῦφον, ἀλλὰ βαρὺ καὶ κοῦφον πρὸς ἑκά- 317ᵃ
τερον τῶν ἄκρων, ὅπερ ἐστὶν ὕδωρ καὶ ἀήρ. εἴη δὲ ἂν κατὰ μὲν τὴν
εἰς δύο διαίρεσιν τῶν τόπων δύο καὶ τὰ σώματα δεδειχὼς τὰ κατὰ φύσιν 25
ἐπ' αὐτοὺς φερόμενα, τῷ δὲ μὴ εἶναι ἀνὰ μέσον τὴν διαίρεσιν μηδὲ τὸν
5 ἄνω πάντα ὅμοιον εἶναι μηδὲ τὸν κάτω, ἀλλὰ τὸ τοῦ ἄνω ἔσχατον καὶ
τὸ τοῦ κάτω ἄκρον, ὥσπερ τῷ τόπῳ, οὕτω καὶ τῇ φύσει πλησιάζειν
ἀλλήλοις καὶ μὴ ἁπλῶς ἄνω μηδὲ ἁπλῶς κάτω εἶναι, καὶ τὰ ἐν τούτοις 30
σώματα, οἷον μέρη ὄντα τὸ μὲν τοῦ ἄνω τὸ δὲ τοῦ κάτω, καὶ πρὸς
ἄλληλα συγγενῆ δύο καὶ ταῦτά ἐστι. διὰ τί δὲ δύο τὰ ἄκρα, καὶ διὰ τί
10 τὰ πάντα τέσσαρα, αὐτὸς ἐν τοῖς Περὶ γενέσεως καὶ φθορᾶς ἐρεῖ ἀκρι-
βέστερον.

Ὑποστήσας δὲ τῷ λόγῳ τὰ τέσσαρα στοιχεῖα, τίνα πρὸς ἄλληλα λόγον 35
ἔχει, λοιπὸν παραδίδωσιν. ἔχων δὲ ὡς ἐναργές, ὅτι ἡ μὲν ὕλη περιέχεται
ὑπὸ τοῦ εἴδους, τὸ δὲ εἶδος περιεκτικόν ἐστι τῆς ὕλης, καὶ ἐπὶ τῶν εἰδο-
15 πεποιημένων ἤδη σωμάτων τῶν κατὰ τόπον κινουμένων τὸ μὲν ὕλης φησὶ
λόγον ἔχειν τὸ περιεχόμενον — τοιοῦτον δέ ἐστι τὸ βαρὺ καὶ ἐν μέσῳ — 40
τὸ δὲ εἴδους τὸ περιέχον· τοιοῦτον δὲ τὸ κοῦφον καὶ ἄνω. ταῦτα μὲν
ἁπλῶς, τῶν δὲ μεταξὺ ἑκάτερον περιέχον τε καὶ περιεχόμενον καὶ εἴδους
καὶ ὕλης ἔχει λόγον πρὸς ἄλλο καὶ ἄλλο. ἐπειδὴ δὲ οὐ μόνον ἐνταῦθα
20 ἀλλὰ καὶ ἐν ἄλλοις χρῆται τῇ ἀναλογίᾳ ταύτῃ ἐπὶ τῶν στοιχείων, ἵνα μὴ 45
λέγῃ τις, ὅτι ἐπὶ τῶν οὐσιῶν ἀληθὲς τοῦτο, οὐκέτι | μέντοι καὶ ἐπὶ τῶν 317ᵇ
κατὰ τόπον διαφερόντων, κοινοποιεῖ τὸν λόγον καὶ πρὸς τὰ ἄλλα. οὐ μόνον
γάρ, φησίν, ἐπὶ τῶν οὐσιῶν ἔστιν αὕτη ἡ διαφορὰ καὶ ἀναλογία ἡ ὡς
εἴδους πρὸς ὕλην, ἀλλὰ καὶ ἐν πᾶσι τοῖς γένεσι· καὶ γὰρ ἐν τῷ ποιῷ 5
25 τὸ λευκὸν καὶ τὸ θερμὸν εἴδει ἀναλογεῖ, τὸ δὲ μέλαν καὶ τὸ ψυχρὸν ὕλῃ,
καὶ ἐν τῷ ποσῷ τὸ μὲν μέγα καὶ τὸ πολὺ εἴδει, τὸ δὲ μικρὸν καὶ ὀλίγον
ὕλῃ, καὶ ἡ μὲν αὔξησις εἴδει, ἡ δὲ μείωσις ὕλῃ, καὶ ὅλως τὰ κρείττονα
ἐν ταῖς ἀντιθέσεσιν ὡς εἴδει ἀναλογοῦντα λαμβάνεται, τὰ δὲ καταδεέστερα 10
ὕλῃ καὶ στερήσει. καὶ ἐν τῇ κατὰ τόπον οὖν ἀντιθέσει τὸ μὲν ἄνω τοῦ
30 ὡρισμένου, τουτέστι τοῦ εἴδους· τοῦτο γὰρ τὸ ὡρισμένον, διότι καὶ τὴν
ὕλην ἀόριστον καθ' ἑαυτὴν οὖσαν τὸ εἶδος ὁρίζει· τὸ δὲ κάτω τῆς ὕλης.
εἰπὼν δὲ ταῦτα περὶ τῶν τόπων κατὰ τὸ ἑξῆς εἶπεν ἂν περὶ τῶν ἐν τοῖς 15
τόποις σωμάτων, ὅτι τὸ μὲν ἄνω περιεκτικὸν ὄν, οἷον τὸ πῦρ, εἴδους ἔχει
λόγον ἐνεργείᾳ κοῦφον ὂν καὶ ἐπιπολάζον πᾶσι, τὸ δὲ κάτω περιεχόμενον
35 καὶ ὑφιστάμενον πᾶσι βαρὺ ὂν κατ' ἐνέργειαν ὕλης· ὁ δὲ τοῦτον τὸν βαθμὸν
παρελθὼν ἐπὶ τῆς κοινῆς ὕλης τοῦ βαρέος καὶ κούφου ποιεῖται τὸν λόγον, 20
ἥτις ὕλη μόνον ἐστὶ καὶ οὐκέτι εἶδος. διαφέρει δέ, καθ' ὃ κούφου μὲν

---

7 ἀλλήλοις CFb: ἄλλοις A   9 καὶ ταῦτά ACb: αὐτά F: καὶ αὐτά c   ἐστιν c
10 Περὶ γενέσεως] II 2   13 ἔχει CFb: ἔχει τινὰ A   16 ἐστι AF: om. C: ἐστιν c
23 διαφορά F: corr. ex φορά A   ἡ (alt.) F: ἢ A   25 τὸ (pr.) C: οὐ μόνον
τὸ Ab: τὸ μὲν Fc   30 τοῦτο — ὁρίζει (31) om. b   32 περὶ (pr.) Fb: παρὰ
comp. A   τὸ AF: τὰ c   36 παρελθὼν F: προελθὼν A: peracto b
37 κούφου AF: κοῦφον c

οὖσα ὕλη ὕλης ἐστίν, οὐκ αὐτὴ ἑαυτῆς, ἀλλὰ τῆς βαρύτητος, εἴδους μὲν 317b
οὔσης ἐνεργείᾳ, λόγον δὲ ὕλης ἐχούσης. ἔστι δέ, φησίν, ἡ αὐτὴ τοῦ κού-
φου καὶ βαρέος ὕλη — διὰ τοῦτο γὰρ καὶ μεταβάλλει εἰς ἄλληλα — τὸ 25
δὲ εἶναι αὐτῇ κούφου καὶ βαρέος αὖθις οὐ ταὐτόν. καὶ σαφηνίζει τοῦτο
5 δι' ὑποδείγματος τοῦ σώματος τοῦ νόσῳ καὶ ὑγιείᾳ ὑποκειμένου καὶ ὕλης
πρὸς ταῦτα λόγον ἔχοντος· καὶ γὰρ τοῦτο νοσερὸν καὶ ὑγιαστόν ἐστιν ὡς
πεφυκὸς νοσεῖν καὶ ὑγιαίνειν, καί ἐστι μὲν τὸ αὐτὸ σῶμα καὶ τὸ αὐτὸ 30
ὑποκείμενον, τὸ δὲ εἶναι καὶ ὁ λόγος τοῦ νοσεροῦ καὶ τοῦ ὑγιαστοῦ ἕτερος·
ὁ μὲν γάρ ἐστι τὸ πεφυκὸς νοσεῖν, ὁ δὲ τὸ ὑγιαίνειν πεφυκός, ταῦτα δὲ
10 ἕτερα, διότι καὶ τὰ ἐνεργείᾳ, πρὸς ἃ ταῦτα δυνάμει, ἕτερά ἐστιν. ἐπειδὴ
οὖν τὸ εἶναι κούφου ὕλη οὐ ταὐτόν ἐστι τῷ εἶναι βαρέος ὕλη, καὶ μάλιστα 35
προσεχῶς, ἀλλὰ κατά τινα διαφορὰν ἐγγενομένην τῇ ὕλῃ ἤτοι θερμότητος
ἢ ψύξεως ἢ ξηρότητος ἢ ὑγρότητος ἤ τινος ἄλλης τοιαύτης ἡ μὲν κούφου
ὕλη ἡ δὲ βαρέος γίνεται, δῆλον, ὅτι τὸ μὲν ἔχον πρὸς κουφότητα ἐπιτη-
15 δείαν ὕλην κοῦφον καὶ ἀεὶ ἄνω ὂν ἢ γινόμενον, ὂν μέν, ὅταν ἔχῃ ἤδη 40
τὴν τοιαύτην ὕλην, γινόμενον δέ, ὅταν γινομένην, τὸ δὲ τὴν ἐναντίαν,
τουτέστι τὴν πρὸς βαρύτητα ἐπιτηδείως ἔχουσαν, ὕλην ἔχον βαρὺ καὶ ἀεὶ
κάτω. τὸ δὲ ἀεὶ δηλοῖ 'ἕως ἂν τὴν τοιαύτην ὕλην ἔχῃ', ἐπεὶ δῆλον, ὅτι
μεταβάλλεται καὶ αὐτά. καὶ μέντοι καὶ διαστέλλει τὸ ἁπλῶς κοῦφον καὶ 45
20 ἀεὶ ἄνω καὶ ἁπλῶς βαρὺ καὶ ἀεὶ κάτω ἀπὸ τῶν ποτὲ μὲν ἄνω ποτὲ δὲ
κάτω γι|νομένων, οἷα τὰ μέσα στοιχεῖά ἐστι. τὸ δὲ ἑτέρας μέν, φησίν, 318a
τούτων ὕλας ἔχον σῶμα, ὡς μήτε ἁπλῶς δυνάμει κούφας εἶναι μήτε ἁπλῶς
βαρείας, ἀλλὰ πρὸς ἀλλήλας ἐχούσας τὸ βαρὺ καὶ κοῦφον, ὡς ἁπλῶς· καὶ
καθόλου εἶχον ἡ ἁπλῶς κούφη καὶ ἡ ἁπλῶς βαρεῖα, καὶ τὰς ὕλας τὰς 5
25 τοιαύτας ἐπαμφοτεριζούσας ἔχει καὶ ἄνω καὶ κάτω φερομένας ἁπλῶς, οὐχ
ὡς καθόλου ἁπλῶς, ἀλλ' ὡς πρὸς ἀλλήλας ἁπλῶς, ὅτι τὸν τῶν ἁπλῶν πρὸς
ἀλλήλας ἔχουσι λόγον.

Ἀντὶ δὲ τοῦ τὸ δὲ ἑτέρας μὲν τούτων, ἐχούσας δὲ οὕτω πρὸς 10
ἀλλήλας οἶδε καὶ ἄλλην γραφὴν ὁ Ἀλέξανδρος τοιαύτην· 'τὸ δὲ πέρας
30 μὲν τούτων ἐχούσας', καὶ ἐλλειπῆ ταύτην οἴεται τὴν γραφὴν καὶ εἶναι

---

1 ὕλης AFb: om. c   εἴδους F: εἶδος Ab   l. 2 μὲν οὔσης] manente b
4 αὐτῇ] huic b: αὐτὴ AF: αὐτὸ c   5 νόσῳ CFb: νοσώδους A   ὑγείᾳ C: ὑγείᾳ
καὶ A: ὑγιείᾳ c   6 ἐστιν] ἐστι A   7 μὲν Fb: om. A   8 νοσεροῦ A: ὑγιαστοῦ
Fbc   καὶ τοῦ Fb: om. A   ὑγιαστοῦ] ὑγιαστικοῦ A: νοσεροῦ Fbc   9 ἐστι Fb:
om. A   νοσεῖν Ab: ὑγιαίνειν Fc   ὁ (alt.) Fb: τὸ A   ὑγιαίνειν πεφυκὸς A:
natum est sanum esse b: πεφυκὸς νοσεῖν Fc   10 τὰ F: illud b: om. A   12 προσ-
εχῶς Ab: comp. F: προσεχεῖς c   ἐγγινομένην c   13 ἢ (quart.) c: καὶ AFb
15 ἢ Fb: om. A   γινόμενον Fb: γενόμενον A   ὂν (alt.) Fb: om. A   18 ἔχῃ
c: om. A: ἔχοι F: habet b   ἐπεὶ A: ἐπειδὴ F   22 τούτων Fb: om. A
εἶναι Fb: ἄνω A   23 κοῦφον CF: τὸ κοῦφον Ac   24 καθόλου Fb: καθ' οὗ A
ἡ (alt.) F: om. A   27 ἀλλήλας F: ἄλλη A   28 δὲ τοῦ] τοῦδε F   τοῦ τὸ]
τοῦτο A   δ' (alt.) c   δ' (tert.) c   29 ἀλλήλ᾽ A   30 τούτων F: τοι-
ούτων A: eorum b   ἐλλιπῆ Fc

τὸ πλῆρες 'τὸ δέ τι σῶμα πέρας μὲν τούτων ἐστίν, ἔχει δὲ ὕλας οὕτως 318ᵃ ἐχούσας πρὸς ἀλλήλας, ὡς αὗται ἁπλῶς, καὶ διὰ τοῦτο καὶ ἄνω καὶ κάτω 15 φερομένας, διότι πῆ μὲν κοῦφαι πῆ δὲ βαρεῖαί εἰσι'. πέρας γάρ ἐστι τοῦ μὲν ἁπλῶς κούφου τὸ πῆ κοῦφον καὶ πρός τι βαρύ, τοῦ δὲ ἁπλῶς
5 βαρέος τὸ πῆ βαρύ· τὸ γὰρ πρῶτον πεπαυμένον τοῦ ἁπλῶς πῆ γίνεται· κἂν κατηγορῆται οὖν κατὰ τοῦ πῆ κούφου τὸ πῆ βαρὺ καὶ ἀνάπαλιν, ὡς 20 πέρατα κατηγορεῖται· ἐν οἷς οὖν σώμασιν αἱ ὗλαι τὰ πέρατα ἔχουσιν ἀμφοτέρων τῶν τὸ ἁπλῶς ἐχουσῶν, καὶ αὐτὰ τὰ σώματα ἐπαμφοτερίζει. "λέγοι δὲ ἄν, φησὶν ὁ Ἀλέξανδρος, ὗλας ἐν τοῖς σώμασι τὰ ὑποκείμενα
10 σὺν τῇ ῥοπῇ μὲν ἄνευ δὲ τῶν ἄλλων ποιοτήτων λαμβανόμενα ξηρότητός 25 τε καὶ τῶν ἄλλων." μήποτε δὲ ἡ μὲν ῥοπὴ τὸ ἐπιγινόμενον εἶδος ἦν κουφότης ἢ βαρύτης ὑπάρχουσα, αἱ δὲ ὗλαι μετὰ θερμότητος καὶ ψυχρότητος, ξηρότητος καὶ ὑγρότητος, ὧν αἱ μὲν κουφότητα αἱ δὲ βαρύτητα ἐπιδέχονται. διὰ δὲ τοῦ τὰς ὗλας καὶ τὰ ὑποκείμενα τοῖς στοιχείοις πᾶσι δεικνύναι 30
15 διάφορα τὸ κατ' οἰκείαν φύσιν ἕκαστον καὶ τῶν μεταξὺ καὶ μὴ κατὰ μίξιν τῶν ἄκρων εἶναι τοιοῦτον, ὁποῖόν ἐστιν, ἀποδείκνυται· διὸ οὐκέτι ἀκολουθήσει ταῦτα λέγοντι πολὺν ἀέρα ὕδατος ὀλίγου γίνεσθαι βαρύτερον, διότι ὁ ἀὴρ καὶ τὸ ὕδωρ ἔχουσι καὶ κουφότητα καὶ βάρος, ὅτι μεταξὺ ἐκείνων 35 τῶν ἁπλῶς τοιούτων καὶ ἔσχατά πως αὐτῶν καὶ πέρατά ἐστι, καὶ διὰ
20 τοῦτο τὸ μὲν ὕδωρ τοῖς ἄλλοις ὑφιστάμενον ἐπιπολάζει τῇ γῇ, ὁ δ' ἀὴρ τῷ πυρὶ ὑφιστάμενος πᾶσιν ἐπιπολάζει.

p. 312ᵃ28 Ἐπεὶ δέ ἐστιν ἓν μόνον, ὃ πᾶσιν ἐπιπολάζει ἕως τοῦ 40 καὶ ἓν καὶ πλείω, ὥσπερ ἐν χρώμασιν.

Εἰπὼν εἶναί τι μεταξὺ σῶμα τοῦ τε ἁπλῶς κούφου καὶ τοῦ ἁπλῶς
25 βαρέος, ὃ πῆ μὲν κοῦφον πῆ δὲ βαρύ ἐστι πέρας ὂν ἑκάτερον τῶν ἁπλῶς 45 καὶ διὰ τοῦτο δύο ὄντα μεταξὺ πυρὸς καὶ γῆς ὁ ἀὴρ καὶ τὸ ὕδωρ, τούτων οὖν συντόμως | ὑπομνήσας διὰ τοῦ ἐπεὶ δέ ἐστιν ἓν μόνον, ὃ πᾶσιν 318ᵇ ἐπιπολάζει καὶ τῶν ἑξῆς ἐπάγει ὥστε ἀνάγκη καὶ τὰς ὕλας τοσαύτας εἶναι, τέσσαρας, οὕτω δὲ ⟨ὡς⟩ μίαν μὲν ἁπάντων τὴν αὐτὴν εἶναι, καὶ δι'
30 ἄλλους μὲν λόγους τοὺς ἐν τῷ πρώτῳ τῆς Φυσικῆς ἀκροάσεως ῥηθέντας 5 καὶ μέντοι εἰ γίνοιτο τὰ τέσσαρα ἐξ ἀλλήλων, ὡς δέδεικται πρότερον, τὸ

---

4 βαρύ Ab: κοῦφον Fc   10 δὲ F: δὴ A: om. b   11 δὲ Fb: om. A   ἡ μὲν ῥοπῇ Fb: τῇ μὲν ῥοπῇ Ac   13 ξηρότητος b: καὶ ξηρότητος A: ξηρότητός τε F   14 δὲ om. b   17 ante ταῦτα add. τῷ K²c   γίνεσθαι F: γενέσθαι Ac   18 καὶ τὸ ὕδωρ Fb: om. A   22 δ' c   23 καὶ (alt.) F: om. A   χρώμασι F   24 τοῦ τε F: τοῦτο C: τοῦ το e corr. A   25 ἑκάτερον ACFb: ἑκατέρου c   τῶν CFb: τοῦ A   26 γῆς CFb: καὶ ὕδατος A   ὁ ἀὴρ A: ἀὴρ C: ἀέρα Fc   τὸ A: om. CFc   27 δ' c   μόνον ACb: om. F   28 ὥστ' c   29 τέσσαρας A: δ F: τέτταρας c   οὕτω AFb: τὸ c   ὡς scripsi: om. AFbc   μὲν] mut. in ὡς K²   30 τοὺς AC: om. F: ἔδειξε c   πρώτῳ] cap. 7   31 ante εἰ add. καὶ K²c   γένοιτο c

μέντοι εἶναι ἕτερον ἐχούσας· ἄλλος γὰρ λόγος τῆς ὡς πυρὸς προσεχοῦς 318b
ὕλης καὶ ὅλως τοῦ ἁπλῶς κούφου καὶ ἄλλος τῆς ἑκάστου τῶν ἄλλων.
δοκεῖ δέ μοι περὶ τῆς ὑποκειμένης τοῖς στοιχείοις ὕλης πολὺν ποιεῖσθαι
λόγον καὶ μίαν αὐτῶν καὶ τετραπλῆν δεικνύων καὶ πρότερον μέν, ὅτε ἔλεγε
'τὸ δὲ ἑτέρας μὲν τούτων, ἐχούσας δὲ οὕτως πρὸς ἀλλήλας' ἀπὸ τῶν
ὑλῶν δύο τὰ μεταξὺ δεικνὺς πρὸ ἐκείνων δὲ τὰ ἄκρα, νῦν δὲ ἀπὸ τοῦ δύο
μὲν εἶναι τὰ ἄκρα δύο δὲ τὰ μεταξὺ τέσσαρας τὰς ὕλας εἰσάγειν, διότι
τὸ προκείμενον ἦν ἐξ ἀρχῆς τὸν τρόπον τῆς ἐξ ἀλλήλων γενέσεως τῶν
στοιχείων εὑρεῖν· οὕτω γὰρ καὶ πόσα καὶ τίνα ἐστὶν εὑρεθήσεται. ὁ δὲ
τρόπος τῆς ἐξ ἀλλήλων γενέσεως, ὡς ἐν τῇ Περὶ γενέσεως διδάξει, κατὰ
τὴν διαφορὰν τῆς προσεχῶς αὐτοῖς ὑποβεβλημένης ὕλης καὶ τὴν κοινωνίαν
ὑποδειχθήσεται.

Ἀλλὰ πῶς εἰπὼν ἐπεὶ δέ ἐστιν ἓν μόνον, ὃ πᾶσιν ἐπιπολάζει,
καὶ ἕν, ὃ πᾶσιν ὑφίσταται, ἀνάγκη δύο εἶναι ἄλλα, ἃ καὶ ἐπιπο-
λάζει τινὶ καὶ ὑφίσταταί τινι εἶτα προελθὼν οὐδὲν γάρ, φησί, κωλύει
τῶν ἐναντίων εἶναι μεταξὺ καὶ ἓν καὶ πλείω, ὥσπερ ἐν χρώ-
μασιν; εἰ γὰρ ἀληθὲς τὸ πρότερον, ὅτι ἀνάγκη δύο εἶναι τὰ μεταξύ, πῶς
τοῦτο ἀληθές, ὅτι οὐδὲν κωλύει καὶ ἓν καὶ πλείω εἶναι τὰ μεταξύ; ἔοικεν
οὖν τὸ μὲν ὕστερον καθόλου εἰρηκέναι, ὅτι οὐδὲν κωλύει καὶ ἓν καὶ πλείω
εἶναι μεταξὺ τῶν ἀντικειμένων· τοῦτο γὰρ ἀληθὲς καθόλου, ὅτι τῶν ἐναν-
τίων τὰ μὲν ἄμεσά ἐστι, τὰ δὲ ἔμμεσα, καὶ τῶν ἐμμέσων τὰ μὲν ἓν ἔχει
μέσον, τὰ δὲ πλείονα· τὸ δὲ πρότερον εἰρημένον τὸ ἀνάγκη δύο ἄλλα
εἶναι ὡς ἐπὶ τούτων τῶν ἐναντίων εἴρηται τοῦ τε ἁπλῶς κούφου καὶ τοῦ
ἁπλῶς βαρέος, διὸ καὶ οὕτως εἶπεν· ἐπεὶ δέ ἐστιν ἕν, ὃ πᾶσιν ἐπιπο-
λάζει, καὶ ἕν, ὃ πᾶσιν ὑφίσταται, ἀνάγκη δύο ἄλλα εἶναι. τὴν
δὲ ἀνάγκην νῦν μὲν ᾐνίξατο διὰ τοῦ τὸ μεταξὺ ἑκατέρου τῶν ἁπλῶν πέρας
ὂν διπλοῦν εἶναι· ὡς μὲν γὰρ τοῦ ἁπλῶς κούφου πέρας κοῦφόν ἐστι, κἂν
μὴ ἁπλῶς, ἀλλὰ τῶν μετ' αὐτὸ κουφότερον, ὡς δὲ τοῦ ἁπλῶς βαρέος, κἂν
μὴ ἁπλῶς βαρύ, ἀλλὰ τῶν ἄλλων βαρύτερον, καὶ οὕτως ὅ τε ἀὴρ ηὑρέθη
τοῖς ἄλλοις ἐπιπολάζων πλὴν πυρὸς καὶ τὸ ὕδωρ τοῖς ἄλλοις ὑφιστάμενον
πλὴν γῆς, καὶ τούτοις θαρρήσας εἶπεν, ὅτι ἀνάγκη τοῦ ἁπλῶς κούφου καὶ
τοῦ ἁπλῶς βαρέος δύο μέσα εἶναι· ἐν μέντοι τοῖς Περὶ γενέσεως καὶ φθορᾶς
πολυειδῶς ἀποδείκνυσιν, ὅτι δύο ἀνάγκη τὰ μεταξὺ εἶναι καὶ τέσσαρα |

1 ἔχουσιν c   ὡς] τοῦ c   1. 2 προσεχοῦς ὕλης Cb: ὕλης προσεχοῦς A: προσεχούσης ὕλης F   4 pr. καὶ—δεικνύων Fb: om. A   αὐτῶν Fb: αὐτὴν K²c   τετραπλῆ c   ὅτε Fb: οὕτως A   ἔλεγεν c   5 δ' (pr.) c   δ' (alt.) c   οὕτω Fc   6 πρὸ Fb: πρὸς Ac   7 εἰσάγειν Ab: συνάγειν F: συνάγων K²c   10 Περὶ γενέσεως] II 4   διδάξει]-δάξει evan.   11 αὐτοῖς Fb: αὐτῆς A   12 ἀποδειχθήσεται Fc   13 δ' c   ἓν μόνον om. b: μόνον evan. A   πᾶσιν Fb: πᾶν A   14 ἓν Ab: ἓν μόνον Fc   πᾶσιν Fb: πᾶν A   δύ' c   ἀλλ' c   15 οὐδὲ c   6 ἓν καὶ Fc: ἓν A   18 ἔοικεν—μεταξὺ (20) A: om. Fb   21 ἐστι Fc   24 δ' c   πᾶσιν Fb: πᾶν A   25 δύ' c   ἄλλα εἶναι Fb: εἶναι ἄλλα Ac   26 ᾐνίξατο F: ᾐνήξατο A   τοῦ τὸ F: τοῦτο A   27 τοῦ ACF: om. c   29 εὑ-ρέθη c   32 τοῦ F: om. A   Περὶ γενέσεως] II 2 sq.

τὰ ὅλα στοιχεῖα· καὶ γὰρ ἐκ τοῦ τὰς εἰδοποιοὺς ἐναντιώσεις δύο εἶναι 319ᵃ
θερμότητα καὶ ψύξιν καὶ ξηρότητα καὶ ὑγρότητα, ὧν συνδυαζομένων ἀνάγκη
τέσσαρα γίνεσθαι τὰ πάντα ἐξ αὐτῶν στοιχεῖα, καὶ ἐκ τῆς τῶν ποιοτήτων
ἀναλογίας, ἐξ ὧν ἑκάστῳ τῶν στοιχείων τὸ εἶναι, καὶ μέντοι διὰ τὴν κατά 5
5 τι πρὸς ἄλληλα κοινωνίαν, δι᾽ ἣν ἡ εἰς ἄλληλα αὐτοῖς μεταβολὴ ῥᾳδία
κατά τι κοινὸν σύμβολον γινομένη· ἔτι δὲ καὶ ἐκ τοῦ τὸ μεταξὺ ὁμοιότητα
ἔχειν πρὸς ἑκάτερον τῶν ἄκρων· δυοῖν οὖν ὄντων ἐκείνων ἀνάγκη καὶ τοῦτο
διπλοῦν εἶναι. ἀλλὰ ταῦτα μὲν ὕστερον, εἰς ἃ καὶ μάλιστα βλέπων εἶπεν, 10
ὅτι ἀνάγκη δύο εἶναι ἄλλα. μὴ δὲ τούτου τελέως δειχθέντος εἰκότως τῷ
10 καθόλου λόγῳ χρῆται τῷ λέγοντι μηδὲν κωλύειν καὶ ἓν καὶ πλείω εἶναι
τὰ μεταξὺ καὶ ἐξ αὐτοῦ καθ᾽ ὑπόθεσιν ἔλαβε τὸ πλείω εἶναι μέλλων αὐτὸ
διὰ πολλῶν ἀποδεικνύναι. ὁ δέ γε θεῖος Πλάτων καὶ αὐτὸς ἄκρα θεὶς τὸ 15
πῦρ καὶ τὴν γῆν καὶ ἐκ πυρὸς μὲν εἶναι τὸν κόσμον ἀναγκάσας ὡς ὁρατόν,
ἐκ γῆς δὲ ὡς ἁπτόν, δύο τὰ μέσα καὶ αὐτὸς εἶναι ἀπέδειξε· στερεοῦ γὰρ
15 ὄντος τοῦ παντὸς καὶ στερεῶν τῶν ἄκρων δι᾽ ἀναλογίας ὀφειλόντων συνάπ- 20
τεσθαι τῶν ἄκρων πρὸς τὴν τοῦ παντὸς γένεσιν δύο μέσων ἀνάλογον ἔδει
τῶν τὴν στερεὰν συμπληρούντων ἀναλογίαν. ἐν χρώμασι δὲ πλείω τὰ
μεταξύ· τοῦ γὰρ λευκοῦ καὶ μέλανος οὐ μόνον τὸ φαιὸν μεταξύ, ἀλλὰ καὶ
τὸ ξανθὸν καὶ τὸ φοινικοῦν.

20 p. 312ᵇ2 **Ἐν μὲν οὖν τῇ αὐτοῦ χώρᾳ ἕως τοῦ ἢ οἷς ἐπιπολάζει,
δι᾽ ὁμοιότητα τῆς ὕλης.**

Εἰσαγαγὼν εἰς τὸν λόγον τὰ δύο μέσα στοιχεῖα καὶ εἰπών, ὅτι ἑκά- 30
τερον αὐτῶν βάρος ἔχει καὶ κουφότητα, βάρος μὲν πρὸς τὰ πρὸ ἑαυτῶν,
ὅτι ὑφίσταται αὐτοῖς, κουφότητα δὲ πρὸς τὰ μεθ᾽ ἑαυτά, ὅτι ἐπιπολάζει,
25 εἰπὼν δὲ πρότερον καί, ὅτι τὸ μὲν πῦρ πανταχοῦ κοῦφόν ἐστι καὶ οὐδαμοῦ
ἔχει βαρύτητα, ἡ δὲ γῆ πανταχοῦ βαρεῖα καὶ οὐδαμοῦ ἔχει κουφότητα, 35
περὶ τῶν μέσων δείκνυσιν, ὃ καὶ πρότερον εἶπεν, ἀκριβέστερον νῦν ἐπεξιὼν
τῷ λόγῳ, ὅτι ἐν τῷ ἑαυτῶν τόπῳ βαρύτητα ἔχει ἄμφω καὶ ὁ ἀὴρ καὶ
τὸ ὕδωρ, κουφότητα δὲ οὐδέτερον. καὶ πρότερον μέν, ὅτι ὁ ἀὴρ βαρύ-
30 τητα ἔχει, ἔδειξεν ἔκ τε τοῦ ὑφίστασθαι τῷ πυρὶ καὶ ἐκ τοῦ τοὺς πεφυ- 40
σημένους ἀσκοὺς πλέον ἕλκειν τῶν ἀφυσήτων, νῦν δὲ εἰπών, ὅτι κουφό-
τητα δὲ οὐκ ἔχει, ἐπήγαγεν ἀλλ᾽ ἢ ἐν οἷς ἐπιπολάζει, ἀὴρ μὲν ἐν

---

2 συνδοξαμένων F: συνδοιαζομένων c   3 τέσσαρα Ab: δᾶ F: πᾶσα Kc   τὰ πάντα
Ab: om. Fc   τὰ στοιχεῖα Fc   5 δι᾽ ἣν Ab: om. Fc   ἡ A: ἢ Fc: et b
μεταβολή b: μεταβολὴν AFc   ῥᾳδία Ab: ῥᾳδίαν Fc   6 γινομένη Ab: γινομένην Fc
7 οὖν AFb: om. c   8 βλέπων A: evan. F: ἀπιδὼν in lac. K², c   9 εἶναι ἄλλα
Ab: ἄλλα εἶναι Fc   μὴ A: μήποτε Fc: nondum b; fort. μήπω   12 Πλάτων] Tim.
cap. 7   14 ἁπτόν Fb: αὐτόν A   δύο AF: δύο εἶναι K²c   εἶναι om. Fc
16 ἔδει Ab: δεῖ Fc   19 ξανθὸν καὶ τὸ φοινικοῦν Fb: om. A   20 ἐν F: ἓν A
αὐτοῦ K: αὑτοῦ AF   23 ἑαυτῶν A: αὐτῶν Fc   24 μετ᾽ αὐτά c   30 πυρὶ
b, in ras. K: ἀέρι AF   32 ἀήρ] ὁ ἀὴρ c

ὕδατι καὶ γῇ, ὕδωρ δὲ ἐν γῇ· τούτοις γὰρ ἐπιπολάζουσιν. ἔστι δὲ τὸ 319ᵃ ἑξῆς τοῦ λόγου, ὅτι ἕκαστον τῶν ἐχόντων βάρος καὶ κουφότητα, οἷα τὰ μέσα ἐστίν, ἐν τῇ ἑαυτοῦ χώρᾳ ἔχει βάρος, κουφότητα δὲ οὐκ | ἔχει 319ᵇ πλὴν ἐν ἐκείνοις, οἷς ἐπιπολάζει. μεταξὺ δὲ καθ᾽ αὑτὸ παρενέβαλε τὸ ἡ δὲ γῆ ἐν ἅπασι κατὰ κοινοῦ καὶ ἐπ᾽ αὐτῆς τὸ ἔχει βάρος λαβών.

Σημεῖον δὲ τοῦ τὰ μεταξὺ ἐν τοῖς οἰκείοις τόποις βαρύτητα μὲν ἔχειν κουφότητα δὲ μὴ ἔχειν παρέχεται τὸ τῶν μὲν ὑπ᾽ αὐτὰ ὑποσπωμένων καταφέρεσθαι αὐτὰ ἐκ τῆς οἰκείας χώρας, τῶν δὲ ὑπὲρ αὐτὰ ἀναιρουμένων μηκέτι εἰς τοὺς ἐκείνων ἀναφέρεσθαι τόπους· διὸ ὕδατος μὲν ὑποσπασθέντος ὁ ἀὴρ εἰς τὸν ἐκείνου τόπον φέρεται, καὶ γῆς ὑποσπασθείσης καὶ τὸ ὕδωρ καὶ ὁ ἀὴρ εἰς τὸν ἐκείνης συρρεῖ τόπον ἀπὸ τῶν οἰκείων τόπων καταφερόμενα ὡς βάρος ἐν τοῖς οἰκείοις ἔχοντα τόποις, τοῦ δὲ πυρὸς ἀναιρεθέντος ἀὴρ εἰς τὸν ἐκείνου τόπον κατὰ φύσιν οὐ φέρεται οὔτε ὕδωρ εἰς τὸν τοῦ ἀέρος, ἂν ἀφαιρεθῇ ὁ ἀήρ, τὸ δὲ πῦρ τῷ μηδὲ ἐν τῷ ἑαυτοῦ τόπῳ ἔχειν βαρύτητα ὑποσπωμένων τῶν ὑπ᾽ αὐτὸ οὐ φέρεται κάτω, ὃ σημεῖον ἐναργὲς τοῦ μὴ ἔχειν τὸ πῦρ τὴν ἐπὶ τὸ μέσον ῥοπήν.

Εἰπὼν δὲ μὴ ἀναφέρεσθαι τὸν ἀέρα εἰς τὸν τοῦ πυρὸς τόπον ὑφαιρουμένου προσέθηκεν εἰ μὴ βίᾳ, ὥσπερ καὶ τὸ ὕδωρ σπᾶται, ὅταν γένηται τὸ ἐπίπεδον ἕν· βίᾳ γὰρ οὐδὲν κωλύει τὸν ἀέρα ἀναφέρεσθαι εἰς τὸν τοῦ πυρὸς τόπον οὕτως, ὡς καὶ τὸ ὕδωρ εἰς τὸν τοῦ ἀέρος ἕλκεται βίᾳ ὑπὸ τοῦ ἀέρος, ὅταν, φησίν, ἓν γένηται τὸ ἐπίπεδον τοῦ τε σπῶντος ἀέρος καὶ τοῦ σπωμένου ὕδατος. καὶ γὰρ ἐπὶ τῶν σιφώνων καὶ τῶν ἰατρικῶν σικυῶν, δι᾽ ὧν σπᾶται τό τε ὕδωρ καὶ τὸ αἷμα, καὶ ὁ ἀὴρ ὁ σπῶν καὶ τὸ ὕδωρ τὸ σπώμενον πλησιάζοντα ἀλλήλοις ἐπιπέδοις οἰκείοις διώρισται σώματά γε ὄντα καί, μέχρι μὲν ἂν ᾖ διωρισμένα τὰ ἐπίπεδα αὐτῶν καὶ μόνον ἅπτηται ἀλλήλων, μένει κατὰ χώραν ἑκάτερον, ὅταν μέντοι τὰ δύο ἐπίπεδα εἰς ἓν συνέλθῃ πνεύματος ἢ θερμασίας συνεχιζούσης αὐτὰ καὶ οἷον κρᾶσίν τινα ποιούσης, τότε θάτερον ὑπὸ θατέρου ὡς μέρος αὐτοῦ γενόμενον ἤδη σπᾶται, ὅταν θάττων ἡ ἐπὶ τὸ ἄνω τοῦ ἀέρος τοῦ σπῶντος κίνησις γίνηται τῆς τοῦ ὕδατος οἰκείας εἰς τὸ κάτω ῥοπῆς· πρὶν γὰρ διαλυθῆναι καὶ χωρισθῆναι τὴν ἕνωσιν τῶν ἐπιπέδων φθάνει ἀνασπᾶσθαι ὡς προσηρτημένον.

Εἶτα ἔνστασιν λύει τὴν λέγουσαν· διὰ τί οὖν μὴ καὶ ἡ γῆ σπᾶται εἰς τὸ ἄνω ὥσπερ τὸ ὕδωρ; καὶ λέγει, ὅτι οὐκ ἔστι τῆς γῆς τὸ ἐπίπεδον ἕν· οὐ γὰρ μίαν ἔχει τὴν ἐπιφάνειαν, διότι οὐχ ἥνωται τὸ τῆς γῆς σῶμα ὥσπερ ὕδωρ καὶ ἀήρ. διὰ τοῦτο οὖν οὐ συμφύεται τὸ τῆς γῆς ἐπίπεδον

---

3 ἑαυτοῦ A: αὐτοῦ c: αὑτοῦ F   4 πλὴν — ἔχειν (7) om. b   5 γῇ F: ἡ γῆ A ἅπασιν c   6 τὰ C: om. A: suprascr. F   8 αὐτὰ (alt.) AF: αὐτῶν c   9. 10 ὑποσπασθέντος F: ἀποσπασθέντος A   14 δὲ A: vero b: δέ γε Fc   μηδὲ Fb: μὴ A: μηδὲν C   17 τὸν ἀέρα Fb: om. A   20 ἕλκεται — ἀέρος (21) Ab: habuit C: om. Fc   26 κατὰ CFb: καὶ κατὰ Ac   27 συνεχιζούσης CF: συνεχούσης A: confundente b   29 θάττων CFb: θᾶττον A   30 γίνηται A: γένηται CFc   34 τὸ (tert.) AC: om. F

46*

τοῖς ἄλλοις ὥστε συνέλκεσθαι· τέθρυπται γὰρ καὶ οὔτε ἀλλήλοις ἥνωται 319b
τὰ τῆς γῆς ἐπίπεδα διὰ τὴν τῆς γῆς ξηρότητα οὔτε τοῖς τοῦ ὕδατος ἢ τοῦ
ἀέρος ἐνοῦται· καὶ διὰ τοῦτο, φησίν, ἡ μὲν γῆ οὐ σπᾶται, τὸ δὲ ὕδωρ
καὶ εἰς τοὺς σίφωνας μὲν σπᾶται, μάλιστα δὲ εἰς τὸ πυρωθὲν ἀγγεῖον. 45
5 ἂν γὰρ ποτήριον τῶν στενοστόμων κατὰ τὸ στόμα καθῶμεν εἰς ὕδωρ, οὐκ
εἰσρεῖ τὸ | ὕδωρ εἰς αὐτό, ἐὰν μέντοι τὸ ποτήριον θερμανθὲν δι' ὕδατος 320a
θερμοῦ ἢ προκλύσαντος αὐτὸ ἢ τῷ πυθμένι αὐτοῦ ἐπιχεθέντος καθῶμεν
ὁμοίως εἰς τὸ ὕδωρ κατὰ τὸ στόμα, σπᾷ τὸ ὕδωρ καὶ πληροῦται, διότι
ἓν γίνεται τὸ ἐπίπεδον τοῦ τε ὕδατος καὶ τοῦ ἐν τῷ ἀγγείῳ ἀέρος καὶ 5
10 ἑνοῦται ὑπὸ τοῦ πυρὸς συγχωνεύειν καὶ συμφυσᾶν τὰ διάφορα πεφυκότος,
θερμανθεὶς δὲ ὁ ἐν τῷ ἀγγείῳ ἀὴρ χεῖται λεπτυνόμενος καὶ ἐλάττων ὢν
πλείονα τόπον κατέχει· ἑνωθεὶς οὖν τῷ ὕδατι κατὰ τὴν ἐπιφάνειαν, ὅταν
πλησιάσῃ, καὶ συστελλόμενος ὑπὸ τῆς ψύξεως σπᾷ τὸ ὕδωρ καὶ συνέλκει 10
πρὸς ἑαυτόν, καὶ τοσοῦτον δέχεται τὸ ἀγγεῖον ὕδατος, ὅσον ὁ ἀὴρ πυκνω-
15 θεὶς δύναται συσταλῆναι προδιακεχριμένος ὑπὸ τοῦ θερμοῦ, διὰ τοῦτο δὲ
καὶ τὰ μᾶλλον θερμανθέντα ἀγγεῖα πλέον ὕδατος σπᾷ. οὕτω δὲ καὶ αἱ
σικύαι τὸ αἷμα ἕλκουσι τοῦ ἐν αὐταῖς ἀέρος προχεχυμένου ὑπὸ τῆς θερμό- 15
τητος, ἔπειτα συστελλομένου καὶ ἐπισπωμένου, διὰ τὴν ἕνωσιν τοῦ ἐπιπέ-
δου αὐτοῦ τε καὶ τοῦ αἵματος πρὸς αὐτὸ τὸ αἷμα.
20 Ἐν δὴ τούτοις ἐπιστῆσαι χρή, ὅτι οὐκ ἔσται κατὰ ἀλήθειαν ἓν τὸ
ἐπίπεδον, εἴπερ διῃρημένα ἐστὶν ἀλλήλων ἐνεργείᾳ τὰ σώματα καὶ φύσεως 20
ἑτέρας, ἀλλ' ἁπτόμενά ἐστιν, οὐ μέντοι συνεχῆ· διότι δὲ ὑγρά ἐστιν ἄμφω
τὰ σώματα καὶ ὅμοια ἀλλήλοις, διὰ τοῦτο τῶν περάτων αὐτῶν ἐξομοιου-
μένων ἓν εἶπε γίνεσθαι τὸ ἐπίπεδον. δεύτερον δέ, ὅτι, ὥσπερ ἄνω βίᾳ
25 φέρεται ὁ ἀὴρ καὶ τὸ ὕδωρ, οὕτω καὶ κάτω, ὅταν ὑποσπασθῇ τὸ ὑποκεί- 25
μενον, διὰ τὸ μηδὲν εἶναι κενόν, ἐπεὶ ἐν τοῖς οἰκείοις ὄντα τόποις τὰ στοι-
χεῖα οὐκ εἰκὸς οὔτε ἄνω ῥέπειν οὔτε κάτω κατὰ φύσιν· τὸ γὰρ κατὰ φύσιν
ἐπιρρέπον ὡς ἐπ' οἰκεῖον ῥέπει τόπον. ὁ οὖν ἀὴρ καὶ τὸ ὕδωρ, εἰ κατὰ
φύσιν φέροιτο πρὸς τὸ κάτω τῶν ὑποκειμένων ὑποσπωμένων, ὡς ἐπ' 30
30 οἰκείους φέρεται τοὺς ἀλλοτρίους τόπους, ὅπερ ἄτοπον· εἰ δὲ βίᾳ, οὐκ
ἔχουσι βάρος κατὰ φύσιν ἐν τοῖς ἑαυτῶν τόποις, ὥσπερ οὐδὲ κουφότητα,
ἀλλ', εἴπερ ἔχουσι βάρος ἐν τοῖς ἑαυτῶν τόποις, οὐχ ὡς κατωτέρω ῥέποντα
ἔχουσιν, ἀλλ' ὡς τοῖς ὑπερκειμένοις ὑφιστάμενα· ἦν γὰρ καὶ τοῦτο τῶν 35
βαρέων ἴδιον. ὁμοίως δὲ καὶ κουφότητα ἔχουσιν. οὐχ ὡς πρὸς τὰ ἀνω-
35 τέρω ῥέποντα· οὐ γὰρ ἐκσταῖεν ἂν ἐπὶ τὸ ἄνω κατὰ φύσιν ἔχοντα· ἀλλ'

---

5 τὸ AC: om. Fc   6 ἐὰν A: ἂν Fc   7 προκλύσαντος ACF: προκλύσαντες bc
ἐπιχεθέντος AF: ἐπιχυθέντος C: ἐπιχέοντες bc   10 συμφυσᾶν scripsi: συμφύρ' A:
συμφύειν CFc: inflare b   διάφορα CFb: ἀδιάφορα A   12 οὖν CFb: ἐν A
13 συνέλκει CF: συνέλκη A   14 ὁ CF: om. A   15 διὰ CFb: καὶ διὰ A
18 ἔπειτα AC: εἶτα Fc   19 πρὸς αὐτὸ τὸ αἷμα AF: πρὸς ἑαυτὸ τὸ αἷμα C: τὸ αἷμα
πρὸς αὐτὸ bc   20 ἐπιστῆσαι χρή F: χρή A: oportet attendere b   22 ἀλλ' A:
ἀλλὰ c   24 βίᾳ Fb: om. A   25 οὕτω AF: οὕτως c   28 ἐπιρρέπον A(b): ἐπί
τι ῥέπον Fc

ὡς ἐπιπολάζοντα τοῖς ὑποκειμένοις, ὥσπερ καὶ τὸ πῦρ ἐν τῇ ἑαυτοῦ χώρᾳ 320ᵃ κουφότητα ἔχει, οὐχ ὅτι ἀνωτέρω που φέρεται κατὰ φύσιν, ἀλλ' ὅτι τοῖς 40 ὑποκειμένοις ἐπιπολάζει.

Εἰπὼν δέ, ὅτι ἡ γῆ οὐ σπᾶται ἄνω ὥσπερ τὸ ὕδωρ, ἐπάγει, ὅτι 5 οὐδὲ τὸ πῦρ κάτω εἰσὶν ὑφαιρουμένου τοῦ ἀέρος. ἀλλὰ τὴν μὲν γῆν πρότερον ἔλεγε μὴ σπᾶσθαι, ὅτι οὐχ ἓν αὐτῆς τὸ ἐπίπεδον, νῦν δὲ καί, ὅτι οὐδὲ ἡντιναοῦν ἔχει κουφότητα ἐν τῇ ἑαυτῆς χώρᾳ, δι' ἣν αἰτίαν 45 καὶ τὸ πῦρ οὐ φέρεται κάτω, ὅτι οὐδὲν ἔχει βάρος ἐν τῇ ἑαυτοῦ χώρᾳ· τὰ δὲ δύο τὰ μέσα ἀποσπωμένων τῶν | ὑποκειμένων φέρεται κάτω, οὐχὶ 320ᵇ 10 ὁμοίως τῇ ἁπλῶς βαρείᾳ οὔσῃ τῇ γῇ· τὸ μὲν γὰρ ἁπλῶς βαρὺ πᾶσιν ὑφίσταται, τὸ δὲ πρός τι βαρὺ ὄν, οἷα τὰ μέσα στοιχεῖά ἐστι, φέρεται κάτω εἴς τε τὴν ἑαυτῶν χώραν, ὅταν ἀνωτέρω τύχῃ ὄντα, καὶ ἐπειδὴ καὶ 5 ἐν τῇ ἑαυτῶν χώρᾳ βάρος ἔχει, καὶ ἀπ' ἐκείνης φέρεται ἐπὶ τὰ οἷς ἐπιπολάζει, εἰ ἐκεῖνα μὴ εἴη· ἐκείνοις γὰρ ἐπεπόλαζεν, ὧν μὴ ὄντων οὐκέτι ἂν 15 ἐπιπολάζοι. αἰτίαν δὲ τοῦ φέρεσθαι εἰς τοὺς τούτων τόπους ἀποδίδωσι τὴν τῆς ὕλης ὁμοιότητα πρὸς τὸ ἁπλῶς βαρύ· καὶ γὰρ καὶ ἡ τοῖς δύο 10 μέσοις στοιχείοις ὑποκειμένη ὕλη ἔχει τὸ δυνάμει βαρύ, καὶ κατὰ τοῦτο τὰ τρία ὁμοιότητα ἔχει πρὸς ἄλληλα, καὶ φέρεται τὸ ὅμοιον πρὸς τὸ ὅμοιον. ἀλλ' εἴποι ἄν τις, ὅτι τὰ μέσα καὶ δυνάμει κοῦφά ἐστιν, ὥστε τῆς ὕλης 20 ὁμοιότης αὐτοῖς ἔσται καὶ πρὸς τὸ πῦρ, καὶ ὁμοίως καὶ ἐπ' ἐκεῖνο οἰσθή- 15 σεται.

p. 312ᵇ 19 Ὅτι δὲ ἀναγκαῖον ποιεῖν ἴσας τὰς διαφορὰς ἕως τοῦ οὐκ ἔσται ὃ ἀεὶ κάτω.

Εἰπών, ὅτι ἔστιν τὸ μὲν ἁπλῶς βαρὺ τὸ δὲ ἁπλῶς κοῦφον, καὶ δύο 20 25 τούτων μέσα πῇ μὲν ὄντα κοῦφα πῇ δὲ βαρέα, καὶ ὅτι κατὰ τὴν ἑαυτοῦ φύσιν ἕκαστον ἀφωρισμένην ἔχει τὴν οἰκείαν ῥοπὴν διὰ τὸ καὶ τὰς προσεχῶς αὐτοῖς ὑποκειμένας ὕλας διαφόρους εἶναι καὶ ἰσαρίθμους αὐτοῖς, ὅτι τοῦτο ἀληθές, καὶ ἕκαστον τῶν τεσσάρων οἰκείας ἔχει διαφορὰς καὶ οὐ 25 κατὰ μίξιν τῶν ἄκρων ὑφέστηκεν, ὡς οἱ τὸ μὲν κοῦφον τὸ κενὸν τὸ δὲ 30 βαρὺ τὸ πλῆρες λέγοντες, νῦν δείκνυσιν. ὅτι γὰρ τοῦτο προὔθετο διὰ τοῦ ἴσας εἰπεῖν τὰς διαφοράς, δῆλον ἐκ τῆς τοῦ ἀντικειμένου ἐπιφορᾶς. εἰ μὲν γὰρ μία, φησίν, ὕλη πάντων, οἷον ἢ τὸ κενὸν ἢ τὸ πλῆρες ἢ 30 τὸ μέγεθος ἢ τὰ τρίγωνα, τάδε ἂν τὰ ἄτοπα ἠκολούθει, ἅπερ ἐπάγει.

---

1 ἑαυτοῦ F: ἑαυτῶν comp. A   5 κάτω εἰσὶν A: κάτεισιν Fc: descendit b
7 καὶ Ab: om. Fc   οὐδ' ἡντινοῦν c   9 ἀποσπωμένων A: ὑποσπωμένων Fc
οὐχὶ A: οὐχ Fc   10 πᾶσιν Fb: πᾶν A   11 φέρεται κάτω Fb: κάτω φέρεται A   15 ἐπιπολάζοι F: ἐπιπολάζῃ A   εἰς τοὺς τούτων τόπους AFb: τὰ μέσα κάτω εἰς τοὺς τόπους τῶν ὑποκειμένων K²c   19 εἴποι F: εἴπῃ A   20 καὶ ὁμοίως AFb: ὁμοίως οὖν K²c   καὶ (tert.) AF: in ras. K²: om. b   22 δ' c
23 δ AFb: τὸ c   24 ἔστιν Ab: evan. F: ἔσται c: om. C   25 ἑαυτοῦ A: αὐτοῦ CF: αὑτοῦ c   30 τοῦ AK²: τὸ Fc   33 ἠκολούθει AK²: ἀκολουθεῖ F: ἀκολουθοίη c

χρὴ οὖν μὴ μίαν ὑποτίθεσθαι τῶν στοιχείων τὴν προσεχῆ ὕλην, ἀλλὰ 320ᵇ ἰδίαν ἰσουμένων αὐτῶν πρὸς ἄλληλα κατὰ τὸ διαφορὰς οἰκείας ἕκαστον αὐτῶν ἔχειν.

Ὁ μὲν οὖν σκοπὸς τοῦ προβλήματος τοιοῦτος· λέγει δέ, ὅτι, εἰ μία 35 πάντων εἴη τῶν σωμάτων ἡ προσεχὴς ὕλη ἢ τὸ κενὸν ἢ τὸ πλῆρες, οὐχ ὅτι ἔστι τις ὁ τὸ κενὸν καθ' αὑτὸ ὑποθέμενος ὕλην, ἀλλ' ὡς παράδειγμα κουφότητος καθ' ὑπόθεσιν παρέλαβεν αὐτό, διότι καὶ οἱ τὸ κενὸν καὶ πλῆρες ὑποθέμενοι, ὥσπερ οἱ περὶ Δημόκριτον, τὸ κενὸν κουφότητος 40 ἔλεγον τοῖς σώμασιν αἴτιον· εἴτε οὖν τούτων ἕν, φησίν, ἢ τὸ μέγεθος, ὡς οἱ τὸ στοιχεῖον ἓν λέγοντες, μεγέθει δὲ καὶ σμικρότητι καὶ παχύτητι καὶ λεπτότητι τὴν διαφορὰν τῶν βαρέων ποιοῦντες τῆς ὑποκειμένης ὕλης βάρος καθ' ἑαυτὴν ἐχούσης, ἢ τὰ τρίγωνα, τουτέστι τὰ ἐπίπεδα, εἰ οὖν 45 μία πάντων εἴη τῶν σωμάτων ὕλη ἡ προσεχής, ἢ κούφη ἢ βα|ρεῖ: 321ᵃ ἔστιν· εἰ δὲ τοῦτο, ἀνάγκη ἢ πάντα ἄνω ἢ πάντα κάτω φέρεσθαι, τὴν δὲ ἑτέραν μηκέτι εἶναι. εἰ μὲν γὰρ βαρεῖα ἡ ὕλη, κοῦφον οὐδὲν ἔσται ἁπλῶς, εἴπερ πάντα ῥέπει, τουτέστι βρίθει, εἰ καὶ μᾶλλον ἄλλα ἄλλων βρίθει τῷ ἐκ μειζόνων εἶναι σωμάτων ἢ ἐκ πλειόνων, ἢ ὅτι πλήρη, τουτ- 5 έστι πυκνότερα. ἐπιστῆσαι δὲ χρὴ τῷ εἰ πάντα ῥέπει μᾶλλον, ὅτι ὡς βάρους οὔσης τῆς ῥοπῆς εἴρηται, ὥσπερ καὶ ὁ Πλάτων χρησάμενος τὰ πρὸς τὸ οἰκεῖον φερόμενα πάντα βαρέα λέγει ὡς ῥέποντα πρὸς αὐτό. εἰ δὲ τὸ κενὸν ἤ τι τοιοῦτόν ἐστιν ἡ ὕλη, ὃ ἀεὶ ἄνω φέρεται· καὶ γὰρ τὸ 10 κενὸν ὡς τοῦ τοιούτου παράδειγμα προεβλήθη· οὐκ ἔσται, ὃ ἀεὶ κάτω οἰσθήσεται. ὁρῶμεν δὲ καὶ δέδεικται ἔκ τε τῆς τῶν τόπων καὶ τῆς τῶν ἁπλῶν κινήσεων διαφορᾶς, ὅτι πανταχοῦ ὁμοίως κατὰ φύσιν καὶ ἄνω τινὰ φερόμενά ἐστι καὶ ἄλλα κάτω. 15

p. 312ᵇ28 **Καὶ τῶν μεταξὺ δὲ ἔσται ἔνια κάτω θᾶττον γῆς ἕως τοῦ ἐὰν ἐκεῖνο ποιήσῃ τις ὑπερέχειν τῇ ὕλῃ.**

Δεύτερον ἐπιχείρημα τοῦτο πρὸς τοὺς μιᾶς φύσεως τὴν ὕλην ὑποτιθε- 20 μένους ἢ βαρείας ἢ κούφης τῆς προσεχοῦς τῶν σωμάτων καὶ πρὸς πρώτους τοὺς βαρεῖαν λέγοντας τὴν μίαν. λέγει δὴ τούτοις ἀκολουθεῖν τὸ τῆς γῆς ἁπλῶς βαρείας οὔσης τῶν μεταξύ τινα σώματα, ἃ οὐκ ἔστιν ἁπλῶς βαρέα, βαρύτερα γίνεσθαι· καίτοι γε οἱ τοιαύτην ὑποτιθέμενοι τὴν ὕλην 25 τὴν γῆν ἁπλῶς βαρεῖαν λέγουσι, τὰ δὲ λοιπὰ τρία τῇ διαφόρῳ μίξει τῶν

---

2 ἰδίαν b: corr. ex ἰδία K: ἰδία F: ἴδια A   9 εἴτε AF: εἰ c: si b   12 αὐτὴν F
15 ἑτέραν AFb: ἑτέραν φορὰν K²c   16 εἰ Fb: om. A   19 Πλάτων] Tim. 63 e
χρησάμενος AFb: ἡγησάμενος c   20 αὐτό b: αὐτὰ AF   21 ἄνω φέρεται Fb:
φέρεται ἄνω Ac   22 ὡς Ab: om. Fc   23 τε F: om. A   24 κατὰ φύσιν Fb:
om. A   καὶ F: om. A   26 δὲ ἔσται ἔνια AFb: δὴ ἔνι' ἔσται c   27 ἐὰν—τις
om. F   ποιήσῃ A: ποιῇ c   28. 29 ὑποτιθεμένους CF: -ους lacuna absumptum A   29. 30 πρὸς πρώτους CF: τοὺς πρώτους A: πρῶτον πρὸς bc
32 ὑποτιθέμενοι A: οὕτως τιθέμενοι F: ὑποθέμενοι c

στοιχείων μεγέθει καὶ σμικρότητι ἢ πλήθει καὶ ὀλιγότητι ἐπαμφοτερίζειν· 321ᵃ ὅταν οὖν ληφθῇ τι τῶν μέσων τηλικοῦτον, ὡς εἶναι τὰ ἐν αὐτῷ στερεὰ ἢ τὰς ἀτόμους ἢ τὰ τρίγωνα πλείονα τῶν ἐν τῇ γῇ ἐλάττονι οὔσῃ τῷ μεγέθει, θᾶττον ἐκεῖνο τοῦ ὀλίγου μορίου τῆς γῆς οἰσθήσεται κάτω διὰ τὸ ἐλάττονα τὴν ὀλίγην ἐκείνην γῆν ἔχειν τὰ τῆς βαρύτητος καὶ τῆς ἐπὶ τὸ κάτω φορᾶς αἴτια· οὐ φαίνεται δὲ οὐδὲν μόριον ἀέρος κάτω φερόμενον οὔτε ὅλως οὔτε ἔτι μᾶλλον θᾶττον γῆς ὥστε ὑφίστασθαι αὐτῇ. δείξας οὖν καὶ τοῖς φαινομένοις ἀσύμφωνον τὸν λόγον καὶ ἐπόμενον ἔχοντα τὸ τοῦ ἁπλῶς βαρέος τὸ μὴ ἁπλῶς βαρὺ βαρύτερον εἶναι, τὸ ὅμοιόν φησιν καὶ ἐπὶ τοῦ κούφου συνάγεσθαι· καθ' οὓς γὰρ τὸ κενὸν ὕλη καὶ κουφότητος αἴτιον, εἴ τις ἀέρα ἢ ὕδωρ ὑπερέχον οὕτω λάβοι πυρὸς ὀλίγου, ὡς τὸ ἐν τῷ ἀέρι κενόν, ὃ αἴτιον τῆς εἰς τὸ ἄνω φορᾶς φασι, πλέον εἶναι τοῦ ἐν τῷ ὀλίγῳ πυρί, κουφότερον ἐκεῖνο τοῦ πυρὸς ἔσται· ὅπερ ἄτοπον. ταῦτα δὲ τὰ ἐπιχειρήματα καὶ ἐν τούτῳ καὶ ἐν τῷ πρὸ τούτου βιβλίῳ τέθεικεν. εἰ οὖν ἄτοπον τὸ μίαν εἶναι πάντων ὕλην, διαφέρειν ἀνάγκη καὶ τὰς διαφορὰς ἴσας αὐτοῖς ποιεῖν, ἵνα ὁμοίαν ἔχῃ τὴν ἀντίθεσιν τὴν πρὸς ἄλληλα. |

p. 312ᵇ32 **Ἐὰν δὲ δύο τὰ μεταξύ, πῶς ἔσται ποιοῦντα, ὃ ποιεῖ** 321ᵇ **ἕως τοῦ τοῦτο δὲ οὐ φαίνεται οὐδαμοῦ οὐδέποτε.**

Δείξας τὰ ἑπόμενα ἄτοπα τοῖς ἓν τὸ προσεχὲς στοιχεῖον ὑποτιθεμένοις ἢ βαρὺ ἢ κοῦφον καὶ μὴ διάφορα, ὧν ἓν ἦν τὸ πάντα τὰ ἐξ αὐτοῦ ἢ βαρέα μόνως εἶναι ἢ κοῦφα μόνως, ὅπερ ἄν τις ἀπῄτησεν αὐτόν, τὸ καὶ πρὸς τοὺς δύο λέγοντας τό τε κενὸν καὶ τὸ πλῆρες διαλεχθῆναι, ὧν τὸ μὲν κουφότητος τὸ δὲ βαρύτητος αἴτιον ἔλεγον· οὐ γὰρ ἔτι πρὸς τούτους ἔστι λέγειν, ὅτι ἢ πάντα κοῦφα ἔσται ἢ πάντα βαρέα· τοῦτο αὐτὸς ποιεῖ καὶ ὑποθέμενος καὶ ταύτην τὴν ὑπόθεσιν τὴν τὸ κενὸν καὶ τὸ πλῆρες στοιχεῖα λέγουσαν τὰ ἑπόμενα καὶ ταύτῃ δείκνυσιν ἄτοπα καὶ νῦν. λέγουσι δὲ οὗτοι τὸ μὲν ἁπλῶς βαρὺ τὸ δὲ ἁπλῶς κοῦφον, ἁπλῶς μὲν βαρὺ τὸ πλῆρες ἁπλῶς δὲ κοῦφον τὸ κενόν, καὶ τὸ μὲν κενὸν πῦρ, διὸ ἄνω, τὴν δὲ γῆν πλήρης, διὸ κάτω, ἀέρα δὲ πλέον πυρὸς ἔχειν, ὕδωρ δὲ γῆς. εἴ τις οὖν δύο λέγοι τὰ στοιχεῖα τό τε κενὸν καὶ τὸ πλῆρες, τὰ μεταξὺ ὅ τε ἀὴρ καὶ τὸ ὕδωρ πῶς ἔσται ποιοῦντα, ἃ ποιεῖ; ποιεῖ δὲ ὁ μὲν ἀὴρ ἐπιπολάζων τῷ ὕδατι, τὸ δὲ ὕδωρ ὑφιστάμενον τῷ ἀέρι. ταῦτα οὖν πῶς ἂν ποιήσοι; ἔσται γάρ τι πλῆθος ὕδατος, ὃ πλέον πυρὸς ἕξει ὀλίγου ἀέρος, καὶ ἀὴρ ἔσται πολὺς

---

2 ληφθῇ — τηλικοῦτον Fb: om. A 4 ἐκεῖνο Fb: ἐκείνου Ac 5. 6 ἐπὶ τὸ] evan. A 7 ὅλως] ἴσως c ἔτι Fb: ἔστι? A θᾶττον γῆς Fb: γῆς θᾶττον Ac 9 φησίν] comp. F 10 ὕλης c 13 ὀλίγῳ CFb: λόγῳ? A 14 πρὸ τούτου Fb: τοῦ τόπου A βιβλίῳ] III 5 17 ποιοῦνθ' c ὃ A: ἃ Fb 18 δ' c 19 στοιχεῖον om. c 20 ἦν τὸ F: ἢ τὰ A 23 αἴτιον ἔλεγον Ab: ἔλεγον αἴτιον CFc 26 στοιχεῖα ACb: στοιχεῖον c ἄτοπα CFb: om. A καὶ (alt.) ACFb: om. c 30 ὕδωρ Ab: πῦρ Fc 32 ποιήσοι AF: ποιῆσαι c 33 πυρὸς Fb: πῦρ Ac

ὀλίγου ὕδατος πλείονα γῆν ἔχων, ὥστε δεήσει ἀέρος τι πλῆθος ὕδατος 321ᵇ ὀλίγου πλέον ἔχον γῆς θᾶττον τοῦ ὕδατος φέρεσθαι κάτω καὶ ὑφίστασθαι τῷ ὕδατι, τοῦτο δὲ οὐ φαίνεται οὐδαμοῦ οὐδέποτε. ἀλλὰ καὶ ὕδα- 25 τός τι πλῆθος ἔσται ὀλίγου ἀέρος πλέον ἔχον πῦρ καὶ κενὸν καὶ διὰ τοῦτο
5 τοῦ ἀέρος κουφότερον, ὥστε ἐπιπολάσει αὐτῷ, οὐδὲ τοῦτο δὲ φαίνεται γινόμενον. ὁ μέντοι Ἀριστοτέλης ἠρκέσθη τῇ τοῦ προτέρου συναγωγῇ τοῦ τὸν ἀέρα πλείονα ὑποθεμένου, διότι τὸ αὐτὸ ἦν συναγόμενον ἄτοπον, εἴτε 30 ὁ ἀὴρ ὑφίσταιτο τῷ ὕδατι εἴτε τὸ ὕδωρ ἐπιπολάζοι τῷ ἀέρι· εἴτε γὰρ ὁ ἀὴρ ὑφίσταται, τὸ ὕδωρ ἐπιπολάζει, εἴτε τὸ ὕδωρ ἐπιπολάζει, ὁ ἀὴρ
10 ὑφίσταται.

p. 313ᵃ 6 Ἀνάγκη τοίνυν, ὥσπερ καὶ πῦρ ἄνω, ὅτι τοδὶ ἔχει ἕως 35 τοῦ καθάπερ εἴρηται πολλάκις.

Δείξας, ὅτι οὔτε ἓν τὸ ὑποκείμενον εἶναι δυνατὸν οὔτε δύο, ὡς τὸ κενὸν καὶ τὸ πλῆρες, ἐπάγει λοιπὸν τὸ ἐξ ἀρχῆς προτεθέν, ὅτι ἀναγκαῖον 40
15 ἴσας ποιεῖν τοῖς ἁπλοῖς σώμασι τὰς διαφοράς, ὡς ἕκαστον αὐτῶν κατ' οἰκείας ὑφίστασθαι διαφοράς. ὥσπερ γὰρ τὸ πῦρ διὰ τὸ ἔχειν κενὸν πλέον ἄνω φέρεσθαι λέγουσιν οὗτοι, τὰ δὲ ἄλλα οὔ, καὶ τὴν γῆν κάτω διὰ τὸ πλῆρες, οὕτως ἔδει λέγειν καὶ τὸν ἀέρα διὰ τὴν οἰκείαν διαφορὰν εἰς τὴν 45 ἑαυτοῦ φέρεσθαι χώραν καὶ ἐπιπολάζειν τῷ ὕδατι, ὁμοίως δὲ καὶ τὸ ὕδωρ
20 ὑφίστασθαι τῷ | ἀέρι, ὅτι τοιάνδε τινὰ καὶ αὐτὸ διαφορὰν ἔχει. εἰ δέ 322ᵃ γε ἢ ἄμφω τό τε ὕδωρ καὶ τὸν ἀέρα ἓν τῷ ὑποκειμένῳ λέγοιεν ἢ κοῦφον ἢ βαρύ, ὡς πρότερον ὑπετέθη, ἢ δύο μὲν τὰ ὑποκείμενα, ὡς τὸ πλῆρες καὶ τὸ κενόν, ἄμφω δέ, τουτέστι τὰ δύο· ἐκ παραλλήλου γὰρ εἴρηται· 5 ὑπάρξει ἑκατέρῳ καὶ τῷ ἀέρι καὶ τῷ ὕδατι, ἀλλὰ μὴ τὸ ἕτερον αὐτῶν
25 τῷ ἑτέρῳ, συμβήσεται αὐτοῖς τὰ προειρημένα ἄτοπα, ἃ καὶ νῦν συντόμως ἐπάγει· ἔσται γάρ τι πλῆθος ἑκατέρου, ᾧ τοῦ ἑτέρου ὑπερέξει, ὕδωρ τε πλέον ὀλίγου ἀέρος τῷ κούφῳ καὶ τῷ ἄνω καὶ ἀὴρ πολὺς ὀλίγου ὕδατος 10 τῷ βάρει καὶ τῷ κάτω, ἅπερ καὶ παρὰ τὰ φαινόμενά ἐστι καὶ παρὰ τὸν λόγον. καὶ γάρ, εἰ μὲν ἓν τὸ ὑποκείμενον, πλήθει δὲ καὶ ὀλιγότητι ἢ
30 μεγέθει καὶ σμικρότητι ἡ κατὰ τὸ βάρος αὐτῶν διαφορά, πολὺς ἀὴρ ὀλίγου ὕδατος βαρύτερος ἂν εἴη τῷ πλείονα ἔχειν ταῦτα, ἐξ ὧν σύγκειται, 15 καὶ τὸ ὀλίγον ὕδωρ κουφότερον τῷ ἐξ ἐλαττόνων συγκεῖσθαι. εἰ δὲ κενὸν καὶ πλῆρες εἴη τὰ ὑποκείμενα, καὶ ἀμφοτέρων ἀμφότερα μετέχοι ὅ τε ἀὴρ καὶ τὸ ὕδωρ, ἀλλὰ πλείονος μὲν κενοῦ ὁ ἀὴρ ἐλάττονος δὲ τὸ ὕδωρ, συμ-

---

9 ὑφίσταται Ab: ὑφίσταιτο Fc   ἐπιπολάζει (alt.) Ab: ἐπιπολάζοι Fc   11 καὶ πῦρ A: τὸ πῦρ F: καὶ τὸ πῦρ c   16 κενὸν πλέον Ab: ἐκεῖνον πλέον F: πλέον κενὸν c et corr. ex πλέον κενὸν πλέον K²   19 φέρεσθαι χώραν Ab: χώραν φέρεσθαι Fc   21 ἄμφω F: -φω evan. A   λέγοιεν Fb: comp. ambig. A   22 ὡς (pr.) F: evan. A 23 τὸ κενόν F: κενόν A   25 αὐτοῖς Fb: οὐ τοῖς F   26 ᾧ Fb: ὃ A   27 ἀέρος — ὀλίγου (alt.) Fb: om. A   33 εἴη τὰ ὑποκείμενα Ab: evan. F: τὰ ὑποκείμενα c

βήσεται καὶ οὕτω τὸ αὐτὸ ἄτοπον· πολὺ γὰρ ὕδωρ ὀλίγου ἀέρος πλέον 322ᵃ
ἕξει κενόν, ὥστε καὶ κουφότερον ἔσται. εἰ δὲ τῇ ὀλιγότητι τοῦ στερεοῦ 21
ὁρίζοιντο τὸ κουφότερον, πολὺς πάλιν ἀὴρ ὀλίγου ὕδατος πλέον στερεὸν
ἔχοι ἄν, ὥστε βαρύτερος ἂν εἴη. εἰ δὲ μηδέτερον ἐκεῖνοι καθ' αὑτὸ τῶν
5 στοιχείων αἴτιον τοῦ κουφοτέρου ἢ βαρυτέρου φασίν, ἀλλὰ τὴν πρὸς ἄλληλα 25
αὐτῶν ἀναλογίαν αἰτιῶνται, ὅπερ ὁ Ἀριστοτέλης πρότερον ὡς μὴ ποιοῦσι
δέον ποιεῖν ἐπέσκηψεν, ὅτι ὁ πολὺς ἀήρ, κἂν ἔχῃ πλέον ὕδατος ὀλίγου
στερεόν, ἀλλὰ κενὸν ἔχει πολλαπλάσιον, διὸ κουφότερός ἐστι καὶ τοῦ ὀλίγου
ὕδατος, καὶ τὸ πλέον ὕδωρ, κἂν ἔχῃ κενὸν πλέον ὀλίγου ἀέρος, ἀλλὰ στε- 30
10 ρεὸν ἔχει πολλαπλάσιον, διὸ βαρύτερόν ἐστι καὶ τοῦ ὀλίγου ἀέρος, καὶ τὸν
τοιοῦτον δὴ λόγον διήλεγξε πρότερον ὁ Ἀριστοτέλης ἀπὸ τῆς τῶν ὁμοειδῶν
συγκρίσεως. ἐν γὰρ τῷ πλείονι πυρὶ καὶ τῷ ἐλάττονι ἡ αὐτὴ ἀναλογία
τοῦ στερεοῦ πρὸς τὸ κενόν ἐστιν· εἰ οὖν ἡ ἀναλογία αἰτία, ἰσοταχῆ ὠφει- 35
λεν εἶναι τό τε πλέον πῦρ καὶ τὸ ἔλαττον· καίτοι ἄνω μὲν θᾶττον φέρεται
15 τὸ πλέον, κάτω δὲ θᾶττον τὸ ἔλαττον.

p. 313ᵃ14 **Τὰ δὲ σχήματα οὐκ αἴτια τοῦ φέρεσθαι ἕως τοῦ τὴν
κίνησιν τῶν ἄνω φερομένων σωμάτων.** 40

Τοῦ τὰ μὲν κάτω φέρεσθαι τῶν σωμάτων τὰ δὲ ἄνω, τὰ δὲ μεταξὺ
ἑκάτερον εἰς τὴν ἰδίαν χώραν καὶ εἰς τὴν τῶν ὑποκειμένων ὑποσπωμένων
20 ἐκείνων, αἰτίαν τὴν ἑκάστου τῶν τεσσάρων ὕλην εἰπών, ἥτις καὶ τῆς κατὰ
τὴν οὐσίαν διαφορᾶς καὶ τῆς ἐπὶ τὸν οἰκεῖον τόπον ὡς ἐπὶ οἰκεῖον εἶδος 45
φορᾶς ἐστιν αἰτία, ἐπειδή τινες ἦσαν τὰ σχήματα τῆς κατὰ | φύσιν κινή- 322ᵇ
σεως αἰτιώμενοι, ὥσπερ οἱ πυραμίδι καὶ οἱ σφαίρᾳ τὸ πῦρ διὰ τὸ εὐκίνη-
τον σχηματίζοντες, λέγει, ὅτι ἁπλῶς μὲν τὸ σχῆμα κινήσεως οὐκ ἔστιν
25 αἴτιον, οὐδὲ φέρεταί τι διὰ τὸ τοιόνδε σχῆμα ἄνω ἢ κάτω, ἀλλὰ τῶν
πεφυκότων φέρεσθαι ταχυτέραν τὴν κίνησιν τὴν ἐπὶ τὸν οἰκεῖον τόπον τὸ 5
τοιόνδε σχῆμα ποιεῖ· δι' ἃς δὲ αἰτίας τὰ σχήματα συνεργεῖ πρὸς τὰς
κινήσεις, οὐ χαλεπόν, φησίν, ἰδεῖν. τέως δὲ τὰ ἀπορούμενα καὶ ζητού-
μενα περὶ τῆς διὰ τὰ σχήματα διαφορᾶς τῶν κινήσεων καὶ δοκοῦντα συνη-
30 γορεῖν τοῖς τὰ σχήματα τῶν κινήσεων αἰτιωμένοις ἐκθέμενος ἔπειτα λύων 10
ταῦτα δείξει, ὅτι συνεργὸν μὲν τὸ σχῆμα πρὸς τὰς οἰκείας κινήσεις ἐστίν,
οὐ μέντοι αἴτιον. ἀπορεῖται δέ, διὰ τί ἐν τῇ αὐτῇ ὕλῃ, οἷον σιδήρῳ καὶ

---

1 οὕτως c   ἀέρος] τοῦ ἀέρος Fc   1. 2 πλέον ἕξει κενόν Fb: ἕξει κενὸν πλέον A
3 ὁρίζοιντο A: ὁρίζοντος F: ὁρίζουσι c   4 δὲ Fb: om. A   ἐκεῖνοι] mut. in ἐκεί-
νων K: ἐκείνων c   4. 5 τῶν στοιχείων αἴτιον Ab: αἴτιον τῶν στοιχείων Fc   5 ἢ βα-
ρυτέρου om. c   τὴν F: τῆς A   10 βαρύτερόν — ἀέρος Fb: om. A   12 πυρὶ
καὶ τῷ ἐλάττονι Ab: καὶ τῷ ἐλάττονι πυρὶ Fc   13 τοῦ — ἀναλογία om. c
ἐστι A: om. c   ἰσοταχῆ AFb: καὶ ἰσοταχῆ c   14 πλέον πῦρ F: πῦρ πλέον Ab
15 τὸ πλέον K²b: om. AF   16 σχήματ' c   18 τὰ (tert.)] τῶν c   20 ἥτις
F: -τις foramine absumptum A   26 φέρεσθαι Fb: ἐπί τι φέρεσθαι A   29 τὰ δο-
κοῦντα c   30 τὰ om. F

μολίβδῳ, τὰ μὲν πλατέα κατὰ τὸ σχῆμα, κἂν βαρύτερα ᾖ, ἐπιπλεῖ ἐπὶ
τοῦ ὕδατος, τὰ δὲ στρογγύλα καὶ μακρά, κἂν ἐλάττονα ᾖ καὶ ἧττον βα-
ρέα, οἷον βελόνη, κάτω φέρεται· δεύτερον δέ, διὰ τί ἐνίων καίτοι βαρύ-
τητα ἐχόντων σωμάτων τὰ μόρια ἐπιπλεῖ τῷ ὕδατι, ὡς τὰ τοῦ χρυσοῦ
ψήγματα καὶ τὰ τοῦ κονιορτοῦ ἐν τῷ ἀέρι· δόξει γὰρ πάλιν διὰ τὸ μέγε-
θος ὁ χρυσὸς βάρος ἔχειν, ἀλλ' οὐ τῇ αὐτοῦ φύσει, εἴ γε εἰς μὴ ἔχοντα
βάρος διαιρεῖται. ἐκθέμενος δὴ τὰς ἀπορίας τὴν Δημοκρίτου λύσιν παράγει
πρῶτον, πρὸς ἣν ἐνστῆναι μὲν καλῶς φησι τὸν Δημόκριτον, λύειν δὲ τὴν
ἔνστασιν μαλακῶς. ἔλυσε δὲ τὴν ἀπορίαν τέως ὁ Δημόκριτος λέγων τὰ ἐκ
τοῦ ὕδατος ἀναφερόμενα θερμά· εἶναι γὰρ πάντων σπέρματα ἐν πᾶσι, διὸ
καὶ γίνεσθαι πάντα ἐκ πάντων· ταῦτα δὴ τοῖς πλατέσιν ἀντικρούοντα πολλὰ
ὄντα ἐκ πλείονος τοῦ ὑπὸ τὰ πλατέα ὕδατος ἀνακωχεύειν αὐτά, τουτέστιν
ἀνοχεῖν, τὰ δὲ στενὰ ὀλίγων ὄντων τῶν ὑπαντώντων αὐτοῖς θερμῶν διο-
λισθαίνειν αὐτῶν τὴν ἀντέρεισιν. οὕτω λύσας ὁ Δημόκριτος τὴν ἐξ ἀρχῆς
ἀπορίαν ἐνέστη μὲν καλῶς ἑαυτῷ λέγων, ὡς, εἰ τοῦτο τὸ αἴτιον ἦν τοῦ
τὰ πλατέα ἐποχεῖσθαι τοῖς ὕδασιν, ἔδει μᾶλλον ἐν τῷ ἀέρι τοῦτο ποιεῖν·
πλείονα γὰρ ἐν τῷ ἀέρι τὰ θερμὰ ἢ ἐν τῷ ὕδατι. οὕτως ἐνστὰς ὁ Δημό-
κριτος καλῶς τὴν λύσιν ἀσθενῶς καὶ ἀτόνως ἐπήγαγε· διὰ τοῦτο γὰρ
φησιν ἐν τῷ ἀέρι μὴ ἀνέχεσθαι τὰ πλατέα ὑπὸ τῶν ἀναδιδομένων θερ-
μῶν, ὅτι μὴ πεπύκνωται ταῦτα ἐν τῷ ἀέρι λεπτῷ τε ὄντι καὶ κεχυμένῳ,
ὥσπερ ἐν τῷ ὕδατι· διεσπαρμένων οὖν αὐτῶν οὐκ εἰς ἓν ὁρμᾷ ἡ κίνησις
αὐτῶν, ὥστε ἀνέχειν τὸ ὑπερκείμενον, κἂν πλατὺ ᾖ, ἐν δὲ τῷ ὕδατι παχυ-
τέρῳ τε καὶ στερροτέρῳ ὄντι συγκροτεῖται καὶ πυκνοῦται μᾶλλον τὰ ἀνα-
φερόμενα θερμά· λέγοι δὲ ἂν ἴσως καὶ τὸ εὐκίνητον τοῦ ἀέρος αἴτιον τοῦ
σχεδασμοῦ. ταύτην τὴν λύσιν καὶ πιθανῶς ἀποδοθεῖσαν μαλακὴν ὁ Ἀριστο-
τέλης εἶπεν ὡς οὐκ εὐτονοῦσαν τὰς ἐναργεῖς αἰτίας ἀπολογήσασθαι, ὅπερ
αὐτὸς ποιήσει. |

p. 313ᵇ6 Ἐπεὶ δ' ἐστὶ τὰ μὲν εὐδιαίρετα ἕως τέλους.   323ᵃ

Τὰς αἰτίας αὐτὸς ἀποδίδωσι τοῦ τὰ διάφορα σχήματα διαφόρους ποιεῖν
τὰς τῶν σωμάτων κινήσεις. δύο δὲ ταύτας εἶναί φησι, μίαν μὲν τὸ τῶν

---

1 τὸ A : om. Fc   2 τὰ μακρά Fc   5 γὰρ πάλιν Fb : -ὰρ πά- evan. A
6 ἔχειν Fb : -ειν absumptum A   αὐτοῦ b : αὐτῇ A : ἑαυτοῦ Fc   εἰς Fb :
εἴη A   ἔχοντα Fb : ἔχο- et -α evan. A   7 βάρος Fb : ///ἀρα A   δὴ τὰς ἀπο-
ρίας Fb : δὴ τὰς ἀ- evan. A   τὴν F : τὸν A   11. 12 πολλὰ ὄντα Fb : om. A
12 τὰ F : τοῦ A   13 ἀνοχεῖν F : ἀνωχεῖν A : ἀνέχειν c   14 οὕτως c   ὁ om.
Fc   τὴν (alt.) F : evan. A   15. 16 τοῦ τὰ F : τοῦ τ- evan. A   16 τοῖς ὕδασιν
Ab : τῷ ὕδατι Fc   19 ὑπὸ — ἀέρι (20)] evan. F : in lac. add. K²   ἀναδιδομένων
AC : ἀναδιδόντων Fc   22. 23 -τῳ ᾖ — παχυτέρῳ] evan. F : in lac. add. K²   22 ᾖ
CK² : εἴη A   23 τε AC : om. Fc   23. 24 ἀναφερόμενα ACb : βίᾳ φερόμενα Fc
24 λέγοι δὲ] evan. F : in lac. add. K²   δ' K²c   25 καὶ Ab : καίπερ Fc   28 δ'
ἐστὶ τὰ μὲν] δὲ τὰ μέν ἐστι F   ἕως] ἕως τοῦ F   29 αὐτὸς scripsi : αὐτῷ A : αὐ-
τὰς CFc : om. b

συνεχῶν σωμάτων τὰ μὲν εὐδιαίρετα εἶναι τὰ δὲ ἧττον τοιαῦτα, καὶ δευτέραν 323ᵃ
τὸ τὰ μὲν τῶν σωμάτων μᾶλλον εἶναι διαιρετικὰ τὰ δὲ ἧττον. καὶ λέγει, τίνα
μὲν καθόλου εὐδιαίρετα, ὅτι τὰ ὑγρά· ταῦτα γάρ ἐστι τὰ εὐόριστα ὡς
σχηματιζόμενα καὶ ὁριζόμενα τῷ τοῦ περιέχοντος σχήματι, τοιαῦτα δὲ 10
5 ἀὴρ καὶ ὕδωρ· τίνα δὲ τὰ μᾶλλον εὐδιαίρετα, ὅτι τὰ μᾶλλον εὐόριστα·
ἀὴρ δὲ μᾶλλον ὕδατος τοιοῦτον· ὑγρότερος γὰρ καὶ εὐοριστότερος·
καὶ ὕδωρ γῆς. ἀλλὰ καὶ ἐν τῷ αὐτῷ γένει τὸ ἔλαττον εὐδιαιρετώτερον
τοῦ μείζονός ἐστι καὶ διασπᾶται ῥᾷον· εὐπαθέστερος γὰρ ὀλίγος ἀὴρ 15
πολλοῦ καὶ ὀλίγον ὕδωρ τοῦ πλείονος. τούτων οὖν οὕτως ἐχόντων, ἐπειδὴ
10 τὰ βάρος ἔχοντα διαιρετικὰ τῶν ὑποκειμένων ὄντα ἔχει τινὰ ἰσχύν, καθ᾽
ἣν φέρεται κάτω, καὶ τὰ ὑποκείμενα δὲ συνεχῆ διαιρετὰ ὄντα ἔχει τινὰ
πρὸς τὸ μὴ διασπᾶσθαι δύναμιν, ταύτας δεῖ πρὸς ἄλληλα συμβάλλειν 20
τὰς δυνάμεις· ἐὰν γὰρ ὑπερβάλλῃ ἡ τοῦ διαιρετικοῦ βάρους ἰσχὺς τὴν ἐν
τῷ ὑποκειμένῳ συνεχεῖ τοῦ μὴ διασπᾶσθαι ἀλλὰ συνεχὲς μένειν ἰσχύν,
15 οὐ κατ᾽ ἄλλο τι ἢ κατὰ τὸ διασπάσαι | καὶ διελεῖν βιάσεται τὸ διαιρε- 323ᵇ
τικὸν θᾶττον κάτω φερόμενον καὶ διασπάσει τὸ ὑποκείμενον· ἐὰν δὲ ἀσθε-
νεστέρα ᾖ ἡ τοῦ διαιρετικοῦ δύναμις τῆς τοῦ ὑποκειμένου, οὐ διαιρεθήσε-
ται ὑπ᾽ αὐτοῦ, ἀλλ᾽ ἐπιπολάσει τὸ διαιρετικόν. διὰ ταῦτα οὖν τὰ πλατέα 5
σώματα τῷ πλέον ἐπιπωματίζειν ὕδωρ, τὸ δὲ πλέον μὴ ὁμοίως εὐδιαίρετον
20 εἶναι, οὐ φέρεται κάτω τῷ δεῖν μὲν διελεῖν τὸ ὑποκείμενον καὶ οὕτως
ἐνεχθῆναι, μὴ εἶναι δὲ τὸ τοσοῦτον ὕδωρ εὐδιαίρετον ὑπὸ τοῦ τοσούτου
βάρους· τὰ δὲ στρογγύλα ἢ μακρὰ ὀλίγῳ ὕδατι ἐπικείμενα διαιρεῖ ῥᾳδίως 10
αὐτὸ καὶ διαιροῦντα φέρεται κάτω, ἐν ἀέρι δὲ καὶ τὰ πλατέα κάτω φέρε-
ται διὰ τὸ εὐδιαιρετώτερον εἶναι τὸν ἀέρα τοῦ ὕδατος.

25 Ταῦτά σοι, ὦ δέσποτα τοῦ τε κόσμου παντὸς καὶ τῶν ἁπλῶν ἐν αὐτῷ
σωμάτων δημιουργέ, καὶ τοῖς ὑπό σου γενομένοις εἰς ὕμνον προσφέρω τὸ
μέγεθος τῶν σῶν ἔργων ἐποπτεῦσαί τε καὶ τοῖς ἀξίοις ἐκφῆναι προθυμη- 20
θείς, ἵνα μηδὲν εὐτελὲς ἢ ἀνθρώπινον περί σου λογιζόμενοι κατὰ τὴν
ὑπεροχήν σε προσκυνῶμεν, ἣν ἔχεις πρὸς πάντα τὰ ὑπό σου παραγόμενα.

---

1 εὐδιαίρετα εἶναι AC: εἶναι εὐδιαίρετα Fbc   2. 3 τίνα μὲν CFb: μὲν τίνα A
3 τὰ (alt.) AC(b): καὶ Fc   5 καὶ CF τε καὶ A   6 τοιοῦτον AF: τοιοῦτος Cb
εὐοριστότερος CF: εὐοριστώτερος A   7 ἐν CFb: evan. A   8 τοῦ μείζονός ἐστι AF:
ἐστὶ τοῦ μείζονος C(b)   ὀλίγος CFb: corr. ex ὁ λόγος A²   9 τοῦ CF: absumptum
foramine A   11 διαιρετὰ ὄντα Fb: ὄντα διαιρετὰ A   12 ἄλληλα F: -ληλ- foramine
paene absumptum A; fort. ἀλλήλας   15 ἢ Ab: ἀλλὰ Fc   διασπάσαι Fb: δια-
σπᾶσθαι A   16 θᾶττον κάτω Ab: κάτω θᾶττω F: κάτω θᾶττον c   φερόμενον
Fb: evan. A   17 ᾖ A: εἴη Fc   19 τὸ CF: corr. ex τῷ A   20 ὑποκείμενον]
hic desinit A; contuli hinc CJF   21 τοσοῦτον] corr. ex σοῦτον C   τοῦ] supra-
scr. F   22 ἐπικείμενα Cb: ὑποκείμενα FJc   24 εὐδιαιρετώτερον J   ὕδατος] hic
desinit C   28 εὐτελὲς F: εὐτηλὴς J   29 παραγόμενα] -ό- e corr. J: producta b
in fine: τέλος τῷ θεῷ δόξα J: τέλος σὺν θ͞ω τῆς σιμπλικίου ἐξηγήσεως τῆς εἰς τὸ δ τῆς περὶ
τλ
οὐρανοῦ ἀρίστο τοῦ σταγειρίτου πραγματείας F

INDICES

I INDEX VERBORUM

Verba asterisco notata desiderantur in lexicis

Ἀβαθής (ἐπιφάνεια) 562,27 (ἐπίπεδον) 563, 33
ἀγαθότης 96,24 106,27 (τοῦ θεοῦ) 137, 25 312,12 (τοῦ δημιουργοῦ) 138,26 184, 30 (δημιουργική) 143,19
ἄγειν. οἱ μετρίως ἠγμένοι 184,31
ἀγενησία 139,24
ἀγένητος. τὸ ἀ. τοῦ οὐρανοῦ 91,29 ἀ. μόνον ἐστὶ τὸ πρῶτον τῶν πάντων αἴτιον 93,3 variae signif. Aristotelicae 119,14. 32 120,8 313,17 sq. κυρίως ἀγένητον defin. 337,10
ἁγιστεία 8,35
ἀγχιστρώδης (σώματα Democriti) 295,16
ἀγωγή logice 28,15 92,12 (λόγου) 170,28 194,18 302,26 419,3
ἀγώνιος *angulis carens* 129,28
ἀδέσποτος (κατασκευή, Philop.) 201,4
ἀδιαίρετος. ἀδιαίρετον explic. 567,26. 29 568,8.
ἀδιάκοπος 263,7
ἀδιάστατος 95,4 178,36
ἀδιάφορος. 220,29 (τὸ κενόν) 286,11
ἀδιεξίτητος 204,12 (coni. ἄπειρος) 205, 23 206,8 209,28 210,6. 13
ἄδοξος. εἰς ἀ. τὸν λόγον ἀπαγαγεῖν 240,33
ἀδρανής 83,12. 19 πάντων ἀδρανέστερον 83,29
ἀδράνεια 136,30.
ἀδυναμία (opp. δύναμις) 321,24
ἀδύνατος. τὸ ἀδύνατον dupliciter 315,5 δι' ἀδυνάτου 219,18 δι' ἀδ. δεικνύναι 234,22 631,13 ἀδύνατον ὑποθέσθαι 72,4 τὸ ἀδύνατον τῆς ὑποθέσεως 72,5 ὑπόθεσις ἀδύνατος 72,5 253,20 254,4 ἡ εἰς ἀδ. ἀπαγωγή 150,24 194,17 204,3 208, 28 217,22 222,34 233,15 239,9 345, 14 592,16
ἀεί. τὸ ἀεὶ τὸ αἰώνιον (opp. τὸ χρονικόν) 93,28 95,21 105,26 τὸ ἀεὶ τὸ χρονικόν (opp. τὸ αἰώνιον) 94,16 95,21 (opp. τὸ ποτὲ τὸ ἐν μέρει χρόνου) 97,14
ἀεικινησία 360,24. 29 361,3. 12
ἄζως 489,22
ἀήρ (οὗτος ὁ σύνθετος) 130,14 ἐξ ὀκταέδρων 561,16
ἀθανασία (expl.) 369,4 ἀ. τοῦ κόσμου ἐνέργεια τοῦ θεοῦ 397,29
ἀΐδιος (def.) 346,2 (expl.) 358,18 ἁπλῶς ἀΐδιον (opp. ἀπό τινος ἀ.) 358,22 (ζωή = κίνησις) 401,25. 32 402,5 (οὐρανός) 85,2 (οὐσία) 301,16 τὸ ἀΐδιον καὶ κυκλοφορικὸν σῶμα 3,12
ἀϊδιότης (expl.) 369,5 ἀ. τῆς μεταβολῆς 101, 10 ἀ. τοῦ οὐρανοῦ 80,24 200,16. 20. 25
αἰθέριος. τὸ αἰθέριον (καὶ κυκλοφορητικόν) σῶμα 373,26 414,32
αἰθήρ. de vi vocabuli et veriloquio 118, 18 Ἀναξαγόρας πολλαχοῦ τῷ τοῦ αἰθέρος ὀνόματι ἀντὶ τοῦ πυρὸς κέχρηται 603, 23
αἱρετός. αἱρετὰ καὶ φευκτὰ 555,26
αἰσθάνεσθαι. αἰσθητός (opp. νοητός) 133, 29 (dist. μαθηματικός) 236,2. 11 αἰσθητὴ καὶ διακεκριμένη (opp. νοητὴ καὶ ἡνωμένη) διακόσμησις 609,1. 4 αἰσθητὸν (opp. νοητὸν) ζῷον 276,20. 23. 25. 27. 30 ὁ αἰ. κόσμος (opp. ὁ νοητὸς κ.) 140,27.

29 270,32 271,11 294,11 591,4 φυσικὸν καὶ αἰσθητὸν σῶμα 6,20 αἰσθητὸν (opp. νοητόν) σῶμα 237,22. 24. 28

αἴσθησις ἡ παραδεδομένη ἡμῖν ἄνωθεν (opp. ἡ ἡμετέρα) 117,23

αἴτημα. τὰ πέντε αἰτήματα 607,6 (mathem.) 607,19

αἰτία = idea Platonica 87,8

αἰτιολογία 396,9

αἰτιολογικός. ὁ γὰρ αἰτιολογικὸς σύνδεσμος 7,16 250,14 311,11 329,30 347,6

αἴτιος. ἀκίνητον αἴτιον 96,10 154,15 290, 20 291,8 (ποιητικόν, dist. τελικόν) 154,8 cf. 2,22 (τὸ ποιοῦν) 467,23 (τὸ πρῶτον τῶν πάντων) 93,3 διὰ τοῦ αἰτίου ἀπόδειξις 284,2

αἰτιώδης. (πλῆθος) 271,6

αἰών. 93,27 94,15 (def.) 288,12. 15 (def. tripl. Arist.) 290,29. 30. 33 (expl.) 367, 28 ὁ πᾶς αἰών 195,22 196,15 ἡ συντέλεια τοῦ αἰῶνος 88,3

αἰώνιος. τὸ ἀεὶ τὸ αἰώνιον 93,28 105,26 τὸ αἰώνιον (opp. τὸ ἐν μέρει χρόνου ὑφεστηκὸς καὶ ὀλιγίστῳ) 105,30

ἀκαριαῖος (χρόνος) 479,22

ἀκατάλληλος. ἀκαταλληλότερον 258,28

ἀκινησία 122,7. 13

ἀκίνητος (αἴτια) 31,20 — κινηθεὶς ἀκινήτως 95,28

ἄκλαστος. γραμμή (opp πανταχόθεν περικεκλασμένη) 145,25 (κίνησις) 171,28. 29

ἀκμή (expl.) 423,6 (opp. παρακμή) 118,6

ἀκοινώνητος (coni. ἀλλότριος καὶ ξένος) 90,23. 29 91,2

ἀκολουθεῖν (logice) 16,29 27,7. 34 449,13. 14 al. (λόγοις) 78,9 (λέγοντι) 720,17

ἀκολούθησις planetarum 488,7

ἀκολουθία (logice) 15,28 27,11 77,9 162, 32 170,11 176,30 219,5 227,33 326,32 338,3. 4. 6 353,18 al.

ἀκόλουθος (logice) 1,18 ἀκολουθότερον 163,11 ἀκόλουθον sc. ἐστι 78,8 κατὰ τὸ ἀκόλουθον 89,27 — ἀκολούθως 183, 16 189,15 338,1

ἀκοσμία (opp. κόσμος) 256,5

ἄκραντος (Pindarus) 42,17

ἄκρητος 529,15

ἀκροαματικός. ἀκροαματικὰ φιλοσοφήματα (expl.) 289,1

ἄκρος. τὰ ἄκρα (opp. μέσα) στοιχεῖα 84,33 86,16 127,17 145,4 699,8 708,20 al. (σώματα) 717,31 (ἕνωσις) 93,16 ἐπιτηδειότης) 291,32 τὸ ἄκρον τῆς σωματικῆς ἐπέχοντα φύσεως 85,2 κατὰ τὸ κρεῖττον τῶν ἄκρων 85,14 — ἄκρως κοῦφος, βαρύς 145,5

ἀκρότης. ἡ τοῦ πυρὸς ἀ. 17,27 ἐκ τῶν ἀκροτήτων συνεστάναι τὰ οὐράνια 12,32 85,13 87,13 91,13 (τῶν τεσσάρων στοιχείων) 17,26 361,2 379,6 435,34 436,1

ἀκύρως (opp. κυρίως) 318,19

ἀλήθεια. κατὰ τὴν παραδεδομένην ἀ. 73,8 Parmenidis (opp. δόξα) 557,23. 26 558,6

ἀληθής. ἀληθὲς ὅλως καθ' αὑτό (opp. κατὰ συμβεβηκός) 584,11

ἀλλήλος. πρὸς ἄλληλα (expl.) 428,36 433, 33

ἀλλῆξαι 377,18 (cf. adnot.) v. ἀναλήγειν

ἀλλοῖος. ἔδει τι ἀλλοῖον φανῆναι 88,4

ἀλλοιοῦν. τὰ ἀλλοιούμενα σωματικῶς αὔξεται καὶ μειοῦται 111,19 ἀλλοιοῦσθαι κατὰ πάθος 111,7. 20. 23

ἀλλοίωσις (expl.) 99,3 κατὰ πάθος (dist. κατὰ δύναμιν) 113,26

ἀλλοιωτικός. ἀλλοιωτικὰ πάθη 112,35

ἀλλοκοτία 192,20

ἄλλος. εἴτε καθ' αὑτὸ εἴτε πρὸς ἄλλο 75,5 ἄλλος παρά τι 91,23 94,3

ἀλλότριος. ἀ. (opp. ἴδιος) τόπος 75,17 (coni. ξένος) 90,22. 29 91,2

ἄλογος (ψυχαί) 129,19

ἁλμυρός (ἀκοή) 201,1

ἄλυπος. ἀλυποτέρας τουτέστιν ἀργοτέρας διανοίας 521,3

ἀμεγέθης 578,7

ἀμεθόδως 29,36

ἀμείωτος (opp. ἀναυξής) 109,22 τὸ ἀμείωτον 111,5

ἀμεμφής. ἀ. Φιλότης (Empedocl.) 529, 13 — ἀμεμφέως (Empedocl.) 529,9

ἄμεσος. ἀ. διαίρεσις 227,33 ἄμεσα (opp. ἔμμεσα) ἐναντία 331,28. 31 332,1. 2. 6 340,33 127,23 721,21 τὸ δι' ἑαυτὸ πιστὸν καὶ ἄμεσον 335,21 — ἀμέσως γίνεσθαι 137,17 ἀ. παράγειν 138,16 ἀ. ἢ δι' ἄλλων μέσων μεταβαλεῖν 344,13 ἀ. τυχεῖν τινος 482,23 ἀ. μετέχειν 483,4

ἀμετάβλητος (expl.) 291,19 — ἀμεταβλήτως μεταβάλλειν 95,29

ἀμμώδης 16,19

ἀμφιδέξιος (expl.) 393,31

ἀμφίκυρτος (opp. μηνοειδής) 519,18
ἄν c. optat. fut. 9,12 79,22
ἀναβαίνειν. αἱ ἀναβεβηκυῖαι ἐπιστῆμαι 563,7
ἀνάβασις (opp. κατάβασις) 36,31
ἀναγκαῖος (def.) 447,8 λέξις ὡς ἀναγκαῖα λέγεται (opp. κατὰ τὸ εὔλογον) 111,24 (dist. βίαιος) 374,7
ἀνάγκη. ἀνάγκην ὁ λόγος ἔχει 111,29 ἀ. μυθική 374,25 φυσική 374,32 ψυχική 374,34
ἀνάγνωσις. τάξις τῆς ἀναγνώσεως 5,37
ἀνάγωγος. οὕτως ἀ. ὡς ταῦτα ἀγνοεῖν 82.13
ἀναζωπυρεῖν 85,18
ἀναθυμίασις 131,14 701,26
ἀναιρεῖν. ἀ. τὰ δεδομένα 346, 28. 29 348, 9
ἀναίρεσις. ἐκ τῆς τῶν ἀντικειμένων θέσεων ἀναιρέσεως 267,17
ἀνακάμπτειν 102,1 132,1 154,5 308,27 309,21 310,3. 28. 33 343,20. 27 (expl.) φθαρέντα μὴ πάλιν ἀ. 295,28 ἀ. εἴς τι 302,29 ἀ. πάλιν εἰς τὸ εἶναι 311,17. 18
ἀνακλᾶν. ἀκτῖνες ἀνακλώμεναι 88,22
ἀνάκλασις. ἀ. τῶν ἀκτίνων 83,8 457,22
ἀνακόλουθος. ἀ. ἔννοια 75,15 ἀκολουθία 77,8
ἀνακυκλεῖσθαι 119,1 140,30 141,8
*ἀναλήγειν (?) ἀλλῆξαι (Orphic.) 377,18 (cf. adn.)
ἀναλλοίωτος. τὸ ἀναλλοίωτον 92,1 111, 4. 23
ἀναλογία. τὴν ἀναλογίαν ἀνάπαλιν ἔχειν 222,12. 17 223,7 ἀ. κατὰ τὸ ἀνάπαλιν 223, 16. 20 λόγος καὶ ἀναλογία 222,25
ἀνάλογος. ἀνάλογον ἔχειν 81,33 227,11
ἀναλύειν. ἀλλῦσαι (?) (Orphic.) 377,18 (cf. adn.)
ἀνάλυσις. ἡ τῶν συλλογισμῶν ἀ. 108,2 ἀ. (opp. σύνθεσις) τοῦ λόγου 260,32
ἀναλυτικός. ἀναλυτικῶς συντιθέναι τὰ τῆς ἀποδείξεως λήμματα 403,3
ἀνάπαλιν. ἀ. ἔχειν πρός τι 224,15 (dist. ἐναντίος) 419,2
ἀναπόδεικτος. ἀ. θέσις 163,25 164,10 κατὰ τὸν δεύτερον ἀναπόδεικτον 233,9 — ἀναποδείκτως 92,27 102,20 108,14 237,17
ἀναρμοστία 102,30
ἄναρχος initio carens (Philoponus) 132,15 141,17
ἀνασκευαστικὸς λόγος 227,33

ἀναστέλλεσθαι. καὶ ἄνω ποταμῶν ἀνεστέλλεσθαι 78,16
ἄναστρος σφαῖρα ἡ πάσας περιέχουσα 462,24 αἱ ἄναστροι σφαῖραι 491,19 493,18
ἀνατολή. ἡ νῦν ἀ. 418,20 420,29. 33
ἀνατολικός (opp. δυτικός) 197,4 τὸ ἀνατολικόν 391,25. 27 392,5 394,8 ἀνατολικώτατος 547,32
ἀνατρέπειν 14,8
ἀναυξής. τὸ ἀναυξές 92,1 (opp. ἀμείωτος) 109,22
ἀναύξητος. τὸ ἀναυξητόν 111,3
ἀναύχην (Empedocl.) 586,12
*ἀναύχενος 586,30
ἀναφορά. ἀ. εἴς τι 168,6
ἀναψύχειν. ἀμψῦξαι (Orphic.) 377,18
ἀνδρεία (opp. θρασύτης καὶ δειλία) 55,30
ἀνείδεος. ἀ. ὕλη 135,29 τὸ ἀνείδεον ἐνυπάρχει τῇ τῆς ὕλης φύσει 306,22
ἀνελίττειν. ἀνελίττουσα κίνησις 488,9 αἱ ἀνελίττουσαι σφαῖραι 32,17 272,3 422,12 490,25 491,16. 19. 26 492,16. 26 493, 5. 10. 11 497,25. 28 498,4 505,26 507, 3. 9. 11 509,27
ἀνέμφατος. τὸ ἓν ἀνέμφατον τοῦ πλήθους ἐστίν 93,8
ἀνεξάλλακτος 371,6
ἀνεπιστασία 163,35
ἀνεπίστατος. ἀνεπιστάτως 89,12
ἄνευ. τὸν τῶν, ὧν οὐκ ἄνευ, λόγον ἔχοντα 13,16
ἀνευφημεῖν. Ὄλυμπος ἀνευφημεῖται ὁ οὐρανός 85,15
ἄνθραξ. εἶδος τοῦ πυρός (κατὰ Πλάτωνα) 16,20 85,8
ἀνθρωπίσκος. ἀσεβῶν τούτων ἀνθρωπίσκων τὴν γιγαντικὴν κατὰ τῶν οὐρανίων ἀπόνοιαν 86,6
ἄνθρωπος. ἀ. λέγεται διὰ τὸ ἀναθρεῖν ἃ ὄπωπεν 281,21
ἀνισάζειν. ἀνισάζει ἡ φύσις 510,9
ἀνισασμός 509,22
*ἀνισοβαρής 224,34
ἀνισόρροπος 546,17
ἀνισοταχής. ἀ. κίνησις 37,9 42,9
ἄνοδος planetarum (opp. κάθοδος) 510,29
ἀνοηταίνειν 122,21
ἀνομοειδής 255,14
ἀνομοιοβαρής (opp. ὁμοιοβαρής) 221,9
ἀνομοιομερής (opp. ὁμοιομερής) 221,8. 10 227,32 sq. al.
ἀνταχολουθεῖν ἀλλήλοις (logice) 6,26

738 ἀνταναφέρειν

324,21 326,6. 10. 14 338,13. 14. 15. 16 340,26. 29. 33 341,4. 12 342,21 343,1 344,31. 33 345,17. 18 346,16 347,1 348,3 365,23
ἀνταναφέρειν. ἀνταναφέρουσαι σφαῖραι (Theophrast.) 504,6
ἀντανίσωσις 458,2
*ἀντεμφράττειν 441,7
ἀντεπιχειρεῖν 179,24
ἀντέρεισις 78,24 379,21
ἀντιβατικός. ἀντιβατικώτερος 440,9. 20
ἀντίγραφον 152,31 291,25 698,11
ἀντιδιαιρεῖν. ἀντιδιαιρῶν αὐτὰς (τὰς κινήσεις) πρὸς τὰ πάθη 7,15 ἀντιδιῃρημένος 95,8 103,31
ἀντιδιαστέλλειν 118,10
ἀντιδιαστολή 236,2 238,5 247 12 460,4
ἀντίθεσις. τοπικαὶ ἀντιθέσεις (ἄνω κάτω, πρόσθεν ὄπισθεν, δεξιὸν ἀριστερόν) 386, 20. 30 388,30 389,1 ἀντιθέσεις τῶν διαστάσεων 387,31
ἀντίθετος. ἀ. ποιότης 166,3. 9 ἀντίθετοι κινήσεις 192,5
ἀντικεῖσθαι. τὰ ἀντικείμενα (def.) 261,9 τὰ κατὰ τὸ πρός τι ἀντικείμενα 127,19
ἀντικινεῖν 212,11. 15. 18. 22. 25
ἀντικίνησις 186,23 395,29 396,5 396,28 405,35 418,25 ἡ τοῦ πλανωμένου ἀντικ. 366,7
ἀντίληψις. αἱ ἀντιλήψεις τῶν σωμάτων 295,15
ἀντιλογία. φυλάττω ταῖς ἀντιλογίαις αὐτά 66,8.
ἀντιπαράστασις 13,29
ἀντιπαραχώρησις 459,16
ἀντιπάσχειν. ἀντιπεπονθότως 320,11
ἀντιπεριαγωγή 500,19. 21
ἀντιπεριιστάναι. ἀντιπεριιστάμενος 75,33 76,11
ἀντιπερίστασις 76,19 77,28. 29 149,15 161,13 268,34
*ἀντιπεριφορά 473,19
ἀντιπλεονεκτεῖν 515,4
ἀντίπους 253,7 679,10. 12 680,24
ἀντιστρέφειν (logice) 61,17 163,22 164, 1. 3. 5. 8. 11. 12. 18. 23 236,1 312,6 326,1 333,9 334,24 342,13 353,27 525,23 478,8 570,12 688,23 σὺν ἀντιθέσει ἀντιστρέφων ἐρεῖς 28,7 — ἀντεστραμμένως 215,25 339,23
ἀντιστροφή (logice) 30,15. 19 31,2 144,

I INDEX

15 162,15 163,18 164,13. 16 166,13 312,4 335,26 536,29 ἡ σὺν ἀντιθέσει ἀντιστροφή 28, 14. 25. 27. 29 29, 3 30,1 6. 25 31,5 522,27 ἡ τῶν ὁρισμῶν ἀντιστροφή 62,6. 25
ἀντίστροφος. τὸ ἀντίστροφον 213,4 236, 14
ἀντιτυπεῖν. ἀ. τῇ αἰσθήσει 12,30
ἀντιτυπία. ἀ. τῆς γῆς 86,14
ἀντίτυπος 75,31 76,13 77,21. 26
ἀντίφασις 333,16.17 352,11 ἀντιφάσει περιπίπτειν 572,11
ἀντιφατικός. διαίρεσις ἀντιφατική 227,30 629,16 — ἀντιφατικῶς ἀντικεῖσθαι 331, 14 345,3. 5
ἀντιφορά (τῶν σφαιρῶν) 156,20
ἀντιφράττειν τῇ ὄψει 504,30
ἀντίχθων 511,27. 28. 29. 33 512,7 515, 20. 21. 22 ἀντίχθονα τὴν σελήνην ἐκάλουν οἱ Πυθαγόρειοι 512,17
ἄνω (def.) 51,10 (Alex.) 257,35 τὸ ἄνω τοῦ μήκους ἀρχή 383,25 ἄνω τοῦ οὐρανοῦ (ὁ νότιος πόλος) 390,35 392,33 ὁ ἄνω τόπος (expl.) 269,17 τὸ ἄνω φερόμενον τὸ κυρίως καὶ προσεχῶς 71,13
ἀνώφορος 66,22 70,31
ἀξιοῦν. τὰ ἠξιωμένα 62,9 τὰ ἀξιωθέντα 223,3
ἀξίωμα 63,33 132,4 189,31 222,7 231,23 247,30 248,5. 10 255,32 396,29 397,16 al. — (de mutatione) 301,35 (mathem.) 607,19
ἄξων (κύβου) 45,13 (κυλίνδρου) 14,15 (οὐρανοῦ) 390,10 391,14. 33. 36. 39 394, 33
ἀορισταίνειν 313,3. 7. 13
ἀοριστία 44,11 46,35 243,19 (coni. διάστασις) 94,29
ἀόριστος (logice) 62, 15. 17 (coni. ἄπειρος) 147,12. 24 — ἀορίστως κειμένα (expl.) 247,4 sq.
ἀπαθής. ἀπαθέστερος 73,13 74,6. 7 τὸ ἀπαθέστερον 74,11
ἀπαιωρεῖσθαι 647,24
ἀπαράλλακτος (ταυτότης) 118,4
ἀπαρτίζειν (mathem.) 219,28
ἀπατηλός (κόσμος, Parmenid.) 558,7
ἀπεικονίζειν med. 97,12
ἀπειράκις ἄπειρον 93,7
ἀπειρία. ἡ κατ' εἶδος (opp. ἡ κατ' ἀριθμὸν

ἀ. 612,18   ἀ. τῶν κόσμων 311,6   ἀ. τῶν στοιχείων 242,27   ἀ. τοῦ χρόνου 368,9
*ἀπειροδυναμία 44,26
ἀπειροδύναμος 79,5 240,27. 28 312,14
ἀπειρομεγέθης 608,16
ἀπειροπλάσιος 82,4
ἄπειρος (coni. ἀόριστος) 147,12. 24 τὸ ἄπειρον (expl.) 202,9 sq. τὸ ἄπειρον (Democrit.) 295,4 τὸ ἄπειρον ἐν ἀρχῇ 202,12 τὸ αἰσθητὸν (opp. τὸ μαθηματικὸν) ἄπειρον 236,2. 3 ἄ. τῷ ἀριθμῷ (opp. τῷ μεγέθει) 147,1 μεγέθει ἄ. (opp. πλήθει ἄ.) 245,15. 16 τὸ ἐπ' ἄπειρον (dist. τὸ ἐνεργείᾳ ἄπειρον) 635,14   ἀ. ἀήρ 202,13 (κενόν) 202,17 σῶμα (def.) 228,5 ἄ. πλήθει κόσμοι 202,14. 15. 16 230,1 ἐπ' ἄπειρον διαλύεσθαι (διάλυσις) 627,4 628,4. 30 ἐπ' ἄπειρον ἰέναι 104,1 583,30 584,19. 26 570,2 ἐπ' ἄπειρον προχωρεῖν 627,1
ἀπεργασία τῆς γενέσεως 2,3
ἀπλανής. οἱ ἀπλανεῖς 410,30 τὸ ἀπλανές 154,32 164,35 395,21 ἄστρα ἀπλανῆ s. ἄστροι ἀπλανεῖς 89,14 164,35 415,22 444,18. 28 ἡ ἀπλανὴς κίνησις (opp. ἡ πλανωμένη) (Philop.) 193,19 ἡ τῆς ἀπλανοῦς ἐπὶ δεξιὰ κίνησις 380,22. 26 ὁ ἀ. οὐρανός 83,18 (opp. ὁ πλανώμενος) 420,36 459,26 ἡ ἀπλανὴς (σφαῖρα) 21,19 34,15. 21 37,35 50,16 71,3 82,18 83,15 164,33 178,23 179,6 270,16 284,30 288,2 394,9. 12 395,31. 34. 35 402,25. 26. 29 415,21. 28 418,18 716,20 462,14 (def.) 280,3 (ἡ τῶν ἀπλανῶν σφαῖρα) 1,4 287,21 τὴν ἀπλανῆ σφαῖραν ἀρχὴν τοῦ εἶναι τῷ κόσμῳ 514,17 de regressu eius 462,15 aut duplici motu 462,27
ἀπλατής 174,15
ἁπλότης 198,30 200,6
ἁπλοῦς. αἱ ἁπλαῖ κινήσεις 6,8 36,17. 25 δύο αἱ ἁπλαῖ κινήσεις ἥ τε ἐπ' εὐθείας καὶ ἡ κύκλῳ 40,13 77,16 86,31 ἁπλαῖ φυσικαὶ κινήσεις τρεῖς ἢ πέντε 228,14 (οὐρανός) 91,11 (οὐράνιον σῶμα) 2,13 (στοιχεῖα) 86,29 ἁπλᾶ (opp. σύνθετα) σώματα (expl.) 8,11 344,2 708,23. 26. 28. 32 τὰ ἁπλᾶ (opp. τὰ σύνθετα) 86,8 τὰ πέντε σώματα τὰ ἁπλᾶ 3,11 6,8 144,26 sq. ἁπλᾶ σώματα ἰσάριθμα ταῖς σφαίραις καὶ τοῖς τέτταρσι στοιχείοις 31,16 τὰ ὑπὸ σελήνην ἁπλᾶ σώματα 40,14 ἁπλοῦν σῶμα 77,16 τὰ ἁπλᾶ τῶν σωμάτων 86,31 τὰ ἐνταῦθα ἁπλᾶ σώματα 101,5 ἁπλᾶ σώματα κατ' ἀριθμὸν πεπερασμένα 226,7 228,19 ἁπλᾶ σώματα (= στοιχεῖα) 604,13. 21 — ἁπλῶς (Arist.) (expl.) 327,19 (opp. πρὸς ἄλληλα) 691,15 καθόλου ἁπλῶς (opp. πρὸς ἀλλήλας ἁπλῶς) 719,26 (def.) 707,14 (opp. ἐξ ὑποθέσεως) ψεῦδος, ἀδύνατον 322,27 sq. ἁπλῶς βαρύ, κοῦφον 20,7 144,31 711,16. 17. 21 727,27 (opp. πρὸς ἕτερον vel κατὰ σύγκρισιν) 678,3. 8. 10. 17 682,7. 9 683,5. 7. 32 τὸ ἁπλῶς βαρύ (def.) 712,24 716,23 τὸ ἁπλῶς ἓν 93,20 ἀ. κοῦφον (def.) 713,9
ἀπόγειος (opp. περίγειος) 32,11. 19 113,10 410,34 ἀπογειότερος 36,23 509, 7. 11 ἀπογειότατος 507,31 508,26
ἀπογυμνοῦν τῷ λόγῳ 587,30
ἀποδεικτικός (ἀδυναμία) 370,12 (ἀκρίβεια) 372,27 (ἀνάγκη) 55,13 (λόγος) 116,6 (συλλογισμός) 55,5 — ἀποδεικτικῶς λέγειν 55,6
ἀπόδειξις 92,9. 25 115,33 (διὰ τοῦ αἰτίου) 284,2
ἀπόδοσις (interpretatio, explicatio) 66,28. 33 304,29 (= ὁρισμός) 173,23
ἄποιος. τὸ ἄποιον σῶμα 599,5
ἀποκαθιστάναι. ἀποκαθιστῶσαι (Arist.) 497,28 499,6. 10 ἀποκαθίστασθαι 14,18 210,11. 34 450,17. 20 474,32 475,3. 20. 23 476,30 501,20
ἀποκατάστασις. ἀ. τοῦ ἀστέρος 33,12 (τοῦ Κρόνου) 199,26 (γραμμῆς) 210,15 (κινήσεως) 262,20 299,1 475,20. 27 ἡ τοῦ ἡλίου ἀ. 591,18 ἀ. τῆς κινήσεως τῆς γῆς 542,7
ἀποκαταστατικός. ἀποκαταστατικὴ κίνησις 44,32 117,30
ἀποκλήρωσις 27,5
ἀποκληρωτικός 26,34 27,9 158,3 161, 21 162,21
ἀποκορυφοῦν 126,3
ἀπομερίζειν 88,27
ἀπορραπίζειν 69,13
ἀπορρεῖν 85,19 88,25
ἀπορριπτεῖν εἰς τὸν Πλάτωνα 108,32 ἀπερριμμένος = abiectus, nefarius 200,30
ἀπόρροια. ἡλιακαὶ ἀπόρροιαι 115,7 ἀπόρροιαι τῶν ὑπὸ σελήνην 457,26
ἀποστενοῦν. ἀπεστενωμένος 485,1

ἀποτείνειν. ἀποτείνεσθαι εἰς λέξιν 79,15
   πρὸς ἐκείνους τοὺς ... λέγοντας 79,22
ἀποτέλεσμα (opp. αἴτιον) 113,6 367,5 404,
   31
ἀπουσία (opp. παρουσία) 127,9
ἀπόφασις (opp. κατάφασις) 52, 7. 18 28, 20.
   22. 29 127, 22 129, 2 338, 18. 27. 28 339,
   3. 6. 10. 11 (dist. ἐναντίον) 329,17
ἀποφατικός (opp. καταφατικός) 62, 14. 15
   236,15 τὸ ἀποφατικόν (expl.) 57,23
ἀποφοιτᾶν. τοῦ ἑνός 94,14
ἅπτειν. τὸ ἁπτόν 84, 31 τὸ ἁπτὸν διὰ
   τὴν τῆς γῆς ἀντιτυπίαν 86,14 ἁπτὴ
   ἐναντίωσις 442,31 443,1. 4 ἁπτὴ ἐπι-
   φάνεια 237, 27 ἁ. ὁ οὐρανός 86, 10
   89, 16. 19 ἁπτὴ οὐσία 87, 11 ἁπτὴ
   ποιότης 87, 31 89, 17 442, 32 443, 2
   444,4
ἄρθρον (grammatice) 15,1
ἀριθμός. τῷ ἀριθμῷ (opp. τῷ εἴδει) 344,27
   ἀ. "πατὴρ μακάρων καὶ ἀνδρῶν" (Pythag.)
   580,14 ἀριθμῷ δέ τε πάντ' ἐπέοικεν
   (Pyth.) 580,16
ἀριστερός (variae signific.) 384, 3. 5 ἡ
   ἐπ' ἀριστερὰ κίνησις (τῶν πλανᾶσθαι λεγο-
   μένων σφαιρῶν) 380, 25
ἀρκεῖν. ἠρκέσθη sat habuit 80,25
ἁρμονικός ἁ. λόγος 464, 6 οἱ ἐν τοῖς ἀριθ-
   μοῖς ἁρμονικοὶ λόγοι 469,19
ἀρνητικός (μόριον) 28, 19 329, 10. 12. 21
   τὸ ἀρνητικόν 329,16
ἀρρεπής. ἁ. ὁ οὐρανός 70,14
ἀρτᾶν. ἀρτᾶσθαι (logice) 92,22
ἀρτιοπέρισσος 29, 29 332,3
ἀρχαιοπρεπής. ἀρχαιοπρεπῶς ἑρμηνευθέν
   698,14
ἀρχαῖος. ἅπερ τοῖς ἀρχαιοτέροις ἔδοξεν 82,15
ἀρχέγονος (ἕνωσις) 85,30
ἀρχή (ἀγένητος) 93,18   (ἄπειρος) 202,15
   203,15 κοιναὶ τῆς γενέσεως ἀρχαί (εἶδος,
   στέρησις, ὑποκείμενον) 102,11 (φυσικαί)
   2,19 6,4. 32 92,10 ἀ. κινήσεως 78, 29
   383,26 ἀ. κινήσεως ἡ φύσις 92,19 οἱ
   πεπερασμένας τὰς ἀ. λέγοντες 202,25
ἀρχικός. τὰ κυριώτερα καὶ ἀρχικώτερα τῶν
   μορίων 73,11 ἀρχικαὶ ποιότητες 130,26
ἀρχοειδής (τρίγωνα) 638,27 ἀρχοειδέστερος
   565,8 566,2 576,5 — ἀρχοειδῶς 580,
   12
ἀσεβεῖν. δικαία τις τιμωρία τοῖς εἰς θεὸν
   ἠσεβηκόσιν 84,30

ἀσκός. ἀ. πεφυσημένος 74,20 710,26 sq.
ἀστασίαστος. ἀστασιάστως 97,20
ἀστήρ. de natura astrorum 78, 26 435,10 sq.
   ἀστὴρ τῆς οἰκείας ἕδρας ἐπὶ τὰ ἐντὸς ἀπο-
   πίπτων 72, 13
ἀστρολάβον (ὄργανον) 548,31 τὸ στερεὸν
   ἀ. 462,21
ἀστρολογικός (σκοπός) 509,13
ἀστρολόγος. οἱ ἀστρολόγοι 505, 24. 29
   541,14
ἀστρονομία 81, 16 τὰ πρὸς ἀστρονομίαν
   παραλαμβανόμενα ὄργανα 548,30
ἀστρονομικός (ἀπορίαι) 510,24 (θεωρή-
   ματα) 464,21 (ὑποθέσεις) 36,27
ἀστρονόμος 32, 6. 34 33, 11 36, 29 410, 25
   422,14 427, 12 487,26 641,23 οἱ πρε-
   βύτεροι 32,15 οἱ παλαιοί (opp. οἱ μετα-
   γενέστεροι) 510,31
ἀστρῷος. ἀστρῷα σώματα 199,6 ἀστρῷαι
   τηρήσεις 117,25
ἀσυλλόγιστος 62, 14
ἀσυμμετρία. ἀ. μία πρὸς συμμετρίαν ἀντί-
   κειται 56, 6 ἀ. ἡ ὑπερβολὴ ἡ ἔλλειψις
   56,7
ἀσύμμετρος (opp. σύμμετρος) 220, 16. 23.
   29 221,4 ἀσύμμετρον εἶναι τὴν διάμετρον
   τοῦ τετραγώνου ταῖς πλευραῖς 323, 7
ἄσχετος. ἡ οὐσία ἄσχετός ἐστι (Iamblich.)
   169,7
ἀσώματος (δύναμις) 88,16 (ἐνέργεια) 88, 18
   ἀ. ὕλη 135,27
ἄτακτος. τὸ ἄτακτον 311,32
ἀταλαίπωρος. ἀταλαιπώρως 104,17
ἀταξία (ἐξ ἧς ὁ κόσμος γέγονε) 311, 29.
   312, 7
ἀτάραχος. ἀταράχως 159,5
ἀτειρής. ἀτειρέα ὄμματα (Empedocles) 529,
   23
ἀτέλεια (opp. τελειότης) 54,31
ἀτελής 77, 26. 28 διὰ τὸ ἑαυτῶν ἀτελές
   86,19 ἀτελὲς εἶδος 168,5 (κινήσεις) 86,
   20 (ποιότης) 168,8
ἄτομος. ἄτομον (opp. κοινὸν εἶδος) 599,17
   (τὸ ὡς ἀμερές) 622,6 (= μὴ διαιρούμε-
   νος εἰς ὅμοια τῷ ὅλῳ) 665, 2 τὰ ἄτομα
   123, 31 659,25 (defin.) 685, 5 τὰ νῦν
   συνιστάμενα ἄτομα 293, 17 — ἄτομος
   (coni. ἀδιαίρετος) ἀρχή 242, 19. 21. 29
   ἄτομοι γραμμαί 566, 25 567, 3 (οὐσίαι)
   123,15 ἀ. ἢ ἀμερῆ σώματα 7,30 αἱ ἄτομοι
   243,12. 15. 16, 33 244, 2. 6. 34 245, 8. 11.

γένεσις 741

12. 18. 19. 29 (describuntur) 242,21 sq. (ἄπειροι τῷ πλήθει) 202,17 οἱ τὰς ἀτόμους λέγοντες 269,12 (ἀπαθεῖς) 294,31 σύγκρισις (διάκρισις) τῶν ἀ. 295,23. (Democriti) 310,16. 18 311,5 564,26 576,16. 17 (Leucippi et Democriti) 583, 21. 24 584, 3 609,17. 23. 24 610, 4. 5. 9. 11. 14 611, 6. 19 614, 28 617, 23. 24 628, 15 632, 7. 17. 19 634. 29 659, 13. 19 684, 21 (pondus atomorum) 693, 26. 27. 29
ἀτοπία (τῆς ὑποθέσεως) 71,34 εἰς ἀτοπίαν τὸν λόγον ἀπάγειν 561,22
ἄτοπος. εἰς ἄτοπον λόγον ἀπάγειν 57, 11 249, 24. 31 250, 20 ἡ τοῦ ἀτόπου συναγωγή 240,12 ἐνδεικνύναι ἐκ τοῦ ἐπαγομένου ἀτόπου 537,23
ἀτροφεῖν 54, 8
αὐθυπόστατος 93,19. 21 94, 3. 10 94, 27 κυρίως αὐθυπόστατον 95, 3. 5 104, 1. 13. 15 109, 7 126, 25 140, 14. 15
ἄυλος (expl.) 133,29 270, 6
αὔξειν (coni. τρέφειν) 109, 29 110, 5. 7. 9
αὔξησις (expl.) 96,12 (opp. μείωσις) 111, 15 ἡ αὔξησις ἀπὸ τοῦ ἄνω 383,28 ἡ αὔξησις γένεσίς τις 109,22
αὐτοαγαθόν 482,17. 18
αὐτοάνθρωπος 276,17
αὐτοειδής. τὸ αὐτοειδὲς τοῦ σώματος καὶ οὐράνιον ὄχημα 469, 7
αὐτόθεν λέγει 68,10 110, 25
αὐτοκίνητος 94, 4. 11 τὸ αὐτοκίνητον 94, 30 241, 9 242, 6. 10 381, 27 τὸ αὐτοκίνητον = ἡ ψυχή 585,1. 2. 3. 4. 9 κυρίως αὐτοκίνητος 95, 3. 5
αὐτόματος. ἐκ ταὐτομάτου 137, 21 ἀπὸ ταὐτομάτου (opp. φύσει, ἀπὸ τύχης) 354, 9
αὐτός. εἴτε καθ' αὑτὸ εἴτε πρὸς ἄλλο 75,5 ὁ αὐτὸς εἴδει (opp. ἀριθμῷ) 310, 17
αὐτοφυής (διάθεσις) 374,23 (ἔννοια) 372, 26 (κίνησις) 381, 22. 24 ῥοπὴ αὐτοφυὴς καὶ οὐ κατὰ προαίρεσιν γινομένη 67, 27 — αὐτοφυῶς κινεῖσθαι 268, 27 (λέγειν) 713, 7 δύναμις αὐτοφυῶς ἐνεργοῦσα 53,12
ἀφαίρεσις τὸ καθόλου τὸ ἐξ ἀφαιρέσεως ἐν ἡμῖν 89,29
ἁφή (Alexander) 252,10. 29
ἄφθαρτος. τὸ ἄφθαρτον varie dictum 317, 9 κυρίως ἄφθαρτον (def.) 337, 10
ἀφίδρυμα. αὐτῆς ἀφίδρυμα τῆς δεινότητος 26, 24

ἀφόρητος 376,21
ἀφώτιστος 131,1
ἀχώριστος (εἴδη) 276, 9 (ἐντελέχεια) 279, 18 380,17 381, 9 ἀχώριστον τὸ κοινὸν τῶν πολλῶν 275, 27

Βαθύνειν. σῶμα βεβαθυσμένον 562, 27
βαρεῖν 67, 29. 30
βάρος (Plato) 713, 2 716, 29 (Arist.) 713,3
βαρύς. τὸ βαρύ (def.) 62, 25 76, 30 680, 4 ἁπλῶς βαρύς (cf. ἁπλῶς) 716, 23
βαρύτης (def. Platonis) 69,22 (opp. κουφότης) 220, 24
βάσις (τριγώνου) 416, 10. 13 638, 30 al.
βίαιος (dist. ἀναγκαῖος) 374, 7 κίνησις = ἡ παρὰ φύσιν (opp. ἡ κατὰ φύσιν) 526, 18
βλασφημεῖν κατὰ τοῦ οὐρανοῦ 88, 29
βλασφημία περὶ τοῦ οὐρανοῦ 137, 20
βόρβορος. βόρβορον λόγων ἀνακινεῖν 119,11
βόρειος. ὁ β. πόλος 391, 24. 36. 39 420, 30
βρενθύεσθαι 26, 28 130, 14
βροντή. διχῶς γίνεται ἡ β. 470, 2
βυθίζειν. βυθίζεσθαι (def.) 522,31

Γάλα οὐράνιον (Parmenides) 559, 23
γάρ (ἄρα γ.) 9, 15 σύνδεσμος αἰτιολογικός 7,16 250,14 311,11 329,30 347, 6
γαρύεσθαι (Pindarus) 42,17
γενεσιουργός (εἶδος) 115,12 (ἦχος) 469, 13 (κίνησις) 31, 28 33, 23 (στέρησις) 102, 1
γένεσις (opp. φθορά) 91, 15 98, 26 (ὄντως, opp. ἐξ ὑποθέσεως) 305, 33 (expl.) 96, 6 (ἡ ἀπὸ τοῦ μὴ εἶναι εἰς τὸ εἶναι κατὰ χρόνον μεταβολή, ἣν πάντως φθορὰ διαδέχεται) 103, 6 (ἡ ἀπὸ τῶν αἰτίων πρόοδος) 560, 23 (σύγκρισις τῶν ἀτόμων) 295, 23 τὸ Ἀριστοτέλους τῆς γ. σημαινόμενον 140,18 (Democr.) 295, 24 (apud Platonem duplicem intellectum habet) 103,22. 28 ἡ γ. οὐ κυρίως κίνησις 695, 29 (τῶν στοιχείων) 629, 9 (τοῦ συναμφοτέρου) 578, 32 (εἰ ἔστιν) 555, 16 sq. (εἴδους) 578, 32 579, 8 γ. σχεῖν 93, 2 τὰ ἐν γ. inferior mundus 1, 10 τὰ ἐν γ. σώματα 2, 27

742 γενητός

γενητός. γενητόν (def.) 92,33 (opp. ὄντως ὄν) 103,30 (varie dicitur) 315,16. 23. 29 κυρίως γ. (expl.) 95,9. 17 337, 11 (τῶν ὑπὸ σελήνην) 92,1 (Aristot.) 103,20 (Plat.) 296,19 τὸ ὂν τὸ γ. 95, 27
γέννα (Parm.) 137,3
γένος. τρία γ. θνητά 107,7 γ. κοινὸν τῶν ἐναντίων 332,24. 25. 29. 33
γεωμετρικός. γ. ἀνάγκαις ἀποδεικνύναι 562, 32 (ἀποδείξεις) 464, 20 (ἀρχαί) 562,21 (συνήθεια) 205,29
γῆ. ἄστρον τὴν γ. ἔλεγον οἱ Πυθαγόρειοι 512,14 κατὰ τὴν αὐτὴν ἡμέραν οὐρανὸν καὶ γ. γεγενῆσθαι (Philoponus) 78,8 (qua ratione immota maneat) 520,25 (μέθοδος τῆς μετρήσεως) 549, 3 sq. (μέγεθος τῆς περιφερείας) 549,2. 9 550,5 (μέγεθος τῆς ἐπιφανείας) 549,19 (στερεὸν μέγεθος) 549,21. 29 σημείου καὶ κέντρου λόγον ἔχειν τὴν γ. πρὸς τὰ ὑπὲρ τὸν ἥλιον 51, 17 cf. 83,1 (σφαιροειδής), 542,14 sq.
γιγαντικός. ἡ γ. κατὰ τῶν οὐρανίων ἀπόνοια 86,4
γίνεσθαι (expl.) 128,1 τὸ γινόμενον 95,20 (def. Platon.) 305,14 (τὰ τοῦ γ. σημαινόμενα) 92,28 γ. τῇ παρουσίᾳ τοῦ εἴδους 579,1 τὰ κατὰ χρόνον γινόμενα 100,30
γλαφυρός. γλαφυρῶς (λέγειν) 56,17
γλεῦκος 633,22
γνώμων (mathem.) 653,5
γνωστικός (ἐν ἡμῖν δυνάμεις) 104,4
γόμφος. γόμφοι .. κατάστοργοι (Empedocl.) 529,25
γοργός. γοργῶς ἐπάγειν 308,30
γραμματικός. καὶ μάλιστα εἰ καὶ 'γραμματικός' ἐστιν, ὡς ἐπιγράφει (Philoponus) 71,7 cf. 70,34 73,10 74,5
γραμμή (def.) 562,25 (ἁπλαῖ τρεῖς) 255, 28 (φυσική, opp. μαθηματική) 46,8
γραμμικός (ἀκρίβεια) 415,35 (διάστασις) 25,15 (διάστημα) 13,14 (ἔκθεσις) 209, 18 (κύκλος) 46,22. 25. 27 171,13
γραφή lectio 205, 24 291, 25 352,20. 23 356,13
γραφικός. (πταῖσμα) 474,15. 29
γρυπός (opp. σιμός) 278,15
γυμνός. γυμνῇ κεφαλῇ ἔλεγεν 135,4
γωνία. οἱ μὲν παλαιοὶ τὴν γωνίαν ὑπὸ τὸ ποιὸν ἀλλ' οὐχ ὑπὸ τὸ ποσὸν ἀνάγοντες τῷ ὁμοίῳ καὶ ἀνομοίῳ διήρουν ἀλλ' οὐχὶ τῷ ἴσῳ καὶ ἀνίσῳ, ὡς οἱ νεώτεροι 715, 11 cf. 538,22
γωνιοῦν. γεγωνιωμένος 129,28 130,6 215, 17 459,8

Δεικνύναι. δεῖξαι τις λόγος δυνήσεται 75, 19 εἴ τις ἄρα δείξειε λόγος 75,25
δεικτικός. δεικτικόν ἐστι 205,18
δειλία (opp. ἀνδρεία, θρασύτης) 55,30
δεῖξις argumentatio, demonstratio 218, 12 222, 26 231, 28 234, 26 351, 10 al. δ. κοινοτέρα 238,25 239,20
δεκάς (Pythagorei) 386, 13 512,5. 6. 8 δεκάδες λόγων 136,8
δεξιός (expl.) 391,28 393,7. (22.) 35 (def.) 419, 15 420, 14 (varie adhibetur) 384, 1. 2. 5 (= ἀγαθός) 386, 15. 16 ἡ ἐπὶ δεξιὰ κίνησις 380,1. 21. 24. 26 ἰσχυρότερα φύσει τὰ δ. καὶ ὡς θερμότερα 393, 29 τὸ δ. τοῦ πλάτους ἀρχή 383,25
δέν (Democrit.) 295,5
δεσπότης τοῦ κόσμου παντός 731,25
δεύτερος. τὸ δ. καλούμενον ὑποκείμενον = τὸ ἄποιον σῶμα 576,8 cf. 565,3. 6
δημιουργεῖν 59,15 154,14 421,18 al.
δημιούργημα 90,21 143,28
δημιουργία. (θεία) 491,6 (qua via processerit) 514, 33
δημιουργικός. (ἀγαθότης) 587, 30 (ἀναλογίαι) 576,18 (δύναμις) 512,11 (λόγος) 44,12 (μέτρον) 39, 34 (νοῦς) 609, 2 (πρόνοια) 588,1 (συνοχή) 513,22
δημιουργός 25, 26 87,5 107, 13 108,34 135,7 184,30 303,21. 22 306,27 353,5 368,20 379,3 383,6 419,8 421,14 489, 16 (dist. φύσις) 277,23. 24 (θεός) 137, 24 372,15. 22 377,13 452,5 (νυκτός τε καὶ ἡμέρας) 517,8 (τῶν ἁπλῶν ἐν τῷ κόσμῳ σωμάτων) 731,26 (Platonis) 87, 20 346,22 351,17 360,31. 32 361,14
διαβοᾶν. οἱ ἐν φιλοσοφίᾳ διαβεβοημένοι 90, 24
διάγραμμα 177,16 304,10. 25. 31
διαζωγραφεῖν (cf. Plat. Tim. 55 c) 87,19 565,7
διάθεσις (dist. πάθος, ἕξις) 20, 20 97, 15 99,1. 5 100,24 111,9 127,3 308,22 al. (κόσμου) 247,13 (κατ' οὐσίαν) 95,31. 33

διαίρεσις (expl.) 645, 22 ἐκ δ. προάγειν τὸν λόγον 227, 28 ἐκ δ. δεῖξις 237, 18
διαιρετικός. διαιρετικῷ χρῆσθαι 52, 25 228, 3 (opp. πιλητικός) 564, 28
διαιρετός. ἐπ' ἄπειρον δ. τὰ μεγέθη 202, 30 (τὰ πάθη διχῶς· κατ' εἶδος, κατὰ συμβεβηκός) 567, 32
διαιώνιος 137, 28
διακορής τῶν τοῦ Πλάτωνος ὥσπερ τῶν τοῦ Ἀριστοτέλους (Philoponus) 80, 14
διακοσμεῖν 136, 7 308, 21 421, 31 580, 13 590, 3 609, 3 al.
διακόσμησις 294, 19 360, 30 472, 12 528, 17. 22 529, 16 al. (τῶν αἰσθητῶν) 558, 8. 16 587, 29 (διττή) 608, 31 (νοητή) 95, 25
διακρῖναι. διακεκριμένας τὰς ἰδέας εἶναι 87, 4 κόσμος διακεκριμένος καὶ αἰσθητός 294, 11
διάκρισις. ὅπου τάξις ἐκεῖ πάντως καὶ δ. 87, 8 (coni. διάστασις) 107, 1 (opp. ἕνωσις) 294, 12
διακριτικός (opp. συγκριτικός 564, 28
διαλεκτικός (νόμος) 28, 20 (ἐπιχείρημα def.) 238, 8
διάλλαξις (Empedocl.) 306, 5
διάλληλος (ἀπόδειξις) 420, 7 478, 4. 6 (δεῖξις) 45, 2. 26 408, 7 420, 11 477, 26 478, 3. 7. 14 (λόγος) 45, 7
διαλύειν (τὰ .. εἰρημένα) 80, 11
διάλυσις (coni. ἔνστασις) 144, 3 (τοῦ κόσμου) 310, 24. 28 (= εἰς τὰ στοιχεῖα ἀνάλυσις) 616, 6
διάμετρος (τετραγώνου) 319, 15 323, 7. 11. 15. 31 324, 17 336, 21 (κόσμου) 252, 32 (τοῦ παντός) 44, 4 47, 21
διανοητικός (μάθησις) 59, 26
διαπορθμεύειν τὴν ὄψιν 130, 16
διαρθροῦν τὴν φύσιν τοῦ βαρέος καὶ κούφου 69, 16 (ἔννοιαν) 102, 15
διάρθρωσις 108, 21
διασαφεῖν 92, 30
διασπᾶν. διεσπασμένος ὁ σκοπός (opp. πρὸς ἕν τι βλέπων) 4, 28
διάστασις 222, 10. 18. 20. 22. 24. 26. 27. 29 223, 30. 37 224, 1 225, 15. 16. 17. 18. 23. 25 (πλείστη) 147, 5 148, 11 (coni. διάκρισις) 107, 1 (μεμερισμένη) 95, 15 (τῶν οὐρανίων) 82, 14 (κατὰ τὴν οὐσίαν) 93, 29 (οὐσίας) 94, 13 (αἱ ἐξ τοπικαὶ δ.) 366, 5 387, 23. 29 390, 8 392, 35 393, 4 394, 28 395, 10 (τοῦ σώματος τρεῖς) 48, 5 383, 20 (σωματική) 100, 9 103, 29
διιστάναι. διαστατός (τριχῇ) 8, 19 δ. καὶ σωματικὴ φύσις 108, 35
διάστημα = ἡ τῶν τόπων ἐναντίωσις 183, 20 (οὐράνιον) 212, 2
διάστροφος (opp. εὐθύς) 184, 19
διατάττειν. διατάττεσθαι = disserere 86, 1 90, 14
διᾴττειν. διᾴττοντες stellae transilientes 17, 7
δίαυλος. διαύλους συνεχεῖς ποιεῖν 155, 24
διαφανής. τὸ διαφανές 89, 1
διαφέρειν. οὐδὲν διαφέρομαι 5, 10
διαφορά 166, 20 (dist. ἐναντίωσις) 198, 21 (coni. πάθος, opp. ἐνέργεια) 397, 21 (κινήσεων) 91, 14 (οὐσίας) 91, 13 (τόπου) 70, 34 395, 9
διαφορεῖν. ἡ διαφορουμένη κοινότης 90, 6
διαφῦναι (Empedocles) 141, 3 293, 27
διδασκαλία 5, 24. 26
διέξοδος. ὃν διεξόδου χρόνον οἱ ἀπὸ τῶν μαθημάτων καλοῦσιν 496, 4
διευκρίνησις 194, 3
διιστάναι 94, 14 (ἀφ' ἑαυτοῦ) 94, 6 (περὶ αὐτό) 138, 20 (κατὰ ποιότητα) 82, 19 τὸ τριχῇ διαστατόν 89, 22. 23 τὸ μεριστὸν καὶ διεστώς 95, 5
δικαιολογία 292, 28
δίνη 530, 30 531, 3. 4. 8. 11. 16. 17. 20. 21. 24. 25 540, 25 543, 1 (Empedoclis et Anaxagorae) 526, 33. 34 527, 4. 6. 14. 32. 33 528, 3. 8. 14. 16. 19. 23 529, 4. 18 530, 16 583, 1. 2 (οὐρανοῦ) 374, 32 375, 25. 34 520, 32 535, 11 (opp. κύλισις) 452, 17 456, 8
δίοπτρα 549, 4. 7 550, 3
διοργάνωσις (ἀνομοιομερής) 389, 19
διορίζειν. σῶμα διωρισμένον (opp. συνεχές) 238, 20. τὸ διωρισμένον (varie explicatur) 594, 16 sq.
διορισμός 319, 20
διπλόη 93, 21
δισσολογεῖν 194, 17
διχόμηνος (Aratus) 479, 11
διωλύγιος φλήναφος 25, 31 (τῶν Θεμιστίου παράθεσις) 70, 9
δοκίας trabs ignea 415, 22
δόξα (κοινὴ τῶν ἀνθρώπων) 139, 26 (θεοῦ) 90, 16 (Parmenidis, opp. ἀλήθεια) 557, 24. 27 558, 6. 9

δουλεύειν. θεωρία δουλεύουσα 2,3
δρᾶν (opp. πάσχειν) 88,6 170,7 (εἰς ἄλληλα) 81,12 113,4 197,29 (εἴς τι) 81,14 82, 20. 24 83,20. 26
δρᾶσις (opp. πεῖσις) 98,31 578,14
δραστικός (opp. παθητικός) 172,16 174, 31 (ποιότης, opp. παθητική) 192,3 193,22 195,2 196,5 197,24 399,22 636,17
*δριμακός 59,11 (cf. adnot.)
δρῦς. οὐκ ἀπὸ δρυὸς οὐδὲ ἀπὸ πέτρης proverbii loco dicitur (cf. Hom. τ 163) 131,7
δυάς. (τῆς ἐναντιώσεως) 199,17
δύναμις (dist. φύσις, def.) 595,20 672,13 (expl.) 661,22. 23 (= ποιητικὴ ποιότης, dist. πάθος) 671,30 672,5 (ἀσώματος) 88,16 ἡ τῶν δ. τῶν στοιχείων ἰσότης 83,31 (φυσική) 84,2 τὸ δυνάμει duplex 705,29 (expl.) 350,20 (λέγειν) 52,22 τὸ δ. σῶμα 594,20
δυναμοῦν 264,23
δύνασθαι. τὸ δυνάμενον (expl.) 315,27 335, 11
δύνειν (opp. opp. ἀνατέλλειν) 82,30 al.
δύο. dat. δυεῖν (in omnibus libris scriptum) 24,19 237,2. 3 240,2 (in melioribus) 31,34 92,22 149,3. 12 194, 13. 22 195,13 206,7. 13 264,2 304,16 401,12 615,4 714,12 δυοῖν (in omnibus libris scriptum) 410,6 (in melioribus) 222,8
δυσαίσθητος. δυσαισθητότερα 73,23
δύσις (ἡ νῦν) 418,19 420,28. 32
δυσπαθής. δυσπαθέστερος 73, 10. 18. 23 82,1 88,2 δυσπαθέστατος 73,17
*δυσσυνεσία 56,26
δυτικός (opp. ἀνατολικός) 197,5 τὸ δυτικόν 391,26 392,6 δυτικώτατος 547,32

Ἐᾶν. ἐάσσω (Parmenides) 137,4
ἔαρ quando sit 421,22
ἐγκόσμιος (θεοί) 117,16
ἐγκύκλιος (κίνησις) 22,14. 16 36,4 78,22 80,15 89,11 213,3 al. (φιλοσοφήματα) 288,31 (σῶμα) 49,29 211,10 403,1
ἐδάφιον exemplum primum, archetypon 318,3
εἶ littera 701,32
εἰ cum coniunctivo 72,17

εἰδοποιεῖν 22,6 75,19 85,28 86,30 130, 25 132,7 133,22. 23 149,2 166,2. 4. 5 167,5 172,8. 10 176,3 al. 213,25 251, 19 307,20 385,24 399,25. 32 400,14 442, 27. 32 443,2 562,17 576,12 606, 18 640,9. 11 650,8 657,14 673,15 675,1 676,5
εἰδοποιία. (δημιουργική) 306,21. 25
εἰδοποιός (opp. εἰδοποιούμενος) 700,1 (διαφορά) 169,24 673,15 (δύναμις) 444,15 (ἐναντίωσις) 168,30 722,1 (κίνησις) 228, 16 (κουφότης) 700, 29 (σχῆμα) 12, 17 (τόπος) 700,16
εἶδος (opp. ὕλη) 94,29. 31 564,15 565,23 (coni. μορφή) 126,29 (dist. τὸ συναμφότερον) 278, 7. 18 279,3 ἡ οὐσία ἡ κατὰ τὸ εἶδος 111,32 (coni. οὐσία) 112, 18 τῇ οὐσίᾳ οὐκ ἔστιν ἐναντίον εἶδος 101,22 (opp. στέρησις) 102,2. 12 121, 18 129,7 (coni. στέρησις) 122, 9 τὰ ἀίδια εἴδη (Platon.) 557,7 (ἔνυλον, opp. στέρησις) 167,27 (ἀτελές) 168,5 (κοινά, opp. ἄτομα) 599,16 κοινὰ καὶ ἀχώριστα εἴδη τῆς ὕλης (Arist.) 277,3 (τὸ ἀεὶ ὂν νοερόν) 599,24 (σύνθετον) 98,3. 10 = τὸ σύνθετον ἐκ γένους καὶ διαφορῶν 30,4 166,26. 35 εἶδ. ἑκάστου (τῶν σωμάτων) ἐκ τῶν ἐπιπέδων γενόμενον (Plat.) 578, 22 (coni. τελειότης) 706, 30 (τέλειον) 167, 31. 33 168, 1. 5 (φυσικόν) 92, 18 136,3 εἴδει (opp. ἀριθμῷ) 344,26
εἰκονικός. εἰκονικῶς 277,1
εἰκοσάεδρον (geometr.) 561,15. 17 565,14 574,13 639,4. 8 640,16
εἰλικρινής. (εἶδος) 176,1 266,33
εἱμαρμένη (Plat.) 306,30 588,6 τροχὸς τῆς εἱμ. 377,13
εἶναι. ἔστω Aristotelis (explic.) 69,28 — τὸ ὄν (Democriti) 295,5 (= ἡ φύσις, Melissus) 557,11 559,10 (τὸ γενητόν) 95,27 τὸ μὴ ὄν 93,17 94,19 98,27 136, 19 τὸ ὄντως ὄν (opp. γενητόν 103, 31 299,28 (= ὁ θεός) 104,9 (= τὸ νοητόν) 557,21 558,3. 15 τὸ πρώτως ὄν 93,17. 25 τὸ κυρίως ὄν 93,20. 25 95,8. 20
εἷς. τὸ ἕν (Neoplatonic.) 271,22. 25. 26 τὸ κυρίως ἕν 93,3. 4. 5. 8 θεῶν πλῆθος τὸ ἓν τῷ ἑνὶ μένον 93,12 (τὸ πάντων ὑποστατικὸν καὶ κυρίως ὑποστατικόν) 94, 25 (τὸ τῆς συνθέσεως) 94,28 τὸ ἓν ὄν

ἔννους 745

556,15 (ἀριθμῷ, opp. εἴδει) 256,34 257,1. 2. 3. 4 276,26 283,11. 26
ἕκαστος c. plur. partic. 2,18
*ἑκατοντοεβδομηκονταπλάσιος 548,20
*ἑκατοστοεβδομηκοστός 548,22
ἐκβάλλειν (geometrice) 209,23 416, 8. 26. 28. 31
ἔκθεσις τῆς λέξεως (dist. ἡ ἐξήγησις) 336,31
ἐκθετικός (ἐνέργεια) 213,6
ἐκθλίβειν 267,18. 19 268,2. 5. 6. 12. 13. 16
ἔκθλιψις 267,29 268,18
ἔκκεντρος (opp. ὁμόκεντρος) 33,7 ἡ κατὰ τὸν ἔ. ὑπόθεσις 507,17 (κίνησις) 488,8 (σφαῖρα) 32,8. 23 422, 17 493,11 507,11. 12 οἱ ἔκκεντροι 510,2
ἐκκεντρότης 450,8 (τῶν ἀστέρων) 474,27
ἐκκρίνειν 602, 1. 5
ἔκκρισις 202,21 602,24 603,1 (explic.) 602,4 (γένεσις κατὰ ἔ.) 628,12 635,4. 20. 26. 29 al. ἔ. ἡ γένεσις (Anaxagoras) 632,6. 26. 30
ἐκλείπειν. (σελήνη quando deficiat) 461,31
ἐκλειπτικός (σύνδεσμος) 461,27. 29
ἔκλειψις (ἡλίου quomodo fiat) 461,30
ἐκμαγεῖον (Plat.) 637,17 644,1
ἐκνεάζειν 98,11
ἐκπίπτειν (geometr.) 179,18
ἔκπτωσις 376,9
ἐκπυροῦν 294,4
ἐκπύρωσις 404,20 441,25 442,7
ἔκστασις (τοῦ ὄντος) 95,14 96,20 (τοῦ κατὰ φύσιν) 399,16 (τῶν κώλων, opp. κάμψις) 15,12 17,6. 14
ἐκτείνειν τὴν χεῖρα (exemplum Stoicum) 284,30
ἐκτρέπειν τὸν λόγον 591,12
ἐκτυφλοῦν (τὰ ὄμματα τῆς ἑαυτοῦ ψυχῆς) 74,5
ἔκφανσις 55,19 (εἰς τὸ εἶναι) 138,5
ἐλέφας 548,6. 8
ἕλιξ 14,20. 24. 26. 29 17,9. 17 (ἐπὶ τοῦ κυλίνδρου s. κυλινδρική) 13,25. 30 14,10. 13 ἕ. γράφειν 462,5
ἐλλειπτικῶς λέγειν 481,24
ἔλλειψις ἡ καλουμένη (geom.) 413,4
ἐλλιπῶς ἀπαγγέλλειν 521,21 (λέγειν) 349, 14 402,13
ἐμβαδόν (mathem.) 412,8 414,4. 9. 11. 13 549,15
ἐμμελής. ἔ. δίκην ἐπιτιθέναι τινί 26,19

ἔμμεσος. ἔ. ἐναντία (opp. ἄμεσα) 332,6. 10 340,33 721,21
ἐμπλάζειν pass. (Empedocl.) 587, 1
ἔμπροσθεν (def.) 419,16 420,16 (βάθους ἀρχή) 383,25
ἐμπόρευμα (ζωῆς) 677,11
ἔμψυχος (expl.) 241,8 383,32 387,32 (dist. ἔννους) 199,35 200,8 (ἀστέρες) 509,29 (οὐρανός) 91,6. 17 (σῶμα) 91,5
ἐναντιολογία. ἐναντιολογίᾳ περιβαλεῖν τινα 78,14
ἐναντίος. (expl.) 102,13 334,14 123,5 (def.) 169,20 158,5 261,9 332,4 (dist. ἀνάπαλιν) 419,2 (dist. ἀπόφασις) 329,28 (dist. στέρησις) 171,24 τὸ αὐτὸ ἔ. τοῖς ὁμοίοις ἐστίν 110,1 (ἄμεσα, ἔμμεσα) 340, 33 (κυρίως) 127,14 (κατὰ ἰδιότητα) 109,9 (ὑπὸ σελήνην) 109,11 (κατὰ φύσιν) 108,5 (κινήσεις) 150,5 155,1 194,32 (φοραί) 146,6 — ἐναντίως κινεῖσθαι 195,28
ἐναντιότης (κατ' οὐσίαν) 112,3 (τόπου ἔ. = ἄνω κάτω, πρόσθιον ὀπίσθιον, δεξιὸν ἀριστερόν) 70,34 71,15. 16 151,7
ἐναντίωσις (dist. διαφορά) 198,21 (κατ' οὐσίαν, opp. κατὰ πάθος) 112,1. 2
ἐνάργεια ἡ ἀπὸ τῆς αἰσθήσεως 116,7
ἐναρμόνιος (coni. σύμμετρος) 97,29 (σύνδεσις) 84,32
ἐνδέχεσθαι. ἡ ἐνδεχομένη ὕλη 28,30 30, 23 — ἐνδεχομένως (λαμβάνειν) 30,5 (opp. ἀναγκαίως) 359,2 360,23
ἔνδοξος (κατὰ τὸ ἔ.) 9,21 — ἐνδόξως 241, 31
ἐνέργεια θεοῦ ἀθανασία (Arist.) 396,31 αἱ τέχναι διττὰς ἔχουσι τὰς ἐ. 398,4
ἐνεργητικός (κίνησις, opp. παθητική) 161, 24. 28 (grammatice) 293,5 (δύναμις) 161,4 (κινήσεις, opp. παθητικαί) 159,27 (μέθεξις, opp. παθητική) 397,24
ἐναλλάσσειν. ἐνηλλαγμένως χρῆσθαι 193,9
ἐνθεωρεῖν 83,32
ἐνθουσιᾶν 34, 14
ἐνιαύσιος (περιφορά) 372,4
ἐνιστάναι. ὡς ἐνεστηκὸς ἔχειν τὸ ἄπειρον 43,16 τὸ ἐνεστώς (opp. τὸ μέλλον) 356, 27 ὁ ἐνεστὼς χρόνος 329,14 al.
ἔννοια notio (ἀνακόλουθος) 75,15 (ἀναπόδεικτος καὶ αὐτοφυής 372,26 (κοινή) 382, 28 383,3 141,13 sententia, opinio 87,1 102,16 121,10
ἔννους (dist. ἔμψυχος) 199,35 200,8

ἑνοῦν 271,23. 24   ἡνωμένος 41,26. 28 93,
  9. 16 94,12   (opp. σύνθετος) 94,24 96,
  31   νοητὴ καὶ ἡ. διακόσμησις 608,32
  (κόσμος) 294,10   (πλῆθος) 93,29 94,25
  271, 6
ἔνστασις dialectice 25,24 26,2. 8. 15 (προ-
  φαινομένη) 52,13 64,19 (πρόχειρος) 73,4
  126,9. 18 159,24 245,7 254,28 (opp.
  λύσις) 26, 16 (coni. διάλυσις) 144,2
  (ἔ. λύειν, διαλύειν) 73,10 107,21 121,11
  347,30 348,3 598,19 al.
ἐνταῦθα in terris 86,8 87,5. 10 (τὰ ἐ.)
  87,17 (opp. ὁ οὐρανός) · 89, 26 αἱ ἐ.
  οὐσίαι 77,19 (στοιχεῖα) 84,24. 25 86,29
ἐντελέχεια (διττή) 279,17 (ἀχώριστος, χω-
  ριστή) 380,17 (ἀχώριστος τοῦ σώματος ἡ
  ψυχὴ Plat.) 378,27 380,14. 16 ἐντελεχείᾳ
  = κατ' ἐνέργειαν 351,24
ἔντορνος 417,26 418,8
ἐντυγχάνειν legere. οἱ ἐντευξόμενοι 102,
  16
ἔνυλος οὐσία 389,28
ἕνωσις 41,31 95,26 106,28 294,12 (dist.
  παράθεσις) 660, 7 (ἀκίνητος) 487, 21
  (ἄκρα) 93,16 (πρὸς τὰ γνωστά) 55,17
  (δεσμὸς τῆς ἑ.) 109,4 (πρὸς τὸ θεῖον
  κάλλος) 55,20 (νοητή) 609,1. 2 (τοῦ
  νοητοῦ) 558,15
*ἐξαερίζειν 571,8
ἐξαιθεροῦν 65,21
ἐξαιρεῖν τῶν ἐναντίων 109,8   ἐξῃρημένος
  90,8. 30 107,29 275,25. 27   ἐ. φύσις τοῦ
  οὐρανοῦ πρὸς τὰ ὑπὸ σελήνην 91,10
ἐξαίρεσις (coni. ὑπεροχή) 20,30 (οὐρανοῦ)
  91,28
ἐξαίφνης. τὸ ἐ. 120,6. 7. 18
ἐξάπτειν (opp. πιλεῖν) 632,30
ἐξευμαρίζειν 667,25
ἐξήγησις (τῶν Ἀριστοτέλους) 107,20 (dist.
  ἡ τῆς λέξεως ἔκθεσις) 336,29
ἐξηγητής 4,4 169,27 189,21 200, 27 al.
  οἱ ἐ. 490,29 591,2 613,27 (Ἀριστοτέ-
  λους) 3,10 5,38 26,20 179,23. 33 180,
  27 (δόκιμοι) 168,16 (νεώτεροι) 4,24
  290, 3 (πρότεροι) 431, 25 Ἀλέξανδρος
  καὶ οἱ ἄλλοι ἐ. 330,11 ὁ ἐ. Ἀλέξανδρος
  700,9
ἐξιέναι. αἱ ἐξιοῦσαι ποιότητες 100,15
ἕξις (dist. πάθος, διάθεσις) 111,10 (opp.
  στέρησις) 400,9
ἐξισάζειν 162,25. 28 164,3. 5. 6. 7. 10. 11. 23

ἐξισασμός 162,28
ἐξιστάναι. ἐξίστασθαι τοῦ ἑνός 94,22 (τῶν
  οἰκείων τόπων) 75,9. 10 al.
ἐξοχετεύειν (Empedocl.) 529,1
ἔξω 76,3 τόπος ὁ ἐξωτάτω 76,3 (σφαῖρα)
  82,20
ἐξωτερικός (φιλοσοφήματα) 288,32
ἐπάγειν logice 470,19 al. adicere dicendo
  7,20 81,21 (εἰς ὑπόνοιαν) 1,12
ἐπαγωγή (opp. λόγος) 202,26 ἐκ τῆς ἐ.
  (ἐλέγχειν, δεικνύναι) 301,24. 31 (λαμβά-
  νειν) 9, 28 (πιστοῦν) 243,36 (πιστόν)
  244,21
ἐπαλλαγή. αἱ ἐ. καὶ αἱ ἀντιλήψεις τῶν
  σωμάτων 295,15
ἐπάλλαξις = συμπλοκή 609,25
ἐπαμφοτερίζειν 24,17   τὸ ἐπαμφοτερίζον
  τῶν μέσων στοιχείων 75,4
ἐπαπορεῖν 51,15
ἐπαφή. κατὰ τὰς τῶν πολλῶν ἐ. 10, 20
  (τοῦ κρείττονος) 66,2
ἐπείσακτος. (ἕνωσις) 106,28 (ποιότητες)
  83, 35 84,2 — ἐπεισάκτως 94,23
ἕπεσθαι logice 28,1   τὸ ἑπόμενον (opp.
  τὸ ἡγούμενον) 28, 32 29,4. 9. 13. 14. 17. 24
  30,5. 9 162,25
ἐπιγράφειν. εἰ καὶ 'γραμματικός' ἐστιν,
  ὡς ἐπιγράφει Philoponus 71,8
ἐπιγραφή 2,8 5,36
ἐπιζευγνύναι (geom.) (ἐπὶ τὰ αὐτὰ σημεῖα)
  148,15 176,22 179,4 180,30 416,9. 25
  508,8. 31
ἐπίκηρος. εἶναι ἐν τοῖς ἐ. 114,10
*ἐπικίνησις 445,3
ἐπίκυκλος 32,24 33,2. 6. 7. 8 36,23 422,
  18 (κίνησις) 488,9 507,12 508,25. 27
  509,1. 9. 15 510,2. 12. 14
ἐπίλογος 48,29
ἐπίνοια. κατ' ἐπίνοιαν 49,9 ἐπινοίᾳ (opp.
  ἐνεργείᾳ) 598,28
ἐπίοπτος (Aratus) 391,16
ἐπίπεδος (γωνία) 574,12.14.21.23 (κύκλος,
  opp. ἐν σφαίρᾳ κ.) 24,31 25,3 — ἐπί-
  πεδον (κυκλικόν) 24,33   οἱ ἐξ ἐπιπέδων
  τὰ σώματα γεννῶντες καὶ εἰς τὰ ἐπίπεδα
  διαιροῦντες αὐτά 407,13   οἱ συγκρίσει καὶ
  διακρίσει τῶν ἐπιπέδων τὴν τῶν στοιχείων
  ἐξ ἀλλήλων γένεσιν ποιοῦντες 632,6
ἐπιπολάζειν (def.) 66,20 (opp. ὑφίστασθαι)
  27, 15 161,1
ἐπιπολαῖος. ἐπιπολαίως εἴρηκεν 196,34

ἐπιπολαστικός 273,1. 7. 24 (coni. κοῦφος) 282,8 τὸ πάντων ἐ. 280,19
ἐπιπωμάζειν 520,15
ἐπιπωματίζειν 520,29 526,3
ἐπιρρηματικῶς adverbii loco 349, 16
ἐπισημαίνειν med. 109,8
ἐπίστασις animi intentio, contemplatio 379,33
ἐπιστημονικός (γνῶσις) 607, 1 (εἴδησις) 55,8 ἐπιστημοτικώτερος τρόπος 226,13
— ἐπιστημονικῶς 274,15
ἐπιτέμνειν med. τὸν τοῦ Πλάτωτος Τίμαιον ἐπιτεμνόμενος 296,17
ἐπιτέχνησις. φύσει, οὐκ ἐξ ἐπιτεχνήσεως 56,2
ἐπιφάνεια (def.) 562,25
ἐπιφορά (def.) 30,18 (συλλογισμοῦ) 523,1 (λόγου) 553,31 (opp. συνημμένον, πρόσληψις) 601,29
ἐπιχειρεῖν concludere 23, 5. 9 51,3 149,16 189,9 227,5
ἐπιχείρημα 50,9 52,1 64,14 136,10 145, 12 170,24 176,14 187,28 188,4. 29 189,6. 7. 22. 30 214,5 226,17 229,28 236,6 243,11. 18. 32 244,34 341,20 al. (κατὰ τὸ ἔνδοξον) 9,20 (ἀπὸ τῶν ἰδίων, opp. ἀπὸ τῶν κοινῶν) 239,32 (κατασκευαστικῶν) 66,13 (κοινόν) 198,8 199,20 (λογικόν, opp. πραγματικόν) 238,5
ἐπιχείρησις (logice) 152,22. 24. 31 171,9 176,31 194,24 216,18 218,16 241,19. 20 244,24 266,19 (Alexander) 270,13 271,11 al. (τοῦ ἧττον καὶ μᾶλλον) 40,22
ἐποχή stellarum status (ἡ κατὰ Πτολεμαῖον τοῦ Ἀρκτούρου) 462,22 (ἀκριβὴς τοῦ ἡλίου, opp. ἡ ὑφ' ἡμῶν ὁρωμένη) 83,2
ἔργον (opp. πάθος) 553,26 (expl.) 396,30 (φυσικὰ τῶν σωμάτων) 553,21
ἔρημος. ἐρήμην καταψηφίζεσθαι 292,31
ἐρυθρός. ἡ ἐ. καλουμένη θάλαττα 548,4
ἔρως (ἀναγωγός) 55,18
ἔσχατος. (ἡμέραι) 73,32 88,3 118,2 (οὐρανός) 1,5
ἑτεροῖος. τὸ τριχὶ μιῇ ἑτεροῖον γινόμενον (Melissus) 113,21
ἑτεροκίνητος 53,18 300, 4
ἕτερος c. gen. 77,13
ἑτερότης (opp. ταυτότης) 109,13
ἐτήσιος (περιφορά) 372,2
ἐτυμολογία 49,11 281,23
εὐαγής. τοῦ ἀέρος τὸ τοῦ ἀέρος τὸ εὐαγές (opp. τὸ λιμνάζον) 20,24 58,29

εὐάρμοστος (λόγος) 84,8
*εὔβλαστος. εὐβιαστότερον 267,23
εὐδιάκριτος. (ὄμμα) 75,1
εὐήθεια (opp. φρόνησις, πανουργία) 55,30
εὐθετίζειν 95,14. 15
εὐθυγραμμικός 410,21 (στοιχεῖα) 659,3 (σχῆμα) 409,27
εὐθύγραμμος 413, 3. 5. 7. 21 436, 23 459, 19 τὸ εὐθύγραμμον 478,26 (opp. περιφερόγραμμον) 406,11. 12. 15. 23. 27 407, 4. 30. 34
εὐθυπορεῖν. εὐθυποροῦντα στοιχεῖα 20, 5 — εὐθυπορεῖσθαι 67,18 75,7 199,1 (opp. κύκλῳ φέρεσθαι) 238,33 εὐθυπορούμενος 36,21 53,1 60,14. 15 (στοιχεῖον) 38,13 (σῶμα) 6,9 38,10. 13 283, 2. 14. 24 435, 25 438,20. 21 al.
εὐθύπορος (ῥοπή) 65,81 (σώματα) 2,27
εὐθύς (opp. διάστροφος) 184,19 εὐθεῖα (sc. γραμμή) def. 146,28 181,9 πᾶσαν εὐθεῖαν ἀτελῆ εἶναι 39, 23 ἐπ' εὐθείας κινεῖσθαι, κίνησις 72,15 75,23. 25. 28. 29 76,4 76, 28 κατ' εὐθεῖαν κινεῖσθαι, κίνησις 86, 18. 24 181,9
εὐθυφορεῖν pass. 77,13 198,13 τὰ ὑπὸ σελήνην καὶ εὐθυφορούμενα 12,34 198,18 (σώματα) 75,24
εὐκόμιστος. εὐκομιστότερον 267,23
εὐκραής. εὐκραεστέρα μῖξις 84,17
εὐκρασία (τῶν ἐνθάδε) 404,27
εὐλάβεια (φιλόσοφος) 7,27
εὔλογος. κατὰ τὸ εὔλ.(opp. ἀναγκαῖος)111,25
εὖνις (Empedocl.) 587,1
εὐπορεῖν (opp. ἀπορεῖν) 292,19 (εὐπ. ἀποριῶν 292, 23
εὐπορία (ἀποριῶν) 292,30
*εὐσύγκριτος (ὄμμα) 75,2
*εὐσυννόητος 264,16
*εὐφώτιστος 457,12
ἐφάπτειν med. (geom.). ἡ ἐφαπτομένη 538, 31. 34. 35. 36 539,1. 3. 6. 7. 12.
ἔφεσις (πρὸς τὸ μέσον) 65,10 (τοῦ θείου κάλλους) 55,18
ἐφιστάνειν animum intendere 112,25 monere (τὸν ἀκροατήν) 706,11
ἐφοδεύειν demonstrare 273,10
ἔφοδος demonstratio 63,6 246,16 260,26 301,32 326,10 327,29

Ζῳδιακός (κύκλος) 14,25 276,6 402,33 421,24 444,25 451,31 495,11. 25 496, 22 507,28. 29 al.
ζῴδιον caeli 97,16 402,32 462,2 507,18 (τὰ δώδεκα) 493,14. 15 494,28 495,4. 10. 12. 24 496,1. 19. 20. 24. 26
ζωικός (κινήσεις) 53,17
ζῷον (ἄπειρον εἶναι ἀδύνατον) 241,10 (τέλειον, opp. φυτόν, ζῳόφυτον) 387,3 — quatenus corpora caelestia sint animalia putanda 463,3 sq. (οὐρανός) 78,20
ζῳόφυτον 384,20
ζώπυρον *residuum* (κινήσεως) 677,19. 21. 24
ζωρός (Empedocl.) 529,15
ζωτικός (θερμότης) 83,17 (κίνησις) 51,25 65,16 (συμπάθεια) 55,8. 10 — ζωτικῶς 373,15

'Ηγεῖσθαι. τὸ ἡγούμενον *propositum, condicio antecedens* 18,9 (opp. τὸ ἑπόμενον) 28,27 29,1. 4. 5. 9. 14. 25 30,7 63, 33 145,26 162,26 163,22 164,8 258,16 302,11 429,35 467,5 541,7 553,1 663, 25 697,16
ἡγεμονεῖν. τὸ ἡγεμονοῦν μόριον 506,21
ἡδονή *sapor, odor* (Anaxagoras) 609,8
ἡλιακός (ἀκτῖνες) 113,18 (κίνησις) 14,24 (κύκλος) 462,4 (οὐρανός) 462,10 (φῶς) 113,19
ἥλιος Philoponus de natura eius 88,9 sq. (magnitudo et distantia) 471,6 548,20 Eudoxus de motu solis 493,11 sq. quo intervallo distet a ceteris stellis errantibus 468,24 sphaera solis 474, 15. 18. 23. 24 502,30 duas sphaeras soli tribuit Callippus 497,12 τὰ ὑπὲρ τὸν ἥ. 81,17
ἡμέρα. κατὰ τὴν αὐτὴν ἡ. οὐρανὸν καὶ γῆν γεγενῆσθαι 78,7 ἐσχάτων ἤδη τῶν ἡ. οὐσῶν, ὥς φασι (Christiani) 88,3
ἡμερήσιος (περιφορά) 372,4
ἡμισφαίριον (τὸ ἄνω) 392,13 (τὸ κάτω) 392,14 (βόρειον καὶ νότιον) 390,14. 17. 23 394,5. 15 (τὸ ὑπὲρ γῆν, opp. τὸ ὑπὸ γῆν) 196,1 197,6
ἡμιτετράγωνον 564,8 638,31
ἡμιτρίγωνον 561,13. 18 638,28 639,3. 6. 7. 8. 9 640,19 644,12. 14 684,4 691,11
ἠρεμία (κατὰ φύσιν, παρὰ φύσιν) 582,13

Θάλασσα. τὴν θ. ἐν κυάθῳ χωρεῖσθαι 629, 30
θαυματοποιός 527,9
θεῖος. τὸ θεῖον 70,18 280,10. 21. 22. 23. 24. 25 289,4 (ἀλήθεια) 377,34 θειοτάτη ἀρχή 486, 19 (ἄνδρες, Plato et Aristoteles) 87,27 93,12 (ὁ θ. ἐκεῖνος = Plato) 382,18 (ζῷον) 397,14. 19. 36 398,1 (οὐρανός) 65, 23 85, 2 (σῶμα) 1,4. 9 2,1 4,23 65,13 288,2. 7 376,6 380,29. 34 397,5. 6. 7. 27 398,12 400, 21 401,24 402,19 415,5 487,15 703,21
θελημός (Empedocles) 529,6
θέμα. τὸ τρίτον λεγόμενον παρὰ τοῖς Στωικοῖς θ. 237,1
θεογονία 93,11
θεολογεῖν. διὰ μῦθον θεολογεῖν 560,22
θεολόγος. οἱ θ. 293,13 294,8 οἱ θ. de ortu mundi et dis 296,5. 9. 26 οἱ περὶ Ἡσίοδον θ. 598,3
θεός (= οὐρανός)154,11 (=θεῖον σῶμα)397,5 (syn. φύσις) 154,16 ὁ θ. 87,28 αἰτίαι πάντων ἐν τῷ θ. (αἱ ἰδέαι) 87,3 ὁ θ. πῦρ (Stoici) 286,12. 14 ἡ τῶν θ. κατ' οὐσίαν τάξις 296,10 ὁ τὸν οὐρανὸν ὑποστήσας 88,30 (παρὰ τὸ θέειν θεοὺς ἐκάλεσαν ἄνθρωποι 383,5
θεοσεβής (ἔννοια) 26,13
θεοφιλής. θεοφιλῶς 417.22
θέρμη (παθητική) 115,2
θερμότης (expl.) 668,22
θέρος quando sit 421,23
θέσις (= ὑπόθεσις) 310,35 (= παράδοξος καὶ ἀναπόδεικτος ὑπόληψις) 642,31
θεώρημα 188,19 208,31 (καθολικόν) 345,1
θεωρητικός 376,28. 29 (δύναμις) 279,18 — θεωρητικῶς (opp. πρακτικῶς καὶ πολιτικῶς) 555,25
θηλυκός. θηλυκῶς (gramm.) 424,25
θνητός (τρία γένη) 107,7
θοίνη (θ. ἑαυτῷ ποιεῖσθαι) 33,12
θολοῦν. εἴδωλόν τι ἔνυλον καὶ τεθολωμένον 377,9
θολώδης 377,10 (παχύτης τοῦ πυρός) 65, 21
θρασύτης (opp. ἀνδρεία, δειλία) 55,30
θρεπτικός (ψυχή) 110,30
θρίξ. τριχὶ μιῇ ἑτεροῖον (Melissus) 113,21 ὁ περὶ τῆς τ. λόγος 533,15
θρόνος. θ. τοῦ θείου ὁ οὐρανός (cf. Ev. Mt.5,25) 370,32

θύρα. παρὰ θύρας βάλλειν 195,16 ἐνστάσεις ὡς π. θ. γενόμεναι 126,10 π. θ. ὑπαντᾶν 129,5 π. θ. τε καὶ ἀνοήτως εἰρημένα 157,14

Ἰδέα (Anaxag.) 609,7 (Plat.) 276,7. 9. 10. 16. 17 Aristoteles de ideis Platonicis 87,3 ἰδέαι τῶν ζῴων (opp. μέρη) 87,23
ἰδικός. ἰδικῶς 386,7
ἴδιος (τόπος, opp. ἀλλότριος) 75,18 al,
ἰδιότης. ἐπίτασις τῆς ἰ. 74,8
ἰδιωτικός. ἰδιωτικῶς ἀποδίδοσθαι 641,6
ἰθυτενής (γραμμή) 180,11
ἴλλειν (expl.) 517,13. 18 518,2 ἴλλεσθαι τὴν γῆν (Plato) 532,5. 12
ἵπτασθαι 542,5
ἰσημερία 421,22 497,19
ἰσημερινός (κύκλος) 25,2 390,16. 19 437, 24 444,25 445, 1. 11. 31. 32. 33 450,1 451,31. 36 537,26 541,30. 33
ἰσοβαρής 221,12. 14
ἰσογώνιος (πεντάγωνον) 574,22
ἰσόδρομος (ἀστέρες) 476,28
ἰσοδυναμεῖν 330,18
ἰσοδύναμος 84,6
ἰσομεγέθης 84,7
*ἰσόογχος 685,1. 2
ἰσοπερίμετρος 412,15 414,6. 14 459,3
ἰσόπλευρος (τρίγωνον) 180,20 561,12 574, 7. 8. 10. 11. 14 575, 33 (πεντάγωνον) 574,22
ἰσορροπία 532,11.14.17 (apud Platonem commemoratur, non commemoratur ab Aristotele) 535,6
ἰσοσθενεῖν πρός τι 81,19
ἰσοσθενής 81,15 (κινήσεις) 196,10
ἰσοσκελής (ὀρθογώνιον τρίγωνον) 561,13. 19 564,8 574,17 575,34
ἰσόστοιχος 196,18. 19
ἰσοχρόνιος (σύστασις) 78,12
ἱστάναι. ἵστασθαι (opp. κινεῖσθαι) 197,17. 18
ἰσχιαδικός (ἀνήρ) 602,7

Καθάριος 180,23
καθαρός. καθαρώτατος (οὐσία) 84, 19. 23 (στοιχεῖον) 84,33 (φῶς) 85,9

καθαρότης (οὐρανία) 72,21
κάθετος (geom.) 9,24 502,11 504,11 538, 35 638,30
καθιστάναι σφαῖραι καθιστῶσαι 504,9
κάθοδος planetarum (opp. ἄνοδος) 510,29
καθολικός (ἀπόδειξις) 226,26 236,10 333, 12 345, 15 346, 11 (θεώρημα) 345,2 (λόγος) 41,33 333,11. 13 ἐπὶ καθολικώτερον ἀναβαίνειν 7,13 ἐπὶ κ. ἀνάγειν τὸν λόγον 6,25 202,2
καθόλου (τὸ ἐξ ἀφαιρέσεως ἐν ἡμῖν) 89,29
κακόσχολος. κακοσχόλως 59,13 131,21 377,24
καλαθοειδής (σκιά, dist. κωνική, κυλινδρική) 546,31 547,2
καλός. καλλιόνως 377,21
κάμψις (opp. ἔκτασις) 15,12 17,7. 15
κανών (οἱ Ἀριστοτέλους κ.) 139,14
κατάβασις (τῶν οὐρανίων, opp. ἀνάβασις) 36,31
καταγραφή. ὡς ἐπὶ καταγραφῆς 507,16
καταδικάζειν med. (= καταψηφίζεσθαι) 293,3
καταδοχή (Iamblichus) 169,16
καταιδεῖν pudore afficere 125,55
κατάλληλος. τὸ κατάλληλον 225,6 481 24 521,27
καταμετρεῖν (mathem.) 212,30 219,27. 28. 29
καταμήνιος. τὸ καταμήνιον 101,25
κατανωτίζεσθαι postponere, despicere 644,5 712,13
καταρριζοῦν. κατερριζωμένα ὡς τὰ φυτά 3,4
κατασκευάζειν (logice) 12,1 (coni. ἀποδεικνύναι) 116,20 133, 26 385,29
κατασκευαστικός (ἀλλήλων) 144,23 (ἐπιχειρήματα) 66,13 (λόγος) 292,24
κατασκευή demonstratio 12, 2. 7 191,22 (coni. ἀπόδειξις) 369,21
κατάφασις (opp. ἀπόφασις) 28, 20. 22. 29 127,21 338,27
καταφατικός (opp. ἀποφατικός) 236,15 371,19 620, 16
κατηγορία 123,30 (τοῦ ποσοῦ) 617,8
κατηγορικός. κατηγορικῶς (opp. ὑποθετικῶς) 18,16 (δεικνύναι) 571,12. 19 (κατασκευάζειν) 536,31 (συλλογίζεσθαι) 54,3 111,19 (συνάγειν) 422,29 608,6
κάτω (def.) 51,10 (Alex.) 257,34 ὁ κ. τόπος (expl.) 269,19

καυστικός 81,7. 8 82,9 (φλόξ) 82,26
κεγχριαῖος (Alexander) 286,27
κενός. τὸ κενόν (defin.) 690,6 285,33 (Democrit.) 295,4 (αἰτία κουφότητος) 269,14 (ἡ τοῦ κ. βία) 158,17 (ἄπειρον) 202,17 242,21 243,14. 19 244,35 245, 3. 19. 25. 26 (κεχωρισμένον, opp. τοῖς σώμασιν ἀναμεμιγμένον) 598,14 sq. (ἀφωρισμένον) 648,15 (τὸ ἐν τοῖς σώμασιν) 242,20 (τὸ χωριστόν, opp. τὸ παρεσπαρμένον) 634,22
κεντροβαρικός 543,30. 31
κέντρον (opp. ἡ περιφέρεια) 24,24 (expl.) 61,11 κέντρου λόγον ἔχειν 366,18 ὡς περὶ κέντρα μένοντα 390,21 (τοῦ παντός) 46,14 177,14. 17 516,15
κερατοειδής. ὁ τοῦ κ. χιτῶνος ἐν ὀφθαλμῷ κύκλος 47,13 ἡ κερατοειδής (geometr.) 539,14. 24
κιβώριον (Νειλῷον) 417,8
κινεῖν. κινεῖσθαι (opp. ἵστασθαι) 197,18 (ἐναντίως expl.) 195,28 (κατὰ πάθος) 111,31 τὸ πρῶτον κινοῦν 270,10 287, 19 κινεῖσθαι (κατὰ φύσιν, opp. βίᾳ καὶ παρὰ φύσιν) 231,7. 8 243,26. 27 κινουμένως 96, 25. — κινητός (expl.) 402, 5. 8
κίνημα 43,30 πᾶν ἐν τῇ κινήσει κ. 44,23
κίνησις (opp. στάσις) 109,11 (def.) 22,22 (varia genera) 604,6 sq. (ἁπλῆ) 40,13 (opp. μικτῇ) 248,28. 30 δύο οὐσῶν ἐπ' εὐθείας κινήσεων ἁπλῶν τῆς τε ἄνω καὶ τῆς κάτω 20,4 δύο εἰσὶν αἱ ἁπλαῖ κ. ἥ τε κύκλῳ καὶ ἡ ἐπ' εὐθείας 12,8 13,11 22,14 al. κ. ἀκλαῖ τρεῖς (ἡ κύκλῳ καὶ αἱ ἐπ' εὐθείας δύο) 144,26 145,14 228, 10 (ἁπλαῖ τρεῖς) 255,28 (τρεῖς ἢ πέντε) 145,6 228,15 ἡ κατὰ τὴν αἴσθησιν κ. ἀπὸ τῶν ἔμπροσθεν 383,29 (ἀτελής) 86, 20 (ἐγκύκλιος) 35,29. 32 80,15 89,11 (ἐνάτη Platonis) 382,6 (ἐνεργητική, opp. παθητική) 159,27 sq. (εὐθεῖα describitur) 65,25 (ἡ ἐπ' εὐθείας) 76,28 sq. (ἡ κατ' εὐθεῖαν) 86,24 (opp. ἡ κυκλική) 91,14 (ζωτική) 65,16 (κυκλικὴ s. κύκλῳ) 35, 26 36,14 (describitur) 65,27 89,13 91, 16 τὴν κύκλῳ κ. μονὴν μᾶλλον εἶναι ἢ κ. 96,2 (λοξή) 36,21 (μικτή, opp. ἁπλῆ) 35,22 (ὀλίγη κ. διττή) 485,24 (ὁμαλής, opp. ἀνώμαλος) 366,10 (πρώτη) 13,5 ἡ κατὰ τόπον ἥκιστα τῆς οὐσίας καὶ τῆς διαθέσεως ἅπτεται 95,28 107,32 (τοπική) 79,1 80,19 (ἡ κατὰ τόπον κ. ἀπὸ τῶν δεξιῶν) 383,28 (τρεῖς· ἡ κατὰ αὔξησιν, ἡ κατὰ ποιότητα, ἡ κατὰ τόπον) 695,26 sq. (ἡ μετὰ τῆς ψυχῆς s. ψυχική) 79,25 382,16 τὴν αὐτὴν κ. καὶ ὡς ὑπὸ ψυχῆς ἅμα καὶ ὡς ὑπὸ φύσεως γίνεσθαι 79,9 (ἡ κατὰ φύσιν) 76,5 (διττὴ ἡ ἀρχὴ τῆς κ., μᾶλλον δὲ τριττή) 585,6 (εἴδη· τὸ μὲν κατὰ τόπον, τὸ δὲ κατ' ἀλλοίωσιν, τὸ δὲ κατ' αὔξησιν καὶ μείωσιν) 7,10 (τῶν πλανωμένων) 154,23
κλεψύδρα 524,19
κοῖλος (opp. κυρτός) 145,28 173,25 178, 23 179,6 215,5
κοινός (τὸ κ. expl.) 274,28 κατὰ κοινοῦ (gramm.) 218,6 252,25 311,27 533,9 723,5 κοινότερον ὑπαντᾶν 245,27 κοινότερον ζητεῖν 246,12 κοινότερα ἐπιχειρήματα 238,14 ἡ κ. τῶν ἀνθρώπων δόξα 139,25 (ἔννοια) 141,13 382,28 383,3 (πρόληψις) 140,3. 6
κοινότης (εἴδους) 275, 16. 24. 32 (ποιοτήτων) 599,11. 22 locus communis 238,11
κοινοφυής 275,6
κόλλα 661,5
κόλουρος (κῶνος) 547,2
κολυμβήθρα 66,9
κομήτης 20,27 89,14 415,21 al.
κομψός. κομψῶς (expl.) 465,4 532,21
κόνισις 483,1
κορεννύναι. κεκορέσθαι τοῦ ἑνός 94,8
κορυφή (τριγώνου) 416,9 638,30 τὸ κατὰ κορυφήν id quod supra verticem est 405,5
κοσμικός (ἡ εὐθεῖα) 39,30
κόσμος (def.) 41,29 (expl.) 271,2 (= ἡ πᾶσα ὕλη εἰδοποιημένη τε καὶ τεταγμένη) 307,20 (= ἡ τοῦ συνεχοῦς σώματος τοῦ ὑποκειμένου σύστασις καὶ διακόσμησις) 308,18 (= οὐρανός) 1,6 3,24 (ἀπείρους εἶναι τῷ ἀριθμῷ) 230,1 τὸν κ. ὑπὸ τοῦ ὄντως ὄντος ὑποστάντα θεοῦ προσεχῶς γενητὸν εἶναί φησιν ὁ Πλάτων 104,9 (καινός) 308,3 (νοητός, opp. αἰσθητός) 140,26. 29 141,7 Ἐμπεδοκλῆς δύο κόσμους ἐνδείκνυται τὸν μὲν ἡνωμένον καὶ νοητόν, τὸν δὲ διακεκριμένον καὶ αἰσθητόν 294,10 (opp. σφαῖρος, Empedocl.) 293, 23 310,15 (Heracl.) 294,18 τὸ κόσμῳ εἶναι 367,15 (mutatio mundi) 301,23—303,14

κοῦφος. τὸ κ. (def.) 62,26 70,25 71,9 76,31 680,5 μὴ ὑγιῶς ἀποδεδόσθαι κ. τὸ πᾶσιν ἐπιπολάζον (Xenarchus) 70,20 τὸ κουφότατον 70,29
κουφότης (def. Plat.) 69,22 (opp. βαρύτης) 920,24
κραδασμός (τοῦ ὁρῶντος) 453,6
κρᾶσις (expl.) 612,20 661,13
κρατεῖν. κέκρατηται τῷ εἴδει 10,14
κρατητικός 306,21
κριτήριον 183,34 184,1. 12
κρόκη (opp. στήμων) 660,26
κροκόδειλος 29,16
κρύσταλλος 37,11 76,25
κύαθος (ὁ ἀπὸ θαλάττης) 81,26 τὴν θάλασσαν ἐν κυάθῳ χωρεῖσθαι 629,30
κυβικός (σχῆμα) 565,9
κύβος (mathem.) 304,14. 26 561,14 574, 16 (τῆς γῆς) 638, 6. 9. 10. 24 640,16 650,27
κυκλικός (γραμμή) 24,29 38,16. 20 (κίνησις) 35,26 89,13 (κίνησις οὐ κυρίως κ.) 461,13 (σῶμα) 493,23
κυκλογραφεῖν 209,22. 30 210,8
κυκλογραφία 210,6. 14
κύκλος. ἡ κύκλῳ κίνησις 6,15 36,14 107, 32 108,7 (μέγιστος) 539,5
κυκλοφορεῖν pass. 38,14 199,2. 7 214,8 403,29
κυκλοφορητικός 50,24 τὸ κ. 63,15. 21 (opp. τὰ ὑπὸ σελήνην) 226,4 al. 238,32 (κοινότης) 199,3 (σῶμα) 2,7 6,5. 8. 9. 13 11,9. 13 50,8 53,25. 28 61,5 63,26 91,23 92,4 107,27 108,3. 7 112,13 204,3 211, 12. 21. 25 213, 10 214, 6. 13. 26 216, 3 218, 28 281, 2 282, 17. 18. 21. 22. 25 283, 12. 23 288, 5 456, 6 598,5 600, 7 al.
κυκλοφορία 34,34 35,24 37,27 (οὐρανοῦ) 78,19 79,4 85,6 200,6. 13. 16. 17 201,3 281, 4 403,12. 15 al. (ἐπ᾽ ἄπειρον μὲν πρόεισιν, ἀεὶ δὲ οὐ μόνον γίνεται, ἀλλὰ καὶ γέγονε ἡ κ. 251,28
κυκλοφορικός (σῶμα) 1,4 2,27 3,12
κυλινδρικός (ἕλιξ) 13,30
κύλινδρος 14,19
κύλισις (opp. δίνησις) 452,17 456,8 (expl.) 452, 19
κυμαίνειν. οὐ κυμαίνει τὸ πᾶν 599, 32 (expl.) 542,25. 27
κύριος. τὰ κυριώτερα δυσπαθέστερα 73,16

— κυρίως (ἕν) 93,8 (ἐναντία) 121,12. 21. 23. 26 123,12 124,21 (ὄν) 93,20 (οὐρανός) 2,6 (οὐσία) 166,16. 33
κυρτός (opp. κοῖλος) 145,28 173,25 178, 23 179,6 215,6
κωμῳδία. εἰς ἀτοπίαν καὶ κ. ἀπάγειν τὸν λόγον 664,26
κῶνος (τῆς σκιᾶς) 519,20 520,4

Λαιός 384,32. 34
λέγειν. τὸ λεγόμενον (καὶ ἄνω ποταμῶν ἀναστέλλεσθαι) 78,16 (καὶ τυφλῷ ἐστι δῆλα) 123,2
λέξις locus, contextus verborum 49,24 74,26 235,9 317,20 318,13. 14
λεπίς. λεπίδες ἰχθύων 89,7. 8 90,4. 18
λεπτομέρεια 30, 36
λεπτομερής (οὐσία) 84,18. 23 (σῶμα = αἰθήρ) 411,7
λήγειν. τὸ λῆγον propositio inferior, consequens 18,9 63,33 145,26 258,16 541,8 697,18
λῆμμα 18,12. 16 59,31 60,5. 9 115,32 397, 15 (μαθηματικόν) 42,7
λήρημα 75,15
λῆψις (dialectice) 146,22
λιθώδης (opp. ἀμμώδης) 16,19
λιμνάζειν. τὸ ἀέρος τὸ λιμνάζον (opp. τὸ εὐαγές) 20,24 57,27
λιπόξυλος (πίστις, Empedocles) 530,1
λογίζεσθαι. τῆς ψυχῆς τὸ λογιζόμενον 281, 20
λογικός. τὸ λ. καὶ νοερόν 397,24 (ἐπιχείρημα, opp. πραγματικόν) 238,5. 8 (ἐπιχείρησις) 241,31 λογικώτερον ὑπαντᾶν πρός τινα 245,24
λόγιον. κατὰ τὸ λόγιον 375,20
λόγος (εὐάρμοστος) 84,8 (= ἀναλογία) 222,25 223,11. 13. 16. 22. 27 224,6. 12. 20. 25. 27 232,20. 22 233,1. 23 al. (opp. ἐπαγωγή) 202, 27 ὁ λ. ἀναιρεῖ 245,6 δεῖξαι τις λ. δυνήσεται 75,19 εἴ τις ἄρα δείξειε λ. 75,25
λοξός (κίνησις) 17,7. 16 36,21 (κύκλος) 410, 32 461,28 (τῆς σελήνης) 462,7 (opp. παράλληλος) 476,21. 25
λύσις (opp. ἔνστασις) 26,16 (opp. ἐπιχείρημα) 277,22

Μαθηματικός

Μαθηματικός. οἱ μαθηματικοί 454,12 472, 3 al. (ἀρχαί) 563,2 (diff. αἰσθητός) 236, 3. 12 (γραμμή, opp. φυσική) 46,9 (κύκλος) 46,23 (ἐπίπεδα) 563,27 564,1 (σῶμα) 256,10 565,4 (expl.) 567,15 594,21 631,4 (τρίγωνον) 646,22
μακαρία. κενὰς μακαρίας ἀναπλάττειν 140, 31
μακαριότης (τοῦ οὐρανοῦ) 46,13 104,30 τέλος τῆς ἀνθρωπίνης μ. ἡ πρὸς τὰ γνωστὰ ἕνωσις 55,17
μακρός. διὰ μακροτέρων τῆς χρείας 78, 20
μανός (opp. πυκνός) 206,24 443,12 (Empedocles) 530,9
μανότης 615,27
μανοῦν (opp. πυκνοῦν) 35,22 36,13 37,4. 24 112,34 599,33
μαντεία (def.) 382,28 τῇ ἐμῇ μ. 249,28
μάνωσις (opp. πύκνωσις) 37,5 443,15 444, 6. 9 565,16 599,31 (expl.) 616,3
μάτην (def.) 151,19 197,13
μεγαλειότης 139,13
μεγαλορρήμων Πίνδαρος 42,18
μέγας. ἡ μείζων (sc. πρότασις) *propositio maior* 92,9 191,23 μέγιστος κύκλος 516, 8 al.
μέθεξις 97,3 277,6 (τελειοτέρα) 361,10 (τελειωτική) 397,23
μειονεξία (opp. πλεονεξία, δικαιοσύνη) 98,6 171,20
μειοῦν (expl.) 110,18
μείωσις (= φθορά τις) 109,24 (opp. αὔξησις) 111,15 (expl.) 96,12
μελαίνειν. μεμέλανται τὸ ῥητόν 290,24
μέλιττα. μ. ἀπὸ βοὸς γίνονται 98,7
μένειν ἐπὶ τῆς ἑαυτοῦ φύσεως 82,22
μερικός (opp. ὁλικός) 36,34 270,35 (ζῷα) 107,18
μεριστός (coni. διεστώς) 95,2. 5
μέρος. μέρη (opp. ἰδέαι) ζῴων 87,23 (λόγου) 85,25 (στοιχεῖα, opp. ἄκρα) 86,16 145,4 al.
μεσημβριάζειν (ἥλιος) 82,29. 30
μεσημβρινός. ὁ μ. 390,17. 18
μέσος. τὸ μ. (opp. τὸ ἔσχατον) 252,7 (def.) 716,9 (duo genera) 514,9. 24 (= τὸ κάτω Plat.) 679,31 680,17 (τῶν ἐναντίων) 331,16. 23. 27. 34 332,15 (def.) 332,19 333,25 334,2 τὰ ἐν μ. δύο (s. τὰ μέσα) στοιχεῖα = ὕδωρ καὶ ἀήρ 24, 4. 10 65,16 84,32 160,35 699,6 708,6 al.
μεσότης. τὰ ἄκρα δεόμενα πάντως μεσότητος 86,16 (= μέσον τῶν ἐναντίων) 332,3 (logice) 338,17
μεσουρανεῖν 460,23
μεταβάλλειν (κυρίως) 100,15 (κατ' οὐσίαν) 112,17
μεταβητικός (κίνησις) 200,4 458,14. 18.27. 28 459,19 460,22 470,10. 19 477,7. 15. 18. 19 478,9. 17. 31 (νόησις) 200,3 — μεταβατικῶς κινεῖσθαι 469,24 477,24 478, 10
μεταβλητικός. μεταβλητικῶς πάσχειν 114,7
μεταβολή (def.) 131,8 varia genera enumerantur 107,29 (Plato) 104,25. 28 μ. τις ἡ γένεσις καὶ ἡ φθορά 103,15 μ. γένος πάσης τῆς ὑπὸ σελήνην τροπῆς 101,1 (ἡ κατ' οὐσίαν) 96,26 114,25 (κατὰ τὰς ποιότητας) 114, 25 (κατὰ τόπον, opp. κατ' οὐσίαν) 139,11 (κύκλῳ) 91,27
μετάδοσις (παθητική, opp. τελεσιουργός) 113, 12
μεταλλεία 643,18
μεταξύ. τὸ μ. (expl.) 218,23 (τῶν ἐναντίων, def.) 332,19 ἀντικειμένων ἔστι τι μεταξύ 123,5 τὸ κυρίως μ. τῶν ἐναντίων 333,27 τὸ μ. τοῦ ὕδατος καὶ τοῦ ἀέρος 306,6 675,26
*μεταπαραβολή 471,9
μεταπλασμός. κατὰ μεταπλασμόν 638,19
μετάρσιος (Empedocles) 529,9
μετεωροσκόπος (ὄργανον) 548,30
μετόπωρον (quando sit) 421,22
μέτρον. μέτρα ἁπτόμενος, σβεννύμενος (Heraclitus) 294,6 κατὰ ζωῆς ὑπέρτερα μέτρα 51,25
μῆκος (expl.) 390,6
μηνοειδής (opp. ἀμφίκυρτος) 519,18
μῖγμα 545,13 (Democriti) 632,18
μικρός. ἡ ἐλάττων (πρότασις) *propositio minor* 62,14. 28 92,19 236,23
μικτός (κίνησις) 51,8 (σῶμα) 40,17
μναϊαῖος 709,12. 16 710,9
μοιριαῖος (διάστημα, def.) 549,5
μολιβδίς 439,9
μοναδικός 276,32
μονάς 78,27 (de m. natura) 580,5 sq. ἀριθμῶν γένεσις ὁ ἀπὸ τῆς μ. προποδισμός 93,15 ταῖς μ. ἐοίκασιν αἱ ἄτομοι 610,4
μονή (opp. κίνησις) 244,25 248,8. 9 al.

VERBORUM

μονίη (Empedocl.) 591,5
μονογενής (κόσμος) 237,10 (ούρανός) 246,22 (Plat.) 286,32
*μονόγυιος 587,26
μονοειδής (κίνησις) 14,23
μόνος. μόνως 74,28 103,30 140,17. 166,26 256,13
μόνωσις (Plat.) 286,30
μόριον. τὰ κυρίως οὐ μέρη, ἀλλὰ μόρια 11, 29
μορφή (coni. εἶδος) 126, 29. 31 (dist. τὸ συναμφότερον) 278,9
μορφοῦν 241,10. 11
μουνομελής (Empedocl.) 587,18
μυθικός (ἀνάγκη) 374,25 μυθικώτερος 530, 12. 16
μῦθος de Ixione quid significet 377,7

Νάρκη (θαλαττία) 373,8 440,27
ναστός (ἀρχαί, ἄτομοι) 242,19 269,12 τὸ ναστόν Democriti 295,5
ναστότης (τῶν ἀτόμων) 609,18 684.21
νεκροῦν. νενεκρωμένος 400,7
νήχεσθαι ἐν τῷ τῆς ἀλογίας πόντῳ 200,29
νοερός. τὸ λογικὸν καὶ ν. 397,24 (αἰτία) 380,11 (ἐνέργεια) 382,18 (ψυχή) 80,12
νοητός 89,26 (opp. αἰσθητός) 133,29 ὡς ἐν ν. θεωρεῖσθαι 96,31 τὸ νοητόν = τὸ ὄντως ὄν (opp. τὸ αἰσθητόν) 557,22 558, 15 (αἴτια) 290, 21. 26 (ἀρχαί) 291,3 (διακόσμησις) 95,25 608,32 609,3 (ἕνωσις) 609,1 (ζῷον) 41,28 276,20. 21. 24. 27. 30 (κόσμος) 140,26. 29 141,7 270, 31. 33 271,5. 9 294,11 591,4 (πλῆθος) 96, 30 (σῶμα) 237, 22. 28. 31 649, 5 (φύσις) 556,16
νότιος (πόλος) 391,23. 27. 33. 34
νοῦς significatio, vis 352,14 (= θεός) 291, 34 (οἱ πρῶτοι ν. θεῖοι) 85,4 (Anaxagorae) 590,3 (ψυχῆς) 279,18. 22
νῦν. πᾶν νῦν ἐν τῷ χρόνῳ 44,23

Ξένος (coni. ἀλλότριος) 90,23. 29 91,2
ξυμφύειν pass. ξὺμ πρῶτ' ἐφύοντο (Empedocles) 529,17

Comment. Arist. VII Simpl. de Caelo.

ὁμοιομερής   753

Ὅδε. τὰ τῇδε (opp. τὰ οὐράνια) inferior mundus 87,32 88,1. 2. 6. 9. 12 402,23 al. τοδί 94,19
ὁδεύειν (ἐπὶ φθοράν) 73,30
ὁδόμετρον 549,8
οἰκεῖος (ἔνστασις, expl.) 523,19 (ὁλότης) 20, 19 (στέρησις) 126,15 (τόπος, opp. ἀλλότριος) 20,18 77,20 237,26 253,28 al. — οἰκείως τῷ προχειμένῳ δεικνύναι 216,30 οἰκειοτέρως 4,4
οἰστικός τινος 277,12 397,17. 18
ὀκτάεδρον (geometr.) 561,15. 17 565,15. 16 574,11 639,4. 6 640,17 τὰ ὀ. (στοιχεῖα τοῦ ἀέρος) 670,22 al.
ὀκτάσφαιρον 435,4
ὀλίγος. ὀλιγώτερος 485,31
ὀλικός (opp. μερικός) 36,34 ὀλικώτερος (opp. μερικώτερος) 270,35 461,14
ὁλολαμπής 85,14
ὁλοσχερής (σημασία) 288,11 — ὁλοσχερῶς λέγειν 315,8 (opp. κατὰ ἀκρίβειαν) 417, 24
ὁλοτελής. ὁλοτελῶς 315,4
ὁλότης (opp. μέρη) 35, 16 36, 4. 6 101,6 156,15 381, 25 (οἰκεία) 20, 19 58, 33 264, 22 456,4 660, 31 (ἀέρος) 710, 25 (ἀστέρων) 455, 29 (κόσμου) 41,27 (οὐρανοῦ) 70,16 (πυρός) 21,27 71,23 81,18 (στοιχείων) 33,34 34,2 45,29 59,17. 19 64,17. 24. 26 67,6. 16 70,12. 14 72,21. 23. 26 73,1. 4 84,26 98,11. 14 107,19 163, 27 217, 30 489, 16 595, 3. 6 (τῶν ὑπὸ σελήνην σφαιρῶν) 165,2 (τῶν σωμάτων, σωματική) 461,24. 25 658,27 (τοῦ ὑπεκκαύματος) 35,29
ὄμμα (εὐδιάκριτον, opp. εὐσύγκριτον) 75,1. 2 (ψυχῆς) 74,5 141,21
ὁμοειδής (diff. ὁμώνυμος) 251,3
ὁμοιοβαρής (opp. ἀνομοιοβαρής) 221,9
ὁμοιομέρεια (Anaxagorae) 532,24 535,13 603,14 604,31 605,23. 25 606,3 609,16 611,20 613,10 614,27 632,14
ὁμοιομερής (opp. ἀνομοιομερής) 220,6 221,8. 10. 11 227,32 sq. 411,7. 8 532,35 533, 15. 30 605,12. 14. 15. 16. 17. 24. 32 606, 1 al. (defin.) 605,4 (expl. dupliciter) 606, 12 (= ἁπλοῦς) 239,6 383,13. 16 (γραμμή) 14, 22 (μέρη, opp. ὀργανικά) 16,15 (μόρια) 110,16 (οὐρανός) 388,31 420,25 τὰ ὁμοιομερῆ 603,18. 20. 22. 25.

48

27 604,28 605,2. 4 608,14 (ἀήρ, ὕδωρ γῆ, πῦρ) 622,11

ὅμοιος. ὅμοια (opp. τὰ αὐτά) 89,3 ὅμοιον καὶ ταὐτόν 90,12 οὐ πέφυκεν ὑπὸ τοῦ ὁμοίου πάσχειν τὸ ὅμοιον 82,22 (γωνίαι = ἴσαι) 538,21 τὸ αὐτὸ ἐναντίον τοῖς ὁμοίοις ἐστίν 110,1

ὁμοιότης (dist. ταυτότης) 95,26

ὁμοίωσις (ἡ πρὸς τὸ θεῖον) 483,19

ὁμόκεντρος (opp. ἔκκεντρος) 33,7 493,10 494,1 507, 11. 17. 30 (κίνησις) 488,9 (κύκλος) 449,21 (τῷ παντί) 32,7. 17 ἡ κατὰ τὸν ὁμόκεντρον ὑπόθεσις 507,17

ὁμονοητικός. ὁμονοητικῶς 115,17

ὁμοούσιος 438,32

ὁμοῦ ἦν πάντα χρήματα (Anaxag.) 590,2

ὁμοφυής. 28,8. 10 59,16 64,16 70,12. 14 71,24 73,5 81,10. 14 82,9 83,25 88,6 90,7. 10 (ὁ θεὸς πρὸς ἑαυτόν) 90, 20 (ἄτομοι) 245,19. 26 (ἁπλᾶ σώματα) 254, 8. 11

ὁμωνυμία (ἡ τοῦ μέσου) 514,6

ὁμώνυμος (dist. συνώνυμος) 250,31 251,3 253,36 — ὁμωνύμως λέγεσθαι 251,1 253, 26

ὁρατός (οὐρανός) 86,10 τὸ ὁρατόν 84, 31 (τὸ ὁ. ὑπάρχει διὰ τὰ χρώματα) 86,13

ὀργανικός. τὸ ὁ. 110, 29 ὀργανικώτερος 504,33 (μέρη, opp. ὁμοιομερῆ) 16, 15 (μόρια) 110,17

ὄργανον χρόνου ἡ γῆ 512,15

ὀρθογώνιος (τρίγωνον) 561,13. 19 564,8 574,17 575,33 576,1

ὀρθός (γωνία) 214,10 πρὸς ὀρθάς 493, 27 494,5. 27 501,28. 30. 31

ὁρίζειν. ὁ ὁρίζων 390,17. 18 456,14 (def.) 516,5

ὁριστικός. αἱ ὁ. τῶν μαθημάτων ἀρχαί 566,28

ὁρμᾶν. οὗ δὲ ἕνεκεν ὁ λόγος ἅπας οὗτος ὡρμήθη 102,17

ὁρμή (οἰκεία) 473,5 (κινήσεως) 506, 22 (ψυχῆς) 79,12

ὅρος (mathem.) 607,13. 19

ὁσαπλάσιος 225,20 232,11

ὁσαπλασίων 222,28

οὐδείς. τὸ οὐδὲν Democriti 295,4

οὐδέποτε. τὸ οὐδ. ἐπὶ τῶν ἀιδίων λέγεται κυρίως 104,22

οὐράνιος. τὸ οὐρ. 60,19 82,4 592,3 τὰ οὐράνια (opp. τὰ παρ' ἡμῖν) 89,22 (opp. τὰ ὑπὸ σελήνην) 3,19 4,6. 9 75,4. 12 81, 16 82,14 84,25 86,19. 21 89,8 97,15 415,29 (ζῷα) 276,32 (περιφορά) 405,4 411,18. 19 (πῦρ, opp. τὸ τοῦ ὑπεκκαύματος) 81,8 (στοιχεῖα, opp. τὰ παρ' ἡμῖν) 88,31 (σῶμα = quinta essentia) 1,11. 2,1. 13 4,32 5,20 59,4 60,21 75,20 79,2 81,10. 13 83,11 84,16. 20 86,1. 12 87, 20 89, 10 91, 4 203, 31 204, 4. 9 427, 3 al.

οὐρανός (Themistius de immobilitate caeli) 70,8. 11 = ὁ τὸ ἄνω ὁρῶν (Plat.) 281,25 (significatio Arist. triplex) 1,3 280,3 sq. (synon. κόσμος) 3,22 246,23 258,36 398, 14 οὐ γενητὸς μέν, ἄφθαρτος δέ, ὥς τινες οἴονται 6, 24 τὸν οὐρ. πρὸς ὑπηρεσίαν τῶν ἀνθρώπων γεγονέναι 26, 5 κατὰ τὴν αὐτὴν ἡμέραν οὐρ. καὶ γῆν γεγενῆσθαι (Philoponus) 78,7 ἀνεφάνη πρῶτος ἐν τῇ σωματικῇ φύσει μετὰ τὴν νοητὴν διακόσμησιν 95,25 (ἔμψυχος) 91,17 (ἔσχατος) 1,5 τὸν οὐρ. τὸ ἕτερον εἶναι τῆς τῶν εὐθυφορουμένων σωμάτων οὐσίας 75, 23 (ζῷον) 78,20 (οἰκητήριον εἶναι τοῦ θείου καὶ θρόνον αὐτοῦ, cf. Ev. Matth. 5, 35) 370, 31 τὸν οὐρανὸν διηγεῖσθαι τὴν δόξαν τοῦ θεοῦ, cf. Psalm. 19,2 90,16 (κινηθεὶς ἀκινήτως) 95,28 τὸν οὐρ. ἄνω ὄντα κοῦφον ὑπὸ τοῦ Ἀριστοτέλους ὁμολογεῖσθαι 71,11 (κυκλοφορία) 78,18 (= τὸ κυκλοφορητικὸν σῶμα) 191,25 (κυρίως) 2,7 (οὐκ ἂν κυρίως λέγοιτο στοιχεῖον) 5,3 (πρῶτος) 366,9 552,1 οἱ ἐκ τῶν τεσσάρων στοιχείων τὸν οὐρ. ὑπολαμβάνοντες 90,25 (σφαιροειδής) 409,8 (στερρὸν καὶ ἀντίτυπον σῶμα) 75,31 (φθαρτός) 73,2 ἡ φύσις τοῦ οὐρ. 91,10 96,16

οὐσία (= ἡ κατὰ φύσιν σύστασις) 157, 4 (Democriti) 295,2 sq. (conj. εἶδος) 112, 17 (ἡ κατὰ τὸ εἶδος) 111,32 (ἡ ἐξ εἴδους καὶ ὕλης) 157, 35 (opp. στέρησις) 114,16 (κυρίως) 166,16 (λεπτομερὴς καὶ καθαρωτάτη) 84,19. 23 (ἡ νοητὴ καὶ ὄντως οὖσα) 301,16 πέμπτη τις οὐσία quinta essentia 6, 10 87, 16 (πρώτη) 270, 16 (πρῶται καὶ δεύτεραι) 169,9. 16 (σωματική) 98,28 (φυσικαί = σωματικαί, opp. ὑπὲρ φύσιν = ἀσώματοι) 553, 8. 9. 10 (φωτεινὴ καὶ ἁπτή) 87,11

οὐσιοῦν 85,11. 14 94,3 130,18 646,3 657, 25

οὐσιώδης 399, 35 οὐσιωδέστερος 385, 26 (γένεσις) 127,10 (διαφορά) 457,9 (δύναμις) 441,15 (εἶδος, opp. συμβεβηκός) 127, 32 (ἐναντίωσις) 163,32 167,20 (ποιότης) 165,24. 25 — οὐσιωδῶς (opp. κατὰ συμβεβηκός) 160,19

οὗτος = terrestris 86,17. 21 al. (ὁ δυστυχῶς τῶν ἐν φιλοσοφίᾳ λόγων ἀκηκοώς = Philoponus) 82,10 87,29 al.

ὀφθαλμοφανής 295,9

ὄχημα (θεῶν) 116,28 τὸ αὐτοειδὲς τοῦ σώματος καὶ οὐράνιον ὄ. 469,8

Παθητικός (opp. δραστικός) 172,16 174,31 (opp. ἐνεργητικός) 161, 28 (opp. ποιητικός) 400,23 (grammatice) 293,4 (αἰσθήσεις) 73,22 (ἀλλοίωσις) 114,35 (δύναμις, opp. ποιητική) 235,37. 38 (κινήσεις, opp. ἐνεργητικαί) 159,28 (μέθεξις, opp. ἐνεργητική) 397,23 (ποιότης) 7,9 87,31 (opp. δραστική) 192,3 193,32 195,3 196,5 197, 24 399,24 564,16 663,19 668,10 672,9. 33 — παθητικῶς (ἀλλοιοῦσθαι) 114,29. 33 (δρᾶν) 113,15

παθητός (coni. φθαρτός) 78,11

πάθος (expl.) 99,3 661,21. 25 672,1 (dist. διάθεσις, ἕξις) 111,8 (dist. δύναμις) 672,5 (opp. ἔργον) 553, 26 κινήσεις τινὲς τὰ πάθη 7,14 κατὰ πάθος κινεῖσθαι 111,31

παλαιός. οἱ παλαιοί 237,1 698.19

παμμεγέθης 203,5

πανουργία (opp. φρόνησις, εὐήθεια) 55,30

πανταχοῦ. τὸ π. ἀκριβές 110,26

παντέλεια 486,29

παντέλειος 39,20 277,31 286,33

παντότης 487,21 (τοῦ ἑνός) 271,25 (τοῦ ὄντος) 95,22

παρά. τὰ παρ' ἡμῖν (opp. τὰ οὐράνια) 88, 30. 32 89,6. 22 al.

παράγειν 89,22 91,2 103,30 104,24 107, 13 109,8 (εἰς τὸ εἶναι) 119,21. 31 136, 26

παραγράφειν describere, exscribere 11,25 48,24 169,28 179,35 al.

παραγυμνοῦν = aperire, explicare 523,4

παράδειγμα (Platon.) 95,26 276,12. 13. 15. 17. 21. 24. 28. 34 277,10. 17 286,29. 33. 34 (opp. εἰκών) 287, 1 (χρόνου) 288, 24

παράθεσις (dist. ἕνωσις) 660,7

παραιτεῖσθαι c. inf. 87,9 89,2

παραιωρεῖν med. 647,9. 12

παρακμή (opp. ἀκμή) 118,7 142, 28 422, 37 425,9

παρακοή error, falsa opinio 139,9

παρακολούθημα 263,29

παραλειπτικός. τὸ π. παρὰ τοῖς ῥήτορσι καλούμενον σχῆμα 566,27

παράλλαξις (ἡλίου) 83,2 440,15

παραλληλόγραμμον 14,18. 19 501,4. 6. 7

παράλληλος. ἐκ π. κεῖσθαι 7,29 8,8 ἐκ π. λέγειν 728,23 (κύκλος, opp. λοξὸς κ.) 24,27 410,30. 32 476,21 548,11

παραλογισμός 370,12

παράλογος. παραλόγως συλλογίζεσθαι 112, 26

παρανατέλλειν 421,24

παραξέειν imitari 377,1 646,6

παραποδίζειν 75,4 (ἀπόδειξιν) 110,31

παραποδύεσθαι εἰς ἀγῶνα 123,4

παράστασις demonstratio 106,26

παρασυναπτικός (dist. ὑποθετικός) 18,11. 14 117,15 477, 10 (σύνδεσμος) 553,2 (ἀξίωμα) 553,3 — παρασυναπτικῶς 407, 37

παράτασις (τοῦ εἶναι) 11,7 93, 26 94, 32 (κατὰ τὸ εἶναι) 93,30 94, 13 διὰ παρατάσεως μεταβάλλειν 120,30

παρατρίψις τῶν ἀκτίνων 88,20

παραχαράττειν 35,14

παράχρωσις 100,20

παραχωρεῖν (de planetis) 497,5

παραχώρησις (εἰς πλάτος) 493,24. 29 495,5

παρείσδυσις 207,13 (ἀέρος) 85,20

παρέκβασις τοῦ λόγου 510,33

παρεκδύεσθαι 42,19

παρέλκειν. παρέλκων μῦθος 375,8 ζήτησις παρέλκουσα 405,3

παρεμπλέκειν 660,22

παρεμπλοκὴ τοῦ κενοῦ 684,22

πάρεργος (λόγος) 4,3

παροιμία. κατὰ τὴν π. 142,27 191,1 404, 30

παρόραμα 122,33 τὸ ἐν ταῖς ἀρχαῖς ἐλάχιστον δοκοῦν π. 202,26. 32 203,4

παρυπόστασις 429,34

παρυφιστάναι pass. τὰ παρυφιστάμενα τῇ φύσει ποιητικὰ αἴτια 2,21 πᾶν τὸ παρὰ φύσιν τῷ κατὰ φύσιν παρυφίσταται 256,25

πᾶς (diff. ὅλος) 65, 4 τὸ πᾶν 245, 25 sq

756 πάσχειν

284,5 (dist. τὰ πάντα, τὸ τέλειον) 9,5
τὰ πάντα (dist. τὸ πᾶν, τὸ τέλειον) 9,5 —
πάντως πρώτως πάσχειν 73,20
πάσχειν (opp. δρᾶν) 88,6 170,7
πατήρ μακάρων καὶ ἀνδρῶν ὁ ἀριθμός 580,
14 cf. adnot.
παχυμερής. παχυμερῶς λέγειν 315,8
πεῖσις (opp. δρᾶσις) 90,32 98,31 159,31
578,14
πέμπτος (οὐσία) 59,6. 18 87,16 90,29 103,
11 199,3. 8 281,5 436,4 455,31 462,6
552,9 al. (σῶμα) 16,26 56,13 58,7. 11.20
60,10 112,9 115,31 201,19. 21 213,32
255,29 399,4 601,16
πενητεύειν (Empedocles) 587,2
πεντάγωνον 574,22. 23
πενταδάκτυλος 274,12
πέντε (ἁπλᾶ σώματα) 201,23. 24
περαίνειν πεπερασμένος ἀριθμῷ (opp. με-
γέθει) 146,29 (κατ' εἶδος, opp. μεγέθει)
228,27 (πλήθει, opp. μεγέθει) 203, 24.
28
πέρας. πέρατα σωμάτων μῆκος καὶ πλάτος
7,32 (τοῦ μήκους, τοῦ πλάτους, τοῦ βά-
θους) 383,23
περατοῦν 241,11
περιαγωγή (opp. ἀντιπεριαγωγή) 500, 21
(τῆς περιφερείας) 47,24
περίγειος (opp. ἀπόγειος) 32,11. 20 113,10
410,34 περιγειότερος 36,23 470,31 471,
13 475,24. 27 περιγειότατος 507,32 508,
27
περιγηθής (Empedocles) 591,5
περιγράφειν geometrice 147,28
περιγραφή. ἐν οἰκείᾳ π. ἀφωρισμένος 241,
15
περιδινεῖν pass. 96,4 109,12
περιεκτικός. περιεκτικώτερος 41,9
περιέλιξις 453,6
περιέχειν. τὸ περιέχον 658, 33 αἱ (τὴν
ὀρθὴν γωνίαν) περιέχουσαι 323,10 324,29
ἡ περιέχουσα σφαῖρα 71,4
περίθεσις 389,14. 16
περικλάειν. πανταχόθεν περικεκλασμένη
(opp. εὐθεῖα) γραμμή 145,25
περίμετρος (γραμμή) 180,16. 18 186,12.
14 412,28 413,6. 13. 15 414,10
πέριξ. τὸ π. (dist. τὸ ἄνω) 373,33 (= τὸ
ἄνω, Plat.) 679,31 680,19
περιπλοκή (ἀτόμων) 295,11

I INDEX

περιπολεῖν. τὰ κατ' οὐρανὸν περιπολοῦντα
5,12
περισσάρτιος 29,29 332,4
περιστροφή 209,12. 16. 22 210,12. 19. 30
211,1. 7. 26 212,32 215,13
περισφίγγειν 161,8
περιττός. περιττῶς (expl.) 465,5
περιφαντάζεσθαι 313,8
περιφέρεια rotunditas 610,21
περιφερής. (γραμμή, opp. εὐθεῖα) 42,8 145,
24
περιφερόγραμμος (opp. εὐθύγραμμος) 410,
22 413,4. 5. 18. 19. 22 (σχῆμα) 406,11.
12 436,24
περιφορά 196,13 (expl.) 288,4 (opp φορὰ
ἁπλῶς) 262,3 (οὐρανία) 36,1 (τοῦ ἡλίου)
112,14
περιφύειν med. 27,14
πηδᾶν. ὑπὲρ τὰ ἐσκαμμένα π. 190,32
πιλεῖν. πεπιλημένον σῶμα 440,7
πίλησις 441,11
πιλητικός (opp. διαιρετικός) 564,29
πίστις demonstratio (dist. ἀπόδειξις) 55,3
116,5 117,21 118,12
πλάγιος. τὸ πλάγιον 248,15 390,26. 27. 28
393,32
πλάδη (Empedocles) 530,10
πλανᾶν pass. οἱ πλανώμενοι (ἀστέρες)
36,24 (de triplici motu) 462, 18 οἱ
πλανᾶσθαι λεγόμενοι 410, 31 ἡ πλανω-
μένη (σφαῖρα) 178,24 179,7 394,13. 23
(αἱ πλ.) 21,20 270,17 τὸ πλ. (defin.) 50,
15. 23 154,32 280, 28 394,27 395,33
420,29. 32 τὸ πλανᾶσθαι λεγόμενον 196,9
427,5 (ἄστρα) 444, 18 (κίνησις, opp.
ἀπλανής) 193,17. 18 (οὐρανός, opp. ὁ
ἀπλανής) 420,36
πλάνης. οἱ πλάνητες 450,9 οἱ πέντε παρὰ
τὸν ἥλιον καὶ τὴν σελήνην 454, 18 ἡ
τῶν π. σφαῖρα 288,8 (Callippus) 497,13
πλάσμα (def.) 446,30
πλάστιγξ. ἡ τῶν π. κίνησις 265,30
πλατυκός (opp. ἄτομος) 579,16
πλεονεξία (opp. μειονεξία, δικαιοσύνη) 98,6
171,19
πλῆθος (opp. ἕν) 93,7. 8. 9 (ἔσχατον) 97,17
(νοητόν) 96,30
πληθύνειν. τὸ γινόμενον πᾶν πεπληθυσμέ-
νον ἐστί 93,5 πεπληθυσμένον τι 94,8 ἓν
πεπλ. 93,29
πλήρωμα. τοῖς ἑαυτοῦ πληρώμασιν περι-

γράφεσθαι 49,23 (τοῦ κόσμου ὁ χρόνος) 368,23 τὰ ὑπὸ σελήνην π. 271,3

πλησίασις. τῆς τοῦ οὐρανοῦ πλησιάσεως τὸ πῦρ ὀρεγόμενον φέρεται 71,13

πλησίος. πλησιαίτερος 83,3 πλησιέστερος 441,14 481,6

πνεῦμα τεταμένον διὰ παντὸς τοῦ κόσμου (Stoic.) 286,15 sq. ἕκαστον τῶν σωμάτων ὑπὸ πνεύματός τινος συνέχεσθαι (Stoic.) 286,22

ποίησις (opp. πεῖσις) 90,32 (στοιχείων) 98,22

ποιητικός (αἴτιαν, αἰτία) 2,21 136,32 299,23 (δύναμις, opp. παθητική) 235,37. 38 (ποιότης) 671,30 (στοιχεῖον) 400,22

ποικίλος (τοῦ θείου σώματος κίνησις) 404, 8. 11. 14. 26

ποιός. τριχῶς λέγεται τὰ σωματικὰ ποιὰ ἢ κατὰ πάθος μόνον αἰσθητὸν ἢ κατὰ διάθεσιν ἢ κατὰ ἕξιν 111,7 τὸ ποσὸν τοῦ π. προτιμήσαντες 566,1 οἱ τὴν γωνίαν ὑπὸ τὸ π. ἀνάγοντες 538,22

ποιότης 108,26 123,32 598,9. 10 599,11 (dist. συμβεβηκός) 166,21 (τριχῶς θεωρεῖται· ὡς δύναμις, ὡς ἐνέργεια, ὡς πάθος) 672,12 673,16 (τέσσαρες) 443,27 (ἅπται) 87,31 89,17 (ἀτελής) 168,8 (δραστική) 636,17 (ἐναντίαι) 51,27 157,28 (ἐπείσακτοι, opp. κατὰ φύσιν προσοῦσαι) 83,35 (παθητική) 7,9 87,31 600,12. 27 (πρῶται) 130,18 (τελεία) 167,32. 33 (οὐρανοῦ) 88,1 (στοιχείων) 81,23 (ψύξεως) 81, 30 τὰ κατὰ ποιότητας γινόμενα ἢ φθειρόμενα 101,18 ποιότητας διαδιδόναι 660,27 μεταβάλλειν κατὰ ποιότητα 111,6 357,25. 29 πλείων ἡ ποιότης ἐν τοῖς μείζοσιν 82,3

ποιοῦν σῶμα πεποιωμένον 579,6

πολιτικός. πρακτικῶς καὶ πολιτικῶς (opp. θεωρητικῶς) φιλοσοφεῖν 555,25

πολλαπλασιάζειν (ἑαυτά) 99,25

πολλαπλασιασμός 93,13

πόλος 14,26 24,26 (signific. Platon. triplex: οὐρανός, τὰ πέρατα τοῦ ἄξονος, ὁ ἄξων) 517,11 (βόρειος) 394,4. 13. 25 (νότιος) 394,3. 14. 26. 34 395,16 (ζῳδιακοῦ) 537,4. 13. 22. 25 (κόσμου) 502,2 (οὐρανοῦ) 46,16 390,12. 13. 21. 22. 27. 29 (ὁ διὰ παντὸς τεταμένος) 532,6. 12

πολυπραγμονεῖν (τὰ μετέωρα) 3,20

πολύστιχος (βιβλίον) 25,29

πολυχώρητος 412,16 414,15

πόρισμα logice 244,26 (συνάγειν) 377,27

πόρος (ἀέρος) 441,9 (οἱ ἐν τοῖς σώμασι) 598,16

πόρρωθεν (opp. προσεχῶς) τρέφεσθαι καὶ αὔξεσθαι 110,5

ποσός. τὸ ποσὸν τοῦ ποιοῦ προτιμήσαντες 565,33 ἡ τοῦ π. κατηγορία 617,8 τὸ συνεχὲς (opp. διωρισμένον) π. 203,9

ποσότης 100,4 102,27 ποσότητος εἶδος τὸ διωρισμένον (opp. τὸ συνεχές) 580,8

ποσοῦν 564,30

ποταμός. ἄνω ποταμῶν ἀναστέλλεσθαι 78, 15

ποτέ. τὸ π. τὸ ἐν μέρει χρόνου (opp. τὸ ἀεὶ τὸ χρονικόν) 97,14

πότιμος (λόγος) 201,1

πούς. παρὰ πόδας ἀντιλέγειν 49,3 (λέγειν) 182,26 (τὰ ἐναντία φάναι) 57,17 (μεταβάλλεσθαι) 262,10

πραγματειώδης. πραγματειωδέστεραι ἀποδείξεις 236,10

πραγματικός (ἀπόδειξις) 245,20 (ἐπιχείρημα, def., opp. λογικόν) 238,5. 6

πρακτικός (ζωή) 381,18 (τὰ οὐράνια) 482, 16

πρᾶξις (coni. ζωή) 78,28 (ἡ κυρίως, def.) 484,20

προάγειν (ἀμεθόδως) 29,36 (κατηγορικῶς) 18,17 (ὑποθετικῶς) 18,15 (λόγον) 90,28 91,9 (συλλογισμόν) 63,11 117,8

προαίρεσις. κατὰ προαίρεσιν γίνεσθαι 284, 9. 10 429,17 ῥοπὴ αὐτοφυὴς καὶ οὐ κατὰ προαίρεσιν γινομένη 67,27 (opp. φυσικῶς) 67,31

*προαξιοῦν 177,23 225,4 250,10

προβάλλειν 87,17 τὰ ἐν τῷ πρώτῳ προβληθέντα βιβλίῳ 1,13

πρόβλημα 91,20 189,17. 18 246,11 540,17

πρόδηλος. πρόδηλον apparet 86,11. 12 90, 28 91,1

προηγεῖσθαι. προηγουμένως 2,11 61,4 367,21. 31 al. (opp. πάρεργος λόγος) 4,7 (opp. κατὰ συμβεβηκός) 369,22

προήγησις planetarum 488,6

προκατασκευάζειν 237,12

*προκατασπᾶν 266,1

προκοπή (opp. ἀρχή, τέλος) 299,3

προκόπτειν (λόγος) 181,22

προλαμβάνειν τοῖς μὴ προειλημμένοις ἐν-

758 πρόληψις

δείκνυται 104, 21 ἐν τοῖς προλαβοῦσιν ἔδειξεν, δέδεικται 240,31 247,18
πρόληψις (def.) 30,18 (κοινή) 116,6 117,19 140,3. 6 603,28 (ἄθεος) 370,30 (φιλόνεικος) 74,4
πρόοδος ἰδιότητος 135,26
προοίμιον 4,11. 17 5,21 6,30 48,29 (libri tertii) 551,25 552,24
προπηδᾶν. πρὸ τοῦ τὸν Ἀριστοτέλην λέγειν προπηδᾶν ἐπ' αὐτόν 78,17
προποδίζειν (opp. ὑποποδίζειν) 491,24
προποδισμός (opp. ὑποποδισμός) 32,20 36, 31 93,15
πρός. τὸ πρός τι (expl.) 123,29 130,7 617, 6. 9 619,12 sq.
προσεκτικός 143,17 — προσεκτικῶς ἀκουστέον 115,1
*προσεπιχείρημα 194,9
προσεχής (coni. οἰκεῖος) 238,12 240, 32 (αἰτία) 90,31 οἱ ἐν τὸ προσεχὲς στοιχεῖον ὑποτιθέμενοι 727,19 (ὕλη) 726,1. 5. 29 ἡ προσεχὴς ἀπὸ τῆς ἀκινήτου αἰτίας ὑπόστασις 109, 2 cf. 96,5 — προσεχῶς proxime, paullo ante 57,10 58,1 64,6 221, 28 231,14 244,11. 15 369,31 424,25 449,9 463,19 514,3 611,13 670,6 671, 23 709,14 al. continuo, statim 80,2 150,3 290,5 proxime loco 80,2 107,17 ἐν τοῖς πρ. εἰρημένοις καὶ ἐν τοῖς φθάσασι 267, 15 (opp. πόρρωθεν) 110,5 481,2 (= ἀμέσως) 71,13 93,6. 9 138,11 344,20 353,8 360, 9. 11. 22 361,9 428, 32 439, 12 προσεχέστερον 467,29
*προσθαφαίρεσις 36,30
πρόσθεν (def.) 419,30 421,8
προσθήκη. μετὰ προσθήκης καλεῖν 1,5
πρόσληψις assumptio syllogismi 145,27 146,2 151,33 204,6 206,18 219,15 258,16 569, 18 571,12 601,28 714,18
προσυφαίνειν τὸ θνητὸν τῷ ἀιδίῳ 107,9
πρόσωπον (σελήνης) 457,4. 9. 24. 32
πρότασις (logice) 40,6. 9 108,3. 14 121,5 151,34 157,13 164,4 170,9 182,30 183,9 191,22 216,27 669,14 (ἐλάττων) 62,28 (cf. 14) 157, 15 278,11 423,1 424,19 426,9 (μείζων) 92, 17 422, 32 423,7 426,8
πρότερος. τὸ πρότερον πολλαχῶς λέγεται 385,15 sq. (κατὰ χρόνον) 41,19 (φύσει) 40,27. 30 41,3. 24 103,12 107,27 385,7. 9. 15

I INDEX

*προφθείρειν 73,19
προχωρεῖν. προχωρεῖ (opp. ἀδύνατόν ἐστιν) 308,30
*προωθισμός 543,23
πρῶτος (φύσει καὶ οὐσίᾳ, opp. χρόνῳ) 41, 14. 16 (κίνησις) 85,5 (λόγοι) 92,19 (νοῖ θεῖοι) 85,4 (σῶμα) 1,18 85,5 (ὕλη) 136,2 (φιλοσοφία) 510,32 (ψυχαί) 85,4 — πρώτιστος 5,33 96,16 — πρώτως 5, 22. 29 93,17 96,26 101,8 πάντως πρώτως 73,20 (ὄν) 93,17
πρωτότυπον 277,4. 7. 8
πρωτουργός 277,4
πυγολαμπίς 89,6. 8 90,4. 13. 17 135,5
πυκνός (opp. μανός) 206,24 443,12 691,6
πυκνότης (opp. μανότης) 615,27 690,27. 31
πυκνοῦν (opp. μανοῦν) 35,22 36,13 37,4. 24 112,34 599,33 600,1
πύκνωσις (opp. μάνωσις) 37,5 161,12 443, 15 444,6. 9 565,16 599,31 616,3
πῦρ τὸ παρ' ἡμῖν (opp. τὸ τοῦ ὑπεκκαύματος, τὸ οὐράνιον) 81,8 (τὸ ἐν τῷ μέσῳ, Pythagor.) 512,10. 29 (τὸ τοῦ ὑπεκκαύματος, opp. τὸ οὐράνιον 81,8 (τὸ ὑπὸ γῆν) 70,30 τρία εἴδη κατὰ Πλάτωνα (ἄνθραξ, φλόξ, φῶς) 85,7 τὸ π. ἐκ πυραμίδων συνεστάναι 561,16 τὸ πῦρ τὸ οὐράνιον φῶς εἶναι μόνον (Plat.) 67,4 Plato de ignis natura 84,15 ignem excitant lignum in ligno terebrae in modum circumagentes 602,10
πυραμίς (geometr.) 561,14. 16 574,9 575, 14 613,18. 21. 22 614,17 al. (ἡ ἐκ τῶν τριγώνων γινομένη) 578,28 οὐδὲν ἄλλο ἐστὶν ἡ π. ἢ κύβου γωνία 655,19 (πῦρ) 620, 18. 23 621,3. 14 623, 23 sq. 31 sq. 637,27 sq. 638,2 sq. 640,16 649,30 650, 26 670,22
πύριος 667,25. 28 (λεπτότης) 72,22 (οὐρανός) 36,3 80,27 81,2 (σύστασις) 98, 18 (χρώματα) 130,24

Ῥεῖν. ἀεὶ ῥεόντα 556,5. 18
ῥομβοειδής. τὸ ῥ. καλούμενον στερεόν 410, 5. 27
ῥοπή. ῥοπὴν ὑπάρχειν τοῖς στοιχείοις ἐν ἀλλοτρίοις τόποις οὖσι 70,7 τὸν οὐρανὸν πάσης ῥ. ἐξηρῆσθαι 70,11 (αὐτοφυὴς καὶ οὐ κατὰ προαίρεσιν γινομένη 67,28 (φυσική) 79,12 263,18. 33 al. 581,1

Σαθρός (logice) 80,29 126,16 184,30 (coni. ἀσύνετος) 199,22 — σαθρῶς συλλογίζε~θαι 112,25
σαθρότης λόγων 165,4
σαλεύειν 10,5 (λόγος) 22,31
σελήνη. ἀντίχθονα τὴν σελήνην ἐκάλουν οἱ Πυθαγόρειοι ὥσπερ καὶ αἰθερίαν γῆν 512, 18 defectio lunae 515,27 541,24 546, 29 quo temporis spatio ambitum compleat 471,18 quo intervallo a ceteris stellis errantibus distet 468,24 (magnitudo et distantia) 471,6 variam magnitudinis speciem praebet 504,30 (motus) 471,13 (Eudoxus) 494,23 (sphaera) 474,18. 25 (sphaerae) 503,6 (Callippi) 497,12 (πρόσωπον) 457,4. 9. 24. 32 τὰ ὑπὸ σελήνην (opp. τὰ οὐράνια, τὸ κυκλοφορητικόν) 3,20 4,27 57,13 58,25 59,4 60,19 63,14 64,24 74,16 75,6. 11 77,31 81,16 83,18. 23 86,5. 19 91,10 219,8 221,31 226,5 415,29 al. (ἢ ζῷά ἐστιν ἢ φυτὰ ἢ τούτων μόρια) 553,19 τὸ ὑπὸ σελήνην πῦρ 83,12 (στοιχεῖα) 4,33 6,6 36,7 51,30 52,6 64,17.21.25 69,17 73,5 77,25 81,19 85,10. 15 87,19 210,3 al. (σώματα) 1,12 60,10 81,11. 12. 14 86,23 218,28 219,7 al. (φθορά) 78,6
σεληνιακός (οὐρανός) 462,10 (σφαῖρα) 37, 18 61,13 269,17. 19 280,18 373,2 408, 20
σελίς 25,33
σημαίνειν. σημαινόμενον significatio, vis 93,2 103,2 140,19. 20 312,32 313,2. 6. 8. 11. 14 al.
σημασία (ὁλοσχερής, opp. κυρίως λεγομένη) 288,11 sq.
σημεῖον (def.) 562,24 (τὸ κατὰ κορυφὴν ἡμῶν) 83,9 σημείου καὶ κέντρου λόγον ἔχειν τὴν γῆν πρὸς τὰ ὑπὲρ τὸν ἥλιον 81, 16 cf. 83,1
σημειοῦν. σημειωτέον 111,24 112,5
σῆψις ἀέρος 124,5 131,9
σικύη 724,17
σικυὸς ἰατρικός 723,23
σιμός (dist. γρυπός) 278,15
σίνηπι 570,7
σίφων 723,22 724,4
σκαληνός (σώματα Democriti) 295,16 (τρίγωνον) 561,12 575,33 al.

σκεδαννύναι. σκεδαστῇ σύστασις 65,12
σκιαμαχία 185,2
σκυλάκιον νεογενές 101,31
σκώληξ. σκώληκες ἀπὸ διαφόρων ζῴων καὶ φυτῶν διάφοροι γίνονται 98,7
σκωπτικός (χάρις) 533,29
σμικρός (Anaxagoras) 608,22
σμικρότης (Anaxagoras) 608,23
σοφιστής. λέγουσι οἱ σοφισταί ὅτι ... 533,15
σοφός (οἱ καθ' ἡμᾶς) 303,24 309,31
σπέρμα (ἀνθρώπου) 101,25 (Anaxagoras) 603,18 609,7
σπερματικός. σπερματικῶς προλαμβάνειν 609,4
σποράδην (opp. κατὰ συνέχειαν) γεγραμμένα 178,27
σπουδάζειν. ὁ λόγος σπουδάζει 81,10
στάθμη. λευκή τίς εἰμι στάθμη κατὰ τὴν παροιμίαν 404,30 κατὰ στάθμην εἶναι 505,3
στάσις (opp. κίνησις) 109,12
στερεῖν. ἐστερῆσθαι (def.) 101,30
στερέμνιος (opp. κενός) 285,27
στερεός (γωνία) 574,5. 9. 12. 15. 16. 20. 23
στερέωμα (Psalm. 19,2) 90,17
στέρησις (def.) 101,30 122,20 125,29 127,5 (opp. ἕξις) 400,9 (opp. εἶδος) 102,1. 12 121,14 122,9 167,28 (dist. τὸ ἐναντίον) 171,24 (opp. οὐσία) 114,16 (οἰκεία) 124,7
στερητικός. στερητικῶς ἀντικείμενον 52,16
στερρός 77,21 (σῶμα) 75,31
στερρότης τοῦ οὐρανοῦ 77,24. 32
στήμων (opp. κρόκη) 660,26
στηριγμός 487,24 488,6. 10
στηρίζειν planetae videntur 491,25
στιγμὴ τῶν σωμάτων (expl.) 534,28
στίλβειν. στίλβοντας φαίνεσθαι τοὺς ἀπλανοὺς ἀστέρας 453,12
*στοιχειοκράτωρ (θεοί) 107,15
στοιχεῖον (= ἐξ οὗ πρώτου συντέθειταί τι καὶ εἰς ὃ ἔσχατον ἀναλύεται) 5,3 (= ἁπλοῦν σῶμα) 626,29 (def.) 601,2 605,18 (expl.) 274,1 604,16 sq. (ἄκρον, opp. μέσον) 84, 33 (τὰ ἁπλᾶ καὶ τὰ ἐνταῦθα καλούμενα) 86,29 (τὰ μέσα, opp. ἄκρα) 84,32 615,26 (τὰ παρ' ἡμῖν, opp. τὰ οὐράνια) 88,30 (τὰ τέσσαρα πρῶτα) 97,27 657,4 64,30 85,11 86,3 90,25. 26 638, 22 οἱ τὸ στοιχεῖον ἓν ὑποτιθέμενοι 690,

26 (τῶν ζῴων) 87,24 τὰ τοῦ λόγου εἴκοσι τέσσαρα σ. 85,23
στοιχειοῦν. τὸ στοιχειωτόν 555,4 601,3. 11. 17. 19
στοιχειώδης (πῦρ) 637,22 (σῶμα) 242,16 267,17 (φύσις) 85,21
στοιχειωτής (= Euclides) 414,2 cf. adnot.
στροφάλιγξ (Empedocl.) 529,4. 17
συγγινώσκειν 88,15 263, 26 626, 22. 26 629,5
συγκατάθεσις 418,31
σύγκρασις 113,8
σύγκριμα τῶν οὐρανίων σωμάτων 84,20
σύγκρισις καὶ ἔκκρισις (Empedoclis et Anaxagorae) 601,7
συγκριτικός (opp. διακριτικός) 564,29 τὸ συγκριτικόν (*comparativus*) ἐπίτασιν ἔχει τῆς ἰδιότητος 74,8
συγχώρησις. κατὰ συγχώρησιν 188,21
συζυγία (τοῦ κούφου καὶ τοῦ βαρέος) 1,23 (2,16) περάτων τρεῖς σ. ἐν τοῖς τῶν ζῴων σώμασι 383,22
συκοφάντης 163,12
συλλαβή. ἐπὶ τὴν αὐτὴν σ. ἐπανιέναι 354,5 στοιχεῖα ἐν συλλαβῆς ὄντα τάξει (Plato) 638,22
συλλογίζεσθαι 110,25 verbis συνελογίσατο οὕτως vel similiter inducuntur in syllogismi formam a Simplicio redacta 6,33 15,20 18,5 98,24 108,1 109,25 111,5 150,25 183,3 446,32 515,9 616,28
συλλογισμός. ὥστε συλλογισμὸν αὐτῷ γίνεσθαι τοιοῦτον vel similia (cf. s. v. συλλογίζεσθαι) 26,37 28,5 133,7 458,13 συμβεβηκυῖα ποιότης 112,6 τὸ συμβεβηκός 22,12 112,19 (opp. οὐσία) 123,15 (opp. οὐσιῶδες) 127,32 (dist. ποιότης) 166,21 κατὰ σ. 98, 24 112, 30 (opp. οὐσιωδῶς) 123,15 160,19
συμμετρία ἑκάστη τῶν ἀρετῶν 56,5 (στοιχείων) 98,4. 5
σύμμετρος (coni. ἐναρμόνιος) 97,29 (opp. ἀσύμμετρος) 220,14. 23. 29. 32 221,2. 3 τὴν διάμετρον σύμμετρον τῇ πλευρᾷ γενέσθαι ἀδύνατον 319,15 583,5
υμπαθὴς πίστις τῶν ἀποδείξεων 370,13
ϳυμπάθεια (ζωτική) 55, 8. 10 (ἡ ἀπὸ πίστεως) 55,15
συμπαρατείνειν. συμπαρατετάσθαι 84,2
συμπεραίνειν med. (logice) 76,26 90,21 218,29 545, 23 al.

συμπέρασμα (logice) 15,22 40,9 61,7. 8 62,23 92,6. 16 111,22 182,21 183,7. 18 al. κοινὸν σ. τοῖς εἰρημένοις ἐπάγειν 49,28
* συμπεριαγωγή 500,19
συμπιλεῖν 543,23 544,35
* συμπλεονάζειν 81,28
συμπληρωτικός τινος 167,15
συμπλοκή. χωρὶς συμπλοκῆς (opp. κατὰ συμπλοκὴν) λέγειν 332,26
συμφυής. συμφυὲς ταῖς τῶν ἀνθρώπων ψυχαῖς 370,29
σύμφυσις (ἡ πρὸς ἄλληλα) 85,31
σύμφυτος. ζωὴ σ. τῷ σώματι 388,17
συμψεύδεσθαι (opp. συναληθεύειν) 328,28 329,8
συνάγειν (logice) 19,14 38,9 40,5. 7 77,1 108,21 109,21 111,22 151,35 164,19. 20 176,27 183,10. 17 208,29 662,25 728, 7 al.
συναγωγή (logice) 97,29 150,15 235, 36 426,8 428,31 433,8 659,23 668,13 728, 6 al. (λόγου) 240,23 253,25 258,13 411, 13 607,24 699,14 714,2 al.
συναιρεῖν συνῃρημένος 93, 28 — συνῃρημένως ἐκθέμενος 3,31
συναίρεσις 226,9
συναληθεύειν (opp. συμψεύδεσθαι) 328,28. 30 329,1. 3. 8. 23
συναμφότερος (οὐσία ἢ ἔνυλος) 279,13 τὸ συναμφότερον 274,27 275,3. 10. 11 276,3 (dist. εἶδος, μορφή) 278, 8. 10. 13. 18 279,3
συνανακεραννύναι 85,27
συνανατέλλειν 89,15
συναπελέγχειν 66,14
συναποκαθιστάναι. συναποκαθιστῶσα 506, 25. 28 507,4 συναποκαθίστασθαι 447,12. 22. 33 448,1. 6. 30. 32 449,31 450,1. 23 451,20. 27 475,29 476,3. 4. 12
συναποκατάστασις 37,35 (πλανήτων) 448, 30 506,17. 19 507,1
συνάπτειν· 95, 28 συνημμένον (logice) 30, 10 63,4. 8. 12 145,23. 34 151,22 170,31 204,8 219,11 258,17 536,24 569,18. 19 571,3 601,26 611,25 714,17 (δεύτερον, Philoponus) 30,15. 17
συναπτικός (σύνδεσμος) 553,3
σύναρσις 703,1
συναφή. κατὰ συναφὴν ἀναγινώσκειν 702,6
σύνδεσις ἐναρμόνιος 84,32

συνδεσμός (astronom.) 461,27. 30 462,8 (grammat.) 597,19 (αἰτιολογικός) 7,16 250,14 329,30 347,6 461,27. 30
συνδιαπλέκειν 379,2
συνδρομή τῶν ἐναντίων 97,31
συνδυάζειν 335,30 722,2
συνδύνειν 89,15
συνεδρεύειν 97,23 112,35
συνεκτικός. συνεκτικώτατος 172,21
συνεκτρέχειν τὰς φαντασίας τοῖς ὀνόμασιν 87,10
συνενοῦν. συνενωθέν 271,26 συνηνωμένον κατ' οὐσίαν τῷ αὐτοαγαθῷ 482,18
συνεπουρίζειν (expl.) 596,31 sq.
συνέχεια 76,18 (συγγράμματος) 4,11 (τοῦ ὅλου) 76,15 κατὰ συνέχειαν (opp. σποράδην) γεγραμμένα 178, 26 (προβαίνειν) 261,4
συνεχής 76,11 223,25 (opp. διωρισμένος) 238, 19 τὸ συνεχές 5, 24 (expl.) 8, 13 (def.) 46,20 178,33
σύνθεσις (opp. ἀνάλυσις) 260,33 (δευτέρα) 85, 29 συνθετώτερος 304, 6 σύνθετον (opp. ἁπλοῦν) 86,8 89,11 (opp. ἡνωμένον) 94, 24 (opp. στοιχεῖον) 85, 24. 26 (τὰ ἐν γῇ) 3,1 (κίνησις, opp. ἁπλῆ) 23, 14. 15 sq. (σῶμα) 4,34 23,16. 16 86,32 344,5 708,26. 30. 32 (τὸ οὐράνιον σῶμα) 91,4
συνιστάναι. τὰ συνεστῶτα 101,7 (φύσει) 6,34
συννεύειν τῇ ἑαυτοῦ φύσει 44,10 πρὸς ἑαυτό 44,13 εἰς ἑαυτόν 65,24 (geometrice) 46, 34
σύννευσις 65,8
σύνοδος τῆς σελήνης (opp. πανσέληνον) 480, 8. 10
συνουσιοῦν. τὰ συνουσιωμένα 361,5
συνοφρυοῦσθαι (opp. ἐρυθραίνεσθαι) 88,19
συνοχή (κεντρική) 65,20 72,21 513,22
συνοχικός (ἰδιότης τῶν θεῶν) 513,19
συνταγματικός (φιλοσόφημα, expl.) 289,1
συντέλεια τοῦ αἰῶνος (opinio Christiana, cf. Ev. Matth. 13,40) 88,3
σύντομος (coni. σύντονος) 370,11
συντυποῦν 408,26
συνυφαίνειν τὰ κατὰ μέρος τῆς πραγματείας 3,16
συνώνυμος (dist. ὁμώνυμος) 250,32
συρφετός (λογικῶν καὶ ἀλόγων ἐνέργεια) 377,11

σύστασις (ἀνθρώπου) 3,21 (ἀτόμων) 242, 29 (βαρεῖα) 221, 16. 19 (ζῴων) 260,5 (ἰσοχρόνιος) 78,11 (κόσμου) 3,19 139,31 287,7 (σχεδαστή) 65,12 (στερρά) 78,3 (σωματική) 281, 32 287, 4 365,18 (τοῦ οὐρανίου σώματος) 91,11
συστασιώτης 91,18
συστατικός τινος 397,20 (ποιότης) 167,32
συστοιχεῖν τινι 393,29
συστοιχία (τοῦ κούφου καὶ τοῦ βαρέος) 4, 16 (αἱ δέκα Pythagoreorum) 383, 14 386, 6
σύστοιχος 395,12 (expl.) 418,3 (στοιχεῖον) 84,5 — συστοίχως ἔχειν 211,24
σύσφιγξις (οὐρανία) 46,3
σφαῖρα (ἡ ἀπλανής) 83,13 (Ἀφροδίτης) 71, 18 (Ἑρμοῦ) 71,18 αἱ τοῦ οὐρανοῦ σ. 71,3 ἡ τῶν ὀκτὼ σ. συνηρημένη μονάς 552,4 τὴν σ. ἐξ ὀκτὼ μορίων συγκεῖσθαι 613,26 varii singularum sphaerarum motus 462, 24 sq.
σφαιρικός. τὸ σφαιρικόν 168,11 (οὐρανός) 208,9. 10 (μαθήματα) 450, 30 (σχῆμα) 76,1.8 406,6.8 408,22.23 409,4 (σῶμα) 77,32 207,18 (ἡ τοῦ ὕδατος ἐπιφάνεια) 417,2. 7. 14
σφαιροειδής (ἄστρα) 477,5 (οὐρανός) 414, 19
σφαιροποιεῖν 474,16
σφαιροποιία 253,4 (ἡ διὰ τῶν ἀνελιττουσῶν) 504, 16 (ἡ κατὰ τὸν Ἀριστοτέλην) 501,25 (ἡ κατὰ Εὔδοξον) 497,6 (παλαιοτέρα) 474,30
σφαῖρος (Empedoclis) 293,22 310,15 528, 13. 31 308,3. 6
σφαιροῦν 65,8. 14. 19 415,19
σφαίρωσις 543,27. 28
σφῆξ. σφῆκες ἐξ ἵππου γίνονται 98,7
σχεδόν. τὸ σ. διὰ φιλόσοφον εὐλάβειαν προσκείμενον 7,27
σχέσις (opp. ὕπαρξις) 162,13 (ἡ πρὸς ἄλληλα σχέσις) 74,23 (τοπική) 386,14 εἴτε φύσει εἴτε σχέσει 75,5
σχετικός (διαφορά) 395,19
σχῆμα = τὸ ὑπό τινος ἢ τινων ὅρων περιεχόμενον 213,21 413,13 πέντε σχήματα καὶ σώματα Platonis 87, 25 (σφαιρικόν) 76,1. 8 (τὸ κατὰ φύσιν) 76,14 cf. 76,18 (διαφορά, Democrit.) 641,5. 21. 23 (πρῶτον, logice) 108,10 236,31. 33 371,22 620,20 (δεύτερον) 54,2 92,3 150,14 157,

762 σχηματίζειν

16 235,36 236,26. 31. 32 238,23 284,18 335,33 354,20 371,18. 21 410,18 422,30 423,2 426,8 428,31 452,26 458,17 484, 13 536,31 569,26 571,12 620,16 659,23 668,13 (τρίτον) 605,13
σχηματίζειν κίνησιν 45,23
σχηματισμός 96,22 101,4 113,2.7 300,10 (ούράνιος) 277,14
σχηματογραφία 428,3
σχολή. εἰς τὴν οἰκείαν σ. ἀπάγειν τὸν λόγον 380,11
σώζειν τὰ φαινόμενα 509,16. 18 510,31 516,13. 24 519,10 565,32 641,24 al.
σῶμα (def.) 230,4 (αἰσθητόν, opp. νοητόν) 237,22. 24. 28. 31 (ἁπλοῦν) 3,11 6,8 40, 14 77,16 86,31 (τρία ἢ πέντε τὰ ἁπλᾶ) 228, 19 (κυκλοφορητικόν) 3, 12 91,23 (dist. ὕλη) 134, 10 sq. (πρῶτον = ἡ ἀπλανής) 481, 6 (πρῶτα = elementa) 602,21 (φυσικόν, opp. μαθηματικόν) 631,4 (ἄποιον) 306, 15 (τὰ ὑπὸ σελήνην ἀτελῆ) 86,23 (ἄτομα ἢ ἀμερῆ) 7,30 (τὰ εὐθυπορούμενα τέσσαρα) 6,9 (εὐθυφορούμενα 77,13 (θεῖον) 1,9 4,24 (κυκλοφορητικόν) 6.8. 9. 13 (κυκλοφορικόν) 1,5 (μικτόν) 40,17 (οὐράνιον) 2,1. 13 4,32 5,20 75, 20 79,3 83,11 86,1 87,20 403,22 al. (τοῦ παντός) 245, 5. 34 (τὰ παρ' ἡμῖν) 88,32 (πέμπτον) 16,26 (πέντε) 1,11 87, 25 (πρῶτον) 1,18 85,4 δύο κατὰ γένος τὰ πρῶτα σ. 435,25 (σύνθετα) 4, 33 86, 32 (τὰ τέσσαρα) 52,1 (τὰ ὑπὸ σελήνην) 1,12 (τὰ τῇδε) 88,17 (φυσικόν, opp. ἔμψυχον) 6, 20 423,9
σωματικός. (στοιχεῖα) 274,4 (φύσις) 85,1 95,15 104,30 360,25. 27 — σωματικῶς (ἀλλοιοῦσθαι) 111,17
σωματοειδής. τὸ σ. 360, 31. 33 361,4. 15 379,3

Ταλαντιαῖος 709,11. 15 710,7. 9
τάξις (ἀναγνώσεως) 5,37 διττὴ τάξις ἡ μὲν ἐνταῦθα ἡ δὲ ἐν τῷ δημιουργῷ 87,5
ταυτότης (opp. ἑτερότης) 95, 26 109, 13 (ὀνομάτων) 89,31 91,11
τεκμήριον (dist. αἴτιον) 264,6 ἐκ τεκμηρίου (opp. ἐξ αἰτίων) συνάγειν 403,36
τεκμηριώδης (ἀπόδοσις) 258, 7 (πίστις) 263,34

I INDEX

τέλειος. τ. τελείως 43,14 τὸ τ. (dist. τὰ πάντα, τὸ πᾶν) 9,5 39,6 49,11 τὸ ἀεί τ. τοῦ τε ὅλου καὶ τῶν μερῶν 91,17 (εἶδος) 167, 31. 33 168,1. 5 (ποιότης) 167, 32. 33
τελειότης (opp. ἀτέλεια) 54, 31 (τοῦ δυνάμει τι ὄντος) 695,9. 12. 16 (coni. εἶδος) 695,10. 16 (εἴδους) 705,16 (ἑαυτοῦ) 104,26
τελειωτικός (ἐνέργεια) 97,10 (ἐπιστήμη) 398, 2 (μέθεξις) 397,23
τελεσιουργία ἱερατική 469,9
τελεσιουργός ἀλλοίωσις (opp. ἀλλ. κατὰ πάθος) 113, 24 (μετάδοσις, opp. παθητική) 112,28 113,12 — τελεσιουργῶς 97, 13 373,16
τελικός. τὸ τελικώτατον ἀγαθόν 483, 16 (αἴτιον) 271,13
*τελμάτιον βορβορῶδες 66,9
τέλος (expl.) 43,2 (ἔσχατον, expl.) 486,17 (διττόν, τὸ μὲν πάντων ἄριστον καὶ τελικώτατον, τὸ δὲ μερικώτερον) 485, 24 (γενέσεως) 714, 29 715,1 (γεωμετρίας, οἰκοδομικῆς, αὐλητικῆς κτλ.) 396,34 (τῆς ποιητικῆς, τῆς θεωρητικῆς, τῆς φυσικῆς) 643,10 sq. ἀεὶ ἐν τ. ἡ οὐρανία κίνησις 298, 33 299,2 πρὸς τοῖς τ. εἶναι 143,1
τέσσαρες. dat. τέτρασι 50, 16 56, 30. 34 57,6 600,22 603,13 al.
τετραγωνίζειν 413,28
τετραγωνικός (διάστασις) 480,4
τετραγωνισμός (κύκλου) 412,32. 33 413, 1. 27
τετράγωνον. ὁ κύβος ἐκ τετραγώνων ἓξ 304,14. 26 574,17 sq.
τετραπλασιάζειν 220,22
τεχνητός (opp. φυσικός) 51,12 132,10 238, 28
τέως interim, ad tempus 35,4 42,27 43,1.6 51,2 194,31 201,6 236,25 237,25 314, 19 330, 29 350, 22. 27 390, 13 397, 22 419,7 600,2 697,28 701,18 703,28 705, 27
τήρησις observatio astronoma 474,20
τίμιος. ὡς τιμιωτέρου τοῦ οὐρανίου σώματος 4,32
τομή. ἡ δοκοῦσα τομή (expl.) 609,21
τοπικός (κίνησις) 79,1 80,19 96,22 107,28 (σχέσις) 405,33 435,14
τόπος (def.) 173,23 231,16 258,3 369,16 287, 24 694,12 699, 2. 16 (dialectice)

238,11 (ἀλλότριος, opp. ἴδιος) 75,17 (οὐκ ἄπειροι οἱ τ.) 229,13 sq. (ὁ ἄνω, ὁ κάτω, ὁ μεταξύ) 229,10. 14 τόπου ἐναντιότητες enumerantur 151,7 (διαφοραὶ καὶ ἐναντιώσεις) 70, 34 (οἰκεῖος) 64, 22 77, 20 (φυσικός) 76,3 (ὁ παρὰ φύσιν) 243,35
τορνοῦν (Plato) 418,10
τοσαυταπλάσιος 225,22 232,11
τοσαυταπλασίων 82,5 222,29
τριαδικός (ἰδιότης) 8,22
τρίγωνος (σῶμα) 245,13 τὸ τρίγωνον 304, 13. 25 406,15 407,29 δύο τ. ἀρχοειδῆ 638, 27 (μαθηματικόν, opp. φυσικόν) 646,22
τρίοδος. τοῖς ἀπὸ τριόδου γράφειν 131,28
τριπλασιάζειν 220,18. 21
τριπλασιεφέβδομος 413,31. 32
τριχῇ. τὸ τ. διαστατόν 89, 22. 23 134,17. 32 135,1
τροπή (expl.) 100,28 (φυσική) 107,8 μεταβολὴ γένος πάσης τῆς ὑπὸ σελήνην τ. 101,2 αἱ τ. αἱ θεριναὶ καὶ αἱ χειμεριναὶ 493,17 οἱ μεταξὺ τροπῶν τε καὶ ἰσημεριῶν χρόνοι 497,19 χειμὼν καὶ θέρος καὶ αἱ μεταξὺ τ. 402,27
τρόπος. τὸ ἀεὶ τ. ὑπάρξεως εἶναι δοκεῖ 329, 20 τῷ τ. προστιθέναι τὸ ἀρνητικὸν μόριον 28, 19. 23 30, 22 329, 21 αἱ μετὰ τρόπου προτάσεις 329, 22 (ὑποθετικός) 62,31 (πρῶτος τῶν ὑποθετικῶν) 352,25 (δεύτερος τῶν ὑποθετικῶν ὁ διὰ τριῶν καλούμενος) 466,32 536,21 714,14
τροχός. ἡ τῶν τ. κίνησις 15,2 (ὁ τῆς εἱμαρμένης τε καὶ γενέσεως) 377,14
τρυγώδης μοῖρα 84,21
τρύξ. ὡς πρὸς ὕλην καὶ τρύγα 84,24
τρύπανον 602,10
τυμπανοειδής (γῆ) 547,6. 25
τυφλός. καὶ τυφλῷ, τὸ λεγόμενον, ἐστι δῆλα 123,2 cf. 195,19
τύχη. ἀπὸ τύχης (opp. φύσει, ἀπὸ ταὐτομάτου) 354,10

Ὑαλός 130,15
ὑγιαίνειν. ἡ ὑπόθεσις ὑγιαίνει 121,14
ὑγιής (logice) 163,22
ὑγρός. ἡ τοῦ ὑγροῦ φύσις (expl.) 468,6
ὑδάτινος (οὐρανός) 88,14. 15
ὑδάτιος (σῶμα) 647,11

ὑδατοῦν 571,9
ὑδράρπαξ 524,20
ὕδωρ (ἐκ τῶν εἰκοσαέδρων συνεστάναι) 561, 17
υἱός. ὁ Υἱός Christianorum 137,28
ὕλη (def.) 718, 31 (= ἄποιον σῶμα) 564, 17 (διαφεύγει τὴν αἴσθησιν) 642,23 ὕλης λόγον ἔχειν πρός τι 110,17 τὸ ὕλῃ εἶναι (expl.) 355,1 (opp. εἶδος) 94,29. 31 564, 15 565,23 (dist. σῶμα) 134,9 sq. (ἀσώματος) 135, 27 (πρώτη) 136,2 (ἡ τοῖς γενητοῖς καὶ φθαρτοῖς ὑποκειμένη, dist. ἡ κατὰ τόπον κινητή) 135,20
ὑλικός. ὑλικώτερος 100,10 ὑλικωτέρα μοῖρα τῶν οὐρανίων σωμάτων 84,20
ὑπαγορεύειν. ἡ αἴσθησις ὑπαγορεύει 12,11
ὑπαντᾶν πρός τινα 13, 29 οὐδὲν ὄφελος τούτῳ πρὸς τὸν οἰκεῖον σκόπον ὑπαντᾷ 72,30 (dialectice) 301,23. 32
ὑπάντησις 14,4 (κατὰ ἔνστασιν) 14,9
ὕπαρξις (opp. σχέσις) 162,13 καθ' ὕπαρξιν 43,23
ὑπέκκαυμα 20,26 27,22 34,8 35,29. 35 36,11. 12 37,4. 17. 27 42,23. 27 50,18 51,14. 22 58,28. 35 80,20 81,6. 18 82,4. 21. 23. 24 83,15. 16. 22. 26 84,9 89,13 163,28 164,24 285,11 373,2 439,12. 14. 16. 27. 30 461,20 al. ἡ τοῦ ὑπεκκαύματος ὁλότης 67,11 (πῦρ, opp. τὸ οὐράνιον) 81,7
ὑπεκπροθέειν (Empedocles) 529,12
ὑπερανέχειν 69,19 91,2 96,6
ὑπερβιβάζειν (λέξιν) 352,3
ὑπερβολή (opp. ἔλλειψις, συμμετρία) 171,18 (expl.) 320,2 (πυρός) 81,9
ὑπεξέρχεσθαι 76,11 77,29 96,6
*ὑπερεδράζειν 86,8
ὑπερέχειν. πέμπτη τις οὐσία τῶν τεσσάρων ὑπερέχουσα 6,11
ὑπερκόσμιος 280,26 291,28
ὑπερούσιος (ἀγαθότης) 485,16
ὑπεροχή (τοῦ οὐρανοῦ πρὸς τὰ ὑπὸ σελήνην) 74,15
ὑπέρτερος (αἰτία) 199,32 (δύναμις) 199,29
ὑπερφυής (κίνησις) 38,2 59,1
ὑποδιαίρεσις 220,28
ὑποδρομή (τῆς σελήνης) 481,9
ὑποζωννύναι. ὡς ὑπεζωκώς τις 375,19
ὑπόθεσις (logice) 115,32 ἐξ ὑποθέσεως 71, 25. 28 109,18 (opp. ἁπλῶς) 322,27 sq. (opp. καθ' αὑτό) 323,3. 14. 33 324,6

ὑποθετικός (gramm.) 18,12. 13. 16 (λόγος) 552,31 ὁ δεύτερος τῶν ὑ. τρόπος 62,31 429, 28 466, 31 (dist. παρασυναπτικός) 477,9 — ὑποθετικῶς (προάγειν) 18,10. 15 (συνάγειν) 668,14

ὑποκεῖσθαι. ὑποκείμενον 92,18 102,11. 18. 30 (expl.) 126,28 (δεύτερον) 134,10 599,5

ὑπόληψις 116,13 117,5

ὑπόνοια. ἐπάγειν εἰς ὑ. 1,13

ὑποποδίζειν (opp. προποδίζειν) 491,24

ὑποποδισμός (opp. προποδισμός) 32,20 36, 31 487,24 488,6. 10

ὑποσέληνος (στοιχεῖα) 486, 20 (σῶμα) 595,9 629,21

ὑπόστασις (ἑαυτοῦ) 92,33 (ἡ ἀπὸ τοῦ ἀκινήτου προσεχῶς) 96,5 (σωματική) 96,16 τὸ τὴν ὑ. ἑτέρωθεν ἔχον 103,32

ὑποστατικός (αἰτία) 94,11 τὸ πάντων ὑ. 94,26

ὑποστιγμή 316,20 544,9

ὑποστίζειν 316,19 389,35

ὑποτείνειν. ἡ ὑποτείνουσα 323,9. 11 324, 29

ὑποτίθεσθαι 76,33 77,2. 5 109,20

ὕστερος (τῇ φύσει) 40,28 385,8

ὕφεσις. ἡ κατὰ ὕφεσιν διαφορά 135,24

ὑφίζειν. τὸ πᾶσιν ὑφιζηκός 22,33

ὑφιστάναι. τὸ ὑφιστάνον 107,10 τὸ ὑφιστάνον καὶ τὸ ὑφιστάμενον 93, 22 τὸ μόνως ὑφιστάν 94,26. 27 ὑφεστάναι 76, 15 (opp. ἐπιπολάζειν) 27,14 161.1 τὸ βαρύ τε καὶ ὑφιστάμενον 282,9

Φαιός. τὸ φαιόν 75,1

φακοειδής 409,29. 34 410,26 413,8

φάναι. ἐσχάτων ἤδη τῶν ἡμερῶν οὐσῶν, ὥς φασι 88,3 cf. 143,1 τὰ ἐναργέστατα καὶ τυφλῷ, φασί, δεικνύναι 195,18 ὅν φασιν ... (de Herostrato) 200,30

φαντασία. ταῖς αὑτοῦ φαντασίαις (commentis) συνᾴδειν τὰ Πλάτωνος 84,13

φάσις (caelestis) 36,32 487,24 488,6 φάσεις τῆς σελήνης enumerantur (διχότομος, ἀμφίκυρτος, μηνοειδής) 547,12

φάσμα 20, 28 36,2 φάσματα (= κομῆται, δοκίαι) 415,21

φθάνειν. ἐν τοῖς φθάσασι (opp. νῦν) 91, 28

φθείρειν. φθαρτός (οὐρανός) 73,2 (coni. παθητός) 78,11 τὸ φθ. varie dictum 316,14 (κυρίως, def.) 337,12

φθινόπωρον quando sit 421,26

φθορά (opp. γένεσις) 91,15 (expl.) 96,7 98,26 103,9 (διάκρισις τῶν ἀτόμων) 295, 23

φιλία cf. Φιλία.

φιλομαθής. φιλομαθῶς ζητεῖν 84,12

φιλονεικεῖν c. inf. 87,31 μέρη φιλονεικοῦντα 85,31

φιλόνεικος (πρόληψις) 74,4

φιλοσοφεῖν. οἱ πρῶτον περὶ τῆς ἀληθείας φιλοσοφήσαντες θεωρητικῶς 555,25

φιλοσοφία (πρώτη) 270,27 271,12 272,2 556,21

φιλόσοφος. τινὲς τῶν ἐμοὶ προσκυνητῶν φιλοσόφων 388,16 φιλόσοφον ὄντως ἐστὶ τὸ τὰς αἰτίας τῶν ὄντων ζητεῖν 521,14 (εὐλάβεια) 7,27 18,15 419,4 (μετριότης) 554,2 — φιλοσόφως καὶ οἰκείως adhibere vocabulum 55,9

φιλότης cf. Φιλότης.

φλήναφος (πλατύς) 135,31

φλόξ (εἶδος τοῦ πυρὸς κατὰ Πλάτωνα) 85,8

φοῖνιξ (ὄρνεον) 275,1

φορά. ἡ κυρίως φ. ἡ κατ' εὐθεῖαν 262,1 288,4

φρενήρης 120,13

φρόνησις (opp. πανουργία, εὐήθεια) 55,30

φυσικός. ὁ φ. καὶ περὶ μήκους καὶ πλάτους διαλέγεται 7,32 οἱ φ. 7,7 (dist. οἱ θεολόγοι) 293,15 305,21 306,1. 6 562,9. 15 676,16 (ἀπόδειξις) 312, 23 (ἀπορία) 7, 23. 25 (ἀρχή) 2,19 6,4. 32 92,10 (γραμμή, opp. μαθηματική) 46,9. 23 (δύναμις) 84,3 (εἶδος, opp. τεχνητόν) 132,10 (ἐπίπεδον, opp. μαθηματικόν) 563,30 (κινήσεις τρεῖς) 230,22 253,34 (opp. ψυχική) 383,34 (πραγματεία) 551,20 (ῥοπή) 79, 12 (σχῆμα) 76,18 (τόπος) 76,3 (τρίγωνον, opp. μαθηματικόν) 646,22 (σῶμα) 6,20 (opp. μαθηματικόν) 256,10 631,4 (expl.) 567,16 (def.) 604,4 — φυσικῶς φέρεσθαι 72,17 101,9 (ἀποδεικνύναι, opp. καθόλου σκοπεῖν) 346, 9 (ὑπαντᾶν πρὸς λόγον) 630,27

φυσιολογία 31,30 564,10

φυσιολόγος 202,11 542,33 590,17

φύσις (def.) 387,15 589,9 (dist. δύναμις) 595,18 (expl.) 381,32 (def. Arist.) 92,

19 157,6 158,5 159,11 228,17 238,18 381,5 556,22 674,22 677,9 (Plato) 382,7 (= θεός) 467,23 *res naturalis* 330,22 331,1 333,2 (ἡ κυρίως λεγομένη, def.) 467,24 (τῶν στοιχείων) 76,24 (σωματική) 85,2 φύσει (opp. σχέσει) 75,5 (opp. ἀπὸ ταὐτομάτου, ἀπὸ τύχης) 354,9 (πρότερος) 103,12 (συνεστῶτα) 6,34 κατὰ φύσιν (opp. παρὰ φύσιν) 34, 35 35,1 sq. 86,22 (κινεῖσθαι, def.) 243,26 (κίνησις) 76,4 (σχῆμα) 76,14 παρὰ φύσιν (opp. κατὰ φύσιν) 34, 35 35, 1. 3 (expl.) 57, 21 sq. 80,17 (διατιθέναι) 86,18 (κινεῖσθαι, def.) 243,27 Περὶ φύσεως συγγράμματα 556,25 ὑπὲρ φύσιν (dist. κατὰ φ., παρὰ φ.) 35,13. 19. 36 51,24. 28 80,23

φῶς (= εἶδος τοῦ πυρός, Plat.) 12,28 67,5 85,8 (expl.) 130,31

φωστήρ 461,29

φωτεινός. τὸ φ. τοῦ πυρός 12, 30 (φῶς) 85,9 (οὐσία) 87,11

φωτισμός (σελήνης) 372,30 402,31 479,6. 9. 24 480,15

Χαλαρός (ἄτοπον) 220,12
χάος v. Χάος.
χαρακτηρίζειν 149,8
χειμών quando sit 421,26
χιτών. ὁ κερατοειδὴς χ. ἐν ὀφθαλμῷ 47,13
χιών (dist. κρύσταλλος) 76,25
χρῆμα (Anaxagoras) 590,3 608,21. 24. 32 609,7
χρῆσις *locus allatus* 518,13
χροιά (θνητῶν, Empedocles) 530,3 (Anaxagoras) 609,8
χρονικός (ἀρχή) 299,30 300,3
χρόνιος. πολὺ χρονιώτερα (an πολυχρονιώτερα?) 78,4
χρόνος (ἐνεστώς, παρεληλυθώς, μέλλων) 105, 12 sq. 296, 23 sq. (dist. τὸ νῦν) 579, 18 sq. (τῷ αὐτοκινήτῳ συμπροῆλθεν ἀπὸ τοῦ αἰῶνος) 94,15 (συμπαραθέει τῷ ὄντι) 95,13 (μετ᾿ οὐρανοῦ γεγονέναι τὸν χ.,

Plato Tim. 37 d) 296,22 299, 20 312,9 (expl. Plat.) 288,25

χρῶμα. τὰ χρ. φωτεινοῦ τινός ἐστιν ἀπαυγάσματα 86,14 πᾶν χρ. ἢ λευκὸν ἢ μέλαν ἢ μικτόν 112,21 τὸ δοκοῦν χρ. τῆς ἀντιθέσεως 262,23

χύμα (ἀέρος) 84,10
χύσις (ἀόριστος) 40,1
χώρα. χώραν ἔχειν *locum habere* 43,6 105,3
χωρεῖν. δι᾿ ἀλλήλων ἀεὶ κεχωρηκότα τὸ σύνθετον ἀποδίδωσι (τὰ τοῦ λόγου κδ στοιχεῖα) 85, 24 cf. 26 σῶμα διὰ σώματος χωρεῖν 269,3 510,23 629,28 cf. 660,28
χωρητικός 76,7
χωρίζειν (τῇ ἐπινοίᾳ, κατ᾿ ἐπίνοιαν) 275,10. 12. 19 276,3 279,20 — χωριστός (εἶδος, ἐντελέχεια) 275,25 276,8 279,18 380,17. 18 381,8

Ψεῦδος (dist. ἀδύνατον) 322,25 sq. 324,9 sq.
ψῦξις (opp. θερμότης) 81, 25 83,10 89,19 250,25
ψυχή (def. Arist.) 381,6. 36 (= τὸ ἔξωθεν κινοῦν, opp. φύσις) 387,16 (εἴδη) 123,22 (θρεπτική) 110,30 (νοερά) 80,12 (οὐρανοῦ) 78,19 (πρῶται ψ.) 85,4 αἱ τῶν πλανᾶσθαι λεγομένων σφαιρῶν ψ. 380,23 κίνησις τῆς ψ. 377,20 sq.
ψυχικός (κίνησις, opp. φυσική) 80, 1. 16 383,33
ψυχοῦν 489,18 552,10 al.
ψυχρότης describitur 668, 24 εἰς πολλὴν ἐκπίπτειν ψ. 47,28
ψύχωσις 379,7. 11 381,29

Ὠκεανός v. Ὠκεανός.
ᾠοειδής 409,30 410,2. 27 413,8
ὥρα *quarta et vicesima pars diei* 464,3
ὡροσκόπιον 411,5
ὡς ἄν c. part. 2,2

II INDEX NOMINUM

Ἀβδηρῖται. τὴν συμπλοκὴν Ἀ. ἐπάλλαξιν ἐκάλουν, ὥσπερ Δημόκριτος 609,25
Ἀβόρας ποταμός 525,13
Ἄδωνις. οἱ Ἀδώνιδος καλούμενοι κῆποι 25,35
Ἀθῆναι 493,7
Αἰγοκέρως caeli signum 402,30
Αἰγύπτιοι iam antiquissimis temporibus sidera observitabant 117,25 481,13 terram in aqua natare fabulose narrabant 522,17
Αἰθίοψ colore corporis Scythae dissimillimus 157,30
Αἰσχύλος ἐν Βασσάραις (fr. 24, Nauck Fr. Tr.² 10) 517,19
Ἀκραγαντῖνος Empedocles 632,11
Ἀλέξανδρος ὁ Αἰγαῖος 430,32
Ἀλέξανδρος ὁ Μακεδών 506,14
Ἀλέξανδρος ὁ Ἀφροδισιεύς (ὁ ἐκ τῆς Ἀφροδισιάδος 377,20) 176,33 297,1 430,29 ὁ Ἀριστοτέλους ἐξηγητής (ὁ ἐ.) 121,12 700,9 ὁ ἐπιμελέστατος τοῦ Ἀριστοτέλους σπουδαστής 378,21 ὁ καλὸς Ἀ. 396,6 optimus Aristotelis, iniquus Platonis interpres 377,20 sq. a Simplicio colitur et laudatur ut veritatis amans 301,19 — de Empedocle 295,26 de corporum natura 2,26 de Heraclito Ephesio 294,17 vituperat Herminum 380,5 Xenarchum impugnat 13,29 14,9 22,18 23,22 24,21 de Platone 297,1.3 299,6.9.16 300,27 312,7 346,25 358,29 377,30. 35 — ἐν τῷ τῶν Κατηγοριῶν ὑπομνήματι 168,17 sq. — ἐν ταῖς εἰς τὸ Λ τῆς Μεταφυσικῆς σχολαῖς 503,33 — de Ar. Meteor. A 1. 338ᵃ20—25 4,23 —

de argumento librorum Aristotelis de caelo 1,2. 11 2,9. 28 3,13 5,5. 13 11,7 201,26 — in Ar. de caelo 8,4. 28. 33 9,7 13,17. 29 14,11. 27 15,1. 13 16,22—30 17,10 20,17 22,18 23,3. 22. 26 32,2 37,12. 21. 31 39,11. 26 40,21 41,2. 7. 18. 25 42,15. 30 44,8 46,6. 31 47,5 50,9 51,32 53,20 54,6. 14 62,11 79,13 83,30 108,10. 23 110,11. 111,24. 32 114,3. 15 115,1 116,15. 22. 31 117,8. 15 121,12 146,11 148,14 150,15 152,4. 21. 30 153,19 158,30 170,24. 25. 27 171,2. 6. 12 174,11. 15. 16 176,33 178,7 181,11 182,19. 26. 31 183,2 185,14. 23 186,6 186,18. 24 187,20. 25 194,8. 23. 31 201,14. 26 204,32 205,4 206,22. 207,18 210,20 211,2. 9. 12 215,4 217,8 218,11. 16 224,29 225,3 236,26 237,36 239,25 241,3. 19. 27. 33 241,29 243,31 244,7 245,7 246,29 247,11 247,22 248,1. 13. 28 249,4. 16 250,16 251,23 252,1. 25. 27 253,1. 10. 15 256,2 257,28 258,2. 31 259,6. 17. 20 263,22 264,9 265,6. 12. 29 266,29 270,5. 9. 13 271,11. 14 272,22. 28. 33 273,10. 20. 28 274,23 275,33 276,16—29 277,20 279,6 280,14 282,10. 22 283,27 285,2. 21. 27 286,6. 15. 25 287,19 290,2 291,26 293,15 294,17. 18. 24. 26 295,26 296,6. 9. 16 297,1. 10 298,21. 26 300,2. 27 302,32 303,4 309,7. 14 310,5. 24 311,4. 19 311,27 312,7. 14 316,3. 26 317,20 321,7 323,13. 30 327,10 330,11. 21 331,7 332,23 333,24 334,26 336,29 337,4 341,5. 17. 20 342,20 343,4. 29 344,15 346,25. 30

347,7. 13. 30 349,14. 27 351,7 352,3. 13.
25 353,13. 21 358,27 359,7 360,4 361,1*
362,5 364,11 366,25 367,8. 20 368,13.
27 369,23 371,27. 33 373,25 376,28
379,18. 29. 33 380,13. 29 382,5 387,6.
14 391,12. 18 392,25. 34 393,16 395,11
396,6 398,25 399,5 400,31 402,3 404,
4. 7. 28 405,11. 27 409,32 410,16 412,
30 413,10. 12. 19. 25 414,30 415,2. 6. 9
419,31 420,11 423,37 424,31 425,4 429,
1. 6. 17 430,12. 22. 27. 29 431,27 436,4.
9. 21. 27 438,13 439,14. 19. 23 440,6. 23
442,4. 22 443,18 444,3 447,4. 20. 33
448,2. 3. 29 450,6. 31 451,2. 9. 13. 23
452, 22 453, 26. 35 454,7 457,17 459,
26 463,3 467,13. 28 468,15 472,8 474,
7. 31 478,3 481,23 485,8 489,12 491,2
513,9 515,25 518,1 521,18 525,7 528,14
532,7 535,7 538,11 543,15 545,20 546,
15 552,14 555,3 560,5 562,1. 3 570,24
572,24 575,27 578,1. 20 581,25 582,9
583,12 584,29. 31 585,21. 27 586,26
587,13 588,20 589,1 590,4. 12 594,16
597,13. 21 598,26 606,9 607,7 610,13.
28 611,3. 14 612,1 613,27 614,16 617,
11 618,10 619,9. 20 620,18 621,20 622,
25 623,4 624,10 627,16. 21—32 630,3
631,24 634,8 640,5. 20 642,25 644,28
645,2 646,14 647,14. 19 652,9 654,13
655,29 659,24 660,13 671,25 676,19
686,2 692,7. 16 693,25 694,10 695,21
696,12 698,13 700,9. 12. 23 701,30 719,
29 720,9

Ἀλκαῖος ὁ μελοποιός (fragm. 99 Bergk) 156,25

Ἀμμώνιος (ὁ ἡμέτερος καθηγεμών) de causa mundi totum librum conscripsit 271,19 Alexandriae Arcturum observavit 462,21

Ἀναξαγόρας οὐ καλῶς ἐτυμολογήσας τὸ τοῦ αἰθέρος ὄνομα ἀπὸ τοῦ αἴθειν 119,2 πολλαχοῦ τῷ τοῦ αἰθέρος ὀνόματι ἀντὶ τοῦ πυρὸς κέχρηται 603, 22 ἔοικε διττὴν ἐνδείκνυσθαι διακόσμησιν 608,31 (δίνησις) 374,34 375, 29 ἐδόκει λέγειν καθ' ἕκαστον εἶδος ἀπείρους τῷ πλήθῳ ὁμοιομερείας 229,33 614, 27 de elementis rerum 603,4. 8. 14. 17. 26 604,31 605,31 608,11 609,16 613,9 635,15 673,4 de ortu rerum compositarum 305,21 de seiunctione et coniunctione rerum 202,21 601,7 635,15 omnia in omnibus rebus inesse et res fieri secretione 632, 5. 9. 13. 15 635,5 corpora suam quodque naturam servare etiam confusa et permixta 634, 25 de levitate et gravitate nihil statuit 686, 13 de generatione mundi 589,25. 30 sq. 590,13 non esse vacuum 634,32 de terrae ortu 543,4 de situ terrae 511,24 terram in aëre natare 520,31 quo modo terra eodem loco retineatur 527,1 quo modo in medium mundi pervenerit 527,32 — οἱ περὶ Ἀ. 673,4 — citatur fr. 1 (Mullach) 608,21 fr. 3 609,5 fr. 6 608,29 fr. 10 609,10 fr. (om. Mullach) 608,25

Ἀναξίμανδρος Θαλοῦ πολίτης καὶ ἑταῖρος 615, 13 Ἀναξιμένης ἑταῖρος Ἀναξιμάνδρου καὶ πολίτης 615, 18 ἀόριστόν τι ὕδατος μὲν λεπτότερον ἀέρος δὲ πυκνότερον ὑπέθετο 615,13 cf. 202,14 ἐξ ἑνὸς πάντα γίνεσθαι κατ' εὐθεῖαν 202,22 ὑπόκειταί τι τοῖς στοιχείοις ἄπειρον μέγεθος 227,15 principium τὸ μεταξὺ posuit 561,4 602, 20 mundum infinitum esse docebat 531, 28 679, 4 videtur mundos numero infinitos posuisse 202,14 615,17 de terrae situ 511,24 terram suo loco manere pari momento libratam 521,1 532, 3. 8. 13 de magnitudine et distantia stellarum errantium 471,4. 8

Ἀναξιμένης ἑταῖρος Ἀναξιμάνδρου καὶ πολίτης 615,18 de principio mundi 202,13 227,16 aëra principium statuit 561,4 cf. 562,9 602,19 615,18 ἐξ ἑνὸς πάντα γίνεσθαι κατ' εὐθεῖαν 202,23 de generatione mundi 590,18 mundum infinitum esse 531,28 terram in medio mundo sitam 511,24 in aëre natare 520,30

Ἀπολλώνιος (Argon. I 129) 517,14

Ἄρατος ὁ Σολεύς 391,12. 19. 20 citatur (Phaenom. 24) 391,12 (Phaen. 78) 479,12

Ἄρης planeta 479,16 495,27 luna intercedente occultatur 481,9. 10 de sphaera eius vel sphaeris 474,9 497,23 502,30 503,2 quot mensibus tertia eius sphaera ambitum conficiat 496,7 varia lux 504,28

Ἀρίσταρχος solem stare, terram torqueri docuit 444,34 de magnitudine et distantia stellarum errantium 471,11

Ἀριστόθηρος. eius cum Autolyco controversia 504,25

Ἀριστοτέλης ὁ γνησιώτατος τῶν Πλάτωνος ἀκροατῶν 378,21 homo in dicendo subtilissimus et ingenio acuto 291,20 305,13 369,7 401,1 415,16 481,25 566, 18 hyperbatis non utitur 153,12 dicendi consuetudinem vulgarem reicere gravatur 69, 14. 25. 27 103,19 679,28 providere solet, ne parum diligenter legentes rationibus captiosis decipiantur 557,19 cf. 296,6 priorum opiniones initio disputationis recensere solet 292, 17 cf. 512,23 nonnullis qui paullo ante Simplicium fuerunt suspectus 297,4 una cum Callippo Athenis versatus Eudoxi inventa emendavit et supplevit 493,7. 8 cf. 422,15 de Democrito quid docuerit 295,33 a Philopono impugnatur 25,25 26, 20 sq. 84,14 Platonis Timaeum in angustum coegit 379,16 cum Platone partim consentit partim dissentit 66,5 85,31 87,2 91,8 107,22 287,3.5.14 296, 16. 27. 30 377, 23. 26 389,30 414,13 454, 23 640,28. 30 713,3 de notionibus universalibus 89,29 quae contra naturam sunt celerrime interire 37,29 formas rerum aeternas esse 277,3 de locis inferiore et superiore 71,1 269,15 sq. 26 τὸ κοῦφον quid sit 71,9 ex quibus fiat materia informis 565,23 de elementis 27,2. 6 31,34 86,15 161,1 536,11 564, 19 de ortu rerum 102,12 103,4 140, 18 de motu (circulari) 32,3. 10. 12. 26 42,30 (directo) 42,13 (τοῦ ὑπεκκαύματος) 37,34 (caeli) 509,19 510,5 (siderum) 194,1 (planetarum) 454,27 455, 11 495,18 sq. de mundo 3,25 45,16 92,31 202,2 300,2 301,5 306,8 378,31 de terrae situ et magnitudine 33,26 550,5 sq. de natura caelestium 31,17 33,21 87,26 Aristotelis aetate sphaera stellis vacua videtur ignota fuisse 462, 25 de caeli sphaerarum numero 503, 11. 20 de animi natura 279,15 de deo 271,21

Ἀριστοτελικός. Ἀριστοτελικὰ δόγματα 381,2

Ἄρκτος. οἱ τῆς Ἄ. ἀστέρες 547, 20 ὁ ἔσχατος ἀστὴρ τῆς μεγάλης Ἄ. 547,23

Ἀρκτοῦρος locum mutavit 462,22

Ἄρτεμις Ἐφεσία 200,31

Ἀρχέδημος terram in medio mundo sitam esse negabat (cf. Zeller Phil. Graec. IIIa[3] 45,3 137,3) 513,7

Ἀρχέλαος de elementis rerum 604,31

Ἀρχιμήδης de centrobaricis 543,32 de circuli et sphaerae mensura 412,14 549, 11. 15. 19 550,10 — Circuli dim. 3 citatur 549,11

Ἀσπάσιος 430,33 431,11 607,5

Ἄτλας 374,27. 28 375,4. 10. 13

Αὐγέας. εἰς τὴν Αὐγέου κόπρον ἐμπίπτειν 136,1

Αὐτόλυκος ὁ Πιταναῖος de sphaeris caeli dissentiebat ab Aristothero 504,23. 24

Ἀφροδισιακός. ἡ Ἀφροδισιακὴ σφαῖρα 71,4 474,10

Ἀφροδίτη Empedoclis 529,23. 25 530,4 — planeta 468,24 nonnullis videtur micare 454, 20 nonnunquam adeo collustrat corpora ut umbram faciant 504,27. 29 magnitudo eius et distantia 471,9 de sphaera eius vel sphaeris 71,18 474,11. 14. 17. 18. 19. 21. 23. 24. 25 497,23 502, 30 503,2 quot mensibus tertia eius sphaera ambitum conficiat 496,6

Ἀχιλλεύς (Homer.) 561,32

Βαβυλών. αἱ ὑπὸ Καλλισθένους ἐκ Β. ἐκπεμφθεῖσαι τηρήσεις 506,12

Βαβυλώνιοι. Babyloniorum observationes siderum antiquissimae 117,26 481,14

Βορέας (Aratus) 391,16

Γάδειρα 548,1

Δαυὶδ ἐκεῖνος ὃν πάντως τιμᾷ (Philoponus) 90,14 ὁ παρ' Ἰουδαίοις προφήτης (cf. Psalm. 18,6 103,5) 141,26. 29

Δελτωτόν signum caeli 436,24

Δημόκριτος. Aristoteles de placitis eius 294,33 sq. κατὰ Δημόκριτον ἀλλοίωσις ἂν εἴη ἡ γένεσις 295, 23 τὴν συμπλοκὴν ἐπάλλαξιν ἐκάλει 609,25 de atomis 202, 16. 27 242,17 245,1. 31 246,2 295,1 564,24 576,11. 14 585,29 604,30 648,28 659,19 de vacuo 129,30 130,1 202,16 585,29 634,29 res fieri atomorum coniunctione et seiunctione 628,14 632,6. 17 673,12 de rerum qualitatibus 565, 27 641,7 de motu 375,29 mundum infinitum esse 679,4 de variis mundis inter se excipientibus 210,16 310,15 terram in medio mundo sitam 511, 25 in aere natare 520,31 — οἱ περὶ Δημόκριτον de atomis 569,5 585,32 588,10

589,6 591,14 609,17 614,28 617,23 618,4 625,2 628,9 632,9 659,13 665,6 673,5 685,9 690,24 de vacuo 634,5. 19. 23. 33 659,27 726,8 de motu 583,20 584,9 de ortu et interitu mundi 294,27 310,24 de mundis inter se excipientibus 310,13 omnium rerum semina inesse in omnibus, itaque omnia fieri ex omnibus 730,10 de corporum gravium particulis in aqua fluitantibus 730,7. 8. 9. 14. 17 οἱ περὶ Δημόκριτον de gravitate corporum 712,27 de igne 618,7 649,10 661,31 693,25 — οἱ περὶ Λεύκιππον καὶ Δ. de interitu mundi 310,9 de levitate et gravitate corporum 684,20

Διαγόρας deos esse negavit 116,25

Δίδυμοι caeli signum 181,26 182,2 193,16 402,34 421,21

Δῖος συνοχή 375,16

Διογένης ὁ Ἀπολλωνιάτης principium aëra statuit 602,19 615,21 — (Cynicus?) de asinis recta via cibum petentibus 148, 19

Διονυσιακός. Διονυσιακὴ δημιουργία 375, 16

Διόνυσος. οἱ περὶ τὸν Δ. Τιτᾶνες 375,14

Διόσπολις ἡ Θηβαία 547,21

Ἕκτωρ (Homer.) 561,33

Ἑλλάς 506,12

Ἕλληνες. καὶ Ἕ. καὶ βάρβαροι 139, 29 370,6

Ἐμπεδοκλῆς ὁ Ἀκραγαντῖνος (Arist.) 139, 33 Ἐμπεδοκλέους ὡς ποιητοῦ μυθικώτερον .. λέγοντος 530, 12 Ἐ. ὁ τὰ αὐτὰ αἴτια ὡρισμένα, εἴπερ ἐναντία, τῆς τε γενέσεως καὶ τῆς φθορᾶς λέγων τὸ Νεῖκος καὶ τὴν Φιλίαν 308, 14 cf. 293, 20 de Amore 587,10. 12. 24 de quattuor rerum elementis 530,22 603,4. 8. 13. 17. 19. 24 605,29. 31 628,8. 10. 11 632,3. 8. 11 seiunctione et coniunctione res et fieri et interire 295, 14 305, 21 306,5 601,7 628, 11 673, 12 corpora suam quodque naturam servare etiam confusa et permixta 628,12 634,24 de levitate et gravitate nihil statuit 686,14 non esse vacuum 634,32 de duobus mundis, altero intelligibili altero sensibili 294,10 de mundi ortu et interitu 140, 25 294,32 307,16 310,12 367,12 528,

12. 30 590,19. 25. 32 de variis mundi formis 310,13 de caeli motu 374, 32 375,28 terram in medio mundo sitam 511, 24 eodem loco retineri turbine quodam caeli 520,32 527,1. 6 583,1 quo modo in mundi medium pervenerit 527, 32 ab Aristotele refutatur eius de terrae situ doctrina 527,35 528,4 verba eius γῆς βάθη quid significent dubium 522,11 de animalium et arborum partibus separatim ortis 586,10. 25 587,7 — laudantur versus eius (38 Stein) 303,5 (67 sq.) 141,1 293,25 530,14 (138) 591, 5 (146) 522,11 (169 sq.) 528, 33 (210 sq.) 530,1 (215 sq.) 530,6 (217 sq.) 530, 9 (173) 587,11 (178 sq.) 587,14 (244) 586,12 (245 sq.) 587,1

Ἐπίκουρος de atomis 242,18 569,6 de gravitate corporum (cf. fr. 276 Usener) 267,30 269,4

Ἐρατοσθένης de altitudine montium summorum 550,2

Ἑρμαϊκός. ἡ Ἑ. σφαῖρα 71,5

Ἑρμῆς ὁ λίθινος 137,15 — (planeta) magnitudo eius et distantia 471,8 quo intervallo distet a ceteris planetis 468, 24 fulgor 454,19 motus 415,28 de sphaera eius vel sphaeris 71,18 474,9. 14. 15. 20. 24. 26 497,23 502,30 503,3 quo temporis spatio ambitum conficiat 495, 26 496,7

Ἑρμῖνος caeli motus causam putabat esse animam mundi 380,3 de remissione et contentione motus caeli 430,32 431. 11

Εὔδημος ἐν τῷ δευτέρῳ τῆς Ἀστρολογικῆς ἱστορίας (fr. 96 Spengel) de Eudoxo Cnidio 488,19 quae Callippus de sphaeris docuerit 497, 17. 24 de stellarum errantium ordine 471,5 Sosigenes Eudemo utitur auctore 488, 20

Εὔδοξος ὁ Κνίδιος 488,19 Polemarchi magister 493,6 primus Graecorum planetarum cursum explicare conabatur 488, 19 493,4 de motibus sphaerarum caeli in libro Περὶ ταχῶν egit 422,15 494, 12 viginti sex sphaeras caeli esse voluit 497,6 cum Callippo de sphaerarum situ consentiebat 497,10 sed carpitur a Sosigene 504, 18. 21 eius de motu

Comment. Arist. VII Simpl. de Caelo.

Εὐκλείδης

solis doctrina 493,11 de quinque planetarum cursu 495,17 sq. 496,6 497,5 de lunae motu 494,23 ἡ λεγομένη ὑπὸ Εὐδόξου ἱπποπέδη 497,2 οἱ περὶ Εὔδοξον de sphaeris caelestibus 32,16

Εὐκλείδης (ὁ στοιχειωτής 414,2) respicitur (Element. A def. 1, 2, 5) 562,24 (A 13) 538,25 651,10 (A 14) 539,27 (B 14) 414,2 (Γ 19) 538,29 (Optic. 23) 519,23

Εὐκτήμων de varia dierum longitudine 497,20

Εὐρυκλῆς. οἱ τὸν ἄτοπον Εὐρυκλέα περιφέροντες κατὰ τὴν παροιμίαν 142,26

Ἐφέσιος. Ἐφεσία Ἄρτεμις 200,31

Ἑωσφόρος stella 36,22 495,26

Ζεύς (deus) 377,5. 17 Διὸς ὄρνις θεῖος (Pindarus) 42,18 οἱ μὲν (τῶν Πυθαγορείων) Ζηνὸς πύργον (τὸ πῦρ τὸ ἐν τῷ μέσῳ) καλοῦσιν, οἱ δὲ Διὸς φυλακήν (cf. 513,21. 26. 29 519,20), οἱ δὲ Διὸς θρόνον 512, 12 sq. — (planeta) 491,21 de luce eius 474,17 de sphaera eius vel sphaeris 476, 13 498,11. 13. 26 502, 20. 22. 25. 28 503, 2. 4 quot sphaeras ei tribuerit Callippus 497,11 quo temporis spatio ambitum conficiat 447,30 495,28 496,8

Ζηνόδωρος Περὶ ἰσομέτρων σχημάτων (ap. Theonem in Ptolem. Σύντ. p. 33 sq. ed. Halma) 412,15 cf. adnotat.

Ζυγός caeli signum 181, 28. 33 182,4. 7 185,29. 31 186,1. 3 421,23

Ἥλιος. Ἡλίου ἀστήρ = Κρόνος 495,28 — Ἥλιος (Homer.) 392,7 cf. praeterea ἥλιος

Ἥρα 377,3. 5. 9

Ἡραῖος. Ἡραῖον τῆς ζωῆς εἶδος 377,8

Ἡράκλεια locus Hispaniae 548,2

Ἡρακλείδης ὁ Ποντικός terram moveri, caelum stare putabat 444, 34 519,10 541,28

Ἡράκλειος. αἱ Ἡράκλειοι στῆλαι 548,2

Ἡράκλειτος ὁ Ἐφέσιος (139, 34 615, 22 620,6) per aenigmata sapientiam suam effert a vulgi opinionibus dissentiens 294,13 unam tantummodo rem non ortam esse censebat 556,10 590,19 ignem principii loco posuit 561,5 562,9 602,20 615,22 620,6 621,7 de mundi mutationum vicissitudine 139,34 294,4.

33 307,16 367,12 — fragm. 20 (Bywater) affertur 294,6. 15

Ἡρακλῆς ὁ μέγιστος 119,12

Herostratus significatur 200,30

Ἡρωδιανός (rhetor) 26,22

Ἡσίοδος 562, 8 672, 31 mundum esse coepisse censet sed non desiturum 293, 14 — afferuntur versus eius Theog. 116 (556,8 560,16. 24) 517 (374,28) — οἱ περὶ τὸν Ἡσίοδον θεολόγοι omnia orta esse censebant 598,3

Ἠώς (Hom.) 392,7

Θαλῆς ὁ Μιλήσιος (520, 28 522,15 615,11) Anaximandri civis et amicus 615, 13 aquam principium posuit 561,4 562,9 602, 19 603,14 615,11 de generatione mundi 590,18 terram in aqua natantem immotam manere censebat Aegyptios secutus 520, 28 522,15. 18

Θεμίστιος (ὁ εὐφραδής 72,10) ἐν τοῖς πλείστοις τὸν Περίπατον προισχόμενος 69,9 a Philopono citatur 68,6 70,9 de caeli constantia cum Aristotele consentiebat 70,9 commemoratur 62,12 63,19 70,5 71,20 131,21. 22. 24 176,28 177,1. 9 citatur 177,12 188,6. 26. 30 189,2

Θεός. ὁ Θ. 141,27 142,16 τὰ ἀμέσως ὑπὸ θεοῦ γινόμενα 137,17 δόξα τοῦ θεοῦ 90, 16

Θεόφραστος 1,8 de elementorum partitione 700,6 de flamma ex oculis hominis excitata 602,6 librum de lineis insecabilibus nonnulli a Theophrasto scriptum esse putabant 566,26 ἐν τῷ πρώτῳ τῶν Προτέρων Ἀναλυτικῶν 553,4 de sphaeris quae astris carent (fr. 31 Wimmer) 491,19 493,18 de sphaeris revolventibus (cf. fr. 32 Wimmer, ubi ultima verba desunt) 504, 6 ἐν τοῖς Φυσικοῖς (fr. 52 Wimmer) 564,24 576, 14 de sens. 63 (Doxogr. p. 517, 10) 641,7

Θηβαῖος. Διόσπολις ἡ Θηβαία 547,21 ·

Θρασύμαχος (sophista) 293,1

Ἰάμβλιχος ὁ θεῖος (1,24 169,2 564,11) de argumento librorum Aristotelis de caelo 1, 24 5,8. 11 Pythagoreos dicit excentricorum orbium rationem excogitasse 507, 14 de facie quae conspicitur in luna 457,11 ἐν τῷ εἰς τὰς Κατηγορίας ὑπομνήματι citatur 169,

3.11 Timaeum Platonis interpretatus est 564,12

Ἰνδική 548,2

Ἰξίων 377,2. 3. 8 378,37

Ἰουδαῖοι. ὁ παρ' Ἰουδαίοις προφήτης Δαυίδ 141,26

Ἰουλιανός ὁ Τραλλιανός de motu caeli 380, 1.20

Ἵππαρχος ἐν τῷ ἐπιγραφομένῳ Περὶ τῶν διὰ βαρύτητα κάτω φερομένων 264,25 de corporibus cadentibus 266,29 de gravitate obloquitur Aristoteli 265,10.29 de sphaeris excentricis et epicyclis 32,22 quid de motu sphaerae stellarum inerrantium observaverit 462,15 de magnitudine et distantia stellarum errantium 471,11

Ἵππασος ὁ Μεταπόντιος ignem principium posuit 602,20 615,22 620,5

Ἵππων principium posuit aquam 602,19 615,11 deos esse negavit 116,24

Ἰχθύες caeli signum 193,15. 17. 20. 25 421,20. 25

Ioannes Philoponus ὁ Γραμματικὸν ἑαυτὸν ἐπιγράφων 119,7, homo Simplicio (quamquam se numquam cum eo congressum esse dicit 26,19) ex libris suis odiosissimus, variis appellationibus ab eo notatur (velut ὁ Γραμματικός 49,10 56,26 70,34 156,26 162,20 vel ὁ γεννάδας 48,14 vel ὁ Τελχίν 66,10 vel νεαρὸς κόραξ μᾶλλον δὲ κολοιός 42,17 vel brevissime οὗτος = iste 81,31 82,8. 27 83,25 88,28 90,12 130,31 131,3 177,4 179,25 al.) saepissime citatur in enarratione capitum Ar. de caelo A 1—4, postea nusquam. ex libris Philoponi τῶν πρὸς Πρόκλον (περὶ ἀιδιότητος κόσμου) affertur unus locus XI 3 et 6 135,27 (cf. praeterea 136,18). cetera omnia sumpta esse ex VI libris τῶν πρὸς Ἀριστοτέλη (περὶ ἀιδιότητος κόσμου) coniectare licet collatis verbis 134,20 sq. cum Simplic. Phys. 313ʳ5 (cf. Index ed. Diels.) huius operis Simplicius singulos locos adiectis librorum vel capitum numeris sed indice totius operis omisso significat hos: A (?) 7 32,1 B 13 75,16 (cf. 78,12) Γ (generaliter) 80,28 E (general.) 157,2 E 3 165,32 E 25 190,20 (cf. praeterea 200,

24). — Philop. commemoratur p. 25,23 26,19. 24 28,16 30,15. 29 31,7 32,1.34 33,17 34,5.22 42,17.28 43,8.27 48,14. 15 49,10 56,26. 28 66,10 70,2. 15. 34 74,22 75,17 76,1. 27 77,15. 25 78,12. 21. 28 80,24. 28 81,5. 31 82,8. 14. 27 83,15. 21. 25. 33 84,15 88,9. 28. 31 90, 12 119,7. 17 121,10. 20 122,2 123,4.14 126,6. 14 130,31 131,3.9.32 132,4. 22. 29. 32 133,28 134,20 135,5. 21. 28 136, 18 138,32 (cf. 142,17 172,20) 141,14 142,7 sq. 156,26. 31 157,2. 26 158,33 161,29 162,20 163,1.12 165,17.32 170, 14 171,13. 22 172,1. 20 173,10. 25. 32 174,2 176,28 177,4 178,13 179,25 180, 1.7 181,24 182,18. 31 184,2 186,8.32 187,20 188,2.12 190,4.22.29 192,9.17. 27. 29 193,4. 8 194,6. 21. 25 195,14. 18 25 196,35 197,10 199,19.23 200,21.24 201,4

Καλλικλῆς (cf. Plat. Gorg.) 293,1

Κάλλιππος ὁ Κυζικηνός, Ptolemarchi, qui fuit Eudoxi amicus, condiscipulus, una cum Aristotele Athenis versabatur 493,5 Callippi liber de sphaeris exstabat nullus 497,15 eius de sphaeris doctrina a Sosigene carpitur 504,20 quadraginta tres sphaeras esse voluit 497,14 de sphaeris caelestibus 32,16 422,15 497, 8. 25 de solis et lunae sphaeris 503, 14. 18. 24

Καλλισθένης. eius ex Babylonia missae observationes astrorum 506,11

Κάνωβος. ὁ Κ. ἀστὴρ καλούμενος 547,20. 22

Καρκίνος caeli signum 181,27 402,29

Κένταυρος 377,5

Κριός caeli signum 181,26. 28. 29. 32 182, 2. 3. 7 185,29. 30 186,3 193,13. 14. 16. 18. 20 402,34 421,20. 22 445, 15

Κρόνιος. ὁ Κρ. ἀστήρ 88,15 ἡ Κρ. σφαῖρα 276,5 475,6. 12

Κρόνος (deus) 487,12 — (planeta) ὃν Ἡλίου ἀστέρα οἱ παλαιοὶ προσηγόρευον 491,21 495,28 ψύχειν καὶ συγκρίνειν τὰ τῇδε πεπίστευται 88,12 quo temporis spatio ambitum compleat 447,29 471,17 496,8 de sphaera eius vel sphaeris 199,24 472,9 475,2. 6 480,28 (Callippus)

772 Κύπρις

497,11 498,12. 18. 25 501,26 502, 28 503, 2. 4
Κύπρις (Empedocl.) 529,27 530,6. 10
Κῷος. ἀστράγαλοι Κῷοι 483,13
Λεύκιππος καὶ Δημόκριτος (s. οἱ περὶ Λεύκιππον καὶ Δημόκριτον) de atomis et vacuo 202,16 242,16 244,35 246,2 585,29 604,30 609,17 de motu perpetuo 583, 20 de mundis inter se excipientibus 202,16 310,8 de causa levitatis et gravitatis corporum 684,20
Λέων caeli signum 537,7. 8
Μεγέθιος ὁ Ἀλεξανδρεύς, medicus, aequalis Simplicii, de igne ex coxa hominis ischiaci proveniente mira narravit 602,6
Μέλισσος ἓν εἶναι τὸ ὄν docebat 140,4 omnia orta esse negavit 556,6, 12 559, 17. 19 598,2. 6 672,30 ab Aristotele refellitur (Phys. A 3. 186ᵃ4 sq.) 7,24 soluta oratione scripsit 558,17 librum suum inscripsit Περὶ φύσεως vel Περὶ τοῦ ὄντος 556,26 557,10 verba eius afferuntur: fragm. 11 Mullach (cf. adnot.) 113,21 fr. 17 558,21 sq. fr. de unitate entium 557,16
Μένανδρος (rhetor) 26,22
Μέτων de varia dierum longitudine 497, 20
Μουσαῖος de rerum ortu 560,21
Μύκωνος. εἰς μίαν Μύκωνον συγκυκᾶν 135,9
Νεῖκος (Empedoclis) 140,27 141,2. 7 293, 20. 21. 22. 26 308,7. 15 528,7. 9. 10. 11. 13. 15. 20. 21. 26. 28. 30. 31 529,3. 9. 17. 19 530,15. 18 586,29 587,13. 16. 18. 21 590,20. 27 591,7
Νειλῷος. Νειλῷον κιβώριον 417,8
Νικόλαος ὁ Περιπατητικός Περὶ τοῦ παντός (fr. III apud Roeper Lectiones Abulfaragianae I, Gedani 1844, p. 38) 3,28 ἐν τοῖς Περὶ τῆς Ἀριστοτέλους φιλοσοφίας 398, 36
Νικόμαχος Pythagoreos tradit orbium excentricorum rationem invenisse 507, 14
Ξέναρχος ἐν τοῖς Πρὸς τὴν πέμπτην οὐσίαν 13,22. 25. 29 14,3. 14 20,12. 21. 32 21, 33 obloquitur Aristoteli 25,22. 24 42, 20 de confusione physices et mathematices 25,11 de elementorum forma et natura ratiocinatur 26,33 definitio vacui 286,2 de motu naturali 20,12. 21. 32 23,11. 23. 31 24,20. 21 42,6 50,20 de definitione eius quod est κοῦφον 70, 20 de singulis singularum rerum contrariis 55,25. 28 56,12 de binis vitiis singulis virtutibus contrariis citatur 55, 28
Ξενοκράτης ὁ γνησιώτατος τῶν τοῦ Πλάτωνος ἀκροατῶν 12,22 de ortu mundi 303,33 de lineis insecabilibus ab Aristotele impugnatur 563,22 564,1 665,7 ἐν τῷ Περὶ τοῦ Πλάτωνος βίου (fr. 53 p. 179,13 Heinze) 12,22 87,23
Ξενοφάνης ὁ Κολοφώνιος terram putabat immobilem manere, quod infinita magnitudine esset 520,27 522,5. 7
Ξοῦθος de mundo exundanti 599,32
Ὄλυμπος mons 142,13. 30. 32 Ὄ. ἀνευφημεῖται ὁ οὐρανός 85,15 Ὄ. ἔσχατος (Parmenides) 559,23
Ὅμηρος ὁ σοφώτατος citatur (M 239) 392,6 (N 572) 517,16 (Υ 75) 561,32 (Ω 725) 288,14 (α 52) 374,30
Ὀρφεύς mundum esse coepisse putat sed non desiturum 293,14 560,21 citatur fr. 226 Abel 377,14
Παρμενίδης ab Aristotele refellitur (Phys. A 3. 186ᵃ4 sq.) 7, 24 562,8 sed ab eodem laudatur 560,2 ἓν εἶναι τὸ ὄν putabat 140,4 elementa posuit terram et ignem 691,6 non nescius se ipsum ortum esse 559,27 res non esse ortas docuit, sed videri 556,13 559,18 598, 2. 6 672,30 de rebus sensibilibus et intelligibilibus 558, 12 librum suum Περὶ φύσεως inscripsit 556,26 afferuntur versus eius (28 sq. Stein.) 557, 25 (65) 557,18 (67) 137,3 (82) 559,15 (113 sq.) 558,5 (129 sq.) 559,20 (153 sq.) 558,9
Περιπατητικοί 134,10 377,21
Περίπατος. οἱ ἀπὸ τοῦ Π. communia omnia singulis rebus tribuunt 599,29
Πίνδαρος laudatur (Olymp. II 87) 42,17
Πλάτων (ὁ θειότατος 67,24 s. ὁ θεῖος 377, 27 435,32 722,12 ὁ τῆς ἀληθείας ἐξηγητής 131,1) quomodo de superiorum philosophorum sententiis iudicaverit 512, 23 ingeniose adversariorum causam defendere solet 293,1 opinionis vulgaris

despector 679,29 cum Aristotele re consentit, verbis videtur dissentire 454, 23 640,28 644,7. 8 διὰ τὸ ἀκριβὲς ἀπορραπίσας τὴν τῶν ὀνομάτων συνήθειαν 69, 13 πολλῷ τῷ μυθικῷ καὶ αἰνιγματώδει χρώμενος 646,12 cf. 370,15 ab Aristotele impugnatur (Met. K 1) eius de principiis mathematicis opinio 665,5 quomodo ab Aristotele impugnetur, quomodo ab Alexandro 377,22. 24. 27. 30. 33 τὸ κοινὸν χωριστὸν ἔλεγε καὶ ἐξῃρημένον 275,26 οὐκ ἐδέχετο τὸ ἄπειρον ἐν ἀρχῇ 202,13 unum esse mundum censebat 277,18 de mundi idea 276,10. 13. 15 277,18 ab Alexandro ad rationem de mundi natura reddendam vocatur 297,6 de mundi ortu et aeternitate 12,13 92, 31 103,3 107,6. 22. 24 140,20. 21. 24 293,14 296,5. 12. 27 297,1 sq. 298,11. 24 300,14. 23 306,16. 307,8 311,34 352,27. 29 369,25. 27 de elementis mundi 12,21 84,31 303,17 de vacuo corporum elementis expleto 656,11 de elementorum formis corporeis et motu participibus 665,19 de planis corpora efficientibus 565,29 578,21. 26 ignis particularum forma pyramidalis 649,30 661,31 de ortu rerum compositarum 305, 21 τρία τοῦ πόλου σημαινόμενα παρὰ Πλάτωνι 517,10 de ignea caeli natura 81,2 84,13. 14. 22 85,7 86,1. 9. 33 87,18. 19. 26 de elementis caeli 88,7 91,8 435,32 de motu caeli 78,18. 23 80,14. 15. 17 de primo caelo et de primo immoto 487,9 caelum a deo fieri et moveri 360,21 de deo mundi aeternitatis auctore 301,2 de deorum animis et de anima mundi 378,1. 2. 16. 20. 26. 29 379,2. 5. 13 de anima se ipsam movente 585,2 de animi humani natura 378,27 de temporis ortu 296, 22 de gravitate et levitate corporum 66,5 69,16 70,1 72,29 269,6 684,1. 9 686,14. 23 690,24 713,2 de summo et infimo loco mundi 680, 25 681,9 686,22 de terrae situ et motu 511,25 521,1 532,4. 5. 7 662, 31 de stellarum et sphaerarum motu 468,17 475,19 qua ratione contortus planetarum motus explicandus sit, problema posuit 488, 21 492,31 de duplici planetarum motu 454,24 455,8 — τινὲς τῶν Πλάτωνος φίλων 276,10 ὁ πολυτίμητος τῶν Πλάτωνος φίλων 561, 30 τινὲς τῶν τοῦ Πλάτωνος ἐξηγητῶν 564,11

Πλατωνικός. ὁ Πλ. Τίμαιος 564,12 τὸ Πλ. ἐκεῖνο.. τὸ ἐν Τιμαίῳ ῥηθέν 372,21 (ἀπόδειξις) 535,5 (ἐπιχείρημα) 414,12 (ὑποθέσεις) 649,29 — τινὲς τῶν Πλατωνικῶν 297,11 640,23 οἱ νεώτεροι τῶν Πλ. φιλοσόφων 564,13 οἱ Πλ. (de ortu mundi) 303,33 (de causa gravitatis) 571,9 — τοῦτο Πλατωνικῶς ὁ Ἀριστοτέλης εἶπεν 389,30

Πλωτῖνος ὁ μέγας de motu directo 20,12. 21 de motu τοῦ ὑπεκκαύματος 37,33 ἐν τῷ Περὶ κόσμου (XXXVII 2) citatur 12,12 115,30

Πολέμαρχος ὁ Κυζικηνός, Callippi condiscipulus, Eudoxi amicus 493,6 videtur variam specie magnitudinem solis et lunae cognovisse 505,21

Πορφύριος ἐν ταῖς εἰς τὸ Λ τῆς Μεταφυσικῆς σχολαῖς de sphaerarum numero 503,34 de aetate caeli observationum Babyloniorum 506,13

Ποσειδώνιος ὁ Στωικός de elementorum partitione 700,7

Ποτάμων de principiis mathematicis 607,5

Πρόκλος (ὁ φιλόσοφος) 643,27 645,15 648, 1 ὁ ἐκ Λυκίας ὀλίγον πρὸ ἐμοῦ γεγονὼς τοῦ Πλάτωνος διάδοχος βιβλίον ἔγραψε τὰς ἐνταῦθα τοῦ Ἀριστοτέλους ἐνστάσεις διαλύων 640,26 de motu τοῦ ὑπεκκαύματος 37,34 de immutabili terrae natura 643,13. 27 645,15. 28 de planis physicis 648,19 de formis aequalibus totum planitiei spatium explentibus 652, 9 653,7 654,12 655,28 de minimis corporum particulis earumque contagione et motu 656,6 658,24 660,4 663,3. 27 665,16 670,16. 20 de aquae in aëra dissolutione 648,1 de pyramidibus particulas ignis gignentibus earumque natura 649,28 650,5. 7 666,9 667,22 668, 20 669,4 — τὰ πρὸς Πρόκλον (Philoponi) 135,28 136,17

Πρωταγόρας. quomodo Plato causam eius egerit 293,2

Πτολεμαῖος (ὁ μαθηματικός 710,14 ὁ ἄριστος τῶν ἀστρονόμων 456,23 ὁ θαυμαστός 9,21) 20,21 de motu τοῦ ὑπεκκαύματος 37,33 de sphaeris excentricis et epicyclis 32,23 de motu sphaerae stellarum inerrantium quid observaverit 462,15 de magnitudine et distantia stellarum errantium 471,11 de pondere utris inflati 710,25 711,3. 6. 10 — ἐν τῇ Γεωγραφίᾳ (I 11, 2) 549,10 ἐν τῷ Περὶ διαστάσεως μονοβίβλῳ 9,21. 29 ἐν τοῖς Κανόσι 33,1 ἐν τοῖς Ὀπτικοῖς 20,11 ἐν τῷ Περὶ ῥοπῶν 710,14. 25 ἐν τῷ Περὶ τῶν στοιχείων βιβλίῳ 20,11 ἐν τῇ Συντάξει (generaliter) 474,27 (Σύνταξ. A 2 p. 10 Halma) 411,3. 6 (A 6) 539,18 (A 6 p. 20) 542,3 (Z 2) 462,15 (Θ 2) 506,16 ἐν τῷ δευτέρῳ βιβλίῳ τῶν Ὑποθέσεων 456,23 — ἡ κατὰ Πτολεμαῖον ἐποχή 462,22

Πυθαγόρας sphaerarum concentum quondam audivisse dicitur 463,23 468,27 469,11. 18

Πυθαγόρειοι τὸ κοινὸν χωριστὸν ἔλεγον καὶ ἐξῃρημένον 275,25 εἰς δύο συστοιχίας πάσας τὰς ἀντιθέσεις ἀνήγαγον 386, 10 τὰ σχήματα αἴτια καὶ τὰ μεγέθη τῆς θερμότητος εἶναι καὶ τῆς ψύξεως 564,26 τὸν ἀριθμὸν 'πατέρα μακάρων καὶ ἀνδρῶν' ἐξύμνουν (Lobeck Aglaoph. I 718) 580, 14 numeros vacuo seiungi dicunt 610, 7 de triade 8,24 dextrum et sinistrum in principiis enumerantes ab Aristotele refutantur 383,14 385,2 386,8 387,28 de principiis qualitatum 565,26 perplexe loqui solent 140,26 de formarum planarum natura 573,5 de triangulis corpora efficientibus 565,29 ignem ex pyramidibus compositam esse 621,9 deum in medio mundi conditum esse 515,6 ignem in medio mundo collocaverunt 513,15 Pythagorei de dextra et laeva parte caeli 383,19 392,16. 22. 30 394,6. 15 decem corpora caelestia esse voluerunt 513,14 de stellarum errantium ordine 471,5 de antichthone invisibili 515,20. 22 lunam antichthona appellabant 512,18 de caelestibus corporibus invisibilibus, quae mundi medium ambirent 515,25 terram in stellarum numero habebant 512,14 548,26 de situ terrae 511,25 512,9 513,9. 12. 13 terram medium mundi ambire docuerunt 515,19 536,19 a quibusdam dicuntur orbium excentricorum rationem invenisse 507,13 Pythagoreorum de concentu sphaerarum doctrina 463,22 466, 12. 15 468,21. 27 470,15. 16 Ἀρ. ἐν τῇ τῶν Πυθαγορείοις ἀρεσκόντων συναγωγῇ 386,22 tria Aristoteles Pythagoreis obicit 384,22

Πυθαγορικός (ἔνδειξις) 9,11 Ἀριστ. ἐν τῷ δευτέρῳ τῆς τῶν Πυθαγορικῶν συναγωγῆς (fr. 205 Rose) 392,18. 24

Ῥώμη 195,8

Σελήνη, Σεληνιακός cf. σελήνη, σεληνιακός

Σκορπίος signum caeli 181,29

Σκύθης (opp. Αἰθίοψ) 157,31

Στέφανος caeli signum 436,25

Στοά (cf. Στωικοί). οἱ ἀπὸ τῆς Στοᾶς ἔξω τοῦ οὐρανοῦ κενὸν εἶναι βουλόμενοι 284, 28

Στράτων de gravitate corporum 267,30 269,4

Στωικοί (cf. Στοά). τὸ τρίτον λεγόμενον παρὰ τοῖς Στ. θέμα 237,1 de mundi conflagratione 294,7 307,17

Συριανὸς ὁ μέγας (2,5 397,29), ὁ φιλοσοφώτατος (711,26) de argumento librorum Aristotelis de caelo 2,5 de aeterno mundi motu 397,29 de gravitate et levitate elementorum 711,26

Σωκράτης τὸ κοινὸν χωριστὸν ἔλεγε καὶ ἐξῃρημένον 275,26 ὁ ἐν Γοργίᾳ Σ. 570, 10 (Phaedo 109ᵃ) 535,9. 34 536,8 οἱ περὶ Σωκράτην (in Platonis Timaeo) 641, 25 — exempli loco nominatur 343,14 367,4

Σωσιγένης Eudemo auctore usus est 488, 20 qua ratione Plato planetarum motus explicaverit 488,22 de sphaerarum doctrina 498,3 499,16 sq. 501,22. 26 de Iovis stellae sphaeris 502,20 de lunae sphaeris 503,29 de sphaerarum numero 503,35 de sphaeris revolventibus 504,4 Eudoxi et Callippi de sphaeris doctrinam carpit 504,17 priorum de sphaeris rationes improbavit 509,26 510,24

Ταῦρος caeli signum 181,26 182,2 193,15. 18. 21. 25 402,34 421,21

Τελχίν. τὰ τοῦ Τελχῖνος (i. e. Philoponi) ἴδωμεν ῥήματα 66,10
Τίμαιος ὁ Πυθαγορικός, ὁ παρὰ Πλάτωνι 561,10 564,3 (= Timaeus Locrus) 573, 7 640,32 673,14 679,6 al.
Τιτᾶνες. οἱ περὶ τὸν Διόνυσον Τ. 375,14
Τιτανικός (διάκρισις) 375,15
Τοξότης caeli signum 182,3 185,31
Ὑδροχόος caeli signum 193,15 421,21
Φιλία Empedoclis (cf. Φιλότης) 140,25 141,1 293,20 308,5.15 528,12.18.27.31 587, 12 590,20

Φιλόπονος cf. Ioannes Philoponus
Φιλότης Empedoclis (cf. Φιλία) 293,25 529, 4.13.17 530,14 586,11.26.28 587,9.17. 21.24.25 590,25.29 591,3
Χάος Hesiodi 556,8 560,17.18.24.25
Χάρυβδις. τὸ λοιπὸν ἀναμετρήσασθαι τῆς Χ. 165,9
Χῖος. ἀστράγαλοι Χῖοι 483,12
Christiani (ἄθεοι) impugnantur 370,30— 371,4
Χρύσιππος de vacuo infinito 285,32
Ὠκεανός (Aratus) 391,17.20

III LOCI PLATONICI

Cratylus	396 C	281,24
	426 C	665,20
Gorgias	469 C	570,10
De Legibus		
	Z 822	489,5. 9
	I 894 A	103,23 320,12
	894 C	382,6
	895 A	389,31
Parmenid.	135 B	557,6
Phaedo	105 E sq.	369,6
	109 A	517,20 518,6
		531,34 535,6. 28
	109 E	646,11
	?	517,11
Phaedrus	245 D	93,19
Politicus	269 D	96,18 143,20
		204,32 281,15
	270 A	459,6 662,1
	272 E	303,20 306,26
		360,30 588,5
	273 A	306,31
	273 B	307,3
De Republica		
	B 380 D sq.	289,17
	381 B	289,19
	381 C	289,24
	H 546 A	300,18
	I 617 A	474,16 475,16
Theaetetus	176 A	359,24 362,11 364,2
Timaeus (general.)		3, 18 311, 23. 25. 27
		335,26 372,21 536,11
		564,12 578,21 583,22
		584,10 585,28 640,32
		647,16 659,14. 19
		673,14 679,6 682,16

Timaeus		
	27 C	297,18
	27 D	104,5 297,15 299,7.11
	28 A	93,2 126,24 299,24
		300,8 305,14
	28 B	1,6 104,10 281,16
		297,20 298,26 299,15.22.27
	28 C	299,25
	29 C	396,16. 17
	29 E	358,30
	30 A	304,1 311,32 312,6
		586,2 587,26. 28
		588,1. 3 591,15
	30 B	200,9
	31 B	66,33 286,30 401,9
		443,31 722,12
	32 A sq.	656,22
	32 C	287,2. 7
	33 A	287,13. 29
	33 B	408,31 411,6
		414,15 418,11
	33 D	79,26
	34 A	379,7 382,18
	35 A	489,7
	36 D	80,2 379,2
	36 E	375,2 376,32 378,33
	37 C sq.	288,24
	37 D	301,17 312,9
	37 E	301,12
	38 B	105,9. 15. 20
		140,11 299,20 368,8. 21
	38 D	481,3
	39 A	475,12
	39 E	105,28
	40 A	436,1 454,29

III LOCI PLATONICI

Timaeus
- 40 B . . 33,13 517,7 518,2. 7. 8. 10. 17. 21. 26. 29 519,3 663,1. 2
- 40 C 515,12 645,17 646,4
- 41 . . . . 108,34 143,30
- 41 A sq. 105,32 106,6 351,15 369,25. 27
- 41 B . 108,33 143,11. 13 346,22 353,5
- 41 C 154,16
- 41 D 372,23
- 48 B 638,22
- 49 B 642,11
- 49 C 642,14
- 49 E 637,6
- 50 A 636,20
- 50 B 643,30 658,5.7
- 50 C 637,15. 18. 20
- 53 C sq. . . 561,11 575,21 641,25
- 53 D 566,10
- 54 A 566,5
- 54 B sq. 639,12
- 54 C 644,6
- 55 C 12,16 87,19
- 56 B 573,10 576,25 641,18
- 56 C sq. 639,23

Timaeus
- 56 D 647,20. 25
- 56 E sq. 666,19. 24
- 57 C 656,28 671,9
- 58 C 16,21 131,1 664,11
- 59 C 687,4
- 61 D sq. 664,13 669,19
- 61 E 663,29
- 62 A sq. . . 663,21 669,21 670,6
- 62 C 269,9
- 62 D sq. 68,27 680,11. 26
- 63 A sq. . . . 23,1 681,11 717,16
- 63 B sq. . . 68,16 285,11 717,3. 19
- 63 C 67,33 69,23 285,16
- 63 E . . . 681,29 684,4 713,1. 2. 5 716,29. 34 726,19
- ? 517,12

Tim. Locr.
- 94 C 586,2
- 97 D 517,23
- 97 E sq. . . 517,26 641,11 646,6
- 98 A 638,31
- 98 D 573,7
- 99 B 664,11

IV LOCI ARISTOTELICI

Categoriae
5. 2ª11 sq. 166,16
5. 3ª7. 20 279,12
5. 3ᵇ24 . . . . . 123,16 157,34
     158,26 159,21 sq.
     165,12. 34 166,
     23. 25 167,13
5. 4ª10 . . . . . 157,35 158,27
     159,14 160,7
     166,23 167,10
7. 6ª36 sq. 617,7
10. 11ᵇ15 sq. 128,25
14. 15ª22 . . . . 111,30 114,11

De interpretatione
12. 21ª34 sq. 329,22

Analytica priora
A 15. 33ᵇ25 sq. 322,25 325,7
B 22. 67ᵇ27 sq. 345,13

Analytica posteriora
A 1. 71ª1 59,28

Topica 238,10
A 18. 108ª18 sq. . . . 523,25. 30

Physica (general.) 2,17. 23 3,9
     5,18. 38 6,31
     144,10 168,23
     365,3

A—Δ (Περὶ ἀρχῶν) 226,19
A 1 sq. 184ª10 sq. 562,7
A 2. 185ª11 90,19
A 3. 186ª4 sq. 7,23
A 4. 187ª12 sq. . . . 605,1 608,12
     635,7
A 5. 188ª19 sq. . . . 167,27 198,16
     200,23 358,1
  188ª22 130,1
  188ª31 sq. 124,25
  188ᵇ · 121,16
  188ᵇ16 129,15
A 6. 189ª11 sq. 261,3
A 7. 189ᵇ30 sq. . . 92,9. 26 101,15
     108, 19 116, 2
     131,18. 26. 30. 33
     437,35 720,30

Physica
A 7. 190ª17 122,25
  190ª18 128,23
  190ᵇ1 129,11
  191ª3 . . . . 125,25 133,13
  191ª13 126,1
A 8. 191ª27 137,7
B 1. 192ᵇ8 sq. . . . 241,32 381,4
     595,20
  192ᵇ13 604,5
B 3. 194ᵇ20 133,16
Γ 200ᵇ11 sq. 227,2
Γ 3. 202ª13 sq. 403,19
Γ 4 sq. 202ᵇ30 sq. . . . 226,16 246,13
Γ 5. 204ª8 sq. . . . 207,14 347,20
Δ 4. 212ª16 sq. 466,22
Δ 5. 204ª8 sq. 287,24
Δ 6. 206ª9 sq. 629,29
Δ 8. 208ª5 sq. . . . 581,13 630,14
  215ª8 584,7
Δ 9. 217ª26 578,7
Δ 11. 218ᵇ21 sq. 411,20
Δ 12 sq. 220ª27 sq. 208,15
Ε—Θ (Περὶ κινήσεως) 226,20
E 1. 224ª21 sq. . . . 101,1 313,26
  225ª26 695,30
E 6. 229ᵇ23 sq. 526,16
Z 1. 231ª21 sq. 9,33
Z 2. 233ª31 222,31
  233ª32 222,19
Z 3—4. 233ᵇ33 sq. 612,17
Z 6. 236ᵇ19 sq. 349,16
Z 7. 237ᵇ23 sq. 211,29
  238ᵇ13 210,28
Z 10. 240ᵇ8 sq. 563,21
H 1. 241ᵇ24 sq. . . 240,3 706,15
H 2. 244ª28 . . . . 608,1 611,28
H 4. 248ª10 sq. 425,31
Θ 79,3 201,3
Θ 1 sq. 250ᵇ11 sq. 403,16
Θ 4. 254ᵇ7 sq. 387,12
Θ 5 sq. 256ª4 sq. 426,19
Θ 6. 258ᵇ10 sq. . 116,29 199,31 360,6

IV LOCI ARISTOTELICI

Physica
Θ 7. 260a20 sq. . . . 13,6 401,27
Θ 8. 261b27 sq. . . . 53,6 122,12
                      269,32 sq. 291,33
Θ 9. 265a13 sq. . . . 38,23 41,17
                      200,17 229,18
     265a19 218,4
Θ 10. 266a10 sq. 240,5
De caelo 1,2 4,26 25,36
                         26, 12 80, 25
                         135,32 201,6
                         551,2 sq.
ΑΒΓ . . . . 672, 25 sq.
                    674, 2 sq.
ΑΒ 551,6 552,1
Α 367,22 405,31
                    552,4. 19
A 1. 268a11—13 48,35
     268a20 49,15
A 2. 268b11 sq. . . . 461,9 526,17
                      604,9 614,32
     268b11 201,16
     268b14 . . . . . 27,27 132,22
     268b22 251,12
     268b27 199,12
     269a8 24,8
     269a9 . . . . 34,33 581,25
     269a19 41,21
     269a23 41,22
     269a28 41,34
     269b7 50,19
A 3. 269b18 sq. . . . 358,3 372,33
                      676,11
     269b20 675,10
     270a4 21,32
     270a14 437,32
     270a17 . . . . 102,21 108,4
                    162,14 167,19
     270a20 132,29
     270a23 110,24
     270a24 110,15
     270a25 110,4
     270a30 110,28
     270b5 370,4
     270b10 87,14
     270b26 216,12
A 4. 270b32 sq. . . . 176,15 669,18
     270b35 174,5
     271a2 189,9
     271a19 192,12
     271a22 197,7

De caelo
A 4. 271a27 . . . . . 171,35 191,31
     271a33 271,16
A 5. 271b28 218,12
     272a28 226,21
A 7. 274b29 239,22
     275b9 247,22
A 8. 276b14 249,26
A 9. 277b27 sq. 135,18
     279a11 290,7
     279a17 290,9
     279a18 290,10
A 10. 279b12 sq. 139,31
      279b20 301,24
A 11 sq. 280b1 sq. 119,14
     280b11 120,25
     280b14 120,29
     280b15 . . . . 120,21 316,30
     280b20 317,24
A 12. 283a4 358,28
      283b1 358,24
B 31,35 33,15
                  366,2 552,7
B 1. 283b26 sq. 311,3
     284a27 79,16
     284a29 91,6
B 2. 284b15 386,25
     284b33 . . . . . 382,1 387,5
     284b34 387,20
     285a27 382,2
     285a29 . . . . 78,25 378,12
B 5. 287b22 sq. 395,2
B 8. 290a7 477,8
     290a8 477,11
     290a35 478,21
     290b2 455,19
     290b8 455,21
B 12. 292a3 479,15
      292a18 . . . . 78,26 378,13
                     388,22
      292a20 456,1
B 13. 293b3 512,13
      293b31 662,33
      295b5 531,13
B 14. 296a24 sq. 399,28
      296b12 716,1
      296b14 716,3
Γ 3,30 255,30 551,17
Γ 1. 298a24 sq. . . . 4,10 676,6
     298b6 . . . 1,20 4,14 274,4
     298b7 199,14

De caelo
Γ 1. 299ª2 638,14
    299ᵇ15 685,9
Γ 2. 300ª 20 sq. 676,9
    301ᵇ1 592,5
Γ 4. 303ª14 612,22
Γ 5. 303ᵇ9 sq. 727,14
Δ   . . . . . 551,17 674,22 sq.
                 675,5
Δ 1. 307ᵇ28 sq. 61,3
    307ᵇ30 672,19
    311ª16 sq. 69,29
Δ 3. 310ª16 86,25
    310ᵇ3 285,19
    310ª33 20,16
Δ 4. 311ª15 160,33
    311ᵇ6 74,16
Δ 5. 312ª22 sq. . . . 401,5 692,12
De generatione 2,31 20,17
                         600,21 672,21
                         676,27
A 2. 315ª26 sq. 357,24
A 5. 320ᵇ22 166,7
A 6. 322ᵇ1 sq. 672,2
B 1 sq. 328ᵇ26 sq. . . . 401,6 658,20
B 2   329ᵇ7 sq. 442,26 718,10
                              721,32
B 3. 330ª30 sq. 168,30
    330ᵇ30 sq. 169,30
B 4. 331ª7 sq. 721,10
    331ª14 168,27
B 8. 334ᵇ31 sq. 700,6
B 10. 336ª15 sq. . . . 22,19 86,25 (?)
Meteorologica 2,33
A 1. 338ª20 sq. 4,1. 17
A 3. 339ª33 sq. . . . 80,26 442,12
A 3. 340ª1 86,27
    340ª2 . . . . . . 81,3 82,6
A 7. 344ª5 sq. 20,26
De anima
B 1. 412ª3 sq. 381,5
    412ª22 . . . . . 279,17 380,16
    412ª27 200,11
B 2. 413ᵇ24 279,19
B 7. 418ª26 sq. 442,9
B 11. 423ª13 91,5
Γ 5. 430ª17 . . . . . 279,21 380,18

De sensu
    2. 437ª19 sq. 454,14
    6. 445ᵇ23 608,3
De memoria
    449ᵇ1 sq. 3,7
Historia animalium 3,8
De partibus animalium 3,5
De animalium motione 3,6
    1. 698ª1 sq. . . . 398,20 403,14
De incessu animalium 3,6
    4. 705ª28 384,11
    705ᵇ8 384,15
    705ᵇ13 384,15
De generatione animalium 3,5
De lineis insecabilibus 566,25
Metaphysica 269,31
A 3. 984ᵇ17 134,29
A 5. 986ᵇ27 560,2
B 1. 995ª24 292,20
Δ 13. 1020ª23 617,7
H 4. 1044ᵇ3 134,3
H 5. 1044ᵇ27 135,16
K 1. 1059ª18 sq. 665,5
Λ 6. 1071ᵇ3 sq. . . . 116,29 270,5
                            271,7
Λ 7. 1072ᵇ29 288,23
Λ 8. 1073ª23 270,18
    1073ᵇ11 505,30
    1073ᵇ32 497,9
    1073ᵇ38 sq. 422,17. 24
    1073ᵇ38 497,26
    1074ª14 506,4
Ethica Nicomachea
A 4. 1096ª14 sq. 377,29
De metallis (cf. fragm. ed.
    Rose, Lips. 1886, p. 204) . . . 3,2
De plantis (cf. fragm. ed.
    Rose, Lips. 1886, p. 209) . . . 3,4
De philosophia (cf. fragm. ed.
    Rose, Lips. 1886, p. 24) . . . 289,2
De Pythagoreis fr. 200 Rose
    (ed. Lips. 1886) 386,22
    fr. 204 . . . . . 511,31 512,13
    fr. 205 . . . . . . 292,18. 24
    fr. 206 296,17
Problemata physica fr. 211
    Rose (Lips. 1886) 505,24

CORRIGENDA

In apparatu ad p. 12,7 pro *AB* scribendum *Ab*.
" " " " 22,23. 24 pro κινουμένῳ scrib. κινουμένου.
" " " " 48 scrib. 4 ἔχουσι pro 5 ἔχουσι.
" " " " 65 ante αὐτὸ addendum 14.
" " " " 360,25 pro θεόθεν ταῦτα *Ebc* scrib. ταῦτα θεόθεν *Ebc*.
" " " " 422,17 pro XI, 8 scrib. *A* 8.
p. 17 mg. sup. pro 269a2 scrib. 268b26.
p. 41,31 pro τὸ scrib. τό γε, v. supra p. IX.
p. 55,17 pro μακριότητος scrib. μακαριότητος.
p. 80,28 pro αὐτοῦ scribendum esse αὐτοῦ et
p. 126,6 ἀνήρ pro ἀνὴρ monuit Diels. idem ad
p. 120,12 adfert Simplicium in Phys. f. 261r47 Ald. (p. 1136,30 Diels): ἆρα οὖν οἷος ἀνήρ ἐστιν οὗτος πρὸς Ἀριστοτέλη διατεινόμενος; et f. 263r26 Ald. (p. 1145,1 D.): ἆρα οὖν ὁποῖόν τινα τοῦτον χρὴ νομίζειν, εἰ κτλ. itaque ὁποῖος tentandum non est.
p. 264,25 mg. int. pro 119a scrib. 120a.
p. 633,5 pro μίξις scrib. μῖξις.

www.ingramcontent.com/pod-product-compliance
Lightning Source LLC
Chambersburg PA
CBHW070717020526
44115CB00031B/1186